Steuerberater- und
Wirtschaftsprüfer-
Jahrbuch
2022

Steuerberater- und Wirtschaftsprüfer- Jahrbuch 2022

Aktuelle Tabellen zu
- Rechnungslegung
- Steuern
- Wirtschaftsprüfung
- Betriebswirtschaft

40. Auflage

IDW Verlag GmbH
Düsseldorf 2022

Die Inhalte dieses Jahrbuches wurden durch Fachautoren sorgfältig erstellt. Sie beruhen auf Quellen, die als verlässlich angesehen werden können. Dennoch können inhaltliche und sachliche Fehler nicht ausgeschlossen werden. Die Bearbeiter und der Verlag machen in Bezug auf die in diesem Jahrbuch enthaltenen Informationen keine Zusicherungen und schließen jede Haftung – beispielsweise für die Richtigkeit, Aktualität und Vollständigkeit der Informationen – aus. Insbesondere Entscheidungen von rechtlicher bzw. finanzieller Tragweite sollten daher nie allein aufgrund dieser Informationen getroffen werden. Es wird empfohlen, im Einzelfall weitere fachkundige Quellen zu konsultieren.

Lizenzausgabe für die IDW Verlag GmbH, Düsseldorf
mit freundlicher Genehmigung.

Lektorat: Dr. Klaus Oechsle
Satz: Reemers Publishing Services GmbH, Krefeld
Druck und Binden: Druckerei C. H. Beck, Nördlingen
Printed in Germany
ISBN 978-3-8021-2705-2

Redaktionsschluss: 05. November 2021

KN 12024

Sehr geehrte Geschäftsfreunde, liebe Leserinnen und Leser,

nach wie vor beherrscht die Corona-Pandemie die öffentliche Wahrnehmung der Rechtsetzung. Und nach wie vor ist auch im steuerlichen Bereich die Lage diesbezüglich unübersichtlich: Manche steuerlichen Fördermaßnahmen sind mittlerweile ausgelaufen, manche wurden verlängert, wieder andere modifiziert. Hier den Überblick zu behalten, ist also weiterhin eine Herausforderung für den Berufsstand.

Eine neue, hochkomplexe Herausforderung für die immer wichtiger werdende Gestaltungsberatung hat der Gesetzgeber geschaffen, indem er Personenhandelsgesellschaften und Partnerschaftsgesellschaften ab 1. Januar 2022 die Möglichkeit eröffnet, für die Ertragsbesteuerung der unternehmerischen Einkünfte zur Körperschaftsteuer zu optieren. Ob damit ein Durchbruch zu der seit Jahrzehnten allenthalben geforderten rechtsformneutralen Besteuerung erzielt worden ist, bleibt abzuwarten; die Reaktionen in der Literatur sind jedenfalls durchweg heterogen, und die im Einzelfall zu verfolgende Strategie muss im Großen wie im Detail wohldurchdacht und langfristig tragfähig sein.

Ganz auf operativ-technischer Ebene bewegen sich die zahlreichen „kleinteiligen" Neuerungen, mit denen 2022 aufwartet – zum Bespiel bei der Umsatzsteuer –, aber auch sie bedürfen samt und sonders der sorgfältigen Beachtung, um Nachteile für die Mandanten zu vermeiden.

All das und vieles, vieles mehr ist in bewährter Weise in dieses Jahrbuch eingeflossen. Es versteht sich auch im 40. Jahr seines Erscheinens als kompetenter und aktueller Wegweiser durch den Berufsalltag aller in der Steuerberatung und Wirtschaftsprüfung Tätigen.

Wir wünschen Ihnen einen nützlichen Gebrauch und ein gesundes und erfolgreiches Schaffensjahr!

5. November 2021   Bearbeiter und Verlag

Inhaltsübersicht

6 Übergreifende Unternehmensthemen

7 Volkswirtschaft

8 Für die Berufsarbeit des Wirtschaftsprüfers/Steuerberaters

9 Aktuelle Rechtsentwicklung

Inhaltsverzeichnis

3 Recht

5 Steuern

6 Übergreifende Unternehmensthemen

7 Volkswirtschaft

8 Für die Berufsarbeit des Wirtschaftsprüfers/Steuerberaters

9 Aktuelle Rechtsentwicklung

1 Allgemeiner Teil

1.1 Kalendarien

1.1.1 Jahresübersichten

2022

Januar

Wo	52	1	2	3	4	5
Mo		3	10	17	24	31
Di		4	11	18	25	
Mi		5	12	19	26	
Do		6	13	20	27	
Fr		7	14	21	28	
Sa	1	8	15	22	29	
So	2	9	16	23	30	

Februar

Wo	5	6	7	8	9
Mo		7	14	21	28
Di	1	8	15	22	
Mi	2	9	16	23	
Do	3	10	17	24	
Fr	4	11	18	25	
Sa	5	12	19	26	
So	6	13	20	27	

März

Wo	9	10	11	12	13
Mo		7	14	21	28
Di	1	8	15	22	29
Mi	2	9	16	23	30
Do	3	10	17	24	31
Fr	4	11	18	25	
Sa	5	12	19	26	
So	6	13	20	27	

April

Wo	13	14	15	16	17
Mo		4	11	18	25
Di		5	12	19	26
Mi		6	13	20	27
Do		7	14	21	28
Fr	1	8	15	22	29
Sa	2	9	16	23	30
So	3	10	17	24	

Mai

Wo	17	18	19	20	21	22
Mo		2	9	16	23	30
Di		3	10	17	24	31
Mi		4	11	18	25	
Do		5	12	19	26	
Fr		6	13	20	27	
Sa		7	14	21	28	
So	1	8	15	22	29	

Juni

Wo	22	23	24	25	26
Mo		6	13	20	27
Di		7	14	21	28
Mi	1	8	15	22	29
Do	2	9	16	23	30
Fr	3	10	17	24	
Sa	4	11	18	25	
So	5	12	19	26	

Juli

Wo	26	27	28	29	30
Mo		4	11	18	25
Di		5	12	19	26
Mi		6	13	20	27
Do		7	14	21	28
Fr	1	8	15	22	29
Sa	2	9	16	23	30
So	3	10	17	24	31

August

Wo	31	32	33	34	35
Mo	1	8	15	22	29
Di	2	9	16	23	30
Mi	3	10	17	24	31
Do	4	11	18	25	
Fr	5	12	19	26	
Sa	6	13	20	27	
So	7	14	21	28	

September

Wo	35	36	37	38	39
Mo		5	12	19	26
Di		6	13	20	27
Mi		7	14	21	28
Do	1	8	15	22	29
Fr	2	9	16	23	30
Sa	3	10	17	24	
So	4	11	18	25	

Oktober

Wo	39	40	41	42	43	44
Mo		3	10	17	24	31
Di		4	11	18	25	
Mi		5	12	19	26	
Do		6	13	20	27	
Fr		7	14	21	28	
Sa	1	8	15	22	29	
So	2	9	16	23	30	

November

Wo	44	45	46	47	48
Mo		7	14	21	28
Di	1	8	15	22	29
Mi	2	9	16	23	30
Do	3	10	17	24	
Fr	4	11	18	25	
Sa	5	12	19	26	
So	6	13	20	27	

Dezember

Wo	48	49	50	51	52
Mo		5	12	19	26
Di		6	13	20	27
Mi		7	14	21	28
Do	1	8	15	22	29
Fr	2	9	16	23	30
Sa	3	10	17	24	31
So	4	11	18	25	

Neujahr 1. Januar, Hl. Drei Könige 6. Januar, Internationaler Frauentag 8. März, Karfreitag 15. April, Ostern 17. + 18. April, Maifeiertag 1. Mai, Chr. Himmelfahrt 26. Mai, Pfingsten 5. + 6. Juni, Fronleichnam 16. Juni, Mariä Himmelfahrt 15. August, Weltkindertag 20. September, Tag der Deutschen Einheit 3. Oktober, Reformationstag 31. Oktober, Allerheiligen 1. November, Buß- + Bettag 16. November, Weihnachten 25. + 26. Dezember

Januar

Wo	52	1	2	3	4	5
Mo		2	9	16	23	30
Di		3	10	17	24	31
Mi		4	11	18	25	
Do		5	12	19	26	
Fr		6	13	20	27	
Sa		7	14	21	28	
So	1	8	15	22	29	

Februar

Wo	5	6	7	8	9
Mo		6	13	20	27
Di		7	14	21	28
Mi	1	8	15	22	
Do	2	9	16	23	
Fr	3	10	17	24	
Sa	4	11	18	25	
So	5	12	19	26	

März

Wo	9	10	11	12	13
Mo		6	13	20	27
Di		7	14	21	28
Mi	1	8	15	22	29
Do	2	9	16	23	30
Fr	3	10	17	24	31
Sa	4	11	18	25	
So	5	12	19	26	

April

Wo	13	14	15	16	17
Mo		3	10	17	24
Di		4	11	18	25
Mi		5	12	19	26
Do		6	13	20	27
Fr		7	14	21	28
Sa	1	8	15	22	29
So	2	9	16	23	30

Mai

Wo	18	19	20	21	22
Mo	1	8	15	22	29
Di	2	9	16	23	30
Mi	3	10	17	24	31
Do	4	11	18	25	
Fr	5	12	19	26	
Sa	6	13	20	27	
So	7	14	21	28	

Juni

Wo	22	23	24	25	26
Mo		5	12	19	26
Di		6	13	20	27
Mi		7	14	21	28
Do	1	8	15	22	29
Fr	2	9	16	23	30
Sa	3	10	17	24	
So	4	11	18	25	

Juli

Wo	26	27	28	29	30	31
Mo		3	10	17	24	31
Di		4	11	18	25	
Mi		5	12	19	26	
Do		6	13	20	27	
Fr		7	14	21	28	
Sa	1	8	15	22	29	
So	2	9	16	23	30	

August

Wo	31	32	33	34	35
Mo		7	14	21	28
Di	1	8	15	22	29
Mi	2	9	16	23	30
Do	3	10	17	24	31
Fr	4	11	18	25	
Sa	5	12	19	26	
So	6	13	20	27	

September

Wo	35	36	37	38	39
Mo		4	11	18	25
Di		5	12	19	26
Mi		6	13	20	27
Do		7	14	21	28
Fr	1	8	15	22	29
Sa	2	9	16	23	30
So	3	10	17	24	

Oktober

Wo	39	40	41	42	43	44
Mo		2	9	16	23	30
Di		3	10	17	24	31
Mi		4	11	18	25	
Do		5	12	19	26	
Fr		6	13	20	27	
Sa		7	14	21	28	
So	1	8	15	22	29	

November

Wo	44	45	46	47	48
Mo		6	13	20	27
Di		7	14	21	28
Mi	1	8	15	22	29
Do	2	9	16	23	30
Fr	3	10	17	24	
Sa	4	11	18	25	
So	5	12	19	26	

Dezember

Wo	48	49	50	51	52
Mo		4	11	18	25
Di		5	12	19	26
Mi		6	13	20	27
Do		7	14	21	28
Fr	1	8	15	22	29
Sa	2	9	16	23	30
So	3	10	17	24	31

Neujahr 1. Januar, Hl. Drei Könige 6. Januar, Internationaler Frauentag 8. März, Karfreitag 7. April, Ostern 9. + 10. April, Maifeiertag 1. Mai, Chr. Himmelfahrt 18. Mai, Pfingsten 28. + 29. Mai, Fronleichnam 8. Juni, Mariä Himmelfahrt 15. August, Weltkindertag 20. September, Tag der Deutschen Einheit 3. Oktober, Reformationstag 31. Oktober, Allerheiligen 1. November, Buß- + Bettag 22. November, Weihnachten 25. + 26. Dezember

1.1.2 Festtage und Ferientermine

Gesetzliche Feiertage 2022

○ Feiertag
k Feiertag in überwiegend katholischen Gemeinden oder Territorien

	Baden-Württemberg	Bayern	Berlin	Bremen, Hamburg	Brandenburg	Hessen	Mecklenburg-Vorpommern	Niedersachsen	Nordrhein-Westfalen	Rheinland-Pfalz	Saarland	Sachsen	Sachsen-Anhalt	Schleswig-Holstein	Thüringen
Neujahr (1.1.)	○	○	○	○	○	○	○	○	○	○	○	○	○	○	○
Hl. Drei Könige (6.1.)	○	○											○		
Internationaler Frauentag (8.3.)			○												
Karfreitag (15.4.)	○	○	○	○	○	○	○	○	○	○	○	○	○	○	○
Ostermontag (18.4.)	○	○	○	○	○	○	○	○	○	○	○	○	○	○	○
Maifeiertag (1.5.)	○	○	○	○	○	○	○	○	○	○	○	○	○	○	○
Christi Himmelfahrt (26.5.)	○	○	○	○	○	○	○	○	○	○	○	○	○	○	○
Pfingstmontag (6.6.)	○	○	○	○	○	○	○	○	○	○	○	○	○	○	○
Fronleichnam (16.6.)	○	○				○			○	○	○	k			k
Mariä Himmelfahrt (15.8.)		k									○				
Weltkindertag (20.9.)															○
Tag der Deutschen Einheit (3.10.)	○	○	○	○	○	○	○	○	○	○	○	○	○	○	○
Reformationstag (31.10.)				○	○		○	○				○	○	○	○
Allerheiligen (1.11.)	○	○							○	○	○				
Buß- und Bettag (16.11.)												○			
1./2. Weihnachtstag (25./26.12.)	○	○	○	○	○	○	○	○	○	○	○	○	○	○	○

Bewegliche Festtage 2022 bis 2028

	2022	2023	2024	2025	2026	2027	2028
Aschermittwoch	2. 3.	22. 2.	14. 2.	5. 3.	18. 2.	10. 2.	1. 3.
Karfreitag	15. 4.	7. 4.	29. 3.	18. 4.	3. 4.	26. 3.	14. 4.
Ostern	17. 4.	9. 4.	31. 3.	20. 4.	5. 4.	28. 3.	16. 4.
Christi Himmelfahrt	26. 5.	18. 5.	9. 5.	29. 5.	14. 5.	6. 5.	25. 5.
Pfingsten	5. 6.	28. 5.	19. 5.	8. 6.	24. 5.	16. 5.	4. 6.
Fronleichnam	16. 6.	8. 6.	30. 5.	19. 6.	4. 6.	27. 5.	15. 6.
Buß- und Bettag	16. 11.	22. 11.	20. 11.	19. 11.	18. 11.	17. 11.	22. 11.
Totensonntag	20. 11.	26. 11.	24. 11.	23. 11.	22. 11.	21. 11.	26. 11.
1. Advent	27. 11.	3. 12.	1. 12.	30. 11.	29. 11.	28. 11.	3. 12.
Wochentag des 25. Dezember	So	Mo	Mi	Do	Fr	Sa	Mo

Ferientermine 2022

Angegeben sind jeweils der erste und der letzte Ferientag. Schul- und unterrichtsfreie Tage sind kursiv gekennzeichnet. Angaben ohne Gewähr, nachträgliche Änderungen einzelner Länder sind vorbehalten. Stand: Juli 2021 (https://www.kmk.org/ferienkalender.html)

Land	Weihnachten 2021/2022	Winter 2022	Ostern/ Frühjahr 2022	Himmelfahrt/ Pfingsten 2022	Sommer 2022	Herbst 2022	Weihnachten 2022/2023
Baden-Württemberg	23.12.–08.01.	–	*14.04.* 19.04.–23.04.	07.06.–18.06.	28.07.–10.09.	*31.10.* 02.11.–04.11.	21.12.–07.01.
Bayern	24.12.–08.01.	–	28.02.–04.03. 11.04.–23.04.	07.06.–18.06.	01.08.–12.09.	31.10.–04.11.	24.12.–07.01.
Berlin	24.12.–31.12.	29.01.–05.02.	*07.03.* 11.04.–23.04.	27.05./07.06.	07.07.–19.08.	24.10.–05.11.	22.12.–02.01.
Brandenburg	23.12.–31.12.	31.01.–05.02.	11.04.–23.04.	27.05.	07.07.–20.08.	24.10.–05.11.	22.12.–03.01.
Bremen	23.12.–08.01.	31.01.–01.02.	04.04.–19.04.	27.05./07.06.	14.07.–24.08.	17.10.–29.10.	23.12.–06.01.
Hamburg	23.12.–04.01.	28.01.	07.03.–18.03.	23.05.–27.05.	07.07.–17.08.	10.10.–21.10.	23.12.–06.01.
Hessen	23.12.–08.01.	–	11.04.–23.04.	–	25.07.–02.09.	24.10.–29.10.	22.12.–07.01.
Mecklenburg-Vorp.	22.12.–31.12.	05.02.–17.02. *18.02.*	11.04.–20.04.	27.05. 03.06.–07.06.	04.07.–13.08.	10.10.–14.10. 01.11.–02.11.	22.12.–02.01.
Niedersachsen	23.12.–07.01.	31.01.–01.02.	04.04.–19.04.	27.05./07.06.	14.07.–24.08.	17.10.–28.10.	23.12.–06.01.
Nordrhein-Westfalen	24.12.–08.01.	–	11.04.–23.04.	–	27.06.–09.08.	04.10.–15.10.	23.12.–06.01.
Rheinland-Pfalz	23.12.–31.12.	21.02.–25.02.	13.04.–22.04.	–	25.07.–02.09.	17.10.–31.10.	23.12.–02.01.
Saarland	23.12.–03.01.	21.02.–01.03.	14.04.–22.04.	07.06.–10.06.	25.07.–02.09.	24.10.–04.11.	22.12.–04.01.
Sachsen	23.12.–01.01.	12.02.–26.02.	15.04.–23.04.	27.05.	18.07.–26.08.	17.10.–29.10.	22.12.–02.01.
Sachsen-Anhalt	22.12.–08.01.	12.02.–19.02.	11.04.–16.04.	23.05.–28.05.	14.07.–24.08.	24.10.–04.11.	21.12.–05.01.
Schleswig-Holstein	23.12.–08.01.	–	04.04.–16.04.	27.05.–28.05.	04.07.–13.08.	10.10.–21.10.	23.12.–07.01.
Thüringen	23.12.–31.12.	12.02.–19.02.	11.04.–23.04.	27.05.	18.07.–27.08.	17.10.–29.10.	22.12.–03.01.

1	Sa	Neujahr	
2	So		●
3	Mo		1
4	Di		
5	Mi		
6	Do	Heilige Drei Könige	
7	Fr		
8	Sa		
9	So		◑
10	Mo		2
11	Di		
12	Mi		
13	Do		
14	Fr		
15	Sa		
16	So		
17	Mo		3
18	Di		○
19	Mi		
20	Do		
21	Fr		
22	Sa		
23	So		
24	Mo		4
25	Di		◑
26	Mi		
27	Do		
28	Fr		
29	Sa		
30	So		
31	Mo		5

Februar 2022   20 Arbeitstage

1	Di		●
2	Mi	*Mariä Lichtmess*	
3	Do		
4	Fr		
5	Sa		
6	So		
7	Mo		6
8	Di		◑
9	Mi		
10	Do		
11	Fr		
12	Sa		
13	So		
14	Mo	*Valentinstag*	7
15	Di		
16	Mi		○
17	Do		
18	Fr		
19	Sa		
20	So		
21	Mo		8
22	Di		
23	Mi		◐
24	Do		
25	Fr		
26	Sa		
27	So		
28	Mo	*Rosenmontag*	9

März 2022

1	Di	*Fastnacht*	
2	Mi	*Aschermittwoch*	●
3	Do		
4	Fr		
5	Sa		
6	So		
7	Mo		10
8	Di	Internationaler Frauentag	
9	Mi		
10	Do		◐
11	Fr		
12	Sa		
13	So		
14	Mo		11
15	Di		
16	Mi		
17	Do		
18	Fr		○
19	Sa	*Josephstag*	
20	So	*Frühlingsanfang*	
21	Mo		12
22	Di		
23	Mi		
24	Do		
25	Fr		◑
26	Sa		
27	So	*Beginn der Sommerzeit*	
28	Mo		13
29	Di		
30	Mi		
31	Do		

April 2022

1	Fr	●
2	Sa	
3	So	
4	Mo	14
5	Di	
6	Mi	
7	Do	
8	Fr	
9	Sa	◐
10	So	*Palmsonntag*
11	Mo	15
12	Di	
13	Mi	
14	Do	*Gründonnerstag*
15	Fr	Karfreitag
16	Sa	○
17	So	Ostersonntag
18	Mo	Ostermontag 16
19	Di	
20	Mi	
21	Do	
22	Fr	
23	Sa	◑
24	So	
25	Mo	17
26	Di	
27	Mi	
28	Do	
29	Fr	
30	Sa	●

Mai 2022

1	So	Maifeiertag		
2	Mo			18
3	Di			
4	Mi			
5	Do			
6	Fr			
7	Sa			
8	So	*Muttertag*		
9	Mo	*Europatag*	◑	19
10	Di			
11	Mi			
12	Do			
13	Fr			
14	Sa			
15	So			
16	Mo		○	20
17	Di			
18	Mi			
19	Do			
20	Fr			
21	Sa			
22	So		◐	
23	Mo			21
24	Di			
25	Mi			
26	Do	Christi Himmelfahrt		
27	Fr			
28	Sa			
29	So			
30	Mo		●	22
31	Di			

Juni 2022

1	Mi		
2	Do		
3	Fr		
4	Sa		
5	So	Pfingstsonntag	
6	Mo	Pfingstmontag	23
7	Di		◑
8	Mi		
9	Do		
10	Fr		
11	Sa		
12	So		
13	Mo		24
14	Di		○
15	Mi		
16	Do	Fronleichnam	
17	Fr		
18	Sa		
19	So		
20	Mo		25
21	Di	*Sommeranfang*	◐
22	Mi		
23	Do		
24	Fr	*Johannistag*	
25	Sa		
26	So		
27	Mo	*Siebenschläfer*	26
28	Di		
29	Mi	*Peter und Paul*	●
30	Do		

1	Fr	
2	Sa	
3	So	
4	Mo	27
5	Di	
6	Mi	
7	Do	◑
8	Fr	
9	Sa	
10	So	
11	Mo	28
12	Di	
13	Mi	○
14	Do	
15	Fr	
16	Sa	
17	So	
18	Mo	29
19	Di	
20	Mi	◑
21	Do	
22	Fr	
23	Sa	
24	So	
25	Mo	30
26	Di	
27	Mi	
28	Do	●
29	Fr	
30	Sa	
31	So	

1	Mo		31
2	Di		
3	Mi		
4	Do		
5	Fr		◐
6	Sa		
7	So		
8	Mo	*Augsburger Friedensfest*	32
9	Di		
10	Mi		
11	Do		
12	Fr		○
13	Sa		
14	So		
15	Mo	Mariä Himmelfahrt	33
16	Di		
17	Mi		
18	Do		
19	Fr		◑
20	Sa		
21	So		
22	Mo		34
23	Di		
24	Mi		
25	Do		
26	Fr		
27	Sa		●
28	So		
29	Mo		35
30	Di		
31	Mi		

September 2022

1	Do		
2	Fr		
3	Sa		◑
4	So		
5	Mo		36
6	Di		
7	Mi		
8	Do		
9	Fr		
10	Sa		○
11	So		
12	Mo		37
13	Di		
14	Mi		
15	Do		
16	Fr		
17	Sa		◐
18	So		
19	Mo		38
20	Di	Weltkindertag	
21	Mi		
22	Do		
23	Fr	*Herbstanfang*	
24	Sa		
25	So		●
26	Mo		39
27	Di		
28	Mi		
29	Do	*Michaelistag*	
30	Fr		

Oktober 2022

1	Sa		
2	So	*Erntedankfest*	
3	Mo	Tag der Deutschen Einheit	◐ 40
4	Di		
5	Mi		
6	Do		
7	Fr		
8	Sa		
9	So		○
10	Mo		41
11	Di		
12	Mi		
13	Do		
14	Fr		
15	Sa		
16	So		
17	Mo		◑ 42
18	Di		
19	Mi		
20	Do		
21	Fr		
22	Sa		
23	So		
24	Mo		43
25	Di		●
26	Mi		
27	Do		
28	Fr	*Weltspartag*	
29	Sa		
30	So	*Ende der Sommerzeit*	
31	Mo	Reformationstag	44

November 2022

1	Di	Allerheiligen	◐
2	Mi	*Allerseelen*	
3	Do	*Hubertustag*	
4	Fr		
5	Sa		
6	So		
7	Mo		45
8	Di		○
9	Mi		
10	Do		
11	Fr	*Martinstag*	
12	Sa		
13	So	*Volkstrauertag*	
14	Mo		46
15	Di		
16	Mi	Buß- und Bettag	◐
17	Do		
18	Fr		
19	Sa		
20	So	*Totensonntag*	
21	Mo		47
22	Di		
23	Mi		●
24	Do		
25	Fr		
26	Sa		
27	So	*1. Advent*	
28	Mo		48
29	Di		
30	Mi		◐

Dezember 2022

1	Do	
2	Fr	
3	Sa	
4	So	*2. Advent*
5	Mo	49
6	Di	*Nikolaus*
7	Mi	
8	Do	○
9	Fr	
10	Sa	
11	So	*3. Advent*
12	Mo	50
13	Di	
14	Mi	
15	Do	
16	Fr	◐
17	Sa	
18	So	*4. Advent*
19	Mo	51
20	Di	
21	Mi	*Winteranfang*
22	Do	
23	Fr	●
24	Sa	
25	So	1. Weihnachtstag
26	Mo	2. Weihnachtstag · 52
27	Di	
28	Mi	
29	Do	
30	Fr	◑
31	Sa	*Silvester*

1.1.4 Ewiger Kalender 1901–2050

I Jahre					II Monate											
1901–2050					J	F	M	A	M	J	J	A	S	O	N	D
	25	53	81	09	37	4	0	0	3	5	1	3	6	2	4	0	2
	26	54	82	10	38	5	1	1	4	6	2	4	0	3	5	1	3
	27	55	83	11	39	6	2	2	5	0	3	5	1	4	6	2	4
	28	56	84	12	40	0	3	4	0	2	5	0	3	6	1	4	6
1901	29	57	85	13	41	2	5	5	1	3	6	1	4	0	2	5	0
02	30	58	86	14	42	3	6	6	2	4	0	2	5	1	3	6	1
03	31	59	87	15	43	4	0	0	3	5	1	3	6	2	4	0	2
04	32	60	88	16	44	5	1	2	5	0	3	5	1	4	6	2	4
05	33	61	89	17	45	0	3	3	6	1	4	6	2	5	0	3	5
06	34	62	90	18	46	1	4	4	0	2	5	0	3	6	1	4	6
07	35	63	91	19	47	2	5	5	1	3	6	1	4	0	2	5	0
08	36	64	92	20	48	3	6	0	3	5	1	3	6	2	4	0	2
09	37	65	93	21	49	5	1	1	4	6	2	4	0	3	5	1	3
10	38	66	94	22	50	6	2	2	5	0	3	5	1	4	6	2	4
11	39	67	95	23		0	3	3	6	1	4	6	2	5	0	3	5
12	40	68	96	24		1	4	5	1	3	6	1	4	0	2	5	0
13	41	69	97	25		3	6	6	2	4	0	2	5	1	3	6	1
14	42	70	98	26		4	0	0	3	5	1	3	6	2	4	0	2
15	43	71	99	27		5	1	1	4	6	2	4	0	3	5	1	3
16	44	72	2000	28		6	2	3	6	1	4	6	2	5	0	3	5
17	45	73	01	29		1	4	4	0	2	5	0	3	6	1	4	6
18	46	74	02	30		2	5	5	1	3	6	1	4	0	2	5	0
19	47	75	03	31		3	6	6	2	4	0	2	5	1	3	6	1
20	48	76	04	32		4	0	1	4	6	2	4	0	3	5	1	3
21	49	77	05	33		6	2	2	5	0	3	5	1	4	6	2	4
22	50	78	06	34		0	3	3	6	1	4	6	2	5	0	3	5
23	51	79	07	35		1	4	4	0	2	5	0	3	6	1	4	6
24	52	80	08	36		2	5	6	2	4	0	2	5	1	3	6	1

III Wochentage

So	1	8	15	22	29	36
Mo	2	9	16	23	30	37
Di	3	10	17	24	31	
Mi	4	11	18	25	32	
Do	5	12	19	26	33	
Fr	6	13	20	27	34	
Sa	7	14	21	28	35	

Und so finden Sie den gesuchten Wochentag:

BEISPIEL: Was war der 17. April 1971 für ein Wochentag?

Suchen Sie in der Jahrestafel (I) das Jahr „71". Auf der gleichen Zeile, in Tafel II, finden Sie unter April die Monatskennzahl „4".

Zählen Sie den gesuchten Wochentag (17) dazu, so ergibt sich (4 + 17) die Schlüsselzahl „21". In der Wochentagstafel III weist die Schlüsselzahl „21" den gesuchten 17. April 1971 als Samstag aus.

1.2 Statistiken und Adressen aus den Berufsständen

1.2.1 Mitgliederstand (jeweils 1. 1.)

1.2.1.1 Wirtschaftsprüferkammer

Anzahl der einzelnen Mitgliedergruppen

Mitgliedergruppen	1932	1.1.61	1.1.86	1.1.90	1.1.95	1.1.00	1.1.05	1.1.10	1.1.15	1.1.18	1.1.19	1.1.20	1.1.21
Wirtschaftsprüfer	549	1 590	4 836	6 344	7 994	9 984	12 244	13 619	14 407	14 492	14 560	14 568	14 650
Vereidigte Buchprüfer	0	1 151	89	2 782	4 233	4 094	4 009	3 688	3 085	2 662	2 516	2 377	2 252
Wirtschaftsprüfungsgesellschaften	76	196	991	1 215	1 541	1 879	2 221	2 540	2 863	2 974	2 986	2 982	2 980
Buchprüfungsgesellschaften	0	7	1	32	108	166	143	121	102	93	80	73	70
gesetzliche Vertreter von WPG u. BPG, die nicht WP oder vBP sind	0	66	470	439	564	726	773	778	907	990	1 010	1 044	1 080
Freiwillige Mitglieder	0	0	28	28	30	32	38	50	52	52	52	53	53
Gesamt	**625**	**3 010**	**6 415**	**10 840**	**14 470**	**16 881**	**19 428**	**20 796**	**21 416**	**21 263**	**21 204**	**21 097**	**21 085**

Quelle: Mitgliederstatistik der WPK, Stand 1. Januar 2021, S. 2 (https://www.wpk.de).

1.2.1.2 Steuerberaterkammer

Steuerberaterkammer	Steuer-berater	Steuerbevoll-mächtigte und Sonstige[1]	Steuer-beratungs-gesell-schaften	Personen gem. §74 Abs. 2 StBerG	Gesamt	Veränderung gegenüber Vorjahr in %
Berlin	3 571	43	694	49	4 357	1,5
Brandenburg	1 059	15	184	6	1 264	1,5
Bremen	760	6	109	5	880	−1,1
Düsseldorf	8 719	75	824	44	9 662	1,1
Hamburg	3 962	33	470	43	4 508	1,2
Hessen	7 840	141	828	59	8 868	0,9
Köln	6 145	82	602	40	6 869	1,5
Mecklenburg-Vorp.	743	18	128	2	891	1,3
München	11 180	152	1 395	85	12 812	1,5
Niedersachsen	6 943	105	822	22	7 892	1,1
Nordbaden	3 127	35	383	13	3 558	0,9
Nürnberg	4 823	44	617	39	5 523	2,1
Rheinland-Pfalz	3 345	64	448	23	3 880	0,7
Saarland	899	13	127	12	1 051	0,5
Sachsen	2 370	92	419	22	2 903	1,1
Sachsen-Anhalt	836	26	163	1	1 026	0,0
Schleswig-Holstein	2 456	52	351	9	2 868	1,5
Stuttgart	7 670	92	883	49	8 694	1,5
Südbaden	2 342	28	319	18	2 707	1,3
Thüringen	1 048	29	168	9	1 254	1,4
Westfalen-Lippe	7 769	83	852	33	8 737	1,3
Gesamt 1. 1. 2021	**87 607**	**1 228**	**10 786**	**583**	**100 204**	**1,3**
Gesamt 1. 1. 2020	86 625	1 324	10 446	560	98 955	1,3
Gesamt 1. 1. 2019	85 495	1 417	10 185	556	97 653	1,1
Gesamt 1. 1. 2015	82 382	2 325	9 243	−	93 950	1,7
Summe 1. 1. 2010	75 333	2 777	8 169	−	86 279	2,5
Summe 1. 1. 2005	66 747	3 341	6 932	−	77 020	2,0
Summe 1. 1. 2000	57 806	4 039	6 056	−	67 901	−
Summe 1. 1. 1990	39 997	5 457	3 901	−	49 355	−

Quelle: Bundessteuerberaterkammer, https://www.bstbk.de

---

[1] „Sonstige" = Personen gem. §74 Abs.2 StBerG, ab 1.1.2017 separat dargestellt.

1.2.2   Wirtschaftsprüferkammern

Hauptgeschäftsstelle, Rauchstraße 26, 10787 Berlin,
Internet: https://www.wpk.de

Landesgeschäftsstelle **Baden-Württemberg,** Calwer Straße 11, 70173 Stuttgart,
Internet: https://www.wpk.de

Landesgeschäftsstelle **Bayern**, Marsstraße 4, 80335 München,
Internet: https://www.wpk.de

Landesgeschäftsstelle **Berlin, Brandenburg, Sachsen und Sachsen-Anhalt,**
Rauchstraße 26, 10787 Berlin, Internet: https://www.wpk.de

Landesgeschäftsstelle **Bremen, Hamburg, Mecklenburg-Vorpommern, Niedersachsen und Schleswig-Holstein,** Ferdinandstraße 12, 20095 Hamburg,
Internet: https://www.wpk.de

Landesgeschäftsstelle **Hessen, Rheinland-Pfalz, Saarland und Thüringen,**
Sternstraße 8, 60318 Frankfurt/Main, Internet: https://www.wpk.de

Landesgeschäftsstelle **Nordrhein-Westfalen,** Tersteegenstraße 14, 40474 Düsseldorf, Internet: https://www.wpk.de

1.2.3   Institut der Wirtschaftsprüfer (IDW)

Hauptgeschäftsstelle, Tersteegenstraße 14, 40474 Düsseldorf,
Internet: https://www.idw.de

Landesgeschäftsstellen **Berlin, Hamburg und Leipzig,** Niederwallstraße 32,
10117 Berlin, Internet: https://www.idw.de

Landesgeschäftsstellen **Düsseldorf und Frankfurt,** Tersteegenstraße 14,
40474 Düsseldorf, Internet: https://www.idw.de

Landesgeschäftsstelle **München,** Marienstraße 14–16, 80331 München,
Internet: https://www.idw.de

Landesgeschäftsstelle **Stuttgart,** Calwer Straße 11, 70173 Stuttgart, Internet:
https://www.idw.de

1.2.4   Steuerberaterkammern

Bundessteuerberaterkammer (KdöR), Behrenstraße 42, 10117 Berlin, Internet:
https://www.bstbk.de

Bundessteuerberaterkammer (KdöR), EU-Verbindungsbüro **Brüssel,** Rue
Montoyer 25, B-1000 Brüssel, Internet: https://www.bstbk.de

Steuerberaterkammer **Berlin** (KdöR), Wichmannstraße 6, 10787 Berlin, Internet:
https://www.stbk-berlin.de

Steuerberaterkammer **Brandenburg** (KdöR), Tuchmacherstraße 48 B, 14482 Potsdam, Internet: https://www.stbk-brandenburg.de

Hanseatische Steuerberaterkammer **Bremen** (KdöR), Am Wall 192, 28195 Bremen, Internet: https://www. stbkammer-bremen.de

Steuerberaterkammer **Düsseldorf** (KdöR), Grafenberger Allee 98, 40237 Düsseldorf, Internet: https://www.stbk-duesseldorf.de

Steuerberaterkammer **Hamburg** (KdöR), Kurze Mühren 3, 20095 Hamburg, Internet: https://www.stbk-hamburg.de

Steuerberaterkammer **Hessen** (KdöR), Bleichstraße 1, 60313 Frankfurt/Main, Internet: https://www.stbk-hessen.de

Steuerberaterkammer **Köln** (KdöR), Gereonstraße 34–36, 50670 Köln, Internet: https://www.stbk-koeln.de

Steuerberaterkammer **Mecklenburg-Vorpommern** (KdöR), Ostseeallee 40, 18107 Rostock, Internet: https://www.stbk-mv.de

Steuerberaterkammer **München** (KdöR), Nederlinger Straße 9, 80638 München, Internet: https://www.stbk-muc.de

Steuerberaterkammer **Niedersachsen** (KdöR), Adenauerallee 20, 30175 Hannover, Internet: https://www.stbk-niedersachsen.de

Steuerberaterkammer **Nordbaden** (KdöR), Vangerowstraße 16/1, 69115 Heidelberg, Internet: https://www.stbk-nordbaden.de

Steuerberaterkammer **Nürnberg** (KdöR), Karolinenstraße 28, 90402 Nürnberg, Internet: https://www.stbk-nuernberg.de

Steuerberaterkammer **Rheinland-Pfalz** (KdöR), Hölderlinstraße 1, 55131 Mainz, Internet: https://www.sbk-rlp.de

Steuerberaterkammer **Saarland** (KdöR), Nell-Breuning-Allee 6, 66115 Saarbrücken, Internet: https://www.stbk-saarland.de

Steuerberaterkammer des Freistaates **Sachsen** (KdöR), Emil-Fuchs-Straße 2, 04105 Leipzig, Internet: https://www.sbk-sachsen.de

Steuerberaterkammer **Sachsen-Anhalt** (KdöR), Zum Domfelsen 4, 39104 Magdeburg, Internet: https://www.stbk-sachsen-anhalt.de

Steuerberaterkammer **Schleswig-Holstein** (KdöR), Hopfenstraße 2 d, 24114 Kiel, Internet: https://www.stbk-sh.de

Steuerberaterkammer **Stuttgart** (KdöR), Hegelstraße 33, 70174 Stuttgart, Internet: https://www.stbk-stuttgart.de

Steuerberaterkammer **Südbaden** (KdöR), Wentzingerstraße 19, 79106 Freiburg, Internet: https://www.stbk-suedbaden.de

Steuerberaterkammer **Thüringen** (KdöR), Kartäuserstraße 27 a, 99084 Erfurt, Internet: https://www.stbk-thueringen.de

Steuerberaterkammer **Westfalen-Lippe** (KdöR), Erphostraße 43, 48145 Münster, Internet: https://www.steuerberaterkammer-westfalen-lippe.de

1.2.5 Berufsverbände, Vereine und sonstige Berufsorganisationen

Bundesweit

Bodenverwertungs- und -verwaltungs GmbH (BVVG), Schönhauser Allee 120, 10437 Berlin, Internet: https://www.bvvg.de

Bundesanzeiger Verlag GmbH, Amsterdamer Straße 192, 50735 Köln, Internet: https://www.bundesanzeiger.de

Bund der Steuerzahler Deutschland e. V., Reinhardtstraße 52, 10117 Berlin, Internet: https://www.steuerzahler.de

Bundesnotarkammer, Mohrenstraße 34, 10117 Berlin, Internet: https://www.bnotk.de

Bundesrechtsanwaltskammer, Littenstraße 9, 10179 Berlin, Internet: https://www.brak.de

Bundesverband der Deutschen Industrie e. V. (BDI), Breite Straße 29, 10178 Berlin, Internet: https://www.bdi.eu

Bundesverband der Steuerberater e. V., Gasteiner Str. 6, 10717 Berlin, Internet: https://www.bvstb.de

Bundesverband der Rentenberater e. V., Kaiserdamm 97, 14057 Berlin, Internet: https://www.rentenberater.de

Bundesverband Großhandel, Außenhandel, Dienstleistungen e. V., Am Weidendamm 1 a, 10117 Berlin, Internet: https://www.bga.de

DATEV eG, Paumgartnerstraße 6-14, 90429 Nürnberg, Internet: https://www.datev.de

Deutsches Anwaltsinstitut e. V., Gerard-Mortier-Platz 3, 44793 Bochum, Internet: https://www.anwaltsinstitut.de

Deutscher Industrie- und Handelskammertag (DIHK) e. V., Breite Straße 29, 10178 Berlin, Internet: https://www.dihk.de

Deutscher Steuerberaterverband e. V./Deutsches Steuerberaterinstitut e. V., Littenstraße 10, 10179 Berlin, Internet: https://www.dstv.de

Deutsche Steuerberater-Versicherung, Pensionskasse des steuerberatenden Berufs VVaG, Poppelsdorfer Allee 24, 53115 Bonn, Internet: https://ds-versicherung.de

Deutsches wissenschaftliches Institut der Steuerberater e. V., Behrenstraße 42, 10117 Berlin, Internet: https://www.dws-institut.de

Fachinstitut der Steuerberater e. V., Schwannstr. 6, 40476 Düsseldorf, Internet: https://www.fachinstitut-der-steuerberater.de

***FSB GmbH* Fachinstitut für Steuerrecht und Betriebswirtschaft,** Littenstraße 10, 10179 Berlin, Internet: https://www.fsb-fachinstitut.de

Hauptverband der landwirtschaftlichen Buchstellen und Sachverständigen e. V. (HLBS), Engeldamm 70, 10179 Berlin, Internet: https://www.hlbs.de

IDW Akademie GmbH, Tersteegenstraße 14, 40474 Düsseldorf, Internet: https://www.idw.de

Institut der deutschen Wirtschaft Köln, Konrad-Adenauer-Ufer 21, 50668 Köln, Internet: https://www.iwkoeln.de

Statistisches Bundesamt, Gustav-Stresemann-Ring 11, 65189 Wiesbaden, Internet: https://www.destatis.de

Sterbegeldkasse des steuerberatenden Berufs VVaG, Gabelsbergerstraße 10, 67433 Neustadt an der Weinstraße

Verlag des wissenschaftlichen Instituts der Steuerberater GmbH, Behrenstraße 42, 10117 Berlin, Internet: https://www.dws-verlag.de

Zentralverband des Deutschen Handwerks, Mohrenstraße 20/21, 10117 Berlin, Internet: https://www.zdh.de

Baden-Württemberg

Landesverband der steuerberatenden und wirtschaftsprüfenden Berufe Baden-Württemberg e.V., Hegelstraße 33, 70174 Stuttgart, Internet: https://www.dstv-bw.de

Vereinigung der Wirtschaftsprüfer, vereidigten Buchprüfer und Steuerberater in Baden-Württemberg e.V., Corneliusstraße 36, 70619 Stuttgart, Internet: https://wbs-ev.de

Bayern

Landesverband der steuerberatenden und wirtschaftsprüfenden Berufe in Bayern e.V., Hansastraße 32, 80686 München, Internet: https://www.lswb.de

Berlin/Brandenburg

Berlin-Brandenburger Verband der Steuerberater, Wirtschaftsprüfer und vereidigten Buchprüfer e.V., Gasteiner Str. 6, 10717 Berlin, Internet: https://www.bbv-steuerberater.de

Steuerberaterverband Berlin-Brandenburg e.V., Littenstraße 10, 10179 Berlin, Internet: https://www.stbverband.de

Bremen

Steuerberaterverband im Lande Bremen e.V./Bremer Steuer-Institut, Schillerstr. 10, 28195 Bremen, Internet: https://www.stbv-bremen.de

Hamburg

Steuerberaterverband Hamburg e.V., Am Sandtorkai 64a, 20457 Hamburg, Internet: https://www.steuerberaterverband-hamburg.de

Hessen

Steuerberaterverband Hessen e.V., Mainzer Landstraße 211, 60326 Frankfurt/Main, Internet: https://www.stbverband-hessen.de

Steuerakademie – Fortbildungswerk des Steuerberaterverbandes Hessen e.V., Mainzer Landstraße 211, 60326 Frankfurt am Main, Internet: https://www.steuerakademie-hessen.de

Mecklenburg-Vorpommern

Steuerberaterverband Mecklenburg-Vorpommern e.V., Ostseeallee 40, 18107 Rostock, Internet: https://www.stb-verband-mv.de

Niedersachsen

Steuerberaterverband Niedersachsen Sachsen-Anhalt e.V., Zeppelinstraße 8, 30175 Hannover, Internet: https://www.steuerberater-verband.de

Nordrhein-Westfalen

Akademie für Steuer- und Wirtschaftsrecht des Steuerberater-Verbandes Köln GmbH, Von-der-Wettern-Straße 17, 51149 Köln, Internet: https://www.akademie-stuw.de

Akademie für Steuerrecht und Wirtschaft, Gasselstiege 33, 48159 Münster, Internet: https://www.asw-stbv.de

Steuerberaterverband Düsseldorf e.V., Grafenberger Allee 98, 40237 Düsseldorf, Internet: https://www.stbverband-duesseldorf.de

Steuerberater-Verband e.V. Köln, Von-der-Wettern-Straße 17, 51149 Köln, Internet: https://www.stbverband-koeln.de

Steuerberaterverband Westfalen-Lippe e.V., Gasselstiege 33, 48159 Münster, Internet: https://www.stbv.de

Steuerberaterverein Nordrhein-Westfalen e.V., Rosenstraße 1, 40479 Düsseldorf, Internet: https://www.steuerberaterverein.de

Studienwerk der Steuerberater in NRW e.V., Büro Köln, Eupener Straße 157, 50933 Köln, Internet: https://www.studienwerk.de
Büro Münster, Willy-Brandt-Weg 30, 48155 Münster, Internet: https://www.studienwerk.de

Rheinland-Pfalz

Steuerberaterakademie Rheinland-Pfalz, Hölderlinstraße 1, 55131 Mainz, Internet: https://www.stb-akademie-rlp.de

Steuerberaterverband Rheinland-Pfalz e.V., Hölderlinstraße 1, 55131 Mainz, Internet: https://www.stb-verband-rlp.de

Sachsen

Steuerberaterinstitut Sachsen des Steuerberaterverbandes Sachsen GmbH, Bertolt-Brecht-Allee 22, 01309 Dresden,
Internet: https://www.sis-institut.de

Steuerberaterverband Sachsen e.V., Bertolt-Brecht-Allee 22, 01309 Dresden, Internet: https://www.stbverband-sachsen.de

Sachsen-Anhalt

Studien-Akademie Magdeburg GmbH, Zum Domfelsen 4, 39104 Magdeburg,
Internet: https://www.sam-studien-akademie.de

Schleswig-Holstein

Steuerberaterverband Schleswig-Holstein e.V./Steuerakademie, Willy-
Brandt-Ufer 10, 24143 Kiel, Internet: https://www.stbvsh.de

Thüringen

Steuerberaterverband Thüringen e.V./Steuerakademie, Kartäuserstraße
27 a, 99084 Erfurt, Internet: https://www.stbverband-thueringen.de

1.3 Behörden, Gerichte und andere Organisationen

1.3.1 Finanzbehörden[1]

Bundesministerium der Finanzen

Dienstsitz Berlin, Wilhelmstraße 97, 10117 Berlin,
Internet: https://www.bundesfinanzministerium.de

Dienstsitz Bonn, Am Probsthof 78a, 53121 Bonn

Bundeszentralamt für Steuern (BZSt), An der Küppe 1, 53225 Bonn, Internet:
https://www.bzst.de

Bundesamt für zentrale Dienste und offene Vermögensfragen, DGZ-Ring 12,
13086 Berlin, Internet: https://www.badv.bund.de

Informationstechnikzentrum Bund (ITZBund), Bernkasteler Straße 8, 53175
Bonn, Internet: https://www.itzbund.de

Baden-Württemberg

Ministerium für Finanzen und Wirtschaft Baden-Württemberg, Neues
Schloss, Schlossplatz 4, 70173 Stuttgart, Internet: https://www.fm.baden-wuert
temberg.de

Oberfinanzdirektion Karlsruhe, Moltkestraße 50, 76133 Karlsruhe, Internet:
https://www.ofd-karlsruhe.fv-bwl.de

Bayern

Bayerisches Staatsministerium der Finanzen und für Heimat, Odeonsplatz 4,
80539 München, Internet: https://www.stmfh.bayern.de

Bayerisches Landesamt für Steuern, Sophienstraße 6, 80333 München,
Internet: https://www.finanzamt.bayern.de/LfSt/

---

[1] Die Finanzbehörden und -gerichte sind im Internet auch über das gemeinsame
Portal https://www.finanzamt.de zu erreichen.

Dienststelle Nürnberg, Krelingstraße 50, 90408 Nürnberg, Internet: https://www.finanzamt.bayern.de

Dienststelle Zwiesel, Stadtplatz 25, 94227 Zwiesel, Internet: https://www.finanzamt.bayern.de

Berlin

Senatsverwaltung für Finanzen, Klosterstraße 59, 10179 Berlin, Internet: https://www.berlin.de/sen/finanzen

Brandenburg

Ministerium der Finanzen und für Europa des Landes Brandenburg, Heinrich-Mann-Allee 107, 14473 Potsdam, Internet: https://www.mdfe.brandenburg.de

Bremen

Der Senator für Finanzen der Freien Hansestadt Bremen, Rudolf-Hilferding-Platz 1, 28195 Bremen, Internet: https://www.finanzen.bremen.de

Hamburg

Finanzbehörde, Gänsemarkt 36, 20354 Hamburg, Internet: https://www.hamburg.de/finanzbehoerde

Hessen

Hessisches Ministerium der Finanzen, Friedrich-Ebert-Allee 8, 65185 Wiesbaden, Internet: https://www.hmdf.hessen.de

Oberfinanzdirektion Frankfurt am Main, Zum Gottschalkhof 3, 60594 Frankfurt, Internet: https://www.ofd.hessen.de

Mecklenburg-Vorpommern

Finanzministerium Mecklenburg-Vorpommern, Schlossstraße 9–11, 19053 Schwerin, Internet: https://www.fm.mv-regierung.de

Niedersachsen

Niedersächsisches Finanzministerium, Schiffgraben 10, 30159 Hannover, Internet: https://www.mf.niedersachsen.de

Landesamt für Steuern Niedersachsen, Waterloostraße 5, 30169 Hannover, Internet: https://www.ofd.niedersachsen.de

Nordrhein-Westfalen

Ministerium der Finanzen des Landes Nordrhein-Westfalen, Jägerhofstraße 6, 40479 Düsseldorf, Internet: https://www.finanzverwaltung.nrw.de

Oberfinanzdirektion Rheinland, Riehler Platz 2, 50668 Köln, Internet: https://www.finanzverwaltung.nrw.de

Oberfinanzdirektion Münster, Albersloher Weg 250, 48155 Münster, Internet: *https://www.finanzverwaltung.nrw.de*

Rheinland-Pfalz

Ministerium der Finanzen, Kaiser-Friedrich-Straße 5, 55116 Mainz, Internet: https://www.fm.rlp.de

Landesamt für Steuern, Ferdinand-Sauerbruch-Straße 17, 56073 Koblenz, Internet: https://www.lfst-rlp.de

Saarland
Ministerium für Finanzen und Europa, Am Stadtgraben 6–8, 66111 Saarbrücken, Internet: https://www.saarland.de/mfe/DE/home/home_node.html

Landesamt für Zentrale Dienste, Virchowstraße 7, 66119 Saarbrücken, Internet: https://www.saarland.de/mfe/DE/portale/lzd/home/home_node.html

Sachsen
Sächsisches Staatsministerium der Finanzen, Carolaplatz 1, 01097 Dresden, Internet: https://www.smf.sachsen.de

Landesamt für Steuern und Finanzen, Stauffenbergallee 2, 01099 Dresden, Internet: https://www.lsf.sachsen.de

Sachsen-Anhalt
Ministerium der Finanzen des Landes Sachsen-Anhalt, Editharing 40, 39108 Magdeburg, Internet: https://www.mf.sachsen-anhalt.de

Schleswig-Holstein
Finanzministerium des Landes Schleswig-Holstein, Düsternbrooker Weg 104, 24105 Kiel, Internet: https://www.schleswig-holstein.de

Thüringen
Thüringer Finanzministerium, Ludwig-Erhard-Ring 7, 99099 Erfurt, Internet: https://finanzen.thueringen.de

Thüringer Landesamt für Finanzen, Steigerstraße 24, 99096 Erfurt, Internet: https://tlf.thueringen.de

1.3.2 Finanzgerichte

Bundesfinanzhof, Ismaninger Straße 109, 81675 München, Internet: https://www.bundesfinanzhof.de

Baden-Württemberg
Finanzgericht Baden-Württemberg, Börsenstraße 6, 70174 Stuttgart, Internet: https://www.finanzgericht-bw.justiz-bw.de

Finanzgericht Baden-Württemberg, Außensenate Freiburg, Gresserstraße 21, 79102 Freiburg

Bayern
Finanzgericht München, Ismaninger Straße 95, 81675 München, Internet: https://www.finanzgerichte.bayern.de

Außensenate Augsburg, Frohsinnstraße 21, 86150 Augsburg, Internet: https://www.finanzgerichte.bayern.de

Finanzgericht Nürnberg, Deutschherrnstraße 8, 90429 Nürnberg, Internet: https://www.finanzgerichte.bayern.de

Berlin/Brandenburg
Finanzgericht Berlin-Brandenburg, Von-Schön-Straße 10, 03050 Cottbus, Internet: https://www.finanzgericht.berlin.brandenburg.de

Bremen
Finanzgericht Bremen, Am Wall 198, 28195 Bremen, Internet: https://www.finanzgericht-bremen.de

Hamburg
Finanzgericht Hamburg, Lübeckertordamm 4, 20099 Hamburg, Internet: https://justiz.hamburg.de/finanzgericht/

Hessen
Hessisches Finanzgericht, Königstor 35, 34117 Kassel, Internet: https://finanzgerichtsbarkeit.hessen.de

Mecklenburg-Vorpommern
Finanzgericht Mecklenburg-Vorpommern, Spiegelsdorfer Wende Haus 1, 17491 Greifswald, Internet: https://www.mv-justiz.de/gerichte-und-staatsanwaltschaften/fachgerichte/finanzgericht/

Niedersachsen
Niedersächsisches Finanzgericht, Leonhardtstraße 15, 30175 Hannover, Internet: https://www.finanzgericht.niedersachsen.de

Nordrhein-Westfalen
Finanzgericht Düsseldorf, Ludwig-Erhard-Allee 21, 40227 Düsseldorf, Internet: https://www.fg-duesseldorf.nrw.de

Finanzgericht Köln, Appellhofplatz, 50667 Köln, Internet: https://www.fg-koeln.nrw.de

Finanzgericht Münster, Warendorfer Straße 70, 48145 Münster, Internet: https://www.fg-muenster.nrw.de

Rheinland-Pfalz
Finanzgericht Rheinland-Pfalz, Robert-Stolz-Straße 20, 67433 Neustadt/Weinstraße, Internet: https://fgnw.justiz.rlp.de/de/startseite

Saarland
Finanzgericht des Saarlandes, Hardenbergstraße 3, 66119 Saarbrücken, Internet: https://saarland.de/fgds/DE/home/home_node.html

Sachsen
Sächsisches Finanzgericht, Richterstraße 8, 04105 Leipzig, Internet: https://justiz.sachsen.de/fgl/

Sachsen-Anhalt
Finanzgericht des Landes Sachsen-Anhalt, Willy-Lohmann-Straße 29, 06844 Dessau-Roßlau, Internet: https://www.fg.sachsen-anhalt.de

Schleswig-Holstein

Schleswig-Holsteinisches Finanzgericht, Beselerallee 39-41, 24105 Kiel, Internet: https://www.schleswig-holstein.de/DE/Justiz/FG/fg_node.html

Thüringen

Thüringer Finanzgericht, Bahnhofstraße 3a, 99867 Gotha, Internet: https://www.finanzgericht.thueringen

1.3.3   Wirtschaftsministerien

Bundesministerium für Wirtschaft und Energie

Dienstsitz Berlin: Scharnhorststraße 34–37, 10115 Berlin, Internet: https://www.bmwi.de

Dienstsitz Bonn: Villemombler Straße 76, 53123 Bonn, Internet: https://www.bmwi.de

Baden-Württemberg, Ministerium für Wirtschaft, Arbeit und Tourismus Baden-Württemberg, Schlossplatz 4, 70173 Stuttgart, Internet: https://www.fm.baden-wuerttemberg.de

Bayern, Bayerisches Staatsministerium für Wirtschaft, Landesentwicklung und Energie, Prinzregentenstraße 28, 80538 München, Internet: https://www.stmwi.bayern.de

Berlin, Senatsverwaltung für Wirtschaft, Energie und Betriebe, Martin-Luther-Straße 105, 10825 Berlin, Internet: https://www.berlin.de/sen/wirtschaft

Brandenburg, Ministerium für Wirtschaft, Arbeit und Energie des Landes Brandenburg, Heinrich-Mann-Allee 107, 14473 Potsdam, Internet: https://www.mwae.brandenburg.de

Bremen, Die Senatorin für Wirtschaft, Arbeit und Europa, Zweite Schlachtpforte 3, 28195 Bremen, Internet: https://www.wirtschaft.bremen.de

Hamburg, Behörde für Wirtschaft und Innovation, Alter Steinweg 4, 20459 Hamburg, Internet: https://www.hamburg.de/bwi/

Hessen, Hessisches Ministerium für Wirtschaft, Energie, Verkehr und Wohnen, Kaiser-Friedrich-Ring 75, 65185 Wiesbaden, Internet: https://www.wirtschaft.hessen.de

Mecklenburg-Vorpommern, Ministerium für Wirtschaft, Arbeit und Gesundheit Mecklenburg-Vorpommern, Johannes-Stelling-Straße 14, 19053 Schwerin, Internet: https://www.regierung-mv.de/Landesregierung/wm/

Niedersachsen, Niedersächsisches Ministerium für Wirtschaft, Arbeit, Verkehr und Digitalisierung, Friedrichswall 1, 30159 Hannover, Internet: https://www.mw.niedersachsen.de

Nordrhein-Westfalen, Ministerium für Wirtschaft, Innovation, Digitalisierung und Energie des Landes Nordrhein-Westfalen, Berger Allee 25, 40213 Düsseldorf, Internet: https://www.wirtschaft.nrw

Rheinland-Pfalz, Ministerium für Wirtschaft, Verkehr, Landwirtschaft und Weinbau, Stiftsstraße 9, 55116 Mainz, Internet: https://www.mwvlw.rlp.de

Saarland, Ministerium für Wirtschaft, Arbeit, Energie und Verkehr, Franz-Josef-Röder-Straße 17, 66119 Saarbrücken, Internet: https://www.saarland.de/mwaev/DE/home/home_node.html

Sachsen, Sächsisches Staatsministerium für Wirtschaft, Arbeit und Verkehr, Wilhelm-Buck-Straße 2, 01097 Dresden, Internet: https://www.smwa.sachsen.de

Sachsen-Anhalt, Ministerium für Wirtschaft, Wissenschaft und Digitalisierung, Hasselbachstraße 4, 39104 Magdeburg, Internet: https://www.mw.sachsen-anhalt.de

Schleswig-Holstein, Ministerium für Wirtschaft, Verkehr, Arbeit, Technologie und Tourismus, Düsternbrooker Weg 104, 24105 Kiel, Internet: https://www.schleswig-holstein.de

Thüringen, Ministerium für Wirtschaft, Wissenschaft und Digitale Gesellschaft, Max-Reger-Straße 4–8, 99096 Erfurt, Internet: https://www.wirtschaft.thueringen.de

1.3.4 Leitstellen im Rahmen der Beratungs- und Schulungsförderung des Bundes

Bundesbetriebsberatungsstelle GmbH (BBG), Am Weidendamm 1 A, 10117 Berlin, Internet: https://betriebsberatungsstelle.de

DIHK Service GmbH, Breite Straße 29, 10178 Berlin, Internet: https://www.dihk.de

Förderungsgesellschaft des BDS-DGV mbH für die gewerbliche Wirtschaft und Freie Berufe, August-Bier-Straße 18, 53129 Bonn, Internet: https://www.foerder-bds.de

INTERHOGA GmbH, Am Weidendamm 1A, 10117 Berlin, Internet: https://www.interhoga.de

Leitstelle für Gewerbeförderungsmittel des Bundes, An Lyskirchen 14, 50676 Köln, Internet: https://www.leitstelle.org

Zentralverband des Deutschen Handwerks, Mohrenstraße 20–21, 10117 Berlin, Internet: https://www.zdh.de

1.3.5 Sozialversicherungsträger

AOK Bundesverband, Rosenthaler Straße 31, 10178 Berlin, Internet: https://www.aok-bv.de

Berufsgenossenschaft Verkehrswirtschaft Post-Logistik Telekommunikation (BG Verkehr), Ottenser Hauptstraße 54, 22765 Hamburg, Internet: https://www.bg-verkehr.de

Bundesagentur für Arbeit, Regensburger Straße 104, 90478 Nürnberg, Internet: https://www.arbeitsagentur.de

Deutsche Rentenversicherung Bund, Ruhrstraße 2, 10709 Berlin, Internet: https://www.deutsche-rentenversicherung.de

Deutsche Rentenversicherung Knappschaft-Bahn-See, Pieperstraße 14–28, 44789 Bochum, Internet: https://www.kbs.de

GKV-Spitzenverband, Reinhardtstraße 28, 10117 Berlin, Internet: https://www.gkv-spitzenverband.de

IKK e.V., Hegelplatz 1, 10117 Berlin, Internet: https://www.ikkev.de

Sozialversicherung für Landwirtschaft, Forsten und Gartenbau, Weißensteinstraße 70–72, 34131 Kassel, Internet: https://www.svlfg.de

Verband der Ersatzkassen e.V., Askanischer Platz 1, 10963 Berlin, Internet: https://www.vdek.com

1.3.6   Sonstige

Bundesanstalt für Finanzdienstleistungsaufsicht (BaFin), Graurheindorfer Straße 108, 53117 Bonn, Internet: https://www.bafin.de

Bundesanstalt für Finanzdienstleistungsaufsicht (BaFin), Wertpapieraufsicht/Asset-Management, Marie-Curie-Straße 24–28, 60439 Frankfurt/Main, Internet: https://www.bafin.de

Bundesarchiv Stasi-Unterlagen-Archiv, Karl-Liebknecht-Straße 31/33, 10178 Berlin, Internet: https://www.stasi-unterlagen-archiv.de

Bundesministerium für Umwelt, Naturschutz und nukleare Sicherheit, Stresemannstraße 128–130, 10117 Berlin, **Dienstsitz Bonn:** Robert-Schuman-Platz 3, 53175 Bonn, Internet: https://www.bmu.de

Der Generalbundesanwalt beim Bundesgerichtshof, Brauerstraße 30, 76135 Karlsruhe, Internet: https://www.generalbundesanwalt.de

Deutsche Bundesbank, Wilhelm-Epstein-Straße 14, 60431 Frankfurt, Internet: https://www.bundesbank.de

Europäische Zentralbank, Sonnemannstraße 22, 60314 Frankfurt am Main, Internet: https://www.ecb.europa.eu

Umweltbundesamt, Wörlitzer Platz 1, 06844 Dessau-Roßlau, Internet: https://www.umweltbundesamt.de

1.4 Internationales

1.4.1 Europäische Berufsorganisation und Mitgliedsorganisationen

Europäische Berufsorganisation

CFE Tax Advisers Europe, 188A, Avenue de Tervuren, B-1150 Bruxelles, Belgium, Internet: https://www.taxadviserseurope.org

Mitgliedsorganisationen der C.F.E.

Belgien

ITAA Institute for Tax advisors and Accountants, Bvd Emile Jacqmain 135/2, B-1000 Bruxelles, Internet: https://www.itaa.be.be

Finnland

Suomen Veroasiantuntijat ry, Timo Matikkala, KPMG Tax, Töölönlakdenkatu 3A, FIN-00101 Helsinki, Internet: https://www.veroasiantuntijat.fi

Frankreich

Institut des Avocats Conseils Fiscaux, 9 rue du Chevalier de Saint George, F-75008 Paris, Internet: https://www.iacf.fr

Großbritannien

The Chartered Institute of Taxation, 30 Monck Street, GB London, SW1P 2 AP, Internet: https://www.tax.org.uk

Tax Faculty/Institute of Chartered Accountants in England & Wales (ICAEW), Chartered Accountants' Hall, Moorgate Place, London EC2R 6EA, Internet: https://www.icaew.com

Irland

Irish Tax Institute, South Block, Longboat Quay, Grand Canal Harbour, Dublin 2, Ireland, Internet: https://www.taxinstitute.ie

Italien

Associazione Nazionale Tributaristi Italiani, Viale delle Milizie 14, 00192 Roma, Internet: https://www.associazionetributaristi.it

Consiglio Nazionale dei Dottori Commercialisti e degli Esperti Contabili, Piazza della Repubblica 59, 00185 Roma, Internet: https://www.commercialisti.it

Kroatien

Hrvatska komora poreznih savjetnika, Josipa Marohnića 3, HR-10000 Zagreb, Internet: https://www.hkps.hr

Lettland

Latvijas Nodoklu Konsultantu Asociacija, Tallinas iela 35b–9a, LV-1012 Riga, Internet: https://www.lnka.lv

Luxemburg
Ordre des Experts-Comptables, 7 rue Alcide de Gasperi, L-1615 Luxembourg,
Internet: https://www.oec.lu

Malta
Malta Institute of Taxation, Level 2, Quantum House, 75, Abate Rigord Street,
Ta' Xbiex Malta, Internet: https://www.maintax.org

Niederlande
De Nederlandse Orde van Belastingadviseurs, Sarphatistraat 500, NL-1018 AV
Amsterdam, Internet: https://www.nob.net

Register Belastingadviseurs, Prinses Beatrixlaan 544, 2595 BM Den Haag,
Internet: https://www.rb.nl

Österreich
Kammer der Steuerberater und Wirtschaftsprüfer, Am Belvedere 10/Top 4,
A-1120 Wien, Internet: https://www.kwt.or.at

Polen
Krajowa Izba Doradców Podatkowych, Ul. Gieldowa 4c/34, 01-211 Warszawa,
Internet: https://www.kidp.pl

Portugal
Associacão Portugesa de Consultores Fiscais, Av. Republica 6, 7 esq., P-1050-191
Lisbon, Internet: https://www.apcf.eu

Rumänien
Camera Consultantilor Fiscali, str. Alexandru Constantinescu, nr. 61, sector 1,
011472-Bucharest, Internet: https://www.ccfiscali.ro

San Marino
Ordine dei Dottori Commercialisti e degli Esperti Contabili, Repubblica di San
Marino, Via Ventotto Luglio 212, 47893 Borgo Maggiore, Internet: https://www.
odcec.sm

Schweiz
EXPERTsuisse AG, Stauffacherstr. 1, CH-8004 Zürich, Internet: https://www.
expertsuisse.ch

Slowakei
Slovenská komora danových poradcov, Trnavská cesta 74/A, 82102 Bratislava,
Internet: https://www.skdp.sk

Slowenien
Zbornica Davnich Svetovalcev Slovenije, Trzaska cesta 207, SL-1000 Ljubljana,
Internet: https://www.davki.org

Spanien
Asociación Española de Asesores Fiscales, Cl de O'Donnell 7, 1° dcha.
28009 Madrid, Internet: https://www.aedaf.es

Registro de Economistas de Asesores Fiscales (REAF), Calle Nicasio Gallego 8, E-28010 Madrid, Internet: https://www.reaf.economistas.es

Tschechien

Komora daňových poradců ČR, Kozí 4, CZ-60200 Brno, Internet: https://www.kdpcr.cz

Ukraine

The Union of the Tax Advisers of Ukraine, 01004, Kyiv, Gorkogo str. 13, off. 7, Ukraine, Internet: https://www.taxadvisers.org.ua

Usbekistan

The Tax Advisers Chamber of Uzbekistan, 4 Abay Street, Tashkent, Uzbekistan

1.4.2   Internetadressen europäischer Institutionen

Ausschuss der Regionen der Europäischen Union	https://cor.europa.eu
Europäischer Gerichtshof	https://curia.europa.eu
Europäische Investitionsbank	https://www.eib.org
Europäische Kommission	https://ec.europa.eu
Europäische Zentralbank	https://www.ecb.europa.eu
Europäischer Rechnungshof	https://eca.europa.eu
Europäischer Wirtschafts- und Sozialausschuss	https://www.eesc.europa.eu
Europäisches Parlament	https://www.europarl.europa.eu
Europarat	https://www.coe.int
Rat der Europäischen Union (Ministerrat)	https://www.consilium.europa.eu
Statistisches Amt der Europäischen Gemeinschaften	https://ec.europa.eu/eurostat/

1.4.3   Internetadressen zur Besteuerung
im Ausland

Frankreich
Ministerium für Wirtschaft, Industrie und Arbeit

https://www.economie.gouv.fr	Gesetzestexte (Code Général Des Impôts), Darstellungen wichtiger Steuerarten (nationale Steuern: Einkommen-, Körperschaft-, Umsatz-, Vermögen-, Kapitalertragsteuer; kommunale Steuern: Gewerbe-, Grund- und Wohnsteuer), ausgewählte Themen (Werbungskosten, Lebensversicherungen, Einkünfte aus Vermietung und Verpachtung u. a.), Formulare, Online-Berechnung für die Kilometerpauschale, DBA, Adressen der Finanzämter, Fristen, Bestellmöglichkeit für Steuerformulare, sehr umfangreiches Angebot ausschließlich in Französisch

Großbritannien
Institute for Fiscal Studies

https://www.ifs.org.uk	Überblick zur Besteuerung einschließlich kommunaler Abgaben und Sozialversicherung

The Irish Revenue Commissioners

https://www.revenue.ie	Tabellarische Übersichten mit Steuersätzen und Freibeträgen für die Einkommensteuer, aktuelle Mitteilungen, Formulare

Österreich
RIS-Rechtsinformationssystem

https://www.ris.bka.gv.at	Umfangreiche Sammlung der Bundes- und Landesgesetze (z. B. Einkommen-, Körperschaft-, Umsatz-, Erbschaft- und Schenkungsteuergesetz), umfangreiche Urteilssammlung

1.4.4 Internetadressen zur internationalen Rechnungslegung

IFRS Foundation/ International Accounting Standards Board (IASB)	https://www.ifrs.org
Financial Accounting Standards Board (FASB)	https://www.fasb.org
American Institute of Certified Public Accountants (AICPA)	https://www.aicpa.org
U.S. Securities and Exchange Commission (SEC)	https://www.sec.gov
International Organization of Securities Commissions (IOSCO)	https://www.iosco.org
Deutsches Rechnungslegungs Standards Committee (DRSC)	https://www.drsc.de

1.4.5 Internetadressen zu Auslandsinformationen

Quelle	Inhalt	Adressen
Außenhandelskammer	Links zu Steuern und Recht im Ausland	https://www.ahk.de
Auswärtiges Amt	Länderinfos und Rechtspublikationen	https:// www.auswaertiges-amt.de
Germany Trade & Invest	Informationen zu – ausländischen Märkten – Ausschreibungen im Ausland – Investitionen und Entwicklungsvorhaben – Recht und Zoll – Geschäftswünsche ausländischer Unternehmen	https://www.gtai.de
Hieros-Gamos	Links zu vielen internationalen Gerichten und Rechtsinstitutionen, insbes. aus den USA	https://www.hg.org

1.4.6   Europäische Union

A. Mitgliedstaaten

	Land	Beitritt	Währung
1	Belgien	Gründungsland	Euro
2	Bulgarien	2007	Leva
3	Dänemark	1973	dänische Krone
4	Deutschland	Gründungsland	Euro
5	Estland	2004	Euro
6	Finnland	1995	Euro
7	Frankreich	Gründungsland	Euro
8	Griechenland	1981	Euro
9	Irland	1973	Euro
10	Italien	Gründungsland	Euro
11	Kroatien	2013	Kuna
12	Lettland	2004	Euro
13	Litauen	2004	Euro
14	Luxemburg	Gründungsland	Euro
15	Malta	2004	Euro
16	Niederlande	Gründungsland	Euro
17	Österreich	1995	Euro
18	Polen	2004	Zloty
19	Portugal	1986	Euro
20	Rumänien	2007	Leu
21	Schweden	1995	schwedische Krone
22	Slowakei	2004	Euro
23	Slowenien	2004	Euro
24	Spanien	1986	Euro
25	Tschechische Republik	2004	tschechische Krone
26	Ungarn	2004	Forint
27	Zypern	2004	Euro

B. Bewerberländer
Albanien
Montenegro
Nordmazedonien
Serbien
Türkei

Internetadressen für Finanzinformationen

Bank für Internationalen Zahlungsausgleich	https://www.bis.org
Bundesamt für zentrale Dienste und offene Vermögensfragen – Dienstleistungszentrum	https://www.badv.bund.de
Bundesanstalt für Finanzdienstleistungsaufsicht	https://www.bafin.de
Bundesanzeiger-Verlag	https://www.bundesanzeiger.de
Bundesfinanzakademie	https://www.bundesfinanzakademie.de
Bundesministerium der Finanzen	https://www.bundesfinanzministerium.de
Bundesrepublik Deutschland Finanzagentur GmbH	https://www.deutsche-finanzagentur.de
Bundeszentralamt für Steuern	https://www.bzst.de
Centre for Economic Policy Research	https://www.cepr.org
Deutsche Bundesbank	https://www.bundesbank.de
Europäische Bank für Wiederaufbau und Entwicklung	https://www.ebrd.com
Europäische Investitionsbank	https://www.eib.org
Europäische Zentralbank	https://www.ecb.europa.eu
Finanzverwaltung der Länder	https://www.finanzamt.de
ifo Institut für Wirtschaftsforschung	https://www.ifo.de
Informationstechnikzentrum Bund (ITZBund)	https://itzbund.de
Insolvenzbekanntmachungen	https://www.insolvenzbekanntmachungen.de
Internationaler Währungsfonds	https://www.imf.org
Kommunikationsplattform für Informations- und Kooperationssuchende aus dem In- und Ausland des Bundesministeriums für Bildung und Forschung	https://www.kooperation-international.de
Kreditanstalt für Wiederaufbau	https://www.kfw.de
Organisation for Economic Cooperation and Development	https://www.oecd.org
Peterson Institute for International Economics	https://www.piie.com
Statistisches Bundesamt	https://www.destatis.de
The Federal Reserve Board	https://www.federalreserve.gov
Unternehmensregister	https://www.unternehmensregister.de
Welthandelsorganisation	https://www.wto.org
Zollkriminalamt	https://www.zoll.de

1.6   Nationale und internationale Maßeinheiten

Vorsätze zur Bezeichnung von Vielfachen und Teilen der Maßeinheiten

T	Tera	$=10^{12}$ Billion
G	Giga	$=10^{9}$ Milliarde
M	Mega	$=10^{6}$ Million
k	Kilo	$=10^{3}$ Tausend
h	Hekto	$=10^{2}$ Hundert
da	Deka	$=10^{1}$ Zehn
d	Dezi	$=10^{-1}$ Zehntel
c	Zenti	$=10^{-2}$ Hundertstel
m	Milli	$=10^{-3}$ Tausendstel
µ	Mikro	$=10^{-6}$ Millionstel
n	Nano	$=10^{-9}$ Milliardstel
p	Piko	$=10^{-12}$ Billionstel

Metrische Maße

Längenmaße

Meter	1 m	
Fermi	1 f	$=10^{-15}$ m
Ångström	1 Å	$=10^{-10}$ m
Nanometer	1 nm	$=^{1}/_{1000}$ µm
Mikrometer	1 µm	$=^{1}/_{1000}$ mm
Millimeter	1 mm	$=^{1}/_{1000}$ m
Zentimeter	1 cm	$=^{1}/_{100}$ m
Dezimeter	1 dm	$=^{1}/_{10}$ m
Kilometer	1 km	$=1000$ m
Lichtjahr	1 Lj	$=9,46 \cdot 10^{12}$ km
Parsec	1 Pc	$=3,09 \cdot 10^{13}$ km

Flächenmaße

Quadratmeter	1 m²	
Quadratkilometer	1 km²	$=100$ ha
Hektar	1 ha	$=100$ a
Ar	1 a	$=100$ m²
Quadratdezimeter	1 dm²	$=^{1}/_{100}$ m²
Quadratzentimeter	1 cm²	$=^{1}/_{100}$ dm²
Quadratmillimeter	1 mm²	$=^{1}/_{100}$ cm²
Barn	1 b	$=10^{-24}$ cm²

Raum- und Hohlmaße

Kubikmeter	1 m³	
Kubikdezimeter	1 dm³	$=^{1}/_{1000}$ m³
Kubikzentimeter	1 cm³	$=^{1}/_{1000}$ dm³
Kubikmillimeter	1 mm³	$=^{1}/_{1000}$ cm³
Liter	1 l	$=1000$ cm³
Hektoliter	1 hl	$=100$ l
Milliliter	1 ml	$=^{1}/_{1000}$ l

Würfel	$V=a^3$
Quader	$V=abc$
Kreiskegel	$V=$

Zeitmaße

Sekunde	1 s	
Minute	1 min	$=60$ s
Stunde	1 h	$=60$ min
Tag	1 d	$=24$ h
ferner Woche, Monat und Jahr		

Masse

Gramm	1 g	
Milligramm	1 mg	$=^{1}/_{1000}$ g
Kilogramm	1 kg	$=1000$ g
Tonne	1 t	$=1000$ kg

Kraft

Newton	$1\,N=10^5$ dyn	$=1\,m \cdot kg \cdot s^{-2}$
(früher Großdyn, Dyn)		
dyn	1 dyn	$=10^{-5}$ N
Pond	1 p	$=9,81 \cdot 10^{-3}$ N
Kilopond	$1\,kp=1000$ p	$=9,81$ N

Energie, Arbeit

Joule	1 J	$=1\,N \cdot m$	$=10^7$ erg
Erg	1 erg		$=10^{-7}$ J
Meterkilopond	1 mkp		$=9,81$ J
Wattsekunde	1 Ws	$=1$ J	$=1\,N \cdot m$
Kilowattstunde	1 kWh	$=1,36$ PSh	$=860$ kcal

Leistung

Watt	1 W	$=1$ J/s
Kilowatt	1 kW	$=1000$ W	$=1,36$ PS
Megawatt	1 MW		$=1000$ kW

Druck

Pascal	1 Pa	$=1$ N/m²	
Bar	1 bar, 1 b	$=10^5$ Pa	$=1,02$ kp/cm²
Millibar	1 mbar, 1 mb	$=10,2$ kp/m²	$=10,2$ mm Wassersäule (mm WS)

physik.	1 atm	= 760 Torr	= 760 mm
Atmosphäre			Queck-
			silbersäule
			(mm Hg) =
			1,033 kp/
			cm^2
Torr	1 Torr		= 1 mm
			Queck-
			silbersäule
			= 13,6 kp/m^2
techn. Atmo-	1 at,		= 1 kp/cm^2
sphäre	10 mWS		= 735,6 Torr
mm-Wassersäule	1 mmWS		= 1 kp/m^2

Temperatur

Grad Celsius, °C   Kelvin, K
Grad Fahrenheit, °F   Grad Reaumur, °R
Temperaturpunkte:
  0 °C =   0 °R = 32 °F = 273,15 K
100 °C = 80 °R = 212 °F = 373,15 K
  x °C =   273,15 + x K
für Temperaturdifferenzen gilt:
  1 °C =   1 K = 1,8 °F =   0,8 °R

Elektrizität und Magnetismus

elektr. Spannung:	Volt, V	
elektr. Stromstärke:	Ampere, A	
elektr. Widerstand:	Ohm	1 Ω = 1 V/A
elektr. Leitwert:	Siemens	1 S = 1 A/V
E-Menge, Ladung:	Coulomb	1 C = 1 As
elektr. Energie,	Watt-	
Arbeit:	sekunde	1 Ws = 1 J
elektr. Leistung:	Watt	1 W = 1 VA
elektr. Kapazität:	Farad	1 F = 1 C/V
Induktivität:	Henry	1 H = 1 Vs/A
magnet. Fluß:	Weber	1 Wb = 1 Vs
		= 10^4 Mx
	Maxwell	1 M = 10^{-4} G · m^2
magnet. Induktion:	Gauß	1 G = 10^{-4} Vs/m^2
	Tesla	1 T = 1 Vs/m^2
magnet. Feldstärke:	Oersted	1 Oe = 79,6 A/m
Frequenz:	Hertz	1 Hz = 1 s^{-1}

Photometrie

Lichtstärke:	Candela	cd
Lichtstrom:	Lumen	lm
Lichtmenge:	Lumen-	
	stunde	lmh
Beleuchtungs-		
stärke:	Lux	1 lx = 1 lm/m^2
	Phot	1 ph = 10^4 lx

Leuchtdichte:	Stilb	1 sb	= 1 cd/cm^2
	Apostilb	1 asb	= 1/π · 10^{-4} sb

Nichtmetrische Maße
Engl. und amerik. Maße, Unterscheidung in vielen
Fällen durch den Vorsatz Imp. (Imperial) oder U.S.
(United States); die Kurzzeichen werden uneinheit-
lich teils klein, teils groß, mit Punkt und ohne Punkt
geschrieben.

Längenmaße
(Linear Measures)
1 inch (in. od.")		= 25,4 mm
1 foot (ft. od.')	= 12 in.	= 30,48 cm
1 yard (yd.)	= 3 ft.	= 91,44 cm

Wege- und Vermessungsmaße
(Distance and Surveyors' Measures)
1 link (li.,l.)		= 7,92 in.	= 20,12 cm
1 rod (rd.)		= 1 pole (p.)	= 1 perch (p)
		= 25 li.	= 5,03 m
1 chain (ch.)	= 100 li.	= 4 rd.	= 20,12 m
1 furlong (fur.)		= 10 ch.	= 201,17 m
1 (statute) mile			
(stat. mi.)		= 8 fur.	= 1609,34 m

Nautische Maße
(Nautical Measures)
1 fathom (fm.)		= 6 ft.	= 1,829 m
1 cable length		= 100 fm.	= 182,9 m
US		= 120 fm.	= 219 m
1 nautical mile (n. m.)			= 1852 m

Flächenmaße
(Square Measures)
1 square inch. (sq. in)		= 6,452 cm^2
1 square foot (sq. ft.)	= 144 sq. in.	= 929 cm^2
1 square yard (sq. yd.)	= 9 sq. ft.	= 0,836 m^2
1 square rod (sq. rd.)	= 30,25 sq. yd.	= 25,29 m^2
1 rood (ro.)	= 40 sq. rd.	= 10,12 a
1 acre (a.)	= 4 ro.	= 40,47 a
1 square mile (sq. mi.)	= 640 a.	= 2,59 km^2

Raum- und Hohlmaße
(Cubic Measures and Measures of Capacity)
1 cubic inch (cu. in.)		= 16,39 cm^3
1 cubic foot (cu. ft.)	= 1728 cu. in.	= 28,32 dm^3
1 cubic yard (cu. yd.)	= 27 cu. ft.	= 0,765 m^3

Trocken- und Flüssigkeitsmaße
(Dry and Liquid Measures)
England: Vorsatz British, Imperial od. Imp.
USA: Vorsatz U.S.

1 Imp. gill (Imp. gi., gl.)		= 0,142 l
1 U.S. liquid gill		= 0,118 l
1 Imp. pint (Imp. pt.)	= 4 gi.	= 0,568 l
1 U.S. dry pint		= 0,550 l
1 U.S. liquid pint	= 4 liquid gi.	= 0,473 l
1 Imp. quart (Imp. qt.)	= 2 Imp. pt.	= 1,136 l
1 U.S. dry quart	= 2 dry pt.	= 1,1 l
1 U.S. liquid quart	= 2 liquid pt.	= 0,946 l
1 Imp. gallon		
(Imp. gal.)	= 4 Imp. qt.	= 4,546 l
1 U.S. gallon	= 4 liquid qt.	= 3,785 l

Flüssigkeitsmaße
(Liquid Measures)

1 Imp. barrel		
(Imp. bl.)	= 36 Imp. gal.	= 163,6 l
1 U.S. barrel (U.S. bl.)	= 31,5 U.S. gal.	= 119 l
1 U.S. barrel petroleum	= 42 U.S. gal.	= 158,97 l

Trockenmaße
(Dry Measures)

1 Imp. peck (Imp. pk.)	= 2 Imp. gal.	= 9,092 l
1 U.S. peck	= 8 dry qt.	= 8,81 l
1 Imp. bushel		
(Imp. bu., bsh.)	= 4 Imp. pk.	= 36,36 l
1 U.S. bushel		
(Getreidemaß)	= 4 U.S. pk.	= 35,24 l
1 Imp. quarter		
(Imp. qr.)	= 8 Imp. bsh.	= 290,94 l

Gewichte (Masse)
Handelsgewichte
(Avoirdupois Weight)

1 dram (dr. av., vereinfacht dr.)		= 1,77 g
1 ounce (oz.)	= 16 dr.	= 28,35 g
1 pound (lb.)	= 16 oz.	= 0,454 kg
1 stone (st.) (G.B.)	= 14 lb.	= 6,35 kg
1 long quarter (qr. l.)		
(G.B., U.S.)	= 28 lb.	= 12,7 kg
1 short quarter (qr. sh.)		
(U.S.)	= 25 lb.	= 11,34 kg
1 long hundredweight (cwt. l.)		
(G.B., U.S.)	= 112 lb.	= 50,8 kg
1 short hundredweight (cwt. sh.)		
(U.S.)	= 100 lb.	= 45,36 kg

1 long ton (tn. l.)		
(G.B., U.S.)	= 2240 lb.	= 1,016 t
1 short ton (tn. sh.)		
(U.S.)	= 2000 lb.	= 0,9072 t

Fein- und Apothekergewichte
(Troy and Apothecaries' Weight)

1 grain (gr.)		= 0,0648 g
1 scruple (s. ap.)	= 20 gr.	= 1,296 g
1 pennyweight (dwt.)	= 24 gr.	= 1,555 g
1 dram (drachm)		
(dr. t. oder dr. ap.)	= 3 s. ap.	= 3,888 g
1 ounce (oz. ap.)	= 8 dr. ap.	= 31,104 g
1 pound (lb. t. oder		
lb. ap.)	= 12 oz. ap.	= 0,373 kg

Apothekermaße (Flüssigkeitsmaße)
(Apothecaries' Fluid Measures)

1 Imp. minim (Imp. min., m.)		= 0,0592 cm^3
1 U.S. minim (U.S. min., m.)		= 0,0616 cm^3
1 Imp. fluid drachm		
(Imp. fl. dr.)	= 60 min.	= 3,552 cm^3
1 U.S. fluid dram		
(U.S. fl. dr.)	= 60 min.	= 3,696 cm^3
1 Imp. fluid ounce		
(Imp. fl. oz.)	= 8 fl. dr.	= 0,0284 l
1 U.S. fluid ounce		
(U.S. fl. oz.)	= 8 fl. dr.	= 0,0296 l

Energie, Arbeit, Leistung

1 foot-pound (ft. lb.)	= 1,356 Joule	= 0,1383 mkp
1 horsepower hour		
(hph)	= 1,014 PSh	= 0,7457 kWh
1 Brit. thermal unit (Btu.)		
= 0,252 kcal	= 107,6 mkp	= 1055 Joule
1 horsepower (hp)		
= 1,014 PS	= 76,04 mkp/s	= 0,7457 kW

Druck und Spannung

1 pound per square inch		
(lb. p. sq. in.)	= psi	= 0,07031 kp/cm^2
1 pound per square foot		
(lb. p. sq. ft.) auch lb./sq.ft.		= 4,882 kp/m^2
1 long ton per square inch (tn. p. sq. in.)		
(G.B.) auch tn. l./sq. in.		= 1,575 kp/mm^2
1 short ton per square inch (tn. sh. p. sq. in.)		
(U.S.) auch tn. sh./sq. in.		= 1,406 kp/mm^2

2 Rechnungslegung und Prüfung

2.1 Rechnungslegung nach dem deutschen Handelsgesetzbuch[1]

2.1.1 Jahresabschluss und Lagebericht der Kapitalgesellschaft (& Co. KG)

Die Rechnungslegungsvorschriften zum Jahresabschluss lassen sich wie folgt strukturieren:

	Alle Kaufleute	Kapitalgesellschaft (& Co. KG)	
		kleine	mittel-/große
Jahresabschluss	Bilanz Gewinn- und Verlustrechnung	Bilanz Gewinn- und Verlustrechnung Anhang	Bilanz Gewinn- und Verlustrechnung Anhang Lagebericht
Rechtsvorschriften[1]	§§ 238–256a	(+) §§ 264–288	(++) §§ 289–289f
Gliederung			
– Bilanz	Anlage-/Umlaufvermögen/ Eigenkapital/Schulden	Gliederungsschema nach §266	
– GuV	„ausreichend" gegliedert	Gliederungsschema nach §275 a) Gesamtkostenverfahren Abs. 2 b) Umsatzkostenverfahren Abs. 3	
– Anhang		§§ 284, 285 und unzählige sonstige bzw. spezialgesetzliche und rechtsform-spezifische Vorschriften	
– Lagebericht			§§ 289–289f
– größenabhängige Erleichterungen		§266 Abs. 1 Satz 3 §276 §288 Abs. 1	§276 §288 Abs. 2 (mittelgroße)

Zusätzliche spezialgesetzliche Vorschriften werden zur besseren Darstellung der Grundform nicht aufgeführt. Kaufleute

[1] Alle §§ ohne Gesetzesbezeichnung beziehen sich auf das HGB.

sind in den §§ 1–7 HGB definiert, Kapitalgesellschaften (& Co. KG) ergeben sich aus den § 264 bis 264d HGB, deren gemeinsames Merkmal es ist, dass keine natürliche Person persönlich haftender Gesellschafter ist.

2.1.1.1 Bilanzschema gemäß § 266 HGB[1]

A. Bilanz der Kleinstkapitalgesellschaft i.S.d. § 267a HGB[2,3]

AKTIVSEITE

A. Anlagevermögen

B. Umlaufvermögen

C. Rechnungsabgrenzungsposten

D. Aktive latente Steuern[4]

E. Aktiver Unterschiedsbetrag aus der Vermögensrechnung[5]

PASSIVSEITE

A. Eigenkapital

B. Rückstellungen

C. Verbindlichkeiten

D. Rechnungsabgrenzungsposten

E. Passive latente Steuern[4]

ANGABEN UNTER DER BILANZ[6]

1. Haftungsverhältnisse, § 251, 268 Abs. 7 HGB
2. Organkredite, § 285 Nr. 9c HGB
3. Angaben zu eigenen Aktien, § 160 Abs. 1 Nr. 2 AktG
4. Forderungen, Verbindlichkeiten gegenüber Gesellschaftern, § 42 Abs. 3 GmbHG[7]

---

[1] Ohne rechtsformspezifische Sondervorschriften (z.B. § 152 AktG, § 42 GmbHG, § 264c HGB).

[2] Neu eingeführt durch Kleinstkapitalgesellschaften-Bilanzänderungsgesetz vom 20.12.2012, in Kraft getreten am 28.12.2012, anwendbar bereits für am 31.12.2012 endende Geschäftsjahre.

[3] Vgl. zu den Größenmerkmalen Kap. 2.1.1.6.1.

[4] Kann aufgrund Wahlrecht des § 274a Nr. 4 HGB i.V.m. § 267a Abs. 2 HGB entfallen, zum Meinungsstand vgl. Beck'scher Bilanzkommentar, 12. Aufl., § 274a Tz. 6–7 und weitere Nachweise.

[5] In der Praxis eher selten.

[6] Bei Angabe von 1.–3. kann Aufstellung eines Anhangs entfallen, § 264 Abs. 1 S. 5 HGB; zu weiteren Sonderfällen vgl. Beck'scher Bilanzkommentar, 12. Aufl., § 267a Tz. 9.

[7] Keine Erleichterung im MicroBilG; zwingende Angabe ggf. auch als Davon-Vermerk, Beck'scher Bilanzkommentar, 12. Aufl., § 284 Tz. 77.

B. Bilanz der kleinen[1] Kapitalgesellschaft i.S.d. § 267 Abs. 1 HGB

AKTIVSEITE

A. Anlagevermögen
I.   Immaterielle Vermögensgegenstände
II. Sachanlagen
III. Finanzanlagen

B. Umlaufvermögen
I.   Vorräte
II. Forderungen und sonstige Vermögensgegenstände
III. Wertpapiere
IV. Kassenbestand, Bundesbankguthaben, Guthaben bei Kreditinstituten und Schecks

C. Rechnungsabgrenzungsposten

D. Aktive latente Steuern[2]

E. Aktiver Unterschiedsbetrag aus der Vermögensverrechnung

PASSIVSEITE

A. Eigenkapital
I.   Gezeichnetes Kapital
II. Kapitalrücklage
III. Gewinnrücklagen
IV. Gewinnvortrag/Verlustvortrag
V. Jahresüberschuss/Jahresfehlbetrag

B. Rückstellungen

C. Verbindlichkeiten

D. Rechnungsabgrenzungsposten

E. Passive latente Steuern[2]

---

[1] Vgl. zu den Größenmerkmalen Kap. 2.1.1.6.1.
[2] Zum Umfang der Befreiungsvorschrift des § 274a Nr. 4 HGB und Meinungsstand vgl. Beck'scher Bilanzkommentar, 12. Aufl., § 274a Tz. 6–7 sowie WP-Handbuch 2020, S. 852 Tz. 445 und S. 932 Tz. 711–712.

C. Bilanz der mittelgroßen[1] Kapitalgesellschaft i.S.d. §267 Abs. 2 HGB[2]

AKTIVSEITE

A. Anlagevermögen
I. Immaterielle Vermögensgegenstände,
davon
1. Selbst geschaffene gewerbliche Schutzrechte und ähnliche Rechte und Werte
2. Geschäfts- oder Firmenwert
II. Sachanlagen
1. Grundstücke, grundstücksgleiche Rechte und Bauten, einschließlich der Bauten auf fremden Grundstücken
2. technische Anlagen und Maschinen
3. andere Anlagen, Betriebs- und Geschäftsausstattung
4. geleistete Anzahlungen und Anlagen im Bau
III. Finanzanlagen,
davon
1. Anteile an verbundenen Unternehmen
2. Ausleihungen an verbundene Unternehmen
3. Beteiligungen
4. Ausleihungen an Unternehmen, mit denen ein Beteiligungsverhältnis besteht

B. Umlaufvermögen
I. Vorräte
II. Forderungen und sonstige Vermögensgegenstände,
davon
1. Forderungen gegen verbundene Unternehmen
2. Forderungen gegen Unternehmen, mit denen ein Beteiligungsverhältnis besteht
III. Wertpapiere,
davon
1. Anteile an verbundenen Unternehmen
IV. Kassenbestand, Bundesbankguthaben, Guthaben bei Kreditinstituten und *Schecks*

C. Rechnungsabgrenzungsposten

D. Aktive latente Steuern

---

[1] Vgl. zu den Größenmerkmalen Kap. 2.1.1.6.1.
[2] Hier dargestellt: Umfang der Offenlegung unter Berücksichtigung größenabhängiger Erleichterungen (§327 HGB). Aufstellung der Bilanz wie bei der großen Kapitalgesellschaft (vgl. Folgeseite).

E. Aktiver Unterschiedsbetrag aus der Vermögensverrechnung

PASSIVSEITE

A. Eigenkapital
I.   Gezeichnetes Kapital
II. Kapitalrücklage
III. Gewinnrücklagen
IV. Gewinnvortrag/Verlustvortrag
V.   Jahresüberschuss/Jahresfehlbetrag

B. Rückstellungen

C. Verbindlichkeiten,
davon
1. Anleihen,
   davon konvertibel
2. Verbindlichkeiten gegenüber Kreditinstituten
3. Verbindlichkeiten gegenüber verbundenen Unternehmen
4. Verbindlichkeiten gegenüber Unternehmen, mit denen ein Beteiligungsverhältnis besteht

D. Rechnungsabgrenzungsposten

E. Passive latente Steuern

D. Bilanz der großen[1] Kapitalgesellschaft i.S.d. § 267 Abs. 3 HGB

AKTIVSEITE

A. Anlagevermögen
I. Immaterielle Vermögensgegenstände
    1. Selbst geschaffene gewerbliche Schutzrechte und ähnliche Rechte und Werte
    2. entgeltlich erworbene Konzessionen, gewerbliche Schutzrechte und ähnliche Rechte und Werte sowie Lizenzen an solchen Rechten und Werten
    3. Geschäfts- oder Firmenwert
    4. geleistete Anzahlungen
II. Sachanlagen
    1. Grundstücke, grundstücksgleiche Rechte und Bauten einschließlich der Bauten auf fremden Grundstücken
    2. technische Anlagen und Maschinen
    3. andere Anlagen, Betriebs- und Geschäftsausstattung
    4. geleistete Anzahlungen und Anlagen im Bau

---

[1] Vgl. zu den Größenmerkmalen Kap. 2.1.1.6.1.

III. Finanzanlagen
1. Anteile an verbundenen Unternehmen
2. Ausleihungen an verbundene Unternehmen
3. Beteiligungen
4. Ausleihungen an Unternehmen, mit denen ein Beteiligungsverhältnis besteht
5. Wertpapiere des Anlagevermögens
6. sonstige Ausleihungen

B. Umlaufvermögen
I. Vorräte
1. Roh-, Hilfs- und Betriebsstoffe
2. unfertige Erzeugnisse, unfertige Leistungen
3. fertige Erzeugnisse und Waren
4. geleistete Anzahlungen
II. Forderungen und sonstige Vermögensgegenstände
1. Forderungen aus Lieferungen und Leistungen
2. Forderungen gegen verbundene Unternehmen
3. Forderungen gegen Unternehmen, mit denen ein Beteiligungsverhältnis besteht
4. sonstige Vermögensgegenstände
III. Wertpapiere
1. Anteile an verbundenen Unternehmen
2. sonstige Wertpapiere
IV. Kassenbestand, Bundesbankguthaben, Guthaben bei Kreditinstituten und Schecks

C. Rechnungsabgrenzungsposten

D. Aktive latente Steuern

E. Aktiver Unterschiedsbetrag aus der Vermögensverrechnung

PASSIVSEITE

A. Eigenkapital
I. Gezeichnetes Kapital
II. Kapitalrücklage
III. Gewinnrücklagen
1. gesetzliche Rücklage
2. Rücklage für Anteile an einem herrschenden oder mehrheitlich beteiligten Unternehmen
3. satzungsmäßige Rücklagen
4. andere Gewinnrücklagen
IV. Gewinnvortrag/Verlustvortrag
V. Jahresüberschuss/Jahresfehlbetrag

B. Rückstellungen
1. Rückstellungen für Pensionen und ähnliche Verpflichtungen
2. Steuerrückstellungen
3. sonstige Rückstellungen

C. Verbindlichkeiten
1. Anleihen,
   davon konvertibel
2. Verbindlichkeiten gegenüber Kreditinstituten
3. erhaltene Anzahlungen auf Bestellungen
4. Verbindlichkeiten aus Lieferungen und Leistungen
5. Verbindlichkeiten aus der Annahme gezogener Wechsel und der
   Ausstellung eigener Wechsel
6. Verbindlichkeiten gegenüber verbundenen Unternehmen
7. Verbindlichkeiten gegenüber Unternehmen, mit denen ein Beteiligungsverhältnis besteht
8. sonstige Verbindlichkeiten,
   davon aus Steuern,
   davon im Rahmen der sozialen Sicherheit

D. Rechnungsabgrenzungsposten

E. Passive latente Steuern

2.1.1.2　GuV-Schema gemäß § 275 HGB[1]

A. Gesamtkostenverfahren (§ 275 Abs. 2 HGB)[2]

1. Umsatzerlöse[3]
2. Erhöhung oder Verminderung des Bestands an fertigen und unfertigen Erzeugnissen
3. andere aktivierte Eigenleistungen
4. sonstige betriebliche Erträge
5. Materialaufwand
   a) Aufwendungen für Roh-, Hilfs- und Betriebsstoffe und für bezogene Waren
   b) Aufwendungen für bezogene Leistungen
6. Personalaufwand
   a) Löhne und Gehälter
   b) soziale Abgaben und Aufwendungen für Altersversorgung und für Unterstützung, davon für Altersversorgung
7. Abschreibungen
   a) auf immaterielle Vermögensgegenstände des Anlagevermögens und Sachanlagen
   b) auf Vermögensgegenstände des Umlaufvermögens, soweit diese die in der Kapitalgesellschaft üblichen Abschreibungen überschreiten
8. sonstige betriebliche Aufwendungen
9. Erträge aus Beteiligungen, davon aus verbundenen Unternehmen
10. Erträge aus anderen Wertpapieren und Ausleihungen des Finanzanlagevermögens, davon aus verbundenen Unternehmen
11. sonstige Zinsen und ähnliche Erträge, davon aus verbundenen Unternehmen
12. Abschreibungen auf Finanzanlagen und auf Wertpapiere des Umlaufvermögens
13. Zinsen und ähnliche Aufwendungen,
    davon an verbundene Unternehmen
14. Steuern vom Einkommen und vom Ertrag
15. Ergebnis nach Steuern
16. sonstige Steuern
17. Jahresüberschuss/Jahresfehlbetrag

---

[1] Gemäß § 275 Abs. 1 HGB besteht ein Wahlrecht zwischen Gesamtkostenverfahren und Umsatzkostenverfahren. Für Kleinstkapitalgesellschaften siehe auch Wahlrecht Kap. 2.1.1.2, C. Gliederung in der Fassung des Bilanzlinie-Umsetzungsgesetz (BilRUG) vom 17.7. 2015.

[2] Kleine und mittelgroße Kapitalgesellschaften dürfen die Posten 1.–5. zu einem Posten unter der Bezeichnung „Rohergebnis" zusammenfassen (§ 276 Satz 1 HGB).

[3] Inhaltliche Neudefinition des Begriffs im BilRUG: Erlöse aus dem Verkauf und der Vermietung von Produkten sowie aus der Erbringung von Dienstleistungen. Merkmale der „gewöhnlichen" Geschäftstätigkeit bzw. „typisches" Leistungsangebot ist entfallen; ergo Ausweitung der zu erfassenden Erträge (vgl. dazu auch *Oser/Orth/Wirz*, Der Betrieb 2015 S.1729 ff., sowie Beck'scher Bilanzkommentar, 12. Aufl., § 275 Tz.45–68).

B. Umsatzkostenverfahren (§ 275 Abs. 3 HGB)[1]

1. Umsatzerlöse
2. Herstellungskosten der zur Erzielung der Umsatzerlöse erbrachten Leistungen
3. Bruttoergebnis vom Umsatz
4. Vertriebskosten
5. allgemeine Verwaltungskosten
6. sonstige betriebliche Erträge
7. sonstige betriebliche Aufwendungen
8. Erträge aus Beteiligungen,
   davon aus verbundenen Unternehmen
9. Erträge aus anderen Wertpapieren und Ausleihungen des Finanzanlagevermögens,
   davon aus verbundenen Unternehmen
10. sonstige Zinsen und ähnliche Erträge,
    davon aus verbundenen Unternehmen
11. Abschreibungen auf Finanzanlagen und auf Wertpapiere des Umlaufvermögens
12. Zinsen und ähnliche Aufwendungen,
    davon an verbundene Unternehmen
13. Steuern vom Einkommen und vom Ertrag
14. Ergebnis nach Steuern
15. sonstige Steuern
16. Jahresüberschuss/Jahresfehlbetrag

C. Kleinstkapitalgesellschaften (§ 275 Abs. 5 HGB)

1. Umsatzerlöse
2. sonstige Erträge
3. Materialaufwand
4. Personalaufwand
5. Abschreibungen
6. sonstige Aufwendungen
7. Steuern
8. Jahresüberschuss/Jahresfehlbetrag

---

[1] Gemäß § 276 Satz 1 HGB dürfen kleine und mittelgroße Kapitalgesellschaften die Posten 1.–3. und 6. zu einem Posten unter der Bezeichnung „Rohergebnis" zusammenfassen.

2.1.1.3 Anhang[1]

Beschreibung der Norm	Vorschrift	Sollvorschrift für Kapitalgesellschaft i. S. d. §267 HGB[3]		
		groß	mittel[4]	klein[4]
I. Allgemeine Angaben und Angaben zu Bilanzierungs- und Bewertungsmethoden, Währungsumrechnung				
Angaben zur Identifikation der Gesellschaft	§264 Abs. 1a HGB	X	X	X
Strukturierung des Anhangs (zwingend) in der Reihenfolge der einzelnen Posten von Bilanz und GuV	§284 Abs. 1 Satz 1 HGB	X	X	X
Angabe der auf die Posten der Bilanz und der Gewinn- und Verlustrechnung angewandten Bilanzierungs- und Bewertungsmethoden	§284 Abs. 2 Nr. 1 HGB	X	X	X
Angabe und Begründung der Abweichungen von Bilanzierungs- und Bewertungsmethoden sowie gesonderte Darstellung des Einflusses dieser Abweichungen auf die Vermögens-, Finanz- und Ertragslage[2]	§284 Abs. 2 Nr. 2 HGB	X	X	X
Angabe der wesentlichen Unterschiedsbeträge zum letzten Börsenkurs oder Marktpreis bei Anwendung von Bewertungsvereinfachungsverfahren nach §§ 240 Abs. 4, 256 Satz 1 HGB	§284 Abs. 2 Nr. 3 HGB	X	X	
Angaben über die Einbeziehung von Zinsen für Fremdkapital in die Herstellungskosten	§284 Abs. 2 Nr. 4 HGB	X	X	X
Zusätzliche Angaben, wenn der Jahresabschluss ein den tatsächlichen Verhältnissen entsprechendes Bild der Vermögens-, Finanz- und Ertragslage nicht vermittelt	§264 Abs. 2 Satz 2 HGB	X	X	X
Angabe und Begründung, wenn die Darstellungsstetigkeit (Gliederung der aufeinander folgenden Bilanzen und Gewinn- und Verlustrechnungen) nicht beibehalten wird	§265 Abs. 1 Satz 2 HGB	X	X	X

---

[1] In der Fassung des BilRUG.
[2] Vgl. *Mader/Seitz*, Die Fortführung der Unternehmenstätigkeit („Going Concern") wird unterstellt – auch in der Corona-Krise, DStR 2020, S. 966–1008; vgl. *Rimmelspacher/Kliem*, Auswirkungen des Coronavirus auf die handelsrechtliche Finanzberichterstattung, WPg 2020, S. 381–387; vgl. *Pföhler/Knappe*, Going Concern in Corona-Zeiten, WPg 2021, S. 354–360; vgl. Fachlicher Hinweis des IDW – Zweifelsfragen zu den Auswirkungen der Ausbreitung des Corona-Virus auf die Rechnungslegung und deren Prüfung, Teil 3, 5. Update, April 2021.
[3] Für Kleinstkapitalgesellschaften Wahlrecht, keinen Anhang zu erstellen, §264 Abs. 1 Satz 5 HGB, dann bestimmte Angaben unter der Bilanz, vgl. dazu Kapitel 2.1.1 A.
[4] Unter Berücksichtigung größenabhängiger Erleichterungen, vor allem aus §288 HGB.

Beschreibung der Norm	Vorschrift	Sollvorschrift für Kapitalgesellschaft i. S. d. § 267 HGB		
		groß	mittel	klein
Angabe und Erläuterung, wenn Beträge einzelner Posten der Bilanz und Gewinn- und Verlustrechnung nicht mit den Angaben des vorhergehenden Geschäftsjahres vergleichbar sind	§ 265 Abs. 2 Satz 2 HGB	X	X	X
Angabe und Erläuterung, wenn der Vorjahresbetrag in der Bilanz und Gewinn- und Verlustrechnung angepasst wird	§ 265 Abs. 2 Satz 3 HGB	X	X	X
Angabe der Mitzugehörigkeit zu anderen Posten, wenn ein Vermögensgegenstand oder eine Schuld unter mehreren Posten der Bilanz fällt und dies zur Aufstellung eines klaren und übersichtlichen Jahresabschlusses erforderlich ist	§ 265 Abs. 3 Satz 1 HGB	X	X	X
Angabe und Begründung der Ergänzung, wenn durch mehrere Geschäftszweige verschiedene Gliederungsvorschriften bedingt sind und das verwendete Gliederungsschema ergänzt wird	§ 265 Abs. 4 Satz 2 HGB	X	X	
Gesonderter Ausweis von in der Bilanz und Gewinn- und Verlustrechnung im Interesse der Klarheit der Darstellung zusammengefassten Posten	§ 265 Abs. 7 Nr. 2 HGB	X	X	X
II. Angaben zum Jahresabschluss				
1. Angaben zur Bilanz				
a. Anstehende Einlagen				
Angabe des Betrags der im Handelsregister gemäß § 172 Abs. 1 HGB eingetragenen, jedoch noch nicht geleisteten Einlagen (ausstehende Einlagen)	§ 264 c Abs. 2 Satz 9 HGB	X	X	
b. Anlagevermögen				
Darstellung des Anlagespiegels (Anlagengitter)	§ 284 Abs. 3 HGB	X	X	
Angabe der Abschreibungen des Geschäftsjahres auf die Posten des Anlagevermögens	§ 284 Abs. 3 HGB	X	X	
Angabe aktivierter Fremdkapitalzinsen in Herstellungskosten für jeden Posten des Anlagevermögens	§ 284 Abs. 3 Satz 4 HGB	X	X	
Gesonderte Angabe des Betrages der außerplanmäßigen Abschreibungen nach § 253 Abs. 3 Satz 5 und 6 HGB	§ 277 Abs. 3 Satz 1 HGB	X	X	X
Erläuterung des Zeitraums, über den ein entgeltlich *erworbener Geschäfts- oder Firmenwert* abgeschrieben wird	§ 285 Nr. 13 HGB	X	X	X

Beschreibung der Norm	Vorschrift	Sollvorschrift für Kapitalgesellschaft i.S.d. §267 HGB		
		groß	mittel	klein
Für zu den Finanzanlagen gehörende Finanzinstrumente, die über ihrem beizulegenden Zeitwert ausgewiesen werden, da eine außerplanmäßige Abschreibung gem. §253 Abs.3 Satz 6 HGB unterblieben ist, Angaben über den Buchwert, den beizulegenden Zeitwert der einzelnen Vermögensgegenstände oder angemessener Gruppierungen sowie den Gründen für das Unterlassen der Abschreibung einschließlich der Anhaltspunkte, die darauf hindeuten, dass die Wertminderung voraussichtlich nicht von Dauer ist	§285 Nr.18 HGB	X	X	
c. Forderungen/Verbindlichkeiten Angaben zu den Verbindlichkeiten:				
– Gesamtbetrag der Verbindlichkeiten mit einer Restlaufzeit von mehr als fünf Jahren	§285 Nr.1a HGB	X	X	X
– Gesamtbetrag der Verbindlichkeiten, die durch Pfandrechte oder ähnliche Rechte gesichert sind, unter Angabe von Art und Form der Sicherheiten	§285 Nr.1b HGB	X	X	X
– Aufgliederung dieser Angaben für jeden Posten der Verbindlichkeiten	§285 Nr.2 HGB	X	X	
Gesonderter Ausweis von Ausleihungen, Forderungen/Verbindlichkeiten gegenüber Gesellschaftern; Vermerk, wenn Ausweis unter anderen Posten erfolgt	§42 Abs.3 GmbHG, §264c Abs.1 HGB	X	X	X
Erläuterungen zu wesentlichen Beträgen bei den „sonstigen Vermögensgegenständen" bzw. „Verbindlichkeiten", die erst nach dem Abschlussstichtag rechtlich entstehen	§268 Abs.4 Satz 2 und Abs.5 Satz 3 HGB	X	X	
d. Aktive Rechnungsabgrenzungsposten Angaben zu dem Unterschiedsbetrag (Disagio) gemäß §250 Abs.3 HGB	§268 Abs.6 HGB	X	X	
e. Eigenkapital Angabe des gezeichneten Kapitals in DM, wenn die Umstellung auf Euro noch nicht erfolgt ist	Art. 42 Abs.3 Satz 3 EGHGB	X	X	X
Angabe eines Gewinn- oder Verlustvortrages	§268 Abs.1 Satz 3 HGB	X	X	X
Angabe der gemäß §29 Abs.4 GmbHG in anderen Gewinnrücklagen eingestellten Beträge	§29 Abs.4 Satz 2 GmbHG	X	X	X

Beschreibung der Norm	Vorschrift	Sollvorschrift für Kapitalgesellschaft i. S. d. §267 HGB		
		groß	mittel	klein
f. Pensionsrückstellungen				
Angabe der in der Bilanz nicht ausgewiesenen Rückstellungen für laufende Pensionen, Anwartschaften auf Pensionen und ähnliche Verpflichtungen aufgrund einer unmittelbaren Zusage bei Anwendung des Art. 28 Abs. 1 Satz 1 EGHGB („Altzusagen") bzw. Angabe des Haftungsrisikos aus mittelbaren[1,2] Versorgungszusagen bei Anwendung des Art. 28 Abs. 1 Satz 2 EGHGB	Art. 28 Abs. 2 und Art. 48 Abs. 6 EGHGB	X	X	X
Angabe der in der Bilanz nicht ausgewiesenen Zuführungen/Auflösungen zu Rückstellungen für laufende Pensionen, Anwartschaften auf Pensionen und ähnliche Verpflichtungen bei Anwendung des Art. 67 Abs. 1 EGHGB (geänderte Bewertung; Wahlrecht bis 2024)	Art. 67 Abs. 1 und 2 EGHGB	X	X	X
Darstellung des Unterschiedsbetrags bei der Berechnung der Pensionsrückstellungen bei einem Marktzinssatz von sieben und alternativ zehn Jahren (wahlweise auch unter der Bilanz)	§253 Abs. 6 HGB	X	X	
Angaben bei Inanspruchnahme des Wahlrechts der vorzeitigen Anwendung in Wirtschaftsjahr 2015	Art. 75 Abs. 7 Satz 4 EGHGB	X	X	
g. Latente Steuern				
Angabe, auf welchen Differenzen oder steuerlichen Verlustvorträgen latente Steuern beruhen sowie der Steuersatz der Bewertung der latenten Steuern, Angabe der konkreten Steuersalden	§285 Nr. 29, 30 HGB	X	(X)[3]	
h. Sonstige Rückstellungen				
Erläuterungen zu den wesentlichen nicht gesondert ausgewiesenen sonstigen Rückstellungen	§285 Nr. 12 HGB	X	X	

---

[1] Zwischenschaltung einer Versorgungseinrichtung wie z.B. einer Pensionskasse, Pensionsfonds, Unterstützungskasse oder Direktversicherung.

[2] *Sofern Versorgungseinrichtungen Leistungskürzungen planen oder umsetzen und der Bilanzierende den begünstigten Mitarbeitern gegenüber eine Erfüllungsgarantie erklärt* muss die mittelbare insoweit in eine unmittelbare (passivierungspflichtige) Altersversorgungsverpflichtung hinein, vgl. auch WP Handbuch 2020, S. 897, Tz. 585.

[3] Keine größenabhängige Erleichterung für §285 Nr. 30 HGB.

Beschreibung der Norm	Vorschrift	Sollvorschrift für Kapitalgesellschaft i.S.d. §267 HGB		
		groß	mittel	klein
2. Angaben zur Gewinn- und Verlustrechnung				
Erläuterung des Betrages und der Art von einzelnen Aufwendungen und Erträgen, die einem anderen Geschäftsjahr zuzurechnen sind, soweit nicht von untergeordneter Bedeutung	§285 Nr. 32 HGB	X		
Aufgliederung der Umsatzerlöse nach Tätigkeitsbereichen sowie nach geografisch bestimmten Märkten, soweit sich unter Berücksichtigung der Organisation des Verkaufs, der Vermietung oder Verpachtung von Produkten und der Erbringung von Dienstleistungen der Kapitalgesellschaft die Tätigkeitsbereiche und geografisch bestimmten Märkte untereinander erheblich unterscheiden	§285 Nr. 4 HGB	X		
Schutzvorschrift: Keine Angabe nach §285 Nr. 4 HGB erforderlich bei erheblichem Nachteil	§286 Abs. 2 HGB	X		
Angabe der Anwendung der Schutzklausel gem. §286 Abs. 2 HGB	§286 Abs. 2 2. HS HGB	X	X	X
Angaben bei Anwendung des Umsatzkostenverfahrens: – Materialaufwand des Geschäftsjahres, gegliedert nach §275 Abs. 2 Nr. 5 HGB – Personalaufwand des Geschäftsjahres, gegliedert nach §275 Abs. 2 Nr. 6 HGB	§285 Nr. 8 HGB	X	X	
Angabe von Aufwendungen und Erträgen von außergewöhnlicher Größenordnung oder Bedeutung[1]	§285 Nr. 31 HGB	X	X	X
III. Sonstige Angaben				
1. Haftungsverhältnisse und sonstige finanzielle Verpflichtungen				
Angaben der in §251 HGB bezeichneten Haftungsverhältnisse unter Angabe der gewährten Pfandrechte und sonstigen Sicherheiten	§268 Abs. 7 HGB	X	X	X
Art und Zweck sowie Risiken und Vorteile von nicht in der Bilanz enthaltenen Geschäften, soweit dies wesentlich ist und die Offenlegung für die Beurteilung der Finanzlage notwendig ist	§285 Nr. 3 HGB	X	X	

---

[1] Im Jahresabschluss bilanzierte Corona-Finanzhilfen sind zu beachten und ggfls. zu erwähnen. Vgl. *Zimmer/Vodermeier/Krauß*, Prüfungsrelevante Aspekte von im Jahresabschluss 2020 bilanzierten Corona-Finanzhilfen, WPg 2021, S. 419–425.

Beschreibung der Norm	Vorschrift	Sollvorschrift für Kapitalgesellschaft i. S. d. §267 HGB		
		groß	**mittel**	**klein**
Angabe des Gesamtbetrages der sonstigen finanziellen Verpflichtungen, die nicht in der Bilanz erscheinen und auch nicht nach §268 Abs. 7 oder Nr. 3 HGB anzugeben sind, sofern diese Angabe für die Beurteilung der Finanzlage von Bedeutung ist, sowie als Davon-Vermerk gesonderte Angabe für Altersversorgungsverpflichtungen sowie ggü. verbundenen/assoziierten Unternehmen	§285 Nr. 3a HGB	X	X	X
2. Beziehungen zu verbundenen Unternehmen				
Angabe der Haftungsverhältnisse gemäß §251 HGB gegenüber verbundenen Unternehmen	§268 Abs. 7 HGB	X	X	X
Angabe des Betrages der sonstigen finanziellen Verpflichtungen gegenüber verbundenen Unternehmen, die nicht in der Bilanz erscheinen und auch nicht nach §268 Abs. 7 oder Nr. 3 HGB anzugeben sind, sofern diese Angabe für die Beurteilung der Finanzlage von Bedeutung ist	§285 Nr. 3a HGB	X	X	
Angabe von Name und Sitz des Mutterunternehmens der Kapitalgesellschaft, das den Konzernabschluss für den größten und den kleinsten Kreis von Unternehmen aufstellt, sowie der Ort, wo der von diesem Mutterunternehmen aufgestellte Konzernabschluss erhältlich ist	§285 Nr. 14 und Nr. 14a HGB	X	X	(X)[1]
Angabe von Name und Sitz des Mutterunternehmens, das den befreienden Konzernabschluss und -lagebericht aufstellt; Hinweis auf die Befreiung von der Verpflichtung, einen Konzernabschluss und -lagebericht aufzustellen; Erklärung der im befreienden Konzernabschluss vom deutschen Recht abweichend angewandten Bilanzierungs-, Bewertungs- und Konsolidierungsmethoden	§291 Abs. 2 Nr. 4 HGB	X	X	X
3. Organmitglieder, Aufwendungen für Organe und Organkredite				
Angaben über die im Geschäftsjahr gewährten Gesamtbezüge der Mitglieder eines – Geschäftsführungsorgans – Aufsichtsrats/Beirats oder einer ähnlichen Einrichtung Bezugsrechte und sonstige aktienbasierte Vergütungen sind mit ihrer Anzahl und dem beizulegenden Zeitwert zum Zeitpunkt ihrer Gewährung anzugeben.	§285 Nr. 9a HGB	X	X	

---

[1] Bei §285 Nr. 14a HGB nur: keine Angabe des Ortes, wo der Konzernabschluss des Mutterunternehmens erhältlich ist.

Beschreibung der Norm	Vorschrift	Sollvorschrift für Kapitalgesellschaft i.S.d. §267 HGB		
		groß	mittel	klein
Angabe der Gesamtbezüge der früheren Mitglieder der bezeichneten Organe und ihrer Hinterbliebenen; ferner Angabe des Betrags der für diese Personengruppe gebildeten Rückstellungen für laufende Pensionen und Anwartschaften auf Pensionen und der Betrag, der für diese Verpflichtungen nicht gebildeten Rückstellungen	§285 Nr.9b HGB	X	X	
Schutzvorschrift: Bei Gesellschaften, die keine börsennotierten Aktiengesellschaften sind, keine Angabe nach §285 Nr.9a und Nr.9b HGB erforderlich, wenn sich anhand dieser Angaben die Bezüge eines Mitglieds dieser Organe feststellen lassen	§286 Abs.4 HGB	X	X	
Angabe der gewährten Vorschüsse und Kredite unter Angabe der Zinssätze, der wesentlichen Bedingungen und der gegebenenfalls im Geschäftsjahr zurückgezahlten oder erlassenen Beträge an Mitglieder des Geschäftsführungsorgans, Aufsichtsrats/Beirats oder einer ähnlichen Einrichtung sowie die zu Gunsten dieser Personen eingegangenen Haftungsverhältnisse	§285 Nr.9c HGB	X	X	X
Angabe aller Mitglieder des Geschäftsführungsorgans und eines Aufsichtsrats, auch wenn sie im Geschäftsjahr oder später ausgeschieden sind, mit dem Familiennamen und mindestens einem ausgeschriebenen Vornamen, einschließlich des ausgeübten Berufs (bei börsennotierten Aktiengesellschaften auch der Mitgliedschaft in Aufsichtsräten und anderen Kontrollgremien). Der Vorsitzende eines Aufsichtsrats, seine Stellvertreter und ein etwaiger Vorsitzender des Geschäftsführungsorgans sind als solche zu bezeichnen.	§285 Nr.10 HGB	X	X	
4. Sonstige Angaben				
Angabe der durchschnittlichen Zahl der während des Geschäftsjahres beschäftigten Arbeitnehmer getrennt nach Gruppen	§285 Nr.7 HGB	X	X	X
Angabe von Name, Sitz, Beteiligungsquote, Eigenkapital und Ergebnis des letzten Geschäftsjahres von Unternehmen, soweit es sich um eine Beteiligung im Sinne des §271 HGB handelt; ferner sind von börsennotierten Kapitalgesellschaften zusätzlich alle Beteiligungen an großen Kapitalgesellschaften anzugeben, die 5% der Stimmrechte überschreiten	§285 Nr.11, 11b HGB	X	X	
Angabe von Name, Sitz und Rechtsform der Unternehmen, deren unbeschränkt haftender Gesellschafter die Gesellschaft ist	§285 Nr.11a HGB	X	X	

		Sollvorschrift für Kapitalgesellschaft i. S. d. § 267 HGB		
Beschreibung der Norm	**Vorschrift**	**groß**	**mittel**	**klein**
Schutzvorschrift: keine Angaben nach § 285 Nr. 11 und 11b HGB erforderlich	§ 286 Abs. 3 Satz 1 HGB	X	X	X
Schutzvorschrift: keine Angabe des Eigenkapitals und des Jahresergebnisses, wenn das Unternehmen, über das zu berichten ist, seinen Jahresabschluss nicht offenzulegen hat, und das berichtende Unternehmen keinen beherrschenden Einfluss auf das betreffende Unternehmen ausüben kann	§ 286 Abs. 3 Satz 2 HGB	X	X	X
Angabe der Anwendung der Schutzklausel gemäß § 286 Abs. 3 Satz 1 Nr. 2 HGB	§ 286 Abs. 3 Satz 4 HGB	X	X	X
Angabe von Name und Sitz der Gesellschaften, die persönlich haftende Gesellschafter sind, sowie deren gezeichnetes Kapital	§ 285 Nr. 15 HGB	X	X	
Bestehen von Genussrechten oder dergleichen unter Angabe der Anzahl und der Rechte	§ 285 Nr. 15a HGB	X	X	
Angabe, dass die nach § 161 AktG vorgeschriebene Erklärung abgegeben und wo sie öffentlich zugänglich gemacht worden ist	§ 285 Nr. 16 HGB	X	X	X
Angaben zum Honorar des Abschlussprüfers für im Geschäftsjahr erbrachte Leistungen	§ 285 Nr. 17 HGB	X	(X)[1]	
Angaben für jede Kategorie nicht zum beizulegenden Zeitwert bilanzierter derivativer Finanzinstrumente über Art, Umfang, beizulegendem Zeitwert, soweit er sich nach § 255 Abs. 4 HGB verlässlich ermitteln lässt, unter Angabe der angewandten Bewertungsmethode, deren Buchwert und der Bilanzposten, in welchem der Buchwert, soweit vorhanden, erfasst ist, sowie Gründe dafür, warum der beizulegende Zeitwert nicht bestimmt werden kann	§ 285 Nr. 19 HGB	X	X	
Zu den Finanzinstrumenten, die mit dem beizulegenden Zeitwert bewertet werden, Angaben über grundlegende Annahmen, die der Bestimmung des beizulegenden Zeitwertes mithilfe allgemein anerkannter Bewertungsmethoden zugrunde gelegt wurden, sowie Angaben über Umfang und Art jeder Kategorie derivativer Finanzinstrumente einschließlich der wesentlichen Bedingungen, welche die Höhe, den Zeitpunkt und die Sicherheit zukünftiger Zahlungsströme beeinflussen können	§ 285 Nr. 20 HGB	X	X	X

[1] Gemäß § 288 Abs. 2 Satz 2 HGB kann die Angabe unterbleiben. Wird die Angabe unterlassen, besteht die Pflicht, diese der Wirtschaftsprüferkammer auf deren schriftliche Anforderung zu übermitteln.

Beschreibung der Norm	Vorschrift	Sollvorschrift für Kapitalgesellschaft i. S. d. § 267 HGB		
		groß	mittel	klein
Angaben über Geschäfte mit nahe stehenden Unternehmen und Personen, die nicht zu marktüblichen Bedingungen zustande gekommen sind, soweit sie wesentlich sind, einschließlich Angaben zur Art der Beziehung, zum Wert der Geschäfte sowie weiterer Angaben, die für die Beurteilung der Finanzlage notwendig sind; ausgenommen sind Geschäfte mit und zwischen mittel- oder unmittelbar in hundertprozentigem Anteilsbesitz stehenden in einen Konzernabschluss einbezogenen Unternehmen; die Angaben über Geschäfte können nach Geschäftsarten zusammengefasst werden, sofern die getrennte Angabe für die Beurteilung der Auswirkungen auf die Finanzlage nicht notwendig ist	§ 285 Nr. 21 HGB	X	X[1]	
Im Fall der Aktivierung nach § 248 Abs. 2 HGB der Gesamtbetrag der Forschungs- und Entwicklungskosten des Geschäftsjahres sowie der davon auf selbst geschaffene immaterielle Vermögensgegenstände des Anlagevermögens entfallenden Beträge, jeweils aufgegliedert in Forschungs- und Entwicklungskosten	§ 285 Nr. 22 HGB	X	X	
Bei Anwendung des § 254 HGB Angabe des Betrags der Risiken sowie der Art der Bewertungseinheiten zur Absicherung dieser für Vermögensgegenstände, Schulden, schwebende Geschäfte und mit hoher Wahrscheinlichkeit vorgesehenen Transaktionen zur Absicherung der Risiken	§ 285 Nr. 23 HGB	X	X	X
Angaben zu den Rückstellungen für Pensionen und ähnliche Verpflichtungen über das angewandte versicherungsmathematische Berechnungsverfahren sowie die grundlegende Annahme der Berechnung, wie Zinssatz, erwartete Lohn- und Gehaltssteigerungen und zugrunde gelegte Sterbetafeln	§ 285 Nr. 24 HGB	X	X	
Im Fall der Verrechnung von Vermögensgegenständen und Schulden nach § 246 Abs. 2 Satz 2 HGB Angaben über die Anschaffungskosten und den beizulegender Zeitwert, den Erfüllungsbetrag der verrechneten Schulden sowie die verrechneten Aufwendungen und Erträge	§ 285 Nr. 25 HGB	X	X	X

[1] Gemäß § 288 Abs. 2 Satz 3 HGB brauchen die Angaben nur gemacht zu werden, sofern die Geschäfte direkt oder indirekt mit einem Gesellschafter, Unternehmen, an denen die Gesellschaft selbst eine Beteiligung hält, oder Mitgliedern des Geschäftsführungs-, Aufsichts- oder Verwaltungsorgans abgeschlossen wurden.

Beschreibung der Norm	Vorschrift	Sollvorschrift für Kapitalgesellschaft i. S. d. § 267 HGB		
		groß	mittel	klein
Angaben zu den Anteilen i. S. des § 1 Abs. 10 KAGB oder Anlageaktien an inländischen Investmentvermögen i. S. d. §§ 108–123 KAGB oder vergleichbaren ausländischen Investmentanteilen von mehr als 10 %, aufgegliedert nach Anlagezielen, deren Wert i. S. d. §§ 168, 278 KAGB oder § 36 InvG oder vergleichbarer ausländischer Vorschriften über die Ermittlung des Marktwertes, die Differenz zum Buchwert und die für das Geschäftsjahr erfolgte Ausschüttung sowie Beschränkungen in der Möglichkeit der täglichen Rückgabe; Angabe der Gründe dafür, dass eine Abschreibung gemäß § 253 Abs. 3 Satz 6 HGB unterblieben ist, einschließlich der Anhaltspunkte, die darauf hindeuten, dass die Wertminderung voraussichtlich nicht von Dauer ist; Nr. 18 ist insoweit nicht anzuwenden	§ 285 Nr. 26 HGB	X	X	
Angabe der Gründe der Einschätzung des Risikos der Inanspruchnahme für nach § 268 Abs. 7 HGB im Anhang ausgewiesene Verbindlichkeiten und Haftungsverhältnisse	§ 285 Nr. 27 HGB	X	X	
Angabe des Gesamtbetrags der Erträge i. S. des § 268 Abs. 8 HGB aufgegliedert in die Erträge aus der Aktivierung selbst geschaffener immaterieller Vermögensgegenstände des Anlagevermögens und latenter Steuern sowie aus der Bewertung von Finanzinstrumenten oder Vermögensgegenständen zum beizulegenden Zeitwert	§ 285 Nr. 28 HGB	X	X	
Vorgänge von besonderer Bedeutung nach Schluss des Geschäftsjahres[1]	§ 285 Nr. 33 HGB	X	X	
Ergebnisverwendungsvorschlag oder (endgültiger) Beschluss über Ergebnisverwendung	§ 285 Nr. 34 HGB	X	X	
Angabe im Anhang des Mutterunternehmens, wenn kein Konzernabschluss aufgestellt wird, weil alle Tochtergesellschaften gemäß § 295 oder § 296 HGB nicht einbezogen werden	§ 284 Abs. 1, § 296 Abs. 3 i. V. m. § 290 Abs. 5 HGB	X	X	X
IV. Aktienrechtliche Vorschriften				
Angabe der gemäß § 58 Abs. 2a AktG in die Rücklagen eingestellten Beträge (Eigenkapitalanteil von Wertaufholungen bei Vermögensgegenständen des Anlage- und Umlaufvermögens und von bei der steuerrechtlichen Gewinnermittlung gebildeten Passivposten, die nicht im Sonderposten mit Rücklageanteil ausgewiesen werden dürfen)	§ 58 Abs. 2a Satz 2 AktG/§ 29 Abs. 4 Satz 2 GmbHG	X	X	X

---

[1] Qualitative Berichterstattung zu den möglichen Auswirkungen der Corona-Pandemie auf die wirtschaftliche Lage des Unternehmens sind ausreichend. Quantitative Angaben sind nicht zwingend erforderlich. Vgl. Fachlicher Hinweis des IDW – Zweifelsfragen zu den Auswirkungen der Ausbreitung des Corona-Virus auf die Rechnungslegung und deren Prüfung, Teil 3, 5. Update, April 2021.

Beschreibung der Norm	Vorschrift	Sollvorschrift für Kapitalgesellschaft i. S. d. § 267 HGB		
		groß	mittel	klein
Einstellungen in und Entnahmen aus den Kapital- und Gewinnrücklagen	§ 152 Abs. 2 und 3 AktG	X	X	X
Darstellung zur Egebnisverwendung gemäß § 158 Abs. 1 AktG	§ 158 Abs. 1 Satz 2 AktG	X	X	X
Angaben zu Aktien für Rechnung der Gesellschaft oder eines abhängigen oder eines im Mehrheitsbesitz der Gesellschaft stehenden Unternehmens und Angaben zu eigenen Aktien	§ 160 Abs. 1 Nr. 1 und 2 AktG	X	X	(X)
Angaben über die Zahl und den Nennbetrag der Aktien jeder Gattung; gesonderte Angabe der aus einer bedingten Kapitalerhöhung oder einem genehmigten Kapital im GJ gezeichneten Aktien	§ 160 Abs. 1 Nr. 3 AktG	X	X	
Angaben zum genehmigten Kapital	§ 160 Abs. 1 Nr. 4 AktG	X	X	
Angaben zu Bezugsrechten gemäß § 192 Abs. 2 Nr. 3 AktG	§ 160 Abs. 1 Nr. 5 AktG	X	X	
Angaben zum Bestehen einer wechselseitigen Beteiligung unter Angabe des Unternehmens	§ 160 Abs. 1 Nr. 7 AktG	X	X	
Angaben zum Bestehen einer Beteiligung an der Gesellschaft, die ihr nach § 20 Abs. 1 oder 4 AktG oder nach § 33 Abs. 1 oder Abs. 2 WpHG mitgeteilt worden ist	§ 160 Abs. 1 Nr. 8 AktG	X	X	
Unterbleiben von Angaben gemäß § 160 Abs. 1 AktG insoweit, als es für das Wohl der Bundesrepublik Deutschland oder eines ihrer Länder erforderlich ist	§ 160 Abs. 2 AktG	X	X	X
Erläuterung der Verwendung der bei Kapitalherabsetzung und der Auflösung von Gewinnrücklagen gewonnenen Beträge	§ 240 Satz 3 AktG	X	X	
Angabe der Gründe und Beifügung einer Sonderrechnung, falls eine anlässlich einer Sonderprüfung i. S. der §§ 258 ff. AktG festgestellte Unterbewertung nicht mehr zu einer entsprechenden Korrektur der Bilanzansätze führt	§ 261 Abs. 1 Satz 3 und 4 AktG	X	X	(X)[1]

---

[1] Vgl. § 261 Abs. 1 Satz 7 AktG.

2.1.1.4 Lagebericht[1]

A. Zweck des (Konzern-)Lageberichts

Informationsvermittlung

Interessenausgleich zwischen

– Adressaten und
– Geschäftsführung/Vorstand

Interessenregelung durch

a) Ergänzung der JA/KA-Informationen
b) Verdichtung der JA/KA-Informationen

Grundsätze ordnungsmäßiger (Konzern-)Lageberichtsdarstellung

– Wahrheit bzw. Richtigkeit bzw. „Verlässlichkeit"
– Vollständigkeit vs. Wesentlichkeit
– Klarheit bzw. Verständlichkeit
– Stetigkeit
– Bezugnahme auf den Jahresabschluss
– Plausibilität und Widerspruchsfreiheit
– Ausgewogenheit
– Informationsabstufung
– Schätzungsprämissen
– Fehlanzeigen
– Vermittlung aus Sicht der Konzernleitung/Geschäftsführung

---

[1] Aufstellungspflicht für Kapitalgesellschaften, §264 HGB, Kommanditgesellschaften nach §264a HBG, Genossenschaften, §336 HGB sowie Konzerne, §290 HGB.

B. Gliederungsvorschlag des Lageberichts nach HGB[1, 2, 3, 4]

	Gliederung	Unterpunkte
1.	Darstellung des Geschäfts-verlaufs einschließlich des Geschäftsergebnisses	Entwicklung von Branche und Gesamtwirtschaft Umsatz-, Auftrags- und Ergebnisentwicklung Produktion, Beschaffung, Investitionen Finanzierungsmaßnahmen Nichtfinanzielle Leistungsindikatoren[5] Personal- und Sozialbereich[5] Umweltschutz[5] Sonstige wichtige Ereignisse und Ent-wicklungen im Geschäftsjahr
2.	Darstellung der Lage	Vermögens-, Finanz- und Ertragslage Besondere Darstellungen wie z.B. Sparten, Segmente
3.	Voraussichtliche Entwicklung sowie wesentliche Chancen und Risiken hierbei	Prognosezeitraum 1 Jahr Hinweise auf Chancen und Risiken[6] Risiken aus der Verwendung von Finanz-instrumenten Risikomanagementziele und -methoden bei Sicherungsgeschäften und wichtigen Transaktionen
4.	Sonstige Angaben	Vorgänge von besonderer Bedeutung im neuen Geschäftsjahr (Nachtragsbericht)[7] Verwendung von Finanzinstrumenten Forschung und Entwicklung Bestehende Zweigniederlassungen

[1] Verbindliche Gliederungsvorschriften bestehen trotz vieler Detailregelungen nicht.
[2] Gliederungsvorschlag in Anlehnung an Reihenfolge in § 289 HGB, nicht zulässig für Konzern.
[3] *Die Vorschriften des Gesetzes zur Stärkung der nichtfinanziellen Berichterstattung der Unternehmen in ihren Lage- und Konzernlageberichten (CSR-Richtlinie-Umsetzungsgesetz) vom 11.4.2017,* betreffend große kapitalmarktorientierte Unternehmen sowie Banken und Versicherungen, werden hier nicht aufgeführt, vgl. hierzu Richter/Johne/König, Umsetzung der CSR-Richtlinie in nationales Recht, Wpg 2017, S.566–572.
[4] Die (neun spezialgesetzlichen) Vorschriften des § 289a HGB für Aktiengesellschaften/Kommanditgesellschaften auf Aktien i.S.d. § 2 Abs.7 WpÜG sind hier nicht aufge-führt, siehe im Gesetz.
[5] Nur für große Kapitalgesellschaften i.S.d. § 267 Abs.3 HGB verpflichtend.
[6] Vor dem Hintergrund der Auswirkungen der anhaltenden Corona-Pandemie rückt die Be-urteilung und die Frage, wann eine Abkehr von der Annahme der Fortführung der Unter-nehmenstätigkeit möglicherweise vorliegt, für den Abschlussprüfer noch weiter in den Fokus. Vgl. *Pföhler/Knappe,* Going Concern in Corona-Zeiten, WPg 2021, S. 354–360.
[7] Verlagerung in den Anhang für Geschäftsjahre ab 2016, § 285 Nr.33 HGB.

C. Gliederungsvorschlag des (Konzern-)Lageberichts nach DRS 20[1,2]

	Gliederung des Lageberichts	Unterpunkte
1.	Grundsätze	Vollständigkeit Verlässlichkeit und Ausgewogenheit Klarheit und Übersichtlichkeit Vermittlung der Sicht der Konzernleitung Wesentlichkeit Informationsabstufung
2.	Grundlagen des Konzerns/ Unternehmens	Geschäftsmodell des Konzerns Zweigniederlassungen Ziele und Strategien Steuerungssystem Forschung und Entwicklung
3.	Wirtschaftsbericht	Gesamtwirtschaftliche und branchenbezogene Rahmenbedingungen Geschäftsverlauf Lage – Ertragslage – Finanzlage – Vermögenslage Finanzielle und nichtfinanzielle Leistungsindi- katoren
4.	Nachtragsbericht	
5.	Prognose-, Chancen- und Risikobericht	Prognosebericht Risikobericht Chancenbericht
6.	Internes Kontrollsystem und Risikomanagementsystem bezogen auf den Konzernrech- nungslegungsprozess	
7.	Risikoberichterstattung in Bezug auf die Verwendung von Finanzinstrumenten	
8.	Übernahmerelevante Angaben	
9.	Angaben betreffend den Erwerb eigener Aktien	

[1] Gliederungsvorschlag in Anlehnung an DRS 20 i.d.F. v. 22.9.2017 aufgrund des CSR-Richtlinie-Umsetzungsgesetzes vom 11.4.2017, verpflichtend für den Konzern, empfohlen auch für den Jahresabschluss. Zentrale Regelungsinhalte sind die Erweiterung des Konzernlageberichts um eine nichtfinanzielle Konzernerklärung und Angaben zum Diversitätskonzept. Betroffen sind kapitalmarktorientierte Konzerne, Kreditinstitute und Versicherungsunternehmen mit mehr als 500 Arbeitnehmern.

[2] Nach DRS 20 Tz. 25 ist der Lagebericht in inhaltlich abgegrenzte Abschnitte mit entsprechenden Überschriften zu untergliedern.

	Gliederung des Lageberichts	Unterpunkte
10.	Konzernerklärung zur Unternehmensführung	
11.	Um Angaben zum Diversitätskonzept erweiterte Konzernerklärung zur Unternehmensführung	
12.	Nichtfinanzielle Konzernerklärung	Geltungsbereich Befreiung Berichtsalternativen Gesonderter nichtfinanzieller Konzernbericht Inhalt der nichtfinanziellen Konzernerklärung – Geschäftsmodell – berichtspflichtige Aspekte – Angaben zu den berichtspflichtigen Aspekten – Fehlen eines Konzepts Nutzung von Rahmenwerken Weglassen nachteiliger Angaben
13.	Versicherung der gesetzlichen Vertreter	

2.1.1.5 Vergütungsbericht nach § 162 AktG[1,2]

A. Zweck und Rahmen

1.	Transparenz der individuellen Vergütungen von Vorstand und Aufsichtsrat von börsennotierten Gesellschaften[3]
2.	Bündelung der Informationen in einem eigenständigen jährlichen Bericht[4] für das abgelaufene Geschäftsjahr
3.	Votum (Beschluss oder Kenntnisnahme) der Hauptversammlung zum erstellten[5] und geprüften[6] Vergütungsbericht für das vorausgegangene Geschäftsjahr
4.	Kostenfreie Veröffentlichung für mindestens zehn Jahre auf der Internetseite der Gesellschaft

B. Inhalt

1.	Alle gewährten oder geschuldeten festen und variablen Vergütungsbestandteile[7] von gegenwärtigen oder früheren Vorstands- und Aufsichtsratmitgliedern individualisiert[8] unter Nennung des Namens
2.	Vergleichende Darstellung der jährlichen Veränderung der Vergütung, der Ertragsentwicklung der Gesellschaft sowie die durchschnittliche Vergütung von Arbeitnehmern der letzten fünf Jahre mit Erläuterungen zur Referenzgruppe
3.	Anzahl der gewährten oder zugesagten Aktien bzw. -optionen einschließlich der wichtigsten Ausübungsbedingungen
4.	Aussagen zur Möglichkeit der Rückforderung variabler Vergütungsbestandteile und deren tatsächliche Umsetzung (Clawback)
5.	Angaben zu etwaigen Abweichungen vom Vergütungssystem des Vorstands einschließlich konkreter Nennung eventueller Abweichungen

---

[1] Erstmalige Erstellung verpflichtend für nach dem 31.12.2020 beginnende Geschäftsjahre.
[2] Vgl. auch *Rimmelspacher/Roland*, Der Vergütungsbericht nach ARUG II, WPg 2020, S. 201–209.
[3] Gesetz zur Umsetzung der zweiten Aktionärsrechterichtlinie der EU (ARUG II) vom 19.12.2019; Basis ist Richtlinie (EU) 2017/828, ABl EU Nr. L 132/1 vom 20.5.2017.
[4] Angaben bisher verteilt in Anhang, Lagebericht gemäß HGB und Deutscher Corporate Governance Kodex (alte Fassung)
[5] Erstellung von Vorstand und Aufsichtsrat.
[6] Eigenständige Prüfung durch Abschlussprüfer auf Vollständigkeit der Angaben nach § 162 Abs. 1 und 2 AktG mit Erteilung eines Vermerks. Kein Bestandteil der handels-rechtlichen Abschlussprüfung nach § 316 HGB mehr.
[7] Vergütung ist nach der Regierungsbegründung als Gesamtheit der Bezüge aktiver und ehemaliger Organmitglieder zu verstehen. Dazu gehören Fixgehalt, variable Vergütungen, Aufwandsentschädigungen, Antrittsprämien, Abfindungen und Ruhegehälter.
[8] Für frühere Vorstands- und Aufsichtsratmitglieder bis zu zehn Jahre nach ihrem Ausscheiden, § 162 Abs. 5 Satz 2 AktG.

6.	Erläuterung, wie das Votum der Hauptversammlung (§ 120a Abs. 4, 5 AktG) zum Vergütungsbericht für das vorausgegangene Jahr berücksichtigt worden ist
7.	Erläuterung zur Einhaltung der festgelegten Maximalvergütung der Vorstands-mitglieder
8.	Angaben zu solchen Leistungen, die von Dritten zugesagt oder gewährt wurden oder wegen vorzeitiger oder regulärer Beendigung der Tätigkeit[9]

---

[9] Weitgehende Übernahme von § 285 Nr. 9a Satz 6 HGB a.F.

2.1.1.6 Größenmerkmale, Offenlegungs- und Prüfungspflichten der Kapitalgesellschaften (& Co. KG)[1]

2.1.1.6.1 Abgrenzung

§ 267a Abs. 1 HGB –
Kleinstkapitalgesellschaft[2], wenn mindestens 2 Merkmale erfüllt sind[3]:

Kriterien	Schwellenwerte ab 2012
Bilanzsumme	≤ 350 000 €
Umsatzerlöse	≤ 700 000 €
Arbeitnehmer	≤ 10

§ 267 Abs. 1 HGB –
kleine Kapitalgesellschaften, wenn mindestens 2 Merkmale erfüllt sind[3]:

Kriterien	Schwellenwerte ab 2004	Schwellenwerte ab 2008	Schwellenwerte ab 2014[4]
Bilanzsumme	≤ 4 015 000 €	≤ 4 840 000 €	≤ 6 000 000 €
Umsatzerlöse	≤ 8 030 000 €	≤ 9 680 000 €	≤ 12 000 000 €
Arbeitnehmer	≤ 50	≤ 50	≤ 50

§ 267 Abs. 2 HGB –
mittelgroße Kapitalgesellschaften, wenn mindestens 2 Merkmale erfüllt sind[3]:

Kriterien	Schwellenwerte ab 2004	Schwellenwerte ab 2008	Schwellenwerte ab 2014[4]
Bilanzsumme	> 4 015 000 € ≤ 16 060 000 €	> 4 840 000 € ≤ 19 250 000 €	> 6 000 000 € ≤ 20 000 000 €
Umsatzerlöse	> 8 030 000 € ≤ 32 120 000 €	> 9 680 000 € ≤ 38 500 000 €	> 12 000 000 € ≤ 40 000 000 €
Arbeitnehmer	> 50 ≤ 250	> 50 ≤ 250	> 50 ≤ 250

---

[1] Hinweis auf Befreiung von Aufstellung und Offenlegung von Tochterunternehmen unter Erfüllung der Voraussetzungen der §§ 264 Abs. 3 HGB bzw. 264 b HGB.
[2] Siehe Ausschlussgründe nach § 267a Abs. 3 HGB trotz Erfüllung der Merkmale.
[3] Rechtsfolgen treten ein bei Über- oder Unterschreitung an zwei aufeinanderfolgenden Abschlussstichtagen. Ausnahme: bei Neugründung oder Umwandlung; siehe dazu im *Einzelnen § 267 Abs. 4 Satz 2 und 3 HGB.*
[4] Gemäß Gesetz zur Umsetzung der Bilanzrichtlinie 2013/34/EU (Bilanzrichtlinie-Umsetzungsgesetz vom 17.7. 2015 – BilRUG) erstmals gemäß Art. 75 Abs. 2 EG HGB für nach dem 31.12.2013 beginnende Geschäftsjahre anwendbar. Die neuen höheren Schwellenwerte werden beginnend ab dem 31.12. 2014 rückbezogen auf die Stichtage 31.12. 2013 und 31.12. 2012.

§ 267 Abs. 3 HGB –
große Kapitalgesellschaften, wenn mindestens 2 Merkmale erfüllt sind[1,2]:

Kriterien	Schwellenwerte ab 2004	Schwellenwerte ab 2008	Schwellenwerte ab 2014[3]
Bilanzsumme	> 16 060 000 €	> 19 250 000 €	> 20 000 000 €
Umsatzerlöse	> 32 120 000 €	> 38 500 000 €	> 40 000 000 €
Arbeitnehmer	> 250	> 250	> 250

---

[1] Rechtsfolgen treten ein bei Über- oder Unterschreitung an zwei aufeinanderfolgenden Abschlussstichtagen. Ausnahme bei Neugründung oder Umwandlung; siehe dazu im Einzelnen § 267 Abs. 4 Satz 2 und 3 HGB.

[2] Nach § 267 Abs. 3 Satz 2 HGB gilt eine Kapitalgesellschaft i.S. des § 264d HGB (kapitalmarktorientierte Kapitalgesellschaften) stets als große Kapitalgesellschaft.

[3] Gemäß Gesetz zur Umsetzung der Bilanzrichtlinie 2013/34/EU (Bilanzrichtlinie-Umsetzungsgesetz vom 17.7.2015 – BilRUG) erstmals gemäß Art. 75 Abs. 2 EG HGB für nach dem 31.12.2013 beginnende Geschäftsjahre anwendbar. Die neuen höheren Schwellenwerte werden beginnend ab dem 31.12.2014 rückbezogen auf die Stichtage 31.12.2013 und 31.12.2012.

2.1.1.6.2 Rechtsfolgen[1,2]

	kleinst	klein	mittel	groß
Aufstellung des Jahresabschlusses (§ 264 Abs. 1 HGB)	bis 6 Monate nach Bilanzstichtag	bis 6 Monate nach Bilanzstichtag	bis 3 Monate nach Bilanzstichtag, Lagebericht	bis 3 Monate nach Bilanzstichtag, Lagebericht
Prüfungspflicht (§ 316 HGB)	Nein	Nein	Ja	Ja
Offenlegungspflicht (§ 325 HGB)	Nein[3]	Ja	Ja	Ja
Umfang der Offenlegungspflicht [für kleinst: nur Hinterlegung]	Verkürzte Bilanz[4] (§ 326 Abs. 2 HGB)	Verkürzte Bilanz[4] und Anhang (§ 326 Abs. 1 HGB)	Verkürzte Bilanz[4,5]	Bilanz, Erklärung nach § 161 AktG
			GuV, Anhang, Lagebericht, gesonderter nichtfinanzieller Bericht[6], Bestätigungsvermerk, Bericht des Aufsichtsrates (Ergebnisverwendungsvorschlag[7]), Ergebnisverwendungsbeschluss	
Form der Offenlegung	elektronische Einreichung der Unterlagen beim Betreiber des Bundesanzeigers in deutscher Sprache[8]			
Frist der Offenlegung[9]	bis 12 Monate nach Bilanzstichtag[10]			

---

[1] Zu grundsätzlichen Bedenken der Publizitätspflicht und zur EuGH-Entscheidung vom 26.9.2013 – Rs. C – 418/11 vgl. *Kuntze-Kaufhold*, GmbHR 2013, R 369–370, Publizitätspflicht auf dem Prüfstand der Grundrechts-Charta.

[2] Bei Liquidation oder Verschmelzung auf eine andere Kapital- bzw. Kapital & Co.-Gesellschaft bleiben die Rechtsfolgen bestehen; nicht so bei Eröffnung eines Insolvenzverfahrens, vgl. auch Beck'scher Bilanzkommentar, 12. Aufl., § 325 Tz. 32.

[3] Voraussetzung: Mitteilung an Betreiber des Bundesanzeigers, dass Voraussetzungen der Kleinstkapitalgesellschaft vorliegen, § 326 Abs. 2 S. 3 HGB, dann Hinterlegung.

[4] Siehe Kap. 2.1.1.

[5] § 327 HGB Erleichterung der Offenlegung.

[6] Nur für kapitalmarktorientierte Unternehmen, Kreditinstitute und Versicherungen; § 289b HGB.

[7] Sofern Jahresabschluss nur Ergebnisverwendungsvorschlag enthält, ist der Beschluss über die Ergebnisverwendung unverzüglich nach Vorliegen offenzulegen, § 325 Abs.1b Satz 2 HGB.

[8] Für die Einreichung wird ein Übermittlungsweg über ein Upload-Verfahren via Internet angeboten. Zugelassene Dateiformate sind Word, PDF, RTF, Excel und ein XML-Format auf der Grundlage einer vom Bundesanzeiger vorgegebenen XBRL-basierten Struktur. Publikations-Serviceplattform des Bundesanzeigers (https://www.publikations-plattform.de).

[9] Prüfung der fristgemäßen und vollständigen Einreichung der Unterlagen durch den Betreiber des Bundesanzeigers.

[10] Bei großen Kapitalgesellschaften im Falle des § 325 Abs. 4 HGB vier Monate.

	kleinst[1]	klein	mittel	groß
Kosten der Offenlegung	Abhängig vom Anlieferungsformat[2]			
Konsequenzen bei Nichtoffenlegung	Das Ordnungsgeldverfahren[3] wird wegen Verletzung der Offenlegungspflicht von Amts wegen zwingend eingeleitet (§ 335 Abs. 1 HGB). Für Verstöße sieht das Gesetz einen Ordnungsgeldrahmen von 2 500 bis 25 000 € vor (§ 335 Abs. 1 S. 4 HGB)[4].			
Androhung eines Ordnungsgeldes	Ordnungsgeld in festzusetzender Höhe, falls gesetzlicher Verpflichtung[5] nicht innerhalb Sechswochenfrist nachgekommen wird.			
Festsetzung des Ordnungsgeldes	Sofern Offenlegung nicht innerhalb Sechswochenfrist entsprochen.			
Bei Erfüllung der Pflicht nach Ablauf der Sechswochenfrist: Herabsetzung Ordnungsgeld auf[6]	500,00 €	1 000,00 €	2 500,00 €	25 000,00 €

Wird der Jahresabschluss bei nachträglicher Prüfung oder Feststellung geändert, unterliegt die Änderung nach § 325 Abs. 1b Satz 1 HGB der Offenlegungspflicht in oben dargestellter Weise.

---

[1] Gilt auch bei Antrag zur Hinterlegung, vgl. § 326 Abs. 2 HGB.

[2] Die Einzelheiten der Preisgestaltung sind den Allgemeinen Geschäftsbedingungen für entgeltliche Veröffentlichungen im Bundesanzeiger zu entnehmen (https://publika tions-plattform.de, Startseite Veröffentlichen im Bundesanzeiger, »AGB/Preise).

[3] Zum Meinungsstand nach Inkrafttreten des BilRUG vgl. *Merkt/Osbahr*, Der Betrieb 2018, S. 1477–1482, Die „Null-Bilanz": Zur Frage der wirksamen Offenlegung gem. § 325 HGB und vgl. *Zwirner*, Steuerberatung 2019, S. 19–23, Offenlegung und Hinterlegung nach BilRUG (mit Zusammenstellung aktueller Rechtsprechung). Etwaige materielle Verstöße gegen § 328 HGB lösen ein Ordnungsgeldverfahren nach § 334 Abs. 1 Nr. 5 bzw. ein Straf- oder Bußgeldverfahren nach § 331 HGB aus.

[4] Bei kapitalmarktorientierten Kapitalgesellschaften i.S.d. § 264d HGB gelten abweichende Regelungen mit deutlich höheren Beträgen, vgl. § 335 Abs. 1a HGB.

[5] Alternativ: Unterlassung mittels Einspruch gerechtfertigt, § 335 Abs. 4 Satz 1 HGB.

[6] Verstoß gegen Offenlegungspflicht bei Kleinstkapitalgesellschaften – Herabsetzung des Ordnungsgeldes nach § 335 Abs. 4 Satz 2 Nr. 1 HGB nur bei Hinterlegung der Bilanz, vgl. OLG Köln, Beschluss vom 20. 5. 2016 – 28 Wx 3/16, rkr.

2.1.2 Konzernrechnungslegung

2.1.2.1 Aufstellungspflicht[1]

Mutterunternehmen	– Sitz im Inland – Kapitalgesellschaft (AG, KGaA, GmbH) oder unter § 11 PublG fallende sonstige Unternehmen

Tochterunternehmen	– Mutterunternehmen kann auf ein anderes Unternehmen (Tochterunternehmen) unmittelbar oder mittelbar einen beherrschenden Einfluss nehmen (§ 290 Abs. 2 HGB)
	– Beherrschender Einfluss (§ 290 Abs. 2 HGB)
	  – Mehrheit der Stimmrechte oder
	  – Recht zur Bestellung oder Abberufung der Mehrheit der Mitglieder des die Finanz- und Geschäftspolitik bestimmenden Verwaltungs-, Leitungs- oder Aufsichtsorgans und gleichzeitig Gesellschafter oder
	  – Möglichkeit der Bestimmung der Finanz- und Geschäftspolitik aufgrund von Beherrschungsvertrag oder Satzungsbestimmung oder
	  – bei wirtschaftlicher Betrachtung Tragen der Risiken und Chancen des Unternehmens, welches zur Erreichung eines eng begrenzten und genau definierten Ziels des Mutterunternehmens dient (Zweckgesellschaft)[2, 3, 4]

---

[1] Aufstellung gemäß § 290 Abs. 1 innerhalb von 5 Monaten bzw. 4 Monaten bei Kapitalgesellschaften i.S.d. § 325 Abs. 4 Satz 1 HGB.

[2] Zweckgesellschaften können gemäß § 290 Abs. 2 Nr. 4 HGB auch sonstige juristische Personen des Privatrechts oder unselbständige Sondervermögen des Privatrechts, ausgenommen Spezialsondervermögen i.S.d. § 2 Abs. 3 InvG oder vergleichbare ausländische Investmentvermögen sein.

[3] Auch ohne Beteiligung möglich.

[4] Vgl. zum Meinungsstand: *Gelhausen/Deubert/Klöcker,* Zweckgesellschaften nach BilMoG: Mehrheit der Risiken und Chancen als Zurechnungskriterium, DB 2010, S. 2005, sowie WP-Handbuch 2020, S. 1182, Tz. 32 ff. und Beck'scher Bilanzkommentar 12. Aufl., § 290, Anm. 65 ff.

2.1.2.2 Befreiungen

A. Größenabhängige Befreiungen (§ 293 Abs. 1 HGB)

Kriterien	Addition Mutter- und Tochterunternehmen (Bruttomethode)		
	Schwellenwerte ab 2004	Schwellenwerte ab 2008	Schwellenwerte ab 2014[1]
Bilanzsumme	> 19 272 000 €	> 23 100 000 €	> 24 000 000 €
Umsatzerlöse	> 38 544 000 €	> 46 200 000 €	> 48 000 000 €
Arbeitnehmer	> 250	> 250	> 250

Kriterien	Konsolidierung Mutter- und Tochterunternehmen (Nettomethode)		
	Schwellenwerte ab 2004	Schwellenwerte ab 2008	Schwellenwerte ab 2014[1]
Bilanzsumme	> 16 060 000 €	> 19 250 000 €	> 20 000 000 €
Umsatzerlöse	> 32 120 000 €	> 38 500 000 €	> 40 000 000 €
Arbeitnehmer	> 250	> 250	> 250

Ausnahme: Die Befreiungen sind nicht anzuwenden, wenn das Mutterunternehmen oder ein in den Konzernabschluss des Mutterunternehmens einbezogenes Tochterunternehmen am Abschlussstichtag kapitalmarktorientiert i.S. des § 264d HGB ist oder es den Vorschriften des Ersten oder Zweiten Unterabschnitts des Vierten Abschnitts unterworfen ist (§ 293 Abs. 5 HGB).

B. Größenabhängige Befreiungen (§ 11 Abs. 1 Publizitätsgesetz)

Kriterien	Konzerne i.S.d. § 11 Abs.1 Publizitätsgesetz, wenn für 3 aufeinanderfolgende Stichtage mindestens 2 Merkmale zutreffen	
	Schwellenwerte bis 2001	Schwellenwerte seit 2002
Bilanzsumme	≤ 125 000 000 DM	≤ 65 000 000 €
Umsatzerlöse	≤ 250 000 000 DM	≤ 130 000 000 €
Arbeitnehmer	≤ 5 000	≤ 5 000

---

[1] Gemäß Gesetz zur Umsetzung der Bilanzrichtlinie 2013/34/EU (Bilanzrichtlinie-Umsetzungsgesetz vom 17.7.2015 – BilRUG) erstmals gemäß Art. 75 Abs.2 EG HGB für nach dem 31.12.2013 beginnende Geschäftsjahre anwendbar. Die neuen höheren Schwellenwerte werden beginnend ab dem 31.12.2014 rückbezogen auf die Stichtage 31.12.2013 und 31.12.2012.

C. Befreiende Wirkung von EU/EWR-Konzernabschlüssen (§ 291 HGB)

Neben der größenabhängigen Befreiung nach § 293 HGB (vgl. A.) kann ein Mutterunternehmen, das zugleich Tochter eines Mutterunternehmens ist, durch Einbeziehung in einen EU/EWR-Konzernabschluss von der Aufstellung befreit sein. Hiervon gibt es jedoch Ausnahmen, die zu beachten sind.

Mutterunternehmen aus der EU/EWR	Grundsatz	– Mutterunternehmen ist zugleich Tochter eines Mutterunternehmens mit Sitz in der EU oder im EWR, das einen befreienden Konzernabschluss aufstellt, und wird in den befreienden Abschluss mit seinen Tochterunternehmen einbezogen oder befreiender Konzernabschluss durch Unternehmen gleich welcher Rechtsform und Größe, das als Kapitalgesellschaft mit Sitz in der EU oder im EWR zur Aufstellung eines Konzernabschlusses und zur Einbeziehung des befreienden Mutterunternehmens und seiner Tochterunternehmen verpflichtet ist – Befreiender Konzernabschluss und Konzernlagebericht stehen im Einklang mit RL 2013/34/EU oder mit in § 315e Abs. 1 HGB bezeichneten internationalen Rechnungsstandards – Abschlussprüfung im Einklang mit RL 2006/43/EG – Offenlegung in deutscher oder englischer[1] Sprache einschließlich Bestätigungsvermerk oder Vermerk über dessen Versagung – Hinweis im Anhang auf die Befreiung und Angabe des aufstellenden Mutterunternehmens (Name und Sitz)
	Ausnahme	– Ausgebende Wertpapiere des zu befreienden Mutterunternehmens, das einen organisierten Markt i.S. des § 2 Abs. 11 WpHG in Anspruch nimmt, sind Wertpapiere i.S. des § 2 Abs. 1 WpHG (§ 291 Abs. 3 Nr. 1 HGB) – Gesellschafter, denen vom zu befreienden Mutterunternehmen mindestens 10 % der Anteile an einer AG/KGaA oder 20 % der Anteile einer GmbH gehören, können bis 6 Monate vor Ablauf des Konzerngeschäftsjahres die Aufstellung eines Konzernabschlusses verlangen, falls ansonsten die Befreiungsvorschrift anwendbar ist (§ 291 Abs. 3 Nr. 2 HGB)
Mutterunternehmen *außerhalb der* EU/EWR		– Vgl. detaillierte Voraussetzungen gemäß § 292 HGB, „Befreiende Wirkung von Konzernabschlüssen aus Drittstaaten"

---

[1] Gültig für nach dem 31.12.2020 beginnende Geschäftsjahre (Art. 83 Abs. 1 EGHGB).

D. Nichtanwendung nationaler Rechnungslegungsnormen (§ 315e HGB)

Anwendungsbereich	– Kapitalmarktorientierte Unternehmen, die nach der EU-IAS-Verordnung[1] zur Aufstellung ihrer Konzernabschlüsse nach IFRS verpflichtet sind.
	– Unternehmen, die bis zum Bilanzstichtag die Zulassung zum Handel an einem organisierten Markt im Sinne des § 2 Abs. 11 WpHG im Inland beantragt haben und daher nach § 315e Abs. 2 HGB zur Konzernrechnungslegung verpflichtet sind.
	– Freiwillige vollständige Anwendung der IFRS im Konzernabschluss.
Konsequenz	– Konzernabschlusspflicht nach den nationalen Vorschriften des HGB.
	– Ausgestaltung des Konzernabschlusses nach IFRS.

E. Befreiung nach § 290 Abs. 5 HGB

Hat das Mutterunternehmen nur Tochterunternehmen, die gemäß § 296 HGB nicht in den Konzernabschluss einbezogen werden müssen, ist das Mutterunternehmen von der Aufstellungspflicht befreit.

2.1.2.3 Form und Inhalt[2]

Bestandteile: §§ 297, 315c HGB	Konzernbilanz, Konzern-Gewinn- und Verlustrechnung, Konzernanhang, Kapitalflussrechnung, Eigenkapitalspiegel, Segmentberichterstattung möglich, Konzernlagebericht, nichtfinanzielle Konzernerklärung.
Konsolidierungskreis: § 294 HGB	Weltweit alle Tochterunternehmen ohne Rücksicht auf den Sitz und die Rechtsform der Unternehmen. Ausnahmen § 296 HGB.
Vollkonsolidierung: § 300 HGB	Zusammenfassung der Jahresabschlüsse der Töchter- mit dem Mutterunternehmen. Anstelle der Anteile an dem Tochterunternehmen treten die bilanzierungsfähigen Vermögensgegenstände, Schulden, RAP, Bilanzierungshilfen und Sonderposten. Eigenkapitalanteile konzernfremder Gesellschafter und auf Fremdanteile entfallende Gewinn-/Verlustanteile sind auszuweisen.

---

[1] Verordnung (EG) Nr. 1606/2002 des Europäischen Parlaments und des Rates vom 19.7.2002.

[2] Zum Überblick über den Stand des Reportings von Unternehmen siehe *Sack/Siegel*, IDWLife 2017, S. 1168–1176: Bestandteile des externen Reporting-Status quo und ein Blick in die nahe Zukunft.

Kapitalkonsolidierung: § 301 HGB	Verrechnung der dem Mutterunternehmen gehö- renden Anteile am Tochterunternehmen mit dem auf diese Anteile entfallenden Betrag des Eigenkapitals des Tochterunternehmens nach der Neubewertungs- methode.
Schuldenkonsolidierung: § 303 HGB	Konzerninterne Schulden werden eliminiert. Unter- schiedsbeträge sind entsprechend der Entstehung in den Einzelabschlüssen erfolgswirksam oder erfolgs- neutral zu verrechnen.
Behandlung der Zwischenergebnisse: § 304 HGB	Gewinne und Verluste aus konzerninternem Liefer- und Leistungsverkehr sind aus den bilan- ziellen Werten der Vermögensgegenstände zu eliminieren.
Aufwands- und Ertrags- konsolidierung: § 305 HGB	In der Konzern-Gewinn- und -Verlustrechnung sind Erlöse und andere Erträge, die zwischen Konzernunternehmen entstanden sind, mit den auf sie entfallenden Aufwendungen zu verrechnen, es sei denn, sie sind von untergeordneter Bedeutung.
Latente Steuern: § 306 HGB	Entsteht durch die Konsolidierung ein anderer Steueraufwand, als sich aus der Summe der Ein- zelergebnisse der einbezogenen Unternehmen er- gibt, so ist der Steueraufwand durch Bildung eines Aktiv- oder Passivpostens anzupassen. Zusammenfassung nach § 274 HGB möglich, Saldierung erlaubt.

2.1.3 Risikomanagement und Risikofrüherkennung

§ 91 Abs. 2 AktG schreibt Aktiengesellschaften ein Risikomanagement vor, insbesondere ein Überwachungssystem, um die Entwicklungen zu erkennen, die den Fortbestand der Gesellschaft gefährden. Ein solches Risikofrüherkennungssystem (Frühwarnsystem) soll neben den unternehmensspezifischen, sog. internen Risiken auch die externen Risiken (Konjunktur-, Markt- und Politikrisiken) erfassen und bewerten. Für börsennotierte Aktiengesellschaften erweitern sich diese Pflichten gemäß § 91 Abs. 3 AktG um die Errichtung eines wirksamen und angemessenen internen Kontrollsystems und Risikomanagementsystems.[1] Der dabei zu beachtende rechtliche und faktische Ordnungsrahmen für die Leitung und Überwachung deutscher börsennotierter Gesellschaften wird dabei als Corporate Governance[2] bezeichnet, für den Vorstand und Aufsichtsrat[3] eine jährliche Entsprechenserklärung nach § 161 AktG abgeben müssen.

Neben den Aktiengesellschaften sind auch Eigenbetriebe der Städte und Gemeinden verpflichtet, ein Risikofrüherkennungssystem[4] einzurichten (§ 10 EigVO NRW; § 9 NKF Einführungsgesetz NRW).

Der Abschlussprüfer einer börsennotierten AG hat dieses Risikofrüherkennungssystem zu überprüfen und zu berichten, ob geeignete Maßnahmen für die Einrichtung eines solchen Systems getroffen wurden und ob ein solches System seine Aufgaben erfüllen kann (vgl. § 317 Abs. 4 HGB und IDW PS 340 n.F.).[5, 6, 7]

Je nach Größe und Schwierigkeitsstruktur eines Unternehmens erwarten beispielsweise Kreditgeber, Mitarbeiter und Lieferanten, dass auch andere Unternehmensformen ein effizientes Risikomanagementsystem einrichten.

---

[1] Gültig mit Inkrafttreten des Finanzmarktintegritätsstärkungsgesetzes (FISG) zum 1.7.2021. Vgl. *Velte*, Regulierung von Corporate-Governance-Systemen durch das geplante FISG, WPg 2021 S. 387–396.

[2] Der Deutsche Corporate Governance Kodex (DCGK) ist vollkommen neu gefasst und in der von der Regierungskommission am 16.12.2019 beschlossenen Fassung mit Eintrag im Bundesanzeiger seit dem 20.3.2020 gültig.

[3] Vgl. dazu *Graewe/Annweiler*, Beratungs- und Überwachungspflichten des Kontrollorgans in der Unternehmenskrise, NZI 2020, S. 662–668.

[4] *Vgl. dazu: Wolf*, Zum Status quo und den Weiterentwicklungsmöglichkeiten des Risikomanagements, DStR 2020, S. 1333–1340 und S. 1391–1397.

[5] Vgl. auch Kap. 2.4.

[6] Abgrenzend ist klargestellt worden, dass die Prüfung sich nicht darauf zu erstrecken hat, ob der Fortbestand des Unternehmens oder die Wirksamkeit und Wirtschaftlichkeit der Geschäftsführung zugesichert werden kann, § 317 Abs.4a HGB.

[7] Von der externen Prüfung des eingerichteten Überwachungssystems nach §91 Abs.2 AktG durch den Abschlussprüfer abzugrenzen ist das durch Aufsichtsrat oder Prüfungsausschuss zu überwachende Corporate Governance System (internes Kontrollsystem, Risikomanagementsystem, internes Revisionssystem, Compliance Management System) als unternehmensweites Risikomanagementsystems. Das Corporate Governance System oder ausgewählte Teile davon können auch Gegenstand einer freiwilligen Prüfung, beauftragt durch den Aufsichtsrat oder Prüfungsausschuss (AG) bzw. die für die Überwachung Verantwortlichen, sein, vgl. hierzu auch Hinweise in IDW PS 980–983.

Risikoidentifikation	– Darstellung aller unternehmenstypischen wie auch branchenorientierten Risiken in Anlehnung an DRS 20 inklusive Sub-Risiken. – Z.B. finanzielle, leistungswirtschaftliche, operationale wie auch externe Risiken. – Es entsteht ein sog. „Risikoatlas", der unternehmens- entwicklungsbedingt permanent erweitert werden muss.
Risikocontrolling	– Frühzeitige Erkennung der Bedrohung der Vermögens-, Finanz- und Ertragslage, sodass steuerndes Eingreifen möglich ist. – Identifikation der Risiken, die einer aktiven Auseinan- dersetzung bedürfen, durch Bewertung anhand ihrer Eintrittswahrscheinlichkeiten und ihrer Auswirkungen.
	– Quantitative und qualitative Bewertung der Risiken mit R2C. – Einzelrisiken werden i.d.R. aggregiert, entweder zu gleichartigen Risiken oder zu einem Gesamtrisiko.
Projektrisikomanagement	– Gute Systeme erlauben Verfolgung und Steuerung auch von strategisch wichtigen Projekten, um deren Einfluss auf den Gesamterfolg und das Gesamtrisiko abzubilden.
Risikokennziffern	– Eine aktuelle und vollständige Risikodokumentation ist Grundlage jeder ordnungsmäßigen Unternehmens- planung. – Daten der Finanzbuchhaltung und des Rechnungs- wesens können geeignete Frühwarnindikatoren sein. Diese sind im Risikosystem zu erfassen, um über sog. Schwellenwerte Unter- oder Überschreitungen zu defi- nieren.
Prüfungspflicht	– Gemäß § 317 Abs. 4 HGB, vgl. dazu auch IDW PS 340 n.F. (die Prüfung des Risikofrüherkennungssys- tems nach § 317 Abs. 4 HGB). – Neben der Prüferaufgabe ist die Einrichtung solcher Systeme und die Betreuung von Unternehmen bei der Risikoanalyse wie -beseitigung eine betriebswirtschaft- liche Aufgabe.

2.1.4 Verlautbarungen zur Rechnungslegung[1]

2.1.4.1 Verlautbarungen des IDW

A. Stellungnahmen zur Rechnungslegung (RS) und Entwürfe (ERS)

		veröffentlicht/zuletzt geändert
IDW ERS HFA 13 n. F.	Einzelfragen zum Übergang von wirtschaftlichem Eigentum und zur Gewinnrealisierung nach HGB	29. 11. 2006
IDW RS HFA 2	Einzelfragen zur Anwendung von IFRS	29. 6. 2018
IDW RS HFA 3	Handelsrechtliche Bilanzierung von Verpflichtungen aus Altersteilzeitregelungen	19. 6. 2013
IDW RS HFA 4	Zweifelsfragen zum Ansatz und zur Bewertung von Drohverlustrückstellungen	29. 11. 2012
IDW RS HFA 5	Rechnungslegung von Stiftungen	6. 12. 2013
IDW RS HFA 6	Änderung von Jahres- und Konzernabschlüssen	12. 4. 2007
IDW RS HFA 7 n. F.	Handelsrechtliche Rechnungslegung bei Personenhandelsgesellschaften	30. 11. 2017
IDW RS HFA 8	Zweifelsfragen der Bilanzierung von asset backed securities-Gestaltungen und ähnliche Transaktionen	9. 12. 2003
IDW RS HFA 9	Einzelfragen zur Bilanzierung von Finanzinstrumenten nach IFRS	13. 5. 2016
IDW RS HFA 10	Anwendung der Grundsätze des IDW S 1 bei der Bewertung von Beteiligungen und sonstigen Unternehmensanteilen für die Zwecke eines handelsrechtlichen Jahresabschlusses	29. 11. 2012
IDW RS HFA 11 n. F.	Bilanzierung entgeltlich erworbener Software beim Anwender	18. 12. 2017
IDW RS HFA 12	Rechnungslegung von politischen Parteien	24. 11. 2016
IDW RS HFA 14	Rechnungslegung von Vereinen	6. 12. 2013
IDW RS HFA 15	Bilanzierung von Emissionsberechtigungen nach HGB	1. 3. 2006
IDW RS HFA 17	Auswirkungen einer Abkehr von der Going Concern-Prämisse auf den handelsrechtlichen Jahresabschluss	11. 7. 2018
IDW RS HFA 18	Bilanzierung von Anteilen an Personenhandelsgesellschaften im handelsrechtlichen Jahresabschluss	4. 6. 2014
IDW RS HFA 21	Besonderheiten der Rechnungslegung Spendensammelnder Organisationen	11. 3. 2010
IDW RS HFA 22	Zur einheitlichen oder getrennten handelsrechtlichen Bilanzierung strukturierter Finanzinstrumente	11. 9. 2015
IDW RS HFA 23	Bilanzierung und Bewertung von Pensionsverpflichtungen gegenüber Beamten und deren Hinterbliebenen	3. 3. 2017

---

[1] Stand: 9.8.2021.

		veröffentlicht/zuletzt geändert
IDW RS HFA 24	Einzelfragen zu den Angabepflichten des IFRS 7 zu Finanzinstrumenten	10. 7. 2017
IDW RS HFA 25	Einzelfragen zur Bilanzierung von Verträgen über den Kauf oder Verkauf von nicht-finanziellen Posten nach IAS 39	6. 3. 2009
IDW RS HFA 26	Einzelfragen zur Umkategorisierung finanzieller Vermögenswerte gemäß den Änderungen von IAS 39 und IFRIC 9 – Amendments von Oktober/November 2008 und März 2009 –	9. 9. 2009
IDW RS HFA 28	Übergangsregelungen des Bilanzrechtsmodernisierungsgesetzes	9. 9. 2010
IDW RS HFA 30 n. F.	Handelsrechtliche Bilanzierung von Altersversorgungsverpflichtungen	16. 12. 2016
IDW RS HFA 31 n. F.	Aktivierung von Herstellungskosten	18. 12. 2017
IDW RS HFA 32	Anhangangaben nach §§ 285 Nr. 3, 314 Abs. 1 Nr. 2 HGB zu nicht in der Bilanz enthaltenen Geschäften	9. 9. 2010
IDW RS HFA 33	Anhangangaben nach §§ 285 Nr. 21, 314 Abs. 1 Nr. 13 HGB zu Geschäften mit nahe stehenden Unternehmen und Personen	9. 9. 2010
IDW RS HFA 34	Einzelfragen zur handelsrechtlichen Bilanzierung von Verbindlichkeitsrückstellungen	3. 6. 2015
IDW RS HFA 35	Handelsrechtliche Bilanzierung von Bewertungseinheiten	10. 6. 2011
IDW RS HFA 36 n. F.	Anhangangaben nach §§ 285 Nr. 17, 314 Abs. 1 Nr. 9 HGB über das Abschlussprüferhonorar	8. 9. 2016
IDW RS HFA 37	Einzelfragen zur Bilanzierung von Fremdkapitalkosten nach IAS 23	15. 12. 2016
IDW RS HFA 38	Ansatz- und Bewertungsstetigkeit im handelsrechtlichen Jahresabschluss	10. 6. 2011
IDW RS HFA 39	Vorjahreszahlen im handelsrechtlichen Jahresabschluss	25. 11. 2011
IDW RS HFA 40	Einzelfragen zu Wertminderungen von Vermögenswerten nach IAS 36	14. 6. 2016
IDW RS HFA 41	Auswirkungen eines Formwechsels auf den handelsrechtlichen Jahresabschluss	6. 9. 2012
IDW RS HFA 42	Auswirkungen einer Verschmelzung auf den handelsrechtlichen Jahresabschluss	29. 10. 2012
IDW RS HFA 43	Auswirkungen einer Spaltung auf den handelsrechtlichen Jahresabschluss	6. 9. 2012
IDW RS HFA 44	Vorjahreszahlen im handelsrechtlichen Konzernabschluss und Konzernrechnungslegung bei Änderungen des Konsolidierungskreises	30. 11. 2017

		veröffentlicht/zuletzt geändert
IDW RS HFA 45	Einzelfragen zur Darstellung von Finanzinstrumenten nach IAS 32	21. 11. 2018
IDW RS HFA 47	Einzelfragen zur Ermittlung des Fair Value nach IFRS 13	6. 12. 2013
IDW RS HFA 48	Einzelfragen der Bilanzierung von Finanzinstrumenten nach IFRS 9	11. 9. 2018
IDW RS HFA 50	IFRS-Modulverlautbarungen (abgegrenzte Einzelfragen der IFRS-Rechnungslegung)	8. 8. 2018
– IAS 19 – M1	Bilanzierung von Versorgungszusagen mit versicherungsförmigen Durchführungswegen angesichts der andauernden Niedrigzinsphase	1. 3. 2017
– IAS 19 – M2	Übertragung nicht-finanzieller Vermögenswerte auf einen Fonds i.S.v. IAS 19.8 mit anschließender Nutzungsüberlassung an das Trägerunternehmen: Bilanzierung beim Trägerunternehmen unter analoger Anwendung spezieller Regelungen von IFRS 16	7. 11. 2017
– IFRS 1 – M1	Übergang von einem kombinierten Abschluss auf einen IFRS-Konzernabschluss für einen Geschäftsbereich aufgrund eines geplanten Börsengangs unter Anwendung der extraction method	20. 3. 2020
– IFRS 3 – M1	Unternehmenszusammenschlüsse unter Verwendung einer neu gegründeten Gesellschaft bzw. einer Mantel- oder Vorratsgesellschaft ohne Geschäftsbetrieb i.S.v. IFRS 3	8. 8. 2018
– IFRS 3 – M2	Reorganisationen und Unternehmenszusammenschlüsse unter gemeinsamer Kontrolle mithilfe einer neu gegründeten Gesellschaft bzw. einer Mantel- oder Vorratsgesellschaft ohne Geschäftsbetrieb i.S.v. IFRS 3	8. 8. 2018
– IFRS 9 – M1	Kreditzusagen i.Z.m. der Lieferung von Gütern oder der Erbringung von Dienstleistungen	12. 6. 2018
– IFRS 9 – M2	Vereinbarkeit des Geschäftsmodells „Halten" i.S.v. IFRS 9 mit dem Verkauf von Forderungen im Rahmen von Factoring-Vereinbarungen	12. 5. 2020
– IFRS 9 – M3	Beurteilung der Zahlungsstrombedingung bei unterschiedlichen Zugangszeitpunkten von Finanzinstrumenten mit identischen Vertragsbedingungen	12. 5. 2020
– IFRS 16 – M1	Bilanzierung von Erbbaurechtsverträgen nach deutschem Recht	12. 5. 2020
– IFRS 16 – M2	Bilanzierung von Vereinbarungen zur Überlassung von Firmenwagen an Arbeitnehmer	12. 5. 2020
– IFRS 16 – M3	Bilanzierung von Mietdarlehen aus Immobilienleasingverträgen	12. 5. 2020
IDW RS FAIT 1	Grundsätze ordnungsmäßiger Buchführung bei Einsatz von Informationstechnologie	24. 9. 2002

		veröffentlicht/zuletzt geändert
IDW RS FAIT 2	Grundsätze ordnungsmäßiger Buchführung bei Einsatz von Electronic Commerce	29. 9. 2003
IDW RS FAIT 3	Grundsätze ordnungsmäßiger Buchführung beim Einsatz elektronischer Archivierungsverfahren	11. 9. 2015
IDW RS FAIT 4	Anforderungen an die Ordnungsmäßigkeit und Sicherheit IT-gestützter Konsolidierungsprozesse	8. 8. 2012
IDW RS FAIT 5	Grundsätze ordnungsmäßiger Buchführung bei Auslagerung von rechnungslegungsrelevanten Prozessen und Funktionen einschließlich Cloud Computing	4. 11. 2015
IDW RS BFA 1	Handelsrechtliche Behandlung von Kreditderivaten im Nichthandelsbestand	18. 2. 2015
IDW RS BFA 2	Bilanzierung von Finanzinstrumenten des Handelsbestands bei Kreditinstituten	3. 3. 2010
IDW RS BFA 3 n. F.	Einzelfragen der verlustfreien Bewertung von zinsbezogenen Geschäften des Bankbuchs (Zinsbuchs)	16. 10. 2017
IDW RS BFA 4	Besonderheiten der handelsrechtlichen Fremdwährungsumrechnung bei Instituten	18. 8. 2011
IDW RS BFA 5	Handelsrechtliche Bilanzierung von Financial Futures und Forward Rate Agreements bei Instituten	18. 8. 2011
IDW RS BFA 6	Handelsrechtliche Bilanzierung von Optionsgeschäften bei Instituten	18. 8. 2011
IDW RS BFA 7	Risikovorsorge für vorhersehbare noch nicht individuell konkretisierte Adressenausfallrisiken im Kreditgeschäft von Kreditinstituten („Pauschalwertberichtigung")	13. 12. 2019
IDW RS IFA 1	Abgrenzung von Erhaltungsaufwand und Herstellungskosten bei Gebäuden in der Handelsbilanz	25. 11. 2013
IDW RS IFA 2	Bewertung von Immobilien des Anlagevermögens in der Handelsbilanz	27. 4. 2015
IDW RS KHFA 1	Rechnungslegung von Krankenhäusern	15. 7. 2016
IDW RS KHFA 2	Ermittlung und Verwendung des Arbeitsergebnisses durch Werkstätten für behinderte Menschen gemäß § 12 Abs. 4 und 5 WVO	12. 12. 2012
IDW RS VFA 2	Auslegung des § 341b HGB (neu)	8. 4. 2002
IDW RS VFA 3	Die Bewertung der Schadenrückstellung von Schaden-/Unfallversicherungsunternehmen	1. 3. 2010
IDW ERS ÖFA 1	Rechnungslegung der öffentlichen Verwaltung nach den Grundsätzen der doppelten Buchführung	30. 10. 2001
IDW RS ÖFA 2	Rechnungslegung nach § 6 b Energiewirtschaftsgesetz	3. 9. 2013
IDW RS ÖFA 3	Besonderheiten der Bilanzierung von Energiebeschaffungs- und Energieabsatzverträgen in handelsrechtlichen Abschlüssen von Energieversorgungsunternehmen	24. 8. 2015

B. IDW Hinweise zur Rechnungslegung (RH)

IDW RH HFA 1.004	Erstellung von Pro-Forma-Finanzinformationen	12. 7. 2017
IDW RH HFA 1.005	Anhangangaben nach § 285 Nr. 18, 19 und 20 HGB zu bestimmten Finanzinstrumenten	8. 6. 2018
IDW RH HFA 1.009	Rückstellungen für die Aufbewahrung von Geschäftsunterlagen sowie für die Aufstellung, Prüfung und Offenlegung von Abschlüssen und Lageberichten nach § 249 Abs. 1 HGB	23. 6. 2010
IDW RH HFA 1.010	Bestandsaufnahme im Insolvenzverfahren	13. 6. 2008
IDW RH HFA 1.011	Insolvenzspezifische Rechnungslegung im Insolvenzverfahren	13. 6. 2008
IDW RH HFA 1.012	Externe (handelsrechtliche) Rechnungslegung im Insolvenzverfahren	6. 12. 2018
IDW RH HFA 1.013	Handelsrechtliche Vermerk- und Berichterstattungspflichten bei Patronatserklärungen	22. 2. 2008
IDW RH HFA 1.014	Umwidmung und Bewertung von Forderungen und Wertpapieren nach HGB	9. 1. 2009
IDW RH HFA 1.015	Zulässigkeit degressiver Abschreibungen in der Handelsbilanz vor dem Hintergrund der jüngsten Rechtsänderungen	27. 11. 2009
IDW RH HFA 1.016	Handelsrechtliche Zulässigkeit einer komponentenweise planmäßigen Abschreibung von Sachanlagen	29. 5. 2009
IDW RH HFA 1.017	Einzelfragen zur Behandlung der Umsatzsteuer im handelsrechtlichen Jahresabschluss	10. 6. 2011
IDW RH HFA 1.018	Einheitliche Bilanzierung und Bewertung im handelsrechtlichen Konzernabschluss	13. 3. 2013
IDW RS HFA 1.019	Handelsrechtliche Konzernrechnungslegung bei unterschiedlichen Abschlussstichtagen	13. 3. 2013
IDW RH HFA 2.001	Ausweis- und Angabepflichten für Zinsswaps in IFRS-Abschlüssen	19. 9. 2007
IDW RH HFA 2.002	Einzelfragen bei der Erstellung von Finanzinformationen nach der Prospektverordnung	21. 4. 2008
IDW RH HFA 2.003	Erstellung von Gewinnprognosen und -schätzungen nach den besonderen Anforderungen der Prospektverordnung	2. 12. 2019
IDW RH BFA 1.001	*Handelsrechtliche Bilanzierung des Bondstripping*	8. 11. 2011
IDW RH FAB 1.020	Handelsbilanzielle Folgen der Änderung bestimmter Referenzzinssätze („IBOR-Reform") für Finanzinstrumente	26. 9. 2019
IDW RH FAB 1.021	Handelsrechtliche Bewertung von Rückstellungen für Altersversorgungsverpflichtungen aus rückgedeckten Direktzusagen	30. 4. 2021
IDW RH IFA 1.001	Besonderheiten der handelsrechtlichen Bilanzierung latenter Steuern bei Wohnungsunternehmen	25. 10. 2010
IDW RH KHFA 1.002	Bilanzielle Konsequenzen von im Landesbasisfallwert enthaltenen Ausgleichsbeträgen	23. 5. 2011

2.1.4.2 Deutsche Rechnungslegungsstandards (DRS)

Der Deutsche Standardisierungsrat (DSR) des Deutschen Rechnungslegungs-Standards Committee e.V. (DRSC) fungiert als Rechnungslegungsgremium i.S.d. §342 HGB und hat bisher folgende Rechnungslegungsstandards und Diskussionspapiere bzw. Entwürfe (aktuelle Auswahl)[1] veröffentlicht[2]:

Deutsche Rechnungslegungsstandards (DRS)

Dokument	Titel	Bekanntmachung/zuletzt geändert[3]
DRS 3	Segmentberichterstattung	4.12.2017
DRS 8	Bilanzierung von Anteilen an assoziierten Unternehmen im Konzernabschluss	4.12.2017
DRS 9	Bilanzierung von Anteilen an Gemeinschaftsunternehmen im Konzernabschluss	4.12.2017
DRS 13	Grundsatz der Stetigkeit und Berichtigung von Fehlern	4.12.2017
DRS 16	Halbjahresfinanzberichterstattung	20.12.2019
DRS 17	Berichterstattung über die Vergütung der Organmitglieder	4.12.2017
DRS 18	Latente Steuern	9.3.2021
DRS 19	Pflicht zur Konzernrechnungslegung und Abgrenzung des Konsolidierungskreises	20.12.2019
DRS 20	Konzernlagebericht	4.12.2017
DRS 21	Kapitalflussrechnung	4.12.2017
DRS 22	Konzerneigenkapital	4.12.2017
DRS 23	Kapitalkonsolidierung (Einbeziehung von Tochterunternehmen in den Konzernabschluss)	4.12.2017
DRS 24	Immaterielle Vermögensgegenstände im Konzernabschluss	4.12.2017
DRS 25	Währungsumrechnung im Konzernabschluss	20.12.2019
DRS 26	Assoziierte Unternehmen	16.10.2018
DRS 27	Anteilmäßige Konsolidierung	16.10.2018
DRS 28	Segmentberichterstattung	5.8.2020

---

[1] Vollständige Liste vgl. http://www.drsc.de
[2] Stand: 9.8.2021.
[3] Datum der Bekanntmachung der deutschsprachigen Fassung gemäß §342 Abs.2 HGB durch Bundesministerium der Justiz und für Verbraucherschutz.

2.1.4.3 Kapitalflussrechnung[1] und Eigenkapitalspiegel als Ergänzungen des Konzernabschlusses

A. Gliederungsschema I („Direkte Methode")[2]

1.		Einzahlungen von Kunden für den Verkauf von Erzeugnissen, Waren und Dienstleistungen
2.	–	Auszahlungen an Lieferanten und Beschäftigte
3.	+	Sonstige Einzahlungen, die nicht der Investitions- oder der Finanzierungstätigkeit zuzuordnen sind
4.	–	Sonstige Auszahlungen, die nicht der Investitions- oder der Finanzierungstätigkeit zuzuordnen sind
5.	+	Einzahlungen im Zusammenhang mit Erträgen von außergewöhnlicher Größenordnung oder außergewöhnlicher Bedeutung
6.	–	Auszahlungen im Zusammenhang mit Aufwendungen von außergewöhnlicher Größenordnung oder außergewöhnlicher Bedeutung
7.	–/+	Ertragsteuerzahlungen
8.	**=**	**Cashflow aus der laufenden Geschäftstätigkeit (Summe aus 1 bis 7)**
9.	+	Einzahlungen aus Abgängen von Gegenständen des immateriellen Anlagevermögens
10.	–	Auszahlungen für Investitionen in das immaterielle Anlagevermögen
11.	+	Einzahlungen aus Abgängen von Gegenständen des Sachanlagevermögens
12.	–	Auszahlungen für Investitionen in das Sachanlagevermögen
13.	+	Einzahlungen aus Abgängen von Gegenständen des Finanzanlagevermögens
14.	–	Auszahlungen für Investitionen in das Finanzanlagevermögen
15.	+	Einzahlungen aus Abgängen aus dem Konsolidierungskreis
16.		*Auszahlungen für Zugänge zum Konsolidierungskreis*
17.	+	Einzahlungen aufgrund von Finanzmittelanlagen im Rahmen der kurzfristigen Finanzdisposition
18.	–	Auszahlungen aufgrund von Finanzmittelanlagen im Rahmen der kurzfristigen Finanzdisposition

---

[1] DRS 21 i.d.F. vom 22.9.2017, Anwendungspflicht für ab dem 1.1.2017 beginnende Geschäftsjahre.
[2] DRS 21, Anlage 1 (Tabelle 5) i.d.F. vom 22.9.2017.

19. +	Einzahlungen im Zusammenhang mit Erträgen von außergewöhnlicher Größenordnung oder außergewöhnlicher Bedeutung
20. −	Auszahlungen im Zusammenhang mit Aufwendungen von außergewöhnlicher Größenordnung oder außergewöhnlicher Bedeutung
21. +	Erhaltene Zinsen
22. +	Erhaltene Dividenden
23. =	**Cashflow aus der Investitionstätigkeit (Summe aus 9 bis 22)**
24. +	Einzahlungen aus Eigenkapitalzuführungen von Gesellschaftern des Mutterunternehmens
25. +	Einzahlungen aus Eigenkapitalzuführungen von anderen Gesellschaftern
26. −	Auszahlungen aus Eigenkapitalherabsetzungen an Gesellschafter des Mutterunternehmens
27. −	Auszahlungen aus Eigenkapitalherabsetzungen an die anderen Gesellschafter
28. +	Einzahlungen aus der Begebung von Anleihen und der Aufnahme von (Finanz-)Krediten
29. −	Auszahlungen aus der Tilgung von Anleihen und (Finanz-)Krediten
30. +	Einzahlungen aus erhaltenen Zuschüssen/Zuwendungen
31. +	Einzahlungen im Zusammenhang mit Erträgen von außergewöhnlicher Größenordnung oder außergewöhnlicher Bedeutung
32. −	Auszahlungen im Zusammenhang mit Aufwendungen von außergewöhnlicher Größenordnung oder außergewöhnlicher Bedeutung
33. −	Gezahlte Zinsen
34. −	Gezahlte Dividenden an Gesellschafter des Mutterunternehmens
35. −	Gezahlte Dividenden an andere Gesellschafter
36. =	**Cashflow aus der Finanzierungstätigkeit (Summe aus 24 bis 35)**
37.	Zahlungswirksame Veränderungen des Finanzmittelfonds (Summe aus 8, 23, 36)
38. +/−	Wechselkurs- und bewertungsbedingte Änderungen des Finanzmittelfonds
39. +/−	Konsolidierungskreisbedingte Änderungen des Finanzmittelfonds
40. +	Finanzmittelfonds am Anfang der Periode
41. =	**Finanzmittelfonds am Ende der Periode (Summe aus 37 bis 40)**

B. Gliederungsschema II („Indirekte Methode")[1]

1.		Periodenergebnis (Konzernjahresüberschuss/-fehlbetrag einschließlich Ergebnisanteile anderer Gesellschafter)
2.	+/–	Abschreibungen/Zuschreibungen auf Gegenstände des Anlagevermögens
3.	+/–	Zunahme/Abnahme der Rückstellungen
4.	+/–	Sonstige zahlungswirksame Aufwendungen/Erträge
5.	–/+	Zunahme/Abnahme der Vorräte, der Forderungen aus Lieferungen und Leistungen sowie anderer Aktiva, die nicht der Investitions- oder Finanzierungstätigkeit zuzuordnen sind
6.	+/–	Zunahme/Abnahme der Verbindlichkeiten aus Lieferungen und Leistungen sowie anderer Passiva, die nicht der Investitions- oder Finanzierungstätigkeit zuzuordnen sind
7.	–/+	Gewinn/Verlust aus dem Abgang von Gegenständen des Anlagevermögens
8.	+/–	Zinsaufwendungen/Zinserträge
9.	–	Sonstige Beteiligungserträge
10.	+/–	Aufwendungen/Erträge von außergewöhnlicher Größenordnung oder außergewöhnlicher Bedeutung
11.	+/–	Ertragssteueraufwand/-ertrag
12.	+	Einzahlungen im Zusammenhang mit Erträgen von außergewöhnlicher Größenordnung oder außergewöhnlicher Bedeutung
13.	–	Auszahlungen im Zusammenhang mit Aufwendungen von außergewöhnlicher Größenordnung oder außergewöhnlicher Bedeutung
14.	–/+	Ertragssteuerzahlungen
15.	**=**	**Cashflow aus der laufenden Geschäftstätigkeit (Summe 1 bis 14)**
16.	+	Einzahlungen aus Abgängen von Gegenständen des immateriellen Anlagevermögens
17.	–	Auszahlungen für Investitionen in das immaterielle Anlagevermögen
18.	*+*	*Einzahlungen aus Abgängen von Gegenständen des Sachanlagevermögens*
19.	–	Auszahlungen für Investitionen in das Sachanlagevermögen
20.	+	Einzahlungen aus Abgängen von Gegenständen des Finanzanlagevermögens
21.	–	Auszahlungen für Investitionen in das Finanzanlagevermögen
22.	+	Einzahlungen aus Abgängen aus dem Konsolidierungskreis
23.	–	Auszahlungen für Zugänge zum Konsolidierungskreis

---

[1] DRS 21, Anlage 1 (Tabelle 6) i.d.F. vom 22.9.2017.

24. +	Einzahlungen aufgrund von Finanzmittelanlagen im Rahmen der kurzfristigen Finanzdisposition
25. –	Auszahlungen aufgrund von Finanzmittelanlagen im Rahmen der kurzfristigen Finanzdisposition
26. +	Einzahlungen im Zusammenhang mit Erträgen von außergewöhnlicher Größenordnung oder außergewöhnlicher Bedeutung
27. –	Auszahlungen im Zusammenhang mit Aufwendungen von außergewöhnlicher Größenordnung oder außergewöhnlicher Bedeutung
28. +	Erhaltene Zinsen
29. +	Erhaltene Dividenden
30. =	**Cashflow aus der Investitionstätigkeit (Summe 16 bis 29)**
31. +	Einzahlungen aus Eigenkapitalzuführungen von Gesellschaftern des Mutterunternehmens
32. +	Einzahlungen aus Eigenkapitalzuführungen von anderen Gesellschaftern
33. –	Auszahlungen aus Eigenkapitalherabsetzungen an Gesellschafter des Mutterunternehmens
34. –	Auszahlungen aus Eigenkapitalherabsetzungen an andere Gesellschafter
35. +	Einzahlungen aus der Begebung von Anleihen und der Aufnahme von (Finanz-)Krediten
36. –	Auszahlungen aus der Tilgung von Anleihen und (Finanz-)Krediten
37. +	Einzahlungen aus erhaltenen Zuschüssen/Zuwendungen
38. +	Einzahlungen im Zusammenhang mit Erträgen von außergewöhnlicher Größenordnung oder außergewöhnlicher Bedeutung
39. –	Auszahlungen im Zusammenhang mit Aufwendungen von außergewöhnlicher Größenordnung oder außergewöhnlicher Bedeutung
40. –	Gezahlte Zinsen
41. –	Gezahlte Dividenden an Gesellschafter des Mutterunternehmens
42. –	Gezahlte Dividenden an andere Gesellschafter
43. =	**Cashflow aus der Finanzierungstätigkeit (Summe aus 31 bis 42)**
44.	Zahlungswirksame Veränderungen des Finanzmittelfonds (Summe aus 15, 30, 43)
45. +/–	Wechselkurs- und bewertungsbedingte Änderungen des Finanzmittelfonds
46. +/–	Konsolidierungsbedingte Änderungen des Finanzmittelfonds
47. +	Finanzmittelfonds am Anfang der Periode
48. =	**Finanzmittelfonds am Ende der Periode (Summe aus 44 bis 47)**

C. Eigenkapitalspiegel[1]

Nach der Neufassung des §297 Abs. 1 HGB durch das Bilanzrechtsreformgesetz ist für den Konzernabschluss nun auch ein Eigenkapitalspiegel vorgesehen, dessen Gliederung dem folgenden Schema entsprechen kann:[2]

	Gez. Kapital Stammaktien	Gez. Kapital Vorzugsaktien	Gez. Kapital Summe	Eigene Anteile Stammaktien	Eigene Anteile Vorzugsaktien	Eigene Anteile Summe	Nicht eingef. Einlagen Stammaktien	Nicht eingef. Einlagen Vorzugsaktien	Nicht eingef. Einlagen Summe	Summe	Kapitalrücklage nach §272 Abs. 2 Nr. 1-3 HGB	Kapitalrücklage nach §272 Abs. 2 Nr. 4 HGB	Kapitalrücklage Summe	Summe	gesetzliche Rücklage
Stand am 31.12. X1[3]	+	+													
Kapitalerhöhung/-herabsetzung z. B.:															
– Ausgabe von Anteilen	+	+					–	–			+	+			
– Erwerb/Veräußerung eigener Anteile				–/+	–/+						–/+	–/+			–/+
– Einziehung von Anteilen	–	–		+	+						+	–			–
– Kapitalerhöhung aus Gesellschaftsmitteln	+	+									–				
Einforderung/Einzahlung bisher nicht eingeforderter Einlagen							+	+							
Einstellung in/Entnahme aus Rücklagen											+/–	+/–			+/–
Ausschüttung															
Währungsumrechnung															
Sonstige Veränderungen															
Änderungen des Konsolidierungskreises															
Konzernjahresüberschuss/-fehlbetrag															+/–
Stand am 31.12. X2[3]	+/–	+/–		+/–	+/–		+/–	+/–			+/–	+/–			+/–

[1] Fortsetzung des Eigenkapitalspiegels – Eigenkapital des Mutterunternehmens – Nicht beherrschende Anteile – Konzerneigenkapital.

[2] Anlage 1 zu DRS 22 i.d.F. vom 22.9.2017. Schema des Konzerneigenkapitalspiegels für Mutterunternehmen in der Rechtsform einer Kapitalgesellschaft; entsprechend für Personengesellschaften vgl. Anlage 2 zu DRS 22 i.d.F. vom 22.9.2017.

[3] Oder abweichend, falls das Geschäftsjahr nicht gleich Kalenderjahr ist.

Eigenkapital des Mutterunternehmens								Nicht beherrschende Anteile				Konzern-eigenkapital
Rücklagen				Summe	Eigenkapital-differenz aus Währungs-umrechnung	Gewinn-vortrag/ Verlust-Vortrag	Konzern-jahresüber-schuss/ -fehlbetrag, der dem Mutter-unternehmen zuzurechnen ist	Nicht beherr-schende Anteile vor Eigen-kapitaldiffe-renz aus Währungs-umrech-nung und Jahres-ergebnis	Auf nicht beher-schende Anteile entfallende Eigenkapi-taldifferenz aus Wäh-rungs-umrech-nung	Auf nicht beher-schende Anteile entfallende Gewinne/ Verluste	Summe	Summe
Gewinnrücklagen			Summe									
nach § 272 Abs. 4 HGB	Satzungs-mäßige Rücklagen	andere Gewinn-rücklagen										
	-/+	-/+						+				
-	-	-						-/+				
	+/-	+/-						+				
	-	-					-					
+/-	+/-	+/-			+/-	+/-		-				
+/-	+/-	+/-			+/-	+/-	+/-	+/-	+/-	+/-		
+/-	+/-	+/-			+/-	+/-	+/-	+/-	+/-	+/-		

2.1.5 Bescheinigungen bei der Abschlusserstellung

2.1.5.1 Bescheinigung der Wirtschaftsprüfer

Der Auftragsumfang zur Erstellung eines Jahresabschlusses ist gesetzlich nicht normiert und zwischen Auftragnehmer (Berufsträger) und Auftraggeber (Mandant) frei vereinbar. Bei Erstellung eines **Jahresabschlusses** durch den Wirtschaftsprüfer hat dieser eine Bescheinigung zu verwenden, aus der sich Art und Umfang der Tätigkeit ergeben. Nach dem Grad der Verlässlichkeit des zu erstellenden Jahresabschlusses unterscheidet IDW S7[1] folgende drei normierte abgestufte Grundfälle des Erstellungsauftrages. Unabhängig von der vereinbarten Auftragsart hat der Ersteller die Frage zu klären, ob er bei der Abschlusserstellung von der Vermutung der Fortführung des § 252 Abs. 1 Nr. 2 HGB ausgehen kann. Dabei ist grundsätzlich allein auf Grundlage der überlassenen Informationen zu entscheiden. Eine weiter gehende Tatsachenermittlung trifft den Ersteller nicht. Die Abschlusserstellung ist objektiv dann mangelhaft, wenn dem Steuerberater die fehlende Fortführungsfähigkeit aus den überlassenen Informationen und Unterlagen erkennbar ist und trotzdem Fortführungswerte angesetzt werden, ohne dies vom Mandanten abklären zu lassen.[2] Konsequenz für Ersteller: gesteigertes Haftungsrisiko bei krisenbehafteten Gesellschaften.[3] Für abweichende Aufträge gibt es keine Formulierungsvorschläge.

Auftrags-arten	Buch-führung durch	Verlässlichkeit der Abschlussunterlagen	Bescheinigungsinhalt[4,5]
generell			Entwicklung des Jahresabschlusses aus den vorgelegten Belegen, Büchern und Bestandsnachweisen unter Berücksichtigung der erteilten Auskünfte …
Erstellung ohne Beurteilungen	Mandant oder WP/ StB	Übernahme der vorgelegten Unterlagen, ohne deren Ordnungsmäßigkeit oder Plausibilität zu beurteilen.	… Insbesondere unter Berücksichtigung der gesetzlichen Vorgaben und nach den innerhalb dieses Rahmens liegenden Anweisungen des Auftraggebers zur Ausübung bestehender Wahlrechte.

[1] IDW S7 (03.2021) in der Fassung vom 26.3.2021.
[2] BGH vom 26.1.2017, IX ZR 285/14.
[3] Vgl. Einschätzung zum Vorliegen eines bestandsgefährdenden Risikos bei Erstellungsaufträgen, IDW Life 2020, S. 246–247.
[4] Siegel darf nur geführt werden, wenn in ihr Erklärungen über Beurteilungsergebnisse enthalten sind, IDW S7, Tz. 67.
[5] Die Formulierungen für Bescheinigungen sind den Anlagen 1 bis 6 des IDW S7 zu entnehmen.

Auftrags-arten	Buch-führung durch	Verlässlichkeit der Abschlussunterlagen	Bescheinigungsinhalt
Erstellung mit Plausi-bilitäts-beurteilun-gen	Mandant oder WP/ StB	Beurteilung der Plausi-bilität durch Befragungen und analytische Beurteilungen anhand der Arbeitshilfen zur prüferischen Durchsicht.[1]	... Beurteilung der Plausibilität der Unterlagen, um mit einer gewissen Sicherheit auszuschließen, dass diese nicht ordnungsgemäß sind.
Erstellung mit umfas-senden Beur-teilungen	Mandant oder WP/ StB	Nach Art und Umfang wie bei der Abschluss-prüfung unter Verweis auf die IDW-Prüfungs-standards vorzunehmen.	... Überzeugung von der Ord-nungsmäßigkeit[2] der vorgelegten Unterlagen durch geeignete Maßnahmen im Sinne der Abschluss-prüfung.
Abweichen-de Aufträge	Mandant oder WP/ StB	Entsprechende Anpas-sung des konkreten Auftrags.	Kein Formulierungsvorschlag.

2.1.5.2 Bescheinigung der Steuerberater[3, 4]

Bei Erstellung eines (handelsrechtlichen) **Jahresabschlusses** durch den Steu-erberater hat dieser eine Bescheinigung zu verwenden, aus der sich Art und Umfang der Tätigkeit ergeben. Die Verlautbarungen der Bundessteuerbera-terkammer vom 12./13. April 2010[5] schlagen für Standardsituationen nach-folgende Muster vor. Bei Gegebenheiten, die der Annahme der Unternehmens-fortführung entgegenstehen, sind die Hinweise der BStBK vom 13./14. März 2018 zu beachten.[6] Bei Erstellung unter Beachtung abweichender steuerlicher Vor-schriften oder abweichender Aufträge ist darauf hinzuweisen und die Be-

---

[1] Zum Begriff der analytischen Beurteilungen vgl. IDW Prüfungsstandard: Grundsätze für die prüferische Durchsicht von Abschlüssen (IDW PS 900), Tz. 10 sowie IDW-Ar-beitshilfen (11 Seiten) zur prüferischen Durchsicht, Beilage 4/2002 der FN-IDW 2002.

[2] Zur Ordnungsmäßigkeit der Buchführung vgl. auch die IDW Stellungnahme zur Rech-nungslegung: Grundsätze ordnungsmäßiger Buchführung bei Einsatz von Infor-mationstechnologie (IDW RS FAIT 1).

[3] Wirtschaftsprüfer haben die Redepflicht bei Bestandsgefährdung oder bei Gesetzes-sowie sonstigen Verstößen für WP/vBP nach IDW S7 zu beachten.

[4] Vgl. dazu aus berufsrechtlicher Sicht: Grundsätze für die Erstellung von Jahresab-schlüssen: IDW S7 und Verlautbarung der BStBK zu den Grundsätzen für die Erstel-lung von Jahresabschlüssen in WPK Magazin 3/2010, S.29f. sowie *Farr/Niemann,* Neue Grundsätze für die Erstellung von Jahresabschlüssen durch Wirtschaftsprüfer und Steuerberater – IDW S7 und Verlautbarung der BStBK – Gemeinsamkeiten und Unterschiede, in DStR 2010, S. 1095 ff. sowie *Almeling/Boer/Küster,* Erstellung von *Abschlüssen* nach deutschen und internationalen Normen, DB 2011, S.1761.

[5] Quelle: https://www.bstbk.de/de/themen/steuerrecht-und-rechnungslegung/handelsrecht-und-rechnungslegung, dort unter „Dokumente", vgl. dazu auch: Checkliste zur Plausi-bilitätsbeurteilung bei der Erstellung von Jahresabschlüssen, Stand Juni 2012, DWS-Verlag 08/2012.

[6] Vgl. Fußnote 2 auf der vorhergehenden Seite.

scheinigung anzupassen. In der Verlautbarung wird vielfach auf den IDW S7 und diverse andere Stellungnahmen des IDW Bezug genommen. Bei genau dem IDW-Standard entsprechenden Fallkonstellationen wird in nachfolgender Übersicht nur auf diese verwiesen.

Auftragsarten	Buch-führung durch	Verlässlichkeit der Abschluss-unterlagen	Bescheinigungsinhalt[1]
generell			Entwicklung des Jahresabschlusses aus den vorgelegten Belegen, Büchern und Bestandsnachweisen unter Berücksichtigung der erteilten Auskünfte …
Erstellung ohne Beurteilungen	Mandant oder StB	Ungeprüfte Übernahme der Unterlagen vom Mandanten.	… Insbesondere unter Berücksichtigung der gesetzlichen Vorgaben, Bestimmungen des Gesellschaftsvertrages und nach den innerhalb dieses Rahmens liegenden Anweisungen des Auftraggebers zur Ausübung bestehender Wahlrechte.
Erstellung mit Plausibilitäts-beurteilungen	Mandant oder StB	Beurteilung der Plausibilität durch Befragungen und analytische Beurteilungen.	… Beurteilung der Plausibilität der Unterlagen, um mit einer gewissen Sicherheit auszuschließen, dass diese nicht ordnungsgemäß sind.
Erstellung mit umfassenden Beurteilungen	Mandant oder StB	Umfassende Beurteilungshandlungen.	… Überzeugung von der Ordnungsmäßigkeit der vorgelegten Unterlagen durch geeignete Maßnahmen.
Erstellung bei abweichendem Auftrag ohne Beurteilung	Mandant oder StB	Ungeprüfte Übernahme der Unterlagen vom Mandanten. Beurteilung bestimmter Unterlagen und Angaben entsprechend dem individuell vereinbarten Auftrag.	… Insbesondere unter Berücksichtigung der gesetzlichen Vorgaben, Bestimmungen des Gesellschaftsvertrages und nach den innerhalb dieses Rahmens liegenden Anweisungen des Auftraggebers zur Ausübung bestehender Wahlrechte.
Erstellung bei abweichendem Auftrag mit Plausibilitäts-beurteilungen	Mandant oder StB	Beurteilung der Plausibilität durch Befragungen und analytische Beurteilungen. Beurteilung bestimmter Unterlagen und *Angaben* sowie deren Ordnungsmäßigkeit entsprechend dem individuell vereinbarten Auftrag.	… Beurteilung der Plausibilität der Unterlagen, um mit einer gewissen Sicherheit auszuschließen, dass diese nicht ordnungsgemäß sind.
Erstellung einer steuerlichen Gewinnermitt-lung	Mandant oder StB	Ungeprüfte Übernahme der Unterlagen vom Mandanten	Erstellung der steuerlichen Gewinnermittlung aufgrund vorgelegter/selbst geführter Aufzeichnungen und Unterlagen sowie erteilter Auskünfte.

---

[1] Die Formulierungen für Bescheinigungen sind den Anlagen 1 (I–IV) und 2 (I, II) der Verlautbarung der BStBK vom 12./13. April 2010 zu den Grundsätzen für die Erstellung von Jahresabschlüssen zu entnehmen.

Auswirkungen von Risiken, die der Annahme der Unternehmensfortführung entgegenstehen, können sich – unabhängig von der jeweiligen Auftragsart – in der Bescheinigung in den folgenden Varianten auswirken:[1, 2]

Auswirkung auf Bescheinigung[3, 4]	Voraussetzung/Formulierungsbeispiele
Ohne Auswirkung	Bei sachgerechter Berücksichtigung der Risiken im Jahresabschluss, die der Annahme der Unternehmensfortführung entgegenstehen.
Mit Ergänzung	Voraussetzung: getroffene sachverhaltsgestaltende Maßnahme ist aufschiebend bedingt und zeitlich begrenzt: Formulierungsbeispiele „Ergänzend weisen wir darauf hin, dass die von dem Unternehmen getroffenen Maßnahmen … aufschiebend bedingt sind/noch der Durchführung bedürfen/noch der Eintragung in das Handelsregister bedürfen/dass die Grundsätze der Unternehmensfortführung unter dem Vorbehalt der noch ausstehenden Kreditzusage … angewendet worden sind."
Mit Einwendungen	– im Falle von als unzulässig erkannten Wertansätzen und Darstellungen sowie bei bestimmten Beurteilungshemmnissen mit der Konsequenz der Einschränkung – wenn aufgrund besonderer Umstände eine Beurteilung nicht mit hinreichender Sicherheit möglich ist, z.B. fehlende Aushändigung von Unterlagen, fehlende Dokumentation erstmals gebildeter Rückstellungen, Verweigerung Auskünfte Dritter (Anwalts-, Bank- oder Saldenbestätigungen) [falls nicht auf abgrenzbare Teile der Rechnungslegung beschränkt, keine Erteilung der Bescheinigung] – wenn in begründeten Fällen keine Prüfung der Unternehmensfortführung durch die Geschäftsführung vorliegt, liegt bei „Erstellung ohne Beurteilungen" in offensichtlichen Fällen bei der „Erstellung mit Beurteilungen" stets ein Beurteilungshemmnis vor

---

[1] So bereits in IDW S 7 Tz.29–31; IDW PS 900 Grundsätze für die prüferische Durchsicht von Abschlüssen; IDW PS 270 Die Beurteilung der Fortführung der Unternehmenstätigkeit im Rahmen der Abschlussprüfung.

[2] Quelle: https://www.bstbk.de; Hinweise zur Verlautbarung der BStBK zu den Grundsätzen für die Erstellung von Jahresabschlüssen in Bezug auf Gegebenheiten, die der Annahme der Unternehmensfortführung entgegenstehen, 13./14. März 2018.

[3] Auf die Notwendigkeit der Darstellung auf den Grundlagen des Jahresabschlusses im Erstellungsbericht wird ausdrücklich hingewiesen, IDW S 7 Tz.117–121.

[4] Zu den problematischen Folgen des „Anweisungsfalls" nach BGH mit Urteil vom 26.1. 2017 (Verneinung einer zivilrechtlichen Haftung bei dokumentierter Information über die Bedenken des StB, wenn auf Anweisung des Mandanten ohne Vorliegen der Voraussetzungen eine Bilanzierung zu Fortführungswerten erfolgt). Die Bundessteuerberaterkammer hält die Befolgung einer solchen Anweisung wegen Verstoßes gegen berufs- und strafrechtliche Vorschriften für problematisch, vgl. Kischel-Leibrecht/Metzing, DStR 2018, S.1448 ff.

Auswirkung auf Bescheinigung	Voraussetzung/Formulierungsbeispiele
	– bei wesentlichen Einwendungen gegen einzelne vom Auftraggeber vertretene Wertansätze und Darstellung – Hinweis erforderlich bei Mängeln vorgelegter Unterlagen, die deren Ordnungsmäßigkeit wesentlich beeinträchtigen
Keine Erteilung[1]	– Einschätzungs-/Beurteilungshemmnisse nicht auf abgrenzbare Teile der Rechnungslegung beschränkt und zu wesentlichen Teilen der Rechnungslegung kein Positivbefund möglich. – Fehlende Aussage der Geschäftsführung zur Unternehmensfortführung kann ein Einschätzungs-/Beurteilungshemmnis sein. – Bewertung von Vermögensgegenständen und Schulden unter der Annahme der Fortführung der Unternehmenstätigkeit, obwohl dem tatsächliche oder rechtliche Gegebenheiten entgegenstehen (Niederlegung des Mandats zwingend). – Bei Verneinung der Unternehmensfortführung: Beurteilung, ob Vermögensgegenstände/Schulden zu Zuschlagswerten und ob gebotene Rückstellungen (z.B. für Abfindungen) angesetzt worden sind.

2.1.6 Fehlerhafter Jahresabschluss und Nichtigkeit

A. Fehlerhafte und nichtige Jahresabschlüsse

	Fehlerhafter Jahresabschluss[2]	Nichtiger Jahresabschluss
Rechtsquelle	Öffentliches Recht (HGB)	Zivil- bzw. Gesellschaftsrecht (AktG bzw. [für GmbH] AktG analog[3])
Prinzip	Gläubigerschutz	Rechtssicherheit, Vertrauensschutz
Konsequenz	Berichtigungspflicht	Jahresabschluss gilt als nicht aufgestellt, Feststellung und Gewinnverwendungsbeschlüsse sind nichtig; ggf. Heilungsmöglichkeiten nach §256 Abs.6 AktG, sonst erneute „erstmalige" Aufstellung

---

[1] Grundsätzlicher Ausschluss der Übergabe eines Papierexemplars mit dem Aufdruck „Bilanz" oder „Gewinn- und Verlustrechnung".

[2] Verstoß gegen zwingende handelsrechtliche Ansatz- und Bewertungsvorschriften oder die GoB und hierdurch Abweichung der im Jahresabschluss dargestellten und tatsächlichen Verhältnisse bzw. unzutreffende Wiedergabe der bestehenden Verhältnisse (Vermögens-, Finanz- und Ertragslage), vgl. auch WP-Handbuch 2020, S.325 Tz.306–308.

[3] WP-Handbuch 2020, S. 327 Rz. 314.

B. Wesentlichkeit[1]

Verhältnis der ...	Objektiv richtiger Jahresabschluss	Objektiv unrichtiger Jahresabschluss[2]	
	unwesentliche Fehler (öffentl.-rechtl. Sicht)	wesentliche Fehler (öffentl.-rechtl. Sicht)	wesentliche Fehler (Nichtigkeit)
Höhe des Bilanzierungsfehlers zum Jahresüberschuss und zur Bilanzsumme			Jahresüberschuss: > 10,0% und Bilanzsumme: > 0,25%
Höhe des Bilanzierungsfehlers zur Bilanzsumme	< 0,5%	> 0,5%	> 5,0%
Höhe des Bilanzierungsfehlers zu für die Beurteilung des Unternehmens oder seiner Organe besonders wichtigen Einzelposten des Jahresabschlusses			> 10,0%
Höhe des Bilanzierungsfehlers zum Ergebnis vor Steuern bzw. zur Bestimmung der Nichtigkeit, der ergebniswirksamen Auswirkung des Bilanzierungsfehlers zum Jahresergebnis	< 5,0%	> 5,0%	> 50,0%
Höhe des Bilanzierungsfehlers zum fehlerhaften Bilanzposten			> 10,0%
Höhe des Bilanzierungsfehlers zur Höhe des bilanziellen Eigenkapitals	< 1,0%	> 1,0%	> 20,0%

[1] Entnommen aus *Forst/Suchanek/Klopsch*, GmbHR 2013, S. 914 (919). Vgl. auch *Jungius/Schmidt*, DB 2012 S. 1697, 1761 sowie Beck'scher Bilanzkommentar, 12. Aufl., § 264 Tz. 56–57. Die Wesentlichkeit von (Bilanzierungs-) Fehlern ergibt sich aus quantitativen Kriterien („Höhe", vor allem bei Ansatz, Bewertung und Ausweis). Daneben sind qualitative Kriterien (z. B. Fehlen einer Angabe im Anhang) zu beachten.

[2] Zusätzlich muss auch „subjektive Richtigkeit" vorliegen. Sie ist gegeben, wenn der Fehler für die Organe im Zeitpunkt der Feststellung (andere Meinung: Aufstellung) durch ordentlichen Kaufmann erkennbar gewesen wäre.

C. Zeitpunkt der Berichtigung von fehlerhaften oder nichtigen Jahresabschlüssen[1]

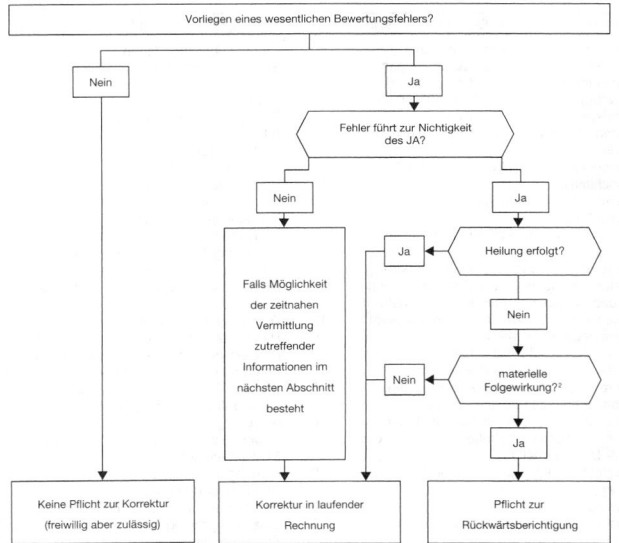

---

[1] Entnommen aus *Forst/Suchanek/Klopsch*, GmbHR 2013, S. 914 (920). Vgl. auch IDW RS HFA 6, Tz. 16 f. mit weiteren Ausnahmen (derzeit nicht abschließend geklärt).
[2] Z.B. fortbestehender Gewinnabführungsvertrag → materielle Folgewirkung: nein.

2.1.7 Aufbewahrungsfristen für Belege und Datenträger gem. §§ 257 HGB, 147 AO[1]

Unterlagen	Aufbewahrungsfrist in Jahren
Abhängigkeitserklärungen/-berichte	10
Ablaufdiagramme, Arbeitsanweisungen, Buchführungsrichtlinien, Organisationsunterlagen und -pläne (für gesetzlich vorgeschriebene Konzernabschlüsse)	10
Abrechnungsunterlagen (soweit Buchungsbelege)	10
Abschlussbuchungsbelege und -konten	10
Abschlussrechnungen	10
Abschreibungsunterlagen	10
Abwertungsbelege	10
An-, Ab- und Ummeldungen zur Krankenkasse	6
Änderungsnachweise sowie Fehlerkorrekturanweisungen bei EDV-Buchführung	10
Angebote, die zum Auftrag geführt haben	6
Aktenvermerke (soweit Buchungsbelege)	10
Angestelltenversicherung (Belege)	10
Anhang zum Jahresabschluss	10
Anlagenverzeichnis und -inventare	10
Anträge auf Arbeitnehmersparzulagen	10
Arbeitnehmersparzulage (Verträge)	6
Arbeitsanweisungen für EDV-Buchführung	10
Aufbewahrungsvorschriften für betriebliche EDV-Dokumentation	10
Aufsichtsratsvergütung (soweit Buchungsbeleg)	10
Auftragsbücher	6
Ausfuhrunterlagen (soweit steuerlich relevant)	6
Ausgangsrechnungen	10
Bankbürgschaften	6
Bareinkaufs- und Verkaufsrechnungen	10
Baubücher (Inventurunterlagen)	10
Baugenehmigungen	6
Bedienerhandbücher Rechnerbetrieb	10
Beherrschungsverträge	10
Beitragsabrechnung der Sozialversicherungsträger (soweit Buchungsbelege)	10
Belege und sonstige für die Besteuerung bedeutsame Unterlagen, soweit Buchfunktion (Offene-Posten-Buchhaltung)	10
Bestandsverzeichnisse	10
Betriebsprüfungsberichte	6

Unterlagen	Aufbewahrungsfrist in Jahren
Betriebsunfallunterlagen	6
Bewertungsunterlagen (soweit Buchungsbelege und steuerlich relevant)	10
Bewirtungsunterlagen	10
Bilanzen (Jahresbilanzen)	10
Bilanzkonten und -unterlagen	10
Bruttolohnlisten	6
Bruttolohnstreifen	6
Buchungsanweisungen	10
Buchungsbelege	10
Buchungsprotokoll (EDV)	10
Bürgschaftsunterlagen	6
Codierungslisten und Code-Pläne für Verständnis der Buchführung	10
Darlehensunterlagen (nach Vertragsablauf)	6
Datensicherungsregeln	10
Datenträger von Buchungsbelegen, Handelsbüchern, Inventaren, Lageberichten, Konzernlageberichten inklusive der zum Verständnis erforderlichen Arbeitsanweisungen und Organisationsunterlagen	10
Dauerauftragsunterlagen (soweit Buchungsbeleg)	10
Depotauszüge (soweit Inventarunterlagen)	10
EDV-Unterlagen (Journal)	10
Eingangsrechnungen	10
Einheitswertunterlagen	10
Einnahmenüberschussrechnung	10
Einzahlungsbelege	10
Erlösjournale	10
Eröffnungsbilanzen	10
Ersatzkassenunterlagen	6
Essensmarkenabrechnungen	10
Fahrtkostenerstattungen	10
Frachtbriefe	6
Gebäude-/Grundstücksunterlagen (soweit Inventare)	10
Gehaltsabrechnungen und -bücher (soweit Bilanzunterlage oder Buchungsbeleg)	10
Gehaltslisten	10
Geschäftsberichte	10
Geschäftsbriefe (außer Rechnungen oder Gutschriften)	6
Geschenknachweise	6

---

[1] Auszüge aus „Aufbewahrungsfristen ABC (6 Jahre)" und „Aufbewahrungsfristen ABC-Checkliste (10 Jahre)", LexInform-Dokumente 5302028 (Stand: 29.3.2017) und 5302029 (Stand: 25.1.2018).

Unterlagen	Aufbewahrungsfrist in Jahren
Gesellschaftsverträge	10
Gewährleistungsverpflichtungen	6
Gewerbesteuerunterlagen	6
Gewinnabführungsverträge	10
Gewinn- und Verlustrechnung	10
Gewinnfeststellungen	6
Grundbuchauszüge	10
Haftungsverhältnisunterlagen als Bilanz- unterlagen	10
Handelsbilanz	10
Handelsbriefe	6
Handelsbücher	10
Handelsregisterauszüge	6
Hauptabschlussübersicht (wenn anstelle der Bilanz)	10
Hauptbücher und -karteien	10
Hilfsbücher (soweit Buchungsbelege)	10
Inventare als Bilanzunterlagen	10
Investitionszulageunterlagen	6
Jahresabschlüsse	10
Jahresabschlusserläuterungen	10
Jubiläumsunterlagen (soweit Buchungs- belege)	10
Kapitalerhöhungsunterlagen	6
Kassenbücher, -blätter und -berichte	10
Kassenzettel (soweit steuerlich relevant)	6
Kaufverträge	6
Kilometergeldabrechnungen	10
Kontenpläne und Kontenplanänderungen	10
Kontoauszüge	10
Kontokorrentbücher	10
Konzernabschlüsse	10
Konzernlagebericht (§§ 290, 350 HGB)	10
Kreditunterlagen (nach Ablauf des Kredit- vertrages)	6
Kurzarbeitergeldanträge	6
Kurzarbeitergeldlisten	6
Lagebericht	10
Lagerbuchführungen	10
Leasingunterlagen	6
Lieferscheine (soweit Buchungsbelege)	10
Lohnkonto	6
Mahnbescheide und Mahnungen	6
Mietunterlagen	10
Nachnahmebelege	10
Organschaftsabrechnungen	10
Organschaftsverträge nach Vertragsende	10
Pachtunterlagen (nach Ablauf des Pacht- verhältnisses)	6

Unterlagen	Aufbewahrungsfrist in Jahren
Patentunterlagen nach Ablauf	6
Pensionsrückstellungsunterlagen	10
Pensionszahlungen	10
Portokassenbücher	10
Preislisten (soweit Bewertungsunterlagen)	10
Preisvereinbarungen als Handelsbrief	6
Privatentnahmebelege	10
Prüfungsberichte (des Abschlussprüfers)	10
Rechnungen	10
Registrierkassenstreifen (soweit sie die Vorbereitung, die Durchführung oder Rückgängigmachung eines Geschäfts bzw. eines Handelsgeschäfts zum Gegenstand haben)	6
Reisekostenabrechnungen für Arbeitnehmer/ für Unternehmer	10
Repräsentationskosten	10
Rückstellungsunterlagen	10
Sicherungsübereignungen	6
Sozialpläne	6
Sozialversicherungsbeitragskosten	6
Sparprämienanträge	6
Spendenbescheinigungen	10
Steuerbescheide und -erklärungen	10
Steuerrückstellungsberechnungen	10
Telefonkostennachweise	10
Testate als Bilanzteil	10
Überstundenlisten	6
Umbuchungsbelege	10
Umwandlungsbilanzen	10
Umwandlungsunterlagen	6
Unfallversicherungsunterlagen	6
Urlaubslisten für Rückstellungen	10
Vermögenswirksame Leistungen (Handels- briefe)	6
Verrechnungspreisunterlagen	10
Versicherungspolicen	6
Vollständigkeitserklärungen	10
Warenzeichenunterlagen	6
Währungsforderungen (soweit Buchungs- belege)	10
Wertberichtigungen (Inventurunterlage) (so- fern sie die Vorbereitung, die Durchführung oder die Rückgängigmachung eines Ge- schäfts bzw. eines Handelsgeschäfts zum Gegenstand haben)	10
Zwischenbilanz (bei Gesellschafterwechsel, Wechsel des Wirtschaftsjahres)	10

Vorstehende Übersicht konkretisiert die in § 257 HGB bzw. § 147 AO genannten Begriffe und macht deutlich, welche **Unterlagen ab dem 1. Januar eines jeden Jahres vernichtet** werden können.

Die **Aufbewahrungsfrist beginnt** mit dem Schluss des Kalenderjahres, in dem die letzte Eintragung in Geschäftsbücher gemacht, das Inventar aufgestellt, die Bilanz oder der Jahresabschluss festgestellt, ein Konzernabschluss aufgestellt, ein Handels- und Geschäftsbrief empfangen oder abgesandt oder der Buchungsbeleg entstanden ist, die Aufzeichnungen vorgenommen oder die sonstigen Unterlagen entstanden sind.

Eine Vernichtung der Unterlagen ist dann nicht zulässig, wenn diese noch für laufende Verfahren, z.B. für eine **begonnene Betriebsprüfung, ein Straf- oder Klageverfahren**, benötigt werden.

Es ist auch erlaubt, alle aufbewahrungspflichtigen Unterlagen – mit Ausnahme des Jahresabschlusses und der Eröffnungsbilanz – auf **Mikrofilm oder Datenträger** zu speichern. Auf Verlangen der Finanzbehörde sind diese Unterlagen lesbar zu machen.

Für steuerliche Zwecke müssen ab 2002 originär digitale Unterlagen (z.B. elektronische Rechnungen und im DV-System erzeugte Dateien) auf maschinell verwertbaren Datenträgern aufbewahrt werden.[1]

Seit dem 1.1.2004 gibt es für Nichtunternehmer (§ 14b Abs. 1 Satz 5 UStG) und für Unternehmer (§ 14b UStG) strenge Aufbewahrungspflichten mit Ordnungswidrigkeitsandrohung (siehe dazu Kap. 5.9.7.2).

Seit dem 1.8.2009 müssen Steuerpflichtige, bei denen die Summe der positiven Überschusseinkünfte mehr als 500 000 € im Kalenderjahr beträgt, die Aufzeichnungen und Unterlagen über die den Überschusseinkünften zugrunde liegenden Einnahmen und Werbungskosten sechs Jahre aufbewahren (§ 147a AO).

Die Grundsätze zur ordnungsmäßigen Führung und Aufbewahrung von Büchern, Aufzeichnungen und Unterlagen in elektronischer Form sowie zum Datenzugriff (kurz GoBD)[2] konkretisieren die Ordnungsmäßigkeitsanforderungen der Finanzverwaltung an den Einsatz von IT bei der Buchführung und bei sonstigen Aufzeichnungen. Sie finden seit Januar 2015 Anwendung.

Das Gesetz zum Schutz vor Manipulationen an digitalen Grundaufzeichnungen[3] bestimmt verschärfend jetzt explizit, dass Aufzeichnungen einzeln vorzunehmen sind. Kasseneinnahmen und -ausgaben sind ab dem 1.1.2017 täglich festzuhalten, § 146 Abs. 1 Satz 1 AO.[4]

Seit 2020 sind elektronische Aufzeichnungssysteme für aufzeichnungspflichtige Geschäftsvorfälle oder andere Vorgänge durch eine zertifizierte technische Sicherheitseinrichtung zu schützen. Ergänzend seit 2020 wird eine Kassen-Nachschau eingeführt, die ohne vorherige Ankündigung durch die Finanzbehörde durchgeführt werden kann.

---

[1] BMF-Schr. vom 16. 7. 2001 i.d.F. vom 14.9.2012, IV D2-S0316-136/01 (BStBl I 2012 S.930).

[2] BMF-Schr. vom 14.11.2014 (BStBl I 2014 S.1450).

[3] *Gesetz zum Schutz vor Manipulationen an digitalen Grundaufzeichnungen*, Stand 22.12. 2016, sowie Anwendungserlass zu § 146b AO vom 29.5. 2018 und zu § 146a AO vom 17.6.2019, vgl. http://www.bundesfinanzministerium.de/Service, Gesetze und Verordnungen.

[4] Vgl. auch Informationen zum Thema „Ordnungsmäßigkeit der Kassenbuchführung", OFD Karlsruhe, Information vom 6.8.2019.

2.2 Internationale Rechnungslegung

2.2.1 Übergang zur IFRS-Bilanz

2.2.1.1 Zeitlicher und sachlicher Anwendungsbereich[1]

A. Erstmalige Anwendung

			HGB
Grundsatz	Für Mutterunternehmen, die Wertpapiere oder Schuldtitel in der EU an einem organisierten Markt zugelassen oder beantragt haben	Für ab 1.1. 2005/2007 beginnende Wirtschaftsjahre zwingend	§ 315 e Abs. 1 und 2
Wahlrecht	Für nicht kapitalmarktorientierte Unternehmen	Zwischen IFRS und HGB; aber jeweils vollständig	§ 315 e Abs. 3

B. Vorgehensweise beim Übergang zu IFRS[2]

Übergang zu IFRS in vier Schritten	1. Wahl der Bilanzierungs- und Bewertungsmethoden 2. Erstellung einer Eröffnungsbilanz auf den Zeitpunkt des Übergangs 3. Ermittlung von Schätzungen gemäß IFRS für die Eröffnungsbilanz und alle weiteren Vergleichszahlen 4. Darstellung der Bilanz, GuV, Kapitalflussrechnung, des Anhangs, Angaben, ggf. Segmentberichterstattung, Ergebnis je Aktie
Erstmalige Anwendung	Veröffentlichter Abschluss, in dem IFRS für Berichts- und Vergleichsperiode vollständig angewendet wird (IAS 1.36)
Beispiel für Übergang	Geplante Umstellung zum 31.12.02 – Berichtsperiode (Reporting Period): 1.1.–31.12.02 – Vergleichsperiode (Transition Period): 1.1.–31.12.01 – IFRS-Eröffnungsbilanz (Beginn der Vergleichsperiode) 1.1.01

---

[1] Verordnung (EG) Nr. 1606/2002 in Verbindung mit Verordnung (EG) Nr. 297/2008 und mit Verordnung (EG) Nr. 149/2011 des Europäischen Parlaments und des Rates vom 19.7.2002 betreffend die Anwendung internationaler Rechnungslegungsstandards.
[2] *Heuser-Theile,* IFRS-Handbuch 2019, Anm. 8500 ff., sowie *Lüdenbach/Hoffmann/ Freiberg,* IFRS Kommentar, 19. Aufl. 2021, § 6, S. 273–278.

2.2.1.2 Inhalt der IFRS-Eröffnungsbilanz

IFRS 1[1] regelt den Übergang zur erstmaligen IFRS-Anwendung[2]. Es gelten folgende Grundsätze:

		IFRS
Grundsätze	– IFRS-Eröffnungsbilanz	1.6
	– Rechnungslegungsmethoden	1.7–12
Einzel-regelungen IFRS 1.7	– Ausnahmen zur retrospektiven Anwendung anderer IFRS	1.13
	– Schätzungen	1.14–16
	– Ausbuchung finanzieller Vermögenswerte und finanzieller Verbindlichkeiten	1.B2–3
	– Bilanzierung von Sicherungsgeschäften	1.B4–6
	– Nicht beherrschende Anteile	1.B7
	– Klassifizierung und Bewertung finanzieller Vermögenswerte	1.B8–B8C
	– Wertminderung finanzieller Vermögenswerte	1.B8D–B8G
	– Befreiungen für Unternehmenszusammenschlüsse	1.C1–5
	– Anteilsbasierte Vergütungen	1.D2–3
	– Versicherungsverträge	1.D4
	– Ersatz für Anschaffungs- oder Herstellungskosten	1.D5–5B
	– Leasingverhältnisse	1.D9–9E
	– Kumulierte Umrechnungsdifferenzen	1.D12–13
	– Anteile an Tochterunternehmen, gemeinschaftlich geführten Unternehmen und assoziierten Unternehmen	1.D14–15A
	– Vermögenswerte und Schulden von Tochterunternehmen, assoziierten Unternehmen und Gemeinschaftsunternehmen	1.D16–17
	– Zusammengesetzte Finanzinstrumente	1.D18
	– Designation zuvor erfasster Finanzinstrumente	1.D19–19C
	– Bewertung von finanziellen Vermögenswerten und finanziellen Verbindlichkeiten beim erstmaligen Ansatz mit dem beizulegenden Wert	1.D20
	– In den Sachanlagen enthaltene Kosten für die Entsorgung	1.D21–21A
	– Finanzielle oder immaterielle Vermögenswerte, die gemäß IFRIC 12 bilanziert werden	1.D22
	– Fremdkapitalkosten	1.D23
	– Übertragung von Vermögenswerten durch einen Kunden	1.D24
	– Tilgung finanzieller Verbindlichkeiten durch Eigenkapitalinstrumente	1.D25
	– Ausgeprägte Hochinflation	1.D26–30

---

[1] WP-Handbuch 2020, S. 1473 ff.
[2] *Lüdenbach/Hoffmann/Freiberg,* IFRS Kommentar, 19. Aufl. 2021, § 6, S. 273.

2.2.2 Überblick über die Standards und Interpretationen des IASB

A. International Accounting Standards (IAS/IFRS)[1]

			EU-End-orsement[3, 4, 5] am
Preface		Vorwort zu den International Financial Reporting Standards	
Framework		Rahmenkonzept für die Aufstellung und Darstellung von Abschlüssen	
Standards[2]	IFRS 1	Erstmalige Anwendung der International Financial Reporting Standards	28.3.2013
	IFRS 2	Anteilsbasierte Vergütung	9.1.2015
	IFRS 3	Unternehmenszusammenschlüsse	9.1.2015
	IFRS 4	Versicherungsverträge	29.12.2012
	IFRS 5	Zur Veräußerung gehaltene langfristige Vermögenswerte und aufgegebene Geschäftsbereiche	29.12.2012
	IFRS 6	Exploration und Evaluierung von mineralischen Ressourcen	3.11.2008
	IFRS 7	Finanzinstrumente: Angaben	29.12.2012
	IFRS 8	Geschäftssegmente	9.1.2015
	IFRS 9	Finanzinstrumente	29.11.2016
	IFRS 10	Konzernabschlüsse	29.12.2012
	IFRS 11	Gemeinsame Vereinbarungen	29.12.2012
	IFRS 12	Angaben zu Anteilen an anderen Unternehmen	29.12.2012
	IFRS 13	Bemessung des beizulegenden Zeitwerts	29.12.2012
	IFRS 14	Regulatorische Abgrenzungsposten	offen
	IFRS 15	Erlöse aus Verträgen mit Kunden	29.10.2016
	IFRS 16	Leasingverhältnisse	31.10.2017
	IFRS 17	Versicherungsverträge	16.7.2021
	IFRS for SMEs	IFRS für kleine und mittlere Unternehmen	31.10.2017
	IAS 1	Darstellung des Abschlusses	19.12.2015

---

[1] Vgl. http://www.ifrs.org; Issued Standards > List of Standards (Stand: 2.8.2021).
[2] Die nicht kontinuierliche Auflistung der IAS ist auf die Tatsache zurückzuführen, dass einige der ersten Rechnungslegungsgrundsätze durch neuere ersetzt wurden.
[3] Publikationsdatum (ohne Amendments) im Amtsblatt der Europäischen Union, vgl. http://www.efrag.org/endorsement/
[4] Zu den von der EU im Rahmen des Endorsementverfahrens im Einzelnen übernommenen IAS/IFRS vgl. die aktuelle Übersicht unter http://www.efrag.org/endorsement/
[5] Zur Unterscheidung zwischen IASB-IFRS und EU-IFRS und zu Problemen der Anwendung vgl. *Oversberg,* DB 2007 S. 1597.

Preface	Vorwort zu den International Financial Reporting Standards	EU-Endorsement am
Framework	Rahmenkonzept für die Aufstellung und Darstellung von Abschlüssen	

Standards[1]	IAS 2	Vorräte	29.12.2012
	IAS 7	Kapitalflussrechnung	29.12.2012
	IAS 8	Rechnungslegungsmethoden, Änderungen von rechnungslegungsbezogenen Schätzungen und Fehlern	29.9.2003
	IAS 10	Ereignisse nach dem Abschlussstichtag	29.9.2003
	IAS 12	Ertragsteuern	29.12.2012
	IAS 16	Sachanlagen	3.12.2015
	IAS 19	Leistungen an Arbeitnehmer	9.1.2015
	IAS 20	Bilanzierung und Darstellung von Zuwendungen der öffentlichen Hand	29.12.2012
	IAS 21	Auswirkungen von Wechselkursänderungen	29.12.2012
	IAS 23	Fremdkapitalkosten	17.12.2008
	IAS 24	Angaben über Beziehungen zu nahestehenden Unternehmen und Personen	9.1.2015
	IAS 26	Bilanzierung und Berichterstattung von Altersversorgungsplänen	29.9.2003
	IAS 27	Einzelabschlüsse	23.12.2015
	IAS 28	Anteile an assoziierten Unternehmen und Gemeinschaftsunternehmen	29.12.2012
	IAS 29	Rechnungslegung in Hochinflationsländern	29.9.2003
	IAS 32	Finanzinstrumente: Darstellung	28.3.2013
	IAS 33	Ergebnis je Aktie	29.12.2012
	IAS 34	Zwischenberichterstattung	28.3.2013
	IAS 36	Wertminderung von Vermögenswerten	20.12.2013
	IAS 37	Rückstellungen, Eventualverbindlichkeiten und Eventualforderungen	29.9.2003
	IAS 38	Immaterielle Vermögenswerte	3.12.2015
	IAS 40	Als Finanzinvestition gehaltene Immobilien	19.12.2014
	IAS 41	Landwirtschaft	24.11.2015

---

[1] Die nicht kontinuierliche Auflistung der IAS ist auf die Tatsache zurückzuführen, dass einige der ersten Rechnungslegungsgrundsätze durch neuere ersetzt wurden.

B. Von der EU übernommene Interpretationen

1. IFRIC Interpretationen (IFRIC)

IFRIC 1	Änderungen bestehender Rückstellungen für Entsorgungs-, Wiederherstellungs- und ähnliche Verpflichtungen	29.1.2004
IFRIC 2	Geschäftsanteile an Genossenschaften und ähnlichen Instrumenten	28.3.2013
IFRIC 5	Rechte auf Anteile an Fonds für Entsorgung, Rekultivierung und Umweltsanierung	29.12.2012
IFRIC 6	Verbindlichkeiten, die sich aus einer Teilnahme an einem spezifischen Markt ergeben – Elektro- und Elektronik-Altgeräte	27.1.2006
IFRIC 7	Anwendung des Anpassungsansatzes unter IAS 29 Rechnungslegung in Hochinflationsländern	9.5.2006
IFRIC 10	Zwischenberichterstattungen und Wertminderungen	1.6.2007
IFRIC 12	Dienstleistungskonzessionsvereinbarung	26.3.2009
IFRIC 14	IAS 19 – Die Begrenzung eines leistungsorientierten Vermögenswertes, Mindestdotierungsverpflichtungen und ihre Wechselwirkung	20.7.2010
IFRIC 16	Absicherung einer Nettoinvestition in einen ausländischen Geschäftsbetrieb	29.12.2012
IFRIC 17	Sachdividenden an Eigentümer	29.12.2012
IFRIC 19	Tilgung finanzieller Verbindlichkeiten durch Eigenkapitalinstrumente	29.12.2012
IFRIC 20	Abraumkosten in der Produktionsphase eines Tagebauwerkes	29.12.2012
IFRIC 21	Abgaben	14.6.2014
IFRIC 22	Fremdwährungstransaktionen und im Voraus erbrachte oder erhaltene Gegenleistungen	28.3.2018
IFRIC 23	Unsicherheiten bezüglich der ertragsteuerlichen Behandlung	23.10.2018

2. Interpretationen des Standing Interpretations Committee (SIC)

SIC 7	Einführung des Euro	3.6.2009
SIC 10	Beihilfen der öffentlichen Hand – kein spezifischer Zusammenhang mit betrieblichen Tätigkeiten	29.9.2003
SIC 25	Ertragsteuern – Änderungen im Steuerstatus von Unternehmen und seiner Eigentümer	29.9.2003
SIC 29	Dienstleistungskonzessionsvereinbarungen: Angaben	3.11.2008
SIC 32	Immaterielle Vermögenswerte – Kosten von Internetseiten	29.9.2003

2.2.3 Bestandteile, Gliederung und Auswertung des Jahresabschlusses nach Schema IFRS[1]

2.2.3.1 Bestandteile nach IAS 1

	ab 1.1.2009[2]
Bilanz	statement of financial position (IAS 1.54)
Gewinn- und Verlustrechnung	profit or loss and other comprehensive income (IAS 1.10A; 1.81A)
Gesamtergebnisrechnung	statement of comprehensive income (IAS 1.10A; 1.81B)
Eigenkapitalveränderungsrechnung	statement of changes in equity (IAS 1.106)
Kapitalflussrechnung	statement of cashflows (IAS 1.111)
Anhang	notes (IAS 1.112)
Vergleichsinformationen	notes (IAS 1.38–38D)

---

[1] Einen sehr kurzen und strukturierten Überblick über die IFRS-Rechnungslegung gibt WP-Handbuch 2020, Kapitel K S. 1457–1528.

[2] Gemäß IAS 1 in der Fassung (endorsed) vom 31.10.2017.

2.2.3.2 Inhalt und Gliederung der Bilanz (IAS 1.54–80)

IAS 1.68 führt die in der Bilanz auszuweisenden Mindestposten auf. Im folgenden sollen einige Posten mit den zutreffenden Regelungen dargestellt werden, wobei die gemäß IAS 1.54 ff. grundsätzlich vorgeschriebene Bilanzgliederung nach Fristigkeit angewendet wird.

Balance Sheet		Bilanz
Assets	**Reference**	**Aktiva**
Long-term assets		langfristige Vermögenswerte
Property, plant, and equipment	IAS 16	Sachanlagevermögen
Land and buildings	IAS 16, 40	Grundstücke, Gebäude
Plant and equipment	IAS 16, IAS 17	Technische Anlagen und Betriebs- und Geschäftsausstattung (Finanzierungsleasing)
Other categories of property, plant, and equipment	IAS 16	andere, sachgerecht bezeichnete Gruppen von Anlagegegenständen
Accumulated depreciation	IAS 36, 16	kumulierte Abschreibungen
Intangible assets	IAS 38, IFRS 3	immaterielle Werte
Patents, trademarks, and similar assets	IAS 38	Patente, Handelsmarken und ähnliche Vermögenswerte
Research and Development costs	IAS 38	Forschungs- und Entwicklungskosten
Goodwill	IAS 38, IFRS 3	Geschäfts- oder Firmenwert
Other expenditure carried forward	IAS 38	andere immaterielle Vermögensgegenstände
Cryptocurrency, token[1]	IAS 38	Kryptowährung, Token
Accumulated depreciation	IAS 36, 16	kumulierte Abschreibungen
Investment properties	IAS 40	investive Grundstücke und Bauten
Long-term investments	IFRS 9	langfristige Kapitalanlagen
Subsidiaries	IAS 27, IFRS 12, IFRS 9	Anteile an Tochterunternehmen
Associates	IAS 28, IFRS 12	Anteile an assoziierten Unternehmen

---

[1] Sofern sie nicht zum Verkauf im üblichen Geschäftsgang gehalten werden, durchaus kritisch, vgl. *Blecher/Horx*, WPg 2020, S. 267–273, *Kirsch/Wieding*, KoR 2020, S. 313–319.

Assets	Reference	Aktiva
Jointly controlled entities	IAS 31, IFRS 11	Joint Venture mit einer eigenen Rechtspersönlichkeit
Other long-term investments	IFRS 9	sonstige langfristige Kapitalanlagen
Long-term biological assets	IAS 41	langfristige biologische Vermögenswerte, z. B. stehendes Holz, Dauerkulturen, Tiervermögen
Long-term receivables	IFRS 9	langfristige Forderungen
Trade accounts and notes receivable	IFRS 9	aus Lieferungen und Leistungen einschließlich Handelswechseln
Loans to directors	IFRS 9	gegenüber Mitgliedern der Geschäftsführung
Intragroup receivables	IFRS 9	gegenüber verbundenen Unternehmen
Associate receivables	IFRS 9	gegenüber assoziierten Unternehmen
Finance lease receivables	IAS 17, IFRS 9	Forderungen bezüglich Finanzierungsleasing
Other receivables	IFRS 9	sonstige Forderungen
Deferred tax assets	IAS 12	latente Steuern vom Einkommen und Ertrag
Current assets	IAS 2, IFRS 15	**Umlaufvermögen**
Inventories	IAS 2	Vorräte
Raw materials and production supplies	IAS 2	Roh-, Hilfs- und Betriebsstoffe
Work in progress	IFRS 15	unfertige Erzeugnisse und Leistungen
Finished goods	IAS 2	fertige Erzeugnisse
Merchandise	IAS 2	Waren
Cryptocurrency, token[1]	IAS 2	Kryptowährung, Token
Short-term biological assets	IAS 41	Kurzfristige biologische Vermögenswerte, z. B. Feldfrucht, Schlachtvieh
Advance payments on purchase of current assets	IAS 1	geleistete Anzahlungen
Gross amount due from customers on construction contracts	IFRS 15	Forderungen gegenüber Kunden für langfristige Fertigungsaufträge, bei denen die abrechenbaren Leistungen noch nicht vollständig abgerechnet wurden

[1] Sofern sie zum Verkauf im üblichen Geschäftsgang gehalten werden.

Assets	Reference	Aktiva
Receivables:		Forderungen
Trade accounts and notes receivable	IFRS 9	aus Lieferungen und Leistungen einschließlich Handelswechseln
Loans to directors	IFRS 9	gegenüber Mitgliedern der Geschäftsführung
Intragroup receivables	IAS 27, 31, IFRS 9	gegenüber verbundenen Unternehmen
Associate receivables	IAS 28, IFRS 9	gegenüber assoziierten Unternehmen
Finance lease receivables	IAS 17	Forderungen bezüglich Finanzierungsleasing
Income taxes recoverable	IAS 37, IFRIC 23	Erstattungsanspruch auf Steuern vom Einkommen und Ertrag
Prepaid expenses	IAS 1	Vorauszahlungen
Other receivables	IFRS 9	sonstige Forderungen
Current investments	IFRS 9	kurzfristige Kapitalanlagen
Cash and bank balances	IFRS 9	Kassenbestände und Guthaben bei Kreditinstituten
Non-current assets held for sale and discontinued operations	IFRS 5	Zur Veräußerung bestimmte langfristige Vermögensbereiche und aufgegebene Geschäftsbereiche

Liabilities	Reference	Passiva
Shareholders' equity	IAS 1, 32	Eigenkapital
Share capital	IAS 1, 32	gezeichnetes Kapital
Capital paid-in excess of par value (share premium)	IAS 1, 32	Kapitalrücklagen
Revaluation surplus	IAS 1, 32	Neubewertungsrücklagen
Reserves	IAS 1, 32	ausschüttungsgesperrte Rücklagen
Foreign exchange differences	IAS 21	Verbindlichkeiten aus Wechselkursdifferenzen
Retained earnings	IAS 1, 32	einbehaltene Gewinne
Minority interest	IFRS 3	Anteile außenstehender Gesellschafter

Liabilities	Reference	Passiva
Long-term liabilities/provisions		langfristige Verbindlichkeiten
Provisions	IAS 1, 37, IFRS 7	Rückstellungen, langfristig, ungewisse Verbindlichkeiten
Secured loans	IAS 37, IFRS 3	besicherte Darlehen
Unsecured loans	IAS 1, IFRS 9	unbesicherte Darlehen
Intragroup loans	IAS 1, IFRS 9	Darlehen von verbundenen Unternehmen
Loans from associates	IAS 1, IFRS 9	Darlehen von assoziierten Unternehmen
Retirement benefits	IAS 19, 26	Verbindlichkeiten aus Altersversorgung
Deferred income	IAS 1, 2	passiver Abgrenzungsposten
Government grants	IAS 20	Verbindlichkeiten aus finanziellen Zuwendungen der öffentlichen Hand
Sale and leaseback transactions	IAS 17	Sale-and-Leaseback-Geschäfte
Deferred income taxes	IAS 12	latente Steuern vom Einkommen und Ertrag
Current liabilities	IAS 37, IFRS 7	kurzfristige Verbindlichkeiten
Provisions	IAS 37, IFRS 3	Rückstellungen, kurzfristig, ungewisse Verbindlichkeiten
Payables:	IAS 1, IFRS 9	Zahlungsverpflichtungen
Trade accounts and notes payable	IAS 1, IFRS 9	aus Lieferungen und Leistungen einschließlich Handelswechseln
Loans from directors	IAS 1, IFRS 9	gegenüber Mitgliedern der Geschäftsführung
Intragroup payables	IAS 1, IFRS 9	gegenüber verbundenen Unternehmen
Associate payables	IAS 1, IFRS 9	gegenüber assoziierten Unternehmen
Bank loans and overdrafts	IFRS 9	Bankdarlehen und Überziehungskredite
Current portions of long-term liabilities	IFRS 9	kurzfristiger Teil der langfristigen Verbindlichkeiten
Income taxes	IAS 12	Steuern vom Einkommen und Ertrag
Dividends payable	IAS 1, 7	Dividendenverpflichtungen
Accrued expenses	IAS 1	antizipative Abgrenzungsposten

Liabilities	Reference	Passiva
Other payables	IAS 1	sonstige Zahlungsverpflichtungen
Gross amount due to customers on construction contracts	IFRS 15	noch nicht fakturierte Verbindlichkeiten aus langfristigen Fertigungsaufträgen
Deferred revenue	IFRS 15	passive Abgrenzungsposten bei Langfristfertigung
Advances from customers	IFRS 15	erhaltene Anzahlungen bei Langfristfertigung
Liabilities held for sale and discontinued operations	IFRS 5	Schulden in Zusammenhang mit der Veräußerung bestimmter Gruppen von Vermögenswerten

Quelle: Born: Rechnungslegung international, Stuttgart 1999; deutsche Übersetzung ohne Gewähr (eigene Aktualisierung); vgl. auch *Heuser/Theile*, IFRS-Handbuch 5. Aufl. 2012, S. 1057–1076.

2.2.3.3 Gesamtergebnisrechnung (IAS 1.81A ff.)

Aufbau und Gliederung der GuV nach IFRS[1]

Posten		IAS/IFRS
GKV	**UKV**	
Umsatzerlöse *(revenue/turnover)*		1.82 (a)
	– Herstellungskosten der zur Erzielung der Umsatzerlöse erbrachten Leistungen *(cost of sales)*	1.103
	= Bruttoergebnis *(gross profit)*	1.103
+/– Bestandsveränderung Erzeugnisse *(changes in inventories of finished goods and work in progress)*		1.102
+ Andere aktivierte Eigenleistungen *(work performed by the enterprise and capitalised)*		
+ Sonstige betriebliche Erträge *(other income)*	+ Sonstige betriebliche *(other income)*	1.102/ 1.103
– Materialaufwand *(raw materials and consumables used)*		1.102
– Personalaufwand *(employee benefits costs)*		1.102
– Abschreibungen *(depreciation and amortisation expense)*		1.102
	– Vertriebskosten *(distribution costs)*	1.103
	– allgemeine Verwaltungs-kosten *(administrative expenses)*	1.103
– Sonstige betriebliche Aufwendungen *(other expenses)*	– Sonstige betriebliche Aufwendungen *(other expenses)*	1.102/ 1.103
= **(operatives) Betriebsergebnis *(the results of operating activities)***		1.85

---

[1] Quelle: *Heuser/Theile,* IFRS-Handbuch, 6. Aufl. 2019, S.1098 ff., sowie *Lüdenbach/ Hoffmann/Freiberg,* IFRS Kommentar, 19. Aufl. 2021, § 2, S.105–107.

Posten		IAS/IFRS
GKV	**UKV**	
+/– Ergebnis aus at equity bewerteten Beteiligungen *(share of income of associates and joint ventures accounted for using the equity method)*		1.82 (c)
+ übrige Finanzerträge *(other financial revenues)*		1.82 (b)
– übrige Finanzaufwendungen *(other financial costs)*		1.82 (b)
+/– Gewinn oder Verlust aus der Aufgabe von Unternehmensbereichen *(profit or loss on disposal of discontinuing operations)*		1.82 (ea)
= Ergebnis vor Ertragsteuern *(profit or loss before tax)*		1.83
–/+ Ertragsteuern *(income tax expense)*		1.82 (d)
= Periodenergebnis *(net profit or loss for the period)*		1.81A (a)
– Ergebnisanteil nicht beherrschende Gesellschafter		1.81B
– Ergebnisanteil Eigenkapitalgeber der Muttergesellschaft		1.81B
Ergebnis je Aktie *(earnings per share)* – unverwässert *(basic)* – verwässert *(diluted)*		33.66

2.2.3.4 Kapitalflussrechnung (IAS 7)

Die Kapitalflussrechnung gehört zu den Pflichtbestandteilen des Jahresabschlusses für alle Unternehmen (IAS 1.10 (d), 1.111); dies gilt für den Einzel- wie auch für den Konzernabschluss. Sie ist nach IAS 7.45 um eine Überleitungsrechnung zu ergänzen, in der den Beträgen der Kapitalflussrechnung die entsprechenden Posten der Bilanz gegenübergestellt werden.
Bei der Kapitalflussrechnung wird die direkte Methode empfohlen (IAS 7.19), in der Praxis aber die indirekte Methode bevorzugt. Nachfolgend werden daher beide Methoden schematisch dargestellt:[1]

---

[1] Quelle: KPMG Deutsche Treuhand-Gesellschaft AG (Hrsg.), IFRS visuell, Die IFRS in strukturierten Übersichten, 9. Aufl., Stuttgart 2021, S.9ff.

Cash flows aus betrieblicher Tätigkeit (13–15)[1]	Direkte Methode (19) – Zahlungseingänge aus Verkauf von Gütern/Erbringung von Dienstleistungen – Zahlungseingänge aus Nutzungsentgelten, Honoraren, Provisionen und anderen Erlösen – Auszahlungen an Lieferanten – Auszahlungen an und für Beschäftigte – Ertragsteuerzahlungen (Wahlrecht: auch Investitionstätigkeit oder Finanzierungstätigkeit möglich) – Ein- und Auszahlungen aus dem Verkauf/Erwerb von Finanzinstrumenten im Handelsbestand	Indirekte Methode (20) – Jahresergebnis – +/– Bestandsveränderungen bei Vorräten sowie Forderungen und Verbindlichkeiten aus Lieferungen und Leistungen – +/– andere nicht zahlungswirksame Posten – +/– andere Posten, die anderen Bereichen zugeordnet werden (Bsp.: Ergebnisse aus Abgang Sachanlagen; Wahlrecht für Zinsen, Dividenden, Ertragsteuerzahlungen) (31,35)
Cash flows aus Investitionstätigkeit (16)	– Auszahlungen für den Erwerb von Sachanlagen, immateriellen und anderen langfristigen Vermögenswerten – Einzahlungen aus dem Verkauf von Sachanlagen, immateriellen und anderen langfristigen Vermögenswerten – Auszahlungen für den Erwerb von Tochterunternehmen (abzgl. erworbener Finanzmittel) – Einzahlungen aus dem Verkauf von Tochterunternehmen (abzgl. abgegebener Finanzmittel) – Auszahlungen für andere Finanzanlagen – Einzahlungen aus anderen Finanzanlagen – (Wahlrecht für Zinsen, Dividenden, Ertragsteuerzahlungen) (31,35)	
Cash flows aus Finanzierungstätigkeit (17)	– Einzahlungen aus der Ausgabe von Eigenkapitalinstrumenten – Kapitalrückzahlungen an Anteilseigner – Einzahlungen aus der Aufnahme von Finanzverbindlichkeiten – Auszahlungen für die Rückzahlung von Finanzverbindlichkeiten – Auszahlungen zur Tilgung von Verbindlichkeiten aus Finanzierungsleasing-Verbindlichkeiten – Zahlungen aus Änderungen der Anteilsverhältnisse in Tochterunternehmen, die nicht aus der Erlangung oder dem Verlust der Beherrschung resultieren (42 A) – (Wahlrecht für Zinsen, Dividenden, Ertragsteuerzahlungen) (31, 35)	

---

[1] Nachfolgend sind die jeweiligen Paragrafen des IAS 7 aufgeführt (z. B. 7.13–15).

Wechselkurs-einflüsse auf Finanzmittel-bestand (28)	– Unrealisierte Gewinne/Verluste aus Veränderungen der Wechselkurse betreffend den Finanzmittelbestand
Finanzmittel-bestand	**Zahlungsmittel (6)** – Barmittel und Sichteinlagen
	Zahlungsmitteläquivalente (7–9) – müssen ohne weiteres in einen bestimmten Zahlungsmittel-betrag umgewandelt werden können – dürfen nur unwesentlichen Wertschwankungsrisiken unter-liegen; daher dürfen sie vom Zeitpunkt des Erwerbs nur eine Restlaufzeit von nicht mehr als 3 Monaten haben – Verbindlichkeiten gegenüber Banken sind in Abzug zu bringen, wenn es sich um jederzeit rückzahlbare Verpflichtungen han-delt, die integralen Bestandteil der Zahlungsmitteldis-position des Unternehmens darstellen (Bsp.: Kontokorrent-kredite)
Anhang-angaben	**Erwerb und Veräußerung von Tochterunternehmen oder sonstigen Geschäftseinheiten (40)** – Gesamter Kauf- oder Veräußerungspreis – Teil des Preises, der durch Finanzmittel beglichen wurde – Betrag der Finanzmittel, die mit Erwerb bzw. Veräußerung er-worben bzw. abgegeben wurden – Beträge der nach Hauptgruppen gegliederten Vermögenswerte und Schulden (mit Ausnahme der Finanzmittel) des Tochter-unternehmens oder der sonstigen Geschäftseinheit, das bzw. die erworben oder veräußert wurde
	Nicht zahlungswirksame Transaktionen, Bsp.: (43, 44) – Erwerb von Vermögenswerten durch Schuldübernahme oder Finanzierungsleasing – Erwerb eines Unternehmens gegen Ausgabe von Anteilen – Umwandlung von Schulden in Eigenkapital
	Finanzmittelbestand (45) – Bestandteile der Finanzmittel – Überleitungsrechnung zur Bilanz – Verfügungsbeschränkungen
	Finanzverbindlichkeiten Überleitungsrechnung (44A–44E)

Finanzverbindlichkeiten-Überleitungsrechnung (44A–44E)[1]

Beispiel	Anfangs-bestand Bilanz	Veränderungen mit Aus-wirkungen auf den Finanzierungs-Cashflow	Andere Veränderungen				Endbestand Bilanz
			Erwerb oder Veräußerung von Tochterunter-nehmen	Währungs-effekte	Fair Value-Änderungen	Übrige	
kfr. Bankverbindlichkeiten							
lfr. Bankverbindlichkeiten							
Gesellschafterdarlehen							
kfr. Leasingverbindlich-keiten							
lfr. Leasingverbindlich-keiten							
Summe							

---

[1] Finanzverbindlichkeiten in diesem Sinne sind solche, deren Veränderung im Cashflow aus Finanzierungstätigkeit dargestellt wird, einschließlich etwaiger finanzieller Vermögenswerte, die zur Absicherung solcher Finanzverbindlichkeiten dienen (44C).

2.2.3.5 Anhang (notes)[1] (IAS 1.112 ff.)

A. Grundlagen

Im Vergleich zum HGB zeichnet sich die IFRS-Rechnungslegung durch umfangreiche Angabe- und Erläuterungsverpflichtungen zur Darstellung der einzelnen Jahresabschlusspositionen aus. Diese Angaben und Erläuterungen sind in der Regel im Anhang vorzunehmen, wobei die detaillierten Offenlegungsvorschriften in den jeweiligen Standards geregelt sind. Den Ausführungen in IAS 1.112 folgend, hat der **Anhang** *(notes)* eines IFRS-Jahresabschlusses folgende **Informationen** bereitzustellen:

– Informationen über die Grundlagen der Aufstellung des Abschlusses und die spezifischen Rechnungslegungsmethoden, die gemäß 1.117–1.124 angewandt worden sind, darlegen,

– Informationen über die wichtigsten zukunftsbezogenen Annahmen und sonstige wesentliche Quellen von Schätzungsunsicherheiten, durch die ein beträchtliches Risiko entstehen können (1.125–1.133),

– die nach IFRS erforderlichen Informationen offen legen, die nicht in den anderen Abschlussbestandteilen ausgewiesen sind, und

– Informationen liefern, die nicht in anderen Abschlussbestandteilen ausgewiesen werden, für das Verständnis derselben jedoch relevant sind.

Infolge dieser Vielfalt der Informationen müssen die Anmerkungen und Offenlegungen im Anhang in **systematischer** Form erfolgen. So ist jeder Posten in der Bilanz, der Gewinn- und Verlustrechnung, der Eigenkapitalveränderungsrechnung und der Kapitalflussrechnung mit einem Querverweis zu sämtlichen dazugehörenden Angaben im Anhang zu versehen (vgl. IAS 1.113). Dabei hat die spezielle Reihenfolge der postenspezifischen Angaben im Anhang normalerweise der Reihenfolge der Nennung der Posten in den anderen Abschlussbestandteilen zu folgen (vgl. IAS 1.114 c).[2]

B. Struktur des Anhangs

Die Struktur des Anhangs sowie dessen einzelne Bestandteile werden in IAS 1.114 aufgeführt; insgesamt sollen folgende **vier Komponenten** veröffentlicht werden:

– Bestätigung der Übereinstimmung mit IFRS vgl. 1.116.
  Erklärung der Geschäftsführung über die Übereinstimmung des veröffentlichten Jahresabschlusses mit den Regelungen des IASB (vgl. IAS 1.14).

– Zusammenfassende Darstellung der wesentlichen angewandten Rechnungslegungsmethoden vgl. 1.117.
  Eine umfassende, aber keineswegs abschließende Auflistung von Bereichen, zu denen die einzelnen relevanten Bilanzierungs- und Bewertungsmethoden beschrieben werden sollen, findet sich in IAS 1.117 ff. Dabei sind die hierzu in den einzelnen IFRS-Standards aufgeführten umfangreichen Angabepflichten

---

[1] Vgl. *Lüdenbach/Hoffmann/Freiberg*, IRFS Kommentar, 19. Aufl. 2021, § 5, S. 227 ff., sowie nur in der Online-Ausgabe: „Checkliste IFRS Abschlussangaben", derzeit IFRS-Anhang Checkliste 2020, Stand: 02/2021.

[2] Zu den notwendigen Anhangsangaben Hinweis auf Beck'sches IFRS-Handbuch, 6. Aufl. 2020, § 19, S. 909–929, sowie CD-ROM Anhang-Check, Edition 2019–2020.

zu berücksichtigen. Dabei ist insbesondere zu beachten, dass im Anhang alle diejenigen Angaben offenzulegen sind, die in den anderen Bestandteilen der Rechnungslegung nicht direkt bei den betreffenden Posten ausgewiesen wurden.

- Ergänzende Informationen zu den in der Bilanz, der Gesamtergebnisrechnung, der gesonderten Gewinn- und Verlustrechnung (falls erstellt), der Eigenkapitalveränderungsrechnung und der Kapitalflussrechnung dargestellten Posten in der Reihenfolge, in der jeder Abschlussbestandteil und jeder Posten dargestellt wird.
  Ergänzende Informationen zu den in den Abschlussbestandteilen dargestellten Posten, und zwar in der Reihenfolge, in der jeder Posten und jeder Abschlussbestandteil dargestellt wird, z.B. Erläuterungen zu schwerwiegenden Bilanzierungsfehlern, Ereignisse nach dem Bilanzstichtag oder Stilllegung von Produktionsbereichen (vgl. IAS 1.113 ff.).
- **Andere zusätzliche Angaben** sowohl finanzieller als auch nicht finanzieller Art, einschließlich Eventualverbindlichkeiten, vgl. IAS 37, nicht bilanzierte vertragliche Verpflichtungen und nicht finanzielle Angaben, z.B. die Ziele und Methoden des Finanzrisikomanagements des Unternehmens, vgl. IFRS 7. Der Anhang hat darüber hinaus, sofern dies nicht an anderer Stelle erfolgt ist, allgemeine Informationen über das Unternehmen zu enthalten (vgl. IAS 1.137–138), beispielsweise Angaben über den Sitz des Unternehmens, Beschreibung der Art der Geschäftstätigkeit des Unternehmens und seiner Hauptaktivitäten. Ferner alle Angaben hinsichtlich ungewisser Ereignisse, Erfolgsunsicherheiten, finanziellen Verpflichtungen sowie andere relevante Informationen zur finanziellen Situation des Unternehmens.

2.2.3.6 Segmentberichterstattung[1]

A. Grundlagen

Die Segmentberichterstattung nach IFRS 8.1 soll durch Disaggregation ausgewählter Abschlussdaten nach Geschäftssegmenten (operating segments) und geografischen Segmenten Zusatzinformationen generieren, mit dem Ziel,
- die verschiedenen Geschäftsbereiche und das wirtschaftliche Umfeld zu kennen,
- Risiken und Chancen des Unternehmens besser einschätzen zu können,
- das gesamte Unternehmen hinsichtlich zukünftiger Cash flows besser beurteilen zu können.

Die Berichterstattung ist Teil des Anhangs, wird gelegentlich auch als eigenes Statement behandelt. IFRS 8 ist anzuwenden auf Konzern- und Einzelabschlüsse von (Mutter-)Unternehmen, deren Schuld- oder Eigenkapitalinstrumente an einem öffentlichen Markt gehandelt werden oder sich im Prozess des Einreichens befinden.

---

[1] Vgl. *Heuser/Theile,* IFRS-Handbuch, 6. Aufl. 2019, S. 1162–1175, sowie *Lüdenbach/Hoffmann/Freiberg,* IFRS Kommentar, 19. Aufl. 2021, § 36, S. 2593 ff.

B. Abgrenzung der Segmente

Im Hinblick auf die konzeptionelle Gestaltung stehen jene Segmente im Fokus, die das Unternehmen zu internen Berichts- und Steuerungszwecken eingerichtet hat (management approach). Dies sind solche, bei denen Geschäftsaktivitäten zu Aufwendungen und Erträgen führen, deren operatives Ergebnis von der Unternehmensleitung regelmäßig zur Erfolgsbeurteilung und zur Ressourcenallokation herangezogen wird und für die Finanzinformationen verfügbar sind (IFRS 8.5). Bei der Abgrenzung sind die Kriterien der Zusammenfassung (IFRS 8.12) sowie quantitative Schwellen (IFRS 8.13) zu beachten. Dabei sollten 10 Segmente nicht überschritten werden, IFRS 8.19. Ähnliche Segmente dürfen unter der Voraussetzung der „similar economic characteristics", IFRS 8.12, zusammengefasst werden. Für die Bilanzierungs- und Bewertungsgrundsätze sind ausschließlich die im internen Berichtswesen verwendeten Methoden maßgeblich, IFRS 8.25.[1]

C. Berichtspflichtige Segmentinformationen – beispielhafte Darstellung[2]

	Außen-umsätze	Innen-umsatz	Abschrei-bungen	Ergebnis	Investi-tionen	Ver-mögen
Baumaschinen	25 000	2 000	1 000	2 000	1 300	1 000
Landmaschinen	20 000	3 000	1 500	1 400	1 100	8 000
Druckmaschinen	15 000	1 000	1 200	300	1 500	7 000
Holzverabeitungs-maschinen	35 000	500	3 000	3 500	4 000	15 000
Sonstige Segmente	3 000	4 000	200	150	100	1 000
Operative Segmente zusammen	**98 000**	**10 500**	**6 900**	**7 350**	**8 000**	**32 000**
Storno der Saldierung von unver-zinslichen Verbindlichkeiten						58 000
Konsolidierung		− 10 500		− 550		− 4 000
Zentrale Finanzabteilung			30	− 1 500	50	7 000
Konzernleitung	100		120	− 1 500	200	5 000
Abweichende Bilanzierungs-methoden				300		2 000
Wertminderung nach IAS 36				− 1 000		
Konzernwerte	**98 100**	**0**	**7 050**	**3 100**	**8 250**	**100 000**

Weitere Segmentangaben:
− Angaben, die für das Verständnis des Geschäfts maßgebend sind, IFRS 8.20
− weitere Ergebniskomponenten nach IFRS 8.23
− weitere Informationen zu Vermögenswerten und Schulden, IFRS 8.23–24
− Überleitungsrechnungen zu Konzerngesamtwerten, IFRS 8.28 (vgl. auch Beispiel)

---

[1] Nach IFRS 8.28 ist eine Überleitungsrechnung mit Erläuterung zu den externen Bilanzierungs- und Bewertungsmethoden zu erstellen.
[2] Quelle: *Heuser/Theile*, IFRS-Handbuch, 6. Aufl. 2019, S. 1174, hier verkürzt ohne weitere Erläuterungen dargestellt.

- Angaben unabhängig von interner Berichtsstruktur (entity-wide-disclosures), IFRS 8.31–34
- Verrechnungspreisfindung zwischen den einzelnen Segmenten, IFRS 8.27a
- Beschreibung der Zusammensetzung der Segmente, IRFS 8.22.

2.2.3.7 Eigenkapitalveränderungsrechnung

IAS 1.106–1.110 sieht als besonderen Bestandteil des Jahresabschlusses eine Aufstellung vor, die mindestens Folgendes zeigt:
- das Periodenergebnis,
- die direkt, ohne Berührung der GuV im Eigenkapital erfassten Gewinne oder Verluste, z.B. aus Neubewertung (*sonstiges Gesamteinkommen* bzw. *other comprehensive income*),
- die Gesamtwirkung der Änderungen von Bilanzierungs- und Bewertungsmethoden sowie der Berichtigung wesentlicher Fehler.

Zusätzlich hat das Unternehmen entweder in der gleichen Aufstellung oder im Anhang anzugeben:
- Kapitaltransaktionen mit Anteilseignern (Einlagen) und Ausschüttungen an Anteilseigner (Dividenden),
- die angesammelten Ergebnisse zum Beginn und zum Ende der Periode sowie die Bewegungen während der Periode (Jahresergebnis und Ausschüttung),
- eine Überleitung der Eröffnungsbilanzwerte zu den Endbilanzwerten für das gezeichnete Kapital, die Kapitalrücklage und sämtliche anderen Rücklagen.

Eine Integration sämtlicher Angaben in der Eigenkapitalveränderungsrechnung wie in der nachfolgenden Abbildung ist möglich und zweckmäßig.

Eigenkapitalveränderungsrechnung[1,2]

	Gezeichnetes Kapital	Kapitalrücklage	Gewinnrücklagen	Bilanzgewinn	Währungsumrechnung	Marktbewertung Wertpapiere	Cash-flow-Hedges	Versicherungsmathematische Verluste und Gewinne	At Equity bewertete Anteile	Anteil der Anteilseigner der Obergesellschaft	Anteile anderer Gesellschafter	Konzerneigenkapital
					\multicolumn{5}{Kumuliertes übriges Konzernergebnis}				
Stand 1.1.02	7 000	4 000	15 000	10 000	-1 500	1 000	-420	-700	-180	**34 200**	2 050	**36 250**
+/- Änderungen von Bilanzierungs- und Bewertungsmethoden sowie Korrektur grundlegender Fehler			-200							**-200**	-50	**-250**
Stand 1.1.02 angepasst	7 000	4 000	14 800	10 000	-1 500	1 000	-420	-700	-180	**34 000**	2 000	**36 000**
Ergebnis lt. GuV			*2 370*	*4 000*						*6 370*	*200*	*6 570*
Übriges Ergebnis					*2 810*	*780*	*175*	*-280*	*250*	*3 735*	*300*	*4 035*
Gesamtergebnis	**0**	**0**	**2 370**	**4 000**	**2 810**	**780**	**175**	**-280**	**250**	**10 105**	**500**	**10 605**
Dividenden				-9 000						**-9 000**	-250	**-9 250**
Umbuchung			1 000	-1 000						**0**		**0**
Kapitalerhöhung	1 000	3 000								**4 000**	50	**4 050**
Veränderung Konsolidierungskreis										**0**	400	**400**
Stand 31.12.02	**8 000**	**7 000**	**18 170**	**4 000**	**1 310**	**1 780**	**-245**	**-980**	**70**	**39 105**	**2 700**	**41 805**

[1] Beim Eigenkapitalspiegel ist das Gesamtergebnis aufzuteilen in das Ergebnis laut GuV und in jede Komponente des sonstigen Ergebnisses (other comprehensive income), wobei die Änderungen für jede Komponente des Eigenkapitals separat erfolgen, IAS 1.106A.

[2] Vgl. Heuser/Theile, IFRS-Handbuch, 5. Aufl. 2012, S. 1101.

2.2.4   HGB und IFRS im Vergleich[1]

A. Allgemeines

	HGB	IFRS
Regelungssystem	abstrakt, d.h. Einzelfallbezug nur über Rechtsprechung und Kommentare	konkrete, d.h. Behandlung relevanter Einzelfälle (Einzelregelungen gehen *Framework* vor)
Zielsetzung der Rechnungslegung	(vorsichtige) Ermittlung des ausschüttungsfähigen Gewinns	Vermittlung entscheidungsnützlicher Informationen (*Framework*)
Dominierendes Prinzip	Vorsichtsprinzip (in Ansätzen aufgehoben)	Grundsatz der periodengerechten Gewinnermittlung (*Framework*)
Rechtsform und Größenklassen der Unternehmen	Rechnungslegung, Publizität und Prüfung sind rechtsform- und größenabhängig	keine Differenzierung nach Rechtsform und Größenklasse; aber Publizität und Prüfung ohnehin national geregelt
Abschlussbestandteile	1. Bilanz 2. GuV 3. Eigenkapitalspiegel (Konzern) 4. Kapitalflussrechnung (Konzern) 5. Segmentbericht (Konzern, DRS 3) 6. Anhang (KapGes)	1. Bilanz 2. Guv/Gesamtergebnisrechnung 3. Eigenkapitalveränderungsrechnung (Konzern) 4. Kapitalflussrechnung (Konzern) 5. Segmentbericht und Ergebnis je Aktie (Konzern) 6. notes
Lagebericht	Pflicht[2]	unbekannt
Gliederung Bilanz	für Personenunternehmen keine, für KapGes streng detaillierte Vorschriften	Bilanz kann mit wenigen Posten auskommen: Untergliederungen und Fristigkeitsangaben wahlweise in Bilanz oder *notes* (IAS 1)
Gliederung GuV	Gesamtkostenverfahren (GKV) oder Umsatzkostenverfahren (UKV)	In GuV nur wenige Mindestangaben. Weitere Aufgliederung nach *nature-of-expense* (GkV) oder *cost-of-sales* (UKV) wahlweise in GuV selbst oder in den *notes* (IAS 1)

---

[1] Quelle: *Lüdenbach*, IFRS, Der Ratgeber zur erfolgreichen Umstellung von HGB auf IFRS, 6. Aufl. 2010, S. 387 ff.
[2] Nicht bei kleinen Kapitalgesellschaften.

	HGB	IFRS
Ergebnis aus einzustellendem Geschäftsbereich	keine Sondervorschriften	gesonderter Ausweis *(disconti-nued operations)* (IFRS 5)
Vorjahresangaben	Bilanz, GuV, Eigenkapital-spiegel, Kapitalflussrechnung, Anhang nur teilweise	in allen Abschlussbestandtei-len, einschließlich *notes*

B. Bilanz

Sonderaufwendungen

Eigenkapital-Beschaffungs-kosten	Aktivierungsverbot, sofort aufwandswirksam	Aktivierungsverbot, aber nicht Aufwand, sondern Rücklagen-verrechnung (IAS 32.35)
Ingangsetzungs- und Erweiterungs-aufwand	Aktivierungsverbot	Aktivierungsverbot (IAS 38.69 a)

Immaterielles AV

selbstgeschaffene Rechte (ohne Good-will)	Aktivierungswahlrecht (falls selbstständige Verwert-barkeit und Bewertbarkeit)	Aktivierungsgebot mit hoher Hürde, nur Entwicklung (IAS 38.57), keine Forschung (IAS 38.51–64)
Derivativer Goodwill	Aktivierungsgebot	Aktivierungsgebot
Negativer Goodwill	Auflösung je nach Rechts-grund	Sofortiger Ertrag (IFRS 3.36)

Sachanlagen

Abschreibung	keine Übernahme steuerlicher Abschreibungen	keine Übernahme steuerlicher Abschreibungen
Außerplanmäßige Abschreibung	wiederbeschaffungswert-orientiert	absatzmarktorientiert (insbe-sondere *value in use*) (IAS 36)
Wertaufholung	*Gebot*	Gebot
Neubewertung (durch Gutachten usw.)	verboten, vorgeschrieben bei Kredit- und Finanzdienst-leistungsinstituten mit beizu-legendem Zeitwert	zulässig; Form: erfolgsneutral gegen Rücklagen (IAS 16)
Tausch	wahlweise Gewinnrealisierung oder Buchwertfortführung	Gewinnrealisierung nur wenn fair value zuverlässig bestimm-bar (IAS 16)

	HGB	IFRS
Investitionszulagen und -zuschüsse	wahlweise 1. sofortige erfolgswirksame Vereinnahmung oder 2. AK-Kürzung	wahlweise 1. AK-Kürzung oder 2. passiver RAP keine sofortige erfolgswirksame Vereinnahmung (IAS 20)
Kriterien für *finance leasing*, d.h. Zurechnung zum Leasingnehmer	1. Spezialleasing 2. Laufzeit über 90 % der Nutzungsdauer 3. günstige Kaufoption 4. günstige Mietverlängerungsoption 5. Sonderregeln Immobilien	**Leasingnehmer** Grundsatz: Alle Leasingvereinbarungen bilanzieren (Bilanzverlängerung) – Aktivierung eines Nutzungsrechts am Vermögenswert – Erfassung Leasingverbindlichkeit für zukünftige -zahlungen Ausnahme: – Kurzfristige Leasingverhältnisse (≤ 12 Monate) – Geringwertiges Leasinggut (≤ 5 000 US$) **Leasinggeber** – Finanzierungsleasing – Operatingleasing
sale and operate lease back	sofortige Realisierung Buchgewinn	
Nicht eigenbetrieblich genutzte Grundstücke und Gebäude	keine speziellen Regelungen	als *investment properties* gesondert geregelt. Bei Folgebewertung: Wahlweise nach Anschaffungskostenprinzip oder fair value; im ersten Fall Anhangsangabe zu Zeitwert (IAS 40.32A)

Vorräte/Auftragsfertigung

	HGB	IFRS
Gewinnrealisierung bei (langfristiger) Auftragsfertigung	Realisierung bei Abschluss des Auftrages bzw. Abnahme (unter speziellen Voraussetzungen ggf. früher)	Realisierung nach Leistungsfortschritt (Verhältnis erbrachter zur insgesamt geschuldeten Leistung; Anwendung eines angemessenen Verfahrens notwendig)
Herstellungskosten	Einzel- und Gesamtkosten/ oder Vollkosten (Annäherung an IFRS)	Vollkosten (IAS 2)
Niederstwertprinzip	teils absatzmarktorientiert, teils beschaffungsmarktorientiert	absatzmarktorientiert
Festwert	zulässig	ggf. zulässig *(materiality)*

	HGB	IFRS
Fifo, Lifo	beide zulässig	nur Fifo zulässig

Finanzvermögen

	HGB	IFRS
Bewertung Beteiligungen	Anschaffungskostenprinzip (unter Berücksichtigung des Niederstwertes)	wahlweise Anschaffungskosten-prinzip oder *fair value*
Wertpapier, soweit jederzeit veräußer-bar *(available-for-sale)* oder zu Handels-zwecken gehalten *(trading)*	Anschaffungskostenprinzip (unter Berücksichtigung des Niederstwertes) beizulegender Zeitwert (nur Kredit- und Finanzdienst-leistungsinstitute, §340e HGB)	Stichtagszeitwert, auch wenn über Anschaffungskosten Be-wertungsergebnis erfolgs-neutral gegen EK zu buchen, wenn jederzeit veräußerbar, hingegen erfolgswirksam über GuV, wenn zu Handelszwecken (IFRS 9)
Finanzderivate	Bildung von Bewertungs-einheiten, §254 HGB Wertänderung nur bei Droh-verlust zu berücksichtigen	auch im Gewinnfall erfolgswirk-sam zu Stichtagszeitwert erfas-sen
Hedge accounting (Sicherungs-zusammenhänge)	Bildung von Bewertungs-einheiten, §254 HGB, zwin-gend	spezielle Regelungen in IFRS 7; IFRS 9 1. *cash flow hedge* zukünftiger Zahlungsströme: Derivateerfolg neutral gegen EK; 2. *fair value hedge*: Marktwertänderungen Grundgeschäft und Siche-rungsgeschäft sofort erfolgs-wirksam
Disagio aus Verbindlichkeiten	getrennt von Verbindlichkeit zu erfassen, dabei Akti-vierungswahlrecht	im Rahmen des Anschaffungs-kostenprinzips mit Verbindlich-keit zu erfassen (Kürzung): Aufwand über Laufzeit durch Aufzinsung Verbindlichkeit nach Effektivzinsmethode

	HGB	IFRS
Eigenkapital		
Abgrenzung von Fremdkapital	1. Verlustteilhabe und 2. Nachrangigkeit in Insolvenz und 3. Längerfristigkeit (z.B. häufig bei Genussrechten)	Nichtrückzahlbarkeit[1], deshalb z.B. auch nachrangige, langfristige Genussrechte mit Verlustteilnahme kein Eigenkapital (IAS 32)
Kosten EK-Beschaffung	(außerordentlicher) Aufwand	Kürzung Kapitalrücklage auf Nach-Steuer-Basis (IAS 32)
Geldwerte Vorteile aus realen *stock options*	kein Personalaufwand bei Gesellschaft	als Personalaufwand der Gesellschaft anzusetzen (IFRS 2)
Spezielle Bewertungsrücklagen	Fonds für allgemeine Bankrisiken, § 340g HGB	u.a. für Neubewertung und für Erfolg aus *available-for-sale*-Wertpapieren
Eigene Anteile	von gezeichnetem Kapital offen absetzen, § 272 Abs. 1a HGB	vom Eigenkapital absetzen
EK-Veränderungsrechnung	zwingend für Konzern	zwingender Abschlussbestandteil
Rückstellungen		
Aufwandsrückstellungen	Passivierungsverbot	Passivierungsverbot (IAS 37.63)
Wahrscheinlichkeitsschwelle Verbindlichkeitsrückstellung	unbestimmt (Steuerrecht lt. BFH: „Mehr Gründe für als gegen Inanspruchnahme")	es müssen mehr Gründe für als gegen Inanspruchnahme durch Dritten sprechen (IAS 37.16)
Bewertung Verbindlichkeitsrückstellung	nach vernünftiger kaufmännischer Beurteilung notwendiger Erfüllungsbetrag	i.d.R. auch dann wahrscheinlichster Wert, wenn andere Werte höher (IAS 37.40)
Quasi sichere Rückgriffsansprüche	rückstellungskürzend berücksichtigen	separat aktivisch erfassen (IAS 37.53)
Veränderung Rückstellung	Auflösung nur soweit Grund entfallen, § 249 Abs. 2 HGB	Auflösung nicht benötigter Rückstellung und tatsächliche Inanspruchnahme separat in *notes* darzustellen (IAS 37.84)

---

[1] Zur Abgrenzung bei Personengesellschaften vgl. Regelungen in IAS 32.16A–16F.

	HGB	IFRS
Abzinsung Verbindlichkeits-rückstellung	Abzinsung generell nach durchschnittlichem Markt-zinssatz der letzten 7 Jahre (bei Rentenverpflichtungen 15 Jahre), sofern Restlaufzeit > 1 Jahr; Feststellung des Marktzinssatzes monatlich durch Deutsche Bundesbank	immer, wenn Abzinsung Wert wesentlich beeinflusst (IAS 37.45)
Bewertung Drohverlustrück-stellung	eher vollkostenorientiert	vollkostenorientiert
Restruktierungs-rückstellung (Ver-kauf oder Aufgabe von Bereichen usw.)	keine speziellen Vorschriften	Konkretisierung der allgemei-nen Vorschriften durch IAS 37.72 Passivierungsvoraussetzung: 1. Verkauf: bindender Vertrag 2. Aufgabe: detaillierter und bekannt gegebener Plan
Rückstellung Rückbau, Entfernung usw.	nur bei Außenverpflichtung: Bildung bei Innenverpflichtung: Verbot	volle Einbuchung gegen Erhö-hung AK des entsprechenden Anlagegegenstandes (IAS 16.15e)
Pensionrück-stellungen Alt-zusagen (vor 1987)	Passivierungswahlrecht	Passivierungsgebot
Bewertung Pensions-rückstellungen	auf Basis zu erwartender Gehaltssteigerungen und Berücksichtigung unterstellter Fluktuation; Abzinsung zum Marktzinssatz der letzten 15 Jahre	auf Basis zukünftigen Gehalts (Karrieretrends); fristenadäqua-ter Zins (IAS 19)

Verbindlichkeiten

	HGB	IFRS
Zugangswert langfristige Verbindlichkeiten	*Rückzahlungsbetrag, z.B. keine Kürzung um Disagio*	vereinnahmter Betrag, d.h. z.B. Kürzung um Disagio
Folgebewertung langfristige Verbindlichkeiten	Anschaffungskostenprinzip (unter Berücksichtigung von Höchstwert)	amortisierte AK, d.h. bei Diffe-renz von Einnahme und Rück-zahlung Aufzinsung nach Effektivzinsmethode

	HGB	IFRS
Fremdwährungs-verbindlichkeiten	Devisenkassamittelkurs, Anschaffungskosten-, Realisations- und Imparitäts-prinzip sind zu beachten, §256a HGB	Stichtagskurs, d.h. Stichtags-wert auch dann, wenn Kurs der Fremdwährung gesunken

Latente Steuern

	HGB	IFRS
Latente Steuern auslösende Diffe-renzen	*temporary differences* zwi-schen Handels- und Steuer-bilanz	*temporary differences,* d.h. sich im Zeitablauf auflösende Wert-differenzen zwischen IFRS- und Steuerbilanz, auch soweit diese nicht erfolgswirksam ent-standen sind (IAS 12)
Aktive latente Steuern im Einzel-abschluss	Aktivierungswahlrecht (vgl. auch DRS 18.12)	Aktivierungsgebot (IAS 12)
Aktive latente Steuern auf Kon-solidierungs-maßnahmen	Aktivierungsgebot	Aktivierungsgebot (IAS 12)
Latente Steuern auf Verlustvor-träge/Zinserträge	Aktivierungsgebot, sofern Realisierung in den nächsten 5 Jahren erwartet wird; keine Bildung auf Goodwill (vgl. auch DRS 18.18)	Aktivierungsgebot, soweit Verwertung durch zukünftiges positives Einkommen wahr-scheinlich ist (IAS 12.36)
Passive latente Steuern	Passivierungsgebot	Passivierungsgebot (IAS 12)
Bildung latenter Steuern	über GuV, gesondert unter dem Posten „Steuern vom Einkommen und vom Ertrag" auszuweisen, §274 Abs. 2 HGB	im Allgemeinen über GuV, jedoch unmittelbar gegen EK, soweit auch zugrunde liegende Wertänderung gegen EK (z.B. Neubewertung) (IAS 12.61)
Bilanzausweis latente Steuern	separate Posten: Aktive latente Steuern, §266 Abs. 2 HGB Passive latente Steuern, §266 Abs. 3 HGB	separate Posten (IAS 1.54), bei Gliederung nach Fristigkeit Ausweis als langfristige Posten (IAS 1.56)
Saldierung aktive und passive latente Steuern	Wahlrecht des unsaldierten Ausweises, §274 Abs. 1 Satz 3 HGB	bei Aufrechnungslage ggf. zwingend (IAS 12.74)

166

	HGB	IFRS

C. Konzernabschluss

	HGB	IFRS
Aufstellungs-pflicht	größen- und rechtsform-abhängig	unabhängig von Größe und Rechtsform
Konsolidierungs-kreis	Einbeziehungswahlrechte und -verbote	keine speziellen Einbe-ziehungswahlrechte oder -ver-bote, jedoch *materiality*-Grundsatz
Erstkonsolidie-rungszeitpunkt Tochterunter-nehmen	Erwerbszeitpunkt, § 301 Abs. 2 HGB	Erwerbszeitpunkt (IFRS 3.36)
Konsolidierung	Neubewertungsmethode, § 301 Abs. 1 HGB	Neubewertungsmethode
Stichtag der Konzernbilanz	Bilanzstichtag des Mutter-unternehmens	Bilanzstichtag des Mutterunter-nehmens (IFRS 10.B92)
Währungsumrech-nung unselbstän-dige ausländische Töchter	Zeitbezugsmethode, dabei ggf. Aufwand, aber kein Ertrag	Zeitbezugsmethode, dabei ggf. Aufwand oder Ertrag (IAS 21)
Ausweis Minder-heitenanteile	gesonderter Posten innerhalb des EK	gesonderter Posten innerhalb des EK
Vereinfachungen (Konsolidierungs-kreis, Zwischen-ergebniseliminie-rung usw.)	eingeschränkt zulässig	eingeschränkt zulässig

2.2.5 Kapitalkonsolidierung nach HGB und IFRS

	HGB	IFRS
Zeitpunkt der Erstkonsolidierung	Die Kapitalkonsolidierung erfolgt zum Zeitpunkt des Erwerbs, maßgebend ist der Zeitpunkt des Erwerbs, § 301 Abs.2 S.1 HGB; – Erleichterung durch Möglichkeit der nachträglichen Anpassung der Wertansätze innerhalb eines Jahres sowie für erstmalig aufgestellte Konzernabschlüsse und bisher nach § 296 HGB nicht einbezogene Tochterunternehmen (§ 301 Abs.2 Satz 2-4 HGB) oder – der erstmaligen Einbeziehung des TU in den Konzernabschluss oder – beim Erwerb der Anteile zu verschiedenen Zeitpunkten zu dem Zeitpunkt, zu dem das Unternehmen TU geworden ist – Erstkonsolidierung auf den historischen Erwerbszeitpunkt, § 301 Abs.2 S.5 HGB	Maßgebend ist der Erwerbszeitpunkt, d.h. Übergang der Beherrschung des erworbenen Unternehmens auf den Erwerber, IFRS 3.8.
Formen der Kapitalkonsolidierung	Die Kapitalkonsolidierung erfolgt ausschließlich nach der Purchase-Methode.	Die Kapitalkonsolidierung erfolgt ausschließlich nach der Purchase-Methode.

Anschaffungskosten der Beteiligung

	HGB	IFRS
Anschaffungspreis	Es gelten die allgemeinen Grundsätze der Ermittlung der Anschaffungskosten.	Fair Value aller aufgewendeten monetären oder ähnlichen Mittel, um eine Beteiligung zu erwerben.
Anschaffungsnebenkosten	Nur der Akquisition nachgelagerte direkte Nebenkosten sind zu berücksichtigen.	Kosten für Emission von Schuldtiteln oder Aktienpapieren sind als Anschaffungsnebenkosten, alle anderen als Aufwand zu berücksichtigen, IFRS 3.53.

	HGB	IFRS
Bedingte Anschaffungskosten	Keine explizite gesetzliche Regelung.	Explizite Regelungen zu: – Contigency based on Earnings – Contigency based on Security Price.

Purchase-Price-Allocation

	HGB	IFRS
Zeitpunkt	Bewertungsmaßstab für Vermögenswerte und Schulden sind die beizulegenden Werte zum Zeitpunkt der Erstkonsolidierung.	Die Einzelabschlusswerte sind zum Zeitpunkt der Erstkonsolidierung zu erfassen und mit ihren Fair Values zu bewerten, IAS 3.39. Rückwirkende Korrektur der erworbenen identifizierbaren Vermögensgegenstände und übernommenen Schulden sowie des Unterschiedsbetrages innerhalb eines Zeitfensters (measurement period) von einem Jahr, IFRS 3.45.
Bestimmung des Fair Values	Es gelten die allgemeinen Vorschriften zur Bestimmung der beizulegenden Zeitwerte der übernommenen Vermögenswerte und Schulden (keine historischen Anschaffungskosten). Ausnahme: latente Steuern nach §274 Abs.2 HGB, Rückstellungen nach §253 Abs.1 S.2 und 3, Abs.2 HGB.	Es bestehen Leitlinien zur Bestimmung der Fair Values der übernommenen Vermögenswerte und Schulden (keine historischen Anschaffungskosten).
Erfassung von immateriellen Vermögenswerten	Keine gesonderten Erfassungsregelungen.	Immaterielle Vermögenswerte sind immer gesondert auszuweisen, wenn diese auf einer vertraglichen Grundlage basieren oder (gemeinsam mit anderen Vermögenswerten) separiert werden können.
Ausgewiesener Goodwill in der Bilanz des erworbenen TU[1]	Neubestimmung des Goodwill aus dem aktuellen Erwerbsvorgang.	Neubestimmung des Goodwill aus dem aktuellen Erwerbsvorgang.

---

[1] Gesonderte Posten kommen aufgrund der Erwerbsfiktion nicht in Betracht.

	HGB	IFRS
Erworbene Forschungs- und Entwicklungsaktivitäten	Erfüllen Vermögenswerte und Schulden die Ansatzvoraussetzungen, so sind diese zu aktivieren.	
Steuerliche Verfälschungen	Vermögenswerte sind mit ihrem Fair Value und damit unabhängig von steuerlichen Vorschriften zu bilanzieren.	
Umfang der aufzudeckenden stillen Reserven	Neubewertungsmethode: es erfolgt eine vollständige Neubewertung der Vermögenswerte und Schulden zum Erwerbszeitpunkt. Stille Reserven bzw. Lasten werden in voller Höhe auch für Minderheiten aufgedeckt.	
Minderheitenanteile am Eigenkapital		
Höhe der Minderheiten	Vollständige Neubewertung: Das anteilige Reinvermögen zum Zeitpunkt der Erstkonsolidierung wird auf Basis der Zeitwerte ermittelt. Für Minderheiten werden stille Reserven aufgedeckt.	
	Fortschreibung um anteilige, auf Minderheiten entfallende erfolgswirksam oder erfolgsneutral entstandene Eigenkapitalveränderung.	
Bilanzieller Ausweis der Minderheiten	Ausweis erfolgt innerhalb des Eigenkapitals.[1]	IAS 1.54: gesonderter Ausweis im Eigenkapital.
Ausweis der Minderheiten in der GuV	In der Konzern-GuV wird der Minderheitenanteil am Konzernerfolg gesondert ausgewiesen. Der Konzernerfolg spiegelt den Erfolg aller Anteilseigner wider.	Der Minderheitenanteil am Konzernergebnis wird in der Konzern-GuV als Aufwand/Ertrag behandelt. Das Konzernergebnis spiegelt nur den Erfolg der Anteilseigner des Mutterunternehmens wider.

---

[1] Vgl. zur Gliederung detailliert DRS 22 Eigenkapitalspiegel Kap. 2.1.4.3.

	HGB	IFRS
Goodwillbilanzierung		
Charakter des Goodwill	Fiktion als zeitlich begrenzt nutzbarer Vermögensgegenstand, §246 Abs.1 S.4 HGB.	Geschäfts- und Firmenwert als Mehrwert (Residualgröße) der erworbenen identifizierbaren Vermögensgegenstände und übernommenen Schulden, IFRS 3.10 und 3.32.
Verteilung des Goodwill	Keine zwingenden gesetzlichen Regelungen.	Ein Goodwill ist auf einzelne erworbene Geschäftsbereiche (cash generating units) zu verteilen. In einem weiteren Schritt werden die erworbenen Geschäftsbereiche für Zwecke der Werthaltigkeitsüberprüfung (einschl. Goodwill) in die Berichtsstruktur integriert.
Planmäßige Abschreibung	Der Goodwill ist planmäßig über voraussichtliche Nutzungsdauer abzuschreiben, §253 Abs.3 HGB; kann die Nutzungsdauer nicht verlässlich ermittelt werden, ist eine planmäßige Abschreibung auf 10 Jahre vorzunehmen, §§285 Nr.13, 314 Nr.20 HGB.	Der Goodwill ist nicht planmäßig abzuschreiben.
Außerplanmäßige Abschreibung	An jedem Bilanzstichtag ist der Wert des Goodwill zu überprüfen und ggf. eine außerplanmäßige Abschreibung vorzunehmen.	Wertminderungstest (impairment only approach) mindestens jährlich, IAS 36.10 (b).
Zuschreibung	Zuschreibungen sind nicht zulässig, §253 Abs.5 S.2 HGB.	Zuschreibungen sind nicht zulässig, IAS 36.124.
Hochrechnung des Goodwill um Minderheitenanteile	Ein Goodwill wird nicht auf Minderheitenanteile hochgerechnet. Minderheitenanteile am Goodwill werden nur für Zwecke der Durchführung des Werthaltigkeitstests berücksichtigt.	

Negativer Unterschiedsbetrag

	HGB	IFRS
Bilanzieller Charakter und Ausweis	Ausweis nach dem Eigenkapital als „Unterschiedsbetrag aus der Kapitalkonsolidierung". §301 Abs.3 HGB.	Kein bilanzieller Ausweis, IFRS 3.34, Gründe können sein: günstiger Kauf; Nettovermögen regelkonform unter Fair Value angesetzt; Nettovermögen und/oder Anschaffungskosten nicht regelkonform bewertet.
Behandlung des negativen Unterschiedsbetrags	Ein negativer Unterschiedsbetrag ist als gesonderter Posten auf der Passivseite auszuweisen.	Kritische Überprüfung (Reassessment) des Ansatzes, IFRS 3.36, dann Erfassung als Gewinn, IFRS 3.34.
Saldierung von Goodwill und negativem Unterschiedsbetrag	Keine Saldierung der Werte nach §301 Abs.3 HGB erlaubt (vgl. auch DRS 23.90).	
Auflösung des negativen Unterschiedsbetrags	Passiver Unterschiedsbetrag ist erfolgswirksam aufzulösen, wenn die erwarteten ungünstigen Unternehmensentwicklungen eintreten oder wenn am Abschlussstichtag feststeht, dass er einem realisierten Gewinn entspricht.	

Latente Steuern in der Kapitalkonsolidierung

	HGB	IFRS
Stille Reserven/ Lasten	In Höhe der stillen Reserve/Last liegt beim jeweiligen Vermögenswert eine temporäre Differenz vor, die bei der Steuerabgrenzung zu berücksichtigen ist. Die Steuerabgrenzung auf stille Reserven führt zu einer Erhöhung des Goodwill, die Steuerabgrenzung auf stille Lasten zu einer Minderung des Goodwill.	
Goodwill/negativer Unterschiedsbetrag	Der Goodwill wird als Residualgröße aufgefasst und geht aufgrund einer expliziten Regelung nicht in die Steuerabgrenzung ein.	

	HGB	IFRS
Ausgewählte Einzelfragen		
Transaktionen unter gemeinschaftlicher Beherrschung (joint control)	Transaktionen werden aus Sicht des aufstellenden Teilkonzerns charakterisiert und bilanziert.	Transaktionen sind immer aus Sicht des höchstmöglichen Mutterunternehmens zu beurteilen, auch wenn es sich hierbei um eine natürliche Person handelt.
Reverse Acquisition	Orientierung an der rechtlichen Struktur des Erwerbsvorgangs.	Orientierung am wirtschaftlichen Gehalt des Erwerbsvorgangs.
Regelungen zur Kapitalkonsolidierung im mehrstufigen Konzern	Die Behandlung der indirekten Minderheitenanteile wird nicht explizit geregelt. Es sind mehrere Fallkonstellationen denkbar.[1]	

Quelle: *Küting, K./Wirth, J.*: Die Kapitalkonsolidierung im Spiegel der Bilanzwelten HGB – IAS/IFRS – US-GAAP (Teil II); in: DStR, Heft 13/2003, S. 522 ff. (aktualisiert).

---

[1] Vgl. *Lüdenbach/Hoffmann/Freiberg*, IFRS Kommentar, 19. Aufl. 2021, § 31, S. 2320 ff.

2.2.6 Gliederungsbegriffe der Bilanz und der Gewinn-und-Verlustrechnung in Deutsch und Englisch (Gliederungen i.d.F. BilMoG[1])

Deutsch Bilanz	Amerikanisch Balance sheet	Englisch Balance sheet
AKTIVSEITE	**ASSETS**	**ASSETS**
A. *Anlagevermögen*	A. *Fixed assets*	A. *Fixed assets*
I. *Immaterielle Vermögensgegenstände*	I. *Intangible assets*	I. *Intangible assets*
1. Selbst geschaffene gewerbliche Schutzrechte	1. Internally generated intangible assets	1. Internally generated intangible assets
2. Entgeltlich erworbene Konzessionen, gewerbliche Schutzrechte und ähnliche Rechte und Werte sowie Lizenzen an solchen Werten	2. Acquired concessions, industrial and similar rights and assets and licences in such rights and assets	2. Acquired concessions, patents, licences, trade marks and similar rights and assets
3. Geschäfts- oder Firmenwert	3. Goodwill	3. Goodwill
4. Geleistete Anzahlungen	4. Prepayments on intangible assets	4. Payment on account
II. *Sachanlagen*	II. *Tangible assets*	II. *Tangible assets*
1. Grundstücke, grundstücksgleiche Rechte und Bauten einschließlich der Bauten auf fremden Grundstücken	1. Land, land rights and buildings including buildings on third party land	1. Land, leasehold rights and buildings including buildings on third party land
2. Technische Anlagen und Maschinen	2. Technical equipment and machines	2. Plant and machinery
3. Andere Anlagen, Betriebs- und Geschäftsausstattung	3. Other equipment, factory and office equipment	3. Fixtures, fittings, tools and equipment
4. Geleistete Anzahlungen und Anlagen im Bau	4. Prepayments on tangible assets and construction in progress	4. Payment on account and assets in course of construction

---

[1] Siehe Kap. 2.1.

Deutsch Bilanz	Amerikanisch Balance sheet	Englisch Balance sheet
III. Finanzanlagen	*III. Financial assets*	*III. Investments*
1. Anteile an verbundenen Unternehmen	1. Shares in affiliated companies	1. Shares in group undertakings
2. Ausleihungen an verbundene Unternehmen	2. Loans to affiliated companies	2. Loans in group undertakings
3. Beteiligungen	3. Participations	3. Participating interests
4. Ausleihungen an Unternehmen, mit denen ein Beteiligungsverhältnis besteht	4. Loans to companies in which participations are held	4. Loans to undertakings in which the company has a participating interest
5. Wertpapiere des Anlagevermögens	5. Long term investments	5. Investments other than loans
6. Sonstige Ausleihungen	6. Other Loans	6. Other loans
B. Umlaufvermögen	*B. Current assets*	*B. Current assets*
I. Vorräte	*I. Inventories*	*I. Stocks*
1. Roh-, Hilfs- und Betriebsstoffe	1. Raw materials and supplies	1. Raw materials and supplies
2. Unfertige Erzeugnisse, unfertige Leistungen	2. Work in process	2. Work in progress
3. Fertige Erzeugnisse und Waren	3. Finished goods and merchandise	3. Finished goods and goods for resale
4. Geleistete Anzahlungen	4. Prepayments on inventories	4. Payments on account
II. Forderungen und sonstige Vermögensgegenstände	*II. Receivables and other assets*	*II. Debtors and other assets*
1. Forderungen aus Lieferungen und Leistungen	1. Trade receivables	1. Trade debtors
2. Forderungen gegen verbundene Unternehmen	2. Receivables from affiliated companies	2. Amounts owed by group undertakings
3. Forderungen gegen Unternehmen, mit denen ein Beteiligungsverhältnis besteht	3. Receivables from companies in which participations are held	3. Amounts owed by undertakings in which the company has a participating interest
4. Sonstige Vermögensgegenstände	4. Other assets	4. Other assets

Deutsch Bilanz	Amerikanisch Balance sheet	Englisch Balance sheet
III. Wertpapiere	*III. Securities*	*III. Investments*
1. Anteile an verbundenen Unternehmen	*1. Shares in affiliated companies*	*1. Shares in group undertakings*
2. Sonstige Wertpapiere	*2. Other short term investments*	*2. Other investments*
IV. Schecks, Kassenbestand, Bundesbankguthaben und Guthaben bei Kreditinstituten	*IV. Cash*	*IV. Cheques, cash at bank and in hand, central bank balances*
C. Rechnungsabgrenzungsposten	*C. Prepaid expenses*	*C. Prepayments and accrued income*
D. Aktive latente Steuern	*D. Deferred tax assets*	*D. Deferred tax assets*
E. Aktiver Unterschiedsbetrag aus der Vermögensverrechnung	*E. ¹Active difference resulting from asset offsetting*	*E. ¹Active difference resulting from asset offsetting*
PASSIVSEITE	**EQUITY AND LIABILITIES**	**LIABILITIES**
A. Eigenkapital	*A. Equity*	*A. Shareholders' equity*
I. Gezeichnetes Kapital	*I. Subscribed capital*	*I. Share capital*
II. Kapitalrücklage	*II. Capital reserve*	*II. Share premium account*
III. Gewinnrücklagen	*III. Revenue reserve*	*III. Appropriated surplus*
1. Gesetzliche Rücklage	*1. Legal reserve*	*1. Statutory reserves*
2. Rücklage für Anteile an einem herrschenden oder mehrheitlich beteiligten Unternehmen	*2. Reserve for treasury shares*	*2. Reserve for treasury shares*
3. Satzungsmäßige Rücklagen	*3. Statutory reserves*	*3. Reserves provided for by the articles of association*
4. Andere Gewinnrücklagen	*4. Other revenue reserves*	*4. Other reserves*
IV. Gewinnvortrag/Verlustvortrag	*IV. Retained profits/accumulated losses brought forward*	*IV. Retained earnings brought forward*
V. Jahresüberschuss/Jahresfehlbetrag	*V. Net income/net loss for the year*	*V. Net income for the year*

---

¹ Noch keine gesicherte Übersetzung bekannt.

Deutsch Bilanz	Amerikanisch Balance sheet	Englisch Balance sheet
B. Rückstellungen 1. Rückstellungen für Pensionen und ähnliche Verpflichtungen 2. Steuerrückstellungen 3. Sonstige Rückstellungen	B. Accruals 1. Accruals for pensions and similar obligations 2. Tax accruals 3. Other accruals	B. Provisions 1. Provisions for pensions and similar obligations 2. Provisions for taxation including deferred taxation 3. Other provisions

C. Verbindlichkeiten
1. Anleihen,
   davon konvertibel
2. Verbindlichkeiten gegenüber Kreditinstituten
3. Erhaltene Anzahlungen auf Bestellungen
4. Verbindlichkeiten aus Lieferungen und Leistungen
5. Verbindlichkeiten aus der Annahme gezogener Wechsel und der Ausstellung eigener Wechsel
6. Verbindlichkeiten gegenüber verbundenen Unternehmen
7. Verbindlichkeiten gegenüber Unternehmen, mit denen ein Beteiligungsverhältnis besteht
8. Sonstige Verbindlichkeiten
   davon aus Steuern
   davon im Rahmen der sozialen Sicherheit
	C. Liabilities
	1. Loans, of which € ... convertible
	2. Liabilities to banks
	
	3. Payments received on account of orders
	4. Trade payables
	
	5. Liabilities on bills accepted and drawn
	
	6. Payable to affiliated companies
	
	7. Payable to companies in which participations are held
	
	8. Other liabilities
	   of which € ... taxes
	   of which € ... relating to social security and similar obligations
		C. Creditors
		1. Loans payable, of which € ... is convertible
		2. Bank loans and overdraft
		
		3. Payments received on account
		
		4. Trade creditors
		
		5. Bills of exchange payable
		
		6. Amounts owed to group undertakings
		
		7. Amounts owed to undertakings in which the company has a participating interest
		8. Other creditors including taxation and social security

D. Rechnungsabgrenzungsposten E. Passive latente Steuern	D. Deferred income E. Deferred tax liabilities	D. Deferred income E. Deferred tax liabilities

Deutsch Gewinn- und Verlustrechnung	Amerikanisch Profit and Loss Account	Englisch Profit and Loss Account

*Bei Anwendung des **Gesamtkosten-**
verfahrens sind auszuweisen:*
1. Umsatzerlöse
2. Erhöhung oder Verminderung
des Bestandes an fertigen und
unfertigen Erzeugnissen
3. Andere aktivierte Eigenleistungen
4. Sonstige betriebliche Erträge
5. Materialaufwand
  a) Aufwendungen für Roh-, Hilfs-
    und Betriebsstoffe und für
    bezogene Waren
  b) Aufwendungen für bezogene
    Leistungen
6. Personalaufwand
  a) Löhne und Gehälter
  b) Soziale Abgaben und
    Aufwendungen für Altersversor-
    gung und Unterstützung,
    davon für Altersversorgung
7. Abschreibungen
  a) auf immaterielle Vermögens-
    gegenstände des Anlage-
    vermögens und Sachanlagen
  b) auf Vermögensgegenstände des
    Umlaufvermögens, soweit diese
    die in der Kapitalgesellschaft
    üblichen Abschreibungen
    überschreiten
	*For the type of **expenditure format**
	there must be disclosed:*
	1. Sales
	2. Increase or decrease in finished
	goods inventories and work in
	process
	3. Own work capitalized
	4. Other operating income
	5. Cost of materials:
	  a) Cost of raw materials, con-
	    sumables and supplies and of
	    purchased merchandise
	  b) Cost of purchased services
	6. Personnel expenses
	  a) Wages and salaries
	  b) Social security and pension
	    expenses, there of € ...
	    pension expenses
	7. Depreciation and amortization
	  a) on intangible fixed assets and
	    tangible assets
	  b) exceptional write downs on
	    current assets
		*For the type of **expenditure format**
		there must be disclosed:*
		1. Turnover
		2. Change in stock of finished
		goods and work in progress
		3. Own work capitalized
		4. Other operating income
		5. Cost of materials:
		  a) Cost of raw materials,
		    consumables and of
		    purchased merchandise
		  b) Cost of purchased services
		6. Staff costs:
		  a) Wages and salaries
		  b) Social security, pensions and
		    other benefit costs, of which
		    € ... is for pension costs
		7. Depreciation
		  a) written off tangible and
		    intangible fixed assets
		  b) written off current assets

Deutsch Gewinn- und Verlustrechnung	Amerikanisch Profit and Loss Account	Englisch Profit and Loss Account
8. Sonstige betriebliche Aufwendungen	8. Other operating expenses	8. Other operating charges
9. Erträge aus Beteiligungen, davon aus verbundenen Unternehmen	9. Income from participations, of which € …. from affiliated companies	9. Participating interests, of which € …. is for shares in group undertakings
10. Erträge aus anderen Wertpapieren und Ausleihungen des Finanzanlagevermögens, davon aus verbundenen Unternehmen	10. Income from other investments and long term loans, of which € … relating to affiliated companies	10. Income from fixed assets investments and long-term loans, which € … relates to shares in group undertakings
11. Sonstige Zinsen und ähnliche Erträge, davon aus verbundenen Unternehmen	11. Other interest and similar income, of which € … from affiliated companies	11. Other interest receivable and similar income, of which € … relates to shares in group undertakings
12. Abschreibungen auf Finanzanlagen und auf Wertpapiere des Umlaufvermögens	12. Write downs on financial assets and short term investments	12. Amounts written off investments
13. Zinsen und ähnliche Aufwendungen, davon aus verbundenen Unternehmen	13. Interest and similar expenses, of which € … to affiliated companies	13. Interest payable and similar charges
14. Ergebnis der gewöhnlichen Geschäftstätigkeit	14. Result of ordinary activities	14. Profit or loss on ordinary activities
15. Außerordentliche Erträge	15. Extraordinary income	15. Extraordinary income
16. Außerordentliche Aufwendungen	16. Extraordinary expenses	16. Extraordinary charges
17. Außerordentliches Ergebnis	17. Extraordinary result	17. Extraordinary profit or loss

Deutsch Gewinn- und Verlustrechnung	Amerikanisch Profit and Loss Account	Englisch Profit and Loss Account
18. Steuern vom Einkommen und vom Ertrag, davon Erträge/Aufwendungen aus der Veränderung bilanzierter latenter Steuern[1]	18. Taxes on income thereof change in recognised deferred taxes, income/expenses from changes in deferred taxes[2]	18. Tax on profit thereof change in recognised deferred taxes, income/expenses from changes in deferred taxes[2]
19. Sonstige Steuern	19. Other taxes	19. Other taxes
20. Jahresüberschuss/Jahresfehlbetrag	20. Net income/net loss for the year	20. Profit or loss for the financial year
*Bei Anwendung des **Umsatzkostenverfahrens** sind auszuweisen:*	*For the **operational format** there shall be disclosed:*	*For the **operational format** there shall be disclosed:*
1. Umsatzerlöse	1. Sales	1. Turnover
2. Herstellungskosten der zur Erzielung der Umsatzerlöse erbrachten Leistungen	2. Cost of sales	2. Cost of sales
3. Bruttoergebnis vom Umsatz	3. Gross profit on sales	3. Gross profit or loss
4. Vertriebskosten	4. Selling expenses	4. Distribution costs
5. allgemeine Verwaltungskosten	5. General administration expenses	5. General administrative expenses
6. sonstige betriebliche Erträge	6. Other operating income	6. Other operating income
7. sonstige betriebliche Aufwendungen	7. Other operating expenses	7. Other operating expenses/charges
8. Erträge aus Beteiligungen, davon aus verbundenen Unternehmen	8. Income from participations, of which € ... from affiliated companies	8. Income from participating interests, of which € ... is for shares in group undertakings

[1] Entfällt für kleine Kapitalgesellschaften, §274 a HGB.
[2] Noch keine gesicherte Übersetzung bekannt.

Deutsch Gewinn- und Verlustrechnung	Amerikanisch Profit and Loss Account	Englisch Profit and Loss Account
9. Erträge aus anderen Wertpapieren und Ausleihungen des Finanzanlagevermögens, davon aus verbundenen Unternehmen	9. Income from other investments and long term loans, of which € ... relating to affiliated companies	9. Income from fixed assets investments and long-term loans, of which € ... relates to shares in group undertakings
10. Sonstige Zinsen und ähnliche Erträge, davon aus verbundenen Unternehmen	10. Other interest and similar income, of which € ... from affiliated companies	10. Other interest receivable and similar income, of which € ... relates to shares in group undertakings
11. Abschreibungen auf Finanzanlagen und auf Wertpapiere des Umlaufvermögens	11. Write downs on financial assets and short term investments	11. Amounts written off investments
12. Zinsen und ähnliche Aufwendungen, davon aus verbundenen Unternehmen	12. Interest and similar expenses, of which € ... to affiliated companies	12. Interest payable and similar charges
13. Ergebnis der gewöhnlichen Geschäftstätigkeit	13. Result of ordinary activities	13. Profit or loss on ordinary activities
14. Außerordentliche Erträge	14. Extraordinary income	14. Extraordinary income
15. Außerordentliche Aufwendungen	15. Extraordinary expenses	15. Extraordinary charges
16. Außerordentliches Ergebnis	16. Extraordinary result	16. Extraordinary profit or loss
17. Steuern vom Einkommen und vom Ertrag, davon Erträge/Aufwendungen aus Veränderung bilanzierter latenter Steuern[1]	17. Taxes on income thereof change in recognised deferred taxes, income/expenses from changes in deferred taxes[2]	17. Tax on profit thereof change in recognised deferred taxes, income/expenses from changes in deferred taxes[2]
18. Sonstige Steuern	18. Other taxes	18. Other taxes
19. Jahresüberschuss/Jahresfehlbetrag	19. Net income/net loss for the year	19. Profit or loss for the financial year

[1] Entfällt für kleine Kapitalgesellschaften.
[2] Noch keine gesicherte Übersetzung bekannt.

181

2.3 NKF – Neues Kommunales Finanzmanagement

2.3.1 Entwicklungen in den einzelnen Bundesländern[1,2]

Der Stand der Umstellung auf das neue kommunale Haushalts- und Rechnungswesen (Jahresabschluss und Gesamtabschluss) stellt sich derzeit wie folgt dar; dabei ist grundsätzlich die Doppik anzuwenden:

Land	Inkrafttreten des neuen Haushaltsrechts	Jahres-abschluss zum[5]	Gesamt-abschluss zum[5,6]
Baden-Württemberg[3]	2010	31.12.2020	31.12.2022
Bayern[3,4]	2007	31.12.2007	31.12.2012
Brandenburg[3]	2008	31.12.2011	31.12.2013
Hessen[3]	2006	31.12.2008	31.12.2015
Mecklenburg-Vorpommern[3]	2008	31.12.2012	31.12.2019
Niedersachsen[3]	2006	31.12.2012	31.12.2012
Nordrhein-Westfalen[3]	2005	31.12.2009	31.12.2010[7]
Rheinland-Pfalz[3]	2006	31.12.2012	31.12.2015
Saarland[3]	2007	31.12.2010	31.12.2014
Sachsen[3]	2008	31.12.2013	31.12.2016
Sachsen-Anhalt[3]	2006	31.12.2013	31.12.2016
Schleswig-Holstein[4]	2006	31.12.2007	31.12.2018
Thüringen[3,4]	2008	31.12.2009	31.12.2012
Freie und Hansestadt Hamburg[3]	2006	31.12.2006	
Freie Hansestadt Bremen[3]	2008	31.12.2010	

[1] Quelle: Informationen zum Neuen Kommunalen Haushaltsrecht für Baden-Württemberg mit eigenen Änderungen/Ergänzungen (Stand Juli 2019). Vgl. auch Friedrich-Ebert-Stiftung, Grundwissen Kommunalpolitik, s. Der kommunale Haushalt, 2019, http://library.fes.de/pdf-files/akademie/kommunal/15866-05.pdf.

[2] Zum Stand der geplanten Harmonisierung des öffentlichen Rechnungswesens in der EU vgl. *Lorson/Haustein/Beske/Schult/Poller,* Rechnungslegung im privaten und staatlichen Sektor – Grundlegende Fragen der Bilanzierung nach HGB & SsD sowie IFRS & IPSAS, Teil 9, KoR 2019, S. 298–307, sowie *Fischer/Heintges/Meinen,* Bewertung in der öffentlichen Rechnungslegung, WPg 2020, S. 825–834.

[3] Gesetze bereits verabschiedet.

[4] Wahlweise Doppik oder Kameralistik.

[5] Angegeben ist das späteste Datum, zu dem erstmalig der Abschluss aufgestellt werden muss.

[6] Vgl. *Müller-Marqués Berger/Krebs,* Der kommunale Gesamtabschluss, 2010.

[7] Gesetz des Landtages NRW vom 18.12.2018: Aussetzung der Prüfungspflicht für Vorjahre; bei geprüftem Abschluss 2018 entfällt die Prüfungspflicht für Vorjahre. Dieses Gesetz läuft am 31.12.2021 aus.

2.3.2 Neues Kommunales Finanzmanagement NKF in NRW[1, 2]

2.3.2.1 Rechnungswesen und Jahresabschluss im NKF

Es wurde ein kommunales Haushalts- und Rechnungswesen entwickelt, das sich für die Planung, Bewirtschaftung und den Abschluss auf drei **Komponenten** stützt:

1. Ergebnisplan und -rechnung

Die Ergebnisrechnung entspricht der kaufmännischen Gewinn- und Verlustrechnung. Ihr entspricht als Planungsinstrument der Ergebnisplan. Beide weisen Aufwendungen und Erträge aus.

2. Finanzplan und -rechnung

Der Finanzplan und die Finanzrechnung beinhalten alle Einzahlungen und Auszahlungen.

3. Bilanz (im Jahresabschluss)

In der Bilanz werden das Vermögen, die Schulden und das Eigenkapital ausgewiesen. Die Bilanz soll es nur im Jahresabschluss geben.

NKF als „Drei-Komponenten-System"[3]

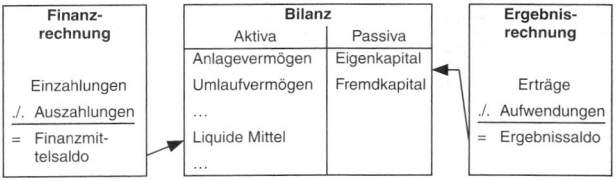

---

[1] Zum Meinungsstand der Auswirkungen der Anwendung der Regelungen des Bilanzrechtsmodernisierungsgesetzes auf den kommunalen Jahresabschluss vgl. *Ellerich/ Radde*, „Keine Auswirkungen des BilMoG auf den kommunalen Jahresabschluss?", WPg 15/2009, S. 780 ff.

[2] Gesetze, Regelungsentwürfe und weitere Informationen stehen auf der Portalseite des Ministeriums für Heimat, Kommunales, Bau und Gleichstellung des Landes Nordrhein-Westfalen unter https://www.mhkbg.nrw/kommunales/kommunale-Finanzen/ kommunale-vergabegrundsätze-und-haushaltsrecht
Die Handreichung „Neues Kommunales Finanzmanagement in Nordrhein-Westfalen – Handreichung für Kommunen" 7. Aufl.; Rechtsstand Oktober 2016, umfasst die Seiten 1 bis 4807. Das Zweite Gesetz zur Weiterentwicklung des Neuen Kommunalen Finanzmanagements vom 18.12.2018, GV NRW 2018, S.729–824, stellt die erste grundlegende Reform des doppischen Haushalts- und Rechnungswesens seit dessen Einführung in 2005 dar.

[3] Quelle Grafik: *Lucassen*, Neues Kommunales Finanzmanagement, in: BBK Nr.13 vom 2.7.2004 S.587 – BBK Fach 2 S. 1269.

Veränderungen doppischer Jahresabschluss gegenüber kameraler Jahresrechnung[1]

doppische Rechnungslegung (Jahresabschluss)	kamerale Rechnungslegung (Jahresrechnung)
Bilanz, Anlagenspiegel, Forderungsspiegel	Vermögensübersicht
Bilanz, Verbindlichkeitenspiegel	Schuldenübersicht
Bilanz	Rücklagenübersicht
Bilanz, Ergebnisrechnung, Finanzrechnung	Jahresrechnung
Teilergebnis-/Teilfinanzrechnung, gegliedert nach Produktbereichen bzw. -gruppen	Rechnungsquerschnitt
Gesamtergebnis-/Gesamtfinanzrechnung	Gruppierungsübersicht
Finanzrechnung, Bilanz	Kassenmäßiger Abschluss
Anhang, Rechenschaftsbericht	Rechenschaftsbericht

2.3.2.2 Haushaltsplan und Jahresabschluss im NKF[2]

A. Haushaltsplan[3]

	Ergebnis	Finanzen	Anlagen
Gesamtplan	Ergebnisplan – Erträge – Aufwendungen	Finanzplan – Einzahlungen – Auszahlungen	– Vorbericht – Stellenplan – Übersicht Verpflichtungsermächtigung – Übersicht Stand der Verbindlichkeiten – Wirtschaftspläne für Sondervermögen und Beteiligungen – Bilanz des Vorvorjahres – Übersicht über die Entwicklung des Eigenkapitals

---

[1] Quelle Grafik: *Lucassen,* Neues Kommunales Finanzmanagement, in: BBK Nr. 13 vom 2.7. 2004, S. 595 – BBK Fach 2 S. 1274.
[2] Vgl. Verordnung über das Haushaltswesen der Kommunen im Land Nordrhein-Westfalen (KomHVO NRW) vom 12.12. 2018, in Kraft getreten am 1.1.2019.
[3] Siehe § 4 KomHVO NRW, ggf. zusätzlich Haushaltsversicherungskonzept, § 5.

	Ergebnis	Finanzen	Anlagen

Teilpläne	– Teilergebnisplan Produktbereich A
	  – Erträge
	  – Aufwendungen
	– Teilergebnisplan Produktbereich B
	  – Erträge
	  – Aufwendungen
	– ...
		– Teilfinanzplan Produktbereich A (für Investitionen)
		  – Einzahlungen
		  – Auszahlungen
		– Teilfinanzplan Produktbereich B (für Investitionen)
		  – Einzahlungen
		  – Auszahlungen
		– ...
			– Ziele
			– Kennzahlen
			– Erläuterungen

B. Jahresabschluss

Gesamt	– Ergebnisrechnung
	  – Erträge
	  – Aufwendungen
	– Finanzrechnung
	  – Einzahlungen
	  – Auszahlungen
	– Bilanz
	– Anhang
	– Lagebericht

Produktbereiche	– Teilergebnisrechnung Produktbereich A
	  – Erträge
	  – Aufwendungen
	– Teilergebnisrechnung Produktbereich B
	  – Erträge
	  – Aufwendungen
	– ...
	
	jeweils ergänzt um Ziele, Kennzahlen und Erläuterungen
	
	– Teilfinanzrechnung Produktbereich A (für Investitionen)
	  – Einzahlungen
	  – Auszahlungen
	– Teilfinanzrechnung Produktbereich B (für Investitionen)
	  – Einzahlungen
	  – Auszahlungen
	– ...

2.3.2.3 Ergebnis- und Finanzplan im NKF

A. Ergebnisplan im NKF[1]

Ertrags- und Aufwandsarten

1		Steuern und ähnliche Abgaben
2	+	Zuwendungen und allgemeine Umlagen
3	+	Sonstige Transfererträge
4	+	Öffentlich-rechtliche Leistungsentgelte
5	+	Privatrechtliche Leistungsentgelte
6	+	Kostenerstattungen und Kostenumlagen
7	+	Sonstige ordentliche Erträge
8	+	Aktivierte Eigenleistungen
9	+/–	Bestandsveränderungen
10	**=**	**Ordentliche Erträge**
11	–	Personalaufwendungen
12	–	Versorgungsaufwendungen
13	–	Aufwendungen für Sach- und Dienstleistungen
14	–	Bilanzielle Abschreibungen
15	–	Transferaufwendungen
16	–	Sonstige ordentliche Aufwendungen
17	**=**	**Ordentliche Aufwendungen**
18	**=**	**Ordentliches Ergebnis** (= Zeilen 10 und 17)
19	+	Finanzerträge
20	–	Zinsen und Sonstige Finanzaufwendungen
21	**=**	**Finanzergebnis** (= Zeilen 19 und 20)
22	**=**	**Ergebnis der laufenden Verwaltungstätigkeit** (= Zeilen 18 und 21)
23	+	Außerordentliche Erträge
24	–	Außerordentliche Aufwendungen
25	**=**	**Außerordentliches Ergebnis** (= Zeilen 23 und 24)
26	**=**	**Jahresergebnis** (= Zeilen 22 und 25)
27	–	Globaler Minderaufwand
28	**=**	**Jahresergebnis nach Abzug globaler Minderaufwand** (= Zeilen 26 und 27)

[1] Quelle: Runderlass des Ministeriums für Heimat, Kommunales, Bau und Gleichstellung 304 – 48.12.02/99 – 765/19 vom 8.11.2019, Anlage 4 zu Muster für das doppische Rechnungswesen sowie zu Bestimmungen der Gemeindeordnung für das Land Nordrhein-Westfalen und der Kommunalhaushaltsverordnung Nordrhein-Westfalen (VV Muster zur GO NRW und KomHVO NRW).

Nachrichtlich: Verrechnung von Erträgen und Aufwendungen mit der allgemeinen Rücklage

29	Verrechnete Erträge bei Vermögensgegenständen
30	Verrechnete Erträge bei Finanzanlagen
31	Verrechnete Aufwendungen bei Vermögensgegenständen
32	Verrechnete Aufwendungen bei Finanzanlagen
33	**Verrechnungssaldo** (= Zeilen 29–32)

B. Finanzplan im NKF[1]

Ein- und Auszahlungsarten

1		Steuern und ähnliche Abgaben
2	+	Zuwendungen und allgemeine Umlagen
3	+	Sonstige Transfereinzahlungen
4	+	Öffentlich-rechtliche Leistungsentgelte
5	+	Privatrechtliche Leistungsentgelte
6	+	Kostenerstattungen und Kostenumlagen
7	+	Sonstige Einzahlungen
8	+	Zinsen und sonstige Finanzeinzahlungen
9	**=**	**Einzahlungen aus laufender Verwaltungstätigkeit**
10	–	Personalauszahlungen
11	–	Versorgungsauszahlungen
12	–	Auszahlungen für Sach- und Dienstleistungen
13	–	Zinsen und sonstige Finanzauszahlungen
14	–	Transferauszahlungen
15	–	Sonstige Auszahlungen
16	**=**	**Auszahlungen aus laufender Verwaltungstätigkeit**
17	**=**	**Saldo aus laufender Verwaltungstätigkeit** (= Zeilen 9 und 16)
18	+	Zuwendungen für Investitionsmaßnahmen
19	+	Einzahlungen aus der Veräußerung von Sachanlagen
20	+	Einzahlungen aus der Veräußerung von Finanzlagen
21	+	*Einzahlungen aus Beiträgen u.ä. Entgelten*
22	+	Sonstige Investitionseinzahlungen
23	**=**	**Einzahlungen aus Investitionstätigkeit**
24	–	Auszahlungen für den Erwerb von Grundstücken und Gebäuden
25	–	Auszahlungen für Baumaßnahmen
26	–	Auszahlungen für den Erwerb von beweglichem Anlagevermögen

---

[1] Runderlass des Ministeriums für Heimat, Kommunales, Bau und Gleichstellung 304 – 48.12.02/99 – 765/19 vom 8.11.2019, Anlage 5 zu Muster für das doppische Rechnungswesen sowie zu Bestimmungen der Gemeindeordnung für das Land Nordrhein-Westfalen und der Kommunalhaushaltsverordnung Nordrhein-Westfalen (VV Muster zur GO NRW und KomHVO NRW).

27	–	Auszahlungen für den Erwerb von Finanzanlagen
28	–	Auszahlungen von aktivierbaren Zuwendungen
29	–	Sonstige Investitionsauszahlungen
30	**=**	**Auszahlungen aus Investitionstätigkeit**
31	**=**	**Saldo aus Investitionstätigkeit** (= Zeilen 23 und 30)
32	**=**	**Finanzmittelüberschuss/-fehlbetrag** (= Zeilen 17 und 31)
33	+	Einzahlungen aus der Aufnahme und durch Rückflüsse von Krediten für Investitionen und diesen wirtschaftlich gleichkommenden Rechtsverhältnissen
34	+	Einzahlungen aus der Aufnahme und durch Rückflüsse von Krediten zur Liquiditätssicherung
35	–	Auszahlungen für die Tilgung und Gewährung von Krediten für Investitionen und diesen wirtschaftlich gleichkommenden Rechtsverhältnissen
36	–	Auszahlungen für die Tilgung und Gewährung von Krediten zur Liquiditätssicherung
37	**=**	**Saldo aus Finanzierungstätigkeit**
38	**=**	**Änderung des Bestandes an eigenen Finanzmitteln** (= Zeilen 32 und 37)
39	+	Anfangsbestand an Finanzmitteln
40	**=**	**Liquide Mittel** (= Zeilen 38 und 39)

2.3.2.4   Produktbereiche im NKF[1]

Der kommunale Haushaltsplan ist in produktorientierte Teilpläne nach folgenden **verbindlichen Produktbereichen** und in der ausgewiesenen Reihenfolge zu gliedern:

Produktbereiche		
01 Innere Verwaltung	07 Gesundheitsdienste	13 Natur- und Land-
02 Sicherheit und Ordnung	08 Sportförderung	schaftspflege
03 Schulträgeraufgaben	09 Räumliche Planung und Ent-	14 Umweltschutz
04 Kultur und Wissenschaft	wicklung, Geoinfomationen	15 Wirtschaft und
05 Soziale Leistungen	10 Bauen und Wohnen	Tourismus
06 Kinder-, Jugend- und	11 Ver- und Entsorgung	16 Allgemeine
Familienhilfe	12 Verkehrsflächen und	Finanzwirtschaft
	-anlagen, ÖPNV	17 Stiftungen

---

[1] Runderlass des Ministeriums für Heimat, Kommunales, Bau und Gleichstellung 304 – 48.12.02/99 – 765/19 vom 8.11.2019, Anlage 6 zu Muster für das doppische Rechnungswesen sowie zu Bestimmungen der Gemeindeordnung für das Land Nordrhein-Westfalen und der Kommunalhaushaltsverordnung Nordrhein-Westfalen (VV Muster zur GO NRW und KomHVO NRW).

Innerhalb der Grenzen dieser Produktbereiche können Teilpläne auch nach Produktgruppen oder nach Produkten aufgestellt werden. Es bleibt dabei jeder Gemeinde überlassen, ob sie im Haushaltsplan lediglich eine weitere Gliederungsebene darstellen (Produktgruppen) oder tiefer untergliedern (Produkte) will.

Die **Gemeinde kann eigene Produktgruppen und Produkte bilden**[1]:

Verbindliche **Produktbereiche** (Auszug RdErl. NRW)	Eigene **Produktgruppen nach NKF** (Auszug)	**Produkte nach NKF** (Auszug)
01 Innere Verwaltung	08 Personalmanagement	08 Personalsteuerung
...	...	...
03 Schulträgeraufgaben	04 Schulaufsicht	04 Nichtschülerprüfung
...	...	...
05 Soziale Leistungen	01 Unterst. von Senioren	02 Altenarbeit
...	...	...
07 Gesundheitsdienste	03 Gesundheitshilfe	04 Sucht- und Drogenhilfe
...	...	
09 Räumliche Planung und Entwicklung, Geoinfo.	01 Räumliche Planung	02 Flächennutzungsplan
...	...	
16 Allgemeine Finanzwirtschaft	01 Allgemeine Finanzwirtschaft	

---

[1] Empfehlungen der NKF-Modellkommunen (Beispiel).

2.3.2.5 Kommunale Bilanz in Nordrhein-Westfalen[1]

AKTIVA	PASSIVA
0. Aufwendungen zur Erhaltung der gemeindlichen Leistungsfähigkeit[2]	1. Eigenkapital
1. Anlagevermögen	1.1 Allgemeine Rücklage
1.1 Immaterielle Vermögensgegenstände	1.2 Sonderrücklagen
1.2 Sachanlagen	1.3 Ausgleichsrücklage
1.2.1 Unbebaute Grundstücke und grundstücksgleiche Rechte	1.4 Jahresüberschuss/Jahresfehlbetrag
1.2.1.1 Grünflächen	2. Sonderposten
1.2.1.2 Ackerland	2.1 für Zuwendungen
1.2.1.3 Wald, Forsten	2.2 für Beiträge
1.2.1.4 Sonstige unbebaute Grundstücke	2.3 für den Gebührenausgleich
1.2.2 Bebaute Grundstücke und grundstücksgleiche Rechte	2.4 Sonstige Sonderposten
1.2.2.1 Kinder- und Jugendeinrichtungen	3. Rückstellungen
1.2.2.2 Schulen	3.1 Pensionsrückstellungen
1.2.2.3 Wohnbauten	3.2 Rückstellung für Deponien und Altlasten
1.2.2.4 Sonstige Dienst-, Geschäfts- und Betriebsgebäude	3.3 Instandhaltungsrückstellungen
1.2.3 Infrastrukturvermögen	3.4 Sonstige Rückstellungen
1.2.3.1 Grund und Boden des Infrastrukturvermögens	4. Verbindlichkeiten
1.2.3.2 Brücken und Tunnel	4.1 Anleihen
1.2.3.3 Gleisanlagen mit Streckenausrüstung und Sicherheitsanlagen	4.1.1 für Investitionen
	4.1.2 zur Liquiditätssicherung
1.2.3.4 Entwässerungs- und Abwasserbeseitigungsanlagen	4.2 Verbindlichkeiten aus Krediten für Investitionen
	4.2.1 von verbundenen Unternehmen
1.2.3.5 Straßennetz mit Wegen, Plätzen und Verkehrslenkungsanlagen	4.2.2 von Beteiligungen
	4.2.3 von Sondervermögen
1.2.3.6 Sonstige Bauten des Infrastrukturvermögens	4.2.4 vom öffentlichen Bereich
	4.2.5 von Kreditinstituten
	4.3 Verbindlichkeiten aus Krediten zur Liquiditätssicherung
	4.4 Verbindlichkeiten aus Vorgängen, die Kreditaufnahmen wirtschaftlich gleichkommen

---

[1] Runderlass des Ministeriums für Heimat, Kommunales, Bau und Gleichstellung 304 – 48.12.02/99 – 765/19 vom 8.11.2019, Anlage 23 zu Muster für das doppische Rechnungswesen sowie zu Bestimmungen der Gemeindeordnung für das Land Nordrhein-Westfalen und der Kommunalhaushaltsverordnung Nordrhein-Westfalen (VV Muster zur GO NRW und KomHVO NRW).

[2] Geändert durch Verordnung vom 30.10.2020 (GV.NRW. S. 1049), in Kraft getreten am 10.11.2020. Im Jahresabschluss 2020 sind Aufwendungen zur Erhaltung der gemeindlichen Leistungsfähigkeit, soweit sie nicht bilanzierungsfähig sind, als Bilanzierungshilfe gemäß § 33a KomHVO NRW zu aktivieren. Die Bewertung erfolgt gemäß § 5 des NKF-COVID-19-Isolierungsgesetzes in der Fassung der Bekanntmachung vom 29.9.2020 (GV.NRW. S. 916).

2.3.3 Bewertung in der Eröffnungsbilanz

2.3.3.1 Grundstücke und Gebäude

A. Verfahren

Verfahren[1]	Beschreibung	Beispiele
Vergleichswertverfahren (§§ 13 – 14 WertV)	Wertermittlung aus Vergleichspreisen	– Grund und Boden – Eigentumswohnungen
Ertragswertverfahren (§§ 15 – 20 WertV)	Wertermittlung aus Rohmieten und Liegenschaftszinsen	– Büro- und Verwaltungsgebäude – Gewerbeimmobilien – Mehrfamilienhäuser
Sachwertverfahren (§§ 21 – 25 WertV)	Wertermittlung aus Substanzbewertung	– Kindergärten und Schulen – Museen, Theater und Festhallen – Feuerwehrgebäude – Zooanlagen – Bäder – Hörsaalgebäude

B. Restnutzungsdauer

	Wirtschaftliche Gesamtnutzungsdauer Jahre			Instandhaltung p.a. (Prozent der Zeitwerte)
	NHK 2010[2]	KGSt B 1/1999[3]	IDW ERS ÖFA 1[4]	
Verwaltungsgebäude	60	80–100	max. 50	1,2
Betriebs-, Lager-, Feuer- wehr- und Werkstatt- gebäude (massiv)	40–60	20–100	max. 50	1,0
Gebäude für Schulen, kulturelle und soziale Einrichtungen (massiv)	40–50	80–100	max. 50	1,3
Straßen, Plätze	–	10–60	20–50	–
Brücken, Tunnel (massiv)	–	20–100	70–100	mind. 2
Sportanlagen, Spielplätze	–	10–25	–	–

[1] Konkreter Ansatz ist in den einzelnen Ländergesetzen unterschiedlich geregelt, die *Regelungen* differerien teilweise erheblich.
[2] Normalherstellungskosten 2010 (NHK 2010), Anlage 3 der Richtlinie zur Ermittlung des Sachwerts (Sachwertrichtlinie – SW-RL) vom 5.9.2012, vgl. auch Ertragswert- richtlinie – EW-RL vom 12.11.2015, https://www.bundesanzeiger-verlag.de
[3] KGSt-Bericht 1/1999, http://www.kgst.de
[4] WPg 2001, S.1405.

2.3.3.2 Sonstige Positionen

Position	Beispiele	Bewertungsverfahren
Technische Anlagen und Maschinen	– Anlagen der Abwasserentsorgung – Anlagen der Verkehrstechnik	– Festwertbewertung (§ 240 Abs. 3 HGB) – Gruppenbewertung (§ 240 Abs. 4 HGB)
Betriebs- und Geschäftsausstattung	– Einrichtungen – Bürogegenstände – Kunstwerke – Fahrzeuge – Hardware – Telekommunikationseinrichtungen	– Anschaffungs-/ Herstellungskosten abzgl. Abschreibungen – Zeitwerte – Versicherungswerte – Festwerte
Finanzanlagen	– Beteiligungen – Darlehen	– aus Börsenkursen abgeleitete Werte – aus Anteilsübertragungen abgeleitete Werte – Ertragswertmethode – Sachwertmethode
Zuwendungen	– Aufwandszuschüsse – Investitionszuschüsse – Sachzuwendungen	– Periodengleiche Vereinnahmung – Kürzung bei den AK/HK oder Sonderposten – wenn unentgeltlich = Zeitwert

2.4 Abschlussprüfung

2.4.1 Wichtige Abschlussprüfungen im Überblick

2.4.1.1 Gesetzlich vorgeschriebene Prüfungen[1]

Prüfungsobjekte	Vorschrift
Jahresabschlussprüfung für	
große, mittelgroße oder kapitalmarktorientierte Kapital-gesellschaften; dies gilt entsprechend für OHG, KG ohne natürliche Personen als persönlich haftende Gesellschafter	§§ 316 ff. i.V.m. § 264a, 267 HGB
Unternehmen bestimmter Größe	§ 3 PublG
Genossenschaften	§ 53 GenG
Unternehmen im Bereich der öffentlichen Wirtschaft[2]	z.B. §§ 53, 55 HGrG
Kreditinstitute	§ 340k HGB
Versicherungen, Pensionsfonds	§ 341k HGB
Bausparkassen	§ 13 BauSparKG
Offene und geschlossene inländische Investmentvermögen – Aktien-, Kommanditgesellschaften – Sondervermögen	§§ 121, 136, 159 KAGB § 102 KAGB
Energieversorgungsunternehmen	§ 6b EnwG
Verwertungsgesellschaften	§ 57 VGG
diverse Melde- und sonstige Pflichten bei Kreditinstituten, die das Depotgeschäft betreiben	§ 89 Abs. 1 WpHG
Stromintensive Unternehmen, Netzbetreiber und Elektrizitätsversorgungsunternehmen	§§ 64, 74, 75 EEG
Betreiber KWK-Anlagen/Wärme- oder Kältenetze	§ 30 KWKG
Konzernabschlussprüfung für	
Kapitalgesellschaft oberhalb der Größe des § 293 HGB als Obergesellschaft	§§ 316–324 HGB
Konzerne bestimmter Größe	§ 14 PublG

---

[1] Für eine umfassendere Übersicht siehe WP-Handbuch 2012 Band I, S.267–275 (Übersicht ab WP-Handbuch 2017 entfallen).
[2] Vgl. dazu auch *Gelhausen/Hermesmeier:* Prüfungsaufträge im öffentlichen Sektor – Praxisfragen bei der Prüfung öffentlicher Unternehmen in Privatrechtsform, WPg 2015, S.629–642.

2.4.1.2　Freiwillige Prüfungen

Jahresabschlussprüfung oder Konzernabschlussprüfung (analog §§ 316 ff. HGB), für einen speziellen Zweck, vgl. IDW PS 480, oder prüferische Durchsicht mit Erteilung einer Bescheinigung, vgl. IDW PS 900
– im Rahmen von Kreditverträgen
– auf Grundlage gesellschaftsvertraglicher oder satzungsmäßiger Bestimmungen
– bei beabsichtigtem Unternehmenskauf oder -zusammenschluss

2.4.2　Prüfungsbezogene Normen

2.4.2.1　Quellen und Rechtswirkungen

Normenquelle	Rechtswirkung
§§ 316 ff. HGB[1], EU-Verordnungen, WPO, Berufssatzung WP/vBP	unmittelbar
EU-Richtlinien	Verpflichtung des EU-Staates zur Umsetzung
ISA (International Standards of Auditing) der IFAC	mittelbar durch Umsetzung in nationale Standards
ISA nach Adoption durch EU[2,]	unmittelbar
Verlautbarungen des IDW[3, 4, 5] und der WPK	mittelbar, Exkulpation in Haftungsfragen (State of the Art)
Unternehmensinterne Regeln	keine, Einhaltung bedeutsam im Rahmen der externen Qualitätskontrolle

---

[1]　Vgl. Abschlussprüfungsreformgesetz – AReG vom 10.5.2016 sowie APAReG vom 5.4.2016 zur Umsetzung der Richtlinie 2014/56/EU; siehe auch Kap. 2.4.3 Buchstabe C, Fußnote 2.

[2]　25 der 28 EU-Mitgliedstaaten wenden die ISA unmittelbar an. Deutschland, Frankreich und Portugal warten die formale Annahme durch die EU-Kommission durch sog. Komitologieverfahren ab.

[3]　IDW hat PS (Prüfungsstandards) den ISAs angeglichen und nationale Besonderheiten und Abweichungen herausgearbeitet, Auflistung hier untenstehend.

[4]　Das IDW hat die Übersetzung der ISAs abgeschlossen. Eine unmittelbare Anwendung der ISAs über § 317 Abs. 5 HGB nach Annahme der Standards durch die EU-Kommission ist derzeit nicht absehbar. Zu Inhalt, Bedeutung und Anwendung vgl. 2.4.2.3.

[5]　Zur Frage der Verbindlichkeit der Normen vgl. *Ruhnke/Däßler*, International Code of Ethics, WPK-Magazin 2019, S. 40–47 sowie *Ruhnke*, Systematik und Bindungswirkung der fachtechnischen Abschlussprüfungsnormen unter Berücksichtigung der ISA E-DE, BB 2019, S. 1579–1583.

2.4.2.2 IDW Verlautbarungen

A. IDW Prüfungsstandards (PS)[1] und Entwürfe (EPS)

		veröffentlicht/ zuletzt geändert
IDW EPS 270 n.F. (04.2021)	Die Beurteilung der Fortführung der Unternehmenstätigkeit im Rahmen der Abschlussprüfung	29.4.2021
IDW EPS 345 n.F.	Auswirkungen des Deutschen Corporate Governance Kodex auf die Abschlussprüfung	22.9.2020
IDW EPS 400 n.F. (04.2021)	Bildung eines Prüfungsurteils und Erteilung eines Bestätigungsvermerks	29.4.2021
IDW EPS 401 n.F. (04.2021)	Mitteilung besonders wichtiger Prüfungssachverhalte im Bestätigungsvermerk	29.4.2021
IDW EPS 405 n.F. (04.2021)	Modifizierung des Prüfungsurteils im Bestätigungsvermerk	29.4.2021
IDW EPS 406 n.F. (04.2021)	Hinweise im Bestätigungsvermerk	29.4.2021
IDW EPS 410	Prüfung der für Zwecke der Offenlegung erstellten elektronischen Wiedergaben von Abschlüssen und Lageberichten nach § 317 Abs. 3b HGB	9.10.2020
IDW EPS 470 n.F. (04.2021)	Grundsätze für die Kommunikation mit den für die Überwachung Verantwortlichen	29.4.2021
IDW EPS 526	Aufsichtsrechtliche Prüfungen und sonstige vergleichbare Tätigkeit durch Wirtschaftsprüfer bei beaufsichtigten Instituten	8.6.2018
IDW EPS 870	Die Prüfung des Vergütungsberichts nach § 162 Abs. 3 AktG	7.1.2021
IDW EPS 880 n.F. (03.2021)	Die Prüfung von Softwareprodukten	26.3.2021
IDW EPS 970 n.F.	Sonstige betriebswirtschaftliche Prüfungen und ähnliche Leistungen im Zusammenhang mit energierechtlichen Vorschriften	15.2.2016
IDW PS 140	Die Durchführung von Qualitätskontrollen in der Wirtschaftsprüferpraxis	9.6.2017
IDW PS 200	Ziele und allgemeine Grundsätze der Durchführung von Abschlussprüfungen	3.6.2015
IDW PS 201 n.F.	Rechnungslegungs- und Prüfungsgrundsätze für die Abschlussprüfung	23.4.2021

---

[1] Stand: 9. 8. 2021. Der Hauptfachausschuss (HFA) des IDW hat in seiner 264. Sitzung am 29.4.2021 beschlossen, die Bezeichnung der Prüfungsstandards ab sofort um den Monat und das Jahr der aktuellen Fassung der Verabschiedung zu ergänzen.

IDW PS 202	Die Beurteilung von zusätzlichen Informationen, die von Unternehmen zusammen mit dem Jahresabschluss veröffentlicht werden	9.9.2010
IDW PS 203 n.F.	Ereignisse nach dem Abschlussstichtag	9.9.2009
IDW PS 205	Prüfung von Eröffnungsbilanzwerten im Rahmen von Erstprüfungen	9.9.2010
IDW PS 208	Zur Durchführung von Gemeinschaftsprüfungen (Joint Audit)	24.11.2010
IDW PS 210	Zur Aufdeckung von Unregelmäßigkeiten im Rahmen der Abschlussprüfung	12.12.2012
IDW PS 220	Beauftragung des Abschlussprüfers	9.9.2009
IDW PS 230	Kenntnisse über die Geschäftstätigkeit sowie das wirtschaftliche und rechtliche Umfeld des zu prüfenden Unternehmens im Rahmen der Abschlussprüfung	8.12.2005
IDW PS 240	Grundsätze der Planung von Abschlussprüfungen	9.9.2010
IDW PS 250 n.F.	Wesentlichkeit im Rahmen der Abschlussprüfung	12.12.2012
IDW PS 255	Beziehungen zu nahe stehenden Personen im Rahmen der Abschlussprüfung	24.11.2010
IDW PS 261 n.F.	Feststellung und Beurteilung von Fehlerrisiken und Reaktionen des Abschlussprüfers auf die beurteilten Fehlerrisiken	15.9.2017
IDW PS 270 n.F.	Die Beurteilung der Fortführung der Unternehmenstätigkeit im Rahmen der Abschlussprüfung	11.7.2018
IDW PS 300 n.F.	Prüfungsnachweise im Rahmen der Abschlussprüfung	14.6.2016
IDW PS 301	Prüfung der Vorratsinventur	24.11.2010
IDW PS 302 n.F.	Bestätigungen Dritter	10.7.2014
IDW PS 303 n.F.	Erklärungen der gesetzlichen Vertreter gegenüber dem Abschlussprüfer	9.9.2009
IDW PS 310	Repräsentative Auswahlverfahren (Stichproben) in der Abschlussprüfung	14.6.2016
IDW PS 312	Analytische Prüfungshandlungen	13.3.2013
IDW PS 314 n.F.	Die Prüfung von geschätzten Werten in der Rechnungslegung einschließlich von Zeitwerten	9.9.2009
IDW PS 318	Prüfung von Vergleichsangaben über Vorjahre	24.11.2010

IDW PS 320 n.F.	Besondere Grundsätze für die Durchführung von Konzernabschlussprüfungen (einschließlich der Verwertung der Tätigkeit von Teilbereichsprüfern)	10.7.2014
IDW PS 321	Interne Revision und Abschlussprüfung	9.9.2010
IDW PS 322 n.F.	Verwertung der Arbeit eines für den Abschlussprüfer tätigen Sachverständigen	15.9.2017
IDW PS 330	Abschlussprüfung bei Einsatz von Informationstechnologie	24.9.2002
IDW PS 331 n.F.	Abschlussprüfung bei teilweiser Auslagerung der Rechnungslegung auf Dienstleistungsunternehmen	11.9.2015
IDW PS 340 n.F.	Die Prüfung des Risikofrüherkennungssystems nach § 317 Abs.4 HGB	27.5.2020
IDW PS 345	Auswirkungen des Deutschen Corporate Governance Kodex auf die Abschlussprüfung	10.7.2017
IDW PS 350 n.F.	Prüfung des Lageberichts im Rahmen der Abschlussprüfung	12.12.2017
IDW PS 400 n.F.	Bildung eines Prüfungsurteils und Erteilung eines Bestätigungsvermerks	30.11.2017
IDW PS 401	Mitteilung besonders wichtiger Prüfungssachverhalte im Bestätigungsvermerk	30.11.2017
IDW PS 405	Modifizierungen des Prüfungsurteils im Bestätigungsvermerk	30.11.2017
IDW PS 406	Hinweise im Bestätigungsvermerk	30.11.2017
IDW PS 450 n.F.	Grundsätze ordnungsmäßiger Erstellung von Prüfungsberichten	15.9.2017
IDW PS 460 n.F.	Arbeitspapiere des Abschlussprüfers	9.9.2009
IDW PS 470 n.F.	Grundsätze für die Kommunikation mit den für die Überwachung Verantwortlichen	10.10.2017
IDW PS 475	Mitteilung von Mängeln im internen Kontrollsystem an die für die Überwachung Verantwortlichen und das Management	26.3.2020
IDW PS 480	Prüfung von Abschlüssen, die nach Rechnungslegungsgrundsätzen für einen speziellen Zweck aufgestellt wurden	28.11.2014
IDW PS 490	Prüfung von Finanzaufstellungen oder deren Bestandteilen	28.11.2014
IDW PS 521 n.F.	Die Prüfung des Wertpapierdienstleistungsgeschäfts nach § 89 WpHG	17.11.2020
IDW PS 522	Prüfung der Adressenausfallrisiken und des Kreditgeschäfts von Kreditinstituten	1.10.2002

IDW PS 560	Die Prüfung der Schadenrückstellung im Rahmen der Jahresabschlussprüfung von Schaden-/Unfallversicherungsunternehmen	9.12.2004
IDW PS 570	Beurteilung von Embedded Value Berichten von Versicherungsunternehmen nach Art des marktkonsistenten Embedded Value (MCEV) entsprechend den Prinzipien des CFO Forums	11.3.2011
IDW PS 580	Prüfung der Solvabilitätsübersicht nach §35 Abs.2 VAG	8.11.2017
IDW PS 610 n.F (07.2021)	Prüfung nach §6b Energiewirtschaftsgesetz	2.7.2021
IDW PS 611 (06.2021)	Gesonderte Prüfung aufgrund der Feststellungen der BNetzA nach § 6b Abs. 6 i.V.m. § 29 EnWG	9.6.2021
IDW PS 650 n.F	Zum erweiterten Umfang der Jahresabschlussprüfung von Krankenhäusern nach Landeskrankenhausrecht	31.3.2019
IDW PS 700	Prüfung von Beihilfen nach Artikel 107 AEUV insbesondere zugunsten öffentlicher Unternehmen	29.11.2012
IDW PS 710	Prüfung des Rechenschaftsberichts einer politischen Partei	12.5.2005
IDW PS 720	Berichterstattung über die Erweiterung der Abschlussprüfung nach § 53 HGrG	9.9.2010
IDW PS 721 n.F.	Prüfung der Marktkonformität nach § 43 Abs. 1 Satz 2 Medienstaatsvertrag als Erweiterung der Abschlussprüfung	26.11.2010
IDW PS 730	Prüfung des Jahresabschlusses und Lageberichts einer Gebietskörperschaft	30.3.2012
IDW PS 731	Prüfung der Ordnungsmäßigkeit der Haushaltswirtschaft als Erweiterung der Abschlussprüfung bei Gebietskörperschaften	26.11.2020
IDW PS 740	Prüfung von Stiftungen	25.2.2000
IDW PS 750	Prüfung von Vereinen	9.9.2010
IDW PS 810	*Die Prüfung der Substanzwertrechnung von Leasingunternehmen*	6.12.2013
IDW PS 830 n.F.	Prüfung von Bauträgern und Baubetreuern i.S. des §34c Abs.1 Satz 1 Nr.3 GewO nach §16 Makler- und Bauträgerverordnung (MaBV)	13.12.2018
IDW PS 840 n.F.	Prüfung von Finanzanlagenvermittlern i.S.d. §34f Abs.1 Satz 1 GewO nach §24 Abs.1 Satz 1 Finanzanlagenvermittlungsverordnung (FinVermV)	12.12.2018
IDW PS 850 n.F.	Projektbegleitende Prüfung bei Einsatz von Informationstechnologie	26.3.2020

IDW PS 860	IT-Prüfung außerhalb der Abschlussprüfung	2.3.2018
IDW PS 880	Die Prüfung von Softwareprodukten	11.3.2010
IDW PS 900	Grundsätze für die prüferische Durchsicht von Abschlüssen	1.10.2002
IDW PS 910	Grundsätze für die Erteilung eines Comfort Letter	4.3.2004
IDW PS 910 – Anlagen	Anhang zu IDW Prüfungsstandard: Grundsätze für die Erteilung eines Comfort Letter	4.3.2004
IDW PS 920	Prüfung von Systemen nach § 20 WpHG bei nicht-finanziellen Gegenparteien	24.11.2016
IDW PS 951 n.F. (03.2021)	Die Prüfung des internen Kontrollsystems bei Dienst-leistungsunternehmen	26.3.2021
IDW PS 971	Prüfungen nach dem Kraft-Wärme-Kopplungsgesetz	26.11.2013
IDW PS 980	Grundsätze ordnungsmäßiger Prüfung von Compliance Management Systemen	11.3.2011
IDW PS 981	Grundsätze ordnungsmäßiger Prüfung von Risiko-managementsystemen	3.3.2017
IDW PS 982	Grundsätze ordnungsmäßiger Prüfung des internen Kontrollsystems des internen und externen Berichts-wesens	3.3.2017
IDW PS 983	Grundsätze ordnungsmäßiger Prüfung von internen Revisionssystemen	3.3.2017

B. IDW Prüfungshinweise (PH)

IDW PH 9.100.1	Besonderheiten der Abschlussprüfung kleiner und mittelgroßer Unternehmen	29.11.2006
IDW PH 9.140	Checklisten zur Durchführung der Qualitätskontrolle	20.8.2018
IDW PH 9.200.1	Pflichten des Abschlussprüfers des Tochterunterneh-mens und des Konzernabschlussprüfers im Zusammen-hang mit § 264 Abs. 3 HGB	19.6.2013
IDW PH 9.200.2	Pflichten des Abschlussprüfers eines Tochter- oder Gemeinschaftsunternehmens und des Konzernab-schlussprüfers im Zusammenhang mit § 285 Nr. 17 HGB	19.6.2013
IDW PH 9.302.1	Bestätigungen Dritter bei Kredit- und Finanzdienst-leistungsinstituten	3.11.2016
IDW PH 9.302.2	Bestätigungen Dritter bei Versicherungsunternehmen	12.5.2006
IDW PH 9.330.1	Checkliste zur Abschlussprüfung bei Einsatz von Informationstechnologie	1.7.2002

IDW PH 9.330.2	Prüfung von IT-gestützten Geschäftsprozessen im Rahmen der Abschlussprüfung	24.8.2010
IDW PH 9.330.3	Einsatz von Datenanalysen im Rahmen der Abschlussprüfung	15.10.2010
IDW PH 9.350.1	Auswirkungen der Angaben zur Frauenquote als Bestandteil der Erklärung zur Unternehmensführung auf Bestätigungsvermerk und Prüfungsbericht	6.1.2017
IDW PH 9.350.2	Die Behandlung der nichtfinanziellen Berichterstattung nach §§ 289b bis 289e, 315b und 315c HGB durch den Abschlussprüfer (Einordnung und Berichterstattung)	22.9.2020
IDW PH 9.400.1	Zur Erteilung des Bestätigungsvermerks bei Krankenhäusern	14.12.2018
IDW PH 9.400.2	Vermerk des Abschlussprüfers zum Jahresbericht eines Sondervermögens gemäß § 102 Kapitalanlagegesetzbuch	13.9.2018
IDW PH 9.400.3	Zur Erteilung des Bestätigungsvermerks bei kommunalen Wirtschaftsbetrieben	19.6.2013
IDW PH 9.400.5	Bestätigungsvermerk bei Prüfungen von Liquidationseröffnungsbilanzen	1.3.2006
IDW PH 9.400.6	Prüfung von Jahres- und Zwischenbilanzen bei Kapitalerhöhungen aus Gesellschaftsmitteln	9.9.2010
IDW PH 9.400.7	Vermerk des Abschlussprüfers zum Auflösungsbericht eines Sondervermögens gemäß § 105 Abs. 3 Kapitalanlagegesetzbuch	13.9.2018
IDW PH 9.400.8	Prüfung einer vorläufigen IFRS-Konzerneröffnungsbilanz	1.3.2006
IDW PH 9.400.11	Auswirkungen von Fehlerfeststellungen durch die DPR bzw. die BaFin auf den Bestätigungsvermerk	6.9.2006
IDW PH 9.400.12	Vermerk des Abschlussprüfers zum Zwischenbericht eines Sondervermögens gemäß § 104 Abs. 2 Kapitalanlagegesetzbuch	13.9.2018
IDW PH 9.400.13	Vermerk des Abschlussprüfers zum Jahresabschluss und Lagebericht einer Investmentaktiengesellschaft gemäß § 121 Abs. 2 Kapitalanlagegesetzbuch (KAGB) bzw. § 148 Abs. 1 i.V.m. § 121 Abs. 2 KAGB	10.9.2019
IDW PH 9.400.14	Vermerk des Abschlussprüfers zum Abwicklungsbericht eines Sondervermögens gemäß § 105 Abs. 3 Kapitalanlagegesetzbuch	13.9.2018
IDW PH 9.400.15	Bestätigungs-/Vermerk des Abschlussprüfers zum Jahresabschluss und Lagebericht einer Investmentkommanditgesellschaft gemäß § 136 Abs. 1 Kapitalanlagegesetzbuch (KAGB) bzw. § 159 i.V.m. § 136 Abs. 1 KAGB sowie Investmentgesellschaften gemäß § 47 KAGB	13.9.2018

IDW PH 9.400.16	Bestätigungsvermerk des Abschlussprüfers zum Jahresabschluss und Lagebericht eines Emittenten von Vermögensanlagen gemäß § 25 Vermögensanlagengesetz (VermAnlG)	13.9.2018
IDW PH 9.420.1	Berichterstattung über die Prüfung der Verwendung pauschaler Fördermittel nach Landeskrankenhausrecht	4.9.2008
IDW PH 9.420.2	Prüfungsvermerk des Wirtschaftsprüfers über die Ermittlung des Arbeitsergebnisses und seine Verwendung gemäß § 12 Werkstättenverordnung (WVO)	15.1.2020
IDW PH 9.420.4	Vermerk des Abschlussprüfers nach § 17a Abs. 7 Satz 2 KHG	22.11.2006
IDW PH 9.430.1	Besonderheiten bei der Prüfung der Jahresrechnung der Träger der gesetzlichen Krankenversicherung	29.10.2012
IDW PH 9.450.2	Zur Wiedergabe des Vermerks über die Abschlussprüfung im Prüfungsbericht	8.3.2006
IDW PH 9.490.1	Besonderheiten bei der Prüfung einer Schlussbilanz i.S.d. § 17 Abs. 2 UmwG	10.8.2015
IDW PH 9.520.1	Jahresabschlussprüfung bei Finanzdienstleistungsinstituten unter besonderer Berücksichtigung der aufsichtsrechtlichen Anforderungen	8.11.2011
IDW PH 9.522.1	Berücksichtigung von Immobiliensicherheiten bei der Prüfung der Werthaltigkeit von ausfallgefährdeten Forderungen bei Kreditinstituten	7.7.2005
IDW PH 9.720.1	Beurteilung der Angemessenheit der Eigenkapitalausstattung öffentlicher Unternehmen	9.9.2010
IDW PH 9.720.2	Verhältnis der Jahresabschlussprüfung bei kommunalen Wirtschaftsbetrieben zur örtlichen und überörtlichen Prüfung	31.5.2016
IDW PH 9.860.1	Prüfung der Grundsätze, Verfahren und Maßnahmen nach der EU-Datenschutz-Grundverordnung und dem Bundesdatenschutzgesetz	19.6.2018
IDW PH 9.860.2	Die Prüfung der von Betreibern kritischer Infrastrukturen gemäß § 8a Abs. 1 BSIG umzusetzenden Maßnahmen	21.6.2019
IDW PH 9.860.3	Die Prüfung von Cloud-Diensten	15.5.2020
IDW PH 9.860.4 (07.2021)	Die Prüfung der Einhaltung der Grundsätze der ordnungsmäßigen Führung und Aufbewahrung von Büchern, Aufzeichnungen und Unterlagen in elektronischer Form *sowie zum Datenzugriff* (GOBD-Compliance)	14.7.2021
IDW PH 9.910.1	Prüfung von Gewinnprognosen und -schätzungen i.S.v. IDW RH HFA 2.003	14.2.2020

IDW PH 9.950.1	Prüfung der Meldungen der Arten und Mengen von Elektro- und Elektronikgeräten an die Stiftung EAR	11.4.2007
IDW PH 9.950.2	Besonderheiten bei der Prüfung einer REIT-Aktien-gesellschaft nach § 1 Abs. 4 REIT-Gesetz, einer Vor-REIT-Aktiengesellschaft nach § 2 Satz 3 REIT-Gesetz und der Prüfung nach § 21 Abs. 3 Satz 3 REIT-Gesetz	25.10.2010
IDW PH 9.960.1	Prüfung von Pro-Forma-Finanzinformationen	12.7.2017
IDW PH 9.960.2	Prüfung von zusätzlichen Abschlusselementen	30.1.2006
IDW PH 9.970.10	Besonderheiten der Prüfung im Zusammenhang mit der Antragstellung stromkostenintensiver Unternehmen auf Besondere Ausgleichsregelung nach dem EEG 2017 im Antragsjahr 2020	18.2.2020
IDW PH 9.970.11	Besonderheiten der Prüfung nach § 75 Satz 1 EEG 2017 der zusammengefassten Endabrechnung eines Netzbetreibers für das Kalenderjahr 2019	14.2.2020
IDW PH 9.970.12	Besonderheiten der Prüfung nach § 75 Satz 2 EEG 2017 und § 30 Abs. 1 Nr. 5 KWKG der Endabrechnung eines Elektrizitätsversorgungsunternehmens, strom-kostenintensiven Unternehmens, Letztverbrauchern und Eigenversorgern für das Kalenderjahr 2019	18.3.2020
IDW PH 9.970.14	Besonderheiten der Prüfung im Zusammenhang mit der Antragstellung von Schienenbahnen auf besondere Ausgleichsregelung nach dem EEG 2017	18.3.2020
IDW PH 9.970.15	Besonderheiten der Prüfung eines Abschlusses für einen selbstständigen Unternehmensteil i.S. des § 64 Abs. 5 EEG 2017 für Zwecke der Antragstellung auf Besondere Ausgleichsregelungen nach dem EEG 2017	13.5.2019
IDW PH 9.970.16 (06.2021)	Besonderheiten der Prüfung im Zusammenhang mit der Antragstellung von Verkehrsunternehmen mit elektro-nisch betriebenen Bussen im Linienverkehr auf Beson-dere Ausgleichsregelung nach dem EEG 2021	21.6.2021
IDW PH 9.970.30	Besonderheiten der Prüfung nach § 19 Abs. 2 Satz 15 StromNEV i.V.m. § 30 Abs. 1 Nr. 7 KWKG 2016 der Jahresabrechnung über entgangene Netzentgelterlöse eines Netzbetreibers	17.4.2019
IDW PH 9.970.31	Besonderheiten der Prüfung nach § 30 Abs. 1 Nr. 3 KWKG im Zusammenhang mit der Antragstellung auf Förderung von Wärme- und Kältenetzen	16.5.2017
IDW PH 9.970.32	Besonderheiten der Prüfung nach § 30 Abs. 1 Nr. 4 KWKG im Zusammenhang mit der Antragstellung auf Förderung von Wärme- und Kältespeichern	31.5.2016

IDW PH 9.970.33	Besonderheiten der Prüfung nach § 30 Abs.1 Nr.9 KWKG der Abrechnungen eines Netzbetreibers für das Kalenderjahr 2019	17.4.2020
IDW PH 9.970.34	Besonderheiten der Prüfung nach § 30 Abs.1 Nr.2 KWKG der Abrechnung eines KWKG-Anlagenbetreibers nach § 15 Abs.2 KWKG	3.2.2017
IDW PH 9.970.35 n.F.	Besonderheiten der Prüfung nach § 19 Abs. 2 Satz 15 StromNEV i.V.m. § 30 Abs. 1 Nr. 5 KWKG 2016 im Zusammenhang mit der Begrenzung der StromNEV-Umlage	12.7.2021
IDW PH 9.970.60	Besonderheiten der Prüfung nach § 2 Abs.6 Satz 3 i.V.m. Abs.4 KAV des Grenzpreisvergleichs von Strom auf Ebene des Letztverbrauchers (Sondervertragskunde)	30.10.2018
IDW PH 9.970.61	Besonderheiten der Prüfung nach § 2 Abs.6 Satz 3 i.V.m. Abs.4 KAV des Grenzpreisvergleichs Strom auf Ebene des Lieferanten	30.10.2018
IDW PH 9.970.62	Besonderheiten der Prüfung nach § 2 Abs.8 i.V.m. Abs.6 Satz 3 KAV der Aufstellung von Strommengen eines Weiterverteilers zur Abrechnung der Konzessionsabgabe für Strom	30.10.2018
IDW PH 9.970.63	Besonderheiten der Prüfung nach § 2 Abs.6 Satz 3 KAV von Stromlieferungen zu lastschwachen Zeiten (Schwachlaststrom) auf Ebene des Lieferanten	30.10.2018
IDW PH 9.970.64	Besonderheiten der Prüfung der Konzessions- abgabenabrechnung Strom gegenüber einer Gemeinde	7.9.2020
IDW PH 9.970.80	Besonderheiten der Prüfung im Zusammenhang mit der Antragstellung von Eisenbahnverkehrsunternehmen auf Gewährung einer Zuwendung nach der Richtlinie über die Förderung der Energieeffizienz des elektrischen Eisenbahnverkehrs	20.4.2020

C. IDW Standards (S) und Entwürfe (ES)

IDW ES 9 n.F.	Bescheinigungen nach §§ 270d und 270a InsO	12.1.2021
IDW ES 11 n.F.	Beurteilung des Vorliegens von Insolvenzeröffnungs- gründen	8.1.2021
IDW S 1 i.d.F. 2008	Grundsätze zur Durchführung von Unternehmens- bewertungen	4.7.2016
IDW S 2	Anforderungen an Insolvenzpläne	18.11.2019
IDW S 4	Grundsätze ordnungsmäßiger Begutachtung der gesetzlichen Verkaufsunterlagen von Alternativen Investmentfonds	24.5.2016
IDW S 5	Grundsätze zur Bewertung immaterieller Vermögens- werte	16.4.2015

IDW S 6	Anforderungen an Sanierungskonzepte	16.5.2018
IDW S 7 (03.2021)	Grundsätze für die Erstellung von Jahresabschlüssen	26.3.2021
IDW S 8	Grundsätze für die Erstellung von Fairness Opinions	17.1.2011
IDW S 9	Bescheinigung nach §270b InsO	18.8.2014
IDW S 10	Grundsätze zur Bewertung von Immobilien	14.8.2013
IDW S 11	Beurteilung des Vorliegens von Insolvenzeröffnungs- gründen	22.8.2016
IDW S 12	Wertermittlungen bei Beteiligungen an einer Immobilien- gesellschaft nach § 250 Abs. 1 Nr. 2 und § 236 Abs. 1 KAGB	2.2.2016
IDW S 13	Besonderheiten bei der Unternehmensbewertung zur Bestimmung von Ansprüchen im Familien- und Erbrecht	6.4.2016
IDW S 14	Grundsätze ordnungsmäßiger Begutachtung von gesetz- lichen Verkaufsunterlagen über öffentlich angebotene Vermögensanlagen nach dem Vermögensanlagegesetz	9.7.2018

2.4.2.3 Grundsätze ordnungsmäßiger Abschlussprüfung (GoA) ab 15.12.2021[1]

Das IDW hat die deutschen Grundsätze ordnungsmäßiger Abschlussprüfung (GoA) festgestellt. Es legt damit die gesetzliche Vorgabe (§ 317 Abs. 1 Satz 3 HGB) aus, Abschlussprüfungen gewissenhaft durchzuführen, und legt die berufs- ständische Übung zur Durchführung von handelsrechtlichen Abschlussprüfun- gen (Rahmenwerk) fest. Rechtlich haben die GoA keine Verbindlichkeit, werden jedoch in der Rechtsprechung und in der Fachkommentierung zitiert werden.[2] Sie setzen sich aus nachfolgenden Gruppen von Standards zusammen:

A.	ISA [DE]
B.	Für die Prüfung des Abschlusses relevante IDW PS
C.	Für die Prüfung des Lageberichts relevante IDW PS
D.	Anforderungen an die Wirtschaftsprüferpraxis (IDW QS 1)

---

[1] Die Anwendung gilt erstmals für die Prüfung von Abschlüssen, deren Zeiträume am oder nach dem 15.12.2020 (coronabedingt 15.12.2021; IDW Life 6/2020, S. 506) be- ginnen. Mit dem Inkrafttreten der ISA [DE] entfallen die damit korrespondierenden IDW PS.

[2] Zur grundsätzlichen Bedeutung der Anwendung vgl. Mitglieder FRAGEN – WPK ANTWORTET, Anwendung der International Standards on Auditing (ISA) in Deutsch- land, WPK Magazin 2/2020, S. 28–29, sowie Die ISA [DE] als Teil der vom IDW fest- gestellten Grundsätze ordnungsmäßiger Abschlussprüfung (GoA), IDW Life 6/2020, S. 494–496.

A. ISA (DE)

		letzte Änderung
ISA [DE] 200	Übergeordnete Ziele des unabhängigen Prüfers und Grundsätze einer Prüfung in Übereinstimmung mit den International Standards on Auditing	26.3.2020
ISA [DE] 210	Vereinbarung der Auftragsbedingungen für Prüfungsaufträge	26.3.2020
ISA [DE] 230	Prüfungsdokumentation	26.3.2020
ISA [DE] 240	Verantwortlichkeiten des Abschlussprüfers bei dolosen Handlungen	26.3.2020
ISA [DE] 250 (Revised)	Berücksichtigung von Gesetzen und anderen Rechtsvorschriften bei einer Abschlussprüfung	26.3.2020
ISA [DE] 300	Planung einer Abschlussprüfung	26.3.2020
ISA [DE] 315 (Revised)	Identifizierung und Beurteilung der Risiken wesentlicher falscher Darstellungen aus dem Verständnis von der Einheit und ihrem Umfeld	26.3.2020
ISA [DE] 320	Wesentlichkeit bei der Planung und Durchführung einer Abschlussprüfung	26.3.2020
ISA [DE] 330	Reaktionen des Abschlussprüfers auf beurteilte Risiken	26.3.2020
ISA [DE] 402	Überlegungen bei der Abschlussprüfung von Einheiten, die Dienstleister in Anspruch nehmen	26.3.2020
ISA [DE] 450	Beurteilung der während der Abschlussprüfung identifizierten falschen Darstellungen	26.3.2020
ISA [DE] 500	Prüfungsnachweise	26.3.2020
ISA [DE] 501	Prüfungsnachweise – Besondere Überlegungen zu ausgewählten Sachverhalten	26.3.2020
ISA [DE] 505	Externe Bestätigungen	26.3.2020
ISA [DE] 510	Eröffnungsbilanzwerte bei Erstprüfungsaufträgen	26.3.2020
ISA [DE] 520	Analytische Prüfungshandlungen	26.3.2020
ISA [DE] 530	Stichprobenprüfungen	26.3.2020
ISA [DE] 540 (Revised)	Prüfung geschätzter Werte in der Rechnungslegung und damit zusammenhängender Abschlussangaben	14.10.2020
ISA [DE] 550	Nahe stehende Personen	26.3.2020
ISA [DE] 560	Nachträgliche Ereignisse	26.3.2020
ISA [DE] 580	Schriftliche Erklärungen	26.3.2020
ISA [DE] 600	Besondere Überlegungen zu Konzernabschlussprüfungen (einschließlich der Tätigkeit von Teilbereichsprüfern)	26.3.2020

ISA [DE] 610 (Revised 2013)	Nutzung der Tätigkeit interner Revisoren	26.3.2020
ISA [DE] 620	Nutzung der Tätigkeit eines Sachverständigen des Abschlussprüfers	26.3.2020
ISA [DE] 710	Vergleichsinformationen – Vergleichsangaben und Vergleichsabschlüsse	26.3.2020
ISA [DE] 720 (Revised)	Verantwortlichkeiten des Abschlussprüfers im Zusammenhang mit sonstigen Informationen	26.3.2020

B. Für die Prüfung des Abschlusses relevante IDW PS

		letzte Änderung
IDW PS 201	Rechnungslegungs- und Prüfungsgrundsätze für die Abschlussprüfung	5.3.2015
IDW PS 208	Zur Durchführung von Gemeinschaftsprüfungen (Joint Audit)	24.11.2010
IDW PS 270 n.F.	Die Beurteilung der Fortführung der Unternehmenstätigkeit im Rahmen der Abschlussprüfung	11.7.2018
IDW PS 340 n.F.	Die Prüfung des Risikofrüherkennungssystems	27.5.2020
IDW PS 345	Auswirkungen des Deutschen Corporate Governance Kodex auf die Abschlussprüfung	10.7.2017
IDW PS 400 n.F.	Bildung eines Prüfungsurteils und Erteilung eines Bestätigungsvermerks	30.11.2017
IDW PS 401	Mitteilung besonders wichtiger Prüfungssachverhalte im Bestätigungsvermerk	30.11.2017
IDW PS 405	Modifizierungen des Prüfungsurteils im Bestätigungsvermerk	30.11.2017
IDW PS 406	Hinweise im Bestätigungsvermerk	30.11.2017
IDW PS 450 n.F.	Grundsätze ordnungsmäßiger Erstellung von Prüfungsberichten	15.9.2017
IDW PS 470 n.F.	Grundsätze für die Kommunikation mit den für die Überwachung Verantwortlichen	10.10.2017
IDW PS 475	Mitteilung von Mängeln im internen Kontrollsystem an die für die Überwachung Verantwortlichen und das Management	26.3.2020

C. Für die Prüfung des Lageberichts relevante IDW PS

		letzte Änderung
IDW PS 350 n.F.	Prüfung des Lageberichts im Rahmen der Abschlussprüfung	12.12.2017

2.4.3 Ausschlussgründe[1] für die Mitwirkung bei Abschlussprüfungen

Alle Abschlussprüfer (§ 319 HGB)[2, 3, 4]	– Widerlegbare Ausschlussgründe
	– Besorgnis der Befangenheit (i.V.m. § 49 WPO)
	– Unwiderlegbare Ausschlussgründe
	– Anteilsbesitz oder wesentliche finanzielle Interessen an der Gesellschaft oder an mit ihr verbundenen oder mit mehr als 20 % beteiligten Unternehmen
	– Organtätigkeit oder Arbeitsverhältnis bei der zu prüfenden Gesellschaft oder bei mit ihr verbundenen oder mit mehr als 20 % beteiligten Unternehmen
	– Mitwirkung an Buchführung, Abschlusserstellung oder Interner Revision
	– Erbringung von wesentlichen Unternehmensleitungs-, Finanzdienst- oder Bewertungsleistungen, auch durch Unternehmen, bei denen der Wirtschaftsprüfer Organ, Arbeitnehmer oder Gesellschafter (mehr als 20 % der Stimmrechte) ist
	– Einnahmen aus der Betreuung des jeweiligen Mandanten (oder von Unternehmen, an denen dieser zu mehr als 20 % beteiligt ist) betragen in den letzten fünf Jahren und erwartungsgemäß im Geschäftsjahr mehr als 30 % der Gesamteinnahmen
	– Verwirklichung der genannten Ausschlusstatbestände durch Ehegatten oder Lebenspartner oder durch bei der jeweiligen Prüfung beschäftigte Personen
	– Verwirklichung der Ausschlusstatbestände durch Angehörige von Prüfungsgesellschaften, die Einfluss auf das Prüfungsergebnis haben können

---

[1] Die deutschen gesetzlichen Vorschriften zur Beurteilung der Unabhängigkeit des Abschlussprüfers weichen nach Umsetzung der VO EU 537/2014 und der RL 2014//56/EU innerhalb des Rechtsrahmens des EU-Rechts nur graduell durch unterschiedliche Ausnutzung von Mitgliederstaatenwahlrechten ab. Bei einem Vergleich der Regeln zur Beurteilung der Unabhängigkeit zwischen EU-Recht und des Sarbanes-Oxley-Act (USA) ist festzustellen, dass sich diese weitgehend angeglichen haben. Geringfügige Unterschiede gibt es im Bereich der zeitlichen Vorgaben bei der Prüferrotation und der *Abkühlphase beim Wechsel zum Prüfungsmandanten.*

[2] Ausschlussgründe gelten in zeitlicher Hinsicht für das zu prüfende Geschäftsjahr und während der Zeit der Abschlussprüfung, vgl. § 319 Abs.2 HGB.

[3] Europäisches Parlament fordert Pflichtrotation für alle Prüfer nach sieben Jahren, Beschluss vom 27.3.2019.

[4] IDW Positionspapier: EU-Regulierung der Abschlussprüfung vom 30.6.2021

Abschlussprüfer bei Unternehmen von öffentlichem Interesse[1,2] (PIE = Public Interest Entity)	Kapitalmarktorientierte Unternehmen i.S.d. §264d HGB, CRR-Kreditinstitute i.S.d. §1 Abs.3d Satz 1 KWG ohne Bundesbank und KfW (ohne Sparkassen, Genossenschaftsbanken), Versicherungsunternehmen i.S.d. Art.2 Abs.1 RL 91/674/EWG
Verbotene Nichtprüfungs-leistungen[3]	(1) Steuerberatungsleistungen i.Z.m. Erstellen von Steuer-erklärungen, Begleitung von Steuerprüfungen, Berechnung von direkten, indirekten oder latenten Steuern, sonstige Steuerberatungsleistungen (2) Finanzbuchhaltung sowie Erstellen von Unterlagen der Rechnungslegung und Abschlüssen (3) Lohn- und Gehaltsabrechnung (4) Gestaltung und Umsetzung interner Kontroll- und Risikomanagementverfahren (5) Bewertungsleistungen (6) bestimmte Rechtsberatungsleistungen (7) Leistungen in Bezug auf die interne Revision
Beschränkung der Nichtprüfungs-leistungen[4]	(1) maximal 70% des durchschnittlichen Prüfungshonorars der letzten 3 Jahre[5] (2) Einbezug aller Unternehmen der Unternehmensgruppe (3) Voraussetzung stets Billigung nach gebührender Beurteilung der Gefährdung der Unabhängigkeit durch Prüfungsausschuss (4) zeitlich ab Beginn des geprüften Geschäftsjahres (bzw. der Prüfungshandlungen) bis zur Erteilung des Bestätigungsvermerks
Externe Rotation[6]	(1) Pflichtrotation: 10 Jahre[7] (2) Übergangsfrist: Bei genutzter Verlängerungsoption i.S.d. § 318 Abs.1a HGB bis zum 30. Juni 2021 muss ein Wechsel erst für das Geschäftsjahr 2024 stattfinden. (3) Verlängerungsmöglichkeit: Keine.

---

[1] Verordnung (EU) Nr.537/2014 vom 16.4.2014 über spezifische Anforderungen an die Abschlussprüfer bei Unternehmen von öffentlichem Interesse i.S.d. § 316a HGB.

[2] Richtlinie 2014/56/EU vom 16.4.2014 zur Änderung der Richtlinie 2006/43/EG über Abschlussprüfungen von Jahresabschlüssen und konsolidierten Abschlüssen, umge-setzt mit AReG vom 10.5.2016.

[3] Vollständige Aufzählung in Art.5 Verordnung (EU) Nr. 537/2014.

[4] Mit Inkrafttreten des Finanzmarktintegritätsstärkungsgesetzes zum 1.7.2021 wird § 319a aufgehoben. Der Katalog an verbotenen Nichtprüfungsleistungen gemäß Artikel 5 Abs. 1 Unterabsatz 2 Verordnung (EU) Nr. 537/2014 ist uneingeschränkt anwendbar.

[5] Auf Antrag für höchstens ein Geschäftsjahr 140 %, § 319a Abs. 1a HGB. § 319a HGB in der bis einschließlich 30.6.2021 geltenden Fassung ist letztmals anzuwenden auf alle gesetzlich vorgeschriebenen Abschlussprüfungen für das vor dem 1.1.2022 be-ginnende Geschäftsjahr.

[6] Art. 17 Verordnung (EU) Nr.537/2014 vom 16.4.2014, § 318 Abs. 1a HGB.

[7] Mit Inkrafttreten des Finanzmarktintegritätsstärkungsgesetzes (FISG) zum 1.7.2021. Vgl. IDW Positionspapier: EU-Regulierung der Abschlussprüfung vom 30.6.2021.

Interne Rotation	(1) Nach 5 Jahren[1] (2) Einrichtung eines angemessenen graduellen Rotationssystems, zumindest für Wirtschaftsprüfer
Abschluss-prüfer bei **Angehörig-keit zu einem Netzwerk** (§ 319b HGB)	**Netzwerkdefinition**[2] Netzwerk liegt vor, wenn Personen bei ihrer Berufsausübung zur Verfolgung gemeinsamer wirtschaftlicher Interessen für eine gewisse Dauer zusammenwirken **Widerlegbare Ausschlussgründe**[3] – Besorgnis der Befangenheit, § 319 Abs. 2 HGB, § 49 WPO[4] – Halten von Anteilen oder nicht nur unwesentliche finanzielle Interessen an der Gesellschaft oder mit ihr verbundenen Unternehmen oder Besitz von mehr als 20% der Anteile, § 319 Abs. 3 Satz 1 Nr. 1 HGB – Organtätigkeit oder Arbeitsverhältnis bei der zu prüfenden Gesellschaft oder des mit ihr verbundenen Unternehmens oder Besitz von mehr als 20% der Anteile, § 319 Abs. 3 Satz 1 Nr. 2 HGB – Verwirklichung der Tatbestände durch Mitwirkung von abhängig beschäftigten Personen, den Ehegatten oder den Lebenspartner bei der Prüfung, § 319 Abs. 3 Satz 1 Nr. 4, Satz 2 HGB **Unwiderlegbare Ausschlussgründe** – Führung der Bücher, Aufstellung des Jahresabschlusses, Durchführung der internen Revision in verantwortlicher Position, Erbringung von Unternehmensleitungs- und Finanzdienstleistungen, Erbringung von Bewertungsleistungen, sofern Tätigkeiten nicht von untergeordneter Bedeutung sind, § 319 Abs. 3 Satz 1 Nr. 3 HGB – Erbringen von Steuerberatungsleistungen i.S. der EUVO 537/2014[5] (Erstellung von Steuererklärungen, Ermittlung von staatlichen Beihilfen, Begleitung von Steuerprüfungen, Berechnung der direkten, indirekten oder latenten Steuern, Erbringung von Steuerberatungsleistungen), sofern unmittelbare und nicht unwesentliche Auswirkungen auf den zu prüfenden Jahresabschluss, § 319a Abs. 1 Satz 1 Nr. 2 HGB – Erbringung von Bewertungsleistungen einschließlich der Versicherungsmathematik sowie Unterstützung bei Rechtsstreitigkeiten, § 319a Abs. 1 Satz 1 Nr. 3 HGB[6]

---

[1] Mit Inkrafttreten des Finanzmarktintegritätsstärkungsgesetzes (FISG) zum 1.7.2021 reduziert sich die Dauer von 7 auf 5 Jahre.

[2] Zur Abgrenzung: Vgl. auch WP-Handbuch 2019, S. 52 Tz. 157–161 sowie Beck'scher Bilanzkommentar, 12. Aufl., § 319b Tz. 6–11. Praxishinweise WPK: Mitgliedschaft in einem Netzwerk vom 24. 7. 2018.

[3] (Schriftliche) Dokumentation der Widerlegbarkeit ist zwingende Voraussetzung, vgl. § 51b Abs. 5 WPO, §§ 28–32 BS WP/vBP, nach der der Wirtschaftsprüfer in der Prüfungsakte die Abschlussprüfung i.S. des § 316 HGB, auch zur Überprüfung seiner Unabhängigkeit i.S. des § 319 Abs. 2 bis 5 und des § 319a HGB ergriffenen Maßnahmen, seine Unabhängigkeit gefährdenden Umstände und ergriffenen Maßnahmen schriftlich zu dokumentieren hat.

[4] *Vgl. auch Hense/Ulrich*, WPO-Kommentar 2018, 3. Aufl., § 49 Tz. 17–49.

[5] Darstellung, Erläuterung und deren Auswirkungen auf den zu prüfenden Abschluss im Prüfungsbericht, § 319a Abs. 1 Satz 1 letzter Halbsatz HGB.

[6] Mit Inkrafttreten des Finanzmarktintegritätsstärkungsgesetzes (FISG) zum 1.7.2021 wird § 319a HGB aufgehoben. § 319a HGB in der bis einschließlich 30.6.2021 geltenden Fassung ist letztmals anzuwenden auf alle gesetzlich vorgeschriebenen Abschlussprüfungen für das vor dem 1.1.2022 beginnende Geschäftsjahr.

2.4.4 Prüfungsplanung

Die Prüfungsplanung ist zur wirksamen, zeitgerechten und wirtschaftlichen Durchführung erforderlich.
Sie umfasst neben der sachlichen und personellen Planung das Projektmanagement und der Planung selbst als prüfungsbegleitenden Prozess auch die Vorbereitung der Abschlussprüfung durch das zu prüfende Unternehmen. Die Planung selbst ist zwingend als Teil des gesamten Prüfungsprozesses angemessen, etwa in einem Planungsmemorandum, zu dokumentieren. Art und Umfang[1] werden bestimmt durch
- Größe und Komplexität des Prüfungsobjekts,
- Schwierigkeitsgrad der Prüfung,
- Erfahrungen mit dem Prüfungsobjekt und insbesondere dessen rechnungslegungsbezogenen IKS sowie
- Kenntnisse über die Geschäftätigkeit sowie das wirtschaftliche und rechtliche Umfeld des Prüfungsobjekts.

Form und Ausgestaltung sind von den beim Abschlussprüfer implementierten Prozessen (einfacher Aktenvermerk oder strukturiert mithilfe von elektronischer IT-Prüfungs- und Dokumentationssoftware) abhängig.

2.4.4.1 Sachliche Prüfungsplanung

Die sachliche Prüfungsplanung[2] einer Abschlussprüfung vollzieht sich in den Prüfungsschritten

Informations-beschaffung	– Geschäftätigkeit – rechtliches und wirtschaftliches Umfeld
Beurteilung der Annahme der Fortführung der Unternehmenstätigkeit	Grundsätzlich bejahend, wenn – nachhaltige Gewinne in der Vergangenheit – leicht auf finanzielle Mittel zurückgreifbar – keine bilanzielle Überschuldung – weder die Pflicht noch die Absicht zur Aufgabe der Unternehmenstätigkeit Falls nicht bejahend – eingehende Untersuchungen der gesetzlichen Vertreter anhand detaillierter Planungsunterlagen, insbesondere eines Finanzplans – Einschätzung der gesetzlichen Vertreter sind zu beurteilen – neuere Erkenntnisse nach dem Abschlussstichtag berücksichtigen

---

[1] WP-Handbuch 2020, S. 1629 und IDW PS 240.
[2] WP-Handbuch 2020, S. 1631 ff. und IDW PS 240.

Entwicklung einer Prüfungsstrategie[1]	– Einschätzung des Prüfungsrisikos – Festlegung von Wesentlichkeitsgrenzen durch Anwendung eines geeigneten Prozentsatzes – Berücksichtigung von Plausibilitätsbeurteilungen
Planung von Art und Umfang der Prüfungshandlungen	– Erlangung von ausreichenden und angemessenen Prüfungsnachweisen unter Beachtung der Wirtschaftlichkeit – Prüfung des IKS (Aufbau- und Funktionsprüfung) – aussagebezogene Prüfungshandlungen (analytische Prüfungshandlungen, Einzelfallprüfungen) – Auswahlverfahren (bewusste Auswahl, Zufallsauswahl, statistische Schätzverfahren, statistische Testverfahren)
Besonderheiten beim IT-Einsatz durch das Prüfungsobjekt	Erlangung eines Verständnisses über die Verwendung von IT beim Prüfungsobjekt im Bereich – IT-Strategie, allgemeines IT-Umfeld und Beschreibung der IT-Organisation – IT-Anwendungen – Risikoindikatoren (Komplexität des IT-Umfelds, Verwendung von Cloud Computing, Erfahrung der Mitarbeiter und Qualität der internen Kontrollen)

2.4.4.2 Informationsbeschaffung

A. Umfang und Inhalt[2]

Relevante branchenbezogene, rechtliche und andere Faktoren	– Branchengegebenheiten wie Wettbewerbsumfeld, Lieferanten- und Kundenbeziehungen, technologische Entwicklungen – Markt- und Wettbewerbssituation – Produkttechnologie und Energiekosten – Umweltauflagen, Besteuerung etc.
Merkmale des Unternehmens	– Geschäftstätigkeit – Eigentümer-, Führungs- und Überwachungsstruktur – lfd./geplante Investitionen sowie Beteiligungen – Art der Organisation und Finanzierung des Unternehmens
Angewendete Rechnungslegungsgrundsätze einschließlich der Gründe für vorgenommene Änderungen	– Rechnungslegungsstandards sowie Bestimmungen, die neu sind, einschließlich der Frage deren Erstanwendung durch das Unternehmen – kritische Rechnungslegungsgrundsätze, einschließlich der Methoden zur Umsatzrealisierung sowie der Bedingungen und Konditionen der zugehörigen Umsatzströme

---

[1] Zum Einsatz von Datenanalysen in der digitalisierten Wirtschaft vgl.: *Odenthal,* Big Data und Abschlussprüfung, WPg 2017, S. 546–554, *Kreher/Gundel,* Digitalisierung im Rechnungswesen – Eine aktuelle Bestandsaufnahme, WPg 2020, S. 677–684.
[2] WP-Handbuch 2020, S. 1631.

Ziele und Strategien sowie die damit verbundenen Geschäftsrisiken	– Entwicklungen innerhalb der Branche – neue Produkte/Dienstleistungen (erhöhte Produkthaftung?) – Ausweitung der Geschäftstätigkeit (unzutreffende Einschätzung der Nachfrage?) – neue Rechnungslegungsvorschriften (fehlerhafte Anwendung?) – Einsatz von IT (Inkompatibilitäten zwischen Systemen und Prozessen?)
Messung und Überwachung des wirtschaftlichen Erfolgs	– besonders wichtige leistungsbezogenen Schlüsselgrößen und Kennzahlen – Analysen im Periodenvergleich – Budgets, Prognosen, Abweichungsanalysen, Segment- und Geschäftsbereichsinformationen – Leistungsberichte nach Geschäftsbereichen, Abteilungen – Leistungskennzahlen für Mitarbeiter und Regelungen zur leistungsbezogenen Vergütung – Vergleiche des Erfolgs mit den von Wettbewerbern

B. Informationsquellen[1]

Unternehmensquellen	
Intern	**Extern**
– Geschäftsberichte – Vorstands- und Aufsichtsratprotokolle – Planungsrechnungen – Datenbanken – Berichte der Innenrevision – Betriebsbesichtigungen – Bilanzierungsrichtlinie, Übersicht über das IKS – Gespräche mit Geschäftsführung, Rechts- und Complianceabteilung, *Innenrevision*	– Prüfungsbericht des Vorjahres – Dauerakte – Arbeitspapiere des Vorjahres – Internet- und Datenbankrecherche – Beiträge in Fach- und Wirtschaftszeitschriften – Gespräche mit externen Fachleuten

---

[1] WP-Handbuch 2020, S. 1631.

2.4.4.3 Prüfungsrisiko[1]

A. Bestandteile

Fehlerrisiko	Inhärentes Fehlerrisiko	Gewollte und ungewollte signifikante Fehlaussagen
	Kontrollrisiko	Wesentliche Unrichtigkeiten oder Verstöße bei Geschäftsvorfällen oder Beständen, die nicht durch das IKS verhindert oder entdeckt wurden
Entdeckungsrisiko		Wesentliche Unrichtigkeiten oder Verstöße, die durch Prüfungshandlungen nicht aufgedeckt wurden

B. Risikofaktoren[2]

- Branchenzugehörigkeit des Unternehmens
- Unternehmensgröße, Grad der Diversifikation, Grad der Internationalisierung
- Allgemeine Finanz- und Liquiditätslage des Unternehmens
- Größere Restrukturierungen
- Einstellung des Managements zur Rechnungslegung
- Veränderungen im Management und Aufsichtsrat usw.

2.4.5 Prüfungsdurchführung[3]

Prüffelder – ausgewählte Teilbereiche der Funktionsprüfung	Beschaffung/Einkauf – Produktions- und Lagermanagement – Personalmanagement – Beteiligungsmanagement – Finanzmanagement – Investitions- und Instandhaltung – Rechnungswesen/Jahresabschlusserstellung – IT (IT-Umfeld, IT-Organisation, IT-Infrastruktur, IT-Anwendungen, IT-gestützte Geschäftsprozesse) – Verkauf
Aussagebezogene Prüfungshandlungen	Analytische Prüfungshandlungen – Prognosen, Plausibilität, Trend- und Kennzahlenanalysen, Einzelfallprüfungen – ausgewählte, einzelne Posten der Bilanz sowie Gewinn- und Verlustrechnung – lückenlose Prüfung auf Vollständigkeit der einzelnen Pflichtangaben des Anhangs, §§ 284, 285, 313, 314 HGB und weitere Vorschriften

---

[1] WP-Handbuch 2020, S. 1637 ff.
[2] WP-Handbuch 2020, S. 1638 ff.
[3] WP-Handbuch 2020, S. 1803 ff.

Besonderheiten von geschätzten Werten in der Rechnungslegung inklusive Zeitwerten	– Prüfungshandlungen zur Beurteilung von Fehlerrisiken im Zusammenhang mit geschätzten Werten – Prüfungshandlungen als Reaktion auf beurteilte Fehlerrisiken im Zusammenhang mit geschätzten Werten
Prüfung des Lageberichts	– Einklang mit dem Abschluss und Vermittlung eines zutreffenden Bildes von der Lage und den bei der Prüfung gewonnenen Erkenntnissen – Prüfung der diversen Einzelangaben nach §§ 289, 315 HGB
Abschließende Prüfungshandlungen	– Neueinschätzung der Wesentlichkeit – Aktualisierung der Risikoeinschätzung – abschließende Durchsicht der relevanten Unterlagen – abschließende Beurteilung der Auswirkung von festgestellten falschen Angaben – Einholung der Vollständigkeitserklärung – Ereignisse nach dem Abschlussstichtag – Ereignisse nach Erteilung des Bestätigungsvermerks

2.4.6   Prüfungsergebnis

2.4.6.1   Prüfungsbericht[1]

Im Prüfungsbericht ist über das Ergebnis der Prüfung unparteiisch, vollständig, wahrheitsgetreu und mit gebotener Klarheit zu berichten (Grundsätze ordnungsmäßiger Berichterstattung). Wesentliche Ergebnisse der Prüfung sind verständlich, eindeutig und problemorientiert darzustellen und zu begründen.

Durch die Befolgung der Grundsätze ordnungsmäßiger Berichterstattung erfüllt der Prüfungsbericht seine Informationsfunktion gegenüber den Berichtsadressaten, die auf diese Weise in geeigneter Form über das Ergebnis der Prüfung unterrichtet werden.

Die Gliederung des Prüfungsberichts hat den gesetzlichen Vorgaben (§ 321 HGB) sowie den berufsständischen Verlautbarungen (IDW PS 450 n. F.[2]) und hier insbesondere dem Grundsatz der Klarheit zu folgen, so dass der Prüfungsbericht in folgende Berichtsabschnitte gegliedert werden sollte[3]:

---

[1] § 321 HGB n. F. i. d. F. des AREG: Änderungen eher redaktioneller Art; neu: Vorlage des Prüfungsberichts an einen (ggf.) eingerichteten Prüfungsausschuss; anzuwenden für Abschlüsse, deren Geschäftsjahre nach dem 16. 6. 2016 beginnen.

[2] I. d. F. vom 15. 9. 2017.

[3] Vgl. WP-Handbuch 2020, S. 2051, Tz. 166.

Gliederung des Prüfungsberichts

Prüfungsbericht zur Konzernabschlussprüfung

Oben genannte Grundsätze gelten für den Prüfungsbericht zur Konzernabschlussprüfung sinngemäß. Über die Konzernabschlussprüfung ist grundsätzlich unabhängig von der Berichterstattung über die Prüfung des Jahresabschlusses des Mutterunternehmens gesondert zu berichten. Bei Zusammenfassung des Anhangs und/oder Lageberichts des Mutterunternehmens und des Konzerns (§§ 298 Abs. 3, 315 Abs. 3 HGB) ist auch eine Zusammenfassung der Prüfungsberichte und der Bestätigungsvermerke zulässig.

2.4.6.2 Bestätigungsvermerk[1, 2, 3]

Der Bestätigungsvermerk fasst das Gesamturteil des Prüfers über die Prüfung des Jahres- bzw. Konzernabschlusses sowie über die Prüfung des Lageberichts zusammen. Beurteilt wird die Übereinstimmung der Buchführung, des Jahresabschlusses und des Lageberichts mit den gesetzlichen Vorschriften und den Regelungen im Gesellschaftsvertrag bzw. der Satzung. Darüber hinaus trifft der Bestätigungsvermerk eine Aussage über die zutreffende Darstellung der Vermögens-, Finanz- und Ertragslage sowie der Chancen und Risiken der zukünftigen Entwicklung der Gesellschaft.

Form und Inhalt des Bestätigungsvermerks sind so zu gestalten, dass er einheitlich verstanden werden kann und außergewöhnliche Umstände deutlich werden.

Während es sich beim bisherigen Bestätigungsvermerk (§ 322 HGB a.F.) um ein formelhaftes Testat handelte, sieht der Bestätigungsvermerk[4] ab 2019 anders aus. Er erhält eine neue Struktur, in der das Prüfungsurteil prominent am Anfang steht. Erst danach folgen die Grundlage für das Prüfungsurteil, ein Abschnitt über die sonstigen Informationen und eine Klarstellung der Pflichtenlage der gesetzlichen Vertreter und gegebenenfalls des Aufsichtsrats sowie des Abschlussprüfers. Für Unternehmen von öffentlichem Interesse (PIEs) ergeben sich noch weitere inhaltliche Änderungen. Hier sind vom Abschlussprüfer vor allem Angaben zu besonders wichtigen Prüfungssachverhalten, den Key Audit Matters (KAM) und zu ihrer Unabhängigkeit zu machen. Dazu ist ein Rahmenkonzept erarbeitet worden.[5]

---

[1] § 322 HGB n.F. i.d.F. des AREG: Inhaltlich neu: Anwendung der internationalen Prüfungsstandards, die von der Europäischen Kommission im Verfahren nach Artikel 26 Absatz 3 RL 2006/43/EG angenommen worden sind. Es bleibt abzuwarten, wann das erfolgen wird. Somit besteht derzeit keine Pflicht zur Anwendung.

[2] Anzuwenden nur bei Unternehmen, die nicht von öffentlichem Interesse i.S.d. VO (EU) Nr.53/7/2014 sind (NON-PIE).

[3] Vgl. *Schüttler*, Rechtsfolgen eines unvollständigen Bestätigungsvermerks – Die Krux mit den Textbausteinen, DB 2020, S. 1415–1416.

[4] IDW PS 400 n.F. vom 30.11. 2017.

[5] Für die folgenden IDW Prüfungsstandards gibt es neue Entwürfe. Siehe hierzu die Auflistung unter Kapitel 2.4.2.2.

IDW PS 400 n.F. (uneingeschränkter) Bestätigungsvermerk – Rahmenkonzept und Grundlagen

IDW PS 405	Modifizierungen des Prüfungsurteils[1]
IDW PS 270 n.F.	Fortführung der Unternehmenstätigkeit[2]
IDW PS 401	Besonders wichtige Prüfungssachverhalte[3]
IDW PS 406	Hinweise[4]

Der Bestätigungsvermerk hat ab 2019 folgende Struktur.

| Vermerk über die Prüfung des Jahresabschlusses und des Lageberichts | – Prüfungsurteile
– Grundlage für die Prüfungsurteile
– Wesentliche Unsicherheit im Zusammenhang mit der Fortführung der Unternehmenstätigkeit
– Besonders wichtige Prüfungssachverhalte vor der Prüfung des Abschlusses
– Sonstige Informationen[5]
– Verantwortung der gesetzlichen Vertreter und des Aufsichtsrats für den Abschluss und Lagebericht
– Verantwortung des Abschlussprüfers für die Prüfung des Abschlusses und Lageberichts
– Ort der Beschreibung der Verantwortung des Abschlussprüfers für die Prüfung des Abschlusses und Lageberichts |

Nachstehend wiedergegeben ist die „Grundform" eines uneingeschränkten Bestätigungsvermerks.[6]

---

[1] Modifizierungen können sein: eingeschränktes Prüfungsurteil, versagtes Prüfungsurteil, Erklärung der Nichtabgabe eines Prüfungsurteils.
[2] Es gilt PS 270 n.F. vom 11.7.2018.
[3] Solche Sachverhalte, die „nach pflichtgemäßem Ermessen des Abschlussprüfers die am bedeutsamsten in der Prüfung des Abschlusses für den aktuellen Berichtszeitraum waren", *IDW PS 401*, Tz.9.
[4] Hinweis a) zur Hervorhebung eines Sachverhalts, b) auf einen sonstigen Sachverhalt, c) zur Nachtragsprüfung, d) zur Kommunikation mit dem für die Überwachung Verantwortlichen.
[5] Berichterstattung in Übereinstimmung mit IDW PS 202 i.V.m. IDW PS 406.
[6] IDW PS 400 n.F. Anlage Nr.1.1 vom 30.11. 2017.

BESTÄTIGUNGSVERMERK DES UNABHÄNGIGEN ABSCHLUSSPRÜFERS

An die ... [Gesellschaft]
VERMERK ÜBER DIE PRÜFUNG DES JAHRESABSCHLUSSES UND DES LA-
GEBERICHTS

Prüfungsurteile

Wir haben den Jahresabschluss der ... [Gesellschaft] – bestehend aus der Bilanz
zum ... [Datum] und der Gewinn- und Verlustrechnung für das Geschäftsjahr vom
... [Datum] bis zum ... [Datum] sowie dem Anhang, einschließlich der Darstellung
der Bilanzierungs- und Bewertungsmethoden – geprüft. Darüber hinaus haben
wir den Lagebericht der ... [Gesellschaft] für das Geschäftsjahr vom ... [Datum]
bis zum ... [Datum] geprüft. Die Erklärung zur Unternehmensführung nach § 289 f
Abs. 4 HGB (Angaben zur Frauenquote) haben wir in Einklang mit den deutschen
gesetzlichen Vorschriften nicht inhaltlich geprüft.
Nach unserer Beurteilung aufgrund der bei der Prüfung gewonnenen Erkenntnisse
– entspricht der beigefügte Jahresabschluss in allen wesentlichen Belangen den
  deutschen, für Kapitalgesellschaften geltenden handelsrechtlichen Vorschriften und vermittelt unter Beachtung der deutschen Grundsätze ordnungsmäßiger Buchführung ein den tatsächlichen Verhältnissen entsprechendes Bild der
  Vermögens- und Finanzlage der Gesellschaft zum ... [Datum] sowie ihrer Ertragslage für das Geschäftsjahr vom ... [Datum] bis zum ... [Datum] und
– vermittelt der beigefügte Lagebericht insgesamt ein zutreffendes Bild von der
  Lage der Gesellschaft. In allen wesentlichen Belangen steht dieser Lagebericht in Einklang mit dem Jahresabschluss, entspricht den deutschen gesetzlichen Vorschriften und stellt die Chancen und Risiken der zukünftigen Entwicklung zutreffend dar. Unser Prüfungsurteil zum Lagebericht erstreckt sich
  nicht auf den Inhalt der oben genannten Erklärung zur Unternehmensführung.

Gemäß § 322 Abs. 3 Satz 1 HGB erklären wir, dass unsere Prüfung zu keinen
Einwendungen gegen die Ordnungsmäßigkeit des Jahresabschlusses und des
Lageberichts geführt hat.

Grundlage für die Prüfungsurteile

Wir haben unsere Prüfung des Jahresabschlusses und des Lageberichts in
Übereinstimmung mit § 317 HGB unter Beachtung der vom Institut der Wirtschaftsprüfer (IDW) festgestellten deutschen Grundsätze ordnungsmäßiger Abschlussprüfung durchgeführt. Unsere Verantwortung nach diesen Vorschriften
und Grundsätzen ist im Abschnitt „Verantwortung des Abschlussprüfers für die
Prüfung des Jahresabschlusses und des Lageberichts" unseres Bestätigungsvermerks weitergehend beschrieben. Wir sind von dem Unternehmen unabhängig in Übereinstimmung mit den deutschen handelsrechtlichen und berufsrecht-
lichen Vorschriften und haben unsere sonstigen deutschen Berufspflichten in
Übereinstimmung mit diesen Anforderungen erfüllt. Wir sind der Auffassung, dass
die von uns erlangten Prüfungsnachweise ausreichend und geeignet sind, um als
Grundlage für unsere Prüfungsurteile zum Jahresabschluss und zum Lagebericht zu dienen.

Sonstige Informationen

[Formulierung in Übereinstimmung mit ISA [DE] 720 (Revised)[1]] [2]

Die gesetzlichen Vertreter sind für die sonstigen Informationen verantwortlich. Die sonstigen Informationen umfassen die Erklärung zur Unternehmensführung nach § 289f Abs. 4 HGB (Angaben zur Frauenquote).

Unsere Prüfungsurteile zum Jahresabschluss und zum Lagebericht erstrecken sich nicht auf die sonstigen Informationen, und dementsprechend geben wir weder ein Prüfungsurteil noch irgendeine andere Form von Prüfungsschlussfolgerung hierzu ab.

Im Zusammenhang mit unserer Prüfung haben wir die Verantwortung, die oben genannten sonstigen Informationen zu lesen und dabei zu würdigen, ob die sonstigen Informationen

– wesentliche Unstimmigkeiten zum Jahresabschluss, zu den inhaltlich geprüften Lageberichtsangaben oder zu unseren bei der Prüfung erlangten Kenntnissen aufweisen oder

– anderweitig wesentlich falsch dargestellt erscheinen.

[Der nachfolgende Absatz ist nur einschlägig, wenn der Abschlussprüfer von der Verschwiegenheitspflicht entbunden worden ist:] Falls wir auf Grundlage der von uns durchgeführten Arbeiten den Schluss ziehen, dass eine wesentliche falsche Darstellung dieser sonstigen Informationen vorliegt, sind wir verpflichtet, über diese Tatsache zu berichten. Wir haben in diesem Zusammenhang nichts zu berichten.

Verantwortung der gesetzlichen Vertreter und des Aufsichtsrats für den Jahresabschluss und den Lagebericht

Die gesetzlichen Vertreter sind verantwortlich für die Aufstellung des Jahresabschlusses, der den, für Kapitalgesellschaften geltenden handelsrechtlichen Vorschriften in allen wesentlichen Belangen entspricht, und dafür, dass der Jahresabschluss unter Beachtung der deutschen Grundsätze ordnungsmäßiger Buchführung ein den tatsächlichen Verhältnissen entsprechendes Bild der Vermögens-, Finanz- und Ertragslage der Gesellschaft vermittelt. Ferner sind die gesetzlichen Vertreter verantwortlich für die internen Kontrollen, die sie in Übereinstimmung mit den deutschen Grundsätzen ordnungsmäßiger Buchführung als notwendig bestimmt haben, um die Aufstellung eines Jahresabschlusses zu ermöglichen, der frei von wesentlichen – beabsichtigten oder unbeabsichtigten – falschen Darstellungen ist.

Bei der Aufstellung des Jahresabschlusses sind die gesetzlichen Vertreter dafür verantwortlich, die Fähigkeit der Gesellschaft zur Fortführung der Unternehmenstätigkeit zu beurteilen. Des Weiteren haben sie die Verantwortung, Sachverhalte in Zusammenhang mit der Fortführung der Unternehmenstätigkeit, sofern einschlägig, anzugeben. Darüber hinaus sind sie dafür verantwortlich, auf der Grundlage des Rechnungslegungsgrundsatzes der Fortführung der Unternehmenstätigkeit zu bilanzieren, sofern dem nicht tatsächliche oder rechtliche Gegebenheiten entgegenstehen.

---

[1] International Standard on Auditing [DE] 720 (Revised) – Verantwortlichkeiten des Abschlussprüfers mit sonstigen Informationen, IDW Life 2020, S. 509–528, anwendbar für ab dem 15.12.2021 beginnende Geschäftsjahre.

[2] International Standard on Auditing 720 (Revised) (Entwurf-DE) Anlage D 2, Beispiel 1.

Außerdem sind die gesetzlichen Vertreter verantwortlich für die Aufstellung des Lageberichts, der insgesamt ein zutreffendes Bild von der Lage der Gesellschaft vermittelt sowie in allen wesentlichen Belangen mit dem Jahresabschluss in Einklang steht, den deutschen gesetzlichen Vorschriften entspricht und die Chancen und Risiken der zukünftigen Entwicklung zutreffend darstellt. Ferner sind die gesetzlichen Vertreter verantwortlich für die Vorkehrungen und Maßnahmen (Systeme), die sie als notwendig erachtet haben, um die Aufstellung eines Lageberichts in Übereinstimmung mit den anzuwendenden deutschen gesetzlichen Vorschriften zu ermöglichen, und um ausreichende geeignete Nachweise für die Aussagen im Lagebericht erbringen zu können.

Der Aufsichtsrat ist verantwortlich für die Überwachung des Rechnungslegungsprozesses der Gesellschaft zur Aufstellung des Jahresabschlusses und des Lageberichts.

Verantwortung des Abschlussprüfers für die Prüfung des Jahresabschlusses und des Lageberichts

Unsere Zielsetzung ist, hinreichende Sicherheit darüber zu erlangen, ob der Jahresabschluss als Ganzes frei von wesentlichen – beabsichtigten oder unbeabsichtigten – falschen Darstellungen ist, und ob der Lagebericht insgesamt ein zutreffendes Bild von der Lage der Gesellschaft vermittelt sowie in allen wesentlichen Belangen mit dem Jahresabschluss sowie mit den bei der Prüfung gewonnenen Erkenntnissen in Einklang steht, den deutschen gesetzlichen Vorschriften entspricht und die Chancen und Risiken der zukünftigen Entwicklung zutreffend darstellt, sowie einen Bestätigungsvermerk zu erteilen, der unsere Prüfungsurteile zum Jahresabschluss und zum Lagebericht beinhaltet.

Hinreichende Sicherheit ist ein hohes Maß an Sicherheit, aber keine Garantie dafür, dass eine in Übereinstimmung mit § 317 HGB unter Beachtung der vom Institut der Wirtschaftsprüfer (IDW) festgestellten deutschen Grundsätze ordnungsmäßiger Abschlussprüfung durchgeführte Prüfung eine wesentliche falsche Darstellung stets aufdeckt. Falsche Darstellungen können aus Verstößen oder Unrichtigkeiten resultieren und werden als wesentlich angesehen, wenn vernünftigerweise erwartet werden könnte, dass sie einzeln oder insgesamt die auf der Grundlage dieses Jahresabschlusses und Lageberichts getroffenen wirtschaftlichen Entscheidungen von Adressaten beeinflussen.

Während der Prüfung üben wir pflichtgemäßes Ermessen aus und bewahren eine kritische Grundhaltung. Darüber hinaus

- *identifizieren und beurteilen* wir die Risiken wesentlicher – beabsichtigter oder unbeabsichtigter – falscher Darstellungen im Jahresabschluss und im Lagebericht, planen und führen Prüfungshandlungen als Reaktion auf diese Risiken durch sowie erlangen Prüfungsnachweise, die ausreichend und geeignet sind, um als Grundlage für unsere Prüfungsurteile zu dienen. Das Risiko, dass wesentliche falsche Darstellungen nicht aufgedeckt werden, ist bei Verstößen höher als bei Unrichtigkeiten, da Verstöße betrügerisches Zusammenwirken, Fälschungen, beabsichtigte Unvollständigkeiten, irreführende Darstellungen bzw. das Außerkraftsetzen interner Kontrollen beinhalten können.
- gewinnen wir ein Verständnis von dem für die Prüfung des Jahresabschlusses relevanten internen Kontrollsystem und den für die Prüfung des Lageberichts relevanten Vorkehrungen und Maßnahmen, um Prüfungshandlungen zu pla-

nen, die unter den gegebenen Umständen angemessen sind, jedoch nicht mit dem Ziel, ein Prüfungsurteil zur Wirksamkeit dieser Systeme der Gesellschaft abzugeben.

– beurteilen wir die Angemessenheit der von den gesetzlichen Vertretern angewandten Rechnungslegungsmethoden sowie die Vertretbarkeit der von den gesetzlichen Vertretern dargestellten geschätzten Werte und damit zusammenhängenden Angaben.

– ziehen wir Schlussfolgerungen über die Angemessenheit des von den gesetzlichen Vertretern angewandten Rechnungslegungsgrundsatzes der Fortführung der Unternehmenstätigkeit sowie, auf der Grundlage der erlangten Prüfungsnachweise, ob eine wesentliche Unsicherheit im Zusammenhang mit Ereignissen oder Gegebenheiten besteht, die bedeutsame Zweifel an der Fähigkeit der Gesellschaft zur Fortführung der Unternehmenstätigkeit aufwerfen können. Falls wir zu dem Schluss kommen, dass eine wesentliche Unsicherheit besteht, sind wir verpflichtet, im Bestätigungsvermerk auf die dazugehörigen Angaben im Jahresabschluss und im Lagebericht aufmerksam zu machen oder, falls diese Angaben unangemessen sind, unser jeweiliges Prüfungsurteil zu modifizieren. Wir ziehen unsere Schlussfolgerungen auf der Grundlage der bis zum Datum unseres Bestätigungsvermerks erlangten Prüfungsnachweise. Zukünftige Ereignisse oder Gegebenheiten können jedoch dazu führen, dass die Gesellschaft ihre Unternehmenstätigkeit nicht mehr fortführen kann.

– beurteilen wir die Gesamtdarstellung, den Aufbau und den Inhalt des Jahresabschlusses einschließlich der Angaben sowie ob der Jahresabschluss die zugrunde liegenden Geschäftsvorfälle und Ereignisse so darstellt, dass der Jahresabschluss unter Beachtung der deutschen Grundsätze ordnungsmäßiger Buchführung ein den tatsächlichen Verhältnissen entsprechendes Bild der Vermögens-, Finanz- und Ertragslage der Gesellschaft vermittelt.

– beurteilen wir den Einklang des Lageberichts mit dem Jahresabschluss, seine Gesetzesentsprechung und das von ihm vermittelte Bild von der Lage des Unternehmens.

– führen wir Prüfungshandlungen zu den von den gesetzlichen Vertretern dargestellten zukunftsorientierten Angaben im Lagebericht durch. Auf Basis ausreichender geeigneter Prüfungsnachweise vollziehen wir dabei insbesondere die den zukunftsorientierten Angaben von den gesetzlichen Vertretern zugrunde gelegten bedeutsamen Annahmen nach und beurteilen die sachgerechte Ableitung der zukunftsorientierten Angaben aus diesen Annahmen. Ein eigenständiges Prüfungsurteil zu den zukunftsorientierten Angaben sowie zu den zugrunde liegenden Annahmen geben wir nicht ab. Es besteht ein erhebliches unvermeidbares Risiko, dass künftige Ereignisse wesentlich von den zukunftsorientierten Angaben abweichen.

Wir erörtern mit den für die Überwachung Verantwortlichen unter anderem den geplanten Umfang und die Zeitplanung der Prüfung sowie bedeutsame Prüfungsfeststellungen, einschließlich etwaiger Mängel im internen Kontrollsystem, die wir während unserer Prüfung feststellen.

[Ort der Niederlassung des Abschlussprüfers]
[Datum]
[Unterschrift]
Wirtschaftsprüfer

Eine vollständige Übersicht über die Empfehlungen des IDW PS 400 n.F./IDW PS 405/IDW PS 406/ISA 720 [DE] (Revised) für die beispielhafte Formulierung von Bestätigungs- bzw. Versagungsvermerken zeigt die nachfolgende Tabelle:[1, 2]

Anlage zu PS xxx /Nr.	Beispiele für Bestätigungsvermerke (unter Annahme dort jeweils unterschiedlich definierter Gegebenheiten)
	Bestätigungsvermerke (ohne Einschränkungen)
400 n.F./1.	Uneingeschränkter Bestätigungsvermerk aufgrund einer gesetzlichen Abschlussprüfung bei einem nach §§242 bis 256a und 264 bis 289f HGB aufgestellten Jahresabschluss und Lagebericht eines Unternehmens, das kein Unternehmen von öffentlichem Interesse i.S.d. §319a Abs. 1 Satz 1 HGB ist 1.1 ohne Auslagerung eines Teils der Beschreibung der Verantwortung des Abschlussprüfers[3] 1.2 mit Auslagerung eines Teils der Beschreibung der Verantwortung des Abschlussprüfers in eine Anlage zum Bestätigungsvermerk 1.3 mit Auslagerung eines Teils der Beschreibung der Verantwortung des Abschlussprüfers auf die IDW Website
400 n.F./2.	Uneingeschränkter Bestätigungsvermerk aufgrund einer gesetzlichen Abschlussprüfung bei einem nach §§242 bis 256a und 264 bis 289f HGB aufgestellten Jahresabschluss und Lagebericht eines Unternehmens von öffentlichem Interesse i.S.d. §319a Abs. 1 Satz 1 HGB
400 n.F./3.	Uneingeschränkter Bestätigungsvermerk aufgrund einer gesetzlichen Abschlussprüfung bei einem nach §§290 bis 315 HGB aufgestellten Konzernabschluss und Konzernlagebericht eines Unternehmens, das kein Unternehmen von öffentlichem Interesse i.S.d. §319a Abs.1 Satz 1 HGB ist
400 n.F./4.	Uneingeschränkter Bestätigungsvermerk aufgrund einer gesetzlichen Abschlussprüfung, die ggf. unter ergänzender Beachtung der ISA *durchgeführt wurde*, bei einem nach §315e HGB aufgestellten Konzernabschluss und Konzernlagebericht eines Unternehmens von öffentlichem Interesse i.S.d. §319a Abs. 1 Satz 1 HGB
400 n.F./5.	Uneingeschränkter Bestätigungsvermerk aufgrund einer freiwilligen Abschlussprüfung bei einem nach HGB aufgestellten Jahresabschluss (ohne Lagebericht) einer Personenhandelsgesellschaft, die kein Unternehmen von öffentlichem Interesse i.S.d. §319a Abs. 1 Satz 1 HGB ist

[1] Vgl. auch branchenbezogene Mustervermerke, S. 217.
[2] Hinweis auf Möglichkeiten zur Auslagerung von Teilen des Bestätigungsvermerks auf die IDW Webseite, vgl. http://www.IDW.de.idw/verlautbarungen/bestaetigungsvermerk.
[3] Vorstehend abgedruckt.

Anlage zu PS xxx /Nr.	Beispiele für Bestätigungsvermerke (unter Annahme dort jeweils unterschiedlich definierter Gegebenheiten)
400 n.F./6.	Uneingeschränkter Bestätigungsvermerk aufgrund einer freiwilligen Abschlussprüfung bei einem nach HGB aufgestellten Jahresabschluss einer Kleinstkapitalgesellschaft
400 n.F./7.	Uneingeschränkter Bestätigungsvermerk aufgrund einer freiwilligen Abschlussprüfung, die unter ergänzender Beachtung der ISA durchgeführt wurde, bei einem nach den IFRS aufgestellten Konzernabschluss (ohne Konzernlagebericht) eines Unternehmens, das kein Unternehmen von öffentlichem Interesse i.S.d. §319a Abs. 1 Satz 1 HGB und nicht kapitalmarktorientiert ("non-listed") i.S.d. ISA ist
400 n.F./8.	Uneingeschränkter Bestätigungsvermerk aufgrund einer freiwilligen Abschlussprüfung, die unter ergänzender Beachtung der ISA durchgeführt wurde, bei einem nach den IFRS aufgestellten Konzernabschluss (ohne Konzernlagebericht) eines Unternehmens, das kein Unternehmen von öffentlichem Interesse i.S.d. §319a Abs. 1 Satz 1 HGB, aber kapitalmarktorientiert ("listed") i.S.d. ISA ist

Modifizierungen des Prüfungsurteils

405/1.	Eingeschränkter Bestätigungsvermerk mit eingeschränktem Prüfungsurteil zum Jahresabschluss aufgrund wesentlicher falscher Darstellungen im Jahresabschluss, ohne Auswirkungen auf die sachgerechte Gesamtdarstellung
405/2.	Eingeschränkter Bestätigungsvermerk mit eingeschränktem Prüfungsurteil zum Jahresabschluss und mit eingeschränktem Prüfungsurteil zum Lagebericht aufgrund wesentlicher falscher Darstellungen im Jahresabschluss mit Auswirkungen auf die sachgerechte Gesamtdarstellung
405/3.	Eingeschränkter Bestätigungsvermerk mit eingeschränktem Prüfungsurteil zum Lagebericht aufgrund wesentlicher falscher Darstellungen im Lagebericht
405/4.	Eingeschränkter Bestätigungsvermerk mit Erklärung der Nichtabgabe eines Prüfungsurteils zum Lagebericht
405/5.	Eingeschränkter Bestätigungsvermerk mit eingeschränktem Prüfungsurteil zum Jahresabschluss und mit eingeschränktem Prüfungsurteil zum Lagebericht aufgrund von Prüfungshemmnissen
405/6.	Versagungsvermerk aufgrund einer gesetzlichen Abschlussprüfung, die ggf. unter ergänzender Beachtung der ISA durchgeführt wurde, im Falle von Einwendungen i.S.v. Tz.7a)
405/7.	Versagungsvermerk aufgrund einer gesetzlichen Abschlussprüfung, die *ggf. unter* ergänzender Beachtung der ISA durchgeführt wurde, im Falle eines Prüfungshemmnisses

Anlage zu PS xxx /Nr.	Beispiele für Bestätigungsvermerke (unter Annahme dort jeweils unterschiedlich definierter Gegebenheiten)

Hinweise

406/1.	Uneingeschränkter Bestätigungsvermerk, der einen Abschnitt „Besonders wichtige Prüfungssachverhalte in der Prüfung des Konzernabschlusses" und einen Hinweis zur Hervorhebung eines Sachverhaltes enthält
406/2.	Bestätigungsvermerk, der ein eingeschränktes Prüfungsurteil zum Jahresabschluss aufgrund einer Abweichung von den maßgeblichen Rechnungslegungsgrundsätzen und einen Hinweis zur Hervorhebung eines Sachverhaltes enthält
406/3.	Uneingeschränkter Bestätigungsvermerk, der einen Hinweis zur Hervorhebung eines Sachverhaltes und einen Hinweis zur Hervorhebung auf einen sonstigen Sachverhalt enthält
406/4.	Uneingeschränkter Bestätigungsvermerk, der einen Hinweis zur Hervorhebung eines sonstigen Sachverhaltes enthält
406/5.	Uneingeschränkter Bestätigungsvermerk aufgrund einer gesetzlichen Nachtragsprüfung gem. § 316 Abs. 3 HGB im Anschluss an eine gesetzliche Abschlussprüfung bei einem nach HGB aufgestellten geänderten Jahresabschluss und geänderten Lagebericht eines Unternehmens, das kein Unternehmen von öffentlichem Interesse i.S.d. § 319a Abs. 1 Satz 1 HGB ist

Sonstige Informationen (ISA [DE] 720 (Revised) Anlage D.2[1]

Beisp. 1	Bestätigungsvermerk einer kapitalmarktorientierten oder nicht kapitalmarktorientierten Einheit mit nicht modifizierten Prüfungsurteilen, wenn der Abschlussprüfer alle sonstigen Informationen vor dem Datum seines Vermerks erlangt hat und keine wesentliche falsche Darstellung der sonstigen Informationen identifiziert hat
Beisp. 2	Bestätigungsvermerk einer kapitalmarktorientierten Einheit mit nicht modifizierten Prüfungsurteilen, wenn der Abschlussprüfer einen Teil der sonstigen Informationen vor dem Datum seines Vermerks erlangt hat, keine wesentliche falsche Darstellung der sonstigen Informationen identifiziert hat und die Erlangung sonstiger Informationen nach dem Datum seines Vermerks erwartet
Beisp. 3	Bestätigungsvermerk einer nicht kapitalmarktorientierten Einheit mit nicht modifizierten Prüfungsurteilen, wenn der Abschlussprüfer einen Teil der sonstigen Informationen vor dem Datum seines Vermerks erlangt hat, keine wesentliche falsche Darstellung der sonstigen Informationen identifiziert hat und die Erlangung sonstiger Informationen nach dem Datum seines Vermerks erwartet

---

[1] International Standard on Auditing 720 [DE] (Revised) Anlage 2 enthält weitere sieben Beispiele (hier nicht wiedergegeben, da nur bei nach internationalen Vorschriften durchgeführten Abschlussprüfungen verwendbar).

Anlage zu PS xxx /Nr.	Beispiele für Bestätigungsvermerke (unter Annahme dort jeweils unterschiedlich definierter Gegebenheiten)
Beisp. 4	Bestätigungsvermerk einer kapitalmarktorientierten oder nicht kapital-marktorientierten Einheit mit nicht modifizierten Prüfungsurteilen, wenn der Abschlussprüfer alle sonstigen Informationen vor dem Datum seines Vermerks erlangt hat und den Schluss gezogen hat, dass eine wesentliche falsche Darstellung der sonstigen Informationen vorliegt
Beisp. 5	Bestätigungsvermerk einer kapitalmarktorientierten oder nicht kapital-marktorientierten Einheit mit eingeschränkten Prüfungsurteilen, wenn der Abschlussprüfer alle sonstigen Informationen vor dem Datum seines Vermerks erlangt hat und ein Prüfungshemmnis in Bezug auf wesentliche Angaben im Konzernabschluss und Konzernlagebericht besteht, das sich auch auf die sonstigen Informationen auswirkt
Beisp. 6	Bestätigungsvermerk einer kapitalmarktorientierten oder nicht kapitalmarkt-orientierten Einheit mit versagten Prüfungsurteilen, wenn der Abschluss-prüfer alle sonstigen Informationen vor dem Datum seines Vermerks erlangt hat und sich die versagten Prüfungsurteile zum Konzernabschluss und Konzernlagebericht auch auf die sonstigen Informationen auswirken
Beisp. 7	Bestätigungsvermerk einer kapitalmarktorientierten Einheit mit nicht modifizierten Prüfungsurteilen, wenn der Abschlussprüfer alle sonstigen Informationen vor dem Datum seines Vermerks erlangt hat und keine wesentliche falsche Darstellung der sonstigen Informationen identifiziert hat

Mustervermerke für Branchen[1]

Assurance	inklusive Abschlussprüfung und Verpackungsgesetz
Investments	
Öffentlicher Sektor	
Energie	
Non-Profit	Vereine und Stiftungen
Krankenhäuser	
Fußball-Unternehmen	

---

[1] IDW Branchen-Fachausschüsse bzw. die IDW-Geschäftsstelle haben Ende 2018/Anfang 2019 weitere Mustervermerke verabschiedet, die im Mitgliederbereich des IDW in der Rubrik „Arbeitshilfen, Mustervermerke" abgerufen werden können.

2.5　Sonderprüfungen

Gesetzlich	Freiwillig
– Gründungsprüfung (§ 33 AktG) – Nachgründungsprüfung (§ 52 AktG) – Prüfung bei Kapitalerhöhung 　mittels Sacheinlage (§§ 183, 194, 205 AktG) – Abwicklung (§ 270 AktG) – Abhängigkeitsbericht (§ 315 AktG) – Umwandlungsprüfung (UmwG) – Depotprüfung (§ 30 KWG) – Prüfung von Maklern und 　Bauträgern (§ 16 MaBV) – Prospektprüfung	– Kreditwürdigkeitsprüfung – Unterschlagungsprüfung – Organisationsprüfung – Preisprüfung – Sanierungsprüfung – Wirtschaftlichkeitsprüfung – Geschäftsführungsprüfung – DSD-Prüfungen

Dargestellt werden im Folgenden nur die häufiger vorkommenden Sonderprüfungen.

2.5.1　Gesetzliche Sonderprüfungen

2.5.1.1　Prüfung in Umwandlungsfällen

Beteiligte Rechtsträger	Verschmelzungs-prüfungspflicht (§ 9 Abs. 1 UmwG)	Rechtsgrundlagen bei Verschmelzung durch Aufnahme	Rechtsgrundlagen bei Verschmelzung durch Neugründung
Personenhandels-gesellschaft (OHG, KG, Kapitalgesellschaft & Co. KG)	Auf Verlangen eines Gesellschafters, falls Gesellschaftsvertrag eine Mehrheitsent-scheidung vorsieht	§§ 44 S. 1 i. V. m. 43 Abs. 2 UmwG	§§ 44 S. 1 i. V. m. 43 Abs. 2, 36 Abs. 1 S. 1 UmwG
PartG	Auf Verlangen eines Partners, falls Part-nerschaftsvertrag eine Mehrheitsent-scheidung vorsieht	§ 45e UmwG	§§ 45 e, 36 Abs. 1 S. 1 UmwG
GmbH	Auf Verlangen eines Gesellschafters	§ 48 S. 1 UmwG	§§ 48 S. 1, 36 Abs. 1 S. 1 UmwG
AG	ja	§ 60 Abs. 1 UmwG	§§ 73 i. V. m. 60 Abs. 1 UmwG
KGaA	ja	§§ 78 S. 1 i. V. m. 60 Abs. 1 UmwG	§§ 78 S. 1 i. V. m. 73, 60 Abs. 1 UmwG
eG	Prüfungsgutachten gem. § 81 Abs. 1 UmwG	§ 81 Abs. 1 UmwG	§§ 96 i. V. m. 81 Abs. 1 UmwG

Beteiligte Rechtsträger	Verschmelzungs-prüfungspflicht (§ 9 Abs. 1 UmwG)	Rechtsgrundlagen bei Verschmelzung durch Aufnahme	Rechtsgrundlagen bei Verschmelzung durch Neugründung
rechtsfähiger Verein	bei wirtschaftlichen Vereinen: ja bei eV: auf Verlangen von mind. 10 % der Mitglieder	§ 100 Satz 1 UmwG § 100 Satz 2 UmwG	§ 100 Satz 1 UmwG § 100 Satz 2 UmwG
genossenschaftlicher Prüfungsverband (Verschmelzung nur untereinander möglich)	nein	Umkehrschluss zu § 9 Abs. 1 UmwG	Umkehrschluss zu § 9 Abs. 1 UmwG
VVaG (Verschmelzung nur untereinander oder mit einer Versiche-rungs-AG möglich)	nein	Umkehrschluss zu § 9 Abs. 1 UmwG	Umkehrschluss zu § 9 Abs. 1 UmwG
Kapitalgesellschaft, die mit dem Vermögen einer natürlichen Per-son als Alleingesell-schafter verschmolzen wird	nein	§§ 121 i. V. m. 9 Abs. 2 UmwG	

2.5.1.2   Gründungsprüfung

Anwendungsbereich (für Prüfung durch Gründungsprüfer § 33 AktG)	– ein Mitglied des Vorstands/Aufsichtsrats gehört zu den Gründern – Übernahme von Aktien für Rechnung eines Mitglieds des Vorstands/Aufsichtsrats bei Gründung[1] – Vorbehalt eines besonderen Vorteils oder einer Ent-schädigung bzw. Belohnung für die Gründung oder ihre Vorbereitung für ein Mitglied des Vorstands/Aufsichtsrats – Gründung mit Sacheinlagen oder Sachübernahmen
Umfang der Prüfung	– Richtigkeit und Vollständigkeit der Angaben der Gründer, Wertadäquanz des Grundkapitals und der Sacheinlagen und Sachübernahmen – Schriftlicher Bericht zu vorgenannten Prüffeldern – Je ein Bericht an Vorstand und Gericht

---

[1] Abstandnahme, sofern übertragbare Wertpapiere eingebracht werden, § 33a Abs. 1 Nr. 1 AktG.

2.5.1.3   Prüfung von Maklern und Bauträgern[1]

Anwendungsbereich (§ 34c Gewerbe- ordnung, § 16 MaBV)	– Immobilien-/Wohnimmobilienmakler – Bauträger – Baubetreuer – Darlehensvermittler

Umfang der Prüfung[2]	Feststellung von Art und Umfang der getätigten Geschäfte
	  – Bauträgergeschäfte
	  – Baubetreuungsgeschäfte
	  – Anlagenvermittlergeschäfte
	  – Maklergeschäfte
	Feststellung der Ordnungsmäßigkeit der geführten Aufzeich-
	nungen und der Organisation des Unternehmens (§§ 12–14
	MaBV)
	  – Ordnungsmäßigkeit der Buchführung
	  – Ordnungsmäßigkeit organisatorischer Vorkehrungen
	  – Einhaltung von Sicherheitsleistungen/Versicherungen
	  – Einhaltung der Sicherungspflichten für Bauträger
	  – Einhaltung der bauvorhabenbezogenen Vermögensver-
	    wendung
	  – Einhaltung besonderer Aufzeichnungs- und Dokumen-
	    tationspflichten
	  – Einhaltung der Informationspflichten

2.5.2   Freiwillige Sonderprüfungen

2.5.2.1   Kreditwürdigkeitsprüfung

Anwendungsbereich	– freiwillige Prüfung – Grundlage für Entscheidung des Kreditgebers über die Gewährung oder Belassung bereits vereinbarter Kredite

Umfang der Prüfung	– persönliche, rechtliche und wirtschaftliche Verhältnisse des
	  Kreditnehmers
	– Vermögenslage des Kreditnehmers
	– Rentabilitätslage (Rentabilitätsanalyse und -vorschau)
	– Liquiditätslage des Unternehmens (Liquiditätsstatus und
	  Finanzplan)
	– Sicherheiten (Grundpfandrechte, Bürgschaften etc.)
	– Kapitaldienstfähigkeit

---

[1] Immobiliendarlehensvermittler, § 34i GewO, eingefügt durch Gesetz vom 11.3. 2016;
  werden nur außerordentlich auf Anordnung der zuständigen Behörde geprüft.
[2] Vgl. zur Durchführung auch: IDW PS 830 zur Prüfung Gewerbetreibender i.S.d. § 34c
  Abs.1 GewO gemäß § 16 Makler- und Bauträgerverordnung (MaBV).

2.5.2.2   Sanierungsprüfung

Anwendungsbereich	– Feststellung der Sanierungsfähigkeit eines notleidenden Unternehmens[1]
Umfang der Prüfung	– Chancen der Sanierungsfähigkeit des Krisenunternehmens auf der Basis des Sanierungskonzeptes – Risiken und entsprechende kritische Prämissen – Qualifikation des Umsetzungsmanagements – Sanierungsmehrwert – Sanierungsvorteile der Beteiligten

2.5.2.3   Prüfung gem. §§ 44 ff. KWG

Die Bundesanstalt für Finanzdienstleistungsaufsicht (BaFin) kann Wirtschaftsprüfer als Sonderprüfer beauftragen (vgl. §§ 44 – 44c KWG).

---

[1] Vgl. auch IDW S 2 Anforderungen an Insolvenzpläne sowie IDW S 6 Anforderungen an Sanierungskonzepte.

3 Recht

3.1 Formvorschriften und Fristen

3.1.1 Formvorschriften

3.1.1.1 Überblick Formvorschriften

Form	Voraussetzungen	Norm
Schriftform	– Urkunde ist vom Aussteller eigenhändig durch Namensunterschrift zu unterzeichnen (§ 126 Abs. 1 BGB): Namensunterschrift muss unter dem Text stehen, sodass der darüberstehende Text ersichtlich von der Unterschrift gedeckt ist (Abschluss- und Deckungsfunktion) – bei Verträgen müssen Parteien grundsätzlich auf derselben Urkunde unterschreiben (§ 126 Abs. 2 BGB) – Schriftform kann durch elektronische Form grds. ersetzt werden (§ 126 Abs. 3 BGB) – Schriftform wird durch notarielle Beurkundung ersetzt (§ 126 Abs. 4 BGB)	§ 126 BGB
Elektronische Form	– Kombination von Textform und qualifizierter elektronischer Signatur (nach dem Signaturgesetz); – Schriftform kann durch elektronische Form grds. ersetzt werden (§ 126 Abs. 3 BGB)	§ 126 a BGB
Textform	– Kennzeichen ist die Fixierung einer Mitteilung oder Erklärung in lesbarem Schriftzeichen unter Angabe des Erklärenden auf eine Weise, die zur dauerhaften Wiedergabe geeignet ist (nicht erforderlich: Ausdruck auf Papier oder eigenhändige Unterschrift) – Anwendung: §§ 312h, 356a Abs. 1, 479 Abs. 2, 482 Abs. 1, 482a, 484 Abs. 2, 486a Abs. 1, 504a Abs. 1, 510 Abs. 1, 514 Abs. 2, 555c Abs. 1, 555d Abs. 3 u. 4, 556a Abs. 2, 556b Abs. 2, 556c Abs. 2, 556g Abs. 4, 557b Abs. 3, 558a Abs. 1, 559b Abs. 1, 560 Abs. 1 u. 4, 613a Abs. 5, 630c Abs. 3, 630e Abs. 2 Nr. 1, 655b Abs. 1, 675 Abs. 3, 675a BGB – dauerhafter Datenträger = Papier, USB-Stick, CD-ROM, Speicherkarten, Festplatten und auch E-Mails; der Abruf über eine Internetseite genügt nicht	§ 126 b BGB

Form	Voraussetzungen	Norm
Notarielle Beurkundung	Notar bezeugt, dass die in der Urkunde genannte Person (bzw. die dort genannten Personen) in seiner Gegenwart eine Erklärung des beurkundeten Inhaltes abgegeben hat (bzw. haben). Das Zeugnis bezieht sich auf die Unterschrift **und** auf den Inhalt der Erklärung. Der Notar hat eine Prüfungs- und Belehrungspflicht (§ 17 BeurkG); die Norm bezieht sich auf beurkundungspflichtige Verträge.	§ 128 BGB, BeurkG
Öffentliche Beglaubigung	Notar bezeugt, dass die Unterschrift in seiner Gegenwart zu dem angegebenen Zeitpunkt von dem Erklärenden vollzogen oder anerkannt worden ist; Beglaubigung bezieht sich **allein** auf die Unterschrift, nicht auf den Inhalt der Erklärung. Öffentliche Beglaubigung wird durch notarielle Beurkundung ersetzt (§ 129 Abs. 2 BGB)	§ 129 BGB, §§ 39, 40 BeurkG
Vereinbarte Form	– vertragliche Vereinbarung der Form durch die Parteien – die Form gilt grds. so, wie wenn das Gesetz sie vorgeschrieben hätte; bei der gewillkürten Schriftform gilt grds. zur Wahrung der Schriftform aber auch die telekommunikative Form, also ein Telefax oder eine E-Mail	§ 127 BGB

3.1.1.2 Besondere Formvorschriften

Rechtsgeschäft	Form	Norm
Abtretungsurkunde	Schriftform, § 126 BGB	§ 409 Abs. 1 S. 2, § 410 Abs. 1 BGB
Einwilligungserklärung bei **Adoption** (gemäß §§ 1746, 1747, 1749 BGB)	Notarielle Beurkundung	§ 1750 Abs. 1 S. 2 BGB
Einwilligungserklärung des Ehegatten in **Adoption**	Notarielle Beurkundung	§§ 1749, 1750 Abs. 1 S. 2 BGB
Einwilligungserklärung der Eltern in **Adoption** des Kindes	Notarielle Beurkundung[1]	§§ 1747, 1750 Abs. 1 S. 2 BGB
Einwilligungserklärung des Kindes in **Adoption**	Notarielle Beurkundung[1]	§§ 1746, 1750 Abs. 1 S. 2 BGB[1]
Einwilligungsvollmacht bzgl. **ärztlicher Maßnahmen** nach § 1904 Abs. 1 S. 1, Abs. 2 BGB	Schriftform, § 126 BGB	§ 1904 Abs. 5 BGB

---

[1] Keine Anwendung des § 128 BGB, wenn die Erklärung nur einer Partei der notariellen Beurkundung bedarf.

Rechtsgeschäft	Form	Norm
Feststellung der Satzung einer **Aktiengesellschaft**	Notarielle Beurkundung, § 128 BGB i.V.m. BeurkG	§ 23 Abs. 1 S. 1 AktG
Gründungsbericht **Aktiengesellschaft**	Schriftform, § 126 BGB	§ 32 Abs. 1 AktG
Verlangen der Minderheitsaktionäre zur Einberufung einer Hauptversammlung der **Aktiengesellschaft**	Schriftform, § 126 BGB	§ 122 AktG
Annahme der **Anweisung**	Schriftform, § 126 BGB	§ 784 Abs. 2 BGB
Übertragung der **Anweisung**	Schriftform, § 126 BGB	§ 792 Abs. 1 BGB
Arbeitnehmerüberlassung: Vertrag zwischen Verleiher und Entleiher	Schriftform, § 126 BGB	§ 12 Abs. 1 AÜG
Beendigung **Arbeitsverhältnis** durch Auflösungsvertrag	Schriftform, § 126 BGB	§ 623 BGB
Kündigung **Arbeitsverhältnis**	Schriftform, § 126 BGB	§ 623 BGB
Auflassung	Notarielle Beurkundung bei gleichzeitiger Anwesenheit beider Vertragspartner	§ 925 Abs. 1 BGB
Kündigung **Berufsausbildungsverhältnis**	Schriftform, § 126 BGB	§ 22 Abs. 3 BBiG
Interessenausgleich über die **Betriebsänderung**, Sozialplan	Schriftform, § 126 BGB	§ 112 BetrVG
Betriebsvereinbarung	Schriftform, § 126 BGB	§ 77 Abs. 2 BetrVG
Forderungsabtretungserklärung bei **Briefhypothek**	Schriftform, § 126 BGB Ersetzung der Schriftform durch Eintragung der Abtretung ins Grundbuch	§ 1154 Abs. 1 u. 2 BGB
Bürgschaftserklärung	Schriftform, § 126 BGB	§ 766 BGB
Darlehensvermittlungsvertrag mit Verbraucher	Schriftform, § 126 BGB	§ 655b Abs. 1 BGB
Zustimmungserklärung des **Ehegatten** zu Verfügungen des anderen Ehegatten nach §§ 1511 bis 1515 BGB	Notarielle Beurkundung der Erklärung des Nichtverfügenden[1]	§ 1516 Abs. 2 S. 3 BGB
Eheschließung	Persönliche und gleichzeitige Anwesenheit	§ 1311 BGB

---

[1] Keine Anwendung des § 128 BGB, wenn die Erklärung nur einer Partei der notariellen Beurkundung bedarf.

Rechtsgeschäft	Form	Norm
Ehevertrag	Niederschrift bei Notar bei gleichzeitiger Anwesenheit beider Vertragspartner	§ 1410 BGB
Einwilligung des gesetzlichen Vertreters in Rechtsgeschäft eines Minderjährigen	Schriftform, § 126 BGB	§ 111 S.2 BGB
(Elterliche) Sorgeerklärungen und Zustimmungen	Öffentliche Beurkundung[1]	§ 1626d Abs.1 BGB
Empfangsbekenntnis einer Leistung (Quittung)	Schriftform, § 126 BGB	§ 368 S.1 BGB
Vertrag über die Verfügung des **Erbanteils**	Notarielle Beurkundung, § 128 BGB i.V.m. BeurkG	§ 2033 Abs.1 S.2 BGB
Bestellung/Erwerb eines **Erbbaurechts**	Notarielle Beurkundung, § 128 BGB i.V.m. BeurkG	§ 11 Abs.2 ErbbauRG (i.V.m. § 311b Abs.1)
Vertrag von künftigen gesetzlichen **Erben** über den gesetzlichen Erbteil oder Pflichtteil	Notarielle Beurkundung, § 128 BGB i.V.m. BeurkG	§ 311b Abs.5 BGB
Rücktrittserklärung des **Erblassers** vom Erbvertrag	Notarielle Beurkundung[1]	§ 2296 Abs.2 S.2 BGB
Zustimmungserklärung zum Aufhebungstestament des **Erblassers**	Notarielle Beurkundung	§ 2291 Abs.2 BGB
Zustimmungserklärung des anderen Vertragsteils zur Aufhebung eines in einem Erbvertrag angeordneten Vermächtnisses oder einer Auflage durch den **Erblasser**	Notarielle Beurkundung[1]	§ 2291 Abs.2 BGB
Ausschlagung einer **Erbschaft**	Erklärung gegenüber Nachlassgericht (NG); entweder zur Niederschrift beim NG oder in öffentlich beglaubigter Form	§ 1945 Abs.1 BGB
Verkauf der ihm angefallenen **Erbschaft** durch den Erben	Notarielle Beurkundung, § 128 BGB i.V.m. BeurkG	§ 2371 BGB
Erbschaftskauf ähnliche Verträge	Notarielle Beurkundung, § 128 BGB i.V.m. BeurkG	§ 2385 Abs.1 BGB

---

[1] Keine Anwendung des § 128 BGB, wenn die Erklärung nur einer Partei der notariellen Beurkundung bedarf.

Rechtsgeschäft	Form	Norm
Erbvertrag	Niederschrift bei Notar bei gleichzeitiger Anwesenheit beider Vertragspartner	§ 2276 Abs. 1 BGB
Anfechtung eines **Erbvertrags**	Notarielle Beurkundung[1]	§ 2282 Abs. 3 BGB
Aufhebung **Erbvertrag**	Niederschrift bei Notar bei gleichzeitiger Anwesenheit beider Vertragspartner	§ 2290 Abs. 4 i.V.m. § 2276 BGB
Erklärung der Anfechtung eines **Erbvertrags** durch den Erblasser	Notarielle Beurkundung	§ 2282 Abs. 3 BGB
Erklärung des Rücktritts vom **Erbvertrag**	Notarielle Beurkundung	§ 2296 Abs. 2 S. 2 BGB
Aufhebung des **Erbverzichts**	Notarielle Beurkundung, § 128 BGB i.V.m. BeurkG	§ 2351 BGB
Erbverzichtsvertrag	Notarielle Beurkundung, § 128 BGB i.V.m. BeurkG	§ 2348 BGB
Willenserklärung des Teilnehmers zum Abschluss eines **Fernunterrichtsvertrags**	Textform, § 126 b BGB	§ 3 Abs. 1 FernUSG
Beitrittserklärung zur **Genossenschaft**	Schriftform, § 126 BGB	§ 15 Abs. 1 S. 1 GenG
Satzung der **Genossenschaft**	Schriftform, § 126 BGB	§ 5 GenG
Kündigung des **Genossenschaftsmitglieds**	Schriftform, § 126 BGB	§ 65 Abs. 2 GenG
Verzichtsvertrag des Abkömmlings auf seinen Anteil am **Gesamtgut** mit überlebendem Ehegatten	Notarielle Beurkundung, § 128 BGB i.V.m. BeurkG	§ 1491 Abs. 2 BGB
Abtretung von Geschäftsanteilen an einer **GmbH** durch Gesellschafter	Notarielle Beurkundung, § 128 BGB i.V.m. BeurkG	§ 15 Abs. 3, 4 GmbHG
Gesellschaftsvertrag **GmbH**	Notarielle Beurkundung, § 128 BGB i.V.m. BeurkG	§ 2 Abs. 1 GmbHG
Satzungsänderung **GmbH**	Notarielle Beurkundung, § 128 BGB i.V.m. BeurkG	§ 53 Abs. 2 GmbHG

---

[1] Keine Anwendung des § 128 BGB, wenn die Erklärung nur einer Partei der notariellen Beurkundung bedarf.

Rechtsgeschäft	Form	Norm
Bindende Einigungserklärung bzgl. dinglicher Übertragung eines **Grundstücks**, Belastung eines Grundstücks mit einem Recht sowie Übertragung oder Belastung eines solchen Rechts	Notarielle Beurkundung, § 128 BGB i.V.m. BeurkG	§ 873 Abs. 2 BGB
Bindende Einigungserklärung bzgl. Inhaltsänderung des Rechts an einem **Grundstück**	Notarielle Beurkundung, § 128 BGB i.V.m. BeurkG	§ 877 BGB
Vertrag über die Übertragung des Eigentums an einem **Grundstück**	Notarielle Beurkundung, § 128 BGB i.V.m. BeurkG	§ 311 b Abs. 1 BGB
Abweichende Vereinbarung zwischen Ehegatten und anteilsberechtigten Abkömmlingen vor Aufhebung der fortgesetzten **Gütergemeinschaft**	Notarielle Beurkundung, § 128 BGB i.V.m. BeurkG	§ 1501 Abs. 2 BGB
Vereinbarung über Delkredereübernahme des **Handelsvertreters**	Schriftform, § 126 BGB	§ 86 b Abs. 1 S. 3 HGB
Honorarvereinbarung mit Architekten und Ingenieuren	Textform, § 126 b BGB	§ 7 HOAI
Mitteilung des Veräußerers an die Gläubiger, dass der Erwerber eine **Hypothekenschuld** übernimmt	Schriftform, § 126 BGB	§ 416 Abs. 2 BGB
Jagdpachtvertrag	Schriftform, § 126 BGB	§ 11 Abs. 4 BJagdG
Prüfungsbericht des **Jahresabschlussprüfers**	Schriftform, § 126 BGB	§ 321 Abs. 1 S. 2 HGB
Landpachtvertrag, Abschluss	Schriftform, § 126 BGB anderenfalls: Geltung für unbestimmte Zeit	§ 585 a BGB
Kündigung **Landpachtvertrag**	Schriftform, § 126 BGB	§ 594 f BGB
Lebenspartnerschaftsvertrag	Niederschrift bei Notar bei gleichzeitiger Anwesenheit beider Vertragspartner	§ 7 LPartG §§ 1409–1563 BGB
Versprechen einer **Leibrente**	Schriftform, § 126 BGB	§ 761 BGB
Ausübung des Vorkaufsrechts des **Mieters** (Wohnraum)	Schriftform, § 126 BGB	§ 577 Abs. 3 BGB
Widerspruch des **Mieters** gegen Kündigung des Vermieters (Wohnraum)	Schriftform, § 126 BGB	§ 574 b Abs. 1 BGB
Mietverhältnis (Wohnraum), Kündigung	Schriftform, § 126 BGB	§ 568 BGB
Mietvertrag (Wohnraum)	Schriftform, § 126 BGB anderenfalls: Geltung für unbestimmte Zeit	§ 550 BGB (str)

Rechtsgeschäft	Form	Norm
Mietvertrag mit Indexmiete (Wohnraum)	Schriftform, § 126 BGB	§ 557 b Abs.1 BGB
Mietvertrag mit Staffelmiete (Wohnraum)	Schriftform, § 126 BGB	§ 557 a BGB
Schenkungsversprechen	Notarielle Beurkundung der Erklärung des Schenkers[1]	§ 518 Abs.1 BGB
Schuldanerkenntnis	Schriftform, § 126 BGB	§ 781 BGB
Schuldverschreibung auf Inhaber	Schriftform, § 126 BGB	§ 793 BGB
Schuldversprechen	Schriftform, § 126 BGB	§ 780 BGB
Vertrag, durch den sich ein Teil verpflichtet, **Sondereigentum** einzuräumen, zu erwerben oder aufzuheben	Notarielle Beurkundung, § 128 BGB i.V.m. BeurkG	§ 4 Abs.3 WEG (i.V.m. § 311 b Abs.1)
Sorgeerklärungen und Zustimmungen	Öffentliche Beurkundung[1]	§ 1626 d Abs.1 BGB
Städtebaulicher Vertrag	Schriftform, § 126 BGB	§ 11 Abs.3 BauGB
Stiftungsgeschäft unter Lebenden	Schriftform, § 126 BGB[2]	§ 81 Abs.1 BGB
Tarifvertrag	Schriftform, § 126 BGB	§ 1 Abs.2 TVG
Teilzeit-Wohnrechtevertrag, Vertrag über ein langfristiges Urlaubsprodukt, ein solcher Vermittlungsvertrag, Tauschsystemvertrag (soweit keine strengeren Vorschriften anwendbar, bspw. bei Übertragung von Miteigentum an Wohnung)	Schriftform, § 126 BGB	§ 484 Abs.1 BGB
Testament	Eigenhändigkeit	§ 2247 Abs.1 BGB
Vollmacht zur **Unterbringung**, zu anderen freiheitsentziehenden und zu ärztlichen Zwangsmaßnahmen	Schriftform, § 126 BGB	§ 1906 Abs.5 BGB

---

[1] Keine Anwendung des § 128 BGB, wenn die Erklärung nur einer Partei der notariellen Beurkundung bedarf.
[2] Auch nach Inkrafttreten der Stiftungsrechtsreform zum 1.7.2023 bleibt es bei der Schriftform, d.h. keine notarielle Beurkundung erforderlich.

Rechtsgeschäft	Form	Norm
Verbraucherdarlehensvertrag (gilt für Darlehensnehmer)	Schriftform, § 126 BGB	§ 492 BGB (mit Sonderregeln in Abs.1 S.3 und 4) (soweit Vertrag nicht Teil eines Grundstückskaufvertrags [dann § 311b])
Verlangen einer Minderheit zur Einberufung der Mitgliederversammlung bei einem **Verein**	Schriftform, § 126 BGB	§ 37 Abs.1 BGB
Beschlussfassung aller **Vereinsmitglieder** ohne Versammlung bei Zustimmung zu einem Beschluss	Schriftform, § 126 BGB	§ 32 Abs.2 BGB
Vertrag über die Übertragung des gegenwärtigen **Vermögens**	Notarielle Beurkundung, § 128 BGB i.V.m. BeurkG	§ 311b Abs.3 BGB
Vereinbarung über den **Versorgungsausgleich**, die vor Rechtskraft der Entscheidung über den Wertausgleich bei der Scheidung geschlossen wird	Notarielle Beurkundung, § 128 BGB i.V.m. BeurkG	§ 7 Abs.1 VersAusglG
Ausübung des **Vorkaufsrechts** des Mieters (Wohnraum)	Schriftform, § 126 BGB	§ 577 BGB
Vertragliches **Wettbewerbsverbot**	Schriftform, § 126 BGB	§ 74 Abs.1 HGB

3.1.1.3 Formbedürftige Rechtsgeschäfte mit Heilungsmöglichkeit

Rechtsgeschäft	Formerfordernis, Norm	Heilungsmöglichkeit, Norm
Bürgschaftserklärung	Schriftliche Erteilung der Bürgschaftserklärung, § 766 S.1 BGB (Erteilung in elektronischer Form ist ausgeschlossen, § 766 S.2 BGB)	Erfüllung der Hauptverbindlichkeit durch den Bürgen, § 766 S.3 BGB

Rechtsgeschäft	Formerfordernis, Norm	Heilungsmöglichkeit, Norm
Übertragung oder Erwerb von Eigentum an einem **Grundstück**	Notarielle Beurkundung, §311b Abs.1 S.1 BGB	Auflassung und Eintragung, §311b Abs.1 S.2 BGB; beachte: formbedürftige Maklerverträge werden mit Abschluss des formgültigen Grundstückskaufvertrags geheilt, nicht erst mit GB-Eintragung
Schenkungs- versprechen	Notarielle Beurkundung des Versprechens, §518 Abs.1 BGB	Bewirkung der versprochenen Leistung, §518 Abs.2 BGB
Schenkungs- versprechen von Todes wegen	Str., ob Formvorschriften des Erbvertrags, §2276 BGB, oder des eigenhändigen Testaments, §2247 BGB, anzuwenden sind	Vollzug der Schenkung durch Leistung, §2301 Abs.2 BGB
Verbraucherdarlehens- verträge und Finanzierungshilfen	Schriftform, §492 Abs.1 BGB, §506 Abs.1, Abs.3 BGB, vgl. zu Teilzahlungsgeschäften aber §507 Abs.1 BGB	Empfang oder Inanspruchnahme des Darlehens, §494 Abs.2 BGB; bei Teilzahlungsgeschäften: §507 Abs.2 S.2 BGB: Übergabe oder Erbringung der Leistung

3.1.1.4 Rechtsfolgen der Nichtbeachtung

Formerfordernis	Nichtbeachtung	Heilungsmöglichkeit
Gesetzlich	Nichtigkeit des Rechtsgeschäfts (§125 S.1 BGB), beachte aber Sondervorschriften (z.B. §550 S.1 BGB)	Teilweise Heilung möglich, sodass Wirksamkeit ex nunc
Rechtsgeschäftlich vereinbart	Nur im Zweifel Nichtigkeit des Rechtsgeschäfts (§125 S.2 BGB)	

3.1.1.5 Formvorschriften von Vollmachten

3.1.1.5.1 Überblick

Grundsatz	Ausnahme
Formfreiheit, § 167, Abs. 2 BGB, d.h., die Vollmacht bedarf materiell-rechtlich nicht der Form des Vertretergeschäfts	es besteht ein gesetzliches, verfahrens-rechtliches oder rechtsgeschäftlich (auch satzungsrechtlich) vereinbartes Formerfordernis

Beispiele für Formfreiheit der Vollmacht:

Der Vollmacht zugrunde liegendes Rechtsgeschäft	Form der Vollmacht	Norm
Ehevertrag	formfrei	§ 1410 BGB
Veräußerung und Abtretung **GmbH**-Geschäftsanteil	formfrei, soweit keine Blankovollmacht (BGHZ 13, 49, 53; 19, 69, 72)	§ 15 Abs. 3, 4 GmbHG (Umkehrschluss aus § 2 Abs. 2 GmbHG)
Unterwerfung unter die sofortige **Zwangsvollstreckung**	Formfrei bei widerruflicher Vollmacht (BGH NJW 2004, 844)	§§ 80, 89, 794 Abs. 1 Nr. 5 ZPO

3.1.1.5.2 Gesetzliche Formerfordernisse

Der Vollmacht zugrunde liegendes Rechtsgeschäft	Form der Vollmacht	Norm
Gründung **Aktiengesellschaft**	notariell beglaubigt	§ 23 Abs. 1 S. 2 AktG
Stimmrechtsvollmacht **Aktiengesellschaft**	Textform, wenn in Satzung oder in der Einberufung aufgrund einer Ermächtigung durch die Satzung nichts Abweichendes und bei börsennotierten Gesellschaften nicht eine Erleichterung bestimmt wird	§§ 134 Abs. 3 S. 3, 135[1] AktG
Erbanfechtung	öffentlich beglaubigt	§§ 1955, 1945 Abs. 3 BGB

---

[1] § 135 AktG gilt für Ausübung des Stimmrechts durch Kreditinstitute und geschäftsmäßig Handelnde.

Der Vollmacht zugrunde liegendes Rechtsgeschäft	Form der Vollmacht	Norm
Erbausschlagung	öffentlich beglaubigt	§§ 1945 Abs. 3, 1955 BGB
Errichtung **GmbH**	notariell beurkundet oder beglaubigt; auch Beurkundung oder Beglaubigung durch ausländischen Notar genügend	§ 2 Abs. 2 GmbHG
Übernahmeerklärung bei Übernahme Stammeinlagen **GmbH**	notariell beurkundet oder beglaubigt	§ 55 Abs. 1 GmbHG
Stimmrechtsvollmacht **GmbH**	Textform	§ 47 Abs. 3 GmbHG
Gütergemeinschaft	öffentlich beglaubigt	§§ 1484 Abs. 2, 1945 Abs. 3 BGB
Gründung **KGaA**	notariell beglaubigt	§ 280 Abs. 1, S. 3 AktG
Patientenverfügung	Schriftform	§ 1901 a Abs. 1 BGB
Verbraucherdarlehen (Vollmacht des Darlehensnehmers)	Schriftform (soweit keine strengere Form vorgeschrieben)	§ 492 Abs. 4 BGB
Vorsorgevollmacht	Schriftform	§§ 1904 Abs. 5, 1906 Abs. 5 BGB

3.1.1.5.3 Verfahrensrechtliche Formerfordernisse

Vollmacht	Form	Norm
Bewilligung, ausn. Einigung	öffentliche Urkunde (vgl. § 415 Abs. 1 ZPO) oder öffentlich beglaubigte	§§ 29, 30 GBO
Bietungsvollmacht	öffentlich beglaubigte Urkunde	§§ 71 Abs. 2, 81 Abs. 3 ZVG
Vollmacht zur **Bürgschaftserteilung** durch Nichtkaufmann	Schriftform	Schutzzweck der Norm
Anmeldung **Handelsregister**	elektronisch in öffentlich beglaubigter Form	§ 12 Abs. 1 S. 2 HGB
Prozessvollmacht	Schriftform	§ 80 Abs. 1 ZPO
Verfahrensvollmacht	Schriftform	§§ 10, 11 S. 1 FamFG
Anmeldung **Vereinsregister**	öffentlich beglaubigt	§ 77 BGB

3.1.1.5.4 Formerfordernis in besonderen Fällen nach § 311 b Abs. 1 BGB

Die Vollmacht zum Abschluss eines formbedürftigen Rechtsgeschäfts nach § 311 b Abs. 1 BGB ist grundsätzlich formfrei, in bestimmten Fällen wird von der Rechtsprechung jedoch eine Formbedürftigkeit angenommen:

Vollmacht (VM)	Formbedürftigkeit	Rechtsfolge des Formverstoßes
VM als Teil eines formbedürftigen Gesamtvertrags	Wenn VM Teil eines einheitlichen Veräußerungs- und Erwerbvertrags ist (aber keine Formbedürftigkeit, wenn VM gerade die Vollziehung des Vertrags sichern soll)	Vertretergeschäft ist schwebend unwirksam, aber nicht nichtig; Genehmigung ist möglich (§ 177 Abs. 1 BGB); dies gilt auch, wenn das der Vollmachtserteilung zugrunde liegende Rechtsverhältnis formunwirksam ist; auf einen solchen Mangel ist § 311 b Abs. 1 S. 2 BGB wohl nicht anwendbar (str.)
VM unter Ausschluss des Widerrufs, Bauherrenmodell	Bei Erteilung einer unwiderruflichen VM, auch wenn sie zeitlich begrenzt erteilt wird, oder die Verpflichtung zur Erteilung einer solchen VM, da eine bindende Verpflichtung zum Erwerb oder zur Veräußerung des Grundstücks begründet wird; der der VM zugrunde liegende Vertrag ist formbedürftig	
Widerrufliche VM	Wenn der Vollmachtgeber bereits durch die Erteilung der Vollmacht zum Erwerb oder zur Veräußerung eines Grundstücks rechtlich oder tatsächlich in gleicher Weise gebunden wird wie durch den späteren Abschluss des formbedürftigen Vertretergeschäfts ("vorverlagerte Bindung")	
AuflassungsVM	Wenn sie dem Käufer erteilt wird	

3.1.2   Fristen

3.1.2.1   Widerrufsfristen

3.1.2.1.1   Verbraucherverträge

3.1.2.1.1.1 Allgemeines

Widerrufserklärung	– Mustererklärung (vgl. Kapitel 2.2.1.1.2) – Geltendmachung des Widerrufsrechts durch Rückgabe der Waren seit 13.6.2014 nicht mehr möglich – eindeutige Widerrufserklärung, § 355 Abs. 1 S. 2, 3 BGB – Verbraucher muss den Widerruf gegenüber dem Unternehmer „erklären", wobei das Wort „Widerruf" nicht verwendet werden muss

Frist	– bei Belehrung: 14 Tage (§ 355 Abs. 2 BGB)
	– ohne Belehrung erlischt das Widerrufsrecht nach 12 Monaten und 14 Tagen (§ 356 Abs. 3 BGB); Ausnahme: Finanzdienstleistungsverträge – „ewiges" Widerrufsrecht
	– Beginn der Frist: § 355 Abs. 2 S. 2, §§ 356 Abs. 2, Abs. 4, 356a–356e BGB
	– für Fristwahrung genügt die rechtzeitige Absendung des Widerrufs
	– vorzeitiges Erlöschen des Widerrufsrechts möglich, wenn der Verbraucher
	   – ausdrücklich zugestimmt hat, dass der Unternehmer vor Ablauf der Widerrufsfrist mit der Ausführung des Vertrags beginnt und
	   – bestätigt, dass ihm bewusst ist, dadurch sein Widerrufsrecht mit Beginn der Vertragsausführung zu verlieren

Form	– Formfreiheit (Widerruf auch per Telefon) – keine Begründungspflicht

3.1.2.1.1.2 Muster Widerrufsbelehrung

Muster-Widerrufsformular gemäß Anlage 2 zu Artikel 246a §1 Abs.2 S.1 Nr.1 und §2 Abs.2 Nr.2 EGBGB.[1]

Muster-Widerrufsformular

(Wenn Sie den Vertrag widerrufen wollen, dann füllen Sie bitte dieses Formular aus und senden Sie es zurück.)

– An [hier ist der Name, die Anschrift und gegebenenfalls die Telefaxnummer und E-Mail-Adresse des Unternehmers durch den Unternehmer einzufügen]:

– Hiermit widerrufe(n) ich/wir (*) den von mir/uns (*) abgeschlossenen Vertrag über den Kauf der folgenden Waren (*)/die Erbringung der folgenden Dienstleistung (*)
– Bestellt am (*)/erhalten am (*)
– Name des/der Verbraucher(s)
– Anschrift des/der Verbraucher(s)
– Unterschrift des/der Verbraucher(s) (nur bei Mitteilung auf Papier)
– Datum

_____

(*) Unzutreffendes streichen.

3.1.2.1.1.3 Übersicht Widerruf

Das Widerrufsrecht ist gemäß §312 Abs.1 BGB auf Verbraucherverträge i.S.d. §310 Abs.3 BGB anzuwenden, die eine entgeltliche Leistung des Unternehmers zum Gegenstand haben und kein Fall der Ausnahmen i.S.d. §§312 Abs.2-4 BGB sind.

Verbrauchervertrag = Vertrag zwischen Unternehmer und Verbraucher (vgl. Kapitel 4.3.2).

_____

[1] Anlage 2 neu gefasst mit Wirkung vom 13.6.2014 durch Gesetz vom 20.9.2013 (BGBl I 2013 S. 3665).

Widerrufsrecht	Norm	Rechtsfolgen	Besonderheiten
Außerhalb von Geschäfts-räumen geschlossene Verträge (AGV), §312b BGB	§§312g, 355, 356 BGB	§357 BGB	Informationspflichten nach Maßgabe des Art.246a EGBGB (§§312d – 312f BGB) Beweislast: Unternehmer
Besondere Vertriebs-formen, §312b ff. BGB	§§312g, 355, 356 BGB	§357 BGB	Fernabsatzgeschäfte, AGV
Fernabsatzgeschäfte, §312c BGB	§§312g, 355, 356 BGB	§357 BGB	Informationspflichten nach Maßgabe des Art. 246 EGBGB (§312a BGB) Beweislast: Unternehmer
Ratenlieferungsvertrag, §§510 ff. BGB	§§510 Abs.2, 355, 356c BGB	§357c BGB	
Teilzeit-Wohnrechte-verträge, Verträge über langfristige Urlaubsproduk-te, Vermittlungsverträge und Tauschsystemverträge §§481 ff. BGB	§§485, 355, 356a BGB	§357b BGB	
Verbraucherdarlehen, §§491 ff. BGB	§§495, 355, 356b BGB	§357a BGB	

Gemäß §312k BGB darf von den Widerrufsfristen, soweit nichts anderes be-stimmt ist, nicht zum Nachteil des Verbrauchers oder Kunden abgewichen wer-den. Die Vorschriften finden auch Anwendung, wenn sie durch anderweitige Gestaltungen umgangen werden.

3.1.2.1.2   Erbrecht

	Besondere Voraussetzungen	Norm
Widerruf eines Testaments	Erblasser kann sein Testament sowie einzelne Verfügungen jederzeit widerrufen (4 Möglichkeiten):	§ 2253 BGB
	– Widerruf durch Errichtung eines reinen Widerrufstestaments	§ 2254 BGB
	– Widerruf durch Vernichtung oder Veränderungen der Testamentsurkunde	§ 2255 BGB
	– Widerruf durch Rücknahme des Testaments aus der amtlichen Verwahrung	§ 2256 BGB
	– Widerruf durch Errichtung eines späteren Testaments mit widersprechendem Inhalt	§ 2258 BGB
Widerruf des Widerrufs	Widerruf ist als letztwillige Verfügung ebenfalls widerrufbar = im Zweifel ist dann die Verfügung wirksam, wie wenn sie nicht widerrufen worden wäre	§ 2257 BGB
Widerruf wechselbezüglicher Verfügungen	– zu Lebzeiten beider Ehegatten ist jedem von ihnen der Widerruf des gemeinschaftlichen Testaments ohne besonderen Grund zu jeder Zeit gestattet – Form: notariell beurkundete Erklärung gegenüber dem anderen Teil	§ 2271 BGB i.V.m. § 2296 BGB

3.1.2.2 Anfechtungsfristen

3.1.2.2.1 Anfechtungsfristen – BGB Allgemeiner Teil

Norm Anfechtungsgrund	Tatbestand	Definition	Norm Anfechtungsfrist	Frist
§ 119 Abs. 1 Alt. 1 BGB	Inhaltsirrtum	äußerer Erklärungstatbestand der Erklärung entspricht dem Willen des Erklärenden, dieser irrt aber über die Bedeutung oder die Tragweite der Erklärung	§ 121 BGB	Unverzüglich nach Kenntnis vom Anfechtungsgrund (Ausschluss 10 Jahre nach Abgabe der Willenserklärung)
§ 119 Abs. 1 Alt. 2 BGB	Erklärungsirrtum	äußerer Erklärungstatbestand entspricht schon nicht dem Willen des Erklärenden bei einer Willenserklärung	§ 121 BGB	Unverzüglich nach Kenntnis vom Anfechtungsgrund (Ausschluss 10 Jahre nach Abgabe der Willenserklärung)
§ 119 Abs. 2 BGB	Eigenschaftsirrtum	Erklärender irrt über eine verkehrswesentliche Eigenschaft einer Sache oder einer Person, die Gegenstand des Rechtsgeschäfts ist (Motivirrtum)	§ 121 BGB	Unverzüglich nach Kenntnis vom Anfechtungsgrund (Ausschluss 10 Jahre nach Abgabe der Willenserklärung)
§ 120 BGB	Übermittlungsirrtum	irrtümliche unrichtige Übermittlung einer Erklärung durch einen Boten	§ 121 BGB	Unverzüglich nach Kenntnis vom Anfechtungsgrund (Ausschluss 10 Jahre nach Abgabe der Willenserklärung)

Norm Anfechtungsgrund	Tatbestand	Definition	Norm Anfechtungsfrist	Frist
§ 123 Abs. 1 Alt. 1 BGB	Arglistige Täuschung	Täuschung zum Zweck der Erregung oder Aufrechterhaltung eines Irrtums (Tun oder Unterlassen)	§ 124 BGB	Jahresfrist nach Kenntnis der Täuschung (Ausschluss 10 Jahre nach Abgabe der Willenserklärung)
§ 123 Abs. 1 Alt. 2 BGB	Widerrechtliche Drohung	Inaussichtstellen eines künftigen Übels, das den Erklärenden in eine Zwangslage versetzt	§ 124 BGB	Jahresfrist ab dem Zeitpunkt, in welchem die Zwangslage aufhört – Ende des angedrohten Übels oder Zeitpunkt, zu dem mit dem Eintritt des Übels nicht mehr ernsthaft zu rechnen ist (Ausschluss 10 Jahre nach Abgabe der Willenserklärung)

3.1.2.2.2 Anfechtungsfristen – Erbrecht

Bezeichnung	Norm Anfechtung	Frist	Ausschluss
Anfechtung der Ausschlagung durch den Pflichtteilsberechtigten	§ 2308 BGB	§ 1954 BGB: – 6 Wochen – 6 Monate, wenn Erblasser seinen letzten Wohnsitz nur im Ausland gehabt hat oder Erbe sich bei Fristbeginn im Ausland aufhält	Mit Ablauf von 30 Jahren seit Annahme oder Ausschlagung der Erbschaft

Bezeichnung	Norm Anfechtung	Frist	Ausschluss
Anfechtung der Ausschlagung/ Annahme	§ 1954 BGB i.V.m. §§ 119 ff. BGB	§ 1954 BGB: – 6 Wochen – 6 Monate, wenn Erblasser seinen letzten Wohnsitz nur im Ausland gehabt hat oder Erbe sich bei Fristbeginn im Ausland aufhält	Mit Ablauf von 30 Jahren seit Annahme oder Ausschlagung der Erbschaft
Geltendmachung der Erbunwürdigkeit durch Anfechtung des Erbschaftserwerbs	§ 2340 BGB	§ 2082 BGB (Jahresfrist) Erlangung zuverlässiger Kenntnis des Anfechtungsgrundes und Zumutbarkeit der Klageerhebung	Ausschluss, wenn Erbfall vor 30 Jahren
Anfechtung des Erbvertrags	§ 2281 BGB	– Erblasser: § 2283 BGB (Jahresfrist) – Vertragsgegner: §§ 121, 124 BGB (Jahresfrist) – Dritte: §§ 2080, 2082 BGB (Jahresfrist)	§ 121 BGB: Ausschluss 10 Jahre nach Abgabe der Willenserklärung § 124 BGB: Ausschluss 10 Jahre nach Abgabe der Willenserklärung § 2082 BGB: Ausschluss, wenn Erbfall vor 30 Jahren
Anfechtung des Erbverzichts	§ 2346 BGB i.V.m. §§ 119 ff. BGB	§ 121 BGB (unverzüglich) bzw. § 124 BGB (Jahresfrist)	§ 121 BGB: Ausschluss 10 Jahre nach Abgabe der Willenserklärung § 124 BGB: Ausschluss 10 Jahre nach Abgabe der Willenserklärung

Bezeichnung	Norm Anfechtung	Frist	Ausschluss
Geltendmachung der Vermächtnis-/Pflichtteilsunwürdigkeit durch Anfechtung des Vermächtnis-/Pflichtteilsanspruches	§2345 BGB	§2082 BGB (Jahresfrist) Zuverlässige Kenntnis vom Vorhandensein des Anfechtungsgrundes	Ausschluss, wenn Erbfall vor 30 Jahren
Testament, Anfechtung wegen Irrtums oder Drohung	§1937 BGB i.V.m. §§2078 ff. BGB	§2082 (Jahresfrist) Erlangung zuverlässiger Kenntnis des Anfechtungsgrundes und Klageerhebung zumutbar	Ausschluss, wenn Erbfall vor 30 Jahren
Testament (Gemeinschaftliches Testament von Ehegatten), Anfechtung	– wechselbezügliche Verfügungen des Überlebenden: §§2281 i.V.m. 2078, 2079 BGB analog – Verfügungen des Erstverstorbenen angefochten vom Ehegatten: §§2078 ff. BGB – Dritte: §§2078 ff. BGB	Wechselbezügliche Verfügungen: §2283 BGB (Jahresfrist) Zeitpunkt, in dem der überlebende Ehegatte vom Anfechtungsgrund zuverlässig Kenntnis erlangt hat, aber nicht vor dem Tod des Erstverstorbenen §§2078ff. BGB: Jahresfrist gemäß §2082 BGB	Ausschluss für Ehegatte, wenn er im Testament auf Anfechtung verzichtet hat oder selbst die Voraussetzungen für eine Anfechtung nach §§2078 BGB schuldhaft herbeigeführt hat §2082 BGB: Ausschluss, wenn Erbfall vor 30 Jahren
Anfechtung wegen Übergehung Pflichtteilsberechtigter	§2079 BGB	§2082 BGB (Jahresfrist) Zuverlässige Kenntnis vom Vorhandensein des Anfechtungsgrundes	Ausschluss, wenn Erbfall vor 30 Jahren

Bezeichnung	Norm Anfechtung	Frist	Ausschluss
Verfügung, Anfechtung wegen Irrtums oder Drohung	§ 2078 Abs. 2 BGB	§ 2082 BGB (Jahresfrist) Zuverlässige Kenntnis vom Vorhandensein des Anfechtungsgrundes	Ausschluss, wenn Erbfall vor 30 Jahren

3.1.2.3 Anfechtungsfristen – Familienrecht

1. Vaterschaftsanfechtung

Anfechtungsgründe:

- Zweifel an der ehelichen Abstammung eines Kindes (Empfängnis oder Geburt außerhalb der Ehe)
- konkrete Möglichkeit der Abstammung von einem anderen Mann
- Unmöglichkeit der Vaterschaft wegen fehlendem sexuellen Verkehr mit der Mutter oder
- Unfruchtbarkeit des Mannes im Empfängniszeitraum
- ein im Einverständnis mit Kind und Mutter durchgeführtes Abstammungsgutachten (DNA-Analyse), wobei auf ein solches Einverständnis in der Regel ein Anspruch besteht, § 1598 a BGB

Anfechtungsberechtigte, § 1600 BGB	Frist, § 1600b BGB	Ausschluss der Anfechtung
– Mann, der zum Zeitpunkt der Geburt mit der Mutter des Kindes verheiratet ist – Mann, der die Vaterschaft anerkannt hat – Mann, dessen Vaterschaft unterstellt wird, da das Kind nach Auflösung der Ehe durch Tod innerhalb von 300 Tagen geboren wird	2 Jahre Beginn: Zeitpunkt, in dem der Berechtigte von den Umständen erfährt, die gegen die Vaterschaft sprechen. Kein Fristbeginn vor Geburt des Kindes und Wirksamkeit der Vaterschaft	– Kind wurde mit Einwilligung des Mannes und der Mutter durch künstliche Befruchtung mittels Samenspende eines Dritten gezeugt

251

Anfechtungsberechtigte, § 1600 BGB	Frist, § 1600 b BGB	Ausschluss der Anfechtung
Mann, der an Eides statt versichert, der Mutter des Kindes während der Empfängniszeit beigewohnt zu haben	2 Jahre Beginn: Zeitpunkt, in dem der Berechtigte von den Umständen erfährt, die gegen die Vaterschaft sprechen Kein Fristbeginn vor Geburt des Kindes und Wirksamkeit der Vaterschaft	– Keine Anfechtung, wenn Anfechtender nicht der leibliche Vater ist und eine sozial-familiäre Beziehung[1] des Kindes zu seinem rechtlichen Vater besteht oder im Zeitpunkt seines Todes bestanden hat – Kind wurde mit Einwilligung des Mannes und der Mutter durch künstliche Befruchtung mittels Samenspende eines Dritten gezeugt
Mutter des Kindes	2 Jahre Beginn: Zeitpunkt, in dem die Mutter von den Umständen erfährt/Kenntnis erlangt, die gegen die Vaterschaft sprechen Kein Fristbeginn vor Geburt des Kindes und Wirksamkeit der Vaterschaft	– Kind wurde mit Einwilligung des Mannes und der Mutter durch künstliche Befruchtung mittels Samenspende eines Dritten gezeugt
Kind (im Fall der Minderjährigkeit durch seinen gesetzlichen Vertreter; dies kann z. B. ein Vormund oder Ergänzungspfleger sein)	2 Jahre Beginn: Zeitpunkt, in dem Kind von den Umständen erfährt, die gegen die Vaterschaft sprechen, oder Zeitpunkt, in dem das Kind Kenntnis von Umständen erlangt, aufgrund derer die Folgen der Vaterschaft für das Kind unzumutbar werden	

---

[1] Eine sozial-familiäre Beziehung besteht, wenn der Vater zum maßgeblichen Zeitpunkt für das Kind tatsächliche Verantwortung trägt oder getragen hat. Eine Übernahme tatsächlicher Verantwortung liegt in der Regel vor, wenn der Vater mit der Mutter des Kindes verheiratet ist oder mit dem Kind längere Zeit in häuslicher Gemeinschaft zusammengelebt hat.

2. Eherecht

Der Antrag auf Aufhebung der Ehe richtet sich nach §§ 1314, 1317 BGB.

Tatbestand	Frist	Fristbeginn	Norm
Ehegatte wurde zur Eingehung der Ehe widerrechtlich durch Drohung bestimmt	3 Jahre	Aufhören der Zwangslage	§§ 1317, 1314 Abs. 2 Nr. 4 BGB
Ehegatte wurde zur Eingehung der Ehe widerrechtlich durch arglistige Täuschung bestimmt	1 Jahr	Entdeckung der Täuschung	§§ 1317, 1314 Abs. 2 Nr. 3 BGB
Ehegatte wusste bei Eheschließung nicht, dass es sich um die Eingehung einer Ehe handelt	1 Jahr	Entdeckung des Irrtums Bei Minderjährigen: Nicht vor Eintritt der Volljährigkeit	§§ 1317, 1314 Abs. 2 Nr. 2 BGB

3.1.2.2.4 Anfechtungsfristen – AnfG und InsO

Norm	Definition	Frist
§ 3 Abs. 1 AnfG	Rechtshandlungen, die der Schuldner mit dem Vorsatz vorgenommen hat, den Gläubiger zu benachteiligen, wenn die dritte Person den Vorsatz kannte	10 Jahre seit Vornahme
§ 3 Abs. 2 AnfG	Rechtshandlung gewährt oder ermöglicht dem Dritten eine Sicherung oder Befriedigung	4 Jahre seit Vornahme
§ 3 Abs. 4 AnfG	Entgeltliche Verträge, die der Schuldner mit einer nahestehenden Person abgeschlossen hat und durch die Gläubiger unmittelbar benachteiligt werden	2 Jahre seit Vertragsabschluss
§ 4 Abs. 1 AnfG	Unentgeltliche Leistungen des Schuldners an eine dritte Person	4 Jahre seit Vornahme

Norm	Definition	Frist
§ 130 Abs. 1 Nr. 1 InsO	**Kongruente Deckung** Rechtshandlung, die einem Insolvenzgläubiger eine Sicherung oder Befriedigung gewährt oder ermöglicht hat, wenn sie in den **letzten drei Monaten vor dem Insolvenzantrag** vorgenommen wurde und der Schuldner zur Zeit der Handlung **zahlungsunfähig** war und der Gläubiger die **Zahlungsunfähigkeit kannte**	Allgemeine 3-jährige Verjährungsfrist – Beginn mit Ablauf des Jahres, in dem der Antrag auf Eröffnung des Insolvenzverfahrens bei Gericht eingegangen ist Ausschluss, wenn Vorgang älter als 3 Monate vor der Antragstellung
§ 130 Abs. 1 Nr. 2 InsO	Rechtshandlung, die einem Insolvenzgläubiger eine Sicherung oder Befriedigung gewährt oder ermöglicht hat, wenn sie **nach dem Eröffnungsantrag** vorgenommen und der Gläubiger zur Zeit der Handlung die **Zahlungsunfähigkeit** oder den **Eröffnungsantrag kannte**	Allgemeine 3-jährige Verjährungsfrist – Beginn mit Ablauf des Jahres, in dem der Antrag auf Eröffnung des Insolvenzverfahrens bei Gericht eingegangen ist
§ 131 Abs. 1 Nr. 1 InsO	**Inkongruente Deckung** Rechtshandlung, die einem Insolvenzgläubiger eine Sicherung oder Befriedigung gewährt oder ermöglicht hat, die er nicht oder nicht in der Art oder nicht zu dem Zeitpunkt hätte beanspruchen können, wenn die Handlung **im letzten Monat vor Eröffnungsantrag oder danach** vorgenommen wurde	Allgemeine 3-jährige Verjährungsfrist – Beginn mit Ablauf des Jahres, in dem der Antrag auf Eröffnung des Insolvenzverfahrens bei Gericht eingegangen ist Ausschluss, wenn Vorgang älter als 1 Monat vor der Antragstellung
§ 131 Abs. 1 Nr. 2 InsO	Rechtshandlung, die einem Insolvenzgläubiger eine Sicherung oder Befriedigung gewährt oder ermöglicht hat, die er nicht oder nicht in der Art oder nicht zu dem Zeitpunkt hätte beanspruchen können, wenn die Handlung **innerhalb des zweiten oder dritten Monats vor Eröffnungsantrag** vorgenommen wurde und Schuldner zum Zeitpunkt der Handlung **zahlungsunfähig** war	Allgemeine 3-jährige Verjährungsfrist – Beginn mit Ablauf des Jahres, in dem der Antrag auf Eröffnung des Insolvenzverfahrens bei Gericht eingegangen ist Ausschluss, wenn Vorgang älter als 2 bis 3 Monate vor der Antragstellung

Norm	Definition	Frist
§ 131 Abs. 1 Nr. 3 InsO	Rechtshandlung, die einem Insolvenzgläubiger eine Sicherung oder Befriedigung gewährt oder ermöglicht hat, die er nicht oder nicht in der Art oder nicht zu dem Zeitpunkt hätte beanspruchen können, wenn die Handlung **innerhalb des zweiten oder dritten Monats vor Eröffnungsantrag** vorgenommen wurde und dem Gläubiger **bekannt** war, dass die Handlung die **Insolvenzgläubiger benachteiligte**	Allgemeine 3-jährige Verjährungsfrist – Beginn mit Ablauf des Jahres, in dem der Antrag auf Eröffnung des Insolvenzverfahrens bei Gericht eingegangen ist Ausschluss, wenn Vorgang älter als 2 bis 3 Monate vor der Antragstellung
§ 132 Abs. 1 InsO	Unmittelbar nachteilige Rechtsgeschäfte bis zu drei Monate vor dem Insolvenzantrag, wenn der Schuldner zur Zeit der Handlung zahlungsunfähig war und der Gläubiger die Zahlungsunfähigkeit kannte (Nr. 1), oder nach dem Insolvenzantrag, wenn der Gläubiger zur Zeit der Handlung die Zahlungsunfähigkeit oder den Eröffnungsantrag kannte (Nr. 2)	Allgemeine 3-jährige Verjährungsfrist – Beginn mit Ablauf des Jahres, in dem der Antrag auf Eröffnung des Insolvenzverfahrens bei Gericht eingegangen ist Ausschluss bei § 132 Abs. 1 Nr. 1 InsO, wenn Vorgang älter als 3 Monate vor der Antragstellung
§ 132 Abs. 2 InsO	Andere Rechtshandlung des Schuldners, durch die der Schuldner ein Recht verliert oder nicht mehr geltend machen kann oder durch die ein vermögensrechtlicher Anspruch gegen ihn erhalten oder durchsetzbar wird	Allgemeine 3-jährige Verjährungsfrist – Beginn mit Ablauf des Jahres, in dem der Antrag auf Eröffnung des Insolvenzverfahrens bei Gericht eingegangen ist
§ 133 Abs. 1 InsO	Vorsätzlich benachteiligende Rechtshandlungen	Allgemeine 3-jährige Verjährungsfrist – Beginn mit Ablauf des Jahres, in dem der Antrag auf Eröffnung des Insolvenzverfahrens bei Gericht eingegangen ist Ausschluss, wenn Vorgang älter als 10 Jahre vor der Antragstellung, es sei denn, die Rechtshandlung hat dem anderen Teil eine Sicherung oder Befriedigung gewährt oder ermöglicht (dann 4 Jahre, § 133 Abs. 2 InsO)

Norm	Definition	Frist
§ 133 Abs. 4 InsO	Unmittelbar benachteiligende entgeltliche Verträge mit nahestehenden Personen	Allgemeine 3-jährige Verjährungsfrist – Beginn mit Ablauf des Jahres, in dem der Antrag auf Eröffnung des Insolvenzverfahrens bei Gericht eingegangen ist
		Ausschluss, wenn Vorgang älter als 2 Jahre vor der Antragstellung oder wenn dem anderen Teil bei Vertragsschluss ein Vorsatz des Schuldners zur Gläubigerbenachteiligung nicht bekannt war
§ 134 InsO	Unentgeltliche Leistungen	Allgemeine 3-jährige Verjährungsfrist – Beginn mit Ablauf des Jahres, in dem der Antrag auf Eröffnung des Insolvenzverfahrens bei Gericht eingegangen ist
	Anfechtungsrecht besteht nicht bei gebräuchlichen Gelegenheitsgeschenken geringen Wertes	Ausschluss, wenn Vorgang älter als 4 Jahre vor der Antragstellung
§ 135 Abs. 1 Nr. 1 InsO	Besicherung von Gesellschafterdarlehen	Allgemeine 3-jährige Verjährungsfrist – Beginn mit Ablauf des Jahres, in dem der Antrag auf Eröffnung des Insolvenzverfahrens bei Gericht eingegangen ist
		Ausschluss, wenn Vorgang älter als 10 Jahre vor der Antragstellung
§ 135 Abs. 1 Nr. 2 InsO	Rückgewähr von Gesellschafterdarlehen	Allgemeine 3-jährige Verjährungsfrist – Beginn mit Ablauf des Jahres, in dem der Antrag auf Eröffnung des Insolvenzverfahrens bei Gericht eingegangen ist
		Ausschluss, wenn Vorgang älter als 1 Jahr vor der Antragstellung

3.1.2.3 Kündigungsfristen

3.1.2.3.1 Grundsatz

Kündigung	
Ordentlich	**Außerordentlich**
ohne wichtigen Grund, aber mit Frist	fristlos, aber wichtiger Grund erforderlich
Kündigungserklärung:	
einseitig empfangsbedürftige Willenserklärung, die unwiderruflich ist	
Bei Kündigung durch Bevollmächtigten:	
Vorlage der Originalvollmacht, anderenfalls droht Zurückweisung der Kündigung gem. § 174 BGB	

Kündigung von Dauerschuldverhältnissen ist aus wichtigem Grund stets möglich nach § 314 BGB, soweit keine Spezialregelung eingreift.

3.1.2.3.2 Übersicht kündbarer Verträge

Kündigung	Besondere Voraussetzungen	Frist	Norm
Arbeitsvertrag[1]			
ordentlich	– schriftlich (§ 623 BGB, elektronische Form ist ausgeschlossen)	In der vereinbarten Probezeit (längstens für die Dauer von 6 Monaten): das Arbeitsverhältnis kann mit einer Frist von zwei Wochen gekündigt werden	§ 622 BGB

---

[1] Genauere Darstellung im Teil Arbeitsrecht 3.2.2.

Kündigung	Besondere Voraussetzungen	Frist	Norm
		Sonst: – grds. Frist von vier Wochen zum Fünfzehnten oder zum Ende eines Kalendermonats (Abs. 1) – für **Arbeitgeber** hängt nach Abs. 2 die Kündigungsfrist davon ab, wie lange das Arbeitsverhältnis in dem Betrieb oder Unternehmen bestanden hat 2 Jahre — 1 Monat zum Monatsende 5 Jahre — 2 Monate zum Monatsende 8 Jahre — 3 Monate zum Monatsende 10 Jahre — 4 Monate zum Monatsende 12 Jahre — 5 Monate zum Monatsende 15 Jahre — 6 Monate zum Monatsende 20 Jahre — 7 Monate zum Montatsende für die Kündigung des Arbeitsverhältnisses durch den Arbeitnehmer darf keine längere Frist vereinbart werden als für die Kündigung durch den Arbeitgeber. abweichende Regelungen durch Tarifvertrag möglich	
Außerordentlich	– wichtiger Grund – schriftlich	Zwei Wochen ab dem Zeitpunkt, in dem der Kündigungsberechtigte von den für die Kündigung maßgebenden Tatsachen Kenntnis erlangt	§ 626 BGB

Kündigung	Besondere Voraussetzungen	Frist	Norm
Auftrag	– grds. kein Grund erforderlich, – es sei denn: Verzicht auf Kündigungsrecht, dann wichtiger Grund erforderlich	Fristlos, Ausnahme Auftragnehmer: nicht zur Unzeit (Rückausnahme: es besteht ein wichtiger Grund)	§ 671 BGB
Behandlungsvertrag	– fristlos bei wichtigem Grund	Aus wichtigem Grund mit sofortiger Wirkung kündbar; Kündigungsfrist: binnen zwei Wochen ab Kenntniserlangung vom wichtigen Grund	§ 626 Abs. 2 S. 1 BGB
Darlehensvertrag			
Ordentlich	Befristeter Darlehensvertrag – nur durch Darlehensnehmer Festzinsdarlehen: – Auslaufen der beiderseitigen Zinsbindung; Zinsbindung ist kürzer als die Darlehenslaufzeit insgesamt und es fehlt eine (nachträgliche) Zinsvereinbarung für die Zeit nach Ablauf der Bindungsdauer – Sonderregelung für Darlehen mit kurzfristigen periodischen Zinsanpassungen	Einmonatige Kündigungsfrist frühestens für den Ablauf des Tages, an dem die Zinsbindung endet Einmonatige Kündigungsfrist für den Ablauf des Tages, an dem die jeweilige Anpassung endet	§ 489 Abs. 1 Nr. 1 Hs. 1 BGB § 489 Abs. 1 Nr. 1 Hs. 2 BGB

Kündigung	Besondere Voraussetzungen	Frist	Norm
	– Spätestens nach Ablauf von 10 Jahren nach vollständigem Empfang	Sechs Monate	§ 489 Abs. 1 Nr. 2 BGB
	Variabler Zinssatz: – Keine Voraussetzungen	Drei Monate; Jederzeit	§ 489 Abs. 2 BGB
	Ordentliche Kündigung gilt gem. § 489 Abs. 3 BGB als nicht erfolgt, wenn geschuldeter Beitrag nicht binnen zwei Wochen nach Wirksamwerden der Kündigung zurückgezahlt wird		
	Unbefristeter Darlehensvertrag – durch Darlehensnehmer und -geber	Drei Monate (Wenn keine Zinsen geschuldet sind, ist Rückzahlung des Darlehens durch Darlehensnehmer ohne Kündigung möglich)	§ 488 Abs. 3 S. 2, 3 BGB
Außerordentlich	Durch Darlehensgeber: – Wesentliche Vermögensverschlechterung des Darlehensnehmers im Zeitraum nach Abschluss des Darlehensvertrags	Vor Auszahlung stets fristlos kündbar Nach Auszahlung „in der Regel" fristlos kündbar (Gesamtwürdigung der Kündigungssituation erforderlich)	§ 490 Abs. 1 BGB
	Durch Darlehensnehmer: – Festverzinsliches Darlehen, welches grund- oder schiffspfandrechtlich gesichert ist; berechtigtes Interesse und seit dem vollständigen Empfang sechs Monate abgelaufen	Drei Monate	§§ 490 Abs. 2, 488 Abs. 3 S. 2 BGB

Kündigung	Besondere Voraussetzungen	Frist	Norm
Dienstvertrag			
Ordentlich	– Dienstverhältnis, das kein Arbeitsverhältnis i.S.d. § 622 BGB ist	– wenn die Vergütung nach Tagen bemessen ist, an jedem Tag für den Ablauf des folgenden Tages kündbar – wenn die Vergütung nach Wochen bemessen ist, spätestens am ersten Werktag einer Woche für den Ablauf des folgenden Sonnabends kündbar – wenn die Vergütung nach Monaten bemessen ist, spätestens am 15. eines Monats für den Schluss des Kalendermonats kündbar – wenn die Vergütung nach Vierteljahren oder längeren Zeitabschnitten bemessen ist, unter Einhaltung einer Kündigungsfrist von sechs Wochen für den Schluss eines Kalendervierteljahrs kündbar – wenn die Vergütung nicht nach Zeitabschnitten bemessen ist, jederzeit kündbar; bei einem der Erwerbstätigkeit des Verpflichteten vollständig oder hauptsächlich in Anspruch nehmenden Dienstverhältnis ist jedoch eine Kündigungsfrist von zwei Wochen einzuhalten	§ 621 Nr. 1–5 BGB
	– Dienstverhältnis für die Lebenszeit einer Person oder für längere Zeit als fünf Jahre eingegangen	Nach Ablauf von 5 Jahren mit sechsmonatiger Frist kündbar	§ 624 BGB

Kündigung	Besondere Voraussetzungen	Frist	Norm
Außerordentlich	– Wichtiger Grund – Schriftlich	Fristlos innerhalb zwei Wochen ab dem Zeitpunkt, in dem der Kündigungs-berechtigte von den für die Kündigung maßgebenden Tatsachen Kenntnis erlangt	§ 626 BGB
	– Dienstverhältnis, das kein Arbeitsverhältnis i.S.d. § 622 BGB ist – Vertrauensstellung – Kein dauerndes Dienstverhältnis mit festen Bezügen	Fristlos, Ausnahme: nicht zur Unzeit (Rückausnahme: es besteht ein wichtiger Grund)	§ 627 BGB
Geschäftsbesorgungs-vertrag	– Außerordentliches Kündigungsrecht des Verpflichteten Ansonsten gilt für die Kündigung Dienst- bzw. Werkvertragsrecht (siehe entsprechende Regelungen dort)	Fristlos, Ausnahme: nicht zur Unzeit (Rückausnahme: es besteht ein wichtiger Grund)	§§ 675 Abs. 1, 671 Abs. 2 BGB
Gewerberaummietvertrag			
Ordentlich	– Unbefristeter Gewerberaummiet-vertrag	Kündigung spätestens am dritten Werktag eines Kalendervierteljahrs zum Ablauf des nächsten Kalendervierteljahrs	§ 580a Abs.2 BGB
Außerordentlich	Fristlos: – Wichtiger Grund – Ggf. Abmahnung oder Setzung einer angemessenen Frist zur Abhilfe (§ 543 Abs.3 BGB)	Grundsätzlich fristlos: Ausnahme bei Erforderlichkeit einer angemessenen Abhilfefrist nach § 543 Abs.3 BGB	§ 543 BGB

Kündigung	Besondere Voraussetzungen	Frist	Norm
	Mit gesetzlicher Frist: – Gesetzliche Anordnung der außerordentlichen Kündigungsmöglichkeit mit gesetzlicher Frist	Kündigung spätestens am dritten Werktag eines Kalendervierteljahrs zum Ablauf des nächsten Kalendervierteljahrs	§ 580 a Abs. 4, Abs. 2 BGB
Landpachtvertrag			
Ordentlich	– Unbefristeter Pachtvertrag – Schriftform (§ 594 f BGB)	Kündigung spätestens am dritten Werktag eines Pachtjahrs für den Schluss des nächsten Pachtjahrs (Im Zweifel gilt das Kalenderjahr als Pachtjahr). Die Vereinbarung einer kürzeren Frist bedarf der Schriftform.	§ 594 a Abs. 1 BGB
Außerordentlich	Fristlos: – Wichtiger Grund – Ggf. Abmahnung oder Setzung einer angemessenen Frist zur Abhilfe (§ 543 Abs. 3 BGB) – Schriftform (§ 594 f BGB)	Grundsätzlich fristlos; Ausnahme bei Erforderlichkeit einer angemessenen Abhilfefrist nach § 543 Abs. 3 BGB	§ 594 e i. V. m. §§ 543, 569 Abs. 1, 2 BGB
	Mit gesetzlicher Frist: – Gesetzliche Anordnung der außerordentlichen Kündigungsmöglichkeit mit gesetzlicher Frist – Schriftform (§ 594 f BGB)	Kündigung zum Schluss des Pachtjahres spätestens am dritten Werktag des halben Jahres, mit dessen Ablauf die Pacht enden soll	§ 594 a Abs. 2 BGB
Leasingvertrag			
		Die Kündigungsfristen beim Leasingvertrag richten sich, wenn keine vertragliche Vereinbarung gegeben ist, grundsätzlich nach denen des Mietvertrags	§ 543 BGB § 580 a BGB

Kündigung	Besondere Voraussetzungen	Frist	Norm
Leihe	Kündigung durch Verleiher: – Verleiher bedarf infolge eines nicht vorgesehenen Umstands der verliehenen Sachen – vertragswidriger Gebrauch der Sache durch Entleiher – Entleiher stirbt	Grundsätzlich fristlos; nur in Ausnahmefristen ist dem Entleiher eine Frist gem. § 242 BGB zu gewähren	§ 605 BGB
Maklervertrag	Auftraggeber: Makler: Kündigungsrecht des Maklers umstritten; aufgrund mangelnder Tätigkeitspflicht wohl nur theoretische Bedeutung	Jederzeit fristlos kündbar	Auf entsprechende Anwendung des § 671 BGB gestützt[1]
Mietvertrag (siehe Fristen beim Wohnraummietvertrag unter diesem Stichwort)			
Ordentlich	Mietverhältnis über Grundstücke und Räume, die keine Geschäftsräume sind – Unbefristeter Mietvertrag	– wenn die Miete nach Tagen bemessen ist, an jedem Tag zum Ablauf des folgenden Tages – wenn die Miete nach Wochen bemessen ist, spätestens am ersten Werktag einer Woche zum Ablauf des folgenden Sonnabends	§ 580a Abs. 1 Nr. 1–3 BGB

[1] Das BGB enthält keine gesonderten Kündigungsregelungen für den Maklervertrag.

Kündigung	Besondere Voraussetzungen	Frist	Norm
		– wenn die Miete nach Monaten oder längeren Zeitabschnitten bemessen ist, spätestens am dritten Werktag eines Kalendermonats zum Ablauf des übernächsten Monats, bei einem Mietverhältnis über gewerblich genutzte unbebaute Grundstücke jedoch nur zum Ablauf eines Kalendervierteljahrs	
	Mietverhältnis über bewegliche Sachen – Unbefristeter Mietvertrag	– wenn die Miete nach Tagen bemessen ist, an jedem Tag zum Ablauf des folgenden Tages – wenn die Miete nach längeren Zeitabschnitten bemessen ist, spätestens am dritten Tag vor dem Tag, mit dessen Ablauf das Mietverhältnis enden soll	§ 580 a Abs. 3 Nr. 1–2 BGB
Außerordentlich	Fristlos: – Wichtiger Grund – Ggf. Abmahnung oder Setzung einer angemessenen Frist zur Abhilfe (§ 543 Abs. 3 BGB)	Grundsätzlich fristlos; Ausnahme bei Erforderlichkeit einer angemessenen Abhilfefrist nach § 543 Abs. 3 BGB *Zur Abmilderung der Folgen der COVID-19-Pandemie im Zivilrecht galt für Mietverhältnisse in 2020 ein zeitlich beschränktes Kündigungsverbot des Vermieters:* ● *Mietern und Pächtern konnte für den Zeitraum vom 1.4 bis 30.6.2020 nicht wegen ausgefallener Mietzahlungen aufgrund der COVID-19-Pandemie gekündigt werden.*	§ 543 BGB

Kündigung	Besondere Voraussetzungen	Frist	Norm
		• *Die Miete blieb für diesen Zeitraum weiterhin fällig; es konnten auch Verzugszinsen entstehen.*	
		Mietschulden aus dem Zeitraum vom 1.4. bis 30.6.2020 müssen nun bis zum 30.6.2022 beglichen werden, sonst ist eine Kündigung wieder zulässig und Mieter müssen im Streitfall glaubhaft machen, dass die Nichtleistung der Miete auf den Auswirkungen der COVID-19-Pandemie beruhte.	
		Die Geltung dieser Kündigungsbeschränkungen konnte auf Zahlungsrückstände erstreckt werden, die bis zum 30.9.2020 entstanden waren. Die Bundesregierung hat darüber hinaus die gesetzliche Ermächtigung, die Fristen durch Rechtsverordnung über den 30.9.2020 hinaus zu verlängern, wenn dies aufgrund fortbestehender Auswirkungen der COVID-19-Pandemie in der BRD geboten erscheint[1]. Das so genannte Kündigungsmoratorium in Art. 240 EGBGB wurde nicht verlängert.	

---

[1] Vgl. Gesetz zur Abmilderung der Folgen der COVID-19-Pandemie im Zivil-, Insolvenz- und Strafverfahrensrecht, Art. 2, Gesetz über Maßnahmen im Gesellschafts-, Genossenschafts-, Vereins-, Stiftungs- und Wohnungseigentumsrecht zur Bekämpfung der Auswirkungen der COVID-19-Pandemie (BGBl I 2020 S. 572), zuletzt geändert durch Art. 16 des AufbhG 2021 v. 10.9.2021 (BGBl I 2021 S. 4147).

Kündigung	Besondere Voraussetzungen	Frist	Norm
	Mit Frist: Mietverhältnis über Grundstücke und Räume, die keine Geschäftsräume sind – gesetzliche Anordnung der außerordentlichen Kündigung mit gesetzlicher Frist	Kündigung spätestens am dritten Werktag eines Kalendermonats zum Ablauf des übernächsten Monats, bei einem Mietverhältnis über gewerblich genutzte unbebaute Grundstücke jedoch nur zum Ablauf eines Kalendervierteljahrs	§ 580a Abs. 4 und Abs. 1 Nr. 3 BGB
	Mietverhältnis über bewegliche Sachen gesetzliche Anordnung der außerordentlichen Kündigung mit gesetzlicher Frist	Kündigung spätestens am dritten Tag vor dem Tag, mit dessen Ablauf das Mietverhältnis enden soll.	§ 580a Abs. 4 und Abs. 3 Nr. 2 BGB
Pachtvertrag			
Ordentlich	– Unbefristeter Pachtvertrag	Kündigung nur für den Schluss eines Pachtjahres zulässig; sie hat spätestens am dritten Werktag des halben Jahres zu erfolgen, mit dessen Ablauf die Pacht enden soll	§ 584 Abs. 1 BGB
Außerordentlich	Fristlos: – Wichtiger Grund – Ggf. Abmahnung oder Setzung einer angemessenen Frist zur Abhilfe (§ 543 Abs. 3 BGB)	Grundsätzlich fristlos; Ausnahme bei Erforderlichkeit einer angemessenen Abhilfefrist nach § 543 Abs. 3 BGB (vgl. hierzu auch die Ausführungen zu den zeitlich begrenzten Erleichterungen bei Kündigungen von Mietverhältnissen aufgrund des Gesetzes zur Abmilderung der Folgen der COVID-19-Pandemie in diesem Kapitel)	§ 581 Abs. 2 i. V. m. § 543 BGB

Kündigung	Besondere Voraussetzungen	Frist	Norm
	Befristet: gesetzliche Anordnung der außerordentlichen Kündigung mit gesetzlicher Frist	s. o.	§ 584 Abs. 2 BGB
Reisevertrag	Kündigung durch Reisenden wegen Mangels: – erhebliche Beeinträchtigung der Reise durch Mangel der in § 651 i BGB bezeichneten Art – oder erkennbare Unzumutbarkeit aus wichtigem Grund infolge des Mangels Bestimmung einer angemessenen Frist zur Abhilfe oder deren Entbehrlichkeit nach § 651 k Abs. 2 BGB Kündigung durch Reisenden wegen höherer Gewalt: – am Bestimmungsort oder in dessen unmittelbarer Nähe unvermeidbare Umstände, die die Durchführung der Reise erheblich beeinträchtigen (§ 651 h Abs. 3: Reiseveranstalter kann keine Entschädigung verlangen). Abgesagte Pauschalreise aufgrund der COVID-19-Pandemie	Angemessene Frist zur Abhilfe oder bei Entbehrlichkeit einer Abhilfefrist, fristlos	§ 651 l BGB

Kündigung	Besondere Voraussetzungen	Frist	Norm
	Zur Abmilderung der Folgen der COVID-19-Pandemie im Zivilrecht gilt für Reiseverträge, die auf abgesagte Pauschalreisen gerichtet sind, eine sogenannte „freiwillige Gutscheinlösung"[1]*:* • *Reiseveranstalter können den Kunden für vor dem 8.3.2020 gebuchte Reisen, die infolge der Corona-Pandemie nicht durchgeführt werden können, anstelle der sofortigen Erstattung von Vorauszahlungen Gutscheine im Wert des jeweils gezahlten Reisepreises anbieten. Der Veranstalter hat den Kunden auf das Wahlrecht zwischen Gutschein und sofortiger Erstattung hinzuweisen.* • *Für Ausstellung, Übermittlung und Einlösung des Gutscheins dürfen dem Kunden keine Kosten entstehen.* • *Der Wert der Gutscheine soll neben der gesetzlichen Insolvenzabsicherung zusätzlich bis zur vollen Höhe durch eine ergänzende staatliche Absicherung garantiert sein.*		

---

[1] Vgl. Art. 240, §6 EGBGB, zuletzt geändert durch Art. 2 des Gesetzes v. 10.8.2021 (BGBl I 2021 S. 3315).

Kündigung	Besondere Voraussetzungen	Frist	Norm
	• Die Gutscheine gelten nur im Hinblick auf die aktuelle COVID-19-Pandemie und werden zeitlich befristet abgesichert. Sie können nach Ende der Reisebeschränkungen beim Reiseveranstalter eingelöst werden.		
	• Reisende, die den Gutschein ablehnen, behalten ihren sofortigen Erstattungsanspruch.		
	• Wird der Gutschein nicht bis spätestens Ende 2021 eingelöst, so ist der Wert in Höhe des ursprünglichen Reisepreises unverzüglich auszubezahlen.		
	• Der Reisegutschein selbst muss – neben dessen Wert – die Hinweise enthalten:		
	– dass er wegen der COVID-19-Pandemie ausgestellt wurde und wie lange er gültig ist,		
	– dass der Kunde sofortige Erstattung geleisteter Vorauszahlungen verlangen kann, wenn er den Gutschein nicht innerhalb dessen Gültigkeitsdauer eingelöst hat,		
	– dass der Gutschein bei Insolvenz des Reiseveranstalters ergänzend gegebenenfalls durch eine staatliche Garantie abgesichert ist.		

Kündigung	Besondere Voraussetzungen	Frist	Norm
	Haben Kunden bereits vor Inkrafttreten der Vorschrift von Reiseveranstaltern für vor dem 8.3.2020 gebuchte Reisen, die infolge der Corona-Pandemie nicht durchgeführt werden können, anstelle sofortiger Erstattung Gutscheine erhalten, kann der Kunde eine Anpassung des Gutscheins an die Vorgaben der Vorschrift verlangen.		
Rentenschuld		Sechs Monate, wenn nichts anderes bestimmt ist	§ 1202 Abs. 1 S. 2 BGB
Testamentsvollstreckung	Durch Testamentsvollstrecker	Jederzeit fristlos, Ausnahme: nicht zur Unzeit (Rückausnahme: es besteht ein wichtiger Grund)	§ 2226 BGB
Verbraucherdarlehensvertrag			
Ordentlich	Durch Darlehensgeber: – Nur bei unbefristetem Verbraucherdarlehensvertrag	Drei Monate	§ 488 Abs. 3 S. 1 und 2 BGB
	Durch Darlehensnehmer: Unbefristeter Verbraucherdarlehensvertrag	Fristlos	§ 500 Abs. 1 S. 1 BGB
	Befristeter Verbraucherdarlehensvertrag – Siehe bei Darlehensvertrag	Siehe bei Darlehensvertrag	§ 489 Abs. 1 BGB

Kündigung	Besondere Voraussetzungen	Frist	Norm
Außerordentlich	Darlehensgeber: – Wesentliche Vermögensverschlechterung des Darlehensnehmers im Zeitraum nach Abschluss des Verbraucherdarlehensvertrags	Vor Auszahlung stets fristlos kündbar Nach Auszahlung „in der Regel" fristlos kündbar (Gesamtwürdigung der Kündigungssituation erforderlich) *Zur Abmilderung der Folgen der COVID-19-Pandemie im Zivilrecht galt für Darlehensverträge in 2020 eine zeitlich beschränkte Stundungsregelung und ein damit einhergehendes Kündigungsverbot des Darlehensgebers:* • *Für Verbraucherdarlehensverträge, die vor dem 15.3.2020 geschlossen wurden, wurden Ansprüche des Darlehensgebers auf Rückzahlungs-, Zins- oder Tilgungsleistungen, die zwischen dem 1.4.2020 und dem 30.6.2020 fällig wurden, gestundet.* • *Die erfassten Ansprüche waren zunächst für drei Monate gestundet, d.h. um diesen Zeitraum verschob sich die Fälligkeit des jeweiligen Anspruchs.* • *Voraussetzung für die Stundung war, dass der Verbraucher durch die COVID-19-Pandemie Einnahmeausfälle hatte, die dazu führten, dass die weitere Erbringung von Rückzahlungs-, Zins- oder Tilgungsleistungen aus dem Darlehensvertrag den angemessenen Lebensunterhalt des Verbrauchers gefährdet hätte.*	§ 490 Abs. 1 BGB

Kündigung	Besondere Voraussetzungen	Frist	Norm
		• *Kündigungen des Darlehensgebers wg. Zahlungsverzugs, wesentlicher Verschlechterung der Vermögensverhältnisse des Verbrauchers oder der Werthaltigkeit einer Sicherheit waren bis zum Ablauf der Stundung ausgeschlossen. Dies galt nicht, wenn Stundung/Kündigungsausschluss für den Darlehensgeber wg. der durch die COVID-19-Pandemie verursachten Veränderung der allgemeinen Lebensumstände unzumutbar war.* *Die Geltung des Stundungszeitraums und das damit verbundene Kündigungsverbot konnten bis zum 30.9.2020 verlängert werden. Die Bundesregierung hat darüber hinaus die gesetzliche Ermächtigung, die Fristen durch Rechtsverordnung über den 30.9.2020 hinaus zu verlängern, wenn dies aufgrund fortbestehender Auswirkungen der COVID-19-Pandemie in der BRD geboten erscheint[1]. Bisher wurde keine Verlängerung beschlossen.*	

---

[1] Vgl. Art. 240, § 3 EGBGB, zuletzt geändert durch Art. 2 des Gesetzes v. 10.8.2021 (BGBl I 2021 S. 3315).

Kündigung	Besondere Voraussetzungen	Frist	Norm
	Darlehensnehmer: – Festverzinsliches Darlehen, welches grund- oder schiffspfandrechtlich gesichert ist; berechtigtes Interesse und seit dem vollständigen Empfang sechs Monate abgelaufen	Drei Monate	§§490 Abs.2, 488 Abs.3 S.2 BGB
Werkvertrag	Besteller: – Kündigung bis zur „Vollendung des Werks" Unternehmer: – Unterlassen der Mitwirkungshandlung durch den Besteller – Setzung einer angemessenen Frist zur Nachholung der unterlassenen Mitwirkungshandlung	Jederzeit fristlos Ablaufen der gesetzten angemessenen Frist	§648 BGB §643 BGB
	Beide Vertragsparteien:	Fristlos aus wichtigem Grund	§648a BGB
Wohnraummietvertrag			
Ordentlich	Vermieter: – Unbefristeter Mietvertrag – berechtigtes Interesse erforderlich (§573 BGB) – Schriftform (§568 BGB)	Kündigung spätestens am dritten Werktag eines Kalendermonats zum Ablauf des übernächsten Monats (Verlängerung um jeweils drei Monate bei fünf und acht Jahren seit Überlassung des Wohnraums)	§573c Abs.1 BGB
	Mieter: – Unbefristeter Mietvertrag – Schriftform (§568 BGB)	Kündigung spätestens am dritten Werktag eines Kalendermonats zum Ablauf des übernächsten Monats	§573c Abs.1BGB

Kündigung	Besondere Voraussetzungen	Frist	Norm
Außerordentlich	Fristlos: – wichtiger Grund – Ggf. Abmahnung oder Setzung einer angemessenen Frist zur Abhilfe (§ 543 Abs. 3 BGB) – Schriftform (§ 568 Abs. 1 BGB) – Angabe von Gründen (§ 569 Abs. 4 BGB)	Grundsätzlich fristlos; Ausnahme bei Erforderlichkeit einer angemessenen Abhilfefrist nach § 543 Abs. 3 BGB (vgl. hierzu auch die Ausführungen zu den zeitlich begrenzten Erleichterungen bei Kündigungen von Mietverhältnissen aufgrund des Gesetzes zur Abmilderung der Folgen der COVID-19-Pandemie in diesem Kapitel)	§§ 543, 569 BGB
	Befristet: – Gesetzliche Anordnung der außerordentlichen Kündigungsmöglichkeit mit gesetzlicher Frist (bei befristetem und unbefristetem Vertrag)	Kündigung spätestens am dritten Werktag eines Kalendermonats zum Ablauf des übernächsten Monats (ggf. besonders bestimmte Frist)	§ 573d bzw. § 575a Abs. 3 BGB
Zahlungsdiensterahmenvertrag	Kündigung durch Zahlungsdienstnutzer:	Fristlos, jederzeit	§ 675h Abs. 1 BGB
	Zahlungsdienstleister: – Nur bei unbefristetem Vertrag und nur wenn Kündigungsrecht vereinbart	Mindestens zwei Monate	§ 675h Abs. 2 BGB

3.1.2.4 Verjährungsfristen

3.1.2.4.1 BGB

Anspruch	Frist	Fristbeginn	Norm BGB
Kauf- und werkvertragliche Gewährleistungsansprüche	2 Jahre (bei arglistigem Verschweigen des Mangels und bei nicht körperlichen Gegenständen 3 Jahre)	Lieferung bzw. Abnahme	438 Abs.1 Nr.3, Abs.3 S.1; 634a Abs.1 Nr.1 Abs.3 S.1
Kauf- und werkvertragliche Gewährleistungsansprüche bei Baumängeln einschließlich Architektenleistungen	5 Jahre	Übergabe des Grundstücks	438 Abs.1 Nr.2; 634a Abs.1 Nr.2
Auf Übertragung des Grundstückseigentums sowie auf Begründung, Übertragung oder Aufhebung eines Rechtes an einem Grundstück	10 Jahre	Entstehung des Anspruchs	196, 200
Aus Delikt	3 Jahre	Entstehen des Anspruchs und Kenntnis des Gläubigers	195, 199
Herausgabeansprüche aus Eigentum; Familien- und erbrechtliche Ansprüche; Ansprüche aus vollstreckbaren Titeln	30 Jahre	Entstehen des Anspruchs bzw. Rechtskraft	197

3.1.2.4.2 HGB

Anspruch	Frist	Fristbeginn	Norm HGB
Ansprüche gegen den früheren Inhaber eines Handelsgeschäfts, wenn der Erwerber wegen der Fortführung der Firma für die früheren Verbindlichkeiten haftet	5 Jahre	Ende des Tages, an dem der neue Inhaber der Firma in das Handelsregister eingetragen worden ist	25 Abs.1, 26 Abs.1
für den Fall, dass der Erwerber die Firma nicht fortführt und die Übernahme der Verbindlichkeiten in handelsüblicher Weise bekanntgemacht hat	5 Jahre	Ende des Tages der Bekanntmachung	25 Abs.3, 26 Abs.1

Anspruch	Frist	Fristbeginn	Norm HGB
Ansprüche der Gesellschafter einer OHG gegen andere Gesellschafter, die das Wettbewerbsverbot gem. § 112 HGB verletzt haben	3 Monate	Zeitpunkt, in dem die übrigen Gesellschafter von dem Abschluss des Geschäftes Kenntnis erlangen oder ohne grobe Fahrlässigkeit erlangen müssten.	113 Abs.3
	spätestens 5 Jahre	Entstehung der Ansprüche (ohne Rücksicht auf Kenntniserlangung)	113 Abs.3
Ansprüche gegen Gesellschafter (OHG, KG) aus Verbindlichkeiten der aufgelösten Gesellschaft	5 Jahre	– Eintragung der Auflösung, sofern die Ansprüche gegen die Gesellschaft nicht einer kürzeren Verjährungsfrist unterliegen; – bei Fälligkeit erst nach Eintragung: ab Fälligkeit	159
Gesellschaft gegen Abschlussprüfer wegen Pflichtverletzung auf Schadenersatz	3 Jahre	Schluss des Kalenderjahrs, in dem der Anspruch entstanden ist und Kenntnis des Gläubigers	Art.55 EG HGB, 323 HGB, 195 BGB

3.1.2.4.3 AktG

A. Fristen für aktienrechtliche Ansprüche

Anspruch	Frist	Fristbeginn	Norm AktG
Gesellschaft gegen an der Gründung beteiligte Personen, Mitglieder des Vorstandes und des Aufsichtsrates auf Ersatz wegen Pflichtverletzung	5 Jahre	Eintragung der Gesellschaft, wenn die zum Ersatz verpflichtende Handlung später begangen wurde, mit Vornahme der Handlung	51, 46–48
Gesellschaft gegen Aktionäre auf Rückerstattung wegen Empfangs verbotener Leistungen	10 Jahre	Empfang der Leistung oder 6 Mon. nach Eröffnung des Insolvenzverfahrens	62 Abs.3, 54 Abs.4 S.2

Anspruch	Frist	Fristbeginn	Norm AktG
Gesellschaft gegen Vorstandsmitglied auf Ersatz wegen Verstoß gegen Wettbewerbsverbot	3 Monate	Kenntnis der übrigen Vorstands- und Aufsichtsratsmitglieder von der zum Schadenersatz verpflichtenden Handlung	88 Abs. 3 S. 1
	spätestens 5 Jahre	Entstehung der Ansprüche (ohne Rücksicht auf Kenntniserlangung)	88 Abs. 3 S. 2
Gesellschaft oder Gesellschaftsgläubiger gegen Vorstands- und Aufsichtsratsmitglieder auf Ersatz wegen Pflichtverletzung	5 Jahre, 10 Jahre bei Ansprüchen gegen Gesellschaften, die zum Zeitpunkt der Pflichtverletzung börsennotiert sind	Entstehung der Ansprüche	93 Abs. 6, 116
Gesellschaft, Gesellschaftsgläubiger oder Aktionäre gegen Personen, die vorsätzlich ihren Einfluss auf Gesellschaftsorgane in schädlicher Weise nutzen, auf Schadenersatz	5 Jahre	Entstehung der Ansprüche	117 Abs. 6 i.V.m. 200 BGB
Gesellschaft gegen persönlich haftende Gesellschafter der KGaA bei Verstoß gegen das Wettbewerbsverbot auf Schadenersatz	3 Monate	Kenntniserlangung der übrigen persönlich haftenden Gesellschafter und der Aufsichtsratsmitglieder von der Handlung	284 Abs. 3 S. 1
	längstens 5 Jahre	seit Entstehung des Anspruchs (ohne Rücksicht auf Kenntniserlangung)	284 Abs. 3 S. 2

Anspruch	Frist	Fristbeginn	Norm AktG
nach Beendigung der Eingliederung einer AG in eine andere: Ansprüche gegen die frühere Hauptgesellschaft aus Verbindlichkeiten der bisher eingegliederten Gesellschaft	5 Jahre	Tag, an dem die Eintragung des Endes der Eingliederung in das Handelsregister nach § 10 HGB als bekanntgemacht gilt, sofern nicht der Anspruch gegen die bisher eingegliederte AG einer kürzeren Verjährung unterliegt.	327 Abs.4 i.V.m. 26e EGAktG
Bei Bestehen eines Beherrschungsvertrages: Ersatzansprüche der Gesellschaft gegenüber gesetzlichen Vertretern des herrschenden Unternehmens wegen Pflichtverletzungen; gegen Vorstands- und Aufsichtsratsmitglieder, denen in diesem Zusammenhang ebenfalls eine Pflichtverletzung zur Last fällt	5 Jahre	Entstehung der Ansprüche	309 Abs.5, 310 Abs.4 i.V.m. 200 BGB
für den Fall, dass zwischen abhängiger Gesellschaft und herrschendem Unternehmen kein Beherrschungsvertrag besteht	5 Jahre	Entstehung der Ansprüche	317 Abs.4, 318 Abs.4, 309 Abs.5 i.V.m. 200 BGB

B. Sonstige aktienrechtliche Fristen

Tatbestand	Frist	Besondere Voraussetzungen	Norm AktG
Klage auf Nichtig-*erklärung der* AG: Satzung enthält keine Bestimmung über Höhe des Grundkapitals oder über Gegenstand des Unternehmens, oder diese sind nichtig	binnen 3 Jahren nach Eintragung der Gesellschaft	wenn Mangel geheilt werden kann, ist Klagevoraussetzung: Berechtigter fordert die Gesellschaft zur Mangelbeseitigung auf, Gesellschaft kommt binnen 3 Monaten der Aufforderung nicht nach	275 Abs.1, 2, 3

Tatbestand	Frist	Besondere Voraussetzungen	Norm AktG
Anfechtung eines Beschlusses der Aktionärshauptversammlung wegen Verletzung des Gesetzes oder der Satzung; Anfechtung der Kapitalerhöhung gegen Einlage; Anfechtung der Feststellung des Jahresabschlusses	1 Monat nach der Beschlussfassung		243 Abs. 1, 246 Abs. 1, 255, 257
es besteht Anlass für die Annahme, dass im Jahresabschluss bestimmte Posten nicht unwesentlich unterbewertet sind; Unvollständigkeiten im Anhang zum Jahresabschluss, die auf Befragen nicht geklärt worden sind: Antrag auf Bestellung von Sonderprüfern bei Gericht	1 Monat nach der Hauptversammlung über den Jahresabschluss	Aufnahme der in der Hauptversammlung gestellten Fragen in der Niederschrift muss verlangt worden sein; antragsberechtigt nur Aktionäre, deren Anteile zusammen den 100. Teil des Grundkapitals oder den Nennbetrag von 100 000 € erreichen. Aktien müssen bis zur Entscheidung über den Antrag hinterlegt werden; Glaubhaftmachung, dass Aktionäre mindestens seit 3 Monaten vor der Hauptversammlung Inhaber der Aktien sind	258 Abs. 1, 2 i.V.m. 142 Abs. 2
abschließende Feststellung der Sonderprüfer: Antrag auf gerichtliche Entscheidung durch die AG oder Aktionäre	1 Monat nach Veröffentlichung der Feststellung im Bundesanzeiger	Antragsberechtigt sind nur Aktionäre, deren Anteile zusammen den 20. Teil des Grundkapitals oder den Nennbetrag von 500 000 € erreichen. Aktien müssen bis zur Entscheidung über den Antrag hinterlegt werden; Glaubhaftmachung, dass Aktionäre mindestens seit 3 Monaten vor der Hauptversammlung Inhaber der Aktien sind	260 Abs. 1

Tatbestand	Frist	Besondere Voraussetzungen	Norm AktG
Entscheidung des Gerichts: sofortige Beschwerde durch die AG oder die Aktionäre	1 Monat seit Bekanntmachung der Entscheidung im Bundesanzeiger; für Gesellschaft und diejenigen Aktionäre, die den Antrag auf gerichtliche Entscheidung gestellt haben, nicht vor Zustellung der Entscheidung	wie oben	260 Abs.3, 99 Abs.1, Abs.3 Satz 2, Abs.4 Sätze 3, 4, 63 FamFG
Verteilung des Vermögens unter die Aktionäre bei Abwicklung der AG	1 Jahr seit dem Tag, an dem der Aufruf der Gläubiger bekanntgemacht worden ist		272 Abs.1

3.1.2.4.4 GmbHG

Anspruch	Frist	Fristbeginn	Norm GmbHG
Überbewertung von Sacheinlagen: Gesellschaft gegen Gesellschafter auf Ausgleich der Wertdifferenz von Sacheinlage und übernommener Stammeinlage	10 Jahre	Eintragung der Gesellschaft	9 Abs.2
Ersatzansprüche: Gesellschaft *gegen Gesellschafter* und Geschäftsführer, denen bei Gründung ein Fehlverhalten zur Last fällt	5 Jahre	Eintragung der Gesellschaft: wenn die zum Ersatz verpflichtende Handlung später begangen wurde, Vornahme der Handlung	9a Abs.1, 2, 9b Abs.2
Gesellschaft gegen Empfänger auf Erstattung verbotener Rückzahlung, sofern Empfänger gutgläubig	10 Jahre	Ablauf des Tages, an dem die zu erstattenden Zahlungen geleistet wurden	31 Abs.1, 5
– übrige Gesellschafter, sofern vom Empfänger nicht zu erlangen	5 Jahre		31 Abs.3, 5

Anspruch	Frist	Fristbeginn	Norm GmbHG
Haftung der Geschäftsführer: Gesellschaft gegen Geschäftsführer wegen Obliegenheitsverletzung	5 Jahre	Entstehung des Anspruchs; nicht vor dem Abschluss der pflichtwidrigen Handlung	43 Abs.4
Gesellschaft gegen Mitglieder des Aufsichtsrates auf Schadenersatz wegen Obliegenheitsverletzung	5 Jahre	Entstehung des Anspruchs; nicht vor dem Abschluss der pflichtwidrigen Handlung	52 Abs.4
Gesellschaft gegen Gesellschafter auf Leistung der Einlagen	10 Jahre	Entstehung des Anspruchs; bei Eröffnung des Insolvenzverfahrens über GmbH-Vermögen nicht vor Ablauf von 6 Monaten seit der Eröffnung	19 Abs.6

3.1.2.4.5 GenG

Anspruch	Frist	Fristbeginn	Norm GenG
Ersatzansprüche der Genossenschaft wegen Pflichtverletzungen der Vorstandsmitglieder und Aufsichtsratsmitglieder	5 Jahre	Entstehen der Ansprüche	34 Abs.6, 41; 200 BGB
Ersatzansprüche der Genossenschaft wegen Pflichtverletzungen des Prüfungsverbandes und seiner Prüfer	3 Jahre	Schluss des Kalenderjahrs, in dem der Anspruch entstanden ist und Kenntnis des Gläubigers	195 BGB
Anspruch des ausgeschiedenen Genossen auf Auszahlung des Geschäftsguthabens und eines Anteils an den anderen Reservefonds	3 Jahre	Schluss des Kalenderjahrs, in dem der Anspruch entstanden ist und Kenntnis des Gläubigers	195 BGB

3.1.2.4.6 UmwG

Anspruch	Frist	Fristbeginn	Norm UmwG
Verschmelzung Schadenersatzpflicht der Verwaltungsträger des übertragenden Rechtsträgers gegenüber dem Rechtsträger, seinen Anteilsinhabern oder seinen Gläubigern	5 Jahre	ab dem Tag, an dem die anzumeldende Eintragung der Verschmelzung nach § 19 Abs.3 bekannt gemacht worden ist	25 Abs.1, 3, 19 Abs.3
Schadenersatzpflicht der Verwaltungsträger des übernehmenden Rechtsträgers gegenüber dem Rechtsträger, seinen Anteilsinhabern oder seinen Gläubigern	5 Jahre	wie oben	27, 19 Abs.3
Anspruch des Mitglieds auf Auszahlung des Geschäftsguthabens an der übertragenden Genossenschaft bei Auseinandersetzung	3 Jahre	Schluss des Kalenderjahres, in dem die Ansprüche entstanden sind und Kenntnis des Gläubigers	93 Abs.2 195 BGB
Anspruch des übernehmenden Rechtsträgers auf Zahlung des Fehlbetrages gegenüber dem früheren Mitglied	3 Jahre	wie oben	93 Abs.3 195 BGB
Spaltung Ansprüche wie oben	wie oben	wie oben	125
Gesamtschuldnerische Haftung der an einer Spaltung beteiligten Rechtsträger gegenüber Inhabern von Sonderrechten	5 Jahre	Tag der Eintragung der Spaltung in das Register des Sitzes des übertragenden Rechtsträgers	133 Abs.2–4 S.1, 6, 125, 23

Vermögensübertragung
Bei Voll- bzw. Teilübertragung, § 174 UmwG, gelten jeweils die Vorschriften über Verschmelzung bzw. Spaltung, vgl. im einzelnen §§ 176–189 UmwG.

Formwechsel Schadenersatzpflicht der Verwaltungsträger des formwechselnden Rechtsträgers gegenüber dem Rechtsträger, seinen Anteilsinhabern oder seinen Gläubigern	5 Jahre	ab dem Tag, an dem die anzumeldende Eintragung der neuen Rechtsform in das Register gem. § 201 UmwG als bekanntgemacht gilt	205 Abs.2, 201

3.1.2.4.7 Verjährungsfristen anderer Gesetze

Art des Anspruchs	Frist	Beginn der Frist[1]	Norm
Unterlassungs- und Schadensersatzansprüche wegen unlauteren Wettbewerbs; auch Ansprüche auf Erstattung der Kosten einer wettbewerbsrechtlichen Abmahnung	6 Monate	Entstehen des Anspruchs und Kenntniserlangung des Gläubigers von den anspruchsbegründenden Umständen und der Person des Schuldners (ohne grobe Fahrlässigkeit) (Schadensersatzansprüche verjähren unabhängig davon in 10 Jahren von ihrer Entstehung an, spätestens in 30 Jahren von der schadensauslösenden Handlung. Übrige Ansprüche verjähren in 3 Jahren von der Entstehung an)	11 UWG
Rückgriffsansprüche des Scheckinhabers gegen den Aussteller	6 Monate	Ablauf der Vorlegungsfrist	Art. 52 Abs. 1 ScheckG
und eines Scheckverpflichteten gegen einen anderen Scheckverpflichteten	6 Monate	Einlösung oder gerichtliche Geltendmachung des Schecks	Art. 52 Abs. 2 ScheckG
Schadensersatzansprüche (auch Schmerzensgeldansprüche) wegen unerlaubter Handlung und wegen Warenzeichenverletzungen und Eingriffen in Gewerbebetriebe	3 Jahre	Kenntnis des Schadens und der Person des Ersatzpflichtigen (wenn der Geschädigte ihn nicht erfährt, verjährt der Anspruch regelmäßig in 10 Jahren)	14 StVG, 12 ProdHaftG, 20 MarkenG i. V.m. BGB
Ansprüche gegen Annehmer eines Wechsels	3 Jahre	Verfalltag	Art. 70 Abs. 1 WG
Direktanspruch gegen den Entschädigungsfonds bei durch Kfz verursachten Schäden	3 Jahre	Kenntnis vom Schaden und den Umständen, aus denen sich ergibt, dass er seinen Ersatzanspruch gegen den Entschädigungsfonds geltend machen kann	12 Abs. 3 PflVG
Ansprüche des Inhabers gegen die Indossanten/den Aussteller	1 Jahr	Tag des rechtzeitig erhobenen Protests bzw. Verfalltag	Art. 70 Abs. 2 WG
Ansprüche des Indossanten gegen andere Indossanten/den Aussteller	6 Monate	Einlösung des Wechsels bzw. gerichtliche Geltendmachung	Art. 70 Abs. 3 WG

Fußnote siehe folgende Seite.

284

Ablauf der Frist: Wochenfristen laufen an demjenigen Wochentag der letzten Woche ab, der dem Wochentag entspricht, mit dessen Ablauf die Frist begann (z.B. Mittwoch bis Mittwoch).

Monats- oder Jahresfristen enden mit dem Tag, der durch seine Zahl demjenigen entspricht, mit dessen Ablauf die Frist begonnen hatte.

Beispiel: Übergabe der gekauften Sachen: 30. Juni.

Ablauf der Verjährungsfrist für Gewährleistungsansprüche 30. Dezember (nicht 31. Dezember!).

Hat ein Monat nur 30 Tage, entspricht der 30. dem 31. Fällt der letzte Tag der Frist auf einen Samstag, Sonn- oder Feiertag, läuft die Frist erst mit dem nächsten Werktag ab.

---

[1] Jeweils mit Ablauf des Tages des genannten Ereignisses.

3.1.2.5 Verfolgungs- und Vollstreckungsverjährung

3.1.2.5.1 Verfolgungsverjährung

Die Verfolgungsverjährung von Straftaten und Ordnungswidrigkeiten beginnt, sobald die Tat bzw. die Handlung (bei Ordnungswidrigkeiten) beendet ist. Tritt ein zum Tatbestand gehörender Erfolg erst später ein, so beginnt die Verjährung mit diesem Zeitpunkt.

Tatbestand	Frist	Norm
Verbrechen nach § 211 (Mord)	keine Verjährung	§ 78 Abs. 2 StGB
Verfolgung von Straftaten, die mit lebenslanger Freiheitsstrafe bedroht sind	30 Jahre	§ 78 Abs. 3 Nr. 1 StGB i.V.m. § 78 Abs. 1 und Abs. 4 StGB
Verfolgung von Straftaten, die im Höchstmaß mit Freiheitsstrafen von mehr als zehn Jahren bedroht sind	20 Jahre	§ 78 Abs. 3 Nr. 2 StGB i.V.m. § 78 Abs. 1 und Abs. 4 StGB
Verfolgung von Straftaten, die im Höchstmaß mit Freiheitsstrafen von mehr als fünf Jahren bis zu zehn Jahren bedroht sind	10 Jahre	§ 78 Abs. 3 Nr. 3 StGB i.V.m. § 78 Abs. 1 und Abs. 4 StGB
Verfolgung von Straftaten, die im Höchstmaß mit Freiheitsstrafen von mehr als einem Jahr bis zu fünf Jahren bedroht sind	5 Jahre	§ 78 Abs. 3 Nr. 4 StGB i.V.m. § 78 Abs. 1 und Abs. 4 StGB
Verfolgung der übrigen Straftaten	3 Jahre	§ 78 Abs. 3 Nr. 5 StGB i.V.m. § 78 Abs. 1 und Abs. 4 StGB
Verfolgung von Ordnungswidrigkeiten, die mit Geldbuße im Höchstmaß von mehr als 15 000 € bedroht sind	3 Jahre	§ 31 Abs. 2 Nr. 1 OWiG
Verfolgung von Ordnungswidrigkeiten, die mit Geldbuße im Höchstmaß von mehr als 2 500 bis zu 15 000 € bedroht sind	2 Jahre	§ 31 Abs. 2 Nr. 2 OWiG
Verfolgung von Ordnungswidrigkeiten, die mit Geldbuße im Höchstmaß von mehr als 1 000 bis zu 2 500 € bedroht sind	1 Jahr	§ 31 Abs. 2 Nr. 3 OWiG

Tatbestand	Frist	Norm
Verfolgung der übrigen Ordnungswidrigkeiten	6 Monate	§ 31 Abs. 2 Nr. 4 OWiG
Ordnungswidrigkeiten nach § 24, die im Straßenverkehr begangen werden	3 Monate, solange wegen der Handlung weder ein Bußgeldbescheid ergangen noch öffentliche Klage erhoben; danach 6 Monate	§ 26 StVG

3.1.2.5.2 Vollstreckungsverjährung

Die Vollstreckungsverjährung von Straftaten und Ordnungswidrigkeiten beginnt mit der Rechtskraft der Entscheidung.

Tatbestand	Frist	Norm
Vollstreckung von lebenslangen Freiheitsstrafen	keine Verjährung	§ 79 Abs. 2 StGB
Vollstreckung bei Freiheitsstrafe von mehr als zehn Jahren	25 Jahre	§ 79 Abs. 3 Nr. 1 StGB
Vollstreckung bei Freiheitsstrafe von mehr als fünf Jahren bis zu zehn Jahren	20 Jahre	§ 79 Abs. 3 Nr. 2 StGB
Vollstreckung bei Freiheitsstrafe von mehr als einem Jahr bis zu fünf Jahren	10 Jahre	§ 79 Abs. 3 Nr. 3 StGB
Vollstreckung bei Freiheitsstrafe bis zu einem Jahr und bei Geldstrafe von mehr als 30 Tagessätzen	5 Jahre	§ 79 Abs. 3 Nr. 4 StGB
Vollstreckung bei Geldstrafe bis zu 30 Tagessätzen	3 Jahre	§ 79 Abs. 3 Nr. 5 StGB
Vollstreckung der Sicherungsverwahrung und der unbefristeten Führungsaufsicht	keine Verjährung	§ 79 Abs. 4 Satz 1 StGB
Vollstreckung in sonstigen Fällen der Führungsaufsicht sowie bei der ersten Unterbringung in einer Entziehungsanstalt	5 Jahre	§ 79 Abs. 4 Satz 2 Nr. 1 StGB
Vollstreckung bei den übrigen Maßnahmen	10 Jahre	§ 79 Abs. 4 Satz 2 Nr. 2 StGB

Tatbestand	Frist	Norm
Vollstreckung einer Geldbuße von mehr als 1 000 €	5 Jahre	§ 34 Abs. 2 Nr. 1 OWiG
Vollstreckung einer Geldbuße bis zu 1 000 €	3 Jahre	§ 34 Abs. 2 Nr. 2 OWiG
Vollstreckung von Ordnungsgeld und Ordnungshaft	2 Jahre Beginn mit Vollstreckbarkeit des Ordnungsmittels	Art. 9 Abs. 2 EGStGB

3.1.2.6 Rechtsmittel- und Rechtsbehelfsfristen

3.1.2.6.1 Allgemeine Zivilverfahren

Nach § 15a EGZPO kann durch Landesgesetz[1] bestimmt werden, dass die Erhebung der Klage erst zulässig ist, nachdem von einer durch die Landesjustizverwaltung eingerichteten oder anerkannten Gütestelle versucht worden ist, die Streitigkeit einvernehmlich beizulegen. Dies gilt für Streitigkeiten
– vermögensrechtlicher Art vor dem Amtsgericht mit einem Gegenstandswert bis 750,00 €
– über Ansprüche aus dem Nachbarrecht (§§ 906, 910, 911, 923 BGB und Art. 124 des EGZPO), sofern es sich nicht um Einwirkungen von einem gewerblichen Betrieb handelt,
– über Ansprüche wegen Verletzung der persönlichen Ehre, die nicht in Presse oder Rundfunk begangen worden sind, oder
– über Ansprüche nach Abschnitt 3 des AGG.

---

[1] Bayern (BaySchlG vom 25.4. 2000, GVBl. 2000 S. 268, zuletzt geändert am 8.4. 2013 [GVBl 2013 S. 174]); Brandenburg (BbgSchlG vom 5. 10. 2000 (GVBl I 2000 S. 134), zuletzt geändert am 8.3. 2018 [GVBl I/18 Nr. 4]); Hamburg (ÖRAG, Gesetz vom 16. 11. 2010 [HmbGVBl 2010 S. 603, ber. 2011 S. 16], zuletzt geändert am 12. 11. 2013 [HmbGVBl 2013 S. 461]); Hessen (HSchlichtG vom 6.2. 2001 [GVBl I 2001 S. 98], zuletzt geändert am 22.8. 2018 [GVBl 2018 S. 362]), tritt am 31. 12. 2025 außer Kraft; Saarland (LSchlG vom 21.2. 2001 [ABl I 2001 S. 532], zuletzt geändert am 11. 11. 2020 [Abl I 2020 S. 1262]); Sachsen (SächsSchiedsGütStG vom 27.5. 1999 [SächsGVBl 1999 S. 247], zuletzt geändert am 5.4. 2019 [SächsGVBl 2019 S. 245]); Sachsen-Anhalt (SchStG vom 22.6. 2001 [GVBl LSA 2001 S. 214], zuletzt geändert am 8.3. 2021 [GVBl LSA 2021 S. 88]); Schleswig-Holstein (LSchliG vom 11. 12. 2001 [GVOBl. 2001 S. 361], zuletzt geändert am 16. 12. 2008 [GVOBl 2008 S. 831]); Rheinland-Pfalz (LSchlG vom 10.9. 2008 [GVBl. 2009 S. 204]); Niedersachsen (NSchlG vom 17. 12. 2009 [GVBl 2009 S. 482], zuletzt geändert am 16. 12. 2014 [Nds. GVBl 2014 S. 436]); Mecklenburg-Vorpommern (SchStG vom 13.9. 1990 [GBl I 1990 S. 1527], zuletzt geändert am 11. 11. 2015 [GVOBl M-V 2015 S. 462]); Thüringen (ThürSchStG vom 17.5. 1996 [GVBl 1996 S. 61], zuletzt geändert am 9.9. 2010 [GVBl 2010 S. 2913].

3.1.2.6.1.1 Entscheidungen

Ausgangsentscheidung	Rechtsmittel/ Rechtsbehelf	Frist	Fristbeginn	Normen ZPO[1]
Ansprüche oder Kostenentscheidung werden im Urteil ganz oder teilweise übergangen	Ergänzungsantrag	2 Wochen	Zustellung des Urteils	321 Abs. 1, 2
Beschluss – Zurückweisung Antrag auf Erlass eines Versäumnisurteils	sofortige Beschwerde	Notfrist 2 Wochen	Zustellung der Entscheidung, spätestens mit Ablauf von 5 Monaten nach der Verkündung	336 Abs. 1, 569 Abs. 1
Beschluss des Berufungsgerichts – Verwerfung der Berufung als unzulässig	Beschwerde	Notfrist 1 Monat	Zustellung des Beschlusses	522 Abs. 1 S.4, 574, 575 Abs. 1
		1 Monat Begründungsfrist	Zustellung des Beschlusses	575 Abs.2
Beschluss wegen Rüge der Verletzung des Anspruchs auf rechtliches Gehör – Verwerfung wegen Unzulässigkeit oder Zurückweisung wegen Unbegründetheit	unanfechtbar			321 a Abs. 4
Beschluss zur Berichtigung offenbarer Unrichtigkeiten ausspricht[2]	sofortige Beschwerde	Notfrist 2 Wochen	Zustellung spätestens 5 Monate nach nach Verkündung	319 Abs.3, 569 Abs. 1

[1] Zivilprozessordnung in der Fassung vom 5.12.2005 (BGBl I 2005 S.3202, ber. BGBl I 2006 S.431, BGBl I 2007 S.1781), zuletzt geändert am 4.5.2021 (BGBl I 2021 S. 882).
[2] Der Beschluss, durch den der der Antrag auf Urteilsberichtigung zurückgewiesen wird, ist unanfechtbar (§319 Abs.3, 1. Hs. ZPO).

Ausgangsentscheidung	Rechtsmittel/ Rechtsbehelf	Frist	Fristbeginn	Normen ZPO
Beschlüsse, 1. wenn Gesetz dies ausdrücklich bestimmt ist und a) die Rechtssache grundsätzliche Bedeutung hat oder b) die Fortbildung des Rechts oder die Sicherung einer einheitlichen Rechtsprechung eine Entscheidung des Rechtsbeschwerdegerichts erfordert oder 2. die Rechtsbeschwerde im Beschluss zugelassen ist durch das Beschwerde-, Berufungs- oder Oberlandesgericht im ersten Rechtszug	Beschwerde	Einlegungsfrist 1 Monat (Notfrist) Begründungsfrist 1 Monat	Zustellung des Beschlusses Zustellung der angefochtenen Entscheidung BEACHTE: Verlängerungsmöglichkeiten nach § 551 Abs. 2 S.5 und 6	574, 575 575 Abs. 2 S. 1 und 2 575 Abs. 2 S.3
Einstimmiger Zurückweisungsbeschluss gemäß § 522 Abs. 2	Rechtsmittel, das bei einer Entscheidung durch Urteil zulässig wäre			522 Abs. 2, 3
Entscheidung über die Erinnerung im ersten Rechtszug	sofortige Beschwerde	Notfrist 2 Wochen	Zustellung; spätestens 5 Monate nach Verkündung	573 Abs. 2, 567, 569 Abs. 1
Entscheidung, gegen die ein Rechtsmittel/Rechtsbehelf nicht gegeben ist	Rüge der Verletzung des Anspruchs auf rechtliches Gehör	Notfrist 2 Wochen	ab Kenntnis von der Verletzung des rechtlichen Gehörs	321 a Abs. 1, 2 ZPO

Ausgangsentscheidung	Rechtsmittel/ Rechtsbehelf	Frist	Fristbeginn	Normen ZPO
Entscheidungen der Amts- und Landgerichte (1. Instanz), wenn Gesetz dies ausdrücklich bestimmt oder es sich um eine solche, eine mündliche Verhandlung nicht erfordernde Entscheidung handelt, durch die ein das Verfahren betreffendes Gesuch zurückgewiesen worden ist, oder Kostenentscheidungen, deren Beschwerdegegenstand 200 € übersteigt	sofortige Beschwerde	Einlegungsfrist 2 Wochen (Notfrist)

Ausnahmsweise: Einlegung möglich innerhalb der Frist einer Nichtigkeits- oder Restitutionsklage, soweit deren Erfordernisse vorliegen | Zustellung der Entscheidung spätestens 5 Monate nach Verkündung der Entscheidung | 567, 569 Abs. 1 S. 1, 2

569 Abs. 1 S. 3 |
| Entscheidungen des beauftragten oder ersuchten Richters oder des Urkundsbeamten der Geschäftsstelle (inklusive der OLG und des BGH) | Erinnerung | 2 Wochen (Notfrist) | Zustellung der Entscheidung spätestens 5 Monate nach Verkündung | 573 Abs. 1 und 3 i.V.m. 569 Abs. 1 S. 1 und 2 |
| Fehler im Tatbestand | Berichtigungsantrag | 2 Wochen | Zustellung des in vollständiger Form abgefassten Urteils ausgeschlossen, wenn nicht binnen 3 Monaten seit Verkündung beantragt | 320 Abs. 1, 2 |

Ausgangsentscheidung	Rechtsmittel/ Rechtsbehelf	Frist	Fristbeginn	Normen ZPO
Nichtzulassung der Revision durch das Berufungsgericht und Beschwerdewert über 20000 €	Nichtzulassungs-beschwerde	Einlegungsfrist 1 Monat (Notfrist)	Zustellung des vollständig abgefassten Berufungsurteils, spätestens 6 Monate nach Verkündung des Beru-fungsurteils	544 Abs.3
		Begründungsfrist 2 Monate	Zustellung des vollständig abgefassten Berufungsurteils, spätestens 7 Monate nach Verkündung des Urteils	544 Abs. 4
offenbare Unrichtigkeiten, abgesehen vom Tatbestand	Berichtigungsantrag	keine	–	319 Abs. 1
Urteil (1. Instanz) mit Beschwer-dewert über 600 € Zulassung der Berufung im Urteil	Berufung	Notfrist 1 Monat	Zustellung des in vollständi-ger Form abgefassten Urteils, spätestens mit Ablauf von 5 Monaten nach der Verkün-dung	511, 514, 517
		2 Monate Begrün-dungsfrist	Zustellung des vollständig abgefassten Urteils, spätestens mit Ablauf von 5 Monaten seit Verkündung	520 Abs.2 S. 1

Ausgangsentscheidung	Rechtsmittel/ Rechtsbehelf	Frist	Fristbeginn	Normen ZPO
Urteil des Berufungsgerichts, soweit Revision zugelassen ist Ausnahme: Urteile bzgl. der Anordnung, Abänderung oder Aufhebung eines Arrests oder einer einstweiligen Verfügung und Urteile über die vorzeitige Besitzeinweisung im Enteignungs- oder Umlegungsverfahren	Revision	Notfrist 1 Monat	Zustellung des in vollständiger Form abgefassten Urteils, spätestens mit Ablauf von 5 Monaten nach der Verkündung	542, 548, 549
		2 Monate Begründungsfrist	Zustellung des vollständig abgefassten Urteils bzw. Zustellung der stattgebenden Entscheidung auf die Nichtzulassungsbeschwerde, spätestens mit Ablauf von 5 Monaten seit Verkündung des Berufungsurteils	551 Abs. 2 S. 2
				551 Abs. 2 S. 4 i.V.m. 544 Abs. 6 S. 3 551 Abs. 2 S. 3
Urteil im Musterfeststellungsverfahren	Revision	Notfrist 1 Monat	Veröffentlichung im Klageregister	614, 543 Abs. 2, Nr. 1, 612
	Öffentliche Bekanntmachung des Rechtsmittels im Klageregister	2 Monate Begründungsfrist		
Versäumnisurteil	Einspruch	Notfrist 2 Wochen	Zustellung bei Zustellung im Ausland oder durch öffentliche Bekanntmachung bestimmt das Gericht die Frist im Versäumnisurteil oder durch nachträglichen Beschluss	338, 339

Ausgangsentscheidung	Rechtsmittel/ Rechtsbehelf	Frist	Fristbeginn	Normen ZPO
Versäumnisurteil – Einspruch nicht statthaft	Berufung	Notfrist 1 Monat	Zustellung des in vollständiger Form abgefassten Urteils, spätestens mit Ablauf von 5 Monaten nach der Verkündung	514 Abs.2, 517
	oder Anschlussberufung Begründung jeweils, dass kein Fall schuldhafter Säumnis vorgelegen habe	2 Monate Begründungsfrist	Zustellung des vollständig abgefassten Urteil, spätestens mit Ablauf von 5 Monaten seit Verkündung	520 Abs. 2 S. 1
Verwerfung des Einspruchs gegen Versäumnisurteil als unzulässig	Nach allgemeinen Regeln (i.d.R. Berufung)	Notfrist 2 Wochen	Zustellung der Entscheidung, spätestens mit Ablauf von 5 Monaten nach der Verkündung	341 Abs. 1

3.1.2.6.1.2 Schiedsgerichtsverfahren

Ausgangsentscheidung	Rechtsmittel/Rechtsbehelf	Frist	Fristbeginn	Normen ZPO
Aufhebung oder Vollstreckbarerklärung des Schiedsspruchs oder die Aufhebung der Vollstreckbarerklärung	Rechtsbeschwerde	1 Monat, Notfrist zugleich Begründungsfrist	Zustellung des Beschlusses	1065, 1062 Abs. 1 Nr. 4, 574, 575

Ausgangsentscheidung	Rechtsmittel/Rechts-behelf	Frist	Fristbeginn	Normen ZPO
Inländischer Schiedsspruch	Antrag auf gerichtliche Aufhebung durch das OLG im Beschlussverfahren	3 Monate (Parteivereinbarung und Verlängerung im Fall des § 1058 ZPO möglich)	Empfang des Schiedsspruch längstens, bis Schiedsspruch von deutschem Gericht für vollstreckbar erklärt ist	1059, 1062 Abs. 1

3.1.2.6.1.3 Mahnverfahren

Ausgangsentscheidung	Rechtsmittel/ Rechtsbehelf	Frist	Fristbeginn	Normen ZPO
Europäischer Zahlungsbefehl	Einspruch	30 Tage (Versendung)	Zustellung	Art. 16 Abs.2 EuMVVO[1]
Mahnbescheid	Widerspruch	2 Wochen, längstens bis Vollstreckungsbescheid verfügt ist; verspäteter Widerspruch wird als Einspruch behandelt	Zustellung	694, 692 Abs. 1 Nr.3
Vollstreckungsbescheid	Einspruch	Notfrist 2 Wochen	Zustellung	700 Abs. 1, 339 Abs. 1

---

[1] VO (EG) Nr.1896/2006 vom 12.12.2006 zur Einführung eines Europäischen Mahnverfahrens (EuMVVO) vom 30.12.2006 (ABl EU 2006 Nr.L 399 S.1), zuletzt geändert mit AndVO (EU) 2017/1260 vom 19.6.2017 (ABl EU 2017 Nr.L 182 S.20).

Ausgangsentscheidung	Rechtsmittel/Rechtsbehelf	Frist	Fristbeginn	Normen ZPO
Zurückweisung eines Mahnantrags – wegen Ungeeignetheit der Form bei nur maschinell lesbarer Übermittlung	sofortige Beschwerde	Notfrist 2 Wochen	Zustellung Spätestens nach Ablauf von 5 Monaten seit Verkündung	691 Abs. 3, 567, 569
– wegen anderer Mängel	unanfechtbar			

3.1.2.6.1.4 Arrest und einstweilige Verfügung

Ausgangsentscheidung	Rechtsmittel/Rechtsbehelf	Frist	Fristbeginn	Normen ZPO
Ablehnung der Anordnung der einstweiligen Verfügung	sofortige Beschwerde	Notfrist 2 Wochen	Zustellung des Beschlusses, spätestens mit Ablauf von 5 Monaten seit Verkündung	942 Abs. 1, 567 Abs. 1, 569 Abs. 1
Anordnung der einstweiligen Verfügung	Antrag auf Aufhebung		Ablauf der vom Gericht gesetzten Frist zur Ladung des Gegners beim Gericht der Hauptsache	942 Abs. 1, 3
Anordnung des Arrests durch Beschluss	Widerspruch			922 Abs. 1, 924 Abs. 1
Anordnung des Arrests durch Urteil	Berufung	Notfrist 1 Monat	Zustellung des vollständig abgefassten Urteils, spätestens mit Ablauf von 5 Monaten seit Verkündung	922 Abs. 1, 511, 517

Ausgangsentscheidung	Rechtsmittel/Rechtsbehelf	Frist	Fristbeginn	Normen ZPO
Aufhebung des Arrests durch Beschluss	sofortige Beschwerde	Notfrist 2 Wochen	Zustellung des Beschlusses, spätestens mit Ablauf von 5 Monaten seit Verkündung	934 Abs. 4, 567, 569 Abs. 1
Zurückweisung des Arrestantrags durch Beschluss	sofortige Beschwerde	2 Wochen (Notfrist)	Zustellung des Beschlusses, spätestens mit Ablauf von 5 Monaten seit Verkündung	567 Abs. 1, 569 Abs. 1

3.1.2.6.1.5 Streitwert- und Kostenfestsetzungsverfahren

Ausgangsentscheidung	Rechtsmittel/Rechtsbehelf	Frist	Fristbeginn	Normen
Anordnung Gerichtskostenvorauszahlung	Beschwerde	keine		67 Abs. 1, 66 GKG
Beschluss über Kostenfolge der Klagerücknahme auf Antrag, soweit Hauptsachestreitwert 200 € übersteigt	sofortige Beschwerde	Notfrist 2 Wochen	Zustellung, spätestens mit Ablauf von 5 Monaten seit Verkündung	269 Abs. 5, 567 Abs. 2, 569 Abs. 1 ZPO
Beschluss wegen Rüge der Verletzung des Anspruchs auf rechtliches Gehör – Verwerfung wegen Unzulässigkeit oder Zurückweisung wegen Unbegründetheit	unanfechtbar			69 a Abs. 4 GKG
Entscheidung, gegen die ein Rechtsmittel oder ein anderer Rechtsbehelf nicht gegeben ist	Rüge der Verletzung des Anspruchs auf rechtliches Gehör	2 Wochen	ab Kenntnis von der Verletzung des rechtlichen Gehörs	69 a Abs. 1, 2 GKG
		längstens 1 Jahr	Bekanntgabe der angegriffenen Entscheidung	

Ausgangsentscheidung	Rechtsmittel/ Rechtsbehelf	Frist	Fristbeginn	Normen
Erinnerungsentscheidung über Kostenansatz, soweit der Beschwerdewert 200 € übersteigt	Beschwerde	keine		66 Abs. 1, 2 GKG
Kostenansatz	Erinnerung	keine		66 Abs. 1 GKG
Kostenentscheidung bei Anerkenntnis, soweit der Hauptsachestreitwert 200 € übersteigt	sofortige Beschwerde	Notfrist 2 Wochen	Zustellung, spätestens mit Ablauf von 5 Monaten seit Verkündung	93, 99 Abs. 2, 567 Abs. 2, 569 Abs. 1 ZPO
Kostenentscheidung bei Erledigung der Hauptsache, soweit der Hauptsachestreitwert 200 € übersteigt	sofortige Beschwerde	Notfrist 2 Wochen	Zustellung, spätestens mit Ablauf von 5 Monaten seit Verkündung	91 a Abs. 2, 567 Abs. 2, 569 Abs. 1 ZPO
Kostenfestsetzungsbeschluss bei Beschwerde in Höhe von mehr als 200 €	sofortige Beschwerde	Notfrist 2 Wochen	Zustellung, spätestens mit Ablauf von 5 Monaten seit Verkündung	103, 104 Abs.3 S. 1, 567, 569 Abs. 1 ZPO
Streitwertbeschluss, soweit der Beschwerdegegenstand 200 € übersteigt oder die Beschwerde im Beschluss zugelassen ist	Beschwerde	innerhalb von 6 Monaten bzw. 1 Monat, soweit Streitwert später als 1 Monat vor Ablauf der vorgenannten Frist festgesetzt wird	Rechtskraft der Entscheidung in der Hauptsache bzw. anderweitige Erledigung der Hauptsache; Zustellung bzw. formlose Mitteilung des Festsetzungsbeschlusses	63, 68 Abs. 1 GKG

3.1.2.6.1.6 Zwangsvollstreckungsverfahren

Ausgangsentscheidung	Rechtsmittel/Rechtsbehelf	Frist	Fristbeginn	Normen
Ablehnung eines Pfändungsbeschlusses	sofortige Beschwerde	Notfrist 2 Wochen	Zustellung, spätestens mit Ablauf von 5 Monaten seit Verkündung	829, 793, 567 Abs. 1 Nr. 2, 569 Abs. 1 ZPO, 11 Abs. 1 RPflG
Anordnung der Abgabe der Vermögensauskunft durch Gerichtsvollzieher	Erinnerung	–	–	766 Abs. 1 ZPO
Anordnung des Gerichtsvollziehers über Eintragung des Schuldners im Schuldnerverzeichnis	Widerspruch	2 Wochen	Bekanntgabe Eintragungsanordnung	882d ZPO
Anordnung von Zwangsgeld/ Zwangshaft bei unvertretbaren Handlungen des Schuldners	sofortige Beschwerde	Notfrist 2 Wochen	Zustellung, spätestens mit Ablauf von 5 Monaten seit Verkündung	888, 891, 793, 567, 569 Abs. 1 ZPO
Anordnung von Zwangsgeld/ Zwangshaft bei Verweigerung der eidesstattlichen Versicherung	sofortige Beschwerde	Notfrist 2 Wochen	Zustellung, spätestens mit Ablauf von 5 Monaten seit Verkündung	889 Abs. 2, 888 Abs. 1, 891, 793, 567, 569 Abs. 1 ZPO
Beschluss des Gerichts über Klauselerinnerung	sofortige Beschwerde	Notfrist 2 Wochen	Zustellung, spätestens mit Ablauf von 5 Monaten seit Verkündung	567, 569 Abs. 1 ZPO

Ausgangsentscheidung	Rechtsmittel/Rechtsbehelf	Frist	Fristbeginn	Normen
Beschluss über Anordnung und Festsetzung von Ordnungsgeld/Ordnungshaft bei Zuwiderhandlung des Schuldners gegen Unterlassungs-/Duldungspflicht	sofortige Beschwerde	Notfrist 2 Wochen	Zustellung, spätestens mit Ablauf von 5 Monaten seit Verkündung	890 Abs. 1, 2, 891, 793, 567, 569 Abs. 1 ZPO
Beschluss über Antrag des Schuldners auf Räumungsfrist bzw. deren Verlängerung/Verkürzung	sofortige Beschwerde	Notfrist 2 Wochen	Zustellung, spätestens mit Ablauf von 5 Monaten seit Verkündung	721 Abs. 6 Nr. 2, 567, 569 Abs. 1 ZPO
Einstellung der Zwangsvollstreckung durch das Prozessgericht bis zum Erlass des Urteils über Einwendungen gem. §§ 767, 768 ZPO	unanfechtbar			769 Abs. 1, 707 Abs. 2 S. 2 analog ZPO
Einstweilige Einstellung der Zwangsvollstreckung bei Einspruch, Berufung	unanfechtbar			719, 707 ZPO
Einstweilige Einstellung der Zwangsvollstreckung bei Revision	unanfechtbar			719 Abs. 2 ZPO
Einstweilige Einstellung der Zwangsvollstreckung bei Wiedereinsetzungsantrag, Wiederaufnahmeverfahren, Rüge nach § 321 a ZPO und Nachverfahren	unanfechtbar			707 ZPO

Ausgangsentscheidung	Rechtsmittel/Rechts-behelf	Frist	Fristbeginn	Normen
Entscheidung des Amtsgerichts über Räumungsfrist bei Zwangsvollstreckung aus Räumungsvergleich	sofortige Beschwerde	Notfrist 2 Wochen	Zustellung, spätestens mit Ablauf von 5 Monaten seit Verkündung	794 a Abs. 4, 567, 569 Abs. 1 ZPO
Entscheidung des Vollstreckungsgerichts über Widerspruch des Schuldners	sofortige Beschwerde	Notfrist 2 Wochen	Zustellung, spätestens mit Ablauf von 5 Monaten seit Verkündung	882d, 793, 567, 569 Abs. 1 ZPO
Entscheidung über Haftanordnung im Verfahren zur Abgabe der Vermögensauskunft	sofortige Beschwerde	Notfrist 2 Wochen	Zustellung oder spätestens mit Übergabe	802g, 793, 567, 569 Abs. 1 ZPO
Entscheidung über Vollstreckungsschutzantrag gem. § 765 a ZPO	sofortige Beschwerde	Notfrist 2 Wochen	Zustellung längstens 5 Monate ab Verkündung	11 Abs. 1 RPflG, 793, 567, 569 ZPO
Entscheidungen im Zwangsvollstreckungsverfahren	sofortige Beschwerde	Notfrist 2 Wochen	Zustellung, spätestens mit Ablauf von 5 Monaten seit Verkündung	793, 567, 569 Abs. 1 ZPO
Erteilung der Vollstreckungsklausel durch den Notar	Klauselerinnerung oder Klauselgegenklage	keine		732 ZPO 768 ZPO
Erteilung der Vollstreckungsklausel durch den Rechtspfleger	Klauselerinnerung oder Klauselgegenklage	keine		11 Abs. 1 RPflG, 732, 768 ZPO
Erteilung der Vollstreckungsklausel durch Urkundsbeamten der Geschäftsstelle	Klauselerinnerung	keine		732 ZPO

Ausgangsentscheidung	Rechtsmittel/Rechts-behelf	Frist	Fristbeginn	Normen
Erteilung einer weiteren voll-streckbaren Ausfertigung	Klauselerinnerung	keine		11 Abs.1 RPflG, 732 ZPO
Räumungsurteil für Wohnraum[1], dessen angegriffener Teil Versagung, Gewährung oder Be-messung einer Räumungsfrist[2] darstellt	sofortige Beschwerde	Notfrist 2 Wochen	Zustellung, spätestens mit Ablauf von 5 Monaten seit Verkündung	721 Abs.6 Nr.1, 567, 569 Abs.1 ZPO
Teilungsplan des Gerichts gem. § 874 ZPO	Widerspruch, Widerspruchsklage	1 Monat, danach ggf. §§ 812 ff. BGB	Termin zur Erklärung über den Teilungsplan	876, 878 Abs.1, 878 Abs.2 ZPO
Verweigerung der Vollstreckungs-klausel durch den Notar	Beschwerde	1 Monat	Schriftliche Bekanntgabe; kann diese nicht bewirkt wer-den, spätestens mit Ablauf von 5 Monaten seit Erlass	54 BeurKG, 58, 63 FamFG
Verweigerung der Vollstreckungs-klausel durch den Rechtspfleger	sofortige Beschwerde	Notfrist 2 Wochen	Zustellung, spätestens mit Ablauf von 5 Monaten seit Verkündung	11 Abs.1 RPflG, 567, 569 Abs.1 ZPO
	oder Klauselerteilungsklage	keine		731 ZPO

[1] Ausgenommen sind gemäß § 721 Abs.7 ZPO Mietverhältnisse über Wohnraum gemäß §§ 549 Abs.2 Nr.3, 575 BGB.
[2] Antrag auf Verlängerung einer Räumungsfrist ist spätestens 2 Wochen vor Ablauf der Räumungsfrist zu stellen (§ 21 Abs.7 S.2 ZPO); das gilt auch bei Räumungsfristen aus Räumungsvergleichen (§ 794 a Abs.1 S.2 ZPO).

Ausgangsentscheidung	Rechtsmittel/Rechts- behelf	Frist	Fristbeginn	Normen
Verweigerung der Vollstreckungs- klausel durch Urkundsbeamten der Geschäftsstelle	Erinnerung	Notfrist 2 Wochen	Zustellung, spätestens mit Ablauf von 5 Monaten seit Verkündung	573 Abs. 1, 569 Abs. 1 ZPO
Verweigerung einer weiteren voll- streckbaren Ausfertigung	sofortige Beschwerde	Notfrist 2 Wochen	Zustellung, spätestens mit Ablauf von 5 Monaten seit Verkündung	11 Abs. 1 RPflG, 567, 569 Abs. 1 ZPO
Vollstreckungsmaßnahmen	Erinnerung			766 Abs. 1 und Abs. 2 ZPO

3.1.2.6.1.7 Grundbuchsachen/Personenstandswesen

Ausgangsentscheidung	Rechtsmittel/Rechts-behelf	Frist	Fristbeginn	Normen
Andere Verfügungen	Beschwerde	1 Monat	Bekanntmachung	51 Abs. 1 PStG; 5, 63 FamFG
Beschluss – Gegenstandslosigkeit einer Eintragung in das Grundbuch (§ 87 Nr. c GBO)	Beschwerde	2 Wochen, in besonderen Fällen länger	Zustellung	89 Abs. 1, 71 GBO
Beschluss wegen Rüge der Verletzung des Anspruchs auf rechtliches Gehör – Verwerfung wegen Unzulässigkeit oder Zurückweisung wegen Unbegründetheit	Unanfechtbar			81 Abs. 3 GBO i.V.m. 44 Abs. 4 FamFG
Entscheidung, gegen die ein Rechtsmittel oder ein anderer Rechtsbehelf nicht gegeben ist	Rüge der Verletzung des Anspruchs auf rechtliches Gehör	2 Wochen längstens 1 Jahr	Ab Kenntnis von der Verletzung des rechtlichen Gehörs Bekanntgabe der angegriffenen Entscheidung	81 Abs. 3 GBO i.V.m. 44 FamFG
Feststellungsbeschluss über eine neue Rangordnung, in dem über einen Widerspruch entschieden wurde	Beschwerde	1 Monat	Schriftliche Bekanntgabe des Beschlusses; kann diese nicht bewirkt werden, spätestens mit Ablauf von 5 Monaten seit Erlass	110 Abs. 1 GBO; 63 Abs. 1, 3 FamFG

3.1.2.6.2 Insolvenzverfahren

Nur wenn in der Insolvenzverordnung gegen die Entscheidung des Insolvenzgerichts die sofortige Beschwerde vorgesehen ist, unterliegen die Entscheidungen einem Rechtsmittel (§ 6 Abs. 1 S. 1 InsO). Zuständig ist das Insolvenzgericht, § 6 Abs. 1 S. 2 InsO. Die Frist für die Beschwerde beträgt zwei Wochen, §§ 4 InsO, 569 Abs. 1 ZPO zwei Wochen. Die Notfrist beginnt mit der Verkündung der Entscheidung, bei Nichtverkündigung mit deren Zustellung, § 5 Abs. 2 InsO.

3.1.2.6.2.1 Maßnahmen im Eröffnungsverfahren

Ausgangsentscheidung	Normen InsO
Andere Maßnahmen (z. B. Durchsuchungen und Beschlagnahmen)	21 Abs. 1 S. 2
Anordnung der Haft, § 21 Abs. 3 S. 1, 2. Alt. InsO	21 Abs. 1 S. 2
Anordnung der vorläufigen Postsperre, § 21 Abs. 2 Nr. 4 InsO	21 Abs. 1 S. 2
Anordnung der zwangsweisen Vorführung, § 21 Abs. 3 S. 1, 1. Alt. InsO	21 Abs. 1 S. 2
Anordnung, dass Gegenstände, die im Fall der Verfahrenseröffnung von § 166 InsO erfasst würden oder deren Aussonderung verlangt werden könnte, vom Gläubiger nicht verwertet oder eingezogen werden dürfen und dass solche Gegenstände zur Fortführung des Unternehmens des Schuldners eingesetzt werden können, soweit sie hierfür von erheblicher Bedeutung sind, § 21 Abs. 2 Nr. 5 InsO	21 Abs. 1 S. 2
Auferlegung eines allgemeinen Verfügungsverbotes oder Anordnung, dass Verfügungen des Schuldners nur mit Zustimmung des vorläufigen Insolvenzverwalters wirksam sind, § 21 Abs. 2 Nr. 2 InsO	21 Abs. 1 S. 2
Bestellung eines vorläufigen Insolvenzverwalters, § 21 Abs. 2 Nr. 1 InsO	21 Abs. 1 S. 2
Einsetzung eines vorläufigen Gläubigerausschusses, § 21 Abs. 2 Nr. 1 a InsO	21 Abs. 1 S. 2
Festsetzung von Vergütung und Auslagen des vorläufigen Insolvenzverwalters, wenn das Insolvenzverfahren nicht eröffnet wird und der Wert des Beschwerdegegenstands 200 € übersteigt, § 26 a Abs. 1 S. 1, Abs. 2 S. 2 InsO	26 a Abs. 3 S. 1
Untersagung und einstweilige Einstellung von Maßnahmen der Zwangsvollstreckung gegen den Schuldner, soweit nicht unbewegliche Gegenstände betroffen sind, § 21 Abs. 2 Nr. 3 InsO	21 Abs. 1 S. 2

3.1.2.6.2.2 Maßnahmen im ausländischen Eröffnungsverfahren

Ausgangsentscheidung	Normen InsO
Gerichtliche Ablehnung der öffentlichen Bekanntmachung im Inland des wesentlichen Inhalts der (im Ausland ergangenen) Eröffnungsentscheidung sowie der Verwalterbestellung im Ausland	345 Abs. 1, 3 (Art. 102 §§ 5, 7 EGInsO)
Gerichtliche Ablehnung des Antrags des ausländischen Verwalters, das Grundbuchamt zu ersuchen, die Verfahrenseröffnung sowie die Art der Einschränkung der Verfügungsbefugnis des Schuldners in das Grundbuch einzutragen	346 Abs. 1, 2 (Art. 102 §§ 6, 7 EG InsO)
Gerichtliche Ablehnung des Antrags des ausländischen Verwalters, das zuständige Registeramt zu ersuchen, die Verfahrenseröffnung sowie die Art der Einschränkung der Verfügungsbefugnis des Schuldners in das Schiffsregister, das Schiffsbauregister oder das Register für Pfandrechte an Luftfahrzeugen einzutragen	346 Abs. 1, 2, 3 (Art. 102 §§ 6, 7 EGInsO)
Gerichtliche Anordnung der in § 21 InsO genannten Maßnahmen auf Antrag eines im Ausland bestellten vorläufigen Insolvenzverwalters	344, 21

3.1.2.6.2.3 Eröffnung des Insolvenzverfahrens

Ausgangsentscheidung	Normen InsO
Ablehnung des Antrags auf Verfahrenseröffnung	34 Abs. 1
Eröffnungsbeschluss im Insolvenzverfahren, § 27 InsO	34 Abs. 2

3.1.2.6.2.4 Maßnahmen im Insolvenzverfahren

Ausgangsentscheidung	Normen InsO
Ablehnung des Antrags auf Aufhebung eines Beschlusses der Gläubigerversammlung, § 78 Abs. 1 InsO	78 Abs. 2 S. 3
Ablehnung des Antrags auf Einberufung einer Gläubigerversammlung, § 75 Abs. 1 InsO	75 Abs. 3
Ablehnung des Antrags auf Entlassung des Insolvenzverwalters, § 59 Abs. 1 S. 1 InsO	59 Abs. 2 S. 2
Anordnung der Haft oder Abweisung des Antrags auf Aufhebung des Haftbefehls, § 98 Abs. 2 InsO	98 Abs. 3 S. 3
Anordnung der Postsperre, § 99 Abs. 1 InsO	99 Abs. 3 S. 1
Anordnung von Zwangsgeld gegen den Insolvenzverwalter, § 58 Abs. 2 S. 1 InsO	58 Abs. 2 S. 3
Aufhebung eines Beschlusses der Gläubigerversammlung durch das Insolvenzgericht, § 78 Abs. 1 InsO	78 Abs. 2 S. 2
Durchsetzung der Herausgabepflichten gegen den entlassenen Insolvenzverwalter, § 58 Abs. 3	58 Abs. 3, 2 S. 3
Entlassung des Insolvenzverwalters durch das Insolvenzgericht aus wichtigem Grund, § 59 Abs. 1 S. 1 InsO	59 Abs. 2 S. 1
Entlassung eines Mitglieds des Gläubigerausschusses aus wichtigem Grund, § 70 S. 1 InsO	70 S. 3
Festsetzung der Vergütung der Mitglieder des Gläubigerausschusses, §§ 73 Abs. 2, 64 Abs. 1 InsO	73 Abs. 2, 64 Abs. 3
Festsetzung der Verwaltervergütung, § 64 Abs. 1 InsO	64 Abs. 3 S. 1
Versagung der Bestellung eines von der Gläubigerversammlung gewählten Insolvenzverwalters durch das Gericht, § 57 S. 3 InsO	57 S. 4

3.1.2.6.2.5 Maßnahmen aufgrund Anhängigkeit eines ausländischen Hauptinsolvenzverfahrens

Ausgangsentscheidung	Normen InsO
Einstellung eines inländischen Insolvenzverfahrens, das trotz Anhängigkeit eines ausländischen Hauptinsolvenzverfahrens eröffnet wurde	Art. 102 § 4 Abs. 1 EGInsO
Eröffnung eines inländischen Insolvenzverfahrens, obwohl zuvor ein ausländisches Hauptinsolvenzverfahren eröffnet wurde	Art. 102 § 3 Abs. 1 EGInsO

3.1.2.6.2.6 Verteilungsverzeichnis

Ausgangsentscheidung	Normen InsO
Ablehnung des Antrags auf Nachtragsverteilung, § 203 Abs. 3 InsO	204 Abs. 1 S. 2
Anordnung der Nachtragsverteilung, § 203 Abs. 1 InsO	204 Abs. 2 S. 2
Berichtigung des Schlussverzeichnisses, §§ 14 Abs. 3, 194 Abs. 3 S. 1 InsO	197 Abs. 3, 194 Abs. 3 S. 2
Berichtigung des Verteilungsverzeichnisses (Fristbeginn an dem Tag, an dem die Entscheidung niedergelegt worden ist); § 194 Abs. 3 S. 1 InsO	194 Abs. 2 S. 2
Zurückweisung der Einwendungen eines Gläubigers gegen das Verteilungsverzeichnis (Frist für die Einwendungen: 3 Wochen nach öffentlicher Bekanntgabe des Verteilungsverzeichnisses, §§ 194 Abs. 1, 189 Abs. 1 InsO)	194 Abs. 2 S. 2
Zurückweisung der Einwendungen eines Gläubigers im Schlusstermin gegen das Schlussverzeichnis, §§ 197 Abs. 1 S. 2 Nr. 2, 194 Abs. 2 InsO	197 Abs. 3, 194 Abs. 2 S. 2

3.1.2.6.2.7 Einstellung des Verfahrens und Insolvenzplan

Ausgangsentscheidung	Normen InsO
Ablehnung des Antrags auf Einstellung des Insolvenzverfahrens gemäß §§ 212, 213 InsO	216 Abs. 2
Beschluss, der die Berichtigung des Insolvenzplans durch den Insolvenzverwalter bestätigt oder versagt, § 248a InsO	248a Abs. 4 S. 1
Bestätigung oder Versagung der Bestätigung des Insolvenzplans, §§ 235 ff. InsO	253
Einstellung des Insolvenzverfahrens gemäß §§ 207, 212, 213 InsO	216 Abs. 1
Zurückweisung des Insolvenzplans, § 231 Abs. 1, Abs. 2 InsO	231 Abs. 3

3.1.2.6.8 Eigenverwaltung

Ausgangsentscheidung	Normen InsO
Ablehnung des Antrags auf Aufhebung der Eigenverwaltung, § 272 Abs. 1 InsO	272 Abs. 2 S. 3
Ablehnung des Antrags auf Entlassung des Sachwalters, §§ 274 Abs. 1, 59 Abs. 1 S. 1, 2 InsO	274 Abs. 1, 59 Abs. 2 S. 2
Anordnung der Haft, §§ 274 Abs. 2 S. 2, 22 Abs. 3 InsO	274 Abs. 2 S. 2, 98 Abs. 3 S. 3 entsprechend
Anordnung von Zwangsgeld, §§ 274 Abs. 1, 58 Abs. 2 S. 1 InsO	274 Abs. 1, 58 Abs. 2 S. 3
Aufhebung der Anordnung der Eigenverwaltung, § 272 Abs. 1 InsO	272 Abs. 2 S. 3
Die vorstehenden Beschwerdemöglichkeiten gemäß § 274 InsO gelten im Fall der Bestellung eines vorläufigen Sachwalters entsprechend	270a Abs. 1 S. 2
Entlassung des Sachwalters durch das Insolvenzgericht aus wichtigem Grund, §§ 274 Abs. 1, 59 Abs. 1 S. 1 InsO	274 Abs. 1, 59 Abs. 2 S. 1
Festsetzung der Sachverwaltervergütung, §§ 274 Abs. 1, 64 Abs. 1 InsO	274 Abs. 1, 64 Abs. 3 S. 1
Versagung der Bestellung eines anderen Sachwalters, §§ 274 Abs. 1, 57 S. 3 InsO	274 Abs. 1, 57 S. 4

3.1.2.6.2.9 Verbraucherinsolvenz und Restschuldbefreiung

Ausgangsentscheidung	Normen InsO
Ablehnung der Beiordnung eines Rechtsanwalts	4 d Abs. 1, 3. Alt.
Ablehnung der Stundung der Verfahrenskosten	4 d Abs. 1, 1. Alt.
Ablehnung des Antrags auf Entlassung des Treuhänder, §§ 292 Abs. 3, 59 Abs. 1 S. 1, 2 InsO	292 Abs. 3, 59 Abs. 2 S. 2 und S. 3
Anordnung von Zwangsgeld, §§ 292 Abs. 3, 58 Abs. 2 S. 1 InsO	292 Abs. 3, 58 Abs. 2 S. 3
Aufhebung der Stundung der Verfahrenskosten	4 d Abs. 1, 2. Alt.
Bewilligung der Stundung	4 d Abs. 2
Entlassung des Treuhänders durch das Insolvenzgericht aus wichtigem Grund, §§ 292 Abs. 3, 59 Abs. 1 S. 1 und S. 3 InsO	292 Abs. 3, 59 Abs. 2 S. 1
Ersetzung der Zustimmung der Gläubiger zum Schuldenbereinigungsplan durch das Insolvenzgericht, § 309 Abs. 1 InsO	309 Abs. 2 S. 3
Erteilung oder Versagung der Restschuldbefreiung, § 287 a Abs. 1 S. 1 InsO	287 a Abs. 1 S. 3 InsO
Festsetzung der Treuhändervergütung, §§ 293 Abs. 2, 64 Abs. 1 InsO	293 Abs. 2, 64 Abs. 3
Versagung der Restschuldbefreiung, § 300 Abs. 3 InsO	300 Abs. 4 S. 2 InsO
Versagung der Restschuldbefreiung, §§ 290 Abs. 1, 297 Abs. 1, 298 Abs. 1, 300 Abs. 3 InsO	296 Abs. 3, 297 Abs. 2, 298 Abs. 3, 290 Abs. 1
Widerruf der Restschuldbefreiung oder Ablehnung des Widerrufs, § 303 Abs. 1 InsO	303 Abs. 3 S. 2

3.1.2.6.2.10 Rechtsbeschwerde

Gegen die Entscheidung des Landgerichts über die sofortige Beschwerde findet die Rechtsbeschwerde statt, wenn das Gericht sie zugelassen hat (§ 574 Abs. 1 Nr. 2 ZPO). Diese ist binnen einer Notfrist von 1 Monat nach Zustellung des Beschlusses durch Einreichen einer Beschwerdeschrift beim Rechtsbeschwerdegericht (BGH, § 133 GVG) einzulegen (§ 575 Abs. 1 ZPO). Sie ist binnen 1 Monat seit Zustellung der angefochtenen Entscheidung zu begründen (§ 575 Abs. 2 ZPO). Die Begründungsfrist kann auf Antrag verlängert werden (§§ 575 Abs. 2 Satz 3, 551 Abs. 2 Satz 5 und 6 ZPO).

3.1.2.6.2.11 Weitere Rechtsbehelfe im Insolvenzverfahren

Klage auf Forderungsfeststellung	Frist	Normen InsO
Klage eines Gläubigers auf Feststellung einer vom Insolvenzverwalter oder vom Insolvenzgläubiger bestrittenen Forderung zur Tabelle im ordentlichen Verfahren	keine, zu beachten ist aber die Ausschlussfrist des § 189 Abs. 1 InsO	179 Abs. 1, 180, 185
Klage eines Gläubigers auf Feststellung einer vom Schuldner bestrittenen Forderung zur Tabelle im ordentlichen Verfahren, auch soweit der Schuldner lediglich der Behauptung des Gläubigers in der Forderungsanmeldung, die Forderung resultiere aus einer unerlaubten Handlung, widersprochen hat[1]	keine	184 Abs. 1, 185

---

[1] Liegt für die Forderung ein vollstreckbarer Schuldtitel oder ein Endurteil vor, so obliegt es dem Schuldner, binnen einer Frist von 1 Monat, die mit dem Prüfungstermin oder im schriftlichen Verfahren mit dem Bestreiten der Forderung beginnt, den Widerspruch zu verfolgen. Nach fruchtlosem Ablauf dieser Frist gilt der Widerspruch als nicht erhoben (§ 184 Abs. 2 S. 1, 2 InsO).

3.1.2.6.3 Zwangsversteigerungsverfahren

Ausgangsentscheidung	Rechtsmittel/Rechtsbehelf	Frist	Fristbeginn	Normen
Anordnung der Zwangs-versteigerung a) ohne rechtliches Gehör b) nach Anhörung des Eigentümers	Erinnerung sofortige Beschwerde	Notfrist 2 Wochen	Zustellung der Verfügung, spätestens 5 Monate seit Verkündung	15 ZVG; 766 ZPO 11 Abs. 1, 3 Nr. 1 i RPflG; 793, 567, 569 Abs. 1 ZPO
Antrag auf einstweilige Einstellung	sofortige Beschwerde	Notfrist 2 Wochen	Zustellung, spätestens 5 Monate seit Verkündung	30b Abs. 3, Abs. 1 ZVG; 567, 569 Abs. 1 ZPO
Zurückweisung des Antrags auf Anordnung der Zwangsver-steigerung	sofortige Beschwerde	Notfrist 2 Wochen	Zustellung, spätestens 5 Monate seit Verkündung	11 Abs. 1, 3 Nr. 1 i RPflG; 793, 567, 569 Abs. 1 ZPO
Beschluss über Erteilung des Zuschlags	sofortige Beschwerde	Notfrist 2 Wochen	Verkündung des Beschlus-ses für die Beteiligten, die im Versteigerungstermin oder im Verkündungstermin erschienen waren, ansons-ten mit Zustellung	96, 98 S. 2 ZVG; 567, 569 Abs. 1 ZPO
Beschluss über Versagung des Zuschlags	sofortige Beschwerde	Notfrist 2 Wochen	Verkündung des Beschlus-ses	96, 98 S. 1 ZVG; 567, 569 Abs. 1 ZPO

Ausgangsentscheidung	Rechtsmittel/Rechtsbehelf	Frist	Fristbeginn	Normen
Teilungsplan gem. § 113 ZVG	Widerspruch	sofort im Termin	Termin	115 ZVG; 876, 878 ZPO
	Widerspruchsklage	1 Monat	mitgerechneter Tag des Termins (str.)	

3.1.2.6.4 Finanzgerichtsverfahren/Vorverfahren

Ausgangsentscheidung	Rechtsmittel/Rechtsbehelf	Frist	Fristbeginn	Normen
Antrag oder Kostenfolge in der Entscheidung ganz oder zum Teil übergangen	Ergänzungsantrag	2 Wochen	Zustellung des Urteils	109 FGO
Beschluss wegen Rüge der Verletzung des Anspruchs auf rechtliches Gehör – Verwerfung wegen Unzulässigkeit oder Zurückweisung wegen Unbegründetheit	unanfechtbar			133a Abs.4 FGO
Endentscheidung, gegen die ein Rechtsmittel oder ein anderer Rechtsbehelf nicht gegeben ist	Anhörungsrüge (= Rüge der Verletzung des Anspruchs auf rechtliches Gehör)	2 Wochen längstens 1 Jahr	Kenntniserlangung von Verletzung des rechtlichen Gehörs Bekanntgabe der angegriffenen Entscheidung	133a Abs.1, 2 FGO
Entscheidung des FG über Vollziehungsaussetzung sowie über einstweilige Anordnungen	Beschwerde, soweit in Entscheidung zugelassen	2 Wochen	Bekanntgabe der Entscheidung	128 Abs.3, 129 FGO

Ausgangsentscheidung	Rechtsmittel/Rechtsbehelf	Frist	Fristbeginn	Normen
Entscheidung über den außergerichtlichen Rechtsbehelf	Anfechtungs-/Verpflichtungsklage	1 Monat	Bekanntgabe der Entscheidung über den außergerichtlichen Rechtsbehelf bzw. des VA	47 Abs.1 FGO
Entscheidungen des FG, die nicht Urteile oder Gerichtsbescheide sind	Beschwerde	2 Wochen	Bekanntgabe der Entscheidung	128, 129 FGO
Nichtentscheidung über außergerichtlichen Rechtsbehelf ohne Mitteilung eines zureichenden Grundes	Untätigkeitsklage	nicht vor Ablauf von 6 Monaten, bei besonderen Umständen auch kürzere Frist	Einlegung des außergerichtlichen Rechtsbehelfs	46 Abs.1 FGO
Nichtzulassung der Revision durch FG	Beschwerde	1 Monat (2 Monate Begründungsfrist hinsichtlich Zulassungsantrag; 1 weiterer Monat Revisionsbegründungsfrist für Beschwerdeführer) bzw. weiterer Monat Einlegungsfrist (und 2 Monate Begründungsfrist) für die übrigen Beteiligten	Zustellung des Urteils Zustellung des Urteils Zustellung des Zulassungsbeschlusses Zustellung des Zulassungsbeschlusses	116 Abs. 1-3, 7, 120 Abs.2 FGO

Ausgangsentscheidung	Rechtsmittel/Rechtsbehelf	Frist	Fristbeginn	Normen
Sprungklage und Fälle, in denen außergerichtlicher Rechtsbehelf nicht möglich ist	Anfechtungs-/Verpflichtungsklage	1 Monat	Bekanntgabe des Verwaltungsakts	45 Abs.1, 47 Abs.1 FGO
Tatbestand enthält Unklarheiten und andere offenbare Unrichtigkeiten	Berichtigungsantrag	2 Wochen	Zustellung des Urteils	108 Abs.1 FGO
Urteil des Finanzgerichts, das die Revision zulässt	Revision	1 Monat	Zustellung des Urteils	115 Abs.1, 120 Abs.1, 2 FGO
	Begründungsfrist	2 Monate; im Fall des § 116 VII (Nichtzulassungsbeschwerde hatte Erfolg): 1 Monat Begründungsfrist	Zustellung des Urteils	
			Zustellung des Zulassungsbeschlusses	120 Abs.2 FGO
Versäumung der Frist zur Begründung der Revision oder Nichtzulassungsbeschwerde	Antrag auf Wiedereinsetzung in den vorherigen Stand	1 Monat, längstens 1 Jahr; Ausnahme: höhere Gewalt	Wegfall des Hindernisses Ende der versäumten Frist	56 FGO
Versäumung gesetzlicher Frist	Antrag auf Wiedereinsetzung in den vorherigen Stand	2 Wochen, längstens 1 Jahr; Ausnahme: höhere Gewalt	Wegfall des Hindernisses Ende der versäumten Frist	56 FGO

Ausgangsentscheidung	Rechtsmittel/Rechtsbehelf	Frist	Fristbeginn	Normen
Verwaltungsakte gem. §347 Abs. 1 S. 1 AO	Einspruch	1 Monat	Bekanntgabe des Verwaltungsakts; bei Rechtsbehelf gegen Steueranmeldung: nach Eingang bei Finanzbehörde; bei Zustimmung der Finanzbehörde, § 168 S. 2 AO: nach Bekanntwerden der Zustimmung	347 Abs. 1 S. 1, 355 AO
		Beachte: evtl. Fristsetzung mit Ausschlusswirkung bzgl. Beibringung von Angaben, Erklärungen oder Beweismitteln		364 b AO

3.1.2.6.5 Sozialgerichtsverfahren/Vorverfahren

Ausgangsentscheidung	Rechtsmittel/Rechtsbehelf	Frist	Fristbeginn	Normen SGG
Beschluss wegen Rüge der Verletzung des Anspruchs auf rechtliches Gehör – Verwerfung wegen Unzulässigkeit oder Zurückweisung wegen Unbegründetheit	unanfechtbar			178 a Abs. 4 SGG

Ausgangsentscheidung	Rechtsmittel/Rechtsbehelf	Frist	Fristbeginn	Normen SGG
Entscheidung des Urkundsbeamten über die Kostenfestsetzung	Antrag auf endgültige gerichtliche Entscheidung	1 Monat	Bekanntgabe	197
Entscheidung, gegen die ein Rechtsmittel oder ein anderer Rechtsbehelf nicht gegeben ist	Anhörungsrüge (= Rüge 2 Wochen der Verletzung des Anspruchs auf rechtliches Gehör)	2 Wochen / längstens 1 Jahr	Kenntniserlangung von Verletzung des rechtlichen Gehörs / Bekanntgabe der angegriffenen Entscheidung	178a Abs. 1, 2
Entscheidungen, die nicht Urteile sind (Ausnahme: § 172 Abs.2 und 3 SGG)	Beschwerde	1 Monat	Bekanntgabe der Entscheidung	172, 173
Gerichtsbescheid	Berufung	1 Monat	Zustellung	105 Abs.2
Nichtbescheidung eines Antrags auf Vornahme eines VA ohne zureichenden Grund	Klage	nicht vor Ablauf von 6 Monaten	seit dem Antrag auf Vornahme	88 Abs.1
Nichtentscheidung über Widerspruch ohne zureichenden Grund	Klage	nicht vor Ablauf von 3 Monaten	Einlegung des Widerspruchs	88 Abs.2
Nichtzulassung der Berufung	Beschwerde zum Landessozialgericht	1 Monat	Zustellung des vollständigen Urteils	145 Abs.1
Nichtzulassung der Revision	Beschwerde	1 Monat (2 Monate Begründungsfrist)	Zustellung des Urteils	160a Abs. 1, 2
Schreib-, Rechenfehler oder ähnliche offenbare Unrichtigkeiten im Urteil	Berichtigungsantrag oder von Amts wegen	jederzeit	–	138

Ausgangsentscheidung	Rechtsmittel/Rechtsbehelf	Frist	Fristbeginn	Normen SGG
Tatbestand enthält Unklarheiten oder andere Unrichtigkeiten	Berichtigungsantrag	2 Wochen	Zustellung des Urteils	139 Abs. 1
Urteil des Sozialgerichts, soweit Beschwerdegegenstand 750 € bzw. bei Erstattungsstreitigkeiten zwischen Behörden oder juristischen Personen des öffentlichen Rechts 10 000 € übersteigt oder wiederkehrende/laufende Leistungen für mehr als 1 Jahr betrifft; sonst nur nach Zulassung	Berufung

Sprungrevision | 1 Monat

1 Monat
(2 Monate Begründungsfrist) | Zustellung des Urteils

Zustellung des Beschlusses über die Zulassung der Revision | 143, 144, 151
161 Abs. 1,
164, Abs. 1, 2 |
| Urteil übergeht einen Anspruch oder den Kostenpunkt | Ergänzungsantrag | 1 Monat | Zustellung des Urteils | 140 Abs. 1 |
| Urteil, in dem die Revision zulassen ist | Revision | 1 Monat
(2 Monate Begründungsfrist) | Zustellung des Urteils | 160 Abs. 1,
164 Abs. 1, 2 |
| Verwaltungsakt | Widerspruch | 1 Monat
3 Monate | Bekanntgabe

ab Bekanntgabe im Ausland | 84 |

Ausgangsentscheidung	Rechtsmittel/Rechtsbehelf	Frist	Fristbeginn	Normen SGG
Widerspruchsbescheid oder Verwaltungsakt, wenn ein Vorverfahren nicht vorausgeht	Klage	1 Monat 3 Monate 1 Jahr	Bekanntgabe Bekanntgabe im Ausland Öffentliche Bekanntgabe nach § 85 Abs. 4 SGG (2 Wochen seit dem Tag der letzten Veröffentlichung)	87 Abs. 1, Abs. 2

3.1.2.6.6 Arbeitsgerichtsverfahren

Ausgangsentscheidung	Rechtsmittel/Rechtsbehelf	Frist	Fristbeginn	Normen
Aufhebung Schiedsspruch (§ 108 ArbGG)	Aufhebungsklage	Notfrist 2 Wochen		110 Abs. 1, 3 S. 1 ArbGG
– schiedsgerichtliches Verfahren unzulässig			Zustellung	110 Abs. 1 Nr. 1 und 2, Abs. 3 Nr. 2 ArbGG
– Schiedsspruch beruht auf Verletzung einer Rechtsnorm				
– wenn gegen ein gerichtliches Urteil nach § 580 Nr. 1 bis 6 ZPO die Restitutionsklage zulässig wäre			Rechtskraft des Strafurteils oder mit dem Tage der Kenntnis der Partei, dass die Einleitung/Durchführung des Verfahrens nicht erfolgen kann; längstens 10 Jahre ab Zustellung	110 Abs. 1 Nr. 3, Abs. 3 S. 3 ArbGG

Ausgangsentscheidung	Rechtsmittel/Rechtsbehelf	Frist	Fristbeginn	Normen
Beschluss des BAG zur Verwerfung als unzulässig oder zur Zurückweisung als unbegründet – Nichtzulassungsbeschwerde	unanfechtbar			72a Abs. 5 S. 6 ArbGG
Beschluss eines LAG nach § 91 über Beschwerde	sofortige Beschwerde zum BAG wegen verspäteter Beschlussabsetzung	Notfrist 1 Monat (gleichzeitig Begründungsfrist)	Ablauf von 5 Monaten nach der Verkündung des Beschlusses des LAG	92b, 72b Abs. 2 ArbG
Beschluss wegen Rüge der Verletzung des Anspruchs auf rechtliches Gehör – Verwerfung wegen Unzulässigkeit oder Zurückweisung wegen Unbegründetheit	unanfechtbar			78a Abs. 4, 8 ArbGG
Beschluss wegen Rüge der Verletzung des Anspruchs auf rechtliches Gehör – Verwerfung wegen Unzulässigkeit oder Zurückweisung wegen Unbegründetheit	unanfechtbar	längstens 1 Jahr	Bekanntgabe der angegriffenen Entscheidung	78a Abs. 4, 8 ArbGG
Entscheidung (Zustimmung) des Integrationsamtes zur Kündigung eines schwerbehinderten Arbeitnehmers	Widerspruch	1 Monat	Bekanntgabe	85, 88 Abs. 4 SGB IX 70 VwGO
Entscheidung im Beschlussverfahren, gegen die ein Rechtsmittel oder ein anderer Rechtsbehelf nicht gegeben ist	Rüge der Verletzung des Anspruchs auf rechtliches Gehör	Notfrist 2 Wochen	ab Kenntnis von der Verletzung des rechtlichen Gehörs	78a Abs. 1, 2, 8 ArbGG

321

Ausgangsentscheidung	Rechtsmittel/Rechtsbehelf	Frist	Fristbeginn	Normen
Entscheidung, gegen die ein Rechtsmittel oder ein anderer Rechtsbehelf nicht gegeben ist	Rüge der Verletzung des Anspruchs auf rechtliches Gehör	Notfrist 2 Wochen längstens 1 Jahr	ab Kenntnis von der Verletzung des rechtlichen Gehörs Bekanntgabe der angegriffenen Entscheidung	78a Abs.1, 2, 8 ArbGG
Entscheidungen der Arbeitsgerichte oder ihrer Vorsitzenden	sofortige Beschwerde	Notfrist 2 Wochen	Zustellung spätestens mit Ablauf von 5 Monaten seit Verkündung	567 ff. ZPO; 78 ArbGG
Mahnbescheid im Mahnverfahren	Widerspruch	max. 1 Woche, bis der Vollstreckungsbescheid verfügt ist	Zustellung	46a Abs.3 ArbGG; 692 Abs.1 Nr.3, 694 ZPO
Nichtzulassung der Rechtsbeschwerde durch das LAG	Nichtzulassungsbeschwerde	Notfrist 1 Monat (Notfrist 2 Monate zur Begründung)	Zustellung	92a, 72a Abs.2, 3 ArbGG
Nichtzulassung der Revision durch LAG	Nichtzulassungsbeschwerde	Notfrist 1 Monat (Notfrist 2 Monate zur Begründung)	Zustellung	72a Abs.1, 2, 3 ArbGG
Spruch des Schlichtungsausschusses der Handwerkerinnungen, Industrie- und Handelskammern u.a. in Streitigkeiten über eine Berufsausbildung (Vorschaltverfahren)	Klage beim Arbeitsgericht	2 Wochen	Erlass des Spruchs, i.d.R. ab Zustellung	111 Abs.2 S.3 ArbGG

Ausgangsentscheidung	Rechtsmittel/Rechtsbehelf	Frist	Fristbeginn	Normen
Urteil des Arbeitsgerichts, soweit – Berufung zugelassen – Wert des Beschwerdegegenstandes 600 € übersteigt – der Rechtsstreit über das Bestehen, Nichtbestehen oder die Kündigung eines Arbeitsverhältnisses geführt wird, oder – bei VU, gegen das Einspruch unstatthaft ist, bei Geltendmachung des Nichtvorliegens einer schuldhaften Säumnis	Berufung	1 Monat (2 Monate Begründungsfrist)	Zustellung, spätestens mit Ablauf von 5 Monaten seit Verkündung	64 Abs. 1, 66 Abs. 1 ArbGG
	Sprungrevision Antrag auf Zulassung der Sprungrevision	Notfrist 1 Monat	Zustellung	76 Abs.1 ArbGG
Urteil eines LAG	Revision	1 Monat (2 Monate Begründungsfrist)	Zustellung, spätestens mit Ablauf von 5 Monaten seit Verkündung	72 Abs. 1, 4, 74 Abs.1 ArbGG
Urteil eines LAG, das nicht binnen 5 Monaten vollständig abgefasst wurde	sofortige Beschwerde	Notfrist 1 Monat (gleichzeitig Begründungsfrist)	Ablauf von 5 Monaten seit Verkündung des angegriffenen Urteils	72b Abs. 1, 2 ArbGG
Versäumnisurteil des Arbeitsgerichts	Einspruch	Notfrist 1 Woche	Zustellung	59 ArbGG

Ausgangsentscheidung	Rechtsmittel/Rechtsbehelf	Frist	Fristbeginn	Normen
Verwerfung der Berufung als unzulässig durch Beschluss des LAG, soweit im Beschluss Rechtsbeschwerde zugelassen wurde	Rechtsbeschwerde	Notfrist 1 Monat (gleichzeitig Begründungsfrist)	Zustellung	77, 72 ArbGG, 574, 575 Abs. 1, 2 ZPO
Vollstreckungsbescheid des Arbeitsgerichts	Einspruch	Notfrist 1 Woche	Zustellung	46a, 59 ArbGG; 700 ZPO
Widerspruchsentscheidung – bestätigend	Anfechtungsklage	1 Monat	Zustellung	88 Abs. 4 SGB IX, 74 Abs. 1, 2 VwGO
Zwischenurteil des Arbeitsgerichts über die nachträgliche Klagezulassung im Kündigungsschutzverfahren	anfechtbar wie Urteil			5 Abs. 4 S. 3 KSchG

3.1.2.6.7 Verwaltungsgerichtsverfahren/Vorverfahren

Ausgangsentscheidung	Rechtsmittel/Rechtsbehelf	Frist	Fristbeginn[1]	Normen
Verwaltungsakt (VA) § 35 VwVfG	Widerspruch	1 Monat	Bekanntgabe des VA	68, 70 VwGO
Widerspruchsbescheid	Anfechtungsklage Verpflichtungsklage	1 Monat	Zustellung	74 Abs. 1, 2 VwGO
Kein Tätigwerden der Behörde	Untätigkeitsklage	nicht vor Ablauf von 3 Monaten (außer bei besonderen Umständen)	Einlegung des Widerspruchs bzw. Antragstellung	75 VwGO
Urteil, Teil- und Zwischenurteil des Verwaltungsgerichts – Berufung im Urteil zugelassen	Berufung	1 Monat	Zustellung des vollständigen Urteils	124a Abs.2 VwGO
		2 Monate Begründungsfrist	Zustellung des vollständigen Urteils	124a Abs.3 VwGO

---

[1] Bei der Fristberechnung ist § 58 VwGO zu beachten:
„(1) Die Frist für ein Rechtsmittel oder einen anderen Rechtsbehelf beginnt nur zu laufen, wenn der Beteiligte über den Rechtsbehelf, die Verwaltungsbehörde oder das Gericht, bei denen der Rechtsbehelf anzubringen ist, den Sitz und die einzuhaltende Frist schriftlich oder elektronisch belehrt worden ist.
(2) Ist die Belehrung unterblieben oder unrichtig erteilt, so ist die Einlegung des Rechtsbehelfs nur innerhalb eines Jahres seit Zustellung, Eröffnung oder Verkündung zulässig, außer wenn die Einlegung vor Ablauf der Jahresfrist infolge höherer Gewalt unmöglich war oder eine schriftliche oder elektronische Belehrung dahin erfolgt ist, dass ein Rechtsbehelf nicht gegeben sei; § 60 Abs.2 gilt für den Fall höherer Gewalt entsprechend."

Ausgangsentscheidung	Rechtsmittel/Rechtsbehelf	Frist	Fristbeginn	Normen
Urteil, Teil- und Zwischenurteil des Verwaltungsgerichts – Berufung im Urteil nicht zugelassen	Antrag auf Zulassung der Berufung	1 Monat	Zustellung des vollständigen Urteils	124 a Abs. 1 und 3, 4-6 VwGO
		2 Monate Begründungsfrist (Zulassungsgründe!)	Zustellung des vollständigen Urteils	
		bei erfolgreichem Antrag: 1 Monat Berufungsbegründungsfrist[1]	Zustellung des Zulassungsbeschlusses	
Urteil, Teil- und Zwischenurteil des Verwaltungsgerichts – Revision im Urteil zugelassen	(Sprung-)Revision	1 Monat (2 Monate Begründungsfrist) im Fall des § 139 Abs.2: 1 Monat Begründungsfrist	Zustellung des Urteils bzw. des Beschlusses über die Zulassung zur Revision	49 Nr.2, 134, 135, 139 Abs.1 - 3 VwGO
	Anschlussberufung	1 Monat	Zustellung der Berufungsbegründungsschrift	127
Unzulässigkeit der Berufung	Revision	1 Monat (2 Monate Begründungsfrist)	Zustellung des Beschlusses	125 Abs.2, 132, 139 VwGO

[1] Mit der Ablehnung des Antrags auf Zulassung der Berufung wird das Urteil rechtskräftig. Lässt das OVG die Berufung zu, wird das Antragsverfahren als Berufungsverfahren fortgesetzt; die Berufung muss nicht eingelegt werden (§ 124 a Abs. 5 VwGO).

Ausgangsentscheidung	Rechtsmittel/Rechtsbehelf	Frist	Fristbeginn	Normen
Zurückweisung der Berufung als unbegründet sowie Stattgabe der Berufung als begründet	Revision	1 Monat (2 Monate Begründungsfrist)	Zustellung des Beschlusses	130a, 125 Abs.2, 132, 139 VwGO
Urteil eines OVG, soweit Revision zugelassen	Revision	1 Monat (2 Monate Begründungsfrist)	Zustellung des Urteils oder des Beschlusses über die Zulassung der Revision	49 Nr.1, 132, 139 VwGO
Nichtzulassung der Revision	Beschwerde	1 Monat (2 Monate Begründungsfrist)	Zustellung des Urteils	132 Abs.1, 133 Abs.1, 2, 3 VwGO
Entscheidungen des Verwaltungsgerichts, des Vorsitzenden oder des Berichterstatters, die nicht Urteile oder Gerichtsbescheide sind	Beschwerde	2 Wochen	Bekanntgabe	146, 147 Abs.1 VwGO
Entscheidungen des beauftragten oder ersuchten Richters oder des Urkundsbeamten	Antrag auf gerichtliche Entscheidung	2 Wochen	Bekanntgabe	151 VwGO
Auslegung eines Plans im Rahmen des Planfeststellungsverfahrens gemäß §§ 72ff. VwVfG	Einwendungen	2 Wochen	Tag nach Ablauf der einmonatigen Auslegungsfrist	73 Abs.4 VwVfG
Mitteilung der Änderungsabsicht bezüglich eines ausgelegten Plans	Einwendungen, Stellungnahmen	2 Wochen	Mitteilung	73 Abs.8 VwVfG

Ausgangsentscheidung	Rechtsmittel/Rechtsbehelf	Frist	Fristbeginn	Normen
Normenkontrolle	Revision	1 Monat (2 Monate Begründungsfrist)	Zustellung des Beschlusses	132 Abs. 1, 139 VwGO
Beschluss im vorläufigen Rechtsschutz (§§ 80, 80a, 123 VwGO)	Beschwerde	2 Wochen (1 Monat Begründungsfrist)	Bekanntgabe der Entscheidung	146 Abs. 4, 147 VwGO
Schreib-, Rechenfehler oder ähnliche offenbare Unrichtigkeiten im Urteil	Berichtigungsantrag oder von Amts wegen	jederzeit	-	118 VwGO
Tatbestand enthält Unklarheiten oder andere Unrichtigkeiten	Berichtigungsantrag	2 Wochen	Zustellung des Urteils	119 VwGO
Urteil übergeht einen Anspruch oder den Kostenpunkt ganz oder teilweise	Ergänzungsantrag	2 Wochen	Zustellung des Urteils	120 VwGO
Entscheidung, gegen die ein Rechtsmittel oder ein anderer Rechtsbehelf nicht gegeben ist	Anhörungsrüge (Rüge der Verletzung des Anspruchs auf rechtliches Gehör)	2 Wochen / längstens 1 Jahr	Kenntnis von der Verletzung des rechtlichen Gehörs / Bekanntgabe der angegriffenen Entscheidung	152a, Abs. 1, 2 VwGO
Beschluss wegen Rüge der Verletzung des Anspruchs auf rechtliches Gehör – Verwerfung wegen Unzulässigkeit oder Zurückweisung wegen Unbegründetheit	unanfechtbar			152a Abs. 4 VwGO

3.1.2.6.8 Verfahren in Familiensachen und Angelegenheiten der freiwilligen Gerichtsbarkeit

3.1.2.6.8.1 Allgemeine Vorschriften

Ausgangsentscheidung	Rechtsmittel/Rechtsbehelf	Frist	Fristbeginn	Normen
Aussetzung des Verfahrens	Sofortige Beschwerde	Notfrist 2 Wochen	Zustellung der Entscheidung, spätestens mit Ablauf von 5 Monaten seit Verkündung	21 Abs.2 FamFG, 567, 569 ZPO
Beschluss (1. Rechtszug), der ohne Zulassung der Beschwerde unterliegt[1]	Sprungrechtsbeschwerde	1 Monat (1 Monat Begründungsfrist)	Schriftliche Bekanntgabe des Beschlusses	75 Abs.1, 70 Abs.1, 71 Abs.1 u.2 FamFG
Beschluss enthält offenbare Unrichtigkeiten	Berichtigungsantrag	Keine	–	42 Abs.1 FamFG
Beschluss im Verfahrenskostenhilfeverfahren (VKH)	Sofortige Beschwerde	Notfrist 1 Monat	Zustellung der Entscheidung, spätestens mit Ablauf von 5 Monaten seit Verkündung	87 Abs.4 FamFG, 567, 569, 127 ZPO
Beschluss, der Antrag auf Berichtigung eines offenbar unrichtigen Beschlusses zurückweist	Unanfechtbar	–	–	42 Abs.3 S.1 FamFG

---

[1] Voraussetzungen: Einwilligung der Beteiligten in die Übergehung der Beschwerdeinstanz und Zulassung der Sprungrechtsbeschwerde durch das Rechtsbeschwerdegericht.

Ausgangsentscheidung	Rechtsmittel/Rechtsbehelf	Frist	Fristbeginn	Normen
Beschluss, der die Berichtigung eines offenbar unrichtigen Beschlusses ausspricht	Sofortige Beschwerde	Notfrist 2 Wochen	Zustellung der Entscheidung, spätestens mit Ablauf von 5 Monaten seit Verkündung	42 Abs. 3 S. 2 FamFG, 567, 569 ZPO
Beschluss, der einen gestellten Antrag übergeht oder bei dem die Kostenentscheidung unterblieben ist	Antrag auf nachträgliche Ergänzung	2 Wochen	Schriftliche Bekanntgabe des Beschlusses	43 Abs. 2 FamFG
Beschluss, der im Vollstreckungsverfahren ergeht	Sofortige Beschwerde	Notfrist 2 Wochen	Zustellung der Entscheidung, spätestens mit Ablauf von 5 Monaten seit Verkündung	76 Abs. 2 FamFG, 567, 569 ZPO
Einstweilige Anordnung in Familiensachen	grds. unanfechtbar	–	–	57 S. 1 FamFG
	Beschwerde bei Entscheidung aufgrund mündlicher Erörterung über – elterliche Sorge für ein Kind – Herausgabe des Kindes an den anderen Elternteil – Antrag auf Verbleiben eines Kindes bei einer Pflege- oder Bezugsperson – Antrag nach §§ 1, 2 Gewaltschutzgesetz – Antrag auf Zuweisung der Wohnung in Ehewohnungssache	2 Wochen	Schriftliche Bekanntgabe des Beschlusses; kann diese nicht bewirkt werden, spätestens mit Ablauf von 5 Monaten seit Erlass	57 S. 2, 63 Abs. 2 Nr. 1 FamFG

Ausgangsentscheidung	Rechtsmittel/Rechtsbehelf	Frist	Fristbeginn	Normen
Einstweilige Anordnung oder Beschluss, der die Genehmigung eines Rechtsgeschäfts betrifft	Beschwerde	2 Wochen	wie oben	58 Abs.1, 63 Abs.2 u. 3 FamFG
Endentscheidungen (1. Rechtszug) des AG oder LG, sofern nichts anderes bestimmt ist[1]	Beschwerde	1 Monat	Schriftliche Bekanntgabe des Beschlusses; kann diese nicht bewirkt werden, spätestens mit Ablauf von 5 Monaten seit Erlass	58 Abs.1, 63 Abs.1 u. 3 FamFG
Entscheidung des Beschwerdegerichts[2]	Rechtsbeschwerde	1 Monat (1 Monat Begründungsfrist)	Schriftliche Bekanntgabe des Beschlusses	70 Abs.1 u. 2 FamFG
	Anschlussrechtsbeschwerde	1 Monat	Bekanntgabe der Begründungsschrift der Rechtsbeschwerde	73 S.1 FamFG
Entscheidung, gegen die ein Rechtsmittel, Rechtsbehelf oder andere Abänderungsmöglichkeit nicht gegeben ist	Rüge der Verletzung des Anspruchs auf rechtliches Gehör	2 Wochen	Kenntnis von der Verletzung des rechtlichen Gehörs	44 Abs.2 u. 1 FamFG
		längstens 1 Jahr	Bekanntgabe der angegriffenen Entscheidung	
Nichteinhaltung einer gesetzlichen Frist ohne Verschulden	Antrag auf Wiedereinsetzung in den vorigen Stand	2 Wochen	Wegfall des Hindernisses	18 Abs.1 u. 4 FamFG
		längstens 1 Jahr	Ende der versäumten Frist	

---

[1] In vermögensrechtlichen Angelegenheiten ist die Beschwerde nur zulässig, wenn der Wert des Beschwerdegegenstandes 600 € übersteigt oder das Gericht des ersten Rechtszugs die Beschwerde zugelassen hat (§61 Abs.1 und 2 FamFG).

[2] Die Rechtsbeschwerde gegen einen Beschluss des Beschwerdegerichts ist ohne Zulassung statthaft in bestimmten Betreuungs- und Unterbringungssachen sowie in Freiheitsentziehungssachen (§70 Abs.3 FamFG).

3.1.2.6.8.2 Verfahren in Familiensachen

3.1.2.6.8.2.1 Allgemeine Vorschriften

Ausgangsentscheidung	Rechtsmittel/ Rechtsbehelf	Frist	Fristbeginn	Normen
Endentscheidungen (1. Rechtszug) des AG oder LG in Ehe- und Familiensachen, sofern nichts anderes bestimmt ist[1]	Beschwerde	1 Monat	Schriftliche Bekanntgabe des Beschlusses; kann diese nicht bewirkt werden, spätestens mit Ablauf von 5 Monaten seit Erlass wie vor	58 Abs. 1, 63 Abs. 1 u. 3 FamFG

3.1.2.6.8.2.2 Verfahren in Scheidungs- und Folgesachen

Ausgangsentscheidung	Rechtsmittel/ Rechtsbehelf	Frist	Fristbeginn	Normen
Zustimmung zur Scheidung	Widerruf	Bis zum Schluss der mündlichen Verhandlung, auf die über die Ehescheidung entschieden wird	–	134 Abs. 2 FamFG

[1] In vermögensrechtlichen Angelegenheiten ist die Beschwerde nur zulässig, wenn der Wert des Beschwerdegegenstandes 600 € übersteigt oder das Gericht des ersten Rechtszuges die Beschwerde zugelassen hat (§ 61 Abs. 1 und 2 FamFG).

Ausgangsentscheidung	Rechtsmittel/ Rechtsbehelf	Frist	Fristbeginn	Normen
Entscheidung gemäß § 142 FamFG, die teilweise durch Beschwerde oder Rechtsbeschwerde angefochten worden ist	Anfechtung von Teilen der einheitlichen Entscheidung, die eine andere Familiensache betreffen, durch Erweiterung des Rechtsmittels oder Anschließung	1 Monat[1]	Zustellung der Rechtsmittelbegründung oder des Zulassungsbeschlusses, bei mehreren Zustellungen mit der letzten[2]	147 FamFG

3.1.2.6.8.2.3 Verfahren in Versorgungsausgleichssachen

Ausgangsentscheidung	Rechtsmittel/ Rechtsbehelf	Frist	Fristbeginn	Normen
Endentscheidungen (1. Rechtszug) des AG oder LG, sofern nichts anderes bestimmt ist[3]	Beschwerde	1 Monat	Schriftliche Bekanntgabe des Beschlusses; kann diese nicht bewirkt werden, spätestens mit Ablauf von 5 Monaten seit Erlass	228, 58 Abs. 1, 63 Abs. 1 u. 3 FamFG

[1] Bei einer Erweiterung des Rechtsmittels oder einer Anschließung an das Rechtsmittel verlängert sich diese Frist um einen weiteren Monat (§ 145 Abs.2 S.1 FamG).

[2] Ist eine Begründung des Rechtsmittels gesetzlich nicht vorgeschrieben, so tritt an die Stelle der Bekanntgabe der Rechtsmittelbegründung die Bekanntgabe des Schriftsatzes, mit dem das Rechtsmittel eingelegt wurde (§ 145 Abs. 1 S.2 FamG).

[3] In Versorgungsausgleichssachen ist die Anfechtung einer Kostenentscheidung nur zulässig, wenn der Wert des Beschwerdegegenstandes 600 € übersteigt oder das Gericht des ersten Rechtszuges die Beschwerde zugelassen hat (§§ 228, 61 Abs.1 und 2 FamFG). Darüber hinaus gilt § 61 FamFG in Versorgungsausgleichssachen nicht (§ 228 FamFG).

3.1.2.6.8.2.4 Verfahren in Unterhaltssachen

Ausgangsentscheidung	Rechtsmittel/ Rechtsbehelf	Frist	Fristbeginn	Normen
Endentscheidung (rechtskräftig) nach § 237 oder § 253 FamFG, die eine Verpflichtung zu künftig fällig werdenden wiederkehrenden Leistungen enthält	Antrag auf Abänderung – grundsätzlich – auf Herabsetzung des Unterhalts für die Zeit bis zu einem Jahr vor Rechtshängigkeit des Antrags	keine 1 Monat[1]	– Rechtskraft der Entscheidung	240 Abs. 1 FamFG 240 Abs. 2 S. 1, 4, 238 Abs. 3 S. 4 FamFG
Endentscheidung, welche in der Hauptsache des Gerichts ergangen ist, die eine Verpflichtung zu künftig fällig werdenden wiederkehrenden Leistungen enthält	Antrag auf Abänderung	keine	–	238 Abs. 1 FamFG
Zustellung des Antrags auf Festsetzung des Unterhalts Minderjähriger im vereinfachten Verfahren	Einwendungen des Antragsgegners gemäß § 252 FamFG	1 Monat	Zustellung	251 Abs. 1 S. 2 Nr. 3 FamFG

---

[1] Ist innerhalb der Monatsfrist ein Antrag des anderen Beteiligten auf Erhöhung des Unterhalts anhängig geworden, läuft die Frist nicht vor Beendigung dieses Verfahrens ab (§ 240 Abs. 2 S. 2 FamFG). Der nach Ablauf der Frist gestellte Antrag auf Herabsetzung ist auch zulässig für die Zeit ab dem Ersten des auf ein entsprechendes Auskunfts- oder Verzichtsverlangen des Antragstellers folgenden Monats (§ 240 Abs. 2 S. 3 FamFG).

3.1.2.6.8.3 Verfahren in Betreuungssachen

Ausgangsentscheidung	Rechtsmittel/ Rechtsbehelf	Frist	Fristbeginn	Normen
Beschluss des Gerichts zur Unterbringung des Betroffenen zur Begutachtung	Sofortige Beschwerde	Notfrist 2 Wochen	Zustellung der Entscheidung, spätestens mit Ablauf von 5 Monaten seit Verkündung	284 Abs. 3 S. 2 FamFG, 567, 569 ZPO
Entscheidung des Gerichts in Betreuungssachen, die Interessen der Staatskasse betrifft	Beschwerde durch den Vertreter der Staatskasse	3 Monate	Formlose Mitteilung gemäß § 15 Abs. 3 FamFG	304 Abs. 2 FamFG

3.1.2.6.8.4 Verfahren in Unterbringungssachen

Ausgangsentscheidung	Rechtsmittel/ Rechtsbehelf	Frist	Fristbeginn	Normen
Beschluss des Gerichts zur Unterbringung des Betroffenen zur Begutachtung	Sofortige Beschwerde	Notfrist 2 Wochen	Zustellung der Entscheidung, spätestens mit Ablauf von 5 Monaten seit Verkündung	322, 284 Abs. 3 S. 2 FamFG, 567, 569 ZPO

3.1.2.6.8.5 Verfahren in Nachlasssachen

Ausgangsentscheidung	Rechtsmittel/ Rechtsbehelf	Frist	Fristbeginn	Normen
Beschluss, der den Antrag des Erben auf Anordnung der Nachlassverwaltung stattgibt	unanfechtbar	–	–	359 Abs. 1 FamFG
Beschluss, der bei mehreren Testamentsvollstreckern über Vornahme eines Rechtsgeschäfts entscheidet	Beschwerde	2 Wochen	Schriftliche Bekanntgabe des Beschlusses; kann diese nicht bewirkt werden, spätestens mit Ablauf von 5 Monaten seit Erlass	355 Abs. 2, 58 Abs. 1, 63 Abs. 3 FamFG
Beschluss, der die Inventarfrist für Erben bestimmt	Beschwerde	1 Monat	Bekanntgabe des Beschlusses an den Nachlassgläubiger, der Antrag auf Bestimmung der Inventarfrist gestellt hat	360 Abs. 1, 58 Abs. 1, 63 Abs. 1 FamFG
Beschluss, der über neue Inventarfrist oder über Verlängerung entscheidet	Beschwerde	1 Monat	Bekanntgabe des Beschlusses an denjenigen, der Antrag auf Bestimmung oder Verlängerung der Inventarfrist gestellt hat	360 Abs. 2 u. 1, 58 Abs. 1, 63 Abs. 1 FamFG
Beschluss, durch den das Gericht einem Dritten Frist zur Erklärung nach § 2198 Abs. 2 BGB oder einer zum Testamentsvollstrecker ernannten Person zur Amtsannahme setzt	Sofortige Beschwerde	Notfrist 2 Wochen	Zustellung der Entscheidung, spätestens mit Ablauf von 5 Monaten seit Verkündung	355 Abs. 1 FamFG, 567, 569 ZPO

3.1.2.6.8.6 Verfahren in Teilungssachen

Ausgangsentscheidung	Rechtsmittel/ Rechtsbehelf	Frist	Fristbeginn	Normen
Beschluss, der eine Frist nach §366 Abs.3 FamFG bestimmt oder über Wiedereinsetzung entscheidet	Sofortige Beschwerde	Notfrist 2 Wochen	Zustellung der Entscheidung, spätestens mit Ablauf von 5 Monaten seit Verkündung	372 Abs.1 FamFG, 567, 569 ZPO

3.1.2.6.8.7 Verfahren in Registersachen und unternehmensrechtliche Verfahren

Ausgangsentscheidung	Rechtsmittel/ Rechtsbehelf	Frist	Fristbeginn	Normen
Beschluss, der den Antrag nach §11 Binnenschifffahrtsgesetz oder §595 Abs.2 HGB, auch in Verbindung mit §78 Binnenschifffahrtsgesetz, stattgibt	Unanfechtbar	–	–	402 Abs.2 FamFG
Beschluss, durch den über einen Antrag nach §375 FamFG entschieden wird	Beschwerde[1]	1 Monat	wie vor	402 Abs.1, 58 Abs.1, 63 Abs.1 u. 3 FamFG
Beschluss, durch den das Zwangsgeld festgesetzt oder Einspruch verworfen wird	Beschwerde	1 Monat	Schriftliche Bekanntgabe des Beschlusses; kann diese nicht bewirkt werden, spätestens mit Ablauf von 5 Monaten seit Erlass	391 Abs.1, 58 Abs.1, 63 Abs.1 u. 3 FamFG

---

[1] Die Vorschriften des HGB, des AktG und des PublG über die Beschwerde bleiben unberührt (§402 Abs.3 FamFG).

3.1.2.6.8.8 Verfahren in Freiheitsentziehungssachen

Ausgangsentscheidung	Rechtsmittel/ Rechtsbehelf	Frist	Fristbeginn	Normen
Bestellung eines Verfahrenspflegers bzw. Aufhebung oder Ablehnung dieser Maßnahme	Nicht selbstständig anfechtbar	–	–	419 Abs.4 FamFG

3.1.2.6.8.9 Verfahren in Aufgebotssachen

Ausgangsentscheidung	Rechtsmittel/ Rechtsbehelf	Frist	Fristbeginn	Normen
Beschluss, der den Antrag auf Erlass einer Zahlungssperre zurückweist oder Zahlungssperre aufhebt	Sofortige Beschwerde	Notfrist 2 Wochen	Zustellung der Entscheidung, spätestens mit Ablauf von 5 Monaten seit Verkündung	480 Abs.2, 482 Abs.3 FamFG, 567, 569 ZPO
Endentscheidungen (1. Rechtszug) des AG oder LG in vermögensrechtlichen Angelegenheiten[1]	Beschwerde	1 Monat	Schriftliche Bekanntgabe des Beschlusses; kann diese nicht bewirkt werden, spätestens mit Ablauf von 5 Monaten seit Erlass	439 Abs.3, 58 Abs.1, 63 Abs.1 u. 3 FamFG
Nichteinhaltung der Aufgebotsfrist ohne Verschulden	Antrag auf Wiedereinsetzung in den vorigen Stand	2 Wochen

Längstens 5 Jahre | Wegfall des Hindernisses

Ende der versäumten Frist | 439 Abs.4, 18 Abs.1 FamFG |

---

[1] Die Beschränkung des § 61 Abs.1 FamFG (Wert des Beschwerdegegenstandes über 600 €) gilt für vermögensrechtliche Angelegenheiten in Aufgebotsverfahren nicht (§ 439 Abs.3 FamFG).

3.1.2.6.8.10 Verfahren in Verschollenheitssachen

Ausgangsentscheidung	Rechtsmittel/ Rechtsbehelf	Frist	Fristbeginn	Normen
Beschluss, durch den der Antrag auf Aufhebung der Todeserklärung abgelehnt wird	Sofortige Beschwerde	1 Monat	Bekanntmachung	13, 33 Abs. 2 VerschG; 63 Abs. 1 FamFG
Beschluss, durch den der Verschollene für tot erklärt wird, Ablehnung der Todeserklärung	Sofortige Beschwerde	1 Monat	Bekanntmachung	13, 26 Abs. 1 VerschG
Beschluss, durch den die Todeserklärung aufgehoben wird	Kein Rechtsmittel	–	–	33 Abs. 1 VerschG
Beschluss, in dem Zeitpunkt des Todes unrichtig ist	Antrag auf Änderung der Feststellung	Notfrist 1 Monat	Kenntnis des Antragsberechtigten von der Tatsache, jedoch nicht vor Rechtskraft der Todeserklärung; nach Ablauf von 5 Jahren seit Rechtskraft unstatthaft	33a Abs. 1 u. 2 VerschG
Kostenentscheidung des Gerichts: Beschwerdegegenstand übersteigt 50 €	Sofortige Beschwerde	1 Monat	Bekanntmachung	36 VerschG; 63 Abs. 1 FamFG
Kostenfestsetzungsbeschluss der Geschäftsstelle des Gerichts der 1. Instanz; Änderung der Kostenfestsetzung	Erinnerung	2 Wochen	Zustellung	35 Abs. 3, 37 Abs. 1 VerschG

3.1.2.6.9   Straf- und Ordnungswidrigkeitsverfahren

3.1.2.6.9.1   Strafprozessordnung

Ausgangsentscheidung	Rechtsmittel/ Rechtsbehelf	Frist	Fristbeginn	Normen StPO
Beschluss, gegen den dem Betroffenen keine Beschwerde und kein anderer Rechtsbehelf zusteht	Rüge der Verletzung des Anspruchs auf rechtliches Gehör (Anhörungsrüge)	solange der Beteiligte noch be- schwert ist		33 a
Beschlüsse der Gerichte (1. und 2. Instanz), soweit nicht ausdrücklich gesetzlich ausge- schlossen	Beschwerde			304 Abs. 1, 1. Var.
Entscheidungen des Richters im Ermittlungs- verfahren	Beschwerde			304 Abs. 1, 3. Var.
Verfügungen des beauftragten oder ersuchten Richters, soweit nicht ausdrücklich gesetzlich ausgeschlossen	Beschwerde			304 Abs. 1, 4. Var.
Verfügungen des Vorsitzenden, soweit nicht ausdrücklich gesetzlich ausgeschlossen	Beschwerde			304 Abs. 1, 2. Var.
ablehnender Bescheid auf eine Beschwerde wegen Einstellung der Ermittlungen	Antrag auf gerichtliche Entscheidung	1 Monat	Bekanntmachung	172 Abs. 2
Ablehnung der Eröffnung des Hauptverfahrens oder vom Antrag der StA abweichende Verwei- sung an ein Gericht niederer Ordnung	Sofortige Beschwerde	1 Woche	Bekanntmachung	210 Abs. 2, 311 Abs. 2

Ausgangsentscheidung	Rechtsmittel/ Rechtsbehelf	Frist	Fristbeginn	Normen StPO
Ablehnung der Verfahrensbeteiligung im Einziehungsverfahren bzw. Anordnung der beschränkten Beteiligung nach § 431 Abs. 2 StPO	Sofortige Beschwerde	1 Woche	Bekanntmachung gem. § 35 StPO	424 Abs. 4, 431 Abs. 2, 311 Abs. 2
Anordnung der Untersuchungshaft gem. § 112 StPO	Haftprüfungsantrag			117 Abs. 1
Anordnung der				
– körperlichen Untersuchung des Beschuldigten				81 a
– Beschlagnahme				98
– Rasterfahndung				98a
– Postbeschlagnahme				99
– Überwachung und Aufzeichnung der Telekommunikation				100a
– Abhören des in einer Wohnung nicht öffentlich gesprochenen Wortes mit technischen Mitteln ohne Wissen des Beschuldigten				100c
– Abhören außerhalb von Wohnungen				100f
– Erhebung von Verkehrsdaten nach Telekommunikationsgesetz				100g
– Ermittlung von Gerätenummer, Kartennummer und Standort eines Mobilfunkendgerätes				100i
– Einsatz eines verdeckten Ermittlers				110b
– Durchsuchung beim Verdächtigen und bei Dritten				102, 103
– Beschluss über vorläufige Entziehung der Fahrerlaubnis				111 a

Ausgangsentscheidung	Rechtsmittel/ Rechtsbehelf	Frist	Fristbeginn	Normen StPO
– Beschlagnahme wegen Annahme, dass die Voraussetzungen für Einziehung oder Unbrauchbarkeit eines Gegenstandes vorliegen				111b
– Verwaltung beschlagnahmter oder gepfändeter Gegenstände				111m
Soweit die oben angegebenen Anordnungen bei Gefahr im Verzug durch die Staatsanwaltschaft oder deren Hilfsbeamte erlassen werden können	Antrag auf gerichtliche Entscheidung			98 Abs.2 S.2[1]
Antrag der StA auf Verwerfung der Revision als offensichtlich unbegründet	Gegenerklärung	2 Wochen	Mitteilung des Antrags	349 Abs.3
Beschluss des Berufungsgerichts über Verwerfung der Berufung als unzulässig	Sofortige Beschwerde	1 Woche	Bekanntmachung gem. §35 StPO	322 Abs.2, 311 Abs.2
Beschluss des Gerichts über Aussetzung der Vollstreckung des Restes einer Freiheitsstrafe zur Bewährung oder über die Unzulässigkeit eines solchen Antrags vor Ablauf einer bestimmten Frist	Sofortige Beschwerde	1 Woche	Bekanntmachung gem. §35 StPO	454 Abs.3, 311 Abs.2
Beschluss des Gerichts über Verhandlung in Abwesenheit des Angeklagten wegen vorsätzlich herbeigeführter Verhandlungsunfähigkeit	Sofortige Beschwerde	1 Woche	Zustellung des Urteils	231a Abs.3, 311 Abs.2

[1] § 98 Abs.1 S.2 StPO ist nach BGHSt 28, 57 auf alle anderen primär dem Richter vorbehaltenen Anordnungen entsprechend anzuwenden (auch soweit sich diese erledigt haben). Für Beschlagnahme und dinglichen Arrest ausdrücklich geregelt in § 111e Abs.2 S.3 StPO.

Ausgangsentscheidung	Rechtsmittel/ Rechtsbehelf	Frist	Fristbeginn	Normen StPO
Beschluss des Gerichts, dessen Urteil angefochten wird, über Verwerfung der Revision als unzulässig wegen verspäteter oder formwidriger Einlegung der Revision	Antrag auf Entscheidung des Revisionsgerichts	1 Woche	Zustellung des Beschlusses	346 Abs.2
Beschluss über vorläufige Unterbringung in einem psychiatrischen Krankenhaus zur Beobachtung eines Beschuldigten	Sofortige Beschwerde	1 Woche	Bekanntmachung gem. § 35 StPO	81 Abs.4, 311 Abs.2
Beschluss, durch den die Ablehnung eines Richters als unzulässig verworfen oder als unbegründet zurückgewiesen wird, sofern die Entscheidung keinen erkennenden Richter betrifft[1]	Sofortige Beschwerde	1 Woche	Bekanntmachung gem. § 35 StPO	28 Abs.2, 311 Abs.2
Beschlüsse des Gerichts im Strafvollstreckungsverfahren	Sofortige Beschwerde	1 Woche	Bekanntmachung gem. § 35 StPO	462 Abs.3, 311 Abs.2
Einstellungsbescheid der Staatsanwaltschaft (StA) an Antragsteller, der zugleich Verletzter ist	Beschwerde	2 Wochen	Bekanntmachung	171, 172 Abs.1
Einstellungsbeschluss des Gerichts außerhalb der Hauptverhandlung wegen a) Verfahrenshindernisses	Sofortige Beschwerde	1 Woche	Bekanntmachung	206a, 311 Abs.2
b) Änderung des Strafgesetzes zugunsten des Täters zwischen Beendigung der Tat und Entscheidung	Sofortige Beschwerde	1 Woche	Bekanntmachung	206b, 311 Abs.2

[1] Betrifft die Entscheidung einen erkennenden Richter, so kann sie nur zusammen mit dem Urteil angefochten werden (§ 28 Abs.2 S.2 StPO).

Ausgangsentscheidung	Rechtsmittel/ Rechtsbehelf	Frist	Fristbeginn	Normen StPO
Entscheidung über den Verfall der Sicherheit zur Aussetzung des Vollzugs des Haftbefehls (§ 116 Abs. 1 Nr. 4 StPO)	Sofortige Beschwerde	1 Woche	Bekanntmachung § 35 StPO	124 Abs. 2, 311 Abs. 2
Entscheidung der Vollstreckungsbehörde über die Beitreibung von Geldstrafen nach den §§ 459a, 459c, 459e und 459g StPO	Antrag auf gerichtliche Entscheidung			459h
Entscheidung über die Kosten des Verfahrens in dem abschließenden Urteil, Strafbefehl oder Beschluss, soweit der Beschwerdewert 200 € übersteigt.	Sofortige Beschwerde	1 Woche	Bekanntmachung gem. § 35 StPO	462 Abs. 3, 311 Abs. 2, 304 Abs. 3
Entscheidung, die auf Haftprüfungsantrag ergeht	Beschwerde			117 Abs. 2 S. 2, 304
	weitere Beschwerde			310
Entscheidung, durch die ein Verteidiger gem. §§ 138a, 138b StPO ausgeschlossen wird	Sofortige Beschwerde	1 Woche	Bekanntmachung gem. § 35 StPO	138 d Abs. 4, 311 Abs. 2
Entscheidungen, die aus Anlass eines Antrags auf Wiederaufnahme des Verfahrens von dem Gericht im 1. Rechtszug erlassen werden	Sofortige Beschwerde	1 Woche	Bekanntmachung gem. § 35 StPO	372, 311 Abs. 2
Heimliche Ermittlungsmaßnahme gem. § 101 Abs. 1 StPO (auch nach Beendigung)	Antrag auf gerichtliche Überprüfung	2 Wochen	Benachrichtigung	101 Abs. 7 S. 2
Nachträgliche Entscheidung über Strafaussetzung zur Bewährung oder Verwarnung mit Strafvorbehalt	Beschwerde	1 Woche	Bekanntmachung gem. § 35 StPO	453 Abs. 2, 311 Abs. 2

Ausgangsentscheidung	Rechtsmittel/ Rechtsbehelf	Frist	Fristbeginn	Normen StPO
Rechtskräftige Anordnung der Einziehung eines Gegenstands	Antrag auf Nachverfahren	1 Monat höchstens 2 Jahre	Ablauf des Tages, an dem der Antragsteller Kenntnis von der rechtskräftigen Entscheidung erlangt hat seit Eintreten der Rechtskraft und Beendigung der Vollstreckung	433 Abs.2
Revisionsentscheidung	Rüge der Verletzung des Anspruchs auf rechtliches Gehör	1 Woche	Kenntnis von der Verletzung des rechtlichen Gehörs	356a StPO
Strafbefehl	Einspruch	2 Wochen	Zustellung	409 Abs.1 Nr.7, 410 Abs.1
Urteil der Strafkammer und Schwurgerichte beim LG sowie die im 1. Rechtszug ergangenen Urteile des Strafsenats beim OLG	Revision	1 Woche 1 Monat Begründungsfrist	Verkündung; für den abwesenden Angeklagten, soweit der bevollmächtigte Verteidiger bei der Verkündung nicht anwesend war: mit Zustellung wie vor	333, 341 Abs.1 345 Abs.1

Ausgangsentscheidung	Rechtsmittel/ Rechtsbehelf	Frist	Fristbeginn	Normen StPO
Urteil des Strafrichters oder des Schöffengerichts	Sprungrevision	1 Woche	Verkündung; für den abweisenden Angeklagten, soweit der bevollmächtigte Verteidiger bei der Verkündigung nicht anwesend war: mit Zustellung	335 Abs. 1, 341 Abs. 1
		1 Monat Begründungsfrist	Ablauf der Einlegungsfrist; war Urteil da noch nicht zugestellt: ab Zustellung	345 Abs. 1
Urteil des Strafrichters oder des Schöffengerichts beim AG	Berufung[1]	1 Woche (1 Woche Begründungsfrist seit Ablauf Einlegungsfrist oder Zustellung, falls Urteil bei Ablauf der Einlegungsfrist noch nicht vorlag)	Verkündung; für abweisenden Angeklagten, sofern nicht in den Fällen der §§ 234, 378 Abs. 1, 411 Abs. 2, 428 Abs. 1 Satz 1 die Verkündung in Anwesenheit des mit schriftlicher Vollmacht versehenen Verteidigers stattgefunden hat: Zustellung des Urteils	312, 314 Abs. 1, 317
Urteil nach Hauptverhandlung ohne den Angeklagten gem. § 232 StPO	Antrag auf Wiedereinsetzung in den vorigen Stand	1 Woche	Zustellung des Urteils	235

[1] Bei geringen Geldstrafen und Geldbußen nur Annahmeberufung (§ 313 StPO).

Ausgangsentscheidung	Rechtsmittel/ Rechtsbehelf	Frist	Fristbeginn	Normen StPO
Verwerfung der Berufung als unzulässig wegen Verspätung durch das Gericht des 1. Rechtszuges	Antrag auf Entscheidung des Berufungsgerichts	1 Woche	Zustellung des Beschlusses	319 Abs. 2
Verwerfung der Berufung ohne Verhandlung wegen Ausbleibens des Angeklagten in der Berufungsverhandlung	Antrag auf Wiedereinsetzung in den vorigen Stand	1 Woche	Zustellung des Urteils	329 Abs. 4
Widerruf der Aussetzung, Erlass der Strafe, Widerruf des Erlassens, Verurteilung zur vorbehaltenen Strafe, Festsetzung über Verwarnung	Sofortige Beschwerde	1 Woche	Bekanntmachung gem. § 35 StPO	453 Abs. 2, 311 Abs. 2

3.1.2.6.9.2 Jugendgerichtsgesetz

Ausgangsentscheidung	Rechtsmittel/Rechtsbehelf	Frist	Fristbeginn	Normen
Anordnung oder Ablehnung der Aussetzung der Jugendstrafe	Sofortige Beschwerde	1 Woche	Bekanntmachung gem. § 35 StPO	59 Abs.1 JGG; 311 Abs.2 StPO
Beschluss des Rechtsmittelgerichts im JGG-Verfahren, der vor der Hauptverhandlung das Urteil für einen Teil der Strafe als vollstreckbar erklärt	Sofortige Beschwerde	1 Woche	Bekanntmachung gem. § 35 StPO	56 Abs.1 JGG; 311 Abs.2 StPO
Beschluss über Absehen von der Vollstreckung des Restes oder des gesamten Jugendarrests	Sofortige Beschwerde	1 Woche	Bekanntmachung gem. § 35 StPO	87 Abs.3 S.1, 83 Abs.3 JGG; 311 Abs.2 StPO
Beschluss über Aussetzung der Vollstreckung des Restes oder des gesamten Jugendarrests	Sofortige Beschwerde	1 Woche	Bekanntmachung gem. § 35 StPO	88, 83 Abs.3 JGG; 311 Abs.2 StPO
Beschluss über Unterbringung eines Beschuldigten zur Vorbereitung eines Gutachtens über seinen Entwicklungsstand	Sofortige Beschwerde	1 Woche	Bekanntmachung gem. § 35 StPO	73 Abs.2 JGG; 311 Abs.2 StPO
Beschluss, durch den der Schuldspruch nach Ablauf der Bewährungszeit getilgt wird oder Entscheidung über die Verhängung der Jugendstrafe ausgesetzt bleibt	Kein Rechtsmittel			63 Abs.1 JGG
Entscheidung über die Dauer der Bewährungsfrist, die Dauer der Unterstellungszeit, über die erneute Anordnung der Unterstellung in der Bewährungszeit, über Weisungen und Auflagen	Beschwerde			59 Abs.2 JGG; 304 StPO

Ausgangsentscheidung	Rechtsmittel/Rechtsbehelf	Frist	Fristbeginn	Normen
Entscheidung, an deren Anfechtung ein Beteiligter nach § 55 Abs. 1 JGG gehindert ist, und Berufungsentscheidungen, gegen die der Beteiligte nach § 55 Abs. 2 JGG kein Rechtsmittel einlegen kann	Rüge der Verletzung des Anspruchs auf rechtliches Gehör	1 Woche	Kenntnis von der Verletzung des rechtlichen Gehörs	55 Abs. 4 JGG i.V.m. 356a StPO
Erstinstanzliche Urteile der Jugendstrafkammer	Revision	1 Woche	Verkündung	333, 341 StPO
Nachträgliche Verhängung von Jugendarrest wegen Nichtbeachtung von Auflagen und Weisungen	Sofortige Beschwerde	1 Woche	Bekanntmachung gem. § 35 StPO	65 Abs. 2 S.2 JGG; 311 Abs. 2 StPO
Umwandlung von Freizeitarrest in Kurzarrest durch Vollstreckungsleiter	Sofortige Beschwerde	1 Woche	Bekanntmachung gem. § 35 StPO	86, 83 Abs. 3 JGG; 311 Abs. 2 StPO
Urteil des Jugendrichters oder des Jugendschöffengerichts	Berufung oder Revision (alternativ)	1 Woche 1 Woche	Verkündung Verkündung	55 Abs. 2 JGG; 314 StPO; 335, 341 StPO
Widerruf der Aussetzung der Jugendstrafe	Sofortige Beschwerde	1 Woche	Bekanntmachung gem. § 35 StPO	59 Abs. 3 JGG; 311 Abs. 2 StPO
Widerruf der Aussetzung der Vollstreckung des Restes einer Jugendstrafe zur Bewährung	Sofortige Beschwerde	1 Woche	Bekanntmachung gem. § 35 StPO	88 Abs. 3 S. 2, 88 Abs. 4, 59 Abs. 3 JGG; 311 Abs. 2 StPO

3.1.2.6.9.3 Nebengesetze (BtMG, StrEG, StVollzG, BZRG)

Ausgangsentscheidung	Rechtsmittel/ Rechtsbehelf	Frist	Fristbeginn	Normen
Beschluss des Gerichts des 1. Rechtszuges über die Aussetzung der Vollstreckung der Strafe/ Reststrafe auf Bewährung nach einer Behandlung der Abhängigkeit des Verurteilten	Sofortige Beschwerde	1 Woche	Bekanntmachung gem. § 35 StPO	36 Abs.5, S. 3 BtMG; 311 Abs.2 StPO
Beschluss des Gerichts, dass der Beschuldigte zur Zahlung der Gebühren des beigeordneten Rechtsanwalts in Strafsachen in der Lage ist	Sofortige Beschwerde	1 Woche	Bekanntmachung gem. § 35 StPO	52 Abs.2 u. 4 RVG; 311 Abs.2 StPO
Entscheidung der Registerbehörde, durch die ein Antrag auf Entfernung einer Eintragung nach §§ 10 und 11 BZRG aus dem Zentralregister abgelehnt wird[1]	Beschwerde	2 Wochen	Bekanntgabe	25 Abs.2 BZRG
Entscheidung der Registerbehörde, durch die ein Antrag auf Tilgung einer Eintragung entgegen den §§ 45, 46 BZRG abgelehnt wird[1]	Beschwerde	2 Wochen	Bekanntgabe	49 Abs.3, 63 Abs.3, 59 BZRG
Entscheidung des Gerichts über die Entschädigungspflicht nach Verfahrenseinstellung durch die StA	Sofortige Beschwerde	1 Woche	Bekanntmachung gem. § 35 StPO	9 Abs.2 StrEG; 311 Abs.2 StPO

[1] Hilft die Registerbehörde der Beschwerde nicht ab, so entscheidet das Bundesministerium der Justiz (§§ 39 Abs.3 S. 2, 49 Abs.3 S. 2 BZRG).

Ausgangsentscheidung	Rechtsmittel/ Rechtsbehelf	Frist	Fristbeginn	Normen
Entscheidung durch das Gericht des 1. Rechtszuges	Sofortige Beschwerde	1 Woche	Bekanntmachung gem. § 35 StPO	35 Abs.7 S.4 BMG; 462 Abs.3, 311 Abs.2 StPO
Entscheidung über Entschädigungsanspruch durch StA	Zivilklage vor LG	3 Monate	Zustellung der Entscheidung	13 Abs.1 StrEG
Entscheidung über Verpflichtung zur Entschädigung für Strafverfolgungsmaßnahmen im abschließenden Urteil oder Beschluss des Gerichts	Sofortige Beschwerde	1 Woche	Bekanntmachung gem. § 35 StPO	8 Abs.1 u. 3 StrEG; 311 Abs.2 StPO
Gerichtliche Entscheidung der Strafvollstreckungskammer	Rechtsbeschwerde	1 Monat	Zustellung der Entscheidung	116 Abs.1 u. 4, 118 Abs.1 StVollzG
Maßnahme zur Regelung einzelner Angelegenheiten auf dem Gebiet des Strafvollzugs	Antrag auf gerichtliche Entscheidung	2 Wochen	Zustellung oder schriftliche Bekanntgabe der Maßnahme oder ihrer Ablehnung bzw. eines Widerspruchsbescheids, sofern das Landesrecht ein Verwaltungsvorverfahren vorsieht	109 Abs.1, 112 Abs.1 StVollzG[1]

[1] Die Gesetzgebungskompetenz für den Strafvollzug liegt seit 2006 bei den Ländern. Das StVollzG gilt gem. Art. 125a GG seit dem 1.9.2006 nur noch als Bundesrecht fort, sofern die Länder die partielle Anwendung im Landesrecht bestimmt haben. Der Bundesgesetzgeber besitzt keine Gesetzgebungskompetenz für Änderungen mehr. Seit 2016 haben alle Länder von der Ersetzungsbefugnis Gebrauch gemacht und eigene Gesetze erlassen.

Ausgangsentscheidung	Rechtsmittel/ Rechtsbehelf	Frist	Fristbeginn	Normen
Unterlassen einer Maßnahme	Antrag auf gerichtliche Entscheidung	Nicht vor Ablauf von 3 Monaten bis zum Ablauf eines Jahres nach Antragstellung, es sei denn, dass besondere Umstände vorliegen	Antragstellung	113 Abs. 1 u. 3 StVollzG
Widerspruch der Zurückstellung der Strafvollstreckung durch die Vollstreckungsbehörde wegen Nichtbeginns, Abbruchs oder mangelnden Nachweises einer Therapie gegen Betäubungsmittelabhängigkeit	Antrag auf gerichtliche Entscheidung	–	–	35 Abs. 7 S. 2 BtMG; 462 StPO

3.1.2.6.9.4 Ordnungswidrigkeiten

Ausgangsentscheidung	Rechtsmittel/ Rechtsbehelf	Frist	Fristbeginn	Normen
Anordnung Erzwingungshaft, Verhängung des Jugendarrests und, soweit der Wert 250 € übersteigt, nachträgliche Entscheidung des Gerichts über die Einziehung oder gemäß § 103 Abs. 1 Nr. 2 i. V. m. § 99 Abs. 2 OWiG	sofortige Beschwerde	1 Woche	Bekanntmachung gem. § 35 StPO	104 Abs. 3, 104 Abs. 3 S. 1 a. E. 46 Abs. 1 OWiG; 311 Abs. 2 StPO
Beschluss über die Verwerfung eines Einspruchs als unzulässig	sofortige Beschwerde	1 Woche	Bekanntmachung der Entscheidung	70 Abs. 2, 46 Abs. 1 OWiG; 311 Abs. 2 StPO
Bußgeldbescheid	Einspruch	2 Wochen	Zustellung	67 Abs. 1 OWiG; 297–300, 302 StPO
Einziehungsbescheid im selbstständigen Verfahren	Einspruch	2 Wochen	Zustellung	87 Abs. 3, 67 Abs. 1 OWiG
Kostenentscheidung im Bußgeldbescheid	Einspruch	2 Wochen	Zustellung	105 Abs. 1, 67 OWiG

Ausgangsentscheidung	Rechtsmittel/ Rechtsbehelf	Frist	Fristbeginn	Normen
Rechtskräftiger Einziehungsbescheid	Antrag auf Nachverfahren	1 Monat unzulässig nach 2 Jahren	Ablauf des Tages, an dem der Antragsteller Kenntnis von der rechtskräftigen Entscheidung erlangt hat seit Eintreten der Rechtskraft und Beendigung der Vollstreckung	87 Abs.4 OWiG; 433 Abs.2 StPO
Selbstständiger Kostenbescheid, Kostenfestsetzungsbescheid sowie Ansatz der Gebühren und Auslagen der Verwaltungsbehörde	Antrag auf gerichtliche Entscheidung	2 Wochen, bei Nr.3 fristlos	Zustellung	108 Abs.1, 62 OWiG
Urteil im Strafverfahren, soweit ausschließlich die darin zusätzlich geahndete Ordnungswidrigkeit angegriffen werden soll	Rechtsbeschwerde	1 Woche	Verkündung bzw. Zustellung bei Abwesenheit des Beschwerdeführers	83 Abs.2, 79 Abs.3, Abs.4 OWiG; 341, 345 Abs.1 StPO
anderenfalls	Berufung	1 Woche	Verkündung Zustellung für abwesenden Angeklagten	83 Abs.1, Abs.2 80 OWiG; 314 StPO
Urteil oder Beschluss nach Einspruch	Rechtsbeschwerde	1 Woche	Verkündung bzw. Zustellung bei Abwesenheit des Beschwerdeführers oder eines schriftlich bevollmächtigten Verteidigers bei Verkündung	79 Abs.1, Abs.3, Abs.4 OWiG; 341, 345 Abs.1 StPO

3.1.2.6.10 Verfahren vor dem EuGH/EuG

Ausgangsentscheidung	Rechtsmittel/Rechtsbehelf	Frist	Fristbeginn	Normen AEUV
Amtstätigkeiten der Organe oder Bediensteten	Amtshaftungsklage	–	–	268, 340 Abs.2
Verbindliche Rechtsakte der Gemeinschaftsorgane wie Verordnungen, Richtlinien und Entscheidungen, sofern sie dazu bestimmt sind, Rechtswirkung zu erzeugen und den Kläger unmittelbar und individuell betreffen	Nichtigkeitsklage	2 Monate	Bekanntgabe oder Mitteilung an den Kläger bzw. Kenntnis des Klägers	263
Verletzungen vertraglicher Handlungspflichten durch die Gemeinschaftsorgane, Einrichtungen oder sonstige Stellen der EU	Untätigkeitsklage	2 Monate	Ablauf der 2-monatigen Frist zur Stellungnahme durch das betroffene Organ, die Einrichtung oder sonstige Stelle	265

3.1.2.6.11 Verfahren vor dem EGMR

Ausgangsentscheidung	Rechtsmittel/Rechtsbehelf	Frist	Fristbeginn	Normen EMRK
Akte einer Behörde, durch die die in der EMRK oder den Protokollen anerkannten Rechte verletzt wurden	Beschwerde	6 Monate	Letzte innerstaatliche Entscheidung	34, 35 Abs. 1

3.1.2.6.12 Verfahren vor der Kartellbehörde

Ausgangsentscheidung	Rechtsmittel/ Rechtsbehelf	Frist	Fristbeginn	Normen
Antrag auf Vornahme der Verfügung der Kartellbehörde ohne zureichenden Grund nicht in angemessener Frist entschieden	Beschwerde	wie vor	wie vor	73 Abs. 3 S. 2, 74 GWB
Beschlagnahme von Beweismitteln durch die Kartellbehörde	Antrag auf gerichtliche Entscheidung	jederzeit	–	58 Abs. 3 GWB
Beschluss, durch den eine Rüge der Verletzung des Anspruchs auf rechtliches Gehör als unzulässig verworfen oder als unbegründet zurückgewiesen wurde	unanfechtbar			69 Abs. 4 GWB
Endentscheidung, gegen die ein Rechtsmittel oder ein anderer Rechtsbehelf nicht gegeben ist	Rüge der Verletzung des Anspruchs auf rechtliches Gehör	2 Wochen längstens 1 Jahr	ab Kenntnis von der Verletzung des rechtlichen Gehörs Bekanntgabe der angegriffenen Entscheidung	69 GWB
In der Hauptsache erlassene Beschlüsse der Oberlandesgerichte, soweit zugelassen	Rechtsbeschwerde	1 Monat (2 Monate Begründungsfrist)	Zustellung der angefochtenen Entscheidung Zustellung der angefochtenen Entscheidung	77, 73, 74 GWB
Nichtzulassung der Rechtsbeschwerde durch das Oberlandesgericht	Nichtzulassungsbeschwerde	1 Monat (2 Monate Begründungsfrist)	Zustellung der angefochtenen Entscheidung	78, 73, 74 GWB

Ausgangsentscheidung	Rechtsmittel/ Rechtsbehelf	Frist	Fristbeginn	Normen
Richterliche Entscheidung über die Beschlagnahme	Beschwerde	–	–	58 Abs.4 GWB; 306 ff. StPO
Unterlassung einer beantragten Verfügung	Beschwerde	Keine (1 Monat Begründungsfrist)	– Einlegung der Beschwerde	73 Abs. 3, 74 Abs. 2 u. 3 GWB
Verfügungen der Kartellbehörde	Beschwerde	1 Monat (2 Monate Begründungsfrist)	Zustellung der Verfügung	73 Abs. 1, 74 Abs. 1 u. 3 GWB

3.1.2.6.13 Verfahren vor dem Patentamt

Ausgangsentscheidung	Rechtsmittel/ Rechtsbehelf	Frist	Fristbeginn	Normen
Beschlüsse der Beschwerdesenate des Patentgerichts, durch die über eine Beschwerde nach §73 PatG oder über die Aufrechterhaltung oder den Widerruf eines Patents nach §61 Abs.2 PatG entschieden wird, soweit zugelassen	Rechtsbeschwerde	1 Monat (1 Monat Begründungsfrist)	Zustellung Einlegung der Rechtsbeschwerde	100 Abs.1, 102 Abs. 1 u. 3 PatG
Beschlüsse der Nichtigkeitssenate	Nur zusammen mit dem Urteil anfechtbar			84, 110 Abs.7 PatG

Ausgangsentscheidung	Rechtsmittel/ Rechtsbehelf	Frist	Fristbeginn	Normen
Beschlüsse der Prüfungsstellen und Patentabteilungen	Beschwerde	1 Monat	Zustellung	73 Abs. 1 u. 2 PatG
Einspruch gegen ein Patent; Dritter weist nach, dass gegen ihn Klage wegen Verletzung des Patents erhoben ist; Dritter weist nach, dass er auf Aufforderung des Patentinhabers, eine angebliche Patentverletzung zu unterlassen, Klage mit der Feststellung erhoben hat, dass er das Patent nicht verletze	Beitritt des Dritten zum Einspruchsverfahren	3 Monate	Tag der Erhebung der Verletzungs- bzw. Feststellungsklage	59 Abs. 2 PatG
Fristversäumung (unverschuldet), die gegenüber dem Patentamt oder Gericht einzuhalten war **Gilt nicht für:** Einspruchsfrist (§ 59 PatG), Frist zur Zahlung der Einspruchsgebühr nach § 6 Abs. 1 S. 1 PatKostG, Beschwerdefrist bei Beschwerde gegen Aufrechterhaltung eines Patents (§ 73 Abs. 2 PatG), Frist zur Zahlung der Beschwerdegebühr nach § 6 Abs. 1 S. 1 PatKostG und Anmeldungsfrist bezüglich Anmeldungen, für die eine Priorität nach § 7 Abs. 2 und § 40 PatG in Anspruch genommen werden kann!	Wiedereinsetzungsantrag	2 Monate Ausschluss 1 Jahr	Wegfall des Hindernisses Ablauf der versäumten Frist	123 Abs. 1 u. 2 PatG

Ausgangsentscheidung	Rechtsmittel/ Rechtsbehelf	Frist	Fristbeginn	Normen
Kostenfestsetzungsbeschluss im Einspruchsverfahren	Beschwerde	2 Wochen	Zustellung	62 Abs.2 S.4, 73 Abs.2 PatG
Urteile der Nichtigkeitssenate des Patentgerichts wegen Erklärung der Nichtigkeit des Patents oder des ergänzenden Schutzzertifikats oder wegen Erteilung oder Rücknahme einer Zwangslizenz	Berufung	1 Monat	Zustellung, spätestens mit Ablauf von 5 Monaten seit Verkündung	84, 110 Abs. 1 u. 3 PatG
		(3 Monate Begründungsfrist)	s.o.	112 Abs.2 PatG
Urteile der Nichtigkeitssenate über den Erlass einstweiliger Verfügungen im Verfahren wegen Erteilung einer Zwangslizenz	Beschwerde	1 Monat	Zustellung des in vollständiger Form abgefassten Urteils, spätestens mit Ablauf von 5 Monaten nach Verkündung	85, 85a, 122 Abs.1-3 PatG
		(3 Monate Begründungsfrist)	s.o.	110,112 Abs. 2, 122 Abs.4 PatG
Veröffentlichung der Patenterteilung im Patentblatt	Einspruch	9 Monate	Nach Veröffentlichung	59 Abs.1 PatG

3.1.2.6.14 Gerichtsverfassungsgesetz

Ausgangsentscheidung	Rechtsmittel/Rechtsbehelf	Frist	Fristbeginn	Normen
Vorschlagsliste der Gemeinde für Schöffen	Einspruch	1 Woche	Ende der Auflegungsfrist	37 GVG
Festsetzung eines Ordnungsmittels gem. §§ 178, 180 GVG durch Amtsgericht/Landgericht	Beschwerde	1 Woche	Bekanntmachung	181 Abs. 1 GVG

3.1.2.6.15 Asylverfahren

Ausgangsentscheidung	Rechtsmittel/Rechtsbehelf	Frist	Fristbeginn	§§ AsylG
Entscheidung im Asylverfahren	Klage	2 Wochen	Zustellung	11, 74 Abs. 1
Abschiebungsandrohung bei Unzulässigkeit nach § 29 Abs. 1 Nr. 2 und Nr. 4 und bei offensichtlicher Unbegründetheit eines Asylantrags	Klage und Antrag nach § 80 Abs. 5 VwGO	1 Woche	Bekanntgabe	11, 74 Abs. 1, 36 Abs. 3 S. 1
Ablehnung eines Asylantrags als offensichtlich unbegründet nach Einreise auf dem Luftweg aus einem sicheren Herkunftsstaat i. S. v. § 29a[1]	Antrag auf Gewährung vorläufigen Rechtsschutzes	3 Tage	Zustellung der Asylablehnung	18 a Abs. 4

[1] Sichere Herkunftsstaaten: Mitgliedstaaten der EU (§ 29a Abs. 2 AsylG), Albanien, Bosnien und Herzegowina, Ghana, Kosovo, Mazedonien, Montenegro, Senegal, Serbien (Anlage II zu § 29a Abs. 2 AsylG).

Ausgangsentscheidung	Rechtsmittel/ Rechtsbehelf	Frist	Fristbeginn	§§ AsylG
Urteil des VG - Abweisung der Klage als offensichtlich unzulässig oder unbegründet	Unanfechtbar			78 Abs. 1
- sonstige Fälle, soweit Berufung nicht zugelassen	Antrag auf Zulassung der Berufung	1 Monat	Zustellung des Urteils	78 Abs. 2 u. 4 S. 1
Entscheidung des VG durch Gerichtsbescheid	Rechtsbehelfe nach § 84 Abs. 2 VwGO: 1. Berufung, soweit zugelassen 2. Antrag auf Zulassung der Berufung oder auf mündliche Verhandlung 3. Revision, soweit zugelassen 4. Nichtzulassungsbeschwerde oder Antrag auf mündliche Verhandlung oder 5. Antrag auf mündliche Verhandlung, soweit ein Rechtsmittel nicht gegeben ist	2 Wochen	Zustellung des Gerichtsbescheids	78 Abs. 7

3.2 Recht des Unternehmens

3.2.1 Gesellschaftsrecht

3.2.1.1 Personengesellschaften (Rechtslage bis 31.12.2023)

GbR (noch aktuelle Rechtslage[1])	OHG	KG	GmbH & Co. KG
Rechtsgrundlage			
§§ 705 ff. BGB	§§ 105 ff. HGB	§§ 161 ff. HGB	Anwendung der Vorschriften über GmbH und KG
Zahl der Gesellschafter			
mind. 2	mind. 2	mind. 2	Komplementär-GmbH plus mind. ein Kommanditist
Zeitpunkt der Entstehung			
Abschluss des Gesellschaftsvertrages oder dort genannter späterer Zeitpunkt	Innenverhältnis: Abschluss Gesellschaftsvertrag Außenverhältnis: Aufnahme des Geschäftsbetriebs (§ 123 Abs. 2 HGB), Ausnahme: wenn Kleingewerbe (§ 1 Abs. 2 2. Hs. HGB) oder Vermögensverwaltung, dann mit Eintragung im HR (§§ 105 Abs. 2, 123 Abs. 1 HGB)	Innenverhältnis: Abschluss Gesellschaftsvertrag Außenverhältnis: Aufnahme des Geschäftsbetriebs (§ 161 Abs. 2 i. V. m. § 123 Abs. 2 HGB), Ausnahme: wenn Kleingewerbe (§ 1 Abs. 2 2. Hs. HGB) oder Vermögensverwaltung, dann mit Eintragung im HR (§ 161 Abs. 2 i. V. m. § 105 Abs. 2, 123 Abs. 1 HGB)	Innenverhältnis: Abschluss Gesellschaftsvertrag Außenverhältnis: Aufnahme des Geschäftsbetriebs (§ 123 Abs. 2 HGB), Ausnahme: wenn Kleingewerbe (§ 1 Abs. 2 2. Hs. HGB) oder Vermögensverwaltung, dann mit Eintragung im HR (§§ 105 Abs. 2, 123 Abs. 1 HGB)
Eintragung im Handelsregister			
nein	ja (§ 106 HGB)	ja (§§ 106, 162 HGB)	ja (§§ 106, 162 HGB)
Geschäftsführung			
alle (§ 709 BGB)	alle (§ 114 HGB)	Komplementäre; Kommanditisten grds. ausgeschlossen (§ 164 HGB)	Komplementär-GmbH; Kommanditisten grds. ausgeschlossen (§ 164 HGB)
Vertretung			
alle Gesellschafter gemeinschaftlich (§§ 714, 709 BGB)	jeder Gesellschafter allein (§ 125 HGB)	jeder Komplementär allein (§§ 125, 170 HGB)	Geschäftsführer der Komplementär-GmbH (§§ 125, 170 HGB)
Haftung der Gesellschafter			
unbeschränkt	unbeschränkt	Kommanditist auf Kommanditeinlage beschränkt (§ 171 Abs. 1 HGB); Komplementär unbeschränkt	Kommanditist auf Kommanditeinlage beschränkt, Komplementär-GmbH unbeschränkt mit ihrem Vermögen

---

[1] Rechtslage ab 1.1.2024 siehe Kap. 3.2.1.2.

GbR (noch aktuelle Rechtslage[1])	OHG	KG	GmbH & Co. KG
Haftung des eintretenden Gesellschafters			
ja (§ 130 HGB analog)	ja (§ 130 HGB)	ja (§§ 130, 173 HGB)	ja (§§ 130, 173 HGB)
Haftung des ausscheidenden Gesellschafters			
Nachhaftung 5 Jahre (§§ 736 Abs. 2 BGB, 160 HGB)	Nachhaftung 5 Jahre (§ 160 HGB)	für Komplementär Nachhaftung 5 Jahre (§ 160 HGB)	für ausscheidende Komplementär-GmbH Nachhaftung 5 Jahre (§ 160 HGB)
Rechtsfähigkeit			
Außen-GbR: ja	ja	ja	ja
Parteifähigkeit			
Außen-GbR: ja	ja	ja	ja

3.2.1.2 Personengesellschaften (Rechtslage ab 1.1.2024[1])

GbR	OHG	KG	GmbH & Co. KG
Rechtsgrundlage			
§§ 705 ff. BGB	§§ 105 ff. HGB	§§ 161 ff. HGB	Anwendung der Vorschriften über GmbH und KG
Zahl der Gesellschafter			
mind. 2	mind. 2	mind. 2	Komplementär-GmbH plus mind. ein Kommanditist
Zeitpunkt der Entstehung			
Abschluss des Gesellschaftsvertrages oder dort genannter späterer Zeitpunkt Unterteilung in rechtsfähige und nicht rechtsfähige GbR (§ 705 Abs. 2 BGB n.F.)	Innenverhältnis: Abschluss Gesellschaftsvertrag Außenverhältnis: Aufnahme des Geschäftsbetriebs (§ 123 Abs. 2 HGB), Ausnahme: wenn Kleingewerbe (§ 1 Abs. 2 2. Hs. HGB) oder Vermögensverwaltung, dann mit Eintragung im HR (§§ 105 Abs. 2, 123 Abs. 1 HGB)	Innenverhältnis: Abschluss Gesellschaftsvertrag Außenverhältnis: Aufnahme des Geschäftsbetriebs (§ 161 Abs. 2 i.V. m. § 123 Abs. 2 HGB), Ausnahme: wenn Kleingewerbe (§ 1 Abs. 2 2. Hs. HGB) oder Vermögensverwaltung, dann mit Eintragung im HR (§ 161 Abs. 2 i.V. m. §§ 105 Abs. 2, 123 Abs. 1 HGB)	Innenverhältnis: Abschluss Gesellschaftsvertrag Außenverhältnis: Aufnahme des Geschäftsbetriebs (§ 123 Abs. 2 HGB), Ausnahme: wenn Kleingewerbe (§ 1 Abs. 2 2. Hs. HGB) oder Vermögensverwaltung, dann mit Eintragung im HR (§§ 105 Abs. 2, 123 Abs. 1 HGB)

---

[1] Nach Inkrafttreten des Personengesellschaftsrechts-Modernisierungsgesetzes – MoPeG vom 18.8.2021 (BGBl I 2021 S. 3436).

GbR	OHG	KG	GmbH & Co. KG
Eintragung im Gesellschafts-/Handelsregister			
– rechtsfähige GbR: ja (§§ 707, 707a BGB n.F.), die Eintragung in das öffentliche Gesellschaftsregister ist freiwillig – nicht rechtsfähige GbR: ja (Außenrechtsfähigkeit entsteht mit Eintragung ins Gesellschaftsregister)	ja (§ 106 HGB)	ja (§§ 106, 162 HGB)	ja (§§ 106, 162 HGB)
Geschäftsführung			
alle (§ 715 BGB n.F.)	alle (§ 114 HGB)	Komplementäre; Kommanditisten grds. ausgeschlossen (§ 164 HGB)	Komplementär-GmbH; Kommanditisten grds. ausgeschlossen (§ 164 HGB)
Vertretung			
alle Gesellschafter gemeinschaftlich (§§ 720, 715 BGB n.F.)	jeder Gesellschafter allein (§ 125 HGB)	jeder Komplementär allein (§§ 125, 170 HGB)	Geschäftsführer der Komplementär-GmbH (§§ 125, 170 HGB)
Haftung der Gesellschafter			
unbeschränkt (§ 721 BGB n.F.)	unbeschränkt	Kommanditist auf Kommanditeinlage beschränkt (§ 171 Abs. 1 HGB); Komplementär unbeschränkt	Kommanditist auf Kommanditeinlage beschränkt, Komplementär-GmbH unbeschränkt mit ihrem Vermögen
Haftung des eintretenden Gesellschafters			
ja (§ 721a BGB n.F.)	ja (§ 130 HGB)	ja (§§ 130, 173 HGB)	ja (§§ 130, 173 HGB)
Haftung des ausscheidenden Gesellschafters			
Nachhaftung 5 Jahre (§ 728 b BGB n.F.)	Nachhaftung 5 Jahre (§ 160 HGB)	für Komplementär Nachhaftung 5 Jahre (§ 160 HGB)	für ausscheidende Komplementär-GmbH Nachhaftung 5 Jahre (§ 160 HGB)
Rechtsfähigkeit			
rechtsfähige GbR (§ 705 Abs. 2, S. 1, 1. Alt. BGB n.F.): ja nicht rechtsfähige GbR (§ 705 Abs. 2, S. 1, 2. Alt. BGB n.F.): nein	ja	ja	ja
Parteifähigkeit			
rechtsfähige GbR: ja nicht rechtsfähige GbR: nein	ja	ja	ja

3.2.1.3 Körperschaften
3.2.1.3.1 Übersicht

GmbH	AG	eG (Genossenschaft)
Rechtsgrundlage		
GmbHG[1]	AktG	GenG
Zahl der Gesellschafter		
mind. 1	mind. 1	mind. 3
Gründung		
notarielle Beurkundung (§ 2 Abs. 1 Satz 1 GmbHG)	notarielle Beurkundung (§ 23 Abs. 1 AktG)	privatschriftlich (§ 5 GenG)
Mindestkapital		
25 000,– € (§ 5 Abs. 1 GmbHG)	50 000,– € (§ 7 AktG)	kein Mindestkapital (§ 8a GenG)
Zeitpunkt der Entstehung		
HR-Eintragung (§ 11 GmbHG)	HR-Eintragung (§ 41 Abs. 1 AktG)	Eintragung Genossen-schaftsregister (§ 13 GenG)
Geschäftsführung/Vertretung		
Geschäftsführer (§ 35 GmbHG)	Vorstand (§§ 76 ff. AktG)	Vorstand (§§ 24 ff. GenG)
Haftung der Gesellschafter		
nein, nur GmbH-Vermögen haftet (§ 13 Abs. 2 GmbHG)	nein, nur AG-Vermögen haftet (§ 1 Abs. 1 Satz 2 AktG)	nein, nur Genossenschafts-vermögen haftet (§ 2 GenG)
Rechts- und Parteifähigkeit		
ja (jur. Person, § 13 Abs. 1 GmbHG)	ja (jur. Person, § 1 Abs. 1 S. 1 AktG)	ja (jur. Person, § 17 Abs. 1 GenG)
Gesellschafterwechsel		
grds. keine Kündigung; Geschäftsanteile sind ver-äußerlich und vererblich; ggf. Vinkulierung; notarielle Beurkundung der Über-tragung	keine Kündigung; Aktien sind veräußerlich und vererblich; ggf. Vinkulierung; grds. formfreie Über-tragung	Kündigung möglich; Mitgliedschaft des Erben endet mit Ablauf des Geschäftsjahres des Erbanfalls; keine Übertrag-barkeit der Mitgliedschaft

3.2.1.3.2 Nicht-börsennotierte AG (sog. „kleine" AG)

Bei der nicht-börsennotierten AG handelt es sich nicht um eine eigenständige Rechtsform. Auch sie ist Aktiengesellschaft im Sinne des AktG. Allerdings sieht das AktG wesentliche Erleichterungen für nicht-börsennotierte Aktiengesell-schaften vor. Nachfolgend sind die wichtigsten Erleichterungen gegenüber der börsennotierten AG dargestellt:

---

[1] Siehe auch Kap. 3.4.2.5 bis 3.4.2.6.

	Börsennotierte AG	Nicht-börsennotierte AG
Einberufung Hauptversammlung	Bekanntmachung in den Gesellschaftsblättern (§§ 121 Abs. 4 S. 1, 124 AktG)	Einberufung mittels Einschreiben (§§ 121 Abs. 4 S. 2, 124 Abs. 1 Satz 3 AktG); Möglichkeit der Vollversammlung, sodass auf alle Anforderungen für Einberufung und Bekanntmachung verzichtet werden kann (§ 121 Abs. 6 AktG) *Zur Abmilderung der Folgen der COVID-19-Pandemie im Gesellschaftsrecht gelten für Hauptversammlungen, die bis einschließlich 31.8.2022 stattfinden, Erleichterungen bei bestimmten gesetzlichen Formvorschriften[1]:* • *Möglichkeit der Abhaltung einer vollständig virtuellen Hauptversammlung ohne physische Anwesenheit der Aktionäre; Recht des Vorstands, auch bei Präsenzhauptversammlung eine elektronische Teilnahme oder Stimmabgabe der Aktionäre zu ermöglichen (ohne Satzungsermächtigung);* • *Einberufung einer Hauptversammlung mit verkürzter Frist (21 statt 30 Tage);* • *Stattfinden der Hauptversammlung auch nach Ablauf der Achtmonatsfrist innerhalb des Geschäftsjahres.*
HV-Niederschrift	notarielle Niederschrift (§ 130 Abs. 1 Satz 1 AktG)	vom Vorsitzenden des AR unterzeichnete Niederschrift genügt, nur für Beschlüsse, für die eine Mehrheit von drei Vierteln oder mehr erforderlich ist, ist notarielle Niederschrift erforderlich[2] (§ 130 Abs. 1 Satz 3 AktG)

---

[1] Vgl. Gesetz zur Abmilderung der Folgen der COVID-19-Pandemie im Zivil-, Insolvenz- und Strafverfahrensrecht, Art. 2, Gesetz über Maßnahmen im Gesellschafts-, Genossenschafts-, Vereins-, Stiftungs- und Wohnungseigentumsrecht zur Bekämpfung der Auswirkungen der COVID-19-Pandemie (BGBl I 2020 S. 570), zuletzt geändert durch Art. 15 des AufbhG 2021 v. 10.9.2021 (BGBl I 2021 S. 4147).

[2] Vgl. BGH-Urteil vom 19.5.2015, DStR 2015, 1819.

	Börsennotierte AG	Nicht-börsennotierte AG
Offenlegung der Bezüge	vollständige und individualisierte Offenlegung im Anhang zum Jahres- abschluss (§ 285 Satz 1 Nr. 9 HGB)	keine individualisierte Offenlegung; unter bestimmten Voraussetzungen keine Offenlegung (§§ 286 Abs. 4, 288 Abs. 1 HGB)

3.2.1.3.3 Die europäische Aktiengesellschaft – Societas Europaea (SE)

Rechtsgrundlage für die SE ist das am 29.12.2004 in Kraft getretene Gesetz zur Einführung der Europäischen Gesellschaft (SEEG). Den Kern bildet das Gesetz zur Ausführung der Verordnung (EG) Nr. 2157/2001 des Rates vom 8.10.2001 über das Statut der Europäischen Gesellschaft (SE) – (SE-Ausführungsgesetz – SEAG[1]), das den aktien-/gesellschaftsrechtlichen Teil regelt. Hinzu tritt das Gesetz über die Beteiligung der Arbeitnehmer in einer Europäischen Gesellschaft (SE-Beteiligungsgesetz – SEBG[2]).

Rechtliche Grundlagen[3]	Handelsgesellschaft mit einem in Aktien zerlegten Grundkapital von mindestens 120 000 €
	– primär anwendbares Recht sind die Bestimmungen der SE-VO
	– ansonsten Behandlung wie eine nach dem Recht des Gesell- schaftssitzes gegründete Aktiengesellschaft
	– als Haftungsmasse steht nur das Vermögen der Gesellschaft zur Verfügung
	– Voraussetzung zur Gründung einer SE ist die Mehrstaatlichkeit, d.h., die Gründungsgesellschaften müssen ihren Sitz in mindestens zwei EU-Mitgliedstaaten haben
Leitungs- und Kontrollstruktur	– Wahlrecht zwischen zwei Systemen:
	– dualistisch (Vorstand und Aufsichtsrat nach deutschem Vor- bild) oder
	– monistisch (ein Verwaltungsrat vereinigt Leitungs- und Auf- sichtsfunktionen und bestellt geschäftsführende Direktoren)
Mitbestimmung	– sofern keine Vereinbarung mit den Arbeitnehmern über Mitbe- stimmung zu Stande kommt, gilt das jeweils höchste nationale Mitbestimmungsniveau

[1] BGBl I 2004 S. 3675, zuletzt geändert durch Art. 17 des Gesetzes vom 3.6.2021 (BGBl I 2021 S. 1534).
[2] BGBl I 2004 S. 3675, 3686, zuletzt geändert durch Art. 12 des Gesetzes vom 20.5.2020 (BGBl I 2020 S. 1044).
[3] Verordnung (EG) Nr. 2157/2001 des Rates vom 8.10.2001 über das Statut der Euro- päischen Gesellschaft, ABIEG Nr. L 294 vom 10.11.2001 S. 1 ff., zuletzt geändert durch Verordnung (EG) Nr. 1791/2006 des Rates vom 20.11.2006 – L 363 S. 1.; vgl. *Nagel*, DB 2004 S. 1299 ff.

3.2.1.3.4 Die Entsprechungserklärung nach § 161 AktG – Checkliste für Vorstände und Aufsichtsräte (Corporate Governance Kodex)[1]

Vorgaben des Kodex	Art der Vorgabe
Präambel	
A. Leitung und Überwachung	
I. Geschäftsführungsaufgaben des Vorstands	
Der Vorstand leitet das Unternehmen in eigener Verantwortung im Unternehmensinteresse. Die Mitglieder des Vorstands tragen gemeinsam die Verantwortung für die Unternehmensleitung. Der Vorstandsvorsitzende bzw. Sprecher des Vorstands koordiniert die Arbeit der Vorstandsmitglieder.	Grundsatz[2] 1
Der Vorstand entwickelt die strategische Ausrichtung des Unternehmens, stimmt sie mit dem Aufsichtsrat ab und sorgt für ihre Umsetzung.	Grundsatz 2
Der Vorstand legt für den Frauenanteil in den beiden Führungsebenen unterhalb des Vorstands Zielgrößen fest.	Grundsatz 3
Der Vorstand soll bei der Besetzung von Führungsfunktionen im Unternehmen auf Diversität achten.	Empfehlung (A.1)
Für einen verantwortungsvollen Umgang mit den Risiken der Geschäftstätigkeit bedarf es eines geeigneten und wirksamen internen Kontroll- und Risikomanagementsystems.	Grundsatz 4
Der Vorstand hat für die Einhaltung der gesetzlichen Bestimmungen und der internen Richtlinien zu sorgen und wirkt auf deren Beachtung im Unternehmen hin (Compliance).	Grundsatz 5

---

[1] Regierungskommission Deutscher Corporate Governance Kodex: Deutscher Governance Kodex i.d.F. vom 16.12.2019, http://www.dcgk.de.

[2] Die Grundsätze geben wesentliche rechtliche Vorgaben verantwortungsvoller Unternehmensführung wieder und dienen hier der Information der Anleger und weiterer Stakeholder.

Vorgaben des Kodex	Art der Vorgabe
Der Vorstand soll für ein an der Risikolage des Unternehmens ausgerichtetes Compliance Management System sorgen und dessen Grundzüge offenlegen. Beschäftigten soll auf geeignete Weise die Möglichkeit eingeräumt werden, geschützt Hinweise auf Rechtsverstöße im Unternehmen zu geben; auch Dritten sollte diese Möglichkeit eingeräumt werden.	Empfehlung/ Anregung A.2

II. Überwachungsaufgaben des Aufsichtsrats

Der Aufsichtsrat bestellt und entlässt die Mitglieder des Vorstands, überwacht und berät den Vorstand bei der Leitung des Unternehmens und ist in Entscheidungen von grundlegender Bedeutung für das Unternehmen einzubinden.	**Grundsatz 6**
Für Geschäfte von grundlegender Bedeutung legen die Satzung und/oder der Aufsichtsrat Zustimmungsvorbehalte fest.	
Geschäfte mit nahestehenden Personen (i.S.v. § 111a Abs.1 Satz 2 AktG-E) bedürfen darüber hinaus unter Umständen von Gesetzes wegen der vorherigen Zustimmung des Aufsichtsrats.	
Der Aufsichtsratsvorsitzende wird vom Aufsichtsrat aus seiner Mitte gewählt. Er koordiniert die Arbeit im Aufsichtsrat und nimmt die Belange des Aufsichtsrats nach außen wahr.	**Grundsatz 7**
Der Aufsichtsratsvorsitzende sollte in angemessenem Rahmen bereit sein, mit Investoren über aufsichtsratsspezifische Themen Gespräche zu führen.	Anregung A.3

III. Funktion der Hauptversammlung

Die Aktionäre üben ihre Mitgliedschaftsrechte regelmäßig in der Hauptversammlung aus. Die Hauptversammlung entscheidet insbesondere über die Gewinnverwendung sowie die Entlastung von Vorstand und Aufsichtsrat und wählt die Anteilseignervertreter in den Aufsichtsrat sowie den Abschlussprüfer. *Daneben entscheidet die Hauptversammlung über rechtliche Grundlagen der Gesellschaft, wie insbesondere Änderungen der Satzung, Kapitalmaßnahmen, Unternehmensverträge und Umwandlungen. Die Hauptversammlung beschließt grundsätzlich mit beratendem Charakter über die Billigung des vom Aufsichtsrat vorgelegten Vergütungssystems für die Vorstandsmitglieder, über die konkrete Vergütung des Aufsichtsrats und mit empfehlendem Charakter über die Billigung des Vergütungsberichts für das vorausgegangene Geschäftsjahr.*	**Grundsatz 8**

Vorgaben des Kodex	Art der Vorgabe
Der Hauptversammlungsleiter sollte sich davon leiten lassen, dass eine ordentliche Hauptversammlung spätestens nach vier bis sechs Stunden beendet ist.	Anregung A.4
Der Vorstand sollte im Falle eines Übernahmeangebots eine außerordentliche Hauptversammlung einberufen, in der die Aktionäre über das Übernahmeangebot beraten und gegebenenfalls über gesellschaftsrechtliche Maßnahmen beschließen.	Anregung A.5

B. Besetzung des Vorstands

Der Aufsichtsrat entscheidet im Rahmen gesetzlicher und satzungsmäßiger Vorgaben über die Anzahl der Vorstandsmitglieder, die erforderlichen Qualifikationen sowie über die Besetzung der einzelnen Positionen durch geeignete Persönlichkeiten. Der Aufsichtsrat legt für den Anteil von Frauen im Vorstand Zielgrößen fest.	Grundsatz 9
Bei der Zusammensetzung des Vorstands soll der Aufsichtsrat auf die Diversität achten.	Empfehlung B.1
Der Aufsichtsrat soll gemeinsam mit dem Vorstand für eine langfristige Nachfolgeplanung sorgen; die Vorgehensweise soll in der Erklärung zur Unternehmensführung beschrieben werden.	Empfehlung B.2
Die Erstbestellung von Vorstandsmitgliedern soll für längstens drei Jahre erfolgen.	Empfehlung B.3
Eine Wiederbestellung vor Ablauf eines Jahres vor dem Ende der Bestelldauer bei gleichzeitiger Aufhebung der laufenden Bestellung soll nur bei Vorliegen besonderer Umstände erfolgen.	Empfehlung B.4
Für Vorstandsmitglieder soll eine Altersgrenze festgelegt und in der Erklärung zur Unternehmensführung angegeben werden.	Empfehlung B.5

C. Zusammensetzung des Aufsichtsrats

I. Allgemeine Anforderungen

Der Aufsichtsrat setzt sich aus Vertretern der Aktionäre und gegebenenfalls Vertretern der Arbeitnehmer zusammen. Die Vertreter der Aktionäre werden in der Regel von der Hauptversammlung gewählt. Die Mitbestimmungsgesetze legen abhängig von der Zahl der Arbeitnehmer und der Branche fest, ob und gegebenenfalls wie viele Mitglieder des Aufsichtsrats von den Arbeitnehmern zu wählen sind. Die Anteilseignervertreter und die Arbeitnehmervertreter sind gleichermaßen dem Unternehmensinteresse verpflichtet.	Grundsatz 10

Vorgaben des Kodex	Art der Vorgabe
Der Aufsichtsrat ist so zusammenzusetzen, dass seine Mitglieder insgesamt über die zur ordnungsgemäßen Wahrnehmung der Aufgaben erforderlichen Kenntnisse, Fähigkeiten und fachlichen Erfahrungen verfügen und die gesetzliche Geschlechterquote eingehalten wird.	**Grundsatz 11**
Der Aufsichtsrat soll für seine Zusammensetzung konkrete Ziele benennen und ein Kompetenzprofil für das Gesamtgremium erarbeiten. Dabei soll der Aufsichtsrat auf Diversität achten. Vorschläge des Aufsichtsrats an die Hauptversammlung sollen diese Ziele berücksichtigen und gleichzeitig die Ausfüllung des Kompetenzprofils für das Gesamtgremium anstreben. Der Stand der Umsetzung soll in der Erklärung zur Unternehmensführung veröffentlicht werden. Diese soll auch über die nach Einschätzung des Aufsichtsrats angemessene Zahl unabhängiger Anteilseignervertreter und die Namen dieser Mitglieder informieren.	Empfehlung C.1
Für Aufsichtsratsmitglieder soll eine Altersgrenze festgelegt und in der Erklärung zur Unternehmensführung angegeben werden.	Empfehlung C.2
Die Dauer der Zugehörigkeit zum Aufsichtsrat soll offengelegt werden.	Empfehlung C.3
Jedes Aufsichtsratsmitglied achtet darauf, dass ihm für die Wahrnehmung seiner Aufgaben genügend Zeit zur Verfügung steht.	**Grundsatz 12**
Ein Aufsichtsratsmitglied, das keinem Vorstand einer börsennotierten Gesellschaft angehört, soll insgesamt nicht mehr als fünf Aufsichtsratsmandate bei konzernexternen börsennotierten Gesellschaften oder vergleichbare Funktionen wahrnehmen, wobei ein Aufsichtsratsvorsitz doppelt zählt.	Empfehlung C.4
Wer dem Vorstand einer börsennotierten Gesellschaft angehört, soll insgesamt nicht mehr als zwei Aufsichtsratsmandate in konzernexternen börsennotierten Gesellschaften oder vergleichbare Funktionen und keinen Aufsichtsratsvorsitz in einer konzernexternen börsennotierten Gesellschaft wahrnehmen.	Empfehlung C.5

II. **Unabhängigkeit der Aufsichtsratsmitglieder**

Dem Aufsichtsrat soll auf Anteilseignerseite eine nach deren Einschätzung angemessene Anzahl unabhängiger Mitglieder angehören; dabei soll die Eigentümerstruktur berücksichtigt werden.	Empfehlung C.6
Ein Aufsichtsratsmitglied ist im Sinne dieser Empfehlung als unabhängig anzusehen, wenn es unabhängig von der Gesellschaft und deren Vorstand und unabhängig von einem kontrollierenden Aktionär ist.	

Vorgaben des Kodex	Art der Vorgabe
Mehr als die Hälfte der Anteilseignervertreter soll unabhängig von der Gesellschaft und vom Vorstand sein. Ein Aufsichtsratsmitglied ist unabhängig von der Gesellschaft und deren Vorstand, wenn es in keiner persönlichen oder geschäftlichen Beziehung zu der Gesellschaft oder deren Vorstand steht, die einen wesentlichen und nicht nur vorübergehenden Interessenkonflikt begründen kann.	Empfehlung C.7
Die Anteilseignerseite soll, wenn sie die Unabhängigkeit ihrer Mitglieder von der Gesellschaft und vom Vorstand einschätzt, insbesondere berücksichtigen, ob das Aufsichtsratsmitglied selbst oder ein naher Familienangehöriger des Aufsichtsratsmitglieds – in den zwei Jahren vor der Ernennung Mitglied des Vorstands der Gesellschaft war, – aktuell oder in dem Jahr bis zu seiner Ernennung direkt oder als Gesellschafter oder in verantwortlicher Funktion eines konzernfremden Unternehmens eine wesentliche geschäftliche Beziehung mit der Gesellschaft oder einem von dieser abhängigen Unternehmen unterhält oder unterhalten hat (z.B. als Kunde, Lieferant, Kreditgeber oder Berater), – ein naher Familienangehöriger eines Vorstandsmitglieds ist oder – dem Aufsichtsrat seit mehr als 12 Jahren angehört.	
Sofern ein oder mehrere der in Empfehlung C.7 genannten Indikatoren erfüllt sind und das betreffende Aufsichtsratsmitglied dennoch als unabhängig angesehen wird, soll dies in der Erklärung zur Unternehmensführung begründet werden.	Empfehlung C.8
Sofern die Gesellschaft einen kontrollierenden Aktionär hat, sollen im Falle eines Aufsichtsrats mit mehr als sechs Mitgliedern mindestens zwei Anteilseignervertreter unabhängig vom kontrollierenden Aktionär sein. Im Falle eines Aufsichtsrats mit sechs oder weniger Mitgliedern soll mindestens ein Anteilseignervertreter unabhängig vom kontrollierenden Aktionär sein.	Empfehlung C.9
Ein Aufsichtsratsmitglied ist unabhängig vom kontrollierenden Aktionär, wenn es selbst oder ein naher Familienangehöriger weder kontrollierender Aktionär ist noch dem geschäftsführenden Organ des kontrollierenden Aktionärs angehört oder in einer persönlichen oder geschäftlichen Beziehung zum kontrollierenden Aktionär steht, die einen wesentlichen und nicht nur vorübergehenden Interessenkonflikt begründen kann.	

Vorgaben des Kodex	Art der Vorgabe
Der Aufsichtsratsvorsitzende, der Vorsitzende des Prüfungsausschusses sowie der Vorsitzende des mit der Vorstandsvergütung befassten Ausschusses sollen unabhängig von der Gesellschaft und vom Vorstand sein. Der Vorsitzende des Prüfungsausschusses soll zudem auch unabhängig vom kontrollierenden Aktionär sein.	Empfehlung C.10
Dem Aufsichtsrat sollen nicht mehr als zwei ehemalige Mitglieder des Vorstands angehören.	Empfehlung C.11
Aufsichtsratsmitglieder sollen keine Organfunktion oder Beratungsaufgaben bei wesentlichen Wettbewerbern des Unternehmens ausüben und nicht in einer persönlichen Beziehung zu einem wesentlichen Wettbewerber stehen.	Empfehlung C.12

III. Wahlen zum Aufsichtsrat

Der Aufsichtsrat soll bei seinen Wahlvorschlägen an die Hauptversammlung die persönlichen und die geschäftlichen Beziehungen eines jeden Kandidaten zum Unternehmen, den Organen der Gesellschaft und einem wesentlich an der Gesellschaft beteiligten Aktionär offenlegen. Die Empfehlung zur Offenlegung beschränkt sich auf solche Umstände, die nach der Einschätzung des Aufsichtsrats ein objektiv urteilender Aktionär für seine Wahlentscheidung als maßgebend ansehen würde. Wesentlich beteiligt im Sinn dieser Empfehlung sind Aktionäre, die direkt oder indirekt mehr als 10 % der stimmberechtigten Aktien der Gesellschaft halten.	Empfehlung C.13
Dem Kandidatenvorschlag soll ein Lebenslauf beigefügt werden, der über relevante Kenntnisse, Fähigkeiten und fachliche Erfahrungen Auskunft gibt; dieser soll durch eine Übersicht über die wesentlichen Tätigkeiten neben dem Aufsichtsratsmandat ergänzt und für alle Aufsichtsratsmitglieder jährlich aktualisiert auf der Internetseite des Unternehmens veröffentlicht werden.	Empfehlung C.14
Die Wahl der Anteilseignervertreter im Aufsichtsrat soll als Einzelwahl durchgeführt werden. Ein Antrag auf gerichtliche Bestellung eines Aufsichtsratsmitglieds der Anteilseignerseite soll bis zur nächsten Hauptversammlung befristet sein.	Empfehlung C.15

D. Arbeitsweise des Aufsichtsrats

I. Geschäftsordnung

Der Aufsichtsrat soll sich eine Geschäftsordnung geben und diese auf der Internetseite der Gesellschaft zugänglich machen.	Empfehlung D.1

Vorgaben des Kodex	Art der Vorgabe
II. **Zusammenarbeit im Aufsichtsrat und mit dem Vorstand**	
1. Allgemeine Anforderungen	
Vorstand und Aufsichtsrat arbeiten zum Wohle des Unternehmens vertrauensvoll zusammen. Gute Unternehmensführung setzt eine offene Diskussion zwischen Vorstand und Aufsichtsrat sowie in Vorstand und Aufsichtsrat voraus. Die umfassende Wahrung der Vertraulichkeit ist dafür von entscheidender Bedeutung.	Grundsatz 13
2. Ausschüsse des Aufsichtsrats	
Die Bildung von Ausschüssen fördert bei größeren Gesellschaften regelmäßig die Wirksamkeit der Arbeit des Aufsichtsrats.	Grundsatz 14
Der Aufsichtsrat soll abhängig von den spezifischen Gegebenheiten des Unternehmens und der Anzahl seiner Mitglieder fachlich qualifizierte Ausschüsse bilden. Die jeweiligen Ausschussmitglieder und der Ausschussvorsitzende sollen namentlich in der Erklärung zur Unternehmensführung genannt werden.	Empfehlung D.2
Der Aufsichtsrat soll einen Prüfungsausschuss einrichten, der sich – soweit kein anderer Ausschuss oder das Plenum damit betraut ist – insbesondere mit der Prüfung der Rechnungslegung, der Überwachung des Rechnungslegungsprozesses, der Wirksamkeit des internen Kontrollsystems, des Risikomanagementsystems und des internen Revisionssystems sowie der Abschlussprüfung und der Compliance befasst. Die Rechnungslegung umfasst insbesondere den Konzernabschluss und den Konzernlagebericht (einschließlich CSR-Berichterstattung), unterjährige Finanzinformationen und den Einzelabschluss nach HGB.	Empfehlung D.3
Der Vorsitzende des Prüfungsausschusses soll über besondere Kenntnisse und Erfahrungen in der Anwendung von Rechnungslegungsgrundsätzen und internen Kontrollverfahren verfügen sowie mit der Abschlussprüfung vertraut und unabhängig sein. Der Aufsichtsratsvorsitzende soll nicht den Vorsitz im Prüfungsausschuss innehaben.	Empfehlung D.4
Der Aufsichtsrat soll einen Nominierungsausschuss bilden, der ausschließlich mit Vertretern der Anteilseigner besetzt ist und dem Aufsichtsrat geeignete Kandidaten für dessen Vorschläge an die Hauptversammlung zur Wahl von Aufsichtsratsmitgliedern benennt.	Empfehlung D.5

Vorgaben des Kodex	Art der Vorgabe

3. Informationsversorgung

Die Information des Aufsichtsrats ist Aufgabe des Vorstands. Der Aufsichtsrat hat jedoch seinerseits sicherzustellen, dass er angemessen informiert wird. Der Vorstand informiert den Aufsichtsrat regelmäßig, zeitnah und umfassend über alle für das Unternehmen relevanten Fragen insbesondere der Strategie, der Planung, der Geschäftsentwicklung, der Risikolage, des Risikomanagements und der Compliance. Er geht auf Abweichungen des Geschäftsverlaufs von den aufgestellten Plänen und vereinbarten Zielen unter Angabe von Gründen ein. Der Aufsichtsrat kann jederzeit zusätzliche Informationen vom Vorstand verlangen.

Grundsatz 15

Der Aufsichtsratsvorsitzende wird über wichtige Ereignisse, die für die Beurteilung der Lage und Entwicklung sowie für die Leitung des Unternehmens von wesentlicher Bedeutung sind, unverzüglich durch den Vorsitzenden bzw. Sprecher des Vorstands informiert. Der Aufsichtsratsvorsitzende hat sodann den Aufsichtsrat zu unterrichten und, falls erforderlich, eine außerordentliche Aufsichtsratssitzung einzuberufen.

Grundsatz 16

Der Aufsichtsratsvorsitzende soll zwischen den Sitzungen mit dem Vorstand, insbesondere mit dem Vorsitzenden bzw. Sprecher des Vorstands, regelmäßig Kontakt halten und mit ihm Fragen der Strategie, der Geschäftsentwicklung, der Risikolage, des Risikomanagements und der Compliance des Unternehmens beraten.

Empfehlung D.6

4. Sitzungen und Beschlussfassung

Der Aufsichtsrat soll regelmäßig auch ohne den Vorstand tagen.

Empfehlung D.7

Im Bericht des Aufsichtsrats soll angegeben werden, an wie vielen Sitzungen des Aufsichtsrats und der Ausschüsse die einzelnen Mitglieder jeweils teilgenommen haben. Als Teilnahme gilt auch eine solche über Telefon- oder Videokonferenzen; diese *sollte aber nicht die Regel sein.*

Empfehlung D.8

III. Zusammenarbeit mit dem Abschlussprüfer

Der Abschlussprüfer unterstützt den Aufsichtsrat bzw. den Prüfungsausschuss bei der Überwachung der Geschäftsführung, insbesondere bei der Prüfung der Rechnungslegung und der Überwachung der rechnungslegungsbezogenen Kontroll- und Risikomanagementsysteme. Der Bestätigungsvermerk des Abschlussprüfers informiert den Kapitalmarkt über die Ordnungsmäßigkeit der Rechnungslegung.

Grundsatz 17

Vorgaben des Kodex	Art der Vorgabe
Der Aufsichtsrat oder der Prüfungsausschuss soll mit dem Abschlussprüfer vereinbaren, dass dieser ihn unverzüglich über alle für seine Aufgaben wesentlichen Feststellungen und Vorkommnisse unterrichtet, die bei der Durchführung der Abschlussprüfung zu seiner Kenntnis gelangen.	Empfehlung D.9
Der Aufsichtsrat oder der Prüfungsausschuss soll mit dem Abschlussprüfer vereinbaren, dass dieser ihn informiert und im Prüfungsbericht vermerkt, wenn er bei Durchführung der Abschlussprüfung Tatsachen feststellt, die eine Unrichtigkeit der von Vorstand und Aufsichtsrat abgegebenen Erklärung zum Kodex ergeben.	Empfehlung D.10
Der Prüfungsausschuss soll regelmäßig eine Beurteilung der Qualität der Abschlussprüfung vornehmen.	Empfehlung D.11

IV. Aus- und Fortbildung

Die Mitglieder des Aufsichtsrats nehmen die für ihre Aufgaben erforderlichen Aus- und Fortbildungsmaßnahmen eigenverantwortlich wahr.	**Grundsatz 18**
Die Gesellschaft soll die Mitglieder des Aufsichtsrats bei ihrer Amtseinführung sowie den Aus- und Fortbildungsmaßnahmen angemessen unterstützen und über durchgeführte Maßnahmen im Bericht des Aufsichtsrats berichten.	Empfehlung D.12

V. Selbstbeurteilung

Der Aufsichtsrat soll regelmäßig beurteilen, wie wirksam der Aufsichtsrat insgesamt und seine Ausschüsse ihre Aufgaben erfüllen. In der Erklärung zur Unternehmensführung soll der Aufsichtsrat berichten, ob und wie eine Selbstbeurteilung durchgeführt wurde.	Empfehlung D.13

E. Interessenkonflikte

Die Mitglieder von Vorstand und Aufsichtsrat sind dem Unternehmensinteresse verpflichtet. Sie dürfen bei ihren Entscheidungen weder persönliche Interessen verfolgen noch Geschäftschancen für sich nutzen, die dem Unternehmen zustehen. Vorstandsmitglieder unterliegen während ihrer Tätigkeit einem umfassenden Wettbewerbsverbot.	**Grundsatz 19**
Jedes Aufsichtsratsmitglied soll Interessenkonflikte unverzüglich dem Vorsitzenden des Aufsichtsrats offenlegen. Der Aufsichtsrat soll in seinem Bericht an die Hauptversammlung über aufgetretene *Interessenkonflikte* und deren Behandlung informieren. Wesentliche und nicht nur vorübergehende Interessenkonflikte in der Person eines Aufsichtsratsmitglieds sollen zur Beendigung des Mandats führen.	Empfehlung E.1

Vorgaben des Kodex	Art der Vorgabe
Jedes Vorstandsmitglied soll Interessenkonflikte unverzüglich dem Vorsitzenden des Aufsichtsrats und dem Vorsitzenden bzw. Sprecher des Vorstands offenlegen und die anderen Vorstandsmitglieder hierüber informieren.	Empfehlung E.2
Vorstandsmitglieder sollen Nebentätigkeiten, insbesondere konzernfremde Aufsichtsratsmandate, nur mit Zustimmung des Aufsichtsrats übernehmen.	Empfehlung E.3
F. Transparenz und externe Berichterstattung	
Die Gesellschaft behandelt die Aktionäre bei Informationen unter gleichen Voraussetzungen gleich.	**Grundsatz 20**
Anteilseigner und Dritte werden insbesondere durch den Konzernabschluss und den Konzernlagebericht (einschließlich CSR-Berichterstattung) sowie durch unterjährige Finanzinformationen unterrichtet.	**Grundsatz 21**
Die Gesellschaft soll den Aktionären unverzüglich sämtliche wesentlichen neuen Tatsachen, die Finanzanalysten und vergleichbaren Adressaten mitgeteilt worden sind, zur Verfügung stellen.	Empfehlung F.1
Der Konzernabschluss und der Konzernlagebericht sollen binnen 90 Tagen nach Geschäftsjahresende, die verpflichtenden unterjährigen Finanzinformationen sollen binnen 45 Tagen nach Ende des Berichtszeitraums öffentlich zugänglich sein.	Empfehlung F.2
Ist die Gesellschaft nicht zu Quartalsmitteilungen verpflichtet, soll sie unterjährig neben dem Halbjahresfinanzbericht in geeigneter Form über die Geschäftsentwicklung, insbesondere über wesentliche Veränderungen der Geschäftsaussichten sowie der Risikosituation, informieren.	Empfehlung F.3
Aufsichtsrat und Vorstand berichten jährlich in der Erklärung zur Unternehmensführung über die Corporate Governance der Gesellschaft.	**Grundsatz 22**
Aufsichtsrat und Vorstand von börsennotierten, spezialgesetzlich regulierten Gesellschaften sollen in der Erklärung zur Unternehmensführung angeben, welche Empfehlungen des Kodex aufgrund vorrangiger gesetzlicher Bestimmungen nicht anwendbar waren.	Empfehlung F.4
Die Gesellschaft soll nicht mehr aktuelle Erklärungen zur Unternehmensführung und Entsprechenserklärungen zu den Empfehlungen des Kodex mindestens fünf Jahre lang auf ihrer Internetseite zugänglich halten.	Empfehlung F.5

Vorgaben des Kodex	Art der Vorgabe

G.   Vergütung von Vorstand und Aufsichtsrat

I.   Vergütung des Vorstands

Der Aufsichtsrat beschließt ein klares und verständliches System zur Vergütung der Vorstandsmitglieder und bestimmt auf dessen Basis die konkrete Vergütung der einzelnen Vorstandsmitglieder.

Grundsatz 23

Die Hauptversammlung beschließt grundsätzlich mit beratendem Charakter über die Billigung des vom Aufsichtsrat vorgelegten Vergütungssystems sowie mit empfehlendem Charakter über die Billigung des Vergütungsberichts für das vorausgegangene Geschäftsjahr.

Die Vergütungsstruktur ist bei börsennotierten Gesellschaften auf eine nachhaltige und langfristige Entwicklung der Gesellschaft auszurichten.

Die Vergütung der Vorstandsmitglieder hat zur Förderung der Geschäftsstrategie und zur langfristigen Entwicklung der Gesellschaft beizutragen.

1. Festlegung der Vergütung

Im Vergütungssystem soll insbesondere festgelegt werden,

Empfehlung G.1

– wie für die einzelnen Vorstandsmitglieder die Ziel-Gesamtvergütung bestimmt wird und welche Höhe die Gesamtvergütung nicht übersteigen, darf (Maximalvergütung),
– welchen relativen Anteil die Festvergütung einerseits sowie kurzfristig variable und langfristig variable Vergütungsbestandteile andererseits an der Ziel-Gesamtvergütung haben,
– welche finanziellen und nichtfinanziellen Leistungskriterien für die Gewährung variabler Vergütungsbestandteile maßgeblich sind,
– welcher Zusammenhang zwischen der Erreichung der vorher vereinbarten Leistungskriterien und der variablen Vergütung besteht,
– in welcher Form und wann das Vorstandsmitglied über die gewährten variablen Vergütungsbeträge verfügen kann.

2. Festlegung der konkreten Gesamtvergütung

Auf Basis des Vergütungssystems soll der Aufsichtsrat für jedes Vorstandsmitglied zunächst dessen konkrete Ziel-Gesamtvergütung festlegen, die in einem angemessenen Verhältnis zu den Aufgaben und Leistungen des Vorstandsmitglieds sowie zur Lage des Unternehmens stehen und die übliche Vergütung nicht ohne besondere Gründe übersteigen.

Empfehlung G.2

Vorgaben des Kodex	Art der Vorgabe
Zur Beurteilung der Üblichkeit der konkreten Gesamtvergütung der Vorstandsmitglieder im Vergleich zu anderen Unternehmen soll der Aufsichtsrat eine geeignete Vergleichsgruppe anderer Unternehmen heranziehen, deren Zusammensetzung er offenlegt. Der Peer Group-Vergleich ist mit Bedacht zu nutzen, damit es nicht zu einer automatischen Aufwärtsentwicklung kommt.	Empfehlung G.3
Zur Beurteilung der Üblichkeit innerhalb des Unternehmens soll der Aufsichtsrat das Verhältnis der Vorstandsvergütung zur Vergütung des oberen Führungskreises und der Belegschaft insgesamt und dieses auch in der zeitlichen Entwicklung berücksichtigen.	Empfehlung G.4
Zieht der Aufsichtsrat zur Entwicklung des Vergütungssystems und zur Beurteilung der Angemessenheit der Vergütung einen externen Vergütungsexperten hinzu, soll er auf dessen Unabhängigkeit vom Vorstand und vom Unternehmen achten.	Empfehlung G.5
3. Festsetzung der Höhe der variablen Vergütungsbestandteile	
Die variable Vergütung, die sich aus dem Erreichen langfristig orientierter Ziele ergibt, soll den Anteil aus kurzfristig orientierten Zielen übersteigen.	Empfehlung G.6
Der Aufsichtsrat soll für das bevorstehende Geschäftsjahr für jedes Vorstandsmitglied für alle variablen Vergütungsbestandteile die Leistungskriterien festlegen, die sich – neben operativen – vor allem an strategischen Zielsetzungen orientieren sollen. Der Aufsichtsrat soll festlegen, in welchem Umfang individuelle Ziele der einzelnen Vorstandsmitglieder oder Ziele für alle Vorstandsmitglieder zusammen maßgebend sind.	Empfehlung G.7
Eine nachträgliche Änderung der Zielwerte oder der Vergleichsparameter soll ausgeschlossen sein.	Empfehlung G.8
Nach Ablauf des Geschäftsjahres soll der Aufsichtsrat in Abhängigkeit von der Zielerreichung die Höhe der individuell für dieses Jahr zu gewährenden Vergütungsbestandteile festlegen. Die Zielerreichung soll dem Grunde und der Höhe nach nachvollziehbar sein.	Empfehlung G.9
Die dem Vorstandsmitglied gewährten langfristig variablen Vergütungsbeträge sollen von ihm unter Berücksichtigung der jeweiligen Steuerbelastung überwiegend in Aktien der Gesellschaft angelegt oder entsprechend aktienbasiert gewährt werden. Über die langfristig variablen Gewährungsbeträge soll das Vorstandsmitglied erst nach vier Jahren verfügen können.	Empfehlung G.10
Der Aufsichtsrat soll die Möglichkeit haben, außergewöhnlichen Entwicklungen in angemessenem Rahmen Rechnung zu tragen. In begründeten Fällen soll eine variable Vergütung einbehalten oder zurückgefordert werden können.	Empfehlung G.11

Vorgaben des Kodex	Art der Vorgabe
4. Leistung bei Vertragsbeendigung	
Im Falle der Beendigung eines Vorstandsvertrags soll die Auszahlung noch offener variabler Vergütungsbestandteile, die auf die Zeit bis zur Vertragsbeendigung entfallen, nach den ursprünglich vereinbarten Zielen und Vergleichsparametern und nach den im Vertrag festgelegten Fälligkeitszeitpunkten oder Haltedauern erfolgen.	Empfehlung G.12
Zahlungen an ein Vorstandsmitglied bei vorzeitiger Beendigung der Vorstandstätigkeit sollen den Wert von zwei Jahresvergütungen nicht überschreiten (Abfindungs-Cap) und nicht mehr als die Restlaufzeit des Anstellungsvertrags vergüten. Im Falle eines nachvertraglichen Wettbewerbsverbots soll die Abfindungszahlung auf die Karenzentschädigung angerechnet werden.	Empfehlung G.13
Zusagen für Leistungen aus Anlass der vorzeitigen Beendigung des Anstellungsvertrags durch das Vorstandsmitglied infolge eines Kontrollwechsels (Change of Control) sollten nicht vereinbart werden.	Anregung G.14
5. Sonstige Regelungen	
Sofern Vorstandsmitglieder konzerninterne Aufsichtsratsmandate wahrnehmen, soll die Vergütung angerechnet werden.	Empfehlung G.15
Bei der Übernahme konzernfremder Aufsichtsratsmandate soll der Aufsichtsrat entscheiden, ob und inwieweit die Vergütung anzurechnen ist.	Empfehlung G.16
II. Vergütung des Aufsichtsrats	
Die Mitglieder des Aufsichtsrats erhalten eine Vergütung, die in einem angemessenen Verhältnis zu ihren Aufgaben und der Lage der Gesellschaft steht. Sie wird durch Beschluss der Hauptversammlung, gegebenenfalls in der Satzung festgesetzt.	**Grundsatz 24**
Bei der Vergütung der Aufsichtsratsmitglieder soll der höhere zeitliche Aufwand des Vorsitzenden und des stellvertretenden Vorsitzenden des Aufsichtsrats sowie des Vorsitzenden und der Mitglieder von Ausschüssen angemessen berücksichtigt werden.	Empfehlung G.17
Die Vergütung des Aufsichtsrats sollte in einer Festvergütung bestehen. Wird den Aufsichtsratsmitgliedern dennoch eine erfolgsorientierte Vergütung zugesagt, soll sie auf eine langfristige Entwicklung der Gesellschaft ausgerichtet sein.	Empfehlung G.18
Vorstand und Aufsichtsrat erstellen jährlich nach den gesetzlichen Bestimmungen einen Vergütungsbericht.	**Grundsatz 25**

3.2.1.3.5 Die Rechtsform der GmbH in Europa

Land	Rechtsform	Stammkapital (SK)		Notarielle Beurkundung	Handelsregister
		Mindest-SK	Mindesteinlage		
Belgien	SPRL/BVBA	18 550 €	$1/3$	ja	ja
Dänemark	ApS[1]	ca. 17 000 €	100 %	nein	ja
Vereinigtes Königreich/ Nordirland	Ltd	frei bestimmbar	frei bestimmbar	nein	ja
Finnland	Oy	private Gesellschaft: 2 500 € öffentliche Gesellschaft: 80 000 €	100 %	ja	ja
Frankreich	SARL/EURL	1 €[2]	20 %	nein	ja
Griechenland	EPE	2 400 €	100 %	ja	ja
Italien	SRL	10 000 €	25 %	öfftl. Beurk.	ja
Luxemburg	SARL	12 000 €	100 %	ja	ja
Niederlande	BV	0,01 €	100 %	ja	ja
Österreich	GmbH	35 000 €[3]	50 %	ja	ja
Polen	Sp.z.o.o.	rd. 1 200 €	100 %	ja	ja
Portugal	Lda	5 000 €	100 %[4]	ja	ja
Schweden	AB	private Gesellschaft: ca. 4 800 € Publikumsgesellschaft: ca. 48 000 €	100 %	nein	ja
Schweiz	Aktiengesellschaft	100 000 SFR	50 000 SFR	öfftl. Beurk.	ja
Spanien	SL	3 006 €	100 %	ja	ja
Deutschland	GmbH[5]	25 000 €	25 %, mind. 12 500 €	ja	ja

---

[1] Haftungsbeschränkte Unternehmergesellschaft (IVS) als Variante der ApS (Stammkapital für Gründung: 1dkr).

[2] Stammeinlage muss im Namen der SARL angegeben werden (z.B. „Anton Müller SARL au capital de 1 Euro").

[3] Das Stammkapital muss bei der Gründung nicht auf einmal erbracht werden. Es gibt Gründungsprivilegien in Form einer Reduzierung des Stammkapitals auf 10 000 €, die maximal für 10 Jahre gilt, danach muss das Stammkapital auf 35 000 € angehoben werden.

[4] Maximal die Hälfte des Stammkapitals kann zu einem festgelegten Zeitpunkt nach der Gründung gezahlt werden.

[5] Vgl. Die Unternehmergesellschaft (haftungsbeschränkt), Kap. 3.4.2.6.

3.2.1.3.6 Die Unternehmergesellschaft (haftungsbeschränkt)

Durch das MoMiG[1] ist durch die Einfügung des §5a GmbHG die Unternehmergesellschaft geschaffen worden. Diese stellt keine eigenständige Rechtsform dar, sondern eine Unterform der GmbH, wobei sich jedoch im Folgenden dargestellte Besonderheiten ergeben:

GmbH	UG
Stammkapital mind. 25 000 € (§5 Abs.1 GmbHG)	mind. 1 € (§5a Abs.1 GmbHG)
Bezeichnung „Gesellschaft mit beschränkter Haftung" oder allgemein verständliche Abkürzung dieser Bezeichnung (in der Regel „GmbH") (§4 GmbHG)	„Unternehmergesellschaft (haftungsbeschränkt)" oder „UG (haftungsbeschränkt)", andere Abkürzungen sind nicht zulässig (§5a Abs.1 GmbHG)
Einzahlung des Stammkapitals Einzahlung eines Viertels des Nennbetrages jedes Geschäftsanteils, insgesamt mindestens die Hälfte des Mindeststammkapitals (§7 Abs.2 GmbHG)	Einzahlung des vollen Stammkapitals (reine Bargründung, keine Sacheinlagen zulässig)[2] (§5a Abs.2 GmbHG)
Einberufung der Gesellschafterversammlung bei drohender Insolvenz Unverzüglich, wenn sich aus der (Zwischen-)Bilanz ergibt, dass die Hälfte des Stammkapitals verloren ist (§49 Abs.3 GmbHG)	Unverzüglich, sobald Zahlungsunfähigkeit droht, auch ohne Bilanz (§5a Abs.4 GmbHG)

---

[1] BGBl I 2008 S.2026.
[2] Soweit durch die Kapitalerhöhung der gesetzliche Mindestbetrag von 25 000 € erreicht oder überschritten wird, hat der BGH eine Sacheinlage zugelassen (BGH, Urt. vom 19.4.2011 [GmbHR 2011 S.699]). Nicht abschließend höchstrichterlich geklärt ist dagegen, wie eine Barkapitalerhöhung zu behandeln ist. Nach Ansicht der Oberlandesgerichte ist es bei einer UG (haftungsbeschränkt) möglich, dass diese zunächst durch Satzungsänderung ihr Stammkapital auf mindestens 25 000 € erhöht, jedoch *nur die Hälfte* des erhöhten Stammkapitals sofort eingezahlt wird. Bezüglich der restlichen Hälfte genügt die Verpflichtung zur späteren Einzahlung. Mit dem Beschluss zur Erhöhung des Stammkapitals auf mindestens 25 000 € erstarkt die UG (haftungsbeschränkt) zu einer vollwertigen GmbH (OLG Hamm, Beschl. vom 5.5.2011 [GmbHR 2011 S.655], OLG München, Beschl. vom 7.11.2011 [ZIP 2011 S.2198], OLG Stuttgart, Beschl. vom 13.10.2011 [GmbHR 2011 S.1275]).

GmbH	UG
	Gesetzliche Pflichtrücklage In der Bilanz des nach §§242, 264 HGB aufzustellenden Jahresabschlusses ist eine gesetzliche Rücklage in Höhe von 25% des Jahresüberschusses (vermindert um den Vorjahresverlustvortrag) zum Zweck der Kapitalerhöhung oder des Ausgleichs eines Jahresfehlbetrages oder Verlustvortrages zu bilden (§5a Abs.3 GmbHG). Die Thesaurierungspflicht endet erst, wenn das Stammkapital auf 25 000 € erhöht wird.
	Kapitalerhöhung auf Mindeststammkapital Ab Eintragung der Erhöhung des Stammkapitals auf mind. 25 000 € im HR findet §5a Abs.1–4 GmbHG keine Anwendung mehr; die Bezeichnung (UG) darf beibehalten werden; eine Umfirmierung in GmbH ist aber zulässig (§5a Abs.5 GmbHG).

3.2.1.4 Sonstige Rechtsformen

rechtsfähige Stiftung	eingetragener Verein	Partnerschaftsgesellschaft/ Partnerschaftsgesellschaft mit beschränkter Berufshaftung (PartGmbB)[1]
Rechtsgrundlage §§80 ff. BGB und Landesstiftungsgesetze	§§21 ff. BGB	PartGG[2]
Zweck jeder (erlaubte) Zweck; wenn Steuerbegünstigung beabsichtigt, dann müssen gemeinnützige, mildtätige oder kirchliche Zwecke verfolgt werden	jeder (erlaubte) Zweck, der nicht einen wirtschaftlichen Geschäftsbetrieb zum Gegenstand hat (§21 BGB); wenn Steuerbegünstigung beabsichtigt, dann müssen gemeinnützige, mildtätige oder kirchliche Zwecke verfolgt werden	Zusammenschluss zur Ausübung freier Berufe (§1 Abs.1 Satz 1 PartGG)
Zahl der Gesellschafter Stiftung hat keinen Gesellschafter	mind. 7 (§56 BGB)	mind. 2

[1] Eingeführt durch Gesetz vom 15.7.2013 (BGBl I 2013 S.2386).
[2] BGBl I 1994 S.1744, zuletzt geändert durch Art.7 Gesetz vom 22.12.2015 (BGBl I 2015 S.2565).

rechtsfähige Stiftung	eingetragener Verein	Partnerschaftsgesellschaft/ Partnerschaftsgesellschaft mit beschränkter Berufshaftung (PartGmbB)
Gründung		
schriftliche Willenserklärung (Stiftungsgeschäft) und Satzung	privatschriftlich (§59 Abs.3 BGB)	privatschriftlich (§3 Abs.1 PartGG)
Mindestkapital		
keine gesetzlichen Vorgaben, Stiftungsaufsicht verlangt i.d.R. 50.000,– € oder mehr	kein Mindestkapital	kein Mindestkapital
Zeitpunkt der Entstehung		
Vornahme des Stiftungsgeschäfts und Anerkennung durch die Stiftungsaufsichtsbehörde (§80 Abs.1 BGB)	Eintragung in das Vereinsregister (§21 BGB)	Eintragung in das Partnerschaftsregister (§7 Abs.1 PartGG)
Geschäftsführung/Vertretung		
Vorstand (§§86, 26 BGB)	Vorstand (§26 BGB); ggf. besonderer Vertreter (§30 BGB)	jeder Partner einzeln (§7 Abs.3 PartGG)
Haftung der Gesellschafter		
keine Haftung des Stifters, nur Stiftungsvermögen haftet	keine Haftung der Mitglieder, nur das Vereinsvermögen haftet	grds. Haftung aller Partner neben der PartG als Gesamtschuldner (§8 Abs.1 PartGG), aber gem. §8 Abs.2 PartGG Beschränkung auf einzelne(n) Partner, wenn nur diese(r) mit der Bearbeitung des Auftrags befasst war. Partner einer PartGmbH (Rechtsanwälte, Steuerberater, Wirtschaftsprüfer) können die persönliche Haftung der Partner für berufliche Fehler ausschließen und die Haftung auf das Gesellschaftsvermögen beschränken. Mindestsumme der hierfür erforderlichen Berufshaftpflichtversicherung für Steuerberater und Wirtschaftsprüfer: 1 Mio. € (§67 Abs.2 StBerG), für Rechtsanwälte: 2,5 Mio. € (§51a Abs.2 Satz 1 BRAO).

rechtsfähige Stiftung	eingetragener Verein	Partnerschaftsgesellschaft/ Partnerschaftsgesellschaft mit beschränkter Berufshaftung (PartGmbB)
Rechts- und Parteifähigkeit		
ja (jur. Person)	ja (jur. Person)	ja
Gesellschafterwechsel		
nicht möglich, da Stiftung keine Gesellschafter hat	Mitgliedschaft ist nicht veräußerlich oder vererblich (§ 38 BGB); Austritt aus dem eV zulässig (§ 39 BGB)	Mitgliedschaft ist grds. nicht vererblich (§ 9 Abs. 4 PartGG), aber übertragbar

3.2.1.5 Sonstige Rechtsformen (Rechtslage ab 1.7.2023)

rechtsfähige Stiftung	eingetragener Verein	Partnerschaftsgesellschaft/ Partnerschaftsgesellschaft mit beschränkter Berufshaftung (PartGmbB)[1]
Rechtsgrundlage		
§§ 80 ff. BGB und Landesstiftungsgesetze	§§ 21 ff. BGB	PartGG[2]
Zweck		
jeder (erlaubte) Zweck; wenn Steuerbegünstigung beabsichtigt, dann müssen gemeinnützige, mildtätige oder kirchliche Zwecke verfolgt werden	jeder (erlaubte) Zweck, der nicht einen wirtschaftlichen Geschäftsbetrieb zum Gegenstand hat (§ 21 BGB); wenn Steuerbegünstigung beabsichtigt, dann müssen gemeinnützige, mildtätige oder kirchliche Zwecke verfolgt werden	Zusammenschluss zur Ausübung freier Berufe (§ 1 Abs. 1 Satz 1 PartGG)

---

[1] Eingeführt durch Gesetz vom 15.7.2013 (BGBl I 2013 S. 2386).
[2] BGBl I 1994 S. 1744, zuletzt geändert durch Art. 7 Gesetz vom 22.12.2015 (BGBl I 2015 S. 2565).

rechtsfähige Stiftung	eingetragener Verein	Partnerschaftsgesellschaft/ Partnerschaftsgesellschaft mit beschränkter Berufshaftung (PartGmbB)[1]
Zahl der Gesellschafter		
Stiftung hat keinen Gesellschafter, da mitgliederlose juristische Person mit eigenem Vermögen und Zweck	mind. 7 (§ 56 BGB)	mind. 2
Gründung		
schriftliche Willenserklärung sowie mutmaßlicher Wille (Stiftungsgeschäft) und Satzung	privatschriftlich (§ 59 Abs. 3 BGB)	privatschriftlich (§ 3 Abs. 1 PartGG)
Mindestkapital		
keine gesetzlichen Vorgaben, Stiftungsaufsicht verlangt i.d.R. 50.000,– € oder mehr	kein Mindestkapital	kein Mindestkapital
Zeitpunkt der Entstehung		
Vornahme des Stiftungsgeschäfts und Anerkennung durch die Stiftungsaufsichtsbehörde (§ 80 Abs. 2, § 82 BGB n.F.). Nach der Anerkennung ist die Stiftung zur Eintragung in das Stiftungsregister anzumelden (Rechtslage ab 1.1.2026). Stiftung enthält dann Namenszusatz „e.S." (§§ 82 b ff. BGB n.F.)	Eintragung in das Vereinsregister (§ 21 BGB)	Eintragung in das Partnerschaftsregister (§ 7 Abs. 1 PartGG)
Geschäftsführung/Vertretung		
Vorstand (§§ 84 ff. BGB n.F.)	Vorstand (§ 26 BGB); ggf. besonderer Vertreter (§ 30 BGB)	jeder Partner einzeln (§ 7 Abs. 3 PartGG)

rechtsfähige Stiftung	eingetragener Verein	Partnerschaftsgesellschaft/ Partnerschaftsgesellschaft mit beschränkter Berufs- haftung (PartGmbB)[1]
Haftung der Gesellschafter		
keine Haftung des Stifters, nur Stiftungsvermögen haftet, Beibehaltung der Business Judgement Rule, Möglichkeit der Haftungsbeschränkung in der Satzung	keine Haftung der Mitglieder, nur das Vereinsvermögen haftet	grds. Haftung aller Partner neben der PartG als Gesamt- schuldner (§ 8 Abs. 1 PartGG), aber gem. § 8 Abs. 2 PartGG Beschränkung auf einzelne(n) Partner, wenn nur diese(r) mit der Bearbeitung des Auftrags befasst war. Partner einer PartGmbH (Rechtsanwälte, Steuerbera- ter, Wirtschaftsprüfer) können die persönliche Haftung der Partner für berufliche Fehler ausschließen und die Haftung auf das Gesellschaftsver- mögen beschränken. Mindest- summe der hierfür erforderli- chen Berufshaftpflichtversi- cherung für Steuerberater und Wirtschaftsprüfer: 1 Mio. € (§ 67 Abs. 2 StBerG), für Rechtsanwälte: 2,5 Mio. € (§ 51 a Abs. 2 Satz 1 BRAO).
Rechts- und Parteifähigkeit		
ja (jur. Person)	ja (jur. Person)	ja
Gesellschafterwechsel		
nicht möglich, da Stiftung keine Gesellschafter hat	Mitgliedschaft ist nicht veräußerlich oder vererblich (§ 38 BGB); Austritt aus dem eV zulässig (§ 39 BGB)	Mitgliedschaft ist grds. nicht vererblich (§ 9 Abs. 4 PartGG), aber übertragbar

3.2.2 Arbeitsrecht

3.2.2.1 Arbeitnehmerbegriff

Arbeitnehmer ist, wer aufgrund einer privatrechtlichen Vereinbarung Arbeit für einen anderen in persönlicher Abhängigkeit leistet (BAG vom 20.8.2003, 5 AZR 610/02). Eine gesetzliche Definition fehlt. Vereinfacht lässt sich sagen, jeder abhängig Beschäftigte, auch geringfügig Beschäftigte, ist Arbeitnehmer i.S.d. Arbeitsrechts; es sei denn, es gelten – ggf. auch nur für Teilbereiche – besondere Vorschriften (bspw. für Auszubildende).

Insbesondere aufgrund europarechtlicher Entwicklungen (vgl. EuGH vom 11.11.2011, Rs C-232/09) stellt sich die Frage, ob der Fremd-Geschäftsführer und der minderheitsbeteiligte Gesellschafter-Geschäftsführer auch als Arbeitnehmer anzusehen sind. Für Teilbereiche dürfte dies gelten. In Ermangelung einer Grundsatzentscheidung gehen wir – einstweilen noch – davon aus, dass Geschäftsführer, weil sie Arbeitgeberfunktionen ausüben, keine Arbeitnehmer darstellen.

3.2.2.2 Arbeitnehmeranzahl und arbeitsrechtliche Konsequenzen

Anzahl Arbeitnehmer (AN)	Konsequenz	§§
mindestens 5 ständig wahlberechtigte AN	Betriebsrat kann gebildet werden	1 BetrVG
ab 5 AN und bestehendem BR	Mitbestimmung des Betriebsrats – in sozialen Angelegenheiten – bei Kündigungen	87 BetrVG 102 BetrVG
mehr als 5 AN	Wehrdienst kein wichtiger Kündigungsgrund	2 Abs.3 ArbPlSchG
mehr als 5 Alt-AN bis zu 10 AN	Kündigungsschutzgesetz gilt für Alt-Arbeitnehmer, deren Arbeitsverhältnis vor 2004 begonnen hat	23 Abs.1 Satz 2 KSchG
mehr als 10 AN	Kündigungsschutzgesetz gilt für alle AN, die länger als 6 Monate im Betrieb arbeiten	23 Abs.1 Satz 3 KSchG
5–20 wahlberechtigte AN	1 Betriebsratsmitglied	9 BetrVG
5–50 wahlberechtigte AN	Vereinfachtes Wahlverfahren bei Betriebsratswahl	14a BetrVG
mindestens 10 AN	Betrieblicher Lohnsteuer-Jahresausgleich	42b EStG
mehr als 10 AN	Einrichtung von Pausenräumen	29 ArbStättV
mehr als 15 AN	Allgemeiner Anspruch auf Teilzeitarbeit	8 Abs.7 TzBfG

Anzahl Arbeitnehmer (AN)	Konsequenz	§§
mehr als 15 AN	Allgemeiner Anspruch auf Pflegezeit-freistellung	3 Abs.1 PflegeZG
mehr als 15 AN	Anspruch auf Teilzeitarbeit während der Elternzeit	15 Abs.7 BEEG
ab 20 Arbeitsplätzen	Pflicht zur Beschäftigung schwer-behinderter Menschen	71 Abs.1 SGB IX
mehr als 20 Beschäftigte	Arbeitsschutz: – Bestellung von Sicherheitsbeauf-tragten – Bildung eines Arbeitsschutzaus-schusses	22 SGB VII 11 ASiG
ab 20 wahlberechtigten AN	Mitbestimmung des Betriebsrats bei – personellen Einzelmaßnahmen – Betriebsänderungen	99 BetrVG 111, 112 BetrVG
ab 21 AN	Anzeigepflicht bei Massenentlassungen	17 KSchG
bis zu 30 AN	Verpflichtende Teilnahme am Umlage-verfahren U1 für Arbeitgeberauf-wendungen für Entgeltfortzahlung im Krankheitsfall	1, 3 AAG
21–50 wahlberechtigte AN	3 Betriebsratsmitglieder	9 BetrVG
51–100 wahlberechtigte AN	5 Betriebsratsmitglieder	9 BetrVG
51–100 wahlberechtigte AN	Vereinbarung des vereinfachte Wahl-verfahrens bei Betriebsratswahl	14a Abs.5 BetrVG
mehr als 100 AN	Bildung eines Wirtschaftsausschusses	106 BetrVG
101–200 wahlberechtigte AN	7 Betriebsratsmitglieder	9 BetrVG
200–500 wahlberechtigte AN	1 freigestelltes Betriebsratsmitglied	38 BetrVG
201–400 wahlberechtigte AN	9 Betriebsratsmitglieder	9 BetrVG
401–700 wahlberechtigte AN	11 Betriebsratsmitglieder	9 BetrVG
501–900 wahlberechtigte AN	2 freigestellte Betriebsratsmitglieder	38 BetrVG
701–1 000 wahlberechtig-te AN	13 Betriebsratsmitglieder	9 BetrVG
901–1 500 wahlberechtig-te AN	3 freigestellte Betriebsratsmitglieder	38 BetrVG

Anzahl Arbeitnehmer (AN)	Konsequenz	§§
1001–1500 wahlberechtigte AN	15 Betriebsratsmitglieder	9 BetrVG
1501–2000 wahlberechtigte AN	17 Betriebsratsmitglieder, davon 4 freigestellt	9, 38 BetrVG
mehr als 2000 AN	Geltungsbereich des Mitbestimmungsgesetzes	1 MitbestG
2001–2500 wahlberechtigte AN	19 Betriebsratsmitglieder	9 BetrVG
2001–3000 wahlberechtigte AN	5 freigestellte Betriebsratsmitglieder	38 BetrVG
2501–3000 wahlberechtigte AN	21 Betriebsratsmitglieder	9 BetrVG
3001–3500 wahlberechtigte AN	23 Betriebsratsmitglieder	9 BetrVG
3501–4000 wahlberechtigte AN	25 Betriebsratsmitglieder	9 BetrVG
3001–4000 wahlberechtigte AN	6 freigestellte Betriebsratsmitglieder	38 BetrVG
4001–5000 wahlberechtigte AN	7 freigestellte Betriebsratsmitglieder	38 BetrVG
4001–4500 wahlberechtigte AN	27 Betriebsratsmitglieder	9 BetrVG
4501–5000 wahlberechtigte AN	29 Betriebsratsmitglieder	9 BetrVG
5001–6000 wahlberechtigte AN	31 Betriebsratsmitglieder, davon 8 freigestellt	9, 38 BetrVG
6001–7000 wahlberechtigte AN	33 Betriebsratsmitglieder, davon 9 freigestellt	9, 38 BetrVG
7001–8000 wahlberechtigte AN	10 freigestellte Betriebsratsmitglieder	38 BetrVG
7001–9000 wahlberechtigte AN	35 Betriebsratsmitglieder	9 BetrVG
8001–9000 wahlberechtigte AN	11 freigestellte Betriebsratsmitglieder	38 BetrVG
9001–10000 wahlberechtigte AN	12 freigestellte Betriebsratsmitglieder	38 BetrVG
ab 9001 wahlberechtigte AN	35 Betriebsratsmitglieder + 2 weitere Mitglieder je angefangene weitere 3000 Arbeitnehmer	9 BetrVG

Anzahl Arbeitnehmer (AN)	Konsequenz	§§
ab 10 001 wahlberechtigte AN	12 freigestellte Betriebsratsmitglieder + 1 weiteres Mitglied je angefangene weitere 2 000 Arbeitnehmer	38 BetrVG

3.2.2.3 Kündigung

3.2.2.3.1 Kündigungsfristen

3.2.2.3.1.1 Allgemeine Kündigungsfristen für Arbeitnehmer gemäß § 622 BGB[1]

Für Kündigungen von Arbeitern und Angestellten durch den Arbeitgeber gelten gemäß § 622 Abs. 1–3 BGB folgende Kündigungsfristen:

Beschäftigungszeit	Kündigungs- frist	zum	für
innerhalb vereinbarter Probezeit bis zu 6 Monaten	2 Wochen	–	ArbG und ArbN
bis zu 2 Jahren	4 Wochen	15. eines Monats oder Monatsende	ArbG und ArbN
2 Jahre[2]	1 Monat	Monatsende	ArbG[3]
5 Jahre	2 Monate	Monatsende	ArbG
8 Jahre	3 Monate	Monatsende	ArbG
10 Jahre	4 Monate	Monatsende	ArbG
12 Jahre	5 Monate	Monatsende	ArbG
15 Jahre	6 Monate	Monatsende	ArbG
20 Jahre	7 Monate	Monatsende	ArbG

Abweichungen durch Tarifvertrag sind zulässig, § 622 Abs. 4 BGB.
Einzelvertraglich kann bei einer Beschäftigungszeit bis zu 2 Jahren eine kürzere Frist nur vereinbart werden
– bei Aushilfsarbeitsverhältnissen von bis zu 3 Monaten Dauer, § 622 Abs. 5 Satz 1 Nr. 1 BGB;

---

[1] Bürgerliches Gesetzbuch vom 18.8.1896 (RGBl 1896 S. 195), neugefasst durch Bekanntmachung vom 2.1.2002 (BGBl I 2002 S. 42), zuletzt geändert durch Gesetz vom 31.1.2019 (BGBl I 2019 S. 54).

[2] Der Europäische Gerichtshof (EuGH) von 19.1.2010, Rs C-555/07) hat die Regelung des § 622 Abs. 2 Satz 2 BGB für europarechtswidrig erachtet, wonach erst Beschäftigungszeiten ab dem 25. Lebensjahr zu berücksichtigen waren. Der Gesetzgeber hat hierauf reagiert und § 622 Abs. 2 Satz 2 BGB gestrichen. Damit sind auch Betriebszugehörigkeiten vor dem 25. Lebensjahr voll bei der Bestimmung der gesetzlichen Kündigungsfristen zu berücksichtigen. Dies gilt u. E. auch für tarifvertragliche Regelungen.

[3] Für Arbeitnehmer gelten längere Kündigungsfristen nur bei vertraglicher Vereinbarung.

– wenn der Arbeitgeber regelmäßig höchstens 20 Arbeitnehmer ohne Auszubildende beschäftigt und die Kündigungsfrist 4 Wochen nicht unterschreitet, § 622 Abs. 5 Satz 1 Nr. 2 BGB.

Bei der Feststellung der Zahl der beschäftigten Arbeitnehmer sind teilzeitbeschäftigte Arbeitnehmer mit einer regelmäßigen wöchentlichen Arbeitszeit von nicht mehr als 20 Stunden mit 0,5 und nicht mehr als 30 Stunden mit 0,75 zu berücksichtigen, § 622 Abs. 5 Satz 1 Nr. 2, Satz 2 BGB.

Besondere Kündigungsfristen finden auf Heimarbeitsverhältnisse Anwendung (§ 29 HAG).

3.2.2.3.1.2 Kündigungsfristen in der Insolvenz

Art der Kündigung	Frist	Besondere Voraussetzungen	§§ InsO[1]
ordentliche Kündigung eines Dienstverhältnisses, bei dem der Schuldner der Dienstberechtigte ist, durch den Insolvenzverwalter oder den Arbeitnehmer[2]	3 Monate zum Monatsende, wenn nicht eine kürzere Frist maßgeblich ist		113[2]
ordentliche Kündigung einer Betriebsvereinbarung, die Leistungen vorsieht, welche die Insolvenzmasse belasten	3 Monate (selbst wenn längere Frist vereinbart war)	zuvor sollen Insolvenzverwalter und Betriebsrat über eine einvernehmliche Herabsetzung dieser Leistung verhandeln	120 Abs. 1 S. 2

---

[1] Insolvenzordnung vom 5.10.1994 (BGBl I 1994 S.2866), zuletzt geändert durch Gesetz vom 23.6.2017 (BGBl I 2017 S. 1693).

[2] Gemäß Bundesarbeitsgericht vom 19.1.2000, 4 AZR 70/99, verdrängt § 113 InsO den tariflichen Kündigungsschutz für ältere, langjährig beschäftigte Mitarbeiter.

3.2.2.3.2 Besonderer Kündigungsschutz

	Umfang des besonderen Kündigungsschutzes	§§
Auszubildende	Kündigung in der Probezeit möglich, danach arbeitgeberseitig nur aus wichtigem Grund	§ 22 Abs. 1, 2 BBiG
Schwangere und Mütter	Arbeitnehmerkündigung bis acht Wochen nach Entbindung ohne Frist zum Ende der Schutzfrist möglich. Arbeitgeberkündigung von Beginn der Schwangerschaft bis zum Ende ihrer Schutzfrist, mindestens aber bis zum Ablauf von 4 Monaten nach Entbindung und bis zum Ablauf von vier Monaten nach einer Fehlgeburt nach der 12. Schwangerschaftswoche grds. ausgeschlossen	§ 17 MuSchG
Elternzeitberechtigte	Arbeitnehmerkündigung mit Dreimonatsfrist zum Ende der Elternzeit zulässig; Arbeitgeberkündigung unzulässig von 8 Wochen vor Beginn bis Ende Elternzeit[1]	§§ 18, 19 BEEG
Schwerbehinderte[2]	Arbeitgeberkündigung grundsätzlich nur mit Zustimmung des Integrationsamtes zulässig	168–175 SGB IX
Wehr- und Zivildienstleistende	Außerordentliche Kündigung zulässig; ordentliche Kündigung durch Arbeitgeber unzulässig	§§ 2 Abs. 1, 10, 16a ArbPlatzSchG
Pflegezeitberechtigte	Arbeitgeberkündigung verboten, Ausnahme: Erlaubnis der zuständigen Behörde	§ 5 PflegeZG

---

[1] Kein Kündigungsschutz in Elternzeit besteht im Falle der Betriebsstilllegung; Bundesverwaltungsgericht vom 30.9.2009, 5 C 32/08; BVerwGE 135 S. 67.

[2] Die gesetzlich nach SGB IX zum Schutz von Schwerbehinderten und Gleichgestellten vorgesehenen Präventivmaßnahmen des Eingliederungsmanagements sind keine Wirksamkeitsvoraussetzungen für eine Kündigung (BAG vom 7.12.2006, 2 AZR 182/06; NJW 2007 S. 1995 und vom 12.7.2007, 2 AZR 716/06; DB 2008 S. 189). Gleichwohl werten die Arbeitsgerichte die Nichtdurchführung eines Betrieblichen Wiedereingliederungsmanagements im Kündigungsschutzprozess zulasten des Arbeitgebers. Mit anderen Worten, vor einer krankheitsbedingten Kündigung sollte/muss ein sog. Betriebliches Eingliederungsmanagement durchgeführt werden.

3.2.2.3.3 Kündigung von Betriebsverfassungs- organen durch Arbeitgeber

Grundsatz: Ausschluss der ordentlichen Kündigung gemäß folgender Tabelle (§ 15 KSchG[1]).
Während der Amtszeit bedarf es zu einer außerordentlichen Kündigung aus wichtigem Grund der vorherigen Zustimmung des Betriebs- bzw. des Personalrats.

Geschützter Personenkreis	zeitlicher Umfang des Schutzes		§§
	von	bis	
Mitglieder eines Betriebsrats	Amtsbeginn	1 Jahr nach Beendigung der Amtszeit	15 Abs. 1 KSchG
Mitglieder einer Jugend- und Ausbildungsvertretung	Amtsbeginn	1 Jahr nach Beendigung der Amtszeit	15 Abs. 1 KSchG
Mitglieder eines Seebetriebsrats	Amtsbeginn	1 Jahr nach Beendigung der Amtszeit	15 Abs. 1 KSchG
Mitglieder einer Bordvertretung	Amtsbeginn	6 Monate nach Beendigung der Amtszeit	15 Abs. 1 KSchG
Mitglieder einer Personalvertretung bzw. einer Jugend- und Ausbildungsvertretung	Amtsbeginn	1 Jahr nach Beendigung der Amtszeit	47 BPersVG, 15 Abs. 2 KSchG
Ersatzmitglieder des Betriebsrates	Arbeitsaufnahme des Ersatzmitgliedes an dem Tag, an dem das ordentliche Mitglied erstmals verhindert ist, einschließlich der erforderlichen Vorbereitungszeit für eine Betriebsratssitzung	1 Jahr nach Beendigung der Mitgliedschaft im Betriebsrat, soweit Aufgaben eines ordentlichen Betriebsratsmitgliedes wahrgenommen wurden. Unentschieden ist, ob dieser Grundsatz auch bei Unkenntnis des Arbeitgebers von der Ersatzmitgliedschaft gilt	

---

[1] Kündigungsschutzgesetz i. d. F. vom 25.8.1969 (BGBl I 1969 S. 1317), zuletzt geändert durch Gesetz vom 17.7.2017 (BGBl I 2017 S. 2509); das Kündigungsschutzgesetz ist anwendbar, wenn das Arbeitsverhältnis länger als 6 Monate besteht und in dem Betrieb mehr als 5 Arbeitnehmer ausschließlich der in der Ausbildung Befindlichen beschäftigt sind. Für Arbeitsverhältnisse, die nach dem 31.12.2003 begonnen haben, liegt die Anwendbarkeitsschwelle bei mehr als 10 Arbeitnehmern. Die Berechnungsgrößen aus § 622 Abs. 5 BGB gelten gemäß § 23 Abs. 1 KSchG.

Geschützter Personenkreis	zeitlicher Umfang des Schutzes		§§
	von	bis	
Vertrauensmann der schwerbehinderten Menschen	Amtsbeginn	1 Jahr nach Beendigung der Amtszeit	179 Abs. 3 SGB IX 15 Abs. 1 KSchG
Stellvertreter des Vertrauensmanns der schwerbehinderten Menschen – während der Vertretung – im Übrigen	wie oben wie Ersatzmitglied des Betriebsrats		179 Abs. 3 SGB IX 15 Abs. 1 KSchG
in Heimarbeit beschäftigte Mitglieder des Betriebsrats oder einer Jugend- und Ausbildungsvertretung	Amtsbeginn	1 Jahr nach Beendigung der Amtszeit	29 a Abs. 1 HAG
in Heimarbeit beschäftigte Mitglieder eines Wahlvorstandes	Bestellung	6 Monate nach Bekanntgabe	29 a Abs. 2, 1. Alt. HAG
in Heimarbeit beschäftigter Wahlbewerber	Aufstellung des Wahlvorschlags	6 Monate nach Bekanntgabe	29 a Abs. 2, 2. Alt. HAG
Mitglieder des Wahlvorstands zur Betriebsratswahl	Bestellung	6 Monate nach Bekanntgabe des Wahlergebnisses; gilt nicht, wenn Wahlvorstand durch gerichtl. Entscheidung durch einen anderen ersetzt worden ist	15 Abs. 3 KSchG
Wahlbewerber für Betriebsrat, Jugendvertretung, Personalvertretung	Aufstellung des Wahlvorschlags	6 Monate nach Bekanntgabe des Wahlergebnisses; strittig, ob dies auch für Wahlbewerber um das Amt des Vertrauensmannes der Schwerbehinderten gilt	15 Abs. 3 KSchG
die ersten drei Arbeitnehmer, die zu einer Betriebs-, Wahl- oder Bordversammlung einladen	Einladung	Bekanntgabe des Wahlergebnisses; findet keine Wahl statt: 3 Monate	§ 15 Abs. 3a KSchG
die ersten drei Arbeitnehmer einer Liste, mit der die Bestellung eines Wahlvorstandes beantragt wird	Antragstellung	Bekanntgabe des Wahlergebnisses; findet keine Wahl statt: 3 Monate	§ 15 Abs. 3a KSchG

3.2.2.3.4 Massenentlassungen und Sozialauswahl

3.2.2.3.4.1 Anzeigepflicht des Arbeitgebers

A. Anzeigepflicht des Arbeitgebers gem. § 17 Abs. 1 KSchG

Anzeigepflicht bei geplanter Entlassung[1] innerhalb von 30 Kalendertagen

Zahl der Arbeitnehmer i.d.R.	Zahl der zu entlassenden Arbeitnehmer
21–59	mehr als 5
60–499	10 % der im Betrieb regelmäßig beschäftigten Arbeitnehmer oder mehr als 25
500 und mehr	mindestens 30

B. Eintritt der Wirksamkeit der Entlassung

Wirksam wird die Massenentlassung erst mit Ablauf eines Monats nach Eingang der Anzeige beim Arbeitsamt (Sperrfrist), es sei denn, das Arbeitsamt stimmt einem früheren Ablauf der Entlassungssperre zu, § 18 Abs. 1 KSchG.
Das Arbeitsamt kann auch bestimmen, dass die Entlassungssperre auf längstens zwei Monate nach Eingang der Anzeige verlängert wird, § 18 Abs. 2 KSchG.
Die Entlassungen sind spätestens innerhalb von 90 Tagen nach Ablauf der Sperrfrist durchzuführen (Freifrist), andernfalls werden die Entlassungen unwirksam, und es muss erneut Anzeige gem. § 17 Abs. 1 KSchG erstattet werden, § 18 Abs. 4 KSchG.

3.2.2.3.4.2 Punktesystem zur sozialen Auswahl bei der Kündigung von Arbeitnehmern

Seit der Änderung des § 1 Abs. 3 KSchG durch Gesetz vom 24.12.2003 (BGBl I 2003 S. 3002) ist dem Gesetzestext eine genaue Definition zu entnehmen, was unter sozialen Gesichtspunkten zu verstehen ist. Danach sind bei der Sozialauswahl lediglich folgende Kriterien zu berücksichtigen:
1. Dauer der Betriebszugehörigkeit
2. Lebensalter des Arbeitnehmers[2]
3. Unterhaltspflichten des Arbeitnehmers

---

[1] Seit der Entscheidung des Europäischen Gerichtshofes vom 27.1.2005, C-188/03; NJW 2000 S. 1099, muss die Anzeige bei der Arbeitsverwaltung rechtzeitig vor dem Ausspruch der Kündigung erfolgen (BAG vom 23.6.2006, 2 AZR 343/05; DB 2006 S. 1902).

[2] Die gleichwertige Berücksichtigung von Betriebszugehörigkeit und Lebensalter erscheint aus Diskriminierungsgesichtspunkten zwar bedenklich, das Bundesarbeitsgericht hat aber entschieden, dass das Alter weiter ein zu berücksichtigendes Kriterium in der Sozialauswahl ist (BAG vom 6.11.2008, 2 AZR 523/07; NJW 2009 S. 2326, und vom 12.3.2009, 2 AZR 418/07; DB 2009 S. 1932). Eine Berücksichtigung des Alters im Rahmen der Sozialauswahl ist auch nicht diskriminierend i. S. d. AGG (BAG vom 12.3.2009, 2 AZR 418/07; DB 2009 S. 1932).

4. Schwerbehinderung des Arbeitnehmers.

§ 1 Abs. 4 KSchG sieht vor, dass dann, wenn in einem Tarifvertrag, einer Betriebsvereinbarung nach § 95 BetrVG oder in einer entsprechenden Richtlinie nach den Personalvertretungsgesetzen festgelegt ist, wie die vier sozialen Gesichtspunkte im Verhältnis zueinander zu bewerten sind, die Bewertung nur auf grobe Fehlerhaftigkeit überprüft werden kann.

3.2.2.3.5 Abfindungen

3.2.2.3.5.1 Abfindungen durch Urteil im Kündigungsschutzprozess

Allgemeine Voraussetzungen	Abfindungshöchstbetrag

1. rechtzeitige Erhebung der Kündigungsschutzklage[1] (3 Wochen ab Zugang der Kündigung für **alle** Unwirksamkeitsgründe, § 4 KSchG)
 	
2. Unwirksamkeit der Kündigung des Arbeitgebers i.S.d. § 9 KSchG
  – Eine ordentliche Kündigung ist unwirksam, wenn sie sozialwidrig i.S.d. § 1 Abs. 2 KSchG ist, also insbesondere, wenn sie weder durch Gründe, die in der Person oder im Verhalten des Arbeitnehmers liegen, noch durch dringende betriebliche Erfordernisse, die einer Weiterbeschäftigung des Arbeitnehmers in diesem Betrieb entgegenstehen, bedingt ist.
  – Eine außerordentliche Kündigung ist unwirksam, wenn ein wichtiger Grund nicht bestand oder die zweiwöchige Kündigungsfrist gemäß § 626 Abs. 2 BGB nicht eingehalten wurde.
  – Die gegen die guten Sitten verstoßende[2] Kündigung des Arbeitgebers ist ebenfalls unwirksam.
  – Auch eine aus anderen Gründen unzulässige Kündigung (z.B. wegen Verstoßes gegen Formvorschriften oder Kündigungsverbote) ist unwirksam.
	12 Monatsverdienste, wobei als Monatsverdienst gilt, was dem Arbeitnehmer bei der für ihn maßgeblichen regelmäßigen Arbeitszeit in dem Monat, in dem das Arbeitsverhältnis endet (§ 9 Abs. 2 KSchG), an Geld und Sachbezügen zusteht, § 10 Abs. 1 KSchG.

---

[1] Auch außerhalb des Anwendungsbereiches des KSchG ist die Kündigungsschutzklage (Kleinbetriebe) möglich. Allerdings ist einziger Prüfungsmaßstab, ob die Kündigung willkürlich ist.

[2] Eine unter Verstoß gegen das Allgemeine Gleichbehandlungsgesetz, also diskriminierend, ausgesprochene Kündigung ist ebenfalls unwirksam (vgl. Kap. 3.7.8).

Allgemeine Voraussetzungen	Abfindungs-höchstbetrag
3. Antrag auf Auflösung des Arbeitsverhältnisses gegen Zahlung einer Abfindung Dieser kann bereits mit Erhebung der Kündigungsschutzklage gestellt werden. Eine spätere Antragstellung ist noch bis zum Zeitpunkt der letzten mündlichen Verhandlung in der Berufungsinstanz möglich; ebenso die Rücknahme des Antrags. Eine Bezifferung der Abfindungshöhe ist nicht erforderlich.	
4. Begründung des Auflösungsantrags a) Auflösungsantrag des Arbeitnehmers Die Fortführung des Arbeitsverhältnisses muss für den Arbeitnehmer unzumutbar sein. Dies ist stets zu bejahen, wenn der Arbeitnehmer auch zur fristlosen Kündigung berechtigt wäre, darüber hinaus aber z.B. auch, wenn als Kündigungsgründe unzutreffende ehrverletzende Äußerungen über Person oder Verhalten des Arbeitnehmers angeführt wurden oder wenn das Vertrauensverhältnis im Laufe des Prozesses ohne wesentliches Verschulden des Arbeitnehmers zerrüttet worden ist. b) Auflösungsantrag des Arbeitgebers Zu beachten ist, dass der Arbeitgeber seinen Auflösungsantrag gegenüber leitenden Angestellten[1] nicht begründen muss, § 14 Abs. 2 KSchG. In allen übrigen Fällen müssen Gründe vorliegen, die eine den Betriebszwecken dienliche weitere Zusammenarbeit zwischen Arbeitgeber und Arbeitnehmer nicht erwarten lassen. Solche können sich ergeben aus dem persönlichen Verhältnis zum Arbeitgeber, der Wertung der Persönlichkeit des Arbeitnehmers, seiner Leistung oder Eignung oder aus seinem Verhältnis zu den übrigen Arbeitnehmern.	

Soweit die folgenden besonderen Voraussetzungen zusätzlich zu den allgemeinen Voraussetzungen vorliegen, erhöht sich der Höchstbetrag der möglichen Abfindung:	Erhöhter Abfindungs-höchstbetrag
1. Arbeitnehmer hat das 50. Lebensjahr vollendet 2. aber noch nicht das 65. und 3. das Arbeitsverhältnis hat mindestens 15 Jahre bestanden	15 Monats-verdienste (§ 10 Abs. 2 S. 1 1. Alt. KSchG)
1. Arbeitnehmer hat das 55. Lebensjahr vollendet 2. aber noch nicht das 65. und 3. das Arbeitsverhältnis hat mindestens 20 Jahre bestanden	18 Monats-verdienste (§ 10 Abs. 2 S. 1 2. Alt. KSchG)

---

[1] Maßgebliches Kriterium für die Einordnung als leitender Angestellter ist, ob der Arbeitnehmer selbst zur Einstellung oder Kündigung von Personal berechtigt und dies im Rahmen des Arbeitsverhältnisses auch gelebt worden ist.

3.2.2.3.5.2 Abfindungsanspruch bei betriebsbedingter Kündigung (§ 1 a KSchG)

Voraussetzungen	Höhe der Abfindung
– Arbeitgeber kündigt den Arbeitnehmer aus dringenden betrieblichen Erfordernissen nach § 1 Abs. 2 Satz 1 KSchG – Die Kündigungserklärung enthält den Hinweis des Arbeitgebers, dass die Kündigung auf dringende betriebliche Erfordernisse gestützt ist und mit Verstreichenlassen der Klagefrist des § 4 Satz 1 KSchG ein Abfindungsanspruch entsteht – Arbeitnehmer erhebt **nicht** Kündigungsschutzklage innerhalb der Klagefrist des § 4 Satz 1 KSchG	– 0,5 Monatsverdienste für jedes Beschäftigungsjahr – eine Beschäftigungszeit von mehr als 6 Monaten ist auf ein volles Jahr aufzurunden – als Monatsverdienst gilt, was dem Arbeitnehmer bei der für ihn maßgeblichen regelmäßigen Arbeitszeit in dem Monat, in dem das Arbeitsverhältnis endet, an Geld und Sachbezügen zusteht

3.2.2.3.5.3 Lohnsteuerpflicht und Beitragsfreiheit von Abfindungen

Seit dem 1.1.2006 sind Abfindungen in vollem Umfang lohnsteuerpflichtig. Abfindungen sind aber weiterhin nicht zu den gesetzlichen Sozialversicherungen beitragspflichtig, soweit sie für den Verlust des Arbeitsplatzes und nicht anstelle von Lohn/Gehalt gezahlt werden.

3.2.2.3.6 Ausgewählte Lohnersatzleistungen und Zuschüsse nach SGB III[1]

3.2.2.3.6.1 Grundzüge

Die Bundesagentur für Arbeit gewährt nach Maßgabe des SGB III u.a. folgende Lohnersatzleistungen:

Art der Leistung	Vorschriften
1. Arbeitslosen- und Teilarbeitslosengeld	§§ 136–164 SGB III
2. (Saison-)Kurzarbeitergeld[1]	§§ 95–109, 133 SGB III
3. Insolvenzgeld	§§ 165–172 SGB III
4. Eingliederungszuschüsse	§§ 88–92, 131 SGB III

Für Ansprüche auf Arbeitslosengeld, die vor dem 31.1.2006 entstanden sind, gelten nach der Übergangsregel des § 434j Abs. 3 SGB III die §§ 123, 124, 127 Abs. 2a, 3, § 133 Abs. 1, § 147 SGB III weiter in der bis zum 31.12.2003 geltenden Fassung. Die Leistungen[2] werden in folgender Höhe gewährt:

	Arbeitslosengeld (§ 149 SGB III)	Kurzarbeitergeld (§ 105 SGB III)[3]
Leistungsempfänger mit mindestens einem Kind i.S.d. § 32 Abs. 1, 3–5 EStG	67 %	67 %
Leistungsempfänger, deren Ehegatte oder Lebenspartner ein solches Kind hat, wenn beide Ehegatten oder Lebenspartner einkommensteuerpflichtig sind und nicht dauernd getrennt leben	67 %	67 %[4]

---

[1] Drittes Buch Sozialgesetzbuch – Arbeitsförderung – vom 24.3.1997 (BGBl I 1997 S. 594, 595), zuletzt geändert durch Gesetz vom 18.12.2018 (BGBl I 2018 S. 2651).

[1] Hiermit wurde das System zur Förderung der ganzjährigen Beschäftigung in der Bauwirtschaft (z.B. Wintergeld) ersetzt. § 133 SGB III gilt ergänzend für das Gerüstbauerhandwerk.

[2] Bei in berufsständischen Versorgungswerken (gesetzlich) rentenversicherten Arbeitnehmern umfassen die Leistungen der Agentur für Arbeit auch die Beiträge zum jeweiligen Versorgungswerk für die Zeit des Leistungsbezuges.

[3] Siehe befristete Sonderregelungen im Zusammenhang mit der COVID-19-Pandemie (Kap. 3.2.2.3.6.2).

[4] Das Kurzarbeitergeld wird befristet bis 31.12.2021 für Bezugsmonate seit März 2020, in denen das Arbeitsentgelt um mindestens die Hälfte reduziert ist, ab dem vierten Bezugsmonat auf 70 bzw. 77 Prozent und ab dem siebten Bezugsmonat auf 80 bzw. 87 Prozent erhöht. Dies gilt für alle Beschäftigten, denen Anspruch auf Kurzarbeitergeld bis zum 31.3.2021 entstanden ist. Die Hinzuverdienstmöglichkeit während der Kurzarbeit (§ 421c SGB III) wird bis Ende 2021 verlängert und ab Mai für alle Berufe geöffnet, als Entgelt aus einer geringfügigen Beschäftigung, die während der Kurzarbeit aufgenommen wurde, anrechnungsfrei bleibt.

	Arbeitslosengeld (§ 149 SGB III)	**Kurzarbeitergeld** (§ 105 SGB III)[3]
übrige Leistungsempfänger	60 % des pauschalierten Netto-entgelts (Leistungsentgelt), das sich aus dem Bruttoentgelt ergibt, das der Arbeitslose im Bemessungszeitraum erzielt hat (Bemessungsentgelt)	60 % der Netto-entgeltdifferenz[5] im Anspruchszeit-raum

Leistungsentgelt ist gemäß § 153 Abs. 1 SGB III das um pauschalierte Abzüge verminderte Bemessungsentgelt. Gemäß § 154 SGB III wird das Arbeitslosengeld für Kalendertage berechnet und geleistet. Ist für einen vollen Kalendermonat zu zahlen, ist dieser mit 30 Tagen anzusetzen.

Bemessungsentgelt	durchschnittlich auf den Tag entfallendes beitragspflichtiges Arbeitsentgelt, das der Arbeitslose im Bemessungszeitraum erzielt hat	151 Abs. 1 SGB III
Bemessungszeitraum	Die bei Ausscheiden des Arbeitslosen aus dem jeweiligen Beschäftigungsverhältnis abgerechneten Entgeltabrechnungszeiträume der versicherungspflichtigen Beschäftigung im Bemessungsrahmen, der 1 Jahr umfasst und mit dem letzten Tag des letzten Versicherungspflichtverhältnisses vor der Entstehung des Anspruchs endet	150 Abs. 1 SGB III
Erweiterung des Bemessungsrahmens auf 2 Jahre	– wenn der Bemessungszeitraum weniger als 150 Tage mit Anspruch auf Arbeitsentgelt enthält – wenn der Bemessungszeitraum in den Fällen des § 123 Abs. 2 SGB III weniger als 90 Tage mit Anspruch auf Arbeitsentgelt enthält oder – zur Vermeidung unbilliger Härten, jedoch nur auf Verlangen des Arbeitslosen unter Vorlage der erforderlichen Unterlagen	150 Abs. 3 SGB III
Arbeitsentgelt	Als erzielt gilt auch das Arbeitsentgelt, auf das der Arbeitslose bei Ausscheiden aus dem Beschäftigungsverhältnis Anspruch hat, wenn es zugeflossen ist oder wegen Zahlungsunfähigkeit des Arbeitgebers nicht zugeflossen ist	151 Abs. 1 SGB III

---

[5] Vgl. § 106 SGB III.

Außer Betracht bleibendes Arbeitsentgelt	Außer Betracht bleiben Arbeitsentgelte: – die der Arbeitslose wegen Beendigung des Arbeitsverhältnisses erhält oder die im Hinblick auf die Arbeitslosigkeit vereinbart worden sind – die als Wertguthaben einer Vereinbarung nach §7b SGB IV nicht nach dieser Vereinbarung verwendet werden[1]	151 Abs.2 SGB III
Bemessungsgrundlagen des Arbeitsentgelts für Bezugszeiten von – Kurzarbeitergeld – Saison-Kurzarbeitergeld – Saison-Kurzarbeitergeld-Vorschussleistungen	Arbeitsentgelt, das der Arbeitslose ohne den Arbeitsausfall und ohne Mehrarbeit erzielt hätte	151 Abs.3 Nr.1 SGB III
Bemessungsgrundlagen des Arbeitsentgelts für Zeiten einer Vereinbarung nach §7b SGB IV	Arbeitsentgelt, das der Arbeitslose für die geleistete Arbeitszeit ohne eine solche Vereinbarung erzielt hätte	151 Abs.3 Nr.2 SGB III
Bemessungsgrundlagen des Arbeitsentgelts für Zeiten einer Freistellung	das erzielte Arbeitsentgelt	151 Abs.3 Nr.2 SGB III
Bemessungsgrundlagen des Arbeitsentgeltes für Zeiten einer Berufsausbildung	die erzielte Ausbildungsvergütung oder der Betrag nach § 123 Abs.1 Nr.1 letzter Teilsatz	151 Abs.3 Nr.3 SGB III
Mindestbemessungsentgelt bei vorangegangenem Arbeitslosengeldbezug innerhalb der letzten 2 Jahre vor Entstehen des jetzigen Anspruchs	Entgelt, nach dem das Arbeitslosengeld zuletzt bemessen worden ist	151 Abs.4 SGB III

---

[1] Zur zulässigen Verwendung eines Wertguthabens vgl. §7c SGB IV, insbesondere im Rahmen flexibler Arbeitszeitmodelle für Pflege, Elternzeit, (Alters-)Teilzeit.

Minderung des Bemessungsentgelts bei Eintritt einer Verminderung des Leistungsvermögens oder der Leistungswilligkeit nach Anspruchsentstehung[1]	Verminderung des Bemessungsentgelts für die Zeit der Einschränkung entsprechend folgendem Verhältnis: Zahl der regelmäßigen wöchentlichen Arbeitsstunden, die der Arbeitslose zukünftig leisten will oder kann, zur Zahl der durchschnittlich auf die Woche entfallenden Arbeitsstunden im Bemessungszeitraum.	151 Abs. 5 S. 1 SGB III
	Bei fiktiver Bemessung des Arbeitsentgelts (§ 132 SGB III) ist insoweit die tarifliche regelmäßige wöchentliche Arbeitszeit maßgeblich, die bei Anspruchsentstehung für Angestellte im öffentlichen Dienst des Bundes gilt.	151 Abs. 5 S. 3 SGB III
Fiktive Bemessung bei Fehlen eines Bemessungszeitraums von mindestens 150 Tagen oder, in den Fällen des § 142 Abs. 2 SGB III, 90 Tagen innerhalb des auf 2 Jahre erweiterten Bemessungsrahmens	fiktives Arbeitsentgelt nach derjenigen Qualifikationsgruppe, die der beruflichen Qualifikation des Arbeitslosen entspricht, die für die zu vermittelnde Beschäftigung erforderlich ist	152 Abs. 1 und 2 SGB III

Qualifikationsgruppen Die zu vermittelnde Beschäftigung erfordert:	Anzusetzendes (fiktives) Arbeitsentgelt		152 Abs. 2 SGB III
– Hochschul- oder Fachhochschulausbildung	$1/300$ der Bezugsgröße		
– Fachschulabschluss, Meisterqualifikation oder vergleichbarer Abschluss	$1/360$ der Bezugsgröße		
– abgeschlossene Ausbildung in einem Ausbildungsberuf	$1/450$ der Bezugsgröße		
– keine Ausbildung	$1/600$ der Bezugsgröße		

Pauschalierte Abzüge	Durch Verminderung des Bemessungsentgelts um folgende pauschalierte Abzüge ergibt sich das Leistungsentgelt: 1. Sozialversicherungspauschale i. H. v. 21 % des Bemessungsentgelts 2. Lohnsteuer nach Lohnsteuertabelle, wobei die Lohnsteuerklasse sich aus der Lohnsteuerkarte ergibt, die zu Beginn des Jahres, in dem der Anspruch entstanden ist, eingetragen worden war[2] 3. Solidaritätszuschlag ohne Berücksichtigung von Kinderfreibeträgen	153 SGB III

---

[1] Einschränkungen des Leistungsvermögens bleiben unberücksichtigt, wenn Arbeitslosengeld nach § 145 SGB III geleistet wird, § 151 Abs. 5 Satz 2 SGB III.

[2] Spätere Änderungen der eingetragenen Lohnsteuerklasse werden mit Wirkung ab dem Tag berücksichtigt, an dem erstmals die Voraussetzungen für die Änderung vorlagen. Das Gleiche gilt, wenn auf der für spätere Kalenderjahre ausgestellten Lohnsteuerkarte eine andere Lohnsteuerklasse eingetragen wird, § 133 Abs. 2 Satz 2 und 3 SGB III. Haben Eheleute die Steuerklasse gewechselt, gilt § 133 Abs. 3 SGB III.

3.2.2.3.6.2 Voraussetzungen

A. Arbeitslosen- und Teilarbeitslosengeld

1. Arbeitslosengeld

Der Leistungsempfänger	§§ SGB III

1 **ist arbeitslos**[1], d.h.
  – er steht nicht in einem Beschäftigungsverhältnis (Beschäftigungslosigkeit),
  – er bemüht sich, seine Beschäftigungslosigkeit zu beenden (Eigenbemühungen), d.h., er nutzt alle Möglichkeiten, um seine Beschäftigungslosigkeit zu beenden
  und
  – steht den Vermittlungsbemühungen der Agentur für Arbeit zur Verfügung (Verfügbarkeit)
Beschäftigungslosigkeit wird nicht ausgeschlossen durch
  – die Ausübung einer weniger als 15 Stunden wöchentlich umfassenden Beschäftigung, selbstständigen Tätigkeit oder Tätigkeit als mithelfender Familienangehöriger (Erwerbstätigkeit). Mehrere Erwerbstätigkeiten werden zusammengerechnet.
	137 Abs. 1, 138
	138 Abs. 1 Nr. 1
	138 Abs. 1
	Nr. 2, Abs. 4
	
	138 Abs. 1 Nr. 3
	i. V. m. Abs. 5
	
	138 Abs. 3

2 **hat sich bei der Agentur für Arbeit persönlich arbeitslos gemeldet**	137 Abs. 1 Nr. 2 141 Abs. 1 S. 1
3 **hat die Anwartschaftszeit erfüllt,** d.h., er hat innerhalb einer Zeit von 30 Monaten vor dem ersten Tag der Arbeitslosigkeit (= Rahmenfrist) mindestens 12 Monate in einem versicherungspflichtigen Beschäftigungsverhältnis gestanden[2] In die Rahmenzeit werden nicht eingerechnet Zeiten, in denen der Arbeitslose von einem Rehabilitationsträger Übergangsgeld wegen einer berufsfördernden Maßnahme bezogen hat. Die Rahmenfrist endet in diesem Fall spätestens 5 Jahre nach ihrem Beginn.	137 Abs. 1 Nr. 3 142 Abs. 1, 143 143 Abs. 3 S. 1 143 Abs. 3 S. 2

---

[1] Der Europäische Gerichtshof (EuGH vom 4.6.2009, Rs C-22/08; EuZW 2009 S.702) hat entschieden, dass in Deutschland ansässige EU-Ausländer unter der Voraussetzung, dass sie als Arbeitnehmer anzusehen sind, einen Anspruch auf Arbeitslosengeld haben (konkret im entschiedenen Fall: Arbeitslosengeld II); Sonderregelungen insbesondere bei Erstgewährung bestehen.

[2] Im Rahmen des Zweiten Sozialschutz-Pakets wurde beschlossen, dass alle, deren Arbeitslosengeldanspruch zwischen dem 1.5. und dem 31.12.2020 endete, Anspruch auf eine dreimonatige Verlängerung haben. Die Verlängerung um 3 Monate galt befristet für alle, deren Anspruch auf die Leistung noch im Jahr 2020 ausläuft. Die Regelung galt rückwirkend auch für Personen, deren Anspruch auf Arbeitslosengeld ab dem 1.5.2020 endete.

Der Leistungsempfänger	§§ SGB III
4 **hat das zum Eintritt in die Regelaltersrente berechtigende Lebensjahr noch nicht vollendet**	136 Abs. 2
5 **hat einen Antrag gestellt**	141 Abs. 1 S. 1, 323 Abs. 1

2. Teilarbeitslosengeld

Der Leistungsempfänger	§§ SGB III
1 **ist teilarbeitslos,** d.h., er hat eine versicherungspflichtige Beschäftigung verloren, die er neben einer weiteren ausgeübt hat, und sucht eine versicherungspflichtige Beschäftigung	162 Abs. 1 Nr. 1, Abs. 2 Nr. 1
2 **hat sich teilarbeitslos gemeldet**	162 Abs. 1 Nr. 2
3 **hat die Anwartschaftszeit für Teilarbeitslosengeld erfüllt,** d.h., er hat innerhalb einer Rahmenfrist von 2 Jahren neben der weiterhin ausgeübten versicherungspflichtigen Beschäftigung mindestens 12 Monate eine weitere versicherungspflichtige Beschäftigung ausgeübt; im Übrigen gelten die Regelungen zum Arbeitslosengeld entsprechend	162 Abs. 1 Nr. 3, Abs. 2 Nr. 2 162 Abs. 2 Nr. 2 S. 2, 124 Abs. 2–3
4 **hat das zum Eintritt in die Regelaltersrente berechtigende Lebensjahr noch nicht vollendet**[1]	137 Abs. 2
5 **hat einen Antrag gestellt**	141 Abs. 1, 323 Abs. 1

Die Dauer des Anspruchs auf Teilarbeitslosengeld beträgt 6 Monate (§ 162 Abs. 2 Nr. 3 SGB III). Der Anspruch erlischt, wenn eine Erwerbstätigkeit für mehr als 2 Wochen oder mehr als 5 Stunden wöchentlich aufgenommen wird, der Anspruch auf Arbeitslosengeld entsteht oder nach Ablauf eines Jahres nach Anspruchsentstehung (§ 162 Abs. 2 Nr. 5 SGB III).

---

[1] Zu den Eintrittsaltern in die Regelaltersrente vgl. §§ 35, 235 SGB VI. Zu den Voraussetzungen der abschlagfreien Rente mit 63 (Altersrente für besonders langjährig Versicherte) vgl. § 236 b SGB VI.

B. Förderung beruflicher Weiterbildung

kann gewährt werden, wenn	§§ SGB III
der Leistungsempfänger bei Teilnahme an einer **Maßnahme** zur beruflichen Weiterbildung die allgemeinen Förderungsvoraussetzungen erfüllt, d.h.,	144
1 die Weiterbildung notwendig ist zur – beruflichen Eingliederung eines Arbeitslosen, – Vermeidung drohender Arbeitslosigkeit oder – Erwerb einer beruflichen Qualifikation bei fehlendem Berufsabschluss; anerkannt wird die Notwendigkeit der Weiterbildung bei Arbeitnehmern wegen fehlenden Berufsabschlusses, wenn sie	81 Abs. 1 Nr. 1
– nicht über einen Berufsabschluss verfügen, für den nach bundes- oder landesrechtlichen Vorschriften eine Ausbildungsdauer von mindestens 2 Jahren festgelegt ist, **oder**	81 Abs. 2 Nr. 2
– über einen Berufsabschluss verfügen, jedoch auf Grund einer mehr als 4 Jahre ausgeübten Beschäftigung in an- oder ungelernter Tätigkeit eine entsprechende Beschäftigung voraussichtlich nicht mehr ausüben können	81 Abs. 2 Nr. 1
– **und** 3 Jahre beruflich tätig waren[1]	81 Abs. 2 S. 2
2 vor Beginn der Teilnahme eine Beratung durch die Agentur für Arbeit erfolgt ist	81 Abs. 1 Nr. 2
3 die Maßnahme und der Träger der Maßnahme für die Förderung zugelassen sind	81 Abs. 1 Nr. 3
4 der Leistungsempfänger einen Antrag gestellt hat	323 Abs. 1 S. 1

C. Kurzarbeitergeld

Voraussetzungen[1]	§§ SGB III
1 erheblicher Arbeitsausfall mit Entgeltausfall, d.h.,	95 Nr. 1, 96
– der Arbeitsausfall beruht auf wirtschaftlichen Gründen oder einem unabwendbaren Ereignis	96 Abs. 1 Nr. 1
– der Arbeitsausfall ist vorübergehend	96 Abs. 1 Nr. 2
– ist unvermeidbar	96 Abs. 1 Nr. 3, Abs. 4
– Unvermeidbarkeit liegt vor, wenn im Betrieb alle zumutbaren Vorkehrungen getroffen wurden, um den Eintritt des Arbeitsausfalls zu verhindern	

---

[1] *Arbeitnehmer* ohne Berufsabschluss, die noch nicht 3 Jahre beruflich tätig waren, können nur gefördert werden, wenn eine berufliche Ausbildung oder eine berufsvorbereitende Bildungsmaßnahme aus in der Person des Arbeitnehmers liegenden Gründen nicht möglich oder nicht zumutbar ist, § 81 Abs. 2 Nr. 2 S. 2 SGB III.
[1] Die zum 1.1.2009 eingeführten Sonderregelungen zum Kurzarbeitergeld wurden mit Wirkung zum 1.1.2012/1.4.2012 teilweise zurückgenommen.

Voraussetzungen (Forts.)	§§ SGB III
– im jeweiligen Kalendermonat ist mindestens $1/3$ der in dem Betrieb beschäftigten Arbeitnehmer von einem Entgeltausfall von jeweils mehr als 10[1] Prozent ihres monatlichen Bruttoentgelts betroffen; dabei sind Auszubildende nicht mitzuzählen	96 Abs. 1 Nr. 4
2 betriebliche Voraussetzungen sind erfüllt, d.h., in dem Betrieb ist regelmäßig mindestens ein Arbeitnehmer beschäftigt, wobei als Betrieb auch eine Betriebsabteilung gilt	95 Nr. 2, 97
3 persönliche Voraussetzungen sind erfüllt, d.h., 3.1 der Arbeitnehmer muss nach Beginn des Arbeitsausfalls eine versicherungspflichtige Beschäftigung – fortsetzen – eine solche aus zwingenden Gründen oder eine solche im Anschluss an die Beendigung eines Berufsausbildungsverhältnisses aufnehmen	95 Nr. 3 98 Abs. 1 Nr. 1 a)–c)
3.2 das Arbeitsverhältnis ist nicht gekündigt oder durch Aufhebungsvertrag aufgelöst	98 Abs. 1 Nr. 2

---

[1] Aufgrund der Auswirkungen der COVID-19-Pandemie wurden durch das Sozialschutzpaket I und II befristete (zunächst bis zum 31.12.2020) Erleichterungen erlassen:

– Ein Betrieb kann bereits Kurzarbeit anmelden, wenn mindestens 10 % der Beschäftigten im Betrieb von einem Arbeitsausfall von über 10 % betroffen sind. Bisher mindestens der Belegschaft von Arbeitszeitreduzierungen betroffen sein, bevor Kurzarbeitergeld gewährt wird (§ 96 Abs. 1 Satz 1 Nr. 4 SGB III).
– Teilweise oder vollständiger Verzicht auf den Aufbau negativer Arbeitszeitsalden. Zum Hintergrund: Zuvor mussten in Betrieben, in denen Vereinbarungen zur Arbeitszeitschwankungen bestehen, diese zur Vermeidung von Kurzarbeit eingesetzt werden (§ 96 Abs. 4 Satz 2 Nr. 3 SGB III).
– *Auch Leiharbeitnehmer* können Kurzarbeitergeld beziehen. Leiharbeitnehmer hatten zuvor keinen Anspruch auf Kurzarbeitergeld (§ 11 Abs. 4 Satz 2 AÜG)
– Vollständige Erstattung der Sozialversicherungsbeiträge durch die Bundesagentur für Arbeit. Zum Hintergrund: Vorher hatte der Arbeitgeber während des Bezugs des Kurzarbeitergeldes die Sozialversicherungsbeiträge weiter zu bezahlen.

Verlängerung bis zum 31.12.2021: Mit der Kurzarbeitergeldänderungsverordnung wurden diese Zugangserleichterungen für Betriebe, die bis zum 30.9.2021 Kurzarbeit eingeführt haben, bis zum 31.12.2021 verlängert. Die Bezugsdauer wurde für Betriebe, die bis zum 31.12.2020 Kurzarbeit eingeführt haben auf bis zu 24 Monate, maximal bis 31.12.2021, verlängert. Die Öffnung des Kurzarbeitergeldes für Leiharbeitnehmerinnen und Leiharbeitnehmer wird bis zum 31.12.2021 verlängert für Verleihbetriebe, die bis zum 30.9.2021 Kurzarbeit eingeführt haben. Bis zum 30.9.2021 werden SU-Beiträge an Arbeitgeber in voller Höhe erstattet. Für Betriebe, die bis dahin Kurzarbeit eingeführt haben, wird dann noch 50 % der SU-Beiträge bis 31.12.21 erstattet.

Voraussetzungen (Forts.)	§§ SGB III
3.3 der Arbeitnehmer ist wegen Nichterfüllung der persönlichen Voraussetzungen vom Kurzarbeitergeldbezug ausgeschlossen wegen	98 Abs. 1 Nr. 3
– Bezugs von Arbeitslosengeld bei beruflicher Weiterbildung oder Übergangsgeld für Teilnahme an einer beruflichen Weiterbildungsmaßnahme, wobei Leistungen, die für neben der Beschäftigung durchgeführte Teilzeitmaßnahmen erbracht werden, unberücksichtigt bleiben	98 Abs. 3 Nr. 1
– Bezugs von Krankengeld (Arbeitsunfähigkeit unschädlich, solange der Lohnfortzahlungsanspruch gegen den Arbeitgeber besteht)	98 Abs. 3 Nr. 2, Abs. 2
– fehlender Mitwirkung bei Vermittlungsbemühungen durch das Arbeitsamt	98 Abs. 4
4 Arbeitsausfall ist der Agentur für Arbeit schriftlich vom Arbeitgeber oder der Betriebsvertretung unter Glaubhaftmachung und Beifügung einer Stellungnahme der Betriebsvertretung anzuzeigen	95 Nr. 4, 99 Abs. 1

D. Leistungen zur Förderung der ganzjährigen Beschäftigung in der Bauwirtschaft

in Form von	§§ SGB III
1 Saison-Kurzarbeitergeld	101
2 Ergänzende Leistungen	102
3 Saison-Kurzarbeitergeld im Gerüstbauerhandwerk	133

E. Insolvenzgeld

Der Leistungsempfänger	§§ SGB III
1 ist Arbeitnehmer eines insolventen Arbeitgebers und wurde im Inland beschäftigt	165
2 hat im Zeitpunkt des Insolvenzereignisses, d.h.	
– bei Eröffnung eines Insolvenzverfahrens über das Vermögen des Arbeitgebers	165 Abs. 1 Nr. 1
– bei Abweisung des Insolvenzantrags mangels Masse oder	
– bei vollständiger Beendigung der Betriebstätigkeit im Inland, sofern ein Insolvenzantrag nicht gestellt ist und ein Insolvenzverfahren mangels Masse offensichtlich nicht in Betracht kommt,	165 Abs. 1 Nr. 2 / 165 Abs. 1 Nr. 3
für die letzten 3 Monate des Arbeitsverhältnisses, die diesem Ereignis vorausgehen, noch Anspruch auf Arbeitsentgelt	

Der Leistungsempfänger	§§ SGB III
3 – hat den Arbeitsentgeltanspruch nicht wegen der Beendigung des Arbeitsverhältnisses oder für die Zeit nach Beendigung des Arbeitsverhältnisses erworben	166 Abs.1 Nr.1
– hat den Anspruch nicht durch eine nach InsO anfechtbare Rechtshandlung erworben	166 Abs.1 Nr.2
– es handelt sich nicht um einen Anspruch, den der Insolvenzverwalter wegen eines Rechts zur Leistungsverweigerung nicht erfüllt	166 Abs.1 Nr.3

F. Eingliederungs- und Einstellungszuschüsse[1]

Voraussetzungen	§§ SGB III
1 Arbeitgeber gliedert Arbeitnehmer ein	88 S.1

2   Arbeitnehmer ist förderungsbedürftig
   – wenn in seiner Person ein Vermittlungshemmnis besteht oder
   – der Arbeitnehmer ein schwerbehinderter oder sonst behinderter Mensch ist
	88–90, 131

3 Besondere Voraussetzungen nach der Art des begehrten Zuschusses	
3.1 – Eingliederungszuschuss bei Vermittlungshemmnissen – Arbeitnehmer bedürfen einer besonderen Einarbeitung zur Eingliederung wegen in der Person des Arbeitnehmers liegender Gründe, die die Vermittlung erschweren	88
3.2 – Eingliederungszuschuss für besonders betroffene schwerbehinderte Menschen	90 Abs.1
– Vorliegen einer Schwerbehinderung gem. §104 I Nr.3a bis d SGB IX oder einer Gleichstellung nach §2 Abs.3 SGB IX	90 Abs.2
– erschwerte Vermittelbarkeit wegen in der Person des Arbeitnehmers liegender Umstände	
– erhöhte Förderdauer für besonders betroffene ältere schwerbehinderte Menschen ab dem vollendeten 50. bzw. 55. Lebensjahr	

---

[1] Es handelt sich um Leistungen an den Arbeitgeber zur Eingliederung und Einstellung von besonderen Arbeitnehmergruppen die dauerhaft im SGB III verankert worden sind (§§ 88–92 SGB III). Daneben sieht das SGB III – aber auch das SGB II – Eingliederungszuschüsse für besonders förderungsbedürftige Arbeitnehmergruppen vor, die inzwischen wohl als dauerhaft gesetzlich verankert anzusehen sind (vgl. hierzu G.).

Voraussetzungen	§§ SGB III
4 Fehlen eines Ausschlussgrundes Die Förderung ist ausgeschlossen, wenn	92 Abs. 1
– zu vermuten ist, dass der Arbeitgeber die Beendigung eines Beschäftigungsverhältnisses veranlasst hat, um einen Eingliederungszuschuss zu erhalten, oder	92 Abs. 1 Nr. 1
– die Einstellung bei einem früheren Arbeitgeber erfolgt, bei dem der Arbeitnehmer während der letzten 4 Jahre vor Förderungsbeginn mehr als 3 Monate versicherungspflichtig beschäftigt war, mit Ausnahme einer befristeten Beschäftigung schwerbehinderter Menschen i.S.d. § 104 I Nr. 3a bis d SGB IX	92 Abs. 1 Nr. 2
5 Eingliederungszuschüsse sind teilweise zurückzuzahlen, wenn das Beschäftigungsverhältnis während des Förderungszeitraums oder einer Nachbeschäftigungszeit beendet wird; es sei denn, die Beendigung war sozial gerechtfertigt oder erfolgte durch den Arbeitnehmer. Die Rückzahlung ist auf die Hälfte der Förderbeiträge der letzten 12 Monate begrenzt.	92 Abs. 2

Die Höhe des Eingliederungszuschusses im Einzelfall ist Ermessensentscheidung (vgl. §§ 89 und 91 SGB III). Er kann bis zu 50 % des Arbeitsentgeltes für eine Förderdauer von bis zu 12 Monaten (bei behinderten bzw. schwerbehinderten Arbeitnehmern bis zu 70 % für bis zu 24 Monate) betragen (§ 89 SGB III, § 90 Abs. 1 SGB III). Er wird durch Bescheid, der Nebenbestimmungen (bspw. Kündigungsverbot und Rückzahlungen) enthalten kann, gewährt.

Bei Arbeitnehmern, die älter als 50 Jahre sind, kann die Förderdauer bis zu 36 Monate betragen, wenn die Förderung bis zum 31. 12. 2023 begonnen hat.

G. Andere ausgewählte Eingliederungszuschüsse i. V. m. §§ 16 ff. SGB II[1]

Zuschussart	§§ SGB III i. V. m. §§ 16 ff. SGB II
1 Arbeitgeberzuschuss bei Durchführung einer Einstiegsqualifizierungsmaßnahme	54 a
2 Berufliche Weiterbildung	131a, 131b
3 Längerer Eingliederungszuschuss für ältere Arbeitnehmer	131

---

[1] Zweites Buch Sozialgesetzbuch – Grundsicherung für Arbeitsuchende – vom 24.12.2003 (BGBl I 2003, 2954), in der Fassung der Bekanntmachung vom 13.5.2011 (BGBl I 2011 S.850), zuletzt geändert durch Gesetz vom 29.4.2019 (BGBl I 2019 S. 530).

3.2.2.3.6.3 Dauer der Ansprüche

3.2.2.3.6.3.1 Arbeitslosen- und Teilarbeitslosengeld

	§§ SGB III
– Die Dauer des Anspruchs auf Arbeitslosengeld beträgt:[1] nach Versicherungspflicht- verhältnissen mit einer Dauer von insgesamt mindestens …Monaten	und nach Vollendung des… Lebensjahres		147 Abs.2[2]

…Monaten		
12		6
16		8
20		10
24		12
30	50.	15
36	55.	18
48	58.	24

	§§ SGB III
– Die Dauer des Anspruchs auf Teilarbeitslosengeld beträgt 6 Monate	162 Abs.2 Nr.3
– Minderung der Anspruchsdauer gem. § 148 SGB III um	
– die Anzahl der Tage, für die der Anspruch erfüllt ist	148 Abs.1 Nr.1
– jeweils einen Tag für jeweils zwei Tage, für die ein Anspruch auf Teilarbeitslosengeld innerhalb der letzten zwei Jahre vor der Entstehung des Anspruchs erfüllt worden ist	148 Abs.1 Nr.2
– Anzahl von Tagen einer Sperrzeit wegen Arbeitsablehnung[3], unzureichenden Eigenbemühungen, Ablehnung oder Abbruchs einer beruflichen Eingliederungsmaßnahme (§ 144 Abs.1 Nr.2–4 SGB III) oder Meldeversäumnis, falls das sperr- zeitbegründende Ereignis nicht länger als 1 Jahr zurückliegt	148 Abs.1 Nr.3[4], Abs.2
– Anzahl von Tagen einer Sperrzeit wegen Arbeitsaufgabe (§ 144 Abs.1 Nr.1 SGB III), falls das sperrzeitbegründende Ereignis nicht länger als 1 Jahr zurückliegt; bei 12wöchiger Sperrzeit mindert sich der Anspruch mindestens um $^{1}/_{4}$ der Anspruchsdauer	148 Abs.1 Nr.4, Abs.2

---

[1] Befristete Änderung: Für Personen, deren Arbeitslosengeldanspruch zwischen dem 1.5.2020 und dem 31.12.2020 enden würde, verlängert sich der Anspruch auf Arbeitslosengeld um 3 Monate (Sozialschutzpaket II).

[2] Im Rahmen des Zweiten Sozialschutz-Pakets wurde beschlossen, dass alle, deren Arbeitslosengeldanspruch zwischen dem 1.5. und dem 31.12.2020 endete, Anspruch auf eine dreimonatige Verlängerung haben. Die Verlängerung um 3 Monate gilt befristet für alle, deren Anspruch auf die Leistung noch im Jahr 2020 ausläuft. Die Regelung galt rückwirkend auch für Personen, deren Anspruch auf Arbeitslosengeld ab dem 1.5.2020 endete.

[3] Empfänger von Arbeitslosengeld dürfen Tätigkeitsangebote nur aus wichtigem Grund ablehnen; andernfalls erhalten sie eine Sperrzeit. Eine geringe Entlohnung stellt keinen wichtigen Grund dar (BSG vom 2.5.2012, B 11 AI 18/11 R; NJOZ 2013 S.756).

[4] In den Fällen des § 128 Abs.1 Nr.8 SGB III unterbleibt eine Minderung soweit sich dadurch eine Anspruchsdauer von weniger als einem Monat ergibt. Ist ein neuer Anspruch entstanden (§ 117), erstreckt sich die Minderung nur auf die Restdauer des erloschenen Anspruchs (§ 127 Abs.4), § 128 Abs.2 SGB III.

	§§ SGB III
– Tage der Versagung des Arbeitslosengeldes gemäß §66 SGB I, bei fehlender Mitwirkung, jedoch höchstens 4 Wochen	148 Abs.1 Nr.5, Abs.2
– Anzahl der Tage der fehlenden Arbeitsbereitschaft ohne wichtigen Grund, jedoch höchstens 4 Wochen	148 Abs.1 Nr.6
– jeweils einen Tag für jeweils zwei Tage, für die ein Anspruch auf Arbeitslosengeld bei beruflicher Weiterbildung erfüllt worden ist	148 Abs.1 Nr.7
– Anzahl der Tage, für die ein Eingliederungszuschuss in Höhe des zuletzt bezogenen Arbeitslosengeldes geleistet worden ist	148 Abs.1 Nr.8

3.2.2.3.6.3.2 Kurzarbeitergeld

	§§ SGB III
– Grundfrist längstens 12 Monate[1] Wird innerhalb der Bezugsfrist für einen zusammenhängenden Zeitraum von min. 1 Monat Kurzarbeitergeld nicht geleistet, verlängert sich die Bezugsfrist um diesem Zeitraum[2]	104 Abs.1 S.1 bis 3, Abs.2

---

[1] Aufgrund der Auswirkungen der COVID-19-Pandemie wurden durch das Sozialschutzpaket I und II befristete (zunächst bis zum 31.12.2020) Erleichterungen erlassen:
   – Ein Betrieb kann bereits Kurzarbeit anmelden, wenn mindestens 10 % der Beschäftigten im Betrieb von einem Arbeitsausfall von über 10 % betroffen sind. Bisher mindestens ein Drittel der Belegschaft von Arbeitszeitreduzierungen betroffen sein, bevor Kurzarbeitergeld gewährt wird (§ 96 Abs. 1 Satz 1 Nr. 4 SGB III).
   – Teilweise oder vollständiger Verzicht auf den Aufbau negativer Arbeitszeitsalden. Zum Hintergrund: Zuvor mussten in Betrieben, in denen Vereinbarungen zu Arbeitszeitschwankungen bestehen, diese zur Vermeidung von Kurzarbeit eingesetzt werden (§ 96 Abs. 4 Satz 2 Nr. 3 SGB III).
   – Auch Leiharbeitnehmer können Kurzarbeitergeld beziehen. Leiharbeitnehmer hatten zuvor keinen Anspruch auf Kurzarbeitergeld (§ 11 Abs. 4 Satz 2 AÜG)
   – Vollständige Erstattung der Sozialversicherungsbeiträge durch die Bundesagentur für Arbeit. Zum Hintergrund: Vorher hatte der Arbeitgeber während des Bezugs des Kurzarbeitergeldes die Sozialversicherungsbeiträge weiter zu bezahlen.
Verlängerung bis zum 31.12.2021: Mit der Kurzarbeitergeldänderungsverordnung wurden diese Zugangserleichterungen für Betriebe, die bis zum 30.9.2021 Kurzarbeit eingeführt haben, bis zum 31.12.2021 verlängert werden. Die Bezugsdauer wurde für Betriebe, die bis zum 31.12.2020 Kurzarbeit eingeführt haben auf bis zu 24 Monate, maximal bis 31.12.2021, verlängert. Die Öffnung des Kurzarbeitergeldes für Leiharbeitnehmerinnen und Leiharbeitnehmer wird bis zum 31.12.2021 verlängert für Verleihbetriebe, die bis zum 30.9.2021 Kurzarbeit eingeführt haben. Bis zum 30.9.2021 werden SU-Beiträge an Arbeitgeber in voller Höhe erstattet. Für Betriebe, die bis dahin Kurzarbeit eingeführt haben, wird dann noch 50 % der SU-Beiträge bis 31.12.21 erstattet.

[2] Gemäß der Ersten Verordnung zur Änderung der Verordnung über die Bezugsfrist für das Kurzarbeitergeld vom 29.5.2009 (BGBl I 2009 S.1223) wurden die Bezugsfristen für das Kurzarbeitergeld wie folgt verlängert: Die Bezugsfrist wird bei Arbeitnehmern, deren Anspruch auf Kurzarbeitergeld bis zum 31.12.2009 entsteht, auf 24 Monate verlängert. Gemäß Zweiter Verordnung zur Änderung der Verordnung über die Bezugsfrist für das Kurzarbeitergeld vom 8.12.2009 (BGBl I 2009 S.3855) wurde die Bezugsfrist für das Kurzarbeitergeld bei Arbeitnehmern, deren Anspruch zwischen dem 1.1.2010 und dem 31.12.2010 entsteht, auf 18 Monate verlängert. Die Regelungen sind mit Wirkung zum 1.1.2012/1.4.2012 teilweise zurückgenommen worden.

			§§ SGB III
– Fristverlängerung durch Rechtsverordnung gem. § 109 Abs. 1 Nr. 2 a), b) SGB III möglich, wenn			
– in bestimmten Wirtschaftszweigen oder Bezirken außergewöhnliche Verhältnisse auf dem Arbeitsmarkt vorliegen, bis zur Dauer von 12 Monaten			
– außergewöhnliche Verhältnisse auf dem gesamten Arbeitsmarkt vorliegen, bis zur Dauer von 24 Monaten			
– Sind seit dem letzten Tag des Bezugs 3 Monate verstrichen, kann Kurzarbeitergeld erneut gewährt werden (neue Bezugsfrist).			104 Abs. 3

3.2.2.3.6.3.3 Eingliederungszuschüsse

	maximale Dauer	maximale Höhe … % des berücksichtigungsfähigen Arbeitsentgelts	§§ SGB III
– bei erschwerter Vermittlung	12 Monate[1]	50 %	89 Abs. 1
– für schwerbehinderte oder sonstige behinderte Arbeitnehmer	24 Monate	70 % abzüglich mind. 10 % nach Ablauf von 12 Monaten	90 Abs. 1, 4
– für besonders betroffene schwerbehinderte Arbeitnehmer i. S. d. § 104 Abs. 1 Nr. 3 a)-d) SGB IX und ihnen Gleichgestellte	60 Monate	70 % (1. Jahr) abzüglich mind. 10 % pro abgelaufene 12 Monate, aber nicht unter 30 %	90 Abs. 2 Satz 1
– für besonders betroffene schwerbehinderte ältere (über 55 Jahre alte) Arbeitnehmer	96 Monate	70 % (1. Jahr) abzüglich mind. 10 % nach Ablauf von 24 Monaten sowie nach Ablauf jeweils weiterer 12 Monate	90 Abs. 2 Satz 2

---

[1] Max. 36 Monate bei Arbeitnehmern, die älter als 50 Jahre sind und deren Förderung bis zum 31. 12. 2023 begonnen hat.

3.2.2.3.6.4 Ruhen des Arbeitslosengeldanspruchs/ Anrechnung einer Abfindung und Sperrzeiten für die Gewährung des Arbeitslosengeldes

3.2.2.3.6.4.1 Ruhen des Arbeitslosengeldanspruchs/- Anrechnung einer Abfindung

Der Anspruch auf Arbeitslosengeld ruht und es kommt zu einer (teilweisen) Anrechnung, wenn der Arbeitslose wegen der Beendigung des Arbeitsverhältnisses eine Abfindung, Entschädigung oder ähnliche Leistung (Entlassungsentschädigung) erhalten oder zu beanspruchen hat und das Arbeitsverhältnis ohne Einhaltung einer der ordentlichen Kündigungsfrist des Arbeitgebers entsprechenden Frist beendet worden ist, vgl. § 158 SGB III[1]. Im Einzelnen ergeben sich die folgenden Anrechnungszeiträume.

Bei folgender Kündigungsfrist	Beginn des Anrechnungszeitraums	Dauer des Anrechnungszeitraums	§§ SGB III
ordentliche Kündigungsfrist	Kündigung, die der Beendigung vorausgeht, beim Fehlen einer Kündigung: Tag der Vereinbarung über die Beendigung	ordentliche Kündigungsfrist zzgl. etwaigen abgegoltenen oder zu beanspruchenden Urlaubs	158 Abs. 1 S. 1, 2, 5
ordentliche Kündigung war auf Dauer ausgeschlossen	wie oben	18 Monate	158 Abs. 1 S. 3 Nr. 1, S. 2
ordentliche Kündigung war für einen begrenzten Zeitraum ausgeschlossen	wie oben	Frist, die ohne den Ausschluss maßgebend gewesen wäre	158 Abs. 1 S. 3 Nr. 2, S. 2
ordentliche Kündigung war nur bei Zahlung einer Abfindung möglich	wie oben	1 Jahr	158 Abs. 1 S. 4, 2

---

[1] *Hat der Arbeitnehmer* während eines Kündigungsschutzprozesses Arbeitslosengeld bezogen und kommt es zur Verurteilung des Arbeitgebers auf Zahlung von Arbeitslohn für den Zeitraum des Arbeitslosengeldbezuges, dann ist das bezogene Arbeitslosengeld an die (Bundesagentur für Arbeit) zurückzuzahlen. Die Rückzahlung muss wegen eines gesetzlichen Forderungsübergangs vom Arbeitgeber direkt an die Bundesagentur für Arbeit erfolgen.

Berechnung des Ruhens des Arbeitslosengeldanspruchs gem. § 158 Abs. 1 und 2 SGB III:

Der Anspruch auf Arbeitslosengeld ruht grundsätzlich gem. § 158 Abs. 1 SGB III vom Zeitpunkt der Beendigung des Arbeitsverhältnisses an bis zu dem Tage, an dem gem. obigen Fristen das Arbeitsverhältnis geendet hätte.

Der maximale Ruhenszeitraum ist jedoch gem. § 158 Abs. 2 SGB III begrenzt auf:
- auf insgesamt maximal 1 Jahr (§ 158 Abs. 2 Satz 1 SGB III)

  oder
- bis zu dem Tag, an dem der Arbeitslose bei Weiterzahlung des während der letzten Beschäftigungszeit kalenderjährlich verdienten Arbeitsentgelts einen Betrag i. H. v. 60 % der Abfindung, Entschädigung o. ä. erreicht hat (§ 158 Abs. 2 Satz 2 Nr. 1 SGB III)[1],
- bis zu dem Tag, an dem das Arbeitsverhältnis infolge einer Befristung, die unabhängig von der Vereinbarung über die Beendigung bestanden hat, geendet hätte (§ 158 Abs. 2, Satz 2 Nr. 2 SGB III),
- bis zu dem Tag, an dem der Arbeitgeber das Arbeitsverhältnis aus wichtigem Grund hätte kündigen können (§ 158 Abs. 2 Satz 2 Nr. 3 SGB III).

3.2.2.3.6.4.2 Sperrzeit bei der Gewährung des Arbeitslosengeldes

Beginn der Sperrzeit[2] gem. § 159 Abs. 2 SGB III: Tag nach dem Ereignis, das die Sperrzeit begründet; fällt dieser Tag in eine Sperrzeit, mit dem Ende dieser Sperrzeit

Tatbestand	Frist	Besondere Voraussetzungen	§§ SGB III
1. Sperrzeit wegen Arbeits- aufgabe Vorsätzliches oder grobfahr- lässiges Herbeiführen der Arbeitslosigkeit durch Arbeit- nehmer, der das Beschäfti- gungsverhältnis selbst gelöst oder eine Kündigung durch vertragswidriges Verhalten *bewirkt hat*	12 Wochen, bei besonderer Härte für den Arbeitslosen 6 Wochen	kein Nachweis eines wichtigen Grundes für das Verhalten des Arbeitslosen	159 Abs. 1 Nr. 1, Abs. 3 S. 1 und 2 Nr. 2b
wie oben, Arbeitsverhältnis hätte 6 Wochen nach dem Ereignis, das die Sperrzeit begründete, geendet	3 Wochen		159 Abs. 3 S. 2 Nr. 1

---

[1] Der hiernach zu berücksichtigende Anteil der Entlassungsentschädigung vermindert sich sowohl für je 5 Jahre des Arbeitsverhältnisses in demselben Betrieb oder Unternehmen als auch für je 5 Lebensjahre nach Vollendung des 35. Lebensjahres um je 5 %; er beträgt nicht weniger als 25 % der Entlassungsentschädigung (§ 158 Abs. 2 Satz 3 SGB III).

[2] Ein Vergleich im Kündigungsschutzprozess führt weiterhin nicht zu einer Sperrzeit beim Arbeitslosengeld (vgl. BSG vom 17.10.2007, B 11 a AL 51/06 R; NZS 2008 S. 663).

Tatbestand	Frist	Besondere Voraussetzungen	§§ SGB III
wie oben, Arbeitsverhältnis hätte 12 Wochen nach dem Ereignis, das die Sperrzeit begründet, geendet	6 Wochen	kein Nachweis eines wichtigen Grundes für das Verhalten des Arbeitslosen	159 Abs.3 Nr.2a
2. Sperrzeit wegen Arbeitsablehnung	12 Wochen, soweit nachfolgend keine andere Regelung getroffen ist	kein Nachweis eines wichtigen Grundes[1] für das Verhalten des Arbeitslosen	159 Abs.4 Nr.3
	3 Wochen	erstmalige Ablehnung einer Arbeit	159 Abs.4 Nr.1
	6 Wochen	zweitmalige Ablehnung einer Arbeit	159 Abs.4 Nr.2
3. Sperrzeit bei unzureichenden Eigenbemühungen	2 Wochen		159 Abs.1 Nr.3, Abs.5
4. Sperrzeit wegen Ablehnung oder Abbruch einer beruflichen Eingliederungsmaßnahme	12 Wochen, soweit nachfolgend keine andere Regelung getroffen ist		159 Abs.4 Nr.3
	3 Wochen	erstmalige Ablehnung einer beruflichen Eingliederungsmaßnahme	159 Abs.4 Nr.1
	6 Wochen	zweite Ablehnung einer beruflichen Eingliederungsmaßnahme	159 Abs.4 Nr.2
5. Sperrzeit bei Meldeversäumnis	1 Woche		159 Abs.1 Nr.6, Abs.6

Minderung wegen verspäteter Meldung

Hat der Arbeitnehmer sich entgegen § 38 SGB III nicht spätestens drei Monate vor Beendigung seines Arbeitsverhältnisses arbeitsuchend gemeldet, so tritt eine einwöchige Sperrzeit ein, § 159 Abs.1 Nr.7, Abs.6 SGB III.[2]

---

[1] Eine geringe Entlohnung ist kein wichtiger zur Ablehnung berechtigender Grund (BSG vom 2.5.2012, B 11 Al 18/11 R; NJOZ 2013 S.756).
[2] Ein Schadensersatzanspruch gegen den Arbeitgeber wegen eines unterlassenen Hinweises auf die Meldepflicht besteht u.E. nicht.

3.2.2.4 Befristete Arbeitsverträge[1]

Art	Voraussetzungen	Hinweise	Kündigungsmöglichkeit	Ende
zweck-befristeter Arbeitsvertrag (§ 14 Abs. 1 TzBfG)	– sachlicher Grund – Schriftform (Voraussetzung für jede Art der Befristung, § 14 Abs. 4 TzBfG)	sachliche Gründe sind insbesondere: – nur vorübergehender betrieblicher Bedarf – Erleichterung einer Anschlussbeschäftigung an Studium oder Berufsausbildung[2] – Beschäftigung zur Vertretung eines anderen Arbeitnehmers[3] – Eigenart der Arbeitsleistung – Erprobung – Rechtfertigung durch in der Person des Arbeitnehmers liegende Gründe – Vergütung aus haushaltsrechtlich für befristete Beschäftigung bestimmten Haushaltsmitteln und Einsatz des Arbeitnehmers entsprechend dieser Beschäftigung – gerichtlicher Vergleich	Soweit das Arbeitsverhältnis auf Lebenszeit einer Person oder für eine längere Zeit als 5 Jahre eingegangen wurde, kann es gemäß § 15 Abs. 4 TzBfG gekündigt werden: – durch den Arbeitnehmer – nach Ablauf von 5 Jahren – mit einer Frist von 6 Monaten. Anderenfalls ist eine ordentliche Kündigung gemäß § 15 Abs. 3 TzBfG nur möglich, wenn eine solche einzelvertraglich oder im anwendbaren Tarifvertrag vereinbart ist.	Zweckerreichung, frühestens 2 Wochen nach Zugang der schriftlichen Unterrichtung des Arbeitnehmers durch den Arbeitgeber über den Zeitpunkt der Zweckerreichung (§ 15 Abs. 2 TzBfG)

[1] Teilzeit- und Befristungsgesetz (TzBfG) vom 21.12.2000 (BGBl I 2000 S.1966), zuletzt geändert durch Artikel 10 des Gesetzes vom 22.11.2019 (BGBl I 2019 S.1746).

[2] Die Befristung zwecks Erleichterung einer Anschlussbeschäftigung kann nur einmal in Anspruch genommen werden (vgl. BAG vom 10.10.2007, 7 AZR 795/06; NJW 2008 S.538).

[3] Eine Kettenbefristung ist zwar weiterhin eingeschränkt zulässig; allerdings kann die Anzahl der Befristungen bereits Indiz für einen ständigen Vertretungsbedarf und damit den Wegfall des sachlichen Grundes sein. Folge ist, dass der Arbeitgeber das Vorliegen des sachlichen Grundes rückwirkend für jede Befristung beweisen muss (vgl. BAG vom 18.7.2012, 7 AZR 783/10; BB 2013 S.189).

417

Art	Voraussetzungen	Hinweise	Kündigungsmöglichkeit	Ende
kalender-mäßig befristeter Arbeits-vertrag (§ 14 Abs. 2 TzBfG)	– sachgrundlose Befristung bis zu 2 Jahren – Arbeitnehmer war nicht zuvor bereits befristet oder unbefristet bei demselben Arbeitgeber beschäftigt[1] – Schriftform	– 3-malige Verlängerung bis zu der Gesamtdauer zulässig[2] – Tarifvertrag kann abweichende Regelung für Anzahl der Ver-längerungen oder Höchstdauer der Befristung vorsehen	Ordentliche Kündigung ge-mäß § 15 Abs. 3 TzBfG nur möglich, wenn eine solche einzelvertraglich oder im an-wendbaren Tarifvertrag ver-einbart ist.	Zeitablauf[3]
befristeter Arbeits-vertrag mit älterem Arbeit-nehmer (§ 14 Abs. 3 TzBfG)[4]	– Arbeitnehmer hat das 52. Lebensjahr vollendet – Arbeitnehmer war mind. 4 Monate beschäftigungslos oder in einer Maßnahme nach SGB II – Schriftform	– sachgrundlose Befristung bis zu 5 Jahren – Verlängerung bis zur Höchst-dauer zulässig (keine Veränderung sonstiger Arbeitsbedingungen, vgl. Fußnote 2)	Ordentliche Kündigung gemäß § 15 Abs. 3 TzBfG nur möglich, wenn eine solche einzelvertraglich oder im anwendbaren Tarifvertrag vereinbart ist.	Zeitablauf

---

[1] Das Bundesverfassungsgericht hat die bisherige Rechtsprechung des Bundesarbeitsgerichts (seit BAG vom 6.4.2011, 7 AZR 716/09), wonach eine Vorbeschäftigung, die mehr als 3 Jahre zurückliegt, einer sachgrundlosen Befristung nicht entgegensteht, für verfassungswidrig erklärt (BVerfG vom 6.6.2018, 1 BvL 7/14 u.a.). Damit ist davon auszugehen, dass eine sachgrundlose Befristung dann nicht mehr zulässig ist, wenn irgendeine Art von Vorbeschäftigung erfolgt ist.

[2] Der sachgrundlos befristete Arbeitsvertrag darf nur verlängert werden, wenn jede andere Arbeitsbedingung unverändert bleibt. Jede Veränderung der Arbeitsbedingungen führt zur Entstehung eines unbefristeten Arbeitsverhältnisses (Bundesarbeitsgericht vom 16.1.2008, 7 AZR 603/06 und vom 20.2.2008, 7 AZR 786/06).

[3] Bei Weiterbeschäftigung nach Fristablauf entsteht ein unbefristetes Arbeitsverhältnis, und zwar ab dem ersten Tag der Weiterbe-schäftigung.

[4] Die Regelung des § 14 Abs. 3 Satz 4 TzBfG, die die Altersgrenze für eine sachgrundlose Befristung bis zum 31.12.2006 auf 52 Jahre herabsetzte, ist europarechtswidrig und nicht anwendbar (Bundesarbeitsgericht vom 26.4.2006, 7 AZR 500/04, nach Europäischer Gerichtshof vom 22.11.2005, RS-C 144/04). Entsprechende Arbeitsverträge gelten unbefristet. Vertrauensschutz wird nicht gewährt. Zur Neuregelung des § 14 Abs. 3 TzBfG siehe Tabelle.

Art	Voraussetzungen	Hinweise	Kündigungsmöglichkeit	Ende
kalender-mäßig befristeter Arbeits-vertrag (§ 14 Abs. 2 a TzBfG)	– Befristung bis zu 4 Jahren – ohne Vorliegen eines sach-lichen Grundes – innerhalb der ersten 4 Jahre nach der Unternehmens-gründung – Arbeitnehmer war nicht zuvor befristet oder un-befristet bei demselben Arbeitgeber beschäftigt – Schriftform	– mehrfache Verlängerung eines kalendermäßig befristeten Ar-beitsvertrags bis zu der Ge-samtdauer zulässig; – ausgenommen sind Neugrün-dungen im Zusammenhang mit rechtlichen Umstrukturierungen von Unternehmen oder Konzer-nen	Ordentliche Kündigung gemäß § 15 Abs. 3 TzBfG nur möglich, wenn eine solche einzelvertraglich oder im an-wendbaren Tarifvertrag ver-einbart ist.	Zeitablauf

3.2.2.5 Urlaubsansprüche

Anspruch	Voraussetzungen	§§ BUrlG[1]
Jahresurlaub von mindestens 24 Werktagen (6-Tage-Woche)	6-monatiges Bestehen des Arbeitsverhältnisses	3 Abs.1, 4
Teilurlaub in Höhe von $1/12$ des Jahresurlaubs für jeden vollen Monat des Arbeitsverhältnisses	alternativ – Nichterfüllung der Wartezeit für den vollen Urlaubsanspruch im laufenden Kalenderjahr – Ausscheiden vor erfüllter Wartezeit – Ausscheiden nach erfüllter Wartezeit in der 1. Hälfte des Kalenderjahres[2]	5 Abs.1 5 Abs.1 lit.a 5 Abs.1 lit.b 5 Abs.1 lit.c
Übertragung des Urlaubs auf das nächste Kalenderjahr	dringende betriebliche oder in der Person des Arbeitnehmers liegende Gründe; der Urlaubsanspruch verfällt nicht mehr automatisch, wenn er nicht in den ersten 3 Monaten des Folgejahres genommen wird.[3]	7 Abs.3
Urlaubsabgeltung[4] nach Maßgabe des durchschnittlichen Verdienstes der letzten 13 Wochen vor dem Ausscheiden	Nichtgewährung des Urlaubs wegen Beendigung des Arbeitsverhältnisses	7 Abs.4
Urlaubsentgelt nach Maßgabe des durchschnittlichen Verdienstes der letzten 13 Wochen vor Urlaubsantritt mit Ausnahme des zusätzlich für Überstunden gezahlten Arbeitsverdienstes	wie Urlaub	11 Abs.1

Inzwischen gilt auf der Grundlage insbesondere europarechtlicher Entscheidungen: Aufgrund von Krankheit nicht genommener Urlaub verfällt nicht zum Ende eines Kalenderjahres (Europäischer Gerichtshof vom 20.1.2009, Rs C-350/06 und Rs C-520/06). Darüber hinaus entstehen laufende Urlaubsansprüche auch

---

[1] Bundesurlaubsgesetz vom 8.1.1963 (BGBl I 1963 S.2), zuletzt geändert durch Gesetz vom 20.4.2013 (BGBl I 2013 S.868).
[2] Scheidet der Arbeitnehmer in der 2. Jahreshälfte aus, hat er – vorbehaltlich der Erfüllung der Wartezeit – Anspruch auf den gesamten Jahresurlaub. Ggf. ist voller Jahresurlaubsanspruch abzugelten.
[3] Das Bundesarbeitsgericht hat entschieden, dass der im Kalenderjahr nicht genommene Urlaub nur dann verfällt, wenn der Arbeitgeber den Arbeitnehmer zuvor konkret *aufgefordert* hat, den Urlaub zu nehmen, und ihn klar und rechtzeitig darauf hingewiesen hat, dass der Urlaub andernfalls mit Ablauf des Urlaubsjahres (= Kalenderjahr) oder des Übertragungszeitraums erlischt (BAG vom 19.2.2019, 9 AZR 541/19).
[4] Der Urlaubsabgeltungsanspruch ist ein reiner Geldanspruch, der nicht mehr dem BUrlG unterfällt; er kann damit im Einzelfall Ausschlussfristen unterliegen (Bundesarbeitsgericht vom 9.8.2011, 9 AZR 352/10).

während einer Krankheit; sie wachsen also über den Zeitraum der Krankheit an (Bundesarbeitsgericht vom 24.3.2009, 9 AZR 983/07). Beide vorgenannten Grundsätze gelten jedenfalls für den gesetzlich festgelegten Mindesturlaubsanspruch.[1]

Stand heute gilt aber, dass auch aufgelaufene Urlaubsansprüche langzeiterkrankter Arbeitnehmer den Verfallfristen des BUrlG unterliegen können. Das heißt, in der Regel können nur Urlaubsansprüche über einen Zeitraum von 15 Monaten angesammelt werden (BAG vom 9.8.2011, 9 AZR 425/10 und 9 AZR 352/10). Nur wenn das Arbeitsverhältnis endet, entsteht mit Rücksicht auf aufgelaufene Urlaubsansprüche der Urlaubsabgeltungsanspruch. Abzugelten sind auch Urlaubsansprüche, die aus der Zeit vor einer Elternzeit stammen, selbst wenn sich zwei Elternzeiten nahtlos aneinander anschließen (Bundesarbeitsgericht vom 20.5.2008, 9 AZR 219/07). Es entstehen somit Urlaubsabgeltungsansprüche in Geld, die nicht mehr den gesetzlichen Regelungen des BUrlG unterfallen und somit auch Gegenstand arbeitsvertraglicher Ausschlussfristen sein können (Bundesarbeitsgericht vom 9.8.2011, 9 AZR 352/10).

3.2.2.6   Pflegezeitgesetz (PflegeZG)[2]

Ziel des Gesetzes ist, Beschäftigten die Möglichkeit zu eröffnen, pflegebedürftige nahe Angehörige in häuslicher Umgebung zu pflegen.

	Unerwarteter Eintritt einer Pflegesituation	Längere Pflegesituation
Arbeitgeber	jeder	mehr als 15 Beschäftigte (AN, Auszubildende, Praktikanten, AN-ähnliche Selbstständige)
Pflegebedürftigkeit eines Angehörigen eines Beschäftigten	Akute Pflegesituation und voraussichtliche Pflegebedürftigkeit nach §§ 14, 15 SGB XI	Pflegebedürftigkeit nach §§ 14, 15 SGB XI
Mitteilung/ Ankündigung	Unverzügliche Mitteilung an Arbeitgeber	Schriftliche Ankündigung spätestens 10 Arbeitstage vor Beginn der Pflegezeit; eigenhändige Unterschrift des Beschäftigten
Recht des Beschäftigten	Fernbleiben der Arbeit für max. 10 Tage	Freistellungsanspruch für maximal 6 Monate[3]

---

[1] Für über den gesetzlichen Mindesturlaubsanspruch hinausgehende arbeits- oder tarifvertragliche Urlaubsansprüche können diese Grundsätze dann gelten, wenn arbeits- oder tarifvertraglich keine abweichende Regelung getroffen worden ist.

[2] Gesetz über die Pflegezeit vom 23.12.2014 (BGBl I 2014 S.2462), zuletzt geändert durch Gesetz vom 21.12.2015 (BGBl I 2015 S. 2424).

[3] Für jeden vollen Monat einer vollständigen Freistellung kann der Erholungsurlaub um $1/12$ gekürzt werden.

3.2.2.7 Mindestlohngesetz (MiLoG)[1]

Zum 1.1.2015 ist das Mindestlohngesetz in Kraft getreten (ursprünglicher Mindestlohn 8,50 € brutto). Gemäß § 1 Abs. 2 MiLoG kann der Gesetzgeber den Mindestlohn durch Rechtsverordnung neu festsetzen. Dies ist erstmals zum 1.1.2017 erfolgt. Seit dem 1.7.21 beträgt er 9,60 € brutto. Der Gesetzgeber nimmt die Möglichkeit der turnusmäßigen Neufestsetzung wahr. Zum 1.1.22 soll der Mindestlohn 9,82 € brutto/Stunde betragen. Die Neufestsetzung erfolgt durch Rechtsverordnung.

A. Überblick

Inkrafttreten	1.1.2015
Höhe	seit 1.7.21 – 31.12.21 = 9,60 € brutto 1.1.22 – 30.6.22 = 9.82 € brutto 1.7.22 – 31.12.22 = 10,45 € brutto
Abrechnungseinheit	**je tatsächlich geleisteter** Arbeitsstunde
Fälligkeit	spätestens am letzten Bankarbeitstag des Folgemonats
Persönlicher und sachlicher Geltungsbereich	– grds. alle Arbeitnehmer einschließlich geringfügig Beschäftigte, Heimarbeitnehmer etc. (§ 22 MiLoG) – grds. alle Branchen
Ausnahmen des Geltungsbereiches[2]	– Jugendliche unter 18 Jahren ohne abgeschlossene Berufsausbildung – Auszubildende nach dem BBiG – langzeitarbeitslose Arbeitnehmer i.S.v. § 18 Abs.1 SGB III (= länger als 1 Jahr arbeitslos) innerhalb der ersten sechs Monate der Beschäftigung – ehrenamtlich Tätige
Sonderfall Praktikanten[3]	Praktikanten i.S.d. § 26 BBiG fallen in den Geltungsbereich des MiLoG, es sei denn: – Pflichtpraktikum im Rahmen einer Ausbildung oder eines Studiums; – Praktikum (max. drei Monate) zur Orientierung für eine Ausbildung oder ein Studium; – freiwillige Praktika begleitend zur Ausbildung oder zum Studium (max. drei Monate), wenn beim Arbeitgeber nicht zuvor bereits ein Praktikum absolviert wurde; – Teilnehmer einer Einstiegsqualifizierung nach § 54 a SGB III oder an einer Berufsausbildungsvorbereitung i.S.v. §§ 68–70 BBiG.
Dispositionsfreiheit	Nein! – Nur im Rahmen eines gerichtlichen Vergleiches kann der Arbeitnehmer auf die Einhaltung des Mindestlohns verzichten.
Kontrollbehörde	Zoll

---

[1] Gesetz zur Regelung des allgemeinen Mindestlohns (Mindestlohngesetz – MiLoG) vom 11.8.2014 (BGBl I 2014 S.1348), zuletzt geändert durch Gesetz vom 18.7.2017 (BGBl I 2017 S. 2739).

[2] Hiermit gemeint sind Ausnahmevorschriften innerhalb MiLoG selbst. Zu den „echten" Bereichsausnahmen vgl. nachfolgend Buchst. B.

[3] Praktikant ist, wer sich für eine begrenzte Dauer zum Erwerb praktischer Kenntnisse und Erfahrung einer bestimmten betrieblichen Tätigkeit zur Vorbereitung auf eine berufliche Tätigkeit unterzieht, ohne dass es sich um eine Berufsausbildung oder um eine damit vergleichbare praktische Ausbildung handelt.

B. Bereichsausnahmen

Es gelten folgende Ausnahmen:
- Mindestlöhne, die durch Rechtsverordnung festgelegt werden, sofern der gesetzliche Mindestlohn nicht unterschritten wird.
- Mindestlohnregelungen aus Tarifverträgen bleiben vorrangig, sofern der gesetzliche Mindestlohn nicht unterschritten wird; bspw. Baugewerbe.

C. Mindestlohnberechnung/Vergütungsbestandteile/Auszahlung

Grundsatz	Mindestlohn errechnet sich aus allen Vergütungsbestandteilen, die für die Normalleistung gezahlt werden
Keine anrechenbaren Vergütungsbestandteile[1]	Prämien; Arbeitszeitzuschläge; Erschwerniszulagen; Sonderzahlungen; Trinkgelder; VwL; Sachzuwendungen/Sachbezüge[2]
Anrechenbare Vergütungsbestandteile[3]	Wegegelder, wenn Entgeltbestandteil; Urlaubs- und Weihnachtsgeld, wenn es unwiderruflich und monatlich gezahlt wird
Akkordlohn	Zulässig, wenn im Durchschnitt Mindestlohn pro Stunde erreicht wird
Arbeitszeitkonten	Zulässig, wenn sie den Vorgaben des MiLoG entsprechen (insb. darf Ausgleichszeitraum 12 Monate nicht überschreiten)
Überstunden	Sind mit Mindestlohn zu vergüten. Bei monatlich gleichbleibendem Gehalt und pauschaler Überstundenvergütung ist Kalkulation ggf. zu überprüfen

D. Dokumentationspflichten

Für Zwecke des Mindestlohns bestehen besondere Aufzeichnungspflichten im Hinblick auf Beginn, Ende und Dauer der täglichen Arbeitszeit. Aufzeichnungen müssen geführt werden für
- **alle** Arbeitnehmer in den Branchen des § 2a Abs. 1 SchwarzArbG und
- **alle** geringfügig Beschäftigten in **allen** Branchen.[4]

---

[1] Endgültige Klärung steht aus. Einstweilen wird auf die Prüfungspraxis des Zolls zu den Mindestlohntarifverträgen des AEntG verwiesen. Insbesondere die Praxis des Zolls, Nacht-, Sonntags- und Feiertagszuschläge als nicht anrechenbar anzusehen, ist umstritten.

[2] Insbesondere bei geringfügig Beschäftigten sind die Mindestlohnanrechnungen zu beachten. Erreicht der geringfügig Beschäftigte den Mindestlohn nur über Sachbezüge, drohen die Sanktionen des Mindestlohngesetzes (vgl. E). Im Zweifel gilt der Grundsatz, dass der Mindestlohn durch den Barlohn erreicht werden muss.

[3] Das BAG hat in einer ersten Entscheidung (BAG vom 25.5.2016, 5 AZR 136/16) geurteilt, dass Jahressonderzahlungen dann anrechenbar sind, wenn sie monatlich zu $^{1}/_{12}$ vorbehaltlos und unwiderruflich gezahlt werden.

[4] Aufgrund einer zum 1.1.2019 in Kraft getretenen Änderung der sogenannten Abrufarbeit (§ 12 TzBfG) besteht bei geringfügig Beschäftigten ohne klare Arbeitszeitregelung insbesondere unter Anwendung des Mindestlohns die Gefahr der Überschreitung der Verdienstgrenzen. Hintergrund ist, dass bei einer fehlenden Vereinbarung über die Wochenstundenzahl von 20 Stunden in der Woche ausgegangen wird (§ 12 TzBfG).

Die Aufzeichnungen sind schriftlich zu erstellen, müssen 2 Jahre am Beschäftigungsort aufbewahrt werden und innerhalb von 7 Tagen nach Arbeitsleistung erstellt sein.

E. Haftung/Sanktionen

Der Arbeitgeber haftet zivil- bzw. arbeitsrechtlich gegenüber
- **eigenen Arbeitnehmern** auf die Differenz zwischen gezahltem und dem Mindestlohn (es gelten allgemeine Verjährungsregelungen; Ausschlussfristen sind gegenstandslos)
- **fremden Arbeitnehmern**, wenn diese bei einem Subunternehmer beschäftigt waren, auf die Differenz zwischen gezahltem und dem Mindestlohn (verschuldensunabhängige Haftung für Subunternehmer).

Der Arbeitgeber haftet sozialversicherungsrechtlich für die sich aus der Unterschreitung des Mindestlohns ergebenden Sozialversicherungsnachzahlungen[1].

Der Arbeitgeber begeht bei Verstoß gegen die Mindestlohnregelungen Ordnungswidrigkeiten, die Bußgeld beschwert sind:
- bei Verstößen gegen die Dokumentationspflichten bis zu 30000 €,
- bei Verstoß gegen den Mindestlohn bis zu 500000 €.

Daneben können strafrechtliche Konsequenzen, insbesondere aus § 266 a StGB, drohen.

3.2.2.8   Allgemeines Gleichbehandlungsgesetz[2]

A. Überblick

Anwendungsbereich	Das AGG verbietet Diskriminierung (= jede Benachteiligung) dann, wenn diese auf bestimmten, im Gesetz genannten Merkmalen beruhen und in bestimmten Situationen erfolgen.
Personenbezogene Merkmale, hinsichtlich derer Benachteiligungen durch das AGG geregelt werden § 1 AGG	– Rasse und ethnische Herkunft – Geschlecht – Religion und Weltanschauung – Behinderung (≠ Schwerbehinderung i.S.d. SGB IX) – Alter – sexuelle Identität

---

[1] Bei geringfügig Beschäftigten kann dies zugleich die Nichteinhaltung von Verdienstgrenzen und damit die Sozialversicherungspflicht auslösen.

[2] Allgemeines Gleichbehandlungsgesetz vom 14.8.2006 (BGBl I 2006 S. 1897), zuletzt geändert durch Gesetz vom 3.4.2013 (BGBl I 2013 S. 610).

Persönlicher Anwendungsbereich (nur Arbeitsrecht) § 6 AGG	– jeder Arbeitnehmer und alle arbeitnehmerähnlichen Personen – Auszubildende – Bewerber[1] – ggf. ausgeschiedene Arbeitnehmer – (eingeschränkt) Geschäftsführer[2]
Sachlicher Anwendungsbereich §§ 2, 19 AGG	– die Bedingungen einschließlich Auswahlkriterien und Einstellungsbedingungen für den Zugang zu Erwerbstätigkeit sowie für den beruflichen Aufstieg (mit eingeschlossen sind bereits Stellenanzeigen)
	– die Beschäftigungs- und Arbeitsbedingungen einschließlich Arbeitsentgelt und Entlassungsbedingungen[3] – der Zugang zu Berufsberatung, Berufsbildung, Berufsausbildung, berufliche Weiterbildung sowie Umschulung und praktische Berufserfahrung – Mitgliedschaft und Mitwirkung in Gewerkschaften und Arbeitgebervereinigungen und Vereinigungen, deren Mitglieder einer bestimmten Berufsgruppe angehören
	– der Sozialschutz, einschließlich der sozialen Sicherheit und der Gesundheitsdienste – die sozialen Vergünstigungen – die Bildung – der Zugang zu und die Versorgung mit Gütern und Dienstleistungen, die der Öffentlichkeit zur Verfügung stehen, einschließlich von Wohnraum (wenn der Vermieter mehr als 50 Wohnungen vermietet)

---

[1] Bewerber sind dann vom Schutzbereich des AGG umfasst, wenn sie sich objektiv und subjektiv ernsthaft beworben haben (vgl. Landesarbeitsgericht Hamm vom 26.6.2008, 15 Sa 63/08) und objektiv geeignet sind.

[2] Im Bewerbungsverfahren auf einen Geschäftsführungsposten sind Geschäftsführer durch das AGG geschützt (BGH vom 23.4.2012, II ZR 163/10). Der Europäische Gerichtshof tendiert wohl dazu, Fremdgeschäftsführer in Fragen der Diskriminierung wie Arbeitnehmer zu behandeln (EuGH vom 11.11.2011, Rs. C-232/09).

[3] Entgegen dem Wortlaut von § 2 Abs. 4 AGG sollen die Regelungen des AGG auf Kündigungen anwendbar sein, die damit diskriminierungsfrei erfolgen müssen (Landesarbeitsgericht Berlin-Brandenburg vom 24.7.2007, 7 Sa 561/07; BAG vom 6.11.2008, 2 AZR 523/07).

Formen der Benachteiligung § 3 AGG	– unmittelbare Benachteiligung: weniger günstige Behandlung einer Person als einer anderen in einer vergleichbaren Situation – mittelbare Benachteiligung: Benachteiligung durch scheinbar neutrale Vorschriften, Maßnahmen, Kriterien oder Verfahren – Belästigung: Verletzung der Würde der Person, insbesondere durch Schaffung eines von Einschüchterungen, Anfeindungen, Erniedrigungen, Entwürdigungen oder Beleidigungen gekennzeichneten Umfelds – sexuelle Belästigung – die Anweisung zu einer dieser Verhaltensweisen

B. Rechtsfolgen von Benachteiligungen, die nicht im Einzelfall gerechtfertigt sind

Arbeitsrecht	– Unwirksamkeit aller Vereinbarungen, die gegen Diskriminierungsverbote verstoßen[1] – Leistungsverweigerungsrecht des Arbeitnehmers – Anspruch auf Ersatz immaterieller Schäden und sonstiger Schäden, die er durch eine Diskriminierung erleidet[2]
Zivilrecht (bei Abschluss von sog. Massengeschäften und Versicherungsverträgen sowie bei Abschluss jedweder schuldrechtlicher Vereinbarungen bei Diskriminierung aus Gründen der Rasse oder ethnischer Herkunft)	– Beseitigung der Benachteiligung – Unterlassung künftiger Benachteiligungen – Schadensersatz

---

[1] Diese Rechtsfolge ergibt sich bereits aus § 134 BGB i.V.m. der jeweils verletzten Norm.

[2] Für die Geltendmachung dieser Schadensersatzansprüche des AGG sieht das Gesetz Ausschlussfristen vor, die auch nicht dadurch umgangen werden können, dass sich der Arbeitnehmer auf andere Anspruchsgrundlagen stützt (BAG vom 21.6.2012, 8 AZR 188/11).

C. Rechtfertigungsmöglichkeiten des AGG

	Unterschiedliche Behandlung ist zulässig,
Arbeitsrecht	– wenn Art der auszuübenden Tätigkeit oder Bedingungen ihrer Ausübung eine wesentliche und entscheidende berufliche Anforderung darstellt, sofern der Zweck rechtmäßig und die Anforderung angemessen ist, § 8 Abs. 1 AGG. – in Ansehung Diskriminierungsmerkmal Religion und Weltanschauung, wenn Arbeitgeber seinerseits einen besonderen religiösen bzw. weltanschaulichen Hintergrund hat (bspw. kirchlicher Arbeitgeber), § 9 Abs. 1 AGG. – in Ansehung Diskriminierungsmerkmal Alter, wenn sie objektiv und angemessen und durch ein legitimes Ziel gerechtfertigt ist, § 10 Abs. 1 S. 1 AGG. Das AGG sieht Fallgruppen gerechtfertigter Altersdiskriminierung vor, § 10 Abs. 1 S. 3 Nr. 1–6 AGG.[1]
Zivilrecht	– in Ansehung der Diskriminierungsmerkmale Religion, Behinderung, Alter, Geschlecht, sexuelle Identität, wenn ein sachlicher Grund vorliegt, § 20 Abs. 1 S. 1 AGG. Das AGG sieht Fallgruppen für die Anforderungen an einen sachlichen Grund vor, § 20 Abs. 1 S. 2 Nr. 1–4 AGG. – in Ansehung des Diskriminierungsmerkmals Geschlecht sind unterschiedliche Leistungen und Prämien nur zulässig, wenn das Geschlecht ein bestimmender Faktor bei einer auf relevanten und genauen versicherungsmathematischen und statistischen Daten beruhenden Risikobewertung ist, § 20 Abs. 2 AGG.

---

[1] So soll die Bildung von Altersgruppen im Rahmen der Sozialauswahl bei betriebsbedingten Kündigungen ebenso zulässig sein (vgl. Landesarbeitsgericht Niedersachsen vom 13.7.2007, 16 Sa 269/07; Bundesarbeitsgericht vom 6.11.2008, 2 AZR 523/07) wie die Gewährung zusätzlichen Urlaubs für ältere (hier ab dem 58. Lebensjahr) Arbeitnehmer (vgl. Bundesarbeitsgericht vom 21.10.2014, 9 AZR 956/12).

3.2.2.9 Vergütung im öffentlichen Dienst

3.2.2.9.1 TVöD (Tarifvertrag für den öffentlichen Dienst)/TV-L (Tarifvertrag Länder) Tarife für alte und neue Bundesländer

A. Tabelle TVöD/Bund vom 1.4.2021 bis 31.3.2022

Entgelt-gruppe	Grundentgelt in €		Entwicklungsstufen in €			
	Stufe 1	Stufe 2	Stufe 3	Stufe 4	Stufe 5	Stufe 6
15 Ü	6 014,42	6 674,99	7 300,76	7 717,96	7 815,30	–
15	4 928,35	5 263,48	5 637,30	6 147,62	6 672,58	7 017,95
14	4 462,65	4 766,11	5 162,41	5 602,17	6 092,39	6 444,31
13	4 113,41	4 445,99	4 824,60	5 235,66	5 719,35	5 981,85
12	3 686,55	4 069,25	4 516,49	5 012,74	5 595,03	5 871,32
11	3 558,11	3 910,10	4 240,84	4 599,68	5 090,78	5 367,08
10	3 430,51	3 706,30	4 019,82	4 359,85	4 738,50	4 862,83
9c	3 044,70	3 540,82	3 839,03	4 163,95	4 516,23	4 629,31
9b	3 044,70	3 282,46	3 555,82	3 855,78	4 185,91	4 462,19
9a	3 044,70	3 248,34	3 304,35	3 493,66	3 840,53	3 977,78
8	2 858,91	3 049,92	3 182,23	3 314,31	3 455,98	3 524,11
7	2 685,53	2 905,60	3 036,70	3 169,00	3 293,78	3 360,79
6	2 636,00	2 817,11	2 944,11	3 069,78	3 193,22	3 256,10
5	2 530,74	2 706,42	2 825,08	2 950,74	3 067,50	3 127,85
4	2 413,07	2 590,85	2 740,02	2 832,88	2 925,73	2 980,10
3	2 375,89	2 567,08	2 613,61	2 719,96	2 799,76	2 872,87
2 Ü	2 221,61	2 443,99	2 523,88	2 630,40	2 703,60	2 758,23
2	2 202,51	2 396,00	2 442,92	2 509,87	2 657,03	2 810,98
1	–	1 979,88	2 012,63	2 053,59	2 091,77	2 190,05

B. Tabelle TVöD/Bund vom 1.4.2022 bis 31.12.2022

Entgelt-gruppe	Grundentgelt in €		Entwicklungsstufen in €			
	Stufe 1	Stufe 2	Stufe 3	Stufe 4	Stufe 5	Stufe 6
15 Ü	6 122,68	6 795,14	7 432,17	7 856,88	7 955,98	–
15	5 017,06	5 358,22	5 738,77	6 258,28	6 792,69	7 144,27
14	4 542,98	4 851,90	5 255,33	5 703,01	6 202,05	6 560,31
13	4 187,45	4 526,02	4 911,44	5 329,90	5 822,30	6 089,52
12	3 752,91	4 142,50	4 597,79	5 102,97	5 695,74	5 977,00
11	3 622,16	3 980,48	4 317,18	4 682,47	5 182,41	5 463,69
10	3 492,26	3 773,01	4 092,18	4 438,33	4 823,79	4 950,36
9c	3 099,50	3 604,55	3 908,13	4 238,90	4 597,52	4 712,64
9b	3 099,50	3 341,54	3 619,82	3 825,18	4 261,26	4 542,51
9a	3 099,50	3 306,81	3 363,83	3 556,55	3 909,66	4 049,38
8	2 910,37	3 104,82	3 239,51	3 373,97	3 518,19	3 587,54
7	2 733,87	2 957,90	3 091,36	3 226,04	3 353,07	3 421,28
6	2 683,45	2 867,82	2 997,10	3 125,04	3 250,70	3 314,71
5	2 576,29	2 755,14	2 875,93	3 003,85	3 122,72	3 184,15
4	2 456,51	2 637,49	2 789,34	2 883,87	2 978,39	3 033,74
3	2 418,66	2 613,29	2 660,65	2 768,92	2 850,16	2 924,58
2 Ü	2 261,60	2 487,98	2 569,31	2 677,75	2 752,26	2 807,88
2	2 242,16	2 439,13	2 486,89	2 555,05	2 704,86	2 861,58
1	–	2 015,52	2 048,86	2 090,55	2 129,42	2 229,47

C. Tabelle TV-Länder (West/Ost) gültig ab 1. 1. 2021[1]

Entgelt-gruppe	Grundentgelt in €		Entwicklungsstufen in €			
	Stufe 1	Stufe 2	Stufe 3	Stufe 4	Stufe 5	Stufe 6
		nach 1 Jahr in Stufe 1	nach 2 Jahren in Stufe 2	nach 3 Jahren in Stufe 3	nach 4 Jahren in Stufe 4	nach 5 Jahren in Stufe 5
15 Ü[2]	5 955,87	6 610,80	7 232,37	7 640,03	7 740,31	–
15	4 880,65	5 247,42	5 441,24	6 129,64	6 650,92	6 850,45
14	4 418,91	4 752,85	5 026,88	5 441,24	6 076,14	6 258,43
13 Ü[3]	–	4 385,28	4 619,20	5 441,24	6 076,14	6 258,43
13	4 074,30	4 385,28	4 619,20	5 073,66	5 701,88	5 872,94
12	3 672,04	3 930,82	4 478,85	4 960,05	5 581,59	5 749,03
11	3 553,15	3 792,20	4 064,48	4 478,85	5 080,35	5 232,76
10	3 427,65	3 662,23	3 930,82	4 240,82	4 726,15	4 867,94
„große" 9	3 051,16	3 227,32	3 424,65	3 831,78	4 178,10	4 303,46
„kleine" 9[4]	3 051,16	3 227,32	3 326,44 (nach 5 Jahren in Stufe 2)	3 424,65 (nach 9 Jahren in Stufe 3)	3 831,78 (keine Stufe 5 aber Mehr-betrag nach 4 Jahren)	3 945,49
8	2 866,21	3 087,04	3 209,79	3 326,44	3 455,35	3 535,15
7	2 696,84	2 912,50	3 074,75	3 197,52	3 295,75	3 381,67
6	2 651,42	2 864,88	2 983,94	3 105,46	3 185,24	3 271,18

[1] Zum 1.1.2017 sind die Kürzungsbeträge für tarifbeschäftigte Lehrkräfte entfallen. Es gelten die Entgelttabellen der Länder (West/Ost). Bei Redaktionsschluss waren die endgültigen Beträge ab 1.1.2022 noch nicht veröffentlicht, vgl. hierzu http://www.oeffentlicher-dienst.info

[2] Stufenaufstieg nach jeweils 5 Jahren.

[3] In 13 Ü wird die Stufe 4 in 4 a und 4 b unterteilt. Stufe 3 wird erreicht nach 2 in Stufe 2, Stufe 4 a nach 4 Jahren in Stufe 3, Stufe 4 b nach 3 Jahren in Stufe 4 a und Stufe 5 nach 3 Jahren in Stufe 4 b.

[4] Achtung: für übergeleitete Arbeiter der alten Lohngruppe 9 andere Stufenlaufzeiten: Stufe 3 nach 3 Jahren in Stufe 2, Stufe 4 nach 7 Jahren in Stufe 3.

Entgelt-gruppe	Grundentgelt in €		Entwicklungsstufen in €			
	Stufe 1	Stufe 2	Stufe 3	Stufe 4	Stufe 5	Stufe 6
		nach 1 Jahr in Stufe 1	nach 2 Jahren in Stufe 2	nach 3 Jahren in Stufe 3	nach 4 Jahren in Stufe 4	nach 5 Jahren in Stufe 5
5	2 547,60	2 757,73	2 876,79	2 989,89	3 080,89	3 142,28
4	2 432,59	2 644,64	2 793,45	2 876,79	2 960,14	3 013,70
3	2 401,55	2 608,91	2 668,44	2 763,68	2 841,07[1]	2 906,55
2 Ü	2 305,31	2 507,71	2 585,10	2 680,36	2 745,84	2 799,39
2	2 240,12	2 436,27	2 495,71	2 555,33	2 692,24[2]	2 835,13
1	–	2 037,44	2 067,18	2 102,90	2 138,63	2 227,92

---

[1] Endstufe für übergeleitete Arbeiter der alten Lohngruppe 2 mit Aufstiegen nach Lohngruppe 2 a und Lohngruppe 3 sowie für übergeleitete Angestellte der Vergütungsgruppe VIII BAT mit und ohne Anwartschaft auf Aufstieg nach Vergütungsgruppe VII BAT.

[2] Endstufe für übergeleitete Angestellte der Vergütungsgruppe X BAT mit Aufstiegen nach Vergütungsgruppe IXb BAT sowie für übergeleitete Arbeiter der Lohngruppe 1 mit Aufstieg nach Lohngruppe 1a.

D. Tabelle TVöD/VKA vom 1. 4. 2021 bis 31. 3. 2022[1]

Entgelt-gruppe	Grundentgelt in €		Entwicklungsstufen in €			
	Stufe 1	Stufe 2	Stufe 3	Stufe 4	Stufe 5	Stufe 6
15 Ü	–	6 090,93	6 751,47	7 377,25	7 794,47	7 891,78
15	4 928,35	5 263,48	5 637,30	6 147,62	6 672,58	7 017,95
14	4 462,65	4 766,11	5 162,41	5 602,17	6 092,39	6 444,31
13	4 113,41	4 445,99	4 824,60	5 235,66	5 719,35	5 981,85
12	3 686,55	4 069,25	4 516,49	5 012,74	5 595,03	5 871,32
11	3 558,11	3 910,10	4 240,84	4 599,68	5 090,78	5 367,08
10	3 430,51	3 706,30	4 019,82	4 359,85	4 738,50	4 862,83
9c	3 330,42	3 576,45	3 844,01	4 132,31	4 442,23	4 664,40
9b	3 124,70	3 355,30	3 500,00	3 928,24	4 181,99	4 475,93
9a	3 014,89	3 213,55	3 406,89	3 836,98	3 934,29	4 182,75
8	2 858,91	3 049,92	3 182,23	3 314,31	3 455,98	3 524,11
7	2 685,53	2 905,60	3 036,70	3 169,00	3 293,78	3 360,79
6	2 636,00	2 817,11	2 944,11	3 069,78	3 193,22	3 256,10
5	2 530,74	2 706,42	2 825,08	2 950,74	3 067,50	3 127,85
4	2 413,07	2 590,85	2 740,02	2 832,88	2 925,73	2 980,10
3	2 375,89	2 567,08	2 613,61	2 719,96	2 799,76	2 872,87
2 Ü	2 221,61	2 443,99	2 523,88	2 630,40	2 703,60	2 810,98
2	2 202,51	2 396,00	2 442,92	2 509,87	2 657,03	2 810,98
1	–	1 979,88	2 012,63	2 053,59	2 091,77	2 190,05

---

[1] Für Ärzte und Beschäftigte im Pflegedienst gelten teilweise Besonderheiten.

E. Tabelle TVöD/VKA vom 1. 4. 2022 bis 31. 12. 2022[1]

Entgelt-gruppe	Grundentgelt in €		Entwicklungsstufen in €			
	Stufe 1	Stufe 2	Stufe 3	Stufe 4	Stufe 5	Stufe 6
15 Ü	–	6 200,57	6 873,00	7 510,04	7 934,77	8 033,83
15	5 017,60	5 358,22	5 738,77	6 258,28	6 792,69	7 144,27
14	4 542,98	4 851,90	5 255,33	5 703,01	6 202,05	6 560,31
13	4 187,45	4 526,02	4 911,44	5 329,90	5 822,30	6 089,52
12	3 752,91	4 142,50	4 597,79	5 102,97	5 695,74	5 977,00
11	3 622,16	3 980,48	4 317,18	4 682,47	5 182,41	5 463,69
10	3 492,26	3 773,01	4 092,18	4 438,33	4 823,79	4 950,36
9c	3 390,37	3 640,83	3 913,20	4 206,69	4 522,19	4 748,36
9b	3 180,94	3 415,70	3 563,00	3 998,95	4 257,27	4 556,50
9a	3 069,16	3 271,39	3 468,21	3 906,05	4 005,11	4 258,04
8	2 910,37	3 104,82	3 239,51	3 373,97	3 518,19	3 587,54
7	2 733,87	2 957,90	3 091,36	3 226,04	3 353,07	3 421,28
6	2 683,45	2 867,82	2 997,10	3 125,04	3 250,70	3 314,71
5	2 576,29	2 755,14	2 875,93	3 003,85	3 122,72	3 184,15
4	2 456,51	2 637,49	2 789,34	2 883,87	2 978,39	3 033,74
3	2 418,66	2 613,29	2 660,65	2 768,92	2 850,16	2 924,58
2 Ü	2 261,60	2 487,98	2 569,31	2 677,75	2 752,26	2 861,58
2	2 242,16	2 439,13	2 486,89	2 555,05	2 704,86	2 861,58
1	–	2 015,52	2 048,86	2 090,55	2 129,42	2 229,47

---

[1] Für Ärzte und Beschäftigte im Pflegedienst gelten teilweise Besonderheiten.

3.2.2.9.2 Besoldung der Beamten (nur Bund)

3.2.2.9.2.1 Besoldungstabellen – Beamte – gültig vom 1. 4. 2021 bis 31. 3. 2022

A. Familienzuschlag

	Stufe 1 (verh.)	Stufe 2 (1 Kind)
Besoldungsgruppe	151,16	280,35

Bei mehr als einem Kind erhöht sich der Familienzuschlag für das zweite zu berücksichtigende Kind um 127,66 €, für das dritte und jedes weitere zu berücksichtigende Kind um 397,74 €.

B. Erhöhungsbeträge in den Besoldungsgruppen A 2 bis A 5 in €[1]

Stufe 2 (A 2 bis A 5) um	5,37
ab Stufe 3 für das zweite und jedes weitere Kind:	
a) A 2 bis A 3	26,84
b) A 4	21,47
c) A 5	16,10

C. Anrechnungsbetrag nach § 39 Abs. 2 Satz 1 BBesG in €

Besoldungsgruppen A 3 bis A 8	127,33
Besoldungsgruppen A 9 bis A 12	135,16

---

[1] Soweit dadurch im Einzelfall die Besoldung hinter derjenigen aus einer niedrigeren Besoldungsgruppe zurückbleibt, wird der Unterschiedsbetrag zusätzlich gewährt.

D. Grundgehälter der Beamten

1. Bundesbesoldungsordnung A

Besol-dungs-gruppe*	Grundgehalt[1] (Monatsbeträge in €)							
	Stufe							
	1	2	3	4	5	6	7	8
A 2	–	–	–	–	–	–	–	–
A 3	2 328,82	2 381,37	2 433,93	2 476,24	2 518,54	2 560,85	2 603,17	2 645,47
A 4	2 377,55	2 440,35	2 503,16	2 553,16	2 603,17	2 653,17	2 703,15	2 749,33
A 5	2 395,47	2 473,67	2 536,48	2 598,05	2 659,60	2 722,42	2 783,93	2 844,20
A 6	2 446,75	2 537,80	2 630,08	2 700,59	2 773,68	2 844,20	2 922,39	2 990,34
A 7	2 568,56	2 649,34	2 755,77	2 864,70	2 971,11	3 078,81	3 159,59	3 240,34
A 8	2 717,27	2 814,72	2 951,87	3 090,36	3 228,80	3 324,96	3 422,39	3 518,55
A 9	2 932,64	3 028,80	3 180,10	3 333,93	3 485,19	3 588,03	3 695,00	3 799,32
A 10	3 139,05	3 271,10	3 462,14	3 654,03	3 849,49	3 985,52	4 121,51	4 257,58
A 11	3 588,03	3 790,06	3 990,79	4 192,84	4 331,49	4 470,16	4 608,82	4 747,51
A 12	3 846,87	4 085,89	4 326,23	4 565,24	4 731,64	4 895,38	5 060,46	5 228,18
A 13	4 511,11	4 735,60	4 958,76	5 183,27	5 337,78	5 493,62	5 648,10	5 799,96
A 14	4 639,19	4 928,39	5 218,93	5 508,12	5 707,52	5 908,28	6 107,66	6 308,41
A 15	5 670,55	5 932,04	6 131,43	6 330,86	6 530,27	6 728,35	6 926,44	7 123,18
A 16	6 255,58	6 559,33	6 789,09	7 018,88	7 247,34	7 478,46	7 708,22	7 935,38

* Erhöhungsbeträge für Besoldungsgruppen A 5, A 6, A 9 und A 10:
Das Grundgehalt erhöht sich in den Besoldungsgruppen A 5 und A 6 für Beamte des mittleren Dienstes sowie für Soldaten in der Laufbahngruppe der Unteroffiziere sowie für Fahnenjunker und Seekadetten um 23,19 €; es erhöht sich in den Besoldungsgruppen A 9 und A 10 für Beamte des gehobenen Dienstes sowie für Offiziere um 10,12 €.

---

[1] In Anlehnung an TVöD/TV-L sieht das Bundesbesoldungsrecht ebenfalls „Erfahrungsstufen" vor. Die Stufe 2 wird nach 2 Jahren Erfahrungszeit erreicht, Stufe 3 nach weiteren 3 Jahren und so fort. Unter http://www.oeffentlicher-dienst.de/info sind die genauen Wartezeiten in Jahren für den Aufstieg von einer bis zur nächsten Stufe abrufbar.
Die Beträge für die weggefallene Besoldungsgruppe A2 macht das BMI nur noch im Bundesgesetzblatt bekannt.

2. Bundesbesoldungsordnung B

Besoldungsgruppe	Grundgehalt (Monatsbeträge in €)
B 1	7 123,18
B 2	8 274,75
B 3	8 762,03
B 4	9 271,77
B 5	9 856,81
B 6	10 412,79
B 7	10 948,93
B 8	11 510,15
B 9	12 206,11
B 10	14 367,90
B 11	14 808,25

3. Bundesbesoldungsordnung R – Grundgehaltssätze

Besol-dungs-gruppe	Grundgehalt (Monatsbeträge in €)							
	Stufe							
	1	2	3	4	5	6	7	8
R 1[1]	–	–	–	–	–	–	–	–
R 2	–	5 481,70	5 763,02	6 042,99	6 425,95	6 811,53	7 195,84	7 581,46	7 967,07
R 3	8 762,03							
R 4[2]	–							
R 5	9 856,81							
R 6	10 412,79							
R 7	10 948,93							
R 8	11 510,15							
R 9	12 206,11							
R 10	14 808,25							

4. Bundesbesoldungsordnung W – Grundgehaltssätze (Monatsbeträge in €)

Besoldungs-gruppe	Grundgehalt in €		
W 1	4 957,46		

	Stufe 1	Stufe 2	Stufe 3
W 2	6 158,91	6 521,21	6 883,50
W 3	6 883,50	7 366,55	7 849,61

[1] Die Beträge für die weggefallene Besoldungsgruppe R1 macht das BMI nur noch im Bundesgesetzblatt bekannt.
[2] Die Beträge für die ebenfalls weggefallene Besoldungsgruppe R4 macht das BMI nur noch im Bundesgesetzblatt bekannt.

E. Anwärtergrundbetrag[1]

Laufbahn	Grundbetrag (Monatsbetrag in €)
mittlerer Dienst	1 284,22
gehobener Dienst	1 530,00
höherer Dienst	2 345,33

3.2.2.9.2.2 Besoldungstabellen – Beamte – gültig ab 1. 4. 2022

A. Familienzuschlag

	Stufe 1 (verh.)	Stufe 2 (1 Kind)
Besoldungsgruppe	153,88	285,40

Bei mehr als einem Kind erhöht sich der Familienzuschlag für das zweite zu berücksichtigende Kind um 127,66 €, für das dritte und jedes weitere zu berücksichtigende Kind um 397,74 €.

B. Erhöhungsbeträge in den Besoldungsgruppen A 2 bis A 5 in €[2]

Stufe 2 (A 2 bis A 5) um	5,37
ab Stufe 3 für das zweite und jedes weitere Kind:	
a) A 2 bis A 3	26,84
b) A 4	21,47
c) A 5	16,10

C. Anrechnungsbetrag nach § 39 Abs. 2 Satz 1 BBesG in €

Besoldungsgruppen A 2 bis A 8	129,62
Besoldungsgruppen A 9 bis A 12	137,60

---

[1] Die Untergliederung des Anwärtergrundbetrags wurde mit Wirkung vom 1.3.2020 neu gefasst (durch Gesetz vom 9.12.2019, BGBl I 2019 S. 2053).
[2] Soweit dadurch im Einzelfall die Besoldung hinter derjenigen aus einer niedrigeren Besoldungsgruppe zurückbleibt, wird der Unterschiedsbetrag zusätzlich gewährt.

D. Grundgehälter der Beamten

1. Bundesbesoldungsordnung A

Besol-dungs-gruppe*	Grundgehalt[1] (Monatsbeträge in €)							
	Stufe							
	1	2	3	4	5	6	7	8
A 2	–	–	–	–	–	–	–	–
A 3	2 370,74	2 424,23	2 477,74	2 520,81	2 563,87	2 606,95	2 650,03	2 693,09
A 4	2 420,35	2 484,28	2 548,22	2 599,12	2 650,03	2 700,93	2 751,81	2 798,82
A 5	2 438,59	2 518,20	2 582,14	2 644,81	2 707,47	2 771,42	2 834,04	2 895,40
A 6	2 490,79	2 583,48	2 677,42	2 749,20	2 823,61	2 895,40	2 974,99	3 044,17
A 7	2 614,79	2 697,03	2 805,37	2 916,26	3 024,59	3 134,23	3 216,46	3 298,67
A 8	2 766,18	2 865,38	3 005,00	3 145,99	3 286,92	3 384,81	3 483,99	3 581,88
A 9	2 985,43	3 083,32	3 237,34	3 393,94	3 547,92	3 652,61	3 761,51	3 867,71
A 10	3 195,55	3 329,98	3 524,46	3 719,80	3 918,78	4 057,26	4 195,70	4 334,22
A 11	3 652,61	3 858,28	4 062,62	4 268,31	4 409,46	4 550,62	4 691,78	4 832,97
A 12	3 916,11	4 159,44	4 404,10	4 647,43	4 816,81	4 983,50	5 151,55	5 322,29
A 13	4 592,31	4 820,84	5 048,02	5 276,57	5 433,86	5 592,51	5 749,77	5 904,36
A 14	4 722,70	5 017,10	5 312,87	5 607,27	5 810,26	6 014,63	6 217,60	6 421,96
A 15	5 772,62	6 038,82	6 241,80	6 444,82	6 647,81	6 849,46	7 051,12	7 251,40
A 16	6 368,18	6 677,40	6 911,29	7 145,22	7 377,79	7 613,07	7 846,97	8 078,22

* Erhöhungsbeträge für Besoldungsgruppen A 5, A 6, A 9 und A 10:
Das Grundgehalt erhöht sich in den Besoldungsgruppen A 5 und A 6 für Beamte des mittleren Dienstes sowie für Soldaten in der Laufbahngruppe der Unteroffiziere sowie für Fahnenjunker und Seekadetten um 23,19 €; es erhöht sich in den Besoldungs-gruppen A 9 und A 10 für Beamte des gehobenen Dienstes sowie für Offiziere um 10,12 €.

---

[1] In Anlehnung an TVöD/TV-L sieht das Bundesbesoldungsrecht ebenfalls „Erfahrungs-stufen" vor. Die Stufe 2 wird nach 2 Jahren Erfahrungszeit erreicht, Stufe 3 nach wei-teren 3 Jahren und so fort. Unter http://www.oeffentlicher-dienst.de/info sind die ge-nauen Wartezeiten in Jahren für den Aufstieg von einer bis zur nächsten Stufe abrufbar.
Die Beträge für die weggefallene Besoldungsgruppe A2 macht das BMI nur noch im Bundesgesetzblatt bekannt.

2. Bundesbesoldungsordnung B

Besoldungsgruppe	Grundgehalt (Monatsbeträge in €)
B 1	7 251,40
B 2	8 423,70
B 3	8 919,75
B 4	9 438,66
B 5	10 034,23
B 6	10 600,22
B 7	11 146,01
B 8	11 717,33
B 9	12 425,82
B 10	14 626,52
B 11	15 074,80

3. Bundesbesoldungsordnung R – Grundgehaltssätze

Besoldungsgruppe	Grundgehalt (Monatsbeträge in €) Stufe							
	1	2	3	4	5	6	7	8
R 1[1]	–	–	–	–	–	–	–	–
R 2	5 580,37	5 866,75	6 151,76	6 541,62	6 934,14	7 325,37	7 717,93	8 110,48
R 3	8 919,75							
R 4[2]	–							
R 5	10 034,23							
R 6	10 600,22							
R 7	11 146,01							
R 8	11 717,33							
R 9	12 425,82							
R 10	15 074,80							

[1] Die Beträge für die weggefallene Besoldungsgruppe R1 macht das BMI nur noch im Bundesgesetzblatt bekannt.
[2] Die Beträge für die ebenfalls weggefallene Besoldungsgruppe R4 macht das BMI nur noch im Bundesgesetzblatt bekannt.

4. Bundesbesoldungsordnung W – Grundgehaltssätze (Monatsbeträge in €)

Besoldungs-gruppe	Grundgehalt in €		
W 1	5 046,69		
	Stufe 1	Stufe 2	Stufe 3
W 2	6 269,77	6 638,59	7 007,40
W 3	7 007,40	7 499,15	7 990,90

E. Anwärtergrundbetrag[1]

Laufbahn	Grundbetrag (Monatsbetrag in €)
mittlerer Dienst	1 307,34
gehobener Dienst	1 557,54
höherer Dienst	2 387,55

---

[1] Die Untergliederung des Anwärtergrundbetrags wurde mit Wirkung vom 1. 3. 2020 neu gefasst durch Gesetz vom 9. 12. 2019, BGBl I 2019 S. 2053.

3.2.3 Mitbestimmungsrecht

3.2.3.1 Überblick

	Betriebliche Mitbestimmung	Unternehmerische Mitbestimmung	
		nach dem Drittelbeteiligungsgesetz	nach dem Mitbestimmungsgesetz
Rechtsgrundlage	BetrVG[1], Betriebsrätemodernisierungsgesetz (seit 18. 6. 21 in Kraft)	DrittelbG[2]	MitbestG[3]
Erforderliche Organisationseinheit	Betrieb[4]	Unternehmen[5]	
Betroffene Rechtsformen	Alle	AG (ohne Familien-AG[6]), KGaA, GmbH, VvaG, eG	AG, KGaA, GmbH, eG; bei Konzernklausel auch GmbH (AG) & Co. KG
Vertretungsorgan	Betriebsrat[7]	Aufsichtsrat	
Erforderliche Arbeitnehmerzahl für die Organbildung bzw. Arbeitnehmervertretung[8]	≥ 5[9]	> 500[10]	> 2 000[11]
Anzahl der Betriebsratsmitglieder/Arbeitnehmervertreter	Größenabhängig (s. Kap. 3.2. 3. 2)	1/3 der Aufsichtsratsmitglieder	Größenabhängig (s. Kap. 3.2. 3. 2)
Branchenbesonderheiten	Nein	Nein	Ja[12]
Besonderheiten bei Konzernen	Ggf. Konzern-Betriebsrat	Arbeitnehmer von Konzernunternehmen werden beim herrschenden Konzernunternehmen mitgerechnet, wenn ein Beherrschungsvertrag besteht oder das Konzernunternehmen in das beherschende Unternehmen eingegliedert ist	
Befugnisse	s. Kap. 3.2.3.3	Wie übrige Aufsichtsratsmitglieder	

Fußnoten siehe folgende Seite.

[1] Betriebsverfassungsgesetz i.d.F. der Bekanntmachung vom 25.9.2001 (BGBl I 2001 S.2518), zuletzt geändert durch Gesetz vom 18.12.2018 (BGBl I 2018 S.2651). Im öffentlichen Dienst ist es das BPersVG. Die kirchlichen Mitarbeitervertretungsgesetze sind regelmäßig auf Landesebene geregelt.

[2] Drittelbeteiligungsgesetz vom 18.5.2004 (BGBl I 2004 S.974), zuletzt geändert durch Gesetz vom 24.4.2015 (BGBl I 2015 S.642).

[3] Mitbestimmungsgesetz vom 4.5.1976 (BGBl I 1976 S.1153), zuletzt geändert durch Gesetz vom 24.4.2015 (BGBl I 2015 S.642).

[4] Organisationseinheit, innerhalb derer der Arbeitgeber allein oder mit seinen Arbeitnehmern mithilfe von sachlichen oder immateriellen Mitteln bestimmte arbeitstechnische Zwecke fortgesetzt verfolgt, die sich nicht in der Befriedigung des Eigenbedarfs erschöpfen.

[5] Wirtschaftlich selbständige Organisationseinheit, die mithilfe von Planungs- und Entscheidungsinstrumenten Markt- und Kapitalrisiken eingeht und sich zur Verfolgung des Unternehmenszweckes und der Unternehmensziele eines oder mehrerer Betriebe bedient.

[6] Familien-AGs sind solche Aktiengesellschaften, deren Aktien in der Hand einer Person oder mehrerer Personen gehalten werden, die untereinander verwandt oder verschwägert sind.

[7] Der Betriebsrat im öffentlichen Dienst heißt Personalrat, derjenige bei kirchlichen Arbeitgebern Mitarbeitervertretung.

[8] Bei AG/KGaA ist bereits von Gesetzes wegen ein Aufsichtsrat vorgesehen; bei Erreichen der erforderlichen Arbeitnehmerzahl müssen Arbeitnehmer vertreten sein. Bei den übrigen Rechtsformen (insbesondere GmbH) führt das Überschreiten der Grenze zur Bildung eines Aufsichtsrats mit Arbeitnehmervertretung.

[9] Es gilt der Arbeitnehmerbegriff des §5 BVerfG, sodass neben allen Arbeitnehmern auch Auszubildende miteinzurechnen sind. Ausgenommen sind lediglich Geschäftsführung, Inhaber und leitende Angestellte.

[10] Arbeitnehmer sind die Arbeitnehmer i.S.d. §5 Abs.1 BetrVG (einschließlich Auszubildende), sodass leitende Angestellte i.S.d. §5 Abs.3 BetrVG sowie die in §5 Abs.2 BetrVG genannten Personen ausgenommen sind.

[11] Arbeitnehmer sind die Arbeitnehmer i.S.d. §5 Abs.1 BetrVG sowie leitende Angestellte i.S.d. §5 Abs.3 BetrVG, sodass lediglich Personen i.S.d. §5 Abs.2 BetrVG ausgenommen sind.

[12] Sonderregelungen nach dem Montan-Mitbestimmungsgesetz (= Gesetz über die Mitbestimmung der Arbeitnehmer in den Aufsichtsräten und Vorständen der Unternehmen des Bergbaus und der Eisen und Stahl produzierenden Industrie vom 21.5.1951, zuletzt geändert durch Gesetz vom 24.4.2015, BGBl. I 2015 S.642); hier unberücksichtigt.

3.2.3.2   Mitgliederzahlen

3.2.3.2.1   Betriebsrat

A. Zahl der Betriebsratsmitglieder gem. § 9 BetrVG[1]

Zahl der in der Regel wahl-berechtigten Arbeitnehmer	Zahl der Betriebsratsmitglieder
5 bis 20	1 (Betriebsobmann)
21 bis 50	3
51 bis 100	5
101 bis 200	7
201 bis 400	9
401 bis 700	11
701 bis 1 000	13
1 001 bis 1 500	15
1 501 bis 2 000	17
2 001 bis 2 500	19
2 501 bis 3 000	21
3 001 bis 3 500	23
3 501 bis 4 000	25
4 001 bis 4 500	27
4 501 bis 5 000	29
5 001 bis 6 000	31
6 001 bis 7 000	33
7 001 bis 9 000	35

In Betrieben mit mehr als 9000 Arbeitnehmern erhöht sich die Zahl der Mitglieder des Betriebsrats für je angefangene weitere 3000 Arbeitnehmer um 2 Mitglieder.

Das Geschlecht, das in der Belegschaft in der Minderheit ist, muss mindestens entsprechend seinem zahlenmäßigen Verhältnis im Betriebsrat vertreten sein, wenn dieser aus mindestens 3 Mitgliedern besteht.

---

[1] Betriebsverfassungsgesetz i.d.Neufassung der Bekanntmachung vom 25.9.2001 (BGBl I 2001 S.2518), zuletzt geändert durch Gesetz vom 18.12.2018 (BGBl I 2018 S.2651).

B. Zahl der Sprecherausschussmitglieder gem. § 4 SprAuG[1]

Zahl der leitenden Angestellten	Zahl der Mitglieder des Sprecherausschusses
10 – 20	1
21 – 100	3
101 – 300	5
> 300	7

Männer und Frauen sollen entsprechend ihrem zahlenmäßigen Verhältnis im Sprecherausschuss vertreten sein.

C. Zahl der von der dienstlichen Tätigkeit ganz freizustellenden Mitglieder eines Personalrates gem. § 46 BPersVG[2]

Zahl der Beschäftigten der Dienststelle	Zahl der freizustellenden Mitglieder
300 bis 600	1
601 bis 1 000	2
1 001 bis 2 000	3
2 001 bis 3 000	4
3 001 bis 4 000	5
4 001 bis 5 000	6
5 001 bis 6 000	7
6 001 bis 7 000	8
7 001 bis 8 000	9
8 001 bis 9 000	10
9 001 bis 10 000	11

In Dienststellen mit mehr als 10 000 Beschäftigten ist für je angefangene weitere 2 000 Beschäftigte ein weiteres Mitglied freizustellen.

---

[1] Gesetz über Sprecherausschüsse der leitenden Angestellten vom 20.12.1988 (BGBl I 1988 S.2312; 2316), zuletzt geändert durch Gesetz vom 31.10.2006 (BGBl I 2006 S.2407).
[2] Bundespersonalvertretungsgesetz vom 15.3.1974 (BGBl I 1974 S.693), zuletzt geändert durch Gesetz vom 17.7.2017 (BGBl I 2017 S.2581).

3.2.3.2.2 Unternehmerische Mitbestimmung

	Anzahl der Aufsichtsratsmitglieder und Arbeitnehmervertreter			
	Drittelbeteiligungs-gesetz	Mitbestimmungs-gesetz		
Rechtsgrundlage	§ 95 AktG	§ 7 MitbestG		
Anzahl der Aufsichtsrats-mitglieder und Arbeitnehmer-vertreter	Mindestens 3 AR-Mitglieder; Maximal-zahl abhängig vom Grundkapital; – bis zu 1,5 Mio. €: max. 9 – mehr als 1,5 Mio. €: max. 15 – mehr als 10 Mio. €: max. 21	Arbeitnehmer-zahl 2 001–10 000 10 001 – 20 000 > 20 000	AR-Mitgl. 12 16 20	AN-Vertreter[1] 6 (2) 8 (2) 10 (3)
	Davon mindestens $^1/_3$ Arbeitnehmervertreter			

---

[1] In Klammern ist angegeben, wie viele der Arbeitnehmer Gewerkschaftsvertreter sein müssen.

3.2.3.3 Befugnisse des Betriebsrats

3.2.3.3.1 Überblick

Mitbestimmungsrecht	Rechtsgrundlage BetrVG (§)
Fragen der Ordnung des Betriebes und des Verhaltens der Arbeitnehmer	87 Abs. 1 Nr. 1
Fragen der Arbeitszeit einschließlich ihrer Verlängerung	87 Abs. 1 Nr. 2, 3
Aufstellung allgemeiner Urlaubsgrundsätze	87 Abs. 1 Nr. 4
Einführung und Anwendung von technischen Einrichtungen zur Überwachung des Verhaltens und der Leistung der Arbeitnehmer	87 Abs. 1 Nr. 6
Fragen der betrieblichen Lohngestaltung (insb. Entlohnungsgrundsätze und Einführung neuer Entlohnungsmethoden)	87 Abs. 1 Nr. 10 § 87 Abs. 1 Nr. 14 (seit 18. 6. 21) Ausgestaltung von mobiler Arbeit, die mittels Informations- und Kommunikationstechnik erbracht wird.
Verhandlung und Abschluss von Betriebsvereinbarungen	88
Beratung in Fragen der Personalplanung	92
Zustimmung zur Einführung und Anwendung von Auswahlrichtlinien bei Personalmaßnahmen	95[1]

---

[1] Die Absätze 1 + 2 von § 95 finden seit dem 18.6.21 auch Anwendung, wenn bei Aufstellung der Richtlinien nach diesen Absätzen künstliche Intelligenz zum Einsatz kommt.

3.2.3.3.2 Mitwirkungsrechte des Betriebsrats und des Sprecherausschusses bei der Kündigung[1]

Sachverhalt	Vorherige Maßnahme	Folge bei fehlender Maßnahme	Frist für Bedenken, Widerspruch des Betriebsrats; für Bedenken des Sprecherausschusses	Frist für Zustimmung	Folge des Widerspruchs des Betriebsrats	§§
ordentliche Kündigung	vorherige Anhörung erforderlich	Kündigung unwirksam	innerhalb 1 Woche seit Zugang der Auskunft des Arbeitgebers	Zustimmung gilt als erteilt, wenn Betriebsrat innerhalb der Widerspruchsfrist keine Erklärung abgibt	Arbeitnehmer hat binnen 3 Wochen seit Zugang der Kündigung Klage beim Arbeitsgericht erhoben: Weiterbeschäftigungsanspruch vom Ablauf der Kündigungsfrist bis zum Abschluss des Rechtsstreits	102 Abs.1, Abs.2 S.1, 2, Abs.3, Abs.5 S.1 BetrVG; 4 KSchG; 31 Abs.2 SprAuG
außerordentliche Kündigung	wie oben	wie oben	Bedenken sind spätestens binnen 3 Tagen seit Zugang der Auskunft des Arbeitgebers mitzuteilen	wie oben	wie oben	102 Abs.1, Abs.2 S.3 BetrVG; 4 KSchG; 31 Abs.2 4 SprAuG

[1] Zu den Sonderregelungen für den Insolvenzfall vgl. § 113, §§ 120–127 InsO.

Sachverhalt	Vorherige Maßnahme	Folge bei fehlender Maßnahme	Frist für Bedenken, Widerspruch des Betriebsrats; für Bedenken des Sprecherausschusses	Frist für Zustimmung	Folge des Widerspruchs des Betriebsrats	§§
außerordentliche Kündigung von Mitgliedern des Betriebsrats, der Jugend- und Auszubildendenvertretung, Bordvertretung, des Seebetriebsrats, des Wahlvorstands sowie von Wahlbewerbern	**vorherige Zustimmung erforderlich, die durch Zustimmung des Arbeitsgerichts innerhalb der 2-Wochen-Frist des § 626 Abs. 2 BGB ersetzt werden kann	fehlende Zustimmung bzw. fehlende ersetzte Zustimmung: Nichtigkeit der Kündigung				103 Abs. 1 und 2 BetrVG[1]
Versetzung obiger Personen, die zum Verlust des Amtes oder der Wählbarkeit führt	vorherige Zustimmung des Betriebsrats grundsätzlich nötig Ausnahme: Arbeitnehmer ist mit Versetzung einverstanden	wie oben				103 Abs. 2 und 3 BetrVG[1]

[1] § 103 Abs. 2 gilt seit dem 18. 6. 21 wegen § 103 Abs. 2a (neu) entsprechend, wenn im Betrieb kein Betriebsrat besteht.

3.2.3.3 Mitwirkungsrechte des Betriebsrats bei Betriebsänderungen[1]

Sachverhalt	Folge der Maßnahme	Rechtsfolge	§§
geplante oder durchgeführte Maßnahme des Arbeitgebers führt für die betroffenen Arbeitnehmer zu einer Veränderung ihrer Tätigkeit	zur Erfüllung der neuen Tätigkeit reichen die beruflichen Kenntnisse und Fähigkeiten der betroffenen Arbeitnehmer nicht mehr aus	– Mitbestimmungsrecht des Betriebsrats bei der Einführung von Maßnahmen der betrieblichen Berufsbildung – ohne Einigung zwischen Arbeitgeber und Betriebsrat entscheidet die Einigungsstelle, deren Spruch die fehlende Einigung ersetzt	97 Abs. 2 BetrVG
Betriebsänderung geplant	kann wesentliche Nachteile für Belegschaft oder erheblichen Teil der Belegschaft zur Folge haben	– Informationspflicht – Beratungspflicht – Betriebsrat kann Berater hinzuziehen in Betrieben mit mehr als 300 Arbeitnehmern	§ 111 Abs. 1 S. 1 und S. 2 BetrVG
erfolgloser Vermittlungsversuch	Anrufen der Einigungsstelle durch den Unternehmer oder den Betriebsrat	bei mangelnder Einigung: Entscheidung der Einigungsstelle über die Aufstellung eines Sozialplans **Ausnahmen:** – erzwingbarer Sozialplan bei Personalabbau – Neugründungen (4 Jahre ab Betriebseröffnung)	112 Abs. 2 S. 2, Abs. 4 BetrVG 112a BetrVG

---

[1] Zu den Sonderregelungen für den Insolvenzfall vgl. § 113, §§ 120–127 InsO.

Sachverhalt	Folge der Maßnahme	Rechtsfolge	§§
kein Versuch des Unternehmers, einen Interessenausgleich herbeizuführen bei geplanter Betriebsänderung	Entlassung von Arbeitnehmern	Klage des Arbeitnehmers auf Zahlung von Abfindung	111, 113 Abs.1, Abs.3 BetrVG
	andere wirtschaftliche Nachteile	Nachteilsausgleich durch den Unternehmer bis zu einem Zeitraum von 12 Monaten	111, 113 Abs.2, Abs.3 BetrVG
Abweichung vom vereinbarten Interessenausgleich bzw. Sozialplan bei Betriebsänderung	siehe oben	siehe oben	111, 113 Abs.1, Abs.2 BetrVG
keine Einigung über Interessenausgleich bzw. Sozialplan bei Betriebsänderung	Ersuchen des Unternehmers oder des Betriebsrats um Vermittlung durch die Bundesagentur für Arbeit Ausnahme: Insolvenzverfahren	Nach erfolglosem Vermittlungsversuch kann der Spruch der Einigungsstelle die fehlende Einigung zwischen Arbeitgeber und Betriebsrat ersetzen	111, 112 Abs.2 BetrVG 121, 122 InsO

3.2.4 Sozialversicherungstabellen

3.2.4.1 Beitragsbemessungsgrenzen[1] und Beitragssätze in der Sozialversicherung

ab Zeitraum	Beitragsbemessungsgrenze						Beitragssatz				Höchstbeitrag	
	RV Arb/Ang und AV			KV/Pflege			KV[3]	PV[4]	RV	AV	RV/AV	
	jährl.[2]	mtl.[2]	tgl.[2]	jährl.[2]	mtl.[2]	tgl.[2]	%	%	%	%	jährl.[2]	mtl.[2]
1.1.2006	63000	5250	175,00	42750	3562,50	118,75	–	1,70	19,5	6,5	16380	1365
1.1.2007	63000	5250	175,00	42750	3562,50	118,75	–	1,70	19,9	4,2	15183	1265
1.1.2008	63600	5300	176,67	43200	3600,00	120,00	–	1,70	19,9	3,3	14755	1230
1.7.2008	63600	5300	176,67	43200	3600,00	120,00	–	1,95	19,9	3,3	14755	1230
1.1.2009	64800	5400	180,00	44100	3675,00	122,50	15,5	1,95	19,9	2,8	14710	1226
1.7.2009	64800	5400	180,00	44100	3675,00	122,50	14,9	1,95	19,9	2,8	14710	1226
1.1.2010	66000	5500	183,34	45000	3750,00	125,00	14,9	1,95	19,9	2,8	14982	1249
1.1.2011	66000	5500	183,34	44550	3712,50	123,75	15,5	1,95	19,9	3,0	15114	1260
1.1.2012	67200	5600	186,67	45900	3825,00	127,50	15,5	1,95	19,6	3,0	15187	1266
1.1.2013	69600	5800	193,34	47250	3937,50	131,25	15,5	2,05	18,9	3,0	15242	1270
1.1.2014	71400	5950	198,34	48600	4050,00	135,00	15,5	2,05	18,9	3,0	15637	1303
1.1.2015	72600	6050	201,67	49500	4125,00	137,50	14,6	2,35	18,9	3,0	15899	1325
1.1.2016	74400	6200	206,67	50850	4237,50	141,25	14,6	2,35	18,7	3,0	16145	1345
1.1.2017	76200	6350	211,67	52200	4350,00	145,00	14,6	2,55	18,7	3,0	16535	1378
1.1.2018	78000	6500	216,67	53100	4425,00	147,50	14,6	2,55	18,6	3,0	16926	1411
1.1.2019	80400	6700	223,33	54450	4537,50	151,25	14,6	3,05	18,6	2,5	16964	1414
1.1.2020	82800	6900	230,00	56250	4687,50	156,25	14,6	3,05	18,6	2,4	17388	1449
1.1.2021	85200	7100	236,67	58050	4837,50	161,25	14,6	3,05	18,6	2,4	17892	1491
1.1.2022[4]	84600	7050	235,00	58050	4837,50	161,25	14,6[5]	3,05	18,6	2,4	17766	1481

[1] Seit dem 1.1.2003 wird bei der Kranken- und Pflegeversicherung zwischen der Beitragsbemessungs- und Versicherungspflichtgrenze unterschieden. Hier wird auf die Beitragsbemessungsgrenze abgestellt.

[2] Wegen der unterschiedlichen Beitragssätze werden die Werte erst mit der Einführung des einheitlichen Beitragssatzes ab dem 1.1.2009 aufgeführt.

[3] Ab 1.1.2005 0,25% Beitragszuschlag für Kinderlose (trägt AN allein).

[4] Stand: 5.11.2021.

[5] Beitragssatz festgeschrieben (je 7,3% für AN/AG); Krankenkassen können einkommensabhängige Zusatzbeiträge erheben.

3.2.4.2 Besonderheiten in den neuen Bundesländern und Berlin-Ost[1]

A. Beitragsbemessungsgrenzen und Beitragssätze

ab	Beitragsbemessungsgrenze					
	RV und ArbIV			KV		
	jährl.	mtl.	tgl.	jährl.	mtl.	tgl.
1.1.09	54 600 €	4 550 €	151,67 €	44 100 €	3 675,00 €	122,50 €
1.1.10	55 800 €	4 650 €	155,00 €	45 000 €	3 750,00 €	125,00 €
1.1.11	57 600 €	4 800 €	160,00 €	44 550 €	3 712,50 €	123,75 €
1.1.12	57 600 €	4 800 €	160,00 €	45 900 €	3 825,00 €	127,50 €
1.1.13	58 800 €	4 900 €	163,33 €	47 250 €	3 937,50 €	131,25 €
1.1.14	60 000 €	5 000 €	166,67 €	48 600 €	4 050,00 €	135,00 €
1.1.15	62 400 €	5 200 €	173,33 €	49 500 €	4 125,00 €	137,50 €
1.1.16	64 800 €	5 400 €	180,00 €	50 850 €	4 237,50 €	141,25 €
1.1.17	68 400 €	5 700 €	190,00 €	52 200 €	4 350,00 €	145,00 €
1.1.18	69 600 €	5 800 €	193,33 €	53 100 €	4 425,00 €	147,50 €
1.1.19	73 800 €	6 150 €	205,00 €	54 450 €	4 537,50 €	151,25 €
1.1.20	77 400 €	6 450 €	215,00 €	56 250 €	4 687,50 €	156,25 €
1.1.21	80 400 €	6 700 €	223,33 €	58 050 €	4 837,50 €	161,25 €
1.1.22[2]	81 000 €	6 750 €	225,00 €	58 050 €	4 837,50 €	161,25 €

ab	Beitragssätze				Höchstbeitrag (monatlich)		
	RV %	ArbIV %	RV + ArbIV %	KV[3] %	RV	ArbIV	KV
1.1.09	19,9	2,8	22,7	15,5	905,45 €	127,40 €	569,63 €
1.7.09	19,9	2,8	22,7	14,9	905,45 €	127,40 €	547,58 €
1.1.11	19,9	3,0	22,9	15,5	955,20 €	144,00 €	575,44 €
1.1.12	19,6	3,0	22,6	15,5	940,80 €	144,00 €	592,88 €
1.1.13	18,9	3,0	21,9	15,5	926,10 €	147,00 €	610,32 €
1.1.14	18,9	3,0	21,9	15,5	945,00 €	150,00 €	627,75 €
1.1.15	18,9	3,0	21,9	14,6	982,80 €	156,00 €	602,25 €
1.1.16	18,7	3,0	21,7	14,6	1 009,80 €	160,00 €	618,68 €
1.1.17	18,7	3,0	21,7	14,6	1 065,90 €	171,00 €	635,10 €
1.1.18	18,7	3,0	21,7	14,6	1 084,60 €	174,00 €	646,05 €
1.1.19	18,6	2,5	21,1	14,6	1 143,90 €	153,75 €	662,48 €
1.1.20	18,6	2,4	21,0	14,6	1 199,70 €	154,80 €	684,38 €
1.1.21	18,6	2,4	21,0	14,6	1 246,20 €	160,80 €	706,28 €
1.1.22[2]	*18,6*	*2,4*	*21,0*	*14,6*	1 255,50 €	162,00 €	706,28 €

Fußnoten siehe nächste Seite.

B. Entgeltgrenzen bei geringfügig entlohnten Beschäftigungen

ab	Versicherungsfreie (bis 31.3.1999), geringfügig entlohnte Beschäftigungen monatlich (1)	Geringverdiener, bei denen der AG auch den AN-Anteil zur Sozialversicherung übernimmt monatlich (2)
1.1.99	530 DM	530 DM
1.4.99	630 DM	630 DM
1.1.02	325 €	325 €
1.1.03	325 €	325 €
1.4.03	400 €	400 €
1.8.03	400 €	325 €
1.1.04	400 €	325 €
1.1.13	450 €	325 €

Bemerkungen:

Zu (1): Versicherungsfreiheit in der Kranken-, Pflege- und Renten- und ab 1.4.1997 auch in der Arbeitslosenversicherung nur unter 15 Std./Wo. Ab 1.4.1999 hat der Arbeitgeber bis zu der Geringfügigkeitsgrenze 630 DM bis 31.12.2001, 325 € ab 1.1.2002 einen Pauschalbetrag von 12 v.H. an die Rentenversicherung und 10 v.H. an die Krankenversicherung zu entrichten. Ab 1.4.2003 greifen Regelungen des 2. Gesetzes für moderne Dienstleistungen am Arbeitsmarkt. Arbeitgeber führt 25% Pauschalabgabe (12% RV; 11% KV; 2% LSt/Solz/KiSt – aber auch Besteuerung nach Merkmalen der LSt-Karte möglich) ab. Ab dem 1.7.2006 führt der Arbeitgeber 30% Pauschalabgabe (15% RV; 13% KV; 2% LSt/Solz/KiSt – aber auch Besteuerung nach Merkmalen der LSt-Karte möglich) ab. Für Beschäftigte in einer privaten Krankenversicherung entfällt der Arbeitgeberbeitrag zur Krankenversicherung. Mehrere geringfügige Beschäftigungen möglich.

Zu (2): Gilt nur für Auszubildende und bei Ableistung eines freiwilligen sozialen Jahres.

---

[1] Seit 1995 sind die Beitragsbemessungs- und Entgeltgrenzen für die Kranken- und Pflegeversicherung einschließlich der Bezugsgröße für die alten Bundesländer auch auf das gesamte Land Berlin anzuwenden.

[2] Stand: 5.11.2021.

[3] Annahme eines Durchschnittssatzes. Ab dem 1.1.2009 gilt der einheitliche Beitragssatz.

3.2.4.3 Berechnung der gesetzlichen Rente

<u>Rentenformel</u>

Entgeltpunkte[1] × Zugangsfaktor[2] × aktueller Rentenwert[3] × Rentenfaktor[4] = monatliche Rentenhöhe

Beispiel: 40 Entgeltpunkte[1] × 1,0[2] × 34,19[3] × 1,0[4] = 1 367,60 € monatliche Altersrente

---

[1] Angabe aus der jährlichen Renteninformation des Rentenversicherungsträgers. Jährliches Durchschnittsentgelt 2020: 40 551 € brutto p.a. = 1,0 Entgeltpunkte pro Jahr.
[2] Zu- und Abschläge bei der Rentenberechnung. Nach Erreichen der Regelaltersgrenze = 1,0.
[3] Rentenwert wird jährlich angepasst; für 2021: West = 34,19 €, Ost = 33,47 €.
[4] Art der Rente: Altersrente und volle Erwerbsminderungsrente = 1,0, teilweise Erwerbsminderungsrente = 0,5.

3.2.4.4 Rentenanpassungen

Anpassungs-zeitpunkt	Rentenanpassungssatz		Beitragszuschuss/ Eigenanteil zur KVdR[1]		Beitrags-zuschuss/ Eigenanteil zur PflV[2]
	alte	neue	alte	neue	
	Bundesländer		Bundesländer		
1.7.2000	0,60 %	0,60 %	6,75 %	6,95 %	0,85 %
1.7.2001	1,91 %	2,11 %	6,75 %	6,75 %	0,85 %
1.7.2002	2,16 %	2,89 %	7,00 %	7,00 %	0,85 %
1.7.2003	1,04 %	1,19 %	7,15 %	7,15 %	0,85 %[3]
1.7.2004	Aussetzung der Rentenanpassung				
1.7.2005	0 %	0 %	6,25 %[4]	6,25 %[4]	1,70 %
1.7.2006	0 %	0 %	6,25 %[4]	6,25 %[4]	1,70 %
1.7.2007	0,54 %	0,54 %	6,25 %[4]	6,25 %[4]	1,70 %
1.7.2008	1,10 %	1,10 %	6,25 %[4]	6,25 %[4]	1,95 %
1.7.2009	2,41 %	3,38 %	7,00 %[4]	7,00 %[4]	1,95 %
1.7.2010	0 %	0 %	7,00 %[4]	7,00 %[4]	1,95 %
1.7.2011	0,99 %	0,99 %	7,30 %[4]	7,30 %[4]	1,95 %
1.7.2012	2,18 %	2,26 %	7,30 %[4]	7,30 %[4]	1,95 %
1.1.2013	2,18 %	2,26 %	7,30 %[4]	7,30 %[4]	2,05 %
1.7.2013	0,25 %	3,29 %	7,30 %[4]	7,30 %[4]	2,05 %
1.7.2014	1,67 %	2,53 %	7,30 %[4]	7,30 %[4]	2,05 %
1.7.2015	2,10 %	2,50 %	7,30 %[4]	7,30 %[4]	2,35 %
1.7.2016	4,25 %	5,95 %	7,30 %[4]	7,30 %[4]	2,55 %
1.7.2017	1,90 %	3,59 %	7,30 %[4]	7,30 %[4]	2,55 %
1.7.2018	3,22 %	3,37 %	7,30 %[4]	7,30 %[4]	2,55 %
1.7.2019	3,18 %	3,91 %	7,30 %[4]	7,30 %[4]	3,05 %
1.7.2020	3,45 %	4,20 %	7,30 %[4]	7,30 %[4]	3,05 %
1.7.2021	0,08 %	0,72 %	7,30 %[4]	7,30 %[4]	3,05 %

Quelle: Statistikportal der Deutschen Rentenversicherung, https://statistik-rente.de/drv

---

[1] § 247 SGB V (Beitragssatz aus der Rente) mit Geltung ab 1.1.1995 neu gefasst: Für Versicherungspflichtige gilt für die Bemessung der Beiträge aus Renten der gesetzlichen Rentenversicherung der allgemeine Beitragssatz ihrer KV. Der am 1.1. geltende Beitragssatz gilt jeweils vom 1.7. des laufenden Kalenderjahres bis zum 30.6. des folgenden Kalenderjahres.

[2] Beitragssatz zur PVdR ab 1.7.2008 = 1,95 %, ab 1.1.2015 = 2,35 %, ab 1.1.2017 = 2,55 %, ab 1.1.2018 = 2,85 %, ab 1.1.2019 = 3,05 %. Beitragszuschlag für Kinderlose ab 1.1.2005 i. H. v. 0,25 %.

[3] Seit 1.4.2004 entfällt der Zuschuss in Höhe von 0,85 %.

[4] Zzgl. Zusatzbetrag individuell je Krankenkasse.

3.2.4.5 Altersrentenbestand (nach SGB VI) am 31.12.2020 – durchschnittliche Rentenhöhe mtl. –

Verteilung und durchschnittliche Rentenzahlbeträge der laufenden Renten[1] am 31.12.2020, alte Bundesländer

Rentenart	Männer		Frauen		Männer und Frauen	
	Anzahl	durchschn. Rentenzahlbetrag[2] in Euro	Anzahl	durchschn. Rentenzahlbetrag[2] in Euro	Anzahl	durchschn. Rentenzahlbetrag[2] in Euro
Renten wegen verminderter Erwerbsfähigkeit insgesamt[3, 4]	663 542	872	760 861	850	1 424 403	860
darunter wegen:						
teilweiser Erwerbsminderung[5]	33 138	636	40 119	518	73 257	571
voller Erwerbsminderung[5]	624 984	886	720 656	869	1 345 640	877
Renten wegen Alters insgesamt	6 601 441	1 210	8 196 491	730	14 797 932	944
darunter Altersrente:						
wegen Arbeitslosigkeit/Altersteilzeitarbeit[6]	1 166 183	1 476	146 936	970	1 313 119	1 420
für Frauen[6]	–	–	2 300 468	901	2 300 468	901
für schwerbehinderte Menschen[6]	896 695	1 406	595 140	1 002	1 492 068	1 245
für langjährig Versicherte[6]	1 096 695	1 366	576 707	814	1 673 402	1 176
für besonders langjährig Versicherte	715 319	1 637	509 622	1 210	1 224 941	1 459
Regelaltersrente[7]	2 693 897	840	4 067 616	514	6 761 513	644
Renten wegen Todes insgesamt	513 222	339	3 685 695	686	4 445 146	619
davon:						
Witwen-/Witwerrenten	512 458	338	3 680 378	686	4 192 836	643
Waisenrenten[8]					246 229	208
Erziehungsrenten	764	770	5 317	940	6 081	919
Renten insgesamt	7 778 205	1 124	12 643 047	725	20 667 481	869
nachrichtlich: **Renten wegen verminderter Erwerbsfähigkeit und wegen Alters insgesamt**	7 264 983	1 179	8 957 352	741	16 222 335	937

[1] Ohne Knappschaftsausgleichsleistungen, Nullrenten, reine Kindererziehungsleistungen und ohne Renten nach Art. 2 RÜG.
[2] Rentenhöhe inkl. Auffüllbetrag, nach Abzug des KVdR/PVdR-Beitrags.
[3] Inkl. Renten an Lebensleute wegen Vollendung des 50. Lebensjahres oder wegen verminderter bergmännischer Berufsfähigkeit.
[4] Erfasst sind lediglich Renten wegen verminderter Erwerbsfähigkeit bis zur Regelaltersgrenze; siehe auch Fußnote 7.
[5] Inkl. Renten wegen Berufs- oder Erwerbsunfähigkeit mit Rentenbeginn bis zum 31.12.2000.
[6] Erfasst sind lediglich Altersrenten an Berechtigte im Alter bis einschl. 92 Jahre; siehe auch Fußnote 7.
[7] Renten an verm. Erwerbsfähige im Alter ab der Regelaltersgrenze und Renten in die Rentenart Regelaltersrente umgewandelt.

Verteilung und durchschnittliche Rentenzahlbeträge der laufenden Renten[1] am 31.12.2020, neue Bundesländer

Rentenart	Männer		Frauen		Männer und Frauen	
	Anzahl	durschn. Rentenzahlbetrag[2] in Euro	Anzahl	durschn. Rentenzahlbetrag[2] in Euro	Anzahl	durschn. Rentenzahlbetrag[2] in Euro
Renten wegen verminderter Erwerbsfähigkeit insgesamt[3,4]	188 924	826	206 960	965	395 884	860
darunter wegen:						
teilweiser Erwerbsminderung[5]	9 320	529	9 334	600	18 654	565
voller Erwerbsminderung[5]	178 393	846	197 333	983	375 726	918
Renten wegen Alters insgesamt	1 571 696	1 300	2 086 205	1 075	3 657 901	1 172
darunter Altersrente:						
wegen Arbeitslosigkeit/Altersteilzeitarbeit[6]	485 860	1 374	37 000	1 107	522 860	1 355
für Frauen[6]	–	–	1 016 569	1 095	1 016 569	1 095
für schwerbehinderte Menschen[6]	163 321	1 221	162 411	1 120	325 732	1 171
für langjährig Versicherte[6]	263 719	1 281	180 986	992	444 705	1 163
für besonders langjährig Versicherte	230 368	1 334	198 274	1 254	428 642	1 297
Regelaltersrente[7]	423 176	1 228	490 965	974	914 141	1 092
Renten wegen Todes insgesamt	201 181	468	869 403	750	1 114 743	678
davon:						
Witwen-/Witwerrenten	201 041	468	868 062	750	1 069 103	697
Waisenrenten[8]					44 159	210
Erziehungsrenten	140	809	1 341	1 082	1 481	1 056
Renten insgesamt	1 961 801	1 169	3 162 568	979	5 168 528	1 044
nachrichtlich:						
Renten wegen verminderter Erwerbsfähigkeit und wegen Alters insgesamt	1 760 620	1 249	2 293 165	1 065	4 053 785	1 145

[1] Ohne Knappschaftsausgleichsleistungen, Nullrenten, reine Kindererziehungsleistungen und ohne Renten nach Art. 2 RÜG.
[2] Rentenhöhe inkl. Auffüllbetrag, nach Abzug des KVdR/PVdR-Beitrags.
[3] Inkl. Renten an Bergleute wegen Vollendung des 50. Lebensjahres oder wegen verminderter Berufsfähigkeit; siehe auch Fußnote 7.
[4] Erfasst sind lediglich Renten wegen verminderter Erwerbsfähigkeit bis zur Regelaltersgrenze; siehe auch Fußnote 7.
[5] Inkl. Renten wegen Berufs- oder Erwerbsunfähigkeit mit Rentenbeginn bis zum 31.12.2000.
[6] Erfasst sind lediglich Altersrenten an Berechtigte mit einem Alter bis einschl. 92 Jahre; siehe auch Fußnote 7.
[7] Renten an verm. Erwerbsfähige im Alter ab der Regelaltersgrenze und Renten in die Rentenart Regelaltersrente umgewandelt.
[8] Geschlechtertrennung nicht möglich, nur in der Summe Männer und Frauen enthalten.

3.2.4.6 Hinzuverdienstgrenzen bei Renten

3.2.4.6.1 Allgemeines

A. Rentenarten (§ 33 SGB VI)

Rente wegen Alters (vgl. 3.6.6.2)	Rente wegen verminderter Erwerbs- fähigkeit (vgl. 3.6.6.3)	Rente wegen Todes (vgl. 3.6.6.4)
– Regelaltersrente Vollrente Teilrente – Altersrente in be- sonderen Fällen	– Rente wegen verminderter Erwerbsfähigkeit – Rente wegen teilweiser Erwerbsminderung – Rente wegen voller Erwerbsminderung – Invalidenrente (Art. 2 § 7 RÜG) – Renten für Bergleute	– (ab 1.1.2000 kleine/große) Wit- wen-/Witwerrente – Erziehungsrente – Waisenrente – Rentensplitting

B. Bezugsgröße (§ 18 SGB IV) bis 2001 in DM, ab 2002 in €

ab	alte Bundesländer			neue Bundesländer		
	jährl.	monatl.	$^1/_7$	jährl.	monatl.	$^1/_7$
1.1.2006	29 400	2 450	350	24 780	2 065	295
1.1.2007	29 400	2 450	350	25 200	2 100	300
1.1.2008	29 820	2 485	355	25 200	2 100	300
1.1.2009	30 240	2 520	360	25 620	2 135	305
1.1.2010	30 660	2 555	365	26 040	2 170	310
1.1.2011	30 660	2 555	365	26 040	2 170	310
1.1.2012	31 500	2 625	375	26 880	2 240	320
1.1.2013	32 340	2 695	385	27 300	2 275	325
1.1.2014	33 180	2 765	395	28 140	2 345	335
1.1.2015	34 020	2 835	405	28 980	2 415	345
1.1.2016	34 860	2 905	415	30 240	2 520	360
1.1.2017	35 700	2 975	425	31 920	2 660	380
1.1.2018	36 540	3 045	435	32 340	2 695	385
1.1.2019	37 380	3 115	445	34 440	2 870	410
1.1.2020	38 220	3 185	455	36 120	3 010	430
1.1.2021	39 480	3 290	470	37 380	3 115	445

C. Aktueller Rentenwert (§§ 68, 255a Abs. 2 SGB VI)

seit	alte Bundesländer	neue Bundesländer und Berlin-Ost
1.7.2002	25,86 €	22,70 €
1.7.2003	26,13 €	22,97 €
1.7.2004	26,13 €	22,97 €
1.7.2005	26,13 €	22,97 €
1.7.2007	26,27 €	23,09 €
1.7.2008	26,56 €	23,34 €
1.7.2009	27,20 €	24,13 €
1.7.2011	27,47 €	24,37 €
1.7.2012	28,07 €	24,92 €
1.7.2013	28,14 €	25,74 €
1.7.2014	28,61 €	26,39 €
1.7.2015	29,21 €	27,05 €
1.7.2016	30,45 €	28,66 €
1.7.2017	31,03 €	29,69 €
1.7.2018	32,03 €	30,96 €
1.7.2019	33,05 €	31,89 €
1.7.2020	34,19 €	33,23 €
1.7.2021	34,19 €	33,47 €

3.2.4.6.2 Rente wegen Alters gem. § 34 Abs. 2 SGB VI

Beginn der Altersrente	Monatliche Hinzuverdienstgrenze	Anzurechnendes Einkommen
nach Vollendung des 67. Lebensjahres	unbegrenzt	entfällt

A. Regelung bis 31.12.2016

Beginn der Alters-rente	Monatliche Hinzu-verdienstgrenze	Anzurechnendes Einkommen
vor Vollendung des 67. Lebensjahres bei Bezug einer:		
Vollrente	$1/7$ der monatlichen Bezugsgröße bis 2007. Ab 2008 nach der Geringfügigkeitsgrenze	– Arbeitsentgelt (§ 14 SGB IV) – Arbeitseinkommen aus selbständiger Tätigkeit (§ 15 SGB IV) – Vorruhestandsgeld
	ab 1.1.2002 325 € ab 1.4.2003 340 € ab 1.1.2004 345 € ab 1.1.2006 350 € ab 1.1.2008 400 € ab 1.1.2013 450 €	Nicht: – Pflegegeld – Arbeitsentgelt, das ein Behinderter von dem Träger spezieller Einrichtungen erhält (§ 1 Satz 1 Nr. 2 SGB VI)
Teilrente	Individuelle Hinzuverdienstgrenze	

B. Regelung seit 1.1.2017

Das Hinzuverdienstrecht wurde durch das Flexirentengesetz[1] geändert. Seit dem 1.1.2017 gilt für alle Rentenarten vor Erreichen des Anspruches auf Vollrente eine jährliche Hinzuverdienstgrenze von 6.300 € (vom 1.7. und ab 1.1. des kommenden Jahres prognostiziert durch die Deutsche Rentenversicherung Bund).

Dabei werden 40 % des jährlichen Hinzuverdienstes über 6.300 € zu $1/12$ auf die monatliche Rente angerechnet. Übersteigt zudem der Hinzuverdienst zusammen mit der Rente das höchste beitragspflichtige monatliche Durchschnittseinkommen der letzten 15 Kalenderjahre, wird der übersteigende Betrag zu 100 % auf die Altersrente angerechnet (§ 96 a ff SGB VI).

Ausnahme: Für das Jahr 2021 wurde die Hinzuverdienstgrenze aufgrund der Corona-Krise auf 46.060 € p.a. angehoben[2]. Bis zu dieser Höhe führen Einkünfte zu keiner Kürzung einer vorgezogenen Altersrente. Ab 2022 gilt wieder die Grenze in Höhe von 6.300 p.a.

---

[1] Gesetz zur Flexibilisierung des Übergangs vom Erwerbsleben in den Ruhestand und zur Stärkung von Prävention und Rehabilitation im Erwerbsleben (Flexirentengesetz) vom 8.12.2016 (BGBl I 2016 S. 2838).

[2] Gesetz für den erleichterten Zugang zu sozialer Sicherung aufgrund des Coronavirus SARS-CoV-2 (Sozialschutz-Paket) vom 27.3.2020 (BGBl I 2020 S. 575).

3.2.4.6.3 Rente wegen Erwerbsminderung

Zum 1.1.2001 wurden die Renten wegen Berufsunfähigkeit und Erwerbsunfähigkeit ersetzt durch die Rente wegen teilweiser oder voller Erwerbsminderung[1]. Aus Vertrauensschutzgründen genießen alle Versicherten, die vor dem 2.1.1961 geboren sind, den Schutz der vorherigen Rechtslage (siehe Kapitel 3.8.6.3.4).

3.2.4.6.3.1 Voraussetzungen, Befristung, § 43 SGB VI

- Versicherte bis zum Ereichen der Regelaltersgrenze (seit 1.1.2017 = 67. Lebensjahr)
- teilweise oder voll erwerbsgemindert, d.h. nicht in der Lage, mindestens sechs Stunden täglich erwerbsfähig zu sein
- in den 5 Jahren vor Eintritt der Erwerbsminderung mindestens 3 Jahre Pflichtbeiträge gezahlt
- Erfüllung der allgemeinen Wartezeit von 60 Monaten
- Rente zunächst auf drei Jahre befristet

3.2.4.6.3.2 Anzurechnendes Einkommen

A. Regelung bis 31.12.2016

Arbeitsentgelt, gekürzt um einmalig gezahltes Arbeitsentgelt und gesetzliche Abzüge (§ 94 Abs. 1 SGB VI) bei teilweiser Erwerbsminderung bzw. Vorruhestandsgeld (§ 94 Abs. 2 SGB VI) bei voller Erwerbsminderung

B. Regelung seit 1.1.2017

Höhe des Hinzuverdienstes (s. 3.2.4.6.2.B)	Anrechnung
Verdienst bis zur Hinzuverdienstgrenze	keine Anrechnung
Verdienst über der Hinzuverdienstgrenze bis zum Hinzuverdienstdeckel	Anrechnung von 40 Prozent des über der Hinzuverdienstgrenze liegenden Betrages
Verdienst über dem Hinzuverdienstdeckel	volle Anrechnung des darüber liegenden Betrages auf die verbliebene anteilige Rente

---

[1] Gesetz zur Reform der Renten wegen verminderter Erwerbsfähigkeit vom 20.12.2000 (BGBl I 2000 S. 1827).

C. Zusätzlich als Hinzuverdienst zu berücksichtigen (§ 96a Abs. 3 SGB VI)

Dem Arbeitsentgelt/Arbeitseinkommen gleichgestellte Bezüge
– Krankengeld
– Versorgungskrankengeld
– Übergangsgeld
– weitere Sozialleistungen lt. § 18a Abs. 3 Satz 1 Nr. 1 SGB VI

D. Nicht als Hinzuverdienst zu berücksichtigen (§ 96a Abs. 2 SGB VI)

– Pflegegeld
– Arbeitsentgelt, das Behinderte von dem Träger einer in § 1 Satz 1 Nr. 2 SGB VI genannten Einrichtung erhalten

3.2.4.6.3.3 Regelungen vor 1.1.2001 Rente wegen Berufsunfähigkeit gem. § 43 SGB VI a.F.[1]

A. Anzurechnendes Einkommen

– Arbeitsentgelt, gekürzt um einmalig gezahltes Arbeitsentgelt und gesetzliche Abzüge (§ 94 SGB VI)
– Arbeitseinkommen aus selbständiger Arbeit
– ab 1.1.1999 dem Arbeitsentgelt/Arbeitseinkommen gleichgestellte Bezüge (Krankengeld, Versorgungskrankengeld, Übergangsgeld, weitere Sozialleistungen des § 18a Abs. 3 Satz 1 Nr. 1 SGB IV (§ 96a Abs. 3 SGB VI)
– Vorruhestandsgeld, gemindert um gesetzliche Abzüge (§ 94 SGB VI)
– Arbeitslosengeld (§ 95 SGB VI)
  Mehrere Beschäftigungen bzw. selbständige Tätigkeiten, ab 1.1.2000 werden Arbeitsentgelt und Arbeitseinkommen aus mehreren Beschäftigungen und selbständigen Tätigkeiten zusammengerechnet.

nicht:

– Pflegegeld
– Arbeitsentgelt, das Behinderte von dem Träger spezieller Einrichtungen erhalten (§ 1 Satz 1 Nr. 2 SGB VI)
– Altersübergangsgeld (§ 249e AFG)

---

[1] Seit 1.1.2001 Rente wegen Erwerbsminderung, vgl. Kap. 3.8.6.3. Bestand zum 31.12.2000 Anspruch auf Rente wegen Berufsunfähigkeit, besteht der Anspruch fort bis zum 65. Lebensjahr, solange die Voraussetzungen zur Bewilligung bestehen bleiben (§ 302b SGB VI).

B. Hinzuverdienstgrenzen[1] gem. §§ 302 b Abs. 1, 313, 96 a Abs. 2 SGB VI

Die Hinzuverdienstgrenze wird individuell errechnet. Von der Höhe des Hinzuverdienstes hängt es ab, ob die Rente in voller Höhe, in Höhe von $2/3$ oder von $1/3$ gezahlt wird.

Formel für die Ermittlung der Hinzuverdienstgrenze

Entgeltpunkte der letzten 3 Kalenderjahre vor Beginn der ersten Rente wegen Alters, mindestens jedoch 0,5 Entgeltpunkte[2] (§ 66 SGB VI) – ergeben sich aus dem Rentenbescheid	× monatliche Bezugsgröße (West)	× Teilrentenfaktor	= Hinzuverdienstgrenze (€)
		ab 2008	
		Vollrente 0,57	
		$1/3$ der Vollrente 0,94	
		$2/3$ der Vollrente 0,76	

Beispiel:

$1/3$ Teilrente für 1.7.2021 (**alte Bundesländer**)

0,5	×	3 290 €	×	0,94	**1 546,30**

Bei Hinzuverdienst in den neuen Bundesländern werden bei Teilrenten die Grenzwerte in das Verhältnis gesetzt, in dem der aktuelle Rentenwert (Ost) zu dem aktuellen Rentenwert (West) steht.

Rentenwert ab 1.7.2021 (West)   34,19 €
Rentenwert ab 1.7.2021 (Ost)   33,47 €

$1/3$ Teilrente für 1.7.2021 (**neue Bundesländer**)

$$\frac{1\,546,30 \text{ (Hinzuverdienstgrenze West)} \times 33,47 \text{ (Rentenwert Ost)}}{34,19 \text{ (Rentenwert West)}} = \mathbf{1\,513,74}$$

Ein zweimaliges Überschreiten um jeweils einen Betrag bis zur Höhe der Hinzuverdienstgrenze im Laufe eines jeden Kalenderjahres bleibt außer Betracht (§ 96 a Abs. 1 Satz 2 SGB VI).

---

[1] Bei Rentenbeginn vor dem 1.1.1996 keine Hinzuverdienstgrenzen bis 31.12.2000, ab dem 1.1.2001 Hinzuverdienstgrenzen wie bei Rentenbeginn nach dem 31.12.1995 (§ 302 b Abs. 1 SGB VI). §§ 96 a, 302 b SGB VI n. F. sind auf die Rente wegen Berufsunfähigkeit anzuwenden (§ 313 SGB VI).

[2] 0,5 Entgeltpunkte entsprechen einem Hinzuverdienst von der Hälfte des Einkommens aus der früheren Erwerbstätigkeit (Hauptberuf) oder der eines vergleichbaren Versicherten oder in einem sozial zumutbaren Verweisungsberuf.

3.2.4.6.4 Rente wegen Todes

3.2.4.6.4.1 Einkommensanrechnung auf Renten wegen Todes gem. § 97 SGB VI i.V.m. § 18 a SGB IV

Umfangreiche, anteilige Anrechnung aller monatlichen Erwerbs- und Erwerbsersatzeinkommen (Vermögenseinkommen, Elterngeld, Aufstockungsbeträge und Zuschläge nach § 3 Nr. 28 EStG), z. B. auch eigener Rentenansprüche, wobei mehrere zu berücksichtigende Einkommen zusammenzurechnen sind. Für die Kürzung um Pauschalwerte und/oder Beitragsanteile siehe § 18 b Abs. 5 SGB IV.

Maßgebendes Einkommen ist bei
a) Erwerbseinkommen und kurzfristigen Erwerbsersatzeinkommen
   das Erwerbseinkommen des letzten Kalenderjahres/Zahl der Kalendermonate, in denen es erzielt wurde (§ 18 b Abs. 2 Satz 1 SGB IV)
b) langfristigen Erwerbsersatzeinkommen
   das laufende Einkommen unter Berücksichtigung jährlicher Sonderzuwendungen mit $^1/_{12}$ (§ 18 b Abs. 3 SGB IV)
Laufendes Erwerbseinkommen und kurzfristiges Erwerbsersatzeinkommen werden dann nicht als Vorjahreseinkommen, sondern aktuell zugrunde gelegt, wenn es sich im Betrag um wenigstens 10 % gemindert hat. Einkommensänderungen werden grundsätzlich erst mit Wirkung vom nächsten Rentenanpassungstermin berücksichtigt, es sei denn, es handelt sich um eine Einkommensminderung, die wenigstens 10 % beträgt und die nicht nur kurzfristig ist (§ 18 d SGB IV).

3.2.4.6.4.2 Anrechnungsfreibetrag

– Gewährung nur einmal bei Zusammentreffen mehrerer Renten wegen Todes (zur maßgebenden Rangfolge für die Einkommensanrechnung siehe § 97 Abs. 3 und 4 SGB VI).
– Anrechnung des den Freibetrag überschreitenden zu berücksichtigenden Erwerbs- und Erwerbsersatzeinkommens zu 40 % auf die Renten wegen Todes (§ 97 Abs. 2 SGB VI). Ausnahmen vgl. unten.

Höhe des monatlichen Freibetrags (§ 97 Abs. 2 S. 1 SGB VI)

	Formel	ab 1.7.2021	
		West €	Ost €
Witwen-/Witwerrente (§ 46 SGB VI)	26,4 × aktueller Rentenwert	902,62	883,61
Erziehungsrente (§ 47 SGB VI)	26,4 × aktueller Rentenwert	902,62	883,61

	Formel	ab 1.7.2021	
		West €	Ost €
Waisenrente an Kind über 18 Jahre (§ 48 SGB VI)	entfällt ab 1.7.15	–	–
für alle Leistungsarten geltender Zuschlag je waisenrentenberechtigtem Kind (der rentenberechtigten Waise)	5,6 × aktueller Rentenwert	191,46	187,43

Ausnahmen von der Einkommensanrechnung:[1]

– Witwen-/Witwerrenten in den ersten 3 Monaten nach dem Tod des Versicherten immer ungekürzt (§ 97 Abs. 1 Satz 2 SGB VI).
– Fälle, in denen die Ehegatten bis zum 31.12.1988 eine gemeinsame Erklärung zur weiteren Anwendbarkeit des vor dem 1.1.1986 geltenden Hinterbliebenenrentenrechts abgegeben haben oder eine solche als abgegeben gilt (§ 314 Abs. 1 SGB VI).
– Stufenweise Einkommensanrechnung, wenn der Versicherte in der Zeit vom 1.1.1986 bis 31.12.1995 verstorben ist und die Ehe vor dem 1.1.1986 geschlossen wurde (§ 314 Abs. 3 SGB VI).

3.2.4.6.4.3 Rentensplitting gem. § 120a SGB VI

Tatbestand	Optionsmodell, bei dem in der Ehezeit erworbene Rentenansprüche partnerschaftlich aufgeteilt werden (ähnlich Versorgungsausgleich in Scheidungsfällen)
Berechtigter Personenkreis	– Ehe ist nach 31.12.2001 geschlossen oder – Ehe bestand schon vor 1.1.2002 und beide Ehepartner sind nach dem 1.1.1962 geboren
Anwendungsvoraussetzung	– beide Ehepartner haben erstmalig Anspruch auf Vollrente wegen Alters – ein Ehegatte hat Anspruch auf Altersrente und der andere Ehegatte das 65. Lebensjahr vollendet – ein Ehegatte verstirbt – beide Ehegatten weisen jeweils 25 Jahre an rentenrechtlichen Zeiten vor – übereinstimmende Erklärung beider Ehegatten

---

[1] Keine Geltung für Versicherte oder Witwen oder Witwer, die am 18. Mai 1990 den gewöhnlichen Aufenthalt im Beitrittsgebiet hatten (§ 314a Abs. 2 SGB VI).

Berechnung und Wirkung	– Berechnung auf Basis der Entgeltpunkte, die sich ausschließlich auf die in der Splittingzeit erworbenen dynamischen Rentenansprüche beziehen
	– Entgeltpunkte werden jeweils als Zu- oder Abschlag im jeweiligen Versicherungskonto gespeichert
	– derzeitiger Wert eines Entgeltpunktes:
	alte Bundesländer 34,19 €
	neue Bundesländer 33,47 €
	– mit verbindlicher Entscheidung zum Rentensplitting scheidet spätere Zahlung einer Witwen-Witwerrente aus

3.2.4.7 Grundrente[1]

In-Kraft-Treten	1.1.2021
Anspruch	Personen, die ab dem 1.1.2021 erstmals eine Rente beziehen oder bereits Rentenbezieher sind
Voraussetzungen	– mindestens 35 Jahre an sog. Grundrentenzeiten (z.B. Pflichtbeitragszeiten von Beschäftigten und Selbstständigen, Zeiten der Kindererziehung und Pflege sowie Zeiten, in denen während Krankheit oder Rehabilitation eine Leistung bezogen wurde
	– nicht berücksichtigt werden Zeiten, in denen freiwillige Beiträge gezahlt wurden und Zeiten der Arbeitslosigkeit
	– Übergangsbereich: Grundrente bereits, wenn 33 Jahre Grundrentenzeiten vorhanden sind (allerdings mit einer niedrigeren Grundrente)
Einkommenshöhe	– **Untergrenze**: Zusammenrechnung aller Grundrentenzeiten, in denen der Verdienst mindestens 30 % des Durchschnittsverdienstes in Deutschland betragen hat (2021: monatlich rund 1038 € brutto). Liegt der eigene Verdienst darunter, wird diese Zeit nicht mitgezählt (keine Berücksichtigung von Einkommen aus Zeiten mit geringfügiger Beschäftigung)
	– **Obergrenze**: Zusammenrechnung aller Grundrentenzeiten, in denen der Verdienst höchstens 80 % des Durchschnittsverdienstes in Deutschland betragen hat (2021: monatlich rund 2769,60 € brutto).

---

[1] Gesetz zur Einführung der Grundrente für langjährige Versicherung in der gesetzlichen Rentenversicherung mit unterdurchschnittlichem Einkommen und für weitere Maßnahmen zur Erhöhung der Alterseinkommen (Grundrentengesetz) vom 12.8.2002 (BGBl I 2020 S. 1879).

Höhe der Leistung	– Rentenansprüche aus den Zeiten, die für die Berechnung der Grundrente relevant sind, werden verdoppelt – Begrenzung der Verdoppelung dieser Rentenansprüche auf maximal 80 % des Durchschnittsverdienstes pro Jahr – errechneter Betrag wird um 12,5 % gekürzt und für höchstens 35 Jahre berechnet
Einkommens-anrechnung	– Anspruch auf Grundrente in voller Höhe nur für die Rentnerinnen und Rentner, denen als Alleinstehende ein Monatseinkommen von bis zu 1250 € oder als Ehepaar von bis zu 1950 € zur Verfügung steht – liegt das Einkommen darüber, wird es zu 60 % auf die Grundrente angerechnet – ab einem Monatseinkommen von 1600 € bzw. 2300 € bei Ehepaaren erfolgt Anrechnung zu 100 % – Einkommen = eigene Rente und weiteres zu versteuerndes Einkommen – Maßgebend ist Einkommen des vorvergangenen Kalenderjahres (in 2021 also das Einkommen des Jahres 2019)

3.2.4.8   Rente und Beschäftigung

Teilweise Erwerbs-minderungsrente	– wie übrige Arbeitnehmer versicherungspflichtig – arbeitslosenversicherungsfrei, wenn Arbeitsamt feststellt, dass wegen verminderter Leistungsfähigkeit die Arbeitsvermittlung nicht möglich ist (§ 28 Nr. 3 SGB III) – bei Aneignung neuer qualifizierter Kenntnisse (langjährige Tätigkeit in anderem Beruf oder Umschulung) Rentenentzug wegen fehlender Berufsunfähigkeit
Volle Erwerbs-minderungsrente	– wie übrige Arbeitnehmer versicherungspflichtig – arbeitslosenversicherungsfrei (§ 28 Nr. 2 SGB III) – zusätzlicher monatlicher Verdienst bis 450 € (bis 31.12.2012 400 €) rentenunschädlich
Vollrente wegen Alters	– wie übrige Arbeitnehmer krankenversicherungspflichtig, jedoch rentenversicherungsfrei – kein Anspruch auf Krankengeld (daher gilt ermäßigter Beitragssatz) – Arbeitgeberanteil der Renten- und Arbeitslosenversicherung zu zahlen – pflichtversicherte Rente in der gesetzlichen Krankenkasse auch pflegeversicherungspflichtig

3.2.4.9 Entgeltgrenzen bei geringfügig entlohnten Beschäftigungen

Zeitraum seit	Entgeltgrenze geringfügig entlohnte Beschäftigung[3]	wöchentliche Arbeitszeit für KV/PV/RV	wöchentliche Arbeitszeit für AV	AG-Beiträge zur Sozialversicherung	pauschale LSt d. AG[1]	Entgeltgrenze Gering-verdiener[2]
1993	530,00 DM	< 15,00 Std.	< 18,00 Std.	versicherungsfrei	20 %	610,00 DM
1994	560,00 DM	< 15,00 Std.	< 18,00 Std.	versicherungsfrei	20 %	610,00 DM
1995	580,00 DM	< 15,00 Std.	< 18,00 Std.	versicherungsfrei	20 %	610,00 DM
1996	590,00 DM	< 15,00 Std.	< 18,00 Std.	versicherungsfrei	20 %	610,00 DM
1997	610,00 DM	< 15,00 Std.	< 18,00 Std.	versicherungsfrei	20 %	610,00 DM
1.4.97	610,00 DM	**< 15,00 Std.**		versicherungsfrei	20 %	610,00 DM
1998	620,00 DM	< 15,00 Std.		versicherungsfrei	20 %	620,00 DM
1999	630,00 DM	< 15,00 Std.		versicherungsfrei	20 %	630,00 DM
1.4.99	630,00 DM	< 15,00 Std.		versicherungsfrei	20 %	630,00 DM
2002	325,00 €	**Wegfall Stundengrenze**		11 % KV[5] und 12 % RV[4]	2 %	325,00 €
1.4.03	400,00 €			11 % KV[5] und 12 % RV[4]	2 %	400,00 €
1.8.03	400,00 €			11 % KV[5] und 12 % RV[4]	2 %	325,00 €
1.7.06	400,00 €			13 % KV[5] und 15 % RV[4]	2 %	325,00 €
1.1.13	450,00 €			13 % KV[5] und 15 % RV[4]	2 %	325,00 €

[1] Entfällt bei Vorlage einer LSt-Karte und (bis zum 31.3.2003) bei Vorlage einer Freistellungsbescheinigung.

[2] Wer mit seinem Entgelt die Grenze nicht übersteigt, jedoch an 15 Stunden oder mehr wöchentlich beschäftigt ist, unterliegt der Versicherungspflicht. Die Beiträge trägt der AG alleine. Bei Überschreiten der Grenze infolge einmalig gezahltem Arbeitsentgelt hat der Arbeitnehmer den Beitrag von dem die Grenze übersteigenden Teil des Arbeitsentgelts hälftig zu tragen. Die Geringverdienergrenze gilt seit dem 1.4.2003 nur für Auszubildende.

[3] Die Versicherungsfreiheit gilt nicht für Arbeitnehmer, die
   – im Rahmen betrieblicher Berufsbildung,
   – nach dem Gesetz zur Förderung eines sozialen und
   – nach dem Gesetz zur Förderung eines ökologischen Jahres oder
   – wegen stufenweiser Wiedereingliederung in das Erwerbsleben
   nur geringfügig beschäftigt sind.
   Mehrere geringfügig entlohnte Beschäftigungen werden zusammengerechnet.

[4] Außerdem sind im Sinne der Vorschriften über Kurzarbeiter-/Winterausfallgeld nur geringfügig Beschäftigte versicherungsfrei.
   Bis zum 31.12.2012: Aufstockungsmöglichkeit durch den AN bis zum vollen Beitrag von 18,7 %. Ab dem 1.1.2013: Rentenversicherungspflicht (AG pauschal 15 % + AN 3,7 %). Befreiung von der RV-Pflicht auf Antrag möglich. Für Bestandsfälle vor dem 1.1.2013 gelten Übergangsregelungen.

[5] Für privat krankenversicherte AN entfällt der Pauschalbeitrag zur KV.

3.2.4.10 Geringfügige Beschäftigung[1]

3.2.4.10.1 Gewerbliche Mini-Jobs ohne Hauptbeschäftigung

Fallkonstellation		Abgabenbelastung der Mini-Jobs					
Haupt-beschäftigung	Neben-beschäftigung	KV	RV[2]	AV	PV	einheitliche Pauschsteuer[3]	Steuerkarte liegt vor[4]
keine	Mini-Job maximal 450 €	13% AG, falls KV-pfl.	15% AG	frei	frei	2%	nein
						0%	ja
keine	zwei (oder mehr) Mini-Jobs insg. max. 450 €	13% AG, falls KV-pfl.	15% AG	frei	frei	2%	nein
						0%	ja

3.2.4.10.2 Gewerbliche Mini-Jobs – Rentenversicherungsbeitrag an Versorgungswerk

Fallkonstellation		Abgabenbelastung der Mini-Jobs[4]					
Haupt-beschäftigung	Neben-beschäftigung	KV	RV[2]	AV	PV	einheitliche Pauschsteuer[3]	Steuerkarte liegt vor[4]
keine (in einem Vers.-Werk versichert)	Mini-Job ≤ 450 € RV-Option (nicht berufsfremd)	13% AG, falls KV-pfl.	15% AG	frei	frei	2%	nein
						0%	ja
keine (in einem Vers.-Werk versichert)	Mini-Job ≤ 450 € RV-Option (berufsfremd)	13% AG, falls KV-pfl.	15% AG	frei	frei	2%	nein
						0%	ja

Fußnoten siehe Ende Kapitel 3.2.4.10.5.

3.2.4.10.3 Gewerbliche Mini-Jobs neben anderer Beschäftigung

Fallkonstellation		Abgabenbelastung der Mini-Jobs					
Haupt-beschäftigung	Neben-beschäftigung	KV	RV[2]	AV	PV	einheitliche Pauschsteuer[3]	Steuerkarte liegt vor[4]
Arbeitslose > 165 € Anrechnung auf ALG	erster Mini-Job maximal 450 €	13 % AG, falls KV-pfl.	15 % AG	frei	frei	2 %	nein
						0 %	ja
Schüler/Studenten[5]	erster Mini-Job maximal 450 €	13 % AG, falls KV-pfl.	15 % AG	frei	frei	2 %	nein
						0 %	ja
Elternzeit	erster Mini-Job maximal 450 € alternative Möglichkeiten	13 % AG, falls KV-pfl.	15 % AG	frei	frei	2 %	nein
						0 %	ja
Azubi ≤ 325 € bleibt GV, AG übern. gesamte SV	erster Mini-Job maximal 450 €	13 % AG, falls KV-pfl.	15 % AG	frei	frei	2 %	nein
						0 %	ja
Selbständig	erster Mini-Job maximal 450 €	13 % AG, falls KV-pfl.	15 % AG	frei	frei	2 %	nein
						0 %	ja
Beamter (vers.-frei)	erster Mini-Job maximal 450 €	frei	15 % AG	frei	frei	2 %	nein
						0 %	ja

Fußnoten siehe Ende Kap. 3.2.4.10.5.

Fallkonstellation		Abgabenbelastung der Mini-Jobs					
Haupt-beschäftigung	Neben-beschäftigung	KV	RV[2]	AV	PV	einheitliche Pauschsteuer[3]	Steuerkarte liegt vor[4]
Rentner mit Altersvollrente/Vers.-Bezugsempfänger	erster Mini-Job maximal 450 €	13 % AG, falls KV-pfl.	15 % AG ohne Option[6]	frei	frei	2 % / 0 %	nein / ja
Rentner wegen Erwerbsunfähigkeit	erster Mini-Job maximal 450 €	13 % AG, falls KV-pfl.	15 % AG	frei	frei	2 % / 0 %	nein / ja

3.2.4.10.4 Kurzfristige Beschäftigung

Fallkonstellation		Abgabenbelastung der Mini-Jobs					
Haupt-beschäftigung	Neben-beschäftigung	KV	RV[2]	AV	PV	einheitliche Pauschsteuer[3]	Steuerkarte liegt vor[4]
keine	kurzfristige Beschäftigung	frei	frei	frei	frei	25 % / 0 %	nein / ja
ja	kurzfristige Beschäftigung	frei	frei	frei	frei	25 % / 0 %	nein / ja
kurzfristige Beschäftigung	kurzfristige Beschäftigung insgesamt mehr als 70 Arbeitstage im Kalenderjahr	pflichtig falls ges. KV	pflichtig	pflichtig	pflichtig	nicht zulässig	ja

Fußnoten siehe Ende Kap. 3.2.4.10.5.

Fallkonstellation		Abgabenbelastung der Mini-Jobs					
Hauptbeschäftigung	Nebenbeschäftigung	KV	RV[2]	AV	PV	einheitliche Pauschsteuer[3]	Steuerkarte liegt vor[4]
Mini-Job maximal 450 €	kurzfristige Beschäftigung	frei	frei	frei	frei	25% 0%	nein ja

3.2.4.10.5 Mini-Jobs im Privathaushalt gem. §8a SGB IV

Fallkonstellation		Abgabenbelastung der Mini-Jobs						
Hauptbeschäftigung	Nebenbeschäftigung	KV	RV[2]	AV	PV	UV[7]	einheitliche Pauschsteuer[3]	Steuerkarte liegt vor[4]
keine	Mini-Job maximal 450 €	5% AG, falls KV-pfl.	5% AG	frei	frei	1,6%	2% 0%	nein ja
vgl. Möglichkeiten 3.8.9.3	erster Mini-Job maximal 450 €	5% AG, falls KV-pfl.	5% AG	frei	frei	1,6%	2% 0%	nein ja

Der private Arbeitgeber führt halbjährig (jeweils zum 30.6. und 31.12.) die Abgaben an die Bundesknappschaft in Essen ab. Da gerade im Bereich der Mini-Jobs im Privathaushalt die Überprüfung der Meldepflicht relativ schwierig ist, sieht der Gesetzgeber für diese Fälle eine Tarifermäßigung nach §35a EStG vor.

[1] Eingeführt mit dem Gesetz für moderne Dienstleistungen am Arbeitsmarkt vom 23.12.2002 (BGBl I 2002 S.4621).

[2] Bis zum 31.12.2012: Aufstockungsmöglichkeit durch den AN bis zum vollen Beitrag von 18,7%. Bei Wahrnehmung der Option Versicherungspflicht in der RV mit anteiliger Beitragszahlung durch den Beschäftigten gem. §5 Abs.2 Satz2 SGB VI (grundsätzlich 3,7%; bis 175 € Mindestbeitrag von 32,73 €, auf den der AG-Anteil von 15% angerechnet wird). Ab dem 1.1.2015: Rentenversicherungspflicht (AG pauschal 15% + AN 3,7%), Befreiung von der RV-Pflicht auf Antrag möglich. Für Bestandsfälle vor dem 1.1.2013 gelten Übergangsregelungen.

[3] Sofern eine Lohnsteuerkarte vorliegt, kann auch nach den Merkmalen der Karte abgerechnet werden. Übernahme der Pauschalsteuer auch durch Arbeitnehmer möglich.

[4] Auch wenn wegen anderweitiger geringfügiger Einkünfte Steuerpflicht eintritt, dürfte sich trotzdem bei Wahl des Lohnsteuerabzugsverfahrens mit Lohnsteuerkarte im Regelfall keine Steuerbelastung ergeben. Solange das Entgelt aus der geringfügigen Beschäftigung zusammen mit anderen steuerpflichtigen Einnahmen – nach Berücksichtigung insbesondere des Arbeitnehmer-Pauschbetrags und der steuerlich abziehbaren Vorsorgeaufwendungen – unter dem Grundfreibetrag (2018: 9000 €) bleibt, führt auch die Einkommensteuerveranlagung zu keiner Steuerbelastung.

[5] Die Abgaben sowie ggfs. die Umlagebeiträge sind an die Bundesknappschaft Essen abzuführen.

[6] Keine Aufstockungsmöglichkeit in der RV, da Beschäftigung bereits nach §5 Abs.4 SGB VI versicherungsfrei, der Arbeitgeberanteil ist zu zahlen.

[7] Der Beitrag für die Unfallversicherung beträgt ab Januar 2006 einheitlich 1,6 Prozent. Er wird zusammen mit den anderen Abgaben zweimal jährlich eingezogen. Die Minijob-Zentrale leitet die Beiträge zur Unfallversicherung anschließend an den zuständigen kommunalen Unfallversicherungsträger weiter.

3.2.4.11 Übergangsbereich (Midijob)

A. Grundsätze

- für Arbeitnehmer mit einem regelmäßigen monatlichen Entgelt von mindestens 450,01 €, aber höchstens 1 300 € (grundsätzlich steuer- und sozialversicherungspflichtig)
- durch Gleitzonenberechnung stufenweise Steigerung der Beitragsbelastung des Arbeitnehmers in Abhängigkeit vom Arbeitsentgelt von ca. 11 % auf vollen Arbeitnehmeranteil von ca. 20 %
- Gleitzonenberechnung gilt nicht für Arbeitgeberanteil – die Hälfte des Gesamtsozialversicherungsbeitrages vom tatsächlichen Entgelt ist zu entrichten
- Gleitzonenregelung gilt nicht für Auszubildende und kurzfristig Beschäftigte
- Pauschalversteuerung nach § 40 a EStG nicht zulässig

B. Berechnungsgrundlage

Beitragspflichtige Einnahme = F × 450 + ([1 300/(1 300 − 450)] × F) × (AE − 450)
Der Buchstabe „F" steht für den sog. Faktor „F", der jedes Jahr vom Bundesministerium für Gesundheit und Soziale Sicherung festgelegt wird. Seit dem 1.1.2021 gilt ein Faktor von 0,7509. Der Faktor „F" wird bis zum 31.12. eines Jahres für das Folgejahr im Bundesanzeiger bekanntgegeben.
Die verkürzte Formel lautet: 1,13187647059 × AE − 171,43941176471

C. Reduzierte AN-Anteile[1]

Beitragsanteil =   beitragspflichtige Einnahme × Beitragssatz
                    ./. (tatsächliches Entgelt × halber Beitragssatz)

---

[1] Die reduzierten Rentenversicherungsbeiträge des Arbeitnehmers führen nicht mehr zu geringeren Rentenleistungen.

D. Sozialversicherungsbeiträge im Übergangsbereich (Midijob) seit 1.1.2021

Annahme: KV-Beitragssatz 14,6 %[1]

Arbeitsentgelt €	AG-Anteil €[1, 2]	Beitragspflichtige Einnahme €	AN-Anteil €[3, 3]
450,01	65,30	337,92	66,15
500,00	76,24	394,50	77,22
550,00	87,17	451,09	88,30
600,00	98,11	507,69	99,38
650,00	109,05	564,28	110,46
700,00	119,98	620,87	121,54
750,00	130,92	677,47	132,61
800,00	141,86	734,06	143,69
850,00	152,79	790,66	154,77
900,00	163,73	847,25	165,85
950,00	174,67	903,84	176,93
1 000,00	185,60	960,44	188,01
1 050,00	196,54	1017,03	199,08
1 100,00	207,48	1073,62	210,16
1 150,00	218,41	1130,22	221,24
1 200,00	229,35	1186,81	232,32
1 250,00	240,29	1243,41	243,40
1 300,00	251,23	1300,00	254,48

Stand: 1.1.2021

---

[1] 14,6 % durchschnittlicher Zusatzbeitrag (1.1.2021; 1,3 %)
[1] Ohne Umlagebeträge U1/U2/Insolvenzgeld.
[2] Inkl. Zusatzbeitrag in der Krankenversicherung. Ab 1.1.2019 zu je 50 % Arbeitnehmer und Arbeitgeber.
[3] Inkl. Zusatzbeitrag 0,25 % in der Pflegeversicherung für „Kinderlose" i.S.d. „Kinderberücksichtigungsgesetzes".

E. Fallbeispiele Gleitzonenregelung

	Hauptbeschäftigung 450,01 € bis 1 300,00 €	Hauptbeschäftigung AN > 55 Jahre und in der PKV versichert	Hauptbeschäftigung AN > 55 Jahre und vorher arbeitslos
Kranken-versicherung (AN)	Pfl. Gleitzone	frei	Pfl. Gleitzone
Pflege-versicherung (AN)	Pfl. Gleitzone	frei	Pfl. Gleitzone
Renten-versicherung (AN)	Pfl. Gleitzone	Pfl. Gleitzone	Pfl. Gleitzone
Arbeitslosen-versicherung (AN)	Pfl. Gleitzone	Pfl. Gleitzone	Pfl. Gleitzone
Arbeitgeber-Anteile (SV)	Voller Beitrag in allen Zweigen der SV	Voller Beitrag in RV und AV KV u. PV frei	Voller Beitrag in allen Zweigen der SV
Lohnsteuer	Steuerkarte	Steuerkarte	Steuerkarte

F. Fallbeispiele Gleitzonenregelung für Rentner

	Rentner mit Altersvollrente/ Versorgungsbezugs-empfänger	Rentner wegen Erwerbsunfähigkeit
Nebenbeschäftigung	450,01 € – 1 300,00 €	450,01 € – 1 300,00 €
Krankenversicherung (AN)	Pfl. Gleitzone falls ges. KV, erm. Beitrag	Pfl. Gleitzone falls ges. KV
Pflegeversicherung (AN)	Pfl. Gleitzone	Pfl. Gleitzone
Rentenversicherung (AN)	frei	Pfl. Gleitzone
Arbeitslosenversicherung (AN)	frei	Pfl. Gleitzone
Arbeitgeber-Anteile (SV)	Voller Beitrag in allen Zweigen der SV	Voller Beitrag in allen zweigen der SV
Lohnsteuer	Steuerkarte	Steuerkarte

3.2.4.12 Ausgewählte Krankenkassenbeitragssätze und Umlagesätze

Beitragsbemessungsgrenze Kranken- und Pflegeversicherung	jährlich in €	monatlich in €	täglich in €
1.1.2018	53 100	4 425,00	147,50
1.1.2019	54 450	4 537,50	151,25
1.1.2020	56 250	4 687,50	156,25
1.1.2021	58 050	4 837,50	161,25
1.1.2022[1]	58 050	4 837,50	161,25

Beitragssätze[1]	am 1.7. 2008	ab 1.1. 2009 Einführung des Gesundheitsfonds zum 1.1.2009 einheitlicher Beitragssatz in Höhe von 15,5%	ab 1.7. 2009 einheitlicher Beitragssatz in Höhe von 14,9%	ab 1.1. 2010 einheitlicher Beitragssatz in Höhe von 15,5%	ab 1.1. 2015 einheitlicher Beitragssatz in Höhe von 14,6%
AOK Baden-Württemberg	14,5 %				
AOK Bayern	14,5 %				
AOK Berlin	15,8 %				
AOK Brandenburg	14,9 %				
AOK Hessen	14,9 %				
AOK Niedersachsen	14,1 %				
AOK Rheinland/Hamburg	14,3 %				
AOK Rheinland-Pfalz	15,5 %				
AOK Sachsen	12,9 %				
AOK Schleswig-Holstein	15,3 %				
AOK Westfalen Lippe	13,8 %				
Barmer Ersatzkasse	14,4 %				
BIG Gesundheit	12,5 %				
BKK Anker, Lynen, Prym	13,9 %				
BKK Gothaer VUD	16,3 %				
DAK	14,5 %				
Gmünder Ersatzkasse	14,3 %				
Hamburg-Münchner Krankenkasse	15,5 %				
Hanseatische Ersatzkasse	14,4 %				
IKK Direkt	12,9 %				
Kaufmännische Krankenkasse	13,9 %				
mhplus BKK	13,8 %				
Techniker Krankenkasse	13,8 %				

[1] Stand: 5.11.2021.
[1] Ab 1.7.2005 bis 31.12.2014 zzgl. ausschließlich von den Arbeitnehmern zu tragender Sonderbeitrag (0,9 %). Vom 1.1.2015 bis 31.12.2018 zzgl. eines krankenkassenindividuellen, vom Arbeitnehmer zu tragenden Sonderbeitrags. Ab 1.1.2019 wird dieser Sonderbeitrag zu gleichen Teilen von Arbeitnehmern und Arbeitgebern getragen.

Umlagesätze für die Erstattung der Arbeitgeberaufwendungen nach dem Entgeltfortzahlungsgesetz[1]

Umlagesätze EFZG Umlagesätze (Stand: 1.10.2021) U1= Krankheitsaufwendungen U2= Mutterschaftsaufwendungen	U 1 Erm. Beitrag (Erstattung in %)	U 1 Erm. Beitrag (Erstattung in %)	U 1 allg. Beitrag (Erstattung in %)	U 1 Erh. Beitrag (Erstattung in %)	U 2 Beitrag (Erstattung) in %
AOK Baden-Württemberg	1,6 (50)	2,2 (60)	2,5 (70)	3,75 (80)	0,69 (100)
AOK Bayern	2,0 (50)	2,5 (60)	2,9 (70)	4,00 (80)	0,69 (100)
AOK Bremen/Bremerhaven	–	1,7 (50)	2,3 (60)	3,60 (70)	0,75 (100)
AOK Hessen	1,7 (50)	2,3 (60)	2,9 (70)	4,10 (80)	0,62 (100)
AOK Niedersachsen	–	2,0 (55)	2,6 (65)	3,50 (75)	0,75 (100)
AOK Nordost	–	1,8 (50)	2,8 (65)	–	0,75 (100)
AOK Nordwest	1,6 (50)	2,1 (60)	2,6 (70)	3,80 (80)	0,66 (100)
AOK Plus	–	1,8 (50)	2,6 (65)	–	0,79 (100)
AOK Rheinland/Hamburg	–	1,8 (50)	2,1 (60)	3,10 (70)	0,60 (100)
AOK Rheinland-Pfalz/Saarland	1,5 (50)	2,2 (60)	2,8 (70)	3,50 (80)	0,60 (100)
AOK Sachsen-Anhalt	–	1,4 (50)	2,0 (60)	3,00 (80)	0,77 (100)
Barmer Ersatzkasse	–	1,5 (50)	2,2 (65)	3,60 (80)	0,53 (100)
BIG direkt Gesund	–	2,2 (60)	2,8 (80)	–	0,40 (100)
DAK Gesundheit	1,7 (50)	1,9 (60)	2,4 (70)	3,90 (80)	0,65 (100)
HEK Hanseatische Krankenkasse	–	1,4 (50)	2,3 (70)	3,20 (80)	0,70 (100)
IKK classic	–	1,9 (50)	2,8 (65)	–	0,45 (100)
KKH	–	1,8 (50)	2,4 (70)	3,10 (80)	0,48 (100)
mhplus BKK	–	1,2 (50)	2,4 (70)	3,10 (80)	0,38 (100)
Techniker Krankenkasse	–	0,9 (50)	1,6 (70)	2,60 (80)	0,65 (100)

---

[1] Ab 1.1.2006 Beitragspflicht für alle Betriebe (Aufwendungen für Mutterschutz).

3.2.4.13 Sozialversicherungsausweis/ Sofortmeldung[1]

Wer muss Sofortmeldungen abgeben?	Arbeitgeber der Branchen, in denen Arbeitnehmer bis zum 31.12.2008 den Sozialversicherungsausweis mitführen mussten. – Baugewerbe – Gaststätten- und Beherbergungsgewerbe – Personenbeförderungsgewerbe – Speditions-, Transport- und damit verbundenes Logistik-gewerbe – Schaustellergewerbe – Unternehmen der Forstwirtschaft – Gebäudereinigungsgewerbe – Unternehmen, die sich am Auf- und Abbau von Messen und Ausstellungen beteiligen – Fleischwirtschaft – Prostitutionsgewerbe – Wach- und Sicherheitsgewerbe
Wer ist zu melden?	Alle Arbeitnehmer
Wann und wie ist zu melden?	Spätestens bei Beschäftigungsaufnahme ist die Sofortmeldung vom Arbeitgeber oder durch einen von ihm beauftragten Steuerberater oder ein Service-Rechenzentrum mittels Datenübertragung zu übermitteln. Die Sofortmeldung ist in das bestehende DEÜV-Meldeverfahren integriert.
Was ist zu melden?	– Familien- und Vornamen – Versicherungsnummer – Betriebsnummer des Arbeitgebers – Tag der Beschäftigungsaufnahme

---

[1] § 28 a Abs. 4 SGB IV i.V.m. § 7 DEÜV.

3.2.4.14 Pflegeversicherung

A. Grundsätze

Versicherungspflicht in der sozialen Pflegeversicherung für	– abhängig beschäftigte Arbeitnehmer und Auszubildende, soweit Versicherungspflicht in der gesetzlichen Krankenversicherung vorliegt. – freiwillig bei einer Krankenkasse versicherte Mitglieder, wenn sie sich nicht ausdrücklich wegen einer privaten Pflegeversicherung von der sozialen Pflegeversicherung haben befreien lassen
Versicherungspflicht für private Pflegeversicherung für	Arbeitnehmer, die gegen das Risiko Krankheit mit einem Anspruch auf allgemeine Krankenhausleistungen bei einem privaten Krankenversicherungsunternehmen versichert sind
Beginn der Mitgliedschaft	zeitgleich mit der Mitgliedschaft in der gesetzlichen Krankenkasse, bei der die Pflegekasse errichtet ist.
Beitragshöhe	Der Beitragssatz beträgt bundeseinheitlich ab 1.1.2013 2,05 % zzgl. 0,25 % Arbeitnehmeranteil für Kinderlose ab 1.1.2015 2,35 % zzgl. 0,25 % Arbeitnehmeranteil für Kinderlose ab 1.1.2016 2,35 % zzgl. 0,25 % Arbeitnehmeranteil für Kinderlose ab 1.1.2017 2,55 % zzgl. 0,25 % Arbeitnehmeranteil für Kinderlose ab 1.1.2018 2,85 % zzgl. 0,25 % Arbeitnehmeranteil für Kinderlose ab 1.1.2019 3,05 % zzgl. 0,25 % Arbeitnehmeranteil für Kinderlose der beitragspflichtigen Einnahmen der Mitglieder bis zur Beitragsbemessungsgrenze (§ 55 SGB XI). Arbeitgeber und Arbeitnehmer tragen rechnerisch den Beitrag jeweils zur Hälfte. (Ausnahme: Sachsen, AN-Anteil 2,025 %/AG-Anteil 1,025 %). Der Sonderbeitrag (0,25 %) für Kinderlose ist von den Arbeitnehmern alleine zu tragen. Betroffen sind AN ab Vollendung des 23. Lebensjahres.
Leistungsberechtigung	Die Leistungen der Pflegeversicherung setzen eine Vorversicherungszeit voraus. Diese beträgt 2 Jahre in den letzten 10 Jahren vor Antragstellung. Pflegebedürftig sind Personen (§ 14 SGB XI), die wegen einer körperlichen, geistigen oder seelischen Krankheit oder Behinderung für die gewöhnlichen und regelmäßig wiederkehrenden Verrichtungen im Ablauf des täglichen Lebens auf Dauer, voraussichtlich aber für mindestens sechs Monate, in erheblichem oder höherem Maße der Hilfe bedürfen. Die Höhe und der Umfang der Leistungen sind davon abhängig, welchem Pflegegrad der Pflegebedürftige aufgrund seines Gesundheitszustands zuzuordnen ist (§ 15 SGB XI).

B. Pflegegrade ab 1.1.2017

Ab dem Jahr 2017 werden aus den 3 Pflegestufen 5 Pflegegrade:

Voraussetzungen	Grundpflege	Psychosoziale Unterstützung	Nächtliche Hilfe	Präsenz tagsüber
Pflegegrad 1	27–60 Minuten	bis 1 × täglich	nein	nein
Pflegegrad 2	30–127 Minuten	bis 1 × täglich	0–1 ×	nein

Voraussetzungen	Grundpflege	Psychosoziale Unterstützung	Nächtliche Hilfe	Präsenz tagsüber
Pflegegrad 3	131–278 Minuten	2–6 × täglich	0–2 ×	weniger als 6 Stunden
Pflegegrad 4	184–300 Minuten	bis 2–6 × täglich	2–3 ×	6–12 Stunden
Pflegegrad 5	24–279 Minuten	mind. 12 × täglich	mind. 3 ×	rund um die Uhr

Voraussetzungen mit psychologischer Erkrankung	Grundpflege	Psychosoziale Unterstützung	Nächtliche Hilfe	Präsenz tagsüber
Pflegegrad 1				
Pflegegrad 2	8–58 Minuten	2–12 × täglich	nein	weniger als 6 Stunden
Pflegegrad 3	8–74 Minuten	6 × täglich bis ständig	0–2 ×	6–12 Stunden
Pflegegrad 4	128–250 Minuten	7 × täglich bis stündlich	1–6 ×	rund um die Uhr
Pflegegrad 5				

(Stand: August 2017)

C. Pflegeleistungen nach Pflegegraden (PG) ab 2017 in € pro Monat

Leistung	PG 1	PG 2	PG 3	PG 4	PG 5
Häusliche Pflege Pflegesachleistungen	Anspruch nur über Entlastungsbetrag	689	1 298	1 612	1 995
Häusliche Pflege Pflegegeld	–	316	545	728	901
Pflegevertretung durch nahe Angehörige Aufwendungen bis 6 Wochen im Kalenderjahr	–	474	817,50	1 092	1 351,50
Pflegevertretung **erwerbsmäßig** Aufwendungen bis 6 Wochen im Kalenderjahr	–	1 612	1 612	1 612	1 612
Kurzzeitpflege Aufwendungen bis 8 Wochen im Kalenderjahr	Anspruch nur über Entlastungsbetrag	1 612	1 612	1 612	1 612
Teilstationäre Tages- und Nachtpflege	Anspruch nur über Entlastungsbetrag	689	1 298	1 612	1 995

Leistung	PG 1	PG 2	PG 3	PG 4	PG 5
Entlastungsbetrag	125	125	125	125	125
Zusätzliche Leistungen für Pflegebedürftige in ambulant betreuten Wohngruppen	214	214	214	214	214
Anschubfinanzierung zur Gründung von ambulant betreuten Wohngruppen	2.500	2 500	2 500	2 500	2 500
Vollstationäre Pflege	Anspruch nur über Entlastungsbetrag	770	1262	1 775	2 005
Pflege in vollstationären Einrichtungen der Hilfe für behinderte Menschen	–	266	266	266	266
Zum Verbrauch bestimmte Pflegehilfsmittel	40	40	40	40	40
Maßnahmen zur Verbesserung des individuellen Wohnumfeldes Aufwendungen in Höhe von bis zu	4 000	4 000	4 000	4 000	4 000
Umwandlungsanspruch Übertragung des ambulanten Sachleistungsbetrages (40 von Hundert) auf Leistungen von Angeboten zur Unterstützung im Alltag					

(Stand: August 2016)

D. Weitere Leistungen der Pflegeversicherung:

– Pflegehilfsmittel (z. B. Pflegebett),
– Zuschüsse zum pflegebedingten Umbau der Wohnung bis zu 4 000 Euro je Maßnahme unter Berücksichtigung eines angemessenen Eigenanteils, wenn andere Finanzierungsmöglichkeiten ausscheiden,
– unentgeltliche Pflegekurse für Angehörige und ehrenamtliche Personen.

Versicherte, die nach beamtenrechtlichen Vorschriften oder Grundsätzen bei Krankheit und Pflege Anspruch auf Beihilfe oder Heilfürsorge haben, erhalten, *wenn sie in der sozialen Pflegeversicherung* versichert sind, die jeweils zustehenden Leistungen nur zur Hälfte. Aus diesem Grund wird der zu zahlende Beitrag für sie halbiert. Privat pflegeversicherte Beamte erhalten alle genannten Leistungen von der Beihilfe und entsprechend ihrem Beihilfeanspruch anteilig von ihrer privaten Pflege-Pflichtversicherung.

E. Die soziale Sicherung der Pflegepersonen

Rentenversicherung

Ab 2017 müssen die folgenden Voraussetzungen zutreffen, damit für Pflegepersonen Beiträge zur Rentenversicherung gezahlt werden:

– Pflegebedürftige Person hat Pflegegrad 2 bis 5.
– Die Pflege ist nicht erwerbsmäßig.
– Die Pflege findet wenigstens 10 Stunden wöchentlich statt.
– Die Pflege ist verteilt auf mindestens zwei Tage in der Woche.
– Die Pflege findet in der häuslichen Umgebung des Pflegebedürftigen statt.
– Die Pflegeperson ist regelmäßig nicht mehr als 30 Stunden pro Woche erwerbstätig.

Arbeitslosenversicherung

Ab 2017 ist das Pflegepersonal in der Arbeitslosenversicherung unter der Voraussetzung versichert, dass grundsätzlich eine der beiden Voraussetzungen zutrifft:

– Unmittelbar vor der Pflegetätigkeit bestand bei der Pflegeperson eine Versicherungspflicht in der Arbeitslosenversicherung.
– Die Pflegeperson hat eine Leistung nach dem SGB III, wie z.B. Arbeitslosengeld, bezogen.

Diese Regelung greift nur, sofern nicht ohnehin schon eine Absicherung in der Arbeitslosenversicherung besteht, beispielsweise aufgrund einer Teilzeitbeschäftigung etc.

Unfallversicherung

Die Pflegeperson ist während der Pflege sowie bei der Hilfe zur Haushaltsführung in der gesetzlichen Unfallversicherung versichert.

Steuerliche Vergünstigungen

– Sonderausgabenabzug bei einer zusätzlichen freiwilligen Pflegeversicherung (§ 10 Abs.1 Nr.3a EStG)
– Pflegepauschalbetrag i.H.v. 924 € je Kalenderjahr als außergewöhnliche Belastung, wenn für die Pflege einer hilflosen Person kein Entgelt gezahlt wird (§ 33b Abs.6 EStG)
– Steuerbefreiung für Einnahmen für Leistungen zur Grundpflege oder hauswirtschaftlichen Versorgung bis zur Höhe des Pflegegeldes nach § 37 SGB XI bzw. des Pflegegeldes aus privaten Versicherungsverträgen (SGB XI) bzw. der Pauschalbeihilfe nach den Beihilfevorschriften, wenn die Leistungen von Angehörigen des Pflegebedürftigen oder von anderen Personen, die damit eine sittliche Pflicht i.S. des § 33 Abs.2 EStG gegenüber dem Pflegebedürftigen erfüllen, erbracht werden (§ 3 Nr.36 EStG).

(Stand: August 2016)

3.2.4.15   Künstler[1]

A. Künstlersozialversicherung[2]

Anwendungsbereich	– Künstler und Publizisten
	  – Künstler ist, wer Musik, darstellende oder bildende Kunst schafft, ausübt oder lehrt (§ 2 S. 1 KSVG)
	  – Publizist ist, wer als Schriftsteller, Journalist oder in anderer Weise publizistisch tätig ist oder Publizistik lehrt (§ 2 S. 2 KSVG)[3]
	– erwerbsmäßige und nicht nur vorübergehende selbstständige Ausübung der Tätigkeit
	– Beschäftigung von nicht mehr als einem Arbeitnehmer im Zusammenhang mit der künstlerischen/publizistischen Tätigkeit, es sei denn, die Beschäftigung erfolgt zu ihrer Berufsausbildung oder ist geringfügig (§ 1 Nr. 2 KSVG)

Rechtsfolgen	– Einbeziehung in Künstlersozialversicherung, soweit nicht bereits anderweitig kraft Gesetzes versichert – Geltung für Kranken-, Pflege- und Rentenversicherung – keine gesetzliche Unfall- und Arbeitslosenversicherung
Beginn und Ende der Versicherungspflicht	– Beginn: grundsätzlich mit dem Tag, an dem sich der selbstständige Künstler/Publizist bei der Künstlersozialkasse anmeldet (§ 8 Abs. 1 KSVG) – Ende: mit Beginn des Monats, der dem Monat folgt, in dem die Künstlersozialkasse von der Aufgabe der selbstständigen Tätigkeit als Künstler/Publizist Kenntnis erhält (§ 8 Abs. 2 S. 2 KSVG) oder mit Eintritt von Versicherungsfreiheit (§ 8 Abs. 2 S. 1 KSVG)

Ausnahmen von der Versicherungspflicht	– Geringfügigkeit des Arbeitseinkommens (§ 3 KSVG)
	  – bis 3 900 € p.a. (seit 1.1.2004)
	  – Befreiung gilt nicht für Personen in den ersten drei Jahren nach erstmaliger Aufnahme einer selbstständigen Tätigkeit (Berufsanfänger, § 3 Abs. 2 KSVG) und/oder das Arbeitseinkommen nicht zweimal innerhalb von sechs Kalenderjahren die dort genannte Grenze nicht übersteigt (§ 3 Abs. 3 KSVG)

---

[1] Vgl. http://www.kuenstlersozialkasse.de
[2] Geändert durch das Gesetz zur Änderung des Künstlersozialversicherungsgesetzes und anderer Gesetze vom 30.7.2014 (BGBl I 2014 S. 1311).
[3] Vgl. den Berufsgruppenkatalog in dem von der Bundesregierung im Jahr 1975 vorgelegten Künstlerbericht.

- Vorrangversicherung in gesetzlicher Rentenversicherung (§ 4 KSVG)
  - aufgrund anderer Tätigkeit rentenversicherungsfrei oder von der Versicherungspflicht befreit ist (z.B. Beamte, Richter)

  Ausübung einer anderen Erwerbstätigkeit, wenn Einkünfte mind. 50 % der Beitragsbemessungsgrenze in der allgemeinen Rentenversicherung (ab 2021: 3 550 € (West: 3 550 €/Ost: 3 350 €) pro Monat bzw. 40 200 € (West: 42 600 €/Ost. 40 200 €) pro Jahr) betragen
  - als Handwerker in die Handwerkerrolle eingetragene Personen
  - Landwirte im Sinne des § 1 ALG
  - Altersrentner
  - als Wehr- oder Zivildienstleistender in der gesetzlichen Rentenversicherung versichert ist
- Vorrangversicherung in gesetzlicher Krankenversicherung (§ 5 Abs. 1 KSVG)
  - Arbeiter, Angestellte, zu ihrer Berufsausbildung Beschäftigte oder Leistungsempfänger, die nach dem SGB II und SGB III der Versicherungspflicht unterliegen
  - nach Erreichen der Regelaltersgrenze selbstständige künstlerische oder publizistisch Tätige
  - Unternehmer der Land- und Forstwirtschaft einschließlich des Wein- und Gartenbaus sowie der Teichwirtschaft und der Fischzucht sowie Personen, die als mitarbeitende Familienangehörige eines landwirtschaftlichen Unternehmers krankenversichert sind
  - Personen, die nach anderen gesetzlichen Vorschriften versicherungsfrei oder von der Versicherungspflicht befreit, aber nicht geringfügig beschäftigt sind (z. B. Beamte)
  - eine andere nicht geringfügige selbstständige Erwerbstätigkeit ausübende Personen
  - Wehr- oder Zivildienstleistende, die erst während ihres Wehr- oder Zivildienstes eine künstlerische/publizistische Tätigkeit aufnehmen
  - Gefangene, die unmittelbar vor der Unterbringung in einer Strafvollzugsanstalt nicht als Künstler/Publizist krankenversichert waren
  - ordentliche Studierende einer Hochschule oder einer sonstigen der wissenschaftlichen oder fachlichen Ausbildung dienenden Schule
- Vorrangversicherung in gesetzlicher Pflegeversicherung (§ 5 Abs. 2 KSVG)
  - Personen, die nach den krankenversicherungsrechtlichen Regelungen des KSVG von der Versicherungspflicht frei oder befreit sind

	– Befreiung auf Antrag (§§ 6, 7 KSVG) – Berufsanfänger bei Nachweis eines gleichwertigen Versicherungsschutzes in der privaten Krankenversicherung Selbstständige Künstler/Publizisten, deren Arbeitseinkommen in drei aufeinanderfolgenden Jahren über der Versicherungspflichtgrenze der gesetzlichen Krankenversicherung lag (2019: 5 062,50 € mtl./60 750 € p.a., 2020: 5 212,50 € mtl./62 500 € p.a., 2021: 5 362,50 € mtl./64 350 € p.a.) – Antragstellung bis zum 31.3. des Folgejahres (Bsp. Befreiung zum 1.1.2022 bei Einkommen > 187 600 € für die Jahre 2019–2021: Antragstellung bis 31.3.2022)

Beiträge	– Bemessungsgrundlage: im Voraus geschätztes Jahreseinkommen aus der selbstständigen künstlerischen/publizistischen Tätigkeit
	– Beitragssätze
	   – Rentenversicherung: 9,3 % (ab 1.1.2020)
	   – Krankenversicherung: 7,3 % zzgl. individueller Zusatzbeitrag der Krankenkasse
	– Beitragszuschuss: von der Künstlersozialkasse für nicht der gesetzlichen Krankenversicherung und der sozialen Pflegeversicherung angehörende selbstständige Künstler/Publizisten (§§ 10, 10a KSVG)
	– Fälligkeit: jeweils am 5. des folgenden Monats

Leistungen	– wie bei anderen Mitgliedern der Kranken- und Rentenversicherung – Erhalt von Krankengeld grundsätzlich erst ab der 7. Woche der Arbeitsunfähigkeit

B. Künstlersozialabgabe

Abgabepflichtige Unternehmen	Alle Unternehmen, die regelmäßig Aufträge an freie Künstler und Publizisten vergeben und deren Leistungen verwerten, z.B. – Verlage – Theater – Konzertdirektionen – Rundfunkunternehmen – Galerien – Körperschaften des öffentlichen Rechts (§ 24 KSVG)

Bemessungs-grundlage	– vom abgabepflichtigen Unternehmen für die künstlerischen Werke/Leistungen im Rahmen der abgabepflichtigen Tätigkeiten an die selbstständigen Künstler/Publizisten gezahlte Entgelte (§ 25 Abs.1 KSVG)
	– unabhängig davon, ob nach dem KSVG Versicherungspflicht der Künstler/Publizisten selbst besteht
	– nicht einzubeziehen sind:
	– die gesondert ausgewiesene Umsatzsteuer
	– steuerfreie Aufwandsentschädigungen (z. B. Reise- und Bewirtungskosten) im Rahmen der steuerlichen Grenzen
	– die so genannte „Überleitungspauschale" gemäß § 3 Nr. 26 EStG
	– Zahlungen an urheberrechtliche Verwertungsgesellschaften (GEMA etc.)
	– Zahlungen an eine KG oder OHG
	– Zahlungen an juristische Personen des privaten oder öffentlichen Rechts und an GmbH & Co. KG, sofern diese im eigenen Namen handeln
	– nachträgliche Vervielfältigungskosten (Druckkosten)
Beitragssatz für sämtliche Bereiche (Wort, bildende Kunst, Musik, darstellende Kunst)	2012: 3,9 % 2013: 4,1 % 2014: 5,2 % 2015: 5,2 % 2016: 5,2 % 2017: 4,8 % 2018: 4,2 % 2019: 4,2 % 2020: 4,2 % 2021: 4,2 % 2022: 4,2 %

3.2.4.16 Scheinselbstständigkeit und arbeitnehmerähnliche Selbstständige

A. Abgrenzung

	Scheinselbstständige	Arbeitnehmerähnliche Selbstständige
Begriff	Erwerbstätige, die die Pflichten eines Arbeitnehmers mit den Risiken eines Unternehmens in sich vereinigen	Erwerbstätige, die mangels persönlicher Abhängigkeit ohne Arbeitnehmerstatus für einen anderen in wirtschaftlich abhängiger Stellung tätig sind
Rechtsgrundlage	§ 7 Abs.4 SBG IV	§ 2 Nr.9 SBG VI

	Scheinselbstständige	Arbeitnehmerähnliche Selbstständige
Anwendungs-fälle	– Subunternehmer – Fahrer im Lebensmittel-Vertrieb im Rahmen von Franchise-Verträgen – Außendienstmitarbeiter	– Freie Mitarbeiter (Freelancer) – Nicht: GmbH-Geschäftsführer[1]
Kriterien	– Tätigkeit nach Weisung – Eingliederung in die Arbeitsorganisation des Arbeitsgebers – Fehlende Beschäftigung versicherungspflichtiger Arbeitnehmer mit Ausnahme von Familienangehörigen – Tätigkeit auf Dauer und im Wesentlichen nur für einen Auftraggeber – Kein Auftreten am Markt aufgrund unternehmerischer Tätigkeit – Vergütung von Urlaub, Überstunden, Krankheitszeiten – Keine Änderung der Erscheinungsbilder bei Tätigkeitswechsel	– Keine persönliche, aber wirtschaftliche Abhängigkeit, d.h. keine Beschäftigung versicherungspflichtiger Arbeitnehmer – Nur ein Auftraggeber
Rechtsfolge	Behandlung als Arbeitnehmer	Behandlung als Selbstständiger, aber Rentenversicherungspflicht

B. Checkliste: Abgrenzung Arbeitnehmer (AN) und freier Mitarbeiter (FM)

Die Checkliste enthält eine umfangreiche Auswahl aller typischen Parameter, an denen man erkennen kann, ob es sich bejahendenfalls um eine Arbeitnehmertätigkeit oder um eine selbstständige Tätigkeit handelt. Eine tatsächlich zutreffende Beurteilung kann aber nur dann vorgenommen werden, wenn sämtliche Punkte beantwortet werden. Abschließend entscheidet die Gesamtbetrachtung aller Punkte, bei welcher der beiden Alternativen die meisten Parameter zutreffen.

Es kommt hierbei – insbesondere bei Prüfungen durch Sozialversicherungsträger oder das Finanzamt – im Zweifel weniger darauf an, wie die vertraglichen Festlegungen vorgenommen wurden. Vielmehr sind die wahren Gegebenheiten im Arbeitsalltag entscheidend, wie sie sich tatsächlich vor Ort darstellen bzw. wie sie anhand von geeigneten Unterlagen erkennbar bzw. nachweisbar sind.

---

[1] Ergänzung des § 2 Nr. 9 SGB VI durch Haushaltsbegleitgesetz 2006 als Reaktion auf BSG vom 24.11.2005 (GmbHR 2006 S. 367).

1. Beschäftigung von Arbeitnehmern

Falls ja:

1	Ist die Beschäftigung von Hilfskräften erlaubt?	FM
2	Ist die Bestimmung eines Vertreters erlaubt?	FM
3	Haftet der Arbeitnehmer auch für seine Erfüllungsgehilfen?	FM
4	Wird eine Anwesenheitskontrolle durchgeführt?	AN
5	Werden versicherungspflichtige Arbeitnehmer beschäftigt, deren Arbeitsentgelt aus diesem Beschäftigungsverhältnis regelmäßig 400 € monatl. übersteigt?	FM

2. Bindung an einen Auftraggeber

Falls ja:

1	Werden Aufträge von verschiedenen Auftraggebern durchgeführt? (Beteiligung am allgemeinen wirtschaftlichen Verkehr)	FM
2	Wiederholen sich zeitlich begrenzte Auftragsverhältnisse mit dem selben Auftraggeber regelmäßig?	AN
3	Bestehen zwischen den verschiedenen Auftraggebern eine Konzernstruktur oder Kooperationsverhältnisse?	AN

3. Entsprechende Tätigkeiten beschäftigter Arbeitnehmer

Falls ja:

1	Werden entsprechende Tätigkeiten beim Auftraggeber auch durch fest angestellte Personen durchgeführt?	AN
2	Werden entsprechende Tätigkeiten in der Branche des Auftraggebers üblicherweise durch fest angestellte Personen erledigt?	AN

4. Typische Merkmale unternehmerischen Handelns

Falls ja:

1	Hat der Auftraggeber Direktionsrechte bzw. ist der Auftragnehmer weisungsgebunden?	AN
	a) Ist der Ort der Arbeitsleistung vorgeschrieben? (räumliche Eingliederung in den Betrieb)	AN
	b) Ist die Arbeitszeit vorgegeben?	AN
	c) Sind arbeitsbegleitende Verhaltensregeln vorgegeben?	AN
	d) Gibt es eine Bestimmung zur Ausübung von Aufsichtsrechten?	AN
	e) Können einzelne Aufträge abgelehnt werden?	FM
2	Ist der Auftraggeber im Hinblick auf den Auftrag fachlich so überlegen, dass der Auftragnehmer ohne Anleitung des Auftraggebers den Auftrag nicht ausüben kann?	AN
3	Handelt es sich beim Auftrag um eine bloße Zielvorgabe?	FM
4	Wird der Weg zur Zielerreichung detailliert vom Auftraggeber vorgegeben?	AN

5	Tritt der Auftragnehmer als untergeordneter Repräsentant des Auftraggebers auf?	AN
6	Tritt der Auftragnehmer im Namen und für Rechnung des Auftraggebers auf?	AN
7	Besteht eine vertragliche Verpflichtung, andere zumutbare Tätigkeiten zu verrichten?	AN
8	Erfolgt die Abrechnung nach Rechnung ggf. zzgl. USt?	FM
9	Lassen die vertraglichen Vereinbarungen die Selbstständigkeit erkennen?	FM
10	Wurde ein Gewerbe angemeldet oder eine Genehmigung zur Ausübung eines freien Berufes beantragt?	FM
11	Trägt der Auftragnehmer Unternehmerrisiko?	FM
12	Erfolgt die Bezahlung nach monatlichen Festbeträgen?	AN
13	Erfolgt die Bezahlung nach geleisteten Stunden?	AN
14	Erfolgt die Bezahlung nach Ergebnis (z.B. Provision)?	FM
15	Erfolgt die Bezahlung nach festen Gebührensätzen?	FM
16	Besteht Freiheit bei Bestimmung der Zahlweise der Kunden (Barzahlung, Stundung, Rabatte, Teilzahlungen usw.)?	FM
17	Besteht eine Abhängigkeit von der Marktsituation?	FM
18	Wird eigenes Kapital eingesetzt?	FM
19	Werden Arbeitsmaterial/Geräte/Werkzeuge vom Auftraggeber gestellt?	AN
20	Ersetzt der Auftraggeber entstehende Kosten vollumfänglich und pauschal?	AN
21	Wird die vereinbarte Vergütung auch bei Urlaub oder Krankheit fortgezahlt?	AN
22	Schuldet der Auftragnehmer den Erfolg (Werkvertrag)?	FM
23	Schuldet der Auftragnehmer die persönliche Arbeitskraft (Dienst- und Arbeitsvertrag)?	AN
24	Stehen den übernommenen Risiken größere Freiheiten und größere Verdienstmöglichkeiten gegenüber?	FM
25	Unterliegt das Einkommen des Auftragnehmers Schwankungen?	FM
26	Besteht ein Wettbewerbsverbot für die Vertragsdauer?	AN
27	Besteht ein Verbot sonstiger Erwerbstätigkeit?	AN
28	Tritt der Auftragnehmer nach außen wie ein Unternehmer auf (Unternehmerinitiative, *eigene Briefköpfe* usw.)?	FM
	a) Hat der Auftragnehmer freie Entscheidung über Art und Umfang von Werbemaßnahmen?	FM

	b) Bestimmt der Auftraggeber, welche Mittel zur Zielerreichung einge- setzt werden und welche nicht?	AN
	c) Kann der Auftragnehmer von sich aus durch seine Planungen oder seinen Einsatz auf die Höhe der Entlohnung Einfluss nehmen?	FM
	d) Kann der Auftraggeber bei mangelhafter Ausführung des Auftrags die Annahme verweigern?	FM
	e) Kann der Auftragnehmer weitgehend eigenständig entscheiden über Einkaufs- und Verkaufspreise, Warenbezug, Einstellung von Perso- nal, Einsatz von Kapital und Maschinen?	FM

5. Äußeres Erscheinungsbild

Falls ja:

	Entspricht die Tätigkeit dem äußeren Erscheinungsbild nach der Tätig- keit, die bisher für den selben Auftraggeber aufgrund eines Beschäfti- gungsverhältnisses ausgeübt wurde?	AN

6. Künstler und verwandte Berufe

Falls ja:

1	Theaterbetrieb: Besteht ein Spielzeit- oder Teilspielzeitvertrag?	AN
2	Gastspielverpflichtung:	
	a) Besteht eine starke Eingliederung in den Theaterbetrieb?	AN
	b) Handelt es sich nur um ein Einspringen für kurze Zeit?	FM
	c) Besteht eine Verpflichtung zur Einarbeitung oder Proben?	AN
	d) Handelt es sich um eine einmalige Vorstellung?	FM
3	Liegt eine einzelne Tätigkeit des „Negativkatalogs" vor?	FM
4	Ist die Tätigkeit auf Dauer angelegt?	AN
5	Besteht vom Auftraggeber Annahmepflicht der zur Verfügung gestellten Leistung?	AN
6	Überwiegt der eigenschöpferische Teil der Leistung?	FM
7	Hat die Künstlersozialkasse bereits eine selbstständige künstlerische oder publizistische Tätigkeit festgestellt?	FM

7. GmbH-Gesellschafter

Falls ja:

1	Ist der Auftragnehmer Gesellschafter der auftraggebenden GmbH?	AN
2	Ist der Auftragnehmer zum Geschäftsführer bestellt (Eingliederung in den geschäftlichen Organismus)?	AN
3	Beträgt die Beteiligung mehr als 50% (Beherrschung)?	FM
4	Besteht aufgrund Gesellschaftsvertrag Sperrminorität?	FM
5	Wurde das Selbstkontrahierungsverbot abbedungen?	FM
6	Verfügt der Geschäftsführer als einziger Gesellschafter über die betriebsnotwendigen Branchenkenntnisse?	FM

7	Kann der Auftragnehmer maßgeblichen Einfluss auf die Willensbildung der GmbH ausüben?	FM
8	Ist die Entscheidungsfreiheit des Auftragnehmers nur bei wenigen wichtigen Punkten durch die Gesellschafterversammlung beschränkt?	FM
9	Handelt es sich um eine Familien-GmbH?	FM
10	War der Geschäftsführer vor Umwandlung der GmbH der Alleininhaber der Einzelfirma (Kopf und Seele des Betriebes)?	FM
11	Kann aus Gesellschaftsvertrag und Anstellungsvertrag die Freiheit von Weisungen gelesen werden?	FM
12	Stimmt der Auftrag mit den gesetzlichen Aufgaben des Geschäftsführers überein?	AN

8. Handelsvertreter

Falls ja:

1	Besteht die uneingeschränkte Verpflichtung, allen Weisungen des Auftraggebers Folge zu leisten?	AN
2	Besteht die Verpflichtung, regelmäßig in kurzen Abständen detaillierte Berichte abzugeben?	AN
3	Besteht die Verpflichtung, in den Räumen des Auftraggebers zu arbeiten?	AN
4	Besteht die Verpflichtung, bestimmte Hard- und Software zu benutzen, zur besseren Kontrollmöglichkeit des Auftraggebers?	AN
5	Wurde ein Mindestumsatzsoll auf hohem Niveau verbunden mit Sanktionsregelungen (Provisionssatzerhöhung bei mehreren vermittelten Aufträgen usw.) festgelegt?	AN
6	Besteht das Verbot, Untervertreter einzustellen?	AN
7	Besteht die Verpflichtung, nach bestimmten Tourenplänen zu arbeiten?	AN
8	Besteht die Verpflichtung, Adresslisten abzuarbeiten?	AN
9	Besteht ein Verbot der Kundenwerbung auf eigene Initiative?	AN

3.2.4.17 Sozialversicherungspflicht von GmbH-Gesellschafter-Geschäftsführern

A. Grundsatz

Bei GmbH-Geschäftsführern ist die Frage, ob sie sozialversicherungspflichtig sind und somit Beiträge z. B. zur gesetzlichen Kranken- und Rentenversicherung zahlen müssen oder ob sie versicherungsfrei sind, anhand der §§ 2 und 7 SGB IV zu beantworten. Danach sind Personen, die gegen Arbeitsentgelt beschäftigt sind, sozialversicherungspflichtig. Auch beim geschäftsführenden GmbH-Gesellschafter hängt die Frage der Sozialversicherungspflicht folglich davon ab, ob er abhängig beschäftigt oder selbstständig tätig ist.

Zur Klärung der Frage existiert das Statusfeststellungsverfahren, bei dem zwischen zwei Arten unterschieden wird.

1. Obligatorische Statusfeststellung: Gesellschafter-Geschäftsführer wird von Gesellschaft zur Sozialversicherung angemeldet, also als sozialversicherungspflichtig eingestuft
2. Optionale Statusfeststellung: Auf Antrag eines Beteiligten, also Geschäftsführer und/oder Gesellschaft, der die Sozialversicherungspflicht klären möchte

B. Ablauf des Statusfeststellungsverfahrens

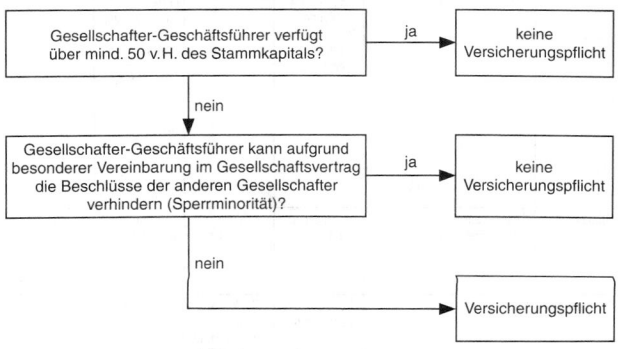

3.2.4.18 Sozialabgaben in der EU, EFTA-Ländern und UK (1.1.2021)[1]

Staaten	Anmerkung/Besonderheiten	Krankheit		Pflege		Alter		Arbeitslosigkeit	
		AG	AN	AG	AN	AG	AN	AG	AN
Belgien	Globalbeitrag: 37,99 %, davon 24,92 % AG[a]/13,07 % AN Globalbeitrag: 32,95 %, davon 19,88 % AG[b]/13,07 % AN; plus AG Zuschlag [a](nicht gewerbl. Sektor) = 5,67 %+0,40 % plus AG Zuschlag [b](Handelssektor und geschützte Werkstätten) = 4,27 %+0,40 % und zzgl. Beitrag zu Lasten der Unternehmen ab 10 AN 1,60 %	Im Globalbeitrag enthalten		Kein eigenständiges System		Im Globalbeitrag enthalten		Im Globalbeitrag enthalten	
Bulgarien	Der Mindestbetrag des versicherungspflichtigen Einkommens hängt von Beschäftigung und Wirtschaftszweig ab.	8 % vom Brutto 4,8 % 3,2 % (für Sachleistungen) 3,5 % vom Brutto 2,1 % 1,4 % (für Geldleistungen)		Kein eigenständiges System		AN geb. vor 1.1.1960 19,8 % vom Brutto 11,02 % 8,78 % AN geb. nach 1.1.1960 14,8 % vom Brutto 8,22 % 6,58 % zusätzlich vom AG Bei Gefahrenstufe 1 & 2 zusätzlich vom AG 3 % vom Brutto		1 % vom Brutto 0,6 % 0,4 %	
Dänemark	Steuerfinanziert kein einheitlicher Beitragssatz	Steuerfinanziert		Steuerfinanziert		Volksrente: Steuerfinanziert Zusatzrente: 25 € 13 € monatlich		Jährlich festgesetzter Pauschalbeitrag (nur AN) 48 € monatlich	
Deutschland	Vgl. Kap. 3.2.4.	7,3 % 7,3 % Zusatzbeitrag Kassenindividuell		1,525 % 1,525 % Zusatzbeitrag für Kinderlose – 0,25 %		9,3 % 9,3 %		1,2 % 1,2 %	
Estland	*Keine Bemessungsgrenze allgemeiner Sozialsteuersatz: 33 % des Bruttobetrages*	13 % –		Kein eigenständiges System		20 % –		2,4 % vom Brutto 0,8 % 1,6 %	

---

[1] Fußnoten siehe Ende der Tabelle.

Staaten	Anmerkung/Besonderheiten	Krankheit		Pflege		Alter		Arbeitslosigkeit	
		AG	AN	AG	AN	AG	AN	AG	AN
Finnland	Bemessungsgrundlage für Krankheit: Arbeitnehmer: versteuerndes Einkommen Arbeigeber: Lohnsumme je nach Risiko bemessen	1,53%	1,36%	steuer-finanziertes System		Volksrente:[2] Steuerfinanziert Einkommensbe-zogene Rente[3] 18,03% 7,15% (Durch- bzw. schnitt) 8,65%		0,45% – (bis Lohnsumme von 2.125.500 €) 2,6% – (auf über-steigenden Teil d. Lohn-summe) 1,25%	
Frankreich	Globalbeitrag für Krankheit: 13 % Arbeitgeber keine Bemessungsgrenze Beiträge aus Gesamtbetrag der Vergütung + Solidarbeitrag für alle Unternehmen > 20 AN = 0,5 % (Schulden-abbau Sozialbereich)	13%		Kein eigenständiges System 0,3%		8,55% 6,90% (Bemessungs-grenze 0–3428 €/ Monat) 1,9% 0,4% (ohne Bemes-sungsgrenze > 3428 €/ Monat)		4,05% (Bemessungs-grenze 13712 €/Monat)	
Griechenland		Sachleistungen 4,3% 2,15% Geldleistungen 0,25% 0,4% (Bemessungs-grenze 6500 €		Kein eigenständiges System		13,33% 6,67% (Bemessungs-grenze) 6500 €		3,17% 1,83% (Bemessungs-grenze) 6500 €	
Irland	Globalbeiträge (ohne Sach-leistungen KV)[4]	Im Globalbeitrag enthalten		Im Globalbeitrag enthalten		Im Globalbeitrag enthalten		Im Globalbeitrag enthalten	
Island	Globalbeitrag der Sozial-schutzbeitrag ist gesetzl. festgelegt = 6,15%	Im Globalbeitrag enthalten		Im Globalbeitrag enthalten		Mindestbeitrag betriebl. Rentenfonds 8% 4%		Im Globalbeitrag enthalten	
Italien	Keine Arbeitspflichtversiche-rung < 5 000 € p.a. Mindestbetrag tgl. Ertäge auf den Beiträge zu zahlen sind = 48,98 € Höchsteinkommensbetrag oberhalb 103 055 € sind keine Beiträge zu zahlen	für Arbeiter: 2,22% – für Angestellte Steuerfinanziert (ohne Bemes-sungsgrenze)		Kein eigenständiges System		23,81% 9,19% (Bemessungs-grenze) 34 008,15 €		1,61% – (ohne Bemes-sungsgrenze) + 1,4% beibe-fristeten AV	

Staaten	Anmerkung/Besonderheiten	Krankheit		Pflege		Alter		Arbeitslosigkeit	
		AG	AN	AG	AN	AG	AN	AG	AN
Kroatien	Mindestbemessung 462 € Höchstbemessung 6 951 € nur für Rentenversicherung	16,5% Grund-beitrag 10% Aus-lands-aufent-halt bzw. 20% Ge-schäfts-reise		Steuer-finanziert		–	20%	aus dem Staatshaushalt	
Lettland	Globalbeitrag 34,09% (AG 23,59%/AN 10,50%) (Bemessungsgrenze: 62 800 €/Jahr)	Im Globalbeitrag enthalten		Steuer-finanziert		Im Globalbeitrag enthalten		Im Globalbeitrag enthalten	
Liechtenstein	max. versicherter Jahreslohn = 148 200 CHF KV max. versicherter Jahreslohn = 126 000 CHF ALV	Risikobasiert jeweils Hälfte AG/AN Tragung der Beiträge		Kein eigenständiges System		4,15% und Steuer finanziert	3,95%	0,5%	0,5%
Litauen	keine Mindestbemessungs-grenze Höchstbemessungsgrenze 60 fache des Durchschnitts-lohnes p. a.	Sachleistungen 6,98% Geldleistungen –	2,09%	Kein eigenständiges System			8,27% + 3,0% priv. Staatshaushalt 1,5% d. nat. Durch-schnittslohnes	1,31% (2,03% bei befristeten AV)	
Luxemburg		Sachleistungen 2,8% Geldleistungen 0,25% (Mindest-bemessung 2 201,93 €) (Höchstbemes-sungsgrenze 11 009,65 €/ Monat)	2,8% 0,25%	– Sonderbeitrag auf Erwerbsein-künfte, Einkom-mensersatz-leistungen und Einkünfte aus Vermögen	1,4%	8% zusätzlich vom Staat 8% (Mindest-bemessung 2 201,93 €) (Höchstbemes-sungsgrenze 11 009,65 €/ Monat)	8%	Steuer-finanziert	
Malta	Globalbeitrag (AG/AN/Staat): Beiträge p. Woche abhängig vom Grundlohn Min. 18,11 €/Max. 37,24 € < = Geburtsjahr 1961 Min. 18,11 €/Max. 48,57 € > = Geburtsjahr 1962	Im Globalbeitrag enthalten		Kein eigenständiges System		Im Globalbeitrag enthalten		Im Globalbeitrag enthalten	

Staaten	Anmerkung/Besonderheiten	Krankheit		Pflege		Alter		Arbeitslosigkeit	
		AG	AN	AG	AN	AG	AN	AG	AN
Niederlande		7,0%[5] (Bemessungs- grenze 58311 €/Jahr)			0,65%	– (Bemessungs- grenze 58311 €/Jahr)	17,9%	2,94%* 7,94%* (Bemessungs- grenze 58311 €/Jahr)	*für unbefris- tete Verträge *für alle anderen Vertrags- arten
Norwegen	Globalbeitrag (AG/AN/Staat): Beitragsfrei Jahreseinkom- men unter 5472 €[6] Es gibt einen einheitlichen Globalsatz, berechnet als Prozentsatz der Einnahmen. Arbeitgeber: der Beitrag ist abhängig von der Gemeinde, in der der Arbeitgeber ange- siedelt ist. Die Standardsätze sind 14,1%, 10,6%, 7,9%, 6,4%, 5,1% oder 0% des Bruttoverdiensts. Arbeitnehmer: 8,2% des Brutoverdienstes	Im Globalbeitrag enthalten		Kein eigenständiges System		Im Globalbeitrag enthalten		Im Globalbeitrag enthalten	
Österreich	Bemessungsgrenze: 5550 €/ Monat, für das 13. und 14. Gehalt insgesamt 11000 €/Jahr	3,78%	3,87%	Steuer- finanziert		12,55%	10,25%	3% 3% bis 1773 € kein Beitrag	
Polen	Bemessungsgrenze für Alter: Das 30-Fache des im Haus- haltsgesetz festgelegten nationalen Durchschnitts- lohns; sowohl für Arbeitgeber- wie Arbeitnehmerbeiträge	Sachleistungen – 9% Geldleistungen – 2,45% (ohne Bemes- sungsgrenze)		Kein eigenständiges System		9,76%	9,76%	2,45% – (ohne Bemes- sungsgrenze)	
Portugal	Globalbeitrag AG 23,75%/ AN 11% (ohne Bemessungsgrenze)	Steuerfinanziert und teilw. im Globalbeitrag enthalten		Steuerfinanziert		Im Globalbeitrag enthalten		Im Globalbeitrag enthalten	
Rumänien	ohne Bemessungsgrenze	Sachleistungen – 10% Geldleistungen 2,25% –		Kein eigenständiges System		[7] 25%		2,25%	
Schweden		Sachleistungen steuerfinanziert Geldleistungen 3,55%		Kein eigenstän- diges System		10,21%	7,0%	2,64% –	

Staaten	Anmerkung/Besonderheiten	Krankheit		Pflege		Alter		Arbeitslosigkeit	
		AG	AN	AG	AN	AG	AN	AG	AN
Schweiz	Risikospezifische Grundsätze	obligatorische Versicherung Indiv. Prämie durch Versicherten		Kein eigenständiges System		Staat 20,2% der Jahresausgaben 4,35% 4,35%		1,1% Bemessungsgrenze 136 502 € p.a.	1,1%
Slowakei		Sachleistungen 10% 4% Geldleistungen 1,4% 1,4%		Kein eigenständiges System		14%	4%	1%	1%
Slowenien	Mindestbemessungsgrenze 60% d. mtl. Durchschnitts des letzten Jahreslohnes von AN Keine Höchstbemessungsgrenze	Sachleistungen 6,56% 6,36% Mutterschaft 0,10% 0,10%		Kein eigenständiges System		8,85%	15,5%	0,06%	0,14%
Spanien	Globalbeitrag (ohne Arbeitslosigkeit) AG 23,6%/AN 4,7% Mindestbemessungsgrenze 1 050 €/Monat Höchstbemessungsgrenze 4 070,10 €/Monat	Steuerfinanziert und teilw. im Globalbeitrag enthalten		Steuerfinanziert		Im Globalbeitrag enthalten		5,5%	1,55%
Tschechische Republik	Höchstgrenze: das 48-fache des monatlichen Durchschnittslohns 64 801 € p.a. bei Krankheit, im Alter und Arbeitslosigkeit	Sachleistungen 9% 4,5% Geldleistungen 2,1% –		Kein eigenständiges System		21,5%	6,5%	1,2%	–
Ungarn	Arbeitgeber zahlt eine „Sozialbeitragssteuer" in Höhe von 18,5% des Bruttogehalts an den Staatshaushalt und wird wie folgt aufgeteilt: 71,63% an die Rentenversicherung 28,37% an die Krankenversicherung	Steuerfinanziert (ohne Bemessungsgrenze)		Steuerfinanziert		Steuerfinanziert (ohne Bemessungsgrenze)		8,1% aus der Sozialbeitragssteuer (ohne Bemessungsgrenze)	
UK-Vereinigtes Königreich	Globalbeitrag:* Infostand bis 2019	Steuerfinanziert und teilw. im Globalbeitrag enthalten		Kein eigenständiges System		Im Globalbeitrag enthalten		Steuerfinanziert und teilw. im Globalbeitrag enthalten	
Zypern	Globalbeitrag AG 8,3%/ AN 8,3% Bemessungsgrenze 4 784 €/ Monat	Steuerfinanziert und teilw. im Globalbeitrag enthalten		Steuerfinanziert		Im Globalbeitrag enthalten		Im Globalbeitrag enthalten	

[1] Vgl. Missoc-Studie der Europäischen Kommision; http//www.ec.europa.eu

[2] Abhängig von Art des Arbeitgebers (Privatwirtschaft, lokale Behörde, Staat, Kirche).

[3] Bis 52 Jahre AN-Anteil 7,15 %, ab 53 Jahren bis 62 Jahren AN-Anteil 8,65 %.

[4] AN mit Einkünften bis zu 352 €/Woche sind von Beiträgen befreit. > 352 € = 4 % der Einkünfte AN; von 38–386 € wtl. beträgt der AG -Anteil 8,8 % der Einkünfte. Bei mehr als 386 € wtl. beträgt der AG-Anteil 11,05 %. Keine Bemessungsgrenze.

[5] Jährliche pauschale Nominalprämie von 1 473 €/jährlich durch alle Arbeitnehmer ab dem Alter von 18 Jahren.

[6] Sobald der Bruttoverdienst diese Untergrenze überschreitet, wird der Beitrag auf der Grundlage des regulären Satzes mit der Berechnung auf der Grundlage von 25 % des die Untergrenze überschreitenden Verdienstes verglichen. Der tatsächliche Beitrag wird in Höhe des niedrigeren der beiden Beträge festgesetzt.

[7] Der Beitragssatz enthält die Absicherung im Falle der Invalidität und wird in Abhängigkeit von den Arbeitsbedingungen berechnet.

3.2.5 Gewerblicher Rechtsschutz und Recht am geistigen Eigentum

3.2.5.1 Urheberrechtsgesetz (UrhG)[1]

Geschützte Werke	§ 2	– Sprachwerke, Schriftwerke, Reden, Computer-programme (vgl. hierzu §§ 69a ff. UrhG) – Werke der Musik – pantomimische Werke, einschließlich der Werke der Tanzkunst – Werke der bildenden Künste, einschließlich der Werke der Baukunst und der angewandten Kunst und Entwürfe solcher Werke – Lichtbildwerke, einschließlich der Werke, die ähnlich wie Lichtbildwerke geschaffen werden – Filmwerke, einschließlich der Werke, die ähnlich wie Filmwerke geschaffen werden – Darstellungen wissenschaftlicher oder technischer Art (Zeichnungen, Pläne, Karten, Skizzen, Tabellen und plastische Darstellungen)
	§ 3	Übersetzungen und Bearbeitungen der in § 2 UrhG ge-nannten Werke, die persönliche geistige Schöpfung darstellen. Die nur unwesentliche Bearbeitung eines nicht geschützten Werkes der Musik wird nicht als selbstständiges Werk geschützt.
	§ 4	Sammelwerke und Datenbankwerke
Urheber	§§ 7–10	Schöpfer des Werks
Inhalt des Urheberrechts	§§ 11–27	– Urheberpersönlichkeitsrecht – Veröffentlichungsrecht – Verwertungsrecht (Vervielfältigungs-, Verbreitungs-, Ausstellungsrecht, Recht der öffentlichen Wiedergabe, Bearbeitungsrecht, Folgerecht bei Weiterveräußerung des Werks)
Rechtsverkehr	§§ 28–44	Das Urheberrecht ist vererblich, aber nicht übertragbar. Dagegen können Nutzungs- und Verwertungsrechte eingeräumt werden.

Dauer	§§ 64–69	– Erlöschen des Urheberrechts 70 Jahre nach dem Tod des Urhebers (§ 64 UrhG)
		– Ausnahmen:
		  – Miturheber, Filmwerke, Musikkomposition mit Text (§ 65 UrhG)
		  – anonyme und pseudonyme Werke (§ 66 UrhG)
		  – Lieferungswerke (§ 67 UrhG)

---

[1] Gesetz über Urheberrecht und verwandte Schutzrechte vom 9.9.1965 (BGBl I 1965 S. 1273), zuletzt geändert durch Art. 1 Gesetz vom 31.5.2021 (BGBl I 2021 S. 1204).

3.2.5.2 Patentgesetz (PatG)[1]

3.2.5.2.1 Erfindungen

Erfindungen		Keine Erfindungen
Patentschutz möglich	Patentschutz nicht möglich	
– Neue Erfindungen auf allen Gebieten der Technik, die auf erfinderischer Tätigkeit beruhen und gewerblich anwendbar sind – U.U. isolierter Bestandteil des menschlichen Körpers einschließlich Sequenz oder Teilsequenz eines Gens – für Erfindungen, deren Gegenstand Pflanzen oder Tiere sind, wenn die Ausführung der Erfindung technisch nicht auf eine bestimmte Pflanzensorte oder Tierrasse beschränkt ist – für Erfindungen, die ein mikrobiologisches oder ein sonstiges technisches Verfahren oder ein durch ein solches Verfahren gewonnenes Erzeugnis zum Gegenstand haben, sofern es sich dabei nicht um eine Pflanzensorte oder Tierrasse handelt	– Verfahren zum Klonen von Menschen – Verfahren zur Genveränderung bei Menschen und mit Einschränkungen bei Tieren – Verwendung menschlicher Embryonen – Pflanzensorten und Tierrassen sowie im Wesentlichen biologische Verfahren zur Züchtung von Pflanzen und Tieren und die ausschließlich durch solche Verfahren gewonnenen Pflanzen und Tiere – Verfahren zur chirurgischen oder therapeutischen Behandlung des menschlichen oder tierischen Körpers und Diagnostizierungsverfahren, die am menschlichen oder tierischen Körper vorgenommen werden. Dies gilt nicht für Erzeugnisse, insbesondere Stoffe oder Stoffgemische, zur Anwendung in einem der vorstehend genannten Verfahren	– Entdeckungen sowie wissenschaftliche Theorien und mathematische Methoden – Ästhetische Formschöpfungen – Pläne, Regeln, Verfahren für gedankliche Tätigkeiten, für Spiele oder für geschäftliche Tätigkeiten sowie für Programme für Datenverarbeitungsanlagen – Wiedergabe von Informationen – Menschliche Körper, einschließlich Keimzellen und Sequenzen und die Entdeckung eines Bestandteils, einschließlich Sequenz oder Teilsequenz eines Gens

---

[1] Vom 16.12.1980 (BGBl I 1981 S.1), zuletzt geändert durch Art.4 Gesetz vom 8.10.2017 (BGBl I 2017 S.3546).

3.2.5.2.2 Rechte an der Erfindung

Allein der Patentinhaber ist befugt, die patentierte Erfindung im Rahmen des geltenden Rechts zu benutzen. Jedem Dritten ist es verboten, ohne seine Zustimmung
– ein Erzeugnis, das Gegenstand des Patents ist, herzustellen, anzubieten, in Verkehr zu bringen oder zu gebrauchen oder zu den genannten Zwecken entweder einzuführen oder zu besitzen;
– ein Verfahren, das Gegenstand des Patents ist, anzuwenden oder, wenn der Dritte weiß oder es auf Grund der Umstände offensichtlich ist, dass die Anwendung des Verfahrens ohne Zustimmung des Patentinhabers verboten ist, zur Anwendung im Geltungsbereich dieses Gesetzes anzubieten;
– das durch ein Verfahren, das Gegenstand des Patents ist, unmittelbar hergestellte Erzeugnis anzubieten, in Verkehr zu bringen oder zu gebrauchen oder zu den genannten Zwecken entweder einzuführen oder zu besitzen.

3.2.5.3 Markengesetz (MarkenG)[1]

Marken	geschäftliche Bezeichnungen (Unternehmenskennzeichen und Werktitel)	geographische Herkunftsangaben
Zeichen, insbesondere Wörter einschließlich Personennamen, Abbildungen, Buchstaben, Zahlen, Klänge, dreidimensionale Gestaltungen einschließlich der Form einer Ware oder ihrer Verpackung sowie sonstige Aufmachungen einschließlich Farben und Farbzusammenstellungen, die geeignet sind, Waren oder Dienstleistungen eines Unternehmens von denjenigen anderer Unternehmen zu unterscheiden (§ 3).	Unternehmenskennzeichen sind Zeichen, die im geschäftlichen Verkehr als Name, als Firma oder als besondere Bezeichnung eines Geschäftsbetriebs oder eines Unternehmens benutzt werden. Der besonderen Bezeichnung eines Geschäftsbetriebs stehen solche Geschäftsabzeichen und sonstige zur Unterscheidung des Geschäftsbetriebs von anderen Geschäftsbetrieben bestimmte Zeichen gleich, die innerhalb beteiligter Verkehrskreise als Kennzeichen des Geschäftsbetriebs gelten (§ 5).	Geographische Herkunftsangaben im Sinne dieses Gesetzes sind die Namen von Orten, Gegenden, Gebieten oder Ländern sowie sonstige Angaben oder Zeichen, die im geschäftlichen Verkehr zur Kennzeichnung der geografischen Herkunft von Waren oder Dienstleistungen benutzt werden (§ 126).

---

[1] Gesetz über den Schutz von Marken und sonstigen Kennzeichen vom 25.10.1994 (BGBl I 1994 S.3082, 1995 S.156, 1996 S.682), zuletzt geändert durch Art.1 Gesetz vom 11.12.2018 (BGBl I 2018 S.2357).

Dritten ist es untersagt, ohne Zustimmung des Inhabers der Marke im geschäftlichen Verkehr

– ein mit der Marke identisches Zeichen für Waren oder Dienstleistungen zu benutzen, die mit denjenigen identisch sind, für die sie Schutz genießt,

– ein Zeichen zu benutzen, wenn wegen der Identität oder Ähnlichkeit des Zeichens mit der Marke und der Identität oder Ähnlichkeit der durch die Marke und das Zeichen erfassten Waren oder Dienstleistungen für das Publikum die Gefahr von Verwechslungen besteht, einschließlich der Gefahr, dass das Zeichen mit der Marke gedanklich in Verbindung gebracht wird, oder

– ein mit der Marke identisches Zeichen oder ein ähnliches Zeichen für Waren oder Dienstleistungen zu benutzen, die nicht denen ähnlich sind, für die die Marke Schutz genießt, wenn es sich bei der Marke um eine im Inland bekannte Marke handelt und die *Benutzung des Zeichens* die Unterscheidungskraft oder die Wertschätzung der bekannten Marke ohne rechtfertigenden Grund in unlauterer Weise ausnutzt oder beeinträchtigt (§ 14).

Werktitel sind die Namen oder besonderen Bezeichnungen von Druckschriften, Filmwerken, Tonwerken, Bühnenwerken oder sonstigen vergleichbaren Werken. Dritten ist es untersagt, die geschäftliche Bezeichnung oder ein ähnliches Zeichen im geschäftlichen Verkehr unbefugt in einer Weise zu benutzen, die geeignet ist, Verwechslungen mit der geschützten Bezeichnung hervorzurufen (§ 15).

Geographische Herkunftsangaben dürfen im geschäftlichen Verkehr nicht für Waren oder Dienstleistungen benutzt werden, die nicht aus dem Ort, der Gegend, dem Gebiet oder dem Land stammen, das durch die geographische Herkunftsangabe bezeichnet wird, wenn bei der Benutzung solcher Namen, Angaben oder Zeichen für Waren oder Dienstleistungen anderer Herkunft eine Gefahr der Irreführung über die geographische Herkunft besteht (§ 127).

3.2.5.4   Designgesetz (DesignG)[1]

Design (§ 1)	Zweidimensionale oder dreidimensionale Erscheinungsform eines ganzen Erzeugnisses oder eines Teils davon, die sich insbesondere aus den Merkmalen der Linien, Konturen, Farben, der Gestalt, Oberflächenstruktur oder der Werkstoffe des Erzeugnisses selbst oder seiner Verzierung ergibt.
Erzeugnis (§ 1)	Jeder industrielle oder handwerkliche Gegenstand, einschließlich Verpackung, Ausstattung, grafischer Symbole und typografischer Schriftzeichen sowie von Einzelteilen, die zu einem komplexen Erzeugnis zusammengebaut werden sollen; ein Computerprogramm gilt nicht als Erzeugnis.
Komplexes Erzeugnis (§ 1)	Erzeugnis aus mehreren Bauelementen, die sich ersetzen lassen, sodass das Erzeugnis auseinander- und wieder zusammengebaut werden kann.
Designschutz (§ 2)	Als eingetragenes Design wird ein Design geschützt, das neu ist und Eigenart hat. Der Schutz wird für diejenigen Merkmale der Erscheinungsform eines eingetragenen Designs begründet, die in der Anmeldung sichtbar wiedergegeben sind.
Ausschluss vom Designschutz (§ 3)	Vom Designschutz ausgeschlossen sind – Erscheinungsmerkmale von Erzeugnissen, die ausschließlich durch deren technische Funktion bedingt sind – Erscheinungsmerkmale von Erzeugnissen, die zwangsläufig in ihrer genauen Form und ihren genauen Abmessungen nachgebildet werden müssen, damit das Erzeugnis, in das das Design aufgenommen oder bei dem es verwendet wird, mit einem anderen Erzeugnis mechanisch zusammengebaut oder verbunden oder in diesem, an diesem oder um dieses herum angebracht werden kann, sodass beide Erzeugnisse ihre Funktion erfüllen – Designs, die gegen die öffentliche Ordnung oder die guten Sitten verstoßen – Designs, die eine missbräuchliche Benutzung eines der in Artikel 6ter der Pariser Verbandsübereinkunft zum Schutz des gewerblichen Eigentums aufgeführten Zeichen oder von sonstigen Abzeichen, Emblemen und Wappen von öffentlichem Interesse darstellen.[2] Erscheinungsmerkmale sind vom Schutz nicht ausgeschlossen, wenn sie dem Zweck dienen, den Zusammenbau oder die Verbindung einer Vielzahl von untereinander austauschbaren Teilen innerhalb eines Bauteilesystems zu ermöglichen.

---

[1] Gesetz über den rechtlichen Schutz von Design (DesignG) vom 24.2.2014 (BGBl I 2014 S.122), vorher: „Geschmacksmustergesetz", zuletzt geändert durch Art.5 Gesetz vom 26.11.2020 (BGBl I 2020 S. 2568).
[2] Z.B. Wappen, Flaggen und andere staatliche Hoheitszeichen, amtliche Prüf- und Gewährzeichen und -stempel.

Rechte aus dem eingetragenen Design und Schutzumfang (§ 38)	Das eingetragene Design gewährt allein seinem Rechtsinhaber das ausschließliche Recht, es zu benutzen und Dritten zu verbieten, es ohne seine Zustimmung zu benutzen. Eine Benutzung schließt insbesondere die Herstellung, das Anbieten, das Inverkehrbringen, die Einfuhr, die Ausfuhr, den Gebrauch eines Erzeugnisses, in den das eingetragene Design aufgenommen oder bei dem es verwendet wird, und den Besitz eines solchen Erzeugnisses zu den genannten Zwecken ein.
Beschränkung der Rechte aus dem eingetragenen Design (§ 40)	Rechte aus einem eingetragenen Design können nicht geltend gemacht werden gegenüber – Handlungen, die im privaten Bereich zu nichtgewerblichen Zwecken vorgenommen werden – Handlungen zu Versuchszwecken – Wiedergaben zum Zwecke der Zitierung oder der Lehre, vorausgesetzt, solche Wiedergaben sind mit den Gepflogenheiten des redlichen Geschäftsverkehrs vereinbar, beeinträchtigen die normale Verwertung des eingetragenen Designs nicht über Gebühr und geben die Quelle an – Einrichtungen in Schiffen und Luftfahrzeugen, die im Ausland zugelassen sind und nur vorübergehend in das Inland gelangen – der Einfuhr von Ersatzteilen und von Zubehör für die Reparatur sowie für die Durchführung von Reparaturen an oben genannten Schiffen und Luftfahrzeugen.

3.2.6 Insolvenzrecht

3.2.6.1 Insolvenzgründe und Insolvenzantrag

3.2.6.1.1 Insolvenzgründe[1]

	Überschuldung § 19 InsO	Zahlungsunfähigkeit § 17 InsO	Drohende Zahlungsunfähigkeit § 18 InsO
Insolvenzgrund bei:	AG, GmbH, Verein, GmbH & Co. KG; Stiftungen, UG, KGaA, Nachlassinsolvenz, ggf. Genossenschaft[2]	Einzelunternehmen, OHG und KG, AG, natürliche Person, Partnerschaftsgesellschaft, GmbH, Verein, Nachlassinsolvenz, GbR	bei Eigenantrag für alle Rechtssubjekte
Voraussetzung	Das Vermögen des Schuldners deckt die bestehenden Verbindlichkeiten nicht mehr, es sei denn, die Fortführung des Unternehmens ist nach den Umständen überwiegend wahrscheinlich. Entscheidend ist mithin die Gegenüberstellung des Vermögens mit den Schulden. Die Überschuldungsbilanz beruht nicht auf den Rechnungslegungsvorschriften (Handelsgesetzbuch, IFRS), sondern berücksichtigt alle realisierbaren Vermögenswerte. Übersteigen die Schulden das Vermögen (Aktiva) und ist somit das Eigenkapital rechnerisch negativ, liegt nur dann keine Überschuldung vor, wenn eine positive Fortführungsprognose besteht.	Ein auf Mangel an Zahlungsmitteln beruhendes, nach außen erkennbares und voraussichtlich dauerndes Unvermögen eines Schuldners, seine fälligen Geldschulden zu erfüllen; *dagegen nicht* (1) bei voraussichtlich vorübergehender Zahlungsstockung. (2) wenn sich der Schuldner trotz etwaiger Überschuldung ausreichende Mittel im Kreditweg beschaffen kann, (3) wenn der Schuldner sich weigert, Zahlungen zu bewirken. Zahlungsunfähigkeit kann auch vorliegen, wenn der Schuldner zwar wertvolles, aber unveräußerliches Vermögen besitzt (Illiquidität). Wichtigste Erscheinungsform der Zahlungsunfähigkeit: Zahlungseinstellung.	Schuldner wird voraussichtlich nicht in der Lage sein, die bestehenden Zahlungsverpflichtungen im Zeitpunkt der Fälligkeit zu erfüllen.

---

[1] §§ 17, 18, 19, 320 InsO.
[2] § 98 GenG.

3.2.6.1.2 Insolvenzantrag

A. Eigenantrag (durch Schuldner selbst)

Unternehmensform	Antragsberechtigter
einzelkaufmännische Unternehmungen	Inhaber
BGB-Gesellschaft	jeder einzelne Gesellschafter (stellen die Gesellschafter nicht gemeinsam den Antrag, ist der Insolvenzgrund glaubhaft zu machen und die anderen Gesellschafter sind im Eröffnungsverfahren anzuhören)
GmbH, AG, UG, Genossenschaft	Geschäftsführer bzw. Vorstandsmitglieder
OHG, KG	jeder Gesellschafter
KGaA	alle persönlich haftenden Gesellschafter
GmbH & Co. KG	die Geschäftsführer der Komplementär-GmbH

B. Gläubigerantrag

Voraussetzung für einen Gläubigerantrag:
- Geldwerte, erzwingbare Forderung gegen den Schuldner
- Darlegungen, dass die Verweigerung der Zahlung darauf beruht, dass der Schuldner nicht zahlen kann
- Glaubhaftmachen der Forderung gegen den Schuldner gegenüber dem Gericht. Dazu reicht es aus, wenn das Gericht die Existenz der Forderung gegenüber dem Schuldner für überwiegend wahrscheinlich hält. Der Gläubiger hat hierzu die Höhe der Forderung und ggf. Nebenforderungen anzugeben und Urkunden über die Forderung vorzulegen. Hat der Gläubiger bereits ein Urteil oder einen Titel gegen den Schuldner erwirkt, muss er die Forderung nicht mehr glaubhaft machen.
- Glaubhaftmachung des Insolvenzgrundes. Dabei wird der Gläubiger aufgrund fehlender Kenntnisse regelmäßig nur äußere Anzeichen mitteilen können, aus denen sich ergibt, dass der Schuldner nicht nur zahlungsunwillig, sondern zahlungsunfähig ist. Die bloße Nichterfüllung einer Forderung reicht aber in *keinem Fall* aus, um zu dem Schluss zu gelangen, dass der Schuldner zahlungsunfähig ist, da die Zahlungsunfähigkeit auch auf einer anderen rechtlichen Wertung des Schuldners bzw. bloßem Zahlungsunwillen beruhen kann.

3.2.6.2 Typischer Ablauf des Regelinsolvenzverfahrens

1. Insolvenzantrag	Antragsteller ist entweder der Schuldner („Eigenantrag") oder ein Gläubiger („Fremdantrag"). Der Antrag muss sich auf einen Insolvenzgrund stützen und schriftlich erfolgen. Möglich ist auch die Beantragung durch Telekopie (§ 130 Nr. 6 ZPO) oder, sofern die Voraussetzungen des § 130 a ZPO gegeben sind, die elektronische Einreichung des Antrags. Für Letzteres ist eine qualifizierte elektronische Signatur nach dem Signaturgesetz (§ 130 a Abs. 1 S. 2 ZPO i.V.m. § 2 Nr. 3 SigG) erforderlich. Das Bundesministerium für Justiz und Verbraucherschutz wird gemäß § 13 Abs. 4 S. 1 InsO ermächtigt, durch Rechtsverordnung mit Zustimmung des Bundesrates für die Antragstellung durch den Schuldner ein Formular einzuführen. Dessen Benutzung ist dann nach § 13 Abs. 4 S. 2 InsO zwingend vorgeschrieben. Für das Verbraucherinsolvenzverfahren wurde durch die Verbraucherinsolvenzformularverordnung (VbrInsFV) ein bundesweit einheitliches Antragsformular eingeführt. Für den Eigenantrag des Schuldners im Regelinsolvenzverfahren hingegen ist (noch) kein amtliches Antragsformular eingeführt. In Nordrhein-Westfalen sind zwar für Schuldner- und Gläubigeranträge und Verbraucherinsolvenzverfahren Formulare verfügbar, sie erfüllen jedoch nicht die Anforderungen des § 13 Abs. 4 InsO, da das Bundesjustizministerium von der Verordnungsermächtigung nach § 13 Abs. 4 S. 1 InsO bis zum heutigen Tage keinen Gebrauch gemacht hat.
2. Ggf. Einsetzung eines vorläufigen Gläubigerausschusses	Im Gesetz wird zwischen obligatorischem, beantragtem und fakultativem Gläubigerausschuss differenziert (§ 22 a InsO). Sobald zwei der drei Kriterien vorliegen, ist ein obligatorischer Gläubigerausschuss zu bestellen: – Es gibt eine Bilanzsumme von mindestens 6 000 000 € nach Abzug eines auf Aktivseite ausgewiesenen Fehlbetrages i. S. d. § 268 Abs. 3 HGB. – Mindestens 12 000 000 € Umsatzerlöse wurden in den zwölf Monaten vor dem letzten Abschlussstichtag erzielt. – Im Jahresdurchschnitt sind mindestens fünfzig Arbeitnehmer beschäftigt. Ein vorläufiger Gläubigerausschuss ist durch das Insolvenzgericht einzurichten (auch: beantragter Gläubigerausschuss), wenn folgende Voraussetzungen kumulativ vorliegen: – Antrag (durch Schuldner, vorläufigen Insolvenzverwalter oder Insolvenzgläubiger). – Benennung von Personen, die als Mitglieder des vorläufigen Gläubigerausschusses in Betracht kommen. – Schriftliche Einverständniserklärung der als künftige Gläubigerausschussmitglieder benannten Personen.

508

	Auch wenn die Schwellenwerte des §22a InsO nicht erreicht sind und kein Antrag auf Einsetzung eines vorläufigen Gläubigerausschusses gestellt wurde, kann das Insolvenzgericht einen vorläufigen Gläubigerausschuss einsetzen. Es handelt sich hierbei um einen fakultativen Gläubigerausschuss. Wenn der Geschäftsbetrieb eingestellt ist, ist die Einsetzung eines vorläufigen Gläubigerausschusses nicht möglich. Der vorläufige Gläubigerausschuss unterstützt und überwacht den vorläufigen Insolvenzverwalter. Er hat das Recht zur Mitwirkung bei der Bestellung des vorläufigen Verwalters.
3. Gutachtenphase	Nach Eingang des Insolvenzantrags bei Gericht wird dessen Zulässigkeit geprüft. Eröffnungsfähigkeit liegt vor, wenn ein Insolvenzgrund (dazu oben) vorliegt und die Verfahrenskosten gedeckt sind. Zur Prüfung, ob ein Insolvenzgrund vorliegt, wird zumeist ein Sachverständigengutachten eingeholt. Wenn die vorliegenden Unterlagen ausreichen, entscheidet das Gericht aufgrund eigener Sachkenntnis. Außerdem prüft das Gericht, ob es bis zur endgültigen Entscheidung Sicherungsmaßnahmen festlegen muss, denn bis zu dieser können in der Praxis mehrere Wochen vergehen. Sicherungsmaßnahmen sind z. B. die Anordnung der vorläufigen Insolvenzverwaltung, die Einstellung der Zwangsvollstreckung oder eine Postsperre. Die Kosten des Verfahrens sind gedeckt, wenn ausreichende Masse festgestellt werden kann. Dies wird ebenfalls durch Gutachten geprüft.
4. Vorläufige (Insolvenz-) Verwaltung	Eine Maßnahme zur Sicherung der Insolvenzmasse ist die Bestellung eines vorläufigen Insolvenzverwalters (s.o.). Die Rechtsstellung und die Befugnisse des vorläufigen Insolvenzverwalters hängen von dem Inhalt des Beschlusses des Insolvenzgerichts ab. Regelt der Beschluss, dass Verfügungen des Schuldners nur mit Zustimmung des vorläufigen Insolvenzverwalters wirksam sind, so handelt es sich um die Bestellung eines sog. „schwachen" vorläufigen Insolvenzverwalters. Er hat regelmäßig nur Befugnisse zur Sicherung der Masse, jedoch geht die Verwaltungs- und Verfügungsbefugnis nicht auf ihn über. Das Gericht kann ferner anordnen, dass der vorläufige Insolvenzverwalter bereits die Verwaltungs- und Verfügungsbefugnis über das Vermögen des Schuldners erhält. In diesem Falle spricht man von einem sog. „starken" vorläufigen Verwalter. Im Rahmen der vorläufigen Insolvenzverwaltung darf der vorläufige Insolvenzverwalter die Insolvenzmasse allerdings noch nicht verwerten, sondern er sichert nur das vorhandene Vermögen, z. B. durch Fortführung des Geschäftsbetriebes. Ferner ist er dazu berufen zu prüfen, ob eine die Verfahrenskosten deckende Masse vorhanden ist.
5. Eröffnung des Insolvenzverfahrens	Durch Beschluss des Insolvenzgerichts wird das Insolvenzverfahren eröffnet. Mit der Insolvenzeröffnung erlangt der Insolvenzverwalter die Verwaltungs- und Verfügungsbefugnis. Rechtshängige Gerichtsverfahren, welche der Schuldner führte, werden kraft Gesetzes unterbrochen und können unter bestimmten Voraussetzungen vom Insolvenzverwalter aufgenommen werden.

6.	Berichtstermin (Gläubiger- versammlung)	Nach der Insolvenzeröffnung erfolgt der Berichtstermin bzw. die Gläubigerversammlung. Der Insolvenz- verwalter berichtet über die wirtschaftliche Lage des Schuldners sowie über ihre Ursachen. Er klärt u.a. darüber auf, ob das schuldnerische Unternehmen zu erhalten ist oder ob die Möglichkeit der Aufstellung eines Insolvenzplans besteht und welche Auswirkungen dieser ggf. für die Befriedigung der Gläubiger hät- te. Es wird beschlossen, ob das Unternehmen des Schuldners stillgelegt oder vorläufig fortgeführt werden soll. Die Gläubigerversammlung kann den Insolvenzverwalter beauftragen, einen Insolvenzplan aufzustel- len und Ziele des Insolvenzplans zu nennen. Sie muss ferner über alle bedeutsamen Rechtshandlungen des Insolvenzverwalters entscheiden.
7.	Prüfungstermin	Während des Prüfungstermins übergibt der Insolvenzverwalter dem Gericht die Tabellenerklärungen zu den angemeldeten Forderungen. Wenn sich der Insolvenzverwalter beim Gläubiger nach dessen recht- zeitiger Forderungsanmeldung nicht meldet, so ist die Forderung zur Insolvenztabelle festgestellt, § 179 Abs. 3 Satz 3 InsO.
8.	Abwicklungs- phase	In der Abwicklungsphase setzt der Insolvenzverwalter die Beschlüsse der Gläubigerversammlung um. Er verwertet das vorhandene Vermögen und bereinigt die Insolvenztabelle. Dies kann von einem halben Jahr bis zu mehreren Jahren dauern. Die Verfahrensdauer richtet sich danach, ob – Immobilienvermögen vorhanden ist, – Debitorenforderungen streitig eingezogen werden müssen, – Sonderaktiva und Insolvenzanfechtungen auf gerichtlichem Wege verfolgt werden müssen, – mehrere Jahre steuerlich aufgearbeitet werden müssen oder – Gläubiger Feststellungsklage gegen das Bestreiten der angemeldeten Forderung einlegen. In vom Gericht bestimmten regelmäßigen Abständen hat der Insolvenzverwalter einen Zwischenbericht über den Fortgang zur Insolvenzakte einzureichen. Sonderfall: Masseunzulänglichkeit § 208 InsO Masseunzulänglichkeit liegt vor, wenn die durch den Insolvenzverwalter begründeten Masseverbindlichkei- ten nicht mehr befriedigt werden können. Der Eintritt der Masseunzulänglichkeit wird von ihm bei Gericht angezeigt. Die Massegläubiger werden benachrichtigt. Die Verteilungsreihenfolge (§ 209 InsO) ist dann: – Kosten des Insolvenzverfahrens – Masseverbindlichkeiten, die nach der Anzeige der Masseunzulänglichkeit begründet worden sind, ohne zu den Kosten des Verfahrens zu gehören – übrige Masseverbindlichkeiten, zuletzt der nach den §§ 100, 101 Abs. 1 Satz 3 bewilligte Unterhalt

9. Schlussbericht und Schlusstermin	Nach der Verwertung sämtlicher Vermögensgegenstände sowie der Prüfung aller angemeldeten Insolvenzforderungen reicht der Insolvenzverwalter einen Schlussbericht und die Schlussrechnungslegung beim Insolvenzgericht ein. Dieses legt einen Schlusstermin fest. Beim Schlusstermin informiert der Insolvenzverwalter ein weiteres Mal abschließend über das Insolvenzverfahren. Bei kleineren Insolvenzverfahren kann dies auch im schriftlichen Verfahren erfolgen.

10. Verteilung §§ 187–206 InsO	Die Verteilung erfolgt wie folgt:
	– Kosten des Insolvenzverfahrens (entstandene Gerichtskosten und Gebühren der Insolvenzverwaltung)
	– Masseverbindlichkeiten
	– Insolvenzforderungen § 38 InsO
	– Nachrangige Insolvenzforderungen in folgender Reihenfolge und bei gleichem Rang nach Verhältnis ihrer Beträge:
	  – die seit der Eröffnung des Insolvenzverfahrens laufenden Zinsen und Säumniszuschläge auf Forderungen der Insolvenzgläubiger
	  – die Kosten, die den einzelnen Insolvenzgläubigern durch ihre Teilnahme am Verfahren entstanden sind
	  – Geldstrafen, Geldbußen, Ordnungsgelder und Zwangsgelder sowie solche Nebenfolgen einer Straftat oder Ordnungswidrigkeit, die zu einer Geldzahlung verpflichten
	  – Forderungen auf eine unentgeltliche Leistung des Schuldners
	  – Forderungen auf Rückgewähr eines Gesellschafterdarlehens oder Forderungen aus Rechtshandlungen, die einem solchen Darlehen wirtschaftlich entsprechen

11. Aufhebung § 200 InsO	Sobald die Insolvenzmasse verteilt worden ist, wird das Insolvenzverfahren vom Insolvenzgericht aufgehoben. Bei Gesellschaften ist das Insolvenzverfahren beendet, bei Privatpersonen folgt die Wohlverhaltensperiode.

12. Ggf. Restschuld-befreiung

Die Restschuldbefreiung findet nur auf Antrag und nur nach Insolvenzverfahren über das Vermögen von natürlichen Personen statt. Das Gericht kündigt vor Aufhebung des Insolvenzverfahrens die Restschuldbefreiung an, soweit keine Versagungsgründe vorliegen. Das Restschuldbefreiungsverfahren schließt sich an das Insolvenzverfahren an. Insgesamt beträgt die Verfahrensdauer (Insolvenzverfahren nebst anschließender Wohlverhaltensphase) für Insolvenzverfahren, die nach dem 30.9.2020 beantragt worden sind, regelmäßig drei Jahre, in der der Schuldner seine pfändbaren Einkommensteile an den Insolvenzverwalter/Treuhänder abtritt und zu seinen Gläubigern zur Verfügung stellt. Für Insolvenzverfahren, die vor dem 1.10.2020 beantragt worden sind, gelten gem. Art. 103 k EGInsO Übergangsregelungen. Die Verfahrensdauer beträgt maximal sechs Jahre.

Nach Ablauf der Wohlverhaltensphase trifft das Insolvenzgericht die Entscheidung, ob dem Schuldner die Restschuldbefreiung erteilt oder versagt wird. Zuvor werden die Insolvenzgläubiger, der Treuhänder und der Schuldner gehört. Versagungsgründe werden nur auf Antrag des Treuhänders oder der Gläubiger ermittelt. Die Restschuldbefreiung gilt auch gegenüber Gläubigern, die ihre Forderungen nicht im Insolvenzverfahren angemeldet haben. Nicht erfasst sind jedoch (§ 302 InsO):

– Forderungen, die auf einer vorsätzlichen unerlaubten Handlung des Schuldners beruhen,
– Verbindlichkeiten aus rückständigem gesetzlichen Unterhalt, den der Schuldner vorsätzlich pflichtwidrig nicht gewährt hat,
– Verbindlichkeiten aus einem Steuerschuldverhältnis, wenn der Schuldner im Zusammenhang damit wegen einer Steuerstraftat nach den §§ 370, 373 oder 374 AO rechtskräftig verurteilt worden ist,
– Geldstrafen und die diesen in § 39 Abs. 1 Nr. 3 InsO gleichgestellten Verbindlichkeiten des Schuldners,
– Verbindlichkeiten aus zinslosen Darlehen, die dem Schuldner zur Begleichung der Kosten des Insolvenzverfahrens gewährt wurden.

Wird später festgestellt, dass gesetzliche Obliegenheiten schuldhaft verletzt wurden und so die Befriedigung der Insolvenzgläubiger erheblich beeinträchtigt worden ist, so kann die Restschuldbefreiung auf einen innerhalb eines Jahres nach Rechtskraft der Entscheidung gestellten Antrag eines Gläubigers widerrufen werden. Ein erneuter Antrag auf Restschuldbefreiung kann erst nach Ablauf von drei Jahren nach rechtskräftiger Versagung gestellt werden. Gelangt ein Insolvenzantrag mangels kostendeckender Masse nicht zur Eröffnung des Verfahrens oder wird ein Insolvenzverfahren mangels Masse eingestellt, so findet ein Restschuldbefreiungsverfahren nicht statt. Allerdings ist bei mangelnder Verfahrenskostendeckung eine Kostenstundung möglich.

3.2.6.3 Rechenwerke des Insolvenzverwalters

A. Insolvenzrechtliche Rechenwerke

Masseverzeichnis	§ 151 InsO
Gläubigerverzeichnis	§ 152 InsO
Vermögensübersicht („Insolvenz-Eröffnungsbilanz")	§ 153 InsO
Insolvenzplan	§§ 217 ff. InsO
Zwischen- und Schlussrechnung	§ 66 InsO

B. Handelsrechtliche Rechenwerke

Schlussbilanz vor Verfahrenseröffnung	
Eröffnungsbilanz zu Verfahrensbeginn	
Allgemeine Buchführungspflicht	§ 155 InsO i. V. m. §§ 238 ff., 242 ff. HGB
Jahresabschlüsse während Verfahren	
Schlussbilanz zu Verfahrensende	

C. Steuerrechtliche Rechnungslegung

Schlussbilanz vor Verfahrenseröffnung	
Eröffnungsbilanz zu Verfahrensbeginn	§ 155 InsO i. V. m. §§ 4 und 5 EStG,
Jahresabschlüsse während Verfahren	§ 11 KStG,
Schlussbilanz zu Verfahrensende	§ 60 Abs. 1 EStDV

3.2.6.4 Mustergliederung Insolvenzplan

Darstellender Teil

A. Grundsätzliche Ziele und Regelungsstruktur des Planes

I. Art und Ziel des Planes

II. Regelungsansatz für

    1. absonderungsberechtigte Gläubiger mit gesicherten Finanzkreditforderungen

    2. absonderungsberechtigte Gläubiger mit gesicherten Forderungen aus Lieferungen und Leistungen

    3. nicht nachrangige Gläubiger

    4. Arbeitnehmer

III. Gesellschaftsrechtliche Regelungen

B. Gruppenbildung

Zahl, Art und Abgrenzung der im Plan vorgesehenen Gruppen

C. Beschreibung und Offenlegung für die Beurteilung des Planes notwendiger Unternehmensdaten (Informations- und Datenpool)

Erster Abschnitt: Zeitraum bis zur Stellung des Insolvenzantrages

1. Bisherige Unternehmensentwicklung

1.1 Unternehmensgeschichte

1.2 Finanzwirtschaftliche Entwicklung

1.3 Mitarbeiterentwicklung und arbeitsrechtlicher Rahmen

2. Rechtliche Verhältnisse

2.1 Gesellschaftsrechtliche Ebene

2.2 Kapitalerhaltung und Kapitalersatz

2.3 Verbundene Unternehmen und Beteiligungen

2.4 Steuerrechtliche Verhältnisse

2.5 Dauerschuldverhältnisse

2.6 Relevante Rechtsstreite

3. Finanzwirtschaftliche Verhältnisse

3.1 Finanzierung

3.2 Kreditsicherheiten und Haftungsverhältnisse

3.3 Vermögens- und Schuldenlage

3.4 Erfolgslage

4. Leistungswirtschaftliche Verhältnisse

4.1 Produkt- und Leistungsprogramm

4.2 Standort

4.3 Beschaffung

4.4 Produktion

Plananlagen

1. Allgemeines
Anlage A 1 – A 5	Jahresabschlüsse
Anlage A 6	Satzung der Gesellschaft
Anlage A 7	Interessenausgleich
Anlage A 8	Sozialplan

2. Plananlagen gem. § 229 InsO

   a) originäre
Anlage A 9	Vermögensübersicht (Planbilanz)
Anlage A 10	Plan-Gewinn- und -Verlustrechnung
Anlage A 11	Plan-Liquiditätsrechnung

   b) ergänzende
Anlage A 12	Vermögensübersicht auf Verfahrenseröffnung gem. § 153 InsO mit Zerschlagungswerten

   c) zusätzliche
Anlage A 13	Spezifikation der zu beschaffenden Hardware
Anlage A 14	Gläubigerverzeichnis mit Adressen Gruppe 1
Anlage A 15	Gläubigerverzeichnis mit Adressen Gruppe 2
Anlage A 16	Gläubigerverzeichnis mit Adressen Gruppe 3
Anlage A 17	Gläubigerverzeichnis mit Adressen Gruppe 4
Anlage A 18	Gläubigerverzeichnis mit Adressen Gruppe 5

3. Plananlagen gem. § 230 InsO (sofern erforderlich)

3.2.6.5 Handels- und steuerrechtliche Rechnungslegung gem. § 155 InsO

– Handels- und steuerrechtliche Pflichten des Schuldners zur Buchführung und zur Rechnungslegung bleiben auch nach Eröffnung des Insolvenzverfahrens unberührt. In Bezug auf die Insolvenzmasse hat der Insolvenzverwalter diese Pflichten zu erfüllen.
– Mit der Eröffnung des Insolvenzverfahrens beginnt ein neues Geschäftsjahr. Jedoch wird die Zeit bis zum Berichtstermin in gesetzliche Fristen für die Aufstellung oder die Offenlegung eines Jahresabschlusses nicht eingerechnet.
– Für die Bestellung des Abschlussprüfers im Insolvenzverfahren gilt § 318 HGB mit der Maßgabe, dass die Bestellung ausschließlich durch das Registergericht auf Antrag des Verwalters erfolgt. Ist für das Geschäftsjahr vor der Eröffnung des Verfahrens bereits ein Abschlussprüfer bestellt, so wird die Wirksamkeit dieser Bestellung durch die Eröffnung nicht berührt.

3.2.6.6   Zwischenberichterstattung gem. § 66 InsO

– Die Gläubigerversammlung kann vom Verwalter gem. § 66 Abs. 3 InsO eine **Zwischenrechnungslegung** verlangen, in welcher der Verwalter darzulegen hat, welchen Massebestand er vorgefunden hat, wie dieser verwertet wurde, welche Gegenstände freigegeben wurden, welche Aus- und Absonderungsrechte geltend gemacht wurden und mit welchem Erfolg er schwebende Rechtsgeschäfte abgewickelt hat.
– Die Zwischenrechnung ist schriftlich abzufassen. Der Zwischenrechnung sind zudem Unterlagen und Belege beizufügen.
– Die Zwischenrechnung wird gem. § 66 Abs. 3 Satz 2 i. V. m. § 66 Abs. 2 Satz 1 InsO zunächst vom Insolvenzgericht geprüft und anschließend mit den Belegen und einem Vermerk über die Prüfung sowie ggf. mit einer Bemerkung des Gläubigerausschusses zur Einsicht der Beteiligten ausgelegt. Des weiteren ist die Zwischenrechnung in der Gläubigerversammlung von dem Verwalter darzulegen.

3.2.6.7   Verbraucherinsolvenzverfahren gem. §§ 304 ff. InsO

A. Ziele

– Ermöglichung eines wirtschaftlichen Neuanfangs des Schuldners nach der sich an das Insolvenzverfahren anschließenden Restschuldbefreiung.
– Bestmögliche Gläubigerbefriedigung.

B. Anwendungsbereich

– Natürliche Personen, die keine selbständige wirtschaftliche Tätigkeit ausüben, d.h. insbesondere Arbeitnehmer, Rentner, Arbeitslose (§ 304 Abs. 1 Satz 1 InsO).
– Für ehemalig selbständig tätige Schuldner wird das Verbraucherinsolvenzverfahren nur dann durchgeführt, wenn weniger als 20 Gläubiger vorhanden sind und keine Forderungen aus Arbeitsverhältnissen einschließlich Ansprüchen von Sozialversicherungsträgern abzuwickeln sind (§ 304 Abs. 1 Satz 2, Abs. 2 InsO).

C. Gang des Verfahrens zur Erlangung der Restschuldbefreiung

1. Stufe:
Außergerichtlicher Einigungsversuch des Schuldners mit seinen Gläubigern

– Der Schuldner hat zwingend aufgrund eines konkreten Planes innerhalb der *letzten sechs Monate* vor dem Eröffnungsantrag einen außergerichtlichen Einigungsversuch mit den Gläubigern über die Schuldenbereinigung zu betreiben. Dabei hat er sich der Mithilfe einer als geeignet anerkannten Person oder Stelle (z.B. Schuldnerberatungsstelle, Rechtsanwalt, Notar, Steuerberater oder Verbraucherzentrale) zu bedienen.

- Mögliche im aufgestellten und verhandelten Plan enthaltene Vereinbarungen:
  - Stundungen
  - Ratenzahlungen
  - (Teil-)Erlasse
  - Folgen der Nichterfüllung der festgelegten Bedingungen
  - Regelungen für den Fall der Änderung der wirtschaftlichen Verhältnisse des Schuldners (z.B. Arbeitslosigkeit, Erbschaft)
- Die Person, deren Mithilfe sich der Schuldner bedient hat, muss das Scheitern der Einigungsbemühungen bescheinigen; der Plan ist beizulegen und die wesentlichen Gründe für das Scheitern sind dazulegen (§ 305 Abs. 1 Nr. 1 InsO).

2. Stufe:
Gerichtliches Schuldenbereinigungsverfahren gem. §§ 305–310 InsO

Checkliste gem. § 305 InsO für den schriftlich einzureichenden Antrag[1] auf Eröffnung des Insolvenzverfahrens

1. Darlegung des Vorliegens eines Insolvenzgrundes, z.B. Zahlungsunfähigkeit oder drohende Zahlungsunfähigkeit
2. Antrag auf Erteilung der Restschuldbefreiung (§ 287 InsO) oder Erklärung, dass Restschuldbefreiung nicht beantragt werden soll und Antrag auf Eröffnung des Insolvenzverfahrens (§ 287 Satz 1 InsO)
3. Abtretungserklärung betreffend die pfändbaren Forderungen auf Bezüge aus einem Dienstverhältnis oder an deren Stelle tretende laufende Bezüge für die Zeit von drei Jahren nach der Eröffnung des Insolvenzverfahrens an einen vom Gericht zu bestimmenden Treuhänder (§ 287 Abs. 2 InsO).
4. Schuldenbereinigungsplan (§ 305 Abs. 1 Nr. 4 InsO); in den Plan ist insbesondere aufzunehmen:
   a) Darlegung der Einkommens- und Vermögensverhältnisse
   b) Darlegung, ob Bürgschaften, Pfandrechte und andere Sicherheiten der Gläubiger vom Plan berührt werden sollen
   c) Darlegung aller Regelungen, die geeignet sind, zu einer angemessenen Schuldenbereinigung zu führen
5. Bescheinigung, dass außergerichtliche Einigung mit Gläubigern über die Schuldenbereinigung auf der Grundlage eines Schuldenbereinigungsplanes innerhalb der letzten sechs Monate vor dem Eröffnungsantrag erfolglos versucht wurde (von einer geeigneten Person oder Stelle auszustellen; z.B. Schuldnerberatung, Rechtsanwalt, Notar, Steuerberater oder Verbraucherzentrale)
6. Darlegung wesentlicher Gründe für Scheitern des Schuldenbereinigungsplanes

---

[1] Der Schuldner muss gem. § 305 Abs. 5 InsO die Formulare entsprechend der Verbraucherinsolvenzformularverordnung – VbrInsFV – verwenden.

7. Verzeichnis der Gläubiger und der geschuldeten Beträge[1]
8. Erklärung, dass die Angaben in den Verzeichnissen und der Vermögensübersicht richtig und vollständig sind
9. Ggf. Antrag auf Verfahrenskostenstundung gem. § 4a InsO

- Die in der Checkliste genannten Unterlagen/Erklärungen müssen vollständig sein. Bei nicht vollständiger Abgabe fordert das Insolvenzgericht den Schuldner zur unverzüglichen Ergänzung des Fehlenden auf. Kommt der Schuldner dieser Aufforderung nicht binnen eines Monats nach, gilt sein Antrag auf Eröffnung des Insolvenzverfahrens als zurückgenommen (§ 305 Abs. 3 InsO).
- Hat der Schuldner einen ordnungsgemäßen Antrag gestellt, erklärt das Insolvenzgericht das Insolvenzverfahren bis zur Entscheidung über den Schuldenbereinigungsplan für ruhend. Der Zeitraum des Ruhens des Verfahrens soll drei Monate nicht überschreiten (§ 306 InsO).
- Das Gericht versucht erneut, eine Einigung herbeizuführen und stellt dabei den vom Schuldner benannten Gläubigern die Verzeichnisse und den Schuldenbereinigungsplan zu (§ 307 InsO), verbunden mit der Aufforderung zur Stellungnahme binnen einer Notfrist von einem Monat.
- Eine nicht rechtzeitige Äußerung seitens der Gläubiger gilt als Zustimmung.
- Bei Einreichung von Stellungnahmen bzw. Ergänzungen der Gläubiger gibt das Insolvenzgericht erforderlichenfalls dem Schuldner Gelegenheit zur Änderung/Ergänzung des Schuldenbereinigungsplans binnen einer vom Gericht zu bestimmenden Frist. Macht der Schuldner davon Gebrauch, wird der modifizierte Schuldenbereinigungsplan wiederum allen Gläubigern zugestellt. Äußern diese sich nicht mehr, gilt dies als Einverständnis.
- Der Schuldenbereinigungsplan gilt als angenommen, wenn
  1. alle Gläubiger zugestimmt haben oder
  2. kein Gläubiger Einwendungen erhoben hat oder
  3. die Zustimmung eines oder mehrerer Gläubiger durch Beschluss des Insolvenzgerichts nach § 309 InsO ersetzt wird. Voraussetzung hierfür ist, dass die Mehrheit der Gläubiger (Kopfmehrheit), die Forderungen über mehr als die Hälfte der Gesamtforderung haben (Kapitalmehrheit), zustimmt und der Plan angemessen ist, d.h. einzelne Gläubiger nicht benachteiligt werden.
- Der angenommene Schuldenbereinigungsplan hat die Wirkung eines Prozessvergleichs im Sinne des § 794 Abs. 1 Nr. 1 ZPO. Der Schuldner muss die im Plan festgelegten Verbindlichkeiten erfüllen, ansonsten können die Gläubiger die Vollstreckung beantragen.

---

[1] Auf Aufforderung des Schuldners sind die Gläubiger verpflichtet, auf ihre Kosten dem Schuldner zur Vorbereitung des Forderungsverzeichnisses eine schriftliche Aufstellung ihrer gegen diesen gerichteten Forderungen zu erteilen; insbesondere haben sie ihm die Höhe ihrer Forderungen und deren Aufgliederung in Hauptforderung, Zinsen und Kosten anzugeben (§ 305 Abs. 2 Satz 2 InsO).

3. Stufe:
Vereinfachtes Insolvenzverfahren gem. § 311 InsO

- Kommt ein Schuldenbereinigungsplan endgültig nicht zustande, wird im Wege des vereinfachten Verfahrens das Insolvenzverfahren eröffnet (§ 311 InsO).
- Liegt ein Insolvenzgrund vor, so bestimmt das Gericht bei Eröffnung des Verfahrens nur einen Prüfungstermin (Gläubigerversammlung, in der die zur Insolvenztabelle angemeldeten Forderungen geprüft werden).
- Bei überschaubaren Vermögensverhältnissen des Schuldners und geringer Zahl der Gläubiger oder der Höhe der Verbindlichkeiten kann das Gericht das Verfahren schriftlich durchführen.
- Nicht anwendbar sind die Regelungen über die Eigenverwaltung. Das Insolvenzplanverfahren ist grundsätzlich auch im Verbraucherinsolvenzverfahren möglich.
- Grundsätzlich anwendbar sind die Regelungen über Verwaltung und Verwertung der Insolvenzmasse (§§ 148 ff. InsO).
- Beantragt ein Gläubiger die Versagung der Restschuldbefreiung bis zum Schlusstermin und liegt ein Versagungsgrund, der vom Gläubiger glaubhaft gemacht wird, vor, ist die Restschuldbefreiung nach § 290 InsO zu versagen.
- Ist der Antrag auf Restschuldbefreiung zulässig, so stellt das Gericht durch Beschluss fest, dass der Schuldner Restschuldbefreiung erlangt, wenn er seinen Obliegenheiten während der Wohlverhaltensperiode nachkommt (§ 295 InsO) und die Voraussetzungen für eine Versagung nach §§ 290, 297–298 InsO nicht vorliegen.
- Hat der Schuldner Restschuldbefreiung beantragt, hat er ab Eröffnung des Insolvenzverfahrens (= Beginn der Abtretungsfrist nach § 287 Abs. 2 InsO) eine Erwerbsobliegenheit (d.h., er hat eine angemessene Erwerbstätigkeit auszuüben oder sich um eine solche zu bemühen und muss dann jede zumutbare Tätigkeit annehmen), § 287 b InsO.

4. Stufe:
Restschuldbefreiungsphase/Wohlverhaltensperiode

- Nach Aufhebung des Insolvenzverfahrens erfolgt die Überleitung in die Restschuldbefreiungsphase/Wohlverhaltensperiode, in der der Schuldner den pfändbaren Betrag seines Arbeitseinkommens an einen Treuhänder abführen muss (§§ 286 ff. InsO). Dieser verteilt diese Beträge dann an die einzelnen *Gläubiger.*
- Während der Wohlverhaltensperiode (Zeitraum zwischen Beendigung des Insolvenzverfahrens und dem Ende der Abtretungsfrist gemäß § 287 Abs. 2 i. V. m. § 300 Abs. 1 InsO) hat der Schuldner eine angemessene Erwerbstätigkeit auszuüben oder, wenn er ohne Beschäftigung ist, sich um eine solche zu bemühen und jede zumutbare Tätigkeit anzunehmen. Zudem hat er dem Gericht jeden Wohnsitz- und Arbeitsplatzwechsel zu melden. Erbschaften sind zur Hälfte an den Treuhänder abzuführen, andernfalls droht die Versagung der Restschuldbefreiung auf Antrag eines Gläubigers, §§ 295, 296 InsO.
- Nach Ablauf der dreijährigen Abtretungsfrist (§ 287 Abs. 2 InsO) entscheidet das Gericht nach Anhörung der Beteiligten über die Erteilung der Restschuldbefreiung durch Beschluss, wenn die Abtretungsfrist ohne vorzeitige

Beendigung verstrichen ist. Der Beschluss kann vom Schuldner und jedem Gläubiger, der bei dieser Anhörung die Versagung der Restschuldbefreiung beantragt hat, mit der sofortigen Beschwerde angegriffen werden.
- Durch die Erteilung der Restschuldbefreiung wird der Schuldner von den Vermögensansprüchen frei, die bei Eröffnung des Insolvenzverfahrens gegen ihn bestanden. Ausgenommen vom Schuldenerlass sind Forderungen nach § 302 InsO, insbesondere Verbindlichkeiten aus einer vorsätzlich begangenen unerlaubten Handlung, sofern der Gläubiger die entsprechende Forderung unter Angaben dieses Rechtsgrundes nach § 174 Abs. 2 InsO angemeldet hatte, Geldstrafen und Verbindlichkeiten aus zinslosen Darlehen, die dem Schuldner zur Begleichung der Kosten des Insolvenzverfahrens gewährt wurden.
- Die Restschuldbefreiung wirkt gegen alle Insolvenzgläubiger, auch gegen die, die ihre im Zeitpunkt der Insolvenzeröffnung bestehende Forderung nicht angemeldet haben, vgl. § 301 Abs. 1 InsO.
- Die Erteilung der Restschuldbefreiung wird auf Antrag eines Insolvenzgläubigers vom Gericht widerrufen, wenn ein in § 303 Abs. 1 InsO aufgeführter Widerrufsgrund vorliegt, z.B. wenn sich nachträglich herausstellt, dass der Schuldner eine seiner Obliegenheiten vorsätzlich verletzt und dadurch die Befriedigung der Insolvenzgläubiger erheblich beeinträchtigt hat. Der Antrag kann nur innerhalb einer bestimmten Frist gestellt werden (§ 303 Abs. 2 Satz 1 InsO). Gegen die Entscheidung steht dem Schuldner und dem Antragsteller die sofortige Beschwerde zu.

3.2.6.8 Wesentliche Änderungen im Insolvenzrecht durch das ESUG

A. Hintergrund und Ziel der Reform

Am 13.12.2011 ist das „Gesetz zur weiteren Erleichterung der Sanierung von Unternehmen" (ESUG) im Bundesgesetzblatt verkündet worden.[1] Das Gesetz erleichtert die frühzeitige Sanierung von insolvenzbedrohten Unternehmen. Insbesondere wird in bestimmten Fällen der Ablauf des Insolvenzverfahrens für Schuldner und Gläubiger berechenbarer. Hierfür wird den Gläubigern mehr Einfluss auf die Wahl des vorläufigen Insolvenzverwalters gewährt.

Daneben wird die Möglichkeit der Eigenverwaltung gestärkt. Die bereits im alten Recht vorgesehene Eigenverwaltung hatte nach Auffassung des Gesetzgebers zu wenig praktische Relevanz. Dies beruhte auf dem Umstand, dass selbst bei dem frühzeitig vom Schuldner eingereichten Eigen-Insolvenzantrag die Anordnung der Eigenverwaltung nicht zwingend war. Durch das reformierte Insolvenzrecht ist das Insolvenzgericht unter bestimmten Umständen an den Antrag auf Anordnung der Eigenverwaltung gebunden. Hiervon erhofft sich der Gesetzgeber eine höhere Bereitschaft, Insolvenzanträge schon dann zu stellen, wenn das Unternehmen noch sanierungsfähig ist. Außerdem soll die Stigmatisierung der Insolvenz überwunden und das Insolvenzverfahren als Möglichkeit der Unternehmensstrukturierung verstanden werden.

---

[1] Vgl. BGBl I 2011 S. 2582.

B. Inkrafttreten

- 1.3.2012   Änderungen in InsO, InsVV, EGInsO und ZVG
- 1.1.2013   Änderungen in GVG, RPflG, InsStatG, EGGVG

C. Wesentlicher Inhalt

1. Auswahl des vorläufigen Insolvenzverwalters

- Das Gericht soll unter bestimmten Voraussetzungen schon im Eröffnungsverfahren einen vorläufigen Gläubigerausschuss einsetzen (§ 22a Abs. 2 InsO, Ausnahmen in § 22a Abs. 3 InsO). Dies ist nicht von der Größe des Unternehmens abhängig. Anders § 22a Abs. 1 InsO.
- Der vorläufige Gläubigerausschuss ist vor Bestellung eines vorläufigen Insolvenzverwalters anzuhören (§ 56a Abs. 1 InsO).
- Bestimmt der vorläufige Gläubigerausschuss einstimmig einen vorläufigen Insolvenzverwalter, darf das Gericht von diesem Vorschlag nur abweichen, wenn eine ungeeignete Person benannt wurde (§ 56a Abs. 2 InsO).

2. Eigenverwaltung

- Voraussetzungen:
    - Antrag des Schuldners auf Anordnung der Eigenverwaltung,
    - keine Benachteiligung der Gläubiger durch die Eigenverwaltung,
    - stimmt vorläufiger Gläubigerausschuss zu, droht keine Benachteiligung der Gläubiger
- Im Eröffnungsverfahren wird ein vorläufiger Sachwalter bestellt.
- Nach Eröffnung obliegt die Abwicklung des Insolvenzverfahrens dem Schuldner selbst.
- Ein Insolvenzverwalter wird nicht bestellt, sondern ein Sachwalter. Dessen Aufgaben bestimmen sich nach den §§ 270c ff. InsO. Dieser hat im Wesentlichen Kontroll-/Überwachungsaufgaben. Zudem sind Forderungen bei ihm anzumelden.

3. Schutzschirmverfahren

- Voraussetzungen:
    - Eigenantrag wg. drohender Zahlungsunfähigkeit oder Überschuldung,
    - Antrag auf Eigenverwaltung,
    - Sanierung nicht offensichtlich aussichtslos,
    - Bestätigung eines in Insolvenzsachen erfahrenen Rechtsanwalts, Wirtschaftsprüfers oder Steuerberaters, dass keine Zahlungsunfähigkeit vorliegt und Sanierung nicht offensichtlich aussichtslos.
- Im Eröffnungsverfahren wird kein vorläufiger Insolvenzverwalter bestellt, sondern ein vorläufiger Sachwalter.
- Schuldner kann Sachwalter bestimmen.
- Aufhebung möglich, wenn
    - angestrebte Sanierung aussichtslos geworden ist,
    - der vorläufige Gläubigerausschuss die Aufhebung beantragt, vgl. § 270b Abs. 3 Satz 4 InsO.

4. Änderungen im Insolvenzplanverfahren

- Verkürzung der Rechtsmittel
    - Einschränkung des Minderheitenschutzes (§ 251 InsO),
    - kein Beschwerderecht für Gläubiger, die Gläubigerversammlung fernbleiben (§ 253 InsO).
- Gericht soll die Vorprüfung in maximal zwei Wochen durchführen.
- Fristen für Insolvenzverwalter und Schuldner zur Stellungnahme sollen zwei Wochen nicht mehr überschreiten.
- Möglichkeit, Gläubiger durch Beteiligung am Unternehmen zu befriedigen (sog. debt-equity-swap, vgl. § 254 Abs. 4 InsO).
- Eingriffe in bereits bestehende Mitgliedschafts- oder Gesellschaftsrechte oder Anwartschaften sind möglich.

3.2.6.9 Wesentliche Änderungen durch die Anfechtungsreform 2017

A. Hintergrund und Ziel der Reform

Am 29.3.2017 ist das „Gesetz zur Verbesserung der Rechtssicherheit bei Anfechtungen nach der Insolvenzordnung und nach dem Anfechtungsgesetz" verabschiedet worden.[1] Es ist am 5.4.2017 in Kraft getreten. Auf Insolvenzverfahren, die vor diesem Tag eröffnet worden sind, sind grundsätzlich die bis dahin geltenden Vorschriften weiter anzuwenden.[2]

Ziel der Anfechtungsreform ist es, den Wirtschaftsverkehr sowie die Arbeitnehmer von Unsicherheiten zu entlasten, die sich aus dem bisherigen Insolvenzanfechtungsrecht ergaben. Die Reform soll das Anfechtungsrecht punktuell neu justieren und die Praxis der Vorsatzanfechtung soll für den Geschäftsverkehr kalkulier- und planbarer werden. Zudem soll ein stärkerer Schutz der Arbeitnehmer gewährleistet werden. Der Gesetzgeber erhofft sich von der Reform eine schnelle Rechtssicherheit für etwaige Anfechtungsgegner. Zudem soll die neue Zinsregelung zu einer Entlastung der Anfechtungsgegner führen und der Anreiz beseitigt werden, Anfechtungsansprüche erst später geltend zu machen, was zu einer Verfahrensbeschleunigung führen kann.

B. Inkrafttreten

- 5.4.2017

---

[1] BGBl I 2017 S. 654.
[2] Art. 103 Abs. 1 EGInsO n. F.

C. Wesentlicher Inhalt

1. Antragsrecht

– Das Insolvenzantragsrecht wird in § 14 Abs. 1 Satz 2 InsO n. F. dahingehend gestärkt, dass ein Antrag nicht allein durch die Erfüllung der Forderung unzulässig wird. Bislang war dies auf einen Zeitraum von zwei Jahren vor Antragstellung begrenzt (§ 14 Abs. 1 Satz 2 InsO a. F.).
– Dadurch wird der Praxis der Beseitigung mehrerer Insolvenzanträge über einen langen Zeitraum entgegengewirkt, um zugleich potenzielle Anfechtungssituationen zu verringern.

2. Vorsatzanfechtung § 133 InsO

– Die Neufassung des § 133 InsO ist ein Kernstück der Anfechtungsreform.
– Für die Anfechtung einer Sicherung oder Befriedigung beträgt der Anfechtungszeitraum gemäß § 133 Abs. 2 InsO n. F. nunmehr vier Jahre.
– Handelt es sich dabei um eine kongruente Deckung, wird nach § 133 Abs. 3 InsO n. F. die Kenntnis des anderen Teils nur noch dann vermutet, wenn dieser die bereits eingetretene Zahlungsunfähigkeit des Schuldners kannte. Bislang genügte für diese Vermutung auch die Kenntnis von der drohenden Zahlungsunfähigkeit.
Wenn mit dem Schuldner eine Zahlungsvereinbarung getroffen oder diesem eine Zahlungserleichterung gewährt wurde, wird nunmehr nach § 133 Abs. 3 Satz 2 InsO n. F. vermutet, dass der andere Teil zur Zeit der Handlung die Zahlungsunfähigkeit des Schuldners nicht kannte.

3. Bargeschäftsprivileg § 142 InsO

– Nach § 142 Abs. 2 Satz 1 InsO n. F. liegt ein unmittelbarer Leistungsaustausch vor, wenn er nach Art der ausgetauschten Leistungen und unter Berücksichtigung der Gepflogenheiten des Geschäftsverkehrs in einem engen zeitlichen Zusammenhang erfolgt ist.
– Nach § 142 Abs. 2 Satz 2 und Satz 3 InsO n. F. soll die Anfechtbarkeit von Arbeitslöhnen deutlich eingeschränkt werden.
– Ein unmittelbarer Leistungsaustausch wird bei Arbeitslöhnen bejaht, wenn der Zeitraum zwischen Arbeitsleistung und Gewährung des Arbeitsentgelts drei Monate nicht übersteigt. Dies gilt auch, wenn das Arbeitsentgelt durch einen Dritten gewährt wird.
– *Außerdem soll ein Bargeschäft nach § 142 Abs. 1 InsO n. F. nur noch dann im Rahmen der Vorsatzanfechtung anfechtbar sein, wenn die Voraussetzungen des § 133 Abs. 1 bis 3 InsO gegeben sind und der andere Teil erkannt hat, dass der Schuldner unlauter handelte.*

4. Verzinsung einer Geldschuld

– Eine Geldschuld ist nach § 143 Abs. 1 Satz 3 InsO n. F. nunmehr nur noch dann zu verzinsen, wenn die Voraussetzungen des Schuldnerverzugs oder des § 291 BGB vorliegen.

– Diese Änderung gilt nach der Übergangsvorschrift des Art. 103 Abs. 2 EGInsO ab ihrem Inkrafttreten (5.4.2017) auch für bereits davor eröffnete Insolvenzverfahren (sog. Altverfahren).
– Für Altverfahren gilt hinsichtlich des Zinsanspruchs, dass gemäß Art. 103j Abs. 2 EGInsO i. V. m. § 143 Abs. 1 Satz 2 InsO a. F. Zinsen in Höhe von fünf Prozentpunkten über dem jeweiligen Basiszinssatz seit dem Tag der Eröffnung des Insolvenzverfahrens geschuldet sind, dies jedoch längstens bis zum 4.4.2017. Mit anderen Worten: Der Zinslauf ohne vorliegenden Verzug im konkreten Einzelfall wird von Gesetzes wegen mit Ablauf des 4.4.2017 unterbrochen. Zinsen für davorliegende Zeiträume sind aber weiterhin geschuldet.

5. Anfechtungsgesetz

– Die Änderungen bei der Vorsatzanfechtung und der Verzinsungspflicht werden auch in das Anfechtungsgesetz übernommen.

3.2.6.10 Wesentliche Änderungen durch das COVInsAG

Das Gesetz zur vorübergehenden Aussetzung der Insolvenzantragspflicht und zur Begrenzung der Organhaftung bei einer durch die COVID-19-Pandemie bedingten Insolvenz (COVID-19-Insolvenzaussetzungsgesetz-COVInsAG) wurde nach einer Entwurfsvorlage des BMJV (Bundesministerium der Justiz und für Verbraucherschutz) vom 25.3.2020 im parlamentarischen Schnellverfahren vom Deutschen Bundestag und Bundesrat am 27.3.2020 verabschiedet. Es ist rückwirkend zum 1.3.2020 in Kraft getreten.[1] Das Gesetz wurde mehrfach inhaltlich geändert und lief am 30.4.2021 aus. Damit hat es für aktuelle Handlungsentscheidungen keine Relevanz (mehr), weshalb von einer näheren Darstellung der Inhalte abgesehen wird. Das Gesetz hat hingegen Einfluss auf die insolvenzrechtliche Bewertung von Handlungen im Zeitraum vom 1.3.2020 bis 30.4.2021.

3.2.6.11 Wesentliche Änderungen durch das SanInsFoG

A. Einleitung

Das Gesetz zur Fortentwicklung des Sanierungs- und Insolvenzrechts (Sanierungs- und Insolvenzrechtsfortentwicklungsgesetz - SanInsFoG) (Bundesministerium der Justiz und für Verbraucherschutz) wurde vom Deutschen Bundestag und Bundesrat am 22.12.2020 verabschiedet. Es handelt sich um ein sogenanntes Artikel Gesetze, mit dem das Gesetz über den Stabilisierungs- und Restrukturierungsrahmen für Unternehmen (Unternehmensstabilisierungs- und -restrukturierungsgesetz – StaRUG) neu eingeführt und insgesamt 23 bestehende deutsche Gesetze geändert wurden.

---

[1] BGBl I 2020 S. 569.

B. Inkrafttreten

– 1.1.2021[1] (teilweise; teilweise erst am 17.7.2022)

C. Wesentliche insolvenzrechtliche Änderungen: Der Restrukturierungsrahmen

Die in den bestehenden insolvenzrechtlichen Gesetzen vorgenommenen Änderungen wurden bereits bei den einzelnen Gesetzen (bspw. InsO) dargestellt.

Im Nachfolgenden soll nur ein kurzer Überblick über das neu geschaffene StaRUG gegeben werden.

1. Einbindung des Gerichts im Ermessen des Unternehmens

Grundsätzlich betreibt das Unternehmen die Sanierung in Eigenverantwortung. Für den Fall, dass das Unternehmen die Anordnung von Stabilisierungsmaßnahmen benötigt oder gegen den Widerstand einer Gläubigerminderheit Sanierungsziele erreichen möchte, kann es das Restrukturierungsgericht einbeziehen.

2. Restrukturierungsgericht

Es findet eine Konzentration an einem in Insolvenzverfahren erfahrenen Insolvenzgericht statt. Für Restrukturierungsachen ist jeweils nur ein Insolvenzgericht in einem Oberlandesgerichtsbezirk als sogenanntes Restrukturierungsgericht zuständig.

3. Anwendbarkeit nur bei drohender Zahlungsunfähigkeit

Der Zugang zum StaRUG-Verfahren ist auf Unternehmer und Unternehmen beschränkt, die lediglich drohend zahlungsunfähig (§ 18 InsO) sind. Das SanInsFoG konkretisiert die drohende Zahlungsunfähigkeit nach § 18 Abs. 2 InsO n.F., indem es den Prognosezeitraum auf „in aller Regel" 24 Monate festlegt. Zugleich grenzt das SanInsFoG die drohende Zahlungsunfähigkeit schärfer von der Überschuldung nach § 19 InsO ab, indem der Prognosezeitraum bei der Überschuldung gemäß § 19 Abs. 2 S. 1 InsO n.F. auf zwölf Monate bestimmt wird.

4. Einbeziehung der Gläubiger und Anteilseigner im Ermessen des Unternehmens

Das Unternehmen bestimmt unter Zugrundelegung sachlicher Kriterien selbst, welche Gläubiger und Forderungen in das Restrukturierungsverfahren einbezogen werden sollen. Ein Eingriff in Arbeitnehmerforderungen einschließlich Ansprüche auf betriebliche Altersvorsorge sowie in Forderungen aufgrund vorsätzlicher unerlaubter Handlungen und staatliche Sanktionen ist hingegen ausgeschlossen.

---

[1] BGBl I 2020 S. 3256.

5. Der Restrukturierungsplan

Das zentrale Instrument eines Restrukturierungsverfahrens ist der Restrukturierungsplan. Die Inhalte entsprechen im Wesentlichen denjenigen eines Insolvenzplans. Nach § 16 StaRUG wird das Bundesministerium der Justiz eine Checkliste für Restrukturierungspläne veröffentlichen. Diese war zum Zeitpunkt des Redaktionsschlusses noch nicht veröffentlicht.

6. Mehrheitsprinzip

Die in den Insolvenzplan einbezogenen Gläubiger stimmen über den Plan in Gruppen ab, wobei in jeder Gruppe eine qualifizierte Summenmehrheit von 75 % für den Plan stimmen muss.

7. Neu- bzw. Umgestaltung von Verträgen

Eine Neu- bzw. Umgestaltung von Dauerschuldverhältnissen für die Zukunft ist grundsätzlich nicht möglich. Gestaltet werden können allenfalls Forderungen, die bereits begründet sind und deren zugrunde liegenden Leistungen vom Gläubiger bereits erbracht wurden.

8. Stabilisierungsmaßnahmen

Als Instrument der Stabilisierung des Unternehmens kann insbesondere eine gerichtlich angeordnete Vollstreckungs- und Verwertungssperre (sog. Stabilisierungsanordnung) mit einer Laufzeit von bis zu drei bzw. für Planbetroffene vier und bei Planannahme bis zu acht Monaten sein.

9. Neue Finanzierungen

Neue Finanzierungen, die nach Rechtshängigkeit der Restrukturierungssache gewährt werden, sind grundsätzlich haftungs- und anfechtungsrechtlich privilegiert.

10. Restrukturierungsbeauftragter

Eine gerichtliche Kontrolle durch die Bestellung eines sogenannten Restrukturierungs-beauftragten liegt in einer Vielzahl von Fällen im Ermessen des Gerichtes. Die zwingende Bestellung ergibt sich nur dann, wenn zu erwarten ist, dass eine oder mehrere der Gruppen nicht mit der erforderlichen Mehrheit dem Restrukturierungsplan zustimmen werden.

11. Gläubigerbeirat

Sofern der Restrukturierungsplan die Gestaltung der Forderungen aller (restrukturierbarer) Gläubiger vorsieht und wenn die Restrukturierungssache gesamtverfahrensartige Züge aufweist, kann das Restrukturierungsgericht einen Gläubigerbeirat bestellen. Dieser unterstützt und überwacht die Geschäftsleitung des *Unternehmens.*

12. Krisenfrüherkennung

Die Geschäftsleitung haftungsbeschränkter Unternehmensträger müssen nach § 1 StaRUG fortlaufend die Entwicklungen, welche den Fortbestand der juristischen Person gefährden können, überwachen (sog. Krisenfrüherkennung).

13. Hinweis- und Warnpflichten

Nach 102 StaRUG haben Steuerberater, Steuerbevollmächtigte, Wirtschaftsprüfer, vereidigte Buchprüfer und Rechtsanwälte ihren Mandanten bei einem Jahresabschlusserstellungs-mandat auf das Vorliegen eines möglichen Insolvenzgrundes nach den §§ 17 – 19 InsO und die sich daran anknüpfenden Pflichten der Geschäftsleiter und Mitglieder der Überwachungsorgane hinzuweisen, wenn entsprechende Anhaltspunkte offenkundig sind und sie annehmen müssen, dass dem Mandanten die mögliche Insolvenzreife nicht bewusst ist.

14. Öffentlichkeit einer Restrukturierungssache

Mit Inkrafttreten der Regelungen der § 84 – § 88 StaRUG zum 17.7.2022 kann ein Unternehmen nach eigener Entscheidung eine öffentliche Restrukturierungssache betreiben. Die Öffentlichkeit hat insbesondere zur Folge, dass die Restrukturierungssache und in Anspruch genommene Instrumente des StaRUG erleichtert gemäß EuInsVO in anderen EU-Mitgliedsstaaten anerkannt werden.

3.3 Recht des Unternehmers und der Privatperson

3.3.1 Kaufrecht

3.3.1.1 Begriff Sach- und Rechtsmangel

A. Sachmangel nach § 434 BGB:

§ 434 Abs. 1 Satz 1 BGB	Vertraglich vereinbarte Beschaffenheit fehlt
§ 434 Abs. 1 Satz 2 Nr. 1 BGB	Sache eignet sich nicht zu der vertraglich vorausgesetzten Verwendung
§ 434 Abs. 1 Satz 2 Nr. 2 BGB	Sache eignet sich nicht zur gewöhnlichen Verwendung und weist keine Beschaffenheit auf, die bei Sachen der gleichen Art üblich ist und die der Käufer nach der Art der Sache erwarten kann
§ 434 Abs. 1 Satz 3 BGB	Zur Beschaffenheit nach § 434 Abs. 1 Satz 2 Nr. 2 BGB gehören auch Eigenschaften, die nach öffentlichen Äußerungen des Verkäufers/Herstellers/Gehilfen erwartet werden können (insbesondere Werbung, Kennzeichnung bestimmter Eigenschaften)
§ 434 Abs. 2 Satz 1 BGB	Unsachgemäße Durchführung der vereinbarten Montage durch Verkäufer oder dessen Erfüllungsgehilfen
§ 434 Abs. 2 Satz 2 BGB	Fehlerhafte Montage aufgrund einer mangelhaften Montageanleitung
§ 434 Abs. 3 BGB	Falschlieferung oder Zuweniglieferung

B. Rechtsmangel nach § 435 BGB:

Eine Sache ist rechtsmangelfrei, wenn ein Dritter keine oder nur die im Kaufvertrag übernommenen Rechte gegen den Käufer geltend machen kann.
Die Kaufsache muss zum Zeitpunkt des Gefahrübergangs mangelfrei sein. Der Gefahrübergang richtet sich grundsätzlich nach §§ 446, 447 BGB (mit Übergabe der Sache an Käufer bzw. Übergabe an Transportperson bei Schickschuld/Versendungskauf).

3.3.1.2 Gewährleistungsrechte

Bei Lieferung einer mangelhaften Sache stehen dem Käufer folgende Rechte zu:

	Nr. 1	Nacherfüllung gemäß § 439 BGB (Nachlieferung oder Nachbesserung)	
§ 437 BGB	Nr. 2	Rücktritt	behebbarer Sachmangel, § 323 BGB
			unbehebbarer Sachmangel, § 326 Abs. 5 BGB
		Minderung	§ 441 BGB
	Nr. 3	Schadensersatz	Begleitschäden, § 280 Abs. 1 BGB
			behebbarer Sachmangel, §§ 280 Abs. 1 und 3, 281 BGB
			nachträglicher, unbehebbarer Sachmangel, §§ 280 Abs. 1 und 3, 283 BGB
			anfänglicher, unbehebbarer Sachmangel, § 311 a Abs. 2 BGB
			verzögerte Nacherfüllung, §§ 280 Abs. 1 und 2, 286 BGB
		Aufwendungsersatz	§ 284 BGB

3.3.1.3 Sonstige Leistungsstörung

Begehrte Rechtsfolge	Leistungsstörung		Spät- oder Schlechtleistung
	Unmöglichkeit, § 275 BGB		
Schadensersatz statt der Leistung	bei anfänglicher Unmöglichkeit: § 311 a Abs. 2 BGB bei nachträglicher Unmöglichkeit: §§ 280 Abs. 1 und 3, 283 BGB		§§ 280 Abs. 1 und 3, 281 BGB
Aufwendungsersatz	§ 284 BGB		§ 284 BGB
Einfacher/sonstiger Schadensersatz	Einfacher Schadensersatz, § 280 Abs. 1 BGB		Verzugsschaden, §§ 280 Abs. 1 und 2, 286 BGB Einfacher Schadensersatz, § 280 Abs. 1 BGB
Rücktritt	§ 326 Abs. 5 BGB		§ 323 BGB
Ersatzherausgabe	§ 285 BGB		(–)

3.3.2 Werkvertragsrecht

3.3.2.1 Abgrenzung zum Dienstvertrag

	Dienstvertrag, § 611 BGB	Werkvertrag, § 631 BGB
Inhalt	Gegenseitiger Vertrag, in dem sich ein Vertragspartner zu einem Dienst (= ernsthaftes Bemühen) einer Leistung und der andere Vertragspartner zur Zahlung der vereinbarten Vergütung verpflichtet.	Gegenseitiger Vertrag, in dem der Werkunternehmer zur Herstellung des versprochenen Werkes (= Erfolg) und der Besteller zur Entrichtung der vereinbarten Vergütung verpflichtet.
Besonderheiten	Der Arbeitsvertrag ist ein Dienstvertrag, in dem sich der Arbeitnehmer zur weisungsgebundenen Leistung von Diensten in sozialer Abhängigkeit verpflichtet.	Einstandspflicht = Unternehmer hat für die vertragsmäßige Herstellung des Werkes einzutreten.

3.3.2.2 Verschiedene Werkvertragsarten

	Bauvertrag, § 650 BGB	Verbraucherbauvertrag, § 650i BGB	Bauträgervertrag, § 650u BGB
Inhalt	Gegenseitiger Vertrag über die Herstellung, Wiederherstellung, Beseitigung oder den Umbau eines Bauwerks oder einer Außenanlage oder Instandhaltung eines Bauwerks.	Gegenseitiger Vertrag, durch den der Unternehmer vom Verbraucher zum Bau eines neuen Gebäudes oder zu erheblichen Umbaumaßnahmen an bestehendem Gebäude verpflichtet wird.	Gegenseitiger Vertrag über die Errichtung oder den Umbau eines Hauses mit der Verpflichtung des Unternehmers zur Eigentumsübertragung oder Erbbaurechtsbestellung gegenüber dem Besteller
Besonderheiten	– Nachtragsvergütung (Mehrvergütung für zusätzliche Arbeiten): – Unternehmer kann 80 % seiner im Nachtragsangebot kalkulierten Mehrvergütung als Abschlagszahlung verlangen (§ 650c Abs.3 BGB), – Besteller muss binnen 30 Tagen auf das Nachtragsangebot reagieren (§ 650b Abs.2 BGB), – für öffentliche Bauaufträge gilt weiterhin die VOB/B.	– Vertrag bedarf der Textform, – Bauunternehmer muss dem Verbraucher vor Vertragsschluss eine ausführliche Baubeschreibung zur Verfügung stellen, die Vertragsinhalt wird. – sofern Vertrag nicht notariell beurkundet wurde, steht Verbraucher Widerrufsrecht zu (Frist: 14 Tage ab Zugang der Widerrufsbelehrung): bei fehlender Belehrung kann Verbraucher bis 1 Jahr und 14 Tage nach Vertragsschluss widerrufen (§ 356 e BGB), unabhängig davon, ob Bauleistung begonnen oder fertiggestellt ist: Verbraucher zahlt dann lediglich Wertersatz.	– Kündigungsrecht des Bestellers (§ 648 BGB) und beiderseitiges Kündigungsrecht aus wichtigem Grund ohne Einhaltung einer Frist (§ 648a BGB) finden keine Anwendung.

3.3.2.3 Gewährleistungsrechte

	Nacherfüllung § 634 Nr. 1 BGB	Selbstvornahme § 634 Nr. 2 BGB	Rücktritt/Minderung § 634 Nr. 3 BGB	Schadensersatz § 634 Nr. 4 BGB
Mangel	Sachmangel gemäß § 633 Abs. 2 BGB – Fehlen der vertraglich vereinbarten Beschaffenheit, § 633 Abs. 2 Satz 1 BGB – Fehlende Eignung zum vertraglich vorausgesetzten Gebrauch, § 633 Abs. 2 Satz 2 Nr. 1 BGB – Fehlende Eignung zur gewöhnlichen Verwendung und Fehlen einer Beschaffenheit, die bei Werken der gleichen Art üblich ist und die der Besteller nach der Art des Werkes erwarten kann, § 633 Abs. 2 Satz 2 Nr. 2 BGB – Falschlieferung oder Zuweniglieferung, § 633 Abs. 2 Satz 3 BGB Rechtsmangel gemäß § 633 Abs. 3 BGB			

	Nacherfüllung § 634 Nr. 1 BGB	Selbstvornahme § 634 Nr. 2 BGB	Rücktritt/Minderung § 634 Nr. 3 BGB	Schadensersatz § 634 Nr. 4 BGB
Besonder- heiten	Nacherfüllungsverlangen des Bestellers	Selbstbeseitigung erst nach Ablauf einer vom Besteller zur Nacherfüllung bestimmten Frist – Frist entbehrlich, wenn: – Unternehmer die Leistung ernsthaft und endgültig verweigert und Umstände einen sofortigen Rücktritt rechtfertigen – keine Leistung zu festgesetztem Termin – Nacherfüllung fehlgeschlagen – Nacherfüllung dem Besteller unzumutbar ist	Grds. Nacherfüllungsverlangen des Bestellers unter Fristsetzung – Frist entbehrlich, wenn: – § 636 BGB: – Verweigerung durch Unternehmer – Fehlschlag der Nacherfüllung – Nachbesserung für Besteller unzumutbar – §§ 634 Nr. 3, 326 Abs. 5 BGB: Nacherfüllung unmöglich	Voraussetzungen der jeweiligen Schadensersatznorm: – §§ 280 Abs. 1 und 3, 283 oder 311 a Abs. 2 BGB (Unmöglichkeit der Leistungspflicht) – §§ 280 Abs. 1 und 3, 281 Abs. 1 BGB (Schadensersatz statt der Leistung wegen Schlechtleistung) – §§ 280 Abs. 1 und 2, 286 BGB (Verzugsschaden) – § 280 Abs. 1 BGB (Mangelfolgeschäden) – Fristsetzung gem. § 636 BGB entbehrlich (vgl. Rücktritt)

	Nacherfüllung § 634 Nr. 1 BGB	Selbstvornahme § 634 Nr. 2 BGB	Rücktritt/Minderung § 634 Nr. 3 BGB	Schadensersatz § 634 Nr. 4 BGB

		– Unternehmer hat Aufwendungen des Bestellers zu ersetzen, die zur Mangelbeseitigung erforderlich sind	– §§ 636, 281 Abs. 2, 323 Abs. 2 BGB:
			  – Unternehmer verweigert Leistung ernsthaft und endgültig
			  – Umstände rechtfertigen sofortigen Rücktritt
			  – Keine Leistung zu festgesetztem Termin
			Notwendigkeit einer Rücktrittserklärung, § 349 BGB	

Kein Ausschluss	– Kraft Gesetzes, § 640 Abs. 2 BGB (vorbehaltlose Abnahme trotz Kenntnis des Mangels) – Kraft Rechtsgeschäft (Individualabrede oder AGB-Kontrolle)	– Vertraglicher Ausschluss, § 639 BGB – Kraft Gesetzes, § 640 Abs. 2 BGB	– Vertraglicher Ausschluss, § 639 BGB – Kraft Gesetzes, § 640 Abs. 2 BGB – § 323 Abs. 6 BGB: Besteller hat den Umstand, der ihn zum Rücktritt berechtigt, allein oder weit überwiegend zu verantworten; Annahmeverzug des Bestellers – Wegen Unerheblichkeit, § 323 Abs. 2 BGB	– Vertraglicher Ausschluss, § 639 BGB – Kraft Gesetzes, § 640 Abs. 2 BGB

	Nacherfüllung §634 Nr.1 BGB	Selbstvornahme §634 Nr.2 BGB	Rücktritt/Minderung §634 Nr.3 BGB	Schadensersatz §634 Nr.4 BGB
Kein Erlöschen	– durch Erfüllung – mit Rücktritt oder Schadensersatzbegehren – Unmöglichkeit/Unzumutbarkeit der Nacherfüllung – durch Kündigung, §648 BGB (ausgeschlossen, wenn Werk vollendet)			
Keine Einrede	– unverhältnismäßige Kosten, §635 Abs.3 BGB – Verjährung, §634a BGB	Berechtigte Verweigerung der Nacherfüllung durch Unternehmer – unverhältnismäßige Kosten, §635 Abs.3 BGB – Verjährung, §634a BGB	Unwirksamkeit des Rücktritts §§634a Abs.4, 218 BGB	– Verjährung, §634a BGB
Verjährung	– §634a BGB – 2 Jahre bei einem Werk, dessen Erfolg in der Herstellung, Wartung oder Veränderung einer Sache oder in der Erbringung von Planungs- oder Überwachungsleistungen hierfür besteht – 5 Jahre bei einem Bauwerk und einem Werk, dessen Erfolg in der Erbringung von Planungs- oder Überwachungsleistungen hierfür besteht	– 2 Jahre bei einem Werk, dessen Erfolg in der Herstellung, Wartung oder Veränderung einer Sache oder in der Erbringung von Planungs- oder Überwachungsleistungen hierfür besteht – 5 Jahre bei einem Bauwerk und einem Werk, dessen Erfolg in der Erbringung von Planungs- oder Überwachungsleistungen hierfür besteht	Nur Verfristung wegen Verjährung des ursprünglichen Leistungsanspruchs möglich, §§634a Abs.4, 218 BGB	– §634a BGB – 2 Jahre bei einem Werk, dessen Erfolg in der Herstellung, Wartung oder Veränderung einer Sache oder in der Erbringung von Planungs- oder Überwachungsleistungen hierfür besteht

Nacherfüllung § 634 Nr. 1 BGB	Selbstvornahme § 634 Nr. 2 BGB	Rücktritt/Minderung § 634 Nr. 3 BGB	Schadensersatz § 634 Nr. 4 BGB
– im Übrigen nach der regelmäßigen Verjährungsfrist des § 195 BGB (3 Jahre) – bei arglistigem Verschweigen des Mangels durch Unternehmer: regelmäßige Verjährungsfrist, § 634 a Abs. 3 Satz 1 BGB i.V.m. §§ 195, 199 BGB			– 5 Jahre bei einem Bauwerk und einem Werk, dessen Erfolg in der Erbringung von Planungs- oder Überwachungsleistungen hierfür besteht – im Übrigen nach der regelmäßigen Verjährungsfrist des § 195 BGB (3 Jahre) – bei arglistigem Verschweigen des Mangels durch Unternehmer: regelmäßige Verjährungsfrist, § 634 a Abs. 3 Satz 1 BGB i.V.m. §§ 195, 199 BGB

	Nacherfüllung §634 Nr.1 BGB	Selbstvornahme §634 Nr.2 BGB	Rücktritt/Minderung §634 Nr.3 BGB	Schadensersatz §634 Nr.4 BGB
Rechts-folge	– Nacherfüllung nach Wahl des Unternehmers (anders als im Kaufrecht), Ausnahme: vom Unternehmer gewählte Nacherfüllungsart ist für den Besteller unzumutbar – Kosten, die mit der Nachbesserung verbunden sind, muss der Unternehmer tragen, §635 Abs.2 BGB – Nachbesserung ist auch noch nach Abnahme möglich, §640 Abs.3 BGB, sofern sich Besteller seine Rechte in Kenntnis des Mangels vorbehalten hat – Verweigerung der Zahlung eines angemessenen Teils der Vergütung, §641 Abs.3 BGB – bei Neuherstellung kann der Unternehmer das mangelhafte Werk zurückverlangen, §635 Abs.4 BGB	Ersatz der erforderlichen Aufwendungen	– Rücktritt gemäß §§346ff. BGB – Neben Rücktritt sind Schadensersatzansprüche möglich – Minderung der Vergütung	– Pflichtverletzung i.S.d. §§280, 281, 283 und §311 a Abs.2 BGB: kleiner und großer Schadensersatz – Kleiner Schadensersatz: Ersatz des durch den Mangel verursachten Minderwertes des Werkes – Großer Schadensersatz: Ersatz des durch die Nichterfüllung der gesamten Leistung entstandenen Schadens (unter Zurückweisung der Werkleistung), nur bei erheblicher Pflichtverletzung – Aufwendungsersatz nach §284 BGB – Ersatz des Verzugsschadens (§§280 Abs.2, 286 BGB)

3.3.3 Verbraucherrechte

3.3.3.1 Anwendungsbereich

Verbrauchervertrag ist ein Vertrag zwischen Unternehmer und Verbraucher.

Unternehmer i.S.v. § 14 BGB:
Unternehmer ist eine natürliche oder juristische Person oder eine rechtsfähige Personengesellschaft, die bei Abschluss eines Rechtsgeschäfts in Ausübung ihrer gewerblichen oder selbständigen beruflichen Tätigkeit handelt.

Verbraucher i.S.v. § 13 BGB:
Verbraucher ist jede natürliche Person, die ein Rechtsgeschäft zu Zwecken abschließt, die überwiegend weder ihrer gewerblichen noch ihrer selbständigen beruflichen Tätigkeit zugerechnet werden können.

3.3.3.2 Arten von Verbraucherverträgen

Vertrag	Norm	Definition
Außerhalb von Geschäftsräumen geschlossene Verträge (AGV)	§312b BGB	Verträge, 1. die bei gleichzeitiger körperlicher Anwesenheit des Verbrauchers und des Unternehmers an einem Ort geschlossen werden, der kein Geschäftsraum des Unternehmers ist, 2. für die der Verbraucher unter den in Nr.1 genannten Umständen ein Angebot abgegeben hat, 3. die in den Geschäftsräumen des Unternehmers oder durch Fernkommunikationsmittel geschlossen werden, bei denen der Verbraucher jedoch unmittelbar zuvor außerhalb der Geschäftsräume des Unternehmers bei gleichzeitiger körperlicher Anwesenheit des Verbrauchers und des Unternehmers persönlich und individuell angesprochen wurde, oder 4. die auf einem Ausflug geschlossen werden, der von dem Unternehmer oder mit seiner Hilfe organisiert wurde, um beim Verbraucher für den Verkauf von Waren oder die Erbringung von Dienstleistungen zu werben und mit ihm entsprechende Verträge abzuschließen. Dem Unternehmer stehen Personen gleich, die in seinem Namen oder Auftrag handeln.

Vertrag	Norm	Definition
		Geschäftsräume = unbewegliche Gewerberäume, in denen der Unternehmer seine Tätigkeit dauerhaft ausübt, und bewegliche Gewerberäume, in denen der Unternehmer seine Tätigkeit für gewöhnlich ausübt; Gewerberäume, in denen die Person, die im Namen oder Auftrag des Unternehmers handelt, ihre Tätigkeit dauerhaft oder für gewöhnlich ausübt, stehen Räumen des Unternehmers gleich
Elektronischer Geschäftsverkehr	§§ 312 i, 312 j BGB	Verträge über die Lieferung von Waren oder die Erbringung von Dienstleistungen der Telemedien
Fernabsatzgeschäft	§ 312 c BGB	Verträge, bei denen der Unternehmer oder eine in seinem Namen oder Auftrag handelnde Person und der Verbraucher für die Vertragsverhandlungen und den Vertragsschluss ausschließlich Fernkommunikationsmittel verwenden, es sei denn, dass der Vertragsschluss nicht im Rahmen eines für den Fernabsatz organisierten Vertriebs- oder Dienstleistungssystems erfolgt
Verbrauchsgüterkauf	§§ 474 ff. BGB	Verträge, durch die ein Verbraucher von einem Unternehmer eine bewegliche Sache kauft bzw. Verträge, die daneben die Erbringung einer Dienstleistung durch den Unternehmer zum Gegenstand haben
Teilzeit-Wohnrechtevertrag	§§ 481 ff. BGB	Verträge, durch die ein Unternehmer einem Verbraucher gegen Zahlung eines Gesamtpreises das Recht verschafft oder zu verschaffen verspricht, für die Dauer von mehr als einem Jahr ein Wohngebäude mehrfach für einen bestimmten oder zu bestimmenden Zeitraum zu Übernachtungszwecken zu nutzen
Verbraucherdarlehen	§§ 491 ff. BGB	entgeltliche Darlehensverträge zwischen einem Unternehmer als Darlehensgeber und einem Verbraucher als Darlehensnehmer; keine Ausnahme nach §§ 491 Abs. 2, Abs. 3, 503 bis 505 BGB
Sonstige Finanzierungshilfen	§§ 506 ff. BGB	Verträge, durch die ein Unternehmer einem Verbraucher einen entgeltlichen Zahlungsaufschub oder eine sonstige entgeltliche Finanzierungshilfe gewährt
Ratenlieferungsvertrag	§§ 510 ff. BGB	Verträge über: 1. die Lieferung mehrerer als zusammengehörend verkaufter Sachen in Teilleistungen und Entrichtung des Entgelts für die Sachen-Gesamtheit in Teilzahlungen 2. die regelmäßige Lieferung von Sachen gleicher Art 3. die Verpflichtung zum wiederkehrenden Erwerb oder Bezug von Sachen

Vertrag	Norm	Definition
Verbraucher-bauvertrag	§§ 650 i ff. BGB	Gegenseitiger Vertrag, durch den der Unternehmer vom Verbraucher zum Bau eines neuen Gebäudes oder zu erheblichen Umbaumaßnahmen an bestehenden Gebäuden verpflichtet wird (vgl. Kap. 3.3.2.2)

Der Verbraucher kann die Verträge widerrufen, vgl. Kapitel 3.1.2.1.1.3.

3.3.4 Miet- und Leasingrecht

3.3.4.1 Miete und Leasing

Miete: Gegenseitige Vereinbarung zur zeitweisen Gebrauchsüberlassung gegen Entgelt, durch die sich der Vermieter verpflichtet, dem Mieter den Gebrauch der gemieteten Sache zu gewähren, und der Mieter zusagt, die vereinbarte Miete zu entrichten.

Leasing: atypischer Mietvertrag; Finanzierungsalternative, bei der das Leasingobjekt vom Leasinggeber beschafft und finanziert wird und dem Leasingnehmer (LN) gegen Zahlung eines vereinbarten Leasingentgelts zur Nutzung überlassen wird. Mietvertraglich geschuldete Instandsetzungsleistung bzw. der Gewährleistungsanspruch wurde auf den Leasingnehmer übertragen.

Operatingleasing	Finanzierungsleasing
– Keine Amortisationspflicht des Leasing-nehmers – Überlassung des Leasinggutes auf Zeit – entgeltlich – unbestimmte Zeit oder kurze Vertrags-dauer (3 – 12 Monate) – jederzeitige Kündigungsmöglichkeit des LN – Gefahr des zufälligen Untergangs und Instandhaltungspflicht trägt LN – Leasinggeber trägt Investitionsrisiko	– Leasingnehmer ist zur vollen oder doch überwiegenden Amortisation der vom Leasinggeber getätigten Investitions-kosten verpflichtet – Überlassung des Leasinggutes auf Zeit – entgeltlich – fest bestimmter, längerer Zeitraum (3–10 Jahre) – kein ordentliches Kündigungsrecht des LN während dieser Zeit – typisch: Gewährung einer Kaufoption – Höhe der Leasingraten bemisst sich nach dem Amortisationsprinzip zzgl. Verzinsung
Mietrechtsregeln finden Anwendung	h.M., grundsätzlich Mietrecht anwendbar, sofern keine typischen Besonderheiten

3.3.4.2 Rechte und Pflichten des Vermieters und des Mieters

	Vermieterpflichten	Mieterpflichten
Primär	§535 Abs.1 Satz 1 BGB: Gebrauchsüberlassung im geeigneten Zustand	§535 Abs.2 BGB: Mietzahlung
	§535 Abs.1 Satz 2 BGB: Instandhaltung	§546 Abs.1 BGB: Rückgabepflicht
Sekundär	§536 BGB: Mietminderung bei Sach- und Rechtsmängeln

§536a Abs.1 und 2 BGB: Schadens- und Aufwendungsersatz wegen eines Mangels (Mangelschaden, Mangelfolgeschaden, Verzugsschaden, Schadensersatz wegen anfänglicher Mängel, Aufwendungsersatz) | §546a Abs.1 BGB: Entschädigung wegen verspäteter Rückgabe: vertraglicher Anspruch sui generis anstelle des Anspruchs auf die Miete.

Kein Schadensersatzanspruch, sodass § 254 BGB keine Anwendung findet.

Daneben kann der Vermieter einen weiteren Schaden in Form eines Schadensersatzanspruchs nach § 546a Abs.2 BGB geltend machen, vornehmlich Mietausfallschäden oder Schäden wegen sonstiger Pflichtverletzungen nach § 280 BGB (z.B. Schönheitsreparatur wird während Vorenthaltung fällig). |

Minderung und Schadensersatzansprüche gelten erst nach Überlassung. Vor der Überlassung gilt Allgemeines Schuldrecht.

Miete mindert sich kraft Gesetzes, es ist kein Gestaltungsrecht.

3.3.4.3 Umlagefähige Betriebskosten[1]

Nachfolgende Umlagen sollten vertraglich vereinbart und dürfen nicht Verwaltungskosten oder Instandhaltungs- und Instandsetzungskosten sein (§ 1 Abs. 2 BetrKV):

Betriebskosten gem. § 2 BetrKV[2]	Beispiele (lt. BetrKV)
1. laufende öffentliche Lasten des Grundstücks	namentlich die Grundsteuer
2. Kosten der Wasserversorgung	Kosten des Wasserverbrauchs, die Grundgebühren, die Kosten der Anmietung oder anderer Arten der Gebrauchsüberlassung von Wasserzählern sowie die Kosten ihrer Verwendung einschließlich der Kosten der Eichung sowie der Kosten der Berechnung und Aufteilung, die Kosten der Wartung von Wassermengenreglern, die Kosten des Betriebs einer hauseigenen Wasserversorgungsanlage und einer Wasseraufbereitungsanlage einschließlich der Aufbereitungsstoffe
3. Kosten der Entwässerung	Gebühren für die Haus- und Grundstücksentwässerung, die Kosten des Betriebs einer entsprechenden nicht öffentlichen Anlage und die Kosten des Betriebs einer Entwässerungspumpe
4. Kosten der zentralen Heizungsanlage einschließlich der Abgasanlage	Kosten der verbrauchten Brennstoffe und ihrer Lieferung, die Kosten des Betriebsstroms, die Kosten der Bedienung, Überwachung und Pflege der Anlage, der regelmäßigen Prüfung ihrer Betriebsbereitschaft und Betriebssicherheit einschließlich der Einstellung durch eine Fachkraft, der Reinigung der Anlage und des Betriebsraums, die Kosten der Messungen nach dem Bundes-Immissionsschutzgesetz, die Kosten der Anmietung oder anderer Arten der Gebrauchsüberlassung einer Ausstattung zur Verbrauchserfassung sowie die Kosten der Verwendung einer Ausstattung zur Verbrauchserfassung einschließlich der Kosten der Eichung sowie der Kosten der Berechnung und Aufteilung; auch: Entgelt für die Wärmelieferung und die Kosten des Betriebs der zugehörigen Hausanlagen

---

[1] Seit 1.1.2004 gem. Betriebskostenverordnung (BetrKV) vom 25.11.2003 (BGBl. I S. 2346, 2347), zuletzt geändert durch Art. 15 des Gesetzes vom 23.6.2021, BGBI I 2021 S. 1858 mit Wirkung vom 1.12.2021.

[2] Laufende Nummern entsprechen der Aufzählung in § 2 der Betriebskostenverordnung (BetrKV).

Betriebskosten gem. § 2 BetrKV	Beispiele (lt. BetrKV)
5. Kosten der zentralen Warmwasserversorgungs-anlage	Kosten der Wasserversorgung entsprechend Nummer 2, soweit sie nicht dort bereits berücksichtigt sind, und die Kosten der Wassererwärmung entsprechend Nummer 4; auch: das Entgelt für die Lieferung des Warmwassers und die Kosten des Betriebs der zugehörigen Hausanlagen entsprechend Nummer 4 und Reinigung und Wartung von Warmwassergeräten sowie die Kosten der regelmäßigen Prüfung der Betriebsbereitschaft und Betriebssicherheit und der damit zusammenhängenden Einstellung durch eine Fachkraft
6. Kosten verbundener Heizungs- und Warmwasser-versorgungsanlagen	entsprechend Nummer 4 und entsprechend Nummer 2, soweit sie nicht dort bereits berücksichtigt sind
7. Kosten des Betriebs des Personen- oder Lastenaufzugs	Kosten des Betriebsstroms, die Kosten der Beaufsichtigung, der Bedienung, Überwachung und Pflege der Anlage, der regelmäßigen Prüfung ihrer Betriebsbereitschaft und Betriebssicherheit einschließlich der Einstellung durch eine Fachkraft sowie die Kosten der Reinigung der Anlage
8. Kosten der Straßen-reinigung und Müll-beseitigung	für öffentliche Straßenreinigung zu entrichtende Gebühren und die Kosten entsprechender nicht öffentlicher Maßnahmen; zu den Kosten der Müllbeseitigung gehören namentlich die für die Müllabfuhr zu entrichtenden Gebühren, die Kosten entsprechender nicht öffentlicher Maßnahmen, die Kosten des Betriebs von Müllkompressoren, Müllschluckern, Müllabsauganlagen sowie des Betriebs von Müllmengenerfassungsanlagen einschließlich der Kosten der Berechnung und Aufteilung
9. Kosten der Gebäude-reinigung und Ungezieferbekämpfung	Kosten für die Säuberung der von den Bewohnern gemeinsam genutzten Gebäudeteile, wie Zugänge, Flure, Treppen, Keller, Bodenräume, Waschküchen, Fahrkorb des Aufzugs
10. Kosten der Gartenpflege	Kosten der Pflege gärtnerisch angelegter Flächen einschließlich der Erneuerung von Pflanzen und Gehölzen, der Pflege von Spielplätzen einschließlich der Erneuerung von Sand und der Pflege von Plätzen, Zugängen und Zufahrten, die dem nicht öffentlichen Verkehr dienen
11. Kosten der Beleuchtung	Kosten des Stroms für die Außenbeleuchtung und die Beleuchtung der von den Bewohnern gemeinsam genutzten Gebäudeteile, wie Zugänge, Flure, Treppen, Keller, Bodenräume, Waschküchen

Betriebskosten gem. § 2 BetrKV	Beispiele (lt. BetrKV)
12. Kosten der Schornsteinreinigung	Kehrgebühren nach der maßgebenden Gebührenordnung, soweit sie nicht bereits als Kosten nach Nummer 4 berücksichtigt sind
13. Kosten der Sach- und Haftpflichtversicherung	namentlich die Kosten der Versicherung des Gebäudes gegen Feuer-, Sturm-, Wasser- sowie sonstige Elementarschäden, der Glasversicherung, der Haftpflichtversicherung für das Gebäude, den Öltank und den Aufzug
14. Kosten für den Hauswart	Vergütung, Sozialbeiträge und alle geldwerten Leistungen, die der Eigentümer oder Erbbauberechtigte dem Hauswart für seine Arbeit gewährt, soweit diese nicht die Instandhaltung, Instandsetzung, Erneuerung, Schönheitsreparaturen oder die Hausverwaltung betrifft; soweit Arbeiten vom Hauswart ausgeführt werden, dürfen Kosten für Arbeitsleistungen nach den Nummern 2 bis 10 und 16 nicht angesetzt werden
15. Kosten für den Betrieb der Gemeinschafts-Antennenanlage oder des Betriebs der mit einem Breitbandnetz verbundenen privaten Verteileranlage	Kosten des Betriebsstroms und die Kosten der regelmäßigen Prüfung ihrer Betriebsbereitschaft einschließlich der Einstellung durch eine Fachkraft oder das Nutzungsentgelt für eine nicht zu dem Gebäude gehörende Antennenanlage sowie die Gebühren, die nach dem Urheberrechtsgesetz für die Kabelweitersendung entstehen; ferner die laufenden monatlichen Grundgebühren für Breitbandanschlüsse
16. Kosten des Betriebs der Einrichtungen für die Wäschepflege	Kosten des Betriebsstroms, die Kosten der Überwachung, Pflege und Reinigung der Einrichtungen, der regelmäßigen Prüfung ihrer Betriebsbereitschaft und Betriebssicherheit sowie die Kosten der Wasserversorgung entsprechend Nummer 2, soweit sie nicht dort bereits berücksichtigt sind
17. sonstige Betriebskosten	Kosten der Nebengebäude, Anlagen, Einrichtungen (z.B. Schwimmbad, Sauna) und sonstige laufend entstehende Grundstückskosten (z.B. Feuerlöscher, Dachrinnenreinigung usw.)

3.3.5   Erbrecht

3.3.5.1   Grundsatz

Nach § 1922 Abs. 1 BGB geht bei einem Erbfall das gesamte aktive und passive Vermögen (Rechte und Pflichten) des Erblassers als Ganzes auf den oder die Erben über (Gesamtrechtsnachfolge).

3.3.5.2 Gesetzliches Verwandtenerbrecht

Die Verwandten (vgl. zum Begriff der Verwandtschaft § 1589 BGB) des Erblassers sind nach den §§ 1924ff. BGB gesetzlich erbberechtigt. Hierfür gelten folgende Prinzipien:

Parentelsystem	Einstufung der Verwandten des Erblassers in verschiedene Ordnungen ("Parentelen") nach dem Grad der Abstammung vom Erblasser	1. Ordnung: Abkömmlinge des Erblassers (§ 1924 Abs. 1 BGB) 2. Ordnung: Eltern des Erblassers und deren Abkömmlinge (§ 1925 Abs. 1 BGB) 3. Ordnung: Großeltern und deren Abkömmlinge (§ 1926 Abs. 1 BGB) 4. Ordnung: Urgroßeltern des Erblassers sowie deren Abkömmlinge (§ 1928 Abs. 1 BGB)
		Die niedrigere Ordnung hat Vorrang vor der höheren (§ 1930 BGB) (z.B. die Kinder des Erblassers [1. Ordnung] haben Vorrang vor den Eltern des Erblassers [2. Ordnung])
Stammes- und Liniensystem	Jedes Kind des Erblassers bildet einen **Stamm**, dem seine Abkömmlinge angehören (§ 1924 Abs. 3 BGB) (Sohn des Erblassers und seine Kinder gehören einem Stamm an); wird von einer Person aufwärts zu ihren Vorfahren gesehen, so wird hierbei von **Linien** gesprochen (z.B. väterliche Linie: Vater des Erblassers und dessen Eltern, mütterliche Linie: Mutter des Erblassers und deren Eltern, Verwandte ...)	Repräsentationsprinzip: Der mit dem Erblasser am nächsten verwandte Angehörige schließt die anderen Angehörigen dieses Stammes von der Erbfolge aus (§ 1924 Abs. 2 BGB) (z.B. der Sohn des Erblassers verdrängt seine Kinder)
		Eintrittsprinzip: An die Stelle des vorverstorbenen Erbberechtigten treten dessen Abkömmlinge (§ 1924 Abs. 3 BGB) (statt des vorverstorbenen Sohnes des Erblassers erben die Kinder des Sohnes)
		Gleichberechtigung der Stämme: Die Kinder des Erblassers sind zu gleichen Teilen als Erben berufen (§ 1924 Abs. 4 BGB) (z.B. ist eines von zwei Kindern des Erblassers vorverstorben, so erbt das überlebende Kind die eine Hälfte des Nachlasses, die andere Hälfte wird zu gleichen Teilen auf die Kinder des vorverstorbenen Kindes aufgeteilt)

Gradualsystem	Ab der vierten Ordnung findet innerhalb der Ordnungen eine Erbfolge nach Gradnähe statt, vgl. §§ 1928 Abs. 2, 3, 1929 Abs. 2 BGB. Die Gradnähe richtet sich nach der Zahl der sie vermittelten Geburten (§ 1589 Abs. 1 Satz 3 BGB).	– die dem Grade nach dem Erblasser näherstehenden Verwandten schließen die entfernteren aus – für den Fall der Existenz mehrerer Verwandter des gleichen Grades ist die Aufteilung auch hier nicht nach Stämmen, sondern nach Köpfen vorzunehmen

Besteht eine mehrfache Verwandtschaft zum Erblasser innerhalb einer der ersten drei Ordnungen, so spricht das Gesetz dem Erben alle aus den verschiedenen Verwandtschaftsbeziehungen resultierenden Erbteile zu, § 1927 S. 1 BGB. Satz 2 ordnet an, dass in diesen Fällen jeder dieser Erbteile beim Erben in Bezug auf bestimmte Rechtshandlungen und Haftungssituationen isoliert zu behandeln ist.

3.3.5.3 Gesetzliches Ehegattenerbrecht[1]

Voraussetzung	– Bestehen einer wirksamen Ehe im Zeitpunkt des Todes des Erblassers und kein Vorliegen eines Ausschlussgrundes nach § 1933 BGB – ein Ehegatte muss überleben – der überlebende Ehegatte darf nicht enterbt worden sein – er darf nicht auf das Erbe verzichtet haben – er darf nicht für erbunwürdig erklärt worden sein
Erbquote des Ehegatten	Bestimmt sich nach dem Güterstand im Zeitpunkt des Erbfalls und dem Grad der Verwandten des Erblassers, die neben dem Ehegatten zu Erben berufen sind

3.3.5.4 Erbrecht des Staates

Hat der Erblasser keinen Erben mittels einer letztwilligen Verfügung eingesetzt und sind keine gesetzlichen Erben, also keine Verwandten oder ein Ehegatte oder Lebenspartner des Erblassers, vorhanden, so erbt der Staat, § 1936 BGB.

3.3.5.5 Gewillkürte Erbfolge

Der Erblasser kann durch einseitige Verfügung von Todes wegen (Testament, letztwillige Verfügung) den oder die Erben bestimmen. Der Inhalt letztwilliger Verfügungen wird dadurch begrenzt, dass beliebige erbrechtliche letztwillige Verfügungen nicht zulässig sind, sondern nur Regelungen mit den gesetzlich vorgegebenen Inhalten statthaft sind.

---

[1] Der Begriff „Ehegatten" schließt in Ehe verbundene gleichgeschlechtliche Personen ein (vgl. Gesetz v. 20.7.2017, BGBl I 2017 S. 2787).

3.3.5.1 Überblick zu den Verfügungen von Todes wegen

Verfügung von Todes wegen	Testament (= T) = einseitige, d.h. vom Erblasser getroffene Verfügung von Todes wegen; grds. widerruflich			Erbvertrag (EV) = vertragsmäßige Verfügung v. Todes wg. (Erbeinsetzungen, Vermächtnisse und Auflagen (vgl. § 2278 BGB); grds. nicht widerruflich
	Privatschriftliches	Öffentliches	Gemeinschaftliches	
Errichtung durch	Erblasser	Notar, dieser hat insbes. Identität und Testierfähigkeit des Erblassers zu prüfen	Ehegatten, Partner einer eingetragenen Lebenspartnerschaft; ggf. Notar	Notar, Erblasser, Vertragsgegner
Form	Eigenhändig geschriebene (Erblasser muss selbst gesamten Text des T handschriftlich abfassen) und unterschriebene (Unterschrift am Ende der Urkunde, um ihren Abschluss auszudrücken; Zusätze sollten daher gesondert unterzeichnet werden) Erklärung (§ 2247 Abs. 1 BGB); Verstoß: Formnichtigkeit (§ 125 BGB)	Mündliche Erklärung des letzten Willens, die Notar schriftlich niederlegt oder offene oder verschlossene Schrift, die nicht vom Testierenden eigenhändig geschrieben sein muss, wird Notar mit dem Hinweis übergeben, diese Schrift enthalte den letzten Willen (§ 2232 BGB)	Zusammenfassung von gemeinschaftlich getroffenen letztwilligen Verfügungen mehrerer Personen (nur von Ehegatten und von Partnern einer eingetragenen Lebenspartnerschaft); Ehegatten können ein gemeinschaftliches T auch in der Form eigenhändig errichten, dass einer von ihnen den Text schreibt, ihn unterzeichnet mit Angabe von Datum und Ort versieht und der andere nur mitunterschreibt (§ 2267 BGB); auch als gemeinschaftliches öffentliches T möglich (§§ 2231 Nr. 1, 2232ff. BGB, §§ 1–35 BeurkG)	Niederschrift bei Notar bei gleichzeitiger Anwesenheit beider Teile (§ 2276 Abs. 1), es sind die Vorschriften des öffentl. T zu wahren

Verfügung von Todes wegen	Testament (= T) = einseitige, d. h. vom Erblasser getroffene Verfügung von Todes wegen; grds. widerruflich			Erbvertrag (EV) = vertragsmäßige Verfügung v. Todes wg. (Erbeinsetzungen, Vermächtnisse und Auflagen [vgl. § 2278 BGB]); grds. nicht widerruflich
	Privatschriftliches	Öffentliches	Gemeinschaftliches	
Kosten	Keine Kosten bei Testaments-erstellung, aber später ggf. Kosten für Erbschein als Erb-folgenachweis	2,0 Gebühr § 102 GNotKG KV Nr. 21100, 21102, 21200 f. Gebühr richtet sich nach dem Wert des Vermögens (im Zeitpunkt der Beur-kundung)	Bei privatschriftl. T keine Kosten bei Erstellung, aber später ggf. Kosten für Erbschein als Erb-folgenachweis bei öffentlichem T: 2,0 Gebühr	2,0 Gebühr § 102 GNotKG KV Nr. 21100, 21102, 21200 f.
Hinter-legung	Grds. (–), aber Testierender kann T in besondere amtliche Verwahrung beim Amtsgericht geben (§ 2248 BGB), es fallen dann Kosten für die Hinterle-gung an: GNotKG KV Nr. 12100 – 75 € (für die Eröffnung fällt eine Gebühr i. H. v. 100 € an, GNotKG KV Nr. 12101)	Hinterlegung beim Nachlassgericht und dadurch Registrierung beim Zentralen Testa-mentsregister	Sofern öffentl. T, Hinterlegung beim Gericht, ansonsten im Belieben der Testierenden	Besondere amtl. Verwahrung ist nicht zwingend vorgeschrieben, sie kann durch gemeins. Erklärung aller ausgeschlossen werden, EV kann dann beim Notar aufbewahrt werden

Verfügung von Todes wegen	Testament (= T) = einseitige, d.h. vom Erblasser getroffene Verfügung von Todes wegen; grds. widerruflich			Erbvertrag (EV) = vertragsmäßige Verfügung v. Todes wg. (Erbeinsetzungen, Vermächtnisse und Auflagen [vgl. § 2278 BGB]); grds. nicht widerruflich
	Privatschriftliches	Öffentliches	Gemeinschaftliches	
Erbfolge-nachweis	Ggf. Erteilung eines Erbscheins notwendig[1], dann Kosten des Nachlassgerichts für die Erteilung (§§ 2353 f. BGB): – (ggf. Gebühr für Eröffnung der letztw. Verf. v. Todes wg. [§ 3 GNotKG Anlage 1 Nr. 12101 KV i. H. v. 100 €]) – Gebühr für die Erteilung des Erbscheins (§ 3 GNotKG Anlage 1 Nr. 12210 KV, 1,0 Geb.)	Öffentl. T i. V. m. gerichtl. Eröffnungsbeschluss (§ 348 Abs. 1 Satz 2 FamFG) reicht grds.[2] aus – für Grundbuchamt (§ 35 Abs. 1 S. 2 GBO); innerhalb v. 2 J. ab Erbfall keine Kosten für Grundbuchberichtigung – als Rechtsnachfolgenachweis im Handelsregisterverfahren (§ 12 Abs. 1 Satz 4 HGB)	Vgl. hierzu privatschriftl. u. öffentl. T	

[1] Z. B. zum Nachweis gegenüber Grundbuchamt, Handelsregister, Bank.
[2] Teilweise wohl Schwierigkeiten bei Banken.

Verfügung von Todes wegen	Testament (= T) = einseitige, d. h. vom Erblasser getroffene Verfügung von Todes wegen; grds. widerruflich			Erbvertrag (EV) = vertragsmäßige Verfügung v. Todes wg. (Erbeinsetzungen, Vermächtnisse und Auflagen [vgl. § 2278 BGB]): grds. nicht widerruflich
	Privatschriftliches	Öffentliches	Gemeinschaftliches	
	– Auslagen von Gericht und Notar nach GNotKG Anlage 1, Teil 3 für Dokumenterstellung, Kopien, Schreibauslagen u. dergl. Gebühr richtet sich nach § 40 GNotKG nach dem Wert des Nachlasses im Zeitpunkt des Erbfalls			
Widerruf, Änderung	Jederzeit (§ 2253 BGB), entweder der gesamten T. od. einzelne Verfügungen, durch neues T (§ 2254 BGB) od. durch Vernichtung od. Veränderungen (§ 2255 BGB) sofern bei AG hinterlegt, Widerruf durch Rücknahme des T. aus der amtl. Verwahrung (§ 2256 BGB)	– Widerruf durch Rücknahme des amtl. Verwahrung (§ 2256 BGB) – Änderung und Ergänzung neben einem öffentlichen T auch durch ein privatschriftliches T möglich	gemeinsam: jederzeit möglich durch neues Ehegattentestament; verliert durch Auflösung der Ehe regelmäßig seine Wirkung einseitig: vor dem Tod ist jeder Ehegatte befugt, durch einseitigen notariellen Widerruf, der dem anderen (in Ausfertigung, beglaubigte Abschrift genügt nicht) zugehen muss, das Testament aufzuheben (§ 2271 Abs. 1 i. V. m. § 2296 BGB) nach dem Tod: Bindungswirkung bzgl. wechselseitiger Verfügungen (vgl. dort)	Durch Gemeinschaftliches Testament (§ 2292 BGB); durch Auflösung der Ehe bei Erbvertrag zw. Eheleuten; Anfechtung durch Erblasser; Anfechtung durch Dritte; Rückgabe aus notarieller Verwahrung (§ 2300 Abs. 2 Satz 3, § 2256 Abs. 1 BGB); Zuwendungsverzicht; Rücktrittsrecht Aufhebung durch (neuen) Vertrag von den Personen mögl., die den EV geschlossen haben (§ 2290 BGB), dieser Vertrag bedarf der Form des EV

Verfügung von Todes wegen	Testament (= T) = einseitige, d. h. vom Erblasser getroffene Verfügung von Todes wegen; grds. widerruflich			Erbvertrag (EV) = vertragsmäßige Verfügung v. Todes wegen (Erbeinsetzungen, Vermächtnisse und Auflagen [vgl. § 2278 BGB]); grds. nicht widerruflich
	Privatschriftliches	Öffentliches	Gemeinschaftliches	Änderung vertragl. Verfügungen bzgl. Vermächtnis od. Auflage nur mit Zustimmung des Vertragsgegners mögl. (§ 2291 BGB). Form: wie EV

Aufhebung/Widerruf des EV durch Rücknahme aus der Verwahrung – nur bei wirksamem Verlangen aller Vertragsschließenden (vgl. § 2300 Abs. 2 i. V. m. § 2256 Abs. 1 BGB) und Mitteilung |

Verfügung von Todes wegen	Testament (= T) = einseitige, d. h. vom Erblasser getroffene Verfügung von Todes wegen; grds. widerruflich			Erbvertrag (EV) = vertragsmäßige Verfügung v. Todes wg. (Erbeinsetzungen, Vermächtnisse und Auflagen [vgl. § 2278 BGB]): grds. nicht widerruflich
	Privatschriftliches	Öffentliches	Gemeinschaftliches	
Bindung	Schwache Bindungswirkung	Etwas stärkere Bindungswirkung	Starke Bindungswirkung (vgl. Widerruf/ Änderung) Bindungswirkung bei wechselbezüglicher Verfügung (d. h., wenn die Verfügung des einen Ehegatten nicht ohne die des anderen Ehegatten getroffen worden wäre → Erbeinsetzung, Vermächtnis oder Auflage [§ 2270 Abs. 3 BGB]): Beseitigung der Bindungswirkung nur durch Ausschlagung der Erbeinsetzung (§ 2271 Abs. 2 BGB) oder Anfechtung (§§ 2078, 2079 BGB); ggf. Änderungsvorbehalt	Sehr starke Bindungswirkung Bzgl. der vertragsmäßigen Verfügungen, §§ 2253 ff., 2289 Abs. 1 S. 2 BGB; es sei denn: Vorbehaltsklausel

3.3.5.2 Sonderformen der erbrechtlichen Gestaltung in Testamenten und Erbverträgen

Gestaltungsmöglichkeit	Erklärung	Norm
Auflage	Verfügung von Todes wegen, durch die einem Erben oder Vermächtnisnehmer eine Verpflichtung auferlegt wird, ohne dass der Begünstigte die Erfüllung der Verpflichtung verlangen kann	§ 1940 BGB, §§ 2192 ff. BGB
Bedingung	Erblasser kann von deren Eintritt positive (Begünstigungen) oder negative (Wegfall von Begünstigungen) Folgen abhängig machen; es ist dem jeweils Betroffenen selbst überlassen, ob er sie erfüllt oder nicht	§§ 2074–2076 BGB
Erbverzicht	Verwandte sowie der Ehegatte des Erblassers können durch Vertrag mit dem Erblasser auf ihr gesetzliches Erbrecht verzichten; der Verzichtende ist von der gesetzlichen Erbfolge ausgeschlossen, wie wenn er zur Zeit des Erbfalls nicht mehr lebte; er hat kein Pflichtteilsrecht; der Verzicht kann auch auf das Pflichtteilsrecht beschränkt werden; der Verzichtsvertrag bedarf der notariellen Beurkundung (§ 2348 BGB)	§§ 2346 ff. BGB
Testamentsvollstreckung	Anordnung des Erblassers, dass ein Dritter oder mehrere ggf. nach seinen Angaben den Nachlass verwalten oder abwickeln	§§ 2197 ff. BGB
Vermächtnis	Zuwendung eines Vermögensvorteils ohne Erbeinsetzung; Inhalt eines Vermächtnisses ist der Anspruch auf eine Leistung	§ 1939 BGB, §§ 2147 ff. BGB
Vor- und Nacherbschaft	Erblasser kann einen Erben in der Weise einsetzen, dass dieser erst Erbe wird, nachdem zunächst ein anderer Erbe geworden ist	§§ 2100 ff. BGB
Schlusserbe	Ehegatten können sich gegenseitig zum Alleinerben einsetzen und bereits einen Erben für den Überlebenden bestimmen	–

3.3.5.6 Pflichtteilsrecht

Normzweck	Sicherung eines Mindestwerts am Nachlass des Erblassers zu Gunsten seiner nächsten Angehörigen	
Pflichtteilsberechtigte	– Abkömmlinge – Eltern (beachte § 2309 BGB) – Ehegatte sowie Lebenspartner (vgl. § 10 Abs. 6 LPartG) die/der durch Verfügung von Todes wegen von der Erbfolge des Erblassers ausgeschlossen sind/ist	§ 2303 BGB
Voraussetzungen für Pflichtteilsanspruch	– Ausschluss von der Erbfolge durch Verfügung von Todes wegen (Testament, Erbvertrag) des Erblassers, entweder durch ausdrückliche oder stillschweigende Enterbung (§ 1938 BGB) – Beachte aber auch §§ 2305 (Zusatzpflichtteil), 2307 (Zuwendung eines Vermächtnisses) BGB	§ 2303 BGB §§ 2305, 2307 BGB
Höhe des Pflichtteils	– Hälfte des Wertes des gesetzlichen Erbteils (Bestimmung: quotenmäßige Höhe des Pflichtteilsanspruchs [Pflichtteilsbruchteil] und Wert und Bestand des Nachlasses, für den die §§ 2311 ff. BGB gelten) – Zugewinnausgleich des Ehegatten/Lebenspartners im Todesfall bleibt davon unberührt (§ 1371 BGB)	§§ 2303, 1371 BGB
Ggf. Berücksichtigung von Zuwendungen	Unter besonderen Voraussetzungen sind vom Erblasser zu dessen Lebzeiten erhaltene Zuwendungen vom Pflichtteilsberechtigten oder anderen Erben pflichtteilsmindernd oder -erhöhend zu berücksichtigen	§§ 2315 f. BGB
Pflichtteilsergänzungsanspruch	– Schutz des Pflichtteilsberechtigten dagegen, dass der ordentliche Pflichtteil durch lebzeitige Schenkungen des Erblassers umgangen wird – Pflichtteilsberechtigter erhält zeitlich und sachlich begrenzt einen Ergänzungsanspruch gegen den Erben, hilfsweise gegen den Beschenkten (§ 2329 BGB), das Geschenk wird hierfür zunächst dem Nachlass hinzugerechnet und dann aus dem so ergänzten Nachlass der Pflichtteilsanspruch berechnet	§ 2325 BGB
Entziehung des Pflichtteils	– Pflichtteilsentziehung geht über die bloße Enterbung (§ 1938 BGB) hinaus und berechtigt unter bestimmten, eng begrenzten Voraussetzungen, den nächsten Angehörigen auch den Pflichtteil zu nehmen (z. B. wenn Abkömmling dem Erblasser „nach dem Leben trachtet")	§ 2333 BGB

3.3.5.7 Erbrecht mit Auslandsbezug

3.3.5.7.1 EU-Erbrechtsverordnung

Anwendungs-bereich	Rechtsnachfolge von Personen, die am 17.8.2015 oder danach verstorben sind		Art. 83 Abs. 1 VO
Geltungs-bereich	– unmittelbar in (grundsätzlich) allen EU-Mitgliedstaaten		Art. 288 Abs. 2 AEUV
	– Sonderstellung: Vereinigtes Königreich[1], Irland und Dänemark: wohl Einordnung dieser Staaten als Drittstaaten im Sinne der VO		Art. 20 VO
	– das nach der VO bezeichnete Recht ist auch dann anzuwenden, wenn es nicht das Recht eines Mitgliedstaates ist; die VO gilt daher auch im Verhältnis zu Staatsangehörigen oder Ansässigen außerhalb der teilnehmenden Staaten		
Erbstatut	= Ermittlung des anwendbaren Rechts		Art. 21, 22 VO
	Objektive Anknüpfung	Subjektive Anknüpfung	
	Grundsatz: Art. 21 Abs. 1 VO: Die gesamte Rechtsnachfolge von Todes wegen unterliegt dem Recht des Staates, in dem der Erblasser im Zeitpunkt seines Todes seinen gewöhnlichen Aufenthalt hatte	**Rechtswahl:** Art. 22 Abs. 1–3 VO (ohne Abs. 4): – Eine Person kann für die Rechtsnachfolge von Todes wegen das Recht des Staates wählen, dem sie im Zeitpunkt der Rechtswahl oder im Zeitpunkt ihres Todes angehört	
	Ausnahme: Art. 21 Abs. 2 VO: Nur wenn sich ausnahmsweise aus der Gesamtheit der Umstände ergibt, dass der Erblasser im Zeitpunkt seines Todes eine offensichtlich engere Verbindung zu einem anderen als dem Staat hatte, dessen Recht nach Absatz 1 anzuwenden wäre, so ist auf die Rechtsnachfolge von Todes wegen das Recht dieses anderen Staates anzuwenden	– eine Person, die mehrere Staatsangehörigkeiten besitzt, kann das Recht eines Staates wählen, denen sie im Zeitpunkt der Rechtswahl oder im Zeitpunkt des Todes angehört – Rechtswahl muss ausdrücklich in einer Erklärung in Form einer Verfügung von Todes wegen erfolgen oder sich aus den Bestimmungen einer solchen Verfügung ergeben	

---

[1] Da Großbritannien der VO bislang nicht beigetreten ist, ändert sich durch den Brexit nichts bezüglich der Erbschaftsregeln.

	– materielle Wirksamkeit der Rechtshandlung, durch die die Rechtswahl vorgenommen wird, unterliegt dem gewählten Recht
Rechtsnachfolge von Todes wegen = Jede Form des Übergangs von Vermögenswerten, Rechten und Pflichten von Todes wegen, sei es im Wege der gewillkürten Erbfolge durch eine Verfügung von Todes wegen oder im Wege der gesetzlichen Erbfolge (Art.3 Abs.1 lit. a VO)	
Gewöhnlicher Aufenthalt: – keine Legaldefinition – entscheidend sind Umstände des Einzelfalls. Für einen gewöhnlichen Aufenthalt spricht eine gewisse Beständigkeit, der Wille zum Verbleib, der Ort, an dem der Mittelpunkt der Lebensinteressen des Erblassers ist – entspricht häufig dem Ort, an dem sich der größte Teil seines Vermögens befindet	
Sonderfall: Staat des gewöhnlichen Aufenthalts ist Drittstaat: Rück- oder Weiterverweisung durch das drittstaatliche Kollisionsrecht ist unter den Voraussetzungen des Art.34. Abs.1 VO zu beachten.	

Errichtungs-statut von Testamenten und Erb-verträgen	Errichtung von Testamenten Art. 24 VO	Errichtung von Erbverträgen Art. 25 VO	Art. 24, 25 VO

	– Zulässigkeit
	  Statthaftigkeit eines Testaments, z. B.:
	  – Ist ein Testament überhaupt generell zulässig nach nationalem Recht?
	  – Kann ein bestimmter Typ eines Testaments gewählt werden?
	
	– Materielle Wirksamkeit
	  Art. 26 Abs. 1 VO enthält nicht abschließende Liste dessen, was unter materieller Wirksamkeit zu verstehen ist:
	  – die Testierfähigkeit der Person, die das Testament errichtet;
	  – die besonderen Gründe, aufgrund deren die Person, die das Testament errichtet, nicht zugunsten bestimmter Personen verfügen darf oder aufgrund deren eine Person kein Nachlassvermögen vom Erblasser erhalten darf;
	  – die Zulässigkeit der Stellvertretung bei der Errichtung eines Testaments;
	  – die Auslegung des Testaments;
	  – Täuschung, Nötigung, Irrtum und alle sonstigen Fragen in Bezug auf Willensmängel oder Testierwillen der Person, die das Testament errichtet.
		– Zulässigkeit
		  Statthaftigkeit eines Erbvertrags unterliegt nationalem Recht, z. B.:
		  – Ist der Abschluss eines Erbvertrags nur einem bestimmten Personenkreis vorbehalten?
		  – Wie viele Personen können an einem Erbvertrag beteiligt sein?
		  – Bestehen gegenständliche Beschränkungen?
		
		– Materielle Wirksamkeit
		  Art. 26 Abs. 1 VO enthält nicht abschließende Liste dessen, was unter materieller Wirksamkeit zu verstehen ist:
		  – die Testierfähigkeit der Person, die den Erbvertrag errichtet;
		  – die besonderen Gründe, aufgrund deren die Person, die den Erbvertrag errichtet, nicht zugunsten bestimmter Personen verfügen darf oder aufgrund deren eine Person kein Nachlassvermögen vom Erblasser erhalten darf;
		  – die Zulässigkeit der Stellvertretung bei der Errichtung eines Erbvertrages;
		  – die Auslegung des Erbvertrages;
		  – Täuschung, Nötigung, Irrtum und alle sonstigen Fragen in Bezug auf Willensmängel oder Testierwillen der Person, die den Erbvertrag errichtet.
			Art. 24, 25 VO

Die materielle Wirksamkeit beurteilt sich nach dem Recht, das auf den Erbfall anwendbar wäre, wenn er sich zum Zeitpunkt der Testamentserrichtung ereignen würde.
Dies stellt sicher, dass ein Testament, das der Erblasser nach dem an seinem Aufenthaltsort geltenden Recht errichtet, nicht durch einen späteren Statutenwechsel durch Umzug unwirksam oder undurchführbar wird.
 	
– Im Übrigen bleibt es bei den allgemeinen Regeln der Art. 20ff. VO; insbesondere bleiben auch etwaige Pflichtteilsansprüche und sonstige nicht entziehbare Rechte, die nach der allgemeinen lex successionis bestehen, unberührt (vgl. Art.24 Abs.2 i.V.m. Art. 22, 23 Abs.1 lit. h VO).
 	
– formelle und materielle Wirksamkeit eines Testaments, das vor dem 17.8.2015 errichtet wurde, bestimmen sich nach Art.83 Abs.3, 4 VO:
– es genügt die Wirksamkeit einer der vier aufgeführten Optionen:
  – Option 1: Voraussetzungen des Kapitels III der EuErbVO erfüllt
  – Option 2: Wirksamkeit nach IPR im Staat des gewöhnlichen Aufenthalts des Erblassers
  – Option 3: Wirksamkeit nach IPR im Staat der Staatsangehörigkeit des Erblassers
  – Option 4: lex fori
	Die materielle Wirksamkeit und Bindungswirkungen, einschließlich der Voraussetzungen für die Auflösung, beurteilen sich nach dem Recht, das auf den Erbfall anwendbar wäre, wenn er sich zum Zeitpunkt des Abschlusses des Erbvertrages ereignen würde.
	
	– Im Übrigen bleibt es bei den allgemeinen Regeln der Art. 20ff. VO; insbesondere bleiben auch etwaige Pflichtteilsansprüche und sonstige nicht entziehbare Rechte, die nach der allgemeinen lex successionis bestehen, unberührt (vgl. Art.25 Abs.3 i.V.m. Art. 22, 23 Abs.1 lit. h VO).
	
	– formelle und materielle Wirksamkeit eines Erbvertrages, der vor dem 17.8.2015 errichtet wurde, bestimmen sich nach Art.83 Abs.3, 4 VO:
	– es genügt die Wirksamkeit einer der vier aufgeführten Optionen:
	  – Option 1: Voraussetzungen des Kapitels III der EuErbVO erfüllt
	  – Option 2: Wirksamkeit nach IPR im Staat des gewöhnlichen Aufenthalts des Erblassers
	  – Option 3: Wirksamkeit nach IPR im Staat der Staatsangehörigkeit des Erblassers
	  – Option 4: lex fori

			Art. 27, 75 VO, Haager Testamentsformübereinkommen

	– wurde ein Testament vor dem 17.8.2015 nach dem Recht errichtet, welches der Erblasser gemäß der EuErbVO hätte wählen können, so gilt dieses Recht als das auf die Rechtsfolge von Todes wegen anzuwendende gewählte Recht	– wurde ein Erbvertrag vor dem 17.8.2015 nach dem Recht errichtet, welches der Erblasser gemäß der EuErbVO hätte wählen können, so gilt dieses Recht als das auf die Rechtsfolge von Todes wegen anzuwendende gewählte Recht	
Formstatut	Art. 27 Abs. 1 VO: grds. Formwirksamkeit einer schriftlichen Verfügung von Todes wegen, sofern diese der einschlägigen Rechtsordnung des Staates entspricht,		

Art. 27 Abs. 1 VO: grds. Formwirksamkeit einer schriftlichen Verfügung von Todes wegen, sofern diese der einschlägigen Rechtsordnung des Staates entspricht,
– in dem die Verfügung errichtet oder der Erbvertrag geschlossen wurde,
– dem zumindest ein Verfügender angehörte oder in ihm seinen Wohnsitz oder gewöhnlichen Aufenthalt hatte,
– in dem sich unbewegliches Vermögen befindet, das von der Verfügung betroffen ist

Aber:
– Vertragsparteien des Haager Übereinkommens vom 5. Oktober 1961 wenden für Testamente die Konvention anstelle des Art. 27 Abs. 1 VO an (vgl. Art. 75 Abs. 1, Abs. 2 VO),
– Erbverträge sind von der Konvention nicht erfasst, für diese gilt Art. 27 Abs. 1 VO,
– die Konvention gilt nicht für die formelle Wirksamkeit der Rechtswahl, da es hierbei nicht um die Formwirksamkeit des Testaments geht und entsprechend der Tatbestand des Art. 75 Abs. 2 VO nicht erfüllt ist; hier ist Art. 22 Abs. 2 VO zu beachten, auf den Erbvertrag findet wiederum Art. 27 Abs. 1 VO Anwendung

3.3.5.7.2 Länderübersicht[1]

A. Anknüpfung des nationalen Erbrechts und Gestaltungsmöglichkeiten

Staat	EU-ErbVO	Anknüpfung des nationalen Erbrechts: Staatsangehörigkeit (S), gewöhnl. Aufenthalt (G), Wohnsitz (W); Nachlassspaltung (N)	Pflichtteilsrecht/ Noterbenrecht	Gemeinschaftliches Testament	Erbvertrag	Erbverzicht (zu Lebzeiten des Erblassers)	Testamentsvollstreckung	Vor- und Nacherbfolge
Albanien	–	G, ggf. N (für in Albanien belegenes unbewegl. Vermögen gilt albanisches Recht)	+	–	–	k.A.	+	+
Belgien	+	G, N	+	–	–	–	+	+[2]
Bosnien und Herzegowina	–	S	+	–	+	+	+	k.A.
Bulgarien	+	G für bewegliche Sachen; für Immobilien, wenn sich Immobilie in BUL befindet	+	–	–	–	+	–

---

[1] Vgl. *Süß*, Erbrecht in Europa, 4. Aufl. 2020.
[2] Soweit sich die Bindung des Begünstigten darauf beschränkt, dass er über den vermachten Nachlass nicht unentgeltlich unter Lebenden oder von Todes wegen anderweitig verfügen darf. Unzulässig, soweit mit der Anordnung die Verpflichtung zur Erhaltung der Erbmasse für den Nacherben verbunden ist.

Staat	EU-ErbVO	Anknüpfung des nationalen Erbrechts: Staatsangehörigkeit (S), gewöhnl. Aufenthalt (G), Wohnsitz (W); Nachlassspaltung (N)	Pflichtteilsrecht/ Noterbenrecht	Gemeinschaftliches Testament	Erbvertrag	Erbverzicht (zu Lebzeiten des Erblassers)	Testamentsvollstreckung	Vor- und Nacherbfolge
Dänemark	–	W	+	+; nicht auf Ehegatten beschränkt	Dispositiver ErbV –; Renunziativer ErbV +	+	+	+
Deutschland	+	G	+	+	+	+	+	+
Estland	+	G	Unter bes. Vorauss. +	+; notarielle Beurkundung	+ (notarielle Beurkundung)	+ (Erbverzicht = Pflichtteilsverzicht)	+	+
Finnland	+	W	+	+; nicht auf Ehegatten beschränkt	–	–	+	k. A.
Frankreich	+	G; N: für Immobilien Belegenheit, für Mobilien W	+	–	–	–	+ (beschränkt auf ein Jahr)	Grds. – aber Ausn.
Griechenland	+	G	+	–	–	–	+	+
Irland	–	G (domicile), N (für unbewegl. Vermögen gilt Belegenheitsrecht)	+	+, aber keine Bindungswirkung; nicht auf Ehegatten beschränkt	–	–; ledigl. Ehegatte/Lebenspartner können auf Pflichtteil verzichten	+	–

Staat	EU-ErbVO	Anknüpfung des nationalen Erbrechts: Staatsangehörigkeit (S), gewöhnl. Aufenthalt (G), Wohnsitz (W); Nachlassspaltung (N)	Pflichtteilsrecht/ Noterbenrecht	Gemeinschaftliches Testament	Erbvertrag	Erbverzicht (zu Lebzeiten des Erblassers)	Testamentsvollstreckung	Vor- und Nacherbfolge
Island	–	W	+	+; nicht auf Ehegatten beschränkt	+	+	+	k.A.
Israel[1]	–	W, N (wenn Wohnsitz in Israel und im Ausland belegene Gegenstände)	–, aber ggf. Ausgleichszahlungen an Ehegatten aufgrund der Auflösung der Ehe durch den Tod. Unterhaltsanspr. Ehegatte, Kind(er), Eltern gegen Nachlass	–	–	–	+	+
Italien	+	G	+	–	–	–	+	Grds. –

[1] In den palästinensischen Autonomiegebieten gilt das israelische staatliche Erbgesetz nicht, sondern religiöse Rechte, sodass es auf das Bekenntnis des Erblassers ankommt.

Staat	EU-ErbVO	Anknüpfung des nationalen Erbrechts: Staatsangehörigkeit (S), gewöhnl. Aufenthalt (G), Wohnsitz (W); Nachlassspaltung (N)	Pflichtteilsrecht/ Noterbenrecht	Gemeinschaftliches Testament	Erbvertrag	Erbverzicht (zu Lebzeiten des Erblassers)	Testamentsvollstreckung	Vor- und Nacherbfolge
Kroatien	+	G	+	Nicht gesetzl. geregelt, wohl unwirks., wenn Testierende sich gegenseitig unter Bedingung der Gegenseitigkeit bedenken	–	+	+	–
Lettland	+	G	+	+, zwei od. mehr Personen; einseitiger Widerruf möglich	+	k. A.	+	+
Liechtenstein	–	S	+	+, aber es wird nicht davon ausgegangen, dass Verfügungen wechselbezügl. sind	+	k. A.	+	k. A.
Litauen	+	G; Immobilien: Belegenheitsstaat	+	+, in Form eines öffentl. T, kann einseitig widerrufen werden	–	k. A.	+	+

Staat	EU-ErbVO	Anknüpfung des nationalen Erbrechts: Staatsangehörigkeit (S), gewöhnl. Aufenthalt (G), Wohnsitz (W); Nachlassspaltung (N)	Pflichtteilsrecht/ Noterbenrecht	Gemeinschaftliches Testament	Erbvertrag	Erbverzicht (zu Lebzeiten des Erblassers)	Testamentsvollstreckung	Vor- und Nacherbfolge
Luxemburg	+	N, Mobilien = G, Immobilien: Belegenheitsstaat	+	–	+	–	+	–
Malta	+	G	+	+, keine Bindungswirkung, freie Widerrufbarkeit	–	k. A.	+	–
Mazedonien	–	S	+	Nicht geregelt, wohl formnichtig	–	k. A.	+	–
Moldawien	–	S, unbewegl. Vermögen: jeweiliges Belegenheitsrecht: N	+	–	–	k. A.	+	k. A.
Monaco	–	S, unbewegl. Vermögen: jeweiliges Belegenheitsrecht: N	+	–	–	k. A.	k. A.	k. A.
Montenegro	–	G	+	Gesetzl. nicht geregelt, wohl unwirksam bei wechselbezügl. Verfügungen	–	–	+	+

Staat	EU-ErbVO	Anknüpfung des nationalen Erbrechts: Staatsangehörigkeit (S), gewöhnl. Aufenthalt (G), Wohnsitz (W); Nachlassspaltung (N)	Pflichtteilsrecht/ Noterbenrecht	Gemeinschaftliches Testament	Erbvertrag	Erbverzicht (zu Lebzeiten des Erblassers)	Testamentsvollstreckung	Vor- und Nacherbfolge
Niederlande	+	G	+	k. A.	k. A.	k. A.	+	k. A.
Norwegen	–	W	+	+	+[1]	k. A.	+	k. A.
Österreich	+	G	+	+ (aber andere Form: beide Ehegatten müssen jeweils das gleiche T eigenhändig verfassen; jeder kann frei widerrufen)	+, nur zwischen Ehegatten, auf 3/4 des Nachlassvermögens beschränkt	+	+	+
Polen	+	G	+	–	–, nur als Erbverzichtsvertrag	+	+	k. A.
Portugal	+	G	+	–	–, Ausnahme: Verfügung mittels Ehevertrag (von Verlobten, nur vor der Ehe)	–	+	+

[1] Erbvertrag in diesem Sinne bedeutet, dass sich der Testator seiner Testierfreiheit begibt. Einen Erbvertrag gemäß dem deutschen Recht kennt das norwegische Recht dagegen nicht.

Staat	EU-ErbVO	Anknüpfung des nationalen Erbrechts: Staatsangehörigkeit (S), gewöhnl. Aufenthalt (G), Wohnsitz (W); Nachlassspaltung (N)	Pflichtteilsrecht/ Noterbenrecht	Gemeinschaftliches Testament	Erbvertrag	Erbverzicht (zu Lebzeiten des Erblassers)	Testamentsvollstreckung	Vor- und Nacherbfolge
Rumänien	+	G	+	–	– (Ausnahme: zulässig ist Vereinbarung in Gesellschaftsvertrag, Gesellschaft mit Erben fortzusetzen)	–	+	+
Russische Föderation	–	W, N (Immobilien: jeweiliges Belegenheitsrecht)	+	–	k. A.	k. A.	+	–
San Marino	–	S, N (Immobilien: jeweiliges Belegenheitsrecht)	+	–	–	k. A.	+	+
Schweden	+	G	+	+, zwei oder mehr auch nicht miteinander verheiratete Personen, keine Bindungswirkung	–, aber Erbverzichtsvertrag unter bes. Voraus. mögl.	+ (nur innerhalb gewisser Grenzen möglich)	+	k. A.

Staat	EU-ErbVO	Anknüpfung des nationalen Erbrechts: Staatsangehörigkeit (S), gewöhnl. Aufenthalt (G), Wohnsitz (W); Nachlassspaltung (N)	Pflichtteilsrecht/ Noterbenrecht	Gemeinschaftliches Testament	Erbvertrag	Erbverzicht (zu Lebzeiten des Erblassers)	Testamentsvollstreckung	Vor- und Nacherbfolge
Schweiz	–	W, ggf. N, wenn R des anderen Staates dies vorsieht	+	+	+	+	+	+
Serbien	–	S	+	Keine Regelung, unwirks. bzgl. wechselseitiger Verfügungen	–	–	+	–
Slowakei	+	S	+	–	–	k. A.	k. A.	k. A.
Slowenien	+	G	+	Unwirks. bzgl. wechselseitiger Verfügungen, da dann vertragl. Bindungswille unterstellt wird; wirks., wenn Verf. zugunsten Dritter enthalten sind	–	+	+	–

Staat	EU-ErbVO	Anknüpfung des nationalen Erbrechts: Staatsangehörigkeit (S), gewöhnl. Aufenthalt (G), Wohnsitz (W); Nachlassspaltung (N)	Pflichtteilsrecht/ Noterbenrecht	Gemeinschaftliches Testament	Erbvertrag	Erbverzicht (zu Lebzeiten des Erblassers)	Testamentsvollstreckung	Vor- und Nacherbfolge
Spanien (div. Foralrechte)	+	S	+	– (gilt für spanische Staatsangehörige, d.h. Verbot auch bzgl. im Ausland von Spaniern errichteten gemeinschaftl. Testamenten)	– (grds.)[1]	k.A., Erbschaft jedoch zunächst anzunehmen	+	+
Tschechische Republik	+	G	+	–	+	+	+	+
Türkei	–	S, N bzgl. unbewegl. Vermögen, für dieses gilt Belegenheit	+	k.A.	+	+	+	+
Ukraine	–	W, N bzgl. unbewegl. Vermögen, für dieses gilt Belegenheit	+ (ausschließl. arbeitsunfähige Kinder, Eltern oder Ehegatte des Erblassers)	+ nur bzgl. gemeinschaftl. Vermögens, nicht bzgl. eigenen Vermögens des Erblassers	+	–	+	–

[1] In Katalonien, Aragon, Nuvarra sowie auf den Balearen bestehen ausdrückliche Regelungen über letztwillige Verfügungen durch Erbvertrag.

Staat	EU-ErbVO	Anknüpfung des nationalen Erbrechts: Staatsangehörigkeit (S), gewöhnl. Aufenthalt (G), Wohnsitz (W); Nachlassspaltung (N)	Pflichtteilsrecht/ Noterbenrecht	Gemeinschaftliches Testament	Erbvertrag	Erbverzicht (zu Lebzeiten des Erblassers)	Testamentsvollstreckung	Vor- und Nacherbfolge
Ungarn	+	G	+	+	+, Erblasser verpfl. sich ggü. Vertragspartner gegen lebenslängl. Unterhalt od. Rentenzahlung, diesen als Erben einzusetzen	+	+, Auftrag kann durch Erben aber widerrufen werden	–, aber Ausn.

Staat	EU-ErbVO	Anknüpfung des nationalen Erbrechts: Staatsangehörigkeit (S), gewöhnl. Aufenthalt (G), Wohnsitz (W); Nachlassspaltung (N)	Pflichtteilsrecht/ Noterbenrecht	Gemeinschaftliches Testament	Erbvertrag	Erbverzicht (zu Lebzeiten des Erblassers)	Testamentsvollstreckung	Vor- und Nacherbfolge
USA (kein einheitl. Erbrecht, sondern Recht des jeweiligen Bundesstaats)	–	W/G (domicile), N	–, Testierfreiheit ist sehr weitgehend, aber Einschränkungen zugunsten von Ehegatten und übergangenen Abkömmlingen, kein Pflichtteil Kinder	+, aber frei widerrufl., ggf. SEA	–, jedoch „contract to make a will", der (schuldrechtl.) Verpflichtung zur Errichtung eines Testaments eines bestimmten Inhalts beinhaltet, Gegenleistung erforderlich	+	–, jedoch existiert Nachlassabwickler, dem weitergehendere Aufgabe zukommt	So –, RF wird ggf. über testamentary trust erreicht

Staat		EU-ErbVO	Anknüpfung des nationalen Erbrechts: Staatsangehörigkeit (S), gewöhnl. Aufenthalt (G), Wohnsitz (W); Nachlassspaltung (N)	Pflichtteilsrecht/ Noterbenrecht	Gemeinschaftliches Testament	Erbvertrag	Erbverzicht (zu Lebzeiten des Erblassers)	Testamentsvollstreckung	Vor- und Nacherbfolge
Vereinigtes Königreich Das englische Erbrecht richtet sich – obwohl das Vereinigte Königreich bis zum Brexit EU-Land war – nicht nach der ErbVo; das Vereinigte Königreich hat diese als einer von insgesamt drei EU-Staaten nie angewendet.	England, Wales	–	G, N für unbewegliches Vermögen	–	+, bis zum Tod frei widerrufl., danach Bindung	–	k.A.	+	k.A.
	Schottland	–	G, N für unbewegliches Vermögen	+	+, bis zum Tod frei widerrufl.	k.A.	+	+	k.A.

Staat	EU-ErbVO	Anknüpfung des nationalen Erbrechts: Staatsangehörigkeit (S), gewöhnl. Aufenthalt (G), Wohnsitz (W); Nachlassspaltung (N)	Pflichtteilsrecht/ Noterbenrecht	Gemeinschaftliches Testament	Erbvertrag	Erbverzicht (zu Lebzeiten des Erblassers)	Testamentsvollstreckung	Vor- und Nacherbfolge
Weißrussland	–	W, N für unbewegliches Vermögen	+[1]	–	–	k.A.	+	k.A.
Zypern (Republik)	+	G	+ (für Ausländer gelten Besonderheiten)	k.A.	k.A.	k.A.	+	k.A.
Zypern (Nord)	–	W, N bzgl. unbewegl. Vermögen (Recht des Belegenheitsstaats)	+ (für Ausländer gelten Besonderheiten), gilt für nichtehel. Kinder nur, sofern diese durch spätere Eheschließung der Eltern legitimiert wurden	k.A.	k.A.	k.A.	+	k.A.

[1] Minderjährig od. volljährig, aber arbeitsunfähige Kinder, Eltern oder Ehegatte.

B. Nachlassbehandlung

Nachlasseinheit mit Staatsangehörigkeitsprinzip	Nachlasseinheit mit Wohnsitzprinzip	Nachlassspaltung mit Staatsangehörigkeitsprinzip (bzgl. der Mobilien) und Lagerecht der Immobilien (lex rei sitae)	Nachlassspaltung mit Wohnsitz bzw. Domizilprinzip bzgl. der Mobilien und Lagerecht bzgl. der Immobilien
Afghanistan	Äthiopien	Türkei	Argentinien
Ägypten	Brasilien	Vereinigte Arabische Emirate	Australien
Albanien	Chile		Bangladesh
Algerien	Ecuador		Belize
Angola	El Salvador		Bolivien
Äquatorialguinea	Eritrea		Botswana
Bahrain	Honduras		Elfenbeinküste
Benin	Israel		Französisch-Guinea
Burkina Faso	Kolumbien		Gabun
Burundi	Nicaragua		Ghana
Bosnien	Paraguay		Guinea
Georgien	Peru		Haiti
Guinea-Bissau	Trinidad/Tobago		Indien
Indonesien	Venezuela		Jamaika
Irak			Kamerun
Iran			Kanada
Japan			Kenia
Jemen			Liberia
Jordanien			Madagaskar
Katar			Malawi
Kongo			Malaysia
Kroatien			Mongolei
Kuba			Myanmar
Kuwait			Namibia
Laos			Neuseeland

Nachlasseinheit mit Staatsangehörigkeits-prinzip	Nachlasseinheit mit Wohnsitzprinzip	Nachlassspaltung mit Staatsangehörigkeitsprinzip (bzgl. der Mobilien) und Lagerecht der Immobilien (lex rei sitae)	Nachlassspaltung mit Wohnsitz bzw. Domizilprinzip bzgl. der Mobilien und Lagerecht bzgl. der Immobilien
Libanon			Nigeria
Libyen			Pakistan
Mali			Papua Neuguinea
Marokko			Quebec
Mauretanien			Sambia
Mazedonien			Sierra Leone
Montenegro			Simbabwe
Mosambik			Sri Lanka
Niger			Südafrika
Oman			Swasiland
Philippinen			Tansania
Ruanda			Thailand
Saudi-Arabien			Uganda
Senegal			USA
Serbien			Zentralafrikanische Republik
Sudan			
Suriname			
Südkorea			
Somalia			
Syrien			
Togo			
Tunesien			
Tschad			
West Sahara			

Quelle: www.internationales-erbrecht.de

3.3.6 Schenkung

3.3.6.1 Arten der Schenkung

Eine Schenkung ist ein einseitig verpflichtender Vertrag, der auf eine unentgeltliche Zuwendung gerichtet ist. Es muss eine Zuwendung vorliegen, durch die der Beschenkte bereichert und der Schenker entreichert wird, wobei Schenkungsgegenstand jeder Vermögensgegenstand sein kann.

Handschenkung	Die Handschenkung (§ 516 Abs. 1 BGB) besteht aus einem schuldrechtlichen und einem dinglichen Teil, wobei sowohl die schuldrechtliche Einigung als auch die dingliche Zuwendung zeitlich zusammenfallen.
Schenkungsversprechen	Das Schenkungsversprechen ist ein einseitig verpflichtender Vertrag, durch den der Schenker einem anderen eine Leistung verspricht, die unentgeltlich erfolgen soll. Die Willenserklärung des Schenkers unterliegt dem Formerfordernis der notariellen Beurkundung. Ein diesbezüglicher Mangel wird durch die Bewirkung der versprochenen Leistung geheilt, § 518 BGB.
Schenkung von Todes wegen	Die Schenkung von Todes wegen ist nach § 2301 BGB ein Schenkungsversprechen, das unter der aufschiebenden Bedingung erteilt wird, dass der Beschenkte den Schenker überlebt.
Schenkung unter Auflage	Die Schenkung unter Auflage (§ 525 BGB) ist eine Schenkung nach §§ 516 ff. BGB, die zusätzlich mit einer Leistungsverpflichtung (Tun oder Unterlassen) als Nebenabrede versehen ist.
Belohnende (remuneratorische) Schenkung	Eine belohnende Schenkung ist eine rechtlich nicht geschuldete, nachträglich versprochene oder vollzogene Zuwendung an den Empfänger für eine von diesem erbrachte Leistung. Die Abgrenzung zwischen Belohnung und Entlohnung (Entgeltlichkeit) erfolgt insbesondere anhand des subjektiven Willens der zuwendenden Partei.
Gemischte Schenkung	Die gemischte Schenkung ist ein einheitlicher Vertrag, bei dem sich der Wert der Leistung und der Wert der Gegenleistung nur teilweise entsprechen. Die Parteien sind sich dessen aber bewusst und wollen übereinstimmend, dass der überschießende Wert dem Beschenkten unentgeltlich zugewendet wird.

3.3.6.2 Rückforderung des Geschenks

Regelung	Tatbestand	Rechtsfolge	Norm
Verarmung des Schenkers[1]	Schenker ist außerstande, seinen angemessenen Unterhalt zu bestreiten und die ihm seinen Unterhaltsberechtigten gegenüber gesetzlich obliegende Unterhaltspflicht zu erfüllen; die Beweislast trägt der Schenker	Rechtsfolgenverweis auf §§ 812ff. BGB; Rückforderung, soweit zur Deckung des durch § 528 BGB geschützten Bedarfs notwendig; Herausgabe nach §§ 528 Abs. 1 Satz 1, 818 BGB oder nach Wahl stattdessen Unterhaltszahlung nach § 528 Abs. 1 Satz 2 BGB	§ 528 BGB
	Die Rückforderung ist ausgeschlossen, wenn der Schenker seine Bedürftigkeit vorsätzlich oder durch grobe Fahrlässigkeit herbeigeführt hat oder wenn Bedürftigkeit erst 10 Jahre nach Leistung der Schenkung eintritt, vgl. § 529 BGB		
Widerruf der Schenkung	Beschenkter macht sich durch schwere Verfehlung gegen Schenker oder nahen Angehörigen des Schenkers groben Undanks schuldig	Rückforderung des Geschenks nach §§ 812 ff. BGB (Rechtsgrundverweisung)	§§ 530, 531 BGB
	Der Widerruf ist ausgeschlossen, wenn der Schenker dem Beschenkten verziehen hat, seit Kenntnis der Widerrufsvoraussetzungen ein Jahr verstrichen ist oder der Beschenkte verstorben ist, vgl. § 532 BGB		
Rückforderung bei Nichtvollziehung der Auflage	Verschuldensunabhängige Unmöglichkeit der Auflagenerfüllung (§§ 283, 326 BGB) oder Nichterfüllung mit erfolgloser Nachfristsetzung (§ 323 Abs. 1 BGB)	Rechtsfolgenverweis auf §§ 812 ff. BGB: Geschenk nach Bereicherungsrecht insoweit herauszugeben, als es zur Erfüllung der Auflage hätte verwendet werden müssen	§ 527 BGB

Pflicht- und Anstandsschenkungen unterliegen nicht der Rückforderung und dem Widerruf, vgl. § 534 BGB.

[1] Ist die Schenkung noch nicht vollzogen, steht dem Schenker die Einrede des Notbedarfs nach § 519 BGB zu.

3.3.6.3 Haftung des Schenkers

Regelung			Norm
Haftungs-privilegierung	Der Schenker haftet abweichend von §§ 276, 278 BGB nicht für leichte oder normale Fahrlässigkeit bzw. für die seines Erfüllungsgehilfen. Anwendbarkeit auch auf deliktische Haftung.		§ 521 BGB
Haftung für Rechtsmängel	Rechtsmangelbegriff des Kaufrechts, § 435 BGB		§ 523 BGB
	Haftung auf Vertrauensschaden	Gegenstand bereits im Vermögen des Schenkers; arglistiges Verschweigen eines Rechtsmangels	Abs. 1
	Haftung auf Erfüllungsinteresse	Schenker muss den Gegenstand zum Zeitpunkt des Schenkungsversprechens erst noch beschaffen und Rechtsmangel ist ihm bekannt oder infolge grober Fahrlässigkeit unbekannt	Abs. 2
Haftung für Sachmängel	Sachmangelbegriff des Kaufrechts, § 434 BGB		§ 524 BGB
	Haftung auf Vertrauensschaden	Gegenstand bereits im Vermögen des Schenkers; arglistiges Verschweigen eines Sachmangels	Abs. 1
	Nachlieferung einer mangelfreien Sache	Schenker muss die Sache bei einer Gattungs-schuld zum Zeitpunkt des Schenkungsverspre-chens erst noch beschaffen und Mangel ist ihm bekannt oder infolge grober Fahrlässigkeit un-bekannt	Abs. 2 S. 1
	Haftung auf Erfüllungsinteresse	Zusätzlich arglistiges Verschweigen des Mangels (alternativ zu Abs. 2 S. 1)	Abs. 2 S. 2
	Die Durchführung richtet sich nach der Mängelhaftung des Verkäufers (insbes. Aus-schluss der Rechte nach § 442 BGB, Verjährung § 438 BGB, Nacherfüllung §§ 437 Nr. 1, 439 BGB), vgl. Abs. 2 S. 3.		

3.3.7 Erbschaft- und Schenkungsteuer

Siehe Kap. 5.12.

3.3.8 Familienrecht/Unterhalt und wirtschaftliche Sicherung[1]

3.3.8.1 Eheliches Güterrecht

3.3.8.1.1 Überblick

---

eheliches Güterrecht, §§ 1363–1563 BGB

Normen, welche die vermögensrechtlichen Beziehungen der Ehegatten untereinander und zu Dritten für
– die Dauer der Ehe und
– die Zeit ihrer Abwicklung betreffen,
jedoch mit Ausnahme
– der sich aus den allgemeinen Ehewirkungen (§§ 1353–1362 BGB) ergebenden Rechte und Pflichten (z.B. Unterhaltspflichten, Eigentumsvermutung, „Schlüsselgewalt") und
– ohne das Ehegattenerbrecht

vier Güterstände			
gesetzlicher Güterstand der Zugewinngemeinschaft	Wahlgüterstände		
	Gütertrennung als subsidiärer gesetzlicher Güterstand	vertraglicher Güterstand der Gütergemeinschaft, mit der Sonderform der fortgesetzten Gütergemeinschaft	deutsch-französischer Güterstand der Wahl-Zugewinngemeinschaft
§§ 1363–1390 BGB	§ 1414 BGB	§§ 1415–1482 BGB, §§ 1483–1518 BGB	§ 1519 BGB

---

[1] Seit dem 1.10.2017 kann die Ehe von zwei Personen verschiedenen oder gleichen Geschlechts geschlossen werden (§ 1353 Abs.1 Satz 1 BGB n.F.). Durch das Gesetz zur Einführung des Rechts auf Eheschließung für Personen gleichen Geschlechts vom 20.7.2017 (BGBl I 2017 S.2787) ist die Ehe an die Stelle der Lebenspartnerschaft getreten, deren Vorschriften nunmehr unmittelbar gelten. Lebenspartnerschaften können seit dem 1.10.2017 nicht mehr begründet werden.

3.3.8.1.2 Gesetzliches Güterrecht

Besondere Ehewirkungen des gesetzlichen Güterrechts, §§ 1363 ff. BGB

Während der Ehe: Gütertrennung, § 1363 Abs. 2 S. 1 BGB	Bei Beendigung der Ehe: Zugewinnausgleich	
	Scheidung (Beendigung unter Lebenden): §§ 1363 ff. BGB	Beendigung durch Tod eines Ehegatten, § 1371 Abs. 1 BGB[1]
– Kein gemeinschaftliches Vermögen – Keine gesetzliche Haftung für Schulden des Ehegatten	Ausgleichsforderung gegen den anderen Ehegatten auf die Hälfte des Zugewinns	
Aber: – Einschränkung der Verfügungsmacht nach § 1365 BGB – Zustimmungsbedürftigkeit von Rechtsgeschäften über Haushaltsgegenstände, § 1369 BGB	Zugewinn = Differenz zwischen Endvermögen (§ 1375 BGB) und Anfangsvermögen (§ 1374 BGB) jedes Ehegatten, § 1373 BGB	
Grund: Sicherung der Ausgleichsforderung bei Scheidung	Wertermittlung von Anfangs- und Endvermögen, § 1376 BGB	
	Höhe des Ausgleichsanspruchs, § 1378 BGB: $\frac{1}{2}$ des Zugewinns	

---

[1] Siehe dazu Kap. 3.3.5.

3.3.8.1.3 Abweichungen vom gesetzlichen Güterrecht

Ehevertrag	– Vertrag zwischen Ehegatten oder Verlobten zur Regelung ihrer güterrechtlichen Verhältnisse (§§ 1363 ff.), der das Bestehen ihrer Ehe voraussetzt – er kann auch Einzelregelungen für den Fall der Scheidung mit umfassen	§§ 1408 ff. BGB
(Möglicher) Gegenstand	– Regelung der güterrechtlichen Verhältnisse – Ausschluss oder Abänderung des Versorgungsausgleichs – Ausschluss oder Einschränkung der Möglichkeit des jederzeitigen Widerrufs bei Verträgen zur Überlassung der Vermögensverwaltung nach § 1413 BGB	§ 1408 Abs. 1 BGB § 1408 Abs. 2 BGB § 1413 BGB
Vertragspartner	– Eheleute – künftige Ehegatten, die noch nicht im Rechtssinn verlobt sein müssen, die Wirkungen treten dann erst mit der Eheschließung ein	
Form	gleichzeitige Anwesenheit beider Teile zur Niederschrift eines Notars	§ 1410 BGB
Gütertrennung		
Gesetzlicher Eintritt	– mit Rechtskraft der richterlichen Aufhebungsentscheidung auf vorzeitigen Ausgleich des Zugewinns – mit Rechtskraft der richterlichen Aufhebungsentscheidung bei bisheriger Gütergemeinschaft – wenn bei Inkrafttreten des Gleichberechtigungsgesetzes die Ehegatten Gütertrennung ausdrücklich vereinbart hatten	§ 1388 BGB §§ 1449 Abs. 1, 1470 Abs.1 BGB Art.8 Abs.1 Nr.5 S.1 GleichberG
Eintritt kraft vertraglicher Regelung	– durch ausdrückliche Vereinbarung im Ehevertrag – durch einseitige Erklärung, die jeder Ehegatte bis zum 30.6.1958 (in dem in Art.9 Abschnitt II Nr.6 FamRÄndG genannten Falle bis zum 31.12.1961) dem Amtsgericht gegenüber abgeben konnte, wenn die Ehegatten am 31.3.1953 im damaligen gesetzlichen Güterstand der Verwaltung und Nutznießung des Ehemannes gelebt haben, ebenso wenn sie ohne Ehevertrag zwischen dem 1.4.1953 und dem 21.6.1957 die Ehe geschlossen haben (vgl. Art.8 Abs.1 Nr.3, 4 GleichberG; desgleichen in den Fällen der Nr.5) – aufgrund eines Ehevertrages, wenn sich dies aus der Auslegungsregel des § 1414 BGB ergibt	§§ 1408, 1410 BGB; (Regelfall) §§ 1408, 1414 BGB

Wirkung	– keinerlei güterrechtliche Beziehungen zwischen den Ehegatten – auch bei Gütertrennung gelten die allgemeinen Vorschriften über die Ehewirkungen nach den §§ 1353ff. BGB	
Beendigung	– Tod oder Todeserklärung des anderen Ehegatten – mit Rechtskraft einer richterlichen Entscheidung über die Eheauflösung (Scheidung, Aufhebung der Ehe, §§ 1313ff. BGB n.F.) – abweichende Vereinbarung in einem Ehevertrag	
Gütergemein-schaft	– Vertragsgüterstand, der nur durch Ehevertrag begründet werden kann – das gesamthänderisch gebundene, gemeinschaftliche Vermögen beider Ehegatten, das sog. Gesamtgut (§ 1416 BGB), wird durch einen Ehegatten als Gesamtgutsver-walter (§§ 1422ff. BGB) oder durch beide Ehegatten (§§ 1450ff. BGB) verwaltet	
Eintritt	– ehevertragliche Vereinbarung	§§ 1415, 1408 BGB
Wirkung	– gesamthänderische Bindung des gemeinschaftlichen Vermögens (Ehegatten können aber bestimmte Vermögensgegenstände hiervon auch ausnehmen (§§ 1416, 1417 BGB))	§ 1419 BGB
Beendigung	– Tod eines Ehegatten (falls nicht fortgesetzte Gütergemeinschaft vereinbart ist) – Ehescheidung – Auflösung einer Ehe (§§ 1313, 1319 Abs.2 BGB) – Ehevertrag (§ 1408 Abs 1 BGB) – Eintritt einer auflösenden Bedingung oder Befristung – richterliche Aufhebungsentscheidung (§§ 1447–1449, 1469 BGB)	§ 1564 BGB §§ 1313, 1319 Abs.2 BGB § 1408 Abs 1 BGB §§ 1447–1449, 1469 BGB
„Modifizierte Zugewinn-gemeinschaft"	Änderungen des gesetzlichen Güterstandes, ohne dass er insgesamt aufgehoben wird (mit der Folge, dass nach § 1414 S.2 BGB Gütertrennung eintreten würde)	
Wirkung	– meist wird nur der Zugewinnausgleich bei Scheidung der Ehe ausgeschlossen – der Zugewinnausgleich im Todesfall (§ 1371 BGB) und damit der steuerliche Frei-betrag des §5 Abs.1 ErbStG bleibt unberührt zum Erhalt der steuerlichen Vorteile der Zugewinngemeinschaft im Todesfall	
Deutsch-franzö-sischer Güter-stand d. Wahl-Zugewinne-meinschaft	– steht den Ehepartnern zur Verfügung, deren Güterstand dem Sachenrecht eines der Vertragsstaaten (Deutschland oder Frankreich) unterliegt, d.h. deutsch-französische oder rein französische Ehepartner können diesen Güterstand durch notariellen Ehevertrag wählen (im Wesentlichen ähnlich wie die deutsche Zugewinnge-meinschaft, Abweichung z.B. bei der Bewertung von Immobilienvermögen).	§ 1519 BGB

3.3.8.2   Beendigung der Ehe durch Scheidung

Scheidung, §§ 1363 ff. BGB

Voraussetzung	**Scheitern der Ehe**, §§ 1565–1567 BGB
	– Aufhebung der ehelichen Lebensgemeinschaft, § 1565 Abs. 1 S. 2 BGB (Lebensgemeinschaft der Ehegatten besteht nicht mehr und mit Wiederherstellung ist nicht mehr zu rechnen)
	– unwiderlegbare Vermutung des Scheiterns, wenn
	  – die Ehegatten seit einem Jahr getrennt leben und beide Ehegatten die Scheidung beantragen oder der Antragsgegner der Scheidung zustimmt
	  – wenn die Ehegatten seit drei Jahren getrennt leben; „Getrenntleben", § 1567 Abs. 1 S. 1 BGB
	  – Fehlen einer Härteklausel, § 1568 BGB

Rechtsfolgen	**Scheidungsunterhalt** (§§ 1569–1586 b BGB) – Grds: Eigenverantwortung (§ 1569 S. 1 BGB) – Nacheheliche Mitverantwortung (§ 1569 S. 2 BGB) – Unterhaltsberechtigung bei Vorliegen eines der Tatbestände der §§ 1570–1573, 1575 oder 1576 BGB); Umfang des Unterhalts: § 1578 BGB, beachte aber Begrenzungsmöglichkeit des § 1578 b BGB
	Versorgungsausgleich (Ausgleich dafür, dass einer der Ehegatten während der Ehe nur einen geringeren Beitrag für seine Vorsorge leisten kann) (§ 1587 BGB i.V.m. VersAusglG)
	Elterliche Sorge, § 1671 BGB (grds. bleibt gemeinsames Sorgerecht der Ehepartner auch nach der Ehe bestehen, aber Modifizierungen nach § 1687 BGB)
	Ehename Grds.: Ehegatten behalten gemeinsamen Ehenamen (§ 1355 Abs. 5 S. 1 BGB) Ausnahme: § 1355 Abs. 5 S. 2 BGB

3.3.8.3 Unterhalt und wirtschaftliche Sicherung

3.3.8.3.1 Pfändungsfreigrenzen für Arbeitseinkommen[1]

Nettolohn monatlich in €	Pfändbarer Betrag bei Unterhaltspflicht für ... Personen					
	0	1	2	3	4	5 und mehr
bis 1 259,99	–	–	–	–	–	–
1 260,00 bis 1 269,99	5,15	–	–	–	–	–
1 270,00 bis 1 279,99	12,15	–	–	–	–	–
1 280,00 bis 1 289,99	19,15	–	–	–	–	–
1 290,00 bis 1 299,99	26,15	–	–	–	–	–
1 300,00 bis 1 309,99	33,15	–	–	–	–	–
1 310,00 bis 1 319,99	40,15	–	–	–	–	–
1 320,00 bis 1 329,99	47,15	–	–	–	–	–
1 330,00 bis 1 339,99	54,15	–	–	–	–	–
1 340,00 bis 1 349,99	61,15	–	–	–	–	–
1 350,00 bis 1 359,99	68,15	–	–	–	–	–
1 360,00 bis 1 369,99	75,15	–	–	–	–	–
1 370,00 bis 1 379,99	82,15	–	–	–	–	–
1 380,00 bis 1 389,99	89,15	–	–	–	–	–
1 390,00 bis 1 399,99	96,15	–	–	–	–	–
1 400,00 bis 1 409,99	103,15	–	–	–	–	–
1 410,00 bis 1 419,99	110,15	–	–	–	–	–
1 420,00 bis 1 429,99	117,15	–	–	–	–	–
1 430,00 bis 1 439,99	124,15	–	–	–	–	–
1 440,00 bis 1 449,99	131,15	–	–	–	–	–
1 450,00 bis 1 459,99	138,15	–	–	–	–	–
1 460,00 bis 1 469,99	145,15	–	–	–	–	–
1 470,00 bis 1 479,99	152,15	–	–	–	–	–
1 480,00 bis 1 489,99	159,15	–	–	–	–	–
1 490,00 bis 1 499,99	166,15	–	–	–	–	–
1 500,00 bis 1 509,99	173,15	–	–	–	–	–
1 510,00 bis 1 519,99	180,15	–	–	–	–	–
1 520,00 bis 1 529,99	187,15	–	–	–	–	–
1 530,00 bis 1 539,99	194,15	–	–	–	–	–
1 540,00 bis 1 549,99	201,15	–	–	–	–	–
1 550,00 bis 1 559,99	208,15	–	–	–	–	–
1 560,00 bis 1 569,99	215,15	–	–	–	–	–
1 570,00 bis 1 579,99	222,15	–	–	–	–	–
1 580,00 bis 1 589,99	229,15	–	–	–	–	–
1 590,00 bis 1 599,99	236,15	–	–	–	–	–
1 600,00 bis 1 609,99	243,15	–	–	–	–	–
1 610,00 bis 1 619,99	250,15	–	–	–	–	–
1 620,00 bis 1 629,99	257,15	–	–	–	–	–
1 630,00 bis 1 639,99	264,15	–	–	–	–	–
1 640,00 bis 1 649,99	271,15	–	–	–	–	–

[1] Pfändungstabelle zu § 850c ZPO, Stand: Juli 2019 (BGBl I 2019 S. 443). Die Pfändungsgrenzen ändern sich seit dem 1.7.2003 grundsätzlich alle zwei Jahre entsprechend der Entwicklung des steuerlichen Grundfreibetrages (§ 850c Abs. 2a ZPO).

Nettolohn monatlich in €	Pfändbarer Betrag bei Unterhaltspflicht für … Personen					
	0	1	2	3	4	5 und mehr
1 650,00 bis 1 659,99	278,15	–	–	–	–	–
1 660,00 bis 1 669,99	285,15	–	–	–	–	–
1 670,00 bis 1 679,99	292,15	–	–	–	–	–
1 680,00 bis 1 689,99	299,15	–	–	–	–	–
1 690,00 bis 1 699,99	306,15	–	–	–	–	–
1 700,00 bis 1 709,99	313,15	–	–	–	–	–
1 710,00 bis 1 719,99	320,15	–	–	–	–	–
1 720,00 bis 1 729,99	327,15	–	–	–	–	–
1 730,00 bis 1 739,99	334,15	2,96	–	–	–	–
1 740,00 bis 1 749,99	341,15	7,96	–	–	–	–
1 750,00 bis 1 759,99	348,15	12,96	–	–	–	–
1 760,00 bis 1 769,99	355,15	17,96	–	–	–	–
1 770,00 bis 1 779,99	362,15	22,96	–	–	–	–
1 780,00 bis 1 789,99	369,15	27,96	–	–	–	–
1 790,00 bis 1 799,99	376,15	32,96	–	–	–	–
1 800,00 bis 1 809,99	383,15	37,96	–	–	–	–
1 810,00 bis 1 819,99	390,15	42,96	–	–	–	–
1 820,00 bis 1 829,99	397,15	47,96	–	–	–	–
1 830,00 bis 1 839,99	404,15	52,96	–	–	–	–
1 840,00 bis 1 849,99	411,15	57,96	–	–	–	–
1 850,00 bis 1 859,99	418,15	62,96	–	–	–	–
1 860,00 bis 1 869,99	425,15	67,96	–	–	–	–
1 870,00 bis 1 879,99	432,15	72,96	–	–	–	–
1 880,00 bis 1 889,99	439,15	77,96	–	–	–	–
1 890,00 bis 1 899,99	446,15	82,96	–	–	–	–
1 900,00 bis 1 909,99	453,15	87,96	–	–	–	–
1 910,00 bis 1 919,99	460,15	92,96	–	–	–	–
1 920,00 bis 1 929,99	467,15	97,96	–	–	–	–
1 930,00 bis 1 939,99	474,15	102,96	–	–	–	–
1 940,00 bis 1 949,99	481,15	107,96	–	–	–	–
1 950,00 bis 1 959,99	488,15	112,96	–	–	–	–
1 960,00 bis 1 969,99	495,15	117,96	–	–	–	–
1 970,00 bis 1 979,99	502,15	122,96	–	–	–	–
1 980,00 bis 1 989,99	509,15	127,96	–	–	–	–
1 990,00 bis 1 999,99	516,15	132,96	1,31	–	–	–
2 000,00 bis 2 009,99	523,15	137,96	5,31	–	–	–
2 010,00 bis 2 019,99	530,15	142,96	9,31	–	–	–
2 020,00 bis 2 029,99	537,15	147,96	13,31	–	–	–
2 030,00 bis 2 039,99	544,15	152,96	17,31	–	–	–
2 040,00 bis 2 049,99	551,15	157,96	21,31	–	–	–
2 050,00 bis 2 059,99	558,15	162,96	25,31	–	–	–
2 060,00 bis 2 069,99	565,15	167,96	29,31	–	–	–
2 070,00 bis 2 079,99	572,15	172,96	33,31	–	–	–
2 080,00 bis 2 089,99	579,15	177,96	37,31	–	–	–
2 090,00 bis 2 099,99	586,15	182,96	41,31	–	–	–
2 100,00 bis 2 109,99	593,15	187,96	45,31	–	–	–
2 110,00 bis 2 119,99	600,15	192,96	49,31	–	–	–
2 120,00 bis 2 129,99	607,15	197,96	53,31	–	–	–
2 130,00 bis 2 139,99	614,15	202,96	57,31	–	–	–
2 140,00 bis 2 149,99	621,15	207,96	61,31	–	–	–
2 150,00 bis 2 159,99	628,15	212,96	65,31	–	–	–

Nettolohn monatlich in €	Pfändbarer Betrag bei Unterhaltspflicht für ... Personen					
	0	1	2	3	4	5 und mehr
2 160,00 bis 2 169,99	635,15	217,96	69,31	–	–	–
2 170,00 bis 2 179,99	642,15	222,96	73,31	–	–	–
2 180,00 bis 2 189,99	649,15	227,96	77,31	–	–	–
2 190,00 bis 2 199,99	656,15	232,96	81,31	–	–	–
2 200,00 bis 2 209,99	663,15	237,96	85,31	–	–	–
2 210,00 bis 2 219,99	670,15	242,96	89,31	–	–	–
2 220,00 bis 2 229,99	677,15	247,96	93,31	–	–	–
2 230,00 bis 2 239,99	684,15	252,96	97,31	–	–	–
2 240,00 bis 2 249,99	691,15	257,96	101,31	–	–	–
2 250,00 bis 2 259,99	698,15	262,96	105,31	0,19	–	–
2 260,00 bis 2 269,99	705,15	267,96	109,31	3,19	–	–
2 270,00 bis 2 279,99	712,15	272,96	113,31	6,19	–	–
2 280,00 bis 2 289,99	719,15	277,96	117,31	9,19	–	–
2 290,00 bis 2 299,99	726,15	282,96	121,31	12,19	–	–
2 300,00 bis 2 309,99	733,15	287,96	125,31	15,19	–	–
2 310,00 bis 2 319,99	740,15	292,96	129,31	18,19	–	–
2 320,00 bis 2 329,99	747,15	297,96	133,31	21,19	–	–
2 330,00 bis 2 339,99	754,15	302,96	137,31	24,19	–	–
2 340,00 bis 2 349,99	761,15	307,96	141,31	27,19	–	–
2 350,00 bis 2 359,99	768,15	312,96	145,31	30,19	–	–
2 360,00 bis 2 369,99	775,15	317,96	149,31	33,19	–	–
2 370,00 bis 2 379,99	782,15	322,96	153,31	36,19	–	–
2 380,00 bis 2 389,99	789,15	327,96	157,31	39,19	–	–
2 390,00 bis 2 399,99	796,15	332,96	161,31	42,19	–	–
2 400,00 bis 2 409,99	803,15	337,96	165,31	45,19	–	–
2 410,00 bis 2 419,99	810,15	342,96	169,31	48,19	–	–
2 420,00 bis 2 429,99	817,15	347,96	173,31	51,19	–	–
2 430,00 bis 2 439,99	824,15	352,96	177,31	54,19	–	–
2 440,00 bis 2 449,99	831,15	357,96	181,31	57,19	–	–
2 450,00 bis 2 459,99	838,15	362,96	185,31	60,19	–	–
2 460,00 bis 2 469,99	845,15	367,96	189,31	63,19	–	–
2 470,00 bis 2 479,99	852,15	372,96	193,31	66,19	–	–
2 480,00 bis 2 489,99	859,15	377,96	197,31	69,19	–	–
2 490,00 bis 2 499,99	866,15	382,96	201,31	72,19	–	–
2 500,00 bis 2 509,99	873,15	387,96	205,31	75,19	–	–
2 510,00 bis 2 519,99	880,15	392,96	209,31	78,19	–	–
2 520,00 bis 2 529,99	887,15	397,96	213,31	81,19	1,59	–
2 530,00 bis 2 539,99	894,15	402,96	217,31	84,19	3,59	–
2 540,00 bis 2 549,99	901,15	407,96	221,31	87,19	5,59	–
2 550,00 bis 2 559,99	908,15	412,96	225,31	90,19	7,59	–
2 560,00 bis 2 569,99	915,15	417,96	229,31	93,19	9,59	–
2 570,00 bis 2 579,99	922,15	422,96	233,31	96,19	11,59	–
2 580,00 bis 2 589,99	929,15	427,96	237,31	99,19	13,59	–
2 590,00 bis 2 599,99	936,15	432,96	241,31	102,19	15,59	–
2 600,00 bis 2 609,99	943,15	437,96	245,31	105,19	17,59	–
2 610,00 bis 2 619,99	950,15	442,96	249,31	108,19	19,59	–
2 620,00 bis 2 629,99	957,15	447,96	253,31	111,19	21,59	–
2 630,00 bis 2 639,99	964,15	452,96	257,31	114,19	23,59	–
2 640,00 bis 2 649,99	971,15	457,96	261,31	117,19	25,59	–
2 650,00 bis 2 659,99	978,15	462,96	265,31	120,19	27,59	–
2 660,00 bis 2 669,99	985,15	467,96	269,31	123,19	29,59	–

Nettolohn monatlich in €	Pfändbarer Betrag bei Unterhaltspflicht für ... Personen					
	0	1	2	3	4	5 und mehr
2 670,00 bis 2 679,99	992,15	472,96	273,31	126,19	31,59	−
2 680,00 bis 2 689,99	999,15	477,96	277,31	129,19	33,59	−
2 690,00 bis 2 699,99	1 006,15	482,96	281,31	132,19	35,59	−
2 700,00 bis 2 709,99	1 013,15	487,96	285,31	135,19	37,59	−
2 710,00 bis 2 719,99	1 020,15	492,96	289,31	138,19	39,59	−
2 720,00 bis 2 729,99	1 027,15	497,96	293,31	141,19	41,59	−
2 730,00 bis 2 739,99	1 034,15	502,96	297,31	144,19	43,59	−
2 740,00 bis 2 749,99	1 041,15	507,96	301,31	147,19	45,59	−
2 750,00 bis 2 759,99	1 048,15	512,96	305,31	150,19	47,59	−
2 760,00 bis 2 769,99	1 055,15	517,96	309,31	153,19	49,59	−
2 770,00 bis 2 779,99	1 062,15	522,96	313,31	156,19	51,59	−
2 780,00 bis 2 789,99	1 069,15	527,96	317,31	159,19	53,59	0,53
2 790,00 bis 2 799,99	1 076,15	532,96	321,31	162,19	55,59	1,53
2 800,00 bis 2 809,99	1 083,15	537,96	325,31	165,19	57,59	2,53
2 810,00 bis 2 819,99	1 090,15	542,96	329,31	168,19	59,59	3,53
2 820,00 bis 2 829,99	1 097,15	547,96	333,31	171,19	61,59	4,53
2 830,00 bis 2 839,99	1 104,15	552,96	337,31	174,19	63,59	5,53
2 840,00 bis 2 849,99	1 111,15	557,96	341,31	177,19	65,59	6,53
2 850,00 bis 2 859,99	1 118,15	562,96	345,31	180,19	67,59	7,53
2 860,00 bis 2 869,99	1 125,15	567,96	349,31	183,19	69,59	8,53
2 870,00 bis 2 879,99	1 132,15	572,96	353,31	186,19	71,59	9,53
2 880,00 bis 2 889,99	1 139,15	577,96	357,31	189,19	73,59	10,53
2 890,00 bis 2 899,99	1 146,15	582,96	361,31	192,19	75,59	11,53
2 900,00 bis 2 909,99	1 153,15	587,96	365,31	195,19	77,59	12,53
2 910,00 bis 2 919,99	1 160,15	592,96	369,31	198,19	79,59	13,53
2 920,00 bis 2 929,99	1 167,15	597,96	373,31	201,19	81,59	14,53
2 930,00 bis 2 939,99	1 174,15	602,96	377,31	204,19	83,59	15,53
2 940,00 bis 2 949,99	1 181,15	607,96	381,31	207,19	85,59	16,53
2 950,00 bis 2 959,99	1 188,15	612,96	385,31	210,19	87,59	17,53
2 960,00 bis 2 969,99	1 195,15	617,96	389,31	213,19	89,59	18,53
2 970,00 bis 2 979,99	1 202,15	622,96	393,31	216,19	91,59	19,53
2 980,00 bis 2 989,99	1 209,15	627,96	397,31	219,19	93,59	20,53
2 990,00 bis 2 999,99	1 216,15	632,96	401,31	222,19	95,59	21,53
3 000,00 bis 3 009,99	1 223,15	637,96	405,31	225,19	97,59	22,53
3 010,00 bis 3 019,99	1 230,15	642,96	409,31	228,19	99,59	23,53
3 020,00 bis 3 029,99	1 237,15	647,96	413,31	231,19	101,59	24,53
3 030,00 bis 3 039,99	1 244,15	652,96	417,31	234,19	103,59	25,53
3 040,00 bis 3 049,99	1 251,15	657,96	421,31	237,19	105,59	26,53
3 050,00 bis 3 059,99	1 258,15	662,96	425,31	240,19	107,59	27,53
3 060,00 bis 3 069,99	1 265,15	667,96	429,31	243,19	109,59	28,53
3 070,00 bis 3 079,99	1 272,15	672,96	433,31	246,19	111,59	29,53
3 080,00 bis 3 089,99	1 279,15	677,96	437,31	249,19	113,59	30,53
3 090,00 bis 3 099,99	1 286,15	682,96	441,31	252,19	115,59	31,53
3 100,00 bis 3 109,99	1 293,15	687,96	445,31	255,19	117,59	32,53
3 110,00 bis 3 119,99	1 300,15	692,96	449,31	258,19	119,59	33,53
3 120,00 bis 3 129,99	*1 307,15*	*697,96*	*453,31*	*261,19*	*121,59*	*34,53*
3 130,00 bis 3 139,99	1 314,15	702,96	457,31	264,19	123,59	35,53
3 140,00 bis 3 149,99	1 321,15	707,96	461,31	267,19	125,59	36,53
3 150,00 bis 3 159,99	1 328,15	712,96	465,31	270,19	127,59	37,53
3 160,00 bis 3 169,99	1 335,15	717,96	469,31	273,19	129,59	38,53
3 170,00 bis 3 179,99	1 342,15	722,96	473,31	276,19	131,59	39,53

Nettolohn monatlich in €	Pfändbarer Betrag bei Unterhaltspflicht für ... Personen					
	0	1	2	3	4	5 und mehr
3 180,00 bis 3 189,99	1 349,15	727,96	477,31	279,19	133,59	40,53
3 190,00 bis 3 199,99	1 356,15	732,96	481,31	282,19	135,59	41,53
3 200,00 bis 3 209,99	1 363,15	737,96	485,31	285,19	137,59	42,53
3 210,00 bis 3 219,99	1 370,15	742,96	489,31	288,19	139,59	43,53
3 220,00 bis 3 229,99	1 377,15	747,96	493,31	291,19	141,59	44,53
3 230,00 bis 3 239,99	1 384,15	752,96	497,31	294,19	143,59	45,53
3 240,00 bis 3 249,99	1 391,15	757,96	501,31	297,19	145,59	46,53
3 250,00 bis 3 259,99	1 398,15	762,96	505,31	300,19	147,59	47,53
3 260,00 bis 3 269,99	1 405,15	767,96	509,31	303,19	149,59	48,53
3 270,00 bis 3 279,99	1 412,15	772,96	513,31	306,19	151,59	49,53
3 280,00 bis 3 289,99	1 419,15	777,96	517,31	309,19	153,59	50,53
3 290,00 bis 3 299,99	1 426,15	782,96	521,31	312,19	155,59	51,53
3 300,00 bis 3 309,99	1 433,15	787,96	525,31	315,19	157,59	52,53
3 310,00 bis 3 319,99	1 440,15	792,96	529,31	318,19	159,59	53,53
3 320,00 bis 3 329,99	1 447,15	797,96	533,31	321,19	161,59	54,53
3 330,00 bis 3 339,99	1 454,15	802,96	537,31	324,19	163,59	55,53
3 340,00 bis 3 349,99	1 461,15	807,96	541,31	327,19	165,59	56,53
3 350,00 bis 3 359,99	1 468,15	812,96	545,31	330,19	167,59	57,53
3 360,00 bis 3 369,99	1 475,15	817,96	549,31	333,19	169,59	58,53
3 370,00 bis 3 379,99	1 482,15	822,96	553,31	336,19	171,59	59,53
3 380,00 bis 3 389,99	1 489,15	827,96	557,31	339,19	173,59	60,53
3 390,00 bis 3 399,99	1 496,15	832,96	561,31	342,19	175,59	61,53
3 400,00 bis 3 409,99	1 503,15	837,96	565,31	345,19	177,59	62,53
3 410,00 bis 3 419,99	1 510,15	842,96	569,31	348,19	179,59	63,53
3 420,00 bis 3 429,99	1 517,15	847,96	573,31	351,19	181,59	64,53
3 430,00 bis 3 439,99	1 524,15	852,96	577,31	354,19	183,59	65,53
3 440,00 bis 3 449,99	1 531,15	857,96	581,31	357,19	185,59	66,53
3 450,00 bis 3 459,99	1 538,15	862,96	585,31	360,19	187,59	67,53
3 460,00 bis 3 469,99	1 545,15	867,96	589,31	363,19	189,59	68,53
3 470,00 bis 3 479,99	1 552,15	872,96	593,31	366,19	191,59	69,53
3 480,00 bis 3 489,99	1 559,15	877,96	597,31	369,19	193,59	70,53
3 490,00 bis 3 499,99	1 566,15	882,96	601,31	372,19	195,59	71,53
3 500,00 bis 3 509,99	1 573,15	887,96	605,31	375,19	197,59	72,53
3 510,00 bis 3 519,99	1 580,15	892,96	609,31	378,19	199,59	73,53
3 520,00 bis 3 529,99	1 587,15	897,96	613,31	381,19	201,59	74,53
3 530,00 bis 3 539,99	1 594,15	902,96	617,31	384,19	203,59	75,53
3 540,00 bis 3 549,99	1 601,15	907,96	621,31	387,19	205,59	76,53
3 550,00 bis 3 559,99	1 608,15	912,96	625,31	390,19	207,59	77,53
3 560,00 bis 3 569,99	1 615,15	917,96	629,31	393,19	209,59	78,53
3 570,00 bis 3 579,99	1 622,15	922,96	633,31	396,19	211,59	79,53
3 580,00 bis 3 589,99	1 629,15	927,96	637,31	399,19	213,59	80,53
3 590,00 bis 3 599,99	1 636,15	932,96	641,31	402,19	215,59	81,53
3 600,00 bis 3 609,99	1 643,15	937,96	645,31	405,19	217,59	82,53
3 610,00 bis 3 619,99	1 650,15	942,96	649,31	408,19	219,59	83,53
3 620,00 bis 3 629,99	1 657,15	947,96	653,31	411,19	221,59	84,53
3 630,00 bis 3 639,99	1 664,15	952,96	657,31	414,19	223,59	85,53
3 640,00 bis 3 649,99	1 671,15	957,96	661,31	417,19	225,59	86,53
3 650,00 bis 3 659,99	1 678,15	962,96	665,31	420,19	227,59	87,53
3 660,00 bis 3 669,99	1 685,15	967,96	669,31	423,19	229,59	88,53
3 670,00 bis 3 679,99	1 692,15	972,96	673,31	426,19	231,59	89,53
3 680,00 bis 3 689,99	1 699,15	977,96	677,31	429,19	233,59	90,53

Nettolohn monatlich in €	Pfändbarer Betrag bei Unterhaltspflicht für ... Personen					
	0	1	2	3	4	5 und mehr
3 690,00 bis 3 699,99	1 706,15	982,96	681,31	432,19	235,59	91,53
3 700,00 bis 3 709,99	1 713,15	987,96	685,31	435,19	237,59	92,53
3 710,00 bis 3 719,99	1 720,15	992,96	689,31	438,19	239,59	93,53
3 720,00 bis 3 729,99	1 727,15	997,96	693,31	441,19	241,59	94,53
3 730,00 bis 3 739,99	1 734,15	1 002,96	697,31	444,19	243,59	95,53
3 740,00 bis 3 749,99	1 741,15	1 007,96	701,31	447,19	245,59	96,53
3 750,00 bis 3 759,99	1 748,15	1 012,96	705,31	450,19	247,59	97,53
3 760,00 bis 3 769,99	1 755,15	1 017,96	709,31	453,19	249,59	98,53
3 770,00 bis 3 779,99	1 762,15	1 022,96	713,31	456,19	251,59	99,53
3 780,00 bis 3 789,99	1 769,15	1 027,96	717,31	459,19	253,59	100,53
3 790,00 bis 3 799,99	1 776,15	1 032,96	721,31	462,19	255,59	101,53
3 800,00 bis 3 809,99	1 783,15	1 037,96	725,31	465,19	257,59	102,53
3 810,00 bis 3 819,99	1 790,15	1 042,96	729,31	468,19	259,59	103,53
3 820,00 bis 3 829,99	1 797,15	1 047,96	733,31	471,19	261,59	104,53
3 830,00 bis 3 839,99	1 804,15	1 052,96	737,31	474,19	263,59	105,53
3 840,00 bis 3 840,08	1 811,15	1 057,96	741,31	477,19	265,59	106,53

Der Mehrbetrag über 3 840,08 € ist voll pfändbar

Tabelle ist für Zahlungen ab dem 01 07 2021 bis zum 30 06 2023 gültig

3.3.8.3.2 Berechnungsbogen zur Lohnpfändung

1. **Bruttoarbeitseinkommen (§ 850 ZPO)** _____ €

   evtl. hinzuzurechnende Sozialleistungen _____ €

   _____ €

   Hiervon sind abzuziehen:
   a) Unpfändbare Bezüge
   Mehrarbeitsvergütung zu $^1/_2$ _____ €
   Urlaubsgeld _____ €
   Treugelder _____ €
   Aufwandsentschädigungen _____ €
   Auflösungsgelder _____ €
   Zulagen (für auswärtige Beschäftigung, selbst-
   gestelltes Arbeitsmaterial, Gefahren-, Schmutz-
   und Erschwerniszulagen, Blindenzulage) _____ €
   Weihnachtsvergütung (bis zu $^1/_2$ des monat-
   lichen Arbeitseinkommens, höchstens 500,– €) _____ €
   Heirats- und Geburtsbeihilfen _____ €
   Erziehungsgelder, Studienbeihilfen u. ä. _____ €
   Summe unpfändbare Bezüge _____ €
   Bruttoeinkommen abzgl. unpfändbarer Bezüge _____ €
   Hiervon sind abzuziehen:
   b) Steuer/Sozialversicherungsbeiträge
   nur für das ermittelte Bruttoeinkommen abzgl.
   unpfändbare Bezüge
   Lohnsteuer _____ €
   Solidaritätszuschlag _____ €
   Kirchensteuer _____ €
   Rentenversicherung (Arbeitnehmeranteil) _____ €
   Arbeitslosenversicherung (Arbeitnehmeranteil) _____ €
   Krankenversicherung (Arbeitnehmeranteil) _____ €
   Pflegeversicherung (Arbeitnehmeranteil) _____ €
   Summe Steuer/Sozialversicherung _____ €

2. **Nettoarbeitseinkommen**
   (Bruttoarbeitseinkommen abzgl. Summen von
   1.a) und 1.b)) _____ €

3. **Pfändbarer Betrag**
   Pfändbarer Betrag gemäß Tabelle (Kap. 3.3.8.3.1) _____ €
   3 840,08 € übersteigendes
   Nettoarbeitseinkommen + _____ €
   Pfändbarer Betrag _____ €

3.3.8.3.3 Berechnung des unterhaltsrelevanten Einkommens

1. Einkünfte
(grundsätzlich $1/12$ der Einkünfte der letzten 12 Monate,
Ausnahme: bei Gewinneinkunftsarten $1/36$ der Einkünfte
der letzten 3 Jahre)

a) (Brutto-)Einkünfte aus allen Einkunftsarten
   (einschließlich Weihnachts- und Urlaubsgeld,
   Überstunden-Vergütungen, einmalige Leistungen
   und Abfindungen)   _____ €

b) Krankengeld, Arbeitslosengeld, Kurzarbeitergeld
   und und Schlechtwettergeld (teilweise auch
   Wohngeld)   _____ €

c) Steuererstattungen und Steuervorteile infolge
   von Abschreibungen oder Steuerfreibeträgen   _____ €

d) Mietfreies Wohnen in eigener Wohnung (Differenz
   zwischen einer angemessenen Miete für diese
   Wohnung und den monatlichen Lasten ohne Berück-
   sichtung von verbrauchsabhängigen Kosten)   _____ €

e) Freiwillige Leistungen Dritter (Geldleistungen
   oder kostenloses Wohnen, soweit ein Anspruch
   auf solche Leistungen besteht)   _____ €

f) Fiktive Einkünfte (soweit kein ausreichendes
   Einkommen vorhanden ist, dieses aber erzielt
   werden könnte)   _____ €

g) Abzüglich anrechnungsfreie Teile des Einkommens
   (Teile von besonders hohen Einkünften, die nicht
   dem Unterhalt dienen; Einkünfte aus Arbeit, zu der
   der Betroffene entweder nicht oder nicht in diesem
   Umfang verpflichtet wäre)   ./.   _____ €

Unterhaltsrelevantes Bruttoeinkommen   _____ €   _____ €

2. Abzüge

a) Einkommensteuer, Solidaritätszuschlag,
   Kirchensteuer   _____ €

b) Sozialversicherungsbeitrage (bei Arbeitnehmern in Höhe
   des Arbeitnehmeranteils; bei Selbständigen vergleichbare
   Beträge zu privaten Versicherungen bis 20 % des Netto-
   einkommens bzw. Beiträge zu Versorgungswerken)   _____ €

c) Private Kranken-, Pflege- und Altersvorsorge, soweit
   diese bereits während der Ehe abgeschlossen wurden   _____ €

d) *Werbungskosten (teilweise pauschal 5 %)*   _____ €

e) Unterhaltspflichten für Kinder (beim Ehegattenunterhalt)   _____ €

Summe der Abzüge   _____ € ./.   _____ €

Unterhaltsrelevantes Einkommen   _____ €

3.3.8.3.4 Mindestunterhalt minderjähriger Kinder

Gemäß § 1612a Abs. 4 BGB i.V.m. MindestunterhaltsVO[1]

Stand ab 1.1.2022	Betrag
1. Altersstufe 0 – 5 Jahre	396 € (2021: 393 €)
2. Altersstufe 6 – 11 Jahre	455 € (2021: 451 €)
3. Altersstufe 12 – 17 Jahre	533 € (2021: 528 €)

3.3.8.3.5 Düsseldorfer Tabelle[2] (Kindesunterhalt und Ehegattenunterhalt)

A. Kindesunterhalt gültig ab dem 1.1.2021[3]

Nettoeinkommen des Barunterhaltspflichtigen		Altersstufen in Jahren				Vomhundertsatz	Bedarfskontrollbetrag
		0–5	6–11	12–17	ab 18		
Gruppe	€	€	€	€	€	%	€
1	bis 1 900	393	451	528	564	100	960/1 160[4]
2	1 901 – 2 300	413	474	555	593	105	1.400
3	2 301 – 2 700	433	497	581	621	110	1.500
4	2 701 – 3 100	452	519	608	649	115	1.600
5	3 101 – 3 500	472	542	634	677	120	1.700
6	3 501 – 3 900	504	578	676	722	128	1.800
7	3 901 – 4 300	535	614	719	768	136	1.900
8	4 301 – 4 700	566	650	761	813	144	2.000
9	4 701 – 5 100	598	686	803	858	152	2.100
10	5 101 – 5 500	629	722	845	903	160	2.200
	ab 5 501	ab 5 501 € nach den Umständen des Falles					

[1] Verordnung zur Festlegung des Mindestunterhalts minderjähriger Kinder nach § 1612a BGB (Mindestunterhaltsverordnung) vom 3.12.2015, zuletzt geändert am 3.11.2020 (BGBl I 2020 S. 2344).

[2] Die Düsseldorfer Tabelle enthält Leitlinien für den Unterhaltsbedarf von Unterhaltsberechtigten. Sie ist das Ergebnis von Koordinierungsgesprächen der Richter aller OLG sowie der Unterhaltskommission des Deutschen Familiengerichtstages e.V. Die Tabellen erfassen den Unterhalt für alle Kinder, gleichgültig, ob die Eltern miteinander verheiratet sind oder nicht. Die Leitlinien ergänzen und konkretisieren die Tabelle. Aus ihnen geht z.B. hervor, wie der Unterhaltsbedarf zu berechnen ist, inwieweit Einkommen und Einnahmen zu berücksichtigen, wie Zuwendungen Dritter zu bewerten oder welche Kosten bei der Unterhaltsberechnung zu berücksichtigen sind.
Quelle: http://www.olg-duesseldorf.nrw.de. Der Vomhundertsatz drückt die Steigerung des Richtsatzes der jeweiligen Einkommensgruppe gegenüber dem Regebetrag (= 1. Einkommensgruppe) aus. Der Zahlbetrag ergibt sich nach Abzug des jeweiligen Kindergeldanteils (hälftiges Kindergeld bei Minderjährigen, volles Kindergeld bei Volljährigen).

[3] Die Version für 2022 lag bei Redaktionsschluss noch nicht vor.

[4] Beim nicht erwerbstätigen Unterhaltspflichtigen 960 €; beim erwerbstätigen Unterhaltspflichtigen 1 160 €.

B. Ehegattenunterhalt

Unterhalts**berechtigter**		
hat kein Einkommen	hat eigenes Einkommen	arbeitet ohne Verpflichtung

1. Unterhalts<u>pflichtiger</u> ist erwerbstätig

| $^3/_7$ des anrechenbaren Erwerbseinkommens zzgl. $^1/_2$ der anrechenbaren sonstigen Einkünfte des Pflichtigen; nach oben begrenzt durch vollen Unterhalt, gemessen an den zu berücksichtigenden ehelichen Verhältnissen | $^3/_7$ der Differenz zwischen den anrechenbaren Erwerbseinkommen der Ehegatten; insgesamt begrenzt durch den vollen ehelichen Bedarf; für sonstige anrechenbare Einkünfte gilt der Halbteilungsgrundsatz | nach Billigkeit gem. § 1577 Abs. 2 BGB |

2. Unterhalts<u>pflichtiger</u> ist nicht erwerbstätig (z.B. Rentner)

| wie oben, aber nur 50% | wie oben, aber nur 50% | wie oben, aber nur 50% |

C. Anmerkungen[2]

		€
1.	notwendiger monatlicher Eigenbedarf (Selbstbehalt) des Unterhaltspflichtigen gegenüber minderjährigen ledigen Kindern und bis Vollendung 21. Lebensjahr, wenn in allgemeiner Schulausbildung, bei Eltern/-teil lebt	
	– wenn der Unterhaltspflichtige nicht erwerbstätig ist	960
	– wenn der Unterhaltspflichtige erwerbstätig ist	1 160
2.	angemessener monatlicher Eigenbedarf des Unterhaltspflichtigen gegenüber volljährigen Kindern in der Regel mindestens	1 400
3.	angemessener monatlicher Gesamtunterhaltsbedarf eines Studierenden, der nicht bei seinen Eltern oder einem Elternteil wohnt, in der Regel	860
4.	monatlicher ausbildungsbedingter Mehrbedarf	100
5.	monatlicher Eigenbedarf (Selbstbehalt) des Unterhaltsverpflichteten gegenüber dem getrennt lebenden und dem geschiedenen Berechtigten in der Regel	
	– falls erwerbstätig	1 280
	– falls nicht erwerbstätig	1 180
6.	monatlicher Bedarf (Existenzminimum) des unterhaltsberechtigten Ehegatten einschließlich des trennungsbedingten Mehrbedarfs in der Regel	
	– *falls erwerbstätig*	1 160
	– falls nicht erwerbstätig	960

---

[1] Die Version für 2022 lag bei Redaktionsschluss noch nicht vor.
[2] Die Düsseldorfer Tabelle wird durch ergänzende Unterhaltsleitlinien der einzelnen Oberlandesgerichte, die zusätzliche Erläuterungen enthalten, ergänzt.

		€
7.	monatlicher notwendiger Eigenbedarf (Existenzminimum) des Ehegatten, der in einem gemeinsamen Haushalt mit dem Unterhaltpflichtigen lebt	
	– gegenüber einem nachrangigen geschiedenen Ehegatten	
	a) falls erwerbstätig	1 024
	b) falls nicht erwerbstätig	944
	– gegenüber nicht privilegierten volljährigen Kindern	1 120
	– gegenüber Eltern des Unterhaltspflichtigen	1 600
8.	monatlicher notwendiger Eigenbedarf des von dem Unterhaltpflichtigen getrennt lebenden oder geschiedenen Ehegatten	
	– gegenüber einem nachrangigen geschiedenen Ehegatten	
	a) falls erwerbstätig	1 280
	b) falls nicht erwerbstätig	1 180
	– gegenüber nicht privilegierten volljährigen Kindern	1 400
	– gegenüber Eltern des Unterhaltspflichtigen	2 000

D. Beispiel (Mangelfall)[1]

Dies ist der nach Anrechnung des Kindergeldes (ab 1.1.2021 für Kind 1 und 2: 219 €, für Kind 3: 225 €, ab Kind 4: 250 €) oder von Einkünften auf den Unterhaltsbedarf verbleibende Restbedarf.

Summe der Einsatzbeträge der Unterhaltsberechtigten:
345 € (564–219) (K 1 = 18 Jahre)
+ 341,50 € (451–109,50) (K 2 = 7 Jahre)
+ 280,50 € (393–112,50) (K 3 = 5 Jahre)
= 967,00 €
Unterhalt:
K 1 = 345,00 × 190 : 967 = 67,79 €
K 2 = 341,50 × 190 : 967 = 67,10 €
K 3 = 280,50 × 190 : 967 = 55,11 €

---

[1] Dem Beispiel liegen die Werte mit Stand 1.1.2021 zugrunde. Die Zahlen für 2022 lagen bei Redaktionsschluss noch nicht vor.

3.3.8.3.6 Bremer Tabelle zur Berechnung des Altersvorsorgeunterhalts

Für die Berechnung des Altersvorsorgeunterhalts wird zunächst ein vorläufiger Elementarunterhalt nach den üblichen Berechnungsmethoden ermittelt. Daraus wird in einem zweiten Schritt der Altersunterhalt berechnet. Dafür wird der vorläufige Elementarunterhalt um einen je nach seiner Höhe unterschiedlichen Prozentsatz erhöht und auf diesem Weg ein fiktives Bruttoeinkommen gebildet; aus diesem wird dann mit dem in der Rentenversicherung zu zahlenden Beitragssatz, z.Zt. 18,6 %, der Altersvorsorgeunterhalt errechnet. Der Prozentsatz, um den der vorläufige Elementarunterhalt erhöht wird, ergibt sich aus der Bremer Tabelle.

Stand: 1.1.2021*

Netto-bemessungs-grundlage in €	Zuschlag in % zur Berechnung der Bruttobemes-sungsgrundlage[1]	Netto-bemessungs-grundlage in €	Zuschlag in % zur Berechnung der Bruttobemes-sungsgrundlage[1]
1 – 1 110	13 %	3 676 – 3 760	45 %
1 111 – 1 170	14 %	3 761 – 3 840	46 %
1 171 – 1 220	15 %	3 841 – 3 920	47 %
1 221 – 1 270	16 %	3 921 – 4 000	48 %
1 271 – 1 315	17 %	4 001 – 4 085	49 %
1 316 – 1 360	18 %	4 086 – 4 175	50 %
1 361 – 1 410	19 %	4 176 – 4 265	51 %
1 411 – 1 460	20 %	4 266 – 4 360	52 %
1 461 – 1 520	21 %	4 361 – 4 460	53 %[2]
1 521 – 1 585	22 %	4 461 – 4 565	54 %
1 586 – 1 655	23 %	4 566 – 4 800	55 %[3]
1 656 – 1 725	24 %	4 801 – 5 100	56 %
1 726 – 1 805	25 %	5 101 – 5 435	57 %
1 806 – 1 885	26 %	5 436 – 5 820	58 %
1 886 – 1 965	27 %	5 821 – 6 270	59 %
1 966 – 2 055	28 %	6 271 – 6 785	60 %
2 056 – 2 145	29 %	6 786 – 7 400	61 %
2 146 – 2 240	30 %	7 401 – 8 135	62 %
2 241 – 2 335	31 %	8 136 – 9 035	63 %
2 336 – 2 435	32 %	9 036 – 10 155	64 %
2 436 – 2 540	33 %	10 156 – 11 590	65 %
2 541 – 2 645	34 %	11 591 – 13 500	66 %
2 646 – 2 750	35 %	13 501 – 14 995	67 %
2 751 – 2 860	36 %	14 996 – 16 105	68 %
2 861 – 2 975	37 %	16 106 – 17 390	69 %
2 976 – 3 085	38 %	17 391 – 18 905	70 %
3 086 – 3 200	39 %	18 906 – 20 705	71 %
3 201 – 3 315	40 %	20 706 – 22 885	72 %

* FamRB 2020, S. 42.

Fußnoten siehe nächste Seite.

Netto-bemessungs-grundlage in €	Zuschlag in % zur Berechnung der Bruttobemes-sungsgrundlage[1]	Netto-bemessungs-grundlage in €	Zuschlag in % zur Berechnung der Bruttobemes-sungsgrundlage[1]
3 316 – 3 425	41 %	22 886 – 25 575	73 %
3 426 – 3 510	42 %	25 576 – 28 985	74 %
3 511 – 3 595	43 %	ab 28986	75 %
3 596 – 3 675	44 %		

---

[1] Im Anschluss an FamRB 2020, S. 42. Fortgeführt von Richter am OLG a.D. Werner Gutdeutsch, Ebersberg. Berechnet unter Berücksichtigung von Beitragssätzen von 18,6 % für die Rentenversicherung und 2,4 % für die Arbeitslosenversicherung, und Lohnsteuer der Klasse 1 nach dem amtlichen Programmablaufplan 2020 ohne Kinderfreibeträge und ohne Vorsorgepauschale für den Kinderlosenzuschlag zur Pflegeversicherung und mit Solidaritätszuschlag; zur Anwendung vgl. BGH v. 25.2.1981 – IVb ZR 543/80, FamRZ 1981, 442, 444 f.; BGH v. 1.6.1983 – IVb ZR 388/81, FamRZ 1983, 888, 889 f.; s.a. BGH v. 30.1.1985 – IVb ZR 70/83, FamRZ 1985, 471, 472 f.

[2] In den neuen Bundesländern wird bei einer Beitragsbemessungsgrenze von 6 700 € mit einer Nettobemessungsgrundlage von 4 386,19 € und einem Zuschlag von 52,67 % der höchstmögliche Einzahlungsbetrag in die gesetzliche Rentenversicherung von 1 246 € erreicht.

[3] In den alten Bundesländern wird bei einer Beitragsbemessungsgrenze von 7 100 € mit einer Nettobemessungsgrundlage von 4 589,18 € und einem Zuschlag von 54,71 % der höchstmögliche Einzahlungsbetrag in die gesetzliche Rentenversicherung von 1 320 € erreicht. Nach BGH v. 25.10.2006 – XII ZR 141/04, FamRZ 2007, 117 = FamRB 2007, 33 ist aber auch ein Vorsorgeunterhalt jenseits der Beitragsbemessungsgrenze nach den Grundsätzen der Bremer Tabelle zu berechnen.

3.3.8.3.7 Elterngeld[1]

3.3.8.3.7.1 Überblick

A. Basis-Elterngeld

Berechtigte	Mütter und Väter,[1]
	– die ihre Kinder nach der Geburt selbst betreuen und erziehen,
	– die nicht mehr als 30 Wochenstunden erwerbstätig oder arbeitslos sind,
	– mit ihren Kindern in einem Haushalt leben und
	– einen Wohnsitz oder ihren gewöhnlichen Aufenthalt in Deutschland haben.

---

[1] Elterngeld nach dem Bundeselterngeld- und Elternzeitgesetz (BEEG) vom 5.12.2006 (BGBl I 2006 S. 2748), zuletzt geändert durch Art. 3 Gesetz für Maßnahmen im Elterngeld aus Anlass der COVID-19-Pandemie vom 3.12.2020 (BGBl I 2020 S. 2691, 2692). Das Elterngeld ersetzt für die ab dem 1.1.2007 geborenen oder mit dem Ziel der Adoption aufgenommenen Kinder das Erziehungsgeld nach dem Bundeserziehungsgeldgesetz (BErzGG).

[1] Auch Adoptiveltern, Stiefeltern, sog. „Noch-Nicht-Väter" können berechtigt sein.

Höhe des Basis-Elterngeldes	– 67 % des bereinigten Nettoeinkommens, max. 1 800 € (67 % von max. 2 700 €, die als Einkommen berücksichtigt werden) – Seit dem 1.1.2011 sieht das Haushaltsbegleitgesetz Kürzungen beim Elterngeld vor: – Eltern mit einem Nettoverdienst von mehr als 1 200 € wird das Elterngeld in Stufen von 67 % auf 65 % gekürzt (der Prozentsatz sinkt um 0,1 Prozentpunkte für je 2 €, um die das maßgebliche Einkommen den Betrag von 1 200 € überschreitet). – Der Anspruch auf Elterngeld entfällt, wenn die Summe des zu versteuernden Einkommens beider berechtigter Personen mehr als 500 000 € bzw. bei nur einem Elternteil 250 000 € beträgt. – Mindestbetrag von 300 €, unabhängig von einer Erwerbstätigkeit (für Hausfrauen und -männer, Studierende, Kleinstverdiener), in dieser Höhe keine Berücksichtigung als Einkommen bei anderen Sozialleistungen (ALG II, Sozialhilfe, Unterhalt, Wohngeld und Kinderzuschlag). Seit dem 1.1.2011 entfällt das Elterngeld für Empfänger von Sozialhilfeleistungen und Hartz IV-Bezieher: Das Elterngeld ist gedacht als Ausgleich für entfallendes Erwerbseinkommen; bei Beziehern von Arbeitslosengeld entfällt die Elterngeld hingegen nicht. – Ist das Nettoeinkommen vor der Geburt geringer als 1 000 € monatlich, erhöht sich der Prozentsatz von 67 % auf bis zu 100 % (für je 2 €, die das Einkommen unter 1 000 € liegt, steigt der Prozentsatz um 0,1 %). – Bei Teilzeittätigkeit (max. 30 Wochenstunden) 67 % (65 %) des entfallenden Teileinkommens (als Einkommen vor der Geburt) werden max. 2 770 € berücksichtigt. – Geschwisterbonus: Leben in einem Haushalt 2 Kinder unter 3 Jahren oder 3 oder mehr Kinder unter 6 Jahren oder ein weiteres behindertes Kind unter 14 Jahren, erhöht sich das Elterngeld jeweils um 10 %, mindestens jedoch um 75 €. – Bei Mehrlingsgeburt Erhöhung um 300 € für das zweite und jedes weitere Kind.
Ermittlung des Basis-Elterngeldes	– Durchschnittsbetrag aus dem individuellen Einkommen aus nichtselbstständiger Arbeit vermindert um die Steuern und Pflichtbeiträge zur Sozialversicherung sowie $\frac{1}{12}$ des Werbungskostenpauschbetrages (§ 9a Abs. 1 Satz 1 Nr. 1 EStG) der letzten 12 Monate vor der Geburt ohne Einmalzahlungen.[1] Kalendermonate, in denen Mutterschaftsgeld oder Elterngeld für ein älteres Kind bezogen wurde, bleiben unberücksichtigt. – Bei Selbstständigen auf der Basis unterschiedlicher Nachweise, insbesondere Steuerbescheide.

---

[1] Werdende Eltern, die zwischen dem 1.3.2020 und dem 31.12.2021 aufgrund der Corona-Pandemie in Kurzarbeit treten mussten oder freigestellt wurden, können diese Monate bei der Berechnung des Elterngeldes ausklammern. Stattdessen werden die davorliegenden Monate für die Elterngeldbemessung berücksichtigt.

Bezugszeitraum	– Vom Tag der Geburt bis zur Vollendung des 14. Lebensmonats[1]
	– 12 Monatsbeträge zuzüglich ggf.[2] 2 weitere Monatsbeträge als Partnermonate.
	– Eltern können die jeweiligen Monatsbeträge abwechselnd oder gleichzeitig beziehen.
	– 14 Monatsbeträge für Alleinerziehende oder für Elternteile, wenn die Betreuung durch den anderen Elternteil unmöglich ist oder damit eine Gefährdung des Kindeswohls verbunden wäre.
	– 8 Wochen Mutterschaftsgeld einschl. Arbeitgeberzuschuss werden auf 2 Monate der Elterngeldleistungen der Mutter angerechnet (keine Verlängerung des Elterngeldes).
	– Verdoppelung des Auszahlungszeitraums bei Halbierung der Monatsbeträge.
Stichtag	– Für alle Kinder, die ab dem 1.1.2007 geboren werden (für alle Kinder, die bis einschl. 31.12.2006 geboren werden, wird weiterhin Erziehungsgeld nach BErzGG gezahlt).

B. Elterngeld Plus

Statt für einen Monat Basis-Elterngeld in Anspruch zu nehmen, kann jeweils für zwei Monate („1 zu 2") das sog. Elterngeld Plus in Anspruch genommen werden.

Voraussetzungen	wie Basiselterngeld
Rechtsfolge	das Elternpaar kann 28 Monate Elterngeld anstatt 14 Monate Basiselterngeld in Anspruch nehmen
Höhe des Eltern-geld Plus	– höchstens die Hälfte des monatlichen Basis-Elterngelds, d.h. max. 900 €/Monat
	– die für die Berechnung heranzuziehenden Entgelte halbieren sich entsprechend
Stichtag	Kinder, die ab dem 1.7.2015 geboren werden
Norm	§ 4 Abs. 3 S. 1–3 BEEG

---

[1] Eltern in systemrelevanten Berufen, denen es aufgrund der COVID-19-Pandemie nicht möglich war, ihre Elterngeldmonate zwischen dem 1. März und 31. Dezember 2020 zu nehmen, konnten diese bis zum 30. Juni 2021 aufschieben, ohne dass dies bei einem weiteren Kind negativen Einfluss auf die Höhe des Elterngeldes hat.

[2] Wenn jeder der beiden Elternteile mindestens 2 Monate lang Elterngeld erhält und sich bei den Eltern für 2 Bezugsmonate ein Erwerbseinkommen vermindert (Partnermonate, § 4 Abs. 4 S. 2 BEEG).

C. Partnerschaftsbonus beim Elterngeld Plus[1]

Rechtsfolge	Jeder Elternteil kann vier weitere Monate[1] Elterngeld Plus beziehen, wenn:
Voraussetzungen	– beide Elternteile arbeiten in vier aufeinander folgenden Lebensmonaten gleichzeitig in Teilzeit (nicht weniger als 25 und nicht mehr als 30 Wochenstunden im Durchschnitt des Monats) – Berechtigung für Basis-Elterngeld ist erfüllt – Bezug muss unmittelbar an Elterngeld-Plus-Bezug anknüpfen
Höhe	Wie beim Elterngeld Plus: – höchstens die Hälfte des monatlichen Basis-Elterngelds – die für die Berechnung heranzuziehenden Entgelte halbieren sich entsprechend
Stichtag	Kinder, die ab dem 1.7.2015 geboren werden
Norm	§ 4 Abs. 4 S. 3 BEEG

D. Kombinationsmöglichkeit

Basis-Elterngeld, Elterngeld Plus und Partnerschaftsbonus können auch kombiniert werden, soweit die entsprechenden jeweiligen Voraussetzungen eingehalten werden.

E. Elternzeit

– es können beide Elternteile bis zu 36 Monate unbezahlte Auszeit nehmen
– 24 Monate Elternzeit können zwischen dem 3. und dem 8. Geburtstag des Kindes beansprucht werden
– die Elternzeit kann in drei Zeitabschnitte pro Elternteil aufgeteilt werden
– eine Zustimmung des Arbeitgebers ist nicht mehr erforderlich

---

[1] Sonderregelung aufgrund der COVID-19-Pandemie: Der Partnerschaftsbonus entfällt nicht oder muss nicht zurückgezahlt werden, wenn Eltern zwischen dem 1.3.2020 und 31.12.2021 pandemiebedingt mehr oder weniger gearbeitet haben als geplant. *Der für den Zeitraum zwischen dem 1.3.2020 und 31.12.2021 beantragte Partnerschaftsbonus kann verschoben werden, wenn nur ein Elternteil in einem systemrelevanten Beruf arbeitet. Dann können beide Elternteile die verschobenen Monate bis zum 31.12.2021 antreten.*

[1] Es besteht keine Übertragungsmöglichkeit von Monaten von einem auf den anderen Elternteil.

3.3.8.3.7.2 Berechnungsbeispiele Basis-Elterngeld und Elterngeld Plus

A. Keine Teilzeittätigkeit

Zu berücksichtigendes Nettoeinkommen vor der Geburt: 2 000 €/Monat monatlich, Partner nimmt kein Elterngeld in Anspruch
- Basis-Elterngeld-Anspruch ohne Erwerbstätigkeit: 1 300 € (65 % von 2 000 €)
  – bis zu 12 Monate
- Elterngeld-Plus-Anspruch ohne Erwerbstätigkeit: Hälfte des Basis-Elterngeld-Anspruchs: 650 € (1 300 €/2) dafür 24 Monate

B. Teilzeittätigkeit

a) Zu berücksichtigendes Nettoeinkommen vor der Geburt: 2 000 €/Monat monatlich, nach der Geburt: 900 €/Monat, Partner nimmt kein Elterngeld in Anspruch
   → Wegfallendes Erwerbseinkommen: 1 100 €/Monat
- Basis-Elterngeld-Anspruch bei Teilzeit: 715 € (65 % von 1 100 €) – bis zu 12 Monate
- Elterngeld-Plus-Anspruch bei Teilzeit: 650 € (65 % von 1 100 € > 1 300 €/2, daher Deckelung auf Hälfte des Basis-Elterngeld-Anspruchs), aber dies bis zu 24 Monate

b) Zu berücksichtigendes Nettoeinkommen vor der Geburt: 2 000 €/Monat monatlich, nach der Geburt: 1 500 €/Monat, Partner nimmt kein Elterngeld in Anspruch
   → Wegfallendes Erwerbseinkommen: 500 €/Monat
- Basis-Elterngeld-Anspruch bei Teilzeit: 325 € (65 % von 500 €) – bis zu 12 Monate
- Elterngeld-Plus-Anspruch bei Teilzeit: 325 € (65 % von 500 € < 1 300 €/2, daher keine Deckelung) – bis zu 24 Monate

3.3.8.3.8 Ausbildungsförderung

3.3.8.3.8.1 Einkommensermittlung zur Berechnung des Förderbetrages nach dem Bundesausbildungsförderungsgesetz (§ 21 BAföG)[1]

1. Summe der positiven Einkünfte i. S. d. § 2 Abs. 1 und 2 EStG (kein Ausgleich mit Verlusten aus anderen Einkunftsarten und mit Verlusten aus zusammenveranlagten Ehegatten) _____ €

2. im Ausland erzielte und dort zu versteuernde Einkünfte (abzüglich der Beträge in entsprechender Anwendung des EStG) + _____ €

3. abzüglich Altersentlastungsbetrag (§ 24a EStG) ./. _____ €

4. abzüglich Einnahmen, deren Zweckbestimmung einer Anrechnung auf den Bedarf entgegenstehen (§ 21 Abs. 4 Nr. 4 BAföG) ./. _____ €

5. **geminderte Summe der positiven Einkünfte** = _____ € _____ €

6. abzüglich Beträge zur Sozialversicherung in Höhe folgender Vomhundertsätze:

   a) für rentenversicherungspflichtige Arbeitnehmer und Auszubildende 21,3 % höchstens jedoch ein Betrag von jährlich 14 600 €

   b) für nicht rentenversicherungspflichtige Arbeitnehmer und für Personen im Ruhestandsalter, die einen Anspruch auf Alterssicherung aus einer renten- oder nicht-rentenversicherungspflichtigen Beschäftigung oder Tätigkeit haben 15,5 % höchstens jedoch ein Betrag von jährlich 8 500 €

   c) für Nichtarbeitnehmer und auf Antrag von der Versicherungspflicht befreite oder wegen geringfügiger Beschäftigung versicherungsfreie Arbeitnehmer 37,7 % höchstens jedoch ein Betrag von jährlich 25 500 €

---

[1] Bundesausbildungsförderungsgesetz i.d.F. vom 7.12.2010 (BGBl I 2010 S.1952), zuletzt geändert durch Art. 83 des Gesetzes vom 20.08.2021 (BGBl I 2010 S. 3932).

d) für Personen im Ruhestandsalter, soweit sie
nicht erwerbstätig sind, und für sonstige
Nichterwerbstätige   15,5 %

   höchstens jedoch ein Betrag von jährlich 8 500 €
   (es ist nur die Zuordnung zu einer dieser
   Gruppen möglich)   _____ €

7. zu leistende Einkommensteuer, Kirchensteuer und
   Gewerbesteuer (auch die im Ausland gezahlten Steuern
   für Einkünfte nach Nr. 2)   +   _____ €

8. geförderte Altersvorsorgebeiträge nach § 82 EStG
   („Rieser-Rente"), soweit sie den Mindesteigenbeitrag
   nach § 86 EStG nicht überschreiten   +   _____ €

9. **Summe der Abzüge**   _____ €   ./. _____ €

10. Waisenrenten und Waisengelder des Antragstellers   _____ €

11. Ausbildungsbeihilfen und gleichartige Leistungen
    mit Ausnahme der Leistungen nach dem BAföG
    (Ausnahme: bei begabungs- und leistungsabhängiger
    Vergabe gilt dies nur, soweit diese im Berechnungs-
    zeitraum einen Gesamtbetrag übersteigen, der einem
    Monatsdurchschnitt von 300 € entspricht)   +   _____ €

12. sonstige Einnahmen, die zur Deckung des
    Lebensbedarfs bestimmt sind, mit Ausnahme der
    Unterhaltsleistungen der Eltern des Auszubildenden
    und seines Ehegatten oder Lebenspartners, soweit sie
    in einer Rechtsverordnung des Bundesministeriums
    für Bildung und Forschung bezeichnet sind   +   _____ €

13. **Summe sonstiger Einkommen**   =   _____ €   +   _____ €

14. **Einkommen zur Berechnung des Förderbetrages** =   _____ €

3.3.8.3.8.2 Förderungshöchstdauer gem. § 15 a BAföG

Die Förderungshöchstdauer entspricht der Regelstudienzeit nach § 10 Abs. 2 des
Hochschulrahmengesetzes (HRG) oder einer vergleichbaren Festsetzung.

3.3.8.3.8.3 Bedarfssätze nach BAföG

Monatlicher Bedarf für	in € ab 2021
1. Schüler (§ 12 BAföG)	
a) von Berufsfachschulen und Fachschulklassen, deren Besuch eine abgeschlossene Berufsausbildung nicht voraussetzt	247
b) von weiterführenden allgemein bildenden Schulen und Berufsfachschulen sowie von Fach- und Fach-oberschulklassen, deren Besuch eine abgeschlossene Berufsausbildung nicht voraussetzt, wenn der Auszu-bildende nicht bei seinen Eltern wohnt[1]	585
c) von Abendhauptschulen, Berufsaufbauschulen, Abendrealschulen und von Fachoberschulklassen, deren Besuch eine abgeschlossene Berufsausbildung voraussetzt,	
aa) wenn der Auszubildende bei seinen Eltern wohnt[1]	448
bb) wenn der Auszubildende nicht bei seinen Eltern wohnt[1]	681
d) bei einer Ausbildung im Ausland	
Reisekostenzuschlag bei Reise innerhalb Europas	250
Reisekostenzuschlag bei Reise außerhalb Europas für Hin- und Rückreise.	500
In besonderen Härtefällen können die notwendigen Aufwendungen für eine weitere Hin- und Rückreise geleistet werden.	
2. Studierende (§ 13 BAföG)	
a) in Fachschulklassen, deren Besuch eine abge-schlossene Berufsausbildung voraussetzt, Abend-gymnasien und Kollegs	398
b) in Höheren Fachschulen, Akademien und Hochschulen	427
Die Bedarfe erhöhen sich für die Unterkunft,	
a) wenn der Auszubildende bei seinen Eltern wohnt[1], um	56
b) wenn der Auszubildende nicht bei seinen Eltern wohnt[1], um	325
3. Praktikanten (§ 14 BAföG)	wie Schüler und Studenten der Ausbil-dungsstätte

---

[1] Auszubildender wohnt auch bei seinen Eltern, wenn der von ihm bewohnte Raum im Eigentum der Eltern steht oder wenn er Miete zahlt.

4. Zuschlag (§ 13 a BAföG) für

a) Mitglieder der studentischen Krankenversicherung	
– Krankenversicherung	84
– Pflegeversicherung	25
b) freiwillig Versicherte und bei Auffangversicherung	Erhöhung um die nachgewiesenen Versicherungsbeiträge, höchstens aber:
– Krankenversicherung	155
– Pflegeversicherung	34
c) privat Versicherte	
– Krankenversicherung	84
– Pflegeversicherung	25

3.3.8.3.8.4 Freibeträge vom Einkommen des Auszubildenden/der Eltern und des Ehegatten

A. Anrechnungsfreie Einkommensbeträge des Auszubildenden (§ 23 BAföG)

Freibeträge in €	für sich	Ehegatten	jedes Kind
ab 1.8.2021	290	665	605

B. Freibeträge vom Einkommen der Eltern/des Ehegatten/ Lebenspartners (§ 25 BAföG)

Einkommensbezieher	Grund-betrag	Erhöhungsbeträge	
		für den nicht in Eltern-Kind-Beziehung zum Auszubilden-den stehenden Ehegatten oder Lebenspartner des Einkommensbeziehers	weitere Kinder oder sonstige Unterhalts-berechtigte
miteinander verheiratete oder in einer Lebenspart-nerschaft verbundene, nicht dauernd getrennt lebende Eltern	2 000	665	605
Ehegatte oder Lebens-partner des Auszubilden-den oder Sonstige	1 330	665	605

Die Erhöhungsbeträge mindern sich um das Einkommen des Ehegatten oder

Lebenspartners, des Kindes oder des sonstigen Unterhaltsberechtigten.

3.3.8.3.8.5 Nichtakademische Ausbildungsförderung (Meister-BAföG)[1]

A. Förderungsfähigkeit

Fortbildungsmaßnahme §2 AFBG	Abschluss nach §§53 bis 53d und 54 BBiG oder §§42 bis 42d, 42f, 45, 51a, 122 HwO (oder vergleichbare Abschlüsse oder Nachweise) als Teilnahmevoraussetzung für Fortbildung
	Fortbildung in einer fachlichen Richtung gezielt auf öffentlich-rechtliche Prüfung nach BBiG oder HwO oder vergleichbare Abschlüsse mindestens 400 Unterrichtsstunden zu jeweils 45 Minuten Mindestunterrichtszeit: – bei Vollzeit in 36 Monaten in der Regel an vier Werktagen je Woche mindestens 25 Stunden – bei Teilzeit in 48 Monaten im Durchschnitt mindestens 18 Stunden je Monat
Anspruchsberechtigter §8 AFBG	– Deutscher im Sinne des Grundgesetzes – heimatlose Ausländer – anerkannte Asylbewerber – Flüchtlinge unter bestimmten Voraussetzungen – Ausländer mit ständigem Wohnsitz im Inland und Aufenthaltserlaubnis – Ehegatte/Kind eines Ausländers mit Aufenthaltserlaubnis oder Niederlassungserlaubnis, der selbst seinen ständigen Wohnsitz im Inland hat und eine Aufenthaltserlaubnis besitzt und sich seit mindestens 15 Monaten rechtmäßig, gestattet oder geduldet in Deutschland aufhält – Unionsbürger und EU-Angehörige mit Beschäftigung im Inland, die zur Fortbildung in einem engen Zusammenhang steht, oder Daueraufenthaltsrecht – Ausländer, die mindestens 3 Jahre im Inland erwerbstätig waren und sich dort aufgehalten haben

---

[1] Aufstiegsfortbildungsförderungsgesetz (AFBG) in der Fassung der Bekanntmachung vom 15.6.2016 (BGBl I 2016 S.1450), zuletzt geändert durch Art. 3 G v. 22.11.2020 (BGBl I S. 2466, 2472).

B. Förderleistungen

Maßnahmen = Beitrag während der Teilnahme an Ausbildung §§ 10, 12, 13 AFBG	– Abschluss eines Darlehensvertrags (einkommensunabhängig und zinsbegünstigt[1]) in Höhe der tatsächlich angefallenen Lehrgangs- und Prüfungskosten bis maximal 15 000 €, davon 50 % als Zuschuss, § 12 Abs. 1 AFBG – Zins- und Tilgungsfreiheit während der Maßnahme und für die anschließenden zwei Jahre (maximal bis zum Ablauf von sechs Jahren nach Beginn der ersten Maßnahme), § 13 Abs. 3 AFBG – Zuschuss zu den Kosten der Kinderbetreuung für Kinder bis zur Vollendung des 10. Lebensjahres jeden Monat 150 € pro Kind (alleinerziehend), § 10 Abs. 3 AFBG – für Kosten der praktischen Prüfung bei Handwerksmeisterprüfung oder ähnliche Aufwendungen weiterer Darlehensbetrag bis zur Hälfte der tatsächlichen Kosten, maximal 2 000 €, § 12 Abs. 1 AFBG

C. Unterhaltsbeitrag monatlich (nur bei Vollzeitfortbildung):

Der Unterhaltsbedarf richtet sich gem. § 10 AFBG nach dem Unterhaltsbedarf für Studierende gem. §§ 13 Abs. 1 Nr. 1, Abs. 2, 13 a BAföG.

Bedarfssätze	Berechtigter	
	wohnt bei Eltern	wohnt nicht bei Eltern
Grundbedarf	398 € (Fachschule) 427 € (höhere Fachschule)	398 € (Fachschule) 427 € (höhere Fachschule)
Allg. Zuschlag für Unterkunft	56 €	325 €
Zuschlag für Krankenversicherung	84 €	84 €
Zuschlag für Pflegeversicherung	25 €	25 €
Zuschlag für Fortbildungsteilnehmer § 10 AFBG	60 €	60 €
Zuschlag bei Eheverhältnis § 10 AFBG	235 €	235 €
Zuschlag pro Kind i. S. d. BKGG § 10 AFBG	235 €	235 €

Unter Anrechnung des Einkommens bzw. Vermögens wird der Unterhaltsbeitrag berechnet, der teilweise als Zuschuss geleistet wird. Im übrigen besteht ein Anspruch auf Abschluss eines Darlehensvertrags.

Freibeträge vom Einkommen § 23 BAföG
– beim Teilnehmer selbst:		290 € pro Monat
– für Ehegatten oder Lebenspartner:	zusätzlich	665 €
– für jedes Kind des Teilnehmers:	zusätzlich	605 €

---

[1] 6-Monats-EURIBOR zzgl. 1 % Verwaltungskostenaufschlag (§ 13 Abs. 2 Satz 2 AFBG).

Freibeträge vom Vermögen § 17a AFBG
- beim Teilnehmer selbst   45 000 €
- für Ehegatten oder Lebenspartner: zusätzlich   2 300 €
- für jedes Kind des Teilnehmers: zusätzlich   2 300 €

Rückzahlung des Darlehens (§ 13 AFBG) nach Ablauf der zinsfreien Phase (spätestens vier Jahre nach Beginn der Maßnahme):
innerhalb von 10 Jahren: monatlich mind. 128 €
vorzeitige Rückzahlung in Teilbeträgen möglich

Stundung/Erlass (§ 13b AFBG) bei geringem Verdienst oder bei Erziehung oder Pflege eines Kindes im Alter bis zu zehn Jahren oder bei Erwerbstätigkeit weniger als 30 Stunden wöchentlich für längstens 12 Monate möglich.

3.3.8.3.8.6 Bildungskredit[1]

Förderungsberechtigte §§ 2, 3 der Förderbestimmungen	bei Besuch einer inländischen Ausbildungsstätte nach § 2 Abs. 1–3 BAföG oder einer gleichwertigen ausländischen Ausbildungsstätte: – volljährige Schüler, die bereits über einen berufsqualifizierenden Abschluss verfügen oder diesen mit der gegenwärtigen Ausbildung erlangen werden, im vorletzten und letzten Jahr dieser Ausbildung – Studierende in fortgeschrittenen Studienphasen an inländischen oder vergleichbaren ausländischen Ausbildungsstätten bis zum 12. Studiensemester und bis zur Vollendung des 36. Lebensjahres – In- und Ausländer im Sinne der §§ 6, 8 BAföG
Höhe der Förderung §§ 3, 6 der Förderbestimmungen	– monatliche Kreditraten von 100 €, 200 € oder 300 € – bis zu 24 Monaten, bis zu 7 200 € – auf Antrag auch geringere Anzahl von Monatsraten möglich, Kreditsumme muss mindestens 1 000 € betragen – im Einzelfall Vorauszahlung von bis zu 3 600 € als Abschlag möglich – Zinssatz: 6-Monats-EURIBOR + 1 % Aufschlag
Rückzahlungs-konditionen §§ 7, 11, 14 der Förderbestimmungen	– Rückzahlung beginnt spätestens vier Jahre nach Bewilligung der ersten Rate – monatliche Rückzahlungsrate beträgt mindestens 120 € – bei Zahlungsschwierigkeiten auch Antrag auf Stundung möglich – jederzeit vollständige oder teilweise Rückzahlung möglich – bei Nichtrückzahlung greift Bundesgarantie und Rückforderung erfolgt durch den Bund

---

[1] Programm für die Vergabe von Bildungskrediten, vgl. http://www.bva.bund.de, inkl. der Förderbestimmungen.

3.3.8.3.9 Wohngeldberechnungen

3.3.8.3.9.1 Ermittlung des Gesamteinkommens nach dem Wohngeldgesetz (§§ 13 ff. WoGG)[1, 2]

1. Summe der positiven Einkünfte i. S. d. § 2 Abs. 1, 2 EStG jedes zum Haushalt rechnenden Familienmitglieds
   a) zuzüglich der Einnahmen gem. § 2 Abs. 2 EStG
   b) abzüglich der Abzugsbeträge für Steuer und Sozialversicherungsbeiträge (§ 16 WoGG)
   (kein Ausgleich mit Verlusten aus anderen Einkunftsarten und mit Verlusten aus zusammenveranlagten Ehegatten) _____ €

2. zuzüglich der nach § 19 Abs. 2 und § 22 Nr. 4 Satz 4 Buchst. b) EStG steuerfreie Betrag von Versorgungsbezügen + _____ €

3. zuzüglich die einkommensabhängigen, nach § 3 Nr. 6 EStG steuerfreien Bezüge, die aufgrund gesetzlicher Vorschriften aus öffentlichen Mitteln versorgungshalber an Wehr- und Zivildienstbeschäftigte oder ihre Hinterbliebenen, Kriegsbeschädigte und Kriegshinterbliebene sowie ihnen gleichgestellte Personen gezahlt werden + _____ €

4. zuzüglich die den Ertragsanteil oder den der Besteuerung unterliegenden Anteil nach § 22 Nr. 1 Satz 3 Buchst. a) EStG übersteigenden Teile von Leibrenten + _____ €

5. zuzüglich die nach § 3 Nr. 3 EStG steuerfreien
   a) Rentenabfindungen
   b) Beitragserstattungen
   c) Leistungen aus berufsständischen Versorgungseinrichtungen
   d) Kapitalabfindungen
   e) Ausgleichszahlungen + _____ €

---

[1] Wohngeldgesetz i. d. F. vom 24. 9. 2008 (BGBl I 2008 S. 1856), zuletzt geändert durch Art. 88 des Gesetzes vom 20. 8. 2021 (BGBl I 2021 S. 3932).

[2] Bei der Ermittlung des Jahreseinkommens ist das Einkommen zugrunde zu legen, das zum Zeitpunkt der Antragstellung im Bewilligungszeitraum zu erwarten ist. Hierzu kann auch von dem Einkommen ausgegangen werden, das innerhalb der letzten 12 Monate vor der Antragstellung erzielt worden ist.

6. zuzüglich die nach § 3 Nr. 1 Buchst. a) EStG steuerfreien
   a) Renten wegen Minderung der Erwerbsfähigkeit nach §§ 56 bis 62 SGB VII
   b) Renten und Beihilfen an Hinterbliebene nach §§ 63 bis 71 SGB VII
   c) Abfindungen nach §§ 75 bis 80 SGB VII   +_____€

7. zuzüglich die Lohn- und Einkommensersatz-
   leistungen nach § 32b Abs. 1 Nr. 1 EStG
   (§ 10 BEEG bleibt unberührt)   +_____€

8. zuzüglich die ausländischen Einkünfte nach
   § 32b Abs. 1 Satz 1 Nr. 2 bis 5, Satz 2, 3 EStG   +_____€

9. zuzüglich die Hälfte der nach § 3 Nr. 7 EStG
   steuerfreien
   a) Unterhaltshilfe nach §§ 261 bis 278a Lasten-
      ausgleichsgesetz, mit Ausnahme der Pflegezulage
      nach § 269 Abs. 2 Lastenausgleichsgesetz
   b) Beihilfe zum Lebensunterhalt nach §§ 301 bis 301b
      Lastenausgleichsgesetz
   c) Unterhaltshilfe nach § 44 und Unterhaltsbeihilfe
      nach § 45 Reparationsschädengesetz
   d) Beihilfe zum Lebensunterhalt nach §§ 10 bis 15
      Flüchtlingshilfegesetz, mit Ausnahme der
      Pflegezulage nach § 269 Abs. 2 Lastenaus-
      gleichsgesetz   +_____€

10. zuzüglich die nach § 3 Nr. 1 Buchst. a) EStG
    steuerfreien Krankentagegelder   +_____€

11. zuzüglich die Hälfte der nach § 3 Nr. 68 EStG steuer-
    freien Renten nach § 3 Abs. 2 AntiDHG   +_____€

12. zuzüglich die nach § 3b EStG steuerfreien Zu-
    schläge für Sonntags-, Feiertags- oder Nachtarbeit   +_____€

13. zuzüglich die nach § 3 Nr. 56 des Einkommen-
    steuergesetzes steuerfreien Zuwendungen
    des Arbeitgebers an eine Pensionskasse und die
    nach § 3 Nr. 63 des Einkommensteuergesetzes
    steuerfreien Beiträge des Arbeitgebers an einen
    Pensionsfonds, eine Pensionskasse oder für eine
    Direktversicherung zum Aufbau einer kapital-
    gedeckten betrieblichen Altersversorgung   +_____€

14. zuzüglich der nach § 20 Abs. 9 EStG steuerfreie
    Betrag (Sparer-Freibetrag) soweit die Kapitalerträge
    100 € übersteigen   +_____€

15. zuzüglich die auf Sonderabschreibungen und
    erhöhte Abnutzung entfallenden Beträge, soweit

sie die höchstmöglichen Absetzungen für Abnutzung
nach § 7 EStG übersteigen   +_____ €

16. zuzüglich der nach § 3 Nr. 27 EStG steuerfreie
    Grundbetrag der Produktionsaufgaberente und das
    Ausgleichsgeld nach dem Gesetz zur Förderung der
    Einstellung der landwirtschaftlichen Erwerbstätigkeit +_____ €

17. zuzüglich die nach § 3 Nr. 60 EStG steuerfreie
    Leistungen aus öffentlichen Mitteln an Arbeit-
    nehmer des Steinkohlen-, Pechkohlen- und
    Erzbergbaus, des Braunkohlentiefbaues und
    der Eisen- und Stahlindustrie aus Anlass von
    Stilllegungs-, Einschränkungs-, Umstellungs-
    oder Rationalisierungsmaßnahmen   +_____ €

18. zuzüglich die nach § 22 Nr. 1 Satz 2 EStG dem
    Empfänger nicht zuzurechnenden Bezüge, die
    ihm von einer nicht zum Haushalt gehörenden
    Person oder von einer juristischen Person
    gewährt werden. Ausgenommen Bezüge
    – bis zu einer Höhe von 6540 € jährlich, die für
       eine Pflegeperson oder -kraft geleistet werden,
       die den Empfänger i.S.d. § 14 SGB XI pflegt.
    – bis zu einer Höhe von ingesamt 480 €
       jährlich von einer natürlichen Person, die
       gegenüber dem Empfänger nicht vorrangig
       gesetzlich unterhaltsverpflichtet ist oder war,
       oder von einer juristischen Person.
    a) die Unterhaltsleistungen des geschiedenen oder
       dauernd getrennt lebenden Ehegatten, mit Aus-
       nahme der Unterhaltsleistungen bis zu einer Höhe
       von 6540 € jährlich, die für eine Pflegeperson oder
       Pflegekraft geleistet werden, die den Empfänger
       oder die Empfängerin wegen eigener Pflegebe-
       dürftigkeit im Sinne des § 14 des Elften Buches
       Sozialgesetzbuch pflegt,
    b) die Versorgungsleistungen und die Leistungen auf
       *Grund eines schuldrecht*lichen Versorgungsaus-
       gleichs,   +_____ €
    die Leistungen nach dem Unterhaltsvorschussgesetz

19. die Leistungen von Personen, die keine
    Haushaltsmitglieder sind, zur Bezahlung der
    Miete oder Aufbringung der Belastung, wenn
    nicht von § 14 Abs. 1 S. 1, Nr. 19,
    Nr. 20 WoGG erfasst   +_____ €

20. zuzüglich die Hälfte des für die Kosten zur
    Erziehung bestimmten Anteils an Leistungen zum
    Unterhalt
    a) des Kindes oder Jugendlichen in Fällen der
       Vollzeitpflege nach §39 i.V.m. §33 oder §35a
       Abs.2 Nr.3 SGB VIII
    b) des jungen Volljährigen in Fällen der Vollzeitpflege
       nach §41 i.V.m. §§39 und 33 oder §§39 und
       35a Abs.2 Nr.3 SGB VIII   + _____ €

21. zuzüglich die Hälfte der laufenden Leistungen für
    die Kosten des notwendigen Unterhalts einschließ-
    lich der Unterkunft sowie der Krankenhilfe für
    Minderjährige und junge Volljährige nach
    §39 Abs.1 i.V.m. §33 oder i.V.m. §35a Abs.2 Nr.3,
    und i.V.m. §41 Abs.2 SGB VIII   + _____ €

22. die Hälfte der nach §3 Nr.36 des Einkommen-
    steuergesetzes steuerfreien Einnahmen für
    Leistungen zu körperbezogenen
    Pflegemaßnahmen, pflegerischen
    Betreuungsmaßnahmen oder Hilfen bei der
    Haushaltsführung einer Person, die kein
    Haushaltsmitglied ist   + _____ €

23. zuzüglich die Hälfte der als Zuschüsse erbrachten
    a) Leistungen zur Förderung der Ausbildung nach
       dem BAföG mit Ausnahme der Leistungen nach
       § 14a BAföG i.V.m. §§ 6, 7 HärteV und mit
       Ausnahme des Kinderbetreuungszuschlags
       nach Maßgabe des § 14b BAföG
    b) Leistungen der Begabtenförderungswerke, soweit
       sie nicht von Nr.24 erfasst sind
    c) Stipendien, soweit sie nicht von Buchst. b), Nr.24 oder
       25 erfasst sind
    d) Berufsausbildungsbeihilfen und des Ausbildungs-
       geldes nach SGB III
    e) Beiträge zur Deckung des Unterhaltsbedarfs nach
       Aufstiegsfortbildungsförderungsgesetz   + _____ €
    f) Leistungen zur Sicherung des Lebensunterhalts
       während des ausbildungsbegleitenden Praktikums
       oder der betrieblichen Berufsausbildung bei
       Teilnahme am Sonderprogramm Förderung der
       beruflichen Mobilität von ausbildungsinteressierten
       *Jugend*lichen und arbeitslosen jungen Fachkräften
       aus Europa

24. zuzüglich die als Zuschuss gewährte Graduierten-
    förderung   + _____ €

25. zuzüglich die Hälfte der nach § 3 Nr. 42 EStG
    steuerfreien Zuwendungen, die aufgrund des
    Fulbright-Abkommens gezahlt werden   + _____ €

26. zuzüglich wiederkehrenden Leistungen nach § 7
    Abs. 1 S. 1 Nr. 1–9, auch wenn bei deren Berechnung
    keine Kosten der Unterkunft berücksichtigt worden
    sind, mit Ausnahme
    a) der darin enthaltenen Kosten der Unterkunft,
       wenn diese nicht für den Wohnraum gewährt
       werden, für den Wohngeld beantragt wurde
    b) der von Nummer 20 oder 21 erfassten Leistungen
    c) des Sozialgeldes, das ein zu berücksichtigendes
       Kind als Mitglied der Bedarfsgemeinschaft im
       Haushalt des getrennt lebenden anderen
       Elternteils anteilig erhält
    d) der Hilfe zum Lebensunterhalt, die ein nach
       SGB XII (Kap. 3) leistungsberechtigtes Kind im
       Haushalt des getrennt lebenden anderen
       Elternteils anteilig erhält
    e) der Leistungen, die i.R.v. § 7 Abs. 1 S. 3 oder
       Abs. 1 S. 2 erbracht werden   + _____ €

27. zuzüglich der Mietwert des von den in § 3
    Abs. 1 S. 2 Nr. 2 genannten Personen eigennutzten
    Wohnraums   + _____ €

28. **Zwischensumme**   = _____ €   _____ €

29. Pauschaler Abzug nach § 16 WoGG aus dem Betrag
    Nr. 28 für die Leistung von
    a) Steuern vom Einkommen i.H.v.   10 %   _____ €
    b) Pflichtbeiträge zur gesetzlichen Kranken-
       und Pflegeversicherung i.H.v.   10 %   + _____ €
    c) Pflichtbeiträge zur gesetzlichen Renten-
       versicherung   10 %   + _____ €
    d) laufenden Beiträgen zu öffentlichen oder
       privaten Versicherungen oder ähnlichen Ein-
       richtungen, soweit sie nicht von b) erfasst sind
       in der tatsächlich geleisteten Höhe,
       höchstens bis zu   10 %   + _____ €
    e) laufenden Beiträgen zu öffentlichen oder
       privaten Versicherungen oder ähnlichen Ein-
       richtungen, soweit sie nicht von c) erfasst sind
       in der tatsächlich geleisteten Höhe,
       höchstens bis zu   10 %   + _____ €

30. **Summe Abzüge nach § 16 WoGG**   = _____ € ./.   _____ €

31. **Zwischensumme (Jahreseinkommen)**   = _____ €

32. abzüglich Freibeträge (§ 17 WoGG): 1 800 €
    für jeden schwerbehinderten Menschen mit
    einem Grad der Behinderung
    a) von 100 oder
    b) von unter 100 bei Pflegebedürftigkeit i.S.d.
       § 14 SGB XI und gleichzeitiger häuslicher
       oder teilstationärer Pflege oder Kurzzeitpflege   _____ €

33. abzüglich 750 € für Opfer der nationalsozialistischen
    Verfolgung und ihnen Gleichgestellte i.S.d. Bundes-
    entschädigungsgesetzes   + _____ €

34. abzüglich 1 320 €, wenn ein zu berücksichtigendes
    Haushaltsmitglied ausschließlich mit einem oder
    mehreren Kindern Wohnraum bewohnt und mindestens
    eines dieser Kinder noch nicht 18 Jahre alt ist und
    diesem Kind nach EStG oder Bundes-kindergeldgesetz
    oder eine Leistung i.S.d. § 65 Abs. 1 EStG oder dem
    Bundeskindergeldgesetz gewährt wird   + _____ €

35. abzüglich bis zu 1 200 €, soweit ein zum Haushalt
    rechnendes Kind Einnahmen aus Erwerbstätigkeit
    hat und noch nicht das 25. Lebensjahr vollendet hat   + _____ €

36. abzüglich des Freibetrags (§ 17a WoGG) in Höhe
    von 1 200 Euro aus der gesetzlichen Rente zuzüglich
    30 Prozent des diesen Betrag übersteigenden
    jährlichen Einkommens aus der gesetzlichen Rente,
    höchstens jedoch ein mit zwölf zu multiplizierender
    Betrag in Höhe von 50 Prozent der Regelbedarfsstufe
    1 nach der Anlage zu § 28 SGB XII für
    a) für jedes zu berücksichtigende Haushaltsmitglied,
       das mindestens 33 Jahre an Grundrentenzeiten
       nach § 76g Abs. 2 SGB erreicht hat,
    b) für zu berücksichtigende Haushaltsmitglieder, die
       mindestens 33 Jahre an Grundrentenzeiten
       vergleichbaren Zeiten in
       a. einer Versicherungspflicht nach § 1 des Gesetzes
          über die Alterssicherung der Landwirte,
       b. einer Beschäftigung, in der Versicherungsfreiheit
          nach § 5 Abs. 1 oder Befreiung von der
          Versicherungspflicht nach § 6 Abs. 1 S. 1 Nr. 2
          SGB VI bestand, oder
       c. einer Versicherungspflicht in einer Versicherungs-
          oder Versorgungseinrichtung, die für Angehörige
          bestimmter Berufe errichtet ist,
       erreicht haben

d. oder wenn die 33 Jahre durch die Zusammenrechnung der Zeiten der Grundrentenzeiten nach § 76g Abs. 2 SGB VI erfüllt werden.

37. abzüglich der Aufwendungen zur Erfüllung gesetzlicher Unterhaltsverpflichtungen bis zu dem in einer notariell beurkundeten Unterhaltsvereinbarung festgelegten oder in einem Unterhaltstitel oder Bescheid festgestellten Betrag   + _____ €

38. abzüglich der Aufwendungen zur Erfüllung gesetzlicher Unterhaltspflichten (§ 18), wenn die Voraussetzungen der Nr. 37 nicht vorliegen
   a) bis zu 3000 € für ein zum Haushalt rechnendes Familienmitglied, das auswärts untergebracht ist (sofern nicht von d) erfasst)
   b) bis zu 6000 € für einen nicht zum Haushalt rechnenden früheren oder dauernd getrennt lebenden Ehegatten
   c) bis zu 3000 € für eine sonstige nicht zum Haushalt rechnende Person
   d) bis zu 3000 € für ein Kind, das gem. § 5 Abs. 4 in zwei Haushalten Mitglied ist   + _____ €

39. **Summe Frei- und Abzugsbeträge nach §§ 17, 17a, 18 WoGG**   = _____ € ./. _____ €

40. **Gesamteinkommen**   = _____ €

41. **Monatliches Gesamteinkommen (¹/₁₂ des Gesamteinkommens)**   = _____ €

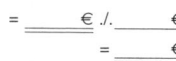

3.3.8.3.9.2 Ausgewählte Wohngeldbeträge

A. Höchstbeträge § 12 WoGG

Anzahl der zu berücksichtigenden Haushaltsmitglieder	Miet-stufe	Höchst-betrag in Euro	Anzahl der zu berücksichtigenden Haushaltsmitglieder	Mieten-stufe	Höchst-betrag in Euro
1	I	352	4	I	594
	II	395		II	667
	III	440		III	742
	IV	492		IV	829
	V	539		V	910
	VI	589		VI	994
	VII[1]	647		VII	1 091
2	I	428	5	I	678
	II	480		II	761
	III	535		III	847
	IV	598		IV	947
	V	655		V	1 039
	VI	716		VI	1 135
	VII	786		VII	1 246
3	I	509	Mehrbetrag für jedes weitere zu berücksichtigende Haushaltsmitglied	I	81
	II	571		II	92
	III	636		III	103
	IV	711		IV	115
	V	779		V	125
	VI	852		VI	143
	VII	934		VII	157

---

[1] Die Mietstufe VII wurde neu zum 1.1.2020 eingefügt (BT-Drs. 235/19 S. 62). Sie gilt für besonders teure Gegenden, deren Mietniveaus 35 % und mehr über dem Bundesdurchschnitt liegen. Insgesamt wurden 38 Gemeinden (davon 33 in Bayern) der Mietstufe VII zugeordnet.

B. Ausgewählte Mietenstufen der Gemeinden[1]

Gemeinde		Gemeinde	
Aachen	IV	Kiel	V
Aalen	III	Koblenz	III
Ahrensburg	VII	Köln	VI
Altötting	II	Königswinter	IV
Bad Driburg	I	Krefeld	IV
Baden-Baden	IV	Leipzig	II
Bergen auf Rügen	II	Lohmar	IV
Berlin	IV	Lüneburg	V
Bielefeld	III	Magdeburg	III
Bitburg	II	Mainz	VI
Bonn	V	Mannheim	V
Brake (Unterweser)	II	Marburg	IV
Bremen	IV	Meißen	II
Bremerhaven	II	Mönchengladbach	III
Buxtehude	V	Montabaur	II
Celle	III	Morbach	I
Chemnitz	II	München	VII
Coburg	II	Netphen	II
Cottbus	II	Neuss	IV
Cuxhaven	II	Niederkassel	IV
Dachau	VII	Nordhausen	II
Dillenburg	II	Offenbach a.M.	VI
Dinkelsbühl	I	Olpe	III
Dortmund	III	Passau	III
Düsseldorf	VI	Pinneberg	V
Erfurt	III	Pirna	II
Euskirchen	III	Potsdam	IV
Finnentrop	I	Ratzeburg	III
Flensburg	III	Regensburg	V
Frankenberg (Eder)	I	Rostock	IV
Frankfurt a.M.	VI	Saarbrücken	III
Friedberg (Bayern)	III	Schwedt/Oder	II
Garmisch-Partenkirchen	VI	Siegen	III
Gotha	II	Stuttgart	VI
Hagen	III	Titisee-Neustadt	II
Hamburg	VI	Trier	III
Hanau	IV	Ulm	IV
Hannover	V	Wernigerode	II
Heidelberg	V	Westoverledingen	I
Heilbronn	IV	Wiesbaden	VI
Hennef (Sieg)	IV	Winsen (Luhe)	IV
Kassel	III	Wolfratshausen	VI

[1] Im Internet abrufbar unter http://www.wohngeld.org/mietstufe.html

C. Die Zugehörigkeit einer Gemeinde zu einer Mietenstufe richtet sich nach dem Mietenniveau. Den Mietenstufen sind folgende Mietenniveaus zugeordnet:

Mietenstufe	Mietenniveau
I	niedriger als minus 15 vom Hundert
II	minus 15 vom Hundert bis niedriger als minus 5 vom Hundert
III	minus 5 vom Hundert bis niedriger als 5 vom Hundert
IV	5 vom Hundert bis niedriger als 15 vom Hundert
V	15 vom Hundert bis niedriger als 25 vom Hundert
VI	25 vom Hundert bis niedriger als 35 vom Hundert
VII	35 vom Hundert und höher

3.3.8.3.10 Unfallversicherung der Unternehmer und weiterer Personen gem. §§ 3, 6 SGB VII – Unfallversicherung bei Berufsgenossenschaften[1,2]

A. Versicherungssummen je Branche

Branchen	Berufsgenossenschaft	Mindestversiche-rungssumme (Pflichtversicherung)	Versicherungssumme (Höchstbetrag)
Bau	Berufsgenossenschaft der Bauwirtschaft (BG BAU)	31 500 €	78 960 €
Bergbau, Stein-bruch, chemi-sche Industrie, Papiermacher, Lederindustrie, Zucker	Berufsgenossenschaft Rohstoffe und chemi-sche Industrie (BG RCI)	23 688 €	84 000 €

---

[1] Rechtsgrundlagen: SGB VII – Gesetzliche Unfallversicherung, Satzungen der jeweiligen Berufsgenossenschaften; Stand 2021.

[2] Nach § 3 Abs. 1 SGB VII kann die Satzung der jeweiligen Berufsgenossenschaft bestimmen, dass sich die Versicherung auf Unternehmer und ihre im Unternehmen mit-arbeitenden *Ehegatten oder Lebenspartner*, auf Personen, die sich auf der Unternehmensstätte aufhalten, erstreckt. Auf schriftlichen oder elektronischen Antrag können sich gemäß § 6 Abs. 1 SGB VII Unternehmer und ihre im Unternehmen mitarbeitenden Ehegatten sowie Personen, die in Kapital- oder Personengesellschaften regelmäßig wie Unternehmer selbständig tätig sind, versichern lassen (freiwillige Versicherung).

Branchen	Berufsgenossenschaft	Mindestversiche-rungssumme (Pflichtversicherung)	Versicherungssumme (Höchstbetrag)
Elektrotechnik, Feinmechanik, elektrische Energie, Gas, Fernwärme, Wasser, Textil, Bekleidung, Druck und Papierverarbeitung	Berufsgenossenschaft Energie Textil Elektro Medienerzeugnisse (BG ETEM)	28 200 €	84 000 €
Gesundheitsdienst	Berufsgenossenschaft für Gesundheitsdienst und Wohlfahrtspflege (BGW)	24 000 €	96 000 €
Handel und Verwaltung, Verkehr	Berufsgenossenschaft Handel und Warenlogistik (BGHW)	24 000 €	84 000 €
	Verwaltungs-Berufsgenossenschaft, Berufsgenossenschaft der Banken, Versicherungen, Verwaltungen, freien Berufe, besondere Unternehmen, Unternehmen der keramischen und Glas-Industrie sowie Unternehmen der Straßen-, U-Bahnen und Eisenbahnen (VBG)	23 688 €	120 000 €
Holz, Metall	Berufsgenossenschaft Holz und Metall (BGHM)	23 688 €	90 000 €
Nahrung- und Genussmittel	Berufsgenossenschaft Nahrungsmittel und Gastgewerbe (BGN)	32 400 €	84 000 €
Verkehrswirtschaft	Berufsgenossenschaft Verkehrswirtschaft Post-Logistik Telekommunikation (BG Verkehr)	26 000 €	84 000 €

B. Umlagebeiträge

Die Ermittlung des Beitrages der freiwilligen Unfallversicherung ist abhängig von der:
– gewählten Versicherungssumme
– Gefahrenklasse des Unternehmens
– den aktuellen Beitragssätzen

Die Beiträge werden im Umlageverfahren für jedes Geschäftsjahr nachträglich festgesetzt und erhoben. Erst dann ergeben sich Beitragsfuß bzw. Umlagekehrziffer.
Der Umlagebeitrag errechnet sich wie folgt:
Bruttoarbeitsentgelt bzw.
Versicherungssumme $\times$ Gefahrklasse $\times$ Beitragsfuß / 1000

Beispiele[1]: Umlagebeitrag für 2021 (Beitragsfuß 2020 = 4,60 €)

Versicherungs-summe*	Information/Kommunikation u. Medien/Werbung u. Gestaltung/Forschung Gefahrtarifstelle 03 (Gefahrklasse 0,46)	Beratung u. Auskunft/ Interessenvertretung u. Religionsgemeinschaft Gefahrtarifstelle 05 (Gefahrklasse 0,60)	Makelndes u. vermittelndes Unternehmen Gefahrtarifstelle 08 (Gefahrklasse 0,90)
40 000 €	92,00 €	120,00 €	180,00 €
60 000 €	138,00 €	180,00 €	270,00 €
96 000 €	221,00 €	289,00 €	433,00 €
120 000 €	276,00 €	361,00 €	541,00 €

* Mindestversicherungssumme 2021: 39 480 €, Mindestbeitrag: 48,00 €.

---

[1] Anhand des Gefahrtarifs der VBG, gültig ab 1.1.2017.

C. Zuteilung der Unternehmensarten zu den Gefahrklassen (Gefahrtarif gemäß § 157 SGB VII der Verwaltungsberufsgenossenschaft – VBG –)[1]

Gefahr-tarifstelle	Unternehmensarten	Gefahr-klasse
01	**Finanzdienstleistungen** Aktienhandel – Banken – Bausparkassen – Börse – Börsenhandel – Devisenhandel – Factoringunternehmen – Finanzdienstleistungsinstitute – Finanzportfolioverwaltungen – Franchisegebende – Girozentralen – Holdinggesellschaften – Kreditgenossenschaften – Komplementärgesellschaften – Leasingunternehmen – Lizenzverwaltungen – Terminhandel – Urheberrechtsverwaltungen – Vermögensverwaltungen – Verwaltungs- und Beteiligungsunternehmen – Wechselstuben – Wertpapierhandel **Versicherungsunternehmen** Pensionskassen – Versicherungsunternehmen – Sozialversicherungsträger – Unterstützungskassen	0,41
02	**Ingenieurwesen und Architekturunternehmen** Arbeitssicherheitsbüros – Architekturbüros – Bauleitung – Bauplanung – Baustatikbüros – beratende Ingenieurinnen und Ingenieure – Fachkräfte für Arbeitssicherheit – Innenarchitekturbüros – Ingenieurbüros – Städte-, Landschafts- und Gartenplanung – technische Gutachterinnen, Gutachter und Sachverständige – technische Projektplanung – technische Überwachung und Prüfung, Materialprüfung – technisches Zeichnen – Vermessungsbüros – Vermessungsingenieurinnen und -ingenieure	0,82
03	**Information, Kommunikation und Medien** Anbieten von Internetdiensten – Betreiben von Netzwerken – Bildberichterstattung – Bildjournalistinnen und -journalisten – Call-Center – Hallen- und Standvermietung – Hörfunk- und Fernsehunternehmen – Internetcafés – Journalistinnen und Journalisten – Konzert-, Sport- und andere Veranstaltungsunternehmen – Landesmedienanstalten – Messe- und Ausstellungsunternehmen – Messeorganisationen – Presse- und Nachrichtenagenturen – Rechenzentren – Redaktionsbüros – Telekommunikationsunternehmen – Unternehmen der Hörfunk- und Fernsehwerbung – Unternehmen für Softwareerstellung, -handel, -entwicklung und -consulting **Werbung und Gestaltung** Designerinnen und Designer – Mustergestaltung – Plakatieren – Propagandistinnen und Propagandisten – Unternehmen der Außenwerbung – Unternehmen für Öffentlichkeitsarbeit – Werbeagenturen – Werbeberatungen – Werbetexterinnen und Werbetexter – Werbeunternehmen	0,46

---

[1] Gültig ab 1.1.2017.

Gefahr-tarifstelle	Unternehmensarten	Gefahr-klasse
03	**Forschung** Forschungseinrichtungen – Forschungsvorhaben (z. B. Natur-, Geistes-, Sozialwissenschaften) – Markt- und Meinungsforschung	0,46
04	**Bildungseinrichtung** Berufsbildende Schulen – Dozentinnen und Dozenten – Einrichtungen der beruflichen Bildung – Fernschulen – Musikschulen – Nachhilfen – private allgemeinbildende Schulen – private Hochschulen – Schülerhilfen – Sprachunterrichte – sonstige Bildungseinrichtungen (z. B. Computer-, Konversations-, Rhetorikkurse) – Volkshochschulen	1,00
05	**Beratung und Auskunft** Ablesung und Abrechnung (Energieverbrauch) – Auskunfteien – Beratungsunternehmen – Buchführungen – Buchprüfungen – Gebühreneinzugszentralen – Gerichtsvollzieherinnen und Gerichtsvollzieher – Inkassounternehmen – Insolvenzverwaltungen – Kontierungen – nichttechnische Gutachterinnen, Gutachter und Sachverständige – Notarinnen und Notare – Patentanwältinnen und Patentanwälte – Rechtsanwältinnen und Rechtsanwälte – Rechtsbeistände – Rentenberatungen – Steuerberatungen – Unternehmens-, Organisations-, Personal-, EDV-, Ernährungsberatungen – Wirtschaftsprüfungen **Interessenvertretung und Religionsgemeinschaft** Abgeordnetenbüros – Arbeitgeberverbände – Architektenkammern – Automobilclubs – Berufs- und Wirtschaftsverbände – Botschaften – Bürgerinitiativen – Diplomatische und konsularische Vertretungen – Fraktionen – Gewerkschaften – Haus- und Grundeigentümerverbände – Industrie- und Handelskammern – Handwerkskammern – Innungen – Innungsverbände – Kirchen – Klöster – Kreishandwerkerschaften – Mietervereinigungen – Orden – Parteien – Rechtsanwaltskammern – Religionsgemeinschaften – Spitzenorganisationen des Sports – Sportverbände – Steuerberaterkammern – Stifte – tarif- und parteipolitische Organisationen – verbandsmäßige Organisationen von Religionsgemeinschaften – Verbände der Sozialversicherungsträger – Verbraucherschutzzentralen – Vertretung und Förderung von Interessen politisch-gesellschaftlicher, allgemeingesellschaftlicher oder kultureller Art – Vereine und Einrichtungen zur Entspannung, Erholung, Belehrung, Unterhaltung, Geselligkeit – Weltanschauungsgemeinschaften – wirtschaftliche und politische Interessenvertretungen – Zusammenschlüsse zur Verfolgung gemeinsamer Interessen	0,60

Gefahr- tarifstelle	Unternehmensarten	Gefahr- klasse
06	**Immobilienwirtschaft** Baubetreuungen – Baugenossenschaften – Bauträgerunternehmen – Campingplatzbetriebe – Ferienwohnungsvermietungen – Gebäude- management – Immobilienverwaltungen, -vermietungen und -be- wirtschaftungen – Parkplatzvermietungen – Siedlungsunternehmen – Wohnungsunternehmen	1,53
07	**Sicherheitsunternehmen** Alarmzentralen – Betriebsfeuerwehren – Betrieb von Leitstellen – Bewachungen – Bewachungen bei Einlagerung von Werten – Detekteien – Kaufhausdetektivinnen und Kaufhausdetektive – Not- ruf-Service-Leitstellen – Notrufverfolgungen – Observationen – Ord- nungsdienste – Pförtner- und Empfangsdienste – Revier- und Streifendienste – Sicherheitsdienstleistungen in öffentlichen Personennahverkehr, in kerntechnischen Anlagen, Justizvollzugsan- stalten, militärischen Einrichtungen – Unternehmen für Werk-, Ob- jekt- und Personenschutz – Transportbegleitungen – Werks- und Zugangskontrollen	4,05
	nur für „Schutz der öffentlichen Ordnung" (aus ehemaliger Gefahr- tarifstelle 22):	2017: 1,74 2018: 2,24 2019: 2,74 2020: 3,24 2021: 3,74 2022: 4,05
08	**Makelndes und vermittelndes Unternehmen** Arbeitsvermittlungen – Auktionshäuser – Bausparkassenver- tretungen – Finanzmaklerinnen und - makler – Finanz- und Anlagenvermittlungen – Flugvermittlungen – Handelsagenturen – Handelsmaklerinnen und -makler – Handelsvertretungen – Immobilienmaklerinnen und -makler – Industrievertretungen – Medienvertretungen (Werbezeit-, Werbeflächenvermittlungen) – Mitfahr- und Mitwohnzentralen – Partnervermittlungen – Pfandleihen – Taxizentralen – Versicherungsfachleute – Versicherungsmaklerinnen und -makler – Versicherungs- vertretungen – Versteigerungen **Lotterie- und Wettunternehmen** Lotto- und Toto-Annahmestellen – Lotterieeinnahmestellen – Lotterieveranstalterinnen und -veranstalter – Wettbüros **Spielbank** Staatlich konzessionierte Spielbanken **Tourismus** Fremdenverkehrsvereine – Reisebüros – Reiseleitungen – Reisever- anstalterinnen und –veranstalter	0,90

Gefahr-tarifstelle	Unternehmensarten	Gefahr-klasse
09	**Unternehmen im sozialen, kulturellen und Freizeit-Bereich** Abenteuerspielplätze – Aquarien – Artistinnen und Artisten – Auto-matenspielhallen – Bewirtschaftung von Sportanlagen – Billard-salons – Erlebnisparks – Freizeitparks – Hundepensionen – Indoor-spielanlagen – Kabaretts – Kunstmalerinnen und Kunstmaler – Künstlerinnen und Künstler der Bereiche Wort, Musik, bildende, darstellende Kunst – Museen – Musicaltheater – Musikerinnen und Musiker – Orchester – Partnerschaftsberatun-gen – Puppentheater – Regisseurinnen und Regisseure – Sängerin-nen und Sänger – Schauspielerinnen und Schauspieler – Schrift-stellerinnen und Schriftsteller – Seelsorge – Seilschwebebahnen – Selbsthilfegruppen – Skilifte – Sozialberatungen – Spielstätten – Sprechtheater – Stuntwomen und Stuntmen – Tänzerinnen und Tänzer – Theater – Tierparks – Tierschutz, -pflege, -zucht und -dressur – Tourneetheater – Transfergesellschaften (Beschäfti-gungs-, Qualifizierungsgesellschaften) – Wildgehege – Zoos	3,34
10	**Hausbesorgung** Hausbesorgung (Instandhaltung von Gemeinschaftseinrichtungen in Mehrfamilienhäusern, Wohnungseigentümergemeinschaften) – Hausmeisterdienste	3,73
11 11.1 11.2	**Zeitarbeit** Personalleasing – Personal-Service-Agenturen **– Beschäftigte in Dienstleistungsbereichen sowie Stammpersonal** **– Beschäftigte in allen anderen Bereichen**	 0,65 6,52
12	**Sportunternehmen** Berufssportlerinnen und Berufssportler – Breitensportvereine – Fitness- und andere Sportstudios – Profisportvereine – Schach-vereine – Sportmarketingunternehmen – Sportbetriebsgesellschaf-ten – Sport-, Gymnastik-, Ballett- und Tanzschulen – Sportlehrerin-nen und Sportlehrer	
12.1	**– bezahlte Fußballsportlerinnen und -sportler** (gegen Entgelt tätige Fußballsportlerinnen und -sportler, Fußball-spielertrainerinnen und - spielertrainer)	2017: 56,24 2018: 58,43 2019: 60,62 2020: 62,80 2021: 64,99 2022: 67,18
12.2	**– sonstige bezahlte bzw. selbständige Sportlerinnen und Sportler** (sonstige gegen Entgelt tätige Sportlerinnen und Sportler, sonstige selbständige Sportlerinnen und Sportler, sonstige Spielertrainerin-nen und Spielertrainer)	2017: 54,96 2018: 57,68 2019: 60,39 2020: 63,11 2021: 65,82 2022: 68,54

Gefahr-tarifstelle	Unternehmensarten	Gefahr-klasse
12.3	**– Versicherte, sofern sie nicht bezahlte Sportlerinnen und Sportler sind** (Geschäftsstellen- und Verwaltungspersonal – Hausmeisterinnen und Hausmeister – Reinigungspersonal – Platzwartinnen und Platzwarte – Zeugwartinnen und Zeugwarte – Übungsleiterinnen und Übungsleiter – Trainerinnen und Trainer – Sportlehrerinnen und Sportlehrer – medizinische und therapeutische Betreuung)	2,71
13	**Glas-Industrie** Herstellen sowie Be- und Verarbeiten von Glas – Herstellen von Lichtwellenleitern – Herstellen und Verarbeiten von künstlichen Mineralfasern	2,72
14	**Grobkeramik** Abbau, Verarbeiten von Ton, Kaolin oder Torf – Erdenherstellung – Herstellen von Spaltplatten, Schmelztiegeln, Leichtkalksandsteinen, Steinzeugwaren, feuerfesten Erzeugnissen, Kalksandsteinen, Bimsbaustoffen, Schlacken und Aschensteinen – Herstellen, Be- und Verarbeiten von Baustoffen, Fertigbauteilen und Bauteilen – Ziegeleien	3,71
15	**Feinkeramik** Herstellen künstlicher Zähne und nichtsilikatischer technischer Keramik – Herstellen von Schleifmitteln, keramischen Katalysatoren, Fliesen – Herstellen, Be- und Verarbeiten feinkeramischer Erzeugnisse – Keramik- und Glasmalerei	1,98
16	**Bahnen und Bahndienstleistungen** Bahnreinigungsunternehmen – Catering in Zügen – Eisenbahnen mit Güterverkehr und Personenverkehr – Schlafwagen- und Speisewagenbetriebe – Straßenbahnen – U-Bahnen – Hochbahnen – Schwebebahnen	3,21
17	**Kraftfahrbetriebe** Omnibus- und Oberleitungsbusbetriebe, Lastkraftwagenbetriebe	2,05
18	**Sonstiges Dienstleistungsunternehmen, sofern es nicht den Tarifstellen 01 bis 17 zuzuordnen ist** Bestattungsunternehmen – Businesscenter – Datentypistendienste – Haushaltsagenturen – Schreib-, Übersetzungsbüros – Trauerrednerinnen und Trauerredner – Toilettenbetriebe – Vermietungsunternehmen für bewegliche Sachen (büromäßig ohne Bedienungspersonal)	1,18

D. Geldleistungen an freiwillig Versicherte (Beispiele)
(Verwaltungsberufsgenossenschaft – VBG –)

Versicherungssumme €	monatliches Verletztengeld während der ärztlich festgestellten Arbeitsunfähigkeit[1]	Rente bei 100%iger Minderung der Erwerbsfähigkeit – jährlich – ($^2/_3$ d. Vers.-Summe)	Rente bei 20%iger Minderung der Erwerbsfähigkeit – jährlich –	Witwen- und Witwerrente[2] – jährlich –		Halbwaisenrente[4] – jährlich – ($^2/_{10}$ d. Vers.-Summe)
				30 % (kleine) ($^3/_{10}$)	40 % (große)[3] ($^4/_{10}$)	
40 000	2 666,70	26 666,67	5 333,33	12 000,00	16 000,00	8 000,00
60 000	3 999,90	40 000,00	8 000,00	18 000,00	24 000,00	12 000,00
96 000	6 400,00	64 000,00	12 800,00	28 800,00	38 400,00	19 200,00
120 000	8 000,00	80 000,00	16 000,00	36 000,00	48 000,00	24 000,00

Bei Tod durch Versicherungsfall wird ein Sterbegeld von $^1/_7$ der jeweils geltenden Bezugsgröße gewährt.

3.3.8.3.11 Entgeltfortzahlung an Feiertagen und im Krankheitsfall[5, 6]

Berechtigte (§ 1 EntgFG)	– Arbeiter, Angestellte sowie die zu ihrer Berufsausbildung Beschäftigten – Heimarbeiter und die ihnen gleichgestellten Personen (Sonderregelungen in §§ 10, 11 EntgFG)

---

[1] Grundsätzlich ab dem 22. Tag der aufgrund Unfallfolgen festgestellten Arbeitsunfähigkeit, es sei denn, der Versicherte hat bei einer Krankenkasse Anspruch auf Krankengeld. Wird aufgrund eines Versicherungsfalls die stationäre Behandlung in Krankenhäusern und Rehabilitationseinrichtungen errforderlich, wird Verletztengeld für die Dauer dieses Aufenthalts gezahlt (§ 20 Abs. 7 der Satzung der VBG).

[2] Max. für 24 Monate nach Tod des Versicherten. Bei Eheschließung vor dem 1.1.2001 und wenn mindestens ein Partner vor dem 2.1.1962 geboren wurde, ist der Anspruch nicht auf 24 Kalendermonate beschränkt.

[3] Solange der Berechtigte in der Kindererziehung ist oder eine Erwerbsminderung vorliegt oder das 45. Lebensjahr vollendet hat (ab 2012 stufenweise Anhebung auf das 47. Lebensjahr nach § 218a Abs. 2 SGB VII).

[4] Eigenes Einkommen wird auf die Hinterbliebenenrente angerechnet.

[5] Gemäß Gesetz über die Zahlung des Arbeitsentgelts an Feiertagen und im Krankheitsfall (EFZG) vom 26.5.1994 (BGBl I 1994 S. 1014), zuletzt geändert durch Art. 9 *Drittes BürokratieentlastungsG* vom 22.11.2019 (BGBl I 2019 S. 1746), geändert durch Gesetz vom 11.2.2021 (BGBl I 2021 S. 154).

[6] Corona-Pandemie: subsidiär zur krankheitsbedingten Arbeitsunfähigkeit gewährt § 56 IfSG auf Antrag einen staatlichen Entschädigungsanspruch für den Fall einer behördlich angeordneten Quarantäne oder eines Tätigkeitsverbots (§§ 30, 31 IfSG). Der Antrag auf Entschädigung muss innerhalb von 3 Monaten nach Beginn des Tätigkeitsverbots bzw. Ende der Quarantäne gestellt werden.

Entgeltzahlung an Feiertagen (§ 2 EntgFG)	Arbeitsentgelt, das ohne Arbeitsausfall zu zahlen wäre	
Entgeltfortzahlung im Krankheitsfall (§§ 3–8 EntgFG)	Voraussetzungen	– Arbeitsverhältnis besteht 4 Wochen (ohne Unterbrechung) – Arbeitsunfähigkeit infolge Krankheit ohne Verschulden des Arbeitnehmers
	Höhe	– Arbeitsentgelt bei regelmäßiger Arbeitszeit (ohne Überstunden und ohne Leistungen für Aufwendungen, die während der Arbeitsunfähigkeit nicht entstehen)
	Dauer	bis zu 6 Wochen
Entgeltfortzahlung im Krankheitsfall (§§ 3–8 EntgFG)	Erneute Erkrankung	keine Entgeltfortzahlung bei Arbeitsunfähigkeit innerhalb von 6 Monaten infolge derselben Krankheit, wenn seit Beginn der ersten Arbeitsunfähigkeit infolge derselben Krankheit 12 Monate nicht verstrichen sind
	Anzeige- und Nachweispflichten	– unverzügliche Mitteilung der Arbeitsunfähigkeit und der voraussichtlichen Dauer – bei Arbeitsunfähigkeit länger als 3 Kalendertage Vorlage einer ärztlichen Bescheinigung über das Bestehen der Arbeitsunfähigkeit und Dauer spätestens am darauffolgenden Arbeitstag (Arbeitgeber kann Vorlage früher verlangen) – bei Andauer der Arbeitsunfähigkeit Vorlage einer neuen ärztlichen Bescheinigung – bei Arbeitsunfähigkeit im Ausland schnellstmögliche Übermittlung der Arbeitsunfähigkeit (Kosten hierfür trägt Arbeitgeber)
	Forderungsübergang bei Dritthaftung	Schadenersatzanspruch gegen Dritte wegen Verdienstausfall gehen auf Arbeitgeber über
	Leistungsverweigerung	– solange, ärztliche Bescheinigung nicht vorliegt – wenn Arbeitnehmer Übergang eines Schadenersatzanspruchs gegen Dritten verhindert
	Ende des Arbeitsverhältnisses	Entgeltfortzahlung endet nur, wenn Beendigung keiner Kündigung bedarf und Kündigung nicht aus Anlass der Krankheit erfolgte

Maßnahmen der medizinischen Vorsorge und Rehabilitation (§ 9 EntgFG)	– wie bei Entgeltfortzahlung im Krankheitsfall – Bewilligung durch Sozialleistungsträger bzw. ärztliche Verordnung – Durchführung in Einrichtung der medizinischen Vorsorge oder Rehabilitation oder vergleichbare Einrichtung – unverzügliche Mitteilung des Antritts, voraussichtliche Dauer und Verlängerung – unverzügliche Vorlage der Bewilligungsbescheinigung des Sozialleistungsträgers oder ärztliche Bescheinigung über Erforderlichkeit der Maßnahme

3.3.9 Vorsorgevollmacht

Anwendungsbereich	Benennung einer Person des besonderen Vertrauens, die für den Fall der Geschäfts- oder Einwilligungsunfähigkeit im Namen des Vollmachtgebers wirksam handeln kann, um so in diesen Bereichen eine Betreuung zu vermeiden
Inhalt[1]	– Erteilung für einzelne oder mehrere Bereiche, wie z.B. für eine künftige medizinische Behandlung, für den Aufenthalt des Vollmachtgebers, für Bank-, Vermögens- und Wohnungsangelegenheiten, für Behörden, mögl. – Gesundheitsangelegenheiten: Vorsorgevollmacht (VV) muss hier Befugnis zur Einwilligung, Nichteinwilligung und zum Widerruf der Einwilligung zu ärztlichen Maßnahmen (Untersuchungen des Gesundheitszustandes, Heilbehandlungen oder ärztliche Eingriffe) ausdrücklich umfassen (vgl. § 1904 BGB) – Aufenthaltsangelegenheiten: VV muss Befugnis zur Unterbringung mit freiheitsentziehender Wirkung und zu freiheitsentziehenden Maßnahmen (z.B. durch Bettgitter, Medikamente und Ähnliches) in einem Heim oder in einer sonstigen Einrichtung ausdrücklich enthalten (vgl. § 1906 BGB); gerichtl. Genehmigung dennoch erforderlich[2] – Vermögensangelegenheiten: VV sollte keine Zweifel am Eintritt ihrer Wirksamkeit zulassen – Bei Bankvollmachten sollte auf institutseigene Vordrucke zurückgegriffen werden, um spätere Auseinandersetzungen zu vermeiden

---

[1] Das BMJV hat ein Muster einer Vorsorgevollmacht herausgegeben unter: http://www.bmjv.de/SharedDocs/Downloads/DE/Formulare/Vorsorgevollmacht.pdf?__blob=publicationFile&v=21

[2] BVerfG, Beschl. vom 10.6.2015 – 2 BvR 1967/12 (NJW-RR 2016 S. 193).

Form	– Erteilung einer Vollmacht grds. formfrei möglich – Bankgeschäfte: institutseigene Muster – notarielle Unterschriftsbeglaubigung hat Vorteil, dass rechts- verbindlich festgestellt wird, wer die Dokumente unterzeich- net hat, sodass dieser später im Rechtsverkehr zweifelsfrei als deren Aussteller gilt – sofern Vollmacht auch im Grundstücksverkehr verwendet werden soll: zumindest notarielle Unterschriftsbeglaubigung nach § 129 BGB wegen § 29 GBO notwendig
Widerruf	– bei voller Geschäftsfähigkeit kann eine VV jederzeit wider- rufen oder geändert werden, z.B. durch Vernichtung der VV – die notariell beurkundete VV kann aber nur durch einen nota- riell beurkundeten Widerruf oder durch eine neue (ebenfalls notariell beurkundete) Vollmacht widerrufen werden – bei einem Widerruf ist ein ausgehändigtes Vollmachtsformu- lar zurückzuverlangen (u.U. wird dies schwierig sein)
Aufbewahrung	– sofern keine Aushändigung des Vollmachtsdokuments an Bevollmächtigten, sollte ihm mitgeteilt werden, wo das Voll- machtsdokument aufbewahrt wird, damit er im Ernstfall hier- auf zugreifen kann – der Ort sollte im Ernstfall gut zugänglich und dem Bevoll- mächtigten bekannt sein – Hinweiskarte auf VV bei Ausweispapieren – gebührenpflichtige Registrierung beim zentralen Vorsorge- register der Bundesnotarkammer mögl., VV wird dort aber nicht hinterlegt
Norm	§§ 1901c ff. BGB

3.3.10 Patientenverfügung

Anwendungsbereich	Festlegung eines einwilligungsfähigen Volljährigen für den Fall seiner Einwilligungsunfähigkeit, ob er in bestimmte, zum Zeitpunkt der Festlegung noch nicht unmittelbar bevorstehende Untersuchungen seines Gesundheitszustands, Heilbehandlungen oder ärztliche Eingriffe einwilligt oder sie untersagt (§ 1901 Abs. 1 S. 1 BGB)
Inhalt	Das Bundesministerium der Justiz empfiehlt folgenden Aufbau einer Patientenverfügung (PV)[1]: – Eingangsformel – Situationen, für die die Patientenverfügung gelten soll – Festlegungen zu ärztlichen/pflegerischen Maßnahmen – Schlussformel – Datum und Unterschrift Daneben werden folgende ergänzenden Aussagen vorgeschlagen: – Wünsche zu Ort und Begleitung – Aussagen zur Verbindlichkeit – Hinweise auf weitere Vorsorgeverfügungen – Hinweis auf beigefügte Erläuterungen zur Patientenverfügung – Organspende – Schlussbemerkungen – Aktualisierung (Name, Datum, Unterschrift) – Anhang: Wertvorstellung Soweit Organspende erwünscht, müssen Organspendebereitschaft und Patientenverfügung aufeinander abgestimmt sein, weil der Kreislauf des verstorbenen Spenders kurzfristig aufrechterhalten werden muss, um die Organe zu schützen
Form	Schriftformerfordernis bedeutet lediglich Unterschrift (vgl. § 126 BGB) und nicht Eigenhändigkeit
Widerruf	jederzeit formlos möglich (§ 1901 a Abs. 1 Satz 3 BGB)
Aufbewahrung	– sinnvoll ist, einen Hinweis bei sich zu tragen, dass eine PV besteht und wo sie aufbewahrt wird – bei der Wahl des Aufbewahrungsortes sollte berücksichtigt werden, dass Ärzte, mögliche Bevollmächtigte und Betreuer, unter Umständen auch das Betreuungsgericht, schnell und unkompliziert an die PV gelangen können – evtl. Bekanntgabe des Inhalts der PV und deren Aufbewahrungsort an Vertrauensperson
Norm	§ 1901 a BGB

---

[1] http://www.bmjv.de/SharedDocs/Downloads/DE/Formulare/Anlagen/
Patientenverfuegung_Textbausteine_pdf.pdf?__blob=publicationFile&v=10

3.4 Öffentliches Recht/Strafrecht

3.4.1 Umweltrecht und Umweltmanagement

3.4.1.1 Betriebsbeauftragte im Bereich Umweltschutz

Durchführung von gentechnischen Arbeiten oder Freisetzungen	Projektleiter, Ausschüsse oder Beauftragte für biologische Sicherheit	§ 6 Abs. 4 GenTG
Benutzer von Gewässern, die pro Tag mehr als 750 Kubikmeter Wasser einleiten dürfen	Betriebsbeauftragter für Gewässerschutz	§ 64 Abs. 1 WHG
Betreiben bestimmter Anlagen, die mit Abfall zu tun haben	Betriebsbeauftragter für Abfall	§ 59 Abs. 1 KrWG
Betreiben bestimmter Anlagen, von denen Emissionen ausgehen	Betriebsbeauftragter für Immissionsschutz	§ 53 Abs. 1 BImSchG
Betreiben bestimmter Anlagen, von denen Emissionen ausgehen	Störfallbeauftragter	§ 58 a Abs. 1 BImSchG
Beförderung gefährlicher Güter	Gefahrgutbeauftragter	§ 3 Abs. 1 GbV
Umgang mit strahlenden Stoffen	Strahlenschutzbeauftragter	§ 43 StrlSchV

3.4.1.2 Bußgeldkatalog

Stichwort zum Tatbestand	Normen	Geldbuße bis €
	Abfallverbringungsgesetz (AbfVerbrG)	
Verstoß gegen unmittelbar geltende EG-Vorschrift bzgl. Verbot der Ausfuhr von Abfällen	§ 18 Abs. 1 Nr. 1, 6, 10, 17 und 18 lit. a) und b) und Abs. 2 Nr. 1 i. V. m. Abs. 4	50 000
Verstoß gegen vollziehbare Auflage	§ 18 Abs. 1 Nr. 5, 9, 12, 13 und 14 und Abs. 2 Nr. 2 i. V. m. Abs. 4	20 000
Verstoß gegen Mitführungspflicht von Unterlagen	§ 18 Abs. 1 Nr. 2–4, 7, 8, 11, 15, 16, 18 c i. V. m. Abs. 4	10 000
	Abwasserabgabengesetz (AbwAG)	
Nichtvorlage von Unterlagen zu Schadeinheiten	§ 15 Abs. 1, 2	2 500
	Altölverordnung (AltölV)	
unrechtmäßige Aufbereitung	§ 10 Abs. 1 AltölV i. V. m. § 69 Abs. 1 Nr. 8, Abs. 3 KrWG	100 000
Verletzung Unterrichtungspflicht	§ 10 Abs. 2 AltölV i. V. m. § 69 Abs. 2 Nr. 15, Abs. 3 KrWG	10 000

Stichwort zum Tatbestand	Normen	Geldbuße bis €
Verstoß gegen Auskunftspflicht, unrechtmäßige Beförderung oder Verwendung, Errichtung Kernanlage ohne Genehmigung	Atomgesetz (AtG) § 46 Abs. 1 Nr. 1, 1a, 2, 2a, 2b, 2c, 2e, 3, 4 und 6 i. V.m. Abs. 2	50 000
Nichtmitführen des Genehmigungsbescheides	§ 46 Abs. 1 Nr. 2d, 5 i. V.m. Abs. 2	1 000
Verstoß gegen Qualitätsanforderungen für Kraftstoff, Verstoß gegen Bekanntgabe- und Aufbewahrungspflichten, Verstoß gegen Auskunftspflicht	Benzinbleigesetz (BzBlG) § 7 Abs. 1 i. V.m. Abs. 2	25 000
Überlassung eines biologischen Arbeitsstoffes	Biostoffverordnung (BioStoffV) § 20 Abs. 2 BioStoffV i. V.m. § 32 Abs. 1 Nr. 1, Abs. 2 HAG	10 000
Verstoß gegen Schutzmaßnahmen/Anzeigepflicht	§ 20 Abs. 1 BioStoffV i. V.m. § 25 Abs. 1 Nr. 1, Abs. 2 ArbSchG	5 000
Zuwiderhandlung vollziehbarer Anordnungen zur Gefahrenabwehr	Bundes-Bodenschutzgesetz (BBodSchG) § 26 Abs. 1 Nr. 2 i. V.m. Abs. 2	50 000
Verstoß gegen vollziehbare Anordnung	§ 26 Abs. 1 Nr. 1, 3, 4 i. V.m. Abs. 2	10 000
Errichtung Anlage ohne Genehmigung, Nichterfüllung vollziehbarer Auflage	Bundes-Immissonsschutzgesetz (BImSchG) § 62 Abs. 1, 3 Nr. 1a), Nr. 2 i. V.m. Abs. 4	50 000
Verstoß gegen Anzeigepflicht	§ 62 Abs. 2, 3 Nr. 1b) i. V.m. Abs. 4	10 000
Beeinträchtigung von wildlebenden Tieren, Verstoß gegen Artenschutzbestimmung	Bundesnaturschutzgesetz (BNatSchG) § 69 Abs. 1, 2, 3 Nr. 1–6, 17a, 18, 21, 26 und 27 lit. b), Abs. 4 Nr. 1, 3, Abs. 5, 6 i. V.m. Abs. 7	50 000
Beeinträchtigung/Zerstörung Lebensstätte wild lebender Tiere	§ 69 Abs. 3 Nr. 7–17, 19, 22–25, 27 lit. a), lit. c), Abs. 4 Nr. 2, 4 i. V.m. Abs. 7	10 000

Stichwort zum Tatbestand	Normen	Geldbuße bis €
Verstoß gegen Verordnung zur Abgabe von gefährlichen Stoffen	Chemikaliengesetz (ChemG) § 26 Abs. 1 Nr. 7 lit. b) i. V. m. Abs. 2	200 000
unrechtmäßiges Einführen oder In-Verkehr-Bringen, Versuche ohne Genehmigung	§ 26 Abs. 1 Nr. 4, 5, 6, 7 lit. a), 8 lit. b), 10, 11 i. V. m. Abs. 2	50 000
Verstoß gegen Umgangsregelungen	§ 26 Abs. 1 Nr. 6a[1], 7 lit. c), 8 lit. a), 9, 10a i. V. m. Abs. 2	10 000
Verstoß gegen EG-Verordnungen	Chemikalien-Sanktionsverordnung (ChemSanktionsV) §§ 2, 6, 10[2], 11, 13, 14, 16, 18 ChemSanktionsV i. V. m. § 26 Abs. 1 Nr. 11, Abs. 2 ChemG	50 000
Verstoß gegen Registrierungspflichten, unrechtmäßiges In-Verkehr-Bringen	Elektro- und Elektronikgerätegesetz (ElektroG) § 45 Abs. 1 Nr. 1–9 und 12, 13a i. V. m. Abs. 2	100 000
Verstoß gegen Mitteilungspflicht	§ 45 Abs. 1 Nr. 10, 11, 13, 14, 15 i. V. m. Abs. 2	10 000
Verstoß gegen Rücknahmepflichten von bestimmten Stoffen	Chemikalien-Ozonschichtverordnung (ChemOzonschichtV) § 6 Abs. 3 ChemOzonschichtV i. V. m. § 69 Abs. 1 Nr. 8, Abs. 3 KrWG	100 000
	§ 6 Abs. 1 ChemOzonschichtV i. V. m. § 26 Abs. 1 Nr. 7 lit. a) Abs. 2 ChemG	50 000
	§ 6 Abs. 2 ChemOzonschichtV i. V. m. § 26 Abs. 1 Nr. 7 lit. c) ChemG; § 6 Abs. 5 ChemOzonschichtV i. V. m. § 69 Abs. 2 Nr. 15, Abs. 3 KrWG	10 000
unrechtmäßiges Errichten/ Betreiben Anlage	Verordnung über Anlagen zur Feuerbestattung (27. BImSchV) § 14 der 27. BImSchV i. V. m. § 62 Abs. 1 Nr. 7, Abs. 4 BImSchG	50 000

---

[1] Aufgehoben mit Wirkung zum 1.1.2020.
[2] VO (EG) Nr. 1102/2008 aufgehoben und geändert durch VO (EU) 2017/852 des Europäischen Parlaments und des Rates vom 17.5.2017.

Stichwort zum Tatbestand	Normen	Geldbuße bis €
Verstoß gegen Verwendungs-beschränkungen Verstoß gegen Mitteilungspflicht	Gefahrstoffverordnung (GefStoffV) § 24 Abs.1 GefStoffV i.V.m. § 26 Abs.1 Nr.7 lit.a), Abs.2 ChemG	50 000
Verstoß gegen Tätigkeits-vorschriften	§ 21 GefStoffV i.V.m. § 26 Abs.1 Nr.8 lit.b), Abs.2 ChemG	50 000
	§ 22 GefStoffV i.V.m. § 26 Abs.1 Nr.8 lit.b), Abs.2 ChemG	50 000
Verstoß gegen Beförderungsvor-schriften gefährlicher Güter im Straßenverkehr, Eisenbahnverkehr, in der Binnenschifffahrt	Gefahrgutverordnung Straße, Eisenbahn und Binnenschifffahrt (GGVSEB) § 37 Abs.1 GGVSEB i.V.m. § 10 Abs.1 Nr.1 lit.b), Abs.2 GGBefG	50 000
Verstoß gegen Beförderungsvor-schriften gefährlicher Güter mit Seeschiffen (ohne Binnengewässer)	Gefahrgutverordnung See (GGVSee) § 27 Abs.1 GGVSee i.V.m. § 10 Abs.1 Nr.1 lit.b), Abs.2 GGBefG	50 000
unrechtmäßiges In-Verkehr-Bringen, unrechtmäßiges Anbringen von Zeichen/Aufschriften	Geräte- und Maschinenlärmschutz-verordnung (32. BImSchV) § 9 Abs.1 der 32. BImSchV i.V.m. § 39 Abs.1 Nr.7 lit.a), Abs.2 ProdSG	100 000
Verstoß gegen Betriebsvorschriften in Wohngebieten, Verstoß gegen Unterrichtungspflicht	§ 9 Abs.2 der 32. BImSchV i.V.m. § 62 Abs.1 Nr.7, Abs.4 BImschG	50 000
Verstoß gegen Aufbewahrungs-pflichten	§ 9 Abs.1a der 32. BImSchV i.V.m. § 39 Abs.1 Nr.7 lit.b), Abs.2 ProdSG	10 000
unbefugte Verwendung von GS-Zeichen	Produktsicherheitsgesetz (ProdSG) § 39 Abs.1 Nr.7 lit.a), 8 lit.b), 9, 16 lit.a), 17 lit.a) i.V.m. Abs.2	100 000
Verstoß gegen Hinweis-Kennzeich-nungspflicht	§ 39 Abs.1 Nr.1–6, 7 lit.b), 8 lit.a), 10–15, 16 lit.b), 17 lit.b) i.V.m. Abs.2	10 000

Stichwort zum Tatbestand	Normen	Geldbuße bis €
Verstoß gegen bestimmte Rechtsverordnungen, vollziehbare Anordnungen	Gesetz über die Beförderung gefährlicher Güter (GGBefG) §10 Abs.1 Nr.1, 1a, 2 i.V.m. Abs.2	50 000
Verstoß gegen Auskunftspflicht	§10 Abs.1 Nr.3, 4, 5 i.V.m. Abs.2	1 000
Durchführung Vorhaben ohne Planfeststellungsbeschluss oder -genehmigung	Gesetz über die Umweltverträglichkeitsprüfung (UVPG) §69 Abs.1 Nr.1, 2, 3 lit.a) i.V.m. Abs.2	50 000
Verstoß gegen Rechtsverordnung bzgl. Informationspflichten, Vorlage von Unterlagen	§69 Abs.1 Nr.3 lit.b) i.V.m. Abs.2	20 000
unrechtmäßiges Errichten/ Betreiben einer Anlage	Verordnung über Großfeuerungs-, Gasturbinen- und Verbrennungsmotoranlagen (13. BImSchV) §29 Abs.1 der 13. BImSchV i.V.m. §62 Abs.1 Nr.2, Abs.4 BImSchG	50 000
Verstoß gegen Nachweispflicht	§29 Abs.2 der 13. BImSchV i.V.m. §62 Abs.1 Nr.7, Abs.4 BImSchG	50 000
unrechtmäßiges Errichten/ Betreiben einer Anlage	Holzstaub-Verordnung (7. BImSchV) §7 der 7. BImSchV i.V.m. §62 Abs.1 Nr.7, Abs.4 BImSchG	50 000
unrechtmäßiges Errichten/ Betreiben einer Anlage	Kohlenwasserstoffemissions-Verordnung (20. BImSchV) §13 der 20. BImSchV i.V.m. §62 Abs.1 Nr.2, Nr.7, Abs.4 BImSchG	50 000
unrechtmäßige Veräußerung/ Auszeichnung, unrechtmäßiges In-Verkehr-Bringen	Kraftstoffqualitäts-Verordnung (10. BImSchV) §20 der 10. BImSchV i.V.m. §62 Abs.1 Nr.7, Abs.4 BImSchG	50 000
unrechtmäßige Lagerung/ Behandlung	Kreislaufwirtschaftsgesetz (KrWG) §69 Abs.1 i.V.m. Abs.3	100 000
Verstoß gegen Anzeigepflicht	§69 Abs.2 i.V.m. Abs.3	10 000

Stichwort zum Tatbestand	Normen	Geldbuße bis €
unsachgemäße Verwendung	Pflanzenschutzgesetz (PflSchG) §68 Abs.1 Nr.1, 2, 3 lit.a), 4, 6, 7, 9–12, 17, 23–25, 29, Abs.2 Nr.1–3 i.V.m. Abs.3	50 000
Verstoß gegen Anzeige-, Mitteilungspflicht	§68 Abs.1 Nr.3 lit.b), 5, 8, 13–16, 18–22, 26–28, 30–39, Abs.2 Nr.4 i.V.m. Abs.3	10 000
Zuwiderhandlung einer vollziehbaren Auflage	Störfall-Verordnung (12. BImSchV) §21 der 12. BImSchV i.V.m. §62 Abs.1 Nr.2, 7, Abs.4 BImSchG	50 000
Handeln ohne Genehmigung	Strahlenschutzverordnung (StrlSchV) §116 StrlSchV i.V.m. §46 Abs.1 Nr.4, Abs.2 AtG	50 000
Überschreitung von Emissionsgrenzwert, Massenverhältnis, Verstoß gegen Überwachungspflicht	Titandioxid-Emissionsbegrenzungsverordnung (25. BImSchV) §7 der 25. BImSchV i.V.m. §62 Abs.1 Nr.7, Abs.4 BImSchG	50 000
Verstoß gegen Berichts-, Angabepflicht	Treibhausgas-Emissionshandelsgesetz (TEHG) §32 Abs.1 i.V.m. Abs.4	500 000
Freisetzen von Treibhausgasen ohne Genehmigung	§32 Abs.2–3a i.V.m. Abs.4	50 000
Verstoß gegen Bezeichnungsvorschriften	Umweltauditgesetz (UAG) §37 Abs.1 Nr.2–4, 7, 9, 11, 12, 13 i.V.m. Abs.3	25 000
Verstoß gegen Angabepflichten	§37 Abs.1 Nr.1, 5, 6, 8, 10 i.V.m. Abs.3	5 000
Verstoß gegen Rechtsverordnung	Umwelthaftungsgesetz (UmweltHG) §22	5 000
unrechtmäßiges Errichten/ Betreiben einer Anlage	Verordnung über Anlagen zur biologischen Behandlung von Abfällen (30. BImSchV) §18 der 30. BImSchV i.V.m. §62 Abs.1 Nr.2, Abs.4 BImSchG	50 000
unrechtmäßiges Errichten/ Betreiben einer Anlage	Verordnung über elektromagnetische Felder (26. BImSchV) §9 der 26. BImSchV i.V.m. §62 Abs.1 Nr.7, Abs.4 BImSchG	50 000

Stichwort zum Tatbestand	Normen	Geldbuße bis €
unrechtmäßiges In-Verkehr-Bringen	Verordnung über Emissionsgrenzwerte für Verbrennungsmotoren (28. BlmSchV) §11 der 28. BlmSchV i.V.m. §62 Abs.1 Nr.7, Abs.4 BlmSchG	50 000
Verstoß gegen Ausrüstungspflichten	Verordnung über Abfallverbrennungsanlagen (17. BlmSchV) §27 Abs.1 der 17. BlmSchV i.V.m. §62 Abs.1 Nr.2, Abs.4 BlmSchG	50 000
unrechtmäßiges Betreiben einer Anlage	§27 Abs.2 der 17. BlmSchV i.V.m. §62 Abs.1 Nr.7, Abs.4 BlmSchG	50 000
unrechtmäßiges Betreiben/Errichten einer Tankstelle	Verordnung zur Begrenzung der Kohlenwasserstoffemissionen bei der Betankung von Kfz (21. BlmSchV) §9 der 21. BlmSchV i.V.m. §62 Abs.1 Nr.7, Abs.4 BlmSchG	50 000
unrechtmäßiges Betreiben/Errichten einer Anlage Verstoß gegen Anzeigepflicht	VOC-Verordnung (31. BlmSchV) §12 Abs.1 der 31. BlmSchV i.V.m. §62 Abs.1 Nr.2, Abs.4 BlmSchG	50 000
	§12 Abs.2 der 31. BlmSchV i.V.m. §62 Abs.1 Nr.7, Abs.4 BlmSchG	50 000
Benutzung ohne Erlaubnis/Bewilligung Verstoß gegen Auskunftspflicht	Wasserhaushaltsgesetz (WHG) §103 Abs.1 Nr.1–3 lit.a), Nr.4–7, Nr.7a lit.a), Nr.8 lit.a), Nr.8a lit.a), Nr.9, Nr.10, Nr.12–19 i.V.m. Abs.2	50 000
	§103 Abs.1 Nr.3 lit.b), Nr.7a lit.b), Nr.8 lit.b), Nr.8a lit.b), Nr.11, Nr.20, Nr.21 i.V.m. Abs.2	10 000

3.4.2   Erneuerbare-Energien-Gesetz[1]

A. Überblick über das EEG[2]

Das EEG ist und bleibt das zentrale Steuerungsinstrument für den Ausbau der erneuerbaren Energien.

Der Ausbau der erneuerbaren Energien erfolgt insbesondere im Interesse des Klima- und Umweltschutzes zur Entwicklung einer nachhaltigen Energieversorgung. Daneben sollen die volkswirtschaftlichen Kosten der Energieversorgung verringert, die fossilen Energieressourcen geschont und die Technologieentwicklung im Bereich der erneuerbaren Energien vorangetrieben werden.

Finanziert wird der Ausbau der erneuerbaren Energien durch die EEG-Umlage. Durch das EEG können Betreiber von Anlagen, die Strom aus erneuerbaren Energien erzeugen, an den Ausschreibungen teilnehmen. Entscheiden sie diese für sich, erhalten sie von den Übertragungsnetzbetreibern für einen Zeitraum von i. d. R. 20 Jahren eine Marktprämie für jede eingespeiste kWh. Die von den Übertragungsnetzbetreibern gezahlte Marktprämie wird auf den Stromverbrauch verteilt, soweit dieser nicht durch Sonderregelungen von der Zahlung der EEG-Umlage teilweise privilegiert ist. Die hieraus resultierende Größe ist die EEG-Umlage. Zum 15. Oktober eines Jahres wird die Höhe der EEG-Umlage für das Folgejahr festgelegt. Für 2020 betrug diese 6,756 Cent/kWh. Aufgrund des „Corona-Konjunkturpakets" 2020 soll die EEG-Umlage schrittweise verlässlich gesenkt werden. Im Jahr 2021 lag sie bei 6,5 Cent/kWh und im Jahr 2022 soll sie bei 6,0 Cent/kWh liegen.

Mit der Reform des EEG im Jahr 2014
- wurde ein verbindlicher Ausbaukorridor festgelegt
- wurden die Kosten stark reduziert durch Konzentration auf die kostengünstigen Technologien Windkraft und Fotovoltaik
- wurde festgelegt, dass neue große Anlagen den produzierten Strom eigenverantwortlich vermarkten müssen (bessere Integration in den Strommarkt)
- wurde der rapide Anstieg der Strompreise gestoppt.

Das EEG 2017 hat die nächste Phase der Energiewende eingeläutet:
Die Vergütung des erneuerbaren Stroms wird seither nicht wie bisher staatlich festgelegt, sondern grundsätzlich durch Ausschreibungen am Markt ermittelt. Zudem wird der Ausbau der erneuerbaren Energien auf den Netzausbau abgestimmt. So werden für jede Technologie bestimmte Ausbaumengen festgelegt, die den verfügbaren Netzkapazitäten angepasst sind.

Der weitere Ausbau der erneuerbaren Energien ist und bleibt eine tragende Säule der Energiewende. Der Anteil erneuerbarer Energien am Bruttostromverbrauch lag 2019 bei 42,1 %. Die Ziele der Bundesregierung wurden somit übererfüllt und der untere Zielwert aus dem Energiekonzept für das Jahr 2025 bereits jetzt erreicht. Für 2030 sieht das Gesetz in Anlehnung an das Klimaschutzprogramm der Bundesregierung[3] vom 9. Oktober 2019 ein Ziel von 65 % vor

---

[1] Vgl. auch Informationsportal Erneuerbare Energien des Bundesministeriums für Wirtschaft und Energie, www.erneuerbare-energien.de
[2] Vgl. Gesetz vom 21.7.2014 (BGBl I 2014 S. 1066), zuletzt geändert durch Art. 11 des Gesetzes vom 16.7.2021 (BGBl I 2021 S. 3026).
[3] BT-Drs. 19/13900.

(§ 1 Abs. 2 EEG 2021). Vor dem Jahr 2025 soll der gesamte im Staats- und Bundesgebiet erzeugte oder verbrauchte Strom treibhausgasneutral erzeugt werden (§ 1 Abs. 3 EEG 2021). Mehr Wettbewerb, ein kontinuierlicher Ausbau mit effektiver Steuerung, Begrenzung der Kosten, Akteursvielfalt und Verzahnung mit dem Netzausbau sind die Koordinaten für die nächste Phase der Energiewende. Das EEG 2017 ist das zentrale Instrument, um eine effektive jährliche Mengensteuerung zu erreichen und die erneuerbaren Energien stärker an den Markt heranzuführen.

B. Bestandsschutz für Altanlagen

Betreiber bestehender Anlagen erhalten weiterhin die Förderung, die bei der Inbetriebnahme gültig war. Für neue Anlagen gelten die Fördersätze des EEG 2017.

C. Einspeisevergütung/Ausschreibungsmodell

Seit dem 1. Januar 2017 wird die Höhe der EEG-Vergütungen durch Ausschreibungen am Markt bestimmt. Betreiber sind gehalten, an den Ausschreibungen der Bundesnetzagentur teilzunehmen. Den Zuschlag erhalten die Betreiber mit den geringsten Fördersummen.

Ausgeschrieben werden die Förderung für
– Windenergie an Land
– Windenergie auf See (seit 2021 – geregelt im WindSeeG)
– Solaranlagen
– Biomasse
– Innovative Anlagekonzepte.

Ausgenommen sind dabei kleine Anlagen ≤ 750 kW (Biomasse: ≤ 150 kW), für die gesetzlich festgesetzte Einspeisevergütungen gelten (zwischen 11 und 12 ct/kWh).

Ausschreibungsvolumen:
– Windenergie an Land: 2021: 4500 mW, 2022: 2900 mW, 2023: 3000 mW (§ 28 EEG 2021)
– Windenergie auf See: ab 2021 gem. § 17 WindSeeG durch Bundesnetzagentur festzulegen.
– Solaranlagen: 1. Segment: 2021: 1850 mW
                                    2022: 1600 mW ab 2023: 1650 mW
                                    (§ 28 a Abs. 1 EEG 2021)
                2. Segment: 2021 + 2022: 300 mW
                                    2023 + 2024: 350 mW
                                    ab 2024: 400 mW (§ 28 a Abs. 2 EEG 2021)
– Biomasse: 2022 + 2023: 600 mW (§ 28 b EG 2021)
– Innovative Anlagekonzepte: 2022 + 2023: 600 mW
                                           2024: 650 mW
                                           2025: 700 mW
                                           2026: 750 mW
                                           2027: 800 mW
                                           2028: 850 mW (§ 28 c EEG 2021)

Das Ausschreibungsmodell verfolgt drei zentrale Ziele:

- bessere Planbarkeit durch effektive Steuerung des zukünftigen Ausbaus
- mehr Wettbewerb zwischen den Anlagenbetreibern (Grundprinzip: Vergütung des erneuerbaren Stroms nur in der Höhe, die für einen wirtschaftlichen Betrieb der Anlagen erforderlich ist)
- hohe Vielfalt (von kleinen Bürgerenergiegenossenschaften bis zu großen Firmen)

D. Besondere Ausgleichsregelung für Unternehmen

Stromintensive Unternehmen aus Branchen, die im internationalen Wettbewerb stehen, werden von der EEG-Umlage ausgenommen, da andernfalls nicht nur die Wettbewerbsfähigkeit, sondern auch Arbeitsplätze in Gefahr wären. Für diese Unternehmen gilt in Bezug auf die EEG-Umlage eine „Besondere Ausgleichsregelung" (§ 64 EEG 2021). Für die erste Gigawattstunde zahlen sie die volle EEG-Umlage, für jede weitere kWh 15 % dieser Umlage, jedoch begrenzt auf 4 % der unternehmenseigenen Bruttowertschöpfung. Diese Rahmenbedingungen für die strom- und handelsintensive Industrie sind in den Umweltschutz- und Energiebeihilferichtlinien der Europäischen Kommission europaweit einheitlich geregelt.

3.4.2.1 Anwendungsbereich

Anwendungs-bereich	Das EEG gilt für Anlagen, d.h. jede Einrichtung zur Erzeugung von Strom aus erneuerbaren Energien oder aus Grubengas, wenn und soweit die Erzeugung des Stroms im Staatsgebiet der Bundesrepublik Deutschland einschließlich der deutschen ausschließlichen Wirtschaftszone (Bundesgebiet) erfolgt.	§§ 3 Nr. 1, 5 Abs. 1 EEG

3.4.2.2 Berechnung der Förderungswerte

A. Allgemeines zur Förderungsprämie/-vergütung für Strom, §§ 19, 23 EEG

Höhe des Anspruchs	Die Höhe des Anspruchs auf eine Marktprämie oder Einspeisevergütung (§ 19 EEG) bestimmt sich nach den hierfür als Berechnungsgrundlage anzulegenden Werten für Strom aus erneuerbaren Energien aus Grubengas.	§ 23 Abs. 1 EEG
Anzulegender Wert	Anzulegender Wert ist der Wert, den die Bundesnetzagentur für Elektrizität, Gas, Telekommunikation, Post und Eisenbahnen im Rahmen einer Ausschreibung nach §§ 22, 28–39 j EEG ermittelt oder der durch die §§ 40–49 EEG gesetzlich bestimmt ist und der die Grundlage für die Berechnung der Marktprämie oder der Einspeisevergütung ist.	§ 3 Nr. 3 EEG

B. Anzulegende Werte nach Sparten, §§ 40 bis 51 EEG

Wasserkraft, § 40 EEG[1]	– bis einschließlich einer Bemessungsleistung von 500 Kilowatt 12,15 Cent pro Kilowattstunde, – bis einschließlich einer Bemessungsleistung von 2 Megawatt 8,01 Cent pro Kilowattstunde, – bis einschließlich einer Bemessungsleistung von 5 Megawatt 6,13 Cent pro Kilowattstunde, – bis einschließlich einer Bemessungsleistung von 10 Megawatt 5,37 Cent pro Kilowattstunde, – bis einschließlich einer Bemessungsleistung von 20 Megawatt 5,18 Cent pro Kilowattstunde, – bis einschließlich einer Bemessungsleistung von 50 Megawatt 4,16 Cent pro Kilowattstunde und – ab einer Bemessungsleistung von mehr als 50 Megawatt 3,4 Cent pro Kilowattstunde.
Deponiegas, § 41 Abs. 1 EEG	– bis einschließlich einer Bemessungsleistung von 500 Kilowatt 7,69 Cent pro Kilowattstunde – bis einschließlich einer Bemessungsleistung von 5 Megawatt 5,33 Cent pro Kilowattstunde.
Klärgas, § 41 Abs. 2	– bis einschließlich einer Bemessungsleistung von 500 Kilowatt 6,11 Cent pro Kilowattstunde, – bis einschließlich einer Bemessungsleistung von 5 Megawatt 5,33 Cent pro Kilowattstunde.
Grubengas, § 41 Abs. 3[2]	– bis einschließlich einer Bemessungsleistung von 1 Megawatt 6,16 Cent pro Kilowattstunde, – bis einschließlich einer Bemessungsleistung von 5 Megawatt 3,93 Cent pro Kilowattstunde, – ab einer Bemessungsleistung von mehr als 5 Megawatt 3,47 Cent pro Kilowattstunde.
Biomasse, § 42 EEG	– bis einschließlich einer Bemessungsleistung von 150 Kilowatt 12,8 Cent pro Kilowattstunde.
Vergärung von Bioabfällen, § 43 EEG[3]	– bis einschließlich einer Bemessungsleistung von 500 Kilowatt 14,3 Cent pro Kilowattstunde, – bis einschließlich einer Bemessungsleistung von 20 Megawatt 12,54 Cent pro Kilowattstunde.

---

[1] Anlagen, die vor dem 1.1.2009 in Betrieb genommen wurden, haben den Anspruch nur unter den in § 40 Abs. 2 und 3 EEG genannten Voraussetzungen. Ansonsten müssen die Anlagen die in § 40 Abs. 4 EEG genannten Voraussetzungen erfüllen.

[2] Anspruch besteht nur, wenn Grubengas aus Bergwerken des aktiven oder stillgelegten Bergbaus stammt, § 41 Abs. 3 Satz 2 EEG.

[3] Voraussetzung des Förderanspruchs sind besondere Anforderungen an den Vergärungsprozess, vgl. § 46 EEG.

Vergärung von Gülle, § 44 EEG	22,23 Cent pro Kilowattstunde, wenn – Strom am Standort der Biogaserzeugungsanlage erzeugt wird, – installierte Leistung am Standort der Biogaserzeugungsanlage insgesamt bis zu 150 Kilowatt beträgt und – zur Erzeugung des Biogases in dem jeweiligen Kalenderjahr durchschnittlich ein Anteil von Gülle mit Ausnahme von Geflügelmist und Geflügeltrockenkot von mind. 80 Masseprozent eingesetzt wird.
Geothermie, § 45 EEG	25,20 Cent pro Kilowattstunde.
Windenergie an Land bis 2018[1], § 46 EEG	Grundwert: 4,66 Cent pro Kilowattstunde. Abweichend vom Grundwert 8,38 Cent pro Kilowattstunde in den ersten 5 Jahren[2] ab Inbetriebnahme der Anlage.[3]
Windenergie auf See	Der anzulegende Wert ist der Gebotswert des von der Bundesnetzagentur bezuschlagten Gebots (§ 23 WindSeeG).
Solare Strahlungsenergie, § 48 EEG	Grundsatz: Bis einschließlich einer installierten Leistung von 10 Kilowatt 8,56 Cent[4] pro Kilowattstunde bzw. bis einschließlich einer installierten Leistung von 40 Kilowatt: 8,33 Cent pro Kilowattstunde bzw. bis einschließlich einer installierten Leistung von 750 Kilowatt 6,62 Cent pro Kilowattstunde, wenn Anlage – in, an oder auf einem Gebäude oder einer sonstigen baulichen Anlage angebracht ist und das Gebäude oder die sonstige bauliche Anlage vorrangig zu anderen Zwecken als der Erzeugung von Strom aus solarer Strahlungsenergie errichtet worden ist, – auf einer Fläche errichtet worden ist, für die ein Verfahren nach § 38 Satz 1 des Baugesetzbuchs durchgeführt wurde oder – im Bereich eines beschlossenen Bebauungsplans im Sinne des § 30 des Baugesetzbuches errichtet worden ist und der Bebauungsplan bestimmte zeitliche und inhaltliche Voraussetzungen erfüllt.[5]

---

[1] Für Strom aus Windenergieanlagen an Land, die nach dem 31.12.2018 in Betrieb genommen werden und deren anzulegender Wert gesetzlich bestimmt wird, berechnet der Netzbetreiber den anzulegenden Wert nach § 36h Abs. 1 EEG, wobei der Zuschlagswert durch den Durchschnitt aus den Gebotswerten des jeweils höchsten noch bezuschlagten Gebots der Gebotstermine für Windenergieanlagen an Land im Vorvorjahr zu ersetzen ist (vgl. EEG).

[2] Unter bestimmten Voraussetzungen verlängert sich die Frist, vgl. § 46 Abs. 2 Satz 2, 3 und Abs. 3 EEG.

[3] Unter bestimmten Voraussetzungen ist der anzulegende Wert für nach dem 1.3.2017 *in Betrieb genommene* Anlagen geringer (vgl. EEG).

[4] Abweichende Werte für Anlagen, die ausschließlich in, an oder auf einem Gebäude oder einer Lärmschutzwand, vgl. § 48 Abs. 2, sowie für Anlagen, die nicht an Wohngebäuden angebracht worden sind und im Außenbereich i.S.d. § 35 BauGB errichtet wurden, vgl. § 48 Abs. 3.

[5] Näheres vgl. § 48 Abs. 1 Nr. 3 lit. a) bis c) EEG 2021.

3.4.2.3　Verringerung der Höhe des Förderanspruchs, § 23 Abs. 3 EEG

Anteil der in einem Kalenderjahr erzeugten Strommenge aus Biogas	Verringerung des Anspruchs aus § 19 Abs. 1 EEG für jede Kilowattstunde, um die die Höchstbemessungsleistung der Anlage überschritten wird.	§ 23 Abs. 3 Nr. 1, § 39 i Abs. 2 S. 1 oder § 44 b Abs. 1 S. 2 EEG
Negative Preise	Wert der Stundenkontrakte am Spotmarkt der Strombörse ist an mind. 6 aufeinanderfolgenden Stunden negativ.	§§ 23 Abs. 3 Nr. 2, 51 EEG
Pflichtverletzung	Anlagenbetreiber verstößt gegen bestimmte Vorschriften des EEG.	§§ 23 Abs. 3 Nr. 3, 52, 44 c Abs. 8, Anlage 3 Nr. 1.5 EEG
Inanspruchnahme Einspeisevergütung	Anlagenbetreiber wählt Einspeisevergütung nach §§ 37 oder 38 EEG als Veräußerungsform.	§§ 23 Abs. 3 Nr. 4, 53 EEG
Inanspruchnahme von Regionalnachweis	Dem Anlagenbetreiber wurde für Strom ein Regionalnachweis ausgestellt.	§§ 23 Abs. 3 Nr. 6, 53 b EEG
Stromsteuerbefreiung	Strom wurde von der Stromsteuer befreit.	§§ 23 Abs. 3 Nr. 7, 53 c EEG
Wertermittlung durch Ausschreibung	Verspätete Inbetriebnahme einer Solaranlage bzw. Übertragung der Zahlungsberechtigung für Solaranlage auf anderen Standort (§ 54 Abs. 1 und 2 EEG).	§§ 23 Abs. 3 Nr. 8, 54 Abs. 1 und 2 EEG

3.4.2.4 Übergangsvorschriften nach §§ 100 ff. EEG

Für Strom aus Anlagen, die vor dem 1.1.2021 in Betrieb genommen worden sind, bzw. deren anzulegender Wert in einem Zuschlagsverfahren eines Gebotstermins vor dem 1.1.2021 ermittelt wurde bzw. die vor dem 1.1.2021 als Pilotwindenergieanlagen an Land/auf See (vgl. WindSeeG) durch die Bundesnetzagentur festgestellt wurden, sind die Bestimmungen des EEG in der am 31.12.2020 geltenden Fassung unter Berücksichtigung der in den §§ 100 ff. EEG (insb. § 100 Abs. 1 EEG) normierten Übergangsregelungen anzuwenden.
Weitere Übergangsbestimmungen: vgl. §§ 100–104 EEG.[1]

3.4.3 Straftaten und Ordnungswidrigkeiten im Unternehmensbereich

3.4.3.1 Tabelle ausgewählter Tatbestände

Tatbestand	Normen	Ahndung	
		Straftat	**Ordnungs-widrigkeit**
		FS = Freiheitsstrafe GS = Geldstrafe (€)	GB = Geldbuße (€)
Allgemeine Straftatbestände			
Unterschlagung	§ 246 Abs. 1 StGB	FS bis 3 Jahre oder GS	
– veruntreuende Unterschlagung	§ 246 Abs. 2 StGB	FS bis 5 Jahre oder GS	

---

[1] Inbetriebnahmebegriff nach § 3 Nr. 5 EEG a.F.: Die erstmalige Inbetriebsetzung des Generators der Anlage nach Herstellung der technischen Betriebsbereitschaft der Anlage, unabhängig davon, ob der Generator mit erneuerbaren Energien, Grubengas oder sonstigen Energieträgern in Betrieb gesetzt wurde; die technische Betriebsbereitschaft setzt voraus, dass die Anlage an dem für den dauerhaften Betrieb vorgesehenen Ort und dauerhaft mit dem für die Erzeugung von Wechselstrom erforderlichen Zubehör installiert wurde; der Austausch des Generators oder sonstiger technischer oder baulicher Teile nach der erstmaligen Inbetriebnahme führt nicht zu einer Änderung des Zeitpunkts der Inbetriebnahme.

Tatbestand	Normen	Ahndung	
		Straftat	Ordnungs-widrigkeit
Verbergen, Verschleierung der Herkunft, Vereiteln der Ermittlung der Herkunft etc. eines Gegenstandes, der aus rechtswidrigen Taten herrührt (Geldwäsche, Verschleierung unrechtmäßiger Vermögenswerte)	§ 261 Abs. 1 StGB	FS bis 5 Jahre oder GS	
– in besonders schweren Fällen	§ 261 Abs. 5 StGB	FS 6 Mon. bis 10 Jahre	
– leichtfertig	§ 261 Abs. 6 StGB	FS bis 2 Jahre oder GS	
Verschaffung rechtswidriger Vermögensvorteile; Beschädigung des Vermögens eines anderen durch Vorspiegelung falscher Tatsachen etc. (Betrug)	§ 263 Abs. 1 StGB	FS bis 5 Jahre oder GS	
– in besonders schweren Fällen	§ 263 Abs. 3 StGB	FS 6 Mon. bis 10 Jahre	
Gewerbsmäßiger Betrug als Mitglied einer Bande – in minder schweren Fällen	§ 263 Abs. 5 StGB	FS 1 bis 10 Jahre FS 6 Mon. bis 5 Jahre	
Verschaffung rechtswidriger Vermögensvorteile durch unrichtige Gestaltung von Programmen, durch Verwendung unrichtiger oder unvollständiger Daten, durch unbefugte Verwendung von Daten etc. (Computerbetrug)	§ 263a Abs. 1 StGB	FS bis 5 Jahre oder GS	
Unrichtige oder unvollständige sowie unterlassene Angaben über subventionserhebliche Tatsachen gegenüber dem Subventionsgeber (Subventionsbetrug)	§ 264 Abs. 1 StGB	FS bis 5 Jahre oder GS	
– in besonders schweren Fällen	§ 264 Abs. 2 StGB	FS 6 Mon. bis 10 Jahre	
– leichtfertig	§ 264 Abs. 5 StGB	FS bis 3 Jahre oder GS	

Tatbestand	Normen	Ahndung	
		Straftat	Ordnungs-widrigkeit
Täuschende Handlungen in Bezug auf Wertpapiere, Bezugsrechte und Anteile, die eine Beteiligung an dem Ergebnis eines Unternehmens gewähren sollen (Kapitalanlage-betrug/Prospektbetrug)	§ 264a StGB	FS bis 3 Jahre oder GS	
Beschädigen, Zerstören, Beiseite-schaffen etc. einer versicherten Sache in der Absicht, sich oder einem Dritten die Versicherungs-leistungen zu verschaffen (Versicherungsmissbrauch)	§ 265 StGB	FS bis 3 Jahre oder GS	
Falsche Angaben bei Antrag auf Gewährung, Belassung oder Ver-änderung der Bedingungen eines Kredites (Kreditbetrug)	§ 265b StGB	FS bis 3 Jahre oder GS	
Vorteilsforderung oder -annahme zwecks Beeinflussung eines sport-lichen Wettbewerbs (Sportwett-betrug) — in besonders schweren Fällen	§ 265c StGB § 265 e StGB	FS bis 3 Jahre oder GS FS 3 Monate bis 5 Jahre	
Vorteilsforderung oder -annahme zwecks Beeinflussung eines berufssportlichen Wettbewerbs (Manipulation von berufssportlichen Wettbewerben) — in besonders schweren Fällen	§ 265d StGB § 265 e StGB	FS bis 3 Jahre oder GS FS 3 Monate bis 5 Jahre	
Zufügen eines Nachteils durch Missbrauch der Befugnis, über fremdes Vermögen zu verfügen, oder Verletzung der Pflichten bei der Wahrnehmung fremder Ver-mögensinteressen (Untreue) — in besonders schweren Fällen	§ 266 Abs. 1 StGB § 266 Abs. 2 i.V.m. § 263 Abs. 3 StGB	FS bis 5 Jahre oder GS FS 6 Mon. bis 10 Jahre	

Tatbestand	Normen	Ahndung	
		Straftat	Ordnungs-widrigkeit
Vorenthalten von Beiträgen des Arbeitnehmers zur Sozialversicherung oder zur Arbeitsförderung gegenüber diesen Institutionen	§ 266a Abs. 1 StGB	FS bis 5 Jahre oder GS	
– in besonders schweren Fällen	§ 266a Abs. 4 StGB	FS 6 Mon. bis 10 Jahre	
Missbrauch von Scheck- und Kreditkarten	§ 266b Abs. 1 StGB	FS bis 3 Jahre oder GS	
Herstellung einer unechten, Verfälschung einer echten oder Gebrauch einer unechten oder verfälschten Urkunde zur Täuschung im Rechtsverkehr (Urkundenfälschung)	§ 267 Abs. 1 StGB	FS bis 5 Jahre oder GS	
– in besonders schweren Fällen	§ 267 Abs. 3 StBG	FS 6 Mon. bis 10 Jahre	
Gewerbsmäßige Urkundenfälschung als Mitglied einer Bande	§ 267 Abs. 4 StGB	FS 1 bis 10 Jahre	
– in minder schweren Fällen		FS 6 Mon. bis 5 Jahre	
Bewirkung der Beurkundung oder Speicherung nicht oder in anderer Weise oder von falschen Personen abgegebener Erklärungen, Verhandlungen oder Tatsachen als abgegeben oder geschehen (mittelbare Falschbeurkundung)	§ 271 Abs. 1 StGB	FS bis 3 Jahre oder GS	
– Gebrauch einer solchen falschen Beurkundung oder Datenspeicherung	§ 271 Abs. 2 StGB	FS bis 3 Jahre oder GS	
– Handeln gegen Entgelt oder in Bereicherungs-/Schädigungsabsicht	§ 271 Abs. 3 StGB	FS 3 Mon. bis 5 Jahre	

Insolvenzstraftatbestände

Tatbestand	Normen	Straftat	Ordnungs-widrigkeit
Bestimmte Handlungen gem. § 283 Abs. 1 Nr. 1–8 StGB bei Überschuldung oder bei drohender oder eingetretener Zahlungsunfähigkeit bzw. Herbeiführung der Überschuldung bzw. Zahlungsunfähigkeit durch diese Handlungen (Bankrott)	§ 283 Abs. 1, 2 StGB	FS bis 5 Jahre oder GS	

Tatbestand	Normen	Ahndung	
		Straftat	Ordnungs-widrigkeit
Fahrlässige Nichterkennung bzw. leichtfertige Verursachung der Überschuldung bzw. der Zahlungsunfähigkeit Strafbarkeit nur, wenn Zahlungen eingestellt bzw. Insolvenzverfahren eröffnet oder Eröffnungsantrag mangels Masse abgelehnt	§ 283 Abs. 4 StGB	FS bis 2 Jahre oder GS	
Besonders schwere Fälle des Bankrotts	§ 283a StGB	FS 6 Mon. bis 10 Jahre	
Verletzung der Buchführungspflicht (Insolvenzstraftat) – bei fahrlässiger Begehung	§ 283b Abs. 1 StGB § 283b Abs. 2 StGB	FS bis 2 Jahre oder GS FS bis 1 Jahr oder GS	
Begünstigung von Gläubigern in Kenntnis der eigenen Zahlungs-unfähigkeit (Insolvenzstraftat)	§ 283c Abs. 1 StGB	FS bis 2 Jahre oder GS	
Beiseiteschaffen, Verheimlichen, Zerstören, Beschädigen oder Un-brauchbarmachen von Bestand-teilen des Vermögens eines ande-ren mit dessen Einwilligung oder zu dessen Gunsten in Kenntnis des-sen drohender Zahlungsunfähigkeit oder nach Zahlungseinstellung, in einem Insolvenzverfahren, in einem Verfaren über die Eröffnung des Insolvenzverfahrens (Schuldner-begünstigung – Insolvenzstraftat) – in besonders schweren Fällen	§ 283d Abs. 1 StGB § 283d Abs. 3 StGB	FS bis 5 Jahre oder GS FS 6 Mon. bis 10 Jahre	
Insolvenzantrag wird nicht, nicht richtig oder nicht rechtzeitig gestellt (Insolvenzverschleppung) – Fahrlässigkeit	§ 15a Abs. 1, 2 und 4 InsO § 15a Abs. 5 InsO	FS bis 3 Jahre oder GS FS bis 1 Jahr oder GS	

Tatbestand	Normen	Ahndung	
		Straftat	Ordnungs-widrigkeit

Wettbewerbsstraftatbestände

Tatbestand	Normen	Straftat	Ordnungswidrigkeit
Wettbewerbsbeschränkende Absprachen bei Ausschreibungen und freihändiger Vergabe eines Auftrags nach vorausgegangenem Teilnahmewettbewerb (Submissionsvergehen)	§ 298 StGB	FS bis 5 Jahre oder GS	
Bestechlichkeit und Bestechung im geschäftlichen Verkehr, auch für Handlungen im ausländischen Wettbewerb	§ 299 StGB	FS bis 3 Jahre oder GS	
– in besonders schweren Fällen	§ 300 StGB	FS 3 Mon. bis 5 Jahre	
Werbung durch unwahre oder irreführende Angaben, um den Anschein zu erwecken, ein besonders günstiges Angebot abzugeben	§ 16 Gesetz gegen den unlauteren Wettbewerb (UWG)	FS bis 2 Jahre oder GS	

Straftaten gegen die Umwelt

Tatbestand	Normen	Straftat	Ordnungswidrigkeit
Unbefugte Verunreinigung oder nachteilige Veränderung von Gewässern (Gewässerverunreinigung)	§ 324 Abs. 1 StGB	FS bis 5 Jahre oder GS	
– in besonders schweren Fällen	§ 330 Abs. 1 StGB	FS 6 Mon. bis 10 Jahre	
– bei fahrlässiger Begehung	§ 324 Abs. 3 StGB	FS bis 3 Jahre oder GS	
Verunreinigung des Bodens unter Verletzung verwaltungsrechtlicher Pflichten (Bodenverunreinigung)	§ 324a Abs. 1 StGB	FS bis 5 Jahre oder GS	
– in besonders schweren Fällen	§ 330 Abs. 1 StGB	FS 6 Mon. bis 10 Jahre	
– bei fahrlässiger Begehung	§ 324a Abs. 3 StGB	FS bis 3 Jahre oder GS	
Veränderung der Luft oder Freisetzung von Schadstoffen unter Verletzung verwaltungsrechtlicher Vorschriften (Luftverunreinigung)	§ 325 Abs. 1, 2 StGB	FS bis 5 Jahre oder GS	
– in besonders schweren Fällen	§ 330 Abs. 1 StGB	FS 6 Mon. bis 10 Jahre	
– bei fahrlässiger Begehung	§ 325 Abs. 4 StGB	FS bis 3 Jahre oder GS	

Tatbestand	Normen	Ahndung	
		Straftat	Ordnungs-widrigkeit

Straftaten von Amtsträgern

Tatbestand	Normen	Straftat	Ordnungswidrigkeit
Bestechlichkeit eines Amtsträgers	§ 332 Abs. 1 Satz 1 StGB	FS 6 Mon. bis 5 Jahre	
– in minder schweren Fällen	§ 332 Abs. 1 Satz 2 StGB	FS bis 3 Jahre oder GS	
– in besonders schweren Fällen	§ 335 StGB	FS 1 bis 10 Jahre	
Anbieten, Versprechen oder Gewähren eines Vorteils gegenüber einem Amtsträger (Vorteilsgewährung)	§ 333 Abs. 1 StGB	FS bis 3 Jahre oder GS	
– gegenüber (Schieds-)Richtern	§ 333 Abs. 2 StGB	FS bis 5 Jahre oder GS	
Bestechung eines Amtsträgers	§ 334 Abs. 1 Satz 1 StGB	FS 3 Mon. bis 5 Jahre	
– in minder schweren Fällen	§ 334 Abs. 1 Satz 2 StGB	FS bis 2 Jahre oder GS	
– in besonders schweren Fällen	§ 335 StGB	FS 1 bis 10 Jahre	

Gesellschaftsrechtliche Straftatbestände

Tatbestand	Normen	Straftat	Ordnungswidrigkeit
Unrichtige Wiedergabe der Verhältnisse einer Kapitalgesellschaft in Eröffnungsbilanz, Jahresabschluss etc. durch Organ einer Kapitalgesellschaft	§ 331 HGB	FS bis 3 Jahre oder GS	
Unrichtige Versicherung	§ 331 a HGB	FS bis 5 Jahre oder GS	
– in minder schweren Fällen	§ 331 a Abs. 2 HGB	FS bis 2 Jahre oder GS	
Unrichtiger Bericht oder inhaltlich unrichtiger Bestätigungsvermerk eines Abschlussprüfers bei Kapitalgesellschaft	§ 332 Abs. 1 HGB	FS bis 3 Jahre oder GS	
Verletzung der Geheimhaltungspflicht durch Abschlussprüfer einer Kapitalgesellschaft	§ 333 Abs. 1 HGB	FS bis 1 Jahr oder GS	
Ordnungswidrigkeiten im Rahmen des HGB	§ 334 Abs. 3 HGB		GB bis 50 000 €

Tatbestand	Normen	Ahndung	
		Straftat	Ordnungs-widrigkeit
Falsche Angaben oder das Ver-schweigen erheblicher Umstände von Gründern, Vorstandsmitglie-dern und Aufsichtsrat z.B. bei Ein-tragung der Gesellschaft, Übernah-me der Aktien, Verwendung der eingezahlten Beiträge, dem Ausga-bebetrag der Aktien u.a.	§ 399 Abs. 1 Nr. 1–6 AktG	FS bis 3 Jahre oder GS	
Unwahrheitsgemäße Erklärung gem. § 210 Abs. 1 Satz 2 AktG zum Zweck der Eintragung einer Erhöhung des Grundkapitals durch Vorstands- oder Aufsichtsrats-mitglieder	§ 399 Abs. 2 AktG	FS bis 3 Jahre oder GS	
Unrichtige oder verschleierte Dar-stellung der Verhältnisse der Gesell-schaft durch Vorstands- oder Auf-sichtsratsmitglieder sowie Abwickler	§ 400 Abs. 1 AktG	FS bis 3 Jahre oder GS	
Verletzung der Anzeige-, Antrags- und sonstigen Verpflichtungen bei Verlust der Hälfte des Grundkapi-tals, bei Zahlungsunfähigkeit oder Überschuldung durch Vorstandsmit-glieder	§ 401 Abs. 1 AktG	FS bis 3 Jahre oder GS	
– bei fahrlässiger Begehung	§ 401 Abs. 2 AktG	FS bis 1 Jahr oder GS	
Falsche Ausstellung oder Verfäl-schung von Berechtigungsnach-weisen	§ 402 Abs. 1 AktG	FS bis 3 Jahre oder GS	
Verletzung der Berichtspflicht durch Prüfer	§ 403 Abs. 1 AktG	FS bis 3 Jahre oder GS	
Verletzung der Geheimhaltungs-pflicht durch Vorstands-/Aufsichts-ratsmitglieder, Abwickler, Prüfer oder eines Gehilfen des Prüfers	§ 404 Abs. 1 AktG	FS bis 1 Jahr oder GS	
– bei börsennotierter Gesell-schaft		FS bis 2 Jahre oder GS	
wenn entgeltlich oder mit Bereiche-rungs-/Schädigungsabsicht	§ 404 Abs. 2 AktG	FS bis 2 Jahre oder GS	
– bei börsennotierter Gesell-schaft		FS bis 3 Jahre oder GS	

Tatbestand	Normen	Ahndung	
		Straftat	Ordnungs-widrigkeit
Ordnungswidrigkeiten im Rahmen des Aktiengesetzes	§ 405 Abs. 4 AktG		– Fälle des Abs. 2 a Nr. 6, Abs. 3 b u. 3 c: GB bis 500 000 € – sonstige Fälle des § 405 AktG: GB bis 25 000 €
Falsche Angaben der Gesellschafter oder Geschäftsführer bei Eintragung der Gesellschaft über die Übernahme der Geschäftsanteile, die Leistung der Einlagen, die Verwendung eingezahlter Beträge etc.	§ 82 Abs. 1 Nr. 1 GmbHG	FS bis 3 Jahre oder GS	
Falsche Angaben der Geschäftsführer zum Zweck der Eintragung einer Kapitalerhöhung über die Zeichnung oder Einbringung neuen Kapitals oder über Sacheinlagen	§ 82 Abs. 1 Nr. 3 GmbHG	FS bis 3 Jahre oder GS	
Abgabe einer unwahren Versicherung zum Zweck der Herabsetzung des Stammkapitals über Befriedigung oder Sicherstellung der Gläubiger durch die Geschäftsführer	§ 82 Abs. 2 Nr. 1 GmbHG	FS bis 3 Jahre oder GS	
Unwahre Darstellung oder Verschleierung der Vermögenslage durch Geschäftsführer, Liquidator oder Aufsichtsratsmitglied	§ 82 Abs. 2 Nr. 2 GmbHG	FS bis 3 Jahre oder GS	
Verletzung der Anzeigepflicht bei Verlust der Hälfte des Stammkapitals durch Geschäftsführer – bei fahrlässiger Begehung	§ 84 Abs. 1 GmbHG § 84 Abs. 2 GmbHG	FS bis 3 Jahre oder GS FS bis 1 Jahr oder GS	
Verletzung der Geheimhaltungspflicht durch Geschäftsführer, Aufsichtsratsmitglied oder Liquidator wenn entgeltlich oder mit Bereicherungs-/Schädigungsabsicht	§ 85 Abs. 1 GmbHG § 85 Abs. 2 GmbHG	FS bis 1 Jahr oder GS FS bis 2 Jahre oder GS	

Tatbestand	Normen	Ahndung	
		Straftat	Ordnungs- widrigkeit
Ordnungswidrigkeiten im Rahmen des Geldwäschegesetzes	§ 56 Abs.1, 2 und 3 Gesetz für das Auf-spüren von Gewinnen aus schweren Straftaten (Geldwäsche-gesetz – GWG)		– bei Vorsatz: GB bis 150 0000 € – bei Leicht-fertigkeit: GB bis 100 000 € – bei Fahr-lässigkeit: GB bis 50 000 € – bei schwe-ren Verstö-ßen: GB bis zu 1 Mio. € oder bis zum Zweifa-chen des aus dem Verstoß gezogenen wirtsch. Vorteils bzw. bei Ver-pflichteten nach § 2 Abs.1 Nr.1–3, 6–9: GB bis zu 5 Mio. € oder 10 % des Gesamt-umsatzes

Tatbestand	Normen	Ahndung	
		Straftat	Ordnungs-widrigkeit

Straftatbestände zum Datenschutz (insbesondere Datenerlangung und Überwachung der Telekommunikation)[1]

Tatbestand	Normen	Straftat	Ordnungswidrigkeit
Aufnahme des nicht öffentlich ge-sprochenen Wortes oder einem Dritten die Aufnahme zugänglich machen	§ 201 Abs.1 StGB	FS bis 3 Jahre oder GS	
Verletzung des höchstpersönlichen Lebensbereichs durch Bildaufnah-men	§ 201 a StGB	FS bis 2 Jahre oder GS	
Unbefugtes Mitteilen über Tatsa-chen, die dem Post- und Fernmel-degeheimnis unterliegen	§ 206 StGB (§ 88 Telekom-munikations-gesetz (TKG))	FS bis 5 Jahre oder GS	
Unbefugte Erlangung oder Weiter-gabe eines Geschäfts- oder Betriebsgeheimnisses zum Scha-den des Unternehmens, aus Eigen-nutz oder zugunsten eines Dritten – Vorlagenbeuterei – Qualifikationstatbestände	– § 23 Abs.1, Abs.2 GeschGehG – § 23 Abs.3 GeschGehG – § 23 Abs.4 GeschGehG	FS bis 3 Jahre oder GS FS bis 2 Jahre oder GS FS bis 5 Jahre oder GS	
Rechtswidriges Löschen, Unter-drückung, Unbrauchbarmachung oder Veränderung von Daten (Datenveränderung)	§ 303 a Abs.1 StGB	FS bis 2 Jahre oder GS	
Störung einer fremden Datenverar-beitung mit wesentlicher Bedeutung für dieses Unternehmen (Computersabotage), – besonders schwerer Fall	§ 303 b Abs.2 StGB § 303 b Abs.4 StGB	FS bis 5 Jahre oder GS FS 6 Monate bis 10 Jahre	

Vorschriften zur Telefonwerbung

Tatbestand	Normen	Straftat	Ordnungswidrigkeit
Bewerbung eines Verbrauchers am Telefon ohne dessen vorherige Einwilligung	§ 20 Abs.1 und 2 UWG		GB bis 300 000 €
Rufnummernunterdrückung bei *Anruf zu Werbezwecken*	§§ 102 Abs.2, 149 Abs.1 Nr.17 e und Abs.2 Nr.6 TKG		GB bis 10 000 €

---

[1] Sanktionen nach BDSG n.F. vgl. am Ende des Kapitels.

Tatbestand	Normen	Ahndung	
		Straftat	Ordnungs-widrigkeit

Straftaten bei der Beschäftigung von Arbeitnehmern

Tatbestand	Normen	Straftat	Ordnungs-widrigkeit
Behinderung oder Beeinflussung der Wahl oder der Tätigkeit des Betriebsrates oder besonderer Arbeitnehmervertretungen	§ 119 Abs.1 Nr.1, 2 Betriebs-verfassungs-gesetz (BetrVG)	FS bis 1 Jahr oder GS	
Benachteiligung oder Begünstigung einzelner Mitglieder des Betriebs-rates oder besonderer Arbeitneh-mervertretungen aufgrund ihrer Stellung	§ 119 Abs.1 Nr.3 BetrVG	FS bis 1 Jahr oder GS	
Verstoß gegen die Aufklärungs- oder Auskunftspflicht gegenüber dem Betriebsrat	§ 121 Abs.1 und 2 BetrVG		GB bis 10 000 €
Verleih von ausländischen Arbeit-nehmern ohne erforderliche Arbeitserlaubnis und ohne Verleih-erlaubnis (Verleiher) – in besonders schweren Fällen (gewerbsmäßig u.a.)	§ 15 Abs.1 Arbeitneh-merüberlas-sungsgesetz (AÜG) § 15 Abs.2 AÜG	FS bis 3 Jahre oder GS FS 6 Mon. bis 5 Jahre	
Arbeitnehmerverleih ohne Verleih-erlaubnis (Verleiher)	§ 16 Abs.1 Nr.1, Abs.2 AÜG		GB bis 30 000 €
Diskriminierende Arbeitsbedingun-gen beim Entleih von Arbeitneh-mern ohne Aufenthaltsgestattung (Entleiher) – in besonders schweren Fällen (gewerbsmäßig, grober Eigen-nutz u.a.)	§ 15a Abs.1 AÜG	FS bis 3 Jahre oder GS FS 6 Mon. bis 5 Jahre	
Übermäßiger oder wiederholter Entleih von Arbeitnehmern ohne Aufenthaltsgestattung (Entleiher) – bei grobem Eigennutz	§ 15a Abs.2 AÜG	FS bis 1 Jahr oder GS FS bis 3 Jahre oder GS	

Tatbestand	Normen	Ahndung	
		Straftat	Ordnungs-widrigkeit
Beschäftigung eines Leiharbeit-nehmers ohne erforderliche Auf-enthaltsgestattung (Entleiher)	§16 Abs.1 Nr.2, Abs.2 AÜG		GB bis 500 000 €
Arbeitnehmerentleih ohne Anzeige der Überlassung nach §1a AÜG	§16 Abs.1 Nr.2a, Abs.2 AÜG		GB bis 2 500 €
Fehlende Gewerbeanmeldung oder Eintragung in die Handwerks-rolle bei der Erbringung von Dienst- oder Werkleistungen sowie deren Beauftragung	§8 Abs.1 Nr.1d, e, Nr.2 i.V.m. Nr.1d, e Abs.6 Schwarz-ArbG		GB bis 50 000 €
Verletzung von Duldungs- und Mitteilungspflichten nach §5 SchwarzArbG	§8 Abs.2 Nr.3a, Nr.5, Abs.3 SchwarzArbG		GB bis 30 000 €
Diskriminierende Arbeitsbedingun-gen von Ausländern ohne Arbeits-genehmigung – besonders schwerer Fall bei Gewerbsmäßigkeit	§10 Abs.1 SchwarzArbG §10 Abs.2 SchwarzArbG	FS bis zu 3 Jahren oder GS FS 6 Mon. bis 5 Jahre	
Beschäftigung von Ausländern ohne Arbeitserlaubnis in größerem Umfang – bei grobem Eigennutz	§11 Abs.1 SchwarzArbG §11 Abs.2 i.V.m. Abs.1, Nr.2a oder c oder Nr.3 SchwarzArbG	FS bis 1 Jahr oder GS FS bis 3 Jahre oder GS	
Behinderung der Eingliederung von Schwerbehinderten in Arbeit, Beruf und Gesellschaft	§238 Abs.2 SGB IX		GB bis 10 000 €
Verstöße gegen das Kartellrecht	§81c Gesetz gegen Wett-bewerbs-beschrän-kungen (GWB)		GB bis 1 Mio. €

Tatbestand	Normen	Ahndung	
		Straftat	Ordnungs-widrigkeit
Sanktionen Datenschutz (BDSG[1])			
Verstoß gegen die normierten Pflichten der Verantwortlichen und Auftragsverarbeiter, der Zertifizierungsstelle und der Überwachungsstelle	§ 41 Abs. 1 BDSG i. V. m. Art. 83 Abs. 4 DS-GVO[2]		GB bis zu 10 Mio. €[3] oder im Fall eines Unternehmens bis zu 2 % des weltweit erzielten Jahresumsatzes des vorangegangenen Geschäftsjahres
Verstoß gegen die normierten Grundsätze für die Verarbeitung (einschl. Bedingungen für die Einwilligung), Rechte der betroffenen Personen, Nichtbefolgung einer Anweisung o. Ä. durch die Aufsichtsbehörde	§ 41 Abs. 1 BDSG i. V. m. Art. 83 Abs. 5 DS-GVO		GB bis zu 20 Mio. €[4] oder im Fall eines Unternehmens bis zu 4 % des weltweit erzielten Jahresumsatzes des vorangegangenen Geschäftsjahres
Nichtbefolgung einer Anweisung der Aufsichtsbehörde	§ 41 Abs. 1 BDSG i. V. m. Art. 83 Abs. 6 DS-GVO		GB bis zu 20 Mio. €[5] oder im Fall eines Unternehmens bis zu 4 % des weltweit erzielten Jahresumsatzes des vorangegangenen Geschäftsjahres

---

[1] Bundesdatenschutzgesetz vom 30.6.2017 (BGBl 2017 I S. 2097), geändert durch Art. 10 des Gesetzes vom 23.6.2021 (BGBl 2021 I S. 1858).

[2] VO (EU) 2016/679 des Europäischen Parlaments und des Rates vom 27.4.2016 zum Schutz natürlicher Personen bei der Verarbeitung personenbezogener Daten, zum freien Datenverkehr und zur Aufhebung der Richtlinie 95/46/EG.

[3] Geldbußen sollen nach Art. 83 Abs. 1 DS-GVO wirksam, verhältnismäßig und abschreckend sein; Art. 83 Abs. 2 DS-GVO normiert, was bei Verhängung im Einzelfall zu berücksichtigen ist.

[4] Vgl. Fn. 2.

[5] Vgl. Fn. 2 auf der vorhergehenden Seite.

Tatbestand	Normen	Ahndung	
		Straftat	Ordnungs-widrigkeit
Gewerbsmäßige und wissentliche Übermittlung oder Zugänglichmachung auf andere Art und Weise von nicht allgemein zugänglichen personenbezogenen Daten einer großen Zahl von Personen, an einen Dritten[2]	§ 42 Abs. 1 BDSG	FS bis zu 3 Jahre oder GS	
Verarbeitung oder Erschleichung durch unrichtige Angabe von personenbezogenen Daten, die nicht allgemein zugänglich sind, ohne hierzu berechtigt zu sein und dabei gegen Entgelt oder in der Absicht handelt, sich oder einen anderen zu bereichern oder einen anderen zu schädigen[1]	§ 42 Abs. 2 BDSG	FS bis zu 2 Jahre oder GS	
Stellen, die geschäftsmäßig personenbezogene Daten, die zur Bewertung der Kreditwürdigkeit von Verbrauchern genutzt werden dürfen, zum Zweck der Übermittlung verarbeiten und dabei ein Auskunftsverlangen falsch behandeln oder keine, keine richtige, keine vollständige oder keine rechtzeitige Unterrichtung des Verbrauchers vornehmen	§ 43 i. V. m. § 30 BDSG		GB bis zu 50 000 €

---

[1] Verfolgung nur auf Antrag (§ 42 Abs. 3 BDSG).

3.4.3.2 Schwarzarbeitsbekämpfungsgesetz (SchwarzArbG)[1]

Zweck	Intensivierung der Bekämpfung der Schwarzarbeit
Definition	Schwarzarbeit liegt vor bei – Nichterfüllung sozialversicherungsrechtlicher Melde-, Beitrags- oder Aufzeichnungspflichten – Nichterfüllung steuerlicher Pflichten – Nichterfüllung der Mitteilungspflichten gegenüber dem Sozialversicherungsträger – Nichtanzeigen des Gewerbebetriebs oder Nichterwerb der Reisegewerbekarte – Betreiben eines Handwerks ohne Eintragung in die Handwerksrolle
Voraussetzung	Erbringen/Ausführen von Dienst- oder Werkleistungen
Ausnahme	Keine Anwendung bei nicht auf Gewinn gerichtete Tätigkeit – von Angehörigen oder Lebenspartnern – aus Gefälligkeit – im Wege der Nachbarschaftshilfe – im Wege der Selbsthilfe (§ 36 Abs. 2 und 4 Zweites Wohnungsbaugesetz a. F. oder § 12 Abs. 1 Satz 2 Wohnraumförderungsgesetz)
Befugnisse der Zollverwaltung und der sie unterstützenden Stellen	– Betreten der Geschäftsräume – Einholung von Auskünften – Einsicht von Unterlagen – Überprüfen von Personalien – Anhalten von Beförderungsmitteln
Duldung und Mitwirkung	Prüfung ist vom Arbeitgeber, vom Arbeitnehmer und von Dritten zu dulden. Ausländer haben die Pflicht zur Vorlage der Arbeitsgenehmigung und Ausweispapiere. Elektronisch gesicherte Daten müssen übermittelt werden.
Mitteilung	– Zollverwaltung unterrichtet jeweilige Stellen bei Verstößen gegen Arbeitnehmerüberlassungsgesetz, Steuergesetze, SGB, Ausländergesetz, sonstige Strafgesetze – *Einrichtung* einer zentralen Datenbank
Sanktion	Bußgeld (je nach Sachverhalt) bis 500 000 € oder Freiheitsstrafe bei vorsätzlicher Beschäftigung von Ausländern ohne Genehmigung

---

[1] Gesetz zur Bekämpfung der Schwarzarbeit und illegalen Beschäftigung (Schwarzarbeitsbekämpfungsgesetz) vom 23.7.2004, BGBl I 2004 S. 1842, zuletzt geändert durch Art. 22 G v. 25.06.2021 (BGBl I S. 2099).

3.4.3.3 Geldwäschegesetz (GWG)[1]

Verpflichteter	Sachverhalt	Rechtsfolgen
– Kreditinstitute – Versicherungsunternehmen und -vermittler – Investmentaktien- und Kapitalanlagegesellschaften – Rechtsanwälte und rechtsberatende Berufe (soweit Kauf/Verkauf von Immobilien oder Gewerbebetrieben, Verwaltung von Vermögenswerte o. ä. Transaktionen betroffen sind; § 2 Abs. 1 Nr. 7 GwG) – Wirtschaftsprüfer und Steuerberater – Immobilienmakler – andere in § 2 GwG Genannte	1. Begründung einer Geschäftsbeziehung (§ 1 Abs. 4 GwG) 2. Ausführung einer Transaktion ab 15 000 € außerhalb der Geschäftsbeziehung, sofern eine Verbindung hiermit besteht 3. bei Hinweis auf Geldwäsche oder Terrorismusfinanzierung 4. Zweifel, ob die Angaben zur Identität zutreffend sind	**Allgemeine Sorgfaltspflichten:** a. Identifizierung des Vertragspartners (Erheben von: Name, Geburtsort, Geburtsdatum, Staatsangehörigkeit und Anschrift [bei natürlichen Personen] bzw. Firma, Name oder Bezeichnung, Rechtsform, Registernummer, Anschrift des Sitzes und Namen der Mitglieder des Vertretungsorgans oder der gesetzlichen Vertreter [bei jur. Personen oder Personengesellschaften] anhand Personalausweis bzw. Auszug aus dem HR) b. Einholung von Informationen hinsichtlich Zweck und Art der Geschäftsbeziehung, soweit nicht zweifelsfrei ersichtlich c. Identifizierung eines wirtschaftlich Berechtigten (§§ 1 Abs. 3, 3 GwG), soweit für diesen gehandelt wird d. Kontinuierliche Überwachung der Geschäftsbeziehungen
	Bei geringem Risiko der Geldwäsche oder der Terrorismusfinanzierung (s. § 14 GWG) kann von der Einhaltung der allgemeinen Sorgfaltspflichten abgesehen werden	
		Bei Verdacht auf Geldwäsche oder Terrorismusfinanzierung hat unabhängig von der Höhe der Transaktion eine unverzügliche Anzeige an die Strafverfolgungsbehörde und das Bundeskriminalamt zu erfolgen Bei Berufsträgern entfällt diese Pflicht, dann jedoch Mitteilung an die zuständige Kammer
– Spielbanken	wie oben 1.–4.	wie oben
	Kauf oder Verkauf von Spielmarken ab 2 000 €	Identifizierung von Kunden
– Versicherungsvermittler, die Prämien einziehen	Prämienzahlungen übersteigen den Betrag von 15 000 € pro Kalenderjahr	Mitteilungspflicht an Versicherungsunternehmen
– Personen, die gewerblich mit Gütern handeln	1. Annahme von Bargeld ab 15 000 € 2. bei Hinweis auf Geldwäsche oder Terrorismusfinanzierung 3. Zweifel, ob die Angaben zur Identität zutreffend sind	Allgemeine Sorgfaltspflichten (s. o.)

---

[1] Gesetz über das Aufspüren von Gewinnen aus schweren Straftaten (Geldwäschegesetz – GwG) vom 23. 6. 2017 (BGBl II 2017 S. 1822).

3.4.3.4   Transparenzregister

Am 26.6.2017 ist die Novelle des Geldwäschegesetzes (GwG) in Kraft getreten[1]. Eine wesentliche Neuerung war die Einführung eines zentralen elektronischen Transparenzregisters.

Ziel	– Erfassung und Kontrolle der natürlichen Personen, die wirtschaftlich hinter inländischen juristischen Personen des Privatrechts, eingetragenen Personengesellschaften, Trusts, Treuhandgestaltungen und ähnlichen Rechtsgestaltungen stehen, sog. wirtschaftlich Berechtigte

Wirtschaftlich Berechtigte	– natürliche Personen, die unmittelbar oder mittelbar mehr als 25 % der Kapitalanteile oder Stimmrechte an einer Gesellschaft halten oder auf vergleichbare Weise Kontrolle auf eine Gesellschaft ausüben
	– bei rechtsfähigen Stiftungen, Trusts und Treuhandgestaltungen ist der Kreis noch weiter gefasst:
	  – natürliche Personen als Treugeber, Trustee oder Protektor
	  – Mitglieder des Stiftungsvorstands
	  – Begünstigte und
	  – alle natürlichen Personen, die Kontrolle auf die Vermögensverwaltung oder Ertragsverteilung ausüben können

Ausübung der Meldepflicht	Leitungsorgane der meldepflichtigen Gesellschaften haben zu jedem wirtschaftlich Berechtigten die meldepflichtigen Angaben einzuholen, auf dem aktuellen Stand zu halten und zu melden
Erfüllung der Meldepflicht	– Das Transparenzregister ist mit Wirkung zum 1.8.2021 in Umsetzung der RL 2019/1153 zum Vollregister umgestellt worden. Die bisherige Meldefiktion in § 20 Abs. 2 GWG ist weggefallen.[1]
Meldepflichtige Angaben	– Vor- und Nachname – Geburtsdatum – Wohnort sowie – Art und Umfang des wirtschaftlichen Interesses und – Staatsangehörigkeit jedes wirtschaftlich Berechtigten – Typ des wirtschaftlich Berechtigten (fiktiv o. tatsächlich)
Meldefrist	Erstmals bis zum 1.10.2017

---

[1] BGBl. I 2017 S.1822, zuletzt geändert durch Art. 24 Abs. 1 G. v. 25.6.2021.
[1] Handlungsbedarf besteht insoweit für alle Gesellschaften, die bisher aufgrund der Mitteilung zum Handelsregister oder einem anderen Register der Mitteilungspflicht an das Transparenzregister nicht unterlagen. Der Gesetzgeber hat hier eine Übergangsregelung mit entsprechend verlängerten Fristen vorgesehen (BT-Drs. 19/30443, S. 40). Voraussetzung dafür, dass Unternehmen von der Übergangsregelung erfasst werden, ist die Erfüllung der Voraussetzungen von § 20 Abs. 2 GwG in der derzeit geltenden Fassung bis zum 31.7.2021. Im diesen Fall müssen die entsprechenden Angaben dem Transparenzregister durch eine AG, SE oder KGaA bis zum 31.3.2022, durch eine GmbH, (europäische) Genossenschaft oder Partnerschaft bis zum 30.6.2022 und in allen anderen Fällen bis zum 31.12.2022 gemeldet werden.

Form	Elektronische Mitteilung über die Homepage des Bundesanzeiger-Verlags (www.transparenzregister.de)
Verletzung der Meldepflicht	– Bußgelder in einfachen Fällen von bis zu 150 000 € – in schwerwiegenden, wiederholten Fällen in Höhe des zweifachen des durch den Verstoß erlangten wirtschaftlichen Vorteils oder bis zu 1 Mio. €. – darüber hinaus können Geldbußen bis max. 5 Mio. € oder 10 % des Gesamtumsatzes des der Behördenentscheidung vorausgegangenen Geschäftsjahres verhängt werden – Meldepflichtige, deren Bußgeldentscheidung bestandskräftig ist, können zudem für einen Zeitraum von mindestens fünf Jahren auf der Internetseite der Aufsichtsbehörde angeprangert werden
Einsichtnahme	– Seit dem 27.12.2017 (§ 23 Abs. 5 GwG i. V. m. TrEinV[1]) – Uneingeschränkte Einsicht für bestimmte Aufsichts- und Strafverfolgungsbehörden – Anlassbezogene Einsicht für Verpflichtete i. S. d. § 2 Abs. 1 GwG (z. B. Banken, Rechtsanwälte); ein konkreter Nachweis des Anlasses wird nicht gefordert – Übrige natürliche und juristische Personen nur bei „berechtigtem Interesse", d. h. wenn ein Bezug zur Verhinderung und Bekämpfung von Geldwäsche nachvollziehbar vorgebracht wird – Wirtschaftlicher Berechtigter kann Antrag auf Beschränkung der Einsichtnahme stellen (z. B. bei Minderjährigkeit oder Gefahr, Opfer von Straftaten zu werden)
Gebühr	– Die Führung im Transparenzregister ist nach § 24 Abs. 1 GWG gebührenpflichtig. Verpflichtete mit steuerbegünstigten Zwecken können § 4 TrGebV einen Antrag auf Befreiung von der Gebühr stellen.

---

[1] Transparenzregistereinsichtnahmeverordnung vom 19.12.2017 (BGBl I 2017 S. 3984).

Prüfschema

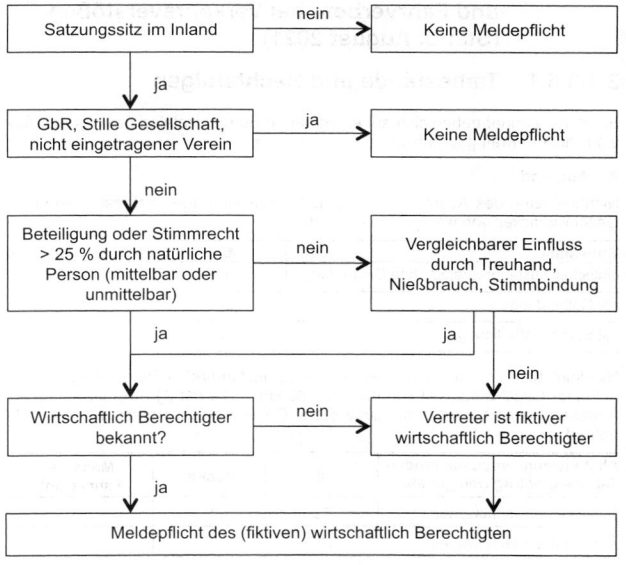

3.4.3.5 Bußgelder, Strafpunkte und Fahrverbote bei Verkehrsverstößen (Stand: August 2021)

3.4.3.5.1 Tatbestände und Rechtsfolgen

Bund und Länder haben sich auf einen neuen Bußgeldkatalog geeinigt, der am 9.11.2021 in Kraft getreten ist.

A. Abstand

Nichteinhalten des Abstandes von einem vorausfahrenden Fahrzeug bei einer Geschwindigkeit von weniger als 80 km/h.

Tatbestand	€
einfacher Abstandsverstoß ohne Gefährdung	25
mit Gefährdung	30
mit Sachbeschädigung	35

Nichteinhalten des Abstandes von einem vorausfahrenden Fahrzeug in Metern bei einer Geschwindigkeit von mehr als 80 km/h. Die mit (*) gekennzeichneten Angaben treffen zu, wenn die gemessene Geschwindigkeit mehr als 100 km/h beträgt.

Abstand zum vorausfahrenden Fahrzeug betrug weniger als	€	Punkte	Monat(e) Fahrverbot
$\frac{5}{10}$ des halben Tachowertes	75	1	
$\frac{4}{10}$ des halben Tachowertes	100	1	
$\frac{3}{10}$ des halben Tachowertes	160	1, 2*	1*
$\frac{2}{10}$ des halben Tachowertes	240	1, 2*	2*
$\frac{1}{10}$ des halben Tachowertes	320	1, 2*	3*

Nichteinhalten des Abstandes von einem vorausfahrenden Fahrzeug in Metern bei einer Geschwindigkeit von mehr als 130 km/h.

Abstand zum vorausfahrenden Fahrzeug betrug weniger als	€	Punkte	Monat(e) Fahrverbot
$\frac{5}{10}$ des halben Tachowertes	100	1	
$\frac{4}{10}$ des halben Tachowertes	180	1	
$\frac{3}{10}$ des halben Tachowertes	240	2	1
$\frac{2}{10}$ des halben Tachowertes	320	2	2
$\frac{1}{10}$ des halben Tachowertes	400	2	3

B. Alkohol und Drogen

Verstoß gegen die 0,5 Promillgrenze[1]	€	Punkte	Monat(e) Fahrverbot
Erstverstoß	500	2	1
Zweitverstoß	1 000	2	3
Drittverstoß	1 500	2	3
Gefährdung des Verkehrs unter Alkoholeinfluss (gilt ab 0,3 Promille)[2]		3	Entzug des Führerscheins, Freiheits- oder Geldstrafe
Alkoholgehalt im Blut ist über 1,09 Promille		3	Entzug des Führerscheins, Freiheits- oder Geldstrafe
Verstoß gegen das Drogengesetz im Straßenverkehr			
– Erstverstoß	500	2	1
– Zweitverstoß	1 000	2	3
– Drittverstoß	1 500	2	3
Gefährdung des Verkehrs unter Drogeneinfluss		3	Entzug der Fahrerlaubnis, Freiheits- oder Geldstrafe

[1] Ohne Ausfallerscheinungen des Fahrers oder Gefährdung anderer Verkehrsteilnehmer.
[2] Gefährdung anderer Verkehrsteilnehmer oder Unfall.

C. Höchstgeschwindigkeit

Übertretung [km/h]	innerorts			außerorts		
	€	Punkte	Monat(e) Fahrverbot	€	Punkte	Monat(e) Fahrverbot
bis 10	30			20		
11-15	50			40		
16-20	70			60		
21-25	115	1		100	1	
26-30	180	1	(1)[1]	150	1	(1)[1]
31-40	260	2	1	200	1	(1)[1]
41-50	400	2	1	320	2	1
51-60	560	2	2	480	2	1
61-70	700	2	3	600	2	2
über 70	800	2	3	700	2	3

D. Handynutzung

Rechtswidrige Benutzung von Handys	€	Punkte	Monat(e) Fahrverbot
Manuelle Handynutzung am Steuer eines Kraftfahrzeugs	100	1	
mit Gefährdung	150	2	1
mit Sachbeschädigung	200	2	1
Beim Fahrradfahren das Handy genutzt	55		

E. Halten und Parken

Tatbestand	€	Punkte
Vorschriftswidrige Gehwegbenutzung	55	
– mit Behinderung/ Gefährdung oder Sachbeschädigung	bis zu 100	
Allgemeiner Parkverstoß	25	
– mit Behinderung oder länger als eine Stunde	40	
Allgemeiner Halteverstoß	20	
– mit Behinderung	35	

---

[1] Ein Fahrverbot gibt es in der Regel nur dann, wenn es zweimal innerhalb eines Jahres zu einer Geschwindigkeitsüberschreitung von 26 km/h oder mehr kommt.

Tatbestand	€	Punkte
Unzulässig in zweiter Reihe gehalten oder geparkt	55	
– mit Behinderung (oder Gefährdung oder Sachbeschädigung)	bis zu 100	1
An einer engen oder unübersichtlichen Straßenstelle oder im Kurvenbereich geparkt	35	
– mit Behinderung oder länger als eine Stunde mit Behinderung	55	
– mit Behinderung eines Rettungsfahrzeugs im Einsatz	100	1
Unzulässig auf einem Geh- und Radweg geparkt	55	
– mit Behinderung, länger als eine Stunde und dabei mit Behinderung (Gefährdung oder Sachbeschädigung)	bis zu 100	1
Vor oder in einer Feuerwehrzufahrt geparkt	55	
– mit Behinderung eines Rettungsfahrzeugs im Einsatz	100	1
Unzulässig auf Schutzstreifen für den Radverkehr geparkt (gehalten)	55	
– mit Behinderung (Gefährdung oder Sachbeschädigung)	bis zu 100	1
Unberechtigt auf Schwerbehinderten-Parkplatz geparkt	55	
Unberechtigt auf Parkplatz für elektrisch betriebene Fahrzeuge geparkt	55	
Unberechtigt auf Parkplatz für Carsharingfahrzeuge geparkt	55	

F. Abbiegen, Rettungsgasse, Umweltbelastung

Tatbestand	€	Punkte	Monat(e) Fahrverbot
Abgebogen, ohne ein anderes Fahrzeug durchfahren zu lassen, und dabei eine Gefährdung hervorgerufen	140	1	1
Beim Abbiegen auf zu Fuß Gehende keine besondere Rücksicht genommen und die Fußgänger dadurch gefährdet	140	1	1
Dooring (Autotür gegen Fahrradfahrer gestoßen)	40 bis 50		
(Mit einem Fahrzeug (mit zulässiger Gesamtmasse über 3,5 t) innerorts beim Rechtsabbiegen nicht mit Schrittgeschwindigkeit gefahren)	70		
Nichtbilden einer Rettungsgasse	200	2	1

Tatbestand	€	Punkte	Monat(e) Fahrverbot
– mit Behinderung, Gefährdung oder Sach-beschädigung	bis zu 320	2	1
Unberechtigte Nutzung einer Rettungsgasse	240 bis 320	2	1
Bei Fahrzeugbenutzung unnötigen Lärm oder vermeidbare Abgasbelästigung verursacht	100		
Andere durch unnützes Hin- und Herfahren innerorts belästigt	100		
Umweltzone verkehrswidrig befahren (ohne Umweltplakette)	80		

G. Hauptuntersuchung/Abgasuntersuchung

Pkw, Krafträder, sonstige Kfz zur Hauptuntersuchung oder zur Abgasuntersuchung nicht vorgeführt.

Fristüberschreitung	€	Punkte
von 2 bis zu 4 Monaten	15	
von 4 bis zu 8 Monaten	25	
über 8 Monate	60	1

H. Rote Ampel

Tatbestand	€	Punkte	Monat(e) Fahrverbot
Ampel bei „Rot" überfahren	90	1	
– mit Gefährdung	200	2	1
– mit Sachbeschädigung	240	2	1
Ampel bei schon länger als 1 Sekunde leuchtendem „Rot" überfahren	200	2	1 Monat je nach Tatbegehung: Geldstrafe, Führerschein-entzug und Freiheitsstrafe bis 5 Jahre (§ 315 c StGB) möglich

Tatbestand	€	Punkte	Monat(e) Fahrverbot
– mit Gefährdung	320	2	1 Monat vgl. oben
– mit Sachbeschädigung	360	2	1 Monat vgl. oben
Nach rechts abbiegen, ohne vorher an einer Ampel zu halten, an der rechts ein grüner Pfeil angebracht ist	70	1	
– mit Gefährdung anderer	100	1	
Nach rechts abbiegen, ohne vorher an einer Ampel zu halten, an der rechts ein grüner Pfeil angebracht ist, und dabei den Fußgänger- oder Fahrradverkehr der freigegebenen Verkehrsrichtung behindern	100	1	
– mit Gefährdung	150	1	
– mit Sachbeschädigung/Unfall	180	1	

3.4.3.5.2 Tilgungsfristen für Strafpunkte

Tatbestand	Punkte	Tilgungsfrist
Ordnungswidrigkeit	1	2,5 Jahre
Ordnungswidrigkeit, die die Verkehrssicherheit besonders beeinträchtigt und mit einem Fahrverbot versehen ist	2	5 Jahre
Straftat ohne Entziehung der Fahrerlaubnis	2	5 Jahre
Schwere Straftat, die zur Entziehung der Fahrerlaubnis oder zu einer isolierten Sperrfrist nach § 69 a StGB führt	3	10 Jahre

3.4.3.5.3   Verjährung

Verjährungsfrist OWiG (Beginn zum Zeitpunkt des Verkehrsverstoßes)	Weder Bußgeldbescheid noch öffentliche Klage erhoben	3 Monate
	Danach	6 Monate
Beispiele für Unterbrechung der Verjährung (3-Monats-Frist beginnt neu, wobei eine Unterbrechung nur einmal erfolgen kann)	Eintreffen eines Anhörungsbogens, Vernehmung, vorläufiges Einstellen des Verfahrens	
Absolute Verjährungsfrist		2 Jahre

3.4.3.6   Rechtsfolgen der Beendigung eines Strafverfahrens

3.4.3.6.1   Begriff Vorstrafe

Im rechtlichen Sinne gilt eine Person in Deutschland als vorbestraft, sobald gegen sie rechtskräftig eine Strafe in einem Strafprozess ausgesprochen oder ein Strafbefehl verhängt wurde. Das Strafmaß ist dabei unerheblich; auch eine Verurteilung auf Bewährung gilt als Vorstrafe, hingegen kein Bußgeld oder eine Ordnungswidrigkeit. Allerdings darf man eine Vorstrafe gegenüber Dritten leugnen, wenn sie nicht im Führungszeugnis steht. In diesem Fall überwiegt die Privatsphäre vor der Offenbarungspflicht.

3.4.3.6.2 Speicherung und Löschung der Verurteilungen

	Inhalt	Löschung aus dem Register, bzw. Nichtaufnahme im Zeugnis
Bundeszentralregister	– Bundeseinheitliche Speicherung von Daten über gerichtliche Verurteilungen – unterteilt in Zentralregister, Erziehungsregister und Führungszeugnis	
Zentralregister	jede rechtskräftige Entscheidung	Frist zwischen 5 bis 20 Jahren Ausnahme: Verurteilung zu lebenslanger Freiheitsstrafe oder Anordnung einer Unterbringung in der Sicherungsverwahrung oder in einem psychiatrischen Krankenhaus, §45 BZRG, Gesetz über das Zentralregister und das Erziehungsregister (Bundeszentralregistergesetz –BZRG) vom 21.9.1984, zuletzt geändert durch) Art 4 G zur Verbesserung der Rahmenbedingungen Luftsicherheitsrecht. Zuverlässigkeitsüberprüfungen vom 22.4.2020 (BGBl I S. 840). Hinweis: Ablauf der Tilgungsfrist einer Verurteilung wird durch weitere Verurteilungen gehemmt. Dies führt dazu, dass grds. alle Verurteilungen erst nach Ablauf der längsten Frist, die sich nicht zwingend nach der letzten Verurteilung bestimmt, gleichzeitig getilgt werden (§47 BZRG)
Erziehungsregister	alle nach dem JGG vorwerfbaren Verfahrensabschlüsse ohne Strafcharakter, die gegen Jugendliche ergangen sind, sowie Entscheidungen der Familien- und Vormundschaftsgerichte zu erzieherischen Maßnahmen oder zum Sorgerecht	

	Inhalt	Löschung aus dem Register, bzw. Nichtaufnahme im Zeugnis
Führungszeugnis § 32 BZRG	alle Verurteilungen über 90 Tagessätze bzw. Freiheitsstrafe oder Strafarrest von mehr als 3 Monaten oder, sollte bereits eine Verurteilung im Zentralregister stehen, egal in welcher Höhe, alle Verurteilungen unter 90 Tagessätzen bzw. Freiheitsstrafe oder Strafarrest von nicht mehr als 3 Monaten Ausnahme: – Sexualstraftaten gemäß §§ 174–180, 182 StGB – Einzelne Straftaten werden im erweiterten Führungszeugnis aufgeführt, z.B. §§ 171, 180a, 181a, 183–184g, 184i, 184j, 201 a Abs.3, 225, 232–233a, 234–236 StGB, Straftaten im Zusammenhang mit der Ausübung eines Gewerbes oder einer sonstigen wirtschaftlichen Unternehmung Nicht aufgenommen: Verwarnungen, Verurteilungen, durch die Maßregeln der Besserung und Sicherung oder Jugendstrafe angeordnet worden sind (vgl. weitere § 32 BZRG)	5 Jahre bei Verurteilungen: – zu Geldstrafe von nicht mehr als neunzig Tagessätzen, wenn keine weitere Freiheitsstrafe, kein Strafarrest und keine Jugendstrafe im Register eingetragen ist (§ 46 BZRG) – Freiheitsstrafe oder Strafarrest von nicht mehr als drei Monaten, wenn im Register keine weitere Strafe eingetragen ist – zu Jugendstrafe von nicht mehr als einem Jahr – zu Jugendstrafe von nicht mehr als zwei Jahren, wenn die Vollstreckung der Strafe oder eines Strafrestes gerichtlich oder im Gnadenweg zur Bewährung ausgesetzt worden ist – zu Jugendstrafe von mehr als zwei Jahren, wenn ein Strafrest nach Ablauf der Bewährungszeit gerichtlich oder im Gnadenweg erlassen worden ist – zu Jugendstrafe, wenn der Strafmakel gerichtlich oder im Gnadenweg als beseitigt erklärt worden ist – durch die eine Maßnahme (§ 11 Abs. 1 Nr. 8 StGB) mit Ausnahme der Sperre für die Erteilung einer Fahrerlaubnis für immer und des Berufsverbots für immer, eine Nebenstrafe oder eine Nebenfolge allein oder in Verbindung miteinander oder in Verbindung mit Erziehungsmaßregeln oder Zuchtmitteln angeordnet worden ist 10 Jahre bei Verurteilungen zu: – Geldstrafe und Freiheitsstrafe oder Strafarrest von nicht mehr als drei Monaten, wenn die Voraussetzungen (vgl. oben Spiegelstrich 1 und 2) nicht vorliegen

Inhalt	Löschung aus dem Register, bzw. Nichtaufnahme im Zeugnis
	– Freiheitsstrafe oder Strafarrest von mehr als drei Monaten, aber nicht mehr als einem Jahr, wenn die Vollstreckung der Strafe oder eines Strafrestes gerichtlich oder im Gnadenweg zur Bewährung ausgesetzt worden und im Register nicht außerdem Freiheitsstrafe, Strafarrest oder Jugendstrafe eingetragen ist
	– Jugendstrafe von mehr als einem Jahr (außer in den Fällen oben Spiegelstriche 4–6)
	– Jugendstrafe bei Verurteilungen wegen einer Straftat nach den §§ 171, 180a, 181a, 183 bis 184g, 184i, 184j, 201a Absatz 3, den §§ 225, 232 bis 233a, 234, 235 oder § 236 StGB von mehr als einem Jahr in Fällen (vgl. oben Spiegelstriche 4–6)
	20 Jahre bei Verurteilungen:
	– wegen einer Straftat nach den §§ 174 bis 180 oder 182 des Strafgesetzbuches zu einer Freiheitsstrafe oder Jugendstrafe von mehr als einem Jahr
	15 Jahre
	– in allen übrigen Fällen.
	Hinweis: Ablauf der Tilgungsfrist einer Verurteilung wird durch weitere Verurteilungen gehemmt. Dies führt dazu, dass grds. alle Verurteilungen erst nach Ablauf der längsten Frist, die sich nicht zwingend nach der letzten Verurteilung bestimmt, gleichzeitig getilgt werden (§ 47 BZRG).

3.4.3.6.3 Rechtsfolgen der Verurteilung auf andere Bereiche

	Konsequenz	Strafverfahren	Steuerstrafverfahren
Ärzte/ Zahnärzte	Widerruf der Approbation, §5 Abs.2 i.V.m. §3 Abs.1 Nr.2 BÄO/§4 Abs.2 Satz 1 i.V.m. §2 Abs.1 S.1 Nr.2 ZHG	Bei Unwürdigkeit und Unzuverlässigkeit zur Ausübung des (zahn-)ärztlichen Berufs – Unwürdigkeit: vorsätzliches Verhalten zerstört das zur Ausübung des Berufes erforderliche Ansehen und Vertrauen bei der Bevölkerung – Unzuverlässigkeit: Gesamtpersönlichkeit bietet keine ausreichende Gewähr für eine ordnungsgemäße Berufsausübung – Nicht jede strafrechtliche oder sonstige Verfehlung führt zum Entzug der Approbation – Fehlverhalten, das in Bezug auf die Ausübung des Berufs von Bedeutung ist und den Approbationsinhaber hierfür ungeeignet erscheinen lässt	Bei Unwürdigkeit und Unzuverlässigkeit zur Ausübung des (zahn-)ärztlichen Berufs – Nicht bei einfachem Steuervergehen und Strafbefehl anders im Falle einer schwerwiegenden, beharrlichen und mit der zweijährigen Freiheitsstrafe geahndeten Steuerhinterziehung
Ausländer	Ausweisung (Erlöschen des Aufenthaltstitels) und Abschiebung	Regelausweisungs- und Ermessensausweisungsgründe (§53 AufenthG), z.B.: – vorsätzliche Straftat oder mehrere Straftaten mit Freiheits- oder Jugendstrafe von mindestens 2 Jahren – Anordnung von Sicherungsverwahrung bei der letzten rechtskräftigen Verurteilung – vorsätzliche Straftat nach dem Betäubungsmittelgesetz oder rechtskräftige Verurteilung zu einer Jugendstrafe von mindestens 1 Jahr oder zu einer Freiheitsstrafe, bei der die Vollstreckung nicht zur Bewährung ausgesetzt wurde	

	Konsequenz	Strafverfahren	Steuerstrafverfahren
Bankmitarbeiter	Aufhebung der Erlaubnis gemäß §§ 35 Abs. 1 Nr. 2 und 3 i. V. m. 35 Abs. 2 Nr. 3 KWG	Unzuverlässigkeit, Verhalten und Persönlichkeit sprechen gegen die hohe Vertrauensempfindlichkeit und eine ordnungsgemäße Ausübung der Geschäfte eines Kredit- oder Finanzdienstleistungsinstituts, z. B. Verurteilung wegen Betrug, Untreue, Unterschlagung, Urkundenfälschung oder sonstige Vermögensstraftaten, schwerwiegende Ordnungsverstöße oder Steuerhinterziehung	– Zurückstufung (§ 9 BDG) ab einem Steuerhinterziehungsvolumen von 50 000 € – Entfernung (§ 10 BDG) aus Beamtenverhältnis ab einem Steuerhinterziehungsvolumen von 1 000 000 € – Milderung durch Selbstanzeige möglich Festlegung der konkreten Disziplinarmaßnahmen steht regelmäßig im pflichtgemäßen Ermessen des Dienstherren
Beamte	Beendigung Beamtenverhältnis (§ 41 Abs. 1 BBG/§ 24 Abs. 1 BeamtStG)	Verurteilung – wegen einer vorsätzlichen Tat zu einer Freiheitsstrafe von mindestens einem Jahr oder – wegen einer vorsätzlichen Tat wegen Friedensverrat, Hochverrat, Gefährdung des demokratischen Rechtsstaates oder Landesverrat und Gefährdung der äußeren Sicherheit, soweit sich die Tat auf eine Diensthandlung im Hauptamt bezieht, Bestechlichkeit zu einer Freiheitsstrafe von mindestens 6 Monaten	
Fluglizenz	Widerruf der Flugerlaubnis (§ 4 Abs. 3, Abs. 1 Satz 1 Nr. 3 LuftVG i. V. m. § 7 LuftSiG)	Wenn Verurteilung oder mehrfache erhebliche Verstöße gegen Verkehrsvorschriften die Unzuverlässigkeit der Person begründen und Sicherheit und Ordnung im Luftverkehr nicht mehr gewährleistet sind	Haftstrafe von mehr als einem Jahr, im Einzelfall auch bei geringeren Strafen und Verfahrenseinstellung nach § 153a StPO
Gewerbeerlaubnis	Entzug wegen Unzuverlässigkeit (§ 35 GewO)	Wenn die Vorstrafe die Unzuverlässigkeit der Person begründet	Keine Verurteilung notwendig; ausreichend bereits, wenn Gewerbetreibender nicht unerhebliche Steuerschulden beim Finanzamt hat oder seinen steuerlichen Pflichten nicht nachkommt

	Konsequenz	Strafverfahren	Steuerstrafverfahren
Jagdschein	Entzug wegen Unzuverlässigkeit (§§ 17, 18 BJagdG)	Verurteilung zu einer Freiheitsstrafe, Jugendstrafe, Geldstrafe von mindestens 60 Tagessätzen oder mindestens zweimal zu einer geringeren Geldstrafe (innerhalb von 5 Jahren); Straftat muss keinen Bezug zu Waffen oder Gewalt haben	Anknüpfung an Waffenrecht: Entzug der Waffenbesitzkarte bedeutet in der Regel auch Entzug des Jagdscheines; Verurteilung zu einer Freiheitsstrafe, Jugendstrafe, Geldstrafe von mindestens 60 Tagessätzen oder mindestens zweimal zu einer geringeren Geldstrafe (innerhalb von 5 Jahren)
Notar	Ausschließung gemäß § 97 Abs. 1 Nr. 3 BNotO	Verurteilung, die eine zuverlässige Berufsausübung ausschließt	Im ungünstigsten Fall bei Verurteilung wegen einer Steuerstraftat oder einer Steuerordnungswidrigkeit
Rechtsanwalt	Ausschließung gemäß § 114 Abs. 1 Nr. 5 BRAO	Verurteilung, die eine zuverlässige Berufsausübung ausschließt	Im ungünstigsten Fall bei Verurteilung wegen einer Steuerstraftat oder einer Steuerordnungswidrigkeit
Steuerberater	Ausschließung gemäß § 90 Abs. 1 Nr. 5 StBerG oder Berufsverbot von einem bis zu 5 Jahren gemäß § 90 Abs. 1 Nr. 4 StBerG	Verurteilung, die eine zuverlässige Berufsausübung ausschließt	Im ungünstigsten Fall bei Verurteilung wegen einer Steuerstraftat oder einer Steuerordnungswidrigkeit
Waffen-besitzkarte	Entzug der Waffenbesitzkarte	Verurteilung zu einer Freiheitsstrafe, Jugendstrafe, Geldstrafe von mindestens 60 Tagessätzen oder mindestens zweimal zu einer geringeren Geldstrafe (innerhalb von 5 Jahren)	
Waffenschein	Entzug des Besitzes und Widerruf der Waffenbesitzkarte (§§ 45 Abs. 2, 4 Abs. 1 Nr. 2, 5 WaffG)	Verurteilung zu einer Freiheitsstrafe, Jugendstrafe, Geldstrafe von mindestens 60 Tagessätzen oder mindestens zweimal zu einer geringeren Geldstrafe (innerhalb von 5 Jahren)	
Wirtschafts-prüfer	Ausschließung gemäß § 19 Abs. 1 Nr. 3 WPO	Verurteilung, die eine zuverlässige Berufsausübung ausschließt	Im ungünstigsten Fall bei Verurteilung wegen einer Steuerstraftat oder einer Steuerordnungswidrigkeit

3.5   Zahlungsverzug

3.5.1   Verbraucher

Voraus-setzung	Fälligkeit plus Mahnung (gleichgestellt sind Mahnbescheid oder Klage)	§ 286 Abs. 1 BGB
	Mahnung entbehrlich, wenn: – für Leistung Zeit nach Kalender bestimmt ist – Leistung an vorhergehendes Ereignis anknüpft – Leistungsverweigerung des Schuldners vorliegt – besondere Gründe Eintritt des Verzugs rechtfertigen – bei Entgeltforderungen 30 Tage nach Fälligkeit und Zugang der Rechnung vergangen sind. Dies gilt gegenüber einem Schuldner, der Verbraucher ist, nur, wenn auf diese Folgen in der Rechnung oder Zahlungsaufstellung besonders hingewiesen wurde.	§ 286 Abs. 2 Nr. 1–4, Abs. 3 BGB
Rechts-folge	– Geldschuld ist zu verzinsen (jedoch keine Zinseszinsen) – Ersatz weiteren Schadens (Mahnkosten, Anwalt, Gericht)	§ 288 Abs. 1 Satz 1 BGB §§ 280 Abs. 1, 2, 286 BGB
Zinssatz	5 Prozentpunkte über Basiszinssatz	§ 288 Abs. 1 Satz 2 BGB

3.5.2   Unternehmer

zeitlicher Anwendungs-bereich	Verträge, die ab dem 28.7.2014 geschlossen werden; bei bereits bestehenden Dauerschuldverhältnissen, wenn Gegenleistung nach dem 30.6.2016 erbracht wird.	Art. 229 § 34 EGBGB
persönlicher Anwendungs-bereich	Schuldner und Gläubiger müssen Unternehmer sein.	§ 14 BGB
Voraus-setzungen	Fälligkeit plus Mahnung (gleichgestellt sind Mahnbescheid oder Klage).	§ 286 Abs. 1 BGB
	Mahnung entbehrlich, wenn – für Leistung Zeit nach Kalender bestimmt ist – Leistung an vorhergehendes Ereignis anknüpft – Leistungsverweigerung des Schuldners vorliegt – besondere Gründe Eintritt des Verzugs rechtfertigen – bei Entgeltforderungen 30 Tage nach Fälligkeit und Zugang der Rechnung vergangen sind – bei Entgeltforderungen Zugang der Rechnung unsicher ist, 30 Tage nach Fälligkeit und Empfang der Gegenleistung	§§ 286 Abs. 2 Nr. 1–4, 286 Abs. 3 BGB

überlange Zahlungsfristen	Zahlungsziele, die – 60 Tage nach Empfang der Gegenleistung bzw. – 30 Tage nach Überprüfung/Abnahme der Gegenleistung überschreiten, müssen ausdrücklich getroffen werden und dürfen für Gläubiger einer Entgeltforderung nicht grob unbillig sein.	§§ 286 Abs.5, 271 Abs.1 und 3 BGB
	Besonderheiten für AGB des Schuldners: – Bestimmung eines Zahlungsziels von über 30 Tagen nach Empfang der Rechnung ist im Zweifel unwirksam. – Bestimmung eines Zahlungsziels von über 15 Tagen nach Überprüfung/Abnahme der Gegenleistung ist im Zweifel unwirksam.	§ 308 Nr.1 a und Nr.1 b BGB
Rechtsfolgen	– Geldschuld ist zu verzinsen (jedoch keine Zinseszinsen).	§§ 288 Abs.1 Satz 1, 289 BGB
	– Bei Entgeltforderung ist Schuldner zur Zahlung einer Pauschale i.H.v. 40 € verpflichtet.	§ 288 Abs.5 Satz 1 BGB
	– Ersatz weiteren Schadens (Mahnkosten, Anwalt, Gericht); Anrechnung der Pauschale, sofern weiterer Schaden durch Rechtsverfolgung entstanden ist	§§ 280 Abs 1 und 2, 286, 288 Abs.4 und Abs.5 Satz 2 BGB
Zinssatz	9 Prozentpunkte über Basiszinssatz	§ 288 Abs.2 BGB

3.5.3 Basiszinssatz bzw. Verzugszinssätze ab 2008

Zeitraum	Basiszinssatz	Verzugszinssatz	Verzugszinssatz für Rechtsgeschäfte ohne Verbraucherbeteiligung
1.1. bis 30. 6.2008	3,32 %	8,32 %	11,32 %
1.7. bis 31.12.2008	3,19 %	8,19 %	11,19 %
1.1. bis 30. 6.2009	1,62 %	6,62 %	9,62 %
1.7. bis 31.12.2009	0,12 %	5,12 %	8,12 %
1.1. bis 30. 6.2010	0,12 %	5,12 %	8,12 %
1.7. bis 31.12.2010	0,12 %	5,12 %	8,12 %
1.1. bis 30. 6.2011	0,12 %	5,12 %	8,12 %
1.7. bis 31.12.2011	0,37 %	5,37 %	8,37 %
1.1. bis 30. 6.2012	0,12 %	5,12 %	8,12 %
1.7. bis 31.12.2012	0,12 %	5,12 %	8,12 %
1.1. bis 30. 6.2013	– 0,13 %	4,87 %	7,87 %
1.7. bis 31.12.2013	– 0,38 %	4,62 %	7,62 %
1.1. bis 30. 6.2014	– 0,63 %	4,37 %	7,37 %

Zeitraum	Basis-zinssatz	Verzugs-zinssatz	Verzugszinssatz für Rechtsgeschäfte ohne Verbraucherbeteiligung
1.7. bis 28. 7.2014	− 0,73 %	4,27 %	7,27 %
29.7. bis 31.12.2014	− 0,73 %	4,27 %	8,27 %[1]
1.1. bis 30. 6.2015	− 0,83 %	4,17 %	8,17 %[1]
1.7. bis 31.12.2015	− 0,83 %	4,17 %	8,17 %[1]
1.1. bis 30. 6.2016	− 0,83 %	4,17 %	8,17 %[1]
1.7. bis 31.12.2016	− 0,88 %	4,12 %	8,12 %[1]
1.1. bis 30. 6.2017	− 0,88 %	4,12 %	8,12 %[1]
1.7. bis 31.12.2017	− 0,88 %	4,12 %	8,12 %[1]
1.1. bis 30. 6.2018	− 0,88 %	4,12 %	8,12 %[1]
1.7. bis 31.12.2018	− 0,88 %	4,12 %	8,12 %[1]
1.1. bis 30. 6.2019	− 0,88 %	4,12 %	8,12 %[1]
1.7. bis 31.12.2019	− 0,88 %	4,12 %	8,12 %[1]
1.1. bis 30. 6.2020	− 0,88 %	4,12 %	8,12 %[1]
1.7. bis 31.12.2020	− 0,88 %	4,12 %	8,12 %[1]
1.1. bis 30. 6.2021	− 0,88 %	4,12 %	8,12 %[1]
1.7. bis 31.12.2021	− 0,88 %	4,12 %	8,12 %[1]

3.6 Indexklauseln

Gesetzes-hintergrund

Automatisch wirkende Preisklauseln zur Wertsicherung von Geldschulden fördern inflationäre Tendenzen. Seit dem 14.9.2007 gilt für Wertsicherungsklauseln ein Indexierungsverbot mit Legalausnahme. Ein behördliches Genehmigungsverfahren ist damit nicht mehr vorgesehen. Preisklauseln, die nach dem 13.9.2007 vereinbart werden, sind damit grundsätzlich zulässig, wenn sie den Anforderungen des Preisklauselgesetzes (Gesetz über das Verbot der Verwendung von Preisklauseln bei der Bestimmung von Geldschulden, PrKG)[1] entsprechen.

Für alle Klauseln, die vor dem 14.9.2007 vereinbart und genehmigt wurden, gelten weiterhin die bisherigen Regelungen des § 2 des Preisangaben- und Preisklauselgesetzes (PaPkG)[2] und die zu dessen Durchführung erlassene Preisklauselverordnung (PrKV)[3], die ein Indexierungsverbot mit Genehmigungsvorbehalt darstellen. Das Bundesamt für Wirtschaft und Ausfuhrkontrolle (BAFA) ist dabei nur noch für Klauseln zuständig, die bis zum 13. September 2007 vereinbart und

---

[1] Der seit dem 29.7.2014 für Handelsgeschäfte geltende Zinssatz von 9 Prozentpunkten über dem Basiszinssatz ist gemäß Art.229 § 34 EGBGB nur auf Schuldverhältnisse anzuwenden, die nach dem 28.7.2014 entstanden sind. Bei vorher entstandenen Dauerschuldverhältnissen gilt er nur für Gegenleistungen, die nach dem 30.6.2016 zu erbringen sind.

[1] Gesetz vom 7.9.2007 (BGBl I 2007 S.2246, 2247), zuletzt geändert am 29.7.2009 (BGBl I 2009 S.2355).

[2] Gesetz vom 3.12.1984 (BGBl I 1984 S.1429), zuletzt geändert durch Art. 296 V vom 31.8.2015 (BGBl I 2015 S. 1474).

[3] Verordnung vom 23.9.1998 (BGBl I 1998 S.3043), zuletzt geändert am 19.6.2001 (BGBl I 2001 S.1149), außer Kraft gesetzt seit dem 14.9.2007, durch Gesetz vom 7.9.2007 (BGBl I 2007 S.2246).

		deren Genehmigung bis dahin beim Bundesamt beantragt worden ist (Eingangsdatum ist entscheidend). Darüber hinaus besteht keine Zuständigkeit des BAFA mehr für Preisklauseln, auch nicht für die Erteilung von Auskünften zur Zulässigkeit von Preisklauseln und Negativattesten.
Grundsatz		Indexierungsverbot mit Legalausnahme

Ausnahmen	grund-sätz-lich zuläs-sig	– Geld- und Kapitalverkehr (außer Verbraucherkreditverträge sowie hierauf bezogene Pensions- und Darlehensgeschäfte)
		– Verträge von gebietsansässigen Kaufleuten mit Gebietsfremden
		– Verträge zur Deckung des Bedarfs der Streitkräfte
		– Wohnraummietverträge nach § 557b BGB, wenn
		  – schriftliche Vereinbarung,
		  – Verbraucherpreisindex als Referenzgröße,
		  – Einbeziehung von Erhöhungen und Senkungen
		– Erbbaurechtsbestellungsverträge und Erbbauzinsreallasten mit mindestens 30-jähriger Laufzeit
		– Leistungsvorbehaltsklauseln
		– Spannungsklauseln
		– Kostenelementeklauseln
		– Ermäßigungsklauseln

	be-dingt zuläs-sig	– Anwendungsbereich
		  – Preisklauseln in längerfristigen Verträgen
		    – Klauseln über wiederkehrende Zahlungen
		    – bei zehnjähriger Vertragslaufzeit oder sonstiger zehnjähriger Vertragsbindung, wenn bestimmte Preisindizes oder Wertmesser vereinbart werden
		    – bei lebenslangen oder auflösend bedingten Zahlungsverpflichtungen, wenn bestimmte Preisindizes oder Wertmesser vereinbart werden
		  – Klauseln über sonstige längerfristige Zahlungen bei erbrechtlichen Verfügungen oder Betriebsübernahmen, wenn der geschuldete Betrag durch die Änderung eines vom Statistischen Bundesamt oder einem der 13 statistischen Landesämter ermittelten Preisindex für die Gesamtlebenshaltung bestimmt werden soll
		– Voraussetzungen
		  – Preisklausel muss hinreichend bestimmt sein, keine Vertragspartei darf unangemessen benachteiligt sein

4 Betriebswirtschaft

4.1 Investitionsrechnung

4.1.1 Übersicht

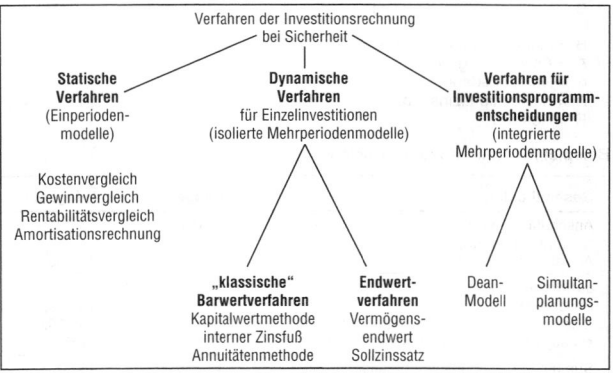

4.1.2 Statische Verfahren

4.1.2.1 Kostenvergleichsrechnung

Jahreskosten Anlage 1 > Jahreskosten Anlage 2

$$B_1 + \frac{A_1 - R_1}{n_1} + \frac{A_1 + R_1}{2} \times i \geq B_2 + \frac{A_2 - R_2}{n_2} + \frac{A_2 + R_2}{2} \times i$$

B = jährliche Betriebskosten
A = Anschaffungskosten
n = Nutzungsdauer
i = Kalkulationszinssatz
R = Restwert

Beispiel für einen Kostenvergleich:

Gesamtkosten	Anlage 1	Anlage 2
Anschaffungswert	80 000,–	70 000,–
Nutzungsdauer (Jahre)	10	7
Auslastung (LE/Jahr)	10 000	10 000
Jährliche Kosten:		
Abschreibungen	8 000,–	10 000,–
Zinsen (10 % vom $\frac{1}{2}$ Anschaffungswert)	4 000,–	3 500,–
sonstige leistungsunabhängige Kosten	1 000,–	1 500,–
Summe der leistungsunabhängigen Kosten	13 000,–	15 000,–
Personalkosten	25 000,–	20 000,–
Fertigungsmaterial	5 000,–	5 000,–
Energie	800,–	1 000,–
sonstige leistungsabhängige Kosten	1 200,–	800,–
Summe der leistungsabhängigen Kosten	32 000,–	26 800,–
Gesamtkosten/Jahr:	45 000,–	41 800,–

4.1.2.2 Gewinnvergleichsrechnung

Jahresgewinn Anlage 1 < Jahresgewinn Anlage 2

$$p_1 x_1 - JK_1 \leq p_2 x_2 - JK_2$$

JK = Jahreskosten

Beispiel für einen vollständigen Gewinnvergleich:

Kostenarten	Anlage 1 Kostensituation vor Erweiterung	Anlage 2 Kostensituation nach Erweiterung
Kapitalkosten:		
kalkul. Abschreibungen	200 000,–	250 000,–
kalkul. Zinsen	100 000,–	125 000,–
	300 000,–	375 000,–
Betriebskosten:		
Personalkosten	150 000,–	170 000,–
Materialkosten	75 000,–	90 000,–
Energiekosten	30 000,–	35 000,–
Instandhaltungskosten	45 000,–	48 000,–
sonstige Betriebskosten	40 000,–	50 000,–
Kosten in Sekundärbereichen z.B. Lager, Verwaltung, Vertrieb	123 000,–	147 000,–
Kosten insgesamt	763 000,–	915 000,–
Erlöse	852 000,–	1 043 000,–
Gewinn	89 000,–	128 000,–
Gewinnzuwachs	39 000,–	

4.1.2.3 Rentabilitätsrechnung

Bei der statischen Rentabilitätsrechnung wird der durchschnittliche Jahresgewinn eines Investitionsprojektes zum durchschnittlich gebundenden Kapital in Beziehung gesetzt.

$$\text{ROI} = \frac{\text{Gewinn vor kalk. Zinsen}}{\text{durchschn. geb. Kapital}}$$

Die Entscheidungsregel lautet: Führe das Investitionsobjekt durch, falls die Rendite (auf englisch: Return on Investment [ROI]) höher als der Kalkulationszinsfuß ist.

4.1.2.4 Amortisationsrechnung (Pay-off-Rechnung)

Untersuchung, in welchem Zeitraum das investierte Kapital durch Erlöse zurückfließt. Die Amortisationsdauer ist der Zeitraum, in dem die Anschaffungsauszahlung durch die unverzinsten (!) Einzahlungsüberschüsse des Projektes wieder zurückfließt. Sie kann auch als ein Risikomaß gesehen werden. Es gilt: Je kürzer die Amortisationsdauer, desto weniger riskant ist das Projekt.

A. Durchschnittsrechnung

$$t = \frac{A}{\varnothing\,(e - a)}$$

B. Kumulative Berechnung

$$A = \sum_{k=1}^{t} (e_k - a_k)$$

A = Anschaffungsauszahlung

e = jährliche Einzahlungen
a = jährliche Auszahlungen

Beispiel für eine Durchschnittsrechnung:

	Anlage 1	Anlage 2
Anschaffungsausgabe (€)	100 000,–	120 000,–
Nutzungsdauer (Jahre)	8	10
Abschreibung (€/Jahr)	12 500,–	12 000,–
∅ Gewinn (€/Jahr)	6 000,–	7 800,–
∅ Rückfluss (€/Jahr)[1]	18 500,–	19 800,–
	100 000,–	120 000,–
	18 500,–	19 800,–
[1] Saldogröße ∅ (e – a). Amortisationszeit	= 5,4 Jahre	= 6,1 Jahre

4.1.3   Dynamische Verfahren

4.1.3.1   Grundlagen dynamischer Verfahren

Variablen

i = Zinssatz (dezimal)	K_n = Endkapital	t = Monate
n = Jahre	K_0 = Anfangskapital	

Aufzinsungsfaktor	Endwert	unterjährig
$(1+i)^n$	$K_n = K_0 \cdot (1+i)^n$	$K_n = K_0 \cdot \left(1 + \dfrac{i}{t}\right)^{n \cdot t}$

Abzinsungsfaktor	Barwert	unterjährig
$\dfrac{1}{(1+i)^n}$	$K_0 = K_n \cdot \dfrac{1}{(1+i)^n}$	$K_n = K_0 \cdot \dfrac{1}{\left(1 + \dfrac{i}{t}\right)^{n \cdot t}}$

Rentenendwertfaktor	nachschüssig	vorschüssig[1]
REF	$\dfrac{(1+i)^n - 1}{i}$	$\dfrac{(1+i)^n - 1}{i} \cdot (1+i)^n$

Rentenbarwertfaktor	nachschüssig	vorschüssig[2]
RBF → abgezinster REF	$\dfrac{(1+i)^n - 1}{i} \cdot \dfrac{1}{(1+i)^n}$	$\dfrac{(1+i)^n - 1}{i} \cdot \dfrac{1}{(1+i)^{n-1}}$

Annuitätenfaktor	nachschüssig	vorschüssig
ANF → Kehrwert RBF	$\dfrac{1}{\dfrac{(1+i)^n - 1}{i} \cdot \dfrac{1}{(1+i)^n}}$	$\dfrac{1}{\dfrac{(1+i)^n - 1}{i} \cdot \dfrac{1}{(1+i)^{n-1}}}$

---

[1] Aufzinsung um 1 Periode, weil „Anlagemöglichkeit" 1 Periode länger ist.
[2] Abzinsung 1 Periode weniger nötig.

4.1.3.2 Darstellung dynamischer Verfahren

Variablen

C_0 = Kapitalwert	n = Anzahl Jahre	Z_t = Zahlungsform in t
I_0 = Anfangsauszahlung	t = Periode	(ggf. saldierte Ein-/ Auszahlungen)
K_0 = Anfangskapital	i = Zinssatz (dezimal)	L_n = Liquidationserlös

Kapitalwert	Normalinvestition[1]
C_0	$$C_0 = -I_0 + \left[\sum_{t=1}^{n} \frac{Z_t}{(1+i)^t} \right] + \frac{L_n}{(1+i)^n}$$

Interner Zinsfuß	Interpolation (mit zwei Versuchszinssätzen)
r_{int}	$$r_{int} = \frac{C_0 \cdot i_u - C_u \cdot i_0}{C_0 - C_u}$$

Annuität	je Periode
a	$$a = K_0 \cdot ANF = K_0 \cdot \frac{i \cdot (1+i)^n}{(1+i)^n - 1}$$

---

[1] Zahlungsstrom mit einer Anfangsinvestition und ausschließlich Rückflüssen in allen Folgeperioden (wobei die Zahl der Rückflüsse i.d.R. endlich ist).

4.2 Finanzierung

4.2.1 Übersicht

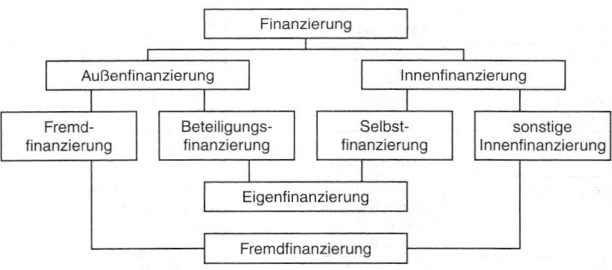

4.2.2 Innen- und Außenfinanzierung

	Außenfinanzierung	Innenfinanzierung
Eigenfinanzierung	Gesellschafter – Geldeinlage – Sacheinlage – Neuaufnahme Börsengang Venture Capital Beteiligungsgesellschaften	Selbstfinanzierung – Gewinn Finanzierung durch Ausnutzung von Bewertungswahlrechten Vermögensumschichtung – Rücklagen in Kapital – Darlehen in Kapital
Fremdfinanzierung	Kredite Darlehen Lieferanten	Finanzierung aus Pensionsrückstellungen

4.2.3 Eigen- und Fremdfinanzierung

4.2.3.1 Übersicht

Kriterium	Eigenkapital	Fremdkapital
Rechtsgrundlage	gesellschaftsrechtlicher Vertrag	schuldrechtlicher Vertrag
Stellung des Kapitalgebers	Eigentümer	Gläubiger
Haftung	in Höhe der Einlage bzw. mit Privatvermögen	grundsätzlich keine Haftung
Verzinsung	kein fester Verzinsungsanspruch (Gewinn-/Verlust-/Vermögensbeteiligung)	(in der Regel) erfolgsunabhängiger Verzinsungsanspruch
Fristigkeit	(in der Regel) langfristig	frei vereinbar
Rückzahlung	nicht vorgesehen (Teilnahme am Liquidationserlös)	Rückzahlungsanspruch (im Insolvenzfall bevorrechtigt)
Mitspracherecht/ Leitung	ja (Ausmaß in Abhängigkeit von der Rechtsform)	nein (faktisch möglich bei hohem Verschuldungsgrad)
Ertrag- und substanzsteuerliche Behandlung	Ausschüttung erfolgt aus versteuerten Gewinnen; Bestandteil der substanzsteuerlichen Bemessungsgrundlage	Zinsen als Betriebsausgabe abzugsfähig; kein Bestandteil der substanzsteuerlichen Bemessungsgrundlage (Ausnahme: Würdigung von Dauerschulden im Rahmen der Gewerbesteuer)

4.2.3.2   Kreditfinanzierung

A. Kurzfristige Kreditfinanzierung

Handelskredite	Geldkredite	Kreditleihen	Außenhandel	Sonderformen
– Lieferanten-kredit – Kunden-anzahlung	– Konto-korrentkredit – Diskont-kredit – Wechsel-kredit – Lombard-kredit	– Avalkredit – Akzept-kredit	– Rembours-kredit – Nego-ziierungs-kredit – Forfaitierung	– Factoring – Commercial Papers – Certificates of Deposit

B. Langfristige Kreditfinanzierung

Handelskredite	Geldkredite	Kreditleihen	Außenhandel	Sonderformen
– Kreditinstitute – Realkredit-institute – Bauspar-kassen – KfW (Kreditanstalt für Wieder-aufbau)	– Schuldver-schreibung – Anleihen, Obligationen, Pfandbriefe – KfW (Kreditanstalt für Wieder-aufbau) – Genuss-scheine, Zerobonds, Floating Rate Notes	– Asset Backed Securities – Wechsel	– AKA (Ausfuhr-kreditgesell-schaft) – Forfai-tierung	– Leasing – Franchising – Stille Gesell-schaft – Mezzanine Finanzierung

4.2.3.3 Das Finanzierungsangebot der KfW

4.2.3.3.1 Überblick[1]

Institut	Produkte	Kontakt	Internet

KfW
Palmengartenstraße 5–9
60325 Frankfurt am Main
	– Privatpersonen
	  – Neubau
	  – Bestandsimmobilie
	  – Studieren & Qualifizieren
	  – Existenzgründung
	– Unternehmen
	  – KfW-Corona-Hilfe
	  – Gründen & Nachfolge
	  – Innovation & Digitalisierung
	  – Erweitern & Festigen
	  – Energie & Umwelt
	  – Wohnwirtschaft
	  – Kommunale Unternehmen
	– Öffentliche Einrichtungen
	  – Kommunen
	  – Kommunale Unternehmen
	  – Soziale Organisationen und Vereine
	– Internationale Finanzierung
	  – KfW IPEX-Bank
	  – DEG
	  – KfW Entwicklungsbank
		Telefon: 069/7431-0
		Fax: 069/7431-2944
		E-Mail: info@kfw.de
			www.kfw.de

---

[1] Quelle: http://www.kfw.de (Stand 8/2021).

Institut	Produkte/Geschäftssparten	Kontakt	Internet

KfW IPEX-Bank
Palmengartenstraße 5-9
60325 Frankfurt am Main
	– Internationale Projekt- und Exportfinanzierung
	   – Grundstoffe und Recycling
	   – Industrie und Services
	   – Energie und Umwelt
	   – Maritime Industrie
	   – Luftfahrt
	   – Mobilität und Transport
	   – Infrastruktur
	   – Finanzinstitutionen,
	   – Trade & Commodity Finance
	   – Digitale Infrastruktur
		Tel: 069/7431-3300
		Fax: 069/7431-8536
		E-Mail:
		info@kfw-ipex-bank.de
			www.kfw-ipex-bank.de

DEG – Deutsche Investitions- und Entwicklungsgesellschaft Kämmergasse 22 50676 Köln	– Finanzierung, Beratung und Begleitung von privaten Unternehmen, die in Entwicklungs- und Schwellenländern tätig sind	Tel: 0221/4986-0 Fax: 0221/4986-1290 E-Mail: info@deginvest.de	www.deginvest.de
KfW Entwicklungsbank Palmengartenstraße 5-9 60325 Frankfurt am Main	– Finanziert, berät und begleitet Investitionen im Auftrag des Bundesministeriums für wirtschaftliche Zusammenarbeit und Entwicklung (BMZ)	Tel: 069/7431-4260 Fax: 069/7431-3796 E-Mail: info@kfw-entwicklungsbank.de	www.kfw-entwicklungsbank.de

4.2.3.3.2 KfW-Zinssätze, Bonitäts- und Besicherungsklassen

Die KfW hat seit 1. April 2005 für ihre **gewerblichen Förderkredite** risikogerechte Zinssätze eingeführt.

Jedes Unternehmen zahlt einen **individuellen Zinssatz**, der seiner Bonität und dem damit verbundenen Ausfallrisiko sowie der Werthaltigkeit seiner gestellten Sicherheiten Rechnung trägt. Die Zinshöhe wird dabei für jeden Kreditnehmer nach dem „Verursacherprinzip" ermittelt: je geringer das Risiko, desto geringer der Zins. Die Zinsen in der niedrigsten und in der höchsten KfW-Preiskategorie können dabei bis zu 3 % (Zinsspanne) auseinanderliegen.

A. Übersicht über die Bonitätsklassen[1]:

Bonitätsklasse RGZS	Bonitäts-einschätzung durch Hausbank	Risikoeinschät-zung durch die Hausbank	Ein-Jahres-Ausfall-wahrscheinlichkeit
1	ausgezeichnet	niedrig	≤ 0,10 %
2	sehr gut		> 0,10 % und ≤ 0,40 %
3	gut		> 0,40 % und ≤ 1,20 %
4	befriedigend		> 1,20 % und ≤ 1,80 %
5	noch befriedigend		> 1,80 % und ≤ 2,80 %
6	ausreichend		> 2,80 % und ≤ 5,50 %
7	noch ausreichend	hoch	> 5,50 % und ≤ 10,00 %

Die **aktuellen Zinssätze** der KfW sind in Gesamttableaus nach Programmgruppen sortiert im Internet unter http://www.kfw.de bzw. bei der jeweiligen Förderbank (vgl. hierzu die Übersicht in Kapitel 4.2.3.3.1 „KfW-Bankengruppe") zu finden.

B. Übersicht über die Besicherungsklassen[1]

Besicherungsklasse RGZS	werthaltige Besicherung in Prozent
1	≥ 70 %
2	> 40 % und < 70 %
3	≤ 40 %

---

[1] Quelle: http://www.kfw.de, Online-Dokument „Risikogerechtes Zinssystem" (Dokumentstand Januar 2021), Stand: 8/2021.

C. Zusammenhang zwischen Bonitätsklasse, Besicherungsklasse und Preiklasse[1]

Bonitätsklasse	1	1	1	2	2	3	4	2	3	5	4	6	5	3	4	5	6	7	6	7
Besicherungsklasse	1	2	3	1	2	1	1	3	2	1	2	1	2	3	3	3	2	1	3	2
Preisklasse	A			B		C	D			E	F	G			H				I	

Beispiel: Bei einer **Bonitätsklasse 3** und einer **Besicherungsklasse 2** ergibt sich die **Preisklasse D**.

Anträge in den Kombinationen aus Bonität und Besicherung 7/1, 7/2 und 6/3 können nur ohne Haftungsfreistellung gestellt werden.

4.2.3.4 Beteiligungsfinanzierung (nicht börsennotierter Unternehmen)

Anlässe	– Gründung/Markteintritt – Spin-off – Finanzierung vor Börsengang – Management-Buyout/-in (MBO/MBI) – Unternehmensnachfolge – Erwerb eines anderen Unternehmens – Einführung neuer Produkte – Erschließung neuer Märkte – Internationalisierung
Voraussetzungen	– Wachstum – Dynamischer Markt – Gute Marktstellung – Vorbereitung eines Börsengangs in 4 bis 6 Jahren – Funktionierendes Geschäftsmodell – Business-Plan mit Wachstumsdarstellung – Stabile Geschäftsführung – Gefestigte Firmenstruktur ohne Änderungszwang im Wachstumsprozess – Break-even sollte weit vor Finanzierungsende liegen und beiden Partnern Unternehmenswertsteigerungen bieten
Finanzierungs-anbieter	– Inkubatoren – Business Angels – Venture-Capital-Gesellschaften – Private-Equity-Häuser – Mezzanine Capital Fonds

---

[1] Quelle: http://www.kfw.de, Online-Dokument „Risikogerechtes Zinssystem" (Dokumentstand Januar 2021), Stand: 8/2021. Die aktuell gültige Konditionenübersicht finden Sie unter www.kfw.de

4.2.3.5 Mezzanine Finanzierung

Der Begriff Mezzanine Capital geht auf das italienische Wort „il mezzanino" zurück, w... so viel wie „Zwischengeschoss" bedeutet. Die mezzanine Finanzierung (auch „hybri... Finanzierung genannt) schließt einerseits die Lücke zwischen der begrenzten Eig... kapitalbereitstellung und andererseits der ebenfalls begrenzten Fremdkapitalaufnah... Unterscheidungsmerkmal mezzaniner Finanzierungen kann deren unterschiedliche F... gibilität sein, aber auch ihre Ausgestaltung als eher mit Fremdkapital- oder eher mit Eig... kapitalcharakter.
Im Weiteren werden Finanzinstrumente aufgezeigt, die einen mezzaninen bzw. hybri... Charakter aufweisen.

Klassifizierungs-Kriterien	Nachrangdarlehen	Typisch stille Beteiligung	Atypisch stille Beteiligung	Genussschein	Wandel-/Optionsanle...
Platzierung	privat	privat	privat	Kapitalmarkt	Kapitalmarkt
Vergütung	fix, ggf. mit Abschlusszahlung	fix, plus erfolgsabhängige Vergütung	fix, plus erfolgsabhängige Vergütung	flexible Vergütungsformen	laufende Verz... sung und Wa... lungsrecht
Indikative Renditeerwartung Kapitalgeber p. a.[1]	ca. 10–16 %	ca. 10–16 %	ca. 12–18 %	ca. 10–20 %	ca. 10–20 %
Informations-/Zustimmungsrechte der Kapitalgeber[1]	Gläubigerstellung	vertragliche Zustimmungs-, Informations- und Kontrollrechte	Mitunternehmerstellung; vertragliche Zustimmungs-, Informations- und Kontrollrechte	Gläubigerstellung	Gläubigerstellung; nac... Wandlung Gesellschafte... stellung
Haftung im Insolvenzfall	nein, aber Rangrücktritt gegenüber „klassischem Fremdkapital"	nein, aber Rangrücktritt gegenüber „klassischem Fremdkapital"	ja	gestaltungsabhängig	nein, aber ggf... Rangrücktritt gegenüber „klassischem Fremdkapital"
Bilanzielles Eigenkapital	nein	nein	ja	gestaltungsabhängig	erst nach Wandlung
Wirtschaftliches Eigenkapital[1]	ja	ja	ja	ja	ja, sofern Rangrücktritt erklärt, ansonsten ers... nach Wandlur...
Gesetzliche Regelungen	§§ 488 ff. BGB	§§ 230–237 HGB	§§ 230–237 HGB	§ 793 BGB	§ 221 AktG

---

[1] Quelle: *Stahl, Katharina/Hoffelner, Matthias*, Mezzanine-Kapital, in BBP: 2003, S. 111.

4.2.3.6   Finanzierungsphasen

	Unternehmensphase	Finanzierungsphase	Finanzierungsformen
Gründungsphase	Konzeptions-entwicklung	Seed-Phase	Eigenmittel, staatliches Beteiligungskapital
	Unternehmens-gründung, Marktreife	Start-up-Phase	Eigenmittel, staatliches Beteiligungskapital, informelles Beteiligungskapital
Expansionsphase	Markteinführung	First-Stage-Finanzierungen	Zusätzlich: formelles Beteiligungskapital – Venture Capital (VC) i.e.S.
	Erweiterung des Vertriebssystems, Diversifikation der Produkte; Erreichen der Gewinnschwelle, positive Cash Flows, Marktdurchdringung und Kapazitätsausbau	Second- und Third-Stage-Finanzierungen	Eigenmittel, Private Equity, Kreditfinanzierungen durch Banken und in späteren Phasen Mittelaufnahmen über den Kapitalmarkt

4.2.3.7 Vor- und Nachteile einzelner Finanzierungsprodukte

Bankkredit/ Syndizierter Kredit	Mezzanine Finanzierung	Leasing	Unternehmensanleihe	Schuldscheindarlehen	Eigenkapital
Pro	Pro	Pro	Pro	Pro	Pro
– Vergleichsweise einfache und schnelle Durchführung	– Mittel- und langfristige Laufzeiten	– Bilanzentlastung	– Unbesichertes (eventuell nachrangiges) Fremdkapital	– im Vergleich zu einer öffentlichen Anleihe Kostenersparnis und geringerer Dokumentationsaufwand	– Finanzieller Spielraum
– Individuelle Strukturierung	– Flexible Rückzahlungsgestaltung	– Aufwandslinearisierung (d.h. gleichmäßige Leasingraten)	– Keine Amortisierung während der Laufzeit erforderlich; Refinanzierung durch weitere Anleihe üblich		– Positive Ratingaspekte
– Sondertilgung und vorzeitige Rückzahlung möglich	– Geringe laufende Zinszahlungen	– Aktive Liquiditätssteuerung ("pay as you earn")	– Weiterer Investoren-/Kapitalgeberkreis wird aufgebaut	– Geringe Publizitätswirkung	– Keine Cash Flow-Belastung
– Geringe Zinslast durch Besicherung erreichbar	– Bekannte, leicht zu identifizierende Gruppe von Investoren	– 100%-Finanzierung möglich	– Mögliches „Sprungbrett" für Börsengang	– Größtmögliche Flexibilität hinsichtlich der Ausgestaltung	
				– Erweiterung des Kreises der Fremdkapitalgeber	
				– Mittlere Laufzeiten möglich	

Bankkredit/ Syndizierter Kredit	Mezzanine Finanzierung	Leasing	Unternehmens- anleihe	Schuldschein- darlehen	Eigenkapital
Contra	Contra	Contra	Contra	Contra	Contra
– Vertrags- bedingungen unabhängig von Sicherheiten- stellung	– Relativ hohe Cash flow- Belastung und risikoadäquates Pricing	– Wird im Rahmen der Syndizierung als Fremdkapital gesehen	– Kupons erforderlich (kein Zerobond möglich)	– Sehr illiquide; die Investoren verfolgen eine „Buy-and-hold"- Strategie	– Teuerste Form des Kapitals
– Begrenzte An- zahl von Fremdkapital- gebern	– Vertragsbedin- gungen sind restriktiver als im Kreditmarkt	– Lange Finan- zierungslaufzeiten (bis zu 15 Jahren)	– Vorzeitige Rück- zahlung unüblich (typisch: mindestens 4 Jahre kein Call- recht)	– Geringe Publizitäts- wirkung	– Schwierig einzuwerben
	– Optionskompo- nenten führen evtl. zur Verwäs- serung des Eigenkapitals	– Lange Zinsfest- schreibungen	– Externe Rankings erforderlich		– Änderung der Stimm- rechtsver- hältnisse
	– Mitspracherechte		– Informationen zur Geschäftsent- wicklung müssen veröffentlicht werden		
			– Analysten und die Investorengemeinde stellen erhöhte An- sprüche an die Leis- tung des Manage- ments		
			– Covenants werden zunehmend verlangt		

4.2.4 Kreditwürdigkeitsprüfung

4.2.4.1 Kreditunterlagen gem. § 18 KWG[1,2]

Gemäß § 18 KWG hat sich ein Kreditinstitut von Kreditnehmern, denen es Kredite von insgesamt mehr als 750 000 € oder 10 % des haftenden Eigenkapitals des Instituts gewährt, die wirtschaftlichen Verhältnisse im Rahmen von Neuengagements (Erstoffenlegung) und bei laufenden Engagements (laufende Offenlegung) offenlegen zu lassen. Im Mai 2005 hatte die BaFin sämtliche Rundschreiben zur Auslegung von § 18 KWG ersatzlos aufgehoben und die Einhaltung der gesetzlichen Vorgaben in die Verantwortung der Institute gestellt. Nachstehende Übersicht stellt die nach derzeit herrschender Bankmeinung geforderten **Unterlagen zu Offenlegung der wirtschaftlichen Verhältnisse** dar.

Kreditnehmer	Bilanzierende	Objektgesellschaften	Nicht bilanzierende	Konzernangehörige Unternehmen
Vorzulegende Unterlagen	Letzter JA[3]	letzter JA[3], Projektanalyse, Finanzierungsstruktur	bestehende (Eventual-) Verbindlichkeiten, Vermögensgegenstände, EUR[3]	JA[3] des Gesamtkonzerns
Weitere Unterlagen (falls erforderlich)	Letzten drei JA[3]. Prüfungsunterlagen einschl. Testat	Unterlagen über Dritte (Mieter, Initiatoren)	Grundbuchauszüge, Konto- und Depotauszüge, Vermögensteuererklärungen, ESt-Erklärung und -Bescheid	JA[3] weiterer Konzernunternehmen
Form der Unterlagen	Grundsätzlich im Original. Ist dies nicht möglich, kann auf Offenlegung in Form von elektronischen Datenträgern oder Datenbanken (z. B. DATEV oder SEC) zurückgegriffen werden.			
Alter der Unterlagen	Erstoffenlegung < 12 Monate nach letztem Abschlussstichtag, laufende Offenlegung < 24 Monate			

---

[1] Gesetz über das Kreditwesen (KWG) vom 9.9.1998, zuletzt geändert durch Art. 3 Transparenzregister- und Finanzinformationsgesetz vom 25.6.2021 (BGBI I S. 2083).

[2] Quelle: Leitfaden zur Erstellung eines Beurteilungssystems nach § 18 KWG, Stand 4. Oktober 2005, Bundesverband Öffentlicher Banken Deutschlands, VÖB, e.V. (unverändert)

[3] JA = Jahresabschluss, EÜR = Einnahmenüberschussrechnung

Kreditnehmer	Bilanzierende	Objektgesellschaften	Nicht bilanzierende	Konzernangehörige Unternehmen
Pflichten des Kreditinstituts	Bei nicht ausreichender Vorlage keine Kreditgewährung, bei laufenden Engagements notfalls Kündigung, kein Automatismus bei störungsfreien Engagements			
Sonderregelungen	Bestehen für Personenhandelsgesellschaften, GbR, Einzelkaufleute und Konzernunternehmen			
Ausnahmen der Offenlegungsverpflichtung	Bei Erst- und laufender Offenlegung: Stellung geeigneter Sicherheiten, Mitverpflichtete (Offenlegung) Bei laufender Offenlegung: Finanzierung durch selbst genutztes Wohneigentum (mind. 50 % der Gesamtfläche müssen privat genutzt werden) Weitere: staatlich geförderte mittelständische Existenzen, nach § 10a KWG konsolidierte Tochterunternehmen, Übernahme von Ausfallrisiken und Investments, Kredite an ausländische öffentliche Stellen im Sinne des §20 Abs. 2 Nr. 1 lit. b) bis d) KWG			
Grundsatz	In jedem Fall muss sich das Kreditinstitut einen ausreichenden Überblick über die wirtschaftlichen Verhältnisse und das Adressenausfallrisiko des Kreditnehmers verschaffen.			

4.2.4.2 Digitaler Finanzbericht

A. Bisheriges Verfahren der Bonitätsprüfung

Banken und Sparkassen sind nach § 18 KWG gesetzlich verpflichtet, sich die wirtschaftlichen Verhältnisse ihrer Kreditnehmer offenlegen zu lassen. Die Kreditnehmer reichen dazu ihre Kreditunterlagen (s. Kap. 4.2.4.1) in analoger Form ein und das Kreditinstitut erfasst diese manuell zur Auswertung. Durch die händischen Schritte ist das Verfahren fehleranfällig sowie zeit- und kostenintensiv.

B. Neues Verfahren: Digitaler Finanzbericht[1]

Der Digitale Finanzbericht ist ein elektronisches Verfahren zur Übertragung von Bilanzen und Einnahmenüberschussrechnungen an Kreditinstitute im Rahmen der Bonitätsprüfung. In Anlehnung an die E-Bilanz werden die Unterlagen digital nach einheitlichem Datenübertragungsstandard übermittelt. Somit ersetzt die Übertragung im Wege des Digitalen Finanzberichts die Einreichung papierförmiger Abschlüsse.

Technik	– Datenformat XBRL (wie bereits für E-Bilanz verwendet) – sichere und bewährte Technologie zur Verschlüsselung und zur Authentifizierung der am Übertragungsvorgang Beteiligten
Bestandteile	– XBRL-Abschluss – bildliche Kopie des rechtsverbindlich erstellten Abschlusses – optional bis zu vier weitere pdf-Dokumente (z.B. Testat) – Kopfdaten (technisches Authentifizierungsmerkmal und optionale Mitteilung für Empfänger) – bei Abweichung ist die bildliche Kopie maßgeblich
Ablauf	– Mandant gibt jederzeit widerrufbare Teilnahme- und Verbindlichkeitserklärung gegenüber dem Kreditinstitut ab – Mandant beauftragt seinen Steuerberater, den rechtsverbindlich erstellten Abschluss direkt an das Kreditinstitut zu übertragen – Kreditinstitut importiert die übermittelten Daten, analysiert den Abschluss und führt auf dieser Basis die Bonitätsprüfung durch
Haftung und Datenschutz	– Kreditinstitut gibt Haftungsklarstellungserklärung ab, sodass sich die Haftungsverhältnisse der Steuerberater und Wirtschaftsprüfer gegenüber der papierförmigen Übermittlung der Jahresabschlüsse nicht ändern – Bankgeheimnis und Datenschutz bleiben in vollem Umfang gewahrt
Vorteile	– vereinheitlichter Verteilungsprozess für Jahresabschlüsse an Finanzverwaltung, Bundesanzeiger und Kreditinstitute – Zeit- und Kostenersparnisse, da der administrative Aufwand für papiergebundene Abschlüsse entfällt – *fehlerfreie Datenübertragung durch Verzicht auf manuelle Eingriffe* – Kreditprozess wird beschleunigt

---

[1] Weitere Informationen sind unter https://www.digitaler-finanzbericht.de zu finden.

4.2.4.3 Vorbereitung einer Bonitätsprüfung

	Bestandteil	Fragestellung	Unterlagen
Harte (quantitative) Faktoren	Darstellung der wirtschaftlichen Situation	– Analyse und Entwicklung der Vermögens-, Finanz- und Ertragslage – Ermittlung der Wertschöpfungs- und Zinsdeckungsquote – Wachstumsanalyse	– Jahresabschluss, bestehend aus Bilanz, GuV, Anhang – Lagebericht

	Analyse des privaten Vermögens	– Zusammensetzung des Vermögens und der Schulden
		  – Immobilienvermögen
		  – Betriebsvermögen
		  – Beteiligungen
		  – Barvermögen
		  – Sonstiges Vermögen, jeweils abzgl. Schulden
		  – Steuerverbindlichkeiten
		  – Leasingverbindlichkeiten
		  – Bürgschaften
		– Darstellung der privaten Einnahmen und Ausgaben
			– Grundbuchauszüge
			– Jahresabschlüsse
			– Depot- und Kontoauszüge
			– Darlehensverträge
			– Steuerbescheide
			– Leasingverträge
			– Bürgschaftsurkunden
			– Einnahmen- und Ausgabenübersicht

Weiche (qualitative) Faktoren	Jahresabschluss	– Zeitnahe Erstellung zum Stichtag? – Freiwillige Prüfung? – Stille Reserven?	
	Betriebswirtschaftliche Auswertungen	– Aussagefähigkeit – Vollständigkeit – Prognosefähigkeit	– Nachweis von Abgrenzungsbuchungen – Vollständigkeitserklärung – Vormonats- und Vorjahresvergleich
	Kontoführung	– Überziehungshäufigkeiten – Überziehungshöhen	
	Markt und Marktposition	– Abnehmer und Lieferanten – Produkt und Sortiment – Wettbewerbssituation	– ABC-Analyse – Umsatzgruppen – Umsatzgruppenanteil
	Geschäftsführung	– Risikoabsicherung – Informationspolitik – Vor- und Nachkalkulation – Planung	– Organisationsanweisungen – Vollständige Auswertungen – Deckungsbeitragsrechnung – 3-Jahresplanung

4.2.4.4   Soft-Facts in der Bonitätsprüfung[1]

Das Rating der Hard- und Soft-Facts spielt eine entscheidende Rolle bei der Darlehensvergabe und für die Kreditkosten. Soft-Facts fließen i.d.R. mit 30% bis 50% in das Ratingergebnis ein. Soft-Facts von heute sind die Hard-Facts von morgen, weil alle Entscheidungen der Unternehmensführung sich mit Zeitverzögerung i.d.R. in der Bilanz wiederfinden.

4.2.4.4.1   Wichtige Soft-Facts

Checkliste	relevant
1. Kontoführung und Zusammenarbeit mit Banken	
2. Informationspolitik, Informationsverhalten ggü. Banken	
3. Unternehmensführung und Managementqualität	
4. Rechnungswesen, Controlling	
5. Planung, Steuerung und Risikomanagement	
6. Markt, Produkte und Wettbewerb	
7. Organisation, Strategie	
8. Marketing, Vertrieb	
9. Branchen- und Länderrisiko	
10. Unternehmensrisiken, Unternehmensentwicklung	

4.2.4.4.2   Kontoführung

Checkliste *Bankbewertung wird positiv beeinflusst, wenn ...*	relevant
1. die Haben-Umsätze im Vergleich zum Vorjahr steigen	
2. der Kontoumsatz ausgelöst durch eine positive wirtschaftliche Umsatzentwicklung im Vergleich zum Vorjahr steigt	
3. der Kontoumsatz des Mandanten mindestens 12-mal so hoch ist wie der Kredit	
4. der Kreditrahmen beweglich in Anspruch genommen wird (z.B. messbar durch die Umschlaghäufigkeit des Kontokorrents)	
5. im Durchschnitt nicht mehr als 70% der zugesagten Kreditlinie in Anspruch genommen werden	
6. das Konto von Zeit zu Zeit ausgeglichen werden kann	

---

[1] In Anlehnung an *Herke*, Kreditkosten minimieren durch besseres Rating, in: BBB Nr.3 vom 28.2.2008 S.81, mit weiteren Hinweisen und Ergänzungen.

4.2.4.4.3 Bankkontoanalyse

Checkliste *was Banken beobachten und bewerten*	relevant
1. Werden Absprachen eingehalten?	
2. Wie ist die Entwicklung der Zahlungseingänge im Verhältnis zur Kreditlinie zu beurteilen?	
3. Entspricht die Kreditlinie dem Geschäftsumfang?	
4. Inwieweit werden die Kreditlinien in Anspruch genommen?	
5. Sind wechselnde Salden vorhanden?	
6. Kommen Überschreitungen der Kreditlinien vor? Hierbei ist zu berücksichtigen, ob hohe Risiken aus Gutschriften mit Eingang vorbehalten (d.h. aus Scheck- oder Lastschrifteinreichungen) bestehen oder Postlaufkredite z.B. durch Einreichung von Eigenschecks im Rahmen des Zahlungsverkehrsmanagements in Anspruch genommen werden.	
7. Mussten Lastschriften und Schecks mangels Deckung zurückgegeben werden?	
8. Sind vom Kunden ausgestellte Wechsel nicht eingelöst worden?	
9. Wird der Kontoinhaber von der Landeszentralbank als notenbankfähig eingestuft?	
10. Liegen Erkenntnisse aus der § 14 KWG-Rückmeldung vor, die auf eine ungewöhnlich hohe Kreditinanspruchnahme hinweisen? (Es handelt sich dabei um Rückmeldungen, die bei Krediten ab 1,5 Mio. € automatisch erfolgen.)	
11. Fallen negative Veränderungen im Zahlungsverhalten auf?	
12. Werden vermehrt Bankauskünfte über den Kunden angefordert, die z.B. auf eine verstärkte Nutzung von Zahlungsaufschüben hindeuten?	
13. Ist eine feste Hausbankverbindung vorhanden und ist die Anzahl der Bankverbindungen der Größe des Kunden angemessen?	

4.2.4.4.4 Rechnungswesen

Checkliste *was Banken beobachten und bewerten*	relevant
1. Besteht ein ordnungsgemäßes, d.h. sachlich richtiges und zeitnahes Rechnungswesen?	
2. Entspricht die Organisation des Rechnungswesens der Unternehmensgröße?	
3. Werden der Unternehmensgröße entsprechende Steuerungs- und Überwachungsinstrumente eingesetzt?	
4. Wie gut ist die Forderungsverwaltung?	
5. Wie zeitnah ist die Rechnungsstellung?	
6. Liegt ein funktionierendes Mahnwesen vor (Organisation, Verfolgung, Erfolgsquote)?	
7. Welche Zahlungsbedingungen werden gewährt bzw. selbst genutzt?	
8. Besteht eine aussagefähige Kostenrechnung?	
9. Wird eine Vor- und Nachkalkulation für Produkte, Kunden oder Angebote vorgenommen?	
10. Wird die Einhaltung von Markt- und Absatzzielen überprüft?	

4.2.4.4.5 Markt und Wettbewerb

Checkliste *was Banken beobachten und bewerten*	relevant
1. Wie ist die Marktstellung des Unternehmens?	
2. Ist das Unternehmen Marktführer?	
3. Ist die Marktstellung besser als die der Konkurrenten?	
4. Ist die Größe des „Marktgebietes" ausreichend?	
5. Wie ist die Entwicklung des Marktanteils?	
6. Wie ist die Produkt- und Servicequalität im Verhältnis zu Mitbewerbern einzustufen?	
7. Wird die Kundenzufriedenheit gemessen?	
8. Sind die Kunden des Unternehmens mit seinen Lieferungen und Leistungen zufrieden?	
9. *Wie ist die Wettbewerbssituation einzuschätzen?*	
10. Sind in den letzten zwei Jahren neue Wettbewerber hinzugekommen?	

4.2.4.4.6   Managementqualität[1]

Checkliste *was Banken beobachten und bewerten*	relevant
1. Beruflicher Werdegang	
2. Ausbildungsstand	
3. Berufserfahrung	
4. Branchenerfahrung	
5. Führungsqualität	
6. Entscheidungsfähigkeit	
7. Charaktermängel	
8. Abhängigkeiten	
9. Kreativität	
10. Flexibilität	
11. Organisationsstruktur	
12. Kompetenzregelungen	
13. Betriebsklima	
14. Stellvertretung	
15. Ruf bei Kunden, Lieferanten und Konkurrenz	
16. Nachfolge	
17. Familiäre Verhältnisse	
18. Lebensstil	

---

[1] Beim Management bzw. bei der Geschäftsführung sollen die fachliche und persönliche Eignung der Führungskräfte und die Organisationsstruktur des Unternehmens, die Rückschlüsse auf die Geschäftsführung zulässt, bewertet werden. Es
sollte besonders darauf geachtet werden, dass hinsichtlich der fachlichen Eignung
sowohl kaufmännische als auch technische Fachkompetenz vorhanden ist.
Bei nicht hinreichend qualifizierten Unternehmern und Managern, ungelösten Nach-
folgefragen und Managementfehlern sind Banken sehr vorsichtig, da diese Faktoren
in der Vergangenheit häufig Insolvenzen ausgelöst haben. Gerade bei mittelständischen Unternehmen kommt es auf die Fähigkeiten der Unternehmensführung
und die verfolgte Unternehmenspolitik an.

4.2.4.4.7 Managementqualität – Beurteilung (Bsp.)

positiv	1	2	3	4	5	6	negativ
Führungsqualitäten, Führungsstil: eindeutige Kompetenzen							unklare Kompetenzregelung
Persönliche Qualifikation: hoch qualifiziert							nicht qualifiziert
Fachliche Qualifikation: hoch qualifiziert							nicht qualifiziert
Technisch-kaufmännische Orientierung: beherrscht beide Bereiche							einseitig orientiert
Entscheidungsfähigkeit: sicher und schnell							unsicher, zögerlich
Lernfähigkeit: hoch ausgeprägt							lernunfähig, antiquiertes Denken
Strategisches Denken: vorhanden, klar und realistisch							nicht vorhanden
Planungsfähigkeit: kontinuierlich, umfassend und realistisch							nicht vorhanden
Zukunftseinschätzung: realistisch							Wunschdenken
Nachfolge: geregelt							nicht geregelt
Informationspolitik gegenüber Banken: offen, zeitnah, umfassend							lückenhaft, verspätet

4.2.4.5 Basel III[1]

4.2.4.5.1 Überblick

Reformprojekt	Die neuen Regeln wurden am 17.12.2009 vom Baseler Ausschuss für Bankenaufsicht (BCBS)[2] beschlossen.
Ziele	Die umfassende Überarbeitung der bestehenden Basel II-Regelungen (seit 1.1.2007 in Kraft) durch den BCBS verschärft die bisherigen Anforderungen („Strengthening the Resilience of the Banking Sector") und soll die Finanzwelt stabiler machen. Gefordert werden u.a. größere Kapitalpuffer bei den Banken zum Schutz vor Notsituationen.
Eigenkapital eines Finanzinstituts	besteht aus dem Kern- und dem Ergänzungskapital: – hartes Kernkapital: eigene Aktien und einbehaltene Gewinne – weiches Kernkapital: andere Kapitalinstrumente mit weniger stark ausgeprägten Merkmalen (z.B. bzgl. der Verlustteilnahme) – Kernkapitalquote: Kernkapital dividiert durch Risikoposten (zeigt, wie groß der Risikopuffer der Bank ist) – Ergänzungskapital: Genussrechte und langfristige nachrangige Verbindlichkeiten

---

[1] Inkrafttreten: 1.1.2013, schrittweise Einführung der Neuregelungen bis spätestens 1.1.2019.

[2] Der Ausschuss ist bei der Bank für Internationalen Zahlungsausgleich (BIZ; engl.: Bank for International Settlements, www.bis.org) in Basel angesiedelt. Im Basler Ausschuss vertreten sind Algerien, Argentinien, Australien, Belgien, Bosnien-Herzegowina, Brasilien, Bulgarien, Chile, China, Dänemark, Deutschland, Estland, EZB, Finnland, Frankreich, Griechenland, SVR Hongkong, Indien, Indonesien, Irland, Island, Israel, Italien, Japan, Kanada, Kolumbien, Korea, Kroatien, Lettland, Litauen, Luxemburg, Malaysia, Mazedonien, Mexiko, Neuseeland, Niederlande, Norwegen, Österreich, Peru, Philippinen, Polen, Portugal, Rumänien, Russland, Schweden, Schweiz, Serbien, Singapur, Slowakei, Slowenien, Spanien, Südafrika, Thailand, Tschechische Republik, Türkei, Ungarn, USA, Vereinigte Arabische Emirate und Vereinigtes Königreich.

4.2.4.5.2 Eigenkapitaldefinition i.S.v. Basel III[1]

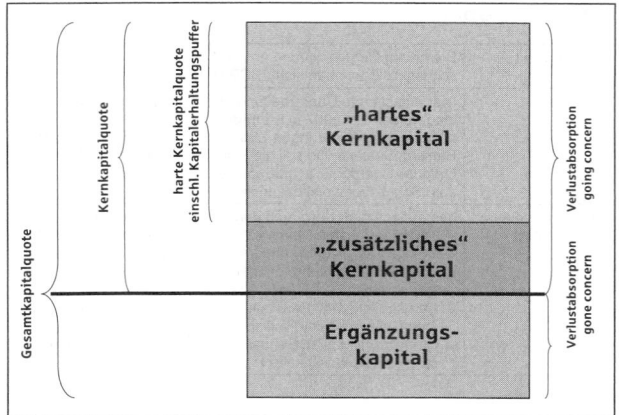

4.2.4.5.3 Kalibrierung der Eigenkapitalstandards[2]

Eigenkapitalvorschriften und Kapitalpolster (in Prozent)

	Hartes Kernkapital (nach vorgenommenen Abzügen)	Kern-kapital	Gesamt-kapital
Mindestanforderung	4,5	6,0	8,0
Kapitalerhaltungspolster	2,5		
Mindestanforderung plus Kapitalerhaltungspolster	7,0	8,5	10,5
Bandbreite für das antizyklische Kapitalpolster[3]	0–2,5		

---

[1] In Anlehnung an Deutsche Bundesbank, Basel III – Leitfaden zu den neuen Eigenkapital- und Liquiditätsregeln für Banken, 2011 (abgerufen 8/2021 unter https://www.bundesbank.de.

[2] Basler Ausschuss für Bankenaufsicht (BCBS), Basel III: Ein globaler Regulierungsrahmen für widerstandsfähigere Banken und Bankensysteme, rev. Juni 2011.

[3] Hartes Kernkapital oder sonstiges Kapital, das eine volle Verlustabsorption gewährleistet.

4.2.4.5.4 Einführung neuer Mindestanforderungen und Aufbau der Kapitalpuffer[1]

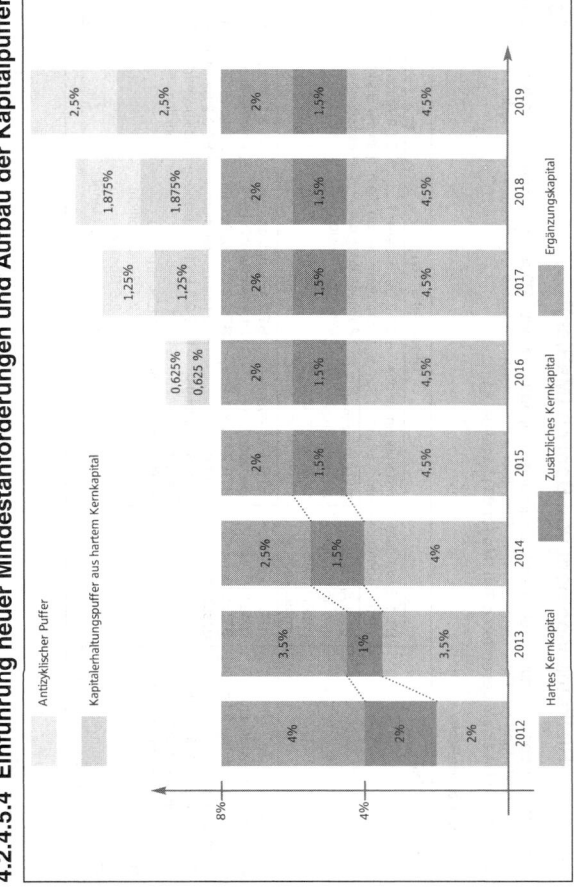

[1] Deutsche Bundesbank, Basel III – Leitfaden zu den neuen Eigenkapital- und Liquiditätsregeln für Banken, 2011 (abgerufen 8/2021 unter https://bundesbank.de).

4.2.4.6 BaFin-Mindestanforderungen an das Risikomanagement von Banken (MaRisk)[1]

Das Rundschreiben ist modular strukturiert. In einem **allgemeinen Teil (Modul AT)** befinden sich grundsätzliche Prinzipien für die Ausgestaltung des Risikomanagements. Spezifische Anforderungen an die Organisation des Kredit- und Handelsgeschäfts sind in einem **besonderen Teil (Modul BT)** niedergelegt.

Struktur der MaRisk

Allgemeiner Teil	Besonderer Teil			
	BT 1 Besondere Anforderungen an das interne Kontrollsystem		BT 2 Besondere Anforderungen an die Ausgestaltung der Internen Revision	BT 3 Anforderungen an die Risikoberichterstattung
	BTO Anforderungen an die Aufbau- und Ablauforganisation	BTR Anforderungen an die Risikosteuerungs- und -controllingprozesse		
AT 1 Vorbemerkung **AT 2** Anwendungsbereich **AT 3** Gesamtverantwortung der Geschäftsleitung **AT 4** Allgemeine Anforderungen an das Risikomanagement **AT 5** Organisationsrichtlinien **AT 6** Dokumentation **AT 7** Ressourcen **AT 8** Anpassungsprozesse **AT 9** Auslagerung	**BTO 1** Kreditgeschäft **BTO 2** Handelsgeschäft	**BTR 1** Adressenausfallrisiken **BTR 2** Marktpreisrisiken **BTR 3** Liquiditätsrisiken **BTR 4** Operationelle Risiken	**BT 2.1** Aufgaben der Internen Revision **BT 2.2** Grundsätze für die Interne Revision **BT 2.3** Prüfungsplanung und -durchführung **BT 2.4** Berichtspflicht **BT 2.5** Reaktion auf festgestellte Mängel	**BT 3.1** Allgemeine Anforderungen an die Risikoberichte **BT 3.2** Berichte der Risikocontrolling-Funktion

---

[1] Bundesanstalt für Finanzdienstleistungsaufsicht (BaFin), Rundschreiben 09/2017 (BA) vom 27.10.2017.

4.3 Kostenrechnung

4.3.1 Einleitung Kostenrechnung

Die Kostenrechnung ist Kernbestandteil des internen Rechnungswesens.[1]

4.3.2 Divisionskalkulation

Die Divisionskalkulation ermöglicht die Ermittlung von Stück- oder Selbstkosten eines Produkts. Voraussetzung für eine sinnvolle Anwendung ist die direkte Zurechenbarkeit aller Kosten zu dem einzelnen Produkt. Sie wird insbesondere bei gleichmäßiger Fertigung eines einzelnen Massenprodukts angewendet. Als Informationsinstrument unterstützt sie die Unternehmensführung beim Fällen von Entscheidungen (Planung und Entscheidung unter Leitung) und bei der Kontrolle betrieblicher Abläufe. Im Rahmen ihrer Dokumentationsaufgabe dient sie auch als Erfüllung gesetzlicher Informationsanforderungen (z.B. Ermittlung der Handlungskosten für den Jahresabschluss).

A. Einstufige Divisionskalkulation

$$\text{Stückkosten} = \frac{\text{Gesamtkosten einer Periode}}{\text{Gesamtproduktionsmenge}}$$

B. Zweistufige Divisionskalkulation

Der Lagerbestand unfertiger Erzeugnisse wird mit den Herstellungskosten nach § 255 HGB bewertet. Verwaltungs- und Vertriebsaufwendungen gehören nicht zu den Herstellungskosten. Für eine ordnungsgemäße Bewertung ist eine Aufschlüsselung zwischen produzierten und abgesetzten Mengen notwendig.

$$\text{Stück-Herstellkosten} = \frac{\text{Gesamtherstellkosten}}{\text{produzierte Menge}}$$

$$\text{Stück-Verwaltungs-/} \atop \text{-Vertriebskosten} = \frac{\text{Gesamt-Verwaltungs-/-Vertriebskosten}}{\text{abgesetzte Menge}}$$

$$\text{Stück-Selbstkosten} = \text{Stück-Herstellkosten} + \text{Stück-Verwaltungs-/} \atop \text{-Vertriebskosten}$$

C. Mehrstufige Divisionskalkulation

Für Mehrproduktunternehmen mit getrennten Fertigungsprozessen bietet sich die mehrstufige Divisionskalkulation an. Dazu ist eine getrennte Kostenerfassung für jedes einzelne Produkt notwendig.

$$\sum_{i=1}^{n} = \frac{K_1}{x_1} + \frac{K_2}{x_2} + \ldots + \frac{K_n}{x_n}$$

mit i = 1, ..., n Produktionsstufen
und x = produzierte bzw. aus der Vorstufe weiterverarbeitete Mengen

---

[1] Vgl. grundlegend, auch im Folgenden, *Wöhe/Döring/Brösel*, Einführung in die Allgemeine Betriebswirtschaftslehre.

4.3.3 Teilbereiche der Kostenrechnung

Die Divisionskalkulation ist nur dann sinnvoll anzuwenden, wenn jedem Erzeugnis all seine Kosten direkt zugeordnet werden können. Bei komplexeren Produktionsverfahren oder Unternehmen mit einem breiten Produktspektrum können Kosten nicht direkt einzelnen Produkten zugeordnet werden, sondern müssen den Produkten anteilig zugerechnet werden. Die Kostenrechnung systematisiert dieses Verfahren.

A. Kostenartenrechnung

In der Kostenartenrechnung werden die entstandenen Kosten erfasst und nach ihren Eigenschaften aufgegliedert. Die einzelnen Kosten können so den einzelnen Produkten zugerechnet werden. Die Kostenartenrechnung stellt somit die erste Stufe der Kostenrechnung dar. Beispiele für Aufteilungen nach Kostenarten sind:[1]

Art des Produktionsfaktors	Betriebliche Funktion	Art der Zurechnung	Verhalten bei Produktionsschwankungen
Personalkosten Materialkosten Kapitalkosten Raumkosten kalkulatorische Kosten	Beschaffungskosten (Einkauf) Fertigungskosten Vertriebskosten Verwaltungskosten	Einzelkosten Gemeinkosten	fixe Kosten variable Kosten

B. Kostenstellenrechnung

Eine Kostenstelle ist eine innerbetriebliche Einheit der Kostenentstehung. Sie dient als Hilfsobjekt, um angefallene Kosten zu sammeln und intern weiterzuverrechnen. Eine Kostenstelle wird für einzelne abgrenzbare Bereiche gebildet, wie z.B. für Abteilungen oder für Betriebsteile. Dabei werden in den Kostenstellen alle Kosten gesammelt, die einer weiteren Schlüsselung bedürfen, d.h. alle Kosten, die nicht den einzelnen Kostenträgern direkt zugerechnet werden können. Neben der internen Kostenverrechnung wird die Aufteilung nach Kostenstellen auch für die Unternehmenssteuerung und die Unternehmensplanung genutzt, indem z.B. die geplanten Kosten einer Kostenstelle einem Soll-Ist-Vergleich unterzogen werden. Während die Kostenartenrechnung die Vorstufe der Kostenstellenrechnung ist, gilt die Kostenträgerrechnung als der nachgelagerte Schritt. Unter Anwendung des Gemeinkostenzuschlagssatzes werden die Gemeinkosten auf Basis einer Bezugsgröße den einzelnen Kostenträgern zugeschlagen. Als Bezugsgröße kommen je nach Unternehmen und Produktionsprozess verschiedene Formen von Einzelkosten infrage. Der Zuschlagssatz mit der Summe aller Einzelkosten als Bezugsgröße wird wie folgt errechnet:

$$\frac{\text{Summe aller Gemeinkosten für Material bzw. Lohn je Produkt}}{\text{Summe aller Einzelkosten für Material bzw. Lohn je Produkt}} = \begin{array}{l}\text{Zuschlagssatz in} \\ \text{\% der jeweiligen} \\ \text{Einzelkosten}\end{array}$$

---

[1] In Anlehnung an *Wöhe/Döring/Brösel*, Einführung in die Allgemeine Betriebswirtschaftslehre.

C. Kostenträgerrechnung

Das Ziel der Kostenträgerrechnung ist, die Gesamtkosten den einzelnen Produkten, den Kostenträgern, zuzuordnen. Dabei bedient sich die Kostenträgerrechnung der Kostenarten- und der Kostenstellenrechnung. Alle Kosten, die unmittelbar mit der Herstellung eines Produkts in Verbindung gebracht werden können, werden dem Kostenträger als Einzelkosten direkt zugerechnet. Alle Kosten, die zentral entstehen oder nur einer Betriebseinheit zugeordnet werden können, werden über die Kostenstellenrechnung als Gemeinkosten dem Kostenträger zugerechnet. Die ermittelten Stückkosten jedes Kostenträgers stellen gleichzeitig die Selbstkosten dar. Sie bilden die Grundlage für die Preiskalkulation.

Zuschlagskalkulation:

Materialeinzelkosten (Fertigungsmaterial)	Material-kosten	Herstell-kosten	Selbst-kosten
Materialgemeinkosten (Zuschlagssatz, bezogen auf die Materialeinzelkosten)			
Einzelkosten der Fertigung (Fertigungslohn)	Fertigungs-kosten		
Fertigungsgemeinkosten (Zuschlagssatz, bezogen auf die Einzelkosten der Fertigung)			
Sondereinzelkosten der Fertigung			
Verwaltungsgemeinkosten (als Zuschlag zu den Herstellkosten)		Ver-waltungs-und Ver-triebs-kosten	
Vertriebsgemeinkosten (als Zuschlag zu den Herstellkosten)			
Sondereinzelkosten des Vertriebs			

4.3.4   Kostenrechnungssysteme

4.3.4.1   Zeitbezug der Kostenrechnung

A. Istkostenrechnung

Die Istkosten bezeichnen die tatsächlich angefallenen Kosten. Diese werden typischerweise aus den Daten der Finanzbuchhaltung ermittelt. Die Istkostenrechnung wird hauptsächlich für die Nachkalkulation der Kostenträger sowie für die nachträgliche Kostenkontrolle im Rahmen von Plan-Ist-Analysen verwendet. Sie wird üblicherweise mit den Methoden der Normalkostenrechnung ergänzt, um eine bessere Vergleichbarkeit zu gewährleisten. Aufgrund ihres Vergangenheitsbezugs und der Abhängigkeit von Preisschwankungen sind die Istkosten ungeeignet für die Preisplanung.

B. Normalkostenrechnung

Als Normalkosten werden die durchschnittlichen Istkosten vergangener Perioden bezeichnet. Die Durchschnittsbildung macht die Kosten vergleichbarer und gleicht den Effekt von Preisschwankungen aus.

C. Plankostenrechnung

Die zukunftsorientierte Plankostenrechnung wird für die Preiskalkulation, die Budgetierung und für die Kostenkontrolle angewendet. Es werden die Gesamtkosten eines Unternehmen unterteilt nach Kostenarten, Kostenstellen und Kostenträgern auf der Basis von Annahmen und Schätzungen errechnet.

4.3.4.2 Umfang der Kostenrechnung[1]

A. Vollkostenrechnung

Die Vollkostenrechnung rechnet sämtliche Kosten dem Kostenträger zu. Dabei sollen die gesamten entstandenen Kosten eines Kostenträgers festgestellt werden. Die Vollkostenrechnung wird meistens für abgeschlossene Geschäftsjahre angewendet, um die Profitabilität einzelner Kostenträger zu bestimmen.

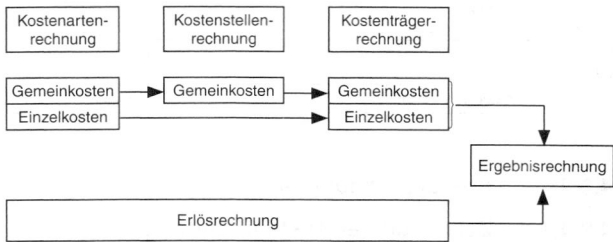

---

[1] Quelle der Grafiken: *Friedl/Hofmann/Pedell* (Vahlen 2010).

B. Teilkostenrechnung

Die Teilkostenrechnung rechnet nur einen Teil der angefallenen Kosten dem Kostenträger zu.

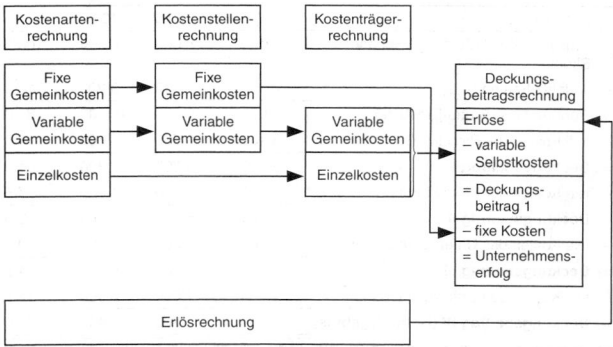

4.3.4.3 Deckungsbeitragsrechnung

Die Deckungsbeitragsrechnung ist ein Instrument der Teilkostenrechnung. Es wird unterschieden zwischen der einstufigen und der mehrstufigen Deckungsbeitragsrechnung. Die einstufige Deckungsbeitragsrechnung teilt die entstandenen Kosten in variable und in fixe Kostenbestandteile auf. Die Differenz aus den Umsatzerlösen und den variablen Kosten bildet dann den Deckungsbeitrag, der für eine weitere Analyse herangezogen werden kann.

Die mehrstufige Deckungsbeitragsrechnung teilt die entstandenen Fixkosten in einzelne Teilblöcke auf. Eine mögliche Aufteilung der Fixkosten wäre eine Aufteilung nach fixen Kosten der Produktart, der Produktgruppe, des Unternehmensbereichs und des Unternehmens. Die Differenz aus den Umsatzerlösen und den variablen Kosten wird dann den einzelnen Fixkostenblöcken gegenübergestellt. Durch die mehrstufige Subtraktion der Fixkostenblöcke von dem ersten Deckungsbeitrag entstehen so mehrstufige Deckungsbeiträge

Die Deckungsbeitragsrechnung ermittelt den Beitrag einzelner Betriebseinheiten (Produkte, Abteilungen) zum Betriebsergebnis des Unternehmens. Das macht die Profitabilität einzelner Produkte vergleichbar und bildet eine Entscheidungsgrundlage für die künftige Unternehmensstrategie. Mögliche Analysen, die durch die Deckungsbeitragsrechnung erleichtert werden, sind: die Ermittlung von Preisuntergrenzen, die Bestimmung der Gewinnschwelle (Break-even-Point) oder die Bestimmung der optimalen Produktionstiefe (make-or-buy).

Beispiel: Mehrstufige Produkt-Deckungsbeitragsrechnung:

	Produkt A T€	Produkt B T€	Gesamt T€	in %
Anteile in %	60,0	40,0	100,0	
Umsatz (ohne USt, abzgl. Rabatte/ Skonti)	12 000	8 000	20 000	100,0
– variable Kosten	2 000	1 200	3 200	16,0
= Rohergebnis (Brutto-Ergebnis)	10 000	6 800	16 800	84,0
– fixe Kosten der Produktart	3 100	1 500	4 600	23,0
= **Deckungsbeitrag I**	6 900	5 300	12 200	61,0
– fixe Kosten der Produktgruppe	1 200	300	1 500	7,5
= **Deckungsbeitrag II**	5 700	5 000	10 700	53,5
– fixe Kosten des Unternehmensbereichs	3 000	800	3 800	19,0
= **Deckungsbeitrag III**	2 700	4 200	6 900	34,5
– fixe Kosten des Unternehmens	1 500	1 000	2 500	12,5
= **Deckungsbeitrag IV (Netto-Ergebnis)**	1 200	3 200	4 400	22,0

4.3.4.4 Zielkostenrechnung

Die Zielkostenrechnung ermittelt die Kosten eines Produkts retrograd. Es werden nicht alle angefallenen Kosten aufaddiert und einzelnen Produkten zugeordnet, sondern es werden ausgehend von den bereits feststehenden Produkteigenschaften und dem bereits gewählten Zielverkaufspreis die maximal möglichen Kosten errechnet. Somit kann bereits vor der Markteinführung eines Produktes die Profitabilität bestimmt werden und mögliche Kosteneinsparpotenziale werden offengelegt.

4.3.5 Zusammenfassung[1]

Das System der Kostenrechnung richtet sich nach der Nutzung und dem Anspruch an die zu erhaltende Information. Die Komplexität des betrieblichen Kostenrechnungssystems ist mitunter stark von der Unternehmensgröße und der Branche abhängig.

---

[1] Quelle der Grafik: *Friedl/Hofmann/Pedell* (Vahlen 2010).

	Information für Dokumentation	**Information für Planung**	**Information für Steuerung**
Vollkosten-rechnung	Istkostenrechnung auf Vollkostenbasis	Normalkostenrechnung Prognosekostenrechnung auf Vollkostenbasis – starr – flexibel Prozesskostenrechnung	Standardkosten-rechnung auf Vollkostenbasis Target Costing
Teilkosten-rechnung	Istkostenrechnung auf Teilkostenbasis	Grenzplankosten- und Deckungsbeitragskosten-rechnung	Standardkosten-rechnung auf Teilkostenbasis

4.4 Unternehmenskauf und Unternehmensbewertung

4.4.1 Unternehmenskauf in 14 Schritten

Schritt	Gegenstand
1. Grundsätzliche Vorüberlegungen	Notwendigkeit, Finanzierung, Personal, Zeitpunkt, Prüfung von Expansionsalternativen
2. Voranalysen zum Kaufobjekt	Informationsbeschaffung zu Zielobjekt und Umfeld
3. Kaufpreisindikation	interne Unternehmensbewertung nach allgemein zugänglichen Daten, Finanz- und Finanzierungsplan
4. Kontaktaufnahme und Abschluss einer Vertraulichkeitsvereinbarung	ggf. Einschaltung einer (Investment-)Bank oder eines M&A-Beraters
5. Austausch eines Letter of Intent (oder Memorandum of Understanding)	Absichtserklärung entweder allgemein gehalten oder bereits mit konkreten Aussagen zu bestimmten Vertragsbestandteilen; ggf. Einräumung von Exklusivrechten oder Eintritt in ein Bieterverfahren, d.h. Verkäufer verhandelt parallel mit mehreren Interessenten
6. Due Dilligence des Kaufobjekts	gründliche Durchleuchtung des Kaufobjekts in allen relevanten Bereichen, insbes. Finanzen, Recht, Steuern und ggf. Markt & Wettbewerb, IT, Technik, Umwelt u.a.
7. Steuerliche und rechtliche Strukturierung der Transaktion	ggf. Zwischenschaltung einer (ausländischen) Tochtergesellschaft, Finanzierung, asset deal/share deal, closing accounts/locked box, Nebenabreden
8. Unternehmensbewertung	Bewertung anhand interner Daten aus der DD zur Ermittlung einer Kaufpreisvorstellung
9. Vorlage eines Kaufvertragsentwurfs	i.d.R. durch den Erwerber
10. Vertragsverhandlungen	Abstimmung und vertragliche Fixierung transaktionsrelevanter Sachverhalte
11. Abschluss Kaufvertrag (signing)	Vertragsschluss per Unterzeichnung
12. Einholung etwaiger Zustimmungen und Genehmigungen	Zusammenschlusskontrolle, öffentlich-rechtliche Genehmigungen, Banken, Gesellschafter, Aufsichtsrat

Schritt	Gegenstand
13. Übergabe des Unternehmens (closing)	dinglicher Übergang und Besitzübergabe; Erfüllungshandlungen durch Austausch von Leistung und Gegenleistung (z. B. Unternehmensanteile und Kaufpreis)
14. Integration in das Unternehmen des Erwerbers	Käufer übernimmt die unternehmerische Leitung

4.4.2 Due Diligence

4.4.2.1 Zweck und Inhalt einer Due Diligence

Der Begriff Due Diligence bedeutet wörtlich übersetzt „erforderliche Sorgfalt". In der Praxis wird hierunter verstanden, dass ein zu erwerbendes Unternehmen vor dem Kauf hinsichtlich seiner Risiken und seiner Potenziale analysiert wird. Kernelement einer jeden Due Diligence ist die Analyse des Zielunternehmens im Hinblick auf sog. Deal Breaker, also auf ein Bestehen derart gravierender Hindernisse, die eine lohnenswerte Transaktion insgesamt infrage stellen. Je nach Ausgestaltung bieten Due Diligence-Untersuchungen dem Käufer einen zusätzlichen Mehrwert, da sie mögliche Risiken vor dem Vertragsabschluss aufdecken, kaufpreisrelevante Sachverhalte aufzeigen und einen Überblick über Potenziale und mögliche Synergien geben. Schon während der Due Diligence kann so auf eine erfolgreiche Integration des Zielunternehmens im eigenen Unternehmensverbund hingearbeitet werden.

Es gibt verschiedene fachliche Typen von Due Diligence-Untersuchungen mit spezifischen Analyseschwerpunkten. Regelmäßig werden die Bereiche Commercial, Financial, Tax sowie Legal betrachtet. Während die letzteren Due Diligence-Prüfungen insbesondere von externen Spezialisten geleitet werden, wird die Commercial Due-Diligence häufig auch durch die Unternehmenskäufer selbst durchgeführt, da die Erwerber oft die größte Expertise in Bezug auf das eigene Marktumfeld besitzen. Neben dem klassischen Fall eines Unternehmenserwerbs gibt es noch weitere Anwendungsfelder einer Due Diligence:

- Beteiligung eines Investors
- Unternehmenszusammenschluss
- Joint Venture
- Börsengang
- Sanierung
- Kreditfinanzierung
- Shareholder-Value-Analysen

4.4.2.2 Arten und Analyseinhalte der Due Diligence

Arten	Analyseinhalte
1. Commercial/Market Due Diligence	Geschäftsmodell, Marktstellung des Zielunternehmens, Wettbewerbssituation, Produktsortiment, Vertriebswege, Auswirkungen des Unternehmenskaufes
2. Financial Due Diligence	Analyse der historischen Ertragssituation, Konsistenz der Unternehmensplanung und Identifizierung der wesentlichen Werttreiber (Quality of Earnings), Analyse der Nettoumlaufmittel (z.B. Werthaltigkeit der Forderungen), Bestimmung der Nettofinanzschulden (Kaufpreisanpassung Cash-and-Debt-free)[1]
3. Tax Due Diligence	steuerliche Situation (Veranlagung, Betriebsprüfung), steuerliche Gewinnermittlung, Ausschüttungen, Verlustvorträge, steuerliches Eigenkapital, Organschaftsverhältnisse und Konzernverflechtungen, Steuerrisiken, Steuerplanung
4. Legal Due Diligence	gesellschaftsrechtliche Grundlagen, Grundstücke, Schutzrechte, Lizenzen, Patente, Vertragsbeziehungen (z.B. bzgl. Lieferanten, Kunden, Mieten, Leasing), Arbeitsrecht und Personal, Rechtsstreitigkeiten und anhängige Verfahren, Subventionen und Genehmigungen
5. Environmental Due Diligence	Standort, Immobilien und deren Risiko, Versicherungsunterlagen, Altlasten, Umweltschutz, behördliche Auflagen
6. Technical/Scientific Due Diligence	Produktionsprozess, Work-flow, Effizienz und Produktivität, Qualitätskontrolle und Sicherung, Projektrealisation
7. Human Ressource Due Diligence	Personalstruktur, Qualifikationsstruktur, Hierarchien, Potenziale und Entwicklungsmöglichkeiten, betriebliche Altersversorgung und soziale Verpflichtungen
8. Insurance Due Diligence	Analyse der Angemessenheit des Versicherungsschutzes, Analyse der historischen Schadensfälle, Alter und Laufzeit der Verträge, zugrundeliegende Versicherungsbedingungen, Vorhersage der zukünftigen Versicherungskosten, Angemessenheit des Risikomanagementsystems
9. IT Due Diligence	Anforderung und Prüfung der aus der Unternehmensstrategie abgeleiteten IT-Strategie, Analyse des IT-Sicherheitskonzepts, Durchsicht der IT-Planungsunterlagen, Prüfung der IT-Infrastruktur, Prüfung der IT-Prozesse, Prüfung des Budgets und der Ausgaben im IT-Bereich, Analyse der notwendigen Investitionen in die IT-Infrastruktur und Software, Analyse der Kompatibilität mit der IT des Käufers

---

[1] Vgl. ausführlich *Quill/Pauli*, Zum Konzept der Nettofinanzschulden aus betriebswirtschaftlicher Sicht, in: WPg 2020, S. 517–525, 586–594.

4.4.3 Unternehmensbewertung

4.4.3.1 Überblick Bewertungsverfahren

Bezeichnung	Wertrelevante Größe(n)	Zeitliche Dimension(en)	Anwendungsbereich(e)
Kapitalwertorientierte Verfahren			
Ertragswertverfahren	Zukünftige Erträge (3- bis 5-jähriger Planungszeitraum + Einschätzung zum nachhaltig erzielbaren Ertrag); Eigenkapitalrendite einer laufzeit- und risikoäquivalenten Alternativanlage	Zukunft (Unternehmenserträge, Basiszinssätze); Vergangenheit (Marktrisikoprämien, Betafaktoren)	Gutachterliche Unternehmensbewertungen, z.B. für Kaufpreisfindung, Abfindungssachverhalte, Erb- und Scheidungsauseinandersetzungen
Vereinfachtes Ertragswertverfahren (vgl. Kap. 5.12.5.3.2)	Historische Betriebsergebnisse der drei letzten abgeschlossenen Geschäftsjahre; pauschale Eigenkapitalrenditeforderung aus Basiszins zzgl. 4,5 % Risikozuschlag; am 9.11.2016 wurde rückwirkend für Bewertungsstichtage nach dem 31.12.2015 ein pauschaler Kapitalisierungsfaktor von 13,75 festgelegt (§ 203 BewG); s. dazu Kap. 5.12.5.3.2	Vergangenheit	Steuerliches Bewertungsverfahren gem. §§ 199 ff. BewG; nicht anwendbar bei komplexen Strukturen oder offensichtlich unzutreffenden Ergebnissen

Bezeichnung	Wertrelevante Größe(n)	Zeitliche Dimension(en)	Anwendungsbereich(e)
Discounted Cash Flow Verfahren (WACC)	Zukünftige Free Cash Flows (3- bis 5-jähriger Planungszeitraum + Einschätzung zum nachhaltig erzielbaren Free Cash Flow); Gesamtkapitalrendite einer laufzeit- und risikoäquivalenten Alternativanlage	Zukunft (Free Cash Flows, Basiszinssätze); Vergangenheit (Marktrisikoprämien, Betataktoren, Credit Spreads)	Gutachterliche Unternehmensbewertungen, z. B. für Kaufpreisfindung, Abfindungssachverhalte, Erb- und Scheidungsauseinandersetzungen
Marktpreisorientierte Verfahren			
Multiplikatorverfahren	Multiplikator; Basisgröße wie z. B. Umsatz, EBITDA oder EBIT	Vergangenheit (Multiplikatoren) Vergangenheit oder Zukunft (Basisgröße)	Einfache Wertindikation im Zusammenhang mit Kaufpreisüberlegungen; Plausibilitätskontrolle für gutachterliche Unternehmensbewertungen
Kosten- bzw. substanzorientierte Verfahren			
Rekonstruktionswertverfahren	Heutige Kosten für die vorhandenen, betriebsnotwendigen Vermögenswerte	Zukunft (aktuelle Wiederbeschaffungskosten)	Anwendung hauptsächlich für Unternehmen mit nicht vorrangig finanziellen Zielsetzungen (z. B. öffentliche Betriebe der Daseinsfürsorge)
Liquidationswertverfahren	Zum Stichtag vorhandenes Aktivvermögen zu Veräußerungswerten sowie bestehende Schulden zu Rückzahlbeträgen	Zukunft (erwartete Veräußerungserlöse)	Ermittlung von Wertuntergrenzen bei gutachterlichen Unternehmensbewertungen; Bestimmung von Unternehmenswerten für Unternehmen, deren Fortbestand durch tatsächliche oder rechtliche Faktoren endlich ist
Steuerliches Substanzwertverfahren (vgl. Kap. 5.12.5.3.2)	Summe der gemeinen Werte des Betriebsvermögens abzgl. Schulden des Betriebsvermögens	Vergangenheit (Wertansätze gem. Steuerbilanz basieren auf historischen AHK)	Ermittlung von Wertuntergrenzen gem. § 11 Abs. 2 Satz 3 BewG für steuerliche Bewertungen

4.4.3.2   Ertragswertverfahren

A. Beschreibung

Die zukünftigen Ertragsüberschüsse bilden die zu kapitalisierende Größe.

B. Berechnungsformel

(1) $$EK = \sum_{t=1}^{T} \frac{FTE_t}{(1+r_{EK})^t} + \frac{FTE_{T+1}}{r_{EK}-w} \cdot \frac{1}{(1+r_{EK})^T}$$

EK = Marktwert des Eigenkapitals (Unternehmenswert)

FTE_t = Flow to Equity (Ertragsüberschüsse) der Detailplanungsjahre

FTE_{T+1} = Flow to Equity im Normjahr

r_{EK} = Eigenkapitalkostensatz

T = Anzahl Jahre Detailplanungszeitraum

t = Periodenindex

w = Wachstumsrate der finanziellen Überschüsse im Normjahr (Wachstumsabschlag)

C. Zu kapitalisierende Überschüsse

Ausgangspunkt

– Unterscheidung von Detailplanungsphase (i.d.R. drei bis fünf Jahre) und ewiger Rente (langfristige Unternehmenszukunft)
– Unternehmensplanung (integrierte GuV- und Bilanzplanung)
– Korrektur um nicht zahlungswirksame Sachverhalte
– Nur Berücksichtigung von betriebsnotwendigem Vermögen (separate Betrachtung von nicht betriebsnotwendigem Vermögen)
– Ggf. Korrektur um strukturelle Brüche (Unternehmen wird in seiner Struktur am Bewertungsstichtag bewertet); aber: Beachtlichkeit der sog. Wurzeltheorie

Normjahr

– Repräsentiert einwertig die langfristige Unternehmenszukunft (ewige Rente)
– Typischerweise basierend auf letztem Jahr des Detailplanungszeitraums
– Korrektur von endlichen Erlös- oder Aufwandspositionen
– Abschreibungen werden durch Reinvestitionsrate ersetzt (Berücksichtigung von Investitionszyklen)
– Besonderheit: handelsrechtliche und/oder steuerliche Verlustvorträge; ggf. Abbildung über Annuitäten

Ausschüttungsquote

- Im Detailplanungszeitraum geplante Ausschüttungen (sofern verfügbar), ansonsten Orientierung an historischen Ausschüttungen
- Im Normjahr Orientierung an Vergleichsgruppe
- Berücksichtigung von Ausschüttungsrestriktionen

D. Renditeerwartung/Kapitalisierungszinssatz

Grundlagen

- Kapitalisierungszinssatz repräsentiert Alternativanlage
- Im Ertragswertverfahren Rendite des Eigenkapitals maßgeblich (Fremdkapital bereits über Zinsaufwand abgebildet)
- Bestimmung unter Anwendung des CAPM (Capital Asset Pricing Model) bzw. Tax-CAPM
- Zusammensetzung des Eigenkapitalkostensatzes aus risikofreier Rendite und Risikozuschlag
- Risikozuschlag ist abhängig von der Korrelation des unternehmensspezifischen Risikos mit der Marktrendite (Betafaktor)
- Der Verschuldungsgrad beeinflusst die Korrelation zur Marktrendite (Betafaktor), es wird unterschieden zwischen verschuldetem und unverschuldetem Betafaktor
- Sicherstellung von Laufzeit- und Risikoäquivalenz
- Berücksichtigung von persönlichen Steuern (immer nur im Zähler **und** im Nenner) abhängig vom Bewertungsanlass
- Ggf. Berücksichtigung eines Wachstumsabschlags im Normjahr (zur Kompensation von Geldentwertungseffekten sowie zur Abbildung nachhaltigen Wachstums)

CAPM (Bewertung vor persönlichen Steuern)

(2) $$\boxed{r_{EK}^{vSt} = r_f + \beta_v \cdot r_z^{vSt}}$$

r_{EK}^{vSt} = Eigenkapitalkostensatz vor persönlichen Steuern

r_f = Risikoloser Basiszinssatz

r_z^{vSt} = Marktrisikoprämie vor persönlichen Steuern

β_v = Unternehmensindividueller, verschuldeter Betafaktor

Tax-CAPM (Bewertung nach persönlichen Steuern)

(3) $$r_{EK}^{nSt} = r_f \cdot (1 - est) + \beta_v \cdot r_z^{nSt}$$

r_{EK}^{nSt} = Eigenkapitalkostensatz nach persönlichen Steuern

r_f = Risikoloser Basiszinssatz

r_z^{nSt} = Marktrisikoprämie nach persönlichen Steuern

est = (Typisierter) persönlicher Ertragsteuersatz der Anteilseigner

β_v = Unternehmensindividueller, verschuldeter Betafaktor

E. Anwendungsbeispiel

	t+1	t+2	t+3	Normjahr
EBITDA	200	200	200	200
Abschreibungen/Reininvestitionsrate	– 30	– 30	– 30	– 30
EBIT	170	170	170	170
Zinsaufwand	– 20	– 20	– 20	– 20
Ertragsüberschüsse (FTE)	**150**	**150**	**150**	**150**
Risikoloser Basiszinssatz (r_f)	2,50 %	2,50 %	2,50 %	2,50 %
Betafaktor unverschuldet (β_u)	0,80	0,80	0,80	0,80
Verschuldungsgrad (FK/EK)	30,00 %	30,00 %	30,00 %	30,00 %
Betafaktor verschuldet (β_v) [FK = 500]	1,04	1,04	1,04	1,04
Marktrisikoprämie (r_z)	6,25 %	6,25 %	6,25 %	6,25 %
Unternehmerspezifischer Risikozuschlag ($\beta_v \times r_z$)	6,50 %	6,50 %	6,50 %	6,50 %
Eigenkapitalkostensatz (r_{EK})	**9,00 %**	**9,00 %**	**9,00 %**	**9,00 %**
Barwertfaktor	0,9174	0,8417	0,7722	8,5798
Barwerte	137,61	126,25	115,83	1 286,97
Summe der Barwerte = Marktwert des Eigenkapitals (EK)	**1 666,67**			

4.4.3.3 Discounted Cash Flow Verfahren (WACC-Ansatz)

A. Beschreibung

Die zukünftigen Free Cash Flows bilden die zu kapitalisierende Größe.

B. Berechnungsformeln

(4) $$\boxed{EK = GK - FK}$$

(5) $$\boxed{GK = \sum_{t=1}^{T} \frac{FCF_t}{(1+r_{GK})^t} + \frac{FCF_{T+1}}{r_{GK} - w} \cdot \frac{1}{(1+r_{GK})^T}}$$

(6) $$\boxed{r_{GK} = r_{EK} \cdot \frac{EK}{GK} + r_{FK} \cdot (1-s) \cdot \frac{FK}{GK}}$$

EK	=	Marktwert des Eigenkapitals (Unternehmenswert)
GK	=	Marktwert des Gesamtkapitals
FK	=	Marktwert des Fremdkapitals
FCF	=	Zukünftige Free Cash Flows
r_{GK}	=	Gewichteter Gesamtkapitalkostensatz (WACC)
r_{EK}	=	Eigenkapitalkostensatz
r_{FK}	=	Fremdkapitalkostensatz
T	=	Anzahl Jahre Detailplanungszeitraum
t	=	Periodenindex
w	=	Wachstumsrate der finanziellen Überschüsse im Normjahr (Wachstumsabschlag)
s	=	Steuersatz des Unternehmens

C. Zu kapitalisierende Überschüsse

Ausgangspunkt

- Free Cash Flows als zu kapitalisierende Größe
- Unterscheidung von Detailplanungsphase (i.d.R. drei bis fünf Jahre) und Normjahr (langfristige Unternehmenszukunft)
- Unternehmensplanung (integrierte GuV-, Bilanz- und Cash Flow Planung)
- Nur Berücksichtigung von betriebsnotwendigem Vermögen (separate Betrachtung von nicht betriebsnotwendigem Vermögen)
- Ggf. Korrektur um strukturelle Brüche (Unternehmen wird in seiner Struktur am Bewertungsstichtag bewertet)

Normjahr

- Repräsentiert einwertig die langfristige Unternehmenszukunft (ewige Rente)
- Typischerweise basierend auf letztem Jahr des Detailplanungszeitraums
- Korrektur von endlichen Erlös- oder Aufwandspositionen
- Abschreibungen werden durch Reinvestitionsrate ersetzt (Berücksichtigung von Investitionszyklen)

Ausschüttungsquote

- Im Detailplanungszeitraum geplante Ausschüttungen (sofern verfügbar), ansonsten Orientierung an historischen Ausschüttungen
- Im Normjahr Orientierung an Vergleichsgruppe
- Berücksichtigung von Ausschüttungsrestriktionen

D. Renditeerwartung/Kapitalisierungszinssatz

Grundlagen

- Kapitalisierungszinssatz repräsentiert Alternativanlage (Opportunitätskosten)
- Im DCF-Verfahren Rendite des Gesamtkapitals maßgeblich (Free Cash Flows vor Bedienung der Fremdkapitalgeber)
- Bestimmung unter Anwendung des CAPM (Capital Asset Pricing Model) bzw. Tax-CAPM
- Zusammensetzung des Eigenkapitalkostensatzes aus risikofreier Rendite und Risikozuschlag (siehe hierzu Kap. 4.4.3.2)
- Zusammensetzung des Fremdkapitalkostensatzes aus risikofreier Rendite und Credit Spread
- Ableitung eines gewichteten Gesamtkapitalkostensatzes
- Sicherstellung von Laufzeit- und Risikoäquivalenz
- Berücksichtigung von persönlichen Steuern (immer nur im Zähler und im Nenner) abhängig vom Bewertungsanlass
- Ggf. Berücksichtigung eines Wachstumsabschlags im Normjahr (zur Kompensation von Geldentwertungseffekten sowie zur Abbildung von nachhaltigem Wachstum)

E. Anwendungsbeispiel

	t+1	t+2	t+3	Normjahr
EBITDA	200	200	200	200
– Investitionen	– 30	– 30	– 30	– 30
Free Cash Flow	**170**	**170**	**170**	**170**
Risikoloser Basiszinssatz (r_f)	2,50%	2,50%	2,50%	2,50%
Betafaktor unverschuldet (β_u)	0,80	0,80	0,80	0,80
Verschuldungsgrad (FK/EK)	30,00%	30,00%	30,00%	30,00%
Betafaktor verschuldet (β_v) [FK = 500]	1,04	1,04	1,04	1,04
Marktrisikoprämie (r_z)	6,25%	6,25%	6,25%	6,25%
Unternehmensspezifischer Risikozuschlag ($\beta_v \times r_z$)	6,50%	6,50%	6,50%	6,50%
Eigenkapitalkostensatz (r_{EK})	**9,00%**	**9,00%**	**9,00%**	**9,00%**
Risikoloser Basiszinssatz (r_f)	2,50%	2,50%	2,50%	2,50%
Credit Spread	1,50%	1,50%	1,50%	1,50%
Fremdkapitalkostensatz (r_{FK})	**4,00%**	**4,00%**	**4,00%**	**4,00%**
Eigenkapitalkostensatz (r_{EK})	9,00%	9,00%	9,00%	9,00%
Anteil Eigenkapital (EK/GK)	76,92%	76,92%	76,92%	76,92%
Fremdkapitalkostensatz (r_{FK})	4,00%	4,00%	4,00%	4,00%
Anteil Fremdkapital (FK/GK)	23,08%	23,08%	23,08%	23,08%
Gesamtkapitalkostensatz (r_{GK})	**7,85%**	**7,85%**	**7,85%**	**7,85%**
Barwertfaktor	0,9272	0,8598	0,7972	10,1608
Barwerte	157,63	146,16	135,53	1 727,34

Summe der Barwerte = **Marktwert des Gesamtkapitals (GK)**	2 166,67
Marktwert des Fremdkapitals (FK)	500,00
Marktwert des Eigenkapitals (EK)	1 666,67

4.4.3.4   Multiplikatorverfahren

A. Beschreibung

Die Bewertung erfolgt durch die Multiplikation einer Basisgröße (häufig Kennzahl aus der Gewinn- und Verlustrechnung) und einem Faktor, dem sogenannten Multiplikator.

B. Berechnungsformel

$$(7) \quad EK_x = BG_x \cdot \frac{EK_y}{BG_y} \ldots oder \ldots GK_x = BG_x \cdot \frac{GK_y}{BG_y}$$

EK_x = Marktwert des Eigenkapitals (Unternehmenswert) des Unternehmens x (Bewertungsobjekt)

EK_y = Marktwert des Eigenkapitals (Unternehmenswert) des Unternehmens y (Vergleichsobjekt)

GK_x = Marktwert des Gesamtkapitals des Unternehmens x

GK_y = Marktwert des Gesamtkapitals des Unternehmens y

BG_x = Basisgröße (z.B. Umsatz, EBITDA, EBIT) des Unternehmens x

BG_y = Basisgröße des Unternehmens y

C. Grundlagen/Ermittlung

– Bewertungsrelationen von anderen, typischerweise kapitalmarktorientierten Unternehmen
– Produkt aus Multiplikator und Basisgröße (z.B. Umsatz, EBITDA, EBIT) ergibt Marktwert des Eigenkapitals (Equity-Multiplikatoren) bzw. des Gesamtkapitals (Entity-Multiplikatoren)
– Bei Entity-Multiplikatoren Ermittlung der Nettoverschuldung zur Überleitung auf den Unternehmenswert

4.4.3.5 Rekonstruktionswertverfahren

A. Beschreibung

Bewertung anhand der Wiederbeschaffungskosten, kein Bezug zur Ertragskraft des Unternehmens

B. Berechnungsformel

(8) $$EK = BV_{WB} - FK + NBV_L$$

EK $\quad$ = Marktwert des Eigenkapitals (Unternehmenswert)

BV_{WB} $\quad$ = Wiederbeschaffungskosten des betriebsnotwendigen Vermögens

FK $\quad$ = Marktwert des Fremdkapitals (entspricht üblicherweise Nominalwert)

NBV_L $\quad$ = Liquidationswert des nicht betriebsnotwendigen Vermögens

C. Grundlagen

- Menge an benötigtem Kapital für die Wiederherstellung des Unternehmens zum Bewertungsstichtag
- Beschränkung auf betriebsnotwendige, einzeln bewertbare Vermögensteile
- Teil- vs. Voll-Rekonstruktionswert (Einbeziehung von nicht bilanziertem immateriellen Vermögen)
- Kein Bezug zur Ertragskraft des Unternehmens

D. Ermittlung

- Wiederbeschaffungskosten der einbezogenen Vermögenswerte → Brutto-Rekonstruktionswert
- Berücksichtigung kalkulatorischer Abschreibungen zur Abbildung von Abnutzungsgrad und technologischem Zustand → Brutto-Rekonstruktionsaltwert
- Abzug der Schulden zum Rückzahlbetrag → Netto-Rekonstruktionsaltwert

4.4.3.6 Liquidationswertverfahren

A. Beschreibung

Bewertung anhand der Netto-Veräußerungserlöse, kein Bezug zur Ertragskraft des Unternehmens

B. Berechnungsformel

(9) $$\boxed{EK = BV_L + NBV_L - FK - LK - S}$$

EK = Marktwert des Eigenkapitals (Unternehmenswert)

BV_L = Liquidationswert des betriebsnotwendigen Vermögens

NBV_L = Liquidationswert des nicht betriebsnotwendigen Vermögens

FK = Marktwert des Fremdkapitals (entspricht üblicherweise Nominalwert)

LK = Kosten der Liquidation

S = Steuerlast bei Liquidation

C. Grundlagen

- Barwert der Netto-Erlöse durch Veräußerung des Unternehmensvermögens
- Unterstellung des bestmöglichen Verwertungs- und Liquidationskonzeptes
- Geschwindigkeit der Liquidation vs. erzielbare Liquidationserlöse
- Wertuntergrenze für gutachterliche Unternehmensbewertungen nach IDW S 1

D. Ermittlung

- Ansatz von Veräußerungspreisen für das Unternehmensvermögen
- Abzinsung, wenn sich Liquidation/Zerschlagung über einen längeren Zeitraum erstreckt
- Abzug der Unternehmensschulden (keine Rückstellungen, deren Grund durch *die Liquidation* entfällt)
- Abzug von Liquidationskosten (z.B. Gerichtskosten, Sozialpläne)
- Abzug von bei der Liquidation anfallenden Steuern (ggf. auch persönliche Steuern)

4.4.3.7 Formelsammlung zur Unternehmensbewertung

4.4.3.7.1 Formeln zu Rendite, EBIT, EBITDA, Cash Flow

1. Earnings before interests and taxes (EBIT):

Jahresüberschuss/-fehlbetrag
+ Steuern vom Einkommen und vom Ertrag
+ Zinsen und ähnliche Aufwendungen
+ Abschreibung auf Finanzanlagen und auf Wertpapiere des Umlaufvermögens
− sonstige Zinsen und ähnliche Erträge
− Erträge aus Beteiligungen und aus anderen Wertpapieren und Ausleihungen des Finanzanlagevermögens

= **EBIT**

2. Earnings before taxes (EBT):

EBIT
+ Finanzergebnis

= **EBT**

3. Earnings before interests, taxes, depreciation and amortisation (EBITDA):

EBIT
+ Abschreibungen auf Sachanlagen
+ Amortisation immaterieller Vermögensgegenstände

= **EBITDA**

4. EBITDA margin:

$$\text{EBITDA margin} = \frac{\text{EBITDA}}{\text{Sales}}$$

5. EBIT-Multiple:

$$\text{EBIT-Multiple} = \frac{\text{Enterprise Value}}{\text{EBIT}}$$

6. EBITDA-Multiple:

$$\text{EBITDA-Multiple} = \frac{\text{Enterprise Value}}{\text{EBITDA}}$$

7. Eigenkapitalrendite:

Basiszinssatz
+ Risikozuschlag
− ggf. Mehrheitsabschlag (Paketzuschlag)
− ggf. Wachstumsabschlag

= **Eigenkapitalrendite (vor persönlichen Steuern)**

8. Eigenkapitalrentabilität:

$$\text{Eigenkapitalrentabilität} = \frac{\text{Ergebnis nach Steuern}}{\text{Eigenkapital}}$$

9. Free Cash Flow (FCF) i.S.v. IDW S 1 i.d.F. 2008 vom 2.4. 2008[1]

Die künftigen Free Cash Flows sind jene finanziellen Überschüsse, die unter Berücksichtigung gesellschaftsrechtlicher Ausschüttungsgrenzen allen Kapitalgebern des Unternehmens zur Verfügung stehen. Bei <u>indirekter Ermittlung</u> ergeben sich die Cash Flows aus Plan-Gewinn- und Verlustrechnungen jeweils wie folgt:

	Jahresergebnis
+	Fremdkapitalzinsen
–	Unternehmensteuer-Ersparnis infolge der Abzugsfähigkeit der Fremdkapitalzinsen (tax shield)
+	Abschreibungen und andere zahlungsunwirksame Aufwendungen
–	zahlungsunwirksame Erträge
–	Investitionsauszahlungen abzüglich Einzahlungen aus Desinvestitionen
+/–	Verminderung/Erhöhung des Nettoumlaufvermögens
=	Free Cash Flow

10. Gesamtkapitalrendite:

Gesamtkapitalrendite =

$$\frac{\text{Jahresüberschuss} + \text{Ertragsteuern} + \text{Zinsen u. ähnl. Aufwend.}}{\text{Gesamtkapital}}$$

11. Return on assets (ROA):

$$\text{ROA} = \frac{\text{Net Income}}{\text{Assets}}$$

12. Return on Capital Employment (ROCE):

$$\text{ROCE} = \frac{\text{Operating Profit}}{\text{Capital}}$$

Capital = gesamte Passiva – antizipative Passiva – nicht zinstragende Passiva

---

[1] IDW S 1 i.d.F. 2008 vom 2.4.2008, Tz. 127.

13. Return on Equity (ROE):

$$ROE = \frac{\text{Net Income}}{\text{Shareholder Equity}}$$

$$ROE = ROA \times \text{Financial Leverage}$$

$$ROE = \frac{\text{Net Income}}{\text{Assets}} \times \frac{\text{Assets}}{\text{Shareholder Equity}}$$

14. Return on Investment (ROI):

$$ROI = \frac{\text{NOPAT}}{\text{Capital}}$$

$$NOPAT[1] = EBIT - Tax$$

4.4.3.7.2 Sonstige Formeln

1. Working Capital/Nettoumlaufvermögen:

Vorräte
+ Forderungen aus Lieferungen und Leistungen
− Lieferantenverbindlichkeiten

= **Working Capital/Nettoumlaufvermögen**[2]

2. Kurs-Buchwert-Multiple (EK-Multiple):

$$\text{EK-Multiple} = \frac{\text{Marktkapitalisierung}}{\text{EK-Buchwert}}$$

3. Kurs-Gewinn-Verhältnis (KGV):

$$KGV = \frac{\text{Kurs Aktie}}{\text{Gewinn pro Aktie}}$$

$$\text{Kurs Target} = \text{Gewinn Target} \times \frac{\text{Kurs Vergleichsunternehmen}}{\text{Gewinn Vergleichsunternehmen}}$$

4. Operating margin:

$$\text{Operating margin} = \frac{\text{NOPAT}}{\text{Sales}}$$

5. Risikoprämie:

$$z = \beta_i \, [E(R_m) - R_f]$$

---

[1] NOPAT = Net Operating Profit After Tax.
[2] Kritisch zu dieser engen Definition siehe *Quill*, Corporate Finance 2018, S. 362–367.

4.4.3.8 Ausgewählte FINANCE-Multiples, März 2021

EBIT- und Umsatzmultiplikatoren für den Unternehmenswert, Mai 2021

Branche	Börsen-Multiples		Experten-Multiples Small-Cap[1]				Experten-Multiples Mid-Cap[1]				Experten-Multiples Large-Cap[1]			
	EBIT-Multiple	Umsatz-Multiple	EBIT-Multiple		Umsatz-Multiple		EBIT-Multiple		Umsatz-Multiple		EBIT-Multiple		Umsatz-Multiple	
			von	bis	von	bis	von	bis	von	bis	von	bis	von	bis
Beratende Dienstleistungen	–	–	6 ↑	8 ↑	0,61 ↑	0,97 ↑	6,9 ↑	9	0,71 ↑	1,15 ↑	8,3 ↑	10,2	0,86 ↑	1,27 ↑
Software	10,5	1,76	8 ↑	10,2 ↑	1,22 ↓	1,72 ↓	9,2 ↑	11,6 ↑	1,5	2,03 ↓	10,8 ↑	13,8 ↑	1,8	2,5 ↑
Telekommunikation	15,2	1,7	7,5	9,6	0,9	1,23 ↓	8,3 ↑	10,5	1,04	1,41	9,9	12	1,21	1,7 ↑
Medien	13,7	1,41	6,1	8,2 ↑	0,59 ↑	1,02 ↑	7,7 ↑	10	1	1,4	8,9	11,2	1,16	1,84
Handel und E-Commerce	9,5	0,67	6,9 ↑	8,8 ↑	0,43 ↑	0,7 ↑	6,6 ↑	8,3 ↑	0,65 ↑	1,09 ↑	9,6 ↑	12,7 ↑	0,77 ↑	1,31 ↑
Transport, Logistik und Touristik	14	1,03	5,5	7,2 ↑	0,6	0,92 ↑	7,1 ↑	9,4 ↑	0,53 ↑	0,83 ↑	7,7 ↑	9,8 ↑	0,58 ↑	0,99 ↑
Elektrotechnik und Elektronik	12,7	2,36	6,2 ↑	8,2 ↑	0,44 ↑	0,77 ↑	7,1 ↑	9,4 ↑	0,73 ↑	1,2 ↑	8,5 ↑	10,8 ↑	0,86 ↑	1,28 ↑
Fahrzeugbau und -zubehör	10,5	0,79	5,4 ↑	7 ↑	0,44 ↑	0,77 ↑	6,4 ↑	8,4 ↑	0,59 ↑	0,92 ↑	7,5 ↑	10	0,57 ↑	1,01 ↑
Maschinen- und Anlagenbau	15	1,2	5,7 ↑	7,2 ↑	0,56	0,81 ↑	6,8 ↑	8,8 ↑	0,6	0,91 ↑	8 ↑	10	0,63 ↑	1,03 ↑
Chemie und Kosmetik	9,9	1,05	7,1 ↑	9 ↓	1,3 ↑	1,8 →	8 ↑	10,8 ↑	1	1,39 ↑	9,3	12	1,15 ↑	1,69 ↓
Pharma	8,2	1,22	8,3 ↑	10,3 ↑	0,49 ↑	0,8	9,5 ↑	11,5 ↑	1,5	2,1 ↑	10,7 ↑	13,9 ↑	1,87 ↑	2,71 ↑
Textil und Bekleidung	6,1	0,89	5,4	7,3	0,82 ↓	1,18	6,3	8,3 ↑	0,62 ↑	0,97 ↓	7,5	9,9	0,82 ↑	1,21 ↑
Nahrungs- und Genussmittel	7,1	0,45	7	9	0,61	1	8,5 ↑	10,5	0,98 ↑	1,33 ↓	9,7 ↑	12	1,2	1,82 ↓
Gas, Strom, Wasser	9,2	0,63	5,9 ↑	7,6	0,71	1 →	6,9 ↑	9	0,78 ↓	1,13	7,8	9	0,86 ↑	1,22 ↑
Umwelttechnologie und erneuerbare Energien	–	–	6,5	8,7	0,71	1 →	8,1 ↑	10,1	0,86 ↓	1,3	9,1	11	0,94 ↑	1,52
Bau und Handwerk	9,2	0,78	5,5 ↑	7,5 ↑	0,5 ↑	0,79 ↑	6,7	8,6	0,57 ↓	0,92 ↓	7,5	9,4 ↑	0,64 ↑	0,92 ↑

4.5 Immobilienbewertung[1]

4.5.1 Verfahren nach IDW S 10[2] und ImmoWertV[3]

Bezeichnung	Erläuterung	Anwendungsbereich/ Bewertungsanlässe	Rechts- grundlage
Ertragsorientierte Verfahren			
Ertragswert- verfahren	Wert der Gebäude wird ge- trennt von Bodenwert auf Grundlage des Reinertrags bzw. periodisch unterschied- licher Erträge ermittelt, Bo- denwert siehe Vergleichs- wertverfahren	Rechnungslegungs- bezogene Bewertung von Immobilien, Transaktionen, im Rahmen von Unter- nehmensbewertun- gen. Insbesondere Bewertung von Immobilien, die zur Erzielung finanzieller Überschüsse geeig- net sind, z.B. Wohn- objekte ab drei Wohneinheiten	§§ 17–20 Immo-WertV, IDW S 10, 3.2
Investment Method	Ermittlung des Wertes der Immobilie anhand prognosti- zierter finanzieller Über- schüsse mittels sog. All Risks Yield ohne explizite Ermittlung des Bodenwertes		IDW S 10 3.2.2
Discounted Cash Flow- Verfahren	Diskontierung zukünftiger periodenbezogener Einzah- lungsüberschüsse über einen Zeitraum von i.d.R. 10 Jahren, Berücksichtigung eines geschätzten Verkaufs- erlöses zum Abschluss der Detailplanungsphase		IDW S 10 3.2.3
Pachtwert- verfahren	Diskontierung marktüblich erzielbarer Jahrespachterträ- ge des Immobilieneigentü- mers, vermindert um nicht umlegbare marktübliche Bewirtschaftungskosten	Rechnungslegungs- bezogene Bewertung von Immobilien, Transaktionen, im Rahmen von Unter- nehmensbewertun- gen. Typischerweise bei Betreiberimmo- bilien wie z.B. Hotels oder Pflegeheimen	IDW S 10 3.2.4

---

[1] Siehe zur Immobilienbewertung nach dem BewG Kap. 5.12.5.2.
[2] *IDW Standard: Grundsätze zur Bewertung von Immobilien (IDW S 10)* des Instituts der Wirtschaftsprüfer in Deutschland e.V., Stand: 14.8.2013 (unverändert).
[3] „Verordnung über die Grundsätze für die Ermittlung der Verkehrswerte von Grund- stücken" (Immobilienwertermittlungsverordnung – ImmoWertV) vom 19.5.2010 (BGBl I S. 639), die durch § 54 Satz 2 ImmobilienwertermittlungsVO vom 14.7.2021 (BGBl I S. 2805) geändert worden ist.

Bezeichnung	Erläuterung	Anwendungsbereich/ Bewertungsanlässe	Rechts- grundlage
Residual- wertverfahren	Ermittlung des Wertes eines unbebauten oder zu ent- wickelnden Grundstücks durch Berechnung des fiktiven Werts unter Abzug der erforderlichen Gesamt- investitionskosten	Transaktionen, Immobilienbewertung im Rahmen von Unternehmens- bewertungen	IDW S 10 3.2.5

Marktpreisorientierte Verfahren

Vergleichs- wertverfahren	Heranziehung am Markt festgestellter Kaufpreise hinreichend vergleichbarer Immobilien	Rechnungslegungs- bezogene Bewertung von Immobilien, Transaktionen, im Rahmen von Unter- nehmensbewertun- gen, Verprobung anderer Werte. Praktische Relevanz vor allem bei der Ermittlung des Boden- wertes	§§ 1 bis 8, 15 und 16 Immo- WertV, IDW S 10 3.3.1

Kostenorientierte Verfahren

Sachwert- verfahren	Berechnung des Wertes der baulichen Anlagen anhand von Normalherstellungskos- ten unter Addition des Sach- wertes der sonstigen Anlagen (bspw. Gartenanlagen, Parks) und des Bodenwertes nach dem Vergleichswertverfahren	Rechnungslegungs- bezogene Bewertung von Immobilien, Er- mittlung der Ersatz- beschaffungskosten, Rentabilitätsprüfung von Neubauprojekten. Immobilien, die übli- cherweise nicht zur Erzielung finanzieller Überschüsse geeig- net sind, z.B. selbst- genutzte Ein- bzw. Zweifamilienhäuser	§§ 1 bis 8, 21 bis 23 Immo- WertV, IDW S 10 3.4

4.5.2 Grundstücksbewertung am Beispielfall

gemischt genutztes Wohn- und Geschäftshaus,
Bodenwert 311 000,00 €

Rechtsgrundlage
ImmoWertV

Wohnfläche	608 m²	
Nutzfläche	313 m²	
davon Ladenlokal	270 m²	
davon Büro	43 m²	

	Rohertrag/Monat		Rohertrag/Jahr
Gewerbe	4 340,00 €	× 12	52 080,00 €
Wohnungen	3 841,16 €	× 12	46 093,92 €
Garage	50,00 €	× 12	600,00 €
	8 231,16 €		98 773,92 €

Jahresrohertrag des Grundstückes gerundet **98 773,00 €** § 18 Abs. 2

Bewirtschaftungskosten pro Jahr   § 19 Abs. 2 Nr. 1–4
– nicht umlagefähige Betriebskosten	0,00 €	
– Instandhaltungskosten		
921 m² × 10,00 €	9 210,00 €	
– Instandhaltungskosten Garage	40,00 €	
– Verwaltungskosten Wohnungen		
10 × 216,00 €	2 160,00 €	
– Verwaltungskosten Gewerbe (gerundet)		
3 % von 52 080,00 €	1 562,00 €	
– Verwaltungskosten Garage	20,00 €	
– Mietausfallwagnis (gerundet)		
4 % von 52 080,00 €	2 083,00 €	
2 % von 46 093,00 €	921,00 €	
2 % von 600,00 €	12,00 €	
	16 008,00 €	– 16 008,00 €

Jahresreinertrag des Grundstückes **82 765,00 €** § 18 Abs. 1

Liegenschaftszins:	6,15 %	
Bodenwert:	311 000,00 €	
Bodenverzinsung:	19 126,00 €	– 19 126,00 €

Reinertrag der baulichen Anlagen **63 639,00 €** § 17 Abs. 2 Nr. 1

Restnutzungsdauer:	40 Jahre		
Liegenschaftszins:	6,15 %		
Vervielfältiger:	14,766	Anlage 1	939 709,00 €	§ 17 Abs. 2 Nr. 2

Ertragswert der baulichen Anlagen **939 709,00 €**

Bodenwert 311 000,00 € §§ 16, 17 Abs. 2 Nr.

Ertragswert **1 250 709,00 €**

Ertragswert gerundet **1 251 000,00 €**

4.6 Betriebswirtschaftliche Kennzahlen

4.6.1 Kapitalstruktur und Finanzierung

Eigenkapitalquote $= \dfrac{\text{Eigenkapital}}{\text{Gesamtkapital}}$

Fremdkapitalquote $= \dfrac{\text{Fremdkapital}}{\text{Gesamtkapital}}$

Anlagenintensität $= \dfrac{\text{Anlagevermögen}}{\text{Gesamtvermögen}}$

Umlaufvermögensintensität $= \dfrac{\text{Umlaufvermögen}}{\text{Gesamtvermögen}}$

Anlagendeckung $= \dfrac{\text{Eigenkapital}}{\text{Anlagevermögen}}$

Langfrist-Deckung $= \dfrac{(\text{Eigenkapital} + \text{langfr. Fremdkapital})}{\text{Anlagevermögen} + \text{langfr. Umlaufvermögen}}$

Umschlagshäufigkeit des Warenlagers $= \dfrac{\text{Umsatz}}{\text{durchschnittl. Bestand an Vorräten}}$

Investitionsquote $= \dfrac{\text{Nettosachinvestition}}{\text{Sachanlagen}}$

4.6.2 Verschuldung

Verschuldungsgrad $= \dfrac{\text{Fremdkapital}}{\text{Eigenkapital}}$

Dynamischer Verschuldungsgrad $= \dfrac{\text{Fremdkapital}}{\text{Cash Flow}}$

Nettoverschuldung $=$ Fremdkapital ./. flüssige Mittel ./. sonstige Finanzaktiva

Schuldentilgungsdauer $= \dfrac{\text{Nettoverschuldung}}{\text{Cash Flow}}$

Kapitaldienstgrenze $=$ Cash Flow + Fremdkapitalzinsen
./. Investitionen aus Eigenmitteln
./. Entnahmen

Warenverbindlichkeiten zu Wareneinkauf $= \dfrac{\text{Warenverbindlichkeiten}}{\text{Wareneinkauf}}$

4.6.3   Rentabilität

Eigenkapitalrentabilität
$$= \frac{\text{Gewinn (vor Steuern)}}{\text{Eigenkapital}}$$

Gesamtkapitalrentabilität
$$= \frac{\text{(Jahresüberschuss + Steuern + Zinsen)}}{\text{Gesamtkapital}}$$

Umsatzrentabilität
$$= \frac{\text{Gewinn (vor Steuern)}}{\text{Umsatz}}$$

Wertschöpfung
$$= \begin{array}{c} \text{Personalaufwand + Aufsichtsratsvergütung} \\ \text{+ Steuern + Zinsaufwand} \\ \text{+/- Jahresüberschuss/-fehlbetrag} \end{array}$$

Finanzkraft
$$= \frac{\text{Cash Flow}}{\text{Umsatzerlöse}}$$

Nutzungsgrad (Umschlag) des Gesamtkapitals
$$= \frac{\text{Umsatz}}{\text{Gesamtkapital}}$$

Return on Investment (ROI)
$$= \text{Kapitalumschlag} \times \text{Umsatzrentabilität}$$

Nutzungsgrad (Umschlag) des Eigenkapitals
$$= \frac{\text{Umsatz}}{\text{Eigenkapital}}$$

Gewinnrate
$$= \frac{\text{Umsatz}}{\text{Gewinn}}$$

Gewinnschwelle in Euro
$$= \frac{\text{Fixkosten}}{\text{Deckungsbeitrag in \% des Umsatzes}}$$

Umschlagshäufigkeit des Rohstofflagers
$$= \frac{\text{Rohstoffeinsatz}}{\text{Rohstoffbestand}}$$

Umschlagshäufigkeit des Warenlagers
$$= \frac{\text{Umsatz}}{\text{Warenbestand}}$$

Produktivität je Beschäftigten
$$= \frac{\text{Umsatz}}{\varnothing \text{ Mitarbeiterzahl}}$$

4.6.4   Liquidität

Liquidität 1. Grades $= \dfrac{\text{flüssige Mittel}}{\text{kurzfristige Verbindlichkeiten}}$

Liquidität 2. Grades $= \dfrac{(\text{flüssige Mittel + kurzfristige Forderungen})}{\text{kurzfristige Verbindlichkeiten}}$

Liquidität 3. Grades $= \dfrac{(\text{flüss. Mittel + kurzfristige Forderungen + Vorräte})}{\text{kurzfristige Verbindlichkeiten}}$

Cash Flow (indirekt) $= \begin{array}{l}\text{Jahresüberschuss/-fehlbetrag}\\ \text{+ nicht zahlungswirksame Aufwendungen}\\ \text{– nicht zahlungswirksame Erträge}\end{array}$

Debitorenreichweite
(in Tagen) $= \dfrac{\varnothing \text{ Forderungsbestand} \times 365}{\text{Umsatzerlöse}}$

Kreditorenreichweite
(in Tagen) $= \dfrac{\varnothing \text{ Warenschulden} \times 365}{\text{Wareneingang}}$

Liquide Mittel zum
Gesamtkapital $= \dfrac{(\text{Kasse + tägl. f. Bankguthaben})}{\text{Gesamtkapital}}$

Cash Burn Rate $= \dfrac{\text{Liquide Mittel + liquiditätsnahe Titel}}{\text{(negativer) operativer Cash Flow}}$

4.6.5   Personal

Lohnniveau (in Euro/Person) $= \dfrac{\text{Personalaufwand}}{\varnothing \text{ Arbeitnehmerzahl}}$

Produktivität (in Euro/Person) $= \dfrac{\text{Umsatz}}{\varnothing \text{ Mitarbeiterzahl}}$

Rentabilität (in Euro/Person) $= \dfrac{\text{Gewinn}}{\varnothing \text{ Mitarbeiterzahl}}$

Fehlzeitenquote $= \dfrac{\text{Ist-Stunden}}{\text{Soll-Stunden}}$

Krankenstandsquote $= \dfrac{\text{Krankheitstage}}{\text{Soll-Arbeitstage}}$

Fluktuationsquote $= \dfrac{\text{Personalabgänge}}{\varnothing \text{ Personalstand}}$

4.6.6   Wertschöpfung

Durchschnittlicher Personalaufwand je Arbeitnehmer $= \dfrac{\text{Personalaufwand}}{\text{Ø Arbeitnehmeranzahl}}$

Wertschöpfung je Arbeitnehmer $= \dfrac{\text{Wertschöpfung}}{\text{Ø Arbeitnehmeranzahl}}$

Wertschöpfung pro Arbeitsstunde $= \dfrac{\text{Wertschöpfung}}{\text{Arbeitsstunden}}$

Wertschöpfung im Verhältnis zur Leistung $= \dfrac{\text{Wertschöpfung}}{\text{Leistung}}$

Wertschöpfung im Verhältnis zum Personalaufwand $= \dfrac{\text{Wertschöpfung}}{\text{Personalaufwand}}$

Wertschöpfung im Verhältnis zu den Abschreibungen $= \dfrac{\text{Wertschöpfung}}{\text{Abschreibungen}}$

Wertschöpfung im Verhältnis zum durchschnittlichen Anlagevermögen $= \dfrac{\text{Wertschöpfung}}{\text{Ø Anlagevermögen}}$

Personalaufwand in % der Wertschöpfung $= \dfrac{\text{Personalaufwand}}{\text{Wertschöpfung}} \times 100\ \%$

Totaler Wertschöpfungsquotient $= \sqrt{\dfrac{W}{K} \times \dfrac{W}{A}}$

W = Wertschöpfung
K = Kapital (= Bilanzsumme)
A = Anzahl Arbeitskräfte

4.6.7 Balanced Scorecard (BSC)

Das BSC-System ist ein Konzept zur Umsetzung der Unternehmensstrategie. Strategien und strategische Ziele werden vier verschiedenen Perspektiven zugeordnet, aus deren Blickwinkel die Aktivitäten des Unternehmens bewertet werden können.

Entwicklung einer Balanced Scorecard:

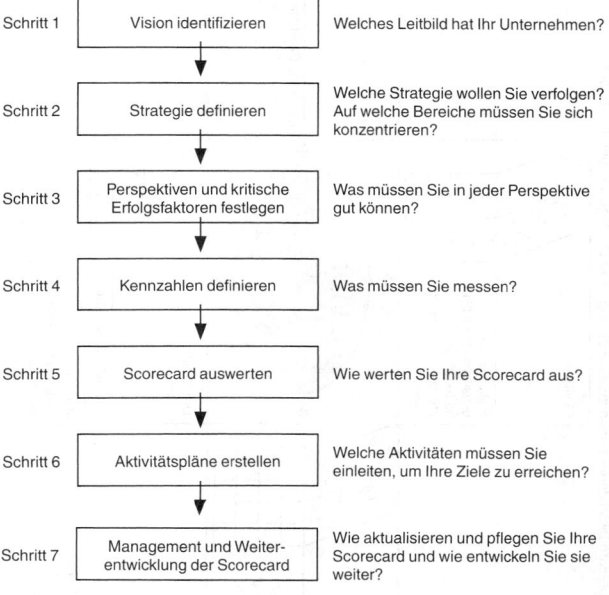

Schritt 1	Vision identifizieren	Welches Leitbild hat Ihr Unternehmen?
Schritt 2	Strategie definieren	Welche Strategie wollen Sie verfolgen? Auf welche Bereiche müssen Sie sich konzentrieren?
Schritt 3	Perspektiven und kritische Erfolgsfaktoren festlegen	Was müssen Sie in jeder Perspektive gut können?
Schritt 4	Kennzahlen definieren	Was müssen Sie messen?
Schritt 5	Scorecard auswerten	Wie werten Sie Ihre Scorecard aus?
Schritt 6	Aktivitätspläne erstellen	Welche Aktivitäten müssen Sie einleiten, um Ihre Ziele zu erreichen?
Schritt 7	Management und Weiterentwicklung der Scorecard	Wie aktualisieren und pflegen Sie Ihre Scorecard und wie entwickeln Sie sie weiter?

Die Balanced Scorecard bildet den Rahmen zur Umsetzung einer Strategie in operative Größen.

Finanzen

Wie sollen wir gegenüber Teilhabern auftreten, um finanziellen Erfolg zu haben?

Ziele	Kennzahlen	Vorgaben	Maßnahmen

Kunde

Wie sollen wir gegenüber unseren Kunden auftreten, um unsere Visionen zu verwirklichen?

Ziele	Kennzahlen	Vorgaben	Maßnahmen

Interne Geschäftsprozesse

In welchen Geschäftsprozessen müssen wir die Besten sein, um unsere Teilhaber und Kunden zu befriedigen?

Ziele	Kennzahlen	Vorgaben	Maßnahmen

Lernen und Entwicklung

Wie können wir unsere Veränderungs- und Wachstumspotentiale fördern, um unsere Visionen zu verwirklichen?

Ziele	Kennzahlen	Vorgaben	Maßnahmen

Vision & Strategie

Quelle: Kaplan/Norton, Balanced Scorecard, Stuttgart 1997, S. 9.

Beispiel einer Balanced Scorecard

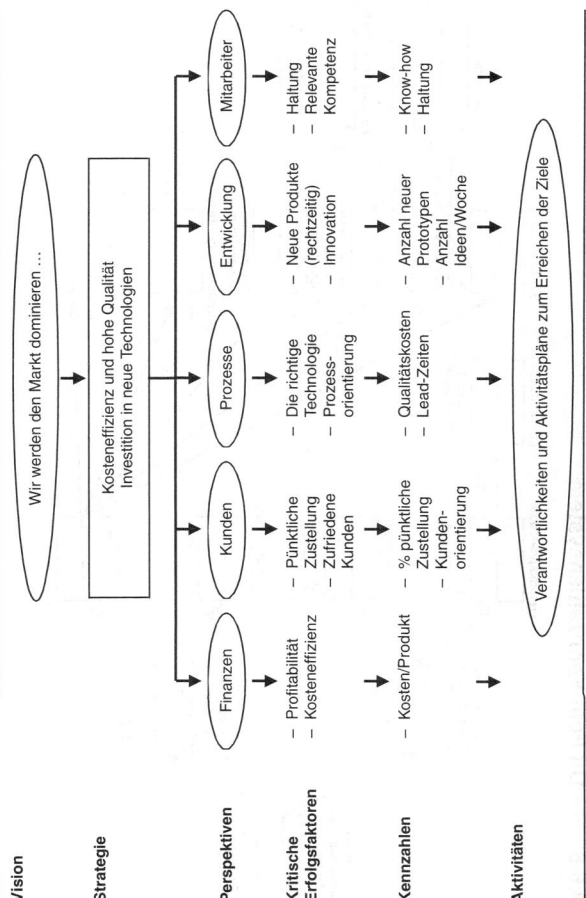

Vision

Wir werden den Markt dominieren ....

Strategie

Kosteneffizienz und hohe Qualität
Investition in neue Technologien

Perspektiven

- Finanzen
- Kunden
- Prozesse
- Entwicklung
- Mitarbeiter

Kritische Erfolgsfaktoren

Finanzen:
- Profitabilität
- Kosteneffizienz

Kunden:
- Pünktliche Zustellung
- Zufriedene Kunden

Prozesse:
- Die richtige Technologie
- Prozessorientierung

Entwicklung:
- Neue Produkte (rechtzeitig)
- Innovation

Mitarbeiter:
- Haltung
- Relevante Kompetenz

Kennzahlen

Finanzen:
- Kosten/Produkt

Kunden:
- % pünktliche Zustellung
- Kundenorientierung

Prozesse:
- Qualitätskosten
- Lead-Zeiten

Entwicklung:
- Anzahl neuer Prototypen
- Anzahl Ideen/Woche

Mitarbeiter:
- Know-how
- Haltung

Aktivitäten

Verantwortlichkeiten und Aktivitätspläne zum Erreichen der Ziele

Du Pont-Kennzahlensystem

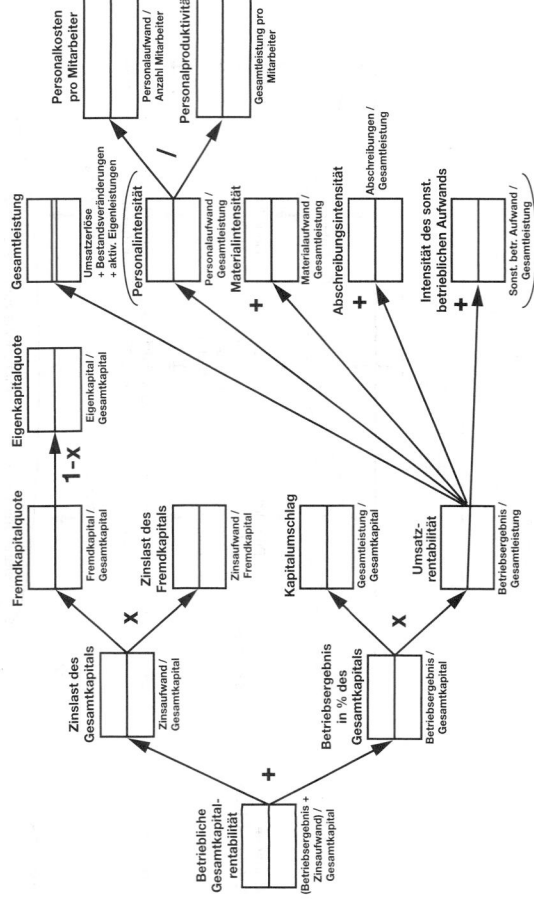

4.6.9 Transaktionen/M&A[1]

Working Capital/ Nettoumlaufmittel (indikativ)	= Vorräte + Forderungen aus Lieferungen und Leistungen
	– Verbindlichkeiten aus Lieferungen und Leistungen
	– sonstige Rückstellungen
	– Steuerrückstellungen
Net Financial Debt/ Nettofinanzschulden (indikativ)	= Verbindlichkeiten ggü. Kreditinstituten
	+ Pensionsrückstellungen
	– liquide Mittel
Kaufpreisschema (indikativ)	Gesamtwert (Wert des Gesamtkapitals, „equity value")
	– Nettofinanzschulden
	+/– Über-/Unterdeckung Nettoumlaufmittel
	+/– Über-/Unterdeckung Anlagevermögen
	– Außerbilanzielle Lasten
	+/– Bilanzungleiche Posten (stille Reserven/Lasten)
	= Unternehmenswert (Wert des Eigenkapitals, „equity value")/Kaufpreis

---

[1] Vgl. ausführlich *Quill/Pauli*, Zum Konzept der Nettofinanzschulden aus betriebswirtschaftlicher Sicht, in: WPg 2020, S. 517–525, 586–594.

4.7   Business Process Management (BPM)

4.7.1   Grundlagen

Begriff	BPM = Prozessmanagement oder Geschäftsprozess-management (GPM)
Aufgaben	Identifikation, Gestaltung, Dokumentation, Implementierung, Steuerung und Verbesserung von Geschäftsprozessen
Fragestellung	Wer macht was, wann, wie und womit? (Prozessorientierung)
Ziel	Transparenz und Effizienz im Unternehmen steigern, Potenziale identifizieren und nutzen, Anpassungsfähigkeit der Organisation gegenüber Kunden und sich ständig wandelnden Anforderungen der Umgebung verbessern
Nutzenargumente	– Identifizierung von ungenutzten Potenzialen – Verbesserung der Prozessperformance – Steigerung der Qualität der Prozesse – Akzeptanz der Prozessabläufe steigern – Minimierung von Fehlerquellen – Optimierung der IT-Unterstützung – Optimierung von Kosten- und Zeiteinsatz – Senkung von Produktionszeiten – Steigerung der Produktivität – Verbesserung der Effizienz – Verbesserung der Wettbewerbsfähigkeit – Verbesserung der Leistungsqualität

Umsetzung	1. Aufnahme IST-Zustand
	   Wer macht was, wann, wie, womit und warum?
	2. Analyse IST-Zustand
	   Wo liegen Schwachstellen und Potenziale?
	3. SOLL-Konzept
	   Welche Veränderungen/Anpassungen sind notwendig?
	4. Evaluierung und Weiterentwicklung (iteratives Vorgehen)
	   Sind die Ergebnisse zielführend?

4.7.2 Beispiel: Prozess Auftragsannahme

4.7.2.1 1. Schritt: Aufnahme des Ist-Zustandes

Erfassung aktueller Situation, visuelle Dokumentation der Geschäftsprozesse[1]
(Wer macht was, wann, wie, womit und warum?)

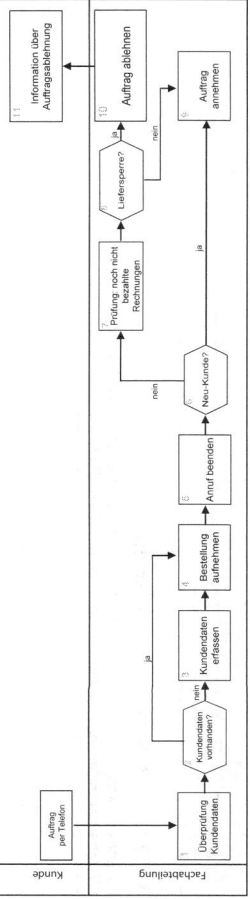

---

[1] Z.B. grafische Spezifikationssprache, funktionsübergreifendes Flussdiagramm, Cross-Functional Flowchart.

4.7.2.2   2. Schritt: Analyse des Ist-Zustandes

Abgleich mit Unternehmenszielen, Priorisierung nach größtem Optimierungsbedarf, Lösungsgenerierung.
(Wo liegen Schwachstellen und Potenziale?)

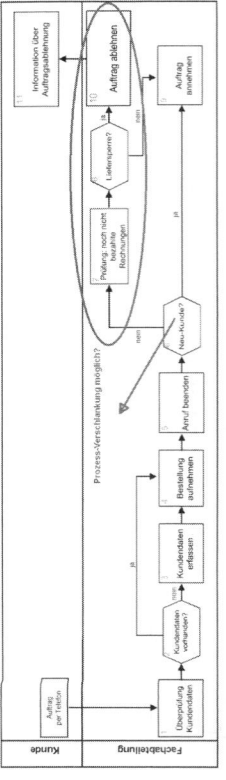

4.7.2.3   3. Schritt: Optimierung

Lösungsauswahl, Überarbeitung vorhandener oder Erarbeitung neuer (Teil-)Prozesse.
(Welche Veränderungen/Anpassungen sind notwendig?)

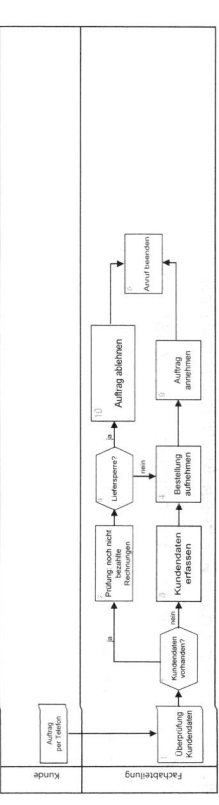

4.8 Finanzmathematische Formeln

4.8.1 Allgemeine Zinsrechnung

Symbole:
K = Kapital, z = Zinsen (in Prozent), p = Zinssatz, t = Verzinsungszeitraum

A. Berechnung der Zinsen

1. Jahreszinsen: $z = K \times p \times t$ (in Jahren)

2. Monatszinsen:
$$z = \frac{K \times p \times t \text{ (in Monaten)}}{12}$$

3. Tageszinsen:
$$z = \frac{K \times p \times t \text{ (in Tagen)}}{360}$$

B. Berechnung des Zinssatzes

1. Durch Umkehrung der Jahreszinsformel unter A.1 ergibt sich
$$p = \frac{z}{K \times t}$$

2. bei Monatszinsen
$$p = \frac{z \times 12}{K \times t}$$

3. bei Tageszinsen
$$p = \frac{z \times 360}{K \times t}$$

C. Berechnung des Kapitals

1. bei Jahreszinsen
$$K = \frac{z}{p \times t}$$

2. bei Monatszinsen

$$K = \frac{z \times 12}{p \times t}$$

3. bei Tageszinsen

$$K = \frac{z \times 360}{p \times t}$$

4.8.2 Zinseszins- und Rentenrechnung

A. Einmalzahlungen

Bei einem Anfangskapital K_0, das zu einem Zinssatz von p (in % p.a.) angelegt ist, errechnet sich das Endkapital K_n nach Ablauf des ersten Jahres wie folgt:

$K_1 = K_0 + K_0 \times p$ oder $K_0 \times (1 + p)$

Setzt man für p das Symbol „i", ergibt sich bei einem Anfangskapital K_0 am

Ende des ersten Jahres

$K_1 = K_0 \times (1 + i)$

und am Ende des n-ten Jahres

$K_n = K_0 \times (1 + i)^n$

$(1 + i)^n$ stellt den sogenannten Aufzinsungsfaktor dar. Er wird in der Zinseszinsrechnung als Symbol „q" ausgedrückt. Somit ergibt sich als letzte Stufe die

Aufzinsungsformel $K_n = K_0 \times q^n$

Durch Umformung der Aufzinsungsformel nach K_0 (Anfangskapital, Barwert) ergibt sich die

Abzinsungsformel $K_0 = \dfrac{K_n}{q^n}$

Durch weitere Umformung der Aufzinsungsformel kann auch der zugrundeliegende Jahreszinssatz ermittelt werden. Allerdings muss zu diesem Zweck der *Aufzinsungs*faktor q^n wieder in seine ursprünglichen Komponenten zerlegt werden, nämlich

$(1 + p)^n$ oder in der Formel $K_n = K_0 \times (1 + p)^n$

Danach ergibt sich

$$\text{Jahreszinssatz } p = \left(\sqrt[n]{\frac{K_n}{K_0}} - 1 \right)$$

Die Ermittlung der Laufzeit n ist durch logarithmische Auflösung der Gleichung möglich:

$$\text{Laufzeit} = \frac{\log K_n - \log K_0}{\log q}$$

B. Gleichbleibende Zahlungen (Renten oder Raten)

1. Jährliche Zahlung

Endwert (vorschüssig):

$$K_n = r \, \frac{q \, (q^n - 1)}{q - 1}$$

Barwert (vorschüssig):

$$K_0 = r \, \frac{q \, (q^n - 1)}{q^n \, (q - 1)}$$

Endwert (nachschüssig):

$$K_n = r \, \frac{q^n - 1}{q - 1}$$

Barwert (nachschüssig):

$$K_0 = r \, \frac{q^n - 1}{q^n \, (q - 1)}$$

2. Monatliche Ratenzahlung

Die Formel wird aus der vorstehenden Gleichung abgeleitet. Sie lautet

$$K_n = r \, \left(\frac{12}{q - 1} + 6,5 \right) \, (q^n - 1)$$ [1]

Der Wert 6,5 bildet dabei die Komponente für die mittlere Verzinsungsdauer aller *in einem Jahr* erbrachten Sparraten. 6,5 ist das Ergebnis aus (12 + 1) : 2.

3. Halbjährliche Ratenzahlung

Durch entsprechende Ableitung ergibt sich

$$K_n = r \, \left(\frac{2}{q - 1} + 1,5 \right) \, (q^n - 1)$$ [1]

---

[1] Die Formelkomponenten „6,5" und „1,5" werden bei der Rentenbarwert- und -endwertberechnung nicht berücksichtigt.

4.8.3   Zinsrechnung bei Ratenkrediten mit Laufzeitzinssatz

K = beantragter Kreditbetrag
p = Laufzeitzinssatz in % p.M.

M = vereinbarte Laufzeit in Monaten
b = Bearbeitungsgebühr in % des Kreditbetrags

A. Ermittlung der Kreditkosten

Die Kreditkosten setzen sich aus der Bearbeitungsgebühr und den Zinsen zusammen, dabei gilt

Bearbeitungsgebühr = $K \times b$ und Zinsen = $K \times M \times p$, somit

$$\textbf{Kreditkosten} = K \times b + K \times M \times p = K \times (b + M \times p)$$

Beispiel: $K = 9\,000$ $M = 30$
                $p = 0{,}65\,\%$ $b = 2\,\%$

Bearbeitungsgebühr = $9\,000 \times 2\,\% = 180$ ‰

Zinsen = $9\,000 \times 30 \times 0{,}65\,\% = 1\,755$ ‰

Kreditkosten = $9\,000 \times (2\,\% + 30 \times 0{,}65\,\%) = 9\,000 \times 21{,}5\,\% = 1\,935$ ‰

B. Ermittlung der Gesamtschuld

Die Gesamtschuld, d. h. der insgesamt vom Kreditnehmer zu entrichtende Betrag, ist die Summe aus Kreditbetrag und Kreditkosten:

$$\textbf{Gesamtschuld} = K + K \times (b + M \times p) = K \times (1 + b + M \times p)$$

Beispiel:
Gesamtschuld = $9\,000 \times (1 + 2\,\% + 30 \times 0{,}65\,\%) = 9\,000 \times 121{,}5\,\% = 10\,935$ ‰

C. Ermittlung der Monatsraten

Die durchschnittliche Monatsrate ergibt sich bei Ratenkrediten durch die gleichmäßige Aufteilung der Gesamtschuld auf die vereinbarte Laufzeit:

$$\text{Durch-}\atop\text{schnittliche}\atop\text{Monatsrate =} \qquad \frac{K \times (1 + b + M \times p)}{M} = K \times \left(\frac{1+b}{M} + p\right)$$

Beispiel:
$$\text{Durchschnittliche Monatsrate} = 9\,000 \times \left(\frac{1+2\,\%}{30} + 0{,}65\,\%\right)$$

$$= 9\,000 \times 4{,}05\,\% = 364{,}50\,‰$$

Die so ermittelte durchschnittliche Monatsrate wird i. A. auf den nächsthöheren ganzen €-Betrag aufgerundet. Dafür wird die erste Rate entsprechend niedriger angesetzt.

Beispiel: Monatsrate vom 2. bis 30. Monat 365,00 €,
Monatsrate im 1. Monat 364,50 – 29 × 0,50 = 350,00 €.

D. Ermittlung des Effektivzinssatzes

e = Effektivzinssatz in % p. a.

$i = e$

$q = 1 + i = 1 + e$

j = Laufzeit in vollen Jahren = $\left[\dfrac{M}{12}\right]$
$\quad$ = größte ganze Zahl $\leq \dfrac{M}{12}$

m = restliche Laufzeit in Monaten
$\quad = M - 12 \times j$

Der **Effektivzinssatz** für einen Ratenkredit mit Laufzeitzinssatz ergibt sich ohne Berücksichtigung der Bearbeitungsgebühr aus der Gleichung

$$\frac{1}{M} + p = \frac{q^j}{\left(\dfrac{12}{i} + \dfrac{11}{2}\right) \times \left(q^j - 1\right) + \left(1 + \dfrac{m-1}{24} \times i\right) \times \dfrac{m}{1 + \dfrac{m}{12} \times i}}$$

Wird die **Bearbeitungsgebühr berücksichtigt,** so lautet die Gleichung

$$\frac{1+b}{M} + p = \frac{q^j}{\left(\dfrac{12}{i} + \dfrac{11}{2}\right) \times \left(q^j - 1\right) + \left(1 + \dfrac{m-1}{24} \times i\right) \times \dfrac{m}{1 + \dfrac{m}{12} \times i}}$$

In beiden Gleichungen sind die linken Seiten durch die Vorgabe der Kreditlaufzeit M in Monaten, des Laufzeitzinssatzes p in % und gegebenenfalls der Bearbeitungsgebühr b in % bestimmt. Da von den rechten Seiten der Gleichungen die Laufzeit des Kredits in vollen Jahren j und die verbleibenden restlichen Laufzeitmonate m ebenfalls bekannt sind, kann der Zinsfaktor q bzw. i = q − 1 iterativ ermittelt werden. Aus e = i bzw. e = (q − 1) wird anschließend der Effektivzinssatz errechnet.

4.8.4   Effektenberechnung

A = Anschaffungskurs
AP = Anschaffungspreis
B = Wert des Bezugsrechts
BA = Berichtigungsabschlag
D_n = Dividendennachteil
E = Effektivverzinsung (in %)
K_a = Kurs der alten Aktien
K_n = Kurs der neuen Aktien
L = Laufzeit

R = Rückzahlungskurs
Z = Zins- oder Dividenden-
ertrag pro Jahr
p = laufende Verzinsung bzw.
Dividendenrendite (in %)
a = Zahl der alten Aktien
n = Zahl der neuen Aktien
$\frac{a}{n}$ = Bezugsverhältnis bzw.
Berichtigungsverhältnis

A. Laufende Verzinsung bzw. Dividendenrendite

$$p = \frac{\text{Zins- oder Dividendenertrag pro Jahr}}{\text{Anschaffungspreis}}$$

$$p = \frac{Z}{AP}$$

B. Effektivverzinsung von festverzinslichen Wertpapieren

Faustformel für die Errechnung des Effektivzinssatzes:

$$E = \frac{\left(\text{Nominalzins} + \dfrac{\text{Rückzahlungskurs} - \text{Anschaffungskurs}}{\text{Laufzeit}}\right)}{\text{Anschaffungskurs}}$$

$$E = \frac{\left(Z + \dfrac{R - A}{L}\right)}{A}$$

C. Wert von Bezugsrechten

$$B = \frac{\text{Kurs der alten Aktien} - (\text{Kurs der neuen Aktien} + \text{Dividendennachteil})}{\text{Bezugsverhältnis} + 1}$$

$$B = \frac{K_a - (K_n + D_n)}{\dfrac{a}{n} + 1}$$

D. Berichtigungsabschlag

$$BA = \frac{\text{Kurs der alten Aktien}}{\text{Bezugsverhältnis} + 1}$$

$$BA = \frac{K_a}{\frac{a}{n} + 1}$$

4.8.5 Stückzinsen

Nettokurs (Börsenkurs gemäß Kursblatt)

+ Stückzinsen

= Bruttokurs

			in Zahlen
$Z = K_o \times i_{zpj} \times n$			
$K_o = 100$	Nominalwert der Anleihe i.H. von 100		100 000
$p =$	nomineller Zinsfuß		6,00 %
$m =$	Kupon-Häufigkeit		4
$i_{zpj} = \dfrac{p}{m}$	Periodenzinssatz		1,50 %
$tg =$	Anzahl der Tage vom Valutatag bis zum nächsten Kupontermin		30
$n = 1 - \dfrac{tg \times m}{360}$	Zeitraum vom vorangegangenen Kupontermin bis zum Valutatag		0,66667
$Z = K_o \times i_{zpj} \times n$			1 000,00

4.8.6 Bezugsrechte

A. Ermittlung des Wertes eines Bezugsrechts

$W_b =$	Wert des Bezugsrechts	
$K_o =$	Kurs der alten Aktie vor Kapitalerhöhung	4 000
$K_n =$	Ausgabekurs der jungen Aktie	1 400
$D_n =$	Dividendennachteil	0
$a =$	Anzahl der alten Aktien	12
$n =$	Anzahl der jungen Aktien	1
$W_b = \dfrac{K_a - (K_n + D_n)}{\frac{a}{n} + 1}$		200

B. Ermittlung des Buchwerts von Bezugsrechten

$$\frac{\text{Buchwert Bezugsrecht}}{\text{Kurswert Bezugsrecht}} = \frac{\text{Buchwert der alten Aktie}}{\text{Kurswert alte Aktie}}$$

$$\text{Buchwert des Bezugsrechts} = \frac{(\text{Buchwert alte Aktie} \times \text{Kurswert Bezugsrecht})}{\text{Kurswert alte Aktie}}$$

Bw	=	Buchwert einer alten Aktie	1 000
K_a	=	Kurswert einer alten Aktie	4 000
a	=	Anzahl der alten Aktien	12
K_n	=	Ausgabekurs der jungen Aktie	1 400
n	=	Anzahl der jungen Aktien	1
W_b	=	Wert des Bezugsrechts $\dfrac{K_a - (K_n + D_n)}{\dfrac{a}{n} + 1}$	200

Buchwert des Bezugsrechts $= \dfrac{Bw \times W_b}{K_a} = 50{,}00$

4.9 Finanzmathematische Tabellen

4.9.1 Übersicht

4.9.2   Sterbetafeln[1]

Quelle: Statistisches Bundesamt – http://www.destatis.de; die Zahlen der mittleren Lebenserwartung sind jeweils auf- oder abgerundet.

Bei einem erreichten Alter von … jahren	beträgt die mittlere Lebenserwartung für							
	Männer				Frauen			
	2015/17	2016/18	2017/19	2018/20	2015/17	2016/18	2017/19	2018/20
0 Jahre	78,36	78,48	78,63	78,64	83,18	83,27	83,36	83,4
1 Jahr	77,64	77,76	77,9	77,9	82,44	82,52	82,6	82,64
2 Jahre	76,66	76,78	76,92	76,92	81,46	81,54	81,62	81,66
3 Jahre	75,67	75,79	75,93	75,93	80,47	80,55	80,63	80,67
4 Jahre	74,68	74,8	74,94	74,94	79,48	79,56	79,64	79,68
5 Jahre	73,69	73,81	73,95	73,95	78,49	78,56	78,65	78,69
6 Jahre	72,69	72,82	72,96	72,95	77,49	77,57	77,65	77,69
7 Jahre	71,7	71,82	71,96	71,96	76,5	76,58	76,66	76,7
8 Jahre	70,71	70,83	70,97	70,97	75,5	75,58	75,67	75,7
9 Jahre	69,71	69,84	69,97	69,97	74,51	74,59	74,67	74,71
10 Jahre	68,72	68,84	68,98	68,98	73,51	73,59	73,67	73,71
11 Jahre	67,72	67,85	67,99	67,98	72,52	72,59	72,68	72,71
12 Jahre	66,73	66,85	66,99	66,99	71,52	71,6	71,68	71,72
13 Jahre	65,73	65,86	66	65,99	70,53	70,61	70,69	70,73
14 Jahre	64,74	64,86	65	65	69,54	69,61	69,7	69,73
15 Jahre	63,75	63,87	64,01	64,01	68,54	68,62	68,7	68,74
16 Jahre	62,75	62,88	63,02	63,02	67,55	67,63	67,71	67,74
17 Jahre	61,77	61,9	62,03	62,03	66,56	66,64	66,72	66,75
18 Jahre	60,79	60,91	61,05	61,05	65,57	65,65	65,73	65,76
19 Jahre	59,81	59,94	60,07	60,07	64,58	64,66	64,74	64,77
20 Jahre	58,83	58,96	59,1	59,1	63,6	63,67	63,75	63,78
21 Jahre	57,86	57,99	58,12	58,12	62,61	62,68	62,76	62,79
22 Jahre	56,88	57,01	57,15	57,14	61,62	61,69	61,77	61,8
23 Jahre	55,91	56,03	56,17	56,17	60,63	60,7	60,78	60,81
24 Jahre	54,93	55,06	55,19	55,19	59,64	59,71	59,79	59,82
25 Jahre	53,96	54,08	54,22	54,22	58,65	58,72	58,8	58,83
26 Jahre	52,98	53,11	53,24	53,24	57,66	57,73	57,82	57,85
27 Jahre	52,01	52,13	52,26	52,26	56,67	56,75	56,83	56,86
28 Jahre	51,03	51,15	51,29	51,29	55,69	55,76	55,84	55,87
29 Jahre	50,06	50,18	50,31	50,31	54,7	54,77	54,85	54,88
30 Jahre	49,09	49,21	49,34	49,33	53,71	53,78	53,86	53,89
31 Jahre	48,12	48,23	48,36	48,36	52,73	52,8	52,88	52,91
32 Jahre	47,15	47,26	47,39	47,39	51,75	51,82	51,9	51,93

---

[1] Zuletzt aktualisiert am 12.8.2021.

Bei einem erreichten Alter von ... jahren	beträgt die mittlere Lebenserwartung für							
	Männer				Frauen			
	2015/17	2016/18	2017/19	2018/20	2015/17	2016/18	2017/19	2018/20
33 Jahre	46,18	46,29	46,42	46,42	50,77	50,84	50,91	50,94
34 Jahre	45,21	45,33	45,46	45,45	49,78	49,85	49,93	49,96
35 Jahre	44,25	44,36	44,49	44,48	48,8	48,87	48,95	48,98
36 Jahre	43,29	43,39	43,52	43,51	47,82	47,89	47,97	48
37 Jahre	42,32	42,43	42,56	42,55	46,85	46,92	47	47,03
38 Jahre	41,37	41,47	41,6	41,59	45,87	45,94	46,02	46,05
39 Jahre	40,41	40,52	40,64	40,64	44,89	44,96	45,05	45,07
40 Jahre	39,45	39,56	39,69	39,68	43,92	43,99	44,07	44,1
41 Jahre	38,5	38,61	38,73	38,73	42,95	43,02	43,1	43,13
42 Jahre	37,55	37,66	37,79	37,79	41,98	42,05	42,13	42,16
43 Jahre	36,61	36,71	36,84	36,84	41,01	41,09	41,16	41,2
44 Jahre	35,66	35,77	35,9	35,9	40,05	40,12	40,2	40,23
45 Jahre	34,73	34,83	34,96	34,96	39,09	39,16	39,24	39,27
46 Jahre	33,8	33,9	34,02	34,02	38,13	38,21	38,28	38,31
47 Jahre	32,87	32,97	33,09	33,09	37,18	37,25	37,33	37,36
48 Jahre	31,95	32,05	32,17	32,17	36,23	36,3	36,38	36,4
49 Jahre	31,03	31,13	31,25	31,25	35,29	35,36	35,43	35,46
50 Jahre	30,13	30,23	30,34	30,34	34,35	34,42	34,49	34,52
51 Jahre	29,23	29,33	29,44	29,44	33,42	33,48	33,55	33,58
52 Jahre	28,34	28,43	28,54	28,54	32,49	32,55	32,62	32,65
53 Jahre	27,46	27,55	27,66	27,66	31,56	31,63	31,7	31,72
54 Jahre	26,59	26,68	26,78	26,78	30,65	30,71	30,78	30,8
55 Jahre	25,73	25,82	25,92	25,91	29,74	29,8	29,86	29,88
56 Jahre	24,88	24,97	25,06	25,06	28,83	28,89	28,95	28,97
57 Jahre	24,05	24,13	24,22	24,21	27,94	27,99	28,05	28,07
58 Jahre	23,22	23,3	23,39	23,38	27,05	27,1	27,16	27,17
59 Jahre	22,42	22,49	22,57	22,56	26,16	26,22	26,27	26,29
60 Jahre	21,62	21,69	21,77	21,75	25,28	25,34	25,39	25,41
61 Jahre	20,83	20,9	20,98	20,96	24,42	24,47	24,52	24,53
62 Jahre	20,05	20,12	20,2	20,18	23,56	23,61	23,66	23,67
63 Jahre	19,29	19,36	19,43	19,41	22,7	22,75	22,8	22,81
64 Jahre	18,54	18,61	18,68	18,66	21,85	21,9	21,95	21,96
65 Jahre	17,8	17,87	17,94	17,92	21	21,06	21,11	21,12
66 Jahre	17,07	17,14	17,21	17,19	20,17	20,23	20,28	20,29
67 Jahre	16,35	16,42	16,49	16,48	19,34	19,4	19,45	19,47
68 Jahre	15,64	15,71	15,78	15,77	18,53	18,58	18,63	18,64
69 Jahre	14,94	15,01	15,09	15,08	17,72	17,78	17,82	17,83

Bei einem erreichten Alter von … jahren	beträgt die mittlere Lebenserwartung für							
	Männer				Frauen			
	2015/17	2016/18	2017/19	2018/20	2015/17	2016/18	2017/19	2018/20
70 Jahre	14,25	14,33	14,4	14,39	16,91	16,98	17,02	17,03
71 Jahre	13,57	13,64	13,72	13,71	16,12	16,19	16,24	16,24
72 Jahre	12,89	12,97	13,05	13,05	15,34	15,41	15,45	15,46
73 Jahre	12,23	12,31	12,39	12,39	14,56	14,63	14,68	14,69
74 Jahre	11,58	11,66	11,73	11,74	13,79	13,87	13,92	13,93
75 Jahre	10,93	11,02	11,1	11,1	13,03	13,11	13,17	13,18
76 Jahre	10,3	10,38	10,47	10,48	12,27	12,36	12,42	12,44
77 Jahre	9,68	9,76	9,85	9,87	11,53	11,62	11,69	11,71
78 Jahre	9,08	9,16	9,24	9,26	10,81	10,89	10,96	10,99
79 Jahre	8,49	8,57	8,65	8,67	10,1	10,18	10,25	10,28
80 Jahre	7,92	8	8,08	8,09	9,42	9,5	9,56	9,59
81 Jahre	7,38	7,44	7,52	7,54	8,77	8,84	8,89	8,92
82 Jahre	6,86	6,92	6,99	7,01	8,15	8,21	8,26	8,28
83 Jahre	6,38	6,43	6,49	6,49	7,56	7,61	7,65	7,66
84 Jahre	5,91	5,95	6	6,01	6,99	7,04	7,07	7,08
85 Jahre	5,47	5,51	5,55	5,55	6,45	6,49	6,52	6,53
86 Jahre	5,07	5,09	5,13	5,12	5,95	5,98	6,01	6,01
87 Jahre	4,69	4,7	4,73	4,72	5,48	5,51	5,53	5,52
88 Jahre	4,34	4,34	4,36	4,35	5,04	5,06	5,08	5,08
89 Jahre	4,01	4,01	4,03	4,01	4,63	4,65	4,67	4,66
90 Jahre	3,7	3,71	3,72	3,71	4,26	4,27	4,28	4,28
91 Jahre	3,42	3,42	3,44	3,43	3,92	3,92	3,93	3,93
92 Jahre	3,16	3,15	3,17	3,16	3,61	3,61	3,62	3,61
93 Jahre	2,94	2,92	2,93	2,93	3,34	3,33	3,34	3,33
94 Jahre	2,72	2,69	2,72	2,71	3,09	3,08	3,09	3,08
95 Jahre	2,55	2,51	2,52	2,53	2,88	2,85	2,86	2,85
96 Jahre	2,4	2,33	2,34	2,37	2,71	2,64	2,66	2,65
97 Jahre	2,27	2,19	2,19	2,22	2,54	2,5	2,49	2,48
98 Jahre	2,14	2,05	2,07	2,09	2,4	2,35	2,33	2,31
99 Jahre	2,02	1,93	1,94	1,95	2,24	2,2	2,18	2,15
100 Jahre	1,91	1,82	1,83	1,84	2,11	2,06	2,04	2,02

© Statistisches Bundesamt (Destatis), 2021 | Stand: 12.08.2021 / 19:50:50

4.9.3 Barwerte (Abzinsungstabellen)

4.9.3.1 Kapitalbarwerte (Einmalbetrag)

4.9.3.1.1 Kapitalbarwerte (Einmalbetrag) ohne Inflation

Der Zukunftsbetrag von 1 € im ⎡5.⎤ Jahr beträgt bei ⎡1,5⎤ % Zins und Zinseszins heute ⎡0,9283⎤ €.

Jahre	Zinssatz 1,25 %	⎡1,5 %⎤	1,75 %	2,0 %	2,5 %	3,0 %	3,5 %
	€	€	€	€	€	€	€
1	0,9877	0,9852	0,9828	0,9804	0,9756	0,9709	0,9662
2	0,9755	0,9707	0,9659	0,9612	0,9518	0,9426	0,9335
3	0,9634	0,9563	0,9493	0,9423	0,9286	0,9151	0,9019
4	0,9515	0,9422	0,9330	0,9238	0,9060	0,8885	0,8714
⎡5⎤	0,9398	⎡0,9283⎤	0,9169	0,9057	0,8839	0,8626	0,8420
6	0,9282	0,9145	0,9011	0,8880	0,8623	0,8375	0,8135
7	0,9167	0,9010	0,8856	0,8706	0,8413	0,8131	0,7860
8	0,9054	0,8877	0,8704	0,8535	0,8207	0,7894	0,7594
9	0,8942	0,8746	0,8554	0,8368	0,8007	0,7664	0,7337
10	0,8832	0,8617	0,8407	0,8203	0,7812	0,7441	0,7089
11	0,8723	0,8489	0,8263	0,8043	0,7621	0,7224	0,6849
12	0,8615	0,8364	0,8121	0,7885	0,7436	0,7014	0,6618
13	0,8509	0,8240	0,7981	0,7730	0,7254	0,6810	0,6394
14	0,8404	0,8118	0,7844	0,7579	0,7077	0,6611	0,6178
15	0,8300	0,7999	0,7709	0,7430	0,6905	0,6419	0,5969
16	0,8197	0,7880	0,7576	0,7284	0,6736	0,6232	0,5767
17	0,8096	0,7764	0,7446	0,7142	0,6572	0,6050	0,5572
18	0,7996	0,7649	0,7318	0,7002	0,6412	0,5874	0,5384
19	0,7898	0,7536	0,7192	0,6864	0,6255	0,5703	0,5202
20	0,7800	0,7425	0,7068	0,6730	0,6103	0,5537	0,5026
21	0,7704	0,7315	0,6947	0,6598	0,5954	0,5375	0,4856
22	0,7609	0,7207	0,6827	0,6468	0,5809	0,5219	0,4692
23	0,7515	0,7100	0,6710	0,6342	0,5667	0,5067	0,4533
24	0,7422	0,6995	0,6594	0,6217	0,5529	0,4919	0,4380
25	0,7330	0,6892	0,6481	0,6095	0,5394	0,4776	0,4231
26	0,7240	0,6790	0,6369	0,5976	0,5262	0,4637	0,4088
27	0,7150	0,6690	0,6260	0,5859	0,5134	0,4502	0,3950
28	0,7062	0,6591	0,6152	0,5744	0,5009	0,4371	0,3817
29	0,6975	0,6494	0,6046	0,5631	0,4887	0,4243	0,3687
30	0,6889	0,6398	0,5942	0,5521	0,4767	0,4120	0,3563
31	0,6804	0,6303	0,5840	0,5412	0,4651	0,4000	0,3442
32	0,6720	0,6210	0,5740	0,5306	0,4538	0,3883	0,3326
33	0,6637	0,6118	0,5641	0,5202	0,4427	0,3770	0,3213
34	0,6555	0,6028	0,5544	0,5100	0,4319	0,3660	0,3105
35	0,6474	0,5939	0,5449	0,5000	0,4214	0,3554	0,3000
36	0,6394	0,5851	0,5355	0,4902	0,4111	0,3450	0,2898
37	0,6315	0,5764	0,5263	0,4806	0,4011	0,3350	0,2800
38	0,6237	0,5679	0,5172	0,4712	0,3913	0,3252	0,2706
39	0,6160	0,5595	0,5083	0,4619	0,3817	0,3158	0,2614
40	0,6084	0,5513	0,4996	0,4529	0,3724	0,3066	0,2526

Kapitalbarwerte (Einmalbetrag) ohne Inflation (Fortsetzung)

Der Zukunftsbetrag von 1 € im ⑤ Jahr beträgt bei ⑦ % Zins und Zinseszins heute
0,7130 €.

Jahre	Zinssatz 4,0 %	4,5 %	5,0 %	5,5 %	6,0 %	6,5 %	7,0 %
	€	€	€	€	€	€	€
1	0,9615	0,9569	0,9524	0,9479	0,9434	0,9390	0,9346
2	0,9246	0,9157	0,9070	0,8985	0,8900	0,8817	0,8734
3	0,8890	0,8763	0,8638	0,8516	0,8396	0,8278	0,8163
4	0,8548	0,8386	0,8227	0,8072	0,7921	0,7773	0,7629
⑤	0,8219	0,8025	0,7835	0,7651	0,7473	0,7299	0,7130
6	0,7903	0,7679	0,7462	0,7252	0,7050	0,6853	0,6663
7	0,7599	0,7348	0,7107	0,6874	0,6651	0,6435	0,6227
8	0,7307	0,7032	0,6768	0,6516	0,6274	0,6042	0,5820
9	0,7026	0,6729	0,6446	0,6176	0,5919	0,5674	0,5439
10	0,6756	0,6439	0,6139	0,5854	0,5584	0,5327	0,5083
11	0,6496	0,6162	0,5847	0,5549	0,5268	0,5002	0,4751
12	0,6246	0,5897	0,5568	0,5260	0,4970	0,4697	0,4440
13	0,6006	0,5643	0,5303	0,4986	0,4688	0,4410	0,4150
14	0,5775	0,5400	0,5051	0,4726	0,4423	0,4141	0,3878
15	0,5553	0,5167	0,4810	0,4479	0,4173	0,3888	0,3624
16	0,5339	0,4945	0,4581	0,4246	0,3936	0,3651	0,3387
17	0,5134	0,4732	0,4363	0,4024	0,3714	0,3428	0,3166
18	0,4936	0,4528	0,4155	0,3815	0,3503	0,3219	0,2959
19	0,4746	0,4333	0,3957	0,3616	0,3305	0,3022	0,2765
20	0,4564	0,4146	0,3769	0,3427	0,3118	0,2838	0,2584
21	0,4388	0,3968	0,3589	0,3249	0,2942	0,2665	0,2415
22	0,4220	0,3797	0,3418	0,3079	0,2775	0,2502	0,2257
23	0,4057	0,3634	0,3256	0,2919	0,2618	0,2349	0,2109
24	0,3901	0,3477	0,3101	0,2767	0,2470	0,2206	0,1971
25	0,3751	0,3327	0,2953	0,2622	0,2330	0,2071	0,1842
26	0,3607	0,3184	0,2812	0,2486	0,2198	0,1945	0,1722
27	0,3468	0,3047	0,2678	0,2356	0,2074	0,1826	0,1609
28	0,3335	0,2916	0,2551	0,2233	0,1956	0,1715	0,1504
29	0,3207	0,2790	0,2429	0,2117	0,1846	0,1610	0,1406
30	0,3083	0,2670	0,2314	0,2006	0,1741	0,1512	0,1314
31	0,2965	0,2555	0,2204	0,1902	0,1643	0,1420	0,1228
32	0,2851	0,2445	0,2099	0,1803	0,1550	0,1333	0,1147
33	0,2741	0,2340	0,1999	0,1709	0,1462	0,1252	0,1072
34	0,2636	0,2239	0,1904	0,1620	0,1379	0,1175	0,1002
35	0,2534	0,2143	0,1813	0,1535	0,1301	0,1103	0,0937
36	0,2437	0,2050	0,1727	0,1455	0,1227	0,1036	0,0875
37	0,2343	0,1962	0,1644	0,1379	0,1158	0,0973	0,0818
38	0,2253	0,1878	0,1566	0,1307	0,1092	0,0914	0,0765
39	0,2166	0,1797	0,1491	0,1239	0,1031	0,0858	0,0715
40	0,2083	0,1719	0,1420	0,1175	0,0972	0,0805	0,0668

Kapitalbarwerte (Einmalbetrag) ohne Inflation (Fortsetzung)

Der Zukunftsbetrag von 1 € im ⎡5.⎤ Jahr beträgt bei ⎡9⎤ % Zins und Zinseszins heute ⎡0,6499⎤ €.

Jahre	Zinssa tz					
	7,5%	8,0%	8,5%	⎡9,0%⎤	9,5%	10,0%
	€	€	€	€	€	€
1	0,9302	0,9259	0,9217	0,9174	0,9132	0,9091
2	0,8653	0,8573	0,8495	0,8417	0,8340	0,8264
3	0,8050	0,7938	0,7829	0,7722	0,7617	0,7513
4	0,7488	0,7350	0,7216	0,7084	0,6956	0,6830
⎡5⎤	0,6966	0,6806	0,6650	⎡0,6499⎤	0,6352	0,6209
6	0,6480	0,6302	0,6129	0,5963	0,5801	0,5645
7	0,6028	0,5835	0,5649	0,5470	0,5298	0,5132
8	0,5607	0,5403	0,5207	0,5019	0,4838	0,4665
9	0,5216	0,5002	0,4799	0,4604	0,4418	0,4241
10	0,4852	0,4632	0,4423	0,4224	0,4035	0,3855
11	0,4513	0,4289	0,4076	0,3875	0,3685	0,3505
12	0,4199	0,3971	0,3757	0,3555	0,3365	0,3186
13	0,3906	0,3677	0,3463	0,3262	0,3073	0,2897
14	0,3633	0,3405	0,3191	0,2992	0,2807	0,2633
15	0,3380	0,3152	0,2941	0,2745	0,2563	0,2394
16	0,3144	0,2919	0,2711	0,2519	0,2341	0,2176
17	0,2925	0,2703	0,2499	0,2311	0,2138	0,1978
18	0,2720	0,2502	0,2303	0,2120	0,1952	0,1799
19	0,2531	0,2317	0,2122	0,1945	0,1783	0,1635
20	0,2354	0,2145	0,1956	0,1784	0,1628	0,1486
21	0,2190	0,1987	0,1803	0,1637	0,1487	0,1351
22	0,2037	0,1839	0,1662	0,1502	0,1358	0,1228
23	0,1895	0,1703	0,1531	0,1378	0,1240	0,1117
24	0,1763	0,1577	0,1412	0,1264	0,1133	0,1015
25	0,1640	0,1460	0,1301	0,1160	0,1034	0,0923
26	0,1525	0,1352	0,1199	0,1064	0,0945	0,0839
27	0,1419	0,1252	0,1105	0,0976	0,0863	0,0763
28	0,1320	0,1159	0,1019	0,0895	0,0788	0,0693
29	0,1228	0,1073	0,0939	0,0822	0,0719	0,0630
30	0,1142	0,0994	0,0865	0,0754	0,0657	0,0573
31	0,1063	0,0920	0,0797	0,0691	0,0600	0,0521
32	0,0988	0,0852	0,0735	0,0634	0,0548	0,0474
33	0,0919	0,0789	0,0677	0,0582	0,0500	0,0431
34	0,0855	0,0730	0,0624	0,0534	0,0457	0,0391
35	0,0796	0,0676	0,0575	0,0490	0,0417	0,0356
36	0,0740	0,0626	0,0530	0,0449	0,0381	0,0323
37	0,0688	0,0580	0,0489	0,0412	0,0348	0,0294
38	0,0640	0,0537	0,0450	0,0378	0,0318	0,0267
39	0,0596	0,0497	0,0415	0,0347	0,0290	0,0243
40	0,0554	0,0460	0,0383	0,0318	0,0265	0,0221

Kapitalbarwerte (Einmalbetrag) ohne Inflation (Fortsetzung)

Der Zukunftsbetrag von 1 € im ⑤ Jahr beträgt bei ⑪⑤ % Zins und Zinseszins heute ⓪,⑤⑧⓪③ €.

Jahre	Zinssatz 10,5% €	11,0% €	11,5% €	12,0% €	12,5% €	13,0% €
1	0,9050	0,9009	0,8969	0,8929	0,8889	0,8850
2	0,8190	0,8116	0,8044	0,7972	0,7901	0,7831
3	0,7412	0,7312	0,7214	0,7118	0,7023	0,6931
4	0,6707	0,6587	0,6470	0,6355	0,6243	0,6133
5	0,6070	0,5935	0,5803	0,5674	0,5549	0,5428
6	0,5493	0,5346	0,5204	0,5066	0,4933	0,4803
7	0,4971	0,4817	0,4667	0,4523	0,4385	0,4251
8	0,4499	0,4339	0,4186	0,4039	0,3897	0,3762
9	0,4071	0,3909	0,3754	0,3606	0,3464	0,3329
10	0,3684	0,3522	0,3367	0,3220	0,3079	0,2946
11	0,3334	0,3173	0,3020	0,2875	0,2737	0,2607
12	0,3018	0,2858	0,2708	0,2567	0,2433	0,2307
13	0,2731	0,2575	0,2429	0,2292	0,2163	0,2042
14	0,2471	0,2320	0,2178	0,2046	0,1922	0,1807
15	0,2236	0,2090	0,1954	0,1827	0,1709	0,1599
16	0,2024	0,1883	0,1752	0,1631	0,1519	0,1415
17	0,1832	0,1696	0,1572	0,1456	0,1350	0,1252
18	0,1658	0,1528	0,1409	0,1300	0,1200	0,1108
19	0,1500	0,1377	0,1264	0,1161	0,1067	0,0981
20	0,1358	0,1240	0,1134	0,1037	0,0948	0,0868
21	0,1229	0,1117	0,1017	0,0926	0,0843	0,0768
22	0,1112	0,1007	0,0912	0,0826	0,0749	0,0680
23	0,1006	0,0907	0,0818	0,0738	0,0666	0,0601
24	0,0911	0,0817	0,0734	0,0659	0,0592	0,0532
25	0,0824	0,0736	0,0658	0,0588	0,0526	0,0471
26	0,0746	0,0663	0,0590	0,0525	0,0468	0,0417
27	0,0675	0,0597	0,0529	0,0469	0,0416	0,0369
28	0,0611	0,0538	0,0475	0,0419	0,0370	0,0326
29	0,0553	0,0485	0,0426	0,0374	0,0329	0,0289
30	0,0500	0,0437	0,0382	0,0334	0,0292	0,0256
31	0,0453	0,0394	0,0342	0,0298	0,0260	0,0226
32	0,0410	0,0355	0,0307	0,0266	0,0231	0,0200
33	0,0371	0,0319	0,0275	0,0238	0,0205	0,0177
34	0,0335	0,0288	0,0247	0,0212	0,0182	0,0157
35	0,0304	0,0259	0,0222	0,0189	0,0162	0,0139
36	0,0275	0,0234	0,0199	0,0169	0,0144	0,0123
37	0,0249	0,0210	0,0178	0,0151	0,0128	0,0109
38	0,0225	0,0190	0,0160	0,0135	0,0114	0,0096
39	0,0204	0,0171	0,0143	0,0120	0,0101	0,0085
40	0,0184	0,0154	0,0129	0,0107	0,0090	0,0075

4.9.3.1.2 Kapitalbarwerte (Einmalbetrag) mit Inflation

Betrag: 1 000 €

Bei jährlich nachträglicher Zinszahlung wächst ein Betrag von 1 000 € einschließlich Zins und Zinseszins (z.B. Inflation von 1,5 %) in 5 Jahren auf 1 077,2840 € an. Dieser Zukunftsbetrag beträgt bei 6,0 % Zins und Zinseszins heute 805,0092 € (Kapitalbarwert).

Abzinsungs-zinssätze	Jahre 1	2	3	4	5	6
Inflationssatz	**1,50 %**					
	1 015,0000	1 030,2250	1 045,6783	1 061,3635	1 077,2840	1 093,4432
5,00 %	966,6666	934,4444	903,2962	873,1864	844,0802	815,9441
5,50 %	962,0853	925,6081	890,5139	856,7504	824,2670	793,0151
6,00 %	957,5471	916,8965	877,9717	840,6993	805,0092	770,8343
6,50 %	953,0516	908,3074	865,6638	825,0223	786,2889	749,3739
7,00 %	948,5981	899,8384	853,5850	809,7091	768,0886	728,6074
7,50 %	944,1860	891,4872	841,7298	794,7495	750,3914	708,5091
8,00 %	939,8148	883,2518	830,0932	780,1338	733,1813	689,0547
Inflationssatz	**2,00 %**					
	1 020,0000	1 040,4000	1 061,2080	1 082,4321	1 104,0808	1 126,1624
5,00 %	971,4285	943,6734	916,7113	890,5196	865,0761	840,3597
5,50 %	966,8246	934,7498	903,7392	873,7573	844,7701	816,7446
6,00 %	962,2641	925,9522	891,0107	857,3876	825,0334	793,9000
6,50 %	957,7464	917,2783	878,5200	841,3995	805,8474	771,7975
7,00 %	953,2710	908,7256	866,2618	825,7823	787,1943	750,4095
7,50 %	948,8372	900,2920	854,2305	810,5257	769,0570	729,7099
8,00 %	944,4444	891,9753	842,4211	795,6199	751,4188	709,6733
Inflationssatz	**2,50 %**					
	1 025,0000	1 050,6250	1 076,8906	1 103,8128	1 131,4082	1 159,6934
5,00 %	976,1904	952,9478	930,2586	908,1095	886,4879	865,3810
5,50 %	971,5639	943,9365	917,0947	891,0162	865,6792	841,0628
6,00 %	966,9811	935,0525	904,1781	874,3231	845,4540	817,5380
6,50 %	962,4413	926,2932	891,5029	858,0192	825,7931	794,7774
7,00 %	957,9439	917,6565	879,0635	842,0935	806,6784	772,7526
7,50 %	953,4883	909,1400	866,8544	826,5356	788,0921	751,4367
8,00 %	949,0740	900,7415	854,8704	811,3354	770,0174	730,8035
Inflationssatz	**3,00 %**					
	1 030,0000	1 060,9000	1 092,7270	1 125,5088	1 159,2740	1 194,0522
5,00 %	980,9523	962,2675	943,9386	925,9588	908,3215	891,0202
5,50 %	976,3033	953,1681	930,5812	908,5295	887,0004	865,9814
6,00 %	971,6981	944,1972	917,4746	891,5083	866,2770	841,7597
6,50 %	967,1361	935,3523	904,6130	874,8839	846,1319	818,3247
7,00 %	962,6168	926,6311	891,9907	858,6452	826,5463	795,6474
7,50 %	958,1395	918,0313	879,6021	842,7815	807,5023	773,6999
8,00 %	953,7037	909,5507	867,4419	827,2825	788,9824	752,4554

Kapitalbarwerte (Einmalbetrag) mit Inflation (Fortsetzung)

Bei jährlich nachträglicher Zinszahlung wächst ein Betrag von 1 000 € einschließlich Zins und Zinseszins (z.B. Inflation von 1,5%) in 10 Jahren auf 1 160,5408 € an. Dieser Zukunftsbetrag beträgt bei 6,0% Zins und Zinseszins heute 648,0399 € (Kapitalbarwert).

Abzin-sungs-zinssätze	Jahre					
	7	8	9	10	11	12
Inflationssatz		**1,50 %**				
	1 109,8449	1 126,4925	1 143,3899	1 160,5408	1 177,9489	1 195,6181
5,00%	788,7460	762,4545	737,0393	712,4713	688,7223	665,7649
5,50%	762,9482	734,0212	706,1911	679,4160	653,6562	628,8730
6,00%	738,1102	706,7753	676,7707	648,0399	620,5288	594,1856
6,50%	714,1920	680,6619	648,7059	618,2503	589,2244	561,5643
7,00%	691,1556	655,6289	621,9283	589,9601	559,6350	530,8687
7,50%	668,9644	631,6269	596,3733	563,0873	531,6592	501,9852
8,00%	647,5838	608,6088	571,9796	537,5549	505,2021	474,7964
Inflationssatz		**2,00 %**				
	1 148,6856	1 171,6593	1 195,0925	1 218,9944	1 243,3743	1 268,2417
5,00%	816,3494	793,0251	770,3673	748,3568	726,9752	706,2044
5,50%	789,6488	763,4519	738,1241	713,6366	689,9614	667,0717
6,00%	763,9415	735,1135	707,3734	680,6801	654,9940	630,2773
6,50%	739,1863	707,9531	678,0396	649,3900	621,9510	595,6714
7,00%	715,3437	681,9164	650,0511	619,6749	590,7181	563,1145
7,50%	692,3759	656,9520	623,3405	591,4486	561,1885	532,4765
8,00%	670,2470	633,0111	597,8438	564,6302	533,2619	503,6362
Inflationssatz		**2,50 %**				
	1 188,6857	1 218,4028	1 248,8629	1 280,0845	1 312,0866	1 344,8888
5,00%	844,7767	824,6630	805,0282	785,8608	767,1498	748,8844
5,50%	817,1463	793,9099	771,3343	749,4006	728,0906	707,3866
6,00%	790,5439	764,4410	739,2000	714,7925	691,1908	668,3685
6,50%	764,9266	736,1970	708,5464	681,9343	656,3218	631,6712
7,00%	740,2537	709,1215	679,2987	650,7300	623,3629	597,1467
7,50%	716,4861	683,1612	651,3862	621,0892	592,2013	564,6571
8,00%	693,5867	658,2651	624,7424	592,9268	562,7314	534,0738
Inflationssatz		**3,00 %**				
	1 229,8738	1 266,7700	1 304,7731	1 343,9163	1 384,2338	1 425,7608
5,00%	874,0483	857,3998	841,0684	825,0480	809,3328	793,9170
5,50%	845,4605	825,4259	805,8660	786,7697	768,1259	749,9238
6,00%	817,9363	794,7872	772,2932	750,4358	729,1971	708,5594
6,50%	791,4314	765,4219	740,2672	715,9392	692,4107	669,6554
7,00%	765,9036	737,2717	709,7101	683,1789	657,6395	633,0548
7,50%	741,3125	710,2808	680,5481	652,0600	624,7645	598,6115
8,00%	717,6195	684,3964	652,7114	622,4933	593,6741	566,1892

Kapitalbarwerte (Einmalbetrag) mit Inflation (Fortsetzung)

Bei jährlich nachträglicher Zinszahlung wächst ein Betrag von 1 000 € einschließlich Zins und Zinseszins (z.B. Inflation von 1,5%) in 15 Jahren auf 1 250,2320 € an. Dieser Zukunftsbetrag beträgt bei 6,0 % Zins und Zinseszins heute 521,6781 € (Kapitalbarwert).

Abzinsungs-zinssätze	Jahre 13	14	15	16	17	18
	Inflationssatz	1,50 %				
	1 213,5524	1 231,7557	1 250,2320	1 268,9855	1 288,0203	1 307,3406
5,00 %	643,5727	622,1203	601,3830	581,3369	561,9590	543,2270
5,50 %	605,0295	582,0900	560,0202	538,7872	518,3593	498,7058
6,00 %	568,9607	544,8067	521,6781	499,5314	478,3249	458,0186
6,50 %	535,1969	510,0703	486,1233	463,3006	441,5494	420,8194
7,00 %	503,5811	477,6961	453,1416	429,8493	407,7542	386,7949
7,50 %	473,9674	447,5134	422,5359	398,9525	376,6854	355,6611
8,00 %	446,2207	419,3648	394,1252	370,4047	348,1119	327,1607
	Inflationssatz	2,00 %				
	1 293,6066	1 319,4787	1 345,8683	1 372,7857	1 400,2414	1 428,2462
5,00 %	686,0272	666,4264	647,3856	628,8889	610,9206	593,4658
5,50 %	644,9414	623,5452	602,8589	582,8588	563,5222	544,8272
6,00 %	606,4932	583,6067	561,5838	540,3919	519,9998	500,3772
6,50 %	570,5022	546,3964	523,3093	501,1976	480,0202	459,7377
7,00 %	536,8007	511,7166	487,8046	465,0100	443,2805	422,5665
7,50 %	505,2335	479,3844	454,8577	431,5859	409,5048	388,5534
8,00 %	475,6564	449,2311	424,2738	400,7030	378,4417	357,4172
	Inflationssatz	2,50 %				
	1 378,5110	1 412,9738	1 448,2981	1 484,5056	1 521,6182	1 559,6587
5,00 %	731,0538	713,6477	696,6561	680,0691	663,8770	648,0704
5,50 %	687,2714	667,7281	648,7406	630,2930	612,3699	594,9566
6,00 %	646,2997	624,9596	604,3242	584,3701	565,0748	546,4167
6,50 %	607,9464	585,1128	563,1367	541,9860	521,6297	502,0380
7,00 %	572,0330	547,9756	524,9299	502,8534	481,7053	461,4467
7,50 %	538,3940	513,3524	489,4755	466,7092	445,0018	424,3040
8,00 %	506,8756	481,0625	456,5639	433,3130	411,2461	390,3030
	Inflationssatz	3,00 %				
	1 468,5337	1 512,5897	1 557,9674	1 604,7064	1 652,8476	1 702,4330
5,00 %	778,7947	763,9605	749,4089	735,1345	721,1319	707,3961
5,50 %	732,1531	714,8035	697,8650	681,3280	665,1827	649,4201
6,00 %	688,5059	669,0198	650,0853	631,6867	613,8088	596,4368
6,50 %	647,6479	626,3637	605,7790	585,8708	566,6168	547,9956
7,00 %	609,3892	586,6083	564,6790	543,5695	523,2492	503,6885
7,50 %	573,5534	549,5442	526,5400	504,4988	483,3802	463,1457
8,00 %	539,9767	514,9778	491,1363	468,3985	446,7133	426,0322

Kapitalbarwerte (Einmalbetrag) mit Inflation (Fortsetzung)

Bei jährlich nachträglicher Zinszahlung wächst ein Betrag von 1 000 € einschließlich Zins und Zinseszins (z.B. Inflation von 1,5 %) in 22 Jahren auf 1 387,5636 € an. Dieser Zukunftsbetrag beträgt bei 6,0 % Zins und Zinseszins heute 385,0559 € (Kapitalbarwert).

Abzinsungs-zinssätze	Jahre 19	20	21	22	23	24
Inflationssatz		**1,50 %**				
	1 326,9507	1 346,8550	1 367,0578	1 387,5636	1 408,3771	1 429,5028
5,00 %	525,1194	507,6154	490,6949	474,3384	458,5271	443,2429
5,50 %	479,7975	461,6062	444,1045	427,2664	411,0667	395,4813
6,00 %	438,5744	419,9557	402,1274	385,0559	368,7092	353,0565
6,50 %	401,0626	382,2334	364,2882	347,1854	330,8856	315,3511
7,00 %	366,9129	348,0529	330,1623	313,1913	297,0927	281,8216
7,50 %	335,8102	317,0673	299,3705	282,6615	266,8850	251,9891
8,00 %	307,4704	288,9653	271,5738	255,2291	239,8681	225,4316
Inflationssatz		**2,00 %**				
	1 456,8111	1 485,9473	1 515,6663	1 545,9796	1 576,8992	1 608,4372
5,00 %	576,5096	560,0379	544,0368	528,4929	513,3931	498,7247
5,50 %	526,7524	509,2772	492,3817	476,0468	460,2537	444,9847
6,00 %	481,4950	463,3254	445,8414	429,0172	412,8279	397,2494
6,50 %	440,3121	421,7074	403,8888	386,8231	370,4784	354,8244
7,00 %	402,8204	383,9970	366,0532	348,9479	332,6419	317,0979
7,50 %	368,6739	349,8115	331,9142	314,9325	298,8197	283,5312
8,00 %	337,5607	318,8073	301,0958	284,3682	268,5700	253,6494
Inflationssatz		**2,50 %**				
	1 598,6501	1 638,6164	1 679,5818	1 721,5713	1 764,6106	1 808,7259
5,00 %	632,6401	617,5773	602,8730	588,5189	574,5066	560,8278
5,50 %	578,0384	561,6013	545,6316	530,1160	515,0416	500,3958
6,00 %	528,3746	510,9283	494,0580	477,7448	461,9702	446,7165
6,50 %	483,1821	465,0344	447,5683	430,7583	414,5795	399,0085
7,00 %	442,0400	423,4496	405,6409	388,5813	372,2391	356,5842
7,50 %	404,5690	385,7518	367,8099	350,7024	334,3907	318,8376
8,00 %	370,4265	351,5622	333,6585	316,6667	300,5401	285,2348
Inflationssatz		**3,00 %**				
	1 753,5060	1 806,1112	1 860,2945	1 916,1034	1 973,5865	2 032,7941
5,00 %	693,9218	680,7043	667,7385	655,0197	642,5431	630,3042
5,50 %	634,0310	619,0066	604,3382	590,0174	576,0359	562,3858
6,00 %	579,5565	563,1540	547,2156	531,7284	516,6795	502,0565
6,50 %	529,9863	512,5690	495,7240	479,4326	463,6766	448,4384
7,00 %	484,8590	466,7334	449,2854	432,4897	416,3219	400,7584
7,50 %	443,7582	425,1823	407,3840	390,3307	373,9912	358,3358
8,00 %	406,3085	387,4979	369,5582	352,4490	336,1319	320,5702

4.9.3.2   Rentenbarwerte

Anwendung der Tabelle

1. Zur **Ermittlung des Barwertes einer Zahlung oder Rente** (z. B. bei Ablösung von Zahlungsverpflichtungen) wird der Betrag der Zahlung mit dem durch Zinssatz und Laufzeit vorgegebenen Barwertfaktor multipliziert.
2. Zur **Ermittlung der Höhe oder des Wertes einer Zahlung oder einer Rente,** die aus einem vorgegebenen Kapital (= Barwert) geleistet werden kann, wird der Barwert durch den durch Zinssatz und Laufzeit vorgegebenen Barwertfaktor dividiert.
3. Zur **Ermittlung der Zeitdauer, während der aus einem vorgegebenen Kapital (= Barwert) eine gegebene Zahlung oder Rente geleistet werden kann,** ist zunächst der Barwertfaktor durch Division des Barwertes durch den Betrag der Zahlung zu berechnen. In der durch den Zinssatz definierten Spalte ist dann dieser errechnete Barwertfaktor zu suchen und in der entsprechenden Zeile der ersten Spalte die dazugehörige Zahlungsdauer abzulesen.
4. Zur **Ermittlung des Zinssatzes, mit dem ein Kapital (= Barwert) verzinst werden muss, um aus ihm für eine vorgegebene Zeit eine gegebene Zahlung oder Rente leisten zu können,** ist zunächst der Barwertfaktor durch Division des Barwertes durch den Betrag der Zahlung zu berechnen. In der durch die gegebene Laufzeit definierten Zeile ist dann dieser errechnete Barwertfaktor zu suchen und in der entsprechenden Spalte in der ersten Zeile der dazugehörige Zinssatz abzulesen.

Formeln zur Berechnung der Faktoren in den nachfolgenden Tabellen:

Rentenbarwert monatlich vorschüssig

$$\left(m + i \cdot \frac{m+1}{2} \right) \cdot \frac{(1+i)^n - 1}{i} \cdot \frac{1}{(1+i)^n}$$

Rentenbarwert monatlich nachschüssig

$$\left(m + i \cdot \frac{m-1}{2} \right) \cdot \frac{(1+i)^n - 1}{i} \cdot \frac{1}{(1+i)^n}$$

Rentenbarwert jährlich vorschüssig

$$\frac{(1+i)^n - 1}{i} \cdot \frac{1}{(1+i)^{n-1}}$$

Rentenbarwert jährlich nachschüssig

$$\frac{(1+i)^n - 1}{i} \cdot \frac{1}{(1+i)^n}$$

m = Monate/unterjährige Perioden

i   = Zinssatz (dezimal)

n = Gesamtlaufzeit/Jahre

4.9.3.2.1 Rentenbarwerte (vorschüssig), monatliche Zahlung

Eine monatlich vorschüssig $\boxed{15}$ Jahre lang geleistete Zahlung (Rente) in Höhe von 1 € führt bei einem Zinssatz von $\boxed{1,25}$ % einschließlich Zins und Zinseszins zu einem Barwert von $\boxed{164,3116}$ €.

Jahre	Zinssatz 0,50 %	0,75 %	1,00 %	$\boxed{1,25\%}$	1,50 %	1,75 %
	€	€	€	€	€	€
1	11,9726	11,9591	11,9455	11,9321	11,9187	11,9054
2	23,8857	23,8291	23,7728	23,7169	23,6613	23,6060
3	35,7395	35,6108	35,4830	35,3562	35,2303	35,1055
4	47,5343	47,3047	47,0772	46,8518	46,6284	46,4071
5	59,2705	58,9116	58,5566	58,2055	57,8580	57,5143
6	70,9482	70,4321	69,9224	69,4190	68,9217	68,4305
7	82,5679	81,8669	81,1757	80,4941	79,8219	79,1590
8	94,1298	93,2165	92,3175	91,4324	90,5610	89,7030
9	105,6341	104,4817	103,3490	102,2357	101,1414	100,0656
10	117,0812	115,6629	114,2713	112,9056	111,5654	110,2499
11	128,4713	126,7610	125,0854	123,4438	121,8353	120,2592
12	139,8048	137,7764	135,7925	133,8519	131,9535	130,0962
13	151,0819	148,7098	146,3936	144,1315	141,9222	139,7641
14	162,3029	159,5619	156,8897	154,2842	151,7436	149,2657
$\boxed{15}$	173,4680	170,3331	167,2819	$\boxed{164,3116}$	161,4198	158,6039
16	184,5776	181,0242	177,5711	174,2152	170,9530	167,7815
17	195,6320	191,6357	187,7586	183,9965	180,3453	176,8012
18	206,6313	202,1682	197,8451	193,6570	189,5988	185,6658
19	217,5760	212,6222	207,8318	203,1983	198,7156	194,3779
20	228,4661	222,9985	217,7196	212,6217	207,6976	202,9402
21	239,3021	233,2975	227,5095	221,9289	216,5469	211,3552
22	250,0842	243,5199	237,2025	231,1211	225,2654	219,6256
23	260,8126	253,6661	246,7995	240,1999	233,8551	227,7536
24	271,4877	263,7368	256,3015	249,1665	242,3178	235,7419
25	282,1096	273,7326	265,7094	258,0225	250,6555	243,5928
26	292,6787	283,6540	275,0241	266,7691	258,8699	251,3086
27	303,1953	293,5014	284,2467	275,4078	266,9630	258,8918
28	313,6595	303,2756	293,3779	283,9398	274,9365	266,3445
29	324,0716	312,9770	302,4187	292,3665	282,7921	273,6690
30	334,4320	322,6062	311,3700	300,6891	290,5316	280,8676
31	344,7408	332,1638	320,2327	308,9090	298,1567	287,9423
32	354,9983	341,6501	329,0076	317,0274	305,6692	294,8954
33	365,2047	351,0659	337,6956	325,0456	313,0707	301,7289
34	375,3604	360,4116	346,2977	332,9648	320,3627	308,4449
35	385,4656	369,6877	354,8145	340,7862	327,5470	315,0453
36	395,5205	378,8947	363,2470	348,5110	334,6251	321,5323
37	405,5254	388,0332	371,5961	356,1405	341,5986	327,9076
38	415,4805	397,1037	379,8625	363,6758	348,4691	334,1734
39	425,3860	406,1066	388,0470	371,1181	355,2380	340,3313
40	435,2423	415,0425	396,1505	378,4685	361,9069	346,3833

Rentenbarwerte (vorschüssig), monatliche Zahlung (Fortsetzung)

Eine monatlich vorschüssig ⑮ Jahre lang geleistete Zahlung (Rente) in Höhe von 1 € führt bei einem Zinssatz von ④ % einschließlich Zins und Zinseszins zu einem Barwert von ⃞136,3114⃞ €.

Jahre	Zinssatz 2,00 %	2,50 %	3,00 %	3,50 %	4,00 %	4,50 %
	€	€	€	€	€	€
1	11,8922	11,8659	11,8398	11,8140	11,7885	11,7632
2	23,5511	23,4423	23,3348	23,2285	23,1235	23,0198
3	34,9815	34,7364	34,4949	34,2570	34,0226	33,7916
4	46,1877	45,7550	45,3300	44,9126	44,5025	44,0997
5	57,1743	56,5049	55,8495	55,2078	54,5793	53,9638
6	67,9454	66,9926	66,0626	65,1549	64,2686	63,4031
7	78,5053	77,2245	75,9783	74,7656	73,5852	72,4360
8	88,8581	87,2068	85,6051	84,0513	82,5435	81,0799
9	99,0079	96,9457	94,9516	93,0230	91,1572	89,3516
10	108,9588	106,4470	104,0258	101,6913	99,4396	97,2671
11	118,7145	115,7166	112,8358	110,0665	107,4034	104,8417
12	128,2789	124,7601	121,3891	118,1584	115,0610	112,0902
13	137,6558	133,5830	129,6933	125,9767	122,4240	119,0265
14	146,8488	142,1907	137,7556	133,5307	129,5039	125,6641
⑮	155,8616	150,5885	145,5831	140,8291	136,3114	132,0159
16	164,6976	158,7815	153,1826	147,8808	142,8571	138,0941
17	173,3604	166,7746	160,5608	154,6940	149,1511	143,9107
18	181,8533	174,5728	167,7241	161,2768	155,2030	149,4767
19	190,1797	182,1808	174,6787	167,6370	161,0221	154,8031
20	198,3429	189,6032	181,4308	173,7822	166,6174	159,9001
21	206,3460	196,8446	187,9862	179,7195	171,9975	164,7776
22	214,1921	203,9093	194,3507	185,4560	177,1707	169,4450
23	221,8844	210,8018	200,5298	190,9986	182,1449	173,9115
24	229,4269	217,5261	206,5289	196,3537	186,9278	178,1857
25	236,8195	224,0865	212,3533	201,5277	191,5267	182,2758
26	244,0682	230,4868	218,0081	206,5268	195,9488	186,1897
27	251,1747	236,7310	223,4981	211,3568	200,2007	189,9351
28	258,1418	242,8230	228,8283	216,0235	204,2892	193,5193
29	264,9724	248,7663	234,0032	220,5323	208,2203	196,9491
30	271,6690	254,5647	239,0274	224,8887	212,0003	200,2312
31	278,2343	260,2216	243,9052	229,0978	215,6349	203,3719
32	284,6709	265,7406	248,6410	233,1646	219,1297	206,3774
33	290,9813	271,1250	253,2388	237,0938	222,4901	209,2535
34	297,1679	276,3781	257,7027	240,8901	225,7213	212,0058
35	303,2333	281,5030	262,0366	244,5581	228,8282	214,6395
36	309,1797	286,5029	266,2443	248,1020	231,8155	217,1598
37	315,0095	291,3809	270,3294	251,5261	234,6880	219,5716
38	320,7250	296,1399	274,2956	254,8344	237,4500	221,8795
39	326,3284	300,7828	278,1462	258,0308	240,1058	224,0880
40	331,8220	305,3125	281,8846	261,1191	242,6594	226,2015

Rentenbarwerte (vorschüssig), monatliche Zahlung (Fortsetzung)

Eine monatlich vorschüssig [15] Jahre lang geleistete Zahlung (Rente) in Höhe von
1 € führt bei einem Zinssatz von [6] % einschließlich Zins und Zinseszins zu einem
Barwert von [120,3348] €.

Jahre	Zinssatz 5,00 %	5,50 %	6,00 %	6,50 %	7,00 %
	€	€	€	€	€
1	11,7381	11,7133	11,6887	11,6643	11,6402
2	22,9172	22,8159	22,7157	22,6167	22,5189
3	33,5640	33,3397	33,1186	32,9007	32,6859
4	43,7038	43,3149	42,9327	42,5570	42,1877
5	53,3608	52,7700	52,1912	51,6239	51,0680
6	62,5579	61,7323	60,9256	60,1375	59,3673
7	71,3171	70,2273	69,1657	68,1314	67,1236
8	79,6591	78,2794	76,9393	75,6375	74,3725
9	87,6039	85,9118	84,2730	82,6855	81,1472
10	95,1704	93,1462	91,1915	89,3032	87,4787
11	102,3766	100,0035	97,7184	95,5171	93,3960
12	109,2396	106,5033	103,8758	101,3518	98,9262
13	115,7758	112,6643	109,6847	106,8303	104,0945
14	122,0007	118,5041	115,1649	111,9745	108,9248
[15]	127,9293	124,0394	[120,3348]	116,8047	113,4391
16	133,5755	129,2862	125,2120	121,3401	117,6580
17	138,9529	134,2594	129,8132	125,5986	121,6009
18	144,0742	138,9734	134,1540	129,5973	125,2859
19	148,9516	143,4416	138,2491	133,3519	128,7298
20	153,5967	147,6769	142,1123	136,8774	131,9484
21	158,0207	151,6913	145,7569	140,1877	134,9565
22	162,2340	155,4965	149,1952	143,2960	137,7678
23	166,2467	159,1033	152,4389	146,2145	140,3951
24	170,0683	162,5221	155,4989	148,9550	142,8506
25	173,7079	165,7627	158,3858	151,5281	145,1454
26	177,1742	168,8343	161,1092	153,9442	147,2901
27	180,4754	171,7458	163,6785	156,2129	149,2945
28	183,6194	174,5055	166,1024	158,3431	151,1677
29	186,6137	177,1213	168,3890	160,3433	152,9184
30	189,4655	179,6008	170,5463	162,2214	154,5546
31	192,1814	181,9510	172,5814	163,9849	156,0837
32	194,7680	184,1786	174,5013	165,6407	157,5128
33	197,2314	186,2902	176,3125	167,1955	158,8485
34	199,5775	188,2916	178,0213	168,6554	160,0967
35	201,8119	190,1887	179,6333	170,0262	161,2633
36	*203,9399*	*191,9870*	*181,1540*	*171,3134*	*162,3535*
37	205,9666	193,6914	182,5887	172,5219	163,3724
38	207,8968	195,3070	183,9422	173,6567	164,3247
39	209,7350	196,8384	185,2190	174,7223	165,2147
40	211,4857	198,2900	186,4236	175,7228	166,0464

Rentenbarwerte (vorschüssig), monatliche Zahlung (Fortsetzung)

Eine monatlich vorschüssig 15 Jahre lang geleistete Zahlung (Rente) in Höhe von 1 € führt bei einem Zinssatz von 8 % einschließlich Zins und Zinseszins zu einem Barwert von 107,1647 €.

Jahre	Zinssatz 7,50 % €	8,00 % €	8,50 % €	9,00 % €	9,50 % €
1	11,6163	11,5926	11,5691	11,5459	11,5228
2	22,4221	22,3265	22,2319	22,1384	22,0460
3	32,4741	32,2653	32,0594	31,8563	31,6561
4	41,8247	41,4678	41,1169	40,7719	40,4325
5	50,5230	49,9887	49,4649	48,9513	48,4475
6	58,6144	57,8785	57,1589	56,4553	55,7671
7	66,1413	65,1838	64,2501	63,3397	62,4517
8	73,1431	71,9479	70,7858	69,6557	68,5564
9	79,6564	78,2110	76,8095	75,4502	74,1314
10	85,7152	84,0102	82,3613	80,7662	79,2227
11	91,3514	89,3798	87,4782	85,6433	83,8724
12	96,5943	94,3517	92,1942	90,1177	88,1186
13	101,4714	98,9553	96,5407	94,2227	91,9964
14	106,0083	103,2178	100,5467	97,9887	95,5378
15	110,2287	107,1647	104,2389	101,4438	98,7720
16	114,1546	110,8191	107,6419	104,6135	101,7256
17	117,8066	114,2029	110,7782	107,5216	104,4229
18	121,2038	117,3360	113,6689	110,1895	106,8862
19	124,3640	120,2371	116,3331	112,6372	109,1358
20	127,3037	122,9232	118,7885	114,8827	111,1902
21	130,0383	125,4104	121,0516	116,9429	113,0664
22	132,5822	127,7133	123,1375	118,8329	114,7798
23	134,9485	129,8457	125,0599	120,5669	116,3446
24	137,1498	131,8201	126,8317	122,1577	117,7736
25	139,1975	133,6482	128,4647	123,6172	119,0786
26	141,1023	135,3409	129,9698	124,9561	120,2704
27	142,8742	136,9083	131,3569	126,1845	121,3589
28	144,5226	138,3595	132,6354	127,3115	122,3528
29	146,0559	139,7032	133,8137	128,3454	123,2606
30	147,4822	140,9474	134,8998	129,2939	124,0896
31	148,8090	142,0995	135,9007	130,1642	124,8466
32	150,0433	143,1662	136,8232	130,9625	125,5380
33	151,1914	144,1539	137,6735	131,6950	126,1694
34	152,2595	145,0684	138,4571	132,3670	126,7461
35	153,2530	145,9152	139,1794	132,9834	127,2727
36	154,1772	146,6993	139,8450	133,5490	127,7536
37	155,0369	147,4252	140,4586	134,0679	128,1928
38	155,8367	148,0974	141,0240	134,5440	128,5938
39	156,5806	148,7199	141,5452	134,9807	128,9601
40	157,2727	149,2962	142,0255	135,3814	129,2946

Rentenbarwerte (vorschüssig), monatliche Zahlung (Fortsetzung)

Eine monatlich vorschüssig [15] Jahre lang geleistete Zahlung (Rente) in Höhe von 1 € führt bei einem Zinssatz von [11] % einschließlich Zins und Zinseszins zu einem Barwert von [91,4319] €.

Jahre	Zinssatz 10,00 %	10,50 %	11,00 %	11,50 %	12,00 %
	€	€	€	€	€
1	11,5000	11,4774	11,4550	11,4327	11,4107
2	21,9545	21,8641	21,7747	21,6863	21,5989
3	31,4587	31,2639	31,0718	30,8823	30,6954
4	40,0988	39,7705	39,4476	39,1299	38,8173
5	47,9535	47,4688	46,9933	46,5268	46,0690
6	55,0940	54,4356	53,7913	53,1608	52,5438
7	61,5855	60,7403	59,9156	59,1106	58,3248
8	67,4868	66,4460	65,4330	64,4467	63,4864
9	72,8517	71,6095	70,4036	69,2325	68,0950
10	77,7288	76,2824	74,8816	73,5247	72,2099
11	82,1625	80,5112	78,9158	77,3741	75,8838
12	86,1932	84,3382	82,5503	80,8266	79,1641
13	89,8575	87,8015	85,8246	83,9229	82,0929
14	93,1886	90,9358	88,7744	86,6999	84,7080
[15]	96,2169	93,7722	91,4319	89,1905	87,0428
16	98,9699	96,3391	93,8260	91,4242	89,1275
17	101,4726	98,6621	95,9829	93,4276	90,9889
18	103,7479	100,7643	97,9261	95,2243	92,6508
19	105,8162	102,6668	99,6766	96,8357	94,1346
20	107,6966	104,3885	101,2537	98,2809	95,4595
21	109,4060	105,9466	102,6745	99,5770	96,6424
22	110,9600	107,3567	103,9545	100,7395	97,6986
23	112,3727	108,6327	105,1077	101,7820	98,6416
24	113,6570	109,7875	106,1466	102,7171	99,4836
25	114,8246	110,8326	107,0825	103,5557	100,2353
26	115,8860	111,7784	107,9257	104,3078	100,9065
27	116,8509	112,6343	108,6853	104,9823	101,5058
28	117,7281	113,4089	109,3696	105,5873	102,0409
29	118,5255	114,1098	109,9861	106,1298	102,5187
30	119,2505	114,7442	110,5416	106,6165	102,9453
31	119,9095	115,3183	111,0420	107,0529	103,3261
32	120,5087	115,8378	111,4928	107,4443	103,6662
33	121,0533	116,3080	111,8989	107,7953	103,9698
34	121,5485	116,7334	112,2648	108,1102	104,2409
35	121,9986	117,1185	112,5944	108,3925	104,4829
36	*122,4078*	*117,4670*	*112,8913*	*108,6458*	*104,6991*
37	122,7798	117,7823	113,1589	108,8729	104,8920
38	123,1180	118,0677	113,3999	109,0766	105,0643
39	123,4255	118,3260	113,6170	109,2593	105,2181
40	123,7050	118,5597	113,8126	109,4231	105,3555

Rentenbarwerte (vorschüssig), monatliche Zahlung (Fortsetzung)

Eine monatlich vorschüssig 15 Jahre lang geleistete Zahlung (Rente) in Höhe von 1 € führt bei einem Zinssatz von 13 % einschließlich Zins und Zinseszins zu einem Barwert von 83,0093 €.

Jahre	Zinssatz 12,50%	13,00%	11,00%	11,50%	12,00%
	€	€	€	€	€
1	11,3889	11,3673	11,3458	11,3246	11,3035
2	21,5123	21,4268	21,3421	21,2584	21,1755
3	30,5110	30,3290	30,1495	29,9723	29,7974
4	38,5098	38,2071	37,9092	37,6160	37,3274
5	45,6198	45,1788	44,7460	44,3211	43,9039
6	51,9398	51,3485	50,7696	50,2027	49,6475
7	57,5576	56,8084	56,0767	55,3620	54,6637
8	62,5512	61,6402	60,7526	59,8877	59,0448
9	66,9900	65,9161	64,8724	63,8577	62,8710
10	70,9355	69,7001	68,5021	67,3401	66,2126
11	74,4427	73,0488	71,7001	70,3948	69,1311
12	77,5602	76,0122	74,5177	73,0744	71,6800
13	80,3313	78,6347	77,0002	75,4249	73,9061
14	82,7945	80,9555	79,1874	77,4867	75,8503
15	84,9840	83,0093	81,1144	79,2954	77,5483
16	86,9302	84,8268	82,8123	80,8819	79,0313
17	88,6602	86,4352	84,3082	82,2736	80,3265
18	90,1979	87,8586	85,6261	83,4944	81,4576
19	91,5648	89,1182	86,7873	84,5653	82,4455
20	92,7798	90,2329	87,8104	85,5046	83,3083
21	93,8599	91,2194	88,7118	86,3286	84,0618
22	94,8199	92,0924	89,5060	87,0514	84,7199
23	95,6732	92,8650	90,2057	87,6854	85,2947
24	96,4318	93,5486	90,8222	88,2416	85,7967
25	97,1060	94,1537	91,3654	88,7295	86,2351
26	97,7053	94,6891	91,8440	89,1575	86,6180
27	98,2381	95,1629	92,2656	89,5329	86,9524
28	98,7116	95,5822	92,6371	89,8622	87,2444
29	99,1326	95,9533	92,9644	90,1510	87,4995
30	*99,5067*	*96,2817*	*93,2528*	*90,4044*	*87,7223*
31	99,8393	96,5723	93,5069	90,6267	87,9168
32	100,1349	96,8294	93,7307	90,8216	88,0868
33	100,3977	97,0570	93,9279	90,9927	88,2352
34	100,6313	97,2584	94,1017	91,1427	88,3648
35	100,8389	97,4367	94,2548	91,2743	88,4780
36	101,0235	97,5944	94,3897	91,3897	88,5768
37	101,1876	97,7340	94,5085	91,4910	88,6632
38	101,3334	97,8575	94,6133	91,5798	88,7386
39	101,4630	97,9668	94,7055	91,6577	88,8044
40	101,5782	98,0636	94,7868	91,7261	88,8619

4.9.3.2.2 Rentenbarwerte (vorschüssig), jährliche Zahlung

Eine jährlich vorschüssig $\boxed{15}$ Jahre lang geleistete Zahlung (Rente) in Höhe von 1 € führt bei einem Zinssatz von $\boxed{1{,}25}$ % einschließlich Zins und Zinseszins zu einem Barwert von $\boxed{13{,}7706}$ €.

Jahre	Zinssatz 0,50 %	0,75 %	1,00 %	$\boxed{1{,}25\,\%}$	1,50 %	1,75 %
	€	€	€	€	€	€
1	1,0000	1,0000	1,0000	1,0000	1,0000	1,0000
2	1,9950	1,9926	1,9901	1,9877	1,9852	1,9828
3	2,9851	2,9777	2,9704	2,9631	2,9559	2,9487
4	3,9702	3,9556	3,9410	3,9265	3,9122	3,8980
5	4,9505	4,9261	4,9020	4,8781	4,8544	4,8309
6	5,9259	5,8894	5,8534	5,8178	5,7826	5,7479
7	6,8964	6,8456	6,7955	6,7460	6,6972	6,6490
8	7,8621	7,7946	7,7282	7,6627	7,5982	7,5346
9	8,8230	8,7366	8,6517	8,5681	8,4859	8,4051
10	9,7791	9,6716	9,5660	9,4623	9,3605	9,2605
11	10,7304	10,5996	10,4713	10,3455	10,2222	10,1012
12	11,6770	11,5207	11,3676	11,2178	11,0711	10,9275
13	12,6189	12,4349	12,2551	12,0793	11,9075	11,7395
14	13,5562	13,3423	13,1337	12,9302	12,7315	12,5376
$\boxed{15}$	14,4887	14,2430	14,0037	$\boxed{13{,}7706}$	13,5434	13,3220
16	15,4166	15,1370	14,8651	14,6005	14,3432	14,0929
17	16,3399	16,0243	15,7179	15,4203	15,1313	14,8505
18	17,2586	16,9050	16,5623	16,2299	15,9076	15,5951
19	18,1728	17,7792	17,3983	17,0295	16,6726	16,3269
20	19,0824	18,6468	18,2260	17,8193	17,4262	17,0461
21	19,9874	19,5080	19,0456	18,5993	18,1686	17,7529
22	20,8880	20,3628	19,8570	19,3697	18,9001	18,4475
23	21,7841	21,2112	20,6604	20,1306	19,6208	19,1303
24	22,6757	22,0533	21,4558	20,8820	20,3309	19,8012
25	23,5629	22,8891	22,2434	21,6242	21,0304	20,4607
26	24,4456	23,7188	23,0232	22,3573	21,7196	21,1088
27	25,3240	24,5422	23,7952	23,0813	22,3986	21,7457
28	26,1980	25,3595	24,5596	23,7963	23,0676	22,3717
29	27,0677	26,1707	25,3164	24,5025	23,7267	22,9870
30	27,9330	26,9759	26,0658	25,2000	24,3761	23,5916
31	28,7941	27,7751	26,8077	25,8889	25,0158	24,1858
32	29,6508	28,5683	27,5423	26,5693	25,6461	24,7699
33	30,5033	29,3557	28,2696	27,2413	26,2671	25,3439
34	31,3515	30,1371	28,9897	27,9050	26,8790	25,9080
35	32,1955	30,9128	29,7027	28,5605	27,4817	26,4624
36	33,0354	31,6827	30,4086	29,2079	28,0756	27,0073
37	33,8710	32,4468	31,1075	29,8473	28,6607	27,5428
38	34,7025	33,2053	31,7995	30,4788	29,2371	28,0690
39	35,5299	33,9581	32,4847	31,1025	29,8051	28,5863
40	36,3531	34,7053	33,1630	31,7185	30,3646	29,0946

Rentenbarwerte (vorschüssig), jährliche Zahlung (Fortsetzung)

Eine jährlich vorschüssig $\boxed{15}$ Jahre lang geleistete Zahlung (Rente) in Höhe von 1 € führt bei einem Zinssatz von $\boxed{4}$ % einschließlich Zins und Zinseszins zu einem Barwert von $\boxed{11,5631}$ €.

Jahre	Zinssatz					
	2,00 %	2,50 %	3,00 %	3,50 %	$\boxed{4,00\%}$	4,50 %
	€	€	€	€	€	€
1	1,0000	1,0000	1,0000	1,0000	1,0000	1,0000
2	1,9804	1,9756	1,9709	1,9662	1,9615	1,9569
3	2,9416	2,9274	2,9135	2,8997	2,8861	2,8727
4	3,8839	3,8560	3,8286	3,8016	3,7751	3,7490
5	4,8077	4,7620	4,7171	4,6731	4,6299	4,5875
6	5,7135	5,6458	5,5797	5,5151	5,4518	5,3900
7	6,6014	6,5081	6,4172	6,3286	6,2421	6,1579
8	7,4720	7,3494	7,2303	7,1145	7,0021	6,8927
9	8,3255	8,1701	8,0197	7,8740	7,7327	7,5959
10	9,1622	8,9709	8,7861	8,6077	8,4353	8,2688
11	9,9826	9,7521	9,5302	9,3166	9,1109	8,9127
12	10,7868	10,5142	10,2526	10,0016	9,7605	9,5289
13	11,5753	11,2578	10,9540	10,6633	10,3851	10,1186
14	12,3484	11,9832	11,6350	11,3027	10,9856	10,6829
$\boxed{15}$	13,1062	12,6909	12,2961	11,9205	$\boxed{11,5631}$	11,2228
16	13,8493	13,3814	12,9379	12,5174	12,1184	11,7395
17	14,5777	14,0550	13,5611	13,0941	12,6523	12,2340
18	15,2919	14,7122	14,1661	13,6513	13,1657	12,7072
19	15,9920	15,3534	14,7535	14,1897	13,6593	13,1600
20	16,6785	15,9789	15,3238	14,7098	14,1339	13,5933
21	17,3514	16,5892	15,8775	15,2124	14,5903	14,0079
22	18,0112	17,1845	16,4150	15,6980	15,0292	14,4047
23	18,6580	17,7654	16,9369	16,1671	15,4511	14,7844
24	19,2922	18,3321	17,4436	16,6204	15,8568	15,1478
25	19,9139	18,8850	17,9355	17,0584	16,2470	15,4955
26	20,5235	19,4244	18,4131	17,4815	16,6221	15,8282
27	21,1210	19,9506	18,8768	17,8904	16,9828	16,1466
28	21,7069	20,4640	19,3270	18,2854	17,3296	16,4513
29	22,2813	20,9649	19,7641	18,6670	17,6631	16,7429
30	22,8444	21,4535	20,1885	19,0358	17,9837	17,0219
31	23,3965	21,9303	20,6004	19,3920	18,2920	17,2889
32	23,9377	22,3954	21,0004	19,7363	18,5885	17,5444
33	24,4683	22,8492	21,3888	20,0689	18,8736	17,7889
34	24,9886	23,2919	21,7658	20,3902	19,1476	18,0229
35	25,4986	23,7238	22,1318	20,7007	19,4112	18,2468
36	25,9986	24,1452	22,4872	21,0007	19,6646	18,4610
37	26,4888	24,5563	22,8323	21,2905	19,9083	18,6660
38	26,9695	24,9573	23,1672	21,5705	20,1426	18,8622
39	27,4406	25,3486	23,4925	21,8411	20,3679	19,0500
40	27,9026	25,7303	23,8082	22,1025	20,5845	19,2297

Rentenbarwerte (vorschüssig), jährliche Zahlung (Fortsetzung)

Eine jährlich vorschüssig 15 Jahre lang geleistete Zahlung (Rente) in Höhe von 1 € führt bei einem Zinssatz von 6 % einschließlich Zins und Zinseszins zu einem Barwert von 10,2950 €.

Jahre	Zinssatz 5,00 %	5,50 %	6,00 %	6,50 %	7,00 %
	€	€	€	€	€
1	1,0000	1,0000	1,0000	1,0000	1,0000
2	1,9524	1,9479	1,9434	1,9390	1,9346
3	2,8594	2,8463	2,8334	2,8206	2,8080
4	3,7232	3,6979	3,6730	3,6485	3,6243
5	4,5460	4,5052	4,4651	4,4258	4,3872
6	5,3295	5,2703	5,2124	5,1557	5,1002
7	6,0757	5,9955	5,9173	5,8410	5,7665
8	6,7864	6,6830	6,5824	6,4845	6,3893
9	7,4632	7,3346	7,2098	7,0888	6,9713
10	8,1078	7,9522	7,8017	7,6561	7,5152
11	8,7217	8,5376	8,3601	8,1888	8,0236
12	9,3064	9,0925	8,8869	8,6890	8,4987
13	9,8633	9,6185	9,3838	9,1587	8,9427
14	10,3936	10,1171	9,8527	9,5997	9,3577
15	10,8986	10,5896	10,2950	10,0138	9,7455
16	11,3797	11,0376	10,7122	10,4027	10,1079
17	11,8378	11,4622	11,1059	10,7678	10,4466
18	12,2741	11,8646	11,4773	11,1106	10,7632
19	12,6896	12,2461	11,8276	11,4325	11,0591
20	13,0853	12,6077	12,1581	11,7347	11,3356
21	13,4622	12,9504	12,4699	12,0185	11,5940
22	13,8212	13,2752	12,7641	12,2850	11,8355
23	14,1630	13,5832	13,0416	12,5352	12,0612
24	14,4886	13,8750	13,3034	12,7701	12,2722
25	14,7986	14,1517	13,5504	12,9907	12,4693
26	15,0939	14,4139	13,7834	13,1979	12,6536
27	15,3752	14,6625	14,0032	13,3924	12,8258
28	15,6430	14,8981	14,2105	13,5750	12,9867
29	15,8981	15,1214	14,4062	13,7465	13,1371
30	16,1411	15,3331	14,5907	13,9075	13,2777
31	16,3725	15,5337	14,7648	14,0587	13,4090
32	16,5928	15,7239	14,9291	14,2006	13,5318
33	16,8027	15,9042	15,0840	14,3339	13,6466
34	17,0025	16,0751	15,2302	14,4591	13,7538
35	17,1929	16,2370	15,3681	14,5766	13,8540
36	17,3742	16,3906	15,4982	14,6870	13,9477
37	17,5469	16,5361	15,6210	14,7906	14,0352
38	17,7113	16,6740	15,7368	14,8879	14,1170
39	17,8679	16,8047	15,8460	14,9792	14,1935
40	18,0170	16,9287	15,9491	15,0650	14,2649

Rentenbarwerte (vorschüssig), jährliche Zahlung (Fortsetzung)

Eine jährlich vorschüssig ⌷15⌷ Jahre lang geleistete Zahlung (Rente) in Höhe von 1 € führt bei einem Zinssatz von ⌷8⌷ % einschließlich Zins und Zinseszins zu einem Barwert von ⌷9,2442⌷ €.

Jahre	Zinssatz 7,50%	8,00%	8,50%	9,00%	9,50%
	€	€	€	€	€
1	1,0000	1,0000	1,0000	1,0000	1,0000
2	1,9302	1,9259	1,9217	1,9174	1,9132
3	2,7956	2,7833	2,7711	2,7591	2,7473
4	3,6005	3,5771	3,5540	3,5313	3,5089
5	4,3493	4,3121	4,2756	4,2397	4,2045
6	5,0459	4,9927	4,9406	4,8897	4,8397
7	5,6938	5,6229	5,5536	5,4859	5,4198
8	6,2966	6,2064	6,1185	6,0330	5,9496
9	6,8573	6,7466	6,6392	6,5348	6,4334
10	7,3789	7,2469	7,1191	6,9952	6,8753
11	7,8641	7,7101	7,5613	7,4177	7,2788
12	8,3154	8,1390	7,9690	7,8052	7,6473
13	8,7353	8,5361	8,3447	8,1607	7,9838
14	9,1258	8,9038	8,6910	8,4869	8,2912
⌷15⌷	9,4892	⌷9,2442⌷	9,0101	8,7862	8,5719
16	9,8271	9,5595	9,3042	9,0607	8,8282
17	10,1415	9,8514	9,5753	9,3126	9,0623
18	10,4340	10,1216	9,8252	9,5436	9,2760
19	10,7060	10,3719	10,0555	9,7556	9,4713
20	10,9591	10,6036	10,2677	9,9501	9,6496
21	11,1945	10,8181	10,4633	10,1285	9,8124
22	11,4135	11,0168	10,6436	10,2922	9,9611
23	11,6172	11,2007	10,8098	10,4424	10,0969
24	11,8067	11,3711	10,9629	10,5802	10,2209
25	11,9830	11,5288	11,1041	10,7066	10,3341
26	12,1469	11,6748	11,2342	10,8226	10,4376
27	12,2995	11,8100	11,3541	10,9290	10,5320
28	12,4414	11,9352	11,4646	11,0266	10,6183
29	12,5734	12,0511	11,5665	11,1161	10,6971
30	12,6962	12,1584	11,6603	11,1983	10,7690
31	12,8104	12,2578	11,7468	11,2737	10,8347
32	12,9166	12,3498	11,8266	11,3428	10,8947
33	13,0155	12,4350	11,9001	11,4062	10,9495
34	13,1074	12,5139	11,9678	11,4644	10,9996
35	13,1929	12,5869	12,0302	11,5178	11,0453
36	13,2725	12,6546	12,0878	11,5668	11,0870
37	13,3465	12,7172	12,1408	11,6118	11,1251
38	13,4154	12,7752	12,1897	11,6530	11,1599
39	13,4794	12,8289	12,2347	11,6908	11,1917
40	13,5390	12,8786	12,2763	11,7255	11,2207

Rentenbarwerte (vorschüssig), jährliche Zahlung (Fortsetzung)

Eine jährlich vorschüssig 15 Jahre lang geleistete Zahlung (Rente) in Höhe von 1 €
führt bei einem Zinssatz von 11 % einschließlich Zins und Zinseszins zu einem
Barwert von 7,9819 €.

Jahre	Zinssatz 10,00 %	10,50 %	11,00 %	11,50 %	12,00 %
	€	€	€	€	€
1	1,0000	1,0000	1,0000	1,0000	1,0000
2	1,9091	1,9050	1,9009	1,8969	1,8929
3	2,7355	2,7240	2,7125	2,7012	2,6901
4	3,4869	3,4651	3,4437	3,4226	3,4018
5	4,1699	4,1359	4,1024	4,0696	4,0373
6	4,7908	4,7429	4,6959	4,6499	4,6048
7	5,3553	5,2922	5,2305	5,1703	5,1114
8	5,8684	5,7893	5,7122	5,6370	5,5638
9	6,3349	6,2392	6,1461	6,0556	5,9676
10	6,7590	6,6463	6,5370	6,4311	6,3282
11	7,1446	7,0148	6,8892	6,7678	6,6502
12	7,4951	7,3482	7,2065	7,0697	6,9377
13	7,8137	7,6500	7,4924	7,3406	7,1944
14	8,1034	7,9230	7,7499	7,5835	7,4235
15	8,3667	8,1702	7,9819	7,8013	7,6282
16	8,6061	8,3938	8,1909	7,9967	7,8109
17	8,8237	8,5962	8,3792	8,1719	7,9740
18	9,0216	8,7794	8,5488	8,3291	8,1196
19	9,2014	8,9451	8,7016	8,4700	8,2497
20	9,3649	9,0952	8,8393	8,5964	8,3658
21	9,5136	9,2309	8,9633	8,7098	8,4694
22	9,6487	9,3538	9,0751	8,8115	8,5620
23	9,7715	9,4649	9,1757	8,9027	8,6446
24	9,8832	9,5656	9,2664	8,9845	8,7184
25	9,9847	9,6566	9,3481	9,0578	8,7843
26	10,0770	9,7390	9,4217	9,1236	8,8431
27	10,1609	9,8136	9,4881	9,1826	8,8957
28	10,2372	9,8811	9,5478	9,2355	8,9426
29	10,3066	9,9422	9,6016	9,2830	8,9844
30	10,3696	9,9974	9,6501	9,3255	9,0218
31	10,4269	10,0474	9,6938	9,3637	9,0552
32	10,4790	10,0927	9,7331	9,3980	9,0850
33	10,5264	10,1337	9,7686	9,4287	9,1116
34	10,5694	10,1707	9,8005	9,4562	9,1354
35	10,6086	10,2043	9,8293	9,4809	9,1566
36	*10,6442*	*10,2347*	*9,8552*	*9,5030*	*9,1755*
37	10,6765	10,2621	9,8786	9,5229	9,1924
38	10,7059	10,2870	9,8996	9,5407	9,2075
39	10,7327	10,3095	9,9186	9,5567	9,2210
40	10,7570	10,3299	9,9357	9,5710	9,2330

Rentenbarwerte (vorschüssig), jährliche Zahlung (Fortsetzung)

Eine jährlich vorschüssig ‚15‘ Jahre lang geleistete Zahlung (Rente) in Höhe von 1 €
führt bei einem Zinssatz von ‚13,50‘ % einschließlich Zins und Zinseszins zu einem
Barwert von ‚7,1493‘ €.

Jahre	Zinssatz 12,50 %	13,00 %	13,50 %	14,00 %	14,50 %
	€	€	€	€	€
1	1,0000	1,0000	1,0000	1,0000	1,0000
2	1,8889	1,8850	1,8811	1,8772	1,8734
3	2,6790	2,6681	2,6573	2,6467	2,6361
4	3,3813	3,3612	3,3413	3,3216	3,3023
5	4,0056	3,9745	3,9438	3,9137	3,8841
6	4,5606	4,5172	4,4747	4,4331	4,3922
7	5,0538	4,9975	4,9425	4,8887	4,8360
8	5,4923	5,4226	5,3546	5,2883	5,2236
9	5,8820	5,7988	5,7177	5,6389	5,5621
10	6,2285	6,1317	6,0377	5,9464	5,8577
11	6,5364	6,4262	6,3195	6,2161	6,1159
12	6,8102	6,6869	6,5679	6,4527	6,3414
13	7,0535	6,9176	6,7867	6,6603	6,5383
14	7,2698	7,1218	6,9794	6,8424	6,7103
15	7,4620	7,3025	7,1493	7,0021	6,8606
16	7,6329	7,4624	7,2989	7,1422	6,9918
17	7,7848	7,6039	7,4308	7,2651	7,1063
18	7,9198	7,7291	7,5469	7,3729	7,2064
19	8,0398	7,8399	7,6493	7,4674	7,2938
20	8,1465	7,9380	7,7395	7,5504	7,3701
21	8,2414	8,0248	7,8189	7,6231	7,4368
22	8,3256	8,1016	7,8889	7,6870	7,4950
23	8,4006	8,1695	7,9506	7,7429	7,5459
24	8,4672	8,2297	8,0049	7,7921	7,5903
25	8,5264	8,2829	8,0528	7,8351	7,6291
26	8,5790	8,3300	8,0950	7,8729	7,6629
27	8,6258	8,3717	8,1321	7,9061	7,6925
28	8,6674	8,4086	8,1649	7,9352	7,7184
29	8,7043	8,4412	8,1937	7,9607	7,7409
30	8,7372	8,4701	8,2191	7,9830	7,7606
31	8,7664	8,4957	8,2415	8,0027	7,7778
32	8,7923	8,5183	8,2613	8,0199	7,7929
33	8,8154	8,5383	8,2786	8,0350	7,8060
34	8,8359	8,5560	8,2940	8,0482	7,8175
35	8,8542	8,5717	8,3075	8,0599	7,8275
36	8,8704	8,5856	8,3193	8,0700	7,8362
37	8,8848	8,5979	8,3298	8,0790	7,8439
38	8,8976	8,6087	8,3390	8,0868	7,8505
39	8,9089	8,6183	8,3472	8,0937	7,8564
40	8,9191	8,6268	8,3543	8,0997	7,8615

4.9.3.2.3 Rentenbarwerte (nachschüssig), monatliche Zahlung

Eine monatlich nachschüssig [15] Jahre lang geleistete Zahlung (Rente) in Höhe von 1 € führt bei einem Zinssatz von [1,25] % einschließlich Zins und Zinseszins zu einem Barwert von [164,1416] €.

Jahre	Zinssatz 0,50 %	0,75 %	1,00 %	1,25 %	1,50 %	1,75 %
	€	€	€	€	€	€
1	11,9677	11,9516	11,9356	11,9198	11,9039	11,8882
2	23,8758	23,8143	23,7531	23,6923	23,6320	23,5719
3	35,7247	35,5886	35,4536	35,3196	35,1867	35,0547
4	47,5146	47,2753	47,0382	46,8033	46,5706	46,3400
5	59,2459	58,8750	58,5081	58,1452	57,7863	57,4312
6	70,9188	70,3883	69,8645	69,3472	68,8363	68,3317
7	82,5336	81,8519	81,1084	80,4108	79,7229	79,0447
8	94,0906	93,1585	92,2410	91,3378	90,4487	89,5734
9	105,5902	104,4166	103,2633	102,1299	101,0160	99,9210
10	117,0325	115,5909	114,1766	112,7888	111,4270	110,0907
11	128,4179	126,6821	124,9818	123,3161	121,6843	120,0854
12	139,7467	137,6906	135,6800	133,7134	131,7899	129,9083
13	151,0191	148,6173	146,2722	143,9824	141,7462	139,5622
14	162,2354	159,4625	156,7596	154,1246	151,5554	149,0501
[15]	173,3960	170,2271	167,1432	164,1416	161,2196	158,3748
16	184,5009	180,9115	177,4240	174,0349	170,7410	167,5391
17	195,5507	191,5164	187,6029	183,8061	180,1217	176,5458
18	206,5455	202,0423	197,6811	193,4566	189,3637	185,3976
19	217,4855	212,4899	207,6595	202,9880	198,4692	194,0971
20	228,3712	222,8597	217,5391	212,4017	207,4401	202,6470
21	239,2027	233,1523	227,3209	221,6993	216,2784	211,0499
22	249,9803	243,3683	237,0059	230,8820	224,9861	219,3083
23	260,7042	253,5082	246,5949	239,9513	233,5651	227,4246
24	271,3749	263,5727	256,0890	248,9087	242,0174	235,4013
25	281,9924	273,5622	265,4891	257,7555	250,3447	243,2409
26	292,5571	283,4774	274,7962	266,4931	258,5490	250,9456
27	303,0693	293,3187	284,0111	275,1228	266,6320	258,5177
28	313,5291	303,0868	293,1347	283,6460	274,5956	265,9597
29	323,9369	312,7822	302,1680	292,0640	282,4414	273,2737
30	334,2930	322,2054	311,1119	300,3780	290,1714	280,4618
31	344,5975	331,9570	319,9673	308,5894	297,7871	287,5264
32	354,8507	341,4375	328,7349	316,6994	305,2902	294,4694
33	365,0530	350,8474	337,4157	324,7093	312,6825	301,2930
34	375,2045	360,1872	346,0106	332,6203	319,9655	307,9993
35	385,3054	369,4575	354,5204	340,4336	327,1409	314,5902
36	395,3561	378,6588	362,9460	348,1505	334,2102	321,0678
37	405,3569	387,7917	371,2881	355,7721	341,1751	327,4339
38	415,3078	396,8565	379,5476	363,2996	348,0370	333,6906
39	425,2093	405,8538	387,7254	370,7341	354,7976	339,8397
40	435,0615	414,7842	395,8221	378,0769	361,4582	345,8829

Rentenbarwerte (nachschüssig), monatliche Zahlung (Fortsetzung)

Eine monatlich nachschüssig $\boxed{15}$ Jahre lang geleistete Zahlung (Rente) in Höhe von 1 € führt bei einem Zinssatz von $\boxed{4}$ % einschließlich Zins und Zinseszins zu einem Barwert von $\boxed{135,8667}$ €.

Jahre	Zinssatz 2,00%	2,50%	3,00%	3,50%	4,00%	4,50%
	€	€	€	€	€	€
1	11,8725	11,8415	11,8107	11,7802	11,7500	11,7201
2	23,5123	23,3941	23,2774	23,1620	23,0481	22,9355
3	34,9238	34,6650	34,4101	34,1590	33,9116	33,6679
4	46,1116	45,6610	45,2185	44,7840	44,3573	43,9382
5	57,0800	56,3887	55,7121	55,0498	54,4013	53,7662
6	67,8333	66,8549	65,9001	64,9684	64,0589	63,1710
7	78,3758	77,0657	75,7914	74,5516	73,3451	72,1709
8	88,7116	87,0275	85,3946	83,8107	82,2741	80,7831
9	98,8447	96,7464	94,7180	92,7567	90,8598	89,0245
10	108,7791	106,2282	103,7699	101,4002	99,1151	96,9110
11	118,5187	115,4787	112,5582	109,7514	107,0530	104,4579
12	128,0674	124,5036	121,0905	117,8202	114,6856	111,6798
13	137,4288	133,3084	129,3742	125,6161	122,0246	118,5907
14	146,6067	141,8984	137,4147	133,1484	129,0814	125,2041
$\boxed{15}$	155,6046	150,2790	145,2250	140,4260	$\boxed{135,8667}$	131,5326
16	164,4261	158,4551	152,8058	147,4575	142,3911	137,5886
17	173,0746	166,4318	160,1658	154,2512	148,6645	143,3838
18	181,5535	174,2140	167,3115	160,8152	154,6966	148,9295
19	189,8662	181,8063	174,2490	167,1572	160,4967	154,2364
20	198,0159	189,2135	180,9845	173,2847	166,0738	159,3147
21	206,0057	196,4400	187,5238	179,2051	171,4363	164,1744
22	213,8390	203,4902	193,8726	184,9252	176,5926	168,8247
23	221,5186	210,3685	200,0365	190,4519	181,5506	173,2749
24	229,0476	217,0790	206,0209	195,7916	186,3179	177,5334
25	236,4291	223,6259	211,8309	200,9509	190,9018	181,6085
26	243,6657	230,0130	217,4718	205,9356	195,3094	185,5081
27	250,7605	236,2444	222,9483	210,7518	199,5475	189,2398
28	257,7162	242,3238	228,2654	215,4051	203,6226	192,8108
29	264,5355	248,2550	233,4276	219,9011	207,5410	196,2281
30	271,2211	254,0414	238,4394	224,2450	211,3086	199,4982
31	277,7756	259,6868	243,3052	228,4420	214,9314	202,6274
32	284,2015	265,1944	248,0293	232,4971	218,4148	205,6219
33	290,5015	270,5677	252,6159	236,4151	221,7642	208,4875
34	296,6779	275,8100	257,0688	240,2006	224,9848	211,2297
35	302,7333	280,9243	261,3920	243,8581	228,0816	213,8537
36	308,6699	285,9140	265,5894	247,3918	231,0592	216,3648
37	314,4901	290,7819	269,6644	250,8061	233,9223	218,7678
38	320,1962	295,5312	273,6208	254,1050	236,6753	221,0673
39	325,7904	300,1646	277,4619	257,2922	239,3224	223,2677
40	331,2749	304,6849	281,1912	260,3717	241,8677	225,3734

Rentenbarwerte (nachschüssig), monatliche Zahlung (Fortsetzung)

Eine monatlich nachschüssig 15 Jahre lang geleistete Zahlung (Rente) in Höhe von 1 € führt bei einem Zinssatz von 6 % einschließlich Zins und Zinseszins zu einem Barwert von 119,7520 €.

Jahre	Zinssatz 5,00 %	5,50 %	6,00 %	6,50 %	7,00 %
	€	€	€	€	€
1	11,6905	11,6611	11,6321	11,6033	11,5748
2	22,8243	22,7143	22,6057	22,4984	22,3923
3	33,4279	33,1913	32,9582	32,7285	32,5022
4	43,5265	43,1221	42,7248	42,3343	41,9506
5	53,1443	52,5352	51,9384	51,3538	50,7809
6	62,3041	61,4575	60,6306	59,8228	59,0336
7	71,0277	69,9147	68,8308	67,7750	66,7463
8	79,3359	77,9310	76,5668	75,2417	73,9545
9	87,2485	85,5294	83,8649	82,2528	80,6912
10	94,7843	92,7316	90,7499	88,8360	86,9871
11	101,9612	99,5584	97,2452	95,0173	92,8711
12	108,7964	106,0293	103,3728	100,8214	98,3702
13	115,3061	112,1629	109,1536	106,2713	103,5095
14	121,5058	117,9766	114,6072	111,3886	108,3126
15	127,4103	123,4873	119,7520	116,1935	112,8015
16	133,0336	128,7107	124,6057	120,7051	116,9967
17	138,3892	133,6618	129,1846	124,9415	120,9175
18	143,4897	138,3548	133,5044	128,9192	124,5818
19	148,3473	142,8032	137,5796	132,6542	128,0063
20	152,9736	147,0196	141,4241	136,1612	131,2069
21	157,3796	151,0162	145,0511	139,4542	134,1980
22	161,5759	154,8044	148,4727	142,5462	136,9935
23	165,5722	158,3952	151,7007	145,4495	139,6060
24	169,3783	161,7988	154,7459	148,1756	142,0477
25	173,0032	165,0249	157,6188	150,7353	144,3296
26	176,4554	168,0828	160,3290	153,1387	146,4623
27	179,7432	170,9814	162,8859	155,3955	148,4554
28	182,8745	173,7288	165,2980	157,5146	150,3181
29	185,8567	176,3330	167,5736	159,5043	152,0590
30	188,6968	178,8014	169,7204	161,3726	153,6860
31	191,4017	181,1411	171,7456	163,1268	155,2065
32	193,9779	183,3589	173,6563	164,7740	156,6276
33	196,4313	185,4610	175,4587	166,3207	157,9557
34	198,7679	187,4536	177,1592	167,7729	159,1969
35	200,9932	189,3423	178,7634	169,1366	160,3569
36	203,1126	191,1325	180,2768	170,4170	161,4410
37	205,1311	192,8294	181,7045	171,6192	162,4543
38	207,0534	194,4378	183,0514	172,7481	163,4012
39	208,8842	195,9624	184,3221	173,8081	164,2861
40	210,6278	197,4074	185,5208	174,8033	165,1132

Rentenbarwerte (nachschüssig), monatliche Zahlung (Fortsetzung)

Eine monatlich nachschüssig $\boxed{15}$ Jahre lang geleistete Zahlung (Rente) in Höhe von 1 € führt bei einem Zinssatz von $\boxed{8}$ % einschließlich Zins und Zinseszins zu einem Barwert von $\boxed{106{,}4799}$ €.

Jahre	Zinssatz 7,50%	$\boxed{8{,}00\%}$	8,50%	9,00%	9,50%
	€	€	€	€	€
1	11,5465	11,5185	11,4908	11,4633	11,4361
2	22,2875	22,1838	22,0814	21,9801	21,8800
3	32,2790	32,0591	31,8423	31,6285	31,4178
4	41,5735	41,2029	40,8385	40,4803	40,1281
5	50,2195	49,6693	49,1300	48,6012	48,0828
6	58,2624	57,5086	56,7718	56,0516	55,3473
7	65,7441	64,7672	63,8151	62,8867	61,9815
8	72,7038	71,4882	70,3065	69,1576	68,0402
9	79,1779	77,7113	76,2894	74,9106	73,5732
10	85,2004	83,4734	81,8036	80,1886	78,6262
11	90,8027	88,8087	86,8858	85,0309	83,2409
12	96,0141	93,7488	91,5699	89,4733	87,4551
13	100,8620	98,3230	95,8870	93,5489	91,3038
14	105,3716	102,5583	99,8659	97,2879	94,8185
$\boxed{15}$	109,5666	$\boxed{106{,}4799}$	103,5331	100,7183	98,0283
16	113,4690	110,1110	106,9130	103,8654	100,9597
17	117,0990	113,4732	110,0281	106,7527	103,6367
18	120,4758	116,5863	112,8992	109,4015	106,0814
19	123,6171	119,4688	115,5453	111,8317	108,3141
20	126,5391	122,1378	117,9841	114,0612	110,3531
21	129,2573	124,6090	120,2319	116,1066	112,2151
22	131,7859	126,8973	122,3036	117,9831	113,9156
23	134,1380	129,0160	124,2130	119,7047	115,4686
24	136,3261	130,9778	125,9728	121,2841	116,8869
25	138,3615	132,7942	127,5948	122,7331	118,1821
26	140,2549	134,4761	129,0897	124,0625	119,3649
27	142,0161	136,0334	130,4674	125,2821	120,4451
28	143,6545	137,4754	131,7373	126,4010	121,4316
29	145,1787	138,8106	132,9076	127,4275	122,3325
30	146,5964	140,0468	133,9863	128,3693	123,1553
31	147,9153	141,1915	134,9804	129,2333	123,9066
32	149,1421	142,2514	135,8967	130,0260	124,5928
33	150,2834	143,2328	136,7412	130,7532	125,2195
34	151,3450	144,1415	137,5196	131,4204	125,7918
35	152,3325	144,9828	138,2369	132,0324	126,3144
36	153,2512	145,7619	138,8981	132,5940	126,7917
37	154,1058	146,4832	139,5074	133,1092	127,2276
38	154,9007	147,1511	140,0691	133,5818	127,6256
39	155,6402	147,7696	140,5867	134,0154	127,9892
40	156,3281	148,3422	141,0638	134,4132	128,3211

Rentenbarwerte (nachschüssig), monatliche Zahlung (Fortsetzung)

Eine monatlich nachschüssig 15 Jahre lang geleistete Zahlung (Rente) in Höhe von 1 € führt bei einem Zinssatz von 11 % einschließlich Zins und Zinseszins zu einem Barwert von 90,6409 €.

Jahre	Zinssatz 10,00 %	10,50 %	11,00 %	11,50 %	12,00 %
	€	€	€	€	€
1	11,4091	11,3824	11,3559	11,3296	11,3036
2	21,7810	21,6831	21,5864	21,4907	21,3960
3	31,2100	31,0051	30,8030	30,6037	30,4072
4	39,7818	39,4413	39,1063	38,7769	38,4528
5	47,5744	47,0758	46,5868	46,1071	45,6365
6	54,6585	53,9849	53,3259	52,6812	52,0504
7	61,0987	60,2375	59,3972	58,5773	57,7772
8	66,9533	65,8959	64,8669	63,8653	62,8903
9	72,2757	71,0166	69,7945	68,6079	67,4556
10	77,1143	75,6508	74,2338	72,8614	71,5318
11	81,5130	79,8446	78,2331	76,6761	75,1713
12	85,5118	83,6399	81,8361	80,0974	78,4208
13	89,1471	87,0746	85,0821	83,1658	81,3221
14	92,4519	90,1829	88,0064	85,9178	83,9126
15	95,4563	92,9958	90,6409	88,3859	86,2255
16	98,1875	95,5415	93,0143	90,5995	88,2907
17	100,6705	97,8452	95,1526	92,5847	90,1345
18	102,9277	99,9301	97,0789	94,3652	91,7808
19	104,9797	101,8168	98,8143	95,9621	93,2507
20	106,8452	103,5243	100,3778	97,3942	94,5632
21	108,5411	105,0695	101,7863	98,6787	95,7350
22	110,0828	106,4678	103,0552	99,8307	96,7812
23	111,4844	107,7333	104,1984	100,8638	97,7154
24	112,7585	108,8786	105,2283	101,7904	98,5494
25	113,9169	109,9150	106,1561	102,6215	99,2941
26	114,9699	110,8530	106,9920	103,3668	99,9591
27	115,9272	111,7018	107,7450	104,0352	100,5527
28	116,7974	112,4699	108,4234	104,6347	101,0828
29	117,5886	113,1651	109,0346	105,1724	101,5561
30	118,3078	113,7942	109,5853	105,6546	101,9786
31	118,9616	114,3635	110,0813	106,0871	102,3559
32	119,5560	114,8788	110,5282	106,4750	102,6928
33	120,0964	115,3450	110,9308	106,8229	102,9936
34	120,5876	115,7670	111,2935	107,1348	103,2621
35	121,0342	116,1489	111,6203	107,4147	103,5019
36	121,4402	116,4944	111,9147	107,6656	103,7160
37	121,8093	116,8072	112,1799	107,8907	103,9071
38	122,1448	117,0902	112,4188	108,0925	104,0778
39	122,4498	117,3464	112,6341	108,2736	104,2302
40	122,7271	117,5781	112,8280	108,4359	104,3662

Rentenbarwerte (nachschüssig), monatliche Zahlung (Fortsetzung)

Eine monatlich nachschüssig $\boxed{15}$ Jahre lang geleistete Zahlung (Rente) in Höhe von 1 € führt bei einem Zinssatz von $\boxed{13}$ % einschließlich Zins und Zinseszins zu einem Barwert von $\boxed{82,1691}$ €.

Jahre	Zinssatz 12,50 %	$\boxed{13,00\%}$	11,00 %	11,50 %	12,00 %
	€	€	€	€	€
1	11,2778	11,2522	11,2269	11,2018	11,1769
2	21,3025	21,2099	21,1184	21,0279	20,9383
3	30,2133	30,0221	29,8334	29,6472	29,4636
4	38,1340	37,8204	37,5118	37,2081	36,9092
5	45,1747	44,7216	44,2769	43,8404	43,4120
6	51,4331	50,8288	50,2374	49,6583	49,0913
7	56,9961	56,2335	55,4889	54,7617	54,0513
8	61,9409	61,0164	60,1157	59,2383	58,3833
9	66,3364	65,2490	64,1923	63,1652	62,1666
10	70,2435	68,9947	67,7840	66,6098	65,4708
11	73,7164	72,3095	70,9484	69,6314	68,3566
12	76,8035	75,2429	73,7365	72,2819	70,8770
13	79,5475	77,8388	76,1929	74,6070	73,0781
14	81,9867	80,1361	78,3572	76,6465	75,0006
$\boxed{15}$	84,1548	$\boxed{82,1691}$	80,2641	78,4355	76,6795
16	86,0821	83,9683	81,9441	80,0048	78,1459
17	87,7952	85,5604	83,4243	81,3814	79,4265
18	89,3179	86,9694	84,7285	82,5890	80,5450
19	90,6715	88,2163	85,8775	83,6482	81,5218
20	91,8747	89,3197	86,8899	84,5774	82,3750
21	92,9442	90,2962	87,7818	85,3924	83,1201
22	93,8948	91,1604	88,5677	86,1074	83,7708
23	94,7398	91,9251	89,2601	86,7346	84,3391
24	95,4910	92,6019	89,8701	87,2847	84,8355
25	96,1586	93,2008	90,4076	87,7673	85,2690
26	96,7521	93,7308	90,8811	88,1906	85,6476
27	97,2797	94,1998	91,2984	88,5619	85,9782
28	97,7486	94,6149	91,6660	88,8877	86,2670
29	98,1654	94,9822	91,9898	89,1734	86,5192
30	98,5359	95,3072	92,2752	89,4240	86,7395
31	98,8653	95,5949	92,5266	89,6439	86,9319
32	99,1580	95,8495	92,7481	89,8367	87,0999
33	99,4182	96,0747	92,9433	90,0059	87,2466
34	99,6495	96,2741	93,1152	90,1543	87,3748
35	99,8551	96,4505	93,2667	90,2845	87,4867
36	100,0379	96,6067	93,4002	90,3987	87,5845
37	100,2004	96,7448	93,5178	90,4988	87,6698
38	100,3448	96,8671	93,6214	90,5867	87,7444
39	100,4731	96,9753	93,7127	90,6638	87,8095
40	100,5872	97,0711	93,7931	90,7314	87,8664

4.9.3.2.4 Rentenbarwerte (nachschüssig), jährliche Zahlung

Eine jährlich nachschüssig [15] Jahre lang geleistete Zahlung (Rente) in Höhe von 1 € führt bei einem Zinssatz von [1,25] % einschließlich Zins und Zinseszins zu einem Barwert von [13,6005] €.

Jahre	Zinssatz 0,50 %	0,75 %	1,00 %	[1,25 %]	1,50 %	1,75 %
	€	€	€	€	€	€
1	0,9950	0,9926	0,9901	0,9877	0,9852	0,9828
2	1,9851	1,9777	1,9704	1,9631	1,9559	1,9487
3	2,9702	2,9556	2,9410	2,9265	2,9122	2,8980
4	3,9505	3,9261	3,9020	3,8781	3,8544	3,8309
5	4,9259	4,8894	4,8534	4,8178	4,7826	4,7479
6	5,8964	5,8456	5,7955	5,7460	5,6972	5,6490
7	6,8621	6,7946	6,7282	6,6627	6,5982	6,5346
8	7,8230	7,7366	7,6517	7,5681	7,4859	7,4051
9	8,7791	8,6716	8,5660	8,4623	8,3605	8,2605
10	9,7304	9,5996	9,4713	9,3455	9,2222	9,1012
11	10,6770	10,5207	10,3676	10,2178	10,0711	9,9275
12	11,6189	11,4349	11,2551	11,0793	10,9075	10,7395
13	12,5562	12,3423	12,1337	11,9302	11,7315	11,5376
14	13,4887	13,2430	13,0037	12,7706	12,5434	12,3220
[15]	14,4166	14,1370	13,8651	[13,6005]	13,3432	13,0929
16	15,3399	15,0243	14,7179	14,4203	14,1313	13,8505
17	16,2586	15,9050	15,5623	15,2299	14,9076	14,5951
18	17,1728	16,7792	16,3983	16,0295	15,6726	15,3269
19	18,0824	17,6468	17,2260	16,8193	16,4262	16,0461
20	18,9874	18,5080	18,0456	17,5993	17,1686	16,7529
21	19,8880	19,3628	18,8570	18,3697	17,9001	17,4475
22	20,7841	20,2112	19,6604	19,1306	18,6208	18,1303
23	21,6757	21,0533	20,4558	19,8820	19,3309	18,8012
24	22,5629	21,8891	21,2434	20,6242	20,0304	19,4607
25	23,4456	22,7188	22,0232	21,3573	20,7196	20,1088
26	24,3240	23,5422	22,7952	22,0813	21,3986	20,7457
27	25,1980	24,3595	23,5596	22,7963	22,0676	21,3717
28	26,0677	25,1707	24,3164	23,5025	22,7267	21,9870
29	26,9330	25,9759	25,0658	24,2000	23,3761	22,5916
30	27,7941	26,7751	25,8077	24,8889	24,0158	23,1858
31	28,6508	27,5683	26,5423	25,5693	24,6461	23,7699
32	29,5033	28,3557	27,2696	26,2413	25,2671	24,3439
33	30,3515	29,1371	27,9897	26,9050	25,8790	24,9080
34	31,1955	29,9128	28,7027	27,5605	26,4817	25,4624
35	32,0354	30,6827	29,4086	28,2079	27,0756	26,0073
36	32,8710	31,4468	30,1075	28,8473	27,6607	26,5428
37	33,7025	32,2053	30,7995	29,4788	28,2371	27,0690
38	34,5299	32,9581	31,4847	30,1025	28,8051	27,5863
39	35,3531	33,7053	32,1630	30,7185	29,3646	28,0946
40	36,1722	34,4469	32,8347	31,3269	29,9158	28,5942

Rentenbarwerte (nachschüssig), jährliche Zahlung (Fortsetzung)

Eine jährlich nachschüssig $\boxed{15}$ Jahre lang geleistete Zahlung (Rente) in Höhe von 1 € führt bei einem Zinssatz von $\boxed{4}$ % einschließlich Zins und Zinseszins zu einem Barwert von $\boxed{11,1184}$ €.

Jahre	Zinssatz 2,00 %	2,50 %	3,00 %	3,50 %	4,00 %	4,50 %
	€	€	€	€	€	€
1	0,9804	0,9756	0,9709	0,9662	0,9615	0,9569
2	1,9416	1,9274	1,9135	1,8997	1,8861	1,8727
3	2,8839	2,8560	2,8286	2,8016	2,7751	2,7490
4	3,8077	3,7620	3,7171	3,6731	3,6299	3,5875
5	4,7135	4,6458	4,5797	4,5151	4,4518	4,3900
6	5,6014	5,5081	5,4172	5,3286	5,2421	5,1579
7	6,4720	6,3494	6,2303	6,1145	6,0021	5,8927
8	7,3255	7,1701	7,0197	6,8740	6,7327	6,5959
9	8,1622	7,9709	7,7861	7,6077	7,4353	7,2688
10	8,9826	8,7521	8,5302	8,3166	8,1109	7,9127
11	9,7868	9,5142	9,2526	9,0016	8,7605	8,5289
12	10,5753	10,2578	9,9540	9,6633	9,3851	9,1186
13	11,3484	10,9832	10,6350	10,3027	9,9856	9,6829
14	12,1062	11,6909	11,2961	10,9205	10,5631	10,2228
$\boxed{15}$	12,8493	12,3814	11,9379	11,5174	$\boxed{11,1184}$	10,7395
16	13,5777	13,0550	12,5611	12,0941	11,6523	11,2340
17	14,2919	13,7122	13,1661	12,6513	12,1657	11,7072
18	14,9920	14,3534	13,7535	13,1897	12,6593	12,1600
19	15,6785	14,9789	14,3238	13,7098	13,1339	12,5933
20	16,3514	15,5892	14,8775	14,2124	13,5903	13,0079
21	17,0112	16,1845	15,4150	14,6980	14,0292	13,4047
22	17,6580	16,7654	15,9369	15,1671	14,4511	13,7844
23	18,2922	17,3321	16,4436	15,6204	14,8568	14,1478
24	18,9139	17,8850	16,9355	16,0584	15,2470	14,4955
25	19,5235	18,4244	17,4131	16,4815	15,6221	14,8282
26	20,1210	18,9506	17,8768	16,8904	15,9828	15,1466
27	20,7069	19,4640	18,3270	17,2854	16,3296	15,4513
28	21,2813	19,9649	18,7641	17,6670	16,6631	15,7429
29	21,8444	20,4535	19,1885	18,0358	16,9837	16,0219
30	22,3965	20,9303	19,6004	18,3920	17,2920	16,2889
31	22,9377	21,3954	20,0004	18,7363	17,5885	16,5444
32	23,4683	21,8492	20,3888	19,0689	17,8736	16,7889
33	23,9886	22,2919	20,7658	19,3902	18,1476	17,0229
34	24,4986	22,7238	21,1318	19,7007	18,4112	17,2468
35	24,9986	23,1452	21,4872	20,0007	18,6646	17,4610
36	25,4888	23,5563	21,8323	20,2905	18,9083	17,6660
37	25,9695	23,9573	22,1672	20,5705	19,1426	17,8622
38	26,4406	24,3486	22,4925	20,8411	19,3679	18,0500
39	26,9026	24,7303	22,8082	21,1025	19,5845	18,2297
40	27,3555	25,1028	23,1148	21,3551	19,7928	18,4016

Rentenbarwerte (nachschüssig), jährliche Zahlung (Fortsetzung)

Eine jährlich nachschüssig $\boxed{15}$ Jahre lang geleistete Zahlung (Rente) in Höhe von 1 € führt bei einem Zinssatz von $\boxed{6}$ % einschließlich Zins und Zinseszins zu einem Barwert von $\boxed{9,7122}$ €.

Jahre	Zinssatz 5,00 %	5,50 %	6,00 %	6,50 %	7,00 %
	€	€	€	€	€
1	0,9524	0,9479	0,9434	0,9390	0,9346
2	1,8594	1,8463	1,8334	1,8206	1,8080
3	2,7232	2,6979	2,6730	2,6485	2,6243
4	3,5460	3,5052	3,4651	3,4258	3,3872
5	4,3295	4,2703	4,2124	4,1557	4,1002
6	5,0757	4,9955	4,9173	4,8410	4,7665
7	5,7864	5,6830	5,5824	5,4845	5,3893
8	6,4632	6,3346	6,2098	6,0888	5,9713
9	7,1078	6,9522	6,8017	6,6561	6,5152
10	7,7217	7,5376	7,3601	7,1888	7,0236
11	8,3064	8,0925	7,8869	7,6890	7,4987
12	8,8633	8,6185	8,3838	8,1587	7,9427
13	9,3936	9,1171	8,8527	8,5997	8,3577
14	9,8986	9,5896	9,2950	9,0138	8,7455
$\boxed{15}$	10,3797	10,0376	$\boxed{9,7122}$	9,4027	9,1079
16	10,8378	10,4622	10,1059	9,7678	9,4466
17	11,2741	10,8646	10,4773	10,1106	9,7632
18	11,6896	11,2461	10,8276	10,4325	10,0591
19	12,0853	11,6077	11,1581	10,7347	10,3356
20	12,4622	11,9504	11,4699	11,0185	10,5940
21	12,8212	12,2752	11,7641	11,2850	10,8355
22	13,1630	12,5832	12,0416	11,5352	11,0612
23	13,4886	12,8750	12,3034	11,7701	11,2722
24	13,7986	13,1517	12,5504	11,9907	11,4693
25	14,0939	13,4139	12,7834	12,1979	11,6536
26	14,3752	13,6625	13,0032	12,3924	11,8258
27	14,6430	13,8981	13,2105	12,5750	11,9867
28	14,8981	14,1214	13,4062	12,7465	12,1371
29	15,1411	14,3331	13,5907	12,9075	12,2777
30	15,3725	14,5337	13,7648	13,0587	12,4090
31	15,5928	14,7239	13,9291	13,2006	12,5318
32	15,8027	14,9042	14,0840	13,3339	12,6466
33	16,0025	15,0751	14,2302	13,4591	12,7538
34	16,1929	15,2370	14,3681	13,5766	12,8540
35	16,3742	15,3906	14,4982	13,6870	12,9477
36	16,5469	15,5361	14,6210	13,7906	13,0352
37	16,7113	15,6740	14,7368	13,8879	13,1170
38	16,8679	15,8047	14,8460	13,9792	13,1935
39	17,0170	15,9287	14,9491	14,0650	13,2649
40	17,1591	16,0461	15,0463	14,1455	13,3317

Rentenbarwerte (nachschüssig), jährliche Zahlung (Fortsetzung)

Eine jährlich nachschüssig ⌐15⌐ Jahre lang geleistete Zahlung (Rente) in Höhe von 1 €
führt bei einem Zinssatz von ⌐8⌐ % einschließlich Zins und Zinseszins zu einem
Barwert von ⌐8,5595⌐ €.

Jahre	Zinssatz 7,50% €	8,00% €	8,50% €	9,00% €	9,50% €
1	0,9302	0,9259	0,9217	0,9174	0,9132
2	1,7956	1,7833	1,7711	1,7591	1,7473
3	2,6005	2,5771	2,5540	2,5313	2,5089
4	3,3493	3,3121	3,2756	3,2397	3,2045
5	4,0459	3,9927	3,9406	3,8897	3,8397
6	4,6938	4,6229	4,5536	4,4859	4,4198
7	5,2966	5,2064	5,1185	5,0330	4,9496
8	5,8573	5,7466	5,6392	5,5348	5,4334
9	6,3789	6,2469	6,1191	5,9952	5,8753
10	6,8641	6,7101	6,5613	6,4177	6,2788
11	7,3154	7,1390	6,9690	6,8052	6,6473
12	7,7353	7,5361	7,3447	7,1607	6,9838
13	8,1258	7,9038	7,6910	7,4869	7,2912
14	8,4892	8,2442	8,0101	7,7862	7,5719
⌐15⌐	8,8271	⌐8,5595⌐	8,3042	8,0607	7,8282
16	9,1415	8,8514	8,5753	8,3126	8,0623
17	9,4340	9,1216	8,8252	8,5436	8,2760
18	9,7060	9,3719	9,0555	8,7556	8,4713
19	9,9591	9,6036	9,2677	8,9501	8,6496
20	10,1945	9,8181	9,4633	9,1285	8,8124
21	10,4135	10,0168	9,6436	9,2922	8,9611
22	10,6172	10,2007	9,8098	9,4424	9,0969
23	10,8067	10,3711	9,9629	9,5802	9,2209
24	10,9830	10,5288	10,1041	9,7066	9,3341
25	11,1469	10,6748	10,2342	9,8226	9,4376
26	11,2995	10,8100	10,3541	9,9290	9,5320
27	11,4414	10,9352	10,4646	10,0266	9,6183
28	11,5734	11,0511	10,5665	10,1161	9,6971
29	11,6962	11,1584	10,6603	10,1983	9,7690
30	11,8104	11,2578	10,7468	10,2737	9,8347
31	11,9166	11,3498	10,8266	10,3428	9,8947
32	12,0155	11,4350	10,9001	10,4062	9,9495
33	12,1074	11,5139	10,9678	10,4644	9,9996
34	12,1929	11,5869	11,0302	10,5178	10,0453
35	12,2725	11,6546	11,0878	10,5668	10,0870
36	12,3465	11,7172	11,1408	10,6118	10,1251
37	12,4154	11,7752	11,1897	10,6530	10,1599
38	12,4794	11,8289	11,2347	10,6908	10,1917
39	12,5390	11,8786	11,2763	10,7255	10,2207
40	12,5944	11,9246	11,3145	10,7574	10,2472

Rentenbarwerte (nachschüssig), jährliche Zahlung (Fortsetzung)

Eine jährlich nachschüssig ⎮15⎮ Jahre lang geleistete Zahlung (Rente) in Höhe von 1 € führt bei einem Zinssatz von ⎮11⎮ % einschließlich Zins und Zinseszins zu einem Barwert von ⎮7,1909⎮ €.

Jahre	Zinssatz 10,00 %	10,50 %	11,00 %	11,50 %	12,00 %
	€	€	€	€	€
1	0,9091	0,9050	0,9009	0,8969	0,8929
2	1,7355	1,7240	1,7125	1,7012	1,6901
3	2,4869	2,4651	2,4437	2,4226	2,4018
4	3,1699	3,1359	3,1024	3,0696	3,0373
5	3,7908	3,7429	3,6959	3,6499	3,6048
6	4,3553	4,2922	4,2305	4,1703	4,1114
7	4,8684	4,7893	4,7122	4,6370	4,5638
8	5,3349	5,2392	5,1461	5,0556	4,9676
9	5,7590	5,6463	5,5370	5,4311	5,3282
10	6,1446	6,0148	5,8892	5,7678	5,6502
11	6,4951	6,3482	6,2065	6,0697	5,9377
12	6,8137	6,6500	6,4924	6,3406	6,1944
13	7,1034	6,9230	6,7499	6,5835	6,4235
14	7,3667	7,1702	6,9819	6,8013	6,6282
⎮15⎮	7,6061	7,3938	⎮7,1909⎮	6,9967	6,8109
16	7,8237	7,5962	7,3792	7,1719	6,9740
17	8,0216	7,7794	7,5488	7,3291	7,1196
18	8,2014	7,9451	7,7016	7,4700	7,2497
19	8,3649	8,0952	7,8393	7,5964	7,3658
20	8,5136	8,2309	7,9633	7,7098	7,4694
21	8,6487	8,3538	8,0751	7,8115	7,5620
22	8,7715	8,4649	8,1757	7,9027	7,6446
23	8,8832	8,5656	8,2664	7,9845	7,7184
24	8,9847	8,6566	8,3481	8,0578	7,7843
25	9,0770	8,7390	8,4217	8,1236	7,8431
26	9,1609	8,8136	8,4881	8,1826	7,8957
27	9,2372	8,8811	8,5478	8,2355	7,9426
28	9,3066	8,9422	8,6016	8,2830	7,9844
29	9,3696	8,9974	8,6501	8,3255	8,0218
30	9,4269	9,0474	8,6938	8,3637	8,0552
31	9,4790	9,0927	8,7331	8,3980	8,0850
32	9,5264	9,1337	8,7686	8,4287	8,1116
33	9,5694	9,1707	8,8005	8,4562	8,1354
34	9,6086	9,2043	8,8293	8,4809	8,1566
35	9,6442	9,2347	8,8552	8,5030	8,1755
36	9,6765	9,2621	8,8786	8,5229	8,1924
37	9,7059	9,2870	8,8996	8,5407	8,2075
38	9,7327	9,3095	8,9186	8,5567	8,2210
39	9,7570	9,3299	8,9357	8,5710	8,2330
40	9,7791	9,3483	8,9511	8,5839	8,2438

Rentenbarwerte (nachschüssig), jährliche Zahlung (Fortsetzung)

Eine jährlich nachschüssig ⌊15⌋ Jahre lang geleistete Zahlung (Rente) in Höhe von 1 €
führt bei einem Zinssatz von ⌊13⌋ % einschließlich Zins und Zinseszins zu einem
Barwert von ⌊6,4624⌋ €.

Jahre	Zinssatz 12,50 %	13,00 %	13,50 %	14,00 %	14,50 %
	€	€	€	€	€
1	0,8889	0,8850	0,8811	0,8772	0,8734
2	1,6790	1,6681	1,6573	1,6467	1,6361
3	2,3813	2,3612	2,3413	2,3216	2,3023
4	3,0056	2,9745	2,9438	2,9137	2,8841
5	3,5606	3,5172	3,4747	3,4331	3,3922
6	4,0538	3,9975	3,9425	3,8887	3,8360
7	4,4923	4,4226	4,3546	4,2883	4,2236
8	4,8820	4,7988	4,7177	4,6389	4,5621
9	5,2285	5,1317	5,0377	4,9464	4,8577
10	5,5364	5,4262	5,3195	5,2161	5,1159
11	5,8102	5,6869	5,5679	5,4527	5,3414
12	6,0535	5,9176	5,7867	5,6603	5,5383
13	6,2698	6,1218	5,9794	5,8424	5,7103
14	6,4620	6,3025	6,1493	6,0021	5,8606
⌊15⌋	6,6329	⌊6,4624⌋	6,2989	6,1422	5,9918
16	6,7848	6,6039	6,4308	6,2651	6,1063
17	6,9198	6,7291	6,5469	6,3729	6,2064
18	7,0398	6,8399	6,6493	6,4674	6,2938
19	7,1465	6,9380	6,7395	6,5504	6,3701
20	7,2414	7,0248	6,8189	6,6231	6,4368
21	7,3256	7,1016	6,8889	6,6870	6,4950
22	7,4006	7,1695	6,9506	6,7429	6,5459
23	7,4672	7,2297	7,0049	6,7921	6,5903
24	7,5264	7,2829	7,0528	6,8351	6,6291
25	7,5790	7,3300	7,0950	6,8729	6,6629
26	7,6258	7,3717	7,1321	6,9061	6,6925
27	7,6674	7,4086	7,1649	6,9352	6,7184
28	7,7043	7,4412	7,1937	6,9607	6,7409
29	7,7372	7,4701	7,2191	6,9830	6,7606
30	7,7664	7,4957	7,2415	7,0027	6,7778
31	7,7923	7,5183	7,2613	7,0199	6,7929
32	7,8154	7,5383	7,2786	7,0350	6,8060
33	7,8359	7,5560	7,2940	7,0482	6,8175
34	7,8542	7,5717	7,3075	7,0599	6,8275
35	7,8704	7,5856	7,3193	7,0700	6,8362
36	7,8848	7,5979	7,3298	7,0790	6,8439
37	7,8976	7,6087	7,3390	7,0868	6,8505
38	7,9089	7,6183	7,3472	7,0937	6,8564
39	7,9191	7,6268	7,3543	7,0997	6,8615
40	7,9281	7,6344	7,3607	7,1050	6,8659

4.9.3.2.5 Barwertfaktoren ewiger Zahlungen (monatlich und jährlich, vorschüssig)

Bei einem Zinssatz von $\boxed{9}$ % können ohne zeitliche Beschränkung aus den Zinsen eines Barwertes in Höhe von $\boxed{12{,}111111/139{,}833333}$ € jährlich/monatlich vorschüssige Zahlungen (Renten) von 1 € geleistet werden.

Zinssatz %	Barwertfaktoren bei jährlich vorschüssigen Zahlungen von 1 € €	monatlich €	Zinssatz %	Barwertfaktoren bei jährlich vorschüssigen Zahlungen von 1 € €	monatlich €
1,00	101,000000	1206,500000	8,00	13,500000	156,500000
1,25	81,000000	966,500000	8,25	13,121212	151,954545
1,50	67,666667	806,500000	8,50	12,764706	147,676471
1,75	58,142857	692,214286	8,75	12,428571	143,642857
2,00	51,000000	606,500000	9,00	12,111111	139,833333
2,25	45,444444	539,833333	9,25	11,810811	136,229730
2,50	41,000000	486,500000	9,50	11,526316	132,815789
2,75	37,363636	442,863636	9,75	11,256410	129,576923
3,00	34,333333	406,500000	10,00	11,000000	126,500000
3,25	31,769231	375,730769	10,25	10,756098	123,573171
3,50	29,571429	349,357143	10,50	10,523810	120,785714
3,75	27,666667	326,500000	10,75	10,302326	118,127907
4,00	26,000000	306,500000	11,00	10,090909	115,590909
4,25	24,529412	288,852941	11,25	9,888889	113,166667
4,50	23,222222	273,166667	11,50	9,695652	110,847826
4,75	22,052632	259,131579	11,75	9,510638	108,627660
5,00	21,000000	246,500000	12,00	9,333333	106,500000
5,25	20,047619	235,071429	12,25	9,163265	104,459184
5,50	19,181818	224,681818	12,50	9,000000	102,500000
5,75	18,391304	215,195652	12,75	8,843137	100,617647
6,00	17,666667	206,500000	13,00	8,692308	98,807692
6,25	17,000000	198,500000	13,25	8,547170	97,066038
6,50	16,384615	191,115385	13,50	8,407407	95,388889
6,75	15,814815	184,277778	13,75	8,272727	93,772727
7,00	15,285714	177,928571	14,00	8,142857	92,214286
7,25	14,793103	172,017241	14,25	8,017544	90,710526
7,50	14,333333	166,500000	14,50	7,896552	89,258621
7,75	13,903226	161,338710	14,75	7,779661	87,855932

4.9.3.2.6 Barwertfaktoren ewiger Zahlungen (monatlich und jährlich, nachschüssig)

Bei einem Zinssatz von $\boxed{9}$ % können ohne zeitliche Beschränkung aus den Zinsen eines Barwertes in Höhe von $\boxed{11,1111/138,8333}$ € jährlich/monatlich nachschüssige Zahlungen (Renten) von 1 € geleistet werden.

Zins-satz	Barwertfaktoren bei jährlich	monatlich	Zins-satz	Barwertfaktoren bei jährlich	monatlich
	nachschüssigen Zahlungen von 1 €			nachschüssigen Zahlungen von 1 €	
%	€	€	%	€	€
1,00	100,0000	1205,5000	8,00	12,5000	155,5000
1,25	80,0000	965,5000	8,25	12,1212	150,9545
1,50	66,6667	805,5000	8,50	11,7647	146,6765
1,75	57,1429	691,2143	8,75	11,4286	142,6429
2,00	50,0000	605,5000	9,00	11,1111	138,8333
2,25	44,4444	538,8333	9,25	10,8108	135,2297
2,50	40,0000	485,5000	9,50	10,5263	131,8158
2,75	36,3636	441,8636	9,75	10,2564	128,5769
3,00	33,3333	405,5000	10,00	10,0000	125,5000
3,25	30,7692	374,7308	10,25	9,7561	122,5732
3,50	28,5714	348,3571	10,50	9,5238	119,7857
3,75	26,6667	325,5000	10,75	9,3023	117,1279
4,00	25,0000	305,5000	11,00	9,0909	114,5909
4,25	23,5294	287,8529	11,25	8,8889	112,1667
4,50	22,2222	272,1667	11,50	8,6957	109,8478
4,75	21,0526	258,1316	11,75	8,5106	107,6277
5,00	20,0000	245,5000	12,00	8,3333	105,5000
5,25	19,0476	234,0714	12,25	8,1633	103,4592
5,50	18,1818	223,6818	12,50	8,0000	101,5000
5,75	17,3913	214,1957	12,75	7,8431	99,6176
6,00	16,6667	205,5000	13,00	7,6923	97,8077
6,25	16,0000	197,5000	13,25	7,5472	96,0660
6,50	15,3846	190,1154	13,50	7,4074	94,3889
6,75	14,8148	183,2778	13,75	7,2727	92,7727
7,00	14,2857	176,9286	14,00	7,1429	91,2143
7,25	13,7931	171,0172	14,25	7,0175	89,7105
7,50	13,3333	165,5000	14,50	6,8966	88,2586
7,75	12,9032	160,3387	14,75	6,7797	86,8559

4.9.4 Endwerte (Aufzinsungstabellen)

4.9.4.1 Kapitalendwerte (Einmalbetrag)

Bei jährlich nachträglicher Zinszahlung wächst 1 € einschließlich Zins und Zinseszins in ☐10☐ Jahren auf ☐1,3439☐ € an bei einem Zinssatz von ☐3☐ %.

Jahre	Zinssatz 1,25 %	1,5 %	1,75 %	2,0 %	2,5 %	☐3,0 %☐	3,5 %
	€	€	€	€	€	€	€
1	1,0125	1,0150	1,0175	1,0200	1,0250	1,0300	1,0350
2	1,0252	1,0302	1,0353	1,0404	1,0506	1,0609	1,0712
3	1,0380	1,0457	1,0534	1,0612	1,0769	1,0927	1,1087
4	1,0509	1,0614	1,0719	1,0824	1,1038	1,1255	1,1475
5	1,0641	1,0773	1,0906	1,1041	1,1314	1,1593	1,1877
6	1,0774	1,0934	1,1097	1,1262	1,1597	1,1941	1,2293
7	1,0909	1,1098	1,1291	1,1487	1,1887	1,2299	1,2723
8	1,1045	1,1265	1,1489	1,1717	1,2184	1,2668	1,3168
9	1,1183	1,1434	1,1690	1,1951	1,2489	☐1,3048☐	1,3629
☐10☐	1,1323	1,1605	1,1894	1,2190	1,2801	☐1,3439☐	1,4106
11	1,1464	1,1779	1,2103	1,2434	1,3121	1,3842	1,4600
12	1,1608	1,1956	1,2314	1,2682	1,3449	1,4258	1,5111
13	1,1753	1,2136	1,2530	1,2936	1,3785	1,4685	1,5640
14	1,1900	1,2318	1,2749	1,3195	1,4130	1,5126	1,6187
15	1,2048	1,2502	1,2972	1,3459	1,4483	1,5580	1,6753
16	1,2199	1,2690	1,3199	1,3728	1,4845	1,6047	1,7340
17	1,2351	1,2880	1,3430	1,4002	1,5216	1,6528	1,7947
18	1,2506	1,3073	1,3665	1,4282	1,5597	1,7024	1,8575
19	1,2662	1,3270	1,3904	1,4568	1,5987	1,7535	1,9225
20	1,2820	1,3469	1,4148	1,4859	1,6386	1,8061	1,9898
21	1,2981	1,3671	1,4395	1,5157	1,6796	1,8603	2,0594
22	1,3143	1,3876	1,4647	1,5460	1,7216	1,9161	2,1315
23	1,3307	1,4084	1,4904	1,5769	1,7646	1,9736	2,2061
24	1,3474	1,4295	1,5164	1,6084	1,8087	2,0328	2,2833
25	1,3642	1,4509	1,5430	1,6406	1,8539	2,0938	2,3632
26	1,3812	1,4727	1,5700	1,6734	1,9003	2,1566	2,4460
27	1,3985	1,4948	1,5975	1,7069	1,9478	2,2213	2,5316
28	1,4160	1,5172	1,6254	1,7410	1,9965	2,2879	2,6202
29	1,4337	1,5400	1,6539	1,7758	2,0464	2,3566	2,7119
30	1,4516	1,5631	1,6828	1,8114	2,0976	2,4273	2,8068
31	1,4698	1,5865	1,7122	1,8476	2,1500	2,5001	2,9050
32	1,4881	1,6103	1,7422	1,8845	2,2038	2,5751	3,0067
33	1,5067	1,6345	1,7727	1,9222	2,2589	2,6523	3,1119
34	1,5256	1,6590	1,8037	1,9607	2,3153	2,7319	3,2209
35	1,5446	1,6839	1,8353	1,9999	2,3732	2,8139	3,3336
36	1,5639	1,7091	1,8674	2,0399	2,4325	2,8983	3,4503
37	1,5835	1,7348	1,9001	2,0807	2,4933	2,9852	3,5710
38	1,6033	1,7608	1,9333	2,1223	2,5557	3,0748	3,6960
39	1,6233	1,7872	1,9672	2,1647	2,6196	3,1670	3,8254
40	1,6436	1,8140	2,0016	2,2080	2,6851	3,2620	3,9593

Kapitalendwerte (Einmalbetrag) (Fortsetzung)

Bei jährlich nachträglicher Zinszahlung wächst 1 € einschließlich Zins und Zinseszins in 10 Jahren auf 1,9672 € an bei einem Zinssatz von 7 %.

Jahre	Zinssatz 4,0 %	4,5 %	5,0 %	5,5 %	6,0 %	6,5 %	7,0 %
	€	€	€	€	€	€	€
1	1,0400	1,0450	1,0500	1,0550	1,0600	1,0650	1,0700
2	1,0816	1,0920	1,1025	1,1130	1,1236	1,1342	1,1449
3	1,1249	1,1412	1,1576	1,1742	1,1910	1,2079	1,2250
4	1,1699	1,1925	1,2155	1,2388	1,2625	1,2865	1,3108
5	1,2167	1,2462	1,2763	1,3070	1,3382	1,3701	1,4026
6	1,2653	1,3023	1,3401	1,3788	1,4185	1,4591	1,5007
7	1,3159	1,3609	1,4071	1,4547	1,5036	1,5540	1,6058
8	1,3686	1,4221	1,4775	1,5347	1,5938	1,6550	1,7182
9	1,4233	1,4861	1,5513	1,6191	1,6895	1,7626	1,8385
10	1,4802	1,5530	1,6289	1,7081	1,7908	1,8771	1,9672
11	1,5395	1,6229	1,7103	1,8021	1,8983	1,9992	2,1049
12	1,6010	1,6959	1,7959	1,9012	2,0122	2,1291	2,2522
13	1,6651	1,7722	1,8856	2,0058	2,1329	2,2675	2,4098
14	1,7317	1,8519	1,9799	2,1161	2,2609	2,4149	2,5785
15	1,8009	1,9353	2,0789	2,2325	2,3966	2,5718	2,7590
16	1,8730	2,0224	2,1829	2,3553	2,5404	2,7390	2,9522
17	1,9479	2,1134	2,2920	2,4848	2,6928	2,9170	3,1588
18	2,0258	2,2085	2,4066	2,6215	2,8543	3,1067	3,3799
19	2,1068	2,3079	2,5270	2,7656	3,0256	3,3086	3,6165
20	2,1911	2,4117	2,6533	2,9178	3,2071	3,5236	3,8697
21	2,2788	2,5202	2,7860	3,0782	3,3996	3,7527	4,1406
22	2,3699	2,6337	2,9253	3,2475	3,6035	3,9966	4,4304
23	2,4647	2,7522	3,0715	3,4262	3,8197	4,2564	4,7405
24	2,5633	2,8760	3,2251	3,6146	4,0489	4,5331	5,0724
25	2,6658	3,0054	3,3864	3,8134	4,2919	4,8277	5,4274
26	2,7725	3,1407	3,5557	4,0231	4,5494	5,1415	5,8074
27	2,8834	3,2820	3,7335	4,2444	4,8223	5,4757	6,2139
28	2,9987	3,4297	3,9201	4,4778	5,1117	5,8316	6,6488
29	3,1187	3,5840	4,1161	4,7241	5,4184	6,2107	7,1143
30	3,2434	3,7453	4,3219	4,9840	5,7435	6,6144	7,6123
31	3,3731	3,9139	4,5380	5,2581	6,0881	7,0443	8,1451
32	3,5081	4,0900	4,7649	5,5473	6,4534	7,5022	8,7153
33	3,6484	4,2740	5,0032	5,8524	6,8406	7,9898	9,3253
34	3,7943	4,4664	5,2533	6,1742	7,2510	8,5092	9,9781
35	3,9461	4,6673	5,5160	6,5138	7,6861	9,0623	10,6766
36	4,1039	4,8774	5,7918	6,8721	8,1473	9,6513	11,4239
37	4,2681	5,0969	6,0814	7,2501	8,6361	10,2786	12,2236
38	4,4388	5,3262	6,3855	7,6488	9,1543	10,9467	13,0793
39	4,6164	5,5659	6,7048	8,0695	9,7035	11,6583	13,9948
40	4,8010	5,8164	7,0400	8,5133	10,2857	12,4161	14,9745

Kapitalendwerte (Einmalbetrag) (Fortsetzung)

Bei jährlich nachträglicher Zinszahlung wächst 1 € einschließlich Zins und Zinseszins in ⎡10⎤ Jahren auf ⎡2,3674⎤ € an bei einem Zinssatz von ⎡9⎤ %.

Jahre	Zinssatz 7,5 %	8 %	8,5 %	9,0 %	9,5 %	10,0 %
	€	€	€	€	€	€
1	1,0750	1,0800	1,0850	1,0900	1,0950	1,1000
2	1,1556	1,1664	1,1772	1,1881	1,1990	1,2100
3	1,2423	1,2597	1,2773	1,2950	1,3129	1,3310
4	1,3355	1,3605	1,3859	1,4116	1,4377	1,4641
5	1,4356	1,4693	1,5037	1,5386	1,5742	1,6105
6	1,5433	1,5869	1,6315	1,6771	1,7238	1,7716
7	1,6590	1,7138	1,7701	1,8280	1,8876	1,9487
8	1,7835	1,8509	1,9206	1,9926	2,0669	2,1436
9	1,9172	1,9990	2,0839	2,1719	2,2632	2,3579
⎡10⎤	2,0610	2,1589	2,2610	2,3674	2,4782	2,5937
11	2,2156	2,3316	2,4532	2,5804	2,7137	2,8531
12	2,3818	2,5182	2,6617	2,8127	2,9715	3,1384
13	2,5604	2,7196	2,8879	3,0658	3,2537	3,4523
14	2,7524	2,9372	3,1334	3,3417	3,5629	3,7975
15	2,9589	3,1722	3,3997	3,6425	3,9013	4,1772
16	3,1808	3,4259	3,6887	3,9703	4,2719	4,5950
17	3,4194	3,7000	4,0023	4,3276	4,6778	5,0545
18	3,6758	3,9960	4,3425	4,7171	5,1222	5,5599
19	3,9515	4,3157	4,7116	5,1417	5,6088	6,1159
20	4,2479	4,6610	5,1120	5,6044	6,1416	6,7275
21	4,5664	5,0338	5,5466	6,1088	6,7251	7,4002
22	4,9089	5,4365	6,0180	6,6586	7,3639	8,1403
23	5,2771	5,8715	6,5296	7,2579	8,0635	8,9543
24	5,6729	6,3412	7,0846	7,9111	8,8296	9,8497
25	6,0983	6,8485	7,6868	8,6231	9,6684	10,8347
26	6,5557	7,3964	8,3401	9,3992	10,5869	11,9182
27	7,0474	7,9881	9,0490	10,2451	11,5926	13,1100
28	7,5759	8,6271	9,8182	11,1671	12,6939	14,4210
29	8,1441	9,3173	10,6528	12,1722	13,8998	15,8631
30	8,7550	10,0627	11,5583	13,2677	15,2203	17,4494
31	9,4116	10,8677	12,5407	14,4618	16,6662	19,1943
32	10,1174	11,7371	13,6067	15,7633	18,2495	21,1138
33	10,8763	12,6760	14,7632	17,1820	19,9832	23,2252
34	11,6920	13,6901	16,0181	18,7284	21,8816	25,5477
35	12,5689	14,7853	17,3796	20,4140	23,9604	28,1024
36	13,5115	15,9682	18,8569	22,2512	26,2366	30,9127
37	14,5249	17,2456	20,4597	24,2538	28,7291	34,0039
38	15,6143	18,6253	22,1988	26,4367	31,4584	37,4043
39	16,7853	20,1153	24,0857	28,8160	34,4469	41,1448
40	18,0442	21,7245	26,1330	31,4094	37,7194	45,2593

Kapitalendwerte (Einmalbetrag) (Fortsetzung)

Bei jährlich nachträglicher Zinszahlung wächst 1 € einschließlich Zins und Zinseszins in ⌑10⌑ Jahren auf ⌑3,1058⌑ € an bei einem Zinssatz von ⌑12⌑ %.

Jahre	Zinssatz 10,5 %	11,0 %	11,5 %	12,0 %	12,5 %	13,0 %
	€	€	€	€	€	€
1	1,1050	1,1100	1,1150	1,1200	1,1250	1,1300
2	1,2210	1,2321	1,2432	1,2544	1,2656	1,2769
3	1,3492	1,3676	1,3862	1,4049	1,4238	1,4429
4	1,4909	1,5181	1,5456	1,5735	1,6018	1,6305
5	1,6474	1,6851	1,7234	1,7623	1,8020	1,8424
6	1,8204	1,8704	1,9215	1,9738	2,0273	2,0820
7	2,0116	2,0762	2,1425	2,2107	2,2807	2,3526
8	2,2228	2,3045	2,3889	2,4760	2,5658	2,6584
9	2,4562	2,5580	2,6636	2,7731	2,8865	3,0040
⌑10⌑	2,7141	2,8394	2,9699	⌑3,1058⌑	3,2473	3,3946
11	2,9991	3,1518	3,3115	3,4785	3,6532	3,8359
12	3,3140	3,4985	3,6923	3,8960	4,1099	4,3345
13	3,6619	3,8833	4,1169	4,3635	4,6236	4,8980
14	4,0464	4,3104	4,5904	4,8871	5,2016	5,5348
15	4,4713	4,7846	5,1183	5,4736	5,8518	6,2543
16	4,9408	5,3109	5,7069	6,1304	6,5833	7,0673
17	5,4596	5,8951	6,3632	6,8660	7,4062	7,9861
18	6,0328	6,5436	7,0949	7,6900	8,3319	9,0243
19	6,6663	7,2633	7,9108	8,6128	9,3734	10,1974
20	7,3662	8,0623	8,8206	9,6463	10,5451	11,5231
21	8,1397	8,9492	9,8350	10,8038	11,8632	13,0211
22	8,9944	9,9336	10,9660	12,1003	13,3461	14,7138
23	9,9388	11,0263	12,2271	13,5523	15,0144	16,6266
24	10,9823	12,2392	13,6332	15,1786	16,8912	18,7881
25	12,1355	13,5855	15,2010	17,0001	19,0026	21,2305
26	13,4097	15,0799	16,9491	19,0401	21,3779	23,9905
27	14,8177	16,7386	18,8982	21,3249	24,0502	27,1093
28	16,3736	18,5799	21,0715	23,8839	27,0564	30,6335
29	18,0928	20,6237	23,4948	26,7499	30,4385	34,6158
30	19,9926	22,8923	26,1967	29,9599	34,2433	39,1159
31	22,0918	25,4104	29,2093	33,5551	38,5237	44,2010
32	24,4114	28,2056	32,5683	37,5817	43,3392	49,9471
33	26,9746	31,3082	36,3137	42,0915	48,7566	56,4402
34	29,8069	34,7521	40,4898	47,1425	54,8512	63,7774
35	32,9367	38,5749	45,1461	52,7996	61,7075	72,0685
36	36,3950	42,8181	50,3379	59,1356	69,4210	81,4374
37	40,2165	47,5281	56,1268	66,2318	78,0986	92,0243
38	44,4392	52,7562	62,5814	74,1797	87,8609	103,9874
39	49,1054	58,5593	69,7782	83,0812	98,8436	117,5058
40	54,2614	65,0009	77,8027	93,0510	111,1990	132,7816

4.9.4.2 Rentenendwerte

Anwendung der Tabelle

1. Zur **Ermittlung des Endwertes einer regelmäßigen gleichbleibenden Zahlung oder Rente** wird der Betrag der Zahlung mit dem durch Zinssatz und Laufzeit vorgegebenen Endwertfaktor multipliziert.
2. Zur **Ermittlung der Höhe einer regelmäßigen gleichbleibenden Zahlung oder Rente,** die notwendig ist, um einen vorgegebenen Endwert innerhalb einer bestimmten Zeitdauer zu erreichen, wird der Endwert durch den durch Zinssatz und Laufzeit vorgegebenen Endwertfaktor dividiert.
3. Zur **Ermittlung der Zahlungsdauer (= Laufzeit),** während der eine **vorgegebene gleichbleibende Zahlung oder Rente** zu leisten ist, um einen vorgegebenen Endwert zu erhalten, ist zunächst der Endwertfaktor durch Division des Endwertes durch den Betrag der Zahlung zu berechnen. In der durch den gegebenen Zinssatz definierten Spalte ist dann dieser errechnete Endwertfaktor zu suchen und in der entsprechenden Zeile der ersten Spalte die dazugehörende Zahlungsdauer abzulesen.
4. Zur **Ermittlung des Zinssatzes, mit dem regelmäßige gleichbleibende Zahlungen oder Renten** verzinst werden müssen, um bei gegebener Höhe der Zahlung innerhalb einer vorgegebenen Zeitdauer einen bestimmten Endwert zu erhalten, ist zunächst der Endwertfaktor durch Division des Endwertes durch den Betrag der Zahlung zu berechnen. In der durch die gegebene Laufzeit definierten Zeile ist dann dieser errechnete Endwertfaktor zu suchen und in der entsprechenden Spalte in der ersten Zeile der dazugehörende Zinssatz abzulesen.

Formeln zur Berechnung der Faktoren in den nachfolgenden Tabellen:

Rentenendwert monatlich vorschüssig
$$\left(m + i \cdot \frac{m+1}{2} \right) \cdot \frac{(1+i)^n - 1}{i}$$

Rentenendwert monatlich nachschüssig
$$\left(m + i \cdot \frac{m-1}{2} \right) \cdot \frac{(1+i)^n - 1}{i}$$

Rentenendwert jährlich vorschüssig
$$\frac{(1+i)^n - 1}{i} \cdot (1+i)^1$$

Rentenendwert jährlich nachschüssig
$$\frac{(1+i)^n - 1}{i}$$

m = Monate/unterjährige Perioden

i = Zinssatz (dezimal)

n = Gesamtlaufzeit/Jahre

4.9.4.2.1 Rentenendwerte (vorschüssig), monatliche Zahlung

Bei gleichbleibenden monatlichen Einzahlungen, die – beginnend mit dem 1. Januar – jeweils vom 1. eines Monats an zu $\boxed{1,25}$ % verzinst werden, betragen Einzahlungen, Zinsen und Zinseszinsen nach $\boxed{10}$ Jahren insgesamt das $\boxed{127,8398}$ fache einer monatlichen Einzahlung.

Jahre	Zinssatz 0,50 %	0,75 %	1,00 %	1,25 %	1,50 %	1,75 %
1	12,0325	12,0488	12,0650	12,0813	12,0975	12,1138
2	24,1252	24,1879	24,2507	24,3135	24,3765	24,4395
3	36,2783	36,4180	36,5582	36,6987	36,8396	36,9809
4	48,4922	48,7399	48,9887	49,2387	49,4897	49,7418
5	60,7671	61,1542	61,5436	61,9354	62,3295	62,7261
6	73,1035	73,6616	74,2241	74,7908	75,3620	75,9375
7	85,5015	86,2628	87,0313	87,8070	88,5899	89,3802
8	97,9615	98,9585	99,9666	100,9858	102,0163	103,0581
9	110,4838	111,7495	113,0313	114,3294	115,6440	116,9754
10	123,0687	124,6364	126,2266	127,8398	129,4762	131,1362
11	135,7166	137,6199	139,5539	141,5190	143,5158	145,5448
12	148,4277	150,7008	153,0144	155,3692	157,7661	160,2056
13	161,2023	163,8798	166,6095	169,3926	172,2300	175,1229
14	174,0408	177,1576	180,3406	183,5913	186,9110	190,3013
15	186,9435	190,5351	194,2090	197,9674	201,8122	205,7454
16	199,9107	204,0128	208,2161	212,5232	216,9368	221,4597
17	212,9428	217,5917	222,3633	227,2610	232,2884	237,4490
18	226,0400	231,2724	236,6519	242,1831	247,8702	253,7181
19	239,2027	245,0557	251,0834	257,2916	263,6858	270,2719
20	252,4312	258,9423	265,6593	272,5890	279,7386	287,1154
21	265,7259	272,9331	280,3809	288,0776	296,0321	304,2537
22	279,0870	287,0289	295,2497	303,7598	312,5701	321,6919
23	292,5149	301,2304	310,2672	319,6381	329,3562	339,4352
24	306,0100	315,5383	325,4349	335,7148	346,3940	357,4891
25	319,5726	329,9536	340,7542	351,9925	363,6874	375,8589
26	333,2029	344,4770	356,2267	368,4736	381,2402	394,5502
27	346,9014	359,1094	371,8540	385,1608	399,0563	413,5685
28	360,6684	373,8514	387,6376	402,0566	417,1397	432,9197
29	374,5043	388,7041	403,5789	419,1635	435,4943	452,6096
30	388,4093	403,6681	419,6797	436,4843	454,1242	472,6440
31	402,3838	418,7443	435,9415	454,0216	473,0336	493,0290
32	416,4283	433,9337	452,3659	471,7781	492,2266	513,7708
33	430,5429	449,2369	468,9546	489,7566	511,7075	534,8755
34	444,7281	464,6550	485,7091	507,9598	531,4806	556,3496
35	458,9843	480,1886	502,6312	526,3906	551,5503	578,1995
36	473,3117	495,8388	519,7225	545,0517	571,9210	600,4317
37	487,7107	511,6063	536,9848	563,9461	592,5974	623,0530
38	502,1818	527,4921	554,4196	583,0767	613,5838	646,0702
39	516,7252	543,4971	572,0288	602,4464	634,8851	669,4902
40	531,3413	559,6220	589,8141	622,0582	656,5058	693,3200

Rentenendwerte (vorschüssig), monatliche Zahlung (Fortsetzung)

Bei gleichbleibenden monatlichen Einzahlungen, die – beginnend mit dem 1. Januar –
jeweils vom 1. eines Monats an zu $\boxed{4}$ % verzinst werden, betragen Einzahlungen,
Zinsen und Zinseszinsen nach $\boxed{10}$ Jahren insgesamt das $\boxed{147,1949}$ fache einer
monatlichen Einzahlung.

Jahre	Zinssatz 2,00%	2,50%	3,00%	3,50%	4,00%	4,50%
1	12,1300	12,1625	12,1950	12,2275	12,2600	12,2925
2	24,5026	24,6291	24,7559	24,8830	25,0104	25,1382
3	37,1227	37,4073	37,6935	37,9814	38,2708	38,5619
4	49,9951	50,5050	51,0193	51,5382	52,0616	52,5897
5	63,1250	63,9301	64,7449	65,5696	66,4041	67,2487
6	76,5175	77,6908	78,8823	80,0920	81,3203	82,5674
7	90,1779	91,7956	93,4437	95,1227	96,8331	98,5754
8	104,1114	106,2530	108,4420	110,6795	112,9664	115,3038
9	118,3236	121,0718	123,8903	126,7808	129,7451	132,7850
10	132,8201	136,2611	139,8020	143,4456	147,1949	151,0528
11	147,6065	151,8302	156,1911	160,6937	165,3427	170,1427
12	162,6886	167,7884	173,0718	178,5455	184,2164	190,0916
13	178,0724	184,1456	190,4590	197,0221	203,8450	210,9382
14	193,7639	200,9118	208,3677	216,1454	224,2588	232,7230
15	209,7691	218,0971	226,8138	235,9379	245,4892	255,4880
16	226,0945	235,7120	245,8132	256,4233	267,5688	279,2774
17	242,7464	253,7673	265,3826	277,6256	290,5315	304,1374
18	259,7313	272,2740	285,5390	299,5700	314,4128	330,1161
19	277,0560	291,2433	306,3002	322,2824	339,2493	357,2638
20	294,7271	310,6869	327,6842	345,7898	365,0792	385,6332
21	312,7516	330,6166	349,7097	370,1200	391,9424	415,2792
22	331,1367	351,0445	372,3960	395,3017	419,8801	446,2593
23	349,8894	371,9831	395,7629	421,3647	448,9353	478,6334
24	369,0172	393,4452	419,8308	448,3400	479,1527	512,4644
25	388,5275	415,4438	444,6207	476,2594	510,5788	547,8178
26	408,4281	437,9924	470,1544	505,1560	543,2620	584,7621
27	428,7266	461,1047	496,4540	535,0639	577,2525	623,3689
28	449,4312	484,7948	523,5426	566,0186	612,6026	663,7130
29	470,5498	509,0772	551,4439	598,0568	649,3667	705,8726
30	492,0908	533,9666	580,1822	631,2163	687,6013	749,9294
31	514,0626	559,4783	609,7827	665,5364	727,3654	795,9687
32	536,4739	585,6278	640,2711	701,0576	768,7200	844,0798
33	559,3333	612,4309	671,6743	737,8221	811,7288	894,3559
34	582,6500	639,9042	704,0195	775,8734	856,4580	946,8944
35	606,4330	668,0643	737,3351	815,2565	902,9763	1001,7972
36	630,6917	696,9284	771,6501	856,0180	951,3553	1059,1705
37	655,4355	726,5141	806,9946	898,2061	1001,6695	1119,1257
38	680,6742	756,8395	843,3995	941,8708	1053,9963	1181,7789
39	706,4177	787,9230	880,8965	987,0638	1108,4162	1247,2514
40	732,6761	819,7836	919,5184	1033,8385	1165,0128	1315,6702

Rentenendwerte (vorschüssig), monatliche Zahlung (Fortsetzung)

Bei gleichbleibenden monatlichen Einzahlungen, die – beginnend mit dem 1. Januar – jeweils vom 1. eines Monats an zu $\boxed{6}$ % verzinst werden, betragen Einzahlungen, Zinsen und Zinseszinsen nach $\boxed{10}$ Jahren insgesamt das $\boxed{163,3100}$ fache einer monatlichen Einzahlung.

Jahre	Zinssatz 5,00%	5,50%	$\boxed{6,00\%}$	6,50%	7,00%
1	12,3250	12,3575	12,3900	12,4225	12,4550
2	25,2663	25,3947	25,5234	25,6525	25,7819
3	38,8546	39,1498	39,4448	39,7424	40,0416
4	53,1223	53,6596	54,2015	54,7481	55,2995
5	68,1034	68,9683	69,8436	70,7293	71,6255
6	83,8336	85,1191	86,4242	87,7492	89,0942
7	100,3503	102,1581	103,9996	105,8754	107,7858
8	117,6928	120,1343	122,6296	125,1797	127,7858
9	135,9024	139,0992	142,3774	145,7389	149,1858
$\boxed{10}$	155,0225	159,1072	$\boxed{163,3100}$	167,6345	172,0839
11	175,0987	180,2156	185,4987	190,9532	196,5847
12	196,1786	202,4849	209,0186	215,7877	222,8007
13	218,3125	225,9791	233,9497	242,2364	250,8517
14	241,5531	250,7655	260,3767	270,4042	280,8663
15	265,9558	276,9151	288,3893	300,4030	312,9820
16	291,5786	304,5029	318,0826	332,3517	347,3457
17	318,4825	333,6080	349,5576	366,3771	384,1149
18	346,7316	364,3140	382,9210	402,6141	423,4579
19	376,3932	396,7088	418,2863	441,2065	465,5550
20	407,5379	430,8852	455,7735	482,3074	510,5989
21	440,2398	466,9414	495,5099	526,0799	558,7958
22	474,5768	504,9807	537,6305	572,6976	610,3665
23	510,6306	545,1121	582,2783	622,3454	665,5471
24	548,4871	587,4508	629,6050	675,2204	724,5904
25	588,2365	632,1181	679,7713	731,5322	787,7668
26	629,9733	679,2421	732,9476	791,5043	855,3654
27	673,7970	728,9579	789,3144	855,3746	927,6960
28	719,8118	781,4081	849,0633	923,3964	1005,0897
29	768,1274	836,7431	912,3971	995,8397	1087,9010
30	818,8588	895,1214	979,5309	1072,9917	1176,5091
31	872,1267	956,7106	1050,6928	1155,1587	1271,3197
32	928,0581	1021,6872	1126,1243	1242,6665	1372,7671
33	986,7860	1090,2375	1206,0818	1335,8624	1481,3158
34	1048,4503	1162,5580	1290,8367	1435,1159	1597,4629
35	1113,1978	1238,8562	1380,6769	1540,8209	1721,7403
36	1181,1827	1319,3508	1475,9075	1653,3968	1854,7171
37	1252,5668	1404,2726	1576,8520	1773,2901	1997,0023
38	1327,5202	1493,8651	1683,8531	1900,9764	2149,2475
39	1406,2212	1588,3852	1797,2743	2036,9624	2312,1498
40	1488,8572	1688,1039	1917,5008	2181,7875	2486,4553

Rentenendwerte (vorschüssig), monatliche Zahlung (Fortsetzung)

Bei gleichbleibenden monatlichen Einzahlungen, die – beginnend mit dem 1. Januar – jeweils vom 1. eines Monats an zu ☐ 8 ☐ % verzinst werden, betragen Einzahlungen, Zinsen und Zinseszinsen nach ☐ 10 ☐ Jahren insgesamt das ☐ 181,3718 ☐ fache einer monatlichen Einzahlung.

Jahre	Zinssatz 7,50 %	8,00 %	8,50 %	9,00 %	9,50 %
1	12,4875	12,5200	12,5525	12,5850	12,6175
2	25,9116	26,0416	26,1720	26,3027	26,4337
3	40,3424	40,6449	40,9491	41,2549	41,5624
4	55,8556	56,4165	56,9823	57,5528	58,1283
5	72,5323	73,4498	74,3782	75,3176	76,2680
6	90,4597	91,8458	93,2529	94,6812	96,1309
7	109,7317	111,7135	113,7319	115,7875	117,8809
8	130,4491	133,1706	135,9516	138,7933	141,6970
9	152,7202	156,3442	160,0600	163,8697	167,7758
10	176,6618	181,3718	186,2176	191,2030	196,3320
11	202,3989	208,4015	214,5986	220,9963	227,6010
12	230,0663	237,5936	245,3920	253,4710	261,8406
13	259,8088	269,1211	278,8028	288,8683	299,3330
14	291,7819	303,1708	315,0535	327,4515	340,3871
15	326,1531	339,9445	354,3856	369,5071	385,3414
16	363,1021	379,6600	397,0608	415,3478	434,5663
17	402,8222	422,5528	443,3635	465,3141	488,4676
18	445,5214	468,8771	493,6019	519,7773	547,4895
19	491,4230	518,9072	548,1106	579,1423	612,1185
20	540,7672	572,9398	607,2525	643,8501	682,8873
21	593,8122	631,2950	671,4214	714,3816	760,3791
22	650,8357	694,3186	741,0447	791,2610	845,2326
23	712,1358	762,3841	816,5860	875,0594	938,1472
24	778,0335	835,8948	898,5484	966,3998	1039,8886
25	848,8735	915,2864	987,4775	1065,9608	1151,2956
26	925,0266	1001,0293	1083,9655	1174,4822	1273,2861
27	1006,8911	1093,6316	1188,6551	1292,7707	1406,8658
28	1094,8954	1193,6421	1302,2433	1421,7050	1553,1356
29	1189,5000	1301,6535	1425,4865	1562,2435	1713,3010
30	1291,2000	1418,3058	1559,2053	1715,4304	1888,6821
31	1400,5275	1544,2903	1704,2903	1882,4041	2080,7244
32	1518,0546	1680,3535	1861,7075	2064,4055	2291,0107
33	1644,3962	1827,3018	2032,5051	2262,7870	2521,2742
34	1780,2134	1986,0059	2217,8205	2479,0228	2773,4127
35	1926,2169	2157,4064	2418,8878	2714,7198	3049,5044
36	2083,1707	2342,5189	2637,0457	2971,6296	3351,8249
37	2251,8960	2542,4404	2873,7471	3251,6613	3682,8657
38	2433,2757	2758,3556	3130,5681	3556,8958	4045,3555
39	2628,2589	2991,5441	3409,2189	3889,6014	4442,2817
40	2837,8658	3243,3876	3711,5550	4252,2506	4876,9160

Rentenendwerte (vorschüssig), monatliche Zahlung (Fortsetzung)

Bei gleichbleibenden monatlichen Einzahlungen, die – beginnend mit dem 1. Januar – jeweils vom 1. eines Monats an zu ⬚11 % verzinst werden, betragen Einzahlungen, Zinsen und Zinseszinsen nach ⬚10 Jahren insgesamt das ⬚212,6203 fache einer monatlichen Einzahlung.

Jahre	Zinssatz 10,00 %	10,50 %	11,00 %	9,00 %	9,50 %
1	12,6500	12,6825	12,7150	12,7475	12,7800
2	26,5650	26,6967	26,8287	26,9610	27,0936
3	41,8715	42,1823	42,4948	42,8090	43,1248
4	58,7087	59,2940	59,8842	60,4795	61,0798
5	77,2295	78,2023	79,1865	80,1821	81,1894
6	97,6025	99,0961	100,6120	102,1506	103,7121
7	120,0127	122,1837	124,3943	126,6454	128,9376
8	144,6640	147,6954	150,7927	153,9571	157,1901
9	171,7804	175,5860	180,0949	184,4097	188,8329
⬚10	201,6084	207,0365	⬚212,6203	218,3643	224,2728
11	234,4193	241,4578	248,7236	256,2237	263,9656
12	270,5112	279,4934	288,7982	298,4369	308,4214
13	310,2123	321,5227	333,2810	345,5047	358,2120
14	353,8835	367,9651	382,6569	397,9852	413,9775
15	401,9219	419,2839	437,4641	456,5010	476,4348
16	454,7641	475,9912	498,3002	521,7462	546,3869
17	512,8905	538,6528	565,8282	594,4945	624,7334
18	576,8295	607,8938	640,7843	675,6088	712,4814
19	647,1625	684,4052	723,9856	766,0513	810,7591
20	724,5287	768,9502	816,3390	866,8948	920,8302
21	809,6316	862,3725	918,8513	979,3351	1044,1098
22	903,2448	965,6041	1032,6399	1104,7062	1182,1830
23	1006,2193	1079,6750	1158,9453	1244,4949	1336,8250
24	1119,4912	1205,7234	1299,1443	1400,3593	1510,0240
25	1244,0903	1345,0069	1454,7652	1574,1481	1704,0069
26	1381,1493	1498,9151	1627,5044	1767,9227	1921,2677
27	1531,9143	1668,9837	1819,2449	1983,9813	2164,5998
28	1697,7557	1856,9095	2032,0768	2224,8866	2437,1318
29	1880,1813	2064,5675	2268,3202	2493,4961	2742,3676
30	2080,8494	2294,0296	2530,5505	2792,9956	3084,2317
31	2301,5843	2547,5852	2821,6260	3126,9376	3467,1195
32	2544,3928	2827,7641	3144,7199	3499,2830	3895,9539
33	2811,4820	3137,3618	3503,3541	3914,4480	4376,2483
34	3105,2802	3479,4673	3901,4380	4377,3570	4914,1781
35	3428,4583	3857,4939	4343,3112	4893,5006	5516,6595
36	3783,9541	4275,2132	4833,7904	5469,0007	6191,4386
37	4174,9995	4736,7931	5378,2224	6110,6832	6947,1913
38	4605,1494	5246,8389	5982,5418	6826,1593	7793,6342
39	5078,3144	5810,4395	6653,3364	7623,9151	8741,6503
40	5598,7958	6433,2181	7397,9184	8513,4129	9803,4284

4.9.4.2.2 Rentenendwerte (vorschüssig), jährliche Zahlung

Bei gleichbleibenden jährlichen Einzahlungen, die jeweils vom 1.Januar an zu $\boxed{1{,}25}$ % verzinst werden, betragen Einzahlungen, Zinsen und Zinseszinsen nach $\boxed{10}$ Jahren insgesamt das $\boxed{10{,}7139}$ fache einer jährlichen Einzahlung.

Jahre	Zinssatz 0,50 %	0,75 %	1,00 %	1,25 %	1,50 %	1,75 %
1	1,0050	1,0075	1,0100	1,0125	1,0150	1,0175
2	2,0150	2,0226	2,0301	2,0377	2,0452	2,0528
3	3,0301	3,0452	3,0604	3,0756	3,0909	3,1062
4	4,0503	4,0756	4,1010	4,1266	4,1523	4,1781
5	5,0755	5,1136	5,1520	5,1907	5,2296	5,2687
6	6,1059	6,1595	6,2135	6,2680	6,3230	6,3784
7	7,1414	7,2132	7,2857	7,3589	7,4328	7,5075
8	8,1821	8,2748	8,3685	8,4634	8,5593	8,6564
9	9,2280	9,3443	9,4622	9,5817	9,7027	9,8254
10	10,2792	10,4219	10,5668	10,7139	10,8633	11,0148
11	11,3356	11,5076	11,6825	11,8604	12,0412	12,2251
12	12,3972	12,6014	12,8093	13,0211	13,2368	13,4565
13	13,4642	13,7034	13,9474	14,1964	14,4504	14,7095
14	14,5365	14,8137	15,0969	15,3863	15,6821	15,9844
15	15,6142	15,9323	16,2579	16,5912	16,9324	17,2817
16	16,6973	17,0593	17,4304	17,8111	18,2014	18,6016
17	17,7858	18,1947	18,6147	19,0462	19,4894	19,9446
18	18,8797	19,3387	19,8109	20,2968	20,7967	21,3112
19	19,9791	20,4912	21,0190	21,5630	22,1237	22,7016
20	21,0840	21,6524	22,2392	22,8450	23,4705	24,1164
21	22,1944	22,8223	23,4716	24,1431	24,8376	25,5559
22	23,3104	24,0010	24,7163	25,4574	26,2251	27,0207
23	24,4320	25,1885	25,9735	26,7881	27,6335	28,5110
24	25,5591	26,3849	27,2432	28,1354	29,0630	30,0275
25	26,6919	27,5903	28,5256	29,4996	30,5140	31,5704
26	27,8304	28,8047	29,8209	30,8809	31,9867	33,1404
27	28,9745	30,0282	31,1291	32,2794	33,4815	34,7379
28	30,1244	31,2609	32,4504	33,6954	34,9987	36,3633
29	31,2800	32,5029	33,7849	35,1291	36,5387	38,0172
30	32,4414	33,7542	35,1327	36,5807	38,1018	39,7000
31	33,6086	35,0148	36,4941	38,0504	39,6883	41,4122
32	34,7817	36,2849	37,8690	39,5386	41,2986	43,1544
33	35,9606	37,5646	39,2577	41,0453	42,9331	44,9271
34	37,1454	38,8538	40,6603	42,5709	44,5921	46,7308
35	38,3361	40,1527	42,0769	44,1155	46,2760	48,5661
36	*39,5328*	41,4614	43,5076	45,6794	47,9851	50,4335
37	40,7354	42,7798	44,9527	47,2629	49,7199	52,3336
38	41,9441	44,1082	46,4123	48,8662	51,4807	54,2670
39	43,1588	45,4465	47,8864	50,4896	53,2679	56,2341
40	44,3796	46,7948	49,3752	52,1332	55,0819	58,2357

Rentenendwerte (vorschüssig), jährliche Zahlung (Fortsetzung)

Bei gleichbleibenden jährlichen Einzahlungen, die jeweils vom 1. Januar an zu $\boxed{4}$ % verzinst werden, betragen Einzahlungen, Zinsen und Zinseszinsen nach $\boxed{10}$ Jahren insgesamt das $\boxed{12,4864}$ fache einer jährlichen Einzahlung.

Jahre	Zinssatz 2,00%	2,50%	3,00%	3,50%	$\boxed{4,00\%}$	4,50%
1	1,0200	1,0250	1,0300	1,0350	1,0400	1,0450
2	2,0604	2,0756	2,0909	2,1062	2,1216	2,1370
3	3,1216	3,1525	3,1836	3,2149	3,2465	3,2782
4	4,2040	4,2563	4,3091	4,3625	4,4163	4,4707
5	5,3081	5,3877	5,4684	5,5502	5,6330	5,7169
6	6,4343	6,5474	6,6625	6,7794	6,8983	7,0192
7	7,5830	7,7361	7,8923	8,0517	8,2142	8,3800
8	8,7546	8,9545	9,1591	9,3685	9,5828	9,8021
9	9,9497	10,2034	10,4639	10,7314	11,0061	11,2882
$\boxed{10}$	11,1687	11,4835	11,8078	12,1420	$\boxed{12,4864}$	12,8412
11	12,4121	12,7956	13,1920	13,6020	14,0258	14,4640
12	13,6803	14,1404	14,6178	15,1130	15,6268	16,1599
13	14,9739	15,5190	16,0863	16,6770	17,2919	17,9321
14	16,2934	16,9319	17,5989	18,2957	19,0236	19,7841
15	17,6393	18,3802	19,1569	19,9710	20,8245	21,7193
16	19,0121	19,8647	20,7616	21,7050	22,6975	23,7417
17	20,4123	21,3863	22,4144	23,4997	24,6454	25,8551
18	21,8406	22,9460	24,1169	25,3572	26,6712	28,0636
19	23,2974	24,5447	25,8704	27,2797	28,7781	30,3714
20	24,7833	26,1833	27,6765	29,2695	30,9692	32,7831
21	26,2990	27,8629	29,5368	31,3289	33,2480	35,3034
22	27,8450	29,5844	31,4529	33,4604	35,6179	37,9370
23	29,4219	31,3490	33,4265	35,6665	38,0826	40,6892
24	31,0303	33,1578	35,4593	37,9499	40,6459	43,5652
25	32,6709	35,0117	37,5530	40,3131	43,3117	46,5706
26	34,3443	36,9120	39,7096	42,7591	46,0842	49,7113
27	36,0512	38,8598	41,9309	45,2906	48,9676	52,9933
28	37,7922	40,8563	44,2189	47,9108	51,9663	56,4230
29	39,5681	42,9027	46,5754	50,6227	55,0849	60,0071
30	41,3794	45,0003	49,0027	53,4295	58,3283	63,7524
31	43,2270	47,1503	51,5028	56,3345	61,7015	67,6662
32	45,1116	49,3540	54,0778	59,3412	65,2095	71,7562
33	47,0338	51,6129	56,7302	62,4532	68,8579	76,0303
34	48,9945	53,9282	59,4621	65,6740	72,6522	80,4966
35	50,9944	56,3014	62,2759	69,0076	76,5983	85,1640
36	53,0343	58,7339	65,1742	72,4579	80,7022	90,0413
37	55,1149	61,2273	68,1594	76,0289	84,9703	95,1382
38	57,2372	63,7830	71,2342	79,7249	89,4091	100,4644
39	59,4020	66,4026	74,4013	83,5503	94,0255	106,0303
40	61,6100	69,0876	77,6633	87,5095	98,8265	111,8467

Rentenendwerte (vorschüssig), jährliche Zahlung (Fortsetzung)

Bei gleichbleibenden jährlichen Einzahlungen, die jeweils vom 1. Januar an zu $\boxed{6}$ % verzinst werden, betragen Einzahlungen, Zinsen und Zinseszinsen nach $\boxed{10}$ Jahren insgesamt das $\boxed{13{,}9716}$ fache einer jährlichen Einzahlung.

Jahre	Zinssatz 5,00%	5,50%	$\boxed{6{,}00\%}$	6,50%	7,00%
1	1,0500	1,0550	1,0600	1,0650	1,0700
2	2,1525	2,1680	2,1836	2,1992	2,2149
3	3,3101	3,3423	3,3746	3,4072	3,4399
4	4,5256	4,5811	4,6371	4,6936	4,7507
5	5,8019	5,8881	5,9753	6,0637	6,1533
6	7,1420	7,2669	7,3938	7,5229	7,6540
7	8,5491	8,7216	8,8975	9,0769	9,2598
8	10,0266	10,2563	10,4913	10,7319	10,9780
9	11,5779	11,8754	12,1808	12,4944	12,8164
10	13,2068	13,5835	13,9716	14,3716	14,7836
11	14,9171	15,3856	15,8699	16,3707	16,8885
12	16,7130	17,2868	17,8821	18,4998	19,1406
13	18,5986	19,2926	20,0151	20,7673	21,5505
14	20,5786	21,4087	22,2760	23,1822	24,1290
15	22,6575	23,6411	24,6725	25,7540	26,8881
16	24,8404	25,9964	27,2129	28,4930	29,8402
17	27,1324	28,4812	29,9057	31,4101	32,9990
18	29,5390	31,1027	32,7600	34,5167	36,3790
19	32,0660	33,8683	35,7856	37,8253	39,9955
20	34,7193	36,7861	38,9927	41,3490	43,8652
21	37,5052	39,8643	42,3923	45,1016	48,0057
22	40,4305	43,1118	45,9958	49,0982	52,4361
23	43,5020	46,5380	49,8156	53,3546	57,1767
24	46,7271	50,1526	53,8645	57,8877	62,2490
25	50,1135	53,9660	58,1564	62,7154	67,6765
26	53,6691	57,9891	62,7058	67,8569	73,4838
27	57,4026	62,2335	67,5281	73,3326	79,6977
28	61,3227	66,7114	72,6398	79,1642	86,3465
29	65,4388	71,4355	78,0582	85,3749	93,4608
30	69,7608	76,4194	83,8017	91,9892	101,0730
31	74,2988	81,6775	89,8898	99,0335	109,2182
32	79,0638	87,2248	96,3432	106,5357	117,9334
33	84,0670	93,0771	103,1838	114,5255	127,2588
34	89,3203	99,2514	110,4348	123,0347	137,2369
35	94,8363	105,7652	118,1209	132,0969	147,9135
36	100,6281	112,6373	126,2681	141,7482	159,3374
37	106,7095	119,8873	134,9042	152,0269	171,5610
38	113,0950	127,5361	144,0585	162,9736	184,6403
39	119,7998	135,6056	153,7620	174,6319	198,6351
40	126,8398	144,1189	164,0477	187,0480	213,6096

Rentenendwerte (vorschüssig), jährliche Zahlung (Fortsetzung)

Bei gleichbleibenden jährlichen Einzahlungen, die jeweils vom 1.Januar an zu $\boxed{8}$ % verzinst werden, betragen Einzahlungen, Zinsen und Zinseszinsen nach $\boxed{10}$ Jahren insgesamt das $\boxed{15{,}6455}$ fache einer jährlichen Einzahlung.

Jahre	Zinssatz 7,50 %	$\boxed{8{,}00\,\%}$	8,50 %	9,00 %	9,50 %
1	1,0750	1,0800	1,0850	1,0900	1,0950
2	2,2306	2,2464	2,2622	2,2781	2,2940
3	3,4729	3,5061	3,5395	3,5731	3,6070
4	4,8084	4,8666	4,9254	4,9847	5,0446
5	6,2440	6,3359	6,4290	6,5233	6,6189
6	7,7873	7,9228	8,0605	8,2004	8,3426
7	9,4464	9,6366	9,8306	10,0285	10,2304
8	11,2298	11,4876	11,7512	12,0210	12,2971
9	13,1471	13,4866	13,8351	14,1929	14,5603
$\boxed{10}$	15,2081	$\boxed{15{,}6455}$	16,0961	16,5603	17,0385
11	17,4237	17,9771	18,5492	19,1407	19,7522
12	19,8055	20,4953	21,2109	21,9534	22,7236
13	22,3659	23,2149	24,0989	25,0192	25,9774
14	25,1184	26,1521	27,2323	28,3609	29,5402
15	28,0772	29,3243	30,6320	32,0034	33,4416
16	31,2580	32,7502	34,3207	35,9737	37,7135
17	34,6774	36,4502	38,3230	40,3013	42,3913
18	38,3532	40,4463	42,6654	45,0185	47,5135
19	42,3047	44,7620	47,3770	50,1601	53,1222
20	46,5525	49,4229	52,4891	55,7645	59,2638
21	51,1190	54,4568	58,0356	61,8733	65,9889
22	56,0279	59,8933	64,0537	68,5319	73,3529
23	61,3050	65,7648	70,5832	75,7898	81,4164
24	66,9779	72,1059	77,6678	83,7009	90,2459
25	73,0762	78,9544	85,3546	92,3240	99,9143
26	79,6319	86,3508	93,6947	101,7231	110,5012
27	86,6793	94,3388	102,7437	111,9682	122,0938
28	94,2553	102,9659	112,5620	123,1354	134,7877
29	102,3994	112,2832	123,2147	135,3075	148,6875
30	111,1544	122,3459	134,7730	148,5752	163,9078
31	120,5659	133,2135	147,3137	163,0370	180,5741
32	130,6834	144,9506	160,9203	178,8003	198,8236
33	141,5596	157,6267	175,6836	195,9823	218,8068
34	153,2516	171,3168	191,7017	214,7108	240,6885
35	165,8205	186,1021	209,0813	235,1247	264,6489
36	179,3320	202,0703	227,9382	257,3759	290,8855
37	193,8569	219,3159	248,3980	281,6298	319,6147
38	209,4712	237,9412	270,5968	308,0665	351,0731
39	226,2565	258,0565	294,6825	336,8824	385,5200
40	244,3008	279,7810	320,8156	368,2919	423,2394

Rentenendwerte (vorschüssig), jährliche Zahlung (Fortsetzung)

Bei gleichbleibenden jährlichen Einzahlungen, die jeweils vom 1. Januar an zu $\boxed{11}$ % verzinst werden, betragen Einzahlungen, Zinsen und Zinseszinsen nach $\boxed{10}$ Jahren insgesamt das $\boxed{18,5614}$ fache einer jährlichen Einzahlung.

Jahre	Zinssatz 10,00 %	10,50 %	$\boxed{11,00\%}$	11,50 %	12,00 %
1	1,1000	1,1050	1,1100	1,1150	1,1200
2	2,3100	2,3260	2,3421	2,3582	2,3744
3	3,6410	3,6753	3,7097	3,7444	3,7793
4	5,1051	5,1662	5,2278	5,2900	5,3528
5	6,7156	6,8136	6,9129	7,0134	7,1152
6	8,4872	8,6340	8,7833	8,9349	9,0890
7	10,4359	10,6456	10,8594	11,0774	11,2997
8	12,5795	12,8684	13,1640	13,4663	13,7757
9	14,9374	15,3246	15,7220	16,1300	16,5487
$\boxed{10}$	17,5312	18,0387	$\boxed{18,5614}$	19,0999	19,6546
11	20,3843	21,0377	21,7132	22,4114	23,1331
12	23,5227	24,3517	25,2116	26,1037	27,0291
13	26,9750	28,0136	29,0949	30,2207	31,3926
14	30,7725	32,0600	33,4054	34,8110	36,2797
15	34,9497	36,5313	38,1899	39,9293	41,7533
16	39,5447	41,4721	43,5008	45,6362	47,8837
17	44,5992	46,9317	49,3959	51,9993	54,7497
18	50,1591	52,9645	55,9395	59,0942	62,4397
19	56,2750	59,6308	63,2028	67,0051	71,0524
20	63,0025	66,9970	71,2651	75,8257	80,6987
21	70,4027	75,1367	80,2143	85,6606	91,5026
22	78,5430	84,1311	90,1479	96,6266	103,6029
23	87,4973	94,0699	101,1742	108,8536	117,1552
24	97,3471	105,0522	113,4133	122,4868	132,3339
25	108,1818	117,1877	126,9988	137,6878	149,3339
26	120,0999	130,5974	142,0786	154,6369	168,3740
27	133,2099	145,4151	158,8173	173,5351	189,6989
28	147,6309	161,7887	177,3972	194,6067	213,5828
29	163,4940	179,8815	198,0209	218,1014	240,3327
30	180,9434	199,8741	220,9132	244,2981	270,2926
31	200,1378	221,9658	246,3236	273,5074	303,8477
32	221,2515	246,3772	274,5292	306,0757	341,4294
33	244,4767	273,3518	305,8374	342,3895	383,5210
34	270,0244	303,1588	340,5896	382,8792	430,6635
35	298,1268	336,0955	379,1644	428,0254	483,4631
36	329,0395	372,4905	421,9825	478,3633	542,5987
37	363,0434	412,7070	469,5106	534,4900	608,8305
38	400,4478	457,1462	522,2667	597,0714	683,0102
39	441,5926	506,2516	580,8261	666,8496	766,0914
40	486,8518	560,5130	645,8269	744,6523	859,1424

4.9.4.2.3 Rentenendwerte (nachschüssig), monatliche Zahlung

Bei gleichbleibenden monatlichen Einzahlungen, die – beginnend mit dem 1. Januar – jeweils vom 1. eines Monats an zu $\boxed{1,25}$ % verzinst werden, betragen Einzahlungen, Zinsen und Zinseszinsen nach $\boxed{10}$ Jahren insgesamt das $\boxed{127,7075}$ fache einer monatlichen Einzahlung.

Jahre	Zinssatz 0,50 %	0,75 %	1,00 %	$\boxed{1,25\%}$	1,50 %	1,75 %
1	12,0275	12,0413	12,0550	12,0688	12,0825	12,0963
2	24,1151	24,1728	24,2306	24,2884	24,3462	24,4042
3	36,2632	36,3954	36,5279	36,6607	36,7939	36,9275
4	48,4720	48,7096	48,9481	49,1877	49,4283	49,6700
5	60,7419	61,1161	61,4926	61,8713	62,2523	62,6355
6	73,0731	73,6158	74,1625	74,7135	75,2685	75,8278
7	85,4660	86,2091	86,9592	87,7161	88,4801	89,2511
8	97,9208	98,8970	99,8838	100,8813	101,8898	102,9092
9	110,4379	111,6799	112,9376	114,2111	115,5006	116,8064
10	123,0176	124,5588	126,1220	127,7075	129,3156	130,9467
11	135,6602	137,5342	139,4382	141,3726	143,3379	145,3346
12	148,3660	150,6070	152,8876	155,2085	157,5704	159,9742
13	161,1353	163,7778	166,4714	169,2173	172,0165	174,8700
14	173,9685	177,0474	180,1912	183,4013	186,6792	190,0264
15	186,8658	190,4165	194,0481	197,7626	201,5619	205,4481
16	199,8277	203,8858	208,0436	212,3034	216,6679	221,1397
17	212,8543	217,4562	222,1790	227,0259	232,0004	237,1059
18	225,9461	231,1284	236,4558	241,9325	247,5629	253,3515
19	239,1033	244,9031	250,8753	257,0254	263,3588	269,8814
20	252,3263	258,7811	265,4391	272,3069	279,3917	286,7006
21	265,6154	272,7632	280,1485	287,7795	295,6651	303,8141
22	278,9710	286,8502	295,0050	303,4455	312,1826	321,2271
23	292,3934	301,0429	310,0100	319,3073	328,9478	338,9448
24	305,8828	315,3419	325,1651	335,3674	345,9645	356,9726
25	319,4398	329,7482	340,4718	351,6283	363,2365	375,3159
26	333,0645	344,2626	355,9315	368,0924	380,7675	393,9802
27	346,7573	358,8858	371,5458	384,7623	398,5615	412,9711
28	360,5186	373,6187	387,3163	401,6406	416,6225	432,2943
29	374,3487	388,4621	403,2444	418,7298	434,9543	451,9557
30	388,2479	403,4168	419,3319	436,0327	453,5611	471,9612
31	402,2166	418,4837	435,5802	453,5519	472,4470	492,3168
32	416,2552	433,6636	451,9910	471,2900	491,6162	513,0286
33	430,3640	448,9573	468,5659	489,2499	511,0730	534,1028
34	444,5433	464,3657	485,3066	507,4343	530,8216	555,5459
35	458,7935	479,8897	502,2146	525,8459	550,8664	577,3642
36	473,1150	495,5301	519,2918	544,4878	571,2119	599,5643
37	487,5081	511,2879	536,5397	563,3626	591,8626	622,1529
38	501,9731	527,1638	553,9601	582,4734	612,8230	645,1368
39	516,5105	543,1588	571,5547	601,8231	634,0979	668,5230
40	531,1205	559,2737	589,3252	621,4146	655,6918	692,3184

Rentenendwerte (nachschüssig), monatliche Zahlung (Fortsetzung)

Bei gleichbleibenden monatlichen Einzahlungen, die – beginnend mit dem 1. Januar – jeweils vom 1. eines Monats an zu ⟨4⟩ % verzinst werden, betragen Einzahlungen, Zinsen und Zinseszinsen nach ⟨10⟩ Jahren insgesamt das ⟨146,7146⟩ fache einer monatlichen Einzahlung.

Jahre	Zinssatz 2,00 %	2,50 %	3,00 %	3,50 %	4,00 %	4,50 %
1	12,1100	12,1375	12,1650	12,1925	12,2200	12,2475
2	24,4622	24,5784	24,6950	24,8117	24,9288	25,0461
3	37,0614	37,3304	37,6008	37,8726	38,1460	38,4207
4	49,9127	50,4012	50,8938	51,3907	51,8918	52,3971
5	63,0209	63,7987	64,5856	65,3819	66,1875	67,0025
6	76,3913	77,5312	78,6882	79,8627	81,0550	82,2651
7	90,0292	91,6069	93,2139	94,8504	96,5172	98,2146
8	103,9398	106,0346	108,1753	110,3627	112,5978	114,8817
9	118,1286	120,8230	123,5855	126,4179	129,3218	132,2989
10	132,6011	135,9810	139,4581	143,0350	146,7146	150,4998
11	147,3631	151,5181	155,8068	160,2337	164,8032	169,5198
12	162,4204	167,4435	172,6460	178,0344	183,6153	189,3957
13	177,7788	183,7671	189,9904	196,4581	203,1800	210,1660
14	193,4444	200,4988	207,8551	215,5267	223,5272	231,8710
15	209,4233	217,6488	226,2558	235,2626	244,6882	254,5527
16	225,7217	235,2275	245,2085	255,6893	266,6958	278,2551
17	242,3462	253,2457	264,7297	276,8309	289,5836	303,0241
18	259,3031	271,7143	284,8366	298,7125	313,3869	328,9076
19	276,5992	290,6447	305,5467	321,3599	338,1424	355,9560
20	294,2411	310,0483	326,8781	344,8000	363,8881	384,2215
21	312,2360	329,9370	348,8494	369,0605	390,6636	413,7590
22	330,5907	350,3229	371,4799	394,1701	418,5102	444,6256
23	349,3125	371,2185	394,7893	420,1586	447,4706	476,8813
24	368,4088	392,6364	418,7980	447,0566	477,5894	510,5884
25	387,8869	414,5899	443,5270	474,8961	508,9130	545,8124
26	407,7547	437,0921	468,9978	503,7100	541,4895	582,6215
27	428,0198	460,1569	495,2327	533,5323	575,3691	621,0869
28	448,6902	483,7983	522,2547	564,3985	610,6039	661,2833
29	469,7740	508,0308	550,0873	596,3449	647,2480	703,2886
30	491,2794	532,8691	578,7549	629,4095	685,3579	747,1841
31	513,2150	558,3283	608,2826	663,6313	724,9923	793,0549
32	535,5893	584,4240	638,6961	699,0509	766,2119	840,9898
33	558,4111	611,1721	670,0219	735,7102	809,0804	891,0819
34	581,6893	638,5889	702,2876	773,6526	853,6636	943,4281
35	605,4331	666,6911	735,5212	812,9229	900,0302	998,1298
36	629,6518	695,4959	769,7519	853,5677	948,2514	1 055,2932
37	654,3548	725,0208	805,0094	895,6351	998,4015	1 115,0289
38	679,5519	755,2838	841,3247	939,1748	1 050,5575	1 177,4527
39	705,2530	786,3034	878,7294	984,2384	1 104,7998	1 242,6855
40	731,4680	818,0985	917,2563	1 030,8793	1 161,2118	1 310,8539

Rentenendwerte (nachschüssig), monatliche Zahlung (Fortsetzung)

Bei gleichbleibenden monatlichen Einzahlungen, die – beginnend mit dem 1. Januar – jeweils vom 1. eines Monats an zu $\boxed{6}$ % verzinst werden, betragen Einzahlungen, Zinsen und Zinseszinsen nach $\boxed{10}$ Jahren insgesamt das $\boxed{162,5192}$ fache einer monatlichen Einzahlung.

Jahre	Zinssatz 5,00%	5,50%	$\boxed{6,00\%}$	6,50%	7,00%
1	12,2750	12,3025	12,3300	12,3575	12,3850
2	25,1638	25,2816	25,3998	25,5182	25,6370
3	38,6969	38,9746	39,2538	39,5344	39,8165
4	52,9068	53,4207	53,9390	54,4617	54,9887
5	67,8271	68,6614	69,5054	70,3592	71,2229
6	83,4935	84,7402	86,0057	87,2900	88,5935
7	99,9432	101,7035	103,4960	105,3214	107,1801
8	117,2153	119,5997	122,0358	124,5248	127,0677
9	135,3511	138,4801	141,6879	144,9764	148,3474
$\boxed{10}$	154,3936	158,3990	$\boxed{162,5192}$	166,7573	171,1167
11	174,3883	179,4135	184,6004	189,9541	195,4799
12	195,3827	201,5837	208,0064	214,6586	221,5485
13	217,4269	224,9733	232,8168	240,9689	249,4419
14	240,5732	249,6494	259,1158	268,9893	279,2878
15	264,8769	275,6826	286,9927	298,8312	311,2229
16	290,3957	303,1476	316,5423	330,6127	345,3935
17	317,1905	332,1232	347,8648	364,4600	381,9561
18	345,3250	362,6925	381,0667	400,5074	421,0780
19	374,8663	394,9431	416,2607	438,8979	462,9385
20	405,8844	428,9675	453,5663	479,7838	507,7292
21	438,4538	464,8632	493,1103	523,3272	555,6552
22	472,6515	502,7332	535,0269	569,7010	606,9361
23	508,5591	542,6860	579,4586	619,0890	661,8066
24	546,2620	584,8362	626,5561	671,6873	720,5181
25	585,8501	629,3047	676,4794	727,7045	783,3393
26	627,4176	676,2190	729,3982	787,3628	850,5581
27	671,0635	725,7135	785,4921	850,8989	922,4822
28	716,8917	777,9303	844,9516	918,5648	999,4409
29	765,0113	833,0189	907,9787	990,6290	1 081,7868
30	815,5369	891,1375	974,7874	1 067,3774	1 169,8968
31	868,5887	952,4525	1 045,6047	1 149,1144	1 264,1746
32	924,2931	1 017,1399	1 120,6710	1 236,1643	1 365,0518
33	982,7828	1 085,3851	1 200,2412	1 328,8725	1 472,9905
34	1 044,1969	1 157,3838	1 284,5857	1 427,6067	1 588,4848
35	1 108,6818	1 233,3424	1 373,9908	1 532,7587	1 712,0637
36	1 176,3909	1 313,4787	1 468,7603	1 644,7455	1 844,2932
37	1 247,4854	1 398,0226	1 569,2159	1 764,0115	1 985,7787
38	1 322,1347	1 487,2163	1 675,6989	1 891,0297	2 137,1682
39	1 400,5164	1 581,3157	1 788,5708	2 026,3041	2 299,1550
40	1 482,8172	1 680,5906	1 908,2150	2 170,3714	2 472,4809

Rentenendwerte (nachschüssig), monatliche Zahlung (Fortsetzung)

Bei gleichbleibenden monatlichen Einzahlungen, die – beginnend mit dem 1. Januar –
jeweils vom 1. eines Monats an zu $\boxed{8}$ % verzinst werden, betragen Einzahlungen,
Zinsen und Zinseszinsen nach $\boxed{10}$ Jahren insgesamt das $\boxed{180{,}2128}$ fache einer
monatlichen Einzahlung.

Jahre	Zinssatz 7,50 %	$\boxed{8{,}00\,\%}$	8,50 %	9,00 %	9,50 %
1	12,4125	12,4400	12,4675	12,4950	12,5225
2	25,7559	25,8752	25,9947	26,1146	26,2346
3	40,1001	40,3852	40,6718	40,9599	41,2494
4	55,5201	56,0560	56,5964	57,1412	57,6906
5	72,0967	72,9805	73,8746	74,7790	75,6937
6	89,9164	91,2590	92,6214	94,0041	95,4071
7	109,0726	110,9997	112,9617	114,9594	116,9933
8	129,6656	132,3196	135,0310	137,8008	140,6302
9	151,8030	155,3452	158,9761	162,6979	166,5125
$\boxed{10}$	175,6007	$\boxed{180{,}2128}$	184,9566	189,8357	194,8537
11	201,1833	207,0699	213,1454	219,4159	225,8873
12	228,6845	236,0755	243,7303	251,6583	259,8691
13	258,2484	267,4015	276,9148	286,8025	297,0792
14	290,0295	301,2036	312,9201	325,1098	337,8242
15	324,1942	337,7723	351,9858	366,8646	382,4400
16	360,9213	377,2341	394,3721	412,3775	431,2943
17	400,4029	419,8528	440,3612	461,9864	484,7898
18	442,8456	465,8810	490,2594	516,0602	543,3673
19	488,4115	515,5915	544,3990	575,0006	607,5097
20	537,5194	569,2788	603,1404	639,2457	677,7457
21	590,2458	627,2611	666,8748	709,2728	754,6540
22	646,9267	689,8820	736,0267	785,6024	838,8686
23	707,8588	757,5126	811,0565	868,8016	931,0836
24	773,3607	830,5536	892,4638	959,4887	1 032,0591
25	843,7752	909,4379	980,7907	1 058,3377	1 142,6272
26	919,4708	994,6329	1 076,6254	1 166,0831	1 263,6993
27	1 000,8437	1 086,6436	1 180,6061	1 283,5256	1 396,2732
28	1 088,3194	1 186,0150	1 293,4251	1 411,5379	1 541,4417
29	1 182,3559	1 293,3362	1 415,8337	1 551,0713	1 700,4011
30	1 283,4451	1 409,2431	1 548,6471	1 703,1627	1 874,4617
31	1 392,1160	1 534,4226	1 692,7496	1 868,9423	2 065,0581
32	1 508,9372	1 669,6164	1 849,1008	2 049,6421	2 273,7611
33	1 634,5199	1 815,6257	2 018,7419	2 246,6049	2 502,2909
34	1 769,5214	1 973,3158	2 202,8024	2 461,2944	2 752,5311
35	1 914,6481	2 143,6210	2 402,5081	2 695,3059	3 026,5440
36	*2 070,6592*	*2 327,5507*	*2 619,1888*	*2 950,3784*	*3 326,5882*
37	2 238,3711	2 526,1948	2 854,2874	3 228,4075	3 655,1366
38	2 418,6614	2 740,7304	3 109,3693	3 531,4591	4 014,8971
39	2 612,4735	2 972,4288	3 386,1332	3 861,7855	4 408,8348
40	2 820,8215	3 222,6631	3 686,4220	4 221,8412	4 840,1966

Rentenendwerte (nachschüssig), monatliche Zahlung (Fortsetzung)

Bei gleichbleibenden monatlichen Einzahlungen, die – beginnend mit dem 1. Januar
– jeweils vom 1. eines Monats an zu $\boxed{11}$ % verzinst werden, betragen Einzahlungen,
Zinsen und Zinseszinsen nach $\boxed{10}$ Jahren insgesamt das $\boxed{210{,}7809}$ fache einer
monatlichen Einzahlung.

Jahre	Zinssatz 10,00 %	10,50 %	11,00 %	11,50 %	12,00 %
1	12,5500	12,5775	12,6050	12,6325	12,6600
2	26,3550	26,4756	26,5966	26,7177	26,8392
3	41,5405	41,8331	42,1272	42,4228	42,7199
4	58,2446	58,8031	59,3662	59,9339	60,5063
5	76,6190	77,5549	78,5014	79,4588	80,4270
6	96,8309	98,2756	99,7416	101,2291	102,7383
7	119,0640	121,1721	123,3182	125,5029	127,7269
8	143,5204	146,4726	149,4882	152,5682	155,7141
9	170,4224	174,4298	178,5369	182,7461	187,0598
$\boxed{10}$	200,0147	205,3224	$\boxed{210{,}7809}$	216,3944	222,1670
11	232,5661	239,4588	246,5718	253,9122	261,4870
12	268,3728	277,1794	286,2997	295,7446	305,5255
13	307,7600	318,8608	330,3977	342,3878	354,8485
14	351,0860	364,9186	379,3464	394,3949	410,0903
15	398,7446	415,8126	433,6796	452,3828	471,9612
16	451,1691	472,0504	493,9893	517,0393	541,2565
17	508,8360	534,1932	560,9331	589,1313	618,8673
18	572,2696	602,8610	635,2408	669,5139	705,7914
19	642,0466	678,7389	717,7223	759,1405	803,1464
20	718,8012	762,5840	809,2767	859,0742	912,1839
21	803,2314	855,2328	910,9021	970,5002	1 034,3060
22	896,1045	957,6098	1 023,7064	1 094,7402	1 171,0827
23	998,2650	1 070,7363	1 148,9191	1 233,2678	1 324,2726
24	1 110,6415	1 195,7411	1 287,9052	1 387,7261	1 495,8454
25	1 234,2556	1 333,8714	1 442,1797	1 559,9472	1 688,0068
26	1 370,2312	1 486,5054	1 613,4245	1 751,9736	1 903,2276
27	1 519,8043	1 655,1660	1 803,5062	1 966,0830	2 144,2749
28	1 684,3347	1 841,5359	2 014,4969	2 204,8151	2 414,2479
29	1 865,3182	2 047,4747	2 248,6965	2 471,0013	2 716,6177
30	2 064,4000	2 275,0370	2 508,6582	2 767,7990	3 055,2718
31	2 283,3900	2 526,4934	2 797,2156	3 098,7284	3 434,5644
32	2 524,2790	2 804,3527	3 117,5143	3 467,7404	3 859,3721
33	2 789,2569	3 111,3872	3 473,0458	3 879,1343	4 335,1568
34	3 080,7326	3 450,6604	3 867,6859	4 337,8672	4 868,0356
35	3 401,3558	3 825,5572	4 305,7363	4 849,3545	5 464,8599
36	3 754,0414	4 239,8182	4 791,9723	5 419,6627	6 133,3030
37	4 141,9955	4 697,5766	5 331,6943	6 055,5565	6 881,9594
38	4 568,7451	5 203,3997	5 930,7857	6 764,5779	7 720,4545
39	5 038,1696	5 762,3341	6 595,7771	7 555,1369	8 659,5691
40	5 554,5366	6 379,9567	7 333,9176	8 436,6102	9 711,3774

Rentenendwerte (nachschüssig), monatliche Zahlung (Fortsetzung)

Bei gleichbleibenden monatlichen Einzahlungen, die – beginnend mit dem 1. Januar – jeweils vom 1. eines Monats an zu $\boxed{13}$ % verzinst werden, betragen Einzahlungen, Zinsen und Zinseszinsen nach $\boxed{10}$ Jahren insgesamt das $\boxed{234{,}2071}$ fache einer monatlichen Einzahlung.

Jahre	Zinssatz 12,50 %	$\boxed{13{,}00\,\%}$	13,50 %	14,00 %	14,50 %
1	12,6875	12,7150	12,7425	12,7700	12,7975
2	26,9609	27,0830	27,2052	27,3278	27,4506
3	43,0186	43,3187	43,6204	43,9237	44,2285
4	61,0834	61,6652	62,2517	62,8430	63,4391
5	81,4063	82,3966	83,3982	84,4110	85,4353
6	104,2696	105,5232	107,3994	108,9986	110,6209
7	129,9908	132,2952	134,6409	137,0284	139,4584
8	158,9271	162,2086	165,5599	168,9823	172,4774
9	191,4805	196,0107	200,6530	205,4099	210,2841
$\boxed{10}$	228,1031	$\boxed{234{,}2071}$	240,4836	246,9373	253,5728
11	269,3035	277,3690	285,6914	294,2785	303,1384
12	315,6539	326,1420	337,0022	348,2475	359,8909
13	367,7981	381,2555	395,2400	409,7721	424,8726
14	426,4604	443,5337	461,3400	479,9102	499,2767
15	492,4555	513,9081	536,3633	559,8676	584,4693
16	566,6999	593,4311	621,5149	651,0191	682,0148
17	650,2249	683,2922	718,1619	754,9318	793,7045
18	744,1905	784,8351	827,8563	873,3922	921,5891
19	849,9018	899,5787	952,3594	1 008,4371	1 068,0170
20	968,8270	1 029,2389	1 093,6704	1 162,3883	1 235,6770
21	1 102,6179	1 175,7550	1 254,0584	1 337,8927	1 427,6477
22	1 253,1326	1 341,3181	1 436,0988	1 537,9677	1 647,4541
23	1 422,4617	1 528,4405	1 642,7146	1 766,0531	1 899,1324
24	1 612,9569	1 739,8121	1 877,2236	2 026,0706	2 187,3041
25	1 827,2641	1 978,7027	2 143,3912	2 322,4905	2 517,2607
26	2 068,3596	2 248,6490	2 445,4916	2 660,4091	2 895,0610
27	2 339,5920	2 553,6884	2 788,3754	3 045,6364	3 327,6424
28	2 644,7285	2 898,3829	3 177,5486	3 484,7955	3 822,9480
29	2 988,0071	3 287,8876	3 619,2602	3 985,4369	4 390,0730
30	3 374,1955	3 728,0280	4 120,6028	4 556,1680	5 039,4311
31	3 808,6574	4 225,3867	4 689,6266	5 206,8016	5 782,9461
32	4 297,4217	4 787,4019	5 335,4687	5 948,5238	6 634,2708
33	4 847,2929	5 422,4792	6 068,4995	6 794,0871	7 609,0375
34	5 465,8921	6 140,1165	6 900,4895	7 758,0293	8 725,1455
35	6 161,8161	6 951,0466	7 844,7980	8 856,9234	10 003,0891
36	6 944,7306	7 867,3977	8 916,5883	10 109,6627	11 466,3345
37	7 825,5094	8 902,8744	10 133,0702	11 537,7855	13 141,7505
38	8 816,3856	10 072,9630	11 513,7772	13 165,8454	15 060,1018
39	9 931,1213	11 395,1632	13 080,8796	15 021,8338	17 256,6141
40	11 185,1989	12 889,2495	14 859,5408	17 137,6605	19 771,6206

4.9.4.2.4 Rentenendwerte (nachschüssig), jährliche Zahlung

Bei gleichbleibenden jährlichen Einzahlungen, die jeweils vom 1. Januar an zu $\boxed{1,25}$ % verzinst werden, betragen Einzahlungen, Zinsen und Zinseszinsen nach $\boxed{10}$ Jahren insgesamt das $\boxed{10,5817}$ fache einer jährlichen Einzahlung.

Jahre	Zinssatz 0,50%	0,75%	1,00%	$\boxed{1,25\%}$	1,50%	1,75%
1	1,0000	1,0000	1,0000	1,0000	1,0000	1,0000
2	2,0050	2,0075	2,0100	2,0125	2,0150	2,0175
3	3,0150	3,0226	3,0301	3,0377	3,0452	3,0528
4	4,0301	4,0452	4,0604	4,0756	4,0909	4,1062
5	5,0503	5,0756	5,1010	5,1266	5,1523	5,1781
6	6,0755	6,1136	6,1520	6,1907	6,2296	6,2687
7	7,1059	7,1595	7,2135	7,2680	7,3230	7,3784
8	8,1414	8,2132	8,2857	8,3589	8,4328	8,5075
9	9,1821	9,2748	9,3685	9,4634	9,5593	9,6564
$\boxed{10}$	10,2280	10,3443	10,4622	$\boxed{10,5817}$	10,7027	10,8254
11	11,2792	11,4219	11,5668	11,7139	11,8633	12,0148
12	12,3356	12,5076	12,6825	12,8604	13,0412	13,2251
13	13,3972	13,6014	13,8093	14,0211	14,2368	14,4565
14	14,4642	14,7034	14,9474	15,1964	15,4504	15,7095
15	15,5365	15,8137	16,0969	16,3863	16,6821	16,9844
16	16,6142	16,9323	17,2579	17,5912	17,9324	18,2817
17	17,6973	18,0593	18,4304	18,8111	19,2014	19,6016
18	18,7858	19,1947	19,6147	20,0462	20,4894	20,9446
19	19,8797	20,3387	20,8109	21,2968	21,7967	22,3112
20	20,9791	21,4912	22,0190	22,5630	23,1237	23,7016
21	22,0840	22,6524	23,2392	23,8450	24,4705	25,1164
22	23,1944	23,8223	24,4716	25,1431	25,8376	26,5559
23	24,3104	25,0010	25,7163	26,4574	27,2251	28,0207
24	25,4320	26,1885	26,9735	27,7881	28,6335	29,5110
25	26,5591	27,3849	28,2432	29,1354	30,0630	31,0275
26	27,6919	28,5903	29,5256	30,4996	31,5140	32,5704
27	28,8304	29,8047	30,8209	31,8809	32,9867	34,1404
28	29,9745	31,0282	32,1291	33,2794	34,4815	35,7379
29	31,1244	32,2609	33,4504	34,6954	35,9987	37,3633
30	32,2800	33,5029	34,7849	36,1291	37,5387	39,0172
31	33,4414	34,7542	36,1327	37,5807	39,1018	40,7000
32	34,6086	36,0148	37,4941	39,0504	40,6883	42,4122
33	35,7817	37,2849	38,8690	40,5386	42,2986	44,1544
34	36,9606	38,5646	40,2577	42,0453	43,9331	45,9271
35	38,1454	39,8538	41,6603	43,5709	45,5921	47,7308
36	39,3361	41,1527	43,0769	45,1155	47,2760	49,5661
37	40,5328	42,4614	44,5076	46,6794	48,9851	51,4335
38	41,7354	43,7798	45,9527	48,2629	50,7199	53,3336
39	42,9441	45,1082	47,4123	49,8662	52,4807	55,2670
40	44,1588	46,4465	48,8864	51,4896	54,2679	57,2341

Rentenendwerte (nachschüssig), jährliche Zahlung (Fortsetzung)

Bei gleichbleibenden jährlichen Einzahlungen, die jeweils vom 1. Januar an zu $\boxed{4}$ % verzinst werden, betragen Einzahlungen, Zinsen und Zinseszinsen nach $\boxed{10}$ Jahren insgesamt das $\boxed{12,0061}$ fache einer jährlichen Einzahlung.

Jahre	Zinssatz 2,00%	2,50%	3,00%	3,50%	$\boxed{4,00\%}$	4,50%
1	1,0000	1,0000	1,0000	1,0000	1,0000	1,0000
2	2,0200	2,0250	2,0300	2,0350	2,0400	2,0450
3	3,0604	3,0756	3,0909	3,1062	3,1216	3,1370
4	4,1216	4,1525	4,1836	4,2149	4,2465	4,2782
5	5,2040	5,2563	5,3091	5,3625	5,4163	5,4707
6	6,3081	6,3877	6,4684	6,5502	6,6330	6,7169
7	7,4343	7,5474	7,6625	7,7794	7,8983	8,0192
8	8,5830	8,7361	8,8923	9,0517	9,2142	9,3800
9	9,7546	9,9545	10,1591	10,3685	10,5828	10,8021
$\boxed{10}$	10,9497	11,2034	11,4639	11,7314	$\boxed{12,0061}$	12,2882
11	12,1687	12,4835	12,8078	13,1420	13,4864	13,8412
12	13,4121	13,7956	14,1920	14,6020	15,0258	15,4640
13	14,6803	15,1404	15,6178	16,1130	16,6268	17,1599
14	15,9739	16,5190	17,0863	17,6770	18,2919	18,9321
15	17,2934	17,9319	18,5989	19,2957	20,0236	20,7841
16	18,6393	19,3802	20,1569	20,9710	21,8245	22,7193
17	20,0121	20,8647	21,7616	22,7050	23,6975	24,7417
18	21,4123	22,3863	23,4144	24,4997	25,6454	26,8551
19	22,8406	23,9460	25,1169	26,3572	27,6712	29,0636
20	24,2974	25,5447	26,8704	28,2797	29,7781	31,3714
21	25,7833	27,1833	28,6765	30,2695	31,9692	33,7831
22	27,2990	28,8629	30,5368	32,3289	34,2480	36,3034
23	28,8450	30,5844	32,4529	34,4604	36,6179	38,9370
24	30,4219	32,3490	34,4265	36,6665	39,0826	41,6892
25	32,0303	34,1578	36,4593	38,9499	41,6459	44,5652
26	33,6709	36,0117	38,5530	41,3131	44,3117	47,5706
27	35,3443	37,9120	40,7096	43,7591	47,0842	50,7113
28	37,0512	39,8598	42,9309	46,2906	49,9676	53,9933
29	38,7922	41,8563	45,2189	48,9108	52,9663	57,4230
30	40,5681	43,9027	47,5754	51,6227	56,0849	61,0071
31	42,3794	46,0003	50,0027	54,4295	59,3283	64,7524
32	44,2270	48,1503	52,5028	57,3345	62,7015	68,6662
33	46,1116	50,3540	55,0778	60,3412	66,2095	72,7562
34	48,0338	52,6129	57,7302	63,4532	69,8579	77,0303
35	49,9945	54,9282	60,4621	66,6740	73,6522	81,4966
36	51,9944	57,3014	63,2759	70,0076	77,5983	86,1640
37	54,0343	59,7339	66,1742	73,4579	81,7022	91,0413
38	56,1149	62,2273	69,1594	77,0289	85,9703	96,1382
39	58,2372	64,7830	72,2342	80,7249	90,4091	101,4644
40	60,4020	67,4026	75,4013	84,5503	95,0255	107,0303

Rentenendwerte (nachschüssig), jährliche Zahlung (Fortsetzung)

Bei gleichbleibenden jährlichen Einzahlungen, die jeweils vom 1. Januar an zu ⑥ % verzinst werden, betragen Einzahlungen, Zinsen und Zinseszinsen nach ⑩ Jahren insgesamt das ⑬,⑧⑧⑧⑧ fache einer jährlichen Einzahlung.

Bei gleichbleibenden jährlichen Einzahlungen, die jeweils vom 1. Januar an zu $\boxed{6}$ % verzinst werden, betragen Einzahlungen, Zinsen und Zinseszinsen nach $\boxed{10}$ Jahren insgesamt das $\boxed{13,1808}$ fache einer jährlichen Einzahlung.

Jahre	Zinssatz 5,00%	5,50%	6,00%	6,50%	7,00%
1	1,0000	1,0000	1,0000	1,0000	1,0000
2	2,0500	2,0550	2,0600	2,0650	2,0700
3	3,1525	3,1680	3,1836	3,1992	3,2149
4	4,3101	4,3423	4,3746	4,4072	4,4399
5	5,5256	5,5811	5,6371	5,6936	5,7507
6	6,8019	6,8881	6,9753	7,0637	7,1533
7	8,1420	8,2669	8,3938	8,5229	8,6540
8	9,5491	9,7216	9,8975	10,0769	10,2598
9	11,0266	11,2563	11,4913	11,7319	11,9780
10	12,5779	12,8754	13,1808	13,4944	13,8164
11	14,2068	14,5835	14,9716	15,3716	15,7836
12	15,9171	16,3856	16,8699	17,3707	17,8885
13	17,7130	18,2868	18,8821	19,4998	20,1406
14	19,5986	20,2926	21,0151	21,7673	22,5505
15	21,5786	22,4087	23,2760	24,1822	25,1290
16	23,6575	24,6411	25,6725	26,7540	27,8881
17	25,8404	26,9964	28,2129	29,4930	30,8402
18	28,1324	29,4812	30,9057	32,4101	33,9990
19	30,5390	32,1027	33,7600	35,5167	37,3790
20	33,0660	34,8683	36,7856	38,8253	40,9955
21	35,7193	37,7861	39,9927	42,3490	44,8652
22	38,5052	40,8643	43,3923	46,1016	49,0057
23	41,4305	44,1118	46,9958	50,0982	53,4361
24	44,5020	47,5380	50,8156	54,3546	58,1767
25	47,7271	51,1526	54,8645	58,8877	63,2490
26	51,1135	54,9660	59,1564	63,7154	68,6765
27	54,6691	58,9891	63,7058	68,8569	74,4838
28	58,4026	63,2335	68,5281	74,3326	80,6977
29	62,3227	67,7114	73,6398	80,1642	87,3465
30	66,4388	72,4355	79,0582	86,3749	94,4608
31	70,7608	77,4194	84,8017	92,9892	102,0730
32	75,2988	82,6775	90,8898	100,0335	110,2182
33	80,0638	88,2248	97,3432	107,5357	118,9334
34	85,0670	94,0771	104,1838	115,5255	128,2588
35	90,3203	100,2514	111,4348	124,0347	138,2369
36	95,8363	106,7652	119,1209	133,0969	148,9135
37	101,6281	113,6373	127,2681	142,7482	160,3374
38	107,7095	120,8873	135,9042	153,0269	172,5610
39	114,0950	128,5361	145,0585	163,9736	185,6403
40	120,7998	136,6056	154,7620	175,6319	199,6351

Rentenendwerte (nachschüssig), jährliche Zahlung (Fortsetzung)

Bei gleichbleibenden jährlichen Einzahlungen, die jeweils vom 1. Januar an zu $\boxed{8}$ % verzinst werden, betragen Einzahlungen, Zinsen und Zinseszinsen nach $\boxed{10}$ Jahren insgesamt das $\boxed{14{,}4866}$ fache einer jährlichen Einzahlung.

Jahre	Zinssatz 7,50 %	$\boxed{8{,}00\,\%}$	8,50 %	9,00 %	9,50 %
1	1,0000	1,0000	1,0000	1,0000	1,0000
2	2,0750	2,0800	2,0850	2,0900	2,0950
3	3,2306	3,2464	3,2622	3,2781	3,2940
4	4,4729	4,5061	4,5395	4,5731	4,6070
5	5,8084	5,8666	5,9254	5,9847	6,0446
6	7,2440	7,3359	7,4290	7,5233	7,6189
7	8,7873	8,9228	9,0605	9,2004	9,3426
8	10,4464	10,6366	10,8306	11,0285	11,2302
9	12,2298	12,4876	12,7512	13,0210	13,2971
$\boxed{10}$	14,1471	$\boxed{14{,}4866}$	14,8351	15,1929	15,5603
11	16,2081	16,6455	17,0961	17,5603	18,0385
12	18,4237	18,9771	19,5492	20,1407	20,7522
13	20,8055	21,4953	22,2109	22,9534	23,7236
14	23,3659	24,2149	25,0989	26,0192	26,9774
15	26,1184	27,1521	28,2323	29,3609	30,5402
16	29,0772	30,3243	31,6320	33,0034	34,4416
17	32,2580	33,7502	35,3207	36,9737	38,7135
18	35,6774	37,4502	39,3230	41,3013	43,3913
19	39,3532	41,4463	43,6654	46,0185	48,5135
20	43,3047	45,7620	48,3770	51,1601	54,1222
21	47,5525	50,4229	53,4891	56,7645	60,2638
22	52,1190	55,4568	59,0356	62,8733	66,9889
23	57,0279	60,8933	65,0537	69,5319	74,3529
24	62,3050	66,7648	71,5832	76,7898	82,4164
25	67,9779	73,1059	78,6678	84,7009	91,2459
26	74,0762	79,9544	86,3546	93,3240	100,9143
27	80,6319	87,3508	94,6947	102,7231	111,5012
28	87,6793	95,3388	103,7437	112,9682	123,0938
29	95,2553	103,9659	113,5620	124,1354	135,7877
30	103,3994	113,2832	124,2147	136,3075	149,6875
31	112,1544	123,3459	135,7730	149,5752	164,9078
32	121,5659	134,2135	148,3137	164,0370	181,5741
33	131,6834	145,9506	161,9203	179,8003	199,8236
34	142,5596	158,6267	176,6836	196,9823	219,8068
35	154,2516	172,3168	192,7017	215,7108	241,6885
36	*166,8205*	*187,1021*	*210,0813*	*236,1247*	*265,6489*
37	180,3320	203,0703	228,9382	258,3759	291,8855
38	194,8569	220,3159	249,3980	282,6298	320,6147
39	210,4712	238,9412	271,5968	309,0665	352,0731
40	227,2565	259,0565	295,6825	337,8824	386,5200

Rentenendwerte (nachschüssig), jährliche Zahlung (Fortsetzung)

Bei gleichbleibenden jährlichen Einzahlungen, die jeweils vom 1. Januar an zu $\boxed{11}$ % verzinst werden, betragen Einzahlungen, Zinsen und Zinseszinsen nach $\boxed{10}$ Jahren insgesamt das $\boxed{16,7220}$ fache einer jährlichen Einzahlung.

Jahre	Zinssatz 10,00 %	10,50 %	11,00 %	11,50 %	12,00 %
1	1,0000	1,0000	1,0000	1,0000	1,0000
2	2,1000	2,1050	2,1100	2,1150	2,1200
3	3,3100	3,3260	3,3421	3,3582	3,3744
4	4,6410	4,6753	4,7097	4,7444	4,7793
5	6,1051	6,1662	6,2278	6,2900	6,3528
6	7,7156	7,8136	7,9129	8,0134	8,1152
7	9,4872	9,6340	9,7833	9,9349	10,0890
8	11,4359	11,6456	11,8594	12,0774	12,2997
9	13,5795	13,8684	14,1640	14,4663	14,7757
10	15,9374	16,3246	16,7220	17,1300	17,5487
11	18,5312	19,0387	19,5614	20,0999	20,6546
12	21,3843	22,0377	22,7132	23,4114	24,1331
13	24,5227	25,3517	26,2116	27,1037	28,0291
14	27,9750	29,0136	30,0949	31,2207	32,3926
15	31,7725	33,0600	34,4054	35,8110	37,2797
16	35,9497	37,5313	39,1899	40,9293	42,7533
17	40,5447	42,4721	44,5008	46,6362	48,8837
18	45,5992	47,9317	50,3959	52,9993	55,7497
19	51,1591	53,9645	56,9395	60,0942	63,4397
20	57,2750	60,6308	64,2028	68,0051	72,0524
21	64,0025	67,9970	72,2651	76,8257	81,6987
22	71,4027	76,1367	81,2143	86,6606	92,5026
23	79,5430	85,1311	91,1479	97,6266	104,6029
24	88,4973	95,0699	102,1742	109,8536	118,1552
25	98,3471	106,0522	114,4133	123,4868	133,3339
26	109,1818	118,1877	127,9988	138,6878	150,3339
27	121,0999	131,5974	143,0786	155,6369	169,3740
28	134,2099	146,4151	159,8173	174,5351	190,6989
29	148,6309	162,7887	178,3972	195,5067	214,5828
30	164,4940	180,8815	199,0209	219,1014	241,3327
31	181,9434	200,8741	221,9132	245,2981	271,2926
32	201,1378	222,9658	247,3236	274,5074	304,8477
33	222,2515	247,3772	275,5292	307,0757	342,4294
34	245,4767	274,3518	306,8374	343,3895	384,5210
35	271,0244	304,1588	341,5896	383,8792	431,6635
36	299,1268	337,0955	380,1644	429,0254	484,4631
37	330,0395	373,4905	422,9825	479,3633	543,5987
38	364,0434	413,7070	470,5106	535,4900	609,8305
39	401,4478	458,1462	523,2667	598,0714	684,0102
40	442,5926	507,2516	581,8261	667,8496	767,0914

Rentenendwerte (nachschüssig), jährliche Zahlung (Fortsetzung)

Bei gleichbleibenden jährlichen Einzahlungen, die jeweils vom 1. Januar an zu ⎡13⎤ % verzinst werden, betragen Einzahlungen, Zinsen und Zinseszinsen nach ⎡10⎤ Jahren insgesamt das ⎡18,4197⎤ fache einer jährlichen Einzahlung.

Jahre	Zinssatz 12,50%	⎡13,00%⎤	13,50%	14,00%	14,50%
1	1,0000	1,0000	1,0000	1,0000	1,0000
2	2,1250	2,1300	2,1350	2,1400	2,1450
3	3,3906	3,4069	3,4232	3,4396	3,4560
4	4,8145	4,8498	4,8854	4,9211	4,9571
5	6,4163	6,4803	6,5449	6,6101	6,6759
6	8,2183	8,3227	8,4284	8,5355	8,6439
7	10,2456	10,4047	10,5663	10,7305	10,8973
8	12,5263	12,7573	12,9927	13,2328	13,4774
9	15,0921	15,4157	15,7468	16,0853	16,4317
⎡10⎤	17,9786	⎡18,4197⎤	18,8726	19,3373	19,8142
11	21,2259	21,8143	22,4204	23,0445	23,6873
12	24,8791	25,6502	26,4471	27,2707	28,1220
13	28,9890	29,9847	31,0175	32,0887	33,1997
14	33,6126	34,8827	36,2048	37,5811	39,0136
15	38,8142	40,4175	42,0925	43,8424	45,6706
16	44,6660	46,6717	48,7750	50,9804	53,2928
17	51,2493	53,7391	56,3596	59,1176	62,0203
18	58,6554	61,7251	64,9681	68,3941	72,0132
19	66,9873	70,7494	74,7388	78,9692	83,4551
20	76,3608	80,9468	85,8286	91,0249	96,5561
21	86,9058	92,4699	98,4154	104,7684	111,5568
22	98,7691	105,4910	112,7015	120,4360	128,7325
23	112,1152	120,2048	128,9162	138,2970	148,3987
24	127,1296	136,8315	147,3199	158,6586	170,9165
25	144,0208	155,6196	168,2081	181,8708	196,6994
26	163,0234	176,8501	191,9162	208,3327	226,2208
27	184,4013	200,8406	218,8248	238,4993	260,0228
28	208,4515	227,9499	249,3662	272,8892	298,7262
29	235,5079	258,5834	284,0306	312,0937	343,0415
30	265,9464	293,1992	323,3748	356,7868	393,7825
31	300,1897	332,3151	368,0303	407,7370	451,8809
32	338,7135	376,5161	418,7144	465,8202	518,4037
33	382,0526	426,4632	476,2409	532,0350	594,5722
34	430,8092	482,9034	541,5334	607,5199	681,7852
35	485,6604	546,6808	615,6404	693,5727	781,6440
36	547,3679	618,7493	699,7519	791,6729	895,9824
37	616,7889	700,1867	795,2184	903,5071	1026,8998
38	694,8875	792,2110	903,5729	1030,9981	1176,8003
39	782,7485	896,1984	1026,5552	1176,3378	1348,4363
40	881,5920	1013,7042	1166,1401	1342,0251	1544,9596

4.9.5 Annuitätendarlehen

4.9.5.1 Annuität

Die Tabelle gibt an, wieviel am Ende eines Jahres an **Zins und Tilgung** zu zahlen ist, wenn ein Kapital von 1 € in x Jahren getilgt werden soll.

Jahre	1 %	2 %	3 %	4 %	4,5 %	5 %	5,25 %	5,5 %	5,75 %
1	1,010	1,020	1,030	1,040	1,045	1,050	1,053	1,055	1,058
2	0,508	0,515	0,523	0,530	0,534	0,538	0,540	0,542	0,544
3	0,340	0,347	0,354	0,360	0,364	0,367	0,369	0,371	0,372
4	0,256	0,263	0,269	0,275	0,279	0,282	0,284	0,285	0,287
5	0,206	0,212	0,218	0,225	0,228	0,231	0,233	0,234	0,236
6	0,173	0,179	0,185	0,191	0,194	0,197	0,199	0,200	0,202
7	0,149	0,155	0,161	0,167	0,170	0,173	0,174	0,176	0,178
8	0,131	0,137	0,142	0,149	0,152	0,155	0,156	0,158	0,159
9	0,117	0,123	0,128	0,134	0,138	0,141	0,142	0,144	0,145
10	0,106	0,111	0,117	0,123	0,126	0,130	0,131	0,133	0,134
11	0,096	0,102	0,108	0,114	0,117	0,120	0,122	0,124	0,125
12	0,089	0,095	0,100	0,107	0,110	0,113	0,114	0,116	0,118
13	0,082	0,088	0,094	0,100	0,103	0,106	0,108	0,110	0,111
14	0,077	0,083	0,089	0,095	0,098	0,101	0,103	0,104	0,106
15	0,072	0,078	0,084	0,090	0,093	0,096	0,098	0,100	0,101
16	0,068	0,074	0,080	0,086	0,089	0,092	0,094	0,096	0,097
17	0,064	0,070	0,076	0,082	0,085	0,089	0,090	0,092	0,094
18	0,061	0,067	0,073	0,079	0,082	0,086	0,087	0,089	0,091
19	0,058	0,064	0,070	0,076	0,079	0,083	0,084	0,086	0,088
20	0,055	0,061	0,067	0,074	0,077	0,080	0,082	0,084	0,085
21	0,053	0,059	0,065	0,071	0,075	0,078	0,080	0,081	0,083
22	0,051	0,057	0,063	0,069	0,073	0,076	0,078	0,079	0,081
23	0,049	0,055	0,061	0,067	0,071	0,074	0,076	0,078	0,079
24	0,047	0,053	0,059	0,066	0,069	0,072	0,074	0,076	0,078
25	0,045	0,051	0,057	0,064	0,067	0,071	0,073	0,075	0,076
26	0,044	0,050	0,056	0,063	0,066	0,070	0,071	0,073	0,075
27	0,042	0,048	0,055	0,061	0,065	0,068	0,070	0,072	0,074
28	0,041	0,047	0,053	0,060	0,064	0,067	0,069	0,071	0,073
29	0,040	0,046	0,052	0,059	0,062	0,066	0,068	0,070	0,072
30	0,039	0,045	0,051	0,058	0,061	0,065	0,067	0,069	0,071
31	*0,038*	*0,044*	*0,050*	*0,057*	*0,060*	*0,064*	*0,066*	*0,068*	*0,070*
32	0,037	0,043	0,049	0,056	0,060	0,063	0,065	0,067	0,069
33	0,036	0,042	0,048	0,055	0,059	0,062	0,064	0,066	0,068
34	0,035	0,041	0,047	0,054	0,058	0,062	0,064	0,066	0,068
35	0,034	0,040	0,047	0,054	0,057	0,061	0,063	0,065	0,067
36	0,033	0,039	0,046	0,053	0,057	0,060	0,062	0,064	0,066
37	0,032	0,039	0,045	0,052	0,056	0,060	0,062	0,064	0,066
38	0,032	0,038	0,044	0,052	0,055	0,059	0,061	0,063	0,065
39	0,031	0,037	0,044	0,051	0,055	0,059	0,061	0,063	0,065
40	0,030	0,037	0,043	0,051	0,054	0,058	0,060	0,062	0,064
45	0,028	0,034	0,041	0,048	0,052	0,056	0,058	0,060	0,063
50	0,026	0,032	0,039	0,047	0,051	0,055	0,057	0,059	0,061

Annuität (Fortsetzung)

Beispiel: Eine Hypothek von 1 000 € soll bei einer Verzinsung von 7 % in 20 Jahren getilgt werden; zu zahlen sind am Ende jedes Jahres 0,094 × 1 000 = 94 €.

Jahre	6 %	6,25 %	6,5 %	6,75 %	7 %	7,25 %	7,5 %	7,75 %	8 %
1	1,060	1,063	1,065	1,068	1,070	1,073	1,075	1,078	1,080
2	0,545	0,547	0,549	0,551	0,553	0,555	0,557	0,559	0,561
3	0,374	0,376	0,378	0,379	0,381	0,383	0,385	0,386	0,388
4	0,289	0,290	0,292	0,294	0,295	0,297	0,299	0,300	0,302
5	0,237	0,239	0,241	0,242	0,244	0,246	0,247	0,249	0,250
6	0,203	0,205	0,207	0,208	0,210	0,211	0,213	0,215	0,216
7	0,179	0,181	0,182	0,184	0,186	0,187	0,189	0,190	0,192
8	0,161	0,163	0,164	0,166	0,167	0,169	0,171	0,172	0,174
9	0,147	0,149	0,150	0,152	0,153	0,155	0,157	0,158	0,160
10	0,136	0,137	0,139	0,141	0,142	0,144	0,146	0,147	0,149
11	0,127	0,128	0,130	0,132	0,133	0,135	0,137	0,138	0,140
12	0,119	0,121	0,123	0,124	0,126	0,128	0,129	0,131	0,133
13	0,113	0,115	0,116	0,118	0,120	0,121	0,123	0,125	0,127
14	0,108	0,109	0,111	0,113	0,114	0,116	0,118	0,120	0,121
15	0,103	0,105	0,106	0,108	0,110	0,112	0,113	0,115	0,117
16	0,099	0,101	0,102	0,104	0,106	0,108	0,109	0,111	0,113
17	0,095	0,097	0,099	0,101	0,102	0,104	0,106	0,108	0,110
18	0,092	0,094	0,096	0,098	0,099	0,101	0,103	0,105	0,107
19	0,090	0,091	0,093	0,095	0,097	0,099	0,100	0,102	0,104
20	0,087	0,089	0,091	0,093	0,094	0,096	0,098	0,100	0,102
21	0,085	0,087	0,089	0,090	0,092	0,094	0,096	0,098	0,100
22	0,083	0,085	0,087	0,089	0,090	0,092	0,094	0,096	0,098
23	0,081	0,083	0,085	0,087	0,089	0,091	0,093	0,094	0,096
24	0,080	0,082	0,083	0,085	0,087	0,089	0,091	0,093	0,095
25	0,078	0,080	0,082	0,084	0,086	0,088	0,090	0,092	0,094
26	0,077	0,079	0,081	0,083	0,085	0,087	0,088	0,090	0,093
27	0,076	0,078	0,080	0,081	0,083	0,085	0,087	0,089	0,091
28	0,075	0,077	0,078	0,080	0,082	0,084	0,086	0,088	0,090
29	0,074	0,076	0,077	0,079	0,081	0,083	0,085	0,088	0,090
30	0,073	0,075	0,077	0,079	0,081	0,083	0,085	0,087	0,089
31	0,072	0,074	0,076	0,078	0,080	0,082	0,084	0,086	0,088
32	0,071	0,073	0,075	0,077	0,079	0,081	0,083	0,085	0,087
33	0,070	0,072	0,074	0,076	0,078	0,080	0,083	0,085	0,087
34	0,070	0,072	0,074	0,076	0,078	0,080	0,082	0,084	0,086
35	0,069	0,071	0,073	0,075	0,077	0,079	0,081	0,084	0,086
36	0,068	0,070	0,073	0,075	0,077	0,079	0,081	0,083	0,085
37	0,068	0,070	0,072	0,074	0,076	0,078	0,081	0,083	0,085
38	0,067	0,069	0,072	0,074	0,076	0,078	0,080	0,082	0,085
39	0,067	0,069	0,071	0,073	0,075	0,078	0,080	0,082	0,084
40	0,066	0,069	0,071	0,073	0,075	0,077	0,079	0,082	0,084
45	0,065	0,067	0,069	0,071	0,073	0,076	0,078	0,080	0,083
50	0,063	0,066	0,068	0,070	0,072	0,075	0,077	0,079	0,082

Annuität (Fortsetzung)

Beispiel: Eine Hypothek von 1 000 € soll bei einer Verzinsung von $\boxed{10\,\%}$ in $\boxed{20}$ Jahren getilgt werden; zu zahlen sind am Ende jedes Jahres $\boxed{0,117} \times 1\,000 = 117$ €.

Jahre	8,25 %	8,5 %	8,75 %	9 %	9,25 %	9,5 %	9,75 %	$\boxed{10\,\%}$
1	1,083	1,085	1,088	1,090	1,093	1,095	1,098	1,100
2	0,563	0,565	0,567	0,568	0,570	0,572	0,574	0,576
3	0,390	0,392	0,393	0,395	0,397	0,399	0,400	0,402
4	0,304	0,305	0,307	0,309	0,310	0,312	0,314	0,315
5	0,252	0,254	0,255	0,257	0,259	0,260	0,262	0,264
6	0,218	0,220	0,221	0,223	0,225	0,226	0,228	0,230
7	0,194	0,195	0,197	0,199	0,200	0,202	0,204	0,205
8	0,176	0,177	0,179	0,181	0,182	0,184	0,186	0,187
9	0,162	0,163	0,165	0,167	0,168	0,170	0,172	0,174
10	0,151	0,152	0,154	0,156	0,158	0,159	0,161	0,163
11	0,142	0,143	0,145	0,147	0,149	0,150	0,152	0,154
12	0,134	0,136	0,138	0,140	0,141	0,143	0,145	0,147
13	0,128	0,130	0,132	0,134	0,135	0,137	0,139	0,141
14	0,123	0,125	0,127	0,128	0,130	0,132	0,134	0,136
15	0,119	0,120	0,122	0,124	0,126	0,128	0,130	0,131
16	0,115	0,117	0,118	0,120	0,122	0,124	0,126	0,128
17	0,111	0,113	0,115	0,117	0,119	0,121	0,123	0,125
18	0,109	0,110	0,112	0,114	0,116	0,118	0,120	0,122
19	0,106	0,108	0,110	0,112	0,114	0,116	0,118	0,120
$\boxed{20}$	0,104	0,106	0,108	0,110	0,112	0,113	0,115	$\boxed{0,117}$
21	0,102	0,104	0,106	0,108	0,110	0,112	0,114	0,116
22	0,100	0,102	0,104	0,106	0,108	0,110	0,112	0,114
23	0,098	0,100	0,102	0,104	0,106	0,108	0,111	0,113
24	0,097	0,099	0,101	0,103	0,105	0,107	0,109	0,111
25	0,096	0,098	0,100	0,102	0,104	0,106	0,108	0,110
26	0,095	0,097	0,099	0,101	0,103	0,105	0,107	0,109
27	0,093	0,096	0,098	0,100	0,102	0,104	0,106	0,108
28	0,093	0,095	0,097	0,099	0,101	0,103	0,105	0,107
29	0,092	0,094	0,096	0,098	0,100	0,102	0,105	0,107
30	0,091	0,093	0,095	0,097	0,100	0,102	0,104	0,106
31	0,090	0,092	0,095	0,097	0,099	0,101	0,103	0,105
32	0,090	0,092	0,094	0,096	0,098	0,101	0,103	0,105
33	0,089	0,091	0,093	0,096	0,098	0,100	0,102	0,104
34	0,088	0,091	0,093	0,095	0,097	0,100	0,102	0,104
35	0,088	0,090	0,092	0,095	0,097	0,099	0,101	0,104
36	0,088	0,090	0,092	0,094	0,096	0,099	0,101	0,103
37	0,087	0,089	0,092	0,094	0,096	0,098	0,101	0,103
38	0,087	0,089	0,091	0,094	0,096	0,098	0,100	0,103
39	0,086	0,089	0,091	0,093	0,096	0,098	0,100	0,102
40	0,086	0,088	0,091	0,093	0,095	0,098	0,100	0,102
45	0,085	0,087	0,090	0,092	0,094	0,097	0,099	0,101
50	0,084	0,086	0,089	0,091	0,094	0,096	0,098	0,101

Annuität (Fortsetzung)

Beispiel: Eine Hypothek von 1 000 € soll bei einer Verzinsung von ⃞11,25 %⃞ in ⃞20⃞ Jahren getilgt werden; zu zahlen sind am Ende jedes Jahres ⃞0,128⃞ × 1 000 = 128 €.

Jahre	10,25 %	10,5 %	10,75 %	11,0 %	11,25 %	11,5 %	11,75 %	12,0 %
1	1,103	1,105	1,108	1,110	1,113	1,115	1,118	1,120
2	0,578	0,580	0,582	0,584	0,586	0,588	0,590	0,592
3	0,404	0,406	0,407	0,409	0,411	0,413	0,415	0,416
4	0,317	0,319	0,321	0,322	0,324	0,326	0,328	0,329
5	0,265	0,267	0,269	0,271	0,272	0,274	0,276	0,277
6	0,231	0,233	0,235	0,236	0,238	0,240	0,242	0,243
7	0,207	0,209	0,211	0,212	0,214	0,216	0,217	0,219
8	0,189	0,191	0,193	0,194	0,196	0,198	0,200	0,201
9	0,175	0,177	0,179	0,181	0,182	0,184	0,186	0,188
10	0,164	0,166	0,168	0,170	0,172	0,173	0,175	0,177
11	0,156	0,158	0,159	0,161	0,163	0,165	0,167	0,168
12	0,149	0,150	0,152	0,154	0,156	0,158	0,160	0,161
13	0,143	0,144	0,146	0,148	0,150	0,152	0,154	0,156
14	0,138	0,139	0,141	0,143	0,145	0,147	0,149	0,151
15	0,133	0,135	0,137	0,139	0,141	0,143	0,145	0,147
16	0,130	0,132	0,134	0,136	0,137	0,139	0,141	0,143
17	0,127	0,129	0,131	0,132	0,134	0,136	0,138	0,140
18	0,124	0,126	0,128	0,130	0,132	0,134	0,136	0,138
19	0,122	0,124	0,126	0,128	0,130	0,132	0,134	0,136
20	0,119	0,121	0,124	0,126	0,128	0,130	0,132	0,134
21	0,118	0,120	0,122	0,124	0,126	0,128	0,130	0,132
22	0,116	0,118	0,120	0,122	0,124	0,127	0,129	0,131
23	0,115	0,117	0,119	0,121	0,123	0,125	0,127	0,130
24	0,113	0,116	0,118	0,120	0,122	0,124	0,126	0,128
25	0,112	0,114	0,117	0,119	0,121	0,123	0,125	0,127
26	0,111	0,113	0,116	0,118	0,120	0,122	0,124	0,127
27	0,110	0,113	0,115	0,117	0,119	0,121	0,124	0,126
28	0,110	0,112	0,114	0,116	0,118	0,121	0,123	0,125
29	0,109	0,111	0,113	0,116	0,118	0,120	0,122	0,125
30	0,108	0,111	0,113	0,115	0,117	0,120	0,122	0,124
31	0,108	0,110	0,112	0,115	0,117	0,119	0,121	0,124
32	0,107	0,109	0,112	0,114	0,116	0,119	0,121	0,123
33	0,107	0,109	0,111	0,114	0,116	0,118	0,121	0,123
34	0,106	0,109	0,111	0,113	0,116	0,118	0,120	0,123
35	0,106	0,108	0,111	0,113	0,115	0,118	0,120	0,122
36	0,106	0,108	0,110	0,113	0,115	0,117	0,120	0,122
37	0,105	0,108	0,110	0,112	0,115	0,117	0,119	0,122
38	0,105	0,107	0,110	0,112	0,114	0,117	0,119	0,122
39	0,105	0,107	0,110	0,112	0,114	0,117	0,119	0,121
40	0,105	0,107	0,109	0,112	0,114	0,116	0,119	0,121
45	0,104	0,106	0,109	0,111	0,113	0,116	0,118	0,121
50	0,103	0,106	0,108	0,111	0,113	0,115	0,118	0,120

Annuität (Fortsetzung)

Beispiel: Eine Hypothek von 1 000 € soll bei einer Verzinsung von $\boxed{15\,\%}$ in $\boxed{20}$ Jahren getilgt werden; zu zahlen sind am Ende jedes Jahres $\boxed{0{,}160}\times 1\,000 = 160$ €.

Jahre	12,5%	13,0%	13,5%	14,0%	14,5%	15,0%	15,5%	16,0%
1	1,125	1,130	1,135	1,140	1,145	1,150	1,155	1,160
2	0,596	0,599	0,603	0,607	0,611	0,615	0,619	0,623
3	0,420	0,424	0,427	0,431	0,434	0,438	0,442	0,445
4	0,333	0,336	0,340	0,343	0,347	0,350	0,354	0,357
5	0,281	0,284	0,288	0,291	0,295	0,298	0,302	0,305
6	0,247	0,250	0,254	0,257	0,261	0,264	0,268	0,271
7	0,223	0,226	0,230	0,233	0,237	0,240	0,244	0,248
8	0,205	0,208	0,212	0,216	0,219	0,223	0,227	0,230
9	0,191	0,195	0,199	0,202	0,206	0,210	0,213	0,217
10	0,181	0,184	0,188	0,192	0,195	0,199	0,203	0,207
11	0,172	0,176	0,180	0,183	0,187	0,191	0,195	0,199
12	0,165	0,169	0,173	0,177	0,181	0,184	0,188	0,192
13	0,159	0,163	0,167	0,171	0,175	0,179	0,183	0,187
14	0,155	0,159	0,163	0,167	0,171	0,175	0,179	0,183
15	0,151	0,155	0,159	0,163	0,167	0,171	0,175	0,179
16	0,147	0,151	0,156	0,160	0,164	0,168	0,172	0,176
17	0,145	0,149	0,153	0,157	0,161	0,165	0,170	0,174
18	0,142	0,146	0,150	0,155	0,159	0,163	0,168	0,172
19	0,140	0,144	0,148	0,153	0,157	0,161	0,166	0,170
$\boxed{20}$	0,138	0,142	0,147	0,151	0,155	$\boxed{0{,}160}$	0,164	0,169
21	0,137	0,141	0,145	0,150	0,154	0,158	0,163	0,167
22	0,135	0,139	0,144	0,148	0,153	0,157	0,162	0,166
23	0,134	0,138	0,143	0,147	0,152	0,156	0,161	0,165
24	0,133	0,137	0,142	0,146	0,151	0,155	0,160	0,165
25	0,132	0,136	0,141	0,145	0,150	0,155	0,159	0,164
26	0,131	0,136	0,140	0,145	0,149	0,154	0,159	0,163
27	0,130	0,135	0,140	0,144	0,149	0,154	0,158	0,163
28	0,130	0,134	0,139	0,144	0,148	0,153	0,158	0,163
29	0,129	0,134	0,139	0,143	0,148	0,153	0,157	0,162
30	0,129	0,133	0,138	0,143	0,148	0,152	0,157	0,162
31	0,128	0,133	0,138	0,142	0,147	0,152	0,157	0,162
32	0,128	0,133	0,137	0,142	0,147	0,152	0,157	0,161
33	0,128	0,132	0,137	0,142	0,147	0,152	0,156	0,161
34	0,127	0,132	0,137	0,142	0,146	0,151	0,156	0,161
35	0,127	0,132	0,137	0,141	0,146	0,151	0,156	0,161
36	0,127	0,132	0,136	0,141	0,146	0,151	0,156	0,161
37	0,127	0,131	0,136	0,141	0,146	0,151	0,156	0,161
38	0,126	0,131	0,136	0,141	0,146	0,151	0,156	0,161
39	0,126	0,131	0,136	0,141	0,146	0,151	0,156	0,160
40	0,126	0,131	0,136	0,141	0,146	0,151	0,155	0,160
45	0,126	0,131	0,135	0,140	0,145	0,150	0,155	0,160
50	0,125	0,130	0,135	0,140	0,145	0,150	0,155	0,160

4.9.5.2 Tilgungsdauer von Annuitätendarlehen (Tilgung und Verzinsung nachschüssig)

Jährlicher Tilgungs-satz in %	Nominalzinssatz						
	1 %	2 %	3 %	4 %	4,5 %	5 %	5,25 %
	Tilgungsdauer in Jahren (**Nachkommastellen = Tage**)						
0,5	110,144	81,98	65,299	56,8	52,112	49,54	47,263
1	69,234	55,173	46,324	41,15	38,263	36,260	35,296
1,5	51,119	42,285	37,62	33,47	31,177	30,18	29,141
2	40,270	35,4	31	28,4	26,281	25,245	25,62
2,5	33,299	29,249	26,242	24,130	23,141	22,188	22,40
3	28,335	25,288	23,162	21,216	20,296	20,36	19,277
3,5	25,90	22,299	20,339	19,155	18,281	18,69	17,328
4	22,152	20,173	18,335	17,242	17,44	16,224	16,137
4,5	20,65	18,206	17,101	16,80	15,270	15,112	15,40
5	18,119	16,357	15,324	14,357	14,209	14,76	14,11
5,5	16,281	15,238	14,263	13,339	13,209	13,90	13,36
6	15,173	14,188	13,260	13,8	12,256	12,152	12,105
6,5	14,141	13,198	12,303	12,83	11,342	11,249	11,206
7	13,152	12,249	12,26	11,188	11,101	11,18	10,339
7,5	12,206	11,335	11,137	10,324	10,245	10,170	10,134
8	11,296	11,98	10,278	10,123	10,51	9,342	9,310
8,5	11,65	10,242	10,83	9,299	9,234	9,173	9,144
9	10,216	10,51	9,267	9,137	9,76	9,22	8,353
9,5	10,26	9,234	9,105	8,346	8,292	8,242	8,216
10	9,209	9,76	8,314	8,209	8,159	8,112	8,90

Jährlicher Tilgungs-satz in %	Nominalzinssatz						
	5,5 %	5,75 %	6 %	6,25 %	6,5 %	6,75 %	7 %
	Tilgungsdauer in Jahren (**Nachkommastellen = Tage**)						
0,5	46,148	45,65	44,8	42,335	41,328	40,339	40,11
1	34,346	34,58	33,144	32,245	32	31,126	30,263
1,5	28,278	28,65	27,224	27,33	26,209	26,36	25,231
2	24,249	24,83	23,285	23,137	22,353	22,216	22,83
2,5	21,260	21,130	21	20,242	20,123	20,11	19,263
3	19,162	19,54	18,306	18,206	18,108	18,18	17,285
3,5	17,231	17,137	17,51	16,324	16,242	16,162	16,87
4	16,58	15,335	15,263	15,188	15,116	15,47	14,342
4,5	14,328	14,260	14,195	14,130	14,69	14,11	13,314
5	13,310	13,249	13,191	13,137	13,83	13,29	12,339
5,5	12,342	12,288	12,238	12,188	12,141	12,94	12,47
6	12,54	12,8	11,324	11,278	11,234	11,195	11,155
6,5	11,162	11,119	11,80	11,40	11,4	10,324	10,288
7	10,299	10,260	10,224	10,188	10,155	10,123	10,87
7,5	10,98	10,65	10,33	10	9,328	9,296	9,267
8	9,278	9,249	9,216	9,188	9,159	9,134	9,105
8,5	9,116	9,87	9,62	9,33	9,8	8,342	8,317
9	8,328	8,303	8,278	8,252	8,227	8,206	8,180
9,5	8,191	8,170	8,144	8,123	8,101	8,80	8,58
10	8,65	8,47	8,26	8,4	7,342	7,324	7,303

Tilgungsdauer, Tilgung und Verzinsung nachschüssig (Fortsetzung)

Jährlicher Tilgungs-satz in %	Nominalzinssatz					
	7,25%	7,5%	7,75%	8%	8,25%	8,5%
	Tilgungsdauer in Jahren **(Nachkommastellen = Tage)**					
0,5	39,58	38,123	37,202	36,292	36,36	35,155
1	30,54	29,213	29,22	28,198	28,22	27,216
1,5	25,72	24,281	24,134	23,353	23,220	23,90
2	21,317	21,195	21,80	20,328	20,220	20,119
2,5	19,162	19,62	18,324	18,234	18,144	18,58
3	17,198	17,116	17,36	16,317	16,245	16,170
3,5	16,11	15,299	15,231	15,166	15,101	15,36
4	14,278	14,216	14,155	14,98	14,44	13,350
4,5	13,256	13,202	13,152	13,98	13,51	13
5	12,288	12,242	12,195	12,152	12,105	12,65
5,5	12,4	11,321	11,281	11,242	11,202	11,162
6	11,116	11,76	11,40	11,4	10,328	10,296
6,5	10,252	10,220	10,188	10,155	10,123	10,90
7	10,58	10,26	9,357	9,324	9,296	9,267
7,5	9,238	9,209	9,184	9,155	9,130	9,105
8	9,80	9,54	9,29	9,4	8,339	8,314
8,5	8,292	8,270	8,245	8,224	8,202	8,180
9	8,159	8,137	8,116	8,94	8,76	8,54
9,5	8,36	8,18	7,357	7,339	7,321	7,303
10	7,285	7,267	7,249	7,231	7,213	7,195

Jährlicher Tilgungs-satz in %	Nominalzinssatz					
	8,75%	9%	9,25%	9,5%	9,75%	10%
	Tilgungsdauer in Jahren **(Nachkommastellen = Tage)**					
0,5	34,281	34,62	33,209	33,4	32,166	31,339
1	27,54	26,260	26,112	25,328	25,191	25,58
1,5	22,328	22,209	22,94	21,342	21,238	21,134
2	20,18	19,281	19,191	19,98	19,11	18,288
2,5	17,335	17,256	17,177	17,101	17,29	16,321
3	16,101	16,33	15,324	15,263	15,198	15,137
3,5	14,335	14,278	14,220	14,166	14,112	14,58
4	13,296	13,245	13,195	13,144	13,98	13,51
4,5	12,314	12,270	12,227	12,184	12,141	12,101
5	12,22	11,342	11,303	11,263	11,227	11,191
5,5	11,126	11,90	11,54	11,22	10,346	10,314
6	10,260	10,227	10,195	10,166	10,134	10,105
6,5	10,62	10,29	10	9,335	9,306	9,278
7	9,242	9,213	9,188	9,162	9,137	9,112
7,5	9,80	9,54	9,29	9,8	8,342	8,321
8	8,292	8,270	8,249	8,227	8,206	8,184
8,5	8,159	8,137	8,116	8,98	8,76	8,58
9	8,36	8,15	7,357	7,339	7,321	7,303
9,5	7,281	7,263	7,249	7,231	7,213	7,195
10	7,177	7,162	7,144	7,130	7,116	7,98

4.9.5.3 Effektivzinssätze für Annuitätendarlehen[1]

Vorausrechnung der Zinsen jeweils aus der Restschuld am Jahresanfang für ein Jahr
Fälligstellung der Zinsen am Jahresende
Zahlung der Annuität in einem Betrag jeweils am Jahresende — **Tilgung 1 % p.a.**

Nom.-zins-satz in %	Auszahlungskurs in %											
	99,50	99,00	98,50	98,00	97,50	97,00	96,50	96,00	95,50	95,00	94,50	94,00
	Effektivzinssatz in %											
3,00	3,03	3,06	3,08	3,11	3,14	3,17	3,20	3,23	3,26	3,29	3,32	3,35
3,25	3,28	3,31	3,34	3,37	3,40	3,43	3,46	3,49	3,52	3,55	3,58	3,61
3,50	3,53	3,56	3,59	3,62	3,65	3,69	3,72	3,75	3,78	3,82	3,85	3,88
3,75	3,78	3,81	3,85	3,88	3,91	3,94	3,98	4,01	4,05	4,08	4,11	4,15
4,00	4,03	4,07	4,10	4,13	4,17	4,20	4,24	4,27	4,31	4,34	4,38	4,42
4,25	4,28	4,32	4,35	4,39	4,43	4,46	4,50	4,53	4,57	4,61	4,65	4,68
4,50	4,54	4,57	4,61	4,65	4,68	4,72	4,76	4,80	4,83	4,87	4,91	4,95
4,75	4,79	4,82	4,86	4,90	4,94	4,98	5,02	5,06	5,10	5,14	5,18	5,22
5,00	5,04	5,08	5,12	5,16	5,20	5,24	5,28	5,32	5,36	5,40	5,44	5,48
5,25	5,29	5,33	5,37	5,41	5,45	5,49	5,54	5,58	5,62	5,66	5,71	5,75
5,50	5,54	5,58	5,62	5,67	5,71	5,75	5,80	5,84	5,88	5,93	5,97	6,02
5,75	5,79	5,84	5,88	5,92	5,97	6,01	6,06	6,10	6,15	6,19	6,24	6,29
6,00	6,04	6,09	6,13	6,18	6,22	6,27	6,32	6,36	6,41	6,46	6,50	6,55
6,25	6,30	6,34	6,39	6,43	6,48	6,53	6,58	6,62	6,67	6,72	6,77	6,82
6,50	6,55	6,59	6,64	6,69	6,74	6,79	6,83	6,88	6,93	6,98	7,04	7,09
6,75	6,80	6,85	6,90	6,94	6,99	7,04	7,09	7,15	7,20	7,25	7,30	7,35
7,00	7,05	7,10	7,15	7,20	7,25	7,30	7,35	7,41	7,46	7,51	7,57	7,62
7,25	7,30	7,35	7,40	7,46	7,51	7,56	7,61	7,67	7,72	7,78	7,83	7,89
7,50	7,55	7,60	7,66	7,71	7,76	7,82	7,87	7,93	7,98	8,04	8,10	8,15
7,75	7,80	7,86	7,91	7,97	8,02	8,08	8,13	8,19	8,25	8,30	8,36	8,42
8,00	8,05	8,11	8,17	8,22	8,28	8,33	8,39	8,45	8,51	8,57	8,63	8,69
8,25	8,31	8,36	8,42	8,48	8,53	8,59	8,65	8,71	8,77	8,83	8,89	8,95
8,50	8,56	8,61	8,67	8,73	8,79	8,85	8,91	8,97	9,03	9,09	9,16	9,22
8,75	8,81	8,87	8,93	8,99	9,05	9,11	9,17	9,23	9,30	9,36	9,42	9,49
9,00	9,06	9,12	9,18	9,24	9,30	9,37	9,43	9,49	9,56	9,62	9,69	9,75
9,25	9,31	9,37	9,44	9,50	9,56	9,62	9,69	9,75	9,82	9,89	9,95	10,02
9,50	9,56	9,63	9,69	9,75	9,82	9,88	9,95	10,02	10,08	10,15	10,22	10,29
9,75	9,81	9,88	9,94	10,01	10,07	10,14	10,21	10,28	10,34	10,41	10,48	10,55
10,00	10,07	10,13	10,20	10,26	10,33	10,40	10,47	10,54	10,61	10,68	10,75	10,82

[1] Errechnet unter Anwendung der 360-Tage-Methode.

Effektivzinssätze für Annuitätendarlehen (Fortsetzung)

Auszahlungskurs in %								Lauf-zeit J.	Für 1 000 € Darlehen beträgt		
93,50	93,00	92,50	92,00	91,50	91,00	90,50	90,00		die lfd. Rate	die Schluss-rate	der Zins-auf-wand
Effektivzinssatz in %									€	€	€
3,38	3,41	3,44	3,47	3,50	3,53	3,56	3,60	47	40,00	36,03	876,03
3,65	3,68	3,71	3,74	3,78	3,81	3,84	3,88	46	42,50	10,33	922,83
3,91	3,95	3,98	4,02	4,05	4,09	4,12	4,16	44	45,00	32,62	967,62
4,18	4,22	4,25	4,29	4,33	4,36	4,40	4,44	43	47,50	15,62	1010,62
4,45	4,49	4,53	4,56	4,60	4,64	4,68	4,72	42	50,00	1,80	1051,80
4,72	4,76	4,80	4,84	4,88	4,92	4,96	5,00	40	52,50	44,27	1091,77
4,99	5,03	5,07	5,11	5,15	5,19	5,24	5,28	39	55,00	40,36	1130,36
5,26	5,30	5,34	5,38	5,43	5,47	5,51	5,56	38	57,50	40,14	1167,64
5,53	5,57	5,61	5,66	5,70	5,75	5,79	5,84	37	60,00	43,72	1203,72
5,80	5,84	5,89	5,93	5,98	6,02	6,07	6,12	36	62,50	51,16	1238,66
6,06	6,11	6,16	6,20	6,25	6,30	6,35	6,40	35	65,00	62,49	1272,49
6,33	6,38	6,43	6,48	6,53	6,57	6,62	6,67	35	67,50	10,73	1305,73
6,60	6,65	6,70	6,75	6,80	6,85	6,90	6,95	34	70,00	28,16	1338,16
6,87	6,92	6,97	7,02	7,07	7,13	7,18	7,23	33	72,50	49,53	1369,53
7,14	7,19	7,24	7,30	7,35	7,40	7,46	7,51	32	75,00	74,66	1399,66
7,41	7,46	7,51	7,57	7,62	7,68	7,73	7,79	32	77,50	27,62	1430,12
7,67	7,73	7,79	7,84	7,90	7,95	8,01	8,07	31	80,00	59,27	1459,27
7,94	8,00	8,06	8,11	8,17	8,23	8,29	8,35	31	82,50	12,68	1487,68
8,21	8,27	8,33	8,39	8,45	8,51	8,57	8,63	30	85,00	51,01	1516,01
8,48	8,54	8,60	8,66	8,72	8,78	8,84	8,91	30	87,50	5,33	1542,83
8,75	8,81	8,87	8,93	8,99	9,06	9,12	9,19	29	90,00	50,34	1570,34
9,02	9,08	9,14	9,20	9,27	9,33	9,40	9,47	29	92,50	6,02	1596,02
9,28	9,35	9,41	9,48	9,54	9,61	9,68	9,74	28	95,00	57,56	1622,56
9,55	9,62	9,68	9,75	9,82	9,89	9,95	10,02	28	97,50	15,01	1647,51
9,82	9,89	9,95	10,02	10,09	10,16	10,23	10,30	27	100,00	72,77	1672,77
10,09	10,16	10,23	10,30	10,37	10,44	10,51	10,58	27	102,50	32,36	1697,36
10,36	10,43	10,50	10,57	10,64	10,71	10,79	10,86	26	105,00	95,86	1720,86
10,62	10,70	10,77	10,84	10,91	10,99	11,06	11,14	26	107,50	57,90	1745,40
10,89	10,96	11,04	11,11	11,19	11,26	11,34	11,42	26	110,00	18,18	1768,18

Effektivzinssätze für Annuitätendarlehen (Fortsetzung)

Vorausrechnung der Zinsen jeweils aus der Restschuld am Jahresanfang für ein Jahr
Fälligstellung der Zinsen am Jahresende
Zahlung der Annuität in einem Betrag jeweils am Jahresende | **Tilgung 1,5% p.a.**

Nom.-zinssatz in %	Auszahlungskurs in %											
	99,50	99,00	98,50	98,00	97,50	97,00	96,50	96,00	95,50	95,00	94,50	94,00
	Effektivzinssatz in %											
3,00	3,03	3,07	3,10	3,13	3,17	3,20	3,24	3,27	3,30	3,34	3,38	3,41
3,25	3,28	3,32	3,35	3,39	3,42	3,46	3,50	3,53	3,57	3,60	3,64	3,68
3,50	3,54	3,57	3,61	3,64	3,68	3,72	3,76	3,79	3,83	3,87	3,91	3,95
3,75	3,79	3,82	3,86	3,90	3,94	3,98	4,02	4,05	4,09	4,13	4,17	4,21
4,00	4,04	4,08	4,12	4,16	4,20	4,24	4,28	4,32	4,36	4,40	4,44	4,48
4,25	4,29	4,33	4,37	4,41	4,45	4,49	4,54	4,58	4,62	4,66	4,71	4,75
4,50	4,54	4,58	4,62	4,67	4,71	4,75	4,80	4,84	4,88	4,93	4,97	5,02
4,75	4,79	4,84	4,88	4,92	4,97	5,01	5,06	5,10	5,15	5,19	5,24	5,28
5,00	5,04	5,09	5,13	5,18	5,22	5,27	5,32	5,36	5,41	5,46	5,50	5,55
5,25	5,30	5,34	5,39	5,43	5,48	5,53	5,58	5,62	5,67	5,72	5,77	5,82
5,50	5,55	5,59	5,64	5,69	5,74	5,79	5,83	5,88	5,93	5,98	6,04	6,09
5,75	5,80	5,85	5,90	5,94	5,99	6,04	6,09	6,15	6,20	6,25	6,30	6,35
6,00	6,05	6,10	6,15	6,20	6,25	6,30	6,35	6,41	6,46	6,51	6,57	6,62
6,25	6,30	6,35	6,40	6,46	6,51	6,56	6,61	6,67	6,72	6,78	6,83	6,89
6,50	6,55	6,60	6,66	6,71	6,77	6,82	6,87	6,93	6,98	7,04	7,10	7,15
6,75	6,80	6,86	6,91	6,97	7,02	7,08	7,13	7,19	7,25	7,31	7,36	7,42
7,00	7,05	7,11	7,17	7,22	7,28	7,34	7,39	7,45	7,51	7,57	7,63	7,69
7,25	7,31	7,36	7,42	7,48	7,54	7,59	7,65	7,71	7,77	7,83	7,89	7,96
7,50	7,56	7,62	7,67	7,73	7,79	7,85	7,91	7,97	8,04	8,10	8,16	8,22
7,75	7,81	7,87	7,93	7,99	8,05	8,11	8,17	8,23	8,30	8,36	8,43	8,49
8,00	8,06	8,12	8,18	8,24	8,31	8,37	8,43	8,50	8,56	8,63	8,69	8,76
8,25	8,31	8,37	8,44	8,50	8,56	8,63	8,69	8,76	8,82	8,89	8,96	9,02
8,50	8,56	8,63	8,69	8,75	8,82	8,89	8,95	9,02	9,09	9,15	9,22	9,29
8,75	8,81	8,88	8,94	9,01	9,08	9,14	9,21	9,28	9,35	9,42	9,49	9,56
9,00	9,07	9,13	9,20	9,27	9,33	9,40	9,47	9,54	9,61	9,68	9,75	9,82
9,25	9,32	9,38	9,45	9,52	9,59	9,66	9,73	9,80	9,87	9,94	10,02	10,09
9,50	9,57	9,64	9,71	9,78	9,85	9,92	9,99	10,06	10,13	10,21	10,28	10,36
9,75	9,82	9,89	9,96	10,03	10,10	10,18	10,25	10,32	10,40	10,47	10,55	10,62
10,00	10,07	10,14	10,21	10,29	10,36	10,43	10,51	10,58	10,66	10,74	10,81	10,89

Effektivzinssätze für Annuitätendarlehen (Fortsetzung)

Auszahlungskurs in %								Lauf-zeit J.	Für 1 000 € Darlehen beträgt		der
93,50	93,00	92,50	92,00	91,50	91,00	90,50	90,00		die lfd. Rate €	die Schluss-rate €	Zins-auf-wand €
Effektivzinssatz in %											
3,45	3,48	3,52	3,56	3,59	3,63	3,67	3,71	38	45,00	7,61	672,61
3,72	3,75	3,79	3,83	3,87	3,91	3,95	3,99	37	47,50	1,95	711,95
3,99	4,03	4,07	4,11	4,15	4,19	4,23	4,27	35	50,00	49,89	749,89
4,26	4,30	4,34	4,38	4,42	4,46	4,51	4,55	35	52,50	1,58	786,58
4,52	4,57	4,61	4,65	4,70	4,74	4,79	4,83	34	55,00	7,13	822,13
4,79	4,84	4,88	4,93	4,97	5,02	5,06	5,11	33	57,50	16,60	856,60
5,06	5,11	5,15	5,20	5,25	5,30	5,34	5,39	32	60,00	30,01	890,01
5,33	5,38	5,43	5,47	5,52	5,57	5,62	5,67	31	62,50	47,31	922,31
5,60	5,65	5,70	5,75	5,80	5,85	5,90	5,95	31	65,00	3,59	953,59
5,87	5,92	5,97	6,02	6,07	6,13	6,18	6,23	30	67,50	27,06	984,56
6,14	6,19	6,24	6,29	6,35	6,40	6,46	6,51	29	70,00	54,33	1014,33
6,41	6,46	6,51	6,57	6,62	6,68	6,73	6,79	29	72,50	13,43	1043,43
6,68	6,73	6,79	6,84	6,90	6,96	7,01	7,07	28	75,00	47,08	1072,08
6,94	7,00	7,06	7,11	7,17	7,23	7,29	7,35	28	77,50	7,05	1099,55
7,21	7,27	7,33	7,39	7,45	7,51	7,57	7,63	27	80,00	47,15	1127,15
7,48	7,54	7,60	7,66	7,72	7,78	7,85	7,91	27	82,50	8,38	1153,38
7,75	7,81	7,87	7,93	8,00	8,06	8,12	8,19	26	85,00	54,85	1179,85
8,02	8,08	8,14	8,21	8,27	8,34	8,40	8,47	26	87,50	17,71	1205,21
8,29	8,35	8,42	8,48	8,55	8,61	8,68	8,75	25	90,00	70,33	1230,33
8,55	8,62	8,69	8,75	8,82	8,89	8,96	9,03	25	92,50	35,15	1255,15
8,82	8,89	8,96	9,03	9,10	9,17	9,24	9,31	24	95,00	93,53	1278,53
9,09	9,16	9,23	9,30	9,37	9,44	9,51	9,59	24	97,50	60,59	1303,09
9,36	9,43	9,50	9,57	9,64	9,72	9,79	9,86	24	100,00	26,25	1326,25
9,63	9,70	9,77	9,85	9,92	9,99	10,07	10,14	23	102,50	93,73	1348,73
9,90	9,97	10,04	10,12	10,19	10,27	10,34	10,42	23	105,00	62,02	1372,02
10,16	10,24	10,31	10,39	10,47	10,54	10,62	10,70	23	107,50	29,03	1394,03
10,43	10,51	10,59	10,66	10,74	10,82	10,90	10,98	22	110,00	105,17	1415,17
10,70	10,78	10,86	10,94	11,02	11,10	11,18	11,26	22	112,50	75,14	1437,64
10,97	11,05	11,13	11,21	11,29	11,37	11,46	11,54	22	115,00	43,96	1458,96

Effektivzinssätze für Annuitätendarlehen (Fortsetzung)

Vorausrechnung der Zinsen jeweils aus der Restschuld am Jahresanfang für ein Jahr
Fälligstellung der Zinsen am Jahresende
Zahlung der Annuität in einem Betrag jeweils am Jahresende | **Tilgung 2 % p.a.** |

Nom.-zinssatz in %	Auszahlungskurs in %											
	99,50	99,00	98,50	98,00	97,50	97,00	96,50	96,00	95,50	95,00	94,50	94,00
	Effektivzinssatz in %											
3,00	3,04	3,08	3,11	3,15	3,19	3,23	3,27	3,31	3,35	3,39	3,43	3,47
3,25	3,29	3,33	3,37	3,41	3,45	3,49	3,53	3,57	3,61	3,66	3,70	3,74
3,50	3,54	3,58	3,62	3,66	3,71	3,75	3,79	3,83	3,88	3,92	3,97	4,01
3,75	3,79	3,83	3,88	3,92	3,96	4,01	4,05	4,10	4,14	4,19	4,23	4,28
4,00	4,04	4,09	4,13	4,18	4,22	4,27	4,31	4,36	4,40	4,45	4,50	4,55
4,25	4,29	4,34	4,39	4,43	4,48	4,52	4,57	4,62	4,67	4,72	4,76	4,81
4,50	4,55	4,59	4,64	4,69	4,74	4,78	4,83	4,88	4,93	4,98	5,03	5,08
4,75	4,80	4,85	4,89	4,94	4,99	5,04	5,09	5,14	5,19	5,24	5,30	5,35
5,00	5,05	5,10	5,15	5,20	5,25	5,30	5,35	5,40	5,46	5,51	5,56	5,62
5,25	5,30	5,35	5,40	5,45	5,51	5,56	5,61	5,67	5,72	5,77	5,83	5,88
5,50	5,55	5,60	5,66	5,71	5,76	5,82	5,87	5,93	5,98	6,04	6,09	6,15
5,75	5,80	5,86	5,91	5,97	6,02	6,08	6,13	6,19	6,24	6,30	6,36	6,42
6,00	6,05	6,11	6,17	6,22	6,28	6,33	6,39	6,45	6,51	6,57	6,63	6,69
6,25	6,31	6,36	6,42	6,48	6,53	6,59	6,65	6,71	6,77	6,83	6,89	6,95
6,50	6,56	6,62	6,67	6,73	6,79	6,85	6,91	6,97	7,03	7,10	7,16	7,22
6,75	6,81	6,87	6,93	6,99	7,05	7,11	7,17	7,23	7,30	7,36	7,42	7,49
7,00	7,06	7,12	7,18	7,24	7,31	7,37	7,43	7,49	7,56	7,62	7,69	7,75
7,25	7,31	7,37	7,44	7,50	7,56	7,63	7,69	7,76	7,82	7,89	7,95	8,02
7,50	7,56	7,63	7,69	7,75	7,82	7,88	7,95	8,02	8,08	8,15	8,22	8,29
7,75	7,81	7,88	7,94	8,01	8,08	8,14	8,21	8,28	8,35	8,42	8,49	8,56
8,00	8,07	8,13	8,20	8,27	8,33	8,40	8,47	8,54	8,61	8,68	8,75	8,82
8,25	8,32	8,38	8,45	8,52	8,59	8,66	8,73	8,80	8,87	8,94	9,02	9,09
8,50	8,57	8,64	8,71	8,78	8,85	8,92	8,99	9,06	9,13	9,21	9,28	9,36
8,75	8,82	8,89	8,96	9,03	9,10	9,18	9,25	9,32	9,40	9,47	9,55	9,62
9,00	9,07	9,14	9,21	9,29	9,36	9,43	9,51	9,58	9,66	9,74	9,81	9,89
9,25	9,32	9,40	9,47	9,54	9,62	9,69	9,77	9,84	9,92	10,00	10,08	10,16
9,50	9,57	9,65	9,72	9,80	9,87	9,95	10,03	10,11	10,18	10,26	10,34	10,42
9,75	9,82	9,90	9,98	10,05	10,13	10,21	10,29	10,37	10,45	10,53	10,61	10,69
10,00	10,08	10,15	10,23	10,31	10,39	10,47	10,55	10,63	10,71	10,79	10,87	10,96

Effektivzinssätze für Annuitätendarlehen (Fortsetzung)

Auszahlungskurs in %								Lauf-zeit J.	Für 1 000 € Darlehen beträgt		
93,50	93,00	92,50	92,00	91,50	91,00	90,50	90,00		die lfd. Rate €	die Schluss-rate €	der Zins-auf-wand €
Effektivzinssatz in %											
3,51	3,56	3,60	3,64	3,68	3,73	3,77	3,82	31	50,00	49,95	549,95
3,78	3,83	3,87	3,92	3,96	4,01	4,05	4,10	31	52,50	9,30	584,30
4,05	4,10	4,14	4,19	4,24	4,28	4,33	4,38	30	55,00	22,55	617,55
4,32	4,37	4,42	4,46	4,51	4,56	4,61	4,66	29	57,50	39,68	649,68
4,59	4,64	4,69	4,74	4,79	4,84	4,89	4,94	29	60,00	0,67	680,67
4,86	4,91	4,96	5,01	5,06	5,12	5,17	5,22	28	62,50	23,80	711,30
5,13	5,18	5,23	5,29	5,34	5,39	5,45	5,50	27	65,00	50,77	740,77
5,40	5,45	5,51	5,56	5,62	5,67	5,73	5,78	27	67,50	14,56	769,56
5,67	5,72	5,78	5,83	5,89	5,95	6,00	6,06	26	70,00	47,73	797,73
5,94	5,99	6,05	6,11	6,17	6,22	6,28	6,34	26	72,50	12,51	825,01
6,21	6,27	6,32	6,38	6,44	6,50	6,56	6,62	25	75,00	51,95	851,95
6,48	6,54	6,60	6,66	6,72	6,78	6,84	6,90	25	77,50	18,08	878,08
6,75	6,81	6,87	6,93	6,99	7,05	7,12	7,18	24	80,00	63,69	903,69
7,01	7,08	7,14	7,20	7,27	7,33	7,40	7,46	24	82,50	31,48	928,98
7,28	7,35	7,41	7,48	7,54	7,61	7,67	7,74	23	85,00	83,04	953,04
7,55	7,62	7,68	7,75	7,82	7,88	7,95	8,02	23	87,50	52,77	977,77
7,82	7,89	7,96	8,02	8,09	8,16	8,23	8,30	23	90,00	21,28	1001,28
8,09	8,16	8,23	8,30	8,37	8,44	8,51	8,58	22	92,50	81,79	1024,29
8,36	8,43	8,50	8,57	8,64	8,71	8,79	8,86	22	95,00	52,62	1047,62
8,63	8,70	8,77	8,84	8,92	8,99	9,06	9,14	22	97,50	22,32	1069,82
8,90	8,97	9,04	9,12	9,19	9,27	9,34	9,42	21	100,00	91,54	1091,54
9,16	9,24	9,31	9,39	9,47	9,54	9,62	9,70	21	102,50	63,89	1113,89
9,43	9,51	9,58	9,66	9,74	9,82	9,90	9,98	21	105,00	35,22	1135,22
9,70	9,78	9,86	9,94	10,02	10,10	10,18	10,26	21	107,50	5,51	1155,51
9,97	10,05	10,13	10,21	10,29	10,37	10,45	10,54	20	110,00	86,80	1176,80
10,24	10,32	10,40	10,48	10,56	10,65	10,73	10,82	20	112,50	60,14	1197,64
10,51	10,59	10,67	10,75	10,84	10,92	11,01	11,10	20	115,00	32,56	1217,56
10,77	10,86	10,94	11,03	11,11	11,20	11,29	11,38	20	117,50	4,02	1236,52
11,04	11,13	11,21	11,30	11,39	11,48	11,56	11,65	19	120,00	96,82	1256,82

Effektivzinssätze für Annuitätendarlehen (Fortsetzung)

Vorausrechnung der Zinsen jeweils aus der Restschuld am Jahresanfang für ein Jahr
Fälligstellung der Zinsen am Jahresende
Zahlung der Annuität in einem Betrag jeweils am Jahresende $\boxed{\text{Tilgung 3\% p.a.}}$

Nom.-zinssatz in %	Auszahlungskurs in %											
	99,50	99,00	98,50	98,00	97,50	97,00	96,50	96,00	95,50	95,00	94,50	94,00
	Effektivzinssatz in %											
3,00	3,05	3,10	3,14	3,19	3,24	3,29	3,34	3,39	3,44	3,49	3,54	3,59
3,25	3,30	3,35	3,40	3,45	3,50	3,55	3,60	3,65	3,70	3,76	3,81	3,86
3,50	3,55	3,60	3,65	3,70	3,76	3,81	3,86	3,91	3,97	4,02	4,08	4,13
3,75	3,80	3,85	3,91	3,96	4,01	4,07	4,12	4,18	4,23	4,29	4,34	4,40
4,00	4,05	4,11	4,16	4,22	4,27	4,33	4,38	4,44	4,49	4,55	4,61	4,67
4,25	4,30	4,36	4,42	4,47	4,53	4,58	4,64	4,70	4,76	4,82	4,88	4,93
4,50	4,56	4,61	4,67	4,73	4,78	4,84	4,90	4,96	5,02	5,08	5,14	5,20
4,75	4,81	4,87	4,92	4,98	5,04	5,10	5,16	5,22	5,28	5,35	5,41	5,47
5,00	5,06	5,12	5,18	5,24	5,30	5,36	5,42	5,48	5,55	5,61	5,67	5,74
5,25	5,31	5,37	5,43	5,49	5,56	5,62	5,68	5,75	5,81	5,88	5,94	6,01
5,50	5,56	5,62	5,69	5,75	5,81	5,88	5,94	6,01	6,07	6,14	6,21	6,27
5,75	5,81	5,88	5,94	6,01	6,07	6,14	6,20	6,27	6,34	6,40	6,47	6,54
6,00	6,06	6,13	6,20	6,26	6,33	6,39	6,46	6,53	6,60	6,67	6,74	6,81
6,25	6,32	6,38	6,45	6,52	6,58	6,65	6,72	6,79	6,86	6,93	7,00	7,08
6,50	6,57	6,64	6,70	6,77	6,84	6,91	6,98	7,05	7,13	7,20	7,27	7,34
6,75	6,82	6,89	6,96	7,03	7,10	7,17	7,24	7,32	7,39	7,46	7,54	7,61
7,00	7,07	7,14	7,21	7,28	7,36	7,43	7,50	7,58	7,65	7,73	7,80	7,88
7,25	7,32	7,39	7,47	7,54	7,61	7,69	7,76	7,84	7,91	7,99	8,07	8,15
7,50	7,57	7,65	7,72	7,79	7,87	7,95	8,02	8,10	8,18	8,26	8,33	8,41
7,75	7,82	7,90	7,97	8,05	8,13	8,20	8,28	8,36	8,44	8,52	8,60	8,68
8,00	8,08	8,15	8,23	8,31	8,38	8,46	8,54	8,62	8,70	8,78	8,87	8,95
8,25	8,33	8,40	8,48	8,56	8,64	8,72	8,80	8,88	8,97	9,05	9,13	9,22
8,50	8,58	8,66	8,74	8,82	8,90	8,98	9,06	9,14	9,23	9,31	9,40	9,48
8,75	8,83	8,91	8,99	9,07	9,15	9,24	9,32	9,41	9,49	9,58	9,66	9,75
9,00	9,08	9,16	9,25	9,33	9,41	9,50	9,58	9,67	9,75	9,84	9,93	10,02
9,25	9,33	9,42	9,50	9,58	9,67	9,75	9,84	9,93	10,02	10,10	10,19	10,28
9,50	9,58	9,67	9,75	9,84	9,93	10,01	10,10	10,19	10,28	10,37	10,46	10,55
9,75	9,84	9,92	10,01	10,09	10,18	10,27	10,36	10,45	10,54	10,63	10,73	10,82
10,00	10,09	10,17	10,26	10,35	10,44	10,53	10,62	10,71	10,80	10,90	10,99	11,09

Effektivzinssätze für Annuitätendarlehen (Fortsetzung)

\	\	\	\	\	\	\	\	Lauf-	\	\	\
Auszahlungskurs in %								zeit	Für 1 000 € Darlehen		
93,50	93,00	92,50	92,00	91,50	91,00	90,50	90,00	J.	beträgt		der
									die	die	Zins-
									lfd.	Schluss-	auf-
									Rate	rate	wand
Effektivzinssatz in %									€	€	€
3,65	3,70	3,75	3,80	3,86	3,91	3,97	4,02	24	60,00	27,21	407,21
3,92	3,97	4,02	4,08	4,14	4,19	4,25	4,30	23	62,50	59,34	434,34
4,19	4,24	4,30	4,35	4,41	4,47	4,53	4,59	23	65,00	31,19	461,19
4,46	4,51	4,57	4,63	4,69	4,75	4,81	4,87	23	67,50	1,91	486,91
4,73	4,78	4,84	4,90	4,96	5,02	5,09	5,15	22	70,00	42,56	512,56
4,99	5,06	5,12	5,18	5,24	5,30	5,37	5,43	22	72,50	14,76	537,26
5,26	5,33	5,39	5,45	5,52	5,58	5,65	5,71	21	75,00	61,51	561,51
5,53	5,60	5,66	5,73	5,79	5,86	5,92	5,99	21	77,50	35,44	585,44
5,80	5,87	5,93	6,00	6,07	6,14	6,20	6,27	21	80,00	8,42	608,42
6,07	6,14	6,21	6,27	6,34	6,41	6,48	6,55	20	82,50	63,90	631,40
6,34	6,41	6,48	6,55	6,62	6,69	6,76	6,83	20	85,00	38,95	653,95
6,61	6,68	6,75	6,82	6,89	6,97	7,04	7,11	20	87,50	13,14	675,64
6,88	6,95	7,02	7,10	7,17	7,24	7,32	7,39	19	90,00	77,20	697,20
7,15	7,22	7,30	7,37	7,45	7,52	7,60	7,67	19	92,50	53,73	718,73
7,42	7,49	7,57	7,64	7,72	7,80	7,88	7,96	19	95,00	29,50	739,50
7,69	7,76	7,84	7,92	8,00	8,08	8,16	8,24	19	97,50	4,47	759,47
7,96	8,03	8,11	8,19	8,27	8,35	8,43	8,52	18	100,00	80,03	780,03
8,23	8,30	8,38	8,47	8,55	8,63	8,71	8,80	18	102,50	57,70	800,20
8,49	8,58	8,66	8,74	8,82	8,91	8,99	9,08	18	105,00	34,68	819,68
8,76	8,85	8,93	9,01	9,10	9,18	9,27	9,36	18	107,50	10,95	838,45
9,03	9,12	9,20	9,29	9,37	9,46	9,55	9,64	17	110,00	97,49	857,49
9,30	9,39	9,47	9,56	9,65	9,74	9,83	9,92	17	112,50	76,74	876,74
9,57	9,66	9,74	9,83	9,92	10,01	10,10	10,20	17	115,00	55,38	895,38
9,84	9,93	10,02	10,11	10,20	10,29	10,38	10,47	17	117,50	33,40	913,40
10,11	10,20	10,29	10,38	10,47	10,57	10,66	10,76	17	120,00	10,79	930,79
10,38	10,47	10,56	10,65	10,75	10,84	10,94	11,03	16	122,50	111,08	948,58
10,64	10,74	10,83	10,93	11,02	11,12	11,22	11,31	16	125,00	91,75	966,75
10,91	11,01	11,10	11,20	11,30	11,39	11,49	11,59	16	127,50	71,90	984,40
11,18	11,28	11,37	11,47	11,57	11,67	11,77	11,87	16	130,00	51,51	1001,51

4.9.6 Effektivzinssätze unter Berücksichtigung der Inflation

Der Effektivzins	beträgt bei einem jährlichen Zinssatz von					
	2,00 %	2,50 %	3,00 %	3,50 %	4,00 %	4,50 %
und einer Inflation/ Wertminderung von						
0,00 %	2,000	2,500	3,000	3,500	4,000	4,500
1,00 %	0,990	1,485	1,980	2,475	2,970	3,465
1,25 %	0,741	1,235	1,728	2,222	2,716	3,210
1,50 %	0,493	0,985	1,478	1,970	2,463	2,956
1,75 %	0,246	0,737	1,229	1,720	2,211	2,703
2,00 %	0,000	0,490	0,980	1,471	1,961	2,451
2,25 %	− 0,244	0,244	0,733	1,222	1,711	2,200
2,50 %	− 0,488	0,000	0,488	0,976	1,463	1,951
2,75 %	− 0,730	− 0,243	0,243	0,730	1,217	1,703
3,00 %	− 0,971	− 0,485	0,000	0,485	0,971	1,456
3,25 %	− 1,211	− 0,726	− 0,242	0,242	0,726	1,211
3,50 %	− 1,449	− 0,966	− 0,483	0,000	0,483	0,966
3,75 %	− 1,687	− 1,205	− 0,723	− 0,241	0,241	0,723
4,00 %	− 1,923	− 1,442	− 0,962	− 0,481	0,000	0,481
4,25 %	− 2,158	− 1,679	− 1,199	− 0,719	− 0,240	0,240
4,50 %	− 2,392	− 1,914	− 1,435	− 0,957	− 0,478	0,000
4,75 %	− 2,625	− 2,148	− 1,671	− 1,193	− 0,716	− 0,239
5,00 %	− 2,857	− 2,381	− 1,905	− 1,429	− 0,952	− 0,476
5,25 %	− 3,088	− 2,613	− 2,138	− 1,663	− 1,188	− 0,713
5,50 %	− 3,318	− 2,844	− 2,370	− 1,896	− 1,422	− 0,948
5,75 %	− 3,546	− 3,073	− 2,600	− 2,128	− 1,655	− 1,182
6,00 %	− 3,774	− 3,302	− 2,830	− 2,358	− 1,887	− 1,415
6,25 %	− 4,000	− 3,529	− 3,059	− 2,588	− 2,118	− 1,647
6,50 %	− 4,225	− 3,756	− 3,286	− 2,817	− 2,347	− 1,878
6,75 %	− 4,450	− 3,981	− 3,513	− 3,044	− 2,576	− 2,108
7,00 %	− 4,673	− 4,206	− 3,738	− 3,271	− 2,804	− 2,336
7,25 %	− 4,895	− 4,429	− 3,963	− 3,497	− 3,030	− 2,564
7,50 %	− 5,116	− 4,651	− 4,186	− 3,721	− 3,256	− 2,791
7,75 %	− 5,336	− 4,872	− 4,408	− 3,944	− 3,480	− 3,016
8,00 %	− 5,556	− 5,093	− 4,630	− 4,167	− 3,704	− 3,241
8,25 %	− 5,774	− 5,312	− 4,850	− 4,388	− 3,926	− 3,464
8,50 %	− 5,991	− 5,530	− 5,069	− 4,608	− 4,147	− 3,687
8,75 %	− 6,207	− 5,747	− 5,287	− 4,828	− 4,368	− 3,908
9,00 %	− 6,422	− 5,963	− 5,505	− 5,046	− 4,587	− 4,128
9,25 %	− 6,636	− 6,178	− 5,721	− 5,263	− 4,805	− 4,348
9,50 %	− 6,849	− 6,393	− 5,936	− 5,479	− 5,023	− 4,566
9,75 %	− 7,062	− 6,606	− 6,150	− 5,695	− 5,239	− 4,784
10,00 %	− 7,273	− 6,818	− 6,364	− 5,909	− 5,455	− 5,000
10,25 %	− 7,483	− 7,029	− 6,576	− 6,122	− 5,669	− 5,215
10,50 %	− 7,692	− 7,240	− 6,787	− 6,335	− 5,882	− 5,430
10,75 %	− 7,901	− 7,449	− 6,998	− 6,546	− 6,095	− 5,643
11,00 %	− 8,108	− 7,658	− 7,207	− 6,757	− 6,306	− 5,856

Effektivzinssätze unter Berücksichtigung der Inflation (Fortsetzung)

5,00 %	5,50 %	6,00 %	6,50 %	7,00 %	7,50 %	8,00 %	8,50 %
5,000	5,500	6,000	6,500	7,000	7,500	8,000	8,500
3,960	4,455	4,950	5,446	5,941	6,436	6,931	7,426
3,704	4,198	4,691	5,185	5,679	6,173	6,667	7,160
3,448	3,941	4,433	4,926	5,419	5,911	6,404	6,897
3,194	3,686	4,177	4,668	5,160	5,651	6,143	6,634
2,941	3,431	3,922	4,412	4,902	5,392	5,882	6,373
2,689	3,178	3,667	4,156	4,645	5,134	5,623	6,112
2,439	2,927	3,415	3,902	4,390	4,878	5,366	5,854
2,190	2,676	3,163	3,650	4,136	4,623	5,109	5,596
1,942	2,427	2,913	3,398	3,883	4,369	4,854	5,340
1,695	2,179	2,663	3,148	3,632	4,116	4,600	5,085
1,449	1,932	2,415	2,899	3,382	3,865	4,348	4,831
1,205	1,687	2,169	2,651	3,133	3,614	4,096	4,578
0,962	1,442	1,923	2,404	2,885	3,365	3,846	4,327
0,719	1,199	1,679	2,158	2,638	3,118	3,597	4,077
0,478	0,957	1,435	1,914	2,392	2,871	3,349	3,828
0,239	0,716	1,193	1,671	2,148	2,625	3,103	3,580
0,000	0,476	0,952	1,429	1,905	2,381	2,857	3,333
− 0,238	0,238	0,713	1,188	1,663	2,138	2,613	3,088
− 0,474	0,000	0,474	0,948	1,422	1,896	2,370	2,844
− 0,709	− 0,236	0,236	0,709	1,182	1,655	2,128	2,600
− 0,943	− 0,472	0,000	0,472	0,943	1,415	1,887	2,358
− 1,176	− 0,706	− 0,235	0,235	0,706	1,176	1,647	2,118
− 1,408	− 0,939	− 0,469	0,000	0,469	0,939	1,408	1,878
− 1,639	− 1,171	− 0,703	− 0,234	0,234	0,703	1,171	1,639
− 1,869	− 1,402	− 0,935	− 0,467	0,000	0,467	0,935	1,402
− 2,098	− 1,632	− 1,166	− 0,699	− 0,233	0,233	0,699	1,166
− 2,326	− 1,860	− 1,395	− 0,930	− 0,465	0,000	0,465	0,930
− 2,552	− 2,088	− 1,624	− 1,160	− 0,696	− 0,232	0,232	0,696
− 2,778	− 2,315	− 1,852	− 1,389	− 0,926	− 0,463	0,000	0,463
− 3,002	− 2,540	− 2,079	− 1,617	− 1,155	− 0,693	− 0,231	0,231
− 3,226	− 2,765	− 2,304	− 1,843	− 1,382	− 0,922	− 0,461	0,000
− 3,448	− 2,989	− 2,529	− 2,069	− 1,609	− 1,149	− 0,690	− 0,230
− 3,670	− 3,211	− 2,752	− 2,294	− 1,835	− 1,376	− 0,917	− 0,459
− 3,890	− 3,432	− 2,975	− 2,517	− 2,059	− 1,602	− 1,144	− 0,686
− 4,110	− 3,653	− 3,196	− 2,740	− 2,283	− 1,826	− 1,370	− 0,913
− 4,328	− 3,872	− 3,417	− 2,961	− 2,506	− 2,050	− 1,595	− 1,139
− 4,545	− 4,091	− 3,636	− 3,182	− 2,727	− 2,273	− 1,818	− 1,364
− 4,762	− 4,308	− 3,855	− 3,401	− 2,948	− 2,494	− 2,041	− 1,587
− 4,977	− 4,525	− 4,072	− 3,620	− 3,167	− 2,715	− 2,262	− 1,810
− 5,192	− 4,740	− 4,289	− 3,837	− 3,386	− 2,935	− 2,483	− 2,032
− 5,405	− 4,955	− 4,505	− 4,054	− 3,604	− 3,153	− 2,703	− 2,252

5 Steuern

5.1 Einkommensteuer

5.1.1 Steuerpflicht, Einkommensermittlung, Steuerermittlung und Steuerzahlung

5.1.1.1 Steuerpflicht

Steuerpflicht		Voraussetzungen	Rechtsfolgen
Unbeschränkt	Unbeschränkt (§ 1 Abs. 1 EStG)	Wohnsitz oder gewöhnlicher Aufenthalt im Inland (einschl. des zustehenden Anteils an der ausschließlichen Wirtschaftszone und am Festlandsockel unter den Voraussetzungen des § 1 Abs. 1 Satz 2 Nr. 1 und 2 EStG)	Besteuerung des Welteinkommens vorbehaltlich DBA
	Erweitert unbeschränkt (§ 1 Abs. 2 EStG)	Deutsche Staatsangehörige ohne Wohnsitz oder gewöhnlichen Aufenthalt im Inland, die – zu einer inländischen juristischen Person des öffentlichen Rechts in einem Dienstverhältnis stehen – dafür Arbeitslohn aus einer inländischen öffentlichen Kasse beziehen und – in dem Wohnsitz- oder Aufenthaltsstaat lediglich in einem der beschränkten ESt-Pflicht ähnlichen Umfang besteuert werden einschließlich der zum Haushalt gehörenden Angehörigen, die die deutsche Staatsangehörigkeit besitzen oder keine Einkünfte oder nur Einkünfte beziehen, die ausschl. im Inland estpfl. sind	Besteuerung des Welteinkommens vorbehaltlich DBA
	Fiktiv unbeschränkt (§ 1 Abs. 3 EStG) – sog. Grenzpendlerbesteuerung	Auf Antrag natürliche Personen ohne Wohnsitz oder gewöhnlichen Aufenthalt im Inland mit inländischen Einkünften i. S. v. § 49 EStG, wenn a) die Einkünfte im Kalenderjahr mind. zu 90 % der deutschen Einkommensteuer unterliegen[1] oder b) die nicht der deutschen Einkommensteuer unterliegenden Einkünfte[1] im *Kalenderjahr* den *Grund*freibetrag (2021: 9 744 €; ab 2022: 9 984 €) nicht übersteigen	Besteuerung der inländischen Einkünfte i. S. v. § 49 EStG vorbehaltlich DBA; das Welteinkommensprinzip gilt nicht

Fußnote siehe nächste Seite.

Steuerpflicht		Voraussetzungen	Rechtsfolgen
Unbeschränkt	Fiktiv unbeschränkt für bestimmte Steuervergünstigungen (§ 1a EStG)	Staatsangehörige eines EU- oder EWR-Mitgliedstaates, die a) nach § 1 Abs. 1 EStG unbeschränkt steuerpflichtig sind oder b) die Voraussetzungen des § 1 Abs. 3 EStG erfüllen, und deutsche Staatsangehörige i. S. v. § 1 Abs. 2 EStG, die die Einkunftsvoraussetzungen des § 1 Abs. 3 EStG erfüllen	– Steuervergünstigungen für Familienangehörige (z. B. Zusammenveranlagung), auch wenn sie selbst die Voraussetzungen des § 1 EStG nicht erfüllen – Abzug von auf besonderen Verpflichtungsgründen beruhenden Versorgungsleistungen (§ 10 Abs. 1a Nr. 2 EStG) – Abzug von Unterhaltsleistungen an den geschiedenen oder getrennt lebenden Ehegatten (§ 10 Abs. 1a Nr. 1 EStG) oder von Ausgleichszahlungen im Rahmen des Versorgungsausgleichs (§ 10 Abs. 1a Nr. 4 EStG) oder zur Vermeidung eines Versorgungsausgleichs (§ 10 Abs. 1a Nr. 3 EStG)[2] – Splittingtarif
Beschränkt	Einfach beschränkt (§ 1 Abs. 4 EStG)	Natürliche Personen, die – im Inland weder einen Wohnsitz noch ihren gewöhnlichen Aufenthalt haben (vorbehaltlich § 1 Abs. 2 und 3 sowie § 1a EStG; siehe dazu Kap. 5.13.3.1) und – Einkünfte i. S. d. § 49 EStG erzielen	Besteuerung der inländischen Einkünfte nach § 49 EStG (vorbehaltlich DBA)
	Erweitert beschränkt (§ 2 AStG); siehe dazu Kap. 5.13.4.1.2	Natürliche Personen, die nicht unbeschränkt steuerpflichtig sind und – in den letzten 10 Jahren vor dem Ende ihrer unbeschränkten Steuerpflicht nach § 1 Abs. 1 Satz 1 EStG als Deutscher insgesamt mindestens 5 Jahre lang unbeschränkt steuerpflichtig waren, – in ein Niedrigsteuerland verzogen sind und – wesentliche wirtschaftliche Interessen im Inland haben	Zehn Jahre lang über die beschränkte Steuerpflicht nach § 49 EStG hinaus beschränkt steuerpflichtig mit nicht ausländischen Einkünften i. S. d. § 34d EStG

---

[1] Unberücksichtigt bleiben bei Ermittlung der Einkünfte die nicht der deutschen Einkommensteuer unterliegenden Einkünfte, die im Ausland nicht besteuert werden, soweit vergleichbare Einkünfte im Inland steuerfrei sind. Inländische Einkünfte, die nach einem DBA nur beschränkt besteuert werden dürfen, gelten als nicht der deutschen Einkommensteuer unterliegend. Die Höhe der nicht der deutschen Einkommensteuer unterliegenden Einkünfte ist durch eine Bescheinigung der ausländischen Steuerbehörde nachzuweisen.

[2] Das gilt auch, wenn der Ausgleichsberechtigte nicht unbeschränkt einkommensteuerpflichtig ist. Die Besteuerung beim Empfänger, der seinen Wohnsitz oder persönlichen Aufenthalt in einem EU- oder EWR-Mitgliedstaat haben muss, ist durch eine Bescheinigung der ausländischen Steuerbehörde nachzuweisen.

	Veranlagungsart	Voraussetzungen[1]	Einkünfteermittlung	Tarif
§§26–26b EStG	Zusammenveranlagung (§ 26b EStG)	Antrag beider Ehegatten oder keine Erklärung[2]	– unbeschränkte Steuerpflicht beider Ehegatten nach §§ 1 Abs. 1, 2 oder § 1a EStG – wirksame Ehe – nicht dauernd getrennt lebend	Zusammenrechnung der beim jeweiligen Ehegatten getrennt ermittelten Einkünfte	Splittingtarif
	Einzelveranlagung von Ehegatten (§ 26a EStG)	Antrag eines Ehegatten		Ermittlung und Besteuerung der Einkünfte beim jeweiligen Ehegatten[3]	Grundtarif
§ 25 EStG	Einzelveranlagung	Voraussetzungen in §§ 26–26b EStG nicht erfüllt		Ermittlung und Besteuerung der Einkünfte des Steuerpflichtigen	– Grundtarif – u.U. Splittingtarif[4]

[1] Die Regelungen zu Ehegatten sind auch auf Lebenspartner anzuwenden (§ 2 Abs. 8 EStG).

[2] Die Wahl der Veranlagungsart kann nach Eintritt der Unanfechtbarkeit des Steuerbescheids nur noch geändert werden, wenn ein Steuerbescheid, der die Ehegatten betrifft, aufgehoben, geändert oder berichtigt wird. Die geänderte Wahl muss bis zur Unanfechtbarkeit des neuen Bescheids erklärt werden und setzt zudem voraus, dass dadurch für die Ehegatten gemeinsam eine niedrigere Einkommensteuer festgesetzt wird.

[3] Besonderheiten bei Einzelveranlagung von Ehegatten:
Sonderausgaben, außergewöhnliche Belastungen und die Steuerermäßigungen nach § 35a und § 35c werden dem jeweiligen Ehegatten zugerechnet, der die Aufwendungen wirtschaftlich getragen hat. Auf übereinstimmenden Antrag der Ehegatten werden sie jeweils zur Hälfte abgezogen.

[4] Splittingtarif auch in folgenden Fällen anzuwenden (§ 32a Abs. 6 EStG):
a) Witwensplitting: Der Ehegatte des Steuerpflichtigen ist im letzten VZ verstorben und hat gemeinsam mit dem Steuerpflichtigen zum Zeitpunkt seines Todes die Voraussetzungen des § 26 Abs. 1 Satz 1 EStG erfüllt. Kein Splitting, wenn der Steuerpflichtige die Einzelveranlagung von Ehegatten mit einem neuen Partner wählt.
b) Gnadensplitting: Die Ehe des Steuerpflichtigen wurde im laufenden VZ aufgelöst und der geschiedene Ehegatte erfüllt sowohl mit seinem bisherigen als auch neuen Partner die Voraussetzungen des § 26 Abs. 1 Satz 1 EStG. Kein Splitting, wenn der Steuerpflichtige die Einzelveranlagung von Ehegatten mit einem neuen Partner wählt.

5.1.1.3 Ermittlung des zu versteuernden Einkommens (Übersicht)

Bemessungsgrundlage für die tarifliche Einkommensteuer ist das zu versteuernde Einkommen (§ 2 Abs. 5 EStG). Es ist wie folgt zu ermitteln:[1]

1		Summe der Einkünfte aus den Einkunftsarten
2	=	Summe der Einkünfte
3	−	Altersentlastungsbetrag (§ 24a EStG)
4	−	Entlastungsbetrag für Alleinerziehende (§ 24b EStG)
5	−	Freibetrag für Land- und Forstwirte (§ 13 Abs. 3 EStG)
6	+	Hinzurechnungsbetrag (§ 52 Abs. 3 Satz 5 EStG sowie § 8 Abs. 5 Satz 2 AIG)

7	=	Gesamtbetrag der Einkünfte (§ 2 Abs. 3 EStG)
8	−	Verlustabzug nach § 10d EStG
9	−	Sonderausgaben (§§ 10, 10a, 10b, 10c EStG)
10	−	außergewöhnliche Belastungen (§§ 33 bis 33b EStG)
11	−	Steuerbegünstigung der zu Wohnzwecken genutzten Wohnungen, Gebäude und Baudenkmale sowie der schutzwürdigen Kulturgüter (§§ 10e bis 10i EStG, 52 Abs. 21 Satz 6 EStG i.d.F. vom 16.4.1997, BGBl I S. 821, und § 7 FördG)
12	+	Erstattungsüberhänge (§ 10 Abs. 4b Satz 3 EStG)
13	+	zuzurechnendes Einkommen gem. § 15 Abs. 1 AStG

14	=	Einkommen (§ 2 Abs. 4 EStG)
15	−	Freibeträge für Kinder (§§ 31, 32 Abs. 6 EStG)
16	−	Härteausgleich nach § 46 Abs. 3 EStG, § 70 EStDV

17	=	zu versteuerndes Einkommen (§ 2 Abs. 5 EStG)

---

[1] Vgl. R2 EStR 2012.

5.1.1.4   Entlastungsbeträge

5.1.1.4.1   Altersentlastungsbetrag (§ 24a EStG)

Begünstigte	Steuerpflichtige, die vor dem Beginn des Kalenderjahres, in dem sie ihr Einkommen bezogen haben, das 64. Lebensjahr vollendet hatten
Bemessungs-grundlage	Arbeitslohn (= Bruttoarbeitslohn ohne Abzug irgendwelcher Werbungskosten oder Freibeträge) + positive Summe der übrigen Einkünfte (ohne nicht-selbständige) ./. Versorgungsbezüge (§ 19 Abs. 2 EStG) ./. Einkünfte aus Leibrenten (§ 22 Nr. 1 Satz 3 Buchst. a EStG) ./. Abgeordnetenversorgungsbezüge (§ 22 Nr. 4 Satz 4 Buchst. b EStG) ./. Einkünfte aus Pensionsfonds (§ 22 Nr. 5 Satz 1 EStG), soweit Versorgungsfreibetrag § 19 Abs. 2 EStG Anwendung findet ./. Einkünfte aus Altersvorsorgeverträgen, Pensionsfonds, Pensionskassen und Direktversicherungen (§ 22 Nr. 5 Satz 2 Buchst. a EStG), soweit sie der Ertragsanteilsbesteuerung unterlegen haben = Bemessungsgrundlage

Prozentsatz und Höchstbetrag[1]	VZ[2]	v. H. der Einkünfte	Höchstbetrag
	2021	15,2 %	722 €
	2022	14,4 %	684 €
	2023	13,6 %	646 €
	2024	12,8 %	608 €
	2025	12,0 %	570 €
	2026	11,2 %	532 €
	2027	10,4 %	494 €
	2028	9,6 %	456 €
	2029	8,8 %	418 €
	2030	8,0 %	380 €
	2031	7,2 %	342 €
	2032	6,4 %	304 €
	2033	5,6 %	266 €
	2034	4,8 %	228 €
	2035	4,0 %	190 €

Fußnoten siehe nächste Seite.

Prozentsatz und Höchstbetrag[1]	VZ[2]	v.H. der Einkünfte	Höchstbetrag
	2036	3,2%	152 €
	2037	2,4%	114 €
	2038	1,6%	76 €
	2039	0,8%	38 €
	ab 2040	0,0%	0 €

[1] Durch das Alterseinkünftegesetz vom 5. 7. 2004, BGBl I 2004 S. 1427, wird der Altersentlastungsbetrag bis zum Jahre 2040 auf 0 € abgeschmolzen.

[2] „VZ" ist hier das auf die Vollendung des 64. Lebensjahres folgende Kalenderjahr.

5.1.1.4.2 Entlastungsbetrag für Alleinerziehende (§ 24b EStG)[1]

Begünstigte allgemein	Alleinstehende Steuerpflichtige, zu deren Haushalt mindestens ein Kind gehört, für das ihnen ein Freibetrag nach § 32 Abs. 6 EStG oder Kindergeld zusteht. Identifizierung des Kindes durch die Identifikationsnummer (§ 139b AO) ist erforderlich; soweit keine Steuerpflicht besteht, ist das Kind in anderer geeigneter Weise zu identifizieren.

Alleinstehend	– kein Splitting und
	– nicht verwitwet und
	– keine Haushaltsgemeinschaft mit einer anderen volljährigen Person, es sei denn,
	   – für diese steht ihnen ein Freibetrag nach § 32 Abs. 6 EStG oder Kindergeld zu oder
	   – es handelt sich um ein Kind i. S. d. § 63 Abs. 1 Satz 1 EStG, das einen Dienst nach § 32 Abs. 5 Satz 1 Nr. 1 oder 2 EStG (Grundwehr-/Zivildienst) leistet oder eine Tätigkeit nach § 32 Abs. 5 Satz 1 Nr. 3 EStG (Entwicklungshelfer als Ersatz für Grundwehr-/Zivildienst) ausübt.

Zugehörigkeit des Kindes zum Haushalt	Wird vermutet, wenn Kind in Wohnung des Steuerpflichtigen gemeldet ist
Höhe des Entlastungsbetrags	4 008 € für das erste Kind sowie Erhöhungen um 240 € für jedes weitere begünstigte Kind (monatliche Kürzung, soweit Voraussetzungen nicht vorliegen)

[1] Siehe dazu BMF-Schr. vom 23.10.2017 (BStBl I 2017 S. 1432).

Verlustausgleich und Verlustabzug
Überblick und historische Entwicklung

	Verlustverwertung bei Inlandseinkünften bei unbeschränkter Steuerpflicht[1]			
	im selben VZ (Verlustausgleich)		in anderen VZ (Verlustabzug)[6]	
	horizontaler Verlustausgleich (selbe Einkunftsart)	vertikaler Verlustausgleich (andere Einkunftsart)	Verlustrücktrag	Verlustvortrag
1999 + 2000	Wie bis VZ vor 1999, zusätzlich Verluste aus Verlustzuweisungsmodellen (§ 2b EStG)[3]	max. 100 000 DM (51 500 €) zzgl. 50% der verbleibenden positiven Einkünfte (§ 2 Abs. 3 Satz 8 EStG)	1 Jahr, max. 2 Mio. DM[2]	Beschränkung der Verrechnung mit anderen Einkünften wie beim vertikalen Verlustausgleich[2]
2001 + 2002			1 Jahr, max. 1 Mio. DM (511 500 €)[2]	
2003	Wie bis VZ 2002, zusätzlich Verluste aus stiller Beteiligung (§ 15 Abs. 4 Satz 6 EStG)	keine Einschränkungen		
2004 + 2005	Wie bis VZ 2002[4]			max. 1 Mio. € zzgl. 60% des übersteigenden Gesamtbetrags der Einkünfte (Mindestbesteuerung)[2]
2006 bis 2012	Wie bis VZ vor 1999, zusätzlich § 15b EStG[5]			
seit 2013[7]			1 Jahr, max. 1 Mio. €	
für 2020 + 2021[8]			1 Jahr, max. 5 Mio. €	

[1] Siehe zu Verlustverrechnungsbeschränkungen bei Auslandseinkünften (§ 2a EStG) Kap. 5.13.4.2. Die in der Tabelle genannten DM- und Euro-Beträge sind im Fall der Zusammenveranlagung zu verdoppeln.

[2] Zusätzlich: Bis zum VZ 2008 können Verluste aus privaten Veräußerungsgeschäften analog zur Situation beim horizontalen Verlustausgleich nur von Gewinnen aus privaten Veräußerungsgeschäften abgezogen werden (§ 23 Abs. 3 EStG 9 EStG in der bis 31.12.2008 anzuwendenden Fassung). Zur Verrechnung von Verlusten ab VZ 2009 vgl. Kap. 5.1.7.5. „Abgeltungsteuer".

[3] Bei Erwerb der Beteiligung nach dem 4.3.1999 und vor dem 11.11.2005; keine Anwendung von § 2b EStG, soweit Beginn der Herstellung oder Anschaffung des Abschreibungsobjekts vor dem 5.3.1999 und Beitritt zur Gesellschaft vor dem 1.1.2001.

[4] Ausgleichs- und Verrechnungsbeschränkung nach § 15 Abs. 4 Satz 6 EStG gilt nicht für einkommensteuerpflichtige Personen (§ 15 Abs. 4 Satz 8 EStG).

[5] Nur anzuwenden auf Steuerstundungsmodelle, soweit Beitritt des Steuerpflichtigen oder Außenvertrieb nach dem 10.11.2005.

Weitere Fußnoten auf folgender Seite.

[6] Mit Beschluss vom 17.12.2007 hat der Große Senat des BFH entschieden, dass der Erbe einen vom Erblasser nicht ausgenutzten Verlustabzug gem. § 10d EStG nicht bei seiner eigenen Veranlagung zur Einkommensteuer geltend machen kann (BFH, Beschl. vom 17.12.2007 – GrS 2/04, BStBl II 2008. S.608). Die Finanzverwaltung hat mit BMF-Schreiben vom 24.7.2008 (BStBl I 2008, S.809) eine Übergangsregelung getroffen, nach der die bisherige Rechtsprechung – abweichend vom o.g. Beschluss des Großen Senats – weiterhin bis zum Ablauf des Tages der Veröffentlichung der Entscheidung im Bundessteuerblatt anzuwenden ist. Die Entscheidung des Großen Senats ist am 18.8.2008 im Bundessteuerblatt Teil II veröffentlicht worden.
[7] Gilt für negative Einkünfte, die bei der Ermittlung des Gesamtbetrags der Einkünfte des VZ 2013 nicht ausgeglichen werden können.
[8] Die Beträge gelten nur für Verluste des VAZ 2020 und 2021; danach gelten wieder die alten Werte (seit 2013).

5.1.1.5.2 Beispiel

Bei einem Einzelveranlagten beläuft sich der Gesamtbetrag der Einkünfte, der sich aus positiven und negativen Teilbeträgen aus unterschiedlichen Einkunftsarten zusammensetzt, im Jahr 2020 auf ./. 7 500 000 €. Er besteuert im Jahr 2020 nichts und macht den maximalen Verlustrücktrag von 5 000 000 € geltend, so dass ein Verlustvortrag von 2 500 000 € verbleibt. Im Jahr 2021 erzielt er einen Gesamtbetrag der Einkünfte von 1 500 000 €.

	2020 €	2021 €	2022 €
Gesamtbetrag der Einkünfte vor Verlustverrechnung	./.7 500 000	1 500 000	1 200 000
Skontro der Verlustabzüge: ./. Verlustrücktrag gem. § 10d Abs. 1 nach 2019	5 000 000		
Verlustvortrag	./.2 500 000	2 500 000	1 200 000
davon voll abzugsfähig gem. § 10d Abs. 2 Satz 1 (maximal)		./.1 000 000	./.1 000 000
nicht ausgeglichener verbleibender Verlustvortrag		1 500 000	200 000
übersteigender Gesamtbetrag der Einkünfte		500 000	200 000
davon 60 % abzugsfähiger Betrag		./.300 000	./.120 000
zu versteuernder Gesamtbetrag der Einkünfte	0	200 000	80 000
verbleibender Verlustvortrag	2 500 000	1 200 000	80 000

Verprobung:	€ zu versteuernde Einkünfte	€ Gesamtbetrag der Einkünfte
Rücktrag nach 2019	./. 5 000 000	
2020	0	./. 7 500 000
2021	200 000	1 500 000
2022	80 000	1 200 000
Saldo	./. 4 720 000	./. 4 800 000
bereits versteuert		./. 4 720 000
Rest für die Jahre nach 2022		./. 80 000

5.1.1.6 Zuwendungen (Spenden und Mitgliedsbeiträge)

Zuwendungen sind
– Spenden und Mitgliedsbeiträge;
– freiwillig und unentgeltlich, d.h. ohne rechtliche Verpflichtung und ohne konkrete Gegenleistung;
– zur unmittelbaren Förderung steuerbegünstigter Zwecke (§§ 52–54 AO).
Als Ausgabe gelten auch Sachleistungen mit Ausnahme von Nutzungen und
Leistungen (§ 10b Abs. 3 EStG). Sie sind mit dem gemeinen Wert des zu-
gewendeten Wirtschaftsguts (§ 10b Abs. 3 Satz 3 EStG) anzusetzen, wenn dessen Veräußerung im Zeitpunkt der Zuwendung keinen Besteuerungstatbestand
erfüllen würde; ansonsten nur bei vorheriger Gewinnrealisierung. Ausnahme:
Ansatz mit dem Entnahmewert (und der auf die Entnahme entfallenden Umsatzsteuer) bei Spenden von Wirtschaftsgütern unmittelbar nach Entnahme aus
einem Betriebsvermögen (§ 10b Abs. 3 Satz 2 EStG; Betriebsvermögensprivileg).

5.1.1.6.1 Gemeinnützige Zwecke

Als Förderung der Allgemeinheit sind anzuerkennen (§ 52 Abs. 2 Satz 1 AO):

1. die Förderung von Wissenschaft und Forschung;

2. die Förderung der Religion;

3. die Förderung des öffentlichen Gesundheitswesens und der öffentlichen Gesund-
   heitspflege, insbesondere die Verhütung und Bekämpfung von übertragbaren
   Krankheiten, auch durch Krankenhäuser im Sinne des § 67, und von Tierseuchen;

4. die Förderung der Jugend- und Altenhilfe;

5. die Förderung von Kunst und Kultur;

6. die Förderung des Denkmalschutzes und der Denkmalpflege;

7. die Förderung der Erziehung, Volks- und Berufsbildung einschließlich der Studentenhilfe;

8. die Förderung des Naturschutzes und der Landschaftspflege im Sinne des Bundesnaturschutzgesetzes und der Naturschutzgesetze der Länder, des Umweltschutzes, einschließlich des Klimaschutzes, des Küstenschutzes und des Hochwasserschutzes;

9. die Förderung des Wohlfahrtswesens, insbesondere der Zwecke der amtlich anerkannten Verbände der freien Wohlfahrtspflege (§ 23 Umsatzsteuer-Durchführungsverordnung), ihrer Unterverbände und ihrer angeschlossenen Einrichtungen und Anstalten;

10. die Förderung der Hilfe für politisch, rassistisch oder religiös Verfolgte, für Flüchtlinge, Vertriebene, Aussiedler, Spätaussiedler, Kriegsopfer, Kriegshinterbliebene, Kriegsbeschädigte und Kriegsgefangene, Zivilbeschädigte und Behinderte sowie Hilfe für Opfer von Straftaten; Förderung des Andenkens an Verfolgte, Kriegs- und Katastrophenopfer; Förderung des Suchdienstes für Vermisste, Förderung der Hilfe für Menschen, die auf Grund ihrer geschlechtlichen Identität oder ihrer geschlechtlichen Orientierung diskriminiert werden;

11. die Förderung der Rettung aus Lebensgefahr;

12. die Förderung des Feuer-, Arbeits-, Katastrophen- und Zivilschutzes sowie der Unfallverhütung;

13. die Förderung internationaler Gesinnung, der Toleranz auf allen Gebieten der Kultur und des Völkerverständigungsgedankens;

14. die Förderung des Tierschutzes;

15. die Förderung der Entwicklungszusammenarbeit;

16. die Förderung von Verbraucherberatung und Verbraucherschutz;

17. die Förderung der Fürsorge für Strafgefangene und ehemalige Strafgefangene;

18. die Förderung der Gleichberechtigung von Frauen und Männern;

19. die Förderung des Schutzes von Ehe und Familie;

20. die Förderung der Kriminalprävention;

21. die Förderung des Sports (Schach gilt als Sport);

22. die Förderung der Heimatpflege, Heimatkunde und der Ortsverschönerung;

23. die Förderung der Tierzucht, der Pflanzenzucht, der Kleingärtnerei, des traditionellen Brauchtums einschließlich des Karnevals, der Fastnacht und des Faschings, der Soldaten- und Reservistenbetreuung, des Amateurfunkens, des Freifunks, des Modellflugs und des Hundesports;

24. die allgemeine Förderung des demokratischen Staatswesens im Geltungsbereich dieses Gesetzes; hierzu gehören nicht Bestrebungen, die nur bestimmte Einzelinteressen staatsbürgerlicher Art vefolgen oder die auf den kommunalpolitischen Bereich beschränkt sind;

25. die Förderung des bürgerschaftlichen Engagements zugunsten gemeinnütziger, mildtätiger oder kirchlicher Zwecke;

26 die Förderung der Unterhaltung und Pflege von Friedhöfen und die Förderung der Unterhaltung von Gedenkstätten für nichtbestattungspflichtige Kinder und Föten.

Sofern der von der Körperschaft verfolgte Zweck nicht unter § 52 Abs. 2 Satz 1 AO fällt, aber die Allgemeinheit auf materiellem, geistigem oder sittlichem Gebiet entsprechend selbstlos gefördert wird, kann dieser Zweck für gemeinnützig erklärt werden. Die obersten Finanzbehörden der Länder haben jeweils eine Finanzbehörde im Sinne des Finanzverwaltungsgesetzes zu bestimmen, die für die Entscheidungen nach § 52 Abs. 2 Satz 2 AO zuständig ist.

5.1.1.6.2 Steuerbegünstigte Zwecke und Höchstbeträge gem. § 10b EStG und § 34g EStG

	Steuerbegünstigung
Zuwendungen zur Förderung – gemeinnütziger, mildtätiger oder kirchlicher Zwecke (§ 10b EStG, R 10b EStR 2012); § 52 Abs. 2 AO	abzugsfähig bis 20 % des Gesamtbetrags der Einkünfte oder 4 ‰ des Gesamtumsatzes zuzüglich aufgewendeter Löhne und Gehälter; keine betragsmäßige Einschränkung der Einzelzuwendungen.[1] Nicht abziehbar sind Mitgliedsbeiträge an Körperschaften, die Zwecke i. S. d. § 52 Abs. 2 Nr. 21–23 AO[2] und kulturelle Betätigungen fördern, die in erster Linie der Freizeitgestaltung dienen oder deren Zweck nach § 52 Abs. 2 Satz 2 der Abgabenordnung für gemeinnützig erklärt worden ist, weil dieser Zweck die Allgemeinheit auf materiellem, geistigem oder sittlichem Gebiet entsprechend einem den Abzug ausschließenden Zweck fördert.[3] Zeitlich unbegrenzter Vortrag der den Höchstbetrag überschreitenden oder unberücksichtigt[4] gebliebenen Zuwendungen.
Mitgliedsbeiträge und Spenden – politische Parteien	– bis 1 650 € (bei Zusammenveranlagung: 3 300 €) – Ausnahme: Gewährung einer Steuerermäßigung nach § 34g Satz 1 Nr. 1 EStG in Höhe von 50 % der Ausgaben, Minderung der ESt höchstens 825 € (bei Zusammenveranlagung 1 650 €) – kein Wahlrecht zwischen Steuerermäßigung und Sonderausgabenabzug (Vorrang von Steuerermäßigung)
– unabhängige Wählervereinigungen	– Steuerermäßigung nach § 34g Satz 1 Nr. 2 EStG in Höhe von 50 % der Ausgaben, Minderung der ESt höchstens 825 € (bei Zusammenveranlagung 1 650 €) – kein Sonderausgabenabzug nach § 10b EStG

[1] Bei Zahlungen in den Vermögensstock einer Stiftung siehe Kap. 6.4.4.
[2] Vgl. Kap. 5.1.1.6.1.
[3] Nach § 10b Abs. 1 Satz 7 EStG sind Mitgliedsbeiträge an sog. Kulturfördervereine auch dann als Sonderausgaben abziehbar, wenn den Mitgliedern Vergünstigungen gewährt werden.
[4] Definiert als Zuwendungen, die den um die Beträge nach § 10 Abs. 3 und 4 (Vorsorgeaufwendungen), § 10c (Sonderausgaben-PB, Vorsorgepauschale) und § 10d EStG (Verlustabzug) verminderten Gesamtbetrag der Einkünfte übersteigen.

5.1.1.6.3 Empfänger

	Voraussetzung für Begünstigung
Spenden zur Förderung mildtätiger, kirchlicher und gemeinnütziger Zwecke	– Empfänger ist juristische Person des öffentlichen Rechts (z.B. Gebietskörperschaften) oder eine inländische öffentliche Dienststelle (z.B. Universitäten, Kirchengemeinde), die in einem Mitgliedstaat der Europäischen Union oder EWR-Staat belegen ist – Empfänger ist eine gemeinnützigen, mildtätigen oder kirchlichen Zwecken dienende Körperschaft i.S. des § 5 Abs.1 Nr.9 KStG – Empfänger ist eine in einem Mitgliedstaat der Europäischen Union oder EWR-Staat belegene Körperschaft, Personenvereinigung oder Vermögensmasse, die gem. § 5 Abs.1 Nr.9 KStG von der Körperschaftsteuer befreit wäre, wenn sie inländische Einkünfte erzielen würde[1] – Mitgliedsbeiträge an sog. Kulturfördervereine, auch wenn den Mitgliedern Vergünstigungen gewährt werden[2]
Mitgliedsbeiträge und Spenden an politische Parteien und unabhängige Wählervereinigungen	– Empfänger ist inländische Partei i.S. von § 2 ParteienG, soweit nicht gem. § 18 Abs.7 ParteienG von der staatlichen Teilfinanzierung ausgeschlossen ist, oder – Empfänger ist ein Verein i.S. des § 34g Satz 1 Nr.2 EStG
Stiftungen	siehe Kap. 6.4.4

---

[1] Weitere Voraussetzung ist, dass die Staaten der nicht im Inland ansässigen Zuwendungsempfänger Amtshilfe und Unterstützung bei der Beitreibung leisten (vgl. § 10b Abs.1 Satz 3–6 EStG).

[2] Abgesehen von Mitgliedsbeiträgen i.S.d. § 10b Abs.1 Satz 8 EStG, wie z.B. zur Förderung des Sports, der Freizeitgestaltung oder des Brauchtums.

5.1.1.6.4   Spendennachweis

Spenden zur Förderung mildtätiger, kirchlicher, religiöser, wissenschaftlicher und gemeinnütziger Zwecke	– Zuwendungsbestätigung nach amtlich vorgeschriebenem Vordruck (vgl. Muster 1–4 in BStBl I 2013 S. 1333); Nachweis der Zugehörigkeit des Empfängers zu den begünstigten Körperschaften etc. und der Verwendung der Spende zu einem der begünstigten Zwecke; Datum des Freistellungsbescheides darf nicht älter als 5 Jahre bzw. das der vorläufigen Bescheinigung nicht älter als 3 Jahre sein (§ 63 Abs. 5 AO). Zuwendungsbestätigungen können auch elektronisch an das Finanzamt übermittelt werden (§ 50 Abs. 2 EStDV). – vereinfachter Spendennachweis (§ 50 Abs. 4 EStDV): als Nachweis genügt der Bareinzahlungsbeleg oder die Buchungsbestätigung[1], soweit Zahlungen bis zu 300 € an juristische Personen des öffentlichen Rechts oder öffentliche Dienststellen erfolgen (z. B. Kontoauszug oder Lastschrifteinzugsbeleg eines Kreditinstituts), in Katastrophenfällen in unbegrenzter Höhe innerhalb eines begrenzten Zeitraums, bei Zuwendungen bis 300 € ohne zeitliche Begrenzung. Bei anderen Empfängern müssen Verwendungszweck und die Körperschaftsteuerfreistellung auf einem vom Empfänger hergestellten Beleg aufgedruckt sein; zudem ist die Angabe erforderlich, ob es sich um eine Spende oder einen Mitgliedsbeitrag handelt (gilt ebenfalls bis 300 €).
Mitgliedsbeiträge und Spenden an politische Parteien und unabhängige Wählervereinigungen	– Einzahlungsbelege/Beitragsquittungen als Nachweis für Zahlung von Mitgliedsbeiträgen (§ 50 Abs. 6 EStDV) – Zuwendungsbestätigung als Nachweis für Leistung einer Spende (vgl. Muster 5–8 in BStBl I 2013 S. 1333) – Vereinfachungsregelung: Als Nachweis bei Spenden bis 300 € genügt der Bareinzahlungsbeleg oder die Buchungsbestätigung[1] eines Kreditinstituts sowie Angabe des Verwendungszwecks auf dem vom Empfänger hergestellten Beleg.

---

[1] Aus der Buchungsbestätigung müssen Name und Kontonummer oder ein sonstiges Identifizierungsmerkmal des Auftraggebers und des Empfängers, der Betrag, der Buchungstag sowie die tatsächliche Durchführung der Zahlung ersichtlich sein.

5.1.1.7   Sonstige Sonderausgaben[1]

§§ des EStG	Inhalt der Bestimmung	2018 €	2019 €	2020 €	2021 €	2022 €
10 Abs. 1a Nr. 1	**a) Unterhaltsleistungen an den geschiedenen oder dauernd getrenntlebenden Ehegatten[2]** Höchstbetrag:	13 805[3]	13 805[3]	13 805[3]	13 805[3]	13 805[3]
§ 10 Abs. 1 Nr. 5	**b) Kinderbetreuungskosten** zwei Drittel der Aufwendungen, höchstens 4 000 € je Kind, für das zur Haushaltsgemeinschaft gehörende Kind (bei Rechnung und Banküberweisung) bei Kindern, die das 14. Lebensjahr noch nicht vollendet haben (oder Eintritt einer Behinderung vor Vollendung des 25. Lebensjahres)	4 000	4 000	4 000	4 000	4 000
10 Abs. 1 Nr. 7	**c) Berufsausbildungskosten** Höchstbetrag:	6 000	6 000	6 000	6 000	6 000
10 Abs. 1 Nr. 9	**d) Schulgeld für Privatschulen** Entgeltanteil in %:	30 max. 5000	30 max. 5000	30 max. 5000	30 max. 5000	30 max. 5000
10b Abs. 1 Satz 1[4]	**e) Ausgaben zur Förderung mildtätiger, kirchlicher, religiöser, wissenschaftlicher und gemeinnütziger Zwecke** in % des Gesamtbetrages der Einkünfte in % der Umsatzsumme und der aufgewendeten Löhne und Gehälter	20 0,4	20 0,4	20 0,4	20 0,4	20 0,4
10b Abs. 1a	**zusätzlich** für Zuwendungen an Stiftungen i.S. des § 10b Abs. 1 bei Neugründungen im Jahr der Zuwendungen und in den folgenden 9 Jahren bis zu	1 000 000[5]	1 000 000[5]	1 000 000[5]	1 000 000[5]	1 000 000[5]

---

[1] Zu Sonderausgaben im Zusammenhang mit der Vermögensübertragung gegen wiederkehrende Versorgungsleistungen vgl. Kap. 5.1.10.2.

[2] Bei Abzug Versteuerung beim Begünstigten (siehe Kap. 5.1.9.2). Voraussetzung für den Sonderausgabenabzug ist die Vorlage der Identifikationsnummer des Empfängers i.S.d. § 139b AO.

[3] Erhöhung des Höchstbetrages um die vom Unterhaltsverpflichteten tatsächlich geleisteten Kranken- und Pflegepflichtversicherungsbeiträge des Unterhaltsberechtigten, soweit sie für die Erlangung eines sozialhilfegleichen Versorgungsniveaus erforderlich sind (entsprechend § 10 Abs. 1 Nr. 3 EStG).

[4] Spenden, die die Höchstbeträge überschreiten oder im VAZ der Zuwendung nicht berücksichtigt werden können, sind – im Rahmen der Höchstbeträge – zeitlich unbegrenzt vortragsfähig.

[5] Verdoppelung bei Ehegatten unabhängig von der Zahlungsperson.

§§ des EStG	Inhalt der Bestimmung	2018 €	2019 €	2020 €	2021 €	2022 €
10b Abs. 2	**zusätzlich** für Mitgliedsbeiträge und Spenden an politische Parteien Alleinstehende zusammenveranlagte Ehegatten	1 650 3 300	1 650 3 300	1 650 3 300	1 650 3 300	1 650 3 300
10 Abs. 1 Nr. 2; 10 Abs. 3 Nr. 2	f) **Vorweg-Höchstbetrag für Versicherungsbeiträge** zu Kranken-, Pflege-, Unfall-, Haftpflichtversicherung, gesetzlicher Rentenversicherung, BfA, Lebens- und Kapitalversicherungen[1] Alleinstehende zusammenveranlagte Ehegatten	(600)[2] (1 200)[2]	(300)[2] (600)[2]	–[3] –[3]	–[3] –[3]	–[3] –[3]
	Kürzung um 16 % der Summe der Einnahmen aus nichtselbständiger Arbeit (außer Versorgungsbezügen), wenn der Arbeitgeber Zukunftsicherungsleistungen i. S. des § 3 Nr. 62 EStG erbringt oder der Steuerpflichtige Arbeitnehmer i. S. des § 10c Abs. 3 Nr. 1 oder 2 EStG ist, ferner wenn Mandatsausübung (§ 22 Nr. 4 EStG)					
10 Abs. 1 Nr. 2; 10 Abs. 3 Nr. 1; 10 Abs. 3 Nr. 4	g) **Allgemeine Höchstbeträge für Vorsorgeaufwendungen** Alleinstehende zusammen veranlagte Ehegatten Beiträge, die die Höchstbeträge von f), g) und h) übersteigen, können bis zur Hälfte, höchstens jedoch bis zu 50 % des Höchstbetrags von g) abgezogen werden	(1 334)[2] (2 668)[2]	(1 334)[2] (2 668)[2]	–[3] –[3]	–[3] –[3]	–[3] –[3]
10 Abs. 1 Nr. 2c); 10 Abs. 3 Nr. 3	h) **Zusätzlicher Höchstbetrag für Beiträge zu einer freiwilligen Pflegeversicherung** für nach dem 31. 12. 1957 Geborene	(184)[2]	(184)[2]	–[3]	–[3]	–[3]

---

[1] Beiträge zu Rentenversicherungen mit Kapitalwahlrecht sowie Kapitalversicherungen sind zu 88 % als Vorsorgeaufwendungen zu berücksichtigen.
[2] Die Höchstbeträge sind ab dem VAZ 2005 durch die unter i)–k) erläuterten Beträge ersetzt worden und sind nur noch für eine Günstigerprüfung von Relevanz (§ 10 Abs. 4a EStG).
[3] Wegfall ab 2020.

§§ des EStG	Inhalt der Bestimmung	2018 €	2019 €	2020 €	2021 €	2022 €
10 Abs. 1 Nr. 2; 10 Abs. 3	i) **Höchstbetrag für Altersvorsorgeaufwendungen** (Basisversorgung): Beiträge zur gesetzlichen RV, den landwirtschaftlichen Alterskassen, berufsständischen Versorgungseinrichtungen, die den gesetzlichen RV vergleichbare Leistungen erbringen, zu privaten kapitalgedeckten Leibrentenversicherungen, die die Bedingungen von § 10 Abs. 2 b EStG erfüllen, zzgl. des nach § 3 Nr. 62 EStG steuerfreien Arbeitgeberanteils zur gesetzlichen RV und eines diesem gleichgestellten steuerfreien Zuschusses des Arbeitgebers[1]					
	Bei Steuerpflichtigen i. S. d. § 10 Abs. 3 Nr. 1 und 2 EStG, die während des ganzen oder eines Teils des Kalenderjahres in der gesetzlichen Rentenversicherung befreit waren oder keiner Versicherungspflicht unterlagen und denen auf Grund des Beschäftigungsverhältnisses eine lebenslängliche Versorgung zusteht, oder Einkünfte i. S. des § 22 Nr. 4 EStG erzielen und ganz oder teilweise ohne eigene Beitragsleistung einen Anspruch auf Altersversorgung erwerben: Kürzung um einen fiktiven Gesamtrentenversicherungsbeitrag[2]					
	Abzugsbetrag gekoppelt an den Höchstbetrag in der knappschaftlichen Rentenversicherung					
	Alleinstehende	23 712	24 305	25 046	25 787	25 787[3]
	davon in %	86	88	90	92	94
	Ansatz	20 392	21 388	22 541	23 724	24 240[3]
	Ehegatten	47 424	48 610	50 092	51 574	51 574[3]
	davon in %	86	88	90	92	94
	Ansatz	40 784	42 776	45 082	47 448	48 480[3]

---

[1] Beiträge für geringfügig Beschäftigte nur bei Rentenversicherungspflicht.
[2] Zur Berechnung des Sonderausgabenabzugs von Altersvorsorgeaufwendungen vgl. Kap. 5.1.11.2.1.
[3] Vorjahresbetrag übernommen, aktueller Höchstbeitrag wird noch festgelegt.

§§ des EStG	Inhalt der Bestimmung	2018 €	2019 €	2020 €	2021 €	2022 €
10 Abs. 1 Nr. 2a; § 10 Abs. 4a	j) **Günstigerprüfung für Altersvorsorgeaufwendungen** (Basisversorgung): Für eine Prüfung, ob in den Kalenderjahren 2005 bis 2019 der Abzug der Altersvorsorgeaufwendungen nach der Altregelung zu einem günstigeren Ergebnis führt, sind folgende Beträge zu berücksichtigen					
	– Vorwegabzug Alleinstehende zusammenveranlagte Ehegatten	600 1 200	300 600	–[1] –[1]	–[1] –[1]	–[1] –[1]
	– Hinzurechnungsbetrag für private Basisrenten Alleinstehende zusammenveranlagte Ehegatten	20 392 40 784	21 388 42 776	–[2] –[2]	–[2] –[2]	–[2] –[2]
10 Abs. 1 Nr. 3 und 3a; 10 Abs. 4	k) **Höchstbetrag für sonstige Vorsorgeaufwendungen:** Beiträge zur AV, Erwerbs- und Berufsunfähigkeitsversicherung (keine Basisversorgung), Kranken-, Pflege-, Unfall-, Haftpflicht- und Risikoversicherung, die nur für den Todesfall eine Leistung vorsieht, Versicherungen nach § 10 Abs. 1 Nr. 2b, bb bis dd EStG a. F.;[3] vorausgesetzt Vertragsbeginn und Versicherungsbeitrag vor dem 1.1.2005					

---

[1] Wegfall ab 2020.

[2] Wegfall Günstigerprüfung ab 2020.

[3] EStG in der am 31.12.2004 geltenden Fassung. Berücksichtigung der Beiträge zu Versicherungen i. S. von § 10 Abs. 1 Nr. 2b, cc und dd EStG ab dem Kalenderjahr 2004 i. H. von 88 % als Vorsorgeaufwendungen.

§§ des EStG	Inhalt der Bestimmung	2018 €	2019 €	2020 €	2021 €	2022 €
	Steuerpflichtige, die Aufwendungen zu einer KV zu 100 % tragen	2 800[1]	2 800[1]	2 800[1]	2 800[1]	2 800[1]
	Steuerpflichtige, die ganz oder teilweise ohne eigene Aufwendungen Anspruch auf die Erstattung oder Übernahme von Krankheitskosten haben (z. B. Beihilfe des Beamten) oder für dessen Krankenversicherung steuerfreie Arbeitgeberleistungen i. S. des § 3 Nr. 62 EStG (AN) oder § 3 Nr. 14 EStG (Krankenzuschüsse für Rentner) oder § 3 Nr. 57 EStG (Künstlersozialkasse) oder § 3 Nr. 9 EStG (Erstattung bei Kindertagespflege) erbracht werden	1 900[2]	1 900[2]	1 900[2]	1 900[2]	1 900[2]
	zusammenveranlagte Ehegatten: Summe der jedem Ehegatten jeweils zustehenden Höchstbeträge					
10c Abs. 1	l) **Sonderausgaben-Pauschbetrag** für alle Sonderausgaben mit Ausnahme der Vorsorgeaufwendungen					
	Alleinstehende	36	36	36	36	36
	zusammenveranlagte Ehegatten	72	72	72	72	72

---

[1] Eine Unterscheidung nach Beiträgen für eine Krankenversicherung (im Rahmen des existenznotwendigen Versorgungsniveaus) und eine gesetzliche Pflegeversicherung (§ 10 Abs. 1 Nr. 3) sowie andere Vorsorgeaufwendungen (ohne Basisversorgung; vgl. § 10 Abs. 1 Nr. 3a) erfolgt ab dem VZ 2010.

[2] Übersteigen die Beiträge für eine Krankenversicherung (im Rahmen des existenznotwendigen Versorgungsniveaus) und eine gesetzliche Pflegeversicherung (§ 10 Abs. 1 Nr. 3; vgl. auch Fußnote 1) den Höchstbetrag, sind mindestens diese abzuziehen. Ein Abzug anderer Vorsorgeaufwendungen nach § 10 Abs. 1 Nr. 3a scheidet dann aus.

5.1.1.8 Außergewöhnliche Belastungen

5.1.1.8.1 Zumutbare Belastung nach § 33 EStG

bei einem Gesamtbetrag der Einkünfte[1]	bis 15 340 €	über 15 340 € bis 51 130 €	über 51 130 €
1. bei Steuerpflichtigen, die keine Kinder haben und bei denen die Einkommensteuer			
a) nach § 32 a Abs. 1 EStG	5	6	7
b) nach § 32 a Abs. 5 oder 6 EStG (Splitting-Verfahren) zu berechnen ist;	4	5	6
2. bei Steuerpflichtigen mit			
a) einem Kind oder zwei Kindern	2	3	4
b) drei oder mehr Kindern	1	1	2
	Prozent des Gesamtbetrags der Einkünfte		

Als Kinder des Steuerpflichtigen zählen die, für die er einen Freibetrag nach § 32 Abs. 6 EStG oder Kindergeld erhält.

5.1.1.8.2 Pauschalen nach §§ 33a–33c EStG

§§ des EStG	Inhalt der Bestimmung	2018 €	2019 €	2020 €	2021 €	2022 €
33a Abs.1	a) **Unterhalt mittelloser Angehöriger**[1] aufgrund gesetzlicher Unterhaltspflicht soweit kein Kinderfreibetrag oder kein Kindergeld für die unterhaltene Person gewährt wird und diese höchstens geringes Vermögen hat					
	unter 18 Jahren	9 000[2]	9 168[2]	9 408[2]	9 744[2]	9 984[2]
	über 18 Jahre	9 000[2]	9 168[2]	9 408[2]	9 744[2]	9 984[2]
	Anrechnungsgrenze für eigene Einkünfte und Bezüge des Unterhaltenen aus	624	624	624	624	624
	BAföG u.a. Ausbildungsbeihilfen aus öffentl. Mitteln in Form von Zuschüssen sind in voller Höhe anzurechnen					

[1] Nach dem BFH-Urteil vom 19.1.2017, VI R 75/14, BStBl II 2017 S.684, ist bei Anwendung des Prozentsatzes so vorzugehen, dass nur der Teil des Gesamtbetrags der Einkünfte, der den im Gesetz genannten Grenzbetrag übersteigt, mit dem jeweils höheren Prozentsatz belastet wird.

[2] Ggf. Anpassung der Freibeträge und Anrechnungsgrenzen an die Verhältnisse des Wohnsitzstaates der unterstützten Person, z. B. Türkei ¹/₃ der Beträge (siehe Ländergruppeneinteilung, Kap. 5.1.1.9).

[3] Der Abzugsbetrag erhöht sich um die im jeweiligen VZ nach § 10 Abs. 1 Nr. 3 EStG für den Unterhaltsberechtigten geleisteten Beiträge einer Kranken- und Pflegeversicherung, soweit nicht bereits ein Sonderausgabenabzug beim Unterhaltsverpflichteten vorgenommen wurde (z. B. bei Verträgen zugunsten Dritter).

§§ des EStG	Inhalt der Bestimmung	2018 €	2019 €	2020 €	2021 €	2022 €
33a Abs.2 Satz1	**b) Ausbildungsfreibetrag,** soweit Kinderfreibetrag oder Kindergeld gewährt wird für unter 18-jährige bei auswärtiger Unterbringung	–	–	–	–	–
	für über 18-jährige bei Unterbringung im Haushalt	–	–	–	–	–
	für über 18-jährige bei auswärtiger Unterbringung	924	924	924	924	924
	Die Anrechnung eigener Einkünfte und Bezüge ist mit Wirkung ab VZ 2012 entfallen.					
33b Abs. 4	**c) Hinterbliebenen-Pauschbetrag** Voraussetzung: Hinterbliebenenbezüge nach Bundesversorgungsgesetz oder Gesetz, das Bundesversorgungsgesetz für anwendbar erklärt, nach gesetzlicher Unfallversicherung oder nach beamtenrechtlichen Vorschriften an Hinterbliebene eines an den Folgen eines Dienstunfalls verstorbenen Beamten oder nach dem Bundesentschädigungsgesetz	370	370	370	370	370
33b Abs. 6	**d) Pflegepauschbetrag** Voraussetzung: Pflege, zumindest ständige Bereitschaft zur Hilfeleistung bzw. Überwachung einer oder Anleitung einer nicht nur vorübergehend hilflosen Person, die für eine Reihe von häufig und regelmäßig wiederkehrenden Verrichtungen zur Sicherung ihrer persönlichen Existenz im Ablauf eines jeden Tages fremder Hilfe dauernd bedarf, Steuerermäßigung nach §33 EStG wird nicht in Anspruch genommen, und Steuerpflichtiger erhält für Pflege keine Einnahmen. Die Pflege *muss entweder in der* eigenen Wohnung des Stpfl. oder in der Wohnung des Pflegebedürftigen (innerhalb EU/EWR) persönlich durchgeführt werden.	924	924	924		
	Ab dem VZ 2021 richtet sich die Höhe des Pflegepauschbetrags nach dem Pflegegrad der Pflegeperson					
	– bei Pflegegrad 2				600	600
	– bei Pflegegrad 3				1 100	1 100
	– bei Pflegegrad 4 oder 5 oder Hilflosigkeit § 33b Abs. 3 Satz 4 EStG				1 800	1 800

Pauschbeträge für Körperbehinderte nach § 33b EStG

Stufe	Bei einem Grad der Behinderung von mindestens	
	v. H.	€
1	20	384
2	30	620
3	40	860
4	50	1 140
5	60	1 440
6	70	1 780
7	80	2 120
8	90	2 460
9	100	2 840

Blinde und hilflose Personen im Sinne des § 33b Abs. 3 Satz 4 EStG erhalten einen Pauschbetrag von 7400 €.

Bei Ermittlung von außergewöhnlichen Belastungen gem. § 33 EStG sind behinderungsbedingte Fahrtkostenpauschalen anzusetzen.

Die Pauschale erhalten Behinderte
– bei GdB von mind. 80 oder GdB min. 70 und Merkzeichen G = 900 €
– bei Merkzeichen aG, Bl, TBl oder H = 4 500 €

5.1.1.9 Ländergruppeneinteilung ab 1.1.2021[1]

Die Beträge der §§ 1 Abs. 3 Satz 2, 10 Abs. 1 Nr. 5 Satz 3, 32 Abs. 6 Satz 4, 33 a Abs. 1 Satz 6 und Abs. 2 Satz 2 EStG sind mit Wirkung ab dem Veranlagungszeitraum 2021 wie folgt anzusetzen:

in voller Höhe	mit $^3/_4$	mit $^1/_2$	mit $^1/_4$
Wohnsitzstaat des Steuerpflichtigen bzw. der unterhaltenen Person			
Amerikanische Jungferninseln	Antigua und Barbuda	Albanien	Afghanistan
Andorra	Aruba	Amerikanisch-Samoa	Ägypten
Australien	Bahrain	Äquatorialguinea	Algerien
Bahamas	Barbados	Argentinien	Angola
Belgien	Chile	Bosnien und Herzegowina	Armenien
Bermuda	Cookinseln	Botsuana	Aserbaidschan
Britische Jungferninseln	Curacao	Brasilien	Äthiopien
Brunei Darussalam	Estland	Bulgarien	Bangladesch
Dänemark	Französisch-Polynesien	China	Belize
Färöer	Griechenland	Costa Rica	Benin
Finnland	Kroatien	Dominica	Bhutan
Frankreich	Lettland	Dominikanische Republik	Bolivien, Plurinationaler Staat
Gibraltar	Litauen	Ecuador	Burkina Faso
Grönland	Malta	Fidschi	Burundi
Guam	Nördliche Marianen	Gabun	Cabo Verde
Hongkong	Oman	Grenada	Côte d'Ivoire
Insel Man	Palau	Guyana	Dschibuti
Irland	Panama	Irak	El Salvador
Island	Polen	Iran, Islamische Republik	Eritrea
Israel	Portugal	Jamaika	Eswatini (bisher: Swasiland)
Italien	Puerto Rico	Kasachstan	Gambia
Japan	Saudi-Arabien	Kolumbien	Georgien
Kaimaninseln	Seychellen	Kuba	Ghana
Kanada	Slowakei	Libanon	Guatemala
Kanalinseln	Slowenien	Libyen	Guinea
Katar	St. Kitts und Nevis	Malaysia	Guinea-Bissau
Korea, Republik	St. Martin (französischer Teil)	Malediven	Haiti
Kuwait	St. Martin (niederländischer Teil)	Marshallinseln	Honduras
Liechtenstein	Trinidad und Tobago	Mauritius	Indien
Luxemburg	Tschechien (bisher: Tschechische Republik)	Mexiko	Indonesien
Macau	Turks- und Caicosinseln	Montenegro	Jemen
Monaco	Ungarn	Namibia	Jordanien
Neukaledonien	Uruguay	Nauru	Kambodscha
Neuseeland	Zypern	Niue	Kamerun
Niederlande		Nordmazedonien (bisher: Mazedonien, ehemalige jugoslawische Republik)	Kenia
Norwegen			Kirgisistan
Österreich			Kiribati
Palästinensische Gebiete			Komoren
San Marino			Kongo
Schweden			Kongo, Demokratische Republik
Schweiz			

---

[1] BMF-Schr. vom 11.11.2020, BStBl I 2020 S. 1212.

in voller Höhe	mit $^3/_4$	mit $^1/_2$	mit $^1/_4$
Wohnsitzstaat des Steuerpflichtigen bzw. der unterhaltenen Person			
Singapur		Paraguay	Korea, Demokratische
Spanien		Peru	Volksrepublik
Taiwan		Rumänien	Kosovo
Vatikanstadt		Russische Föderation	Laos, Demokratische
Vereinigte Arabische		Serbien	Volksrepublik
Emirate		St. Lucia	Lesotho
Vereinigte Staaten		St. Vincent und die	Liberia
Vereinigtes Königreich		Grenadinen	Madagaskar
		Südafrika	Malawi
		Suriname	Mali
		Thailand	Marokko
		Türkei	Mauretanien
		Turkmenistan	Mikronesien, Föderierte
		Tuvalu	Staaten von
		Venezuela, Bolivarische	Moldau, Republik
		Republik	Mongolei
		Weißrussland/Belarus	Mosambik
			Myanmar
			Nepal
			Nicaragua
			Niger
			Nigeria
			Pakistan
			Papua Neuguinea
			Philippinen
			Ruanda
			Salomonen
			Sambia
			Samoa
			São Tomé und Príncipe
			Senegal
			Sierra Leone
			Simbabwe
			Somalia
			Sri Lanka
			Sudan
			Südsudan
			Syrien, Arabische
			Republik
			Tadschikistan
			Tansania, Vereinigte
			Republik
			Timor-Leste
			Togo
			Tonga
			Tschad
			Tunesien
			Uganda
			Ukraine
			Usbekistan
			Vanuatu
			Vietnam
			Zentralafrikanische
			Republik

5.1.1.10 Kinderfreibeträge und Kindergeld[1]

5.1.1.10.1 Kinderfreibeträge (§ 32 EStG)

Berücksichtigungs-fähige Kinder	– im ersten Grad mit dem Steuerpflichtigen verwandte Kinder – Pflegekinder

Dauer das Anspruchs	– Berücksichtigung eines Kindes ab Kalendermonat der Geburt bis zum Monat, zu dessen Beginn es das 18. Lebensjahr noch nicht vollendet hat
	– Verlängerung in folgenden Fällen (§ 32 Abs. 4 EStG)[4]:
	  – solange das Kind das **21. Lebensjahr**[2] noch nicht vollendet hat, nicht in einem Beschäftigungsverhältnis steht und bei einer Agentur für Arbeit im Inland als Arbeitsuchender gemeldet ist
	   oder
	  – solange das Kind das **25. Lebensjahr**[2] noch nicht vollendet hat und sich in Berufsausbildung oder einer Übergangszeit zwischen zwei Ausbildungsabschnitten von höchstens 4 Monaten[3] befindet oder eine Berufsausbildung mangels Ausbildungsplatzes nicht beginnen oder fortsetzen kann oder ein freiwilliges soziales oder ökologisches Jahr oder Freiwilligendienst leistet
	  – **ohne altersmäßige Beschränkung** im Fall einer vor Vollendung des 25. Lebensjahres eingetretenen Behinderung bei Unfähigkeit, sich selbst zu unterhalten.

---

[1] Vgl. Dienstanweisung DA-KG 2020 zum Kindergeld (veröffentlicht auf den Internet-seiten des Bundeszentralamts für Steuern – http://www.bzst.de).

[2] *Verlängerung über das 21. bzw. 25. Lebensjahr hinaus in den Fällen des § 32 Abs.4 Satz 1 Nr.1 oder Nr.2a und b EStG bei Ableistung des gesetzlichen Grundwehrdienstes oder Zivildienstes, eines freiwilligen Wehrdienstes oder Ausübung einer Tätigkeit als Entwicklungshelfer um den entsprechenden Zeitraum unter Einhaltung der in § 32 Abs.5 EStG genannten Höchstdauer.*

[3] Endet z.B. ein Ausbildungsabschnitt im Juli – maßgebend ist der Ablauf des Schuljahres, der für allgemeinbildende Schulen und regelmäßig auch für Fach- und Berufsfachschulen auf den 31. Juli festgesetzt ist –, so muss der nächste Ausbildungsabschnitt im Dezember beginnen.

[4] Ab dem Jahr 2012 sind die Kinderfreibeträge für volljährige Kinder, die sich in Ausbildung befinden, nicht mehr von der Höhe eigener Einkünfte oder Bezüge abhängig. Nach Abschluss einer erstmaligen Berufsausbildung und eines Erststudiums wird ein Kind nur berücksichtigt, wenn es keiner Erwerbstätigkeit nachgeht (unschädlich sind Tätigkeiten bis zu 20 Wochenstunden, Ausbildungsdienstverhältnisse und Minijobs).

Höhe des Kinder-freibetrages	pro berücksichtigungsfähiges Kind	ab 2021: monatlich 227,50 €, jährlich: 2 730 €
	wenn Zusammenveranlagung von Ehegatten und das Kind zu beiden Ehegatten im Kindschaftsverhältnis steht	ab 2021: monatlich 455 €, jährlich: 5 460 €
Höhe des Betreuungs-freibetrages (§ 32 Abs. 6 EStG)	pro berücksichtigungsfähiges Kind	jährlich 1 464 €
	wenn Zusammenveranlagung von Ehegatten und das Kind zu beiden Ehegatten im Kindschaftsverhältnis steht	jährlich 2 928 €
Doppelte Freibeträge	– wenn der andere Elternteil verstorben oder nicht unbeschränkt einkommensteuerpflichtig ist oder – der Steuerpflichtige allein das Kind angenommen hat oder das Kind nur zu dem Steuerpflichtigen in einem Pflegekindschaftsverhältnis steht Bei Trennung oder Scheidung der Eltern wird auf Antrag eines Elternteils der Kinderfreibetrag des anderen auf ihn übertragen, wenn der andere Elternteil seiner Unterhaltspflicht für das Kind im Wesentlichen nicht nachkommt oder mangels Leistungsfähigkeit nicht unterhaltspflichtig ist. Eine Übertragung scheidet für Zeiträume aus, in denen Leistungen nach dem Unterhaltsvorschussgesetz gezahlt wurden. Bei minderjährigen Kindern wird der dem Elternteil, in dessen Wohnung das Kind nicht gemeldet ist, zustehende Betreuungsfreibetrag auf Antrag des anderen Elternteils auf diesen übertragen, wenn bei dem Elternpaar die Voraussetzungen der Ehegattenbesteuerung nicht vorliegen. Die den Eltern zustehenden Freibeträge können auf Antrag auch auf einen Stiefeltern- oder Großelternteil übertragen werden, wenn dieser das Kind in seinem Haushalt aufgenommen hat oder einer Unterhaltspflicht gegenüber dem Kind unterliegt. Für ein beschränkt einkommensteuerpflichtiges Kind können die Freibeträge nur abgezogen werden, soweit sie nach den Verhältnisses des Wohnsitzstaates des Kindes notwendig und angemessen sind.	

5.1.1.10.2 Kindergeld (§§ 62 ff. EStG)

Anspruchs-berechtigte	– Personen[1] mit Wohnsitz/gewöhnlichem Aufenthaltsort im Inland oder
	– Personen[1] ohne Wohnsitz/gewöhnlichem Aufenthaltsort im Inland bei
	  – unbeschränkter Einkommensteuerpflicht nach § 1 Abs. 2 EStG
	  – Behandlung als unbeschränkt Einkommensteuerpflichtige nach § 1 Abs. 3 EStG
	– Freizügigkeitsberechtigte Ausländer ohne Erwerbstätigkeit mit Einschränkungen in den ersten drei Monaten nach Zuzug. Darüber hinaus gekoppelt an Voraussetzungen des § 2 Freizügigkeitsgesetz (vgl. § 62 Abs. 1a EStG)
	– Nicht freizügigkeitsberechtigte Ausländer mit Niederlassungs- und/oder Aufenthaltserlaubnis unter bestimmten Voraussetzungen[2]

Berücksichtigungs-fähige Kinder	– im ersten Grad mit dem Steuerpflichtigen verwandte Kinder oder Pflegekinder und – vom Berechtigten in seinen Haushalt aufgenommene Kinder seines Ehegatten oder/und – vom Berechtigten in seinen Haushalt aufgenommene Enkel – und Wohnsitz im Inland, der EU oder einem EWR-Staat, und Kinder, wenn sie im Haushalt eines nach § 1 Abs. 2 unbeschränkt Einkommensteuerpflichtigen leben.[3]
Weitere Einschränkungen	Kinder sind durch die an sie vergebene Identifikationsnummer (§ 139b AO) zu identifizieren; soweit keine Steuerpflicht besteht, ist eine Identifizierung in anderer geeigneter Form vorzunehmen (§ 139a AO). In allen Fällen werden Kinder nur bis zur Vollendung des 18. Lebensjahres berücksichtigt. Ab dem 18. Lebensjahr findet § 32 Abs. 4 und 5 (siehe Kap. 5.1.1.10.1) Anwendung. Behinderte Kinder werden nach Vollendung des 18. Lebensjahres nur berücksichtigt, wenn die Behinderung vor Vollendung des 25. Lebensjahres eingetreten ist.

---

[1] Voraussetzung für den Anspruch ist, dass der Berechtigte durch die an ihn vergebene Identifikationsnummer (§ 139b AO) identifiziert wird.

[2] Vgl. im Einzelnen § 62 Abs. 2 EStG.

[3] Durch Rechtsverordnung der Bundesregierung (§ 2 Abs. 6 BKGG) erhalten Arbeitnehmer aus einem Mitgliedstaat der EU, aus Island, Norwegen, Liechtenstein und der Schweiz, deren Kinder in einem der genannten Staaten wohnen, Kindergeld. Bei Arbeitnehmern aus Bosnien und Herzegowina, Kosovo, Montenegro, Serbien, Mazedonien, dem Königreich Marokko, der Tunesischen Republik und der Türkei kommt für Kinder, die sich im Heimatland aufhalten, Kindergeld mit geringeren Beträgen in Betracht. Vgl. hierzu auch Hinweise in H 31 EStH 2020.

Höhe des Kinder- geldes	Erstes und zweites Kind	ab 1.1. 2021[1]: 219 €
	Drittes Kind	ab 1.1. 2021[1]: 225 €
	Jedes weitere Kind	ab 1.1. 2021[1]: 250 €
	Zudem kann ein Kinderzuschlag von bis zu 205 € monatlich je Kind gezahlt werden, wenn bestimmte Höchst- sowie Mindesteinkommensgrenzen eingehalten werden. Zum 1.1.2020 wurden die oberen Einkommensgrenzen abgeschafft, insbesondere die Höchsteinkommensgrenze; der Kinderzuschlag fällt bei höherem Einkommen nicht mehr schlagartig weg, sondern verringert sich bis auf 0 €.	

5.1.1.10.3   Verfahren

Kinderfreibetrag	Bei der Einkommensteuerveranlagung von Amts wegen Prüfung durch das Finanzamt, ob die steuerermäßigende Wirkung des Kinderfreibetrages den Betrag des Kindergeldes für das einzelne Kind übersteigt.
Kindergeld	– schriftlicher Antrag (oder elektronische Antragstellung bei Eröffnung des Zugangs) bei der örtlich zuständigen Familienkasse der Bundesagentur für Arbeit (Angehörige im öffentlichen Dienst beim Dienstherrn/Arbeitgeber) – monatliche Auszahlung des Kindergeldes – §72 EStG regelt Festsetzung und Zahlung des Kindergeldes an Angehörige des öffentlichen Dienstes.

5.1.1.11   Tarif und Belastungssätze

5.1.1.11.1   Tarifformeln ab 2021[2]

Die tarifliche Einkommensteuer bemisst sich nach dem zu versteuernden Einkommen. Sie beträgt vorbehaltlich der §§ 32b, 32c, 32d, 34, 34a, 34b und 34c jeweils in Euro für zu versteuernde Einkommen

---

[1] Es wird ein einmaliger Kinderbonus in Höhe von 150,00 € für jedes Kind, für das im Jahr 2021 ein Anspruch auf Kindergeld besteht, eingeführt. Dazu reicht es aus, wenn nur in einem einzigen Monat im Jahr 2021 ein Anspruch auf Kindergeld besteht.
[2] Siehe zum Thesaurierungssteuersatz nach §34a EStG Kap. 5.1.1.11.5.
Siehe zur Abgeltungsteuer Kap. 5.1.7.5.

	Fassung VZ 2021	Fassung ab VZ 2022

Fassung VZ 2021

1. bis 9 744 € (Grundfreibetrag): 0;

2. von 9 745 € bis 14 753 €:
   (995,21 · y + 1 400) · y;

3. von 14 754 € bis 57 918 €:
   (208,85 · z + 2 397) · z + 950,96;

4. von 57 919 € bis 274 612 €:
   0,42 · x – 9 136,63;

5. von 274 613 € an:
   0,45 · x – 17 374,99.

Fassung ab VZ 2022

1. bis 9 984 € (Grundfreibetrag): 0;

2. von 9 985 € bis 14 926 €:
   (1 008,70 · y + 1 400) · y;

3. von 14 927 € bis 58 596 €:
   (206,43 · z + 2 397) · z + 938,24;

4. von 58 597 € bis 277 825 €:
   0,42 · x – 9 267,53;

5. von 277 826 € an:
   0,45 · x – 17 602,28.

„y" ist ein Zehntausendstel des den Grundfreibetrag übersteigenden Teils des auf einen vollen Euro-Betrag abgerundeten zu versteuernden Einkommens. „z" ist ein Zehntausendstel des 14 753 € (2021)/14 926 € (ab 2022) übersteigenden Teils des auf einen vollen Euro-Betrag abgerundeten zu versteuernden Einkommens. „x" ist das auf einen vollen Euro-Betrag abgerundete zu versteuernde Einkommen. Der sich ergebende Steuerbetrag ist auf den nächsten vollen Euro-Betrag abzurunden.

ESt-, KiSt- u. Solz-Belastung gesamt

Gesamtsteuerbelastung mit KiSt

	2015	2016	2017	2018	2019	2020	2021	2022
Einkommensteuer	45,00 %	45,00 %	45,00 %	45,00 %	45,00 %	45,00 %	45,00 %	45,00 %
Kirchensteuer	9,00 %	9,00 %	9,00 %	9,00 %	9,00 %	9,00 %	9,00 %	9,00 %
Solidaritätszuschlag	5,50 %	5,50 %	5,50 %	5,50 %	5,50 %	5,50 %[1]	5,50 %[1]	5,50 %[1]
Gesamtbelastung	49,52 %	49,52 %	49,52 %	49,52 %	49,52 %	49,52 %	49,52 %	49,52 %
Formel:	ESt × (1 + KiSt + Solz) / (1 + (ESt × KiSt))							

Gesamtsteuerbelastung ohne KiSt

	2015	2016	2017	2018	2019	2010	2021	2022
Einkommensteuer	45,00 %	45,00 %	45,00 %	45,00 %	45,00 %	45,00 %	45,00 %	45,00 %
Kirchensteuer	0,00 %	0,00 %	0,00 %	0,00 %	0,00 %	0,00 %	0,00 %	0,00 %
Solidaritätszuschlag	5,50 %	5,50 %	5,50 %	5,50 %	5,50 %	5,50 %[1]	5,50 %[1]	5,50 %[1]
Gesamtbelastung	47,48 %	47,48 %	47,48 %	47,48 %	47,48 %	47,48 %	47,48 %	47,48 %
Formel:	ESt × (1 + KiSt + Solz) / (1 + (ESt × KiSt))							

---

[1] Gegen die Fortführung des Solidaritätszuschlagsgesetzes über den 1.1.2020 hinaus ist eine Verfassungsbeschwerde abhängig (2-BvR-1505/20).

Die Tabelle zeigt in der Spalte „Durchschnittssteuersatz" die Durchschnittssteuersätze nach der Grundtabelle (G) und der Splittingtabelle (S) einschließlich Solidaritätszuschlag, aber ohne Kirchensteuer. Die Spalten „Grenzsteuersatz G" und „Grenzsteuersatz S" zeigen den Steuersatz auf einen **zusätzlichen** Betrag von 500 bzw. 5.000 € nach der Grund- bzw. Splittingtabelle, **jeweils einschließlich Solidaritätszuschlag, aber ohne Kirchensteuer**.

Zu versteuerndes Einkommen	Einkommensteuer		Durchschnittssteuersatz		Grenzsteuersatz G		Grenzsteuersatz S	
	G	S	G	S	€ 500	€ 5 000	€ 500	€ 5 000
€	€	€	%	%	%	%	%	%
6 000	0	0	0,0	0,0	0,0	3,0	0,0	0,0
6 500	0	0	0,0	0,0	0,0	4,7	0,0	0,0
7 000	0	0	0,0	0,0	0,0	6,4	0,0	0,0
7 500	0	0	0,0	0,0	0,0	8,3	0,0	0,0
8 000	0	0	0,0	0,0	0,0	10,2	0,0	0,0
8 500	0	0	0,0	0,0	0,0	12,3	0,0	0,0
9 000	0	0	0,0	0,0	0,0	14,4	0,0	0,0
9 500	0	0	0,0	0,0	0,0	16,6	0,0	0,0
10 000	2	0	0,0	0,0	14,4	18,9	0,0	0,0
11 000	152	0	1,4	0,0	16,4	20,8	0,0	0,0
12 000	322	0	2,7	0,0	18,4	22,3	0,0	0,0
13 000	511	0	3,9	0,0	20,4	23,5	0,0	0,0
14 000	720	0	5,1	0,0	22,4	24,5	0,0	0,0
15 000	948	0	6,3	0,0	24,2	25,1	0,0	0,1
17 500	1 562	0	8,9	0,0	25,2	26,2	0,0	7,7
20 000	2 202	4	11,0	0,0	26,4	27,3	14,0	16,5
22 500	2 870	384	12,8	1,7	27,4	28,3	16,8	19,0
25 000	3 565	828	14,3	3,3	28,4	29,4	19,2	21,4
27 500	4 286	1 332	15,6	4,8	29,6	30,5	21,6	23,4
30 000	5 035	1 896	16,8	6,3	30,6	31,6	24,0	24,6
32 500	5 811	2 504	17,9	7,7	31,6	32,6	24,4	25,1
35 000	6 613	3 124	18,9	8,9	32,8	33,7	25,2	25,6
37 500	7 443	3 758	19,8	10,0	33,8	34,8	25,6	26,2
40 000	8 300	4 404	20,8	11,0	34,8	35,9	26,4	26,7
42 500	9 184	5 066	21,6	11,9	36,0	37,0	26,8	27,2
45 000	10 094	5 740	22,4	12,8	37,2	38,1	27,2	27,8
47 500	11 032	6 428	23,2	13,5	38,2	39,1	28,0	28,3
50 000	11 997	7 130	24,0	14,3	39,2	40,2	28,4	28,8
55 000	14 008	8 572	25,5	15,6	41,4	42,1	29,6	30,0
60 000	16 111	10 070	26,9	16,8	42,0	45,0	30,4	31,0
65 000	18 360	11 622	28,2	17,9	47,0	47,0	31,6	32,1
70 000	20 710	13 226	29,6	18,9	47,0	47,0	32,8	33,2
75 000	23 060	14 886	30,7	19,8	47,0	47,0	33,6	34,3
80 000	25 410	16 600	31,8	20,8	47,0	47,0	34,8	38,7
85 000	27 760	18 536	32,7	21,8	47,0	47,0	39,8	40,7
90 000	30 109	20 573	33,5	22,9	47,0	47,0	41,6	42,0
95 000	32 459	22 672	34,2	23,9	47,0	45,2	42,4	43,2

Zu ver-steuerndes Einkommen	Einkommen-steuer		Durchschnitts-steuersatz		Grenz-steuersatz G		Grenz-steuersatz S	
	G	S	G	S	€ 500	€ 5 000	€ 500	€ 5 000
€	€	€	%	%	%	%	%	%
100 000	34 721	24 832	34,7	24,8	44,2	44,3	43,8	44,4
110 000	39 152	29 332	35,6	26,7	44,2	44,3	46,2	46,8
120 000	43 583	33 994	36,3	28,3	44,2	44,3	44,2	44,3
130 000	48 014	38 425	36,9	29,6	44,2	44,3	44,2	44,3
140 000	52 445	42 856	37,5	30,6	44,2	44,3	44,2	44,3
150 000	56 876	47 287	37,9	31,5	44,2	44,3	44,2	44,3
300 000	124 043	113 752	41,3	37,9	47,4	47,5	44,2	44,3
500 000	218 993	202 372	43,8	40,5	47,4	47,5	44,2	44,3

5.1.1.11.3 Begünstigung der nicht entnommenen Gewinne gem. § 34 a EStG[1]

Persönlicher Anwendungsbereich	– Einzelunternehmer – Mitunternehmer, wenn Beteiligung > 10 % oder Gewinnanteil > 10 000 €
Sachlicher Anwendungsbereich	Einkünfte aus Gewerbebetrieb, selbständiger Tätigkeit oder Land- und Forstwirtschaft, wenn der Gewinn durch Bestands-vergleich (§ 4 Abs. 1 oder § 5 EStG) ermittelt wurde.
Zeitlicher Anwendungsbereich	Erstmals für den Veranlagungszeitraum 2008.
Höchstbetrag	Gewinn ./. Gewinnanteile gem. §§ 16 Abs. 4, 34 Abs. 3 oder 18 Abs. 1 Nr. 4 EStG ./. Entnahmen + Einlagen und steuerfreie Einnahmen (bis zur Höhe der Ent-nahmen) = nicht entnommener Gewinn
Antrag	– beim für die Einkommensteuer zuständigen Finanzamt, – für jeden Betrieb und jeden Gesellschafter gesondert, – bis zur Unanfechtbarkeit des entsprechenden Einkommen-steuerbescheides, – Rücknahme bis zur Unanfechtbarkeit des Einkommensteu-erbescheids für den nächsten Veranlagungszeitraum, – beantragter Betrag = „Begünstigungsbetrag"
Thesaurierungs-begünstigung	Einkommensteuersatz von 28,25 % zuzüglich Solidaritätszu-schlag (= 29,80 %) auf den Begünstigungsbetrag.

---

[1] Vgl. BMF-Schreiben vom 11.8.2008, BStBl I 2008 S. 838.

Gesonderte Feststellung	Begünstigungsbetrag laufendes Jahr ./. Steuerbelastung laufendes Jahr (29,80 %) = nachversteuerungspflichtiger Betrag per Ende des laufenden Jahres
Nachversteuerung	Einkommensteuersatz von 25 % zuzüglich Solidaritätszuschlag (= 26,38 %) auf den Nachversteuerungsbetrag im laufenden Jahr, wenn zum 31.12. des Vorjahrs ein nachversteuerungspflichtiger Betrag festgestellt wurde und – im laufenden Jahr Saldo aus Entnahmen ./. Einlagen > Gewinn ist oder – der Betrieb im laufenden Jahr veräußert wird (ggf. bis zu 10-jährige zinslose Stundung) oder – der Betrieb im laufenden Jahr nach § 20 UmwStG in eine Kapitalgesellschaft eingebracht oder ein Formwechsel nach § 25 UmwStG in eine Kapitalgesellschaft durchgeführt wird (ggf. bis zu 10-jährige zinslose Stundung) oder – die Gewinnermittlungsart im laufenden Jahr gewechselt wird oder – der Steuerpflichtige dies beantragt.
Ausnahmen	Keine Nachversteuerung, sondern Übertragung/Fortführung des nachversteuerungspflichtigen Betrags wenn – die Nachversteuerung durch die Übertragung eines Wirtschaftsguts gem. § 6 Abs. 5 EStG ausgelöst wird oder – der Betrieb gem. § 6 Abs. 3 EStG unentgeltlich übertragen wird oder – der Betrieb gem. § 24 UmwStG in eine Personengesellschaft eingebracht wird. Eine Nachversteuerung ist nicht durchzuführen, soweit sie durch Entnahme für ErbSt/SchenkSt anlässlich der Betriebsübertragung oder des Mitunternehmeranteils ausgelöst wird (§ 34a Abs. 4 EStG) ErbSt anlässlich Übertragung des Betriebs oder Mitunternehmeranteils $$\text{festgesetzte ErbSt} \times \frac{\text{ErbSt-Bemessungsgrundlage für Betrieb oder MU-Anteil}}{\text{ErbSt-Bemessungsgrundlage}}$$
Gesonderte Feststellung Folgejahre	nachversteuerungspflichtiger Betrag Ende Vorjahr + nachversteuerungspflichtiger Betrag laufendes Jahr +/– übertragene nachversteuerungspflichtige Beträge ./. Nachversteuerungsbetrag = nachversteuerungspflichtiger Betrag Ende laufendes Jahr

5.1.1.12   Steuerfestsetzung und -zahlung

5.1.1.12.1   Ermittlung der festzusetzenden Einkommensteuer[1]

1   Steuerbetrag
     a) nach § 32a Abs. 1, 5, § 50 Abs. 1 Satz 2 EStG
        oder
     b) nach dem bei Anwendung des Progressionsvorbehalts (§ 32b EStG)
        oder der Steuersatzbegrenzung sich ergebenden Steuersatz

2   + Steuer auf Grund Berechnung nach den §§ 34, 34b EStG

3   + Steuer auf Grund Berechnung nach § 34a Abs. 1, 4 bis 6 EStG

4   = tarifliche Einkommensteuer (§ 32a Abs. 1, 5 EStG)

5   − Minderungsbetrag nach Punkt 11 Ziffer 2 des Schlussprotokolls zu Artikel 23 DBA Belgien in der durch Artikel 2 des Zusatzabkommens vom 5. 11. 2002 geänderten Fassung (BGBl II 2003 S. 1615)

6   − ausländische Steuern nach § 34c Abs. 1 und 6 EStG, § 12 AStG

7   − Steuerermäßigung nach § 35 EStG

8   − Steuerermäßigung für Steuerpflichtige mit Kindern bei Inanspruchnahme erhöhter Absetzungen für Wohngebäude oder der Steuerbegünstigungen für eigengenutztes Wohneigentum (§ 34f Abs. 1, 2 EStG)

9   − Steuerermäßigung bei Zuwendungen an politische Parteien und unabhängige Wählervereinigungen (§ 34g EStG)

10   − Steuerermäßigung nach § 34f Abs. 3 EStG

11   − Steuerermäßigung nach § 35a EStG

12   − Ermäßigung bei Belastung mit Erbschaftsteuer (§ 35b EStG)

13   + Steuer auf Grund Berechnung nach § 32d Abs. 3 und 4 EStG

14   + Steuern nach § 34c Abs. 5 EStG

15   + Nachsteuer nach § 10 Abs. 5 EStG i. V. m. § 30 EStDV

16   + Zuschlag nach § 3 Abs. 4 Satz 2 Forstschäden-Ausgleichsgesetz

17   + Anspruch auf Zulage für Altersvorsorge, wenn Beiträge als Sonderausgaben abgezogen worden sind § 10a Abs. 2 EStG

18   + Anspruch auf Kindergeld oder vergleichbare Leistungen, soweit in den Fällen des § 31 EStG das Einkommen um Freibeträge für Kinder gemindert wurde

19   = *festzusetzende Einkommensteuer (§ 2 Abs. 6 EStG)*

---

[1] R 2 Abs. 2 EStR 2012.

5.1.1.12.2 Steuerermäßigungen

A. Gewerbesteuerermäßigung (§ 35 EStG)
siehe Kap. 5.1.2.2

B. Steuerermäßigung bei Aufwendungen für haushaltsnahe Beschäftigungsverhältnisse, haushaltsnahe Dienstleistungen und Handwerkerleistungen[1]

	§ 35a Abs. 1 EStG	§ 35a Abs. 2 EStG	§ 35a Abs. 3 EStG
	Haushaltsnahe Beschäftigungs-verhältnisse (Minijobs)	– Rentenversicherungs-pflichtige haushalts-nahe Beschäf-tigungsverhältnisse – Haushaltsnahe Dienstleistungen (nicht Handwerker-leistungen, § 35a Abs. 3 EStG) – Pflege- und Betreu-ungsleistungen – Unterbringung in einem Heim oder zur dauernden Pflege, soweit Dienstleistungen	Handwerker-leistungen
Art der Tätigkeit	Zubereitung von Mahl-zeiten im Haushalt, Wohnungsreinigung, Gartenpflege sowie die Pflege, Versorgung und Betreuung von Kin-dern, kranken, alten oder pflegebedürftigen Personen. Nicht: Vermittlung be-sonderer Fähigkeiten (Nachhilfeunterricht, musikalische oder sportliche Ausbildung), sonstige Freizeitbetäti-gungen	wie § 35a Abs. 1 EStG Bei Dienstleistungen: Die Arbeiten werden ge-wöhnlich von Mitgliedern des privaten Haushalts erledigt und fallen in regelmäßig kürzeren Ab-ständen an (z.B. kleine Schönheitsreparaturen, Ausbesserungsarbeiten) Bei Heim oder Pflege: Solche Leistungen, die mit denen einer Hilfe im Haushalt vergleichbar sind	Renovierungs-, Erhaltungs- und Modernisierungs-maßnahmen im inländischen Haushalt des Steuerpflichtigen Nicht: öffentlich geförderte Maß-nahmen, für die zinsverbillige Dar-lehen oder steuer-freie Zuschüsse gewährt werden

---

[1] Einzelheiten im BMF-Schr. vom 9.11.2016, BStBl I 2016 S. 1213.

	§35a Abs. 1 EStG	§35a Abs. 2 EStG	§35a Abs. 3 EStG
Nachweis	Vorlage der von der Knappschaft Bahn See zum Jahresende erteilten Bescheinigung (HaushaltsScheckverfahren)	Vorlage von üblichen Lohnunterlagen bei Rentenversicherungspflicht. Bei Dienstleistungen Erhalt einer Rechnung und Zahlung auf das Konto des Leistungserbringers	Erhalt einer Rechnung und Zahlung auf das Konto des Leistungserbringers. Bei Wohnungseigentümern oder Mietern durch gesonderten Ausweis in der Jahresabrechnung oder Bescheinigung des Verwalters/Vermieters
Höhe der Steuerermäßigung	20 % der Aufwendungen, höchstens 510 €	20 % der Lohnaufwendungen, höchstens 4 000 €	20 % der Lohnaufwendungen, höchstens 1 200 €
Konkurrenzvorschriften	Vorrangig: – Betriebsausgaben oder Werbungskostenabzug – Abzug außergewöhnlicher Belastungen nach § 33 EStG[1] – Bei Aufwendungen für Kinderbetreuung: § 10 Abs. 1 Nr. 5 EStG		

C. Steuerermäßigung bei Belastung mit Erbschaftsteuer (§ 35b EStG)

Berücksichtigung von Einkünften bei der Ermittlung des Einkommens, die im Veranlagungszeitraum oder in den vorangegangenen vier Veranlagungszeiträumen als Erwerb von Todes wegen der Erbschaftsteuer unterlegen haben	$\text{anteilige Einkommensteuer} = \dfrac{\text{begünstigte Einkünfte}}{\text{Summe der Einkünfte}} \times \text{tarifliche Einkommensteuer}$ $\text{erbschaftsteuerlicher Durchschnittssteuersatz} = \dfrac{\text{festgesetzte Erbschaftsteuer}}{\substack{\text{steuerpflichtiger Erwerb +}\\\text{Freibeträge nach §§ 16 und 17}\\\text{ErbStG + Freibetrag nach § 5}\\\text{ErbStG}}}$
Ermäßigungsbetrag =	Anteilige Einkommensteuer auf die begünstigten Einkünfte × erbschaftsteuerlicher Durchschnittssteuersatz

---

[1] Für den Teil der Aufwendungen, die durch Ansatz der zumutbaren Belastung nach § 33 Abs. 3 EStG nicht als außergewöhnliche Belastungen abzugsfähig sind, kommt die Steuerermäßigung gem. § 35a EStG in Betracht.

D. Steuerermäßigung für energetische Maßnahmen bei zu eigenen Wohnzwecken genutzten Gebäuden (§ 35c EStG)

Voraussetzungen	– energetische Maßnahmen – Beginn der Baumaßnahme nach dem 31.12.2019 und Abschluss vor dem 1.1.2030 – im zu eigenen Wohnzwecken genutzten eigenen Gebäude – in EU oder EWR-Wirtschaftsraum belegen – Objekt ist bei der Durchführung älter als 10 Jahre (maßgebend ist der Beginn der Herstellung) – Ausführung von einem anerkannten Fachunternehmen unter Beachtung von energetischen Mindestanforderungen – Bescheinigung des ausführenden Fachunternehmens nach amtlich vorgeschriebenem Muster – kein Ansatz als Betriebsausgaben, Werbungskosten, Sonderausgaben, außergewöhnliche Belastungen, § 10f oder § 35a EStG – keine öffentlich geförderte Maßnahme, für die zinsverbilligte Darlehen oder steuerfreie Zuschüsse in Anspruch genommen werden – Zahlung auf das Konto des Erbringers der Leistung
Begünstigte Maßnahmen	– Wärmedämmung von Wänden – Wärmedämmung von Dachflächen – Wärmedämmung von Geschossdecken – Erneuerung der Fenster oder Außentüren – Erneuerung oder Einbau einer Lüftungsanlage – Erneuerung der Heizungsanlage – Einbau von digitalen Systemen zur energetischen Betriebs- und Verbrauchsoptimierung – Optimierung bestehender Heizungsanlagen, sofern diese älter als zwei Jahre sind
Steuerermäßigung (max. 40 000 € pro Objekt)	– im Jahr des Abschlusses der Baumaßnahme 7 % der Aufwendungen, höchstens 14 000 € – im 1. Folgejahr 7 % der Aufwendungen, höchstens 14 000 € – im 2. Folgejahr 6 % der Aufwendungen, höchstens 12 000 €
Energieberater	Die Aufwendungen für einen Energieberater werden im Jahr der Entstehung mit 50 % gefördert, aber fließen in die Maximalförderung von 40 000 € ein.

E. Steuerermäßigung nach § 34c EStG (ausländische Einkünfte)

Anrechnung einer der dt. ESt entsprechenden und um einen entstandenen Ermäßigungsanspruch gekürzten Steuer (§ 34c Abs. 1 EStG)	– auf ausländische Einkünfte entfallende Quellensteuer anzurechnen, soweit diese nicht der Abgeltungsteuer (§ 32d EStG) unterliegen – per-country-limitation (§ 68a EStDV) – Nachweise (§ 68b EStDV) – in DBA-Fällen § 34c Abs. 6 EStG – ggf. Erlass oder Pauschalierung (§ 34c Abs. 5 EStG)
Abzug als Betriebsausgabe oder Werbungskosten (§ 34c Abs. 2 EStG)	– auf Antrag – bei der Ermittlung der Einkünfte – soweit sie auf ausländische Einkünfte entfällt, die nicht steuerfrei sind

F. Steuerermäßigung nach § 34g EStG (Parteispenden)
siehe Kap. 5.1.1.6.2

G. Steuerermäßigung und Auswirkung auf Ermittlung der Kirchensteuer und des Solidaritätszuschlags[1]

Steuerermäßigung	Auswirkung auf Ermittlung	
	Solidaritätszuschlag	Kirchensteuer
– Gewerbesteuerermäßigung § 35 EStG	volle Anrechnung	keine Anrechnung
– § 35a bis § 35c EStG	volle Anrechnung	volle Anrechnung
– ausländische Steuern § 34c EStG	volle Anrechnung	volle Anrechnung

5.1.1.12.3   Quellensteuerabzug auf Bauleistungen (§ 48 EStG)

Steuerabzug	15 % der Gegenleistung (Entgelt + USt) für im Inland ausgeführte Bauleistungen gemäß § 48 Abs. 1 EStG.
Leistender	Wer im Inland an einen Unternehmer i. S. des § 2 UStG oder eine juristische Person des öffentlichen Rechts eine Bauleistung erbringt.
Bauleistung	Alle Leistungen, die der Herstellung, Instandsetzung, Instandhaltung, Änderung oder Beseitigung von Bauwerken dienen (§ 48 Abs. 1 Satz 3 EStG)[2].

---

[1] Zur Ermittlung der Bemessungsgrundlage vgl. Kap. 5.2.1 (Kirchensteuer) und 5.5 (Solidaritätszuschlag).

[2] Dem Steuerabzug unterfallen insbesondere Bauleistungen der unter den §§ 1 und 2 Baubetriebs-Verordnung aufgeführten Branchen; vgl. zu Einzelheiten BMF-Schr. vom 27.12.2002 (BStBl I 2002 S. 1399).

Leistungsempfänger = Auftraggeber	Unternehmer i.S.des §2 UStG oder juristische Personen öffentlichen Rechts, die als Eigentümer und Besitzer eines Gebäudes Bauleistungen für das Unternehmen empfangen; Unternehmer sind auch Unternehmer, die *keine* USt-Erklärung abgeben, z.B. Kleinunternehmer i.S.des §19 UStG, pauschalversteuernde Land- und Forstwirte gem. §24 UStG und solche, die ausschließlich steuerfreie Umsätze tätigen, z.B. Vermietung und Verpachtung.
Bagatellgrenze	Steuerabzug muss nicht vorgenommen werden, wenn die Gegenleistung im Kalenderjahr folgende Beträge voraussichtlich nicht übersteigen wird: – 15000 €, wenn der Leistungsempfänger ausschließlich steuerfreie Umsätze nach §4 Nr. 12 Satz 1 ausführt (§48 Abs.2 Nr.1 EStG), – 5000 € in sonstigen Fällen (§48 Abs.2 Nr.2 EStG).
Freistellung	Auf Antrag erhalten Bauunternehmer (Leistender) eine Freistellungsbescheinigung, die gem. §48b EStG den Leistungsempfänger von der Pflicht zum Steuerabzug befreit, wenn: – der zu sichernde Steueranspruch nicht gefährdet erscheint und – ein inländischer Empfangsbevollmächtigter bestellt ist[1]. Der Steueranspruch ist insbesondere gefährdet, wenn – Anzeigepflichten nach §138 AO nicht erfüllt werden – Auskunfts- und Mitwirkungspflichten nach §90 AO nicht nachgekommen wird – Nachweis der steuerlichen Ansässigkeit durch Bescheinigung der zuständigen ausländischen Behörde nicht erbracht wird. Die Bescheinigung wird auf Antrag des Leistenden durch das für ihn zuständige Finanzamt erteilt. Der Steuerabzug ist auch ohne gültige Freistellungsbescheinigung **nicht** vorzunehmen, wenn der Leistungsempfänger nicht mehr als 2 Wohnungen vermietet (§48 Abs.1 Satz 2 EStG).
Solidaritätszuschlag	entfällt
Fälligkeit	Bis zum 10. Tag nach Ablauf des Monats der Erbringung der Gegenleistung (§48a EStG)[1]

---

[1] Zur Erteilung von Freistellungsbescheinigungen nach §48b EStG und Anrechnung des Abzugsbetrages in Insolvenzfällen siehe BMF-Schr. vom 27.12.2002 (BStBl I S.1399ff.) sowie BMF-Schr. vom 4.9.2003 (BStBl I 2003 S.431).

Anrechnung	Einbehaltene und angemeldete „Bauabzugssteuer" wird wie folgt auf vom Leistenden zu entrichtende Steuern angerechnet (§48c EStG):
	– auf für die Arbeitnehmer einbehaltene und angemeldete Lohnsteuer (§41a Abs.1 EStG),
	– auf die Vorauszahlungen für Einkommen- und Körperschaftsteuer, wobei dies nicht zu einer Erstattung führen darf,
	– auf die Einkommen- und Körperschaftsteuer des Veranlagungszeitraums, in dem die Leistung erbracht worden ist, und
	– auf die vom Leistenden im Sinne der §§48, 48a EStG anzumeldenden und abzuführenden Abzugsbeträge.
Verfahren	Der Leistungsempfänger (Vergütungsschuldner) zahlt dem Leistenden nach Einbehalt der Abzugssteuer 85% der vereinbarten Bruttovergütung auf die Bauleistung aus.
	Der Leistungsempfänger hat die einbehaltene Steuer in o.g. Frist an das für den Leistenden zuständige Finanzamt für Rechnung des Leistenden auf amtlich vorgeschriebenem Vordruck anzumelden und abzuführen.
	Für ausländische Leistungsempfänger richtet sich die örtliche Zuständigkeit nach §20a Abs.1 AO.
	Der Leistungsempfänger ist außerdem verpflichtet, mit dem Leistenden über den Steuerabzug abzurechnen (§48a Abs.2 EStG).
Haftung[1]	Der Leistungsempfänger, der seiner Abzugspflicht nicht oder nicht hinreichend nachkommt, haftet gem. §48a Abs.3 EStG für den unterlassenen Steuerabzug.
	Er haftet nicht, wenn ihm im Zeitpunkt der Gegenleistung eine Freistellungsbescheinigung vorgelegen hat, auf deren Rechtmäßigkeit er vertrauen konnte (§48a Abs.3 EStG).
	Verstöße gegen die Einbehaltungs- und Abzugspflichten können mit einem Bußgeld bis zu 25 000 € geahndet werden (§380 Abs.2 AO).

---

[1] Die Haftungsvorschriften des §48a EStG stellen nach Auffassung des BFH keinen Verstoß gegen das Gemeinschaftsrecht (insbesondere Dienstleistungsfreiheit) dar; BFH, Urt. vom 29. 10. 2008 (BFH/NV 2009, S.377).

5.1.1.12.4   Pauschalierung der Einkommensteuer

	Pauschalierung durch Dritte (§ 37a EStG)	Pauschalierung bei Sachzuwendungen (§ 37b EStG)
Sachlicher Anwendungsbereich	Sachprämien i.S.d. § 3 Nr. 38 EStG (Kundenbindungsprogramme)	Betrieblich veranlasste Zuwendungen, die zusätzlich zur ohnehin vereinbarten Leistung oder Gegenleistung erbracht werden, sowie Geschenke i.S. des § 4 Abs. 5 Satz 1 Nr. 1 EStG
Höchstgrenze	der gesamte Wert der Prämien (ohne Höchstgrenze) bildet die Bemessungsgrundlage (auch der an sich steuerfreie Teil von 1 080 € gem. § 3 Nr. 38 EStG)	10 000 € p.a. für Aufwendungen je Empfänger und Wirtschaftsjahr oder für die einzelne Zuwendung
Pauschalierungssatz	2,25 %	30 %
Behandlung beim Empfänger	Sachzuwendung bleibt bei der Ermittlung der Einkünfte außer Ansatz (§ 37a Abs. 2 i.V.m. § 40 Abs. 3 EStG)	Sachzuwendung bleibt bei der Ermittlung der Einkünfte außer Ansatz (§ 37b Abs. 3 EStG)

5.1.1.12.5 Verspätungszuschlag, Steuerzinsen und Säumniszuschlag

Fassung bis 31.12.2018: Ermessensentscheidung

§ 152 AO[1]	Verspätungszuschlag	– Max. 10 % der festgesetzten Steuer bzw. des festgesetzten Messbetrags[1] – Max. 25 000 €[1]
§§ 233a, 238 AO	Verzinsung von Steuerforderungen und Steuererstattungen	0,5 % pro Monat[2]
§§ 234, 238 AO	Stundungszinsen	0,5 % pro Monat
§ 240 AO	Säumniszuschlag	1,0 % des rückständigen Steuerbetrags

**Neuregelung des Verspätungszuschlags ab 1.1.2019:
Verbindliche Vorgabe**

Festsetzung eines Verspätungszuschlags, wenn Abgabe der Steuererklärung
– nicht innerhalb von 14 Monaten[3] nach Ablauf des Kalenderjahres
  (d.h. bis Ende Februar des übernächsten Jahres)
– bei Einkünften aus Land- und Forstwirtschaft und abweichendem Wirtschaftsjahr nicht innerhalb von 19 Monaten[3] nach Ablauf des Kalenderjahres
erfolgt.

Keine Festsetzung, wenn
– die Frist (rückwirkend) verlängert wurde,
– die Steuer 0 € beträgt oder negativ ist oder
– sich wegen höherer Vorauszahlungen oder anzurechnenden Steuerabzugsbeträgen keine Nachzahlung ergibt.

Zudem erfolgt bei Jahreslohnsteueranmeldungen sowie bei jährlich abzugebenden Versicherungssteuer- und Feuerschutzsteueranmeldungen keine Festsetzung. Bei monatlichen oder vierteljährlichen Steueranmeldungen gibt es keine gesetzliche Vorgabe, d.h. es sollen weiterhin Dauer, Häufigkeit der Verspätung und Höhe der Steuer ausschlaggebend sein.

Die Höhe des Verspätungszuschlags beträgt pro angefangenen Monat der Verspätung

---

[1] Änderungen der Regelungen zum Verspätungszuschlag sind durch das Gesetz zur Modernisierung des Besteuerungsverfahrens für Steuererklärungen eingetreten, die nach dem 31.12.2018 einzureichen sind.
[2] Der BFH hat mit Beschluss vom 25.4.2018 (Az. IX B 21/18) die Verfassungsmäßigkeit des Zinssatzes für Verzinsungszeiträume ab dem 1.4.2015 bezweifelt (BStBl II 2018 S.415). Die Finanzverwaltung gewährt Aussetzung der Vollziehung (BMF-Schr. v. 14.12.2018, BStBl I 2018 S.1393).
[3] Wegen der Corona-Pandemie wurden die Abgabefristen für das Jahr 2019 um 6 Monate (bzw. Land- und Forstwirte 5 Monate) und für das Jahr 2020 um 3 Monate verlängert.

- grds. 0,25 % der festgesetzten Steuer, mindestens 10 €/Monat;
- bei jährlichen Steuererklärungen 0,25 % der um Vorauszahlungen und Steuerabzugsbeträge geminderten festgesetzten Steuer, mindestens 25 €/Monat;
- bei Feststellungserklärungen, Erklärungen zur Festsetzung des Gewerbesteuermessbetrages und Zerlegungserklärungen 25 €/Monat;
- bei Erklärungen für gesondert festzustellende einkommen- und körperschaftsteuerpflichtige Einkünfte 0,0625 % der positiven Summe der festgestellten Einkünfte, mindestens 25 €/Monat.

Es gilt ein Maximalbetrag von 25 000 €. Wird die Steuer aufgehoben oder geändert, führt dies zu Folgeauswirkungen beim Verspätungszuschlag. Das gilt nicht, wenn die Änderung wegen eines Verlustrücktrags oder eines rückwirkenden Ereignisses erfolgt.

5.1.2   Einkünfte aus Gewerbebetrieb

5.1.2.1   Abgrenzung zu anderen Einkunftsarten

5.1.2.1.1   Überblick

Legaldefinition des Gewerbebetriebs (§ 15 Abs. 2 Satz 1 EStG):

Positivabgrenzung	Negativabgrenzung
- selbständig - nachhaltig - mit Gewinnerzielungsabsicht unternommen - Beteiligung am allgemeinen wirtschaftlichen Verkehr	- keine Einkünfte aus Land- und Forstwirtschaft (siehe Kap. 5.1.4.1 zur Abgrenzung) - keine Einkünfte aus selbständiger Arbeit (siehe Kap. 5.1.3.2 zur Abgrenzung) - keine private Vermögensverwaltung (ungeschriebenes Tatbestandsmerkmal)

5.1.2.1.2 Vermögensverwaltung vs. gewerblicher Grundstückshandel

Vereinfachtes Prüfschema „Gewerblicher Grundstückshandel"[1]

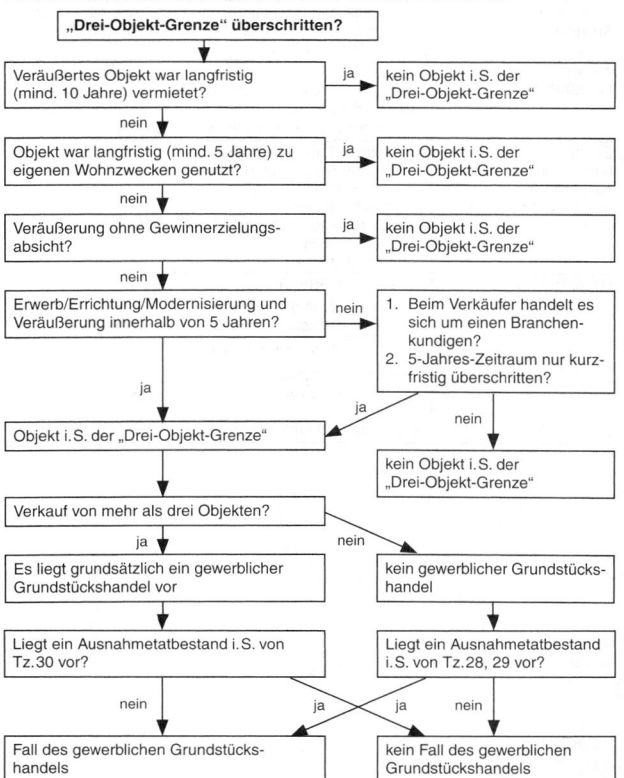

---

[1] BMF-Schr. vom 26.3.2004 (BStBl I 2004 S.434). Nachfolgende Tz. beziehen sich auf dieses Schreiben.

5.1.2.2 Steuerermäßigung gem. § 35 EStG[1]

Persönlicher Anwendungsbereich	Natürliche Personen, die der ESt unterliegen (§ 35 EStG)
Sachlicher Anwendungsbereich	– gewerbliche Einzelunternehmer (§ 35 Abs. 1 Nr. 1 EStG) – Mitunternehmerschaften i. S. d. § 15 Abs. 1 EStG (§ 35 Abs. 1 Nr. 2 EStG)
Abbau GewSt-Belastung	Ermäßigung der tariflichen Einkommensteuer, soweit sie anteilig auf im zu versteuernden Einkommen enthaltene gewerbliche Einkünfte entfällt, um das 4-Fache (vor 2020: 3,8-Fache) des Gewerbesteuer-Messbetrags
Ermittlung der festzusetzenden ESt bei positiven Einkünften aus Gewerbebetrieb	Tarifliche Einkommensteuer ./. sonstige Steuerermäßigungen ohne §§ 34f, 34g, 35a und 35c EStG = Zwischensumme ./. maßgeblicher (anteiliger) Gewerbesteuer-Messbetrag × 4 (§ 35 EStG) = festzusetzende Einkommensteuer
Höchstbetrag	1. relativer Höchstbetrag: $\dfrac{\text{Summe der positiven gewerblichen Einkünfte}}{\text{Summe aller positiven Einkünfte}} \times \begin{array}{l}\text{geminderte}\\\text{tarifliche Steuer}\end{array}$ 2. absoluter Höchstbetrag: Tatsächlich zu zahlende Gewerbesteuer Anrechnungsüberhänge verfallen[2]

---

[1] Vgl. BMF-Schr. vom 3. 11. 2016 (BStBl I 2016 S. 1187).
[2] Verfall ist verfassungsgemäß (BFH vom 23.4.2008, X R 32/06, BStBl II 2009 S. 7).

5.1.2.3 Veräußerungs- und Aufgabegewinne

5.1.2.3.1 Gewinne nach §§ 16, 34 EStG

	Freibetrag (§ 16 Abs. 4 EStG)	Ermäßigter Steuersatz	
		56% vom Steuersatz (§ 34 Abs. 3 EStG)	1/5-Regelung (§ 34 Abs. 1 EStG)
Sachliche Voraussetzungen	– Veräußerung oder Aufgabe eines Betriebs, Teilbetriebs oder Mitunternehmeranteils – Übertragung/Entnahme sämtlicher wesentlicher Betriebsgrundlagen – Ausschluss oder Beschränkung des deutschen Besteuerungsrechts durch Wegverlegung des (Teil-)Betriebs in einen anderen Staat[1] – Betriebsverpachtung im Ganzen oder Betriebsunterbrechung mit Aufgabeerklärung		
Persönliche Voraussetzungen	– 55. Lebensjahr vollendet oder im sozialversicherungsrechtlichen Sinne berufsunfähig und – Vergünstigung nach dem 31. 12. 1995[2] bzw. nach dem 31. 12. 2000[3] noch nicht in Anspruch genommen	keine	
Steuerfolgen	– Freibetrag von 45 000 € – Freibetrag ermäßigt sich um den 136 000 € übersteigenden Betrag (Abschmelzgrenze)	– 56% des durchschnittlichen Steuersatzes, der sich ergäbe, wenn die tarifliche ESt nach dem gesamten zvE zzgl. der dem Progressionsvorbehalt unterliegenden Einkünfte zu versteuern wäre – Mindestens 14%	– Das Fünffache des Unterschiedsbetrags zwischen der ESt auf ordentliche Einkünfte und der ESt für das übrige zvE zzgl. 1/5 des Veräußerungsgewinns – keine Mindeststeuer

---

[1] § 16 Abs. 3a EStG, anwendbar auf alle offenen Fälle gem. § 52 Abs. 34 Satz 5 EStG i.d.F. des JStG 2010. Bei Verlegung in einen anderen EU-/EWR-Staat: Entrichtung der Steuer in 5 gleichen Jahresraten gem. § 36 Abs. 5 EStG.
[2] Für den Freibetrag, R 16 Abs. 13 Satz 5 EStR 2012.
[3] Für den ermäßigten Steuersatz, R 34.5 Abs. 2 Satz 2 EStR 2012.

5.1.2.3.2   Gewinne nach § 17 EStG[1]

Sachliche Voraussetzungen	– Anteile an Kapitalgesellschaften (Aktien, GmbH-Anteile, Anteile an ausländischen Kapitalgesellschaften, Genussscheine oder ähnliche Beteiligungen, Anwartschaften auf derartige Beteiligungen, Genossenschaften) – Anteile im Privatvermögen – Beteiligung ≥ 1 % in den letzten 5 Jahren
Persönliche Voraussetzungen	– unbeschränkt oder beschränkt steuerpflichtig
Steuerfolgen	– Freibetrag von 9 060 € multipliziert mit Beteiligungsquote – Freibetrag ermäßigt sich um den 36 100 € multipliziert mit Beteiligungsquote übersteigenden Betrag (Abschmelzgrenze) – Steuerpflichtiger Betrag unterliegt grds. dem Teileinkünfteverfahren[2]

5.1.3   Einkünfte aus selbständiger Arbeit
5.1.3.1   Umfang der Einkünfte

§ 18 Abs. 1 Nr. 1 EStG	Tätigkeitsberufe	selbständig ausgeübte wissenschaftliche, künstlerische, schriftstellerische, unterrichtende oder erzieherische Tätigkeit
	Katalogberufe	selbständige Berufstätigkeit der Ärzte, Zahnärzte, Tierärzte, Rechtsanwälte, Notare, Patentanwälte, Vermessungsingenieure, Ingenieure, Architekten, Handelschemiker, Wirtschaftsprüfer, Steuerberater, beratende Volks- und Betriebswirte, vereidigte Buchprüfer, Steuerbevollmächtigte, Heilpraktiker, Dentisten, Krankengymnasten, Journalisten, Bildberichterstatter, Dolmetscher, Übersetzer, Lotsen
	Ähnliche Berufe	in wesentlichen Punkten mit den Katalogberufen vergleichbare Tätigkeiten
§ 18 Abs. 1 Nr. 2 EStG		Einkünfte der Einnehmer der staatlichen Lotterie, wenn nicht Gewerbebetrieb
§ 18 Abs. 1 Nr. 3 EStG		sonstige selbständige Tätigkeit, z. B. Testamentsvollstrecker, Vermögensverwalter, Aufsichtsratsmitglied
§ 18 Abs. 1 Nr. 4 EStG		überproportionale Vergütung für Initiatoren von vermögensverwaltenden Gesellschaften (Voraussetzung: Gesellschafter erhalten eingezahltes Kapital zurück; Besonderheit: Teileinkünfteverfahren, § 3 Nr. 40a EStG)

---

[1] Zur Behandlung von Gewinnen aus der Veräußerung von Anteilen an Zielgesellschaften gem. § 2 Abs. 3 WKBG siehe Kap. 6.7.3.1.
[2] Für den Freibetrag, R 16 Abs. 13 Satz 5 EStR 2012.

5.1.3.2   Abgrenzung zu anderen Einkunftsarten

Abgrenzung zu gewerblichen Einkünften (§ 15 EStG)	Leitende und eigenverantwortliche Tätigkeit aufgrund eigener Fachkenntnisse erforderlich; für § 18 Abs. 1 Nr. 1 EStG – nicht für § 18 Abs. 1 Nr. 3 EStG – unschädlich, wenn sich der Freiberufler der Mithilfe fachlich vorgebildeter Mitarbeiter bedient
Abgrenzung zu Einkünften aus nichtselbständiger Arbeit (§ 19 EStG)	Die Tätigkeit erfolgt aufgrund eigener Entscheidung (Unternehmerinitiative) und auf eigene Rechnung (Unternehmerrisiko)
Abgrenzung zu sonstigen Einkünften (§ 22 EStG)	Die Tätigkeit wird nachhaltig ausgeübt

5.1.3.3   Einzelfälle (ABC)[1]

Beruf	F/G[2]	Erläuterungen
Altenpfleger	F/G	G, soweit auch eine hauswirtschaftliche Versorgung erfolgt
Anlageberater/Finanzanalyst	G	
Architekt	F/G	G bei Ausübung einer beratenden Tätigkeit bei der Vermittlung von Geschäftsabschlüssen
Artist	G	
Baubetreuer/-berater	F/G	G, soweit lediglich mit wirtschaftlicher (finanzieller) Betreuung von Bauvorhaben befasst
Bauleiter	G	
Beratungsstellenleiter	G	
Berufsbetreuer i.S.v. §§ 1896 ff. BGB	F	Tätigkeit fällt i.d.R. unter § 18 Abs. 1 Nr. 3 EStG
Berufssportler	G	
Bezirksschornsteinfegermeister	G	
Bodybuilding-Studio-Betreiber	F/G	G, wenn unterrichtende Tätigkeit nur die Anfangsphase der Tätigkeit prägt und im übrigen den Kunden Trainingsgeräte zur freien Verfügung stehen

---

[1] Auszüge aus H 15.6 EStH 2018.
[2] F = Freiberufler; G = Gewerbebetreibender.
[3] Siehe aber BFH vom 4.5.2004 (BStBl II 2004 S. 989). Siehe zu Administratoren und leitenden Managern großer IT-Projekte die BFH-Entscheidungen VIII R 31/07, VIII R 63/06 und VIII R 79/06 vom 3.2.2010.

Beruf	F/G	Erläuterungen
Buchhalter	G	
Buchmacher	G	
Bühnenvermittler	G	
Datenschutzbeauftragter	G	
Detektiv	G	
Diätassistent	F	
EDV-Berater und -Experten	F/G	F im Bereich der Systemtechnik, G bei Entwicklung von Anwendersoftware[3]
Ergotherapeut	F	
Fahrschullehrer	F/G	Ohne Fahrlehrererlaubnis G, ansonsten F
Finanz- und Kreditberater	G	
Fitness-Studio	F/G	siehe „Bodybuilding-Studio-Betreiber"
Fotograf	F/G	i.d.R. G bei Werbeaufnahmen
Fotomodell	G	
Hebamme	F	
Heil- und Hilfsberufe	F/G	siehe BMF-Schr. vom 22.10.2004 (BStBl I 2004 S.1030)
Hellseher	G	
Industrie-Designer	F	
Insolvenzverwalter	F/G	WP/StB ist F, wenn diese Tätigkeit isoliert als eine sonstige selbständige Tätigkeit angesehen würde
Kfz-Sachverständiger	F/G	G, wenn kein Ingenieurexamen und Tätigkeit ohne mathematisch-technische Kenntnisse eines Ingenieurs ausübbar
Kinder- und Jugendlichen-psychotherapeut	F	
Klavierstimmer	G	
Krankenpfleger und -schwester	F/G	siehe „Altenpfleger"
Kunsthandwerker	F/G	F, wenn er von ihm selbst entworfene Gegenstände herstellt
Künstleragent	G	
Logopäde	F	
Makler	G	
Masseur	F/G	G, soweit überwiegend kosmetische Massagen

Beruf	F/G	Erläuterungen
Medizinischer Bademeister	F/G	F, soweit er auch zur Feststellung des Krankheitsbefunds tätig wird oder persönliche Heilbehandlungen am Körper vornimmt
Medizinisch-technischer Assistent	F	
Modeschöpfer	F	
Personalberater	G	
Pilot	G	
Orthoptist	F	
Podologe/Medizinischer Fußpfleger	F	
Prozessagent	F	
Psychologischer Psychotherapeut	F	
Rechtsbeistand	F/G	G, wenn er mit Genehmigung des LG-Präsidenten Auszüge aus Gerichtsakten für Versicherungsakten fertigt
Rettungsassistent	F	
Rundfunkermittler	G	Spürt im Auftrag einer Rundfunkanstalt Schwarzhörer auf
Rundfunksprecher	G	
Schadensregulierer	G	Reguliert Schäden im Auftrag einer Versicherungsgesellschaft
Spielerberater	G	
Synchronsprecher	F	
Tanz- und Unterhaltungsorchester	F/G	F, wenn bestimmte Qualitätsstandards erreicht werden
Treuhandtätigkeit eines Rechtsanwalts für Bauherrengemeinschaft	G	
Vereidigter Kursmakler	G	
Verfahrenspfleger i. S. d. FamFG	F	Tätigkeit fällt i.d.R. unter § 18 Abs. 1 Nr. 3 EStG
Versicherungsvertreter/-berater	G	
Versteigerer	G	
Vortragswerber	G	
Werbeberater	G	
Werbung	F/G	F, wenn als eigenschöpferische Leistung eines Künstlers zu werten
Wirtschaftswissenschaftler	F/G	G, wenn auf eng begrenztes Tätigkeitsgebiet spezialisiert und im wesentlichen Ausführung durch zahlreiche Hilfskräfte in einem unternehmensartig organisierten Großbüro

Beruf	F/G	Erläuterungen
Zahnpraktiker	F	
Zolldeklarant	G	
Zwangsverwalter	F	Tätigkeit fällt i.d.R. unter §18 Abs.1 Nr.3 EStG

5.1.3.4   Veräußerungs- und Aufgabegewinne

Vorschrift	Beschreibung	Rechtsfolge
§18 Abs.3 EStG	Veräußerung oder Aufgabe eines Betriebs, Teilbetriebs oder Mitunternehmeranteils mit selbständiger Tätigkeit	§§16, 34 EStG (analog, siehe Kap. 5.1.2.3.1)
§18 Abs.1 Nr.4 EStG	Vergütungen (sog. Carried Interest) für Initiatoren von vermögensverwaltenden Gesellschaften (z.B. Venture Capital Fonds, Private Equity Fonds), die neben der Verzinsung ihres Kapitaleinsatzes einen darüber hinausgehenden Gewinnanteil erhalten	Teileinkünfteverfahren nach §3 Nr.40a EStG

5.1.3.5   Besondere Aufzeichnungspflichten für Freiberufler

Eine Aufzeichnungspflicht von Angehörigen der freien Berufe kann sich z.B. ergeben aus (H 18.2 EStH 2018):
– §4 Abs.3 Satz 5 EStG
– §6c EStG bei Gewinnen aus der Veräußerung bestimmter Anlagegüter
– §7a Abs.8 EStG bei erhöhten Absetzungen und Sonderabschreibungen
– §7g Abs.1 Nr.3 EStG bei Investitionsabzugsbeträgen und Sonderabschreibungen zur Förderung kleiner und mittlerer Betriebe
– §41 EStG, Aufzeichnungspflichten beim Lohnsteuerabzug
– §22 UStG

5.1.4 Einkünfte aus Land- und Forstwirtschaft

5.1.4.1 Abgrenzung der Land- und Forstwirtschaft vom Gewerbe

5.1.4.1.1 Überblick[1]

Grundsatz	Land- und Forstwirtschaft ist – die planmäßige Nutzung – der natürlichen Kräfte des Bodens – zur Erzeugung und Verwertung von Pflanzen und Tieren.
Strukturwandel	Gewerbebetrieb beginnt spätestens in dem Zeitpunkt, in dem die Tätigkeit des land- und forstwirtschaftlichen Betriebs dauerhaft umstrukturiert wird (i.d.R. 3-Jahres-Zeitraum).
Nebenbetrieb	– Die eingesetzte Rohstoffmenge wird überwiegend im eigenen Hauptbetrieb erzeugt und die be- oder verarbeiteten Produkte sind überwiegend für den Verkauf bestimmt. – Es werden Umsätze aus der Übernahme von Rohstoffen (z.B. Abfälle) erzielt und das be- oder verarbeitete Produkt wird nahezu ausschließlich im eigenen Betrieb verwendet. – Die Erzeugnisse werden im Rahmen der ersten Stufe der Be- oder Verarbeitung, die noch dem land- und forstwirtschaftlichen Bereich zuzuordnen ist, hergestellt.
Verwertung organischer Abfälle	Entweder ist ein Nebenbetrieb anzunehmen oder eine Beurteilung erfolgt nach den allgemeinen Grundsätzen.
Handelsgeschäft und Zukauf fremder Erzeugnisse[2]	– Land- und forstwirtschaftlicher Betrieb bei Absatz ausschließlich eigener Erzeugnisse – Gewerbebetrieb bei Absatz ausschließlich zugekaufter Ware – Bei Mischfällen liegt neben land- und forstwirtschaftlichem Betrieb ein selbständiger Gewerbebetrieb vor, wenn Betriebseinnahmen aus zugekauften Waren > $1/3$ des Gesamtumsatzes oder > 51 500 €.

---

[1] R 15.5 EStR 2012.
[2] Beim Absatz von Erzeugnissen und dem Absatz in Verbindung mit weiteren Leistungen ist insgesamt nur einmal die $1/3$-Umsatzgrenze und die 51 500-€-Grenze anzuwenden.

Absatz eigener Erzeugnisse in Verbindung mit Dienstleistungen[1]	– Grundsatz: gewerbliche Tätigkeit und Prüfung allgemeiner Grundsätze. – Ausnahme: Im Rahmen der Dienstleistung werden überwiegend selbstgewonnene land- und forstwirtschaftliche Erzeugnisse abgesetzt oder der Umsatz aus Dienstleistungen, bei denen die eigenen Erzeugnisse nicht überwiegen, beträgt nicht mehr als $1/3$ des Gesamtumsatzes oder > 51 500 €.
Absatz selbsterzeugter Getränke in Verbindung mit besonderen Leistungen[1]	– Grundsatz: Werden neben selbsterzeugten Getränken Speisen und zugekaufte Getränke verabreicht, so liegt eine gewerbliche Tätigkeit vor. – Ausnahme: Umsatz aus diesen Leistungen < 50 % des gesamten Umsatzes und ≤ 51 500 € und ≤ $1/3$ des Gesamtumsatzes.
Verwendung von Wirtschaftsgütern außerhalb des Betriebes[2]	– Grundsatz: Außerbetriebliche Verwendung von eigens für diese Zwecke angeschafften Wirtschaftsgütern führt zur Annahme eines Gewerbebetriebes. – Ausnahme: Kein Gewerbebetrieb, wenn eigenbetriebliche Nutzung > 10 % und – Verwendung für andere Betriebe, wenn Umsatz daraus ≤ $1/3$ des Gesamtumsatzes oder ≤ 51 500 €.
Landwirtschaftliche Dienstleistungen[2]	– Grundsatz: Gewerbe – Ausnahme: funktionaler Zusammenhang mit typisch land- und forstwirtschaftlichen Tätigkeiten und Umsatz daraus < $1/3$ des Gesamtumsatzes oder ≤ 51 500 €.
Energieerzeugung	Gewerbebetrieb ist dann anzunehmen, wenn Strom und Wärme verkauft werden
Beherbergung von Fremden	– Grundsatz: Gewerbebetrieb (hotelmäßige Nutzung von Ferienwohnungen) – Ausnahme: Bereithaltung von weniger als 4 Zimmern oder weniger als 6 Betten und keine Bereitstellung von Hauptmahlzeiten.

Die oben genannten Abgrenzungskriterien gelten grundsätzlich auch für landwirtschaftliche Mitunternehmerschaften (GbR, OHG, KG). Allerdings führt dort das nachhaltige Überschreiten der aufgeführten Grenzen zur Gewerblichkeit des ganzen Betriebes, während bei einem Einzelunternehmer nur die gewerbliche Tätigkeit aus der übrigen Landwirtschaft ausscheidet.

---

[1] Beim Absatz von Erzeugnissen und dem Absatz in Verbindung mit weiteren Leistungen ist insgesamt nur einmal die $1/3$-Umsatzgrenze und die 51 500-€-Grenze anzuwenden.

[2] Die Maschinenleistungen und die reinen Dienstleistungen dürfen insgesamt nicht die $1/3$-Umsatzgrenze bzw. die 51 500-€-Grenze nachhaltig überschreiten.

5.1.4.1.2 Abgrenzung der land- und forstwirtschaftlichen von der gewerblichen Tierzucht

A. Landwirtschaftlich genutzte Fläche und maximal zulässige Tierhaltung

Zu den Einkünften aus landwirtschaftlicher Tierhaltung gehören die Einkünfte aus Tierzucht und Tierhaltung, wenn nicht mehr als eine bestimmte Anzahl an Vieheinheiten (VE) gehalten wird (§ 13 Abs. 1 EStG). Die Anzahl der höchstzulässigen VE richtet sich nach der Größe der vom Inhaber des Betriebs regelmäßig landwirtschaftlich genutzten Flächen[1].

Hektar	Vieheinheiten je Hektar
ersten 20	nicht mehr als 10
nächsten 10	nicht mehr als 7
nächsten 20	nicht mehr als 6
nächsten 50	nicht mehr als 3
weitere Fläche	nicht mehr als 1,5

Beispiel: Ein Betrieb hat eine regelmäßig landwirtschaftlich genutzte Fläche von 35 ha. Die höchstzulässige Anzahl von VE beträgt dann:

für die ersten 20 ha	200 VE
für die nächsten 10 ha	70 VE
für die nächsten 5 ha	30 VE
gesamt	300 VE

Hält der Landwirt mehr als 300 VE, erzielt er gewerbliche, andernfalls land- und forstwirtschaftliche Einkünfte.

B. Arten von Tierbeständen

Tierart	Erläuterung	Ansatz bei VE-Berechnung
Mastvieh	Tiere, die in der Regel einem kürzeren Zeitraum als 12 Monate dem Betrieb angehören	Verbrauchte und verkaufte Stückzahlen
Übriges Vieh	Tiere, die kein Mastvieh sind Ausnahme: Mastrinder mit einer Mastdauer von weniger als einem Jahr, Schafe und Damtiere unter einem Jahr	Jahresdurchschnittsbestand

---

[1] Siehe hierzu R 13.2 EStR 2012 und § 51 Abs. 1 a BewG.

C. Umrechnung von Vieheinheiten[1]

Tierart			VE
Mastvieh	Geflügel	Jungmasthühner (bis zu 6 Durchgänge je Jahr – schwere Tiere)	0,0017
		Jungmasthühner (mehr als 6 Durchgänge je Jahr – leichte Tiere)	0,0013
		Junghennen	0,0017
		Mastenten	0,0033
		Mastenten in der Anzuchtphase	0,0011
		Mastenten in der Mastphase	0,0022
		Mastputen aus selbsterzeugten Jungputen	0,0067
		Mastputen aus zugekauften Jungputen	0,0050
		Jungputen (bis etwa 8 Wochen)	0,0017
		Mastgänse	0,0067
	Kaninchen (Mastkaninchen)		0,0025
	Rindvieh (Masttiere [Mastdauer 1 Jahr oder mehr])		1,00
	Schweine[2]	Leichte Ferkel (bis etwa 12 kg)	0,01
		Ferkel (über etwa 12 bis etwa 20 kg)	0,02
		Schwere Ferkel (über etwa 20 bis etwa 30 kg)	0,04
		Läufer (über etwa 30 bis etwa 45 kg)	0,06
		Schwere Läufer (über etwa 45 bis etwa 60 kg)	0,08
		Mastschweine	0,16
		Jungzuchtschweine bis 90 kg	0,12
Übriges Vieh	Alpakas		0,08
	Damtiere	unter 1 Jahr	0,04
		1 Jahr und älter	0,08
	Dromedare und Trampeltiere (Altweltkameliden)		0,70
	Geflügel	Legehennen (einschließlich einer normalen Aufzucht zur Ergänzung des Bestandes)	0,02
		Legehennen aus zugekauften Junghennen	0,0183
		Zuchtenten, Zuchtputen, Zuchtgänse	0,04
	Kaninchen (Zucht- und Angorakaninchen)		0,025
	Lamas		0,10

---

[1] R 13.2 EStR 2012.

[2] Wenn Schweine aus zugekauften Tieren erzeugt werden, ist dies bei der Umrechnung in VE entsprechend zu berücksichtigen. Beispiel: Mastschweine aus zugekauften Läufern 0,16 VE – 0,06 VE = 0,10 VE.

	Pferde	unter 3 Jahren und Kleinpferde	0,70
		3 Jahre und älter	1,10
	Rindvieh	Kälber und Jungvieh unter 1 Jahr (einschließlich Mastkälber, Starterkälber und Fresser)	0,30
		Jungvieh 1 bis 2 Jahre alt	0,70
		Färsen (älter als 2 Jahre)	1,00
Übriges Vieh		Masttiere (Mastdauer weniger als 1 Jahr)	1,00
		Kühe (einschließlich Mutter- und Ammenkühe mit den dazugehörigen Saugkälbern)	1,00
		Zuchtbullen, Zuchtochsen	1,20
	Schafe	unter 1 Jahr (einschließlich Mastlämmer)	0,05
		1 Jahr und älter	0,10
	Schweine	Zuchtschweine (einschließlich Jungzuchtschweinen über etwa 90 kg)	0,33
	Strauße	Zuchttiere 14 Monate und älter	0,32
		Jungtiere/Masttiere unter 14 Monate	0,25
	Ziegen		0,08

5.1.4.2 Freibeträge und Tarifglättung bei den Einkünften aus Land- und Forstwirtschaft

§13 Abs. 3 EStG	Freibetrag i. H. v. der Einkünfte aus Land- und Forstwirtschaft, wenn die Summe der Einkünfte nicht über- steigt	900/1 800 €
		30 700/61 400 €
§§14, 16 EStG	Veräußerung eines Betriebes im Ganzen, eines Teilbetriebes oder Anteils an einem *land- und forstwirtschaftlichen Betrieb* Freibetrag i. H. v.	45 000 €
	bei Vollendung des 55. Lj. oder dauernder Berufsunfähigkeit Minderung Freibetrag, soweit Veräußerungs- gewinn übersteigt	136 000 €
§32c EStG	Tarifglättung nach Ablauf von drei Veranla- gungszeiträumen (Betrachtungszeitraum)[1]	

---

[1] Gültig ab VZ 2014; keine europarechtswidrige Beihilfe (Bekanntmachung vom 18.3.2020, BSB).

5.1.4.3 Bewertung von Tieren[1]
5.1.4.3.1 Richtwerte für die Viehbewertung

Tierart	Anschaffungs-/ Herstellungs- kosten je Tier	Schlachtwerte je Tier	Gruppenwert je Tier
	€	€	€
Pferde[2]			
Pferde bis 1 Jahr	800,00		800,00
Pferde über 1 bis 2 Jahre	1 400,00		1 400,00
Pferde über 2 bis 3 Jahre	2 000,00		2 000,00
Pferde über 3 Jahre	2 600,00	400,00	1 500,00
Rindvieh			
Mastkälber	275,00		275,00
Männl. bis 1/2 Jahr	200,00		200,00
Männl. über 1/2 Jahr bis 1 Jahr	335,00		335,00
Männl. über 1 bis 1 1/2 Jahre	500,00		500,00
Männl. über 1 1/2 Jahre	700,00		700,00
Weibl. bis 1/2 Jahr	180,00		180,00
Weibl. über 1/2 Jahr bis 1 Jahr	300,00		300,00
Weibl. über 1 bis 2 Jahre	500,00		500,00
Färsen	750,00		750,00
Kühe	800,00	550,00	675,00
Schweine			
Ferkel bis 25 kg	30,00		30,00
Ferkel bis 50 kg	50,00		50,00
Mastschweine über 50 kg	80,00		80,00
Jungsauen	200,00		200,00
Zuchtsauen	210,00	150,00	180,00
Schafe			
Lämmer bis 1/2 Jahr	30,00		30,00
Schafe über 1/2 Jahr bis 1 Jahr	50,00		50,00
Jungschafe bis 20 Monate	70,00		70,00
Mutterschafe über 20 Monate	75,00	25,00	50,00
Geflügel			
Aufzuchtküken	1,00		1,00
Junghennen	2,95		2,95
Legehennen	4,50	0,40	2,45
Masthähnchen	0,65		0,65
schwere Mastputen	7,25		7,25
Enten	2,25		2,25
Gänse	5,30		5,30

[1] Siehe dazu BMF-Schr. vom 14.11.2001 (BStBl I 2001 S.864).
[2] Amtl. Anmerkung: Kleinpferde sind jeweils mit 2/3 und Ponys mit 1/3 der Werte anzusetzen.

5.1.4.3.2 Betriebsgewöhnliche Nutzungsdauern

Bei der Bemessung der AfA nach § 7 EStG kann folgende betriebsgewöhnliche Nutzungsdauer zugrunde gelegt werden:

Zuchthengste	5 Jahre
Zuchtstuten	10 Jahre
Zuchtbullen	3 Jahre
Milchkühe	3 Jahre
übrige Kühe	5 Jahre
Zuchteber und -sauen	2 Jahre
Zuchtböcke und -schafe	3 Jahre
Legehennen	1,33 Jahre
Damtiere	10 Jahre

5.1.5 Gewinnermittlung

5.1.5.1 Grundsätze

5.1.5.1.1 Gewinnermittlungsarten

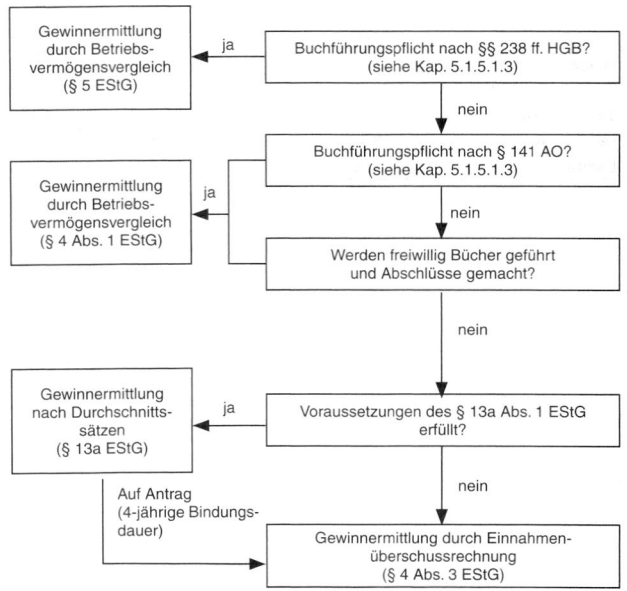

5.1.5.1.2 Einnahmenüberschussrechnung

Wird der Gewinn nach §4 Abs. 3 EStG durch den Überschuss der Betriebseinnahmen über die Betriebsausgaben ermittelt, ist die Einnahmenüberschussrechnung gem. §60 Abs. 4 EStDV nach amtlich vorgeschriebenem Datensatz durch Datenfernübertragung (Anlage EÜR) zu übermitteln.[1] Die Anlage EÜR ist ggf. um ein Anlagenverzeichnis (Anlage AVEÜR) zu erweitern.

Einnahmenüberschussrechnung[2] nach §4 Abs. 3 EStG für das **Kalenderjahr 2021**				
davon abweichend	Beginn T T M M 2021		Ende T T M M J J J J	
1. Gewinnermittlung				
Betriebseinnahmen Betriebseinnahmen als umsatzsteuerlicher **Kleinunternehmer** (nach §19 Abs.1 UStG) davon nicht steuerbare Umsätze sowie Umsätze nach §19 Abs. 3 Satz 1 Nr. 1 und 2 UStG			EUR	Ct
Betriebseinnahmen als **Land- und Forstwirt**, soweit die Durchschnittssatzbesteuerung nach §24 UStG angewandt wird				
Umsatzsteuerpflichtige Betriebseinnahmen Umsatzsteuerfreie, nicht umsatzsteuerbare Betriebseinnahmen (auch Hilfen/Zuschüsse aufgrund der Corona-Pandemie) sowie Betriebseinnahmen, für die der Leistungsempfänger die Umsatzsteuer nach §13b UStG schuldet				
Vereinnahmte Umsatzsteuer sowie Umsatzsteuer auf unentgeltliche Wertabgaben				

---

[1] Vgl. BMF-Schr. vom 17.10.2018 (IV C 6 – S 2142/17/10002:012); gem. BFH vom 16.11.2011 (BStBl II 2012 S.129) ist die Pflicht zur Abgabe der Anlage EÜR nach §60 Abs. 4 EStDV rechtswirksam und verfassungsgemäß. Bei Betriebseinnahmen unter 17500 € im Wirtschaftsjahr wird es bis zum Veranlagungszeitraum 2016 nicht beanstandet, wenn der Steuererklärung anstelle des Vordrucks eine formlose Gewinnermittlung beigefügt wird. Ab dem Veranlagungszeitraum 2017 ist die elektronische Übermittlung der Anlage EÜR nach amtlich vorgeschriebenem Datensatz verpflichtend (BMF Online vom 30.3.2017). Gemäß FG Rheinland-Pfalz vom 12.10.2016 (2 K 2352/15), bestätigt durch BFH vom 12.10.2017 (III B 173/16), können Kleinstbetriebe von der Pflicht zur Übermittlung der Steuererklärungen nach amtlich vorgeschriebenem Datensatz durch Datenfernübertragung wegen wirtschaftlicher Unzumutbarkeit befreit werden.

[2] Es handelt sich um eine verkürzte Fassung der Anlage EÜR; die vollständige Anlage EÜR beinhaltet weiterhin Angaben zum Betrieb sowie ergänzende Angaben zu Rücklagen/stillen Reserven, Investitionsabzugsbeträgen und Entnahmen/Einlagen nach §4 Abs.4a EStG.

	EUR	Ct
Vom Finanzamt erstattete und ggf. verrechnete Umsatzsteuer (Die Regelung zum 10-Tageszeitraum nach § 11 Abs. 1 Satz 2 EStG ist zu beachten)		
Veräußerung oder Entnahme von Anlagevermögen		
Private Kfz-Nutzung		
Sonstige Sach-, Nutzungs- und Leistungsentnahmen		
Auflösung von Rücklagen und Ausgleichsposten		
Summe Betriebseinnahmen		

Betriebsausgaben	EUR	Ct
Betriebsausgabenpauschale **für bestimmte Berufsgruppen**		
Sachliche Bebauungskostenrichtbetrag und Ausbaukostenbeiträge für **Weinbaubetriebe**		
Betriebsausgabenpauschale für **Forstwirte**		
Waren, Rohstoffe und Hilfsstoffe einschl. der Nebenkosten		
Bezogene Fremdleistungen		
Ausgaben für eigenes Personal (z. B. Gehälter, Löhne und Versicherungsbeiträge)		

Absetzung für Abnutzung (AfA)		
AfA auf unbewegliche Wirtschaftsgüter		
AfA auf immaterielle Wirtschaftsgüter		
AfA auf bewegliche Wirtschaftsgüter		
Sonderabschreibungen nach § 7b EStG und § 7g Abs. 5 und 6 EStG		
Herabsetzungsbeträge nach § 7g Abs. 2 Satz 3 EStG		
Aufwendungen für geringwertige Wirtschaftsgüter nach § 6 Abs. 2 EStG		
Auflösung Sammelposten nach § 6 Abs. 2a EStG		
Restbuchwert der ausgeschiedenen Anlagegüter		

Raumkosten und sonstige Grundstücksaufwendungen (ohne häusliches Arbeitszimmer)	EUR	Ct
Miete/Pacht für Geschäftsräume und betrieblich genutzte Grundstücke		
Aufwendungen für doppelte Haushaltsführung (z. B. Miete)		
Sonstige Aufwendungen für betrieblich genutzte Grundstücke (ohne Schuldzinsen und AfA)		

Sonstige unbeschränkt abziehbare Betriebsausgaben

	EUR	Ct
Aufwendungen für Telekommunikation (z. B. Telefon, Internet)		
Übernachtungs- und Reisenebenkosten bei Geschäftsreisen des Steuerpflichtigen		
Fortbildungskosten (ohne Reisekosten)		
Kosten für Rechts- und Steuerberatung, Buchführung		
Miete/Leasing für bewegliche Wirtschaftsgüter (ohne Kraftfahrzeuge)		
Erhaltungsaufwendungen (z. B. Instandhaltung, Wartung, Reparatur; ohne solche für Gebäude und Kraftfahrzeuge)		
Beiträge, Gebühren, Abgaben und Versicherungen (ohne solche für Gebäude und Kraftfahrzeuge)		
Laufende EDV-Kosten (z. B. Beratung, Wartung, Reparatur)		
Arbeitsmittel (z. B. Bürobedarf, Porto, Fachliteratur)		
Kosten für Abfallbeseitigung und Entsorgung		
Kosten für Verpackung und Transport		
Werbekosten (z. B. Inserate, Werbespots, Plakate)		
Schuldzinsen zur Finanzierung von Anschaffungs- und Herstellungskosten von Wirtschaftsgütern des Anlagevermögens (ohne häusliches Arbeitszimmer)		
Übrige Schuldzinsen		
Gezahlte Vorsteuerbeträge		
An das Finanzamt gezahlte und ggf. verrechnete Umsatzsteuer (Die Regelung zum 10-Tageszeitraum nach § 11 Abs. 2 Satz 2 EStG ist zu beachten.)		
Rücklagen, stille Reserven und/oder Ausgleichsposten		
Übrige unbeschränkt abziehbare Betriebsausgaben (auch zurückgezahlte Hilfen/Zuschüsse aufgrund der Corona-Pandemie)		

Beschränkt abziehbare Betriebsausgaben	nicht abziehbar		abziehbar	
	EUR	Ct	EUR	Ct
Geschenke				
Bewirtungsaufwendungen				
Verpflegungsmehraufwendungen				
Aufwendungen für ein häusliches Arbeitszimmer (einschl. AfA und Schuldzinsen)				
Sonstige beschränkt abziehbare Betriebsausgaben				

Kraftfahrzeugkosten und andere Fahrtkosten	EUR	Ct
Leasingkosten		
Steuern, Versicherungen und Maut		
Sonstige tatsächliche Fahrtkosten ohne AfA und Zinsen (z. B. Reparaturen, Wartungen, Treibstoff, Kosten für Flugstrecken, Kosten für öffentliche Verkehrsmittel)		
Fahrtkosten für nicht zum Betriebsvermögen gehörende Fahrzeuge (Nutzungseinlage)		
Fahrtkosten für Wege zwischen Wohnung und Betriebsstätte; Familienheimfahrten (pauschaliert oder tatsächlich)		
Mindestens abziehbare Fahrtkosten für Wege zwischen Wohnung und erster Betriebsstätte (Entfernungspauschale); Familienheimfahrten		
Nicht abziehbare Beträge		
Summe Betriebsausgaben		

Ermittlung des Gewinns	EUR	Ct
Summe der Betriebseinnahmen		
abzüglich Summe der Betriebsausgaben	–	
abzüglich steuerfreier Einnahmen nach		
– § 3 Nr. 26, 26a, 26b EStG	–	
– § 3 EStG (ohne Nr. 26, 26a, 26b und Teileinkünfteverfahren)	–	
– § 3a EStG	–	
zuzüglich nicht abziehbarer Betriebsausgaben nach		
– § 3 Nr. 26, 26a, 26b EStG	+	
– § 3c Abs. 1 EStG	+	
– § 3c Abs. 4 EStG	+	
zuzüglich		
– Hinzurechnungen der Investitionsabzugsbeträge nach § 7g Abs.2 Satz 1 EStG aus 2016 (aufgrund Corona-Pandemie bei abweichendem Wj; Erläuterungen auf gesondertem Blatt)	+	
– Hinzurechnungen der Investitionsabzugsbeträge nach § 7g Abs.2 Satz 1 EStG aus 2017 (Erläuterungen auf gesondertem Blatt)	+	
– Hinzurechnungen der Investitionsabzugsbeträge nach § 7g Abs.2 Satz 1 EStG aus 2018 (Erläuterungen auf gesondertem Blatt)	+	
– Hinzurechnungen der Investitionsabzugsbeträge nach § 7g Abs.2 Satz 1 EStG aus 2019 (Erläuterungen auf gesondertem Blatt)	+	
– Hinzurechnungen der Investitionsabzugsbeträge nach § 7g Abs. 2 *Satz 1 EStG aus 2020 (Erläuterungen auf gesondertem Blatt)*	+	
– Gewinnzuschlag nach § 6c EStG i. V. m. § 6b Abs. 7 und 10 EStG	+	
abzüglich		
– Investitionsabzugsbeträge nach § 7g Abs. 1 EStG	–	

Hinzurechnung und Abrechnungen bei Wechsel der Gewinnermittlungsart		
Ergebnisanteile aus Beteiligungen an Personengesellschaften		

Korrigierter Gewinn/Verlust		
Bereits berücksichtigte Beträge, für die Steuerbefreiungen nach InvStG gelten	Gesamtbetrag	Korrekturbetrag
Bereits berücksichtigte Beträge, für die das Teileinkünfteverfahren bzw. § 8b KStG gilt	Gesamtbetrag	Korrekturbetrag
Steuerpflichtiger Gewinn/Verlust vor Anwendung des § 4 Abs. 4a EStG		
Hinzurechnungsbetrag nach § 4 Abs. 4a EStG[1]	+	

Steuerpflichtiger Gewinn/Verlust

---

[1] Hierzu ist die gesonderte Anlage SZE zur Einnahmenüberschussrechnung auszufüllen; vgl. zur Ermittlung der Schuldzinsen nach § 4 Abs. 4a EStG auch Kapitel 5.1.5.4.3.

5.1.5.1.3   Buchführungspflichten[1]

A. Buchführungspflichten gemäß §§ 238 ff. HGB

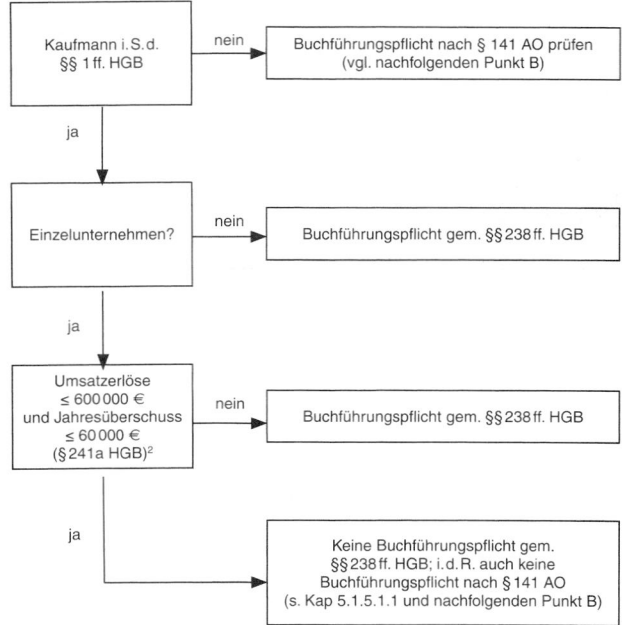

---

[1] Eine Buchführungspflicht nach § 140 AO kann auch durch ausländische Rechtsnormen begründet werden (R 4.1 Abs. 4 Satz 2 EStR 2012).

[2] § 241a HGB, geändert durch Gesetz vom 28.7. 2015 (BGBl I 2015 S. 1400) mit Wirkung zum 1.1. 2016; bis 31.12. 2015: Umsatzerlöse ≤ 500 000 € und Jahresüberschuss ≤ 50 000 €.

B. Buchführungspflichten gemäß § 141 AO

Kommt § 140 AO[1] nicht zum Zuge, ergibt sich die Buchführungspflicht für gewerbliche Unternehmer sowie Land- und Forstwirte seit dem 1.1.2007 bei Vorliegen eines der folgenden Merkmale:

	2007–2015	ab 1.1.2016
Umsatz einschl. stfr. Umsätze, aber ohne § 4 Nr. 8–10 UStG im Kalenderjahr	> 500 000 €	> 600 000 €
Wirtschaftswert/Ersatzwirtschaftswert selbstbewirtschafteter land- und forstwirtschaftlicher Flächen (§ 46 BewG/§ 125 BewG)	> 25 000 €	> 25 000 €
Gewinn aus Gewerbebetrieb im Wirtschaftsjahr	> 50 000 €	> 60 000 €
Gewinn aus L+F im Kalenderjahr	> 50 000 €	> 60 000 €

Angehörige der freien Berufe können nur über § 140 AO buchführungspflichtig werden; wegen Besonderheiten bei Steuervergünstigungen siehe unten (Abschnitt F).

C. Beginn und Ende der Buchführungspflicht gemäß § 141 AO

Beginn	Ende	Erwerb/Pacht eines Betriebes	Insolvenz
Mit Beginn des Wirtschaftsjahres, das der Aufforderung des Finanzamtes zur Buchführung folgt.	Folgewirtschaftsjahr, nachdem das Finanzamt feststellt, dass die Voraussetzungen gemäß § 141 Abs. 1 AO nicht mehr vorliegen.	Buchführungspflicht geht auf den neuen Betriebsinhaber bzw. Pächter über.	Buchführungspflicht geht auf den Insolvenzverwalter über.

---

[1] Die in anderen als den Steuergesetzen festgelegten Buchführungspflichten sind gem. § 140 AO auch für die Besteuerung zu erfüllen:
Buchführungspflichten für Kaufleute allgemein: §§ 238 ff. HGB
Ergänzende Vorschriften für Kapitalgesellschaften: §§ 264 ff. HGB
und für Genossenschaften: §§ 336 ff. HGB.

D. Verzeichnisführung bei Ausübung steuerlicher Wahlrechte

Gem. § 5 Abs. 1 Satz 2 EStG ist Voraussetzung für die Ausübung steuerlicher Wahlrechte, dass die Wirtschaftsgüter, die nicht mit dem handelsrechtlich maßgeblichen Wert in der steuerlichen Gewinnermittlung ausgewiesen werden, in besondere, laufend zu führende Verzeichnisse aufgenommen werden.[1] Die folgende Übersicht zählt die maßgeblichen steuerlichen Wahlrechte auf:[2]

§ 4g EStG	Ausgleichspostenbildung, soweit innerhalb der Steuerbilanz
§ 6 Abs. 1 Nr. 2b i. V. m. § 52 Abs. 16 Satz 10 EStG	Steuerliche BilMoG-Rücklagenbildung
R 6.2 Satz 1 EStR	Übernahme eines Wirtschaftsguts gegen Rentenverpflichtung
R 6.5 Abs. 4 EStR	Rücklage für im Voraus gewährte Zuschüsse für Anlagegüter
R 6.11 Abs. 3 Satz 2 EStR	Rücklage zur Verteilung des Auflösungsgewinns bei langfristigen Rückstellungen (vgl. Kap 5.1.5.3.5 Abschn. C)
§ 6b und § 6c EStG	Übertragung stiller Reserven bei Reinvestition
R 6.6 EStR	Übertragung stiller Reserven bei Ersatzbeschaffung
§ 7 Abs. 5 EStG	Altfälle zur Gebäudeabschreibung
§ 7a bis § 7k EStG	Erhöhte Abschreibungen und Sonderabschreibungen
§ 4 Abs. 8 i. V. m. 11a und 11b EStG	Sonderbehandlung von Erhaltungsaufwand
§ 81 bis § 81i EStDV	Sonderbestimmungen
§ 5 Abs. 3 bis 4b EStG, R 5.7 Abs. 9 EStR	Zulässigkeit bestimmter Rückstellungen
§ 6 Abs. 1 Nr. 1 Satz 2 und Nr. 2 Satz 2 EStG	Teilwertabschreibungen
§ 6 Abs. 1 Nr. 2a EStG	Wahlrecht zur Lifo-Bewertung
R 6.3 EStR	Wahlkomponenten bei Herstellungskosten
R 6.5 Abs. 2 EStR	Zuschüsse für Anlagegüter
§ 6a EStG	Pensionsrückstellung
§ 7 EStG	Methodenwahlrecht (insbes. bzgl. degressiver AfA statt linearer AfA oder Leistungsabschreibung); Methodenwechsel nach § 7 Abs. 3 EStG, AfA-Satzwechsel im Rahmen der degressiven AfA
§ 7 Abs. 1 Satz 7 EStG	Absetzung für außergewöhnliche technische oder wirtschaftliche Abnutzung
§ 6 Abs. 2 und 2a EStG	GWG-Methodenwahlrecht (jedoch Verzeichniserleichterung durch BMF-Schr. vom 12.3.2010, Tz. 20)

[1] Vgl. BMF-Schr. vom 12.3.2010 (BStBl I 2010 S.239).
[2] In Anlehnung an: Ortmann-Babel/Bolik, Chancen und Grenzen der steuerbilanziellen Wahlrechtsausübung nach BilMoG, in: BB 2010, S. 2099ff., hier S.2100.

E. Folgen der Verletzung der Buchführungspflicht

Tatbestand	Folge
Nichterfüllung der Buchführungspflicht	Schätzung der Besteuerungsgrundlagen (§ 162 AO)
Fehlende Buchführung	Entfallen der Inanspruchnahme aufzeichnungspflichtiger Steuervergünstigungen bzw. steuerlicher Wahlrechte (Abschnitt F)
Fehlende bzw. unrichtige Verbuchung	– Ordnungswidrigkeit bei Steuerverkürzung bzw. ungerechtfertigtem Steuervorteil (Steuergefährdung nach § 379 Abs. 1 Nr. 3 AO) – Straftat im Insolvenzfall (§ 283 b StGB)

F. Datenzugriff der Finanzbehörden im Rahmen der Außenprüfung gem. § 147 Abs. 6 AO

Rechtsgrundlage	Gemäß § 147 Abs. 6 AO darf die Finanzbehörde unter Nutzung des EDV-Systems und ggf. weiterer Mithilfe des Steuerpflichtigen auf Daten Zugriff nehmen, die im Zusammenhang mit dem Gegenstand der Außenprüfung stehen und aufbewahrungspflichtige Unterlagen i.S.v. § 147 Abs. 1 AO enthalten. Die Einsichtnahme kann nach pflichtgemäßem Ermessen erfolgen.	
Umfang	Unmittelbarer Datenzugriff	– Nutzung der EDV des Steuerpflichtigen – Steuerpflichtiger hat die erforderlichen Hilfsmittel zur Verfügung zu stellen und Prüfer in das EDV-System einzuweisen
	Mittelbarer Datenzugriff	– Behörde verlangt eine maschinelle Auswertung der Daten durch den Steuerpflichtigen – Steuerpflichtiger hat dem Prüfer ggf. eine mit dem EDV-System vertraute Person zur Unterstützung zur Verfügung zu stellen
	Datenträger-überlassung	– Eigene Auswertung durch die Behörde – Alle zur Auswertung notwendigen Informationen (Dateistruktur etc.) sind mit zu übermitteln

Die Zugriffsrechte und Mitwirkungspflichten sind im Einzelnen in einem BMF-Schreiben geregelt[1]. Ausführliche Darstellung der digitalen Betriebsprüfung in Kap. 5.16.2.5.

---

[1] Grundsätze zur ordnungsmäßigen Führung und Aufbewahrung von Büchern, Aufzeichnungen und Unterlagen in elektronischer Form sowie zum Datenzugriff (GoBD), BMF-Schr. vom 28.11.2019 (BStBl I 2019 S. 1269). Mit Urteil vom 12.2.2020 (XR 8/18, BFH/NV 2020 S. 1045) hat der BFH entschieden, dass die Datenanforderung nach § 147 Abs. 6 AO für Steuerpflichtige, die ihren Gewinn nach § 4 Abs. 3 EStG durch Einnahmen-Überschussrechnung ermitteln, akzessorisch zur Aufzeichnungs- und Aufbewahrungspflicht des Steuerpflichtigen ist. Aufzeichnungen sind nur aufzubewahren, soweit dies durch andere Steuergesetze gefordert ist. Freiwillig geführte Unterlagen und Daten unterliegen nicht dem Datenzugriff.

G. Elektronische Datenübermittlung (E-Bilanz)

Gewinnermittlung durch Betriebsvermögensvergleich (§ 5b EStG):

Steuerpflichtige, die ihren Gewinn nach § 4 Abs. 1, § 5 oder § 5a EStG ermitteln, haben gem. § 5b EStG für Wirtschaftsjahre, die nach dem 31.12.2011[1] beginnen, den Inhalt der Bilanz und der Gewinn- und Verlustrechnung nach amtlich vorgeschriebenem Datensatz durch Datenfernübertragung zu übermitteln. Die Finanzbehörde kann auf Antrag zur Vermeidung unbilliger Härten auf eine elektronische Übermittlung verzichten.[2]

Zeitliche Anwendung:

Wirtschaftsjahr	
2012 bzw. 2012/2013	Grundsätzlich erstmalige Anwendung § 5b EStG, aber Nichtbeanstandungsregelung[3]
2013 bzw. 2013/2014	Verpflichtende erstmalige Anwendung § 5b EStG, soweit nicht besondere Ausnahmen gelten (s. u.)
2015 bzw. 2015/2016	– Ergänzung um Berichtsteil Kapitalkontenentwicklung, Sonder- und Ergänzungsbilanzen für Personenhandelsgesellschaften und andere Mitunternehmerschaften Verpflichtende erstmalige Anwendung § 5b EStG für – ausländische Unternehmen mit inländischer Betriebsstätte – ausländische Betriebsstätten von inländischen Unternehmen – wirtschaftliche Geschäftsbetriebe von steuerbegünstigten Körperschaften – Betriebe gewerblicher Art von juristischen Personen des öffentlichen Rechts[4]
2017 bzw. 2016/2017	– Ergänzung um Berichtsteil Anlagenspiegel
2018 bzw. 2018/2019	– Verpflichtende Abgabe der E-Bilanz für atypisch stille Gesellschaften[5]

---

[1] Durch Verordnung zur Festlegung eines späteren Anwendungszeitpunkts der Verpflichtung nach § 5b EStG (Anwendungszeitpunktverschiebungsverordnung – AnwZpvV) vom 20.12.2010 (BGBl I 2010 S. 2135) wurde die Anwendung des § 5b i.V.m. § 52 Abs. 15a EStG um ein Jahr verschoben.

[2] Gem. BFH vom 21.4.2021 (XI R 29/20, DB 2021 S. 1847) besteht die steuerliche Pflicht eines Unternehmens zur Einreichung einer E-Bilanz auch dann, wenn er nur geringe oder negative Zinssätze erzielt.

[3] Gemäß BMF-Schreiben vom 28.9.2011 (BStBl I 2011 S. 855) wird nicht beanstandet, *wenn von einer elektronischen Datenübermittlung im Erstjahr (2012 bzw. 2012/2013)* abgesehen wird.

[4] Zur Gewinnermittlung von Betrieben gewerblicher Art vgl. BMF-Schr. vom 3.1.2013 (BStBl I 2013 S. 59). Zur elektronischen Übermittlung von Bilanzen sowie Gewinn- und Verlustrechnungen nach § 5b EStG vgl. BMF-Schr. vom 19.12.2013 (DStR 2014 S. 100).

[5] Vgl. BMF-Schr. vom 24.11.2017 (BStBl I 2017 S. 1543).

Hinsichtlich Gegenstand, Form und Inhalt der elektronischen Übermittlung vgl. BMF-Schreiben vom 19.1.2010[1], 13.6.2014[2], 24.5.2016[3], 16.5.2017[4], 6.6.2018[5], 2.7.2019[6], 23.7.2020[7] und 9.7.2021[8]. Die Taxonomie sowie Hilfestellungen und Dokumentationen zur Taxonomie stehen unter http://www.eSteuer.de zur Ansicht und zum Abruf bereit.

---

[1] BStBl I 2010 S.47.
[2] BStBl I 2014 S.886.
[3] BStBl I 2016 S.500.
[4] BStBl I 2017 S.776.
[5] BStBl I 2018 S.714.
[6] BStBl I 2019 S.887.
[7] BStBl I 2020 S.639.
[8] BStBl I 2021 S.911.

Pflicht zur Übermittlung einer E-Bilanz bei steuerbegünstigten Körperschaften[1]

Rechtsform und Art der Bilanzierung / Art und Umfang der gewerblichen Tätigkeit	Körperschaften i. S. des § 1 Abs. 1 Nr. 1–3 KStG, insbes. AG, KGaA, GmbH, Genossenschaften, Versicherungs- und Pensionsfondsvereine auf Gegenseitigkeit	Körperschaften i. S. des § 1 Abs. 1 Nr. 4–5 KStG, somit alle sonstige juristische Personen des privaten Rechts und nichtrechtsfähige Vereine, Anstalten, Stiftungen und andere Zweckvermögen des privaten Rechts	Körperschaften i. S. des § 1 Abs. 1 Nr. 4–5 KStG, somit alle sonstige juristische Personen des privaten Rechts und nichtrechtsfähige Vereine, Anstalten, Stiftungen und andere Zweckvermögen des privaten Rechts
	Bilanzierungspflicht kraft Rechtsform – handels- und steuerrechtliche Vorschriften sind zwingend zu beachten	Außersteuerliche Verpflichtung zur Buchführung für die Gesamtkörperschaft	Freiwillige Buchführung und Bilanzierung für die Gesamtkörperschaft
1. Körperschaft unterhält keinen wirtschaftlichen Geschäftsbetrieb (wGB) [Beispiel: Eine steuerbegünstigte Körperschaft verwirklicht ihre satzungsgemäßen Zwecke; die Finanzierung erfolgt ausschließlich durch Akquise von Zuwendungen (Spenden und Mitgliedsbeiträge).]	Keine E-Bilanz-Pflicht	Keine E-Bilanz-Pflicht, da keine steuerpflichtigen Einkünfte	Keine E-Bilanz-Pflicht, da keine steuerpflichtigen Einkünfte
2. Gesamtkörperschaft hat nur Einnahmen aus Zweckbetrieb; Grenzen des § 141 AO nicht überschritten [Beispiel: Eine steuerbegünstigte Körperschaft verwirklicht ihre satzungsgemäßen Zwecke, indem sie u. a. einen Kindergarten betreibt.]	Keine E-Bilanz-Pflicht	Keine E-Bilanz-Pflicht	Keine E-Bilanz-Pflicht

---

[1] BMF-Schr. vom 19.12.2013 (DStR 2014 S.100).

3. Gesamtkörperschaft hat nur Einnahmen aus Zweckbetrieb, Grenzen des § 141 AO überschritten [Beispiel: Eine steuerbegünstigte Körperschaft verwirklicht ihre satzungsgemäßen Zwecke u. a., indem sie ein Krankenhaus i. S. des § 67 AO unterhält.]	Keine E-Bilanz-Pflicht	Keine E-Bilanz-Pflicht	Keine E-Bilanz-Pflicht
4. Einnahmen aus stpfl. wGB unter 45 000 €[1] **(§ 64 Abs. 3 AO)** [Beispiel: Eine steuerbegünstigte Körperschaft verkauft bei einer Veranstaltung Speisen und Getränke.]	Keine E-Bilanz-Pflicht	Keine E-Bilanz-Pflicht	Keine E-Bilanz-Pflicht
5. Einnahmen aus stpfl. wGB über 45 000 €[1] (§ 64 Abs. 3 AO), Grenzen des § 141 AO nicht überschritten [Beispiel: Eine steuerbegünstigte Körperschaft verkauft Geschenkartikel und Souvenirs.]	E-Bilanz-Pflicht für den stpfl. wGB, da insoweit Steuer- und Bilanzierungspflicht	E-Bilanz-Pflicht für den stpfl. wGB, wenn eine Bilanz aufgestellt wird, die einer Handels- oder Steuerbilanz entspricht[1] Andernfalls keine E-Bilanz-Pflicht	E-Bilanz-Pflicht für den stpfl. wGB, wenn eine Bilanz aufgestellt wird, die einer Handels- oder Steuerbilanz entspricht[1] Andernfalls keine E-Bilanz-Pflicht
6. Einnahmen oder Gewinn aus stpfl. wGB überschreiten die Grenzen des § 141 AO [Beispiel: Eine steuerbegünstigte Körperschaft übernimmt zusätzlich zu den steuerbegünstigten Tätigkeiten die Organisation und Verwaltung des zentralen Einkaufs von Arbeitsmitteln sowie der Auftragsbeschaffung.]	E-Bilanz-Pflicht für den stpfl. wGB, da insoweit Steuer- und Bilanzierungspflicht	E-Bilanz-Pflicht für den stpfl. wGB, da insoweit Steuer- und Bilanzierungspflicht[2]	E-Bilanz-Pflicht für den stpfl. wGB, da insoweit Steuer- und Bilanzierungspflicht[2]

---

[1] Finanzamt muss die Institution ggf. gesondert auffordern.
[2] Bis Wirtschaftsjahr 2019 35 000 €, geändert durch Gesetz vom 21.12.2020 (BGBl I 2020 S. 3096).

5.1.5.1.4 Gewinnberichtigung bei Wechsel der Gewinnermittlungsart

(Anlage 1 – zu R 4.6 EStR 2012)

Übergang	Berichtigung des Gewinns im ersten Jahr nach dem Übergang
1. von der Einnahmenüberschussrechnung zum Bestandsvergleich, zur Durchschnittssatzgewinnermittlung oder zur Richtsatzschätzung	Der Gewinn des ersten Jahres ist insbesondere um die folgenden Hinzurechnungen und Abrechnungen zu berichtigen: + Warenbestand + Warenforderungsanfangsbestand + Sonstige Forderungen – Warenschuldenanfangsbestand + Anfangsbilanzwert (Anschaffungskosten) der nicht abnutzbaren Wirtschaftsgüter des Anlagevermögens (mit Ausnahme des Grund und Bodens), soweit diese während der Dauer der Einnahmenüberschussrechnung angeschafft und ihre Anschaffungskosten vor dem 1. 1. 1971 als Betriebsausgaben abgesetzt wurden, ohne dass ein Zuschlag nach § 4 Abs. 3 Satz 2 EStG in den vor dem Steuerneuordnungsgesetz geltenden Fassungen gemacht wurde.
2. vom Bestandsvergleich, von der Durchschnittssatzgewinnermittlung oder von der Richtsatzschätzung zur Einnahmenüberschussrechnung	Der Überschuss der Betriebseinnahmen über die Betriebsausgaben ist im ersten Jahr insbesondere um die folgenden Hinzurechnungen und Abrechnungen zu berichtigen: + Warenschuldenbestand des Vorjahrs – Warenendbestand des Vorjahrs – Warenforderungsbestand des Vorjahrs – Sonstige Forderungen. Sind in früheren Jahren Korrektivposten gebildet und noch nicht oder noch nicht in voller Höhe aufgelöst worden, so ist dies bei Hinzurechnung des Unterschiedsbetrags zu berücksichtigen; noch nicht aufgelöste Zuschläge vermindern, noch nicht aufgelöste Abschläge erhöhen den Unterschiedsbetrag.

Die vorstehende Übersicht ist nicht erschöpfend. Beim Wechsel der Gewinnermittlungsart sind auch andere als die oben bezeichneten Positionen durch Zu- und Abrechnungen zu berücksichtigen. Das gilt insbesondere für Rückstellungen sowie für die Rechnungsabgrenzungsposten, z.B. im Voraus gezahlte Miete und im Voraus vereinnahmte Zinsen, soweit die Einnahmen oder Ausgaben bei der Einnahmenüberschussrechnung nicht gem. §11 Abs.1 Satz 3 oder Abs.2 Satz 3 EStG verteilt werden. Die Zu- und Abrechnungen unterbleiben für Wirtschaftsgüter des Umlaufvermögens und Schulden für Wirtschaftsgüter des Umlaufvermögens, die von § 4 Abs.3 Satz 4 EStG erfasst werden. Zur zeitlichen Anwendung vgl. §52 Abs.10 Satz2 und 3 EStG.

5.1.5.1.5   Bilanzberichtigung und Bilanzänderung

Gemäß § 4 Abs. 2 EStG kann eine Bilanz auch nach ihrer Einreichung beim Finanzamt geändert werden, soweit sie fehlerhaft ist. Voraussetzung ist die Änderbarkeit des Steuerbescheides nach den Korrekturregelungen der Abgabenordnung. Die Differenzierung zwischen Bilanzänderung und Bilanzberichtigung ergibt sich aus R 4.4 EStR 2012, H 4.4 EStH 2019 und der BFH-Rechtsprechung[1]:

Bilanzänderung	– Korrektur eines richtigen durch einen anderen richtigen Bilanzansatz (z. B. geänderte Wahlrechtsausübung) – Eine Bilanzänderung ist zulässig in engem zeitlichen und sachlichen Zusammenhang mit einer Bilanzberichtigung (z. B. Betriebsprüfung) und soweit die Auswirkung der Bilanzberichtigung auf den Gewinn reicht.
Bilanzberichtigung	– Korrektur eines falschen Bilanzansatzes – Ein fehlerhafter Bilanzansatz ist in derjenigen Schlussbilanz zu berichtigen, in der er erstmalig aufgetreten ist. – Soweit eine Bilanzberichtigung im Fehlerjahr nicht möglich ist, ist der falsche Ansatz grundsätzlich in der Schlussbilanz des ersten Jahres, dessen Veranlagung geändert werden kann, erfolgswirksam richtigzustellen. – Eine Bilanzberichtigung ist unzulässig, wenn der Bilanzansatz im Zeitpunkt der Bilanzaufstellung subjektiv richtig ist. Subjektiv richtig ist jede der im Zeitpunkt der Bilanzaufstellung der kaufmännischen Sorgfalt entsprechende Bilanzierung.[2]

---

[1] Gemäß Klarstellung in R 4.4 Abs. 2 EStR 2012 beziehen sich Bilanzänderung und Bilanzberichtigung bei Mitunternehmerschaften auf die Gesamtbilanz, d.h. auf die Gesamthands-, Ergänzungs- und Sonderbilanz.

[2] Der BFH hat in seinem Beschluss vom 31.1.2013 (BStBl II 2013 S. 317) den sog. subjektiven Fehlerbegriff weitgehend aufgegeben. Die Berichtigung einer objektiv unrichtigen Bilanzierung kann nach dieser Rechtsprechung nicht mehr allein deshalb verwehrt werden, weil im Zeitpunkt der Bilanzaufstellung der kaufmännischen Sorgfalt bei der Bilanzierung Genüge getan wurde.

5.1.5.2 Ansatz dem Grunde nach

5.1.5.2.1 Abgrenzung von Betriebsvorrichtungen und Gebäuden

Nach § 68 Abs. 1 Nr. 1 BewG gehören zum **Grundvermögen** der Grund und Boden, die Gebäude, die sonstigen Bestandteile und das Zubehör. Maschinen und sonstige Vorrichtungen aller Art, die zu einer Betriebsanlage gehören (**Betriebsvorrichtungen**), auch wenn sie wesentliche Bestandteile sind, werden nach § 68 Abs. 2 Satz 1 Nr. 2 BewG nicht in das Grundvermögen einbezogen.

Ein Bauwerk ist als Gebäude anzusehen, wenn es Menschen oder Sachen durch räumliche Umschließung Schutz gegen Witterungseinflüsse gewährt, den Aufenthalt von Menschen gestattet, fest mit dem Grund und Boden verbunden, von einiger Beständigkeit und ausreichend standfest ist.

Auch wenn ein so charakterisiertes Bauwerk keine Betriebsvorrichtung ist, so können Gebäudeteile sehr wohl dazu zählen. Teile eines Gebäudes sind den **Betriebsvorrichtungen** zuzurechnen, wenn sie in einer unmittelbaren Beziehung zu dem betrieblichen Gewerbe stehen, der normale Gebäudecharakter also unerheblich ist.[1]

Ausgewählte Beispiele für Betriebsvorrichtungen:[2]

- Abfertigungsvorfelder der Flughäfen
- Abhitzeeinrichtungen
- Absaugevorrichtungen
- Abwasserfilterbassins, die mit dem Betriebsablauf im engen Zusammenhang stehen
- Aktenaufzüge
- Alarmanlagen in Tresoranlagen
- Anbindungspfähle in Jacht- und Bootshäfen
- Arbeitsbühnen, soweit im Einzelfall nicht als Geschossdecken anzusehen
- Auflager, z.B. Mauerverstärkungen, verstärkte Fundamente, die ausschließlich für Maschinen und sonstige Apparate bestimmt sind
- Aufzugsanlage in Bäckerei
- Autoaufzüge in Parkhäusern
- Backöfen
- Bäder in Sanatorien, Badehäusern, Spaßbädern und Fabriken (Sanitärräume)
- Bahnladerampen
- Bahnober- und -unterbau
- Bahnsteige
- Bahnunterführungen
- Be- und Entlüftungsanlagen, ganz oder überwiegend betrieblichen Zwecken dienend

---

[1] Vgl. zu den Kriterien für die Abgrenzung des Grundvermögens von den Betriebsvorrichtungen die gleichlautenden Ländererlasse vom 5.6.2013 (BStBl I 2013 S. 734).

[2] Vgl. gleichlautende Ländererlasse vom 5.6.2013 (BStBl I 2013 S. 734), Anlage 1.

- Be- und Entwässerungsanlagen, die überwiegend dem Betriebsvorgang die-
  nen (z.B. in Färbereien, Brauereien, Autowaschanlagen, Molkereien und Zell-
  stofffabriken)
- Befeuchtungsanlagen für Reithallenböden
- Befeuchtungsanlagen in gewerblichen Betrieben, soweit sie unmittelbar und
  ausschließlich dem Gewerbebetrieb dienen (z.B. bei der Tabaklagerung)
- Befeuerungsanlagen eines Flugplatzes
- Beförderungsanlagen für Güter (z.B. Förderbänder, Elevatoren, Hänge-
  bahnen und Krananlagen)
- Behälter (auch Erz-, Kies-, Kohlen- und Zementbunker) innerhalb von
  Gebäuden
- Beleuchtungsanlagen, wenn sie für die Ausübung eines Gewerbebetriebs
  erforderlich sind
- Bodenbefestigungen mit besonderer betrieblicher Ausgestaltung und
  Zweckbestimmung bei Tankstellen
- Bunker für Kohle, Kies, Zement und Erze
- Container ohne feste Verbindung mit dem Grund und Boden (z.B. Bau-
  stellencontainer)
- Einfriedungen bei Tankstellen
- Entstaubungsanlagen
- Fahrstuhlschacht typischer Lastenaufzüge ohne statische Gebäudefunktion
- Fernwärme-Hausanschlussstationen
- Förderbänder und Förderschnecken
- Fördertürme
- Fotovoltaikanlage auf das Dach aufgesetzt (nicht dachintegriert)
- Gewächshäuser, fahrbar (Rollhäuser)
- Gleisanlagen
- Hochregallager, vollautomatische Steuerung
- Innenwände, die lose aufgestellt sind und Ausstellungszwecken dienen
- Isolierwände (von Trocken- und Kühlräumen)
- Kegelbahnen
- Kinobestuhlung
- Kläranlagen
- Klimaanlagen, ganz oder überwiegend betrieblichen Zwecken dienend z.B.
  in Küchen von Gaststätten, in Räumen mit klimaempfindlichen Geräten (z.B.
  Computern oder Präzisionsgeräten)
- Kompressoren
- Krananlagen
- Kühleinrichtungen
- Kühlzellen
- Ladeneinrichtungen
- Lärmschutzwände
- Lastenaufzüge
- Öfen, ganz oder überwiegend betrieblichen Zwecken dienend
- Regale/Regalwände für Ausstellungszwecke in Apotheken
- Reinräume in der Computerindustrie (spezielle Wand- und Decken-
  verkleidung, Spezialfußboden)
- Rohrkanäle (nicht begehbar oder von Elektrizitätswerken)

- Rohrleitungen, ganz oder überwiegend betrieblichen Zwecken dienend
- Rollbahnen eines Flugplatzes
- Satellitenempfangsanlage
- Schalldämmung, Schalldämpfung, betrieblich bedingt
- Schallschutztüren (zusätzliche), z.B. in Praxen oder Kanzleien
- Schaukästen, Vitrinen
- Schornstein, mit dem im Gewerbe unmittelbar betrieben wird
- Seilpollervorrichtungen von Seilbahnen
- Silobauten (Außenwände bestehen nur aus der Behälterumwandung)
- Slipanlagen in Häfen
- Spanngewichtsschächte (-türme) von Seilbahnen
- Spezialbeleuchtungsanlagen für Schaufenster
- Spezialfußboden, z.B. Spezialauflage in Tennishallen oder in „Reinräumen" der Computerindustrie
- Sprinkleranlagen in explosionsgefährdeten Betrieben, soweit sie dem Betriebsvorgang unmittelbar dienen
- Spritzboxen in Karosseriewerken oder Autofabriken
- Stahlfächer, Stahlkammern und Stahltüren als Bestandteile von Tresoranlagen
- Start- und Landebahnen eines Flugplatzes
- Steinschlagschutzvorrichtungen von Seilbahnen
- Strahlenschutzvorrichtungen, z.B. bei Röntgenstrahlen und Radioaktivität
- Sumpfanlage zur Kalkherstellung
- Tanks der Mineralölraffinerien
- Teststrecken der Automobilwerke
- Toilette- und Reinigungstechnik
- Trennwände, Isolierwände von nicht zum Aufenthalt geeigneten Räumen
- Tresoranlagen – Stahltüren, Stahlkammern, Stahlfächer und dazugehörige Alarmanlagen
- Trockenkammern
- Uferbefestigungen – Kaimauern zur Be- und Entladung
- Verladeeinrichtungen
- Walzenstraßen
- Wärmedämmung betriebsbedingt
- Wärmerückgewinnungsanlagen, unmittelbar betrieblichen Zwecken dienend
- Wendeplätze eines Flugplatzes
- Windkraftanlagen (Türme)
- Zementbunker

5.1.5.2.2   Leasing

A. Rechtsgrundlagen

§ 246 Abs. 1 Satz 2 HGB	grundsätzlich Bilanzierung beim rechtlichen Eigentümer; wenn wirtschaftliche Zurechnung davon abweicht, erfolgt Bilanzierung beim wirtschaftlichen Eigentümer
§ 39 Abs. 1 AO	„Der zivilrechtliche Eigentümer ist grundsätzlich auch der wirtschaftliche Eigentümer"
§ 39 Abs. 2 Ziff. 1 AO	„Eine abweichende Zurechnung eines Wirtschaftsgutes beim wirtschaftlichen Eigentümer erfolgt dann, wenn dieser den zivilrechtlichen Eigentümer auf Dauer von einer Einwirkung auf das Wirtschaftsgut ausschließen kann"
BMF v. 19.4.1971	„Vollamortisationserlass" bewegliche Wirtschaftsgüter (BStBl I 1971 S. 264)
BMF v. 21.3.1972	„Vollamortisationserlass" unbewegliche Wirtschaftsgüter (BStBl I 1972 S. 188)
BMF v. 22.12.1975	„Teilamortisationserlass" bewegliche Wirtschaftsgüter (DB 1976 S. 172)
BMF v. 23.12.1991	„Teilamortisationserlass" unbewegliche Wirtschaftsgüter (BStBl I 1992 S. 13)
IFRS 16	Leasingverhältnisse (www.ifrs.org)

B. Steuerliche Zurechnung beim Finanzierungs-Leasing[1]

1. Vollamortisationsverträge[2]

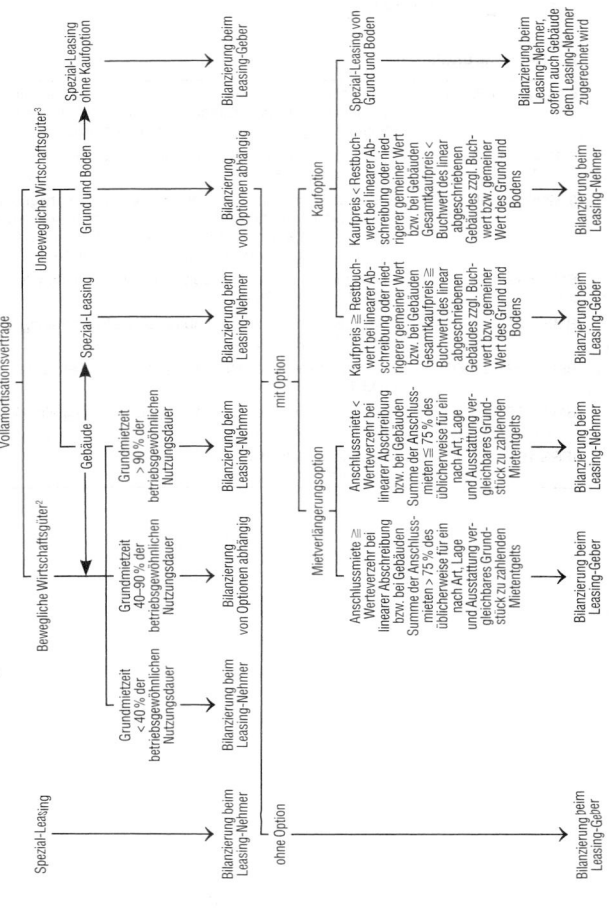

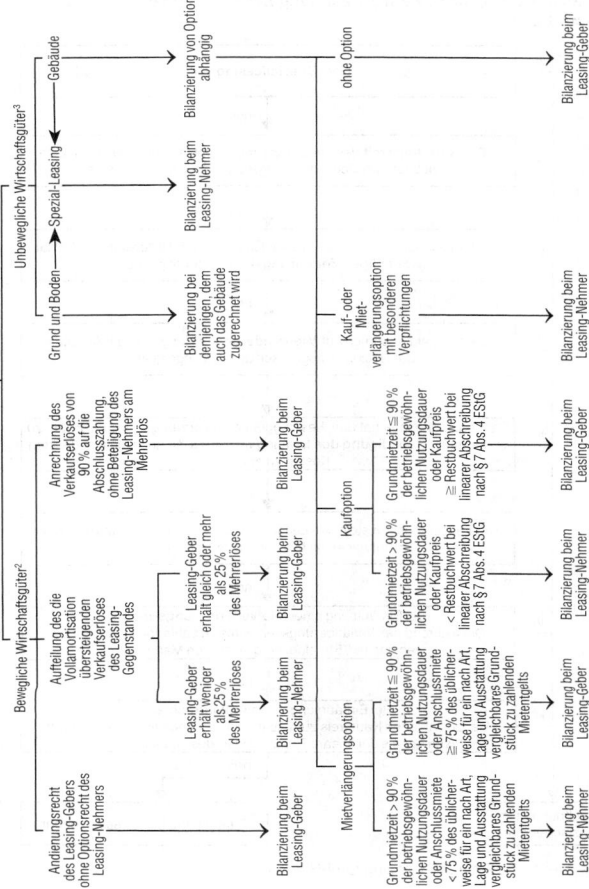

Teilamortisationsverträge

Bewegliche Wirtschaftsgüter[2]

Andienungsrecht des Leasing-Gebers ohne Optionsrecht des Leasing-Nehmers

Bilanzierung beim Leasing-Geber

Aufteilung des die Vollamortisation übersteigenden Verkaufserlöses des Leasing-Gegenstandes

- Leasing-Geber erhält weniger als 25 % des Mehrerlöses
  Bilanzierung beim Leasing-Nehmer

- Leasing-Geber erhält gleich oder mehr als 25 % des Mehrerlöses
  Bilanzierung beim Leasing-Geber

Anrechnung des Verkaufserlöses von 90 % auf die Abschlusszahlung, ohne Beteiligung des Leasing-Nehmers am Mehrerlös

Bilanzierung beim Leasing-Geber

Mietverlängerungsoption

- Grundmietzeit > 90 % der betriebsgewöhnlichen Nutzungsdauer oder Anschlussmiete < 75 % des üblicherweise für ein nach Art, Lage und Ausstattung vergleichbares Grundstück zu zahlenden Mietentgelts
  Bilanzierung beim Leasing-Nehmer

- Grundmietzeit ≦ 90 % der betriebsgewöhnlichen Nutzungsdauer oder Anschlussmiete ≧ 75 % des üblicherweise für ein nach Art, Lage und Ausstattung vergleichbares Grundstück zu zahlenden Mietentgelts
  Bilanzierung beim Leasing-Geber

Kaufoption

- Grundmietzeit > 90 % der betriebsgewöhnlichen Nutzungsdauer oder Kaufpreis < Restbuchwert bei linearer Abschreibung nach § 7 Abs. 4 EStG
  Bilanzierung beim Leasing-Nehmer

- Grundmietzeit ≦ 90 % der betriebsgewöhnlichen Nutzungsdauer oder Kaufpreis ≧ Restbuchwert bei linearer Abschreibung nach § 7 Abs. 4 EStG
  Bilanzierung beim Leasing-Geber

Unbewegliche Wirtschaftsgüter[3]

Grund und Boden

Bilanzierung bei demjenigen, dem auch das Gebäude zugerechnet wird

Spezial-Leasing

Bilanzierung beim Leasing-Nehmer

Gebäude

- mit Option
  Kauf- oder Mietverlängerungsoption mit besonderen Verpflichtungen
  Bilanzierung beim Leasing-Geber

  Bilanzierung von Option abhängig

- ohne Option
  Bilanzierung beim Leasing-Geber

---

[1] Vgl. dazu *Neumann, H.*, in: Betrieb und Wirtschaft 1996, S.489.
[2] Vgl. sog. Leasing-Erlass vom 19.4.1971 (BStBl I 1971 S.264), BMF-Schr. vom 22.12.1975 (DB 1976 S.172).
[3] Vgl. sog. Leasing-Erlass vom 21.3.1972 (BStBl I 1972 S.188), BMF-Schr. vom 23.12.1991 (BStBl I 1992 S.13).

Vereinfachtes Prüfschema zur Zurechnung beim Immobilien-Leasing (Teilamortisation)

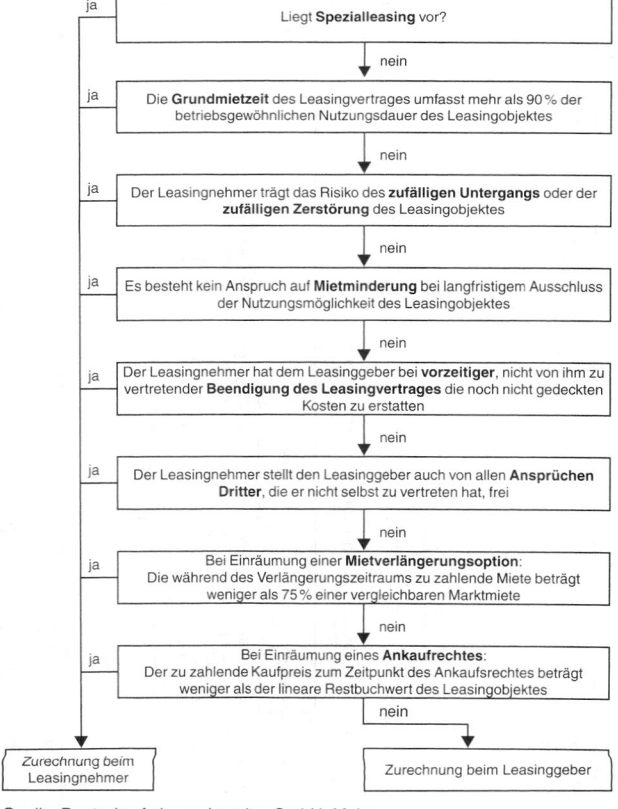

Quelle: Deutsche Anlagen-Leasing GmbH, Mainz.

5.1.5.2.3 Steuerfreie Rücklagen

Vorschrift	Begünstigter Vorgang/ sachliche Voraussetzungen	Berechtigte Personen	Höhe der Rücklage	Zeitliche Voraussetzungen
Rücklage für Zuschüsse gem. R6.5 Abs.4 EStR 2012	Anschaffung oder Herstellung von Anlagegütern mit Zuschüssen aus öffentlichen oder privaten Mitteln berechtigt zur Bildung einer Rücklage, wenn das Anlagegut ganz oder teilweise erst in einem auf die Gewährung des Zuschusses folgenden Wirtschaftsjahr angeschafft oder hergestellt wird.	Land- und Forstwirte, Gewerbetreibende, freiberuflich Tätige	Die Höhe der Rücklage kann in Höhe der noch nicht verwendeten Zuschussbeträge gebildet werden und ist im Wirtschaftsjahr der Anschaffung oder Herstellung auf das Anlagegut zu übertragen.	keine
Rücklage für Ersatzbeschaffung gem. R6.6 Abs.4 EStR 2012	Ausscheiden eines Wirtschaftsguts aus dem Betriebsvermögen infolge höherer Gewalt oder infolge oder zur Vermeidung eines behördlichen Eingriffs gegen Entschädigung berechtigt zur Bildung einer Rücklage, wenn im Wirtschaftsjahr des Ausscheidens eine Ersatzbeschaffung ernstlich geplant und zu erwarten ist, aber noch nicht vorgenommen wurde.	Land- und Forstwirte, Gewerbetreibende, freiberuflich Tätige	Die Rücklage kann in Höhe der aufgedeckten stillen Reserven (Differenz aus Entschädigung und Buchwert) gebildet werden.	Die Rücklage ist am Schluss des 1., bei Grundstücken/Gebäuden am Schluss des 2. auf ihre Bildung folgenden Wirtschaftsjahr aufzulösen; die Frist kann aber[1] verlängert werden.

---

[1] Auf vier, bei der beabsichtigten Herstellung eines funktionsgleichen Gebäudes auf sechs Jahre.

Vorschrift	Begünstigter Vorgang/ sachliche Voraussetzungen	Berechtigte Personen	Höhe der Rücklage	Zeitliche Voraussetzungen
Reinvestitions- rücklage gem. §6b Abs.3 EStG	Veräußerung von Grund und Boden, Aufwuchs eines land- und forstwirtschaftlichen Betriebes, von Gebäuden, von Binnenschiffen und Anteilen an Kapitalgesellschaften[1] berechtigen zur Bildung einer Rücklage.	Steuerpflichtige, die den Gewinn nach §4 Abs.1 oder §5 EStG ermitteln	Die Rücklage kann in Höhe der aufgedeckten stillen Reserven gebildet werden. Die Rücklage kann übertragen werden auf die AK/HK von – Grund und Boden, soweit bei Veräußerung von Grund und Boden entstanden; – Aufwuchs, soweit bei Veräußerung von Grund und Boden oder Aufwuchs entstanden; – Gebäuden, soweit bei Veräußerung von Grund und Boden, Aufwuchs oder Gebäuden entstanden;	Die veräußerten WG müssen 6 Jahre ununterbrochen zum Anlagevermögen einer inländischen Betriebsstätte gehört haben; in Fällen des §82 Städtebauförderungsgesetz statt 6 nur 2 Jahre. Die Übertragungsfrist beträgt 4 Jahre (bei neuen Gebäuden 6 Jahre).[2] Bei Auflösung ohne Reinvestition erfolgt außerbilanzielle Gewinnerhöhung um 6% des aufgelösten Betrages für jedes volle Wirtschaftsjahr, in dem die Rücklage bestanden hat.

[1] Die Rücklagenbildung ist auf einen Betrag von 500 000 € pro Gesellschafter begrenzt (vgl. §6b Abs.10 EStG).

[2] Durch das Gesetz zur Modernisierung des Körperschaftsteuerrechts vom 25.6.2021 (BGBl I 2021 S. 2050) wurden die Übertragungsfristen um zwei Jahre verlängert, wenn die Rücklage am Schluss des nach dem 29.2.2020 und vor dem 1.1.2021 endenden Wirtschaftsjahres aufzulösen wäre. Die Fristen verlängern sich um ein Jahr, wenn die Rücklage am Schluss des nach dem 31.12.2020 und vor dem 1.1.2022 endenden Wirtschaftsjahres aufzulösen wäre.

Vorschrift	Begünstigter Vorgang/ sachliche Voraussetzungen	Berechtigte Personen	Höhe der Rücklage	Zeitliche Voraussetzungen
			– neu angeschafften Anteilen an Kapitalgesellschaften, abnutzbaren beweglichen Wirtschaftsgütern oder Gebäuden, soweit bei Veräußerung von Kapitalgesellschaftsanteilen entstanden.	
Reinvestitionsrücklage gem. § 6c EStG	wie § 6b EStG	Steuerpflichtige, die den Gewinn nach § 4 Abs. 3 EStG oder nach Durchschnittssätzen ermitteln	wie § 6b EStG	wie § 6b EStG
Rücklage für Ersatzbeschaffung im Zusammenhang mit dem Umweltereignis 2021[1]	Ersatzbeschaffung unbeweglicher und beweglicher Anlagegüter in besonders begründeten Ausnahmefällen, wie beispielsweise bei außergewöhnlich hohen Teilherstellungskosten oder Anzahlungen oder wenn der Zulassung von Sonderabschreibungen nicht ausreicht, um die Finanzierung der Maßnahmen zur Beseitigung der Schäden zu sichern.	Steuerpflichtige, die durch das Hochwasser erhebliche Schäden erlitten haben.	Die Rücklage darf bei Betriebsgebäuden 30 % und bei beweglichen Anlagegütern 50 % der Anschaffungs- oder Herstellungskosten der Ersatzwirtschaftsgüter nicht übersteigen.[2]	Die Rücklage ist gewinnerhöhend aufzulösen, sobald und soweit für die Wirtschaftsgüter, deren Finanzierung die Rücklage erleichtern soll, Sonderabschreibungen vorgenommen werden können.

---

[1] Vgl. Katastrophenerlass des Ministeriums der Finanzen des Landes Nordrhein-Westfalen vom 23.7.2021.

[2] Die Gewinnminderung durch die Bildung von Rücklagen darf insgesamt höchstens 600 000 € betragen; sie darf in keinem Jahr 200 000 € übersteigen. Höhere Rücklagen können mit Zustimmung des Bundesministeriums der Finanzen im Einzelfall zugelassen werden, wenn sie bei erheblichen Schäden zur Milderung der eingetretenen Notlage erforderlich erscheinen. Die Höchstbeträge gelten nicht für Rücklagen, die nach R 6.5 Abs. 4 bzw. R 6.6 EStR gebildet werden.

Vorschrift	Begünstigter Vorgang/ sachliche Voraussetzungen	Berechtigte Personen	Höhe der Rücklage	Zeitliche Voraussetzungen
				Bei beweglichen Wirtschaftsgütern erfolgt die Auflösung spätestens mit Ablauf des dritten Wirtschaftsjahres, das dem Wirtschaftsjahr folgt, in dem sich das Hochwasser ereignete. Bei Baumaßnahmen spätestens am Schluss des vierten auf den Beginn der Baumaßnahme folgenden Wirtschaftsjahres.[1]

Buchnachweis für alle steuerfreien Rücklagen:

– Für die steuerfreien Rücklagen sind besondere Verzeichnisse laufend zu führen.

---

[1] Zudem sind die Grundsätze von R 6.5 Abs. 4 und 6.6 Abs. 7 EStR anzuwenden.

5.1.5.3 Ansatz der Höhe nach

5.1.5.3.1 Bewertungsgrundsätze

A. Bewertungsgrundsätze nach BilMoG

Vermögensgegenstände bzw. Wirtschaftsgüter	Wertminderungen (Vornahme außerplanmäßiger Abschreibungen bzw. Teilwertabschreibungen)				Gestiegener Wert nach vorangegangener außerplanmäßiger Abschreibung bzw. Teilwertabschreibung (Wertaufholung bzw. Zuschreibung)	
	Vorübergehende Wertminderung		Dauerhafte Wertminderung			
	HB	StB	HB	StB	HB	StB
Geschäfts- oder Firmenwert (entgeltlich erworben)	grundsätzlich **Verbot** §253 Abs. 3 Satz 3 HGB; **Ausnahme bei Finanzanlagen:** Wahlrecht gem. §253 Abs. 3 Satz 4 HGB	**Verbot** §6 Abs. 1 Nr. 2 und Nr. 2 Satz 2 EStG	**Pflicht** (strenges Niederstwertprinzip) §253 Abs. 3 Satz 3 HGB	**Wahlrecht** §5 Abs. 1 Satz 1 EStG, §6 Abs. 1 Nr. 1, §6 Abs. 1 Nr. 2, Nr. 2 Satz 2 EStG[1]	**Wertaufholungsverbot** §253 Abs. 5 Satz 2 HGB	**Wertaufholungsgebot** §6 Abs. 1 Nr. 1 Satz 4 und Nr. 2 Satz 3 EStG
Übriges Anlagevermögen					**Wertaufholungsgebot** §253 Abs. 5 Satz 1 HGB	
Umlaufvermögen	**Pflicht** (strenges Niederstwertprinzip) §253 Abs. 4 Satz 1 HGB		**Pflicht** (strenges Niederstwertprinzip) §253 Abs. 4 Satz 1 HGB			

[1] Aufgrund der Abschaffung der formellen Maßgeblichkeit im Zuge der Einführung des Bilanzrechtsmodernisierungsgesetzes vom 25.5.2009 (BGBl I 2009 S. 1102) wurde aus der Abschreibungspflicht ein steuerliches Wahlrecht zur Teilwertabschreibung (vgl. BMF-Schr. vom 12.3.2010, BStBl I 2010 S. 239).

B. Teilwertabschreibungen in der Steuerbilanz

Wirtschaftsgüter	Voraussetzung für gesunkenen Teilwert und dauerhafte Wertminderung/Werterhöhung
Abnutzbares Anlagevermögen	Der Wert des jeweiligen Wirtschaftsguts liegt zum Bilanzstichtag mindestens für die halbe Restnutzungsdauer unter dem planmäßigen Restbuchwert. Die verbleibende Nutzungsdauer ist für Gebäude nach § 7 Abs. 4 und 5 EStG, für andere Wirtschaftsgüter grundsätzlich nach den amtlichen AfA-Tabellen zu bestimmen. Dies gilt auch dann, wenn der Steuerpflichtige beabsichtigt, das Wirtschaftsgut vor Ablauf seiner betriebsgewöhnlichen Nutzungsdauer zu veräußern.[1]
Börsennotierte Wirtschaftsgüter im Anlagevermögen	– Von einer voraussichtlich dauernden Wertminderung ist auszugehen, wenn der Börsenwert zum Bilanzstichtag unter demjenigen im Zeitpunkt des Aktienerwerbs gesunken ist und der Kursverlust die Bagatellgrenze von 5 % der Notierung bei Erwerb überschreitet. Bei einer vorangegangenen Teilwertabschreibung ist für die Bestimmung der Bagatellgrenze der Bilanzansatz am vorangegangenen Bilanzstichtag maßgeblich. Der Teilwert einer Aktie kann nur dann nicht nach dem Kurswert (zuzüglich der im Falle eines Erwerbs anfallenden Erwerbsnebenkosten) bestimmt werden, wenn aufgrund konkreter und objektiv überprüfbarer Anhaltspunkte davon auszugehen ist, dass der Börsenpreis den tatsächlichen Anteilwert nicht widerspiegelt. Bei den bis zum Tag der Bilanzaufstellung eintretenden Kursänderungen handelt es sich um wertbeeinflussende (wertbegründende) Umstände, die die Bewertung der Aktien zum Bilanzstichtag grundsätzlich nicht berühren. Diese Grundsätze gelten auch bei aktienindexbezogenen Wertpapieren, die an einer Börse gehandelt und nicht zum Nennwert zurückgezahlt werden.[2] – Bei festverzinslichen Wertpapieren, die bei Fälligkeit zum Nennwert eingelöst werden, ist aufgrund von zinsinduzierten Kursbewegungen eine Teilwertabschreibung unter den Nennwert unzulässig.[3]
Anteile an Investmentfonds, die als Finanzanlage im Anlagevermögen gehalten werden	– Die zur Bewertung von börsennotierten Aktien im Anlagevermögen aufgestellten Grundsätze sind entsprechend auf im Anlagevermögen gehaltene Investmentanteile an Publikums- und Spezial-Investmentvermögen anzuwenden, wenn das Investmentvermögen überwiegend in börsennotierten Aktien als Vermögensgegenstände investiert ist.[4] Das Investmentvermögen ist dann überwiegend in börsennotierten Aktien investiert, wenn mehr als 50 % seines Wertes zum Bilanzstichtag in Aktien investiert sind. Abzustellen ist auf die tatsächlichen Verhältnisse beim Investmentvermögen am Bilanzstichtag des Anlegers. Unerheblich ist, ob der zu bewertende Investmentanteil selbst börsennotiert ist.[5]

[1] Vgl. BMF-Schr. vom 2.9.2016 (BStBl I 2016 S. 995), Tz. 8 ff. mit weiteren Beispielen; BFH vom 29.4.2009 (I R 74/08, BStBl II 2009 S. 899); BFH vom 9.9.2010 (IV R 38/08, BFH NV 2011 S. 423).
[2] Vgl. BMF-Schr. vom 2.9.2016 (BStBl I 2016 S. 995), Tz. 17 ff. mit weiteren Beispielen; BFH vom 21.9.2011 (I R 89/10, BStBl II 2014 S. 612).
[3] Vgl. BFH vom 8.6.2011 (I R 98/10, BStBl II 2012 S. 716); BMF-Schr. vom 2.9.2016 (BStBl I 2016 S. 995), Tz. 21 ff.
[4] Vgl. BFH vom 21.9.2011 (I R 7/11, BStBl II 2014 S. 616).
[5] Vgl. BMF-Schr. vom 2.9.2016 (BStBl I 2016 S. 995), Tz. 24.

	– Von einer voraussichtlich dauernden Wertminderung i.S. des § 6 Abs. 1 Nr. 2 S. 2 EStG ist auszugehen, wenn der Preis, zu dem der Investmentanteil erworben werden kann (Ausgabepreis zuzüglich der ggf. anfallenden Erwerbsnebenkosten), zu dem jeweils aktuellen Bilanzstichtag um mehr als 5 % (sog. Bagatellgrenze) unter die Anschaffungskosten gesunken ist.[1] – Bei der Beurteilung der steuerlichen Auswirkungen einer Teilwertabschreibung auf Investmentanteile auf das zu versteuernde Einkommen eines betrieblichen Anlegers ist § 8 Abs. 3 InvStG und das BMF-Schr. vom 18. 8. 2009 (BStBl I 2009 S. 931) Tz. 162 ff. zu beachten.[2] – Bei der TWA wird es nicht beanstandet, wenn vor dem 1. 1. 2015 noch die Regelungen des BMF-Schr. vom 5. 7. 2011 (BStBl I 2011 S. 735) Anwendung finden, wonach bei der Ermittlung des niedrigeren Teilwerts der Rücknahmepreis zugrunde zu legen ist.[3]
Beteiligungen (nicht börsennotiert)	– Es liegt eine Fehlmaßnahme vor oder die Wiederbeschaffungskosten sind aufgrund eines verminderten inneren Wertes gesunken. – Bei der Bewertung der Beteiligung ist eine Gesamtbetrachtung anzustellen, die neben der Ertragslage und den Ertragsaussichten auch den Vermögenswert und die funktionale Bedeutung des Beteiligungsunternehmens berücksichtigt.[4]
Forderungen im Anlagevermögen	Eine Teilwertabschreibung ist zulässig, wenn mit überwiegender Wahrscheinlichkeit mit einem Zahlungsausfall gerechnet wird. Ereignisse bis zum Zeitpunkt der Bilanzaufstellung sind wertbegründend.[5] Der auf der Unverzinslichkeit einer im Anlagevermögen gehaltenen Forderung beruhende Wert ist keine voraussichtlich dauernde Wertminderung und rechtfertigt keine Teilwertabschreibung.[6]
Übriges nicht abnutzbares Anlagevermögen	Für die Wirtschaftsgüter des nichtabnutzbaren Anlagevermögens ist grundsätzlich darauf abzustellen, ob die Gründe für eine niedrigere Bewertung voraussichtlich anhalten werden.[7]
Umlaufvermögen allgemein	Hält eine Wertminderung bis zum Zeitpunkt der Aufstellung der Bilanz oder dem vorangegangenen Verkaufs- oder Verbrauchszeitpunkt an, so ist die Wertminderung voraussichtlich von Dauer. Zusätzliche werterhellende Erkenntnisse bis zu diesen Zeitpunkten sind in die Beurteilung einzubeziehen.[8] Sind im Umlaufvermögen Saisonwaren enthalten, die aufgrund des „harten Lockdowns" nicht veräußert werden konnten, kann der Wert, sofern dieser aufgrund des Verkaufsrückgangs am Bilanzstichtag dauerhaft unter die Anschaffungs- oder Herstellungskosten gesunken ist, auf den niedrigeren Teilwert abgeschrieben werden.[9]

[1] Vgl. BMF-Schr. vom 2. 9. 2016 (BStBl I 2016 S. 995), Tz. 25.
[2] Vgl. BMF-Schr. vom 2. 9. 2016 (BStBl I 2016 S. 995), Tz. 26.
[3] Vgl. BMF-Schr. vom 2. 9. 2016 (BStBl I 2016 S. 995), Tz. 39.
[4] Vgl. BFH vom 6. 11. 2003 (IV R 10/01, BStBl II 2004 S. 416).
[5] Vgl. BMF-Schr. vom 2. 9. 2016 (BStBl I 2016 S. 995), Tz. 14.
[6] Vgl. BFH vom 24. 10. 2012 (I R 43/11, BStBl II 2013 S. 162), BMF vom 2. 9. 2016 (BStBl I 2016 S. 995), Tz. 15.
[7] Vgl. BMF-Schr. vom 2. 9. 2016 (BStBl I 2016 S. 995), Tz. 11 ff. mit weiteren Beispielen zu Grund und Boden.
[8] Vgl. BMF-Schr. vom 2. 9. 2016 (BStBl I 2016 S. 995), Tz. 16.
[9] Vgl. FAQ „Corona" (Steuern) (Stand 6. 7. 2021).

Börsennotierte Wirtschaftsgüter im Umlaufvermögen	– Analog zur Beurteilung der Wertminderung bei börsennotierten Aktien im Anlagevermögen gilt auch bei börsennotierten Aktien im Umlaufvermögen, dass von einer voraussichtlich dauernden Wertminderung grundsätzlich dann auszugehen ist, wenn der Börsenwert zum Bilanzstichtag unter denjenigen im Zeitpunkt des Aktienerwerbs gesunken ist und der Kursverlust die Bagatellgrenze von 5 % der Notierung bei Erwerb überschreitet. Kursänderungen bei börsennotierten Aktien nach dem Bilanzstichtag und bis zum Tag der Bilanzaufstellung sind als wertbegründender Umstand nicht zu berücksichtigen.[1] – Bei festverzinslichen Wertpapieren, die eine Forderung in Höhe des Nominalwerts der Forderung verbriefen, fehlt es in der Regel an einer voraussichtlich dauernden Wertminderung. Eine Teilwertabschreibung unter den Nennwert allein wegen gesunkener Kurse ist regelmäßig nicht zulässig, wenn kein Bonitäts- und Liquiditätsrisiko hinsichtlich der Rückzahlung der Nominalbeträge besteht und die Wertpapiere bei Endfälligkeit zu ihrem Nennbetrag eingelöst werden können.[2]
Forderungen aus Lieferungen und Leistungen	**Einzelwertberichtigungen** – Das über das allgemeine Kreditrisiko hinausgehende Ausfallrisiko einer Einzelforderung ist durch eine Wertberichtigung zu berücksichtigen.[3] – Ereignisse zwischen Bilanzstichtag und Bilanzaufstellung – z. B. die (teilweise) Erfüllung der Forderung – sind wertaufhellend zu berücksichtigen. – Ereignisse nach Bilanzaufstellung sind nicht zu berücksichtigen.[3] **Pauschalwertberichtigungen** – Den Wertminderungen bei Forderungen aus Lieferungen und Leistungen in Form von Skontoabzügen und aufgrund des allgemeinen Kreditrisikos (Ausfallrisiko, Einziehungs- und Beitreibungskosten) wird durch Bildung einer Pauschalwertberichtigung Rechnung getragen[4]. – Mahn- und Prozesskosten sind als Teil der Pauschalwertberichtigung nur zu berücksichtigen, wenn für diese Kosten kein Erstattungsanspruch besteht oder auf die Geltendmachung des Erstattungsanspruchs verzichtet wird. – Die Einbeziehung eines den Teilwert mindernden Zinsverlustes für die verspätete Zahlung soll hingegen regelmäßig unzulässig sein, da von einer dauerhaften Wertminderung nur dann auszugehen ist, wenn sie bis zur Bilanzaufstellung bzw. dem vorangegangenen Verkaufs- oder Verbrauchszeitpunkt anhält. Kundenforderungen mit üblichen Zahlungszielen (z. B. vier Wochen) sind daher nicht in die Wertberichtigung einzubeziehen.[5]

[1] Vgl. BMF-Schr. vom 2.9.2016 (BStBl I 2016 S.995), Tz.16ff.; BFH vom 21.9.2011 (I R 89/10; BStBl II 2014 S.612).

[2] Vgl. BMF-Schr. vom 2.9.2016 (BStBl I 2016 S.995), Tz.21; BFH vom 8.6.2011 (I R 98/10, BStBl II 2012 S.716).

[3] Für Insolvenzanträge, die innerhalb von drei Monaten nach dem Bilanzstichtag, spätestens vor dem 1. Mai 2021, gestellt werden, werden als werterhellende Faktoren bei *der Prüfung der* Zulässigkeit der Vornahme von Teilwertabschreibungen auf Forderungen zu Bilanzstichtagen zwischen 30.4.2020 und dem 31.3.2021 angesehen (FAQ „Corona" (Steuern) (Stand: 6.7.2021)).

[4] Vgl. BFH vom 20.8.2003 (I R 49/02, BStBl II 2003 S.941).

[5] FinMin Berlin – Schr. vom 31.7. 2015 (LexInform – Dok. Nr.5235754).

[6] OFD Rheinland, Vfg. vom 6.11.2008 (BB 2009 S.44); vgl. auch Fußnote 4.

Darlehens-forderungen	– Bei notleidenden Darlehensforderungen entspricht der Teilwert dem zu erwartenden Erlös aus der Verwertung evtl. Sicherheiten. – Bei einer Verwertung der Sicherheiten in der Zukunft ist der Barwert anzusetzen.[1]
Forderungen aus Gesellschafterdar-lehen	– Der Teilwert und damit evtl. einhergehende Wertminderungen sind nach denselben Kriterien zu bestimmen, die für die Bewertung der Beteiligung gelten.[2] – Allgemeine Unverzinslichkeit einer Darlehensforderung rechtfertigt keine Teilwertabschreibung.[3]
Fremdwährungs-verbindlichkeiten (Darlehen)	Nur unter Voraussetzung einer voraussichtlich dauernden Erhöhung des Wechselkurses kann an den nachfolgenden Bilanzstichtagen der höhere Wert angesetzt werden. Eine voraussichtlich dauernde Erhöhung des Kurswertes liegt nur bei einer nachhaltigen Erhöhung des Wechselkurses, mit der am Bilanzstichtag aufgrund objektiver Anzeichen ernsthaft zu rechnen ist, gegenüber dem Kurs bei Entstehung der Verbindlichkeit vor. Bei einer Restlaufzeit von jedenfalls zehn Jahren begründet ein Kursan-stieg der Fremdwährung grundsätzlich keine voraussichtlich dauernde Teilwerterhöhung. Auch auf Devisenmärkten übliche Wechselkursschwan-kungen berechtigen nicht zu einem höheren Ansatz.[4]
Fremdwährungs-verbindlichkeiten (laufender Geschäftsverkehr)	Sofern die Wechselkurserhöhung bis zum Zeitpunkt der Bilanzaufstellung oder dem vorangegangenen Tilgungs- oder Entnahmezeitpunkt anhält, ist von einer voraussichtlich dauerhaften Werterhöhung auszugehen. Zusätzliche Erkenntnisse wie bspw. Wechselkursschwankungen auf den Devisenmärkten bis zum Zeitpunkt der Bilanzaufstellung sind zu berück-sichtigen.[5]

---

[1] Vgl. BFH vom 24.10.2006 (I R 2/06, BStBl II 2007 S.469).
[2] Vgl. BFH vom 6.11.2003 (IV R 10/01, BStBl II 2004 S.416). Das Urteil erging zum Fall einer Betriebsaufspaltung; die Übertragung der Urteilsgrundsätze auf übrige Ge-sellschafterdarlehen (z.B. im Konzern) ist noch nicht geklärt.
[3] Vgl. BFH vom 10.11.2005 (IV R 13/04, BStBl II 2006 S.618), BFH vom 24.10.2012 (BStBl II 2013 S.162).
[4] Vgl. BMF-Schr. vom 2.9.2016 (BStBl I 2016 S.995), Tz.29ff.
[5] Vgl. BMF-Schr. vom 2.9.2016 (BStBl I 2016 S.995), Tz.36.

C. Besondere Vorschriften für die Teilwertabschreibungen in der Steuerbilanz im Zusammenhang mit den Unwetterereignissen 2021[1]

Art des Anlageguts	Sachliche Voraussetzung	Höhe der Abschreibung
Betriebsgebäude[2]	Aufwendungen dienen zum Wiederaufbau ganz oder zum Teil zerstörter Gebäude (Ersatzherstellung) die keine Erhaltungsaufwendungen sind. Mit der Ersatzherstellung oder Ersatzbeschaffung muss bis zum Ablauf des dritten dem Wirtschaftsjahr des schädigenden Ereignisses folgenden Wirtschaftsjahres begonnen worden sein.	Im Wirtschaftsjahr der Fertigstellung und in den beiden folgenden Wirtschaftsjahren (Begünstigungszeitraum) bis zu 30 % der Herstellungs- oder Wiederherstellungskosten.[3] Die AfA nach § 7 Abs. 4 EStG ist dabei nach der vor dem Schadensereignis maßgeblichen Bemessungsgrundlage, gemindert um eine etwa aus Anlass des Schadens vorgenommene Teilwertabschreibung oder Absetzung für außergewöhnliche Abnutzung und erhöht um die Wiederherstellungskosten, zu berechnen.[4]
Bewegliche Anlagegüter[1]	Es liegen Aufwendungen für bewegliche Anlagegütern vor, die als Ersatz für vernichtete oder verloren gegangene bewegliche Anlagegüter angeschafft oder hergestellt worden sind. Mit der Ersatzherstellung oder Ersatzbeschaffung muss bis zum Ablauf des dritten dem Wirtschaftsjahr des schädigenden Ereignisses folgenden Wirtschaftsjahres begonnen worden sein.	Im Wirtschaftsjahr der Anschaffung oder Herstellung und in den beiden folgenden Wirtschaftsjahren (Begünstigungszeitraum) können Sonderabschreibungen bis zu insgesamt 50 % der Anschaffungs- oder Herstellungskosten vorgenommen werden.[2]

---

[1] Vgl. Katastrophenerlass des Ministeriums der Finanzen des Landes Nordrhein-Westfalen vom 23.7.2021.
[2] Zudem sind die gemeinsamen Vorschriften nach §7a Abs. 1, 2 und Abs. 4 bis 8 EStG anzuwenden.
[3] Die Gewinnminderung durch Sonderabschreibungen darf insgesamt höchstens 600 000 € betragen; sie darf in keinem Jahr 200 000 € übersteigen. Höhere Sonderabschreibungen können mit Zustimmung des Bundesministeriums der Finanzen im Einzelfall zugelassen werden, wenn sie bei erheblichen Schäden zur Milderung der eingetretenen Notlage erforderlich erscheinen.
[4] Nach Ablauf des Begünstigungszeitraums ist die AfA vom Restwert zu bemessen (vgl. § 7a Abs. 9 EStG, R 7a Abs. 9 EStR).

5.1.5.3.2 Ermittlung von Anschaffungs- und Herstellungskosten

A. Anschaffungskosten

Definition	Aufwendungen, die geleistet werden, um einen Vermögensgegenstand zu erwerben und ihn in einen betriebsbereiten Zustand zu versetzen, soweit sie dem Vermögensgegenstand einzeln zugeordnet werden können (§ 255 Abs. 1 HGB)

Ermittlung	Bruttoeinkaufspreis (ohne Umsatzsteuer)
	./. Anschaffungskostenminderungen (Rabatte, Skonti, Boni)
	    Nettoeinkaufspreis
	+ Anschaffungsnebenkosten (nur Einzelkosten)
	   – des Erwerbs (z.B. Provisionen)
	   – der Verbringung in das Unternehmen
	     (z.B. Zoll, Frachten, Verpackung)
	   – der Inbetriebnahme (z.B. Fundamente, Montage)
	= Anschaffungskosten

Ermittlungs-methoden		Handelsrecht	Steuerrecht
	– Einzelfeststellung (ggf. Pauschalierung der Anschaffungsnebenkosten)	§ 252 Abs. 1 Nr. 3 HGB	§ 6 Abs. 1 Nr. 1–2 EStG
	– Durchschnittsbewertung	GoB	R 6.8 Abs.3 EStR 2012
	– Bewertungs-vereinfachungsverfahren wie Lifo, Fifo	§ 256 Satz 1 HGB	§ 6 Abs.1 Nr.2a EStG (nur Lifo)[1], R 6.9 EStR 2012
	– Festbewertung	§ 256 Satz 2 i. V. m. § 240 Abs. 3 HGB	R 5.4 Abs.3 EStR 2012, H 6.8 EStH 2020
	– Gruppenbewertung	§ 256 Satz 2 i. V. m. § 240 Abs. 4 HGB	R 6.8 Abs.4 EStR 2012
	– retrograde Ermittlung (Abzug Bruttospanne vom Verkaufswert)	GoB	R 6.8 Abs.2 EStR 2012, H 6.8 EStH 2020

B. Herstellungskosten

Definition	Aufwendungen, die durch den Verbrauch von Gütern und die Inanspruchnahme von Diensten für die Herstellung, die Erweiterung oder eine wesentliche Verbesserung eines Vermögensgegenstandes entstehen (§ 255 Abs. 2 HGB)

---

[1] Vgl. BMF-Schr. vom 12.5.2015 (BStBl I 2015 S.462).

Ermittlung	**Steuerrecht und Handelsrecht nach BilMoG[1]**
	Materialeinzelkosten
	+ Fertigungseinzelkosten
	+ Sondereinzelkosten der Fertigung
	+ notwendige Materialgemeinkosten
	+ notwendige Fertigungsgemeinkosten
	+ Wertverzehr des Anlagevermögens (Fertigungsbereich)
	= Wertuntergrenze
	+ allgemeine Verwaltungskosten[2]
	+ Aufwendungen für soziale Einrichtungen des Betriebs, freiwillige soziale Leistungen, betriebliche Altersversorgung[3]
	+ Fremdkapitalzinsen (Fertigungsbereich)
	= Wertobergrenze
Ermittlungs-methode	– gleiche Methoden und Vorschriften wie unter Anschaffungskosten
	– Ausübung der Wahlrechte nach § 255 Abs. 2 Sätze 3 und 4, Abs. 3 HGB bzw. § 6 Abs. 1 Nr. 1b EStG (vgl. vorstehend unter „Ermittlung")
	– Zugrundelegung verschiedener Auslastungsgrade (z.B. Normalbeschäftigung, optimale Beschäftigung)
	– Anwendung verschiedener Kalkulationsmethoden
	– Divisionskalkulation
	– Äquivalenzziffernrechnung
	– Zuschlagskalkulation
	– Deckungsbeitragsrechnung
	– Kalkulation von Kuppelproduktionen
	– auf Grundlage verschiedener Kostenrechnungssysteme (Istkosten-, Normalkosten-, Plankosten-, Vollkosten-, Teilkostenrechnung)

---

[1] Bilanzrechtsmodernisierungsgesetz (BilMoG) vom 25.5. 2009 (BStBl I 2009 S. 1102); anzuwenden ab dem Wirtschaftsjahr 2010 (bzw. 2010/2011). Eine vorgezogene Anwendung der Regelungen des BilMoG im Wirtschaftsjahr 2009 (bzw. 2009/2010) ist freiwillig möglich.

[2] Durch Gesetz vom 18.7. 2016 (BGBl I 2016 S. 1679) wurde § 6 Abs. 1 Nr. 1b EStG eingeführt, wonach bei der Berechnung der Herstellungskosten angemessene Teile der Kosten der allgemeinen Verwaltung sowie angemessene Aufwendungen für soziale Einrichtungen des Betriebs, für freiwillige soziale Leistungen und für die betriebliche Altersversorgung im Sinne des § 255 Abs. 2 Satz 3 HGB nicht einbezogen werden müssen, soweit diese auf den Zeitraum der Herstellung entfallen. Das Wahlrecht ist bei Gewinnermittlung nach § 5 EStG in Übereinstimmung mit der Handelsbilanz auszüüben. § 6 Abs. 1 Nr. 1b EStG kann auch auf Wirtschaftsjahre angewendet werden, die vor dem 23.7. 2016 enden.

[3] Siehe Fußnote 2.

5.1.5.3.3   Ermittlung von Festwerten

A. Hauptanwendungsbereiche

Anwendung des Festwertverfahrens gem. § 240 Abs. 3 HGB bei:
- Gegenständen des Sachanlagevermögens
- Roh-, Hilfs- und Betriebsstoffen

Übersicht über Hauptanwendungsbereiche für Festwerte[1]

- Bahnanlagen (Gleise, Signale, Energiezuführungen, str.: Fahrzeuge)
- Baugeräte, kleine
- Bauteile für Winterbauhallen
- Behälter (Kisten, Fässer, Kübel usw.)
- Beleuchtungsanlagen
- Bestecke in gastronomischen Betrieben
- Betriebs- und Geschäftsausstattung
- Bohrer
- Bohrmaschinen
- Brennstoffvorräte (z.B. Kohle, Heizöle)
- Büromaschinen
- Büromöbel
- Ersatzteile
- Fahrzeuge, kleinere (z.B. Karren, Wagen)
- Feuerlöschgeräte
- Flaschen, -kästen
- Flaschenzüge
- Formen
- Förderanlagen
- Fräser
- Gerätschaften
- Gerüst- und Schalungsteile
- Geschäftsausstattung
- Gleisanlagen
- Glühköpfe
- Grubenbaue im Bergbau
- Hämmer
- Hotelgeschirr, -einrichtungen, -wäsche
- Kabelleitungen
- Kanaldielen
- Kantinenvorräte
- Kleinfahrzeuge (Karren, Gabelstapler)
- Kleingeräte
- Kleinmaterialien
- Klimaanlagen, mobile
- Kohlevorräte
- Kokillen
- Laboreinrichtungen
- Ladeneinrichtungsteile
- Leihbücher
- Leuchtstoffröhren
- Messgeräte
- Modelle
- Motoren
- Neonleuchten
- Ölvorräte
- Pflanzenanlagen
- Pressen
- Prüfgeräte
- Pumpen
- Rebstöcke im Weinbau
- Rechenmaschinen
- Regale
- Reinigungsmaterial
- Reparaturmaterialien
- Reserveteile
- Rohrleitungen
- Rohstoffe in Produktionsanlagen
- Rollbahnen
- Sägeblätter
- Sägen
- Schablonen
- Schaufeln
- Schläuche
- Schmiermittel (Fette, Öle etc.)
- Schraubstöcke
- Schreibmaschinen
- Schriftsätze in Druckereien
- Sicherheitseinrichtungen (Signal-, Warn-, Rufanlagen)
- Stanzen

---

[1] Quelle: *Federmann*, Festwert, Stichwort 44, in: *Federmann*, (Hrsg.), Handbuch der Bilanzierung (HdB).

- Stromleitungen mit Zubehör
- Stühle
- Tische
- Tragrollen
- Transformatoren
- Transportanlagen
- Treibriemen
- Tunnelwagen
- Überwachungseinrichtungen
- Verbrauchsstoffe

- Walzen
- Wäsche in Hotelbetrieben
- Werksgerät
- Werkstatthilfsmittel
- Werkzeuge
- Winden
- Winterbauhallen-Bauteile
- Zangen
- Zeichengeräte

B. Voraussetzungen für die Bildung von Festwerten gem. § 240 Abs. 3 HGB und R 5.4 EStR 2012

- Wirtschaftsgüter werden regelmäßig ersetzt
- Gesamtwert der Wirtschaftsgüter für das Unternehmen nur von nachrangiger Bedeutung
- Bestand unterliegt in Größe, Wert und Zusammensetzung nur geringen Veränderungen
- regelmäßige (alle 3 Jahre) Durchführung einer körperlichen Bestandsaufnahme
- steuerlich zusätzlich: keine geringwertigen Wirtschaftsgüter (§ 6 Abs. 2 EStG), kein Sammelposten (§ 6 Abs. 2a EStG)

C. Formeln zur Berechnung der jährlichen Ersatzbeschaffung und des Festwertes

1. Formel zur Berechnung der jährlichen Ersatzbeschaffung

Menge der jährlich neu anzuschaffenden Wirtschaftsgüter (y)	=	Gesamtmenge der vorhandenen Wirtschaftsgüter (M)
		Nutzungsdauer bzw. durchschnittl. Lagerdauer (n)

2. Formeln zur Berechnung des Festwerts

a) Roh-, Hilfs- und Betriebsstoffe: Bewertung der körperlich aufgenommenen Wirtschaftsgüter mit ihren Anschaffungs- oder Herstellungskosten, ggf. mit niedrigerem Teilwert

b) Gegenstände des Sachanlagevermögens:

Formel bei Wertermittlung durch Summation der Einzelbewertungen der jeweils jährlich neu angeschafften Wirtschaftsgüter

$$F = y \times \frac{1}{n} \sum_{i=1}^{n-1} i = \frac{M}{n} \times \frac{1}{n} \sum_{i=1}^{n-1} i = M \times \frac{1}{n} \left(\frac{n+1}{2} - 1 \right)$$

wobei F = Festwert, y = Menge der jährlich neu anzuschaffenden Wirtschaftsgüter, n = Jahre, M = Menge oder Wert (in €) der jährlichen Ersatzbeschaffung

Beispiel:

Transportbehälter einer Spedition	M =	200
durchschnittliche Nutzungsdauer	n =	5 Jahre
Anschaffungswert eines Transportbehälters		1 200,– €

Menge der jährlich anzuschaffenden Transportbehälter $y = \dfrac{M}{n} = \dfrac{200}{5} = 40$

$$F = 200 \times \frac{1}{5} \times \left(\frac{5+1}{2} - 1 \right) = 80$$

€-Wert des Festwertes F = 80 × 1 200 € = 96 000,– €

5.1.5.3.4   Abschreibungen

5.1.5.3.4.1   AfA und Nutzungsdauern bei Anlagegütern

A. AfA für allgemein verwendbare Anlagegüte

		Nutzungsdauer[1]
1	**UNBEWEGLICHES ANLAGEVERMÖGEN**	
1.1	Hallen in Leichtbauweise	14
1.2	Tennishallen, Squashhallen u.ä.	20
1.3	Traglufthallen	10
1.4	Kühlhallen	20
1.5	Baracken und Schuppen	16
1.6	Baubuden	8
1.7	Bierzelte	8
1.8	Pumpenhäuser, Trafostationshäuser und Schalthäuser	20
1.9	*Silobauten*	
1.9.1	aus Beton	33
1.9.2	aus Stahl	25
1.9.3	aus Kunststoff	17
1.10	Schornsteine	
1.10.1	aus Mauerwerk oder Beton	33
1.10.2	aus Metall	10
1.11	Laderampen	25

---

[1] Siehe BMF-Schr. vom 15.12.2000 (BStBl I 2000 S.1532).

		Nutzungsdauer
2	**GRUNDSTÜCKSEINRICHTUNGEN**	
2.1	Fahrbahnen, Parkplätze und Hofbefestigungen	
2.1.1	mit Packlage	19
2.1.2	in Kies, Schotter, Schlacken	9
2.2	Straßen- und Wegebrücken	
2.2.1	aus Stahl und Beton	33
2.2.2	aus Holz	15
2.3	Umzäunungen	
2.3.1	aus Holz	5
2.3.2	Sonstige	17
2.4	Außenbeleuchtung, Straßenbeleuchtung	19
2.5	Orientierungssysteme, Schilderbrücken	10
2.6	Uferbefestigungen	20
2.7	Bewässerungsanlagen, Entwässerungsanlagen und Kläranlagen	
2.7.1	Brunnen	20
2.7.2	Drainagen	
2.7.2.1	aus Beton oder Mauerwerk	33
2.7.2.2	aus Ton oder Kunststoff	13
2.7.3	Kläranlagen m. Zu- und Ableitung	20
2.7.4	Löschwasserteiche	20
2.7.5	Wasserspeicher	20
2.8	Grünanlagen	15
2.9	Golfplätze	20
3	**BETRIEBSANLAGEN ALLGEMEINER ART**	
3.1	Krafterzeugungsanlagen	
3.1.1	Dampferzeugung (Dampfkessel mit Zubehör)	15
3.1.2	Stromerzeugung (Gleichrichter, Ladeaggregate, Notstromaggregate, Stromgeneratoren, Stromumformer usw.)	19
3.1.3	Akkumulatoren	10
3.1.4	Kraft-Wärmekopplungsanlagen (Blockheizkraftwerke)	10
3.1.5	Windkraftanlagen	16
3.1.6	Photovoltaikanlagen	20
3.1.7	Solaranlagen	10
3.1.8	Heißluft-, Kälteanlagen, Kompressoren, Ventilatoren usw.	14
3.1.9	Kessel einschl. Druckkessel	15
3.1.10	Wasseraufbereitungsanlagen	12
3.1.11	Wasserenthärtungsanlagen	12
3.1.12	Wasserreinigungsanlagen	11
3.1.13	Druckluftanlagen	12
3.1.14	Wärmetauscher	15
3.2	Rückgewinnungsanlagen	10
3.3	Mess- und Regeleinrichtungen	
3.3.1	allgemein	18
3.3.2	Emissionsmessgeräte	8

		Nutzungsdauer
3.3.3	Materialprüfgeräte	10
3.3.4	Ultraschallgeräte (nicht medizinisch)	10
3.3.5	Vermessungsgeräte	
3.3.5.1	elektronisch	8
3.3.5.2	mechanisch	12
3.4	Transportanlagen	
3.4.1	Elevatoren, Förderschnecken, Rollenbahnen, Hängebahnen, Transportbänder, Förderbänder und Plattenbänder	14
3.4.2	Gleisanlagen mit Drehscheiben, Weichen, Signalanlagen u.ä.	
3.4.2.1	nach gesetzlichen Vorschriften	33
3.4.2.2	sonstige	15
3.4.3	Krananlagen	
3.4.3.1	ortsfest oder auf Schienen	21
3.4.3.2	sonstige	14
3.4.4	Aufzüge, Winden, Arbeitsbühnen, Hebebühnen, Gerüste, Hublifte	
3.4.4.1	stationär	15
3.4.4.2	mobil	11
3.5	Hochregallager	15
3.6	Transportcontainer, Baucontainer, Bürocontainer und Wohncontainer	10
3.7	Ladeneinbauten, Gaststätteneinbauten, Schaufensteranlagen und -einbauten	8
3.8	Lichtreklame	9
3.9	Schaukästen, Vitrinen	9
3.10	sonstige Betriebsanlagen	
3.10.1	Brückenwaagen	20
3.10.2	Tank- und Zapfanlagen für Treib- und Schmierstoffe	14
3.10.3	Brennstofftanks	25
3.10.4	Autowaschanlagen	10
3.10.5	Abzugsvorrichtungen, Entstaubungsvorrichtungen	14
3.10.6	Alarmanlagen und Überwachungsanlagen	11
3.10.7	Sprinkleranlagen	20
4	**FAHRZEUGE**	
4.1	*Schienenfahrzeuge*	25
4.2	Straßenfahrzeuge	
4.2.1	Personenkraftwagen und Kombiwagen	6
4.2.2	Motorräder, Motorroller, Fahrräder u.ä.	7
4.2.3	Lastkraftwagen, Sattelschlepper, Kipper	9
4.2.4	Traktoren und Schlepper	12
4.2.5	Kleintraktoren	8
4.2.6	Anhänger, Auflieger, Wechselaufbauten	11
4.2.7	Omnibusse	9
4.2.8	Sonderfahrzeuge	
4.2.8.1	Feuerwehrfahrzeuge	10

		Nutzungsdauer
4.2.8.2	Rettungsfahrzeuge und Krankentransportfahrzeuge	6
4.2.9	Wohnmobile, Wohnwagen	8
4.2.10	Bauwagen	12
4.3	Luftfahrzeuge	
4.3.1	Flugzeuge unter 20 t höchstzulässigem Fluggewicht	21
4.3.2	Drehflügler (Hubschrauber)	19
4.3.3	Heißluftballone	5
4.3.4	Luftschiffe	8
4.4	Wasserfahrzeuge	
4.4.1	Barkassen	20
4.4.2	Pontons	30
4.4.3	Segelyachten	20
4.5	sonstige Beförderungsmittel (Elektrokarren, Stapler, Hubwagen usw.)	8
5	**BEARBEITUNGSMASCHINEN UND VERARBEITUNGSMASCHINEN**	
5.1	Abrichtmaschinen	13
5.2	Biegemaschinen	13
5.3	Bohrmaschinen	
5.3.1	stationär	16
5.3.2	mobil	8
5.4	Bohrhämmer und Preßlufthämmer	7
5.5	Bürstmaschinen	10
5.6	Drehbänke	16
5.7	Fräsmaschinen	
5.7.1	stationär	15
5.7.2	mobil	8
5.8	Funkenerosionsmaschinen	7
5.9	Hobelmaschinen	
5.9.1	stationär	16
5.9.2	mobil	9
5.10	Poliermaschinen	
5.10.1	stationär	13
5.10.2	mobil	5
5.11	Pressen und Stanzen	14
5.12	Stauchmaschinen	10
5.13	Stampfer und Rüttelplatten	11
5.14	Sägen aller Art	
5.14.1	stationär	14
5.14.2	mobil	8
5.15	Trennmaschinen	
5.15.1	stationär	10
5.15.2	mobil	7
5.16	Sandstrahlgebläse	9
5.17	Schleifmaschinen	
5.17.1	stationär	15
5.17.2	mobil	8

		Nutzungsdauer
5.18	Schneidemaschinen und Scheren	
5.18.1	stationär	13
5.18.2	mobil	8
5.19	Schredder	6
5.20	Schweißgeräte und Lötgeräte	13
5.21	Spritzgussmaschinen	13
5.22	Abfüllanlagen	10
5.23	Verpackungsmaschinen, Folienschweißgeräte	13
5.24	Zusammentragmaschinen	12
5.25	Stempelmaschinen	8
5.26	Banderoliermaschinen	8
5.27	Sonstige Be- und Verarbeitungsmaschinen (Abkanten, Anleimen, Anspitzen, Ätzen, Beschichten, Drucken, Eloxieren, Entfetten, Entgraten, Erodieren, Etikettieren, Falzen, Färben, Feilen, Gießen, Galvanisieren, Gravieren, Härten, Heften, Lackieren, Nieten)	13
6	**BETRIEBS- UND GESCHÄFTSAUSSTATTUNG**	
6.1	Wirtschaftsgüter der Werkstätten-, Labor- und Lagereinrichtungen	14
6.2	Wirtschaftsgüter der Ladeneinrichtungen	8
6.3	Messestände	6
6.4	Kühleinrichtungen	8
6.5	Klimageräte (mobil)	11
6.6	Belüftungsgeräte, Entlüftungsgeräte (mobil)	10
6.7	Fettabscheider	5
6.8	Magnetabscheider	6
6.9	Nassabscheider	5
6.10	Heißluftgebläse, Kaltluftgebläse (mobil)	11
6.11	Raumheizgeräte (mobil)	9
6.12	Arbeitszelte	6
6.13	Telekommunikationsanlagen	
6.13.1	Fernsprechnebenstellenanlagen	10
6.13.2	Kommunikationsendgeräte	
6.13.2.1	Allgemein	8
6.13.2.2	Mobilfunkendgeräte	5
6.13.3	Textendeinrichtungen (Faxgeräte u. ä.)	6
6.13.4	Betriebsfunkanlagen	11
6.13.5	Antennenmasten	10
6.14	Büromaschinen und Organisationsmittel	
6.14.1	Adressiermaschinen, Kuvertiermaschinen, Frankiermaschinen	8
6.14.2	Paginiermaschinen	8
6.14.3	Datenverarbeitungsanlagen	
6.14.3.1	Großrechner	7

		Nutzungsdauer
6.14.3.2	Workstations, Personalcomputer, Notebooks und deren Peripheriegeräte (Drucker, Scanner, Bildschirme u.ä.)[1]	3
6.14.4	Foto-, Film-, Video- und Audiogeräte (Fernseher, CD-Player, Recorder, Lautsprecher, Radios, Verstärker, Kameras, Monitore u.ä.)	7
6.14.5	Beschallungsanlagen	9
6.14.6	Präsentationsgeräte, Datensichtgeräte	8
6.14.7	Registrierkassen	6
6.14.8	Schreibmaschinen	9
6.14.9	Zeichengeräte	
6.14.9.1	elektronisch	8
6.14.9.2	mechanisch	14
6.14.10	Vervielfältigungsgeräte	7
6.14.11	Zeiterfassungsgeräte	8
6.14.12	Geldprüfgeräte, Geldsortiergeräte, Geldwechselgeräte und Geldzählgeräte	7
6.14.13	Reißwölfe (Aktenvernichter)	8
6.14.14	Kartenleser (EC-, Kredit-)	8
6.15	Büromöbel	13
6.16	Verkaufstheken	10
6.17	Verkaufsbuden, Verkaufsstände	8
6.18	Bepflanzungen in Gebäuden	10
6.19	Sonst. Büroausstattung	
6.19.1	Stahlschränke	14
6.19.2	Panzerschränke, Tresore	23
6.19.3	Tresoranlagen	25
6.19.4	Teppiche	
6.19.4.1	normale	8
6.19.4.2	hochwertige (ab 500 €/m²)	15
6.19.5	Kunstwerke (ohne Werke anerkannter Künstler)	15
6.19.6	Waagen (Obst-, Gemüse-, Fleisch- u.ä.)	11
6.19.7	Rohrpostanlagen	10
7	**SONSTIGE ANLAGEGÜTER**	
7.1	Betonkleinmischer	6
7.2	Reinigungsgeräte	
7.2.1	Bohnermaschinen	8
7.2.2	Desinfektionsgeräte	10
7.2.3	Geschirr- und Gläserspülmaschinen	7
7.2.4	Hochdruckreiniger (Dampf- und Wasser-)	8
7.2.5	Industriestaubsauger	7
7.2.6	Kehrmaschinen	9
7.2.7	Räumgeräte	9
7.2.8	Sterilisatoren	10
7.2.9	Teppichreinigungsgeräte (transportabel)	7

---

[1] Anwendung für Wirtschaftsjahre bis zum 31.12.2020.

942

		Nutzungsdauer
7.2.10	Waschmaschinen	10
7.2.11	Bautrocknungs- und Entfeuchtungsgeräte	5
7.3	Wäschetrockner	8
7.4	Waren- und Dienstleistungsautomaten	
7.4.1	Getränkeautomaten, Leergutautomaten	7
7.4.2	Warenautomaten	5
7.4.3	Zigarettenautomaten	8
7.4.4	Passbildautomaten	5
7.4.5	Visitenkartenautomaten	5
7.5	Unterhaltungsautomaten	
7.5.1	Geldspielgeräte (Spielgeräte mit Gewinn-möglichkeit)	4
7.5.2	Musikautomaten	8
7.5.3	Videoautomaten	6
7.5.4	sonstige Unterhaltungsautomaten (z. B. Flipper)	5
7.6	Fahnenmasten	10
7.7	Kühlschränke	10
7.8	Laborgeräte (Mikroskope, Präzisionswaagen u. ä.)	13
7.9	Mikrowellengeräte	8
7.10	Rasenmäher	9
7.11	Toilettenkabinen und Toilettenwagen	9
7.12	Zentrifugen	10

B. Nutzungsdauer von Computerhardware und Software zur Dateneingabe und -verarbeitung[1]

Für die Nutzungsdauer von Computerhardware (einschließlich der dazu gehörenden Peripheriegeräte) und von Betriebs- und Anwendersoftware zur Dateneingabe und -verarbeitung kann gemäß BMF-Schr. vom 26.2.2021 (BStBl I 2021 S. 298) eine betriebsgewöhnliche Nutzungsdauer von einem Jahr zugrunde gelegt werden.

Zu der Betriebs- und Anwendersoftware zur Dateneingabe und -verarbeitung gehören insbesondere nicht technisch physikalische Anwendungsprogramme eines Systems zur Datenverarbeitung, Standardanwendungen, ERP-Software, Software für Warenwirtschaftssysteme oder sonstige Anwendungssoftware zur Unternehmensverwaltung oder Prozesssteuerung.[2]

---

[1] Erstmalige Anwendung für Wirtschaftsjahre, die nach dem 31.12.2020 enden. Die Grundsätze können auch auf entsprechende Wirtschaftsgüter angewendet werden, die in früheren Wirtschaftsjahren angeschafft oder hergestellt wurden.

[2] Die Regelungen für die Abschreibung betriebswirtschaftlicher Softwaresysteme über fünf Jahre gemäß des BMF-Schr. vom 18.11.2005 (BStBl I 2005 S. 1025) sind letztmals für Wirtschaftsjahre, die vor dem 1.1.2021 enden, anzuwenden.

C. Nutzungsdauer und AfA-Sätze bei linearer AfA[1]

Einschichtige Nutzung		Zweischichtige Nutzung		Dreischichtige Nutzung	
Nutzungs-dauer	AfA-Satz in%	Nutzungs-dauer	AfA-Satz in%	Nutzungs-dauer	AfA-Satz in%
8	12,5	6,4	15,625	$5^{1}/_{3}$	18,75
10	10	8	12,5	$6^{2}/_{3}$	15
12	$8^{1}/_{3}$	9,6	10,42	8	12,5
15	$6^{2}/_{3}$	12	$8^{1}/_{3}$	10	10
20	5	16	6,25	$13^{1}/_{3}$	7,5

In den Fällen der degressiven AfA ist bei mehrschichtiger Nutzung der AfA-Satz anzuwenden, der der infolge der mehrschichtigen Nutzung entsprechend verkürzten Nutzungsdauer entspricht. Bei der Buchwertabschreibung ergibt sich danach Folgendes:

D. Nutzungsdauer und AfA-Sätze bei degressiver AfA

Anschaffung oder Herstellung	AfA-Satz
vor 2006	Zweifaches des linearen Satzes, max. 20%
2006 und 2007	Dreifaches des linearen Satzes, max. 30%
2008	Verbot der degressiven AfA
2009 und 2010	Zweieinhalbfaches des linearen Satzes, max. 25%
2011 bis 2019	Verbot der degressiven AfA
2020 und 2021	Zweieinhalbfaches des linearen Satzes, max. 25%[2]

E. Sofortabschreibung geringwertiger Wirtschaftsgüter (§6 Abs.2 und Abs.2a EStG)[3]

Sonderregelungen für
- abnutzbare
- bewegliche
- Wirtschaftsgüter des Anlagevermögens,
- die selbstständig nutzbar sind[4].

---

[1] BMF-Schr. vom 6.12. 2001 (BStBl I 2001 S. 860).
[2] Vgl. Zweites Corona-Steuerhilfegesetz, Art. 1 Nr. 3.
[3] Siehe JStG 2020 vom 18.12.2020 (BGBl I 2020 S. 3096).
[4] Peripherie-Geräte einer Computer-Anlage (Drucker, Scanner, Monitor etc.) sind nicht selbstständig nutzbar, BFH vom 19.2.2004 (VI R 135/01, BStBl II 2004 S.958).

Seit 2018[1]

AK/HK	Grundsatz	1. Wahlrecht	2. Wahlrecht
≤ 250 €	AfA über Nutzungsdauer (mit laufendem Verzeichnis)	Sofortabschreibung (ohne Verzeichnispflicht)	Sofortabschreibung (ohne Verzeichnispflicht)
> 250 € und ≤ 800 €		Sofortabschreibung (mit laufendem Verzeichnis)	– Bildung eines Jahressammelpostens – gleichmäßige Auflösung über fünf Jahre (ab Erstjahr) – Fortführung des Sammelpostens auch bei Ausscheiden des Wirtschaftsguts
> 800 € und ≤ 1 000 €		AfA über Nutzungsdauer (mit laufendem Verzeichnis)	
> 1 000 € (kein GWG mehr)			AfA über Nutzungsdauer (mit laufendem Verzeichnis)

Das **2. Wahlrecht** kann nach §6 Abs.2a Satz 5 EStG nur einheitlich für alle Wirtschaftsgüter mit Aufwendungen von mehr als 250 € und nicht mehr als 1 000 € in Anspruch genommen werden (wirtschaftsjahrbezogenes Wahlrecht).

---

[1] GWG-Grenzen angehoben durch Zweites Bürokratieentlastungsgesetz vom 30.3. 2017 (BGBl I 2017 S.2143). Bis einschließlich 2017 lagen die Grenzen bei 150 € (anstatt 250 €) und bei 410 € (anstatt 800 €).

5.1.5.3.4.2 AfA bei Gebäuden

A. Lineare AfA bei Gebäuden (§ 7 Abs. 4 EStG)

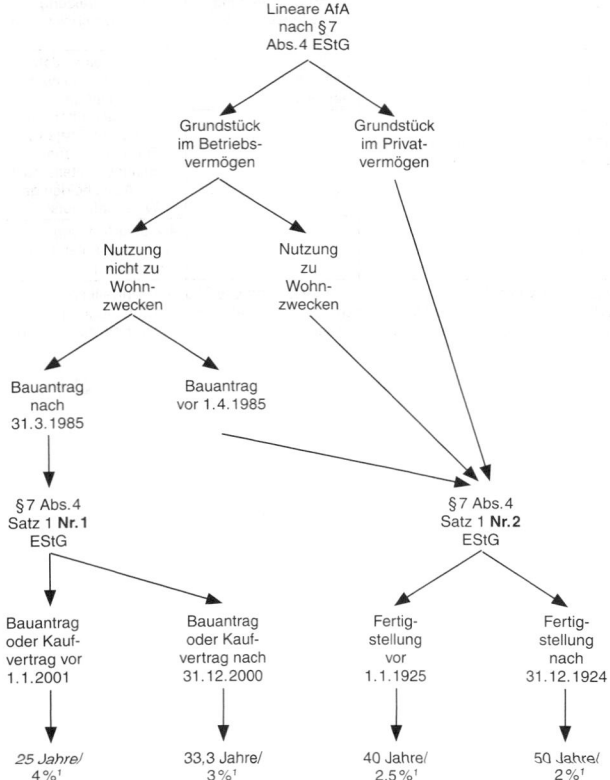

---

[1] Ist die tatsächliche Nutzungsdauer kürzer, so kann die der tatsächlichen Nutzungsdauer entsprechende AfA vorgenommen werden (§ 7 Abs. 4 Satz 2 EStG).

B. Degressive AfA bei Gebäuden (§7 Abs.5 EStG)

Degressive AfA nach
§7 Abs.5 EStG[1] für Gebäude i.S.d.
§7 Abs.4 Satz 1 **Nr.1** EStG
(siehe Schaubild für lineare AfA)
wenn
Gebäude im Inland/EU/EWR und
Herstellung durch
Steuerpflichtigen oder Anschaffung im Jahr
der Fertigstellung

Bauantrag nach 31.12.1993	Bauantrag vor 1.1.1994
Keine degressive AfA möglich	25 Jahre: 4 × 10% 3 × 5% 18 × 2,5%[2]

---

[1] Für Fälle vor 1989 siehe §7 Abs.5 EStG i.d.F. von 1981, vom 22.12.1981 bzw. vom 19.12.1985.

[2] Ein Wechsel von der in Anspruch genommenen degressiven AfA gem. §7 Abs.5 EStG zur AfA nach der tatsächlichen Nutzungsdauer gem. §7 Abs.4 Satz 2 EStG ist nicht möglich (vgl. BFH vom 29.5.2018, IX R 33/16, BStBl II 2018 S. 646).

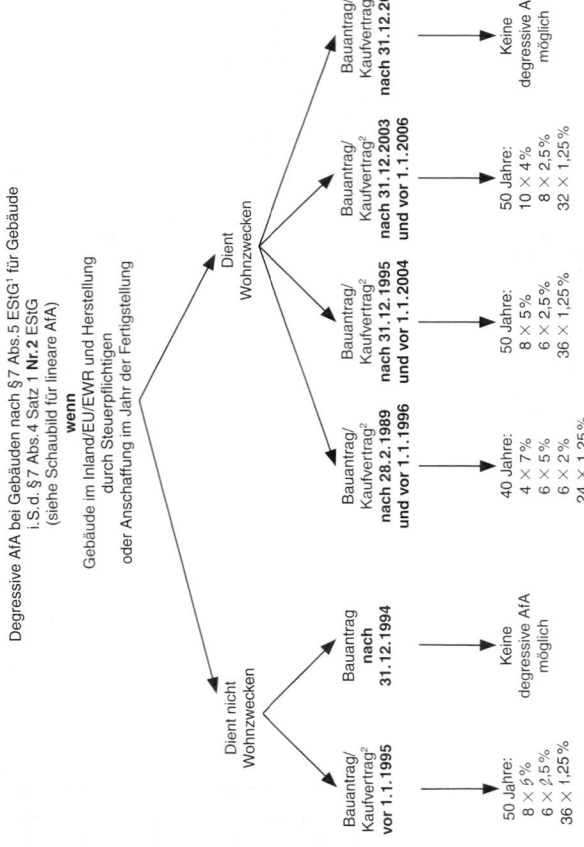

Degressive AfA bei Gebäuden nach §7 Abs.5 EStG[1] für Gebäude
i.S.d. §7 Abs.4 Satz 1 **Nr.2** EStG
(siehe Schaubild für lineare AfA)

wenn

Gebäude im Inland/EU/EWR und Herstellung
durch Steuerpflichtigen
oder Anschaffung im Jahr der Fertigstellung

Dient nicht Wohnzwecken

- Bauantrag/Kaufvertrag[2] vor 1.1.1995
  50 Jahre:
  8 × 5 %
  6 × 2,5 %
  36 × 1,25 %

- Bauantrag **nach** 31.12.1994
  Keine degressive AfA möglich

Dient Wohnzwecken

- Bauantrag/Kaufvertrag[2] **nach 28.2.1989 und vor 1.1.1996**
  40 Jahre:
  4 × 7 %
  6 × 5 %
  6 × 2 %
  24 × 1,25 %

- Bauantrag/Kaufvertrag[2] **nach 31.12.1995 und vor 1.1.2004**
  50 Jahre:
  8 × 5 %
  6 × 2,5 %
  36 × 1,25 %

- Bauantrag/Kaufvertrag[2] **nach 31.12.2003 und vor 1.1.2006**
  50 Jahre:
  10 × 4 %
  8 × 2,5 %
  32 × 1,25 %

- Bauantrag/Kaufvertrag[2] **nach 31.12.2005**
  Keine degressive AfA möglich

[1] Für Fälle vor 1989 siehe §7 Abs.5 EStG i.d.F. von 1981, vom 22.12.1981 bzw. vom 19.12.1985.
[2] Bei Kauf: im Jahr der Fertigstellung.

948

5.1.5.3.4.3 Sonderabschreibungen und erhöhte Absetzungen[1]

Vorschrift	§ 7b EStG[2]
Begünstigter Vorgang	Baumaßnahmen im Zusammenhang mit neuem, bisher nicht vorhandenem Wohnraum[3], der nicht für die vorübergehende Unterbringung von Personen vorgesehen ist
Berechtigte Personen	– Alle Steuerpflichtigen, die die beihilferechtlichen Voraussetzungen erfüllen – Der einzelne Beteiligte gem. § 7a Abs. 7 Satz 1 EStG bei Mitunternehmerschaften oder Gemeinschaften
Sachliche Voraussetzungen	– Baumaßnahme aufgrund eines/einer nach dem 31.8.2018 und vor dem 1.1.2022 gestellten Bauantrags/Bauanzeige – Abschreibungsfähige Anschaffungs- oder Herstellungskosten dürfen nicht mehr als 3 000 € je qm betragen – Wohnung muss im Jahr der Anschaffung oder Herstellung und den darauffolgenden neun Jahren der entgeltlichen Überlassung zu fremden Wohnzwecken dienen
Beihilferechtliche Voraussetzung (De-minimis-Verordnung)[4]	– 200 000 € Beihilfehöchstbetrag bei De-minimis-Verordnungen[5] – 500 000 € Beihilfehöchstbetrag bei DAWI-de-minimis-Verordnungen[5, 6] – Angabe über andere erhaltene Beihilfen auf Basis de-minimis im Jahr der Inanspruchnahme des § 7b und in den zwei vorherigen Kalenderjahren, für jedes Jahr des Begünstigungszeitraums

---

[1] Sonderabschreibungen nicht kumulativ möglich; Abschreibung gemäß § 7a Abs. 4 und 5 EStG zwingend linear (Ausnahme § 7g EStG); bei degressiver AfA in früheren Jahren nach Wechsel zur linearen AfA Inanspruchnahme von Sonderabschreibungen möglich, BFH vom 14.3.2006 (I R 83/05, BFH/NV 2006 S. 1740).

[2] Vgl. Gesetz zur steuerlichen Förderung des Mietwohnungsneubaus vom 4.8.2019 (BGBl I 2019 S. 1122) und BMF-Schr. vom 7.7.2020 (BStBl I 2020 S. 623).

[3] Gemäß BMF-Schr. vom 7.7.2020, Tz. 6 f., findet § 7b EStG Anwendung auf jede neue Mietwohnung im Inland, in EU-Mitgliedstaaten und Drittstaaten, wenn dieser Staat aufgrund vertraglicher Verpflichtung Amtshilfe nach dem EU-Amtshilfegesetz in einem Umfang leistet, der für die Überprüfung der Voraussetzungen erforderlich ist. Für Drittstaaten, die in der Anlage 1 des BMF-Schr. vom 29.5.2019 (BStBl I 2019 S. 480) unter „A. Staaten mit großem Informationsaustausch" aufgelistet sind, gelten diese Voraussetzungen als erfüllt.

[4] Vgl. Verordnung (EU) Nr. 1407/2013 der Kommission vom 18.12.2013 über die Anwendung der Art. 107 und 108 des Vertrags über die Arbeitsweise der Europäischen Union auf De-minimis-Beihilfen (ABl L 352 S. 1).

[5] Unter Einbeziehung des Beihilfewertes nach § 7b EStG.

[6] Verordnung (EU) Nr. 360/2012 der Kommission vom 25.4.2012 über die Anwendung der Art. 107 und 108 des Vertrags über die Arbeitsweise der Europäischen Union auf De-minimis-Beihilfen an Unternehmen, die Dienstleistungen von allgemeinem wirtschaftlichem Interesse erbringen (ABl L 114 S. 8).

Vorschrift	§ 7b EStG[1]
Abschreibung	– Im Jahr der Anschaffung und den drei darauffolgenden Jahren, max. bis zum Jahr 2026 – Neben der regulären AfA nach § 7 Abs. 4 EStG in Höhe von max. 5 % der Bemessungsgrundlage – Bemessungsgrundlage max. 2 000 € Anschaffungs- oder Herstellungskosten pro qm
Rückgängigmachung	– Bei Privatnutzung oder Veräußerung innerhalb des zehnjährigen Nutzungszeitraums, ohne dass der Veräußerungsgewinn der ESt oder KSt unterliegt – Bei nachträglicher Überschreitung der Baukostenobergrenze innerhalb der begünstigten vier Jahre – Verzinsliche Rückgängigmachung in voller Höhe – Anpassung der bisher in Anspruch genommenen linearen AfA

Vorschrift	§ 7c EStG[2]
Begünstigter Vorgang	Anschaffung neuer Elektrofahrzeuge und elektrisch betriebener Lastenfahrräder des Anlagevermögens
Berechtigte Personen	Alle Steuerpflichtigen
Sachliche Voraussetzungen	– Elektrofahrzeuge der EG Fahrzeugklassen N1, N2 und N3, die ausschließlich durch Elektromotoren angetrieben werden, die ganz oder überwiegend aus mechanischen oder elektrochemischen Energiespeichern oder aus emissionsfrei betriebenen Energiewandlern gespeist werden – Elektrisch betriebene Lastenfahrräder mit einem Mindest-Transportvolumen von einem Kubikmeter und einer Nutzlast von mindestens 150 kg, die mit einem elektromotorischen Hilfsantrieb angetrieben werden
Abschreibung	Im Jahr der Anschaffung wird neben der regulären AfA nach § 7 Abs. 1 EStG eine Sonderabschreibung in Höhe von 50 % der Anschaffungskosten gewährt

[1] Vgl. Gesetz zur steuerlichen Förderung des Mietwohnungsneubaus vom 4.8.2019 (BGBl I 2019 S. 1122) und BMF-Schr. vom 7.7.2020 (BStBl I 2020 S. 623). Siehe zu den geplanten Änderungen durch das JStG 2020 Kap. 9.2.1.

[2] Vgl. Gesetz zur weiteren steuerlichen Förderung der Elektromobilität und zur Änderung weiterer steuerlicher Vorschriften vom 12.12.2019 (BGBl 2019 S. 2451), mit Wirkung von dem Tag, an dem die Europäische Kommission durch Beschluss feststellt, dass die Regelung entweder keine Beihilfe oder mit dem Binnenmarkt vereinbare Beihilfe darstellt. Ist für Elektrofahrzeuge bei einer Anschaffung nach dem 31.12.2019 und vor dem 1.1.2031 anzuwenden.

Vorschrift	Begünstigter Vorgang	Berechtigte Personen		Sachliche Voraussetzungen	Höhe der Abschreibung
		bis 2019	ab 2020		
§ 7g Abs. 2 EStG[1] **(ab 2020)**	Anschaffung oder Herstellung von neuen oder gebrauchten abnutzbaren beweglichen Wirtschaftsgütern des Anlagevermögens[2]	– Bilanzierende Gewerbetreibende oder Freiberufler mit Betriebsvermögen (Steuerbilanzwert) von nicht mehr als 235 000 € – Land- und forstwirtschaftliche Betriebe mit (Ersatz-) Wirtschaftswert von nicht mehr als 125 000 € – Betriebe mit Einnahmenüberschussrechnung mit Gewinn von nicht mehr als 100 000 € am Schluss des Wirtschaftsjahres vor Vornahme des Investitionsabzuges	Steuerpflichtige, welche ihren Gewinn nach § 4 oder § 5 ermitteln und die Gewinngrenze von 200 000 € nicht überschreiten	– Verbleib in einer inländischen Betriebsstätte mindestens ein Jahr nach Anschaffung oder Herstellung – Ausschließlich oder fast ausschließlich betriebliche Nutzung oder Vermietung[3] des Wirtschaftsguts – Vorherige Vornahme eines Investitionsabzugsbetrags nach § 7g Abs. 1 EStG[4]	Gewinnmindernde Reduzierung der Anschaffungs- oder Herstellungskosten um bis zu **50** % (bis 2019: 40 %) (max. in Höhe des Investitionsabzugsbetrags) im Jahr der Anschaffung bzw. Herstellung

[1] Vgl. BMF-Schr. vom 20.3.2017 (BStBl I 2017 S. 423).
[2] Für immaterielle Wirtschaftsgüter, z.B. Software, kann § 7g EStG nicht in Anspruch genommen werden (BFH vom 18.5.2011, BStBl II 2011 S. 865). Dies gilt nicht für Trivialsoftware (vgl. R 5.5 Abs. 1 EStR; BMF-Schr. vom 20.11.2013, BStBl I 2013 S. 1493).
[3] Gilt für Wirtschaftsjahre ab dem 1.1.2021.
[4] Erstmals möglich in Wirtschaftsjahren, die nach dem 17.8.2007 enden.

Vorschrift	Begünstigter Vorgang	Berechtigte Personen		Sachliche Voraussetzungen	Höhe der Abschreibung
		bis 2019	ab 2020		
§ 7g Abs. 5 EStG[1]	Anschaffung oder Herstellung von neuen oder gebrauchten abnutzbaren beweglichen Wirtschaftsgütern des Anlagevermögens[2]	– Bilanzierende Gewerbetreibende oder Freiberufler mit Betriebsvermögen (Steuerbilanzwert) von nicht mehr als 235 000 € – Land- und forstwirtschaftliche Betriebe mit (Ersatz-) Wirtschaftswert von nicht mehr als 125 000 € – Betriebe mit Einnahmenüberschussrechnung mit Gewinn von nicht mehr als 100 000 € am Schluss des Wirtschaftsjahres vor Vornahme des Investitionsabzuges	Steuerpflichtige, welche ihren Gewinn nach § 4 oder § 5 ermitteln und die Gewinngrenze von 200 000 € nicht überschreiten	– Verbleib in einer inländischen Betriebsstätte mindestens ein Jahr nach Anschaffung oder Herstellung – Ausschließlich oder fast ausschließlich betriebliche Nutzung oder Vermietung des Wirtschaftsguts	Im Jahr der Anschaffung oder Herstellung und den vier Folgejahren können neben der AfA nach § 7 Abs. 1 EStG (und **zusätzlich** zu evtl. Abschreibungen nach § 7g Abs. 2 EStG) Sonderabschreibungen bis zu insgesamt **20 %** der Anschaffungs- oder Herstellungskosten geltend gemacht werden

[1] Vgl. BMF-Schr. vom 20.3.2017 (BStBl I 2017 S. 423).
[2] Für immaterielle Wirtschaftsgüter, z.B. Software, kann § 7g EStG nicht in Anspruch genommen werden (BFH vom 18.5.2011, BStBl II 2011 S. 865). Dies gilt nicht für Trivialsoftware (vgl. R 5.5 Abs. 1 EStR; BMF-Schr. vom 20.11.2013, BStBl I 2013 S. 1493).

Vorschrift	Begünstigter Vorgang	Berechtigte Personen	Sachliche Voraussetzungen	Höhe der Abschreibung
§ 7h EStG: Bestimmte Baumaß-nahmen	Modernisierung und Instandsetzung eines im Inland belegenen Gebäudes in einem förmlich festgelegten Sanierungsgebiet oder städtebaulichen Entwicklungsbereich.	Alle Steuerpflichtigen	– Maßnahmen dienen der Erhaltung, Erneuerung und funktionsgerechten Verwendung eines Gebäudes und führen nicht zur Herstellung eines neuen Gebäudes. – Gebäude soll wegen seiner geschichtlichen, künstlerischen oder städtebaulichen Bedeutung erhalten bleiben. – Eigentümer hat sich zur Durchführung der Maßnahmen gegenüber der Gemeinde verpflichtet. – Zuständige Gemeindebehörde hat eine nicht offensichtlich rechtswidrige Bescheinigung über die Höhe der Aufwendungen der Maßnahme ausgestellt.	Ab dem Jahr der Anschaffung bzw. Herstellung können abweichend von § 7 Abs. 4 und 5 EStG insgesamt 12 Jahre folgende Sonderabschreibungen auf die Herstellungskosten für Modernisierungs- und Instandset-zungsarbeiten i. S. d. § 177 Baugesetzbuch maximal vorgenommen werden: – Jahre 1–8: jeweils **9%** – Jahre 9–12: jeweils **7%**
§ 7i EStG: Baudenkmäler	Baumaßnahmen an einem im Inland belegenen Gebäude, das nach den jeweiligen landesrechtlichen Vorschriften ein Baudenkmal ist.	Alle Steuerpflichtigen	– Baumaßnahmen sind nach Art und Umfang nachweislich zur Erhaltung des Gebäudes als Baudenkmal oder zu seiner sinnvollen Nutzung erforderlich. – Durchführung nach Abstimmung mit der von der Landesregierung bestimmten Stelle. – Vorlage einer nicht offensichtlich rechts-widrigen Bescheinigung	Ab dem Jahr der Anschaffung bzw. Herstellung können abweichend von § 7 Abs. 4 und 5 EStG insgesamt 12 Jahre folgende Sonderabschreibungen auf die Herstellungskosten maximal vorgenommen werden: Jahre 1–8: jeweils **9%** Jahre 9–12: jeweils **7%**

Vorschrift	Begünstigter Vorgang	Berechtigte Personen	Sachliche Voraussetzungen	Höhe der Abschreibung
§ 7k EStG: Wohnungen mit Sozialbindung (bis VZ 2014)[1]	Anschaffung oder Herstellung von fremden Wohnzwecken dienenden Wohnungen mit Sozialbindung.	Alle Steuerpflichtigen	– Bauantrag oder Anschaffung nach dem 28. 2. 1989 – Bei Bauantrag oder Anschaffung nach dem 31. 12. 1992 muss die Wohnung an Arbeitnehmer des Steuerpflichtigen vermietet sein – Fertigstellung vor dem 1. 1. 1996 – Keine Gewährung von öffentlichen Mitteln – Sozialbindung im Jahr der Anschaffung bzw. Herstellung und in den 9 Folgejahren	Ab dem Jahr der Anschaffung bzw. Herstellung können abweichend von § 7 Abs. 4 und 5 EStG insgesamt 10 Jahre folgende Sonderabschreibungen maximal vorgenommen werden: – Jahre 1–5: jeweils **10 %** – Jahre 6–10: jeweils **7 %** Nach Ablauf der 10 Jahre erfolgt die jährliche Abschreibung mit 3 1/3 % des Restwertes.
§ 10f EStG: Bestimmte Baumaßnahmen und Baudenkmäler bei Eigennutzung	Aufwendungen an einem zu eigenen Wohnzwecken genutzten Gebäude.	Natürliche Personen	– Nutzung zu eigenen Wohnzwecken – Keine Eigenheimzulage oder § 10e EStG – Nur ein Gebäude pro Steuerpflichtigem – Voraussetzungen der §§ 7h oder 7i EStG liegen vor	Im Jahr des Abschlusses der Baumaßnahme und den neun Folgejahren können jeweils bis zu **9 %** der Aufwendungen wie Sonderausgaben abgezogen werden.

[1] § 7k EStG wurde durch das Gesetz zur Anpassung der Abgabenordnung an den Zollkodex der Union und zur Änderung weiterer steuerlicher Vorschriften (Jahressteuergesetz 2015) vom 22. 12. 2014 (BStBl I 2014 S. 2417) aufgehoben.

5.1.5.3.5 Abzinsung von Verbindlichkeiten und Rückstellungen

A. Handelsbilanz

Verbindlichkeiten allgemein	Erfüllungsbetrag (keine Abzinsung)
Rentenverpflichtungen	Barwert (Abzinsung)
Rückstellungen	Abzinsung, wenn Restlaufzeit größer als ein Jahr
Zinssatz bei Abzinsung	– mit dem der Restlaufzeit entsprechenden durchschnittlichen Marktzinssatz der vergangenen sieben Jahre – Sonderregelung für Pensionsrückstellungen (vgl. Kapitel 5.1.5.3.6)

Abzinsungszinssätze gemäß § 253 Abs. 2 HGB (7-Jahres-Durchschnitt)[1]

Verordnung über die Ermittlung und Bekanntgabe der Sätze zur Abzinsung von Rückstellungen (Rückstellungsabzinsungsverordnung – RückAbzinsV) vom 18.11.2009 (BGBl I 2009 S.3790)

Zinssatz bei Restlaufzeiten von … Jahr(en)	Dez. 2016	Dez. 2017	Dez. 2018	Dez. 2019	Dez 2020	Jun 2021
1	1,59	1,26	0,82	0,58	0,44	0,36
2	1,67	1,33	0,88	0,63	0,47	0,39
3	1,81	1,43	0,98	0,72	0,54	0,45
4	1,97	1,58	1,11	0,84	0,64	0,54
5	2,14	1,73	1,25	0,97	0,74	0,63
6	2,30	1,88	1,40	1,10	0,84	0,73
7	2,46	2,02	1,55	1,23	0,95	0,83
8	2,60	2,16	1,68	1,36	1,06	0,93
9	2,73	2,29	1,81	1,48	1,16	1,03
10	2,84	2,40	1,93	1,59	1,26	1,12
15	3,24	2,80	2,32	1,97	1,60	1,45
20	3,36	2,94	2,47	2,13	1,75	1,59
25	3,35	2,95	2,51	2,18	1,80	1,64
30	3,31	2,93	2,51	2,19	1,80	1,64
35	3,28	2,93	2,51	2,18	1,79	1,62

[1] Abzinsungszinssätze werden auf der Homepage der Deutschen Bundesbank veröffentlicht (http://www.bundesbank.de).

Zinssatz bei Restlaufzeiten von … Jahr(en)	Dez. 2016	Dez. 2017	Dez. 2018	Dez. 2019	Dez 2020	Jun 2021
40	3,26	2,92	2,52	2,18	1,78	1,61
45	3,26	2,92	2,51	2,17	1,75	1,58
50	3,25	2,92	2,51	2,15	1,73	1,56

B. Steuerbilanz

Unverzinsliche Verbindlichkeiten und Rückstellungen, deren Laufzeit am Bilanz-stichtag mehr als ein Jahr beträgt, sind gemäß § 6 Abs. 1 Nr. 3 und 3a EStG für Wirtschaftsjahre, die nach dem 31.12.1998 enden, abzuzinsen.[1] Zu dieser Thematik und zur Klärung von Einzelfragen hat das BMF in seinem Schreiben vom 26.5.2005 Stellung genommen:[2]

Allgemeines	– Bei der Abzinsung sind finanz- oder versicherungsmathematische Grundsätze unter Berücksichtigung eines Zinssatzes von 5,5 % anzuwenden.[3] – Die maßgebende Restlaufzeit ist taggenau zu berechnen (Jahr: 360 Tage, Monat: 30 Tage). – Aus Vereinfachungsgründen kann der Abzinsungsbetrag auch nach §§ 12 bis 14 BewG ermittelt werden (einheitlich für alle abzuzinsenden Verbindlichkeiten und Rückstellungen maßgebend und an den nachfolgenden Bilanzstichtagen beizubehalten). Dazu ist der jeweilige Nennwert mit einem von der Restlaufzeit abhängigen Vervielfältiger zu multiplizieren. – Der Abzinsung unterliegen auch Verbindlichkeiten aus Gesellschafterdarlehen.[4]

---

[1] Der Gewinn aus der erstmaligen Abzinsung von Verbindlichkeiten und Rückstellungen kann gemäß § 52 Abs. 16 S. 2 EStG i.d.F. bis 30.7.2014 durch Bildung einer Rücklage auf bis zu 10 Jahre verteilt werden.

[2] BMF-Schr. vom 26.5.2005 (BStBl I 2005 S.699). Anzuwenden in allen noch offenen Fällen (Ausnahme: bedingt verzinsliche Verbindlichkeiten, die vor dem 1.6.2005 entstanden sind).

[3] Der BFH hat mit Urteil vom 22.5.2019 (X R 19/17 BStBl II 2019 S. 795) den Zinssatz in Höhe von 5,5 % für den Veranlagungszeitraum 2010 als verfassungsgemäß erklärt.

[4] BFH vom 6.10.2009 (I R 4/08, BStBl II 2010 S.177); bestätigt durch BFH vom 27.1.2010 (I R 35/09, BStBl II 2010 S.478).

Abzinsung von Verbindlichkeiten	**Fälligkeitsdarlehen:** – Es ist grundsätzlich der vereinbarte Rückzahlungszeitpunkt maßgebend. – Ist nach den Verhältnissen am Bilanzstichtag davon auszugehen, dass die Rückzahlung voraussichtlich zu einem anderen Zeitpunkt erfolgt, ist dieser zu berücksichtigen. – Bei Verbindlichkeiten mit unbestimmter Laufzeit sind diese vorrangig zu schätzen. – Liegen für eine objektive Schätzung der Restlaufzeit keine Anhaltspunkte vor, kann hilfsweise § 13 Abs. 2 BewG analog angewendet werden. – Ist die Laufzeit durch das Leben bestimmter Personen bedingt, ergibt sich die Restlaufzeit durch die mittlere Lebenserwartung aus der Sterbetafel (vgl. Tabelle 1). – Bei Anwendung der Vereinfachungsregelung (s.o.): Vervielfältiger lt. Tabelle 2.
	Tilgungsdarlehen: – Die Restlaufzeit endet mit Fälligkeit der letzten Rate. – Ist nach den Verhältnissen am Bilanzstichtag davon auszugehen, dass die Rückzahlung voraussichtlich zu einem anderen Zeitpunkt erfolgt, ist dieser zu berücksichtigen. – Bei Anwendung der Vereinfachungsregelung (s.o.): Vervielfältiger lt. der unter Kap. 5.12.5.7.2 zu § 13 BewG aufgeführten Tabelle.
Abzinsung von Rückstellungen	– Bei **Geldleistungsverpflichtungen** ist für die Restlaufzeit der voraussichtliche Erfüllungszeitpunkt maßgebend. Bei mehreren Teilleistungen ist die Rückstellung entsprechend aufzuteilen und die Fälligkeit einzeln zu beurteilen. – Bei **Sachleistungsverpflichtungen** ist stets auf den Zeitraum bis zum Beginn der Erfüllung der Verpflichtung anzustellen. Bei Teilleistungen ist der Beginn der ersten Teilleistung maßgebend. – Für **Verpflichtungen, für deren Entstehen im wirtschaftlichen Sinne der laufende Betrieb ursächlich ist,** sind Rückstellungen zeitanteilig in gleichen Raten anzusammeln und ratierlich abzuzinsen. – Bei Anwendung der Vereinfachungsregelung (s.o.): Vervielfältiger lt. Tabelle 2.

Ausnahmen von der Abzinsung	– Allgemein gilt: Ist nach den Umständen des jeweiligen Einzelfalls davon auszugehen, dass bei wirtschaftlicher Betrachtung eine Verzinslichkeit gegeben ist, liegt eine verzinsliche Verbindlichkeit oder Rückstellung vor.
	– Laufzeit von weniger als 12 Monaten (vollständige Tilgung vor Ablauf eines Jahres nach dem Bilanzstichtag)
	– Verzinslichkeit bei einem Zinssatz von mehr als 0 %, wobei es nicht auf die tatsächliche Zahlung der zum Bilanzstichtag fälligen Zinsen ankommt (z. B. Stundung von Zinszahlungen)
	– Eine Verzinslichkeit liegt auch vor, wenn anstelle der Kapitalverzinsung andere wirtschaftliche Nachteile gegenüberstehen (z. B. unentgeltliche Überlassung von Wirtschaftsgütern des Betriebsvermögens).
	– Zeitweise Verzinsung nur in bestimmten Zeiträumen
	– Anzahlungen von Vorausleistungen
	– Pauschalrückstellungen

Tabelle 1 zum BMF-Schreiben vom 26.5.2005:
Mittlere Lebenserwartung (Sterbetafel 1986/88)

Bei einem erreichten Alter von ... Jahren	beträgt die mittlere Lebenserwartung für		Bei einem erreichten Alter von ... Jahren	beträgt die mittlere Lebenserwartung für	
	Männer	Frauen		Männer	Frauen
20	53	59	61	17	21
21	52	58	62	16	20
22	51	57	63	15	19
23	50	56	64	14	18
24	49	55	65	14	17
25	48	54	66	13	17
26	47	53	67	12	16
27	46	52	68	12	15
28	45	51	69	11	14
29	44	50	70	11	14
30	43	49	71	10	13
31	42	48	72	10	12
32	42	47	73	9	11
33	41	46	74	8	11
34	40	45	75	8	10
35	39	44	76	8	9
36	38	43	77	7	9
37	37	42	78	7	8
38	36	41	79	6	8
39	35	40	80	6	7
40	34	40	81	6	7
41	33	39	82	5	6
42	32	38	83	5	6
43	31	37	84	5	6
44	30	36	85	4	5
45	29	35	86	4	5
46	29	34	87	4	4
47	28	33	88	4	4
48	27	32	89	3	4
49	26	31	90	3	4
50	25	30	91	3	3
51	24	29	92	3	3
52	23	28	93	3	3
53	23	27	94	2	3
54	22	27	95	2	3
55	21	26	96	2	2
56	20	25	97	2	2
57	19	24	98	2	2
58	19	23	99	2	2
59	18	22	100	2	2
60	17	21			

Tabelle 2 zum BMF-Schreiben vom 26.5.2005:
Vervielfältiger für die Abzinsung einer unverzinslichen Schuld, die nach
bestimmter Zeit in einem Betrag fällig ist, im Nennwert von 1 €

Laufzeit in Jahren	maß- gebender Vervielfältiger	Laufzeit in Jahren	maß- gebender Vervielfältiger	Laufzeit in Jahren	maß- gebender Vervielfältiger
1	0,948	36	0,146	71	0,022
2	0,898	37	0,138	72	0,021
3	0,852	38	0,131	73	0,020
4	0,807	39	0,124	74	0,019
5	0,765	40	0,117	75	0,018
6	0,725	41	0,111	76	0,017
7	0,687	42	0,106	77	0,016
8	0,652	43	0,100	78	0,015
9	0,618	44	0,095	79	0,015
10	0,585	45	0,090	80	0,014
11	0,555	46	0,085	81	0,013
12	0,526	47	0,081	82	0,012
13	0,499	48	0,077	83	0,012
14	0,473	49	0,073	84	0,011
15	0,448	50	0,069	85	0,011
16	0,425	51	0,065	86	0,010
17	0,402	52	0,062	87	0,009
18	0,381	53	0,059	88	0,009
19	0,362	54	0,056	89	0,009
20	0,343	55	0,053	90	0,008
21	0,325	56	0,050	91	0,008
22	0,308	57	0,047	92	0,007
23	0,292	58	0,045	93	0,007
24	0,277	59	0,042	94	0,007
25	0,262	60	0,040	95	0,006
26	0,249	61	0,038	96	0,006
27	0,236	62	0,036	97	0,006
28	0,223	63	0,034	98	0,005
29	0,212	64	0,032	99	0,005
30	0,201	65	0,031	100	0,005
31	0,190	66	0,029		
32	0,180	67	0,028		
33	0,171	68	0,026		
34	0,162	69	0,025		
35	0,154	70	0,024		

C. Begrenzung der steuerbilanziellen Rückstellungen

Mit den EStÄR 2012 begrenzt die Finanzverwaltung die Höhe der Rückstellungen für Sachleistungsverpflichtungen in der Steuerbilanz auf die handelsbilanziell zulässige Rückstellungshöhe.[1] Der BFH hat dies bestätigt.[2]

Regelung	– Die Höhe der Rückstellung in der Steuerbilanz darf den zulässigen Ansatz in der Handelsbilanz nicht überschreiten.
Anwendungsbereich	– Die Begrenzung der Rückstellungshöhe auf den handelsbilanziellen Wert gilt nicht für Pensionsrückstellungen. – Praktische Relevanz hat die Regelung vor allem für langfristige Sachleistungsverpflichtungen, bei denen eine unterschiedliche Abzinsungssystematik in der Steuerbilanz zu einem höheren Rückstellungswert führen würde als in der Handelsbilanz. – Die Regelung ist rückwirkend für alle noch offenen Veranlagungszeiträume anzuwenden.
Verteilungswahlrecht	– Es besteht die Möglichkeit, eine ratierliche Erfassung des durch die Rückstellungsauflösung entstehenden Gewinns vorzunehmen, soweit dieser aus der BilMoG-Umstellung zum 1.1.2010 resultiert. – Zu diesem Zweck kann jeweils i.H.v. $^{14}/_{15}$ eine gewinnmindernde Rücklage passiviert werden, die in den folgenden 14 Wirtschaftsjahren jeweils mit mindestens $^{1}/_{15}$ gewinnerhöhend aufzulösen ist.

---

[1] Vgl. R 6.11 Abs. 3 EStR 2012; zuvor bereits OFD Münster, Vfg. vom 13.7.2012 (StuB 2012 S.602).
[2] Vgl. BFH vom 20.11.2019 (XI R 46/17, BStBl II 2020 S. 195).

5.1.5.3.6 Bewertung von Pensionsrückstellungen

A. Allgemeine Bewertungsvorschriften

	Steuerrecht	Handelsrecht
Bewertung	– Teilwertverfahren	– nach vernünftiger kaufmännischer Beurteilung notwendiger Erfüllungsbetrag (§ 253 Abs. 1 Satz 2 HGB)
		– Anwendung des Anwartschaftsbarwertverfahrens und des Teilwertverfahrens möglich
		– Bei vertraglichen Besonderheiten der Zusage, die die gleichmäßige Verteilung des Altersversorgeaufwands über die gesamte aktive Dienstzeit ausschließen, ist das Anwartschaftsbarwertverfahren anzuwenden.[1]
	– keine Berücksichtigung von zukünftigen Gehaltsanpassungen (§ 6 Abs. 1 Nr. 3 a Buchstabe f EStG)	– zwingende Berücksichtigung von zukünftigen Gehalts- und Rentensteigerungen (§ 253 Abs. 1 Satz 2 HGB)

---

[1] Vgl. IDW RS HFA 30, Tz. 61.

	Steuerrecht	Handelsrecht (für Geschäftsjahre, die nach dem 31.12.15 enden)
Abzinsung	– Abzinsung mit einem Zinssatz in Höhe von 6 % (§ 6 a Abs. 3 Satz 3 EStG)[1]	– Abzinsung mit dem der Restlaufzeit der Pensionsverpflichtung entsprechenden durchschnittlichen Marktzinssatz der vergangenen zehn Jahre
		Wahlrecht: Abzinsung pauschal mit dem durchschnittlichen Marktzinssatz, der sich bei einer angenommenen Restlaufzeit von 15 Jahren ergibt (§ 253 Abs. 2 HGB)
Ausweis	– keine Verrechnung mit Planvermögen (§ 5 Abs. 1 a Satz 1 EStG)	zwingende Verrechnung mit Planvermögen, soweit dieses dem Zugriff aller übrigen Gläubiger entzogen ist (§ 246 Abs. 2 Satz 2 HGB n.F.)
Besonderheiten	Nachholverbot (§ 6 a Abs. 4 EStG)[2]	kein Nachholverbot Soweit aufgrund der geänderten Bewertung durch BilMoG eine Zuführung zu den Pensionsrückstellungen erforderlich ist, kann der Zuführungsbetrag bis spätestens zum 31. 12. 2024 in jedem Geschäftsjahr zu mindestens $1/15$ angesammelt werden.

---

[1] Dem BVerfG wurde die Frage, ob der Rechnungszinsfuß von 6 % im Jahr 2015 verfassungskonform ist, zur Entscheidung vorgelegt (2 BvL 22/17).

[2] Nach Urteil des BFH vom 13.2.2019 (XI R 34/16, BStBl II 2020 S. 2) entsteht bei der Einführung von neuen Heubeck-Richttafeln und der Erteilung einer Pensionszusage im selben Jahr kein Unterschiedsbetrag i.S.v. § 6a Abs. 4 Satz 2 EStG, der auf drei Jahre zu verteilen wäre. Vgl. auch BMF-Schr. vom 17.12.2019 (BStBl I 2020 S. 82).

Abzinsungszinssätze gemäß § 253 Abs. 2 HGB (10-Jahres-Durchschnitt)[1]

Zinssatz bei Restlaufzeiten von … Jahr(en)	Dez 2019	Dez 2020	Jan 2021	Feb 2021	März 2021	April 2021	Mai 2021	Juni 2021
1	1.17	0.94	0.92	0.90	0.87	0.84	0.82	0.79
2	1.25	1.00	0.97	0.94	0.91	0.88	0.86	0.83
3	1.37	1.09	1.06	1.03	1.00	0.97	0.94	0.91
4	1.52	1.22	1.18	1.15	1.12	1.09	1.06	1.02
5	1.67	1.35	1.31	1.28	1.24	1.21	1.18	1.15
6	1.82	1.48	1.44	1.41	1.38	1.34	1.31	1.28
7	1.97	1.61	1.57	1.54	1.50	1.47	1.43	1.40
8	2.10	1.73	1.69	1.65	1.62	1.59	1.55	1.52
9	2.22	1.84	1.80	1.76	1.73	1.70	1.66	1.63
10	2.33	1.94	1.90	1.87	1.83	1.80	1.77	1.73
15	2.71	2.30	2.26	2.23	2.19	2.16	2.12	2.09
20	2.85	2.44	2.40	2.36	2.33	2.29	2.26	2.22
25	2.86	2.46	2.42	2.39	2.35	2.32	2.29	2.25
30	2.83	2.44	2.41	2.37	2.34	2.31	2.28	2.24
35	2.81	2.43	2.40	2.36	2.33	2.30	2.27	2.23
40	2.80	2.42	2.39	2.36	2.33	2.29	2.26	2.23
45	2.78	2.41	2.38	2.35	2.32	2.28	2.25	2.22
50	2.77	2.40	2.37	2.34	2.31	2.28	2.25	2.21

B. Heubeck-Richttafeln

Bei der Bewertung von Pensionsrückstellungen sind u.a. die anerkannten Regeln der Versicherungsmathematik anzuwenden (§6a Abs.3 Satz3 EStG). Als solche wurden die Richttafeln von Prof. Klaus Heubeck anerkannt.
Die Richttafeln 2005G sind erstmals für Wirtschaftsjahre anzuwenden, die nach dem 30.6.2006 enden.[2] Freiwillig können die Richttafeln 2005G erstmals bei der Bewertung von Pensionsrückstellungen am Ende des Wirtschaftsjahres, das nach dem 6.7.2005 endet, angewendet werden (einheitlich für sämtliche Pensionsrückstellungen des Unternehmens).
Die neuen Richttafeln 2018G sind am 20.7.2018 veröffentlicht worden.[3] Erstmalig kann eine steuerliche Anwendung der Richttafeln 2018G für ein Wirtschaftsjahr erfolgen, das nach dem 20.7.2018 endet. Letztmalig können die Richttafeln 2005G für ein Wirtschaftsjahr verwendet werden, das vor dem 30.6.2019 endet.

---

[1] Abzinsungszinssätze werden auf der Homepage der Deutschen Bundesbank veröffentlicht (http://www.bundesbank.de).
[2] Zur Anwendung anderer oder modifizierter biometrischer Rechnungsgrundlagen vgl. BMF-Schr. vom 9.12.2011 (BStBl I 2011 S.1247).
[3] BMF-Schr. vom 19.10.2018 (BStBl I 2018 S.1107) und vom 17.12.2019 (BStBl I 2020 S. 82).

C. Anhebung der gesetzlichen Altersgrenzen

Durch das RV-Altersgrenzenanpassungsgesetz vom 20. April 2007 werden die Altersgrenzen in der gesetzlichen Rentenversicherung in Abhängigkeit vom Geburtsjahrgang der Versicherten stufenweise heraufgesetzt. Die Finanzverwaltung hat zu der Auswirkung auf die Ermittlung des Pensionsalters bei der Berechnung von Pensionsrückstellungen Stellung genommen:[1]

1. Grundsatz

– Grundsätzlich ist das vertraglich vereinbarte Pensionsalter zugrunde zu legen.
– Bei Verweis auf die Regelaltersgrenze der gesetzlichen Rentenversicherung sind folgende Pensionsalter zu verwenden:

für Geburtsjahrgänge	Pensionsalter
bis 1952	65
ab 1953 bis 1961	66
ab 1962	67

– Wahlweise kann auf ein späteres Rentenalter abgestellt werden (vgl. R 6a Abs. 11 S. 2 EStR 2012).
– Wahlweise kann auch der Zeitpunkt der frühestmöglichen Inanspruchnahme der vorzeitigen Altersrente aus der gesetzlichen Rentenversicherung angenommen werden. Hierfür gelten die nachfolgenden Pensionsalter (vgl. R 6a Abs. 11 S. 3 EStR 2012).

2. Frühestes Pensionsalter bei Frauen

für Geburtsjahrgänge	Pensionsalter		
	Schwerbehinderte	Altersrente wegen Arbeitslosigkeit oder nach Teilzeitarbeit	Sonstige
1945 bis Juni 1946	60	60	60
ab Juli 1946 bis Juni 1947	60	61	60
ab Juli 1947 bis Juni 1948	60	62	60
ab Juli 1948 bis 1951	60	63	60
1952	60	63	63
ab 1953 bis 1961	61	63	63
ab 1962	62	63	63

---

[1] BMF-Schr. vom 5.5.2008 (BStBl I 2008 S. 570) und BMF-Schr. vom 9.12.2016 (BStBl I 2016 S. 1427).

3. Frühestes Pensionsalter bei Männern

für Geburtsjahrgänge	Pensionsalter	
	Schwerbehinderte	Sonstige
1945 bis Juni 1946	60	60
ab Juli 1946 bis Juni 1947	60	61
ab Juli 1947 bis Juni 1948	60	62
ab Juli 1948 bis 1952	60	63
ab 1953 bis 1961	61	63
ab 1962	62	63

D. Regelung für beherrschende Gesellschafter-Geschäftsführer von Kapitalgesellschaften

Im Rahmen der EStÄR 2008 vom 18. Dezember 2008[1] wurden die Pensionsalter, die bei der Bewertung von Pensionsrückstellungen für beherrschende Gesellschafter-Geschäftsführer von Kapitalgesellschaften zu berücksichtigen sind, neu geregelt (vgl. R 6a Abs. 8, Abs. 10 und Abs. 11 EStR 2012).

Für die Bildung von Pensionsrückstellungen für beherrschende Gesellschafter-Geschäftsführer von Kapitalgesellschaften ist grundsätzlich das vertraglich vereinbarte Pensionsalter zugrunde zu legen. Es ist zu unterstellen, dass die Jahresbeträge nach § 6a Abs. 3 Satz 2 Nr. 1 Satz 3 EStG vom Beginn des Dienstverhältnisses, frühestens vom nach § 6a Abs. 3 Satz 2 Nr. 1 Satz 6 EStG maßgebenden Alter, bis zur vertraglich vorgesehenen Altersgrenze aufzubringen sind. Das Wahlrecht, nach dem auch der Zeitpunkt der frühestmöglichen Inanspruchnahme der vorzeitigen Altersrente aus der gesetzlichen Rentenversicherung angenommen werden kann, gilt für beherrschende Gesellschafter-Geschäftsführer nicht![2] Mit Urteil vom 27.5.2020 hat der BFH entschieden, dass der Ansatz einer Pensionsrückstellung nach § 6a Abs. 3 Satz 2 Nr. 1 Halbsatz 2 EStG eine Entgeltumwandlung i.S. von § 1 Abs. 2 BetrAVG voraussetzt. Diese Voraussetzung ist nicht erfüllt, wenn eine GmbH einem Alleingesellschafter-Geschäftsführer eine Versorgungszusage aus Entgeltumwandlungen gewährt, da dieser kein Arbeitnehmer i.S. des § 17 Abs. 1 S. 1 oder S. 2 BetrAVG ist. Die darin liegende Bevorzugung von Pensionsrückstellungen für Arbeitnehmer im Sinne des BetrAVG ist verfassungsgemäß.[3]

Als Beginn des Dienstverhältnisses gilt der Eintritt in das Unternehmen als Arbeitnehmer. Das gilt auch dann, wenn der Geschäftsführer die Pensionszusage erst nach Erlangung der beherrschenden Stellung erhalten hat.

Bei der Ermittlung des Teilwertes der Pensionsverpflichtung sind folgende Mindestalter zu beachten:

Erteilung der Pensionszusage	Maßgebendes Mindestalter
vor dem 1.1.2001	30
nach dem 31.12.2000 und vor dem 1.1.2009	28
nach dem 31.12.2008	27

---

[1] Allgemeine Verwaltungsvorschrift zur Änderung der Einkommensteuer-Richtlinien 2005 (BStBl. I 2008 S. 1017).
[2] Vgl. BMF-Schr. vom 9.12.2016 (BStBl I 2016 S. 1427) und BFH vom 11.9.2013 (BStBl II 2016 S. 1008).
[3] BFH vom 27.5.2020 (XI R 9/19 BStBl II 2020 S. 802).

Ergibt sich durch die Anrechnung von Vordienstzeiten ein fiktiver Dienstbeginn, der vor der Vollendung des o.g. Lebensjahres der Berechtigten liegt, gilt das Dienstverhältnis als zu Beginn des Wirtschaftsjahres begonnen, bis zu dessen Mitte der Berechtigte dieses Lebensjahr vollendet (vgl. § 6a Abs. 3 Satz 2 Nr. 1 Satz 6 EStG).

5.1.5.3.7 Rückstellungen für Altersteilzeit

Der Bundesfinanzhof hat mit Urteil vom 30.11.2005 zur Berücksichtigung von Altersteilzeitvereinbarungen in der Steuerbilanz, insbesondere zur Bildung von Rückstellungen, entschieden.[1] Zur Anwendung des Urteils für nach dem 30.11.2005 aufgestellte Bilanzen nimmt das BMF-Schreiben vom 28.3.2007 Stellung:[2]

Ansatz einer Rückstellung	– Teilzeitmodell: keine Rückstellung – Blockmodell: ratierliche Rückstellungsbildung in der Beschäftigungsphase
Bemessungsgrundlage	Vergütungen in der Freistellungsphase
Stichtagsprinzip	Kosten- und Wertverhältnisse des Bilanzstichtages sind maßgebend
Abzinsung	– Abzinsung mit 5,5 % p.a. (§ 6 Abs. 1 Nr. 3a Buchst. e Satz 1 EStG) bei Restlaufzeit von mindestens 12 Monaten – Tariferhöhungen verhindern Abzinsung nicht
Versicherungsmathematische Bewertung	Anwendung der Heubeck-Richttafeln 2018 G[3]
Pauschalwertverfahren	– alternativ zur versicherungsmathematischen Bewertung zulässig – einheitlich für alle Verpflichtungen – Bindung für die folgenden 4 Jahre – Barwertfaktoren gemäß *Tabelle 1* – Faktoren berücksichtigen biometrische Risiken und Abzinsung
Abfindungszahlung (Nachteilsausgleich)	– ratierliche Ansammlung einer Rückstellung in der Beschäftigungsphase – Ansatz mit dem Barwert (5,5 %) – Pauschalwertverfahren (*Tabelle 2*) zulässig
Erstattungsansprüche bei Wiederbesetzung	– Minderung der Rückstellung, wenn Wiederbesetzung beabsichtigt und wahrscheinlich ist – Ansatz einer Forderung, wenn Ansprüche bereits entstanden sind

[1] BFH vom 30.11.2005 (I R 110/04, BStBl II 2007 S. 251).
[2] BMF-Schr. vom 28.3.2007 (BStBl I 2007 S. 297) unter Berücksichtigung der Änderungen durch die BMF-Schr. vom 11.3.2008 (BStBl I 2008 S. 496) und vom 22.10.2018 (BStBl I 2018 S. 1112).
[3] Zur Anwendung der neuen Richttafeln 2018 G und den Übergangsregelungen vgl. BMF-Schr. vom 19.10.2018 (BStBl I 2018 S. 1107).

Tabelle 1 zum BMF-Schreiben vom 28.3.2007:
Barwertfaktoren für laufende Altersteilzeitleistungen

Restlaufzeit in Jahren	Dauer des Altersteilzeitverhältnisses in Jahren								
	2	3	4	5	6	7	8	9	10
0	99%	99%	99%	99%	99%	99%	99%	99%	99%
1	96%	96%	96%	96%	96%	96%	96%	96%	96%
2	85%	88%	93%	93%	93%	93%	93%	93%	93%
3		79%	81%	86%	90%	90%	90%	90%	90%
4			75%	76%	80%	83%	87%	87%	87%
5				70%	72%	75%	78%	81%	84%
6					67%	68%	71%	74%	76%
7						64%	65%	68%	70%
8							61%	62%	64%
9								59%	59%
10									57%

Tabelle 2 zum BMF-Schreiben vom 28.3.2007:
Barwertfaktoren für Abfindungsleistung

Dauer bis Fälligkeit in Jahren	Dauer des Altersteilzeitverhältnisses in Jahren								
	2	3	4	5	6	7	8	9	10
0	99%	99%	99%	99%	99%	99%	99%	99%	99%
1	93%	93%	93%	93%	93%	93%	93%	93%	93%
2	79%	83%	87%	87%	87%	87%	87%	87%	87%
3	68%	72%	75%	78%	81%	81%	81%	81%	81%
4	60%	63%	66%	69%	71%	74%	76%	76%	76%
5	53%	56%	59%	61%	63%	65%	67%	69%	71%
6	48%	50%	53%	55%	57%	59%	61%	62%	63%
7	44%	46%	48%	50%	52%	53%	55%	57%	58%
8		42%	44%	46%	47%	49%	50%	52%	53%
9			40%	42%	43%	45%	46%	48%	49%
10				39%	40%	42%	43%	44%	45%
11					37%	39%	40%	41%	42%
12						36%	37%	38%	39%
13							35%	36%	36%
14								33%	34%
15									32%

5.1.5.3.8 Rückstellungen für Zuwendungen anlässlich eines Dienstjubiläums[1]

A. Allgemeine Bewertungsgrundsätze

Definition	Eine Jubiläumszuwendung ist jede Einmalzuwendung in Geld- oder Geldeswert an den Arbeitnehmer anlässlich eines Dienstjubiläums, die dieser neben dem laufenden Arbeitslohn und anderen sonstigen Bezügen erhält. Dazu gehören auch zusätzliche Urlaubstage im Jubiläumsjahr.
Voraussetzung für die Bildung	– maßgebendes Dienstverhältnis besteht seit mindestens zehn Jahren – die Zuwendung setzt das Bestehen eines Dienstverhältnisses von mindestens 15 Jahren voraus – schriftlich erteilte Zusage – nur der Teil der Anwartschaft wird berücksichtigt, der auf Dienstzeiten nach dem 31. 12. 1992 entfällt – der Steuerpflichtige muss ernsthaft damit rechnen, aus der Zusage in Anspruch genommen zu werden
Bewertung der Verpflichtung	a) Versicherungsmathematische Bewertung Der Teilwert der Verpflichtung zur Leistung der einzelnen Jubiläumszuwendung ist grundsätzlich unter Berücksichtigung der anerkannten Regeln der Versicherungsmathematik als Barwert der künftigen Jubiläumszuwendung am Schluss des Wirtschaftsjahres abzüglich des sich auf denselben Zeitpunkt ergebenen Barwertes betragsmäßig gleichbleibender Jahresbeträge zu ermitteln.
	b) Pauschalwertverfahren Abweichend von der Bewertung nach versicherungsmathematischen Grundsätzen kann der Teilwert nach einem pauschalen Verfahren ermittelt werden, wobei zwingend die Werte in der *Anlage* des BMF-Schreibens vom 27. 2. 2020 (s. Punkt B) zugrunde zu legen sind. Diese Anlage basiert auf den Heubeck-Richttafeln 2018 G, welche die Richttafeln 2005 G ersetzt hat.
Zeitliche Anwendung	Die *Anlage* des BMF-Schreibens vom 27. 2. 2020 (s. Punkt B) ist spätestens der pauschalen Bewertung von Rückstellungen für Zuwendungen anlässlich eines Dienstjubiläums am Ende des Wirtschaftsjahres zugrunde zu legen, die nach dem 29. 6. 2020 enden. Sie kann frühestens für Wirtschaftsjahre angewendet werden, die nach dem 29. 7. 2018 enden. Sind daneben auch Pensionsverpflichtungen oder sonstige versicherungsmathematische Bilanzposten des Unternehmens zu bewerten, setzt die frühere Berücksichtigung voraus, dass auch bei diesen Bewertungen der Übergang auf die Heubeck-Richttafeln 2018 G erfolgt ist.

---

[1] BMF-Schr. vom 27.2.2020 (BStBl I 2020 S. 254).

B. Vervielfältiger für Pauschalwertverfahren

Anlage zum BMF-Schreiben vom 27.2.2020 (Pauschalwertverfahren):

abgeleistete Dienstjahre (gerundet)	Leistung der Jubiläumszuwendung nach									
	15	20	25	30	35	40	45	50	55	60
					Dienstjahren					
1	26	14	9	5	4	2	2	1	1	1
2	55	30	18	11	7	5	3	2	2	1
3	88	48	29	18	12	8	5	4	3	2
4	125	68	41	25	16	11	7	5	4	2
5	167	90	54	34	22	15	10	7	5	3
6	215	115	68	43	28	18	12	9	6	4
7	269	144	84	53	34	23	15	11	7	5
8	330	175	102	64	41	27	19	13	9	6
9	399	211	122	76	49	32	22	15	10	7
10	475	251	145	89	58	38	26	18	12	8
11	561	296	169	104	67	44	30	21	14	10
12	655	346	197	121	77	51	35	24	16	11
13	759	402	228	139	89	59	39	27	18	13
14	873	465	262	159	101	67	45	31	21	14
15	1 000	535	301	181	115	76	51	35	24	16
16		612	344	205	130	85	57	39	27	18
17		696	392	232	146	96	64	44	30	20
18		788	446	263	165	108	72	49	33	23
19		889	505	296	185	120	80	55	37	25
20		1 000	571	334	207	134	90	61	41	28
21			642	376	231	149	100	68	46	31
22			720	423	258	166	110	75	50	34
23			805	475	288	184	122	83	56	38
24			898	532	321	204	135	91	61	41
25			1 000	594	358	226	149	101	68	46
26				663	399	250	164	111	74	50
27				737	445	277	181	122	82	55
28				817	495	307	199	134	90	60
29				904	551	339	219	147	98	66
30				1 000	611	376	241	161	107	72

abgeleistete Dienstjahre (gerundet)	Leistung der Jubiläumszuwendung nach									
	15	20	25	30	35	40	45	50	55	60
					Dienstjahren					
31					677	416	265	176	18	79
32					749	461	292	193	129	86
33					825	511	321	211	140	94
34					909	565	354	231	154	102
35					1 000	624	390	253	168	111
36						688	430	277	183	121
37						757	474	304	200	132
38						832	523	333	219	145
39						912	576	365	240	158
40						1 000	634	401	263	172
41							697	441	288	188
42							764	484	316	206
43							837	532	347	226
44							915	585	381	247
45							1 000	642	418	271
46								703	458	297
47								770	501	324
48								840	547	354
49								917	597	386
50								1 000	650	420
51									708	457
52									771	496
53									840	539
54									916	586
55									1 000	638
56										695
57										759
58										830
59										910
60										1 000

5.1.5.3.9 Bewertung von Rückstellungen für die Aufbewahrung von Geschäftsunterlagen[1]

Für die Aufbewahrung von Geschäftsunterlagen sind in der Bilanz Rückstellungen für ungewisse Verbindlichkeiten zu bilden (§ 249 Abs. 1 Satz 1 HGB i.V.m. § 5 Abs. 1 Satz 1 EStG).

Die Rückstellung ist mit dem Betrag zu passivieren, der nach den Preisverhältnissen des jeweiligen Bilanzstichtages für die Erfüllung der Verpflichtung voraussichtlich notwendig ist (vgl. H 6.11 EStH 2020). Die Sachleistungsverpflichtung ist mit den Einzelkosten und einem angemessenen Teil der notwendigen Gemeinkosten zu bewerten (§ 6 Abs. 1 Nr. 3a Buchstabe b EStG).

Berücksichtigungs-fähige Kosten[2]	– einmaliger Aufwand für die Einlagerung der am Bilanzstichtag noch nicht archivierten Unterlagen, ggf. Mikroverfilmung bzw. Digitalisierung und Datensicherung – Raumkosten (anteilige Miete bzw. Gebäude-AfA, Grundsteuer, Gebäudesicherung, Instandhaltung, Heizung, Strom). Der anteilige Aufwand kann aus Vereinfachungsgründen entsprechend dem Verhältnis der Fläche des Archivs zur Gesamtfläche ermittelt werden, es sei denn, dies führt zu einem offenbar unangemessenen Ergebnis. – Einrichtungsgegenstände (AfA für Regale, Schränke) – anteilige Personalkosten z.B. für Hausmeister, Reinigung, Lesbarmachung der Datenbestände – anteilige Finanzierungskosten für Archivräume
Nicht berücksichtigungsfähige Kosten	– Kosten für die künftige Anschaffung von Regalen und Ordnern (§ 5 Abs. 4b Satz 1 EStG) – Kosten für die Entsorgung der Unterlagen nach Ablauf der Aufbewahrungsfrist – Kosten für die Einlagerung künftiger entstehender Unterlagen

---

[1] Vgl. BFH-Urteil vom 19. 8. 2002 (BStBl II 2003 S. 131) und BFH-Urteil vom 18. 1. 2011 *(BStBl II 2011 S.496); OFD* Magdeburg, Verfügung vom 21. 9. 2006 (S 2175 – 41 – St 211, BB 2006 S. 2689); OFD Niedersachsen, Verfügung vom 5.10. 2015 (S 2137 – 106 – St 221/St 222, DB 2015, S.2726).

[2] Gem. BFH-Urteil vom 13.2.2019 (XI R 42/17, BFH-NV 2019 S. 1197) kann für die Kosten der Aufbewahrung von Mandantendaten und Handakten im DATEV-Rechenzentrum bei einer WP-/StB-Gesellschaft keine Rückstellung gebildet werden.

Berechnung der Rückstellung	– **1. Möglichkeit:** Die jährlichen Kosten werden für die Unterlagen eines jeden aufzubewahrenden Jahres gesondert ermittelt. Dieser Betrag ist dann mit der Anzahl der Jahre bis zum Ablauf der Aufbewahrungsfrist zu multiplizieren.
	– **2. Möglichkeit:** Die jährlich anfallenden Kosten für einen Archivraum, in dem die Unterlagen aller Jahre aufbewahrt werden, können mit dem Faktor 5,5[1] multipliziert werden (durchschnittliche Restaufbewahrungsdauer bei einer Aufbewahrungsfrist von zehn Jahren).
	– Eine Unterscheidung zwischen den zehn und den sechs Jahre lang aufzubewahrenden Unterlagen kann i.d.R. aus Vereinfachungsgründen unterbleiben, es sei denn, dies führt zu einem offenbar unangemessenen Ergebnis.
	– Die Aufwendungen für die Einlagerung, Mikroverfilmung bzw. Digitalisierung und Datensicherung fallen nur einmal an; sie sind deshalb nicht zu vervielfältigen.
	– Eine Rückstellung für die Aufbewahrung von Geschäftsunterlagen ist nicht abzuzinsen.

Beispiel:

Einzelunternehmer A bewahrt seine Geschäftsunterlagen in einem Nebenraum seines Betriebsgebäudes auf. Nach dem Bilanzstichtag ist mit folgenden Kosten für die Aufbewahrung der (entstandenen) Geschäftsunterlagen zu rechnen:

Anteilige AfA und Unterhaltungskosten für den Nebenraum (jährlich)	900 €
AfA für Einrichtungsgegenstände (jährlich)	200 €
Kosten für Hard- und Software zur Lesbarmachung der Daten (jährlich)	100 €
Kosten der Datensicherung (einmalig)	200 €

Berechnung der Rückstellung:

Anteilige AfA und Unterhaltungskosten für den Nebenraum	900 €
+ AfA für Einrichtungsgegenstände	200 €
+ Kosten für Hard- und Software zur Lesbarmachung der Daten	100 €
= Jährlich anfallende rückstellungsfähige Kosten	1 200 €
$\times$ 5,5 =	6 600 €
+ Kosten der Datensicherung	200 €
= Rückstellungsbetrag	6 800 €

---

[1] Vgl. BFH-Urteil vom 18.1.2011 (BStBl II 2011 S.496).

5.1.5.3.10 Bewertung von Rückstellungen für zukünftige Kosten der Betriebsprüfung[1]

Für die im Zusammenhang mit den Mitwirkungspflichten der Steuerpflichtigen nach § 200 AO bei zukünftigen Außenprüfungen entstehenden Kosten sind in der Bilanz Rückstellungen für ungewisse Verbindlichkeiten zu bilden (§ 249 Abs. 1 Satz 1 HGB i.V.m. § 5 Abs. 1 Satz 1 EStG).

Anwendungs-bereich	– Kapitalgesellschaften, die die Kriterien für Großbetriebe i.S.d. § 3 BpO erfüllen[2] – Der BFH hat sich in seinem Urteil zur Bildung der Rückstellung bei Einzelunternehmen und Personengesellschaften nicht geäußert. Die Grundsätze dürften jedoch analog anwendbar sein.
Zeitpunkt der Rückstellungs-bildung	– Bereits vor Erlass einer Prüfungsanordnung
Berücksichtigungs-fähige Kosten	– Kosten im Zusammenhang mit den Mitwirkungspflichten nach § 200 AO bei Außenprüfungen für bereits abgelaufene Jahre (nur insoweit liegt eine wirtschaftliche Verursachung vor) – Welche Aufwendungen im Einzelnen für die Erfüllung der Mitwirkungspflichten rückstellungsfähig sind, wurde vom BFH nicht erörtert. – Nach h.M. zu berücksichtigende Kosten: Kosten im Zusammenhang mit der Bereitstellung des Betriebsprüferzimmers und technischer Hilfsmittel, Personalkosten für Ansprechpartner und Auskunftspersonen während der Prüfung, Kosten für externe Berater – Bei der Berechnung der Kosten sind Erfahrungswerte aus vergangenen Außenprüfungen heranzuziehen.
Berechnung der Rückstellung	– Die Rückstellung ist mit dem Betrag zu passivieren, der nach den Preisverhältnissen des jeweiligen Bilanzstichtages für die Erfüllung der Verpflichtung voraussichtlich notwendig ist. – Die Sachleistungsverpflichtung ist mit den Einzelkosten und einem angemessenen Teil der notwendigen Gemeinkosten zu bewerten (§ 6 Abs. 1 Nr. 3a Buchstabe b EStG). – Die Rückstellung ist als Sachleistungsverpflichtung für einen Zeitraum bis zum Beginn der Erfüllung (voraussichtlicher Prüfungsbeginn) abzuzinsen.

---

[1] Vgl. BFH-Urteil vom 6.6.2012 (BStBl II 2013 S. 196); BMF-Schr. vom 7.3.2013 (BStBl I 2013 S. 274) und vom 13.4.2018 (BStBl I 2018 S. 614).
[2] S. dazu Kap. 5.16.2.2.

Beispiel:

Die A-GmbH ist als Großbetrieb i.S.d. § 3 BpO einzustufen und unterliegt daher der Anschlussprüfung. Die letzte Betriebsprüfung umfasste die Veranlagungszeiträume 2014 bis 2017 und fand von Mai bis Oktober 2019 statt. Es ist davon auszugehen, dass die A-GmbH für den Anschlusszeitraum 2018 bis 2020 geprüft wird. Dabei soll die Prüfung im April 2023 beginnen und wird voraussichtlich im September 2023 abgeschlossen. Für die Prüfung der Veranlagungszeiträume 2014 bis 2017 sind folgende Aufwendungen entstanden:

Anteilige AfA und Unterhaltungskosten für den Büroraum (jährlich)	1 500 €
Kosten Datenzugriff Buchführungssystem (einmalig)	1 000 €
Honorare des steuerlichen Beraters (einmalig)	5 000 €
Unterstützung des Prüfers durch interne Mitarbeiter (einmalig)	7 000 €

Berechnung der Rückstellung zum 31.12.2021:

Anteilige AfA und Unterhaltungskosten für den Büroraum für sechs Monate	750 €
+ Kosten Datenzugriff Buchführungssystem	1 000 €
+ Honorare des steuerlichen Beraters	5 000 €
+ Unterstützung des Prüfers durch interne Mitarbeiter	7 000 €
Summe	13 750 €

Abzinsungszeitraum Jahre (ein Jahr und drei Monate, bis April 2023)	1,25
Abzinsungssatz	5,50%
Abzinsungsvervielfältiger (interpoliert)	0,936
Abgezinste Summe = Rückstellungsbetrag	12 870 €

5.1.5.4 Außerbilanzielle Korrekturen

5.1.5.4.1 Betriebsausgabenpauschsätze und Freibeträge für bestimmte Berufsgruppen

Tätigkeit	Pauschale (seit 2021) €
Nebenberufliche Tätigkeit als Übungsleiter, Ausbilder, Erzieher, Betreuer u. Ä.[1]: Freibetrag i.H.d. Einnahmen, max.	3 000
Nebenberufliche Pflege Alter, Kranker, Behinderter[1]: Freibetrag i.H.d. Einnahmen, max.	3 000
Nebenberufliche künstlerische Tätigkeit[1]: Freibetrag i.H.d. Einnahmen, max.	3 000
Nebenberufliche Mitarbeiter in Bahnhofsmissionen[1]: Freibetrag i.H.v. 60 % der Einnahmen, max.	3 000
Nebenberufliche Tätigkeit im Dienst oder Auftrag einer gemeinnützigen Einrichtung[2]:	840
Ehrenamtlich tätige Betreuer, Vormünder und Pfleger[3]	3 000
Hauptberufliche Schriftsteller oder Journalisten[4]: Betriebsausgabenpauschale 30 % der Betriebseinnahmen, max.	2 455
Wissenschaftliche, künstlerische oder schriftstellerische Nebentätigkeit[4]: Betriebsausgabenpauschale 25 % der Betriebseinnahmen, max.	614
Tagespflege: Betriebsausgabenpauschale pro Kind/Monat[5]:	300
Ehrenamtliche Mitglieder eines Gemeinderates oder Stadtrates[6]: Freibetrag i.H.d. Einnahmen bis max. mtl. bei einer Gemeinde oder Stadt mit a) bis 20 000 Einwohner b) bis 50 000 Einwohner c) bis 150 000 Einwohner d) bis 450 000 Einwohner e) über 450 000 Einwohner	104 166 204 256 306

Es handelt sich um Höchstbeträge; höhere Betriebsausgaben sind nachzuweisen. Die Pauschbeträge sind auch bei mehreren Tätigkeiten nur einmal zu gewähren (H 18.2 EStH 2018).

---

[1] § 3 Nr. 26 EStG; vgl. OFD Frankfurt am Main, Vfg. vom 2.9.2019 (S 2245 A – 002 – St 29).
[2] § 3 Nr. 26a EStG.
[3] § 3 Nr. 26b EStG.
[4] BMF-Schr. vom 21.1.1994 (BStBl I 1994 S.112).
[5] BMF-Schr. vom 11.11.2016 (BStBl I 2016 S.1236); bei Teilzeitpflege wird die Pauschale anteilig gewährt. Kein Ansatz der Pauschale bei Betreuung im Haushalt der Eltern oder in unentgeltlich überlassenen Räumlichkeiten.
[6] OFD Hannover, Vfg. vom 15.7.2009 (S 2121 – 17 – StO 215).

5.1.5.4.2 Abzugsbeschränkungen[1]

Aufwendungen	Abziehbare Aufwendungen
Geschenke an Geschäftsfreunde	bis 35 €/Person[2]
Bewirtung von Geschäftsfreunden	70 %
Einrichtungsaufwendungen (Gästehäuser)	keine
Jagd, Fischerei, Segel- und Motorjachten einschl. Bewirtungsaufwendungen	keine
Verpflegungsmehraufwendungen (vgl. auch Kap. 5.1.6.2.2)	ab 2020: Abwesenheit 24 h 28 € Abwesenheit 8–24 h 14 € bis 2019: Abwesenheit 24 h 24 € Abwesenheit 8–24 h 12 €
Fahrten zwischen Wohnung und Betriebsstätte (vgl. auch Kap. 5.1.6.2.1)	Von 2021 bis 2026 – Für die ersten 20 Km: 0,30 € – Für jeden weiteren vollen Km: 0,35 € (2021 bis 2023) – Für jeden weiteren vollen Km: 0,38 € (2024 bis 2026)[3]
Doppelte Haushaltsführung (vgl. auch Kap. 5.1.6.2.3)	ab 2014: Bei Innehaben einer Zweitwohnung am Tätigkeitsort sowie finanzieller Beteiligung an den Kosten der Haushaltsführung sind – Unterkunftskosten bis max. 1 000 €/mtl. – Familienheimfahrten (einmal wöchentlich) – Für die ersten 20 km: 0,30 € – Für jeden weiteren vollen km: 0,35 € (2021 bis 2023) – Für jeden weiteren vollen km: 0,38 € (2024 bis 2026)[3]

---

[1] § 4 Abs. 4 a, Abs. 5 Nrn. 1–13, 5 b EStG.
[2] Die Übernahme der pauschalen Einkommensteuer nach § 37b EStG unterliegt dem Abzugsverbot, wenn der Wert des Geschenks zusammen mit der Pauschalsteuer den Betrag von 35 € übersteigt (vgl. BFH vom 30.3.2017, BStB II 2017 S. 892). Die FinVerw bezieht die Pauschalsteuer nicht in die 35-€-Grenze ein.
[3] Geändert durch Art. 2 KiSchStG vom 21.12.2019 (BGBl I 2020 S. 2886) mit Wirkung ab VZ 2021.

Aufwendungen	Abziehbare Aufwendungen
Arbeitszimmer	Vollständiger Abzug, wenn Arbeitszimmer den Mittelpunkt der gesamten Tätigkeit bildet; andernfalls Abzug von max. 1 250 €, wenn kein anderer Arbeitsplatz zur Verfügung steht – liegt kein Arbeitszimmer vor oder wird auf den Abzug der Aufwendungen für ein Arbeitszimmer verzichtet und der Steuerpflichtige übt seine betriebliche oder berufliche Tätigkeit ausschließlich in der häuslichen Wohnung aus, 5 € pro Tag, höchstens 600 € im Wirtschaftsjahr[1]
Aufwendungen für die Lebensführung	keine[2]
Geldbußen, Ordnungsgelder, Verwarngelder u. ä.	keine
Steuerhinterziehungszinsen, Zinsen nach § 233 AO, soweit diese nach § 235 Abs. 4 AO angerechnet wurden[3]	keine
Schmiergelder	keine
Zuschläge nach § 162 Abs. 4 AO (bei Verstoß gegen Dokumentationspflichten gem. § 90 Abs. 3 AO)	keine[4]
Schuldzinsen bei Überentnahmen (vgl. auch Kap. 5.1.5.4.3)	Differenz Zinsaufwand und 6 % der Überentnahmen, mind. 2 050 €
Gewerbesteuer (inkl. Nebenleistungen)	keine[5]
Aufwendungen i. S. d. § 4 Abs. 5 Nr. 1 bis 4, 6b und 7 EStG	dürfen in der Gewinnermittlung nur dann berücksichtigt werden, wenn sie einzeln und getrennt von den sonstigen Betriebsausgaben aufgezeichnet werden (vgl. § 4 Abs. 7 EStG)
Jahresbeiträge nach § 12 Abs. 2 des Restrukturierungsfondsgesetzes	keine[6]

---

[1] Geändert durch JStG 2020 vom 21.12.2020 (BGBl I 2020 S. 3096). Anwendungszeitraum vom 31.12.2019 bis zum 1.1.2022.

[2] Zur Abgrenzung und zur Aufteilung gemischt veranlasster Aufwendungen vgl. BFH vom 21.9.2009 (GrS 1/06, BStBl II 2010 S. 672), BMF-Schr. vom 6.7.2010 (BStBl I 2010 S. 614).

[3] Geändert am 18.12.2019 durch Art. 1 EMobStFG.

[4] Eingefügt durch JStG 2007 vom 13.12.2006 (BGBl I 2006 S. 2878) mit Wirkung ab VZ 2007.

[5] Gilt erstmals für Gewerbesteuer, die für Erhebungszeiträume festgesetzt wird, die nach dem 31.12.2007 enden.

[6] § 4 Abs. 5 Nr. 13 EStG eingef. durch Restrukturierungsgesetz vom 9.12.2010 (BGBl I 2010 S. 1900) mit Wirkung für Wirtschaftsjahre, die nach dem 30.9.2010 beginnen.

5.1.5.4.3   Schuldzinsenabzug (§ 4 Abs. 4a EStG)

Der betriebliche Schuldzinsenabzug wurde für Einzelunternehmen, freie Berufe und Personengesellschaften ab 1999 beschränkt, soweit Überentnahmen getätigt worden sind (§ 4 Abs. 4a EStG).[1] Dies gilt nicht für Schuldzinsen für Darlehen zur Finanzierung von Wirtschaftsgütern des Anlagevermögens. Bei Mitunternehmerschaften ist die Überentnahmeregelung gesellschafterbezogen anzuwenden.[2] Die Ermittlung der Überentnahmen, Unterentnahmen und der nicht abziehbaren Zinsen kann nach dem folgenden Berechnungsschema durchgeführt werden[3]:

---

[1]   Nach dem BFH-Urteil vom 14. 3. 2018 (X R 17/16, BStBl II 2018 S. 744) ist die Bemessungsgrundlage für das Abzugsverbot auf den periodenübergreifenden Entnahmenüberschuss ab dem Veranlagungszeitraum 2018 zu begrenzen. Erstveranlagungen von Altjahren erfolgen grds. nach der neuen Berechnungsweise (vgl. auch BMF-Schr. vom 2. 11. 2018, BStBl I 2018 S. 1207).

[2]   BFH vom 29. 3. 2007, IV R 72/02, BStBl II 2008 S. 420. Nach vorheriger Auffassung der Finanzverwaltung erfolgte eine gesellschaftsbezogene Betrachtung. Eine solche kann auf gemeinsamen Antrag aller Mitunternehmer letztmals für das Wirtschaftsjahr angewandt werden, das vor dem 1. Mai 2008 beginnt (BMF-Schr. vom 7. 5. 2008, BStBl I 2008 S. 588). Siehe auch BMF-Schr. vom 4. 11. 2008, BStBl I 2008 S. 957.

[3]   Der BFH hat mit Urteil vom 9. 5. 2012 (X R 30/06, BStBl II 2012 S. 667) entschieden, dass bei der Berechnung der nicht abziehbaren Schuldzinsen Unterentnahmen aus den Jahren vor 1999 außer Acht zu lassen sind. Die Prüfung auf Verfassungswidrigkeit im Sinne einer Ungleichbehandlung wurde durch das Urteil vom BFH vom 6. 12. 2018 verneint (IV R 15/17, BFH/NV 2019 S. 526).

Ermittlung der nicht abziehbaren Schuldzinsen[1]

Ermittlung des maßgeblichen Gewinns/Verlusts für Zwecke des § 4 Abs. 4a EStG

	Gewinn/Verlust
+	steuerfreie Gewinne
−	Gewinn / + Verlustanteile aus Mitunternehmerschaften
+	Veräußerungs-/Aufgabegewinn / - Veräußerungs-/Aufgabeverlust
=	**Maßgeblicher Gewinn/Verlust für Zwecke des § 4 Abs. 4a EStG**

Berechnung der Überentnahmen

	Entnahmen des Wirtschaftsjahres
−	Einlagen des Wirtschaftsjahres
−	Gewinn/Verlust des Wirtschaftsjahres
=	**Überentnahme des Wirtschaftsjahres**
+	Überentnahme aus vorangegangenen Wirtschaftsjahren
=	**kumulierte Überentnahme**

(geht in die Berechnung des Folgejahres ein)

Berechnung des Entnahmenüberschusses

	Entnahmen des Wirtschaftsjahres
−	Einlagen des Wirtschaftsjahres
−	kumulierter Entnahmenüberschuss des Vorjahres
=	**kumulierter Entnahmenüberschuss des Wirtschaftsjahres**

(geht in die Berechnung des Folgejahres ein)

---

[1] Vgl. BMF-Schr. vom 2.11.2018 (BStBl I 2018 S.1207); der BFH hat mit Urteil vom 14.3.2018 (X R 17/16, BStBl II 2018 S. 744) entschieden, dass Verluste für sich genommen nicht zu Überentnahmen führen und die Bemessungsgrundlage für die nicht abziehbaren Schuldzinsen auf den Überschuss aller Entnahmen über alle Einlagen der Totalperiode zu begrenzen ist.

Nicht abziehbare Schuldzinsen

A	**6 % des niedrigeren Betrags** der kumulierten Über-/Unterentnahmen oder des kumulierten Entnahmenüberschusses (mind. 0 EUR)[1]

	Tatsächliche Schuldzinsen
−	darin enthaltene Schuldzinsen für Anlagevermögen
+	Schuldzinsen aus Sonderbilanzen
−	darin enthaltene Schuldzinsen auf Anlagevermögen aus Sonderbilanzen
−	Korrekturbetrag zu den übrigen Schuldzinsen
−	Kürzungsbetrag gem. § 4 Abs. 4a Satz 4 EStG (2.050 €)
B =	**Höchstbetrag der nicht abziehbaren Schuldzinsen**

Hinzurechnungsbetrag nach § 4 Abs. 4a EStG
(niedriegerer Betrag aus A und B)

5.1.5.4.4 Betriebsausgabenabzug für Zinsaufwendungen (Zinsschranke)

Durch das Unternehmensteuerreformgesetz 2008 vom 14.8.2007 (BStBl I 2007 S. 1912) wurde der Betriebsausgabenabzug für Zinsaufwendungen vollständig neu geregelt. Die sog. Zinsschranke (§ 4h EStG) gilt für Unternehmen aller Rechtsformen. Für Kapitalgesellschaften gelten zusätzlich die Vorschriften des § 8a KStG n. F. Der bisherige § 8a KStG, der in bestimmten Fällen eine Umqualifizierung von Zinsaufwand in verdeckte Gewinnausschüttungen vorsah, wurde aufgehoben. Die Neuregelung gilt erstmals für Wirtschaftsjahre, die nach dem 25.5.2007 beginnen und nicht vor dem 1.1.2008 enden (§ 52 Abs. 12d EStG, § 34 Abs. 6a Satz 3 KStG).[2]

Die Funktionsweise der Zinsschranke lässt sich wie folgt veranschaulichen:[3]

---

[1] Anhängiges Revisionsverfahren beim BFH, ob die Berechnung der nicht abziehbaren Schuldzinsen mit 6 % der Überentnahmen angesichts des strukturellen Niedrigzinsniveaus gegen den allgemeinen Gleichsatz und das Übermaßverbot verstößt (IV R 19/19).

[2] Der BFH hat bereits mehrfach Zweifel an der Verfassungsmäßigkeit geäußert (vgl. BFH vom 18.12.2013, I B 85/13, BStBl I 2014 S. 947, und BFH vom 14.10. 2015, I R 20/15, BStBl I 2017 S. 1240) und dem Bundesverfassungsgericht vorgelegt (vgl. BVerfG 2 BvL 1/16). Laut BMF-Schr. vom 13.11.2014 (BStBl I 2014 S. 1516) ist der Beschluss über den entscheidenen Einzelfall hinaus nicht anzuwenden.

[3] Vgl. *Töben/Fischer,* GmbHR 2007 S. 532 (533), leicht modifiziert. Siehe zur Zinsschranke BMF-Schr. vom 4.7. 2008 (BStBl I 2008 S. 718); OFD Karlsruhe Vfg. vom 10.10. 2014 (S 2742b 1/21 – St 221).

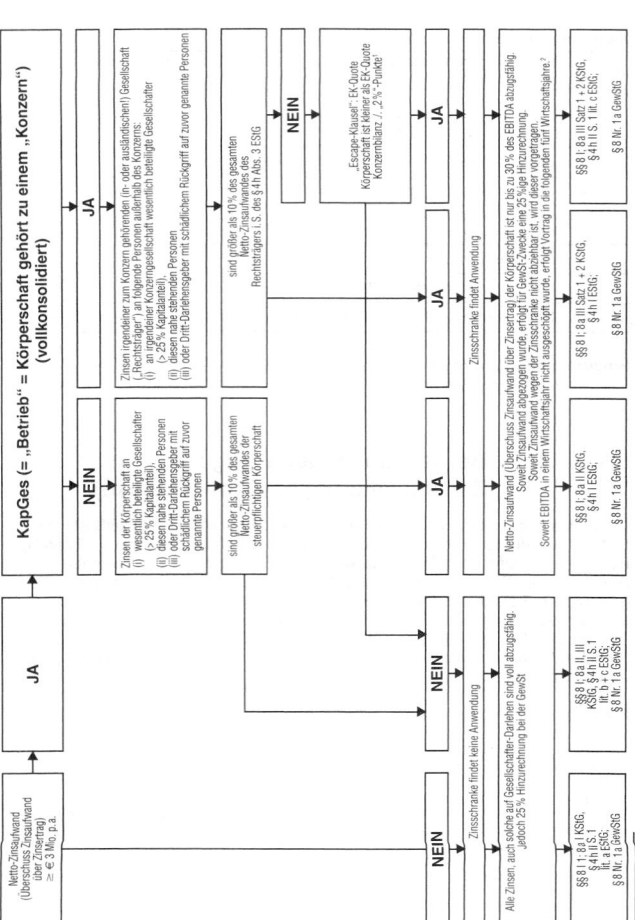

¹ Für Wirtschaftsjahre, die vor dem 1. 1. 2010 enden, ist die alte Regelung mit 1 %-Punkt anzuwenden.
² Gilt erstmals für Wirtschaftsjahre, die nach dem 31. 12. 2009 enden; auf Antrag kann ein EBITDA-Vortrag für die Wirtschaftsjahre

5.1.5.4.5 Investitionsabzugsbeträge für kleine und mittlere Betriebe (§ 7g Abs. 1 EStG)[1]

Durch das Unternehmensteuerreformgesetz 2008 vom 14.8.2007 wurde die Förderung von Investitionen bei kleinen und mittleren Betrieben ausgeweitet. Die Möglichkeiten zur Vornahme von Sonderabschreibungen (Kap. 5.1.5.3.4.3) wurden erweitert. An die Stelle der Ansparabschreibungen für geplante Investitionen, die in der Bilanz als steuerfreie Rücklagen gebildet wurden, tritt für Wirtschaftsjahre, die nach dem 17.8.2007 enden, ein sog. Investitionsabzugsbetrag. Der Abzug ist einkommensmindernd außerhalb der Bilanz vorzunehmen.

Begünstigter Vorgang	Geplante Anschaffung oder Herstellung (bis 31.12.2015: eines neuen oder gebrauchten abnutzbaren beweglichen Wirtschaftsguts) von neuen oder gebrauchten abnutzbaren beweglichen Wirtschaftsgütern des Anlagevermögens, die ausschließlich oder fast ausschließlich betrieblich genutzt oder vermietet werden. Dies gilt auch für Personengesellschaften, bei denen ein Gesellschafter die Investition tätigt und das Wirtschaftsgut in seinem Sonderbetriebsvermögen aktiviert.[2]
Zeitliche Voraussetzungen	– Anschaffung oder Herstellung innerhalb der drei folgenden Wirtschaftsjahre – Verbleib in einer inländischen Betriebsstätte mindestens ein Jahr nach Anschaffung oder Herstellung
Dokumentation	Im Rahmen der Steuererklärung: – Benennung der Funktion[3] – Angabe der Höhe der voraussichtlichen Anschaffungs- oder Herstellungskosten mittels elektronischer Übertragung nach amtlich vorgeschriebenen Datensätzen

---

[1] Für VAZ ab 2020 vgl. JStG 2020 vom 21.12.2020 (BGBl I 2020 S. 3096). Für vorherige VAZ vgl. BMF-Schr. vom 20.3.2017 (BStBl I 2017 S.423), BMF-Schr. vom 20.11.2013 (BStBl I 2013 S.1493).

[2] BFH vom 15.11.2017 (VI R 44/16, BStBl II 2019 S. 466), vgl. BMF-Schr. vom 26.8.2019 (BStBl I 2019 S. 870).

[3] Nach Neufassung der Vorschrift durch das Steueränderungsgesetz 2015 (BGBl I 2015 S.1834) nicht mehr erforderlich.

Berechtigte Personen	**Bis 2019**	**Ab 2020**
	– Bilanzierende Gewerbetreibende oder Freiberufler mit Betriebsvermögen (Steuerbilanzwert) von nicht mehr als 235 000 € – Land- und forstwirtschaftliche Betriebe mit (Ersatz-) Wirtschaftswert von nicht mehr als 125 000 € – Betriebe mit Einnahmenüberschussrechnung mit Gewinn von nicht mehr als 100 000 € am Schluss des Wirtschaftsjahres vor Vornahme des Investitionsabzuges	– Steuerpflichtige, welche ihren Gewinn nach § 4 EStG oder § 5 EStG ermitteln und die Gewinngrenze von 200 000 € nicht überschreiten
Höhe des Investitionsabzugs	– Bis zu 50 % (bis 2019 40 %) der voraussichtlichen Anschaffungs- oder Herstellungskosten – Noch nicht hinzugerechnete Abzugsbeträge dürfen pro Betrieb maximal 200 000 € betragen.	
Hinzurechnung	Bei Anschaffung oder Herstellung der begünstigten Wirtschaftsgüter gewinnerhöhende Hinzurechnung von 50 % (bis 2019 40 %) der Anschaffungs- bzw. Herstellungskosten, maximal in Höhe der früheren Investitionsabzugsbeträge. Vom Gewinn der Gesamthand abgezogene Investitionsabzugsbeträge können ausschließlich bei Investitionen der Personengesellschaft gewinnerhöhend hinzugerechnet werden. Entsprechendes gilt für das Sonderbetriebsvermögen.	
Keine oder geringere Investitionen	Soweit Abzugsbeträge nicht bis zum Ende des dritten Folgejahres verbraucht wurden, erfolgt eine Korrektur im Abzugsjahr (gesonderte Festsetzungsverjährung). Der Investitionsabzugsbetrag ist auch dann rückgängig zu machen, wenn die Hinzurechnung nach Abs. 2 Satz 1 irrtümlich unterblieben ist und verfahrensrechtlich nicht mehr nachgeholt werden kann.[1]	
Übergang auf neues Recht	Noch nicht hinzugerechnete Abzugsbeträge und noch nicht aufgelöste Ansparabschreibungen nach altem Recht dürfen zusammen nicht mehr als 200 000 € betragen.	

---

[1] BFH vom 3.12.2019 (X R 11/19, BStBl II 2020 S. 276).

Benennung der Funktion

Beispiele für die Funktionsbeschreibung eines Wirtschaftsgutes:[1]

Beschreibung	Begünstigtes Wirtschaftsgut z.B.	Nicht begünstigtes Wirtschaftsgut z.B.
Vorrichtung oder Werkzeug für die Herstellung eines Wirtschaftsgutes	Produktionsmaschine, Werkzeug für Reparatur und Wartung	Einrichtungsgegenstand für Produktionshalle
Vorrichtung für die Beseitigung und Entsorgung betrieblicher Abfälle	Sammelbehälter für Abfälle, Reinigungsmaschine	Produktionsmaschine
Vorrichtung für die Verbesserung des Raumklimas in betrieblichen Räumen und Hallen	Klima- und Trockengerät (sofern nicht Gebäudebestandteil)	Produktionsmaschine, Einrichtungsgegenstand
Vorrichtung für die Versorgung des Viehs in einem landwirtschaftlichen Betrieb	Fütterungsanlage, Futterbehälter, Werkzeug für die Futterverteilung	Klimagerät, Abfallbehälter, Stalleinrichtung

Beispiele für stichwortartige Bezeichnungen, aus denen sich die Funktion des jeweiligen Wirtschaftsgutes ergibt:

Stichwortartige Bezeichnung	Begünstigtes Wirtschaftsgut z.B.	Nicht begünstigtes Wirtschaftsgut z.B.
Bürotechnikgegenstand	Computer, Drucker, Faxgerät, Telefon, Kopierer	Büroeinrichtungsgegenstand, Büromöbelstück
Nutzfahrzeug	Traktor, LKW, Mähdrescher, Anhänger, Gabelstapler	PKW
PKW	Jedes Fahrzeug, das üblicherweise vorrangig der Personenbeförderung dient	Traktor, LKW, Mähdrescher, Anhänger, Gabelstapler
Büroeinrichtungsgegenstand, Büromöbelstück	Schreibtisch, Stuhl, Rollcontainer, Dekorationsgegenstand	Bürotechnikgegenstand, Klimagerät

---

[1] Nach Neufassung der Vorschrift durch das Steueränderungsgesetz 2015 (BGBl I 2015 S. 1834) nicht mehr erforderlich.

Ermittlung des Betriebsvermögens für bilanzierende Betriebe mit Einkünften aus §§ 15 oder 18 EStG[1]

	Anlagevermögen
+	Umlaufvermögen
+	aktive Rechnungsabgrenzungsposten
./.	Rückstellungen (inkl. Gewerbesteuer)[2]
./.	Verbindlichkeiten
./.	steuerbilanzielle Rücklagen (z. B. § 6b EStG, Ersatzbeschaffung)
./.	noch passivierte Ansparabschreibungen gemäß § 7g Abs. 3 ff. EStG a. F.
./.	passive Rechnungsabgrenzungsposten
=	Betriebsvermögen i. S. d. § 7g Abs. 1 Satz 2 Nr. 1 Buchstabe a EStG

---

[1] Für Wirtschaftsjahre ab dem 1.1.2020 nicht mehr relevant.
[2] Ungeachtet des Abzugsverbots für die Gewerbesteuer als Betriebsausgabe gem. § 4 Abs. 5b EStG ist in der Steuerbilanz weiterhin eine Gewerbesteuerrückstellung zu bilden (vgl. R 5.7 Abs. 1 Satz 2 EStR 2012). Die Gewinnauswirkungen sind außerbilanziell zu neutralisieren.

5.1.5.4.6   Private Kfz-Nutzung

A. Ermittlung des monatlichen Eigenverbrauchs

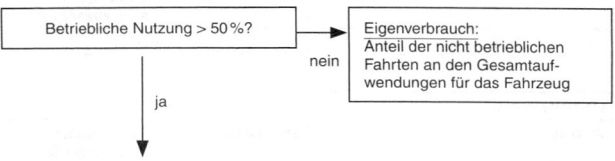

Eigenverbrauch, wenn Fahrtenbuch geführt wird:
tatsächlicher Eigenverbrauch und nicht abzugsfähige Betriebsausgaben

Privatnutzung, wenn kein Fahrtenbuch geführt wird:
1 % des inländischen Bruttolistenpreises im Zeitpunkt der Erstzulassung zzgl. der Kosten für Sonderausstattung je Kalendermonat[1]

Fahrten zwischen Wohnung und Arbeitsstätte zusätzlich:
0,03 % des Bruttolistenpreises zzgl. Kosten für Sonderausstattung × Entfernungs-kilometer
./. 0,30 € × Entfernungskilometer (bis zum 20. Kilometer)[2]
./. 0,35 € × Entfernungskilometer (ab dem 21. Kilometer)[3]
./. 0,38 € × Entfernungskilometer (ab dem 21. Kilometer)[4]

Doppelte Haushaltsführung zusätzlich:
0,002 % des Bruttolistenpreises × Entfernungskilometer
./. 0,30 € × Entfernungskilometer (bis zum 20. Kilometer)[2]
./. 0,35 € × Entfernungskilometer (ab dem 21. Kilometer)[3]
./. 0,38 € × Entfernungskilometer (ab dem 21. Kilometer)[4]

Hinsichtlich des Bruttolistenpreises bei der Privatnutzung ohne Führung eines Fahrtenbuchs bzw. der Anschaffungskosten bei Ermittlung des Eigenverbrauchs bei Führung eines Fahrtenbuchs gelten für Verbrennungsmotoren, Elektrofahr-zeuge und extern aufladbare Hybridfahrzeuge folgende Regelungen[5]:

---

[1] Einschließlich Umsatzsteuer. Begrenzung des Wertes der Privatnutzung auf die Höhe der gesamten Kosten (100 %), wenn diese nachweislich niedriger sind als die – zusammengefassten – Jahreswerte nach der Listenpreisregelung (Kostendeckelung). Vgl. auch BMF-Schr. vom 15.11.2012, BStBl I 2012 S. 1099.

[2] Gilt für die Veranlagungszeiträume 2021 bis 2026.

[3] Gilt für die Veranlagungszeiträume 2021 bis 2023.

[4] Gilt für die Veranlagungszeiträume 2024 bis 2026.

[5] Vgl. Entwurf des BMF-Schr. vom 17.6.2021 zur Nutzung eines betrieblichen Kraftfahr-zeugs für private Fahrten, Fahrten zwischen Wohnung und Betriebsstätte/erster Tä-tigkeitsstätte oder Fahrten nach § 9 Abs. 1 S. 3 Nr. 4a EStG und Familienheimfahrten; Nutzung von Elektro- und Hybridelektrofahrzeugen.

Verbrennungsmotor

Wirkung zum	Anschaffungszeitraum	Voraussetzungen	Anzusetzender Bruchteil des BLP/ anzusetzende AHK
n/a	n/a	n/a	¹/₁

Elektrofahrzeuge

Wirkung zum	Anschaffungszeitraum	Voraussetzungen	Anzusetzender Bruchteil des BLP/ anzusetzende AHK
1.1.2019	1.1.2019 bis 31.12.2021	n/a	½
1.1.2020	1.1.2019 bis 31.12.2030	Listenpreis ≤ 60 000 €	¼
	1.1.2019 bis 31.12.2030	Listenpreis > 60 000 €	½
n/a	bis 31.12.2022	o.g. Tatbestände finden keine Anwendung	insgesamt entstandene Aufwendungen abzüglich der Aufwendungen für das Batteriesystem für bis 2013 angeschaffte Kfz um 500 €/ kWh der Batteriekapazität, dieser Betrag mindert sich für in den Folgejahren angeschaffte Kfz um jährlich 50 €/ kWh der Batteriekapazität; die Minderung pro Kfz beträgt höchstens 10 000 €; dieser Höchstbetrag mindert sich für in den Folgejahren angeschaffte Kfz um jährlich 500 €

Extern aufladbare Hybridelektrofahrzeuge[1]

Wirkung zum	Anschaffungszeitraum	Voraussetzungen	Anzusetzender Bruchteil des BLP/ anzusetzende AHK
1.1.2019	1.1.2019 bis 31.12.2021	Kohlendioxidemission[2] höchstens 50 g/km **oder** Mindestreichweite von 40 km	½
1.1.2020	1.1.2019 bis 31.12.2021	Kohlendioxidemission[2] höchstens 50 g/km **oder** Mindestreichweite von 40 km	½
	1.1.2022 bis 31.12.2024	Kohlendioxidemission[2] höchstens 50 g/km **oder** Mindestreichweite von 60 km	½
	1.1.2025 bis 31.12.2030	Kohlendioxidemission[2] höchstens 50 g/km **oder** Mindestreichweite von 80 km	½
n/a	bis 31.12.2022	o.g. Tatbestände finden keine Anwendung	insgesamt entstandene Aufwendungen abzüglich der Aufwendungen für das Batteriesystem für bis 2013 angeschaffte Kfz um 500 €/ kWh der Batteriekapazität, dieser Betrag mindert sich für in den Folgejahren angeschaffte Kfz um jährlich 50 €/ kWh der Batteriekapazität; die Minderung pro Kfz beträgt höchstens 10 000 €; dieser Höchstbetrag mindert sich für in den Folgejahren angeschaffte Kfz um jährlich 500 €

---

[1] Das Fahrzeug muss die Voraussetzungen des § 3 Abs. 2 Nr. 1 oder 2 des Elektromobilitätsgesetzes erfüllen.

[2] Die maßgebliche Kohlendioxidemission sowie die Reichweite des Kraftfahrzeugs unter ausschließlicher Nutzung der elektrischen Antriebsmaschine ist der Übereinstimmungsbescheinigung nach Anhang IX der Richtlinie 2007/46/EG oder aus der Übereinstimmungsbescheinigung nach Art. 38 der Verordnung (EU) Nr. 168/2013 zu entnehmen.

B. Nutzung mehrerer zum Betriebsvermögen gehörender Kfz

Der pauschale Nutzungswert ist für alle Kfz im Betriebsvermögen anzusetzen, für die eine private Nutzung nicht ausgeschlossen werden kann. Gehören demnach mehrere Kfz zu einem Betriebsvermögen, ist § 6 Abs. 1 Nr. 4 Satz 2 EStG grundsätzlich auch dann fahrzeugbezogen, also mehrfach anzuwenden, wenn in tatsächlicher Hinsicht feststeht, dass ausschließlich eine Person die Fahrzeuge auch privat genutzt hat.[1]

Beispiele:

1. Zum Betriebsvermögen des Unternehmers C gehören 5 Kfz, die von C, seiner Ehefrau und dem erwachsenen Sohn auch zu Privatfahrten genutzt werden; von C auch für Fahrten zwischen Wohnung und Betriebsstätte. Ein Kfz wird ausschließlich einem Angestellten auch zur privaten Nutzung überlassen; der Nutzungsvorteil wird bei diesem lohnversteuert. Die betriebliche Nutzung der Kfz beträgt jeweils mehr als 50 %. Es befindet sich kein weiteres Kfz im Privatvermögen. Die private Nutzungsentnahme nach § 6 Abs. 1 Nr. 4 Satz 2 EStG ist für 4 Kfz mit jeweils 1 % des Listenpreises anzusetzen. Zusätzlich ist für Fahrten zwischen Wohnung und Betriebsstätte der Betriebsausgabenabzug zu kürzen. Dabei ist der höchste Listenpreis zugrunde zu legen.
2. Ein Einzelunternehmer hat 6 Kfz im Betriebsvermögen, die von ihm und 3 Angehörigen/Bekannten auch für private Zwecke genutzt werden. Es befindet sich kein weiteres Kfz im Privatvermögen. Die private Nutzungsentnahme ist für 6 Kfz mit jeweils 1 % des Listenpreises anzusetzen.

Ausnahme: Glaubhaftmachung, dass zur Privatsphäre gehörende Personen keinen Betriebs-Pkw nutzen (mittels Fahrtenbuch).
Entsprechendes gilt bei von Personengesellschaftern auch zu Privatfahrten genutzten Pkws.

C. Aufzeichnungspflichten im Fahrtenbuch

Das Fahrtenbuch muss fortlaufend zeitnah in geschlossener (gebundener oder elektronisch gleichwertig manipulationssicherer) Form geführt werden. Die Anlage einer Excel-Datei reicht nicht, weil die Einträge nachträglich verändert werden können.

Für dienstliche Fahrten sind mindestens die folgenden Angaben notwendig[2]:
a) Datum und Kilometerstand zu Beginn und am Ende jeder einzelnen Auswärtstätigkeit (Geschäftsreise, Einsatzwechseltätigkeit, Fahrtätigkeit),
b) Reiseziel und Reiseroute,
c) Reisezweck und aufgesuchte Geschäftspartner.

Für Privatfahrten genügen jeweils Kilometerangaben; für Fahrten zwischen Wohnung und Betriebsstätte genügt jeweils ein kurzer Vermerk im Fahrtenbuch.

---

[1] Vgl. BFH vom 9.3.2010 (BStBl II 2010 S.903), BFH vom 13.6.2013 (BStBl II 2014 S.340); BMF-Schr. vom 18.11.2009 (BStBl I 2009 S.1326); BMF-Schr. vom 15.11.2012 (BStBl I 2012 S.1099); das BMF verlangt für Fälle bis zum 31.12.2009 den Ansatz der 1%-Methode nur für das Kfz mit dem höchsten Bruttolistenpreis.
[2] Beachte Erleicherung bei der Führung eines Fahrtenbuches bei bestimmten Berufsgruppen (vgl. BMF-Schr. vom 4.4.2018, BStBl I 2018 S.589).

D. Private Fahrrad-Nutzung

Die Regelungen für Elektroautos gelten für Kleinkrafträder (s. dazu Kapitel 5.1.6.1.4) entsprechend.

Ein Fahrrad im verkehrsrechtlichen Sinne (s. Kap. 5.1.6.1.4) kann dem Betriebsvermögen bzw. Sonderbetriebsvermögen zugeordnet werden, wenn glaubhaft gemacht wird, dass der dienstliche Nutzungsanteil mindestens 10 % beträgt. Ein Fahrtenbuch ist nicht erforderlich. Im Zweifel sollten a) die Kilometerstände zu Beginn und am Ende des Jahres sowie b) die dienstlichen Fahrten (dazu zählen auch die Fahrten zwischen Wohnung und Betriebsstätte) festgehalten werden. Die Abschreibungen (über 7 Jahre) wirken sich dann steuerlich aus; der Privatnutzungsanteil ist steuerfrei. Es wird ein Vorsteuerabzug gewährt, der private Nutzungsanteil ist jedoch als Eigenverbrauch zu besteuern.

5.1.5.4.7 Pauschbeträge für unentgeltliche Wertabgaben (Sachentnahmen) 2020[1]

Gewerbezweig	Halbjahreswert für eine Person 1. 1. bis 30. 6. 2021 (ohne Umsatzsteuer)[1]		
	ermäßigter Steuersatz €	voller Steuersatz €	insgesamt €
Bäckerei	664	154	818
Fleischerei/Metzgerei	637	255	892
Gaststätten aller Art			
a) mit Abgabe von kalten Speisen	731	376	1 107
b) mit Abgabe von kalten und warmen Speisen	1 247	443	1 690
Getränkeeinzelhandel	54	155	209
Café und Konditorei	637	269	906
Milch, Milcherzeugnisse, Fettwaren und Eier (Eh.)	302	41	343
Nahrungs- und Genussmittel (Eh.)	617	309	926
Obst, Gemüse, Südfrüchte, Kartoffeln (Eh.)	141	121	262

---

[1] BMF-Schr. vom 15.6.2021, BStBl I 2021 S. 811.
[1] Für Kinder bis zum vollendeten 2. Lebensjahr entfällt der Ansatz eines Pauschbetrages. Für Kinder von über 2 bis zu 12 Jahren ist die Hälfte des jeweiligen Wertes anzusetzen. Tabakwaren sind in den Pauschbeträgen nicht enthalten. Soweit diese entnommen werden, sind die Pauschbeträge entsprechend zu erhöhen (Schätzung).

Gewerbezweig	Halbjahreswert für eine Person 1. 7 bis 31. 12. 2021 (ohne Umsatzsteuer)[1]		
	ermäßigter Steuersatz €	voller Steuersatz €	insgesamt €
Bäckerei	664	154	818
Fleischerei/Metzgerei	637	255	892
Gaststätten aller Art			
a) mit Abgabe von kalten Speisen	731	376	1 107
b) mit Abgabe von kalten und warmen Speisen	1 247	443	1 690
Getränkeeinzelhandel	54	155	209
Café und Konditorei	637	269	906
Milch, Milcherzeugnisse, Fettwaren und Eier (Eh.)	302	41	343
Nahrungs- und Genussmittel (Eh.)	617	309	926
Obst, Gemüse, Südfrüchte, Kartoffeln (Eh.)	141	121	262

[1] Für Kinder bis zum vollendeten 2. Lebensjahr entfällt der Ansatz eines Pauschbetrages. Für Kinder von über 2 bis zu 12 Jahren ist die Hälfte des jeweiligen Wertes anzusetzen. Tabakwaren sind in den Pauschbeträgen nicht enthalten. Soweit diese entnommen werden, sind die Pauschbeträge entsprechend zu erhöhen (Schätzung).

Definition	Erhöhung des Betriebsvermögens, die dadurch entsteht, dass Schulden zum Zweck der Sanierung ganz oder teilweise erlassen werden (z.B. Forderungsverzicht, auch mit Besserungsschein)	
Vorschrift	Sanierungserlass (BMF-Schreiben vom 27.3.2003)[1]	§ 3a EStG[2]
Anwendungszeitraum	– Sanierungserlass weiterhin uneingeschränkt anwendbar, wenn Forderungsverzicht bis zum (einschließlich) 8.2.2017 endgültig vollzogen[3] – Vorliegen einer verbindlichen Auskunft oder verbindlichen Zusage und bis zur Entscheidung über die Aufhebung oder Rücknahme Forderungsverzicht ganz oder im Wesentlichen vollzogen – Ansonsten Billigkeitsmaßnahmen unter Widerrufsvorbehalt	– Rückwirkend für Schuldenerlasse nach dem 8.2.2017 (vgl. § 52 Abs.4a EStG), es sei denn, dem Steuerpflichtigen sind auf Antrag Billigkeitsmaßnahmen aus Gründen des Vertrauensschutzes zu gewähren – Auf Antrag ist § 3a EStG auch auf Fälle anzuwenden, in denen die Schulden vor dem 9.2.2017 erlassen wurden.

Voraussetzungen	– Unternehmensbezogene Sanierung
	– Begünstigter Sanierungsgewinn
	  – Sanierungsbedürftigkeit
	  – Sanierungsfähigkeit
	  – Sanierungseignung
	  – Sanierungsabsicht
	– Antrag des Steuerpflichtigen
		– Unternehmensbezogene Sanierung
		– Begünstigter Sanierungsgewinn
		  – Sanierungsbedürftigkeit
		  – Sanierungsfähigkeit
		  – Sanierungseignung
		  – Sanierungsabsicht
		– Antrag des Steuerpflichtigen

---

[1] BStBl I 2003 S.240. Laut Beschluss des GrS vom 28.11.2016 (BStBl II 2017 S.393) verstößt der Sanierungserlass gegen den Grundsatz der Gesetzmäßigkeit der Verwaltung.

[2] § 3a EStG eingeführt durch Gesetz vom 27.6.2017 (BGBl I 2017 S.2074).

[3] Durch BMF-Schr. vom 27.4.2017 (BStBl I 2017 S.741) wird unter bestimmten Voraussetzungen Vertrauensschutz gewährt. Im finanzgerichtlichen Verfahren werden nach dem BFH vom 8.5.2018 die BMF-Schr. vom 27.3.2003 (BStBl I 2003 S.240), 27.4.2017 (BStBl I 2017 S.741) und 29.3.2018 (BStBl I 2018 S.588) für Schulden, die vor dem 9.2.2017 erlassen wurden, aufgrund fehlender Rechtsgrundlagen nicht berücksichtigt; so auch BFH vom 23.8.2017 (X R 38/15 und I R 52/14).

Rechtsfolgen	– Stundung unter Widerrufs-vorbehalt (§ 222 AO)
	– Abschließende Prüfung
	  – Ablauf eines evtl. Besse-rungszeitraums
	  – Verbrauch eines Verlust-vortrags
	  – Verlustrücktrag aus dem Folgejahr
	  – Abschluss einer evtl. Betriebsprüfung
	– Erlass der gestundeten Steuer inkl. Zinsen (§ 227 AO)
		Steuerbefreiung des Sanierungsertrags (§ 3a Abs. 1 Satz 1 EStG)

Höhe der Stundung bzw. der Steuer-befreiung nach § 3a EStG	Verbleibender Restbetrag nach totaler Verlustverrechnung, d.h.
	– Ausnutzung von Verlust-vorträgen
	– vollständige Ausnutzung von Verlustrückträgen
	– Verlustausgleich trotz beste-hender Ausgleichs- und Ver-rechnungsbeschränkungen:
	  – § 2a EStG (ausländische Verluste)
	  – §§ 2b/15b EStG (Verlustzu-weisungs-/Steuerstundungs-modelle)
	  – § 10d EStG (Mindest-besteuerung)
	  – § 15 Abs. 4 EStG (atypisch stille Gesellschaft)
	  – § 15a EStG (Kommanditisten)
	  – § 23 Abs. 3 EStG (private Veräußerungsgeschäfte)
		Verbleibender Sanierungsertrag unter Berücksichtigung von:
		– Verbrauch bestehender Verlustver-rechnungspotenziale aus den Vor-jahren, dem Sanierungsjahr und dem Sanierungsjahr folgenden Jahr bis zur Höhe des um die nicht ab-ziehbaren Sanierungskosten gem. § 3c Abs. 4 ESt geminderten Sanie-rungsertrags (auch ggf. bei anderen Steuerpflichtigen); die Reihenfolge der Minderung der jeweiligen Verlustverrechnungspotenziale ist zu beachten (§ 3a Abs. 3 EStG).
		– Steuerliche Wahlrechte (z.B. Teil-wertabschreibungen auf den niedri-geren Teilwert) sind im Sanierungs-jahr und Folgejahr gewinnmindernd auszuüben.
		– Betriebsvermögensminderungen oder Betriebsausgaben, die mit einem steuerfreien Sanierungser-trag in unmittelbarem wirtschaftli-chen Zusammenhang stehen, dür-fen nicht abgezogen werden.
		– Sanierungskosten sind ausnahmsweise abzugsfähig, so-weit kein verbleibender Sanierungs-ertrag mehr vorhanden ist.

Prüfungsschema für den steuerfreien Sanierungsgewinn nach § 3a, § 3c Abs. 4 EStG[1]

Unternehmen (Gewerbebetrieb, land- und forstwirtschaftlicher Betrieb oder Praxis) mit Gewinnermittlung nach § 4 Abs. 1 oder 3 bzw. § 5 EStG

↓

Schuldenerlass führt zu „Betriebsvermögensmehrungen oder Betriebseinnahmen" (§ 3a Abs. 1 Satz 1 EStG)

↓

Unternehmensbezogene Sanierung (§ 3a Abs. 2 EStG)	Unternehmerbezogene Sanierung nur in gesetzlich geregelten Einzelfällen begünstigt (§ 3a Abs. 5 EStG)

Sanierungsvoraussetzungen liegen vor
– Sanierungsbedürftigkeit:
  Existenz des Unternehmens durch Überschuldung bedroht
– Sanierungsfähigkeit und -eignung:
  Das Überleben des Unternehmens ist durch den Schuldenerlass und andere Sanierungsmaßnahmen gewährleistet
– Sanierungsabsicht: Der Schuldenerlass muss „zum Zwecke einer … Sanierung" erfolgen
	Einzige Sanierungsvoraussetzung ist die Sanierungsabsicht der Gläubiger; die übrigen unternehmensbezogenen Voraussetzungen entfallen. Begünstigt sind nur Erträge aus
	– Restschuldbefreiung (§§ 286 ff. InsO),
	– Schuldenerlass aufgrund eines außergerichtlichen Schuldenbereinigungsplans zur Vermeidung eines Verbraucherinsolvenzverfahrens (§§ 304 ff. InsO) oder
	– Schuldenerlass aufgrund eines Schuldenbereinigungsplans, dem in einem Verbraucherinsolvenzverfahren zugestimmt wurde oder diese Zustimmung durch das Gericht ersetzt wurde.

↓

gewinnmindernde Ausübung steuerlicher Wahlrechte im Sanierungs- und im Folgejahr (§ 3a Abs. 1 Satz 2 und 3 EStG). Teilwertabschreibung als Regelbeispiel

↓

Minderung des steuerfreien Sanierungsertrags um die nach § 3c Abs. 4 EStG nicht abziehbaren Beträge aus den Veranlagungszeiträumen vor dem und im Sanierungsjahr (§ 3a Abs. 3 Satz 1 EStG: geminderter Sanierungsertrag)

↓

Verlust- und Aufwandsverrechnung erster Stufe: Verbrauch des verteilt abziehbaren Aufwands nach § 4f EStG, der Verluste, negativen Einkünfte, Zinsvorträge oder EBITDA-Vorträge nach § 4h EStG des sanierungsbedürftigen Unternehmens, des Unternehmers oder Mitunternehmers aus den Vorjahren, dem Sanierungs- und dem Folgejahr (§ 3a Abs. 3 Satz 2 EStG)

↓

Verlust- und Aufwandsverrechnung zweiter Stufe: Verbrauch der Verrechnungsmassen nahestehender Personen, die erlassenen Schulden innerhalb von fünf Jahren vor dem Schuldenerlass auf das zu sanierende Unternehmen übertragen haben und soweit das Verrechnungspotenzial zum Ablauf des Wirtschaftsjahrs der Übertragung bereits vorhanden war (§ 3a Abs. 3 Satz 3 EStG). Der sich nach der Verrechnung ergebende Betrag ist der verbleibende Sanierungsertrag (§ 3a Abs. 3 Satz 4 EStG)

↓

Verbleibender Sanierungsertrag (§ 3a Abs. 3 Satz 4 EStG): Nur dieser Sanierungsertrag ist steuerfrei. Die vom geminderten Sanierungsertrag verbrauchten Verlustverrechnungsmöglichkeiten gehen endgültig unter (§ 3a Abs. 3 Satz 5 EStG)

[1] Vgl. *Kanzler*, NWB 2017, S. 2260 (2274).

5.1.6 Einkünfte aus nichtselbständiger Arbeit

5.1.6.1 Einkunftsabgrenzung und Einnahmen aus nichtselbständiger Arbeit

5.1.6.1.1 Überblick

Grundsatz	Arbeitslohn ist die Gegenleistung für das Zurverfügungstellen der individuellen Arbeitskraft.
Zusätzliche Bestandteile zum Arbeitslohn	– Lohnzuschläge für **Mehrarbeit** und **Erschwerniszuschläge** (z.B. Hitzezuschläge, Wasserzuschläge, Gefahrenzuschläge, Schmutzzulagen) – Entschädigungen, die für **nicht gewährten Urlaub** gezahlt werden – **Einarbeitungszuschuss** nach §7 Abs.5 des Soldatenversorgungsgesetzes – **pauschale Fehlgeldentschädigungen**, die Arbeitnehmern im Kassen- und Zähldienst gezahlt werden, soweit sie 16 € im Monat übersteigen – **Trinkgelder**, Bedienungszuschläge und ähnliche Zuwendungen, auf die der Arbeitnehmer einen Rechtsanspruch hat (aber befreit nach §3 Nr.51 EStG) – Vergütungen des Arbeitgebers zum Ersatz der dem Arbeitnehmer berechneten **Kontoführungsgebühren** – Vergütungen des Arbeitgebers zum Ersatz der Aufwendungen des Arbeitnehmers für **Fahrten zwischen Wohnung und erster Tätigkeitsstätte**, soweit die Aufwendungen nicht zu den Reisekosten (R9.5 LStR 2015) gehören
Keine Bestandteile des Arbeitslohns	– der Wert der unentgeltlich zur beruflichen Nutzung überlassenen **Arbeitsmittel** – die vom Arbeitgeber aufgrund gesetzlicher Verpflichtung nach §3 Abs.2 Nr.1 und Abs.3 ArbSchG i.V.m. §6 Abs.1 BildscharbV übernommenen angemessenen Kosten für eine **spezielle Sehhilfe**, wenn aufgrund einer Untersuchung der Augen und des Sehvermögens durch eine fachkundige Person i.S.d. §6 Abs.1 BildscharbV sowie der Verordnung zur arbeitsmedizinischen Vorsorge die spezielle Sehhilfe notwendig ist, um eine ausreichende Sehfähigkeit in den Entfernungsbereichen des Bildschirmarbeitsplatzes zu gewährleisten – übliche Sachleistungen des Arbeitgebers aus Anlass der **Diensteinführung**, eines **Amts- oder Funktionswechsels**, eines **runden Arbeitnehmerjubiläums** (R19.5 Abs.2 Satz 4 Nr.3 LStR 2015) oder der **Verabschiedung** eines Arbeitnehmers; betragen die Aufwendungen des Arbeitgebers einschließlich Umsatzsteuer mehr als 110 €[1] je teilnehmender Person, so sind die Aufwendungen dem Arbeitslohn des Arbeitnehmers hinzuzurechnen; auch Geschenke bis zu einem Gesamtwert von 60 € sind in die 110-€-Grenze einzubeziehen.

Gleiches gilt für übliche Sachleistungen bei einem Empfang anläss-
lich eines **runden Geburtstages** eines Arbeitnehmers, wenn es sich
unter Berücksichtigung aller Umstände des Einzelfalls um ein Fest
des Arbeitgebers (betriebliche Veranlassung) handelt. Bei Prüfung
der Freibetragsregelung von 110 € muss sich der Arbeitnehmer die
auf ihn selbst entfallenden Aufwendungen sowie seiner Familien-
angehörigen und privaten Gäste anrechnen lassen.
– pauschale Zahlungen des Arbeitgebers an ein **Dienstleistungsun-
ternehmen**, das sich verpflichtet, alle Arbeitnehmer des Auftraggebers kostenlos in persönlichen und sozialen Angelegenheiten
zu beraten und zu betreuen, beispielsweise durch die Übernahme
der Vermittlung von Betreuungspersonen für Familienangehörige

5.1.6.1.2 Monatliche Sachbezüge 2021[1, 2]

A. Sachbezugswerte für freie Verpflegung 2021

Personenkreis		Früh-stück €	Mittag-essen €	Abend-essen €	Verpflegung insgesamt €
Arbeitnehmer einschließlich Jugendliche und Auszubildende	mtl.	55,00	104,00	104,00	263,00
	ktgl.	1,83	3,47	3,47	8,77
Volljährige Familienangehörige	mtl.	55,00	104,00	104,00	263,00
	ktgl.	1,83	3,47	3,47	8,77
Familienangehörige vor Voll-endung des 18. Lebensjahres	mtl.	44,00	83,20	83,20	210,40
	ktgl.	1,46	2,78	2,78	7,02
Familienangehörige vor Voll-endung des 14. Lebensjahres	mtl.	22,00	41,60	41,60	105,20
	ktgl.	0,73	1,39	1,39	3,51
Familienangehörige vor Voll-endung des 7. Lebensjahres	mtl.	16,50	31,20	31,20	78,90
	ktgl.	0,55	1,04	1,04	2,63

---

[1] Sachbezüge gemäß §§ 1–3 der Sozialversicherungsentgeltverordnung.
[2] Unentgeltlich gewährte Sachbezüge, die von dieser Übersicht nicht erfasst werden,
sind mit dem um übliche Preisnachlässe geminderten üblichen Endpreis am Abgabe-
ort zu bewerten.

B. Sachbezugswerte für freie Unterkunft 2021

Personenkreis	Unterkunft belegt mit		Unterkunft allgemein €	Arbeitgeberhaushalt[1] oder Gemeinschaftsunterkunft[2] €
Volljährige Arbeitnehmer	1 Beschäftigtem	mtl.	237,00	201,45
		ktgl.	7,90	6,72
	2 Beschäftigten	mtl.	142,20	106,65
		ktgl.	4,74	3,56
	3 Beschäftigten	mtl.	118,50	82,95
		ktgl.	3,95	2,77
	mehr als 3 Beschäftigten	mtl.	94,80	59,25
		ktgl.	3,16	1,98
Jugendliche und Auszubildende	1 Beschäftigtem	mtl.	201,45	165,90
		ktgl.	6,72	5,53
	2 Beschäftigten	mtl.	106,65	71,10
		ktgl.	3,56	2,37
	3 Beschäftigten	mtl.	82,95	47,40
		ktgl.	2,77	1,58
	mehr als 3 Beschäftigten	mtl.	59,25	23,70
		ktgl.	1,98	0,79

---

[1] Eine Aufnahme in den Arbeitgeberhaushalt liegt vor, wenn der Arbeitnehmer sowohl in die Wohnungs- als auch in die Verpflegungsgemeinschaft des Arbeitgebers aufgenommen wird. Wird ausschließlich die Unterkunft gestellt, liegt keine „Aufnahme" in den Arbeitgeberhaushalt vor mit der Folge, dass der ungekürzte Unterkunftswert anzusetzen ist.

[2] Merkmale einer Gemeinschaftsunterkunft sind gemeinschaftlich zu nutzende Wasch- und Duschräume, Toiletten und ggf. Gemeinschaftsküche oder Kantine (z. B. Lehrlingswohnheime, Schwesternwohnheime, Kasernen). Die Mehrfachbelegung eines Raumes allein hat nicht die Bewertung als Gemeinschaftsunterkunft zur Folge; dies wird vielmehr bereits durch gesonderte Abschläge berücksichtigt.

C. Unentgeltliche oder verbilligte Mahlzeiten im Betrieb (Deutschland gesamt)

Volljährige und Jugendliche	€
Frühstück	1,83
Mittag-/Abendessen	je 3,47

D. Freie Wohnung

Merkmale einer Wohnung			– In sich geschlossene Einheit von Räumen, in denen ein selbständiger Haushalt geführt werden kann, z.B. Einzimmerappartement mit Küchenzeile und WC als Nebenraum[1] – Wasserversorgung und -entsorgung, eine einer Küche vergleichbare Kochgelegenheit sowie eine Toilette
Bewertung	Grundsatz		Ansatz des ortsüblichen Mietpreises (keine Festsetzung eines amtlichen Sachbezugswertes)
	Ausnahme	Voraussetzungen	Festlegung des ortsüblichen Mietpreises ist mit außerordentlichen Schwierigkeiten verbunden
		Höhe	– einfache Ausstattung (ohne Sammelheizung oder ohne Bad oder Dusche): 3,40 € pro m^2 monatlich – andernfalls: 4,16 € pro m^2 monatlich

E. Sachbezugswerte für Teil-Entgeltabrechnungszeitraum

Für die Ermittlung des anzusetzenden Sachbezugswertes für einen Teil-Entgeltabrechnungszeitraum sind die jeweiligen Tagesbeträge mit der Anzahl der Kalendertage zu multiplizieren.

Beispiel:
Ein Arbeitnehmer nimmt am 15.1. eine Beschäftigung auf und wird bei freier Verpflegung und freier Unterkunft in den Arbeitgeberhaushalt aufgenommen.

Verpflegung in €	$8{,}77 \times 17$ Tage = 149,09
Unterkunft in €	$6{,}72 \times 17$ Tage = 114,24
Sachbezugswert insgesamt in €	263,33

---

[1] Können Bad, Toilette und Küche mitbenutzt werden, liegt eine Unterkunft vor. Die Zurverfügungstellung einer Wohnung für mehrere Arbeitnehmer zur gemeinsamen Nutzung gilt nicht als freie Wohnung, sondern als freie Unterkunft (siehe Punkt B).

5.1.6.1.3   Kfz-Gestellung an Arbeitnehmer

A. Grundsatz

Die Besteuerung der privaten Nutzung eines Dienstwagens ist in § 8 Abs. 2 EStG i. V. m. § 6 Abs. 1 Nr. 4 Satz 2 EStG geregelt.

	1 %-Methode	Fahrtenbuchmethode
Privatnutzung	1 % des inländischen Listenpreises im Zeitpunkt der Erstzulassung zuzüglich der Kosten für Sonderausstattung einschließlich Umsatzsteuer pro Monat. Bei Elektro- oder extern aufladbaren Hybridelektrofahrzeugen ist der Listenpreis um die darin enthaltenen Kosten des Batteriesystems im Zeitpunkt der Erstzulassung des Kraftfahrzeugs wie folgt zu mindern: für bis zum 31. 12. 2013 angeschaffte Kraftfahrzeuge um 500 Euro pro Kilowattstunde der Batteriekapazität, dieser Betrag mindert sich für in den Folgejahren angeschaffte Kraftfahrzeuge um jährlich 50 Euro pro Kilowattstunde der Batteriekapazität; die Minderung pro Kraftfahrzeug beträgt höchstens 10 000 Euro; dieser Höchstbetrag mindert sich für in den Folgejahren angeschaffte Kraftfahrzeuge um jährlich 500 Euro. Bei Anschaffung nach dem 31. 12. 2018 und vor dem 1. 1. 2022 ist der Listenpreis nur zur Hälfte anzusetzen; bei extern aufladbaren Hybridelektrofahrzeugen muss das Fahrzeug die Voraussetzungen des § 3 Abs. 2 Nr. 1 oder 2 des Elektromobilitätsgesetzes erfüllen. Für Dienstwagen mit einem Bruttolistenpreis von bis zu 60 000 €, die keine Kohlendioxidemission je gefahrenen Kilometer aufweisen und die zwischen dem 1. 1. 2019 und dem 31. 12. 2030 angeschafft werden, sind lediglich 25 % des Bruttolistenpreises anzusetzen. Begünstigungen für Fahrzeuge mit einer Kohlendioxidemission von höchstens 50 Gramm gibt es abhängig von der Reichweite der elektrischen Antriebsmaschine und dem Anschaffungszeitpunkt (beginnend ab dem 1. 1. 2022) unter den in § 6 Abs. 1 Nr. 4 EStG genannten Voraussetzungen mit der Folge eines Ansatzes von 50 % des Bruttolistenpreises.	anteilig auf Privatfahrten entfallende Kosten. Bei Elektro- oder extern aufladbaren Hybridelektrofahrzeugen sind die der Berechnung der Entnahme zugrunde zu legenden Aufwendungen zur Ermittlung der Anschaffungskosten des Fahrzeugs für Abschreibungen um die bei der 1%-Methode pauschal festgelegten Aufwendungen des Batteriesystems bzw. bei Anschaffung nach dem 31. 12. 2018 und vor dem 1. 1. 2022 um die Hälfte, bei nach dem 1. 1. 2019 angeschafften Dienstwagen mit einem Bruttolistenpreis von bis zu 60 000 €, die keine Kohlendioxidemission je gefahrenen Kilometer aufweisen, um 75 % des Listenpreises zu mindern.
Fahrten zwischen Wohnung und erster Tätigkeitsstätte	0,03 % des Listenpreises (wie oben) für jeden km der Entfernung zwischen Wohnung und erster Tätigkeitsstätte pro Monat	

	1 %-Methode	Fahrtenbuchmethode
Familien-heimfahrten bei doppelter Haushaltsführung	0,002 % des Listenpreises (wie oben) für jeden km der Entfernung zwischen Ort des eigenen Hausstandes und Beschäftigungsort	

B. Beispiel

Dem Arbeitnehmer wird in 2022 ein Dienstwagen (kein Elektro- oder Hybridfahrzeug) zur Verfügung gestellt, den er auch privat nutzt. Für die Berechnung ist von folgenden Zahlen auszugehen:

–	Listenpreis (inkl. USt)	25 000 €	–	Fahrten Wohnung – erste Tätigkeitsstätte im Jahr	9 000 km
–	Gesamtkosten im Jahr (inkl. USt)	9 500 €	–	Arbeitstage im Jahr	150
–	Nettoaufwendungen im Jahr	7 000 €	–	Entfernung Wohnung – erste Tätigkeitsstätte	30 km
–	Jahresfahrleistung lt. Fahrtenbuch	25 000 km	–	Familienheimfahrten im Jahr	40
–	Privatfahrten im Jahr	2 000 km	–	davon einmal wöchentlich	20
			–	Entfernung zur Familie	175 km

C. Berechnung

1%-Methode	€	€	Fahrtenbuchmethode	€	€
1. Privatfahrten			**1. Privatfahrten**		
1 % von 25 000,00 € × 12 Monate	3 000,00		2 000 km : 25 000 km × 9 500 €	760,00	
+ Nutzungswerterhöhung[2]	0,00		+ Nutzungswerterhöhung[2]	0,00	
= Nutzungswert	**3 000,00**		**= Nutzungswert**	**760,00**	
			2 000 km : 25 000 km × 7 000 €	560,00	
USt 19 % von 2 521,01 € (3 000,00 €/1,19)		478,99	USt 19 % von 560,00 €		106,40
2. Fahrten Wohnung – erste Tätigkeitsstätte			**2. Fahrten Wohnung – erste Tätigkeitsstätte**		
0,03% von 25 000,00 € × 12 Monate × 30 km	2 700,00		9 000 km : 25 000 km × 9 500 €	3 420,00	
+ Nutzungswerterhöhung[2]	0,00		+ Nutzungswerterhöhung[2]	0,00	
= Nutzungswert	**2 700,00**		**= Nutzungswert**	**3 420,00**	
abzüglich Werbungskosten:			abzüglich Werbungskosten:		
20 km × 150 Tage × 0,30 €	900		20 km × 150 Tage × 0,30 €	900	
10 km × 150 Tage × 0,35 €	525		10 km × 150 Tage × 0,35 €	525	
	1 425			1 425	
dem Arbeitslohn zuzurechnen	1 275		dem Arbeitslohn zuzurechnen	1995	
pauschale Lohnsteuer 15 % von 1 425 €[1]		213,75	pauschale Lohnsteuer 15 % von 1 425 €[1]		213,75
			9 000 km : 25 000 km × 7 000 €	2 520,00	
USt 19 % von 2 268,91 € (2 700,00 €/1,19)		431,09	USt 19 % von 2 520,00 €		478,80

[1] Die Pauschalierung ist gem. § 40 Abs.2 Satz 2 EStG möglich. Die pauschal besteuerten Bezüge mindern den Nutzungswert (bei Lohnversteuerung) und die Werbungskosten (bei Veranlagung).
[2] Nutzungswerterhöhungen sind z.B. bei Fahrergestellung möglich.

1 %-Methode	€	€	Fahrtenbuchmethode	€	€
3. Familienheimfahrten (2. Fahrt)[1]			**3. Familienheimfahrten (2. Fahrt)[1]**		
0,002 % von 25 000,00 € × 20 Fahrten × 175 km	1 750,00		7 000 km : 25 000 km × 9 500 €	2 660,00	
+ Nutzungswerterhöhung[6]	0,00		+ Nutzungswerterhöhung[6]	0,00	
= Nutzungswert[2]		**1 750,00**	**= Nutzungswert[2]**		**2 660,00**
			14 000 km : 25 000 km × 7 000 €		3 920,00
USt[3] 19 % von 2 941,18 € (3 500 €/1,19)		558,82	USt[3] 19 % von 3 920,00 €		744,80
4. Ergebnis			**4. Ergebnis**		
Summe der Nutzungswerte Pauschalierung[4]		**7 450,00**	**Summe der Nutzungswerte Fahrtenbuch[5]**		**6 840,00**
./. Werbungskosten nach § 9 Abs. 2 EStG[5]		1 425,00	./. Werbungskosten nach § 9 Abs. 2 EStG[5]		1 425,00
= Auswirkung auf das zu versteuernde			**= Auswirkung auf das zu versteuernde**		
Einkommen		**6 025,00**	**Einkommen**		**5 415,00**

Hinweise zur umsatzsteuerlichen Auswirkung:

Überlässt der Unternehmer (Arbeitgeber) seinem Arbeitnehmer ein Kraftfahrzeug auch zur privaten Nutzung im Rahmen des Dienst- oder Arbeitsverhältnisses, ist grundsätzlich eine entgeltliche sonstige Leistung i. S. d. § 1 Abs. 1 Nr. 1 UStG anzunehmen, bei der die Gegenleistung der entsprechende Teil der Arbeitsleistung ist. Der Arbeitgeber kann die bei der Anschaffung des Kraftfahrzeugs gesondert ausgewiesene Umsatzsteuer unter den Voraussetzungen des § 15 UStG als Vorsteuer abziehen. Beim Arbeitgeber ist ferner die Umsatzsteuer aus den laufenden Unterhaltskosten des Fahrzeugs (Benzin-, Wartungs-, Reparaturkosten) als Vorsteuer abziehbar. Bei einem Leasing-Fahrzeug kann die Umsatzsteuer aus den Leasingraten als Vorsteuer abgezogen werden. Fahrzeuge werden durch die umsatzsteuerpflichtige Überlassung an das Personal ausschließlich unternehmerisch genutzt. Eine gemischte unternehmerisch/private Nutzung liegt nicht vor. Der Vorsteuerabzug sowohl aus den Anschaffungskosten als auch aus den Unterhaltskosten kann weiterhin in voller Höhe in Anspruch genommen werden. Dies gilt auch für die Überlassung von Fahrzeugen an Gesellschafter-Geschäftsführer von Kapitalgesellschaften (z. B. GmbH), die umsatzsteuerlich dem Personal zugeordnet werden.

---

[1] Für die 1. Familienheimfahrt entfällt der Ansatz eines Sachbezugswerts, dafür ist auch kein Werbungskostenabzug möglich (§ 8 Abs. 2 Satz 5 EStG).

[2] Kein Werbungskostenabzug gemäß § 9 Abs. 1 Nr. 5 Satz 6 EStG.

[3] Der Umsatzsteuer unterliegen die auf die Familienheimfahrten entfallenden Kosten auch dann, wenn ein lohnsteuerlicher Wert nach §§ 8 Abs. 2 Satz 5 EStG nicht anzusetzen ist (BMF-Schreiben vom 27.8.2004, BStBl I 2004 S. 864).

[4] Ggf. Deckelung auf Gesamtkosten.

[5] Bei Pauschalierung Minderung der lohnsteuerlichen Sachbezugswerte; dafür auch Minderung der Werbungskosten.

[6] Nutzungswerterhöhungen sind z. B. bei Fahrergestellung möglich.

5.1.6.1.4   Gestellung von Fahrrädern, Pedelecs und E-Bikes an Arbeitnehmer

A. Fahrrad im verkehrsrechtlichen Sinn

Fahrrad	Kein Fahrrad (Kleinkrafträder)
Fahrräder ohne Motor – Pedelecs mit Pedalunterstützung durch Elektromotor bis 25 km/h – E-Bikes mit Motorunterstützung bis 6 km/h	– S-Pedelecs mit Pedalunterstützung durch Elektromotor bis 45 km/h – E-Bikes mit Motorunterstützung über 6 km/h

Für Kleinkrafträder gelten die unter 5.1.6.1.3 dargestellten Regelungen für Kraftfahrzeuge.

B. Steuerliche Behandlung

Zusätzlich zum ohnehin geschuldeten Arbeitslohn vom Arbeitgeber gewährte Vorteile für die Überlassung eines betrieblichen Fahrrads, das kein Kraftfahrzeug im Sinne des § 6 Abs. 1 Nr. 4 Satz 2 EStG ist, bleiben seit dem 1.1.2019 gem. § 3 Nr. 37 EStG steuerfrei.

Überlässt der Arbeitgeber oder auf Grund des Dienstverhältnisses ein Dritter dem Arbeitnehmer ein betriebliches Fahrrad nicht zusätzlich (z.B. durch Entgeltumwandlung oder arbeitsrechtlichen Vergütungsbestandteil) zur privaten Nutzung, gilt Folgendes[1]:

Erstmalige Überlassung	
– vor dem 1.1.2019	monatlich 1 % der auf volle 100 € abgerundeten unverbindlichen Preisempfehlung des Herstellers, Importeurs oder Großhändlers im Zeitpunkt der Inbetriebnahme einschl. Umsatzsteuer (Abgeltung sämtlicher Fahrten, auch zwischen Wohnung und erster Tätigkeitsstätte)
– nach dem 31.12.2018 und vor dem 1.1.2031	Abrechnungszeitraum **im Jahr 2019**: – monatlich 1 % der auf volle 100 € abgerundeten **halbierten** unverbindlichen Preisempfehlung des Herstellers, Importeurs oder Großhändlers im Zeitpunkt der Inbetriebnahme einschl. Umsatzsteuer (Abgeltung sämtlicher Fahrten, auch zwischen Wohnung und erster Tätigkeitsstätte)

---

[1]   § 8 Abs. 2 Satz 10 EStG i.V.m. BMF-Schreiben vom 9.1.2020, BStBl I 2020 S. 174.

Erstmalige Überlassung	
– nach dem 31.12.2018 und vor dem 1.1.2031	Abrechnungszeitraum **ab dem Jahr 2020**: – monatlich 1 % eines auf volle 100 € abgerundeten **Viertels** der unverbindlichen Preisempfehlung des Herstellers, Importeurs oder Großhändlers im Zeitpunkt der Inbetriebnahme einschl. Umsatzsteuer (Abgeltung sämtlicher Fahrten, auch zwischen Wohnung und erster Tätigkeitsstätte)

Die Freigrenze für Sachbezüge nach § 8 Abs. 2 Satz 11 EStG von 44 € (ab 2022: 50 €) ist nicht anzuwenden.

Gehört die Nutzungsüberlassung von Fahrrädern zur Angebotspalette des Arbeitgebers an fremde Dritte (z. B. Fahrradverleihfirmen), kann der geldwerte Vorteil auch nach § 8 Abs. 3 EStG ermittelt und der Rabattfreibetrag in Höhe von 1 080 € berücksichtigt werden, wenn die Lohnsteuer nicht nach § 40 EStG pauschal erhoben wird.

C. Beispiel

Einem Arbeitnehmer wird im Jahr 2021 erstmalig ein Pedelec (= verkehrsrechtliches Fahrrad) zur Verfügung gestellt, das auch privat genutzt werden darf. Die monatliche Leasingrate beträgt 70 € zuzüglich USt 13,30 € (brutto 83,30 €). Das Pedelec hat einen Brutto-Listenpreis von 2 200 €. Der Arbeitnehmer verzichtet durch Gehaltsumwandlung auf die vom Arbeitgeber zu tragende Leasinggebühr. Vorher hatte er einen Bruttoarbeitslohn von 4 100 € erhalten.

Neuberechnung Arbeitslohn

Ursprünglicher Bruttoarbeitslohn	4.100,00 €
abzüglich Gehaltsumwandlung Leasingrate brutto	−83,30 €
zuzüglich 1 % von 2 200 € / 4	5,50 €
Neuer Bruttoarbeitslohn	4.022,20 €
= Monatliche Minderung des Bruttoarbeitslohns (als Bemessungsgrundlage der Lohnsteuerersparnis)	77,80 €

D. Weitere steuerliche Folgen für Arbeitnehmer und Arbeitgeber

– Aus Billigkeitsgründen rechnen vom Arbeitgeber gewährte Vorteile für das elektrische Aufladen von Elektrofahrrädern, die verkehrsrechtlich nicht als Kraftfahrzeug einzuordnen sind, im Betrieb des Arbeitgebers oder eines verbundenen Unternehmens nicht zum Arbeitslohn[1].

– Obwohl ein zusätzlicher geldwerter Vorteil für die Fahrten zwischen Wohnung und erster Tätigkeitsstätte nicht anzusetzen ist, kann der Arbeitnehmer die Entfernungspauschale geltend machen.

---

[1] BMF-Schreiben vom 26.10.2017, BStBl 2017 I S. 1439.

- Umsatzsteuerlich liegt ein Leistungsaustausch vor, so dass der Unternehmer Umsatzsteuer auf die sonstige Leistung abführen muss. Die lohnsteuerlichen Werte sind Bruttobeträge, aus denen die Umsatzsteuer herauszurechnen ist[1]. Die ertragsteuerliche Kürzung auf ein Viertel (oder in 2019 die Hälfte) gilt umsatzsteuerlich nicht.
- Beim Erwerb des Fahrrads durch den Arbeitnehmer nach dem Leasingende ist zu prüfen, ob das Rad zu einem geringeren Preis als dem gemeinen Wert erworben wurde. Aus Vereinfachungsgründen akzeptiert die Finanzverwaltung nach einer Leasinglaufzeit von 36 Monaten einen Wert von 40% der auf volle 100 € abgerundeten unverbindlichen Preisempfehlung des Herstellers, Importeurs oder Großhändlers im Zeitpunkt der Inbetriebnahme. Wenn dem Arbeitnehmer ein geldwerter Vorteil entsteht, ist eine Pauschalierung durch den Arbeitgeber mit 30% gem. § 37b Abs. 1 EStG möglich[2].

---

[1] Abschn. 15.23 Abs. 11 Satz 2 UStAE.
[2] BMF-Schreiben vom 17.11.2017, BStBl 2017 I S. 1546.

5.1.6.1.5   Vermögensbildung

A. Begünstigte Anlageformen[1]

Anlageform 1	Anlageform 2	Anlageform 3
Beteiligung i.S.d. §2 Abs. 1 Nr. 1 bis 3 und Abs. 2 bis 4 VermBG:	Anlagen i.S.d. §2 Abs. 1 Nr. 4 und 5 VermBG:	Anlagen i.S.d. §2 Abs. 1 Nr. 6 und 7 VermBG:
Vermögensbeteiligungen, die angelegt werden auf – Sparverträge über Wertpapiere oder andere Vermögensbeteiligungen – Vertrag zwischen ArbN und einem Kreditinstitut – (§2 Abs. 1 Nr. 1 i.V.m. §4 VermBG) – Wertpapier-Kaufverträge – Vertrag zwischen ArbN und ArbG – (§2 Abs. 1 Nr. 2 i.V.m. §5 VermBG) – Beteiligungs-Verträge – Vertrag zwischen ArbN und ArbG zur Begründung von bestimmten Rechten am Unternehmen des ArbG – (§2 Abs. 1 Nr. 3 i.V.m. §6 VermBG) – Beteiligungs-Kaufverträge – Kaufvertrag zwischen ArbN und ArbG zum Erwerb von bestimmten Rechten – (§2 Abs. 1 Nr. 3 i.V.m. §7 VermBG)	Aufwendungen – nach den Vorschriften des Wohnungsbau-Prämiengesetzes (§2 Abs. 1 Nr. 4 VermBG, §2 WoPG) – zum Bau, zum Erwerb, zum Ausbau, zur Erweiterung oder zur Entschuldung eines Wohngebäudes usw. (§2 Abs. 1 Nr. 5 VermBG)	Beiträge aufgrund eines – Sparvertrages zwischen dem ArbN und einem Kreditinstitut (§2 Abs. 1 Nr. 6 i.V.m. §8 VermBG); – Kapitalversicherungsvertrages (§2 Abs. 1 Nr. 7 i.V.m. §9 VermBG)
Für vermögenswirksame Leistungen, die nach dem 31. 12. 2008 angelegt werden, beträgt die ArbN-Sparzulage 20% von höchstens 400 €.	Die ArbN-Sparzulage beträgt 9% bei jährlichen Aufwendungen bis zu 470 €. Zusätzliche Aufwendungen bis 512 € bzw. 1 024 € bei Ehegatten sind nach §3 WoPG begünstigt. Die Prämie beträgt 8,8% der Aufwendungen.	Keine ArbN-Sparzulage Nullförderungs-Verträge[2]

---

[1] Schaubild vgl. LEXinform Dok.-Nr. 0630880.
[2] Unabhängig von der fehlenden Förderung werden die Nullförderungsverträge häufig von Arbeitnehmern abgeschlossen, die zwar vermögenswirksame Leistungen, aber aufgrund der Höhe ihres zu versteuernden Einkommens keine Arbeitnehmer-Sparzulage erhalten.

B. Übertragung von Vermögensbeteiligungen § 19a EStG[1]

Besteuerungsaufschub und Bewertung § 19a Abs. 1 EStG	– Bestimmte Vermögensbeteiligungen i.S.v. § 2 5. VermBG an dem Unternehmen des Arbeitgebers – Unentgeltliche oder verbilligte Übertragung vom Arbeitgeber zusätzlich zum ohnehin geschuldeten Arbeitslohn an den Arbeitnehmer – keine Besteuerung des Vorteils im Jahr der Übertragung, auch wenn der Freibetrag gemäß § 3 Nr. 39 EStG (1440 €) überschritten ist – Ansatz der Anschaffungskosten mit dem gemeinen Wert
Verfahrensfragen § 19a Abs. 2 EStG	– Vorläufige Nichtbesteuerung nur im Lohnsteuerabzugsverfahren mit Zustimmung des Arbeitnehmers möglich – Eine Nachholung der vorläufigen Nichtbesteuerung im Veranlagungsverfahren ist ausgeschlossen
Voraussetzungen für das Unternehmen § 19a Abs. 3 EStG	– Unternehmen des Arbeitgebers ist im Zeitpunkt der Übertragung oder im vorangegangenen Jahr ein Kleinst-/Klein- oder mittleres Unternehmen gemäß Definition der EU-Kommission (weniger als 250 Mitarbeiter und Jahresumsatz von bis zu 50 Mio. € oder Bilanzsumme 43 Mio. €) – Gründung liegt nicht mehr als 12 Jahre zurück
Nachholung der Besteuerung § 19a Abs. 4 EStG	Besteuerung des Vorteils als sonstiger Bezug: – ganz oder teilweise entgeltliche oder unentgeltliche Übertragung der Vermögensbeteiligung – seit der Übertragung der Vermögensbeteiligung sind 12 Jahre vergangen oder – Beendigung des Dienstverhältnisses zum bisherigen Arbeitgeber
Anrufungsauskunft § 19a Abs. 5 EStG	– Bestätigung des nicht besteuerten Vorteils durch das Betriebsstättenfinanzamt im Rahmen einer beantragten Anrufungsauskunft (§ 42e EStG)
Aufzeichnungs- und Aufbewahrungspflichten § 19a Abs. 6 EStG	– Der nicht besteuerte gemeine Wert und die übrigen Angaben sind im Lohnkonto aufzuzeichnen und mindestens 6 Jahre nach der Besteuerung vom Arbeitgeber aufzubewahren

---

[1] Erstmals anzuwenden auf Vermögensbeteiligungen, die nach dem 30.6.2021 übertragen werden (§ 52 Abs. 27 EStG).

C. Einkommensgrenzen, begünstigte Sparhöchstbeträge und Arbeitnehmer-Sparzulage nach dem 5. VermBG

Familienstand	Einkommensgrenze	Förderung	Sparhöchstbetrag pro Jahr	Arbeitnehmer-Sparzulage pro Jahr	
	€		€	%	€
Alleinstehend	20 000	1. Korb	470	9	42,30
		2. Korb	400	20	80
		1. u. 2. Korb	870	9 (Förd. 1)	122,30
				20 (Förd. 2)	
Ehegatten (1 Arbeitnehmer)	40 000	1. Korb	470	9	42,30
		2. Korb	400	20	80
		1. u. 2. Korb	870	9 bzw. 20	122,30
Ehegatten (2 Arbeitnehmer)	40 000	2 x 1. Korb	940	9	84,60
		2 x 2. Korb	800	20	160
		2 x 1. u. 2. Korb	1 740	9 bzw. 20	244,60
		1 x 1. Korb, 1 x 2. Korb	870	9 bzw. 20	122,30
		1 x 1. Korb, 1 x 1. u. 2. Korb	1 340	9 bzw. 20	164,60
		1 x 2. Korb, 1 x 1. u. 2. Korb	1 270	9 bzw. 20	202,30

1. Förderkorb: Anlagen zum Wohnungsbau (z.B. Bausparen und Entschuldung von Wohnungseigentum).
2. Förderkorb: Anlagen in Produktivkapital (z.B. Erwerb von Aktien, Wandelschuldverschreibungen, Anteilscheinen an Aktienfonds, Beteiligungen am arbeitgebenden Unternehmen).

5.1.6.1.6 Steuerfreie Einnahmen
5.1.6.1.6.1 Überblick

§§ EStG	Inhalt der Bestimmung	2018 €	2019 €	2020 €	2021 €	2022 €
3 Nr. 11a	Corona-Beihilfen				1 500[1]	1 500[1]
3 Nr. 13/16	Reisekosten, Umzugskosten, Trennungsgelder öffentl. Kassen	vgl. Kapitel 5.1.6.2.2 und 5.1.6.2.4				
3 Nr. 26	nebenberufliche Tätigkeit als Übungsleiter (oder ähnliche Tätigkeit) für jur. Person des öff. Rechts oder befreite Einrichtung nach §5 Abs. 1 Nr. 9 KStG	2 400	2 400	2 400	3 000	3 000
3 Nr. 26a	nebenberufliche Tätigkeit im Dienst oder Auftrag einer Person (wie §3 Nr. 26) und keine Steuerbefreiung nach §3 Nr. 12 (Aufwandsentschädigung) oder §3 Nr. 26 EStG	720	720	720	840	840
3 Nr. 27	Grundbetrag der Produktionsaufgaberente und Ausgleichsgeld bei Einstellung der landwirtschaftl. Erwerbstätigkeit	18 407	18 407	18 407	18 407	18 407
3 Nr. 34	Leistungen des Arbeitgebers zur Verhinderung und Verminderung von Krankheitsrisiken und zur Förderung der Gesundheit in Betrieben[2]	500	500	600	600	600
3 Nr. 34a	Leistungen des Arbeitgebers zur kurzfristigen Betreuung von Kindern vor Vollendung des 14. Lebensjahres oder aufgrund Behinderung, wenn aus zwingenden und beruflichen Gründen veranlasst	600	600	600	600	600

[1] Für Einnahmen in der Zeit vom 1.3.2020 bis 31.3.2022 pro Dienstverhältnis bis zu 1 500 € im gesamten Begünstigungszeitraum.

[2] Die bis zum Jahr 2018 geltende Gesetzesfassung verlangte Leistungen zur Verbesserung des allgemeinen Gesundheitszustands und der betrieblichen Gesundheitsförderung; zudem wurde ein Zertifizierungserfordernis der Leistungen eingeführt (Übergangsregelung für nach dem 31.12.2019 gewährte Sachbezüge, soweit bereits vor dem 1.1.2019 mit unzertifizierten Gesundheitsmaßnahmen begonnen wurde).

§§ EStG	Inhalt der Bestimmung	2018 €	2019 €	2020 €	2021 €	2022 €
3 Nr. 39	Vorteil des Arbeitnehmers aus der unentgeltlichen oder verbilligten Überlassung von Vermögensbeteiligungen (5. VermBG) am Unternehmen des Arbeitgebers, wenn zusätzlich gewährt und Beteiligung allen Arbeitnehmern offensteht		360	360	1 440	1 440
	ab VZ 2000 ohne betragliche Einschränkung					
3 Nr. 45	Vorteile des Arbeitnehmers aus der privaten Nutzung von betrieblichen PC und Telekommunikationsgeräten	regelmäßig Arbeitslohn				
3 Nr. 50	Durchlaufende Gelder steuerfrei; pauschaler Ersatz von Auslagen[1]					
R 3.50 Abs. 2 LStR 2015	Ersatz für betrieblich verursachten Aufwand mit privaten Telekommunikationsgeräten des Arbeitnehmers bis zu % des Rechnungsbetrags	20%	20%	20%	20%	20%
	Maximal monatlich	20	20	20	20	20
3 Nr. 51	Trinkgelder			steuerfrei		
3 Nr. 63	Beiträge zu Altersvorsorgeeinrichtungen			vgl. Kap. 6.6.4.1		
3 Nr. 64	Kaufkraftzuschläge			vgl. Kap. 5.1.6.1.5.2		
3b Abs. 1	Zuschläge zum Grundlohn bis max. 50 €/Stunde steuerfrei bis					
	Nachtarbeit (von 20 Uhr bis 6 Uhr)	25%	25%	25%	25%	25%
	Arbeitsaufnahme vor 0 Uhr für 0–4 Uhr	40%	40%	40%	40%	40%
	Sonntagsarbeit	50%	50%	50%	50%	50%
	gesetzliche Feiertage + Silvester ab 14 Uhr	125%	125%	125%	125%	125%
	Weihnachten/Heiligabend ab 14 Uhr und 1. Mai	150%	150%	150%	150%	150%
8 Abs. 2	Sachbezüge allgemein[2], mtl.	44	44	44	44	50

[1] Er ist steuerfrei, wenn der Stpfl. für einen repräsentativen Zeitraum (3 Monate i.d.R. ausreichend) nachweist, dass die Pauschale den tatsächlichen Aufwendungen entspricht (R 3.50 LStR 2015).
[2] Soweit nicht Belegschaftsrabatt.

§§ EStG	Inhalt der Bestimmung	2018 €	2019 €	2020 €	2021 €	2022 €
8 Abs. 3	Belegschaftsrabatte bis Wertminderung der Rabatte	1 080 4 %	1 080 4 %	1 080 4 %	1 080 4 %	1 080 4 %
R 3.11 LStR 2015	Beihilfen in Notfällen an AN, jährlich	600	600	600	600	600
R 3.12 LStR 2015	Monatliche Aufwandsentschädigung bei ehrenamtlich tätigen Personen aus öffentlichen Kassen (¹/₃ der Entschädigung, mindestens), mtl.	200	200	200	250	250
R 3.12 Abs. 5 LStR 2015	Tägliche Entschädigung für ehrenamtliche Tätigkeit bspw. für Gemeinde	6	6	6	8	8
R 9.13 LStR 2015	Heimarbeitszuschläge, mtl.	10 %	10 %	10 %	10 %	10 %
R 19.3 LStR 2015	Fehlgeldentschädigung im Kassen- und Zähldienst, mtl.	16	16	16	16	16
R 19.5 LStR 2015	Betriebsveranstaltung (max. 2 × jährlich)	110¹	110¹	110¹	110¹	110¹
R 19.6 LStR 2015	Aufmerksamkeiten, je Einzelfall	60	60	60	60	60

¹ Ab 1.1.2015 Freibetrag anstatt Freigrenze (§ 19 Abs. 1 Satz 1 Nr. 1a EStG).

5.1.6.1.6.2 Kaufkraftausgleich[1]

A. Grundsätze

Anwendungsbereich	Befreite Bezüge
Arbeitgeber ist inländische juristische Person des öffentlichen Rechts und Arbeitnehmer erhält Arbeitslohn aus einer inländischen öffentlichen Kasse	Bezüge für eine Tätigkeit im Ausland insoweit, als sie den Arbeitslohn übersteigen, der dem Arbeitnehmer bei einer gleichwertigen Tätigkeit am Ort der zahlenden öffentlichen Kasse zustehen würde
Andere Fälle (insbesondere privatwirtschaftliche Unternehmen als Arbeitgeber) und Arbeitnehmer haben im Ausland einen Wohnsitz oder gewöhnlichen Aufenthalt	Kaufkraftausgleich für eine zeitlich begrenzte Tätigkeit im Ausland, soweit er den für vergleichbare Auslandsdienstbezüge nach §55 des Bundesbesoldungsgesetzes zulässigen Betrag nicht übersteigt

B. Umrechnungsformel

Der Abschlagssatz, der sich außerhalb des öffentlichen Dienstes regelmäßig nach der Formel

$$\frac{\text{Zuschlagssatz} \times 600}{1000 + 6 \times \text{Zuschlagssatz}}$$

errechnet, kann der nachstehenden Tabelle entnommen werden (in v.H.):

Zu-schlags-satz	Ab-schlags-satz	Zu-schlags-satz	Ab-schlags-satz	Zu-schlags-satz	Ab-schlags-satz
5	2,91	40	19,35	75	31,03
10	5,66	45	21,26	80	32,43
15	8,26	50	23,08	85	33,77
20	10,71	55	24,81	90	35,06
25	13,04	60	26,47	95	36,31
30	15,25	65	28,06	100	37,50
35	*17,36*	70	29,58		

---

[1] §3 Nr.64 EStG, R 3.64 LStR 2015.

C. Kaufkraftzuschläge[1]

Land	Kaufkraftzuschlag	Land	Kaufkraftzuschlag
Äquatorialguinea	10%	Kap Verde	5%
Australien	5%	Kongo	20%
Bangladesch	10%	Kongo, Dem. Rep.	15%
Belgien	5%	Korea	10%
Benin	5%	Korea, Dem. Volksrep.	10%
Brasilien	0%	Kuba	5%
– Brasilia	5%	Liberia	45%
– Recife	5%	Mali	5%
– Rio de Janeiro	5%	Neuseeland	10%
– Sao Paulo	5%	Nigeria	10%
Burkino Faso	5%	Norwegen	20%
Burundi	20%	Palästin. Autonom.	15%
China	0%	Papua-Neuguinea	5%
– Chengdu	10%	Peru	5%
– Hongkong	15%	Ruanda	10%
– Kanton	10%	Schweden	10%
– Peking	10%	Schweiz	20%
– Shanghai	15%	Senegal	15%
– Shenyang	5%	Sierra Leone	10%
Costa Rica	10%	Simbabwe	25%
Côte d'Ivoire	10%	Singapur	15%
Dänemark	10%	Südsudan	25%
Dschibuti	20%	Tansania	5%
Eritrea	10%	Trinidad und Tobago	10%
Finnland	10%	Tschad	10%
Frankreich	5%	Uganda	5%
Gabun	20%	Uruguay	10%
Ghana	10%	Venezuela	15%
Guinea	10%	Vereinigtes Königreich	5%
Haiti	15%	Vereinigte Staaten	0%
Honduras	10%	– Atlanta	5%
Irak	5%	– Boston	10%
Irland	5%	– Chicago	5%
Island	5%	– Houston	5%
Israel	15%	– Los Angeles	5%
Italien	5%	– Miami	5%
Jamaika	5%	– New York	10%
Japan	30%	– San Francisco	10%
Kamerun	10%	– Washington	5%
Kanada	0%		
– Toronto	5%		
– Vancouver	5%		

---

[1] Stand: 1.7.2021; soweit Länder nicht benannt, Kaufkraftzuschlag = 0%. Quelle: BMF-Schr. vom 2.7.2021, IV C 5-S-2341/20/10001.

5.1.6.2 Werbungskosten

5.1.6.2.1 Entfernungspauschale

Fahrten	Erfasst – Fahrten zwischen Wohnung und erster Tätigkeitsstätte – Familienheimfahrten im Rahmen einer doppelten Haushaltsführung (Kap. 5.1.6.2.3) Nicht erfasst – Flugstrecken und Strecken mit steuerfreier Sammelbeförderung nach § 3 Nr. 32 EStG – zusätzliche Fahrten an einem Arbeitstag zwischen Wohnung und erster Tätigkeitsstätte
Abzugsfähige Beträge	Je Arbeitstag, an dem der Arbeitnehmer die erste Tätigkeitsstätte aufsucht, pro vollem Entfernungskilometer der ersten 20 Kilometer 0,30 €. Ab dem 21. Kilometer gilt a) für die Jahre 2021 bis 2023: 0,35 € b) für die Jahre 2024 bis 2026: 0,38 € – Entfernungspauschale auf einen Höchstbetrag von 4 500 € begrenzt, es sei denn, der Arbeitnehmer nutzt einen eigenen oder zur Nutzung überlassenen PKW (im Zweifel Nachweis erforderlich) – Aufwendungen für öffentliche Verkehrsmittel, die die Entfernungspauschalen übersteigen[1]

---

[1] Vergleich mit dem Höchstbetrag der Entfernungspauschale von 4 500 € ab 2012 nur noch jahresbezogen (nicht tageweise).

5.1.6.2.2   Reisekosten

A. Begrifflichkeiten[1]

Reisekosten-begriff	Reisekosten sind Fahrtkosten, Verpflegungsmehraufwendungen, Übernachtungskosten und Reisenebenkosten, soweit diese durch eine beruflich veranlasste Auswärtstätigkeit des Arbeitnehmers entstehen.
Beruflich ver-anlasste Aus-wärtstätigkeit	Liegt vor, wenn der Arbeitnehmer vorübergehend außerhalb seiner Wohnung und seiner ersten Tätigkeitsstätte beruflich tätig wird. Eine Auswärtstätigkeit liegt ebenfalls bei Einsatzwechsel- und Fahrtätigkeit vor.
Erste Tätigkeits-stätte (§ 9 Abs. 4 EStG)	Ortsfeste betriebliche Einrichtung des Arbeitgebers, eines verbun-denen Unternehmens oder eines vom Arbeitgeber bestimmten Dritten, der der Arbeitnehmer durch dienstliche oder arbeitsrecht-liche Festlegungen dauerhaft (d.h. unbefristet, für die Dauer des Dienstverhältnisses oder mehr als 48 Monate) zugeordnet ist. Fehlt eine Festlegung oder ist sie nicht eindeutig, ist erste Tätigkeitsstät-te die Einrichtung, an der der Arbeitnehmer – typischerweise arbeitstäglich oder – je Arbeitswoche 2 volle Arbeitstage oder mind. $1/3$ seiner verein-barten regelmäßigen Arbeitszeit tätig werden soll. Je Dienstverhältnis hat der Arbeitnehmer nur eine erste Tätigkeits-stätte. Liegen die o.g. Voraussetzungen bei mehreren Tätigkeits-stätten vor, bestimmt sie der Arbeitgeber. Fehlt es an einer Bestim-mung oder ist sie nicht eindeutig, ist die der Wohnung örtlich am nächsten gelegene Tätigkeitsstätte die erste.

B. Abzugsfähige Beträge bei Inlandsreisen

Fahrtkosten bei Benutzung eines eigenen Fahrzeugs	Wahlrecht
	– **Einzelnachweis:** Kilometersatz aus jährlichen Gesamtkosten
	  – Betriebsstoffkosten
	  – Wartungs- und Reparaturkosten
	  – Kosten einer Garage am Wohnort
	  – Kraftfahrzeugsteuer
	  – Aufwendungen für Haftpflicht und Versicherung
	  – Absetzung für Abnutzung
	  – Zinsen für Anschaffungsdarlehen
	– **Pauschale Kilometersätze:**
	  – Pkw 0,30 €/km
	  – jedes andere motorbetriebene Fahrzeug 0,20 €/km
	Die Kilometerpauschalen für Fahrräder und Mitfahrer sind ab 2014 *entfallen.*

---

[1] Siehe hierzu R 9.4-9.8 LStR 2015 und BMF-Schr. vom 25.11.2020, IV C 5-S-2353/19/100.11 (BStBl I 2020 S. 1228).

Verpflegungs-mehraufwand	Pauschbetrag für Verpflegungsmehraufwendungen je Kalendertag bei Abwesenheit von der Wohnung und der ersten Tätigkeitsstätte.
	von 24 Stunden 28 €
	An- und Abreisetag, wenn mehrtägige Abwesenheit
	mit Übernachtung 14 €
	mehr als 8 Stunden 14 €

	– Vom Arbeitgeber oder auf dessen Veranlassung von einem Dritten zur Verfügung gestellte Mahlzeiten mindern die Verpflegungspauschalen, und zwar für
	  – Frühstück um 20%
	  – Mittag- und Abendessen jeweils um 40%
	  der Verpflegungspauschalen für einen vollen Kalendertag (höchstens Kürzung bis zur ermittelten Verpflegungspauschale).
	– Beschränkung auf die ersten 3 Monate an derselben Tätigkeitsstätte. Eine Unterbrechung von mind. 4 Wochen führt jedoch zu einem Neubeginn (unabhängig vom Anlass, z.B. auch Urlaub oder Krankheit).

Übernachtungs-kosten[1]	– Die tatsächlichen Aufwendungen können als WK abgezogen werden, soweit sie nicht vom AG nach §3 Nr.13 oder 16 EStG steuerfrei ersetzt werden.
	– Benutzt der AN ein Mehrbettzimmer gemeinsam mit Personen, die zu seinem AG in keinem Dienstverhältnis stehen, können die Aufwendungen angesetzt werden, die für ein Einzelzimmer angefallen wären.
	– Wird durch Zahlungsbeleg nur ein Gesamtpreis für Unterkunft und Verpflegung nachgewiesen (z.B. Tagespauschale)[2], ist der Gesamtpreis zu kürzen
	  – für Frühstück um 20%
	  – für Mittag- und Abendessen um jeweils 40% des für den Unterkunftsort maßgebenden Pauschbetrages für Verpflegungsmehraufwendungen.
	– Für jede Übernachtung im Inland darf der AG einen Pauschbetrag von 20 € steuerfrei erstatten.
	– Die Pauschale von 20 € gilt nicht bei der Übernachtung von Berufskraftfahrern im Fahrzeug. Hierfür wurde ab 2020 eine Übernachtungspauschale von 8 € täglich eingeführt.
	– Bei Übernachtungen im Ausland darf der AG ohne Einzelnachweis der tatsächl. Aufwendungen die Übernachtungspauschalen steuerfrei erstatten[3] (soweit nicht un- oder teilentgeltlich vom AG oder Dritten aufgrund des Dienstverhältnisses zur Verfügung gestellt).
	– ab VZ 2014 gilt: Übernachtungskosten sind nur noch im Zeitraum von bis zu 48 Monaten unbeschränkt abzugsfähig. Danach ist der Ansatz auf monatlich 1 000 € eingeschränkt; ein Neubeginn erfolgt bei mind. 6-monatiger Unterbrechung.

---

[1] R 9.7 LStR 2015.

[2] Wegen der ab 2010 geltenden umsatzsteuerlichen Begünstigung der Übernachtungskosten dürfte der Ausweis eines Gesamtpreises überwiegend der Vergangenheit angehören.

[3] Beim WK-Abzug ergibt sich seit dem Jahr 2008 eine deutliche Verschlechterung, weil ein pauschaler Ansatz in Höhe der Übernachtungspauschale entfällt.

Reisenebenkosten	Tatsächliche Aufwendungen für
	– Beförderung und Aufbewahrung von Gepäck sowie Reisegepäckversicherung, soweit diese auf beruflich bedingte Abwesenheit von einer ersten Tätigkeitsstätte beschränkt ist
	– Telekommunikation und Schriftverkehr (beruflich) mit Arbeitgeber oder Geschäftspartner
	– Straßenbenutzung, Parkplatz, Schadensersatz bei Verkehrsunfall, falls Fahrtkosten als Reisekosten gem. R 9.5 LStR 2015 anzusetzen sind
	– Unfallversicherung, soweit sie Berufsunfälle außerhalb der ersten Tätigkeitstätte[1] abdeckt
	– Wertverlust aufgrund eines Schadens an notwendig mitgeführten Gegenständen, wenn der Schaden auf einer reisespezifischen Gefährdung beruht (nicht jedoch Verlust einer Geldbörse)
	– keine Reisenebenkosten sind die Aufwendungen für private Ferngespräche, Massagen, Minibar oder Pay-TV
	– steuerfreie Erstattung der Reisenebenkosten durch Arbeitgeber möglich, soweit die tatsächlichen Aufwendungen nicht überschritten werden

---

[1] Vgl. H 9.8 LStH 2021.

C. Übersicht über die seit 1. Januar 2021 geltenden Pauschbeträge für Verpflegungsmehraufwendungen und Übernachtungskosten[1]

Land	Pauschbeträge für Verpflegungsmehraufwendungen		Pauschbetrag für Übernachtungskosten
	bei einer Abwesenheitsdauer von mindestens 24 Stunden je Kalendertag	für den An- und Abreisetag sowie bei einer Abwesenheitsdauer von mehr als 8 Stunden je Kalendertag	
	€	€	€
Afghanistan	30	20	95
Ägypten	41	28	125
Äthiopien	39	26	130
Äquatorialguinea	36	24	166
Albanien	27	18	112
Algerien	51	34	173
Andorra	41	28	91
Angola	52	35	299
Argentinien	35	24	113
Armenien	24	16	59
Aserbaidschan	30	20	72
Australien			
– Canberra	51	34	158
– Sydney	68	45	184
– im Übrigen	51	34	158
Bahrain	45	30	180
Bangladesch	50	33	165
Barbados	52	35	165
Belgien	42	28	135
Benin	52	35	115
Bolivien	30	20	93
Bosnien und Herzegowina	23	16	75
Botsuana	46	31	176
Brasilien			
– Brasilia	57	38	127
– Rio de Janeiro	57	38	145
– São Paulo	53	36	132
– im Übrigen	51	34	84
Brunei	52	35	106
Bulgarien	22	15	115
Burkina Faso	38	25	174
Burundi	36	24	138
Chile	44	29	154
China			
– Chengdu	41	28	131
– Hongkong	74	49	145
– Kanton	36	24	150
– Peking	30	20	185
– Shanghai	58	39	217
– im Übrigen	48	32	112
Costa Rica	47	32	93

[1] BMF-Schr. vom 18.3.2021 (BStBl I 2020 S. 1256).

Land	Pauschbeträge für Verpflegungsmehraufwendungen		Pauschbetrag für Übernachtungskosten
	bei einer Abwesenheitsdauer von mindestens 24 Stunden je Kalendertag	für den An- und Abreisetag sowie bei einer Abwesenheitsdauer von mehr als 8 Stunden je Kalendertag	
	€	€	€
Côte d'Ivoire	59	40	166
Dänemark	58	39	143
Dominikanische Republik	45	30	147
Dschibuti	65	44	305
Ecuador	44	29	97
El Salvador	44	29	119
Eritrea	50	33	91
Estland	29	20	85
Fidschi	34	23	69
Finnland	50	33	136
Frankreich			
– Lyon	53	36	115
– Marseille	46	31	101
– Paris sowie die Departments 92, 93 und 94	58	39	152
– Straßburg	51	34	96
– im Übrigen	44	29	115
Gabun	52	35	183
Gambia	40	27	161
Georgien	35	24	88
Ghana	46	31	148
Griechenland			
– Athen	46	31	132
– im Übrigen	36	24	135
Guatemala	34	23	90
Guinea	46	31	118
Guinea-Bissau	24	16	86
Haiti	58	39	130
Honduras	48	32	101
Indien			
– Bangalore	42	28	155
– Chennai	32	21	85
– Kalkutta	35	24	145
– Mumbai	50	33	146
– Neu Delhi	38	25	185
– im Übrigen	32	21	85
Indonesien	36	24	134
Iran	33	22	196
Irland	58	39	129
Island	47	32	108
Israel	66	44	190
Italien			
– Mailand	45	30	158

Land	Pauschbeträge für Verpflegungsmehraufwendungen		Pauschbetrag für Übernach-tungskosten
	bei einer Abwesenheitsdauer von mindestens 24 Stunden je Kalendertag	für den An- und Abreisetag sowie bei einer Abwesen-heitsdauer von mehr als 8 Stunden je Kalendertag	
	€	€	€
– Rom	40	27	135
– im Übrigen	40	27	135
Jamaika	57	38	138
Japan			
– Tokio	66	44	233
– im Übrigen	52	35	190
Jemen	24	16	95
Jordanien	46	31	126
Kambodscha	38	25	94
Kamerun	50	33	180
Kanada			
– Ottawa	47	32	142
– Toronto	51	34	161
– Vancouver	50	33	140
– im Übrigen	47	32	134
Kap Verde	30	20	105
Kasachstan	45	30	111
Katar	56	37	149
Kenia	51	34	219
Kirgisistan	27	18	74
Kolumbien	46	31	115
Kongo, Republik	62	41	215
Kongo, Demokratische Republik	70	47	190
Korea, Demokratische Volksrepublik	28	19	92
Korea, Republik	48	32	108
Kosovo	23	16	57
Kroatien	35	24	107
Kuba	46	31	228
Kuwait	56	37	241
Laos	33	22	96
Lesotho	24	16	103
Lettland	35	24	76
Libanon	59	40	123
Libyen	63	42	135
Liechtenstein	56	37	190
Litauen	26	17	109
Luxemburg	47	32	130
Madagaskar	34	23	87
Malawi	47	32	123
Malaysia	34	23	88
Malediven	52	35	170
Mali	38	25	120
Malta	46	31	114

Land	Pauschbeträge für Verpflegungsmehraufwendungen		Pauschbetrag für Übernachtungskosten
	bei einer Abwesenheitsdauer von mindestens 24 Stunden je Kalendertag	für den An- und Abreisetag sowie bei einer Abwesenheitsdauer von mehr als 8 Stunden je Kalendertag	
	€	€	€
Marokko	42	28	129
Marshall Inseln	63	42	102
Mauretanien	39	26	105
Mauritius	54	36	220
Mazedonien	29	20	95
Mexiko	48	32	177
Moldau, Republik	24	16	88
Monaco	42	28	180
Mongolei	27	18	92
Montenegro	29	20	94
Mosambik	38	25	146
Myanmar	35	24	155
Namibia	30	20	112
Nepal	36	24	126
Neuseeland	56	37	153
Nicaragua	36	24	81
Niederlande	47	32	122
Niger	42	28	131
Nigeria	46	31	182
Norwegen	80	53	182
Österreich	40	27	108
Oman	60	40	200
Pakistan			
– Islamabad	23	16	238
– im Übrigen	34	23	122
Palau	51	34	179
Panama	39	26	111
Papua-Neuguinea	60	40	234
Paraguay	38	25	108
Peru	34	23	143
Philippinen	33	22	116
Polen			
– Breslau	33	22	117
– Danzig	30	20	84
– Krakau	27	18	86
– Warschau	29	20	109
– im Übrigen	29	20	60
Portugal	36	24	102
Ruanda	46	31	141
Rumänien			
– *Bukarest*	32	21	92
– im Übrigen	27	18	89
Russische Föderation			
– Jekaterinburg	28	19	84
– Moskau	30	20	110

| Land | Pauschbeträge für Verpflegungsmehraufwendungen | | Pauschbetrag für Übernachtungskosten |
| | bei einer Abwesenheitsdauer von mindestens 24 Stunden je Kalendertag | für den An- und Abreisetag sowie bei einer Abwesenheitsdauer von mehr als 8 Stunden je Kalendertag | |
	€	€	€
– St. Petersburg	26	17	114
– im Übrigen	24	16	58
Sambia	36	24	130
Samoa	29	20	85
San Marino	34	23	75
São Tomé – Príncipe	47	32	80
Saudi-Arabien			
– Djidda	38	25	234
– Riad	48	32	179
– im Übrigen	48	32	80
Schweden	50	33	168
Schweiz			
– Genf	66	44	186
– im Übrigen	64	43	180
Senegal	42	28	190
Serbien	20	13	74
Sierra Leone	48	32	161
Simbabwe	45	30	140
Singapur	54	36	197
Slowakische Republik	24	16	85
Slowenien	33	22	95
Spanien			
– Barcelona	34	23	118
– Kanarische Inseln	40	27	115
– Madrid	40	27	118
– Palma de Mallorca	35	24	121
– im Übrigen	34	23	115
Sri Lanka	42	28	100
Sudan	33	22	195
Südafrika			
– Kapstadt	27	18	112
– Johannesburg	29	20	124
– im Übrigen	22	15	94
Südsudan	34	23	150
Syrien	38	25	140
Tadschikistan	27	18	118
Taiwan	46	31	143
Tansania	47	32	201
Thailand	38	25	110
Togo	39	26	118
Tonga	39	26	94
Trinidad und Tobago	45	30	177
Tschad	64	43	163
Tschechische Republik	35	24	94

Land	Pauschbeträge für Verpflegungsmehraufwendungen		Pauschbetrag für Übernach-tungskosten
	bei einer Abwesenheitsdauer von mindestens 24 Stunden je Kalendertag	für den An- und Abreisetag sowie bei einer Abwesen-heitsdauer von mehr als 8 Stunden je Kalendertag	
	€	€	€
Türkei			
– Istanbul	26	17	120
– Izmir	29	20	55
– im Übrigen	17	12	95
Tunesien	40	27	115
Turkmenistan	33	22	108
Uganda	41	28	143
Ukraine	26	17	98
Ungarn	22	15	63
Uruguay	48	32	90
Usbekistan	34	23	104
Vatikanstaat	52	35	160
Venezuela	45	30	127
Vereinigte Arabische Emirate	65	44	156
Vereinigte Staaten von Amerika (USA)			
– Atlanta	62	41	175
– Boston	58	39	265
– Chicago	54	36	209
– Houston	63	42	138
– Los Angeles	56	37	274
– Miami	64	43	151
– New York City	58	39	282
– San Francisco	51	34	314
– Washington, D. C.	62	41	276
– im Übrigen	51	34	138
Vereinigtes Königreich von Großbritannien und Nordirland			
– London	62	41	224
– im Übrigen	45	30	115
Vietnam	41	28	86
Weißrussland	20	13	98
Zentralafrikanische Republik	46	31	74
Zypern	45	30	116

Erläuterungen:

– **Einzelnachweis:** Einzelnachweise zur Berücksichtigung höherer Aufwendungen sind nicht möglich.
– **Ortsbestimmung:** Bei eintägigen Reisen in das Ausland ist der entsprechende Pauschbetrag des letzten Tätigkeitsortes im Ausland maßgebend. Bei

mehrtätigen Reisen in verschiedene Staaten gilt für die Ermittlung der Verpflegungspauschalen am An- und Abreisetag sowie an den Zwischentagen (Tagen mit 24 Stunden Abwesenheit) Folgendes:

- Bei der Anreise vom Inland in das Ausland oder vom Ausland ins Inland jeweils ohne Tätigwerden ist der entsprechende Pauschbetrag des Ortes maßgebend, der vor 24 Uhr Ortszeit erreicht wird.
- Bei der Abreise vom Ausland ins Inland oder vom Inland ins Ausland ist der entsprechende Pauschbetrag des letzten Tätigkeitsortes maßgebend.
- Für die Zwischentage ist in der Regel der entsprechende Pauschbetrag des Ortes maßgebend, den der Arbeitnehmer vor 24 Uhr Ortszeit erreicht.

Schließt sich an den Tag der Rückreise von einer mehrtägigen Auswärtstätigkeit zur Wohnung oder ersten Tätigkeitsstätte eine weitere ein- oder mehrtägige Auswärtstätigkeit an, ist für diesen Tag nur die höhere Verpflegungspauschale zu berücksichtigen. Im Übrigen, insbesondere bei Flug- und Schiffsreisen, ist R 9.6 Abs. 3 LStR zu beachten.

Zur Kürzung der Verpflegungspauschale gilt Folgendes:
Bei der Gestellung von Mahlzeiten durch den Arbeitgeber oder auf dessen Veranlassung durch einen Dritten ist die Kürzung der Verpflegungspauschale i. S. d. § 9 Abs. 4a Satz 8 ff. EStG tagesbezogen vorzunehmen, d. h. von der für den jeweiligen Reisetag maßgebenden Verpflegungspauschale (s. o.) für eine 24-stündige Abwesenheit (§ 9 Abs. 4a Satz 5 EStG), unabhängig davon, in welchem Land die jeweilige Mahlzeit zur Verfügung gestellt wurde.

Beispiel:
Der Ingenieur I kehrt am Dienstag von einer mehrtägigen Auswärtstätigkeit in Straßburg (Frankreich) zu seiner Wohnung zurück. Nachdem er Unterlagen und neue Kleidung eingepackt hat, reist er zu einer weiteren mehrtägigen Auswärtstätigkeit nach Kopenhagen (Dänemark) weiter. I erreicht Kopenhagen um 23.00 Uhr. Die Übernachtungen – jeweils mit Frühstück – wurden vom Arbeitgeber im Voraus gebucht und bezahlt. Für Dienstag ist nur die höhere Verpflegungspauschale von 39 € (Rückreisetag von Straßburg: 34 €, Anreisetag nach Kopenhagen 39 €) anzusetzen. Aufgrund der Gestellung des Frühstücks im Rahmen der Übernachtung in Straßburg ist die Verpflegungspauschale um 11,60 € (20 % der Verpflegungspauschale Kopenhagen für einen vollen Kalendertag: 58 €) auf 27,40 € zu kürzen.

Die festgesetzten Beträge für die Philippinen gelten auch für Mikronesien, die Beträge für Trinidad und Tobago gelten auch für die zu dessen Amtsbezirk gehörenden Staaten Antigua und Barbuda, Dominica, Grenada, Guyana, St. Kitts und Nevis, St. Lucia, St. Vincent und Grenadinen sowie Suriname.

Für die in der Bekanntmachung nicht erfassten Länder ist der für Luxemburg geltende Pauschbetrag maßgebend, für nicht erfasste Übersee- und Außengebiete eines Landes ist der für das Mutterland geltende Pauschbetrag maßgebend.

- **Übernachtungskosten:** Die Pauschbeträge für Übernachtungskosten sind ausschließlich in den Fällen der Arbeitgebererstattung anwendbar. Für den Werbungskostenabzug sind nur die tatsächlichen Übernachtungskosten maßgebend; dies gilt entsprechend für den Betriebsausgabenabzug.

5.1.6.2.3 Doppelte Haushaltsführung

Fahrtkosten	– erste und letzte Fahrt	0,30 € je gefahrenen km[1]
	– Zwischenheimfahrten (eine Fahrt wöchentlich[2])	0,30 € je Entfernungskilometer für die ersten 20 Kilometer. Ab dem 21. Kilometer gilt a) für die Jahre 2021 bis 2023: 0,35 € b) für die Jahre 2024 bis 2026: 0,38 €
Verpflegungs-mehraufwand[3]	– die ersten 3 Monate	wie Reisekosten[4]
	– in der Folgezeit	nicht abzugsfähig
Übernachtungs-kosten/ Aufwendungen für Zweit-wohnung[6]	– tatsächliche Kosten, soweit nicht überhöht (höchstens 1 000 € im Monat für Über-nachtungen im Inland)	
	– steuerfrei erstattungsfähi-ge Pauschalen Inland (§ 3 Nr. 13 oder 16 EStG)	
	– die ersten drei Monate	20 €
	– in der Folgezeit	5 €
	– Steuerfrei erstattungsfähi-ge Pauschalen Ausland	
	– die ersten drei Monate	ausländischer Übernachtungs-pauschbetrag[4]
	– in der Folgezeit	40 % des Pauschbetrags
Umzugskosten	Nachweis notwendig, weil für Umzüge anlässlich Begründung, Beendigung und Wechsel einer doppelten Haushaltsführung die Pauschalierung nicht gilt	
Fahrten zwi-schen Wohnung und erster Tätig-keitsstätte	Führt der Arbeitnehmer mehr als eine Heimfahrt wöchentlich durch, so kann er wählen, ob er die o.g. Mehraufwendungen der Fahrt-kosten analog der Regelungen für Fahrten zwischen Wohnung und erster Tätigkeitsstätte (0,30 € bzw. 0,35 € je Entfernungskilometer) geltend machen will.[5] Das Wahlrecht kann bei derselben doppelten Haushaltsführung für jedes Kalenderjahr nur einmal ausgeübt wer-den. Darüber hinaus sind unabhängig vom o.g. Wahlrecht Fahrten zwischen der Zweitwohnung und Tätigkeitsstätte abzugsfähig.	

---

[1] Zzgl. Nebenkosten nach R 9.8 LStR 2015.
[2] Wahlweise ein Telefongespräch bis zu 15 Minuten/Woche (BFH vom 18.3.1988, VI R 90/84, BStBl II 1988 S. 988) oder Telefongebühren während Auswärtstätigkeiten von mindestens 1 Woche (entschieden bei einem Marine-Soldaten, BFH vom 5.7.2012, VI R 50/10, BStBl II 2013 S. 282).
[3] Nach einer Entscheidung des BFH vom 4.4.2006 (VI R 44/03, BFH/NV 2006 S. 1396) besteht auch im Fall einer "offensichtlich unzutreffenden Besteuerung" Rechtsan-spruch auf die gesetzliche Verpflegungspauschale.
[4] Siehe Kap. 5.1.6.2.2.
[5] *R 9.11 Abs. 5 Satz 2 LStR 2015.*
[6] Der Arbeitgeber kann bei der Erstattung an Arbeitnehmer in den Steuerklassen III, IV oder V unterstellen, dass sie einen eigenen Hausstand haben, an dem sie sich auch finanziell beteiligen. Andere Arbeitnehmer müssen einen anderen eigenen Haus-stand, an dem sie sich auch finanziell beteiligen, schriftlich erklären und durch Unter-schrift dem Arbeitgeber bestätigen (R 9.11 Abs. 10 LStR 2015).

5.1.6.2.4 Umzugskosten[1]

	ab 1. 6. 2020	ab 1. 4. 2021	ab 1. 4. 2022
Höchstbetrag für die Anerkennung umzugsbedingter Unterrichtskosten für ein Kind nach § 9 Abs. 2 BUKG	1 146 €	1 160 €	1 181 €
Pauschbetrag für sonstige Umzugsauslagen nach § 10 Abs. 1 BUKG (Inlandsumzüge)			
– für berechtigte Personen	860 €	870 €	886 €
– für jede weitere Person (Ehegatte, Lebenspartner sowie ledige Kinder, Stief- und Pflegekinder) in der häuslichen Gemeinschaft	573 €	580 €	590 €
– für berechtigte Personen, die am Tage vor dem Einladen des Umzugsgutes keine Wohnung hatten oder nach dem Umzug keine eigene Wohnung eingerichtet haben.	172 €	174 €	177 €

Bei Auslandsumzügen wird zwischen Umzügen innerhalb und außerhalb der Europäischen Union unterschieden.

Nach der Auslandsumzugskostenverordnung (AUV) sind die Umzugspauschalen nicht an die Pauschbeträge des BUKG für Inlandsumzüge gekoppelt, sondern orientieren sich an Besoldungsgruppen für Beamte (§ 18 AUV). Umzugskosten im Zusammenhang mit einer beabsichtigten nichtselbständigen Tätigkeit im Ausland sind bei den inländischen Einkünften nicht als Werbungskosten abziehbar, wenn die Einkünfte aus der beabsichtigten Tätigkeit nicht der deutschen Besteuerung unterliegen (H 9.9 LStH 2021).

5.1.6.2.5 Kosten für Telefon-, Internet- und Online-Verbindungen

Grundsatz	Telekommunikationsaufwendungen sind Werbungskosten, soweit sie beruflich veranlasst sind.
Abzugsfähige Beträge	– Verbindungsentgelte für berufliche Gespräche laut Einzelnachweis[2] – anteiliges Nutzungsentgelt der Telefonanlage sowie Grundpreis für Anschlüsse entsprechend dem beruflichen Anteil der Verbindungsentgelte an den gesamten Verbindungsentgelten – ohne Einzelnachweis bis zu 20 % des Rechnungsbetrages, max. 20 € monatlich, R 3.50 LStR 2015
Privatnutzung	Gemäß § 3 Nr. 45 EStG sind Vorteile des Arbeitnehmers aus der privaten Nutzung von betrieblichen PC und Telekommunikationsgeräten steuerfrei.

---

[1] Maßgeblich für die Ermittlung der Pauschalen ist der Tag vor dem Entladen des Umzugsguts. Pauschalen zuletzt geändert mit BMF-Schreiben vom 21.7.2021, IV C 5 - S. 2353/20/10004.

[2] Vereinfachung durch Aufzeichnungen für einen repräsentativen Zeitraum von drei Monaten möglich, R 3.50 Abs. 2 Satz 5–7 LStR.

5.1.6.2.6 Arbeitszimmer

siehe Kap. 5.1.5.4.2

5.1.6.2.7 Arbeitnehmerpauschbetrag (§ 9a EStG)

Der Arbeitnehmerpauschbetrag beträgt jährlich 1 000 €.

Für Versorgungsbezüge (§ 19 Abs. 2 EStG) wird ein Pauschbetrag von 102 € gewährt. Dieser darf nur bis zur Höhe der um den Versorgungsfreibetrag einschließlich des Zuschlags zum Versorgungsfreibetrag geminderten Einnahmen abgezogen werden.

5.1.6.3 Lohnsteuer

5.1.6.3.1 Nettolohntabelle 2021[1]

A. Alte Bundesländer

Diese Tabelle ist mit folgenden Prämissen durchgerechnet:
– KV-Beitragssatz $1/2$ von   14,60 %
– ∅ KV-Zusatzbeitrag   1,30 %
– RV-Beitragssatz $1/2$ von   18,60 %   – Beitragsbemessungsgrenzen RV/AV   7 100,00 €
– AV-Beitragssatz $1/2$ von   2,40 %   – Beitragsbemessungsgrenzen KV/PV   4 837,50 €
– PV-Beitragssatz $1/2$ von   3,05 %   – Solidaritätszuschlag   5,50 %
– PV-Zuschlag für   – Kirchensteuersatz   9,00 %
   Kinderlose   0,25 %

Nettolohn	Bruttolohn Stkl. I	Bruttolohn Stkl. III	Bruttolohn Stkl. V	Bruttolohn Stkl. VI
€	€	€	€	€
500	627	627	721	740
600	752	752	869	888
700	877	877	1017	1036
800	1003	1003	1165	1194
900	1130	1128	1336	1441
1000	1281	1254	1602	1705
1100	1443	1379	1849	1944
1200	1618	1504	2088	2157
1300	1794	1630	2296	2370
1400	1969	1755	2511	2592
1500	2147	1880	2734	2822
1600	2326	2006	2966	3060
1700	2508	2132	3204	3299
1800	2692	2286	3443	3538
1900	2878	2445	3682	3776
2000	3067	2608	3921	4015
2100	3258	2772	4159	4254
2200	3452	2938	4398	4492
2300	3649	3109	4637	4731
2400	3849	3281	4871	4961
2500	4051	3455	5092	5195
2600	4258	3629	5327	5429
2700	4467	3805	5561	5664
2800	4679	3981	5795	5898
2900	4889	4159	6029	6132
3000	5085	4338	6264	6366
3200	5486	4699	6732	6835
3400	5903	5038	7187	7276
3600	6340	5367	7594	7683
3800	6808	5699	8000	8082
4000	7253	6037	8388	8468
4200	7659	6378	8773	8853
4400	8066	6724	9158	9238
4600	8472	7035	9544	9624

[1] Den Berechnungen liegen die Beitragssätze und Beitragsbemessungsgrenzen **Stand August 2021** zugrunde. Aktuelle Steuerberechnungen lassen sich auch der Internetseite des BMF (http://www.bmf-steuerrechner.de) entnehmen.

B. Neue Bundesländer[1]

Die Tabelle ist mit folgenden Prämissen durchgerechnet:
– KV-Beitragssatz 1/2 von 14,60 %
– ⌀ KV-Zusatzbeitrag 1,30 %
– RV-Beitragssatz 1/2 von 18,60 %   – Beitragsbemessungsgrenzen RV/AV 6 700,00 €
– AV-Beitragssatz 1/2 von 2,40 %   – Beitragsbemessungsgrenzen KV/PV 4 837,50 €
– PV-Beitragssatz 1/2 von 3,05 %   – Solidaritätszuschlag 5,50 %
– PV-Zuschlag für   – Kirchensteuersatz 9,00 %
  Kinderlose 0,25 %

Nettolohn	Bruttolohn Stkl. I	Bruttolohn Stkl. III	Bruttolohn Stkl. V	Bruttolohn Stkl. VI
€	€	€	€	€
500	627	627	721	740
600	752	752	869	888
700	877	877	1017	1036
800	1003	1003	1165	1194
900	1130	1128	1336	1441
1000	1281	1254	1602	1705
1100	1443	1379	1849	1944
1200	1618	1504	2088	2157
1300	1794	1630	2296	2370
1400	1969	1755	2511	2592
1500	2147	1880	2734	2822
1600	2326	2006	2966	3060
1700	2508	2132	3204	3299
1800	2692	2286	3443	3538
1900	2878	2445	3682	3776
2000	3067	2608	3921	4015
2100	3258	2772	4159	4254
2200	3452	2938	4398	4492
2300	3649	3109	4637	4731
2400	3849	3281	4871	4961
2500	4051	3455	5092	5195
2600	4258	3629	5327	5429
2700	4467	3805	5561	5664
2800	4679	3981	5795	5898
2900	4889	4159	6029	6132
3000	5085	4338	6264	6366
3200	5486	4699	6728	6817
3400	5903	5038	7134	7223
3600	6340	5367	7541	7630
3800	6794	5699	7947	8030
4000	7200	6037	8336	8416
4200	7606	6378	8721	8801
4400	8013	6721	9106	9186
4600	8419	7030	9492	9572

---

[1] Den Berechnungen liegen die Beitragssätze und Beitragsbemessungsgrenzen **Stand August 2021** zugrunde. Aktuelle Steuerberechnungen lassen sich auch der Internetseite des BMF (http://www.bmf-steuerrechner.de) entnehmen.

5.1.6.3.2   Steuerklassenwahl[1, 2]

A. Grundsätze und Hinweise

Ehegatten oder Lebenspartner, die beide unbeschränkt steuerpflichtig sind und nicht dauernd getrennt leben, können bekanntlich für den Lohnsteuerabzug wählen, ob sie beide in die Steuerklasse IV eingeordnet werden wollen oder ob einer von ihnen (der Höherverdienende) nach Steuerklasse III und der andere nach Steuerklasse V besteuert werden will. Die Steuerklassenkombination III/V ist so gestaltet, dass die Summe der Steuerabzugsbeträge beider Ehegatten oder Lebenspartner in etwa der zu erwartenden Jahressteuer entspricht, wenn der in Steuerklasse III eingestufte Ehegatte oder Lebenspartner ca. 60 % und der in Steuerklasse V eingestufte ca. 40 % des gemeinsamen Arbeitseinkommens erzielt. Bei abweichenden Verhältnissen des gemeinsamen Arbeitseinkommens kann es aufgrund des verhältnismäßig niedrigen Lohnsteuerabzugs zu Steuernachzahlungen kommen. Aus diesem Grund besteht bei der Steuerklassenkombination III/V generell die Pflicht zur Abgabe einer Einkommensteuererklärung. Zur Vermeidung von Steuernachzahlungen bleibt es den Ehegatten oder Lebenspartnern daher unbenommen, sich trotzdem für die Steuerklassenkombination IV/IV zu entscheiden, wenn sie den höheren Steuerabzug bei dem Ehegatten oder Lebenspartner mit der Steuerklasse V vermeiden wollen; dann entfällt jedoch für den anderen Ehegatten oder Lebenspartner die günstigere Steuerklasse III. Auf Antrag beider Ehegatten oder Lebenspartner wird die Steuerklasse IV mit einem „Steuerfaktor" versehen (§ 39 f EStG). Hierdurch soll die Lohnsteuer auf Basis der Steuerklasse IV berechnet und anschließend mit einem Abschlag (durch Anwendung des Faktors) versehen werden, der dem Vorteil des Splittingverfahrens auf Basis beider Ehegatten- oder Lebenspartner-Einkommen entspricht. Der Faktor ist vom Finanzamt mit drei Nachkommastellen ohne Rundung zu berechnen und gilt bis zum Ablauf des folgenden Kalenderjahres (d.h. grundsätzlich 2 Jahre). In die Berechnung der voraussichtlichen Einkommensteuer werden jeweils neben den Jahresarbeitslöhnen der ersten Dienstverhältnisse zusätzlich nur Beträge einbezogen, die nach § 39a Abs.1 Nr. 1–6 EStG als Freibetrag ermittelt und als Lohnsteuerabzugsmerkmal gebildet werden könnten; Freibeträge werden neben dem Faktor nicht eingetragen. Arbeitslöhne aus zweiten und weiteren Dienstverhältnissen (Steuerklasse VI) sind im Faktorverfahren nicht zu berücksichtigen. Die Ehegatten/Lebenspartner sollten beim Faktorverfahren ebenso wie bei der Steuerklassenkombination III/V daran denken, dass Entgelt-/Lohnersatzleistungen oder Lohnansprüche aus Altersteilzeit das Ergebnis beeinflussen können. Die Anwendung des Faktorverfahrens führt zu einer Pflichtveranlagung bei der Einkommensteuer (§ 46 Abs.2 Nr.3a EStG).

---

[1] Berechnungshilfen zur Steuerklassenwahl oder zum Faktorverfahren bietet das Bundesfinanzministerium unter www.bmf-steuerrechner.de.
[2] Der Begriff „Ehegatte" schließt in Ehe verbundene gleichgeschlechtliche Personen ein (vgl. Gesetz vom 20.7.2017, BGBl I 2017 S.2787).

B. Beispiel:

	Ehemann €	Ehefrau €	€
Arbeitslohn	50 000	11 000	
Lohnsteuer nach Steuerklasse IV (= x)	8 609	0	
Einkommensteuer im Splittingtarif (= y)			6 852
Faktor (y : x)			0,795
Lohnsteuerabzug	6 844	0	

C. Steuerklassenwechsel oder Änderung des Faktors

Ein Steuerklassenwechsel oder die Anwendung des Faktorverfahrens kann in der Regel nur einmal, und zwar spätestens bis zum 30. November, beim Wohnsitzfinanzamt beantragt werden. Nur in den Fällen, in denen im Laufe des Jahres ein Ehegatte oder Lebenspartner keinen Arbeitslohn mehr bezieht (z. B. Ausscheiden aus dem Dienstverhältnis), einer der Ehegatten oder Lebenspartner verstorben ist oder sich die Ehegatten oder Lebenspartner auf Dauer getrennt haben, kann das Wohnsitzfinanzamt bis zum 30. November auch noch ein weiteres Mal einen Steuerklassenwechsel vornehmen. Ein weiterer Steuerklassenwechsel bzw. die Anwendung des Faktorverfahrens ist auch möglich, wenn ein Ehegatte oder Lebenspartner nach vorangegangener Arbeitslosigkeit wieder Arbeitslohn bezieht oder nach einer Elternzeit das Dienstverhältnis wieder aufnimmt.

D. Tabellen zur Steuerklassenwahl (ohne Faktor)[1] in 2021

Für die Ermittlung der Lohnsteuer sind zwei Tabellen zur Steuerklassenwahl aufgestellt worden:

– Die **Tabelle I** ist zu benutzen, wenn der höher verdienende Ehegatte oder Lebenspartner **in allen Zweigen sozialversichert** ist (z.B. auch bei Pflichtversicherung in der gesetzlichen Rentenversicherung und freiwilliger Versicherung in der gesetzlichen Kranken- und sozialen Pflegeversicherung).

– Die **Tabelle II** ist zu benutzen, wenn der höher verdienende Ehegatte oder Lebenspartner **in keinem Zweig sozialversichert** ist und keinen steuerfreien Zuschuss des Arbeitgebers zur Kranken- und Pflegeversicherung erhält (z.B. privat krankenversicherte Beamte).

Ist einer der Ehegatten oder Lebenspartner nicht in allen Zweigen sozialversichert (z.B. rentenversicherungspflichtiger, privat krankenversicherter Arbeitnehmer) oder einer der Ehegatten oder Lebenspartner in keinem Zweig sozialversichert, jedoch zuschussberechtigt (z.B. nicht rentenversicherungspflichtiger, privat krankenversicherter Arbeitnehmer mit steuerfreiem Zuschuss des Arbeitgebers zur Kranken- und Pflegeversicherung), kann die Anwendung der Tabellen zu **unzutreffenden Ergebnissen** führen. Entsprechendes gilt, wenn bei einem gesetzlich krankenversicherten Arbeitnehmer der kassenindividuelle Zusatzbeitragssatz vom durchschnittlichen Zusatzbeitragssatz von 1,30 % (wie er bei der Aufstellung der Tabellen berücksichtigt wurde) abweicht, bei einem gesetzlich pflegeversicherten Arbeitnehmer ein Beitragszuschlag zu zahlen ist oder der Arbeitnehmer in Sachsen beschäftigt ist (hier höherer Arbeitnehmeranteil zur sozialen Pflegeversicherung). In den meisten Fällen führen diese Besonderheiten jedoch zu keinem anderen Ergebnis.

Beide Tabellen gehen vom monatlichen Arbeitslohn A des höher verdienenden Ehegatten oder Lebenspartners aus. Dazu wird jeweils der monatliche Arbeitslohn B des geringer verdienenden Ehegatten oder Lebenspartners angegeben, der **bei einer Steuerklassenkombination III (für den höher verdienenden Ehegatten oder Lebenspartner) und V (für den geringer verdienenden Ehegatten oder Lebenspartner) grundsätzlich nicht überschritten werden darf**, wenn der geringste Lohnsteuerabzug erreicht werden soll. Die Spalten 2 und 5 sind maßgebend, wenn der geringer verdienende Ehegatte oder Lebenspartner in allen Zweigen sozialversichert ist; ist der geringer verdienende Ehegatte oder Lebenspartner in keinem Zweig sozialversichert und hat keinen steuerfreien Zuschuss des Arbeitgebers zur Kranken- und Pflegeversicherung erhalten, sind die Spalten 3 und 6 maßgebend. Übersteigt der monatliche Arbeitslohn des geringer verdienenden Ehegatten oder Lebenspartners den nach den Spalten 2, 3 oder 5 und 6 der Tabellen in Betracht kommenden Betrag, **führt die Steuerklassenkombination IV/IV für die Ehegatten oder Lebenspartner grundsätzlich zu einem geringeren oder zumindest nicht höheren Lohnsteuerabzug** als die Steuerklassenkombination III/V

---

[1] Quelle: Bundesministerium der Finanzen, Merkblatt zur Steuerklassenwahl für das Jahr 2021 bei Ehegatten oder Lebenspartnern, die beide Arbeitnehmer sind.

1. Wahl der Steuerklassen bei Sozialversicherungspflicht des höher verdienenden Ehegatten oder Lebenspartners (Tabelle I)

Monatlicher Arbeitslohn A[1] in €	Monatlicher Arbeitslohn B[1] in € bei … des geringer verdienenden Ehegatten oder Lebenspartners		Monatlicher Arbeitslohn A[1] in €	Monatlicher Arbeitslohn B[1] in € bei … des geringer verdienenden Ehegatten oder Lebenspartners	
	Sozialversicherungspflicht	Sozialversicherungsfreiheit		Sozialversicherungspflicht	Sozialversicherungsfreiheit
1	2	3	4	5	6
1 250	248	226	3 600	2 575	2 295
1 300	308	281	3 650	2 611	2 325
1 350	379	345	3 700	2 645	2 354
1 400	457	416	3 750	2 681	2 384
1 450	539	491	3 800	2 717	2 415
1 500	627	571	3 850	2 752	2 444
1 550	718	654	3 900	2 787	2 473
1 600	815	742	3 950	2 823	2 502
1 650	913	832	4 000	2 860	2 531
1 700	1 014	924	4 050	2 894	2 561
1 750	1 109	1 011	4 100	2 929	2 590
1 800	1 329	1 212	4 150	2 965	2 621
1 850	1 377	1 263	4 200	2 999	2 648
1 900	1 428	1 316	4 250	3 035	2 677
1 950	1 482	1 366	4 300	3 072	2 708
2 000	1 539	1 419	4 350	3 109	2 739
2 050	1 602	1 477	4 400	3 148	2 771
2 100	1 667	1 537	4 450	3 187	2 803
2 150	1 716	1 582	4 500	3 227	2 837
2 200	1 745	1 607	4 550	3 269	2 872
2 250	1 773	1 630	4 600	3 311	2 907
2 300	1 801	1 653	4 650	3 357	2 945
2 350	1 827	1 675	4 700	3 400	2 981
2 400	1 853	1 696	4 750	3 446	3 019
2 450	1 877	1 716	4 800	3 494	3 059
2 500	1 902	1 737	4 850	3 544	3 100
2 550	1 923	1 755	4 900	3 600	3 147
2 600	1 945	1 773	4 950	3 659	3 196
2 650	1 965	1 789	5 000	3 721	3 247
2 700	1 984	1 805	5 050	3 785	3 299
2 750	2 005	1 822	5 100	3 850	3 353
2 800	2 029	1 843	5 150	3 921	3 412
2 850	2 053	1 863	5 200	3 991	3 472
2 900	2 076	1 881	5 250	4 066	3 534
2 950	2 110	1 910	5 300	4 148	3 602
3 000	2 147	1 941	5 350	4 230	3 670
3 050	2 187	1 974	5 400	4 325	3 747
3 100	2 221	2 003	5 450	4 418	3 825
3 150	2 257	2 033	5 500	4 522	3 912
3 200	2 293	2 062	5 550	4 639	4 008
3 250	2 327	2 091	5 600	4 760	4 111
3 300	2 361	2 119	5 650	4 900	4 233
3 350	2 396	2 148	5 700	5 050	4 372
3 400	2 433	2 179	5 750	5 250	4 553
3 550	2 469	2 209	5 800	5 582	4 861
3 500	2 505	2 238	5 850	–	–
3 550	2 540	2 268	5 900	–	–

[1] Nach Abzug etwaiger Freibeträge.

2. Wahl der Steuerklassen bei Sozialversicherungsfreiheit des höher verdienenden Ehegatten oder Lebenspartners (Tabelle II)

Monatlicher Arbeitslohn A[1] in €	Monatlicher Arbeitslohn B[1] in € bei ... des geringer verdienenden Ehegatten oder Lebenspartners		Monatlicher Arbeitslohn A[1] in €	Monatlicher Arbeitslohn B[1] in € bei ... des geringer verdienenden Ehegatten oder Lebenspartners	
	Sozialversicherungspflicht	Sozialversicherungsfreiheit		Sozialversicherungspflicht	Sozialversicherungsfreiheit
1	2	3	4	5	6
1250	402	366	3050	2752	2444
1300	478	435	3100	2791	2475
1350	564	514	3150	2833	2510
1400	660	602	3200	2873	2543
1450	762	694	3250	2912	2576
1500	868	791	3300	2952	2609
1550	976	890	3350	2992	2643
1600	1085	989	3400	3033	2676
1650	1326	1210	3450	3075	2711
1700	1384	1270	3500	3116	2746
1750	1446	1333	3550	3161	2783
1800	1513	1395	3600	3206	2820
1850	1586	1462	3650	3254	2859
1900	1665	1535	3700	3302	2899
1950	1745	1606	3750	3354	2942
2000	1792	1645	3800	3404	2983
2050	1840	1686	3850	3458	3028
2100	1886	1723	3900	3513	3074
2150	1926	1757	3950	3570	3122
2200	1967	1791	4000	3632	3172
2250	2005	1822	4050	3692	3222
2300	2043	1854	4100	3758	3277
2350	2081	1885	4150	3825	3334
2400	2145	1939	4200	3897	3393
2450	2207	1990	4250	3972	3456
2500	2268	2042	4300	4050	3520
2550	2325	2088	4350	4133	3589
2600	2379	2132	4400	4220	3661
2650	2427	2174	4450	4315	3742
2700	2474	2210	4500	4415	3822
2750	2516	2247	4550	4523	3914
2800	2558	2280	4600	–	4015
2850	2593	2312	4650	–	4125
2900	2635	2345	4700	–	4252
2950	2674	2379	4750	–	4410
3000	2713	2412	4800	–	4616

---

[1] Nach Abzug etwaiger Freibeträge.

Beispiele:

1. Ein Arbeitnehmer-Ehepaar, beide in allen Zweigen sozialversichert, bezieht Monatslöhne (nach Abzug etwaiger Freibeträge) von 3 000 € und 1 700 €. Da der Monatslohn des geringer verdienenden Ehegatten den nach dem Monatslohn des höher verdienenden Ehegatten in der Spalte 2 der Tabelle I ausgewiesenen Betrag von 2 147 € nicht übersteigt, führt in diesem Falle die Steuerklassenkombination III/V zur geringsten Lohnsteuer.

Vergleich nach der Allgemeinen Monatslohnsteuertabelle:

a) Lohnsteuer für 3 000 € nach Steuerklasse III   145,50 €
   für 1 700 € nach Steuerklasse V   293,16 €
   insgesamt also   **438,66 €**

b) Lohnsteuer für 3 000 € nach Steuerklasse IV   395,33 €
   für 1 700 € nach Steuerklasse IV   101,75 €
   insgesamt also   **497,08 €.**

2. Würde der Monatslohn des geringer verdienenden Ehegatten 2 500 € betragen, so würde die Steuerklassenkombination IV/IV insgesamt zur geringsten Lohnsteuer führen.

Vergleich nach der Allgemeinen Monatslohnsteuertabelle:

a) Lohnsteuer für 3 000 € nach Steuerklasse III   145,50 €
   für 2 500 € nach Steuerklasse V   552,33 €
   insgesamt also   **697,83 €**

b) Lohnsteuer für 3 000 € nach Steuerklasse IV   395,33 €
   für 2 500 € nach Steuerklasse IV   275,75 €
   insgesamt also   **671,08 €.**

5.1.6.4 Lohnsteuer-Pauschalierung
5.1.6.4.1 Pauschalierung in besonderen Fällen

§ des EStG	Inhalt der Bestimmung (§§ 40[1], 40b EStG)	Pauschalie-rungsgrenze	Pausch-steuersatz
40 Abs. 1 Nr. 1	Zahlung sonstiger Bezüge in einer größeren Zahl von Fällen	1 000 € p.a. u. Arbeitnehmer	gesondert berechneter durchschnittlicher Nettosteuersatz
40 Abs. 1 Nr. 2	Bei Nacherhebung von Lohnsteuer in einer größeren Zahl von Fällen	–	
40 Abs. 2 Nr. 1	Verbilligte oder unentgeltliche arbeitstägliche Abgabe von Mahlzeiten im Betrieb an Arbeitnehmer oder Barzuschüsse an andere Unternehmen für die verbilligte oder unentgeltliche arbeitstägliche Abgabe von Mahlzeiten	–	25 %
Nr. 1 a	Den Arbeitnehmern werden anlässlich einer beruflichen Tätigkeit außerhalb der Wohnung und ersten Tätigkeitsstätte Mahlzeiten zur Verfügung gestellt, die mit dem Sachbezugswert anzusetzen sind	–	25 %
Nr. 2	Zahlung von Arbeitslohn aus Anlass von Betriebsveranstaltungen	–	25 %
Nr. 3	Erholungsbeihilfen des Arbeitgebers pro Kalenderjahr – je Arbeitnehmer – je Ehegatten des unterstützten Arbeitnehmers – je Kind	 156 € 104 € 52 €	 25 % 25 % 25 %
Nr. 4	Verpflegungsmehraufwendungen siehe Kap. 5.1.6.2.2	höchstens 100 % des übersteigen-den PB	25 %
Nr. 5	Zusätzlich zum Arbeitslohn – unentgeltlich/verbilligt übereignete Datenverarbeitungsgeräte, z. B. PC, Zubehör oder Software – *gezahlte Zuschüsse* zu laufenden Kosten der privaten Internetnutzung bis 50 € monatlich ohne besonderen Nachweis[2]	– –	25 % 25 %

Fußnoten siehe nächste Seite.

§ des EStG	Inhalt der Bestimmung (§§ 40¹, 40b EStG)	Pauschalierungsgrenze	Pauschsteuersatz
Nr. 6	Zusätzlich zum Arbeitslohn – unentgeltlich/verbilligt übereignete Ladevorrichtung für Elektrofahrzeuge oder Hybridelektrofahrzeuge im Sinne des § 6 Abs. 1 Nr. 4 Satz 2 EStG oder	–	25 %
	– gezahlte Zuschüsse für den Erwerb und die Nutzung dieser Ladevorrichtung	–	25 %
Nr. 7	Zusätzlich zum Arbeitslohn unentgeltlich/verbilligt ein betriebliches Fahrrad, das kein Kfz i.S.d. § 6 Abs. 1 Nr. 4 Satz 2 EStG ist, übereignet	–	25 %
Satz 2 Nr. 1	Unentgeltliche oder verbilligte Beförderung der Arbeitnehmer zwischen Wohnung und erster Tätigkeitsstätte bzw. zusätzlich zum Arbeitslohn geleistete Zuschüsse zu den Aufwendungen	WK nach § 9 Abs. 1 Nr. 4 pro Arbeitn.	15 %
Satz 2 Nr. 2	Anstelle der Steuerfreiheit nach § 3 Nr. 15 einheitlich für alle dort genannten Bezüge eines Kalenderjahres, auch wenn die Bezüge dem Arbeitnehmer nicht zusätzlich zum ohnehin geschuldeten Arbeitslohn gewährt werden; für diese pauschal besteuerten Bezüge unterbleibt eine Minderung der abziehbaren Werbungskosten	–	25 %
Satz 2 Nr. 3	Freifahrtberechtigungen für Soldaten nach § 30 Abs. 6 Soldatengesetz. Für diese pauschal besteuerten Bezüge unterbleibt eine Minderung der abziehbaren Werbungskosten	–	25 %
40b⁴	Zuwendungen zum Aufbau einer nicht kapitalgedeckten betrieblichen Altersversorgung an eine Pensionskasse (sowie nach altem Recht für vor dem 1.1.2005 erteilte Versorgungszusagen für Beiträge an Direktversicherungen und Pensionskassen)	1 752 € p.a.³	20 %
	Beiträge für Unfallversicherungen des Arbeitnehmers, wenn mehrere AN gleichzeitig versichert sind	100 € p.a.	20 %
42d Abs. 6	Haftung des Entleihers, wenn die Lohnsteuer schwer zu ermitteln ist. Bemessungsgrundlage: vereinbartes Nettoentgelt	–	15 %

[1] § 40 Abs. 3 EStG: Arbeitgeber hat die pauschale LSt zu übernehmen und schuldet sie; keine Anrechnung auf ESt oder Jahres-LSt. Auf den Arbeitnehmer abgewälzte pauschale Lohnsteuer gilt als zugeflossener Arbeitslohn und mindert nicht die Bemessungsgrundlage (§ 40 Abs. 3 Satz 2 EStG).

[2] Siehe hierzu R 40.2 Abs. 5 LStR 2015.

[3] Gruppenversicherung: Aufteilung der gesamten Beiträge/Zuwendungen auf begünstigte Arbeitnehmer, max. Teilbetrag je Arbeitnehmer nach Aufteilung: 1752 €. Einbezug in den Gesamtbetrag nur von Arbeitnehmern, für die Beiträge/Zuwendungen bis 2148 € im Kalenderjahr gezahlt werden, § 40b Abs. 2 Satz 2 EStG.

[4] Hinsichtlich der Beiträge für Direktversicherungen und Pensionskassen in der am 31.12. 2014 geltenden Fassung, die gem. § 52 Abs. 40 EStG weiter anzuwenden ist, soweit die Versorgungszusage vor dem 1.1. 2015 erteilt wurde.

5.1.6.4.2   Pauschalierung von Reisekosten

Anwendungsbereich	Erstattung von Verpflegungsmehraufwendungen für – Dienstreisen, – Einsatzwechseltätigkeit und – Fahrtätigkeit, soweit diese die Pauschalbeträge um nicht mehr als 100% übersteigen[1]
Bemessungsgrundlage	Gezahlter Verpflegungsmehraufwand abzgl. steuerfreie Pauschbeträge nach § 3 Nr. 16 EStG
Steuersatz	25%

Beispiel

Ein Arbeitnehmer erhält wegen einer Dienstreise von Montag 11 Uhr bis Mittwoch 20 Uhr mit kostenloser Übernachtung und Bewirtung im Gästehaus eines Geschäftsfreundes lediglich pauschalen Fahrtkostenersatz von 300 €, dem eine Fahrstrecke mit eigenem Pkw von 500 km zugrunde liegt.

Steuerfrei sind

– eine Fahrtkostenvergütung von (500 × 0,30 € =)	150 €
– Verpflegungspauschalen von (14 € + 28 € + 14 € =)	56 €
insgesamt	206 €

Der Mehrbetrag von (300 € ./. 206 € =) 94 € kann mit einem Teilbetrag von 56 € pauschal mit 25% versteuert werden. Der steuerfreie Verpflegungszuschuss von 56 € ist in der Lohnsteuerbescheinigung aufzuführen (§ 41 b Abs. 1 Nr. 10 EStG), soweit keine Befreiung gem. § 4 Abs. 2 Nr. 4 LStDV vorliegt (z.B. Fälle von geringerer Bedeutung oder Sicherstellung von anderen Nachprüfungsmöglichkeiten).

---

[1] Siehe zur Begriffserläuterung Kap. 5.1.6.2.2.

5.1.6.4.3 Pauschalierung der Lohnsteuer für Teilzeitbeschäftigte/Geringfügig Beschäftigte

A. Übersicht

§ des EStG	Inhalt der Bestimmung (§ 40a EStG)	Pauschalierungsgrenze	Pausch-steuersatz
40a	Verzicht auf den Abruf von elektronischen Lohnsteuerabzugsmerkmalen oder die Vorlage einer Bescheinigung für den Lohnsteuerabzug bei kurzfristig und geringfügig beschäftigten Arbeitnehmern, soweit kein dem Lohnsteuerabzug unterworfener Arbeitslohn aus anderer Beschäftigung bei demselben Arbeitgeber vorliegt		
40a Abs.1	**kurzfristige Beschäftigung =** gelegentlich, nicht regelmäßig wiederkehrend, max. 18 Arbeitstage zusammenhängend	∅ 120 € je Arbeitstag oder Beschäftigung wird unvorhersehbar sofort erforderlich	25%
	Stundenlohn maximal (§ 40a Abs. 4)	15 €	
40a Abs.2	Verzicht auf den Abruf von elektronischen Lohnsteuerabzugsmerkmalen oder die Vorlage einer Bescheinigung für den Lohnsteuerabzug bei geringfügigen Beschäftigungsverhältnissen, für die der Arbeitgeber pauschale Beiträge zur Sozialversicherung entrichtet	Monatslohn max. 450 € (keine Stundenlohn-Höchstgrenze)	2%
40a Abs.2a	Keine Entrichtung von pauschalen (sondern vollen) Beiträgen zur Sozialversicherung (z.B. bei einer weiteren geringfügigen Beschäftigung neben einer Hauptbeschäftigung)	Monatslohn max. 450 €	20%
40a Abs.3	land- und forstwirtschaftliche Aushilfskräfte (nicht mehr als 180 Tage im Kalenderjahr beschäftigt) Stundenlohn maximal 15 €, kein dem Lohnsteuerabzug unterworfener Arbeitslohn aus anderer Beschäftigung bei demselben Arbeitgeber (§ 40a Abs. 4)	(wie § 40a Abs.1 und Abs.2)	5%

B. Pauschalierungsgrenzen

Die Pauschalierungsgrenze beträgt 450 € pro Monat bzw. 12 € pro Stunde[1].

5.1.6.4.4 Pauschale Kirchensteuer auf pauschale Lohnsteuer

Pauschalierungsvorschrift	Folgen für Kirchensteuer
§§ 40, 40 a und 40 b EStG	Wahlrecht für Arbeitgeber[2] – vereinfachtes Verfahren: in allen Fällen der pauschalierten LSt ist für sämtliche Arbeitnehmer Kirchensteuer zu entrichten. Ein ermäßigter Steuersatz trägt dem Umstand Rechnung, dass nicht alle Arbeitnehmer einer steuererhebenden Religionsgemeinschaft angehören – Nachweisverfahren: für betroffene konfessionslose Arbeitnehmer kann er von der Entrichtung der KiSt absehen; für die übrigen Arbeitnehmer gilt der allgemeine Kirchensteuersatz

Siehe zur Kirchensteuer auch Kap. 5.2.

5.1.6.4.5 Pauschalierung der ESt bei Sachzuwendungen (§ 37 b EStG)[3]

Siehe hierzu Kap. 5.1.1.12.4.

---

[1] Stundenlohn ist bei geringfügiger Beschäftigung und der Pauschalierung gem. § 40 a Abs. 2 und 2 a EStG ohne Relevanz (nur Monatslohn).
[2] Gleich lautender Ländererlass vom 8.8.2016, BStBl I 2016 S. 773.
[3] BMF-Schr. vom 19.5.2015, BStBl I 2015 S. 468.

5.1.7 Einkünfte aus Kapitalvermögen

5.1.7.1 Abgeltungsteuer[1]

5.1.7.1.1 Überblick

Grundstruktur der dualen ESt

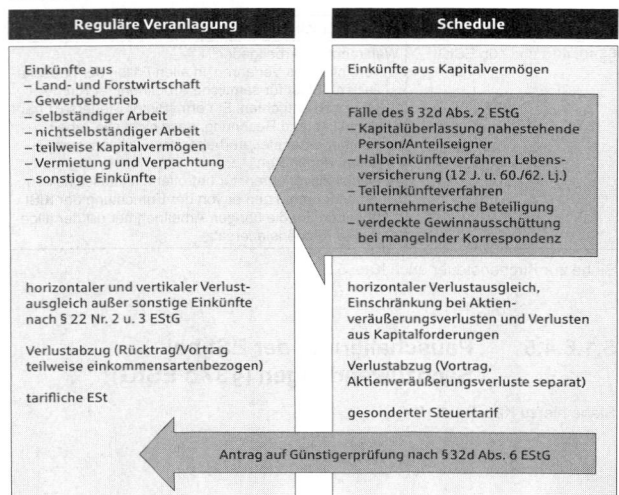

Reguläre Veranlagung	Schedule
Einkünfte aus – Land- und Forstwirtschaft – Gewerbebetrieb – selbständiger Arbeit – nichtselbständiger Arbeit – teilweise Kapitalvermögen – Vermietung und Verpachtung – sonstige Einkünfte	Einkünfte aus Kapitalvermögen Fälle des § 32d Abs. 2 EStG – Kapitalüberlassung nahestehende Person/Anteilseigner – Halbeinkünfteverfahren Lebensversicherung (12 J. u. 60./62. Lj.) – Teileinkünfteverfahren unternehmerische Beteiligung – verdeckte Gewinnausschüttung bei mangelnder Korrespondenz
horizontaler und vertikaler Verlustausgleich außer sonstige Einkünfte nach § 22 Nr. 2 u. 3 EStG Verlustabzug (Rücktrag/Vortrag teilweise einkommensartenbezogen) tarifliche ESt	horizontaler Verlustausgleich, Einschränkung bei Aktienveräußerungsverlusten und Verlusten aus Kapitalforderungen Verlustabzug (Vortrag, Aktienveräußerungsverluste separat) gesonderter Steuertarif

Antrag auf Günstigerprüfung nach § 32d Abs. 6 EStG

---

[1] Einzelfragen zur Abgeltungsteuer: BMF-Schr. vom 18.1.2016 (BStBl I 2016 S. 85; vgl. auch LEXinform Dok.-Nr. 5235836); beachte Ergänzung/Änderung zuletzt durch BMF-Schr. vom 19.2.2021 (BStBl I S. 296; vgl. auch LEXinform Dok. Nr. 7012643).

Einkünfte[1] (sofern private Kapitaleinkünfte nach dem 31.12.2008 zugeflossen sind) § 20 EStG	– Zinsen, Dividenden, Gewinnanteile, sonstige Kapitalerträge, verdeckte Gewinnausschüttungen – Veräußerungsgewinne aus Wertpapier- und Termingeschäften sowie Anteilen an Kapitalgesellschaften[2] – Stillhalterprämien aus Optionsgeschäften – Erträge, Wertzuwächse aus Investmentfonds und Finanzinnovationen, Vollrisikozertifikaten usw. – Gewinne aus Veräußerung „gebrauchter" Versicherungspolicen, insbesondere Kapitallebensversicherungen – Übertragungsertrag Hypotheken, Grund-, Rentenschulden – Erstattungszinsen gem. § 233a AO sind als Einnahme aus Kapitalvermögen nach § 20 Abs. 1 Nr. 7 EStG steuerpflichtig, soweit sie nicht zu den Betriebseinnahmen gehören (Grundsatz).[3]
Ausnahmen (keine Abgeltungsteuer) § 32d Abs. 2 EStG siehe auch Kapitel 5.1.7.1.5	– Kapitalerträge zwischen nahe stehenden Personen – Zahlungen von Kapitalgesellschaften, an denen der Anteilseigner mit mindestens 10 % beteiligt ist – Erträge Back-to-back-Finanzierungen, wenn Gläubiger überlassenes Kapital für Überschusseinkünfte einsetzt – Grundsatz Subsidiarität, vgl. § 20 Abs. 8 EStG i.d.F. ab 2009
Aufwendungen § 20 Abs. 9 EStG	– Abzug von Anschaffungskosten sowie unmittelbarer Veräußerungskosten nur bei Veräußerungsgeschäften – kein Abzug tatsächlicher Werbungskosten – Sparer-Pauschbetrag 801 € (Ehegatten und Lebenspartner 1 602 €) p.a. – Abzug der Kirchensteuer[4] auf die Abgeltungsteuer

---

[1] Aufzählung aus Platzgründen hier nicht abschließend.

[2] Ausnahme, soweit § 17 EStG wegen § 20 Abs. 8 EStG vorrangig anzuwenden ist.

[3] Hingegen sind Nachzahlungszinsen nicht abzugsfähige private Schuldzinsen i.S.d. § 12 Nr. 3 EStG, BFH vom 15.2.2012 (BStBl II 2012 S. 697).

[4] Vgl. spezielle Formel zum KiSt-Abzug in § 32d Abs. 1 Satz 4 EStG.

Steuersatz § 32d EStG	– 25 % zzgl. Solidaritätszuschlag und ggf. Kirchensteuer[1] – ESt-Abgeltung durch Quellenabzug beim Gläubiger – Veranlagungsoption: Grenzbelastung unter 25 %

Verluste
§ 20 Abs. 6 EStG
(vgl. auch
Kap. 5.1.1.5.3)
	– keine Verlustverrechnung mit anderen Einkünften
	  (L+F, Gewerbe, Selbständige, Angestellte, V+V)
	– kein Verlustabzug (Rück-/Vortrag) i.S. § 10d EStG
	– Verlustverrechnung nur innerhalb Kapitaleinkünfte (unbe-
	  schränkt), Reihenfolge § 20 Abs. 6 EStG beachten
	– Schedulenbesteuerung (= Verrechnung nur mit Gewinnen
	  aus gleichartigen Geschäften)
	– Begrenzung der Verlustverrechnung bei Termingeschäften
	  und sonstigen Kapitalforderungen auf 20 000 € pro Jahr

5.1.7.1.2 Veräußerungs- und Einlösungsvorgänge in § 20 Abs. 2 EStG

Nr.	§ 20 Abs. 1 EStG laufende Kapitalerträge	Nr.	§ 20 Abs. 2 EStG Veräußerung/Einlösung
1	Anteile an Körperschaften	1	Anteile an Körperschaften
2	Auflösung von Körperschaften	2	Dividenden-/Zinsscheine ohne Stammrecht
3/ 3a	ab 2018: Erträge aus Investmentfonds/ Spezial-Investmentfonds	3	Termingeschäfte
4	Stille Gesellschaft; partiarisches Darlehen	4	Stille Gesellschaft; partiarisches Darlehen
5	Hypotheken, Grundschulden	5	Hypotheken, Grundschulden
6	Kapitallebensversicherungen	6	Kapitallebensversicherungen
7	Sonstige Kapitalforderungen	7	Sonstige Kapitalforderungen[2]
8	Diskontbeträge	8	Übertragung einer Position i.S.d. Abs. 1 Nr. 9
9	Leistungen nicht befreiter Körperschaften		
10	Sonstige Leistungen		
11	Stillhaltergeschäfte		

---

[1] Bei KiSt-Pflicht beträgt die ESt: $\dfrac{e - 4q}{4 + k}$

    mit: e ≙ Einkünfte gem. § 20 EStG
                q ≙ anrechenbare, ausländische Steuer
                k ≙ KiSt-Satz der Religionsgemeinschaft

[2] Zur Abgrenzung von § 17 EStG zu § 20 Abs. 2 Nr. 7 EStG: BFH vom 14.1.2020 (DStR 2020 S. 886).

5.1.7.1.3   ABC der Wertpapier-Einnahmen

Abzinsungspapiere
z.B. (Bundes-)Finanzierungsschätze, abgezinste Sparbriefe, Nullkupon-Anleihen (Zero-Bonds)

Abgeltungsteuer ab 1.1.2009			
Erwerb nach dem 31.12.2008		Erwerb vor dem 1.1.2009	
Laufende Erträge	Veräußerung/ Einlösung	Laufende Erträge	Veräußerung/ Einlösung
entfällt	Veräußerungsgewinn/ -verlust Steuersatz 25 % § 20 Abs. 2 Satz 1 Nr. 7, Abs. 4 EStG	entfällt	Veräußerungsgewinn/ -verlust Steuersatz 25 % § 20 Abs. 2 Satz 1 Nr. 7, Abs. 4 EStG

Agio-Anleihen
verzinsliches Wertpapier, das mit einem Aufschlag auf den Nennwert eingelöst wird

Abgeltungsteuer ab 1.1.2009			
Erwerb nach dem 31.12.2008		Erwerb vor dem 1.1.2009	
Laufende Erträge	Veräußerung/ Einlösung	Laufende Erträge	Veräußerung/ Einlösung
Zinsen Steuersatz 25 % bei Erwerb in Rechnung gestellte Stückzinsen = negative Einnahmen § 20 Abs. 1 Nr. 7 EStG	Veräußerungsgewinn/ -verlust Steuersatz 25 % § 20 Abs. 2 Satz 1 Nr. 7, Abs. 4 EStG	Zinsen Steuersatz 25 % § 20 Abs. 1 Nr. 7 EStG	Veräußerungsgewinn/ -verlust Steuersatz 25 % § 20 Abs. 2 Satz 1 Nr. 7, Abs. 4 EStG

Aktien
von Aktiengesellschaften (AG) oder Kommanditgesellschaften auf Aktien (KGaA)

Abgeltungsteuer ab 1.1.2009			
Erwerb nach dem 31.12.2008		Erwerb vor dem 1.1.2009	
Laufende Erträge	Veräußerung/ Einlösung	Laufende Erträge	Veräußerung/ Einlösung
Dividenden Steuersatz 25 % § 20 Abs. 1 Nr. 1 EStG	Veräußerungsgewinn/ -verlust Steuersatz 25 % § 20 Abs. 2 Satz 1 Nr. 7, Abs. 4 EStG	Dividenden Steuersatz 25 % § 20 Abs. 1 Nr. 1 EStG	nicht steuerpflichtig (Bestandsschutz)

Aktienzertifikate

z.B. Turbo-, Speed-, Knock-out-, KickStart- oder Sprint-Zertifikate; entsprechend: Indexzertifikate (Indexpartizipationsscheine)

Abgeltungsteuer ab 1.1.2009			
Erwerb nach dem 14.3.2007		Erwerb vor dem 15.3.2007	
Laufende Erträge	Veräußerung/ Einlösung	Laufende Erträge	Veräußerung/ Einlösung
entfällt	Veräußerungsgewinn/ -verlust Steuersatz 25 % § 20 Abs. 2 Satz 1 Nr. 7, Abs. 4 EStG bei Aktienlieferung ab 2010: Veräußerungs- fiktion zu Anschaf- fungskosten § 20 Abs. 4a Satz 3 EStG	entfällt	Steuerfrei (Bestands- schutz) bei Aktienlieferung ab 2010: Veräußerungsfiktion zu Anschaffungskosten § 20 Abs. 4a Satz 3 EStG

Anleihen, festverzinsliche

Schuldverschreibung, Obligationen, Bonds, Aktien- und Bundesanleihen (laufende gleich bleibende Verzinsung)

Abgeltungsteuer ab 1.1.2009			
Erwerb nach dem 31.12.2008		Erwerb vor dem 1.1.2009	
Laufende Erträge	Veräußerung/ Einlösung	Laufende Erträge	Veräußerung/ Einlösung
Zinsen (ggf. bei Er- werb gezahlte Stück- zinsen = neg. Einnah- men) Steuersatz 25 % § 20 Abs. 1 Nr. 7 EStG	Veräußerungsgewinn/ -verlust Steuersatz 25 % § 20 Abs. 2 Satz 1 Nr. 7 EStG	Zinsen (ggf. bei Erwerb gezahlte Stückzinsen = neg. Einnahmen) Steuersatz 25 % § 20 Abs. 1 Nr. 7 EStG	Steuerfrei (Bestands- schutz)

Aufzinsungspapiere
bestimmte Formen von Sparbriefen

Abgeltungsteuer ab 1.1.2009			
Erwerb nach dem 31.12.2008		Erwerb vor dem 1.1.2009	
Laufende Erträge	Veräußerung/ Einlösung	Laufende Erträge	Veräußerung/ Einlösung
entfällt	Veräußerungsgewinn/ -verlust Steuersatz 25 % § 20 Abs. 2 Satz 1 Nr. 7, Abs. 4 EStG	entfällt	Veräußerungsgewinn/ -verlust Steuersatz 25 % § 20 Abs. 2 Satz 1 Nr. 7, Abs. 4 EStG

Bandbreiten-Optionsscheine (range warrants)
ungetrennte Bandbreiten-Optionsscheine (als Index-Optionsscheine, z.B. DAX)

Abgeltungsteuer ab 1.1.2009			
Erwerb nach dem 31.12.2008		Erwerb vor dem 1.1.2009	
Laufende Erträge	Veräußerung/ Einlösung	Laufende Erträge	Veräußerung/ Einlösung
entfällt	Veräußerungsgewinn/ -verlust Steuersatz 25 % § 20 Abs. 2 Satz 1 Nr. 3, Abs. 4 EStG	entfällt	Veräußerungsgewinn/ -verlust Steuersatz 25 % § 20 Abs. 2 Satz 1 Nr. 7, Abs. 4 EStG

Disagio-Anleihen, „deep-discount-bonds"
niedrig verzinsliche Anleihen, mit Abschlag auf Nennwert (Emissionsdisagio, Emissionsdiskont) emittiert; Kapitalertrag: (laufend gezahlte) Zinsen und Kursdifferenz zwischen Erwerb und Einlösung der Anleihe

Abgeltungsteuer ab 1.1.2009			
Erwerb nach dem 31.12.2008		Erwerb vor dem 1.1.2009	
Laufende Erträge	Veräußerung/ Einlösung	Laufende Erträge	Veräußerung/ Einlösung
Zinsen (ggf. bei Erwerb gezahlte Stückzinsen = neg. Einnahmen) Steuersatz 25 % § 20 Abs. 1 Nr. 7 EStG	Veräußerungsgewinn/ -verlust Steuersatz 25 % § 20 Abs. 2 Satz 1 Nr. 7, Abs. 4 EStG	Zinsen (ggf. bei Erwerb gezahlte Stückzinsen = neg. Einnahmen) Steuersatz 25 % § 20 Abs. 1 Nr. 7 EStG	Veräußerungsgewinn/ -verlust Steuersatz 25 % § 20 Abs. 2 Satz 1 Nr. 7, Abs. 4 EStG[1]

---

[1] Emissionsdisagio ggf. nicht steuerpflichtig; BMF Schr. vom 24.11.1986 (BStBl I 1986 S. 539; vgl. auch LEXinform Dok.-Nr. 0074282).

Festgeld-Anlagen
entsprechend: Termingeld, Tagesgeld, Sparvertrag

Abgeltungsteuer ab 1.1.2009			
Erwerb nach dem 31.12.2008		Erwerb vor dem 1.1.2009	
Laufende Erträge	Veräußerung/ Einlösung	Laufende Erträge	Veräußerung/ Einlösung
Zinsen Steuersatz 25 % § 20 Abs. 1 Nr. 7 EStG	entfällt	Zinsen Steuersatz 25 % § 20 Abs. 1 Nr. 7 EStG	entfällt

Flat-Handel (insbesondere an ausländischen Börsen)
bei Veräußerung Wertpapiere werden keine Stückzinsen in Rechnung gestellt; lfd.
Zinserträge führen daher zu Kurssteigerungen

Abgeltungsteuer ab 1.1.2009			
Erwerb nach dem 31.12.2008		Erwerb vor dem 1.1.2009	
Laufende Erträge	Veräußerung/ Einlösung	Laufende Erträge	Veräußerung/ Einlösung
Zinsen (ggf. bei Erwerb gezahlte Stückzinsen = neg. Einnahmen) Steuersatz 25 % § 20 Abs. 1 Nr. 7 EStG	Veräußerungsgewinn/ -verlust Steuersatz 25 % § 20 Abs. 2 Satz 1 Nr. 7, Abs. 4 EStG	Zinsen (ggf. bei Erwerb gezahlte Stückzinsen = neg. Einnahmen) Steuersatz 25 % § 20 Abs. 1 Nr. 7 EStG	Veräußerungsgewinn/ -verlust Steuersatz 25 % § 20 Abs. 2 Satz 1 Nr. 7, Abs. 4 EStG

Floater (floating rate notes)
Schuldverschreibungen mit variabler Verzinsung (z.B. LIBOR, EURIBOR)

Abgeltungsteuer ab 1.1.2009			
Erwerb nach dem 31.12.2008		Erwerb vor dem 1.1.2009	
Laufende Erträge	Veräußerung/ Einlösung	Laufende Erträge	Veräußerung/ Einlösung
Zinsen (ggf. bei Erwerb gezahlte Stückzinsen = neg. Einnahmen) Steuersatz 25 % § 20 Abs. 1 Nr. 7 EStG	Veräußerungsgewinn/ -verlust Steuersatz 25 % § 20 Abs. 2 Satz 1 Nr. 7, Abs. 4 EStG	Zinsen (ggf. bei Erwerb gezahlte Stückzinsen = neg. Einnahmen) Steuersatz 25 % § 20 Abs. 1 Nr. 7 EStG	Veräußerungsgewinn/ -verlust Steuersatz 25 % § 20 Abs. 2 Satz 1 Nr. 7, Abs. 4 EStG

Futures

an einer amtlichen Terminbörse (z.B. EUREX) gehandelte, standardisierte Festgeschäfte (im Gegensatz zur Option besteht für Käufer und Verkäufer eine feste Verpflichtung)

Abgeltungsteuer ab 1.1.2009			
Erwerb nach dem 31.12.2008		Erwerb vor dem 1.1.2009	
Lieferung des Basiswerts	Glattstellung/ Differenzausgleich	Lieferung des Basiswerts	Glattstellung/ Differenzausgleich
Zahlungen auf den Future-Kontrakt sowie Nebenkosten = Anschaffungskosten des Basiswerts	Veräußerungsgewinn/ -verlust Steuersatz 25 % § 20 Abs. 2 Satz 1 Nr. 3, Abs. 4 EStG	Zahlungen auf den Future-Kontrakt sowie Nebenkosten = Anschaffungskosten des Basiswerts	steuerfrei (Bestandsschutz)

Genussscheine, Gewinnschuldverschreibungen (Gewinnanleihe, Gewinnobligationen)

Genussscheine sind Wertpapiere, die ein Recht am Reingewinn oder darüber hinaus am Liquidationsgewinn verbriefen.

Gewinnschuldverschreibungen erbringen neben einer festen Verzinsung eine ergebnisabhängige Zusatzverzinsung.

Tabelle für Genussscheine, die nur einen Anteil am Gewinn verbriefen, ohne Liquidationserlös

Abgeltungsteuer ab 1.1.2009			
Erwerb nach dem 31.12.2008		Erwerb vor dem 1.1.2009	
Laufende Erträge	Veräußerung/ Einlösung	Laufende Erträge	Veräußerung/ Einlösung
Zinsen Steuersatz 25 % § 20 Abs. 1 Nr. 7 EStG	Veräußerungsgewinn/ -verlust Steuersatz 25 % § 20 Abs. 2 Satz 1 Nr. 7, Abs. 4 EStG	Zinsen Steuersatz 25 % § 20 Abs. 1 Nr. 7 EStG	steuerfrei (Bestandsschutz)

Gleitzins-Anleihen, Kombizins-Anleihen

Gleitzins: keine gleichmäßige Verzinsung, Verzinsung steigt bzw. fällt jährlich;
Kombizins: zuerst keine, später höhere Verzinsung

Abgeltungsteuer ab 1.1.2009			
Erwerb nach dem 31.12.2008		Erwerb vor dem 1.1.2009	
Laufende Erträge	Veräußerung/ Einlösung	Laufende Erträge	Veräußerung/ Einlösung
Zinsen (ggf. bei Erwerb gezahlte Stückzinsen = neg. Einnahmen) Steuersatz 25% § 20 Abs. 1 Nr. 7 EStG	Veräußerungsgewinn/ -verlust Steuersatz 25% § 20 Abs. 2 Satz 1 Nr. 7, Abs. 4 EStG	Zinsen (ggf. bei Erwerb gezahlte Stückzinsen = neg. Einnahmen) Steuersatz 25% § 20 Abs. 1 Nr. 7 EStG	Veräußerungsgewinn/ -verlust Steuersatz 25% § 20 Abs. 2 Satz 1 Nr. 7, Abs. 4 EStG

Hochzins-Anleihen, cash-shared bonds

regelmäßig Zinssatz von über 10% (bis zu 20%); Rückzahlung Kapitalanlage von
ungewissem Ereignis abhängig

Abgeltungsteuer ab 1.1.2009			
Erwerb nach dem 31.12.2008		Erwerb vor dem 1.1.2009	
Laufende Erträge	Veräußerung/ Einlösung	Laufende Erträge	Veräußerung/ Einlösung
Zinsen (ggf. bei Erwerb gezahlte Stückzinsen = neg. Einnahmen) Steuersatz 25% § 20 Abs. 1 Nr. 7 EStG	Veräußerungsgewinn/ -verlust Steuersatz 25% § 20 Abs. 2 Satz 1 Nr. 7, Abs. 4 EStG bei Aktienlieferung: Veräußerungsfiktion zu Anschaffungs- kosten § 20 Abs. 4a Satz 3 EStG	Zinsen (ggf. bei Erwerb gezahlte Stückzinsen = neg. Einnahmen) Steuersatz 25% § 20 Abs. 1 Nr. 7 EStG	Veräußerungsgewinn/ -verlust Steuersatz 25% § 20 Abs. 2 Satz 1 Nr. 7, Abs. 4 EStG bei Aktienlieferung: Veräußerungsfiktion zu Anschaffungs- kosten § 20 Abs. 4a Satz 3 EStG

Hybridanleihen

Nachrangige Anleihen mit unendlicher oder extrem langer Laufzeit, Festzinsphase i.d.R. 10 Jahre.

Abgeltungsteuer ab 1.1.2009			
Erwerb nach dem 31.12.2008		Erwerb vor dem 1.1.2009	
Laufende Erträge	Veräußerung/ Einlösung	Laufende Erträge	Veräußerung/ Einlösung
Zinsen (ggf. bei Erwerb gezahlte Stückzinsen = neg. Einnahmen) Steuersatz 25% § 20 Abs.1 Nr.7 EStG	Veräußerungsgewinn/ -verlust Steuersatz 25% § 20 Abs.2 Satz 1 Nr.7, Abs.4 EStG	Zinsen (ggf. bei Erwerb gezahlte Stückzinsen = neg. Einnahmen) Steuersatz 25% § 20 Abs.1 Nr.7 EStG	Veräußerungsgewinn/ -verlust Steuersatz 25% § 20 Abs.2 Satz 1 Nr.7, Abs.4 EStG

Index-Anleihen[1]

Verzinsung, Rückzahlungspreis (-kurs, -wert) an Entwicklung Index (z.B. Lebenshaltungskosten, Goldpreis, DAX usw.) gebunden

Abgeltungsteuer ab 1.1.2009			
Erwerb nach dem 31.12.2008		Erwerb vor dem 1.1.2009	
Laufende Erträge	Veräußerung/ Einlösung	Laufende Erträge	Veräußerung/ Einlösung
Zinsen (ggf. bei Erwerb gezahlte Stückzinsen = neg. Einnahmen) Steuersatz 25% § 20 Abs.1 Nr.7 EStG	Veräußerungsgewinn/ -verlust Steuersatz 25% § 20 Abs.2 Satz 1 Nr.7, Abs.4 EStG	Zinsen (ggf. bei Erwerb gezahlte Stückzinsen = neg. Einnahmen) Steuersatz 25% § 20 Abs.1 Nr.7 EStG	Veräußerungsgewinn/ -verlust Steuersatz 25% § 20 Abs.2 Satz 1 Nr.7, Abs.4 EStG

---

[1] Index-Anleihen sind zu unterscheiden von Indexzertifikaten (s. „Zertifikate").

Money-back-Zertifikate (Garantie-Zertifikate)
Sammelbegriff für Zertifikate mit Rückzahlungsgarantie; Verzinsung i.d.R. an Index gekoppelt, häufig Mindestverzinsung garantiert

Abgeltungsteuer ab 1.1.2009			
Erwerb nach dem 31.12.2008		Erwerb vor dem 1.1.2009	
Laufende Erträge	Veräußerung/ Einlösung	Laufende Erträge	Veräußerung/ Einlösung
entfällt	Veräußerungsgewinn/ -verlust Steuersatz 25% § 20 Abs. 2 Satz 1 Nr. 7, Abs. 4 EStG	entfällt	Veräußerungsgewinn/ -verlust Steuersatz 25% § 20 Abs. 2 Satz 1 Nr. 7, Abs. 4 EStG

Optionen
Recht des Optionskäufers (Optionsnehmer) vom Optionsverkäufer (Optionsgeber bzw. Stillhalter) gegen Optionsprämienzahlung bestimmte Anzahl Basiswerte (z.B. Aktien) während oder am Ende der Laufzeit zum vereinbarten Basispreis zu kaufen/verkaufen

Abgeltungsteuer ab 1.1.2009			
Erwerb nach dem 31.12.2008		Erwerb vor dem 1.1.2009	
Lieferung des Basiswerts	Glattstellung/ Differenzausgleich	Lieferung des Basiswerts	Glattstellung/ Differenzausgleich
Prämie sowie die Nebenkosten = Anschaffungskosten des Basiswerts	Veräußerungsgewinn/ -verlust Steuersatz 25% § 20 Abs. 2 Satz 1 Nr. 3, Abs. 4 EStG	Prämie sowie die Nebenkosten = Anschaffungskosten des Basiswerts	entfällt

Beachte:

Steuerliche Behandlung beim Verkäufer **(Stillhalter)**:

Rechtslage ab 2009:
Stillhalterprämien gehören zu den Einkünften aus § 20 Abs. 1 Nr. 11 EStG.
Schließt der Stillhalter ein Glattstellungsgeschäft ab, mindern sich die Einnahmen aus den Stillhalterprämien um die im Glattstellungsgeschäft gezahlten Prämien.
Zahlt der Stillhalter bei einem Optionsgeschäft einen Barausgleich, führt dies zu einem steuerlich zu berücksichtigenden Verlust. Dies hat der BFH[1] in seinem Urteil vom 20.10.2016 entschieden.
Der Verfall der Option mindert die Einkünfte aus Kapitalvermögen (beim Optionsnehmer)[1,2].

Zertifikate
Inhaberschuldverschreibungen, deren Entwicklung von einem bestimmten Basiswert abhängig ist (z.B. Aktienzertifikate und Indexzertifikate [s. „Aktienzertifikate"], Hedgefondszertifikate, Rentenzertifikate, Rohstoffzertifikate, Währungszertifikate, Zinszertifikate)

Abgeltungsteuer ab 1.1.2009			
Erwerb nach dem 14.3.2007		Erwerb vor dem 15.3.2007	
Laufende Erträge	Veräußerung/ Einlösung	Laufende Erträge	Veräußerung/ Einlösung
entfällt	Veräußerungsgewinn/ -verlust Steuersatz 25 % § 20 Abs. 2 Satz 1 Nr. 7, Abs. 4 EStG[1]	entfällt	Steuerfrei (Bestandsschutz)

---

[1] Az. VIII R 55/13, BStBl II 2017 S.264.
[2] BMF-Schr. vom 18.1.2016, BStBl I 2016 S. 85; beachte Ergänzung/Änderung durch BMF-Schr. vom 12.4.2018, BStBl I 2018 S. 624; vgl. auch LEXinform Dok.-Nr. 5236598.
[1] Bei Wertpapierlieferung ab 2010: Veräußerungsfiktion zu Anschaffungskosten § 20 Abs. 4a Satz 3 EStG.

5.1.7.1.4   Werbungskostenabzug ab 2009

Der Sparer-Pauschbetrag beträgt **ab 1.1.2009 801 €** bzw. **1 602 €** bei zusammen veranlagten Ehegatten[1]. Allein dieser Betrag wird von den Einnahmen aus Kapitalvermögen abgezogen.

Ein gesonderter **Ansatz tatsächlich entstandener Werbungskosten** ist im Zusammenhang mit Einnahmen, die der Abgeltungsteuer unterliegen, **ab 1.1.2009 nicht mehr möglich**[2].

5.1.7.1.5   Nichtanwendung des Abgeltungsteuersatzes[3]

Stpfl.	nahe-stehende Person	Stpfl. oder nahe-stehende Person	Kapitalge-sellschaft	Stpfl.	Bank
Darlehensvertrag (betrieblich oder im Zusammenhang mit Vermietung und Verpachtung)		Der Stpfl. ist zu mindestens 10 % an der Gesellschaft beteiligt. Gesellschafterdar-lehen (betrieblich)		Unterhält bei der Bank eine Einlage	Bank vergibt in gleicher Höhe einen Kredit an den Stpfl.
Zinserträge daraus (§ 20 Abs. 1 Nr. 7 EStG)	Schuldzinsen daraus Betriebsaus-gaben oder Werbungs-kosten (Steu-erentlastung max. 45 %)	Zinserträge daraus (§ 20 Abs. 1 Nr. 7 EStG) an Stpfl. oder nahestehende Person	Schuldzinsen daraus im betrieblichen Bereich	Back-to-back-Finanzierung: Die Einkünfte aus der Einlage unterliegen dem progressiven ESt-Tarif, sofern die Bank auf den Stpfl. oder die nahe-stehende Person aufgrund eines rechtlichen Anspruchs (z. B. Bürgschaft) oder einer dinglichen Sicherheit wie z. B. Grundschuld zurückgreifen kann.	
Ausnahmeregelung des § 32 d Abs. 2 Nr. 1 Buchst. a EStG (Rz. 134 bis 136 des BMF-Schreibens vom 18.1.2016)		Ausnahmeregelung des § 32 d Abs. 2 Nr. 1 Buchst. b EStG (Rz. 137 des BMF-Schreibens vom 18.1.2016)		Ausnahmeregelung des § 32 d Abs. 2 Nr. 1 Buchst. c EStG. Das gilt auch, wenn das überlassene Kapital vom Gläubiger der Kapitalerträge für die Erzielung von Einkünften i. S. d. § 2 Abs. 1 Satz 1 Nr. 4 bis 7 EStG einge-setzt wird.	
Die Zinserträge unterliegen dem progressiven ESt-Tarif.					

---

[1] § 20 Abs. 9 Satz 1 und Satz 2 EStG.
[2] § 20 Abs. 9 Satz 1 2. HS EStG.
[3] Quelle: LEXinform Dok.-Nr. 0631097; Stand: 1.7.2021.

5.1.7.2 Befreiung nach dem Teileinkünfteverfahren ab 2009

Gemäß §3 Nr.40 und Nr.40a EStG sind die folgenden Einnahmen i.H.v. 40% steuerfrei. Die entsprechenden Ausgaben sind i.H.v. 60% abzugsfähig gem. § 3c Abs. 2 EStG.

Rechtsgrundlage	Tatbestand in Kurzform
in §3 Nr.40 EStG Buchst. a	BV-Mehrungen/Einnahmen aus Veräußerung/Entnahme u.a. von Anteilen an Körperschaften u.Ä., sofern Beteiligung im BV (S1) mit Ausnahmen in S 2, 3
Buchst. b	Veräußerungspreis i.S.d. §16 Abs.2 EStG, soweit er auf i.R.d. Veräußerung/Aufgabe eines Betriebs/Teilbetriebs/Mitunternehmeranteils auf darin enthaltene Beteiligungen an Körperschaften u.Ä. entfällt
Buchst. c	Veräußerungspreis/gemeiner Wert oder Gleichgestelltes i.S.d. §17 Abs.2, 4 EStG
Buchst. d	Bezüge i.S.d. § 20 Abs.1 Nr.1 und 9 EStG, soweit noch anwendbar
Buchst. e	Bezüge i.S.d. § 20 Abs.1 Nr.2, soweit noch anwendbar
Buchst. f	Besondere Entgelte oder Vorteile i.S.d. § 20 Abs.3 EStG, soweit noch anwendbar
Buchst. g	Gewinne aus der Veräußerung von Dividendenscheinen u.Ä. i.S.d. § 20 Abs.2 Satz 1 Nr.2 Buchst. a EStG, soweit noch anwendbar
Buchst. h	Gewinne aus der Abtretung von Dividendenansprüchen u.Ä. i.S.d. § 20 Abs.2 Satz 1 Nr.2 Buchst. a EStG i.V.m. § 20 Abs.2 Satz 2 EStG, soweit noch anwendbar
Buchst. i	Bezüge i.S.d. § 22 Nr.1 Satz 2 EStG, soweit von nicht KSt-befreiten Körperschaften o.Ä. stammend
in §3 Nr.40a EStG	Vergütungen i.S.d. § 18 Abs.1 Nr.4 EStG (Carried Interest)

5.1.7.3 Veranlagungsformen[1]

Einkünfte aus Kapitalvermögen unterliegen

dem gesonderten **Tarif** von 25 % gem. § 32 d EStG		der tariflichen ESt nach **§ 32 a EStG**	
kein KapESt-Abzug	KapESt-Abzug	§ 32 d Abs. 2 EStG	§ 32 d Abs. 6 EStG auf Antrag (Günstigerprüfung)

Die Einkünfte aus Kapitalvermögen sind **nicht** in der **Summe der Einkünfte** i. S. d. § 2 Abs. 3 EStG **enthalten** (§ 2 Abs. 5 b Satz 1 EStG). Die Regelungen des § 20 Abs. 6 EStG (Verlustabzugsbegrenzung) und des § 20 Abs. 9 EStG (Ansatz eines Sparer-Pauschbetrages) sind anzuwenden. Der Abzug tatsächlicher Werbungskosten ist ausgeschlossen.

z. B. Veräußerungsgewinne von GmbH-Anteilen. Erklärung der Kapitalerträge nach § 32 d Abs. 3 EStG in der ESt-Erklärung, aber keine Berücksichtigung in der Summe der Einkünfte. S. a. § 2 Abs. 6 EStG. Die tarifliche ESt wird um die Steuer nach § 32 d Abs. 3 und 4 EStG erhöht.	z. B. Veräußerungsgewinne aus Aktienverkäufen, Kapitalerträge aus § 20 Abs. 1 Nr. 1 EStG, Kapitalerträge nach § 20 Abs. 1 Nr. 6 EStG. Die ESt ist durch den KapESt-Abzug abgegolten (§ 43 Abs. 5 Satz 1 EStG). **Keine** Erklärung der Kapitalerträge in der **ESt-Erklärung**. Antrag auf Steuerfestsetzung nach § 32 d Abs. 4 i. V. m. Abs. 3 EStG. **Ausnahme** von der **Abgeltungswirkung**: Fälle des § 32 d Abs. 2 EStG sowie Kapitalerträge, die zu einer anderen Einkunftsart gehören (Subsidiaritätsprinzip des § 20 Abs. 8 EStG).

Die Einkünfte aus Kapitalvermögen sind in der **Summe der Einkünfte** i. S. d. § 2 Abs. 3 EStG **enthalten** (§ 2 Abs. 5 b EStG).

§ 32 d Abs. 2		§ 20 Abs. 6 und 9 EStG sind anzuwenden.
Nr. 1 und 3	Nr. 2	
§ 20 Abs. 6 und 9 EStG finden keine Anwendung.	§ 20 Abs. 6 EStG findet keine Anwendung; § 20 Abs. 9 EStG ist anzuwenden.	

Die einbehaltene KapESt hat keine abgeltende Wirkung (s. a. § 43 Abs. 5 Satz 2 EStG). Die KapESt wird nach § 36 Abs. 2 Nr. 2 EStG auf die ESt angerechnet.

Tarifliche ESt nach § 32 a EStG
§ 20 Abs. 6 und 9 EStG sind anzuwenden.

---

[1] Quelle: LEXinform Dok-Nr. 0630260, Stand: 1.7.2021.

5.1.7.4 Kapitalertragsteuer

5.1.7.4.1 Kapitalertragsteuerabzug[1]

Die Kapitalerträge mit Steuerabzug und die jeweilige KapESt regeln die §§ 43 und 43a EStG. Welche der nach § 20 EStG einkommensteuerpflichtigen Einkünfte dem Kapitalertragsteuerabzug unterliegen, bestimmt § 43 EStG abschließend.

Kapitalertragsteuerpflichtige Einnahmen	Kapitalertragsteuer/Erläuterungen
§ 20 Abs. 1 Nr. 1 und 2 EStG; § 20 Abs. 2 Satz 1 Nr. 2 Buchst. a und Nr. 2 Satz 2 EStG; § 43 Abs. 1 Nr. 1 EStG. **Erfasst werden** – **alle Gewinnanteile (Dividenden) und** – **Erträge aus Investmentanteilen** – **verdeckten Gewinnausschüttungen,** – **einschließlich der nach § 3 Nr. 40 EStG steuerfreien Erträge,** – **Einnahmen aus der Veräußerung von Dividendenscheinen.** Voraussetzung ist ab 1.1.2012, dass die Kapitalerträge i. S. d. § 20 Abs. 1 Nr. 1 EStG nicht in § 43 Abs. 1 Nr. 1a EStG genannt sind.	§ 43a Abs. 1 Nr. 1 EStG: **25% des Kapitalertrags** Die KapESt wird aus der vollen (ungekürzten) Dividende (Bruttodividende) berechnet (§ 43a Abs. 2 Satz 1 EStG).

---

[1] Quelle: LEXinform Dok.-Nr. 0630490, Stand: 2.6.2021.

Kapitalertragsteuerpflichtige Einnahmen	Kapitalertragsteuer/Erläuterungen
§ 20 Abs. 1 Nr. 3 EStG	§ 43a Abs. 1 Nr. 1 EStG: 25 % des Kapitalertrags
§ 43 Abs. 1 Nr. 5 EStG	Bei Erträgen aus Investmentfonds nach § 16 Abs. 1 InvStG, auf die nach § 20 InvStG eine Teilfreistellung anzuwenden ist, unterliegen nur die steuerpflichtigen Kapitalerträge dem Steuerabzug; § 20 Abs. 1 Satz 2 bis 4 InvStG sind beim Steuerabzug nicht anzuwenden, § 43a Abs. 2 Satz 1 Halbsatz 2 EStG.
ab 1. 1. 2018 – eingefügt durch das Gesetz zur Reform der Investmentbesteuerung (Investmentsteuerreformgesetz – InvStRefG) vom 19. 7. 2016	
Erfasst werden Investmenterträge nach § 16 InvStG.	*Hinweis:*
Hinweis:	**Gemäß** § 20 InvStG kommt es in folgenden Fällen zu einer Teilfreistellung:
Erträge aus Spezial-Investmenterträgen nach § 34 InvStG erfasst § 20 Abs. 1 Nr. 3a EStG, ein Steuerabzug erfolgt mangels gesetzlicher Regelung nicht. Auf Spezial-Investmenterträge sind § 2 Abs. 5b, § 20 Abs. 6 und 9, die §§ 32d und 43 Abs. 5 Satz 1 EStG nicht anzuwenden. § 3 Nr. 40 EStG und § 8b KStG sind vorbehaltlich des § 42 InvStG nicht anzuwenden (§ 34 InvStG).	Aktienfonds:
	Steuerfrei sind 80 % der Erträge bei Anlegern, die dem KStG unterliegen (60 % bei natürlichen Personen, die ihre Anteile im Betriebsvermögen halten; im Übrigen 30 %).
	– Mischfonds:
	Steuerfrei sind 40 % der Erträge bei Anlegern, die dem KStG unterliegen (30 % bei natürlichen Personen, die ihre Anteile im Betriebsvermögen halten; im Übrigen 15 %).
	– Immobilienfonds:
	Steuerfrei sind 60 % der Erträge, wenn nach den Anlagebedingungen fortlaufend mindestens 51 % des Werts des Investmentfonds in Immobilien und Immobiliengesellschaften angelegt werden; steuerfrei sind ferner 80 % der Erträge, wenn gemäß den Anlagebedingungen fortlaufend mindestens 51 % des Werts des Investmentfonds in ausländischen Immobilien und Auslands-Immobiliengesellschaften angelegt werden.

Kapitalertragsteuerpflichtige Einnahmen	Kapitalertragsteuer/Erläuterungen
§ 20 Abs. 1 Nr. 1 EStG; § 43 Abs. 1 Nr. 1a EStG ab 1.1.2012. **Erfasst werden Kapitalerträge i. S. d. § 20 Abs. 1 Nr. 1 EStG aus Aktien,** – **die entweder gem. § 5 des Depotgesetzes zur Sammelverwahrung durch eine Wertpapiersammelbank zugelassen sind und dieser zur Sammelverwahrung im Inland anvertraut sind,** – **bei denen eine Sonderverwahrung gem. § 2 Satz 1 des Depotgesetzes erfolgt oder** – **bei denen die Erträge gegen Aushändigung der Dividendenscheine ausgezahlt oder gutgeschrieben werden.** Zur Berücksichtigung von Freistellungsaufträgen sowie Verrechnung von Verlusten im Zusammenhang mit dem Zufluss von Kapitalerträgen i. S. v. § 43 Abs. 1 Nr. 1a EStG durch die auszahlende Stelle s. BMF vom 23. 6. 2011 (BStBl I 2011 S 625).	§ 43a Abs. 1 Nr. 1 EStG: **25 % des Kapitalertrags** Die KapESt wird aus der vollen (ungekürzten) Dividende (Bruttodividende) berechnet (§ 43a Abs. 2 Satz 1 EStG). Bei Dividendenausschüttungen von Aktiengesellschaften an ihre Anteilseigner, bei denen sich Aktien in der Girosammelverwahrung befinden oder eine Streifbandverwahrung i. S. d. § 2 Satz 1 DepotG erfolgt oder bei denen die Erträge gegen Aushändigung der Dividendenscheine ausgezahlt oder gutgeschrieben werden, wird ab 1. 1. 2012 der Kapitalertragsteuereinbehalt nicht mehr durch die Aktiengesellschaft, sondern durch das depotführende Institut oder, wenn die Dividende auf ein ausländisches Depot gezahlt wird, durch die letzte inländische Stelle (vgl. § 44 Abs. 1 Satz 4 Nr. 3 EStG) durchgeführt. Da das Kapitalertragsteuerabzugsverfahren bei Dividendenausschüttungen nicht mehr in einem einheitlichen Verfahren erfolgt, bedarf es rechtstechnisch einer gesonderten Aufführung für Dividendenausschüttungen an Aktien in Girosammelverwahrung in § 43 Abs. 1 EStG.
Bestimmte Erträge aus § 20 Abs. 1 Nr. 7 EStG; § 43 Abs. 1 Nr. 2 EStG. **Erfasst werden Zinsen aus** – **Wandelanleihen,** – **Gewinnobligationen und** – **Genussrechten.**	§ 43a Abs. 1 Nr. 1 EStG: **25 % des Kapitalertrags**
§ 20 Abs. 1 Nr. 4 EStG; § 43 Abs. 1 Nr. 3 EStG. **Erträge aus typischen stillen Beteiligungen und aus partiarischen Darlehen.**	§ 43a Abs. 1 Nr. 1 EStG: **25 % des Kapitalertrags** Erträge aus atypischen stillen Beteiligungen fallen nicht unter § 20 Abs. 1 Nr. 4 EStG, sondern unter § 15 Abs. 1 Nr. 2 EStG.

Kapitalertragsteuerpflichtige Einnahmen	Kapitalertragsteuer/Erläuterungen
§ 20 Abs. 1 Nr. 6 EStG; § 43 Abs. 1 Nr. 4 EStG. **Zinserträge auf Sparanteile von Lebensversicherungen.** Als Bemessungsgrundlage ist der Unterschiedsbetrag anzusetzen. Die Anschaffungskosten statt der entrichteten Beiträge kann der Stpfl. nur im Rahmen der Veranlagung nach § 32d Abs. 4 oder 6 EStG geltend machen.	§ 43a Abs. 1 Nr. 1 EStG: **25 % des Kapitalertrags**
Ausländische Kapitalerträge i. S. d. § 43 Abs. 1 Nr. 1 EStG; § 43 Abs. 1 Nr. 6 EStG. **Insbesondere ausländische Dividenden werden dem KapESt-Abzug unterworfen.**	§ 43a Abs. 1 Nr. 1 EStG: **25 % des Kapitalertrags** Anders als bei inländischen Dividenden wird der Steuerabzug nicht vom Schuldner der Kapitalerträge, sondern von der auszahlenden Stelle vorgenommen.
§ 20 Abs. 1 Nr. 7 EStG; § 43 Abs. 1 Nr. 7 EStG. **Kapitalerträge i. S. d. § 20 Abs. 1 Nr. 7 EStG außer den Erträgen i. S. d. § 43 Abs. 1 Nr. 2 EStG.**	§ 43a Abs. 1 Nr. 1 EStG: **25 % des Kapitalertrags** In den Fällen des § 43 Abs. 1 Nr. 7 Buchst. a EStG wird die KapESt auch bei ausländischen Kapitalerträgen erhoben (§ 43 Abs. 1 Satz 1 EStG).
§ 20 Abs. 1 Nr. 10 Buchst. a und Buchst. b EStG; § 43 Abs. 1 Nr. 7a bis 7c EStG. **Vermögensübertragungen von Körperschaften, bei denen es grundsätzlich keine Ausschüttungen gibt.**	§ 43a Abs. 1 Nr. 1 i.V.m. § 43 Abs. 1 Nr. 7a EStG: **25 % des Kapitalertrags i. S. d. § 20 Abs. 1 Nr. 9 EStG** § 43a Abs. 1 Nr. 1 i.V.m. § 43 Abs. 1 Nr. 7b und 7c EStG: **15 % des Kapitalertrags i. S. d. § 20 Abs. 1 Nr. 10 Buchst. a EStG und § 20 Abs. 1 Nr. 10 Buchst. c EStG**

Kapitalertragsteuerpflichtige Einnahmen	Kapitalertragsteuer/Erläuterungen
§ 20 Abs. 1 Nr. 11; § 43 Abs. 1 Nr. 8 EStG. **Stillhalterprämien, die für die Einräumung von Optionen vereinnahmt werden.**	§ 43a Abs. 1 Nr. 1 EStG: **25 % des Kapitalertrags**
§ 20 Abs. 2 Satz 1 Nr. 1 Satz 1 und 2 EStG; § 43 Abs. 1 Nr. 9 EStG. **Gewinne aus der Veräußerung von Anteilen an Kapitalgesellschaften.**	§ 43a Abs. 1 Nr. 1 EStG: **25 % des Kapitalertrags** Kapitalertrag ist der Veräußerungsgewinn i. S. d. § 20 Abs. 4 EStG (§ 43a Abs. 2 Satz 2 EStG).
§ 20 Abs. 2 Satz 1 Nr. 2 Buchst. b und Nr. 7 EStG; § 43 Abs. 1 Nr. 10 EStG.	§ 43a Abs. 1 Nr. 1 EStG: **25 % des Kapitalertrags**
§ 20 Abs. 2 Satz 1 Nr. 3 EStG; § 43 Abs. 1 Nr. 11 EStG. **Gewinne aus Termingeschäften.**	§ 43a Abs. 1 Nr. 1 EStG: **25 % des Kapitalertrags**
§ 20 Abs. 2 Satz 1 Nr. 8 EStG; § 43 Abs. 1 Nr. 12 EStG.	§ 43a Abs. 1 Nr. 1 EStG: **25 % des Kapitalertrags**
§ 20 Abs. 3 EStG; § 43 Abs. 1 Satz 2 EStG. **Vorteile und Entgelte, die neben den oder statt der in § 20 Abs. 1 und 2 EStG bezeichneten Einnahmen gewährt werden.**	§ 43a Abs. 1 Nr. 1 EStG: **25 % des Kapitalertrags**

5.1.7.4.2 Abstandnahme vom Steuerabzug

Anwendungsfälle (§ 44a EStG)	Voraussetzungen
– bei Kapitalerträgen i.S. des § 43 Abs. 1 Satz 1 Nr. 3 bis 7 und 8 bis 12 und Satz 2 EStG (§ 44a Abs. 1–3 EStG)	– Vorlage einer Nichtveranlagungs-Bescheinigung – Vorlage eines Freistellungsauftrags
– bei Kapitalerträgen i.S. des § 43 Abs. 1 Satz 1 Nr. 1, 2, 5 bis 7 und 8 bis 12 sowie Satz 2 EStG (§ 44a Abs. 4 EStG) und bei Dauerüberzahlern, wenn die Erträge Betriebseinnahmen sind (§ 44a Abs. 5 EStG)	– Bescheinigung des Finanzamts
– bei Kapitalerträgen i.S. des § 43 Abs. 1 Satz 1 Nr. 1, 2, 3 und 7a bis 7c EStG, wenn der Gläubiger eine der dort genannten Körperschaften ist	– Bescheinigung des Finanzamts
– bei Kapitalerträgen i.S. des § 43 Abs. 1 Satz 1 Nr. 1, 2, 3 und 7a EStG, wenn der Gläubiger eine von der KSt befreite inländische Körperschaft, Personenvereinigung, Vermögensmasse oder eine inländische juristische Person des öffentlichen Rechts ist (§ 44a Abs. 8 EStG)	– Bescheinigung des Finanzamts – 15% Kapitalertragsteuer (Reduzierung)
– bei Kapitalerträgen i.S. des § 43 Abs. 1 Satz 1 Nr. 1a EStG (§ 44a Abs. 10 EStG)	– Vorlage einer Nichtveranlagungsbescheinigung – Bescheinigung des Finanzamts

5.1.7.4.3   Kirchensteuerabzugsverfahren (KiStA)

Anwendungsbereich	**Kirchensteuererhebung für den Bereich Kapitalerträge**, bei Erhebung der Einkommensteuer durch Kapitalertragsteuerabzug (§ 51a Abs. 2 b EStG)
Kirchensteuerabzugsverpflichtete	**Gesellschaften, die kapitalertragsteuerpflichtige Leistungen** an im Inland kirchensteuerpflichtige Empfänger (Kirchensteuerschuldner) **erbringen** (§ 51a Abs. 2c EStG)
Rechtsfolge	**Einbehalt/Abführung von Kirchensteuer** auf Kapitalertragsteuer durch Kirchensteuerabzugsverpflichtete (Grundsatz; § 51a Abs. 2c EStG)
Verfahren[1]	jährliche elektronische **Abfrage der Kirchensteuerabzugsmerkmale (KiStAM)** zur Feststellung, ob Empfänger (z. B. Gesellschafter) kirchensteuerpflichtig ist (§ 51a Abs. 2c Nr. 3 EStG)
KiStAM-Regelabfrage	**in der Zeit vom 1.9.–31.10. d. J.** auf den 31.8. d. J. (Stichtag) zwingend (§ 51a Abs. 2c Nr. 3 Satz 1 EStG)
KiStAM-Anlassabfrage	auf Zuflusszeitpunkt der Kapitalerträge aus Versicherungsleistungen i. S. v. § 43 Abs. 1 Nr. 4 i. V. m. § 20 Abs. 1 Nr. 6 EStG (§ 51a Abs. 2c Nr. 3 Satz 2 EStG) bei Begründung einer Geschäftsbeziehung (§ 51a Abs. 2c Nr. 3 Satz 3 EStG)
Ausnahmen jährliche KiStAM-Abfrage für bestimmte Gesellschaften[2]	1. bei denen zum Zeitpunkt der Regelfrage **mit Sicherheit** feststeht, dass **im Folgejahr keine Ausschüttung** vorgenommen wird 2. wo **keine inländischen natürlichen Personen beteiligt** sind 3. mit **nur einem Gesellschafter** (z. B. 1-Personen-GmbH), der **konfessionslos** ist bzw. keiner steuererhebenden Religionsgemeinschaft angehört
Widerspruch gegen den Datenabruf	**Sperrvermerk** beim BZSt beantragen, bis auf Widerruf gültig

---

[1]   Vgl. www.bzst.de, dort: Unternehmen/Kapitalerträge/Kirchensteuer auf Abgeltungsteuer.
[2]   Wie Fußnote 1, dort: I Fragen & Antworten.

5.1.7.4.4 Übersicht der Nichtveranlagungs-(NV-)Arten[1]

NV-Art.	Rechts-grundlage	Anspruchsberechtigter	Abstandnahme	Beispiele
01	§44a Abs.1 Nr.2 und Abs.2 Nr.2 EStG	– Natürliche Personen, bei denen eine Veranlagung zur Einkommensteuer nicht in Betracht kommt	Kapitalerträge nach §43 Abs.1 Satz 1 Nr.1, 1a, 2, 3, 4, 6, 7 und 8–12 EStG	Schüler/ Rentner mit geringen Einkünften
02	§44a Abs.4 EStG	– Von der KSt befreite inländische (inl.) Körperschaften, Personen-vereinigungen oder Vermögensmassen – Inl. jur. Pers. d. öff. Rechts	Kapitalerträge nach §43 Abs.1 Satz 1 Nr.4, 6, 7 und 8–12 EStG sowie Satz 2	Alle unter 03 und 04 genannten Personen
04	§44a Abs.8 EStG	– Nach §5 Abs.1 mit Ausnahme der Nr.9 KStG oder nach anderen Gesetzen von der KSt befreite Körperschaften u.Ä. – Inl. jur. Pers. d. öff. Rechts, die nicht in §44a Abs.7 EStG bezeichnet ist	Kapitalerträge i.S.d. §43 Abs.1 Nr.1, 1a, 2, 3, 7a EStG	Städte, Gemeinden, Zweckverbände, Sterbe- und Pensions-kassen etc.; Abstandnahme für 2/5 der Steuer
08	§44a Abs.5 EStG	Gläubiger, bei denen die Kapitalertragsteuer aufgrund der Art ihrer Geschäfte auf Dauer höher wäre als die gesamte festzusetzende ESt oder KSt (sog. Dauerüberzahler)	Kapitalerträge nach §43 Abs.1 Satz 1 Nr.1, 2, 6, 7 und 8–12 sowie Satz 2 EStG	Lebensver-sicherungs-, Holdinggesell-schaften
09	§31 KStG	Körperschaften u.Ä. i.S.d. §24 Abs.1 KStG, deren Einkommen den Freibetrag von 5000 € nicht übersteigt	Kapitalerträge nach §43 Abs.1 Satz 1 Nr.1,1a, 2, 3, 4, 6, 7 und 8–12 EStG	Kirchenchor etc.

---

[1] Quelle: Finance Office Professional Haufe-ID HI6446255, Stand: 22.4.2020.

NV-Art.	Rechts-grundlage	Anspruchsberechtigter	Abstandnahme	Beispiele
35 **(ab 2019)**	§44a Abs.7 Satz1 Nr.1 EStG	– Inl. Körperschaften u.Ä.i.S.d. §5 Abs.1 Nr.9 KStG	Kapitalerträge nach §43 Abs.1 Satz1 Nr.1, 2, 3 EStG sowie nach §43 Abs.1 Satz1 Nr.7a–7c EStG Ausnahme: bei Kapitalerträgen nach §43 Abs.1 Nr.1a EStG (ins- bes. inl. Dividen- den) Abstand- nahme bis zu Einnahmen v. 20000 EUR; darüber hinaus grds. Steuerab- zug i.H.v. 3/5 zzgl. SolZ.	Gemeinnützi- ge Vereine; gemeinnützi- ge Stiftungen des privaten Rechts
36 **(ab 2019)**	§44a Abs.7 Satz1 Nr.2 EStG	– Inl. Stiftungen d. öff. Rechts die aus- schließlich und un- mittelbar gemein- nützigen oder mildtätigen Zwecken dienen	Kapitalerträge nach §43 Abs.1 Satz1 Nr.1, 1a, 2, 3 EStG sowie nach §43 Abs.1 Satz1 Nr.7a–7c EStG	Gemeinnützi- ge Stiftungen des öffent- lichen Rechts
37 **(ab 2019)**	§44a Abs.7 Satz1 Nr.3 EStG	– Inl. jur. Pers. d. öff. Rechts, die aus- schließlich und un- mittelbar kirchlichen Zwecken dienen	Kapitalerträge nach §43 Abs.1 Satz1 Nr.1, 1a, 2, 3 EStG sowie nach §43 Abs.1 Satz1 Nr.7a–7c EStG	Kirchen

5.1.7.5 Verlustverrechnung[1]

Gewinne und Verluste aus Kapitalvermögen sind zu versteuern nach					
§ 32d EStG: gesonderter Tarif von 25 %			§ 32a EStG: Grund- oder Splittingtarif, wenn § 32d EStG keine Anwendung findet		
mit KapESt-Abzug		ohne KapESt-Abzug	§ 32d Abs. 2 Nr. 1 bis 3 EStG	auf Antrag nach § 32d Abs. 6 EStG	
Gewinne und Verluste aus Aktienverkäufen	andere Gewinne und Verluste	andere Gewinne und Verluste (z. B. Veräußerungen von GmbH-Anteilen)	andere Gewinne und Verluste	Gewinne und Verluste aus Aktienverkäufen	andere Gewinne und Verluste
Verlustverrechnung durch das Kreditinstitut.			Zunächst Verlustverrechnung durch das Kreditinstitut, dann		
			Verlustverrechnung durch das FA im Rahmen der ESt-Veranlagung		
§ 43a Abs. 3 Satz 2 i.V.m. § 20 Abs. 6 Satz 5 EStG: Verluste aus Aktienverkäufen dürfen nur mit Gewinnen aus solchen ausglichen werden.	Nach § 43a Abs. 3 Satz 2 EStG gleicht das Kreditinstitut negative Erträge mit positiven Erträgen aus.	§ 20 Abs. 6 Satz 2 EStG: Verluste dürfen nur mit Gewinnen aus Kapitalvermögen ausgeglichen werden.	Die von den allgemeinen einkommensteuerrechtlichen Regelungen über Verlustausgleich und Verlustabzug abweichende Regelung des § 20 Abs. 6 EStG findet keine Anwendung (s. § 32d Abs. 2 Nr. 1 Satz 2, Nr. 2 Satz 2 und Nr. 3 Satz 2 EStG).	Die von den allgemeinen einkommensteuerrechtlichen Regelungen über Verlustausgleich und Verlustabzug abweichende Regelung des § 20 Abs. 6 EStG findet weiterhin Anwendung (s. § 20 Abs. 6 Satz 2 EStG und *Schlotter*, in: Littmann/Bitz/Pust, ESt § 32d Rz. 50, LEXinform 0812321).	
Sondertopf 1 (Bank)	Topf 1 (Bank)	Topf 2 (FA)			
Verbleibende Verluste			können nur dann im Rahmen der Veranlagung weiter berücksichtigt werden, wenn der Antrag nach § 43a Abs. 3 Satz 4 EStG gestellt wird.		
Verluste aus Kapitalvermögen dürfen nicht mit Einkünften aus anderen Einkunftsarten ausgeglichen werden und auch nicht nach § 10d EStG abgezogen werden. Es findet kein vertikaler, sondern ein »interner« – horizontaler – Verlustausgleich bzw. Verlustabzug statt (§ 20 Abs. 6 Satz 2 EStG).			Die Verluste nach dem horizontalen Verlustausgleich können mit den anderen Einkünften im Wege des vertikalen Verlustausgleichs ausgeglichen werden.	Es gilt weiterhin § 20 Abs. 6 Satz 2 EStG.	

---

[1] Quelle: LEXinform Dok.-Nr. 0630260, Stand: 1.7.2021.

5.1.7.6 Kontenabrufverfahren (einschließlich der Zweigstellen ausländischer Banken) in Deutschland[1]

Seit dem 1.4.2003 sind von sämtlichen Kreditinstituten die folgenden Daten elektronisch zu speichern, die in einem automatisierten Verfahren von der BaFin insbesondere für strafrechtliche Zwecke und seit dem 1.4.2005 durch das Bundeszentralamt für Steuern für Finanz- und andere Behörden abgerufen werden können (§ 24c Abs. 1 KWG):
– Konto- oder Depotnummer
– Tag der Errichtung bzw. Auflösung des Kontos oder Depots
– Name des Kontoinhabers und ggf. Verfügungsberechtigten sowie Geburtstag bei natürlichen Personen
– Name und Anschrift eines abweichend wirtschaftlich Berechtigten nach § 24c Abs. 1 Satz 1 Nr. 2 KWG.

Werden Bankkonten geschlossen, so sind die Daten nach Ablauf von 10 (früher 3) Jahren nach der Auflösung des Kontos oder Depots zu löschen. Kontostände oder -bewegungen können nicht abgefragt werden.

Die Zugriffsmöglichkeiten ergeben sich aus folgender Tabelle:

	für steuerliche Zwecke Abfrage nach § 93 Abs. 7 AO	für nichtsteuerliche Zwecke Abfrage nach § 93 Abs. 8 AO	für strafrechtliche Zwecke Abfrage nach § 24c KWG
Abfrageberechtigte Stelle	Bundeszentralamt für Steuern (BZSt) und die Finanzbehörde	Finanzamt auf Ersuchen einer anderen Behörde oder eines Gerichts über BZSt	für die Verfolgung und Ahndung von Straftaten zuständige Behörde über BaFin
Informationsadressat	Finanzamt	Andere Behörde oder Gericht	für die Verfolgung und Ahndung von Straftaten zuständige Behörde

---

[1] Aktuelle Informationen im Internet unter http://www.bzst.de, dort: Behörden/Kontenabruf.

	für steuerliche Zwecke Abfrage nach § 93 Abs. 7 AO	für nichtsteuerliche Zwecke Abfrage nach § 93 Abs. 8 AO	für strafrechtliche Zwecke Abfrage nach § 24c KWG
Voraussetzungen für Abfrage	– der Steuerpflichtige hat eine Steuerfestsetzung nach § 32d Abs. 6 EStG beantragt und der Abruf zur Festsetzung der Einkommensteuer ist erforderlich – zur Feststellung von Einkünften nach den §§ 20 und 23 Abs. 1 EStG in Veranlagungszeiträumen bis einschließlich des Jahres 2008 oder – zur Erhebung von bundesgesetzlich geregelten Steuern oder – zur Ermittlung, in welchen Fällen ein inländischer Steuerpflichtiger i.S.d. § 138 Abs. 2 AO wirtschaftlich Berechtigter ist oder – zur Ermittlung in den Fällen des § 208 Abs. 1 Nr. 3 AO oder – wenn der Steuerpflichtige zustimmt	– zur Überprüfung des Vorliegens der Anspruchsvoraussetzungen erforderlich und – ein vorheriges Auskunftsersuchen an den Betroffenen nicht zum Ziel geführt hat oder keinen Erfolg verspricht oder – zur Abwehr einer erheblichen Gefahr für die öffentliche Sicherheit (Polizeivollzugsbehörden) oder – zur Aufgabenerfüllung der Verfassungsschutzbehörden Für andere Zwecke ist ein Abrufersuchen an das Bundeszentralamt für Steuern hinsichtlich der in § 93b Abs. 1 AO bezeichneten Daten nur zulässig, soweit dies durch ein Bundesgesetz ausdrücklich zugelassen ist.	

	für steuerliche Zwecke Abfrage nach §93 Abs.7 AO	für nichtsteuerliche Zwecke Abfrage nach §93 Abs.8 AO	für strafrechtliche Zwecke Abfrage nach §24c KWG
	Kontenabruf ist auch zulässig, falls Auskunftsverweigerungsrechte i.S.v. §140 AO bestehen (z.B. bei Anderkonten von Anwälten)		

5.1.7.7 Typische und atypische stille Beteiligung

	typisch stiller Gesellschafter	atypisch stiller Gesellschafter
Einkünfte	Einkünfte aus Kapitalvermögen, §20 Abs.1 Nr.4 EStG (Vermögensverwaltung)	Einkünfte aus Gewerbebetrieb, §15 Abs.1 Nr.2 EStG (Mitunternehmer)
Kapitalertragsteuerabzug	25% der Einnahmen, §43 Abs.1 Nr.3 i.V.m. §43a Abs.1 Nr.1 EStG	Nein
Jahr der Versteuerung	Zufluss, §11 Abs.1 EStG	Zahlung des Gewinnanteils nicht maßgebend; Gewinnermittlung, §§4, 5 EStG
Ausgaben im Zusammenhang mit der Beteiligung	Werbungskostenabzug mit Ansatz des Sparer-Pauschbetrags abgegolten (§20 Abs.9 EStG), Ausnahme: nahe stehende Personen, §32d Abs.2 Nr.1 EStG	Sonderbetriebsausgaben, §4 Abs.4 EStG
Verfahrensrecht	Einkunftsermittlung bei der Einkommensteuerveranlagung des stillen Gesellschafters	Einheitliche und gesonderte Feststellung für die Mitunternehmerschaft, §180 Abs.1 Nr.2 Buchst.a AO

5.1.8 Einkünfte aus Vermietung und Verpachtung

5.1.8.1 Einnahmen aus Vermietung und Verpachtung

5.1.8.1.1 Verbilligte Wohnraumüberlassung[1]

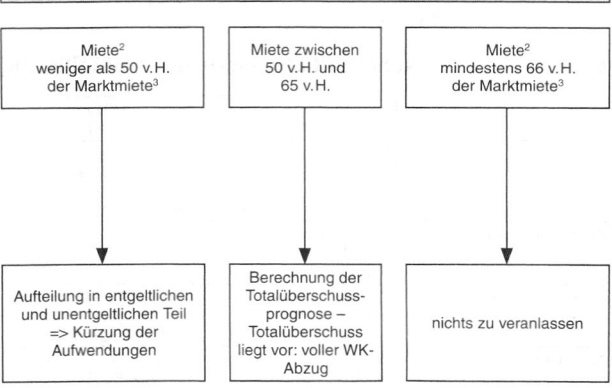

[1] *Neu geregelt durch das JStG 2020 mit Wirkung zum 1.1.2021.*

[2] Unter Miete versteht sich die ortsübliche Bruttomiete (vgl. dazu BFH vom 10.5.2016, BStBl II 2016 S. 835).

[3] Nachweis z.B. durch Mietspiegel, Gutachten oder Internetrecherche möglich (vgl. auch OFD Frankfurt vom 18.9.2019, S 2253 A – 85 – St. 23, LEXinform Dok.-Nr. 5236956).

5.1.8.1.2 ABC der Einnahmen aus Vermietung und Verpachtung

Art	Einnahme V+V	Hinweise – Abgrenzung
Abstandzahlung	Zahlung des Mieters für vorzeitige Entlassung aus dem Mietverhältnis	gem. § 34 Abs. 1, Abs. 2 Nr. 2 EStG mit einem ermäßigten Steuersatz zu besteuern
Abtretung einer Mietzinsforderung	Zufluss beim Vermieter(!), wenn drittem Abtretungsempfänger zufließt	
Arbeitnehmerwohnung	Mieteinnahme des Arbeitgebers ist anteiliger Wert der Arbeitsleistung	
Arbeitszimmer in der Wohnung des Arbeitnehmers	Die Nutzung des Büros liegt im überwiegenden Interesse des Arbeitnehmers; dann entspricht dies der Arbeitsleistung. Liegen überwiegend betriebliche Interessen vor, handelt es sich um Vermietungseinkünfte	
Aufwendungsdarlehen	laufend ausgezahlte Darlehensbeträge sind keine Einnahmen	Tilgungsleistungen nach Ablauf Förderungszeitraum keine Werbungskosten
Automaten	Vermietung von Grund und Boden und/oder Gebäudeflächen für die Anbringung von Automaten	
Baukostenzuschuss durch Mieter	Beteiligung des Mieters an den Kosten der Herstellung des Gebäudes oder der Mieträume und Verrechnung der Kosten ist wie Mietvorauszahlung zu behandeln, beachte § 11 Abs. 1 Satz 3 EStG	
Baukostenzuschuss (öffentliche Mittel)	keine Einnahmen aus Vermietung und Verpachtung, sondern Minderung der Herstellungskosten	
Bausparguthabenzinsen	wenn sie im engen zeitlichen Zusammenhang mit dem Erwerb oder Umbau eines Hauses stehen	
Beschlagnahme	Nutzungsentschädigungen durch öffentliche Hand	
Bodenschätze	Entgelte von Dritten für die Ausbeute von Bodenschätzen an Grundstückseigentümer	

Art	Einnahme V+V	Hinweise – Abgrenzung
Darlehen	Zinslosigkeit eines Darlehens bildet das Entgelt für die Nutzung einer Wohnung i.H. des Zinsvorteils	
Dauervermietung von Flächen	Vermietung von Verkaufsflächen oder zum Abstellen von Kfz	Beachte Abgrenzung zu Einnahmen aus Gewerbebetrieb (s. BFH vom 6.10.1982, BStBl II 1983 S.80)
Dienstbarkeit	abhängig vom wirtschaftlichen Gehalt der Vereinbarungen	Arten: beschränkte persönliche Dienstbarkeit (§§ 1090 ff. BGB), Grunddienstbarkeit (§§ 1018 ff. BGB)
Dingliches Wohnrecht	nur entgeltliche Bestellung des zeitlich begrenzten dinglichen Wohnrechts	nicht Grundstücksübertragung gegen Verpflichtung zur Bebauung und Einräumung dingliches Wohnrecht an Veräußerer
Enteignungsentschädigung	nein (vgl. Entschädigungen)	aber: Zinsen für Enteignungsentschädigung sind Einnahmen aus Kapitalvermögen
Entschädigungen	nein	nicht steuerbare Vermögenszuflüsse, wenn Vermögensentschädigung
Entschädigung wegen Deichbaues	Entschädigung für die Duldung einer Deichanlage von der Hochwasserschutzbehörde	
Erbbaurecht	vom Erbbauberechtigten gezahlte Erbbauzinsen	statt laufender Erbbauzinsen gezahlter, kapitalisierter Einmalbetrag ist auf Laufzeit des Erbbaurechts zu verteilen (§ 11 Abs. 1 Satz 3 EStG)
Erstattete Instandhaltungsaufwendungen	Entschädigungszahlung des Mieters für Unterlassung von Schönheitsreparaturen	
Erstattete Werbungskosten	im Jahr der Erstattung als Einnahme zu erfassen	sofern zuvor als WK abgezogen
Feuerversicherung	Einnahme nur sofern erstattete Werbungskosten betroffen	siehe auch „Entschädigungen" und „Schadenersatzleistungen"
Fördermittel	Zuschüsse oder nicht rückzahlbare Darlehen, die ein Bauherr i.S.d. sog. Dritten Förderungsweges erhält	
Garagen	Vermietung von Garagen und Kfz-Abstellplätzen	

Art	Einnahme V+V	Hinweise – Abgrenzung
Instandhaltungs-rücklage	keine Einkünfte aus Vermietung und Verpachtung, sondern Einkünfte aus Kapitalvermögen	
Instandhaltungs-zuschüsse durch Mieter	Bezuschusst Instandhaltungs-aufwendungen von Mieter an Vermieter	
Kaufpreis-minderungen	wegen bestehender Nutzungsrechte Dritter; führen nicht zu Einnahmen aus Vermietung	
Kaufpreisraten	langfristige zinslose Stundung eines Kaufpreises führt zur Abzinsung des Kaufpreises und damit zu geringeren Anschaffungskosten	Beim Veräußerer können die Zinsanteile zu Einnahmen aus Kapitalvermögen führen.
Kautionen	Einnahme, wenn Mieterkaution dem Vermieter zufällt (bei Verwendung durch Vermieter)	steuerrechtlich dem Mieter zuzurechnen; keine Einnahmen aus Vermietung bei Zahlung an Vermieter
Kiosk	Vermietung von Grund und Boden und/oder Gebäudeflächen mit Kiosken oder Verkaufsständen	
Kostenüber-nahme (Mieterzuschuss)	Einnahme vereinbarte Miete, wenn Mieter statt der Miete die Objektkosten trägt	bei Vermieter gleichzeitig Werbungskostenabfluss
Mietausfall-versicherung	Einnahmen als Ersatz für entgangene Mieteinnahmen	
Mieteraufwen-dungen	bei unentgeltlicher Überlassung „Mehrwert" an Vermieter bei Mietende	keine Einnahme, wenn Mieter/Pächter dazu verpflichtet ist
Mietereinbauten und Mieterum-bauten	Einnahmen, wenn mit fälligen Mietzahlungen verrechnet wird	
Mieterzuschuss	Vereinbarung, dass Zuschuss mit Miete verrechnet wird; dann Einnahme i.H.v. tatsächlich gezahlter Miete zzgl. „anteilige Vorauszahlung"	Die Vorauszahlung ist gleichmäßig zu verteilen, §11 Abs.1 S.3 EStG
Mietzins	vereinnahmte laufende Mieten, vorausgezahlte Mieten, vereinnahmte rückständige Mieten (auch für frühere Kalenderjahre), Zahlungen aus Mietausfallversicherung	Zinsen auf rückständige Miet-/Pachtzahlung sind Einnahmen aus Kapitalvermögen
Nebenleistungen	vereinnahmte Entgelte für Stellung Heizung, Überlassung Schwimmbad	

Art	Einnahme V+V	Hinweise – Abgrenzung
Nießbrauch	Entgelt für Bestellung Nießbrauch oder dingliches Wohnrecht beim Eigentümer Einnahmen aus Vermietung	
Nutzungs-entschädigungen	Ausgleich für Inanspruchnahme Grundstück, auch Inanspruchnahme für öffentliche Zwecke	
Nutzung als Antennen-standort	Einnahmen aus der Überlassung einer Immobilie zur Nutzung als Antennenstandort	
Nutzungs-überlassung zur Abgeltung einer Zugewinnaus-gleichsforderung	Einnahmen i.H. der stetigen Verminderung der Zugewinnausgleichsforderung	
Reklameflächen	z.B. an Hauswand usw.	
Schadensersatz-leistungen	steuerpflichtige Einnahmen sind: Entschädigungszahlungen für Erhaltungsaufwand, ausfallenden Mietzins, Ersatzleistung für unterlassene Schönheitsreparaturen	Ersatz Vermögensschaden ist nicht steuerbarer Schadensersatz (z.B. aus unerlaubter Handlung §§ 823 ff. BGB), ebenso Versicherungsentschädigungen (z.B. Feuer-, Sturm- oder Hochwasserversicherung) für Vermögensschaden
Schönheits-reparaturen	Auch Entschädigungszahlungen für vom Mieter nicht durchgeführte Reparaturen	
Umlagen	Umlegung Kosten auf Mieter, z.B. Umlegung Wassergeld, Flur- und Kellerbeleuchtung, Grundsteuer, Gebühren Müllabfuhr, Straßenreinigung und Kanalbenutzung, Zentralheizung, Warmwasserversorgung, Fahrstuhlbenutzung	trägt der Vermieter die Kosten (bis zur Umlage) wirtschaftlich selbst, sind dies Werbungskosten
Umsatzsteuer	bei Option zur Umsatzsteuer (§§ 4 Nr. 12 i.V.m. 9 UStG), die in Rechnung gestellte USt	auch Einnahme ist ein vom Finanzamt erstatteter Vorsteuerüberschuss
Versicherungs-leistungen	Versicherungs- oder Mietgarantieleistungen sind als Surrogate den Mieteinnahmen hinzuzurechnen	

Art	Einnahme V+V	Hinweise – Abgrenzung
Vertragsstrafe	Vertragsstrafe von Architekt oder Bauunternehmer wegen verspäteter Fertigstellung des Gebäudes, wenn eintretender Mietausfall ausgeglichen werden soll	Vertragsstrafe, die Minderwert eines nicht vertragsmäßig gelieferten Objektes ausgleicht, kann zur Minderung der Anschaffungskosten führen
Verzicht auf Einnahmen	nein	kostenlose oder verbilligte Vermietung zu Wohnzwecken kann zur teilweisen Versagung des Werbungskostenabzugs führen (vgl. Kap. 5.1.8.1.1)
Verzugszinsen	Verzugszinsen des säumigen Mieters sind Nebenleistungen zum Mietzins	
Vorauszahlungen	Miet-/Pachtzinsvorauszahlungen sind von Darlehenshingabe abzugrenzen, sonst Einnahme aber: Wahlrecht Verteilung auf Mietdauer, wenn > 5 Jahre; vgl. § 11 Abs. 1 Satz 3 EStG i.V.m. § 11 Abs. 2 Satz 3 EStG	Verrechnungsabrede spricht i.d.R. gegen Darlehensvertrag
Vorkaufsrecht	nein	Gegenleistung für Einräumung eines Vorkaufsrechts sowie Veräußerungsentgelt sind keine Einnahmen aus Vermietung und Verpachtung
Vormietrecht	Entgelt für Einräumung eines Vormietrechts ist vorweggenommene Mietzahlung	
Wohnrechtsbestellung	Einräumung eines obligatorischen Nutzungsrechts gegen Entgelt	
Wohnungsüberlassung durch Arbeitgeber	Eine Vermietung liegt vor, wenn aufgrund arbeits- oder dienstvertraglicher Vereinbarungen neben Barlohn eine Wohnung überlassen wird	
Zinsen aus Anlage der Instandhaltungsrücklage	nein	Zinsen aus (Geld-)Anlage der Instandhaltungsrücklage sind Einnahmen aus Kapitalvermögen

Art	Einnahme V+V	Hinweise – Abgrenzung
Zuschüsse	Mieterzuschüsse sind Einnahmen (vgl. R 21.5 Abs. 3 EStR 2012)	öffentliche und private Zuschüsse zur Finanzierung von Baumaßnahmen mindern Herstellungskosten oder Erhaltungsaufwendungen bzw. Schuldzinsen (vgl. auch R 21.5 Abs. 1 EStR 2012)

5.1.8.2 Werbungskosten bei Vermietung und Verpachtung

5.1.8.2.1 ABC der Werbungskosten aus Vermietung und Verpachtung

Art	Werbungskosten V+V	Hinweise – Abgrenzung
Abbruchkosten	wenn Gebäude nicht in Abbruchabsicht erworben	bei Gebäudeerwerb in Abbruchabsicht liegen AK/HK neues Gebäudes vor
Abgaben, öffentliche	soweit sie sich auf das Mietobjekt beziehen, wie z. B. die Grundsteuer (§ 9 Abs. 1 Satz 3 Nr. 2 EStG)	
Abgeld/Aufgeld	ja, bei Marktüblichkeit	z.B. bei Darlehensverträgen ab 2004 max. 5% der Darlehenssumme bei fünfjähriger Zinsfestschreibung
Ablösezahlungen	soweit auf Nutzungsänderung des Gebäudes beruhen	
Abschreibungen	Verteilung von Anschaffungs- und Herstellungskosten auf Nutzungsdauer Mietobjekt (§ 9 Abs. 1 Satz 3 Nr. 7 EStG)	Übersicht Abschreibungen vgl. Kap. 5.1.5.3.4.2

Art	Werbungskosten V+V	Hinweise – Abgrenzung
Abstandszahlungen	bei Zahlung an Mieter, um dessen Auszug zu Gunsten anderer Vermietung zu erreichen bei Zahlungen an Erbbauberechtigten zur Ablösung ihres Erbbaurechts	nachträgliche Anschaffungskosten des Grundstücks sind: Abstandszahlungen an Nießbraucher, an dinglich Wohnberechtigte und die Befriedigung des den Grundstückskaufvertrag anfechtenden Gläubigers des Verkäufers
Abwassergebühren	grundsätzlich ja	wenn auf Mieter umgelegt, Erstattung führt zu Einnahmen aus V+V
Alarmanlage	nein	nachträgliche Anbringung bildet „Herstellungsaufwand" des Gebäudes, insofern siehe „Abschreibungen"
Anbau	nein	grundsätzlich „Herstellungsaufwand", insofern siehe „Abschreibungen"
Annoncen/ Anzeigen	nur wegen Vermietung	AK/HK, wenn Kauf oder Verkauf des Mietobjektes
Anschaffungskosten	nein	siehe „Abschreibungen", ggf. Kaufpreisaufteilung Grundstück/Gebäude erforderlich
Anschaffungsnaher Herstellungsaufwand	Instandsetzungs- und Modernisierungsaufwendungen, wenn innerhalb 3 Jahre nach Erwerb bis zu 15 % der auf Gebäude entfallenden Anschaffungskosten (§ 6 Abs. 1 Nr. 1a EStG)	ansonsten i.d.R. „Herstellungsaufwand"; beachte bei Einzelmaßnahmen bis zu 4 000 € netto auf Antrag „Erhaltungsaufwand" (R 21.1 Abs. 2 Satz 2 EStR 2012)
Anschlusskosten	grundsätzlich nein; nur vergebliche „Bauplanungskosten" (siehe dort) oder Erneuerung bestehender Hausanschlüsse auch bei Verbesserung	erstmaliger Anschluss an Gas, Strom, Wärme und Wasser sind Gebäudeherstellungskosten, insofern siehe „Abschreibungen"; Entsprechendes gilt für Abwasser
Arbeitsmittel	Geräte für Pflege von Haus und Garten sowie Werkzeuge (§ 9 Abs. 1 Satz 3 Nr. 6 und 7 EStG) bis 800 € netto sofort, im Übrigen durch Abschreibungen abziehbar	

Art	Werbungskosten V+V	Hinweise – Abgrenzung
Arbeitszimmer	sofern Mittelpunkt der Vermietung; Voraussetzung: nahezu ausschließlich betrieb-liche/berufliche Nutzung	Aufteilungsverbot § 12 Nr. 1 Satz 2 EStG lt. BFH vom 27.7.2015, GrS 1/14 und vom 16.2. 2016, IX R 23/12
Architekt	nein	Honorar für Planung und Be-aufsichtigung des Objekts gehört zu dessen Her-stellungskosten
Ausbau	nur soweit „Erhaltungsaufwand" mit Ausbau bautechnisch nicht zusammenhängt	i.d.R. „Herstellungsaufwand", insofern siehe „Abschreibun-gen"
Außenanlagen	laufende Pflegeaufwendungen für Hof, Grünflächen und Garten	
Baudenkmal	für denkmalschützerische Her-stellungsmaßnahmen erhöhte Absetzungen in den ersten acht Jahren 9 %, in den folgenden vier Jahren 7 % anstelle linearer AfA (Baumaßnahmen ab 1.1.2004; bis 31.12.2003: 10 Jahre 10 %) (§ 7i EStG)	bei privat genutztem Bau-denkmal: 10-jähriger Abzug i.H.v. 9 % (Baumaßnahmen ab 1.1.2004; bis 31.12.2003: 10 Jahre 10 %) wie Sonder-ausgaben (§ 10f EStG)
Baugenehmigung	nein	Herstellungskosten des Ge-bäudes, insofern siehe „Ab-schreibungen"
Bauherrenhaftpflicht	Kosten für solch eine Ver-sicherung sind sofort abziehbare Werbungskosten	
Baumängel-beseitigung	Mängel nach Fertigstellung ent-deckt, Beseitigung sofort abzieh-barer „Erhaltungsaufwand"	Mängel während Bauphase entdeckt, Herstellungskosten des Gebäudes, insofern siehe „Abschreibungen"
Bauplanungskosten	nur völlig vergebliche Planungs-kosten, auch bei steuerpflich-tigem Spekulationsgeschäft	ansonsten Herstellungskosten Gebäude, insofern siehe „Ab-schreibungen"
Bausparvertrag	Abschlussgebühr	wenn für V+V
Bauwesen-versicherung	Beiträge/Prämie zu Schaden-versicherungen von Gebäuden	wenn sie der Erzielung von Mieteinkünften dienen
Bauzeitinsen	wenn nicht als (vorab ent-standene) Werbungskosten be-*rücksichtigt, sind diese* als Her-stellungskosten zu bewerten	
Beiträge zum Haus-besitzerverein	ja (§ 9 Abs. 1 Satz 3 Nr. 3 EStG)	

Art	Werbungskosten V+V	Hinweise – Abgrenzung
Beleuchtungskosten	soweit nicht auf Mieter umgelegt, beachte Hinweis zu „Abwassergebühren"	
Beratungskosten	siehe „Prozesskosten", „Rechtsanwalt" und „Steuerberatungskosten"	
Bereitstellungszinsen und -provision	ja, als Teil abziehbarer Finanzierungskosten	
Bewachungskosten	nur Aufwendungen für Wach- und Schließdienst	
Bewirtschaftungskosten	Heizung, Wassergeld, Müllabfuhr, Kanalisation, Straßenreinigung, Schornsteinfeger, Hausverwalter	
Brandschaden	nein, da funktionsuntüchtige Teile wieder hergestellt werden, die für die Nutzung unerlässlich sind	bei größerem Brandschaden Absetzung für außergewöhnliche Abnutzung prüfen (§ 7 Abs. 1 Satz 7 EStG)
Breitbandverteileranschlüsse	bei Nachrüstung als Erhaltungsaufwand abzugsfähig	Herstellungskosten bei Neubau, insofern siehe „Abschreibungen"
Computer	nur wenn ausschließlich oder weitaus überwiegend für die Abrechnungen, Mieterhöhungen und -umlagen sowie Ermittlung der Einkünfte eingesetzt, dann „Abschreibungen" und dessen laufende Unterhaltung	private Mitbenutzung ist unschädlich, soweit sie 10 % nicht übersteigt
Dacherneuerung	wenn lediglich neu gedeckt, sofort abziehbarer „Erhaltungsaufwand"	wenn bisher nicht vorhandene Teile, z.B. Gauben, hinzugefügt, „Herstellungsaufwand"
Dachgeschossausbau	nein	i.d.R. „Herstellungsaufwand", insofern siehe „Abschreibungen"
Damnum	siehe „Aufgeld/Abgeld"	
Darlehensgebühr	ja, als Teil abziehbarer Finanzierungskosten	
Darlehenszinsen	wenn das Darlehen zur Erzielung von Einkünften aus Vermietung und Verpachtung aufgenommen wird	Bei anteiliger Verwendung auch nur anteiliger Werbungskostenabzug

Art	Werbungskosten V+V	Hinweise – Abgrenzung
Dauernde Last	i.H.d. enthaltenen Zinsanteils	i.H.d. Barwerts der dauernden Last Anschaffungskosten, soweit auf das Gebäude entfällt, dann siehe „Abschreibungen"
Denkmalschutz-aufwendungen	siehe „Baudenkmal"	
Einbauküche	nein	Aufwendungen für Spüle, Kochherd und Dunstabzugshaube sind Herstellungskosten des Gebäudes, insofern siehe „Abschreibungen"
Elektroleitungen	Reparatur und Modernisierung i.d.R. „Erhaltungsaufwand", auch beim zusätzlichen Einbau einer Gegensprechanlage	ansonsten Herstellungskosten, insofern siehe „Abschreibungen"; beachte „Generalüberholung"
Erbauseinander-setzung	nur Schuldzinsen der Fremdfinanzierung einer Abfindung an Miterben	Abfindungszahlung an Miterben sind Anschaffungskosten des Übernehmers
Erbbauzinsen	wenn das Erbbaugrundstück weitervermietet wird: laufend zu zahlende Erbbauzinsen in voller Höhe	Zahlung im Voraus oder als Einmalbetrag für mehr als 5 Jahre gezahlte Zahlungen sind gleichmäßig auf Nutzungsdauer zu verteilen (§ 11 Abs. 2 Satz 3 EStG)
Erhaltungsaufwand	soweit Instandhaltung und Instandsetzung Gebäude oder Gebäudeteil, auch Grundstück einschließlich Umzäunung oder Einfriedung	bei Einzelmaßnahmen bis zu 4 000 € netto auf Antrag (R 21.1 Abs. 2 Satz 2 EStR 2012); größerer Erhaltungsaufwand auf 2 bis 5 Jahre verteilbar (§§ 82b, 84 Abs. 4a EStDV); Besonderheit anschaffungsnahe Herstellungskosten (siehe dort)
Erschließungs-kosten	nur wenn im Rahmen späterer Zweiterschließung, Ersatz bestehender Erschließungsanlagen ist Erhaltungsaufwand	grundsätzlich nachträgliche Anschaffungskosten Grund und Boden
Fachliteratur	bei Nachweis durch Titelnennung auf Rechnung/Beleg	
Fahrstuhl	nur laufender Betriebsaufwand, soweit nicht auf Mieter umgelegt, beachte Hinweis zu „Abwassergebühren"	AK/HK auch bei nachträglichem Einbau mit Gebäude abzuschreiben

Art	Werbungskosten V+V	Hinweise – Abgrenzung
Fahrtkosten	Fahrtkosten zum Einkauf und Transport von Baumaterial	
Fassaden-erneuerung	i.d.R. sofort abziehbar „Erhaltungsaufwand"	beachte: „Generalüberholung"
Ferienhaus, Ferienwohnung	wenn nur zur Fremdvermietung bestimmt, alle Aufwendungen, soweit Werbungskosten	wenn zeitweise selbst genutzt, Totalgewinnprognose über 30 Jahre nötig, sonst Liebhaberei, Aufwendungen (vermietungs-)zeitanteilig Werbungskosten, Leerstandszeiten im zeitlichen Verhältnis Selbstnutzung/Vermietung aufzuteilen
Finanzierungs-kosten	Schuldzinsen und Finanzierungskosten (z.B. Geldbeschaffungskosten) sowie Damnum (Abgeld/Aufgeld und Disagio), soweit mit Vermietung wirtschaftlicher Zusammenhang (§ 9 Abs. 1 Satz 3 Nr. 1 Satz 1 EStG), auch Vorfälligkeitsentschädigungen bei Veräußerung und Darlehensablösung	hypothekarische Belastung des Grundstücks für Schulden, die (tatsächlich) anderen Zwecken dienen, nicht abzugsfähig Schuldzinsen können u.U. auch nach Verkauf des Wohngrundstücks als nachträgliche Werbungskosten abgezogen werden[1]
Fotovoltaikanlagen	nur ausnahmsweise „Erhaltungsaufwand" bei nachträglichem Einbau mit Schadensbeseitigung Dach	bei dachintegrierten Fotovoltaikanlagen „Herstellungskosten" des selbstständigen beweglichen Wirtschaftsguts R 4.2 (3) S.4 EStR R 2012
Fremdwährungsdar-lehen, Kursverluste	nein	
Garten	laufender Instandhaltungsaufwand sofort abziehbar, Bepflanzung und Düngung auf Nutzungsdauer von 10 Jahren zu verteilen, Einzelaufwendungen bis 4 000 € netto auf Antrag „Erhaltungsaufwand" (R 21.1 Abs. 3 EStR 2012)	Erdarbeiten für erstmalige Anlage, Erweiterung oder Vergrößerung des Gartens; zu den Herstellkosten zählt das Anpflanzen von Hecken, Büschen und Bäumen an den Grundstücksgrenzen, Aufwand für Gartengeräte, z.B. Rasenmäher, siehe „Abschreibungen", ggf. GWG
Geldbeschaffungs-kosten	siehe „Finanzierungskosten"	

---

[1] BMF-Schr. vom 27.7.2015, BStBl I 2015 S.581.

Art	Werbungskosten V+V	Hinweise – Abgrenzung
Geldbußen	grundsätzlich nein	Ausnahme insoweit, als lediglich rechtswidrig erlangter wirtschaftlicher Vorteil abgeschöpft wurde (§ 4 Abs. 5 Satz 1 Nr. 8 Satz 4 EStG)
Geldstrafen	nein (§ 12 Nr. 4 EStG)	
Generalüberholung	i.d.R. ja	nachträglicher „Herstellungsaufwand", wenn Wohnstandard Gebäude oder Gebäudeteil wesentlich erhöht wurde, weil mindestens drei Bereiche im Gebäudeinneren (z.B. Heizungsanlage, Elektro- und sanitäre Installation sowie Fenster) deutlich verbessert werden
Grenzbebauung, Entschädigungszahlung	nein	Herstellungskosten Gebäude oder Anschaffungskosten Grund und Boden
Grundbuchkosten	durch Grundschuld- oder Hypothekeneintragung als Finanzierungskosten abzugsfähig	wegen Eigentumseintragung Anschaffungskosten, wegen Grundstücksveräußerung nicht als Werbungskosten abziehbar
Grunderwerbsteuer	Aussetzungszinsen und Zinsen zur Finanzierung der Grunderwerbsteuer	sonst Teil der Anschaffungskosten Grund und Boden bzw. bebauten Grundstücks (Aufteilung Grundstück/Gebäude!), entsprechend Säumniszuschläge zur Grunderwerbsteuer
Grundsteuer	ja (§ 9 Abs.1 Satz 3 Nr. 2 EStG)	
Grund und Boden	laufende Aufwendungen „Erhaltungsaufwand"	grundsätzlich keine Abschreibungen
Gutachterkosten	Beurteilung nach behandelter Frage (z.B. Gutachten über Reparaturbedarf; auch Schadstoffgutachten wegen vom Mieter verseuchten Grundstücks und Wertgutachten für Renovierungskredit)	Gutachten über Zustand oder Wert (z.B. bei Beendigung eines Erbbaurechts) sind Anschaffungskosten; ebenso wenn nach Gutachten folgende Grundstückssanierung Herstellungskosten sind
Hausgeld	ja	nein, soweit Zahlungen in Instandhaltungsrücklage

Art	Werbungskosten V+V	Hinweise – Abgrenzung
Haushaltsnahe Handwerker-leistungen	nein, keine Veranlassung durch Fremdvermietung	für im privaten Haushalt ent-standene Reparaturen, die keine Werbungskosten sind, vgl. Steuerermäßigung nach § 35 a Abs. 3 EStG
Hausmeister, Haus-reinigung	ja	
Heizkosten	soweit nicht auf Mieter umgelegt, beachte Hinweis zu „Abwasser-gebühren"	während der Bauphase Her-stellungskosten; aber WK zur Schadenabwehr bei Leer-stand
Heizungsanlage	Erneuerung und Umstellung „Erhaltungsaufwand" des Ge-bäudes	grundsätzlich als Teil des Gebäudes mit diesem abzu-schreiben
Herstellungs-aufwand	nein	nachträgliche Herstellungs-kosten Gebäude oder Gebäu-deteil, z.B. Anbau/Ausbau/ Umbau, siehe „Abschreibun-gen"
Hochwasser-schäden	ohne nähere Nachprüfung „Erhaltungsaufwand", wenn im Rahmen anlassbezogener steu-erlicher Sonderregelungen[1]	auch die Beseitigung sonsti-ger Katastrophenschäden ist grundsätzlich sofort abzieh-barer Erhaltungsaufwand
Hofbefestigung	laufende Unterhaltung ist „Erhaltungsaufwand"	als Außenanlagen im Privat-vermögen vom Gebäude ge-rechnet, erstmalige Pflas-terung ist „Herstellungsauf-wand"
Insolvenz	Vorauszahlungen auf Her-stellungskosten, für die infolge der Insolvenz des Bauunter-nehmers keine Bauleistungen erbracht wurden	
Instandhaltungs-rücklage	laufende Einzahlungen: nein	anteilige Beiträge erst dann Werbungskosten, wenn sie für die Erhaltung des gemein-schaftlichen Eigentums oder für andere Maßnahmen ver-ausgabt werden
Instandsetzung	siehe „Erhaltungsaufwand"	

---

[1] Steuerliche Änderungen lfd. zu beobachten.

Art	Werbungskosten V+V	Hinweise – Abgrenzung
Kabelfernsehen	Nachrüstung, laufende Anschluss- und/oder Monatsgebühren	bei Gebäudeerrichtung einmalige Anschlusskosten Herstellungskosten
Kaminkehrergebühren	soweit nicht auf Mieter umgelegt, beachte Hinweis zu „Abwassergebühren"	
Kanalreinigung	soweit nicht auf Mieter umgelegt, beachte Hinweis zu „Abwassergebühren"	
Kontogebühren	in voller Höhe Werbungskosten, wenn Konto nur für Mieteinnahmen und Vermietungswerbungskosten genutzt wird	bei einem gemischten Konto entsprechend zu kürzen
Maklerprovision	Darlehensvermittlung, Mietervermittlung	bei Vermittlung Erwerb Objekt Anschaffungs-(neben-)kosten, bei Vermittlung Verkauf Objekt „Veräußerungskosten", ggf. steuerpflichtiges Spekulationsgeschäft prüfen
Maklerprovision (für die Veräußerung eines Grundstücks)	nur soweit Grundstücksveräußerung erfolgte, um andere, der Einkünfteerzielung dienende Immobilienobjekte zu finanzieren bzw. zu entschulden	normalerweise Veräußerungsgewinn
Mietrückzahlung	ja	früher „negative Einnahmen"
Modernisierungsaufwand	siehe „Erhaltungsaufwand" oder „Herstellungsaufwand"	Möglichkeit, auf 2 bis 5 Jahre zu verteilen
Möbel	Einbaumöbel; bei möblierter Vermietung „Abschreibungen" der Möbel, GWG-Abzug prüfen	Ausnahmen: Herd, Spüle und Dunstabzugshaube sind Gebäudeherstellungskosten
Müllabfuhr	Aufwendungen einschließlich Neujahrsgelder, soweit nicht auf Mieter umgelegt, beachte Hinweis zu „Abwassergebühren"	
Notariatskosten	soweit für Finanzierung (Bestellung Grundschuld/Hypothek)	für Kaufvertrag: Anschaffungskosten Mietobjekt
Prozesskosten	wenn der Rechtsstreit sachlich mit Mietverhältnis oder mit als Erhaltungsaufwand abziehbaren Reparaturen zusammenhängt, Prozesskosten wegen Grundstückszufahrt sowie Räumungsklagen	Baumängelprozess, Baugenehmigungsstreit Herstellungskosten Gebäude, dagegen Erbschaftsstreitkosten weder als Werbungskosten noch als außergewöhnliche Belastung

Art	Werbungskosten V+V	Hinweise – Abgrenzung
Rechtsanwalt	siehe „Prozesskosten"	auch bei außergerichtlichen Interessenwahrnehmungen
Reisekosten	sofern gelegentlich erforderliche Besichtigung Mietshaus und Reisekosten vor Anschaffung (soweit Objekte nicht gekauft und Stpfl. ist als Vermieter anzusehen)	Fahrtaufwendungen zur Überwachung des Baus sind Herstellungskosten; bei Objektkauf Anschaffungskosten
Renten	nur enthaltener Ertragsanteil (§ 9 Abs. 1 Satz 3 Nr. 1 Satz 2 EStG)	kapitalisierter Wert ist Kaufpreis, somit Grundlage der Anschaffungskosten, unter nahen Angehörigen wird Unentgeltlichkeit vermutet (vgl. § 11d EStDV zur Fortführung Abschreibung)
Reparaturaufwendungen	siehe „Erhaltungsaufwand" bei Reparatur	
Rollläden	siehe „Erhaltungsaufwand" bei Reparatur	bei nachträglichem Anbau „Herstellungsaufwand"
Schadensersatz	grds. ja, wenn V + V betrifft	nicht bei vom Vermieter grob verschuldeter Kündigung des Mieters oder Veranlassung durch Veräußerung
Schornsteinfeger	siehe „Kaminkehrergebühren"	
Schuldzinsen	wenn mit Vermietung wirtschaftlich zusammenhängend (§ 9 Abs. 1 Satz 3 Nr. 1 EStG)	siehe auch „Finanzierungskosten"
Sonnenmarkise	siehe „Erhaltungsaufwand"	bei nachträglichem Anbau „Herstellungsaufwand"
Steuerberatungskosten	soweit sie mit der Ermittlung der Vermietungseinkünfte zusammenhängen, gemischte Steuerberatungskosten sind entsprechend zu kürzen	
Strafbare Handlungen	Reparatur von Sachbeschädigungen siehe „Erhaltungsaufwand"	bei Brandstiftung ist außerplanmäßige Abschreibung vorzunehmen
Testamentsvollstreckergebühren	soweit Verwaltungsvollstreckung, wie jede andere Verwaltungstätigkeit auch	bei entgeltlicher Erbauseinandersetzung über Mietobjekte „Anschaffungskosten"
Trinkgelder	soweit für Müllabfuhr, Straßenreinigung oder Hausreparaturen	nicht beim Briefträger

Art	Werbungskosten V+V	Hinweise – Abgrenzung
Umsatzsteuer	Vorsteuern, soweit abziehbar (§ 9b Abs. 1 Satz 1 EStG) und sofern Option zur Umsatzsteuer (§ 15a UStG bei Widerruf Option beachten, zurückgezahlte Beträge Werbungskosten, § 9b Abs. 2 EStG)	Umsatzsteuervorauszahlung, die Anfang Januar für das Vorjahr entrichtet wird, ist bereits im Vorjahr abziehbar
Untervermietung	gezahlte Miete gehört zu den Werbungskosten des Untermieters	auch Werbungskosten während Leerstand dürfen bei weiterer Vermietungsabsicht berücksichtigt werden
Veräußerungskosten	keine Werbungskosten bei Vermietung und Verpachtung, steuerpflichtiges Spekulationsgeschäft prüfen	
Versicherungen	alle mit Mietobjekt zusammenhängenden Versicherungsbeiträge, z.B. die Feuerversicherungs- und Hausversicherungsbeiträge (auch Öltankversicherung) sowie die Rechtschutzversicherung	nicht Hausratversicherung und Risikolebensversicherung, auch wenn mit Bausparvertrag abgeschlossen (umstritten)
Veruntreuung von Instandhaltungsrücklagen	Veruntreuung durch Hausverwalter führt im Jahr der Erkenntnis zu Werbungskosten	
Verwaltungskosten	Hausmeister, Hausverwaltung, einschließlich der Betriebskostenabrechnung durch Dritte	nicht Wert eigene Arbeitsleistung des Vermieters
Vorfälligkeitsentschädigungen	siehe Finanzierungskosten	
Vorsteuer	siehe „Umsatzsteuer"	
Wachhund	i.d.R. nein	siehe „Bewachungskosten"
Werkzeug	soweit sie laufender Instandhaltung und Instandsetzung dienen (§ 9 Abs. 1 Satz 3 Nr. 6 EStG), ggf. durch „Abschreibungen"	Werkzeuge zur Herstellung Objekt sind „Herstellungskosten"
Wertschätzung	siehe „Gutachterkosten"	
Zeitungsanzeigen	siehe „Annoncen"	
Zwangsräumung	ja, siehe aber auch „Prozesskosten"	nicht, soweit in Veräußerungsabsicht betrieben
Zweitwohnungssteuer	gehört bei einer nur zur Vermietung bestimmten Wohnung zu den Werbungskosten	wird Wohnung auch selbst genutzt, sind die Werbungskosten zeitanteilig zu kürzen

5.1.8.2.2   Gebäude-AfA

Siehe zur AfA nach § 7 Abs. 4 und 5 EStG Kap. 5.1.5.3.4.2.
Siehe zur AfA nach §§ 7h und 7i EStG Kap. 5.1.5.3.4.3.

5.1.8.2.3   Wesentliche Verbesserung eines Gebäudes[1]

Baumaßnahme	wesentliche Verbesserung	Erläuterungen
übliche, d.h. normalerweise anfallende Instandsetzungs- oder Modernisierungsmaßnahmen wie – Tapezierarbeiten, – Fußbodenbeläge, – Dacheindeckung, – Erneuerung von Fliesen, – Instandsetzung der Rollläden	nein	
Einbau einer Sprechanlage	nein	BFH-Urteil vom 20.8.2002 (IX R 98/00, BStBl II 2003, S. 604)
Austausch von Ofen- gegen Etagenheizung	nein	Der Umstand, dass der Vermieter aufgrund des Einbaus von Isolierglasfenstern eine höhere Miete verlangen kann, erlaubt allein nicht den Schluss auf eine wesentliche Verbesserung i.S.d. § 255 Abs. 2 Satz 1 HGB.
Modernisierung der Bäder	nein	
Austausch von einfachverglasten Fenstern gegen Isolierglasfenster	nein	
Instandsetzung vorhandener – Sanitär-, – Elektro- und – Heizungsanlagen, – Fenster = wesentliche Bereiche	nein Eine Werterhöhung infolge derartiger Maßnahmen bedingt noch keine wesentliche Verbesserung.	Eine erheblich höhere Miete kann unter weiteren Voraussetzungen ein Indiz für eine wesentliche Verbesserung gegenüber dem Zustand im Zeitpunkt des Erwerbs sein.

---

[1] LEXinform Dok.-Nr. 0630054, Stand: 1.7.2021.

Baumaßnahme	wesentliche Verbesserung	Erläuterungen
Einzelne dieser Maßnahmen führen noch nicht zu einer wesentlichen Verbesserung (s.a. BFH-Urteil vom 20.8.2002, IX R 61/99, BFH/NV 2003, 148). Ein Bündel derartiger Baumaßnahmen, bei dem mindestens drei der o.g. wesentlichen Bereiche betroffen sind, kann ein Gebäude gegenüber seinem Zustand bei Erwerb in seinem Standard heben und es damit i.S.d. § 255 Abs. 2 Satz 1 HGB wesentlich verbessern (s.a. BFH-Urteil vom 3.12.2002, IX R 64/99, BStBl II 2003, S. 590).		
Baumaßnahmen in ihrer Gesamtheit ...	können zu einer wesentlichen Verbesserung i.S.d. § 255 Abs. 2 Satz 1 HGB führen.	

Vergleich

↓

Gebrauchswert des Gebäudes (das Nutzungspotenzial)

vorher   nachher

↓   ↓

Zustand des Erwerbs

deutlich erhöhter Gebrauchswert von

sehr einfacher ──→ mittlerer

oder

mittlerer ──→ sehr anspruchsvoller Standard

Wenn z.B. im Rahmen der Baumaßnahmen außergewöhnlich hochwertige Materialien in erheblichem Umfang verwendet werden. Siehe auch BFH-Urteile vom 20.8.2002 (IX R 10/02, IX R 43/00, IX R 21/00, BFH/NV 1/2003, S.35, 34, 33).

5.1.9 Sonstige Einkünfte

5.1.9.1 Wiederkehrende Bezüge (§ 22 Nr. 1 EStG)

Siehe hierzu Kap. 5.1.10.

5.1.9.2 Realsplitting (§ 22 Nr. 1a i. V. m. § 10 Abs. 1a Nr. 1 EStG)

Unterhaltsleistungen an den geschiedenen oder dauernd getrennt lebenden Ehegatten (bis zu 13 805 €) sind zu versteuern, soweit sie beim Unterhaltsverpflichteten nach § 10 Abs. 1a Nr. 1 EStG abgezogen werden können (siehe hierzu Kap. 5.1.1.7).

5.1.9.3 Versorgungsleistungen (§ 22 Nr. 1a i. V. m. § 10 Abs. 1a Nr. 2 EStG)

Versorgungsleistungen im Zusammenhang mit einer unentgeltlichen Vermögensübertragung sind zu versteuern, soweit sie beim Zahlungsverpflichteten nach § 10 Abs. 1a Nr. 2 EStG abgezogen werden können und die Vermögensübertragung nach dem 31.12.2007 vereinbart wurde (siehe hierzu Kap. 5.1.10).

5.1.9.4 Leistungen zur Vermeidung eines Versorgungsausgleichs (§ 22 Nr. 1a i. V. m. § 10 Abs. 1a Nr. 3 EStG)

Einkünfte aus Ausgleichszahlungen zur Vermeidung eines Versorgungsausgleichs sind ab 2015 steuerpflichtig, soweit sie beim Ausgleichsverpflichteten nach § 10 Abs. 1a Nr. 3 EStG abgezogen werden können.

5.1.9.5 Leistungen aufgrund eines schuldrechtlichen Versorgungsausgleichs (§ 22 Nr. 1a i. V. m. § 10 Abs. 1a Nr. 4 EStG)

Einkünfte aus Ausgleichszahlungen aufgrund eines schuldrechtlichen Versorgungsausgleichs sind ab 2008 steuerpflichtig, soweit sie beim Ausgleichsverpflichteten nach § 10 Abs. 1a Nr. 4 EStG abgezogen werden können[1].

---

[1] Vgl. dazu BMF-Schr. vom 9.4.2010 (BStBl I 2010 S. 323).

5.1.9.6 Private Veräußerungsgeschäfte (§§ 22 Nr. 2, 23 EStG)

5.1.9.6.1 Anwendungsbereich und Fristen

		Vor dem 1.1.2009 angeschaffte Wirtschaftsgüter	Nach dem 31.12.2008 angeschaffte Wirtschaftsgüter
Persönlicher Anwendungsbereich		– natürliche Personen – juristische Personen, die nicht nur gewerbliche Einkünfte erzielen (z. B. Vereine)	
Sachlicher Anwendungsbereich[1]	Grundstücke und grundstücksgleiche Rechte (z. B. Erbbaurecht)[2]	– Grundsatz: steuerpflichtig bei Haltedauer ≤ 10 Jahre – Ausnahme: Grundstück wird im Zeitraum zwischen Anschaffung oder Fertigstellung und Veräußerung ausschließlich zu eigenen Wohnzwecken oder im Jahr der Veräußerung und in den beiden vorangegangenen Jahren zu eigenen Wohnzwecken genutzt; Veräußerungsgewinne und -verluste sind in diesen Fällen unbeachtlich (§ 23 Abs. 1 Satz 1 Nr. 1 Satz 3 EStG)[3].	
	Wertpapiere u. ä. i. S. v. § 20 Abs. 2 EStG[4]	Steuerpflichtig bei Haltedauer ≤ 1 Jahr	– kein Fall des § 23 EStG – stets steuerpflichtig (unabhängig von der Haltedauer) nach § 20 Abs. 2 EStG (Abgeltungsteuer; s. Kap. 5.1.7.5)
	Übrige Wirtschaftsgüter[5]	Steuerpflichtig bei Haltedauer ≤ 1 Jahr	– Steuerpflichtig bei Haltedauer ≤ 1 Jahr – Verlängerung auf 10 Jahre, wenn Wirtschaftsgut (z. B. Container) mindestens ein Jahr zur Erzielung von Einkünften eingesetzt wurde

---

[1] Die Veräußerung eines Anteils an einer vermögensverwaltenden Personengesellschaft gilt als (anteilige) Veräußerung der Wirtschaftsgüter der Personengesellschaft (§ 23 Abs. 1 Satz 4 EStG).

[2] BMF-Schr. vom 5.10.2000 (BStBl I 2000 S. 1383) und vom 7.2.2007 (BStBl I 2007 S. 262).

[3] *Siehe dazu BMF-Schr. vom 5.10.2000 (BStBl I 2000 S. 1383 Tz. 16 ff.).*

[4] BMF-Schr. vom 25.10.2004 (BStBl I 2004 S. 1034), gültig für Veräußerungen vor dem 1.1.2010, speziell zu Termingeschäften BMF-Schr. vom 27.11.2001 (BStBl I 2001 S. 986).

[5] Ausgenommen sind Gegenstände des täglichen Gebrauchs nach § 23 Abs. 1 Nr. 2 Satz 2 EStG.

	Vor dem 1.1.2009 angeschaffte Wirtschaftsgüter	Nach dem 31.12.2008 angeschaffte Wirtschaftsgüter
Veräußerungsgeschäfte, bei denen die Veräußerung der Wirtschaftsgüter früher erfolgt als der Erwerb	Immer steuerpflichtig	Immer steuerpflichtig (§ 23 Abs. 1 Nr. 3 EStG)[1]

[1] Erstmals auf Veräußerungsgeschäfte anzuwenden, bei denen die Veräußerung auf einem nach dem 23.12.2016 rechtswirksamen abgeschlossenen Vertrag oder gleichstehenden Rechtsakt beruht.

5.1.9.6.2 Anschaffung und Veräußerung

	Anschaffung	Veräußerung
Grundsatz	– Für Fristberechnung: Obligatorisches Rechtsgeschäft (z.B. Kaufvertrag) – Zur Erfüllung des Tatbestands: Dingliches Rechtsgeschäft (Übereignung) – Keine Fristberechnung bei Übertragung des wirtschaftlichen Eigentums vor Abschluss des obligatorischen Rechtsgeschäfts erforderlich (z.B. Fremdwährungsgeschäfte durch Leerverkäufe oder Geschäfte mit Gold und Edelmetallen)	
Einzelfälle und gleichgestellte Vorgänge	– Abgabe eines Meistgebots im Zwangsversteigerungsverfahren – Erwerb durch verdeckte Gewinnausschüttung – Überführung eines Wirtschaftsguts in das Privatvermögen (Entnahme, Betriebsaufgabe) – Entstrickungsantrag nach § 21 Abs.1 Satz 2 UmwStG[2]	– Verdeckte Einlage[1] – Einlage in das Betriebsvermögen, wenn die Veräußerung aus dem Betriebsvermögen innerhalb eines Zeitraums von 10 Jahren seit der Anschaffung erfolgt (§ 23 Abs.1 Satz 5 Nr.1 EStG)
Keine Anschaffung bzw. Veräußerung	Unentgeltlicher Erwerb unter Lebenden oder von Todes wegen[3]	Einlage in ein Betriebsvermögen (Ausnahme: siehe oben)

[1] Siehe zur verdeckten Einlage in Kapitalgesellschaften § 23 Abs.1 Satz 5 EStG. Siehe zur Einlage in Personengesellschaften BMF-Schr. vom 29.3.2000 (BStBl I 2000 S.462).
[2] Soweit einbringungsgeboren i.S.d. § 21 UmwStG in der Fassung vom 7.12.2006.
[3] Dem Einzelrechtsnachfolger ist die Anschaffung bzw. der gleichgestellte Vorgang des Rechtsvorgängers zuzurechnen (§ 23 Abs.1 Satz 3 EStG).

5.1.9.6.3   Veräußerungsgewinn und -verlust

Tatbestand	Anwendungsfälle/Anmerkungen
Veräußerungspreis	– Barzahlung (bei wiederkehrenden Bezügen jeweils im Zuflusszeitpunkt) – gemeiner Wert (eingetauschte Wirtschaftsgüter) – Teilwert (Einlagen)
./. Anschaffungs- oder Herstellungskosten	– Kaufpreis (inkl. Anschaffungsnebenkosten wie etwa Notar, Beratung etc.) – Gemeiner Wert (eingetauschte Wirtschaftsgüter, nach Entstrickungsantrag, nach Betriebsaufgabe) – Teilwert (nach Entnahme)
./. Abschreibungen, soweit bei der Einkünfteermittlung nach § 2 Abs. 1 Nr. 4–6 EStG berücksichtigt	– AfA auf vermietete Gebäude – keine Kürzung um AfA, die nach § 4 Abs. 5 Satz 1 Nr. 6b, § 9 Abs. 5 EStG ausgeschlossen ist oder wenn der Abzug der Werbungskosten auf 1250 € begrenzt ist[1]
./. Veräußerungskosten	– Notar – Makler – Grundbuch etc.

= Veräußerungserfolg	– Veräußerungsgewinn:
	  – Tarifbesteuert, ggf. Teileinkünfteverfahren bzw. (ab 2009) Abgeltungsteuer nach § 20 Abs. 2 EStG (Aktien, GmbH-Anteile)
	  – Steuerpflichtig, wenn Freigrenze von 600 € überschritten
	– Veräußerungsverlust:
	  – Nur mit Gewinnen aus privaten Veräußerungsgeschäften verrechenbar
	  – Kein Verlustabzug nach § 10d EStG, nur eigenständiger Verlustrück- und -vortrag für private Veräußerungsgeschäfte; wird gem. § 10d Abs. 4 EStG gesondert festgestellt

---

[1] BMF-Schr. vom 5.10.2000 (BStBl I 2000 S. 1383, Tz. 39).

5.1.9.6.4 Abgrenzung zu § 17 EStG

Anschaffung der Beteiligung	Frist zwischen Anschaffung und Veräußerung	Beteiligungsquote[1]	
		< 1 %	≥ 1 %
vor dem 1.1.2009	≤ 1 Jahr	§ 23 EStG	§ 23 EStG[2]
	> 1 Jahr	nicht steuerbar	§ 17 EStG
nach dem 31.12.2008[3]	irrelevant	§ 20 EStG	§ 17 EStG

5.1.9.7 Sonstige Leistungen (§ 22 Nr. 3 EStG)

Sachlicher Anwendungsbereich (Beispiele)	– Einkünfte aus gelegentlichen Vermittlungen – Vermietung beweglicher Gegenstände
Freigrenze	256 €
Verluste	– keine Verrechnung mit anderen Einkünften, außer aus anderen Einkunftsquellen i.S.d. § 22 Nr. 3 EStG – kein Verlustabzug nach § 10d EStG, nur eigenständiger Verlustrück- und -vortrag für sonstige Leistungen i.S.d. § 22 Nr. 3 EStG

5.1.9.8 Abgeordnetenbezüge (§ 22 Nr. 4 EStG)

Persönlicher Anwendungsbereich	– Bundestagsabgeordnete – Landtagsabgeordnete – Abgeordnete des Europäischen Parlaments – Abgeordnete der ehemaligen DDR-Volkskammer
Sachlicher Anwendungsbereich	– Entschädigungen – Amtszulagen – Zuschüsse zu Kranken- und Pflegeversicherungsbeiträgen – Übergangsgelder – Überbrückungsgelder – Sterbegelder – Versorgungsabfindungen – Versorgungsbezüge, die auf Grund des Abgeordnetengesetzes oder des Europaabgeordnetengesetzes sowie vergleichbare Bezüge, die auf Grund der entsprechenden Gesetze der Länder gezahlt werden

---

[1] Siehe zu den Voraussetzungen der Besteuerung nach § 17 EStG im einzelnen Kap. 5.1.2.3.2.
[2] § 23 EStG hat Vorrang vor § 17 EStG (§ 23 Abs. 2 Satz 2 EStG i.d.F.d. JStG 2007).
[3] Änderung durch das Unternehmensteuerreformgesetz 2008 (BGBl I 2007 S. 1912).

Freigrenze	Keine
Steuerbefreiungen	– Aufwandsentschädigungen (§3 Nr. 12 EStG; kein Abzug der durch das Mandat veranlassten Aufwendungen, §22 Nr. 4 Satz 2 EStG) – Nachversicherungsbeiträge auf Grund gesetzlicher Verpflichtung nach den Abgeordnetengesetzen und für Zuschüsse zu Kranken- und Pflegeversicherungsbeiträgen (§§ 22 Nr. 4 Satz 4 Buchst. a, 3 Nr. 62 EStG) – Versorgungsfreibetrag (§§ 22 Nr. 4 Satz 4 Buchst. b, 19 Abs. 2 EStG)
Tarifbegünstigung	In einer Summe gezahltes Übergangsgeld und Versorgungs-abfindung tarifbegünstigt nach § 34 Abs. 1 EStG (§ 22 Nr. 4 Satz 4 Buchst. c EStG)

5.1.9.9 Leistungen aus Altersvorsorgeverträgen (§ 22 Nr. 5 EStG)

Siehe Kap. 5.1.11.3.4.

5.1.10 Besteuerung von wiederkehrenden Bezügen und Leistungen

5.1.10.1 Überblick

Wiederkehrende Bezüge sind
– Einnahmen in Geld oder Geldeswert,
– die auf Grund eines einheitlichen Entschlusses oder eines einheitlichen Rechtsgrunds
– wiederholt
– mit einer gewissen Regelmäßigkeit
erbracht werden.

Nach der Dauer der Zahlung ist zu differenzieren zwischen
– **Leibrenten** (lebenslänglich erbrachte Bezüge) mit den Abwandlungen **abge-kürzte Leibrente** (§ 55 Abs. 2 EStDV) und **verlängerte Leibrenten** sowie
– **Zeitrenten** bzw. **lang laufenden Raten** (für eine in Jahren definierte Zeit er-brachte Leistungen).

Für die Besteuerung ist wesentlich, ob die wiederkehrenden Leistungen
– im Zusammenhang mit der Übertragung von Wirtschaftsgütern,
– gegen Beitragsleistung oder
– ohne Gegenleistung
erbracht werden.

Gegenleistung des Empfängers der wiederkehrenden Bezüge	Sind wiederkehrende Bezüge gegen die Leistung des Berechtigten kaufmännisch abgewogen?	Anwendungsfälle (Beispiele)
Übertragung von Wirtschaftsgütern	Ja	Veräußerung (insbesondere von Betrieben, Teilbetrieben, Mitunternehmeranteilen oder Kapitalgesellschaftsanteilen) gegen wiederkehrende Bezüge (Kap.5.1.10.2.3)
	Nein	Übertragung von Wirtschaftsgütern gegen Versorgungsleistungen (Kap.5.1.10.2.4)
Beitragsleistung (siehe Kap.5.1.10.3)	Ja	– Gegen Beitragsleistung erworbene Altersansprüche – Gegen Beitragsleistung erworbene andere Ansprüche
Keine Gegenleistung (siehe. Kap.5.1.10.4)	Nein	– Beamtenpensionen – Unterhaltsrenten

5.1.10.2 Vermögensübertragung gegen wiederkehrende Bezüge

5.1.10.2.1 Überblick für vor dem 1.1.2008 vereinbarte Vermögensübertragungen

Bei Vermögensübertragungen gegen wiederkehrende Bezüge wird zwischen einer Übertragung gegen
– Veräußerungsleistungen
– Versorgungsleistungen sowie
– Unterhaltsleistungen
unterschieden[1].

---

[1] *BMF-Schr.* vom *16.9.2004* (BStBl I 2004 S. 922, sog. „Rentenerlass"). Nachfolgende Rz beziehen sich auf dieses Schreiben.

[2] Kein Bestandsschutz für die Übertragung von Wirtschaftseinheiten, die nur deshalb ausreichend ertragbringend sind, weil ersparte Aufwendungen zu den Erträgen des Vermögens gerechnet werden, Ausnahme: eigengenutztes Grundstück, § 52 Abs. 18 Satz 2 EStG.

5.1.10.2.2 Überblick für nach dem 31.12.2007 vereinbarte Vermögensübertragungen[1]

Versorgungsleistungen in Zusammenhang mit einer nach dem 31.12.2007 vereinbarten unentgeltlichen Vermögensübertragung sind nach § 22 Nr.1a EStG[2] zu versteuern, soweit beim Zahlungsverpflichteten die Voraussetzungen für den Sonderausgabenabzug nach § 10 Abs.1a Nr.2 EStG[2] erfüllt sind.

Es wird weiterhin unterschieden zwischen Übertragung gegen
– Veräußerungsleistungen
– Versorgungsleistungen sowie
– Unterhaltsleistungen.

Begünstigt ist nur noch die Übertragung von
– Mitunternehmeranteilen an Personengesellschaften[3], die Tätigkeiten i.S. der §§ 13, 15 Abs.1 Satz 1 Nr.1 oder § 18 Abs.1 ausüben (Rz 8–11),
– (Teil-)Betrieben (Rz 12–14) sowie
– eines mindestens 50 % betragenden GmbH-Anteils bei gleichzeitiger Übertragung der Geschäftsführertätigkeit (Rz 15–20).

---

[1] Siehe dazu BMF-Schr. vom 11.3.2010 (BStBl I 2010 S.227). Nachfolgende Rz-Angaben beziehen sich auf dieses Schreiben.

[2] I.d.F. des JStG 2015; Sonderausgabenabzug bis 2014 in § 10 Abs.1 Nr.1a EStG geregelt bzw. Besteuerung in § 22 Nr.1b EStG.

[3] Ggf. unter Einbeziehung des Sonderbetriebsvermögens (vgl. Rz 8, neu gefasst durch BMF vom 20.11.2019).

5.1.10.2.3 Übertragung gegen Veräußerungsleistungen[1]

	Übertragung von Betrieben, Teilbetrieben oder Mitunternehmeranteilen (§ 16 EStG)	Übertragung von Kapitalgesellschaftsbeteiligungen (≥ 1 %) (§ 17 EStG)	Übertragung von übrigen Wirtschaftsgütern (§ 23 EStG)
Veräußerer	Veräußerungsvorgang; Wahlrecht zwischen Sofortbesteuerung und Zuflussbesteuerung bei Veräußerung gegen – Leibrente sowie – in Raten zu zahlenden Kaufpreis, wenn die Raten während eines mehr als 10 Jahre dauernden Zeitraums zu zahlen sind und die Ratenvereinbarung sowie die sonstige Ausgestaltung des Vertrags eindeutig die Absicht des Veräußerers zum Ausdruck bringt, sich eine Versorgung zu verschaffen[2]		Zwingend Zuflussbesteuerung; tarifbesteuerte Einkünfte, wenn und soweit Anschaffungskosten überschritten werden[6]
	– **Sofortbesteuerung:** Barwert der Rente (des Darlehens) ./. Buchwert ./. Anschaffungsnebenkosten = §§ 16, 34 EStG; Ertragsanteil[3] (Zinsanteil) = sonstige Einkünfte[4] (Einkünfte aus Kapitalvermögen) – **Zuflussbesteuerung:** Rentenzahlungen[5] (Ratenzahlungen)[5] nach Übersteigen des Kapitalkontos = nachträgliche Einkünfte nach § 15 EStG (tarifbesteuert)	– **Sofortbesteuerung:** Barwert der Rente (des Darlehens) ./. Anschaffungskosten ./. Anschaffungsnebenkosten = § 17 EStG (Teileinkünfteverfahren[6]); Ertragsanteil[3] (Zinsanteil) = sonstige Einkünfte[4] (Einkünfte aus Kapitalvermögen) – **Zuflussbesteuerung:** Rentenzahlungen[5] (Ratenzahlungen)[5] nach Übersteigen der Anschaffungskosten = nachträgliche Einkünfte nach § 17 EStG (Teileinkünfteverfahren[7] für Tilgungsanteil, ansonsten 100 %)	
Erwerber	– Erwerbsvorgang; Anschaffungskosten in Höhe des Barwerts der Rente (des Darlehens) – Ertragsanteil (Zinsanteil) = Betriebsausgabe/Werbungskosten (sofern Nutzung zur Einkünfteerzielung)		

[1] Siehe zur Abgrenzung die Abbildung in Kap. 5.1.10.2.1 bzw. 5.1.10.2.2.
[2] Siehe dazu BMF-Schr. vom 3.8.2004 (BStBl I 2004 S. 1187). Zwingend Zuflussbesteuerung bei Veräußerung gegen gewinn- oder umsatzabhängige Leistungen (BFH vom 14.5.2002, VIII R 8/01, BStBl II 2002 S. 532).
[3] Siehe zur Ermittlung des Ertragsanteils Kap. 5.1.11.4.2, Punkt B und C.
[4] Sonstige Einkünfte nach § 22 Nr. 1 Satz 3 Buchst. a, bb EStG bzw. § 20 Abs. 1 Nr. 7 EStG bei Ratenzahlung.
[5] *Nur Tilgungsanteil.* Zinsanteil bei Zufluss steuerpflichtig, R 16 (11) EStR 2012.
[6] Bei Kapitalgesellschaftsanteilen § 20 EStG: Abgeltungsteuer oder Teileinkünfteverfahren (bis 2008: Halbeinkünfteverfahren).
[7] Bis 2008: Halbeinkünfteverfahren. Bei Übertragung bis 2008 und Zuflüssen ab 2003: Halbeinkünfteverfahren (OFD Hannover, Vfg. vom 20. 5. 2008, S-2244-S6-StO 243, GmbHR 2008, 840).

5.1.10.2.4 Übertragung gegen Versorgungsleistungen

Vermögensübertragung vereinbart vor dem 1.1.2008[1]	Übertragung von Betrieben, Teilbetrieben oder Mitunternehmeranteilen (§ 16 EStG)	Übertragung von Kapitalgesellschaftsbeteiligungen (≥ 1 %) (§ 17 EStG)	Übertragung von übrigen Wirtschaftsgütern (§ 23 EStG)
Veräußerer	– unentgeltliche Vermögensübertragung – keine Besteuerung von stillen Reserven – Versorgungsleistungen grundsätzlich als sonstige Einkünfte nach § 22 Nr. 1 EStG zu versteuernde dauernde Last (siehe Kap. 5.1.10.2.1)		
Übernehmer	– kein Anschaffungsgeschäft – Buchwertfortführung nach § 6 Abs. 3 EStG – wiederkehrende Leistung in voller Höhe als dauernde Last als Sonderausgabe nach § 10 Abs. 1a Nr. 2 EStG abzugsfähig (siehe Kap. 5.1.10.2.1)		– kein Anschaffungsgeschäft – Buchwertfortführung nach § 11 d EStDV – wiederkehrende Leistung grundsätzlich in voller Höhe als dauernde Last als Sonderausgabe nach § 10 Abs. 1a Nr. 2 EStG abzugsfähig (siehe Kap. 5.1.10.2.1)

Vermögensübertragung vereinbart nach dem 31.12.2007[2]	Übertragung von Betrieben, Teilbetrieben oder Mitunternehmeranteilen, Rz 8–14 (§ 16 EStG)	Übertragung von Kapitalgesellschaftsbeteiligungen ≥ 50 % und Geschäftsführungstätigkeit, Rz 15–20	Übertragung von übrigen Wirtschaftsgütern des Privatvermögens, Rz 21 f (§ 23 EStG)
Veräußerer	– unentgeltliche Vermögensübertragung – keine Besteuerung von stillen Reserven – Versorgungsleistungen als sonstige Einkünfte nach § 22 Nr. 1a EStG zu versteuern in Höhe der zum Abzug berechtigenden Sonderausgaben des Übernehmers (siehe Kap. 5.1.10.2.2)		– entgeltliche Vermögensübertragung, Rz 73 ff – tarifbesteuerte Einkünfte, soweit Barwert die Anschaffungskosten übersteigt; Zuflussbesteuerung – Ertragsanteil = sonstige Einkünfte nach § 22 Nr. 1 S. 3a) bb) EStG, Zinsanteil bei dauernder Last = Kapitaleinkünfte nach § 20 Abs. 1 Nr. 7 EStG

---

[1] Siehe dazu BMF-Schr. vom 16.9.2004 (BStBl I 2004 S. 922).
[2] Siehe dazu BMF-Schr. vom 11.3.2010 (BStBl I 2010 S. 227). Nachfolgende Rz beziehen sich auf dieses Schreiben.

Vermögens-übertragung vereinbart nach dem 31.12.2007	Übertragung von Betrieben, Teilbetrieben oder Mitunternehmeranteilen, Rz 8–14 (§ 16 EStG)	Übertragung von Kapitalgesellschaftsbeteiligungen ≥ 50 % und Geschäftsführungstätigkeit, Rz 15–20	Übertragung von übrigen Wirtschaftsgütern des Privatvermögens, Rz 21 f (§ 23 EStG)
Übernehmer	– kein Anschaffungsgeschäft – Buchwertfortführung nach § 6 Abs. 3 EStG – Versorgungsleistungen in voller Höhe als Sonderausgabe nach § 10 Abs. 1a Nr. 2 EStG abzugsfähig (siehe Kap. 5.1.10.2.2) – bei Wohnsitz oder gewöhnlichem Aufenthalt des Veräußerers im EU-/EWR-Ausland: Nachweis der Besteuerung der Versorgungsleistung beim Veräußerer durch Bescheinigung der ausländischen Steuerbehörde		– Anschaffungsgeschäft, Rz 69 ff – Anschaffungskosten in Höhe des Barwerts der wiederkehrenden Leistungen – Zinsanteil = Werbungskosten, sofern Nutzung zur Einkunftserzielung

5.1.10.3 Wiederkehrende Leistungen gegen Beitragsleistungen

Art der wiederkehrenden Leistung	Besteuerung
Altersversorgung	– gesetzliche Zukunftssicherungsleistungen, insbesondere Sozialversicherungsrenten: siehe Kap. 5.1.11.2 – Leistungen der privaten Altersvorsorge: siehe Kap. 5.1.11.3 – Leistungen der betrieblichen Altersvorsorge: siehe Kap. 6.8.3
Andere Leistungen	– Renten aus privater Unfallversicherung: Ertragsanteil steuerbar und steuerpflichtig nach § 22 Nr. 1 Satz 3 Buchst. a, bb EStG, falls nicht betrieblich veranlasst[1] – Renten aus gesetzlicher Unfallversicherung: steuerbar nach § 22 Nr. 1 Satz 3 Buchst. a, bb EStG, aber steuerfrei nach § 3 Nr. 1a EStG

---

[1] Siehe hierzu BMF-Schr. vom 28.10.2009 (BStBl I 2009 S. 1275).

5.1.10.4 Wiederkehrende Leistungen ohne Gegenleistung

Art der wiederkehrenden Leistung	Besteuerung
Schadensersatzrenten	Steuerbar nach § 24 Nr. 1a EStG nur, wenn Ersatz für andere, bereits steuerbare Einkünfte. Nicht steuerbar sind insbesondere Mehrbedarfsrenten (§ 843 Abs. 1 Alt. 2 BGB), Schmerzensgeldrenten (§ 253 Abs. 2 BGB), Unterhaltsrenten (§ 844 Abs. 2 BGB), Ersatzansprüche wegen entgangener Dienste (§ 845 BGB); (BMF-Schr. vom 15.7.2009, BStBl I 2009 S. 836)
Freiwillige Leistungen oder Leistungen aufgrund einer freiwillig begründeten Rechtspflicht	– grundsätzlich nicht steuerpflichtig – Ausnahme für Bezüge, die von einer unbeschränkt steuerpflichtigen Körperschaft etc. außerhalb der Erfüllung steuerbegünstigter Zwecke i.S.d. §§ 52–54 AO gewährt werden (Hinweis auf § 3 Nr. 40 Buchst. i EStG), sowie Stiftungsbezüge
Unterhaltsleistungen	– grundsätzlich nicht steuerpflichtig – Unterhaltszahlungen an geschiedenen oder dauernd getrennt lebenden Ehegatten, wenn und soweit Geber Sonderausgabenabzug von bis zu 13 805 € geltend macht (§ 22 Nr. 1a EStG; siehe dazu Kap. 5.1.1.7)
Schuldrechtlicher Versorgungsausgleich „Ausgleichsrente" und Ausgleichszahlungen zur Vermeidung eines Versorgungsausgleichs	Steuerpflichtig nach § 22 Nr. 1a EStG, soweit sie beim Ausgleichsverpflichteten als Sonderausgaben abgezogen werden können (siehe Kap. 5.1.9.4)
Beamtenpensionen	Steuerpflichtig nach § 19 Abs. 1 Satz 2 Nr. 2 EStG; Versorgungsfreibetrag nach § 19 Abs. 2 EStG (siehe Kap. 5.1.11.2.2)

5.1.11 Besteuerung von Altersvorsorgeaufwendungen und -bezügen

5.1.11.1 Überblick

	Basisversorgung (Kap. 5.1.11.2)		Zusatzversorgung (Kap. 5.1.11.3)		Kapitalanlageprodukte (Kap. 5.1.11.4)
	im engeren Sinne	**im weiteren Sinne**	**private Altersvorsorge**	**betriebliche Altersvorsorge**	
Produkte	– gesetzliche Rentenversicherung – landwirtschaftliche Alterskassen – berufsständische Versorgungseinrichtungen – Rürup-Rente[1]	Beamtenpensionen	Riester-Rente	– Direktzusage – Unterstützungskasse – Pensionskasse – Pensionsfonds – Direktversicherung (siehe Kap. 6.6.3)	– Wohneigentum – Sparpläne – Kapitallebensversicherung – andere Kapitalanlagen
Besteuerungstypen	nachgelagerte Besteuerung		nachgelagerte Besteuerung		vorgelagerte Besteuerung
Anspar-phase	Sonderausgabenabzug bis Höchstbetrag zur knappschaftlichen Rentenversicherung (zusammenveranlagte Ehegatten: Verdoppelung) (ab 2025 voller Abzug)	keine Beitragserhebung von Beamten	Sonderausgabenabzug oder Zulage	siehe Kap. 6.6.4.2	– Förderung des selbstgenutzten Wohneigentums (siehe Kap. 5.7) – Sparzulagen nach dem VermBG für Arbeitnehmer (s. Kap. 5.1.6.1.4) – geringer Sonderausgabenabzug
Leistungs-phase	Sonstige Einkünfte (Besteuerungsanteil)	Einkünfte aus nichtselbständiger Arbeit (voll)	Sonstige Einkünfte (voll)	siehe Kap. 6.6.4.2	Einkünfte aus Kapitalvermögen – Ertragsanteil bei Lebensversicherungen – sonst voll, sofern einkünfterelevant – Besonderheiten bei Lebensversicherungen

[1] Bedingungen einer Rürup-Rente:
– Zahlung einer monatlichen, auf das Leben des Steuerpflichtigen bezogenen Leibrente nicht vor Vollendung des 62. Lebensjahres (bei Vertragsabschluss bis 31.12.2011 ist das 60. Lebensjahr maßgebend)
– ergänzende Berufsunfähigkeits-, Erwerbsminderungs- oder Hinterbliebenenrente möglich
– Ansprüche nicht vererblich, nicht übertragbar, nicht veräußerbar, nicht beleihbar, nicht kapitalisierbar
– kein Anspruch auf Einmalauszahlung.

5.1.11.2 Basisversorgung

5.1.11.2.1 Sonderausgabenabzug in der Ansparphase

A. Abzugsvolumen

Begünstigte Aufwendungen	Vorsorgeaufwendungen im Rahmen der Basisversorgung, die die Voraussetzungen in § 10 Abs. 2 EStG erfüllen
Grundsatz	– Höchstbetrag von 20 000 €/40 000 € (Einzel-/Zusammenveranlagung) je Kalenderjahr (bis 2014) bzw. Höchstbetrag zur knappschaftlichen Rentenversicherung (ab 2015) in der Endstufe (§ 10 Abs. 3 Satz 1 und 2 EStG) – Übergangsregelung bis 2025 (siehe nachfolgende Tabelle)
Kürzungen	– Kürzung des Abzugsvolumens um fiktiven Gesamtrentenversicherungsbeitrag bei Steuerpflichtigen, die zum Personenkreis des § 10 Abs. 3 Nr. 1 EStG gehören oder Einkünfte i. S. d. § 22 Nr. 4 EStG erzielen und die ganz oder teilweise ohne eigene Beitragsleistung einen Anspruch auf Altersversorgung erwerben (§ 10 Abs. 3 Satz 3 EStG) (vgl. Beispiel 1) – Kürzung des Abzugsvolumens um etwaige steuerfreie Arbeitgeberleistungen i. S. d. § 3 Nr. 62 EStG (§ 10 Abs. 3 Satz 5 EStG) (vgl. Beispiel 2)

Übergangsregelung bis 2025[1]

Kalenderjahr	%-Satz der gem. § 10 Abs. 3 Satz 1 bis 3 EStG ermittelten Vorsorgeaufwendungen	Ungekürzter Höchstbetrag für Steuerpflichtigen/ zusammenveranlagte Ehegatten in €	
		Westen	Osten
2014	78	15 600/31 200	
2015	80	22 172/44 344	18 898/37 796
2016	82	22 767/45 534	
2017	84	23 362/46 724	
2018	86	23 712/47 424	
2019	88	24 305/48 610	
2020	90	25 046/50 092	
2021	92	25 787/51 574	
2022	94		
2023	96		
2024	98		
2025	100		

---

[1] Siehe Kap. 9.3.3 zum Vorläufigkeitsvermerk.

Beispiele zur Ermittlung der abzugsfähigen Altersvorsorgeaufwendungen

Beispiel 1:

Eheleute A und B zahlen 2021 jeweils 4 000 € für eine private Leibrentenversicherung gem. § 10 Abs. 1 Nr. 2b EStG. A zahlt als selbständiger Steuerberater 20 000 € in eine berufsständische Versorgungseinrichtung, die Einnahmen von B aus ihrem Beamtenverhältnis betragen 50 000 €.

Sonderausgabenabzug von Vorsorgeaufwendungen in 2021:

Versorgungseinrichtung	20 000 €
Leibrentenversicherung	8 000 €
Summe	28 000 €
Höchstbetrag	51 574 €
Kürzung des Höchstbetrags:	
abzgl. fiktiver Gesamtbeitrag gesetzliche RV	
18,6 % × 50 000 €	9 300 €
gekürzter Höchstbetrag	42 274 €
tatsächlich abziehbare Vorsorgeaufwendungen	
(vom niedrigeren Betrag 92 %)	25 760 €

Beispiel 2:

Ein lediger Arbeitnehmer zahlt 2021 einen Arbeitnehmeranteil zur gesetzlichen RV von 3 500 € und erhält einen steuerfreien Arbeitgeberanteil in gleicher Höhe. Er hat außerdem eine private Lebensversicherung i.S.d. § 10 Abs. 1 Nr. 2b EStG abgeschlossen und zahlt Beiträge in Höhe von 2 000 €.

Sonderausgabenabzug von Vorsorgeaufwendungen in 2021:

Arbeitnehmerbeitrag	3 500 €
Arbeitgeberbeitrag	3 500 €
Leibrentenversicherung	2 000 €
Summe	9 000 €
< Höchstbetrag	25 787 €
vom niedrigeren Betrag 92 %	8 280 €
abzgl. steuerfreier Arbeitgeberanteil	3 500 €
tatsächlich abziehbare Vorsorgeaufwendungen	4 780 €

B. Günstigerprüfung für Vorsorgeaufwendungen

Grundsatz	Berücksichtigung von Vorsorgeaufwendungen mindestens in der Höhe, die nach dem bis zum 31.12.2004 geltenden Recht abzugsfähig gewesen wären (Günstigerprüfung von Amts wegen).
Zeitraum	2005 bis 2019
Besonderheiten	– einzubeziehende Vorsorgeaufwendungen richten sich nach neuem Recht – Berücksichtigung der abschmelzenden Höchstbeträge des Vorwegabzuges (§ 10 Abs. 4a EStG)

C. Höchstbeträge des Versorgungsabzugs

Kalenderjahr	Vorwegabzug für den Steuerpflichtigen in €	Vorwegabzug im Falle der Zusammenveranlagung von Ehegatten in €
2014	1 800	3 600
2015	1 500	3 000
2016	1 200	2 400
2017	900	1 800
2018	600	1 200
2019	300	600
ab 2020	0	0

5.1.11.2.2 Besteuerung in der Leistungsphase

A. Basisversorgung im engeren Sinne[1]

1. Übergangsregelung von 2005 bis 2039

- Rente nur in Höhe des Besteuerungsanteils steuerpflichtig
- Grundsätzlicher Besteuerungsanteil wird im Jahr des Rentenbeginns für die gesamte Laufzeit der Rente festgeschrieben.

Tabelle gem. § 22 Nr. 1 Satz 3 Buchst. a, aa EStG Besteuerungsanteil)

Jahr des Rentenbeginns	Besteuerungs- anteil in v.H.	Jahr des Rentenbeginns	Besteuerungs- anteil in v.H.
bis 2005	50	2023	83
ab 2006	52	2024	84
2007	54	2025	85
2008	56	2026	86
2009	58	2027	87
2010	60	2028	88
2011	62	2029	89
2012	64	2030	90
2013	66	2031	91
2014	68	2032	92
2015	70	2033	93
2016	72	2034	94
2017	74	2035	95
2018	76	2036	96
2019	78	2037	97
2020	80	2038	98
2021	81	2039	99
2022	82	2040	100

Hinweise:
- Festschreibung des steuerfreien Anteils der Rente in einen lebenslang geltenden Freibetrag ab dem Jahr, das dem des Rentenbeginns folgt (bei Bestandsrenten gilt 2005 als das Jahr des Rentenbeginns)
- Konsequenz: Reguläre Rentenerhöhungen gehen vollständig in die Besteuerung ein
- Abzug eines Werbungskosten-Pauschbetrages von 102 € (§ 9a Satz 1 Nr. 3 EStG)
- Im Falle aufeinander folgender Renten aus der gleichen Versicherung gilt: Vomhundertsatz zur Ermittlung des Besteuerungsanteils richtet sich nach dem Jahr, das sich ergibt, wenn die Laufzeit der vorhergehenden Renten von dem Jahr des Beginns der späteren Rente abgezogen wird, mindestens 50 %

---

[1] Siehe zu den Bestandteilen der Basisversorgung Kap. 5.1.11.1.

- Neuermittlung des Rentenfreibetrags bei Änderung der Rentenhöhe aus tatsächlichen oder rechtlichen Gründen, z.B. Wechsel von Teil- zur Vollrente (§ 22 Nr. 1 Satz 3 Buchst. a, aa Satz 6 EStG)
- Klausel für Selbständige in § 22 Nr. 1 Satz 3 Buchst. a, bb EStG

2. Endstufe ab 2040

- Besteuerung als sonstige Einkünfte gemäß § 22 Nr. 1 Satz 3 Buchst. a, aa EStG zu 100% des Jahresbetrags der Rente (unabhängig vom Sonderausgabenabzug, also keine Korrespondenz zwischen § 10 EStG und § 22 Nr. 1 Satz 3 Buchst. a, aa EStG)
- Abzug eines Werbungskosten-Pauschbetrags von 102 € (§ 9a Satz 1 Nr. 3 EStG)

3. Altverträge

Erträge aus vor dem 1.1.2005 abgeschlossenen Verträgen i.S.d. § 20 Abs. 1 Nr. 6 EStG in der bis zum 31.12.2004 geltenden Fassung bleiben steuerfrei.

B. Beamtenversorgung

1. Übergangsregelung von 2005 bis 2039

- Von Versorgungsbezügen bleiben ein nach einem Vomhundertsatz ermittelter, auf einen Höchstbetrag begrenzter Betrag (Versorgungsfreibetrag) und ein Zuschlag zum Versorgungsfreibetrag steuerfrei. Diese beiden Beträge werden bis 2040 abgeschmolzen
- Versorgungsfreibetrag und Zuschlag werden im Jahr des Versorgungsbeginns für die gesamte Laufzeit festgeschrieben

Tabelle gem. § 19 Abs. 2 EStG
(Versorgungsfreibetrag und Zuschlag zum Versorgungsfreibetrag)

Jahr des Versorgungs-beginns	Versorgungsfreibetrag		Zuschlag zum Versorgungsfreibetrag in €
	in v.H. der Versorgungsbezüge	Höchstbetrag in €	
bis 2005	40,0	3 000	900
ab 2006	38,4	2 880	864
2007	36,8	2 760	828
2008	35,2	2 640	792
2009	33,6	2 520	756
2010	32,0	2 400	720
2011	30,4	2 280	684
2012	28,8	2 160	648
2013	27,2	2 040	612
2014	25,6	1 920	576
2015	24,0	1 800	540
2016	22,4	1 680	504

Jahr des Versorgungsbeginns	Versorgungsfreibetrag		Zuschlag zum Versorgungsfreibetrag in €
	in v.H. der Versorgungsbezüge	Höchstbetrag in €	
2017	20,8	1 560	468
2018	19,2	1 440	432
2019	17,6	1 320	396
2020	16,0	1 200	360
2021	15,2	1 140	342
2022	14,4	1 080	324
2023	13,6	1 020	306
2024	12,8	960	288
2025	12,0	900	270
2026	11,2	840	252
2027	10,4	780	234
2028	9,6	720	216
2029	8,8	660	198
2030	8,0	600	180
2031	7,2	540	162
2032	6,4	480	144
2033	5,6	420	126
2034	4,8	360	108
2035	4,0	300	90
2036	3,2	240	72
2037	2,4	180	54
2038	1,6	120	36
2039	0,8	60	18
2040	0,0	0	0

Hinweise:
- Bemessungsgrundlage für den Versorgungsfreibetrag ab 2005 (§ 19 Abs. 2 EStG):
  Versorgungsbeginn ab 2005: Zwölffaches des Versorgungsbezugs für den ersten vollen Monat
- jeweils zzgl. voraussichtlicher Sonderzahlungen im Kalenderjahr, auf die zu dem maßgebenden Zeitpunkt ein Rechtsanspruch besteht
- Abzug eines Werbungskosten-Pauschbetrages von 102 € (§ 9a Satz 1 Nr. 1b EStG)
- Zuschlag zum Versorgungsfreibetrag nur bis zur Höhe der um den Versorgungsfreibetrag geminderten Bemessungsgrundlage (Verhinderung negativer *Einkünfte*)
- Ermäßigung des Versorgungsfreibetrags und des Zuschlags um je ein Zwölftel für jeden vollen Kalendermonat, für den keine Versorgungsbezüge gezahlt werden

- mehrere Versorgungsbezüge mit unterschiedlichem Bezugsbeginn: Beginn des ersten Versorgungsbezugs maßgebend
- Aufeinanderfolgen von Hinterbliebenenbezügen auf Versorgungsbezüge: Vomhundertsatz, Höchstbetrag des Versorgungsfreibetrags und Zuschlag gelten weiter
- Neuerrmittlung des Versorgungs-Pauschbetrags und des Zuschlags bei Änderung des Versorgungsbezugs aus tatsächlichen oder rechtlichen Gründen

2. Endstufe ab 2040

- Besteuerung der Beamtenpensionen in voller Höhe als Einkünfte aus nichtselbständiger Arbeit gemäß § 19 Abs. 1 Nr. 2, Abs. 2 EStG
- Abzug eines Werbungskostenpauschbetrags von 102 € (§ 9 a Satz 1 Nr. 1 b EStG)

5.1.11.3   Zusatzversorgung[1]

5.1.11.3.1   Überblick

Der Staat fördert seit dem Jahr 2002[2] unter bestimmten Voraussetzungen den Aufbau einer zusätzlichen privaten Altervorsorge durch
- die Steuerbefreiung nach § 3 Nr. 63 EStG für Arbeitgeberbeiträge im Rahmen des ersten Dienstverhältnisses an einen Pensionsfonds, eine Pensionskasse oder für eine Direktversicherung (siehe Kap. 6.6.3.1);
- für Leistungen des Arbeitnehmers selbst durch eine Altersvorsorgezulage, bestehend aus Grund- und Kinderzulage oder eines Sonderausgabenabzuges nach § 10a EStG, wenn dieser günstiger ist als die Altersvorsorgezulage **("Riester-Rente");**
- die Integration des selbstgenutzten Wohneigentums und des genossenschaftlichen Wohnens in die steuerlich geförderte Altersvorsorge seit dem 1.1.2008 **("Wohn-Riester").**
- das durch das Betriebsrentenstärkungsgesetz eingeführte Sozialpartnermodell **("Nahles-Rente"),** siehe Kap. 6.6.1.

---

[1]   Siehe zu den Bestandteilen der Zusatzversorgung Kap. 5.1.11.1.
[2]   Altersvermögensgesetz vom 26.6.2002 (BGBl I 2001 S. 1310).

5.1.11.3.2 Fördervoraussetzungen[1]

Personen- kreis	Begünstigt, sofern Pflichtmitgliedschaft in einem inländischen be- günstigten Altersvorsorge-/Besoldungssystem, u.a. – Arbeitnehmer, auch Scheinselbständige und berufstätige Stu- denten – bestimmte Selbständige, wie in der Handwerksrolle eingetragene Handwerker, soweit sie sich nicht von der Versicherungspflicht haben befreien lassen, Hausgewerbetreibende, selbständige Lehrer und Erzieher, selbständige Künstler und Publizisten, die pflichtversichert sind, usw. – Bundesbeamte, Beamte der Länder, Gemeinden, Gemeinde- verbände sowie der sonstigen Körperschaften, Anstalten und Stif- tungen des öffentlichen Rechts – Richter des Bundes und der Länder – Berufssoldaten und Soldaten auf Zeit – Mitglieder der Regierung des Bundes und der Länder sowie die Parlamentarischen Staatssekretäre auf Bundes- und Landes- ebene – Wehr- und Zivildienstleistende – Bezieher von Lohnersatzleistungen, von Vorruhestandsgeld – beurlaubte Personen i.S. des §10a Abs.1 Nr. 1–4 EStG – pflichtversicherte Landwirte – geringfügig Beschäftigte, falls der Arbeitnehmer den pauschalen Arbeitgeberbeitrag zur Rentenversicherung freiwillig aufstockt Nicht begünstigt, u.a. – Selbständige mit einer freiwilligen gesetzlichen oder berufsständi- schen Altersversorgung – geringfügig Beschäftigte, soweit nur ein pauschaler Renten- versicherungsbeitrag durch den Arbeitgeber gezahlt wird

---

[1] Ausführlich BMF vom 21.12.2017 (BStBl I 2018 S.93).

Begünstigte Anlagen/ Anforderungen an Verträge	– laufende freiwillige Beitragzahlungen – bis zur Vollendung des 62. Lebensjahrs oder bis zum Beginn einer Altersrente des Anlegers aus der gesetzlichen Rentenversicherung gebunden; keine Beleihung oder anderweitige Verwendung möglich – ergänzende Absicherung der verminderten Erwerbsfähigkeit oder Dienstunfähigkeit sowie eine zusätzliche Absicherung der Hinterbliebenen möglich – ab Auszahlungsbeginn lebenslange steigende oder gleich bleibende monatliche Leibrente – zulässig: Ratenzahlung im Rahmen eines Auszahlungsplans mit einer anschließenden Teilkapitalverrentung ab dem 85. Lebensjahr – zulässig: Vereinbarung über Zusammenfassung von bis zu 12 Monatsleistungen in einer Auszahlung oder Abfindung einer Kleinbetragsrente – zu Beginn der Auszahlungsphase Zusage von mindestens der eingezahlten Beiträge (unberücksichtigt: Beitragsanteile zur Absicherung der verminderten Erwerbsunfähigkeit oder zur Hinterbliebenenabsicherung bis zur Höhe von 15 % der Gesamtbeiträge) – zulässig: Vereinbarung über Teilkapitalauszahlung von bis zu 30 % zu Beginn der Auszahlungsphase zur Verfügung stehenden Kapitals – geschlechtsunabhängig berechnete Tarife (sog. Unisex-Tarife; Bestandsschutz für Altverträge) – Rechtsanspruch auf Ruhenlassen des Vertrags – Kündigungsmöglichkeit zwecks Anbieterwechsel – Rechtsanspruch auf teilweise oder vollständige Auszahlung des geförderten Kapitals – Zertifizierung durch Bundesanstalt für Finanzdienstleistungsaufsicht
Begünstigte Altersvorsorgebeiträge	– Beiträge zu Gunsten eines zertifizierten Altersvorsorgevertrages – Beiträge in Direktversicherungen, Pensionskassen und Pensionsfonds, wenn eine lebenslange Altersversorgung i.S. des AltZertG gewährleistet ist und die Beiträge aus individuell versteuerten und verbeitragten Arbeitsentgelten erbracht werden
Informationspflichten des Anbieters	Bei Vertragsabschluss – Höhe und zeitliche Verteilung der vom Vertragspartner zu tragenden Abschluss- und Vertriebskosten – Kosten für die Verwaltung des gebildeten Kapitals – Kosten im Falle eines Anbieter- oder Produktwechsels – Simulation denkbarer Marktentwicklungen (bei Zinssätzen von 2 %, 4 % oder 6 %) – Anlagemöglichkeiten und Struktur des Anlageportfolios, Risikopotential, Berücksichtigung ethischer, sozialer und ökologischer Belange bei der Verwendung der Beiträge – Einwilligung zur Datenübermittlung nach § 10a Abs. 1 Satz 1 2. Halbsatz EStG

	jährlich
	– Verwendung der Beiträge, bisher gebildetes Kapital, einbehaltene, anteilige Abschluss- und Vertriebskosten, Verwaltungskosten, erwirtschaftete Erträge
	– Berücksichtigung ethischer, sozialer und ökologischer Belange bei der Ver wendung der Beiträge
	– bei Umwandlung eines bestehenden Vertrags in einen Altersvorsorgevertrag: bis zur Umwandlung angesammelten Beiträge und Erträge

5.1.11.3.3 Steuerfolgen in der Ansparphase

A. Sonderausgabenabzug (§ 10a EStG), Zulage (§§ 79 ff. EStG) und Förderbetrag zur betrieblichen Altersversorgung (§ 100 EStG)

Jahr	Grundzulage (§ 84 EStG) in € p.a.	Grundzulage Ehegatte zusätzlich in € p.a.	Einmalige Erhöhung Grundzulage, falls 25. Lebensjahr nicht vollendet	Sonderausgabenhöchstbetrag[1] (§ 10a EStG) in € p.a.
2008–2017	154	154	200	2 100
ab 2018	175	175	200	2 100

Jahr		Kinderzulage gem. § 85 EStG			
		ein Kind in € p.a.	zwei Kinder in € p.a.	drei Kinder in € p.a.	vier Kinder in € p.a.
ab 2008	Geburt vor 1.1.2008	185	370	555	740
	Geburt nach 31.12.2007	300	600	900	1 200

Zulageanspruch bei Ehegatten/Lebenspartner
– Ehegatten/Lebenspartner zunächst getrennt zulageberechtigt, Voraussetzung: Beide erfüllen die persönlichen und sachlichen Anspruchsvoraussetzungen (begünstigter Personenkreis und begünstigte Altersvorsorgebeiträge, § 79 Satz 1 EStG)
– besondere Zulageberechtigung nach § 79 Satz 2 EStG: Ehepartner/Lebenspartner, der nicht die persönlichen Anspruchsvoraussetzungen erfüllt, ist ebenfalls zulageberechtigt unter den Voraussetzungen:

---

[1] Abzugsfähig: Altersvorsorgebeiträge zzgl. Altersvorsorgezulage (Grund- und Kinderzulage).

Zusammenveranlagung und auf seinen Namen lautender Altersvorsorgevertrag (Mindesteigenbeitrag des Pflichtversicherten relevant)

Einzelheiten zur Kinderzulage

- Kinderzulage für jedes Kind, für das der Steuerpflichtige tatsächlich für mind.
  1 Monat im Kalenderjahr Kindergeld ausgezahlt bekommen hat
- Bei Eltern, die die Voraussetzung der Zusammenveranlagung erfüllen (§ 26
  Abs. 1 EStG), erhält die Mutter die Kinderzulage für sämtliche Kinder, Kinderzulage für den Vater nur bei gemeinsamem Antrag beider Elternteile, jeweils
  für ein Kalenderjahr unwiderruflich und für jedes Kind einzeln
- Bei Eltern, die nicht die Voraussetzung der Zusammenveranlagung erfüllen,
  kann derjenige die Kinderzulage beanspruchen, dem das Kindergeld tatsächlich ausgezahlt wird

B. Mindesteigenbeitrag und Sockelbetrag

Es sind die unten aufgeführten Mindesteigenbeiträge (eigene Sparleistung zzgl.
Altersvorsorgezulage) zu leisten, um die vollen Zulagen zu erhalten.[1] Ist der Sockelbetrag höher als der Mindesteigenbeitrag, so ist der Sockelbetrag als Mindesteigenbeitrag zu zahlen, um die vollen Zulagen zu erhalten. Wenn der Zulageberechtigte nicht den Mindesteigenbeitrag leistet, wird die Zulage gekürzt, und
zwar nach dem Verhältnis der tatsächlich geleisteten Altersvorsorgebeiträge zum
Mindesteigenbeitrag:

Mindesteigenbeitrag (§ 86 EStG)	Obergrenze[2] in € p.a.	zu zahlender Sockelbetrag in € p.a.		
		ohne Kinder-zulage	eine Kinder-zulage	zwei und mehr Kinder-zulagen
4 % der maßgebenden Vorjahreseinnahmen[2, 3]	2 100	60	60	60

---

[1] Zur Korrektur, falls keine/zu geringe Beiträge geleistet wurden, s. Kap. 9.2.1.
[2] Abzüglich Altersvorsorgezulage.
[3] Vorjahreseinnahmen sind alle rentenversicherungspflichtigen Einnahmen i.S.des
   SGB VI, bezogene Besoldungen und Amtsbezüge und für § 10a Abs. 1 Satz 1 Nr. 3
   und 4 EStG die Einnahmen, die beitragspflichtig wären, wenn keine Versicherungsfreiheit bestünde.

C. Beispiele:

Beispiel 1[1]	ab 2018 in €
Prozentsatz vom maßgebenden Vorjahreseinkommen[2]	**8%**
Arbeitnehmer, ledig, 0 Kinder, Vorjahreseinkommen	36 000
tatsächlich geleistete Einzahlungen	1 400
Zwischenergebnis Mindesteigenbeitrag	2 880
höchstens jedoch	2 100
abzüglich Zulage	− 175
Mindesteigenbeitrag (= optimaler Einzahlungsbetrag)	1 925
mindestens Sockelbetrag	60
tatsächlich geleistete Einzahlungen in % des Mindesteigenbeitrags	72,7%
falls Prozentsatz < 100 %: anteilige Kürzung der Vorsorgezulage (für Bsp. gerundet)	− 48
(gekürzte) Altersvorsorgezulage	**127**
Zulage in % der tatsächlich geleisteten Einzahlungen	9,1%
Zulage in % bei optimalem Einzahlungsbetrag	9,1%

---

[1] Vgl. auch den Zulagerechner unter http://www.deutsche-rentenversicherung.de (dort unter Riester-Rente).
[2] Maximal in Höhe der Beitragsbemessungsgrenze zur gesetzlichen Rentenversicherung.

Beispiel 2[1]	ab 2018 in €
Prozentsatz vom maßgebenden Vorjahreseinkommen[2]	8%
Arbeitnehmer, verheiratet, 3 Kinder[3], Ehefrau ohne Einkommen und ohne eigenen Altersvorsorgevertrag, Vorjahreseinkommen	36 000
tatsächlich geleistete Einzahlungen	1 400
Zwischenergebnis Mindesteigenbeitrag	2 880
höchstens jedoch	2 100
abzüglich Zulage (Grund- und Kinderzulage)	− 730
Mindesteigenbeitrag (= optimaler Einzahlungsbetrag)	1 370
mindestens Sockelbetrag	60
tatsächlich geleistete Einzahlungen in % des Mindesteigenbeitrags	102,2%
falls Prozentsatz < 100%: anteilige Kürzung der Vorsorgezulage (für Bsp. gerundet)	–
(gekürzte) Altersvorsorgezulage	**730**
Zulage in % der tatsächlich geleisteten Einzahlungen	52,1%
Zulage in % bei optimalem Einzahlungsbetrag	53,3%

---

[1] Vgl. auch den Zulagerechner unter http://www.deutsche-rentenversicherung.de (dort unter Riester-Rente).
[2] Maximal in Höhe der Beitragsbemessungsgrenze zur gesetzlichen Rentenversicherung.
[3] Kinder vor 1.1.2008 geboren. Für nach dem 31.12.2007 geborene kindergeldberechtigte Kinder erhöht sich die Kinderzulage von 185 € auf 300 €.

Beispiel 3[1]	ab 2018 in €
Prozentsatz vom maßgebenden Vorjahres-Einkommen[2] Arbeitnehmer, verheiratet, 3 Kinder (vor 1.1.2008 geboren), Ehefrau pflichtversichert und eigener Altersvorsorgevertrag	8%
Ehemann	
Vorjahreseinkommen	36 000
tatsächlich geleistete Einzahlungen	1 400
Zwischenergebnis Mindesteigenbeitrag	2 880
höchstens jedoch	2 100
abzüglich Zulage (Grundzulage)	− 175
Mindesteigenbeitrag (= optimaler Einzahlungsbetrag)	1 925
mindestens Sockelbetrag	60
tatsächlich geleistete Einzahlungen in % des Mindesteigenbeitrags	72,7%
falls Prozentsatz < 100 %: anteilige Kürzung der Vorsorgezulage (für Bsp. gerundet)	−
(gekürzte) Altersvorsorgezulage	**175**
Ehefrau	
Vorjahreseinkommen	27 000
tatsächlich geleistete Einzahlungen	200
Zwischenergebnis Mindesteigenbeitrag	2 160
höchstens jedoch	2 100
abzüglich Zulage (Grund- und Kinderzulagen)	− 730
Mindesteigenbeitrag (= optimaler Einzahlungsbetrag)	1 370
mindestens Sockelbetrag	60
tatsächlich geleistete Einzahlungen in % des Mindesteigenbeitrags bzw. Sockelbetrags	14,6%
falls Prozentsatz < 100 %: anteilige Kürzung der Vorsorgezulage (für Bsp. gerundet)	− 624
(gekürzte) Altersvorsorgezulage	**106**
Eheleute	
tatsächlich geleistete Einzahlungen	1 600
(gekürzte) Altersvorsorgezulage	281
Zulage in % der tatsächlich geleisteten Einzahlungen	17,6%
Zulage in % bei optimalem Einzahlungsbetrag	27,5%

---

[1] Vgl. auch den Zulagerechner unter http://www.deutsche-rentenversicherung.de (dort unter Riester-Rente).
[2] Maximal in Höhe der Beitragsbemessungsgrenze zur gesetzlichen Rentenversicherung.

D. Verfahren und beteiligte Behörden

– Die Bundesanstalt für Finanzdienstleistungsaufsicht prüft, ob die auf den Markt gebrachten Produkte den Anforderungen des Gesetzes genügen („Zertifizierungsbehörde").
– Die Altersvorsorgezulage wird von der Bundesversicherungsanstalt für Angestellte auf Antrag gewährt.
  – Einreichung des Zulagenantrags beim Anbieter bis zum Ablauf des zweiten Kalenderjahres, das auf das Beitragsjahr folgt (Ausschlussfrist; Dauerzulageantrag möglich)
  – Festsetzung der Zulage durch Bundesversicherungsanstalt für Angestellte
  – Auszahlung an den Anbieter, der die Zulage unverzüglich den Altersvorsorgeverträgen des Zulageberechtigten gutzuschreiben hat
– Die Prüfung, ob der Sonderausgabenabzug günstiger als die Altersvorsorgezulage ist, wird vom Finanzamt von Amts wegen im Rahmen der Einkommensteuerveranlagung vorgenommen; Nachweis der Altersvorsorgebeträge durch elektronische Übermittlung der Daten vom Anbieter „Zentrale Stelle für Altersvermögen – ZfA –".

E. „Wohn-Riester"

– Möglichkeit, angespartes Kapital in Höhe von mindestens 3 000 € (Mindestentnahmebetrag) für den Erwerb von selbstgenutztem Wohneigentum, zur Entschuldung einer Wohnung, für barrierereduzierende Umbaumaßnahmen oder von Genossenschaftsanteilen zu verwenden (im Inland sowie EU-/EWR-Ausland)
– bei teilweiser Entnahme muss Mindestrestbetrag von 3 000 € verbleiben
– Entnahme während Ansparphase oder während Auszahlungsphase zulässig
– keine Rückzahlung des entnommenen Betrags
– Förderung der Tilgungsleistungen bei Darlehensverträgen und (Kombi-) Bausparverträgen für den Erwerb von Wohneigentum; Einsatz der Zulagen für Darlehenstilgung zulässig
– Nachgelagerte Besteuerung: Ermittlung durch „Wohnförderkonto" (Erfassung des entnommenen Kapitalbetrags, der Tilgungsleistungen sowie der Zulagen; Verzinsung mit 2 %)
– Wahlrecht: kontinuierliche Besteuerung über bis zu 25 Jahre oder Einmalbesteuerung (dann nur 70 % des Wohnförderkontos)

5.1.11.3.4 Steuerfolgen in der Leistungsphase[1]

A. Regelfall (§ 22 Nr. 5 Satz 1 bis 3 EStG)

Grundsatz	Nachgelagerte Besteuerung als sonstige Einkünfte (§ 22 Nr. 5 EStG)
Umfang der Steuerpflicht	Leistungen aus Altersvorsorgeverträgen in voller Höhe
Abgrenzung	Soweit Leistungen auf nicht geförderten Beträgen beruhen: – Leistungen in Form lebenslanger Rente oder Berufsunfähigkeits-, Erwerbsminderungs- und Hinterbliebenenrente: Kohortenbesteuerung nach § 22 Nr. 1 Satz 3 Buchst. a, aa EStG bzw. Ertragsanteilsbesteuerung nach § 22 Nr. 1 Satz 3 Buchst. a, bb EStG – andere Leistungen aus Versicherungsverträgen: Besteuerung nach § 20 Abs. 1 Nr. 6 EStG in der jeweils bei Vertragsabschluss geltenden Fassung – alle anderen Fälle (z. B. Zeitrente): Besteuerung des Unterschiedsbetrags zwischen Leistungen und Summe der Beiträge (ggf. hälftige Besteuerung nach § 20 Abs. 1 Nr. 6 Satz 2 EStG)
Aufteilung	Beruht Rentenleistung nur teilweise auf obigen Voraussetzungen, Bescheinigung des Anbieters über Aufteilung erforderlich

---

[1] Vgl. BMF vom 21.12.2017 (BStBl I 2018 S. 93).

B. Besteuerung bei schädlicher Verwendung (§ 22 Nr. 5 Sätze 4 bis 6 EStG)

1. Voraussetzungen

Grundsatz	Schädliche Fälle	Unschädliche Fälle
Auszahlung gegen die Regeln des Alterszertifizierungsgesetzes (§ 93 EStG)	– (Teil-)Kapitalauszahlungen an den Zulagenberechtigten während der Ansparphase – Auszahlung vor Vollendung des 62. Lebensjahres – Weiterzahlung der Rente an die Erben, sofern es sich nicht um eine Hinterbliebenenversorgung handelt – Auszahlung des Kapitals an die Erben bei Tod des Anlegers	– Auszahlung in Form einer Hinterbliebenenrente – zusätzliche Absicherung der verminderten Erwerbsfähigkeit und zusätzliche Hinterbliebenenabsicherung ohne Kapitalbildung – Übertragung des geförderten Altersvorsorgevermögens auf einen auf den Namen des Ehegatten lautenden Altersvorsorgevertrag im Fall des Todes des Zulagenberechtigten, wenn beide Ehegatten im Zeitpunkt des Todes des einen Ehegatten unbeschränkt steuerpflichtig waren und nicht dauernd getrennt lebten – verschiedene Möglichkeiten im Rahmen der Regelung der Scheidungsfolgen – Übertragung des geförderten Altersvorsorgevermögens auf einen anderen auf den Namen des Zulageberechtigten lautenden Vertrag – Übertragung des geförderten Altersvorsorgevermögens auf einen Pensionsfonds, eine Pensionskasse oder eine Direktversicherung zum Aufbau einer kapitalgedeckten betrieblichen Altersversorgung in den Fällen des § 4 Abs. 2 und 3 BetrAVG, wenn eine lebenslange Altersversorgung gesichert ist – Auszahlung zur Abfindung einer Kleinbetragsrente zu Beginn der Auszahlungsphase
Schädliche Verwendung des Altersvorsorge-Eigenheimbetrags	– keine Nutzung zu eigenen Wohnzwecken vor Rückzahlung des Altersvorsorge-Eigenheimbetrags – Tod des Zulageberechtigten vor vollständiger Rückführung des Altersvorsorge-Eigenheimbetrags	– Verwendung des nicht zurückgezahlten Altersvorsorge-Eigenheimbetrags innerhalb eines Jahres vor und eines Jahres nach Ablauf des Veranlagungszeitraums, in dem ihm die Wohnung letztmals zu eigenen Wohnzwecken gedient hat, für eine weitere geförderte Wohnung – Rückzahlung des nicht zurückgezahlten Altersvorsorge-Eigenheimbetrags innerhalb eines Jahres nach Ablauf des VZ, in dem ihm die Wohnung letztmals zu eigenen Wohnzwecken gedient hat, auf einen auf seinen Namen lautenden zertifizierten Altersvorsorgevertrag – Nutzung des Wohnheims durch Ehegatten, sofern im Todeszeitpunkt die Voraussetzungen des § 26 Abs. 1 EStG erfüllt sind

Grundsatz	Schädliche Fälle	Unschädliche Fälle
Beendigung der unbeschränkten Steuerpflicht	– Aufgabe des Wohnsitzes und/oder gewöhnlichen Aufenthalts in Deutschland – kein Antrag nach § 1 Abs. 3 EStG	

2. Rechtsfolgen

Schädliche Verwendung gemäß § 93 Abs. 1 Satz 1 und 2 EStG, § 95 EStG	Nachversteuerung der im ausgezahlten Altersvorsorgekapital enthaltenen Erträge und Wertsteigerungen: Besteuerung eines Differenzbetrags (Auszahlungsbetrag abzgl. Eigenbeiträge und Beträge der steuerlichen Förderung) als sonstige Einkünfte gemäß § 22 Nr. 5 Satz 3 EStG
Schädliche Verwendung des Altersvorsorge-Eigenheimbetrags gemäß § 92a Abs. 3 und 4 EStG	– Nachversteuerung der im ausgezahlten Altersvorsorgekapital enthaltenen Erträge und Wertsteigerungen: Besteuerung eines Differenzbetrags (Auszahlungsbetrag abzgl. Eigenbeiträge und Beträge der steuerlichen Förderung) als sonstige Einkünfte gemäß § 22 Nr. 5 Satz 3 EStG – zusätzliche Verzinsung des nicht zurückgezahlten entnommenen Kapitals mit 5 % für jedes volle Kalenderjahr, das zwischen dem Zeitpunkt der Verwendung des Altersvorsorge-Eigenheimbetrags und dem Eintritt des Zahlungsrückstandes bzw. der Umwidmung des Objekts zu anderen Wohnzwecken liegt; Zinsen als Bestandteil der zu besteuernden Leistung
Schädliche Verwendung bei Altersvorsorgeverträgen, die nach dem 31.12.2004 abgeschlossen wurden	Lebensversicherungsprivileg kommt nicht zur Anwendung
Umwandlung eines Versicherungsvertrags in einen Altersvorsorgevertrag vor dem 1.1.2005, schädliche Verwendung eines Versicherungsvertrags	In den Fällen, in denen die Laufzeit eines Lebensversicherungsvertrags vor dem Zeitpunkt der schädlichen Verwendung weniger als 12 Jahre betragen hat: nachgelagerte Besteuerung der Erträge als sonstige Einkünfte, auch soweit sie vor der Umwandlung des Versicherungsvertrags in einen Altersvorsorgevertrag entstanden sind (§ 22 Nr. 5 Satz 3 und 4 EStG)

5.1.11.4 Kapitalanlageprodukte

5.1.11.4.1 Steuerfolgen in der Ansparphase

Die Aufwendungen für nicht unter die
- Basisversorgung oder die
- Zusatzversorgung

fallenden Kapitalanlageprodukte sind grundsätzlich nicht mehr steuerlich abzugsfähig. Siehe zu Ausnahmen für
- vor dem 1.1.2005 abgeschlossene Lebensversicherungsverträge Kap. 5.1.1.7
- das selbstgenutzte Wohneigentum Kap. 5.7 sowie
- die Förderung der Vermögensbildung für Arbeitnehmer Kap. 5.1.6.1.4

5.1.11.4.2 Steuerfolgen in der Leistungsphase

A. Übersicht

Grundsatz	Die Leistungen unterliegen der Besteuerung als Einkünfte aus Kapitalvermögen (§ 20 EStG)
Besonderheiten	– Erträge aus vor dem 1.1.2005 abgeschlossenen Lebensversicherungsverträgen i.S. des § 20 Abs. 1 Nr. 6 EStG: grundsätzlich steuerfrei (siehe Kap. 5.1.11.2.2, Punkt A.3.) – Erträge aus nach dem 31.12.2004 abgeschlossenen Lebensversicherungsverträgen i.S.d. § 20 Abs. 1 Nr. 6 EStG: grundsätzlich steuerpflichtig (sofern Versicherungsleistung nach Vollendung des 60. Lebensjahres und nach Ablauf von zwölf Jahren nach Vertragsabschluss ausbezahlt: hälftige Besteuerung; § 20 Abs. 1 Nr. 6 Satz 2 EStG) – Rentenzahlungen (keine Basisversorgung): Ertragsanteil nach § 22 Nr. 1 Satz 3 Buchst. a, bb EStG – Leibrenten und andere Leistungen, soweit diese auf bis zum 31.12.2004 geleisteten Beiträgen beruhen, welche mindestens zehn Jahre oberhalb des Höchstbetrags zur gesetzlichen Rentenversicherung gezahlt wurden (nur auf Antrag; Nachweispflicht des Steuerpflichtigen; Klausel für Selbständige): Ertragsanteil nach § 22 Nr. 1 Satz 3 Buchst. a, bb Satz 2 EStG

B. Tabelle der Ertragsanteile für Leibrenten (§ 22 Nr. 1 Satz 3 Buchst. a, bb EStG)

Bei Beginn der Rente vollendetes Lebensjahr des Rentenberechtigten	Ertragsanteil in v.H.	Bei Beginn der Rente vollendetes Lebensjahr des Rentenberechtigten	Ertragsanteil in v.H.
0 bis 1	59	51 bis 52	29
2 bis 3	58	53	28
4 bis 5	57	54	27
6 bis 8	56	55 bis 56	26
9 bis 10	55	57	25
11 bis 12	54	58	24
13 bis 14	53	59	23
15 bis 16	52	60 bis 61	22
17 bis 18	51	62	21
19 bis 20	50	63	20
21 bis 22	49	64	19
23 bis 24	48	65 bis 66	18
25 bis 26	47	67	17
27	46	68	16
28 bis 29	45	69 bis 70	15
30 bis 31	44	71	14
32	43	72 bis 73	13
33 bis 34	42	74	12
35	41	75	11
36 bis 37	40	76 bis 77	10
38	39	78 bis 79	9
39 bis 40	38	80	8
41	37	81 bis 82	7
42	36	83 bis 84	6
43 bis 44	35	85 bis 87	5
45	34	88 bis 91	4
46 bis 47	33	92 bis 93	3
48	32	94 bis 96	2
49	31	ab 97	1
50	30		

C. Tabelle der Ertragsanteile für abgekürzte Leibrenten (§ 55 Abs. 2 EStDV)

Spalte 1	Spalte 2	Spalte 3	Spalte 1	Spalte 2	Spalte 3
1	0	entfällt	33	33	48
2	1	entfällt	34	34	46
3	2	97	35-36	35	45
4	4	92	37	36	43
5	5	88	38	37	42
6	7	83	39	38	41
7	8	81	40-41	39	39
8	9	80	42	40	38
9	10	78	43-44	41	36
10	12	75	45	42	35
11	13	74	46-47	43	33
12	14	72	48	44	32
13	15	71	49-50	45	30
14-15	16	69	51-52	46	28
16-17	18	67	53	47	27
18	19	65	54-55	48	25
19	20	64	56-57	49	23
20	21	63	58-59	50	21
21	22	62	60-61	51	19
22	23	60	62-63	52	17
23	24	59	64-65	53	15
24	25	58	66-67	54	13
25	26	57	68-69	55	11
26	27	55	70-71	56	9
27	28	54	72-74	57	6
28	29	53	75-76	58	4
29-30	30	51	77-79	59	2
31	31	50	ab 80	Der Ertragsanteil ist im-	
32	32	49		mer der Tabelle für Leib-	
				renten zu entnehmen	

Erläuterungen:

Spalte 1: Beschränkung der Laufzeit der Rente auf … Jahre ab Beginn des Rentenbezugs (ab 1. Januar 1955, falls die Rente vor diesem Zeitpunkt zu laufen begonnen hat)

Spalte 2: Der Ertragsanteil beträgt vorbehaltlich der Spalte 3 … v.H.

Spalte 3: Der Ertragsanteil ist der Tabelle in § 22 Nr. 1 Satz 3 Buchst. a, bb EStG zu entnehmen, wenn der Rentenberechtigte zu Beginn des Rentenbezugs (vor dem 1. Januar 1955, falls die Rente vor diesem Zeitpunkt zu laufen begon-nen hat) das …te Lebensjahr vollendet hat.

5.2 Kirchensteuer

5.2.1 Bemessungsgrundlage der Kirchensteuer

Grundsatz[1]	Einkommen- bzw. Lohnsteuer[2] (§51a Abs.1 und 2a EStG)
Berücksichtigung von Kindern	Ermittlung der Einkommensteuer als Maßstab der Kirchensteuer stets unter Berücksichtigung der Kinderfreibeträge nach §32 Abs.6 EStG, auch dann, wenn Kindergeld gezahlt wird (§51a Abs.2 Satz 1 EStG)
Teileinkünfteverfahren (siehe dazu Kap.5.1.7.1.4)	Gilt nicht für Ermittlung der Kirchensteuer (§51a Abs.2 Satz 2 EStG i.V.m. jeweiligem Kirchensteuergesetz)
Gewerbesteuerermäßigung (siehe dazu Kap.5.1.2.2)	Bleibt bei der Ermittlung der Kirchensteuer außen vor (§51a Abs.2 Satz 3 EStG i.V.m. jeweiligem Kirchensteuergesetz)

---

[1] Zur Kirchensteuer im Rahmen der Abgeltungsteuer ab 1.1.2009 s. Kap. 5.1.7.5.
[2] Zur Erhebung der Kirchensteuer bei Lohnsteuerpauschalierung s. Kap. 5.1.6.4.4.

5.2.2 Kirchensteuersätze und Kirchensteuerkappung 2020/2021[1]

Land	KiSt-Hebesatz in % der ES/LSt (Maßstabsteuer)	Kappungssatz in % des zu verst. Einkommens	KiSt-Pauschsatz in % der pauschalierten LSt[2]	KiSt-Aufteilung bei pauschalierter LSt ev : rk (in v. H.)	Mindestbetrag an KiSt jährlich
Baden-Württemberg	8	3,5[5]/2,75[15]	6	47 : 53[4]	3,60 €
Bayern	8	–	7	30 : 70	–
Berlin	9	3[3]	5	70 : 30	–
Brandenburg	9	3[5]	5	70 : 30	–
Bremen	9	3,5	7	72 : 28	–
Bremerhaven	9	3,5	7	90 : 10	–
Hamburg	9	3[6]	4	70 : 29,5[14]	3,60 €
Hessen	9	3,5[3]/4[16]	5	45 : 55[4]	1,80 €
Mecklenburg-Vorpommern	9	3[7]	5	90 : 10	3,60 €
Niedersachsen	9[8]	3,5[9]	6	68 : 32	3,60 €
Nordrhein-Westfalen	9	3,5/4[3, 10]	7	41 : 59[4]	–
Rheinland-Pfalz	9	3,5[3, 11]/4[16]	7	40 : 60[4]	–
Saarland	9	3,5[3, 11]/4[16]	5	25 : 75[4]	3,60 €
Sachsen	9	3,5	5	85 : 15	3,60 €[12]
Sachsen-Anhalt	9	3,5	5	73 : 27	3,60 €[12]
Schleswig-Holstein	9[13]	3	6	85 : 15	3,60 €
Thüringen	9	3,5	5	72 : 28	3,60 €[12]

1 Quelle: Kirchensteuerbeschlüsse für 2020/2021.
2 Höhe siehe Kap. 5.1.6.4.4.
3 Auf Antrag.
4 Örtlich verschieden.
5 Ev.-Luth. Landeskirche Mecklenburg: keine Kappung.
6 Ev.-ref. Kirche in Hamburg: keine Kappung.
7 Nur kath. Kirche.
8 Ev.-ref. Kirchen Bückeburg und Stadthagen: 7 %.

9 Z. T. 3 %, z. T. auf Antrag. Teilweise keine Kappung.
10 Ev./kath.: Alt-katholische Kirche: keine Kappung.
11 Z. T. keine Kappung (z. B. Bistum Trier).
12 Nur evangelisch.
13 Ev.-ref. Kirche Lübeck verwaltet KiSt selbst.
14 Jüdische Gemeinde 0,5 %.
15 Evang. Kirche Württemberg.
16 Bei katholischen Diözesen.

5.2.3   Kirchgeld[1]

Allgemeines Kirchgeld	– sog. Ortskirchensteuer – Erhebung auf freiwilliger Basis – Zweck: Finanzierung von Aufgaben und Leistungen in den Gemeinden
Besonderes Kirchgeld[2]	Erhebung wenn – Ehegatte, der Kirchenmitglied ist, kein oder ein im Verhältnis zum gesamten Einkommen beider Ehegatten geringes Einkommen bezieht und – anderer Ehegatte keiner steuererhebenden Religionsgemeinschaft angehört

Die Höhe des besonderen Kirchgelds richtet sich nach dem gemeinsam zu versteuernden Einkommen i.S.d. §51a EStG.

Stufe	Zu versteuerndes Einkommen (€)	Kirchgeld pro Jahr (€)
1	30 000– 37 499	96
2	37 500– 49 999	156
3	50 000– 62 499	276
4	62 500– 74 999	396
5	75 000– 87 499	540
6	87 500– 99 999	696
7	100 000–124 999	840
8	125 000–149 999	1 200
9	150 000–174 999	1 560
10	175 000–199 999	1 860
11	200 000–249 999	2 220
12	250 000–299 999	2 940
13	300 000 und mehr	3 600

Auf das besondere Kirchgeld werden angerechnet,
– die Kirchensteuerbeträge, die von dem der Kirche angehörenden Partner entrichtet werden, und
– Beiträge, die ein Partner an eine Freikirche, die öffentlich-rechtliche Körperschaft ist, abführt.

---

[1] Verfassungskonform gemäß BVerfG vom 28.10.2010, 2 BvR 591/06, HFR 2011 S.98.
[2] Ab 2018 Verzicht in Bayern bei Evang.-Lutherisch und Evang.-Reformierter Kirche.

5.3 Körperschaftsteuer

5.3.1 Steuerpflicht

	Unbeschränkte Steuerpflicht (§ 1 KStG)	Beschränkte Steuerpflicht (§ 2 KStG)
Grundsatz	Körperschaften mit Sitz oder Geschäftsleitung im Inland	Körperschaften ohne Sitz und Geschäftsleitung im Inland
Anwendungsfälle	– Kapitalgesellschaften (insbesondere Europäische Gesellschaften, AG, KGaA, GmbH, vergleichbare Gesellschaften ausländischen Rechts) – Genossenschaften einschließlich der Europäischen Genossenschaften – VVaG – Sonstige juristische Personen des privaten Rechts – Nichtrechtsfähige Vereine, Anstalten, Stiftungen und andere Zweckvermögen des privaten Rechts – Betriebe gewerblicher Art von juristischen Personen des öffentlichen Rechts (§ 4 KStG)	– Ausländische Körperschaften, Personenvereinigungen und Vermögensmassen mit inländischen Einkünften (§ 2 Nr. 1 KStG) – Sonstige Körperschaften, Personenvereinigungen und Vermögensmassen mit inländischen Einkünften, die vollständig oder teilweise dem Steuerabzug unterliegen (§ 2 Nr. 2 KStG)
Befreiungen	– §§ 5, 6 KStG – REIT-AGs	Entfällt (§ 5 Abs. 2 KStG)

5.3.2 Option zur Körperschaftsbesteuerung (KöMoG)[1]

Option zur Körperschaftsbesteuerung (§ 1a KStG)	
Anwendungs-fälle	Personenhandels- und Partnerschaftsgesellschaften (OHG, KG, GmbH & Co. KG, PartG)
	nicht antragsberechtigt sind: – Investmentfonds i.S.d. InvStG – Gesellschaften, die nach Ausübung der Option in dem Staat, in dem sich ihre Geschäftsleitung befindet, keiner der deutschen unbeschränkten Körperschaftsteuerpflicht vergleichbaren Steuerpflicht unterliegen – Atypisch stille Beteiligungen und atypische Unterbeteiligungen – GbR
Zeitliche Anwendung	erstmals für Wirtschaftsjahre, die nach dem 31.12.2021 beginnen
Antrag § 1a KStG	– antragsbefugt ist die Personengesellschaft (Gesellschafterbeschluss analog § 217 UmwG erforderlich) – Form: nach amtlich vorgeschriebenem Datensatz durch Datenfernübertragung – Frist: spätestens einen Monat vor Beginn des Wirtschaftsjahres; zeitlich gilt die Option dann ab dem Beginn des nächsten Wirtschaftsjahres – Antrag ist unwiderruflich, d.h. die Option gilt mindestens für das nächste Wirtschaftsjahr
Rechtsfolgen Personengesellschaft	– Fiktion eines Formwechsels i.S.d. § 1 Abs. 3 Nr. 3 UmwStG, §§ 1 und 25 UmwStG sind entsprechend anzuwenden – Einbringung des gesamten Mitunternehmeranteils einschließlich des funktional wesentlichen Sonderbetriebsvermögens – Als Einbringungszeitpunkt gilt das Ende des WJ, das dem WJ, für das optiert wird, unmittelbar vorangeht – keine Rückwirkung möglich, § 9 S. 3 KStG ist nicht anwendbar – Untergang von gewerbesteuerlichen Verlustvorträgen (§ 23 Abs. 5 UmwStG), verrechenbaren Verlusten i.S.d. § 15a EStG, Vorträgen bei der Zinsschranke (§ 20 Abs. 9 UmwStG) – Aufdeckung von stillen Reserven, sofern keine Anträge nach § 20 Abs. 2 Satz 2 UmwStG für jeden einzelnen Mitunternehmer gestellt werden

---

[1] § 1a KStG eingeführt durch Gesetz zur Modernisierung des Körperschaftsteuerrechts vom 25.6.2021 (BGBl I 2021 S. 2050).

Option zur Körperschaftsbesteuerung (§ 1a KStG)

	– Aufdeckung von stillen Reserven, soweit das Kapitalkonto des Kommanditisten negativ ist – steuerbilanzielles Eigenkapital im Einbringungszeitpunkt wird im steuerlichen Einlagekonto der optierenden Gesellschaft erfasst – optierende Gesellschaft hat keine außerbetriebliche Sphäre mehr – Option zur Körperschaftsteuer gilt auch für gewerbesteuerliche Zwecke (§ 2 Abs. 8 GewStG), kein Freibetrag nach § 11 Abs. 1 S. 3 Nr. 1 GewStG i.H.v. 24 000 €
Rechtsfolgen Anteilseigner	– Kommanditanteil wird steuerlich zu Beteiligung eines nicht persönlich haftenden Gesellschafters an einer Kapitalgesellschaft i.S.d. § 17 oder § 20 EStG – Durch das Gesellschaftsverhältnis veranlasste Einnahmen gelten als Gewinnausschüttungen i.S.d. § 20 Abs. 1 Nr. 1 EStG. – Sondervergütungen (Tätigkeitsvergütungen, Vermietung, Zinsen) werden in Einkünfte aus § 19 (Arbeitslohn), § 21 (Einkünfte aus V+V) und § 20 EStG (Kapitaleinkünfte) umqualifiziert. – Durch die Überlassung von Wirtschaftsgütern könnten die Voraussetzungen einer Betriebsaufspaltung gegeben sein. – Durch den fingierten Formwechsel ist eine siebenjährige Sperrfrist nach § 22 Abs. 1 UmwStG zu beachten, ansonsten entsteht ein Einbringungsgewinn I
Rückoption	– Optierende Gesellschaft kann Rückoption nach § 1a Abs. 4 S. 1 KStG beantragen – Form: nach amtlich vorgeschriebenem Datensatz durch Datenfernübertragung – Frist: spätestens einen Monat vor Beginn des Wirtschaftsjahres, in dem die optierende Gesellschaft nicht mehr wie eine Kapitalgesellschaft behandelt werden soll – Rückoption gilt erneut als Formwechsel ohne die Möglichkeit einer Rückwirkung nach § 9 S. 3 UmwStG – Rückoption löst ggf. Sperrfristverletzung/rückwirkende Besteuerung des Einbringungsgewinns I aus – Fiktive Gewinnausschüttung § 7 UmwStG – Bestehende Verlustvorträge sowie Vorträge bei der Zinsschranke gehen unter (§ 4 Abs. 2 Satz 2 UmwStG) – *Beginn gewerbesteuerliche Sperrfrist von fünf Jahren (§ 18 Abs. 3 UmwStG)*

5.3.3 Ermittlung des zu versteuernden Einkommens[1]

Gewinn/Verlust laut Steuerbilanz oder nach § 60 Abs. 2 EStDV korrigierter Jahresüberschuss/Jahresfehlbetrag laut Handelsbilanz

+	Hinzurechnungen nicht ausgleichsfähiger Verluste (z.B. § 15 Abs. 4 Satz 1, 3 und 6, § 15a Abs. 1 und 1a, § 15b Abs. 1 Satz 1 EStG, § 2 Abs. 4 Satz 1, § 20 Abs. 6 Satz 4 UmwStG)
+	Hinzurechnungen nach § 15a Abs. 3 EStG
−	Kürzungen nach § 15 Abs. 4 Satz 2, 3 und 7, § 15a Abs. 2, Abs. 3 Satz 4, § 15b Abs. 1 Satz 2 EStG
+	Gewinnzuschlag nach § 6b Abs. 7 EStG
+/−	Bildung und Auflösung von Investitionsabzugsbeträgen i.S.d. § 7g EStG
+	Hinzurechnung von vGA (§ 8 Abs. 3 Satz 2 KStG) und Ausschüttungen auf Genussrechte i.S.d. § 8 Abs. 3 Satz 2 KStG
−	Abzug von Gewinnerhöhungen im Zusammenhang mit bereits in vorangegangenen VZ versteuerten vGA
−	verdeckte Einlagen (§ 8 Abs. 3 Satz 3 bis 6 KStG), Einlagen (§ 4 Abs. 1 Satz 8 EStG)
+	nicht abziehbare Aufwendungen (z.B. § 10 KStG, § 4 Abs. 4 bis 8 EStG, § 160 AO)
+	Gesamtbetrag der Zuwendungen nach § 9 Abs. 1 Nr. 2 KStG
−	sonstige inländische steuerfreie Einnahmen (z.B. Investitionszulagen, Sanierungserträge nach § 3a EStG)
+	Hinzurechnungen nach § 3c EStG
+/−	Korrekturen bei Umwandlungen (Übernahmegewinn/-verlust § 4 Abs. 6 bzw. § 12 Abs. 2 Satz 1 UmwStG, Einbringungsgewinn I § 22 Abs. 1 UmwStG)
+/−	Korrekturen bei ausländischen Einkünften (steuerfreie Einkünfte nach DBA unter Berücksichtigung von § 3c Abs. 1 EStG, Abzug ausländischer Steuern nach § 26 KStG/§ 12 Abs. 3 AStG, Hinzurechnungsbetrag nach § 10 AStG, Korrekturen nach § 2a Abs. 1 EStG)
+	Berichtigungsbetrag nach § 1 AStG
+/−	Korrekturen nach § 8b KStG
+/−	Korrekturen bei Organschaft (z.B. gebuchte Gewinnabführung, Verlustübernahme, Ausgleichszahlungen i.S.d. § 16 KStG)
+/−	Hinzurechnung der nicht abziehbaren Zinsen und Kürzung um den abziehbaren Zinsvortrag nach § 4h EStG i.V.m. § 8a KStG
+/−	sonstige Hinzurechnungen und Kürzungen
=	**steuerlicher Gewinn**
−	Zuwendungen und Zuwendungsvortrag, soweit nach § 9 Abs. 1 Nr. 2 KStG abziehbar
+	sonstige Hinzurechnungen bei ausländischen Einkünften (§ 52 Abs. 2 EStG i.V.m. § 2a Abs. 3 und 4 EStG 1997, § 8 Abs. 5 Satz 2 AuslInvG)

---

[1] R 7.1 Abs. 1 KStR 2015 (geringfügig veränderte und verkürzte Darstellung).

+	nicht zu berücksichtigender/wegfallender Verlust des laufenden VZ, soweit Hinzurechnungen nach § 8c KStG ggf. i. V. m. § 2 Abs. 4 Satz 1 und 2, § 20 Abs. 6 Satz 4 UmwStG oder im Falle einer Abspaltung nach § 15 Abs. 3, § 16 UmwStG vorzunehmen sind
+/–	Korrekturen bei Organschaft (beim Organträger: Zurechnung des Einkommens des Organs nach §§ 14 und 17 KStG, Korrekturen nach § 15 KStG, Abzug des Organs nach § 16 Satz 2 KStG zuzurechnenden Einkommens des Organträgers; beim Organ: Zurechnung von Einkommen des Organträgers nach § 16 Satz 2 KStG, Abzug des dem Organträger zuzurechnenden Einkommens; siehe zum Ganzen Kap. 5.3.9)
+	Hinzurechnung der nach § 2 Abs. 4 Satz 3 und 4 UmwStG nicht ausgleichsfähigen Verluste des laufenden VZ des übernehmenden Rechtsträgers

=	**Gesamtbetrag der Einkünfte i. S. d. § 10d EStG**
–	Verlustabzug nach § 10d EStG

=	**Einkommen**
–	Freibetrag nach §§ 24, 25 KStG

=	**zu versteuerndes Einkommen**

5.3.4   Verdeckte Gewinnausschüttungen (vGA)
5.3.4.1   Überblick

Rechtsgrundlage	§ 8 Abs. 3 Satz 2 KStG
vGA-Definition[1]	– Vermögensminderung oder verhinderte Vermögensmehrung, – die durch das Gesellschaftsverhältnis veranlasst ist, – sich auf die Höhe des Unterschiedsbetrags i. S. d. § 4 Abs. 1 Satz 1 EStG auswirkt und – nicht auf einem den gesellschaftsrechtlichen Vorschriften entsprechenden Gewinnverteilungsbeschluss beruht.

Arten des Fremdvergleichs	– **Formeller Fremdvergleich** (vGA dem Grunde nach; nur bei beherrschenden Gesellschaftern)[2]
	   – Rückwirkungs- und Nachzahlungsverbot
	   – Zivilrechtliche Wirksamkeit der Vereinbarung
	   – Tatsächliche Durchführung des Vereinbarten
	 – **Materieller Fremdvergleich** (vGA der Höhe nach; bei allen Gesellschaftern sowie diesen nahestehenden Personen)

---

[1] R 8.5 Abs. 1 Satz 1 KStR 2015.
[2] R 8.5 Abs. 2 Satz 1 KStR 2015.

Steuerfolgen bei der Gesellschaft[1]	– Hinzurechnung zum Einkommen – Bei Abfluss keine weiteren Körperschaftsteuerfolgen – Grundsätzlich Kapitalertragsteuereinbehalt – Erfassung der vGA als Leistung i.S.d. § 27 KStG

Steuerfolgen beim Gesellschafter	– Steuerfolgen nur bei Zufluss
	– Korrespondierende Besteuerung gem. eigenständiger Änderungsvorschrift §32a KStG
	– Wurde vGA bisher als andere Einkunftsart erfasst:
	  – Minderung der übrigen Einkünfte
	  – Besteuerung der vGA nach §32d EStG, §3 Nr.40 EStG bzw. §8b Abs.1 i.V.m. Abs.5 KStG
	– Wenn bisher nicht erfasst:
	  – Besteuerung der vGA wie zuvor erläutert
	  – Abzug der vGA als Betriebsausgabe oder Werbungskosten, wenn (fiktiver) Vorteilszufluss einkünfterelevant verwendet wurde (nur denkbar im Fall der verhinderten Vermögensmehrung)

5.3.4.2   Gesellschafter-Geschäftsführerbezüge
5.3.4.2.1   Formeller Fremdvergleich

Checkliste für Geschäftsführer-Anstellungsverträge:
– Klare und eindeutige Vereinbarung im Voraus (Rückwirkungs- und Nachzahlungsverbot)?
– Zivilrechtliche Wirksamkeit der Gehaltsvereinbarung oder Gehaltsanpassung?
– Kein Verstoß gegen das Selbstkontrahierungsverbot?
– Kein Verstoß gegen das (vertragliche) Erfordernis der Schriftform?
– Keine Missachtung der Zuständigkeit der Gesellschafterversammlung?
– Tatsächliche Durchführung des Anstellungsvertrags?

---

[1] Siehe zur Frage, in welchen Fällen vGA innerhalb oder außerhalb der Steuerbilanz der Gesellschaft korrigiert werden, BMF-Schr. vom 28.5.2002 (BStBl I 2002 S.603).

5.3.4.2.2 Materieller Fremdvergleich

A. Drei-Stufen-Verfahren[1]

Erster Prüfschritt	Sind einzelne Vergütungsbestandteile dem Grunde nach vGA? Beispiele: – Umsatztantiemen (grundsätzlich)[2] – Nur-Tantiemen[3] – Fehlende Ernsthaftigkeit, Erdienbarkeit oder Finanzierbarkeit von Pensionszusagen[4] – Überstundenvergütungen[5]
Zweiter Prüfschritt	Sind einzelne Vergütungsbestandteile der Höhe nach vGA? Beispiele: – Überversorgung[6] – Tantieme über 50 % des Gewinns (= handelsrechtlicher Jahresüberschuss vor Abzug der Gewinntantieme und Ertragsteuern)[7]
Dritter Prüfschritt	Ist die Gesamtvergütung in der Summe unangemessen? Bei dieser Prüfung kann es nur insoweit zu einer (weiteren) vGA kommen, als der unangemessene Teil die als vGA zu behandelnden Vergütungsbestandteile aus den beiden ersten Stufen übersteigt.

---

[1] BMF-Schr. vom 14.10.2002 (BStBl I 2002 S.972). Abweichend hiervon prüft der BFH die einzelnen Vergütungstatbestände nicht dahingehend, ob diese der Höhe nach angemessen sind (vgl. Schritt 2); entscheidend ist seiner Meinung folgend vorrangig die Gesamtausstattung im Bezugszeitpunkt. Siehe hierzu OFD Düsseldorf, Vfg. vom 17.6.2004, DStR 2004 S.1386.

[2] Siehe dazu H 8.8 „Umsatztantieme" KStH 2015.

[3] Siehe dazu BMF-Schr. vom 1.2.2002 (BStBl I 2002 S.219, Tz. 3): Nur anerkannt, wenn a) Gründungsphase der Gesellschaft oder b) vorübergehende wirtschaftliche Schwierigkeiten oder c) Tätigkeit in stark risikobehafteten Geschäften.

[4] Siehe hierzu R 8.7 KStR 2015 und H 8.7 KStH 2015. Siehe zum Thema „Unverfallbarkeit" BMF-Schr. vom 9.12.2002 (BStBl I 2002 S.1393). Siehe zum Thema „Finanzierbarkeit" BMF-Schr. vom 6.9.2005 (BStBl I 2005 S. 875). Siehe zum Mindestpensionsalter Kap. 5.1.5.3.6, Punkt D.

[5] Siehe dazu H 8.5 IV „Überstundenvergütung, Sonn-, Feiertags- und Nachtzuschläge" KStH 2015. Siehe auch BFH vom 14.7.2004 (I R 111/03, BStBl II 2005 S.307) und vom 27.3.2012 (VIII R 27/09, BFH/NV 2012 S.1127).

[6] Zu bejahen, wenn die versprochenen Leistungen zusammen mit etwaigen anderen Ansprüchen aus der gesetzlichen Rentenversicherung und einer Direktversicherung 75 % der letzten steuerlich anzuerkennenden Aktivbezüge übersteigen (BFH vom 26.10.1982, VIII R 50/80, BStBl II 1983 S.209). Demzufolge ist auch die „Nur-Pension" vGA (H 8.7, „Nur-Pension" KStH 2015), wenn dieser Verpflichtung keine ernsthaft vereinbarte Entgeltumwandlung zugrunde liegt (vgl. BMF-Schr. vom 13. 12. 2012, BStBl I 2013, S.35; BFH vom 28.4.2010, I R 78/08, BStBl II 2013 S.41).

[7] BMF-Schr. vom 1.2.2002 (BStBl I 2002 S.219, Tz. 1).

B. Angemessenheitsgrenzwerte[1]

1. Daten der Finanzverwaltung

Branchengruppe	Umsatz: unter 2 500 000 €	Umsatz: 2 500 000 € bis 5 000 000 €
	Mitarbeiter: unter 20	Mitarbeiter: 20 bis 50
Industrie/Produktion	170 000 €–220 000 €	214 000 €–284 000 €
Großhandel	194 000 €–239 000 €	209 000 €–286 000 €
Einzelhandel	148 000 €–183 000 €	158 000 €–212 000 €
Freiberufler	192 000 €–275 000 €	279 000 €–329 000 €
Sonstige Dienstleistungen	164 000 €–220 000 €	227 000 €–278 000 €
Handwerk	123 000 €–175 000 €	164 000 € –231 000 €

Branchengruppe	Umsatz: 5 000 000 € bis 25 000 000 €	Umsatz: 25 000 000 € bis 50 000 000 €
	Mitarbeiter: 51 bis 100	Mitarbeiter: 101 bis 500
Industrie/Produktion	271 000 €–314 000 €	337 000 €–533 000 €
Großhandel	239 000 €–310 000 €	314 000 €–544 000 €
Einzelhandel	212 000 €–257 000 €	256 000 €–531 000 €
Freiberufler	326 000 €–393 000 €	337 000 €–578 000 €
Sonstige Dienstleistungen	257 000 €–320 000 €	292 000 €–555 000 €
Handwerk	222 000 €–286 000 €	248 000 €–440 000 €

Hinweise:
- Für die Jahre ab 2018 erfolgt keine pauschale Erhöhung von 3% mehr.
- Werden die ausgewiesenen Werte von mehr als 20% überschritten, besteht die Vermutung für das Vorliegen eines unangemessenen Geschäftsführergehalts.
- Bei guter bzw. schlechter Ertragslage sind Zu- bzw. Abschläge auf die ausgewiesenen Werte möglich.
- Ein Abschlag kann sich auch aus dem Vorhandensein mehrerer Geschäftsführer rechtfertigen.
- Die Tabelle gilt nur für Baden-Württemberg. Andere Bundesländer haben zum Teil andere Verfahren zur Prüfung der Angemessenheit.

---

[1] Finance Office Professional, Wittlinger, HI2863309, Stand: 10.11. 2016; siehe auch OFD Karlsruhe, Vfg. vom 16.9. 2016, S 274.2/184 – St 221.

2. Marktanalysen[1]

Gehaltsspannen und -durchschnitte (in Tsd. €) nach Beschäftigten

Spanne	bis 25	25 bis 50	50 bis 100	100 bis 250	250 bis 500	500 bis 1 000	1 000 bis 2 000	2 000 bis 5 000	über 5 000	insg.
					Beschäftigte					
Grundvergütung										
unteres Quartil	103	121	129	129	150	159	172	213	277	141
Median	135	159	170	178	202	215	233	306	399	202
oberes Quartil	189	218	230	251	288	302	323	412	515	291
Mittelwert	155	179	188	206	236	247	265	341	432	238
Gesamtdirektvergütung										
unteres Quartil	138	159	168	180	218	227	252	338	460	198
Median	193	230	247	272	333	348	389	526	719	309
oberes Quartil	291	346	373	413	508	533	586	756	983	483
Mittelwert	228	272	292	324	398	417	460	600	793	377

Gehaltsspannen und -durchschnitte (in Tsd. €) nach Umsatz

Spanne	bis 5	5 bis 10	10 bis 25	25 bis 50	50 bis 100	100 bis 250	250 bis 500	500 bis 1 000	über 1 000	insg.
					Umsatz (in Mio. € pro Jahr)					
Grundvergütung										
unteres Quartil	104	120	128	128	150	159	172	217	280	141
Median	135	158	170	177	201	215	233	307	402	202
oberes Quartil	188	217	229	248	287	304	322	372	451	291
Mittelwert	155	178	187	203	235	248	265	321	408	238
Gesamtdirektvergütung										
unteres Quartil	139	157	167	176	216	229	251	327	454	198
Median	192	227	245	265	329	352	389	500	704	309
oberes Quartil	288	340	367	399	499	542	585	634	811	483
Mittelwert	226	267	289	314	391	424	460	529	817	377

---

[1] Auszug aus dem Vergütungsreport 2021 „Geschäftsführer" der Kienbaum International GmbH, 51. Ausgabe; darin auch weitere Differenzierungen bspw. nach Kapitalbeteiligung, Ertragslage oder Aufgabenbereich. Mehr Kienbaum Vergütungsdaten im Internet auf https://shop.kienbaum.com/

Gesamtdirektvergütung (in Tsd. €) nach Branchen und Beschäftigtenzahl

Branche	Beschäftigte									
	bis 25	25 bis 50	50 bis 100	100 bis 250	250 bis 500	500 bis 1 000	1 000 bis 2 000	2 000 bis 5 000	über 5 000	insg.
Bergbau, Gewinnung von Steinen und Erden	190	225	242	265	322	337	378	517	717	300
Nahrungs- und Genussmittel	195	232	250	276	339	353	395	531	724	314
Leder, Textil, Bekleidung	174	209	226	249	306	322	362	501	704	284
Holz, Papier	176	210	228	250	307	322	363	502	704	285
Druckereien und Verlage, Medien	180	216	234	259	320	334	376	512	706	296
Chemie und Mineralölverarbeitung	250	285	302	325	382	397	438	577	780	360
Pharma	258	296	314	339	400	415	456	593	785	376
Herstellung von Gummi- und Kunststoffwaren	210	248	265	290	352	366	407	544	737	327
Keramik, Glas	194	230	248	273	334	349	390	527	720	310
Metallerzeugung und -bearbeitung	214	253	270	297	361	375	417	552	743	336
Herstellung von Metallerzeugnissen	208	245	262	287	349	363	404	541	734	325
Maschinen- und Anlagenbau	238	275	293	318	379	394	435	572	764	355
Herstellung von Büromaschinen	231	269	287	312	373	387	429	566	758	349
Herstellung von Geräten der Elektrizitäts-erzeugung, -verteilung u.ä.	186	222	240	265	326	340	382	519	712	302
Rundfunk-, Fernseh- und Nachrichtentechnik, Telekommunikation	201	235	252	275	332	347	388	527	730	310
Medizin-, Mess-, Steuer- und Regelungs-technik, Optik	268	306	324	349	410	424	466	602	794	386
Herstellung von Kraftwagen und Kraftwagen-teilen, sonstiger Fahrzeugbau	203	237	254	277	334	349	390	529	732	312
Energie, Ver-/Entsorgung, Recycling	200	235	252	275	332	347	388	527	726	310
Baugewerbe	186	223	240	265	326	341	382	519	712	302
Groß- und Außenhandel	182	219	237	262	323	337	379	515	709	299
Einzelhandel, Versandhandel	172	206	224	246	304	319	359	498	701	282

Branche	Beschäftigte									
	bis 25	25 bis 50	50 bis 100	100 bis 250	250 bis 500	500 bis 1 000	1 000 bis 2 000	2 000 bis 5 000	über 5 000	insg.
Transport und Verkehr, Logistik	174	209	226	249	306	321	362	501	704	284
Banken	244	282	300	325	386	401	442	579	771	362
Finanzdienstleistungen	256	295	312	337	398	413	454	591	783	374
Versicherungen	313	353	370	396	457	471	513	649	840	433
Grund- und Wohnungswirtschaft	177	214	232	256	318	332	374	510	704	294
EDV-Beratung, Softwarehäuser, Rechenzentren	219	256	274	299	360	374	416	552	745	336
Rechts-, Steuer-, Unternehmensberatung, Wirtschaftsprüfung, Ingenieur-Büros	256	294	312	337	398	413	454	591	783	374
Verbände, Institute, gemeinnützige Organisationen	174	207	225	247	304	319	360	499	699	282
Krankenhäuser	174	211	229	254	315	329	371	507	701	291
Kultur, Sport und Unterhaltung	180	216	234	259	320	334	376	513	706	296
insgesamt	193	230	247	272	333	348	389	526	719	309

C. Fremdvergleich und Bandbreite

Bei der Höhe eines angemessenen Geschäftsführergehalts obliegt die Feststellungslast dem Finanzamt. Bei einer Schätzung muss sie sich an dem für den Steuerpflichtigen günstigsten Wert der Bandbreite orientieren. Eine mittelwertorientierte Schätzung ist nicht gerechtfertigt[1].

Berechnung:

     Gehalt laut Studie am obersten Rand der Bandbreite
+ Zuschläge wegen besonderer Personenbezogenheit oder extrem hoher Gewinne
./. Abschläge wegen dauerhaft schlechter Erträge
+ Sicherheitszuschlag von 20 %[2]

= Absolute Angemessenheitsgrenze

5.3.5   Steuerfreie Beteiligungserträge (§ 8b KStG)[3]
5.3.5.1   Laufende Erträge (§ 8b Abs. 1 KStG)

Persönliche Voraussetzungen	– Erträge von unbeschränkt und nicht unbeschränkt steuerpflichtigen Kapitalgesellschaften
	– Empfänger der Beteiligungserträge
	   – Unbeschränkt und beschränkt steuerpflichtige Kapitalgesellschaften und übrige Körperschaften
	   – Bei beschränkter Steuerpflicht nach § 2 Nr. 2 KStG Vorrang des KESt-Abzugs nach §§ 43 ff. EStG vor § 8b Abs. 1 KStG
	   – U. U. nicht Kreditinstitute, Versicherungsunternehmen, qualifizierte Finanzunternehmen etc. (§ 8b Abs. 7 und 8 KStG)[4]
	   – Beteiligungshöhe mindestens 10 % am Grund- oder Stammkapital der leistenden Kapitalgesellschaft (§ 8b Abs. 4 KStG)[5]

---

[1] BFH vom 17.10.2001 (I R 103/00, BStBl II 2004 S. 171); vom 4.6.2003 (I R 38/02, BStBl II 2004 S. 139); OFD Düsseldorf vom 17.6.2004, DStR 2004 S. 1386.

[2] Siehe zum 20 %igen Sicherheitszuschlag BFH vom 28.6.1989 (I R 89/85 BStBl II 1989 S. 854). Fraglich ist, ob der 20 %ige Sicherheitszuschlag auch dann gerechtfertigt ist, wenn sich die Schätzung am obersten Rand bewegt.

[3] Siehe dazu BMF-Schr. vom 28.4.2003 (BStBl I 2003 S. 292).

[4] *Anwendungsbereich des § 8b Abs. 7 KStG* eingeschränkt durch Gesetz zur Umsetzung der EU-Amtshilferichtlinie und von weiteren Maßnahmen gegen Gewinnkürzungen und -verlagerungen vom 20.12.2016 (BGBl I 2016 S. 3000). § 8b Abs. 7 und 8 KStG gelten nicht für Bezüge, auf die die Mutter-Tochter-Richtlinie anzuwenden ist (§ 8b Abs. 9 KStG). Siehe zu Wertpapierleihe § 8b Abs. 10 KStG.

[5] Siehe Kapitel 5.3.5.4.

Sachliche Voraus-setzungen	– Offene Gewinnausschüttungen und Vorabausschüttungen – Verdeckte Gewinnausschüttungen, soweit sie das Einkommen der leistenden Körperschaft nicht gemindert haben (§ 8 b Abs. 1 Satz 2 KStG) – Ausgleichszahlungen an außenstehende Gesellschafter im Fall eines Gewinnabführungsvertrags – Liquidationsraten, soweit sie nicht in der Rückzahlung von Nennkapital bestehen und nicht aus dem Einlagekonto stammen – Einnahmen aus der Veräußerung von Dividendenscheinen – Einnahmen aus Leistungen von Steuerpflichtigen i.S.d. § 1 Abs. 1 Nr. 3 bis 6 KStG (z.B. BgA), die Gewinnausschüttungen i.S.d. § 20 Abs. 1 Nr. 1 EStG vergleichbar sind (§ 20 Abs. 1 Nr. 9 und 10 Buchst. a EStG)[1] – Gewinnanteile aus Personengesellschaften, soweit in ihnen Beteiligungserträge i.S.d. § 8 b Abs. 1 KStG enthalten sind (§ 8 b Abs. 6 Satz 1 KStG)

Rechtsfolgen	– Ausschüttende Kapitalgesellschaft: KESt-Einbehalt (§ 43 Abs. 1 Sätze 1 und 3 EStG)
	– Ausschüttung empfangene Kapitalgesellschaft
	  – Ausschüttung körperschaftsteuerfrei (§ 8 b Abs. 1 KStG), wenn die empfangene Kapitalgesellschaft zu Beginn des Kalenderjahres eine Beteiligung von mindestens 10 % an der ausschüttenden Gesellschaft hält (vgl. § 8 b Abs. 4 KStG)[2]
	  – 5 % der Einnahmen gelten als nicht abzugsfähige Betriebsausgabe, kein § 3 c Abs. 1 EStG (§ 8 b Abs. 5 KStG), Ausnahme in den Fällen des § 8 b Abs. 7 KStG (Kreditinstitute, Finanzunternehmen etc.)
	  – Anrechnung der KESt, falls Beteiligungsertrag im Rahmen einer Veranlagung erfasst wird
	  – ggf. (insbesondere mindestens 15 %ige Beteiligung) gewerbesteuerfrei nach § 9 Nr. 2 a oder Nr. 7 GewStG
	  – Ist Ausschüttung in Gewinnanteil einer zwischengeschalteten Personengesellschaft enthalten, gilt § 8 b KStG auch bei der Ermittlung des Gewerbeertrags (§ 7 Satz 4 GewStG)

---

[1] Vgl. dazu BMF-Schr. vom 28.1.2019 (BStBl I 2019 S. 97).
[2] Siehe Kap. 5.3.5.4.

5.3.5.2 Veräußerungsgewinne (§ 8b Abs. 2 und 4 KStG)

Persönliche Voraussetzungen	– Grds. wie bei Beteiligungserträgen (siehe Kap. 5.3.5.1) – keine Mindest-Beteiligungshöhe

Sachliche Voraussetzungen	– **Begünstigte Anteile** (§ 8b Abs. 2 KStG)
	  – Kapitalgesellschaftsanteile (inkl. Anteile an Organgesellschaften)[1]
	  – Personengesellschaftsanteile, soweit die Personengesellschaft Kapitalgesellschaftsanteile hält (§ 8b Abs. 6 KStG)
	  – Genussrechte i.S.d. § 8 Abs. 3 Satz 2 KStG
	  – nicht begünstigt: Bezugsrechte[2] und sog. Stillhalteprämien[3] (Prämien aus Optionsrechten)
	– **Begünstigte Realisationstatbestände** (§ 8b Abs. 2 KStG)
	  – Veräußerung
	  – Verdeckte Einlage und verdeckte Gewinnausschüttung
	  – Bezug von Liquidationsraten, soweit sie in der Rückzahlung von Nennkapital bestehen oder aus dem Einlagekonto stammen
	  – Wertaufholung, soweit eine steuerlich irrelevante Teilwert-abschreibung vorangegangen ist
	  – Einkommenserhöhung aufgrund der Zahlung von Sachdividenden
	  – Übertragungsgewinn nach §§ 3, 11, 15 UmwStG, soweit er auf Anteile i.S.d. § 8b Abs. 2 KStG entfällt
	  – Anteilstausch zum gemeinen Wert nach § 21 Abs. 2 UmwStG
	  – Auflösung eines passiven Ausgleichspostens bei Organschaft

Miss-brauchs-regelung	– **Einbringungsklausel** (§ 8b Abs. 4 KStG a.F.)
	  – Anwendbar für alt-einbringungsgeborene Anteile[4]
	    – **siebenjährige sachliche Sperre** (§ 8b Abs. 4 Satz 1 Nr. 1 KStG a.F.): Veräußerte Anteile sind einbringungsgeborene Anteile, die durch Einbringung eines Betriebs, Teilbetriebs oder Mitunternehmeranteils entstanden sind[5]
	    – **siebenjährige persönliche Sperre** (§ 8b Abs. 4 Satz 1 Nr. 2 KStG a.F.): Veräußerte Anteile wurden von einer nicht durch § 8b Abs. 2 KStG begünstigten (z.B. natürlichen) Person zu einem Wert unter Teilwert eingebracht

---

[1] Siehe zur Weiterveräußerung von eigenen Anteilen durch eine Kapitalgesellschaft BMF-Schr. vom 27.11.2013, BStBl I 2013 S. 1615.

[2] Siehe BFH vom 23.1.2008 (I R 101/06, BStBl II 2008 S. 719).

[3] Siehe BFH vom 6.3.2013 (I R 18/12, BStBl II 2013 S. 588).

[4] *Altfassung weiterhin* anzuwenden auf Anteile, die einbringungsgeboren i.S.d. § 21 UmwStG a.F. sind, und auf Anteile i.S.d. § 8b Abs. 4 Satz 1 Nr. 2 KStG a.F., die auf einer Übertragung bis zum 12.12.2006 beruhen (§ 34 Abs. 5 Satz 1 KStG).

[5] Siehe zu der Konstellation, dass in dem eingebrachten Betrieb, Teilbetrieb oder Mitunternehmeranteil Anteile i.S.d. § 8b Abs. 2 KStG enthalten sind, BMF-Schr. vom 5.1.2004 (BStBl I 2004 S. 44).

Rechts-
folgen
	– Gewinn ist körperschaft- und gewerbesteuerfrei
	– 5 % der steuerfreien Einnahmen gelten als nicht abzugsfähige
	  Betriebsausgabe, kein § 3c Abs.1 EStG (§ 8b Abs.3 KStG)
	– Bei Anwendung der Missbrauchsregelung (§ 8b Abs.4 KStG a.F.)
	  ist Gewinn körperschaft- und gewerbesteuerpflichtig; Entsprechen-
	  des gilt für Veräußerungsvorgänge i.S.d. § 8b Abs.7 KStG
	– Entsprechende Rechtsfolgen bei a) Veräußerung eines Anteils an
	  einer Personengesellschaft, die an einer Kapitalgesellschaft beteiligt
	  ist, im Hinblick auf den auf die Kapitalgesellschaftsbeteiligung ent-
	  fallenden Gewinnanteil und b) Veräußerung eines Kapitalgesell-
	  schaftsanteils durch eine Personengesellschaft, an der eine Kapital-
	  gesellschaft beteiligt ist, im Hinblick auf den auf die Kapitalgesell-
	  schaftsbeteiligung entfallenden Gewinnanteil (§ 8b Abs.6 KStG); § 8b
	  KStG gilt auch bei der Ermittlung der Gewerbesteuer (§ 7 Satz 4
	  GewStG)

5.3.5.3   Veräußerungsverluste (§ 8b Abs.3 KStG)

Persönliche Voraus- setzungen	Wie bei Veräußerungsgewinnen (siehe Kap. 5.3.5.2)

Sachliche
Voraus-
setzungen
	– **Betroffene Wirtschaftsgüter:** Anteile wie bei Veräußerungs-
	  gewinnen (siehe Kap.5.3.5.2); bestimmte Darlehensforderungen,
	  vergleichbare Rechtshandlungen und Inanspruchnahme aus
	  Sicherheiten bei zu mehr als 25 % beteiligten Gesellschaften und
	  diesen nahestehenden Personen (§ 8b Abs.3 Satz 4 ff. KStG)[1]
	– **Betroffene Tatbestände**
	  – Grds. wie bei Veräußerungsgewinnen
	  – Teilwertabschreibungen
	  – Auflösung eines aktiven Ausgleichspostens bei Organschaft
	  – Auch dann, wenn der betroffene Tatbestand im Gewinnfall
	    steuerpflichtig wäre (z.B. wegen Einbringungsklausel)

Rechts-
folgen
	– Verlust körperschaft- und gewerbesteuerlich nicht abzugsfähig
	  (Ausnahme § 8b Abs.7 KStG)
	– Gilt für Veräußerungen im Zusammenhang mit Personengesell-
	  schaften entsprechend

---

[1] Anwendbar ab VZ 2008.

5.3.5.4 Streubesitzdividenden (§ 8b Abs. 4 KStG)

Zeitliche Voraussetzungen	– erstmals für nach dem 28.2.2013 zufließende Bezüge i.S.v. § 8b Abs.1 KStG – Sonderfall: bei Umwandlung einer Kapitalgesellschaft in eine Personengesellschaft (fiktive Vollausschüttung gem. § 7 UmwStG), sofern die Anmeldung zum Handelsregister nach dem 28.2.2013 erfolgte (§ 27 Abs.11 UmwStG)
Persönliche Voraussetzungen	– Wie bei Beteiligungserträgen (siehe Kap. 5.3.5.1)
Sachliche Voraussetzungen	– Unmittelbare Beteiligung am Grund- oder Stammkapital der leistenden Kapitalgesellschaft von weniger als 10 % zu Beginn des Kalenderjahres (unabhängig davon, ob empfangende Gesellschaft ein kalendergleiches oder abweichendes Wirtschaftsjahr hat) 　– Erwerb einer Beteiligung von mind. 10 % wird auf Beginn des Kalenderjahres zurückbezogen[1] 　– Anteilige Zurechnung der Beteiligung bei mittelbar über eine Personengesellschaft gehaltenen Anteilen 　– Keine Zurechnung der Beteiligung bei rückwirkender Verschmelzung – Getrennte Betrachtung von Organträger und Organgesellschaft bei Ermittlung der Beteiligungshöhe (§ 15 Satz 1 Nr. 2 Satz 4 KStG)
Rechtsfolgen	– Volle Steuerpflicht von Bezügen i.S.d. § 8b Abs.1 KStG (siehe Kap. 5.3.5.1) – Keine 5 %ige Hinzurechnung nach § 8b Abs. 5 KStG – Veräußerungsgewinne bleiben steuerfrei – Veräußerungsverluste bleiben nicht abzugsfähig

---

[1] Zum unterjährigen Hinzuerwerb von Anteilen und zur Rückbeziehungsfiktion nach § 8b Abs.4 Satz 6 KStG vgl. OFD Frankfurt a.M., Vfg. vom 2.12.2013, DStR 2014 S. 427.

5.3.6 Freibeträge (§§ 24, 25 KStG)

Körperschaftsteuersubjekt	Freibetrag
Unbeschränkt steuerpflichtige Körperschaften etc., deren Leistungen bei den Empfängern nicht zu den Einnahmen nach § 20 Abs. 1 Nr. 1–3a EStG gehören (z.B. BgA, steuerfreie Vereine mit wirtschaftlichem Geschäftsbetrieb, Investmentfonds)	5 000 €
Erwerbs- und Wirtschaftsgenossenschaften; Vereine, die Land- und Fortwirtschaft betreiben	15 000 €
Andere Körperschaftsteuersubjekte (z.B. Kapitalgesellschaften)	Kein Freibetrag

5.3.7 Verluste

5.3.7.1 Verlustabzug (§ 8 Abs. 1 KStG i. V. m. § 10d EStG)

– Grundsätzlich wie bei Einkommensteuer (Verlustrücktrag, Verlustvortrag, Mindestbesteuerung; siehe Kap. 5.1.1.5)[1]
– Bei Steuerpflichtigen, die gem. § 1 Abs. 1 Nr. 1–3 KStG unbeschränkt steuerpflichtig sind, sind alle Einkünfte als Einkünfte aus Gewerbebetrieb zu behandeln (§ 8 Abs. 2 KStG); ein vertikaler Verlustausgleich entfällt damit.

---

[1] Für die Veranlagungszeiträume 2020 und 2021 erhöht sich der Verlustrücktrag von 1 000 000 € auf 10 000 000 € (vgl. Corona-Soforthilfegesetz III, BGBl. I 2021 S. 330 f.).

5.3.7.2 § 8c KStG Verlustabzug bei Körperschaften

§ 8c KStG findet erstmals für den VZ 2008 und auf Anteilsübertragungen nach dem 31.12.2007 Anwendung.

Das Bundesverfassungsgericht hat § 8c KStG in seiner Entscheidung vom 29.3. 2017 für teilweise verfassungswidrig erklärt.[1] Die Regelung des § 8c Abs. 1 Satz 1 KStG, wonach ein bestehender Verlustvortrag bei der Übertragung von mehr als 25%, aber weniger als 50% der Anteile an der entsprechenden Kapitalgesellschaft innerhalb von 5 Jahren quotal in Höhe der übertragenen Anteile am Stammkapital verloren geht, ist in ihrer bis 31.12.2015 geltenden Fassung nicht mit Art. 3 GG vereinbar. Der Gesetzgeber hat auf diese Entscheidung des Bundesverfassungsgerichts mit der ersatzlosen Streichung von § 8c Abs. 1 Satz 1 KStG reagiert. Somit geht der Gesetzgeber sogar weiter als das Bundesverfassungsgericht und suspendiert die Vorschrift auch über den 31.12.2015 hinaus.

Das FG Hamburg hat dem BVerfG die Frage vorgelegt, ob § 8c Abs. 1 Satz 2 a. F. KStG, wonach bei der Übertragung von mehr als 50% der Anteile sein entsprechender Verlustvortrag vollständig untergeht, verfassungswidrig ist.[2]

---

[1] BVerfG vom 29.3.2017 (2 BvL 6/11, BStBl II 2017 S. 1082).
[2] FG Hamburg vom 29.8.2017 – 2 K 245/17; Pressemitteilung vom 30.8.2017; BVerfG – 2 BvL 19/17.

Voraussetzungen und Rechtsfolgen ergeben sich aus folgendem Prüfschema:

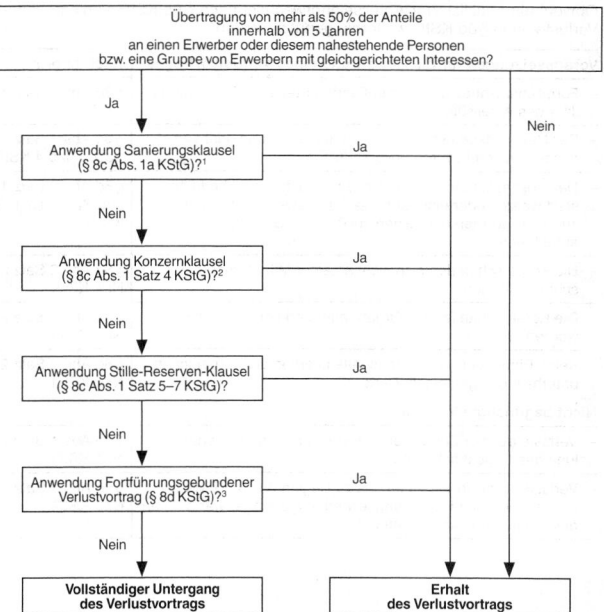

---

[1] Siehe hierzu OFD Frankfurt a.M., Vfg. vom 7.5.2010, S–2745a A–2–St 51: Am 26.1. 2011 hat die Europäische Kommission durch den Beschluss K (2011) 275 festgestellt, dass die sog. Sanierungsklausel des §8c Absatz 1a KStG eine mit dem Binnenmarkt nicht zu vereinbarende rechtswidrige Beihilfe darstellt. Die Sanierungsklausel wurde daher durch das Beitreibungsrichtlinie-Umsetzungsgesetz bis zu einer rechtskräftigen Entscheidung des EuGH oder einem erneuten Beschluss der Kommission suspendiert (§ 34 Abs. 6 Satz 2ff. KStG). Mit Urteil vom 28.6. 2018 (C-219/16 P) hat der Europäische Gerichtshof den Beschluss der Kommission für nichtig erklärt und festgestellt, dass die Sanierungsklausel keine unionsrechtswidrige Beihilfe darstellt.
[2] Anwendungsbereich der Konzernklausel erweitert durch das Steueränderungsgesetz 2015 (BGBl I 2015 S.1834).
[3] Siehe Folgeseite.

§ 8d KStG Fortführungsgebundener Verlustvortrag[1]

Obwohl ein qualifizierter Anteilseignerwechsel nach § 8c KStG vorliegt, können Verluste nach § 8d KStG weiterhin genutzt werden:

Voraussetzungen für die Gewährung eines Verlustvortrages	Rechtsnorm
– Förmlicher Antrag in der betreffenden Steuererklärung für das Jahr des Anteilsübergangs	§ 8d Abs. 1 Satz 1 KStG
– Der Geschäftsbetrieb besteht seit der Gründung oder seit mindestens drei Jahren unverändert[2]	§ 8d Abs. 1 Satz 1, Satz 3 und 4 KStG
– Der Geschäftsbetrieb darf nicht eingestellt oder ruhend gestellt werden oder einer andersartigen Zweckbestimmung zugeführt werden oder einen zukünftigen Geschäftsbetrieb aufnehmen	§ 8d Abs. 2 Satz 1 und Satz 2 Nr. 1–3 KStG
– Die Körperschaft darf sich nicht an einer Mitunternehmerschaft beteiligen	§ 8d Abs. 2 Satz 2 Nr. 4 KStG
– Die Körperschaft ist kein Organträger und darf auch keiner werden	§ 8d Abs. 2 Satz 2 Nr. 5 KStG
– Keine Einbringung von Wirtschaftsgütern in die Körperschaft unterhalb des gemeinen Werts	§ 8d Abs. 2 Satz 2 Nr. 6 KStG

Nicht begünstigte Verluste

– Verluste aus der Zeit vor einer Einstellung oder Ruhendstellung des Geschäftsbetriebs	§ 8d Abs. 1 Satz 2 Nr. 1 KStG
– Verluste einer Körperschaft, die zu Beginn des 3. VZ vor einem schädlichen Beteiligungserwerb Organträger war oder an einer Mitunternehmerschaft beteiligt war.	§ 8d Abs. 1 Satz 2 Nr. 2 KStG

---

[1] Eingefügt durch Gesetz zur Weiterentwicklung der steuerlichen Verlustverrechnung bei Körperschaften vom 20.12.2016 (BGBl I 2016 S. 2998; dazu BT-Drs. 18/9986, 18/10348, 18/10495; BR-Drs. 719/16) mit rückwirkendem Inkrafttreten zum 1.1.2016 (Art. 3 des Gesetzes vom 20.12.2016). Zur zeitlichen Anwendung siehe § 34 Abs. 6a KStG. Vgl. auch BMF-Schr. vom 18.3.2021.

[2] *Ein Geschäftsbetrieb* umfasst die von einer einheitlichen Gewinnerzielungsabsicht getragenen, nachhaltigen, sich gegenseitig ergänzenden und fördernden Betätigungen einer Körperschaft. Ob ein Geschäftsbetrieb unverändert bleibt, soll sich nach den qualitativen Merkmalen beurteilen (§ 8d Abs. 1 Satz 2 und 3 KStG). Hierzu gehören die angebotenen Dienstleistungen oder Produkte, der Kunden- und Lieferantenkreis, die bedienten Märkte und die Qualifikation der Arbeitnehmer.

	Rechtsnorm
Rechtsfolgen	
– Fortführungsgebundener Verlustvortrag ist gesondert und einheitlich festzustellen	§ 8d Abs. 1 Satz 7 KStG
– Werden die o. g. Voraussetzungen zu einem späteren Zeitpunkt nicht mehr erfüllt, entfällt der zum letzten Stichtag gesondert und einheitlich festgestellte Verlustvortrag mit Wirkung für die Zukunft.	§ 8d Abs. 2 Satz 1 KStG
Zeitliche Anwendung	
– Erstmals auf schädliche Beteiligungserwerbe, die nach dem 31.12.2015 erfolgen, wenn der Geschäftsbetrieb der Körperschaft vor dem 1.1.2016 weder eingestellt noch ruhend gestellt war	§ 34 Abs. 6a Satz 1 KStG
– § 8d Abs. 1 Satz 2 Nr. 1 KStG ist auf Einstellungen und Ruhendstellungen anzuwenden, die nach dem 31.12.2015 erfolgen	§ 34 Abs. 6a Satz 2 KStG

5.3.8 Steuerliches Einlagekonto (§§ 27, 39 KStG)

Auch nach dem Systemwechsel zum Halb- bzw. Teileinkünfteverfahren werden Einlagen der Anteilseigner steuerlich separat erfasst. Hierzu haben unbeschränkt Körperschaftsteuerpflichtige ein steuerliches Einlagekonto gem. §§ 27, 39 KStG zu führen.[1]

- Ein auf den Schluss des letzten Wirtschaftsjahres, das noch unter das Anrechnungsverfahren fällt, festgestellter **positiver Betrag** des EK 04 gilt als **Anfangsbestand** des steuerlichen Einlagekontos.
- Ein vorhandener **negativer Bestand** an EK 04 ist nicht fortzuführen.
- Zu- und Abgänge im steuerlichen Einlagekonto werden fortgeschrieben; der jährliche Endbestand ist gesondert festzustellen. Es gilt das Zuflussprinzip.
- Leistungen der Körperschaft verringern das steuerliche Einlagekonto, soweit sie in der Summe den auf den Schluss des letzten Wirtschaftsjahrs ermittelten ausschüttbaren Gewinn übersteigen[2].
- **Ausschüttbarer Gewinn:**   Eigenkapital lt. Steuerbilanz im vorangegangenen Wj
  ./. gezeichnetes Kapital
  ./. positiver Bestand Einlagekonto vorangegangenes Wj[3]
  = Ausschüttbarer Gewinn, mind. 0
- **Bezüge** aus dem steuerlichen Einlagekonto gehören nicht zu den Einnahmen aus Kapitalvermögen des Anteilseigners; Einlagenrückzahlungen sind zunächst erfolgsneutral mit den Anschaffungskosten/dem Buchwert zu verrechnen. Ein übersteigender Betrag gilt als veräußerungsgleicher Gewinn und ist nach § 8b Abs. 2 KStG bzw. § 17 Abs. 4 EStG oder § 20 Abs. 2 EStG zu berücksichtigen.

---

[1] Vgl. BMF-Schr. vom 4.6.2003 (BStBl I 2003 S. 366).
[2] Nach Auffassung des BFH ist der ausschüttbare Gewinn streng stichtagsbezogen zu ermitteln, d.h., im laufenden Wj. erwirtschaftete Gewinne bzw. Verluste sind insoweit unbeachtlich (BFH vom 19.5.2010, I R 51/09, BStBl II 2014 S. 937).
[3] Vgl. BFH vom 30.1.2013 (I R 35/11, BStBl II 2013 S. 560).

5.3.9 Körperschaftsteuerliche Organschaft (§§ 14–19 KStG)[1]

5.3.9.1 Voraussetzungen

Organträger	– **Zulässige Rechtsformen**
	  – Einzelunternehmen
	  – Kapitalgesellschaft und andere Körperschaften[2] sowie optierte Personenhandelsgesellschaften und Partnerschaftsgesellschaften
	  – Personengesellschaften
	– **Anforderungen an Tätigkeit**
	  – Einzelunternehmen und Personengesellschaft: Gewerbliche Tätigkeit i.S.d. § 15 Abs. 1 Nr. 1 EStG
	  – Kapitalgesellschaften: nicht steuerbefreit, i.Ü. keine Anforderungen
	– **Steuerstatus**
	  – Beteiligung an der Organgesellschaft muss funktional einer inländischen Betriebsstätte des Organträgers zuzurechnen sein (ab VZ 2012)

Organ	– **Zulässige Rechtsformen:** Kapitalgesellschaft[2]; Organfähigkeit von optierten Personenhandelsgesellschaften und Partnerschaftsgesellschaften fraglich – **Anforderungen an Tätigkeit:** keine – **Steuerstatus:** Geschäftsleitung im Inland und Sitz in einem Mitgliedstaat der EU (oder des EWR)
Finanzielle Eingliederung	– Mehrheit der Stimmrechte[3] – Unmittelbar und/oder mittelbar (mittelbare Beteiligungen werden nur berücksichtigt, wenn die Beteiligung an jeder vermittelnden Gesellschaft die Mehrheit der Stimmrechte gewährt) – Bei Personengesellschaften als Organträger müssen Anteile zum Gesamthandsvermögen gehören

---

[1] Vgl. hierzu BMF-Schr. vom 26.8.2003, BStBl I 2003 S. 437; BMF-Schr. vom 10.11. 2005, BStBl I 2005 S. 1038.

[2] Nach Auffassung der Finanzverwaltung kann eine Kapitalgesellschaft, an der eine atypisch stille Beteiligung besteht, weder Organträger noch Organgesellschaft sein (vgl. BMF-Schr. vom 20.8.2015, BStBl I 2015 S. 649).

[3] Anhängiges Verfahren zur finanziellen Eingliederung i.S. des § 14 Abs. 1 Satz 1 Nr. 1 KStG bei qualifiziertem Stimmenmehrheitserfordernis bei der Organgesellschaft, BFH – IR 50/20. Fraglich ist, ob bei einer satzungsmäßig vorgesehenen qualifizierten Mehrheit die finanzielle Eingliederung voraussetzt, dass der Organträger über diese qualifizierte Mehrheit verfügt.

| Gewinn-abführungsvertrag | – Auf mindestens 5 (Zeit-)Jahre abgeschlossen
– Während seiner gesamten Geltungsdauer durchgeführt
– Geltung ab Beginn des Wirtschaftsjahres, in dem er zivilrechtlich wirksam wird
– Abführung des gesamten Gewinns[1]
– Der Anspruch auf Ausgleich eines Jahresfehlbetrags ist zu verzinsen. Ein Verstoß gegen die Verzinsungspflicht hat keine Auswirkungen auf die steuerliche Anerkennung der Organschaft[2]
– Bei GmbH als Organgesellschaft: dynamischer Verweis auf Verlustübernahmeverpflichtung entsprechend § 302 AktG erforderlich |

5.3.9.2 Rechtsfolgen

| Auswirkungen beim Organ | – Eigenständige Ermittlung des Organeinkommens nach allgemeinen Grundsätzen, aber ohne Anwendung von §§ 8 Abs. 3 Satz 2, Abs. 7, Abs. 9, 8b Abs. 1–5 KStG, §§ 3 Nr. 40, 3c Abs. 2, 4h EStG und § 4 Abs. 6 UmwStG (§ 15 Satz 1 Nr. 2 bis 5 KStG, Bruttomethode)
– Keine Verrechnung von verbleibenden Verlustvorträgen des Organs mit Organgewinnen (§ 15 Satz 1 Nr. 1 KStG, vororganschaftliche Verluste); gilt auch für die Gewerbesteuer (§ 10a Satz 3 GewStG)
– Organ zahlt Steuer auf 20/17 (bis VZ 2007: 4/3) der Ausgleichszahlungen an außenstehende Gesellschafter (§ 16 KStG) |

---

[1] Bestimmte Rücklagendotierungen sind zulässig (§ 14 Abs. 1 Nr. 4 KStG). Auch variable Ausgleichszahlungen sind gem. § 14 Abs. 2 KStG erlaubt. Danach gilt der gesamte *Gewinn als abgeführt, wenn über* den mindestens zugesicherten Gewinn hinausgehende Ausgleichszahlungen vereinbart wurden. Voraussetzung ist hierfür, dass der quotale Gewinnanteil am gezeichneten Kapital nicht überschritten wird und dem sogenannten „Kaufmannstest" (nach kaufmännischer Beurteilung wirtschaftlich begründet) nach § 14 Abs. 2 Satz 3 KStG Stand hält.
[2] BMF-Schr. vom 15.10. 2007, BStBl I 2007 S. 765.

Auswirkungen beim Organträger	– Zurechnung Organeinkommen, Anwendung der §§ 8 Abs. 3 Satz 2, Abs. 7, Abs. 9, 8b Abs. 1–6 KStG, §§ 3 Nr. 40, 3c Abs. 2, 4 h EStG und § 4 Abs. 6 UmwStG, sofern steuerliche Verhältnisse des Organträgers dies zulassen, Einbeziehung von Zinsaufwand und Zinsertrag des Organs in die Berechnung gem. § 4 h EStG, Kürzung Gewinnabführung
	– Mehr- und Minderabführungen, die ihre Ursache in vororganschaftlicher Zeit haben, gelten als Gewinnausschüttungen bzw. verdeckte Einlagen (§ 14 Abs. 3 KStG)
	– Bis 2021: Ausweis von Ausgleichsposten (§ 14 Abs. 4 KStG)
	– Ab 2022: Mehr- oder Minderabführungen, die ihre Ursachen in organschaftlicher Zeit haben, sind als Einlagenrückgewähr bzw. Einlagen zu behandeln (§ 14 Abs. 4 KStG n.F.)[1]

5.3.10 Tarif (§ 23 KStG)

VZ	Steuersatz
2004 bis 2007	25 %
seit 2008	15 %

5.4 Gewerbesteuer

5.4.1 Steuergegenstand

Grundsatz	Jeder stehende Gewerbebetrieb, soweit er im Inland betrieben wird (§ 2 Abs. 1 GewStG)
Gewerbebetriebe kraft Rechtsform	Tätigkeiten von AG, GmbH, KGaA, Europäische Gesellschaften, Genossenschaften und VVaG (§ 2 Abs. 2 Satz 1 GewStG; R 2.1 Abs. 4 GewStR 2009)
Gewerbebetriebe kraft wirtschaftlichen Geschäftsbetriebs	Tätigkeiten der sonstigen juristischen Personen des privaten Rechts und der nichtrechtsfähigen Vereine, soweit sie einen wirtschaftlichen Geschäftsbetrieb unterhalten (§ 2 Abs. 3 GewStG; R 2.1 Abs. 5 GewStR 2009)
optierte Gesellschaft (§ 1a KStG)	Personengesellschaften, die gem. § 1a KStG zur Körperschaftsbesteuerung optiert haben, werden für gewerbesteuerliche Zwecke wie eine Kapitalgesellschaft behandelt
Befreiungen	– Aufzählung in § 3 GewStG
	– REIT-AGs

---

[1] Neu gefasst durch Gesetz vom 25.6.2021 (BGBl I 2021 S. 2050).

5.4.2 Ermittlung des Gewerbeertrags[1]

Gewerbeertrag von Einzelunternehmen und Personengesellschaften (R 7.1 Abs. 3 GewStR 2009)	Gewerbeertrag von Kapitalgesellschaften[2] (R 7.1 Abs. 4 GewStR 2009)
Gewinn aus Gewerbebetrieb[3]	Gewinn aus Gewerbebetrieb
–/+ Gewinne/Verluste aus der Veräußerung von Betrieben, Teilbetrieben und Mitunternehmeranteilen[4]	–/+ *keine Kürzung/Hinzurechnung bei Veräußerung von Betrieben und Teilbetrieben (§ 7 Satz 2 GewStG)[5]*
./. Bestimmte Entschädigungen nach § 24 EStG	./. *keine Kürzung um bestimmte Entschädigungen*
+ Hinzurechnungen (§ 8 GewStG)	+ Hinzurechnungen (§ 8 GewStG)
./. Kürzungen (§ 9 GewStG)	./. Kürzungen (§ 9 GewStG)
= Gewerbeertrag vor Freibetrag	= Gewerbeertrag vor Freibetrag
./. Freibetrag nach § 11 Abs. 1 Satz 3 Nr. 1 GewStG i. H. v. 24 500 €	./. *kein Freibetrag[6]*
./. Abrundung auf volle 100 €	./. Abrundung auf volle 100 €
= Gewerbeertrag nach Freibetrag	= Gewerbeertrag nach Freibetrag

Hinzurechnungen (seit 2008)[7]

Dem Gewinn aus Gewerbebetrieb (§ 7 GewStG) werden folgende Beiträge wieder hinzugerechnet, soweit sie bei der Ermittlung des Gewinns abgezogen worden sind:

Tatbestand	Hinzurechnung
– Entgelte für Schulden	25 % der Entgelte für Schulden (§ 8 Nr. 1 Buchst. a GewStG)
– Renten und dauernde Lasten	25 % aller Aufwendungen (§ 8 Nr. 1 Buchst. b GewStG)
– Gewinnanteile stiller Gesellschafter	25 % aller Aufwendungen (§ 8 Nr. 1 Buchst. c GewStG)

[1] Seit dem 1.1.2017 gelten für Organgesellschaften die Sonderregelungen des § 7a GewStG. Zur zeitlichen Anwendbarkeit siehe § 36 Abs. 2b GewStG.

[2] Entsprechendes gilt für optierte Personenhandelsgesellschaften und Partnerschaftsgesellschaften.

[3] §§ 3 Nr. 40, 3c Abs. 2 EStG bzw. § 8b KStG sind bei der Ermittlung des Gewerbeertrags einer Personengesellschaft auf Erträge aus Kapitalgesellschaftsbeteiligungen anzuwenden (§ 7 Satz 4 GewStG).

[4] Gewinne aus der Veräußerung von Teilen von Mitunternehmeranteilen sind gewerbesteuerpflichtig (§ 16 Abs. 1 Satz 2 EStG gilt auch für die Gewerbesteuer). Gewerbesteuerpflichtig – ohne Ermäßigung nach § 35 EStG – sind auch Veräußerungsgewinne innerhalb von fünf Jahren nach der Umwandlung einer Kapitalgesellschaft in eine Personengesellschaft (§ 18 Abs. 3 UmwStG). Gewinne aus der Veräußerung von Mitunternehmeranteilen durch eine Mitunternehmergesellschaft sind gewerbesteuerpflichtig auf der Ebene der Mitunternehmerschaft, deren Anteile veräußert werden (§ 7 Satz 2 GewStG).

[5] Veräußerung von Mitunternehmeranteilen: Gewerbesteuerpflicht auf Ebene der Mitunternehmerschaft.

[6] Für bestimmte juristische Personen wird ein Freibetrag von 5 000 € gewährt (§ 11 Abs. 1 Satz 3 Nr. 2 GewStG).

[7] Vgl. hierzu Gleichlautender Ländererlass vom 2.7. 2012, BStBl I 2012 S. 654.

Tatbestand	Hinzurechnung
– Miet- und Pachtzinsen inkl. Leasingraten	(25 % × 20 % =) 5 % aller Aufwendungen für die Überlassung von Mobilien[1] (§ 8 Nr. 1 Buchst. d GewStG) (25 % × 50 % =) 12,5 % aller Aufwendungen für die Überlassung von Immobilien (§ 8 Nr. 1 Buchst. e GewStG)
– Lizenzzahlungen	(25 % × 25 % =) 6,25 % aller Aufwendungen (§ 8 Nr. 1 Buchst. f GewStG)
– Freibetrag für Hinzurechnungen nach § 8 Nr. 1 Buchstaben a–f GewStG	Freibetrag von 100 000 € (bis VZ 2019) bzw. 200 000 € (ab VZ 2020)[2] (§ 8 Nr. 1 2. Halbsatz GewStG)
– Gewinnanteile, die an persönlich haftende Gesellschafter einer KGaA auf ihre nicht auf das Grundkapital gemachten Einlagen oder für die Geschäftsführung verteilt worden sind	§ 8 Nr. 4 GewStG
– Nach § 3 Nr. 40 EStG oder § 8b Abs. 1 KStG außer Ansatz bleibende Gewinnanteile, soweit sie nicht die Voraussetzungen des § 9 Nr. 2a oder 7 GewStG erfüllen	§ 8 Nr. 5 GewStG
– Anteile am Verlust einer in- oder ausländischen oHG, KG oder einer anderen Gesellschaft, bei der die Gesellschafter als Unternehmer (Mitunternehmer) des Gewerbebetriebs anzusehen sind	§ 8 Nr. 8 GewStG
– Ausgaben im Sinne des § 9 Abs. 1 Nr. 2 KStG (Spenden)	§ 8 Nr. 9 GewStG
– Gewinnminderungen, die durch Ansatz des niedrigeren Teilwertes des Anteils an einer Körperschaft entstanden sind, soweit die Gewinnminderung auf Gewinnausschüttungen oder organschaftliche Gewinnabführungen der Körperschaft zurückzuführen ist	§ 8 Nr. 10a GewStG
– Gewinnminderungen, die durch Veräußerung oder Entnahme des Anteils an einer Körperschaft oder bei Auflösung oder Herabsetzung des Kapitals der Körperschaft entstanden sind, soweit die Gewinnminderung auf Gewinnausschüttungen oder organschaftliche Gewinnabführungen der Körperschaft zurückzuführen ist	§ 8 Nr. 10b GewStG

---

[1] Die Hinzurechnung ist bei Elektrofahrzeugen, Hybridelektrofahrzeugen und Fahrrädern nur zur Hälfte vorzunehmen.
[2] Freibetrag ab Veranlagungszeitraum 2020 angehoben durch Corona-Steuerhilfegesetz II, BGBl I 2020 S. 1512.

Tatbestand	Hinzurechnung
– Ausländische Steuern, die nach §34c EStG bei der Ermittlung der Einkünfte abgezogen werden, soweit sie auf Gewinne entfallen, die bei der Ermittlung des Gewerbeertrags außer Ansatz gelassen oder nach §9 GewStG gekürzt werden	§8 Nr.12 GewStG

Kürzungen

Die Summe des Gewinns und der Hinzurechnungen wird wie folgt gekürzt:

Tatbestand	Kürzung
– Zum Betriebsvermögen des Unternehmens gehörender, nicht von der Grundsteuer befreiter Grundbesitz	1,2% des Einheitswertes, dieser wird für Gewerbesteuerzwecke mit 140% des Einheitswertes angesetzt §121a BewG; §9 Nr.1 GewStG
– Erweiterte Kürzung für Grundstücksunternehmen	§9 Nr.1 Satz 2 GewStG[1]
– Anteile am Gewinn einer in- oder ausländischen oHG, KG oder anderen Gesellschaft, bei der die Gesellschafter als Unternehmer (Mitunternehmer) des Gewerbebetriebs angesehen werden, wenn die Gewinnanteile bei der Ermittlung des Gewinns angesetzt worden sind	§9 Nr.2 GewStG
– Gewinne aus Anteilen an einer nicht steuerbefreiten inländischen Kapitalgesellschaft im Sinne des §2 Abs.2 GewStG, wenn die Beteiligung zu Beginn des Erhebungszeitraums mindestens 15% beträgt und die Gewinnanteile bei der Ermittlung des Gewinns angesetzt worden sind	§9 Nr.2a GewStG
– Gewinnanteile, die nach §8 Nr.4 GewStG hinzugerechnet wurden, soweit sie bei der Ermittlung des Gewinns angesetzt worden sind	§9 Nr.2b GewStG
– Der Anteil des Gewerbeertrags eines inländischen Unternehmens, der auf eine nicht im Inland belegene Betriebsstätte entfällt	§9 Nr.3 GewStG

---

[1] Voraussetzungen für die Anwendung der erweiterten Kürzung ab 2021 entschärft durch Gesetz vom 3.6.2021 (BGBl I 2021 S. 1498).

Tatbestand	Kürzung
– Aus Mitteln des Gewerbebetriebs geleistete Zuwendungen (Spenden und Mitgliedsbeiträge) zur Förderung steuerbegünstigter Zwecke	Abziehbar sind die tatsächlichen Aufwendungen bis zur Höhe von maximal 20 % des nach § 7 GewStG ermittelten Gewinns aus Gewerbebetrieb oder 4 ‰ der Summe der gesamten Umsätze und der aufgewandten Löhne und Gehälter § 9 Nr. 5 GewStG i. V. m. §§ 52 ff. AO
– Gewinne aus Anteilen an einer Kapitalgesellschaft mit Geschäftsleitung und Sitz außerhalb des Geltungsbereichs des GewStG, an deren Nennkapital zu Beginn des Erhebungszeitraums eine Beteiligung von mindestens 15 % besteht und die Gewinnanteile bei der Ermittlung des Gewinns angesetzt worden sind	§ 9 Nr. 7 GewStG
– Gewinne aus Anteilen an einer ausländischen Gesellschaft, die durch DBA von der Gewerbesteuer befreit sind, wenn die Beteiligung mindestens 15 % beträgt und die Gewinne bei der Ermittlung des Gewinns angesetzt worden sind	§ 9 Nr. 8 GewStG

5.4.3 Gewerbeverlust (§ 10a GewStG)

	Einzelunternehmen und Personengesellschaften	Kapitalgesellschaften[1]
Grundsatz	– Nur Verlustvortrag, kein Verlustrücktrag – Mindestbesteuerung wie bei ESt und KSt (s. Kap. 5.1.1.5) – Siehe zu Verlusten bei Organschaft Kap. 5.4.4	
Anforderungen an wirtschaftliche Identität	– Unternehmensidentität (R 10a.2 GewStR 2009) **und** – Unternehmeridentität (R 10a.3 GewStR 2009) – entsprechende Anwendung von § 8c KStG[2] bei Veräußerung von Anteilen an Kapitalgesellschaft, die an Personengesellschaft mit gewerbesteuerlichem Verlustvortrag beteiligt ist (§ 10a Satz 10 GewStG)	Kein schädlicher Beteiligungserwerb i. S. d. § 8 c KStG (§ 10a Satz 10 GewStG; siehe Kap. 5.3.7.2)

---

[1] Entsprechendes gilt für optierte Personenhandelsgesellschaften und Partnerschaftsgesellschaften.
[2] Siehe zur Anwendbarkeit des § 8c KStG Kapitel 5.3.7.2.

5.4.4 Gewerbesteuerliche Organschaft

Überblick und Rechtsentwicklung	Siehe körperschaftsteuerliche Organschaft (Kap. 5.3.9)
Voraussetzungen	Siehe körperschaftsteuerliche Organschaft (Kap. 5.3.9.1)
Rechtsfolgen	– Organgesellschaft gilt als Betriebsstätte des Organträgers, Steuerpflicht bleibt jedoch bestehen (§ 2 Abs. 2 Satz 2 GewStG; R 2.3 GewStR 2009) – Keine Hinzurechnungen und Kürzungen im Organkreis[1] – Vororganschaftliche Verluste des Organs sind nicht von dem Gewerbeertrag des Organs abzuziehen (§ 10a Satz 3 GewStG) – Vororganschaftliche Verluste des Organträgers sind mit eigenen positiven Gewerbeerträgen und positiven Gewerbeerträgen des Organs verrechenbar[2]

5.4.5 Ermittlung der Gewerbesteuer

5.4.5.1 Überblick

Gewerbeertrag nach Freibetrag (siehe Kap. 5.4.2)
× Steuermesszahl (§ 11 Abs. 2 GewStG; siehe Kap. 5.4.5.2)

= Steuermessbetrag (§§ 11 Abs. 1, 14 GewStG)
× Hebesatz (§ 16 GewStG; siehe Kap. 5.4.5.3)

= Gewerbesteuer

5.4.5.2 Steuermesszahl

Die Steuermesszahl beträgt rechtsformunabhängig 3,5 %[3].

---

[1] Gleichlautender Ländererlass vom 2.7.2012, BStBl I 2012 S.654 Tz.4. Der BFH hat entschieden, dass bei einer Organgesellschaft ein Gewinn aus Anteilen an einer ausländischen Kapitalgesellschaft um fiktive nichtabziehbare Betriebsausgaben nicht zu vermindern ist. Bei dem Organträger ist eine entsprechende Hinzurechnung ebenfalls nicht vorzunehmen (BFH vom 17.12.2014, I R 39/14, BStBl II 2015 S.1052).
[2] Gleichlautende Ländererlasse vom 14.12.1999, BStBl I 1999 S.1134.
[3] Die Steuermesszahl ermäßigt sich auf 56 % des regulären Satzes (1,96 %) bei Hausgewerbetreibenden und ihnen gleichgestellten Personen (§ 11 Abs.3 GewStG).

5.4.5.3 Gewerbesteuerhebesätze[1]

Gemeinde	Einwohnerzahl	GewSt-Hebesatz		Gemeinde	Einwohnerzahl	GewSt-Hebesatz	
	31.12.2019[2]	2020	2021		31.12.2019[2]	2020	2021
Aachen, Stadt	248 960	475	475	Celle, Stadt	69 540	440	440
Aalen, Stadt	68 393	380	380	Chemnitz, Stadt	246 334	450	450
Ahlen, Stadt	52 503	445	445	Cottbus/Chóśebuz, Stadt	99 678	400	400
Arnsberg, Stadt	73 456	459	459	Darmstadt, Wissenschaftsstadt	159 878	454	454
Aschaffenburg	71 002	400	400				
Augsburg	296 582	470	470	Delmenhorst, Stadt	77 559	435	435
Bad Homburg v. d. Höhe, Stadt	54 227	385	385	Dessau-Roßlau, Stadt	80 103	450	450
Bad Kreuznach, Stadt	51 170	405	405	Detmold, Stadt	74 254	446	446
				Dinslaken, Stadt	67 373	460	460
Bad Salzuflen, Stadt	54 254	445	445	Dormagen, Stadt	64 340	450	450
				Dorsten, Stadt	74 704	495	495
Baden-Baden, Stadt	55 185	390	390	Dortmund, Stadt	588 250	485	485
Bamberg	77 373	390	390	Dresden, Stadt	556 780	450	450
Bayreuth	74 783	370	370	Duisburg, Stadt	498 686	520	520
Bergheim, Stadt	61 601	500	500	Düren, Stadt	91 216	450	450
Bergisch Gladbach, Stadt	111 846	460	460	Düsseldorf, Stadt	621 877	440	440
Berlin, Stadt	3 669 491	410	410	Erftstadt, Stadt	50 010	565	565
Bielefeld, Stadt	334 195	480	480	Erfurt, Stadt	213 981	470	470
Böblingen, Stadt	50 161	380	380	Erlangen	112 528	440	440
Bocholt, Stadt	71 113	458	458	Eschweiler, Stadt	56 482	490	490
Bochum, Stadt	365 587	495	495	Essen, Stadt	582 760	480	480
Bonn, Stadt	329 673	490	490	Esslingen am Neckar, Stadt	94 145	400	400
Bottrop, Stadt	117 565	490	490				
Brandenburg an der Havel, Stadt	72 184	450	450	Euskirchen, Stadt	58 381	475	475
				Flensburg, Stadt	90 164	410	410
Braunschweig, Stadt	249 406	450	450	Frankfurt (Oder), Stadt	57 751	400	400
Bremen, Stadt	567 559	460	460	Frankfurt am Main, Stadt	763 380	460	460
Bremerhaven, Stadt	113 643	460	460	Frechen, Stadt	52 439	490	490
Castrop-Rauxel, Stadt	73 343	500	500	Freiburg im Breisgau, Stadt	231 195	430	430

[1] Gewerbesteuersätze sämtlicher Gemeinden mit mehr als 50 000 Einwohnern.
[2] Neuester verfügbarer Stand des Statistischen Bundesamtes (Stand 31.12.2019).

Gemeinde	Einwohner-zahl	GewSt-Hebesatz	
	31.12.2019²	2020	2021
Friedrichshafen, Stadt	61 283	350	350
Fulda, Stadt	68 635	380	380
Fürth	128 497	440	440
Garbsen, Stadt	61 032	450	450
Gelsenkirchen, Stadt	259 645	480	480
Gera, Stadt	93 125	464	464
Gießen, Universitätsstadt	89 802	420	420
Gladbeck, Stadt	75 610	495	495
Göppingen, Stadt	57 813	365	365
Görlitz, Stadt	55 980	430	420
Goslar, Stadt	50 554	420	420
Göttingen, Stadt	118 911	430	430
Greifswald, Hansestadt	59 232	425	425
Grevenbroich, Stadt	63 743	450	450
Gummersbach, Stadt	50 952	475	475
Gütersloh, Stadt	100 861	411	411
Hagen, Stadt der FernUniversität	188 686	520	520
Halle (Saale), Stadt	238 762	450	450
Hamburg, Freie und Hansestadt	1 847 253	470	470
Hameln, Stadt	57 434	455	455
Hamm, Stadt	179 916	465	465
Hanau, Brüder-Grimm-Stadt	96 492	430	430
Hannover, Landeshauptstadt	536 925	480	480
Hattingen, Stadt	54 438	515	515
Heidelberg, Stadt	161 485	400	400
Heilbronn, Stadt	126 592	420	420

Gemeinde	Einwohner-zahl	GewSt-Hebesatz	
	31.12.2019²	2020	2021
Herford, Hansestadt	66 638	430	430
Herne, Stadt	156 449	500	500
Herten, Stadt	61 821	480	480
Hilden, Stadt	55 625	400	400
Hildesheim, Stadt	101 693	440	440
Hürth, Stadt	59 731	480	480
Ibbenbüren, Stadt	51 822	438	438
Ingolstadt	137 392	400	400
Iserlohn, Stadt	92 174	480	480
Jena, Stadt	111 343	450	450
Kaiserslautern, Stadt	100 030	410	410
Karlsruhe, Stadt	312 060	430	430
Kassel, documenta-Stadt	202 137	440	440
Kempten (Allgäu)	69 151	387	387
Kerpen, Kolpingstadt	66 702	500	500
Kiel, Landeshauptstadt	246 794	450	450
Kleve, Stadt	52 388	417	417
Koblenz, Stadt	114 052	420	420
Köln, Stadt	1 087 863	475	475
Konstanz, Universitätsstadt	84 911	390	390
Krefeld, Stadt	227 417	480	480
Landshut	73 411	420	420
Langenfeld (Rheinland), Stadt	59 178	310	299
Langenhagen, Stadt	54 652	450	450
Leipzig, Stadt	593 145	460	460
Leverkusen, Stadt	163 729	250	250
Lingen (Ems), Stadt	54 708	395	395
Lippstadt, Stadt	67 952	440	440

Gemeinde	Einwohner-zahl	GewSt-Hebesatz	
	31.12.2019²	2020	2021
Lübeck, Hansestadt	216 530	450	450
Lüdenscheid, Stadt	72 313	499	499
Ludwigsburg, Stadt	93 584	385	395
Ludwigshafen am Rhein, Stadt	172 253	425	425
Lüneburg, Hansestadt	75 711	420	420
Lünen, Stadt	86 348	490	490
Magdeburg, Landeshauptstadt	237 565	450	450
Mainz, Stadt	218 578	440	440
Mannheim, Universitätsstadt	310 658	430	430
Marburg, Universitätsstadt	77 129	400	400
Marl, Stadt	84 067	530	530
Meerbusch, Stadt	56 415	450	450
Menden (Sauerland), Stadt	52 608	460	460
Minden, Stadt	81 716	447	447
Moers, Stadt	103 902	480	480
Mönchengladbach, Stadt	261 034	490	490
Mülheim an der Ruhr, Stadt	170 632	580	580
München, Landeshauptstadt	1 484 226	490	490
Münster, Stadt	315 293	460	460
Neubrandenburg, Stadt	63 761	440	440
Neumünster, Stadt	80 196	410	410
Neuss, Stadt	153 896	445	455
Neustadt an der Weinstraße, Stadt	53 264	400	400
Neu-Ulm, GKSt	58 978	360	360
Neuwied, Stadt	64 765	405	405
Norderstedt, Stadt	79 357	440	440

Gemeinde	Einwohner-zahl	GewSt-Hebesatz	
	31.12.2019²	2020	2021
Nordhorn, Stadt	53 711	375	375
Nürnberg	518 370	467	467
Oberhausen, Stadt	210 764	580	580
Offenbach am Main, Stadt	130 280	440	440
Offenburg, Stadt	59 967	380	380
Oldenburg (Oldenburg), Stadt	169 077	439	439
Osnabrück, Stadt	165 251	440	440
Paderborn, Stadt	151 633	418	419
Passau	52 803	400	400
Pforzheim, Stadt	125 957	445	445
Plauen, Stadt	64 597	450	450
Potsdam, Stadt	180 334	455	455
Pulheim, Stadt	54 194	475	475
Ratingen, Stadt	87 520	400	400
Ravensburg, Stadt	50 897	380	390
Recklinghausen, Stadt	111 397	520	520
Regensburg	153 094	425	425
Remscheid, Stadt	111 338	490	490
Reutlingen, Stadt	115 865	380	380
Rheine, Stadt	76 218	430	430
Rosenheim	63 551	400	400
Rostock, Hansestadt	209 191	465	465
Rüsselsheim am Main, Stadt	65 881	420	420
Saarbrücken, Landeshauptstadt	180 374	490	490
Salzgitter, Stadt	104 291	440	440
Sankt Augustin, Stadt	55 847	490	490
Schwäbisch Gmünd, Stadt	61 137	380	380
Schweinfurt	53 426	370	370
Schwerin, Landeshauptstadt	95 653	450	450

Gemeinde	Einwohner-zahl	GewSt-Hebesatz	
	31.12.2019[2]	2020	2021
Siegen, Universitätsstadt	102 770	485	485
Sindelfingen, Stadt	64 905	370	370
Solingen, Klingenstadt	159 245	475	475
Speyer, Stadt	50 561	415	415
Stolberg (Rhld.), Kupferstadt	56 466	495	495
Stralsund, Hansestadt	59 418	445	445
Stuttgart, Landeshauptstadt	635 911	420	420
Trier, Stadt	111 528	430	430
Troisdorf, Stadt	74 953	500	500
Tübingen, Universitätsstadt	91 506	380	390
Ulm, Universitätsstadt	126 790	360	360
Unna, Stadt	58 936	481	481
Velbert, Stadt	81 842	440	440

Gemeinde	Einwohner-zahl	GewSt-Hebesatz	
	31.12.2019[2]	2020	2021
Viersen, Stadt	77 102	460	460
Villingen-Schwenningen, Stadt	85 707	360	360
Waiblingen, Stadt	55 604	360	360
Weimar, Stadt	65 228	430	430
Wesel, Stadt	60 230	448	448
Wetzlar, Stadt	52 955	390	390
Wiesbaden, Landeshauptstadt	278 474	454	454
Wilhelmshaven, Stadt	76 089	415	410
Willich, Stadt	50 391	434	434
Witten, Stadt	96 459	520	520
Wolfenbüttel, Stadt	52 165	430	430
Wolfsburg, Stadt	124 371	360	360
Worms, Stadt	83 542	420	420
Wuppertal, Stadt	355 100	490	490
Würzburg	127 934	420	420
Zwickau, Stadt	88 690	450	450

5.5 Solidaritätszuschlag[1]

Abgabepflichtige	– Unbeschränkt, beschränkt und erweitert beschränkt steuerpflichtige natürliche Personen – Unbeschränkt oder beschränkt steuerpflichtige Körperschaften
Bemessungsgrundlage	– Veranlagung: Einkommensteuer bzw. Körperschaftsteuer (festgesetzte Steuer oder Vorauszahlungen) – Lohnsteuer: Lohnsteuer abzgl. bestimmter Freibeträge (§ 3 Abs. 2a SolZG) – Kapitalertrag- oder Zinsabschlagsteuer: Einbehaltene Kapitalertragsteuer oder einbehaltener Zinsabschlag – Steuerabzug nach § 50a EStG: Steuerabzugsbetrag – Zuschlag erst ab bestimmten Geringfügigkeitsgrenzen (§ 3 Abs. 3–5 SolZG)
Zuschlagssatz	5,5 %
Erleichterungen nur bei Einkommensteuer	– Geringfügigkeitsgrenze: keine Erhebung, falls (bis VZ 2020): Einkommensteuer < 972 € (Ledige)/1 944 € (Verheiratete) ab VZ 2021: Einkommensteuer < 16 956 €/33 912 € – Milderungszone für höhere Einkommen; Wirkung nimmt mit steigendem Einkommen ab (§ 4 Satz 2 SolZG)

---

[1] Anhängiges Verfahren zur Verfassungswidrigkeit, BVerfG – 2 BvL 6/14.

5.6 Investmentsteuergesetz[1]

5.6.1 Rechtslage bis 31.12.2017

5.6.1.1 Besteuerung der Erträge aus transparenten Investmentvermögen[2],[3]

Anleger Sachverhalt	Anleger ist eine natürliche Person und hält die Anteile im Privatvermögen	Anleger ist eine natürliche Person und hält die Anteile im Betriebsvermögen	Anleger ist eine Kapitalgesellschaft
1. inländische und ausländische Dividenden	thesauriert: – gelten als zugeflossen mit Ablauf des Fondsgeschäftsjahres – steuerpflichtig (Abgeltungsteuer) ausgeschüttet: – steuerpflichtig (Abgeltungsteuer) (§§1 Abs. 3, 2 Abs. 1, 2 Abs. 2)	thesauriert: – gelten als zugeflossen mit Ablauf des Fondsgeschäftsjahres – zu 60 % steuerpflichtig ausgeschüttet: – zu 60 % steuerpflichtig (§§1 Abs. 3, 2 Abs. 1, 2 Abs. 2)	thesauriert: – gelten als zugeflossen mit Ablauf des Fondsgeschäftsjahres – steuerfrei ausgeschüttet: – steuerfrei[4] (§§1 Abs. 3, 2 Abs. 1, 2 Abs. 2)

[1] Der Gesetzgeber hat eine Neufassung des InvStG durch Gesetz vom 19.7.2016 umgesetzt. Mit Wirkung zum 1.1.2018 tritt eine umfassende Änderung des InvStG in Kraft; Gesetz vom 19.7.2016 (BGBl I S.1730), zuletzt geändert durch Gesetz vom 21.12.2020 (BGBl.I 2020 S. 3096). Durch das Investmentsteuerreformgesetz ändert sich Aufbau und Struktur der Vorschrift grundlegend, zur Rechtslage ab 1.1.2018 s. Kap. 5.6.2.

[2] Anhang 1 zum BMF-Schr. vom 18.8.2009 (BStBl I 2009 S.931; LEXinform Dok.-Nr.5230327), zuletzt geändert durch BMF-Schr. vom 25.7.2016. Weitere Anwendbarkeit bestätigt für Steuertatbestände, die nach dem 31.12.2014 verwirklicht werden, BMF vom 14.3.2016.

[3] **Rechtslage bei Erwerb bis 31.12.2008:** BMF-Schr. vom 2.6.2005, BStBl I 2005 S. 728 Anhang 1 (zu Rz. 39) bzw. Anlage zu LEXinform Dok.-Nr. 0579249.

[4] Bei Kapitalgesellschaften, bei denen §8b Abs. 7 KStG (Kreditinstitute, die die Investmentanteile im Handelsbestand halten) oder §8b Abs.8 KStG (Lebens- und Krankenversicherungen) anzuwenden ist, sind Dividenden bzw. Veräußerungsgewinne aus Aktien und GmbH-Anteilen in vollem Umfang steuerpflichtig.

Anleger Sachverhalt	Anleger ist eine natürliche Person und hält die Anteile im Privatvermögen	Anleger ist eine natürliche Person und hält die Anteile im Betriebsvermögen	Anleger ist eine Kapitalgesellschaft
2. inländische und ausländische Zinsen	thesauriert: – gelten als zugeflossen mit Ablauf des Fondsgeschäftsjahres – steuerpflichtig (Abgeltungsteuer) ausgeschüttet: – steuerpflichtig (Abgeltungsteuer) (§§ 1 Abs. 3, 2 Abs. 1)	thesauriert: – gelten als zugeflossen mit Ablauf des Fondsgeschäftsjahres – voll steuerpflichtig ausgeschüttet: – voll steuerpflichtig (§§ 1 Abs. 3, 2 Abs. 1)	thesauriert: – gelten als zugeflossen mit Ablauf des Fondsgeschäftsjahres – voll steuerpflichtig ausgeschüttet: – voll steuerpflichtig (§§ 1 Abs. 3, 2 Abs. 1)
3. Veräußerungsgewinne aus Wertpapieren (insbesondere Renten und Aktien) und GmbH-Anteilen	thesauriert:[1] – gelten nicht als zugeflossen ausgeschüttet: – steuerpflichtig (Abgeltungsteuer) (§§ 1 Abs. 3, 2 Abs. 1, 2 Abs. 3)	thesauriert:[1] – gelten nicht als zugeflossen ausgeschüttet: – voll steuerpflichtig hinsichtlich der Veräußerungsgewinne aus Renten – zu 60 % steuerpflichtig hinsichtlich der Veräußerungsgewinne auf Aktien und GmbH-Anteilen (§§ 1 Abs. 3, 2 Abs. 1, 2 Abs. 3)	thesauriert:[1] – gelten nicht als zugeflossen ausgeschüttet: – voll steuerpflichtig hinsichtlich der Veräußerungsgewinne aus Renten – steuerfrei hinsichtlich der Veräußerungsgewinne auf Aktien und GmbH-Anteilen (§§ 1 Abs. 3, 2 Abs. 1, 2 Abs. 3)
Gewinne aus Termingeschäften i. S. d. § 20 Abs. 2 Satz 1 Nr. 3 EStG	thesauriert: – gelten nicht als zugeflossen ausgeschüttet: – steuerpflichtig (Abgeltungsteuer) (§§ 1 Abs. 3, 2 Abs. 1, 2 Abs. 3)	thesauriert: – gelten nicht als zugeflossen ausgeschüttet: – voll steuerpflichtig (§§ 1 Abs. 3, 2 Abs. 1, 2 Abs. 3)	thesauriert: – gelten nicht als zugeflossen ausgeschüttet: – voll steuerpflichtig (§§ 1 Abs. 3, 2 Abs. 1, 2 Abs. 3)

---

[1] Soweit die Gewinne nicht zu den ausschüttungsgleichen Erträgen nach § 1 Abs. 3 Satz 3 InvStG gehören.

Anleger Sachverhalt	Anleger ist eine natürliche Person und hält die Anteile im Privatvermögen	Anleger ist eine natürliche Person und hält die Anteile im Betriebsvermögen	Anleger ist eine Kapitalgesellschaft
4. Optionsprämien	thesauriert: – gelten nicht als zugeflossen ausgeschüttet: – steuerpflichtig (Abgeltungsteuer) (§§ 1 Abs. 3, 2 Abs. 1)	thesauriert: – gelten nicht als zugeflossen ausgeschüttet: – voll steuerpflichtig (§§ 1 Abs. 3, 2 Abs. 1)	thesauriert: – gelten nicht als zugeflossen ausgeschüttet: – voll steuerpflichtig (§§ 1 Abs. 3, 2 Abs. 1)
5. Erträge aus Leerverkäufen von Wertpapieren	thesauriert: – gelten nicht als zugeflossen ausgeschüttet: – steuerpflichtig (Abgeltungsteuer) (§§ 1 Abs. 3, 2 Abs. 1, 2 Abs. 3)	thesauriert: – gelten nicht als zugeflossen ausgeschüttet: – voll steuerpflichtig hinsichtlich der Veräußerungsgewinne aus Renten – zu 60 % steuerpflichtig hinsichtlich der Veräußerungsgewinne auf Aktien und GmbH-Anteilen (§§ 1 Abs. 3, 2 Abs. 1, 2 Abs. 3)	thesauriert: – gelten nicht als zugeflossen ausgeschüttet: – voll steuerpflichtig hinsichtlich der Veräußerungsgewinne aus Renten – steuerfrei hinsichtlich der Veräußerungsgewinne auf Aktien und GmbH-Anteilen (§§ 1 Abs. 3, 2 Abs. 1, 2 Abs. 3)
6. inländische Mieten	thesauriert: – gelten als zugeflossen mit Ablauf des Fondsgeschäftsjahres – steuerpflichtig (Abgeltungsteuer) ausgeschüttet: – steuerpflichtig (Abgeltungsteuer) (§§ 1 Abs. 3, 2 Abs. 1)	thesauriert: – gelten als zugeflossen mit Ablauf des Fondsgeschäftsjahres – voll steuerpflichtig ausgeschüttet: – voll steuerpflichtig (§§ 1 Abs. 3, 2 Abs. 1)	thesauriert: – gelten als zugeflossen mit Ablauf des Fondsgeschäftsjahres – voll steuerpflichtig ausgeschüttet: – voll steuerpflichtig (§§ 1 Abs. 3, 2 Abs. 1)

Anleger Sachverhalt	Anleger ist eine natürliche Person und hält die Anteile im Privatvermögen	Anleger ist eine natürliche Person und hält die Anteile im Betriebsvermögen	Anleger ist eine Kapitalgesellschaft
7. **ausländische Mieten (DBA mit Freistellungsmethode = Regelfall)**	thesauriert: – gelten als zugeflossen mit Ablauf des Fondsgeschäftsjahres – steuerfrei ausgeschüttet: – steuerfrei (§§ 1 Abs. 3, 2 Abs. 1, 4 Abs. 1)	thesauriert: – gelten als zugeflossen mit Ablauf des Fondsgeschäftsjahres – steuerfrei (ggf. mit Progressionsvorbehalt) ausgeschüttet: – steuerfrei (ggf. mit Progressionsvorbehalt) (§§ 1 Abs. 3, 2 Abs. 1, 4 Abs. 1)	thesauriert: – gelten als zugeflossen mit Ablauf des Fondsgeschäftsjahres – steuerfrei ausgeschüttet: – steuerfrei (§§ 1 Abs. 3, 2 Abs. 1, 4 Abs. 1)
8. **ausländische Mieten (DBA mit Anrechnungsmethode = Ausnahme)**	thesauriert: – gelten als zugeflossen mit Ablauf des Fondsgeschäftsjahres – steuerpflichtig (Abgeltungsteuer) – Steueranrechnung/Steuerabzug ausgeschüttet: – steuerpflichtig (Abgeltungsteuer) – Steueranrechnung/Steuerabzug (§§ 1 Abs. 3, 2 Abs. 1, 4 Abs. 2)	thesauriert: – gelten als zugeflossen mit Ablauf des Fondsgeschäftsjahres – steuerpflichtig – Steueranrechnung/Steuerabzug ausgeschüttet: – steuerpflichtig – Steueranrechnung/Steuerabzug (§§ 1 Abs. 3, 2 Abs. 1, 4 Abs. 2)	thesauriert: – gelten als zugeflossen mit Ablauf des Fondsgeschäftsjahres – steuerpflichtig – Steueranrechnung/Steuerabzug ausgeschüttet: – steuerpflichtig – Steueranrechnung/Steuerabzug (§§ 1 Abs. 3, 2 Abs. 1, 4 Abs. 2)

Anleger Sachverhalt	Anleger ist eine natürliche Person und hält die Anteile im Privatvermögen	Anleger ist eine natürliche Person und hält die Anteile im Betriebsvermögen	Anleger ist eine Kapitalgesellschaft
9. Veräußerungsgewinne aus inländischen Grundstücken	thesauriert: – gelten nur als zugeflossen, wenn die Veräußerung innerhalb der 10-Jahres-Frist stattgefunden hat – voll steuerpflichtig ausgeschüttet: – steuerfrei, wenn die Veräußerung außerhalb der 10-Jahres-Frist stattgefunden hat, sonst steuerpflichtig (§§ 1 Abs. 3, 2 Abs. 1, 2 Abs. 3)	thesauriert: – gelten nur als zugeflossen, wenn die Veräußerung innerhalb der 10-Jahres-Frist stattgefunden hat – voll steuerpflichtig ausgeschüttet: – voll steuerpflichtig (§§ 1 Abs. 3, 2 Abs. 1, 2 Abs. 3)	thesauriert: – gelten nur als zugeflossen, wenn die Veräußerung innerhalb der 10-Jahres-Frist stattgefunden hat – voll steuerpflichtig ausgeschüttet: – voll steuerpflichtig (§§ 1 Abs. 3, 2 Abs. 1, 2 Abs. 3)
10. Veräußerungsgewinne aus ausländischen Grundstücken (DBA mit Freistellungsmethode)	thesauriert: – gelten nur als zugeflossen, wenn die Veräußerung innerhalb der 10-Jahres-Frist stattgefunden hat – steuerfrei ausgeschüttet: – steuerfrei, wenn die Veräußerung außerhalb der 10-Jahres-Frist stattgefunden hat, sonst steuerfrei ohne Progressionsvorbehalt (§§ 1 Abs. 3, 2 Abs. 1, 2 Abs. 3, 4 Abs. 1)	thesauriert: – gelten nur als zugeflossen, wenn die Veräußerung innerhalb der 10-Jahres-Frist stattgefunden hat – steuerfrei (ggf. mit Progressionsvorbehalt) ausgeschüttet: – steuerfrei (ggf. mit Progressionsvorbehalt) (§§ 1 Abs. 3, 2 Abs. 1, 2 Abs. 3, 4 Abs. 1)	thesauriert: – gelten nur als zugeflossen, wenn die Veräußerung innerhalb der 10-Jahres-Frist stattgefunden hat – steuerfrei ausgeschüttet: – steuerfrei (§§ 1 Abs. 3, 2 Abs. 1, 2 Abs. 3, 4 Abs. 1)

Anleger Sachverhalt	Anleger ist eine natürliche Person und hält die Anteile im Privatvermögen	Anleger ist eine natürliche Person und hält die Anteile im Betriebsvermögen	Anleger ist eine Kapitalgesellschaft
11. Veräußerungsgewinne aus ausländischen Grundstücken (DBA mit Anrechnungsmethode)	thesauriert: – gelten nur als zugeflossen, wenn die Veräußerung innerhalb der 10-Jahres-Frist stattgefunden hat – steuerpflichtig – Steueranrechnung/Steuerabzug ausgeschüttet: – steuerfrei, wenn die Veräußerung außerhalb der 10-Jahres-Frist stattgefunden hat, sonst steuerpflichtig – Steueranrechnung/Steuerabzug (§§ 1 Abs. 3, 2 Abs. 3, 4 Abs. 2)	thesauriert: – gelten nur als zugeflossen, wenn die Veräußerung innerhalb der 10-Jahres-Frist stattgefunden hat – steuerpflichtig – Steueranrechnung/Steuerabzug ausgeschüttet: – steuerpflichtig – Steueranrechnung/Steuerabzug (§§ 1 Abs. 3, 2 Abs. 3, 4 Abs. 2)	thesauriert: – gelten nur als zugeflossen, wenn die Veräußerung innerhalb der 10-Jahres-Frist stattgefunden hat – steuerpflichtig – Steueranrechnung/Steuerabzug ausgeschüttet: – steuerpflichtig – Steueranrechnung/Steuerabzug (§§ 1 Abs. 3, 2 Abs. 3, 4 Abs. 2)
12. Beteiligungserträge aus der Beteiligung an Personengesellschaften, insbesondere Grundstückspersonengesellschaften	Der Beteiligungsertrag ist bei vermögensverwaltenden Personengesellschaften steuerlich so zu werten, wie die Einkünfte, die auf Ebene der Personengesellschaft erzielt werden, d. h. Behandlung wie Zinsen, wie Mieten etc. – bei gewerblichen oder gewerblich geprägten Personengesellschaften erzielt der Fonds gewerbliche Einkünfte	Der Beteiligungsertrag ist bei vermögensverwaltenden Personengesellschaften steuerlich so zu werten, wie die Einkünfte, die auf Ebene der Personengesellschaft erzielt werden, d. h. Behandlung wie Zinsen, wie Mieten etc. – bei gewerblichen oder gewerblich geprägten Personengesellschaften erzielt der Fonds gewerbliche Einkünfte	Der Beteiligungsertrag ist bei vermögensverwaltenden Personengesellschaften steuerlich so zu werten, wie die Einkünfte, die auf Ebene der Personengesellschaft erzielt werden, d. h. Behandlung wie Zinsen, wie Mieten etc. – bei gewerblichen oder gewerblich geprägten Personengesellschaften erzielt der Fonds gewerbliche Einkünfte
13. Inländische Dividenden von Grundstückskapitalgesellschaften	wie sonstige Dividenden (s. 1.) (§§ 1 Abs. 3, 2 Abs. 3, 1, 2 Abs. 2)	wie sonstige Dividenden (s. 1.) (§§ 1 Abs. 3, 2 Abs. 3, 1, 2 Abs. 2)	wie sonstige Dividenden (s. 1.) (§§ 1 Abs. 3, 2 Abs. 3, 1, 2 Abs. 2)

Anleger Sachverhalt	Anleger ist eine natürliche Person und hält die Anteile im Privatvermögen	Anleger ist eine natürliche Person und hält die Anteile im Betriebsvermögen	Anleger ist eine Kapitalgesellschaft
14. **Ausländische Dividenden von Grundstückskapitalgesellschaften; Schachteldividende**			Die Ausschüttung der Dividenden ist nach § 4 Abs. 1 InvStG steuerfrei in voller Höhe, wenn auf den Anleger „durchgerechnet" eine genügend hohe (Schachtel-)Beteiligung entfällt. (§§ 1 Abs. 3, 2 Abs. 1, 4 Abs. 1)
15. **Ausländische Dividenden aus (insb. Grundstücks-)Kapitalgesellschaften (keine Schachteldividende, weil z. B. die erforderliche Beteiligungsquote nicht erreicht wird oder der Methodenartikel des DBA eine Freistellung nur bei Ausschüttungen an eine Kapitalgesellschaft vorsieht und somit auf der Ebene eines Sondervermögens nicht zur Anwendung kommt)**	wie sonstige Dividenden (s. 1.) (§§ 1 Abs. 3, 2 Abs. 1, 2 Abs. 2)	wie sonstige Dividenden (s. 1.) (§§ 1 Abs. 3, 2 Abs. 1, 2 Abs. 2)	wie sonstige Dividenden (s. 1.) (§§ 1 Abs. 3, 2 Abs. 1, 2 Abs. 2)

5.6.1.2 Schema zur Berechnung des Veräußerungsgewinns nach § 8 Abs. 5 InvStG[1]

Schema zur Berechnung des Veräußerungsgewinns nach § 8 Abs. 5 InvStG

	Veräußerungserlös	
	Nur bei Immobilien-Investmentvermögen:	
+/–	Korrektur um den Immobiliengewinn zum Veräußerungsstichtag (§ 8 Abs. 5 Satz 6 InvStG)	
–	erhaltener Zwischengewinn (§ 8 Abs. 5 Satz 2 InvStG)	
–	besitzzeitanteilige ausschüttungsgleiche Erträge (§ 8 Abs. 5 Satz 3 InvStG)	
–	versteuerte Erträge nach § 6 InvStG[2], soweit diese nicht auf Ausschüttungen beruhen	
+	besitzzeitanteilige Steuern auf ausschüttungsgleiche Erträge (§ 8 Abs. 5 Satz 3 InvStG)	
+	ausgeschüttete ausschüttungsgleiche Erträge der Vorjahre (§ 8 Abs. 5 Satz 4 InvStG)	
=	**maßgebender Veräußerungserlös**	maßgebender Veräußerungserlös
	Anschaffungskosten	
	Nur bei Immobilien-Investmentvermögen:	
+/–	Korrektur um den Immobiliengewinn zum Anschaffungsstichtag (§ 8 Abs. 5 Satz 6 InvStG)	
–	negative Einnahmen (§ 8 Abs. 5 Satz 2 InvStG)	
=	**maßgebende Anschaffungskosten**	– maßgebende Anschaffungskosten
		= vorläufiger Veräußerungsgewinn/-verlust
		+ ausgeschüttete steuerfreie „Altveräußerungsgewinne" (§ 8 Abs. 5 Satz 5 InvStG)
		+ steuerneutrale Substanzauskehrungen
		= anzusetzender Veräußerungsgewinn/-verlust

---

[1] Anlage 6 zum BMF-Schr. vom 18.8.2009 (BStBl I 2009 S. 931), zuletzt geändert durch BMF-Schr. vom 25.7.2016.

[2] § 6 InvStG verstößt gegen Unionsrecht (EuGH vom 9.10.2014 – C-376/14, Rs. van Caster und van Caster, IStR 2014, 808). Zum Nachweis der tatsächlichen Einkünfte vgl. BMF-Schr. vom 23.5.2016, BStBl I 2016 S. 504, sowie BFH 14.5.2019, BStBl II 2019 S. 562.

Alternative

Veräußerungserlös

Nur bei Immobilien-Investmentvermögen:
+/– Korrektur um den Immobiliengewinn zum Veräußerungsstichtag
   (§ 8 Abs. 5 Satz 6 InvStG)

– erhaltener Zwischengewinn (§ 8 Abs. 5 Satz 2 InvStG)

– besitzzeitanteilige ausschüttungsgleiche Erträge (§ 8 Abs. 5 Satz 3 InvStG)

– versteuerte Erträge nach § 6 InvStG[1], soweit diese nicht auf Ausschüttungen
   beruhen

+ besitzzeitanteilige Steuern auf ausschüttungsgleiche Erträge
   (§ 8 Abs. 5 Satz 3 InvStG)

+ ausgeschüttete ausschüttungsgleiche Erträge der Vorjahre
   (§ 8 Abs. 5 Satz 4 InvStG)

= **maßgebender Veräußerungserlös**

Anschaffungskosten

Nur bei Immobilien-Investmentvermögen:
+/– Korrektur um den Immobiliengewinn zum Anschaffungsstichtag
   (§ 8 Abs. 5 Satz 6 InvStG)

– negative Einnahmen (§ 8 Abs. 5 Satz 2 InvStG)

= **maßgebende Anschaffungskosten**

   maßgebender Veräußerungserlös

– maßgebende Anschaffungskosten

= **vorläufiger Veräußerungsgewinn/-verlust**

+ ausgeschüttete steuerfreie „Altveräußerungsgewinne" (§ 8 Abs. 5 Satz 5 InvStG)

+ steuerneutrale Substanzauskehrungen

= **anzusetzender Veräußerungsgewinn/-verlust**

---

[1] § 6 InvStG verstößt gegen Unionsrecht (EuGH vom 9.10.2014 – C-376/14, Rs. van
Caster und van Caster, IStR 2014, 808). Zum Nachweis der tatsächlichen Einkünfte
vgl. BMF-Schr. vom 23.5.2016, BStBl I 2016 S. 504, sowie BFH 14.5.2019, BStBl II
2019 S. 562.

5.6.1.3 Negative Erträge aus Investmentvermögen[1]

Verlustverrechnung nach § 3 Abs. 4 InvStG:

Reihenfolge	Anmerkung
Interner Verlustausgleich durchzuführen (§ 3 Abs. 4 Satz 1 InvStG)	im Entstehungsjahr negativer Erträge sind diese mit positiven Erträgen verschiedener Quellen einer Ertragsart auszugleichen
Nicht ausgeglichene negative Erträge sind in künftige Geschäftsjahre vorzutragen (§ 3 Abs. 4 Satz 2 InvStG)	interperiodischer Verlustausgleich ist entsprechend vorgenannter Grundsätze vorzunehmen und bedingt somit ebenfalls die Artgleichheit der zu verrechnenden Erträge

---

[1] Die Behandlung negativer Erträge ist erst seit Einführung des InvStG in § 3 Abs. 4 InvStG gesetzlich abschließend geregelt. Das zuvor geltende KAGG enthielt diesbezüglich keine explizite Regelung, sodass negative Erträge grundsätzlich auf Anlegerebene transferiert werden konnten, um von diesem genutzt zu werden.

5.6.1.4 Kapitalertragsteuerabzug bei Investmentvermögen[1]

Übersicht über den Kapitalertragsteuerabzug der wichtigsten Investmenterträge nach Einführung der Abgeltungsteuer (§ 7 InvStG)

Erträge des Fonds (Abzugsverpflichteter)	inländischer Fonds		ausländischer Fonds	
	ausschüttend	thesaurierend	ausschüttend	thesaurierend
inländische Dividenden	25 %, § 7 Abs. 3 InvStG (Fonds)	25 %, § 7 Abs. 3 InvStG (Fonds)	gelten als ausländische Dividenden	gelten als ausländische Dividenden
ausländische Dividenden	25 %, § 7 Abs. 1 Nr. 1 InvStG (auszahlende Stelle)	25 %, § 7 Abs. 4 InvStG (Fonds)	25 %, § 7 Abs. 1 Nr. 1 InvStG (auszahlende Stelle)	25 %, § 7 Abs. 1 Nr. 3 InvStG (auszahlende Stelle bei Verkauf)
inländische/ausländische Zinsen	25 %, § 7 Abs. 1 Nr. 1 InvStG (auszahlende Stelle)	25 %, § 7 Abs. 4 InvStG (Fonds)	25 %, § 7 Abs. 1 Nr. 1 InvStG (auszahlende Stelle)	25 %, § 7 Abs. 1 Nr. 3 InvStG (auszahlende Stelle bei Verkauf)
Mieterträge (inländische Grundstücke)	25 %, § 7 Abs. 1 Nr. 1 InvStG (auszahlende Stelle)	25 %, § 7 Abs. 4 InvStG (Fonds)	25 %, § 7 Abs. 1 Nr. 1 InvStG (auszahlende Stelle)	25 %, § 7 Abs. 1 Nr. 3 InvStG (auszahlende Stelle bei Verkauf)
Mieterträge (ausländische Grundstücke)	–	–	–	–
Ausschüttungen nach § 6 InvStG	25 %, § 7 Abs. 1 Nr. 2 InvStG (auszahlende Stelle)	–	25 %, § 7 Abs. 1 Nr. 2 InvStG (auszahlende Stelle)	–
Zwischengewinn	25 %, § 7 Abs. 1 Nr. 4 InvStG (auszahlende Stelle)	25 %, § 7 Abs. 1 Nr. 4 InvStG (auszahlende Stelle)	25 %, § 7 Abs. 1 Nr. 4 InvStG (auszahlende Stelle)	25 %, § 7 Abs. 1 Nr. 4 InvStG (auszahlende Stelle)

[1] Verfasser: *Delp, Bergheim.*

Erträge des Fonds	inländischer Fonds		ausländischer Fonds	
(Abzugsverpflichteter)	ausschüttend	thesaurierend	ausschüttend	thesaurierend
Termingeschäfte[1]	25 %, § 7 Abs. 1 Nr. 1 InvStG (auszahlende Stelle)	–	25 %, § 7 Abs. 1 Nr. 1 InvStG (auszahlende Stelle)	–
Gewinne aus Veräußerung von Aktien, aktienähnlichen Genussscheinen durch den Fonds[1]	25 %, § 7 Abs. 1 Nr. 1 InvStG (auszahlende Stelle)	–	25 %, § 7 Abs. 1 Nr. 1 InvStG (auszahlende Stelle)	–
Gewinne aus der Veräußerung von Rentenpapieren, Zertifikaten u.a. Wertpapieren[1]	25 %, § 7 Abs. 1 Nr. 1 InvStG (auszahlende Stelle)	–	25 %, § 7 Abs. 1 Nr. 1 InvStG (auszahlende Stelle)	–

[1] Gilt nicht für steuerfreie „Altveräußerungsgewinne" nach § 2 Abs. 3 Nr. 1 InvStG a.F.

5.6.2   Rechtslage ab 1.1.2018

5.6.2.1   Übergang zur neuen Rechtslage

Durch das Gesetz zur Reform der Investmentbesteuerung (InvStRefG) vom 19.7.2016 wurde die Besteuerung von Investmentfonds sowie deren Anlegern grundlegend reformiert. Das neue Investmentsteuerrecht ist **ab dem 1.1.2018** anwendbar. Um einen „klaren Schnitt" zwischen dem bisherigen und dem neuen Recht herzustellen, sieht § 56 Abs. 2 InvStG n.F. eine Veräußerungs- und Anschaffungsfiktion vor. Die Ermittlung des (fiktiven) Veräußerungsgewinns erfolgt nach den am 31.12.2017 geltenden Vorschriften. Die Besteuerung erfolgt aber erst bei der tatsächlichen Veräußerung der Alt-Anteile (§ 56 Abs. 3 InvStG n.F.). Durch Gesetz vom 23.6.2017 (BGBl I 2017 S. 1682) wurde § 56 um die Abs. 7 bis 9 ergänzt. Sie regeln eine Zuflussfiktion zum 31.12.2017 für Alterträge, also solche, die auf Fondsebene vor dem 1.1.2018 erzielt, aber nicht ausgeschüttet wurden. Umgekehrt unterliegen alle Ausschüttungen, die ab dem 1.1.2018 vorgenommen werden, ausschließlich dem neuen Recht.

	Privatanleger	Betriebliche Anleger/ Körperschaften
Ermittlung des (fiktiven) Veräußerungsgewinns	Rechtslage: 31.12.2017 (vgl. **Kap. 5.6.1.2** bzw. § 8 Abs. 5 InvStG a.F.)	Rechtslage: 31.12.2017 (vgl. § 8 Abs 1–4 InvStG a.F.)
Feststellung des (fiktiven) Veräußerungsgewinns	Bis spätestens 31.12.2020 durch die inländische Depotbank (§ 56 Abs. 4 InvStG n.F.)[1]	Gesonderte Feststellung durch das für die Besteuerung des Anlegers zuständige Finanzamt. Abgabefrist: 31.12.2021. Für Altanteile, die vor dem 1.1.2023 und vor der Abgabe der Feststellungserklärung veräußert wurden, ist keine Erklärung abzugeben und keine Feststellung vorzunehmen. (§ 56 Abs. 5 InvStG n.F.)[2]
Besteuerung des (fiktiven) Veräußerungsgewinns	Bei tatsächlicher Realisierung Rechtslage: 31.12.2017 zu dem dann geltenden Steuersatz	Bei tatsächlicher Realisierung Vorher kein Ausweis des Gewinns oder Verlustes in der Steuerbilanz (somit auch keine latenten Steuern)[3]

---

[1] Werden die Fondsanteile nicht von einer inländischen bzw. von gar keiner Depotbank *verwaltet, ist es Aufgabe des* Steuerpflichtigen den fiktiven Veräußerungsgewinn selbst zu ermitteln. Kann dieser nicht ermittelt werden, sieht das Gesetz eine Ersatzbemessungsgrundlage vor (§ 56 Abs. 2 Satz 3 ff. InvStG n.F.), vgl. *Stadler/Bindl*, DStR 2016, 1953.

[2] Vgl. *Stadler/Bindl*, DStR 2016, 1953.

[3] Gesetzesbegründung, BR-Drs. 119/16, 142.

	Privatanleger	Betriebliche Anleger/ Körperschaften
Auswirkung auf vor dem 1.1.2009 erworbene Alt-Anteile	Wertveränderungen bis zum 31.12.2017 bleiben steuerfrei; Wertveränderungen ab dem 1.1.2018 sind steuerpflichtig, soweit der Gewinn aus der Veräußerung von bestandsgeschützten Alt-Anteilen 100 000 € übersteigt. Der zum Schluss der Veranlagungszeitraums verbleibende Freibetrag ist bis zu seinem vollständigen Verbrauch jährlich gesondert festzustellen. (§ 56 Abs. 6 InvStG n. F.)	./.

Weitere Anwendungsfragen regelt das BMF-Schreiben vom 21.5.2019 (BStBl I 2019 S. 527) Geändert durch BMF-Schreiben v. 19.12.2019 (BStBl I S. 85), BMF-Schr. vom 29.10.2020 (BStBl. I S. 1167) und BMF-Schr. vom 20.1.2021 (BStBl. I S. 156).

5.6.2.2 Besteuerung von Investmentfonds auf Anlegerebene[1]

5.6.2.2.1 Investmenterträge

Die bislang erforderliche Ermittlung der einzelnen Besteuerungsgrundlagen entfällt. Stattdessen beschränkt sich die Besteuerung künftig gemäß § 16 Abs. 1 InvStG n. F. auf:
– Ausschüttungen des Investmentfonds nach § 2 Abs. 11 InvStG n. F.,
– Vorabpauschalen nach § 18 InvStG n. F. und
– Gewinne aus der Veräußerung von Investmentanteilen nach § 19 InvStG n. F.[2]

---

[1] Es erfolgt lediglich eine Darstellung der Besteuerung von Anlegern von Investmentfonds. Für Anleger von Spezial-Investmentfonds vgl. §§ 34 ff. InvStG n. F. Insoweit erfolgt eine Modifizierung des bereits bisher geltenden Besteuerungsregimes hin zu einer semi-transparenten Besteuerung.

[2] Der Gewinnbegriff umfasst auch Verluste aus einem Rechtsgeschäft, vgl. § 2 Abs. 14 InvStG.

Im Einzelnen:

	Privatanleger	Betriebliche Anleger/Körperschaften
Ausschüttungen (§16 Abs.1 Nr.1 i.V.m. §2 Abs.11 InvStG n.F.)	Voll steuerpflichtig Abgeltungsteuer (§20 Abs.1 Nr.3 EStG n.F. i.V.m. §16 InvStG n.F.)	Voll steuerpflichtig Keine Anwendung von §3 Nr.40 EStG bzw. §8b KStG (§16 Abs.3 InvStG n.F.)
DBA-Vergünstigungen	Grundsätzlich keine DBA-Vergünstigung wegen steuerlicher Intransparenz des Investmentfonds. Nur bei entsprechender Vorbelastung auf Fondsebene (§16 Abs.4 InvStG). Stattdessen ggf. Teilfreistellung gem. §20 InvStG n.F. (siehe Kap. 5.6.2.2.2)	
Substanzausschüttungen	Voll steuerpflichtig, es sei denn während des Liquidationszeitraums; dann nur i.H. des Wertzuwachses, vgl. §17 Abs.1 InvStG n.F.	
Vorabpauschalen (§16 Abs.1 Nr.2 i.V.m. §18 InvStG n.F.)	Anwendung	Wenn Ausschüttungen des Kalenderjahres geringer sind als die Wertentwicklung im Sinne einer risikolosen Marktverzinsung (= teilweise Thesaurierung)
	Ermittlung	Rücknahmepreis des Investmentanteils zu Beginn des Kalenderjahres $\times$ 70% des Basiszinssatzes i.S.d. §18 Abs.4 InvStG[1] = Basisertrag (begrenzt auf die tatsächliche Wertsteigerung des Investmentanteils im Kalenderjahr zzgl. Ausschüttungen des Investmentfonds im Kalenderjahr) ./. Ausschüttungen des Investmentfonds im Kalenderjahr = Vorabpauschale (sofern positiv) Im Jahr des Erwerbs: Zeitanteilige Kürzung der Vorabpauschale um ein Zwölftel je vollen Monat, der dem Erwerb vorangeht.

---

[1] Der maßgebende Zinssatz wird gem. §18 Abs.4 Satz 3 InvStG vom BMF im BStBl veröffentlicht. **2018**: 0,87% (BMF vom 4.1.2018, BStBl I 2018 S.249); **2019**: 0,52% (BMF vom 9.1.2019, BStBl I 2019, S. 58); **2020**: 0,07% (BMF vom 29.1.2020, BStBl I 2020 S. 218). Für das Jahr 2021 ergibt sich ein negativer Basiszins (–0,45%), womit keine Vorabpauschale anzusetzen ist (BMF vom 6.1.2021, BStBl I 2021 S. 56).

		Privatanleger	Betriebliche Anleger/Körperschaften
	Zufluss	Am ersten Werktag des folgenden Kalenderjahres (§ 18 Abs. 3 InvStG n. F.)	Am ersten Werktag des folgenden Kalenderjahres (§ 18 Abs. 3 InvStG n. F.). Bilanz: Aktiver Ausgleichsposten; EÜR: Merkposten. Gewinnmindernde Auflösung bei Veräußerung.
	Besteuerung	Voll steuerpflichtig Abgeltungsteuer (§ 20 Abs. 1 Nr. 3 EStG n. F. i. V. m. § 16 InvStG n. F.)	Voll steuerpflichtig Keine Anwendung von § 3 Nr. 40 EStG bzw. § 8b KStG (§ 16 Abs. 3 InvStG n. F.)
	Ausnahmen	Kein Ansatz von Vorabpauschalen, wenn die Investmentanteile gehalten werden (§ 16 Abs. 2 S. 2 InvStG n. F.): – i. R. der betrieblichen Altersvorsorge nach dem Betriebsrentengesetz – von Versicherungsunternehmen i. R. von Versicherungsverträgen nach § 20 Abs. 1 Nr. 6 S. 1 und 4 EStG – von Kranken- und Pflege-versicherungsunternehmen zur Sicherung von Altersrückstellungen	
Gewinne aus der Veräußerung der Investmentanteile (§ 19 InvStG n. F.)[1]	Ermittlung	§ 19 Abs. 1 S. 1 InvStG n. F. i. V. m. § 20 Abs. 4 EStG: Veräußerungserlös ./. Anschaffungskosten ./. Bereits versteuerte Vorabpauschalen (ungeachtet Teilfreistellung in voller Höhe) = Veräußerungsgewinn	§ 19 Abs. 1 InvStG: Veräußerungserlös ./. Anschaffungskosten ./. Ausgleichsposten/Merkposten für angesetzte Vorabpauschalen (ungeachtet Teilfreistellung in voller Höhe) = Veräußerungsgewinn

---

[1] Der Gewinnbegriff umfasst auch Verluste aus einem Rechtsgeschäft, vgl. § 2 Abs. 14 InvStG.

		Privatanleger	Betriebliche Anleger/ Körperschaften
	Anzuwendende Methode	FIFO (First In – First Out) Nach § 20 Abs. 4 Satz 7 EStG gelten die zuerst angeschafften Investmentanteile als zuerst veräußert. Daher bestimmt sich bei Privatanlegern die Höhe der Anschaffungskosten und auch die Höhe der zu berücksichtigenden Vorabpauschale nach der FIFO-Methode. (vgl. BMF vom 21.5.2019, BStBl I 2019 S. 527, Rz. 19.14)	Im Veranlagungsverfahren können betriebliche Anleger die Höhe der Anschaffungskosten und die Höhe der zu berücksichtigenden Vorabpauschale mit der Durchschnittswertmethode ermitteln. (vgl. BMF vom 21.5.2019, BStBl I 2019 S. 527, Rz. 19.15)
	Besteuerung	Voll steuerpflichtig Abgeltungsteuer (§ 20 Abs. 1 Nr. 3 EStG n. F. i. V. m. § 16 InvStG n. F.)	Voll steuerpflichtig Keine Anwendung von § 3 Nr. 40 EStG bzw. § 8b KStG (§ 16 Abs. 3 InvStG n. F.)
Ausnahmen von der Besteuerung		Kein Ansatz von Investmenterträgen, wenn die Investmentanteile im Rahmen von Altersvorsorge- oder Basisrentenverträge gehalten werden, die nach § 5 oder § 5a des Altersvorsorge-Zertifizierungsgesetztes zertifiziert sind (§ 16 Abs. 2 S. 1 InvStG n. F.).	

5.6.2.2.2 Teilfreistellung

Als Ausgleich für den Wegfall des Transparenzprinzips und der daraus resultierenden steuerlichen Vorbelastung auf Ebene der Fondsgesellschaft gilt ein typisierendes Teilfreistellungssystem. Anleger von Investmentfonds mit bestimmten Anlageschwerpunkten erhalten gemäß §20 InvStG n.F. eine je nach Anlageschwerpunkt variierende (der typisierten steuerlichen Vorbelastung nachempfundene) Teilfreistellung auf die erzielten Investmenterträge:

		Privat-anleger	Betrieb-liche Anleger[1]	KSt-pflichtige Anleger[1]
Aktienfonds (§20 Abs.1 i.V.m. §2 Abs.6 InvStG n.F.): Investmentfonds, die gemäß den Anlagebedingungen fortlaufend min. 51% ihres Wertes in Kapitalbeteiligungen (§2 Abs.8 InvStG n.F.) anlegen.		30%	60%	80%
Mischfonds (§20 Abs.2 i.V.m. §2 Abs.7 InvStG n.F.): Investmentfonds, die gemäß den Anlagebedingungen fortlaufend min. 25% ihres Wertes in Kapitalbeteiligungen (§2 Abs.8 InvStG n.F.) anlegen.		15%	30%	40%
Immobilienfonds (§20 Abs.3 i.V.m. §2 Abs.9 InvStG n.F.): Investmentfonds, die gemäß den Anlagebedingungen fortlaufend min. 51% ihres Wertes in Immobilien und Immobilien-Gesellschaften anlegen.	**Inländisch** (§20 Abs.3 Satz 1 InvStG n.F.)	60%	60%	60%
	Ausländisch (§20 Abs.3 Satz 2 InvStG n.F.): Gemäß Anlagebedingungen werden min. 51% des Wertes in ausländische Immobilen und Auslands-Immobiliengesellschaften angelegt.	80%	80%	80%

Das BMF hat mit Schreiben vom 14.6.2017 (DB 2017 S.1485) detailliert Stellung zur Bestimmung des anwendbaren Teilfreistellungssatzes genommen.

Sehen die Anlagebedingungen eines Investmentfonds keine entsprechenden Regelungen vor, kann der Anleger im Rahmen der Veranlagung auch die tatsächliche durchgehende Überschreitung der oben genannten Anlagegrenzen nachweisen (§20 Abs.4 InvStG n.F.).

Für die Gewerbesteuer gelten die hälftigen o.g. Sätze (§20 Abs.5 InvStG n.F.).

---

[1] Ausgenommen sind Anleger i.S.d. §8b Abs.7, 8 KStG sowie §3 Nr.40 S.3 oder 4 EStG. Für diese beträgt die Teilfreistellung bei Aktienfonds 30% und bei Mischfonds 15% (§20 Abs.1 S.1 und 4 InvStG n.F.).

5.6.2.2.3 Kapitalertragsteuerabzug

		Privatanleger	Betriebliche Anleger/ Körperschaften
Ausschüttungen und Vorabpauschalen	Höhe	§ 43 Abs. 1 Nr. 5 i. V. m. § 43a Abs. 1 S. 1 Nr. 1 EStG n. F.: 25 % zzgl. Solidaritätszuschlag	
	Bemessungsgrundlage	§ 43a Abs. 2 Satz 1 EStG n. F.: Kapitalertrag gemindert um Teilfreistellung gem. § 20 InvStG n. F. (siehe Kap. 5.6.2.2.2)	§ 43a Abs. 2 Satz 1 EStG n. F.: Kapitalertrag gemindert um Teilfreistellung gem. § 20 InvStG n. F. (siehe Kap. 5.6.2.2.2). Bei Aktienfonds: Lediglich Teilfreistellung um 30 %; bei Mischfonds: Lediglich Teilfreistellung um 15 % (§ 20 Abs. 1 Satz 2 bis 4 InvStG n. F. sind i. R. des Kapitalertragsteuerabzugs nicht anzuwenden)
Veräußerungsgewinne	Höhe	§ 43 Abs. 1 Nr. 9 i. V. m. § 43a Abs. 1 Satz 1 Nr. 1 EStG n. F.: 25 % zzgl. Solidaritätszuschlag	
	Bemessungsgrundlage	§ 43a Abs. 2 Satz 2 Nr. 1 EStG n. F.: Gewinn i. S. des § 19 InvStG n. F. gemindert um Teilfreistellung gem. § 20 InvStG n. F. (siehe Kap. 5.6.2.2.2.).	§ 43a Abs. 2 Satz 2 Nr. 1 EStG n. F.: Gewinn i. S. des § 19 InvStG n. F. gemindert um Teilfreistellung gem. § 20 InvStG n. F. (siehe Kap. 5.6.2.2.2.). Bei Aktienfonds: Lediglich Teilfreistellung um 30 %. Bei Mischfonds: Lediglich Teilfreistellung um 15 % (§ 20 Abs. 1 Satz 2 bis 4 InvStG n. F. sind i. R. des Kapitalertragsteuerabzugs nicht anzuwenden)
Ausnahmen		./.	Abstandnahme vom Steuerabzug bei steuerbefreiten institutionellen Anlegern (z. B. Versorgungswerke, Pensionskassen, kirchlichen Anlegern), § 44a Abs. 4 EStG n. F.

5.7 Förderung des selbstgenutzten Wohneigentums

5.7.1 Eigenheimzulagengesetz

Grundregel für letztmalige Anwendung (§ 19 Abs. 9 EigZulG)		– Herstellung: Beginn mit der Herstellung des Objekts vor dem 1. 1. 2006 – Anschaffung des Objekts aufgrund eines vor dem 1. 1. 2006 rechtswirksam abgeschlossenen obligatorischen Vertrags oder gleichstehenden Rechtsakts oder Beitritt zu einer Genossenschaft vor dem 1. 1. 2006
Weitergehende Anwendungsfälle	Anspruchsberechtigte[1]	Wegen des Voraussetzens der **unbeschränkten Steuerpflicht** kann bei Begründung einer solchen (bspw. durch Zuzug aus dem Ausland) eine Förderung für den restlichen Zeitraum in Betracht kommen; bei Aufgabe der unbeschränkten Steuerpflicht entfällt der Anspruch
	Objektgrenze[2]	Änderungen im **Familienstand** des Steuerpflichtigen können zu einer Förderung führen, soweit vorher ein schädlicher Objektverbrauch eingetreten war; Beispiele sind Heirat und damit Erhöhung der Objektgrenze auf zwei Objekte oder bei Wegfall der Voraussetzungen für eine Ehegattenbesteuerung durch **Getrenntleben oder Scheidung** und Zurechnung der bisherigen Objekte auf den anderen (geschiedenen) Ehegatten
	Folgeobjekt	Die Förderung eines Folgeobjekts ist unter Kürzung der Förderjahre des Erstobjekts möglich (Voraussetzung: Folgeobjekt erfüllt Grundregel für letztmalige Anwendung)
	Bemessungsgrundlage	Soweit der Höchstbetrag der BMG (zuletzt 125 000 €) nicht erreicht war, können nachträgliche Herstellungskosten zu einer Erhöhung führen
	Fördergrundbetrag	zuletzt 1 250 €; 8 Jahre
	Kinderzulage	Eine (zusätzliche) Kinderzulage von zuletzt 800 € kann innerhalb des Förderzeitraums Berücksichtigung finden, bspw. durch **Geburt** eines Kindes, aber auch durch erstmaliges „Wiederaufleben" des Kinderfreibetrags im Förderzeitraum (z. B. weitere Ausbildung) oder erstmalige Begründung einer Haushaltsgemeinschaft mit dem Kind; Entsprechendes gilt, wenn die Voraussetzungen für die Gewährung eines Kinderfreibetrags wegfallen

[1] Abweichend von § 2 Satz 1 EigZulG ist bei Anspruchsberechtigten, die unbeschränkt einkommensteuerpflichtig im Sinne des § 1 Abs. 2 und 3 EStG oder im Sinne des Artikels 14 EG-Privilegien-Protokoll sind, auch die Herstellung oder Anschaffung eines in einem anderen EU-Mitgliedstaat belegenen eigenen Hauses oder einer in einem anderen EU-Mitgliedstaat belegenen Eigentumswohnung im Sinne des Eigenheimzulagengesetzes begünstigt. Unter den gleichen Voraussetzungen wird die Eigenheimzulage für in Mitgliedstaaten des Europäischen Wirtschaftsraums (EWR) belegene Häuser oder Eigentumswohnungen gewährt, sofern zwischen der Bundesrepublik Deutschland und dem anderen Staat auf Grund der Richtlinie 77/799/ EWG Auskünfte erteilt werden, die erforderlich sind, um die Besteuerung durchzuführen. In diesen Fällen ist für die Gewährung der Kinderzulage abweichend von § 9 Abs. 5 Satz 2 EigZulG maßgebend, dass das Kind im Förderzeitraum zum Haushalt des Anspruchsberechtigten gehört oder gehört hat (BStBl I 2008 S. 539 im Anschluss an EuGH vom 17.1.2008, C 152/05, BStBl II 2008 S. 326).

[2] Sinngemäße Anwendung der Regelungen für Ehegatten auf Lebenspartner gem. Gesetz zur Anpassung steuerlicher Regelungen an die Rechtsprechung des Bundesverfassungsgerichts vom 18.7.2014 (BGBl I 2014 S. 1042).

Einkunfts-grenzen[1]	Das erstmalige Unterschreiten der Einkunftsgrenzen (zuletzt Summe der positiven Einkünfte 70 000 € bzw. 140 000 € bei zusammenveranlagten Ehegatten für das Erstjahr und das vorangegangene Jahr zzgl. 30 000 € je Kind) kann die Förderung für den Restzeitraum auslösen

5.7.2 Altersvorsorge-Eigenheimbetrag

Der Steuerpflichtige kann das in einem zertifizierten Altersvorsorgevertrag – sog. Riester-Rente – steuerlich begünstigt angesparte Kapital (siehe dazu Kap. 5.1.11.3) für bestimmte Immobilienerwerbe verwenden (§ 92a EStG).

Anlagebetrag	Bis zu 100 % des in einem Altersvorsorgevertrags gebildeten und steuerlich geförderten Betrags; bei teilweiser Verwendung muss das verbleibende geförderte Restkapital mind. 3 000 € betragen.

Verwendung	– bis zum Beginn der Auszahlungsphase unmittelbar für die Anschaffung oder Herstellung einer Wohnung oder zur Tilgung eines zu diesem Zweck aufgenommenen Darlehens und bei einem Mindestentnahmebetrag von 3 000 € oder
	– bis zum Beginn der Auszahlungsphase unmittelbar für den Erwerb von Geschäftsanteilen (Pflichtanteilen) an einer eingetragenen Genossenschaft für die Selbstnutzung einer Genossenschaftswohnung oder zur Tilgung eines zu diesem Zweck aufgenommenen Darlehens und bei einem Mindestentnahmebetrag von 3 000 €
	– bis zum Beginn der Auszahlungsphase für die Finanzierung eines Umbaus einer Wohnung, wenn
	a) das dafür entnommene Kapital
	   aa) mindestens 6 000 € beträgt und für einen innerhalb eines Zeitraums von drei Jahren nach der Anschaffung oder Herstellung der Wohnung vorgenommenen Umbau verwendet wird oder
	   bb) mindestens 20 000 € beträgt,
	b) das dafür entnommene Kapital zu mindestens 50 % auf Maßnahmen entfällt, die Vorgaben der DIN 18040 Teil 2, Ausgabe September 2011, soweit baustrukturell möglich, erfüllen, und der verbleibende Teil der Kosten der Reduzierung von Barrieren in oder an der Wohnung dient und
	c) der Zulageberechtigte oder ein Mitnutzer der Wohnung für die Umbaukosten weder eine Förderung durch Zuschüsse noch eine Steuerermäßigung nach § 35a in Anspruch nimmt oder nehmen wird noch die Berücksichtigung als außergewöhnliche Belastung nach § 33 beantragt hat oder beantragen wird und dies schriftlich bestätigt.

---

[1] Sinngemäße Anwendung der Regelungen für Ehegatten auf Lebenspartner gem. Gesetz zur Anpassung steuerlicher Regelungen an die Rechtsprechung des Bundesverfassungsgerichts vom 18.7.2014 (BGBl I 2014 S. 1042).

Begünstigte Wohnung	– eine Wohnung in einem eigenen Haus oder – eine eigene Eigentumswohnung oder – eine Genossenschaftswohnung einer eingetragenen Genossenschaft, wenn diese Wohnung in einem Mitgliedstaat der EU oder EWR-Staat belegen ist und die Hauptwohnung oder den Mittelpunkt der Lebensinteressen des Zulageberechtigten darstellt. Gleichgestellt sind eigentumsähnliche oder lebenslange Dauerwohnrechte i.S.d. §33 WEG, sofern sie im Fall einer Zwangsversteigerung (§39 WEG) bestehen bleiben.
Rückzahlung	Die zwingende Rückzahlung des entnommenen Betrags (noch in der Ansparphase) ist nicht notwendig; stattdessen nachgelagerte Besteuerung in der Auszahlungsphase (ratierliche Besteuerung oder Einmalbesteuerung mit Abschlag von 30%) oder bei schädlicher Verwendung gem. §22 Nr.5 EStG.
Schädliche Verwendung	Der Zulagenberechtigte nutzt die Wohnung nicht nur vorübergehend nicht mehr zu eigenen Wohnzwecken.[1] Hiervon sind aber Ausnahmen möglich (z.B. Objektwechsel, Rückführung des Anlagebetrags oder beruflich bedingter Umzug mit der Absicht, die Selbstnutzung später wieder aufzunehmen), vgl. §92a Abs.3 und 4 EStG.

---

[1] Die Aufgabe der Selbstnutzung liegt auch vor, soweit der Zulageberechtigte das Eigentum an der Wohnung aufgibt (§92a Abs. 3 Satz 2 EStG).

5.7.3 Aufwendungen für Städtebausanierung und Baudenkmäler (§ 10f EStG)

Aufwendungen für zu eigenen Wohnzwecken genutzte Objekte sind pro Person einmalig im gewissen Umfang steuerlich abzugsfähig, wenn die Voraussetzungen des § 7h oder des § 7 i EStG erfüllt sind (siehe dazu im Einzelnen Kap. 5.1.5.3.4.2).

	Förderung
Kauf/Neubau selbstgenutzten Wohneigentums	10 Jahre lang 9 % der Anschaffungs- oder Herstellungskosten
Modernisierung selbstgenutzten Wohneigentums	10 Jahre lang 9 % des Erhaltungsaufwands

5.7.4 Bausparförderung nach dem Wohnungsbauprämiengesetz

Prämienberechtigt	– Unbeschränkt steuerpflichtige Personen i.S. des § 1 Abs. 1 und Abs. 2 EStG oder auf Antrag gem. § 1 Abs. 3 i.V. m. Abs. 2 Satz 1 Nr. 1 und 2 EStG – 16. Lebensjahr ist vollendet oder Vollwaise Keine Förderung, soweit Beiträge an Bausparkassen im Rahmen der Höchstbeträge nach § 10a Abs. 1 EStG durch die Riester-Rente gefördert werden
Verfahren	– Antrag auf amtlich vorgeschriebenem Vordruck an die Bausparkasse, bei der der Bausparvertrag besteht (nicht an Finanzamt) – Antragsfrist beträgt 2 Jahre (Ende Antragsfrist für Prämie 2020 mithin 31.12.2022)

	Alleinstehende	Ehegatten[2]
Einkommensgrenze[1]	25 600 €, ab 2021[3]: 35 000 €	51 200 €, ab 2021[3]: 70 000 €
Sparhöchstbetrag pro Jahr	512 €, ab 2021[3]: 700 €	1 024 €, ab 2021[3]: 1 400 €
Wohnungsbauprämie pro Jahr	8,8 %, ab 2021[3]: 10 %	8,8 %, ab 2021[3]: 10 %

---

[1] Soweit sich Kinderfreibeträge im Rahmen der Günstigerprüfung mit dem Kindergeld *steuerlich nicht ausgewirkt haben*, werden diese bei Ermittlung der Einkommensgrenze zusätzlich abgezogen (§ 2 Abs. 5 EStG).

[2] Sinngemäße Anwendung der Regelungen für Ehegatten auf Lebenspartner gem. Gesetz zur Anpassung steuerlicher Regelungen an die Rechtsprechung des Bundesverfassungsgerichts vom 18.7.2014 (BGBl I 2014 S. 1042).

[3] Die erhöhten Beträge gelten ab dem Sparjahr 2021.

5.7.5 Baukindergeld[1]

Anspruchs-berechtigte	Jede natürliche Person, – die (Mit-)Eigentümer von selbstgenutztem Wohneigentum geworden ist und – die selbst kindergeldberechtigt ist oder mit der kindergeldberechtigten Person in einem Haushalt lebt und – in deren Haushalt mindestens ein Kind gemeldet ist, das zum Zeitpunkt der Antragstellung das 18. Lebensjahr noch nicht vollendet hat und für das im Haushalt eine Kindergeldberechtigung vorliegt und – deren zu versteuerndes jährliches Haushaltseinkommen 90.000 € bei einem Kind, zuzüglich 15.000 € je weiterem Kind nicht überschreitet. Das Kind muss die oben genannten Bedingungen erfüllen.
Förderobjekt	Gefördert wird der erstmalige Neubau oder Erwerb von Wohneigentum zur Selbstnutzung in Deutschland. Ist bereits selbstgenutztes, vermietetes, durch Nießbrauch genutztes, unentgeltlich überlassenes oder leerstehendes Wohneigentum zur Dauernutzung in Deutschland vorhanden, ist eine Förderung mit dem Baukindergeld ausgeschlossen.[2] Nicht gefördert werden: – Ferien- oder Wochenendhäuser sowie Ferienwohnungen, – die Übertragung von Wohneigentum im Wege der Erbfolge, testamentarischen Verfügung oder Schenkung, – der Erwerb oder die Übertragung von Wohneigentum zwischen Ehegatten, Lebenspartnern oder Partnern einer sonstigen auf Dauer angelegten Lebensgemeinschaft, – der Erwerb oder die Übertragung von Wohneigentum zwischen Verwandten eines Haushaltsmitgliedes in gerader Linie (z. B.: Kinder, Eltern, Großeltern, Urgroßeltern), – der Erwerb von Wohneigentum, das bereits früher im Eigentum eines Haushaltsmitgliedes stand. Die Kosten für den Eigentumserwerb (Neubau oder Kauf) ohne Erwerbsnebenkosten müssen höher sein als die Förderung durch das Baukindergeld. Trifft dies nicht zu, ist eine Förderung mit Baukindergeld ausgeschlossen. Das Förderobjekt muss gemäß Grundbucheintragung zu mindestens 50 % dem Haushalt (Anstragsteller sowie Ehe- oder Lebenspartner oder Partner aus eheähnlicher Gemeinschaft oder Kinder) gehören.

---

[1] Vgl. Merkblatt der KfW, Stand 1.7.2021.
[2] Die Voraussetzung gilt für den Haushalt, d.h. neben dem Antragsteller auch für Eheoder Lebenspartner oder Partner aus eheähnlicher Gemeinschaft oder Kinder.

Anschaffungs-/ Herstellungs- zeitraum	Neubauten sind förderfähig, wenn die Baugenehmigung zwischen dem 1.1.2018 und dem 31.3.2021 erteilt worden ist. Nach dem jeweiligen Landesbaurecht nur anzeigepflichtige Vorhaben sind förderfähig, wenn die zuständige Gemeinde nach Maßgabe der jeweiligen Landesbauordnung (LBauO) durch die Bauanzeige Kenntnis erlangt hat und mit der Ausführung des Vorhabens frühestens zwischen dem 1.1.2018 und dem 31.3.2021 begonnen werden durfte. Beim Erwerb von Neu- oder Bestandsbauten muss der notarielle Kaufvertrag durch den/die Käufer zwischen dem 1.1.2018 und dem 31.3.2021 unterzeichnet worden sein.
Kind	Für jedes Kind kann nur einmalig eine Baukindergeldförderung beantragt werden. Ausschlaggebend für die Höhe der Förderung ist die Anzahl der Kinder unter 18 Jahren, die bei Antragstellung im Haushalt leben und für die zum Zeitpunkt der Antragstellung die Kindergeldberechtigung vorliegt. Für Kinder, die nach Antragseingang geboren werden bzw. in den Haushalt aufgenommen werden, kann kein Baukindergeld beantragt werden.
Haushaltsein- kommen	Das zu versteuernde jährliche Haushaltseinkommen darf maximal 90.000 € bei einem Kind zuzüglich 15.000 € je weiterem Kind unter 18 Jahren betragen. Hierfür wird der Durchschnitt aus den zu versteuernden Einkommen des zweiten und dritten Jahres vor Antragseingang ermittelt (für einen Antrag in 2021 wird z.B. der Durchschnitt der Einkommen aus 2018 und 2019 gebildet). § 2 Abs. 5a EStG ist nicht anzuwenden. Zum Haushaltseinkommen zählen die Einkommen des Antragstellers und des Ehe- oder Lebenspartners oder Partners aus eheähnlicher Gemeinschaft.
Förderhöhe	Die Förderung erfolgt durch einen Zuschuss in Höhe von 1.200 € pro Jahr für jedes Kind unter 18 Jahren über einen Zeitraum von maximal 10 Jahren. Insgesamt kann 12.000 € für jedes Kind erhalten, wer ununterbrochen 10 Jahre Eigentümer (mindestens Miteigentümer) der geförderten Wohnimmobilie ist und diese als Haupt- oder alleinigen Wohnsitz selbst für Wohnzwecke nutzt.

Antrag und Auszahlung	Der Zuschuss ist im KfW-Zuschussportal (www.kfw.de/zuschussportal) innerhalb von 6 Monaten nach Einzug (spätestens bis zum 31.12.2023) zu beantragen.
	Eine Antragstellung vor Einzug in das Wohneigentum ist nicht zulässig.
	Ist der Antragsteller oder ein Haushaltsmitglied vor mehr als 6 Monaten in die neu erworbene oder neu geschaffene Wohnimmobilie eingezogen, ist eine Antragstellung nicht mehr zulässig. Maßgeblich ist das in der amtlichen Meldebestätigung angegebene Einzugsdatum des Haushaltsmitglieds, das als erstes in die neu erworbene oder neu geschaffene Wohnimmoblie einzieht. Zum Zeitpunkt der Antragstellung müssen alle Haushaltsmitglieder in der geförderten Wohnimmobilie mit Haupt- oder alleinigem Wohnsitz gemeldet sein. Die Einhaltung der Förderbedingungen muss innerhalb von 3 Monaten nach Antragsbestätigung nachgewiesen sein; ansonsten entfällt eine Förderung.
	Die Zuschussraten werden jährlich zum Monatsende desselben Monats wie die Erstauszahlung überwiesen.

5.8 Investitionsförderung

5.8.1 Investitionszulagen

Das Investitionszulagengesetz 2010 ist planmäßig zum 31.12.2013 ausgelaufen. Ein Nachfolgegesetz gibt es nicht. Zu den Regelungen wird auf die Vorauflagen verwiesen.

5.8.2 Regionale und überregionale Investitionshilfen[1]

A. Überblick

Nach Art. 30 GG sind in erster Linie die Länder für die wirtschaftliche Entwicklung in den Regionen verantwortlich. Seit 1969 nimmt der Bund seine Mitverantwortung für eine harmonische Entwicklung in Deutschland im Rahmen der Gemeinschaftsaufgabe **„Verbesserung der regionalen Wirtschaftsstruktur"** (**GRW**)[2] wahr. Ziel ist es, im Sinne von Hilfe zur Selbsthilfe über die Stärkung der regionalen Investitionstätigkeit dauerhaft wettbewerbsfähige Arbeitsplätze in der Region zu schaffen. Die Förderung erfolgt regelmäßig über echte Zuschüsse, aber auch Bürgschaften sind möglich.

Bund und Länder beschließen einen mehrjährig gültigen Koordinierungsrahmen[3], der nur bei konkretem Änderungsbedarf angepasst wird. Die neue Förderperiode umfasst den Zeitraum vom 1. Juli 2014 bis 31. Dezember 2020.

B. Gemeinsame Voraussetzungen

Fördergebiet	– Neue Bundesländer und Berlin – Bestimmte strukturschwache Gebiete in den alten Bundesländern
Förderungs-würdigkeit	– Differenzierung nach A-, B-, C-, D- und E-Fördergebieten – Zuordnung einer Region gemäß Karte über die GRW-Fördergebiete (2014-2020) unter http://www.bmwi.de (Stichwort: Regionalfördergebiete)
Sonstige Voraussetzungen	– Antragstellung vor Beginn des Vorhabens – Abschluss des Investitionsvorhabens grundsätzlich innerhalb von 36 Monaten – Bei einem über den Jahreswechsel dauernden Investitionsvorhaben Abruf der für die einzelnen Jahre gewährten Zuschüsse bis spätestens 31.12. des Jahres oder Antrag auf Übertragung der Mittel

---

[1] Zu Förderprogrammen und Finanzhilfen des Bundes, der Länder und der EU http://www.foerderdatenbank.de
[2] Gesetz über die Gemeinschaftsaufgabe „Verbesserung der regionalen Wirtschaftsstruktur" vom 6.10.1969 (BGBl I 1969 S. 1861), zuletzt geändert durch das Erste Gesetz zur Änderung des GRW-Gesetzes vom 13.4.2021 (BGBl I 2021 S. 770).
[3] Siehe http://www.bmwi.de, Suchbegriff „Koordinierungsrahmen".

C. Förderung wirtschaftsnaher Infrastrukturvorhaben

Vorhaben	Förderung
Infrastrukturförderung	Bis zu 90 % der förderungsfähigen Kosten
Integrierte regionale Entwicklungskonzepte	Höchstbetrag von 50 000 € pro Projekt
Kooperationsnetzwerke und Clustermanagement	Anlaufphase von max. 3 Jahren: bis zu 300 000 € je Vorhaben (500 000 €, falls mindestens 5 Partner)

D. Förderung der gewerblichen Wirtschaft

Geförderte Projekte	– Förderfähig 　– Errichtung einer Betriebsstätte 　– Erweiterung einer Betriebsstätte 　– Umstellung oder grundlegende Rationalisierung/ Modernisierung einer Betriebsstätte 　– Erwerb einer stillgelegten oder von Stillegung bedrohten Betriebsstätte, sofern unter Marktbedingung erfolgt 　– Schaffung von Telearbeitsplätzen – Ausschluss der Förderung 　– Land- und Forstwirtschaft, Fischerei, soweit nicht Verarbeitung oder Vermarktung 　– Energie- und Wasserversorgung 　– Baugewerbe, soweit nicht auf Positivliste 　– Einzelhandel, soweit nicht Versandhandel 　– Transport- und Lagergewerbe 　– Krankenhäuser, Kliniken usw. 　– Kunstfaserindustrie 　– Rettungsbeihilfen an ein Unternehmen in Schwierigkeiten – Einschränkung der Förderung 　– Verarbeitung oder Vermarktung landwirtschaftlicher Erzeugnisse und Fischereiprodukte 　– Eisen- und Stahlindustrie 　– Schiffbau, Schiffsumbau und Schiffsreparatur 　– Umstrukturierungsbeihilfen an Unternehmen in Schwierigkeiten

Förderfähige Aufwendungen	– Für sachkapitalbezogene Zuschüsse:
	  – Anschaffungs-/Herstellungskosten
	  – Anschaffungskosten von immateriellen Wirtschaftsgütern, soweit diese aktiviert werden
	  – geleaste Wirtschaftsgüter, sofern beim Leasingnehmer bilanziert
	  – aktivierte Grundstückswerte zu Marktpreisen, sofern notwendig für Investitionsvorhaben
	  – Verbleibensvoraussetzung: mindestens 5 Jahre nach Abschluss des Investitionsvorhabens (Ersatz durch gleich- oder höherwertige Wirtschaftsgüter zulässig)
	– Für lohnkostenbezogene Zuschüsse:
	  – Lohnkosten für Zweijahreszeitraum
	  – max. 500 000 € je geschaffenem Dauerarbeitsplatz bzw. 250 000 € je gesichertem Dauerarbeitsplatz
	– Nicht förderfähig
	  – Ersatzinvestitionen
	  – Kosten für vorbereitende Leistungen (z.B. Planungsleistungen Bau, Bodenuntersuchungen)
	  – Gebühren aller Art
	  – PKW, LKW, Schiffe etc.
	  – geringwertige Wirtschaftsgüter
	  – gebrauchte Wirtschaftsgüter (Ausnahme bei Erwerb stillgelegter bzw. von Stilllegung bedrohter Betriebsstätte)

E. Förderhöchstsätze und -beträge

Über die Höhe der Förderung entscheiden die Bundesländer. Ein Rechtsanspruch auf Förderung besteht grundsätzlich nicht. Die Investitionsbeihilfe einschließlich sonstiger Fördermaßnahmen darf die folgenden Sätze bzw. Beträge nicht überschreiten:

Investitionsort[2]	Kleine Unternehmen[1]	Mittlere Unternehmen[1]	Sonstige Unternehmen
	– < 50 Mitarbeiter **und** – Jahresumsatz/ Jahresbilanzsumme ≤ 10 Mio. €	– < 250 Mitarbeiter **und** – Jahresumsatz ≤ 50 Mio. € oder Bilanzsumme ≤ 43 Mio. €	Überschreiten eines der beiden Kriterien von mittleren Unternehmen
C-Fördergebiet	35 %	25 %	15 %
D-Fördergebiet	15 %	7,5 %	7,5 %, max. 200 000 €

---

[1] Soweit Dritte mit mehr als 25 % beteiligt sind, die diese Voraussetzungen nicht erfüllen, ist das Unternehmen selbst ebenfalls kein KMU. Für Unternehmen im Bereich der Forschung und Entwicklung gelten höhere Grenzen.
[2] A- und B-Fördergebiete bestehen zur Zeit in Deutschland nicht.

F. Antragsannehmende Stellen

Bundesland	Antragsannehmende Stelle/Auskünfte zu landesspezifischen Regelungen
Bayern	Regierung von Niederbayern, Regierungsplatz 540, 84028 Landshut Regierung der Oberpfalz, Emmeramsplatz 8, 93047 Regensburg Regierung von Oberfranken, Ludwigstraße 20, 95444 Bayreuth
Berlin	Senatsverwaltung für Wirtschaft, Energie und Betriebe, Martin-Luther-Straße 105, 10825 Berlin
Brandenburg	InvestitionsBank des Landes Brandenburg, Babelsberger Straße 21, 14473 Potsdam
Bremen	BAB Bremer Aufbaubank GmbH, Kontorhaus am Markt, Langenstraße 2–4, 28195 Bremen BIS Bremerhavener Gesellschaft für Investitionsförderung und Stadtentwicklung GmbH, Am Alten Hafen 118, 27568 Bremerhaven
Hessen	Wirtschafts- und Infrastrukturbank Hessen (WIBank) Wilhelmstraße 2, 34117 Kassel
Mecklenburg-Vorpommern	Landesförderinstitut Mecklenburg-Vorpommern, Hauptsitz Schwerin, Werkstraße 213, 19061 Schwerin
Niedersachsen	Investitions- und Förderbank Niedersachsen – NBank, Günther-Wagner-Allee 12–16, 30177 Hannover
Nordrhein-Westfalen	– Bezirksregierung Arnsberg, Dez. 34, 59817 Arnsberg – Bezirksregierung Detmold, Dez. 34, Leopoldstraße 15, 32756 Detmold – Bezirksregierung Düsseldorf, Dez. 34, Postfach 30 08 65, 40408 Düsseldorf – Bezirksregierung Münster, Dez. 34, Domplatz 1-3, 48143 Münster
Rheinland-Pfalz	Investitions- und Strukturbank Rheinland-Pfalz (ISB) GmbH, Holzhofstraße 4, 55116 Mainz
Saarland	Ministerium für Wirtschaft, Arbeit, Energie und Verkehr, Franz-Josef-Röder-Straße 17, 66119 Saarbrücken
Sachsen	Sächsische Aufbaubank – Förderbank, Pirnaische Straße 9, 01069 Dresden
Sachsen-Anhalt	*Investitionsbank Sachsen-Anhalt (IB.SH),* *Domplatz 12, 39104 Magdeburg*
Schleswig-Holstein	Investitionsbank Schleswig-Holstein, Fleethörn 29–31, 24103 Kiel
Thüringen	Thüringer Aufbaubank (TAB), Gorkistraße 9, 99084 Erfurt Thüringer Landesverwaltungsamt, Referat 500 Infrastrukturförderung, Jorge-Semprun-Platz 49, 99423 Weimar

G. Checkliste[1]

Werden die wichtigsten Voraussetzungen zur Förderung im Rahmen der Gemeinschaftsaufgabe „Verbesserung der regionalen Wirtschaftsstruktur" erfüllt? Sämtliche Fragen müssen mit „ja" beantwortet werden, wenn die wichtigsten Fördervoraussetzungen gegeben sein sollen!

		Ja	Nein
1.	Handelt es sich bei dem Vorhaben um eine gewerbliche Investition, eine nichtinvestive Maßnahme der gewerblichen Wirtschaft oder eine Investition in die kommunale wirtschaftsnahe Infrastruktur?		
2.	Wird das Vorhaben in den ausgewiesenen, strukturschwachen Fördergebieten der Gemeinschaftsaufgabe (Anhang 12) durchgeführt?		
3.	Handelt es sich bei dem Antragsteller um ein Unternehmen der gewerblichen Wirtschaft oder des Fremdenverkehrsgewerbes bei volkswirtschaftlich besonderen Investitionsvorhaben bzw. um eine Gemeinde oder einen Gemeindeverband bei wirtschaftsnahen Infrastrukturmaßnahmen?		
4.	Wird mit dem Investitionsvorhaben durch Schaffung zusätzlicher Einkommensquellen das Gesamteinkommen in dem jeweiligen Wirtschaftsraum unmittelbar und auf Dauer wesentlich erhöht (Primäreffekt)?		
5.	Werden mit dem Investitionsvorhaben neue Dauerarbeitsplätze geschaffen oder vorhandene gesichert?		
6.	Trägt der Antragsteller aus Eigen- oder Fremdmitteln mit mindestens 25 % der beihilfefähigen Kosten zur Finanzierung des gewerblichen Investitionsvorhabens bei?		
7.	Wird das gewerbliche Investitionsvorhaben innerhalb von 36 Monaten durchgeführt?		
8.	Wird mit dem Investitionsvorhaben erst begonnen, nachdem die Bewilligungsstelle die grundsätzliche Förderfähigkeit schriftlich mitgeteilt hat?		

---

[1] Quelle: http://www.foerderdatenbank.de

5.9 Umsatzsteuer

5.9.1 Umsatzsteuerlicher Unternehmer

5.9.1.1 Überblick

Unternehmerfähigkeit (Abschn. 2.1 UStAE[1])	– natürliche Personen – juristische Personen des privaten Rechts – juristische Personen des öffentlichen Rechts[2] – Gesamthandsgemeinschaften (z.B. GbR, OHG) – andere Personenzusammenschlüsse (z.B. Arbeitsgemeinschaft)[3]
Selbständigkeit (Abschn. 2.2 UStAE)	– auf eigene Rechnung und auf eigene Verantwortung – natürliche Personen: Abgrenzung wie im EStG und GewStG (Ausnahme: keine Umqualifizierung gem. § 15 Abs. 1 Satz 1 Nr. 2 EStG) – Personengesellschaften und juristische Personen: nahezu stets selbstständig, sofern sie nicht gem. § 2 Abs. 2 UStG in das Unternehmen eines Organträgers eingegliedert sind (vgl. 5.9.1.2)

Nachhaltige gewerbliche oder berufliche Tätigkeit[4] (Abschn. 2.3f. UStAE)	– mehrjährige Tätigkeit
	– planmäßiges Handeln
	– auf Wiederholung angelegte Tätigkeit
	– die Ausführung mehr als nur eines Umsatzes
	– Vornahme mehrerer gleichartiger Handlungen unter Ausnutzung derselben Gelegenheit oder desselben dauernden Verhältnisses
	– langfristige Duldung eines Eingriffs in den eigenen Rechtskreis
	– Intensität des Tätigwerdens
	– Beteiligung am Markt
	– Auftreten wie ein Händler
	– Unterhalten eines Geschäftslokals
	– Auftreten nach außen, z.B. gegenüber Behörden
	– nicht gewerblich oder beruflich sind nichtunternehmerische Tätigkeiten
	   – nicht wirtschaftliche Tätigkeiten i.e.S., z.B.
	      – unentgeltliche Tätigkeiten eines Vereins, die aus ideellen Vereinszwecken verfolgt werden
	      – hoheitliche Tätigkeiten juristischer Personen des öffentlichen Rechts
	      – das bloße Erwerben, Halten und Veräußern von Beteiligungen

---

[1] Dem Kap. 5.9 „Umsatzsteuer" liegt der UStAE i.d.F. vom 22.7.2021 zugrunde.
[2] Siehe Kap. 5.9.1.3.
[3] Entgegen Abschn. 2.1 Abs. 2 Satz 2 UStAE können Bruchteilsgemeinschaften keine Unternehmer i.S.d. UStG sein (BFH vom 22.11.2018, V R 65/17).
[4] Zum Verkauf von ererbtem Unternehmensvermögen durch den Erben vgl. BFH vom 13.1.2010 (BFH/NV 2010 S.1373); OFD Frankfurt a.M. vom 19.5.2011.

		– Leerstand eines Gebäudes verbunden mit dauerhafter Nichtnutzung
		– unternehmensfremde (private) Tätigkeiten, z.B.
		  – Entnahmen für den privaten Bedarf des Unternehmers durch natürliche Personen
		  – Entnahmen für den privaten Bedarf des Personals

Fiktiver Unternehmer (§2a UStG)		– Nichtunternehmer i.S.d. §2 UStG, der ein neues Fahrzeug in das übrige Gemeinschaftsgebiet liefert – Regelung gilt entsprechend, wenn Unternehmer Lieferung nicht im Rahmen seines Unternehmens ausführt
Holding (Abschn. 2.3 Abs. 2ff. UStAE)		Grundsatz: Das bloße Erwerben, Halten und Veräußern von gesellschaftsrechtlichen Beteiligungen ist keine unternehmerische Tätigkeit (= Finanzholding) – Finanzholding = kein Unternehmer – Führungs- oder Funktionsholding, d.h. Holding, die aktiv in das Tagesgeschäft ihrer Tochtergesellschaften durch Einbringung unternehmerischer Leistungen eingreift = Unternehmer

5.9.1.2   Organschaft[1]

Organträger		umsatzsteuerlicher Unternehmer
Organ		– juristische Personen des Zivil- und Handelsrechts (insbes. Kapitalgesellschaften) – Personengesellschaften[2]
Voraussetzungen		Eingliederung – finanziell + – wirtschaftlich + – organisatorisch
Eingliederung	finanziell	– Besitz der entscheidenden Anteilsmehrheit, die es dem Organträger ermöglicht, durch Mehrheitsbeschlüsse seinen Willen in der Organgesellschaft durchzusetzen – unmittelbare oder mittelbare Beteiligung – nicht ausreichend: Stimmenmehrheit an der Organgesellschaft von Gesellschaftern einer nicht an der Organgesellschaft beteiligten Kapital- oder Personengesellschaft – einer Personengesellschaft nur, wenn Gesellschafter der Personengesellschaft neben dem Organträger nur Personen sind, die in das Unternehmen des Organträgers finanziell eingegliedert sind[3] – vgl. i.E. Abschn. 2.8 Abs. 5–5b UStAE

---

[1] Abschn. 2.8 und 2.9 UStAE.
[2] Abweichend vom Wortlaut des UStG kann auch eine Personengesellschaft Organgesellschaft sein, vgl. BMF vom 26.5.2017 m.w.N.
[3] Abschn. 2.8 Abs. 5a UStAE, a. A. EuGH vom 15.4.2021 C 868/19.

Ein-gliederung	wirtschaft-lich	– Organ ist gemäß dem Willen des Unternehmers im Rahmen des Gesamtunternehmens in engem wirtschaftlichen Zusammenhang mit diesem wirtschaftlich tätig – vgl. i.E. Abschn. 2.8 Abs. 6–6 c UStAE
	organisa-torisch	– Organträger beherrscht durch die Art und Weise der Geschäftsführung die Organgesellschaft und kann seinen Willen durchsetzen – nicht ausreichend ist, dass eine vom Organträger abweichende Willensbildung ausgeschlossen ist – vgl. i.E. Abschn. 2.8 Abs. 7–11 UStAE
Konsequenzen		– Organgesellschaft ist unselbständiger Teil des Unternehmens des Organträgers – Organträger ist Steuerschuldner[1] – Innenumsätze nicht steuerbar – beschränkt aufs Inland

5.9.1.3 Unternehmereigenschaft juristischer Personen des öffentlichen Rechts[2]

Unternehmereigenschaft	
Juristische Person des öffentlichen Rechts wird tätig auf	Tätigkeit ist
Privatrechtlicher Grundlage	unternehmerisch
Öffentlich rechtlicher Grundlage	
Grundsatz	nichtunternehmerisch
Ausnahmen	
sofern Behandlung als Nichtunternehmer zu größeren Wettbewerbsverzerrungen führen würde	unternehmerisch
Tätigkeiten – der Notare im Landesdienst und der Ratschreiber im Land Baden-Württemberg, für die nach der Bundesnotarordnung die Notare zuständig sind;[3] – der Selbstabgabestellen der gesetzlichen Träger der Sozialversicherung durch die Abgabe von Brillen und Brillenteilen einschließlich der Reparaturarbeiten[3]	

---

[1] Der BFH hat dem EuGH die Frage vorgelegt, ob entgegen der Auffassung der Finanzverwaltung nicht der Organträger, sondern der Organkreis Steuerschuldner ist, vgl. BFH vom 11.12.2019, XI R 16/18 und vom 7.5.2020, V R 40/19.

[2] §2b UStG, vgl. BMF vom 16.12.2016, 14.11.2019, 20.2.2020, 9.7.2020 sowie 23.11.2020.

[3] Aufgehoben m.W.v. 18.12.2019.

– der Vermessungs- und Katasterbehörden bei der Wahrnehmung von Aufgaben der Landesvermessung und des Liegenschaftskatasters mit Ausnahme der Amtshilfe; – der Bundesanstalt für Landwirtschaft und Ernährung, soweit Aufgaben der Marktordnung, der Vorratshaltung und der Nahrungsmittelhilfe wahrgenommen werden; – gem. Anhang 1 der MwStSystRL, sofern ihr Umfang nicht unbedeutend ist.	unternehmerisch

Wettbewerbsverzerrungen liegen nicht vor wenn
– der Umsatz aus gleichartiger Tätigkeit voraussichtlich im Kalenderjahr 17 500 € jeweils nicht übersteigen wird
– vergleichbare, auf privatrechtlicher Grundlage erbrachte Leistungen ohne Recht auf Verzicht (§ 9 UStG) steuerbefreit sind
– bestimmte Leistungen, die ggü. juristischen Personen des öffentlichen Rechts erbracht werden.

Zeitliche Anwendung § 2b UStG

Grundsatz:	Ab 1.1. 2016
Ausnahme	Auf Antrag ab 1.1.2023[1] Frist Antrag bis 31.12.2016 – Folge: Gültigkeit des § 2 Abs. 3 UStG – Beschränkung des Antrags auf einzelne Tätigkeitsbereiche oder Leistungen ist nicht zulässig – Widerruf des Antrags mit Wirkung zu Beginn eines folgenden Kalenderjahres möglich

---

[1] Frist verlängert m.W.v. 30.6.2020 (§ 27 Abs. 22a UStG).

5.9.2   Steuerbare Umsätze

5.9.2.1   Überblick

Leistungen, die ein Unternehmer im Inland gegen Entgelt im Rahmen seines Unternehmens ausführt	Lieferungen	– Verschaffung der Verfügungsmacht (§ 3 Abs. 1 UStG) – Verbringen eines Gegenstands des Unternehmens aus dem Inland in das übrige Gemeinschaftsgebiet durch einen Unternehmer zu seiner Verfügung, ausgenommen zur vorübergehenden Verwendung (§ 3 Abs. 1a UStG) – Entnahme zugunsten des Unternehmers oder des Personals, wenn der Gegenstand oder seine Bestandteile zum vollen oder teilweisen Vorsteuerabzug berechtigt hat (§ 3 Abs. 1b UStG)

	Sonstige Leistungen	– Leistungen, die keine Lieferungen sind (§ 3 Abs. 9 UStG)[1]
		– Verwendung eines dem Unternehmen zugeordneten Gegenstands, der zum vollen oder teilweisen Vorsteuerabzug berechtigt hat, zu Zwecken außerhalb des Unternehmens oder für den privaten Bedarf des Personals (§ 3 Abs. 9a UStG) Ausnahmen
		  – Aufmerksamkeiten
		  – Ausschluss des Vorsteuerabzuges gem. § 15 Abs. 1b UStG
		  – Durchführung einer Vorsteuerberichtigung gem. § 15a Abs. 6a UStG
		– Erbringung unentgeltlicher anderer sonstiger Leistung für Zwecke außerhalb des Unternehmens oder für den privaten Bedarf des Personals (Ausnahme: Aufmerksamkeiten)

Innergemeinschaftliche Erwerbe		– Lieferung eines Gegenstands aus dem EU-Ausland ins Inland (siehe im Einzelnen § 1a Abs. 1, 3 bis 5 UStG) – Verbringen eines Gegenstandes aus dem EU-Ausland in das Inland (siehe im Einzelnen § 1a Abs. 2–5 UStG) – innergemeinschaftlicher Erwerb neuer Fahrzeuge (§ 1b UStG) – innergemeinschaftlicher Erwerb durch diplomatische Missionen, zwischenstaatliche Einrichtungen und Streitkräfte der Vertragsparteien des Nordatlantikvertrags (§ 1c UStG)
Einfuhr		– Verbringen von Gegenständen aus dem Drittland in das Inland oder die österreichischen Gebiete Jungholz und Mittelberg mit Überführung in den zoll- und steuerrechtlich freien Verkehr

---

[1] Die Übertragung immaterieller Wirtschaftsgüter, wie z.B. Firmenwert, wird spätestens seit dem 1.7.2011 als sonstige Leistung qualifiziert.

5.9.2.2   Ort der Lieferung
5.9.2.2.1   Übersicht

1. Grundsatz

Ort ist dort, wo sich der Gegenstand zum Zeitpunkt der Verschaffung der Verfügungs-macht befindet, d.h. bei

– Transport zum Kunden (bewegte Lieferung)	– Übergabeort
– Beförderung (Transport durch Lieferant, Kunde oder unselbständigen Erfüllungsgehilfen)	– Beginn der Beförderung
– Versendung (Beförderung durch selbständigen Dritten, z.B. Spediteur)	– Übergabe des Gegenstandes an den Beauftragten
– ohne Transport zum Kunden (unbewegte Lieferung, z.B. Werklieferung, Besitzkonstitut, Abtretung Herausabgabeanspruch, Übergabe Lagerschein etc.)	– dort, wo sich der Gegenstand zur Zeit der Verschaffung der Verfügungs-macht befindet
2. Ausnahmen/Besonderheiten	**Ort**
– Kommissionsgeschäfte[1]	– Lieferung des Kommittenten an den Kommissionär erst im Zeitpunkt der Lieferung des Kommissionsgutes an den Abnehmer – Ortsbestimmung gem. 1.
– Reihengeschäfte	– Vgl. 5.9.2.2.2
– Fernverkäufe (Versandhandel)	– Vgl. 5.9.2.2.3
– Konsignationslager ab 1.1.2020	– vgl. 5.9.2.2.4
– Lieferungen an Bord eines Schiffes, in einem Luftfahrzeug oder in der Eisen-bahn während einer Beförderung im Gemeinschaftsgebiet (§ 3e UStG)	– Abgangsort des Beförderungsmittels im Gemeinschaftsgebiet
– unentgeltliche Lieferungen	– Ortsbestimmung, wie bei entspre-chenden entgeltlichen Lieferungen[2]
– Lieferung von Gas, Elektrizität, Wärme und Kälte	– Vgl. § 3g UStG sowie Abschn. 3g.1 UStAE

---

[1] Kommissionsgeschäfte sind zivilrechtlich Besorgungsleistungen. Im UStG werden sie dagegen als Lieferungen behandelt (vgl. § 3 Abs. 3 UStG).
[2] Die MwStSystRL sieht keine spezielle Regelung für unentgeltliche Lieferungen vor, entsprechend wurde die bisherige Spezialregelung des § 3f UStG m. W. v. 18. 12. 2019 aufgehoben.

5.9.2.2.2 Reihengeschäfte[1]
5.9.2.2.2.1 Lieferort

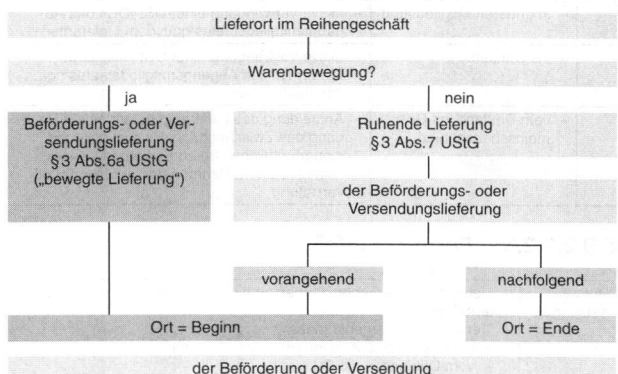

5.9.2.2.2.2 Bestimmung der „bewegten Lieferung"[2]

Beförderung/Versendung durch			Zuordnung der „bewegten Lieferung" zur
1.	erster Unternehmer		– Lieferung des ersten Unternehmers
2.	letzter Abnehmer		– Lieferung an den letzten Unternehmer
3.	Zwischenhändler (Abnehmer und Lieferer)		
	a.	Grundsatz	– Lieferung an den Zwischenhändler
	b.	Ausnahme	– Lieferung des Zwischenhändlers

---

[1] Mit Wirkung vom 1.1.2020 wurden Reihengeschäfte im Rahmen der Umsetzung der Quick Fixes erstmals in der MwStSystRL geregelt. Die Umsetzung in das nationale UStG erfolgte im Rahmen des „Gesetzes zur weiteren steuerlichen Förderung der Elektromobilität und zur Änderung weiterer steuerlicher Vorschriften".
[2] Regelung seit 1.1.2020. Zur nationalen Regelung bis 31.12.2019 vgl. Auflage 2019.

Beförderung/Versendung durch	Zuordnung der „bewegten Lieferung" zur
Nachweis zu 3b. bei Lieferung	durch
– in anderen Mitgliedstaat	– aktive Verwendung einer USt-IDNr. des Abgangsmitgliedstaates ggü. dem Lieferanten
– ins Drittland[1]	– aktive Verwendung einer USt-IDNr. bzw. Steuer-Nr. des Abgangsmitgliedstaates ggü. dem Lieferanten
– vom Drittland ins Gemeinschaftsgebiet[1]	– Anmeldung des Liefergegenstandes auf Rechnung des Zwischenhändlers zum zoll- und steuerrechtlichen freien Verkehr in seinem Namen oder im Rahmen der indirekten Stellvertretung

5.9.2.2.2.3   Fernverkäufe[2]

Voraussetzungen	– Lieferung eines Gegenstandes an einen Erwerber (i.d.R. Nichtunternehmer)
	– Transport des Gegenstandes
	  – grenzüberschreitend innerhalb der EU oder
	  – vom Drittland in die EU
	– Transportveranlassung durch Lieferanten
	– Überschreiten der EU-weiten Umsatzschwelle für innergemeinschaftliche Fernverkäufe (10.000 €) bzw. Verzicht auf deren Anwendung

Lieferort	– Grundsätzlich Bestimmungsort – Ausnahme: Bei Anwendung der Umsatzschwelle dort, wo der Transport zum Kunden beginnt

Erwerber	– Nichtunternehmer
	– Personen i. S. d. § 1a Abs. 3 Nr. 1 UStG, d. h. an folgende Erwerber:
	  – Unternehmer, die nur steuerfreie nicht zum Vorsteuerabzug berechtigende Umsätze ausführen
	  – Kleinunternehmer
	  – Pauschal besteuerte Land- und Forstwirte
	  – Nichtunternehmerische juristische Personen
	  und diese die maßgebende Erwerbsschwelle nicht überschreiten bzw. auf ihre Anwendung verzichten

---

[1] Die MwStSystRL regelt nur innergemeinschaftliche Reihengeschäfte. Reihengeschäfte mit Bezug zum Drittland sind nicht harmonisiert, sodass insoweit unverändert *unterschiedliche Auslegungen* existieren.

[2] Zum 1.7.2021 wurde i.R.d. Umsetzung des Digitalpakets der EU die bisherige Versandhandelsregelung durch die Fernverkäufe ersetzt. Wesentliche Änderungen ergeben sich durch eine Vereinheitlichung und erhebliche Reduktion der maßgeblichen Umsatzschwelle sowie der Möglichkeit der Deklaration der Fernverkäufe über das OSS-Verfahren.

Gegen-stände	– Grundsätzlich alle
	– Ausnahme, d. h. keine Gültigkeit der Fernverkaufsregelung für:
	  – Lieferung neuer Fahrzeuge
	  – Montagelieferungen
	  – Gegenstände, die der Differenzbesteuerung (§ 25a UStG) unter-liegen
	  – Verbrauchsteuerpflichtige Waren, sofern Lieferung an Personen gem. § 1a Abs. 3 Nr. 1 UStG erfolgt (vgl. unter Erwerber)

Transport-veranlas-sung durch Lieferanten	wenn der Lieferant – den Transport beauftragt oder – die gesamte oder teilweise Verantwortung übernimmt oder – die Transportkosten vom Kunden einzieht und diese an den Spedi-teur weiterleitet oder – die Zustelldienste eines Spediteurs bewirbt oder diesem die nötigen Informationen übermittelt

Umsatz-schwelle	– Voraussetzung für Anwendung:
	Lieferant hat seinen Sitz, seine Geschäftsleitung, eine Betriebsstät-te etc. in nur einem Mitgliedstaat
	– Betrag: 10 000 €
	– Maßgeblich: Überschreiten im
	  – vorangegangen Kalenderjahr oder
	  – im laufenden Kalenderjahr
	– Ermittlung:
	  – Σ aller Fernverkäufe
	  – + Σ aller TRE-Dienstleistungen[1]
	  – in allen anderen Mitgliedstaaten
	– Verzicht auf Anwendung
	  – Optional
	  – Bindungsfrist: 2 Kalenderjahre

Deklaration	Alternativ – einheitlich für alle Mitgliedstaaten im Inland über das BZSt i. R. d. One-Stop-Shop-Verfahren (OSS; vgl. 5.9.8.3.2) oder – Registrierung und Abgabe von Umsatzsteuervoranmeldungen im jeweiligen Mitgliedstaat

---

[1] Telekommunikations-, Rundfunk- und Fernsehdienstleistungen sowie auf dem elek-tronischen Weg erbrachte sonstige Leistungen.

5.9.2.2.2.4 Konsignationslager ab 1.1.2020 (§ 6b UStG)[1]

	Voraussetzungen
Voraussetzungen	
1.	– Unternehmer oder ein vom Unternehmer beauftragter Dritter befördert/versendet einen Gegenstand des Unternehmens – aus dem Gebiet eines Mitgliedstaates (Abgangsmitgliedstaat) in das Gebiet eines anderen Mitgliedstaates – damit am Ende der Beförderung/Versendung die Lieferung gem. einer bestehenden Vereinbarung an den Erwerber bewirkt wird, der zum Zeitpunkt des Beginns der Beförderung/Versendung bekannt ist – der Gegenstand verbleibt im Bestimmungsland
2.	– der Unternehmer (Lieferant) hat im Bestimmungsmitgliedstaat weder seinen Sitz, Geschäftsleitung, Betriebstätte, Wohnsitz oder gewöhnlichen Aufenthalt
3.	– der Erwerber i. S. d. Nr. 1 hat ggü. dem Unternehmer bis zum Beginn der Beförderung/Versendung die ihm vom Bestimmungsmitgliedstaat erteilte USt-IDNr. verwendet
4.	– der Unternehmer erfüllt die ihm obliegenden Aufzeichnungspflichten (s.u.) sowie Meldepflichten (ZM)
Rechtsfolgen	
1.	Lieferung erfolgt innerhalb von 12 Monaten

	– das Verbringen des Gegenstandes in den anderen Mitgliedstaat unterliegt nicht der USt
	– die Lieferung an den Erwerber wird
	  – im Abgangsmitgliedstaat als steuerfreie innergemeinschaftliche Lieferung und
	  – im Bestimmungsmitgliedstaat als innergemeinschaftlicher Erwerb behandelt

2.	Lieferung erfolgt nicht innerhalb von 12 Monaten
	– Annahme des innergemeinschaftlichen Verbringens am Tag nach dem Ablauf der 12 Monate (eine spätere Auslieferung an den Erwerber unterliegt dann der USt-Besteuerung im Bestimmungsmitgliedstaat) – dies gilt nicht, wenn der Gegenstand innerhalb der 12 Monate in den Abgangsmitgliedstaat zurückgelangt und der Unternehmer dies aufzeichnet

---

[1] Mit Wirkung vom 1.1.2020 wurden Lieferungen in Konsignationslager im Rahmen der Umsetzung der Quick Fixes erstmals in der MwStSystRL geregelt. Die Umsetzung in *das nationale UStG erfolgte im Rahmen* des „Gesetzes zur weiteren steuerlichen Förderung der Elektromobilität und zur Änderung weiterer steuerlicher Vorschriften". Zur uneinheitlichen Rechtslage bis zum 31.12.2019 vgl. OFD Frankfurt a.M. vom 23.2.2017. Trotz Neuregelung ist unverändert weiter zu prüfen, ob überhaupt eine Lieferung in ein Konsignationslager vorliegt oder es sich gem. der vertraglichen Grundlagen um eine Direktlieferung handelt.

3.	Wegfall der Voraussetzungen (z. B. bei Zerstörung, Verlust oder Diebstahl)
	– Rechtsfolge wie zu 2. am Tag des Wegfalls bzw. bei Feststellung der Zerstörung, des Verlusts oder des Diebstahls

Aufzeichnungspflichten

	– für den Unternehmer gem. § 22 Abs. 4f UStG – für den Erwerber gem. § 22 Abs. 4g UStG

5.9.2.3 Ort der sonstigen Leistung[1]

Art der sonstigen Leistung[2]	Ortsbestimmung[3]
Grundregeln gelten nur, soweit keine der auf den folgenden Seiten dieses Kapitels dargestellten Ausnahmen greift	

Sonstige Leistungen (B2B) von Unternehmen an
– Unternehmen, sofern Leistung für das Unternehmen bezogen wird
– an eine juristische Person, die
  – nicht unternehmerisch tätig ist und der eine USt-IdNr. erteilt worden ist
  oder
– unternehmerisch und nicht unternehmerisch tätig ist und die Leistung nicht für den privaten Bedarf des Personals oder eines Gesellschafters bestimmt ist
	Empfängersitzprinzip (§3a Abs. 2 UStG) =
	Ort, von dem aus der Empfänger sein Unternehmen betreibt bzw.
	Betriebsstätte des Leistungsempfängers, sofern die Leistung an die Betriebsstätte des Unternehmens ausgeführt wird

Sonstige Leistungen (B2C) von Unternehmen an
– Nichtunternehmer
– Unternehmen, sofern die Leistung nicht für das Unternehmen bezogen wird und es sich nicht um eine juristische Person handelt
– eine juristische Person, die
  – nicht unternehmerisch tätig ist und der keine USt-IdNr. erteilt worden ist oder
  – unternehmerisch und nicht unternehmerisch tätig ist, sofern die Leistung für den privaten Bedarf des Personals bestimmt ist
	Unternehmersitzprinzip (§3a Abs. 1 UStG)

[1] Durch das JStG 2009 wurde das Mehrwertsteuerpaket im deutschen UStG m.W.v. 1.1.2010 umgesetzt. Die Ortsbestimmung für sonstige Leistungen wurde komplett geändert. Die nachfolgende Übersicht zeigt die Rechtslage seit dem 1.1.2010. Für einen Vergleich mit der bis zum 31.12.2009 gültigen Rechtslage vgl. die Auflage 2018.

[2] Zu beachten ist, dass das UStG bei Kommissionsgeschäften sowie bestimmten Leistungen über elektronische Schnittstellen, abweichend vom Zivilrecht, den Kommissionär bzw. die elektronische Schnittstelle fiktiv in die Leistungskette einbezieht (vgl. §3 Abs.3, Abs.11, Abs.11a UStG).

[3] Vgl. Abschn. 3a.1–16 UStAE.

Art der sonstigen Leistung[2]	Ortsbestimmung
Ausnahmen	
Leistungen im Zusammenhang mit einem Grundstück:	**Belegenheitsprinzip** (§3a Abs. 3 Nr. 1 UStG) =
– Vermietung	Ort, an dem das Grundstück belegen ist
– Vermittlung der Vermietung oder des Verkaufs	
– Erschließung	Gilt nicht für:
– Architektenleistungen	– Verkauf oder Vermittlung von Anteilen an Grundstücks-
– Bauingenieurleistungen	gesellschaften
– Baubetreuung	– Veröffentlichung von Immobilienanzeigen
– Reparaturen an Gebäuden	– Finanzierungsberatung und Kreditgewährung im
– Reinigung von Gebäuden u. a.	Zusammenhang mit Grundstücken
	– Rechts- und Steuerberatung in Grundstücksangelegen-
	heiten
	– zu weiteren Beispielen vgl. Abschn. 3a.3 Abs. 10 UStAE
Vermietung eines Beförderungsmittels	
1. Kurzfristig (nicht mehr als 30 Tage, bei Wasserfahrzeugen 90 Tage)	**Übergabeort** (§3a Abs. 3 Nr. 2 Satz 1 und 2 UStG) Ort, an dem das Beförderungsmittel körperlich dem Leistungs- empfänger übergeben wird
2. Langfristig (B2C), ab 30.6.2013[1]	
a. Generell, außer b	**Empfängersitzprinzip** (§3a Abs. 3 Nr. 2 Satz 3 UStG)
b. Sportboot, wenn Übergabeort = Sitz, Geschäftsleitung oder Betriebsstätte des Unternehmers	**Übergabeort** (§3a Abs. 3 Nr. 2 Satz 4 UStG)
3. Vermietung durch Drittlandsunternehmer und Nutzung oder Auswertung im Inland – kurzfristig (B2B und B2C) – langfristig (B2B und B2C)	**Ort im Inland** (§3a Abs. 6 Satz 1 Nr. 1 Alt. 1 UStG)

---

[1] Gem. MwStSystRL schon ab 1.1.2013 gültig.

Art der sonstigen Leistung[2]			Ortsbestimmung
4.	Vermietung kurzfristig (B2B) – eines Schienenfahrzeugs, eines Kraftomnibusses, eines ausschließlich zur Beförderung bestimmten Straßenfahrzeugs – durch einen Inlandsunternehmer – an einen Drittlandsunternehmer – für dessen Unternehmen – Nutzung im Drittland		Drittland (§ 3a Abs. 7 UStG)
Kulturelle, künstlerische, wissenschaftliche, unterrichtende, sportliche, unterhaltende oder ähnliche Leistungen[1]			
1.	B2B		
	a.	Einräumung der Eintrittsberechtigung sowie damit zusammenhängende sonstige Leistungen	Veranstaltungsort (§ 3a Abs. 3 Nr. 5 UStG)
	b.	Ab 1.7.2011: Veranstaltungsleistung im Zusammenhang mit Messen und Ausstellungen bei Nutzung oder Auswertung im Drittland	Drittland (§ 3a Abs. 8 UStG)
2.	B2C		Tätigkeitsort (§ 3a Abs. 3 Nr. 3a UStG)

---

[1] Dargestellt ist die seit 1.1.2011 gültige Regelung, zur vorherigen Regelung vgl. die Auflage 2021. Zur Abgrenzung von Veranstaltungsleistungen zu anderen sonstigen Leistungen bei Messen und Ausstellungen vgl. Abschn. 3a.4 UStAE. Zum Begriff der Eintrittsberechtigung vgl. Abschn. 3a.7a UStAE bzw. BMF-Schr. vom 9.6.2021.

Art der sonstigen Leistung[2]	Ortsbestimmung
Restaurationsumsätze	
1. generell	Tätigkeitsort (§ 3a Abs. 3 Nr.3b UStG)
2. auf Schiffen, in Luftfahrzeugen und Eisenbahnen während der Beförderung innerhalb des Gemeinschaftsgebiets	Abgangsort (§ 3e UStG)
Arbeiten an beweglichen körperlichen Gegenständen und die Begutachtung dieser Gegenstände	
1. B2C	Tätigkeitsort (§ 3a Abs. 3 Nr.3c UStG)
2. B2B bei Nutzung oder Auswertung im Drittland	Drittland (§ 3a Abs. 8 UStG)[1]
Vermittlungsleistungen (soweit nicht i. V. m. Grundstücken)	
B2C	**Ort des vermittelten Umsatzes** (§ 3a Abs. 3 Nr. 4 UStG)
Katalogdienstleistungen	
1. Umsätze mit Patenten, Urheber-, Marken- u. ä. Rechten	
2. Werbeleistungen, Öffentlichkeitsarbeit, Werbungsmittler, Werbeagenturen	
3. Rechtliche, wirtschaftliche, technische Beratung durch Rechtsanwälte[2], Patentanwälte, Steuerberater[1], Wirtschaftsprüfer, Sachverständige, Ingenieurleistungen, Aufsichtsratstätigkeit, Dolmetscher, Übersetzer	
4. Datenverarbeitung	
5. Überlassung von Informationen (gewerbliche Verfahren, Erfahrungen, Software, Marktforschungsergebnisse u. a.)	
6. Bankleistungen gemäß § 4 Nr. 8a – h UStG	
7. Versicherungsleistungen gemäß § 4 Nr. 10 UStG	

---

[1] § 3 Abs. 8 UStG wurde m. W. v. 1.1.2011 in das UStG eingefügt. Zur vorherigen Regelung vgl. die Auflage 2021.

[2] Die Testamentsvollstreckung durch Steuerberater und Rechtsanwälte ist keine berufstypische Leistung (Abschn. 3a.9 Abs. 10 Satz 3 UStAE); Buchhaltungsarbeiten, die das Erfassen und Kontieren von Belegen sowie die Vorbereitung der Abschlusserstellung umfassen, sind ebenfalls nicht berufstypisch (BFH vom 9.2.2012).

Art der sonstigen Leistung[2]	Ortsbestimmung
8. Personalgestellung (Zeitarbeit)	
9. Verzicht auf Ausübung bestimmter Rechte und Tätigkeiten	
10. Vermietung beweglicher, körperlicher Gegenstände, außer Beförderungsmittel (Mobilienleasing)	
11. Leistungen i. Vm. der Gewährung des Zugangs zu Erdgas- und Elektrizitätsnetzen, der Fernleitung sowie der Übertragung und Verteilung über diese Netze	
Katalogdienstleistungen (Nr. 1–11)	
1. B2C, Empfänger mit Wohnsitz in Drittland	**Empfängersitzprinzip** (§ 3a Abs. 4 UStG)
2. Katalogdienstleistung (Nr. 1–10) – durch Drittlandsunternehmer – an eine im Inland ansässige juristische Person des öffentlichen Rechts – Nutzung und Auswertung der Leistung im Inland	**Inland** (§ 3a Abs. 6 UStG)
Telekommunikationsleistungen und Rundfunk- und Fernsehdienstleistungen	
B2C	
1. bis 31.12.2014	
a. Empfänger mit Wohnsitz im Drittland	**Empfängersitzprinzip** (§ 3a Abs. 4 UStG a. F.)
b. Nutzung bzw. Auswertung im Drittland (nur für Telekommunikationsleistungen)	**Drittland** (§ 3a Abs. 8 UStG a. F.)
c. durch Drittlandsunternehmer und Nutzung oder Auswertung im Inland	**Inland** (§ 3a Abs. 6 UStG a. F.)

Art der sonstigen Leistung[2]	Ortsbestimmung
2.	ab 1.1.2015	
a.	Grundsatz	**Empfängersitzprinzip** (§3a Abs. 5 UStG)
b.	durch Drittlandsunternehmer und Nutzung oder Auswertung im Inland	**Inland** (§3a Abs. 6 UStG)
3.	ab 1.1.2019	**Unternehmersitzprinzip**
	Ausnahme zu 2a: – Sofern der leistende Unternehmer nur in einem Mitgliedstaat ansässig ist und – die Umsatzschwelle i.H.v. 10000 € im vorangegangenen Kalenderjahr nicht überschritten hat und im laufenden Kalenderjahr nicht überschreitet und – auf Anwendung dieser Schwelle nicht verzichtet Umsatzschwelle (Ermittlung): – ab 1.1.2019: Gesamtbetrag der Entgelte aus Telekommunikations-, Rundfunk- und Fernseh- sowie auf elektronischem Weg erbrachte sonstige Leistungen in anderen Mitgliedstaaten – ab 1.7.2021 wie ab 1.1.2019 zzgl. unter zusätzlichem Einbezug der innergemeinschaftlichen Fernverläufe	

Art der sonstigen Leistung[2]	Ortsbestimmung
Auf elektronischem Weg erbrachte Leistungen	
B2C	
1. bis 31.12.2014	
a. Empfänger mit Wohnsitz im Drittland	**Empfängersitzprinzip** (§3a Abs.4 UStG a.F.)
b. Empfänger mit Wohnsitz im Inland oder der EU durch einen im Drittland ansässigen Unternehmer	**Empfängersitzprinzip** (§3a Abs.5 UStG a.F.)
2. ab 1.1.2015	**Empfängersitzprinzip** (§3a Abs.5 UStG)
3. ab 1.1.2019	**Unternehmersitzprinzip**
Ausnahme zu 2a: – Sofern der leistende Unternehmer nur in einem Mitgliedstaat ansässig ist und – die Umsatzschwelle i.H.v. 10 000 € im vorangegangenen Kalenderjahr nicht überschritten hat und im laufenden Kalenderjahr nicht überschreitet und – auf Anwendung dieser Schwelle nicht verzichtet	
Umsatzschwelle (Ermittlung): – ab 1.1.2019: Gesamtbetrag der Entgelte aus Telekommunikations-, Rundfunk- und Fernseh- sowie auf elektronischem Weg erbrachte sonstige Leistungen in anderen Mitgliedstaaten – ab 1.7.2021 wie ab 1.1.2019 zzgl. unter zusätzlichem Einbezug der innergemeinschaftlichen Fernverläufe	
Personenbeförderung	**Inländische Beförderungsstrecke** (§3b Abs.1 Satz 1 und 2 UStG)

Art der sonstigen Leistung[2]		Ortsbestimmung
Güterbeförderungen		
1.	B2C	
	a. Beginn und Ende im Inland	**Inländische Beförderungsstrecke** (§ 3b Abs. 1 Satz 3 UStG)
	b. Beginn im Inland und Ende in anderem EU-Staat	**Abgangsort** (§ 3b Abs. 3 UStG)
2.	B2B bei Nutzung oder Auswertung im Drittland	Drittland (§ 3a Abs. 8 UStG)[1]
3.	Nebentätigkeiten zur Güterbeförderung (Beladen, Entladen etc.)	
	B2C	Ort der tatsächlichen Leistungserbringung (§ 3b Abs. 2 UStG)
	B2B bei Nutzung oder Auswertung im Drittland	Drittland (§ 3a Abs. 8 UStG)[1]

[1] § 3 Abs. 8 UStG wurde m.W.v. 1.1.2011 in das UStG eingefügt. Zur vorherigen Regelung vgl. die Auflage 2021.

5.9.3   Steuerbefreiungen

5.9.3.1   Überblick

Fußnoten auf der nächsten Seite.

[1] Vgl. Abschn. 4.14 und 4.16 UStAE.
[2] Vgl. Kap. 5.9.3.2 und 5.9.3.3.
[3] Die Lieferung von Strom ist als steuerfreie Nebenleistung ebenfalls befreit, vgl. Abschn. 4.12.1 Abs. 5 UStAE sowie BMF-Schr. vom 21. 7. 2009 (BStBl I 2009 S. 821; eine a.A. vertritt hierzu der EuGH (vgl. Urteil vom 16.4.2015, Rs. C-42/14).
[4] Die Entnahme eines Grundstücks ist ebenfalls steuerbefreit (Abschn. 4.9.1 Abs. 2 Nr. 6 UStAE).
[5] Zur Abgrenzung zu nicht steuerpflichtigen Vermittlungen vgl. Abschn. 4.8.1 UStAE sowie EuGH vom 21.6.2007 (DStR 2007 S. 1163), BMF-Schr. vom 29.11. 2007 (BStBl I 2007 S.947).
[6] § 4 Nr.21b UStG entspricht nicht vollumfänglich den Vorgaben der MwStSystRL. In geeigneten Fällen kann daher insbesondere unter Berufung auf Art.132 Abs.1 Buchst j MwStSystRL die Steuerfreiheit durchgesetzt werden.
[7] Vgl. zur Abgrenzung: Abschn. 4.11.1 UStAE.

5.9.3.2   Steuerbefreiung für Ausfuhren

5.9.3.2.1   Voraussetzungen

	Steuerfreie Ausfuhr (§ 6 Abs.1 UStG)		
Wie	Nr.1	Nr.2	Nr.3
	Beförderung o. Versendung des Gegenstandes		
Wohin	Drittland (ohne Freihäfen § 1 Abs.3 UStG)		Freihäfen
durch wen	Unternehmer (Lieferant)	Abnehmer	Unternehmer oder Abnehmer
Anforderung an Abnehmer	keine	Ausländischer Abnehmer § 6 Abs.2 UStG	– Unternehmer: Erwerb für Unternehmen – Nicht-Unternehmer: ausländischer Abnehmer und Gelangen in Drittland
Nachweise	Beleg- und Buchungsnachweise		

5.9.3.2.2   Ausfuhrnachweise

Ausfuhrnachweise (§ 6 Abs. 4 UStG)

Belegnachweise	Buchnachweise
§§ 8–12 UStDV	§ 13 UStDV
– § 8 Grundsätze – § 9 Beförderung – § 10 Versendung – § 11 Be- und Verarbeitung – § 12 Lohnveredelung	

A. Belegnachweise bei Beförderung

Belegnachweise bei Beförderung (§ 9 UStDV)

generell		für den Straßenverkehr zugelassene Fahrzeuge
elektronisches Ausfuhr-verfahren (Regelfall)	andere Ausfuhrverfahren	
– Ausgangsvermerk[1] oder – Alternativ-Ausgangs-vermerk	Beleg mit Angaben gem. § 9 Abs. 1 Nr. 2 UStDV	– Ausgangsvermerk mit Fahrzeug-IdNr. – Bescheinigung über Zulassung, Verzollung oder Einfuhrbesteuerung im Drittland

B. Belegnachweis bei Versendung

Belegnachweise bei Versendung (§ 10 UStDV)

generell		Für den Straßenverkehr zugelassene Fahrzeuge
Elektronisches Ausfuhr-verfahren (Regelfall)	Andere Ausfuhrverfahren	
– Ausgangsvermerk[1] oder – Alternativ-Ausgangsvermerk	Beleg gem. § 10 Abs. 1 Nr. 2 UStDV z. B.: – weiße Speditions-bescheinigung – Einlieferungsschein (Postsendungen)	– Ausgangsvermerk mit Fahrzeug-IdNr. – Bescheinigung über Zulassung, Verzollung oder Einfuhrbesteuerung im Drittland

---

[1] Neben dem „klassischen" Ausgangsvermerk werden in bestimmten Konstellationen auch weitere vom ATLAS-Verfahren erzeugte Ausgangsvermerke als Ausfuhr-nachweis anerkannt (BMF-Schr. vom 23.1. 2015 und 19.6.2015; Abschn. 6.7a. und 6.9. Abs. 16 UStAE).

5.9.3.3 Steuerbefreiung für innergemeinschaftliche Lieferungen

5.9.3.3.1 Voraussetzungen[1]

Innergemeinschaftliche Lieferung liegt vor (§ 6 a Abs. 1 UStG), wenn:
1. der Unternehmer oder der Abnehmer den Gegenstand der Lieferung in das übrige Gemeinschaftsgebiet befördert oder versendet hat
2. der Abnehmer
   a. ein in einem anderen Mitgliedstaat für Zwecke der Umsatzsteuer erfasster Unternehmer ist, der den Gegenstand der Lieferung für sein Unternehmen erworben hat
   b. eine in einem anderen Mitgliedstaat für Zwecke der Umsatzsteuer erfasste juristische Person ist, die nicht Unternehmer ist oder die den Gegenstand der Lieferung nicht für ihr Unternehmen erworben hat,
   c. bei der Lieferung eines neuen Fahrzeugs auch jeder andere Erwerber
3. der Erwerb des Gegenstandes der Lieferung beim Abnehmer in einem anderen Mitgliedstaat den Vorschriften der Umsatzbesteuerung unterliegt und
4. der Abnehmer i. S. d. Nr. 2a oder b ggü. dem Unternehmer eine ihm von einem anderen Mitgliedstaat erteilte gültige USt-IDNr. verwendet.

---

[1] Mit Wirkung vom 1.1.2020 ist der Nachweis der gültigen USt-IDNr. nunmehr eine materielle Voraussetzung für die Steuerbefreiung innergemeinschaftlicher Lieferungen. Die Umsetzung in das nationale UStG erfolgte im Rahmen des „Gesetzes zur weiteren steuerlichen Förderung der Elektromobilität und zur Änderung weiterer steuerlicher Vorschriften". Zur bis 31.12.2019 gültigen Regelung vgl. die Auflage 2019.

5.9.3.3.2 Nachweis innergemeinschaftliche Lieferungen

A. Übersicht zeitliche Entwicklung der Nachweispflichten (vereinfacht)

Zeitraum	Nachweis
bis 31.12.2011	Empfangsbestätigung, Verbringensnachweis
1.1.2012–30.9.2013	Gelangensbestätigung (alt) alternativ: Rechtslage bis 31.12.2011
ab 1.10.2013	Gelangensbestätigung (neu) Alternative Nachweise
ab 1.1.2020[1]	Nachweise gem. Vorgabe der MwStSystRL

B. Nachweise bis 31.12.2011[2]

Nachweis innergemeinschaftlicher Lieferungen bis 31.12.2011	
Belegnachweise	Buchnachweise
§§ 17a–b UStDV	§ 17c UStDV
– § 17a Abs.2 Nr.1–3 Beförderung d. Untern. – § 17a Abs.2 Nr.4 Beförderung d. Abnehmer – § 17a Abs.3 innergemeinschaftliches Versandverfahren – § 17a Abs.4 Versendung – § 17b Be- und Verarbeitung	

C. Nachweise 1.1.2012–30.9.2013[3]

Nachweis innergemeinschaftlicher Lieferungen ab 1.1.2012–30.9.2013	
Belegnachweise	Buchnachweise
§§ 17a–b UStDV	§ 17c UStDV
– § 17a Abs.2 Gelangensbestätigung – § 17a Abs.3 innergemeinschaftliches Versandverfahren – § 17b Be- und Verarbeitung	

---

[1] Mit Wirkung vom 1.1.2020 wurde im Rahmen der Umsetzung der Quick Fixes in der MwStVO der Nachweis innergemeinschaftlicher Lieferungen in der EU erstmals harmonisiert. Die Umsetzung in das nationale UStG erfolgte im Rahmen des „Gesetzes zur weiteren steuerlichen Förderung der Elektromobilität und zur Änderung weiterer steuerlicher Vorschriften".

[2] Gem. UStDV in der bis zum 31.12.2011 geltenden Fassung.

[3] UStDV in der ab 1.1.2012 geltenden Fassung (BGBl I 2011 S.2416).

D. Nachweise ab 1.10.2013 bis 31.12.2019

Übersicht

Nachweis innergemeinschaftlicher Lieferungen ab 1.10.2013 bis 31.12.2019

Belegnachweise	Buchnachweise
§§ 17 a–b UStDV	§ 17 c UStDV
§ 17 a Abs. 2 Gelangensbestätigung (neu) § 17 a Abs. 3 alternative Nachweise § 17 b Be- und Verarbeitung	

E. Nachweise ab 1.1.2020

Nachweis innergemeinschaftlicher Lieferungen ab 1.1.2020	
Belegnachweise	Buchnachweise
§§ 17 a–b UStDV	§ 17 d UStDV
§ 17a Gelangensvermutung § 17b Gelangensnachweis – § 17b Abs. 2 Gelangensbestätigung – § 17b Abs. 3 Alternative Nachweise	

Belegnachweise		
1	Systematik UStDV	
	a.	Vermutung des Gelangens der Lieferung bei Vorliegen der Voraussetzungen des (§ 17a UStDV; Gelangensvermutung)
	b.	Nachweis des Gelangens gem. § 17b UStDV (Gelangensbestätigung bzw- alternativer Nachweise), sofern Nachweis der Gelangensvermutung – nicht erfolgt oder – vom Finanzamt widerlegt wird.
2.	Vorgehensweise in der Praxis[1]	
	Direkter Nachweis des Gelangens über § 17b UStDV (Gelangensbestätigung bzw- alternative Nachweise), aufgrund des geringeren Umfangs der vorzulegenden Belege	

---

[1] § 17a UStDV entspricht den Vorgaben des Art. 45a MWStVO, der die Nachweisführung in der EU seit dem 1.1.2020 harmonisiert. Die Mitgliedstaaten können weniger umfangreiche Nachweise fordern, sodass die bisherigen Regelungen der UStDV (bisher §§ 17a–c UStDV) beibehalten werden konnten (nun §§ 17a–d UStDV). Materiellrechtliche Änderungen gegenüber der bisherigen Rechtslage ergeben sich lt. der Gesetzesbegründung hierdurch nicht (vgl. BT-Ds. 19/13436 S. 168).

Mindestinhalt Gelangensbestätigung

- Name und Anschrift des Abnehmers
- Menge, handelsübliche Bezeichnung (bei Kfz Fahrzeug-IDNr)
- Ort und Monat des Erhalts der Ware im übrigen Gemeinschaftsgebiet bei Versendung oder Beförderung durch Lieferant bzw. Versendung durch Abnehmer
- Ort und Monat des Endes der Beförderung der Ware im übrigen Gemeinschaftsgebiet bei Beförderung durch Abnehmer
- Ausstellungsdatum der Bestätigung
- Unterschrift des Abnehmers bzw. des Beauftragten (gilt nicht bei elektronischer Übermittlung)

Gelangensbestätigung und Alternativen[1]

	Rechnungskopie			
und	bei Beförderung		bei Versendung	
durch	Lieferer	Abnehmer	Lieferer	Abnehmer
generell	Gelangensbestätigung			
Alternativen		– bei Kfz: Zulassung	– Versendungsbeleg (z.B. CMR) – handelsüblicher Beleg (z.B. Spediteursbescheinigung) – Tracking-and-tracing-Protokoll (und Auftragserteilung) – Empfangsbescheinigung Postdienstleister (und Zahlungsnachweis)	
				– Spediteursversicherung (und Zahlungsnachweis)
Sonderfälle	– Versandverfahren – verbrauchsteuerpflichtige Waren		n.a.	

---

[1] Vgl. Abschn. 6a.4 ff. UStAE.

5.9.4 Bemessungsgrundlage

5.9.4.1 Überblick

Leistung		Bemessungsgrundlage
Regelfälle		
1. Lieferungen 2. Sonstige Leistungen 3. Innergemeinschaftlicher Erwerb	Grundsatz	Entgelt (§ 10 Abs.1 UStG)
	Ausnahmen (§ 10 Abs.2 UStG)	
	a. Rechte, die mit dem Besitz eines Pfandscheines verbunden sind	Preis des Pfandscheines zzgl. der Pfandsumme
	b. Tausch, tauschähnliche Umsätze, Hingabe an Zahlungs statt	Wert jedes Umsatzes als Entgelt für den anderen Umsatz
Sonderfälle		
1. Verbringen eines Gegenstandes 2. Lieferungen i.S.d. § 3 Abs.1b UStG (Entnahme-Eigenverbrauch)		Einkaufspreis zzgl. Nebenkosten, ggf. Selbstkosten (§ 10 Abs.4 Nr.1 UStG)
3. Sonstige Leistungen i. S. d. § 3 Abs. 9a UStG		bei der Ausführung dieser Umsätze entstandene Kosten, sofern Verwendungs-Eigenverbrauch nach § 3 Abs.9a Nr.1 UStG, nur soweit sie zum vollen oder teilweisen Vorsteuerabzug berechtigt haben
4. Lieferungen und sonstige Leistungen von		
a. Vereinigungen an ihre Mitglieder o. diesen nahe stehende Personen		– ¹Entgelt oder – BMG nach 1.–3., wenn > Entgelt oder – marktübliches Entgelt, wenn > Entgelt, aber < BMG nach 1.–3.
b. Einzelunternehmern an ihnen nahe stehende Personen		
c. an einen Arbeitnehmer bzw. deren Angehörige aufgrund des Dienstverhältnisses		
Einfuhr (§ 11 UStG)		
		Wert des eingeführten Gegenstands nach den jeweiligen Vorschriften über den Zollwert

---

¹ Vgl. Beispiel 1 in Abschnitt 10.7 Abs.1 UStAE.

5.9.4.2   **Amtliche Umsatzsteuerumrechnungskurse für 2020[1]**

Land	Währung		Jan. 1 €	Febr. 1 €	März 1 €	April 1 €	Mai 1 €	Juni 1 €	Juli 1 €	Aug. 1 €	Sept. 1 €
Australien	AUD	(Australischer Dollar)	1,5764	1,5605	1,5444	1,5544	1,5653	1,5761	1,5926	1,6118	
Brasilien	BRL	(Real)	6,5102	6,5434	6,7247	6,6565	6,4462	6,0693	6,0930	6,1884	
Bulgarien	BGN	(Bulgarischer Lev)	1,9558	1,9558	1,9558	1,9558	1,9558	1,9558	1,9558	1,9558	
China (VR)	CNY	(Yuan Renminbi)	7,8730	7,8136	7,7465	7,8051	7,8109	7,7391	7,6536	7,6237	
Dänemark	DKK	(Dänische Kronen)	7,4387	7,4367	7,4363	7,4367	7,4362	7,4364	7,4373	7,4369	
Großbritannien	GBP	(Pfund Sterling)	0,89267	0,87268	0,85873	0,86527	0,86258	0,85872	0,85613	0,85287	
Hongkong	HKD	(Hong Kong Dollar)	9,4362	9,3794	9,2400	9,3064	9,4317	9,3507	9,1862	9,1633	
Indien	INR	(Indische Rupie)	88,8936	88,0756	86,6550	89,4210	88,9171	88,6298	88,1134	87,2573	
Indonesien	IDR	(Indonesische Rupiah)	17.111,98	17.002,56	17.135,25	17.414,37	17.393,13	17.295,86	17.148,30	16.926,94	
Island	ISK	(Isländische Krone)	156,48	155,26	151,51	150,75	149,66	146,84	147,10	148,45	
Israel	ILS	(Neuer Israelischer Schekel)	3,9249	3,9581	3,9402	3,9205	3,9623	3,9179	3,8668	3,7942	
Japan	JPY	(Yen)	126,31	127,49	129,38	130,49	132,57	132,63	130,35	129,28	
Kanada	CAD	(Canadischer Dollar)	1,5494	1,5354	1,4970	1,4975	1,4732	1,4713	1,4806	1,4827	
Korea, Rep.	KRW	(Südkoreanischer Won)	1.338,64	1.345,06	1.345,58	1.337,96	1.364,47	1.352,47	1.354,46	1.366,74	
Kroatien	HRK	(Kroatische Kuna)	7,5653	7,5729	7,5783	7,5679	7,5226	7,4980	7,5027	7,4960	
Malaysia	MYR	(Malaysischer Ringgit)	4,9154	4,8944	4,8907	4,9358	5,0142	4,9808	4,9680	4,9660	

[1] Quelle: http://www.bundesfinanzministerium.de

Land	Währung	Jan. 1 €	Febr. 1 €	März 1 €	April 1 €	Mai 1 €	Juni 1 €	Juli 1 €	Aug. 1 €	Sept. 1 €
Mexiko	MXN (Mexikanische Peso)	24,2483	24,5557	24,7451	24,0005	24,2682	24,1066	23,6101	23,6237	
Neuseeland	NZD (Neuseel.-Dollar)	1,6924	1,6702	1,6686	1,6788	1,6817	1,6944	1,6933	1,6872	
Norwegen	NOK (Norwegische Kronen)	10,3661	10,2791	10,1469	10,0376	10,0931	10,1444	10,3767	10,4195	
Philippinen	PHP (Philippinischer Peso)	58,498	58,401	57,783	58,067	58,222	58,040	59,264	59,088	
Polen	PLN (Zloty)	4,5333	4,4968	4,5991	4,5615	4,5281	4,5005	4,5616	4,5687	
Rumänien	RON (Rumänischer Lei)	4,8732	4,8750	4,8884	4,9231	4,9250	4,9238	4,9255	4,9232	
Russland	RUB (Russischer Rubel)	90,5697	89,9554	88,6326	91,1466	89,8737	87,4561	87,3970	86,6067	
Schweden	SEK (Schwedische Kronen)	10,0952	10,0887	10,1692	10,1620	10,1471	10,1172	10,1979	10,2157	
Schweiz	CHF (Schweizer Franken)	1,0794	1,0858	1,1065	1,1031	1,0968	1,0940	1,0856	1,0762	
Singapur	SGD (Singapur-Dollar)	1,6140	1,6060	1,5975	1,5975	1,6153	1,6062	1,6019	1,5947	
Südafrika	ZAR (Südafrikanischer Rand)	18,4295	17,8629	17,8284	17,2486	17,0766	16,7540	17,1648	17,3827	
Thailand	THB (Thailändischer Baht)	36,528	36,307	36,632	37,551	37,992	37,873	38,586	38,956	
Tschechien	CZK (Tschechische Kronen)	26,141	25,876	26,178	25,924	25,558	25,454	25,636	25,470	
Türkei	TRY (Neue Türkische Lira)	9,0059	8,5785	9,1301	9,7936	10,1852	10,3823	10,1587	9,9788	
Ungarn	HUF (Forint)	359,19	358,15	365,61	360,58	353,65	349,94	357,26	351,84	
USA	USD (US-Dollar)	1,2171	1,2098	1,1899	1,1979	1,2146	1,2047	1,1822	1,1772	

5.9.5   Steuertarif

5.9.5.1   Allgemeiner und ermäßigter Steuersatz

	Allgemeiner Steuersatz	Ermäßigter Steuersatz
	§ 12 Abs. 1 UStG	§ 12 Abs. 2 Nr. 1–10 UStG und Anl. 2 zu § 12 Abs. 2 Nr. 1 und 2 UStG
1. 1. 1968 bis 30. 6. 1968	10 %	5 %
1. 7. 1968 bis 31. 12. 1977	11 %	5,5 %
1. 1. 1978 bis 30. 6. 1979	12 %	6 %
1. 7. 1979 bis 30. 6. 1983	13 %	6,5 %
1. 7. 1983 bis 31. 12. 1992	14 %	7 %
1. 1. 1993 bis 31. 3. 1998	15 %	7 %
1. 4. 1998 bis 31. 12. 2006	16 %	7 %
1. 1. 2007 bis 30. 6. 2020	19 %	7 %
1. 7. 2020 bis 31. 12. 2020	16 %	5 %
ab 1. 1. 2021	19 %	7 %

Siehe zu Sondersteuersätzen bei land- und forstwirtschaftlichen Betrieben Kap. 5.9.9.3.

5.9.5.2   Vorsteuermultiplikatoren[1]

Steuersatz	Vorsteuermultiplikator
19 %	0,1597
16 %	0,1397
7 %	0,0654
5 %	0,0476

Die Multiplikation des Bruttoentgelts mit dem Vorsteuermultiplikator ergibt die im Bruttoentgelt enthaltene Umsatzsteuer.

---

[1] Anwendbar für Kleinbetragsrechnungen (≤ 250 €). Vgl. Abschn. 15.4 UStAE sowie BMF-Schr. vom 30.6.2020 (Tz. 2.7).

5.9.6   Vorsteuerabzug
5.9.6.1   Überblick

Berechtigte	– Unternehmer
	  – inländische
	  – ausländische (vgl. aber Kap. 5.13.3.4)
	– gemeinnützige Nichtunternehmer (vgl. Kap. 5.9.9.2)

Abziehbare Vorsteuer	1. USt auf Lieferungen und sonstige Leistungen (§ 1 Abs. 1 UStG) 2. Entstandene Einfuhrumsatzsteuer[1] 3. USt für den innergemeinschaftlichen Erwerb nach § 3d S. 1 UStG[2] 4. vom Leistungsempfänger geschuldete USt (§ 13 Abs. 1 und 2 UStG) (vgl. Kap. 5.9.8.3) 5. aus einer Auslagerung geschuldete USt (§ 13a Abs. 1 Nr. 6 UStG)

Ausschluss
des Vorsteuer-
abzugs
	– Ausschlusstatbestände
	  – USt auf bestimmte einkommensteuerrechtlich nicht abziehbare
	    Aufwendungen[3]
	  – Verwendung von Grundstücken für nichtunternehmerische Zwe-
	    cke (§ 15 Abs. 1b UStG, ab 1.1.2011)
	  – USt auf Eingangsumsätze zur Ausführung von
	    – bestimmten[4] steuerfreien Umsätzen
	    – bestimmten[4] im Ausland steuerbaren Umsätzen, die bei Aus-
	      führung im Inland steuerfrei wären
	– USt für den innergemeinschaftlichen Erwerb nach § 3d S. 2 UStG[2]
	– unrichtig (zu hoch) ausgewiesene USt (§ 14c Abs. 1 UStG)
	– unberechtigt ausgewiesene USt (§ 14c Abs. 2 UStG)

---

[1] Neugefasst durch AmtshilfeRL-UmsG ab 30.6.2013; zuvor Abzug der entrichteten Einfuhrumsatzsteuer, aber überholt durch EUGH vom 29.3.2012 (UR 2012 S.602).

[2] Neu gefasst durch AmtshilfeRL-UmsG ab 30.6.2013 zuvor schon kein Vorsteuerabzug für innergemeinschaftliche Erwerbe nach § 3d S.2 UStG gem. Abschn. 15.10 Abs.2 UStAE.

[3] Das FG München vom 23.2.2006 (EFG 2006 S.1018; rechtskräftig durch Rücknahme der Revision) hält das Vorsteuerabzugsverbot des § 15 Abs.1a Nr.1 UStG für nicht vereinbar mit der 6. EG-Richtlinie (jetzt: MwStSystRL).

[4] Vgl. § 15 Abs.2 und 3 UStG.

weitere Voraussetzungen	– zu 1.–5.
	Bezug der zugrunde liegenden Leistung für das Unternehmen[1]
	– zusätzlich
	  – zu 1.–3. bei Lieferung von Gegenständen unternehmerische
	    Nutzung $\geq 10\%$[2]
	  – zu 1.
	    Vorliegen einer Rechnung nach § 14 UStG[3] (vgl. Kap. 5.9.7)

---

[1] Vgl. Kap. 5.9.6.2.

[2] Zur Anwendung vgl. OFD Koblenz, Vfg. vom 24.4.2006 (DStR 2006 S.1179) und vom 12.2.2010. Laut Urteil des EuGH vom 15.9.2016 (C-400/15) sind nichtwirtschaftliche Tätigkeiten (z.B. die Nutzung im ideellen oder hoheitlichen Bereich) nicht bei Ermittlung der 10%-Grenze zu berücksichtigen.

[3] Laut EuGH ist die Vorlage einer Rechnung lediglich eine formelle Voraussetzung für den Vorsteuerabzug. Sofern objektiv die materiellen Voraussetzungen vorliegen, darf der VSt-Abzug nicht verwehrt werden, auch wenn keine Rechnung vorliegt. Allerdings muss der Unternehmer das Vorliegen der materiellen Voraussetzungen nachweisen, vgl. EuGH vom 21.11.2018, C-664/16. Die Finanzverwaltung hat mit Schreiben des BMF vom 18.9.2020 zu diesem Urteil sowie der nachfolgenden Rechtsprechung des EuGH zur rückwirkenden Rechnungskorrektur Stellung bezogen. Einen Vorsteuerabzug ohne Rechnung lehnt das BMF ab.

5.9.6.2   Prüfungssystematik[1]

1. Prüfung: Besteht ein direkter oder ein unmittelbarer Zusammenhang zu Ausgangsumsätzen?

Nein   Ja

Verwendung für:

| – unternehmerische Zwecke
   – Abzugsumsätze | ► **Vorsteuerabzug** |

| – unternehmerische Zwecke
   – Ausschlussumsätze[2] | ► **kein Vorsteuerabzug** |

| – nichtunternehmerische Zwecke
   – nichtwirtschaftliche Tätigkeiten i.e.S., z.B.
     – unentgeltliche Tätigkeiten eines Vereins,
       die aus ideellen Vereinszwecken verfolgt
       werden
     – hoheitliche Tätigkeiten (jPdöR)
     – Veräußerung von nicht im Unternehmens-
       vermögen gehaltenen gesellschaftsrecht-
       lichen Beteiligungen | ► **kein Vorsteuerabzug** |

| – unternehmensfremde (private) Tätigkeiten, z.B.
   – Entnahmen des Unternehmers
   – Entnahmen für den privaten Bedarf des
     Personals | ► **kein Vorsteuerabzug**
Ausnahme:
Aufmerksamkeiten |

2. Prüfung: Besteht ein direkter oder unmittelbarer Zusammenhang zur wirtschaftlichen Gesamttätigkeit?

Ja[3]   Nein

Vorsteuerabzug   **kein Vorsteuerabzug**
(ggf. Aufteilung)

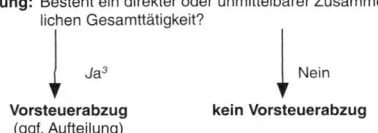

---

[1] Gem. BMF-Schr. vom 2.1. 2012 (BStBl I 2012 S.60). Soweit die Eingangsleistung zu mehreren Verwendungszwecken in Verbindung steht, muss die Vorsteuer ggf. aufgeteilt werden, vgl. hierzu Kap. 5.9.6.3 und 5.9.6.4.

[2] Vgl. Kap. 5.9.6.3.

[3] Lt. BMF besteht ein derartiger Zusammenhang, wenn die Kosten für die Eingangsleistung zu den allgemeinen Aufwendungen gehören und – als solche – Bestandteile des Preises der erbrachten Leistungen sind.

5.9.6.3   Aufteilung der Vorsteuer[1]

Anlass	1.	unternehmerische und nichtunternehmerische Nutzung des Wirtschaftsgutes	
		a.	generell, soweit keine 100%ige Zuordnung zum Unternehmensvermögen
		b.	Grundstücke
			aa. bis 31. 12. 2010 wie a.
			bb. ab 1. 1. 2011 generell aufgrund Vorsteuerausschluss[2]
	2.	Vorsteuerschädliche und vorsteuerunschädliche Nutzung des Unternehmensvermögens	
Maßstab	1.	generell: sachgerechte Schätzung	
	2.	Grundstücke	
		a.	Herstellung/Anschaffung Aufteilung gem. Nutzung des gesamten Grundstückes[3]
		b.	Erhaltungsaufwand
			aa. direkte Zuordnung
			bb. wie a., soweit Zuordnung gem. aa. nicht möglich

---

[1] *§ 15 Abs. 4 UStG.*

[2] § 15 Abs. 1 b UStG, Abschn. 15.6a UStAE.

[3] Lt. Urteil des BFH vom 10.8.2016 ist eine direkte Zuordnung der Vorsteuerbeträge zu den einzelnen Nutzungen ausgeschlossen, so auch Abschn. 15.17 Abs. 7 S.2 UStAE. Der EuGH schließt hingegen eine solche Zuordnung nicht aus (vgl. Urteil vom 9.6.2006).

5.9.6.4   Kfz-Nutzung und Vorsteuerabzug[1]

Voraussetzung für Zuordnung des Kfz zum Unternehmensvermögen	Mindestens 10%ige betriebliche Nutzung
Steuerpflicht der privaten Nutzung	Wenn das Kfz zum vollen oder teilweisen Vorsteuerabzug berechtigt hat (§ 3 Abs. 9a Satz 1 Nr. 1 UStG)
Ermittlung der unentgeltlichen Wertabgabe	– 1%-Regel (ab 1.1.2006 nur bei Nachweis der betrieblichen Nutzung von mindestens 50%) – Fahrtenbuchregelung – Schätzung

5.9.6.5   Vorsteuerabzug nach Durchschnittssätzen[2]

Voraussetzungen	– maßgeblicher Umsatz im vorangegangenen Jahr ≤ 61 356 € – Keine Buchführungspflicht – auf Antrag bis zur Unanfechtbarkeit der Steuerfestsetzung
Maßgeblicher Umsatz	Steuerbarer Umsatz ./. Einfuhr ./. innergemeinschaftlicher Erwerb ./. steuerfreie Umsätze nach § 4 Nr. 8, 9a, 10, 21 USt = maßgeblicher Umsatz
Durchschnittssätze	siehe Anlage zu den §§ 69, 70 UStDV
Widerruf	– bis zur Unanfechtbarkeit der Steuerfestsetzung – mit Wirkung zu Beginn des Kalenderjahres – erneute Besteuerung nach Durchschnittssätzen frühestens nach Ablauf von 5 Kalenderjahren

---

[1] Zur umsatzsteuerlichen Erfassung vgl. Abschn. 15.23 UStAE, zur ertragsteuerlichen Erfassung vgl. BMF-Schr. vom 4.4.2018. Reduzierungen der Bemessungsgrundlage der Kfz-Nutzung aufgrund der Förderung der Elektromobilität betreffen ausschließlich die Ertragsteuern, nicht jedoch die Umsatzsteuer.

[2] Siehe zum Vorsteuerabzug nach Durchschnittssätzen bei gemeinnützigen Organisationen Kap. 5.9.9.2.

5.9.6.6 Vorsteuervergütung[1]

Vergütungsberechtigt	Im Ausland ansässige Unternehmer, die im Inland im Vergütungszeitraum – keine Umsätze ausführen oder – nur Umsätze ausführen, für die der Leistungsempfänger die Umsatzsteuer schuldet oder – nur bestimmte in § 59 UStDV aufgeführte Umsätze ausführen	
2 Verfahren seit 1.1. 2010: Vergütung an Unternehmer	aus der übrigen EU[2, 3]	aus Drittländern (z.B. CH, USA, GB[3])
zusätzl. Voraussetzungen	keine	– Gegenseitigkeit[4] (d.h. Drittland sieht ebenfalls Erstattung an inländische Unternehmer vor) – Nachweis Unternehmereigenschaft (Unternehmerbescheinigung)
zu vergütende Vorsteuer	gem. § 15 UStG	– gem. § 15 UStG – Ausnahme: nicht für Bezug von Kraftstoffen
Vergütungszeitraum	– grds. 3 Monate bis max. ein Jahr – Ausnahme: < 3 Monate, wenn November und / oder Dezember betreffend	– grds. 3 Monate bis max. ein Jahr – Ausnahme: < 3 Monate, wenn November und / oder Dezember betreffend

Form des Antrags	elektronisch (Portal)	– bis zum 30.6.2016 Vordruck (Übermittlung per Post oder elektronisch)
		– ab dem 1.7.2016
		  – elektronisch
		  – Ausnahme in Härtefällen: Vordruck

---

[1] Vgl. auch §§ 59–61a UStDV, Abschn. 18.10 ff. UStAE sowie die Hinweise unter www. bzst.de. Zum Verhältnis zum allgemeinen Besteuerungsverfahren vgl. Abschn. 18.15 UStAE.

[2] Seit dem 1.1. 2010 sind die Regelungen zur Vorsteuervergütung zwischen EU-Mitgliedstaaten harmonisiert. Die obigen Ausführen betreffen die Umsetzung ins deutsche UStG, d.h. die Erstattung deutscher Vorsteuer an Unternehmer in der übrigen EU. Beantragen inländische Unternehmer die Erstattung von Vorsteuern in den übrigen EU-Mitgliedstaaten kommen i.d.R. vergleichbare Regelungen zur Anwendung. *Abweichungen gibt es u.a. beim Umfang der einzureichenden Belege,* siehe dazu Kap. 5.13.1.6.4.

[3] Grobritannien fällt für Vergütungszeiträume ab 2021 unter die Drittlandsregelung; Nordirland nur bei Bezug von Dienstleistungen. Bei Warenbezug nordirischer Unternehmen im Inland gilt weiter die EU-Regelung.

[4] Vgl. BMF-Schr. vom 15.3.2021.

Zuständige Behörde	Zuständige Behörde im Ansässigkeitsstatt des Antragstellers[1]	Bundeszentralamt für Steuern (BZSt)
Antragsfrist	30.9. des Folgejahres	30.6. des Folgejahres
Antragshöhe	– mind. 400 € – Ausnahme: mind. 50 €, wenn Vergütungszeitraum = Kalenderjahr oder restlicher Zeitraum des Kalenderjahres	– mind. 1 000 € – Ausnahme: mind. 500 €, wenn Vergütungszeitraum = Kalenderjahr oder restlicher Zeitraum des Kalenderjahres
Beifügung von Belegen		
Umfang	soweit Entgelt für den Umsatz oder die Einfuhr ≥ 1.000 € (Kraftstoffe ≥ 250 €)	alle
Form	– eingescannte Originale (vollständig[2]) – Ausnahme: Original, auf Anforderung, bei begründeten Zweifeln durch BZSt	Original
Bearbeitungsfrist	max. 8 Monate nach Antragseingang	keine
Verzinsung	gem. §61 Abs.5 UStDV	gem. Absch.18.14 Abs.10 UStAE

---

[1] Inländische Unternehmer stellen den Vergütungsantrag für Vorsteuern aus den übrigen Mitgliedsstaaten über das Portal des BZSt.

[2] Durch die zum 20.7.2017 in Kraft getretene Forderung der vollständigen Belegvorlage können unvollständige Unterlagen nur noch innerhalb der Antragsfrist korrigiert werden (durch Einreichung eines neuen vollständigen Vergütungsantrages). Nach Ablauf der Antragsfrist eingereichte Unterlagen werden nicht berücksichtigt.

5.9.6.7 Vorsteuerberichtigung[1]

Anlass	Änderung der für den ursprünglichen Vorsteuerabzug maßgebenden Verhältnisse innerhalb des Berichtigungszeitraums	
Korrektur-zeitraum	Grundstücke und Gebäude des Anlagevermögens	10 Jahre oder kürzere betriebs-gewöhnliche bzw. tatsächliche Nut-zungsdauer
	Sonstige Wirtschaftsgüter des Anlagevermögens	5 Jahre oder kürzere betriebs-gewöhnliche bzw. tatsächliche Nut-zungsdauer
	Wirtschaftsgüter des Umlaufvermögens	bis zur erstmaligen Verwendung
	Nachträglich in ein Wirtschaftsgut eingebaute Gegenstände (z.B. Radio in Kfz)	in Abhängigkeit vom betroffenen Wirtschaftsgut (Anlagevermögen oder Umlaufvermögen)
	Dienstleistungen an einem Wirtschaftsgut (z.B. Kfz-Reparatur)	
	Sonstige Dienstleistungen	bis zum Verbrauch der Dienstleistung
Berichtigungs-objekt	Grundsatz: Einzelnes Wirtschaftsgut, einzelner Bestandteil bzw. einzelne sonstige Leistungen Ausnahmen: – Zusammenfassung mehrerer im Rahmen einer Maßnahme in ein Wirtschaftsgut eingehender Bestandteile oder an dem Wirtschaftsgut ausgeführter Leistungen zu einem Berichtigungs-objekt – Beschränkung der Vorsteuerkorrektur für sonstige Leistungen, die nicht i.V.m. einem Wirtschaftsgut stehen, auf solche, für die in der Steuerbilanz ein Aktivierungsgebot bestünde, und auf An- und Vorauszahlungen – nachträgliche Anschaffungs- bzw. Herstellungskosten unterliegen jeweils eigenem Berichtigungszeitraum	

---

[1] Vgl. Abschn. 15a.1 ff. UStAE sowie BMF-Schr. vom 6.12.2005 (BStBl I 2005 S. 1068).

Änderung der Verhältnisse (Nutzungsänderung)	Liegt vor, wenn sich im Berichtigungszeitraum ein höherer oder niedrigerer Vorsteuerabzug ergäbe, als er ursprünglich zulässig war (Nutzungsänderung; Abschn. 15a.2 Abs. 2 UStAE)
	– Veränderte Verwendung des Wirtschaftsguts für den Vorsteuerabzug zulassende bzw. ausschließende Umsätze wegen
	  – Änderung Umsatzstruktur
	  – Veräußerung
	  – Entnahme
	– Wechsel von der allgemeinen Besteuerung zur
	  – Kleinunternehmerregelung (§ 19 UStG) oder
	  – Durchschnittssatzbesteuerung (§§ 23 ff. UStG)
	  und umgekehrt
	– Rechtsänderung bzgl. Beurteilung Vorsteuerabzug (z. B. Wegfall oder Einführung einer den Vorsteuerabzug ausschließenden Steuerbefreiungsvorschrift)
	– Änderung der Verwendung i. S. d. § 15 Abs. 1b UStG
	– Steuerpflichtige Lieferung von Fahrzeugen nach § 15 Abs. 1b UStG a. F.

Höhe	Soweit Änderung gegenüber den ursprünglich für den Vorsteuerabzug maßgebenden Verhältnissen reicht
Bagatellgrenze	keine Korrektur, wenn – auf Anschaffungs- bzw. Herstellungskosten entfallende Vorsteuer ≤ 1 000 € (vor dem 1.1.2005: 250 €) oder – Nutzungsänderung < 10 % und Betrag, um den der Vorsteuerabzug für dieses Kalenderjahr zu berichtigen ist, ≤ 1 000 € (vor dem 1.1.2005: 250 €)

Berichtigungszeitpunkte	– Grundsatz: bei Jahressteuerberechnung des Kalenderjahres der Nutzungsänderung und der Folgejahre
	– Ausnahme 1 (§ 44 Abs. 3 UStDV): bei Jahressteuerberechnung des letzten Jahres des Berichtigungszeitraums, wenn Vorsteuern auf Anschaffungs- bzw. Herstellungskosten insgesamt 2 500 € (vor dem 1.1.2005: 1 000 €) nicht übersteigen
	– Ausnahme 2 (§ 15a Abs. 2 UStG, § 44 Abs. 4 UStDV): Sofort
	  – bei Wirtschaftsgütern des Umlaufvermögens,
	  – bei Veräußerung,
	  – bei Entnahme und
	  – 6 000 € übersteigender Berichtigungsbetrag

Geschäftsveräußerung im Ganzen	– Erwerbender Unternehmer tritt an die Stelle des Veräußerers (§ 1 Abs. 1a Satz 3 UStG) – Maßgeblicher Berichtigungszeitraum wird nicht unterbrochen (§ 15a Abs. 10 Satz 1 UStG)

Aufzeich-
nungs-
pflichten
	Folgende Angaben müssen eindeutig und leicht nachprüfbar für das
	betreffende Berichtigungsobjekt aufgezeichnet werden:
	– Anschaffungs- oder Herstellungskosten einschließlich der darauf
	  entfallenden Vorsteuerbeträge
	– Zeitpunkt der erstmaligen Verwendung
	– Verwendungsdauer (betriebsgewöhnliche Nutzungsdauer)
	  im Sinne der einkommensteuerlichen Vorschriften und maß-
	  geblicher Berichtigungszeitraum
	– Anteile, zu denen das Berichtigungsobjekt in Kalenderjahren des
	  Berichtigungszeitraums zur Ausführung der den Vorsteuerabzug
	  ausschließenden Umsätze und zur Ausführung der zum Vorsteu-
	  erabzug berechtigenden Umsätze verwendet wurde
	– Zeitpunkt und umsatzsteuerliche Behandlung dieses Umsatzes
	  bei Veräußerung oder unentgeltlicher Wertabgabe im Berich-
	  tigungszeitraum
	– Bei Verkürzung des Berichtigungszeitraums wegen vorzeitiger
	  Unbrauchbarkeit Ursache unter Angabe des Zeitpunkts und unter
	  Hinweis auf entsprechende Unterlagen

Verhältnis des Vorsteuerabzuges zu Korrekturmechanismen (Berichtigung nach § 15a UStG, unentgeltliche Wertabgaben)[1]

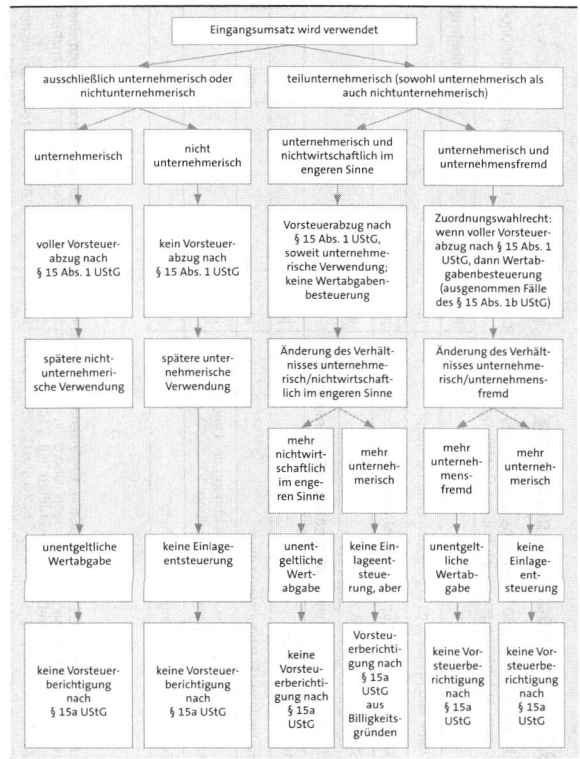

[1] Quelle: BMF-Schr. vom 2.1.2012 (BStBl I 2012 S. 60).

5.9.7 Rechnungslegung im Umsatzsteuerrecht

5.9.7.1 Rechnungserteilung

Rechnungen bis zu 250 € inkl. Umsatzsteuer (bis 31.12.2016: 150 €)[1] gelten als Kleinbetragsrechnungen. Für sie gelten geringere Anforderungen als an andere Rechnungen[1]:

	Rechnungen	Kleinbetragsrechnungen
1. Name und Anschrift des leistenden Unternehmers[2]	ja	ja
2. Name und Anschrift des Leistungsträgers	ja	nein
3. Steuernummer (vgl. 4.)	ja	nein
4. USt.-Identifikationsnummer **alternativ** zur Steuernummer		
5. Ausstellungsdatum	ja	ja
6. Fortlaufende Rechnungsnummer	ja	nein
7. Liefermenge, handelsübliche Bezeichnung der Lieferung bzw. Art und Umfang der sonstigen Leistung	ja	ja
8. Zeitpunkt der Lieferung oder Leistung[3]	ja	nein

[1] Quelle: § 14 Abs.4 UStG, § 33 UStDV. Ergänzende Anforderungen bestehen bei u.a. Fahrausweisen, Fahrzeuglieferungen, innergemeinschaftlichen Beförderungen, Übergang der Steuerschuldnerschaft, Reiseleistungen, Differenzbesteuerung sowie innergemeinschaftlichen Dreiecksgeschäften (vgl. § 14 a UStG, § 34 UStDV).
[2] Gemäß EuGH vom 15.11.2017 (C-374/16 und C-375/16) sowie BFH vom 21.6.2018 (V R 25/15; Änderung der Rechtsprechung) reicht ein Briefkastensitz, sofern der leistende Unternehmer unter dieser Anschrift erreichbar ist (Abschn. 14.5 Abs.2 S.4 UStAE).
[3] Gemäß § 31 Abs.4 UStDV reicht die Angabe des Kalendermonats.

	Rechnungen	Kleinbetragsrechnungen
9. Zeitpunkt der Vereinnahmung des (Teil-)Entgelts, soweit vor Ausführung der Lieferung oder sonstigen Leistung	ja	nein
10. Entgelt	Nettoentgelt, differenziert nach Steuersätzen u. -befreiungen	Bruttorechnungsbetrag
11. Im voraus vereinbarte Entgeltsminderung, sofern nicht im Entgelt berücksichtigt[1]	ja	nein
12. Steuerbetrag, gesonderter Ausweis	ja	Siehe 10.
13. Hinweis auf Steuerbefreiung alternativ zu 12	ja	ja
14. Steuersatz	ja	ja
15. Hinweis auf Aufbewahrungspflicht bei Werklieferungen und sonstigen Leistungen i. V.m. Grundstücken an Nicht-Unternehmer	ja	nein
16. Angabe „Gutschrift" bei Ausstellung der Rechnung durch den Leistungsempfänger[2]	ja	ja
17. USt-Identifikationsnummer des Leistungsempfängers bei – innergemeinschaftlichen Lieferungen – innergemeinschaftlichen Leistungen	ja	ja

---

[1] Vgl. Abschn. 14.5 Abs. 19 UStAE.
[2] Eingefügt durch AmtshilfeRLUmsG vom 20. 6. 2013 (BGBl I 2013 S.1809). Gem. MwStSystRL schon ab 1.1. 2013 gültig. Betrifft Gutschriften im umsatzsteuerlichen Sinne, nicht hingegen im kaufmännischen Sinne (z.B. Rechnungskorrekturen, Stornorechnungen).

5.9.7.2 Unrichtiger, unberechtigter Steuerausweis

	Unrichtiger Steuerausweis § 14c Abs. 1 UStG	Unberechtigter Steuerausweis § 14c Abs. 2 UStG

Voraussetzungen	– Unternehmer
	– Rechnung i.S.d. § 14 UStG
	– Ausführung einer Leistung
	– gesonderter Ausweis eines höheren als des geschuldeten Umsatzsteuerbetrages
		– Unternehmer u./o. Nichtunternehmer
		– Rechnung i.S.d. § 14 UStG
		– gesonderter Ausweis von Umsatzsteuer
		– hierzu aber nicht berechtigt, weil
		  – Nichtunternehmer oder
		  – Unternehmer, der die abgerechnete Leistung nicht ausgeführt hat

Rechtsfolgen	– Unternehmer schuldet ausgewiesene Umsatzsteuer
	– Vorsteuerabzug für Leistungsempfänger nur in Höhe der gesetzlich geschuldeten Umsatzsteuer
	– Korrektur i.d.R. durch
	  – Rechnungsberichtigung
	  – Rückzahlung der zu viel ausgewiesenen Umsatzsteuer[1]
		– Unternehmer schuldet ausgewiesene Umsatzsteuer
		– kein Vorsteuerabzug für Leistungsempfänger
		– Korrektur durch
		  – Rechnungsberichtigung
		  – Beseitigung der Gefährdung des Steueraufkommens (= kein Vorsteuerabzug oder Rückzahlung der Vorsteuer durch Leistungsempfänger ans Finanzamt)
		  – schriftlicher Antrag auf Berichtigung an das Finanzamt und Zustimmung des Finanzamtes

[1] Vgl. BFH Urt. vom 16.5. 2018 (XI R 28/16, DStR 2018 S. 1663).

5.9.7.3 Rechnungsprüfung und -korrektur

A. Erstrechnung

1. Prüfung ergibt	keine Mängel	Mängel		
		formelle	materielle	
			§ 14c Abs. 1 UStG[1]	§ 14c Abs. 2 UStG[1]
2. Folge für				
– Vorsteuerabzug Leistungsempfänger?	zulässig	nicht zulässig	zulässig, soweit Umsatzsteuer gesetzlich geschuldet	nicht zulässig
– Umsatzsteuerschuld Rechnungsaussteller	in gesetzlicher Höhe	in gesetzlicher Höhe	ausgewiesene Umsatzsteuer	ausgewiesene Umsatzsteuer
3. Rechnungskorrektur	nicht erforderlich		erforderlich	

B. Rechnungskorrektur[2]

1. Mängel	formelle		materielle
2. Folge für			
– Vorsteuerabzug Leistungsempfänger?	Mindestanforderungen BFH erfüllt?		keine Auswirkung, da unverändert
	ja	nein	
	rückwirkend auf den Zeitpunkt des Erhalts der Erstrechnung	im Zeitpunkt des Erhalts der Rechnungskorrektur	
– Umsatzsteuerschuld Rechnungsaussteller	keine Auswirkung, da unverändert		Berichtigung[3] im Zeitpunkt der Erteilung der korrigierten Rechnung ggü. dem Leistungsempfänger bzw. erst nach Rückzahlung der korrigierten Umsatzsteuer durch den Leistungsempfänger

[1] Vgl. 5.9.7.2

[2] Mit Schreiben vom 18.9.2020 hat das BMF Stellung zur Rechtsprechung des EuGH sowie des BFH bezogen. Die rückwirkende Rechnungskorrektur wird unter bestimmten Voraussetzungen anerkannt. Gemäß § 14 Abs. 4 Satz 4 UStG stellt sie kein rückwirkendes Ereignis i.S.d. § 175 Satz 1 Nr. 2 AO dav. Die rückwirkende Korrektur scheitert daher bei bestandskräftigen Veranlagungen.

[3] Vgl. Abschn. 14c.1 Abs. 5 UStAE.

5.9.7.4   Übermittlung von Rechnungen

Übermittlung	Voraussetzung für VSt-Abzug
Papierform	a) Angaben nach § 14 und § 14a UStG b) Originalrechnung

Elektronisch
§ 14 Abs. 3 UStG
	1. Angaben nach § 14 und § 14a UStG
	2. Gewährleistung der Echtheit der Herkunft und der Unversehrtheit des Inhaltes durch
	   – qualifizierte elektronische Signatur nach Signaturgesetz
	   oder
	   – elektronischen Datenaustausch (EDI)
	   oder
	   – andere geeignete innerbetriebliche Kontrollverfahren
	3. Übermittlung möglich per
	   – E-Mail
	   – EDI-Verfahren
	   – Computer-Fax
	   – Faxserver
	   – Web-Download
	4. Übermittlung an Standard-Fax gilt als Papierrechnung

E-Rechnungen an Behörden[1]	a) Ab 27.11.2018

	1. Pflicht zur Annahme von E-Rechnungen für oberste Bundesbehörden und Verfassungsorgane des Bundes
	2. E-Rechnung i.d.S. muss
	   – in einem strukturierten elektronischen Format ausgestellt, übermittelt und empfangen werden und
	   – das Format die automatische und elektronische Verarbeitung der Rechnung ermöglichen
	3. Standardformat ist die X-Rechnung
	4. Übermittlung erfolgt über Verwaltungsportal

	b) Ab 27.11.2019
	Pflicht zur Annahme von E-Rechnungen in der gesamten Bundesverwaltung
	c) Ab 18.4.2020
	Pflicht zur Annahme von E-Rechnungen in den Ländern und Kommunen

---

[1] Gemäß Gesetz zur Umsetzung der Richtlinie 2014/55/EU über die elektronische Rechnungsstellung im öffentlichen Auftragswesen vom 4.4.2017 (BGBl I 2017 S.770) sowie Verordnung über die elektronische Rechnungsstellung im öffentlichen Auftragswesen des Bundes vom 13.10.2017 (ERechV; BGBl I 2017 S.3555).

Übermittlung	Voraussetzung für VSt-Abzug
	d) Ab 27. 11. 2020
	1. Pflicht zur Ausstellung von E-Rechnungen für Lieferanten
	2. Ausnahme:
	– Direktaufträge bis netto 1 000 €
	– Organleihen, Auslandsbeschaffungen sowie verteidigungs- und sicherheitsspezifische Aufträge, die der Geheimhaltung unterliegen

5.9.7.5   Aufbewahrungspflichten

A. Aufbewahrungspflichten für Unternehmer (§ 14b UStG)

Gegenstand (unter Gewährleistung der Lesbarkeit)	allgemein – Doppel der Ausgangsrechnungen – Doppel der Eingangsrechnungen zusätzlich bei elektronisch übermittelten Rechnungen – Nachweis über die Echtheit und Unversehrtheit der Daten (z.B. elektronische Signatur; Dokumentation des Prüfprozesses)
Aufbewahrungsfrist	Beginn – mit Ablauf des Kalenderjahres der Rechnungsstellung Fristende – grundsätzlich nach 10 Jahren – spätestens mit Ablauf der Festsetzungsfrist (§ 147 Abs. 3 S. 3 AO) für die von den Rechnungen betroffenen Steuern

Aufbewahrungsort	Grundsatz	Inland
	Ausnahme	Übriges Gemeinschaftsgebiet auch für – elektronische Aufbewahrung unter Gewährleistung eines vollständigen Online-Zugriffes – Rechnungen nicht im Inland ansässiger Unternehmer

Aufbewahrungsform	Papierrechnung – Papier oder – elektronisch Elektronische Rechnung – nur elektronisch[1]
Nichtbeachtung	Ordnungswidrigkeit, Bußgeld bis zu 5 000 € (§ 26a UStG)

B. Aufbewahrungspflichten für Nicht-Unternehmer (§ 14b Abs. 1 S. 5 UStG)

Gegenstand (unter Gewährleistung der Lesbarkeit)	Rechnungen für Werklieferungen und sonstige Leistungen im Zusammenhang mit (privaten) Grundstücken (leistender Unternehmer muss auf Aufbewahrungspflicht in Rechnung hinweisen)
Aufbewahrungsfrist	2 Jahre (im Übrigen s.o.)
Nichtbeachtung	Ordnungswidrigkeit, Bußgeld bis zu 1 000 € (bis 30.6.2021: 500 €) (§ 26a UStG)

---

[1] Gemäß GoBD ist die Aufbewahrung der zugehörigen E-Mail nicht erforderlich, sofern ihr lediglich „Transportfunktion" zukommt (BMF-Schr. vom 14.11.2014, Tz.121).

	Sollbesteuerung (§ 16 UStG)	Istbesteuerung (§ 20 UStG)
Systematik, d. h.	Besteuerung nach **vereinbarten** Entgelten	Besteuerung nach **vereinnahmten** Entgelten
– Zeitpunkt der Erfassung	– mit Ausführung der Leistung	– bei Vereinnahmung des Entgeltes
– maßgebliches Entgelt	– Grundsatz: Vereinbartes, unabhängig von tatsächlicher Zahlung (Forderung) – Ausnahmen, d. h. Istbesteuerung i. R. d. Sollbesteuerung: – erhaltene Anzahlungen[1] – Ausbuchung von Forderungen[2] – bestimmte Sicherungseinbehalte[3]	– tatsächlich vereinnahmtes (Zahlung)
Voraussetzungen	keine	1. Alternativ: – Gesamtumsatz (§ 19 Abs. 3 UStG) im vorangegangenen Jahr ≤ 600 000 €[4] – Befreiung von der Buchführungspflicht nach § 148 AO – Angehörige eines freien Berufes nach § 18 Abs. 1 EStG, sofern keine Bücher für diese Umsätze geführt werden[5] 2. Antrag[6]

[1] § 13 Abs. 1 Nr. 1a S. 4 UStG.
[2] Für die Berichtigung der Umsatzsteuer aus Forderungen reicht es aus, dass der Leistungsempfänger diese substantiiert bestreitet oder diese objektiv auf absehbare Zeit nicht durchzusetzen sind (Abschn. 17.1 Abs. 5 Satz 4 u. 5 m.w.N.).
[3] Vgl. BFH vom 24.10.2013 sowie Abschn. 17.1 Abs. 5 Satz 3 UStAE. Bei Vereinbarung langjähriger Ratenzahlungen ist zu prüfen, wann die Leistung tatsächlich erbracht wurde und wenn diese zu Beginn des Vertrags erbracht wurde, ob ein Teil der Raten zu diesem Zeitpunkt zunächst als uneinbringlich gilt; vgl. EuGH vom 29.11.2018, C-548/17, FG Rheinland-Pfalz, Urteil vom 26.3.2019, 3 K 1816/18, Vorlage EuGH gem. Beschluss BFH vom 7.5.2020, V R 16/19.
[4] Bis 31.12.2019: 500 000 €.
[5] Die Einnahmen-Überschussrechnung (§ 4 Abs. 3 EStG) subsumiert das BMF nicht unter den Begriff „Bücher führen" (vgl. Schreiben des BMF vom 21.11.2013 an den LSWB in Ergänzung des insoweit nicht eindeutigen Schreiben des BMF v. 31.7.2013).
[6] Die Antragstellung ist an keine Form gebunden und ggf. auch konkludent möglich (vgl. BFH vom 18.8.2015).

5.9.8.2 Voranmeldungszeitraum

Voranmeldungszeitraum[1]	Anwendungsbereich
Keine Voranmeldung, nur Umsatzsteuerjahreserklärung (§ 18 Abs. 2 Satz 3 UStG)	Umsatzsteuer im Vorjahr < 1 000 € (auf Antrag; § 18 Abs. 1 Satz 2 UStG)
Kalendervierteljahr (§ 18 Abs. 2 Satz 1 UStG)	Umsatzsteuer im Vorjahr > 1 000 € und < 7 500 € (6 136 €)[1]

Kalendermonat	– Umsatzsteuer im Vorjahr > 7 500 € (6 136 €)[1]
	 – Überschuss im Vorjahr > 7 500 € (6 136 €)[1] (auf Antrag; § 18 Abs. 2a UStG)
	 – für laufendes Kalenderjahr und folgendes Jahr:
	  – Existenzgründer (jedoch nicht für die Besteuerungszeiträume 2021–2026 vgl. § 18 Abs. 2 S. 6 UStG)
	  – Vorratsgesellschaften mit Beginn ihrer Tätigkeit
	  – Firmenmantel, ab Zeitpunkt der Übernahme

5.9.8.3 Deklaration von Umsätzen im EU-Ausland

5.9.8.3.1 Übersicht

Alternativen je nach Art des erbrachten Umsatzes			Verfahren
Deklaration im Mitgliedstaat (MGS)			
1.	in dem Umsatz ausgeführt wird		
	a.	durch leistenden Unternehmer	– Abgabe von USt-Voranmeldungen und Jahreserklärungen im betreffenden MGS – gem. den Vorschriften des betreffenden MGS
	b.	durch Leistungsempfänger (Unternehmer)	– Umkehr der Steuerschuldnerschaft (Reverse-Charge) – insoweit keine Deklarationspflichten für leistenden Unternehmer im betreffenden MGS

2.	in dem leistender Unternehmer sitzt		– als Alternative bei B2C-Umsätzen zu 1.a
			  – vom 1.1.2015–31.6.2021: Mini-One-Stop-Shop-Verfahren (MOSS)[2]
			  – ab 1.7.2021: One-Stop-Shop-Verfahren (OSS)[2] für
			  – Fernverkäufe und alle Dienstleistungen

---

[1] Die Umsatzsteuervoranmeldung ist bis zum 10. dem Voranmeldungszeitraum folgenden Monat zu übermitteln und ist am 10. Tag nach Ablauf des Voranmeldungszeitraums fällig (§ 18 Abs. 1 UStG). Umsatzsteuervoranmeldungen dürfen ab 1.9.2013 nur noch mit elektronischem Zertifikat übermittelt werden.

[2] Vgl. 5.9.8.3.2.

5.9.8.3.2   (Mini-)One-Stop-Shop-Verfahren ((M)OSS)

Rechtsgrundlagen	– für Unternehmen aus den übrigen Mitgliedstaaten (MGS, § 18 Abs. 4e UStG i.d.F. ab 1.1.2015 bzw. 1.7.2021) – für im Inland ansässige Unternehmen nach Maßgabe des nationalen UStG des jeweiligen MGS in dem die Leistung erbracht wird	
Wahlrecht	Das (Mini-)One-Stop-Shop-Verfahren kann bei Vorliegen der notwendigen Voraussetzungen alternativ zur Abgabe von Umsatzsteuervoranmeldungen bzw. – Jahreserklärungen im jeweiligen MGS eingesetzt werden, allerdings nur für die betroffenen Umsätze.	
MOSS- bzw. OSS-Verfahren	1.1.2015 – 30.6.2021 Mini-One-Stop-Shop-Verfahren (MOSS; § 18h UStG)	
	Ab 1.7.2021 One-Stop-Shop-Verfahren (OSS): – OSS Nicht-EU-Regelung (§ 18i UStG) – OSS EU-Regelung (§ 18j UStG) – Import-OSS (§ 18k UStG)	
Voraussetzungen	a. Betroffene Umsätze	Folgende Umsätze an Privatpersonen in einem anderen MGS der EU – Telekommunikationsdienstleistungen (Abschn. 3a.10 UStAE) – Rundfunk- und Fernsehdienstleistungen (Abschn. 3a.11 UStAE) – auf elektronischem Weg erbrachte Dienstleistungen (Abschn. 3a.12 UStAE) ab 1.7.2021: – Fernverkäufe von Gegenständen (Versandhandel/Fernverkäufe) – übrige Dienstleistungen
	b. Betroffene Unternehmer	– mit Sitz im Inland oder – mit umsatzsteuerlicher Betriebsstätte im Inland, sofern Sitz im Drittland ohne Sitz oder umsatzsteuerlicher Betriebsstätte im MGS, in dem Leistung erbracht wird (= Ansässigkeitsstaat des Kunden)
	c. Registrierung	– elektronisch – beim BZSt (www.bzst.de)

Deklaration	– elektronische Meldung beim BZSt
	– pro Quartal
	  – MOSS-Verfahren: bis zum 20. des Folgemonats
	  – OSS-Verfahren: bis zum Ende des Folgemonats
	– wiederholte verspätete oder Nicht-Abgabe der Meldung führt zu Ausschluss aus dem Verfahren	

Entrichtung der USt	– Bis spätestens zum Abgabetermin der Meldung (s.o.) – wiederholte verspätete oder Nicht-Entrichtung der USt führt zu Ausschluss aus dem Verfahren
Vorsteuerabzug	– Verfahren betrifft ausschließlich Deklaration der Umsätze – Vorsteuerabzug erfolgt im Rahmen des Vorsteuervergütungsverfahrens

5.9.8.4 Steuerschuldnerschaft der Leistungsempfänger (Reverse Charge)

5.9.8.4.1 Inland

Rechts- grundlage	§§ 13b i.V.m. 14a Abs.5 UStG	
Voraus- setzungen	Betroffene Umsätze	– innergemeinschaftliche Dienstleistungen gem. §3a Abs.2 UStG – übrige a) Werklieferungen und sonstige Leistungen im Ausland ansässiger Unternehmer b) Lieferung von sicherungsübereigneten Gegenständen außerhalb des Insolvenzverfahrens c) Umsätze, die unter das Grunderwerbsteuergesetz fallen d) Bauleistungen, einschließlich Werklieferungen und sonstigen Leistungen im Zusammenhang mit Grundstücken, die der Herstellung, Instandsetzung, -haltung, Änderung oder Beseitigung von Bauwerken dienen (ohne Planungs- und Überwachungsleistungen) e) Lieferung von Gas, Elektrizität, Wärme oder Kälte eines im Ausland ansässigen Unternehmers unter den Bedingungen des §3g UStG f) Lieferung von Gas über das Erdgasnetz und von Elektrizität eines im Inland ansässigen Unternehmers (ab 1.9.2013) g) Umsätze aus dem CO_2-Emmisionshandel (ab 1.7.2010) h) Lieferung von Schrott gem. Anlage 3 zum UStG (ab 1.1.2011) i) Gebäudereinigung (ab 1.1.2011) j) Lieferungen Gold bzw. Goldplattierungen mit einem Feingehalt von mindestens 325/1000 (ab 1.1.2011) k) Lieferung von Mobilfunkgeräten sowie integrierten Schaltkreisen vor Einbau in Endgeräte, sofern Entgelt > 5 000 € (ab 1.7.2011) l) Lieferung von Tablet-Computern und Spielekonsolen, sofern Entgelt > 5 000 € (ab 1.10.2014)

		m) Lieferung von Edelmetallen und unedlen Metallen gem. Anlage 4 zum UStG, sofern Entgelt > 5 000 € (ab 1. 10. 2014) n) Telekommunikationsdienstleistungen (ab 1.1.2021) Ausnahmen: – bestimmte Personenbeförderungen – Einräumung der Eintrittsberechtigung für Messen, Ausstellungen und Kongresse im Inland – Sonstige Leistungen von Durchführungsgesellschaften i. V. m. Messen und Ausstellungen – Restaurationsdienstleistungen an Bord eines Schiffs, in einem Luftfahrzeig oder der Eisenbahn durch im Ausland ansässige Unternehmer
Voraus-setzungen	Betroffene Leistungs-empfänger	bei ig. Dienstleistungen sowie a) bis c): Unternehmer, auch Kleinunternehmer und Pauschalversteuerer; juristische Personen des öffentlichen Rechts bei d): Unternehmer, sofern er selbst Bauleistungen erbringt bei e) bis h), j) bis m): Unternehmer, auch Kleinunternehmer und Pauschalversteuerer bei f): Unternehmer, der selbst Erdgas über das Erdgasnetz liefern bzw. die selbst Elektrizität ab Wiederverkäufer liefert[1] bei i): Unternehmer, sofern er selbst Gebäudereinigungsleistungen erbringt[2] bei n): Unternehmer, dessen Haupttätigkeit auf die Erbringung von Telekommunikationsdienstleistungen gerichtet ist

Rechtsfolgen		– Umsatzsteuerschuldumkehr: Leistungsempfänger schuldet statt des leistenden Unternehmers die Steuer
		  – grundsätzlich auch, wenn die Leistung für den nichtunternehmerischen Bereich bezogen wurde
		  – Ausnahme[2]:
		    juristische Personen des öffentlichen Rechts bei d), f) und h) bis m)
		– Vorsteuerabzug der vom Leistungsempfänger geschuldeten Umsatzsteuer gem. § 15 UStG

Steuer-entstehung		a) mit Ablauf des Voranmeldungszeitraumes, in dem die Leistungen ausgeführt worden sind: Für sonstige Leistungen eines im übrigen Gemeinschaftsgebiet ansässigen Unternehmens nach § 3a Abs. 2 UStG b) mit Rechnungsstellung, spätestens mit Ablauf des der Ausführung folgenden Kalendermonats für alle Umsätze, die nicht unter a) fallen c) mit Ablauf des Voranmeldungszeitraums der Vereinnahmung bei Anzahlungen d) Spätestens mit Ablauf des Kalenderjahres bei Dauerleistungen (z.B. Miete)[3]

---

[1] Neuregelung ab 1.10.2014. Zu den vorherigen Regelungen vgl. BMF vom 5.2.2014 und vom 26.9.2014.

[2] Betreiber von Fotovoltaikanlagen gelten nicht als Wiederverkäufer, vgl. *Huschens*, NWB 2013 S.2214. Vgl. auch BMF-Schr. vom 19.9.2013 (BB 2013 S.2183).

[3] Eingefügt m.W.v. 6.11. 2015.

Rechnungs-stellung	Über Kap. 5.9.7.1 hinausgehende Besonderheiten – Leistender Unternehmer hat Rechnung ohne gesonderten Umsatz-steuerausweis auszustellen (andernfalls schuldet er die ausgewie-sene Umsatzsteuer) – Rechnungsausstellung bis zum 15. des Folgemonats für innerge-meinschaftliche Dienstleistungen gem. § 3a Abs. 2 UStG – Angabe „Steuerschuldnerschaft des Leistungsempfängers"[1]
Aufbewah-rung	10 Jahre durch den Leistungsempfänger (§ 14b Abs. 1 UStG)

---

[1] Gemäß MwStSystRL schon ab 1.1.2013 gültig. Vor dem 30.6.2013 war ein allgemei-ner Hinweis auf die Umkehr der Steuerschuldnerschaft ausreichend.

5.9.8.4.2 Übrige EU-Mitgliedstaaten

Zum 1.1. 2010 wurde das Reverse-Charge System in der EU für grenzüberschreitende Dienstleistungen harmonisiert und ausgeweitet. Es gilt nunmehr u.a. zwingend für alle Leistungen, die unter die 2. Grundregel fallen (vgl. § 3a Abs. 2 UStG). Weiterhin wird den Mitgliedstaaten das Recht eingeräumt, optional auch weitere Dienstleistungen in das Reverse-Charge System einzubeziehen; vgl. hierzu das folgende Prüfungsschema:

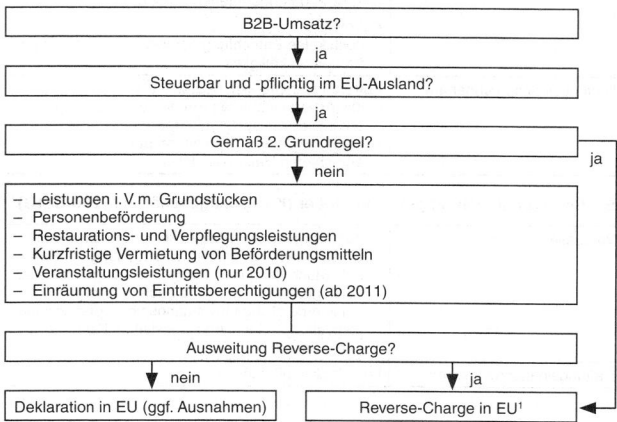

---

¹ In der Zusammenfassenden Meldung sind nur die Umsätze gem. der 2. Grundregel (§ 3a Abs. 2 UStG) zu melden.

5.9.8.5 Haftungstatbestände

A. Abtretung, Verpfändung oder Pfändung von Forderungen (§ 13c UStG)

Voraussetzungen	Abtretungsempfänger – Unternehmer und – ganz oder teilweise Vereinnahmung der nach dem 7.12.2003 abgetretenen Forderung[1] Abtretende – noch keine Entrichtung der festgesetzten, fälligen Steuer bei Fälligkeit
Haftungsinanspruchnahme	Abtretungsempfänger, begrenzt auf – die im vereinnahmten Betrag der Forderung enthaltene Umsatzsteuer sowie – die Höhe der im Fälligkeitszeitpunkt nicht entrichteten Umsatzsteuer

B. Schuldhaft nicht abgeführte Steuer (Karussellgeschäfte) (§ 25d UStG)[2]

Voraussetzungen	– gem. vorgefasster Absicht keine Entrichtung der Umsatzsteuer aus einem vorangegangenen Umsatz (auch Vorstufen) durch Rechnungsaussteller – Leistungsempfänger hätte nach der Sorgfalt eines ordentlichen Kaufmanns vom vorsätzlichen Handeln des Rechnungsausstellers Kenntnis haben müssen
Haftungsinanspruchnahme	Leistungsempfänger

---

[1] Zur Frage, ob eine Forderung vereinnahmt ist, vgl. § 13c Abs. 1 Satz 3 und 4 (eingefügt m.W.v. 1.1.2017).
[2] Aufgehoben mit Wirkung vom 1.1.2020.

C. Betreiber elektronischer Marktplätze ab 1.1. 2019 (§ 25e UStG)

Voraussetzungen	1. 1.1.2019–30.6.2021
	– Betreiben eines elektronischen Marktplatzes
	– Nichtentrichtung der Umsatzsteuer durch Nutzer dieses elektronischen Marktplatzes, der Lieferungen hierüber erbringt
	– Ausnahme:
	a) Betreiber des elektronischen Marktplatzes legt Bescheinigung der steuerlichen Registrierung des Nutzers des elektronischen Marktplatzes vor; dies gilt nicht, wenn der Betreiber nach der Sorgfalt eines ordentlichen Kaufmanns Kenntnis vom Betrug des Nutzers hätte haben müssen
	b) Nutzer registriert sich nicht als Unternehmer und der Betreiber erfüllt die Aufzeichnungspflichten nach § 22f UStG; dies gilt nicht, wenn der Betreiber nach der Sorgfalt eines ordentlichen Kaufmanns Kenntnis hätte haben müssen, dass der Nutzer Umsätze im Rahmen seines Unternehmens erbringt
	2. ab 1.7.2021
	– Unterstützung[1] der Lieferung eines Gegenstandes mittels einer elektronischen Schnittstelle (Betreiber)
	– Nicht Entrichtung der Umsatzsteuer aus dieser Lieferung
	– Ausnahme:
	a) Fälle des § 3 Abs. 3a UStG
	b) Lieferant verfügt im Zeitpunkt der Lieferung über eine gültige, ihm vom BZSt erteilte USt-IDNr., dies gilt nicht, wenn der Betreiber nach der Sorgfalt eines ordentlichen Kaufmanns Kenntnis vom Betrug des Nutzers hätte haben müssen
	c) Vgl. 1. Ausnahme b)

D. Sanktionen bei Beteiligung an einer Steuerhinterziehung ab 1.1.2020 (§ 25f UStG)

Voraussetzungen	Unternehmer wusste oder hätte wissen müssen, dass er sich mit der von ihm erbrachten Leistung oder seinem Leistungsbezug an einem Umsatz beteiligt,
	– bei dem der Leistende oder ein anderer Beteiligter auf einer vorhergehenden oder nachfolgenden Umsatzstufe in eine

---

[1] Zur Definition der „Unterstützung" vgl. § 25e Abs. 6 UStG.

Voraussetzungen	– begangene Hinterziehung von USt oder Erlangung eines nicht gerechtfertigten VSt-Abzuges i.S.d. §370 AO oder – Schädigung des USt-Aufkommens i.S.d. §§26a (bis 30.6.2021: 26b), 26c UStG einbezogen war

Rechtsfolgen	Versagung
	– der Steuerbefreiung für innergemeinschaftliche Lieferungen
	– des Vorsteuerabzuges
	  – aus Eingangsleistungen (Rechnungen)
	  – aus innergemeinschaftlichem Erwerb
	  – bei Steuerschuldnerschaft des Leistungsempfängers (§13b UStG)

5.9.9 Umsatzsteuer in der EU

5.9.9.1 Systematik der Besteuerung von Lieferungen zwischen EU-Mitgliedstaaten

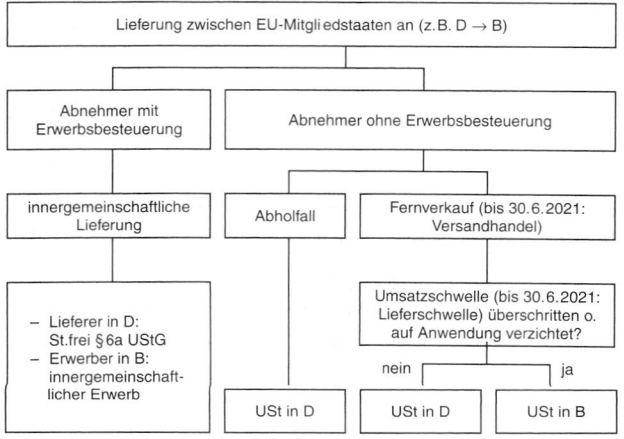

5.9.9.2   Meldepflichten in der EU
5.9.9.2.1   Zusammenfassende Meldung (ZM)[1]

Zweck	Kontrolle der umsatzsteuerlichen Erfassung grenzüberschreitender Leistungen in der EU
Meldepflicht	Unternehmer, die Innergemeinschaftliche Warenlieferungen[2], d.h.: – Innergemeinschaftliche Lieferungen – Innergemeinschaftliche Verbringungen – Beförderungen oder Versendungen nach §6b Abs.1 oder 4 UStG oder Erwerberwechsel nach §6b Abs.5 UStG (Konsignationslager; seit 1.1.2020 bzw. 29.12.2020) – innergemeinschaftliche Dienstleistungen gem. §3a Abs.2 UStG (2. Grundregel)[3] – Lieferungen nach §25b Abs.2 UStG i.R. innergemeinschaftlicher Dreiecksgeschäfte ausführen Keine Meldepflicht für Kleinunternehmer.

Meldezeitraum	1. Generell
	
	  a. Monat
	    – für innergemeinschaftliche Warenlieferungen, Lieferungen nach §25b Abs.2 UStG soweit der maßgebliche Umsatz[4] 50 000 € überschreitet
	
	  b. Quartal
	    – für innergemeinschaftliche Warenlieferungen, Lieferungen nach §25b Abs.2 UStG soweit der maßgebliche Umsatz 50 000 € nicht überschreitet
	    – für innergemeinschaftliche Dienstleistungen
	
	  c. Kalenderjahr
	    Sofern Befreiung von der Abgabe von USt-Voranmeldungen und unter den weiteren Voraussetzungen gem. §18a Abs.9 UStG
	
	2. Option
	  Alternativ zur monatlichen oder jährlichen Abgabe, kann zur monatlichen Abgabe optiert werden.

Abgabefrist	25. des Folgemonats
Zust. Behörde	Bundeszentralamt für Steuern (BZSt)
Form	elektronisch

---

[1] §18a UStG, vgl. Abschn.18a UStAE sowie BMF-Schr. vom 15.6. 2010 (BStBl I 2010 S.569).

[2] Ohne Tatbestände gemäß Fahrzeuglieferungs-Meldepflichtverordnung (vgl. Kapitel 5.9.9.2).

[3] Meldepflichtig seit dem 1.1. 2010.

[4] Maßgeblich ist der Umsatz aus innergemeinschaftlichen Lieferungen und Leistungen nach §25b Abs.2 UStG jeweils im laufenden und den letzten 4 Quartalen. Das Überschreiten der Grenze in einem der Quartale verpflichtet zur monatlichen Abgabe.

Inhalt	Angabe von:
	– USt-ID-Nr. des jeweiligen Erwerbers bzw. Leistungsempfängers
	– Bemessungsgrundlagen pro Erwerber bzw. Leistungsempfänger
	– Angaben gem. § 18a Abs. 7 Nr. 2a UStG für Beförderungen, Versendungen oder Erwerberwechsel i.S.d. § 6b UStG
	– Angaben gem. § 18a Abs. 7 Nr. 4 UStG für Lieferungen nach § 25b Abs. 2 UStG

5.9.9.2.2 Fahrzeuglieferungs-Meldepflicht-verordnung (FzgLiefgMeldV)[1]

Zweck	Kontrolle der umsatzsteuerlichen Erfassung grenzüberschreitender Lieferung neuer Fahrzeuge gem. § 1b UStG in der EU
Meldepflicht	– Unternehmer (§ 2 UStG) und
	– (sonstige) Fahrzeuglieferer (§ 2a UStG)
	die innergemeinschaftliche Lieferungen neuer Fahrzeuge ausführen, sofern der Abnehmer keine USt-ID-Nr. eines anderen EU-Mitglied-staates verwendet
Neue Fahrzeuge	1. Landfahrzeuge motorbetrieben
	– mit einem Hubraum > 48 cm^3 oder
	– mit einer Leistung > 7,2 KW
	sowie
	– mit einer Laufleistung $\leq$ 6 000 km oder
	– im Zeitpunkt des Erwerbs die Inbetriebnahme nicht mehr als 6 Monate zurückliegt
	2. Wasserfahrzeuge mit einer Länge > 7,5 m
	sowie
	– mit Betriebsstunden $\leq$ 100 oder
	– im Zeitpunkt des Erwerbs die Inbetriebnahme nicht mehr als 3 Monate zurückliegt
	3. Luftfahrzeuge mit einer Starthöchstmasse > 1 550 kg
	sowie
	– mit Betriebsstunden $\leq$ 40 oder
	– im Zeitpunkt des Erwerbs die Inbetriebnahme nicht mehr als 3 Monate zurückliegt

---

[1] FzgLiefgMeldV vom 18.3.2009 (BGBl I 2009 S. 630); in Kraft getreten zum 1.7. 2010, zuletzt geändert durch das Gesetz zur Modernisierung des Besteuerungsverfahrens vom 18.7. 2016 (BGBl I 2016 S.1679).

Meldezeitraum	Quartal
Abgabefrist	10. des Folgemonats
Zust. Behörde	Bundeszentralamt für Steuern (BZSt)
Form	1. Unternehmer – elektronisch (generell) – Papierform bei unbilliger Härte (Antrag beim Finanzamt nötig)
	2. (sonstige) Fahrzeuglieferer (§ 2a UStG) – elektronisch oder – Papierform
Inhalt	Angabe von: – Name und Anschrift des Lieferers – Steuernummer sowie bei Unternehmen zusätzlich die USt-IDNr. des Lieferers – Name und Anschrift des Erwerbers – Rechnungsdatum – Bestimmungsmitgliedstaat – Entgelt (Kaufpreis) – Art des Fahrzeugs (Land-, Wasser- oder Luftfahrzeug) – Fahrzeughersteller – Fahrzeugtyp (Typschlüsselnummer) – Datum der ersten Inbetriebnahme, sofern vor dem Rechnungsdatum liegend – Km-Stand, Betriebsstunden auf dem Wasser bzw. Flugstunden – Kraftfahrzeug-, Schiffs-IDNr. bzw. Werknummer

5.9.9.2.3 INTRASTAT-Meldung[1]

Zweck	Statistische Erfassung des Intrahandels mit Gemeinschaftswaren (Versendungen und Eingänge) in der EU

Meldepflicht	1. Generell
	  Unternehmer
	  – in Deutschland steuerlich registriert und
	  – Beteiligung am grenzüberschreitenden Warenhandel innerhalb der EU[2] (Ausführung innergemeinschaftlicher Lieferung bzw. innergemeinschaftlichen Erwerbes)
	
	2. Befreiungen
	  a. Privatpersonen
	  b. Unternehmer gem. 1. sofern
	    – Versendungen in die EU bzw.
	    – Wareneingänge aus der EU
	    die Anmeldeschwelle im Vorjahr nicht überschritten haben.
	    Im Monat des Überschreitens der Anmeldeschwelle im laufenden Kalenderjahr tritt die Meldepflicht ein.
	  c. Waren gem. Befreiungsliste[3]
	  d. Durchfuhr von Waren

Anmelde-schwelle	– Versendungen:
	  – 500000 (ab 1.1.2012)
	  – 400000 (bis 31.12.2011)
	– Wareneingänge:
	  – 800000 (ab 1.1.2016)
	  – 500000 (ab 1.1.2012 bis 31.12.2015)
	  – 400000 (bis 31.12.2011)

Meldezeit-raum	Monat
Abgabefrist	10. Arbeitstag des Folgemonats
Zust. Behörde	Statistisches Bundesamt
Form	– elektronisch oder – Papierform (Ausnahme)
Inhalt	Vgl. im Einzelnen die Ausfüllanleitung unter www.destatis.de

---

[1] Vgl. http://www.destatis.de
[2] Aufgrund des Sonderstatus Nordirlands i.R.d. Brexits, müssen Warenverkehre mit Nordirland weiter in der INTRAST-Meldung angemeldet werden, vgl. Ausfüllanleitung (23. A.) S. 3.
[3] Vgl. Anhang 4 der INTRASTAT-Ausfüllanleitung (23. A.) unter http://www.idev.destatis.de

5.9.10   Sonderregelungen im Umsatzsteuerrecht

5.9.10.1   Kleinunternehmer

Voraus-setzungen	– im Inland ansässiger Unternehmer
	– Umsatz zuzüglich der darauf entfallenden Umsatzsteuer
	   – im vorangegangenen Kalenderjahr bis zu 22 000 €[1] (brutto)
	   – im laufenden Kalenderjahr voraussichtlich
	    bis zu 50 000 € (brutto)

Besteuerung (Abgrenzung zur Regel-besteuerung)	– grundsätzlich keine Erhebung der Umsatzsteuer im Inland, Aus-nahmen:[2] Erhebung von Steuer bei
	   – Einfuhr
	   – innergemeinschaftlichem Erwerb
	   – Umkehr der Steuerschuldnerschaft gem. § 13b Abs. 5 UStG
	– kein Vorsteuerabzug
	– keine Steuerbefreiung innergemeinschaftlicher Lieferungen
	– kein Verzicht auf Steuerbefreiung möglich

Maßgeblicher Umsatz	Summe der vom Unternehmer ausgeführten steuerbaren Um-sätze i. S. d. § 1 Abs. 1 Nr. 1 UStG nach vereinnahmten Entgelten einschließlich Umsatzsteuer + Lieferungen und sonstige Leistungen nach § 3 Abs. 1b, Abs. 9a UStG (v. a. Verwendung von Lieferungen und sonstigen Leis-tungen zu privaten Zwecken) ./. Umsätze, die nach § 4 Nr. 8 i, 9b, 11 bis 29 UStG steuerfrei sind ./. Umsätze, die nach § 4 Nr. 8 Abs. a bis h, 9a, Nr. 10 UStG steuer-frei sind, wenn es sich um Hilfsumsätze handelt = Gesamtumsatz (§ 19 Abs. 3 UStG) ./. steuerbare Lieferungen und Privatverwendungen von Wirt-schaftsgütern des Anlagevermögens = **Maßgeblicher Umsatz i. S. d. § 19 Abs. 1 Satz 1 UStG** Besteht die Unternehmereigenschaft nur für einen Teil des Kalen-derjahres, ist der tatsächlich erzielte Umsatz in einen Jahres-umsatz umzurechnen[3].
Rechnungs-stellung	– kein Ausweis der Umsatzsteuer – keine Geltung der Vorschriften über die Angabe der USt-ID-Nr. – *Hinweis auf § 19 UStG*
Option	nach § 19 Abs. 2 UStG zur Regelbesteuerung möglich; Bindung an diese Erklärung mindestens fünf Kalenderjahre

---

[1] Grenze von 17 500 € auf 22 000 € erhöht mit Wirkung zum 1.1.2020 durch Gesetz zur Entlastung insbesondere der mittelständischen Wirtschaft von Bürokratie (Drittes Bürokratieentlastungsgesetz), BR-Drs. 538/19 (B) vom 8.11.2019. Mit Überschreiten der Umsatzgrenze erfolgt im Folgejahr zwingend die Besteuerung, auch wenn der Umsatz wieder unter die Grenze sinkt (BFH, Urteil vom 18.10. 2007, BFH/NV 2008 S. 325 Abschn. 19.1 Abs. 3 S. 1 UStAE).

[2] § 19 Abs. 1 Satz 3 und 4 UStG.

[3] Bei Land- und Forstwirtschaft vgl. zusätzlich Abschn. 24.7 Abs. 4 UStAE.

5.9.10.2   Gemeinnützige Organisationen

A. Steuervergütung (§ 4a UStG)

Voraussetzungen	– Umsatzsteuerbelastete Eingangsleistung
	  – Lieferung, Einfuhr oder innergemeinschaftlicher Erwerb von einer Körperschaft, die steuerbegünstigte Zwecke verfolgt, außerhalb eines wirtschaftlichen Geschäftsbetriebs und bei juristischen Personen des öffentlichen Rechts nicht im Rahmen ihres Unternehmens
	  – gesonderter Steuerausweis nach § 14 UStG
	  – Bezahlung der Umsatzsteuer mit Kaufpreis der Lieferung
	  – Entrichtung der Steuer bei Einfuhr oder innergemeinschaftlichem Erwerb
	– Verwendung des Gegenstandes
	  – Ausfuhr außerhalb eines wirtschaftlichen Geschäftsbetriebs bzw. eines Betriebs gewerblicher Art
	  – Verbringen in Drittlandsgebiet
	  – Verwendung zu humanitären, karitativen oder erzieherischen Zwecken im Drittland
	– Nachweis sämtlicher Voraussetzungen nach § 4a UStG

Verfahren	– Antrag nach amtlich vorgeschriebenem Muster – bis zum Ablauf des nachfolgenden Kalenderjahres
Rechtsfolge	Vergütung der auf die Eingangsleistung gezahlten Umsatzsteuer

B. Vorsteuerabzug nach Durchschnittssätzen (§ 23a UStG)

Voraussetzungen	– keine Verpflichtung zur Buchführung und Abschluss aufgrund jährlicher Bestandsaufnahme – steuerpflichtiger Umsatz des Vorjahres ohne Einfuhr und innergemeinschaftliche Erwerbe ≤ 35 000 €
Verfahren	– Antrag bis zum 10. Tag nach Ablauf des 1. Voranmeldungszeitraums eines Kalenderjahres – 5-jährige Bindungsfrist – erneute Besteuerung nach Durchschnittssätzen frühestens nach Ablauf von 5 Kalenderjahren
Durchschnittssatz	– 7 % des steuerpflichtigen Umsatzes (ohne Einfuhr und innergemeinschaftlichen Erwerb) – kein weiterer Vorsteuerabzug zulässig

5.9.10.3 Durchschnittssätze für Land- und forstwirtschaftliche Betriebe

A. Voraussetzungen

Anwendung auf die im Rahmen eines land- und forstwirtschaftlichen Betriebs ausgeführten Umsätze, sofern
– Gesamtumsatz des Unternehmers im vorangegangenen Kalenderjahr ≤ 600 000 €[1] und
– kein Verzicht auf die Durchschnittssatzbesteuerung (§ 24 Abs. 4 UStG)

B. Übersicht über die Durchschnittssätze

Für bestimmte Erzeugnisse gelten spezielle USt-Sätze (siehe Spalte „Umsatz"). Hierauf kann ein fiktiver Vorsteuerabzug geltend gemacht werden (siehe Spalte „Vorsteuer"). Im Ergebnis ergibt sich hieraus vielfach keine Umsatzsteuerzahllast (siehe Spalte „Steuerzahllast"). Eine Option zur Regelbesteuerung ist möglich (§ 24 Abs. 4 UStG).

| Art der Umsätze | Durchschnittssatz | | |
	Umsatz %	Vorsteuer %	Steuerzahllast %
1. Lieferungen von forstwirtschaftlichen Erzeugnissen, ausgenommen Sägewerkserzeugnisse (z.B. Rund-, Schicht- und Abfallholz)	5,5	5,5	0
2. Lieferungen der in der Anlg. aufgeführten Sägewerkserzeugnisse (z.B. Schnittholzabfälle, Hobel-, Hack- und Sägespäne), sonstige Leistungen (z.B. Lohnfuhren), Hilfsumsätze (z.B. Verkauf gebrauchter Landmaschinen)	10,7	10,7	0

---

[1] Die Umsatzgrenze wurde mit Wirkung vom 29.12.2020 auf Druck der EU-Kommission in das UStG aufgenommen. Sie ist erstmals auf Umsätze anzuwenden, die nach dem 31.12.2021 bewirkt werden, sodass die Höhe der Umsätze des Kalenderjahres 2021 Auswirkung auf die Anwendung der Durchschnittssätze im Jahr 2022 haben.

Art der Umsätze	Durchschnittssatz		
	Umsatz %	Vorsteuer %	Steuerzahl-last %
3. Lieferungen (ausgenommen Ausfuhrlieferungen und Umsätze im Ausland) a) der in der Anlage **nicht** aufgeführten Sägewerkserzeugnisse (z.B. Kanthölzer, Bohlen, Bretter)	19	10,7	8,3
b) der in der Anlage **nicht** aufgeführten Getränke (z.B. Wein, Traubenmost, Frucht- und Gemüsesäfte) sowie von alkoholischen Flüssigkeiten (z.B. reiner Alkohol)	19	10,7	8,3
4. Ausfuhrlieferungen und im Ausland bewirkte Umsätze der a) in der Anlg. nicht aufgeführten Sägewerkserzeugnisse (vgl. Nr. 3a)	10,7	10,7	0
b) Getränke, alkoholischen Flüssigkeiten (vgl. Nr. 3b und Nr. 5)	10,7	10,7	0
5. Übrige landwirtschaftliche Umsätze (z.B. Getreide, Vieh, Fleisch, Milch, Obst, Gemüse, Eier)	10,7	10,7	0

5.9.10.4   Leistungen an Arbeitnehmer[1]

1. Grundsatz	steuerbar sind a) Zuwendung von Sachlohn an Arbeitnehmer als Vergütung für geleistete Dienste b) Aufgrunde des Dienstverhältnisses verbilligte Lieferungen und sonstige Leistungen an Arbeitnehmer oder deren Angehörige c) Unentgeltliche Lieferungen und sonstige Leistungen an Arbeitnehmer für deren privaten Bedarf (vgl. 2c)

2. Ausnahmen	nicht steuerbar sind
	a) Leistungen, soweit durch das überwiegende betriebliche Interesse des Arbeitgebers veranlasst
	b) Aufmerksamkeiten
	c) Unentgeltliche Zuwendung oder Verwendung eines Gegenstandes an das Personal,
	  – sofern Erwerb ohne Berechtigung zum Vorsteuerabzug
	  oder
	  – sofern schon bei Leistungsbezug beabsichtigt ist, die bezogene Leistung ausschließlich und unmittelbar für eine unentgeltliche Wertabgabe zu nutzen (Folge: nicht steuerbar, aber auch keine Berechtigung zum Vorsteuerabzug)[2]

3. Bemessungsgrundlage (BMG)	a) vom Arbeitnehmer aufgewendeter Netto-Betrag oder b) Ansatz der Mindestbemessungsgrundlage[3] (Netto-Einkaufspreis bzw. -Selbstkosten), falls a > max. marktübliches Entgelt c) Ausnahmen: Lohnsteuerliche Werte (Bruttowerte) abzgl. USt

4. Einzelfälle[4]	– Arbeitsmittel, Arbeitskleidung
	  soweit private Nutzung nahezu ausgeschlossen ist
	  nicht steuerbar (2a)
	– Bade-, Sportanlagen
	  abhängig von Verkehrsauffassung[5]
	– Betriebskindergarten
	  nicht steuerbar (2a)

---

[1] Vgl. Abschn. 1.8 ff. UStAE.

[2] Vgl. Abschn. 15.15 UStAE. Bis zum 31.12.2013 kann alternativ der Vorsteuerabzug geltend gemacht werden. Die Zuwendung ist dann steuerbar. Das Wahlrecht kann nicht selektiv, sondern nur insgesamt für alle Eingangsleistungen ausgeübt werden (vgl. BMF-Schr. vom 24.4.2012, BStBl I 2012 S. 533).

[3] § 10 Abs. 5 Nr. 2 UStG.

[4] Hinweise auf Steuerbarkeit erfolgen, vorbehaltlich des Eintritts der Ausnahmen, unter 2c.

[5] Vgl. Abschn. 1.8 Abs. 4 Nr. 1 UStAE.

4. Einzelfälle (Fortsetzung)	– Betriebsveranstaltungen
	  a) bis 110 € je Arbeitnehmer incl. USt[1]
	     nicht steuerbar (2b)
	  b) > 110 € inkl. USt[2]
	     steuerbar; BMG (3a–c); Steuersatz 19%
	– Deputate
	  steuerbar; BMG (3a–c); Steuersatz 19% ggf. 7%
	– Fort- und Weiterbildung
	  nicht steuerbar (2a)
	– Getränke, Genussmittel zum Verzehr im Betrieb
	  nicht steuerbar (2b)
	– Kfz-Nutzung
	  steuerbar; BMG (3a–c); Steuersatz 19%
	– Parkplatzüberlassung auf dem Betriebsgelände
	  nicht steuerbar (2b)
	– Sachgeschenke
	  a) Grundsatz
	     steuerbar; BMG (3a–c); Steuersatz 19% ggf. 7%
	  b) Ausnahme
	     gelegentliche Sachzuwendungen bis 60 € (bis 31.12. 2014:
	     40 €) nicht steuerbar (2b)
	– Sammelbeförderung (unentgeltlich)
	  a) Grundsatz
	     steuerbar; BMG (3b); Steuersatz 7%
	  b) Ausnahme
	     soweit überwiegend betriebliches Interesse[3]
	     nicht steuerbar (2b)
	– Umzugskosten
	  a) Grundsatz
	     steuerbar; BMG (3a–c); Steuersatz 19%
	  b) Ausnahme
	     soweit überwiegend betriebliches Interesse nicht steuerbar
	– Unterkunftgestellung
	  a) Grundsatz
	     steuerbar; BMG lt. SvEV[4]; ggf. steuerbefreit, Steuersatz 19%
	     ggf. 7%
	  b) Ausnahme
	     bei Auswärtstätigkeit
	     nicht steuerbar (2b)
	– Verpflegung, Mahlzeiten
	  a) Grundsatz
	     steuerbar; BMG lt. SvEV; Steuersatz 19%
	  b) Ausnahme
	     bei außergewöhnlichen Arbeitseinsatz
	     nicht steuerbar (2a)

[1] Zur Ermittlung der Freigrenze vgl. BFH vom 16.5.2013 (BFH/NV 2013 S.1848), vgl. BMF-Schr. vom 14.10.2015.
[2] Zur Differenzierung vgl. BFH vom 9.12.2010 (BFH/NV 2011 S.717).
[3] Vgl. Abschn.1.8 Abs.15 UStAE.
[4] Sozialversicherungsentgeltverordnung.

5.9.10.5   Differenzbesteuerung (§ 25a UStG)

Steuerschuldner	Unternehmer ist Wiederverkäufer, d.h. – handelt gewerbsmäßig mit beweglichen körperlichen Gegenständen oder – versteigert solche Gegenstände öffentlich in eigenem Namen

Voraussetzungen	1. Erwerb eines gebrauchten Gegenstandes
	  – im Gemeinschaftsgebiet
	  – für die Lieferung wird
	    – keine USt geschuldet oder
	    – nicht erhoben („Kleinunternehmerbesteuerung")
	      oder
	    – die Differenzbesteuerung vom Lieferanten selbst angewandt
	    – kein Erwerb von Edelsteinen oder Edelmetallen
	2. Einfuhr von
	  – Kunstgegenständen
	  – Sammlungsstücken
	  – Antiquitäten
	3. Steuerpflichtiger Erwerb von Kunstgegenständen, soweit kein Erwerb vom Wiederverkäufer.

Option zur Differenz-besteuerung	zu 1.: für jede Lieferung zu 2. und 3.: spätestens bei Abgabe der ersten Voranmeldung eines Kalenderjahrs mit zweijähriger Bindungsfrist
Ausnahmen	keine Anwendung der Differenzbesteuerung für – i.g. Erwerb, soweit Steuerbefreiung im Herkunftsland – i.g. Erwerb eines neuen Fahrzeuges (§ 1b UStG)
Bemessungs-grundlage	Verkaufspreis oder höherer Wert nach § 10 Abs. 4 Nr. 1 UStG ./. Einkaufspreis – Nur in den Fällen zu 2. und 3. umfasst der Einkaufspreis die Einfuhrumsatzsteuer bzw. USt – vereinfachte Ermittlung bei Einkäufen bis 500 € – Seit 1.1.2014: 30% des Verkaufspreises von Kunstgegenständen, sofern sich deren Einkaufspreis nicht ermitteln lässt oder dieser unbedeutend ist
Vorsteuerabzug	*nicht zulässig*
Steuersatz	allgemeiner Steuersatz
Steuerbefreiungen	bleiben, mit Ausnahme der für i.g. Lieferungen, unberührt
Aufzeichnungs-pflichten	allgemein gem. § 22 UStG, zusätzlich – Verkaufspreise oder Werte nach § 10 Abs.4 Nr.1 UStG – Einkaufspreise – Bemessungsgrundlagen

Rechnungsstellung in besonderen Fällen § 14a Abs. 6 UStG	– kein Ausweis der USt
	– ab 30.6. 2013: Angabe „Gebrauchsgegenstände/Sonderregelung"; „Kunstgegenstände/Sonderregelung" oder „Antiquitäten/Sonderregelung"[1] in den Fällen der Besteuerung von Reiseleistungen nach § 25 UStG
	– vor 30.6. 2013: Hinweis auf Anwendung der Differenzbesteuerung

[1] Gem. MwStSystRL schon ab 1.1. 2013 gültig.

5.10 Grunderwerbsteuer

5.10.1 Gegenstand der Grunderwerbsteuer

Der Grunderwerbsteuer unterliegen Grundstücksübertragungen (§ 1 Abs. 1 GrEStG) sowie Gesellschafterwechsel und Anteilsübertragungen (§ 1 Abs. 2a, Abs. 2b, Abs. 2c, Abs. 3 GrEStG, § 1 Abs. 3a GrEStG). Umwandlungsvorgänge sind dann grunderwerbsteuerbar, wenn sie auf einen der beiden Vorgänge zurückgeführt werden können.

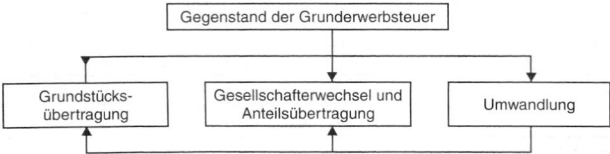

5.10.2 Tatbestand, Bemessungsgrundlage und Steuerschuldner

5.10.2.1 Grundstücksübertragung

Tatbestand Rechtsvorgänge, soweit sie sich auf ein inländisches Grundstück beziehen:	Rechtsnorm
– Kaufvertrag oder anderes Rechtsgeschäft, das den Anspruch auf Übereignung eines inländischen Grundstücks begründet	§ 1 Abs. 1 Nr. 1 GrEStG
– Auflassung ohne Rechtsgeschäft	§ 1 Abs. 1 Nr. 2 GrEStG
– Eigentumsübergang ohne anspruchsbegründendes Rechtsgeschäft	§ 1 Abs. 1 Nr. 3 GrEStG

Tatbestand Rechtsvorgänge, soweit sie sich auf ein inländisches Grundstück beziehen:	Rechtsnorm
– Meistgebot im Zwangsversteigerungsverfahren	§ 1 Abs. 1 Nr. 4 GrEStG
– Abtretung der Rechte aus einem Übereignungsanspruch, Meistgebot oder Kaufangebot sowie die Abtretung der genannten Rechte	§ 1 Abs. 1 Nr. 5 bis 7 GrEStG
– Erwerb einer Verwertungsbefugnis	§ 1 Abs. 2 GrEStG
– Änderung des Gesellschafterbestandes einer grundbesitzenden Personengesellschaft	§ 1 Abs. 2a GrEStG
– Änderung des Gesellschafterbestandes einer grundbesitzenden Kapitalgesellschaft	§ 1 Abs. 2b GrEStG[1]
– Anteilsvereinigung aufgrund obligatorischen Rechtsgeschäfts (z.B. Kaufvertrag)	§ 1 Abs. 3 Nr. 1 GrEStG
– Anteilsvereinigung ohne obligatorisches Rechtsgeschäft	§ 1 Abs. 3 Nr. 2 GrEStG
– Anteilsübertragung aufgrund obligatorischen Rechtsgeschäfts (z.B. Kaufvertrag)	§ 1 Abs. 3 Nr. 3 GrEStG
– Anteilsübertragungen ohne obligatorisches Rechtsgeschäft (z.B. Erbfolge, Umwandlungen)	§ 1 Abs. 3 Nr. 4 GrEStG
– Wirtschaftliche Beteiligung	§ 1 Abs. 3a GrEStG
Bemessungsgrundlage	
– Gegenleistung (ohne Umsatzsteuer, § 13b UStG)	§ 8 Abs. 1 GrEStG
– Grundbesitzwert bei fehlender Gegenleistung	§ 8 Abs. 2 GrEStG[2]
Steuerschuldner	
– Vertragsparteien als Gesamtschuldner	§ 13 Nr. 1 GrEStG
– bisheriger Eigentümer und Erwerber bei Erwerb kraft Gesetzes	§ 13 Nr. 2 GrEStG
– Erwerber im Enteignungsverfahren	§ 13 Nr. 3 GrEStG
– Meistbietende im Zwangsversteigerungsverfahren	§ 13 Nr. 4 GrEStG
– Erwerber bei Anteilsvereinigung von mind. 90 %	§ 13 Nr. 5 GrEStG
– Personengesellschaft bei Änderung des Gesellschafterbestandes	§ 13 Nr. 6 GrEStG
– Kapitalgesellschaft bei Änderung des Gesellschafterbestandes	§ 13 Nr. 7 GrEStG
– Inhaber der wirtschaftlichen Beteiligung	§ 13 Nr. 8 GrEStG

---

[1] Eingeführt durch Gesetz zur Änderung des Grunderwerbsteuergesetzes vom 12.5.2021 (BGBl I 2021, S. 986), Anwendung auf Erwerbsvorgänge, die nach dem 30.6.2021 verwirklicht werden (vgl. § 23 Abs. 18, Abs. 21 und Abs. 23 GrEStG).
[2] Zur Anwendung vgl. § 23 Abs. 14 GrEStG.

5.10.2.2 Erwerbsgegenstand bei einheitlichem Vertragswerk

Der für den Umfang der Gegenleistung maßgebliche Gegenstand des Erwerbsvorgangs wird zunächst durch das den Steuertatbestand des § 1 Abs. 1 Nr. 1 GrEStG erfüllende zivilrechtliche Verpflichtungsgeschäft bestimmt. Grunderwerbsteuerlich ist maßgebend, in welchem tatsächlichen Zustand das Grundstück nach dem Willen der Vertragsparteien erworben werden soll. Ist Gegenstand des Erwerbsvorgangs das Grundstück in (zukünftig) bebautem Zustand, werden in diesem Zusammenhang die Begriffe „einheitliches Vertragswerk" und „einheitlicher Erwerbsgegenstand" verwendet.[1]

Fallkonstellationen:

Tatsächlicher Grundstückszustand	Künftiger Grundstückszustand
unbebaut	fertiggestellter Neubau
unbebaut	teilfertiggestellter Neubau (Fertigstellung durch Eigenleistungen des Erwerbers)
bebaut mit teilfertiggestelltem Gebäude	fertiggestellter Neubau
bebaut mit Altimmobilie	fertiggestellter Neubau (Veräußerer übernimmt Abriss und Neubau)
bebaut, Sanierungsimmobilie	Sanierte Immobilie (Veräußerer übernimmt Sanierung)
bebaut, Sanierungsimmobilie	Teilsanierte Immobilie (Fertigstellung durch Eigenleistungen des Erwerbers)

Die Verträge können zivilrechtlich verknüpft sein (rechtlicher Zusammenhang) oder nach den besonderen grunderwerbsteuerlichen Grundsätzen als Einheit zu behandeln sein (objektiv enger sachlicher Zusammenhang:

Rechtlicher Zusammenhang (= zivilrechtliche Verknüpfung der Verträge)	Objektiv enger sachlicher Zusammenhang (= tatsächliche Verknüpfung der Verträge)
Pflicht zur Grundstücksübereignung und Gebäudeerrichtung aufgrund eines Vertrags	Einheitliches Vertragsangebot
oder	
Ausdrückliche Bestandsverknüpfung mehrerer Verträge	und
oder	Bindung des Erwerbers an das „Ob" und „Wie" der Bebauung im Zeitpunkt des Abschlusses des Grundstückskaufvertrages
Vereinbarungen sind derart voneinander abhängig, dass sie miteinander „stehen und fallen"	

---

[1] BFH vom 2. 4. 2009 (II B 157/08, BFH/NV 2009, S. 1146) m. w. N.; Gleichlautende Ländererlasse vom 20. 9. 2017 (BStBl I 2017 S. 1328).

Zusammenfassendes Schaubild:

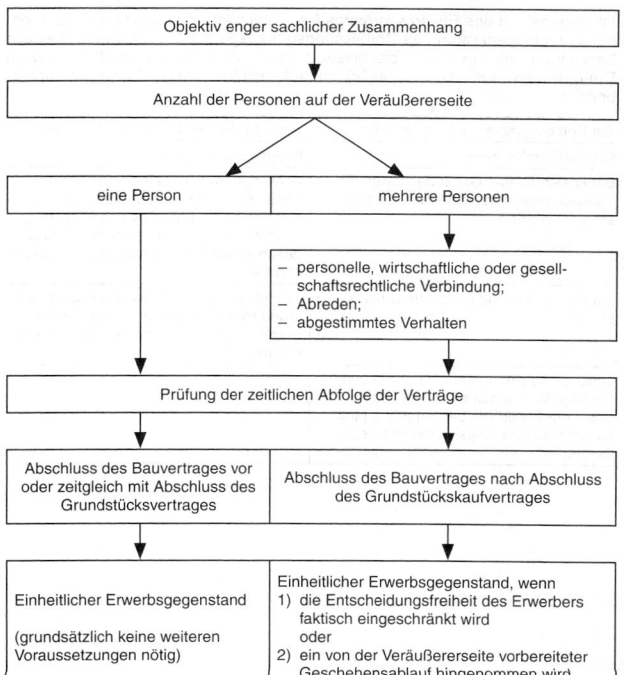

Umfang der Gegenleistung:[1]

Ist Gegenstand des Erwerbsvorgangs ein (zukünftig) bebautes Grundstück, gehören zur Gegenleistung als Bemessungsgrundlage der Grunderwerbsteuer alle Leistungen des Erwerbers, die dieser an den Grundstücksveräußerer und an Dritte gewährt, um das Grundstück im (zukünftig) bebauten Zustand zu erwerben.[2]

Zur Bemessungsgrundlage gehören:	Nicht zur Bemessungsgrundlage zählen:
Grundstückskaufpreis	Eigenleistungen des Erwerbers
Baukosten für das Gebäude, soweit die Bauleistungen von der Veräußererseite erbracht werden	Aufwendungen für Leistungen, die der Erwerber zusätzlich (außerhalb der im rechtlichen oder objektiv engen sachlichen Zusammenhang stehenden Verträge) im Wege freier Auftragsvergabe bezogen hat
auf die Bauleistung entfallene Umsatzsteuer	Leistungen, die dem Erwerber selbst aufgrund eigener Verpflichtung gegenüber Dritten entstanden sind (Grundbuch- und Notarkosten)
sonstige Aufwendungen, die die Durchführung der Baumaßnahme betreffen (z.B. vom Erwerber übernommene Makler- und Vermessungskosten des Veräußerers)	

---

[1] Vgl. Gleichlautende Ländererlasse vom 20.9.2017 (BStBl I 2017 S.1328).
[2] BFH vom 24.1.1990 (II R 94/87, BStBl II 1990 S.590).

5.10.2.3 Gesellschafterwechsel, Anteilsvereinigung und Anteilsübertragung

	§ 1 Abs. 2a GrEStG[1]	§ 1 Abs. 2b GrEStG[2]	§ 1 Abs. 3 GrEStG[3]	§ 1 Abs. 3a GrEStG[4]
Rechtsform	PersGes	KapGes	PersGes und KapGes	PersGes und KapGes
Auslöser	„Neue Gesellschafter" (Zeit**raum**betrachtung); entscheidend: **Verpflichtungs**geschäft		„Anteilsvereinigung" (Zeit**punkt**betrachtung); entscheidend: **Verfügungs**geschäft (außer § 1 Abs. 3 Nr. 2 und 4 GrEStG)	
Quote	95 % (unmittelbar/mittelbar), ab 1. 7. 2021: 90 %[5]			
Anteilsbegriff	Anteil am Vermögen	Anteil am Kapital	Gesellschaftsanteil (nicht Vermögensanteil); bei Pers-Ges Pro-Kopf-Betrachtung (immer mindestens zwei Anteile!)	Anteil am Kapital (KapGes), Anteil am Vermögen (PersGes; kapitalmäßige Betrachtung)
Ratio	Wirtschaftlicher Übergang des Grundstücks auf eine „neue" PersGes oder KapGes soll besteuert werden		„Vereinigung in einer Hand" bzw. „Übertragung vereinigter Anteile" auf eine andere Hand (wirtschaftliche Herrschaft über das Grundstück in der Hand des Gesellschafters) soll besteuert werden	
Befreiungen	§§ 3, 6, 6a GrEStG	§ 6a GrEStG (ggf. § 3 GrEStG)	PersGes: §§ 3, 6, 6a GrEStG KapGes: § 6a GrEStG (ggf. § 3 GrEStG)	

---

[1] GLE vom 12.11.2018, Anwendung des § 1 Abs. 2a GrEStG, BStBl I 2008 S. 1314; GLE vom 12.11.2018, Mittelbare Änderung des Gesellschafterbestandes einer grundbesitzenden PersGes i.S.d. § 1 Abs. 2a GrEStG, DStR 2018, S. 2582.

[2] Eingeführt durch Gesetz zur Änderung des Grunderwerbsteuergesetzes vom 12.5.2021 (BGBl I 2021, S. 986), Anwendung auf Erwerbsvorgänge, die nach dem 30.6.2021 verwirklicht werden (vgl. § 23 Abs. 18, Abs. 21 und Abs. 23 GrEStG).

[3] GLE vom 19.9.2018, Erwerbsvorgänge i.S.d. § 1 Abs. 3 GrEStG in Zusammenhang mit Treuhandgeschäften und Auftragserwerben bzw. Geschäftsbesorgungen, BStBl I 2018, S. 1074; GLE vom 19.9.2018, § 1 Abs. 3 GrEStG in Verbindung mit Abs. 4 auf Organschaftsfälle, BStBl. I 2018, S. 1056; GLE vom 19.9.2018, Anwendung der §§ 3 und 6 GrEStG in den Fällen des § 1 Abs. 3 GrEStG, BStBl I 2018, S. 1069.

[4] GLE vom 19.9.2018, Anwendung des § 1 Abs. 3a GrEStG, BStBl I 2018, S. 1078.

[5] Vgl. Fußnote 2.

BMG	Grundbesitzwert (§ 8 Abs. 2 GrEStG)			
Steuer-schuldner	PersGes	KapGes	Vereinigender Gesellschafter	Vereinigender Gesellschafter
Anzeige Steuer-schuldner	§ 19 Abs. 1 Nr. 3a GrEStG (2 Wochen)	§ 19 Abs. 1 Nr. 3b GrEStG (2 Wochen)	§ 19 Abs. 1 Nr. 4–7 GrEStG (2 Wochen)	§ 19 Abs. 1 Nr. 7a GrEStG (2 Wochen)

5.10.2.4   Umwandlung[1]

A. Überblick

Norm	§ 1 Abs. 1, Abs. 2a, Abs. 2b, Abs. 3, Abs. 3a GrEStG
BMG	Grundbesitzwert (§ 8 Abs. 2 Nr. 2 GrEStG)[2]
Steuerschuldner	§ 1 Abs. 1 Nr. 3 GrEStG: Vertragsparteien § 1 Abs. 2a GrEStG: Personengesellschaft[3] § 1 Abs. 2b GrEStG: Kapitalgesellschaft § 1 Abs. 3 GrEStG: Erwerber/Vertragsparteien § 1 Abs. 3a GrEStG: wirtschaftlich Beteiligter

---

[1] Siehe dazu koordinierter Ländererlass vom 12.12.1997 (DStR 1998 S.82) i.d.F. vom 15.10.1999 (DStR 1999 S.1773) und vom 31.1.2000 (DStR 2000 S.284). Der Form-wechsel einer Grundbesitz haltenden Gesellschaft unterliegt nicht der Grunderwerb-steuer (siehe z.B. FM Nordrhein-Westfalen vom 24.9.1997, StEK GrEStG § 1 Nr.115).

[2] *Die ursprüngliche Ersatzbemessungsgrundlage Bedarfswert wurde vom BVerfG als verfassungswidrig angesehen (BVerfG vom 23.6.2015, 1 BvL 13/11 und 1 BvL 14/11, BStBl II 2015 S.871). Durch das Steueränderungsgesetz 2015 (BGBl I 2015 S.1834) wurde der Grundbesitzwert gem. § 151 BewG i.V.m. §§ 157 ff. BewG als Ersatzbemes-sungsgrundlage eingeführt.*

[3] Geändert durch Steueränderungsgesetz 2015 (BGBl I 2015 S.1834).

B. Tatbestand und Rechtsform

übertragende G'ft \ übernehmende G'ft	mit Grundbesitz	mit Anteil an Grundstücksgesellschaft	ohne Grundbesitz und ohne Anteil an Grundstücksgesellschaft
mit Grundbesitz	§ 1 Abs. 1 Nr. 3 GrEStG § 1 Abs. 2a, Abs. 2b[1], Abs. 3 und Abs. 3a GrEStG bei übernehmender Gesellschaft prüfen	§ 1 Abs. 1 Nr. 3 GrEStG § 1 Abs. 2a, Abs. 2b[1], Abs. 3 und Abs. 3a GrEStG bei Grundbesitz haltender Tochtergesellschaft der übernehmenden Gesellschaft prüfen	§ 1 Abs. 1 Nr. 3 GrEStG
mit Anteil an Grundstücksgesellschaft	§ 1 Abs. 2a, Abs. 2b[1], Abs. 3 und Abs. 3a GrEStG bei a) übernehmender und b) Grundbesitz haltender Tochtergesellschaft der übertragenden Gesellschaft prüfen	§ 1 Abs. 2a, Abs. 2b[1], Abs. 3 und Abs. 3a GrEStG bei beiden Grundbesitz haltenden Tochtergesellschaften prüfen	§ 1 Abs. 2a, Abs. 2b[1], Abs. 3 und Abs. 3a GrEStG bei der Grundbesitz haltenden Tochtergesellschaft der übertragenden Gesellschaft prüfen
ohne Grundbesitz und ohne Anteil an Grundstücksgesellschaft	§ 1 Abs. 2a, Abs. 2b[1], Abs. 3 und Abs. 3a GrEStG bei übernehmender Gesellschaft prüfen	§ 1 Abs. 2a, Abs. 2b[1], Abs. 3 und Abs. 3a GrEStG bei Grundbesitz haltender Tochtergesellschaft der übernehmenden Gesellschaft prüfen	–

---

[1] Eingeführt durch Gesetz zur Änderung des Grunderwerbsteuergesetzes vom 12.5.2021 (BGBl I 2021, S. 986), Anwendung auf Erwerbsvorgänge, die nach dem 30.6.2021 verwirklicht werden (vgl. § 23 Abs. 18 GrEStG).

5.10.3 Ausgewählte Steuerbefreiungen

5.10.3.1 Grundstücksübertragung

Empfänger	§3 Nr. 2 GrEStG (unentgeltliche Übertragung)	§3 Nr. 4, 5, 5a, 6 GrEStG (Eheleute, Lebenspartner und in gerader Linie Verwandte)	§§5, 6 GrEStG (Gesamthand)[1]	§6a GrEStG (Umstrukturierung im Konzern)[2]
Natürliche Person	anwendbar			
KapGes	anwendbar	nicht anwendbar		anwendbar
PersGes	anwendbar			

---

[1] Die Befreiungen gelten nicht, wenn die Gesamthand nach § 1a KStG optiert hat.

[2] §6a GrEStG eingeführt durch das Wachstumsbeschleunigungsgesetz vom 22.12. 2009 (BGBl I 2009 S. 3950). Erstmals auf Erwerbsvorgänge anzuwenden, die nach dem 31. 12. 2009 verwirklicht werden, siehe hierzu gleichlautender Ländererlass vom 19.6. 2012 (BStBl I 2012 S. 662); geändert/erweitert durch Gesetz vom 26.6.2013 (BGBl I S.1809).

Der BFH hatte dem EuGH (C-374/17) mit Beschluss vom 30.5.2017 (II R 62/14) im Rahmen eines sog. Vorabentscheidungsersuchens die Frage vorgelegt, ob die für die Grunderwerbsteuer geltende Steuervergünstigung bei Umstrukturierungen im Konzern nach §6a GrEStG eine unionsrechtlich verbotene Beihilfe darstellt. Laut EuGH-Urteil vom 19.12.2018 (C-374/17) wird die Konzernklausel gem. §6a GrEStG aufgrund fehlender Selektivität nicht als staatliche Beihilfe eingestuft.

5.10.3.2 Gesellschafterwechsel, Anteilsvereinigung und Anteilsübertragung

		§ 3 Nr. 2[1] GrEStG (unentgeltliche Übertragung)	§ 3 Nr. 4, 5, 5a, 6 GrEStG (Eheleute, Lebenspartner und nahestehende Personen)	§§ 5, 6 GrEStG (Gesamthand)	§ 6a GrEStG (Umstrukturierung im Konzern)
KapGes	Gesellschafterwechsel (§1 Abs. 2b GrEStG)[2]	anwendbar	anwendbar	nicht anwendbar	anwendbar
	Anteilsvereinigung (§ 1 Abs. 3 Nr. 1+2 GrEStG)	anwendbar[3]	nicht anwendbar	nicht anwendbar	anwendbar
	Anteilsübertragung i.e.S. (§ 1 Abs. 3 Nr. 3+4 GrEStG)	anwendbar	anwendbar	nicht anwendbar	anwendbar
PersGes	Gesellschafterwechsel (§ 1 Abs. 2a GrEStG)	anwendbar[4]	anwendbar[4]	anwendbar	anwendbar
	Anteilsvereinigung (§ 1 Abs. 3 Nr. 1+2 GrEStG)	nicht anwendbar	nicht anwendbar	anwendbar[5]	anwendbar
	Anteilsübertragung i.e.S. (§ 1 Abs. 3 Nr. 3+4 GrEStG)	anwendbar	anwendbar	anwendbar	anwendbar

[1] Siehe dazu FM Baden-Württemberg vom 18.12.2009 (DB 2010 S. 701).

[2] Eingeführt durch Gesetz zur Änderung des Grunderwerbsteuergesetzes vom 12.5.2021 (BGBl I 2021, S. 986), Anwendung auf Erwerbsvorgänge, die nach dem 30.6.2021 verwirklicht werden (vgl. § 23 Abs. 18, Abs. 21 und Abs. 23 GrEStG).

[3] Vgl. BFH-Urteil vom 23.5.2012 (II R 21/10, BStBl II 2012 S.793) und gleichlautende Ländererlasse vom 19.9.2018 (BStBl I 2018 S.1069).

[4] Im Erbfall nicht steuerbar (§ 1 Abs. 2a Satz 6 GrEStG).

[5] Die Grunderwerbsteuerbegünstigung des § 6 Abs. 2 GrEStG ist nach § 6 Abs. 4 Satz 1 GrEStG ausgeschlossen, soweit die Gesellschafter der Personengesellschaft ihre Anteile innerhalb von 5 Jahren vor dem Erwerbsvorgang durch Umwandlung einer grundbesitzenden Kapitalgesellschaft in die Personengesellschaft erhalten haben (vgl. BFH Beschluss vom 5.6.2019, II B 21/18, BFH/NV 2019 S. 1253).

5.10.3.3 Vor- und Nachbehaltensfristen[1]

Übergang	Frist	Vorschrift
Von Gesellschafter auf Gesellschaft	Nachbehaltensfrist im Hinblick auf Anteile an der Personengesellschaft, auf die das Grundstück übergegangen ist[1]	§ 5 Abs. 3 GrEStG
Von Gesellschafter auf Gesellschaft	Vorbehaltensfrist im Hinblick auf Anteile an der Personengesellschaft, von der das Grundstück übergeht	§ 6 Abs. 4 Nr. 1 GrEStG
Zwischen Gesellschaften	Vor- und Nachbehaltensfrist wie zuvor beschrieben in Kombination	§ 6 Abs. 3 Satz 2 und Abs. 4 Nr. 1 GrEStG

Bei einer Verletzung der Vorbehaltensfrist ist die Befreiung nach § 6 Abs. 1 oder 2 GrEStG nicht anwendbar. Bei einer Verletzung der Nachbehaltensfrist wird die Befreiung nach § 5 Abs. 1 oder 2 GrEStG rückwirkend versagt.
Die Dauer der Fristen wurde mit Wirkung zum 1.7.2021 von fünf auf zehn Jahre, im Sonderfall des § 6 Abs. 4 Nr. 3 GrEStG auf 15 Jahre angehoben.[2]

---

[1] Vgl. *Wagner*: KöMoG – Einschränkungen bei der Befreiung nach §§ 5 und 6 GrEStG *bei Ausübung der Körperschaftsteuer-Option nach § 1a KStG i.d.F. des KöMoG*, (DStZ 2021, S. 605 ff.).
[2] Die Ausübung der Option nach § 1a KStG durch die Personengesellschaft innerhalb der Nachbehaltensfrist ist schädlich.
[2] Vgl. Gesetz zur Änderung des Grunderwerbsteuergesetzes vom 12.5.2021 (BGBl I 2021, S. 986).

5.10.3.4   Umwandlung

Die Grunderwerbsteuerpflicht von Umwandlungen ergibt sich aus
- § 1 Abs. 1 GrEStG (Grundstücksübertragung)
- § 1 Abs. 2a und Abs. 2b[1] GrEStG (Gesellschafterwechsel) oder
- § 1 Abs. 3 GrEStG (Anteilsvereinigung und Anteilsübertragung)
- § 1 Abs. 3a GrEStG (wirtschaftliche Beteiligung ⩾ 95 %)

Die entsprechenden Befreiungsvorschriften sind daher anwendbar (siehe Kap. 5.10.3.1 und 5.10.3.2). Seit 2010 gilt für Umwandlungen i.S.d. § 1 Abs. 1 bis 3 UmwG in bestimmten Fällen die Grunderwerbsteuerbefreiung nach § 6a GrEStG[2].

Aufgrund der Anrufung des EuGH im Hinblick auf eine mögliche EU-Beihilfeeigenschaft des § 6a GrEStG hatten sich beim BFH zuletzt sieben Revisionsverfahren zu dieser Regelung aufgestaut. Diese wurden, nachdem die beihilferechtlichen Zweifel ausgeräumt sind, entschieden. Bereits in seinem Vorlagebeschluss vom 30.5.2017 hatte der BFH angekündigt, die Regelung „entsprechend dem Begünstigungszweck, Umstrukturierungen innerhalb von Konzernen zu erleichtern", weit auszulegen, die umsatzsteuerliche Unternehmereigenschaft des herrschenden Unternehmens nicht vorauszusetzen und die Vor- und Nachbehaltensfristen des § 6a Satz 4 GrEStG nur insoweit als maßgebend anzusehen, als sie aufgrund der Umwandlung auch eingehalten werden können.

Die Finanzverwaltung schließt sich in gleichlautenden Ländererlassen vom 22.9.2020 den Entscheidungen des BFH an.[3]

---

[1] Anwendung auf Erwerbsvorgänge, die nach dem 30.6.2021 verwirklicht werden (vgl. § 23 Abs. 18, Abs. 21 und Abs. 23 GrEStG).

[2] Durch Gesetz vom 26.6.2013 (BGBl I 2013 S. 1809) ist die Konzernklausel des § 6a GrEStG nunmehr auch bei „Einbringungen sowie bei anderen Erwerbsvorgängen auf gesellschaftsvertraglicher Grundlage" anwendbar.

[3] Vgl. BStBl I 2020, S. 960, mit umfassenden Beispielen.

Überblick über BFH-Entscheidungen zu § 6a GrEStG[1]

BFH-Verfahren	Sachverhalt	Relevante Rechtsfragen				Zuständiges FA	§ 6a GrEStG anwendbar
		Herrschendes Unternehmen	Vorbehaltensfrist	Nachbehaltensfrist	Beteiligungsbezogene Betrachtung		
Urteil vom 21.8.2019 II R 15/19 (früher II R 50/13) BStBl II 2020 S. 239 „Einzelhandelskauffrau" vorgehend FG Münster vom 15.11.2013 – 88 K 1507/11 GrE	Verschmelzung einer Immobilien-GmbH auf eine Einzelhandelskauffrau, die die GmbH-Anteile zuvor im Privatvermögen hielt.	X					ja
Urteil vom 21.8.2019 II R 16/19 (früher II R 36/14) BStBl II 2020 S. 333 „Ausgliederung zur Neugründung" vorgehend FG Düsseldorf vom 7.5.2014 – 7 K 281/14 GE. DB 2014 S. 1414	Ausgliederung eines Teilbetriebs mit Grundstück durch eine GmbH zur Neugründung auf eine Tochter-GmbH.		X				ja
Urteil vom 22.8.2019 II R 17/19 (früher II R 58/14) BStBl II 2020 S. 348 „Verschmelzung auf junge Schwestergesellschaft" vorgehend FG München vom 22.10.2014 – 4 K 37/12	Verschmelzung einer grundbesitzenden Tochter-GmbH auf eine Schwester-GmbH, an der die Mutter-GmbH erst seit drei Jahren beteiligt ist.		X	X	X		nein
Urteil vom 22.8.2019 II R 18/19 (früher II R 62/14) BStBl II 2020 S. 352 „Aufwärtsverschmelzung I" vorgehend FG Nürnberg vom 16.10.2014 – 4 K 1059/13	Verschmelzung einer grundstücksbesitzenden GmbH auf ihre Muttergesellschaft (AG).			X			ja

[1] Vgl. Broemel/Mörwald, BFH-Entscheidungen zu § 6a GrEStG, DB 2020 S. 1029.

BFH-Verfahren	Sachverhalt	Relevante Rechtsfragen					§ 6a GrEStG anwendbar
		Herrschendes Unternehmen	Vorbehaltensfrist	Nachbehaltensfrist	Beteiligungsbezogene Betrachtung	Zuständiges FA	
Urteil vom 21.8.2019 **II R 19/19 (früher II R 63/14)** **BStBl II 2020 S. 337** **„Stiftung"** vorgehend FG Niedersachsen vom 9.7.2014 – 7 K 135/12, DK 2015 S. 402	Verschmelzung zweier Tochtergesellschaften, an denen eine Stiftung (kein USt-Unternehmer) jew. seit mehr als fünf Jahren zu 100% beteiligt ist.	X					ja
Urteil vom 21.8.2019 **II R 20/19 (früher II R 53/15)** **BStBl II 2020 S. 341** **„Aufwärtsverschmelzung II"** vorgehend FG Berlin-Brandenburg vom 1.10.2015 – 15 K 3015/15	Verschmelzung einer grundbesitzenden GmbH auf ihre Muttergesellschaft (KG).			X			ja
Urteil vom 21.8.2019 **II R 21/19 (früher II R 56/15)** **BStBl II 2020 S. 344** **„Abspaltung zur Neugründung"** vorgehend FG Düsseldorf vom 4.11.2015 – 7 K 1553/15 GE, DK 2016 S. 51	Mutter-AG ist seit mehr als fünf Jahren zu 100% an Tochter-GmbH beteiligt. Tochter-GmbH spaltet ihre Beteiligung an einer grundbesitzenden 100%-Enkel-GmbH zur Neugründung auf eine Schwester-GmbH ab.		X			X	ja

5.10.3.5   Tarif

Bundesland	Steuersatz 2014	Steuersatz 2015/2016	Steuersatz ab 2017	Steuersatz ab 2019/2020
Baden-Württemberg	5,0%	5,0%	5,0%	5,0%
Bayern	3,5%	3,5%	3,5%	3,5%
Berlin	6,0%	6,0%	6,0%	6,0%
Brandenburg	5,0%	5,0%/6,5%[1]	6,5%	6,5%
Bremen	5,0%	5,0%	5,0%	5,0%
Hamburg	4,5%	4,5%	4,5%	4,5%
Hessen	5,0%/6,0%	6,0%	6,0%	6,0%
Mecklenburg-Vorpommern	5,0%	5,0%	5,0%	5,0%/6,0%[2]
Niedersachsen	5,0%	5,0%	5,0%	5,0%
Nordrhein-Westfalen	5,0%	6,5%	6,5%	6,5%
Rheinland-Pfalz	5,0%	5,0%	5,0%	5,0%
Saarland	5,5%	6,5%	6,5%	6,5%
Sachsen	3,5%	3,5%	3,5%	3,5%
Sachsen-Anhalt	5,0%	5,0%	5,0%	5,0%
Schleswig-Holstein	6,5%	6,5%	6,5%	6,5%
Thüringen	5,0%	5,0%	6,5%	6,5%

---

[1] Erhöhung zum 1.7.2015 auf 6,5%.
[2] Erhöhung zum 1.7.2019 auf 6%.

5.11 Grundsteuer[1]

5.11.1 Gegenstand der Grundsteuer

Gegenstand	Vorschriften		Grundsteuerart
	bis 31.12.2024	ab 1.1.2025	
Land- und fortwirtschaftliche Betriebe	§§ 33, 48a, 51a BewG	§§ 232 bis 234, 240 BewG	Grundsteuer A
Grundstücke	§§ 68, 70 BewG	§§ 243, 244 BewG	Grundsteuer B
Baureife, aber unbebaute Grundstücke	–	§ 25 Abs. 5 GrStG i.V.m. § 246 BewG	Grundsteuer C[2]

Grundsteuer C: Gemeinden können für baureife, aber unbebaute Grundstücke einen höheren Hebesatz festlegen, wenn auf diesen keine Bebauung erfolgt. Diese sog. Grundsteuer C verteuert damit die Spekulation und schafft finanzielle Anreize, auf baureifen Grundstücken tatsächlich auch Wohnraum zu schaffen.

5.11.2 Steuerbefreiungen

Beispiele für persönliche Steuerbefreiungen (§ 3 GrStG)	Beispiele für sachliche Steuerbefreiungen (§§ 4 bis 6 GrStG)
– Juristische Personen des öffentlichen Rechts – Gemeinnützige Einrichtungen – Religionsgesellschaften	– Bestattungsplätze – Dem öffentlichen Verkehr dienende Flächen – Dem Zweck der Wissenschaft u.ä. dienende Grundstücke – Bestimmten Wohnzwecken dienender Grundbesitz (z.B. Kasernen, Schülerheime o.ä.) – Bestimmter land- und forstwirtschaftlich genutzter Grundbesitz

---

[1] Gemäß Urteil des BVerfG vom 10.4.2018 (1 BvR 639/11 u.a.) ist die Einheitsbewertung von Grundvermögen verfassungswidrig, da diese gegen den Gleichheitsgrundsatz nach Art. 3 Abs. 1 GG verstößt. Der Gesetzgeber hat Ende 2019 insgesamt drei Gesetze zur Umsetzung einer Grundsteuer-Reform verabschiedet. Die verfassungswidrigen Regelungen dürfen für weitere 5 Jahre, längstens aber bis zum 31.12.2024 angewendet werden.

[2] Gesetz zur Änderung des Grundsteuergesetzes zur Mobilisierung von baureifen Grundstücken für die Bebauung vom 30.11.2019 (BGBl I 2019 S. 1875).

5.11.3 Bemessungsgrundlage

5.11.3.1 Rechtslage bis zum 31.12.2024

5.11.3.1.1 Überblick

Objekte der Einheitswertfeststellung	Feststellungsinhalt, Wertansatz (§ 19 Abs. 3 BewG)	Feststellungszeitpunkt (§ 21 BewG)	Feststellungswertgrenzen (§ 22 BewG bei Abweichung des zuletzt festgestellten Einheitswertes)	Feststellungsarten (§ 21 ff. BewG)
Betriebe der Land- und Forstwirtschaft (§§ 33, 48a und 51a BewG) Grundstücke (§§ 68, 70 BewG) Betriebsgrundstücke (§ 99 BewG)	Wertansatz mit den Einheitswerten 1.1.1964 Art der wirtschaftlichen Einheit (= land- und forstwirtsch. Betrieb, Grundstück oder Betriebsgrundstück) Zurechnung der Einheit und Höhe der Anteile bei mehreren Beteiligten	Hauptfeststellung auf den 1.1.1964, danach jeweils alle 6 Jahre, bisher allerdings ausgesetzt Fortschreibung bei Änderung der Verhältnisse (§ 22 Abs. 4 BewG) Nachfeststellung (§ 23 BewG)	nach **oben** > 10 %, mind. DM 5 000 **oder** > 100 000 nach **unten** > 10 %, mind. 500 **oder** > 5 000	Hauptfeststellung (§ 21 BewG) Wertfortschreibung (§ 22 Abs. 1 BewG) Artfortschreibung (§ 22 Abs. 2 BewG) Zurechnungsfortschreibung (§ 22 Abs. 2 BewG) fehlerberichtigende Fortschreibung (§ 22 Abs. 3 BewG)

5.11.3.1.2 Besonderheiten in den neuen Bundesländern und in Berlin (Ost) bis zum 31.12.2024

Objekt der Einheitswertfeststellung	notwendig für	Feststellungsarten	Feststellungszeitpunkt	Besonderheit
Inländischer Grundbesitz				
1. Land- und forstwirtschaftliches Vermögen	Grundsteuer	Hauptfeststellung	1.1.1991	Ersatzwirtschaftswert unter vereinfachter Anwendung des BewG
2. Geschäftsgrundstücke, gemischt genutzte Grundstücke, sonstige bebaute, unbebaute Grundstücke	Grundsteuer	Nachfeststellung bzw. Zurechnungs-, Art- oder Wertfortschreibung; Änderungen, die sich nur auf den Wert des Grundstücks auswirken, werden erst durch die Fortschreibung auf den 1.1.1994 berücksichtigt	1.1.1991 nach den Wertverhältnissen 1935	Die Bewertung erfolgt nach dem bisherigen Bewertungsrecht der ehemaligen DDR unter Berücksichtigung der weiter angewandten Durchführungsbestimmungen des Reichsrechts (§ 129 BewG)
3. Mietwohngrundstücke, Einfamilienhäuser unbewertet	Grundsteuer	siehe oben pauschal nach Wohn- und Nutzfläche	1.1.1991 nach den Wertverhältnissen 1935	
bewertet	Grundsteuer	siehe oben	1.1.1991 nach den Wertverhältnissen 1935	

5.11.3.1.3 Ermittlung der Grundsteuer bis zum 31.12.2024

5.11.3.1.3.1 Überblick

     Einheitswert (siehe Kap. 5.11.3)
$\times$ Steuermesszahl §§ 14, 15 GrStG (siehe Kap. 5.11.3.1.3.2)
$=$ Steuermessbetrag (§ 13 GrStG)
$\times$ Hebesatz § 25 GrStG (siehe Kap. 5.11.4)
$=$ Grundsteuer

5.11.3.1.3.2 Steuermesszahlen (§§ 14, 15 GrStG)

Grundstücksart	Messzahl
– Bebaute Grundstücke außer Ein- und Zweifamilienhäuser	3,5‰
– Einfamilienhäuser[1]	
– für die ersten 38 346,89 €	2,6‰
– für den übersteigenden Betrag	3,5‰
– Zweifamilienhäuser	3,1‰
– Unbebaute Grundstücke	3,5‰
– Betriebe der Land- und Forstwirtschaft	6,0‰

---

[1] Ausgenommen sind Wohnungseigentum und Wohnungserbbaurecht einschl. des damit belasteten Grundstücks.

5.11.3.2   Rechtslage ab dem 1.1.2025

5.11.3.2.1   Überblick

Durch Einführung des Grundsteuer-Reformgesetzes[1] erfolgt die Bewertung ab dem 1.1.2025 grundsätzlich nach einem wertabhängigen Modell. Die Hauptfeststellung der neuen Grundsteuerwerte soll erstmals zum 1.1.2022 und ausschließlich im Turnus von 7 Jahren erfolgen.

Gleichzeitig erhält der Bund uneingeschränkt die konkurrierende Gesetzgebungskompetenz zur Regelung der Grundsteuer. Zeitgleich wird den Ländern über eine Ergänzung in Artikel 72 Abs. 3 GG eine umfassende abweichende Regelungskompetenz eröffnet.[2] Danach können sich die Bundesländer auch dafür entscheiden, die Grundsteuer nach einem wertunabhängigen Modell zu berechnen.

A. Grundstückarten und deren Bewertung

Grundstücksart	Bewertung
Einfamilienhäuser	Ertragswertverfahren
Zweifamilienhäuser	Ertragswertverfahren
Mietwohngrundstücke	Ertragswertverfahren
Geschäftsgrundstücke	Sachwertverfahren
Gemischt genutzte Grundstücke	Sachwertverfahren
Sonstige bebaute Grundstücke	Sachwertverfahren
Wohnungseigentum	Ertragswertverfahren
Teileigentum	Sachwertverfahren

---

[1] Gesetz zur Reform des Grundsteuer- und Bewertungsrechts (Grundsteuer-Reformgesetz – GrStRefrG) vom 26.11.2019 (BGBl I 2019 S. 1794).
[2] Gesetz zur Änderung des Grundgesetzes (Art. 72, 105 und 125b) vom 15.11.2019 (BGBl I 2019 S. 1546).

B. Benötigte Angaben für die Grundstücksbewertung

Ertragswertverfahren	Sachwertverfahren
Gebäudeart	Bodenrichtwert
Wohnfläche	Grundstücksfläche
Baujahr	Brutto-Grundfläche
Bodenrichtwert	Gebäudeart (aus Liste)
Grundstücksfläche	Baujahr
	Baupreisindex

C. Schematische Darstellung der Bewertungsverfahren

Ertragswertverfahren § 252 BewG

	Jährlicher Rohertrag § 254 BewG
./.	Nicht umlagefähige Bewirtschaftungskosten § 255 BewG
=	Jährlicher Reinertrag
x	Kapitalisierungsfaktor (Anlage 37 zum BewG)
=	Barwert des Reinertrags
+	Abgezinster Bodenwert
=	**Grundsteuerwert**

Der **Rohertrag** ergibt sich aus pauschalierten Nettokaltmieten (Anlage 39 zum BeWG). Zur Berücksichtigung von Mietniveauunterschieden zwischen Gemeinden eines Landes sind die Nettokaltmieten durch folgende Ab- oder Zuschläge anzupassen:

Mietniveaustufe 1	- 22,5 %
Mietniveaustufe 2	- 10,0 %
Mietniveaustufe 3	+/- 0 %
Mietniveaustufe 4	+ 10,0 %
Mietniveaustufe 5	+ 20,0 %
Mietniveaustufe 6 und höher	+ 32,5 %

Die **Bewirtschaftungskosten** ergeben sich aus pauschalierten Erfahrungssätzen (Anlage 40 zum BewG).

Der **Kapitalisierungsfaktor** sowie der **Boden-Abzinsungsfaktor** ergeben sich aus Anlage 37 und 41 zum BeWG (je nach Gebäudeart, ggf. Anpassung bei EFH/ZFH).

Sachwertverfahren

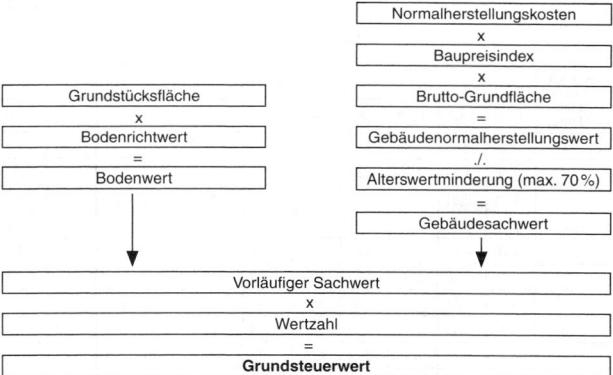

Die **pauschalierten Normalherstellungskosten** ergeben sich aus Anlage 42 zum BewG.

Der **Baupreisindex** wird vom Bundesministerium der Finanzen fortlaufend veröffentlicht.

Die **Wertzahl** bestimmt sich je nach vorläufigem Sachwert und Bodenrichtwert aus Anlage 43 zum BewG.

Vervielfältiger

Restnut- zungs- dauer (Jahre)	Zinssatz										
	1,5%	1,6%	1,7%	1,8%	1,9%	2,0%	2,1%	2,2%	2,3%	2,4%	2,5%
1	0,99	0,98	0,98	0,98	0,98	0,98	0,98	0,98	0,98	0,98	0,98
2	1,96	1,95	1,95	1,95	1,94	1,94	1,94	1,94	1,93	1,93	1,93
3	2,91	2,91	2,90	2,90	2,89	2,88	2,88	2,87	2,87	2,86	2,86
4	3,85	3,84	3,84	3,83	3,82	3,81	3,80	3,79	3,78	3,77	3,76
5	4,78	4,77	4,75	4,74	4,73	4,71	4,70	4,69	4,67	4,66	4,65
6	5,70	5,68	5,66	5,64	5,62	5,60	5,58	5,56	5,55	5,53	5,51
7	6,60	6,57	6,55	6,52	6,50	6,47	6,45	6,42	6,40	6,37	6,35
8	7,49	7,45	7,42	7,39	7,36	7,33	7,29	7,26	7,23	7,20	7,17
9	8,36	8,32	8,28	8,24	8,20	8,16	8,12	8,08	8,05	8,01	7,97
10	9,22	9,17	9,13	9,08	9,03	8,98	8,94	8,89	8,84	8,80	8,75
11	10,07	10,01	9,96	9,90	9,84	9,79	9,73	9,68	9,62	9,57	9,51
12	10,91	10,84	10,77	10,71	10,64	10,58	10,51	10,45	10,38	10,32	10,26
13	11,73	11,65	11,58	11,50	11,42	11,35	11,27	11,20	11,13	11,05	10,98
14	12,54	12,45	12,37	12,28	12,19	12,11	12,02	11,94	11,85	11,77	11,69
15	13,34	13,24	13,14	13,04	12,95	12,85	12,75	12,66	12,57	12,47	12,38
16	14,13	14,02	13,91	13,80	13,69	13,58	13,47	13,37	13,26	13,16	13,06
17	14,91	14,78	14,66	14,53	14,41	14,29	14,17	14,06	13,94	13,83	13,71
18	15,67	15,53	15,40	15,26	15,12	14,99	14,86	14,73	14,60	14,48	14,35
19	16,43	16,27	16,12	15,97	15,82	15,68	15,53	15,39	15,25	15,12	14,98
20	17,17	17,00	16,83	16,67	16,51	16,35	16,19	16,04	15,89	15,74	15,59
21	17,90	17,72	17,54	17,36	17,18	17,01	16,84	16,67	16,51	16,35	16,18
22	18,62	18,42	18,23	18,03	17,84	17,66	17,47	17,29	17,11	16,94	16,77
23	19,33	19,12	18,91	18,70	18,49	18,29	18,09	17,90	17,71	17,52	17,33
24	20,03	19,80	19,57	19,35	19,13	18,91	18,70	18,49	18,29	18,08	17,88
25	20,72	20,47	20,23	19,99	19,75	19,52	19,30	19,07	18,85	18,64	18,42
26	21,40	21,13	20,87	20,62	20,37	20,12	19,88	19,64	19,41	19,18	18,95
27	22,07	21,79	21,51	21,24	20,97	20,71	20,45	20,20	19,95	19,70	19,46
28	22,73	22,43	22,13	21,84	21,56	21,28	21,01	20,74	20,48	20,22	19,96

Restnut-zungs-dauer (Jahre)	Zinssatz										
	1,5%	1,6%	1,7%	1,8%	1,9%	2,0%	2,1%	2,2%	2,3%	2,4%	2,5%
29	23,38	23,06	22,75	22,44	22,14	21,84	21,56	21,27	20,99	20,72	20,45
30	24,02	23,68	23,35	23,02	22,71	22,40	22,09	21,79	21,50	21,21	20,93
31	24,65	24,29	23,94	23,60	23,27	22,94	22,62	22,30	21,99	21,69	21,40
32	25,27	24,89	24,52	24,17	23,81	23,47	23,13	22,80	22,48	22,16	21,85
33	25,88	25,48	25,10	24,72	24,35	23,99	23,63	23,29	22,95	22,62	22,29
34	26,48	26,07	25,66	25,27	24,88	24,50	24,13	23,77	23,41	23,06	22,72
35	27,08	26,64	26,22	25,80	25,40	25,00	24,61	24,23	23,86	23,50	23,15
36	27,66	27,21	26,76	26,33	25,90	25,49	25,08	24,69	24,30	23,93	23,56
37	28,24	27,76	27,30	26,84	26,40	25,97	25,55	25,14	24,73	24,34	23,96
38	28,81	28,31	27,82	27,35	26,89	26,44	26,00	25,57	25,16	24,75	24,35
39	29,36	28,85	28,34	27,85	27,37	26,90	26,45	26,00	25,57	25,14	24,73
40	29,92	29,38	28,85	28,34	27,84	27,36	26,88	26,42	25,97	25,53	25,10
41	30,46	29,90	29,35	28,82	28,30	27,80	27,31	26,83	26,36	25,91	25,47
42	30,99	30,41	29,85	29,29	28,76	28,23	27,73	27,23	26,75	26,28	25,82
43	31,52	30,92	30,33	29,76	29,20	28,66	28,14	27,62	27,12	26,64	26,17
44	32,04	31,41	30,81	30,21	29,64	29,08	28,54	28,01	27,49	26,99	26,50
45	32,55	31,90	31,27	30,66	30,07	29,49	28,93	28,38	27,85	27,34	26,83
46	33,06	32,39	31,73	31,10	30,49	29,89	29,31	28,75	28,20	27,67	27,15
47	33,55	32,86	32,19	31,54	30,90	30,29	29,69	29,11	28,55	28,00	27,47
48	34,04	33,33	32,63	31,96	31,31	30,67	30,06	29,46	28,88	28,32	27,77
49	34,52	33,79	33,07	32,38	31,70	31,05	30,42	29,81	29,21	28,63	28,07
50	35,00	34,24	33,50	32,79	32,09	31,42	30,77	30,14	29,53	28,94	28,36
51	35,47	34,68	33,92	33,19	32,48	31,79	31,12	30,47	29,84	29,24	28,65
52	35,93	35,12	34,34	33,58	32,85	32,14	31,46	30,79	30,15	29,53	28,92
53	36,38	35,55	34,75	33,97	33,22	32,50	31,79	31,11	30,45	29,81	29,19
54	36,83	35,98	35,15	34,35	33,58	32,84	32,12	31,42	30,74	30,09	29,46
55	37,27	36,39	35,55	34,73	33,94	33,17	32,44	31,72	31,03	30,36	29,71
56	37,71	36,81	35,94	35,10	34,29	33,50	32,75	32,02	31,31	30,63	29,96
57	38,13	37,21	36,32	35,46	34,63	33,83	33,05	32,31	31,58	30,88	30,21
58	38,56	37,61	36,70	35,82	34,97	34,15	33,35	32,59	31,85	31,14	30,45
59	38,97	38,00	37,07	36,16	35,29	34,46	33,65	32,87	32,11	31,38	30,68

Restnut-zungs-dauer (Jahre)	Zinssatz										
	1,5%	1,6%	1,7%	1,8%	1,9%	2,0%	2,1%	2,2%	2,3%	2,4%	2,5%
60	39,38	38,39	37,43	36,51	35,62	34,76	33,93	33,14	32,37	31,63	30,91
61	39,78	38,77	37,79	36,84	35,94	35,06	34,22	33,40	32,62	31,86	31,13
62	40,18	39,14	38,14	37,17	36,25	35,35	34,49	33,66	32,86	32,09	31,35
63	40,57	39,51	38,48	37,50	36,55	35,64	34,76	33,92	33,10	32,31	31,56
64	40,96	39,87	38,82	37,82	36,85	35,92	35,03	34,16	33,33	32,53	31,76
65	41,34	40,23	39,16	38,13	37,15	36,20	35,28	34,41	33,56	32,75	31,96
66	41,71	40,58	39,49	38,44	37,43	36,47	35,54	34,64	33,78	32,96	32,16
67	42,08	40,92	39,81	38,74	37,72	36,73	35,79	34,88	34,00	33,16	32,35
68	42,44	41,26	40,13	39,04	38,00	36,99	36,03	35,11	34,22	33,36	32,54
69	42,80	41,60	40,44	39,33	38,27	37,25	36,27	35,33	34,42	33,56	32,72
70	43,15	41,93	40,75	39,62	38,54	37,50	36,50	35,55	34,63	33,75	32,90
71	43,50	42,25	41,05	39,90	38,80	37,74	36,73	35,76	34,83	33,93	33,07
72	43,84	42,57	41,35	40,18	39,06	37,98	36,95	35,97	35,02	34,11	33,24
73	44,18	42,88	41,64	40,45	39,31	38,22	37,17	36,17	35,21	34,29	33,40
74	44,51	43,19	41,93	40,72	39,56	38,45	37,39	36,37	35,40	34,46	33,57
75	44,84	43,50	42,21	40,98	39,80	38,68	37,60	36,57	35,58	34,63	33,72
76	45,16	43,79	42,49	41,24	40,04	38,90	37,81	36,76	35,76	34,80	33,88
77	45,48	44,09	42,76	41,49	40,28	39,12	38,01	36,95	35,93	34,96	34,03
78	45,79	44,38	43,03	41,74	40,51	39,33	38,21	37,13	36,10	35,11	34,17
79	46,10	44,66	43,29	41,98	40,73	39,54	38,40	37,31	36,27	35,27	34,31
80	46,41	44,95	43,55	42,22	40,96	39,74	38,59	37,48	36,43	35,42	34,45
81	46,71	45,22	43,81	42,46	41,17	39,95	38,77	37,66	36,59	35,56	34,59
82	47,00	45,49	44,06	42,69	41,39	40,14	38,96	37,82	36,74	35,71	34,72
83	47,29	45,76	44,31	42,92	41,60	40,34	39,13	37,99	36,89	35,85	34,85
84	47,58	46,03	44,55	43,14	41,80	40,53	39,31	38,15	37,04	35,98	34,97
85	47,86	46,29	44,79	43,36	42,00	40,71	39,48	38,31	37,19	36,12	35,10
86	48,14	46,54	45,02	43,58	42,20	40,89	39,65	38,46	37,33	36,25	35,22
87	48,41	46,79	45,25	43,79	42,40	41,07	39,81	38,61	37,47	36,37	35,33
88	48,68	47,04	45,48	44,00	42,59	41,25	39,97	38,76	37,60	36,50	35,45
89	48,95	47,28	45,70	44,20	42,77	41,42	40,13	38,90	37,73	36,62	35,56
90	49,21	47,52	45,92	44,40	42,96	41,59	40,28	39,04	37,86	36,74	35,67

Restnut-zungs-dauer (Jahre)	Zinssatz										
	1,5%	1,6%	1,7%	1,8%	1,9%	2,0%	2,1%	2,2%	2,3%	2,4%	2,5%
91	49,47	47,76	46,14	44,60	43,14	41,75	40,43	39,18	37,99	36,85	35,77
92	49,72	47,99	46,35	44,79	43,32	41,91	40,58	39,32	38,11	36,97	35,87
93	49,97	48,22	46,56	44,98	43,49	42,07	40,73	39,45	38,23	37,08	35,98
94	50,22	48,44	46,76	45,17	43,66	42,23	40,87	39,58	38,35	37,18	36,07
95	50,46	48,67	46,96	45,35	43,83	42,38	41,01	39,70	38,47	37,29	36,17
96	50,70	48,88	47,16	45,53	43,99	42,53	41,14	39,83	38,58	37,39	36,26
97	50,94	49,10	47,36	45,71	44,15	42,68	41,28	39,95	38,69	37,49	36,35
98	51,17	49,31	47,55	45,89	44,31	42,82	41,41	40,07	38,80	37,59	36,44
99	51,40	49,52	47,74	46,06	44,47	42,96	41,53	40,18	38,90	37,68	36,53
100	51,62	49,72	47,92	46,22	44,62	43,10	41,66	40,30	39,00	37,78	36,61

Rest-nutzungs-dauer (Jahre)	Zinssatz							
	2,6%	2,7%	2,8%	2,9%	3,0%	3,5%	4%	4,5%
1	0,97	0,97	0,97	0,97	0,97	0,97	0,96	0,96
2	1,92	1,92	1,92	1,92	1,91	1,90	1,89	1,87
3	2,85	2,85	2,84	2,83	2,83	2,80	2,78	2,75
4	3,75	3,74	3,73	3,73	3,72	3,67	3,63	3,59
5	4,63	4,62	4,61	4,59	4,58	4,52	4,45	4,39
6	5,49	5,47	5,45	5,44	5,42	5,33	5,24	5,16
7	6,33	6,30	6,28	6,25	6,23	6,11	6,00	5,89
8	7,14	7,11	7,08	7,05	7,02	6,87	6,73	6,60
9	7,93	7,90	7,86	7,82	7,79	7,61	7,44	7,27
10	8,71	8,66	8,62	8,57	8,53	8,32	8,11	7,91
11	9,46	9,41	9,36	9,30	9,25	9,00	8,76	8,53
12	10,20	10,13	10,07	10,01	9,95	9,66	9,39	9,12
13	10,91	10,84	10,77	10,70	10,63	10,30	9,99	9,68
14	11,61	11,53	11,45	11,37	11,30	10,92	10,56	10,22
15	12,29	12,20	12,11	12,02	11,94	11,52	11,12	10,74
16	12,95	12,85	12,76	12,66	12,56	12,09	11,65	11,23
17	13,60	13,49	13,38	13,27	13,17	12,65	12,17	11,71
18	14,23	14,11	13,99	13,87	13,75	13,19	12,66	12,16

Rest-nutzungs-dauer (Jahre)	Zinssatz							
	2,6%	2,7%	2,8%	2,9%	3,0%	3,5%	4%	4,5%
19	14,84	14,71	14,58	14,45	14,32	13,71	13,13	12,59
20	15,44	15,30	15,16	15,02	14,88	14,21	13,59	13,01
21	16,03	15,87	15,72	15,56	15,42	14,70	14,03	13,40
22	16,59	16,43	16,26	16,10	15,94	15,17	14,45	13,78
23	17,15	16,97	16,79	16,62	16,44	15,62	14,86	14,15
24	17,69	17,50	17,31	17,12	16,94	16,06	15,25	14,50
25	18,22	18,01	17,81	17,61	17,41	16,48	15,62	14,83
26	18,73	18,51	18,30	18,08	17,88	16,89	15,98	15,15
27	19,23	19,00	18,77	18,55	18,33	17,29	16,33	15,45
28	19,72	19,47	19,23	19,00	18,76	17,67	16,66	15,74
29	20,19	19,93	19,68	19,43	19,19	18,04	16,98	16,02
30	20,65	20,38	20,12	19,86	19,60	18,39	17,29	16,29
31	21,11	20,82	20,54	20,27	20,00	18,74	17,59	16,54
32	21,55	21,25	20,96	20,67	20,39	19,07	17,87	16,79
33	21,97	21,66	21,36	21,06	20,77	19,39	18,15	17,02
34	22,39	22,07	21,75	21,44	21,13	19,70	18,41	17,25
35	22,80	22,46	22,13	21,80	21,49	20,00	18,66	17,46
36	23,20	22,84	22,50	22,16	21,83	20,29	18,91	17,67
37	23,58	23,22	22,86	22,51	22,17	20,57	19,14	17,86
38	23,96	23,58	23,21	22,85	22,49	20,84	19,37	18,05
39	24,33	23,93	23,55	23,17	22,81	21,10	19,58	18,23
40	24,69	24,28	23,88	23,49	23,11	21,36	19,79	18,40
41	25,03	24,61	24,20	23,80	23,41	21,60	19,99	18,57
42	25,37	24,94	24,52	24,10	23,70	21,83	20,19	18,72
43	25,71	25,26	24,82	24,40	23,98	22,06	20,37	18,87
44	26,03	25,57	25,12	24,68	24,25	22,28	20,55	19,02
45	26,34	25,87	25,41	24,96	24,52	22,50	20,72	19,16
46	26,65	26,16	25,69	25,23	24,78	22,70	20,88	19,29
47	26,95	26,45	25,96	25,49	25,02	22,90	21,04	19,41
48	27,24	26,73	26,23	25,74	25,27	23,09	21,20	19,54
49	27,53	27,00	26,48	25,99	25,50	23,28	21,34	19,65

Rest-nutzungsdauer (Jahre)	Zinssatz							
	2,6%	2,7%	2,8%	2,9%	3,0%	3,5%	4%	4,5%
50	27,80	27,26	26,74	26,23	25,73	23,46	21,48	19,76
51	28,07	27,52	26,98	26,46	25,95	23,63	21,62	19,87
52	28,34	27,77	27,22	26,68	26,17	23,80	21,75	19,97
53	28,59	28,01	27,45	26,90	26,37	23,96	21,87	20,07
54	28,84	28,25	27,68	27,12	26,58	24,11	21,99	20,16
55	29,09	28,48	27,89	27,33	26,77	24,26	22,11	20,25
56	29,33	28,71	28,11	27,53	26,97	24,41	22,22	20,33
57	29,56	28,93	28,31	27,72	27,15	24,55	22,33	20,41
58	29,78	29,14	28,52	27,91	27,33	24,69	22,43	20,49
59	30,00	29,35	28,71	28,10	27,51	24,82	22,53	20,57
60	30,22	29,55	28,90	28,28	27,68	24,94	22,62	20,64
61	30,43	29,75	29,09	28,45	27,84	25,07	22,71	20,71
62	30,63	29,94	29,27	28,62	28,00	25,19	22,80	20,77
63	30,83	30,12	29,44	28,79	28,16	25,30	22,89	20,83
64	31,02	30,31	29,61	28,95	28,31	25,41	22,97	20,89
65	31,21	30,48	29,78	29,10	28,45	25,52	23,05	20,95
66	31,39	30,65	29,94	29,26	28,60	25,62	23,12	21,01
67	31,57	30,82	30,10	29,40	28,73	25,72	23,19	21,06
68	31,75	30,99	30,25	29,55	28,87	25,82	23,26	21,11
69	31,92	31,14	30,40	29,69	29,00	25,91	23,33	21,16
70	32,08	31,30	30,55	29,82	29,12	26,00	23,39	21,20
71	32,24	31,45	30,69	29,95	29,25	26,09	23,46	21,25
72	32,40	31,60	30,82	30,08	29,37	26,17	23,52	21,29
73	32,56	31,74	30,96	30,20	29,48	26,25	23,57	21,33
74	32,71	31,88	31,09	30,32	29,59	26,33	23,63	21,37
75	32,85	32,02	31,21	30,44	29,70	26,41	23,68	21,40
76	32,99	32,15	31,34	30,56	29,81	26,48	23,73	21,44
77	33,13	32,28	31,45	30,67	29,91	26,55	23,78	21,47
78	33,27	32,40	31,57	30,77	30,01	26,62	23,83	21,50
79	33,40	32,52	31,68	30,88	30,11	26,68	23,87	21,54
80	33,53	32,64	31,79	30,98	30,20	26,75	23,92	21,57

Rest-nutzungs-dauer (Jahre)	Zinssatz							
	2,6%	2,7%	2,8%	2,9%	3,0%	3,5%	4%	4,5%
81	33,65	32,76	31,90	31,08	30,29	26,81	23,96	21,59
82	33,77	32,87	32,00	31,17	30,38	26,87	24,00	21,62
83	33,89	32,98	32,11	31,27	30,47	26,93	24,04	21,65
84	34,01	33,09	32,20	31,36	30,55	26,98	24,07	21,67
85	34,12	33,19	32,30	31,45	30,63	27,04	24,11	21,70
86	34,23	33,29	32,39	31,53	30,71	27,09	24,14	21,72
87	34,34	33,39	32,48	31,62	30,79	27,14	24,18	21,74
88	34,44	33,49	32,57	31,70	30,86	27,19	24,21	21,76
89	34,54	33,58	32,66	31,77	30,93	27,23	24,24	21,78
90	34,64	33,67	32,74	31,85	31,00	27,28	24,27	21,80
91	34,74	33,76	32,82	31,93	31,07	27,32	24,30	21,82
92	34,84	33,84	32,90	32,00	31,14	27,37	24,32	21,83
93	34,93	33,93	32,98	32,07	31,20	27,41	24,35	21,85
94	35,02	34,01	33,05	32,14	31,26	27,45	24,37	21,87
95	35,10	34,09	33,12	32,20	31,32	27,48	24,40	21,88
96	35,19	34,17	33,19	32,27	31,38	27,52	24,42	21,90
97	35,27	34,24	33,26	32,33	31,44	27,56	24,44	21,91
98	35,35	34,32	33,33	32,39	31,49	27,59	24,46	21,92
99	35,43	34,39	33,39	32,45	31,55	27,62	24,49	21,94
100	35,51	34,46	33,46	32,51	31,60	27,66	24,50	21,95
98	35,35	34,32	33,33	32,39	31,49	27,59	24,46	21,92
99	35,43	34,39	33,39	32,45	31,55	27,62	24,49	21,94
100	35,51	34,46	33,46	32,51	31,60	27,66	24,50	21,95
98	35,35	34,32	33,33	32,39	31,49	27,59	24,46	21,92
99	35,43	34,39	33,39	32,45	31,55	27,62	24,49	21,94
100	35,51	34,46	33,46	32,51	31,60	27,66	24,50	21,95

Berechnungsvorschrift für die Vervielfältiger (Barwertfaktoren für die Kapitalisierung):

$$\text{Vervielfältiger} = \frac{q^n - 1}{q^n \times (q-1)}$$

$q = 1 + LZ$ wobei $LZ = \frac{p}{100}$

LZ = Zinssatz (Liegenschaftszinssatz)
n = Restnutzungsdauer
p = Zinsfuß

Ermittlung des Rohertrags

I. **Monatliche Nettokaltmieten in EUR/Quadratmeter Wohnfläche****
    (Wertverhältnisse/Stand: 1. Januar 2022)

Land	Gebäudeart*	Wohnfläche** (je Wohnung)	Baujahr des Gebäudes				
			bis 1948	1949 bis 1978	1979 bis 1990	1991 bis 2000	ab 2001
Baden-Württemberg	Einfamilienhaus	unter 60 m²	6,60	6,79	6,86	7,12	7,44
		von 60 m² bis unter 100 m²	5,72	5,87	5,94	6,16	6,44
		100 m² und mehr	5,74	5,90	5,96	6,18	6,46
	Zweifamilienhaus	unter 60 m²	6,73	6,93	7,01	7,26	7,58
		von 60 m² bis unter 100 m²	5,70	5,87	5,94	6,15	6,43
		100 m² und mehr	5,50	5,66	5,72	5,92	6,20
	Mietwohngrundstück	unter 60 m²	7,16	7,38	7,45	7,73	8,07
		von 60 m² bis unter 100 m²	6,44	6,64	6,71	6,95	7,26
		100 m² und mehr	6,34	6,54	6,60	6,84	7,15
Bayern	Einfamilienhaus	unter 60 m²	7,23	7,56	7,55	7,40	8,34
		von 60 m² bis unter 100 m²	6,26	6,54	6,53	6,41	7,22
		100 m² und mehr	6,28	6,56	6,55	6,43	7,24
	Zweifamilienhaus	unter 60 m²	7,01	7,32	7,30	7,18	8,07
		von 60 m² bis unter 100 m²	5,95	6,20	6,19	6,08	6,84
		100 m² und mehr	5,72	5,98	5,97	5,86	6,60
	Mietwohngrundstück	unter 60 m²	8,24	8,60	8,59	8,43	9,49
		von 60 m² bis unter 100 m²	7,41	7,74	7,73	7,58	8,54
		100 m² und mehr	7,30	7,61	7,61	7,47	8,42
Berlin	Einfamilienhaus	unter 60 m²	7,55	7,48	7,27	8,75	9,00
		von 60 m² bis unter 100 m²	6,53	6,47	6,28	7,58	7,79
		100 m² und mehr	6,55	6,49	6,31	7,60	7,81
	Zweifamilienhaus	unter 60 m²	7,50	7,43	7,22	8,70	8,95
		von 60 m² bis unter 100 m²	6,36	6,31	6,13	7,37	7,58
		100 m² und mehr	6,13	6,07	5,91	7,10	7,31
	Mietwohngrundstück	unter 60 m²	6,90	6,84	6,65	8,00	8,23
		von 60 m² bis unter 100 m²	6,21	6,15	5,98	7,19	7,40
		100 m² und mehr	6,12	6,06	5,88	7,09	7,29

Land	Gebäudeart*	Wohnfläche** (je Wohnung)	Baujahr des Gebäudes				
			bis 1948	1949 bis 1978	1979 bis 1990	1991 bis 2000	ab 2001
Brandenburg	Einfamilienhaus	unter 60 m²	6,87	6,66	6,59	8,15	8,85
		von 60 m² bis unter 100 m²	5,94	5,76	5,70	7,05	7,66
		100 m² und mehr	5,96	5,78	5,72	7,08	7,68
	Zweifamilienhaus	unter 60 m²	6,46	6,26	6,20	7,66	8,32
		von 60 m² bis unter 100 m²	5,46	5,29	5,24	6,49	7,04
		100 m² und mehr	5,27	5,10	5,06	6,26	6,79
	Mietwohngrund-stück	unter 60 m²	6,41	6,21	6,15	7,61	8,26
		von 60 m² bis unter 100 m²	5,76	5,59	5,54	6,84	7,44
		100 m² und mehr	5,68	5,51	5,45	6,75	7,32
Bremen	Einfamilienhaus	unter 60 m²	7,09	6,97	7,60	7,78	8,14
		von 60 m² bis unter 100 m²	6,14	6,04	6,57	6,73	7,04
		100 m² und mehr	6,17	6,06	6,59	6,76	7,07
	Zweifamilienhaus	unter 60 m²	7,55	7,41	8,08	8,29	8,67
		von 60 m² bis unter 100 m²	6,40	6,28	6,85	7,02	7,34
		100 m² und mehr	6,17	6,05	6,59	6,77	7,08
	Mietwohngrund-stück	unter 60 m²	6,79	6,67	7,26	7,45	7,79
		von 60 m² bis unter 100 m²	6,11	6,01	6,54	6,70	7,01
		100 m² und mehr	6,02	5,91	6,44	6,59	6,91
Hamburg	Einfamilienhaus	unter 60 m²	7,39	6,95	7,20	7,19	7,55
		von 60 m² bis unter 100 m²	6,39	6,02	6,22	6,21	6,53
		100 m² und mehr	6,42	6,04	6,25	6,24	6,55
	Zweifamilienhaus	unter 60 m²	7,73	7,28	7,54	7,54	7,91
		von 60 m² bis unter 100 m²	6,55	6,17	6,38	6,38	6,70
		100 m2 und mehr	6,31	5,94	6,15	6,15	6,46
	Mietwohngrund-stück	unter 60 m²	7,16	6,73	6,97	6,97	7,32
		von 60 m² bis unter 100 m²	6,44	6,07	6,27	6,27	6,59
		100 m² und mehr	6,35	5,96	6,18	6,18	6,48

Land	Gebäudeart*	Wohnfläche** (je Wohnung)	Baujahr des Gebäudes				
			bis 1948	1949 bis 1978	1979 bis 1990	1991 bis 2000	ab 2001
Hessen	Einfamilienhaus	unter 60 m²	6,64	6,74	6,54	6,86	7,17
		von 60 m² bis unter 100 m²	5,75	5,84	5,66	5,94	6,20
		100 m² und mehr	5,77	5,86	5,68	5,97	6,22
	Zweifamilienhaus	unter 60 m²	6,77	6,87	6,65	7,00	7,29
		von 60 m² bis unter 100 m²	5,73	5,82	5,64	5,92	6,18
		100 m² und mehr	5,52	5,61	5,44	5,72	5,96
	Mietwohngrund- stück	unter 60 m²	7,54	7,66	7,42	7,79	8,14
		von 60 m² bis unter 100 m²	6,79	6,89	6,68	7,02	7,33
		100 m² und mehr	6,69	6,79	6,57	6,90	7,21
Mecklenburg-Vorpommern	Einfamilienhaus	unter 60 m²	6,43	6,28	5,95	6,87	7,38
		von 60 m² bis unter 100 m²	5,57	5,44	5,15	5,95	6,38
		100 m² und mehr	5,59	5,46	5,17	5,97	6,40
	Zweifamilienhaus	unter 60 m²	6,87	6,72	6,36	7,35	7,88
		von 60 m² bis unter 100 m²	5,81	5,68	5,38	6,23	6,68
		100 m² und mehr	5,61	5,48	5,19	6,00	6,44
	Mietwohngrund- stück	unter 60 m²	6,85	6,70	6,34	7,33	7,86
		von 60 m² bis unter 100 m²	6,16	6,04	5,70	6,59	7,08
		100 m² und mehr	6,07	5,94	5,61	6,49	6,97
Niedersachsen	Einfamilienhaus	unter 60 m²	6,18	6,52	6,47	6,62	6,85
		von 60 m² bis unter 100 m²	5,35	5,65	5,60	5,73	5,92
		100 m² und mehr	5,37	5,67	5,62	5,76	5,94
	Zweifamilienhaus	unter 60 m²	6,40	6,75	6,70	6,85	7,09
		von 60 m² bis unter 100 m²	5,42	5,71	5,67	5,81	6,01
		100 m² und mehr	5,23	5,52	5,47	5,59	5,79
	Mietwohngrund- stück	unter 60 m²	6,88	7,28	7,21	7,38	7,64
		von 60 m² bis unter 100 m²	6,19	6,54	6,49	6,64	6,87
		100 m² und mehr	6,11	6,44	6,39	6,54	6,76

Land	Gebäudeart*	Wohnfläche** (je Wohnung)	bis 1948	1949 bis 1978	1979 bis 1990	1991 bis 2000	ab 2001
			Baujahr des Gebäudes				

Land	Gebäudeart*	Wohnfläche** (je Wohnung)	bis 1948	1949 bis 1978	1979 bis 1990	1991 bis 2000	ab 2001
Nordrhein-Westfalen	Einfamilienhaus	unter 60 m²	6,29	6,52	6,54	6,63	6,95
		von 60 m² bis unter 100 m²	5,45	5,64	5,66	5,74	6,00
		100 m² und mehr	5,47	5,66	5,69	5,76	6,03
	Zweifamilienhaus	unter 60 m²	6,42	6,64	6,66	6,76	7,07
		von 60 m² bis unter 100 m²	5,43	5,62	5,64	5,72	5,99
		100 m² und mehr	5,25	5,42	5,45	5,52	5,77
	Mietwohngrundstück	unter 60 m²	6,59	6,82	6,84	6,94	7,25
		von 60 m² bis unter 100 m²	5,93	6,13	6,15	6,24	6,53
		100 m² und mehr	5,83	6,04	6,06	6,15	6,43
Rheinland-Pfalz	Einfamilienhaus	unter 60 m²	6,32	6,73	6,91	6,97	7,45
		von 60 m² bis unter 100 m²	5,48	5,83	5,98	6,03	6,44
		100 m² und mehr	5,50	5,85	6,00	6,05	6,46
	Zweifamilienhaus	unter 60 m²	6,24	6,65	6,84	6,88	7,37
		von 60 m² bis unter 100 m²	5,29	5,63	5,78	5,84	6,24
		100 m² und mehr	5,10	5,43	5,59	5,62	6,01
	Mietwohngrundstück	unter 60 m²	6,88	7,33	7,54	7,60	8,11
		von 60 m² bis unter 100 m²	6,19	6,60	6,78	6,84	7,30
		100 m² und mehr	6,10	6,50	6,67	6,73	7,19
Saarland	Einfamilienhaus	unter 60 m²	6,54	6,65	6,84	6,86	7,07
		von 60 m² bis unter 100 m²	5,67	5,75	5,92	5,94	6,11
		100 m² und mehr	5,69	5,77	5,94	5,96	6,13
	Zweifamilienhaus	unter 60 m²	6,99	7,09	7,31	7,34	7,55
		von 60 m² bis unter 100 m²	5,93	6,01	6,20	6,22	6,39
		100 m² und mehr	5,71	5,80	5,97	5,99	6,17
	Mietwohngrundstück	unter 60 m²	7,27	7,36	7,59	7,62	7,84
		von 60 m² bis unter 100 m²	6,54	6,62	6,83	6,86	7,05
		100 m² und mehr	6,44	6,53	6,72	6,75	6,95

Land	Gebäudeart*	Wohnfläche** (je Wohnung)	Baujahr des Gebäudes				
			bis 1948	1949 bis 1978	1979 bis 1990	1991 bis 2000	ab 2001
Sachsen	Einfamilienhaus	unter 60 m²	6,19	6,17	5,97	6,81	7,10
		von 60 m² bis unter 100 m²	5,37	5,34	5,17	5,89	6,14
		100 m² und mehr	5,39	5,37	5,19	5,91	6,16
	Zweifamilienhaus	unter 60 m²	6,20	6,18	5,98	6,82	7,11
		von 60 m² bis unter 100 m²	5,25	5,23	5,06	5,77	6,03
		100 m² und mehr	5,07	5,05	4,88	5,56	5,82
	Mietwohngrund-stück	unter 60 m²	6,47	6,43	6,22	7,09	7,41
		von 60 m² bis unter 100 m²	5,82	5,78	5,60	6,39	6,66
		100 m² und mehr	5,73	5,70	5,52	6,29	6,56
Sachsen-Anhalt	Einfamilienhaus	unter 60 m²	6,25	6,33	6,17	6,74	7,24
		von 60 m² bis unter 100 m²	5,42	5,48	5,34	5,83	6,26
		100 m² und mehr	5,44	5,50	5,36	5,86	6,28
	Zweifamilienhaus	unter 60 m²	6,16	6,22	6,07	6,64	7,13
		von 60 m² bis unter 100 m²	5,21	5,27	5,14	5,62	6,04
		100 m² und mehr	5,03	5,09	4,96	5,43	5,81
	Mietwohngrund-stück	unter 60 m²	6,37	6,44	6,27	6,86	7,37
		von 60 m² bis unter 100 m²	5,74	5,80	5,65	6,18	6,64
		100 m² und mehr	5,64	5,71	5,57	6,08	6,53
Schleswig-Holstein	Einfamilienhaus	unter 60 m²	6,57	6,90	7,00	7,20	7,64
		von 60 m² bis unter 100 m²	5,69	5,97	6,05	6,23	6,62
		100 m² und mehr	5,71	5,99	6,08	6,25	6,64
	Zweifamilienhaus	unter 60 m²	6,79	7,12	7,24	7,45	7,90
		von 60 m² bis unter 100 m²	5,75	6,04	6,13	6,31	6,69
		100 m² und mehr	5,55	5,82	5,91	6,08	6,45
	Mietwohngrund-stück	unter 60 m²	6,80	7,15	7,26	7,46	7,92
		von 60 m² bis unter 100 m²	6,12	6,43	6,53	6,71	7,12
		100 m² und mehr	6,03	6,33	6,43	6,61	7,03

Land	Gebäudeart*	Wohnfläche** (je Wohnung)	Baujahr des Gebäudes				
			bis 1948	1949 bis 1978	1979 bis 1990	1991 bis 2000	ab 2001
Thüringen	Einfamilienhaus	unter 60 m²	6,63	6,54	6,32	6,84	7,47
		von 60 m² bis unter 100 m²	5,74	5,67	5,47	5,92	6,46
		100 m² und mehr	5,76	5,69	5,49	5,94	6,48
	Zweifamilienhaus	unter 60 m²	6,48	6,39	6,17	6,69	7,29
		von 60 m² bis unter 100 m²	5,48	5,41	5,23	5,68	6,18
		100 m² und mehr	5,29	5,21	5,04	5,47	5,95
	Mietwohngrundstück	unter 60 m²	6,64	6,55	6,33	6,85	7,48
		von 60 m² bis unter 100 m²	5,98	5,89	5,70	6,17	6,73
		100 m² und mehr	5,89	5,80	5,61	6,07	6,62

* Für Wohnungseigentum gelten die Nettokaltmieten für Mietwohngrundstücke.
** Flächen, die zu anderen als Wohnzwecken genutzt werden, gelten als Wohnfläche. Für diese Flächen ist bei Mietwohngrundstücken die für Wohnungen mit einer Fläche unter 60 m² geltende monatliche Nettokaltmiete in Euro je Quadratmeter Nutzfläche (ohne Zubehörräume) anzusetzen. Bei Ein- und Zweifamilienhäusern sind diese Flächen zu der jeweiligen Wohnfläche zu addieren.

Nettokaltmiete – Festwert – für einen Garagenstellplatz (Einzelgarage/Tiefgarage)	35 EUR/Monat

Bewirtschaftungskosten

Pauschalierte Bewirtschaftungskosten für Verwaltung, Instandhaltung und Miet-
ausfallwagnis in Prozent des Rohertrags des Grundstücks nach § 254

Restnutzungsdauer	Grundstücksart		
	1	2	3
	Ein- und Zweifa-milienhäuser	Wohnungs-eigentum	Mietwohngrund-stück
≥ 60 Jahre	18	23	21
40 bis 59 Jahre	21	25	23
20 bis 39 Jahre	25	29	27
< 20 Jahre	27	31	29

Abzinsungsfaktoren

Restnut-zungs-dauer (Jahre)	Zinssatz										
	1,5%	1,6%	1,7%	1,8%	1,9%	2,0%	2,1%	2,2%	2,3%	2,4%	2,5%
1	0,9852	0,9843	0,9833	0,9823	0,9814	0,9804	0,9794	0,9785	0,9775	0,9766	0,9756
2	0,9707	0,9688	0,9668	0,9649	0,9631	0,9612	0,9593	0,9574	0,9555	0,9537	0,9518
3	0,9563	0,9535	0,9507	0,9479	0,9451	0,9423	0,9396	0,9368	0,9341	0,9313	0,9286
4	0,9422	0,9385	0,9348	0,9311	0,9275	0,9238	0,9202	0,9166	0,9131	0,9095	0,9060
5	0,9283	0,9237	0,9192	0,9147	0,9102	0,9057	0,9013	0,8969	0,8925	0,8882	0,8839
6	0,9145	0,9092	0,9038	0,8985	0,8932	0,8880	0,8828	0,8776	0,8725	0,8674	0,8623
7	0,9010	0,8948	0,8887	0,8826	0,8766	0,8706	0,8646	0,8587	0,8528	0,8470	0,8413
8	0,8877	0,8807	0,8738	0,8670	0,8602	0,8535	0,8468	0,8402	0,8337	0,8272	0,8207
9	0,8746	0,8669	0,8592	0,8517	0,8442	0,8368	0,8294	0,8221	0,8149	0,8078	0,8007
10	0,8617	0,8532	0,8449	0,8366	0,8284	0,8203	0,8123	0,8044	0,7966	0,7889	0,7812
11	0,8489	0,8398	0,8307	0,8218	0,8130	0,8043	0,7956	0,7871	0,7787	0,7704	0,7621
12	0,8364	0,8266	0,8169	0,8073	0,7978	0,7885	0,7793	0,7702	0,7612	0,7523	0,7436
13	0,8240	0,8135	0,8032	0,7930	0,7830	0,7730	0,7632	0,7536	0,7441	0,7347	0,7254
14	0,8118	0,8007	0,7898	0,7790	0,7684	0,7579	0,7475	0,7374	0,7273	0,7175	0,7077
15	0,7999	0,7881	0,7766	0,7652	0,7540	0,7430	0,7322	0,7215	0,7110	0,7006	0,6905
16	0,7880	0,7757	0,7636	0,7517	0,7400	0,7284	0,7171	0,7060	0,6950	0,6842	0,6736
17	0,7764	0,7635	0,7508	0,7384	0,7262	0,7142	0,7024	0,6908	0,6794	0,6682	0,6572
18	0,7649	0,7515	0,7383	0,7253	0,7126	0,7002	0,6879	0,6759	0,6641	0,6525	0,6412
19	0,7536	0,7396	0,7259	0,7125	0,6993	0,6864	0,6738	0,6614	0,6492	0,6372	0,6255
20	0,7425	0,7280	0,7138	0,6999	0,6863	0,6730	0,6599	0,6471	0,6346	0,6223	0,6103
21	0,7315	0,7165	0,7019	0,6875	0,6735	0,6598	0,6463	0,6332	0,6203	0,6077	0,5954
22	0,7207	0,7052	0,6901	0,6754	0,6609	0,6468	0,6330	0,6196	0,6064	0,5935	0,5809
23	0,7100	0,6941	0,6786	0,6634	0,6486	0,6342	0,6200	0,6062	0,5927	0,5796	0,5667
24	0,6995	0,6832	0,6673	0,6517	0,6365	0,6217	0,6073	0,5932	0,5794	0,5660	0,5529
25	0,6892	0,6724	0,6561	0,6402	0,6247	0,6095	0,5948	0,5804	0,5664	0,5527	0,5394
26	*0,6790*	*0,6619*	*0,6451*	*0,6289*	*0,6130*	*0,5976*	*0,5825*	*0,5679*	*0,5536*	*0,5398*	*0,5262*
27	0,6690	0,6514	0,6344	0,6177	0,6016	0,5859	0,5706	0,5557	0,5412	0,5271	0,5134
28	0,6591	0,6412	0,6238	0,6068	0,5904	0,5744	0,5588	0,5437	0,5290	0,5148	0,5009

Restnut-zungs-dauer (Jahre)	Zinssatz										
	1,5%	1,6%	1,7%	1,8%	1,9%	2,0%	2,1%	2,2%	2,3%	2,4%	2,5%
29	0,6494	0,6311	0,6133	0,5961	0,5794	0,5631	0,5473	0,5320	0,5171	0,5027	0,4887
30	0,6398	0,6211	0,6031	0,5856	0,5686	0,5521	0,5361	0,5206	0,5055	0,4909	0,4767
31	0,6303	0,6114	0,5930	0,5752	0,5580	0,5412	0,5251	0,5094	0,4941	0,4794	0,4651
32	0,6210	0,6017	0,5831	0,5650	0,5476	0,5306	0,5143	0,4984	0,4830	0,4682	0,4538
33	0,6118	0,5923	0,5733	0,5550	0,5373	0,5202	0,5037	0,4877	0,4722	0,4572	0,4427
34	0,6028	0,5829	0,5638	0,5452	0,5273	0,5100	0,4933	0,4772	0,4616	0,4465	0,4319
35	0,5939	0,5737	0,5543	0,5356	0,5175	0,5000	0,4832	0,4669	0,4512	0,4360	0,4214
36	0,5851	0,5647	0,5451	0,5261	0,5078	0,4902	0,4732	0,4568	0,4410	0,4258	0,4111
37	0,5764	0,5558	0,5360	0,5168	0,4984	0,4806	0,4635	0,4470	0,4311	0,4158	0,4011
38	0,5679	0,5471	0,5270	0,5077	0,4891	0,4712	0,4540	0,4374	0,4214	0,4061	0,3913
39	0,5595	0,5385	0,5182	0,4987	0,4800	0,4619	0,4446	0,4280	0,4120	0,3966	0,3817
40	0,5513	0,5300	0,5095	0,4899	0,4710	0,4529	0,4355	0,4188	0,4027	0,3873	0,3724
41	0,5431	0,5216	0,5010	0,4812	0,4622	0,4440	0,4265	0,4097	0,3936	0,3782	0,3633
42	0,5351	0,5134	0,4926	0,4727	0,4536	0,4353	0,4178	0,4009	0,3848	0,3693	0,3545
43	0,5272	0,5053	0,4844	0,4644	0,4452	0,4268	0,4092	0,3923	0,3761	0,3607	0,3458
44	0,5194	0,4974	0,4763	0,4561	0,4369	0,4184	0,4007	0,3838	0,3677	0,3522	0,3374
45	0,5117	0,4895	0,4683	0,4481	0,4287	0,4102	0,3925	0,3756	0,3594	0,3440	0,3292
46	0,5042	0,4818	0,4605	0,4402	0,4207	0,4022	0,3844	0,3675	0,3513	0,3359	0,3211
47	0,4967	0,4742	0,4528	0,4324	0,4129	0,3943	0,3765	0,3596	0,3434	0,3280	0,3133
48	0,4894	0,4668	0,4452	0,4247	0,4052	0,3865	0,3688	0,3518	0,3357	0,3203	0,3057
49	0,4821	0,4594	0,4378	0,4172	0,3976	0,3790	0,3612	0,3443	0,3282	0,3128	0,2982
50	0,4750	0,4522	0,4305	0,4098	0,3902	0,3715	0,3538	0,3369	0,3208	0,3055	0,2909
51	0,4680	0,4451	0,4233	0,4026	0,3829	0,3642	0,3465	0,3296	0,3136	0,2983	0,2838
52	0,4611	0,4381	0,4162	0,3955	0,3758	0,3571	0,3394	0,3225	0,3065	0,2913	0,2769
53	0,4543	0,4312	0,4093	0,3885	0,3688	0,3501	0,3324	0,3156	0,2996	0,2845	0,2702
54	0,4475	0,4244	0,4024	0,3816	0,3619	0,3432	0,3255	0,3088	0,2929	0,2778	0,2636
55	0,4409	0,4177	0,3957	0,3749	0,3552	0,3365	0,3188	0,3021	0,2863	0,2713	0,2572
56	0,4344	0,4111	0,3891	0,3682	0,3485	0,3299	0,3123	0,2956	0,2799	0,2650	0,2509
57	0,4280	0,4046	0,3826	0,3617	0,3420	0,3234	0,3059	0,2893	0,2736	0,2588	0,2448
58	0,4217	0,3983	0,3762	0,3553	0,3357	0,3171	0,2996	0,2830	0,2674	0,2527	0,2388
59	0,4154	0,3920	0,3699	0,3490	0,3294	0,3109	0,2934	0,2769	0,2614	0,2468	0,2330

Restnut-zungs-dauer (Jahre)	Zinssatz										
	1,5%	1,6%	1,7%	1,8%	1,9%	2,0%	2,1%	2,2%	2,3%	2,4%	2,5%
60	0,4093	0,3858	0,3637	0,3429	0,3233	0,3048	0,2874	0,2710	0,2555	0,2410	0,2273
61	0,4032	0,3797	0,3576	0,3368	0,3172	0,2988	0,2815	0,2652	0,2498	0,2353	0,2217
62	0,3973	0,3738	0,3516	0,3309	0,3113	0,2929	0,2757	0,2594	0,2442	0,2298	0,2163
63	0,3914	0,3679	0,3458	0,3250	0,3055	0,2872	0,2700	0,2539	0,2387	0,2244	0,2111
64	0,3856	0,3621	0,3400	0,3193	0,2998	0,2816	0,2645	0,2484	0,2333	0,2192	0,2059
65	0,3799	0,3564	0,3343	0,3136	0,2942	0,2761	0,2590	0,2430	0,2281	0,2140	0,2009
66	0,3743	0,3508	0,3287	0,3081	0,2887	0,2706	0,2537	0,2378	0,2230	0,2090	0,1960
67	0,3688	0,3452	0,3232	0,3026	0,2834	0,2653	0,2485	0,2327	0,2179	0,2041	0,1912
68	0,3633	0,3398	0,3178	0,2973	0,2781	0,2601	0,2434	0,2277	0,2130	0,1993	0,1865
69	0,3580	0,3345	0,3125	0,2920	0,2729	0,2550	0,2384	0,2228	0,2082	0,1947	0,1820
70	0,3527	0,3292	0,3073	0,2869	0,2678	0,2500	0,2335	0,2180	0,2036	0,1901	0,1776
71	0,3475	0,3240	0,3021	0,2818	0,2628	0,2451	0,2287	0,2133	0,1990	0,1857	0,1732
72	0,3423	0,3189	0,2971	0,2768	0,2579	0,2403	0,2239	0,2087	0,1945	0,1813	0,1690
73	0,3373	0,3139	0,2921	0,2719	0,2531	0,2356	0,2193	0,2042	0,1901	0,1771	0,1649
74	0,3323	0,3089	0,2872	0,2671	0,2484	0,2310	0,2148	0,1998	0,1859	0,1729	0,1609
75	0,3274	0,3041	0,2824	0,2624	0,2437	0,2265	0,2104	0,1955	0,1817	0,1689	0,1569
76	0,3225	0,2993	0,2777	0,2577	0,2392	0,2220	0,2061	0,1913	0,1776	0,1649	0,1531
77	0,3178	0,2946	0,2731	0,2532	0,2347	0,2177	0,2018	0,1872	0,1736	0,1610	0,1494
78	0,3131	0,2899	0,2685	0,2487	0,2304	0,2134	0,1977	0,1832	0,1697	0,1573	0,1457
79	0,3084	0,2854	0,2640	0,2443	0,2261	0,2092	0,1936	0,1792	0,1659	0,1536	0,1422
80	0,3039	0,2809	0,2596	0,2400	0,2219	0,2051	0,1896	0,1754	0,1622	0,1500	0,1387
81	0,2994	0,2764	0,2553	0,2357	0,2177	0,2011	0,1857	0,1716	0,1585	0,1465	0,1353
82	0,2950	0,2721	0,2510	0,2316	0,2137	0,1971	0,1819	0,1679	0,1550	0,1430	0,1320
83	0,2906	0,2678	0,2468	0,2275	0,2097	0,1933	0,1782	0,1643	0,1515	0,1397	0,1288
84	0,2863	0,2636	0,2427	0,2235	0,2058	0,1895	0,1745	0,1607	0,1481	0,1364	0,1257
85	0,2821	0,2594	0,2386	0,2195	0,2019	0,1858	0,1709	0,1573	0,1447	0,1332	0,1226
86	0,2779	0,2554	0,2346	0,2156	0,1982	0,1821	0,1674	0,1539	0,1415	0,1301	0,1196
87	0,2738	0,2513	0,2307	0,2118	0,1945	0,1786	0,1640	0,1506	0,1383	0,1270	0,1167
88	0,2698	0,2474	0,2269	0,2081	0,1908	0,1751	0,1606	0,1473	0,1352	0,1241	0,1138
89	0,2658	0,2435	0,2231	0,2044	0,1873	0,1716	0,1573	0,1442	0,1322	0,1211	0,1111
90	0,2619	0,2396	0,2193	0,2008	0,1838	0,1683	0,1541	0,1411	0,1292	0,1183	0,1084

Restnut-zungs-dauer (Jahre)	Zinssatz										
	1,5%	1,6%	1,7%	1,8%	1,9%	2,0%	2,1%	2,2%	2,3%	2,4%	2,5%
91	0,2580	0,2359	0,2157	0,1972	0,1804	0,1650	0,1509	0,1380	0,1263	0,1155	0,1057
92	0,2542	0,2322	0,2121	0,1937	0,1770	0,1617	0,1478	0,1351	0,1234	0,1128	0,1031
93	0,2504	0,2285	0,2085	0,1903	0,1737	0,1586	0,1447	0,1321	0,1207	0,1102	0,1006
94	0,2467	0,2249	0,2050	0,1869	0,1705	0,1554	0,1418	0,1293	0,1179	0,1076	0,0982
95	0,2431	0,2214	0,2016	0,1836	0,1673	0,1524	0,1389	0,1265	0,1153	0,1051	0,0958
96	0,2395	0,2179	0,1982	0,1804	0,1642	0,1494	0,1360	0,1238	0,1127	0,1026	0,0934
97	0,2359	0,2144	0,1949	0,1772	0,1611	0,1465	0,1332	0,1211	0,1102	0,1002	0,0912
98	0,2324	0,2111	0,1917	0,1741	0,1581	0,1436	0,1305	0,1185	0,1077	0,0979	0,0889
99	0,2290	0,2077	0,1885	0,1710	0,1552	0,1408	0,1278	0,1160	0,1053	0,0956	0,0868
100	0,2256	0,2045	0,1853	0,1680	0,1523	0,1380	0,1251	0,1135	0,1029	0,0933	0,0846

Restnut-zungs-dauer (Jahre)	Zinssatz							
	2,6%	2,7%	2,8%	2,9%	3,0%	3,5%	4%	4,5%
1	0,9747	0,9737	0,9728	0,9718	0,9709	0,9662	0,9615	0,9569
2	0,9500	0,9481	0,9463	0,9444	0,9426	0,9335	0,9246	0,9157
3	0,9259	0,9232	0,9205	0,9178	0,9151	0,9019	0,8890	0,8763
4	0,9024	0,8989	0,8954	0,8919	0,8885	0,8714	0,8548	0,8386
5	0,8796	0,8753	0,8710	0,8668	0,8626	0,8420	0,8219	0,8025
6	0,8573	0,8523	0,8473	0,8424	0,8375	0,8135	0,7903	0,7679
7	0,8355	0,8299	0,8242	0,8186	0,8131	0,7860	0,7599	0,7348
8	0,8144	0,8080	0,8018	0,7956	0,7894	0,7594	0,7307	0,7032
9	0,7937	0,7868	0,7799	0,7731	0,7664	0,7337	0,7026	0,6729
10	0,7736	0,7661	0,7587	0,7514	0,7441	0,7089	0,6756	0,6439
11	*0,7540*	*0,7460*	*0,7380*	*0,7302*	*0,7224*	*0,6849*	*0,6496*	*0,6162*
12	0,7349	0,7264	0,7179	0,7096	0,7014	0,6618	0,6246	0,5897
13	0,7163	0,7073	0,6984	0,6896	0,6810	0,6394	0,6006	0,5643
14	0,6981	0,6887	0,6794	0,6702	0,6611	0,6178	0,5775	0,5400
15	0,6804	0,6706	0,6609	0,6513	0,6419	0,5969	0,5553	0,5167
16	0,6632	0,6529	0,6429	0,6329	0,6232	0,5767	0,5339	0,4945
17	0,6464	0,6358	0,6253	0,6151	0,6050	0,5572	0,5134	0,4732
18	0,6300	0,6191	0,6083	0,5978	0,5874	0,5384	0,4936	0,4528

Restnut-zungs-dauer (Jahre)	Zinssatz							
	2,6%	2,7%	2,8%	2,9%	3,0%	3,5%	4%	4,5%
19	0,6140	0,6028	0,5917	0,5809	0,5703	0,5202	0,4746	0,4333
20	0,5985	0,5869	0,5756	0,5645	0,5537	0,5026	0,4564	0,4146
21	0,5833	0,5715	0,5599	0,5486	0,5375	0,4856	0,4388	0,3968
22	0,5685	0,5565	0,5447	0,5332	0,5219	0,4692	0,4220	0,3797
23	0,5541	0,5419	0,5299	0,5181	0,5067	0,4533	0,4057	0,3634
24	0,5401	0,5276	0,5154	0,5035	0,4919	0,4380	0,3901	0,3477
25	0,5264	0,5137	0,5014	0,4893	0,4776	0,4231	0,3751	0,3327
26	0,5131	0,5002	0,4877	0,4756	0,4637	0,4088	0,3607	0,3184
27	0,5001	0,4871	0,4744	0,4622	0,4502	0,3950	0,3468	0,3047
28	0,4874	0,4743	0,4615	0,4491	0,4371	0,3817	0,3335	0,2916
29	0,4750	0,4618	0,4490	0,4365	0,4243	0,3687	0,3207	0,2790
30	0,4630	0,4497	0,4367	0,4242	0,4120	0,3563	0,3083	0,2670
31	0,4513	0,4378	0,4248	0,4122	0,4000	0,3442	0,2965	0,2555
32	0,4398	0,4263	0,4133	0,4006	0,3883	0,3326	0,2851	0,2445
33	0,4287	0,4151	0,4020	0,3893	0,3770	0,3213	0,2741	0,2340
34	0,4178	0,4042	0,3911	0,3783	0,3660	0,3105	0,2636	0,2239
35	0,4072	0,3936	0,3804	0,3677	0,3554	0,3000	0,2534	0,2143
36	0,3969	0,3832	0,3700	0,3573	0,3450	0,2898	0,2437	0,2050
37	0,3869	0,3732	0,3600	0,3472	0,3350	0,2800	0,2343	0,1962
38	0,3771	0,3633	0,3502	0,3375	0,3252	0,2706	0,2253	0,1878
39	0,3675	0,3538	0,3406	0,3279	0,3158	0,2614	0,2166	0,1797
40	0,3582	0,3445	0,3313	0,3187	0,3066	0,2526	0,2083	0,1719
41	0,3491	0,3354	0,3223	0,3097	0,2976	0,2440	0,2003	0,1645
42	0,3403	0,3266	0,3135	0,3010	0,2890	0,2358	0,1926	0,1574
43	0,3316	0,3180	0,3050	0,2925	0,2805	0,2278	0,1852	0,1507
44	0,3232	0,3097	0,2967	0,2843	0,2724	0,2201	0,1780	0,1442
45	0,3150	0,3015	0,2886	0,2763	0,2644	0,2127	0,1712	0,1380
46	0,3071	0,2936	0,2807	0,2685	0,2567	0,2055	0,1646	0,1320
47	*0,2993*	*0,2859*	0,2731	0,2609	0,2493	0,1985	0,1583	0,1263
48	0,2917	0,2784	0,2657	0,2535	0,2420	0,1918	0,1522	0,1209
49	0,2843	0,2710	0,2584	0,2464	0,2350	0,1853	0,1463	0,1157

Restnut-zungs-dauer (Jahre)	Zinssatz							
	2,6%	2,7%	2,8%	2,9%	3,0%	3,5%	4%	4,5%
50	0,2771	0,2639	0,2514	0,2395	0,2281	0,1791	0,1407	0,1107
51	0,2701	0,2570	0,2445	0,2327	0,2215	0,1730	0,1353	0,1059
52	0,2632	0,2502	0,2379	0,2262	0,2150	0,1671	0,1301	0,1014
53	0,2566	0,2437	0,2314	0,2198	0,2088	0,1615	0,1251	0,0970
54	0,2501	0,2372	0,2251	0,2136	0,2027	0,1560	0,1203	0,0928
55	0,2437	0,2310	0,2190	0,2076	0,1968	0,1508	0,1157	0,0888
56	0,2375	0,2249	0,2130	0,2017	0,1910	0,1457	0,1112	0,0850
57	0,2315	0,2190	0,2072	0,1960	0,1855	0,1407	0,1069	0,0814
58	0,2257	0,2133	0,2016	0,1905	0,1801	0,1360	0,1028	0,0778
59	0,2199	0,2077	0,1961	0,1851	0,1748	0,1314	0,0989	0,0745
60	0,2144	0,2022	0,1907	0,1799	0,1697	0,1269	0,0951	0,0713
61	0,2089	0,1969	0,1855	0,1748	0,1648	0,1226	0,0914	0,0682
62	0,2036	0,1917	0,1805	0,1699	0,1600	0,1185	0,0879	0,0653
63	0,1985	0,1867	0,1756	0,1651	0,1553	0,1145	0,0845	0,0625
64	0,1935	0,1818	0,1708	0,1605	0,1508	0,1106	0,0813	0,0598
65	0,1885	0,1770	0,1661	0,1560	0,1464	0,1069	0,0781	0,0572
66	0,1838	0,1723	0,1616	0,1516	0,1421	0,1033	0,0751	0,0547
67	0,1791	0,1678	0,1572	0,1473	0,1380	0,0998	0,0722	0,0524
68	0,1746	0,1634	0,1529	0,1431	0,1340	0,0964	0,0695	0,0501
69	0,1702	0,1591	0,1488	0,1391	0,1301	0,0931	0,0668	0,0480
70	0,1658	0,1549	0,1447	0,1352	0,1263	0,0900	0,0642	0,0459
71	0,1616	0,1508	0,1408	0,1314	0,1226	0,0869	0,0617	0,0439
72	0,1575	0,1469	0,1369	0,1277	0,1190	0,0840	0,0594	0,0420
73	0,1535	0,1430	0,1332	0,1241	0,1156	0,0812	0,0571	0,0402
74	0,1497	0,1392	0,1296	0,1206	0,1122	0,0784	0,0549	0,0385
75	0,1459	0,1356	0,1260	0,1172	0,1089	0,0758	0,0528	0,0368
76	0,1422	0,1320	0,1226	0,1139	0,1058	0,0732	0,0508	0,0353
77	0,1386	0,1286	0,1193	0,1107	0,1027	0,0707	0,0488	0,0337
78	0,1351	0,1252	0,1160	0,1075	0,0997	0,0683	0,0469	0,0323
79	0,1316	0,1219	0,1129	0,1045	0,0968	0,0660	0,0451	0,0309
80	0,1283	0,1187	0,1098	0,1016	0,0940	0,0638	0,0434	0,0296

Restnut-zungs-dauer (Jahre)	Zinssatz							
	2,6%	2,7%	2,8%	2,9%	3,0%	3,5%	4%	4,5%
81	0,1250	0,1156	0,1068	0,0987	0,0912	0,0616	0,0417	0,0283
82	0,1219	0,1125	0,1039	0,0959	0,0886	0,0596	0,0401	0,0271
83	0,1188	0,1096	0,1011	0,0932	0,0860	0,0575	0,0386	0,0259
84	0,1158	0,1067	0,0983	0,0906	0,0835	0,0556	0,0371	0,0248
85	0,1128	0,1039	0,0956	0,0880	0,0811	0,0537	0,0357	0,0237
86	0,1100	0,1011	0,0930	0,0856	0,0787	0,0519	0,0343	0,0227
87	0,1072	0,0985	0,0905	0,0832	0,0764	0,0501	0,0330	0,0217
88	0,1045	0,0959	0,0880	0,0808	0,0742	0,0484	0,0317	0,0208
89	0,1018	0,0934	0,0856	0,0785	0,0720	0,0468	0,0305	0,0199
90	0,0993	0,0909	0,0833	0,0763	0,0699	0,0452	0,0293	0,0190
91	0,0967	0,0885	0,0810	0,0742	0,0679	0,0437	0,0282	0,0182
92	0,0943	0,0862	0,0788	0,0721	0,0659	0,0422	0,0271	0,0174
93	0,0919	0,0839	0,0767	0,0700	0,0640	0,0408	0,0261	0,0167
94	0,0896	0,0817	0,0746	0,0681	0,0621	0,0394	0,0251	0,0160
95	0,0873	0,0796	0,0726	0,0662	0,0603	0,0381	0,0241	0,0153
96	0,0851	0,0775	0,0706	0,0643	0,0586	0,0368	0,0232	0,0146
97	0,0829	0,0755	0,0687	0,0625	0,0569	0,0355	0,0223	0,0140
98	0,0808	0,0735	0,0668	0,0607	0,0552	0,0343	0,0214	0,0134
99	0,0788	0,0715	0,0650	0,0590	0,0536	0,0332	0,0206	0,0128
100	0,0768	0,0697	0,0632	0,0573	0,0520	0,0321	0,0198	0,0123

Berechnungsvorschrift für die Abzinsungsfaktoren (Barwertfaktoren für die Abzinsung):

Abzinsungsfaktor $= \dfrac{1}{q^n}$

$q \ = \ 1 + LZ$ wobei $LZ = \dfrac{p}{100}$

$LZ \ = \ $ Zinssatz (Liegenschaftszinssatz)
$n \ \ = \ $ Restnutzungsdauer
$p \ \ = \ $ Zinsfuß

Normalherstellungskosten

I. Begriff der Brutto-Grundfläche (BGF)

1. Die BGF ist die Summe der bezogen auf die jeweilige Gebäudeart marktüblich nutzbaren Grundflächen aller Grundrissebenen eines Bauwerks. In Anlehnung an die DIN 277-1:2005-02 sind bei den Grundflächen folgende Bereiche zu unterscheiden:
Bereich a: überdeckt und allseitig in voller Höhe umschlossen,
Bereich b: überdeckt, jedoch nicht allseitig in voller Höhe umschlossen, Bereich c: nicht überdeckt.
Für die Anwendung der Normalherstellungskosten (NHK) sind im Rahmen der Ermittlung der BGF nur die Grundflächen der Bereiche a und b zugrunde zu legen. Balkone, auch wenn sie überdeckt sind, sind dem Bereich c zuzuordnen.
Für die Ermittlung der BGF sind die äußeren Maße der Bauteile einschließlich Bekleidung, z. B. Putz und Außenschalen mehrschaliger Wandkonstruktionen, in Höhe der Bodenbelagsoberkanten anzusetzen.
2. Nicht zur BGF gehören z. B. Flächen von Spitzböden und Kriechkellern, Flächen, die ausschließlich der Wartung, Inspektion und Instandsetzung von Baukonstruktionen und technischen Anlagen dienen, sowie Flächen unter konstruktiven Hohlräumen, z. B. über abgehängten Decken.

II. Normalherstellungskosten (NHK)

Normalherstellungskosten in Euro/m2 BGF auf der Grundlage der Normalherstellungskosten 2010 (NHK 2010), einschließlich Baunebenkosten und Umsatzsteuer für die jeweilige Gebäudeart (Kostenstand 2010) sowie eines pauschalen Zuschlages für bauliche Anlagen, insbesondere Außenanlagen, und sonstige Anlagen (3 %)

Gebäudeart		Baujahrgruppe		
		vor 1995	1995 – 2004	ab 2005
1	Gemischt genutzte Grundstücke (Wohnhäuser mit Mischnutzung)	695	886	1 118
2	Banken und ähnliche Geschäftshäuser	736	937	1 494
3	Bürogebäude, Verwaltungsgebäude	839	1 071	1 736
4	Gemeindezentren, Vereinsheime, Saalbauten, Veranstaltungsgebäude	1 004	1 282	1 555
5	Kindergärten (Kindertagesstätten), allgemeinbildende Schulen, berufsbildende Schulen, Hochschulen, Sonderschulen	1 164	1 488	1 710
6	Wohnheime, Internate, Alten-, Pflegeheime	876	1 118	1 370
7	Krankenhäuser, Kliniken, Tageskliniken, Ärztehäuser	1 334	1 705	2 075
8	Beherbergungsstätten, Hotels, Verpflegungseinrichtungen	1 118	1 427	1 859
9.1	Sporthallen	1 133	1 447	1 777
9.2	Tennishallen	814	1 040	1 226
9.3	Freizeitbäder, Kur- und Heilbäder	1 978	2 524	3 075
10.1	Verbrauchermärkte	582	742	896
10.2	Kauf- und Warenhäuser	1 066	1 360	1 633
10.3	Autohäuser ohne Werkstatt	757	968	1 277
11.1	Betriebs- und Werkstätten eingeschossig oder mehrgeschossig ohne Hallenanteil; industrielle Produktionsgebäude, Massivbauweise	762	973	1 200
11.2	Betriebs- und Werkstätten, mehrgeschossig, hoher Hallenanteil; industrielle Produktionsgebäude, überwiegend Skelettbauweise	536	680	942
12.1	Lagergebäude ohne Mischnutzung, Kaltlager	283	361	505
12.2	Lagergebäude mit bis zu 25 Prozent Mischnutzung	443	567	711
12.3	Lagergebäude mit mehr als 25 Prozent Mischnutzung	716	917	1 128
13	Museen, Theater, Sakralbauten	1 514	1 875	2 395
14	Reithallen, ehemalige landwirtschaftliche Mehrzweckhallen, Scheunen und Ähnliches	263		
15	Stallbauten	422		
16	Hochgaragen, Tiefgaragen und Nutzfahrzeuggaragen	623		
17	Einzelgaragen, Mehrfachgaragen	500		
18	Carports und Ähnliches	196		
19	**Teileigentum** Teileigentum ist in Abhängigkeit von der baulichen Gestaltung den vorstehenden Gebäudearten zuzuordnen.			
20	**Auffangklausel** Normalherstellungskosten für nicht aufgeführte Gebäudearten sind aus den Normalherstellungskosten vergleichbarer Gebäudearten abzuleiten.			

Wertzahlen

für Teileigentum, Geschäftsgrundstücke, gemischt genutzte Grundstücke und sonstige bebaute Grundstücke nach § 249 Absatz 1 Nummer 5 bis 8

Vorläufiger Sachwert		Bodenrichtwert		
		bis 100 EUR/m²	bis 300 EUR/m²	über 300 EUR/m²
bis	500 000 EUR	0,80	0,90	1,00
	750 000 EUR	0,75	0,85	0,95
	1 000 000 EUR	0,70	0,80	0,90
	1 500 000 EUR	0,65	0,75	0,85
	2 000 000 EUR	0,60	0,70	0,80
	3 000 000 EUR	0,55	0,65	0,75
über	3 000 000 EUR	0,50	0,60	0,70

D. Mindestwert bei bebauten Grundstücken

Der für ein bebautes Grundstück anzusetzende Wert darf nicht geringer sein als 75 % des Werts, mit dem der Grund und Boden allein als unbebautes Grundstück zu bewerten wäre.

5.11.3.2.2 Ermittlung der Grundsteuer ab dem 1.1.2025

5.11.3.2.2.1 Überblick

	Grundsteuerwert (s. Kap. 5.11.3.2.1)
x	Steuermesszahl (§§ 13-15 GrStG, s. Kap. 5.11.3.2.2.2)
=	Steuermessbetrag (§ 13 GrStG)
x	Hebesatz (§ 25 GrStG, s. Kap. 5.11.4)
=	**Grundsteuer**

5.11.3.2.2.2 Steuermesszahlen (§§ 14, 15 GrStG)

Grundstücksart	Messzahl
Bebaute und unbebaute Grundstücke	0,034 %
Sozialer Wohnraum	0,0255 %
Land- und Forstwirtschaft	0,055 %

5.11.4   Grundsteuer-B-Hebesätze[1]

Gemeinde	Einwohner-zahl	GrSt-Hebesatz	
	31. 12. 2019[2]	2020	2021
Aachen, Stadt	248 960	525	525
Aalen, Stadt	68 393	370	370
Ahlen, Stadt	52 503	547	547
Arnsberg, Stadt	73 456	523	523
Aschaffenburg	71 002	400	400
Augsburg	296 582	555	555
Bad Homburg v. d. Höhe, Stadt	54 227	345	345
Bad Kreuznach, Stadt	51 170	450	450
Bad Salzuflen, Stadt	54 254	620	620
Baden-Baden, Stadt	55 185	490	490
Bamberg	77 373	425	535
Bayreuth	74 783	400	400
Bergheim, Stadt	61 601	600	600
Bergisch Gladbach, Stadt	111 846	570	490
Berlin, Stadt	3 669 491	810	810
Bielefeld, Stadt	334 195	660	660
Böblingen, Stadt	50 161	360	360
Bocholt, Stadt	71 113	630	630
Bochum, Stadt	365 587	645	645
Bonn, Stadt	329 673	680	680
Bottrop, Stadt	117 565	680	680
Brandenburg an der Havel, Stadt	72 184	530	530
Braunschweig, Stadt	249 406	500	500
Bremen, Stadt	567 559	695	695
Bremerhaven, Stadt	113 643	645	645
Castrop-Rauxel, Stadt	73 343	825	825
Celle, Stadt	69 540	490	520
Chemnitz, Stadt	246 334	580	580
Cottbus/Chósebuz, Stadt	99 678	500	500

Gemeinde	Einwohner-zahl	GrSt-Hebesatz	
	31. 12. 2019[2]	2020	2021
Darmstadt, Wissenschaftsstadt	159 878	535	535
Delmenhorst, Stadt	77 559	530	530
Dessau-Roßlau, Stadt	80 103	495	495
Detmold, Stadt	74 254	540	540
Dinslaken, Stadt	67 373	648	648
Dormagen, Stadt	64 340	435	435
Dorsten, Stadt	74 704	780	780
Dortmund, Stadt	588 250	610	610
Dresden, Stadt	556 780	635	635
Duisburg, Stadt	498 686	855	855
Düren, Stadt	91 216	590	590
Düsseldorf, Stadt	621 877	440	440
Erftstadt, Stadt	50 010	650	650
Erfurt, Stadt	213 981	550	550
Erlangen	112 528	425	425
Eschweiler, Stadt	56 482	520	520
Essen, Stadt	582 760	670	670
Esslingen am Neckar, Stadt	94 145	425	425
Euskirchen, Stadt	58 381	496	496
Flensburg, Stadt	90 164	690	690
Frankfurt (Oder), Stadt	57 751	480	480
Frankfurt am Main, Stadt	763 380	500	500
Frechen, Stadt	52 439	520	520
Freiburg im Breisgau, Stadt	231 195	600	600
Friedrichshafen, Stadt	61 283	340	340
Fulda, Stadt	68 635	340	340
Fürth	128 497	555	555
Garbsen, Stadt	61 032	510	510

[1] Grundsteuer-B-Hebesätze sämtlicher Gemeinden mit mehr als 50 000 Einwohnern.
[2] Neuester verfügbarer Stand des Statistischen Bundesamtes (Stand 31. 12. 2019).

Gemeinde	Einwohner-zahl	GrSt-Hebesatz	
	31. 12. 2019[2]	2020	2021
Gelsenkirchen, Stadt	259 645	675	675
Gera, Stadt	93 125	600	600
Gießen, Universitätsstadt	89 802	600	600
Gladbeck, Stadt	75 610	690	750
Göppingen, Stadt	57 813	370	370
Görlitz, Stadt	55 980	500	500
Goslar, Stadt	50 554	460	460
Göttingen, Stadt	118 911	590	600
Greifswald, Hansestadt	59 232	480	480
Grevenbroich, Stadt	63 743	500	625
Gummersbach, Stadt	50 952	570	570
Gütersloh, Stadt	100 861	381	381
Hagen, Stadt der FernUniversität	188 686	750	750
Halle (Saale), Stadt	238 762	500	500
Hamburg, Freie und Hansestadt	1 847 253	540	540
Hameln, Stadt	57 434	600	600
Hamm, Stadt	179 916	600	600
Hanau, Brüder-Grimm-Stadt	96 492	595	595
Hannover, Landeshauptstadt	536 925	600	600
Hattingen, Stadt	54 438	875	875
Heidelberg, Stadt	161 485	470	470
Heilbronn, Stadt	126 592	450	450
Herford, Hansestadt	66 638	440	440
Herne, Stadt	156 449	745	745
Herten, Stadt	61 821	790	790
Hilden, Stadt	55 625	480	480
Hildesheim, Stadt	*101 693*	*540*	*540*
Hürth, Stadt	59 731	480	480
Ibbenbüren, Stadt	51 822	529	529
Ingolstadt	137 392	460	460

Gemeinde	Einwohner-zahl	GrSt-Hebesatz	
	31. 12. 2019[2]	2020	2021
Iserlohn, Stadt	92 174	496	496
Jena, Stadt	111 343	495	495
Kaiserslautern, Stadt	100 030	460	460
Karlsruhe, Stadt	312 060	470	470
Kassel, documenta-Stadt	202 137	490	490
Kempten (Allgäu)	69 151	420	420
Kerpen, Kolpingstadt	66 702	620	620
Kiel, Landeshauptstadt	246 794	500	500
Kleve, Stadt	52 388	471	471
Koblenz, Stadt	114 052	420	420
Köln, Stadt	1 087 863	515	515
Konstanz, Universitätsstadt	84 911	410	410
Krefeld, Stadt	227 417	533	533
Landshut	73 411	430	430
Langenfeld (Rheinland), Stadt	59 178	310	299
Langenhagen, Stadt	54 652	480	480
Leipzig, Stadt	593 145	650	650
Leverkusen, Stadt	163 729	790	750
Lingen (Ems), Stadt	54 708	330	330
Lippstadt, Stadt	67 952	460	460
Lübeck, Hansestadt	216 530	500	500
Lüdenscheid, Stadt	72 313	786	766
Ludwigsburg, Stadt	93 584	405	445
Ludwigshafen am Rhein, Stadt	172 253	420	420
Lüneburg, Hansestadt	75 711	490	490
Lünen, Stadt	86 348	760	760
Magdeburg, Landeshauptstadt	237 565	495	495
Mainz, Stadt	218 578	480	480
Mannheim, Universitätsstadt	310 658	450	487

Gemeinde	Einwohner-zahl 31.12. 2019[2]	GrSt-Hebesatz 2020	2021
Marburg, Universitätsstadt	77 129	390	390
Marl, Stadt	84 067	790	790
Meerbusch, Stadt	56 415	440	440
Menden (Sauerland), Stadt	52 608	595	595
Minden, Stadt	81 716	460	460
Moers, Stadt	103 902	740	740
Mönchengladbach, Stadt	261 034	620	620
Mülheim an der Ruhr, Stadt	170 632	890	890
München, Landeshauptstadt	1 484 226	535	535
Münster, Stadt	315 293	510	510
Neubrandenburg, Stadt	63 761	550	550
Neumünster, Stadt	80 196	480	480
Neuss, Stadt	153 896	495	495
Neustadt an der Weinstraße, Stadt	53 264	505	505
Neu-Ulm, GKSt	58 978	375	375
Neuwied, Stadt	64 765	420	610
Norderstedt, Stadt	79 357	410	410
Nordhorn, Stadt	53 711	390	390
Nürnberg	518 370	555	555
Oberhausen, Stadt	210 764	670	670
Offenbach am Main, Stadt	130 280	995	895
Offenburg, Stadt	59 967	420	420
Oldenburg (Oldenburg), Stadt	169 077	445	445
Osnabrück, Stadt	165 251	460	460
Paderborn, Stadt	151 633	443	443
Passau	52 803	390	390
Pforzheim, Stadt	125 957	550	550
Plauen, Stadt	64 597	505	505
Potsdam, Stadt	180 334	545	545

Gemeinde	Einwohner-zahl 31.12. 2019[2]	GrSt-Hebesatz 2020	2021
Pulheim, Stadt	54 194	555	555
Ratingen, Stadt	87 520	400	400
Ravensburg, Stadt	50 897	400	500
Recklinghausen, Stadt	111 397	695	695
Regensburg	153 094	395	395
Remscheid, Stadt	111 338	620	620
Reutlingen, Stadt	115 865	400	400
Rheine, Stadt	76 218	600	600
Rosenheim	63 551	480	480
Rostock, Hansestadt	209 191	480	480
Rüsselsheim am Main, Stadt	65 881	800	800
Saarbrücken, Landeshauptstadt	180 374	500	510
Salzgitter, Stadt	104 291	540	540
Sankt Augustin, Stadt	55 847	550	750
Schwäbisch Gmünd, Stadt	61 137	430	430
Schweinfurt	53 426	385	385
Schwerin, Landeshauptstadt	95 653	595	595
Siegen, Universitätsstadt	102 770	525	525
Sindelfingen, Stadt	64 905	360	360
Solingen, Klingenstadt	159 245	690	690
Speyer, Stadt	50 561	450	450
Stolberg (Rhld.), Kupferstadt	56 466	595	595
Stralsund, Hansestadt	59 418	545	545
Stuttgart, Landeshauptstadt	635 911	520	520
Trier, Stadt	111 528	480	480
Troisdorf, Stadt	74 953	590	590
Tübingen, Universitätsstadt	91 506	560	660

Gemeinde	Einwohner-zahl 31.12.2019[2]	GrSt-Hebesatz 2020	2021
Ulm, Universitätsstadt	126790	430	430
Unna, Stadt	58936	843	843
Velbert, Stadt	81842	550	550
Viersen, Stadt	77102	480	480
Villingen-Schwenningen, Stadt	85707	425	425
Waiblingen, Stadt	55604	390	390
Weimar, Stadt	65228	480	480
Wesel, Stadt	60230	448	448
Wetzlar, Stadt	52955	780	780

Gemeinde	Einwohner-zahl 31.12.2019[2]	GrSt-Hebesatz 2020	2021
Wiesbaden, Landeshauptstadt	278474	492	492
Wilhelmshaven, Stadt	76089	600	600
Willich, Stadt	50391	495	495
Witten, Stadt	96459	910	910
Wolfenbüttel, Stadt	52165	470	470
Wolfsburg, Stadt	124371	450	450
Worms, Stadt	83542	470	470
Wuppertal, Stadt	355100	620	620
Würzburg	127934	475	475
Zwickau, Stadt	88690	510	510

5.11.5 Erlass der Grundsteuer

Anwendungs-bereich (§§ 32, 33 GrStG)	– **Kulturgüter und Grünanlagen**: Grundbesitz, dessen Erhaltung wegen seiner Bedeutung für Kunst, Geschichte, Wissenschaft oder Naturschutz im öffentlichen Interesse liegt, sowie für öffentliche Grünanlagen, Spiel- und Sportplätze – **Wesentliche Ertragsminderung**: Vom Steuerschuldner nicht zu vertretende Rohertragsminderung (atypische und vorübergehende Ertragsminderungen wie z.B. Hochwasser, Erdbeben, Sturmschäden, Waldbrand o.ä., aber auch strukturell bedingte Ertragsminderungen von nicht nur vorübergehender Natur wie z.B. Leerstand[1]); negative strukturelle oder konjunkturelle Entwicklungen bei gewerblichem Grundbesitz (z.B. Rückgang der Übernachtungszahlen eines Hotels): a) Rohertragsminderung > 50% = 25% Erlass b) Rohertragsminderung = 100% = 50% Erlass[2]
Verfahren (§ 34 GrStG)	– Zuständig ist die Gemeinde – Antrag bis zum auf den Erlasszeitraum folgenden 31. März; bei Kulturgütern und Grünanlagen keine jährliche Wiederholung erforderlich – Bei Vorliegen der Voraussetzungen Anspruch auf Erlass (keine Ermessensentscheidung)

[1] Vgl. BFH-Beschl. vom 24.10.2007 (II R 5/05, BStBl) II 2008 S.384).
[2] Vgl. BFH-Urteil vom 18.4.2012 (II R 36/10, BStBl II 2012 S.867), wonach die Neuregelung des Anspruchs auf Teilerlass der Grundsteuer wegen wesentlicher Ertragsminderung durch das JStG 2009 vom 19.12.2008 (BGBl I 2008 S. 2794) und die Anwendung der Neuregelung bereits für das Jahr 2008 mit dem Grundgesetz vereinbar sind.

5.12 Erbschaft- und Schenkungsteuer[1]

5.12.1 Gesetzliche Erbquoten und Pflichtteile[2]

Güterstand	Erblasser unverheiratet					Erblasser verheiratet[4]									
						Zugewinngemeinschaft (§ 1363 BGB)					Gütertrennung (§ 1414 BGB)				
Anzahl der Kinder	0	1	2	3	4	0	1	2	3	4	0	1	2	3	4
Gesetzliche Erbteile															
Ehepartner(in)	–	–	–	–	–	3/4	1/2	1/2	1/2	1/2	1/2	1/2	1/3	1/4	1/4
je Kind	–	1/1	1/2	1/3	1/4	–	1/2	1/4	1/6	1/8	–	1/2	1/3	1/4	3/16
Erben 2. Ordnung	1/1	–	–	–	–	1/4	–	–	–	–	1/2	–	–	–	–
Pflichtteile															
Ehepartner(in)[3]	–	–	–	–	–	3/8	1/4	1/4	1/4	1/4	1/4	1/4	1/6	1/8	1/8
je Kind	–	1/2	1/4	1/6	1/8	–	1/4	1/8	1/12	1/16	–	1/4	1/6	1/8	3/32
Eltern	1/2	–	–	–	–	1/8	–	–	–	–	1/4	–	–	–	–

[1] Die Erbschaftsteuer-Richtlinien (ErbStR) 2019 mit Hinweisen (ErbStH) wurden in der Fassung vom 16.12.2019 (BStBl I Sondernummer 1/2019 S. 2 und S. 151) veröffentlicht.

[2] Der Begriff „Ehegatte" schließt in Ehe verbundene gleichgeschlechtliche Personen ein (vgl. Gesetz zur Einführung des Rechts zur Eheschließung für Personen gleichen Geschlechts v. 20.7.2017, BGBl I 2017 S.2787).

[3] Berechnung unter der Annahme, dass der/die Partner(in) Erbe oder Vermächtnisnehmer wird.

[4] Gleiches gilt für die eingetragene Lebenspartnerschaft nach dem LPartG.

5.12.2   Steuerpflichtige Vorgänge

Beispiele für Erwerbe von Todes wegen (§ 3 ErbStG)	Beispiele für Erwerbe unter Lebenden (§ 7 ErbStG)
– Erbanfall, Vermächtnis oder geltend gemachter Pflichtteil – Schenkung auf den Todesfall – Übergang von Vermögen auf eine vom Erblasser angeordnete Stiftung – Abfindung für Verzicht auf Pflichtteil, für Ausschlagung einer Erbschaft oder eines Vermächtnisses oder Zahlung, damit eine Rechtsstellung, insbesondere eine Erbenstellung oder ein Recht oder ein Anspruch, nicht mehr oder nur noch teilweise geltend gemacht werden – Übergang eines Gesellschaftsanteils auf die Gesellschaft oder die anderen Gesellschafter, soweit der Abfindungswert den Steuerwert des Anteils unterschreitet	– freigebige Zuwendungen, soweit der Bedachte durch sie auf Kosten des Zuwendenden bereichert wird – das infolge Vollziehung einer vom Schenker angeordneten Auflage Erlangte – Abfindung für einen Erbverzicht – Übergang von Vermögen aufgrund eines Stiftungsgeschäfts unter Lebenden – Übermaß der Gewinnbeteiligung bei einer Personengesellschaft – Übergang eines Gesellschaftsanteils auf die Gesellschaft oder die anderen Gesellschafter, soweit der Abfindungswert den Steuerwert des Anteils unterschreitet – Schenkung unter Beteiligung von Kapitalgesellschaften oder Genossenschaften

Schenkungen unter Beteiligung von Kapitalgesellschaften

Für Erwerbe nach dem 13.12.2011	Folge
§ 7 Abs. 8 Satz 1 ErbStG	Erfasst die Bereicherung durch die Erhöhung des gemeinen Werts der Anteile und führt zu einer Besteuerung einer Schenkung zwischen den Gesellschaftern
§ 7 Abs. 8 Satz 2 ErbStG	Erfasst die Bereicherung durch die Erhöhung des gemeinen Werts der Anteile und führt zu einer Besteuerung einer Schenkung zwischen den Gesellschaftern, soweit Leistungen zwischen (nicht beteiligungsidentischen) Kapitalgesellschaften erfolgen
§ 15 Abs. 4 ErbStG	Zudem kann es bei Beteiligung von Kapitalgesellschaften zu steuerpflichtigen Schenkungen nach § 7 Abs. 1 ErbStG kommen. Zuwendender ist dann die Kapitalgesellschaft. Maßgebend ist das persönliche Verhältnis des Erwerbers zu der die Bereicherung veranlassenden natürlichen Person

Dies gilt entsprechend bei Beteiligung an einer Genossenschaft.

5.12.3   Persönliche Steuerpflicht

Unbeschränkte Steuerpflicht (§ 2 Abs. 1 Nr. 1 und 2 ErbStG)	Erblasser, Schenker **oder** Erwerber ist Inländer; Inländer sind – natürliche Personen, die im Inland ihren Wohnsitz oder gewöhnlichen Aufenthalt haben – deutsche Staatsangehörige, die sich nicht länger als fünf Jahre im Ausland aufgehalten haben, ohne im Inland einen Wohnsitz zu haben – unabhängig von Fünfjahresfrist deutsche Staatsangehörige ohne Wohnsitz und gewöhnlichen Aufenthalt im Inland, die in einem Dienstverhältnis zu einer inländischen juristischen Person des öffentlichen Rechts stehen – juristische Personen mit Geschäftsleitung oder Sitz im Inland – Familienstiftungen mit Sitz oder Geschäftsleitung im Inland	Gesamter Vermögensanfall
Beschänkte Steuerpflicht (§ 2 Abs. 1 Nr. 3 und Abs. 2 ErbStG)[1]	Alle anderen Fälle	Vermögensanfall, der in Inlandsvermögen i. S. d. § 121 BewG besteht

---

[1] Siehe zur beschränkten Steuerpflicht Kap. 5.13.3.3.

5.12.4　Steuerbefreiungen

5.12.4.1　Sachliche Steuerbefreiungen (Auswahl)

Wirtschaftsgut	Befreiungstatbestand
Grundbesitz (Baudenkmäler), Kunstgegenstände, Kunstsammlungen, Bibliotheken, Archive u. ä., dessen Erhaltung im öffentlichen Interesse liegt und defizitär ist und für Forschung oder Volksbildung genutzt wird	– grds. zu 60 % befreit; Grundbesitz zu 85 % befreit – bei Nutzung zum Vorteil des Allgemeinwohls (z.B. Unterstellung unter Denkmalpflege) zu 100 % befreit – 10 Jahre Bindung
Grundbesitz, der der Allgemeinheit zugänglich gemacht wird, wenn Unterhaltung im öffentlichen Interesse liegt und defizitär ist	zu 100 % befreit, 10-jährige Bindungsfrist
Zuwendung eines Familienheims **unter Lebenden** an Ehegatten/ Lebenspartner	zu 100 % befreit
Der Erwerb eines Familienheims **von Todes wegen** durch den überlebenden Ehegatten bzw. Lebenspartner	zu 100 % befreit bei Selbstnutzung zu Wohnzwecken durch den Erwerber für mindestens 10 Jahre (Ausnahme: aus zwingenden Gründen, z.B. durch Pflegebedürftigkeit an Selbstnutzung gehindert)[1]
Der Erwerb eines Familienheims **von Todes wegen** durch Kinder der Steuerklasse I Nr. 2 und der Kinder verstorbener Kinder	wie oben, soweit das Familienheim 200 qm Wohnfläche nicht übersteigt
Verzicht auf Geltendmachung eines Pflichtteilsanspruchs	zu 100 % befreit
Zuwendungen zum Unterhalt oder zur Ausbildung	befreit, soweit angemessen
Gelegenheitsgeschenke	befreit, soweit üblich

5.12.4.2　Sachliche Freibeträge

	Hausrat inkl. Wäsche und Kleidungsstücke	Andere bewegliche körperliche Gegenstände
Steuerklasse I	41 000 €	12 000 €
Steuerklasse II und III	12 000 €	

---

[1] BFH vom 11.7.2019, II R 38/16, DStR 2019, S. 2520; schädliche Übertragung auch, wenn die Selbstnutzung aufgrund eines (vorbehaltenen) Nießbrauches fortgesetzt wird.

5.12.4.3 Persönliche Steuerbefreiungen (Auswahl)

Person	Befreiungstatbestand
Erwerbsunfähige Eltern, Adoptiv-, Stief- und Großeltern des Erblassers bei Erwerben von Todes wegen	– Bis zu einem Vermögen von 41 000 € befreit – Bei Überschreiten Kürzung des Freibetrags
Zuwendung eines Familienheims unter Lebenden an Ehegatten, Lebenspartner und Kinder	s. Kap. 5 12.4.1
Personen, die den Erblasser unentgeltlich gepflegt haben	Freibetrag von 20 000 €
Rückfall von Schenkungen durch Eltern oder Voreltern an diese im Erbfall	Zu 100 % befreit
Gemeinnützige Organisationen, Religionsgesellschaften etc.	Zu 100 % befreit
Leistungen von Religionsgemeinschaften in Ansehung der Beeinträchtigung der körperlichen oder seelischen Unversehrtheit	Zu 100 % befreit

5.12.4.4 Zugewinnausgleichsforderung[1]

	§ 5 Abs. 1 ErbStG	§ 5 Abs. 2 ErbStG
Beendigung der Zugewinngemeinschaft	– durch Tod **und** – erbrechtliche Lösung nach § 1371 Abs. 1 BGB (Erhöhung des Erbteils um das Nachlassviertel)	– unter Lebenden **oder** – durch Tod und güterrechtliche Lösung nach § 1371 Abs. 2 BGB (z. B. wegen Ausschlagung oder weil Ehegatte weder Erbe noch Vermächtnisnehmer wird)
Rechtsfolgen	– Zugewinn nach güterrechtlicher Lösung[2] ist befreit – Vermutung, dass Endvermögen Zugewinn darstellt, gilt nicht – Rückwirkende Begründung des Zugewinns wird steuerlich nicht anerkannt – Abweichende Vereinbarungen sind unbeachtlich	Wie links, aber abweichende Vereinbarungen werden anerkannt; Grenzen sind dort zu ziehen, wo einem Ehegatten eine überhöhte Ausgleichsforderung verschafft wird

---

[1] Der Begriff „Ehegatte" schließt in Ehe verbundene gleichgeschlechtliche Personen ein (vgl. Gesetz zur Einführung des Rechts zur Eheschließung für Personen gleichen Geschlechts v. 20.7.2017, BGBl I 2017 S. 2787).

[2] Siehe zu den Preisindizes zur Berücksichtigung der insoweit irrelevanten Wertsteigerung infolge des damit einhergehenden Kaufpreisschwunds H E 5.1 (2) ErbStH 2019.

	§5 Abs.1 ErbStG	§5 Abs.2 ErbStG
Beachte	Kürzung Ausgleichsforderung, wenn steuerbefreites Vermögen im Endvermögen enthalten	

§5 Abs.1 u. 2 ErbStG gelten entsprechend für den güterrechtlichen Zugewinn-ausgleich unter Lebenspartnern i. S. d. LPartG.

5.12.5 Bewertung

5.12.5.1 Land- und forstwirtschaftliches Vermögen

Wert des **Wirtschaftsteils**

+ Wert der **Betriebswohnungen** abzgl. damit unmittelbar in Zusammenhang stehende Verbindlichkeiten

+ Wert des **Wohnteils** abzgl. damit unmittelbar in Zusammenhang stehende Verbindlichkeiten

= Grundbesitzwert eines Betriebs der Land- und Forstwirtschaft (§ 168 Abs. 1 BewG)

Die Bestandteile werden wie folgt bewertet:

	Bewertungsgrundsätze

Wirtschaftsteil (§ 160 Abs. 2 BewG):
 – Land- und forstwirt-schaftliche Nutzungen
 – Nebenbetriebe (§ 160 Abs. 3 BewG)
 – Abbauland, Geringstland und Unland (§ 160 Abs. 4–6 BewG)
	– **Grundsatz:** Fortführungswert nach § 165 BewG
	   – Fortführungswert = Summe der Wirtschaftswerte nach § 163 BewG (§ 165 Abs. 1 BewG)
	   – Wirtschaftswert = Reingewinn x 18,6 (§ 163 Abs. 11 BewG)
	   – Reingewinn = Summe der Standarddeckungsbeiträge für landwirtschaftliche, forstwirtschaftliche, weinbauliche und gärtnerische Nutzung (§ 163 BewG und Anlagen 14 bis 18)
	 – **Ausnahme:** Liquidationswert nach § 166 BewG, insbe-sondere bei Verkauf oder Aufgabe innerhalb von 15 Jahren nach dem Bewertungsstichtag (§ 162 Abs. 3 BewG)
	 – **Untergrenze:** Mindestwert nach § 164 BewG (= Wert für Grund und Boden + Wert der übrigen Wirtschaftsgüter), § 165 Abs. 2 BewG
	 – **Höchstwert:** Nachgewiesener niedrigerer gemeiner Wert (§ 165 Abs. 3 BewG)

Betriebswohnungen und **Wohnteil** (§ 167 BewG)	– Nach den Vorschriften, die für die Bewertung von Wohn-grundstücken im Grundvermögen gelten (§ 167 Abs. 1 BewG), Fünffaches der bebauten Fläche als Höchstgrenze; darüber hinausgehende Flächen werden beim Wirtschafts-teil einbezogen (§ 167 Abs. 2 BewG) – Abschlag von 15 % (§ 167 Abs. 3 BewG) – Höchstwert: Nachgewiesener niedrigerer gemeiner Wert (§ 167 Abs. 4 BewG)

5.12.5.2 Grundbesitz

5.12.5.2.1 Unbebaute Grundstücke

Der Wert unbebauter Grundstücke ist regelmäßig nach der Fläche des Grundstücks und den aktuellen Bodenrichtwerten zu ermitteln (§ 179 BewG).

Bodenrichtwert für erschlossene Grundstücke	Grundstücksfläche in m² × Bodenrichtwert pro m²		
	= Bodenrichtwert (oder niedrigerer gemeiner Wert)		
Bodenrichtwert für andere Grundstücke	Bauerwartungsland	Bruttorohbauland	Nettorohbauland
	Bodenrichtwert für erschlossene Grundstücke × 25 %	Bodenrichtwert für erschlossene Grundstücke × 50 %	Bodenrichtwert für erschlossene Grundstücke × 75 %

Wird in der Bodenrichtwertkarte zu dem Bodenrichtwert eine Geschossfläche angegeben, ist bei Grundstücken, deren Geschossflächenzahl von der des Bodenrichtwertgrundstücks abweicht, der Bodenwert abzuleiten.

$$\frac{\text{Umrechnungskoeffizent für die Geschossflächenzahl des zu bewertenden Grundstücks}}{\text{Umrechnungskoeffizent für die Geschossflächenzahl des Bodenrichtwertgrundstücks}} \times \text{Bodenrichtwert} = \text{Bodenwert/m}^2$$

Liegen keine örtlichen Umrechnungskoeffizienten vor, gelten die Folgenden:

Geschoss-flächenzahl	Umrechnungs-koeffizient	Geschoss-flächenzahl	Umrechnungs-koeffizient
0,4	0,66	1,5	1,23
0,5	0,72	1,6	1,28
0,6	0,78	1,7	1,32
0,7	0,84	1,8	1,36
0,8	0,9	1,9	1,41
0,9	0,95	2	1,45
1	1	2,1	1,49
1,1	1,05	2,2	1,53
1,2	1,1	2,3	1,57
1,3	1,14	2,4	1,61
1,4	1,19		

Formel für weitere Umrechnungskoeffizienten: $0,6 \times \sqrt{GFZ} + 0,2 \times GFZ + 0,2$

5.12.5.2.2 Bebaute Grundstücke im Regelfall

A. Überblick

	Kategorien bebauter Grundstücke		
	Kategorie 1 a) Wohnungseigentum b) Teileigentum c) Ein- und Zweifamilienhäuser	**Kategorie 2** a) Mietwohngrundstücke b) Geschäftsgrundstücke und gemischt genutzte Grundstücke, für die sich auf dem örtlichen Grundstücksmarkt eine übliche Miete ermitteln lässt	**Kategorie 3** a) Grundstücke im Sinne der Kategorie 1, wenn kein Vergleichswert vorliegt b) Geschäftsgrundstücke und gemischt genutzte Grundstücke mit Ausnahme der Kategorie 2b) c) sonstige bebaute Grundstücke
Vorschriften	§§ 182 Abs. 2, 183 BewG	§§ 182 Abs. 3, 184–188 BewG	§§ 182 Abs. 4, 189–191 BewG
Bewertungsverfahren	**Vergleichswertverfahren** – Vergleichskaufpreise – Vergleichsfaktoren	**Ertragswertverfahren**	**Sachwertverfahren**
	Höchstwert = nachgewiesener niedrigerer gemeiner Wert (§ 198 BewG)[1]		

B. Bewertung nach dem Vergleichswertverfahren (§ 183 BewG)

Der gemeine Wert des Grundstücks wird regelmäßig aus tatsächlich realisierten Kaufpreisen anderer Grundstücke abgeleitet, wenn eine ausreichende Anzahl geeigneter Vergleichspreise vorliegt (ggf. Durchschnittswert).

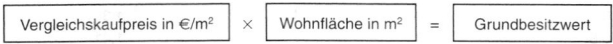

$$\boxed{\text{Vergleichskaufpreis in €/m}^2} \times \boxed{\text{Wohnfläche in m}^2} = \boxed{\text{Grundbesitzwert}}$$

Anstelle der Heranziehung von Vergleichskaufpreisen können für die Wertermittlung Vergleichsfaktoren herangezogen werden, die von den Gutachterausschüssen für geeignete Bezugseinheiten, insbesondere Flächeneinheiten des Gebäudes, ermittelt und mitgeteilt werden. Bei Verwendung von Vergleichsfaktoren, die sich nur auf das Gebäude beziehen, ergibt sich der gemeine Wert eines bebauten Grundstücks nach folgendem Berechnungsschema:

---

[1] Nachweis durch ein Gutachten des zuständigen Gutachterausschusses im Sinne der §§ 192 ff. des Baugesetzbuchs oder von Personen, die von einer staatlichen, staatlich anerkannten oder nach DIN EN ISO/IEC 17024 akkreditierten Stelle als Sachverständige oder Gutachter für die Wertermittlung von Grundstücken bestellt oder zertifiziert worden sind. Nachweis durch einen vor oder nach dem Bewertungsstichtag zustande gekommen Kauf möglich.

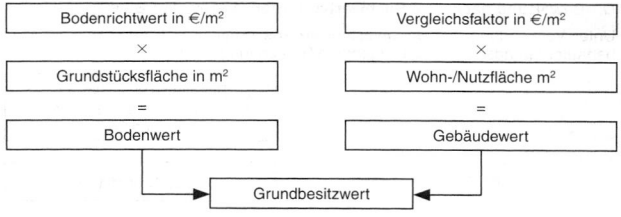

Bodenrichtwert in €/m²		Vergleichsfaktor in €/m²
×		×
Grundstücksfläche in m²		Wohn-/Nutzfläche m²
=		=
Bodenwert		Gebäudewert

Grundbesitzwert

C. Bewertung nach dem Ertragswertverfahren (§§ 184–188 BewG)

Beim Ertragswertverfahren wird der Wert von bebauten Grundstücken regelmäßig auf der Grundlage des für diese Grundstücke nachhaltig erzielbaren Ertrags ermittelt.

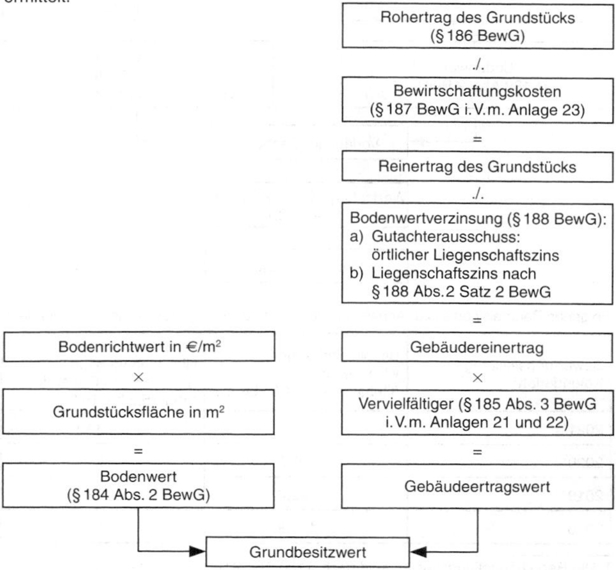

Rohertrag des Grundstücks
(§ 186 BewG)

./.

Bewirtschaftungskosten
(§ 187 BewG i.V.m. Anlage 23)

=

Reinertrag des Grundstücks

./.

Bodenwertverzinsung (§ 188 BewG):
a) Gutachterausschuss:
   örtlicher Liegenschaftszins
b) Liegenschaftszins nach
   § 188 Abs. 2 Satz 2 BewG

=

Bodenrichtwert in €/m²		Gebäudereinertrag
×		×
Grundstücksfläche in m²		Vervielfältiger (§ 185 Abs. 3 BewG i.V.m. Anlagen 21 und 22)
=		=
Bodenwert (§ 184 Abs. 2 BewG)		Gebäudeertragswert

Grundbesitzwert

D. Bewertung nach dem Sachwertverfahren (§§ 189–191 BewG)

Unter Verwendung des **Sachwertverfahrens** ermittelt sich der gemeine Wert bebauter Grundstücke nach folgendem Berechnungsschema:

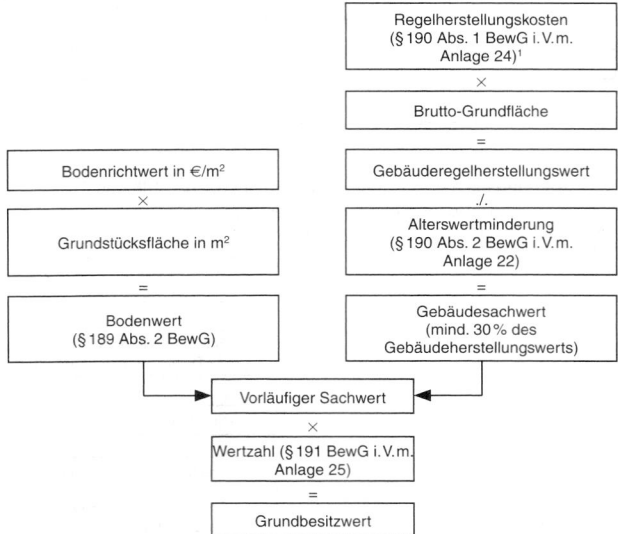

Folgende Baupreisindizes zur Anpassung der Regelherstellungskosten sind anzuwenden:

Bewertungsstichtag im Kalenderjahr	Baupreisindex für Wohngebäude (Gebäudearten 1.01 bis 5.1)	Baupreisindex für Nichtwohngebäude (alle anderen Gebäudearten [5.2 bis 18.2])
2021	129,2	130,1
2020	127,2	128,1
2019	122,0	122,7
2018	116,8	117,4

---

[1] Die Regelherstellungskosten sind nach § 190 Abs. 2 BewG anzupassen.

5.12.5.2.3   Bewertung von Grundbesitz in Sonderfällen

A. Überblick

	Erbbaurecht	Gebäude auf fremdem Grund und Boden	Grundstücke im Zustand der Bebauung	Gebäude und Gebäudeteile für den Zivilschutz
Vorschriften	§§ 192–194 BewG	§ 195 BewG	§ 196 BewG	§ 197 BewG
Bewertungsverfahren	Gesonderte Ermittlung des Wertes für die wirtschaftliche Einheit Erbbaurecht und die wirtschaftliche Einheit des belasteten Grundstücks unter angemessener Berücksichtigung der Höhe des Erbbauzinses, der Restlaufzeit des Erbbaurechts und der Höhe der Gebäudeentschädigung	Gesonderte Ermittlung des Wertes für die wirtschaftliche Einheit des Gebäudes und die wirtschaftliche Einheit des belasteten Grundstücks unter angemessener Berücksichtigung der Höhe des Pachtzinses und der Restlaufzeit des Nutzungsrechts	Hinzurechnung der bereits am Bewertungsstichtag entstandenen Herstellungskosten zum Wert des bislang unbebauten oder bereits bebauten Grundstücks	Keine Wertermittlung
	Höchstwert: Niedrigerer nachgewiesener gemeiner Wert (§ 198 BewG)[1]			

---

[1] Siehe Kap. 5.12.5.2.2.

B. Erbbaurecht und Erbbaugrundstück

Erbbaurecht	– **Grundsatz:** Vergleichswertverfahren (§ 193 Abs. 1 BewG) = Vergleichskaufpreise oder aus Kaufpreisen abgeleitete Vergleichsfaktoren
	– **In anderen Fällen:** Wert des Erbbaurechts = Bodenwertanteil + Gebäudewertanteil (§ 193 Abs. 2 BewG)
	   – **Bodenwertanteil** = (angemessener Verzinsungsbetrag des Bodenwertes des unbelasteten Grundstücks [je nach Grundstücksart zwischen 3 und 6,5%] ./. vertraglich vereinbarter Erbbauzins) × (von Restlaufzeit abhängiger) Vervielfältiger aus Anlage 21
	   – **Gebäudewertanteil** = Gebäudeertragswert oder Gebäudesachwert (§ 193 Abs. 5 BewG); bei fehlender oder nur teilweiser Entschädigung des Gebäudewertes im Zeitpunkt des Heimfalles ist der Gebäudewertanteil des Erbbaurechts um den Gebäudewertanteil des Erbbaugrundstücks nach § 194 Abs. 4 BewG zu mindern (§ 193 Abs. 5 Satz 2 BewG).

Erbbaugrundstück	– **Grundsatz:** Vergleichswertverfahren (§ 194 Abs. 1 BewG) = Vergleichskaufpreise oder aus Kaufpreisen abgeleitete Vergleichsfaktoren
	– **In anderen Fällen:** Bodenwertanteil + ggf. Gebäudewertanteil
	   – **Bodenwertanteil** = Abgezinster Bodenwert + kapitalisierte Erbbauzinsen
	      – **Abgezinster Bodenwert** = Über die Laufzeit des Erbbaurechts abgezinster Bodenwert des unbelasteten Grundstücks nach § 179 BewG; der Abzinsungsfaktor beträgt je nach Grundstücksart zwischen 3 und 6,5%
	      – **Kapitalisierte Erbbauzinsen** = Über die Restlaufzeit kapitalisierte im Bewertungszeitpunkt vereinbarte Erbbauzinsen; Vervielfältiger aus Anlage 21
	   – **Gebäudeanteil** nur, wenn der Wert des Gebäudes vom Eigentümer des Erbbaugrundstücks nicht oder nur teilweise zu entschädigen ist (§ 194 Abs. 2 BewG).

C. Grundstücke im Zustand der Bebauung (§ 196 BewG)

Dem Wert des unbebauten Grundstücks ist der Wert der bis zum Bewertungsstichtag entstandenen Herstellungskosten des im Bau befindlichen Gebäudes oder Gebäudeteils hinzuzurechnen. Maßgeblich sind die entstandenen Herstellungskosten; auf den tatsächlichen Zahlungsabfluss kommt es nicht an.

5.12.5.2.4 Bewertungsabschlag für zu Wohnzwecken vermietete Grundstücke (§ 13d ErbStG)

Voraussetzungen	– Zu Wohnzwecken vermietet und – im Inland oder in einem EU- bzw. EWR-Land belegen und – nicht zum begünstigten Betriebsvermögen oder begünstigten Vermögen eines Betriebs der Land- und Forstwirtschaft gehörend
Rechtsfolgen	Ansatz mit 90 % des Werts

5.12.5.3 Betriebsvermögen und Kapitalgesellschaftsanteile[1]

5.12.5.3.1 Überblick

Anteile an Kapitalgesellschaften sowie Betriebe, Teilbetriebe und Mitunternehmeranteile sind mit dem gemeinen Wert anzusetzen. Die Bewertung erfolgt rechtsformneutral für sämtliche Unternehmen und Anteile an Unternehmen. Die Rangfolge der anzuwendenden Methoden zur Wertfindung ergibt sich aus folgender Übersicht:

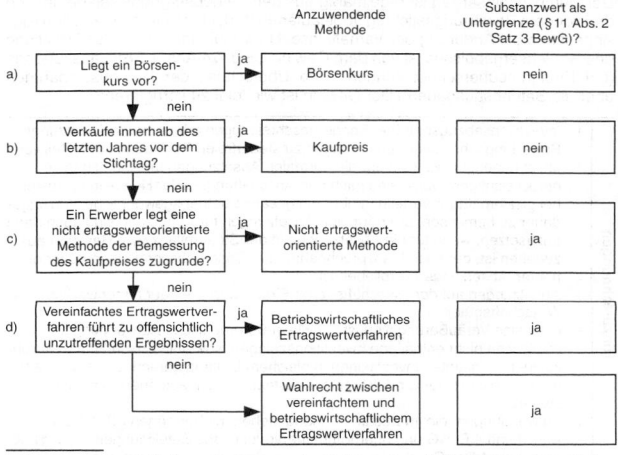

---

[1] Durch das sog. KöMoG wurden Personenhandelsgesellschaft die Möglichkeit der Option zur Körperschaftsteuer (ab 2022) gegeben. § 97 BewG stellt die optierte Personenhandelsgesellschaft den anderen Gesellschaften i.S.d. §§ 15, 18 EStG gleich. Dies gilt entsprechend im ErbStG, das insoweit auch eine Gleichstellung zu §§ 13a, 13b ErbStG vorsieht.

5.12.5.3.2 Vereinfachtes Ertragswertverfahren (§§ 199 ff. BewG)

A. Überblick

Die Unternehmensbewertung nach dem vereinfachten Ertragswertverfahren erfolgt nach folgendem Schema:

| Nachhaltig erzielbarer Jahresertrag | × | Kapitalisierungsfaktor | + | nicht betriebsnotwendiges Vermögen (./. Schulden) |

| + | Beteiligungen | + | „junges Betriebsvermögen", Einlage < 2 Jahre | = | gemeiner Wert |

B. Nachhaltig erzielbarer Ertrag (§§ 201, 202 BewG)

Der Durchschnittsertrag ist regelmäßig aus den Betriebsergebnissen der letzten drei vor dem Bewertungsstichtag abgelaufenen Wirtschaftsjahre herzuleiten (ggf. Anpassung bei Änderung der Verhältnisse, Umwandlungen etc.). Zur Ermittlung des Betriebsergebnisses ist von dem Gewinn i.S.d. § 4 Abs. 1 EStG auszugehen (bei Einnahmeüberschussrechnern vom Überschuss der Betriebseinnahmen über die Betriebsausgaben). Der Gewinn ist wie folgt zu korrigieren:

Hinzurechnungen	+ Investitionsabzugsbeträge, Sonderabschreibungen oder erhöhte Absetzungen, Bewertungsabschläge, Zuführungen zu steuerfreien Rücklagen sowie Teilwertabschreibungen. Es sind nur die normalen Absetzungen für Abnutzung zu berücksichtigen. Diese sind nach den Anschaffungs- oder Herstellungskosten bei gleichmäßiger Verteilung über die gesamte betriebsgewöhnliche Nutzungsdauer zu bemessen. Die normalen Absetzungen für Abnutzung sind auch dann anzusetzen, wenn für die Absetzungen in der Steuerbilanz vom Restwert auszugehen ist, der nach Inanspruchnahme der Sonderabschreibungen oder erhöhten Absetzungen verblieben ist
	+ Absetzungen auf den Geschäfts- oder Firmenwert oder auf firmenwertähnliche Wirtschaftsgüter
	+ einmalige Veräußerungsverluste sowie außerordentliche Aufwendungen
	+ im Gewinn nicht enthaltene Investitionszulagen, soweit in Zukunft mit weiteren zulagebegünstigten Investitionen in gleichem Umfang gerechnet werden kann
	+ der Ertragsteueraufwand (Körperschaftsteuer, Zuschlagsteuern und Gewerbesteuer)
	+ *Aufwendungen, die im Zusammenhang stehen mit Vermögen i.S.d. § 200 Abs. 2 und 4 BewG und übernommene Verluste aus Beteiligungen i.S.d. § 200 Abs. 2 bis 4 BewG*

Kürzungen	– gewinnerhöhende Auflösungsbeträge steuerfreier Rücklagen sowie Gewinne aus der Anwendung des § 6 Abs. 1 Nr. 1 Satz 4 und Nr. 2 Satz 3 EStG – einmalige Veräußerungsgewinne sowie außerordentliche Erträge – im Gewinn enthaltene Investitionszulagen, soweit in Zukunft nicht mit weiteren zulagebegünstigten Investitionen in gleichem Umfang gerechnet werden kann – ein angemessener Unternehmerlohn, soweit in der bisherigen Ergebnisrechnung kein solcher berücksichtigt worden ist. Die Höhe des Unternehmerlohns wird nach der Vergütung bestimmt, die eine nicht beteiligte Geschäftsführung erhalten würde. Neben dem Unternehmerlohn kann auch ein fiktiver Lohnaufwand für bislang unentgeltlich tätige Familienangehörige des Eigentümers berücksichtigt werden – Erträge aus Erstattung von Ertragsteuern (Körperschaftsteuer, Zuschlagsteuern und Gewerbesteuer) – Erträge, die im Zusammenhang stehen mit Vermögen i.S.d. § 200 Abs. 2 bis 4 BewG

Hinzuzurechnen oder abzuziehen sind auch sonstige wirtschaftlich nicht begründete Vermögensminderungen oder -erhöhungen mit Einfluss auf den zukünftig nachhaltig zu erzielenden Jahresbetrag und mit gesellschaftsrechtlichem Bezug. Zur Abgeltung des Ertragsteueraufwands ist ein positives Betriebsergebnis – rechtsformneutral – um 30 % zu mindern.

C. Kapitalisierungsfaktor (§ 203 BewG)

Bis Ende 2015:

Basiszins	+	Zuschlag von 4,5 %	=	Kapitalisierungszins (Kehrwert = Kapitalisierungsfaktor, § 203 Abs. 3 BewG)

Beispiel 2015:
0,99 % + 4,5 % = 5,49 %   Kapitalisierungsfaktor = 18,2149

Jahr	Basiszins	Fundstelle BMF-Schreiben
2009	3,61 %	7. 1. 2009, BStBl I 2009 S. 14
2010	3,98 %	5. 1. 2010, BStBl I 2010 S. 14
2011	3,43 %	5. 1. 2011, BStBl I 2011 S. 5
2012	2,44 %	2. 1. 2012, BStBl I 2012 S. 13
2013	2,04 %	2. 1. 2013, BStBl I 2013 S. 19
2014	2,59 %	2. 1. 2014, BStBl I 2014 S. 23
2015	0,99 %	2. 1. 2015, BStBl I 2015 S. 6

Ab dem 1.1.2016 ist ein Kapitalisierungsfaktor von **13,75** (§ 203 Abs.1 BewG) anzuwenden. Das Bundesfinanzministerium wird ermächtigt, den Kapitalisierungsfaktor anzupassen.

5.12.5.3.3 Verschonungsregelungen für Betriebsvermögen und Anteile an Kapitalgesellschaften

A. Begünstigtes Vermögen[1]

1. Überblick

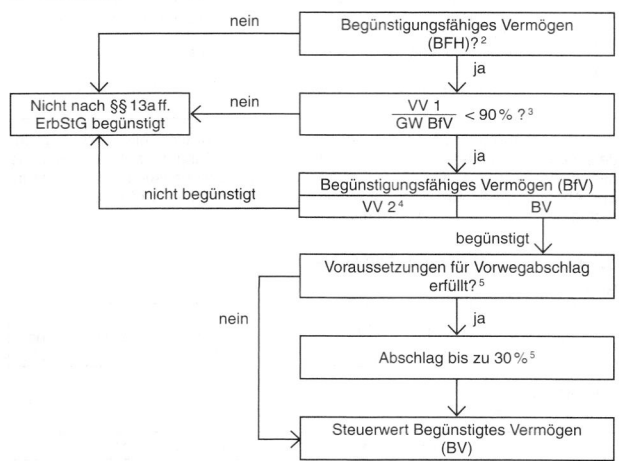

VV = Verwaltungsvermögen
GW = Gemeiner Wert
BfV = Begünstigungsfähiges Vermögen
BV = Begünstigtes Vermögen

---

[1] Ausführliches Berechnungsmuster zur Ermittlung des begünstigten Vermögens in RE 13b. 9 ErbStR 2019.
[2] §13b Abs.1 ErbStG. Siehe zur Abgrenzung des begünstigungsfähigen Vermögens Punkt 2.
[3] §13b Abs.2 Satz 2 ErbStG. Siehe zur Abgrenzung des Verwaltungsvermögens nach dieser Vorschrift (hier „Verwaltungsvermögen 1" genannt) Punkt 3.
[4] §13b Abs.2 Satz 1 ErbStG. Siehe zur Abgrenzung des Verwaltungsvermögens nach dieser Vorschrift (hier „Verwaltungsvermögen 2" genannt) Punkt 4.
[5] §13a Abs.9 ErbStG. Siehe hierzu Punkt 5.

2. Begünstigungsfähiges Vermögen

Vermögensart	Vorschrift
Land- und Forstwirtschaftliches Vermögen	§ 13b Abs. 1 Nr. 1 ErbStG
Betriebsvermögen (Betrieb, Teilbetrieb, Mitunternehmeranteil)	§ 13b Abs. 1 Nr. 2 ErbStG
Anteile an Kapitelgesellschaften mit Sitz oder Geschäftsleitung im Inland oder in einem EU- bzw. EWR-Staat bei Mindestbeteiligung von mehr als 25 % (auch als Pool)	§ 13b Abs. 1 Nr. 3 ErbStG

3. Verwaltungsvermögen 1

Sonstiges Verwaltungsvermögen (§ 13b Abs. 4 Nr. 1–4 ErbStG)	Finanzmittel (§ 13b Abs. 4 Nr. 5 ErbStG)
Dritten zur Nutzung überlassene Grundstücke	Zahlungsmittel
Kapitalgesellschaftsanteile < 25 %	Geschäftsguthaben
Gegenstände der privaten Lebensführung	Forderungen (auch aus LuL)
Wertpapiere	

Zu berücksichtigen ist nach dem Gesetzeswortlaut die Summe der Einzelwirtschaftsgüter, d.h. ohne Abzug von Schulden, ohne Abzug des 15%igen Finanzmittelabschlags und ohne 10%-Freibetrag (Schmutzklausel). Lediglich zu kürzen um Verwaltungsvermögen, das ausschließlich und dauerhaft der Erfüllung von Schulden aus durch Treuhandverhältnissen abgesicherten Altersversorgungsverpflichtungen dient und dem Zugriff aller übrigen nicht aus diesen Altersversorgungsverpflichtungen unmittelbar berechtigten Gläubigern entzogen ist.

4. Verwaltungsvermögen 2[1]

	1	Finanzmittel (§ 13b Abs. 4 Nr. 5 Satz 1)
./.	2	Junge Finanzmittel (§ 13b Abs. 4 Nr. 5 Satz 2)
=	3	„Alte" Finanzmittel
./.	4	Schulden, maximal (3) (§ 13b Abs. 4 Nr. 5 Satz 1)
=	5	Saldo (mindestens 0)
./.	6	15 % des GW BfV, maximal (5) (§ 13b Abs. 4 Nr. 5 Satz 1)
+	7	Sonstiges Verwaltungsvermögen (§ 13b Abs. 4 Nr. 1–4)
./.	8	Junges Verwaltungsvermögen (§ 13b Abs. 7 Satz 2)[2]
=	9	Saldo
./.	10	Überhang Schulden aus (4), maximal (9) (§ 13b Abs. 6)
=	11	Nettowert des Verwaltungsvermögens (ohne junges Verwaltungsvermögen)
./.	12	10 % von [gemeiner Wert des BfV ./. ((11) + (8) + (2))] (§ 13b Abs. 7 Satz 1)
+	13	Junge Finanzmittel und junges Verwaltungsvermögen (§ 13b Abs. 7 Satz 2)
=	14	Schädliches Verwaltungsvermögen

5. Vorwegabschlag für Familienunternehmen[3]

Voraussetzung	Entnahme- und Ausschüttungsbeschränkung auf höchstens 37,5 % des um die auf den Gewinnanteil entfallenden Einkommensteuer gekürzten Betrags – Steuerzahlungen (Einkommensteuer) bleiben unberücksichtigt – Übertragung nur auf einen bestimmten Kreis – Abfindung bei Ausscheiden unter dem gemeinen Wert Die Voraussetzungen müssen 2 Jahre vor und 20 Jahre nach dem Erbgang erfüllt werden.
Rechtsfolge	– Besonderer Abschlag vor Verschonungsabschlag in Höhe der im Gesellschaftsvertrag oder der Satzung vorgesehenen prozentualen Minderung der Abfindung gegenüber dem gemeinen Wert – Gesetzliche Obergrenze für den besonderen Abschlag: 30 %

---

[1] Werte sind teilweise gesondert festzustellen (§ 13b Abs. 5 ErbStG).
[2] BFH vom 22.1.2020 mit vier Urteilen (u.a. II R 41/18, DStR 2020, S. 1784).
[3] § 13a Abs. 9 ErbStG.

B. Verschonungsoptionen

1. Überblick

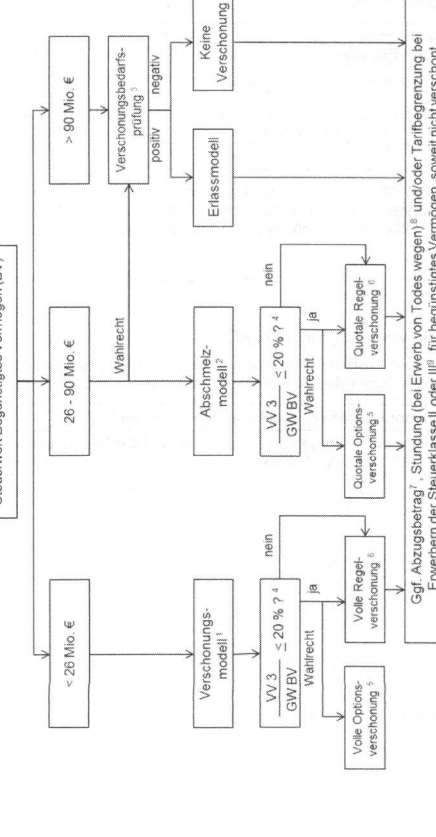

Quelle: Übersicht entnommen aus Viskorf/Löcherbach/Jehle, DStR 2016 S. 2429 und modifiziert.

---

[1] § 13a Abs. 1 ErbStG. [2] § 13c Abs. 1 ErbStG. Siehe zur konkreten Höhe der Verschonungsabschläge in Abhängigkeit vom Steuerwert des Begünstigten Vermögens Punkt 2. [3] § 28a ErbStG. [4] § 13a Abs. 10 Satz 2 und 3 ErbStG. Siehe zur Abgrenzung des Verwaltungsvermögens nach dieser Vorschrift (hier „Verwaltungsvermögen 3" genannt) Punkt 2. [5] § 13a Abs. 10 Satz 1 ErbStG. [6] § 13a Abs. 2 ErbStG. [7] § 13a Abs. 1 ErbStG. [8] § 28 Abs. 1 ErbStG. [9] § 19a ErbStG.

1331

2. Verwaltungsvermögen 3

Sonstiges Verwaltungsvermögen (§ 13b Abs. 4 Nr. 1–4 ErbStG)	Finanzmittel (§ 13b Abs. 4 Nr. 5 ErbStG)
Dritten zur Nutzung überlassene Grundstücke	Zahlungsmittel
Kapitalgesellschaftsanteile < 25 %	Geschäftsguthaben
Gegenstände der privaten Lebensführung	Forderungen (auch aus LuL)
Wertpapiere	

Zu berücksichtigen ist die Summe der Einzelwirtschaftsgüter, d.h. ohne Abzug von Schulden, ohne Abzug des 15 %igen Finanzmittelabschlags und ohne 10 %-Freibetrag (Schmutzklausel). Fraglich, ob Deckungsvermögen zu berücksichtigen ist.

Im **Konzernfall** auf konsolidierter Basis (Verbundvermögensfeststellung, § 13b Abs. 9).

3. Tabelle der Verschonungsabschläge[1]

In Abhängigkeit vom Wert des erworbenen begünstigten Vermögens ergeben sich (auszugsweise) folgende Prozentsätze des Verschonungsabschlags:

Tabelle der Verschonungsabschläge im Abschmelzmodell

Wert des begünstigten Vermögens in EURO	Regelverschonung in % (§ 13a Abs. 1 ErbStG)	Optionsverschonung in % (§ 13a Abs. 10 ErbStG)
bis 26 749 999	85	100
ab 26 750 000	84	99
29 750 000	80	95
30 500 000	79	94
41 000 000	65	80
50 000 000	53	68
60 500 000	39	54
70 250 000	26	41
80 000 000	13	28
89 000 000	1	16
89 750 000	0	15
89 750 001 usw.	0	0

---

[1] Die Abschmelzung erfolgt in Stufen von vollen 750 000 €; Tabelle gibt auszugsweise den Verschonungsabschlag an.

C. Wegfall von Begünstigungen

1. Überblick

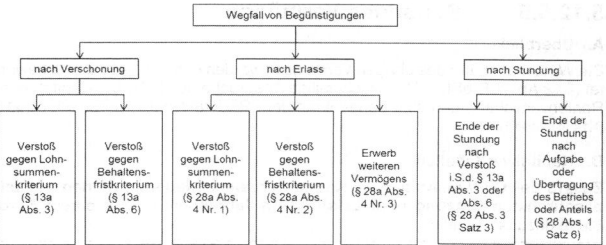

2. Regelverschonung und Verschonungsoption

	Regelverschonung	Verschonungsoption
Mindestbehaltens- und Lohnsummenfrist und Entnahmebegrenzung	5 Jahre	7 Jahre
Folgen bei Verstoß gegen Behaltens- und Lohnsummenregelung	Zeitanteiliger Wegfall der Verschonung und des Entlastungsbetrags nach § 19a ErbStG	
Mindestlohnsumme	400 % der Ausgangslohnsumme	700 % der Ausgangslohnsumme
Folgen bei Verstoß gegen Lohnsummenregelung	Verschonung vermindert sich im selben Umfang wie die Lohnsumme unterschritten wird	

5.12.5.3.4   Stundung bei begünstigtem Betriebsvermögen

Neufassung des § 28 Abs. 1 ErbStG	– Stundung auf Steuer, die auf das begünstigte Betriebsvermögen entfallen. – Keine Stundung für Steuer die durch das Verwaltungsvermögen ausgelöst wird; – Max. Stundung auf sieben Jahre; – zinslose Stundung für ersten Jahresbetrag; – bestimmte Lohnsummen und Behaltensfristen müssen erfüllt werden

5.12.5.4 Ausländischer Grundbesitz

Ansatz mit dem gemeinen Wert (§ 12 Abs. 7 ErbStG i.V.m. § 31 BewG)

5.12.5.5 Sonstiges Vermögen

A. Überblick

Die Wirtschaftsgüter des übrigen Vermögens werden nach §§ 1–16 BewG bewertet (§ 12 Abs. 1 ErbStG). Noch nicht fällige Ansprüche aus Lebens-, Kapital- oder Rentenversicherungen sind generell mit dem Rückkaufswert zu bewerten (§ 12 Abs. 4 BewG).

B. Kapitalwerttabellen

Zu § 13 BewG i.V.m. Anlage 9a: Kapitalwert einer wiederkehrenden, zeitlich beschränkten Nutzung oder Leistung im Jahresbeitrag von einem Euro. Siehe dazu die Tabelle.

Laufzeit in Jahren	Kapitalwert	Laufzeit in Jahren	Kapitalwert
1	0,974	30	14,933
2	1,897	31	15,129
3	2,772	32	15,314
4	3,602	33	15,490
5	4,388	34	15,656
6	5,133	35	15,814
7	5,839	36	15,963
8	6,509	37	16,105
9	7,143	38	16,239
10	7,745	39	16,367
11	8,315	40	16,487
12	8,856	41	16,602
13	9,368	42	16,710
14	9,853	43	16,813
15	10,314	44	16,910
16	10,750	45	17,003
17	11,163	46	17,090
18	11,555	47	17,173
19	11,927	48	17,252
20	12,279	49	17,326
21	12,613	50	17,397
22	12,929	51	17,464
23	13,229	52	17,528
24	13,513	53	17,588
25	13,783	54	17,645
26	14,038	55	17,699
27	14,280	56	17,750
28	14,510	57	17,799
29	14,727	58	17,845

Laufzeit in Jahren	Kapitalwert	Laufzeit in Jahren	Kapitalwert
59	17,888	81	18,437
60	17,930	82	18,450
61	17,969	83	18,462
62	18,006	84	18,474
63	18,041	85	18,485
64	18,075	86	18,495
65	18,106	87	18,505
66	18,136	88	18,514
67	18,165	89	18,523
68	18,192	90	18,531
69	18,217	91	18,539
70	18,242	92	18,546
71	18,264	93	18,553
72	18,286	94	18,560
73	18,307	95	18,566
74	18,326	96	18,572
75	18,345	97	18,578
76	18,362	98	18,583
77	18,379	99	18,589
78	18,395	100	18,593
79	18,410	101	18,596
80	18,424	mehr als 101	18,600

Zu §14 BewG: Kapitalwert einer lebenslänglichen Nutzung oder Leistung im Jahresbeitrag von einem Euro (anzuwenden für Stichtage **ab** dem 1.1.2022).

Der Kapitalwert ist nach der am 9.7.2021 veröffentlichten Allgemeinen Sterbetafel 2018/2020 des Statistischen Bundesamtes unter Berücksichtigung von Zwischenzinsen und Zinseszinsen mit 5,5 % errechnet worden. Der Kapitalwert der Tabelle ist der Mittelwert zwischen dem Kapitalwert für jährlich vorschüssige und jährlich nachschüssige Zahlungsweise.

Vollendetes Lebensalter	Männer		Frauen	
	Durchschnittliche Lebenserwartung	Kapitalwert	Durchschnittliche Lebenserwartung	Kapitalwert
0	78,64	18,405	83,40	18,467
1	77,90	18,393	82,64	18,458
2	76,92	18,378	81,66	18,446
3	75,93	18,361	80,67	18,433
4	74,94	18,344	79,68	18,420
5	73,95	18,325	78,69	18,405
6	72,95	18,306	77,69	18,390
7	71,96	18,285	76,70	18,374
8	70,97	18,264	75,70	18,357
9	69,97	18,241	74,71	18,340
10	68,98	18,217	73,71	18,321
11	67,98	18,191	72,71	18,301
12	66,99	18,165	71,72	18,280
13	65,99	18,136	70,73	18,258
14	65,00	18,106	69,73	18,235
15	64,01	18,075	68,74	18,211
16	63,02	18,042	67,74	18,185
17	62,03	18,007	66,75	18,158
18	61,05	17,971	65,76	18,129
19	60,07	17,933	64,77	18,099
20	59,10	17,893	63,78	18,068
21	58,12	17,850	62,79	18,034
22	57,14	17,805	61,80	17,999
23	56,17	17,759	60,81	17,962
24	55,19	17,709	59,82	17,922
25	54,22	17,657	58,83	17,881
26	53,24	17,602	57,85	17,838
27	52,26	17,544	56,86	17,792
28	51,29	17,483	55,87	17,744
29	50,31	17,418	54,88	17,693
30	49,33	17,350	53,89	17,639
31	48,36	17,279	52,91	17,582
32	47,39	17,204	51,93	17,523
33	46,42	17,126	50,94	17,460
34	45,45	17,043	49,96	17,394
35	44,48	16,955	48,98	17,325

Vollendetes Lebensalter	Männer		Frauen	
	Durchschnittliche Lebenserwartung	Kapitalwert	Durchschnittliche Lebenserwartung	Kapitalwert
36	43,51	16,863	48,00	17,252
37	42,55	16,767	47,03	17,176
38	41,59	16,666	46,05	17,095
39	40,64	16,561	45,07	17,009
40	39,68	16,449	44,10	16,920
41	38,73	16,333	43,13	16,826
42	37,79	16,212	42,16	16,727
43	36,84	16,083	41,20	16,624
44	35,90	15,949	40,23	16,514
45	34,96	15,808	39,27	16,400
46	34,02	15,659	38,31	16,280
47	33,09	15,505	37,36	16,154
48	32,17	15,345	36,40	16,021
49	31,25	15,176	35,46	15,884
50	30,34	15,001	34,52	15,739
51	29,44	14,819	33,58	15,587
52	28,54	14,629	32,65	15,429
53	27,66	14,433	31,72	15,263
54	26,78	14,228	30,80	15,091
55	25,91	14,016	29,88	14,909
56	25,06	13,799	28,97	14,721
57	24,21	13,571	28,07	14,525
58	23,38	13,339	27,17	14,320
59	22,56	13,099	26,29	14,110
60	21,75	12,852	25,41	13,889
61	20,96	12,600	24,53	13,658
62	20,18	12,340	23,67	13,421
63	19,41	12,074	22,81	13,173
64	18,66	11,803	21,96	12,917
65	17,92	11,525	21,12	12,652
66	17,19	11,239	20,29	12,378
67	16,48	10,951	19,47	12,095
68	15,77	10,652	18,64	11,795
69	15,08	10,349	17,83	11,490
70	14,39	10,036	17,03	11,175
71	13,71	9,715	16,24	10,851
72	13,05	9,393	15,46	10,517
73	12,39	9,059	14,69	10,174
74	11,74	8,718	13,93	9,820
75	11,10	8,370	13,18	9,457
76	10,48	8,022	12,44	9,084
77	9,87	7,669	11,71	8,702
78	9,26	7,303	10,99	8,310
79	8,67	6,938	10,28	7,908

Vollendetes Lebensalter	Männer		Frauen	
	Durchschnittliche Lebenserwartung	Kapitalwert	Durchschnittliche Lebenserwartung	Kapitalwert
80	8,09	6,567	9,59	7,502
81	7,54	6,205	8,92	7,094
82	7,01	5,846	8,28	6,690
83	6,49	5,484	7,66	6,285
84	6,01	5,140	7,08	5,894
85	5,55	4,803	6,53	5,512
86	5,12	4,479	6,01	5,140
87	4,72	4,172	5,52	4,780
88	4,35	3,882	5,08	4,449
89	4,01	3,610	4,66	4,125
90	3,71	3,366	4,28	3,826
91	3,43	3,134	3,93	3,545
92	3,16	2,908	3,61	3,283
93	2,93	2,712	3,33	3,051
94	2,71	2,523	3,08	2,840
95	2,53	2,367	2,85	2,644
96	2,37	2,226	2,65	2,471
97	2,22	2,094	2,48	2,323
98	2,09	1,978	2,31	2,173
99	1,95	1,852	2,15	2,031
100 und darüber	1,84	1,753	2,02	1,915

5.12.6   Steuerklassen (§ 15 ErbStG)

Steuerklasse I	1. Ehegatten, Lebenspartner[1]
	2. Kinder und Stiefkinder
	3. Abkömmlinge von in Nr. 2 genannten Kindern und Stiefkindern
	4. Eltern und Voreltern beim Erwerb von Todes wegen
Steuerklasse II	1. Eltern und Voreltern, soweit sie nicht zur Steuerklasse I gehören (Erwerbe unter Lebenden)
	2. Geschwister
	3. Abkömmlinge ersten Grades von Geschwistern
	4. Stiefeltern
	5. Schwiegerkinder
	6. Schwiegereltern
	7. geschiedener Ehegatte und aufgehobene Lebenspartnerschaft
Steuerklasse III	alle übrigen Erwerber und die Zweckzuwendungen

---

[1] Der Begriff „Ehegatte" schließt in Ehe verbundene gleichgeschlechtliche Personen ein (vgl. Gesetz zur Einführung des Rechts zur Eheschließung für Personen gleichen Geschlechts v. 20.7.2017, BGBl I 2017 S. 2787).

5.12.7 Persönliche Freibeträge (§§ 16, 17 ErbStG)[1]

Allgemeine Freibeträge (§ 16 ErbStG)	Erwerber	seit 2009
	Ehegatten und Lebenspartner[2]	500 000 €
	(Stief-)Kinder und Kinder verstorbener (Stief-)Kinder	400 000 €
	Kinder von Kindern und Stiefkindern (Enkel)	200 000 €
	Übrige Erwerber der Steuerklasse I	100 000 €
	Erwerber der Steuerklasse II	20 000 €
	Erwerber der Steuerklasse III	20 000 €
Zusätzliche Versorgungsfreibeträge bei Erwerben von Todes wegen (§ 17 ErbStG)[3]	Ehegatten und (seit 1.1.2009) Lebenspartner	256 000 €
	Kinder und Stiefkinder – bei einem Alter bis zu 5 Jahren	52 000 €
	– bei einem Alter von mehr als 5 bis 10 Jahren	41 000 €
	– bei einem Alter von mehr als 10 bis 15 Jahren	30 700 €
	– bei einem Alter von mehr als 15 bis 20 Jahren	20 500 €
	– bei einem Alter von mehr als 20 bis 27 Jahren	10 300 €

---

[1] Beachtung von Sonderregelung bei Fällen der beschränkten Steuerpflicht. Siehe zur beschränkten Steuerpflicht Kap. 5.13.3.3.
[2] Der Begriff „Ehegatte" schließt in Ehe verbundene gleichgeschlechtliche Personen ein (vgl. Gesetz zur Einführung des Rechts zur Eheschließung für Personen gleichen Geschlechts vom 20.7.2017, BGBl I 2017 S.2787).
[3] Kürzung bei Vorliegen erbschaftsteuerfreier Versorgungsbezüge um deren Kapitalwert.

5.12.8　Steuersätze

5.12.8.1　Überblick

Zeitraum	Wert des steuer-pflichtigen Er-werbs (§ 10) bis einschließlich ... €	Prozentsatz in der Steuerklasse		
		I	II	III
2008	52 000	7	12	17
	256 000	11	17	23
	512 000	15	22	29
	5 113 000	19	27	35
	12 783 000	23	32	41
	25 565 000	27	37	47
	über 25 565 000	30	40	50
2009	75 000	7	30	30
	300 000	11	30	30
	600 000	15	30	30
	6 000 000	19	30	30
	13 000 000	23	50	50
	26 000 000	27	50	50
	über 26 000 000	30	50	50
seit 2010	75 000	7	15	30
	300 000	11	20	30
	600 000	15	25	30
	6 000 000	19	30	30
	13 000 000	23	35	50
	26 000 000	27	40	50
	über 26 000 000	30	43	50

Erwerbe innerhalb von zehn Jahren werden zusammengerechnet (§ 14 ErbStG).

5.12.8.2 Besonderheiten beim Erwerb von Produktivvermögen (§ 19a ErbStG)

Begünstigte Personen	Erwerber ist natürliche Person aus der Steuerklasse II oder III
Begünstigte Übertragungen	Begünstigungsfähiges Vermögen nach § 13b Abs. 2 ErbStG, soweit nicht nach § 13a Abs. 1 ErbStG oder § 13c ErbStG begünstigt
Rechtsfolgen	Unabhängig vom Verwandtschaftsgrad Besteuerung stets nach Tarifklasse I durch Ansatz eines Entlastungsbetrags
Schädliche Verfügungen	Ähnlich wie bei § 13a ErbStG (s. Kap. 5.12.5.3.3), Buchstabe C
Konsequenzen bei schädlicher Verfügung	Wegfall des Entlastungsbetrags

5.12.9 Steuerfestsetzung und -erhebung

5.12.9.1 Mehrfacher Erwerb desselben Vermögens (§ 27 ErbStG)

Voraussetzungen	– Steuerklasse I – Erwerb von Todes wegen – von Personen der Steuerklasse I in den letzten 10 Jahren erworben und versteuert	
Ermäßigung bei einer Zwischenzeit	bis zu einem Jahr	50 %
	von mehr als 1 bis zu 2 Jahren	45 %
	von mehr als 2 bis zu 3 Jahren	40 %
	von mehr als 3 bis zu 4 Jahren	35 %
	von mehr als 4 bis zu 5 Jahren	30 %
	von mehr als 5 bis zu 6 Jahren	25 %
	von mehr als 6 bis zu 8 Jahren	20 %
	von mehr als 8 bis zu 10 Jahren	10 %

Zur Ermittlung des Steuerbetrags auf das begünstigte Vermögen ist die Steuer für den Gesamterwerb in dem Verhältnis aufzuteilen, in dem der Wert des begünstigten Vermögens zu dem Wert des steuerpflichtigen Gesamterwerbs ohne Abzug des dem Erwerber zustehenden Freibetrags steht (§ 27 Abs. 2 ErbStG).

5.12.9.2 Steuerstundung und ratierliche Besteuerung

§ 23 ErbStG: Erwerb von Renten, Nutzungen und Leistungen	– wahlweise jährliche Steuer auf den Jahreswert anstelle von Einmalzahlung auf den Kapitalwert – auf Antrag Ablösung der Jahressteuer mit dem Kapitalwert nach § 13 oder § 14 BewG
§ 28 ErbStG: – Erwerb von Betriebsvermögen, land- und forstwirtschaftlichem Vermögen; gilt auch für die Ersatzerbschaftsteuer (alle 30 Jahre) bei Familienstiftungen	Neufassung der Stundung für Steuern auf (begünstigtes) Betriebsvermögen: siehe 5.12.5.3.3, Buchstabe B und C und 5.12.5.3.4
– Erwerb von für Wohnzwecke vermieteten Grundstücken (§ 13 d ErbStG) bzw. zu eigenen Wohnzwecken genutzten Grundstücken	auf Antrag bis zu 10 Jahre Stundung bzw. Zeitraum der Selbstnutzung – wenn Veräußerung für Steuerzahlung notwendig – bei Erwerb von Todes wegen zinsfrei

5.13 Internationales Steuerrecht

5.13.1 Steuerrechte ausgewählter Staaten

5.13.1.1 Ertragsbesteuerung der Kapitalgesellschaften

5.13.1.1.1 Körperschaftsteuersysteme und Anteilseignerbesteuerung 2020[1]

Staaten	Körperschaftsteuer – Standardsätze (ohne Steuern nachgeordneter Gebietskörperschaften)	Besteuerung und Entlastungen beim Anteilseigner (natürliche, ansässige Person)
Klassische Systeme mit Tarifermäßigung		
Belgien	25 %	20 % für die ersten 100.000 € Gewinn von kleinen und mittleren Unternehmen	Abgeltungsteuer 30 % oder Option für Steuerveranlagung
Bulgarien	10 %		Abgeltungsteuer 5 %
Dänemark	22 %		Kapitalertragsteuer 27 % auf Dividenden; bei Ausschüttungen bis 55 300 DKK Abgeltungswirkung, bei höheren Dividendeneinkünften 42 % ESt unter Anrechnung der KapESt
Deutschland	15 %	Ohne Solidaritätszuschlag von 5,5 % des Steuerbetrags (und ohne Berücksichtigung der Gewerbesteuer)	**Abgeltungsteuer 25 % mit der Option zur Veranlagung, falls sich nach dem progressiven Steuersatz eine geringere Belastung ergibt**

---

[1] Fußnote am Ende des Kapitels.

Staaten	Körperschaftsteuer – Standardsätze (ohne Steuern nachgeordneter Gebietskörperschaften)		Besteuerung und Entlastungen beim Anteilseigner (natürliche, ansässige Person)
Finnland	20 %		Dividenden börsennotierter Kapitalgesellschaften sind zu 15 % steuerfrei und zu 85 % steuerpflichtig als Einkünfte aus Kapitalvermögen mit 30 % pauschaler Einkommensteuer für Einkünfte bis 30 000 €, 34 % für übersteigende Einkünfte. Dividenden nicht börsennotierter Kapitalgesellschaften sind bis zu 8 % des Beteiligungswerts des Anteilseigners zu 75 % steuerfrei und zu 25 % steuerpflichtig als Einkünfte aus Kapitalvermögen (s. o.). Der danach steuerfreie Anteil bleibt bis zu einer Höhe von jährlich 150 000 € steuerfrei und der übersteigende Betrag ist zu 85 % steuerpflichtig als Einkünfte aus Kapitalvermögen (s. o.). Übersteigen die Dividenden die 8-%-Grenze, ist der übersteigende Betrag zu 25 % steuerfrei und zu 75 % steuerpflichtig als Erwerbseinkommen mit progressivem Steuertarif.
Frankreich	28 %	Ohne Sozialzuschlag von 3,3 % der Körperschaftsteuer, soweit sie 763 000 € übersteigt, für Unternehmen mit jährlich mehr als 7,63 Mio. € Umsatz; Steuersatz von 31 % für Unternehmen mit Umsatz von mindestens 250 Mio. € auf Gewinne über 500 000 €	Kapitalertragsteuer 12,8 % der Bruttodividende (30 % einschl. Sozialsteuern); progressive Einkommensteuer auf 60 % der Dividende und 17,2 % Sozialsteuern auf die volle Bruttodividende unter Anrechnung der Kapitalertragsteuer
Griechenland	24 %		Abgeltungsteuer 5 %
Italien	24 %	Ohne 3,9 % lokale Steuer („IRAP"), deren Bemessungsgrundlage von der Staatssteuer aber abweicht (Wertschöpfung, nicht Gewinn)	Abgeltungsteuer 26 %
Kroatien	18 %	12 % für Unternehmen mit Umsätzen von weniger als 7,5 Mio. HRK	Abgeltungsteuer 12 %
Litauen	15 %	5 % für Kleinunternehmen	Abgeltungsteuer 15 %

Staaten	Körperschaftsteuer – Standardsätze (ohne Steuern nachgeordneter Gebietskörperschaften)	Besteuerung und Entlastungen beim Anteilseigner (natürliche, ansässige Person)
Luxemburg	17 %	Ohne Zuschlag von 7 % des Steuerbetrags für Arbeitslosenfonds; ermäßigter Satz 15 % für Einkommen bis 175000 €, für Einkommen zwischen 175000 € und 200000 € sukzessive Angleichung an regulären Steuersatz	Dividende zu 50 % steuerfrei
Niederlande	25 %	Für die ersten 200000 € Gewinn ermäßigter Steuersatz von 16,5 %	Pauschale Besteuerung mit einem Steuersatz von 26,25 % auf Dividenden aus wesentlichen Beteiligungen (ab 5 %); ansonsten pauschale Besteuerung mit einem Steuersatz von 30 % auf einen fiktiven Kapitalertrag von 1,8 % bis 5,33 % des Reinvermögens
Norwegen	22 %		Dividenden bis zu einem Teil der Anschaffungskosten der Beteiligung bleiben steuerfrei
Österreich	25 %		Abgeltungsteuer 27,5 % mit der Option zur Veranlagung, falls sich nach dem progressiven Steuersatz eine geringere Belastung ergibt
Polen	19 %	9 % für Unternehmen mit Umsätzen von weniger als 2 Mio. €	Abgeltungsteuer 19 %
Portugal	21 %	Ohne Gemeindezuschlag von bis zu 1,5 %; 24 % auf Gewinne über 1,5 Mio. €, 26 % auf Gewinne über 7,5 Mio. €, 30 % auf Gewinne über 35 Mio. €	Abgeltungsteuer 28 % oder Option zur Steuerveranlagung, wobei 50 % der Dividende steuerfrei bleiben
Rumänien	16 %	1 % für die ersten 25000 € Gewinn von kleinen und mittleren Unternehmen	Abgeltungsteuer 5 %
Schweden	21,4 %		Pauschaleinkommensteuer von 30 % auf Dividenden; keine Option zur Steuerveranlagung möglich
Slowakei	21 %	15 % für Unternehmen mit einem Gewinn von weniger als 100000 €	Abgeltungsteuer 7 %

Staaten	Körperschaftsteuer – Standardsätze (ohne Steuern nachgeordneter Gebietskörperschaften)	Besteuerung und Entlastungen beim Anteilseigner (natürliche, ansässige Person)
Slowenien	19 %	27,5 % Abgeltungsteuer
Spanien	25 %	Pauschaleinkommensteuer von 19 % auf Einkünfte bis 6 000 €, 21 % auf Einkünfte von 6 000 € bis 50 000 € und 23 % auf höhere Einkünfte
Tschechien	19 %	15 % Abgeltungsteuer
Ungarn	9 %	15 % Abgeltungsteuer
USA	21 % Corporation Income Tax des Bundes	Einkommensteuer 0 %, 15 % oder 20 % auf Dividenden von inländischen Kapitalgesellschaften oder vergleichbaren anderen Körperschaften
Vereinigtes Königreich	19 %	Einkommensteuer 7,5 %, 32,5 % oder 38,1 % auf Dividenden
Klassische Systeme ohne Tarifermäßigung		
Irland	12,5 %	Für gewerbliches Einkommen; für nichtgewerbliches Einkommen 25 %	Besteuerung beim Anteilseigner nach dem allgemeinen Tarif
Schweiz	8,5 %	Besteuerung beim Anteilseigner nach dem allgemeinen Tarif; bei qualifizierten Beteiligungen unterliegen nur 70 % der Dividende der Einkommensteuer
Vollanrechnungssysteme		
Malta	35 %	Vollanrechnung; mit Einbeziehung der Steuergutschrift in das Einkommen

Staaten	Körperschaftsteuer – Standardsätze (ohne Steuern nachgeordneter Gebietskörperschaften)	Besteuerung und Entlastungen beim Anteilseigner (natürliche, ansässige Person)
Teilanrechnungssysteme		
Japan	23,2 % für die ersten 8 Mio. JPY Gewinn von kleinen und mittleren Unternehmen	Anrechnung von 5 % oder 10 % der Ausschüttung, abhängig vom Gesamteinkommen; ohne Einbeziehung der Steuergutschrift in das Einkommen; Sonderregelung: Streubesitzdividenden börsennotierter Gesellschaften können einer pauschalen Steuer von 20 % unterliegen
Kanada	15 %	Die Bemessungsgrundlage beim Anteilseigner bildet die ausgeschüttete Dividende zzgl. eines Aufstockungsbetrags von 38 %; $6/11$ dieses Aufstockungsbetrags werden auf die Einkommensteuer des Anteilseigners angerechnet
Steuerbefreiungssysteme		
Estland	20 %	Keine Besteuerung beim Anteilseigner (7 % Kapitalertragsteuer auf Ausschüttungen, die der Körperschaftsteuer von 14 % unterliegen)
	Gewinnausschüttungsteuer (14 %, soweit Ausschüttung den Durchschnitt der Ausschüttung der vorangegangenen 3 Jahre nicht übersteigt)	
Lettland	20 %	Keine Besteuerung beim Anteilseigner
	Gewinnausschüttungsteuer; 0 % bei Thesaurierung	
Zypern	12,5 %	Keine Besteuerung beim Anteilseigner; jedoch Verteidigungsabgabe von 17 %

---

[1] Quelle: Die wichtigsten Steuern im internationalen Vergleich 2020, Bundesministerium der Finanzen, Download unter http://www. bundesfinanzministerium.de/Content/DE/Downloads/Broschueren_Bestellservice/2021-06-21-die-wichtigsten-steuern-im-internationalen-vergleich-2020-ausgabe-2021.pdf, S.9–11.

5.13.1.1.2 Grafischer Vergleich der Körperschaftsteuersätze 2020[1]

Körperschaftsteuersätze 2020 – Standardsätze in %
(ohne Zuschläge und Steuern der nachgeordneten Gebietskörperschaften)

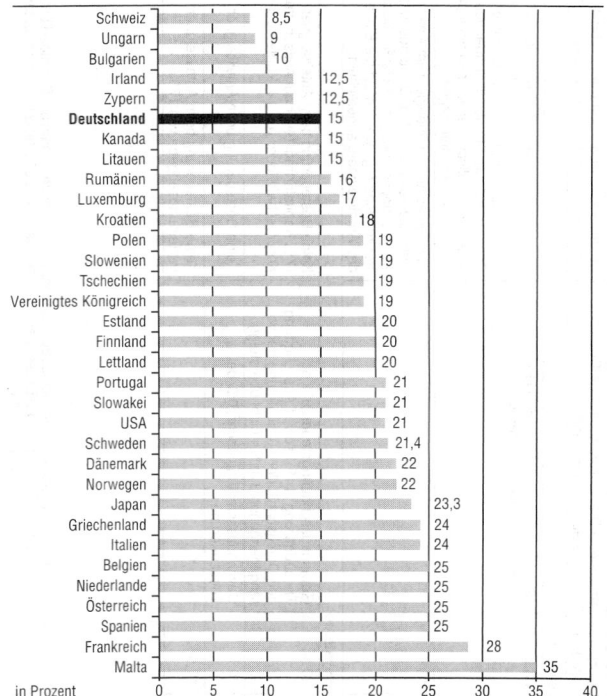

	in %
Schweiz	8,5
Ungarn	9
Bulgarien	10
Irland	12,5
Zypern	12,5
Deutschland	15
Kanada	15
Litauen	15
Rumänien	16
Luxemburg	17
Kroatien	18
Polen	19
Slowenien	19
Tschechien	19
Vereinigtes Königreich	19
Estland	20
Finnland	20
Lettland	20
Portugal	21
Slowakei	21
USA	21
Schweden	21,4
Dänemark	22
Norwegen	22
Japan	23,3
Griechenland	24
Italien	24
Belgien	25
Niederlande	25
Österreich	25
Spanien	25
Frankreich	28
Malta	35

in Prozent 0 5 10 15 20 25 30 35 40

---

[1] Quelle: Die wichtigsten Steuern im internationalen Vergleich 2020, Bundesministerium der Finanzen, Download unter http://www.bundesfinanzministerium.de/Content/DE/Downloads/Broschueren_Bestellservice/2021-06-21-die-wichtigsten-steuern-im-internationalen-vergleich-2020-ausgabe-2021.pdf, S. 12.

5.13.1.1.3 Tarifliche Belastung des Gewinns von Kapitalgesellschaften*

Körperschaftsteuern, Gewerbeertragsteuern und vergleichbare andere Steuern des Zentralstaats und der Gebietskörperschaften 2020 (nominal)

Staaten	Zentralstaat	Gebiets-körperschaften	Gesamt-belastung
EU-Staaten			
Belgien[1]	25	–	25
Bulgarien	10	–	10
Dänemark	22	–	22
Deutschland	**15,83**[2]	**14,11**[3]	**29,94**
Estland	20[4]	–	20
Finnland	20	–	20
Frankreich[1]	28,92	–	28,92
Griechenland	24	–	24
Irland	12,5	–	12,5
Italien	24	3,9[5]	27,9
Kroatien	18	–	18
Lettland	20[4]	–	20
Litauen[1]	15	–	15
Luxemburg[1]	18,19	6,75	24,94
Malta	35	–	35
Niederlande[1]	25	–	25
Österreich	25	–	25
Polen	19	–	19
Portugal[1]	21	1,5[6]	22,5
Rumänien[1]	16	–	16
Schweden	21,4	–	21,4
Slowakei	21	–	21
Slowenien	19	–	19
Spanien[1]	25	–	25
Tschechien	19	–	19
Ungarn[1]	9	2[7]	10,82
Zypern	12,5	–	12,5

Fußnoten siehe nächste Seite.

Staaten	Zentralstaat	Gebiets-körperschaften	Gesamt-belastung
Andere Staaten			
Japan[1]	23,2	8,84[8]	30,42
Kanada (Ontario)	15	11,5	26,5
Norwegen	22	–	22
Schweiz (Zürich)	8,5[9]	17,52[9]	20,65
USA (New York)[1]	21	6,5[10]	26,14
Vereinigtes Königreich	19	–	19

* Quelle: Die wichtigsten Steuern im internationalen Vergleich 2020, Bundesministerium der Finanzen, Download unter http://www.bundesfinanzministerium.de/Content/DE/Downloads/Broschueren_Bestellservice/2021-06-21-die-wichtigsten-steuern-im-internationalen-vergleich-2020-ausgabe-2021.pdf, S. 14. Die Aktualisierung erfolgt jeweils im Januar des Folgejahres.

[1] Diese Staaten wenden ermäßigte Tarifeingangssätze oder weitere andere Sondersätze an.
[2] Inklusive 5,5 % Solidaritätszuschlag.
[3] Gewerbesteuer bei einem Hebesatz von 403,2 % (gewogener Durchschnittshebesatz 2019).
[4] Gewinnausschüttungsteuer; 0 % bei Thesaurierung (in Estland 14 %, soweit Ausschüttung den Durchschnitt der Ausschüttungen der vorangegangenen 3 Jahre nicht übersteigt).
[5] Standardsatz IRAP; Bemessungsgrundlage ist – anders als bei Staatssteuer – die „Wertschöpfung", nicht der „Gewinn"; ein Teil der IRAP mindert als Betriebsausgaben die Bemessungsgrundlage der Körperschaftsteuer.
[6] Gemeindezuschlag (maximal 1,5 % auf den Gewinn).
[7] Gewerbesteuer; mindert als Betriebsausgabe die Bemessungsgrundlage der Körperschaftsteuer.
[8] Einschließlich – bei Steuer des Zentralstaats – abzugsfähiger Gewerbesteuer (Business Tax, hier 7,48 %) und Zuschläge der Präfekturen und Gemeinden auf die Steuer des Zentralstaats (hier Durchschnittswert).
[9] Steuern mindern die eigene Bemessungsgrundlage.
[10] Steuer mindert die Bemessungsgrundlage für die Bundessteuer. Darstellung ohne die nur in der Stadt New York erhobene New York City General Corporation Tax i.H.v. 8,85 %.

5.13.1.1.4 Grafischer Vergleich der tariflichen Belastung des Gewinns von Kapitalgesellschaften[1]

Körperschaftsteuern, Gewerbeertragsteuern und vergleichbare andere Steuern des Zentralstaats und der Gebietskörperschaften 2020 (nominal)

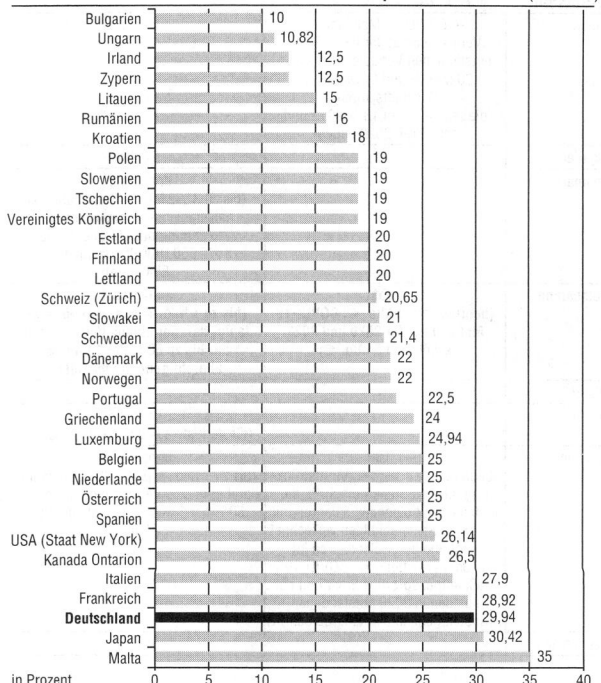

---

[1] Quelle: Die wichtigsten Steuern im internationalen Vergleich 2020, Bundesministerium der Finanzen, Download unter http://www.bundesfinanzministerium.de/Content/DE/Downloads/Broschueren_Bestellservice/2021-06-21-die-wichtigsten-steuern-im-internationalen-vergleich-2020-ausgabe-2021.pdf, S.15.

5.13.1.1.5 Periodenübergreifende Verlustberücksichtigung bei der Körperschaftsteuer 2020[1]

Staaten	Verlustrücktrag	Verlustvortrag
EU-Staaten		
Belgien	– (COVID-19 Maßnahme: Verlustrücktrag für die in 2020 entstandenen Verluste, höchstens 20 Mio. €, auf Gewinne aus Geschäftsjahren, die zwichen dem 13. 3. 2019 und dem 31. 7. 2020 enden)	unbegrenzt
Bulgarien	–	5 Jahre
Dänemark	–	unbegrenzt (bis zu 8 572 500 DKK pro Jahr voll abzugsfähig, darüber hinaus Verrechnung nur bis zu 60 % der 8 572 500 DKK übersteigenden Einkünfte)
Deutschland	**1 Jahr (begrenzt auf 1 Mio. €; COVID-19 Maßnahme: für 2020 und 2021 erhöht auf 5 Mio. €)**	**unbegrenzt (bis zu 1 Mio. € p. a. voll abzugs- fähig, darüber hinaus Verrechnung nur bis zu 60 % der 1 Mio. € übersteigenden Einkünfte)**
Estland	–	
Finnland	–	10 Jahre (für Verluste aus der gleichen Quelle)
Frankreich	1 Jahr (begrenzt auf 1 Mio. €, Verlustrück- trag führt zu Steuergutschrift, die in den darauffolgenden 5 Jahren mit künftigen Steuerschulden verrechnet wird und deren Restbetrag im 6. Jahr erstattet wird; COVID-19 Maßnahme: sofortige Ersattung der aus den in 2020 entstandenen Verlusten gebildeten Steuergutschrift)	unbegrenzt (bis zu 1 Mio. € p. a. voll abzugsfähig, darüber hinaus Verrechnung nur bis zu 50 % der 1 Mio. € übersteigenden Einkünfte)
Griechenland	–	5 Jahre

---

[1] Quelle: Die wichtigsten Steuern im internationalen Vergleich 2020, Bundesministe-rium der Finanzen. Download unter http://www.bundesfinanzministerium.de/Content/ DE/Downloads/Broschueren_Bestellservice/2021-06-21-die-wichtigsten-steuern-im-internationalen-vergleich-2020-ausgabe-2021.pdf, S. 19–21. Die Aktualisierung er-folgt jeweils im Januar des Folgejahres.

Staaten	Verlustrücktrag	Verlustvortrag
Irland	1 Jahr (bei Betriebsaufgabe 3 Jahre)	unbegrenzt (für Verluste aus der gleichen Quelle)
Italien	–	unbegrenzt (Verrechnung nur bis zu 80 % der jährlichen Einkünfte), dies gilt nicht für Verluste aus den ersten 3 Jahren einer neuen Geschäftstätigkeit)
Kroatien	–	5 Jahre
Lettland	–	5 Jahre (Übergangsregelung für Verluste, die bis zum 31. 12. 2017 entstanden sind; Reduzierung der Steuer auf ausgeschüttete Gewinne um 15 % des Verlustbetrags, aber max. 50 % des Steuerbetrags pro Jahr)
Litauen	–	unbegrenzt (Verrechnung nur bis 70 % der jährlichen Einkünfte; Beschränkung gilt nicht für kleine Unternehmen, die dem ermäßigten Steuersatz von 5 % unterliegen)
Luxemburg	–	17 Jahre
Malta	–	unbegrenzt
Niederlande	1 Jahr	6 Jahre
Österreich	– (COVID-19 Maßnahme: Verlustrücktrag für die in 2020 entstandenen Verluste, höchstens insgesamt 5 Mio. € in die Jahre 2019 und 2018, davon höchstens 2 Mio. € in 2018)	unbegrenzt (Verrechnung nur bis zu 75 % der jährlichen Einkünfte)
Polen	– (COVID-19 Maßnahme: Verlustrücktrag für die in 2020 entstandenen Verluste, höchstens insgesamt 5 Mio. € in das Jahr 2019, wenn der Umsatz um mindestens 50 % gesunken ist)	5 Jahre (für Verluste aus der gleichen Quelle; bis zu 5 Mio. PLN innerhalb eines Jahres voll abzugsfähig, darüber hinaus Verrechnung nur bis zu 50 % des entstandenen Verlustes pro Berücksichtigungsjahr)
Portugal	–	5 Jahre (Verrechnung nur bis zu 70 % der jährlichen Einkünfte; COVID-19 Maßnahme: Aussetzung der zeitlichen Frist in 2020 und 2021 für verbleibende Verluste vor 2020 und 12 Jahre für in 2020 und 2021 enstandene Verluste; Verrechnung diese Verluste bis zu 80 % der jährlichen Einkünfte)

Staaten	Verlustrücktrag	Verlustvortrag
Rumänien	–	7 Jahre
Schweden	– (indirekter Verlustrücktrag jedoch möglich durch Auflösung sogenannter „Periodisierungsrücklagen" aus den Vorjahren)	unbegrenzt
Slowakei	–	5 Jahre (Verrechnung nur bis zu 50 % der jährlichen Einkünfte, ausgenommen Kleinstunternehmen)
Slowenien	–	unbegrenzt (Verrechnung nur bis zu 63 % der jährlichen Einkünfte)
Spanien	–	unbegrenzt (bis zu 1 Mio. € pro Jahr voll abzugsfähig, darüber hinaus Verrechnung abhängig von der Höhe der Umsätze des Unternehmens: bis 20 Mio. € bis zu 70 %, 20–60 Mio. € bis zu 50 % und mehr als 60 Mio. € bis zu 25 % (der 1 Mio. übersteigenden Einkünfte)
Tschechien	– (COVID-19 Maßnahme: Verlustrücktrag für die ab dem 30. 6. 2020 entstandenen Verluste, höchstens 30 Mio. CZK insgesamt, in die Jahre 2019 und 2018)	5 Jahre
Ungarn	–	5 Jahre (Verrechnung nur bis zu 50 % der jährlichen Einkünfte)
Zypern		5 Jahre
Andere Staaten		
Japan	1 Jahr (wird für Steuerjahre, die zwischen dem 1. 4. 1992 und dem 31. 3. 2022 enden, nicht gewährt, ausgenommen für bestimmte kleine und mittlere Unternehmen und bei Liquidation; COVID-19 Maßnahme: ausgenommen für Unternehmen mit einem Kapital von bis zu 1 Mrd. JPY für die im Zeitraum vom 1. 2. 2020 bis 31. 1. 2022 entstandene Verluste) (COVID-19 Maßnahme: 2 Jahre für die im Zeitraum vom 1. 2. 2020 bis 31. 1. 2022 entstandenen Katastrophenverluste)	10 Jahre (Verrechnung nur bis zu 50 % der jährlichen Einkünfte, ausgenommen kleine und mittlere Unternehmen; COVID-19 Maßnahme: ausgenommen Unternehmen mit einem Kapital von bis zu 1 Mrd. JPY für die im Zeitraum vom 1. 2. 2020 bis 31. 1. 2021 entstandenen Verluste)

Staaten	Verlustrücktrag	Verlustvortrag
Kanada	3 Jahre	20 Jahre
Norwegen	– (ein Rücktrag auf die vorangegangenen 2 Jahre ist bei Liquidation zulässig; COVID-19 Maßnahme: Verlustrücktrag für die in 2020 entstandenen Verluste, höchstens NOK 30 Mio., in die Jahre 2019 und 2018)	unbegrenzt
Schweiz	–	7 Jahre
USA	– (COVID-19 Maßnahme: 5 Jahre Verlustrücktrag für die in 2018 bis 2020 entstandenen Verluste)	unbegrenzt (Verrechnung nur bis zu 80 % der jährlichen Einkünfte; COVID-19 Maßnahme: gilt nicht für die in 2018 bis 2020 entstandenen Verluste)
Vereinigtes Königreich	1 Jahr (bei Betriebsaufgabe 3 Jahre)	Unbegrenzt (bis zu 5 Mio. GBP pro Jahr voll abzugsfähig, darüber hinaus Verrechnung nur bis zu 50 % der 5 Mio GBP übersteigenden Einkünften)

Anmerkung: Die Übersicht stellt Regelungen für Verluste dar, die ab dem 1.1.2019 anfallen. Ohne Beschränkungen durch Gesellschafterwechsel sowie Verluste aus Veräußerung betrieblichen Anlagevermögens (capital losses), die in verschiedenen Staaten Sonderregeln unterliegen.

5.13.1.2 Einkommensbesteuerung natürlicher Personen

5.13.1.2.1 Einkommensteuereingangssatz des Zentralstaats und der Gebietskörperschaften sowie sonstige Zuschläge 2020[1]

Staaten	Tarif			Persönliche Entlastungen	
	Eingangssatz Staat[2] + Gebietskörperschaften + sonstige Zuschläge		Eingangssatz des Tarifs reicht bis zu in €[3]	Steuerabsetzbetrag in €[3]	Grundfreibetrag/ Nullzone im Tarif in €[3]
EU-Staaten					
Belgien (nach Gemeinden und Verbänden unterschiedlich)	Staat 7,00 % Zuschlag auf Staatssteuer insgesamt	25,00 % 1,75 % 26,75 %	13 440	–	8 990
Bulgarien		10,00 %[4]	Flat Tax	–	–
Dänemark	Staat Gemeinden insgesamt	12,11 % 24,95 %[5] 37,06 %	71 307	756	–
Deutschland		**14,00 %**	**9 409**	**–**	**9 408**
Estland		20,00 %	Flat Tax	–	6 000[6]
Finnland	Staat Gemeinden insgesamt	6,00 %[6] 20,25 %[5] 26,25 %	27 200	–	18 100[7] 3 540

Fußnoten am Ende des Kapitels.

Staaten	Tarif		Persönliche Entlastungen	
	Eingangssatz Staat[2] + Gebietskörperschaften + sonstige Zuschläge	Eingangssatz des Tarifs reicht bis zu in €[3]	Steuerabsetzbetrag in €[3]	Grundfreibetrag/ Nullzone im Tarif in €[3]
Frankreich	Staat 11,00% Zuschlag Sozialsteuern 9,70%[8] insgesamt 19,80%	25 659	–	10 064
Griechenland	Staat 9,00%	10 000	777[10]	–
Irland	Staat 20,00% Zuschlag Sonderabgabe 0,50% insgesamt 20,50%	35 300 12 012	1 650	13 000
Italien[11]	Staat 23,00% Regionen 2,28%[12] insgesamt 25,28%	15 000	1 880[13]	–
Kroatien (nach Gemeinden und Städten unterschiedlich)	Staat 24,00% Gemeinde Zagreb 18% Zuschlag auf Staatssteuer 4,32% insgesamt 28,32%	47 811	–	6 375
Lettland	20,00%[14]	20 004	–	3 600[6]
Litauen	20,00%[15]	104 278	–	4 800
Luxemburg	Staat 8,00% Zuschlag 7% des Steuerbetrags für Arbeitslosenfonds 0,56% insgesamt 8,56%	13 137 150 000	–	11 265
Malta	15,00%	14 500	–	9 100

Staaten	Tarif		Persönliche Entlastungen	
	Eingangssatz Staat[2] + Gebietskörperschaften + sonstige Zuschläge	Eingangssatz des Tarifs reicht bis zu in €[3]	Steuerabsetzbetrag in €[3][18]	Grundfreibetrag/ Nullzone im Tarif in €[3]
Niederlande	37,35%[17]	68 507	2 711[18]	–
Österreich	20,00%	18 000	–	11 000
Polen	17,00%	19 223	306[19]	–
Portugal	14,50%	7 112	–	–
Rumänien	10,00%	Flat Tax	–	105[20]
Schweden	Staat 20,00%[19] Gemeinden 32,28%[5] insgesamt 52,28%	Flat Tax Flat Tax	– –	49 190 1 343[22]
Slowakei	19,00%[23]	37 163	–	4 414[24]
Slowenien	16,00%	8 500	–	3 500
Spanien	19,00%	12450	–	5 550
Tschechien	15,00%	Flat Tax	937	–
Ungarn	15,00%	Flat Tax	–	–
Zypern	20,00%	28 000	–	19 500
Andere Staaten				
Japan	Staat 5,00% 2,1% Zuschlag auf Staatssteuer 0,10% Präfekturen 4,00% Gemeinden 6,00% insgesamt 15,10%	15 934	–	3 922 3 514 3 514

Staaten	Tarif		Persönliche Entlastungen	
	Eingangssatz Staat[2] + Gebietskörperschaften + sonstige Zuschläge	Eingangssatz des Tarifs reicht bis zu in €[3]	Steuerabsetzbetrag in €[3]	Grundfreibetrag/ Nullzone im Tarif in €[3]
Kanada (nach Provinzen und Territorien unterschiedlich)	Bund 15,00 % Provinz Ontario 5,05 % insgesamt 20,05 %	31 851 29 882	– 158[27]	7 944 6 965
Norwegen	Staat 1,90 % Zusatzsteuer Kombinierter Staats- und Gemeinde-Steuer 22,00 % insgesamt 23,90 %	23 887 Flat Tax	– –	16 970 4 815
Schweiz (nach Kantonen und Gemeinden unterschiedlich)	Bund 0,77 % Kanton Zürich und Gemeinde Zürich 4,38 % insgesamt 5,15 %	29 502 10 643	– –	13 537 6 255
USA (nach Einzelstaaten, Gemeinden und Bezirken unterschiedlich)	Bund 10,000 % Staat New York 4,000 %[28] Stadt New York 3,078 %[28] insgesamt 16,370 %	8 615 7 415 10 468	– – –	–[28] –[30] –[30]
Vereinigtes Königreich	20,00 %	41 452	–	13 817[31]

Quelle: Die wichtigsten Steuern im internationalen Vergleich 2020, Bundesministerium der Finanzen. Download unter http://www.bundesfinanzministerium.de/Content/DE/ Downloads / Broschueren_Bestellservice / 2021-06-21-die-wichtigsten-steuern-im-internationalen-vergleich-2020-ausgabe-2021.pdf, S. 22–24. Die Aktualisierung erfolgt jeweils im Januar des Folgejahres.

Fußnoten von vorhergehender Aufstellung:

[1] Grundtarif für Alleinstehende, sofern es verschiedene Tarife nach dem Familienstand gibt; auf Erwerbseinkommen des Jahres 2018 bzw. 2019.

[2] Tarifsysteme: bei nachgeordneten Gebietskörperschaften z. T. Proportionalsätze, z. T. Zuschläge zur Steuerschuld, ansonsten progressive Teilmengentarife; Ausnahme: Deutschland (Formeltarif).

[3] Soweit erforderlich, erfolgt die Umrechnung der Landeswährungen über die vom Bundesministerium der Finanzen veröffentlichten Umsatzsteuer-Umrechnungskurse Juli 2020.

[4] Für Einzelunternehmer Steuersatz 15 %.

[5] Durchschnittssatz.

[6] Grundfreibetrag läuft für höhere Einkommen aus.

[7] Steuersatz für Erwerbseinkünfte; Kapitaleinkünfte unterliegen einer erhöhten Staatssteuer von 30 % (für Einkommen bis 30 000 €) bzw. 34 % (für Einkommen über 30 000 €); sie sind jedoch von der Gemeindesteuer befreit.

[8] Verschiedene persönliche Freibeträge und Grundfreibeträge laufen für höhere Einkommen aus.

[9] Die Sozialsteuern werden nur auf einen Teil der Bemessungsgrundlage der Staatssteuer erhoben und können zudem teilweise von dieser abgesetzt werden.

[10] Steuerabsetzbetrag gilt nur für Arbeitseinkommen bis 12 000 € und läuft für höhere Einkommen aus.

[11] Ohne lokale Steuer auf produktive Tätigkeiten von 3,9 % der Wertschöpfung (nicht Gewinn!).

[12] Unterschiedliche Zuschläge zwischen 1,23 % und 3,33 %, hier Durchschnitt. Zusätzlich Gemeindezuschlag bis zu 0,9 % möglich, hier nicht berücksichtigt, da selten.

[13] Steuerabsetzbetrag bei Einkünften aus nichtselbständiger Arbeit bis 8 000 €. Der Steuerabsetzbetrag verringert sich bei Einkünften bis 55 000 € stufenweise bis auf 0.

[14] Für Dividenden- und Zinseinkünfte sowie für Veräußerungsgewinne 20 %.

[15] Für Einkünfte aus selbständiger Arbeit progressive Steuersätze zwischen 5 % und 15 %.

[16] Bei Einkünften aus nichtselbständiger Arbeit; läuft bei höheren Einkünften aus.

[17] Davon entfallen 27,65 % für Einkommen bis 34 712 € auf die allgemeine gesetzliche Sozialversicherung; hier nur Tarif auf Arbeitseinkommen und den Nutzungswert selbstgenutzten Wohnraums.

[18] Steuerabsatzbetrag bei Einkünften bis 22 711 €. Der Steuerabsatzbetrag verringert sich bei Einkünften bis 68 507 € stufenweise bis auf 0 €.

[19] Steuerabsatzbetrag bei Einkünften bis 1 798 €. Der Steuerabsatzbetrag verringert sich bei Einkünften bis 28 544 € stufenweise bis auf 0 €.

[20] Maximum; entfällt ab einem Einkommen von 8 722 €.

[21] Steuersatz für Erwerbseinkünfte; Kapitaleinkünfte unterliegen einer erhöhten Staatssteuer von 30 %; sie sind jedoch von der Gemeindesteuer befreit.

[22] Freibetrag erhöht sich für niedrigere Einkommen.

[23] Einzelunternehmer unterliegen einem Steuersatz von 15 %, wenn ihr Einkommen 100 000 € nicht übersteigt, andernfalls findet der Steuersatz von 19 % Anwendung.

[24] Gilt bis zu einem Einkommen von 19 507 €; bei Einkommen von mehr als 37 163 € entfällt der Freibetrag.

[25] Beträgt das Einkommen nicht mehr als 13 316,83 €, wird ein zusätzlicher gleitender Freibetrag gewährt.

[26] Einzelunternehmer unterliegen einem Steuersatz von 9 %.

[27] *Zuschläge für bestimmte Angehörige; läuft mit steigender Provinzsteuer aus.*

[28] Aber: „standard deduction" (allgemeiner Pauschbetrag für Werbungskosten/Sonderausgaben) von 10 817 €.

[29] Mindert die Bemessungsgrundlage der Bundessteuer um maximal 10 000 USD (8 724 €).

[30] Aber: „standard deduction" von 6 979 €.

[31] Läuft bei höheren Einkünften aus.

1360

Einkommensteuerspitzensatz des Zentralstaats und der Gebietskörperschaften sowie sonstige Zuschläge 2020[1]

Staaten	Spitzensteuersatz Staat + Gebietskörperschaften + sonstige Zuschläge		Spitzensteuersatz beginnt oberhalb eines zu versteuernden Einkommens von in €[2]
EU-Staaten			
Belgien (nach Gemeinden und Verbänden unterschiedlich)	Staat 7% Zuschlag auf Staatssteuer **insgesamt**	50,00% 3,50% **53,50%**	41 060
Bulgarien		10,00%[3]	Flat Tax
Dänemark	Plafond (höchstens)	52,06%	[4]
Deutschland	 5,5% Solidaritätszuschlag **insgesamt**	**45,00%** _2,48%_ **47,48%**	**270 500**
Estland		20,00%	Flat Tax
Finnland	Staat Gemeinden (Durchschnitt) **insgesamt**	31,25% 20,25% **51,50%**	78 500
Frankreich	Staat Zuschlag Sonderabgabe Zuschlag Sozialsteuern **insgesamt**	45,00% 4,00% 9,70%[5] **55,52%**	157 806 500 000
Griechenland	Staat Zuschlag Solidaritätssteuer **insgesamt**	44,00% 10,00% **54,00%**	40 000 220 000
Irland	Staat Zuschlag Sonderabgabe _insgesamt_	40,00% 8,00% **48,00%**	35 300 70 044
Italien[6]	Staat Regionen **insgesamt**	43,00% 2,28%[7] **45,28%**	75 000

Fußnoten am Ende des Kapitels.

Staaten	Spitzensteuersatz Staat + Gebietskörperschaften + sonstige Zuschläge		Spitzensteuersatz beginnt oberhalb eines zu versteuernden Einkommens von in €[2]
Kroatien (nach Gemeinden und Städten unterschiedlich)	Staat Gemeinde Zagreb 18 % Zuschlag auf Staatssteuer **insgesamt**	36,00 % 6,48 % **42,48 %**	47 811
Lettland		31,40 %[8]	62 800
Litauen		32,00 %[9]	104 278
Luxemburg	Staat Zuschlag 9 % des Steuerbetrags für Arbeitslosenfonds **insgesamt**	42,00 % 3,78 % **45,78 %**	200 004 150 000
Malta		35,00 %	60 000
Niederlande		49,50 %	68 507
Österreich		55,00 %	1 000 000
Polen	Solidaritätszuschlag insgesamt	32,00 %[10] 4,00 % 36,00 %	19 223 234 764
Portugal	Staat Zuschlag **insgesamt**	48,00 % 5,00 % **53,00 %**	80 882 250 000
Rumänien		10,00 %	Flat Tax
Schweden	Staat Gemeinden (Durchschnitt) **insgesamt**	20,00 % 32,28 % **52,28 %**	Flat Tax Flat Tax
Slowakei		25,00 %[11]	37 163
Slowenien		50,00 %	72 000
Spanien		45,00 %[12]	60 000
Tschechien	Solidaritätszuschlag **insgesamt**	15,00 % 7,00 % **22,00 %**	Flat Tax 63 064
Ungarn		15,00 %[13]	Flat Tax
Zypern		35,00 %	60 000

Staaten	Spitzensteuersatz Staat + Gebietskörperschaften + sonstige Zuschläge		Spitzensteuersatz beginnt oberhalb eines zu versteuernden Einkommens von in €[2]
Andere Staaten			
Japan	Staat	45,00%	326 851
	2,1% Zuschlag auf Staatssteuer	0,95%	
	Präfekturen	4,00%	Flat Tax
	Gemeinden	6,00%	Flat Tax
	insgesamt	**55,95%**	
Kanada (nach Provinzen und Territorien unterschiedlich)	Bund	33,00%	138 472
	Provinz Ontario	20,53%	142 110
	insgesamt	**53,53%**	
Norwegen	Staat (Zusatzsteuer)	16,20%	93 816
	kombinierte Staats- u. Gemeindesteuer	22,00%	Flat Tax
	insgesamt	**38,20%**	
Schweiz (nach Kantonen und Gemeinden unterschiedlich)	Bund	11,50%	705 070
	Kanton Zürich und Gemeinde Zürich	28,47%	237 980
	insgesamt	**39,97%**	
USA (nach Einzelstaaten, Gemeinden und Bezirken unterschiedlich)	Bund	37,00%	453 238
	Staat New York	8,82%[14]	940 024
	Stadt New York	3,88%[14]	43 619
	insgesamt	**49,70%**	
Vereinigtes Königreich		45,00%	165 806

Quelle: Die wichtigsten Steuern im internationalen Vergleich 2020, Bundesministerium *der Finanzen. Download unter http://www.bundesfinanzministerium.de/Content/DE/ Downloads/Broschueren_Bestellservice/2021-06-21-die-wichtigsten-steuern-im-internationalen-vergleich-2020-ausgabe-2021.pdf, S.26–28. Die Aktualisierung erfolgt* jeweils im Januar des Folgejahres.

Fußnoten von vorhergehender Aufstellung:

[1] Grundtarif für Alleinstehende, sofern es verschiedene Tarife nach dem Familienstand gibt; auf Erwerbseinkommen des Jahres 2018 bzw. 2019.

[2] Soweit erforderlich, erfolgt die Umrechnung der Landeswährungen über die vom Bundesministerium der Finanzen veröffentlichten Umsatzsteuerumrechnungskurse Juli 2020.

[3] Für Einzelunternehmer Steuersatz 15 %.

[4] Wenn die Summe aus den nationalen und den lokalen Steuersätzen insgesamt 52,06 % übersteigt, wird der nationale Steuersatz um den übersteigenden Prozentsatz gekürzt; Grenzbelastung beginnt abhängig von der Zusammensetzung der Einkünfte bei unterschiedlichen Beträgen.

[5] Sozialsteuern werden nur auf einen Teil der Bemessungsgrundlage der Staatssteuer erhoben und können zudem teilweise von dieser abgesetzt werden.

[6] Ohne lokale Steuer auf produktive Tätigkeiten von 3,9 % der Wertschöpfung (nicht Gewinn!).

[7] Unterschiedliche Zuschläge zwischen 1,23 % und 3,33 %, hier Durchschnitt. Zusätzlich Gemeindezuschlag bis zu 0,9 % möglich; hier nicht berücksichtigt, da selten.

[8] Für Dividenden- und Zinseinkünfte sowie für Veräußerungsgewinne 20 %.

[9] Für Einkünfte aus selbständiger Tätigkeit, progressive Steuersätze zwischen 5 % und 15 %.

[10] Bei gewerblichen Einkünften kann zu einer Pauschalbesteuerung mit einem Steuersatz von 19 % (ohne Abzug von persönlichen Freibeträgen) optiert werden.

[11] Einzelunternehmer unterliegen einem Steuersatz von 15 % wenn ihr Einkommen 100 000 € übersteigt, andernfalls findet der Steuersatz von 25 % Anwendung.

[12] Für Kapitaleinkünfte 23 % (für Einkommen über 50 000 €).

[13] Einzelunternehmen unterliegen einem Steuersatz von 9 %.

[14] Mindert die Bemessungsgrundlage der Bundessteuer um bis zu 10 000 USD (8 724 €); bei der in dieser Übersicht ausgewiesenen maximal möglichen Gesamtsteuerbelastung ohne erkennbare Auswirkung.

5.13.1.2.3 Grafischer Vergleich der Einkommensteuerspitzensätze[1]

Einkommensteuerspitzensatz des Zentralstaats und der Gebietskörperschaften sowie sonstige Zuschläge 2020

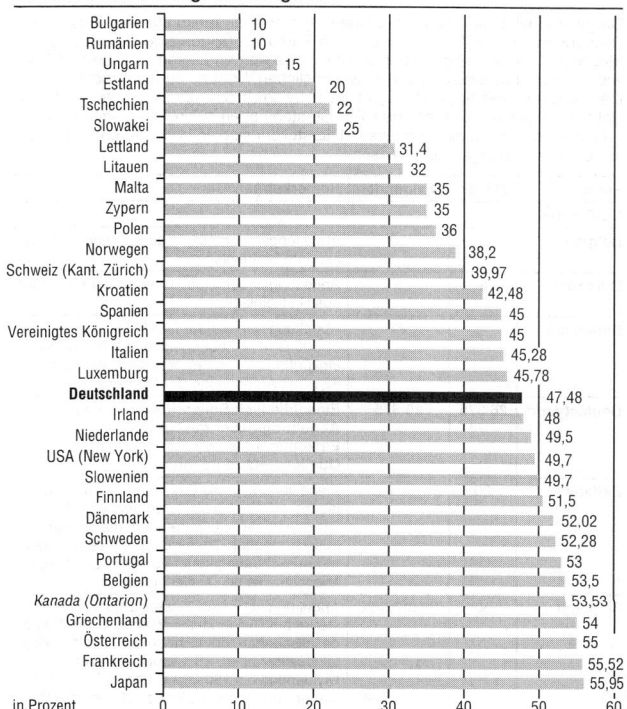

Land	Prozent
Bulgarien	10
Rumänien	10
Ungarn	15
Estland	20
Tschechien	22
Slowakei	25
Lettland	31,4
Litauen	32
Malta	35
Zypern	35
Polen	36
Norwegen	38,2
Schweiz (Kant. Zürich)	39,97
Kroatien	42,48
Spanien	45
Vereinigtes Königreich	45
Italien	45,28
Luxemburg	45,78
Deutschland	47,48
Irland	48
Niederlande	49,5
USA (New York)	49,7
Slowenien	49,7
Finnland	51,5
Dänemark	52,02
Schweden	52,28
Portugal	53
Belgien	53,5
Kanada (Ontario)	53,53
Griechenland	54
Österreich	55
Frankreich	55,52
Japan	55,95

in Prozent

[1] Quelle: Die wichtigsten Steuern im internationalen Vergleich 2020, Bundesministerium der Finanzen, Download unter http://www.bundesfinanzministerium.de/Content/DE/Downloads/Broschueren_Bestellservice/2021-06-21-die-wichtigsten-steuern-im-internationalen-vergleich-2020-ausgabe-2021.pdf, S. 29. Die Aktualisierung erfolgt jeweils im Januar des Folgejahres.

5.13.1.3 Besteuerung von Zinsen und Dividenden

5.13.1.3.1 Quellensteuern auf Zinsen und Dividenden 2020 für Ansässige[1]

Dargestellt wird die Quellenbesteuerung typischer Einkünfte aus Zinsen und Dividenden von ansässigen natürlichen Personen (allgemeine Sätze in %). Betriebliche Erträge bleiben unberücksichtigt. Es werden Zinsen im engeren Sinne, wie z.B. aus Bankeinlagen und festverzinslichen Wertpapieren, betrachtet, die in Deutschland einer Kapitalertragsteuer i.H.v. 26,375 % (Zinsabschlag zuzüglich Solidaritätszuschlag) unterliegen. Alle Staaten haben zahlreiche Sonderregelungen, die tabellarisch nicht umfassend darstellbar sind. In besonderen Fällen wird auf Sonderregelungen hingewiesen.

Staaten	Zinsen	Dividenden	Bemerkungen
EU-Staaten			
Belgien	30	30	Abgeltungsteuer; 15 % Quellensteuer auf Zinsen aus Spareinlagen
Bulgarien	8	5	Abgeltungsteuer, Quellensteuer nur für Zinsen aus Bankeinlagen
Dänemark	–	27	Abgeltungswirkung für Dividenden bis 55 300 DKK; für übersteigende Dividendeneinkünfte Einkommensteuerfestsetzung auf 42 % mit Anrechnung der Quellensteuer
Deutschland	**26,375**	**26,375**	**Einschließlich Solidaritätszuschlag; Abgeltungsteuer mit Option zur Einkommensteuerveranlagung mit Quellensteueranrechnung**
Estland	20	–/7	Einbeziehung in die Einkommensteuerveranlagung mit Quellensteueranrechnung; 7 % Quellensteuer auf Dividenden, die bei der ausschüttenden Gesellschaft nur der niedrigeren Ausschüttungsteuer von 14 % unterliegen, ansonsten keine Quellensteuer
Finnland	30	25,5/7,5/28	Abgeltungsteuer auf Zinsen; 25,5 % Quellensteuer auf Dividenden börsennotierter Kapitalgesellschaften, bei nicht börsennotierten Kapitalgesellschaften 7,5 % Quellensteuer auf Dividenden bis 150 000 € und 28 % Quellensteuer ab 150 000 €; Einbeziehung der Dividenden in die Einkommensteuerveranlagung mit Quellensteueranrechnung

---

[1] Fußnote am Ende des Kapitels.

Staaten	Zinsen	Dividenden	Bemerkungen
Frankreich	12,8	12,8	Abgeltungsteuer mit Option zur Einkommensteuerveranlagung mit Quellensteueranrechnung
Griechenland	15	5	Abgeltungsteuer
Irland	33	25	Abgeltungsteuer für Zinsen; keine Quellensteuer auf Zinsen aus bestimmten Staatsanleihen; Einbeziehung der Dividenden in die Einkommensteuerveranlagung mit Quellensteueranrechnung
Italien	26	26	Abgeltungsteuer; Sondersatz von 12,5 % auf Zinsen aus bestimmten Staatsanleihen
Kroatien	12	12	Abgeltungsteuer
Lettland	20	–/20	Abgeltungsteuer; keine Quellensteuer auf Zinsen aus bestimmten Staats- und Kommunalanleihen, Dividenden sind ab 1.1.2018 steuerfrei, wenn sie der Körperschaftsteuer unterlegen haben, 10 % Quellensteuer auf Dividenden aus Gewinnen, die vor dem 1.1.2018 thesauriert wurden
Litauen	–	15	Abgeltungsteuer
Luxemburg	20	15	Abgeltungsteuer für Zinsen, sofern über Freigrenze von 250 €; Einbeziehung der Dividenden in die Einkommensteuerveranlagung mit Quellensteueranrechnung
Malta	15	–	Abgeltungsteuer, kein Quellensteuerabzug bei Einbeziehung der Einkünfte in die Einkommensteuerveranlagung
Niederlande	–	15	Einbeziehung in die Einkommensteuerveranlagung mit Quellensteueranrechnung
Österreich	25	27,5	Abgeltungsteuer mit Option zur Einkommensteuerveranlagung mit Quellensteueranrechnung
Polen	19	19	Abgeltungsteuer
Portugal	28	28	Befreiungen für bestimmte Zinsen möglich; Abgeltungsteuer mit Option zur Einkommensteuerveranlagung mit Quellensteueranrechnung
Rumänien	10	5	Abgeltungsteuer; keine Quellensteuer auf Zinsen aus rumänischen Staats- und Kommunalanleihen
Schweden	30	30	Abgeltungsteuer
Slowakei	19	7	Abgeltungsteuer

Staaten	Zinsen	Dividenden	Bemerkungen
Slowenien	27,5	27,5	Abgeltungsteuer; Zinsen aus Guthaben bei einer inländischen Bank oder einer in der EU ansässigen Bank sind bis zu einem Betrag von 1 000 € steuerfrei
Spanien	19	19	Keine Quellensteuer auf Zinsen aus bestimmten Staatsanleihen; Einbeziehung der Einkünfte in die Einkommensteuerveranlagung mit Quellensteueranrechnung
Tschechien	15	15	Abgeltungsteuer
Ungarn	15	15	Abgeltungsteuer, bei bestimmten langfristigen Zinserträgen unter bestimmten Voraussetzungen ein reduzierter Zinssatz von 10 % oder eine Steuerbefreiung möglich
Zypern	30	17	Die Quellensteuer wird als sog. Verteidigungsabgabe erhoben und hat Abgeltungswirkung; bei der regulären Einkommensteuer bleiben die Einkünfte steuerfrei
Andere Staaten			
Japan	20	20	Abgeltungsteuer für Zinsen; bei Dividenden börsennotierter Gesellschaften kann in bestimmten Fällen per Option Abgeltungswirkung erzielt werden, ansonsten Einbeziehung der Dividenden in die Einkommensteuerveranlagung mit Quellensteueranrechnung
Kanada	–	–	–
Norwegen	–	–	–
Schweiz	35	35	Einbeziehung der Einkünfte in die Einkommensteuerveranlagung mit Quellensteueranrechnung
USA	–	–	–
Vereinigtes Königreich	–	–	–

---

[1] Quelle: Die wichtigsten Steuern im internationalen Vergleich 2020, Bundesministerium der Finanzen, Download unter http://www.bundesfinanzministerium.de/Content/DE/Downloads/Broschueren_Bestellservice/2021-06-21-die-wichtigsten-steuern-im-internationalen-vergleich-2020-ausgabe-2021.pdf, Seiten 30–31. Die Aktualisierung erfolgt jeweils im Januar des Folgejahres.

5.13.1.3.2 Höchstsätze auf private Zinserträge 2020 für Ansässige[1]

Dargestellt wird der höchstmögliche Einkommensteuersatz für typische Einkünfte aus Zinsen von ansässigen natürlichen Personen. Betriebliche Erträge bleiben unberücksichtigt. Es werden Zinsen aus Bankeinlagen betrachtet, die in Deutschland einer Kapitalertragsteuer von 26,375 % (Zinsabschlag zuzüglich Solidaritätszuschlag) unterliegen. In besonderen Fällen wird auf Sonderregelungen hingewiesen.

Staaten	Höchstsatz in %	Bemerkungen
EU-Staaten		
Belgien	15	Abgeltungsteuer; 990 € Freibetrag
Bulgarien	8	Abgeltungsteuer
Dänemark	52,06[6]	Entspricht dem Einkommensteuer-spitzensatz
Deutschland	**26,375**	**Abgeltungsteuer mit Option zur Einkommensteuerveranlagung; 801 € Sparerpauschbetrag**
Estland	20	Entspricht dem pauschalen Einkommensteuersatz
Finnland	30	Abgeltungsteuer
Frankreich	12,8	Abgeltungsteuer mit Option zur Einkommensteuerveranlagung
Griechenland	15	Abgeltungsteuer
Irland	33	Abgeltungsteuer
Italien	26	Abgeltungsteuer
Kroatien	12	Abgeltungsteuer, Zinsen aus Bankguthaben sind bis zu 0,5 % pro Jahr steuerbefreit
Lettland	20	Abgeltungsteuer
Litauen	20	500 € Freibetrag für Zinsen aus Guthaben bei einer inländischen oder in der EU ansässigen Bank
Luxemburg	20	Abgeltungsteuer; 25 € Werbungskostenpauschale; Freigrenze bis 250 €
Malta	15	Abgeltungsteuer; kein Quellensteuerabzug bei Einbeziehung der Einkünfte in die Einkommensteuerveranlagung

Fußnote auf der nächsten Seite.

Staaten	Höchstsatz in %	Bemerkungen
Niederlande	–	Keine Einkommensteuer auf reale Kapitalerträge; stattdessen Steuersatz 30 % auf einen fiktiven Ertrag von 1,8 % bis 5,33 % des Reinvermögens nach Berücksichtigung eines Vermögensfreibetrags von 30 846 €
Österreich	25	Abgeltungsteuer mit Option zur Einkommensteuerveranlagung
Polen	19	Abgeltungsteuer
Portugal	28	Abgeltungsteuer mit Option zur ESt-Veranlagung
Rumänien	10	Abgeltungsteuer
Schweden	30	Abgeltungsteuer
Slowakei	19	Abgeltungsteuer
Slowenien	27,5	Abgeltungsteuer; 1 000 € Freibetrag für Zinsen aus Guthaben bei einer inländischen oder in der EU ansässigen Bank
Spanien	23	19 % für die ersten 6 000 € Einkommen aus Anlagekapital, 21 % zwischen 6 001 € und 50 000 €, darüber 23 %
Tschechien	15	Abgeltungsteuer
Ungarn	15	Abgeltungsteuer
Zypern	30	Steuerbefreiung für Zinsen; sie unterliegen jedoch einer Verteidigungsabgabe von 30 %, bei bestimmten staatlichen Sparzertifikaten 3 %
Andere Staaten		
Japan	20	Abgeltungsteuer
Kanada (Ontario)	53,53	Entspricht dem Einkommensteuerspitzensatz
Norwegen	22	Entspricht dem Einkommensteuersatz
Schweiz (Zürich)	39,97	Entspricht dem Einkommensteuerspitzensatz
USA (Stadt und Staat New York)	49,7	Entspricht dem Einkommensteuerspitzensatz
Vereinigtes Königreich	45	Entspricht dem Einkommensteuerspitzensatz

---

[1] Quelle: Die wichtigsten Steuern im internationalen Vergleich 2020, Bundesministerium der Finanzen, Download unter http://www.bundesfinanzministerium.de/Content/DE/Downloads/Broschueren_Bestellservice/2021-06-21-die-wichtigsten-steuern-im-internationalen-vergleich-2020-ausgabe-2021.pdf, Seiten 32. Die Aktualisierung erfolgt jeweils im Januar des Folgejahres.

5.13.1.3.3 Automatischer Informationsaustausch über Finanzkonten

5.13.1.3.3.1 Globaler Informationsaustausch – CRS[1]

Ziel	Einführung eines globalen Standards für den automatischen Informationsaustausch über Finanzkonten (Common Reporting Standard, CRS) zur Eindämmung des grenzüberschreitenden Steuerbetrugs.
Rechts-grundlagen	– International: Multilaterales Abkommen über den automatischen Informationsaustausch in Steuersachen vom 29.10.2014 (MCAA). – EU: Richtlinie 2014/107/EU des Rates vom 9.12.2014 (Revision der EU-Amtshilferichtlinie). – Deutschland: Finanzkonten-Informationsaustauschgesetz (FKAustG) sowie BMF-Schreiben vom 1.2.2017 (BStBl I 2017, S.305), ergänzt durch BMF-Schreiben vom 21.9.2018 (BStBl I 2018 S. 1026).
Anwendung	Grundsätzlich ab Kalenderjahr 2016. Einzelne Teilnehmerstaaten ab dem Kalenderjahr 2017.
Meldende Finanzinstitute (§ 19 FKAustG)	– In Deutschland ansässige Finanzinstitute (Verwahrinstitute, Einlageinstitute, Investmentunternehmen, spezifizierte Versicherungsgesellschaften). – In Deutschland befindliche Zweigniederlassungen eines im Ausland ansässigen Finanzinstituts.
Meldepflichtige Informationen	– Name, Adresse und Steueridentifikationsnummer. – Geburtsdatum und Geburtsort. – Ansässigkeitsstaat, ermittelt über Selbstauskunft des Kontoinha-bers. – Kontonummer. – Name und Identifikationsnummer des Finanzinstituts. – Kontosaldo. – Zinsen, Dividenden und andere Einkünfte.
Fristen	– Meldung an das BZSt bis zum 31.7. des Folgejahres. – Austausch der Daten mit den CRS-Partnerstaaten bis zum 30.9. des Folgejahres.

---

[1] Weitere Informationen unter www.bzst.de.

Teilnehmende Staaten

Die nachfolgende Liste enthält den finalen Stand der CRS-Partnerstaaten und deren Gebiete, zu denen die Finanzinstitute die Finanzkonteninformationen des Meldezeitraums 2020 bis zum 31. Juli 2021 zur Verfügung stellen müssen.

Länder	mit folgendem Ländercode zu übermitteln	Meldung der Finanzinstitute an das BZSt ab Meldezeitraum XXXX zu melden bis zum 31.7. des Folgejahres	CRS-Partnerstaat ab Meldezeitraum XXXX, jedoch keine Meldung durch die Finanzinstitute an das BZSt
Albanien	AL*		ab 2020
Andorra	AD	ab 2017	
Anguilla	AI*		ab 2016
Antigua und Barbuda	AG	ab 2018	
Argentinien	AR	ab 2016	
Aruba	AW*		
Aserbaidschan	AZ	ab 2018	
Australien	AU	ab 2017	
Bahamas	BS*		ab 2017
Bahrain	BH*		ab 2017
Barbados	BB**	ab 2018	2017
Belgien	BE	ab 2016	
Belize	BZ*		ab 2017
Bermuda	BM*		ab 2016
Brasilien	BR	ab 2017	
Britische Jungferninseln	VG*		ab 2016
Brunei Darussalam	BN*		ab 2019
Bulgarien	BG	ab 2016	
Cayman Island	KY*		ab 2016
Chile	CL	ab 2017	
China	CN	ab 2017	
Cookinseln	CK**	ab 2018	2017
Costa Rica	CR**	ab 2020	ab 2017
Curaçao	CW**	ab 2020	ab 2017
Dänemark	DK	ab 2016	
Dominica	DM*		ab 2019

1372

Länder	mit folgendem Ländercode zu übermitteln	Meldung der Finanzinstitute an das BZSt ab Meldezeitraum XXXX zu melden bis zum 31. 7. des Folgejahres	CRS-Partnerstaat ab Meldezeitraum XXXX, jedoch keine Meldung durch die Finanzinstitute an das BZSt
Estland	EE	ab 2016	
Färöer	FO	ab 2016	
Finnland	FI	ab 2016	
– Åland Inseln	FI	ab 2016	
Frankreich	FR	ab 2016	
– Französisch-Guayana	FR	ab 2016	
– Guadeloupe	FR	ab 2016	
– Martinique	FR	ab 2016	
– Mayotte	FR	ab 2016	
– Réunion	FR	ab 2016	
– Saint-Barthélemy	BL	ab 2016	
– Saint-Martin französischer Teil	FR	ab 2016	
Ghana	GH*		ab 2019
Gibraltar	GI	ab 2016	
Grenada	GD**	ab 2020	ab 2017
Griechenland	GR	ab 2016	
Grönland	GL	ab 2017	
Guernsey	GG	ab 2016	
Hongkong	HK	ab 2017	
Indien	IN	ab 2016	
Indonesien	ID	ab 2017	
Insel Man	IM	ab 2016	
Irland	IE	ab 2016	
Island	IS	ab 2016	
Israel	IL	ab 2018	
Italien	IT	ab 2016	
Japan	JP	ab 2017	
Jersey	JE	ab 2016	
Kaimaninseln	KY*		ab 2016

Länder	mit folgendem Ländercode zu übermitteln	Meldung der Finanzinstitute an das BZSt ab Meldezeitraum XXXX zu melden bis zum 31. 7. des Folgejahres	CRS-Partnerstaat ab Meldezeitraum XXXX, jedoch keine Meldung durch die Finanzinstitute an das BZSt
Kanada	CA	ab 2017	
Katar	QA*		ab 2018
Kolumbien	CO	ab 2016	
Korea, Republik	KR	ab 2016	
Kroatien	HR	ab 2016	
Kuwait	KW*		ab 2018
Lettland	LV	ab 2016	
Libanon	LB*		ab 2017
Liechtenstein	LI	ab 2016	
Litauen	LT	ab 2016	
Luxemburg	LU	ab 2016	
Macau	MO*		ab 2018
Malaysia	MY	ab 2017	
Malta	MT	ab 2016	
Marshallinseln	MH*		ab 2018
Mauritius	MU	ab 2017	
Mexiko	MX	ab 2016	
Monaco	MC	ab 2017	
Montserrat	MS*		ab 2016
Nauru	NR*		ab 2017
Neukaledonien	NC*		ab 2020
Neuseeland	NZ	ab 2017	
Niederlande	NL	ab 2016	
– Bonaire	BQ	ab 2016	
– Saba	BQ	ab 2016	
– Sint Eustatius	BQ	ab 2016	
Nigeria	NG*		ab 2019
Niue	NU*		ab 2019
Norwegen	NO	ab 2016	
Österreich	AT	ab 2016	

Länder	mit folgendem Ländercode zu übermitteln	Meldung der Finanzinstitute an das BZSt ab Meldezeitraum XXXX zu melden bis zum 31.7. des Folgejahres	CRS-Partnerstaat ab Meldezeitraum XXXX, jedoch keine Meldung durch die Finanzinstitute an das BZSt
Oman	OM*		ab 2020
Pakistan	PK	ab 2017	
Panama	PA**	ab 2018	ab 2017
Peru	PE	ab 2020	
Polen	PL	ab 2016	
Portugal	PT	ab 2016	
– Azoren	PT	ab 2016	
– Madeira	PT	ab 2016	
Rumänien	RO	ab 2016	
Russische Föderation	RU	ab 2017	
Samoa	WS*		ab 2017
San Marino	SM	ab 2016	
Saudi-Arabien	SA	ab 2017	
Schweden	SE	ab 2016	
Schweiz	CH	ab 2017	
Seychellen	SC	ab 2016	
Singapur	SG	ab 2017	
Slowakei	SK	ab 2016	
Slowenien	SI	ab 2016	
Spanien	ES	ab 2016	
– Kanarische Inseln	ES	ab 2016	
St. Kitts und Nevis	KN*		ab 2017
St. Lucia	LC**	ab 2019	ab 2017
St. Vincent und die Grenadinen	VC*		ab 2017
Südafrika	ZA	ab 2016	
Tschechien	CZ	ab 2016	
Türkei	TR	ab 2019	
Turks- und Caicosinseln	TC*		ab 2016
Ungarn	HU	ab 2016	

Länder	mit folgendem Ländercode zu übermitteln	Meldung der Finanzinstitute an das BZSt ab Meldezeitraum XXXX zu melden bis zum 31.7. des Folgejahres	CRS-Partnerstaat ab Meldezeitraum XXXX, jedoch keine Meldung durch die Finanzinstitute an das BZSt
Uruguay	UY	ab 2017	
Vanuatu	VU*		ab 2018
Vereinigte Arabische Emirate	AE*		ab 2017
Vereingtes Königreich	GB	ab 2016	
Zypern	CY	ab 2016	

* Aufgrund einer Notifikation dieses Staates gem. § 7 Absatz 1 Buchstabe b der Mehrseitigen Vereinbarung vom 29. Oktober 2014 zwischen den zuständigen Behörden über den automatischen Austausch von Informationen über Finanzkonten übermittelt die Bundesrepublik Deutschland nach § 2 Absatz 1.2 dieser Mehrseitigen Vereinbarung keine Finanzkonteninformationen an diesen Staat, erhält jedoch Finanzkonteninformationen von diesem. Deshalb sind auch in diesem Fall bis auf Weiteres keine Finanzkontendaten durch meldende Finanzinstitute dem Bundeszentralamt für Steuern gem. § 5 Absatz 1 FKAustG zu übermitteln. Die entsprechenden Finanzkontendaten sind jedoch von den Finanzinstituten zu erheben.
** Das Austauschverhältnis zwischen Deutschland und diesem Staat hat sich geändert. Ab dem angegebenen Meldezeitraum sind auch für diese Staaten Daten durch die meldenden Finanzinstitute an das BZSt zu übermitteln.

5.13.1.3.3.2 FATCA-Abkommen mit den USA[1]

Ziel	Informationsaustausch zwischen der Bundesrepublik Deutschland und den Vereinigten Staaten von Amerika zur Förderung der Steuerehrlichkeit bei internationalen Sachverhalten und zur Umsetzung der US-amerikanischen Informations- und Meldebestimmungen bezüglich Auslandskonten.
Rechts-grundlagen	– FATCA-Abkommen vom 31.5. 2013. – FATCA-USA-Umsetzungsverordnung (FATCA-USA-UmsV) vom 28.5. 2014, zuletzt geändert am 20.12. 2016 (BGBl. I 2016, S.3000). – BMF-Schreiben vom 1.2. 2017 (BStBl I 2017, S.305).
Anwendung	Ab Kalenderjahr 2014.
Meldende Finanzinstitute	In Deutschland tätige Finanzinstitute (Verwahrinstitute, Einlageinstitute, Investmentunternehmen, spezifizierte Versicherungsgesellschaften).
Meldepflichtige Informationen	– Name, Anschrift und US-Steueridentifikationsnummer – Kontonummer. – Name und Identifikationsnummer des meldenden deutschen Finanzinstituts. – Kontostand oder -wert zum Ende des Kalenderjahres bzw. zum Zeitpunkt der Kontoauflösung. – Gesamtbruttoertrag der Zinsen, Dividenden und anderer Einkünfte, die mittels der Vermögenswerte dieses Kontos erzielt und an den Kontoinhaber gezahlt oder diesem gutgeschrieben wurden.
Fristen	– Meldung an das BZSt bis zum 31.7. des Folgejahres. – Austausch der Daten zwischen BZSt und IRS bis zum 30.9. des Folgejahres.

---

[1] Weitere Informationen unter www.bzst.de.

5.13.1.4   Erbschaftsteuer in wichtigen Staaten[1]

Land	Konzept	persönliche Freibeträge – Ehegatte – Kinder	Steuersätze – Ehegatte – Kinder
Belgien (Brüssel)[2]	Erbanfallsteuer	15 000 € 15 000 €	3–30 % 3–30 %
Bulgarien	Erbanfallsteuer	100 % 100 %	0 % 0 %
China	entfällt		
Dänemark	Nachlasssteuer	100 % 301 900 DKK	0 % 15 %
Deutschland	**Erbanfallsteuer**	**500 000 €**[3] **400 000 €**[3]	**7–30 %** **7–30 %**
Estland	entfällt		
Finnland	Erbanfallsteuer	80 000 € 60 000 €[4]	0,5–19 % 0,5–19 %
Frankreich	Erbanfallsteuer	100 % 100 000 €	0 % 5–45 %
Griechenland	Erbanfallsteuer	150 000 € 150 000 €	1–10 % 1–10 %
Großbritannien	Nachlasssteuer	100 % 325 000 £	0 % 40 %
Indien	entfällt		
Irland	Erbanfallsteuer	100 % 320 000 €	0 % 33 %
Italien	Erbanfallsteuer	1 Mio. € 1 Mio. €	4 % 4 %
Japan	Erbanfallsteuer	Nachlassfreibetrag von 30 Mio. YEN zuzüglich 6 Mio. YEN je Erbe[5]	10–55 % 10–55 %
Kanada	entfällt[6]		
Kroatien	Erbanfallsteuer	100 % 100 %	0 % 0 %
Lettland	entfällt		
Litauen	Erbanfallsteuer	100 % 100 %	0 % 0 %

Land	Konzept	persönliche Freibeträge – Ehegatte – Kinder	Steuersätze – Ehegatte – Kinder
Luxemburg	Erbanfallsteuer[7]/ Nachlasssteuer[11]	a) 100%[8] oder b) 38 000 €[9] 100%[10]	a) 0% b) 5%[9] 0%[10]
Niederlande	Erbanfallsteuer[7]	661 328 € 20 946 €	10–20% 10–20%
Norwegen		entfällt	
Österreich		entfällt[12]	
Polen	Erbanfallsteuer	100%[12] 100%[12]	0% 0%
Portugal		entfällt	
Rumänien		entfällt[13]	
Russische Föderation		entfällt	
Schweden		entfällt	
Schweiz[14]	Erbanfallsteuer	100%[15] 100%[15]	0% 0%
Serbien	Erbanfallsteuer	100% 100%	0% 0%
Slowakische Republik		entfällt	
Slowenien	Erbanfallsteuer	100% 100%	0% 0%
Spanien[16]	Erbanfallsteuer	15 956,87 € 15 956,87 €[17]	7,65–34% 7,65–34%
Tschechien		entfällt	
Türkei	Erbanfallsteuer	334 534 TRY[18] 0 TRY	1–10% 1–10%
Ungarn	Erbanfallsteuer	100% 100%	0% 0%
USA[19]	Nachlasssteuer	100%[20] 11,7 Mio. $[21]	18–40% 18–40%
Zypern		entfällt	

Fußnoten am Ende des Kapitels.

Fußnoten von vorhergehender Aufstellung:

[1] Entnommen aus Troll/Gebel/Jülicher, Erbschaftsteuer- und Schenkungsteuergesetz, Anhang zu §21 ErbStG, Stand Januar 2021.
[2] Sonderregelungen für Wallonien, Flandern und Brüssel-Hauptstadt.
[3] Zuzüglich Versorgungsfreibeträge von 256 000 € für Ehegatten, für Kinder bis zum 27. Lebensjahr 52 000–10 300 €, Einzelheiten vgl. Kap. 5.12.
[4] Nur minderjährige Kinder, Freibetrag für volljährige Kinder: 20 000 €.
[5] Ggf. zusätzlicher Freibetrag für den Ehegatten bis zu 160 Mio. YEN; bei minderjährigen Kindern Erhöhung um 60 000 YEN für jedes Jahr bis zum 20. Lebensjahr.
[6] Aber: capital gains tax, Anrechnung auf deutsche Erbschaftsteuer nicht möglich.
[7] Erblasser hatte im Todeszeitpunkt seinen Wohnsitz im Inland.
[8] Ehegatten mit gemeinsamen Kindern oder deren Abkömmlingen.
[9] Ehegatten ohne gemeinsame Abkömmlinge, darüber hinaus mit 5 % steuerpflichtig, zuzüglich einem von der Höhe des Nachlasses abhängigen, progressiv gestaffelten Zuschlag.
[10] Bis zur Höhe des gesetzlichen Erbteils, darüber hinaus mit 5 % steuerpflichtig, zuzüglich einem von der Höhe des Nachlasses abhängigen, progressiv gestaffelten Zuschlag.
[11] Erblasser hatte im Todeszeitpunkt seinen Wohnsitz nicht im Inland.
[12] Anzeigepflicht gegenüber den Behörden.
[13] Steuerfrei, sofern die Erklärung innerhalb von 2 Jahren eingereicht wird.
[14] Der Bund und der Kanton Schwyz erheben keine Erbschaftsteuer; im Kanton Graubünden: Nachlasssteuer.
[15] Regelung im Kanton Zürich, gilt auch für die meisten anderen Kantone.
[16] Regionale Besonderheiten sind zu beachten.
[17] Erhöhung um 3 990,72 € für jedes Jahr bis zum 21. Lebensjahr bis auf maximal 47 858,59 € insgesamt.
[18] Ehegatten mit Nachkommen: 669 479 TRY.
[19] Bundessteuer, zusätzlich erheben einige Einzelstaaten Nachlasssteuern.
[20] Wenn Ehegatte gebietsansässiger US-Staatsangehöriger ist.
[21] Nachlassfreibetrag (Unified Tax Credit) in 2021.

5.13.1.5 Vermögensteuern für natürliche und juristische Personen 2020*

Staaten	Natürliche Personen					Juristische Personen	
	Steuersätze[1]	Persönliche Freibeträge[2]		Absetzbar bei Einkommensteuer		Steuersätze	Absetzbar bei Körperschaftsteuer
		Nationale Währung	€[3]				
EU-Staaten							
Frankreich[4] (nur Immobilienvermögen)	bis 800 000 € 0 % von 800 000 € 0,50 % bis 1,3 Mio. € von 1,3 Mio. € 0,70 % bis 2,570 Mio. € von 2,570 Mio. € 1,00 % bis 5 Mio. € von 5 Mio. € 1,25 % bis 10 Mio. € über 10 Mio. € 1,50 %	keine Freibeträge i. e. S.; steuerfrei 800 000 € (vgl. Spalte „Steuersätze")[5]	800 000	nein[6]		–	–
Luxemburg	–	–	–	–		0,5 %[7] (0,05 % auf Vermögen > 500 Mio. €)	nein[8]

Fußnoten am Ende des Kapitels.

Staaten	Natürliche Personen				Juristische Personen	
	Steuersätze[1]	Persönliche Freibeträge[2]		Absetzbar bei Einkommensteuer	Steuersätze	Absetzbar bei Körperschaftsteuer
		Nationale Währung	€[3]			
Spanien[9]	0,2 % bis 167 129,45 € 0,3 % von 167 129,45 € bis 334 252,88 € 0,5 % von 334 252,88 € bis 668 499,75 € 0,9 % von 668 499,75 € bis 1 336 999,51 € 1,3 % von 1 336 999,51 € bis 2 673 999,01 € 1,7 % von 2 673 999,01 € bis 5 347 998,03 € 2,1 % von 5 347 998,03 € bis 10 695 996,06 € 2,5 % über 10 695 996,06 €	700 000 € allgemein	700 000	nein[10]	–	–

Andere Staaten

Norwegen	Staats- und Gemeindesteuer					
	0 % bis 1,5 Mio. NOK 0,85 % über 1,5 Mio. NOK	keine Freibeträge i.e.S.; steuerfrei 1,5 Mio. NOK (vgl. Spalte „Steuersätze")	140 787	nein	–	–

Staaten	Natürliche Personen				Juristische Personen	
	Steuersätze[1]	Persönliche Freibeträge[2]		Absetzbar bei Einkommensteuer	Steuersätze	Absetzbar bei Körperschaftsteuer
		Nationale Währung	€[3]			
Schweiz (Zürich)	Kantons- und Gemeindesteuer	77 000 CHF	71 889	nein	Kantons- und Gemeindesteuern allgemein 0,16425 %	ja
	0 % bis 77 000 CHF					
	0,110 % von 77 000 CHF bis 308 000 CHF					
	0,219 % von 308 000 CHF bis 694 000 CHF					
	0,329 % von 694 000 CHF bis 1.310 Mio. CHF					
	0,438 % von 1.310 Mio. CHF bis 2.235 Mio. CHF					
	0,548 % von 2.235 Mio. CHF bis 3.158 Mio. CHF					
	0,657 % über 3.158 Mio. CHF					

* Quelle: Die wichtigsten Steuern im internationalen Vergleich 2020, Bundesministerium der Finanzen, Download unter http:// www.bundesfinanzministerium.de/Content/DE/Downloads/Broschueren_Bestellservice/2021-06-21-die-wichtigsten-steuern-im-internationalen-vergleich-2020-ausgabe-2021.pdf, Seiten 40–41. Die Aktualisierung erfolgt jeweils im Januar des Folgejahres.

[1] Grundtarif für Alleinstehende.
[2] Ohne Sonderfreibeträge, z.B. für Alter, Invalidität und bestimmte Vermögensarten.
[3] Soweit erforderlich, erfolgt die Umrechnung der Landeswährungen über die vom Bundesministerium der Finanzen veröffentlichten Umsatzsteuer-Umrechnungskurse Juli 2020.
[4] Vermögensteuer auf Grundstücke und Grundstücksrechte, Betriebsvermögen ist steuerfrei.
[5] Die Vermögensteuer gilt jedoch erst ab einem Nettovermögen von 1,3 Mio. €.
[6] Jedoch Plafond: für Einkommen- und Vermögensteuer zusammen 75 % des Einkommens.
[7] Mindestvermögensteuer zwischen 535 € und 32 100 € abhängig von der Bilanzsumme.
[8] Ist die Vermögensteuer niedriger als die Mindestvermögensteuer, so ist die Mindestvermögensteuer unter Anrechnung der Körperschaftsteuerschuld (begrenzt bis zur Höhe der Vermögensteuer) zu zahlen.
[9] Sofern keine anderen Regelungen durch die autonomen Regionen.
[10] Jedoch Plafond: für Einkommen- und Vermögensteuer zusammen 60 % des zu versteuernden Einkommens, mindestens 20 % der ursprünglich berechneten Vermögensteuer.

5.13.1.6 Umsatzsteuer

5.13.1.6.1 Umsatzsteuersätze in wichtigen Staaten (Stand: Dezember 2020)[1]

Staaten[2]	Bezeichnung der Umsatzsteuer	Steuersätze in v.H.	
		Normal-satz	ermäßigte Sätze[3]
EU-Staaten			
Belgien	taxe sur la valeur ajoutée (TVA) oder belasting over de toegevoegde waarde (BTW)	21	6; 12
Bulgarien	Dana Dobavena Stoynost (DDS)	20	9
Dänemark	omsætningsavgift (MOMS)	25	–
Deutschland	Umsatzsteuer	**bis 30.6.2020 :** 19 **ab 1.7.2020 :** 16[4]	7 5[4]
Estland	Käibemaks	20	9
Finnland	arvonlisävero (AVL) oder mervärdesskatt (ML)	24	10; 14
Frankreich	taxe sur la valeur ajoutée (TVA)	20	2,1; 5,5; 10
Griechenland	foros prostithemenis axias (FPA)	24	6; 13
Irland	value added tax (VAT)	bis 31.8.2020 : 23 ab 1.9.2020 : 21[4]	4,8/9/13,5
Italien	imposta sul valore aggiunto (IVA)	22	4; 5; 10
Kroatien	Porez na dodanu vrijednost (PDV)	25	5; 13
Lettland	Pievienotas vertibas nodoklis	21	5; 12
Litauen	Pridètinès vertès mokestis (PVM)	21	5; 9
Luxemburg	taxe sur la valeur ajoutée (TVA)	17	3; 8; 14
Malta	value added tax (VAT)	18	5; 7
Niederlande	omzetbelasting (OB) oder belasting over de toegevoegde waarde (BTW)	21	9
Österreich	*Umsatzsteuer*	20	5[5]; 10; 13
Polen	Podatek od tomaròw i uslug	23	5; 8

Fußnoten auf der nächsten Seite.

Staaten[2]	Bezeichnung der Umsatzsteuer	Steuersätze in v.H.	
		Normal- satz	ermäßigte Sätze[3]
Portugal	imposto sobre o valor acrescentado (IVA)	23	6; 13
Rumänien	Taxa pe valoarea adăugată	19	5; 9
Schweden	mervärdeskatt (ML)	25	6; 12
Slowakei	Dan z pridanej hodnoty	20	10
Slowenien	Davek na dodano vred nost (DDV)	22	5/9,5
Spanien	impuesto sobre el valor añadido (IVA)	21	4; 10
Tschechien	Daňí z přidané hotnoty	21	10; 15
Ungarn	Általános forgalmi adó	27	5; 18
Zypern[6]	foros prostithemenis axias (FPA)	19	5; 9
Andere Staaten			
Japan	Shohizei Ho	10	8
Kanada Bund Provinzen	goods and services tax (GST) provincial sales taxes (PST)	5 0 bis 10	– –
Norwegen	merverdiavgift (MVA) bis 31. 3. 2020 ab 1. 4. 2020	25	12/15 6[4]/15
Schweiz	Mehrwertsteuer (MWSt)	7,7	2,5; 3,7
Vereinigtes Königreich	value added tax (VAT)	20	5

---

[1] Quelle: „Die wichtigsten Steuern im internationalen Vergleich 2020", Bundesministerium der Finanzen, Download unter http://www.bundesfinanzministerium.de/Content/DE/Downloads/Broschueren_Bestellservice/2021-06-21-die-wichtigsten-steuern-im-internationalen-vergleich-2020-ausgabe-2021.pdf, Seiten 44–45. Die Aktualisierung erfolgt jeweils im Januar des Folgejahres.
[2] Ohne regionale Sondersätze.
[3] Insbesondere für bestimmte Warengruppen des lebensnotwendigen Bedarfs und für bestimmte Dienstleistungen im Sozial- und Kulturbereich.
[4] COVID-19 Maßnahme.
[5] COVID-19 Maßnahme: Ermäßigter Steuersatz von 5 % in den Bereichen Gastronomie, Kultur und Verlagswesen ab 1.7.2020.
[6] Nur griechischsprachiger Teil.

5.13.1.6.2 Grafischer Vergleich der Umsatzsteuersätze[1]

Umsatzsteuer-Normalsätze in der EU 2020

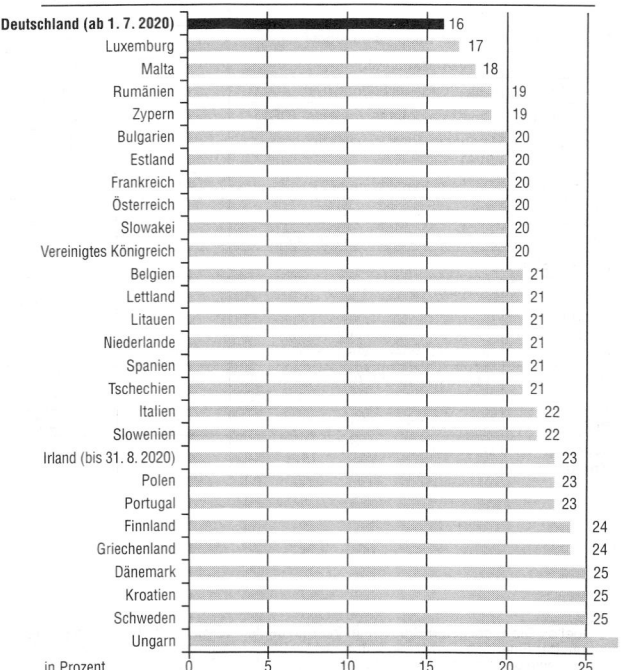

Land	in Prozent
Deutschland (ab 1. 7. 2020)	16
Luxemburg	17
Malta	18
Rumänien	19
Zypern	19
Bulgarien	20
Estland	20
Frankreich	20
Österreich	20
Slowakei	20
Vereinigtes Königreich	20
Belgien	21
Lettland	21
Litauen	21
Niederlande	21
Spanien	21
Tschechien	21
Italien	22
Slowenien	22
Irland (bis 31. 8. 2020)	23
Polen	23
Portugal	23
Finnland	24
Griechenland	24
Dänemark	25
Kroatien	25
Schweden	25
Ungarn	27

[1] Quelle: Die wichtigsten Steuern im internationalen Vergleich 2020, Bundesministerium der Finanzen, Download unter http://www.bundesfinanzministerium.de/Content/DE/Downloads/Broschueren_Bestellservice/2021-06-21-die-wichtigsten-steuern-im-internationalen-vergleich-2020-ausgabe-2021.pdf, S. 46. Die Aktualisierung erfolgt jeweils im Januar des Folgejahres.

5.13.1.6.3 Vorsteuervergütungsverfahren

Für Unternehmer besteht grundsätzlich die Möglichkeit, sich die in einem anderen Staat durch ein dort ansässiges Unternehmen in Rechnung gestellten Mehrwertsteuerbeträge über eine zentrale Erstattungsstelle vergüten zu lassen[1].

Ansässigkeitsstaat Unternehmer	Vorsteuerbeträge aus	Antragstellung
Deutschland	EU[2]	Ausschließlich elektronisch über das Online-Portal des BZSt[3]. Die Anforderungen der einzelnen EU-Länder sind zu beachten, siehe Kap. 5.13.1.6.4.
Deutschland	Drittland, Gegenseitigkeit gegeben (siehe Kap. 5.13.1.6.5)	Bei der zentralen Erstattungsbehörde des Drittlandes[4]. Adressen müssen im Drittland erfragt werden. Unternehmerbescheinigungen (USt 1 TN) werden vom zuständigen deutschen Finanzamt ausgestellt.
Deutschland	Drittland, Gegenseitigkeit nicht gegeben (siehe Kap. 5.13.1.6.5)	Grundsätzlich keine Erstattung möglich.
EU[2]	Deutschland	Elektronisch über die Erstattungsbehörde des Ansässigkeitsstaats.
Drittland	Deutschland	Ausschließlich elektronisch über das Online-Portal des BZSt[3].

---

[1] Einzelheiten unter http://www.bzst.de/DE/Unternehmen/Umsatzsteuer/
Vorsteuerverguetung/vorsteuerverguetung_node.html, siehe auch Kap. 5.9.6.6.
[2] Bis 31.3.2021 inkl. Großbritannien.
[3] https://www.elster.de/bportal/start.
[4] Ausgewählte Formulare unter http://www.bzst.de/DE/Unternehmen/Umsatzsteuer/
Vorsteuerverguetung/InlaendischeUnternehmer/inlaendischeunternehmer.html.

5.13.1.6.4 Vorsteuervergütungsverfahren – EU

Präferenzen der EU-Mitgliedstaaten bei Vorsteuervergütungsanträgen[1]

		Warenbeschreibung durch Subcodes[3] erforderlich (Art. 9.2)[4]	Elektronische Kopien der Originalrechnungen erforderlich (Art. 10)[4]	Grenzwerte (Art. 10)[4] in nationaler Währung	Geschäftsbeschreibung durch NACE-Codes erforderlich (Art. 11)[4]	Akzeptierte Sprachen (Art. 12)[4]	Einschränkungen beim Vergütungszeitraum (Art. 16)[4]	Voraussetzung für Vertretung durch Dritte	Zahlung an Dritte	Korrekturen/ Änderungen
BE	Belgien	Ja	Bei Überschreiten der Grenzwerte 250 und 1000 €	250 € und 1000 €	Ja	1. Französisch 2. Niederländisch 3. Deutsch 4. Englisch		Mit Vollmacht	Ja, mit Vollmacht	Ja[2]
BG	Bulgarien	Ja	Nein (werden eventuell angefordert gem. Art. 20)		Ja	1. Bulgarisch 2. Englisch		Schriftliche Vollmacht muss persönlich der Steuerbehörde vorgelegt werden	Nein	Ja[2]
DK	Dänemark	Ja	Nein		Ja	1. Dänisch 2. Englisch 3. Deutsch	Nicht mehr als 1 Kalenderjahr und nicht weniger als 3 Kalendermonate	Mit Vollmacht	Ja, mit Vollmacht	Ja[2]
EE	Estland	Ja	bei Überschreiten der Grenzwerte Art. 10	250 € und 1000 €	Ja	1. Estnisch 2. Englisch	Nicht mehr als 1 Kalenderjahr und nicht weniger als 3 Kalendermonate	Mit Vollmacht	Ja, mit Vollmacht	Ja[2]

Fußnoten am Ende des Kapitels.

		Warenbeschreibung durch Subcodes[3] erforderlich (Art. 9.2)[4]	Elektronische Kopien der Original-rechnungen erforderlich (Art. 10)[4]	Grenzwerte (Art. 10)[4] in nationaler Währung	Geschäftsbeschreibung durch NACE-Codes erforderlich (Art. 11)[4]	Akzeptierte Sprachen (Art. 12)[4]	Einschränkungen beim Vergütungszeitraum (Art. 16)[4]	Voraussetzung für Vertretung durch Dritte	Zahlung an Dritte	Korrekturen/Änderungen
FI	Finnland	Ja	wenn steuerpflichtiger Betrag der Rechnung oder Einfuhrbelege 1 000 € übersteigt	1 000 €	Ja	1. Finnisch 2. Schwedisch 3. Englisch	Nicht mehr als 1 Kalenderjahr und nicht weniger als 3 Kalendermonate	Mit Vollmacht	Ja, auf Bitte des Steuerpflichtigen	Ja[2]
FR	Frankreich	Ja (zusätzl. zu den Angaben gem. Art. 8)	bei Überschreiten der Grenzwerte Art. 10	250 € und 1000 €	Ja	1. Französisch 2. Englisch	Nicht mehr als 1 Kalenderjahr und nicht weniger als 3 Kalendermonate oder Rest des Jahres (z. B. 1.11.–31.12.)	Mit Vollmacht	Ja, auf Bitte des Steuerpflichtigen mit Vollmacht und nur auf Euro-Konto	Nein
EL	Griechenland	Ja	bei Überschreiten der Grenzwerte Art. 10	250 € und 1000 €	Ja	1. Griechisch 2. Englisch 3. Französisch		Mit Vollmacht	Ja, auf Bitte des Steuerpflichtigen (beglaubigte Vollmacht mit Apostille)	Ja[2]
GB	Großbritannien[5]	Ja	bei Überschreiten der Grenzwerte Art. 10	£ 200 und £ 750	Ja	1. Englisch	Nicht mehr als 1 Kalenderjahr und nicht weniger als 3 Kalendermonate	Mit schriftlicher Vollmacht	Ja, auf Bitte des Steuerpflichtigen; nur auf ein Euro-Konto	Ja[2]

	Warenbeschreibung durch Subcodes[3] erforderlich (Art. 9.2)[4]	Elektronische Kopien der Originalrechnungen erforderlich (Art. 10)[4]	Grenzwerte (Art. 10)[4] in nationaler Währung	Geschäftsbeschreibung durch NACE-Codes erforderlich (Art. 11)[4]	Akzeptierte Sprachen (Art. 12)[4]	Einschränkungen beim Vergütungszeitraum (Art. 16)[4]	Voraussetzung für Vertretung durch Dritte	Zahlung an Dritte	Korrekturen/Änderungen
IE Irland	Ja	bei Überschreiten der Grenzwerte Art. 10	250 € und 1000 €	Ja	1. Englisch 2. Irisch		Mit schriftlicher Vollmacht	Ja, mit Vollmacht	Ja[2]
IT Italien	Ja	Nein (werden eventuell angefordert gem. Art. 20)		Ja	1. Italienisch 2. Englisch 3. Französisch	Nur Quartalsanträge (1.1.–31.3.; 1.4.–30.6.; 1.7.–30.9.; 1.10.–31.12.) oder jährlich (1.1.–31.12.)	Mit Vollmacht; der Dritte muss im Erstattungsstaat registriert sein	Nein	Nein
HR Kroatien	Ja	Nein (werden eventuell gem. Art. 20)		Ja	1. Kroatisch 2. Englisch	Nicht mehr als 1 Kalenderjahr und nicht weniger als 3 Kalendermonate oder Rest des Jahres (z. B. 1.11.–31.12.)	Mit Vollmacht	Ja, auf Bitte des Steuerpflichtigen	Ja[2]
LV Lettland	Ja	bei Überschreiten der Grenzwerte Art. 10	175,70 LVL und 702,80 LVL	Ja	1. Lettisch 2. Englisch		Mit Vollmacht	Ja, auf Bitte des Steuerpflichtigen	Ja[2]
LT Litauen	Ja	bei Überschreiten der Grenzwerte Art. 10	250 € und 1000 €	Ja	1. Litauisch 2. Englisch	Nicht mehr als 1 Kalenderjahr und nicht weniger als 3 Kalendermonate	Mit Vollmacht; der Dritte muss im Erstattungsstaat registriert sein	Ja, auf Bitte des Steuerpflichtigen	Ja[2]

	Warenbeschreibung durch Subcodes³ erforderlich (Art. 9.2)⁴	Elektronische Kopien der Originalrechnungen erforderlich (Art. 10)⁴	Grenzwerte (Art. 10)⁴ in nationaler Währung	Geschäftsbeschreibung durch NACE-Codes erforderlich (Art. 11)⁴	Akzeptierte Sprachen (Art. 12)⁴	Einschränkungen beim Vergütungszeitraum (Art. 16)⁴	Voraussetzung für Vertretung durch Dritte	Zahlung an Dritte	Korrekturen/Änderungen
LU Luxemburg	Nein	Nein		Ja	1. Französisch 2. Deutsch 3. Englisch		Mit schriftlicher Vollmacht	Ja, auf Bitte des Steuerpflichtigen	Nein
MT Malta	Ja	bei Überschreiten der Grenzwerte Art. 10	250 € und 1 000 €	Ja	1. Maltesisch 2. Englisch	Nicht mehr als 1 Kalenderjahr und nicht weniger als 3 Kalendermonate	Mit schriftlicher Vollmacht	Ja, bei Vorlage der Original-Vollmacht	Ja²
NL Niederlande	Ja	Nein		Ja	1. Niederländisch 2. Englisch 3. Deutsch		Mit Vollmacht	Ja, mit Vollmacht	Ja²
AT Österreich	Ja	Nein (werden evtl. im Zusammenhang mit Risikoanalyse od. Art. 20 angefordert)		Ja	1. Deutsch 2. Englisch (nur Bemerkungen Art. 9(1)10)	Mehrere aufeinanderfolgende Quartale in einem Antrag möglich	Mit Vollmacht	Ja, mit Vollmacht	Ja²
PL Polen	Ja	bei Überschreiten der Grenzwerte Art. 10	250 € und 1 000 €	Ja	1. Polnisch	Nicht mehr als 1 Kalenderjahr und nicht weniger als 3 Kalendermonate oder Rest des Jahres (z. B. 1/11–31/12)	Mit schriftlicher Vollmacht	Nein	Ja²
PT Portugal	Ja	Nein		Ja	1. Portugiesisch 2. Englisch		Mit Vollmacht	Ja, mit Vollmacht	Ja²

	Warenbeschreibung durch Subcodes[3] erforderlich (Art. 9.2)[4]	Elektronische Kopien der Originalrechnungen erforderlich (Art. 11)[4]	Grenzwerte (Art. 10)[4] in nationaler Währung	Geschäftsbeschreibung durch NACE-Codes erforderlich (Art. 11)[4]	Akzeptierte Sprachen (Art. 12)[4]	Einschränkungen beim Vergütungszeitraum (Art. 16)[4]	Voraussetzung für Vertretung durch Dritte	Zahlung an Dritte	Korrekturen/Änderungen
RO Rumänien	Ja	bei Überschreiten der Grenzwerte Art. 10	1 057,05 RON und 4 228,20 RON	Ja	1. Rumänisch		Mit Vollmacht	Ja, mit Vollmacht	Ja[2]
SE Schweden	Ja	Nein		Ja	1. Schwedisch 2. Englisch 3. Deutsch		Mit schriftlicher Vollmacht	Ja, wenn Daten von Antragsteller geliefert	Ja[2]
SK Slowakei	Ja	bei Überschreiten der Grenzwerte Art. 10	250 € und 1 000 €	Ja	1. Slowakisch	Nicht mehr als 1 Kalenderjahr und nicht weniger als 3 Kalendermonate	Mit Vollmacht	Ja, auf Bitte des Steuerpflichtigen	Ja[2]
SI Slowenien	Ja	Nein		Ja	1. Slowenisch 2. Englisch	Nur Quartalsanträge (1.1.–31.3.; 1.4.–30.6.; 1.7.–30.9.; 1.10.–31.12.) oder jährlich (1.1.–31.12.)	Mit Vollmacht	Ja, mit Vollmacht	Ja[2]
ES Spanien	Ja	bei Überschreiten der Grenzwerte Art. 10	250 € und 1 000 €	Ja	1. Spanisch 2. Englisch (nur für Bemerkungen gem. Art. 9)	Nur Quartalsanträge (1.1.–31.3.; 1.4.–30.6.; 1.7.–30.9.; 1.10.–31.12.) oder jährlich (1.1.–31.12.)	Mit schriftlicher Vollmacht	Ja, mit Vollmacht	Ja[2]

	Warenbeschreibung durch Subcodes[3] erforderlich (Art. 9.2)[4]	Elektronische Kopien der Originalrechnungen erforderlich (Art. 10)[4]	Grenzwerte (Art. 10)[4] in nationaler Währung	Geschäftsbeschreibung durch NACE-Codes erforderlich (Art. 11)[4]	Akzeptierte Sprachen (Art. 12)[4]	Einschränkungen beim Vergütungszeitraum (Art. 16)[4]	Voraussetzung für Vertretung durch Dritte	Zahlung an Dritte	Korrekturen/Änderungen
CZ Tschechien	Nein	bei Überschreiten der Grenzwerte Art. 10	250 € und 1 000 €	Ja	1. Tschechisch		Mit Vollmacht	Ja, wenn Daten von Antragsteller geliefert	Ja[2]
HU Ungarn	Ja	bei Überschreiten der Grenzwerte Art. 10	63 000 HUF und 300 000 HUF	Nein	1. Ungarisch 2. Englisch	Nicht mehr als 1 Kalenderjahr und nicht weniger als 3 Kalendermonate oder Rest des Jahres (z. B. 1/11–31/12)	Mit Vollmacht (wenn Dritter spezielle Qualifikation hat)	Nein	Ja[2]
CY Zypern	Nein	bei Überschreiten der Grenzwerte Art. 10	250 € und 1 000 €	Ja	1. Griechisch 2. Englisch 3. Türkisch		Mit schriftlicher Vollmacht	Ja, auf Bitte des Steuerpflichtigen	Ja[2]

[1] bzst.de/DE/Unternehmen/Umsatzsteuer/Vorsteuervverguetung/InlaendischeUnternehmer/inlaendischeunternehmer.html, Stand 22.3. 2017.

[2] Bitte beachten Sie, dass die Anforderungen an die Form und den Inhalt von Korrektur-/Änderungsanträgen in den einzelnen Mitgliedstaaten variieren und Korrekturen und Änderungen z.T. nur unter bestimmten Voraussetzungen akzeptiert werden. Zur Vermeidung einer Abweisung des gestellten Antrages empfiehlt das BZSt, sich vor der Stellung des Antrages beim Mitgliedstaat der Erstattung genau über die Anforderungen und Voraussetzungen zu erkundigen. Sofern die im Antragsformular vorhandenen Anlagepositionen nicht ausreichen sollten, erkundigen Sie sich bitte beim Mitgliedstaat der Erstattung, ob die Einreichung mehrerer Anträge für den selben Vergütungszeitraum möglich ist.

[3] In dem Erstattungsantrag muss die Art der erworbenen Gegenstände und Dienstleistungen nach folgenden Kennziffern (Codes – Kategorien) aufgeschlüsselt werden:
1 = Kraftstoff;
2 = Vermietung von Beförderungsmitteln;
3 = Ausgaben für Transportmittel (andere als unter Kennziffer 1 oder 2 beschriebene Gegenstände und Dienstleistungen);
4 = Maut und Straßenbenutzungsgebühren;
5 = Fahrtkosten wie Taxikosten, Kosten für die Benutzung öffentlicher Verkehrsmittel;
6 = Beherbergung;
7 = Speisen, Getränke und Restaurantdienstleistungen;
8 = Eintrittsgelder für Messen und Ausstellungen;
9 = Luxusausgaben, Ausgaben für Vergnügungen und Repräsentationsaufwendungen;
10 = Sonstiges.
Durch die Subcodes (Unterkategorien) werden die o.g. Kennziffern weiter aufgeschlüsselt. Bitte beachten Sie, dass die Subcodes von der Mehrheit der Erstattungsstaaten gefordert werden; fehlende Subcodes können zu einer Ablehnung des Antrages führen. Die Aufschlüsselung der Unterkategorien können Sie der Verordnung Nr. 1174/2009 der Kommission entnehmen.

[4] Informationen zu den angegebenen Artikeln können der EU-Richtlinie zur Erstattung der Mehrwertsteuer entnommen werden.

[5] Die Mitgliedschaft Großbritanniens in der Europäischen Union ist mit Ablauf des 31.1.2020 beendet worden. Anträge, die Vergütungszeiträume des Jahres 2020 betreffen, waren bis zum 31.3.2021 nach den Vorschriften der Richtlinie 2008/9/EG des Rates vom 12.2.2008 zu stellen. Für der Warenverkehr mit Nordirland gelten über den 31.3.2021 hinaus Sonderregelungen. Die Vorschriften der o.g. Richtlinie des Rates finden auf die Vergütung von Vorsteuern, die auf Warenbezüge inländischer Unternehmer in Nordirland entfallen, weiterhin Anwendung. Für die Vergütung von Vorsteuer, die auf den Bezug von Dienstleistungen in Nordirland entfallen, gelten die Regelungen für die Vergütung an Unternehmer in Drittstaaten.

5.13.1.6.5 Vorsteuervergütungsverfahren – Drittland

1. Verzeichnis der Drittstaaten, bei denen die Voraussetzungen des § 18 Abs.9 Satz 5 UStG vorliegen (Gegenseitigkeit gegeben)[1]

Andorra
Antigua und Barbuda
  (bis 28.1.2007)
Australien
Bahamas
Bahrain
Bermudas
Bosnien und Herzegowina
  (seit 1.1.2006)
Britische Jungferninseln
Brunei Darussalam
Cayman-Insel
China (Taiwan)
  (ab 1.7.2010)
Eswatini (Swasiland)
  (bis 31.3.2012)
Gibraltar
Grenada
Grönland
Guernsey
Hongkong (VR China)

Irak
Iran (bis 21.9.2008)
Island
Israel (seit 14.7.1998)
Jamaika
Japan
Jersey
Kanada
Katar
Korea,
  Dem. Volksrepublik
Korea, Republik
  (seit 1.1.1999)
Kuwait
Libanon
Liberia (seit 30.6.2001)
Libyen
Liechtenstein
Macao
Malediven
Marshallinseln

Mazedonien
  (seit 1.4.2000)
Neuseeland
  (seit 1.4.2014)
Norwegen
Oman
Pakistan (seit 1.7.2008)
Salomonen
San Marino
Saudi-Arabien
Schweiz
Serbien (seit 1.7.2013)
St. Vincent und die
  Grenadinen
Vatikan
Vereinigte Arabische
  Emirate
Vereinigtes Königreich
  (seit 1.1.2021)
Vereinigte Staaten
  von Amerika (USA)

---

[1] BMF-Schr. vom 17.10.2014 (BStBl I 2014 S. 1369) und vom 15.3.2021 (DStR 2021 S. 671).

2. Verzeichnis der Drittstaaten, bei denen die Voraussetzungen des § 18 Abs. 9 Satz 5 UStG nicht vorliegen (<u>Gegenseitigkeit nicht gegeben</u>)[1]

Ägypten
Albanien
Algerien
Angola
Antigua und Barbuda
 (seit 29.1.2007)
Argentinien
Armenien
Aserbaidschan
Äthiopien
Bangladesch
Barbados
Belize (seit 1.7.2006)
Bolivien
Botsuana
Brasilien
Chile
China (Volksrepublik)
Costa Rica
Côte d'Ivoire
 (Elfenbeinküste)
Curaçao
 (seit 10.10.2010)
Dominikanische Republik
Ecuador
El Salvador
Eritrea
Eswatini (Swasiland)
 (seit 1.4.2012)
Färöer-Inseln
Fidschi
Franz. Polynesien (Tahiti)
Gambia (seit 1.1.2013)
Georgien
Ghana
Guatemala
Haïti

Honduras
Indien
Indonesien
Iran
 (seit 22.9.2008)
Jemen
Jordanien
Kasachstan
Kenia
Kolumbien
Kongo, Demokratische
 Republik
Kosovo (seit 1.1.2001)
Kuba
Laos (seit 1.1.2010)
Lesotho
Liberia (seit 1.7.2001)
Madagaskar
Malawi
Malaysia
Marokko
Mauretanien
Mauritius
Mexiko
Moldawien
Mongolei
Montenegro
Mosambik
Myanmar
Namibia
Nepal
Neuseeland
 (bis 31.3.2014)
Nicaragua
Niger
Nigeria
Panama

Paraguay
Peru
Philippinen
Puerto Rico
Russland
Sambia
Senegal
Serbien
 (bis 30.6. 2013)
Seychellen
Sierra Leone
Simbabwe
Singapur
Sint Maarten
 (seit 10.10.2010)
Somalia
Sri Lanka
St. Kitts und Nevis
 (seit 1.11.2010)
Sudan
Südafrika
Syrien
Tansania
Thailand
Togo
Trinidad und Tobago
Tunesien
Türkei
Turkmenistan
Ukraine
Uruguay
Usbekistan
Venezuela
Vietnam
Westsamoa
Weißrussland

---

[1] Vgl. BMF-Schr. vom 17.10.2014 (BStBl I 2014 S. 1369) und vom 15.3.2021 (DStR 2021 S. 671).

5.13.1.6.6 Umsatzsteuerliche Schwellenwerte in der EU[1]

5.13.1.6.6.1 Definitionen

Erwerbsschwelle	Voraussetzungen	– Unternehmer mit ausschließlich steuerfreien Umsätzen ohne Vorsteuerabzugsberechtigung oder Kleinunternehmer oder pauschal versteuernde Land- und Forstwirte oder juristische Personen für ihren nichtunternehmerischen Bereich. – Erwerb von Waren aus der EU. – Überschreiten der Erwerbsschwelle (Deutschland: 12 500 €) im vorangegangenen bzw. laufenden Kalenderjahr.
	Rechtsfolgen	Registrierungspflicht und Besteuerung der innergemeinschaftlichen Erwerbe.
	Option	zur Erwerbsbesteuerung möglich.
Lieferschwelle	Voraussetzungen	– Lieferung von Waren in ein anderes EU-Land. – Abnehmer in der EU mit ausschließlich steuerfreien Umsätzen ohne Vorsteuerabzugsberechtigung oder Kleinunternehmer oder pauschal versteuernde Land- und Forstwirte oder juristische Personen für ihren nichtunternehmerischen Bereich. – Überschreiten der Lieferschwelle von 10 000 €, bemessen nach der Summe aller Umsätze, die in den übrigen EU-Mitgliedstaaten erbracht werden.
	Rechtsfolgen	Registrierungspflicht und Besteuerung im Bestimmungsland.
	Option	zur Besteuerung im Bestimmungsland möglich.
Kleinunternehmer[2]	Voraussetzungen	– Unternehmer ist in dem Mitgliedstaat ansässig, in dem die Umsatzsteuer geschuldet wird. – Lieferungen von Gegenständen oder Dienstleistungen. – Bruttojahresumsatz übersteigt nicht den Höchstbetrag.
	Rechtsfolgen	– Keine Erhebung der Umsatzsteuer. – Kein Vorsteuerabzug.
	Option	zur Regelbesteuerung möglich.

---

[1] Siehe auch Kap. 5.9.9. Umfangreiche Änderungen der Mehrwertsteuersystemrichtlinie (Richtlinie 2006/112/EG) geplant.
[2] Siehe auch Kap. 5.9.10.1.

5.13.1.6.6.2 Übersicht[1]

Land	Erwerbsschwelle	Lieferschwelle	Kleinunternehmer-grenzen
Belgien	11 200 €	10 000 €	25 000 €
Bulgarien	20 000 BGN	10 000 €	50 000 BGN
Dänemark	80 000 DKK	10 000 €	50 000 DKK
Estland	10 000 €	10 000 €	40 000 €
Finnland	10 000 €	10 000 €	10 000 €
Frankreich	10 000 €	10 000 €	82 800/42 900/ 33 200 €
Griechenland	10 000 €	10 000 €	10 000 €
Irland	41 000 €	10 000 €	–
Italien	10 000 €	10 000 €	65 000 €
Kroatien	77 000 HRK	10 000 €	300 000 HRK
Lettland	10 000 €	10 000 €	40 000 €
Litauen	14 000 €	10 000 €	45 000 €
Luxemburg	10 000 €	10 000 €	30 000 €
Malta	10 000 €	10 000 €	35 000 €
Niederlande	10 000 €	10 000 €	–
Österreich	11 000 €	10 000 €	30 000 €
Polen	50 000 PLN	10 000 €	200 000 PLN
Portugal	10 000 €	10 000 €	10 000 €
Rumänien	34 000 RON	10 000 €	300 000 RON
Schweden	90 000 SEK	10 000 €	30 000 SEK
Slowakei	14 000 €	10 000 €	49 790 €
Slowenien	10 000 €	10 000 €	50 000 €
Spanien	10 000 €	10 000 €	–
Tschechien	326 000 CZK	10 000 €	1 000 000 CZK
Ungarn	10 000 €	10 000 €	8 000 000 HUF
Zypern	10 251,61 €	10 000 €	15 600 €

---

[1] Quelle: https://ec.europa.eu/taxation_customs/sites/taxation/files/resources/ documents/taxation/vat/traders/vat_community/vat_in_ec_annexi.pdf, Stand Juli 2019, für Lieferschwelle Stand 1.7.2021.

5.13.1.6.7 Aufbau der Umsatzsteuer-Identifikationsnummern[1]

Mitgliedstaat	Bezeichnung der USt-IdNr. in der Landessprache	Abkürzung	Länder-kenn-zeichen	Aufbau Anzahl der weiteren Stellen
Belgien	le numéro d'identification à la taxe sur la valeur ajoutée; BTW-identificatie-nummer	No.TVA BTW-Nr.	**BE**	**zehn**, nur Ziffern (**alte** neunstellige USt-IdNrn. werden durch Voran-stellen der Ziffer $\varnothing$ ergänzt)
Bulgarien	Dank dobawena stoinost	DDS = ДДС	**BG**	**neun** oder **zehn**, nur Ziffern
Dänemark	momsregistrerings-nummer	SE-Nr.	**DK**	**acht**, nur Ziffern
Deutschland	Umsatzsteuer-Identifikationsnummer	USt-IdNr.	**DE**	**neun**, nur Ziffern
Estland	Käibemaksukohustuslase registreeri-misnumber	KMKR-number	**EE**	**neun**, nur Ziffern
Finnland	Arvonlisåverorekisteroin-tinumero	ALV-NRO	**FI**	**acht**, nur Ziffern
Frankreich	le numéro d'identification à la taxe sur la valeur ajoutée	keine	**FR**	**elf**, nur Ziffern bzw. die erste und/oder die zweite Stelle kann ein Buchstabe sein
Griechenland	Arithmos Forologikou Mitroou FPA	Α.Φ.Μ.	**EL**	**neun**, nur Ziffern
Irland	value added tax identification number	VAT No	**IE**	**acht**, die zweite Stelle <u>kann</u> und die letzte Stelle <u>muss</u> ein Buchstabe sein <u>oder:</u> neun Stellen (ab 1.1. 2013) 1.–7. Stelle Ziffern 8. Stelle Buchstabe von A–W 9. Stelle Buchstabe von A–I
Italien	il numero di registrazione IVA	P.IVA	**IT**	**elf**, nur Ziffern
Kroatien	Porez na dodanu vri-jednost hrvatskog iden-tifikacijski broj	HR PDV ID broj	**HR**	**elf**, nur Ziffern

---

[1] Quelle: http://www.bzst.de/DE/Unternehmen/Identifikationsnummern/Auslaendische USt-IdNr/auslaendische_ust_idnr_node.html, Stand 7.1.2021.

Mitgliedstaat	Bezeichnung der USt-IdNr. in der Landessprache	Abkürzung	Länder-kenn-zeichen	Aufbau Anzahl der weiteren Stellen
Lettland	pievienotāsvērtibas nodokļa reģistrācijas numurs	PVN reģistrācijas numurs	LV	**elf**, nur Ziffern
Litauen	Pridetines vertes mo-kescio moketojo kodas	PVM moke-tojo kodas	LT	**neun** oder **zwölf**, nur Ziffern
Luxemburg	le numéro d'identification à la taxe sur la valeur ajoutée	keine	LU	**acht**, nur Ziffern
Malta	value added tax identification number	VAT No	MT	**acht**, nur Ziffern
Niederlande	BTW-identificatienummer	OB-Num-mer	NL	**zwölf**, Ziffern, Buchsta-ben und die Zeichen „+" und „*" in zufälliger Reihenfolge
Norirland	valve added tax registrati-on number	VAT Reg. No.	XI	neun oder zwölf, nur Ziffern
Österreich	Umsatzsteueridentifika-tionsnummer	UID-Nr.	AT	**neun**, die erste Stelle muss der Buchstabe „U" sein
Polen	Numer identyfikacji podatkowej	NIP	PL	**zehn**, nur Ziffern
Portugal	o número de identificacao para efeitos do imposto sobre o valor acrescentado	NIPC	PT	**neun**, nur Ziffern
Rumänien	cod de înregistrare în scopuri de TVA	TVA	RO	maximal **zehn**, nur Ziffern, Ziffernfolge nicht mit ∅ beginnend
Schweden	Registreringsnummer för mervärdesskatt (Momsnummer)	MomsNr.	SE	**zwölf**, nur Ziffern, die beiden letzten Stellen bestehen immer aus der Ziffernkombination „∅1"
Slowakei	Identifikačné číslo pre daň z pridanej hodnoty	IČ DPH	SK	**zehn**, nur Ziffern
Slowenien	davčna številka	DDV	SI	**acht**, nur Ziffern

Mitgliedstaat	Bezeichnung der USt-IdNr. in der Landessprache	Abkürzung	Länder-kenn-zeichen	Aufbau Anzahl der weiteren Stellen
Spanien	el número de identification a efectos del Impuesto sobre el Valor Anadido	N.IVA	**ES**	**neun**, die erste und die letzte Stelle bzw. die erste <u>oder</u> die letzte Stelle <u>kann</u> ein Buchstabe sein
Tschechische Republik	danove identifikacni cislo	DIC	**CZ**	**acht**, **neun** oder **zehn**, nur Ziffern
Ungarn	közösségi adószám		**HU**	**acht**, nur Ziffern
Zypern (zurzeit nur griechischer Teil; einschließlich Akrotiti und Dhekalia)	Arithmos Egrafis FPA	keine	**CY**	**neun**, die letzte Stelle <u>muss</u> ein Buchstabe sein

Hinweis:
In mehreren EU-Mitgliedstaaten ist die USt-IdNr. die Steuernummer, unter der ein Unternehmer für umsatzsteuerliche Zwecke von den Finanzbehörden registriert wird und nicht, wie in der Bundesrepublik Deutschland, eine – in einem besonderen Verfahren erteilte - zusätzliche besondere Nummer. Vor diese Umsatzsteuernummer wird dann lediglich der entsprechende Ländercode gesetzt. Allerdings kann es sein, dass ungeachtet dessen ein besonderer Antrag erforderlich ist, damit die Daten des Unternehmers in die Datenbank aufgenommen werden, anhand derer im Bestätigungsverfahren (vgl. § 18e UStG) Bestätigungen erteilt werden.

Staaten	Kapitalverkehrsteuer z.B. Börsenumsatzsteuer, Stempelsteuer
EU-Staaten	
Belgien	0,35 % Börsenumsatzsteuer bei Kauf/Verkauf belgischer oder ausländischer, börsennotierter Aktien, Anleihen und anderer Wertpapiere, höchstens 1 600 €. Verschiedene Sondersteuersätze für bestimmte Wertpapiertransaktionen.
Finnland	1,6 % Kapitalverkehrsteuer bei außerbörslicher Übertragung von Aktien, Anleihen und anderen Wertpapieren. 2 % Kapitalverkehrsteuer bei außerbörslicher Übertragung von Aktien bestimmter Immobilienunternehmen. Keine Steuer bei Transaktionen ohne Inlandsbezug.
Frankreich	0,3 % Finanztransaktionsteuer bei Kauf von Aktien börsennotierter Unternehmen mit Sitz in Frankreich und einer Marktkapitalisierung von mehr als 1 Mrd. €. Steuerbefreiungen für bestimmte Transaktionen. 0,01 % Finanztransaktionsteuer bei bestimmten Transaktionen im Hochfrequenzhandel.
Griechen-land	0,2 % Börsenumsatzsteuer bei Verkauf griechischer oder ausländischer börsennotierter Aktien.
Irland	1 % Stempelsteuer bei Kauf von Aktien oder börsenfähigen Wertpapieren von in Irland eingetragenen Gesellschaften. 7,5 % Stempelsteuer bei Kauf von Aktien bestimmter Immobilienunternehmen unter gewissen Voraussetzungen. Steuerbefreiungen für bestimmte Wertpapiertransaktionen.
Italien	0,2 % Finanztransaktionsteuer bei Übertragung von Aktien in Italien ansässiger Unternehmen mit einer Kapitalisierung von mindestens 500 Mio. € bzw. 0,1 % bei Übertragung im geregelten Markt. 0,02 % Finanztransaktionsteuer bei inländischen Transaktionen im Hochfrequenzhandel. 0,01875 € bis 200 € Pauschale bei außerbörslichen Geschäften mit Derivaten und 0,00375 € bis 40 € Pauschale bei börslichen Geschäften mit Derivaten (Entrichtung jeweils durch beide Vertragsparteien). Steuerbefreiungen für bestimmte Wertpapiertransaktionen.

---

[1] Quelle: Die wichtigsten Steuern im internationalen Vergleich 2020, Bundesministerium der Finanzen, Download unter http://www.bundesfinanzministerium.de/Content/DE/Downloads/Broschueren_Bestellservice/2021-06-21-die-wichtigsten-steuern-im-internationalen-vergleich-2020-ausgabe-2021.html S. 42–43.

Staaten	Kapitalverkehrsteuer z.B. Börsenumsatzsteuer, Stempelsteuer
Malta	2 % Stempelsteuer bei Übertragung von börsenfähigen Wertpapieren. 5 % Stempelsteuer bei Übertragung von Wertpapieren eines Unternehmens, dessen Aktiva zu mehr als 75 % aus unbeweglichem Vermögen bestehen. Steuerbefreiung für bestimmte Wertpapiertransaktionen, u.a. für an der maltesischen Börse notierte Wertpapiere.
Niederlande	6 % Kapitalverkehrsteuer bei Kauf von Aktien bestimmter Immobilien-unternehmen, 2 % soweit das Vermögen des Unternehmens aus Wohnraum besteht. Steuerbefreiungen für bestimmte Transaktionen.
Polen	1 % „Steuer auf zivilrechtliche Handlungen" bei Verkauf von Aktien, Anleihen und anderen Wertpapieren unter bestimmten Voraussetzungen, insbesondere einem Bezug der Transaktion zu Polen und außerhalb des regulierten Marktes. Steuerbefreiungen für bestimmte Wertpapiertransaktionen.
Zypern	0,15 % Börsenumsatzsteuer bei Übertragung von Aktien, Anleihen und anderen Wertpapieren. Steuerbefreiungen für bestimmte Wertpapiertransaktionen. 0,15 % bis 0,2 % Stempelsteuer (abhängig vom Kaufpreis) bei Übertragung von Anleihen zypriotischer Gesellschaften, wenn sie mit Grundbesitz in Zypern zusammenhängen, höchstens 20 000 €.
Andere Staaten	
Schweiz	0,15 % Börsenumsatzsteuer, sog. „Umsatzabgabe", bei Übertragung von inländischen und 0,3 % von ausländischen Wertpapieren, wenn die Übertragung durch einen inländischen Effektenhändler getätigt wird. Steuerbefreiungen für bestimmte Wertpapiertransaktionen und bestimmte Beteiligte. 1 % Gesellschaftsteuer, sog. „Emissionsabgabe", des Nominalwerts auf die Ausgabe insbesondere von Anteilsrechten an inländischen Kapitalgesellschaften (Freigrenze von 1 Mio. CHF bei Gründung oder Kapitalerhöhung einer Aktiengesellschaft oder GmbH). Diese Stempelabgaben werden vom Bund erhoben.
Vereinigtes Königreich	0,5 % Stempelsteuer (Stempelersatzsteuer bei elektronischen, papier-losen Transaktionen) bei Kauf von Aktien oder börsenfähigen Wertpapieren. 1,5 % Stempelersatzsteuer bei bestimmten Übertragungen von Aktien in ein Hinterlegungsschein-Programm oder an einen Abrechnungsdienst. Steuerbefreiungen für bestimmte Wertpapiertransaktionen.

5.13.2 Besteuerung von Steuerinländern mit ausländischen Einkünften

5.13.2.1 Unternehmerische Betätigung im Ausland

5.13.2.1.1 Überblick

Ausgestaltung der unternehmerischen Tätigkeit im Ausland	– Direktgeschäft – Ausländische Betriebsstätte bzw. Beteiligung an ausländischer Personengesellschaft[1] – Beteiligung an ausländischer Kapitalgesellschaft
Einflussfaktoren	– Existenz oder Nichtexistenz eines DBA – Rechtsform im Ausland – Rechtsform der inländischen Spitzeneinheit – Besteuerungssystem des Auslands – Erfolgssituation von Inlands- und Auslandseinheit – Sachziel (Aktivität) der Auslandseinheit – Entwicklungsstufe des ausländischen Staats – Eigen- oder Fremdfinanzierung der Auslandseinheit – Anzahl der Gesellschafter der Spitzeneinheit – Ausschüttungsverhalten der Auslandseinheit – Ertragsteuerniveau im Ausland – Beteiligungsquote der inländischen Spitzeneinheit

---

[1] Die Beteiligung an einer ausländischen Personengesellschaft gilt steuerlich als Betriebsstätte *des Gesellschafters*. Insofen sind die beiden Varianten im Grundsatz identisch. Im Einzelnen gibt es allerdings eine Fülle von Sonderproblemen (Ergänzungsbilanzen, Sondervergütungen, Gewinnabgrenzung usf.); siehe dazu im Einzelnen BMF-Schr. vom 16.4.2010, BStBl I 2010 S.354, BMF-Schr. vom 19.3.2004, BStBl I 2004 S.411 (zur US-amerikanischen LLC) sowie BMF-Schr. vom 26.9.2014, BStBl I 2014 S.1258.

5.13.2.1.2 Steuerbelastungsvergleich[1]

Rechtsform der inländischen **Spitzeneinheit (Muttergesellschaft)**		Rechtsform der ausländischen **Untereinheit (Tochtergesellschaft)**			
		Betriebsstätte		Kapitalgesellschaft (Vollausschüttung)	
GmbH & Co. KG	Nicht-DBA-Fall	**Variante (1)**		**Variante (5)**	
		Ausländische ESt	40,00	Ausländische KSt	30,00
		Quellensteuer Ausland	0,00	Quellensteuer Ausland	21,00
		Inländische ESt/SolZ	2,11	Inländische ESt/SolZ	0,00
			42,11		51,00
	DBA-Fall	**Variante (2)**		**Variante (6)**	
		Ausländische ESt	40,00	Ausländische KSt	30,00
		Quellensteuer Ausland	0,00	Quellensteuer Ausland	10,50
		Inländische ESt/SolZ	0,00	Inländische ESt/SolZ	7,53
		(Progressionsvorbehalt)	40,00		48,03
GmbH (Vollausschüttung)	Nicht-DBA-Fall	**Variante (3)**		**Variante (7)**	
		Ausländische KSt	30,00	Ausländische KSt	30,00
		Quellensteuer Ausland	0,00	Quellensteuer Ausland	21,00
		Inländ. KSt/SolZ/GewSt	0,00	Inländ. KSt/SolZ/GewSt	1,11
		Inländische ESt/SolZ	18,61	Inländische ESt/SolZ	12,73
			48,61		64,84
	DBA-Fall	**Variante (4)**		**Variante (8)**	
		Ausländische KSt	30,00	Ausländische KSt	30,00
		Quellensteuer Ausland	0,00	Quellensteuer Ausland	0,00
		Inländ. KSt/SolZ/GewSt	0,00	Inländ. KSt/SolZ/GewSt	1,11
		Inländische ESt/SolZ	18,61	Inländische ESt/SolZ	18,32
			48,61		49,43

Anmerkungen:
– Alle Angaben in Prozentpunkten.
– **Angenommene Steuersätze Ausland:** Einkommensteuer = 40 %; Körperschaftsteuer = 30 %; Kapitalertragsteuer = 30 %, im DBA-Fall abgesenkt auf 15 %, bei Mutterkapitalgesellschaft auf 0 % wegen Mutter-Tochter-Richtlinie.
– **Angenommene Steuersätze Inland:** Einkommensteuer = 42 %; Körperschaftsteuer = 15 %; Solidaritätszuschlag = 5,5 %; GewSt-Hebesatz = 450 %. *Bei* Ausschüttung an Kapitalgesellschaft ist § 8b Abs. 5 KStG zu beachten.
– Vermeidung der Doppelbesteuerung im Betriebsstättenfall durch Freistellung mit Progressionsvorbehalt (§ 32b Abs. 1 Nr. 2 und 3 EStG)[2].

---

[1] Es wird angenommen, dass Kapitalgesellschaftsanteile im Inland stets in einem Betriebsvermögen gehalten werden; sie sind bei natürlichen Personen dann zu 40 % steuerfrei (Teileinkünfteverfahren). Bezüglich des Solidaritätszuschlags wird ein entsprechend hohes zu versteuerndes Einkommen unterstellt, siehe im Einzelnen Kap. 5.5.
[2] Siehe zu den Voraussetzungen § 50d Abs. 9 EStG. Freistellung ohne Progressionsvorbehalt für EU-Betriebsstätten, die passive Einkünfte i.S.d. § 2a EStG erzielen (§ 32b Abs. 1 Satz 2 Nr. 2 EStG).

5.13.2.2   Immobilieninvestitionen im Ausland[1]

A. Frankreich

Steuerart	Steuerobjekt	Besteuerung im Ausland		Besteuerung im Inland
		Bemessungs-grundlage	Steuersatz	
Einkommensteuer	Vermietete Grundstücke	Einkünfte	Progressiv, 14–45 % zuzüglich Solidaritätszuschlag von 7,5 % und Sondersteuer für Einkommen > 250 000 €	steuerfrei ohne Progressionsvorbehalt nach DBA, § 32b Abs. 1 Satz 2 Nr. 3 EStG
	Selbstgenutzte Grundstücke	–	–	–
	Veräußerung von Immobilien, die nicht Hauptwohnsitz sind	Verkaufspreis abzgl. Anschaffungskosten zzgl. pauschaler Erwerbsnebenkosten von 7,5 % oder niedrigerem tatsächlichen Kosten zzgl. pauschal 15 % bei einer Besitzzeit > 5 Jahre abzgl. Freibetrag von 6 % des Gewinns pro Jahr ab dem 6. Besitzjahr und 4 % ab dem 22. Besitzjahr; Freibetrag für Sozialversicherung: 1,65 % pro Jahr ab dem 6. Besitzjahr, 1,60 % für das 22. Besitzjahr und 9 % ab dem 23. Besitzjahr	19 % zuzüglich Solidaritätszuschlag von 7,5 % und Sondersteuer von 2–6 % für Gewinne > 50 000 €	Progressionsvorbehalt, wenn § 23 EStG

---

[1] Zusammengestellt aus: *Mennel/Förster*, Steuern in Europa, Amerika und Asien, Stand: Juni 2021.

| Steuerart | Steuerobjekt | Besteuerung im Ausland | | Besteuerung im Inland |
		Bemessungs-grundlage	Steuersatz	
Erbschaft-steuer	Immobilien	Verkehrswert abzgl. Freibetrag	Progressiv 5–60%	DBA, Anrech-nung nach § 21 ErbStG
Vermögen-steuer	Privates Immo-bilienvermögen in Frankreich > 1 300 000 €	Marktwert zum 1. Januar abzüg-lich Darlehensbe-trag entsprechend der Restlaufzeit	Progressiv 0,5–1,5%	–
Grund-besitz-abgaben	Bebaute und unbebaute Grundstücke sowie zusätz-lich bewohnte Räume (Wohnsteuer)	50% des Katas-termietwerts für bebaute, 80% für unbebaute Grund-stücke; Wohnsteu-er: Katastermiet-wert abzüglich Familienfreibeträ-ge (Die Wohn-steuer wurde für 80% der Bewoh-ner gestrichen und soll 2023 komplett abge-schafft werden).	Gemeinde-abhängig	–

B. Italien

| Steuerart | Steuerobjekt | Besteuerung im Ausland | | Besteuerung im Inland |
		Bemessungs-grundlage	Steuersatz	
Einkom-mensteuer	Vermietete Grundstücke	Mieteinnahmen abzgl. 5% oder höherer Kataster-wert	Progressiv 23–43% zzgl. regionaler Zuschläge von 1,23–4,1%	steuerfrei ohne Progressions-vorbehalt nach DBA, § 32b Abs. 1 Satz 2 Nr. 3 EStG
	Selbstgenutzte Grundstücke	–	–	–
	Veräußerung von Immobilien, die nicht Haupt-wohnsitz sind, bei Eigentum < 5 Jahre	Veräußerungs-preis abzgl. Anschaffungs-kosten	Progressiv 23–43%, Option zur Abgeltungsteuer i.H.v. 26%	Progressions-vorbehalt, wenn § 23 EStG

Steuerart	Steuerobjekt	Besteuerung im Ausland		Besteuerung im Inland
		Bemessungs-grundlage	Steuersatz	
Erbschaft-steuer	Grundstücke und Gebäude	Verkehrswert abzgl. pers. Freibetrag	4–8% zzgl. 2% Hypothekar- und 1% Kataster-steuer	kein DBA, An-rechnung nach §21 ErbStG (nicht: Hypothe-kar- und Katas-tersteuer)
Vermögen-steuer	–	–	–	–
Grund-besitz-abgaben	Bebaute und unbebaute Grundstücke außer Haupt-wohnung	Katasterwert	Gemeinde-abhängig 0,86%–1,06%	–

C. Niederlande[1]

Steuerart	Steuerobjekt	Besteuerung im Ausland		Besteuerung im Inland
		Bemessungs-grundlage	Steuersatz	
Einkom-mensteuer	Vermietete Grundstücke und selbst-genutzte Zweit-wohnungen	1,799–5,33% des Bruttovermögens abzgl. Schulden abzgl. Freibetrag von 30 846 €	30%	steuerfrei ohne Progressions-vorbehalt nach DBA, §32b Abs.1 Satz 2 Nr.3 EStG
	Selbstgenutz-tes Grund-stück (Haupt-wohnsitz)	0,2–2,35% des sog. WOZ-Werts (s.u.), maximal Gesamtbetrag der hierfür ge-zahlten Zinsen	Progressiv 37,35–49,5% inkl. Sozialpflicht-versicherung	–
	Veräußerung von Immobilien	–	–	Progressions-vorbehalt, wenn §23 EStG
Erbschaft-steuer	Immobilien	Für nichtansässige Erblasser abgeschafft		steuerpflichtig
Vermögen-steuer	–	–	–	–

---

[1] Zusätzliche Informationen unter www.belastingdienst.nl

Steuerart	Steuerobjekt	Besteuerung im Ausland		Besteuerung im Inland
		Bemessungs-grundlage	Steuersatz	
Grund-besitz-abgaben	Bebaute und unbebaute Grundstücke	öffentliche Bewertung zum sog. WOZ-Wert (Übertragungswert)	gemeinde-abhängig, 0,2551–0,356 %	–

D. Österreich

Steuerart	Steuerobjekt	Besteuerung im Ausland		Besteuerung im Inland
		Bemessungs-grundlage	Steuersatz	
Einkom-mensteuer	Vermietete Grundstücke	Einkünfte	Progressiv 25–55 %	steuerfrei ohne Progressions-vorbehalt nach DBA, § 32b Abs. 1 Satz 2 Nr. 3 EStG
	Selbstgenutzte Grundstücke	–	–	–
	Veräußerung von Immobilien[1]	Verkaufspreis abzgl. Anschaffungs-kosten und Veräu-ßerungskosten	Abgeltungsteuer 4,2 % (Alter grundstücke) bzw. 30 % (Neugrund-stücke, Erwerb ab 31.3.2002) Option zur Regel-besteuerung	Progressions-vorbehalt, wenn § 23 EStG
Erbschaft-steuer	abgeschafft[2]			steuerpflichtig
Vermögen-steuer	–	–	–	–
Grund-besitz-abgaben	Immobilien	Grundsteuer: 0,5–2 ‰ des Einheitswerts	Gemeindeabhän-gig, maximaler Hebesatz 500 %	–

---

[1] Die Veräußerung von Eigenheimen und Eigentumswohnungen, die dem Veräußerer mindestens zwei Jahre oder innerhalb der letzten 10 Jahre mindestens fünf Jahre als Hauptwohnsitz gedient haben, ist steuerfrei.

[2] Aber: Grunderwerbsteuerpflicht. Bei Schenkung: Meldepflicht.

E. Spanien

Steuerart	Steuerobjekt	Besteuerung im Ausland		Besteuerung im Inland
		Bemessungsgrundlage	Steuersatz	
Einkommensteuer	Vermietete Grundstücke	Einkünfte abzüglich 60 % bei Wohnzwecken	Progressiv, bei beschränkter Steuerpflicht für EU-Bürger 19 %	Steueranrechnung nach DBA
	Selbstgenutzte Grundstücke (nicht Hauptwohnsitz)	1,1 % bzw. 2 % des Kataster-/ Vermögenswerts	Progressiv, bei beschränkter Steuerpflicht für EU-Bürger 19 %	–
	Veräußerung von Immobilien	Verkaufspreis abzgl. korrigierte Anschaffungskosten	bei beschränkter Steuerpflicht 19 %	Steueranrechnung, wenn § 23 EStG
Erbschaftsteuer	Immobilien	Verkehrswert abzgl. personenbezogener Freibetrag	7,65 – 34 %[1]	kein DBA, Anrechnung nach § 21 ErbStG
Vermögensteuer[2]	in Spanien belegenes Vermögen	Anschaffungspreis[3] abzüglich Freibetrag von 700 000 €	Regional verschieden, Zentraltarif 0,2–2,5 %	–
Grundbesitzabgaben	Bebaute und unbebaute Grundstücke	Katasterwert	0,4–4 %, gemeindeabhängige Zuschläge und Abzüge	–

---

[1] Multipliziert mit einem vermögens- und verwandtschaftsgradabhängigen Quotienten von 1–2,4.
[2] Berechnung zum 31. 12. jeden Jahres.
[3] Oder höherer Katasterwert.

5.13.2.3 Arbeitnehmertätigkeit im Ausland

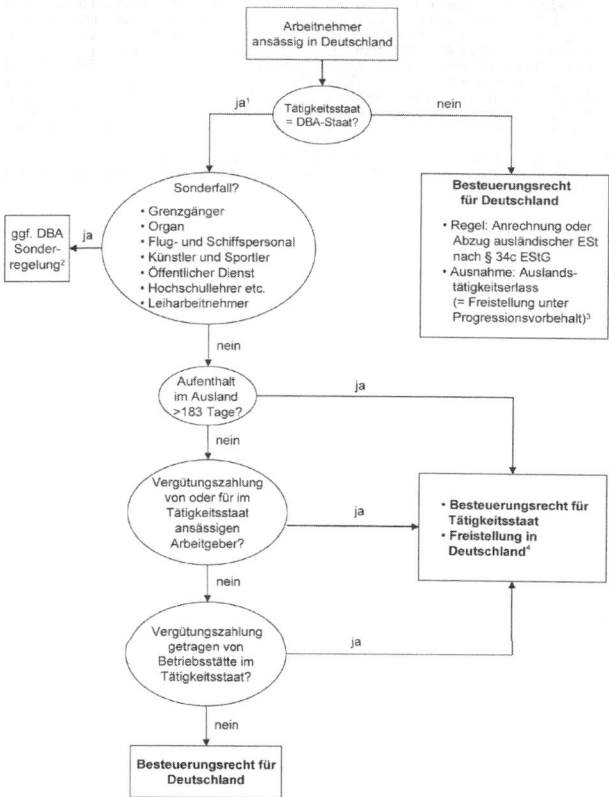

Fußnoten auf der nächsten Seite.

Fußnoten zur vorausgehenden Seite:

---

[1] Siehe Art. 15 OECD-MA. Siehe hierzu BMF-Schr. vom 3.5.2018 (BStBl I 2018 S. 643).

[2] DBA-Sonderregelungen betreffen insbesondere Flug- und Schiffspersonal (Art. 15 Abs. 3 OECD-MA); Künstler und Sportler (Art. 17 OECD-MA); Angestellte im öffentlichen Dienst (Art. 19 OECD-MA); Hochschullehrer, Lehrer, Studenten, Schüler, Lehrlinge und sonstige Auszubildende (Art. 20 OECD-MA); Grenzgänger (siehe Art. 13 Abs. 5 DBA-Frankreich, Art. 15 Abs. 6 DBA-Österreich und Art. 15a DBA-Schweiz); Geschäftsführende Organe, z. B. Geschäftsführer und Vorstände (Art. 16 Abs. 2 DBA-Belgien, Art. 16 Abs. 2 DBA-Dänemark, Art. 16 DBA-Japan, Art. 17 DBA Jugoslawien, Art. 16 Kanada, Art. 15 Abs. 2 Niederlande, Art. 16 DBA-Österreich, Art. 16 Abs. 2 DBA-Polen, Art. 16 DBA-Schweden, Art. 15 Abs. 4 DBA-Schweiz oder Art. 16 Abs. 2 DBA-Türkei).

[3] Siehe hierzu BMF-Schr. vom 31.10.1983 (BStBl I 1983 S. 470).

[4] Siehe zu den Anforderungen § 50d Abs. 8 EStG und BMF-Schr. vom 3.5.2018 a.a.O. sowie § 50d Abs. 9 EStG.

5.13.3 Besteuerung von Steuerausländern mit inländischen Einkünften

5.13.3.1 Beschränkte Einkommensteuerpflicht

5.13.3.1.1 Anwendungsbereich (§ 49 EStG)

Der beschränkten Einkommensteuerpflicht unterliegen natürliche Personen, die im Inland nicht unbeschränkt steuerpflichtig sind und Einkünfte i.S.d. § 49 EStG erzielen. DBA schränken das Besteuerungsrecht allerdings häufig ein.

Besteuerung nach nationalem Recht (§ 49 EStG)	Besteuerungsrecht Deutschlands nach OECD-MA?
Einkünfte aus einem inländischen land- und forstwirtschaftlichen Betrieb	Ja (Art. 6 bzw. 7)
Einkünfte aus Gewerbebetrieb – Inländische Betriebsstätte – Künstlerische, sportliche, artistische und ähnliche Leistungen – Veräußerungsgewinne nach § 17 EStG[1]	Ja, aber Definition verschieden (Art. 7) i.d.R nein (Art. 17) Nein (Art. 13 Abs. 4)
Einkünfte aus selbständiger Arbeit	Nur bei Vorliegen einer Betriebsstätte (Art. 7; früher: feste Einrichtung nach Art. 14)
Einkünfte aus nichtselbständiger Arbeit	Ggf. ja (Art. 15; siehe dazu Kap. 5.13.2.3)
Einkünfte aus Kapitalvermögen – inländischer Schuldner oder – im Inland dinglich gesichert oder – von einer inländischen Zahlstelle ausgezahlt (Tafelgeschäfte)	Nein, aber Quellensteuereinbehaltungsrecht (Art. 11)
Einkünfte aus Vermietung und Verpachtung	Ja (Art. 6)
Leibrenten	Nein (Art. 18)
Einkünfte aus privaten Veräußerungsgeschäften mit inländischen Immobilien	Ja (Art. 13 Abs. 1)
Abgeordnetenbezüge	Nein (Art. 21)
Sonstige Leistungen – unterhaltende Darbietungen – Nutzung beweglicher Sachen – Überlassung von Know-how	Ja (Art. 17) Nein (Art. 21) Nein, aber Quellensteuereinbehaltungsrecht (Art. 12)
Altersversorgung	Nein (Art. 18)
Einkünfte aus Beteiligung an inländischer Personengesellschaft[2]	zu prüfen

---

[1] Siehe zur Berücksichtigung von Gewinnen aus der Veräußerung ausländischer Kapitalgesellschaftsanteilen mit inländischem Grundbesitz § 49 Abs. 1 Nr. 2 e) cc) EStG.
[2] Umgekehrt hybride Gestaltung i.S. Art. 9a Anti-BEPS-RL (RL/EU 2016/1164), siehe § 49 Abs. 1 Nr. 11 EStG i.d.F. des ATADUmsG.

5.13.3.1.2 Sondervorschriften für beschränkt Steuerpflichtige (§ 50 EStG)

5.13.3.1.2.1 Durchführung von Veranlagungen

Die Einkommensteuer für Einkünfte, die dem Quellensteuerabzug (siehe Kap. 5.13.3.1.3) unterliegen, gilt bei beschränkt Steuerpflichtigen als abgegolten. Eine Veranlagung wird durchgeführt bei Vorliegen von:

§ 50 Abs. 2 Nr. 1	Einkünften eines inländischen Betriebs
§ 50 Abs. 2 Nr. 2	beschränkter Steuerpflicht anstatt der Steuerpflicht nach §§ 1 Abs. 2, Abs. 3 oder 1a EStG
§ 50 Abs. 2 Nr. 3	unbeschränkter und beschränkter Steuerpflicht in einem Veranlagungszeitraum (§ 2 Abs. 7 Satz 3 EStG)
§ 50 Abs. 2 Nr. 4	Einkünften aus nichtselbstständiger Tätigkeit – für die beim Lohnsteuerabzug ein Freibetrag berücksichtigt wurde (§ 39a Abs. 4 EStG) oder – von Arbeitnehmern mit EU/EWR-Staatsangehörigkeit und Wohnsitz in der EU/EWR, wenn diese die Veranlagung beantragen (§§ 50 Abs. 2 Satz 7 und 46 Abs. 2 Nr. 8 EStG) oder – wenn der Arbeitnehmer Arbeitslohn von mehreren Arbeitgebern nebeneinander bezogen hat (§ 46 Abs. 2 Nr. 2 EStG) oder – wenn bei Entschädigungen oder Vergütungen für mehrjährige Tätigkeiten im Lohnsteuerverfahren die Fünftelregelung angewandt wurde (§ 46 Abs. 2 Nr. 5 EStG) oder – wenn die Lohnsteuer für einen sonstigen Bezug ohne Berücksichtigung der Einkünfte aus früheren Dienstverhältnissen berechnet wurde (§ 46 Abs. 2 Nr. 5a EStG)
§ 50 Abs. 2 Nr. 5	Einkünften von EU/EWR-Staatsbürgern mit Wohnsitz in der EU/EWR, die dem Steuerabzug des § 50a Abs. 1 Nr. 1, 2 und 4 EStG unterliegen (siehe Kap. 5.13.3.1.3)

5.13.3.1.2.2 Einkünfte- und Einkommensermittlung

Summe der Einkünfte aus den einzelnen Einkunftsarten (Betriebsausgaben und Werbungskosten sind nur insoweit abziehbar, als sie mit inländischen Einkünften in wirtschaftlichem Zusammenhang stehen, § 50 Abs. 1 Satz 1 EStG)

./. Nicht veranlagte Einkünfte (§ 50 Abs. 2 und § 50a EStG)

= Summe der Einkünfte
./. Altersentlastungsbetrag (§ 24a EStG)
./ Freibetrag für Land- und Forstwirte (§ 13 Abs. 3 EStG)

= Gesamtbetrag der Einkünfte
./. Verlustabzug nach § 10d EStG
./. Sonderausgaben (Abzugsbeschränkungen in § 50 Abs. 1 EStG)

= Einkommen
./. Härteausgleich nach § 46 Abs. 3 EStG, § 70 EStDV
+ Grundfreibetrag (§ 50 Abs. 1 Satz 2 Halbsatz 1 EStG; gilt nicht für Arbeitnehmer, Satz 2 Halbsatz 2 EStG)

= zu versteuerndes Einkommen

5.13.3.1.3 Quellensteuerabzug in Deutschland

5.13.3.1.3.1 Lohnsteuer auf Löhne und Gehälter (§§ 38 ff. EStG)

Nationales Recht	– Lohnsteuereinbehalt nach § 50 Abs. 2 Satz 1 EStG i.V.m. §§ 38 ff. EStG bei inländischem Arbeitgeber (§ 38 Abs. 1 EStG) – Regelungen für Lohnsteuerabzug in § 39 ff. EStG[1] – Grundsätzlich Abgeltungswirkung (§ 50 Abs. 2 Satz 1 EStG), aber Antragsveranlagung für EU-/EWR-Arbeitnehmer mit Wohnsitz oder gewöhnlichem Aufenthalt in EU bzw. EWR (§ 50 Abs. 2 Satz 2 Nr. 4, Satz 7 EStG)
Abkommensrecht	Besteuerungsrecht eingeschränkt (Art. 15 OECD-MA); s. auch *Kap. 5.13.2.2.*

---

[1] Siehe auch BMF-Schr. vom 14.3.17 (BStBl I 2017 S. 664).

5.13.3.1.3.2 Kapitalertragsteuer auf Zinsen (§§ 43 ff. EStG)

Nationales Recht	– Nur in § 49 Abs. 1 Satz 1 Nr. 5 EStG aufgeführte Zinsen steuerpflichtig (kein Kapitalertragsteuerabzug zwischen verbundenen Unternehmen innerhalb der EU, § 50 g EStG) – Kapitalertragsteuereinbehalt bei Tafelgeschäften; Steuersatz = 25 % zzgl. SolZ
Abkommensrecht	– Quellensteuereinbehaltungsrecht (Art. 11 Abs. 2 OECD-MA); läuft wegen fehlender nationaler Regelung i.d.R. leer

5.13.3.1.3.3 Kapitalertragsteuer auf Dividenden (§§ 43 ff. EStG)

Nationales Recht	– Kapitalertragsteuersatz 25% zzgl. SolZ gem. § 43a Abs. 1 Nr. 1 EStG
	– Für beschränkt steuerpflichtige Körperschaften 15% gem. § 44a Abs. 9 EStG
	– Auf Antrag[1] keine Kapitalertragsteuer gem. § 43 b EStG („Mutter-Tochter-Richtlinie"), wenn
	  – Mutter- und Tochtergesellschaft die Voraussetzungen der Anlage 2 zu § 43b EStG erfüllen,
	  – Mindestbeteiligung von 10% besteht und
	  – Haltedauer mindestens 12 Monate beträgt.
	– Auf Antrag[1] Erstattung der Kapitalertragsteuer auf Streubesitzdividenden an EU-/EWR-Kapitalgesellschaften gem. § 32 Abs. 5 KStG
	– Auf Antrag[1] abkommensrechtliche Reduktion der Kapitalertragsteuer[2]

Abkommensrecht	Quellensteuereinbehaltungsrecht (Art. 10 OECD-MA), Steuersätze siehe Kap. 5.13.6.2

---

[1] Freistellungs- oder Erstattungsverfahren gem. § 50c EStG i.d.F. des AbzStEntModG oder § 32 Abs. 5 KStG, Informationen unter http://www.bzst.de/DE/Unternehmen/ Kapitalertraege/Kapitalertragsteuerentlastung/Schriftliches_Antragsverfahren/schrift- liches_antragsverfahren_node.html. Keine Steuerentlastung für funktionslose aus- ländische Gesellschaften gem. § 50d Abs. 3 EStG i.d.F. des AbzStEntModG; Vermutung eines Gestaltungsmissbrauchs mit Entlastungsmöglichkeit.
[2] Besondere Nachweispflichten gem. § 50j EStG für Streubesitzbeteiligungen, wenn die Kapitalerträge nach einem DBA einem geringeren Steuersatz als 15% unterliegen, siehe auch Merkblatt des BZSt veröffentlicht auf der Homepage des BZSt, Link s. Fn.1.

5.13.3.1.3.4 Steuer auf Vergütungen an Künstler, Sportler etc. (§ 50 a Abs. 1 Nr. 1 und 2 EStG)[1]

Nationales Recht	– Einkünfte, die durch im Inland ausgeübte künstlerische, sportliche, artistische, unterhaltende oder ähnliche Darbietungen erzielt werden einschließlich damit zusammenhängender Leistungen (§ 50 a Abs. 1 Nr. 1 EStG) und der Verwertung dieser Leistungen (§ 50 a Abs. 1 Nr. 2 EStG)
	– Quellensteuer von 15 % zzgl. SolZ, wenn Einnahmen je Darbietung i. S. v. § 50 a Abs. 1 Nr. 1 EStG > 250 €
	– Bei Personen mit EU-/EWR-Staatsangehörigkeit und Wohnsitz oder gewöhnlichem Aufenthalt in einem EU/EWR-Staat
	   – Berücksichtigung von Betriebsausgaben oder Werbungskosten beim Quellensteuerabzug; Quellensteuersatz dann 30 % für natürliche Personen und 15 % für Körperschaften (§ 50 a Abs. 3 EStG)[2]
	   – Veranlagungswahlrecht (§ 50 Abs. 2 Satz 2 Nr. 5, Satz 7 EStG)

Abkommensrecht	Besteuerungsrecht des Tätigkeitsstaats (Art. 17 Abs. 1 OECD-MA)

5.13.3.1.3.5 Steuer auf Vergütungen für Rechteüberlassungen (§ 50 a Abs. 1 Nr. 3 EStG)

Nationales Recht	– Vergütungen für die Überlassung der Nutzung oder des Rechts auf Nutzung von Rechten, insbesondere von Urheberrechten und gewerblichen Schutzrechten, von gewerblichen, technischen, wissenschaftlichen und ähnlichen Erfahrungen, Kenntnissen und Fertigkeiten, zum Beispiel Plänen, Mustern und Verfahren einschließlich bestimmter Verwertungsleistungen – Quellensteuer von 15 % zzgl. SolZ; nicht bei Lizenzzahlungen zwischen verbundenen EU-Unternehmen (§ 50 g EStG) – Abgeltungswirkung (§ 50 Abs. 2 Satz 1 EStG), kein Veranlagungswahlrecht
Abkommensrecht	Kein Quellensteuereinbehaltungsrecht (Art. 12 Abs. 1 OECD-MA), einige deutsche DBA sehen Quellensteuereinbehalt vor, siehe Kap. 5.13.6.2.

---

[1] Vgl. hierzu BMF-Schr. vom 25.11.2010, BStBl I 2010 S.1350.
[2] Vgl. hierzu BMF-Schr. vom 17.6.2014, BStBl I 2014 S.887.

5.13.3.1.3.6 Steuer auf Aufsichtsratsvergütungen (§ 50a Abs. 1 Nr. 4 EStG)

Nationales Recht	– Vergütungen für Mitglieder des Aufsichtsrats, Verwaltungsrats etc. von Körperschaften für die Überwachung der Geschäftsführung
	– Quellensteuer von 30 % zzgl. SolZ auf Einnahmen
	– Bei Beziehern mit EU-/EWR-Staatsangehörigkeit und Wohnsitz oder gewöhnlichem Aufenthalt in einem EU/EWR-Staat
	  – Berücksichtigung von Betriebsausgaben oder Werbungskosten beim Quellensteuerabzug; Quellensteuersatz dann 30 % für natürliche Personen und 15 % für Körperschaften (§ 50a Abs. 3 EStG)
	  – Veranlagungswahlrecht (§ 50 Abs. 2 Satz 2 Nr. 5, Satz 7 EStG)

Abkommensrecht	Kein Quellensteuereinbehaltungsrecht (Art. 16 Abs. 1 OECD-MA)

5.13.3.2   Beschränkte Körperschaftsteuerpflicht

5.13.3.2.1   Anwendungsbereich

Grundsatz	– Juristische Personen, die im Inland nicht unbeschränkt steuerpflichtig sind und Einkünfte i.S.d. § 49 EStG erzielen (§ 2 Nr. 1 KStG) – Einschränkung des Besteuerungsrechts durch DBA – Siehe auch Kap. 5.13.3.1.1.
Besonderheit Grundstücksgeschäfte	Einkünfte aus der Veräußerung und Vermietung von inländischem Grundbesitz durch ausländische Kapitalgesellschaften sind als Einkünfte aus Gewerbebetrieb steuerpflichtig (§ 49 Abs. 1 Nr. 2f EStG)

5.13.3.2.2   Einkünfte und Einkünfteermittlung

Abweichungen zur unbeschränkten Steuerpflicht ähnlich wie bei Einkommensteuer (siehe dazu Kap. 5.13.3.1.2.2).

5.13.3.2.3   Quellensteuerabzug in Deutschland

Siehe Kap. 5.13.3.1.3, soweit auf Körperschaften anwendbar. Der Kapitalertragsteuersatz auf Dividenden beträgt für Körperschaften als Dividendenempfänger 15 % (§ 44a Abs. 9 EStG).

5.13.3.3 Beschränkte Erbschaftsteuerpflicht

5.13.3.3.1 Anwendungsbereich

Persönlicher Anwendungsbereich	Natürliche und juristische Personen, die im Inland nicht unbeschränkt steuerpflichtig sind (§ 2 Abs. 1 Nr. 3 ErbStG)
Sachlicher Anwendungsbereich	– **Nationales Recht**: Erwerbe von Todes wegen und unter Lebenden nach §§ 3, 7 ErbStG (siehe Kap. 5.12.2), soweit Inlandsvermögen übertragen wird; zum **Inlandsvermögen** zählen (§ 121 BewG): 1. inländisches land- und forstwirtschaftliches Vermögen; 2. inländisches Grundvermögen; 3. inländisches Betriebsvermögen; 4. Anteile an Kapitalgesellschaften mit Sitz oder Geschäftsleitung im Inland bei Beteiligung von (mittelbar oder unmittelbar) mindestens 10 % (auch Einbeziehung von durch Personen i.S.d. § 1 Abs. 2 AStG gehaltenen Anteilen); 5. Erfindungen, Gebrauchsmuster und Topographien, die in ein inländisches Buch oder Register eingetragen sind; 6. Wirtschaftsgüter, die nicht unter die Nummern 1, 2 und 5 fallen und einem inländischen Gewerbebetrieb überlassen sind; 7. durch inländischen Grundbesitz besicherte Hypotheken etc.; 8. stille Beteiligungen und partiarische Darlehen bei inländischem Schuldner; 9. Nutzungsrechte an einem der in den Nummern 1 bis 8 genannten Vermögensgegenstände. – **Abkommensrecht**: I.d.R. Einschränkung auf inländischen Grundbesitz und inländisches Betriebsvermögen (siehe zu bestehenden ErbSt-DBA Kap. 5.13.6)

Zur erweitert beschränkten Erbschaftsteuerpflicht des § 4 AStG siehe Kap. 5.13.4.1.2.

5.13.3.3.2 Steuerklassen, Freibeträge und Steuersätze

Steuerklasse	Wie bei unbeschränkter Steuerpflicht (siehe Kap. 5.12.6)
Freibetrag	Gemindeter Freibetrag der unbeschränkten Steuerpflicht (siehe Kap 5.12.7) im Verhältnis des beschränkt steuerpflichtigen Vermögens zu dem gesamten Vermögensanfall frühere, innerhalb von 10 Jahren von derselben Person anfallende Vermögensvorteile sind einzubeziehen (§ 16 Abs. 2 ErbStG)
Steuersätze	Wie bei unbeschränkter Steuerpflicht (siehe Kap. 5.12.8)

5.13.3.4 Umsatzsteuerregelungen für im Ausland ansässige Unternehmer

Durch Zuständigkeitskonzentration soll die bessere steuerliche Erfassung der ausländischen Unternehmer sichergestellt werden. Nach § 21 Abs. 1 Satz 2 AO und § 1 UStZuStV sind für die Umsatzsteuer im Ausland ansässiger Unternehmer folgende Finanzämter örtlich zentral zuständig:

Unternehmer ansässig in[1]	Örtlich zuständiges FA in Deutschland
Belgien	FA Trier
Bulgarien	FA Neuwied
Dänemark	FA Flensburg
Estland	FA Rostock
Finnland	FA Bremen
Frankreich und Monaco	FA Offenburg
Griechenland	FA Berlin Neukölln
Großbritannien und Nordirland	FA Hannover-Nord
Irland, ohne Nordirland (s.o.)	FA Hamburg-Nord
Italien	FA München
Kroatien	FA Kassel Hofgeismar
Lettland	FA Bremen
Liechtenstein	FA Konstanz
Litauen	FA Mühlhausen
Luxemburg	FA Saarbrücken Am Stadtgraben
Mazedonien	FA Berlin Neukölln
Niederlande	FA Kleve
Norwegen	FA Bremen
Österreich	FA München

[1] Die örtliche Zuständigkeit gilt für die Außengebiete, Überseegebiete und Selbstverwaltungsgebiete der nachfolgenden Staaten entsprechend.

Unternehmer ansässig in[1]	Örtlich zuständiges FA in Deutschland
Polen (Firmennamen A bis G)	FA Hameln
Polen (Firmennamen H bis L)	FA Oranienburg
Polen (Firmennamen M bis R)	FA Cottbus[2]
Polen (Firmennamen S bis Z)	FA Nördlingen
Portugal	FA Kassel Hofgeismar
Rumänien	FA Chemnitz-Süd
Russische Föderation	FA Magdeburg
Schweden	FA Hamburg-Nord
Schweiz	FA Konstanz
Slowakei	FA Chemnitz-Süd
Slowenien	FA Oranienburg
Spanien	FA Kassel Hofgeismar
Tschechien	FA Chemnitz-Süd
Türkei	FA Dortmund-Unna
Ukraine	FA Magdeburg
Ungarn	Zentralfinanzamt Nürnberg
USA	FA Bonn-Innenstadt
Weißrussland	FA Magdeburg
Alle übrigen Länder	FA Berlin Neukölln

5.13.4 Maßnahmen gegen die Ausnutzung des internationalen Steuergefälles

5.13.4.1 Außensteuergesetz[3]

5.13.4.1.1 Gewinnberichtigung (§ 1, § 1a AStG)[4]

Voraussetzungen	Minderung des Einkommens eines Steuerpflichtigen, einer Personengesellschaft oder Mitunternehmerschaft – aus Geschäftsbeziehungen zum Ausland i.S. des § 1 Abs. 4 AStG – mit einer nahestehenden Person i.S. des § 1 Abs. 2 AStG – durch Vereinbarung fremdünblicher Bedingungen. § 1 AStG ist nachrangig nach den Grundsätzen der verdeckten Gewinnausschüttung und der verdeckten Einlage zu beachten.

---

[1] Die örtliche Zuständigkeit gilt für die Außengebiete, Überseegebiete und Selbstverwaltungsgebiete der nachfolgenden Staaten entsprechend.
[2] Ungeachtet der übrigen örtlichen Zuständigkeit: zuständig für polnische Unternehmer,
auf die § 18 Abs. 4e § 18j oder § 18k UStG anzuwenden ist.
[3] Siehe auch BMF-Schr. vom 14.5.2004 (BStBl Sondernummer 1/2004 S. 3).
[4] Neufassung mit Wirkung ab VZ 2022 durch ATADUmsG (BGBl I 2021, S. 2039 und
AbzStEntModG (BGBl I 2021, S. 1259), Siehe auch Verwaltungsgrundsätze Verrech-
nungspreise vom 14.7.2021 (BMF-Schr. vom 14.7.2021, IV B S-51341/19/10017:001).

Anwendungsfälle	– Sämtliche Fälle fremdunüblicher Einkünfteminderung im Verhältnis zum Ausland – Funktionsverlagerung i.S. des § 1 Abs. 3b AStG – Übertragung oder Nutzungsüberlassung immaterieller Werte i.S. des § 1 Abs. 3c AStG – Grenzüberschreitende Aufteilung der Einkünfte zwischen Stammhaus und Betriebsstätte i.S. des § 1 Abs. 5 AStG – Fehlen einer Preisanpassungsklausel im Übertragungsvertrag bei Eintritt einer erheblichen Gewinnabweichung i.S. des § 1a AStG
Rechtsfolgen	Einkünftekorrektur im Inland: Grundsatz: § 1 Abs. 3 AStG: Ermittlung Fremdvergleichspreis anhand tatsächlicher Verhältnisse. Funktions- und Risikoanalyse als Basis für Methodenwahl (Preisvergleichs-, Wiederverkaufspreis-, Kostenaufschlagsmethode, geschäftsvorfallbezogene Nettomargenmethode oder geschäftsvorfallbezogene Gewinnaufteilungsmethode). Bandbreitenbetrachtung mit Einengung i.S. des § 1 Abs. 3a AStG. Sonderfälle: – § 1 Abs. 3b AStG: Funktionsverlagerung[1]: Bewertung des Transferpakets. Escape-Klauseln: Bestimmung von Einzelverrechnungspreisen, wenn (1) keine wesentlichen immateriellen Wirtschaftsgüter verlagert werden oder (2) bei Verlagerung einer nach Kostaufschlagsmethode vergüteten Funktion, die ausschließlich gegenüber dem verlagernden Unternehmen ausgeübt wird. – § 1 Abs. 3c AStG: Zwingende Vergütung von Vermögenswerten, die (1) nicht materielle Wirtschaftsgüter, Beteiligungen oder Finanzanlagen sind, die (2) Gegenstand eines Geschäftsvorfalls sein können, einzeln übertragbar sein zu müssen und die (3) einer Person eine tatsächliche oder rechtliche Position über diesen Vermögenswert vermitteln können. Ermittlung des Verrechnungspreises unter Berücksichtigung von Entwicklung/ Erschaffung (**D**evelopment), Verbesserung (**E**nhancement), Erhalt (**M**aintenance), Schutz (**P**rotection) oder Verwertung (**Ex**ploitation) (DEMPE-Analyse). Zusätzlich zu beachten: Lizenzschranke i.S. des § 4j EStG[2]. – § 1 Abs. 5 AStG: Behandlung der Betriebsstätte als eigenständiges und unabhängiges Unternehmen[3].

---

[1] Siehe Funktionsverlagerungsverordnung vom 12.8.2008 (BGBl I 2008 S. 1680) sowie *BMF-Schr.* vom 13.10.2010 (BStBl I 2010 S.774).

[2] Siehe BMF-Schr. vom 19.2.2020 (BStBl I 2020 S. 238).

[3] Siehe Betriebsstättengewinnaufteilungsverordnung vom 13.10.2014 (BGBl I 2014 S. 1603) und Verwaltungsgrundsätze Betriebsstättengewinnaufteilung vom 22.12.2016 (BStBl I 2017 S. 182). Zu Betriebsstätten ohne Personalfunktion siehe BMF-Schr. vom 17.12.2019 (BStBl I 2020 S. 84).

| | – §1a AStG: Preisanpassungsklausel bei Übertragung wesentlicher immaterieller Werte oder Vorteile: Einkünftekorrektur im 8. Jahr nach Geschäftsabschluss, wenn der Fremdvergleichspreis unter Zugrundelegung der tatsächlichen Gewinnentwicklung um mehr als 20% vom ursprünglich vereinbarten Verrechnungspreis abweicht. Escape-Klauseln: Keine Einkünftekorrektur bei (1) unvorhersehbaren Umständen oder (2) wenn die Unsicherheiten bei der Preisbestimmung angemessen berücksichtigt wurden oder (3) bei Vereinbarung von umsatz- oder gewinnorientierten Lizenzgebühren. |

5.13.4.1.2 Erweitert beschränkte Steuerpflicht (§§ 2–5 AStG)

Voraussetzungen (§ 2 Abs. 1–3, § 4 AStG)	– Natürliche Person, die innerhalb der letzten 10 Jahre vor dem Ende der unbeschränkten Steuerpflicht als Deutscher insgesamt mindestens 5 Jahre lang unbeschränkt steuerpflichtig war **und** – nun in einem Niedrigsteuerland ansässig ist[1] **und** – wesentliche wirtschaftliche Interessen im Inland hat[2]
Rechtsfolgen (§ 2 Abs. 4–6, § 4 Abs. 1 AStG)	– 10 Jahre nach Ende der unbeschränkten Steuerpflicht erweitert beschränkt einkommen- bzw. erbschaftsteuerpflichtig – Steuerpflichtig sind Einkünfte, die keine ausländische Einkünfte i. S. d. § 34d EStG sind (erweitert beschränkte Einkommensteuerpflicht) bzw. Vermögen, deren Erträge keine ausländischen Einkünfte in diesem Sinne sind (erweitert beschränkte Erbschaftsteuerpflicht) – Progressionsvorbehalt

---

[1] § 2 Abs. 2 AStG. Eine Niedrigbesteuerung liegt vor, wenn der Steuersatz bei einem Einkommen eines Unverheirateten von 77 000 € um ein Drittel niedriger ist als in Deutschland. In 2021 trifft dies bei einem ausländischen Steuersatz von weniger als 20,09% zu (vgl. BMF-Schr. vom 14.5.2004, BStBl I 2004 Sondernummer 1/2004 S. 3, Tz.2.2.2). OFD Frankfurt/M. vom 19.9.2019: Verweis auf Broschüre „Die wichtigsten Steuern im Internationalen Vergleich", siehe Kap. 5.13.1.2.

[2] § 2 Abs. 3 AStG. Wesentliche wirtschaftliche Interessen bestehen z. B. dann, wenn a) der Steuerpflichtige in Deutschland ein Unternehmen betreibt oder an einer deutschen Kapitalgesellschaft i. S. d. § 17 EStG beteiligt oder gewerblicher Mitunternehmer ist (Kommanditbeteiligungen bis zu 25% sind unschädlich) oder b) die im Fall der unbeschränkten Steuerpflicht nicht ausländischen Einkünfte mehr als 30% sämtlicher Einkünfte betragen oder 62 000 € übersteigen oder c) das b) entsprechende Vermögen mehr als 30% des Gesamtvermögens beträgt oder 154 000 € übersteigt.

5.13.4.1.3 Wegzugsbesteuerung (§ 6 AStG)[1]

Voraussetzungen	Natürliche Person als Anteilseigner gem. § 17 Abs. 1 Satz 1 EStG einer in- oder ausländischen Kapitalgesellschaft, die innerhalb der letzten 12 Jahre mindestens 7 Jahre unbeschränkt steuerpflichtig war und – Beendigung der unbeschränkten Steuerpflicht durch Aufgabe des Wohnsitzes oder gewöhnlichen Aufenthalts oder – Unentgeltliche Übertragung auf eine nicht unbeschränkt steuerpflichtige Person oder – Ausschluss oder Beschränkung des deutschen Besteuerungsrechts hinsichtlich des Gewinns aus der Veräußerung der Anteile[1]
Rechtsfolge	1. Fiktive Veräußerung zum gemeinen Wert gem. § 17 EStG (Teileinkünfteverfahren) im Zeitpunkt der Beendigung der unbeschränkten Steuerpflicht, der Übertragung oder unmittelbar vor Ausschluss/Beschränkung des deutschen Besteuerungsrechts. Keine Berücksichtigung fiktiver Veräußerungsverluste[2]. 2. Bei nur vorübergehender Abwesenheit und Wiederbegründung der unbeschränkten Steuerpflicht innerhalb von 7 Jahren: Rückwirkender Wegfall des Steueranspruchs. Auf Antrag Verlängerung der Frist um 5 Jahre.
Steuererhebung	Auf Antrag zinslose Zahlung in 7 Jahresraten gegen Sicherheitsleistung. Stundung entfällt – wenn Jahresrate zu spät entrichtet wird, – bei Verstoß gegen Meldepflicht (s. u.), – bei Insolvenz des Steuerpflichtigen, – bei Anteilsübertragung oder -veräußerung oder – soweit Gewinnausschüttungen oder Einlagenrückgewähr von mehr als ¼ des gemeinen Werts erfolgen. Bei vorübergehender Abwesenheit: keine Erhebung von Jahresraten, bei Wegfall der Rückkehrabsicht dann Verzinsung gem. § 234 AO.
Meldepflicht	Bei Ratenzahlung oder vorübergehender Abwesenheit: – Mitteilung des Realisationstatbestands (s. o.) innerhalb eines Monats und – jährlich bis zum 31.7.: Mitteilung der aktuellen Anschrift auf amtlichem Vordruck und mit eigenhändiger Unterschrift.

---

[1] *Neufassung mit Wirkung ab VZ 2022 durch ATADUmsG (BGBl I 2021 S. 2035). Fortgeltung der Altfassung auf noch am 31.12.2021 laufende Stundungen und laufende Fristen gem. § 21 Abs. 3 AStG n.F.*

[1] Auch: erstmalige Anwendung eines neuen oder revidierten DBA, siehe BMF-Schr. vom 26.10.2018 (BStBl I 2018 S. 1104).

[2] BFH vom 26.4.2017 (BStBl II 2017 S. 1194).

5.13.4.1.4 Hinzurechnungsbesteuerung (§§ 7–13 AStG[1])

<table>
<tr><td>Voraussetzungen</td><td>Beteiligung an ausländischer Kapitalgesellschaft (Zwischengesellschaft),
1. die durch unbeschränkt Steuerpflichtige beherrscht wird, denen
  – allein oder zusammen mit nahestehenden Personen[2]
  – mehr als 50 % des Anteils am Nennkapital[3], mehr als 50 % der Stimmrechte
    oder des Gewinnanteils
  – unmittelbar oder mittelbar zuzurechnen sind
und
2. die einer passiven Tätigkeit nachgeht[3]
und
3. die einer niedrigen Besteuerung unterliegt[4].</td></tr>
<tr><td>Rechtsfolgen</td><td>Hinzurechnung der positiven Einkünfte der Zwischengesellschaft zum Einkommen des unbeschränkt steuerpflichtigen Gesellschafters in dem Veranlagungszeitraum, in dem das Wirtschaftsjahr der Zwischengesellschaft endet (§ 1 AStG).
– Ermittlung der Einkünfte nach § 4 Abs. 1 EStG. Ausdrücklich anwendbar: §§ 4h, 4j, 4k EStG und §§ 8a, 8b Abs. 1 und 2 KStG.
– Keine Anwendung von § 3 Nr. 40, 32d EStG, § 8b KStG, § 9 Nr. 7 GewStG auf den Hinzurechnungsbetrag.
– Bei negativen Einkünften: Kein Verlustrücktrag zulässig.
– Anrechnung der tatsächlich erhobenen ausländischen Steuer der Zwischengesellschaft (§ 12 AStG) auf die deutsche Einkommen-/Körperschaftsteuer.
– Bei Ausschüttungen der Zwischengesellschaft, deren Einkünfte zuvor der Hinzurechnungsbesteuerung unterlegen haben: Abzug eines Kürzungsbetrags i.S. des § 11 AStG[5]. Jährliche gesonderte Feststellung des verbleibenden Hinzurechnungskorrekturvolumens.</td></tr>
<tr><td>Ausnahme</td><td>1. Keine Hinzurechnung, wenn
  – die ausländische Kapitalgesellschaft Sitz oder Geschäftsleitung in der EU/ EWR hat (§ 8 Abs. 3 AStG) und
  – der Steuerpflichtige nachweist, dass die Gesellschaft in ihrem Ansässigkeitsstaat mit der erforderlichen sachlichen und personellen Ausstattung einer wesentlichen wirtschaftlichen Tätigkeit nachgeht (8 Abs. 2 AStG)[6].
2. Keine Anwendung von § 7 AStG, wenn auf die Einkünfte der Zwischengesellschaft die Vorschriften des InvStG anzuwenden sind (§ 7 Abs. 4 AStG).</td></tr>
</table>

---

[1] Neufassung mit Wirkung ab VZ 2022 durch ATADUmsG (BGBl I 2021 S. 2035).

[2] Nahestehende Personen i.S. des § 1 Abs. 2 AStG oder als Gesellschafter mit gleichgerichteten Interessen i.S. des § 7 Abs. 4 AStG ("abgestimmtes Verhalten").

[3] Bei Kapitalanlagegesellschaften i.S. des § 13 AStG keine Mindestbeteiligung erforderlich.

[4] Definition der aktiven Einkünfte in § 8 Abs. 1 AStG; Änderungen u.a. bei Zinsen. sonstigen Einkünften aus Finanzlagevermögen, Dividenden, Veräußerungsgewinnen aus Anteilen. Freigrenze bei gemischten Einkünften: passive Einkünfte ≤ 10 % der gesamten Einkünfte und maximal 80 000 € (§ 9 AStG).

[4] Niedrigbesteuerung, wenn die Einkünfte einer Ertragsteuerbelastung von weniger als 25 % unterliegen (§ 8 Abs. 5 AStG). OFD Frankfurt/M. vom 22.7.2016: Verweis auf Broschüre „Die wichtigsten Steuern im Internationalen Vergleich", siehe Kap. 5.13.1.1.

[5] Ersetzt § 3 Nr. 41 EStG, dadurch: Wegfall der Siebenjahresfrist.

[6] Siehe auch BMF-Schr. vom 17.3.2021 (BStBl I 2021 S. 342).

5.13.4.2 Eingeschränkter Verlustausgleich bei Auslandsverlusten (§ 2a EStG)

	Kein DBA oder DBA mit Anrechnungsmethode		DBA mit Freistellungsmethode	
	EU- oder EWR-Staat	Drittstaat	EU- oder EWR-Staat	Drittstaat
Verlust aus aktiver Tätigkeit i.S.d. § 2a EStG	Verlustabzug	Verlustabzug	Negativer Progressionsvorbehalt	
Verlust aus passiver Tätigkeit i.S.d. § 2a EStG		Kein Verlustabzug	Kein negativer Progressionsvorbehalt (§ 32b Abs. 1 Satz 2 EStG)	Kein negativer Progressionsvorbehalt (§ 2a EStG)[1]

---

[1] So Wittkowski/Lindscheid, IStR 2009, 225; dies., IStR 2009, 621. A.A. (negativer Progressionsvorbehalt) Goebel/Schmidt, IStR 2009, 620.

5.13.4.3 Steueroasen-Abwehrgesetz[1]

Natürliche Personen, Körperschaften, Personenvereinigungen, Vermögensmassen, die „Geschäftsvorgänge"
- Geschäftsbeziehungen, Beteiligungen, Betriebsstätten oder gesellschaftsrechtliche Vereinbarungen
- in oder mit Bezug zu nicht kooperativen Steuerhoheitsgebieten[2] unterhalten.

Alle Steuerarten außer Umsatzsteuer, Einfuhrumsatzsteuer, Zölle, Verbrauchsteuern.

Vorrangig gegenüber DBA-Regelungen (Treaty Override).

- Verbot des Betriebsausgaben- und Werbungskostenabzugs (§ 8 StAbwG).
- Hinzurechnungsbesteuerung (§ 9 StAbwG): Gesellschaften mit Sitz oder Geschäftsleitung in einem nicht kooperativen Steuerhoheitsgebiet gelten mit ihren sämtlichen Einkünften als Zwischengesellschaft i.S. der §§ 7ff AStG; entsprechend für Betriebsstätten i.S. des § 20 AStG.
- Quellensteuermaßnahmen (§ 10 StAbwG): Erweiterung der beschränkten Einkommensteuerpflicht des § 49 EStG[3] und Quellensteuerabzugspflicht des Leistungsempfängers gemäß § 50a EStG i.H.v. 15 % der Einnahmen. Aufgrund des Vorrangs vor § 8: Abziehbarkeit der Betriebsausgaben/Werbungskosten[4].
- Keine Privilegierung von Gewinnausschüttungen (§ 11 StAbwG): § 8b KStG, §§ 3 Nr. 40, 32d, 43 Abs. 5 EStG sind auf Gewinnausschüttungen und Anteilsveräußerungen nicht anwendbar.

---

[1] Vom 25.6.2021, BGBl I 2021 S. 2056, anwendbar ab 1.1.2022 (Ausnahmen siehe Art. 13 StAbwG).

[2] Gemäß noch zu erlassender Rechtsverordnung des BMF und BMWi: Auflistung der Steuerhoheitsgebiete, die nicht am Informationsaustausch teilnehmen, unfairen Steuerwettbewerb betreiben oder den BEPS-Mindeststandard nicht erfüllen laut schwarzer Liste der EU (www.consilium.europa.eu/de/policies/eu-list-of-non-cooperative-jurisdictions): Amerikanische Samoa-Inseln, Fidschi, Guam, Palau, Panama, Samoa, Trinidad und Tobago, US-Jungferninseln, Vanuatu (Stand: 5.10.2021).

[3] Über den Katalog des § 49 EStG hinaus auf Einkünfte des im nicht kooperativen Steuerhoheitsgebiet ansässigen Steuerpflichtigen aus Finanzierungsbeziehungen, Versicherungsleistungen, Erbringung von Dienstleistungen, Handel mit Waren oder Dienstleistungen.

[4] Aber: Anwendbarkeit der §§ 4h, 4j, 4k EStG.

Erhöhte Mitwirkungspflichten	Pflicht zur Einreichung von Aufzeichnungen über Geschäftsvorgänge beim zuständigen Finanzamt[1] innerhalb eines Jahres nach Ablauf des Kalender-/Wirtschaftsjahres oder innerhalb von 60 Tagen nach Anforderung. Aufzeichnungsinhalt: – Darstellung der Geschäftsbeziehungen, – Verträge, – Vereinbarungen mit Bezug zu immateriellen Werten inkl. Kostenumlage-, Forschungsdienstleistungs- und Lizenzvereinbarungen, – Funktions- und Risikoanalyse, – eingesetzte wesentliche Vermögenswerte, – gewählte Geschäftsstrategien, – Markt- und Wettbewerbsverhältnisse, – Geschäftspartner (natürliche Personen), die an einer Gesellschaft in dem nicht kooperativen Steuerhoheitsgebiet beteiligt sind; Ausnahme: Aktien der Gesellschaft werden an einer EU-/EWR Börse gehandelt.
Sanktionen	Bei Verstoß gegen die Mitwirkungspflichten: – Widerlegbare Vermutung, dass steuerpflichtige Einkünfte vorliegen oder höher sind, als erklärt (§ 162 Abs. 2 AO) und – Festsetzung von Zuschlägen (§ 162 Abs. 4, 4a AO)[2]

---

[1] Beim BZSt, wenn § 138a AO erfüllt ist.
[2] § 162 Abs. 4a AO, siehe auch Kap. 5.13.5.2.

5.13.5 Besondere Verfahrensvorschriften bei grenzüberschreitender Betätigung

5.13.5.1 Mitwirkungs- und Dokumentationsvorschriften (§ 90 AO) und Gewinnabgrenzungsaufzeichnungsverordnung (GAufzV)[1]

Grundsatz (§ 90 Abs. 2 AO)	Mangels Ermittlungsmöglichkeiten der deutschen Finanzbehörden im Ausland erhöhte Mitwirkungspflichten des Steuerpflichtigen
Aufzeichnungspflichten (§ 90 Abs. 3 AO)	Dokumentation von Geschäftsbeziehungen i. S. d. § 1 Abs. 4 AStG
Art, Inhalt und Umfang der Aufzeichnungen (§ 2 GAufzV)	– Schriftliche oder elektronische Erstellung – Grundsätzlich geschäftsvorfallbezogene Dokumentation, ggf. Verrechnungspreisrichtlinien – Grundsätzlich in deutscher Sprache – Grundsätzlich nur für Zwecke einer Außenprüfung, aber innerhalb von 60 Tagen nach Anforderung[2]
Zeitnahe Erstellung bei außergewöhnlichen Geschäftsvorfällen (§ 3 GAufzV)	– Vermögensübertragungen im Zusammenhang mit Umstrukturierungen, wesentliche Funktions- und Risikoänderungen etc. – Innerhalb von 6 Monaten nach Ablauf des jeweiligen Wirtschaftsjahrs zu dokumentieren
Landesspezifische, unternehmensbezogene Dokumentation (Local File) (§ 4 GAufzV)	– Allgemeine Informationen über Beteiligungsverhältnisse, Geschäftsbetrieb und Organisationsaufbau – Geschäftsbeziehungen zu nahestehenden Personen – Funktions- und Risikoanalyse – Verrechnungspreisanalyse – Änderung von Geschäftsstrategien u. ä. – Umlagevereinbarungen – Verrechnungspreiszusagen etc. anderer Staaten – Preisanpassungen – *Ursachen von Verlusten* und über Vorkehrungen zur Verlustbeseitigung – Aufzeichnungen über Forschungsvorhaben und laufende Forschungstätigkeiten in Fällen von Funktions- oder Risikoverlagerungen – Suchprozess bei Verwendung von Datenbanken

---

[1] GAufzV vom 12.7.2017 (BGBl I 2017 S.2367), anwendbar ab 1.1.2017. Siehe auch die Verwaltungsgrundsätze – Verfahren vom 12.4.2005, BStBl I 2005 S.570 sowie Verwaltungsgrundsätze 2020 vom 3.12.2020, BStBl I 2020 S. 1325 sowie Verwaltungsgrundsätze Betriebsstättengewinnaufteilung-VWG BsGa vom 22.12.2016 (BStBl I 2017 S.182).

[2] Für außergewöhnliche Geschäftsvorfälle gilt eine verkürzte Vorlagefrist von 30 Tagen.

Stammdokumentation (Master File) (§ 5 GAufzV und Anlage dazu)	– Verpflichtend für Unternehmen, die Teil einer multinationalen Unternehmensgruppe sind, wenn Vorjahresumsatz > 100 Mio. € – Aufzeichnungen über Art der weltweiten Geschäftstätigkeit der Unternehmensgruppe und die Systematik der Verrechnungspreisbestimmung
Erleichterungen für kleinere Unternehmen (§ 6 GAufzV)	– Summe der Entgelte für die Lieferung von Gütern oder Waren aus Geschäftsbeziehungen mit nahestehenden Personen < 6 Mio. € **und** Summe der Vergütungen für andere Leistungen an diesen Personenkreis < 600 000 € – Ausreichend, wenn vorhandene Unterlagen vorgelegt und Auskünfte erteilt werden

5.13.5.2   Sanktionen (§ 162 Abs. 3 und 4 AO)

Tatbestände	Verletzung der Mitwirkungspflichten des § 90 Abs. 3 AO durch – Nichtvorlage von Aufzeichnungen über einen Geschäftsvorfall oder – Vorlage von im Wesentlichen unverwertbaren Aufzeichnungen über einen Geschäftsvorfall oder – nicht zeitnahe Erstellung der Aufzeichnungen über außergewöhnliche Geschäftsvorfälle oder – verspätete Vorlage verwertbarer Aufzeichnungen
Sanktionen	1. Beweislastumkehr: widerlegbare Vermutung, dass die erklärten Einkünfte zu niedrig sind 2. Strafschätzung: Finanzamt darf Bandbreite nach oben hin ausschöpfen
Zuschläge	Bei Nichtvorlage oder im Wesentlichen unverwertbaren Aufzeichnungen[1]: – grundsätzlich 5 000 € – Erhöhung auf 5 bis 10 % des Mehrbetrags der Einkünfte (Schätzungsbetrag) nach pflichtgemäßem Ermessen Bei verspäteter Vorlage unabhängig von einer Berichtigung: – Zuschlag bis zu 1 Mio. €, – mindestens: 100 € pro Tag – je Veranlagungszeitraum Ausnahmen: – Nichterfüllen der Pflichten nach § 90 Abs. 3 AO ist entschuldbar – Verschulden ist geringfügig[2]

---

[1] Bei Herabsetzung der Einkünfte in einem Rechtsbehelfs-, Verständigungs- oder Schiedsverfahren: Berichtigung des Zuschlags gem. §§ 130 ff. AO.
[2] BMF-Schr. vom 12.4.2005 (BStBl I 2005 S. 570).

5.13.5.3 Länderbezogener Bericht multinationaler Unternehmen (Country-by-Country Report, § 138 a AO)[1]

Voraussetzungen	– inländische Konzernobergesellschaft und – mindestens ein ausländisches Konzernunternehmen oder eine ausländische Betriebsstätte und – konsolidierte Umsatzerlöse im vorangegangenen Wirtschaftsjahr ≥ 750 Mio. € und – keine Einbeziehung in einen Konzernabschluss einer übergeordneten ausländischen Konzerngesellschaft. – Alternativ dazu: sekundäre Berichtspflicht (Abs. 3 und 4)
Rechtsfolge	Pflicht zur elektronischen Übermittlung eines länderbezogenen Berichts je Wirtschaftsjahr an das Bundeszentralamt für Steuern. Notwendiger Inhalt siehe nachfolgende Tabellen 1 bis 3. Entsprechende Eintragung in der Körperschaftsteuererklärung bzw. Feststellungserklärung erforderlich.
Frist	Ein Jahr nach Ablauf des entsprechenden Wirtschaftsjahrs.
Anwendung	Erstmalig für Wirtschaftsjahre, die nach dem 31.12.2015 beginnen (Art. 97 § 31 EGAO).

---

[1] Siehe dazu BMF Schr. vom 11.7.2017, BStBl I 2017 S. 974 und Informationen des BZSt sowie Liste der teilnehmenden Staaten abrufbar unter www.bzst.de/DE/Unternehmen/Intern_Informationsaustausch/CountryByCountryReporting/countrybycountryreporting_node.html.

Tabelle 1: Übersicht über die Aufteilung der Einkünfte, Steuern und Geschäftstätigkeiten nach Steuerhoheitsgebieten

Name des multinationalen Konzerns:
Betrachtetes Wirtschaftsjahr:
Währung der angegebenen Beträge:

Steuerhoheitsgebiet	Umsatzerlöse und sonstige Erträge			Jahresergebnis vor Ertragsteuern	Im Wirtschaftsjahr gezahlte Ertragsteuern	Die im Wirtschaftsjahr für dieses Wirtschaftsjahr gezahlten und zurückgestellten Ertragsteuern	Eigenkapital	Einbehaltener Gewinn	Zahl der Beschäftigten	Materielle Vermögenswerte
	Fremde Unternehmen	Nahestehende Unternehmen	Summe							

Tabelle 2: Auflistung aller Unternehmen und Betriebsstätten des Konzerns nach Steuerhoheitsgebieten unter Angabe deren wichtigster Geschäftstätigkeiten

Name des multinationalen Konzerns:

Betrachtetes Wirtschaftsjahr:

Steuerhoheits-gebiet	Im Steuer-hoheitsgebiet ansässige Unternehmen und Betriebsstätten des Konzerns	Wichtigste Geschäftstätigkeit(en)												
		Forschung und Entwicklung	Besitz oder Verwaltung von geistigem Eigentum	Einkauf oder Beschaffung	Verarbeitung oder Produktion	Verkauf, Marketing oder Vertrieb	Verwaltungs-, Management- oder Supportleistungen	Erbringung von Dienstleistungen für unverbundene Dritte	Konzerninterne Finanzierung	Regulierte Finanzdienst-leistungen	Versicherungen	Besitz von Aktien oder anderen Wertpapieren mit Beteiligungs-charakter	Ruhende Tätigkeit	Sonstige (Bitte geben Sie die Art der Tätigkeit in der Geschäftsein-heit in Tabelle 3 "Zusätzliche Informationen" an.)

Tabelle 3: Zusätzliche Informationen

Name des multinationalen Konzerns:

Betrachtetes Wirtschaftsjahr:

Bitte geben Sie hier kurz alle weiteren Angaben oder Erläuterungen an, die Sie für notwendig erachten oder die das Verständnis der vorgeschriebenen Informationen im länderbezogenen Bericht erleichtern können.

5.13.5.4 Meldepflicht grenzüberschreitender Steuergestaltungen – DAC 6[1]

Ziel	Verhinderung von Gewinnverlagerungen durch Offenlegung von aggressiven Steuergestaltungen gegenüber den Finanzverwaltungen
Rechts-grundlagen	– International: OECD/G20 Projekt Gewinnverkürzung und Gewinnverlagerung (BEPS-Aktionsplan), Aktionspunkt 12[2]. – EU: Richtlinie (EU) 2018/822 des Rates vom 25.5.2018 (Revision der EU-Amtshilferichtlinie), sog. DAC 6[3]. – Deutschland: Gesetz zur Einführung einer Pflicht zur Mitteilung grenzüberschreitender Steuergestaltungen vom 21.12.2019[4], §§ 102, 138d bis 138k AO.
Anwendung	Grundsätzlich ab 1.7.2020, zusätzlich für Steuergestaltungen, deren erster Schritt nach dem 24.6.2018 umgesetzt wurde
Meldepflichtige Personen (§ 138d Abs. 1 AO)	– Intermediäre (Personen, die grenzüberschreitende Steuergestaltungen vermarkten, konzipieren, organisieren, zur Nutzung bereitstellen oder die Umsetzung durch Dritte verwalten) oder – bei gesetzlicher Verschwiegenheitspflicht des Intermediärs: Nutzer oder – Nutzer von selbst konzipierten grenzüberschreitenden Steuergestaltungen.

---

[1] Siehe auch BMF-Schr. vom 29.3.2021 (BStBl I 2021 S. 582), weitere Informationen unter www.bzst.de/DE/Unternehmen/Intern_Informationsaustausch/DAC6/doc6_node. html.
[2] www.oecd.org/ctp/beps-erlauterung-2015.pdf.
[3] ABl 2018 Nr. L 139/1.
[4] BGBl I 2019 S. 1875.

Meldepflichtige grenzüberschreitende Steuergestaltungen (§ 138d Abs. 2 AO)	Jeder erste Schritt einer Gestaltung,
	1. die Steuern betrifft, auf die das EU-Amtshilfegesetz anzuwenden ist (nicht: USt, EUSt, Zölle, harmonisierte VerbrauchSt, Sozialversicherung, Gebühren) und
	2. die mehr als einen EU-Staat oder einen EU-Staat und einen/mehrere Drittstaat(en) betrifft und
	  – die Beteiligten in verschiedenen Staaten ansässig sind oder
	  – mindestens ein Beteiligter doppelansässig ist oder
	  – mindestens ein Beteiligter durch eine ausländische Betriebsstätte tätig wird oder
	  – mindestens ein Beteiligter im Ausland tätig wird oder
	  – Auswirkungen auf den CRS hat und
	3. die mindestens
	  – ein Kennzeichen nach § 138e Abs. 1 AO aufweist und der Hauptvorteil ein Steuervorteil (§ 138d Abs. 3 AO, Ausnahmen s. „white list"[1]) ist oder
	  – ein Kennzeichen nach § 138e Abs. 2 AO aufweist.

Kennzeichen § 138e Abs. 1 AO	Kennzeichen, die zur Meldepflicht führen, wenn der Hauptvorteil ein Steuervorteil ist:
	– Vereinbarung einer Vertraulichkeitsklausel oder einer erfolgsabhängigen Vergütung
	– Standardisierte Dokumentation und/oder Struktur
	– Verlustnutzung durch Mantelkauf mit Beendigung der Tätigkeit
	– Umwandlungen von Einkünften in Vermögen, Schenkung oder niedrig besteuerte Arten von Einnahmen
	– Zirkuläre Vermögensverschiebungen
	– Abzugsfähige grenzüberschreitende Zahlungen zwischen verbundenen Unternehmen, wenn
	  – Ansässigkeitsstaat des Empfängers keine KSt erhebt oder KSt-Satz max. 4% ist (Steueroase) oder
	  – die Zahlung beim Empfänger steuerbefreit ist oder einer Präferenzbesteuerung unterliegt

---

[1] Anlage zum BMF-Schr. vom 29.3.2021 a.a.O..

Kennzeichen § 138e Abs. 2 AO	Kennzeichen, die immer zur Meldepflicht führen: – Abzugsfähige grenzüberschreitende Zahlungen an verbunde- ne Unternehmen, wenn Empfänger in keinem Staat/Territori- um oder in EU/OECD-Blacklist-Staat[1] ansässig ist – Doppelbegünstigungen: Mehrfach-Abschreibung desselben Vermögenswerts oder mehrfache Steuerbefreiung desselben Vermögens bzw. derselben Einkünfte – Übertragung von Vermögenswerten mit wesentlich unter- schiedlichem Wertansatz in den beteiligten Steuerhoheitsge- bieten – Aushöhlung der Mitteilungspflichten (CRS) – Verschleierung des wirtschaftlich Berechtigten – Verrechnungspreisgestaltungen: Nutzung einer unilateralen Safe Harbour Regelung, Übertragung schwer zu bewertender IWG an verbundene Unternehmen oder Betriebsstätten, Übertragung von Funktionen, Risiken oder Wirtschaftsgütern zwischen verbundenen Unternehmen, wenn EBIT-Prognose des Übertragenden über 3 Jahre um mehr als 50% sinkt.
Verfahren	1. Elektronische Übermittlung nach amtlich vorgeschriebenem Datensatz an das BZSt (§ 138f AO) und 2. Pflicht zur Angabe in der Steuererklärung (138k AO).
Meldefrist (§ 183f Abs. 2 AO)	30 Tage – nach Bereitstellung der Gestaltung zur Umsetzung oder – nachdem der Nutzer zur Umsetzung bereit ist oder – mindestens ein Nutzer den ersten Schritt zur Umsetzung der Gestaltung gemacht hat.
Sanktionen (§ 379 AO)[2]	Vorsätzlicher oder leichtfertiger Verstoß gegen die Mitteilungs- pflichten (keine, nicht rechtzeitige oder nicht vollständige Über- mittlung) ist Ordnungswidrigkeit. Bußgeld bis zu 25 000 €.

---

[1] www.consilium.europa.eu/de/policies/eu-list-of-non-cooperative-jurisdictions.
[2] Siehe Kap. 5.13.5.5.

Prüfungsschema zum Vorliegen der Mitteilungspflicht[1]

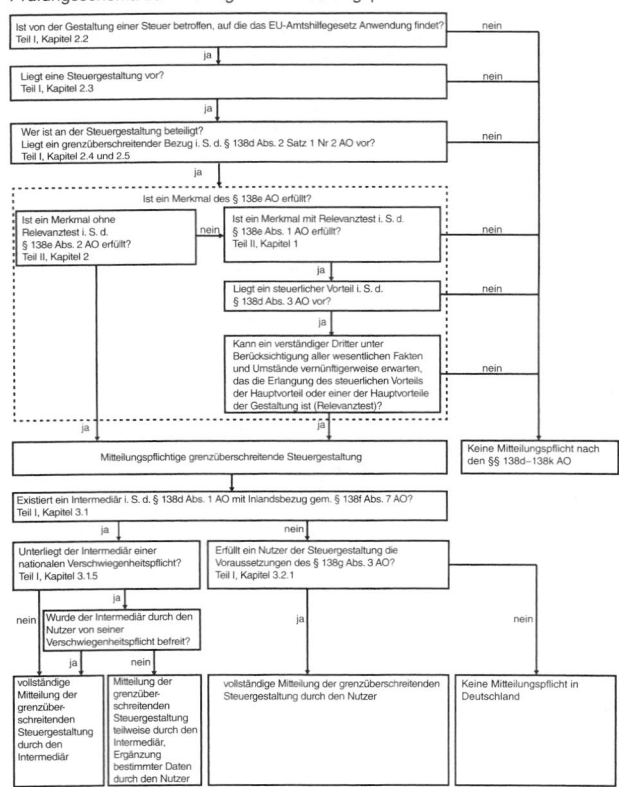

5.13.5.5 Sanktionen (§§ 379, 377 AO)

Tatbestände (§ 379 Abs. 2 Nr. 1c, 1e–1g AO)	1. Länderbezogener Bericht wird vorsätzlich oder leichtfertig
	   – nicht,
	   – nicht vollständig oder
	   – nicht rechtzeitig
	   übermittelt.
	2. Vorsätzliche oder leichtfertige Verletzung der Meldepflichten zu grenzüberschreitenden Steuergestaltungen i.S. der §§ 138d, 138f–138k AO.

Rechtsfolge	Ordnungswidrigkeit: – Bei Vorsatz: Geldbuße bis zu 10 000 € (§ 379 Abs. 4 AO) – Bei Leichtfertigkeit: Geldbuße bis zu 5 000 € (§ 379 Abs. 4 AO; § 377 AO, § 17 OWIG)

Anmerkung: § 162 Abs. 3 und Abs. 4 AO finden keine Anwendung.

5.13.6 Doppelbesteuerungsrecht

5.13.6.1 Stand der Doppelbesteuerungs-abkommen am 1.1.2021[1]

I. Geltende Abkommen

1. Abkommen auf dem Gebiet der Steuern vom Einkommen und vom Vermögen

Abkommen mit	vom	Fundstelle BStBl I Jg./S.	Anwendun. grundsätzlic. ab
Ägypten	08.12.87	90/280	01.01.92
Albanien	06.04.10	12/292	01.01.12
Algerien	12.11.07	09/382	01.01.09
Argentinien	16.09.96	98/187	01.01.96
Armenien[2]	24.11.81	83/90	01.01.80
Aserbaidschan	25.08.04	06/291	01.01.06
Australien[3]	12.11.15	17/121	01.01.17
Bangladesch[4]	29.05.90	92/34	01.01.90
Belarus (Weißrussland)	30.09.05	07/276	01.01.07
Belgien	05.11.02	05/346	01.01.04
Bolivien	30.09.92	94/575	01.01.91
Bosnien und Herzegowina[5]	26.03.87	88/372	01.01.89
Bulgarien	25.01.10	11/543	01.01.11
China[6]	28.03.14	16/1130	01.01.17
Costa Rica	13.02.14	16/1169	01.01.17
Côte d'Ivoire	03.07.79	82/357	01.01.82
Dänemark	22.11.95	96/1219	01.01.97
Ecuador	07.12.82	84/339	01.01.87
Estland	29.11.96	98/543	01.01.94
Finnland	19.02.16	17/1527	01.01.18
Frankreich	31.03.15	16/515	01.01.16
Georgien	11.03.14	15/177,178	01.01.15
Ghana	12.08.04	08/467	01.01.08
Griechenland	18.04.66	67/50	01.01.64
Indien	19.06.95	96/599	01.01.97
Indonesien	30.10.90	91/1001	01.01.92
Iran, Islam. Rep.	20.12.68	70/768	01.01.70
Irland	03.12.14	16/196	01.01.16
Island	18.03.71	73/504	01.01.68
Israel	21.08.14	16/1116	01.01.17
Italien	18.10.89	90/396	01.01.93
Jamaika	08.10.74	76/407	01.01.73

---

[1] BMF-Schr. vom 18.2.2021 (BStBl I 2021 S. 265).
[2] DBA mit UdSSR gilt fort, BGBl 1993 II S. 169.
[3] Angabe bezieht sich auf BGBl II.
[4] Gilt nicht für die VSt.
[5] DBA mit SFR Jugoslawien gilt fort, BGBl II 1992 S. 1169.
[6] Ohne Hongkong und Macau.

Abkommen mit	vom	Fundstelle BStBl I Jg./S.	Anwendun. grundsätzlic. ab
Japan	17.12.15	16/1306	01.01.17
Jersey	07.05.15	16/272	29.08.14
Kanada	19.04.01	02/505	01.01.01
Kasachstan	26.11.97	98/1029	01.01.96
Kenia	17.05.77	79/337	01.01.80
Kirgisistan	01.12.05	07/233	01.01.07
Korea, Republik	10.03.00	03/24	01.01.03
Kosovo[1]	26.03.87	88/372	01.01.89
Kroatien	06.02.06	07/247	01.01.07
Kuwait	18.05.99	00/439	01.01.98
Lettland	21.02.97	98/531	01.01.96
Liberia	25.11.70	73/615	01.01.70
Liechtenstein	17.11.11	13/488	01.01.13
Litauen	22.07.97	98/1016	01.01.95
Luxemburg	23.04.12	15/7	01.01.14
Malaysia	23.02.10	11/329	01.01.11
Malta	17.06.10	11/742	01.01.02
Marokko	07.06.72	74/59	01.01.74
Mauritius	07.10.11	13/388	01.01.13
Mazedonien	14.11.16	18/710	01.01.19
Mexiko	09.07.08	14/1223	01.01.10
Moldau (Republik)[2]	24.11.81	83/90	01.01.80
Mongolei	22.08.94	95/607	01.01.97
Montenegro[3]	26.03.87	88/372	01.01.89
Namibia	02.12.93	94/673	01.01.93
Neuseeland	20.10.78	80/654	01.01.78
Niederlande	11.01.16	16/866[4]	01.01.17
Norwegen	24.06.13	15/245	01.01.15
Österreich	29.12.10	12/366	01.01.11
Pakistan[5]	14.07.94	95/617	01.01.95
Philippinen	09.09.13	16/252	01.01.16
Polen	14.05.03	05/349	01.01.05
Portugal	15.07.80	82/347	01.01.83
Rumänien	04.07.01	04/273	01.01.04
Russische Föderation	15.10.07	09/831	01.01.10
Sambia	30.05.73	75/688	01.01.71
Schweden	14.07.92	94/422	01.01.95
Schweiz	27.10.10	12/512	01.01.11/ 01.01.12
Serbien[6]	26.03.87	88/372	01.01.89
Simbabwe	22.04.88	89/310	01.01.87
Singapur	28.06.04/ 9.12.2019	07/157	01.01.07
Slowakei[7]	19.12.80	82/904	01.01.84
Slowenien	17.05.11	13/369	30.07.12
Spanien	03.02.11	13/349	01.01.13

[1] DBA mit SFR Jugoslawien gilt fort, BGBl II 2011 S.748.
[2] DBA mit UdSSR gilt fort, BGBl II 1996 S. 768.
[3] DBA mit SFR Jugoslawien gilt fort, BGBl II 2011 S.745.
[4] Angabe bezieht sich auf BGBl II.
[5] Gilt nicht für die VSt.
[6] DBA mit SFR Jugoslawien gilt fort, BGBl II 1997 S. 961.
[7] DBA mit Tschechoslowakei gilt fort, BGBl II 1993 S. 762.

Abkommen mit	vom	Fundstelle BStBl I Jg./S.	Anwendun. grundsätzlic. ab
Sri Lanka	13.09.79	81/610	01.01.83
Südafrika	25.01.73	74/850	01.01.65
Syrien	17.02.10	11/345	01.01.11
Tadschikistan	27.03.03	05/15	01.01.05
Thailand	10.07.67	68/1046	01.01.67
Trinidad und Tobago	04.04.73	75/697	01.01.72
Tschechien[1]	19.12.80	82/904	01.01.84
Türkei	19.09.11	13/373	01.01.11
Tunesien	08.02.18	20/264	01.01.20
Turkmenistan[2]	25.08.16	18/206	01.01.18
Ukraine	03.07.95	96/675	01.01.97
Ungarn	28.02.11	12/155	01.01.12
Uruguay	09.03.10	12/350	01.01.12
Usbekistan	14.10.14	16/267	01.01.16
Venezuela	08.02.95	96/611	01.01.97
Vereinigte Arabische Emirate	01.07.10	11/942	01.01.09
Vereinigtes Königreich	17.03.14	16/192	01.01.16
Vereinigte Staaten[3]	01.06.06	08/766	01.01.07/
		08/783	01.01.08
Vietnam	16.11.95	96/1422	01.01.97
Zypern	18.02.11	12/222	01.01.12

2. Abkommen auf dem Gebiet der Erbschaft- und Schenkungsteuern

Abkommen mit	vom	Fundstelle BStBl I Jg./S.	Anwendun. grundsätzlic. ab
Dänemark[4]	22.11.95	96/1219	01.01.97
Frankreich	12.10.06	09/1258	03.04.09
Griechenland	18.11.1910/	12/173[5]	01.01.53
	01.12.1910		
Schweden[4]	14.07.92	94/422	01.01.95
Schweiz	30.11.78	80/243	28.09.80
Vereinigte Staaten[6]	14.12.98	01/110	15.12.00

[1] DBA mit Tschechoslowakei gilt fort, BGBl II 1993 S. 762.
[2] DBA mit UdSSR gilt fort, Bericht der Botschaft Aschgabat vom 11.8.1999 – Nr. 377/99.
[3] Bekanntmachung der Neufassung 4. 6. 2008, BStBl I 2008 S. 783.
[4] Die Erbschaftsteuer bzw. Vorschriften zur Rechts- und Amtshilfe sind in den unter I. 1 bzw. II. 1 aufgeführten Abkommen enthalten.
[5] Angabe bezieht sich auf RStBl.
[6] Bekanntmachung der Neufassung 21. 12. 2000, BStBl I 2001 S. 114.

3. **Sonderabkommen betreffend Einkünfte und Vermögen von Schiffahrt(S)- und Luftfahrt(L)-Unternehmen**[1]

Abkommen mit	vom	Fundstelle BStBl I Jg./S.	Anwendung grundsätzlich ab
Brasilien (S) (Protokoll)	17.08.50	51/11[2]	10.05.52
Chile (S) (Handelsvertrag)	02.02.51	52/325[2]	08.01.52
Hongkong (L)	08.05.97	98/1156	01.01.98
Honkong (S)	13.01.03	05/610	01.01.98
Insel Man (S)	02.03.09	11/510	01.01.10
Jemen (L)	02.03.05	06/229	01.01.82
Kamerun (L)	24.08.17	18/466[2]	01.01.21
Kolumbien (S, L)	10.09.65	67/24	01.01.62
Panama (S, L)	21.11.16	18/8	01.01.17
Paraguay (L)	27.01.83	84/456	01.01.79
Saudi-Arabien (L)	08.11.07	09/866	01.01.67
Venezuela (S, L)	23.11.87	89/161	01.01.90

---

[1] Siehe auch Bekanntmachungen über die Steuerbefreiungen nach § 49 Abs. 4 EStG (und § 2 Abs. 3 VStG):
Äthiopien L (BStBl I 1962 S. 536),
Afghanistan L (BStBl I 1964 S. 411),
Brasilien S, L (BStBl I 2006 S.216),
Chile L (BStBl I 1977 S. 350),
Fidschi S (BStBl 2015 S.1087),
Irak S, L (BStBl I 1972 S. 490),
Jordanien L (BStBl I 1976 S. 278),
Katar L (BStBl I 2006 S. 3),
Libanon S, L (BStBl I 1959 S.198),
Malediven L (BStBl 2015 S. 675),
Oman S, L (BStBl 2018, S. 1036),
Papua-Neuguinea L (BStBl I 1989 S.115),
Seychellen L (BStBl I 1998 S.582),
Sudan L (BStBl I 1983 S. 370) und
Zaire S, L (BStBl I 1990 S.178).
[2] Angabe bezieht sich auf BGBl II.

4. Abkommen auf dem Gebiet der Rechts- und Amtshilfe und des Informationsaustauschs

Abkommen mit	vom	Fundstelle BStBl I Jg./S.	Anwendung grundsätzlich ab
Andorra	25.11.10	17/81	01.01.13
Anquilla	19.03.10	12/100	01.01.12
Antigua und Barbuda	19.10.10	17/388	01.01.13
Bahamas	09.04.10	12/267	01.01.12
Bermuda	03.07.09	13/692	01.01.13
Britische Jungferninseln	05.10.10	12/283	01.01.12
Cookinseln	03.04.12	17/289	01.01.14
Dänemark[1]	22.11.95	96/1219	01.01.97
Gibraltar	13.08.09	11/521	01.01.11
Grenada	03.02.11	17/405	01.01.14
Guernsey	26.03.09	11/514	01.01.11
Insel Man	02.03.09	11/504	01.01.11
Italien	09.06.38	39/377[2]	23.01.39
Jersey	04.07.08	10/166	01.01.10
Kaimaninseln	27.05.10	11/841	01.01.12
Liechtenstein	02.09.09	11/286	01.01.10
Monaco	27.07.10	17/73	01.01.12
Montserrat	28.10.11	17/396	01.01.15
Niederlande	21.05.99	01/66	23.06.01
Österreich	04.10.54	55/434	26.11.55
San Marino	21.06.10	13/684	01.01.12
Schweden[1]	14.07.92	94/422	01.01.95
St. Kitts und Nevis	19.10.10	17/297	01.01.17
St. Lucia	07.06.10	13/760	01.01.14
St. Vincent und Grenadinen	29.03.10	11/777	01.01.12
Turks und Caicos Inseln	04.06.10	12/275	01.01.12
Vereinigte Staaten	31.05.13	14/242	11.12.13

---

[1] Die Erbschaftsteuer bzw. Vorschriften zur Rechts- und Amtshilfe sind in den unter I. 1 bzw. II. 1 aufgeführten Abkommen enthalten.
[2] Angabe bezieht sich auf RGBl bzw. RStBl.

II. Künftige Abkommen und laufende Verhandlungen

Abkommen mit	Art des Abkommens[1]	Sachstand[2]	Geltung für Veranlagungssteuern[3] ab	Abzugsteuern[4] ab
1. Abkommen auf dem Gebiet der Steuern vom Einkommen und vom Vermögen				
Ägypten	R–A	P. 09.11.2012	KR	KR
Angola	A	V:		
Äthiopien	A	V:		
Argentinien	R–P	P. 25.10.2019	KR	KR
Bangladesch	R–A	V:		
Belgien	R–A	P. 15.03.2018	KR	KR
Benin	A	V:		
Botsuana	A	V:		
Bulgarien	R–P	P. 29.07.2019	KR	KR
Burkina Faso	A	V:		
Chile	A	V:		
China	R–P	V:		
Costa Rica	R–P	V:		
Dänemark	R–P	U: 01.10.2020	KR	KR
Ecuador	R–A	P. 19.10.2012	KR	KR
Estland	R–P	U: 15.12.2020	KR	KR
Finnland	R–P	U: 18.11.2019	KR	KR
Griechenland	R–A	V:	KR	KR
Hongkong	A	V:		
Indien	R–P	V:		
Iran	R–A	P. 12.12.2018	KR	KR
Irland	R–P	P. 28.02.2019	KR	KR
Island	R–A	V:		
Israel	R–P	P. 24.05.2019	KR	KR
Jersey	R–P	V:		
Jordanien	A	V:		
Kanada	R–P	V:		
Katar	A	V:		
Kirgistan	R–P	V:		
Kolumbien	A	V:		
Korea, Republik	R–P	P. 18.04.2018	KR	KR

Abkommen mit	Art des Abkommens[1]	Sachstand[2]	Geltung für Veranlagungssteuern[3] ab	Abzugsteuern[4] ab
Kosovo	A	V:		
Kroatien	R–P	P. 11.06.2013	KR	KR
Kuwait	R–P	V:		
Lettland	R–P	P. 18.06.2018	KR	KR
Libanon	A	V:		
Liberia	R–P	V:		
Liechtenstein	R–P	U: 27.10.2020	KR	KR
Litauen	R–P	P. 14.04.2020	KR	KR
Malta	R–P	V:		
Mauritius	R–P	P. 23.06.2020	KR	KR
Mexico	R–P	P. 06.02.2018	KR	KR
Namibia	R–P	V:		
Neuseeland	R–P	V:		
Niederlande	R–P	P. 30.07.2020	KR	KR
Nigeria	A	V:		
Norwegen	R–P	P. 26.04.2018	KR	KR
Oman	A R–P	U. 15.08.2012 V:	KR	KR
Polen	R–P	P. 27.11.2017	KR	KR
Portugal	R–A	P. 26.10.2017	KR	KR
Ruanda	A	V:		
Rumänien	R–P	V:		
Russische Föderation	R–P	P. 08.10.2019	KR	KR
San Marino	A	V:		
Schweden	R–P	P. 25.05.2018	KR	KR
Schweiz	R–P	P. 03.12.2020		
Senegal	A	V:		
Serbien	A	V:		
Slowakei	R–A	V:		
Slowenien	R–P	V:		
Sri Lanka	R–A	P. 24.08.2012	KR	KR

Fußnoten am Ende des Kapitels.

Abkommen mit	Art des Abkommens[1]	Sachstand[2]	Geltung für Veranlagungssteuern[3] ab	Abzugsteuern[4] ab
Südafrika	R–A R–P	U. 09.09.2008 P. 16.09.2019	KR KR	KR KR
Tadschikistan	R–P	V:		
Trinidad und Tobago	R–A	P. 16.01.2015	KR	KR
Tschechien	R–A	V:		
Ukraine	R–A	V:	KR	KR
Vereinigtes Königreich	R–P	P. 25.07.2018	KR	KR
Zypern	R–P	P. 22.03.2019	KR	KR

2. Abkommen auf dem Gebiet der Amtshilfe und des Informationsaustauschs

	Art des Abkommens[1]	Sachstand[2]	Geltung für Veranlagungssteuern[3] ab	Abzugsteuern[4] ab
Aruba	A	U. 29.06.2017	KR	KR
Bahamas	E–P	V:		
Barbados	A	P. 30.11.2011	KR	KR
Brasilien	A	V:		
Brunei	A	V:		
Dominica	A	U. 21.09.2010	KR	KR
Panama	A	P. 13.05.2013	KR	KR
Vereinigte Staaten	A	U: 14.08.2020	KR	KR

[1] A: Erstmaliges Abkommen, R–A: Revisionsabkommen als Ersatz eines bestehenden Abkommens, R–P: Revisionsprotokoll zu einem bestehenden Abkommen, E–P: Ergänzungsprotokoll zu einem bestehenden Abkommen.

[2] V: Verhandlung, P: Paraphierung, U: Unterzeichnung hat stattgefunden, Gesetzgebungs- oder Ratifikationsverfahren noch nicht abgeschlossen.

[3] Einkommen-, Körperschaft-, Gewerbe- und Vermögensteuer, KR: keine Rückwirkung vorgesehen.

[4] Abzugsteuern von Dividenden, Zinsen und Lizenzgebühren, KR: keine Rückwirkung vorgesehen.

5.13.6.2 Quellensteuersätze nach deutschen DBA

5.13.6.2.1 Anrechenbarkeit der Quellensteuer auf Dividenden und Zinsen nach deutschen DBA*

DBA-Staat	a) nationale Quellensteuer b) nach DBA höchstens anrechenbare Quellensteuer c) fiktive anrechenbare Quellensteuer nach DBA		Ergebnis: anrechenbar sind ...		Hinweise zur nationalen Quellensteuererhebung (Buchstabe a in Spalten A und B)
	Dividenden (in %)	Zinsen (in %)	Dividenden (in %)	Zinsen (in %)	
	A	B	C	D	E
Ägypten	a) 0/5/10 b) 15[1]	a) 20 b) 15	10, jedoch max. nat. Satz	15	**Dividenden:** 5 % Quellensteuer auf Ausschüttungen börsennotierter Gesellschaften
Albanien	a) 18 b) 15[2]	a) 15 b) 5[2]	8	5	
Algerien	a) 15 b) 15[2]	a) 10/50 b) 10[2]	15	10	

1448

* Quelle: www.bzst.de/DE/Privatpersonen/Kapitalertraege/AuslaendischeQuellensteuer/ausl_quellensteuer.html, Stand 1.1.2021. Fußnoten am Ende des Kapitels.

DBA-Staat	a) nationale Quellensteuer b) nach DBA höchstens anrechenbare Quellensteuer c) fiktive anrechenbare Quellensteuer nach DBA		Ergebnis: anrechenbar sind ...		Hinweise zur nationalen Quellensteuererhebung (Buchstabe a in Spalten A und B)
	Dividenden (in %)	Zinsen (in %)	Dividenden (in %)	Zinsen (in %)	
	A	B	C	D	E
Argentinien	a) 13 b) 15 c) 20	a) 0/15,05/35 b) 15 c) 15	20	15	
Armenien[3]	a) 0/5 b) 10	a) 10 b) 5	0	5	**Dividenden:** Anteilseignern, die erhaltene Dividenden in das Kapital der ausschüttenden Gesellschaft reinvestieren, wird die einbehaltene Quellensteuer auf Antrag erstattet.
Aserbaidschan	a) 0/10 b) 15	a) 0/10 b) 10	**10, falls keine Befreiung**	**10, falls keine Befreiung**	**Dividenden und Zinsen:** keine Quellensteuer auf Dividenden und Zinsen aus Anlagepapieren
Australien	a) 0/30 b) 15[2]	a) 0/10 b) 10[2]	**15, falls keine Befreiung**	**10, falls keine Befreiung**	**Dividenden:** Bestimmte Dividenden (z.B. sog. "franked dividends" und "conduit income") unterliegen nicht der Quellenbesteuerung. **Zinsen:** Bestimmte Zinszahlungen (z.B. Zinsen aus bestimmten öffentlichen Schuldverschreibungen) unterliegen nicht der Quellenbesteuerung.
Bangladesch	a) 30 b) 15[2] c) 15	a) 0/20 b) 10[2] c) 15	15	15	

DBA-Staat	a) nationale Quellensteuer b) nach DBA höchstens anrechenbare Quellensteuer c) fiktive anrechenbare Quellensteuer nach DBA		Ergebnis: anrechenbar sind ...		Hinweise zur nationalen Quellensteuererhebung (Buchstabe a in Spalten A und B)
	Dividenden (in %)	Zinsen (in %)	Dividenden (in %)	Zinsen (in %)	
	A	B	C	D	E
Belarus (Weiß-russland)	a) 9/13 b) 15[2]	a) 0/13 b) 5[2]	13, jedoch max. nationaler Satz	5, falls keine Befreiung	**Dividenden:** 9% Quellensteuer auf Dividenden von Gesellschaften der Sonderwirtschaftszone „High Technologies Park". **Zinsen:** Zinsen auf Staats-, Gemeinde- oder Bankanleihen und auf Schuldverschreibungen, die von anderen belarussischen Unternehmen nach dem 1.4.2008 ausgegeben werden, sind steuerfrei.
Belgien	a) 5/20/30 b) 15	a) 0/15/30 b) 15	15, jedoch max. nationaler Satz	15, falls keine Befreiung	**Dividenden:** 20% auf Ausschüttungen aus einer Liquiditätsreserve innerhalb von 5 Jahren, danach 5%. **Zinsen:** 0% auf Zinsen aus bestimmten Schuldverschreibungen und Anleihen; 15% auf Zinsen aus Staatsanleihen, die zwischen dem 24.11.2011 und dem 2.12.2011 gezeichnet wurden.
Bolivien	a) 12,5 a) 15	a) 12,5 b) 15 c) 20	12,5	20	**Dividenden und Zinsen:** Die Quellensteuer von 25% wird nur auf 50% der empfangenen Dividenden und Zinsen erhoben, sodass effektiv eine Quellensteuer von 12,5% anfällt.
Bosnien-Herzegowina[5]	a) 0/10 b) 0	a) 0/10 b) 0	0	0	

DBA-Staat	a) nationale Quellensteuer b) nach DBA höchstens anrechenbare Quellensteuer c) fiktive anrechenbare Quellensteuer nach DBA		Ergebnis: anrechenbar sind ...		Hinweise zur nationalen Quellensteuererhebung (Buchstabe a in den Spalten A und B)
	Dividenden (in %)	Zinsen (in %)	Dividenden (in %)	Zinsen (in %)	
	A	B	C	D	E
Bulgarien	a) 0/5 b) 15[2]	a) 0/10 b) 5[2]	0	0	**Dividenden und Zinsen:** Zur Berücksichtigung von Werbungskosten kann eine Steuerveranlagung und eine Erstattung von Quellensteuer beantragt werden.
China (Volksrepublik ohne Hongkong und Macau)	a) 0/20 b) 10[2]	a) 0/20 b) 10[2]	10, falls keine Befreiung	10, falls keine Befreiung	**Dividenden:** Keine Quellensteuer auf bestimmte Dividenden. **Zinsen:** Keine Quellensteuer auf Zinsen aus Staatsanleihen.
Costa Rica	a) 15 b) 15[2]	a) 15 b) 5[2]	15	5	
Cote d'Ivoire (Elfenbeinküste)	a) 10/15 b) 15/18	a) 0/2/18 b) 15	15, jedoch max. nationaler Satz	15, jedoch max. nationaler Satz	**Dividenden:** Die Quellensteuer beträgt für Ausschüttungen börsennotierter Gesellschaften 10 %, ansonsten 15 %. **Zinsen:** keine Quellensteuer für Zinsen aus Schatzanleihen, 2 % Quellensteuer für Zinsen aus langfristigen Staatsanleihen
Dänemark	a) 15/27 b) 15[7]	a) 0 b) 0	15	0	**Dividenden:** 15 % Quellensteuer, wenn der Empfänger seinen Sitz in einem Land hat, mit dem ein Abkommen über zwischenstaatlichen Informationsaustausch besteht, und weniger als 10 % des Stammkapitals der ausschüttenden Gesellschaft hält.

1451

DBA-Staat	a) nationale Quellensteuer b) nach DBA höchstens anrechenbare Quellensteuer c) fiktive anrechenbare Quellensteuer nach DBA		Ergebnis: anrechenbar sind ...		Hinweise zur nationalen Quellensteuererhebung (Buchstabe a in Spalten A und B)
	Dividenden (in %)	Zinsen (in %)	Dividenden (in %)	Zinsen (in %)	
	A	B	C	D	E
Ecuador	a) 10 b) unbeschränkt	a) 25 b) 15 c) 20	10	20	**Dividenden:** 25 % Quellensteuer auf 40 % der ausgeschütteten Dividenden (d. h. effektiver Steuersatz von 10 %).
Estland	a) 0/7 b) 15[2]	a) 0 b) 10[2]	7, falls keine Befreiung	0	**Dividenden:** Die Körperschaftsteuer wird nicht bereits auf thesaurierte Gewinne erhoben, sondern erst im Zeitpunkt der Gewinnausschüttung (i.H.v. 20 % bzw. 14 %). Diese „Gewinnausschüttungssteuer" stellt die Körperschaftsteuer der ausschüttenden Gesellschaft dar; sie ist keine beim Anteilseigner anrechenbare Quellensteuer. 7 % Quellensteuer fallen nur auf Dividenden an, die der Ausschüttungssteuer von 14 % unterliegen.
Finnland	a) 30/35 b) 15	a) 0 b) 0[8]	15	0	**Dividenden:** 35 % Quellensteuer für Dividenden aus „nominee-registered shares", wenn die ausländische Depotbank nicht bei der finnischen Steuerverwaltung registriert ist oder sie die Angaben zum wirtschaftlichen Eigentümer nicht meldet. **Zinsen:** Grundsätzlich keine Quellensteuer, lediglich Zinsen aus Unterkapitalisierung (d.h. Zinsen auf ein langfristiges Darlehen, das anstelle einer Kapitalbeteiligung gewährt wird) unterliegen einer Quellensteuer von 30 %.

DBA-Staat	a) nationale Quellensteuer b) nach DBA höchstens anrechenbare Quellensteuer c) fiktive anrechenbare Quellensteuer nach DBA		Ergebnis: anrechenbar sind ...		Hinweise zur nationalen Quellensteuererhebung (Buchstabe a in Spalten A und B)
	Dividenden (in %)	Zinsen (in %)	Dividenden (in %)	Zinsen (in %)	
	A	B	C	D	E
Frankreich	a) 12,8 b) 15[2]	a) 0 b) 0[2]	12,8	0	
Georgien	a) 5 b) 10[2]	a) 5 b) 0[2]	5	0	
Ghana	a) 0/8 b) 15	a) 0/8 b) 10	8, falls keine Befreiung	8, falls keine Befreiung	**Dividenden:** Keine Quellensteuer auf Dividenden von Gesellschaften aus Freihandelszonen. **Zinsen:** Keine Quellensteuer auf Zinsen aus Staatsanleihen.
Griechenland	a) 15 b) 25	a) 0/15 b) 10	15	10, falls keine Befreiung	**Zinsen:** Quellensteuerbefreiung für Zinsen aus Staatsanleihen, bestimmten börsennotierte Unternehmensanleihen.
Indien	a) 0/20 b) 10[2]	a) 0/4/5/10/20 b) 10[2]	10	10, jedoch max. nationaler Satz	**Zinsen:** Keine Quellensteuer auf Zinsen aus bestimmten Staatsanleihen, 4 % bzw. 5 % Quellensteuer auf Zinsen aus bestimmten Anleihen. **Zinsen/Dividenden:** Erträge aus sog. „Global Depository Receipts" unabhängig von der Qualifikation als Zinsen, Dividenden oder Veräußerungsgewinne unterliegen einer Quellensteuer von 10 %.

DBA-Staat	a) nationale Quellensteuer b) nach DBA höchstens anrechenbare Quellensteuer c) fiktive anrechenbare Quellensteuer nach DBA		Ergebnis: anrechenbar sind ...		Hinweise zur nationalen Quellensteuererhebung (Buchstabe a in Spalten A und B)
	Dividenden (in %)	Zinsen (in %)	Dividenden (in %)	Zinsen (in %)	
	A	B	C	D	E
Indonesien	a) 10/20 b) 15[2]	a) 20 b) 10[2] c) 10	15, jedoch max. nationaler Satz	10	**Dividenden:** 10 % Quellensteuer auf Dividenden von Gesellschaften, die in bestimmten Regionen oder Wirtschaftssektoren investieren.
Iran (Islamische Republik)	a) 0 b) 20	a) 0 b) 15	0	0	
Irland	a) 0 b) 15[2]	a) 0/20 b) 0[2]	0	0	**Dividenden:** Keine Quellensteuer für EU-Bürger und für Ansässige in DBA-Staaten.
Island	a) 22 b) 15	a) 12 b) 0	15	0	
Israel	a) 15/20/ 25/30 b) 10[2]	a) 0/15/25 b) 5[2]	10	5, falls keine Befreiung	**Zinsen:** keine Quellensteuer für Zinsen aus Staatsanleihen
Italien	a) 26 b) 15[2]	a) 0/26 b) 10[2]	15	10, falls keine Befreiung	**Zinsen:** Steuerfreiheit bei Zinsen aus – öffentlichen Anleihen, Schuldverschreibungen italienischer Banken und börsennotierter Gesellschaften aufgrund des zwischen Deutschland und Italien bestehenden Abkommens über Informationsaustausch.

DBA-Staat	a) nationale Quellensteuer b) nach DBA höchstens anrechenbare Quellensteuer c) fiktive anrechenbare Quellensteuer nach DBA		Ergebnis: anrechenbar sind ...		Hinweise zur nationalen Quellensteuererhebung (Buchstabe a in Spalten A und B)
	Dividenden (in %)	Zinsen (in %)	Dividenden (in %)	Zinsen (in %)	
	A	B	C	D	E
Jamaika	a) 25 b) 15	a) 0/25 a) 12,5	15	0	**Zinsen:** Zur Berücksichtigung von Werbungskosten kann eine Steuerveranlagung und eine Erstattung von Quellensteuer beantragt werden.
Japan	a) 15/20 b) 15	a) 0/15 b) 0	15	0	**Dividenden:** 15 % auf qualifizierte Dividenden aus börsennotierten Gesellschaften. **Zinsen:** Keine Quellensteuer auf Zinsen aus bestimmten festverzinslichen Wertpapieren.
Kanada	a) 25 a) 15[2]	a) 0/25 a) 10[2]	15	10, falls keine Befreiung	**Zinsen:** 25 % Quellensteuer lediglich bei Zinsen aus bestimmten nicht festverzinslichen Gewinnobligationen.
Kasachstan	a) 0/15 b) 15[2]	a) 0/15 b) 10[2]	15, falls keine Befreiung	10, falls keine Befreiung	**Dividenden:** Keine Quellensteuer auf Dividenden von börsennotierten Gesellschaften. **Zinsen:** Keine Quellensteuer auf Zinsen aus Staatsanleihen und aus börsennotierten Wertpapieren.
Kenia	a) 15 b) 15	a) 5/15/25 b) 15	15	15, jedoch max. nationaler Satz	**Zinsen:** 5 % Quellensteuer auf Zinsen von Gesellschaften aus Sonderwirtschaftszonen.

DBA-Staat	a) nationale Quellensteuer b) nach DBA höchstens anrechenbare Quellensteuer c) fiktive anrechenbare Quellensteuer nach DBA		Ergebnis: anrechenbar sind ...		Hinweise zur nationalen Quellensteuererhebung (Buchstabe a in Spalten A und B)
	Dividenden (in %) A	Zinsen (in %) B	Dividenden (in %) C	Zinsen (in %) D	E
Kirgisistan	a) 0/10 b) 15[2]	a) 10 b) 5	10 falls keine Befreiung	5	**Dividenden:** Keine Quellensteuer auf Dividenden – von bestimmten Unternehmen, die größere Investitionen getätigt haben – aus Gewinnen, die keiner Körperschaftsteuer unterliegen.
Korea, Republik	a) 20 b) 15[2]	a) 14/20 b) 10[2]	15	10	
Kosovo[5]	a) 0 b) 0	a) 0/10 b) 0	0	0	
Kroatien	a) 10 b) 15[2]	a) 10/10 b) 0[2]	10	0	
Kuwait	a) 0 b) 15[2]	a) 0 b) 0[2]	0	0	Keine Einkommensteuer/Quellensteuer bei natürlichen Personen.

DBA-Staat	a) nationale Quellensteuer b) nach DBA höchstens anrechenbare Quellensteuer c) fiktive anrechenbare Quellensteuer nach DBA		Ergebnis: anrechenbar sind …		Hinweise zur nationalen Quellensteuererhebung (Buchstabe a in Spalten A und B)
	Dividenden (in %) A	Zinsen (in %) B	Dividenden (in %) C	Zinsen (in %) D	E
Lettland	a) 0/20 b) 15[2]	a) 0/20 b) 10[2]	15, falls keine Befreiung	10, falls keine Befreiung	**Dividenden:** Keine Quellensteuer auf Dividenden, die bereits der 20 %igen Körperschaftsteuer unterliegen. 20 % Quellensteuer auf Ausschüttungen von Gewinnen, die vor dem 1. 1. 2018 entstanden sind. **Zinsen:** Keine Quellensteuer auf Zinsen aus Anleihen, die in Lettland oder einem Staat des EWR von der Regierung oder einer Gemeinde ausgegeben werden, sowie aus börsennotierten Finanzinstrumenten.
Liberia	a) 5/15 b) 15	a) 0/5/15 b) 20	15, jedoch max. nationaler Satz	15, jedoch max. nationaler Satz	**Dividenden und Zinsen:** 5 % Quellensteuer auf Dividenden und Zinsen bestimmter Unternehmen (z. B. Bergbau). **Zinsen:** Keine Quellensteuer bei Zinsen aus Staatsobligationen.
Liechtenstein	a) 0 b) 15[9]	a) 0 b) 0[9]	0	0	
Litauen	a) 15 b) 15[2]	a) 0/15/20 b) 10[2]	15	10, falls keine Befreiung	**Zinsen:** Zahlreiche Befreiungsvorschriften für Zinsen aus bestimmten Quellen.

DBA-Staat	a) nationale Quellensteuer b) nach DBA höchstens anrechenbare Quellensteuer c) fiktive anrechenbare Quellensteuer nach DBA		Ergebnis: anrechenbar sind …		Hinweise zur nationalen Quellensteuererhebung (Buchstabe a in Spalten A und B)
	Dividenden (in %)	Zinsen (in %)	Dividenden (in %)	Zinsen (in %)	
	A	B	C	D	E
Luxemburg	a) 0/15 b) 15	a) 0/15 b) 0	15, falls keine Befreiung	0	**Dividenden:** Keine Quellensteuer auf Dividenden aus bestimmten Quellen.
Malaysia	a) 0 b) 15[2]	a) 0/15 b) 10[2]	0	10, falls keine Befreiung	**Zinsen:** Zahlreiche Befreiungsvorschriften für Zinsen aus bestimmten Quellen.
Malta	a) 0 b) 35[10]	a) 0 b) 0	0	0	
Marokko	a) 0/15 b) 15	a) 0/10 b) 10	15, falls keine Befreiung	10, falls keine Befreiung	**Dividenden:** Keine Quellensteuer auf Ausschüttungen von Gesellschaften aus Freihandelszonen. **Zinsen:** Keine Quellensteuer auf Zinsen aus Staatsanleihen.
Mauritius	a) 0 b) 15[2]	a) 0/15 b) 0[2]	0	0	
Mexiko	a) 10 b) 15[2]	a) 0/4,9/10/ 21/35 b) 5[11]/10[2]	10	10, jedoch max. nationaler Satz	**Zinsen:** 4,9% auf Zinsen aus bestimmten börsengehandelten Schuldverschreibungen. Keine Quellensteuer auf Zinsen aus Anleihen.

DBA-Staat	a) nationale Quellensteuer b) nach DBA höchstens anrechenbare Quellensteuer c) fiktive anrechenbare Quellensteuer nach DBA		Ergebnis: anrechenbar sind ...		Hinweise zur nationalen Quellensteuererhebung (Buchstabe a in Spalten A und B)
	Dividenden (in %)	Zinsen (in %)	Dividenden (in %)	Zinsen (in %)	
	A	B	C	D	E
Moldau/ Moldawien[3]	a) 6 b) 15	a) 12 b) 5/0[4]	6	0	
Mongolei	a) 20 b) 10[2] c) 10	a) 20 b) 10[2] c) 10	10	10	
Montenegro[5]	a) 9 b) 0	a) 5 b) 0	0	0	
Namibia	a) 0/20 b) 15[2]	a) 0/10 b) 0[2]	15, falls keine Befreiung	0	**Dividenden:** In Einzelfällen können nationale Befreiungsvorschriften einschlägig sein.
Neuseeland	a) 15/30 b) 15[2]	a) 0/15 b) 10[2]	15	10, falls keine Befreiung	**Zinsen:** Keine Quellensteuer auf Zinsen aus Anleihen, die am AIL-Programm (Approved Issuer Levy) teilnehmen.
Niederlande	a) 15 b) 15	a) 0/15 b) 0	15	0	
Nord-mazedonien	a) 10 b) 15[2]	a) 0 b) 5[2]	10	0	

DBA-Staat	a) nationale Quellensteuer b) nach DBA höchstens anrechenbare Quellensteuer c) fiktive anrechenbare Quellensteuer nach DBA		Ergebnis: anrechenbar sind ...		Hinweise zur nationalen Quellensteuererhebung (Buchstabe a in Spalten A und B)
	Dividenden (in %)	Zinsen (in %)	Dividenden (in %)	Zinsen (in %)	
	A	B	C	D	E
Norwegen	a) 0/25 b) 15[2]	a) 0 b) 0[2]	0	0	**Dividenden:** Anteilseignern mit Wohnsitz im EWR wird die einbehaltene Quellensteuer auf Antrag ganz oder teilweise erstattet ("shielding deduction"), vgl. BMF-Schreiben vom 15.11.2011 (BStBl I 2011 S.1113).
Österreich	a) 27,5 b) 15[2]	a) 0 b) 0[2]	15	0	
Pakistan	a) 7,5/15/25 b) 15[2]	a) 0/10 b) 20[2]	15, jedoch max. nationaler Satz	0	**Dividenden:** 7,5% auf Dividenden von unabhängigen Stromerzeugern unter bestimmten Bedingungen. **Zinsen:** Einkommensteuerveranlagung mit Möglichkeit der Quellensteuererstattung.
Philippinen	a) 25 b) 15[2]	a) 0/25 b) 10[2]	15	10, falls keine Befreiung	**Zinsen:** Keine Quellensteuer auf Zinsen aus Auslands- und Fremdwährungsanlagen.
Polen	a) 19 b) 15[2]	a) 0/20 b) 5[2]	15	5 falls keine Befreiung	**Zinsen:** Keine Quellensteuer auf Zinsen aus bestimmten Staats- und Unternehmensanleihen.
Portugal	a) 0/28 b) 15[2] c) 15	a) 0/28 b) 15[2] a) 15	15	15	

DBA-Staat	a) nationale Quellensteuer b) nach DBA höchstens anrechenbare Quellensteuer c) fiktive anrechenbare Quellensteuer nach DBA		Ergebnis: anrechenbar sind ...		Hinweise zur nationalen Quellensteuererhebung (Buchstabe a in Spalten A und B)
	Dividenden (in %)	Zinsen (in %)	Dividenden (in %)	Zinsen (in %)	
	A	B	C	D	E
Rumänien	a) 5 b) 15[2]	a) 0/10 b) 0[12]/3[2]	5	0	**Zinsen:** Keine Quellensteuer auf Zinsen aus Staats- und Kommunalanleihen
Russische Föderation (Russland)	a) 15 b) 15[2]	a) 0/30 b) 0[2]	15	0	
Sambia	a) 0/20 b) 15	a) 15/20 b) 10	15, falls keine Befreiung	10	**Dividenden:** Keine Quellensteuer auf Dividenden von bestimmten Gesellschaften, z.B. börsennotierten Gesellschaften (Börse von Lusaka), Pkw-Herstellung. **Zinsen:** 15 % Quellensteuer auf Zinsen aus Staats- anleihen und Schuldverschreibungen.
Schweden	a) 30 b) 15[2]	a) 0 b) 0[2]	15	0	
Schweiz	a) 35 b) 15/5[13]/30[14]	a) 0/35 b) 0	15	0	**Zinsen:** Keine Quellensteuer auf Zinsen aus in Dinar geführten Sparguthaben und Staatsanleihen.
Serbien[5]	a) 15 b) 0	a) 0/15 b) 0	0	0	
Simbabwe	a) 10/15 b) 20[2]	a) 0 b) 10[2]	15 jedoch, max. nationaler Satz	0	**Dividenden:** 10 % Quellensteuer auf Dividenden aus Wertpapieren, die an der inländischen Börse ("Zimbabwe Stock Exchange") gehandelt werden.

1461

DBA-Staat	a) nationale Quellensteuer b) nach DBA höchstens anrechenbare Quellensteuer c) fiktive anrechenbare Quellensteuer nach DBA		Ergebnis: anrechenbar sind ...		Hinweise zur nationalen Quellensteuererhebung (Buchstabe a in Spalten A und B)
	Dividenden (in %)	Zinsen (in %)	Dividenden (in %)	Zinsen (in %)	
	A	B	C	D	E
Singapur	a) 0 b) 15	a) 0/15 b) 8	0	8, falls keine Befreiung	**Zinsen:** Zahlreiche Befreiungsvorschriften für Zinsen aus bestimmten Quellen.
Slowakei[15]	a) 7 b) 15	a) 0/19 b) 0	7	0	**Zinsen:** Keine Quellensteuer auf Zinsen aus Anleihen.
Slowenien	a) 27,5 b) 15[2]	a) 0 b) 5[2]	15	0	**Zinsen:** Zinszahlungen an Ansässige in EU-Mitgliedstaaten sind steuerfrei.
Spanien	a) 19 b) 15[16]	a) 0 b) 0[16]	15	0	**Zinsen:** Keine Quellensteuer auf Zinsen aus bestimmten Anleihen.
Sri Lanka	a) 0 b) 15[17] c) 0	a) 0/5 b) 10[7] c) 0/5	0	5, falls keine Befreiung	**Zinsen:** Keine Quellensteuer auf Zinsen aus bestimmten Anleihen.

DBA-Staat	a) nationale Quellensteuer b) nach DBA höchstens anrechenbare Quellensteuer c) fiktive anrechenbare Quellensteuer nach DBA		Ergebnis: anrechenbar sind …		Hinweise zur nationalen Quellensteuererhebung (Buchstabe a in Spalten A und B)
	Dividenden (in %)	Zinsen (in %)	Dividenden (in %)	Zinsen (in %)	
	A	B	C	D	E
Südafrika	a) 0–20 b) 15	a) 0/15 b) 10	15, falls Ausschüttung eines ansässigen Unternehmens und falls keine Befreiung	10 falls keine Befreiung	**Dividenden:** Dividenden eines nicht ansässigen Unternehmens, dessen Aktien auch an der Johannesburger Börse (JSE) notiert sind, unterliegen zusätzlich zu einer ausländischen Quellensteuer der südafrikanischen Quellensteuer, soweit der Standardsatz der ausländischen Quellensteuer unter dem Standardsatz der südafrikanischen Quellensteuer (20 %) liegt. Nicht ansässige Empfänger können auf Antrag eine Erstattung oder Befreiung von der zusätzlichen südafrikanischen Quellensteuer erhalten. Keine Quellensteuer auf Dividenden von bestimmten Kleinunternehmen. **Zinsen:** Keine Quellensteuer für börsengehandelte Schuldverschreibungen.
Syrien	a) 0 b) 10[2]	a) 7,5 b) 10[2]	0	7,5	
Tadschikistan	a) 12 b) 15[2]	a) 12 b) 0[2]	12	0	
Taiwan	a) 21 b) 10[2]	a) 15/20 b) 10[2]/15[18]	10	10	

DBA-Staat	a) nationale Quellensteuer b) nach DBA höchstens anrechenbare Quellensteuer c) fiktive anrechenbare Quellensteuer nach DBA		Ergebnis: anrechenbar sind ...		Hinweise zur nationalen Quellensteuererhebung (Buchstabe a in Spalten A und B)
	Dividenden (in %)	Zinsen (in %)	Dividenden (in %)	Zinsen (in %)	
	A	B	C	D	E
Thailand	a) 10 b) 20[19]	a) 0/15 b) 0[20]/25	10	**15, falls keine Befreiung**	**Zinsen:** Befreiung bestimmter Zinsen z. B. aus Vorsorgefonds.
Trinidad und Tobago	a) 10 b) 20	a) 15 b) 15	10	15	
Tschechische Republik[15]	a) 15 b) 15	a) 15 b) 0	15	0	
Türkei	a) 15 b) 15[2]	a) 0/3/7/ 10/15 b) 10[2]	15	**10, jedoch max. nationaler Satz**	**Zinsen:** Keine Quellensteuer auf Zinsen aus türkischen Staatsanleihen und anderen Schuldverschreibungen, die vor dem 1.1.2006 ausgegeben wurden. Für Zinsen aus Schuldverschreibungen von ansässigen Unternehmen, die im Ausland ausgegeben werden, bzw. für islamische Anleihen (sog. Sukuk) von ansässigen Unternehmen, die im Ausland ausgegeben werden, gelten folgende laufzeitabhängige Steuersätze: – 0 % bei Laufzeit von mindestens 3 Jahren, – 3 % bei Laufzeit zwischen 1 und 3 Jahren, – 7 % bei Laufzeit bis zu einem Jahr.

DBA-Staat	a) nationale Quellensteuer b) nach DBA höchstens anrechenbare Quellensteuer c) fiktive anrechenbare Quellensteuer nach DBA		Ergebnis: anrechenbar sind ...		Hinweise zur nationalen Quellensteuererhebung (Buchstabe a in Spalten A und B)
	Dividenden (in %)	Zinsen (in %)	Dividenden (in %)	Zinsen (in %)	
	A	B	C	D	E
Tunesien	a) 0/10 b) 15	a) 0/20 b) 10	0	10, falls keine Befreiung	**Dividenden:** Steuerbefreiung für Dividenden bis zu 10 000 TND, zunächst Quellensteuerabzug und anschließendes Erstattungsverfahren. **Zinsen:** Keine Quellensteuer auf Zinsen aus Bankguthaben oder aus Wertpapieren in harter Währung.
Turkmenistan	a) 10 b) 15	a) 10 b) 10	10	10	
Ukraine	a) 5 b) 10²	a) 0/18 b) 5²	5	5, falls keine Befreiung	**Zinsen:** Keine Quellensteuer auf Zinsen aus Staatsanleihen.
Ungarn	a) 15 b) 15²¹	a) 0/10/15 b) 0²¹	15	0	
Uruguay	a) 7 b) 15²	a) 7/12 b) 10²	7	10, jedoch max. nationaler Satz	**Zinsen:** 7% Quellensteuer auf Zinsen aus börsennotierten Anleihen mit einer Laufzeit von mehr als drei Jahren, die durch ein öffentliches Angebot ausgegeben werden.
Usbekistan	a) 10 b) 15²	a) 10 b) 5²	10	5	

DBA-Staat	a) nationale Quellensteuer b) nach DBA höchstens anrechenbare Quellensteuer c) fiktive anrechenbare Quellensteuer nach DBA		Ergebnis: anrechenbar sind …		Hinweise zur nationalen Quellensteuererhebung (Buchstabe a in Spalten A und B)
	Dividenden (in %)	Zinsen (in %)	Dividenden (in %)	Zinsen (in %)	
	A	B	C	D	E
Venezuela	a) 0/34 b) 15²	a) 34 b) 5²	15, falls keine Befreiung	5	**Dividenden:** Keine Quellensteuer, wenn die ausschüttende Gesellschaft mit ihren Gewinnen bereits der Besteuerung unterlag. **Zinsen:** Nur 95 % der Erträge sind steuerpflichtig, wenn das Darlehen der Erzielung von Einkommen in Venezuela dient.
Vereinigte Arabische Emirate	a) 0 b) 10/15²	a) 0 b) 0²	0	0	Keine Einkommensteuer/Quellensteuer bei natürlichen Personen.
Vereinigtes Königreich	a) 0 b) 15²	a) 0/20 b) 0²	0	0	
Vereinigte Staaten	a) 0/30 b) 15²²	a) 0/30 b) 0²²	15, falls keine Befreiung	0	**Dividenden:** Steuerbefreiung für bestimmte Dividenden der von regulierten Kapitalanlagegesellschaften.
Vietnam	a) 5 b) 15²	a) 0/5 b) 10²	5	5, falls keine Befreiung	**Zinsen:** Steuerbefreiung für Zinsen aus Staatsanleihen.
Zypern	a) 0 b) 15	a) 0 b) 0	0	0	

¹ Quellenstaat darf Dividenden alternativ nach Tarif besteuern, aber maximaler Durchschnittsteuersatz: 20 % der Nettodividende.

² Volles Besteuerungsrecht des Quellenstaats auf Dividenden und Zinsen aus Rechten oder Forderungen mit Gewinnbeteiligung, wenn diese bei der Ermittlung der Gewinne des Schuldners der Dividenden oder Zinsen abzugsfähig sind.

³ Fortgeltung des DBA mit der UdSSR vom 24.11.1981.

⁴ Gegenseitigkeitsprinzip: Soweit in Deutschland auf Zinsen an Nichtansässige keine Quellensteuer erhoben wird, unterliegen sie auch im anderen Staat keiner Steuer.

⁵ Fortgeltung des Abkommens mit Jugoslawien.

⁶ Erhöhter Quellensteuersatz von 18 % für die Steuer, die in der Elfenbeinküste auf Dividenden steuerbefreiter oder ermäßigt besteuerter Gesellschaften erhoben wird (Protokoll zum DBA, Ziff.1 zu Art.10).

⁷ Besteuerungsrecht des Quellenstaats auf Dividenden aus Rechten oder Forderungen mit Gewinnbeteiligung ist maximal 25 % des Bruttobetrags der Einkünfte, wenn sie dort bei der Ermittlung des Gewinns des Schuldners abzugsfähig sind (DBA Art.10 Abs.5).

⁸ Zinsen des Stillen Gesellschafters gelten abkommensrechtlich als Dividenden, die mit bis zu 25 % besteuert werden dürfen (Art.10 Abs.4 DBA).

⁹ Volles Besteuerungsrecht des Quellenstaats auf Einkünfte aus Rechten oder Forderungen mit Gewinnbeteiligung einschließlich Einkünfte eines stillen Gesellschafters oder aus partiarischen Darlehen und Gewinnobligationen (Art.11 Abs.2 DBA).

¹⁰ Siehe Art.10 Abs.3 DBA und das maltesische Steuerrecht.

¹¹ 5 % bei Zinsen aus Bankdarlehen.

¹² Der Quellensteuersatz ist nach Art.11 Abs.4 auf 0 % reduziert, soweit in Deutschland auf Zinsen an Nichtansässige keine Quellensteuer erhoben wird.

¹³ Dividenden, die von einer Gesellschaft gezahlt werden, die ein Grenzkraftwerk zwischen dem Bodensee und Basel betreibt, werden mit max. 5 % belastet (Art.10 Abs.2a DBA).

¹⁴ Besteuerungsrecht des Quellenstaates auf Einnahmen aus Genussrechten, aus Gewinnobligationen oder partiarischen Darlehen bis maximal 30 % des Bruttobetrags der Dividenden, wenn diese Beträge bei der Gewinnermittlung des Schuldners abzugsfähig sind (Art.10 Abs.2b DBA).

¹⁵ Fortgeltung des Abkommens mit der Tschechoslowakei.

¹⁶ Besteuerungsrecht des Quellenstaats auf Dividenden und Zinsen aus Rechten oder Forderungen mit Gewinnbeteiligung bis maximal 15 % des Bruttobetrags der Zinsen und Dividenden, wenn sie bei der Ermittlung der Gewinne der Einkünfte abzugsfähig sind (Protokoll zum DBA, Ziff.V. zu den Artikeln 10 und 11).

¹⁷ Die nach dem DBA vorgesehene fiktive Anrechnung ist begrenzt auf die Steuer, die Sri Lanka nach nationalem Recht erhebt (statt der im DBA grundsätzlich vorgesehenen 20 % bzw. 15 %).

¹⁸ 15 %, wenn es sich um ausgeschüttete Einkünfte eines Real Estate Investment Trust oder eines Real Estate Asset Trust handelt, auf die die Vorschriften des Real Estate Securitization Act Anwendung finden und deren Gewinne vollständig oder teilweise von der Steuer befreit sind oder die die Ausschüttungen bei der Ermittlung ihrer Gewinne abziehen können (Art.11 Abs.4).

¹⁹ *Voraussetzung für die Anwendung des* Satzes von 20 % ist, dass die zahlende Gesellschaft ein „industrielles Unternehmen" im Sinne von Art.10 Abs.4 Buchstabe b betreibt.

²⁰ Befreiung der Zinsen aus Schuldverschreibungen der thailändischen Regierung.

²¹ Volles Besteuerungsrecht des Quellenstaats auf Dividenden und Zinsen aus Rechten oder Forderungen mit Gewinnbeteiligung, wenn diese bei der Ermittlung der Gewinne des Schuldners der Einkünfte abzugsfähig sind oder die ausschüttende Gesellschaft ein Real Estate Investment Trust oder ein ähnlicher Rechtsträger ist, der von der Körperschaftsteuer befreit ist (Protokoll zum DBA, Ziff.4 zu den Artikeln 10 und 11).

²² Volles Besteuerungsrecht des Quellenstaats auf Einkünfte aus Rechtsbeziehungen, die ein Recht auf Gewinnbeteiligung verleihen (in den USA einschließlich Zinsen, deren Höhe sich nicht in einem Bruchteil des Kapitals bemisst und die keine Portfoliozinsen sind [contingent interest]"), wenn die Einkünfte bei der Ermittlung des Gewinns der zahlenden Person als Betriebsausgaben abzugsfähig sind (Art.10 Abs.6).

5.13.6.2.2 Übersicht über das deutsche Besteuerungsrecht an Lizenzgebühren nach den DBA[1]

DBA-Staat	Artikel	Quellen-steuer-satz	Anmerkungen
Ägypten	12 (2 b)	15%	grundsätzlich
	12 (2 a)	25%	bei Lizenzgebühren für die Benutzung oder das Recht auf Benutzung von Warenzeichen
Albanien	12 (2)	5%	bei Lizenzgebühren, die als Gegenleistung für die Benutzung oder für das Recht auf Benutzung von Urheberrechten an literarischen, künstlerischen oder wissenschaftlichen Werken, einschließlich kinematographischer Filme, von Patenten, Warenzeichen, Mustern oder Modellen, Plänen, geheimen Formeln oder Verfahren oder für die Mitteilung gewerblicher, kaufmännischer oder wissenschaftlicher Erfahrungen gezahlt werden. Der Ausdruck „Lizenzgebühren" beinhaltet auch Vergütungen jeder Art für die Benutzung oder das Recht auf Benutzung von Namen, Bildern oder sonstigen vergleichbaren Persönlichkeitsrechten sowie Entgelte für die Aufzeichnung der Veranstaltungen von Künstlern und Sportlern durch Rundfunk- oder Fernsehanstalten
Algerien	12 (2) i. V. m. (3)	10%	
Argentinien	12 (2 a)	15%	

[1] Quelle: Reststeuersatzliste des BZSt, abrufbar unter www.bzst.de/DE/Unternehmen/Abzugsteuern/Abzugsteuerentlastung/abzugsteuerentlastung_node.html, Stand 1/2021.

DBA-Staat	Artikel	Quellensteuersatz	Anmerkungen
Armenien	12 (2)	6 %	bei Lizenzgebühren, die als Gegenleistung für die Benutzung oder für das Recht auf Benutzung von Urheberrechten an literarischen, künstlerischen oder wissenschaftlichen Werken, einschließlich kinematographischer Filme oder Filme oder Tonbänder für Rundfunk- oder Fernsehübertragungen, von Patenten, Marken, Mustern oder Modellen, Plänen, geheimen Formeln oder Verfahren oder für die Mitteilung gewerblicher, kaufmännischer oder wissenschaftlicher Erfahrungen bezogen werden.
Aserbaidschan	12 (2a) i.V.m. (3a)	10 %	bei Lizenzgebühren für die Benutzung oder das Recht auf Benutzung von Urheberrechten an literarischen oder künstlerischen Werken, einschließlich kinematografischen Filmen, für die Benutzung oder das Recht auf Benutzung von Namen, Bildern oder sonstigen vergleichbaren Persönlichkeitsrechten sowie für die Aufzeichnung der Veranstaltungen von Künstlern und Sportlern durch Rundfunk- oder Fernsehanstalten
	12 (2b) i.V.m. (3b)	5 %	bei Lizenzgebühren für die Benutzung oder das Recht auf Benutzung von Urheberrechten an wissenschaftlichen Werken, von Patenten, Warenzeichen, Mustern oder Modellen, Plänen, geheimen Formeln oder Verfahren oder für die Mitteilung gewerblicher, kaufmännischer oder wissenschaftlicher Erfahrungen
Australien	12 (1)	5 %	ab dem 1.1.2017, vorher 10 % Reststeuer

DBA-Staat	Artikel	Quellen-steuer-satz	Anmerkungen
Bangladesch	12 (2)	10%	
Belarus DBA vom 30.9.2005 ist am 31.12.2006 in Kraft getreten (BGBl 2006 II S. 1042); Anwendung für Vergütungen, die ab dem 1.1.2007 geleistet werden.	12 (2a) i.V.m. (3a)	3%	Vergütungen für die Benutzung oder für das Recht auf Benutzung von Urheberrechten an wissenschaftlichen Werken, Patenten, Marken, Mustern oder Modellen, Plänen, geheimen Formeln oder Verfahren oder für die Mitteilung gewerblicher, kaufmännischer oder wissenschaftlicher Erfahrungen
	12 (2b) i.V.m. (3b)	5%	Vergütungen für die Benutzung oder für das Recht auf Benutzung von Urheberrechten an literarischen oder künstlerischen Werken, einschließlich kinematografischer Filme, Filme oder Bandaufnahmen für Rundfunk und Fernsehen oder für die Benutzung oder für das Recht auf Benutzung jeder Art von Ausrüstung und Transportfahrzeugen
Belgien	12 (1)	0%	
Bolivien	12 (1)	15%	
Bosnien und Herzegowina (siehe Jugoslawien)			
Bulgarien	12 (2)	5%	Vergütungen jeder Art, die für die Benutzung oder für das Recht auf Benutzung von Urheberrechten an literarischen, künstlerischen oder wissenschaftlichen Werken, einschließlich kinematographischer Filme sowie Filme oder Tonbänder und andere Bild- oder Tonträger für Rundfunk- oder Fernsehsendungen, von Patenten, Warenzeichen, Mustern oder Modellen, Plänen, geheimen Formeln oder Verfahren oder für die Mitteilung gewerblicher, kaufmännischer oder wissenschaftlicher Erfahrungen gezahlt werden. Auch Vergütungen jeder Art für die Benutzung oder das Recht auf Benutzung von Namen, Bildern oder sonstigen vergleichbaren Persönlichkeitsrechten sowie Entgelte für die öffentliche Aufführung der Aufzeichnungen von Veranstaltungen von Künstlern und Sportlern und die Benutzung oder das Recht auf Benutzung gewerblicher, kaufmännischer oder wissenschaftlicher Ausrüstungen.

DBA-Staat	Artikel	Quellen-steuer-satz	Anmerkungen
China (keine Anwendung für Hongkong und Macau)	12 (2a) i.V.m. (3a)	10 %	Vergütungen jeder Art, die für die Benutzung oder für das Recht auf Benutzung von Urheberrechten an literarischen, künstlerischen oder wissenschaftlichen Werken, einschließlich kinematografischer Filme sowie Bänder für Hörfunk- oder Fernsehübertragungen, von Patenten, Warenzeichen, Mustern oder Modellen, Plänen, geheimen Formeln oder Verfahren oder für Informationen über gewerbliche, kaufmännische oder wissenschaftliche Erfahrungen (Know-how) gezahlt werden, und
	12 (2b) i.V.m. (3b)	6 %	bei Lizenzgebühren für die Benutzung oder das Recht auf Benutzung gewerblicher, kaufmännischer oder wissenschaftlicher Ausrüstungen
Costa Rica	12 (2)	10 %	
Cote d'Ivoire (siehe Elfenbeinküste)			
Dänemark	12 (1)	0 %	
Ecuador	12 (1)	15 %	
Elfenbeinküste	12 (2)	10 %	
Estland	12 (2a)	5 %	Lizenzgebühren für die Benutzung gewerblicher, kaufmännischer oder wissenschaftlicher Ausrüstungen
	12 (2b)	10 %	alle anderen Lizenzgebühren
Finnland	12	0 %	ab dem 1.1.2018, vorher 5 % Reststeuer
Frankreich	15 (1)	0 %	

DBA-Staat	Artikel	Quellen-steuer-satz	Anmerkungen
Georgien DBA vom 1.6.2006 ist am 21.12.2007 in Kraft getreten (BGBl II 2007 S. 1034)	12 (2)	0%	Vergütungen jeder Art, die für die Benutzung oder für das Recht auf Benutzung von Urheberrechten an literarischen, künstlerischen oder wissenschaftlichen Werken, einschließlich kinematografischer Filme, von Patenten, Warenzeichen, Mustern oder Modellen, Plänen, geheimen Formeln oder Verfahren oder für die Mitteilung gewerblicher, kaufmännischer oder wissenschaftlicher Erfahrungen gezahlt werden. Der Ausdruck „Lizenzgebühren" beinhaltet auch Vergütungen jeder Art für die Benutzung oder das Recht auf Benutzung von Namen, Bildern oder sonstigen vergleichbaren Persönlichkeitsrechten sowie Entgelte für die Aufzeichnung der Veranstaltungen von Künstlern und Sportlern durch Rundfunk- und Fernsehanstalten
Ghana DBA vom 12.8.2004 ist am 14.12.2007 in Kraft getreten (BGBl II 2007 S. 1018)	12 (2)	8%	Vergütungen jeder Art, die für die Benutzung oder für das Recht auf Benutzung von Urheberrechten an literarischen, künstlerischen oder wissenschaftlichen Werken, einschließlich kinematografischer Filme sowie Filmen oder Tonbändern für Fernseh- und Hörfunksendungen, von Patenten, Warenzeichen, Mustern oder Modellen, Plänen, geheimen Formeln oder Verfahren oder für die Mitteilung gewerblicher, kaufmännischer oder wissenschaftlicher Erfahrungen gezahlt werden. Der Ausdruck „Lizenzgebühren" beinhaltet auch Vergütungen jeder Art für die Benutzung oder das Recht auf Benutzung von Namen, Bildern oder sonstigen vergleichbaren Persönlichkeitsrechten sowie Entgelte für die Aufzeichnung der Veranstaltungen von Künstlern und Sportlern durch Rundfunk- und Fernsehanstalten.
Griechenland	VIII (1)	0%	
Großbritannien	12 (1)	0%	Wenn der Empfänger der Lizenzgebühren mit seinem Welteinkommen in Großbritannien steuerpflichtig ist oder Welteinkommen nicht in Großbritannien steuerpflichtig ist.
GUS-Staaten (siehe UdSSR)			
Indien	12 (2)	10%	Lizenzgebühren und Vergütungen für technische Dienstleistungen

DBA-Staat	Artikel	Quellen-steuer-satz	Anmerkungen
Indonesien	12 (1a)	15 %	Lizenzgebühren für die Benutzung oder für das Recht auf Benutzung von Urheber-rechten an literarischen, künstlerischen oder wissenschaftlichen Werken (ein-schließlich kinematografischer Filme und Filme oder Bandaufnahmen für Hörfunk und Fernsehen), von Patenten, Warenzeichen, Mustern oder Modellen, Plänen, geheimen Formeln oder Verfahren
	12 (1b)	10 %	Lizenzgebühren für die Benutzung oder das Recht auf Benutzung gewerblicher, kaufmännischer oder wissenschaftlicher Ausrüstungen oder für die Mitteilung ge-werblicher, kaufmännischer oder wissenschaftlicher Erfahrungen
	12 (1c)	7,5 %	Gebühren für technische Dienstleistungen für Zahlungen ab 1992
Iran	12 (2)	10 %	
Irland	12 (1)	0 %	Wenn der Empfänger der Lizenzgebühren mit seinem Welteinkommen in Irland steuerpflichtig ist oder wenn der Empfänger der Lizenzgebühren mit seinem Welt-einkommen nicht in Irland steuerpflichtig ist, aber die Lizenzgebühren nach Irland überwiesen und dort besteuert werden
Island	12 (1)	0 %	
Israel	12 (1)	0 %	ab 1.1.2017, vorher teilweise 5 %
Italien	12 (2)	5 %	grundsätzlich
	12 (1)	0 %	Lizenzgebühren für Urheberrechte und andere ähnliche Zahlungen für die Schaf-fung oder die Vervielfältigung literarischer, dramaturgischer, musikalischer oder künstlerischer Werke, einschließlich kinematografischer Filme und Filme oder Bandaufnahmen für Rundfunk und Fernsehen
Jamaika	12 (2)	10 %	
Japan	12 (1)	0 %	ab dem 1.1.2017, vorher 10 % Reststeuer

DBA-Staat	Artikel	Quellen-steuer-satz	Anmerkungen
Jugoslawien – **Republik Bosnien und Herzegowina** – **Serbien** – **Montenegro** – **Kosovo**	13 (2)	10%	Das am 26.3.1987 mit der Sozialistischen Föderativen Republik Jugoslawien abgeschlossene Abkommen zur Vermeidung der Doppelbesteuerung auf dem Gebiet der Steuern vom Einkommen und vom Vermögen gilt bis auf Weiteres für die nebenstehenden **Nachfolgestaaten** Vergütungen jeder Art, die für die Benutzung oder für das Recht auf Benutzung von Urheberrechten an literarischen, künstlerischen oder wissenschaftlichen Werken, einschließlich kinematographischer Filme und Filme oder Bandaufnahmen für Rundfunk und Fernsehen, von Patenten, Warenzeichen, Mustern oder Modellen, Plänen, geheimen Formeln oder Verfahren oder für die Benutzung oder das Recht auf Benutzung gewerblicher, kaufmännischer oder wissenschaftlicher Ausrüstungen oder für die Mitteilung gewerblicher, kaufmännischer oder wissenschaftlicher Erfahrungen gezahlt werden
Kanada	12 (2)	10%	grundsätzlich
	12 (3a)	0%	Lizenzgebühren für Urheberrechte (ausgenommen für kinematografische Filme, für Filme oder Bandaufzeichnungen von Werken oder Reproduktionen für das Fernsehen)
	12 (3b)	0%	Lizenzgebühren für die Benutzung oder das Recht auf Benutzung von Computer-Software oder das Recht auf die Benutzung von Patenten oder Informationen betreffend gewerbliche, kaufmännische oder wissenschaftliche Erfahrungen (jedoch ausschließlich aller Lizenzgebühren, die im Zusammenhang mit einer Miet- oder Konzessionsvereinbarung zur Verfügung gestellt werden)

DBA-Staat	Artikel	Quellen-steuer-satz	Anmerkungen
Kasachstan	12 (2)	10 %	Vergütungen jeder Art, die für die Benutzung oder für das Recht auf Benutzung von Urheberrechten an literarischen, künstlerischen oder wissenschaftlichen Werken, einschließlich kinematographischer Filme, von Patenten, Marken Mustern oder Modellen, Plänen, geheimen Formeln oder Verfahren oder für die Mitteilung gewerblicher, kaufmännischer oder wissenschaftlicher Erfahrungen gezahlt werden, sowie Vergütungen für die Benutzung oder für das Recht auf Benutzung gewerblicher, kaufmännischer oder wissenschaftlicher Ausrüstungen
Kenia	12 (2)	15 %	
Kirgisistan DBA vom 1.12.2005 ist am 22.12.2006 in Kraft getreten (BGBl II 2006 S. 1066): Anwendung für Vergütungen, die ab dem 1.1.2007 geleistet werden.	12 (2)	10 %	Vergütungen jeder Art, die für die Benutzung oder für das Recht auf Benutzung von Urheberrechten an literarischen, künstlerischen oder wissenschaftlichen Werken, einschließlich kinematografischer Filme, von Patenten, Warenzeichen, Mustern oder Modellen, Plänen, geheimen Formeln oder Verfahren oder für die Mitteilung gewerblicher, kaufmännischer oder wissenschaftlicher Erfahrungen gezahlt werden. Der Ausdruck „Lizenzgebühren" beinhaltet auch Vergütungen jeder Art für die Benutzung oder das Recht auf Benutzung von Namen, Bildern oder sonstigen vergleichbaren Persönlichkeitsrechten sowie Entgelte für die Aufzeichnung der Veranstaltungen von Künstlern und Sportlern durch Rundfunk- oder Fernsehanstalten.
Korea, Republik	12 (2a)	2 %	für die Benutzung oder das Recht auf Benutzung gewerblicher, kaufmännischer oder wissenschaftlicher Ausrüstung
	12 (2b)	10 %	in allen anderen Fällen
Kosovo (siehe Jugoslawien)			

DBA-Staat	Artikel	Quellen-steuer-satz	Anmerkungen
Kroatien DBA vom 6.2.2006 ist am 20.12.2006 in Kraft getreten (BGBl II 2016 S. 1112). Anwendung für Vergütungen, die ab dem 1.1.2007 geleistet werden.	12 (2)	0 %	Der Ausdruck „Lizenzgebühren" bedeutet Vergütungen jeder Art, die für die Benut-zung oder das Recht auf Benutzung von Urheberrechten an literarischen, künstleri-schen oder wissenschaftlichen Werken, einschließlich Filme, Tonbänder oder an-derer Träger für Rundfunk- oder Fernsehübertragungen, von Patenten, Warenzeichen, Mustern oder Modellen, Plänen, geheimen Formeln oder Verfahren oder für die Mitteilung gewerblicher, kaufmännischer oder wissenschaftlicher Erfah-rungen gezahlt werden.
Kuwait	12 (2)	10 %	
Lettland	12 (2 a)	5 %	Lizenzgebühren für die Benutzung gewerblicher, kaufmännischer oder wissen-schaftlicher Ausrüstungen
	12 (2b)	10 %	alle anderen Lizenzgebühren
Liberia	12 (2 a)	20 %	Lizenzgebühren für die Benutzung oder das Recht auf Benutzung von Urheber-rechten – ohne kinematografische Bandaufnahmen für Fernsehen oder Rundfunk – oder Warenzeichen
	12 (2b)	10 %	alle anderen Lizenzgebühren
Liechtenstein ab 1.1.2013	12 (1)	0 %	
Litauen	12 (2 a)	5 %	Benutzung gewerblicher, kaufmännischer oder wissenschaftlicher Ausrüstung
	12 (2b)	10 %	alle anderen Lizenzgebühren
Luxemburg	15 (3)	5 %	

DBA-Staat	Artikel	Quellen-steuer-satz	Anmerkungen
Malaysia DBA vom 23.2.2010 ist am 1.1.2011 in Kraft getreten (BGBl 2010 II S. 1310); Anwendung für Vergütungen, die ab dem 1.1.2011 geleistet werden. DBA vom 8.4.1977	12 (1) 12 (2)	0% 7%	grundsätzlich Lizenzgebühren oder Vergütungen für technische Dienstleistungen ab 1.1.2011
Malta	12 (1)	0%	
Marokko	12 (2)	10%	
Mauritius	12 (2)	10%	
Mazedonien	12 (2)	5%	Vergütungen jeder Art, die für die Benutzung oder für das Recht auf Benutzung von Urheberrechten an literarischen, künstlerischen oder wissenschaftlichen Werken, einschließlich kinematographischer Filme, von Patenten, Warenzeichen, Mustern oder Modellen, Plänen, geheimen Formeln oder Verfahren oder für die Mitteilung gewerblicher, kaufmännischer oder wissenschaftlicher Erfahrungen gezahlt werden. Auch Vergütungen jeder Art für die Benutzung oder das Recht auf Benutzung von Namen, Bildern oder sonstigen vergleichbaren Persönlichkeitsrechten sowie Entgelte für die Aufzeichnung der Veranstaltungen von Künstlern und Sportlern durch Rundfunk- oder Fernsehanstalten
Mexiko	12 (2)	10%	
Moldau (siehe DBA UdSSR)			

DBA-Staat	Artikel	Quellen-steuer-satz	Anmerkungen
Mongolei	12 (1)	10%	Vergütungen jeder Art, die für die Veräußerung, für die Benutzung oder für das Recht auf Benutzung von Urheberrechten an literarischen, künstlerischen oder wissenschaftlichen Werken, einschließlich kinematographischer Filme, von Patenten, Warenzeichen, Mustern oder Modellen, Plänen, geheimen Formeln oder Verfahren oder für die Benutzung oder das Recht auf Benutzung gewerblicher, kaufmännischer oder wissenschaftlicher Ausrüstungen oder wissenschaftlicher Erfahrungen gezahlt werden
Montenegro (siehe Jugoslawien)			
Namibia	12 (1)	10%	
Neuseeland	12 (2)	10%	
Niederlande	12 (1)	0%	
Norwegen	12 (1)	0%	
Österreich	12 (1)	0%	
Pakistan	12 (2)	10%	
Philippinen ab 1.1.2016	12 (2 a)	10%	
Polen	12 (2)	5%	
Portugal	12 (2)	10%	

DBA-Staat	Artikel	Quellen-steuer-satz	Anmerkungen
Rumänien	12 (2)	3%	Vergütungen jeder Art, die für die Benutzung oder für das Recht auf Benutzung von Urheberrechten an literarischen, künstlerischen oder wissenschaftlichen Werken (einschließlich kinematographischer Filme oder Filme, Aufzeichnungen auf Band oder anderen Medien für Rundfunk- oder Fernsehübertragungen oder anderen Arten der Ausstrahlung), von Patenten, Warenzeichen, Mustern oder Modellen, Plänen, geheimen Formeln oder Verfahren oder für die Benutzung oder für das Recht auf Benutzung von Urheberrechten an Computerprogrammen oder für die Mitteilung gewerblicher, kaufmännischer oder wissenschaftlicher Erfahrungen gezahlt werden. Auch Vergütungen jeder Art für die Benutzung oder das Recht auf Benutzung jeder Art der Aufzeichnung der Veranstaltungen von Künstlern und Sportlern durch Rundfunk- oder Fernsehanstalten
Russische Föderation	12 (1)	0%	Vergütungen jeder Art, die für die Veräußerung, für die Benutzung oder für das Recht auf Benutzung von Urheberrechten an literarischen, musikalischen, künstlerischen oder wissenschaftlichen Werken, einschließlich kinematographischer Filme, Aufzeichnungen auf Band oder anderen Trägern zur Verwendung in Rundfunk- und Fernsehübertragungen oder anderer Mittel der Informationsvervielfältigung und -verbreitung und Computer-Programmen, von Patenten, Marken, Mustern oder Modellen, Plänen, geheimen Formeln oder Verfahren oder für die Benutzung oder das Recht auf Benutzung gewerblicher, kaufmännischer oder wissenschaftlicher Ausrüstungen oder für die Mitteilung gewerblicher, kaufmännischer oder wissenschaftlicher Erfahrungen gezahlt werden
Sambia	12 (2)	10%	
Schweden	12 (1)	0%	
Schweiz	12 (1)	0%	
Serbien (siehe Jugoslawien)			

DBA-Staat	Artikel	Quellen-steuer-satz	Anmerkungen
Simbabwe	12 (2)	7,5 %	
Singapur Abkommen vom 28.6.2004 ist am 12.12.2006 in Kraft getreten (BGBl II 2006 S. 930); Anwendung für Ver- gütungen, die ab dem 1.1.2007 geleistet werden	12 (2)	8 %	Der Ausdruck „Lizenzgebühren" bedeutet Vergütungen jeder Art, die für die Benut- zung oder das Recht auf Benutzung von Urheberrechten an literarischen, künstleri- schen oder wissenschaftlichen Werken, einschließlich kinematographischer Filme sowie Filme und Tonträger für Rundfunk- oder Fernsehsendungen, von Patenten, Warenzeichen, Mustern oder Modellen, Plänen, geheimen Formeln oder Verfahren oder für die Benutzung oder das Recht auf Benutzung gewerblicher, kaufmänni- scher oder wissenschaftlicher Ausrüstungen oder für die Mitteilung gewerblicher, kaufmännischer oder wissenschaftlicher Erfahrungen gezahlt werden
Slowakei	12 (2)	5 %	Das am 19.12.1980 mit der Tschechoslowakischen Sozialistischen Republik abge- schlossene Abkommen zur Vermeidung der Doppelbesteuerung auf dem Gebiet der Steuern vom Einkommen und vom Vermögen gilt auch für die **Tschechische Republik** und für die **Slowakische Republik** über den 31.12.1992 hinaus fort (BGBl II 1993 S. 762). Vergütungen jeder Art, die für die Benutzung oder für das Recht auf Benutzung von Urheberrechten an literarischen, künstlerischen oder wissenschaftlichen Werken, einschließlich kinematographischer Filme, von Paten- ten, Warenzeichen, Mustern oder Modellen, Plänen, geheimen Formeln oder Ver- fahren oder für die Benutzung oder das Recht auf Benutzung gewerblicher, kauf- männischer oder wissenschaftlicher Ausrüstung oder für die Mitteilung gewerblicher, kaufmännischer oder wissenschaftlicher Ausrüstungen oder für die Mitteilung gewerblicher, kaufmännischer oder wissenschaftlicher Erfahrungen ge- zahlt werden

DBA-Staat	Artikel	Quellen-steuer-satz	Anmerkungen
Slowenien	12 (2)	5%	Vergütungen jeder Art, die für die Benutzung oder das Recht auf Benutzung von Urheberrechten an literarischen, künstlerischen oder wissenschaftlichen Werken, einschließlich kinematografischer Filme, von Patenten, Warenzeichen, Mustern oder Modellen, Plänen, geheimen Formeln oder Verfahren oder für die Mitteilung gewerblicher, kaufmännischer oder wissenschaftlicher Erfahrungen gezahlt werden. Der Ausdruck „Lizenzgebühren" beinhaltet auch Vergütungen jeder Art für die Benutzung oder das Recht auf Benutzung von Namen, Bildern oder sonstigen vergleichbaren Persönlichkeitsrechten sowie Entgelte für die Aufzeichnung, Übertragung oder Verbreitung der Veranstaltungen von Künstlern und Sportlern durch Rundfunk- oder Fernsehanstalten.
Spanien	12 (1)	0%	Vergütungen jeder Art, die für die Benutzung oder das Recht auf Benutzung von Urheberrechten, einschließlich kinematographischer Filme sowie Filmen, Tonbändern oder anderen Trägern für die Bild- oder Tonwiedergabe, von Patenten, Warenzeichen, Mustern oder Modellen, Plänen, geheimen Formeln oder Verfahren oder für die Benutzung oder das Recht auf Benutzung gewerblicher, kaufmännischer oder wissenschaftlicher Ausrüstungen oder für die Mitteilung gewerblicher, kaufmännischer oder wissenschaftlicher Erfahrungen gezahlt werden. Der Ausdruck „Lizenzgebühren" beinhaltet auch Vergütungen jeder Art für die Benutzung oder das Recht auf Benutzung von Namen, Bildern oder sonstigen vergleichbaren Persönlichkeitsrechten oder für die Aufzeichnung der Veranstaltungen von Künstlern und Sportlern durch Rundfunk- oder Fernsehanstalten
Sri Lanka	12 (2)	10%	
Südafrika	12 (1)	0%	wenn die Lizenzgebühren in Südafrika der Besteuerung unterliegen
Syrien	12 (2)	12%	

DBA-Staat	Artikel	Quellen-steuer-satz	Anmerkungen
Tadschikistan	12 (2)	5 %	Vergütungen jeder Art, die für die Benutzung oder für das Recht auf Benutzung von Urheberrechten an literarischen, künstlerischen oder wissenschaftlichen Werken, einschließlich kinematographischer Filme, von Patenten, Warenzeichen, Mustern oder Modellen, Plänen, geheimen Formeln oder Verfahren oder für die Mitteilung gewerblicher, kaufmännischer oder wissenschaftlicher Erfahrungen gezahlt werden. Auch Vergütungen jeder Art für die Benutzung oder das Recht auf Benutzung von Namen, Bildern oder sonstigen vergleichbaren Persönlichkeitsrechten sowie Entgelte für die Aufzeichnung der Veranstaltungen von Künstlern und Sportlern durch Rundfunk- oder Fernsehanstalten
Thailand	12 (2a)	5 %	Lizenzgebühren für die Benutzung oder das Recht auf Benutzung von Urheber-rechten an literarischen, künstlerischen oder wissenschaftlichen Werken
	12 (2b)	15 %	Lizenzgebühren für die Benutzung oder das Recht auf Benutzung von Patenten, Warenzeichen, Mustern, Modellen, Plänen, geheimen Formeln oder Verfahren, Ausrüstungen oder für die Mitteilung gewerblicher, kaufmännischer oder wissen-schaftlicher Erfahrungen oder für die Benutzung oder das Recht auf Benutzung von kinematografischen Filmen oder von Tonbändern für Fernseh- oder Rundfunksen-dungen
Trinidad und Tobago	12 (2)	10 %	grundsätzlich
	12 (3)	0 %	Lizenzgebühren für die Benutzung oder das Recht auf Benutzung von Urheber-rechten (außer kinematografischen Filmen oder Bandaufnahmen für Fernsehen oder Rundfunk)

DBA-Staat	Artikel	Quellensteuersatz	Anmerkungen
Tunesien	12 (2a)	10%	Lizenzgebühren, die für die Benutzung oder das Recht auf Benutzung von Urheberrechten an literarischen, künstlerischen oder wissenschaftlichen Werken mit Ausnahme kinematografischer Filme und Fernsehfilme und für die Mitteilung landwirtschaftlicher, gewerblicher, kaufmännischer oder wissenschaftlicher Erfahrungen oder als Vergütungen für wirtschaftliche oder technische Studien gezahlt werden
	12 (2b) ×	15%	Lizenzgebühren, die für die Gewährung von Lizenzen zur Benutzung von Patenten, Mustern oder Modellen, Plänen, geheimen Formeln oder Verfahren, Warenzeichen oder die Vermietung des Rechts auf Benutzung von kinematografischen Filmen oder Fernsehfilmen gezahlt werden
Turkmenistan	12 (2)	10%	Lizenzgebühren, die für die Benutzung oder für das Recht auf Benutzung von Urheberrechten an literarischen, künstlerischen oder wissenschaftlichen Werken, einschließlich kinematographischer Filme, Patenten, Warenzeichen, Mustern oder Modellen, Plänen, geheimen Formeln oder Verfahren oder die Mitteilung gewerblicher, kaufmännischer oder wissenschaftlicher Erfahrungen gezahlt werden. Der Ausdruck „Lizenzgebühren" behandelt auch Vergütungen jeder Art für die Benutzung von Namen, Bildern oder sonstigen vergleichbaren Persönlichkeitsrechten sowie Entgelte für die Aufzeichnung der Veranstaltungen von Künstlern und Sportlern durch Rundfunk- oder Fernsehanstalten

DBA-Staat	Artikel	Quellen-steuer-satz	Anmerkungen
Tschechien	12 (2)	5 %	Das am 19. 12. 1980 mit der Tschechoslowakischen Sozialistischen Republik abgeschlossene Abkommen zur Vermeidung der Doppelbesteuerung auf dem Gebiet der Steuern vom Einkommen und vom Vermögen gilt auch für die **Tschechische Republik** und für die **Slowakische Republik** über den 31. 12. 1992 hinaus fort (BGBl II 1993 S. 762). Vergütungen jeder Art, die für die Benutzung oder für das Recht auf Benutzung von Urheberrechten an literarischen, künstlerischen oder wissenschaftlichen Werken, einschließlich kinematographischer Filme, von Patenten, Warenzeichen, Mustern oder Modellen, Plänen, geheimen Formeln oder Verfahren oder für die Benutzung oder das Recht auf Benutzung gewerblicher, kaufmännischer oder wissenschaftlicher Ausrüstung oder für die Mitteilung gewerblicher, kaufmännischer oder wissenschaftlicher Ausrüstungen oder für die Mitteilung gewerblicher, kaufmännischer oder wissenschaftlicher Erfahrungen gezahlt werden
Türkei	12 (2)	10 %	
UdSSR – **Republik Moldau**	9 (1)	0 %	Das mit der Union der Sozialistischen Sowjetrepubliken abgeschlossene Abkommen zur Vermeidung der Doppelbesteuerung von Einkommen und Vermögen vom 24. November 1981 gilt bis auf Weiteres auch für die nebenstehenden Nachfolgestaaten. Vergütungen jeder Art, die für die Veräußerung, für die Benutzung oder für das Recht auf Benutzung von Urheberrechten an literarischen, musikalischen, künstlerischen oder wissenschaftlichen Werken, einschließlich kinematographischer Filme und Filme oder Bandaufzeichnungen für Rundfunk und Fernsehen, durch Patente oder Urheberrechte geschützte und nicht geschützte Erfindungen, Warenzeichen, Servicezeichen, Muster oder Modellen, Plänen, geheimen Formeln oder Verfahren, Programmen für elektronische Datenverarbeitungsanlagen, gewerbliche, kaufmännische oder wissenschaftliche Ausrüstungen oder für die Mitteilung gewerblicher, kaufmännischer oder wissenschaftlicher Erfahrungen (Knowhow) gezahlt werden

DBA-Staat	Artikel	Quellen-steuer-satz	Anmerkungen
Ukraine	12 (2) i.V.m. (4 a)	5 %	Lizenzgebühren für die Benutzung oder für das Recht auf Benutzung von Urheberrechten an literarischen, künstlerischen oder wissenschaftlichen Werken, einschließlich kinematografischer Filme und Bandaufnahmen für Rundfunk und Fernsehen
	12 (3) i.V.m. (4 b)	0 %	Lizenzgebühren für die Benutzung oder für das Recht auf Benutzung von Urheberrechten an wissenschaftlichen Werken, Patenten, Marken, Muster, Modellen, Plänen, geheimen Formeln oder Verfahren oder für die Mitteilung gewerblicher, kaufmännischer oder wissenschaftlicher Erfahrungen
Ungarn	12 (1)	0 %	Vergütungen jeder Art, die für die Benutzung oder für das Recht auf Benutzung von Urheberrechten an literarischen, künstlerischen oder wissenschaftlichen Werken, einschließlich kinematografischer Filme, von Patenten, Warenzeichen, Mustern oder Modellen, Plänen, geheimen Formeln oder Verfahren oder für die Mitteilung gewerblicher, kaufmännischer oder wissenschaftlicher Erfahrungen gezahlt werden. Auch Vergütungen jeder Art für die Benutzung oder das Recht auf Benutzung von Namen, Bildern oder sonstigen vergleichbaren Persönlichkeitsrechten sowie Entgelte für die Aufzeichnung der Veranstaltungen von Künstlern und Sportlern durch Rundfunk- oder Fernsehanstalten
Uruguay	12 (2)	10 %	
USA	12 (1)	0 %	

DBA-Staat	Artikel	Quellen-steuer-satz	Anmerkungen
Usbekistan	12 (2 a) i. V. m. (3 a)	5 %	Lizenzgebühren für die Benutzung oder für das Recht auf Benutzung von Urheberrechten an literarischen oder künstlerischen Werken, einschließlich kinematografischer Filme oder Aufzeichnungen auf Band oder anderen Trägern zur Verwendung in Rundfunk- oder Fernsehübertragungen
	12 (2 b) i. V. m. (3 b)	3 %	Lizenzgebühren für die Benutzung oder für das Recht auf Benutzung von Urheberrechten an wissenschaftlichen Werken, Patenten, Warenzeichen, Mustern oder Modellen, Plänen, geheimen Formeln oder Verfahren oder für die Mitteilung gewerblicher, kaufmännischer oder wissenschaftlicher Erfahrungen
Venezuela	12 (1)	5 %	
Vereinigte Arabische Emirate	12 (2)	10 %	
Vietnam		10 %	
Weißrussland (siehe Belarus)			
Zypern		0 %	

5.13.7 EU-Steuerrecht[1]

5.13.7.1 Primäres Gemeinschaftsrecht (AEU-Vertrag)

Steuerlich maßgebliche Grundfreiheiten	Artikel des AEU-Vertrags
Warenverkehrsfreiheit	Art. 28–37
Arbeitnehmerfreizügigkeit	Art. 45–48
Niederlassungsfreiheit	Art. 49–55
Dienstleistungsfreiheit	Art. 56–62
Kapitalverkehrsfreiheit	Art. 63–66

---

[1] EU-Dokumente sind zugänglich unter http://eur-lex.europa.eu

5.13.7.2 Sekundäres Gemeinschaftsrecht (EU-Richtlinien)

Steuerlich maßgebliche Richtlinien (Auswahl)	Bezeichnung	Datum
Fusionsrichtline	2009/133/EG[1]	19.10.2009
– zuletzt geändert	2013/13/EG[2]	13.5.2013
Mutter-Tochter-Richtlinie	2011/96/EU[3]	30.11.2011
– zuletzt geändert	2015/121/EU[4]	27.1.2015
Zins-Lizenzgebühren-Richtlinie	2003/49/EG[7]	3.6.2003
– zuletzt geändert	2013/13/EG[2]	13.5.2013
Amtshilfe-Richtlinie	2011/16/EU[8]	15.2.2011
– zuletzt geändert	(EU) 2020/876[9]	24.6.2020
Mehrwertsteuersystemrichtlinie	2006/112/EG[10]	28.11.2006
– zuletzt geändert	(EU) 2021/1159[11]	13.7.2021
Mehrwertsteuer-Erstattungs-Richtlinie	2008/9/EG[12]	12.2.2008
– zuletzt geändert	2010/66/EU[13]	14.10.2010
Anti-Tax-Avoidance-Directive	(EU) 2016/1164[14]	12.07.2016
zuletzt geändert	(EU) 2017/952[15]	07.06.2017
Steitbeilegungsrichtlinie	(EU) 2017/1852[16]	10.10.2017

5.14 Kraftfahrzeugsteuer

1997 wurde eine emissionsbezogene Besteuerung für Pkw eingeführt. Die Höhe des Kraftfahrzeugsteuersatzes richtet sich nach der in den Fahrzeugpapieren eingetragenen Schadstoffstufe sowie Hubraum. Für Erstzulassungen ab dem 1.7.2009 wird dieses System ersetzt durch eine am CO_2-Ausstoß sowie dem Hubraum orientierten Berechnung.
Die Verwaltung der Kraftfahrzeugsteuer erfolgt seit dem 1.7.2014 durch den Zoll; zuständig sind die Hauptzollämter.

---

[1] ABl. 2009 Nr. L 310 S. 34 ff.
[2] ABl. 2013 Nr. L 141 S. 30 f.
[3] ABl. 2011 Nr. L 345 S. 8 ff.
[4] ABl. 2015 Nr. L 21 S. 1 ff.
[5] ABl. 2003 Nr. L 157 S. 38 ff.
[6] ABl. 2015 Nr. L 301 S. 1 ff.
[7] ABl. 2003 Nr. L 157 S. 49 ff.
[8] ABl. 2011 Nr. L 64 S. 1 ff.
[9] ABl. 2020 Nr. L 204 S. 46 ff.
[10] ABl. 2006 Nr. L 347 S. 1 ff.
[11] *ABl. 2021 Nr. L 250 S. 1.*
[12] ABl. 2008 Nr. L 44 S. 23 ff.
[13] ABl. 2010 Nr. L 275 S. 1 f.
[14] ABl. 2016 Nr. L 193 S. 1.
[15] ABl. 2017 Nr. L 144 S. 1.
[16] ABl. 2017 Nr. L 265 S. 1.

5.14.1 Kraftfahrzeugsteuer für Pkw[1] (mit Erstzulassung ab dem 1.7.2009[2])

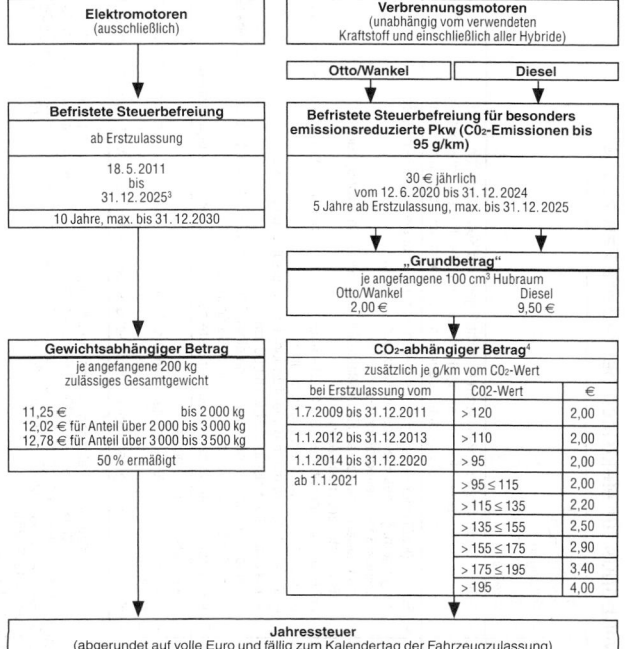

Elektromotoren (ausschließlich)	Verbrennungsmotoren (unabhängig vom verwendeten Kraftstoff und einschließlich aller Hybride)	
	Otto/Wankel	**Diesel**

Befristete Steuerbefreiung	**Befristete Steuerbefreiung für besonders emissionsreduzierte Pkw (CO_2-Emissionen bis 95 g/km)**	
ab Erstzulassung		
18.5.2011 bis 31.12.2025[3]	30 € jährlich vom 12.6.2020 bis 31.12.2024 5 Jahre ab Erstzulassung, max. bis 31.12.2025	
10 Jahre, max. bis 31.12.2030		

	„Grundbetrag"	
	je angefangene 100 cm³ Hubraum	
	Otto/Wankel	Diesel
	2,00 €	9,50 €

Gewichtsabhängiger Betrag	**CO_2-abhängiger Betrag[4]**		
je angefangene 200 kg zulässiges Gesamtgewicht	zusätzlich je g/km vom CO_2-Wert		
	bei Erstzulassung vom	CO2-Wert	€
11,25 € bis 2 000 kg	1.7.2009 bis 31.12.2011	> 120	2,00
12,02 € für Anteil über 2 000 bis 3 000 kg	1.1.2012 bis 31.12.2013	> 110	2,00
12,78 € für Anteil über 3 000 bis 3 500 kg	1.1.2014 bis 31.12.2020	> 95	2,00
50 % ermäßigt	ab 1.1.2021	> 95 ≤ 115	2,00
		> 115 ≤ 135	2,20
		> 135 ≤ 155	2,50
		> 155 ≤ 175	2,90
		> 175 ≤ 195	3,40
		> 195	4,00

Jahressteuer (abgerundet auf volle Euro und fällig zum Kalendertag der Fahrzeugzulassung)

---

[1] Seit dem 1.7.2010 werden dreirädrige und leichte vierrädrige Fahrzeuge (sog. Trikes und Quads) nicht mehr als Pkw, sondern als eigenständige Fahrzeuggruppe erfasst (§ 8 Nr.1 b KraftStG).

[2] Quelle: BMF, http://www.bundesfinanzministerium.de (Stand: Dezember 2011) mit eigenen Änderungen.

[3] Gilt auch für Fahrzeuge, die vom 18.5.2016 bis 31.12.2020 nachträglich zu einem Elektrofahrzeug umgerüstet wurden.

[4] Auf Fahrzeuge, die ab dem 1.9.2018 zugelassen werden, wird der CO_2-Ausstoß nach dem Prüfverfahren WLTP (Worldwide harmonized Light Duty Test Procedure; bisher: NEFZ) bemessen. Da der WLTP-Messwert i.d.R. höher als der NEFZ-Wert ist, wird die KfzSt bei Neuzulassungen ab dem 1.9.2018 höher sein als bei gleichen Modellen, die vor dem Stichtag zugelassen wurden.

5.14.2 Umweltbonus für elektrisch betriebene Fahrzeuge[1]

Antragsberechtigte	– Privatpersonen – Unternehmen – Stiftungen – Körperschaften – Vereine
Keine Antragsberechtigung für	– Bund, Bundesländer sowie deren Einrichtungen und Kommunen – Automobilhersteller, die sich an der Finanzierung des Umweltbonus beteiligen, sowie deren Tochtergesellschaften, auf die mittel- oder unmittelbar Einfluss ausgeübt werden kann

Fördergegenstand	– Erwerb (Kauf oder Leasing) eines neuen, erstmals zugelassenen, elektrisch betriebenen Fahrzeugs gem. § 2 des Elektromobilitätsgesetzes, d. h.
	  – reines Batterieelektrofahrzeug
	  – von außen aufladbares Hybridelektrofahrzeug (Plug-In-Hybrid) oder
	  – Brennstoffzellenfahrzeug
	– bei Erstzulassung ab dem 5.11.2019 auch für entsprechende Gebrauchtfahrzeuge, die zusätzlich die folgenden Voraussetzungen erfüllen:
	  – Zweitzulassung mit maximal 12-monatiger Erstzulassung sowie
	  – maximale Laufleistung i. H. v. 15.000 km
	  – keine vorherige Inanspruchnahme einer Förderung durch Umweltbonus, vergleichbare staatliche Förderung oder eines anderen EU-Staates.
	Das Fahrzeugmodell muss sich auf der Liste der förderfähigen Fahrzeuge befinden.

Sonstige Voraussetzungen	– Erwerb ab dem 18.5.2016 – Erstzulassung auf Antragsteller im Inland (Mindestdauer der Zulassung von 6 Monaten) – Elektronischer Antrag[2] – Nicht-Ausschöpfung der nach dem Wirtschaftsplan des EKFG zur Verfügung stehenden Mittel

[1] Vgl. Richtlinie zur Förderung des Absatzes von elektrisch betriebenen Fahrzeugen (Umweltbonus) vom 29.6.2016 (BAnz AT 01.07.2016 B1 (Antragstellung bis 2.3.2018)); vom 26.2.2018 (BAnz AT 02.03.2018 B1 (Antragstellung ab 3.3.2018)); vom 28.5.2019 (BAnz AT 05.06.2019 B1 (Antragstellung ab 1.7.2019)); vom 13.2.2020 (BAnz AT 18.2.2020 B2 (Antragstellung ab 19.2.2020)); vom 29.4.2020 (BAnz AT 7.05.2020 B1 (Antragstellung ab 8.5.2020)); vom 25.6.2020 (BAnz AT 07.07.2020 B2 (Antragstellung ab 8.7.2020 bis 31.12.2025)).
[2] Antragsformulare unter http://www.bafa.de

	Zulassung bis 4.11.2019	Bundesanteil	Herstelleranteil	Σ
Höhe der Förderung (Erstzulassung)				
B = Batterieelektro- oder Brennstoffzellenfahrzeug	B	2000 €	2000 €	4000 €
	H	1500 €	1500 €	3000 €
H = von außen aufladbares Hybridelektrofahrzeug	Zulassung vom 5.11.2019 bis 3.6.2020			
	Nettolistenpreis ≤ 40 T€	Bundesanteil	Herstelleranteil	Σ
	B	3000 €	3000 €	6000 €
	H	2250 €	2250 €	4500 €
	Nettolistenpreis > 40 T€ ≤ 65 T€	Bundesanteil	Herstelleranteil	Σ
	B	2500 €	2500 €	5000 €
	H	1875 €	1875 €	3750 €
	Zulassung ab 4.6.2020 bis 31.12.2021			
	Nettolistenpreis ≤ 40 T€	Bundesanteil	Herstelleranteil	Σ
	B	6000 €	3000 €	9000 €
	H	4500 €	2250 €	6750 €
	Nettolistenpreis > 40 T€ ≤ 65 T€	Bundesanteil	Herstelleranteil	Σ
	B	5000 €	2500 €	7500 €
	H	3750 €	1875 €	5625 €
Höhe der Förderung (Zweitzulassung)	Für Zweitzulassungen (ab 5.11.2019) gelten die Fördersätze für Fahrzeuge mit Nettolistenpreis > 40 T€ ≤ 65 T€, auch wenn der tatsächliche Nettolistenpreis ≤ 40 T€ beträgt.			
Höhe der Förderung (AVAS)	100 € einmalig pro gefördertem Fahrzeug			

Schadstoff-gruppe/Plakette	Benzinfahrzeuge (Pkw)	Dieselfahrzeuge	
		Pkw	Pkw mit Partikelfilter
4/grün	01, 02, 14, 16, 18–70, 71–75, 77	32, 33, 38, 39, 43, 53- 70, 73–75 sowie – unabhängig von der Schlüssel-nummer[2] – alle Pkw, die mit PM 5 gekennzeichnet sind	PM 1: 27[3], 49-52 PM 2: 30, 31, 36, 37, 42, 44–48, 67-70 PM 3: 32, 33, 38, 39, 43, 53–66 PM 4: 44–70 PM 5
3/gelb	entfällt	30, 31, 36, 37, 42, 44–52, 72	PM 0: 28,29 PM 1: 14, 16, 18, 21, 22, 25–27[4], 34, 35, 40, 41, 71, 77
2/rot	entfällt	25–29, 35, 41, 71	PM 0: 14, 16, 18, 21, 22, 34, 40, 77 PM 01: 19, 20, 23, 24
Keine Plakette	Pkw, deren Schlüsselnummern oben nicht aufgeführt sind		

---

[1]   Quelle: Stadt Köln: „Zuordnung der Schadstoffgruppen nach Emissionsschlüssel-Nummern" (www.stadt-koeln.de). Vgl. dort auch die Zuordnung von Wohnmobilen über 2,8 Tonnen sowie Nutzfahrzeugen. Das Umweltbundesamt bietet eine Karte sowie Liste mit den Umweltzonen an unter www.gis.uba.de

[2]   Die Schadstoff-Schlüsselnummer befindet sich in der seit dem 1.10.2005 ausgege-benen Zulassungsbescheinigung Teil I in Feld 14.1 bzw. im bisherigen Fahrzeug-*schein unter „Schlüsselnummer zu 1".* Aus den beiden letzten Ziffern ergibt sich die Schadstoffklasse.

[3]   Diesel-Pkw mit der Schlüsselnummer „27" sowie der Klartextangabe „96/69/EG I" mit einem zulässigen Gesamtgewicht von mehr als 2500 kg ist eine grüne Plakette zuzu-teilen.

[4]   Vgl. Fußnote 3.

5.15 Zollrecht

5.15.1 Zollanmeldung

Formen	Erläuterungen

1. elektronisch	– ATLAS-Verfahren[1]
	– Pflicht seit 1.7.2009
	– Ausnahmen
	  – Anwendung des Ausfall- und Sicherheitskonzeptes (vgl. 2.)
	  – Ausfuhr i.R.d. Carnet ATA
	  – Voraussetzungen liegen vor für
	    – mündliche (vgl. 3.) oder
	    – konkludente Anmeldung (vgl. 4.)

2. schriftlich	– Einheitspapier – bis 30.6.2009 alternativ zu 1. – seit 1.7.2009 Ausnahme Anwendung bei Funktionsstörungen der Zolldienststelle oder des Anmelders

3. mündlich	– Ausnahme
	– möglich z. B. für
	  – nicht abgabefreie Reisemitbringsel
	  – kommerzielle Einfuhrsendungen ≤ 1000 €
	  – bestimmte abgabenfreie Rückwaren
	  – vorübergehend eingeführte Rundfunk- und TV-Ausstattung

4. mittels konkludentem Verhalten	– Ausnahme
	– Anmeldung z. B. durch
	  – Nutzung des grünen Ausgangs bei Flughäfen und Häfen
	  – Passieren einer Zollstelle ohne getrennte Zollausgänge, ohne spontane Abgabe einer Zollanmeldung

---

[1] Vgl. http://www.zoll.de; zur Auswirkung auf die Ausfuhrnachweise für Ausfuhrlieferungen vgl. Abschn. 6.5ff. UStAE.

5.15.2   Einheitspapiere[1]

5.15.2.1   Kurzbezeichnungen im Feld 1 – erstes Unterfeld

Code	Verwendung für
EX	– Ausfuhr von Unions- oder Nicht-Unionswaren im Warenverkehr zwischen der Union und anderen Drittländern als den Vertragsparteien des Übereinkommens zur Vereinfachung der Förmlichkeiten im Warenverkehr[2] – Versendung von Nicht-Unionswaren zwischen den Mitgliedstaaten der Union
IM	Überlassung von – Unions- oder Nicht-Unionswaren aus anderen Drittländern als den Vertragsparteien des Übereinkommens zur Vereinfachung der Förmlichkeiten im Warenverkehr[2] in ein Zollverfahren – Nicht-Unionswaren im Warenverkehr zwischen den Mitgliedstaaten der Union in ein Zollverfahren
EU	Ausfuhr bzw. Einfuhr im Warenverkehr zwischen der Union und den Vertragsparteien des Übereinkommens zur Vereinfachung der Förmlichkeiten im Warenverkehr[2]
CO	Warenverkehr zwischen den Mitgliedstaaten der Union: – Versendung von Unionswaren – Überlassung von Unionswaren in den steuerrechtlich freien Verkehr – Überführung von (Unions-)Waren in ein Zolllagerverfahren

5.15.2.2   Abkürzungen im Feld 20

Code	Lieferbedingung	anzugebender Ort
EXW	ab Werk	Standort des Werkes
FCA	frei Frachtführer	... vereinbarter Ort
FAS	frei längsseits Schiff	vereinbarter Verladehafen
FOB	frei an Bord	vereinbarter Verladehafen
CFR	Kosten und Fracht	vereinbarter Bestimmungshafen
CIF	Kosten, Versicherung, Fracht	vereinbarter Bestimmungshafen
CPT	Fracht bezahlt bis	vereinbarter Bestimmungsort

---

[1] *Zur weiteren Verwendung des Einheitspapieres bei Aus- und Einfuhren, die ab dem 1.7.2009 elektronisch anzumelden sind, vgl. Merkblatt zu Zollanmeldungen, summarischen Anmeldungen und Wiederausfuhrmitteilungen (Ausgabe 2021 vom 11.5.2021); http://www.zoll.de).*

[2] Vertragsparteien sind derzeit Island, Nordmazedonien, Norwegen, die Schweiz (einschließlich Liechtenstein), Serbien, die Türkei und das Vereinigte Königreich.

Code	Lieferbedingung	anzugebender Ort
CIP	Fracht und Versicherung bezahlt bis	vereinbarter Bestimmungsort
DAF	frei Grenze	vereinbarter Lieferort an Grenze
DAP	Geliefert benannter Ort	vereinbarter Ort
DAT	Geliefert Terminal	vereinbarter Ort
DES	Geliefert ab Schiff	vereinbarter Bestimmungshafen
DEQ	Geliefert ab Kai	verzollt ... vereinbarter Hafen
DDU	Geliefert unverzollt	vereinbarter Bestimmungsort im Einfuhrland
DDP	Geliefert verzollt	vereinbarter Lieferort im Einfuhrland
XXX	andere Lieferbedingungen als vorstehend angegeben	genaue Angabe der im Vertrag enthaltenen Bestimmungen

5.15.3 Mengenmäßige Beschränkungen im innergemeinschaftlichen Reiseverkehr

Abgrenzung: gewerblicher Verkehr – privater Reiseverkehr

Überschreitung der im Katalog genannten Mengen ist ein Indiz für eine gewerbliche Bestimmung der Waren.

Reisemitbringsel	
1. Tabakwaren	
– Zigaretten	800 Stück
– Zigarillos (Zigarren mit Höchstgewicht von 3 g pro Stück)	400 Stück
– Zigarren	200 Stück
– Rauchtabak	1 kg
2. Alkoholische Getränke	
– Spirituosen (z.B. Weinbrand, Whisky, Rum, Wodka)	10 Liter
– Alkopops	10 Liter
– Zwischenerzeugnisse (z.B. Sherry, Portwein, Marsala)	20 Liter
– Schaumwein	60 Liter
– Bier	110 Liter
3. Sonstige verbrauchsteuerpflichtige Waren	
– Kaffee oder kaffeehaltige Waren[1]	10 kg
4. Kraftstoff (mineralölsteuerfrei)	
– Tank des Fahrzeugs	
– Reservebehälter	20 Liter

---

[1] Erzeugnisse mit einem Anteil Kaffee von 1 % bis 90 %.

5.15.4 Freimengen und Abgaben im Reiseverkehr mit Drittländern[1]

5.15.4.1 Allgemeine Reisefreigrenzen und Abgaben

A. Für Reisemitbringsel aus Drittländern, steuerlichen Sondergebieten sowie Helgoland zum persönlichen Ge- oder Verbrauch

Reisemitbringsel	pro Person einfuhr-abgabenfrei
1. Tabakwaren[2]	
Zigaretten	200 Stück
oder	
Zigarillos (Zigarren mit einem Stückgewicht von höchstens 3 Gramm)	100 Stück
oder	
Zigarren	50 Stück
oder	
Rauchtabak	250 Gramm
oder	
eine anteilige Zusammenstellung dieser Waren	
2. Alkohol und alkoholhaltige Getränke[2]	
a) Alkohol und alkoholische Getränke mit einem Alkoholgehalt von mehr als 22 % vol oder unvergällter Ethylalkohol mit einem Alkoholgehalt von 80 % vol oder mehr	1 Liter
oder	
Alkohol und alkoholische Getränke mit einem Alkoholgehalt von höchstens 22 % vol	2 Liter
oder	
eine anteilige Zusammenstellung dieser Waren und	
b) nicht schäumende Weine	4 Liter
c) Bier	16 Liter
3. Arzneimittel	persönl. Bedarf
4. Kraftstoff (mineralölsteuerfrei)	
Tank des Fahrzeugs und tragbarer Reservebehälter	10 Liter

---

[1] Gemäß Art. 41 der Verordnung (EG) Nr. 1186/2009 vom 16. 11. 2009 (ABl L 324 S. 23) sowie Richtlinie 2007/74/EG vom 20. 12. 2007 (ABl L 346 S. 6) i. V. m. Einreise-Freimengen-Verordnung vom 24.11.2008 (BGBl I 2008 S.2235; 2009 S. 403).
[2] Mindestalter 17 Jahre.

Reisemitbringsel	pro Person einfuhr-abgabenfrei
5. andere Waren,	Warenwert[1] bis
– allgemein	– 300 €
– Flug- bzw. Seereisende	– 430 €
– Reisende unter 15 Jahren	– 175 €

Bei Überschreiten der Freimengen gelten nachstehende pauschalierte Sätze, sofern die Waren weder zum Handel noch zur gewerblichen Verwendung bestimmt sind und ihr Wert 700 € nicht übersteigt, andernfalls erfolgt die Abgabenberechnung nach dem Zolltarif.

Einfuhrabgaben von weniger als 3 € werden nicht erhoben.

B. Pauschalierte Abgabensätze[2]

Warenbezeichnung	präferenzberech-tigte Waren[3]	andere Waren
Schaumwein	2,20 € je Liter	2,30 € je Liter
Likörwein, Wermutwein und anderer aromatisierter Wein	2,10 € je Liter	2,10 € je Liter
unvergällter Ethylalkohol mit einem Alkoholgehalt von weniger als 80 % vol. (in Mengen bis zu 5 Litern)	9,80 € je Liter	9,90 € je Liter
unvergällter Ethylalkohol mit einem Alkoholgehalt von 80 % vol. oder mehr (in Mengen bis zu 5 Litern)	14,40 € je Liter	14,50 € je Liter
zusammengesetzte alkoholhaltige Zubereitungen sowie Branntwein, Likör und andere Spirituosen	6,60 € je Liter	6,80 € je Liter
Zigaretten	0,18 € je Stück	0,19 € je Stück
Zigarren und Zigarillos (in Mengen bis zu 250 Stück)	27 % des Wertes[4]	42 % des Wertes[4]

---

[1] Wert einschließlich der ausländischen Umsatzsteuer.
[2] Zollverordnung vom 23.12.1993 (BGBl I 1993 S.2449; 1994 S.162), zuletzt geändert am 20.12.2020 (BGBl I S.3096).
[3] Eine Übersicht der bestehenden Präferenzregelungen bzw. betroffenen Staaten findet sich unter www.zoll.de (Stichtag 13.10.2021).
[4] Des inländischen Kleinverkaufspreises für Zigarren oder Zigarillos derselben Marke oder gleichartiger Beschaffenheit.

Warenbezeichnung	präferenzberech-tigte Waren	andere Waren
Feinschnitt (in Mengen bis zu 1 kg)	70,30 € je kg	82,80 € je kg
Pfeifentabak (in Mengen bis zu 1 kg)	35,40 € je kg	49,30 € je kg
Vergaserkraftstoff	0,90 € je Liter	0,90 € je Liter
Dieselkraftstoff	0,70 € je Liter	0,70 € je Liter
andere Waren, ausgenommen Bier im Sinne des § 1 Abs. 2 Biersteuergesetz	15 % des Wertes	17,5 % des Wertes

Die pauschalierten Abgabensätze vorstehender Tabelle **gelten nicht,** wenn die Waren in **größeren als den dort bezeichneten Mengen** eingeführt werden. Wird Bier mit einer die Reisefreigrenze überschreitenden Menge eingeführt, ist eine Pauschalierung nicht möglich. Für Bier sind die Abgaben nach den Abgabe-sätzen des Zolltarifs und des Biersteuergesetzes zu ermitteln.

5.15.4.2   Eingeschränkte Reisefreigrenzen

für Bewohner grenznaher Gemeinden zu Drittländern, für Grenzarbeitneh-mer sowie für Personen, die beruflich auf gewerblich eingesetzten Beförde-rungsmitteln oder als Reisebegleiter tätig sind

Reisemitbringsel	pro Person und Tag eingangs-abgabenfrei
1. **Tabakwaren** (Mindestalter 17 Jahre) Zigaretten oder	40 Stück
Zigarillos oder	20 Stück
Zigarren oder	10 Stück
Rauchtabak oder	50 Gramm
eine anteilige Zusammenstellung dieser Waren	
2. für **Alkohol** und **alkoholhaltige Getränke**	keine Abgaben-freiheit
3. **andere Waren,** wovon nicht mehr als 30 € auf Lebensmittel des täglichen Bedarfs entfallen dürfen	Warenwert bis 90 €

5.15.4.3   Geschenksendungen aus Drittländern[1]

1. Voraussetzungen
– gelegentliche Sendung zwischen natürlichen Personen
– unentgeltliche Sendung
– Absendung außerhalb des Zollgebietes der EU oder der Insel Helgoland
– Bestimmung ausschließlich für den privaten Ge- bzw. Verbrauch

2. Wertgrenzen

A. Warenwert ≤ 45 €

Zoll- und einfuhrabgabenfrei, bei Einhaltung der folgenden Höchstmengen

	Höchstmenge
1. Tabakwaren	
Zigaretten oder	50 Stück
Zigarillos (Zigarren mit einem Stückgewicht von max. 3 Gramm) oder	25 Stück
Zigarren oder	10 Stück
Rauchtabak oder	
eine anteilige Zusammenstellung dieser Waren	50 Gramm
2. Alkohol und alkoholhaltige Getränke	
a) destillierte Getränke und Spirituosen mit einem Alkoholgehalt von mehr als 22 % vol oder unvergällter Ethylalkohol mit einem Alkoholgehalt von 80 % vol oder mehr oder	1 Liter
destillierte Getränke und Spirituosen, Aperitifs aus Wein oder Alkohol, Taffia, Sake oder ähnliche Getränke mit einem Alkohol-gehalt von 22 % vol oder weniger, Schaumweine oder Likör-weine oder eine anteilige Zusammenstellung dieser Waren	1 Liter
b) nicht schäumende Weine	2 Liter
3. Parfüms oder	50 Gramm
Eau de Toilette	0,25 Liter
4. Kaffee[2] oder	500 Gramm
Auszüge, Essenzen oder Konzentrate aus Kaffee oder Zubereitungen auf der Grundlage dieser Waren oder auf der Grundlage von Kaffee[2]	200 Gramm

B. Warenwert ≥ 45 € und ≤ 700 €
Vereinfachte Abgabenberechnung mittels pauschalierter Abgabensätze (vgl. 5.15.4.1 B.)

C. Warenwert ≥ 700 €
Berechnung der Einfuhrabgaben nach den Abgabensätzen des Zolltarifs

---

[1] Gemäß Art. 23–27 der Verordnung (EG) Nr. 1186/2009 vom 16.11. 2009 (ABl. L 324 S. 23) i. V. m. Kleinsendungs-Einfuhrfreimengen-Verordnung vom 11.1. 1979 (BGBl I 1979 S. 73, zuletzt geändert am 22.12. 2003, BGBl I 2004 S. 21).
[2] Die Mengenbeschränkungen zu 4. gelten nicht für die Zollfreiheit.

5.15.4.4   Internetbestellungen aus Drittländern[1]

Folgende Wertgrenzen gelten für
– Privatpersonen und gewerbliche Empfänger
– Geschenke von Unternehmen oder an Unternehmen

A. Warenwert[2] ≤ 22 € (bis 30.6.2021)

– einfuhrabgabenfrei
– Ausnahmen, keine Befreiung für:
  – alkoholische Erzeugnisse
  – Parfüms und Eau de Toilette
  – Tabak und Tabakwaren
  – Röstkaffee, löslicher Kaffee und kaffeehaltige Waren

B. Warenwert ≤ 150 € (bis 30.6.2021 ≤ 22 € und ≤ 150 €)

– zollfrei (zu Ausnahmen vgl. A.)
– Erhebung von EUSt und Verbrauchssteuern

C. Warenwert ≥ 150 €

Berechnung der Einfuhrabgaben nach den Abgabensätzen des Zolltarifs

5.15.5   Übersicht zur Berechnung der Einfuhrangaben[3]

Bemessungsgrundlagen	Abgabensätze	Einfuhrabgaben
Zollwert (ohne Beförderungskosten)	× Zollsatz =	Zollbetrag
+ Zollbetrag ◄		
	Warenmenge × Verbrauchsteuersatz =	+ Verbrauchsteuerbetrag
+ Verbrauchsteuerbetrag ◄		
= Bemessungsgrundlage für die Einfuhrumsatzsteuer	× Einfuhrumsatzsteuersatz	+ Einfuhrumsatzsteuerbetrag
		= zu zahlende Einfuhrabgaben

---

[1] Gemäß Art. 23–27 der Verordnung (EG) Nr. 1186/2009 vom 16.11.2009 (ABl. L 324 S. 23) i. V. m. Kleinsendungs-Einfuhrfreimengen-Verordnung vom 11.1.1979 (BGBl I 1979 S. 73, zuletzt geändert am 22.12. 2003, BGBl I 2004 S. 21).
[2] Entscheidend ist der tatsächlich gezahlte Betrag, also z. B. inkl. Portokosten.
[3] Vgl. http://www.zoll.de

5.16   Steuerverfahrensrecht
5.16.1   Fristen in der Abgabenordnung
5.16.1.1   Steuerzahltermine
5.16.1.1.1   Kalendermäßig feststehende Termine

Monatliche Zahlungen

Umsatzsteuer [1]	– Monatszahler (Vorjahressteuer > 7 500 €; auf Antrag, falls Erstattungsbetrag im Vorjahr > 7 500 €; in den Jahren 2021 bis 2026 ist im Kalenderjahr der Aufnahme der Tätigkeit die voraussichtliche Steuer und im folgenden Kalenderjahr die auf eine Jahressteuer umgerechnete Vorjahressteuer maßgebend.)	– monatlich am 10.
	– Vierteljahreszahler (Vorjahressteuer bis 7 500 €)	– 10.1., 10.4., 10.7., 10.10.
	– Jahreszahler (Kannvorschrift, wenn Vorjahressteuer bis 1 000 €)	– 1 Monat nach Jahressteuererklärung
	– Dauerfristverlängerung für Monats- und Vierteljahreszahler	– 1 Monat auf Antrag: Sondervorauszahlung $^1/_{11}$ am 10.2. für Monatszahler
Lohnsteuer [2] und Kirchensteuer	– Monatszahler	– monatlich am 10.
	– Vierteljahreszahler (einbehaltene Vorjahressteuer bis 5 000 €)	– 10.1., 10.4., 10.7., 10.10.
	– Jahreszahler (einbehaltene Vorjahressteuer bis 1 080 €)	– 10.1.

Vierteljährliche Zahlungen

Einkommensteuer und Kirchensteuer [3]	10.3., 10.6., 10.9., 10.12.
Körperschaftsteuer [3]	10.3., 10.6., 10.9., 10.12.
Gewerbesteuer [4]	15.2., 15.5., 15.8., 15.11.
Grundsteuer [5]	15.2., 15.5., 15.8., 15.11. [6]
Vergnügungssteuer	15.2., 15.5., 15.8., 15.11. [6]

[1] § 18 Abs. 1, 2, 2a und 6 UStG, §§ 46–48 UStDV.
[2] § 41a Abs. 1 und Abs. 2 EStG.
[3] Vorauszahlungen sind nur festzusetzen, wenn sie mindestens 400 € im Kalenderjahr und mindestens 100 € für einen Vorauszahlungszeitpunkt betragen (§ 37 Abs. 1 und 5 EStG, § 31 Abs. 1 KStG).
[4] Vorauszahlungen sind nur festzusetzen, wenn sie mindestens 50 € für einen Vorauszahlungszeitpunkt betragen (§ 19 Abs. 1 und 5 GewStG).
[5] Eine Jahressteuer bis zu 15 € kann am 15.8. und eine Jahressteuer bis zu 30 € mit je 1/2 auf den 15.2. und 15.8. fällig gestellt werden. Auf Antrag ist der Jahresbetrag am 1.7. zu entrichten (§ 28 GrStG).
[6] Eventuell abweichende Fälligkeiten sind bei der Gemeinde zu erfragen.

5.16.1.1.2 Vom Eintritt der Steuerpflicht abhängige Termine

Steuerart	Fälligkeit
Grunderwerbsteuer[1]	Ein Monat nach Bekanntgabe des Steuerbescheids (Verlängerung der Zahlungsfrist möglich)
Kapitalertragsteuer[2]	Bis zum 10. Tag des auf das Zufließen des Kapitalertrags an den Gläubiger folgenden Kalendermonats (abzuführen durch den Schuldner der Kapitalerträge bzw. die die Kapitalerträge auszahlende Stelle); bei Dividenden und Gewinnanteilen sofort bei Zufließen der Kapitalerträge.
Kraftfahrzeugsteuer[3]	Mit Zulassung des Kraftfahrzeugs und dann jeweils ein Jahr später für ein Jahr im voraus. Auf Antrag ist bei mehr als 500 € Jahressteuer eine Zahlung in Halbjahresraten und bei mehr als 1 000 € Jahressteuer in Vierteljahresraten möglich; es ist dann aber ein Aufgeld von 3 % bzw. 6 % zu zahlen. Zahlung grds. durch Lastschrifteinzug.

5.16.1.2 Schonfristen und Säumniszuschläge 2020 gem. § 240 AO

Entstehung von Säumniszuschlägen	Bei Nichtentrichtung von Steuerbeträgen bis zum Ablauf des Fälligkeitstages. Bei Scheckzahlung gilt der Steuerbetrag erst drei Tage nach Eingang des Schecks als entrichtet. Keine Säumniszuschläge auf steuerliche Nebenleistungen.
Höhe	1 % der auf 50 € nach unten abgerundeten Steuer je angefangenem Monat der Säumnis.
Schonfrist	Keine Säumniszuschläge bei Lastschrifteinzug oder Überweisung innerhalb der Schonfrist von drei Tagen. Verlängerung der Schonfrist auf den nächsten Werktag, wenn der dritte Tag auf einen Samstag, Sonntag oder Feiertag fällt. Keine Schonfrist bei Scheckzahlung und Übergabe von Zahlungsmitteln.
Ende der Zahlungsschonfristen 2022 (unter Berücksichtigung von Sonn- und Feiertagen, Angaben ohne Gewähr)	Umsatz- und Lohnsteuervoranmeldungen: 13.1.2022, 14.2.2022, 14.3.2022, 14.4.2022, 13.5.2022, 13.6.2022, 14.7.2022, 15.8.2022, 15.9.2022, 13.10.2022, 14.11.2022, 15.12.2022 Einkommensteuervorauszahlungen: 14.3.2022, 13.6.2022, 15.9.2022, 15.12.2022 Gewerbesteuer- und Grundsteuervorauszahlungen: 18.2.2022, 19.5.2022, 18.8.2022, 18.11.2022

---

[1] § 15 GrEStG.
[2] § 44 Abs. 1 EStG.
[3] § 11 KraftStG.

5.16.1.3   Verjährungsfristen

Gegenstand der Verjährung	Frist	Fristbeginn	§§
Festsetzung sowie deren Aufhebung oder Änderung anderer Steuern und Steuervergütungen, soweit sie weder leichtfertig verkürzt noch hinterzogen sind	4 Jahre	Wenn Erklärung oder Anzeige/Anmeldung einzureichen ist, mit Ablauf des Kalenderjahres, in dem dies erfolgt; spätestens jedoch mit Ablauf des 3. Kalenderjahres, das auf das Kalenderjahr folgt, in dem die Steuer entstanden ist, es sei denn, dass die allgemeine Festsetzungsfrist später beginnt.	169 Abs. 2 S. 1 Nr. 2, S. 2 AO; 170 Abs. 2 S. 1 Nr. 1 AO
soweit sie leichtfertig verkürzt worden sind	5 Jahre		
soweit sie hinterzogen worden sind	10 Jahre		
		Für Erbschaft- und Schenkungsteuer nicht vor Ablauf des Kalenderjahres, in dem a) der Erwerber Kenntnis von dem Erwerb von Todes wegen erlangt,	170 Abs. 5 Nr. 1 AO
		b) der Schenker gestorben ist oder die Finanzbehörde von der vollzogenen Schenkung Kenntnis erlangt hat,	170 Abs. 5 Nr. 2 AO
		c) bei Zweckzuwendung unter Lebenden die Verpflichtung erfüllt worden ist.	170 Abs. 5 Nr. 3 AO
aufgeschobener Fristbeginn in besonderen Fällen		Für die Steuer, die auf Kapitalerträge entfällt, die 1. aus Staaten oder Territorien stammen, die nicht Mitglieder der Europäischen Union oder der Europäischen Freihandelsassoziation sind, und 2. nicht nach Verträgen im Sinne des § 2 Abs. 1 oder hierauf beruhenden Vereinbarungen automatisch mitgeteilt werden,	170 Abs. 6 AO

Gegenstand der Verjährung	Frist	Fristbeginn	§§
		beginnt die Festsetzungsfrist frühestens mit Ablauf des Kalenderjahres, in dem diese Kapitalerträge der Finanzbehörde durch Erklärung des Steuerpflichtigen oder in sonstiger Weise bekannt geworden sind, spätestens jedoch 10 Jahre nach Ablauf des Kalenderjahres, in dem die Steuer entstanden ist.	170 Abs. 6 AO
		Für Steuern auf Einkünfte oder Erträge, die in Zusammenhang stehen mit Beziehungen zu einer Drittstaat-Gesellschaft im Sinne des § 138 Abs. 3, auf die der Steuerpflichtige allein oder zusammen mit nahestehenden Personen im Sinne des § 1 Abs. 2 des Außensteuergesetzes unmittelbar oder mittelbar einen beherrschenden oder bestimmenden Einfluss ausüben kann, beginnt die Festsetzungsfrist frühestens mit Ablauf des Kalenderjahres, in dem diese Beziehungen durch Mitteilung des Steuerpflichtigen oder auf andere Weise bekannt geworden sind, spätestens jedoch 10 Jahre nach Ablauf des Kalenderjahres, in dem die Steuer entstanden ist. Inkrafttreten: § 170 Abs. 7 AO gilt für alle nach dem 31.12.2017 beginnenden Festsetzungsfristen	170 Abs. 7 AO

Gegenstand der Verjährung	Frist	Fristbeginn	§§
Festsetzung sowie deren Aufhebung oder Änderung der Verbrauchsteuern und Verbrauchsteuervergütungen, soweit sie weder leichtfertig verkürzt noch hinterzogen worden sind	1 Jahr	Ablauf des Jahres, in dem die Steuer entstanden ist (generell); bei Festsetzung nur auf Antrag: nicht vor Ablauf des Kalenderjahres, in dem der Antrag gestellt wird.	169 Abs.1, 2 S.1 Nr.1 AO; 170 Abs.1, 3 AO
Festsetzung und Rückforderung von Einfuhr- und Ausfuhrabgaben der EU, sonstiger Zölle und Verbrauchsteuern einschließlich EUSt	3 Jahre	Ablauf von 3 Jahren seit der buchmäßigen Erfassung des ursprünglich vom Abgabeschuldner angeforderten Betrages oder seit dem Tag, an dem die Zollschuld für die betreffende Ware entstanden ist.	Art. 221 Abs.3 Zollkodex
Ansprüche aus dem Steuerschuldverhältnis auf Zahlung	5 Jahre	Ablauf des Kalenderjahres, in dem der Anspruch erstmals fällig geworden ist, jedoch nicht vor Ablauf des Kalenderjahres, in dem die Festsetzung, Anmeldung, deren Aufhebung, Änderung oder Berichtigung bezüglich eines Anspruchs aus dem Steuerschuldverhältnis wirksam geworden ist.	228, 229 Abs.1 AO
	10 Jahre	In den Fällen der §§ 370, 373 oder 347 AO	228 S.2 AO
		Beachte Hemmung oder Unterbrechung der Verjährung	230, 231 AO

5.16.2 Außenprüfung
5.16.2.1 Zeitnahe Betriebsprüfung

Rechtsgrundlage	§ 4a BpO[1]
Zweck	– Beseitigung von Rechts- und Planungsunsicherheit aufgrund großen Zeitabstands zwischen Prüfungszeitraum und Durchführung bzw. Abschluss der Betriebsprüfung – Gleichmäßigkeit des Steuervollzugs
Voraussetzungen	– Auswahl des Steuerpflichtigen nach pflichtgemäßem Ermessen durch die Finanzbehörde, Rechtsanspruch des Unternehmers auf zeitnahe Prüfung besteht nicht – Rechtsverbindliche und vollständige Steuererklärung für den Veranlagungszeitraum = Prüfungszeitraum liegt vor – Gegenwartsnähe durch Bereitschaft zu Effizienz und Kooperation von Unternehmen und Finanzbehörde und Umsetzung dieser während der Prüfung
Durchführung	– Mitteilung des ausgewählten Unternehmers an das BZSt – Nach den Grundsätzen der BPO – Prüfungsbericht gem. § 202 AO oder Mitteilung über ergebnislose Prüfung
Anwendung	Bundeseinheitlich für Betriebsprüfungen, die nach dem 1. 1. 2012 angeordnet werden

---

[1] Vgl. mit weiteren Hinweisen Erlass FinMin NRW vom 10.9.2012, S 0401-10-VA 5, LEXinform Dok.-Nr. 5234200.

5.16.2.2 Betriebsprüfungs-Größenklassen

A. Einheitliche Abgrenzungsmerkmale für den 23. Prüfungsturnus (1.1.2019)[1]

Betriebsart[2]	Betriebsmerkmale (€)	Großbetriebe (G) (€)	Mittelbetriebe (M) (€)	Kleinbetriebe (K) (€)
Handelsbetriebe (H)	Umsatzerlöse oder steuerlicher Gewinn über	8 600 000 335 000	1 100 000 68 000	210 000 44 000
Fertigungsbetriebe (F)	Umsatzerlöse oder steuerlicher Gewinn über	5 200 000 300 000	610 000 68 000	210 000 44 000
Freie Berufe (FB)	Umsatzerlöse oder steuerlicher Gewinn über	5 600 000 700 000	990 000 165 000	210 000 44 000
Andere Leistungsbetriebe (AL)	Umsatzerlöse oder steuerlicher Gewinn über	6 700 000 400 000	910 000 77 000	210 000 44 000
Kreditinstitute (K)	Aktivvermögen oder steuerlicher Gewinn über	175 000 000 670 000	42 000 000 230 000	13 000 000 57 000
Versicherungsunternehmen Pensionskassen (V)	Jahresprämieneinnahmen über	36 000 000	6 000 000	2 200 000
Unterstützungskassen (U)	–		alle	
Land- und forstwirtschaftliche Betriebe (LuF)	Umsatzerlöse oder steuerlicher Gewinn über	1 200 000 185 000	610 000 68 000	210 000 44 000

B. Sonstige Fallart (soweit nicht unter den Betriebsarten erfasst)

	Erfassungsmerkmale	Erfassung in der Betriebskartei als Großbetrieb (€)
Verlustzuweisungsgesellschaften (VZG) und Bauherrengemeinschaften (BHG)	Personenzusammenschlüsse und Gesamtobjekte i. S. d. Nrn. 1.2 und 1.3 des BMF-Schreibens vom 13.7.1992 – IV A 5 – S 0361 – 19/92 (BStBl I 1992 S. 404)	alle
Bedeutende steuerbegünstigte Körperschaften und Berufsverbände (BKÖ)	Summe der Einnahmen	über 6 000 000

---

[1] Vgl. BMF-Schreiben vom 13.4. 2018 (BStBl I 2018 S. 614).
[2] Mittel-, Klein- und Kleinstbetriebe, die zugleich die Voraussetzungen für die Behandlung als sonstige Fallart erfüllen, sind nur dort zu erfassen.

	Erfassungsmerkmale	Erfassung in der Betriebs-kartei als Großbetrieb (€)
Fälle mit bedeuten-den Einkünften (bE)	Summe der positiven Einkünfte gem. § 2 Abs. 1 Satz 1 Nrn. 4–7 EStG (keine Saldie-rung mit negativen Einkünften)	über 500 000

5.16.2.3 Begriff des Konzerns in der BpO

Ein Konzern im Sinne der BpO[1] liegt vor, wenn ein herrschendes und ein oder mehrere abhängige Unternehmen im Sinne von § 18 Abs. 1 AktG oder mindes-tens zwei rechtlich selbständige Unternehmen ohne Abhängigkeitsverhältnis im Sinne von § 18 Abs. 2 AktG unter einheitlicher Leitung zusammengefasst sind.[2]

Demnach ist ein Konzern z.B. möglich zwischen:
- natürlichen Personen und Kapitalgesellschaften (AG, KG a.A., GmbH)
- Mitunternehmerschaften (KG, OHG, GbR) und Kapitalgesellschaften
- Stiftungen und Kapitalgesellschaften
- anderen Zweckvermögen (z.B. Sondervermögen der Kapitalanlagegesell-schaften, sonstige Sammelvermögen, Förderungs-, Werbefonds) und Kapital-gesellschaften
- Körperschaften des öffentlichen Rechts und Kapitalgesellschaften
- mehreren Mitunternehmerschaften

Keine Konzerne im Sinne der BpO sind dagegen:
- Unterstützungskassen und das Trägerunternehmen
- mehrere Betriebe gewerblicher Art einer juristischen Person des öffentlichen Rechts
- eine Kapitalgesellschaft und ihre Anteilseigner, soweit diese keine anderweiti-gen unternehmerischen Interessen verfolgen
- eine Personengesellschaft und ihre Gesellschafter
- eine GmbH & Co KG und die Komplementär-GmbH, wenn die GmbH aus-schließlich geschäftsführend für die KG tätig ist
- Fälle der Betriebsaufspaltung, wenn die Besitzgesellschaft ausschließlich ver-mögensverwaltend tätig ist

---

[1] Vgl. §§ 13 Abs. 1, 18 Satz 1 Nr. 1 BpO.
[2] Vgl. BMF-Schr. vom 2.7.2004 (BStBl I 2004 S. 574); BMF-Schr. ist durch BMF-Schr. vom 14.3. 2016 (BStBl I 2016 S.290) aufgehoben.

5.16.2.4 Richtsatzsammlung

5.16.2.4.1 Rohgewinnsätze und Rohgewinnaufschlagsätze

A. Umrechnung der Rohgewinnsätze in Rohgewinnaufschlagsätze

Es entspricht		Es entspricht		Es entspricht	
ein Rohgewinnsatz in v. H. des Umsatzes	einem Rohgewinnaufschlagsatz in v. H. des Wareneinsatzes bzw. Waren- und Materialeins.	ein Rohgewinnsatz in v. H. des Umsatzes	einem Rohgewinnaufschlagsatz in v. H. des Wareneinsatzes bzw. Waren- und Materialeins.	ein Rohgewinnsatz in v. H. des Umsatzes	einem Rohgewinnaufschlagsatz in v. H. des Wareneinsatzes bzw. Waren- und Materialeins.
von	von	von	von	von	von
1	1,01	34	51,52	67	203,03
2	2,04	35	53,85	68	212,50
3	3,09	36	56,25	69	222,58
4	4,17	37	58,73	70	233,33
5	5,26	38	61,29	71	244,83
6	6,38	39	63,93	72	257,14
7	7,53	40	66,67	73	270,37
8	8,70	41	69,49	74	284,62
9	9,89	42	72,41	75	300,00
10	11,11	43	75,44	76	316,67
11	12,36	44	78,57	77	334,78
12	13,64	45	81,82	78	354,55
13	14,94	46	85,19	79	376,19
14	16,28	47	88,68	80	400,00
15	17,65	48	92,31	81	426,32
16	19,05	49	96,08	82	455,56
17	20,48	50	100,00	83	488,24
18	21,95	51	104,08	84	525,00
19	23,46	52	108,33	85	566,67
20	25,00	53	112,77	86	614,29
21	26,58	54	117,39	87	669,23
22	28,21	55	122,22	88	733,33
23	29,87	56	127,27	89	809,09
24	31,58	57	132,56	90	900,00
25	33,33	58	138,10	91	1 011,11
26	35,14	59	143,90	92	1 150,00
27	36,99	60	150,00	93	1 328,57
28	38,89	61	156,41	94	1 566,67
29	40,85	62	163,16	95	1 900,00
30	42,86	63	170,27	96	2 400,00
31	44,93	64	177,78	97	3 233,33
32	47,06	65	185,71	98	4 900,00
33	49,25	66	194,12	99	9 900,00

B. Umrechnung der Rohgewinnaufschlagsätze in Rohgewinnsätze

Es entspricht		Es entspricht		Es entspricht	
ein Rohgewinnaufschlagsatz in v. H. des Wareneinsatzes bzw. Waren- und Materialeins. von	einem Rohgewinnsatz in v. H. des Umsatzes von	ein Rohgewinnaufschlagsatz in v. H. des Wareneinsatzes bzw. Waren- und Materialeins. von	einem Rohgewinnsatz in v. H. des Umsatzes von	ein Rohgewinnaufschlagsatz in v. H. des Wareneinsatzes bzw. Waren- und Materialeins. von	einem Rohgewinnsatz in v. H. des Umsatzes von
1	0,99	43	30,07	85	45,95
2	1,96	44	30,56	86	46,24
3	2,91	45	31,03	87	46,52
4	3,85	46	31,51	88	46,81
5	4,76	47	31,97	89	47,09
6	5,66	48	32,43	90	47,37
7	6,54	49	32,89	91	47,64
8	7,41	50	33,33	92	47,92
9	8,26	51	33,77	93	48,19
10	9,09	52	34,21	94	48,45
11	9,91	53	34,64	95	48,72
12	10,71	54	35,06	96	48,98
13	11,50	55	35,48	97	49,24
14	12,28	56	35,90	98	49,49
15	13,04	57	36,31	99	49,75
16	13,79	58	36,71	100	50,00
17	14,53	59	37,11	110	52,38
18	15,25	60	37,50	120	54,55
19	15,97	61	37,89	130	56,52
20	16,67	62	38,27	140	58,33
21	17,36	63	38,65	150	60,00
22	18,03	64	39,02	160	61,54
23	18,70	65	39,39	170	62,96
24	19,35	66	39,76	180	64,29
25	20,00	67	40,12	190	65,52
26	20,63	68	40,48	200	66,67
27	21,26	69	40,83	250	71,43
28	21,88	70	41,18	300	75,00
29	22,48	71	41,52	350	77,78
30	23,08	72	41,86	400	80,00
31	23,66	73	42,20	450	81,82
32	24,24	74	42,53	500	83,33
33	24,81	75	42,86	550	84,62
34	25,37	76	43,18	600	85,71
35	25,93	77	43,50	650	86,67
36	26,47	78	43,82	700	87,50
37	27,01	79	44,13	750	88,24
38	27,54	80	44,44	800	88,89
39	28,06	81	44,75	850	89,47
40	28,57	82	45,05	900	90,00
41	29,08	83	45,36	950	90,48
42	29,58	84	45,65	1 000	90,91

Richtsätze 2019 für einzelne Gewerbeklassen[1]

Bezeichnung der Gewerbeklassen in alphabetischer Reihenfolge	Gewerbekennzahl lt. Verzeichnis der Wirtschaftszweige	Rohgewinnaufschlag auf den Wareneinsatz bzw. Waren- u. Materialeinsatz (Umrechn. Rohgew. I der Sp. 4)	Rohgewinn I	Rohgewinn II	Halbreingewinn	Reingewinn	Bemerkungen
			(vgl. Nr. 5 der Vorbemerkungen)[2]				
			in v. H. des wirtsch. Umsatzes[3]				
1	2	3	4	5	6	7	8
mbulante soziale Dienste Virtsch. Umsatz:	88101.2						
bis 400 000 €					55–84 **69**	13–71 **39**	
über 400 000 €					55–84 **69**	10–38 **23**	
potheken	47730.0	27–39 **33**	21–28 **25**		14–22 **18**	4–13 **8**	
äckerei, Konditorei rot- und Feinbäckerei Virtsch. Umsatz:	10710.0 47240.0						
bis 500 000 €		127–426 **233**	56–81 **70**		32–63 **48**	8–40 **22**	
über 500 000 €		170–426 **245**	64–81 **74**		31–67 **50**	4–24 **13**	
au- und Heimwerkerbedarf, nstrichmittel, Eh. Virtsch. Umsatz:	47523.0 47530.0						
bis 600 000 €		49–233 **104**	33–70 **51**		18–51 **3**	6–38 **20**	
über 600 000 €		37–113 **59**	27–53 **37**		16–35 **24**	3–16 **9**	
auunternehmen mit Materiallieferung) Virtsch. Umsatz:	41201.0 43999.0						
bis 200 000 €			**79**	52–89 **70**	25–65 **43**	18–64 **39**	
über bis 200 000 € 500 000 €			**68**	32–66 **48**	12–35 **24**	8–33 **20**	
über 500 000 €			**63**	23–59 **39**	8–26 **16**	3–21 **12**	

---

ußnoten am Ende des Kapitels.

Bezeichnung der Gewerbeklassen in alphabetischer Reihenfolge	Gewerbe-kenn-zahl lt. Verzeich-nis der Wirt-schafts-zweige	Rohge-winnauf-schlag auf den Wa-reneinsatz bzw. Waren- u. Material-einsatz (Umrechn. Rohgew. I der Sp. 4)	Roh-gewinn I	Roh-gewinn II	Halbrein-gewinn	Rein-gewinn	Bemerkungen
			(vgl. Nr. 5 der Vorbemerkungen)[2]				
			in v. H. des wirtsch. Umsatzes[3]				
1	2	3	4	5	6	7	8
Beherbergungsgewerbe							
Hotels, Gasthöfe und Pensionen mit Halb- und Vollpension	55101.0 55103.0 55104.0						
Wirtsch. Umsatz:							
A bis 500 000 €		257–1567 **488**	72–94 **83**		33–66 **49**	11–38 **22**	
B über 500 000 €		257–1567 **488**	72–94 **83**		33–66 **49**	6–27 **15**	
Hotels garnis, Gasthöfe und Pensionen mit Frühstück	55102.0						
Wirtsch. Umsatz:							
A bis 200 000 €					41–75 **58**	13–48 **30**	
B über 200 000 €					41–75 **58**	8–36 **22**	
Bestattungsunternehmen	96031.0						Vermittlungs-provisionen sind einbe-zogen
Wirtsch. Umsatz:							
A bis 250 000 €		203–1150 **456**	67–92 **82**		37–69 **51**	25–56 **39**	
B über 250 000 €		270–1329 **525**	73–93 **84**		40–67 **54**	12–49 **31**	
Blumen und Pflanzen, Eh. (ohne Gärtnerei)	47761.0						
Wirtsch. Umsatz:							
A bis 200 000 €		67–178 **108**	40–64 **52**		24–48 **36**	9–35 **20**	
B über 200 000 €		67–178 **108**	40–64 **52**		24–48 **36**	7–25 **15**	
Brennstoffe, Eh.	47991.0						
Wirtsch. Umsatz:							
A bis 800 000 €		14–223 **61**	12–69 **38**		7–35 **19**	4–26 **13**	
B über 800 000 €		8–35 **16**	7–26 **14**		4–14 **8**	2–9 **4**	

1512

Bezeichnung der Gewerbeklassen in alphabetischer Reihenfolge	Gewerbekennzahl lt. Verzeichnis der Wirtschaftszweige	Rohgewinnaufschlag auf den Wareneinsatz bzw. Waren- u. Materialeinsatz (Umrechn. Rohgew. I der Sp. 4)	Rohgewinn I	Rohgewinn II	Halbreingewinn	Reingewinn	Bemerkungen
			(vgl. Nr. 5 der Vorbemerkungen)[2] in v. H. des wirtsch. Umsatzes[3]				
1	2	3	4	5	6	7	8
...licher, Eh. ...uch in Verbindung mit ...chreibwaren)	47610.0	30–67 **47**	23–40 **32**		14–31 **22**	4–17 **11**	
...afés **Wirtsch. Umsatz:**	56104.0						
bis 250 000 €		186–400 **257**	65–80 **72**		35–60 **48**	9–39 **22**	
über 250 000 €		194–376 **270**	66–79 **73**		43–61 **50**	8–26 **17**	
...hemische Reinigung und ...äscherei **Wirtsch. Umsatz:**	96010.0						
bis 200 000 €					42–79 **59**	13–54 **31**	
über 200 000 €					37–72 **55**	8–30 **19**	
...omputer und Software, Eh. **Wirtsch. Umsatz:**	47410.0						
bis 250 000 €		45–270 **108**	31–73 **52**		19–55 **35**	11–54 **28**	
über 250 000 €		32–186 **79**	24–65 **44**		15–45 **29**	3–31 **15**	
...achdeckerei und ...auspenglerei **Wirtsch. Umsatz:**	43911.0						
bis 300 000 €			**67**	38–73 **52**	13–46 **29**	10–40 **25**	
über 300 000 €			**67**	31–53 **42**	10–32 **20**	5–25 **16**	
...rogerien und Parfümerien **Wirtsch. Umsatz:**	47750.0						
bis 250 000 €		49–257 **108**	33–72 **52**		19–48 **33**	7–37 **19**	
über 250 000 €		47–122 **82**	32–55 **45**		19–45 **30**	2–15 **9**	

Bezeichnung der Gewerbeklassen in alphabetischer Reihenfolge	Gewerbekennzahl lt. Verzeichnis der Wirtschaftszweige	Rohgewinnaufschlag auf den Wareneinsatz bzw. Waren- u. Materialeinsatz (Umrechn. Rohgew. I der Sp. 4)	Rohgewinn I	Rohgewinn II	Halbreingewinn	Reingewinn	Bemerkungen
			(vgl. Nr. 5 der Vorbemerkungen)[2]				
			in v. H. des wirtsch. Umsatzes[3]				
1	2	3	4	5	6	7	8
Druckereien	18120.0						
Wirtsch. Umsatz:							
A bis 200 000 €			**74**	45–86 / **64**	20–53 / **36**	7–47 / **26**	
B über 200 000 € bis 400 000 €			**71**	40–71 / **55**	16–46 / **28**	9–34 / **21**	
C über 400 000 €			**70**	37–64 / **50**	11–38 / **24**	3–28 / **14**	
Eisdielen	56105.0	257–488 / **355**	72–83 / **78**		37–68 / **54**	14–43 / **28**	
Elektroinstallation (auch mit Einzelhandel)	43210.0						
Wirtsch. Umsatz:							
A bis 200 000 €			**67**	39–72 / **58**	21–53 / **38**	16–47 / **34**	
B über 200 000 € bis 400 000 €			**67**	33–65 / **47**	14–45 / **28**	11–39 / **24**	
C über 400 000 €			**64**	26–55 / **44**	12–37 / **24**	7–31 / **19**	
Elektrotechnische Erzeugnisse, Eh. (auch mit Reparatur- und Installationsarbeiten)	47540.0						
Wirtsch. Umsatz:							
A bis 300 000 €		45–285 / **96**	31–74 / **49**		19–61 / **34**	9–44 / **22**	
B über 300 000 €		41–178 / **75**	29–64 / **43**		17–44 / **29**	5–22 / **14**	
Fahrräder, Eh. (auch mit Reparaturen und Einzelhandel mit Ersatzteilen und Zubehör)	47641.0						
Wirtsch. Umsatz:							
A bis 300 000 €		39–122 / **67**	28–55 / **40**		17–43 / **28**	8–25 / **17**	
B über 300 000 €		35–85 / **54**	26–46 / **35**		17–34 / **25**	5–20 / **12**	

Bezeichnung der Gewerbeklassen in alphabetischer Reihenfolge	Gewerbekennzahl lt. Verzeichnis der Wirtschaftszweige	Rohgewinnaufschlag auf den Wareneinsatz bzw. Materialeinsatz (Umrechn. Rohgew. I der Sp. 4)	Rohgewinn I	Rohgewinn II	Halbreingewinn	Reingewinn	Bemerkungen
			(vgl. Nr. 5 der Vorbemerkungen)[2]				
			in v. H. des wirtsch. Umsatzes[3]				
1	2	3	4	5	6	7	8
ahrschulen	85530.2						
Wirtsch. Umsatz:							
bis 180 000 €					37–68 **54**	20–55 **36**	
über 180 000 €					44–74 **58**	11–48 **28**	
ische, Fischerzeugnisse, h.	47230.0	52–133 **85**	34–57 **46**		16–43 **29**	5–31 **18**	
itnesszentren	93130.0				39–73 **56**	8–39 **23**	
Ieischerei, Metzgerei, chlachterei (auch mit Fleisch- und andelswarenzukauf)	10130.0 47220.0	75–178 **117**	43–64 **54**		25–46 **35**	6–28 **15**	
otografen (Portrait- und erbefotografen)	74201.2						
Wirtsch. Umsatz:							
bis 100 000 €					43–75 **59**	22–69 **46**	
über 100 000 €					30–73 **56**	14–60 **35**	
risörgewerbe (auch mit Einzelhandel)	96021.0						
Wirtsch. Umsatz:							
bis 150 000 €			**91**	43–92 **65**	24–71 **42**	14–60 **32**	
über 150 000 €			**90**	42–65 **55**	22–45 **34**	13–37 **26**	

Bezeichnung der Gewerbeklassen in alphabetischer Reihenfolge	Gewerbekennzahl lt. Verzeichnis der Wirtschaftszweige	Rohgewinnaufschlag auf den Wareneinsatz bzw. Waren- u. Materialeinsatz (Umrechn. Rohgew. I der Sp. 4)	Rohgewinn I	Rohgewinn II	Halbreingewinn	Reingewinn	Bemerkungen
			(vgl. Nr. 5 der Vorbemerkungen)[2]				
			in v. H. des wirtsch. Umsatzes[3]				
1	2	3	4	5	6	7	8
Fuhrgewerbe (Straßenverkehr)							
Güterbeförderung mit Kraftfahrzeugen	49410.0						
Wirtsch. Umsatz:							
A bis 200 000 €					26–67 **46**	18–56 **36**	
B über 200 000 € bis 500 000 €					20–55 **38**	9–35 **22**	
C über 500 000 €					11–55 **34**	4–24 **13**	
Personenbeförderung mit Personenkraftfahrzeugen							
Taxigewerbe und Mietwagen mit Fahrer	49320.0						
Wirtsch. Umsatz:							
A bis 75 000 €					33–67 **51**	28–63 **46**	
B über 75 000 € bis 200 000 €					30–70 **53**	21–56 **37**	
C über 200 000 €					27–71 **54**	9–41 **22**	
Busunternehmen	49310.0 49391.0 49392.0						
Wirtsch. Umsatz:							
A bis 400 000 €					17–61 **40**	9–46 **26**	
B über 400 000 €					17–61 **38**	3–23 **12**	

Bezeichnung der Gewerbeklassen in alphabetischer Reihenfolge	Gewerbekennzahl lt. Verzeichnis der Wirtschaftszweige	Rohgewinnaufschlag auf den Wareneinsatz bzw. Waren- u. Materialeinsatz (Umrechn. Rohgew. I der Sp. 4)	Rohgewinn I	Rohgewinn II	Halbreingewinn	Reingewinn	Bemerkungen
			(vgl. Nr. 5 der Vorbemerkungen)[2]				
			in v. H. des wirtsch. Umsatzes[3]				
1	2	3	4	5	6	7	8
...ußboden-, Fliesen- und ...lattenlegerei (mit Materiallieferung)	43331.0						
Wirtsch. Umsatz:							
bis 150 000 €			**73**	49–85 **66**	24–63 **42**	23–61 **40**	
über 150 000 bis 300 000 €			**70**	37–74 **55**	18–49 **32**	16–45 **28**	
über 300 000 €			**65**	31–55 **44**	12–33 **22**	7–30 **18**	
...arten- und Landschaftsbau	81301.0						
Wirtsch. Umsatz:							
bis 250 000 €			**79**	44–82 **64**	18–59 **36**	14–54 **31**	
über 250 000 bis 500 000 €			**77**	38–70 **53**	13–38 **25**	9–36 **21**	
über 500 000 €			**72**	33–62 **46**	10–37 **21**	5–29 **17**	
...aststätten							
...ast-, Speise- und ...chankwirtschaften	56101.0 56301.0	186–355 **245**	65–78 **71**		30–62 **47**	9–38 **22**	
...izzerien	56106.0						Überwiegend Pizzagerichte und Teigwaren im Warenangebot
Wirtsch. Umsatz:							
bis 150 000 €		186–488 **270**	65–83 **73**		35–64 **49**	12–45 **30**	
über 150 000 €		213–400 **270**	68–80 **73**		31–64 **50**	10–44 **24**	
...estaurants mit asiatischem ...peiseangebot	56107.0	194–456 **270**	66–82 **73**		38–68 **54**	12–45 **27**	

Bezeichnung der Gewerbeklassen in alphabetischer Reihenfolge	Gewerbekennzahl lt. Verzeichnis der Wirtschaftszweige	Rohgewinnaufschlag auf den Warenreinsatz bzw. Waren- u. Materialeinsatz (Umrechn. Rohgew. I der Sp. 4)	Rohgewinn I	Rohgewinn II	Halbreingewinn	Reingewinn	Bemerkungen
				(vgl. Nr. 5 der Vorbemerkungen)[2]			
				in v. H. des wirtsch. Umsatzes[3]			
1	2	3	4	5	6	7	8
Gerüstbau	43991.0						
Wirtsch. Umsatz:							
A bis 400 000 €				58–88 **71**	22–52 **37**	13–46 **30**	
B über 400 000 €				51–82 **66**	13–47 **31**	6–41 **24**	
Getränke, Eh. (auch Wein und Spirituosen)	47250.0	25–85 **47**	20–46 **32**		12–34 **21**	4–21 **12**	
Glasergewerbe	43342.0						
Wirtsch. Umsatz:							
A bis 150 000 €			**66**	45–77 **61**	22–54 **37**	15–45 **30**	
B über 150 000 € bis 300 000 €			**64**	39–67 **52**	20–46 **32**	11–38 **24**	
C über 300 000 €			**60**	33–59 **45**	14–39 **26**	5–29 **17**	
Glas- und Gebäudereinigung	81210.0 81229.0						
Wirtsch. Umsatz:							
A bis 150 000 €				59–97 **76**	27–77 **51**	21–69 **44**	
B über 150 000 € bis 300 000 €				43–84 **63**	21–60 **39**	14–49 **32**	
C über 300 000 €				36–71 **52**	12–44 **27**	6–35 **20**	
Haushaltsgegenstände, Eh.	47521.0 47592.0 47599.0	54–163 **89**	35–62 **47**		19–45 **32**	6–31 **17**	

Bezeichnung der Gewerbeklassen in alphabetischer Reihenfolge	Gewerbekennzahl lt. Verzeichnis der Wirtschaftszweige	Rohgewinnaufschlag auf den Wareneinsatz bzw. Waren- u. Materialeinsatz (Umrechn. Rohgew. I der Sp. 4)	Rohgewinn I	Rohgewinn II	Halbreingewinn	Reingewinn	Bemerkungen
			(vgl. Nr. 5 der Vorbemerkungen)[2]				
			in v. H. des wirtsch. Umsatzes[3]				
1	2	3	4	5	6	7	8
...eizungs-, Gas- und ...asserinstallation, ...lempnerei, Lüftungs- ...nd Klimatechnik	43220.0						
Wirtsch. Umsatz:							
bis 200 000 €			59	37–71 / 54	15–50 / 34	13–48 / 32	
über 200 000 € bis 600 000 €			56	30–55 / 42	12–38 / 24	9–32 / 20	
über 600 000 €			56	27–48 / 36	11–30 / 20	5–22 / 13	
...nbissbetriebe							
...nbissstuben u.Ä.	56103.0 / 56109.0						
Wirtsch. Umsatz:							
bis 100 000 €		133–355 / 203	57–78 / 67		31–62 / 48	15–51 / 32	
über 100 000 €		144–317 / 203	59–76 / 67		34–63 / 47	9–43 / 26	
...nbissstuben mit asiatischem ...peiseangebot	56108.0						
Wirtsch. Umsatz:							
bis 100 000 €		194–488 / 300	66–85 / 75		41–72 / 57	20–51 / 36	
über 100 000 €		194–400 / 270	66–80 / 73		41–72 / 55	12–44 / 28	
...z-Einzelhandel	45110.0 / 45190.0						
Wirtsch. Umsatz:							
bis 500 000 €		12–104 / 39	11–51 / 28		7–35 / 18	4–24 / 12	
über 500 000 €		10–47 / 23	9–32 / 19		5–19 / 11	2–12 / 7	

Bezeichnung der Gewerbeklassen in alphabetischer Reihenfolge	Gewerbekennzahl lt. Verzeichnis der Wirtschaftszweige	Rohgewinnaufschlag auf den Wareneinsatz bzw. Waren- u. Materialeinsatz (Umrechn. Rohgew. I der Sp. 4)	Rohgewinn I	Rohgewinn II	Halbreingewinn	Reingewinn	Bemerkungen
			(vgl. Nr.5 der Vorbemerkungen)[2]				
			in v. H. des wirtsch. Umsatzes[3]				
1	2	3	4	5	6	7	8
Kfz-Lackiererei	45201.0						
Wirtsch. Umsatz:							
A bis 200 000 €			77	50–84 **66**	24–60 **41**	13–52 **29**	
B über 200 000 € bis 400 000 €			75	41–67 **54**	18–46 **30**	8–34 **20**	
C über 400 000 €			75	37–60 **48**	14–36 **25**	5–28 **16**	
Kfz-Reparatur (ohne Tankstelle, Garagenvermietung und Fahrschule)	45203.0 45204.0						
Wirtsch. Umsatz:							
A bis 300 000 €			60	38–66 **50**	18–48 **32**	11–38 **24**	
B über 300 000 €			58	32–56 **43**	14–36 **25**	7–29 **18**	
Kfz-Zubehörhandel (Einzelhandel mit Kraftwagenteilen und -zubehör)	45320.0						
Wirtsch. Umsatz:							
A bis 400 000 €		35–178 **82**	26–64 **45**		14–45 **27**	7–32 **18**	
B über 400 000 €		28–108 **56**	22–52 **36**		12–33 **23**	3–20 **10**	
Kioske und Verkaufsstände	56309.0 47260.0 47621.0 47110.0	Je nach überwiegendem Warensortiment: – Nahrungs- und Genussmittel, Eh. – Tabakwaren und Zeitschriften, Eh.					
Kosmetiksalons	96022.0						
Wirtsch. Umsatz:							
A bis 75 000 €		194–1150 **376**	66–92 **79**		36–79 **56**	21–62 **42**	
B über 75 000 €		194–1150 **376**	66–92 **79**		37–71 **54**	17–55 **33**	
Kunstgewerbliche Erzeugnisse, Geschenkartikel, Eh.	47783.0	61–245 **113**	38–71 **53**		19–52 **35**	7–36 **21**	

Bezeichnung der Gewerbeklassen in alphabetischer Reihenfolge	Gewerbekennzahl lt. Verzeichnis der Wirtschaftszweige	Rohgewinnaufschlag auf den Wareneinsatz bzw. Waren- u. Materialeinsatz (Umrechn. Rohgew. I der Sp. 4)	Rohgewinn I	Rohgewinn II	Halbreingewinn	Reingewinn	Bemerkungen
			(vgl. Nr. 5 der Vorbemerkungen)[2] in v. H. des wirtsch. Umsatzes[3]				
1	2	3	4	5	6	7	8
ederwaren und eisegepäck, Eh.	47722.0	67–163 **100**	40–62 **50**		22–46 **34**	6–25 **15**	
Maler- und Lackierergewerbe	43341.0						
Wirtsch. Umsatz:							
bis 100 000 €			81	55–90 **74**	28–70 **47**	22–66 **42**	
über 100 000 bis 200 000 €			80	46–81 **60**	21–56 **37**	18–51 **32**	
über 200 000 bis 500 000 €			79	37–67 **51**	15–44 **28**	11–39 **24**	
über 500 000 €			77	29–57 **43**	11–31 **21**	6–24 **15**	
Möbel und sonstige Einrichtungsgegenstände, Eh.	47591.0	49–133 **79**	33–57 **44**		17–39 **28**	4–23 **13**	
Nahrungs- und Genussmittel versch. Art, einschl. Reformwaren (Naturkost), Eh.	47110.0 47290.0						
Wirtsch. Umsatz:							
bis 400 000 €		28–127 **54**	22–56 **35**		12–40 **23**	6–22 **13**	
über 400 000 €		23–79 **41**	19–44 **29**		11–31 **19**	2–15 **7**	
Obst, Gemüse, Südfrüchte und Kartoffeln, Eh.	47210.0						
Wirtsch. Umsatz:							
bis 200 000 €		37–122 **67**	27–55 **40**		16–42 **27**	7–31 **19**	
über 200 000 €		33–85 **56**	25–46 **36**		16–36 **26**	5–25 **14**	
Optiker	47781.0						
Wirtsch. Umsatz:							
bis 500 000 €		163–317 **223**	62–76 **69**		37–61 **48**	13–43 **28**	
über 500 000 €		170–285 **213**	63–74 **68**		40–59 **49**	10–39 **23**	

Bezeichnung der Gewerbeklassen in alphabetischer Reihenfolge	Gewerbekennzahl lt. Verzeichnis der Wirtschaftszweige	Rohgewinnaufschlag auf den Wareneinsatz bzw. Waren- u. Materialeinsatz (Umrechn. Rohgew. I der Sp. 4)	Rohgewinn I	Rohgewinn II	Halbreingewinn	Reingewinn	Bemerkungen
			(vgl. Nr.5 der Vorbemerkungen)[2]				
			in v. H. des wirtsch. Umsatzes[3]				
1	2	3	4	5	6	7	8
Raumausstatter	43332.0						
Wirtsch. Umsatz:							
A bis 150 000 €			66	45–81 / 61	23–59 / 38	13–53 / 33	
B über 150 000 €			60	35–56 / 46	16–42 / 29	10–33 / 20	
Säge- und Hobelwerke	16100.0						
Wirtsch. Umsatz:							
A bis 500 000 €			61	32–77 / 50	9–39 / 23	3–35 / 18	
B über 500 000 €			52	24–47 / 35	7–24 / 14	3–17 / 9	
Schlosserei	25620.0						
Wirtsch. Umsatz:							
A bis 150 000 €			75	46–89 / 68	21–64 / 41	10–60 / 33	
B über 150 000 € bis 400 000 €			70	36–67 / 52	15–45 / 30	11–37 / 23	
C über 400 000 €			69	31–63 / 45	12–37 / 24	5–30 / 17	
Schreib- und Papierwaren, Schul- und Büroartikel, Eh.	47622.0	35–113 / 67	26–53 / 40		14–43 / 28	4–28 / 14	
Schreinerei, Tischlerei (auch Bautischlerei und Bauschlosserei)	16230.0 31099.0 43320.0						
Wirtsch. Umsatz:							
A bis 150 000 €			66	45–77 / 61	20–54 / 37	15–45 / 29	
B über 150 000 € bis 300 000 €			62	33–63 / 47	14–45 / 28	10–39 / 22	
C über 300 000 €			59	26–52 / 39	10–32 / 21	6–27 / 15	

Bezeichnung der Gewerbeklassen in alphabetischer Reihenfolge	Gewerbekennzahl lt. Verzeichnis der Wirtschaftszweige	Rohgewinnaufschlag auf den Wareneinsatz bzw. Waren- u. Materialeinsatz (Umrechn. Rohgew. I der Sp. 4)	Rohgewinn I	Rohgewinn II	Halbreingewinn	Reingewinn	Bemerkungen
			(vgl. Nr. 5 der Vorbemerkungen)[2]				
			in v. H. des wirtsch. Umsatzes[3]				
1	2	3	4	5	6	7	8
chuhe und Schuhwaren, Eh. (auch mit Reparaturen)	47721.0						
Wirtsch. Umsatz:							
bis 300 000 €		54–170 **92**	35–63 **48**		20–48 **33**	5–33 **17**	
über 300 000 €		67–108 **89**	40–52 **47**		25–40 **34**	4–22 **12**	
olarien	96040.0				35–75 **56**	6–36 **20**	
pielhallen und Betrieb on Spielautomaten	92001.0				26–66 **48**	10–44 **26**	
pielwaren, Eh.	47650.0	41–113 **69**	29–53 **41**		14–38 **26**	4–24 **13**	
port- und Campingartikel, h.	47642.0	45–100 **69**	31–50 **41**		15–37 **26**	4–23 **13**	
teinbildhauerei und teinmetzerei	23700.0						
Wirtsch. Umsatz:							
bis 200 000 €			**74**	51–89 **67**	25–68 **43**	15–60 **34**	
über 200 000 €			**73**	40–69 **53**	17–46 **30**	9–39 **22**	
abakwaren und eitschriften, Eh.	47260.0 47621.0	15–39 **25**	13–28 **20**		9–21 **15**	3–13 **8**	Hinweis auf Tz. 8.1.1 der Vorbemerkungen
elekommunikationsgeräte nd Mobiltelefone, Eh.	47420.0						Vermittlungsprovisionen sind einbezogen
Wirtsch. Umsatz:							
bis 300 000 €		54–1329 **170**	35–93 **63**		22–73 **42**	10–47 **27**	
über 300 000 €		45–1567 **127**	31–94 **56**		17–66 **38**	5–34 **16**	

Bezeichnung der Gewerbeklassen in alphabetischer Reihenfolge	Gewerbekennzahl lt. Verzeichnis der Wirtschaftszweige	Rohgewinnaufschlag auf den Wareneinsatz bzw. Waren- u. Materialeinsatz (Umrechn. Rohgew. I der Sp. 4)	Rohgewinn I	Rohgewinn II	Halbreingewinn	Reingewinn	Bemerkungen
			(vgl. Nr. 5 der Vorbemerkungen)[2]				
			in v. H. des wirtsch. Umsatzes[3]				
1	2	3	4	5	6	7	8
Textilwaren verschiedener Art und Oberbekleidung, Eh.	47510.0 47710.0						
Wirtsch. Umsatz:							
A bis 250 000 €		54–194 **92**	35–66 **48**		22–50 **34**	6–33 **20**	
B über 250 000 €		59–127 **89**	37–56 **47**		23–43 **32**	6–25 **15**	
Uhren, Edelmetall- und Schmuckwaren, Eh. (auch mit Reparaturen)	47770.0						
Wirtsch. Umsatz:							
A bis 300 000 €		79–233 **127**	44–70 **56**		25–53 **39**	12–36 **24**	
B über 300 000 €		49–178 **100**	33–64 **50**		19–51 **34**	6–29 **16**	
Unterhaltungselektronik, Eh. (auch mit Reparaturen und Eh. mit sonstigen elektrotechnischen Erzeugnissen in geringem Umfang)	47430.0						
Wirtsch. Umsatz:							
A bis 300 000 €		49–213 **92**	33–68 **48**		18–52 **32**	6–43 **22**	
B über 300 000 €		39–117 **67**	28–54 **40**		15–39 **28**	5–23 **14**	
Versicherungsmakler (inkl. Versicherungsvertreter)	66220.0						
Wirtsch. Umsatz:							
A bis 200 000 €					59–86 **73**	39–77 **59**	
B über 200 000 €					58–87 **73**	31–71 **50**	

Bezeichnung der Gewerbeklassen in alphabetischer Reihenfolge	Gewerbekennzahl lt. Verzeichnis der Wirtschaftszweige	Rohgewinnaufschlag auf den Warenreneinsatz bzw. Waren- u. Materialeinsatz (Umrechn. Rohgew. I der Sp. 4)	Rohgewinn I	Rohgewinn II	Halbreingewinn	Reingewinn	Bemerkungen
			(vgl. Nr. 5 der Vorbemerkungen)[2]				
			in v. H. des wirtsch. Umsatzes[3]				
1	2	3	4	5	6	7	8
Zimmerei (mit Materiallieferung)	43912.0						
Wirtsch. Umsatz:							
A bis 200 000 €			**62**	38–74 **54**	15–52 **33**	10–49 **30**	
B über 200 000 € bis 400 000 €			**62**	33–58 **44**	12–36 **19**	8–33 **19**	
C über 400 000 €			**58**	28–49 **38**	9–29 **18**	5–25 **15**	

[1] Quelle: Richtsatzsammlung 2019, herausgegeben vom Bundesministerium der Finanzen für die Finanzbehörden der Länder (§ 37 BpO).

[2] Richtsätze werden in v. H.-Sätzen des wirtschaftlichen Umsatzes für den **Rohgewinn** (Rohgewinn I bei Handelsbetrieben, Rohgewinn II bei Handwerks- und gemischten Betrieben [Handwerk mit Handel], für den **Halbreingewinn** und den **Reingewinn** ermittelt (Spalten 4 bis 7 der tabellarischen Übersicht der Richtsätze für die einzelnen Gewerbeklassen). Bei Handelsbetrieben wird daneben der Rohgewinnaufschlagsatz angegeben (Spalte 3 der Richtsätze für die einzelnen Gewerbeklassen). Für Handwerks- und gemischte Betriebe ist nachrichtlich auch ein durchschnittlicher Rohgewinn I in Spalte 4 der Richtsatzsammlung verzeichnet, der als Anhalt für den Waren- und Materialeinsatz dienen soll.

[3] Wirtschaftlicher Umsatz im Sinne der Richtsätze ist die Jahresleistung des Betriebes zu Verkaufspreisen – **ohne** Umsatzsteuer –, **abzüglich** der Preisnachlässe und der Forderungsverluste.
Zum wirtschaftlichen Umsatz zählen auch:
– Einnahmen aus sonstigen branchenüblichen Leistungen (z. B. aus Materialabfällen, aus Automatenaufstellung in Gaststätten, Werbezuschüsse),
– Bedienungsgelder sowie
– Verbrauchsteuern (z. B. Biersteuer, Tabaksteuer, Getränkesteuer, Schaumweinsteuer), die entgeltmäßig miterhoben werden.
Zum wirtschaftlichen Umsatz zählen nicht:
– Erträge aus gewillkürtem Betriebsvermögen,
– Einnahmen aus Hilfsgeschäften,
– Einnahmen aus in Vorjahren ausgebuchten Kundenforderungen,
– Einnahmen aus nicht branchenüblichen Leistungen (z. B. aus ehrenamtlicher oder gutachtlicher Tätigkeit, aus Lotto- und Totoannahme),
– unentgeltliche Wertabgaben,
– Lieferungen und sonstige Leistungen i. S. d. § 3 Abs. 1 b UStG,
– Leistungen an das Personal,
– Leistungen für eigenbetriebliche Zwecke.

5.16.2.4.3 Pauschbeträge für unentgeltliche Wertabgaben (Sachentnahmen) für das Kalenderjahr 2020[1]

Gewerbezweig	Wert für eine Person ohne Umsatzsteuer 1. Januar bis 30. Juni 2020		
	ermäßigter Steuersatz	voller Steuersatz	insgesamt
	€	€	€
Bäckerei	609	203	812
Fleischerei/Metzgerei	445	432	877
Gaststätten aller Art			
a) mit Abgabe von kalten Speisen	563	543	1 106
b) mit Abgabe von kalten und warmen Speisen	844	884	1 728
Getränkeeinzelhandel	52	151	203
Café und Konditorei	589	321	910
Milch, Milcherzeugnisse, Fettwaren und Eier (Eh.)	295	39	334
Nahrungs- und Genussmittel (Eh.)	570	340	910
Obst, Gemüse, Südfrüchte und Kartoffeln (Eh.)	137	118	255

Gewerbezweig	Wert für eine Person ohne Umsatzsteuer 1. Juli bis 31. Dezember 2020		
	ermäßigter Steuersatz	voller Steuersatz	insgesamt
	€	€	€
Bäckerei	648	151	799
Fleischerei/Metzgerei	622	249	871
Gaststätten aller Art			
a) mit Abgabe von kalten Speisen	714	367	1 081
b) mit Abgabe von kalten und warmen Speisen	1 218	432	1 650
Getränkeeinzelhandel	52	151	203

[1] Durch Art. 1 des Gesetzes zur Umsetzung steuerlicher Hilfsmaßnahmen zur Bewältigung der Corona-Krise (Corona-Steuerhilfegesetz) vom 19.6.2020 (BGBl I 2020 S. 1585) wurde mit § 12 Abs. 2 Nr. 15 eine Regelung eingeführt, nach der für die nach dem 30.6.2020 und vor dem 1.7.2021 erbrachten Restaurant- und Verpflegungsdienstleistungen mit Ausnahme der Abgabe von Getränken der ermäßigte Steuersatz der Umsatzsteuer anzuwenden ist. Diese Regelung wurde mit Artikel 3 des Dritten Gesetzes zur Umsetzung steuerlicher Hilfsmaßnahmen zur Bewältigung der Corona-Krise (drittes Corona-Steuerhilfegesetz) vom 10.3.2021 (BGBl 2021 Teil I S. 331) über den 30.6.2021 hinaus befristet bis zum 31.12.2022 verlängert. Der Pauschbetrag stellt jeweils einen Halbjahreswert für eine Person dar.

Gewerbezweig	Wert für eine Person ohne Umsatzsteuer 1. Juli bis 31. Dezember 2020		
	ermäßigter Steuersatz	voller Steuersatz	insgesamt
	€	€	€
Café und Konditorei	622	262	884
Milch, Milcherzeugnisse, Fettwaren und Eier (Eh.)	295	39	334
Nahrungs- und Genussmittel (Eh.)	602	301	903
Obst, Gemüse, Südfrüchte und Kartoffeln (Eh.)	137	118	255

5.16.2.4.4 Pauschbeträge für unentgeltliche Wertabgaben (Sachentnahmen) für das Kalenderjahr 2021[1]

Gewerbezweig	Wert für eine Person ohne Umsatzsteuer 1. Januar bis 30. Juni 2021		
	ermäßigter Steuersatz	voller Steuersatz	insgesamt
	€	€	€
Bäckerei	664	154	818
Fleischerei/Metzgerei	637	255	892
Gaststätten aller Art a) mit Abgabe von kalten Speisen b) mit Abgabe von kalten und warmen Speisen	731 1 247	376 443	1 107 1 690
Getränkeeinzelhandel	54	155	209
Café und Konditorei	637	269	906
Milch, Milcherzeugnisse, Fettwaren und Eier (Eh.)	302	41	343

---

[1] Durch Art. 1 des Gesetzes zur Umsetzung steuerlicher Hilfsmaßnahmen zur Bewältigung der Corona-Krise (Corona-Steuerhilfegesetz) vom 19.6.2020 (BGBl I 2020 S. 1585) wurde mit § 12 Abs. 2 Nr. 15 eine Regelung eingeführt, nach der für die nach dem 30.6.2020 und vor dem 1.7.2021 erbrachten Restaurant- und Verpflegungsdienstleistungen mit Ausnahme der Abgabe von Getränken der ermäßigte Steuersatz der Umsatzsteuer anzuwenden ist. Diese Regelung wurde mit Artikel 3 des Dritten Gesetzes zur Umsetzung steuerlicher Hilfsmaßnahmen zur Bewältigung der Corona-Krise (drittes Corona-Steuerhilfegesetz) vom 10.3.2021 (BGBl 2021 Teil I S. 331) über den 30.6.2021 hinaus befristet bis zum 31.12.2022 verlängert. Der Pauschbetrag stellt jeweils einen Halbjahreswert für eine Person dar.

Gewerbezweig	Wert für eine Person ohne Umsatzsteuer 1. Januar bis 30. Juni 2021		
	ermäßigter Steuersatz	voller Steuersatz	insgesamt
	€	€	€
Nahrungs-und Genussmittel (Eh.)	617	309	926
Obst, Gemüse, Südfrüchte und Kartoffeln (Eh.)	141	121	262

Gewerbezweig	Wert für eine Person ohne Umsatzsteuer 1. Juli bis 31. Dezember 2021		
	ermäßigter Steuersatz	voller Steuersatz	insgesamt
	€	€	€
Bäckerei	664	154	818
Fleischerei/Metzgerei	637	255	892
Gaststätten aller Art a) mit Abgabe von kalten Speisen b) mit Abgabe von kalten und warmen Speisen	731 1 247	376 443	1 107 1 690
Getränkeeinzelhandel	54	155	209
Café und Konditorei	637	269	906
Milch, Milcherzeugnisse, Fettwaren und Eier (Eh.)	302	41	343
Nahrungs-und Genussmittel (Eh.)	617	309	926
Obst, Gemüse, Südfrüchte und Kartoffeln (Eh.)	141	121	262

5.16.2.5 Digitale Betriebsprüfung

Rechts-grundlagen	§§ 147 Abs. 6, 200 AO und BMF-Schr. „Grundsätze zur ordnungs-mäßigen Führung und Aufbewahrung von Büchern … in elektroni-scher Form sowie zum Datenzugriff (GoBD)"[1]
Umfang	Daten, die für die Besteuerung des Steuerpflichtigen von Bedeu-tung sind, z.B. Datenbestände – der Finanz-, Anlagen- und Lohnbuchhaltung, – der Kostenstellen, soweit für die Bewertung von Wirtschaftsgü-tern oder Passiva oder für die Bemessung von Verrechnungs-preisen von Bedeutung[2], – von elektronischen Registrierkassen und Taxametern, – aus E-Mails, – aus dem Intranet, – aus anderen Bereichen des Datenverarbeitungssystems, wie z.B. Warenwirtschaft (sog. Vorsysteme)[3] – über die Aufzeichnungspflichten hinausgehende, freiwillig er-fasste Daten zu Sachkonten bei Einnahmenüberschussrech-nung, wenn sie der Besteuerung zugrunde zu legen sind[4].

Arten des Datenzugriffs	1. Unmittelbarer Zugriff
	   Prüfer erhält vor Ort Nur-Lese-Zugriff auf die Buchhaltungs-daten, Stammdaten und Verknüpfungen direkt im betrieblichen DV-System zugreifen, Filterung und Sortierung der Daten ein-geschlossen.
	2. Mittelbarer Zugriff
	   Maschinelle Auswertung der steuerlich relevanten Daten an-hand der Vorgaben des Prüfers und anschließender Nur-Lese-Zugriff.
	3. Datenträgerüberlassung
	   Prüfer erhält die gewünschten originär digital erzeugten steuerrelevanten Daten und Aufzeichnungen sowie alle zur Auswertung der Daten notwendigen Informationen
	   (z.B. über die Dateistruktur, die Datenfelder sowie interne und externe Verknüpfungen) in maschinell auswertbarer Form.

Dateiformate	ASCII feste Länge; ASCII Delimited (einschließlich Kommage-trennter Werte); EBCDIC feste Länge; EBCDIC Dateien mit varia-bler Länge; Excel (auch ältere Versionen); Access (auch ältere Versionen); dBASE; Lotus 123; ASCII-Druckdateien (plus Info für Struktur und Datenelemente etc.); Dateien von SAP/AIS DART; Konvertieren von AS/400 Datensatzbeschreibungen (FDF-Dateien erstellt von PC Support/400) in RDE-Datensatzbeschreibungen

---

[1] BMF-Schr. vom 28.11.2019, BStBl I 2019 S. 1269.
[2] FG Rheinland-Pfalz vom 13.6. 2006 (EFG 2006 S. 1634).
[3] BFH vom 16.12.2014 (X R 42/13, X R 29/13, X R 47/13).
[4] BFH vom 24.6.2009, BStBl II 2010 S.452.

Aufbewahrung	– maschinelle Auswertbarkeit – elektronische Aufbewahrung – elektronische Erfassung von Papierdokumenten – Auslagerung von Daten aus dem Produktivsystem und System- wechsel[1]

Möglicher Ablauf bei Prüfungs-schwerpunkt „Vollständigkeit der Einnahmen"	Die folgenden Schritte beziehen sich auch auf die der Finanz-buchhaltung vorgelagerten (steuerrelevanten) Systeme (sog. Vor-systeme) wie z.B. Warenwirtschaft, Kasse, Faktura:
	
	1. Analyse der Betriebsabläufe:
	   z.B. Demonstration von Stornos im Bereich Kasse oder
	   Faktura und deren Dokumentation in den EDV-Systemen
	2. Grundzüge einer Systemprüfung:
	   Vorlage der Verfahrensdokumentation und Organisations-
	   unterlagen für die eingesetzten EDV-Systeme
	3. Vorlage der digitalen Grundaufzeichnungen:
	   Datenexport aus Kasse, Faktura-Programm usw.
	4. Ohne Vorlage der angeforderten Unterlagen und Daten:
	   Schätzungsbefugnis und Festsetzung Verzögerungsgeld
	
	Das Erfordernis der Ordnungsmäßigkeit erstreckt sich auch auf die Vorsysteme; Prüfung u.a. auf Vollständigkeit, Unveränderlich-keit der Vorsysteme

---

[1] Vgl. auch OFD NRW S 0316 vom 28.7.2015, LEXinform Dok.-Nr.5235826.

Beachte digitale Grundaufzeichnung „Kasse":

1. BMF vom 26.11.2010	– BMF vom 26.11.2010 (BStBl I 2010 S.1342) mit auslaufender Übergangsregelung zum 31.12.2016
2. Gesetz zum Schutz vor Manipulationen an digitalen Grundaufzeichnungen vom 22.12.2016	– Gesetz zum Schutz vor Manipulationen an digitalen Grundaufzeichnungen vom 22.12.2016 (BStBl I 2016 S.3152); tritt mit Wirkung vom 29.12.2016 in Kraft
	– Technische Sicherheitseinrichtung (TSE) (§ 146a): Vorgaben durch gesonderte Rechtsverordnung
	– Verbot der Verwendung nicht zulässiger Aufzeichnungssysteme
3. BMF vom 29.5.2018	– Belegausgabepflicht und Aufhebung nur aus Zumutbarkeitsgründen möglich (§ 146a Abs.2 AO)
4. BMF vom 19.6.2018	– Mitteilung an das zuständige Finanzamt nach amtlich vorgeschriebenem Vordruck bei Anschaffung oder Außerbetriebnahme eines elektronischen Aufzeichnungssystems innerhalb eines Monats (§ 146a Abs.4 AO)
5. BMF vom 17.6.2019	
6. BMF vom 6.11.2019	– Kassen-Nachschau: Zur Prüfung der Ordnungsmäßigkeit der Aufzeichnungen und Buchungen von Kasseneinnahmen und Kassenausgaben können die damit betrauten Amtsträger der Finanzbehörde ohne vorherige Ankündigung und außerhalb einer Außenprüfung während der üblichen Geschäfts- und Arbeitszeiten Geschäftsgrundstücke oder Geschäftsräume von Steuerpflichtigen betreten, um die Sachverhalte festzustellen, die für die Besteuerung erheblich sein können; inbegriffen elektronisches Aufzeichnungssystem (§ 146b Abs.1 AO)
7. BMF vom 21.8.2020 (zu der steuerlichen Behandlung der Kosten einer technischen Sicherheitseinrichtung)	
8. BMF vom 18.9.2020	– Herausgabepflicht der verlangten Aufzeichnungen, Bücher sowie erheblicher Organisationsunterlagen, die die Kassen-Nachschau betreffen (§ 146b Abs.2 AO)
9. Die Nichtbeanstandungsregelung der Länder zur Umrüstung elektronischer *Kassen auf* TSE läuft zum 31.3.2021 aus.	– Anschluss einer Außenprüfung nach § 193 nach schriftlichem Hinweis möglich (§146b Abs.3)
	– Werden Daten von Dritten verwaltet, ändert sich die Herausgabepflicht für den Dritten gegenüber der des Steuerpflichtigen nicht (§ 147 Abs.6)
	– *Beachte geänderte Geldbußen bei Ordnungswidrigkeit (§379 AO)*
	– Registrierkassen, die den Anforderungen des BMF-Schreibens vom 26.11.2010 entsprechen, nach dem 25.11.2010 und vor dem 1.1.2020 angeschafft wurden, bauartbedingt nicht aufrüstbar sind, dürfen unabhängig der dann geltenden Vorschriften bis zum 31.12.2022 verwendet werden (Art. 97 § 30 Abs. 3 EGAO)
	– Einzelaufzeichnungspflicht nach § 146 Abs.1 AO: Anpassung und Konkretisierung des AEAO zu § 146 AO

5.16.2.6 Verprobungsmethoden[1]

5.16.2.6.1 Betriebsvergleich

A. Erscheinungsformen:

– Äußerer Betriebsvergleich: Vergleichsbetrieb oder Richtsatzsammlung
– Innerer Betriebsvergleich: Vergleich von Kennzahlen des einzelnen Betriebs in verschiedenen Zeiträumen

B. Steuerlich erhebliche Größen:

Wirtschaftlicher Umsatz

Istumsatz
+ Forderungen an Kunden sowie Bestand an Forderungswechseln und Schecks für Lieferungen und sonstige Leistungen am Ende des Jahres
+ Anzahlungen der Kunden am Anfang des Jahres
./. Forderungen an Kunden einschließlich Forderungswechsel und Schecks für Lieferungen und sonstige Leistungen am Anfang des Jahres
./. Anzahlungen der Kunden am Ende des Jahres

= Sollumsatz (im Sinne der umsatzsteuerlichen Vorschriften in § 10 UStG)
+ Bestände an unfertigen und fertigen Erzeugnissen (in Fertigungsbetrieben) zu Verkaufspreisen am Ende des Jahres
./. Bestände an unfertigen und fertigen Erzeugnissen (in Fertigungsbetrieben) zu Verkaufspreisen am Anfang des Jahres
+ Kundenrabatte und sonstige Zahlungsabzüge der Kunden
+ im laufenden Jahr abgeschriebene Forderungen aus Lieferungen und sonstigen Leistungen
./. Einnahmen aus in Vorjahren abgeschriebenen Forderungen aus Lieferungen und sonstigen Leistungen
./. Umsatz aus Hilfsgeschäften
./. Umsatz aus Beherbergung, Beköstigung und den üblichen Naturalleistungen an Angestellte und Arbeiter des Unternehmens für geleistete Dienste (soweit im Sollumsatz enthalten)
./. unentgeltliche Wertabgaben des § 3 Abs. 1b und Abs. 9a UStG
./. sonstige Leistungen, die nicht zum wirtschaftlichen Umsatz gehören (z.B. Vermietung und Verpachtung, Vermittlertätigkeit, Unterlassen und Dulden einer Handlung oder eines Zustandes), soweit im Sollumsatz enthalten
+ nicht steuerbare Leistungen des Betriebes (z.B. in Zollfreigebieten)

= wirtschaftlicher Umsatz

---

[1] Vgl. NWB Betriebsprüfungs-Kartei, Teil II, Prüfungstechnik.

Waren-(Material-)Eingang bei einfacher Buchführung

(Zur Bearbeitung, Verarbeitung oder zur Weiterveräußerung bestimmt)

	Zahlungen für Waren (Material)
+	Tausch und Gegenlieferungen
+	Einkaufskonti, Umsatzprämien, Treuerabatte usw., soweit diese die Ausgaben für Waren (Material) gemindert haben
+	Schulden (einschl. Schuldwechsel) aus Waren-(Material-)Eingang am Ende des Jahres
+	Anzahlungen an Waren-(Material-)Lieferer am Anfang des Jahres
./.	Schulden (einschl. Schuldwechsel) aus Waren-(Material-)Eingang am Anfang des Jahres
./.	Anzahlungen an Waren-(Material-)Lieferer am Ende des Jahres
+	Nebenkosten der Waren-(Material-)Beschaffung, soweit nicht in den Zahlungen für Waren (Material) erfasst
=	Waren-(Material-)Eingang

Die Umsatzsteuer ist bei den entsprechenden Positionen außer Betracht zu lassen (ausgenommen: Besteuerung als Kleinunternehmer).

Wirtschaftlicher Waren-(Material-)Einsatz

	Waren-(Material-)Bestand am Anfang des Jahres
+	Waren-(Material-)Eingang einschl. Nebenkosten, Skonti, Rabatte und Warenrückvergütungen
+	Fremdleistungen
./.	Waren-(Material-)Bestand am Ende des Jahres
./.	unentgeltliche Waren-(Material-)Abgaben an das Personal
./.	unentgeltliche Wertabgaben (§ 3 Abs. 1b UStG)
./.	Waren-(Material-)Verbrauch für unberechnete Leistungen (z.B. Garantie-, Kulanz- oder Schadensersatzleistungen)
./.	Waren-(Material-)Verbrauch für eigenbetriebliche Zwecke
./.	Waren-(Material-)Verluste durch Verderb, Bruch u.ä.
=	wirtschaftlicher Waren-(Material-)Einsatz (einschl. Fremdleistungen)

Zu den Materialbeständen am Anfang und am Ende des Jahres gehören nicht die unfertigen und fertigen Erzeugnisse. Die Umsatzsteuer ist bei den entsprechenden Positionen außer Betracht zu lassen.

Wirtschaftlicher Einsatz an Fertigungslöhnen

Jahresbruttolohn
./. Löhne für nicht in der Fertigung tätige Arbeitskräfte
./. anteilige Löhne für zeitweise nicht in der Fertigung eingesetzte Arbeitskräfte,
    (z. B. Urlaubs-, Feiertagslöhne, Lohnfortzahlung im Krankheitsfall)
./. Löhne (anteilige Löhne) für unberechnete Leistungen (Garantie-, Kulanz- oder
    Schadensersatzleistungen usw.)
./. Erziehungsbeihilfen für Lehrlinge
./. Löhne für Maschinenstunden
+ Lohnwert für die Arbeit des Unternehmers in der Fertigung
+ Lohnwerte für die nichtentlohnten oder nicht voll entlohnten Arbeitskräfte in der
    Fertigung
+ Lohnwerte für die Arbeit der Lehrlinge in der Fertigung

= wirtschaftlicher Einsatz an Fertigungslöhnen

Wirtschaftlicher Rohgewinn
in Handelsbetrieben

wirtschaftlicher Umsatz
./. wirtschaftlicher Wareneinsatz

= wirtschaftlicher Rohgewinn bei Handelsbetrieben

in Fertigungsbetrieben

wirtschaftlicher Umsatz
./. wirtschaftlicher Materialeinsatz
./. wirtschaftlicher Einsatz an Fertigungslöhnen

= wirtschaftlicher Rohgewinn bei Fertigungsbetrieben

5.16.2.6.2   Debitorenprobe

zur Umsatzsteuerverprobung bei Besteuerung nach vereinnahmten Entgelten

    Rechnungsausgang
+ Umsätze aus Hilfsgeschäften
+ sonstige Erlöse aus Leistungen (z.B. Provisionen)
+ Gegenleistungen (Verrechnungsgeschäfte),
    falls nicht im Rechnungsausgang enthalten
+ unentgeltliche Wertabgaben (§3 Abs.1b und 9a UStG)
+ Zahlungseingänge auf in Vorjahren abgeschriebene Kundenforderungen

= Zwischensumme
./. Storni Rechnungsausgang
./. Retouren an Kunden
./. Rabatte und sonstige Zahlungsabzüge an Kunden
./. im Laufe des Jahres abgeschriebene Kundenforderungen

= Sollumsatz
+ Forderungen an Kunden (einschl. Kundenwechsel) am Anfang des Jahres
+ Anzahlungen der Kunden am Ende des Jahres

= Zwischensumme
./. Forderungen an Kunden (einschl. Kundenwechsel) am Ende des Jahres
./. Anzahlungen der Kunden am Anfang des Jahres

= Istumsatz

5.16.2.6.3 Umsatzverprobung im Handel

Umsatzverprobung

Wareneinsatz
+ Aufschlag (ggf. gewogenes Mittel) (............. v.H.)
= Wirtschaftlicher Umsatz (Betriebsleistung)

5.16.2.6.4 Umsatzverprobung im Handwerk

+ Waren- und Materialeinsatz einschl. Fremdleistungen
+ Aufschlag (............. v.H.)
+ Fertigungslohneinsatz
+ Aufschlag (............. v.H.)
+ Wert der Maschinenstunden (Anzahl der Maschinenstunden $\times$ Erlös/Std.)
= Zwischensumme
+ ggf. Zuschlag für Risiko und Gewinn (.............v.H.)
= Wirtschaftlicher Umsatz (Betriebsleistung)

5.16.2.6.5 Geldverkehrsrechnung

Gesamtgeldverkehrsrechnung bei Gewinnermittlung nach § 4 Abs. 3 EStG

A. Verfügbare Mittel

1.   Betriebliche und außerbetriebliche Geldbestände und Guthaben zu Beginn des Vergleichszeitraums
2. + Erklärte Einkünfte (in Geldrechnung, d.h. bereinigt um Eigenverbrauch, AfA, Freibeträge usw., jeweils in der vom Steuerpflichtigen angesetzten oder geltend gemachten Höhe)
3. + Gelder aus Schuldaufnahmen und Rückzahlungen von ausgeliehenen Geldern
4. + steuerfreie Einnahmen und Einnahmen außerhalb der Einkunftsarten (Renten, Erlöse aus dem Verkauf von nichtbetrieblichem Vermögen, Gelderbschaften und Geldschenkungen, Erstattungen nichtabzugsfähiger Steuern usw.)

5. = Verfügbare Mittel   Summe I

B. Mittelverwendung (Geldbedarf) und Schlussbestände:

1.   Privater Geldverbrauch (Lebenshaltung, tatsächlich gezahlte Sonderausgaben, Mietzinsen, nicht abzugsfähige Steuern usw.)
2. + Zahlungen auf nur verteilt oder gar nicht abzugsfähige Anschaffungs- oder Herstellungskosten (z. B. für die Anschaffung von betrieblichen und privaten Kraftfahrzeugen, nicht hingegen für die Anschaffung von Waren und geringwertigen Wirtschaftsgütern)
3. + Ausleihungen und Rückzahlungen auf Schulden
4. + betriebliche und außerbetriebliche Geldbestände und Guthaben am Ende des Vergleichszeitraums

5. = Mittelverwendung   Summe II

Die Summe I muss der Summe II entsprechen. Ist die Summe I größer als die Summe II, kann davon ausgegangen werden, dass die Einkünfte zu niedrig erklärt worden sind (BFH vom 21. 2. 1974, BStBl II 1974 S. 591).

Private Geldverkehrsrechnung[1]

A. Verfügbare Mittel

1.   Entnahmen bei Gewinnermittlung gem. § 4 Abs. 1 EStG
2. + Überschuss bei Gewinnermittlung gem. § 4 Abs. 3 EStG, korrigiert um AfA, Rücklagen, fiktive Einnahmen
3. + Überschusseinkünfte korrigiert um AfA
4. + Außerbetriebliche Bank- und Sparguthaben am 1.1.
5. + Außerbetriebliche Bargeldbestände am 1.1.
6. + Außerbetriebliche Schulden am 31.12.
7. + Steuerfreie Einnahmen
8. + Sonstige Zuflüsse (Schenkungen, Lottogewinne, Auszahlung von Lebensversicherungen, Erbschaften etc.)

9. = Verfügbare Mittel	Summe I

B. Mittelbedarf

1.   Einlagen bei Gewinnermittlung gem. § 4 Abs. 1 EStG
2. + Verluste bei Gewinnermittlung gem. § 4 Abs. 3 EStG, korrigiert um AfA, Rücklagen, fiktive Einnahmen
3. + Verluste aus Überschusseinkünften
4. + Außerbetriebliche Bank- und Sparguthaben am 31.12.
5. + Außerbetriebliche Bargeldbestände am 31.12.
6. + Außerbetriebliche Schulden am 1.1.
7. + Privater Geldverbrauch (Versicherungen, Miete, Kosten der Lebensführung)

8. = Verfügbare Mittel	Summe II

Die Summe I muss der Summe II entsprechen. Ist die Summe I größer als die Summe II, kann davon ausgegangen werden, dass die Einkünfte zu niedrig erklärt worden sind (BFH vom 21.2.1974, BStBl II 1974 S.591).

Geldflussanalyse

Elektronisch gestützte taggenaue Analyse sämtlicher betrieblicher und privater Geldflüsse mit dem Ziel festzustellen, ob für die jeweilige Geldausgabe das dafür notwendige Geld vorhanden war.

---

[1] *Brinkmann*, StBp 2007 S.325.

5.16.2.6.6 Vermögenszuwachsrechnung

A. Anfangs- und Endvermögen zu Beginn und Ende Vergleichszeit

1.   Grundvermögen
2. +   Betriebsvermögen
3. +   Kapitalvermögen (ohne Lebensversicherungen, Bausparkassenguthaben und Guthaben aus Sparverträgen)
4. + ...
5. =   Rohvermögen
6. ./. Schulden (außer Betriebsschulden)
7. =   Reinvermögen

8. Vermögenszuwachs/Vermögensminderung[1]	Summe I

B. Aufwendungen für die Vergleichszeit

1. Gezahlte Einkommen-, Vermögen-, Kirchensteuer, Lastenausgleichsabgaben (soweit nicht als Betriebsausgaben abgesetzt)
2. Beiträge zu Kranken-, Unfall-, Lebensversicherungen, sonstigen Versicherungen und Sterbekassen
3. Beiträge zu Bausparkassen und Sparratenverträgen (einschl. gutgeschriebener Zinsen)
4. Krankheitskosten, soweit nicht von dritter Seite erstattet
5. Vereinsbeiträge und Ausgaben für Liebhabereien
6. Aufwendungen für Reisen privater Art
7. Ausgaben für Erziehung und Ausbildung der Kinder, Aussteuer, Mitgift, Geschäftserrichtung usw., Unterhaltszuschüsse und Zuwendungen an Kinder oder sonstige Verwandte, Schenkungen an Dritte
8. Beschaffung von Hausrat, Möbeln, Kleidung, Wäsche, Büchern, Schmuck usw.
9. Anschaffung und Unterhalt von privaten Kraftfahrzeugen
10. Private Prozesskosten, Strafen, Spenden
11. Anschaffung von privatem Grundbesitz, falls im Endvermögen nicht enthalten
12. Aufwendungen für Umbauten und Verbesserungen an privaten Grundstücken (Herstellungsaufwand) – wegen der AfA vgl. Abschn. C 5 –
13. Mietzahlung oder Mietwert der eigenen Wohnung
14. Aufwendungen für Hausgehilfin (Barvergütung und soz. Abgaben)
15. Schuldzinsen und Renten (nicht betrieblich)
16. Mindererlöse aus Veräußerungen von Vermögensteilen, soweit im Anfangsvermögen enthalten, sowie sonstige tatsächliche (nicht buchmäßige) Vermögensverluste z.B. aus Bürgschaften, aus Kursverlusten (nicht betrieblicher Art)
17. Haushaltsverbrauch und sonstiger Lebensunterhalt (.......... Personen)
18. ....

19. = Gesamtbetrag der Aufwendungen (B 1–18)	Summe II

20. + Vermögenszuwachs
./. Vermögensminderung (vgl. A 8)   Summe I

21. = Zuwachs/Minderung[1] zuzüglich Aufwendungen   Summe III

C. Steuerfreie bzw. nicht steuerpflichtige Einkünfte

1. Erwerb durch Erbschaft oder Schenkung von Dritten
   (abzüglich Erbschaftsteuer)
2. Ausgezahlte Kursgewinne
3. Auszahlung von Lebensversicherungen, Bausparbeträgen und
   Sparratenbeträgen
4. Steuerfreie Einkünfte und Pauschbeträge für Werbungskosten
5. AfA aus Privat-Grundbesitz (einschl. AfA auf Umbauten, vgl. Abschn.
   B 11)
6. Mehrerlös aus Verkauf von Teilen des sonstigen Vermögens und von
   Privatvermögens, falls diese im Anfangsvermögen aufgeführt sind
7. Gesamterlös aus Verkauf von Privatgrundbesitz usw., falls dieser
   nicht im Anfangsvermögen aufgeführt ist
8. ....

9. Gesamtbetrag (C 1–8)   Summe IV

D. Einkünfte

1. Summe III (vgl. Abschn. B 21)
2. ./. Summe IV (vgl. Abschn. C 9)

3. = Gesamtbetrag der zu versteuernden Einkünfte

4. – bisher versteuerte Einkünfte

5. = nicht versteuerte Einkünfte

---

[1] Nichtzutreffendes streichen.

5.16.2.6.7 Verprobungsmethoden bei digitaler Betriebsprüfung[1]

Methode	Beschreibung	Typische Einsatzgebiete
Mehrfachbelegungs- und Lückenanalyse	Überprüfung von Datensätzen auf Mehrfach- oder Nichtvergabe	Prüfung der Vollständigkeit von Ausgangsrechnungen oder des Vorratsvermögens
Dateischichtung	Aufsummierung von Anzahl und Werten von Datensätzen ausgewählter Felder innerhalb einer bestimmten Schicht	Altersstrukturanalyse von Forderungen und Verbindlichkeiten
Extraktion	Datensätze, die bestimmten Kriterien entsprechen, werden identifiziert und weiteren Analysen unterzogen	Überprüfung der korrekten Periodenabgrenzung
Zeitreihenvergleich[2]	Ermittlung und Vergleich der wöchentlichen oder monatlichen Rohgewinnaufschlagsätze über einen bestimmten unterjährigen Zeitraum	Betriebe mit Bargeschäft
Chi-Quadrat Test	Prüfung der Aufzeichnungen anhand der letzten und/oder vorletzten Ziffer vor dem Komma auf statistische Häufigkeit	Prüfung der Kasseneinnahmen bei Betrieben mit Bargeschäft
Benford's Law und digitale Ziffernanalyse	Prüfung der Aufzeichnungen anhand der ersten oder ersten beiden Ziffern auf statistische Häufigkeit	Prüfung der Kasseneinnahmen bei Betrieben mit Bargeschäft
Verteilungsanalyse	Überprüfung von Daten auf Abweichungen von der sog. „Log-Norm-Verteilung"	Prüfung der Kasseneinnahmen bei Betrieben mit Bargeschäft (Verfahren ist wissenschaftlich nicht unumstritten)

---

[1] Das Finanzministerium Schleswig-Hostein hat das „Handbuch für die Summarische Risikoprüfung (SRP)" in der 2. Auflage am 16.3.2020 veröffentlicht. Link: https://www.schleswig-holstein.de/DE/Fachinhalte/B/Betriebspruefung_digital/Downloads/SRP_Handbuch.pdf

[2] Siehe BFH-Urt. vom 25.3.2015 (X R 20/13).

5.16.2.7 Verzögerungsgeld gem. § 146 Abs. 2b AO[1]

Zweck	Der Steuerpflichtige soll zur Erfüllung seiner Mitwirkungs-pflichten im Rahmen von steuerlichen Außenprüfungen an-gehalten werden. Festsetzung je Pflichtverletzung. Keine er-neute Festsetzung wegen derselben Pflichtverletzung.
Anwendungsfälle	– Verlagerung der elektronischen Buchführung ohne Bewilli-gung der zuständigen Finanzbehörde. – Missachtung der Aufforderung zur Rückverlagerung der im Ausland befindlichen elektronischen Buchführung oder Teilen davon. – Die unter § 146 Abs. 2a Satz 4 AO genannten Umstände werden nicht unverzüglich mitgeteilt. – Datenzugriff nach § 147 Abs. 6 AO wird nicht, nicht zeitnah oder nicht in vollem Umfang eingeräumt. – Auskünfte im Rahmen einer Außenprüfung werden nicht, nicht zeitnah oder nicht vollständig erteilt. – Angeforderte Unterlagen im Rahmen einer Außenprüfung werden nicht, nicht zeitnah oder nicht vollständig vorgelegt.
Androhung	Erfolgt nicht, lediglich Hinweis gem. § 91 AO.
Höhe	Mindestens 2 500 € und höchstens 250 000 € nach Ermessen des Finanzamts.
Kriterien für die Ermessens-entscheidung	– Dauer der Fristüberschreitung. – Gründe der Pflichtverletzung. – Wiederholte Verzögerung bzw. Verweigerung. – Ausmaß der Beeinträchtigung der Außenprüfung. – Unternehmensgröße. – Mangelnde Mitwirkung.
Verspätete Mitwirkung	Bei Mitwirkung bzw. Vorlage der Unterlagen nach Festset-zung des Verzögerungsgelds muss dieses trotzdem beglichen werden (§ 335 AO ist nicht anwendbar).

5.16.2.8   Schätzung gem. § 162 AO

Anlässe	Die Besteuerungsgrundlagen sind nicht zu ermitteln und der Steuerpflichtige	
	– macht über seine Angaben keine ausreichenden Erklärungen oder	
	– verweigert Auskünfte oder eine Versicherung an Eides statt oder	
	– genügt seinen Mitwirkungspflichten nach § 90 Abs. 2 oder Abs. 3 AO nicht oder	
	– legt die zu führenden Bücher oder Aufzeichnungen nicht vor bzw.	
	– diese können wegen grober Mängel nicht der Besteuerung zugrunde gelegt werden	
Schätzung bei formellen Mängeln in der Buchführung[1] (§ 158 AO; §§ 140–148 AO)	Ein abgrenzbarer, belangloser Teil der Buchführung weist Mängel auf	Teilschätzung durch Zuschlag zu den Betriebseinnahmen bzw. Abschlag bei den Betriebsausgaben
	Kassenfehlbeträge werden festgestellt	Schätzung der beanstandeten Einlagebuchungen/Kassenfehlbeträgen zuzüglich Sicherheitszuschlag
	Brauchbare Unterlagen fehlen gänzlich	Vollschätzung oder griffweise Schätzung
Schätzung bei formell richtiger Buchführung, aber sachlich unrichtigem Ergebnis	Sachlich unrichtiges Ergebnis kann festgestellt werden durch	
	– Nachkalkulation, Geldverkehrsrechnung, Vermögenszuwachsrechnung, Kassenfehlbetragsrechnungen, äußerer oder innerer Betriebsvergleich oder	
	– Richtsatzsammlung, wenn der Betrieb den untersten Rohgewinnsatz um mindestens 10 % unterschreitet oder	
	– Instrumente der digitalen Betriebsprüfung (Benford's Gesetz, Chi-Quadrat-Test, Zeitreihenvergleich etc.).	
	Das mittels Verprobung gewonnene Ergebnis darf hinzugeschätzt werden, wenn es wesentlich vom Ergebnis der Buchführung abweicht.	
	Wenn Kalkulationsdifferenzen auf Unterschlagungen durch das Personal beruhen, muss der Steuerpflichtige Umfang und Zeitraum der Unterschlagungen konkretisieren. Ausreichender Beweis ist eine Anzeige gegen den Verdächtigen.	

---

[1] Bereits eine fehlende System- und Verfahrensdokumentation führt zu formellen Mängeln.

Schätzung aufgrund ungeklärter Einzahlungen und Einlagen	Unaufgeklärte Kapitalzuführungen auf Betriebskonten können als Einnahme hinzugeschätzt werden. Den Steuerpflichtigen trifft die Darlegungs- und Beweispflicht, wenn er die Herkunft dieser Mittel mit der Hingabe von Darlehen, durch Schenkungen, Privatverkäufe, Spielgewinne, Treuhandverhältnisse oder vor dem Prüfungszeitraum vorhandenen Bargeldbeständen begründen will.
Schätzung bei Steuerhinterziehung	Möglich, auch wenn bereits ein Strafverfahren eingeleitet wurde (BFH vom 19.9.2001, BStBl II 2002 S. 4)
Schätzung von Verrechnungspreisen	Erhöhte Mitwirkungspflichten des Steuerpflichtigen nach § 90 Abs. 3 AO. Bei Verstoß sind gem. § 162 Abs. 3 und Abs. 4 AO Schätzung und Strafzuschlag möglich, siehe Kap. 5.13.5.2.

Schätzung anhand der Richtsatzsammlung	1. Einzelunternehmen und Personengesellschaften
	    normalisierter Wareneinsatz (Handelsbetrieb) oder
	    normalisierter Waren-, Material- und Fertigungslohneinsatz (Handwerks- und gemischter Betrieb) oder
	    Summe aller normalisierten Betriebsausgaben (Dienstleistungsbetrieb)
	    × Mittelwert des Halbreingewinnsatzes der Gewerbeklasse
	    = Halbreingewinn
	    ./. tatsächliche Betriebsaufwendungen
	    = Reingewinn
	
	2. Kapitalgesellschaften
	    Ermittelter Reingewinn wie 1)
	    ./. Geschäftsführergesamtbezüge
	    ./. Arbeitgeberanteil Geschäftsführergehalt
	    ./. abzugsfähige Spenden (§ 9 Abs. 1 Nr. 2 KStG)
	    = zu versteuerndes Einkommen

Beweislast	Die Finanzbehörde muss die steuerbegründenden Tatsachen beweisen, der Steuerpflichtige die steuermindernden und steuerbefreienden Tatsachen.
Änderungsvorschrift	Besteht kein Vorbehalt der Nachprüfung, müssen nachträglich steuererhebliche Tatsachen (z. B. neue Schätzungsunterlagen) bekannt werden, damit der Steuerbescheid geändert werden kann. Die Schätzung an sich ist keine neue Tatsache.

5.16.2.9 Ergebnis der steuerlichen Betriebsprüfung 2019[1]

Nach den statistischen Aufzeichnungen der obersten Finanzbehörden der Länder haben die Betriebsprüfungen im Jahr 2019 zu einem Mehrergebnis von rund 15,2 Mrd. € geführt.

Es handelt sich um Ergebnisse von Prüfungen bei gewerblichen Unternehmen, freiberuflich Tätigen, land- und forstwirtschaftlichen Betrieben aller Größenordnungen sowie bei Bauherrengemeinschaften, Verlustzuweisungsgesellschaften und sonstigen Steuerpflichtigen.

Ergebnisse der Lohnsteueraußenprüfung, der Umsatzsteuer-Sonderprüfung und der Steuerfahndungsdienste sind in diesen Mehrergebnissen nicht enthalten.

A. Zahl der erfassten Betriebe

Übersicht 1	2016	2017	2018	2019
Großbetriebe	186 339	186 339	186 339	191 893
Mittelbetriebe	792 326	792 326	792 326	802 052
Kleinbetriebe	1 191 438	1 191 438	1 191 438	1 187 596
Kleinstbetriebe	5 646 198	5 646 198	5 646 198	6 043 703
Insgesamt	7 816 301	7 816 301	7 816 301	8 225 244

B. Zahl der abgeschlossenen Prüfungsfälle

Übersicht 2	2016	2017	2018	2019
Großbetriebe	39 911	40 668	40 173	38 876
Mittelbetriebe	50 601	50 126	50 251	47 948
Klein- und Kleinstbetriebe	95 960	98 032	98 549	94 521

Ferner wurden im Jahr 2019 6 695 Prüfungen in sonstigen Fällen vorgenommen, u. a. bei Steuerpflichtigen mit bedeutenden Einkünften bzw. bei Verlustzuweisungsgesellschaften oder Bauherrengemeinschaften, Mehrergebnis 600 Mio. €.

---

[1] Quelle: http://www.bundesfinanzministerium.de; Monatsbericht Oktober 2020.

C. Zahl der Prüfer

Übersicht 3	2016	2017	2018	2019
Zahl der im Kalenderjahr vorhandenen Prüfer	13 746	13 651	13 525	13 341

D. Aufteilung der Mehrsteuern und Zinsen (in Mio. €)

Übersicht 4	2016	2017	2018	2019
Großbetriebe	10 400	13 800	10 100	11 600
Mittelbetriebe	1 300	1 400	1 300	1 200
Kleinbetriebe	700	700	700	700
Kleinstbetriebe	1 100	900	1 000	1 100

E. Mehrsteuern nach Steuerarten und Zinsen (in Mio. €)

Übersicht 5	2016	2017	2018	2019
Umsatzsteuer	1 300	1 900	1 900	1 700
Einkommensteuer	2 200	2 600	2 700	2 600
Körperschaftsteuer	3 400	4 500	2 600	3 600
Gewerbesteuer	3 400	3 800	3 100	3 600
Sonstige Steuern	1 000	1 800	1 300	1 200
Zinsen	2 200	2 900	2 300	2 500

5.17 Steuerstrafrecht

5.17.1 Steuerhinterziehung gem. § 370 AO

Tatbestände	Strafe[2] und Verjährung	Vorschrift AO
Steuerverkürzung oder Erlangung ungerechtfertigter Steuervorteile durch unrichtige oder unvollständige Angaben über steuerlich erhebliche Tatsachen gegenüber den Finanzbehörden oder anderen Behörden[3]	**„Normale" Fälle** Freiheitsstrafe bis zu fünf Jahren; Geldstrafe (Nebenfolge: Einziehung der Vermögenswerte, auf die sich die Steuerhinterziehung bezieht, § 375 Abs. 2 AO, § 74a StGB)	§ 370 Abs. 1 Nr. 1
Steuerverkürzung oder Erlangung ungerechtfertigter Steuervorteile durch Unterlassung (Täter lässt die Finanzbehörden pflichtwidrig über steuerlich erhebliche Tatsachen in Unkenntnis)	Verjährungsfrist beträgt fünf Jahre (Strafverfolgungsverjährung: § 78 Abs. 3 Nr. 4 StGB)	§ 370 Abs. 1 Nr. 2
Steuerverkürzung oder Erlangung ungerechtfertigter Steuervorteile durch pflichtwidrige Nichtverwendung von Steuerzeichen oder Steuerstemplern		§ 370 Abs. 1 Nr. 3
Steuerverkürzung in großem Ausmaß[1] oder Erlangung nicht gerechtfertigter Steuervorteile in großem Ausmaß (> 50 000 €)	**Besonders schwere Fälle** Freiheitsstrafe von sechs Monaten bis zu zehn Jahren (Nebenfolge: Einziehung der Vermögenswerte, auf die sich die Steuerhinterziehung bezieht, § 375 Abs. 2 AO, § 74a StGB)	§ 370 Abs. 3 Nr. 1

---

[1] Nach BGH vom 27.10.2015 (1 StR 373/15) wurde die Differenzierung zwischen wirklichem und Gefährdungsschaden aufgegeben.

[2] Nach BGH vom 7.2.2012 (1 StR 525/11) kommt bei Steuerhinterziehung in Millionenhöhe eine aussetzungsfähige Freiheitsstrafe (von im Höchstmaß 2 Jahren) nur bei Vorliegen besonders gewichtiger Milderungsgründe noch in Betracht.

[3] Nach BGH vom 28.07.2021 (1 StR S19/20) sind auch Cum-Ex-Aktiengeschäfte als Steuerhinterziehung einzustufen („Es kann nur eine tatsächlich gezahlte Kapitalertragssteuer vom Finanzamt zurückverlangt werden.")

Tatbestände	Strafe und Verjährung	Vorschrift AO
Missbrauch der Befugnis oder Stellung als (europäischer[2]) Amtsträger	Verjährungsfrist beträgt fünfzehn Jahre[1] (§ 376 Abs. 1 AO).	§ 370 Abs. 3 Nr. 2
Ausnutzung der Mithilfe eines seine Befugnis oder Stellung missbrauchenden (europäischer[2]) Amtsträgers fortgesetzte Steuerhinterziehung oder Erlangung nicht gerechtfertigter Steuervorteile unter Verwendung nachgemachter oder verfälschter Belege		§ 370 Abs. 3 Nr. 3 § 370 Abs. 3 Nr. 4
Verkürzung der Umsatz- oder Verbrauchsteuern oder Erlangung nicht gerechtfertigter Umsatz- oder Verbrauchsteuervorteile als Mitglied einer Bande, die sich zur fortgesetzten Begehung von Taten nach § 370 Abs. 1 AO verbunden hat		§ 370 Abs. 3 Nr. 5
Nutzung einer Drittstaat-Gesellschaft i.S.d. §§ 138 Abs. 3 AO, auf die alleine oder zusammen mit nahestehenden Personen i.S.d. § 1 Abs. 2 1 StG unmittelbar oder mittelbar beherrschender oder bestimmter Einfluss ausgeübt werden kann, zur Verschleierung steuerlich erheblicher Tatsachen und dadurch fortgesetzte Verkürzung von Steuern oder Erlangung nicht gerechtfertigter Steuervorteile		§ 370 Abs. 3 Nr. 6

Der Versuch ist in sämtlichen Fällen strafbar.

Nach der Rechtsprechung dürfen Steuerbehörden angekaufte ausländische Bankdaten (sog. Steuer-CDs) bei der Besteuerung verwenden. Das gilt auch dann, wenn die Beschaffung der Daten zuvor rechtswidrig war.[3] Das Bundesverfassungsgericht entschied sogar, dass der für eine Wohnungsdurchsuchung erforderliche Anfangsverdacht ohne Verfassungsverstoß auf Daten gestützt werden kann, die ein dritter Informant der Bundesrepublik Deutschland auf einer CD verkauft hat.[4]

---

[1] Beginn bei abgegebener Steuererklärung: Bekanntgabe des ersten unrichtigen Steuerbescheides. Beginn bei Nichtabgabe: wenn die Veranlagungsarbeiten im Wesentlichen abgeschlossen sind (Veranlagungssteuern) bzw. bei Fälligkeit der Erklärung (Fälligkeitssteuern).

[2] Europäischer Amtsträger i.S.d. § 11 Abs. 1 Nr. 2a StGB.

[3] FG Köln vom 15.12. 2010, 14 V 2484/10, EFG 2011 S.1215. VerfGH Rheinl.-Pf. vom 24.2.2014, VGH B 26/13, NJW 2014 S. 1434.

[4] BVerfG vom 9.11. 2010, 2 BvR 2101/09, DStR 2010 S.2512.

5.17.2 Selbstanzeige gem. § 371 AO[1]

Eintritt der Straffreiheit in den Fällen des § 370 AO bei:	Vorschrift AO
– Berichtigung oder Ergänzung unrichtiger oder unvollständiger Angaben, Nachholung unterlassener Angaben zu allen unverjährten Steuerstraftaten einer Steuerart, mindestens zu allen Steuerstraftaten einer Steuerart der letzten 10 Kalenderjahre, in vollem Umfang[2] und fristgerechter Entrichtung der hinterzogenen Steuern bei eingetretener Steuerverkürzung oder Erlangung von Steuervorteilen einschließlich Nachzahlungs- und Hinterziehungszinsen	§ 370 Abs.1, Abs.3
– Berichtigung oder Ergänzung unrichtiger oder unvollständiger Angaben, Nachholung unterlassener Angaben zu LSt-Anmeldungen und USt-Voranmeldungen im erklärten Umfang[3] und fristgerechter Entrichtung der hinterzogenen Steuern bei eingetretener Steuerverkürzung oder Erlangung von Steuervorteilen[4]	§ 371 Abs.2a, Abs.3

---

[1] Die Voraussetzungen der Selbstanzeige sind durch das Gesetz zur Änderung der Abgabenordnung und des Einführungsgesetzes zur Abgabenordnung zum 1.1.2015 erneut deutlich verschärft worden. In diesem Zusammenhang wurde in § 170 Abs.6 AO eine steuerliche Anlaufhemmung von 10 Jahren für nicht deklarierte ausländische Kapitalerträge aus Drittenstaaten eingeführt. Die Anlaufhemmung beginnt mit Entstehung der Steuern. Die Festsetzungsverjährungsfrist beträgt nochmals 10 Jahre.

[2] Nach BGH vom 20.5.2010 muss der Steuersünder alle verheimlichten Auslandskonten und alle hinterzogenen Steuern offenbaren (Az. 1 StR 577/09; DStR 2010 S.1133). Die Selbstanzeige ist nur wirksam bei vollständiger Rückkehr zur Steuerehrlichkeit, d.h., eine teilweise Selbstanzeige ist unwirksam. Unklar ist zurzeit noch die Behandlung der sog. unabsichtlich unvollständigen Teil-Selbstanzeigen: Die Finanzverwaltung will hier nicht differenzieren und auch geringfügige Abweichungen (Differenzbeträge von bis zu 10%) im Rahmen der Vollständigkeitsprüfung nicht mehr dulden. Nach BGH vom 25.7.2011 (Az. 1 StR 631/10) sind geringfügige Abweichungen grds. unschädlich. Abweichungen mit einer Auswirkung von mehr als 5% vom Verkürzungsbetrag i.S.v. § 370 Abs.4 AO sind nicht mehr geringfügig. Bei Abweichungen unter 5% entscheidet die Gesamtwürdigung. Bewusste Abweichungen sind in der Regel nicht als geringfügig anzusehen. Abweichend vom Vollständigkeitsgebot ist für eine wirksame Selbstanzeige hinsichtlich einer USt-Jahreserklärung die Berichtigung, Ergänzung oder Nachholung der UStVA, die dem Kalenderjahr nachfolgende Zeiträume betreffen, nicht erforderlich (§ 371 Abs.2a Satz 4 AO).

[3] Korrigierte oder verspätete LSt-Anmeldungen oder UStVA mit Ausnahme von Jahresanmeldungen gelten wieder als wirksame Teilselbstanzeigen. Der Sperrgrund der Tatentdeckung (§ 371 Abs.2 Satz 1 Nr.2 AO) greift nicht ein, wenn die Entdeckung der Tat darauf beruht, dass eine UStVA oder eine LSt-Anmeldung nachgeholt oder berichtigt wurde (§ 371 Abs.2a Satz 2 AO).

[4] Die strafbefreiende Wirkung tritt unabhängig von der Entrichtung von Nachzahlungs- und Hinterziehungszinsen ein (§ 371 Abs.3 Satz 2 AO). Es ist kein „Strafzuschlag" nach § 398a AO zu zahlen.

Eintritt der Straffreiheit in den Fällen des § 370 AO bei:	Vorschrift AO
– Erstattung einer rechtzeitigen und ordnungsgemäßen (Fremd-) Anzeige nach § 153 AO bei unterlassener, unrichtiger oder unvollständiger Abgabe einer in § 153 AO bezeichneten Erklärung eines Dritten; es sei denn, dem Dritten oder seinem Vertreter ist vorher die Einleitung eines Straf- oder Bußgeldverfahrens wegen der Tat bekannt gegeben worden; hatte der Dritte zum eigenen Vorteil gehandelt und sind Steuerverkürzungen eingetreten, ist zur Straffreiheit die fristgerechte Nachzahlung der hinterzogenen Steuern einschließlich Nachzahlungs- und Hinterziehungszinsen erforderlich	§ 371 Abs. 4
– in Fällen, in denen Straffreiheit nur deswegen nicht eintritt, weil der Hinterziehungsbetrag > 25 000 € je Tat ist oder ein besonders schwerer Fall i. S. v. § 370 Abs. 3 S. 2 Nr. 2–5 AO vorliegt, wird von der Verfolgung abgesehen, wenn der an der Tat Beteiligte innerhalb einer ihm gesetzten angemessenen Frist die hinterzogenen Steuern einschließlich Nachzahlungs- und Hinterziehungszinsen entrichtet sowie einen Geldbetrag an die Staatskasse zahlt: – 10 % der hinterzogenen Steuer bei Hinterziehung bis 100 000 € – 15 % der hinterzogenen Steuer bei Hinterziehung über 100 000 € bis 1 Mio. € – 20 % der hinterzogenen Steuer bei Hinterziehung über 1 Mio. €	§§ 398a Abs. 1, 371 Abs. 2 Satz 1 Nr. 3, 4

Kein Eintritt der Straffreiheit nach:	Vorschrift AO
– Bekanntgabe einer Prüfungsanordnung (§ 196 AO) an den an der Tat Beteiligten, seinen Vertreter, den Begünstigten i. S. d. § 370 Abs. 1 AO oder dessen Vertreter, beschränkt auf den sachlichen und zeitlichen Umfang der angekündigten Außenprüfung	§ 371 Abs. 2 Nr. 1a
– Bekanntgabe der Einleitung eines Straf- oder Bußgeldverfahrens an den an der Tat Beteiligten oder seinen Vertreter	§ 371 Abs. 2 Nr. 1b
– Erscheinen eines Amtsträgers der Finanzbehörde zur steuerlichen Prüfung, beschränkt auf den sachlichen und zeitlichen Umfang der angekündigten Außenprüfung[1]	§ 371 Abs. 2 Nr. 1c
– Erscheinen eines Amtsträgers zur Ermittlung einer Steuerstraftat oder einer Steuerordnungswidrigkeit	§ 371 Abs. 2 Nr. 1d
– Erscheinen eines Amtsträgers der Finanzbehörde, der sich als solcher ausgewiesen hat, zur USt-Nachschau (§ 27b UStG), zur LSt-Nachschau (§ 42g EStG) oder zur Nachschau nach anderen steuerrechtlichen Vorschriften	§ 371 Abs. 2 Nr. 1e

---

[1] Nach BFH vom 9.3.2010 (BStBl II 2010 S. 709) ist die Straffreiheit auch dann in Gefahr, wenn ein persönlicher Kontakt mit einem Amtsträger im Finanzamt erfolgt. Dies kann der Fall sein, wenn der Steuerpflichtige oder sein Vertreter nach Ankündigung einer Aktenprüfung mit seinen Geschäftsunterlagen persönlich auf dem Amt vorspricht.

Kein Eintritt der Straffreiheit bei:	Vorschrift AO
– „Wissen" oder „Wissenmüssen" des Täters von der ganzen oder teilweisen Entdeckung der Tat im Zeitpunkt der Berichtigung, Ergänzung oder Nachholung[1]	§ 371 Abs. 2 Nr. 2
– verkürzte Steuer oder der für den Täter oder einen anderen erlangte Steuervorteil übersteigt einen Betrag von 25 000 € je Tat	§ 371 Abs. 2 Nr. 3
– einem in § 370 Abs. 3 S. 2 Nr. 2–6 AO genannten besonders schweren Fall	§ 371 Abs. 2 Nr. 4
– Nachentrichtung hinterzogener Steuern und Zinsen erfolgt nicht innerhalb der bestimmten angemessenen Frist	§ 371 Abs. 3 Satz 1

Aufgrund der Neuerung, dass sog. Teilselbanzeigen nicht mehr wirksam sind, wird die Abgrenzung der Selbstanzeige nach § 371 AO zur schlichten Berichtigungserklärung nach § 153 AO bedeutsam: Nur bei einer Berichtigungserklärung ist – anders als bei einer Selbstanzeige – eine spätere Korrektur (im Wege der Selbstanzeige) möglich und es fällt kein Zuschlag nach § 398a AO an.

Indizien der Wertung einer Berichtigungserklärung als Selbstanzeige:
– Einleitung eines Steuerstrafverfahrens
– Festsetzung von Hinterziehungszinsen
– Anforderung eines Zuschlags von 10–20 %

Vorgehen gegen unzutreffende Qualifizierung einer Berichtigungserklärung als Selbstanzeige:
– mangels eines steuerlichen Verwaltungsakts kommt eine Anfechtung mittels Einspruchs nicht in Betracht
– bisher noch klärungsbedürftig ist, ob ein Antrag auf gerichtliche Entscheidung nach § 98 Abs. 2 StPO analog möglich ist

---

[1] Gilt gemäß § 371 Abs. 2a Satz 2 AO nicht, wenn die Entdeckung der Tat darauf beruht, dass eine USt-VA oder LSt-Anmeldung nachgeholt oder berichtigt wurde.

5.17.3 Bannbruch gem. § 372 AO

Tatbestände	Strafe
Einfuhr, Ausfuhr und Durchfuhr von Gegenständen entgegen einem Verbot	Freiheitsstrafe bis zu fünf Jahren oder Geldstrafe, es sei denn, die Tat ist in anderen Vorschriften als Zuwiderhandlung gegen ein Einfuhr-, Ausfuhr- oder Durchfuhrverbot mit Strafe oder Geldbuße bedroht. Der Versuch ist strafbar.

5.17.4 Gewerbsmäßiger, gewaltsamer und bandenmäßiger Schmuggel gem. § 373 AO

Tatbestände	Strafe	Vorschrift AO
– Gewerbsmäßige Hinterziehung von Ein- und Ausfuhrabgaben oder gewerbsmäßige Begehung von Bannbruch durch Zuwiderhandlungen gegen Monopolvorschriften	Freiheitsstrafe von sechs Monaten bis zu zehn Jahren; in minder schweren Fällen Freiheitsstrafe bis zu fünf Jahren oder Geldstrafe; der Versuch ist strafbar	§ 373 Abs. 1
– Hinterziehung von Ein- und Ausfuhrabgaben oder Begehung eines Bannbruchs, bei der der Täter oder ein anderer Beteiligter eine Schusswaffe bei sich führt		§ 373 Abs. 2 Nr. 1
– Hinterziehung von Ein- und Ausfuhrabgaben oder Begehung eines Bannbruchs, bei der der Täter oder ein anderer Beteiligter zur Verhinderung oder Überwindung von Widerstand durch Gewalt oder Drohung mit Gewalt eine Waffe, ein Werkzeug oder ein Mittel bei sich führt		§ 373 Abs. 2 Nr. 2
– Hinterziehung von Ein- und Ausfuhrabgaben oder Begehung eines Bannbruchs als Mitglied einer Bande		§ 373 Abs. 2 Nr. 3

5.17.5 Steuerhehlerei gem. § 374 AO

Tatbestände	Strafe	Vorschrift AO
Ankaufen oder sich oder einem Dritten sonst verschaffen, absetzen oder absetzen helfen von Erzeugnissen oder Waren, hinsichtlich deren Verbrauchsteuern oder Einfuhr- und Ausfuhrabgaben im Sinne des Art. 5 Nr. 20 und 21 des Zollkodex hinterzogen oder Bannbruch nach § 372 Abs. 2, § 373 AO begangen worden sind, um sich oder einen Dritten zu bereichern	Freiheitsstrafe bis zu fünf Jahren oder Geldstrafe; der Versuch ist strafbar	§ 374 Abs. 1
Gewerbsmäßige Begehung des § 374 Abs. 1 AO oder als Mitglied einer Bande, die sich zur fortgesetzten Begehung von Straftaten nach § 374 Abs. 1 AO verbunden hat	Freiheitsstrafe von sechs Monaten bis zu zehn Jahren, in minder schweren Fällen Freiheitsstrafe bis zu fünf Jahren oder Geldstrafe; der Versuch ist strafbar	§ 374 Abs. 2

5.17.6 Leichtfertige Steuerverkürzung gem. § 378 AO

Voraussetzungen: Ein vorsätzliches Handeln ist nicht nachzuweisen. Die leichtfertige Steuerverkürzung ist, anders als die Steuerhinterziehung, keine Straftat, sondern eine Ordnungswidrigkeit.

Tatbestand	Strafe	Vorschrift AO
Leichtfertige Begehung[1] einer der in § 370 Abs. 1 AO bezeichneten Taten als Steuerpflichtiger oder bei *Wahrnehmung der Angelegenheiten eines Steuerpflichtigen*	Geldbuße bis 50 000 €	§ 378 Abs. 2

---

[1] Das Außerachtlassen der Sorgfalt, zu der man aufgrund der steuerlichen Verpflichtungen und nach seinen persönlichen Fähigkeiten und Kenntnissen in der Lage war, wobei sich der Eintritt des Erfolgs (der Steuerverkürzung, des nicht gerechtfertigten Steuervorteils) aufgedrängt hat.

5.17.7 Wertzeichenfälschung gem. §148 StGB

5.17.7.1 Wertzeichenfälschung, soweit die Tat Steuerzeichen betrifft gem. §§ 369 Abs. 1 Nr. 3 AO, 148 StGB

Tatbestände	Strafe	Vorschrift
Nachmachen von amtlichen Wertzeichen in der Absicht, dass sie als echt verwendet oder in Verkehr gebracht werden oder, dass ein solches Verwenden oder Inverkehrbringen ermöglicht werde oder Verfälschen von amtlichen Wertzeichen in der Absicht, dass der Anschein eines höheren Wertes hervorgerufen wird	Freiheitsstrafe bis zu fünf Jahren oder Geldstrafe; der Versuch ist strafbar	§ 369 Abs. 1 Nr. 3 AO i.V.m. § 148 Abs. 1 Nr. 1 StGB
Verschaffen falscher amtlicher Wertzeichen in der Absicht, dass sie als echt verwendet oder in Verkehr gebracht werden oder, dass ein solches Verwenden oder Inverkehrbringen ermöglicht werde oder, dass der Anschein eines höheren Wertes hervorgerufen wird		§ 148 Abs. 1 Nr. 2 StGB
Verwenden, Feilhalten oder Inverkehrbringen von falschen amtlichen Wertzeichen		§ 148 Abs. 1 Nr. 3 StGB
Als gültig verwenden oder Inverkehrbringen von bereits verwendeten amtlichen Wertzeichen, an denen das Entwertungszeichen beseitigt worden ist	Freiheitsstrafe bis zu einem Jahr oder Geldstrafe; der Versuch ist strafbar	§ 148 Abs. 2 StGB

5.17.7.2 Vorbereitung der Fälschung von Geld und Wertzeichen, soweit die Tat Steuerzeichen betrifft gem. §§ 369 Abs. 1 Nr. 3 AO, 149 StGB

Tatbestände	Strafe	Vorschrift
Vorbereitung einer Fälschung von Geld oder Wertzeichen durch die Herstellung, das Verschaffen für sich oder einen anderen, das Feilhalten, Verwahren oder der Überlassung an andere	Bei der Vorbereitung einer Geldfälschung Freiheitsstrafe bis zu fünf Jahren oder Geldstrafe, bei der Vorbereitung einer Wertzeichenfälschung Freiheitsstrafe bis zu zwei Jahren oder Geldstrafe	§ 369 Abs. 1 Nr. 3 AO i.V.m.
– von Platten, Formen, Drucksätzen, Druckstöcken, Negativen, Matrizen, Computerprogrammen oder ähnlichen Vorrichtungen, die ihrer Art nach zur Begehung der Tat geeignet sind		§ 149 Abs. 1 Nr. 1 StGB
– Papier, das einer solchen Papierart gleicht oder zum Verwechseln ähnlich ist, die zur Herstellung von Geld oder amtlichen Wertzeichen bestimmt und gegen Nachahmung besonders gesichert ist		§ 149 Abs. 1 Nr. 2 StGB
– Hologramme oder andere Bestandteile, die der Sicherung gegen Fälschung dienen		§ 149 Abs. 1 Nr. 3 StGB

Straffreiheit	Vorschrift StGB
Freiwillige Aufgabe der Ausführung der vorbereiteten Tat und Abwendung einer von ihm verursachten Gefahr, dass andere die Tat weiter *vorbereiten oder ausführen oder* Verhinderung der Vollendung der Tat	§ 149 Abs. 2 Nr. 1
Vernichtung oder Unbrauchbarmachen von Fälschungsmitteln, soweit sie noch vorhanden und zur Fälschung brauchbar sind, Anzeigen des Vorhandenseins gegenüber einer Behörde oder Ablieferung bei einer Behörde	§ 149 Abs. 2 Nr. 2
Wenn ohne Zutun des Täters die Gefahr, dass andere die Tat weiter vorbereiten oder sie ausführen, abgewendet oder die Vollendung der Tat verhindert wird, genügt freiwilliges und ernsthaftes Bemühen des Täters, das Ziel zu erreichen	§ 149 Abs. 3

5.17.8 Checkliste bei Eintreffen der Steuerfahndung

1. Geschäftsführer/Geschäftsleitung informieren.
2. Durchsuchungsbeschluss/Ausweise vor Beginn der Durchsuchung einsehen. Nach Abschluss der Durchsuchung besteht ein Anspruch auf Aushändigung des Durchsuchungs- und Beschlagnahmebeschlusses).
3. Rechtsanwalt/Steuerberater anrufen (i.d.R. Anspruch); Fahndungsprüfung bitten, mit den Maßnahmen zu warten, bis Rechtsanwalt/Steuerberater erscheint (kein Anspruch).
4. Namen des Fahndungsleiters sowie der Fahnder erfassen.
5. Wer ist Beschuldigter, wer ist Zeuge?
6. Schweigen zum Sachverhalt durch Beschuldigten. Der Beschuldigte sollte auf jeden Fall vor einer Äußerung einen Anwalt konsultieren. Hierauf hat er einen Rechtsanspruch.
7. „Klima" verbessern durch Öffnen des Tresors, ggf. der Steuerfahndung separaten Raum zur Verfügung stellen.
8. Schädliche Außenwirkungen vermeiden (Polizei und Fahnder möglichst von Kundenräumen fernhalten; Polizeifahrzeuge möglichst im Hof oder in Tiefgarage parken; beim Abtransport der beschlagnahmten Gegenstände darauf achten, dass diese möglichst über den Hinterausgang/Laderampe in die Fahrzeuge der Steuerfahndung verbracht werden; möglicherweise Anrufbeantworter anschalten).
9. Zeugen sind zwar zur Aussage verpflichtet, nur jedoch vor der Bußgeld- und Strafsachenstelle (BuStra) bzw. dem Staatsanwalt. Unter Anerkennung dieser generellen Aussageverpflichtung sollte darauf hingewirkt werden, dass zumindest nicht im Rahmen der Fahndungsmaßnahme Zeugen vernommen werden. Dies kann immer noch 1 bis 2 Tage später erfolgen. Jeder Zeuge hat zudem das Recht, vor seiner Aussage einen Rechtsanwalt seiner Wahl zu konsultieren.
10. Durchsuchung von Papieren nur durch Steuerfahndung, Staatsanwalt oder BuStra; Polizei darf nur Papiere versiegeln und mitnehmen. Kompetente Angestellte (RA/StB) für jeden Fahnder abstellen, der diesem auf Schritt und Tritt folgt und die Maßnahmen beobachtet, aber keinesfalls behindert.
11. Fahndungsleiter darum bitten, zumindest die aktuellen Unterlagen, die für das laufende Geschäft benötigt werden, durch Fahnder zu kopieren und Kopien behalten zu dürfen.
12. Detailliertes Beschlagnahmeverzeichnis! Akten-Ordner oder Akten sollten nicht nur als solche bezeichnet, sondern möglichst seitenweise fortlaufend durchnummeriert werden. Der Beschlagnahmung sämtlicher Gegenstände sollte vorsorglich widersprochen werden.
13. Die Herausgabe beschlagnahmter Gegenstände, insbesondere Buchhaltungsunterlagen, sollte, sofern keine Kopien sogleich gezogen werden konnten, möglichst besprochen werden. Häufig können 2 bis 3 Tage nach der Fahndungsdurchsuchung Kopien der von dem Unternehmen für die Weiterarbeit benötigten Unterlagen bei der Steuerfahndung abgeholt werden.

14. Haftproblematik/Reiserecht des Beschuldigten abklären, sofern Auslands-
reisen anstehen (Urlaubszeit/Geschäftsreisen!).
15. Gedächtnisprotokoll von allen Mitarbeitern/Beschuldigten/Zeugen.
16. Eine Bank ist nach den Durchsuchungs- oder Beschlagnahmehandlungen
nicht gehindert, den Kunden zu unterrichten.

Quelle: Stbg 1998 S.311.

5.17.9 Strafe in Steuerstrafsachen[1]

5.17.9.1 Vorgaben des BGH

Der BGH hat in einem Urteil vom 2.12.2008 (1 StR 416/08) Grundsätze zur
Strafzumessung in Steuerstrafverfahren niedergelegt und seine Rechtsprechung
in einem Urteil vom 27.10.2015 (1 StR 373/15) geändert.

Hinterzogener Betrag	Regelmäßige Rechtsfolge
> € 50 000	Steuerhinterziehung in großem Ausmaß: Nur bei gewichtigen Milderungsgründen keine Haftstrafe
> € 1 000 000	Nur bei besonders gewichtigen Milderungsgründen Bewährungsstrafe

In der Praxis können sich je nach Finanzamt auch erheblich andere Grenzen
ergeben.

5.17.9.2 Geldstrafenkatalog und Strafrahmensätze im Steuerstrafrecht

A. Höhe der Geldstrafe

Anzahl der Tagessätze	5 bis 360, bei Tatmehrheit bis 720	§40 Abs.1 StGB §54 Abs.2 StGB
Höhe eines Tagessatzes	1 € bis 30 000 €	§40 Abs.2 StGB
Ermittlung der Tagessatz-höhe	Nettoeinkommen im strafrechtlichen Sinn geteilt durch 30 bzw. 360	§40 Abs.2 StGB
Zeitpunkt der Ermittlung	Tag der gerichtlichen Entscheidung; bei unzureichenden Angaben des Täters oder großen Ermittlungs- schwierigkeiten ggf. Schätzung	§40 Abs.3 StGB

---

[1] Neben der Strafe kann eine Verurteilung wegen Steuerhinterziehung auch zu Folgen
im Beruf führen, und zwar beispielsweise Widerruf der Approbation (VG Regensburg,
Urt. v. 27.9. 2012 – RN 5 K 11.1639); Rücknahme der Genehmigung zur Ausübung
des Verkehrs mit einer Taxe (VG Hamburg, Beschl. v. 8.2. 2011 – 15 E 3269/10, 15 E
3326/10); Güterkraftverkehr (VG Berlin, Beschl. v. 20.1. 2015 – 4 L 386.14); Luftver-
kehr (OVG Berlin-Brandenburg, Beschl. v. 12.10. 2015 – 6 S 24.15).

B. Ermittlung des Nettoeinkommens

Nettoeinkommen = strafrechtlicher Begriff; Saldo zwischen anzurechnenden Zuflüssen und zu berücksichtigenden Belastungen

relevante Einkünfte	alle geldwerten Zuflüsse unabhängig vom Rechtsgrund (Einkünfte aus (nicht-)selbständiger Arbeit, Pensionen, Renten, Arbeitslosengeld, Unterhaltsleistungen, Kindergeld, BAföG, Kapitalerträge, Mieterträge, etc.) sowie Sach-/Naturalbezüge (freie Kost und Logis, Mietwert der eigengenutzten Immobilie unter Berücksichtigung sämtlicher Aufwendungen, etc.)
abzüglich	auf Einkünfte zu entrichtende Steuern, Werbungskosten, Betriebsausgaben, Sozialversicherungsbeiträge, Leistungen für private Kranken-, Unfall-, Altersversicherung, tatsächlich entrichteter Unterhalt; sonstige Verbindlichkeiten nur, wenn sie den Lebenszuschnitt des Täters im Verhältnis zum Durchschnitt der Bezieher gleicher Einkommen fühlbar einschränken und wenn ihre Berücksichtigung der Vermeidung einer unbilligen Härte dient

C. Beispiel
1. Bestimmung der Anzahl der Tagessätze[1]

Die folgenden Tabelle enthält nur ungefähre Rahmensätze für die Strafzumessung, diese dürfen nicht verallgemeinert werden und stellen nur Richtwerte dar. Die Praxis kennt erhebliche regionale Unterschiede.

Höhe der hinterzogenen Steuer in €	je ... € entsprechen einem Tagessatz	Höchstzahl der Tagessätze	
		Segment	gesamt
bis zu 10 000 €	125 €	80	80
mehr als 10 000 €			
bis zu 50 000 €	250 €	160	240
mehr als 50 000 €			
bis zu 100 000 €	350 € bis 500 €	100 bis 143	340 bis 383

2. Festlegung der Höhe der einzelnen Tagessätze
Beispielhafte Festlegung:
Nettojahreseinkommen: 50 000 € bzw. 100 000 €
Tagessatz bei dem jeweiligen Nettojahreseinkommen: 139 € bzw.   278 €

3. Berechnung der Geldstrafe
Beispielhafte Berechnung für eine Hinterziehungssumme von 35 000 €:
- Nettojahreseinkommen 50 000 €:
  180 Tagessätze (vgl. 1.) × 139 € (vgl. 2.) =   25 020 €
- Nettojahreseinkommen 100 000 €:
  180 Tagessätze (vgl. 1.) × 278 € (vgl. 2.) =   50 040 €

---

[1] *Stahl*, Selbstanzeige, 3. Aufl., Köln 2011, S. 256; s.a. die nicht veröffentlichten Strafmaß-Tabellen im Jahrbuch 2006, S. 1458 ff.

5.17.9.3 Strafregisterrechtliche Folgen[1]

Strafe	Bundeszentralregistereintragung	Führungszeugnis
Geldstrafe bis 90 Tagessätze; Verwarnung mit Strafvorbehalt	Tilgungsfrist 5 Jahre ab erstem Urteil bzw. Unterzeichnung des Strafbefehls durch den Richter (§§ 46 Abs. 1 Nr. 1 a; 47 Abs. 1; 36 Abs. 1; 5 Abs. 1 Nr. 4 BZRG)	keine Aufnahme in das Führungszeugnis (§ 32 Abs. 2 Nr. 5 a BZRG), wenn im Register keine weitere Strafe eingetragen ist; *Ausnahme:* Führungszeugnis für Behörden, wenn die Straftat im Zusammenhang mit der Ausübung eines Gewerbes u. Ä. begangen worden ist und das Führungszeugnis für eine Gewerbeerlaubnis u. Ä. bestimmt ist (§ 32 Abs. 4 BZRG), längstens jedoch 3 Jahre ab erstem Urteil bzw. Unterzeichnung des Strafbefehls (§§ 33, 34 BZRG)
Geldstrafe von mehr als 90 Tagessätzen; Freiheitsstrafe bis 1 Jahr auf Bewährung	Tilgungsfrist 10 Jahre ab erstem Urteil bzw. Unterzeichnung des Strafbefehls durch den Richter (§ 46 Abs. 1 Nr. 2a und 2b; 47 Abs. 1; 36 Abs. 1; 5 Abs. 1 Nr. 4 BZRG)	Aufnahme in das Führungszeugnis, längstens jedoch 3 Jahre ab erstem Urteil bzw. Unterzeichnung des Strafbefehls (§§ 33, 34 BZRG)
Freiheitsstrafe von mehr als 1 Jahr	Tilgungsfrist 15 Jahre ab erstem Urteil bzw. Unterzeichnung des Strafbefehls durch den Richter (§§ 46 Abs. 1 Nr. 3; 47 Abs. 1; 36 Abs. 1; 5 Abs. 1 Nr. 4 BZRG), verlängert um die Dauer der Freiheitsstrafe (§ 46 Abs. 3 BZRG)	Aufnahme in das Führungszeugnis, längstens jedoch 5 Jahre ab erstem Urteil bzw. Unterzeichnung des Strafbefehls, verlängert um die Dauer der Freiheitsstrafe (§§ 33, 34 BZRG)

---

[1] *Stahl*, Selbstanzeige, 4. Aufl., Köln 2016.

6 Übergreifende Unternehmensthemen

6.1 Existenzgründung[1]

6.1.1 Überblick

1	Vorbereitung und Beratung	A. „Roter Faden" für die Gründungsplanung B. Dreh- und Angelpunkt: die Gründerperson C. Welche Beratungseinrichtung für welches Thema?
2	Gründungswege	A. Existenzgründung aus der Arbeitslosigkeit B. Tipps für Nebenerwerbs- oder Kleingründungen
3	Businessplan	A. Was gehört in den Businessplan? B. Fachkundige Stellungnahme und Tragfähigkeitsprüfung C. Unternehmerlohn – private Ausgabenplanung D. Kapitalbedarf – Finanzierung der Gründung und der betrieblichen Anlaufphase
4	Finanzierung und Förderung	A. Checkliste Bankgespräch B. Ratingvorbereitung C. Förderprogramme D. Gründungszuschuss
5	Steuern, Versicherungen, Formalitäten	A. Die 6 häufigsten Steuerfehler von Existenzgründern B. Steuern: Wer zahlt wann? C. Sondergenehmigungen D. Checkliste betriebliche Absicherung
6	Preiskalkulation und Rechnungswesen	A. Preisfindung B. Preiskalkulation im Handel am Beispiel C. Kalkulation von Stundenverrechnungssätzen
7	Controlling	A. Controllingsystem B. Bonitätsprüfung des Kunden
8	Marketing	A. Wie kann man Kunden gewinnen? B. Marketing-Mix C. Vertriebsweg finden
9	Krisenvorbeugung und -management	A. Früherkennungstreppe B. Insolvenzvorsorge

---

[1] Die folgenden Seiten des Kap. 6.1 sind ein in Teilen modifizierter Auszug aus den umfangreichen Hilfestellungen des Bundesministeriums für Wirtschaft und Technologie (BMWi) unter http://www.existenzgruender.de

6.1.2   Checklisten und Entscheidungshilfen

6.1.2.1   Vorbereitung und Beratung

A. „Roter Faden" für die Gründungsplanung

Schritt 1: Entscheidung	Sind Sie ein Unternehmertyp? – Ist die Selbständigkeit wirklich der richtige Weg für Sie? – Sind Sie fachlich qualifiziert? – Haben Sie Erfahrungen in der Branche? – Verfügen Sie über kaufmännisches Know-how? – Steht Ihre Familie hinter Ihnen? – Stehen Sie die Belastungen während der Startphase – und auch später – durch? Lassen Sie sich beraten und gleichen Sie Schwächen aus. Besuchen Sie ein Gründungsseminar Ihrer Kammer oder Ihres Verbandes. Lassen Sie sich anschließend von einem Berater der Kammer oder des Verbandes, von einem Berater oder anderen kompetenten Fachleuten helfen. Klären Sie: – Zu welchen Fragen brauchen Sie Beratung? – Wer kann Ihnen je nach Fragestellung weiterhelfen? – Was sollten Sie beim Abschluss von Beraterverträgen beachten? – Informieren Sie sich über die Beratungsförderung des Bundes.

Schritt 2: Planung	Arbeiten Sie Ihre Geschäftsidee aus.
	– Mit welchem Angebot wollen Sie auf den Markt gehen?
	– Lernen Sie Ihre zukünftigen Kunden, ihre Bedürfnisse, ihre Neigungen, ihr Kaufverhalten kennen.
	– Finden Sie möglichst etwas Besonderes, was die Konkurrenz bisher übersehen hat.
	– Verschaffen Sie sich dafür auch einen Überblick über die Konkurrenzsituation, vor allem auch an dem Standort, den Sie wählen.
	Wollen Sie sich selbstständig machen, haben aber noch keine zündende Geschäftsidee? Dann kommt für Sie vielleicht ein Franchiseunternehmen infrage, das Sie als Lizenznehmer führen können. Oder Sie übernehmen ein bestehendes Unternehmen. Unternehmensnachfolger sind in jeder Branche und für jede Unternehmensgröße gefragt.
	Schreiben Sie Ihren Businessplan.
	– Erklären Sie Ihre Geschäftsidee bzw. Ihr Vorhaben.
	– Stellen Sie die Gründerperson/-en dar.
	– Beschreiben Sie Ihr Produkt bzw. Ihre Dienstleistung.
	– Beschreiben Sie Ihre Kunden.
	– Beschreiben Sie Ihre Konkurrenten.
	– Beschreiben Sie Ihren Standort.
	– Welche Lieferanten wollen Sie nutzen?
	– Erläutern Sie Ihre Personalplanung.
	– Zu welchem Preis wollen Sie Ihr Produkt bzw. Ihre Dienstleistung verkaufen?
	– Welche Vertriebspartner werden Sie nutzen?
	– Welche Kommunikations- und Werbemaßnahmen wollen Sie ergreifen?
	– Welche Rechtsform haben Sie gewählt?
	– Welche Chancen und Risiken hat Ihr Vorhaben?
	– Wie hoch ist der Kapitalbedarf? Wie können Sie diesen Kapitalbedarf decken?
	Denken Sie an Ihre persönliche Absicherung und die Ihrer Familie. Für beruflich Selbstständige gibt es verschiedene Möglichkeiten, für Alter, Krankheit und Todesfall vorzusorgen. Wichtig ist, die Entscheidung für geeignete Versicherungen und Maßnahmen nicht auf die lange Bank zu schieben, sondern sich während des Gründungsprozesses beraten zu lassen.

Schritt 3: Finanzplan	Kalkulieren Sie das benötigte Startkapital. – Wie groß ist Ihr Kapitalbedarf für die Gründung und die Startpha- se? – Machen Sie eine Aufstellung aller kurz- und längerfristig relevan- ten Kostenpositionen. Kalkulieren Sie Ihren Verdienst. – Überlegen Sie, ob sich die Gründung einer selbstständigen Exis- tenz für Sie auszahlt. Lohnt sich der Aufwand? Ermitteln Sie alle möglichen Finanzquellen. – Wie viel Geld steht Ihnen selbst zur Verfügung? – Wer könnte Ihnen privat Geld leihen? – Wer würde sich an Ihrem Unternehmen beteiligen? – Prüfen Sie die Angebote der Kreditinstitute und die vielfältigen Förderprogramme des Bundes, der Bundesländer und auch der Europäischen Union.
Schritt 4: Unternehmen	Erledigen Sie alle notwendigen Formalitäten. – Bedenken Sie die Anforderungen von Behörden, Kammern, Berufsverbänden etc. – Erkundigen Sie sich, für welche Vorhaben besondere Vorausset- zungen und Nachweise, behördliche Zulassungen oder Genehmi- gungen erforderlich sind. Sorgen Sie für das Finanzamt vor. – Stellen Sie sich von Anfang an auf Ihre Pflichten gegenüber dem Finanzamt ein. Denken Sie an die Risikovorsorge im Unternehmen. – Kümmern Sie sich um ausreichende und geeignete Versicherun- gen für Ihr Unternehmen. – Verschließen Sie nicht die Augen vor möglichen Risiken und Gefahren, sondern sorgen Sie mit den richtigen Maßnahmen vor. Lassen Sie sich auch nach der Eröffnung weiter beraten. – Nach dem Unternehmensstart kommen neue Aufgaben auf Sie zu. – Lassen Sie sich vor allem zu finanziellen Belangen weiter beraten. – *Engagieren Sie im Zweifelsfall einen Berater und nutzen Sie dafür* *entsprechende Fördermaßnahmen.*

B. Dreh- und Angelpunkt: die Gründerperson

1. Einstellung zum Thema berufliche Selbständigkeit	– Können Sie sicher sein, dass Sie nicht aus der Not heraus gründen, sondern weil Sie davon überzeugt sind, dass die berufliche Selbständigkeit das Richtige für Sie ist?
	– Sind die Ziele, die Sie mit Ihrer beruflichen Selbständigkeit erreichen wollen, realistisch?
	– Haben Sie Ihre Geschäftsidee gut durchdacht und sind Sie von Ihren Erfolgsaussichten überzeugt?
	– Werden Sie sich ausreichend Zeit nehmen, um sich auf Ihre Gründung vorzubereiten?
	– Sind Sie in der Lage, sich ein realistisches Bild über Ihren zukünftigen Unternehmer-Alltag zu machen?
	– Kennen Sie (z.B. über Ihren Bekannten-/Freundeskreis) Unternehmerinnen oder Unternehmer?
2. Persönliche Voraussetzungen	– Können Sie sich vorstellen, welche körperlichen und seelischen Belastungen vor allem in den ersten Jahren auf Sie zukommen?
	– Sind Sie gesund und körperlich fit?
	– Achten Sie darauf, dass Sie fit bleiben?
	– Haben Sie mit Ihrer Familie darüber gesprochen, was sich für sie durch Ihre Selbständigkeit ändern wird?
	– Hält Ihnen Ihre Familie den Rücken frei?
	– Sind Sie bereit, vor allem in den ersten Jahren überdurchschnittlich viel zu arbeiten (auch abends und am Wochenende)?
	– Sind Sie bereit, in den ersten Jahren auf Ihren Urlaub zu verzichten?
	– Bewahren Sie einen kühlen Kopf, auch wenn es hektisch zugeht?
	– Können Sie sich von Stresssituationen schnell erholen?
	– Setzen Sie Ihre selbst gesteckten Ziele auch um?
	– Packen Sie auch unangenehme Themen an und versuchen sie zu lösen?
	– Sehen Sie Rückschläge und Enttäuschungen als Herausforderungen an, es beim nächsten Mal besser zu machen?
	– Haben Sie den Eindruck, dass Sie an Ihren Aufgaben wachsen?

	– Suchen Sie sich Hilfe, wenn Sie ein bestimmtes Problem nicht selbst lösen können?
	– Nehmen Sie Kritik an, ohne sich dadurch verunsichern zu lassen?
	– Haben Sie die Erfahrung gemacht, dass Sie aus Ihren Fehlern lernen?
	– Kennen Sie Ihre persönlichen Grenzen und Ihre Leistungsfähigkeit?
	– Sind Sie in der Lage, das Für und Wider von Risiken einzuschätzen und auf dieser Grundlage zu entscheiden?
	– Verfügen Sie über persönliche Kontakte, die Sie auch für Ihre berufliche Selbständigkeit nutzen können?
	– Gehen Sie gerne auf Menschen zu?
	– Haben Sie den Eindruck, dass Sie Ihre Gesprächspartner von Ihren Argumenten überzeugen und von Ihren Ideen begeistern können?
	– Können Sie sich gut in andere Menschen hineinversetzen?
3. Einstellung zum Thema Geld	– Können Sie ruhig schlafen, auch wenn Sie kein festes Einkommen haben?
	– Sind Sie bereit und in der Lage, sich in der ersten Zeit u. U. finanziell einzuschränken?
	– Können Sie diszipliniert mit Geld umgehen und Reserven (z.B. für Kredittilgung, Steuern) anlegen, auch wenn Sie dabei auf Neuanschaffungen (z.B. neues Auto, neuer Schreibtisch) zunächst verzichten müssen?
	– Haben Sie sich über Finanzierungsmöglichkeiten informiert?
	– Haben Sie bereits einen guten Kontakt zu dem Kundenbetreuer Ihrer Bank?
	– Verfügen Sie über finanzielle Reserven, um eine erste Durststrecke (ca. 6 Monate) zu überbrücken?
	– Würde Ihr Lebens-/Ehepartner in der ersten Phase für Ihren gemeinsamen Lebensunterhalt aufkommen?
4. Fachliches Know-how	– Passt Ihre bisherige berufliche Tätigkeit zu dem Vorhaben und der Branche, in der Sie sich selbständig machen wollen?
	– Verfügen Sie über nachweisbare Qualifikationen, um andere davon zu überzeugen, dass Sie ein „Meister Ihres Fachs" sind?

	– Können Sie mit der in Ihrer Branche üblichen Computer-software umgehen?
	– Wissen Sie, was Sie können und vor allem, was Sie nicht können?
	– Können Sie fachliche Defizite ausgleichen (Schulungen, Partner, Mitarbeiter)?
	– Sind Sie mit den Zukunftsprognosen Ihrer Branche vertraut?
	– Sorgen Sie dafür, dass Sie fachlich immer auf dem neuesten Stand sind?
5. Unternehmerisches Know-how	– Verfügen Sie über kaufmännisches oder betriebswirt-schaftliches Know-how und wissen Sie z.B., wie eine Rentabilitäts- und eine Liquiditätsvorschau erstellt wird, wie eine einfache Buchführung aussieht oder was es mit einer Umsatzsteuervoranmeldung auf sich hat?
	– Wissen Sie, welche behördlichen/formalen Auflagen Sie erfüllen müssen?
	– Haben Sie Erfahrungen mit der Anleitung und Führung von Personal?
	– Können Sie Aufgaben delegieren?
	– Sind Sie mit Marketing und Vertrieb vertraut?
	– Haben Sie bereits Verkaufsverhandlungen geführt?
	– Haben Sie bereits Kontakte zu potenziellen Auftrag-gebern, Lieferanten und/oder Kooperationspartnern?
	– Wissen Sie, auf was es bei der Standortsuche an-kommt?
	– Wissen Sie, wo Sie sich Informationen und Rat holen können?

C. Welche Beratungseinrichtung für welches Thema?

Gehen Sie bei der Beratung für Ihre Unternehmensgründung am besten in zwei Schritten vor. Zuerst sollten Sie sich orientieren und allgemeine Fragen klären. In einem zweiten Schritt sollten Sie Ihre Informationen vertiefen und dazu spezialisierte Beratungsstellen bzw. Berater aufsuchen.

1. Orientierungsberatung

Industrie- und Handelskammer (IHK)/Handwerkskammer (HWK)	allgemeine Beratung zu allen Fragen der Gründung (kostenlos) (www.dihk.de, www.zdh.de)
bundesweite gründerinnenagentur (bga)	telefonische Beratung für Gründerinnen zu allen Fragen der Gründung
GründerInnen- und UnternehmerInnennetzwerk	GründerInnenstammtische oder UnternehmerInnenvereine zum Erfahrungsaustausch, Kontaktmöglichkeiten zu Team- und Kooperationspartnerinnen (kostenlos). Adressen über kommunale Wirtschaftsförderung oder Gründungsinitiative
Gründungsinitiative	Hilfe bei der Gründungsvorbereitung und der Erarbeitung eines Businessplans (kostenlos)
Berufs-/Branchenverband	Informationen und Beratung zu den berufs- bzw. branchenspezifischen Anforderungen einer Gründung (in der Regel kostenlos)
Gründermessen	vielseitige Informationen und Überblick über alle wichtigen Beratungseinrichtungen; Termine bei der kommunalen Wirtschaftsförderung oder Gründungsinitiative
Kommunale Wirtschaftsförderung	einführende Beratung zu vielen Fragen der Gründung und teilweise Lotsenfunktion zu zuständigen Ämtern vor Ort (kostenlos)
Kommunale Frauenbeauftragte	Überblick über besondere Beratungsangebote für Gründerinnen (kostenlos)

2. Vertiefende Beratung

Industrie- und Handelskammer (IHK)/Handwerkskammer (HWK)	vertiefende Beratung und Existenzgründungskurse (www.dihk.de, www.zdh.de)
Beratungseinrichtungen der bundesweiten gründerinnenagentur (bga)	Adressen der Beratungseinrichtungen erhalten Gründerinnen bei der bga
UnternehmensberaterIn	beschäftigt sich intensiv und über einen längeren Zeitraum mit dem Gründungsvorhaben (honorarpflichtig)

Businessplanwettbewerb	intensive Betreuung bei der Erarbeitung eines Businessplans. Es gibt bundesweite und regionale Businessplanwettbewerbe, die entweder für alle oder nur für bestimmte Branchen offen sind
Institut für Freie Berufe	Gründungsberatung für Angehörige der freien Berufe (in Baden-Württemberg, Bayern, Hessen, Rheinland-Pfalz) (www.ifb-gruendung.de)
Rechtsanwältin/-anwalt	für Fragen zur Rechtsform, zu Vertragsangelegenheiten (vom Miet/Pachtvertrag bis zum Gesellschaftervertrag) oder auch zur Abfassung der Allgemeinen Geschäftsbedingungen (honorarpflichtig)
NotarIn	übernimmt die Eintragung des Unternehmens ins Handelsregister, berät bei der Abfassung von Gesellschafterverträgen (honorarpflichtig)
SteuerberaterIn	Beratung zu den steuerlichen Aspekten von Rechtsformen, der Buchhaltung und Pflichten gegenüber dem Finanzamt (honorarpflichtig)
Landesförderinstitut	Informationen über die Existenzgründungsförderprogramme des jeweiligen Bundeslandes (z.B. Investitionsbank Ihres Bundeslandes)
KfW Bankengruppe	Informationen (Sprechtage, Infoline) über alle bundesweiten Förderprogramme für Existenzgründerinnen und Existenzgründer sowie Unternehmen (www.kfw.de)
Arbeitsagentur	Wer Arbeitslosengeld bezieht, kann sich bei seinem Fallmanager über den Gründungszuschuss und/oder Einstiegsgeld informieren. Wer Personal einstellen möchte, ist hier ebenfalls an der richtigen Stelle. Und: Auch Selbstständige können sich in der Arbeitslosenversicherung absichern. Informationen bieten ebenfalls die Arbeitsagenturen.
Krankenversicherung/ Pflegeversicherung	Die Beitragssätze für Selbstständige unterscheiden sich von denen für Angestellte und Arbeitslose. Gründerinnen und Gründer sollten sich auch über die Unterschiede zwischen einer privaten und gesetzlichen Absicherung informieren.
Rentenversicherung	Es gibt selbstständige Tätigkeiten, die rentenversicherungspflichtig sind. Für alle anderen gilt: Sie können sich freiwillig weiterversichern und/oder private Vorsorge betreiben. Informationen zur Altersvorsorge bieten bspw. die Stiftung Warentest und die Verbraucherzentralen.

6.1.2.2   Gründungswege

A. Existenzgründung aus der Arbeitslosigkeit

Fragen	Antworten
Warum will ich mich überhaupt selbständig machen?	Prüfen Sie die eigene Motivation.
Was interessiert mich? Was kann ich? Was will ich machen? Was habe ich gelernt?	Prüfen Sie, ob Ihr Wissen und Ihre Erfahrungen zu Ihrer Geschäftsidee passen. Da Arbeitslose häufig ihre Chance außerhalb des gelernten Berufes suchen, gibt es bei den Kreditgesprächen Probleme, die Sachkunde unter Beweis zu stellen. Hierauf sollten Sie vorbereitet sein.
Lohnt es sich überhaupt selbständig zu werden?	Die Anforderungen sind hoch. Die wöchentliche Arbeitszeit von 60 Stunden und mehr wird in den ersten Jahren keine Ausnahme sein. Ohne Vorgesetzte zu arbeiten ist eine verlockende Aussicht. Bedenken Sie, dass Sie deren Arbeitsleistung nun mit erbringen müssen.
Welche Agentur für Arbeit ist für Existenzgründung zuständig?	Die Agentur für Arbeit am Wohnort
Wer ist Ansprechpartner in der Agentur für Arbeit?	Ihr Berater in der Agentur für Arbeit (Vermittler) oder speziell eingerichtete Beratungsstellen
Welche Möglichkeiten der Unterstützung bietet die Agentur für Arbeit?	Klären Sie gemeinsam mit dem Vermittler die Möglichkeit für: Beratung, Gründungszuschuss, Seminare, Coaching, Schulung, örtliche Sonderleistungen
Welche Voraussetzungen muss ich erfüllen?	Unterstützung erhalten sowohl Arbeitslose, die z.B. Arbeitslosengeld u.a. Leistungen erhalten, als auch Arbeitnehmer, die von Arbeitslosigkeit bedroht sind.
Wie viele Stunden darf ich vor der Gründung für (in) meine(r) Firma arbeiten?	Unter 15 Stunden pro Woche, unabhängig ob Geld erwirtschaftet wird oder nicht. Einnahmen sind generell mit der Agentur für Arbeit zu verrechnen.
Gibt es eine Alters-*beschränkung?*	Grundsätzlich nicht
Was passiert, wenn die Gründung nicht gelingt?	Sollte die selbständige Tätigkeit aufgegeben werden und tritt erneut Arbeitslosigkeit ein, kann der Restanspruch auf Leistungen häufig wieder geltend gemacht werden. Achtung: Den genannten Zeitraum für diese Rückmeldung erfragen Sie bitte vor Ihrer Gründung bei Ihrem Vermittler, da es unterschiedliche Fristen in Abhängigkeit zur Leistung gibt.

B. Tipps für Nebenerwerbs- oder Kleingründungen

Allgemeines	– gezielte Suche nach einer Geschäftsidee für ein Unternehmen, das möglichst geringe laufende Kosten (z. B. Miete, Personal) und Investitionen (z. B. Büroausstattung) erfordert – Kosten minimieren – prüfen, ob die Selbständigkeit tatsächlich zeitlich begrenzt betrieben werden kann – Entwicklungsmöglichkeiten der Geschäftsidee berücksichtigen
Bei bestehendem Anstellungsvertrag	– Regelungen im Arbeitsvertrag beachten, ob und in welchem Umfang neben der sozialversicherungspflichtigen Beschäftigung eine selbständige Tätigkeit erlaubt ist; ggf. Zustimmung des Arbeitgebers einholen – Beratung durch einen Rechtsanwalt – Geschäftsidee darf nicht in Konkurrenz zum Unternehmen des Arbeitgebers stehen
Bei Arbeitslosigkeit	– Anspruch auf Arbeitslosengeld besteht nur, wenn der zeitliche Umfang der Nebentätigkeit 15 Stunden wöchentlich nicht erreicht – Bei Erreichen der 15-Stunden-Grenze wird die Beantragung des Gründungszuschusses empfohlen, der speziell für Existenzgründer aus der Arbeitslosigkeit zur Verfügung gestellt wird (für ALG I-Bezieher) – Bei Nicht-Erreichen der 15-Stunden-Grenze wird der Gewinn aus der selbständigen Tätigkeit vom Arbeitslosengeld abgezogen
Ohne ausreichende fachliche und kaufmännische Qualifikation	– Weiterbildungs- und Beratungsangebote nutzen (z. B. IHK), um Geschäftsidee zu entwickeln und Produkt bzw. Leistung zu vermarkten – evtl. Kooperation mit Partner zum Know-how-Transfer
Bei Finanzierungsschwierigkeiten	– Suche einer Hausbank mit speziellen Firmenkundenbetreuern, Gründungsberatern oder Existenzgründungscenter – ohne Kreditsicherheiten: prüfen, ob ERP-Gründerkredit-Start-Geld infrage kommt (Voraussetzungen und Konditionen unter http://www.foerderdatenbank.de)

6.1.2.3   Businessplan

A. Was gehört in den Businessplan?

1. Zusammenfassung	– Name des zukünftigen Unternehmens? – Name(n) des/der Gründer(s)? – Wie lautet Ihre Geschäftsidee? – Was ist das Besondere daran? – Welche Erfahrungen und Kenntnisse qualifizieren Sie für diese Gründungsvorhaben? – Welche Kunden kommen für Ihr Angebot in Frage? – Wie soll Ihr Angebot Ihre Kunden erreichen? – Welchen Gesamtkapitalbedarf benötigen Sie für Ihr Vorhaben? – Welches Umsatzvolumen erwarten Sie in den nächsten Jahren? – Wie viele Mitarbeiter wollen Sie nach drei Jahren beschäftigen? – Welche Ziele haben Sie sich gesetzt? – Welchen Risiken ist Ihr Vorhaben ausgesetzt? – Wann wollen Sie mit Ihrem Vorhaben starten?
2. Gründerperson/en	– Welche Qualifikation/Berufserfahrungen und ggf. Zulassungen haben Sie? – Über welche Branchenkenntnisse verfügen Sie? – Über welche kaufmännischen Kenntnisse verfügen Sie? – Welche besonderen Stärken gibt es? – Welche Defizite gibt es? Wie werden sie ausgeglichen?
3. Produkt/ Dienstleistung	**Allgemeines** – Welches Produkt/welche Leistung wollen Sie herstellen bzw. verkaufen? – Was ist das Besondere an Ihrem Angebot? – Start der Produktion/Dienstleistung? – Entwicklungsstand Ihres Produktes/Ihrer Leistung? – Welche Voraussetzungen müssen bis zum Start noch erfüllt werden? – Wann kann das Produkt vermarktet werden? – Welche gesetzlichen Formalitäten (z.B. Zulassungen, Genehmigungen) sind zu erledigen? **Für entwicklungsintensive Vorhaben:** – Welche Entwicklungsschritte sind für Ihr Produkt noch notwendig? – Wann kann eine Null-Serie aufgelegt werden? – Wer führt das Testverfahren durch? – Wann ist das eventuelle Patentierungsverfahren abgeschlossen?

	– Welche technischen Zulassungen sind notwendig?
	– Welche Patent- oder Gebrauchsmusterschutzrechte besitzen Sie bzw. haben Sie beantragt?
	– Wie könnten sich die technologischen Möglichkeiten im Idealfall entwickeln?
4. Marktübersicht	**Kunden**
	– Wer sind Ihre Kunden?
	– Wo sind Ihre Kunden?
	– Wie setzen sich die einzelnen Kundensegmente zusammen (z.B. Alter, Geschlecht, Einkommen, Beruf, Einkaufsverhalten, Privat- oder Geschäftskunden)?
	– Haben Sie bereits Referenzkunden? Wenn ja, welche?
	– Welches kurz- und langfristige Umsatzpotential ist damit verbunden?
	– Sind Sie von wenigen Großkunden abhängig?
	– Welche Bedürfnisse/Probleme haben Ihre Kunden?
	Konkurrenz
	– Gibt es andere Entwicklungen in „Ihrer" Richtung?
	– Wer sind Ihre Konkurrenten?
	– Was kosten Ihre Produkte bei der Konkurrenz?
	– Welches sind die größten Stärken und Schwächen Ihrer Konkurrenten?
	– Welche Schwächen hat Ihr Unternehmen gegenüber Ihrem wichtigsten Konkurrenten?
	– Wie können Sie diesen Schwächen begegnen?
	Standort
	– Wo bieten Sie Ihr Angebot an?
	– Warum haben Sie sich für diesen Standort entschieden?
	– Welche Nachteile hat der Standort?
	– Wie können Sie diese Nachteile ausgleichen?
	– Wie wird sich der Standort zukünftig entwickeln?
5. Marketing	**Angebot**
	– Welchen Nutzen hat Ihr Angebot für potenzielle Kunden?
	– Was ist besser gegenüber dem Angebot der Konkurrenz?
	Preis
	– Welche Preisstrategie verfolgen Sie und warum?
	– Zu welchem Preis wollen Sie Ihr Produkt/Ihre Leistung anbieten?
	– Welche Kalkulation liegt diesem Preis zugrunde?

	Vertrieb
	– Welche Absatzgrößen steuern Sie in welchen Zeiträumen an?
	– Welche Zielgebiete steuern Sie an?
	– Welche Vertriebspartner werden Sie nutzen?
	– Welche Kosten entstehen durch den Vertrieb?
	Werbung
	– Wie erfahren Ihre Kunden von Ihrem Produkt/Ihrer Dienstleistung?
	– Welche Werbemaßnahmen planen Sie wann?
6. Unternehmens-organisation/ Personal	**Rechtsform**
	– Für welche Rechtsform haben Sie sich entschieden und aus welchen Gründen?
	Organisation
	– Welche betriebliche Organisationsform haben Sie gewählt?
	– Wer ist für was zuständig?
	– Wie können Sie ein sorgfältiges Controlling sicherstellen?
	Mitarbeiter
	– Wann bzw. in welchen zeitlichen Abständen wollen Sie wie viele Mitarbeiter einstellen?
	– Welche Qualifikationen sollten Ihre Mitarbeiter haben?
	– Welche Schulungsmaßnahmen sehen Sie für Ihre Mitarbeiter vor?
7. Chancen und Risiken	– Welches sind die drei größten Chancen, die die weitere Entwicklung Ihres Unternehmens positiv beeinflussen könnten?
	– Welches sind die drei wichtigsten Probleme, die eine positive Entwicklung Ihres Unternehmens behindern könnten?
8. Finanzierung	**Lebenshaltungskosten**
	– Wie hoch sind Ihre monatlichen/jährlichen Lebenshaltungskosten?
	– Wie hoch muss Ihre Reserve für unvorhergesehene Ereignisse sein (Krankheit/Unfall)?
	Investitionsplan/Kapitalbedarf
	– Wie hoch ist der Gesamtkapitalbedarf für
	– Anschaffungen und Vorlaufkosten für Ihren Unternehmensstart und
	– für eine Liquiditätsreserve während der Anlaufphase (6 Monate nach Gründung; bei innovativen Science-Unternehmen ca. 2 Jahre)?
	– Liegen Ihnen Kostenvoranschläge vor, um Ihre Investitionsplanung zu belegen?

Finanzierungsplan
- Wie hoch ist Ihr Eigenkapitalanteil?
- Welche Sicherheiten können Sie einsetzen?
- Wie hoch ist Ihr Fremdkapitalbedarf?
- Welche Förderprogramme könnten für Sie in Frage kommen?
- Welche Beteiligungskapitalgeber könnten für Sie in Frage kommen?
- Können Sie bestimmte Wirtschaftsgüter leasen? Zu welchen Konditionen?

Liquiditätsplan
- Wie hoch schätzen Sie die monatlichen (verteilt auf drei Jahre) Einzahlungen aus Ihren Umsätzen u.a.?
- Wie hoch schätzen Sie die monatlichen Kosten (Material, Personal, Miete u.a.)?
- Wie hoch schätzen Sie die Investitionskosten, verteilt auf die ersten zwölf Monate?
- Wie hoch schätzen Sie den monatlichen Kapitaldienst (Tilgung und Zinszahlung)?
- Mit welcher monatlichen Liquiditätsreserve können Sie rechnen?

Ertragsvorschau/Rentabilitätsrechnung
- Wie hoch schätzen Sie den Umsatz für die nächsten drei Jahre?
- Wie hoch schätzen Sie die Kosten für die nächsten drei Jahre?
- Wie hoch schätzen Sie den Gewinn für die nächsten drei Jahre? (Nutzen Sie für Ihre Schätzungen Vergleichszahlen Ihrer Branche. Fragen Sie Ihre Kammer.)

9. Unterlagen
- tabellarischer Lebenslauf
- Gesellschaftervertrag (Entwurf)
- Pachtvertrag (Entwurf)
- Kooperationsverträge (Entwurf)
- Leasingvertrag (Entwurf)
- Marktanalysen
- Branchenkennzahlen
- Gutachten
- Schutzrechte
- Übersicht der Sicherheiten

B. Fachkundige Stellungnahme und Tragfähigkeitsprüfung

Fahrplan für eine erfolgreiche Antragstellung bei der Inanspruchnahme des Gründungszuschusses.

1. Wer benötigt eine fachkundige Stellungnahme zur Tragfähigkeit seines Gründungsvorhabens?	– Gründerinnen und Gründer, die einen Gründungszuschuss beantragen möchten
2. Vorgehen bei fachkundiger Stellungnahme	– Antrag bei der Arbeitsagentur für einen Gründungszuschuss stellen. – Erarbeitung der Businessplanunterlagen (sind auf dem Antragsformular vermerkt). – Abgabe der Unterlagen zusammen mit einer Kopie des Antrags für einen Gründungszuschuss bei der fachkundigen Stelle. – Dauer der Bearbeitung durch fachkundige Stelle: in aller Regel nicht länger als 14 Tage; in 80 % der Fälle sind die eingereichten Businesspläne nicht schlüssig, so dass die fachkundigen Stellen den Gründer zu einem Gespräch einladen und ihm bei der Verbesserung seines Businessplans helfen. – Kosten: Die fachkundige Stellungnahme ist meist kostenpflichtig (auch die Kammern bieten sie zukünftigen Kammermitgliedern nicht immer kostenlos an). – Vollständigen Antrag bei der Arbeitsagentur für einen Gründungszuschuss einreichen.
3. Wer erteilt eine fachkundige Stellungnahme?	– Industrie- und Handelskammer, Handwerkskammer – Berufsständische Kammer (z. B. Innung) – Fachverband (z. B. freie Berufe) – kommunale Wirtschaftsförderung – Bank oder Sparkasse – Steuerberater
4. Worauf achten die fachkundigen Stellen besonders bei einer *Tragfähigkeitsprüfung?*	– Hat der Gründer ausreichende fachliche und Branchenkenntnisse? – Hat der Gründer ausreichendes kaufmännisches und unternehmerisches Know-how? – Sind alle erforderlichen Zulassungsvoraussetzungen erfüllt (z. B. Konzession, Eintrag in die Handwerksrolle)? – Ist die Geschäftsidee konkurrenzfähig? – Sind die geschätzten Umsätze realistisch? – Sind die geschätzten Kosten realistisch? – Ist der geschätzte Gewinn realistisch?

	– Ist der errechnete Kapitalbedarf realistisch?
	– Kann der Gründer seinen Kapitalbedarf finanzieren?
	– Hat er finanzielle Reserven, um Durststrecken zu über- brücken?
	– Wird das zu erwartende Einkommen dem Gründer voraussichtlich eine ausreichende Lebensgrundlage bieten?
5. **Was muss man für einen entschei- dungsfähigen Antrag bei der Arbeitsagen- tur vorlegen?**	– Kurzbeschreibung des Existenzgründungsvorhabens zur Erläuterung der Geschäftsidee
	– Lebenslauf (einschließlich Zeugnisse und Befähigungs- nachweise)
	– Kapitalbedarfsplan
	– Finanzierungsplan (Nachweis über eigene Mittel oder Kreditzusagen)
	– Umsatz- und Rentabilitätsvorschau
	– fachkundige Stellungnahme
	– ggf. Begründung der letzten Geschäftsaufgabe
	– ggf. Bescheinigung über Teilnahme an einem Existenz- gründungsseminar
	– Gewerbeanmeldung oder Anmeldung der freiberuf- lichen Tätigkeit beim Finanzamt

C. Unternehmerlohn – private Ausgabenplanung

Ermittlung der jährlichen Kosten	€
Haushalt	
+ Miete o. vergleichbare Kosten	
+ Lebensmittel/Hausrat	
+ Kleidung usw.	
+ Strom/Heizung	
+ Wasser	
+ Müllabfuhr	
+ Telekommunikation	
+ Freizeit	
+ Kindergarten	
+ Ausgaben für Geld- und Sachvermögen (z.B. Wertpapiere, Sparverträge, Immobilien)	
+ Sonderausgaben (Weihnachten, Geburtstage, Urlaub, Reparaturen, Beiträge für Vereine/Verbände)	
Gesamt	
Versicherungen	
Lebensversicherung/Rentenversicherung	
+ Krankenversicherung	
+ Unfallversicherung	
+ Haftpflichtversicherung	
+ Kfz-Haftpflichtversicherung	
+ Hausratversicherung	
+ Rechtsschutzversicherung	
= Gesamt	
Sonstiges	
Rücklage für Einkommensteuer	
+ Unterhaltsverpflichtungen	
+ Tilgung/Zinszahlung für Privatdarlehen	
= Gesamt (benötigte private Einnahmen)	
– sonstige Einnahmen (z.B. Einkommen des Partners, Mieteinnahmen, Gründungszuschuss)	
= Private Ausgaben (erforderlicher Unternehmerlohn)	

D. Kapitalbedarf – Finanzierung der Gründung und der betrieblichen Anlaufphase

Ermittlung der jährlichen Kosten	€
Gründungskosten	
Beratungen	
+ Anmeldungen/Genehmigungen	
+ Eintrag ins Handelsregister	
+ Notar	
+ Sonstige	
= Gesamt	
Kosten für Anlaufphase (Ausgaben bis zum ersten Geldeingang aus Umsatz für bestimmten Zeitraum, z.B. 3 Monate)	
+ Personalkosten, inkl. eigenes Geschäftsführergehalt bei Kapitalgesellschaften (alle Kosten inkl. Lohnnebenkosten)	
+ Beratung	
+ Leasing	
+ Miete/Pacht	
+ Werbung	
+ Vertrieb	
+ Betriebliche Steuern	
+ Versicherungen	
+ Reserve für Startphase, Folgeinvestitionen und Unvorhergesehenes	
+ Sonstige	
= Gesamt	
Unternehmerlohn (bei Einzelunternehmen und Personengesellschaften zur Sicherstellung der privaten Lebenshaltungskosten)	
Anlagevermögen	
Patent-, Lizenz-, Franchisegebühren u.ä.	
+ Grundstücke/Immobilien einschl. Nebenkosten	
+ Produktionsanlagen, Maschinen, Werkzeuge	
+ Betriebs-, Geschäftsausstattung	
+ Fahrzeuge	
= Gesamt	
Umlaufvermögen	
Material- u. Warenlager, Roh-, Hilfs- und Betriebsstoffe	
+ Kapitaldienst	
Zinsen für Existenzgründungsdarlehen/Bankkredite	
Tilgung	
= Kapitalbedarf	

6.1.2.4   Finanzierung und Förderung

A. Checkliste Bankgespräch

1. Nachvollziehbarer Businessplan

– Enthält mein Businessplan u. a. Aussagen zu
  – meinem Vorhaben?
  – dem Alleinstellungsmerkmal meines Angebotes?
  – meinen fachlichen und unternehmerischen Fähigkeiten?
  – Markt, Branche, Wettbewerbern und den sich ergebenden Marketing-
    und Vertriebsmaßnahmen?
  – der Unternehmensorganisation einschließlich Rechtsform?
– Enthält mein Businessplan einen Finanzplan mit Zahlen zu Kapitalbedarf,
  Liquidität, Rentabilität und Finanzierung?
– Kann ich meine Kreditwürdigkeit deutlich machen?
– Enthält mein Businessplan eine Zusammenfassung mit den wichtigsten
  Aussagen?
– Ist mein Businessplan für Dritte gut verständlich?
– Sind alle Zahlen und Daten nachvollziehbar und realistisch?

2. Unterlagen

– Businessplan inklusive Zusammenfassung
– Beschreibung Gründerperson/Gründungsteam
– Kapitalbedarfsplan
– Liquiditätsplan
– Sicherheitenplan
– Zeugnisse
– ggf. Teilnahmebescheinigung Existenzgründungskurs
– Angebotsbeschreibung
– Marketing- und Vertriebskonzept
– Rentabilitätsvorschau
– Finanzierungsplan
– Vermögensübersicht
– Lebenslauf mit Nachweis der erlangten Qualifikationen
– ggf. Vertragsentwürfe

3. Überzeugendes Auftreten

– Bin ich in der Lage, überzeugend und kompetent aufzutreten?
– Drücke ich mich klar und verständlich aus?
– Kann ich alle Inhalte meines Businessplans schlüssig erläutern?
– Kann ich meine Kompetenz sowie zukünftige Kunden, Kooperationen
  oder Kosten durch entsprechende Unterlagen nachweisen?
– Kann ich auf eventuelle Bedenken meines Gesprächspartners angemessen
  reagieren?

B. Ratingvorbereitung

Die folgenden Fragen und die Art der Bewertung sind nicht identisch mit der Rating-Praxis. Sie gehen jedoch auf alle wesentlichen Rating-Felder ein und können dabei helfen, sich auf ein Rating vorzubereiten.

1. Analyse wirtschaftlicher Verhältnisse	– Bilanzen und Jahresabschlüsse der letzten beiden Jahre – Umsatz- und Leistungsentwicklung – Kostenentwicklung und Kostenstruktur – Ertragsentwicklung – Rentabilität – Liquidität – Eigenkapitalquote – Schuldentilgungsdauer – Firmenvermögen
2. Management und Organisation	**Managementkompetenz und Führungserfahrung** – Fachliche und kaufmännische Qualifikationen der Unternehmensleitung – Einblick der Unternehmensleitung in die wirtschaftliche Situation des Unternehmens – Zuverlässigkeit der Kalkulation auf einer gesicherten Zahlungsgrundlage – Absicherung der Kontinuität in der Unternehmensführung – Regelung der Nachfolge – Nachwuchsförderung **Unternehmensstruktur** – Effektivität der Organisationsstrukturen im Unternehmen – Ausrichtung der Unternehmensstruktur an den Erfordernissen des Marktes und der Branche – Qualitätsmanagement im Unternehmen **Personal** – Qualifikationen der Mitarbeiter – Abhängigkeit von Schlüsselpositionen im Unternehmen – Zufriedenheit der Mitarbeiter – Personalplanung für die Zukunft
3. Markt und Branche	**Marktsituation allgemein** – Marktpotential des Unternehmens – Aktueller Auftragsbestand – Zukünftige Auslastung **Markt- und Branchenentwicklung** – Branchenentwicklung – Abhängigkeit des Unternehmens von Markt- und Branchentrends – Abhängigkeit des Unternehmens von der Konjunktur – Erfolgspotential der Geschäftsfelder

	Produkte und Leistungen
	– Angebotssortiment
	– Qualität der Produkte und Leistungen
	– Positionierung des Unternehmens im Markt
	– Positionierung des Unternehmens in seinem derzeitigen Preis- und Leistungssegment
	– Produktentwicklung und Innovationsgeschwindigkeit im Unternehmen
	Kunden
	– Zufriedenheit der Kunden
	– Erfolgswahrscheinlichkeit mit dem derzeitigen Kundensegment
	– Bonität der Kunden
	– Abhängigkeit von bestimmten Kunden
	– „Treue" der Kunden
	Konkurrenz
	– Marktanteil des Unternehmens
	– Zahl der Wettbewerber
	– Wettbewerbsvorteil gegenüber der Konkurrenz
	Lieferanten
	– Einkaufskonditionen
	– Qualität und Zuverlässigkeit der Lieferanten
	– Abhängigkeit von Lieferanten
	Vertrieb
	– Vertriebsorganisation
	Marketing
	– Marketingkonzept
4. Beziehung Unternehmen – Hausbank	**Kontoführung**
	– Inanspruchnahme des Kreditrahmens
	– Kontoumsätze im Vergleich zum Kontokorrent-Kreditrahmen
	Information
	– Informationsverhalten gegenüber der Bank (notwendige Informationen pünktlich, ausreichend geliefert)
	– Aussagekraft der Informationen
	– Kommunikation mit der Bank bei wichtigen Informationen und strategischen Entscheidungen
	– Zuverlässigkeit bei Vereinbarungen mit der Bank

5. Unternehmens-
entwicklung und
Unternehmens-
planung
	– Unternehmenskonzept
	– Erfolgswahrscheinlichkeit der lang- und kurzfristigen
	  Entwicklungs- und Planziele
	– Erfolgswahrscheinlichkeit der Umsatz- und Absatz-
	  planung
	– Erfolgswahrscheinlichkeit der Kostenplanung
	– Kostenvor- und -nachkalkulation
	– Erfolgswahrscheinlichkeit der Ertragsplanung
	– Erfolgswahrscheinlichkeit der Investitionsplanung
	– Erfolgswahrscheinlichkeit der Liquiditätsplanung (Kapi-
	  taldienstfähigkeit)
	– Qualität des Rechnungswesens und Controllings
	– Qualität des Mahnwesens
	– Seriosität im Umgang mit Unternehmensrisiken (Um-
	  weltrisiken, Gewährleistungsrisiken, Produkthaftungs-
	  risiken, Versicherungen und Rücklagen)

C. Förderprogramme

Programme	– StartGeld (siehe Kap. 4.2.3.3.2)
	– Mikro-Darlehen (siehe Kap. 4.2.3.3.2)
	– Beratungsförderung (siehe Kap. 8.1.2)
	– Unternehmerkapital: ERP-Kapital für Gründung
	– Unternehmerkredit
	– Gründungszuschuss (siehe unten, Punkt D)
	– Investitionszulage (siehe Kap. 5.8.1)
	– Sonderabschreibungen und Ansparabschreibungen zur Förde-
	  rung von KMU (siehe Kap. 5.1.5.3.4.3)
	– Investitionszuschuss Gemeinschaftsaufgabe „Verbesserung der
	  regionalen Wirtschaftsstruktur" (siehe Kap. 5.8.2).
	– ERP-Beteiligungsprogramm, ERP-Innovationsprogramm u. a.
	– Forschungs-Finanzierung
	– Förderprogramme für technologieorientierte Unternehmen

Voraussetzung	– Antragsteller muss über eine ausreichende fachliche und kauf-
	  männische Qualifikation verfügen
	– Existenzgründung muss in eine tragfähige „Vollexistenz" als
	  Haupterwerbsgrundlage münden

Verfahren	Beantragung **vor** Vorhabensbeginn bei der Hausbank (Ausnahme: Investitionszulage)

D. Gründungszuschuss[1]

Ziel	Förderung von Existenzgründern, die mit dem Weg in die Selbstständigkeit ihre Arbeitslosigkeit beenden möchten
Voraussetzungen	– Gründung muss im Haupterwerb erfolgen – bei Aufnahme der selbständigen Tätigkeit muss noch Anspruch auf Arbeitslosengeld (kein ALG II) von mindestens 150 Tagen bestehen; Bewilligung liegt im Ermessen der Agentur für Arbeit; Bewilligung von Einstiegsgeld für ALG II-Empfänger liegt ebenfalls im Ermessen des Fallmanagers der für den Antragsteller zuständigen Agentur für Arbeit – durch die Existenzgründung wird Arbeitslosigkeit beendet – zeitlicher Umfang der selbstständigen Tätigkeit muss mindestens 15 Stunden wöchentlich betragen – ein noch bestehender Anspruch auf Arbeitslosengeld wird während der Förderung „1:1" aufgebraucht – keine Förderung für Arbeitnehmer, die ihr bestehendes Arbeitsverhältnis ohne wichtigen Grund selbst kündigen, für die Dauer einer Karenzzeit von drei Monaten

Förderung	– Förderphase 1
	  – ab Unternehmensstart 6 Monate lang
	  – monatlicher steuerfreier Zuschuss in Höhe des individuellen monatlichen Arbeitslosengelds sowie eine steuerfreie Pauschale von 300 € zur sozialen Absicherung
	– Förderphase 2
	  – 9 Monate ab Ablauf von Phase 1, wenn Geschäftstätigkeit und hauptberufliche unternehmerische Aktivitäten vor Beginn der zweiten Förderphase nachgewiesen werden
	  – Weiterzahlung der steuerfreien Pauschale von 300 € für die soziale Absicherung

Vorsorge und Absicherung	**Rentenversicherung** – keine Pflicht zur Mitgliedschaft in der gesetzlichen Rentenversicherung (Ausnahme: selbstständig Tätige, die im SGB VI aufgeführt sind, z.B. Handwerker, Hebammen, Lehrer, Künstler und Publizisten) – freiwillige Mitgliedschaft in Deutscher Rentenversicherung möglich (Mindestbeiträge in 2020 monatlich 83,70 € in Ost und West)
	Kranken- und Pflegeversicherung – in 2021 Annahme eines Einkommens von mindestens 1 096,67 € und höchstens 4 837,50 € im Monat zur Berechnung des KV-Beitrags – bei Erzielung von höheren Einnahmen steigen die Beträge – Gründungszuschuss wird bei der Berechnung der Einnahmen berücksichtigt, aber nicht die monatliche Pauschale zur sozialen Absicherung in Höhe von 300 €

---

[1] Quelle: BMWi Existenzgründer-Portal, http://www.existenzgruender.de

	Arbeitslosen-versicherung	– freiwillige Weiterversicherung möglich – Antragstellung muss spätestens innerhalb der ersten drei Monate nach Aufnahme der selbst-ständigen Tätigkeit erfolgen – bestehender Anspruch auf Arbeitslosengeld wird während der Förderung 1 : 1 aufgebraucht
Verfahren		– Vorlage einer fachkundigen Stellungnahme über die Tragfähigkeit des Existenzgründungsvorhabens bei einer fachkundigen Stelle (z.B. IHK, Handwerkskammer, Kreditinstitute, Gründungszentren, Steuerberater)
Steuern		Der Gründungszuschuss wird nicht versteuert.
Rechtsform		– freie Wahl der Rechtsform – bei Unternehmensgründung mit Partner muss die Beteiligung gleichberechtigt (je 50 %) sein und das unternehmerische Risiko mitgetragen werden

6.1.2.5   Steuern, Versicherungen, Formalitäten

A. Die sechs häufigsten Steuerfehler von Existenzgründern

1. Falsche Rechtsform

Viele junge Unternehmer starten als GmbH. Nachteil: Es fällt Lohnsteuer für das Geschäftsführergehalt an, obwohl das junge Unternehmen womöglich noch gar keinen Gewinn erzielt. Siehe zur Rechtsformwahl Kap. 6.2.

2. Zu niedrige Steuervorauszahlungen

Nach Gründung des Unternehmens dauert es in der Regel zwei Jahre, bis der erste Einkommensteuerbescheid vorliegt. Bei zu niedrigen Einkommensteuer-Vorauszahlungen können Einkommensteuer-Nachzahlungen für zwei bis drei Jahre das Unternehmen in ernsthafte finanzielle Engpässe führen. Eine freiwillige Anpassung der Vorauszahlungen nach oben kann daher sinnvoll sein.

3. Fehlende Verträge

In den Betrieben von Gründern und jungen Firmen hilft oft die ganze Familie kräftig mit. Geschieht dies ohne Arbeitsvertrag und Gehalt, verschenkt die Familie Steuern. Denn bei der Einkommensteuer hat jedes Familienmitglied, vom Urgroßvater bis zum Neugeborenen, gleich eine ganze Reihe persönlicher Freibeträge, die oft ungenutzt verfallen. Oft leihen Familienangehörige auch Geld oder stellen Räumlichkeiten zur Verfügung. Es ist steuerlich meist sinnvoll, in diesen Fällen Darlehens- bzw. Mietverträge abzuschließen.

4. Falsches Timing bei der Umsatzsteuer

Viele Gründer beantragen in der Anfangsphase dauerhaft eine Fristverlängerung zur Voranmeldung der Umsatzsteuer. Gleichzeitig mögliche Vorsteuer-Erstattungen kommen dann erst einen Monat später.

5. Fehler bei der Umsatzsteuer

Wegen nicht ordnungsgemäßer Belege (z.B. ist auf Rechnungsbelegen für gekaufte Waren die Mehrwertsteuer nicht ausgewiesen) wird der Vorsteuerabzug nicht anerkannt. Dadurch wird bares Geld verschenkt. Siehe zur Umsatzsteuer Kap. 5.9.

6. Mängel in der Buchführung

Mängel in der Buchführung (falsche Kontierung, Verbuchung fehlerhafter Belege, auf denen die Mehrwertsteuer fehlt, Zeitverzögerung bei der Durchführung etc.) führen nicht selten dazu, dass zu wenig oder zu spät Umsatzsteuer gezahlt wird. Bei Anträgen auf Herabsetzung von Steuervorauszahlungen können dem Finanzamt dann oft auch keine aussagefähigen Unterlagen vorgelegt werden.

B. Steuern: Wer zahlt wann?

	Wer?	Wann?
Umsatzsteuer	Jeder Unternehmer (Ausnahmen: z.B. Ärzte, Physiotherapeuten) Allgemeiner Satz: 19 %, ermäßigter Satz: 7 % (z.B. für Kunst- und Medienberufe) Mögliche Befreiung durch Anwendung der Kleinunternehmerregelung § 19 UStG	I.d.R. zum 10. des Folgemonats nach einem Vorauszahlungszeitraum (Monat oder Quartal)
Einkommensteuer	Unternehmer (natürliche Personen)	Vierteljährliche Vorauszahlung; Steuererklärung nach Ablauf des Kalenderjahres
Körperschaftsteuer	GmbH, UG (haftungsbeschränkt), AG, Genossenschaft	Vierteljährliche Vorauszahlung; Steuererklärung nach Ablauf des Kalenderjahres
Gewerbesteuer	Alle Gewerbetreibenden aus Industrie, Handel, Handwerk, Dienstleistungen (ausgenommen: Freie Berufe und Landwirtschaft)	Vierteljährliche Vorauszahlung; Steuererklärung nach Ablauf des Kalenderjahres
Kirchensteuer	Erwerbstätige Angehörige der ev. oder kath. Kirche	Vierteljährliche Vorauszahlung; Steuererklärung nach Ablauf des Kalenderjahres
Vorsteuer abziehen	Jeder umsatzsteuerpflichtige Unternehmer (Ausnahmen: z.B. Ärzte, Physiotherapeuten und Anwender der Kleinunternehmerregelung nach § 19)	Bei Entrichtung der Umsatzsteuer (s.o.)
Lohnsteuer	Arbeitgeber für Arbeitnehmer	i.d.R. zum 10. des Folgemonats (Monat oder Quartal)

C. Sondergenehmigungen

1. Überblick

Bei einigen Gewerben sind für die Erlaubnis und Zulassung besondere Nachweise erforderlich. Welche konkreten Nachweise jeweils gefordert werden, weiß in der Regel die zuständige IHK.

Persönliche Zuverlässigkeit	– polizeiliches Führungszeugnis („zur Vorlage bei Behörden")
	– Auszug des Gewerbezentralregisters
Sachliche Voraussetzungen	– Nachweis der wirtschaftlichen Leistungsfähigkeit
	– erforderlicher Zustand der Gewerberäume
Fachliche Voraussetzungen	– Fachkundenachweis (Bescheinigung, Zeugnis, Diplom etc.)

2. Beispiele

Gewerbe	Persönliche Zuverlässigkeit	Sachliche Voraussetzungen	Fachliche Voraussetzungen
Automatenaufsteller/ Spielgeräte mit Gewinnmöglichkeiten	Ja	Ja	Unbedenklichkeitsbescheinigung des BKA
Bewachungsunternehmen	Ja	Ja	Unterrichtung durch IHK Sachkundeprüfung[1]
Buchführungshelfer	Nein	Nein	Kfm., steuer- oder wirtschaftsberatende Ausbildung und 3-jährige berufliche Praxis
Fahrschulen	Ja	Nein	Prüfung beim TÜV, Mindestalter 25 Jahre, 2 Jahre Berufspraxis
Finanzdienstleistungen	Ja	Ja	
Gaststätten/Hotels	Ja	Ja	Unterrichtung durch IHK
Handel mit Waffen und Munition	Ja	Nein	Fachkundeprüfung
Genehmigungspflichtiger Güterkraftverkehr (ohne Werkverkehr)	Ja	Ja	Fachkundeprüfung
Handel mit freiverkäuflichen Arzneimitteln	Nein	Ja	Fachkundeprüfung

---

[1] Für Wachpersonen, die Kontrollgänge im öffentlichen Raum durchführen.

Gewerbe	Persönliche Zuverlässigkeit	Sachliche Voraussetzungen	Fachliche Voraussetzungen
Handel mit Sittichen und Wirbeltieren	Ja	Ja	Fachkundeprüfung Mindestalter 21 Jahre
Handel mit Waffen, Munition, Sprengstoff und Giften	Ja	Nein	Fachkundeprüfung
Herstellung von Waffen	Ja	Nein	Fachkundeprüfung
Herstellung von Arzneimitteln	Ja	Nein	Ausbildung oder Studium
Kindertagesstätte	Ja	Ja	Ja (bei größerer Kinderzahl)
Makler, Bauträger, Baubetreuer	Ja	Ja	Nein
Medizinische Fußpflege	Ja	Ja	Staatliche Fachkundeprüfung
Arbeitsvermittlung	Ja	Ja	Fachkundeprüfung
Pfandleihgewerbe/Pfandvermittler	Ja	Ja	Nein
Pflegedienste (häusliche und medizinische)	Ja	Nein	Zeugnis über staatliche Prüfung
Privatkrankenanstalten	Ja	Ja[1]	Nein
Verkehrsgewerbe (Taxi-, Busunternehmen)	Ja	Nein[2]	Reisegewerbekarte beim Gewerbeamt beantragen
Versteigerungsgewerbe	Ja	Ja	Nein

Hinweis: Welche konkreten Nachweise jeweils erforderlich sind, weiß in der Regel die zuständige IHK.

---

[1] Umfangreiche räumliche und sachliche Voraussetzungen.
[2] Bei Taxis zahlenmäßige Begrenzung vor Ort.

D. Checkliste betriebliche Absicherung

Art der Gefahr	Risiko für das Unternehmen		
	groß	mittel	klein
Feuer, Explosion	☐	☐	☐
auf benachbarte Grundstücke übergreifendes Feuer	☐	☐	☐
Sturm	☐	☐	☐
Leitungswasser	☐	☐	☐
Einbruchdiebstahl	☐	☐	☐
Maschinenbruch	☐	☐	☐
Warentransporte	☐	☐	☐
Betriebsunterbrechung durch Feuer	☐	☐	☐
Maschinenschaden	☐	☐	☐
Energieausfall	☐	☐	☐
Verseuchung	☐	☐	☐
Computerausfall	☐	☐	☐
Betriebshaftpflicht	☐	☐	☐
Umwelthaftpflicht	☐	☐	☐
Produkthaftpflicht	☐	☐	☐
Kraftfahrzeughaftpflicht	☐	☐	☐
eigene Kraftfahrzeugschäden	☐	☐	☐
Unfallschäden (Kasko)	☐	☐	☐
Beraubung, Sabotage, Unterschlagung	☐	☐	☐
Forderungsausfall	☐	☐	☐
Auslandsrisiken	☐	☐	☐

6.1.2.6   Preiskalkulation und Rechnungswesen

A. Preisfindung

1. Was muss das Produkt oder die Leistung mindestens kosten (Kostenpreis)?
2. Wie hoch ist der Preis, den die Konkurrenz für ein vergleichbares Angebot verlangt (Marktpreis)?
3. Welcher Konkurrent hat den höchsten Preis? Was unterscheidet das Angebot des Unternehmens vom Konkurrenzangebot (Preis-Leistungs-Verhältnis)?
4. Wie kann Leistung gesteigert werden, um den notwendigen Kostenpreis zu erzielen (z.B. durch besonderen Service)?
5. Wo können Kosten eingespart werden, um sich dem Marktpreis zu nähern?
6. Ist die richtige Kundengruppe vorhanden, um den Kostenpreis erzielen zu können?
7. Welcher psychologische Preis kann angesetzt werden (z.B. 19,99 €)?
8. Sind Preisnachlässe möglich (Rabatt, Skonto)? Unter welchen Bedingungen?
9. Müssen ggf. notwendige Kosten für eine Transportversicherung mit in den Preis einkalkuliert werden?

B. Preiskalkulation im Handel am Beispiel

		€ ohne USt.
	Listenpreis des Herstellers (für ein Produkt)	230,00
–	Rabatt (häufig 20 %) beim Einkauf	46,00
=	Zieleinkaufspreis	184,00
–	Skonto (häufig 2 %) beim Einkauf	3,68
=	Einkaufspreis des Händlers	180,32
+	Bezugskosten (Versand, Lieferung)	18,00
=	Bezugspreis	198,32
+	Handlungskosten (hier z.B. 35 %, z.B. für Einkaufen, Verpacken, Verkaufsverhandlungen, Verwaltung etc.)	69,41
=	Selbstkosten	267,73
+	Gewinnaufschlag/Kalkulationsaufschlag (häufig 10 %)	26,77
=	Verkaufspreis netto	294,51
+	Umsatzsteuer 19 %	55,96
=	**Verkaufspreis brutto**	**350,46**

C. Kalkulation von Stundenverrechnungssätzen

1. Schritt: Ermittlung der Kosten im Unternehmen

Kosten im Unternehmen (pro Jahr)	€ ohne USt.
Löhne, Gehälter, Sozialabgaben	
Lieferanten	
Mieten und Nebenkosten	
Büro- und Verwaltungskosten	
Vertrieb	
Marketing und Werbung	
Versicherungen	
Betriebliche Steuern	
Finanzierungskosten (Tilgung, Zinsen)	
+ Sonstige Ausgaben	
= **Gesamt**	

2. Schritt: Berechnung der fakturierfähigen Stunden (= tatsächliche Arbeitsstunden pro Jahr)

Berechnung der Arbeitstage im Jahr Tage im Jahr	365
− Samstage und Sonntage	
− Feiertage	
− Urlaubstage	
− durch Krankheit bedingte Ausfalltage	
= **tatsächliche Arbeitstage** (Anwesenheitstage)	
Berechnung der fakturierfähigen Stunden	
Stunden pro Tag	
= tatsächliche Arbeitstage × Stunden pro Tag	
× produktiv Beschäftigte	
× Korrekturfaktor (in % = Zeitverluste z.B. für Fahrten, Vor- und Nacharbeiten, Leerlaufzeiten bei schlechter Auftragslage)	
= **Fakturierfähige Stunden**	

Zu prüfen ist, wie viel der tatsächlichen Arbeitstage bzw. -stunden tatsächlich zum „Geldverdienen" genutzt werden können. Nicht jeder Tag und jede Stunde kann dafür da sein. Es gibt Zeiten für Akquise, Verwaltung und natürlich auch Leerlauf. Ein Korrekturfaktor von 85 % besagt, dass 85 % der tatsächlichen Arbeitstage bzw. -stunden tatsächlich produktiv eingesetzt werden. Ist die Auftragslage schlechter, verringert sich auch dieser Faktor durch die zusätzlichen Leerlaufzeiten.

3. Schritt: Berechnung des Stundenverrechnungssatzes

Kosten des Unternehmens : fakturierfähige Stunden = Stundenverrechnungssatz

Dieser Stundenverrechnungssatz enthält aber noch keinen Gewinn. Hier schlagen viele Unternehmen eine Gewinnmarge von 10% auf den Stundenverrechnungssatz auf.

Hinweise

– Jede Veränderung der Auftragslage oder der Kosten verändert den Stundenverrechnungssatz.
– In der Praxis wird oft nicht nach Stunden, sondern in kürzeren Zeiteinheiten gerechnet, damit Aufträge flexibel abgerechnet werden können (z.B. 15 Minuten). Das bedeutet: Ein ermittelter Stundenverrechnungssatz muss für 15-Minuten-Zeiteinheiten durch vier geteilt werden.

6.1.2.7 Controlling

A. Controllingsystem

Controlling setzt sich aus einem langfristig strategischen und einem kurz- bis mittelfristigen operativen Bereich zusammen. Je nach betriebsspezifischen Anforderungen sind die Maßnahmen im operativen Controlling unterschiedlich zu gewichten.

1. Strategisches Controlling	– langfristige Markt- und Wettbewerbsbeobachtung – Abgleich des Gründungskonzeptes mit der Unternehmensrealität – langfristige Unternehmenszielsetzung
2. Operatives Controlling	**Auftragscontrolling:** Systematische Erfassung des Auftragseingangs, um frühzeitig Markt- und Kundenveränderungen zu erkennen
	Sortimentscontrolling: ABC-Analyse erstellt Rangordnung für Produkte um festzustellen, ob Produkte gut „laufen"
	Ressourcencontrolling: Unterauslastungen bzw. Mehrbelastungen bei Mitarbeitern und Maschinen aufdecken, um Leerlaufkosten und Arbeitsspitzen abzufedern
	Risikocontrolling: Erfassung und Bewertung der zu erwartenden Belastungen aus Gewährleistung, Rechtsstreitigkeiten, Vertragsstrafen etc.; bei Auslandsaktivitäten bspw. Währungsrisiken sowie politische Risiken
	Funktionales Controlling: Erfassung und Bewertung der Produktivität und Qualität verschiedener Unternehmensfunktionen anhand geeigneter Kennzahlen
	Maßnahmencontrolling: systematische Erfassung und Verfolgung (Termine, Verantwortliche, Ergebnisse etc.) aller vereinbarten Maßnahmen

> **Finanzcontrolling:** Bilanz, GuV, Finanzierung,
> Liquiditätsplanung und -steuerung, um Liquidität und
> Kapitalbasis festzustellen

B. Bonitätsprüfung des Kunden

Verschaffen Sie sich ausreichend Kenntnisse über die Bonität (Zahlungsfähigkeit
und -verhalten) Ihrer Kunden. Aktualisieren Sie diese Informationen regelmäßig.

1. Interne Informationsquellen

Rechnungswesen (Zahlungsverhalten)	– Welches vereinbarte Zahlungsziel nimmt der Kunde in Anspruch? – Überschreitet er das Zahlungsziel (wie oft)? – Stellt der Kunde Antrag auf spätere Zahlung? – Waren oder sind Inkassomaßnahmen notwendig?
Verkauf	Wenn Sie Unternehmen als Kunden haben: Sind Ihnen kritische Signale bekannt, wie z.B. – hohe Lagerbestände – schlechter Zustand der Maschinen – nicht ausgelastete Kapazitäten – schlechtes Image

2. Externe Informationsquellen

2.1 Bankenauskünfte: Diese Auskünfte dürfen nur mit Zustimmung des Betroffenen erteilt werden und gelten immer nur für das jeweilige Kreditinstitut.

Überziehungen	– Wie oft kommt es zu Kontoüberziehungen? – Wie gut ist die Liquidität des Unternehmens?
wirtschaftliche Verhältnisse	– Stehen Einnahmen und Ausgaben in einem wirtschaftlichen Verhältnis?
Kreditwürdigkeit	– Wie hoch ist die Fremdfinanzierung des Unternehmens?
Zahlungsfähigkeit	– Hat das Unternehmen bisher seine Zahlungsverpflichtungen erfüllt?
Auskünfte von Wirtschaftsauskunfteien	– Wie steht es um die Zahlungsunfähigkeit oder -unwilligkeit des Unternehmens? – Wie häufig wurden in der Vergangenheit Mahnbescheide oder Vollstreckungsbescheide an das Unternehmen ausgestellt?

Haftungslage	– Wer haftet in welcher Höhe für das Unternehmen? – Wer ist zeichnungsbefugt und darf Verträge abschlie- ßen? – Haftet das Unternehmen nur mit dem Geschäftsver- mögen oder haften die Gesellschafter auch mit ihrem Privatvermögen?
Jahresabschlüsse	– Hat das Unternehmen genug liquide Mittel, die Forde- rung auszugleichen? – Wie ist die Entwicklung des Unternehmens, auch im Vergleich zu anderen Unternehmen der Branche?
Eigenkapitalausstattung	– Ist das Unternehmen auch zukünftig in der Lage, seinen finanziellen Verpflichtungen nachzukommen? – Wie hoch ist der Anteil der Eigenfinanzierung im Ver- gleich zur Fremdfinanzierung?
Zahlungserfahrungen	– Wie sind die Zahlungserfahrungen anderer Kreditgeber oder Lieferanten mit dem Unternehmen? – Sind Zahlungen verspätet oder ggf. gar nicht ergangen? – Hat sich das Zahlungsverhalten des Unternehmens in den vergangenen Monaten verändert?
Bonitätsbeurteilung	– Wie groß ist das Ausfallrisiko des Unternehmens? – Wie ist seine Zahlungsweise? – Welchen Kreditrahmen kann man dem Unternehmen einräumen?

6.1.2.8   Marketing

A. Wie kann man Kunden gewinnen?

Instrument	Inhalt	Vorteil	Für wen
Mediawerbung	Anzeigen in Tages- und Wochenzeitungen, Fachzeitschriften, Anzeigenblättern, Fernseh-, Hörfunk- und Kinowerbung, Plakate, Anschläge, Lichtwerbung	Meist gutes Preis-Leistungs-Verhältnis	Für fast alle Branchen geeignet; weniger für sehr technisch orientierte (erklärungsbedürftige) Produkte und Dienstleistungen bzw. für einen sehr kleinen, speziellen Kundenkreis; dort sind die Streuverluste zu hoch
Messen, Präsentationen, Tagungen, Kongresse	Angebotspräsentation, Verkaufsgespräche, Vorträge	Erreicht große Zahl potenzieller Kunden. Aber sehr aufwendig	Vor allem Hersteller von Industriegütern, aber auch für junge Technologieunternehmen. Kostengünstiger und effektiv sind z. B. Hausmessen. Diese können von Beauty Shop bis zum Computerhaus für die Kundengewinnung eingesetzt werden, wenn eine gute Werbung vorausgegangen ist
Informationen, Schulungen, Handelswerbung	In erster Linie Schulung von Verkäuferinnen im Handel zu den eigenen Produkten	gezielte und ausführliche Kundeninformation über Angebote	kommt für Unternehmen infrage, die beratungsintensive Waren über den Handel anbieten
Verkaufsgespräch	Älteste und teuerste Form der Kundengewinnung; Weitergabe der Informationen an Kunden im Verkaufsgespräch	Direkteste Form der Kundenansprache; kann schnell zu Verkaufserfolgen führen; aber: Kosten für einen einzigen Kundenbesuch eines Außendienstmitarbeiters sind relativ hoch. Gerade beim Kundenbesuch des Außendienst ist daher eine gute Vorauswahl der Kunden unerlässlich.	Unternehmen mit erklärungsbedürftigen Produkten, Industrie- und Konsumgütern sowie Dienstleistungen

Instrument	Inhalt	Vorteil	Für wen
Mailings, Wurfsendungen	Direkte Ansprache von Zielpersonen, häufig mit Antwortmöglichkeiten durch Antwortkarte oder Coupons	Wendet sich im Gegensatz zur Mediawerbung nicht an eine anonyme Masse, sondern an einzelne Kunden. Wichtige Voraussetzung für den Erfolg ist, potenzielle Kunden möglichst genau zu kennen. Deshalb: vorher nach „Zielgruppen" und „Zielpersonen" suchen und diese möglichst in eine Datenbank aufnehmen. Mit ihrer Hilfe werden Erfolg versprechende Zieladressen ausgewählt und für Direktmarketing-Maßnahmen genutzt	Besonders im Handel, aber auch bei Dienstleistungen (z. B. Frisöre, Fachgeschäfte, Fastfood-Service) und für viele Konsumgüter. Für erklärungsbedürftige Produkte und Dienstleistungen können Mailings Interesse wecken und auf Termine für Vorführungen oder mögliche Verkaufsgespräche hinweisen.

Achtung: Mailings nur bei ausdrücklicher vorheriger Einwilligung von Privatkunden und Geschäftskunden erlaubt (wenn z. B. ein entsprechendes Kästchen angeklickt wird); ohne ausdrückliche Einwilligung nur dann, wenn Kunden-Mail-Adresse durch Verkauf einer Ware oder Dienstleistung erhalten wurde, Kundenkontakt für ähnliche Waren oder Dienstleistungen stattfindet, der Kunde der Verwendung seiner Mail-Adresse nicht widersprochen hat und deutlich darauf hingewiesen wird, dass er der Verwendung jederzeit widersprechen kann. Generell: erstmalige Kontaktaufnahme zu Kunden per E-Mail (Kaltakquise) nicht erlaubt. |

Instrument	Inhalt	Vorteil	Für wen
Telefongespräch	Verkaufsgespräch, Kontaktaufnahme	Schneller und leichter Kontakt zum Kunden. Ein Telefongespräch bedarf einer guten Vorbereitung. Die Gesprächseröffnung, Fragetechniken und vorgebrachter Kundennutzen, aber auch Stimme und Verbindlichkeit in der Gesprächsführung sind besonders wichtig	vornehmlich bei Dienstleistungen und Industriegütern **Achtung:** Nur erlaubt bei ausdrücklicher vorheriger Einwilligung von Privatkunden (am besten schriftlich oder per Mail), zu denen bereits Kontakt besteht; erstmalige Kontaktaufnahme zu Privatkunden per Telefon (Kaltakquise) nicht erlaubt, zu Geschäftskunden nur dann erlaubt, wenn eine „mutmaßliche Einwilligung" vorausgesetzt werden kann.
Verkaufsförderung/ -unterlagen	Broschüren, Prospekte, Faltblätter	Produktinformation und Image-werbung für das ganze Unternehmen	alle Unternehmen
Merchandising	speziell auf das Produkt abgestellte Warenpräsentation (z. B. zum Produkt passende Regale oder Vitrinen, passendes Shop-Design)	stimmiges Gesamtbild (Corporate Identity)	Hersteller von Mode, Kosmetik; weitere bekannte Beispiele: Telekom- und Mobilfunkläden
Aktionen/Rabatte/ Sonderangebote	Preisnachlass, saisonale Angebote	günstige Preise sind für Kauf mit entscheidend	Vor allem Handel. Sie können aber auch in der Hotellerie und Gastronomie (saisonale Angebote) und in vielen anderen Dienstleistungen eingesetzt werden
Exklusivangebote	„Nur bei uns und supergünstig!"	entscheidender Vorsprung vor der Konkurrenz	fast ausschließlich im Handel

Instrument	Inhalt	Vorteil	Für wen
Zusatzleistungen	z. B. Kinderspielecke, Parkplätze, Dienstleistungen u. ä.	zusätzlicher Kundennutzen, entscheidender Vorsprung vor der Konkurrenz	vornehmlich im Handel
Garantien, Service	Reparatur-/Umtauschgarantie, Stellung von Ersatzgeräten bei Reparaturen, Abhol- und Bringservice	zusätzlicher Kundennutzen, entscheidender Vorsprung vor der Konkurrenz	vornehmlich im Handel
Internet	Homepage, Internet-Shop, Online-Marktplätze (z.B. Amazon, eBay)	Sehr große Erreichbarkeit relevanter Zielgruppen, genaue Abstimmung Angebot – Kunde möglich. Unternehmensinformationen (z. B. ein Warenkatalog) sind schnell auf den neuesten Stand zu bringen, große Informationsmengen können ansprechend und übersichtlich präsentiert werden. Es gibt gezielte Suchmöglichkeiten für den Kunden. Komplexe und erklärungsbedürftige Produkte/Dienstleistungen lassen sich multimedial, mit Text, Bild und Ton präsentieren. Wie intensiv Kunden die Internetpräsenz nutzen, lässt sich durch Zugriffsstatistiken exakt ermitteln. Es gibt keine Ladenschlusszeiten.	die meisten Branchen
Social-Media-Marketing	Für digitale Mundpropaganda im Internet: durch Austausch über Produkte, Erfahrungen, Geschichten aus dem Mitarbeiteralltag mit Fotos und Videos	Es kann dazu beitragen, den Nutzen der Angebote des Unternehmens durch die Brille des Kunden wahrzunehmen, die Resonanz der Kunden auf Angebote zu beobachten, Produkte oder Dienstleistungen zu verbessern, Kunden zu binden.	**Recht:** vor allem zu beachten: Informationspflichten des Anbieters (AGBs, Preise), Widerrufs- und Rückgaberechte des Kunden Für Unternehmen, in denen es wirklich etwas zu berichten gibt, das die Nutzer sozialer Netzwerke interessiert.

B. Marketing-Mix

Angebot	Preise	Vertrieb	Kommunikation
Wie kann ich mein Angebot (besser noch als bisher) an den Bedürfnissen meiner Kunden ausrichten?	**Welchen Preis akzeptieren meine Kunden?**	**Auf welchem Weg erreicht mein Angebot die richtige Kundengruppe, in ausreichender Menge und pünktlich zur vereinbarten Zeit?**	**Was sollte ich meinen Kunden über mich und mein Angebot sagen? Auf welchem Weg?**
▼	▼	▼	▼
Wie werde ich mein Angebot entwickeln, damit meine Kunden einen bestimmten Nutzen davon haben (z. B. Erleichterung bestimmter Alltagsaufgaben)?	Werden meine Kunden auf einen besonderen Einführungspreis reagieren (Preis sinkt oder steigt im Laufe der Zeit)?	Wollen meine Kunden mein Produkt per Direktvertrieb kaufen (Hersteller verkauft direkt an Endkunden z. B. ab Werk, per Telefon, per Online-Shop)?	Stimmen Firmenlogo und Briefpapier mit dem Image meines Unternehmens überein?
▼	▼	▼	▼
Wie muss ich mein Angebot entwickeln, damit es sich von dem meiner Konkurrenten unterscheidet (z. B. nachweisbare Qualitätsmerkmale)?	Sollte ich meinen Preis an dem der Konkurrenz orientieren (z. B. Niedrigpreise, Orientierung am Preisführer)?	Wollen meine Kunden mein Produkt per Fremdvertrieb kaufen (Hersteller beauftragt Vertriebspartner, z. B. Groß- und Einzelhändler, Vertreter)?	Welche Kunden möchte ich ansprechen (z. B. Kommunikation bei Neukunden: breit streuende Mittel; Kundenbindung: gezielte persönliche Ansprache)?
▼	▼	▼	▼
Welche Art von Verpackung sollte mein Produkt erhalten (z. B. besondere Imagewirkung, hohe Transportsicherheit)?	Welcher psychologische Preis ist für meine Kundengruppe geeignet (z. B. Preisschwellen „0,99-Preise", Velben-Preise: hohe Preise für Kunden, die auffallen möchten. Snob-Preise: hohe Preise für Angebote, die sich nur einkommensstarke Kundengruppen leisten können)?	Wie erreiche ich meine ausländischen Kunden (Vertriebspartner, Filialen, Messen, Internet)?	Welche Werbemedien sprechen meine Kunden an (z. B. Anzeigen, Plakate, Kataloge, Spots)?
▼	▼		▼
Welche Art von Service muss ich anbieten, *um meine Kunden* zufrieden zu stellen und mich von der Konkurrenz abzuheben (z. B. Lieferservice, Ersatzteilservice)?	Inwiefern sollte ich meine Preise differenzieren (z. B. je nach Nachfrage, Region, Kundengruppe)?		Welche Öffentlichkeitsarbeit ist geeignet (z. B. Informationsveranstaltungen, Sponsoren, Presseeinladungen, Newsletter)?
	▼		
	Zu welchen Konditionen biete ich meine Produkte an (z. B. Skonto, Rabatte, Lieferung inklusive)?		

C. Vertriebsweg finden

Wenn Sie entscheiden wollen, welcher Vertriebsweg für Ihr Produkt der richtige ist, sollten Sie sich über folgende Fragen Gedanken machen:

1. Kunden-Erwartungen

„Der Kunde ist König." Das gilt für den Vertrieb genauso wie für alle anderen Marketingbereiche. Finden Sie also heraus, welche Erwartungen Ihre Kunden an Ihren Vertrieb haben, und stellen Sie sich darauf ein. Überlegen Sie:
– Erwarten Ihre Kunden eine ausführliche Beratung?
– Erwarten Ihre Kunden Aufbau, Installation und Einweisung?
– Erwarten Ihre Kunden die Anlieferung des Produkts?
– Erwarten Ihre Kunden einen zuverlässigen Kundendienst und eine schnelle Ersatzteillieferung?

2. Eigenschaften Ihres Produkts

Die Eigenschaften Ihres Produkts oder Ihrer Leistung sind für Ihre Vertriebsplanung wichtig. Überlegen Sie:
– Verlangt Ihr Produkt eine besondere Einweisung oder Erklärung?
– Stellt Ihr Produkt besondere Anforderungen an Transport und Lagerung?
– Ist Ihr Produkt nur begrenzte Zeit haltbar?

3. Kosten

Der Vertrieb kann je nach Personalaufwand, Transport oder Händlerprovisionen hohe Kosten verursachen. Diese Kosten erhöhen den Preis Ihres Angebots. Überlegen Sie:
– Haben Sie Ihr Unternehmen erst vor Kurzem gestartet?
– Wäre ein Vertrieb durch Vertriebspartner unverhältnismäßig teuer?
– Würden diese Kosten Ihre Wettbewerbsfähigkeit beeinträchtigen?
Je öfter Sie bei den Fragen zu den Punkten „Kunden-Erwartungen", „Eigenschaften Ihres Produkts" und „Kosten" mit „Ja" geantwortet haben, desto eher kommt für Sie ein direkter Vertrieb infrage.

4. Warenmengen und Entfernungen

Der Vertrieb muss die erforderlichen Warenmengen und Entfernungen bewältigen können. Überlegen Sie:
– Haben Sie eher viele Waren, die Sie vertreiben wollen?
– Ist Ihr Absatzgebiet eher groß?
– Müssen Sie bis zu Ihrem Absatzgebiet eher große Entfernungen zurücklegen?
Je öfter Sie bei den Fragen zum Punkt „Warenmengen und Entfernungen" mit „Ja" geantwortet haben, desto eher kommt für Sie ein indirekter Vertrieb in Frage.

5. Konkurrenz

Ihr Vertrieb muss mindestens so gut sein wie der Ihrer Konkurrenten (wenn nicht sogar besser). Überlegen Sie:
– Welche Vertriebskanäle können Sie nutzen, die noch besser geeignet sind als die Ihrer Konkurrenten?
– Wie können Sie noch schneller liefern als Ihre Konkurrenten?
– Welche besseren Vertriebspartner kommen infrage?
– Wie können Sie Ihre Geschäftszeiten ändern, sodass Sie noch kundenfreundlicher sind als Ihre Konkurrenten?

6.1.2.9   Krisenvorbeugung und -management

A. Früherkennungstreppe

Die „Früherkennungstreppe" hilft herauszufinden, wie es um das Unternehmen momentan bestellt ist.

Wichtig: Beantworten Sie die Fragen von unten nach oben und kreuzen Sie auf der rechten Seite das jeweilige Kästchen an.

– **Dunkel:** Wenn Sie im dunklen Bereich „nein" sagen müssen, ist das Thema wichtig. Sie haben aber noch genügend Zeit, zu überlegen und zu handeln.
– **Mittel:** Wenn Sie im mittleren Bereich „nein" sagen müssen, ist das Thema sehr wichtig. Sie müssen rasch handeln und Verbesserungen durchführen.
– **Hell:** Wenn Sie im hellen Bereich bereits „nein" sagen müssen, ist das Thema äußerst kritisch. Der Fortbestand Ihres Unternehmens ist gefährdet!

			ja	nein	
Ideenvorrat	9	Haben Sie neue Geschäftsideen?			Früherkennung
Innovation	8	Haben Sie neue Produkte und/oder Dienstleistungen?			
Kunden	7	Haben Sie genug neue Kunden gewonnen?			
Betriebsergebnis	6	Ist Ihr Betriebsergebnis wirklich gut?			Späterkennung
Umsatz	5	Steigt Ihr Umsatz?			
Kosten	4	Haben Sie Ihre Kosten im Griff?			
Liquidität	3	Reicht Ihr flüssiges Geld aus?			Sehr-Späterkennung
Kreditfähigkeit	2	Gibt Ihnen die Bank noch Geld?			
Insolvenz	1	Vermeiden Sie erfolgreich die Pleite?			

B. Insolvenzvorsorge

Schwachstellen im Betrieb	Ursachen	Maßnahmen
Eigenkapitalausstattung zu gering bzw. sinkend	– bereits bei Gründung zu wenig Eigenkapital – Minderung durch zu hohe Privatentnahmen – zu rapides Wachstum (Umsatz, Beschäftigtenzahl, Investitionen) – mangelhafte Rentabilität	– soweit möglich Beschaffung weiterer Eigenmittel – Orientierung der Entnahmen am Gewinn – evtl. Beteiligung von Gesellschaftern – Kapazitätsausweitung nur bei entsprechendem anteiligen Eigenkapital – Betriebs- und Marktanalyse und daraus folgende rentabilitätssteigernde Maßnahmen
Finanzierung zu kurzfristig	– fehlende bankübliche Sicherheiten – Überschätzung der Ertragskraft des eigenen Unternehmens – aus Bequemlichkeit über Kontokorrentkredit oder Inanspruchnahme von Lieferantenkrediten finanziert	– Umschuldung, Heranziehung aller verfügbaren Sicherheiten, ggf. mithilfe der Bürgschaftsbank – Überprüfung des aktuellen Wertes der gegebenen Sicherheiten – Aufnahme von Gesellschafter(n) – evtl. Hausbankwechsel, vor allem bei mangelhafter Beratung – Finanzierungsalternative Leasing
Liquiditätsprobleme Überziehung des Kontokorrentkredit-Limits	– falsche Finanzierung s.o. – zu geringes Kontokorrent-Limit – zu hohe bzw. steigende Bestände an Forderungen, Material und Waren	– Verhandlungen mit der Bank, Prüfung, ob die Sicherheiten für eine Kreditausweitung ausreichend sind – Forderungsabbau durch systematisiertes Mahnverfahren, Veränderung der Zahlungsbedingungen, Einschaltung eines Inkassobüros – auftragsbezogene Bestellung – Lagerorganisation und Bestellwesen verbessern

Schwachstellen im Betrieb	Ursachen	Maßnahmen
	– noch nicht abgerechnete Arbeiten – halbfertige Arbeiten – fehlende Sicherheiten	– Lagerabbau durch Erhöhung der Umschlagsgeschwindigkeit, bessere Planung, Kauf auf Abruf – kurzfristige Rechnungsstellung – Verbesserung der Planung und Auftragskoordination – siehe oben
Wechselfinanzierung	– falsche Einschätzung des Risikos der Wechselfinanzierung	– Verhandlungen mit Lieferanten über Wechselprolongation, Verlängerung des Zahlungsziels
Keine Inanspruchnahme von Skonti	– Unkenntnis über die Vor- und Nachteile des Lieferantenkredits – Finanzplan fehlt	– Inanspruchnahme des Kontokorrentkredits, Bezahlung unter Abzug von Skonto – soweit möglich Finanz-Plan erstellen
Zahlungsunfähigkeit	– Forderungsausfälle – Zahlungsstockung bei Kunden – fehlende Kreditbeschaffungsmöglichkeiten	– Auskunft über Neukunden einholen – Überwachung von Krisenzeiten bei Kunden und Lieferanten – Abhängigkeit von Kunden vermeiden – Moratorium mit Gläubigern – außergerichtlicher Vergleich – Insolvenzverfahren

Quelle: Landes-Gewerbeförderungsstelle des nordrhein-westfälischen Handwerks e.V. (LGH), Düsseldorf.

6.2 Rechtsformwahl

6.2.1 Private Betriebe

6.2.1.1 Überblick über die wichtigsten Rechtsformen privater Betriebe

Rechtsform		Rechtsgrundlage
Einzelunternehmen		§§ 1 ff. HGB
Personen-gesellschaft	– Gesellschaft bürgerlichen Rechts (GbR) – Offene Handelsgesellschaft (OHG) – Kommanditgesellschaft (KG), auch in der Sonderform der GmbH & Co. KG, UG (haftungs-beschränkt) & Co. KG, AG & Co. KG – Stille Gesellschaft – Partnerschaftsgesellschaft – Partnerschaftsgesellschaft mit be-schränkter Berufshaftung (PartGmbB) – Europäische Wirtschaftliche Interessenvereinigung	– §§ 705 ff. BGB – §§ 105 ff. HGB – §§ 161 ff. HGB – §§ 230 ff. HGB – PartGG – PartGG – Verordnung (EWG) Nr. 2137/85 vom 25.7. 1985 und EWIV-AG
Kapital-gesellschaft	– Aktiengesellschaft (AG) – Kommanditgesellschaft auf Aktien (KGaA) – Gesellschaft mit beschränkter Haftung (GmbH) – auch in der Sonderform der Unternehmergesellschaft (haftungs-beschränkt)	– §§ 1 ff. AktG – §§ 278 ff. AktG – §§ 1 ff. GmbHG – § 5 a GmbHG
Genossenschaft		§§ 1 ff. GenG
Versicherungsverein auf Gegenseitigkeit (VVaG)		§§ 171 ff. VAG
Stiftung		§§ 80 ff. BGB

Rechtliche und wirtschaftliche Kriterien für die Rechtsformwahl
Grundsätzliche rechtliche Gestaltung

A. Personenunternehmen

	Gegenstand	Gründung	Haftung	Firma
Einzelunternehmen/ eingetragener Kaufmann	Kaufmann betreibt allein (d.h. ohne Gesellschafter ggf. aber mit stillem Gesellschafter) Unternehmen im eigenen Namen und auf eigene Rechnung	– durch den Unternehmer alleine – formlos – kein Mindestkapital – Eintragung im Handelsregister (e. K.)	Unternehmer haftet persönlich und unbeschränkt mit seinem gesamten Vermögen	Personen-, Sach- oder Phantasiefirma mit dem Zusatz „e.K.", „e.Kfm." oder „eingetragener Kaufmann"
GbR	vertraglicher Zusammenschluss von mind. zwei Gesellschaftern zur Förderung eines gemeinsamen Zwecks	– Abschluss des Gesellschaftsvertrages – formlos – kein Mindestkapital – Eintragung im Handelsregister nicht möglich[1]	neben dem GbR-Vermögen haften die Gesellschafter als Gesamtschuldner persönlich und unbeschränkt mit ihrem gesamten Vermögen	GbR kann keine Firma i.S.v. § 17 HGB führen, aber einen Namen bzw. eine Geschäftsbezeichnung
Stille Gesellschaft	Beteiligung am Handelsgewerbe eines anderen ohne Außenwirkung (reine Innengesellschaft); Einlage des Stillen geht in das Vermögen des Unternehmers über; Beteiligung am Gewinn und ggf. am Verlust	– Abschluss des Gesellschaftsvertrages – formlos – Einlage erforderlich, aber kein Mindestkapital vorgeschrieben – keine Eintragung im Handelsregister	– der Stille wird aus den Geschäften des Unternehmers nicht verpflichtet – Haftung des Stillen nur mit seiner Einlage	keine Firma

[1] Durch Eintragung im Handelsregister wird die GbR gem. § 105 Abs.2 HGB zur OHG.

	Gegenstand	Gründung	Haftung	Firma
OHG	vertraglicher Zusammenschluss von mind. zwei Gesellschaftern zum Betrieb eines Handelsgewerbes unter gemeinsamer Firma	– Abschluss des Gesellschaftsvertrages – formlos – kein Mindestkapital – Eintragung im Handelsregister	neben dem OHG-Vermögen haften die Gesellschafter als Gesamtschuldner persönlich und unbeschränkt mit ihrem gesamten Vermögen	Personen-, Sach- oder Phantasiefirma mit dem Zusatz „OHG" oder „offene Handelsgesellschaft"; wenn keine natürliche Person persönlich haftet, muss die Firma dies erkennen lassen, z.B. durch Zusatz „GmbH & Co. OHG"
KG	vertraglicher Zusammenschluss von mind. zwei Gesellschaftern zum Betrieb eines Handelsgewerbes unter gemeinsamer Firma, wobei bei mind. einem Gesellschafter die Haftung begrenzt ist	– Abschluss des Gesellschaftsvertrages – formlos – kein Mindestkapital – Eintragung im Handelsregister	neben dem KG-Vermögen haftet der Komplementär persönlich und unbeschränkt mit seinem gesamten Vermögen; Kommanditisten haften auf die übernommene, in das Handelsregister eingetragene Haftsumme begrenzt	Personen-, Sach- oder Phantasiefirma mit dem Zusatz „KG" oder „Kommanditgesellschaft"; wenn keine natürliche Person persönlich haftet, muss die Firma dies erkennen lassen, z.B. durch Zusatz „GmbH & Co. KG"

	Gegenstand	Gründung	Haftung	Firma
Partnerschafts-gesellschaft	vertraglicher Zusammenschluss von mind. zwei natürlichen Personen zur gemeinsamen Ausübung ihrer freiberuflichen Tätigkeiten	– Abschluss des Gesellschaftsvertrages schriftlich – kein Mindestkapital – Eintragung im Partnerschaftsregister	Rechtsanwälte, Steuerberater und Wirtschaftsprüfer können bei der Partnerschaftsgesellschaft mit beschränkter Berufshaftung (PartGmbB) die persönliche Haftung der Partner für berufliche Fehler ausschließen und die Haftung auf das Gesellschaftsvermögen beschränken. Die Mindestsumme der hierfür erforderlichen Berufshaftpflichtversicherung beträgt für Steuerberater und Wirtschaftsprüfer 1 Mio. €; für Rechtsanwälte beträgt die Mindestversicherungssumme 2,5 Mio. €. Für Angehörige anderer freier Berufe, die sich in einer Partnerschaftsgesellschaft zusammengeschlossen haben, bleibt es bei der persönlichen Haftung des Handelnden.	Name der Partnerschaft muss den Namen mind. eines Partners, den Zusatz „und Partner" oder „Partnerschaft" und die Berufsbezeichnung aller in der Partnerschaft vertretenen Berufe enthalten

B. Kapitalgesellschaften

	Gegenstand	Gründung	Haftung	Firma
AG	Gesellschaft mit eigener Rechtspersönlichkeit (juristische Person); zulässig für jeden erlaubten Zweck	– Feststellung der Satzung (auch als Einmanngründung), Übernahme der Aktien gegen Einlage – notarielle Beurkundung – Mindestkapital 50 000 € – Entstehung mit Eintragung im Handelsregister	den Gläubigern haftet nur das Gesellschaftsvermögen, d.h. keine persönliche Haftung der Aktionäre	Personen-, Sach- oder Phantasiefirma mit Zusatz „AG" oder „Aktiengesellschaft"
GmbH	Gesellschaft mit eigener Rechtspersönlichkeit (juristische Person); zulässig für jeden erlaubten Zweck	– Abschluss des Gesellschaftsvertrages (auch als Ein-Mann-Gründung), Übernahme der Geschäftsanteile gegen Einlage – notarielle Beurkundung – Mindestkapital 25 000 € – Entstehung mit Eintragung im Handelsregister	den Gläubigern haftet grundsätzlich nur das Gesellschaftsvermögen, d.h. keine persönliche Haftung der Gesellschafter (Ausnahmen: Vermischung der Vermögenssphären und vorsätzliche, sittenwidrige Gläubigerschädigung)	Personen-, Sach- oder Phantasiefirma mit Zusatz „GmbH" oder „Gesellschaft mit beschränkter Haftung"

	Gegenstand	Gründung	Haftung	Firma
Unternehmergesellschaft (haftungsbeschränkt)[1]	Gesellschaft mit eigener Rechtspersönlichkeit (juristische Person); zulässig für jeden erlaubten Zweck	– Abschluss des Gesellschaftsvertrages (auch als Ein-Mann-Gründung), ggf. unter kostengünstiger Verwendung des Musterprotokolls (§ 2 Abs. 1a GmbHG), Übernahme der Geschäftsanteile gegen Einlage – notarielle Beurkundung – Mindestkapital 1 € – Entstehung mit Eintragung im Handelsregister	den Gläubigern haftet grundsätzlich nur das Gesellschaftsvermögen, d.h. keine persönliche Haftung der Gesellschafter (Ausnahmen: Vermischung der Vermögenssphären und vorsätzliche, sittenwidrige Schädigung)	Personen-, Sach- oder Fantasiefirma mit dem Zusatz „Unternehmergesellschaft (haftungsbeschränkt)" oder „UG (haftungsbeschränkt)"

[1] Keine eigenständige Rechtsform, sondern eine Unterform der GmbH unter Geltung der besonderen Regelungen aus § 5a GmbHG.

6.2.1.2.2 Geschäftsführung und Vertretung

A. Personenunternehmen

	Geschäftsführung	Vertretung[1]
Einzel-unternehmen	alleinige Geschäftsführung durch den Einzelunternehmer	alleinige Vertretung durch den Einzelunternehmer
GbR	grundsätzlich durch alle Gesellschafter gemeinschaftlich; Gesellschaftsvertrag kann Geschäftsführung aber auf einzelne oder mehrere Gesellschafter übertragen	grundsätzlich durch alle Gesellschafter gemeinschaftlich; Gesellschaftsvertrag kann Vertretungsbefugnis aber auf einzelne oder mehrere Gesellschafter übertragen
OHG	grundsätzlich durch alle Gesellschafter, wobei jeder allein zu handeln berechtigt ist; Gesellschaftsvertrag kann Geschäftsführung aber auf einzelne oder mehrere Gesellschafter übertragen oder bestimmen, dass sie den Gesellschaftern nur gemeinsam zusteht	grundsätzlich durch alle Gesellschafter, wobei jeder alleinvertretungsberechtigt ist; Gesellschaftsvertrag kann Vertretungsbefugnis aber auf einzelne oder mehrere Gesellschafter übertragen oder Gesamtvertretung oder unechte Gesamtvertretung vorsehen
KG	grundsätzlich nur durch Komplementäre, Gesellschaftsvertrag kann aber auch den Kommanditisten Geschäftsführungsbefugnis übertragen	nur durch Komplementäre; diese wie Gesellschafter bei OHG
Partnerschafts-gesellschaft	grundsätzlich durch alle Partner einzeln, Gesellschaftsvertrag kann Gesamtvertretung vorsehen oder einzelne Partner ausschließen	grundsätzlich alle Partner einzeln, Gesellschaftsvertrag kann Gesamtvertretung vorsehen oder einzelne Partner ausschließen

B. Kapitalgesellschaften

	Geschäftsführung	Vertretung
AG	Vorstand Ausnahme: zustimmungspflichtige Rechtsgeschäfte, die Satzung oder Aufsichtsrat festlegen (§ 111 Abs. 4 S. 2 AktG)	Vorstand (für Rechtsgeschäfte gegenüber dem Vorstand ist der Aufsichtsrat zuständig)
GmbH	Geschäftsführer Ausnahme: Grundlagengeschäfte; hierüber beschließt die Gesellschafterversammlung	Geschäftsführer
Unternehmer-gesellschaft (haftungs-beschränkt)	Geschäftsführer Ausnahme: Grundlagengeschäfte; hierüber beschließt die Gesellschafterversammlung	Geschäftsführer

---

[1] Neben der hier aufgeführten organschaftlichen Vertretung kommt stets auch noch die Vertretung durch Bevollmächtigte in Betracht.

6.2.1.2.3 Gewinn- und Verlustbeteiligung, Finanzierungsmöglichkeiten

A. Personenunternehmen

	Gewinn- und Verlustbeteiligung	Finanzierungsmöglichkeiten
Einzel-unternehmen	alle Gewinne und Verluste fallen beim Einzelunternehmer an	– Selbstfinanzierung durch den Unternehmer durch Einlagen oder Nichtentnahme erzielter Gewinne – Aufnahme eines stillen Gesellschafters
GbR	kraft Gesetzes Gewinn- und Verlustverteilung nach Köpfen; gemäß gesellschaftsvertraglicher Bestimmung erfolgt die Verteilung i.d.R. nach der Höhe der Einlage	– Erhöhung der Einlagen der Gesellschafter – Thesaurierung erzielter Gewinne – Aufnahme neuer Gesellschafter – Aufnahme eines stillen Gesellschafters
OHG	kraft Gesetzes zunächst Verzinsung des Kapitalanteils mit 4 % und Verteilung des restlichen Gewinns nach Köpfen sowie Verlustverteilung nach Köpfen; gemäß gesellschaftsvertraglicher Bestimmung erfolgt die Verteilung i.d.R. nach der Höhe der Einlage	– Erhöhung der Einlagen der Gesellschafter – Thesaurierung erzielter Gewinne – Aufnahme neuer Gesellschafter – Aufnahme eines stillen Gesellschafters
KG	kraft Gesetzes zunächst Verzinsung des Kapitalanteils mit 4 % und Verteilung des restlichen Gewinns oder eines Verlustes im „angemessenen Verhältnis"; gemäß gesellschaftsvertraglicher Bestimmung erfolgt die Verteilung i.d.R. nach der Höhe der Einlage	– Erhöhung der Einlagen der Gesellschafter – Thesaurierung erzielter Gewinne – Aufnahme neuer Gesellschafter insbesondere als weitere Kommanditisten – Aufnahme eines stillen Gesellschafters
Partnerschafts-gesellschaft	kraft Gesetzes nach Köpfen, abweichende Regelung im Gesellschaftsvertrag möglich	– Erhöhung der Einlagen der Partner – Thesaurierung erzielter Gewinne – Aufnahme neuer Partner

B. Kapitalgesellschaften

	Gewinn- und Verlustbeteiligung	Finanzierungsmöglichkeiten
AG	durch Beschluss der Hauptversammlung über Verwendung des Bilanzgewinns; Verlust wird auf neue Rechnung vorgetragen	– Thesaurierung erzielter Gewinne – Kapitalerhöhung durch Ausgabe neuer Aktien – Aufnahme eines stillen Gesellschafters
GmbH	durch Beschluss der Gesellschafterversammlung; Verteilung des ausgeschütteten Gewinns i.d.R. nach Kapitalanteilen; Abweichung durch Satzung möglich; Verlust wird auf neue Rechnung vorgetragen	– Thesaurierung erzielter Gewinne – Kapitalerhöhung durch Ausgabe neuer Geschäftsanteile – Nachschüsse der Gesellschafter – Aufnahme eines stillen Gesellschafters
Unternehmergesellschaft (haftungsbeschränkt)	es ist zwingend ein Betrag in Höhe von ¹/₄ des um einen etwaigen Verlustvortrag geminderten Jahresüberschusses in eine gesetzliche Rücklage einzustellen; im Übrigen Gewinn- und Verlustbeteiligung wie bei der GmbH	– Thesaurierung erzielter Gewinne – Kapitalerhöhung durch Ausgabe neuer Geschäftsanteile – Nachschüsse der Gesellschafter – Aufnahme eines stillen Gesellschafters

6.2.1.3 Steuerliche Kriterien für die Rechtsformwahl privater Betriebe

Nachfolgende Übersichten zeigen unterschiedliche Steuerwirkungen für inländische Einzelunternehmen/Personengesellschaften bzw. Kapitalgesellschaften und optierte Personenhandelsgesellschaften bzw. Partnerschaftsgesellschaften mit inländischen natürlichen Personen als Gesellschaftern und inländischen Einkünften. Bei Gesellschaftsanteilen wird unterstellt, dass die Gesellschaftsanteile im Privatvermögen gehalten werden (kein Konzern).

6.2.1.3.1 Laufende Besteuerung

Steuerliches Kriterium	Einzelunternehmen/ Personengesellschaft	Kapitalgesellschaft[1] (Gesellschafter = natürliche Person)
Ertragsteuerbelastung im Thesaurierungsfall	– Progressiv ansteigender Einkommensteuersatz von 0 bis 45 % (ggf. zzgl. KiSt) + ggf. SolZ[2] + GewSt ./. GewSt-Ermäßigung – Auf Antrag Thesaurierungsbegünstigung nach § 34a EStG (siehe Kap. 5.1.1.11.3)	+ Einheitlicher KSt-Satz 15 % + SolZ + GewSt = insg. rd. 30 % in Abhängigkeit vom Hebesatz der GewSt
Ertragsteuerbelastung im Ausschüttungsfall	+ Ohne Antrag nach § 34a EStG: Wie im Thesaurierungsfall – Mit Antrag: Nachversteuerung mit 25,00 % + SolZ (ggf. zzgl. KiSt)	– Grds. Abgeltungsteuer (siehe Kap. 5.1.7.5) – Auf Antrag und unter den Vorauss. des § 32 d (2) Nr. 3 EStG Teileinkünfteverfahren
Entgelte für Lieferungen und Leistungen zwischen Gesellschafter und Gesellschaft	– Grds. keine steuerliche Anerkennung (d.h. Belastung wie Gewinn) + Entnahme-/Einlagekorrektur nur bei „Unangemessenheit", wenn Geschäfte grds. anerkannt	+ Steuerliche Anerkennung, sofern angemessen, zwar volle bzw. teilweise gewerbesteuerliche Entlastung, aber auch Belastung mit bis zu 45 % ESt (ggf. zzgl. KiSt) + SolZ – Korrektur von vGA und verdeckten Einlagen auch bei bloßen Formalverstößen (siehe Kap. 5.3.3.1)
Bildung von Pensionsrückstellungen für Gesellschafter-Geschäftsführer	– Nicht mit steuerlicher Wirkung möglich	+ Mit steuerlicher Wirkung möglich
Umfang des Betriebsvermögens	– Aufgrund des „Sonderbetriebsvermögens" der Gesellschafter weit gefasst	+ Gegenüber Personengesellschaft in der Regel geringer

---

[1] Entsprechendes gilt für optierte Personenhandelsgesellschaften und Partnerschaftsgesellschaften.
[2] Zur teilweisen Rückführung des SolZ ab VZ 2021 vgl. Kap. 5.5.

Steuerliches Kriterium	Einzelunternehmen/ Personengesellschaft	Kapitalgesellschaft[1] (Gesellschafter = natürliche Person)
Verluste	+ Verrechnung von Verlusten mit anderen positiven Einkünften des Gesellschafters möglich (Ausnahmen: § 15 a EStG, GewSt)	− Keine Verrechnung von Verlusten mit anderen positiven Einkünften des Gesellschafters möglich
Vereinnahmung steuerfreier Einkommensteile (z. B. Investitionszulagen, best. Auslandseinkünfte)	+ Steuerfreiheit bleibt auch für den Gesellschafter erhalten	− Steuerfreiheit geht bei Ausschüttung der steuerfreien Einkommensteile an den Gesellschafter verloren
Gewerbesteuer	+ Gewährung eines Freibetrags von 24 500 €+ Höhere Bemessungsgrundlage, da Entgelte für Lieferungen und Leistungen des Gesellschafters an die Gesellschaft nicht anerkannt werden	− Keine Gewährung eines Freibetrags von 24 500 € + Niedrigere Bemessungsgrundlage, da Entgelte für Lieferungen und Leistungen des Gesellschafters an die Gesellschaft grundsätzlich (vorbehaltlich Hinzurechnungen) anerkannt werden

---

[1] Entsprechendes gilt für optierte Personenhandelsgesellschaften und Partnerschaftsgesellschaften.

Besteuerung von wichtigen Einzelsachverhalten

Steuerliches Kriterium	Einzelunternehmen/ Personengesellschaft	Kapitalgesellschaft (Gesellschafter = natürliche Person)	Optierende Personenhandelsgesellschaft und Partnerschaftsgesellschaft
Erbschaftsteuer (s. Kap. 5.12.5.3)	+/– Bewertung grundsätzlich rechtsformneutral + Keine Mindestbeteiligungsquote für Verschonungsregeln + Stundungsmöglichkeit für Erbschaftsteuer (§ 28 ErbStG)	+/– Bewertung grundsätzlich rechtsformneutral – Verschonungsregeln anwendbar bei Quote von mehr als 25 % (bzw. Poolvereinbarung) – Stundungsmöglichkeit für Erbschaftsteuer (§ 28 ErbStG)	Wie Einzelunternehmen/Personengesellschaft
Besteuerung von Veräußerungsgewinnen	– Veräußerungsgewinn grds. einkommensteuerpflichtig – Nur in bestimmten Fällen ermäßigter Steuersatz und/oder Freibetrag bis 45 000 €, wenn Einzelunternehmer Betrieb oder Teilbetrieb oder ein Mitunternehmer seinen Personengesellschaftsanteil veräußert (siehe Kap. 5.1.2.3.1)	+ Bei Anteilen i. S. d. § 17 EStG Teileinkünfteverfahren (s. Kap. 5.1.2.3.2) + Bei anderen Anteilen i. d. R. Steuerfreiheit, wenn vor dem 1.1.2009 erworben und nach Ablauf eines Jahres veräußert; bei Erwerb nach dem 31.12.2008 Abgeltungsteuer nach § 20 Abs. 2 EStG	Wie Kapitalgesellschaft
Vorteilhaftigkeit für den Unternehmenserwerber	+ Abschreibungssubstrat	– Kein Abschreibungssubstrat	Wie Kapitalgesellschaft

6.2.2   Öffentliche Betriebe

6.2.2.1   Besonderheiten öffentlicher im Vergleich zu privaten Betrieben

zusätzliche Rechtsgrundlagen	– Gemeindeordnungen (z.B. GO NRW, GemHVO NRW) – Eigenbetriebsverordnungen (z.B. EigVO NRW) – Kommunalunternehmensverordnung (z.B. KUV NRW) – Kommunalabgabengesetze (KAG) der Länder
Abweichende Ziele und Restriktionen	– Erfüllung des öffentlichen Zwecks – Leistungsfähigkeit und Bedarf – Subsidiarität – Gewinnbeschränkung (wirtschaftliches Unternehmen, dessen ausschließlicher oder vorrangiger Zweck die Gewinnerzielungsabsicht ist, ist unvereinbar mit dem von der Kommune zu verfolgenden Gemeinwohlinteresse
Zusätzliche Rechnungslegungsvorschriften	– Prüfungs- und Informationsrechte für kommunale Unternehmen (siehe etwa § 108 GO NRW) – Wirtschaftsplan mit fünfjährigem Finanz-, Vermögens- und Ertragsplan – Aufstellung von Jahresabschlüssen von Eigengesellschaften nach den Vorschriften für große Kapitalgesellschaften – Besondere Vorschriften für Eigenbetriebe in Eigenbetriebsverordnungen (s. z.B. §§ 14 ff. Eigenbetriebsverordnung NRW) – Besondere Vorschriften für Anstalten des öffentlichen Rechts (AöR) in Kommunalunternehmensverordnungen (s. bspw. §§ 16 ff. KUV NRW) bspw. Spartenrechnungen für Betriebszweige – Doppik im öffentlichen Haushaltsrecht (bspw. NKF in NRW, siehe Kap. 2.3)
Zusätzliche Prüfungsvorschriften	Prüfung nach § 53 HGrG (siehe IDW PS 720, vom 9.9. 2010, IDW-Fachnachrichten 2/2011 S. 113): **Ordnungsmäßigkeit der Geschäftsführungsorganisation** 1. Zusammensetzung und Tätigkeit von Überwachungsorganen und Geschäftsleitung 2. Regelungen für Überwachungsorgan und Geschäftsleitung **Ordnungsmäßigkeit des Geschäftsführungsinstrumentariums** 3. Aufbau- und ablauforganisatorische Grundlagen 4. Planungswesen 5. Rechnungswesen, Informationssystem und Controlling 6. Risikofrüherkennungssystem 7. Finanzinstrumente, andere Termingeschäfte, Optionen und Derivate 8. Interne Revision 9. Versicherungsschutz

	Ordnungsmäßigkeit der Geschäftsführungstätigkeit
	10. Zustimmungsbedürftige Rechtsgeschäfte und Maßnahmen
	11. Übereinstimmung der Geschäfte und Maßnahmen mit Gesetz, Satzung, Geschäftsordnung und bindenden Beschlüssen des Überwachungsorgans
	12. Berichterstattung an das Überwachungsorgan
	13. Durchführung von Investitionen
	14. Auftragsvergabe, Lieferverpflichtungen und Entgeltregelungen
	Vermögens- und Finanzlage
	15. Ungewöhnliche Bilanzpositionen und stille Reserven
	16. Finanzierung
	17. Eigenkapitalausstattung und Gewinnverwendung
	Ertragslage
	18. Rentabilität/Wirtschaftlichkeit
	19. Verlustbringende Geschäfte und ihre Ursachen
	20. Jahresfehlbetrag und seine Ursachen
	21. Maßnahmen zur Verbesserung der Ertragslage

6.2.2.2 Überblick über die wichtigsten Rechtsformen öffentlicher Betriebe

	Privatrecht	Öffentliches Recht
Unternehmensform	**Eigengesellschaft** (GmbH, AG)	**Eigenbetrieb***
Kooperationsform	Privatrechtliche Gemeinschaftsunternehmen (z.B. GmbH, AG, GbR)	Zweckverband

* Zusätzlich etwa: Rechtsfähige Anstalt und rechtsfähige Stiftung.

6.2.2.3 Rechtliche und wirtschaftliche Kriterien für die Rechtsformwahl öffentlicher Betriebe[1]

Vorteile GmbH	Vorteile Eigenbetrieb
– Vermeidung handelsrechtlicher Komplikationen – Vermeidung beamtenrechtlicher Restriktionen – Beschränkte Kontrolle nur durch die Aufsichtsorgane und nicht durch eine größere Anzahl kommunalpolitischer Entscheidungsträger	– Größere Bürgernähe – Grundsatz der Einheit der Verwaltung von kommunalen Aufgaben – Stärkung der politischen Einheit der Gesamtverwaltung

[1] Siehe *Keßler*, in: *Ossola-Haring*, Die GmbH mit kommunaler Beteiligung und die gemeinnützige GmbH, 3. Aufl., Stuttgart 2009.

Vorteile GmbH	Vorteile Eigenbetrieb
– Dezentralere und flexiblere Einstellung auf die Bedürfnisse von Kunden und Bürgern – Effektivere und schnellere Entscheidungsprozesse – Freiere Auftragsvergabe bei Investitionen – Bessere Kooperationsmöglichkeiten mit anderen privatrechtlichen Unternehmen – Schnellere Außenfinanzierung – Beteiligung von Privatkapital als Finanzierungsmodell möglich – Entlastung der kommunalen Haushalte – Transparentere Buchführung (s. aber Kap. 2.3.2.1 zu NKF)	– Größere Mitsprachemöglichkeit der kommunalen Entscheidungsgremien – Direktere Umsetzung politischer Zielvorgaben – Leichtere Kontrolle durch die kommunalen Entscheidungsgremien – Hohes Maß an Kontrolle für starke Eingriffe in die Belange der Bürger – Aufrechterhaltung einer bestimmten Grundversorgung der Bürger

6.2.2.4   Steuerliche Kriterien für die Rechtsformwahl öffentlicher Betriebe

6.2.2.4.1   Tätigkeitsfelder der inländischen juristischen Personen des öffentlichen Rechts[1]

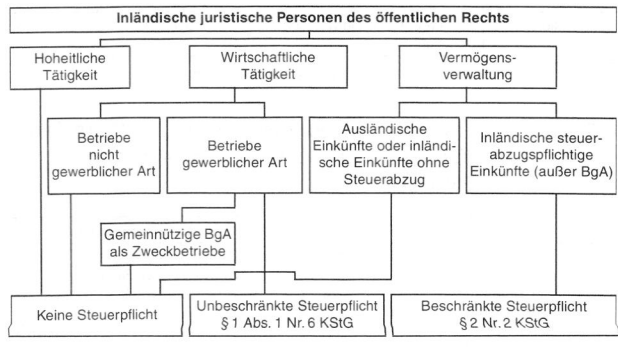

---

[1] *Kußmaul*, StB 2001, S. 58 (63).

6.2.2.4.2 Besteuerungsunterschiede zwischen Eigengesellschaft und BgA

	Eigengesellschaft (GmbH, AG)	BgA
Steuersubjekt	Kapitalgesellschaft (§1 Abs.1 Nr.1 KStG)	BgA (§§1 Abs.1 Nr.6, 4 KStG)
Ausgliederungsvorgang	– Einbringung von Wirtschaftsgütern eines Hoheitsbetriebs: Einlage mit dem Teilwert (§6 Abs.1 Nr.5 EStG) – Einbringung von Wirtschaftsgütern eines Betriebsgewerblicher Art: Einbringung nach §20 UmwStG (Betrieb, Teilbetrieb)	Ansatz der aus dem Hoheitsbereich eingebrachten Wirtschaftsgüter mit dem Teilwert (§6 Abs.1 Nr.5 EStG)
Laufende Besteuerung	– Gewerbliche Einkünfte – Belastung mit Körperschaft- und Gewerbesteuer – Kein Freibetrag nach §24 KStG	– Gewerbliche Einkünfte – Belastung mit Körperschaft- und Gewerbesteuer – Freibetrag nach §24 KStG
Gewinnausschüttungen aus öffentlichem Betrieb	– KapErtrSt von 25% (§43a Abs.1 Satz 1 Nr.1 EStG) – Absenkung auf 15% nach §44a Abs.8 EStG bei Anteilen im hoheitlichen Bereich – Anrechnung auf Steuerschuld des BgA (s. zu den Folgen der Gewinnabführung vom BgA zum Hoheitsbereich nebenstehend)	KapErtrSt von 15% (§43a Abs.1 Satz 1 Nr.2 EStG) auf fiktive Ausschüttung, wenn – Gewinnermittlung durch Betriebsvermögensvergleich und keine Einstellung des Gewinns in Rücklage oder – Summe der Umsätze > 350000 € oder Gewinn > 30000 € (§43 Abs.1 S.1 Nr.7b, 7c i.V.m. §20 Abs.1 Nr.10a) und b) EStG)
Veräußerungsgewinne	– Beteiligung im Hoheitsbereich: Veräußerungsgewinn nicht steuerbar, auch kein §17 EStG – Beteiligung im BgA: Veräußerungsgewinn steuerbar, aber befreit nach §8b Abs.2 KStG; bei Weiterausschüttung an Hoheitsbereich siehe „Gewinnausschüttungen" bei BgA	Gewinn aus der Veräußerung des BgA körperschaft- und gewerbesteuerpflichtig
Umsatzsteuerlicher Unternehmer	Kapitalgesellschaft (§2 Abs.1 UStG)	Betrieb gewerblicher Art (§2 Abs.3 Satz 1 UStG a.F. bis 31.12.2016; §2b UStG ab 1.1.2017)[1]

[1] Zum zeitlichen Anwendungsbereich vgl. Kap. 5.9.1.3.

6.3 Unternehmensumwandlung

6.3.1 Umwandlungsrecht

6.3.1.1 Überblick

	Umwandlung i.e.S.	Umwandlung i.w.S.
Rechtsnachfolge	Gesamtrechtsnachfolge bzw. Identitätswahrung (Formwechsel)	in der Regel Einzelrechtsnachfolge
Gesetz	Umwandlungsgesetz[1]	BGB
Formen	– Verschmelzung (§§ 2–122 I UmwG) – Spaltung (§§ 123–173 UmwG) – Vermögensübertragung (§§ 174–189 UmwG) – Formwechsel (§§ 190–312 UmwG)	– Einbringung – Realteilung – Anwachsung
Beteiligung ausländischer Rechtsträger	zulässig	zulässig

6.3.1.2 Verschmelzung (§§ 2–122 I UmwG)

6.3.1.2.1 Verschmelzungsvarianten

Verschmelzung durch Aufnahme	Gesamtes Vermögen eines übertragenden Rechtsträgers oder mehrerer übertragender Rechtsträger wird auf einen anderen bestehenden Rechtsträger gegen Gewährung von Anteilen des übernehmenden Rechtsträgers an die Anteilsinhaber der übertragenden Rechtsträger übertragen.
Verschmelzung durch Neugründung	Gesamtes Vermögen eines übertragenden Rechtsträgers oder mehrerer übertragender Rechtsträger wird auf einen dadurch neu zu gründenden Rechtsträger gegen Gewährung von Anteilen des neuen Rechtsträgers an die Anteilsinhaber der übertragenden Rechtsträger übertragen.

---

[1] Gesetz vom 28.10.1994 (BGBl I 1994 S.3210), zuletzt geändert durch Art.60 des Gesetzes vom 10.8.2021 (BGBl I 2020 S. 3436).

6.3.1.2.2 Beteiligte Rechtsträger[1,2]

von \ auf	Pers.-Handels-Ges./PartG	GmbH	AG	KGaA	e.G.	e.V./wirtsch. Verein	Gen. Prüfungsverband	VVaG	nat. Pers.	KapitalG i.S.v. EG-RL 2005/56/EG bei grenzüberschreitender Verschmelzung
Pers.-Handels-Ges./PartG	§§ 39–45e	§§ 39–45e, 46–59	§§ 39–45e, 60–76	§§ 39–45e, 78	§§ 39–45e, 79–98	–	–	–	–	–
GmbH inkl. UG	§§ 39–45e, 46–59	§§ 46–59	§§ 46–59, 60–76	§§ 46–59, 78	§§ 46–59, 79–98	–	–	–	§§ 120–121 i. V.m. §§ 46–59	§§ 122a–122l
AG	§§ 39–45e, 60–77	§§ 46–59, 60–77	§§ 60–76	§§ 60–76, 78	§§ 60–76, 79–98	–	–	–	§§ 120–121 i. V.m. §§ 60–76	§§ 122a–122l
KGaA	§§ 39–45e, 78	§§ 46–59, 78	§§ 60–76, 78	§ 78	§§ 78, 79–98	–	–	–	§§ 120–121 i. V.m. § 78	§§ 122a–122l
e.G.	§§ 39–45e, 79–98	§§ 46–59, 79–98	§§ 60–76, 79–98	§§ 78, 79–98	§§ 79–98	–	§§ 105–108	–	–	–
e.V./wirtsch. Verein	§§ 39–45e, 99–104a	§§ 46–59, 99–104a	§§ 60–76, 99–104a	§§ 78, 99–104a	§§ 79–98, 99–104a	§§ 99–104a	–	–	–	–

[1] Für sämtliche Verschmelzungen gelten die allgemeinen Vorschriften des Ersten Teils des Zweiten Buches gem. §§ 2–38 UmwG; Vorschriften für rechtsformspezifische Besonderheiten sind der Tabelle zu entnehmen.

[2] Rechtslage ab 1. 1. 2024: Durch das Gesetz zur Modernisierung des Personengesellschaftsrechts (Personengesellschaftsrechtsmodernisierungsgesetz – MoPeG) wird die Rechtsfähigkeit der GbR zukünftig gesetzlich anerkannt und es erfolgt eine Erweiterung der umwandlungsfähigen Rechtsträger in § 3 UmwG auf die rechtsfähige – künftig im neugeschaffenen Gesellschaftsregister eingetragene – GbR (sog. eGbR), die dann Partei einer Verschmelzung und Spaltung sowie eines Formwechsels sein kann.

von \ auf	Pers.-Handels-Ges./PartG	GmbH	AG	KGaA	e.G.	e.V./wirtsch. Verein	Gen. Prüfungsverband	VVaG	nat. Pers.	KapitalG i.S.v. EG-RL 2005/56/EG bei grenzüberschreitender Verschmelzung
Gen. Prüfungsverband	–	–	–	–	–	§§105–108[1]	§§105–108	–	–	
VVaG	–	–	(nur Versicherungs-AG) §§60–76, 109–119[2]	–	–	–	–	§§109–119	–	–
nat. Pers.	–	–	–	–	–	–	–	–	–	–
KapitalG i.S.v. EG-RL 2005/56/EG[3] bei grenzüberschreitender Verschmelzung	–	§§122a–122l	§§122a–122l	§§122a–122l	–	–	–	–	–	–

[1] Vorgang ist nur möglich, wenn Gen. Prüfungsverband einen rechtsfähigen Verein aufnimmt, bei dem die Voraussetzungen des §63b Abs. 2 Satz 1 GenG bestehen und die zuständige oberste Landesbehörde dem Verschmelzungsvertrag zustimmt.

[2] Vorgang ist nur zur Aufnahme durch einen übernehmenden Rechtsträger möglich.

[3] S. Art. 1 der RL 2005/56/EG vom 26. 10. 2005, ABl. EU Nr. L 310 S. 1.

6.3.1.2.3   Verfahren

- Verschmelzungsvertrag   (§§ 4–7 UmwG)
- Verschmelzungsbericht   (§ 8 UmwG)
- Verschmelzungsprüfung   (§§ 9–12 UmwG)

An Verschmelzung beteiligter Rechtsträger	Verschmelzungsprüfungspflicht
OHG, KG, PartnerschaftsG	auf Verlangen eines Gesellschafters (§§ 44, 45 e UmwG)
GmbH	auf Verlangen eines Gesellschafters (§ 48 UmwG)
AG	ja (§ 60 UmwG); Besonderheiten beim Verschmelzungspflichtigen Squeeze-out (§ 327 a AktG, 62 Abs. 5 UmwG)
KGaA	ja (§§ 60, 78 UmwG)
eG	Prüfungsgutachten des genossenschaftlichen Prüfungsverbands (§ 81 UmwG)
eingetragener rechtsfähiger Verein	auf Verlangen von mindestens 10 % der Mitglieder (§ 100 UmwG)
Versicherungsverein auf Gegenseitigkeit	keine
generell	entfällt, wenn 100prozentige Tochtergesellschaft auf Muttergesellschaft verschmolzen wird (§ 9 Abs. 2 UmwG)

- Verschmelzungsbeschluss   (§ 13 UmwG)[1]; ggf. Wegfall des Verschmelzungsbeschlusses bei der Konzernverschmelzung (100 %ige Tochtergesellschaft wird auf Muttergesellschaft verschmolzen)
- Handelsregisteranmeldung   (§§ 16–17[2] UmwG)
- Eintragung und Bekanntmachung   (§§ 19–20 UmwG)

---

[1] Änderung durch das COVID-19-Gesetz (verkündet als Art. 2 G v. 27.3.2020, BGBl I 2020 S. 569) für umwandlungsrechtliche Maßnahmen im Jahr 2020: Für Aktiengesellschaften gilt, dass gemäß Art. 2 § 1 Abs. 2 COVID-19-Gesetz die Maßnahme auch in einer virtuellen Hauptversammlung beschlossen werden kann. Gemäß Art. 2 Abs. 8 COVID-19-Gesetz kann diese Geltung aufgrund der dort geregelten Verordnungsermächtigung bis höchstens zum 31.12.2021 verlängert werden, wenn dies aufgrund fortbestehender Auswirkungen der COVID-19-Pandemie in der BRD geboten erscheint.

[2] Gemäß § 17 Abs. 2 Satz 4 UmwG darf die vorzulegende Bilanz nicht älter als acht Monate sein. Diese Frist wird durch Art. 2 G § 4 COVID-19-Gesetz auf zwölf Monate verlängert, sodass Umwandlungen mit einer Stichtagsbilanz auf den 31.12.2019 noch bis zum 31.12.2020 zum Handelsregister angemeldet werden können. Auch hier kann die Geltung gemäß Art. 2 Abs. 8 COVID-19-Gesetz aufgrund der dort geregelten Verordnungsermächtigung bis höchstens zum 31.12.2021 verlängert werden, wenn dies aufgrund der fortbestehenden Auswirkungen der COVID-19-Pandemie in der BRD geboten erscheint.

6.3.1.2.4 Grenzüberschreitende Verschmelzung

Verschmelzungsfähige Gesellschaften (§ 122b UmwG)	Kapitalgesellschaften i.S.v. Art. 119 Nr. 1 RL (EU) 2017/1132 als übertragende, übernehmende oder neue Gesellschaften und Personenhandelsgesellschaften i.S.d. § 3 Abs. 1 Nr. 1 mit in der Regel nicht mehr als 500 Arbeitnehmern als übernehmende oder neue Gesellschaften
Verschmelzungsplan (§ 122c UmwG) – notariell zu beurkunden – bekannt zu machen gem. § 122d UmwG	Mindestinhalt: – Rechtsform, Firma, Sitz der beteiligten Gesellschaften – Umtauschverhältnis – Einzelheiten zu Anteilsübertragung/Anteilstausch – Auswirkungen auf die Beschäftigten – Beginn der Gewinnberechtigung – Verschmelzungsstichtag – besondere Rechte und Vorteile an bestimmte Personen – Satzung der übernehmenden oder neuen Gesellschaft – ggf. Angaben zur Arbeitnehmerbeteiligung – Angaben zur Bewertung – Stichtag der Verschmelzungsbilanz
Verschmelzungsbericht (§ 122e UmwG)	– Inhalt gem. § 8 UmwG – den Anteilseignern und dem Betriebsrat bzw. den Arbeitnehmern mind. einen Monat vor Zustimmungsbeschluss bekannt zu geben
Verschmelzungsprüfung (§ 122f UmwG)	gem. §§ 9–12 UmwG
Zustimmung der Anteilsinhaber (§ 122g UmwG)	gem. § 13 UmwG
Registeranmeldung (§§ 122k, 122l UmwG)	Zunächst durch die übertragende Gesellschaft, Gericht erteilt eine Verschmelzungsbescheinigung, Anmeldung und Vorlage der Verschmelzungsbescheinigung beim Register der übernehmenden/neuen Gesellschaft
Registereintragung (§ 122l UmwG)	§§ 122a Abs. 2, 20 UmwG: – Vermögensübergang – Erlöschen des übertragenden Rechtsträgers – Anteilsinhaber des übertragenden Rechtsträgers werden Anteilsinhaber des übernehmenden/neuen Rechtsträgers

6.3.1.3 Spaltung (§§ 123–173 UmwG)

6.3.1.3.1 Spaltungsvarianten

Spaltungen sind in drei Varianten mit jeweils zwei Ausprägungen möglich.

Aufspaltung (§ 123 Abs. 1 UmwG)	Ein Rechtsträger teilt sein Vermögen unter Auflösung ohne Abwicklung auf und überträgt die Teile als Gesamtheit im Wege der partiellen Gesamtrechtsnachfolge auf mindestens zwei andere schon bestehende **(Aufspaltung zur Aufnahme)** oder neu gegründete **(Aufspaltung zur Neugründung)** Rechtsträger gegen Gewährung von Gesellschaftsrechten dieser Rechtsträger an die Anteilsinhaber des aufspaltenden Rechtsträgers.
Abspaltung (§ 123 Abs. 2 UmwG)	Ein Rechtsträger überträgt einen Teil oder mehrere Teile seines Vermögens als Gesamtheit im Wege der partiellen Gesamtrechtsnachfolge auf einen oder mehrere schon bestehende **(Abspaltung zur Aufnahme)** oder neu gegründete **(Abspaltung zur Neugründung)** Rechtsträger gegen Gewährung von Gesellschaftsrechten dieses/dieser Rechtsträger(s) an die Anteilsinhaber des abspaltenden Rechtsträgers. Der abspaltende Rechtsträger bleibt bestehen.
Ausgliederung (§ 123 Abs. 3 UmwG)	Ein Rechtsträger gliedert aus seinem Vermögen einen Teil oder mehrere Teile aus und überträgt sie als Gesamtheit im Wege der partiellen Gesamtrechtsnachfolge auf einen oder mehrere schon bestehende **(Ausgliederung zur Aufnahme)** oder neu gegründete **(Ausgliederung zur Neugründung)** Rechtsträger gegen Gewährung von Gesellschaftsrechten dieses/dieser Rechtsträger(s) an den ausgliedernden Rechtsträger.

6.3.1.3.2 Beteiligte Rechtsträger[1,2]

auf / von	Pers.-Handels-Ges./PartG	GmbH	AG/KGaA	e.G.	e.V.	Gen. Prüfungsverband	VVaG
Pers.-Handels-Ges./PartG	§§ 125, 135	§§ 125, 135, 138–140	§§ 125, 135, 141–146	§§ 125, 135, 147, 148	–	–	–
GmbH	§§ 125, 135, 138–140	§§ 125, 135, 138–140	§§ 125, 135, 138–140, 141–146	§§ 125, 135, 138–140, 147, 148	–	–	–
AG/KGaA	§§ 125, 135, 141–146	§§ 125, 135, 138–140, 141–146	§§ 125, 135, 141–146	§§ 125, 135, 141–146, 147, 148	–	–	–
e.G.	§§ 125, 135, 147, 148	§§ 125, 135, 138–140, 147, 148	§§ 125, 135, 141–146, 147, 148	§§ 125, 135, 147, 148	–	–	–
e.V./wirtsch. Verein	§§ 125, 135, 149	§§ 125, 135, 138–140, 149 Abs.1	§§ 125, 135, 141–146, 149 Abs.1	§§ 125, 135, 147, 149	§§ 125, 135, 149 Abs.2	§§ 125, 135, 138–140, 149 Abs.1	–
Gen. Prüfungsverband	–	§§ 125, 135, 138–140, 150[3]	§§ 125, 135, 141–146, 150[3]	–	–	§§ 125, 150[4]	–
VVaG	–	§§ 125, 135, 138–140, 151[3]	§§ 125, 135, 141–146, 151	–	–	–	§§ 125, 135, 141–146, 151[5]
Einzelkaufmann	§§ 125, 152–160[3]	§§ 125, 135, 138–140, 152–160[3]	§§ 125, 135, 141–146, 152–160[3]	§§ 125, 147, 148, 152–160[3]	–	–	–
Stiftungen	§§ 125, 161–167[3]	§§ 125, 135, 138–140, 161–167[3]	§§ 125, 135, 141–146, 161–167[3]	–	–	–	–
Gebiets-Kö.	§§ 125, 168–173[3]	§§ 125, 135, 138–140, 168–173[3]	§§ 125, 135, 141–146, 168–173[3]	§§ 125, 135, 147, 148, 168–173[3]	–	–	–

[1] Für sämtliche Spaltungsvorgänge gelten die allgemeinen Vorschriften des Ersten Teils des Dritten Buches gem. §§ 123–137 UmwG; Vorschriften für rechtsformspezifische Besonderheiten sind der Tabelle zu entnehmen.

[2] Rechtslage ab 1. 1. 2024: Durch das Gesetz zur Modernisierung des Personengesellschaftsrechts (Personengesellschaftsrechts-modernisierungsgesetz – MoPeG) wird die Rechtsfähigkeit der GbR zukünftig gesetzlich anerkannt und es erfolgt eine Erweiterung der umwandlungsfähigen Rechtsträger in § 3 UmwG auf die rechtsfähige – künftig im neugeschaffenen Gesellschaftsregister eingetragene – GbR (sog. eGbR), die dann Partei einer Verschmelzung und Spaltung sowie eines Formwechsels sein kann.

[3] Vorgang ist nur als Ausgliederung möglich.

[4] Vorgang ist nur zur Aufnahme durch einen übernehmenden Rechtsträger möglich.

6.3.1.3.3   Verfahren

- Spaltungsvertrag, Spaltungsplan   (§§ 126, 136 UmwG)
- Spaltungsbericht   (§ 127 UmwG)
- Spaltungsprüfung   (§§ 125, 9 UmwG)
- Spaltungsbeschluss   (§§ 125, 13 UmwG)
- Handelsregisteranmeldung   (§ 129 UmwG)
- Eintragung und Bekanntmachung   (§§ 130, 131 UmwG)

6.3.1.4   Vermögensübertragung (§§ 174–189 UmwG)

6.3.1.4.1   Vermögensübertragungsvarianten

Vermögensübertragungen sind in zwei Varianten möglich:
- **Vollübertragung:**   entspricht der Verschmelzung (siehe Kap. 6.3.1.2)
- **Teilübertragung:**   entspricht der Spaltung (siehe Kap. 6.3.1.3)

Vermögensübertragungen sind nur zur Aufnahme, nicht zur Neugründung möglich.

Der Unterschied zur Verschmelzung bzw. Spaltung besteht darin, dass die Gegenleistung für das übertragene Vermögen nicht in Anteilen oder Mitgliedschaften an den übernehmenden oder neuen Rechtsträgern besteht, sondern in einer Gegenleistung anderer Art, insbesondere in einer Barleistung.

6.3.1.4.2   Beteiligte Rechtsträger

von \ auf	Öff. Hand (Bund, Land, Gebietskörperschaft)	VVaG	öffentl.-rechtl. Versicherungsunternehmen	Vers.-AG
GmbH				
Vollübertr.	§§ 175 Nr. 1, 176	–	–	–
Teilübertr.	§§ 175 Nr. 1, 177	–	–	–
AG/KGaA				
Vollübertr.	§§ 175 Nr. 1, 176	–	–	–
Teilübertr.	§§ 175 Nr. 1, 177	–	–	–
Vers.-AG				
Vollübertr.	–	§§ 175 Nr. 2 Buchst. a, 178	§§ 175 Nr. 2 Buchst. a, 178	–
Teilübertr.	–	§§ 175 Nr. 2 Buchst. a, 179	§§ 175 Nr. 2 Buchst. a, 179	–

von \ auf	Öff. Hand (Bund, Land, Gebietskörperschaft)	VVaG	öffentl.-rechtl. Versicherungsunternehmen	Vers.-AG
VVaG				
Vollübertr.	–	–	§§ 175 Nr. 2 Buchst. b, 180–183, 185–187	§§ 175 Nr. 2 Buchst. b, 180–183, 185–187
Teilübertr.	–	–	§§ 175 Nr. 2 Buchst. b, 184–187	§§ 175 Nr. 2 Buchst. b, 184–187
öffentl.-rechtl. Versicherungsunternehmen				
Vollübertr.	–	§§ 175 Nr. 2 Buchst. c, 188	–	§§ 175 Nr. 2 Buchst. c, 188
Teilübertr.	–	§§ 175 Nr. 2 Buchst. c, 189	–	§§ 175 Nr. 2 Buchst. c, 189

6.3.1.4.3 Verfahren

Die Regelungen zur Verschmelzung (siehe Kap. 6.3.1.2.3) bei Vollübertragung bzw. Spaltung (siehe Kap. 6.3.1.3.3) bei Teilübertragung gelten entsprechend. Besonderheiten ergeben sich aus den §§ 176 ff. UmwG.

6.3.1.5 Formwechsel (§§ 190–304 UmwG)

6.3.1.5.1 Formwechselvarianten

Der Formwechsel einer Gesellschaft lässt deren zivilrechtliche Identität unberührt, es ändert sich lediglich die Rechtsform. Zivilrechtlich findet keine Vermögensübertragung statt. Es werden zwei Typen unterschieden:

Strukturwahrender Formwechsel	Rechtsträger alter und neuer Rechtsform gehören dem selben Typus an	– Kapital- auf Kapitalgesellschaft – Personen- auf Personengesellschaft
Strukturändernder Formwechsel	Rechtsträger alter und neuer Rechtsform gehören unterschiedlichen Typen an	– Kapital- auf Personengesellschaft – Personen- auf Kapitalgesellschaft

6.3.1.5.2 Beteiligte Rechtsträger[1]

von \ auf	GbR[2]	PershG/ PartG	GmbH	AG	KGaA	e.G.
PershG/ PartG	§§190 Abs.2, 191 Abs.2 Nr.1 i.V.m. §1 Abs.2	§190 Abs.2 i.V.m. §1 Abs.2	§§190–213, 214–225	§§190–213, 214–225	§§190–213, 214–225	§§190–213, 214–225
GmbH (inkl. UG)	§§190–213, 226, 228–237	§§190–213, 226, 228–237	–[3]	§§190–213, 226, 238–250	§§190–213, 226, 238–250	§§190–213, 226, 251–257
AG	§§190–213, 226, 228–237	§§190–213, 226, 228–237	§§190–213, 226, 238–250	–[4]	§§190–213, 226, 238–250	§§190–213, 226, 251–257
KGaA	§§190–213, 226–237	§§190–213, 226–237	§§190–213, 226–227, 238–250	§§190–213, 226–227, 238–250	–	§§190–213, 226, 251–257
e.G.	–	–	§§190–213, 258–271	§§190–213, 258–271	§§190–213, 258–271	–
e.V./wirtsch. Verein	–	–	§§190–213, 272–282	§§190–213, 272–282	§§190–213, 272–282	§§190–213, 272, 283–290
VVaG	–	–	–	§§190–213, 291–300	–	–
Kö./Anstalt des öff. Rechts	–	–	§§190–213, 301–303	§§190–213, 301–303	§§190–213, 301–303	–

6.3.1.5.3 Verfahren

- Umwandlungsbericht (§ 192 UmwG)
- Umwandlungsbeschluss (§§ 193–195 UmwG)
- Handelsregisteranmeldung, -eintragung (§§ 198, 199, 201, 202 UmwG)

[1] Der Formwechsel innerhalb der Gesamthand richtet sich nach §§190 Abs.1, 1 Abs.2 UmwG i.V.m. §§705ff. BGB, §§105, 161 HGB oder §§1ff. PartG.

[2] Rechtslage ab 1. 1. 2024: Durch das Gesetz zur Modernisierung des Personengesellschaftsrechts (Personengesellschaftsrechtsmodernisierungsgesetz – MoPeG) wird die Rechtsfähigkeit der GbR zukünftig gesetzlich anerkannt und es erfolgt eine Erweiterung der umwandlungsfähigen Rechtsträger in § 3 UmwG auf die rechtsfähige – künftig im neugeschaffenen Gesellschaftsregister eingetragene – GbR (sog. eGbR), die dann Partei einer Verschmelzung und Spaltung sowie eines Formwechsels sein kann. Bislang ist lediglich der Formwechsel in eine GbR (§ 191 Abs. 2 Nr. 1 UmwG) möglich, nicht aber der Formwechsel einer GbR in eine Gesellschaft anderer Rechtsform. Dies wird ab 1.1.2024 möglich werden: Die im Gesellschaftsregister eingetragene GbR wird damit sowohl als Ausgangs- als auch als Zielgesellschaft an einem Formwechsel partizipieren können. Der Formwechsel der eGbR in eine andere Rechtsform ist indes – wie auch bisher bei Personenhandelsgesellschaften – nur in eine Kapitalgesellschaft oder eine eingetragene Genossenschaft möglich (§ 214 UmwG-E).

[3] Die „Umwandlung" einer UG in eine GmbH ist ein Firmen- und kein Formwechsel (§5a Abs.5 GmbHG).

[4] Formwechsel einer AG in eine SE vgl. Art.2 Abs.4, 37 SE-VO.

6.3.2 Umwandlungssteuerrecht[1]

6.3.2.1 Überblick

6.3.2.1.1 Anwendungsbereich

A. Umwandlungen nach §§ 3–19, 25 UmwStG

Erfasste Umwandlungs-vorgänge	Beteiligte Rechtsträger	Voraussetzungen für Steuerneutralität
– Reorganisationen nach deutschem UmwG und nach dem Recht eines ausländischen Staates, wenn diese den inländischen Umwandlungsvorgängen vergleichbar sind (§ 1 Abs. 1 Satz 1 Nr. 1 UmwStG) – Ausnahme: Ausgliederungen (§ 1 Abs. 1 Satz 2 UmwStG)	– Gesellschaften und natürliche Personen (als übernehmende Rechtsträger), auch, soweit sie in einem Drittstaat ansässig sind[2]	**Von Kapitalgesellschaft auf Personenunternehmen** – Wirtschaftsgüter sind weiterhin steuerlich verstrickt **und** – deutsches Besteuerungsrecht wird nicht ausgeschlossen oder beschränkt **und** – neben Gesellschaftsrechten wird keine sonstige Gegenleistung gewährt **Von Kapital- auf Kapitalgesellschaft** – übergehende Wirtschaftsgüter unterliegen bei der übernehmenden Körperschaft der Körperschaftsteuer **und** – deutsches Besteuerungsrecht im Hinblick auf die Besteuerung des Gewinns aus der Veräußerung des eingebrachten Betriebsvermögens bei der übernehmenden Gesellschaft wird nicht ausgeschlossen oder beschränkt **und** – neben Gesellschaftsrechten wird keine sonstige Gegenleistung gewährt

---

[1] I.d.F. des SEStEG vom 7.12.2006 (BGBl I 2006 S.2782), zuletzt geändert durch Art. 3 des Gesetzes zur Modernisierung des Körperschaftsteuerrechts vom 25.6.2021 (BGBl I 2021 S. 2050). Das UmwStG in dieser Fassung gilt für nach dem 12.12.2006 erfolgte Umwandlungen und Einbringungen (§ 27 Abs. 1 UmwStG). Siehe zum UmwStG 2006 BMF vom 11.11.2011 (BStBl I 2011 S.1314; „UmwSt-Erlass").
[2] § 1 Abs. 2 UmwStG wurde mWv. 1.1.2022 gestrichen.

B. Umwandlungen nach §§ 20–24 UmwStG

Rechtsvorgänge ausländischen Rechts, die	Einbringungen i.S.d. §§ 20–23 UmwStG (ohne Anteilstausch)	Einbringungen i.S.d. §§ 20–23 UmwStG (ohne §§ 24 f. UmwStG)
– einer Verschmelzung, Aufspaltung **oder** Abspaltung einer Personenhandelsgesellschaft nach § 2 und § 123 Abs. 1 und 2 UmwG **oder** – einer Ausgliederung von Vermögensteilen i.S.d. § 123 Abs. 3 UmwG **oder** – einem Formwechsel einer Personengesellschaft in eine Kapitalgesellschaft oder Genossenschaft nach § 190 Abs. 1 UmwG vergleichbar sind **oder** wenn es sich um – die Einbringung von Betrieben, Teilbetrieben[1] oder Mitunternehmeranteilen durch Einzelrechtsnachfolge in Kapitalgesellschaft, Genossenschaft **oder** Personengesellschaft **oder** – den Austausch von *Anteilen an* Kapitalgesellschaften handelt (Anteilstausch).	– übernehmender Rechtsträger ist eine Europäische Gesellschaft, eine Europäische Genossenschaft oder eine nach den Vorschriften eines Mitgliedstaates der EU/EWR gegründeten Gesellschaft, deren Sitz und Ort der Geschäftsleitung sich innerhalb des Hoheitsgebietes eines dieser Staaten befindet (§ 1 Abs. 4 Nr. 1 UmwStG) **und** – übertragender Rechtsträger ist natürliche Person mit Ansässigkeit in EU/EWR oder Gesellschaft i.S.d. § 1 Abs. 4 Nr. 1 UmwStG. Bei Personengesellschaften müssen die beteiligten natürlichen Personen oder Gesellschafter jeweils deren Voraussetzungen erfüllen. (§ 1 Abs. 4 Satz 1 Nr. 2 lit. a UmwStG) **oder** – Besteuerungsrecht Deutschlands wird hinsichtlich der Besteuerung des Gewinns aus der Veräußerung der erhaltenen Anteile nicht ausgeschlossen oder beschränkt (§ 1 Abs. 4 Satz 1 Nr. 2 lit. b UmwStG) **Einbringungen i.S.d. §§ 24 UmwStG:** Keine Einschränkungen (§ 1 Abs. 4 Satz 2 UmwStG)	– übergehende Wirtschaftsgüter unterliegen bei der übernehmenden Körperschaft der Körperschaftsteuer **und** – Passivposten des eingebrachten Betriebsvermögens übersteigen nicht die Aktivposten **und** **Einbringungen i.S.d. §§ 20–24 f. UmwStG** deutsches Besteuerungsrecht wird im Hinblick auf die Besteuerung des Gewinns aus der Veräußerung des eingebrachten Betriebsvermögens bei der übernehmenden Gesellschaft nicht ausgeschlossen oder beschränkt – der gemeine Wert der sonstigen Gegenleistungen übersteigt nicht die Grenze von 25 % des Buchwerts des eingebrachten Betriebsvermögens oder einen Betrag von 500 000 €, höchstens jedoch den Buchwert des eingebrachten Betriebsvermögens

---

[1] Siehe zur Maßgeblichkeit den europäischen Teilbetriebsbegriff („funktional wesentliche und wirtschaftlich zuordenbare WG bestimmen den Teilbetrieb"), UmwSt-Erlass vom 11.11.2011, Rn 15.02, 15.07.

6.3.2.1.2 Umwandlungsformen

A. Umwandlungen i.e.S.

		Von Kapitalgesellschaft		Von Personengesellschaft	
		auf KapGes	auf PersGes/EU	auf KapGes	auf PersGes/EU
Verschmel-zung	Tatbestand	§§ 11–13, 19 UmwStG	§§ 3–8, 18 UmwStG	§§ 20, 22, 23 UmwStG	§ 24 UmwStG
	Rückwirkung	§ 2 UmwStG		§ 20 Abs. 5 u. 6 UmwStG	§ 24 Abs. 4 UmwStG
Spaltung (mit Teilbetrieben)	Tatbestand	§ 15 UmwStG	§ 16 UmwStG	§§ 20, 22, 23 UmwStG	§ 24 UmwStG
	Rückwirkung	§ 2 UmwStG		§ 20 Abs. 5 u. 6 UmwStG	§ 24 Abs. 4 UmwStG
Formwechsel	Tatbestand	steuerlich irrelevant	§ 9 UmwStG	§ 25 UmwStG	steuerlich irrelevant
	Rückwirkung	entfällt	§ 9 Satz 3 UmwStG	§ 25 UmwStG	entfällt

B. Umwandlungen i.w.S.

		Von Kapitalgesellschaft		Von Personengesellschaft	
		auf KapGes	auf PersGes/EU	auf KapGes	auf PersGes/EU
Einbringung von (Teil-) Betrieben, Mitunternehmeranteilen	Tatbestand	§§ 20, 22, 23 UmwStG	§ 24 UmwStG	§§ 20, 22, 23 UmwStG	§ 24 UmwStG
	Rückwirkung	§ 20 Abs. 5 u. 6 UmwStG	bei Gesamt-rechtsnachfolge § 24 Abs. 4 UmwStG	§ 20 Abs. 5 u. 6 UmwStG	bei Gesamt-rechtsnachfolge § 24 Abs. 4 UmwStG
Einbringung von KapGes-Anteilen	Tatbestand	§§ 21–23 UmwStG	§ 24 UmwStG (100%-Anteil) bzw. § 6 Abs. 5 EStG	§§ 21–23 UmwStG	§ 24 UmwStG (100%-Anteil) bzw. § 6 Abs. 5 EStG
	Rückwirkung	keine Rück-wirkung	§ 24 Abs. 4 UmwStG	keine Rück-wirkung	§ 24 Abs. 4 UmwStG
Realteilung	Tatbestand	nicht steuerneutral möglich		einge-schränkt, § 16 Abs. 3 S. 4 EStG	§ 16 Abs. 3 Satz 2 EStG bzw. § 6 Abs. 5 EStG
	Rückwirkung	entfällt		keine Rückwirkung	

6.3.2.2 Verschmelzung

6.3.2.2.1 Kapitalgesellschaft auf Kapital-gesellschaft (§§ 11–13, 19 UmwStG)

Übertragende Kapitalgesellschaft (§ 11 UmwStG)	Übernehmende Kapitalgesellschaft (§ 12 UmwStG)	Anteilseigner der über-tragenden Kapitalgesellschaft (§ 13 UmwStG)

Grundsätzlich Aufstockung auf die gemeinen Werte (§ 11 Abs. 1 UmwStG); keine Maßgeblichkeit der Handelsbilanz für die Steuerbilanz[1]. **Ausnahmsweise** auf Antrag Buchwertfortführung oder Zwischenwertansatz, soweit (§ 11 Abs. 2 UmwStG)
– Besteuerung bei über-nehmender Gesellschaft sichergestellt ist und
– das Besteuerungsrecht Deutschlands für Gewinne aus der Veräußerung der übergehenden Wirtschafts-güter nicht eingeschränkt wird **und**
– eine Gegenleistung nicht gewährt wird oder in Gesellschaftsrechten be-steht.
Der Antrag ist spätestens bis zur erstmaligen Abgabe der steuerlichen Schlussbilanz[2] bei dem für die Besteuerung der übertragenden Körper-schaft zuständigen Finanzamt zu stellen (§ 11 Abs. 3 i.V.m. § 3 Abs. 2 Satz 2 UmwStG).
Die Regelungen gelten für die GewSt entsprechend (§ 19 Abs. 1 UmwStG).
	Übernahme der Wertansätze des übertragenden Rechtsträgers **(Wertverknüpfung)**, § 12 Abs. 1 UmwStG.
	Steuerpflichtige **Hinzurechnung** von früheren gewinnwirksamen Teilwertabschreibungen und von Abzügen vom Beteiligungsbuch-wert der übertragenden Körper-schaft, maximal bis zum gemei-nen Wert (§ 12 Abs. 1 Satz 2 i.V.m. § 4 Abs. 1 Satz 2 und 3 UmwStG)[3]
	Ermittlung **Übernahmegewinn/-verlust**
	   Wert der übergehenden Wirtschaftsgüter
	   ./. Buchwert der wegfallenden Beteiligung
	   <u>./. Umwandlungskosten</u>
	   = Übernahmegewinn/-verlust
	Der Übernahmegewinn/-verlust bleibt grundsätzlich steuerlich außer Ansatz (§ 12 Abs. 2 Satz 1 UmwStG); § 8b KStG ist auf einen Gewinn anzuwenden, soweit er (abzgl. Kosten) dem Anteil der übernehmenden an der übertragenden Körperschaft entspricht (damit auch 5 % nicht abzugsfähige Betriebsausgabe, § 8b Abs. 3 Satz 1 KStG).
		Grundsätzlich Behandlung als erfolgswirksamer Tausch von Anteilen an übertragender Gesellschaft gegen Anteile an übernehmender Gesellschaft (§ 13 Abs. 1 UmwStG)
		Ausnahmsweise auf Antrag Fortführung der Buchwerte bzw. Anschaffungskosten (§ 13 Abs. 2 Satz 1 UmwStG), wenn
		– das Besteuerungsrecht Deutschlands für Gewinne aus einer Anteilsveräußerung nicht ausgeschlossen oder beschränkt wird **oder**
		– die EU-Mitgliedstaaten bei einer Verschmelzung Art. 8 der Richtlinie 2009/133/EG anzuwenden haben mit der Folge, dass Deutschland das Besteuerungsrecht unabhängig von DBA-Be-stimmungen behält.
		Die Anteile an der übernehmen-den Körperschaft treten dann steuerlich an die Stelle der Anteile an der übertragenden Körperschaft (§ 13 Abs. 2 Satz 2 UmwStG). Damit bleiben sie z. B. auch nach Ableগকgeln unter die 1%-Grenze des § 17 EStG steuerverstrickt ("verschmel-zungsgeborene Anteile").[4]

---

[1] UmwSt-Erlass vom 11.11.2011, Rn 03.10, 11.05; BFH vom 19.10.2005, I R 38/04 (BStBl II 2006 S. 568).
[2] Siehe zur steuerlichen Schlussbilanz UmwSt-Erlass vom 11.11.2011, Rn 03.01, Rn 11.02.
[3] Einbeziehung von übrigen Abzügen (z.B. nach § 6b Abs. 10 EStG) und Beschränkung der Zuschreibung auf gemeinen Wert eingeführt durch SEStEG.
[4] UmwSt-Erlass vom 11.11.2011, Rn 13.11.

Übertragende Kapitalgesellschaft (§ 11 UmwStG)	Übernehmende Kapitalgesellschaft (§ 12 UmwStG)	Anteilseigner der übertragenden Kapitalgesellschaft (§ 13 UmwStG)
Übertragungsgewinn ist körperschaftsteuer- und gewerbesteuerpflichtig, keine Steuervergünstigungen.	Ein **Übernahmefolgegewinn** ist in voller Höhe steuerpflichtig, der Gewinn kann aber (ggf. nur im Hinblick auf den Teil, der der Beteiligung der übernehmenden am Grund- oder Stammkapital der übertragenden Kapitalgesellschaft entspricht) durch die Bildung einer Rücklage vermieden werden, die in den folgenden drei Jahren erfolgswirksam aufzulösen ist (§ 12 Abs. 4 i.V.m. § 6 Abs. 1 und 2 UmwStG). Die Rücklage wird rückwirkend aufgelöst, wenn der übernehmende Rechtsträger den übergegangenen Betrieb innerhalb von fünf Jahren nach dem steuerlichen Übertragungsstichtag in eine Kapitalgesellschaft einbringt oder ohne einen triftigen Grund veräußert oder aufgibt (§ 6 Abs. 3 UmwStG). **Eintritt in die Rechtsstellung** der übertragenden Kapitalgesellschaft z.B. hinsichtlich AfA und Bewertung von Wirtschaftsgütern (§ 12 Abs. 3 UmwStG). Körperschaftsteuerlicher Verlustvortrag und Zinsvortrag nach § 4h Abs. 1 Satz 5 EStG gehen nicht über. Siehe zum Vermögensübergang in den nicht steuerpflichtigen oder steuerbefreiten Teil einer Körperschaft § 12 Abs. 5 UmwStG. Die Regelungen gelten für die GewSt entsprechend (§ 19 Abs. 1 UmwStG); auch ein gewerbesteuerlicher Verlustvortrag geht nicht über (§ 19 Abs. 2 UmwStG).	Die Regelungen gelten für die GewSt entsprechend (§ 19 Abs. 1 UmwStG).

Übertragende Kapitalgesellschaft (§ 3 UmwStG)	Übernehmende Personengesellschaft (§ 4 UmwStG)	Anteilseigner (§§ 5 u. 7 UmwStG)
Grundsätzlich Aufstockung auf die gemeinen Werte (§ 3 Abs. 1 UmwStG); keine Maßgeblichkeit der Handelsbilanz für die Steuerbilanz[1]	Übernahme der Wertansätze des übertragenden Rechtsträgers **(Wertverknüpfung)**, § 4 Abs. 1 Satz 1 UmwStG.	– **Gesellschafter, auf den verschmolzen wird:** siehe Spalte „Übernehmende Personengesellschaft"
Ausnahmsweise auf Antrag Buchwertfortführung oder Zwischenwertansatz, soweit (§ 3 Abs. 2 UmwStG)	Steuerpflichtige Hinzurechnung von früheren gewinnwirksamen Teilwertabschreibungen und ähnlichen Abzügen auf den Beteiligungsbuchwert der übertragenden Körperschaft, maximal bis zum gemeinen Wert (§ 4 Abs. 1 Satz 2 und 3 UmwStG).	– **Andere Gesellschafter mit Anteilen im Betriebsvermögen oder Anteilen i.S.d. § 17 EStG (§ 5 UmwStG)**
– die Wirtschaftsgüter Betriebsvermögen der übernehmenden Personengesellschaft oder natürlichen Person werden und sichergestellt ist, dass sie später der Besteuerung mit Einkommen- oder Körperschaftsteuer unterliegen **und**	**Verlustvortrag nach § 10d EStG**, ein **Zinsvortrag nach § 4h Abs. 1 Satz 5 EStG** und ein **EBITDA-Vortrag nach § 4h Abs. 1 Satz 3 EStG** gehen nicht auf die übernehmende Personengesellschaft über (§ 4 Abs. 2 Satz 2 UmwStG).	– Anteile gelten als eingelegt
– das Besteuerungsrecht Deutschlands für Gewinne aus der Veräußerung der übergehenden Wirtschaftsgüter nicht eingeschränkt wird **und**	Die Regelungen gelten für die **GewSt** entsprechend (§ 18 Abs. 1 Satz 1 UmwStG); auch ein gewerbesteuerlicher Verlustvortrag geht nicht über (§ 18 Abs. 1 Satz 2 UmwStG).	– Steuerfolgen wie in Spalte „Übernehmende Personengesellschaft"
– eine Gegenleistung nicht gewährt wird oder in Gesellschaftsrechten besteht.	**Ermittlung Übernahmegewinn/-verlust** (§ 4 Abs. 4 UmwStG)	– **Andere Gesellschafter mit Anteilen im Privatvermögen, die nicht Anteile i.S.d. § 17 EStG sind (§ 7 UmwStG)**
Der Antrag ist spätestens bis zur erstmaligen Abgabe der steuerlichen Schlussbilanz[2] bei dem für die Besteuerung der übertragenden Körperschaft zuständigen Finanzamt zu stellen (§ 3 Abs. 2 Satz 2 UmwStG).	Wert der übergegangenen Wirtschaftsgüter ./. davon auf am steuerlichen Übertragungsstichtag nicht zum Betriebsvermögen gehörende oder gehörend geltende Anteile an der übertragenden Kapitalgesellschaft entfallend (§ 4 Abs. 4 Satz 3 UmwStG)	– Versteuerung der anteiligen Gewinnrücklagen[3]
	= verbleibendes Reinbetriebsvermögen (nicht negativ)	– Keine Erfassung eines Übernahmegewinns oder -verlusts
	./. Buchwert der Anteile an der übertragenden Kapitalgesellschaft, soweit am steuerlichen Übertragungsstichtag zum Betriebsvermögen gehörend oder als gehörend geltend (§ 5 UmwStG)	
	./. Umwandlungskosten	
	= Übernahmeergebnis 1. Stufe	
	./. Bezüge, die nach § 7 UmwStG zu den Einkünften aus Kapitalvermögen gehören (§ 4 Abs. 5 Satz 2 UmwStG)	
	= Übernahmeergebnis 2. Stufe	

Fußnoten am Ende des Kapitels.

Übertragende Kapitalgesellschaft (§ 3 UmwStG)	Übernehmende Personengesellschaft (§ 4 UmwStG)	Anteilseigner (§§ 5 u. 7 UmwStG)
Übertragungsgewinn ist körperschaftsteuer- und gewerbesteuerpflichtig.	Ein **Übernahmeverlust** bleibt, soweit er auf eine Kapitalgesellschaft entfällt, außer Ansatz. Soweit er auf eine natürliche Person entfällt, ist er in Höhe von 60 %, höchstens jedoch in Höhe von 60 % der Bezüge i. S. d. § 7 UmwStG zu berücksichtigen. Siehe zu weiteren Einschränkungen § 4 Abs. 6 Satz 6 UmwStG.	

Ein **Übernahmegewinn**
– bleibt zu 95 % außer Ansatz, soweit Mitunternehmer der übernehmenden Personengesellschaft eine unbeschränkt stpfl. Körperschaft ist (§ 8b Abs. 2 und 3 KStG) bzw.
– wird nur zu 60 % besteuert, soweit er auf eine natürliche Person als Übernehmerin bzw. als Mitunternehmer der übernehmenden Personengesellschaft entfällt (vgl. § 3 Nr. 40 EStG).
Der Übernahmegewinn unterliegt nicht der Gewerbesteuer (§ 18 Abs. 2 UmwStG). Der Ausschüttungsteil ist einzelfallabhängig gewerbesteuerfrei bzw. gewerbesteuerpflichtig.
Bezüge i. S. d. § 7 UmwStG sind dem Gesellschafter als Einnahmen i. S. d. § 20 Abs. 1 Nr. 1 EStG zuzurechnen und unterliegen dem Kapitalertragsteuerabzug. Die Bezüge unterliegen der regulären Ausschüttungsbesteuerung und bleiben somit zu 95 % außer Ansatz, soweit sie auf eine unbeschränkt stpfl. Körperschaft entfallen (§ 8b Abs. 2 und 3 KStG) bzw. werden nur zu 60 % besteuert, soweit sie auf eine natürliche Person entfallen (§ 3 Nr. 40 EStG).

Ein **Übernahmefolgegewinn** ist steuerpflichtig; der Gewinn kann aber durch die Bildung einer Rücklage vermieden werden, die in den folgenden drei Jahren erfolgswirksam aufzulösen ist (§ 6 Abs. 1 und 2 UmwStG). Die Rücklage wird rückwirkend aufgelöst, wenn der übernehmende Rechtsträger den übergegangenen Betrieb innerhalb von fünf Jahren nach dem steuerlichen Übertragungsstichtag in eine Kapitalgesellschaft einbringt oder ohne einen triftigen Grund veräußert oder aufgibt (§ 6 Abs. 3 UmwStG).

Bei einer Verschmelzung auf eine natürliche Person gelten die Regelungen entsprechend (§ 3 Abs. 1 Satz 1 UmwStG).

Wird der Betrieb der Personengesellschaft oder der natürlichen Person innerhalb von fünf Jahren nach der Umwandlung **aufgegeben** oder **veräußert**, unterliegt ein Auflösungs- oder Veräußerungsgewinn der Gewerbesteuer. Dies gilt entsprechend, soweit ein Teilbetrieb oder ein Anteil an der Personengesellschaft aufgegeben oder veräußert wird. Der auf Veräußerungs- oder Aufgabegewinnen beruhende Teil des Gewerbesteuer-Messbetrags ist bei der Ermäßigung der Einkommensteuer nach § 35 EStG nicht zu berücksichtigen (§ 18 Abs. 3 UmwStG).

Der Gewerbesteuer unterliegt ein Aufgabe- oder Veräußerungsgewinn auch insoweit, als er auf Betriebsvermögen entfällt, das bereits vor der Umwandlung im Betrieb der übernehmenden Personengesellschaft oder der natürlichen Person vorhanden war.

---

[1] Siehe UmwSt-Erlass vom 11.11. 2011, Rn 03.10; BFH vom 19.10. 2005, I R 38/04 (BStBl II 2006 S. 568).
[2] Siehe zur steuerlichen Schlussbilanz UmwSt-Erlass vom 11.11.2011, Rn 03.01.
[3] Anteiliges Eigenkapital ./. anteiliges Einlagekonto ./. anteiliges Nennkapital (§ 7 Satz 1 UmwStG).

6.3.2.2.3 Personengesellschaft auf Kapitalgesellschaft (§§ 20–23, 25 UmwStG)

Übertragende Personengesellschaft	Übernehmende Kapitalgesellschaft (§§ 20 u. 23 UmwStG)	Anteilseigner (§§ 20, 22, 23 u. 25 UmwStG)
Zwingend Buchwertfortführung	**Grundsätzlich** Aufstockung auf die gemeinen Werte (§ 20 Abs. 2 Satz 1 UmwStG); keine Maßgeblichkeit der Handelsbilanz für die Steuerbilanz[1]

Ausnahmsweise auf Antrag Buchwertfortführung oder Zwischenwertansatz, soweit (§ 20 Abs. 2 Satz 2 UmwStG)
– sichergestellt ist, dass das Betriebsvermögen später bei der übernehmenden Körperschaft der Besteuerung mit Körperschaftsteuer unterliegt,
– die Passivposten des eingebrachten Betriebsvermögens die Aktivposten nicht übersteigen; dabei ist das Eigenkapital nicht zu berücksichtigen,
– das Besteuerungsrecht Deutschlands für Gewinne aus der Veräußerung des eingebrachten Betriebsvermögens nicht ausgeschlossen oder beschränkt wird,
– der gemeine Wert der sonstigen Gegenleistungen übersteigt nicht die Grenze von 25 % des Buchwerts des eingebrachten Betriebsvermögens oder einen Betrag von 500 000 €, höchstens jedoch den Buchwert des eingebrachten Betriebsvermögens. Soweit der gemeine Wert der Gegenleistung die (günstigere) Grenze überschreitet, sind die stillen Reserven des eingebrachten Betriebsvermögens aufzudecken. | Wert, mit dem die übernehmende Kapitalgesellschaft das eingebrachte Betriebsvermögen in ihrer Steuerbilanz ansetzt, gilt für den Einbringenden als Anschaffungskosten der Gesellschaftsanteile (§ 20 Abs. 3 Satz 1 UmwStG). Soweit neben den Gesellschaftsanteilen auch andere Wirtschaftsgüter gewährt werden, ist deren gemeiner Wert bei der Bemessung der Anschaffungskosten abzuziehen (§ 20 Abs. 3 Satz 3 UmwStG).

Steuerfolgen für Einbringenden abhängig vom gewählten Wertansatz:
– **Buchwertfortführung**: keine Steuerfolgen;
– **Zwischenwertansatz**: volle Besteuerung des Einbringungsgewinns (keine §§ 16, 34 EStG), das Teileinkünfteverfahren bzw. § 8b Abs. 2 und 3 KStG sind anzuwenden, soweit Kapitalgesellschaftsanteile übergehen (§ 20 Abs. 4 UmwStG);
– **Ansatz mit gemeinem Wert**: Besteuerung des Einbringungsgewinns nach §§ 16, 34 EStG, wenn der Einbringende eine natürliche Person ist und es sich nicht um die Einbringung von Teilen von Mitunternehmeranteilen handelt; das Teileinkünfteverfahren bzw. § 8b Abs. 2 und 3 KStG sind anzuwenden, soweit Kapitalgesellschaftsanteile übergehen (§ 20 Abs. 4 UmwStG). |

---

[1] Siehe UmwSt-Erlass vom 11.11.2011, Rn 20.20.

Das eingebrachte Betriebsvermögen ist allerdings mit dem gemeinen Wert der sonstigen Gegenleistung anzusetzen, wenn negative Anschaffungskosten für die erhaltenen Anteile entstehen würden, weil der Wertansatz des eingebrachten Betriebsvermögens durch die übernehmende Gesellschaft unter dem gemeinen Wert der Gegenleistung liegen würde.

Der Antrag ist spätestens bis zur erstmaligen Abgabe der steuerlichen Schlussbilanz bei dem für die Besteuerung der übernehmenden Gesellschaft zuständigen Finanzamt zu stellen. Erhält der Einbringende neben den neuen Gesellschaftsanteilen auch sonstige Gegenleistungen, ist das eingebrachte Betriebsvermögen abweichend von § 20 Abs. 2 Satz 2 UmwStG mindestens mit dem gemeinen Wert der sonstigen Gegenleistungen anzusetzen, wenn dieser den sich nach § 20 Abs. 2 Satz 2 UmwStG ergebenden Wert übersteigt.

Ein **Übernahmefolgegewinn** ist steuerpflichtig; der Gewinn kann aber durch die Bildung einer Rücklage vermieden werden, die in den folgenden drei Jahren erfolgswirksam aufzulösen ist (§ 23 Abs. 6 i. V. m. § 6 Abs. 1 UmwStG). Die Rücklage wird rückwirkend aufgelöst, wenn der übernehmende Rechtsträger den übergegangenen Betrieb innerhalb von fünf Jahren nach dem steuerlichen Übertragungsstichtag in eine Kapitalgesellschaft einbringt oder ohne einen triftigen Grund veräußert oder aufgibt (§ 6 Abs. 3 UmwStG).

Steuerfolgen bei Veräußerungen innerhalb von sieben Jahren nach dem Umwandlungsstichtag bei Buch- oder Zwischenwertansatz (§ 22 UmwStG).

– **Veräußerung der als Gegenleistung für die Einbringung des Betriebsvermögens erhaltenen Anteile (§ 22 Abs. 1 UmwStG):**
– Einbringung gilt rückwirkend (§ 175 Abs. 1 Satz 1 Nr. 2 AO) als zum gemeinen Wert erfolgt;
– gemeiner Wert des eingebrachten Betriebsvermögens zum Einbringungszeitpunkt abzgl. für Betriebsvermögen angesetzter Buch- oder Zwischenwert, vermindert um jeweils $1/_7$ für jedes seit dem Einbringungszeitpunkt bis zur Veräußerung abgelaufene Zeitjahr = **Einbringungsgewinn I**[1];
– Einbringungsgewinn I ist nicht nach §§ 16, 34 EStG begünstigt, führt zu nachträglichen AK auf die Beteiligung;
– Einbringungsgewinn I unterliegt bei Einbringung durch natürliche Person nicht der Gewerbesteuer[2]
– entsprechende Rechtsfolgen wie bei Veräußerung im Fall verdeckter Einlage und anderen Realisationstatbeständen (§ 22 Abs. 1 Satz 6 UmwStG)[3];
– auf Antrag Step-Up in Höhe des Einbringungsgewinns I bei übernehmender Kapitalgesellschaft (§ 23 Abs. 2 UmwStG).

---

1 Siehe hierzu das Beispiel am Ende des Kapitels.
2 BFH v. 11.7.2019 – I R 26/18, BFH/NV 2020, S. 439.
3 Siehe zur Schädlichkeit von Folgeumwandlungen UmwSt-Erlass vom 11.11.2011, Rn 22.23. Mit dem Steueränderungsgesetz 2015 (BGBl I 2015 S. 1834) sind Änderungen der Ausnahme von der rückwirkenden Einbringungsgewinnbesteuerung erfolgt.

Steuerfolgen für übernehmende Kapitalgesellschaft abhängig vom gewählten Wertansatz:
- **Buchwertfortführung (§ 23 Abs. 1 UmwStG):** Eintritt in die Rechtsposition der Personengesellschaft (z. B. im Hinblick auf AfA etc.);
- **Zwischenwertansatz (§ 23 Abs. 3 UmwStG):** wie bei Buchwertfortführung, aber Erhöhung der AK/HK des Einbringenden um Differenz zwischen Zwischenwert und Buchwert;
- **Ansatz zum gemeinen Wert (§ 23 Abs. 4 UmwStG):** Bei Umwandlungen im Rahmen der Gesamtrechtsnachfolge wie bei Zwischenwertansatz (§ 23 Abs. 3 UmwStG,) andernfalls Behandlung wie Anschaffungsvorgang.

Gewerbesteuerlicher Verlustvortrag geht nicht über (§ 23 Abs. 5 UmwStG). Zinsvortrag i. S. d. § 4 h Abs. 2 Satz 1 EStG geht nicht über (§ 20 Abs. 9 UmwStG).

Bei schädlicher Veräußerung der Anteile an der übernehmenden Körperschaft durch deren Anteilseigner im Falle eines Buch- oder Zwischenwertansatzes wahlweise Step-Up der Wirtschaftsgüter, soweit das eingebrachte Betriebsvermögen noch zum Betriebsvermögen gehört, es sei denn, dieses wurde zum gemeinen Wert übertragen (§ 23 Abs. 2, Abs. 3 Satz 2 UmwStG).

- **Veräußerung**[1] **des eingebrachten Vermögens, soweit darin Anteile an Kapitalgesellschaften enthalten sind, bei Buch- oder Zwischenwertansatz, bei Einbringung durch nicht von § 8b Abs. 2 KStG begünstigte (v.a. natürliche) Personen (§ 22 Abs. 2 UmwStG)**
- Einbringung gilt rückwirkend (§ 175 Abs. 1 Satz 2 Nr. 2 AO) als zum gemeinen Wert erfolgt.
- Gemeiner Wert der eingebrachten Anteile zum Einbringungszeitpunkt abzgl. (für Anteile) angesetzter Buch- oder Zwischenwerte, vermindert um jeweils $1/7$ für jedes seit dem Einbringungszeitpunkt abgelaufene Zeitjahr = **Einbringungsgewinn II**.
- Einbringungsgewinn II führt zu nachträglichen AK auf die erhaltenen Anteile.
- Einbringungsgewinn II unterliegt bei Einbringung durch natürliche Person nicht der Gewerbesteuer[2]
- Entsprechende Rechtsfolgen wie bei Veräußerung im Fall verdeckter Einlagen und anderer Realisationstatbestände (§ 22 Abs. 2 Satz 6 UmwStG).
- Einbringungsgewinn II entsteht nicht, wenn der Einbringende die erhaltenen Anteile vor der schädlichen Verfügung bereits veräußert hatte (§ 22 Abs. 2 Satz 5 UmwStG).
- Bei übernehmendem Rechtsträger kommt es zu nachträglichen Anschaffungskosten i.H.d. versteuerten Einbringungsgewinns II, soweit der Einbringende die auf den Einbringungsgewinn entfallende Steuer entrichtet hat (§ 23 Abs. 2 Satz 3 UmwStG).

---

[1] *In der Aufwärtsverschmelzung zuvor eingebrachter Anteile ist eine Veräußerung i.S.d.* § 22 Abs. 2 Satz 1 UmwStG zu sehen (BFH vom 24.1.2018 – I R 48/15, BStBl II 2019 S. 45). Ebenso stellt der Formwechsel der übernehmenden Kapitalgesellschaft nach einem Anteilstausch eine Veräußerung der erhaltenen Anteile dar (BFH vom 10.11.20 – I R 25/18, DStR 2021 S. 1349).

[2] BFH v. 11.7.2019 – I R 13/18, BFH/NV 2020 S. 437.

	Einbringender muss sieben Jahre lang jährlich bis zum 31.5. nachweisen, wem die erhaltenen Anteile (im Falle des Einbringungsgewinns I) bzw. die eingebrachten Anteile (im Falle des Einbringungsgewinns II) zuzurechnen sind; andernfalls gelten sie als veräußert (§ 22 Abs. 3 UmwStG)[1].

§§ 20–23 UmwStG gelten nicht nur für Verschmelzungen, sondern auch für **Einbringungen** (Umwandlung i.w.S., siehe Kap. 6.3.1.1)
– von Betrieben, Teilbetrieben, Mitunternehmer(teil)anteilen[2] (§ 20 UmwStG) und mehrheitsvermittelnden Kapitalgesellschaftsanteilen (§ 21 UmwStG)
– in eine Kapitalgesellschaft
– gegen Gewährung von Gesellschaftsrechten.

Im Hinblick auf den im Fall einer Weiterveräußerung erhaltener Anteile durch die aufnehmende Kapitalgesellschaft entstehenden Einbringungsgewinn II gelten die Ausführungen zur Verschmelzung einer Personengesellschaft mit Anteilsbesitz auf eine Kapitalgesellschaft entsprechend (s. Tabelle oben).

Beispiel zum Einbringungsgewinn I: Ein Einzelunternehmer bringt sein Unternehmen zum 1.1.2007 zu Buchwerten in eine GmbH ein, deren Anteile ihm zu 100 % gehören. Der Buchwert des eingebrachten Vermögens zu diesem Zeitpunkt beträgt 1 Mio. €, der gemeine Wert 8 Mio. €. Am 1.7.2010 werden die Anteile für 12 Mio. € veräußert; der Veräußerungsgewinn beträgt demnach (12 Mio. € ./. 1 Mio. € =) 11 Mio. €.

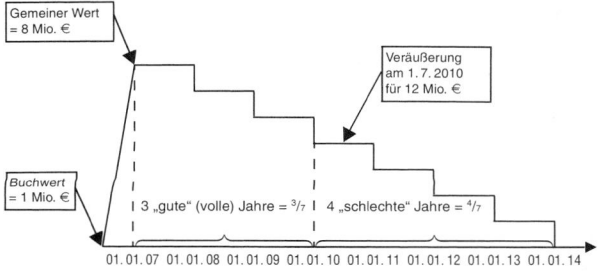

---

[1] Siehe hierzu UmwSt-Erlass vom 11.11.2011, Rn 22.28.
[2] Es müssen **sämtliche** funktional wesentlichen Betriebsgrundlagen eingebracht werden. Darüber hinaus alle wirtschaftlich zuordenbaren WG, wenn Gegenstand der Einbringung ein Teilbetrieb ist (siehe UmwSt-Erlass vom 11.11.2011, Rn 20.06).

Da die Veräußerung innerhalb von 7 Jahren nach dem steuerlichen Einbringungsstichtag erfolgt, von denen zum Veräußerungszeitpunkt erst 3 volle Jahre abgelaufen sind, sind $^4/_7$ der zum Einbringungszeitpunkt bestehenden stillen Reserven in Höhe von ($^4/_7$ x 7 Mio. € =) 4 Mio. € steuerpflichtig nach § 16 EStG (Einbringungsgewinn I); §§ 16 Abs. 4 und 34 EStG sind auf diesen Gewinn nicht anzuwenden. Der verbleibende Gewinn in Höhe von (11 Mio. € ./. 4 Mio. € =) 7 Mio. € unterliegt dem Teileinkünfteverfahren und ist nicht gewerbesteuerpflichtig. Die Gesellschaft kann im Wirtschaftsjahr 2010 einen Erhöhungsbetrag in Höhe des Einbringungsgewinns I (= 4 Mio. €) ansetzen, soweit das eingebrachte Betriebsvermögen noch zum Betriebsvermögen gehört, es sei denn, dieses wurde zum gemeinen Wert übertragen.

6.3.2.4 Personengesellschaft auf Personengesellschaft (§§ 24 UmwStG)

Übertragende Personengesellschaft	Übernehmende Personengesellschaft	Anteilseigner
Zwingend Buchwertfortführung	**Grundsätzlich** Aufstockung auf die gemeinen Werte (§ 24 Abs. 2 Satz 1 UmwStG); keine Maßgeblichkeit der Handelsbilanz für die Steuerbilanz[1] **Ausnahmsweise** auf Antrag Buchwertfortführung oder Zwischenwertansatz, soweit (§ 24 Abs. 2 Satz 2 UmwStG) – das Besteuerungsrecht Deutschlands hinsichtlich der Besteuerung des eingebrachten Betriebsvermögens nicht ausgeschlossen oder beschränkt wird – der gemeine Wert der sonstigen Gegenleistungen übersteigt nicht die Grenze von 25 % des Buchwerts des eingebrachten Betriebsvermögens oder einen Betrag von 500 000 €, höchstens jedoch den Buchwert des eingebrachten Betriebsvermögens. Der Antrag ist spätestens bis zur erstmaligen Abgabe der steuerlichen Schlussbilanz bei dem für die Besteuerung der übernehmenden Gesellschaft zuständigen Finanzamt zu stellen (§ 24 Abs. 2 Satz 3 UmwStG).	Der Wert, mit dem die übernehmende Personengesellschaft das eingebrachte Betriebsvermögen in ihrer Steuerbilanz einschließlich der Ergänzungsbilanzen für ihre Gesellschafter ansetzt, gilt für den Einbringenden als Veräußerungspreis (§ 24 Abs. 1, Abs. 3 Satz 1 UmwStG). Die **Steuerfolgen** beim Einbringenden sind abhängig vom gewählten Wertansatz (§ 24 Abs. 3 UmwStG): – **Buchwertfortführung:** keine Steuerfolgen

---

[1] Siehe UmwSt-Erlass vom 11.11.2011, Rn 24.03, 20.20.

§ 24 UmwStG setzt tatbestandlich voraus, dass die Übertragung gegen Gewährung von Gesellschaftsrechten erfolgt. Die Aussage im UmwSt-Erlass vom 11.11.2011, Rn.24.07, wonach eine ausschließliche Buchung auf einem variablen Kapitalkonto (insbesondere dem Kapitalkonto II) zu einer Gewährung von Gesellschaftsrechten führt, ist überholt. Die Finanzverwaltung wendet laut Schreiben vom 26.7.2016 – IV C 6 – S 2178/09/10001 die BFH-Urteile vom 29.7.2015 – IV R 15/14 und 4.2.2016 – IV R 46/12 auf alle offenen Fälle an. Der BFH qualifiziert darin die ausschließliche Buchung auf dem Kapitalkonto II als schlichte Einlage. Nur eine Buchung auf einem Kapitalkonto, nach dem sich die maßgebenden Gesellschaftsrechte, insbesondere das Gewinnbezugsrecht, richten (das ist in der Regel das Kapitalkonto I), führe zur Gewährung von Gesellschaftsrechten.

Ein **Übernahmefolgegewinn** ist steuerpflichtig, der Gewinn kann aber durch die Bildung einer Rücklage vermieden werden, die in den folgenden drei Jahren erfolgswirksam aufzulösen ist (§24 Abs. 4 i.V.m. §23 Abs. 6 und §6 Abs. 1 UmwStG). Die Rücklage wird rückwirkend aufgelöst, wenn der übernehmende Rechtsträger den übergegangenen Betrieb innerhalb von fünf Jahren nach dem steuerlichen Übertragungsstichtag in eine Kapitalgesellschaft einbringt oder ohne einen triftigen Grund veräußert oder aufgibt (§6 Abs. 3 UmwStG).

– **Zwischenwertansatz:** Besteuerung des Einbringungsgewinns wie beim Ansatz mit gemeinen Werten, aber ohne § 16 Abs. 4 EStG

Steuerfolgen für übernehmende Gesellschaft abhängig vom gewählten Wertansatz (§ 24 Abs. 4 UmwStG):	Ansatz mit gemeinen Werten: Besteuerung des Einbringungsgewinns nach §§ 16, 34 EStG, wenn der Einbringende eine natürliche Person ist, es sich nicht um die Einbringung von Teilen von Mitunternehmeranteilen handelt; (nur) das Teileinkünfteverfahren ist anzuwenden, soweit Kapitalgesellschaftsanteile übergehen (§ 24 Abs. 3 Satz 2 UmwStG). War der Einbringende bereits an der übernehmenden Personengesellschaft beteiligt, gilt § 16 Abs. 2 Satz 3 EStG (§ 24 Abs. 3 Satz 3 UmwStG).

- **Buchwertfortführung:** Eintritt in die Rechtsposition der Personengesellschaft (z.B. im Hinblick auf AfA etc.)
- **Zwischenwertansatz:** Wie bei Buchwertfortführung, aber Erhöhung der AK/HK des Einbringenden um Differenz zwischen Zwischenwert und Buchwert
- **Ansatz zum gemeinen Wert:** Bei Umwandlungen im Rahmen der Gesamtrechtsnachfolge wie bei Zwischenwertansatz nach § 23 Abs. 3 UmwStG, andernfalls Behandlung wie Anschaffungsvorgang.

Kein Übergang des Zinsvortrags nach § 4h Abs. 1 Satz 5 EStG und des EBITDA-Vortrags nach § 4h Abs. 1 Satz 3 EStG (§ 24 Abs. 6 i.V.m. § 20 Abs.9 UmwStG).

Übergang des gewerbesteuerlichen Verlustvortrags, soweit Unternehmens- und Unternehmeridentität besteht (R 10a.2 und R 10a.3 GewStR 2009).

§ 24 UmwStG gilt nicht nur für Verschmelzungen, sondern auch für **Einbringungen** (Umwandlung i.w.S.; siehe Kap. 6.3.1.1)

- von Betrieben, Teilbetrieben und Mitunternehmer(teil)anteilen[1]
- in eine Personengesellschaft
- gegen Gewährung von Gesellschaftsrechten.

---

[1] Es müssen **sämtliche** funktional wesentlichen Betriebsgrundlagen eingebracht werden. Darüber hinaus alle wirtschaftlich zuordenbaren WG, wenn Gegenstand der Einbringung ein Teilbetrieb ist (siehe UmwSt-Erlass vom 11.11.2011, Rn 24.03, 20.06).

6.3.2.3   Spaltung

6.3.2.3.1   Kapitalgesellschaft auf Kapitalgesellschaft (§ 15 UmwStG)

Übertragende Kapitalgesellschaft (§ 15 i.V.m. § 11 UmwStG)	Übernehmende Kapitalgesellschaft (§ 15 i.V.m. § 12 UmwStG)	Anteilseigner (§ 15 i.V.m. § 13 UmwStG)
Die Regelungen zur Verschmelzung von Kapitalgesellschaften gelten entsprechend (§ 15 Abs. 1 Satz 1 UmwStG; siehe dazu Kap. 6.3.2.2.1) mit folgenden Modifikationen: – Buchwertfortführung und Zwischenwertansatz sind nur zulässig, wenn ein Teilbetrieb übertragen wird und ein Teilbetrieb verbleibt. Wirtschaftsgüter sind funktional und wirtschaftlich zuzuordnen, verbleibende Wirtschaftsgüter sind frei zuordenbar.[1] – Mitunternehmeranteile und 100%ige Beteiligungen an Kapitalgesellschaften sind ebenfalls begünstigt, es sei denn, sie wurden innerhalb von drei Jahren vor dem steuerlichen Übertragungsstichtag durch Übertragung von Wirtschaftsgütern, die keinen Teilbetrieb darstellen, erworben oder aufgestockt. – Zwingend Ansatz mit gemeinen Werten auch dann, wenn durch die Spaltung die Voraussetzungen für eine Veräußerung geschaffen werden, insbesondere bei Anteilsveräußerungen von mehr als 20 % innerhalb von fünf Jahren nach dem Übertragungsstichtag. – Bei Trennung von Gesellschafterstämmen ist eine mindestens fünfjährige Sperrfrist zu berücksichtigen.	Die Regelungen zur Verschmelzung von Kapitalgesellschaften gelten in Bezug auf das übergehende Vermögen entsprechend. Ein verbleibender Verlustvortrag, ein Zinsvortrag nach § 4h Abs. 1 Satz 5 EStG und ein EBITDA-Vortrag nach § 4h Abs. 1 Satz 3 EStG gehen nicht anteilig über.	Die Regelungen zur Verschmelzung von Kapitalgesellschaften gelten entsprechend. Die Fortführung der Buchwerte bzw. Anschaffungskosten setzt voraus, dass ein Teilbetrieb abgespalten wird (§ 15 Abs. 1 Satz 2 UmwStG). Die in § 15 Abs. 2 UmwStG geregelten Realisationstatbestände gelten für die übertragende Gesellschaft, nicht für die Anteilseigner.

---

[1] Siehe UmwSt-Erlass vom 11.11.2011, Rn 15.02, 15.07.

Bei Abspaltung vermindert sich ein Verlustvortrag, ein Zinsvortrag und ein EBITDA-Vortrag in dem Verhältnis, bei dem bei Zugrundelegung des gemeinen Werts das Vermögen auf die andere Gesellschaft übergeht (§ 15 Abs. 3 UmwStG).		

6.3.2.3.2 Kapitalgesellschaft auf Personengesellschaft oder Einzelunternehmen (§ 16 UmwStG)

Die Regelungen zur Verschmelzung von Kapital- auf Personengesellschaften gelten entsprechend (§ 16 UmwStG; siehe Kap. 6.3.2.2.2).

6.3.2.3.3 Personengesellschaft auf Kapitalgesellschaft (§§ 20, 22–23 UmwStG)

Die Regelungen zur Verschmelzung von Personen- auf Kapitalgesellschaften gelten entsprechend (siehe Kap. 6.3.2.2.3).

6.3.2.3.4 Personengesellschaft auf Personengesellschaft

Zweigliedriger Realteilungsbegriff [1]	Steuerfolgen	Sperrfristen
Echte Realteilung mit Auflösung der Gesellschaft (z. B. Aufspaltung): § 16 Abs. 3 Satz 2 EStG	– **Steuerneutral**, unabhängig davon, ob Einzelwirtschaftsgüter oder Teilbetrieb übertragen werden[2] – **Weiterführung des Geschäftsbetriebs** durch einen Realteiler unschädlich[3] – **Zweistufige Vorgehensweise** (§ 24 UmwStG) begünstigt[4] – **Nicht steuerneutral**, soweit Einzelwirtschaftsgüter auf Kapitalgesellschaften übertragen werden (§ 16 Abs. 3 Satz 4 EStG) und sich die Beteiligung der einzelnen Mitunternehmer-Kapitalgesellschaft an den Einzelwirtschaftsgütern erhöht	– **Dreijahresfrist** bei Einzelwirtschaftsgütern, soweit eine wesentliche Betriebsgrundlage – veräußert oder – unmittelbar oder mittelbar auf (vor allem) Kapitalgesellschaften übertragen wird Dreijahresfrist beginnt mit Abgabe der Steuererklärung für das Wirtschaftsjahr der Realteilung (§ 16 Abs. 3 Satz 3 EStG)

Fußnoten siehe nächste Seite.

Zweigliedriger Realteilungsbegriff	Steuerfolgen	Sperrfristen

Unechte Realteilung ohne Auflösung der Gesellschaft (z.B. Abspaltung): § 16 Abs. 3 Satz 2 EStG	– **Steuerneutral**, unabhängig davon, ob Einzelwirtschaftsgüter[5] oder Teilbetrieb[6] auf Ausscheidenden übertragen werden
	– **Weiterführung des Geschäftsbetriebs** durch Gesellschaft und **zweistufige Vorgehensweise** (§ 24 UmwStG) unschädlich[7]
	– **Nicht steuerneutral**, soweit Einzelwirtschaftsgüter auf Kapitalgesellschaft übertragen werden (§ 16 Abs. 3 Satz 4 EStG) und sich die Beteiligung der einzelnen Mitunternehmer-Kapitalgesellschaft an den Einzelwirtschaftsgütern erhöht
		– **Dreijahresfrist** bei Einzelwirtschaftsgütern, soweit eine wesentliche Betriebsgrundlage
		  – veräußert oder
		  – unmittelbar oder mittelbar auf (vor allem) Kapitalgesellschaften übertragen wird;
		Dreijahresfrist beginnt mit Abgabe der Steuererklärung für das Wirtschaftsjahr der Realteilung (§ 16 Abs. 3 Satz 3 EStG)

6.3.2.4 Formwechsel

6.3.2.4.1 Kapitalgesellschaft in Kapitalgesellschaft

Der Vorgang (z.B. Formwechsel einer GmbH in eine AG) ist steuerlich irrelevant:
– Keine Aufdeckung der stillen Reserven (möglich)
– Keine Auswirkungen auf bestehende Verlustvorträge
– Keine Auswirkungen für Gesellschafter

---

[1] BFH entwickelt in seiner jüngsten Rechtsprechung zweigliedrigen Realteilungsbegriff (Urteile vom 16.3.2017, IV R 31/14, BStBl II 2019 S. 24 und 30.3.2017, IV R 11/15, BStBl II 2019 S. 29).
[2] Siehe hierzu BMF vom 19.12.2018 (BStBl I 2019 S. 6).
[3] *Siehe hierzu BFH vom 16.3.2017 (IV R 31/14, BStBl II 2019 S. 24).*
[4] Siehe hierzu BFH vom 16.12.2015 (IV R 8/12, BStBl II 2017 S. 766).
[5] Siehe hierzu BFH vom 30.3.2017 (IV R 11/15, BStBl II 2019 S. 29).
[6] Siehe hierzu BFH vom 17.9.2015 (III R 49/13, BStBl. II 2017 S. 37) und BMF vom 19.12.2018 (BStBl I 2019 S. 6).
[7] Siehe hierzu BFH vom 30.3.2017 (IV R 11/15, BStBl II 2019 S. 29).

6.3.2.4.2 Kapitalgesellschaft in Personengesellschaft

Die steuerlichen Vorschriften zur Verschmelzung einer Kapitalgesellschaft auf eine Personengesellschaft (siehe Kap. 6.3.2.2.2) sind beim Formwechsel entsprechend anzuwenden (vgl. § 9 UmwStG).

6.3.2.4.3 Personengesellschaft in Kapitalgesellschaft

Die steuerlichen Vorschriften zur Verschmelzung einer Personengesellschaft auf eine Kapitalgesellschaft (siehe Kap. 6.3.2.2.3) sind beim Formwechsel entsprechend anzuwenden (vgl. § 25 UmwStG).

6.4 Stiftungen

6.4.1 Motive für Stiftungsgründung

Vorteilserlangung für Stifter	– Denkmal („Unsterblichkeitsgedanke") – Steuerliche Vorteile – Mitbestimmung (keine Kapitaleignerseite) – Publizität (Ausnahme: Regelungsbereich des Publizitätsgesetzes)
Nachhaltige Erzielung von Dotationsmitteln	– Erfüllung gemeinnütziger Zwecke – Satzungsmäßige Auskehrung an Familienmitglieder – Für Belegschaftsangehörige
Sicherung der Unternehmenskontinuität	– Vielzahl von Erben – Schutz des Vermögens vor (postmortaler) Zersplitterung – Kein Unternehmensnachfolger – Kein Erbe

6.4.2   Stiftungsformen

Rechtsnatur	– Stiftung des öffentlichen Rechts: Errichtung durch öffentlich-rechtlichen Stifter – Stiftung des privaten Rechts: Errichtung durch privaten Stifter (z.B. natürliche Person oder Kapitalgesellschaft)
Errichtung	– Zu Lebzeiten – Von Todes wegen

Rechts-persönlichkeit	– Rechtsfähige Stiftung: Verselbständigtes Zweckvermögen; zwei konstitutive Voraussetzungen (Stiftungsgeschäft und Anerkennung durch die zuständige Landesbehörde, §80 BGB); wesentliche Merkmale
	  – Stiftungszweck
	  – Stiftungsvermögen
	  – Stiftungsorganisation
	  – staatliche Aufsicht (reine Rechtskontrolle; keine Zweckmäßigkeitskontrolle)
	– Unselbständige (auch nichtrechtsfähige) Stiftung: keine eigene Rechtspersönlichkeit; Rechtsträger erforderlich; Ausgestaltung als Treuhand oder Schenkung unter Auflage

Stiftungszweck	– Gemeinnützig: zum Wohl der Allgemeinheit – Privatnützig (nicht gemeinnützig): allein zum Wohl einer in sich geschlossenen Personengruppe, bspw. einer Familie
Erfüllung Stiftungszweck[1]	– Operativ tätige Stiftung: Zweckerfüllung durch eigene Tätigkeit – Förderstiftung: Zweckerfüllung durch Förderung Dritter i.d.R. durch Geldzuwendung
Formen unternehmens-verbundener Stiftungen	– Unternehmensträgerstiftung: Unternehmen wird unmittelbar von Stiftung betrieben – Beteiligungsträgerstiftung: Stiftung ist Gesellschafter einer Personen- oder Kapitalgesellschaft – Stiftungsunternehmen im weiteren Sinne: rechtliche Festlegung von Unternehmen zur laufenden Unterstützung von Stiftungen – Kapitalfondsträgerstiftung: Stiftung ist Träger eines rentierlichen Vermögens; Vermögen ist Mittel zum Zweck – Anstaltsträger-Stiftung: Stiftung ist Träger einer Sacheinrichtung (z.B. Krankenhaus, Altenheim, Schule)

---

[1] „Grundsätze guter Stiftungspraxis" finden sich unter http://www.stiftungen.org des Bundesverbands Deutscher Stiftungen.

6.4.3 Stiftungserrichtung[1]

Rechtsfähige Stiftung[2]	Nichtrechtsfähige Stiftung
1. (schriftliches) Stiftungsgeschäft, u.a. Satzung mit Regelungen über – Namen der Stiftung – Sitz der Stiftung – Zweck der Stiftung – Vermögen der Stiftung – Bildung des Vorstands der Stiftung 2. Anerkennung durch die Stiftungsbehörden im jeweiligen Bundesland[3], sofern (§ 80 Abs. 2 BGB) – Stiftungsgeschäft den Anforderungen des § 81 Abs. 1 BGB genügt (siehe oben), – die dauernde und nachhaltige Erfüllung des Stiftungszwecks gesichert erscheint[4] und – der Stiftungszweck das Gemeinwohl nicht gefährdet	– Schuldrechtliches Rechtsgeschäft zwischen Stifter und dem Rechtsträger des zugewendeten zweckgebundenen Vermögens – Treuhandvertrag oder Schenkung unter Auflage – Keine staatliche Anerkennung; keine Stiftungsaufsicht

[1] Stiftungen sind beim Transparenzregister zu melden (siehe Kap. 3.4.3.4).
[2] Zu Mustersatzungen bzw. Adressen der Aufsichtsbehörden siehe Bundesverband Deutscher Stiftungen (http://www.stiftungen.org).
[3] Zu den Stiftungsgesetzen der einzelnen Bundesländer siehe Bundesverband Deutscher Stiftungen (http://www.stiftungen.org).
[4] Keine Mindestausstattung gesetzlich vorgeschrieben.

6.4.4 Besteuerung

6.4.4.1 Gemeinnützige Stiftungen

A. Ertragsteuern und Umsatzsteuer

Sphäre	Steuerliche Behandlung	
	Ertragsbesteuerung[1]	Umsatzsteuer
Ideeller Bereich *(entspricht dem Satzungszweck)*	Steuerfrei	Entfällt
Vermögensverwaltung	Steuerfrei	Entfällt o. 7 %[2]
Zweckbetrieb	Steuerfrei	grds. 7 %[2, 3]
Wirtschaftlicher Geschäftsbetrieb	Steuerpflichtig	19 %

[1] § 5 Abs. 1 Nr. 9 KStG; § 3 Nr. 6 GewStG.
[2] Vom 1.7.2020 bis 31.12.2020 Reduzierung auf 5 %.
[3] § 12 Abs. 2 Nr. 8 Buchst. a) UStG. Des Weiteren sind ggf. spezielle Steuerbefreiungsvorschriften anwendbar (siehe z.B. § 4 Nr. 16, 18, 20–25, 27 UStG) und bestehen Spezialregelungen für Vorsteuervergütung und Vorsteuerpauschalierung (§§ 4a, 23a UStG; siehe dazu Kap. 5.9.9.2).

B. Andere Steuern

Steuerart	Paragraf	Rechtsfolge[1]
Erbschaft- und Schenkungsteuer	– § 13 Abs.1 Nr.16b ErbStG i.V.m. §§ 3 Abs.2 Nr.1 bzw. 7 Abs.1 Nr.8 ErbStG – § 29 Abs.1 Nr.4 ErbStG	– Steuerbefreiung – Steuerbefreiung bei Übertragung ererbten Vermögens auf die Stiftung innerhalb von 24 Monaten nach Entstehung der Steuer
Grundsteuer	– § 3 Abs.1 Nr.3b GrStG – § 4 Nr.6 GrStG (Krankenhäuser)	Steuerbefreiung
Kraftfahrzeugsteuer	– § 3 Nr.5, 5a KraftStG	Steuerbefreiung

[1] Die Befreiungen gelten nicht für wirtschaftliche Geschäftsbetriebe.

C. Steuerbegünstigungen für den Stifter

1. Spendenhöchstbeträge[1]

Allgemeiner Spendenabzug	Abzug als Sonderausgabe	Bis zu 20% des Gesamtbetrags der Einkünfte bzw. bis zu 4 € vom Umsatz zzgl. Löhne und Gehälter	– Für alle steuerbegünstigten Zwecke – Von allen Spendern – Unbegrenzter Vortrag
Stiftungsgründungsbetrag	Zusätzlicher Sonderausgabenabzug für Zahlungen in den Kapitalstock einer Stiftung innerhalb eines Zehnjahreszeitraums[3]	Höchstbetrag 1 000 000 €[2]	– Für alle steuerbegünstigten Zwecke – Nur von einkommensteuerpflichtigen Spendern – Steuermindernde Verteilung des Betrags auf bis zu 10 Jahre zulässig

---

[1] Siehe hierzu auch Kap.5.1.1.6.2.
[2] Bei zusammenveranlagten Ehegatten: 2 000 000 €.
[3] Dies gilt nicht für Spenden in das verbrauchbare Vermögen einer Stiftung.

2. Gewinnrealisierung und Bewertung bei Sachspenden

Art der Sachspenden	Stifter	Stiftung
Einzelne Wirtschaftsgüter des Privatvermögens	– Keine Gewinnrealisierung (Ausnahme: §§ 17, 23 EStG, aber Buchwertübertrag möglich) – Spendenbewertung mit gemeinem Wert	Ansatz mit dem gemeinen Wert, sofern keine Buchwertübertragung bei Stifter
Einzelne Wirtschaftsgüter des Betriebsvermögens	– Entnahme zum Teilwert oder Buchwert möglich (§ 6 Abs. 1 Nr. 4 EStG) – Spendenabzug entsprechend ertragsteuerlicher Behandlung (§ 10b Abs. 3 Satz 2 EStG)	Bindung an Entnahmewert
Betriebe, Teilbetriebe, Mitunternehmeranteile	– Buchwertfortführung (§ 6 Abs. 3 EStG) – Spendenabzug entsprechend ertragsteuerlicher Behandlung (§ 10b Abs. 3 Satz 2 EStG)	Bindung an Entnahmewert (§ 6 Abs. 3 Satz 3 EStG)

6.4.4.2 Privatnützige Stiftungen (i. d. R. Familienstiftungen)

Grundsatz	Keine besonderen steuerlichen Vorteile, da sie nicht der Allgemeinheit dienen

Errichtung	– Erbschaft- bzw. schenkungsteuerpflichtig nach § 3 Abs. 2 Nr. 1 bzw. § 7 Abs. 1 Nr. 8 ErbStG
	– Unentgeltliche Übertragung von Wirtschaftsgütern
	  – des Privatvermögens nicht ertragsteuerpflichtig (auch kein § 17 EStG)
	  – des Betriebsvermögens ertragsteuerpflichtig, da Entnahme nach § 6 Abs. 1 Nr. 4 Satz 1 EStG

Laufende Besteuerung	– alle 30 Jahre nach der Errichtung wird Erbersatzsteuer fällig (§ 1 Abs. 1 Nr. 4 ErbStG), „sofern sie wesentlich im Interesse *einer Familie oder bestimmter Familien errichtet ist*". – Laufende Erträge voll steuerpflichtig – Inländische Destinatäre versteuern die erhaltenen Ausschüttungen nach dem Teileinkünfteverfahren

6.5.1 Ziele der Mitarbeiterkapitalbeteiligung

Ziele der Arbeitgeber	Ziele der Mitarbeiter
– Kooperative Unternehmenskultur	– Immaterielle Ziele
– Höhere Unternehmensidentifikation	– Bessere Information über das eigene Unternehmen
– Stärkeres unternehmerisches Mitdenken	– Mitwirkungsrechte
– Bessere Kundenorientierung	– Identifikation mit dem Unternehmen
– Stärkeres Kostenbewusstsein	– Mehr Arbeitszufriedenheit
– Geringerer Krankenstand	– Finanzielle Ziele
– Höhere Bereitschaft, Verantwortung zu übernehmen	– Erzielung eines zusätzlichen Einkommens
– Stärkeres Interesse am Unternehmenserfolg	– Erzielung einer überdurchschnittlichen Rendite
– Personalpolitische Ziele	– Sicherheit
– Bindung qualifizierter Fach- und Führungskräfte	– Verfügbarkeit/Liquidität
– Reduzierung der Mitarbeiterfluktuation	– Arbeitsplatzsicherung
– Flexibilisierung der Personalkosten	– Nutzung steuerlicher Vorteile
– Abrundung des Sozialleistungspakets	– Ergänzung der Altersvorsorge
– Ergänzung der betrieblichen Altersversorgung	
– Finanzwirtschaftliche Ziele	
– Verbesserung der Eigenkapitalquote	
– Steigende Kreditwürdigkeit	
– Verbessertes Rating	
– Sanierung, Umstrukturierung	
– Lösung von Nachfolgeproblemen	

6.5.2 Formen der Mitarbeiterkapitalbeteiligung

	Fremdkapital	Mischformen (Mezzanine)	Eigenkapital
Beteiligungsform	Arbeitnehmer-darlehen	Stille Beteiligung, Genussrecht	Aktie (Aktienoption), GmbH-Anteil, Mitarbeiterbe-teiligungsfonds
Kapitalbedienung	Feste Verzinsung	Gewinnabhängig, ggf. Mindest- und/oder Höchstzins	Gewinnabhängig
Verlustbeteiligung	Nein, aber Insolvenzrisiko	Möglich	Ja
Laufzeit	Begrenzt	Begrenzt	Unbegrenzt
Rückzahlung	Ja	Nein	Nein
Informations- und Einwirkungsrechte	Keine	Einzelfallabhängig	Stark ausgeprägt

6.5.3 Mittelherkunft

Eigenleistungen der Mitarbeiter	– Umwandlung von Lohn- bzw. Gehaltsbestandteilen – Verwendung vermögenswirksamer Leistungen – Mittelaufbringung aus dem Privatvermögen
Leistungen des Unternehmens	– Investive Erfolgsbeteiligung – Arbeitgeberzuschuss
Staatliche Förderung	– Steuer- und sozialabgabenfreier Arbeitgeberzuschuss nach § 3 Nr. 39 EStG i. H. v. bis zu 1 440 €[1] – Nachgelagerte Besteuerung („deferred compensation")

---

[1] Bis 30.6.2021 360 €.

6.6 Betriebliche Altersversorgung[1]

6.6.1 Betriebsrentenstärkungsgesetz[2]

A. Hintergrund und Zielsetzung

Das Betriebsrentenstärkungsgesetz (BRSG) ist am 1.1.2018 in Kraft getreten. Es zielt darauf ab, die Betriebsrente insbesondere auch in kleinen und mittleren Unternehmen weiter zu verbreiten. Zudem wird für Beschäftigte mit geringem Einkommen ein Anreiz zur zusätzlichen Altersvorsorge geschaffen.

B. Überblick der Änderungen bei Steuer- und sozialversicherungsrechtlichen Rahmenbedingungen für die betriebliche Altersvorsorge (bAV)

– Opting out-Modell: Häufig müssen sich Arbeitnehmer von sich aus aktiv für den Abschluss einer bAV entscheiden. Wer nicht aktiv wird, baut keine Betriebsrente auf.
  Opting out kehrt dieses System um: es werden alle Beschäftigten zu einem definierten Zeitpunkt, etwa nach Ende der Probezeit, angemeldet. Nur wer aktiv widerspricht, nimmt nicht an der Entgeltumwandlung teil. Voraussetzung ist grundsätzlich ein Tarifvertrag; nicht tarifgebundene Arbeitgeber können sich wie bisher auch an Tarifverträge anlehnen – Voraussetzung dafür ist eine Betriebsvereinbarung.
– Monatliche Renten bis zu 200 € (Freibetrag) aus einer zusätzlichen Altersversorgung werden nicht auf die staatlich zugesicherte Mindestversorgung („Grundsicherung") angerechnet.
– Arbeitnehmer kann bis zu 8 % (bis 31.12.2017: 4 %) der Beitragsbemessungsgrenze in der allgemeinen Rentenversicherung West (BBG) steuerfrei und bis zu 4 % (wie bisher) sozialversicherungsfrei in eine Betriebsrente einzahlen. Der zusätzliche Steuerfreibetrag von 1 800 € pro Jahr ist entfallen. Beiträge zu Gunsten einer Direktversicherung nach § 40b EStG a. F. werden von den 8 % der BBG abgezogen.
– Förderbeitrag für Arbeitnehmer mit Einkommen von max. 2 200 € brutto im Monat. Zuschuss des Arbeitgebers in betriebliche Altersvorsorge von mindestens 240 € bis höchstens 480 € im Jahr. Arbeitgeber erhält staatliche Förderung in Höhe von 30 % des o. g. Zuschusses.
– Sozialversicherungsfreiheit der Riester-Leistungen in der Rentenphase ab 2018 – dies gilt auch für bereits bestehende Riester-Verträge in der bAV.
– Erhöhung der Riester-Zulage von 154 € auf 175 €.
– Nachzahlungsmöglichkeit: Bei Ruhen des Arbeitsverhältnisses von mindestens einem Jahr (z. B. Elternzeit, Pflegezeit für Angehörige, Sabbatical) können oft aus finanziellen Gründen keine Beiträge zur Altersvorsorge geleistet werden. Nunmehr können Arbeitnehmer, bei denen diese Voraussetzungen vorliegen, für jedes Jahr ohne Gehalt eine Nachzahlung in Höhe von 8 % der

---

[1] Quelle: http://www.zurich.de/versicherung/firmenkunden/betriebliche-altersvorsorge/, http://www.deutsche-rentenversicherung.de und Suchbegriff „Betriebliche Altersversorgung" (mit Modifikationen) sowie BMF vom 6.12.2017 (BStBl I 2018 S. 147).
[2] Gesetz zur Stärkung der betrieblichen Altersversorgung und zur Änderung anderer Gesetze (Betriebsrentenstärkungsgesetz) vom 17.8.2017, BGBl I 2017 S.3214 ff.

aktuellen BBG leisten. Einbeziehung von entgeltlosen Dienstjahren vor dem 1.1.2018 möglich; maximale Nachzahlung = 10 Jahre mal 8% der BBG.

– Schließt ein Arbeitnehmer eine Betriebsrente durch Gehaltsumwandlung ab, so muss der Arbeitgeber in Zukunft einen pauschalen Zuschuss in Höhe von 15% des Umwandlungsbetrages zahlen, soweit er durch die Entgeltumwandlung Sozialversicherungsbeiträge spart. Dies gilt für neue Entgeltumwandlungsvereinbarungen ab dem 1.1.2019 und für bestehende Vereinbarungen ab dem 1.1.2022.

– Vervielfältigungsregel des § 3 Nr. 63 EStG: Bisher können Arbeitnehmer beim Ausscheiden aus einem Unternehmen zusätzliche Beiträge, etwa eine Abfindung, steuerfrei in ihre bAV einzahlen. Die maximale Höhe des steuerfreien Betrages hing von der Dienstzeit und den schon gezahlten Beiträgen in die bAV ab. Künftig entfällt diese komplizierte Berechnung. Der Vervielfältigungsbetrag ermittelt sich ab 1.1.2018, indem die Dienstzeit (maximal 10 Dienstjahre) mit 4% der aktuellen BBG multipliziert wird.

C. Sozialpartnermodell

– Sozialpartnermodell = Vereinbarung über bAV, die Tarifvertragsparteien, also Arbeitgeber und Gewerkschaften, in den Tarifvertrag aufnehmen können. Es gilt dann in allen Unternehmen, die dem entsprechenden Tarifvertrag unterliegen.

– Arbeitgeber garantiert seinem Arbeitnehmer die Zahlung eines bestimmten Beitrags in seine bAV (reine Beitragszusage; sog. „Nahles-Rente"). Für die Höhe der daraus resultierenden Altersrente gibt es keine Garantie.

– Bei Entgeltumwandlung muss Arbeitgeber bereits ab dem 1.1.2018 Zuschuss von 15% auf den Betrag bezahlen, sofern er durch die Entgeltumwandlung Sozialversicherungsbeiträge spart.

– Das Sozialpartnermodell kann vom Arbeitgeber über eine Direktversicherung, einen Pensionsfonds oder eine Pensionskasse umgesetzt werden. Beiträge müssen in einem separaten Anlagestock oder Sicherungsvermögen angelegt werden; für die Leistungen aus diesen Beiträgen dürfen keine Garantien zugesagt werden. Um ein bestimmtes Versorgungsniveau zu erreichen, kann der Tarifvertrag einen zusätzlichen Sicherungsbeitrag vorsehen, den allein der Arbeitgeber bezahlt.

– Leistungen = ausschließlich Rentenzahlungen; Kapitalzahlungen sind ausgeschlossen.

6.6.2 Durchführungswege der betrieblichen Altersversorgung

Direktversicherung	Pensionskasse	Rückgedeckte Pensionszusage	Rückgedeckte Unterstützungskasse	Pensionsfonds
– Abschluss einer Versicherung durch den Arbeitgeber auf das Leben des Arbeitnehmers und spätere Auszahlung durch den Versicherungsträger	– Vom Arbeitgeber unabhängige rechtsfähige Versorgungseinrichtung; spätere Auszahlung an den Arbeitnehmer oder dessen Hinterbliebene durch die Versorgungseinrichtung	– Schriftliche Verpflichtung des Arbeitgebers auf laufende oder einmalige Zahlungen gegenüber dem Arbeitnehmer oder dessen Hinterbliebene; spätere Auszahlung aus dem Vermögen oder den Einkünften des Unternehmens	– Satzungsgemäße Verwendung von Vermögen und Einkünften zur Begünstigung der Arbeitnehmer von Körperschaften	– Selbständige Versorgungseinrichtung; später Auszahlung an den Arbeitnehmer durch den Versorgungsträger

6.6.3 Rechtliche Aspekte
6.6.3.1 Rechtsanspruch gegen den Versorgungsträger

Direktversicherung	Pensionskasse	Rückgedeckte Pensionszusage	Rückgedeckte Unterstützungskasse	Pensionsfonds
– ja	– ja	– ja	– nein, aber Durchgriffshaftung auf das Unternehmen gem. § 1 BetrAVG; somit besteht ein „Quasi-Rechtsanspruch" des Arbeitnehmers	– ja

6.6.3.2 Leistungsplan

Direktversicherung	Pensionskasse	Rückdeckte Pensionszusage	Rückgedeckte Unterstützungskasse	Pensionsfonds
– Rentenleistungen, fällig bei Tod, Invalidität oder Vollendung des 65. bzw. 67. Lebensjahres	– Rentenleistungen, fällig bei Tod, Invalidität oder Vollendung des 65. bzw. 67. Lebensjahres	– Renten- bzw. Kapitalleistungen, fällig bei Tod, Invalidität oder Vollendung des 65. bzw. 67. Lebensjahres	– in der Regel Rentenleistungen, fällig bei Tod, Invalidität oder Vollendung des 65. bzw. 67. Lebensjahres	– Rentenleistungen unter Garantie der eingezahlten Beiträge (abzgl. der für biometrische Risiken gezahlten Beiträge)
– Kapitaloption (100 %) zum Altersrentenbeginn möglich; Besonderheiten bei Sozialpartnermodell, siehe Kap. 6.6.1	– Kapitaloption (100 %) zum Altersrentenbeginn möglich; Besonderheiten bei Sozialpartnermodell, siehe Kap. 6.6.1		– Kapitalzusagen möglich	– Besonderheiten bei Sozialpartnermodell, siehe Kap. 6.6.1
– Teilkapitalisierung bis zu 30 % des angesparten Kapitals zu Beginn der Rentenphase zulässig	– Teilkapitalisierung bis zu 30 % des angesparten Kapitals zu Beginn der Rentenphase zulässig			– Teilkapitalisierung bis zu 30 % des angesparten Kapitals zu Beginn der Rentenphase zulässig
– Einschluss von Berufsunfähigkeits- und Hinterbliebenenrenten möglich	– Einschluss von Berufsunfähigkeits- und Hinterbliebenenrenten möglich	– Einschluss von Berufsunfähigkeits- und Hinterbliebenenrenten möglich	– Einschluss von Berufsunfähigkeits- und Hinterbliebenenrenten möglich	– Einschluss von Berufsunfähigkeits- und Hinterbliebenenrenten möglich
– ab 60. bzw. 62. Lebensjahr flexible Auflösung möglich	– ab 60. bzw. 62. Lebensjahr flexible Auflösung möglich	– ab 60. bzw. 62. Lebensjahr flexible Auflösung möglich	– ab 60. bzw. 62. Lebensjahr flexible Auflösung möglich	– ab 60. bzw. 62. Lebensjahr flexible Auflösung möglich

Direktversicherung	Pensionskasse	Rückgedeckte Pensionszusage	Rückgedeckte Unterstützungskasse	Pensionsfonds
– Staffelung der Prämien z. B. nach den Gehaltsgruppen oder Stellung im Unternehmen möglich	– Staffelung der Leistungen z. B. nach den Gehaltsgruppen oder Stellung im Unternehmen möglich	– Höhe der Invalidenrente meist 100 % der Altersrente. Witwenrente meist 60 % der Altersrente – Staffelung der Leistungen z. B. nach den Gehaltsgruppen oder Stellung im Unternehmen möglich	– Höhe der Invalidenrente meist 100 % der Altersrente. Witwen- bzw. Witwerrente meist 60 % der Altersrente – Staffelung der Leistungen z. B. nach den Gehaltsgruppen oder Stellung im Unternehmen möglich – Fondspolicen nur als beitragsorientierte Leistungszusage möglich	– Staffelung der Leistungen z. B. nach den Gehaltsgruppen oder Stellung im Unternehmen möglich

6.6.3.3 Anpassungsprüfungspflicht

Direktversicherung	Pensionskasse	Rückgedeckte Pensionszusage	Rückgedeckte Unterstützungskasse	Pensionsfonds
– keine Anpassungsprüfungspflicht bei Beitragszusagen mit Mindestleistung – Anpassungsprüfungspflicht bei laufenden Leistungen (Renten) im Abstand von 3 Jahren gem. § 16 BetrAVG, aber	– keine Anpassungsprüfungspflicht bei Beitragszusagen mit Mindestleistung – Anpassungsprüfungspflicht bei laufenden Leistungen (Renten) im Abstand von 3 Jahren gem. § 16 BetrAVG, aber	– keine Anpassungsprüfungspflicht bei Kapitalleistungen – Anpassungsprüfungspflicht bei laufenden Leistungen (Renten) im Abstand von 3 Jahren gem. § 16 BetrAVG	– keine Anpassungsprüfungspflicht bei Kapitalleistungen – Anpassungsprüfungspflicht bei laufenden Leistungen (Renten) im Abstand von 3 Jahren gem. § 16 BetrAVG	– keine Anpassungsprüfungspflicht für Beitragszusagen mit Mindestleistung

Direktversicherung	Pensionskasse	Rückgedeckte Pensionszusage	Rückgedeckte Unterstützungskasse	Pensionsfonds
– Anpassungsprüfungs-pflicht kann entfallen, wenn ab Rentenbeginn sämtliche Überschuss-anteile zur Erhöhung der laufenden Leistungen verwendet werden (bei Entgeltumwandlung zwingend)	– Anpassungsprüfungs-pflicht kann entfallen, wenn ab Rentenbeginn sämtliche Überschuss-anteile zur Erhöhung der laufenden Leistun-gen verwendet werden (bei Entgeltumwand-lung zwingend)	– Die Anpassungsprü-fungspflicht kann für Neuzusagen seit dem 1. 1. 1999 entfallen, wenn – der Arbeitgeber sich zu einer Anpassung der laufenden Leistungen jährlich um mindestens 1 % verpflichtet hat (bei Entgeltumwandlung zwingend) – oder die Rentenerhö-hungen mindestens dem Lohnanstieg der Lebenshaltungskosten oder der Nettolöhne vergleichbarer Arbeit-nehmergruppen des Unternehmens entspre-chen	– Die Anpassungsprüfungs-pflicht kann für Neuzusa-gen seit dem 1. 1. 1999 entfallen, wenn – der Arbeitgeber sich zu einer Anpassung der laufenden Leistungen jährlich um mindestens 1 % verpflichtet hat (bei Entgeltumwandlung zwin-gend) – oder die Rentenerhö-hungen mindestens dem Lohnanstieg der Lebens-haltungskosten oder der Nettolöhne vergleichbarer Arbeitnehmergruppen des Unternehmens entspre-chen	

6.6.3.4 Abfindung der Leistungen

Direktversicherung	Pensionskasse	Rückgedeckte Pensionszusage	Rückgedeckte Unterstützungskasse	Pensionsfonds
Abfindung gesetzlich unverfallbarer Versorgungsansprüche bei Ausscheiden des Mitarbeiters (i. d. R. nur bei Beitragszusagen mit Mindestleistung relevant) zulässig für – Rentenanwartschaften und fällige Renten bis max. 1 % der Bezugsgröße gem. § 18 SGB IV (Mini-Renten) – Kapitalbeträge bis max. 120 % der Bezugsgröße gem. § 18 SGB IV (Kleinst-Anwartschaften) Abfindungen vertraglich unverfallbarer Anwartschaften unbegrenzt zulässig (z. B. Versorgungen von beherrschenden Gesellschafter-Geschäftsführern)	Abfindung gesetzlich unverfallbarer Versorgungsansprüche bei Ausscheiden des Mitarbeiters (i. d. R. nur bei Beitragszusagen mit Mindestleistung relevant) zulässig für – Rentenanwartschaften und fällige Renten bis max. 1 % der Bezugsgröße gem. § 18 SGB IV (Mini-Renten) – Kapitalbeträge bis max. 120 % der Bezugsgröße gem. § 18 SGB IV (Kleinst-Anwartschaften) Abfindungen vertraglich unverfallbarer Anwartschaften unbegrenzt zulässig (z. B. Versorgungen von beherrschenden Gesellschafter-Geschäftsführern)	Abfindung gesetzlich unverfallbarer Versorgungsansprüche des Mitarbeiters zulässig für – Rentenleistungen und fällige Renten bis max. 1 % der Bezugsgröße gem. § 18 SGB IV (Mini-Renten) – Kapitalbeträge bis max. 120 % der Bezugsgröße gem. § 18 SGB IV (Kleinst-Anwartschaften) Laufende Rentenleistungen, die erstmals vor dem 1. 1. 2005 fällig wurden, sind im Einvernehmen abfindbar Abfindungen vertraglich unverfallbarer Anwartschaften unbegrenzt zulässig (z. B. Versorgungen von beherrschenden Gesellschafter-Geschäftsführern)	Abfindung gesetzlich unverfallbarer Versorgungsansprüche des Mitarbeiters zulässig für – Rentenleistungen und fällige Renten bis max. 1 % der Bezugsgröße gem. § 18 SGB IV (Mini-Renten) – Kapitalbeträge bis max. 120 % der Bezugsgröße gem. § 18 SGB IV (Kleinst-Anwartschaften) Laufende Rentenleistungen, die erstmals vor dem 1. 1. 2005 fällig wurden, sind im Einvernehmen abfindbar Abfindungen vertraglich unverfallbarer Anwartschaften unbegrenzt zulässig (z. B. Versorgungen von beherrschenden Gesellschafter-Geschäftsführern)	Abfindung gesetzlich unverfallbarer Versorgungsansprüche des Mitarbeiters (i. d. R. nur bei Beitragszusagen mit Mindestleistung relevant) zulässig für – Rentenanwartschaften und fällige Renten bis max. 1 % der Bezugsgröße gem. § 18 SGB IV (Mini-Renten) – Kapitalbeträge bis max. 120 % der Bezugsgröße gem. § 18 SGB IV (Kleinst-Anwartschaften) Abfindungen vertraglich unverfallbarer Anwartschaften unbegrenzt zulässig (z. B. Versorgungen von beherrschenden Gesellschafter-Geschäftsführern)

Portabilität der Versorgung

Direktversicherung	Pensionskasse	Rückgedeckte Pensionszusage	Rückgedeckte Unterstützungskasse	Pensionsfonds
Rechtsanspruch des Arbeitnehmers auf Übertragung der Versorgungsanwartschaft auf neuen Arbeitgeber gem. § 4 Abs. 3 BetrAVG – Für Zusagen, die nach dem 31. 12. 2004 erteilt wurden und Übertragungswert übersteigt nicht die jeweilige Beitragsbemessungsgrenze zur Rentenversicherung – Wertgleiche Übertragung muss innerhalb eines Jahres nach Ausscheiden auf eine Direktversicherung, Pensionskasse oder Pensionsfonds erfolgen	**Rechtsanspruch des Arbeitnehmers auf Übertragung der Versorgungsanwartschaft auf neuen Arbeitgeber gem. § 4 Abs. 3 BetrAVG** – Für Zusagen, die nach dem 31. 12. 2004 erteilt wurden und Übertragungswert übersteigt nicht die jeweilige Beitragsbemessungsgrenze zur Rentenversicherung – Wertgleiche Übertragung muss innerhalb eines Jahres nach Ausscheiden auf eine Direktversicherung, Pensionskasse oder Pensionsfonds erfolgen			**Rechtsanspruch des Arbeitnehmers auf Übertragung der Versorgungsanwartschaft auf neuen Arbeitgeber gem. § 4 Abs. 3 BetrAVG** – Für Zusagen, die nach dem 31. 12. 2004 erteilt wurden und Übertragungswert übersteigt nicht die jeweilige Beitragsbemessungsgrenze zur Rentenversicherung – Wertgleiche Übertragung muss innerhalb eines Jahres nach Ausscheiden auf eine Direktversicherung, Pensionskasse oder Pensionsfonds erfolgen

Direktversicherung	Pensionskasse	Rückgedeckte Pensionszusage	Rückgedeckte Unterstützungskasse	Pensionsfonds
Mit Zustimmung aller Beteiligten Übertragung gem. § 4 Abs. 2 BetrAVG auch möglich, wenn – Zusage vor 1. 1. 2005 erteilt wurde – Übertragungswert über der Beitragsbemessungsgrenze der Rentenversicherung liegt – auf eine Unterstützungskasse oder Pensionszusage übertragen werden soll **Anwendung des Deckungskapital-Übertragungsabkommens für Direktversicherungen und Pensionskassen, wenn** – Übertragung auf neuen Versicherer innerhalb von 15 Monaten nach Ausscheiden beantragt wird. – Übertragung des Zeitwerts inkl. Überschussbeteiligung und Schlussbeteiligung erfolgt ohne Abzüge.	**Mit Zustimmung aller Beteiligten Übertragung gem. § 4 Abs. 2 BetrAVG auch möglich, wenn** – Zusage vor 1. 1. 2005 erteilt wurde – Übertragungswert über der Beitragsbemessungsgrenze der Rentenversicherung liegt – auf eine Unterstützungskasse oder Pensionszusage übertragen werden soll **Anwendung des Deckungskapital-Übertragungsabkommens für Direktversicherungen und Pensionskassen, wenn** – Übertragung auf neuen Versicherer innerhalb von 15 Monaten nach Ausscheiden beantragt wird. – Übertragung des Zeitwerts inkl. Überschussbeteiligung und Schlussbeteiligung erfolgt ohne Abzüge.	**Mit Zustimmung aller Beteiligten Übertragung gem. § 4 Abs. 2 BetrAVG möglich;** alternativ: Aufrechterhaltung der Anwartschaft bei altem Arbeitgeber	**Mit Zustimmung aller Beteiligten Übertragung gem. § 4 Abs. 2 BetrAVG möglich;** Achtung: Übertragung auf Unterstützungskasse steuerlich nicht flankiert alternativ: Aufrechterhaltung der Anwartschaft in der „alten" Unterstützungskasse	**Mit Zustimmung aller Beteiligten Übertragung gem. § 4 Abs. 2 BetrAVG auch möglich, wenn** – Zusage vor 1. 1. 2005 erteilt wurde – Übertragungswert über der Beitragsbemessungsgrenze der Rentenversicherung liegt – auf eine Unterstützungskasse oder Pensionszusage übertragen werden soll

Direktversicherung	Pensionskasse	Rückgedeckte Pensionszusage	Rückgedeckte Unterstützungskasse	Pensionsfonds
– Übertragung von Direktversicherung auf Pensionskasse und umgekehrt möglich.	– Übertragung von Direktversicherung auf Pensionskasse und umgekehrt möglich.			
– Steuerliche Förderung der Versicherung bleibt bei Übertragung innerhalb der Frist erhalten.	– Steuerliche Förderung der Versicherung bleibt bei Übertragung innerhalb der Frist erhalten.			
Anwendung der versicherungsvertraglichen Lösung für beitragsorientierte Leistungszusagen	**Anwendung der versicherungsvertraglichen Lösung für beitragsorientierte Leistungszusagen**			
– Mitgabe der Police durch Übertragung der Versicherungsnehmerstellung auf den ausscheidenden Arbeitnehmer innerhalb von 3 Monaten	– Mitgabe der Police durch Übertragung der Versicherungsnehmerstellung auf den ausscheidenden Arbeitnehmer innerhalb von 3 Monaten			
– Beleihungen, Abtretungen und Beitragsrückstände sind zuvor auszugleichen	– Beleihungen, Abtretungen und Beitragsrückstände sind zuvor auszugleichen			
– Überschüsse dürfen nur zur Verbesserung der Leistung verwendet werden	– Überschüsse dürfen nur zur Verbesserung der Leistung verwendet werden			
– Fortführung mit Eigenbeiträgen möglich	– Fortführung mit Eigenbeiträgen möglich			

1665

6.6.3.6 Insolvenzsicherung

Direktversicherung	Pensionskasse	Rückgedeckte Pensionszusage	Rückgedeckte Unterstützungskasse	Pensionsfonds
– bei unverfallbaren Anwartschaften Absicherung über den PSVaG gem. §§7–15 BetrAVG erforderlich, wenn – das Bezugsrecht widerruflich gestaltet ist bzw. – die Direktversicherung beliehen ist – keine Sicherungspflicht bei nicht beliehenen Direktversicherungen mit unwiderruflichem Bezugsrecht	– keine PSV-Sicherungspflicht für Pensionskassen-Versicherungen	– bei unverfallbaren Anwartschaften Absicherung über den PSVaG gem. §§7–15 BetrAVG erforderlich.	– bei unverfallbaren Anwartschaften Absicherung über den PSVaG gem. §§ 7–15 BetrAVG erforderlich.	– bei unverfallbaren Anwartschaften Absicherung über den PSVaG gem. §§7–15 BetrAVG erforderlich. Für die Ermittlung der Beitragshöhe sind als Bemessungsgrundlage nur 20 % der Anwartschaftswerte bzw. Barwerte der Versorgungsleistungen maßgebend.

Direktversicherung	Pensionskasse	Rückgedeckte Pensionszusage	Rückgedeckte Unterstützungskasse	Pensionsfonds
		– zusätzlich kann nach derzeitigem Kenntnisstand und im Rahmen der gesetzlichen Vorschriften ein privatrechtlicher Insolvenzschutz mittels Verpfändung der Rückdeckungsversicherung an den Versorgungsberechtigten und seine Hinterbliebenen erzielt werden. Hierdurch soll der Personenkreis geschützt werden, der nicht in den Geltungsbereich des Betriebsrentengesetzes fällt und damit keine Ansprüche gegen den PSVaG geltend machen kann bzw. der nicht vom gesetzlichen Insolvenzschutz erfasste Teil der Zusage	– zusätzlich kann nach derzeitigem Kenntnisstand und im Rahmen der gesetzlichen Vorschriften ein privatrechtlicher Insolvenzschutz mittels Verpfändung der Rückdeckungsversicherung an den Versorgungsberechtigten und seine Hinterbliebenen erzielt werden. Hierdurch soll der Personenkreis geschützt werden, der nicht in den Geltungsbereich des Betriebsrentengesetzes fällt und damit keine Ansprüche gegen den PSVaG geltend machen kann bzw. der nicht vom gesetzlichen Insolvenzschutz erfasste Teil der Zusage	– zusätzlich kann ein privatrechtlicher Insolvenzschutz durch ein unwiderrufliches Bezugsrecht zu Gunsten des Arbeitnehmers und seiner Hinterbliebenen erzielt werden.

6.6.4 Steuerliche[1] und bilanzrechtliche Aspekte

6.6.4.1 Steuerlich zulässige Leistungs- und Aufwandsgrenzen

Direktversicherung	Pensionskasse	Rückgedeckte Pensionszusage	Rückgedeckte Unterstützungskasse	Pensionsfonds
Zusätzl. Sonderausgabenabzug oder Zulagen-Förderung (§ 10a EStG i. V. m. Abschn. XI EStG)	**Zusätzl. Sonderausgabenabzug oder Zulagen-Förderung (§ 10a EStG i. V. m. Abschn. XI EStG)**	Beitragszahlung kein gegenwärtiger Lohnzufluss beim Arbeitnehmer	Beitragszahlung kein gegenwärtiger Lohnzufluss beim Arbeitnehmer	**Zusätzl. Sonderausgabenabzug oder Zulagen-Förderung (§ 10a EStG i. V. m. Abschn. XI EStG)**
– Die Förderung erfolgt durch eine kombinierte Zulagen-/Sonderausgabenregelung.	– Die Förderung erfolgt durch eine kombinierte Zulagen-/Sonderausgabenregelung.			– Die Förderung erfolgt durch eine kombinierte Zulagen-/Sonderausgabenregelung.
– Der als zusätzliche Sonderausgaben abzugsfähige Betrag (Altersvorsorgebeiträge zuzüglich Zulagen) ist hierbei aber begrenzt auf 2100 €.	– Der als zusätzliche Sonderausgaben abzugsfähige Betrag (Altersvorsorgebeiträge zuzüglich Zulagen) ist hierbei aber begrenzt auf 2100 €.			– Der als zusätzliche Sonderausgaben abzugsfähige Betrag (Altersvorsorgebeiträge zuzüglich Zulagen) ist hierbei aber begrenzt auf 2100 €.

---

[1] Ausführlich BMF vom 6.12.2017 (BStBl I 2018 S. 147).

Direktversicherung	Pensionskasse	Rückgedeckte Pensionszusage	Rückgedeckte Unterstützungskasse	Pensionsfonds
Steuerfreie Einzahlung gem. § 3 Nr. 63 EStG – Beiträge bis zu max. 8 % der jeweils geltenden Beitragsbemessungsgrenze in der allgemeinen Rentenversicherung	**Steuerfreie Einzahlung gem. § 3 Nr. 63 EStG** – Beiträge bis zu max. 8 % der jeweils geltenden Beitragsbemessungsgrenze in der allgemeinen Rentenversicherung	– grundsätzlich keine Leistungs- oder Aufwandsbegrenzung	– Alters- und Invalidenrenten in der Regel max. 25769 € p. a., Witwenrenten in der Regel max. 17179 € p. a. – Kapitalleistungen zum 65. Lebensjahr in der Regel max. ca. 322140 €	**Steuerfreie Einzahlung gem. § 3 Nr. 63 EStG** – Beiträge bis zu max. 8 % der jeweils geltenden Beitragsbemessungsgrenze in der allgemeinen Rentenversicherung
Pauschalbesteuerung gem. § 40b EStG a. F. nur noch für Verträge, die vor dem 1. 1. 2005 abgeschlossen wurden – Pauschalsteuer 20 % – pauschalbesteuerungsfähige Prämie grundsätzlich max. 1752 € p. a. zulässig – im Rahmen der Durchschnittsbildung max. 2148 € p. a.	**Pauschalbesteuerung gem. § 40b EStG a. F. nur noch für Verträge, die vor dem 1. 1. 2005 abgeschlossen wurden** – Pauschalsteuer 20 % – pauschalbesteuerungsfähige Prämie grundsätzlich max. 1752 € p. a. zulässig – im Rahmen der Durchschnittsbildung max. 2148 € p. a.			

Direktversicherung	Pensionskasse	Rückgedeckte Pensionszusage	Rückgedeckte Unterstützungskasse	Pensionsfonds
Zusätzl. Sonderausgaben-abzug oder Zulagen-Förderung (§ 10a EStG i. V. m. Abschn. XI EStG)	**Zusätzl. Sonderausgaben-abzug oder Zulagen-Förderung (§ 10a EStG i. V. m. Abschn. XI EStG)**			**Zusätzl. Sonderausgaben-abzug oder Zulagen-Förderung (§ 10a EStG i. V. m. Abschn. XI EStG)**
– Beiträge werden aufgrund der steuerlichen Förderung aus quasi unversteuertem Einkommen entrichtet.	– Beiträge werden aufgrund der steuerlichen Förderung aus quasi unversteuertem Einkommen entrichtet.			– Beiträge werden aufgrund der steuerlichen Förderung aus quasi unversteuertem Einkommen entrichtet.
– fällige Leistungen sind als sonstige Einkünfte (§ 22 Nr. 5 EStG) zu versteuern, und zwar voll, also **kein**	– fällige Leistungen sind als sonstige Einkünfte (§ 22 Nr. 5 EStG) zu versteuern, und zwar voll, also **kein**			– fällige Leistungen sind als sonstige Einkünfte (§ 22 Nr. 5 EStG) zu versteuern, und zwar voll, also **kein**
– Arbeitnehmer-Pauschbetrag	– Arbeitnehmer-Pauschbetrag			– Arbeitnehmer-Pauschbetrag
– Versorgungs-Freibetrag	– Versorgungs-Freibetrag			– Versorgungs-Freibetrag
aber:	aber:			aber:
– Altersentlastungsbetrag	– Altersentlastungsbetrag			– Altersentlastungsbetrag
– Werbungskosten-Pauschbetrag	– Werbungskosten-Pauschbetrag			– Werbungskosten-Pauschbetrag
– Sonderausgaben-Pauschbetrag	– Sonderausgaben-Pauschbetrag			– Sonderausgaben-Pauschbetrag

Direktversicherung	Pensionskasse	Rückgedeckte Pensionszusage	Rückgedeckte Unterstützungskasse	Pensionsfonds
Steuerfreie Einzahlung gem. § 3 Nr. 63 EStG – keine steuerliche Belastung für den Versorgungsberechtigten in der Anwartschaftsphase – Vervielfältigungsregelung siehe Kap. 6.6.1 – fällige Leistungen sind als sonstige Einkünfte (§ 22 Nr. 5 EStG) zu versteuern, und zwar voll, also **kein** – Arbeitnehmer-Pauschbetrag (§ 9a Nr. 1a EStG) – Versorgungs-Freibetrag (§ 19 Abs. 2 EStG) aber: – Altersentlastungsbetrag gem. § 24a EStG – Werbungskosten-Pauschbetrag gem. § 9a Nr. 3 EStG	**Steuerfreie Einzahlung gem. § 3 Nr. 63 EStG** – keine steuerliche Belastung für den Versorgungsberechtigten in der Anwartschaftsphase – Vervielfältigungsregelung siehe Kap. 6.6.1 – fällige Leistungen sind als sonstige Einkünfte (§ 22 Nr. 5 EStG) zu versteuern, und zwar voll, also **kein** – Arbeitnehmer-Pauschbetrag (§ 9a Nr. 1a EStG) – Versorgungs-Freibetrag (§ 19 Abs. 2 EStG) aber: – Altersentlastungsbetrag gem. § 24a EStG – Werbungskosten-Pauschbetrag gem. § 9a Nr. 3 EStG	**Steuerfreie Einzahlung** – keine steuerliche Belastung für den Versorgungsberechtigten in der Anwartschaftsphase – fällige Leistungen sind als Lohn zu versteuern, aber – Arbeitnehmer-Pauschbetrag (§ 9a Nr. 1a EStG) 1 000 €; wird ab Vollendung des 63. Lebensjahres des Versorgungsberechtigten gestrichen. – Pauschbetrag für Versorgungsbezüge (§ 9a Nr. 1b EStG) 102 € p. a. gilt für Versorgungsbezüge ab dem 63. Lebensjahr	**Steuerfreie Einzahlung** – keine steuerliche Belastung für den Versorgungsberechtigten in der Anwartschaftsphase (bis zu best. Grenzen) – fällige Leistungen sind als sonstige Einkünfte versteuern, aber – Arbeitnehmer-Pauschbetrag (§ 9a Nr. 1a EStG) 1 000 €; wird ab Vollendung des 63. Lebensjahres des Versorgungsberechtigten gestrichen. – Pauschbetrag für Versorgungsbezüge (§ 9a Nr. 1b EStG) 102 € p. a. gilt für Versorgungsbezüge ab dem 63. Lebensjahr	**Steuerfreie Einzahlung gem. § 3 Nr. 63 EStG** – keine steuerliche Belastung für den Versorgungsberechtigten in der Anwartschaftsphase – Vervielfältigungsregelung siehe Kap. 6.6.1 – fällige Leistungen sind als sonstige Einkünfte (§ 22 Nr. 5 EStG) zu versteuern, und zwar voll, also **kein** – Arbeitnehmer-Pauschbetrag (§ 9a Nr. 1a EStG) – Versorgungs-Freibetrag (§ 19 Abs. 2 EStG) aber: – Altersentlastungsbetrag gem. § 24a EStG – Werbungskosten-Pauschbetrag gem. § 9a Nr. 3 EStG

Direktversicherung	Pensionskasse	Rückgedeckte Pensionszusage	Rückgedeckte Unterstützungskasse	Pensionsfonds
– Sonderausgaben-Pauschbetrag gem. § 10c EStG	– Sonderausgaben-Pauschbetrag gem. § 10c EStG	– Versorgungs-Freibetrag (§ 19 Abs. 2 EStG)	– Versorgungs-Freibetrag (§ 19 Abs. 2 EStG)	– Sonderausgaben-Pauschbetrag gem. § 10c EStG
Pauschalbesteuerung gem. § 40b EStG a. F. für Direktversicherungen, die vor dem 1. 1. 2005 abgeschlossen bzw. im Rahmen einer Alt-Zusage nach dem 31. 12. 2004 erhöht wurden	**Pauschalbesteuerung gem. § 40b EStG a. F. für Pensionskassenzusagen, die vor dem 1. 1. 2005 abgeschlossen bzw. im Rahmen einer Alt-Zusage nach dem 31. 12. 2004 erhöht wurden**	Ab dem Jahr, ab dem der Versorgungsberechtigte Versorgungsbezüge bezieht, werden der Versorgungs-Freibetrag nebst einem Zuschlag zum Versorgungs-Freibetrag gewährt. Der Versorgungs-Freibetrag nebst Zuschlag wird bis zum Jahr 2040 schrittweise auf „null" abgebaut.	Ab dem Jahr, ab dem der Versorgungsberechtigte Versorgungsbezüge bezieht, werden der Versorgungs-Freibetrag nebst einem Zuschlag zum Versorgungs-Freibetrag gewährt. Der Versorgungs-Freibetrag nebst Zuschlag wird bis zum Jahr 2040 schrittweise auf „null" abgebaut.	
– Pauschalbesteuerung in der Anwartschaftsphase (derzeit 20 % zzgl. Solidaritätszuschlag und Kirchensteuer)	– Pauschalbesteuerung in der Anwartschaftsphase (derzeit 20 % zzgl. Solidaritätszuschlag und Kirchensteuer)	Diese Beträge werden für jeden Versorgungsberechtigten ab dem Zeitpunkt des erstmaligen Versorgungsbezugs festgeschrieben und bleiben dann auf Dauer unverändert.	Diese Beträge werden für jeden Versorgungsberechtigten ab dem Zeitpunkt des erstmaligen Versorgungsbezugs festgeschrieben und bleiben dann auf Dauer unverändert.	
– fällige Kapitalleistungen fließen unter bestimmten Voraussetzungen einkommensteuerfrei zu	– fällige Kapitalleistungen fließen unter bestimmten Voraussetzungen einkommensteuerfrei zu			

Direktversicherung	Pensionskasse	Rückgedeckte Pensionszusage	Rückgedeckte Unterstützungskasse	Pensionsfonds
– Kapitalleistungen aus Erhöhungen einer Alt-Zusage nach dem 31.12. 2004 sind kapitalertragsteuerpflichtig. Soweit die Leistung nicht vor Vollendung des 60. Lebensjahres zufließt und der Vertrag 12 Jahre bestanden hat, wird nur die Hälfte der Erträge besteuert. – fällige Renten sind mit dem Ertragsanteil zu versteuern	– Kapitalleistungen aus Erhöhungen einer Alt-Zusage nach dem 31.12. 2004 sind kapitalertragsteuerpflichtig. Soweit die Leistung nicht vor Vollendung des 60. Lebensjahres zufließt und der Vertrag 12 Jahre bestanden hat, wird nur die Hälfte der Erträge besteuert. – fällige Renten sind mit dem Ertragsanteil zu versteuern			

6.6.4.3 Bilanzielle Auswirkungen

Direktversicherung	Pensionskasse	Rückgedeckte Pensionszusage	Rückgedeckte Unterstützungskasse	Pensionsfonds
– keine, da Direktversicherungen beim Unternehmen nicht zu aktivieren sind	– keine, da Pensionskassen-Versicherungen beim Unternehmen nicht zu aktivieren sind	– Ausweis der Verpflichtungen mittels der Pensionsrückstellung auf der Passivseite der Bilanz, was zu einer Gewinnminderung oder Verlusterhöhung führen kann	– keine, da die Bilanz des Unternehmens in keiner Weise tangiert wird – Ausnahme: Unterdeckung der versicherten gegenüber der zugesagten Leistung	– keine, da Pensionsfondszusagen beim Unternehmen nicht zu aktivieren sind

Direktversicherung	Pensionskasse	Rückgedeckte Pensionszusage	Rückgedeckte Unterstützungskasse	Pensionsfonds
		– Saldierung mit Pensionsrückstellung auf Passivseite zwingend – Bilanzschwankungen bei Eintritt des Versorgungsfalles sind im Falle der Vollrückdeckung ausgeschlossen		

6.6.5 Sozialversicherungsrechtliche Aspekte

6.6.5.1 Sozialversicherungsrechtliche Behandlung der Aufwendungen

Direktversicherung	Pensionskasse	Rückgedeckte Pensionszusage	Rückgedeckte Unterstützungskasse	Pensionsfonds
Beiträge als zusätzlicher Sonderausgabenabzug oder Zulagen-Förderung (§ 10a EStG i. V. m. Abschn. XI EStG) – Sozialversicherungspflicht der Beiträge von Beginn an	**Beiträge als zusätzlicher Sonderausgabenabzug oder Zulagen-Förderung (§ 10a EStG i. V. m. Abschn. XI EStG)** – Sozialversicherungspflicht der Beiträge von Beginn an			**Beiträge als zusätzlicher Sonderausgabenabzug oder Zulagen-Förderung (§ 10a EStG i. V. m. Abschn. XI EStG)** – Sozialversicherungspflicht der Beiträge von Beginn an

Direktversicherung	Pensionskasse	Rückgedeckte Pensionszusage	Rückgedeckte Unterstützungskasse	Pensionsfonds
SV-freie Beiträge bis 4 % der jeweiligen Beitragsbemessungsgrenze (BBG) West	**SV-freie Beiträge bis 4 % der jeweiligen Beitragsbemessungsgrenze (BBG) West**	Aufwand des Arbeitgebers, der nicht aus einer Entgeltumwandlung stammt, sozialversicherungsfrei. Bei Entgeltumwandlung bis zu 4 % der Beitragsbemessungsgrenze West sozialversicherungsfrei.	Aufwand des Arbeitgebers, der nicht aus einer Entgeltumwandlung stammt, sozialversicherungsfrei. Bei Entgeltumwandlung bis zu 4 % der Beitragsbemessungsgrenze West sozialversicherungsfrei.	**SV-freie Beiträge bis 4 % der jeweiligen Beitragsbemessungsgrenze (BBG) West**
SV-freie Beiträge über 4 % der jeweiligen BBG hinaus max. 1800 € p. a.	**SV-freie Beiträge über 4 % der jeweiligen BBG hinaus max. 1800 € p. a.**			**SV-freie Beiträge über 4 % der jeweiligen BBG hinaus max. 1800 € p. a.**
– Generelle Sozialversicherungspflicht der Beiträge von Beginn an für Arbeitgeber und Arbeitnehmer	– Generelle Sozialversicherungspflicht der Beiträge von Beginn an für Arbeitgeber und Arbeitnehmer			– Generelle Sozialversicherungspflicht der Beiträge von Beginn an für Arbeitgeber und Arbeitnehmer

Direktversicherung	Pensionskasse	Rückgedeckte Pensionszusage	Rückgedeckte Unterstützungskasse	Pensionsfonds
Pauschalbesteuerte Beiträge gem. § 40b EStG a. F. (nur Direktversicherungen, die vor dem 1. 1. 2005 abgeschlossen wurden)	**Pauschalbesteuerte Beiträge gem. § 40b EStG a. F.** (nur Pensionskassen-Versicherungen, die vor dem 1. 1. 2005 abgeschlossen wurden)			
– Sozialversicherungsfreiheit der Beiträge bis Ende 2008, soweit eine Umwandlung aus Sonderzahlungen (Urlaubs-/Weihnachtsgeld etc.) erfolgt	– Sozialversicherungsfreiheit der Beiträge bis Ende 2008, soweit eine Umwandlung aus Sonderzahlungen (Urlaubs-/Weihnachtsgeld etc.) erfolgt			
– Sozialversicherungspflicht der Beiträge bei Umwandlung aus laufendem Entgelt	– Sozialversicherungspflicht der Beiträge bei Umwandlung aus laufendem Entgelt			
– Sozialversicherungsfreiheit für arbeitgeberfinanzierte Beiträge auch über 2008 hinaus	– Sozialversicherungsfreiheit für arbeitgeberfinanzierte Beiträge auch über 2008 hinaus			

6.6.5.2 Sozialversicherungsrechtliche Behandlung der Leistungen

Direktversicherung	Pensionskasse	Rückgedeckte Pensionszusage	Rückgedeckte Unterstützungskasse	Pensionsfonds
Leistungen aus Beiträgen gem. § 10a EStG (zusätzl. Sonderausgabenabzug oder Zulagen-Förderung) – Sozialversicherungspflicht im Versorgungsfall	**Leistungen aus Beiträgen gem. § 10a EStG (zusätzl. Sonderausgabenabzug oder Zulagen-Förderung)** – Sozialversicherungspflicht im Versorgungsfall			**Leistungen aus Beiträgen gem. § 10a EStG (zusätzl. Sonderausgabenabzug oder Zulagen-Förderung)** – Sozialversicherungspflicht im Versorgungsfall
Leistungen aus steuerfreien Beiträgen gem. § 3 Nr. 63 EStG sowie pauschalbesteuerten Prämien nach § 40b EStG	**Leistungen aus steuerfreien Beiträgen gem. § 3 Nr. 63 EStG sowie pauschalbesteuerten Prämien nach § 40b EStG**	**Arbeitgeber- und arbeitnehmerfinanzierte Leistungen**	**Arbeitgeber- und arbeitnehmerfinanzierte Leistungen**	**Leistungen aus steuerfreien Beiträgen gem. § 3 Nr. 63 EStG**
– Kapitalleistungen/Kapitalabfindungen generell seit 1. 1. 2004 beitragspflichtig in der gesetzlichen Kranken- und Pflegeversicherung	– Kapitalleistungen/Kapitalabfindungen generell seit 1. 1. 2004 beitragspflichtig in der gesetzlichen Kranken- und Pflegeversicherung	– Kapitalleistungen/Kapitalabfindungen generell seit 1. 1. 2004 beitragspflichtig in der gesetzlichen Kranken- und Pflegeversicherung	– Kapitalleistungen/Kapitalabfindungen generell seit 1. 1. 2004 beitragspflichtig in der gesetzlichen Kranken- und Pflegeversicherung	– Kapitalleistungen/Kapitalabfindungen generell seit 1. 1. 2004 beitragspflichtig in der gesetzlichen Kranken- und Pflegeversicherung
Verbeitragung der Leistung wird auf 10 Jahre verteilt; maßgeblich ist der volle Beitragssatz	Verbeitragung der Leistung wird auf 10 Jahre verteilt; maßgeblich ist der volle Beitragssatz	Verbeitragung der Leistung wird auf 10 Jahre verteilt; maßgeblich ist der volle Beitragssatz	Verbeitragung der Leistung wird auf 10 Jahre verteilt; maßgeblich ist der volle Beitragssatz	Verbeitragung der Leistung wird auf 10 Jahre verteilt; maßgeblich ist der volle Beitragssatz
– Rentenleistungen generell mit vollem Beitragssatz pflichtig in der gesetzlichen Kranken- und Pflegeversicherung	– Rentenleistungen generell mit vollem Beitragssatz pflichtig in der gesetzlichen Kranken- und Pflegeversicherung	– Rentenleistungen generell mit vollem Beitragssatz pflichtig in der gesetzlichen Kranken- und Pflegeversicherung	– Rentenleistungen generell mit vollem Beitragssatz pflichtig in der gesetzlichen Kranken- und Pflegeversicherung	– Rentenleistungen generell mit vollem Beitragssatz pflichtig in der gesetzlichen Kranken- und Pflegeversicherung

Betriebswirtschaftliche Aspekte

Finanzierung der zugesagten Leistungen

Direktversicherung	Pensionskasse	Rückgedeckte Pensionszusage	Rückgedeckte Unterstützungskasse	Pensionsfonds
– durch Prämienzahlung in der Anwartschaftszeit – periodengerecht – variable Dotierungen möglich bzw. Sonderzahlungen möglich – Zuschuss Arbeitgeber von 240 bis 480 € pro Jahr bei Einkommen bis 2 200 € brutto im Monat – bei Entgeltumwandlung Zuschuss Arbeitgeber in Höhe von 15 % bei Einsparung von SV-Beiträgen (ab 1.1.2019)	– durch Prämienzahlung in der Anwartschaftszeit – periodengerecht – variable Dotierungen möglich bzw. Sonderzahlungen möglich – Zuschuss Arbeitgeber von 240 bis 480 € pro Jahr bei Einkommen bis 2 200 € brutto im Monat – bei Entgeltumwandlung Zuschuss Arbeitgeber in Höhe von 15 % bei Einsparung von SV-Beiträgen (ab 1.1.2019)	– Finanzierung der zugesagten Leistungen aus den fällig werdenden Mitteln einer Rückdeckungsversicherung – Prämienaufwand der Rückdeckungsversicherung lässt sich zum Teil aus der Steuerersparnis infolge Rückstellungsbildung finanzieren – Finanzierungszeitraum der Rückdeckung kann individuell bestimmt werden (z. B. durch eine abgekürzte Prämienzahlungsdauer)	– durch Zuwendungen des Trägerunternehmens an die Unterstützungskasse in der Anwartschaftszeit, wobei die Höhe der Zuwendungen der Höhe der Prämien, die die Unterstützungskasse für die kongruente Rückdeckungsversicherung aufbringen muss, entspricht – periodengerecht	– Beiträge des Arbeitgebers in der Anwartschaftszeit werden in Fonds und/oder Versicherungen investiert – periodengerecht – variable Dotierungen möglich bzw. Sonderzahlungen möglich – Zuschuss Arbeitgeber von 240 bis 480 € pro Jahr bei Einkommen bis 2 200 € brutto im Monat – bei Entgeltumwandlung Zuschuss Arbeitgeber in Höhe von 15 % bei Einsparung von SV-Beiträgen (ab 1.1.2019)

Direktversicherung	Pensionskasse	Rückgedeckte Pensionszusage	Rückgedeckte Unterstützungskasse	Pensionsfonds
– Anpassungsverpflichtung durch die Leistungen aus der Überschussbeteiligung vorfinanziert	– Anpassungsverpflichtung durch die Leistungen aus der Überschussbeteiligung vorfinanziert	– Rückstellungen für Anpassungsverpflichtung nur statthaft, wenn eine feste Dynamik von min. 1 % für fällige Renten zugesagt wird	– Anpassungsverpflichtung in der Regel durch die Leistungen aus der Überschussbeteiligung vorfinanziert	– Bei Beitragszusagen mit Mindestleistung keine Anpassung erforderlich. Ansonsten wird Anpassungsverpflichtung über das Fondsvermögen (Kapital des Pensionsfonds) sichergestellt
– auch für Mitarbeiter, die jünger als 28 Jahre sind, möglich	– auch für Mitarbeiter, die jünger als 27 Jahre sind, möglich	– Rückstellungen nur für Mitarbeiter, die 27 Jahre und älter sind, statthaft, bei Entgeltumwandlung auch früher	– grundsätzlich nur für Mitarbeiter, die 27 Jahre und älter sind, möglich, bei Entgeltverzicht auch früher	– auch für Mitarbeiter, die jünger als 28 Jahre sind, möglich

6.6.2 Kalkulierbarkeit

Direktversicherung	Pensionskasse	Rückgedeckte Pensionszusage	Rückgedeckte Unterstützungskasse	Pensionsfonds
– Aufwand ist klar überschaubar	– Aufwand ist klar überschaubar	– Aufwand auch langfristig überschaubar	– Aufwand ist klar überschaubar	– Aufwand ist klar überschaubar
– betriebsfremde Risiken sind auf ein externes Versicherungsunternehmen ausgelagert und damit auch kalkulierbar	– betriebsfremde Risiken sind auf ein externes Versicherungsunternehmen ausgelagert und damit auch kalkulierbar	– betriebsfremde Risiken sind auf ein externes Versicherungsunternehmen ausgelagert und damit auch kalkulierbar	– betriebsfremde Risiken sind auf ein externes Versicherungsunternehmen ausgelagert und damit auch kalkulierbar	– betriebsfremde Risiken sind bei Finanzierung über Versicherungen auch kalkulierbar

Direktversicherung	Pensionskasse	Rückgedeckte Pensionszusage	Rückgedeckte Unterstützungskasse	Pensionsfonds
– ertragsabhängige Gestaltung möglich	– ertragsabhängige Gestaltung möglich		– keine ertragsabhängige Gestaltung möglich	– ertragsabhängige Gestaltung möglich

6.6.6.3 Eigenbeteiligung der Mitarbeiter

Direktversicherung	Pensionskasse	Rückgedeckte Pensionszusage	Rückgedeckte Unterstützungskasse	Pensionsfonds
– möglich durch Entgeltumwandlung	– möglich durch Entgeltumwandlung	– möglich durch Entgeltumwandlung	– möglich durch Entgeltumwandlung	– möglich durch Entgeltumwandlung

6.6.6.4 Auswirkungen auf die Liquidität

Direktversicherung	Pensionskasse	Rückgedeckte Pensionszusage	Rückgedeckte Unterstützungskasse	Pensionsfonds
– Beiträge zur Direktversicherung wirken als Betriebsausgaben liquiditätsmindernd	– Beiträge zur Pensionskasse wirken als Betriebsausgaben liquiditätsmindernd	– ggf. Liquiditätsgewinne aus gestundeten Ertragsteuern	– Liquiditätsabfluss infolge der Zuwendungen an die Unterstützungskasse bereits in der Anwartschaftszeit	– Beiträge an den Pensionsfonds wirken als Betriebsausgaben liquiditätsmindernd

Direktversicherung	Pensionskasse	Rückgedeckte Pensionszusage	Rückgedeckte Unterstützungskasse	Pensionsfonds
– keine Liquiditätsbelastung bei Fälligkeit der Versorgungsleistungen, da sich die Ansprüche gegen den Lebensversicherer richten – wegen in der Regel fehlender Anpassungsverpflichtung keine weitere Liquiditätsbelastung – bei Zuschuss von 240 € bis 480 € (siehe Kap. 6.6.6.1) staatliche Förderung in Höhe von 30 % für Arbeitgeber	– keine Liquiditätsbelastung bei Fälligkeit der Versorgungsleistungen, da sich die Ansprüche gegen die Pensionskasse richten – wegen in der Regel fehlender Anpassungsverpflichtung keine weitere Liquiditätsbelastung – bei Zuschuss von 240 € bis 480 € (siehe Kap. 6.6.6.1) staatliche Förderung in Höhe von 30 % für Arbeitgeber	– Beiträge zur Rückdeckungsversicherung wirken als Betriebsausgaben liquiditätsmindernd – bei Vollrückdeckung keine Liquiditätsbelastung bei Fälligkeit der Versorgungsleistungen – ggf. zusätzliche Belastung der Liquidität infolge einer evtl. Anpassungspflicht – keine wachsende Liquiditätsbelastung bei steigender Zahl der Rentner und rückläufiger Zahl der Aktiven, da jeder Versorgungsfall vorfinanziert ist	– keine Liquiditätsbelastung bei Fälligkeit der Versorgungsleistungen, da sich die Ansprüche gegen die Unterstützungskasse richten, die ihre Verpflichtungen beim Lebensversicherer kongruent rückgedeckt hat, richten – bei Kapitalleistungen keine weitere Liquiditätsbelastung – bei laufenden Leistungen (Renten) ggf. zusätzliche Belastung der Liquidität infolge einer evtl. Anpassungsprüfungspflicht	– keine Liquiditätsbelastung bei Fälligkeit, da sich die Ansprüche gegen den Pensionsfonds richten – bei laufenden Leistungen (Renten), sofern keine Beitragszusage mit Mindestleistungen, ggf. zusätzliche Belastung der Liquidität infolge einer evtl. Anpassungsprüfungspflicht – bei Zuschuss von 240 € bis 480 € (siehe Kap. 6.6.6.1) staatliche Förderung in Höhe von 30 % für Arbeitgeber

6.6.6.5 Verwaltungsaufwand

Direktversicherung	Pensionskasse	Rückgedeckte Pensionszusage	Rückgedeckte Unterstützungskasse	Pensionsfonds
– geringfügig, da die Betreuung weitgehend vom Versicherer übernommen wird – bei vorzeitigem Ausscheiden Mitgabe des Versicherungsscheines möglich	– geringfügig, da die Betreuung weitgehend von der Pensionskasse übernommen wird – bei vorzeitigem Ausscheiden Mitgabe des Versicherungsscheines möglich	– gering, da Verwaltungsaufgaben, Bereitstellung von versicherungsmathematischen Gutachten wie auch die arbeitsrechtliche und steuerrechtliche Beratung und Betreuung vom Versicherer übernommen wird – Arbeitgeber ist zur Abführung von Lohnsteuer und Krankenversicherungsbeiträgen auf fällige Leistungen verpflichtet	– geringfügig, da die Verwaltung – auch das gesamte Rentenmanagement unter Berücksichtigung von Lohnsteuer und Krankenversicherungsbeiträgen auf fällige Rentenleistungen – auf Wunsch vollständig von der Unterstützungskasse übernommen werden kann	– geringfügig, da die Verwaltung weitgehend vom Pensionsfonds übernommen wird

6.6.7 Eignung

Direktversicherung	Pensionskasse	Rückgedeckte Pensionszusage	Rückgedeckte Unterstützungskasse	Pensionsfonds
– kleinere und mittlere Unternehmen, die keinen hohen Verwaltungsaufwand wünschen	– kleinere und mittlere Unternehmen, die keinen hohen Verwaltungsaufwand wünschen	– alle Unternehmen unabhängig von Personalbestand und Altersstruktur	– kleinere und mittlere Unternehmen, die keinen hohen Verwaltungsaufwand wünschen	– kleinere und mittlere Unternehmen, die keinen hohen Verwaltungsaufwand wünschen
– nicht bilanzierende Unternehmen	– nicht bilanzierende Unternehmen	– bilanzierende Unternehmen	– nicht bilanzierende Unternehmen	– nicht bilanzierende Unternehmen
– Unternehmen, die keine bilanziellen Auswirkungen wünschen	– Unternehmen, die keine bilanziellen Auswirkungen wünschen		– Unternehmen, die keine bilanziellen Auswirkungen wünschen	– Unternehmen, die keine bilanziellen Auswirkungen wünschen
– Unternehmen mit geringem Investitionsbedarf	– Unternehmen mit geringem Investitionsbedarf	– Unternehmen mit vorübergehend hohem Investitionsbedarf und guter Liquiditätslage	– Unternehmen mit geringem Investitionsbedarf	– Unternehmen mit geringem Investitionsbedarf
– konjunkturabhängige Branchen, da Anpassung an die Ertragslage möglich	– konjunkturabhängige Branchen, da Anpassung an die Ertragslage möglich			– stark konjunkturabhängige Branchen, da Anpassung an die Ertragslage möglich
– Unternehmen, die eine Belastung der Nachfolge-Generation vermeiden möchten	– Unternehmen, die eine Belastung der Nachfolge-Generation vermeiden möchten		– Unternehmen, die eine Belastung der Nachfolge-Generation vermeiden möchten	– Unternehmen, die eine Belastung der Nachfolge-Generation vermeiden möchten
– Gesellschafter-Geschäftsführer von Kapitalgesellschaften	– Gesellschafter-Geschäftsführer von Kapitalgesellschaften	– Gesellschafter-Geschäftsführer von Kapitalgesellschaften	– Gesellschafter-Geschäftsführer von Kapitalgesellschaften	– Gesellschafter-Geschäftsführer von Kapitalgesellschaften

Direktversicherung	Pensionskasse	Rückgedeckte Pensionszusage	Rückgedeckte Unterstützungskasse	Pensionsfonds
– Unternehmen, die eine breite Produktpalette wünschen		– Unternehmen, die unbegrenzten Dotierungsfreiraum für bAV-Zuwendungen wünschen	– Unternehmen, die unbegrenzten Dotierungsfreiraum für bAV-Zuwendungen wünschen	– Unternehmen, die aufgrund der Kapitalanlagefreiheiten eine höhere Performance erwarten – Unternehmen, die Teile ihrer Versorgungsversprechen im Wege der Pensionszusage auslagern (Bilanz) möchten. Hierbei sind die Besonderheiten gem. § 3 Nr. 63 EStG zu berücksichtigen (hier nicht aufgeführt).

6.7   Auflösung und Abwicklung (Liquidation)

6.7.1   Gesellschaftsrecht

Die Beendigung einer Gesellschaft erfolgt in drei Schritten.

1. **Auflösung**	Beschluss der Gesellschafterversammlung oder Eintritt eines anderen Auflösungsgrundes; werbende Gesellschaft wird zu zivilrechtlich identischer Abwicklungsgesellschaft (Zeitpunkt)
2. **Abwicklung** (Liquidation)	Versilberung des Vermögens, Begleichung der Schulden, Verteilung des Restvermögens (Zeitraum)
3. **Beendigung** (Vollbeendigung)	Erlöschen der Gesellschaft (Zeitpunkt)

6.7.1.1   Auflösung und Abwicklung der Personengesellschaften (GbR, OHG, KG)

6.7.1.1.1   Auflösungsgründe

	gesetzliche Auflösungsgründe[1]	
	GbR	**OHG/KG**
Zeitablauf	Ja (§ 724 Satz 2 BGB)	Ja (§§ 161 Abs. 2, 131 Abs. 1 Nr. 1 HGB)
Auflösungs-beschluss	Ja (grds. einstimmig, § 709 Abs. 1 BGB)	Ja (grds. einstimmig, § 161 Abs. 2, § 131 Abs. 1 Nr. 2, § 119 Abs. 1 HGB)
Tod eines Gesell-schafters	Ja (§ 727 Abs. 1 BGB)	Nein, führt zum Ausscheiden des Gesellschafters (§ 161 Abs. 2, § 131 Abs. 3 S. 1 Nr. 1 HGB)
Gesellschafter-insolvenz	Ja (§ 728 Abs. 2 BGB)	Nein, führt zum Ausscheiden des Gesellschafters (§ 161 Abs. 2, § 131 Abs. 3 S. 1 Nr. 2 HGB)
Kündigung eines Gesellschafters *bzw. durch dessen* Privatgläubiger	Ja (§ 723 Abs. 1 BGB)	Nein, führt zum Ausscheiden des Gesellschafters (§ 161 Abs. 2, § 131 Abs. 3 S. 1 Nr. 3 und 4 HGB)
Gerichtliche Entscheidung	Nein	Ja (§ 161 Abs. 2, § 131 Abs. 1 Nr. 4, § 133 Abs. 1 HGB)
Zweckerreichung	Ja (§ 726 BGB)	Nein
Insolvenz	Besondere Form der Liquidation im Insolvenzverfahren (§ 728 Abs. 1 BGB, § 131 Abs. 1 Nr. 3 HGB)	

---

[1] Neben den gesetzlichen Auflösungsgründen können weitere gesellschaftsvertraglich vereinbart werden.

6.7.1.1.2 Abwicklung (Liquidation) und Beendigung

	GbR	OHG/KG
Liquidatoren	Alle Gesellschafter gemeinsam (§§ 709 Abs. 1, 714, 730 Abs. 2 S. 2 BGB)	Sämtliche oder bestimmte Gesellschafter oder Dritte (§ 146 Abs. 1 HGB)
Liquidations-verfahren	§§ 730–735 BGB	§§ 145–158, 161 Abs. 2 HGB
	– Beendigung der laufenden Geschäfte – Versilberung des Gesellschaftsvermögens und Begleichung der Gesellschaftsschulden – Rückgabe von Gegenständen an Gesellschafter, Rückerstattung von Einlagen, Verteilung des Restvermögens	
Firmierung	Entfällt	OHG/KG i.L. (§ 153 HGB)
Register-anmeldungen	Nein	– Auflösung (§ 143 Abs. 1 HGB) – Bestellung der Liquidatoren (§§ 146,148 HGB) – Beendigung der Abwicklung (§ 157 Abs. 1 HGB)
Rechnungs-legung	Schlussrechnung	Liquidationseröffnungs- und -schluss-bilanz (§ 154 HGB); Buchführung und Jahresabschluss (§§ 238, 242 ff. HGB)

6.7.1.2 Auflösung und Abwicklung der Kapitalgesellschaften (GmbH, AG)

6.7.1.2.1 Auflösungsgründe

	gesetzliche Auflösungsgründe[1]	
	GmbH[2]	AG
Zeitablauf	Ja (§ 60 Abs. 1 Nr. 1 GmbHG)	Ja (§ 262 Abs. 1 Nr. 1 AktG)
Auflösungsbeschluss	Ja, mit 75%iger Mehrheit (§ 60 Abs. 1 Nr. 2 GmbHG)	Ja, mit 75%iger Mehrheit (§ 262 Abs. 1 Nr. 2 AktG)
Tod eines Gesellschafters	Nein	Nein
Gesellschafterinsolvenz	Nein	Nein
Kündigung	Nein	Nein
Gerichtliche *Entscheidung*	Ja (§ 60 Abs. 1 Nr. 3 GmbHG)	Nein

---

[1] Neben den gesetzlichen Auflösungsgründen können weitere gesellschaftsvertraglich vereinbart werden.
[2] Das gilt auch für die Unternehmergesellschaft (haftungsbeschränkt).

	gesetzliche Auflösungsgründe[1]	
	GmbH[2]	**AG**
Verfügung des Registergerichts	Ja (§ 60 Abs. 1 Nr. 6 GmbHG)	Ja (§ 262 Abs. 1 Nr. 5 AktG)
Nichtigkeitserklärung	Ja (§ 75 GmbHG)	Ja (§ 275 AktG)
Zweckerreichung	Nein	Nein
Insolvenz	Besondere Form der Liquidation im Insolvenzverfahren (§ 60 Abs. 1 Nr. 4, Nr. 5, Nr. 7 GmbHG, § 262 Abs. 1 Nr. 3, Nr. 4, Nr. 6 AktG)	

[1] Neben den gesetzlichen Auflösungsgründen können weitere gesellschaftsvertraglich vereinbart werden.
[2] Das gilt auch für die Unternehmergesellschaft (haftungsbeschränkt).

6.7.1.2.2 Abwicklung (Liquidation) und Beendigung

	GmbH	**AG**
Liquidatoren	Bisherige Geschäftsführer als geborene Liquidatoren, aber auch andere Personen zulässig (§ 66 GmbHG)	Bisherige Vorstände als geborene Liquidatoren (sog. Abwickler), aber auch andere Personen zulässig (§ 265 Abs. 1, 2 AktG)
Liquidations- verfahren	– Einmaliger Gläubigeraufruf (§ 65 Abs. 2 GmbHG) – Nach Bekanntmachung des Gläubigeraufrufs Beginn des Sperrjahrs (§ 73 Abs. 1 GmbHG) – Beendigung der laufenden Geschäfte, neue (Abwicklungs-) Rechtsgeschäfte möglich – Begleichung der Gesellschafts- schulden und Versilberung des *Gesellschaftsvermögens* – Vermögensverteilung an Gesellschafter (§ 72 GmbHG)	– Einmaliger Gläubigeraufruf (§ 267 AktG) – Nach Bekanntmachung des Gläubigeraufrufs Beginn des Sperrjahrs (§ 272 Abs. 1 AktG) – Beendigung der laufenden Geschäfte, neue (Abwicklungs-) Rechtsgeschäfte möglich – Begleichung der Gesellschafts- schulden und Versilberung des Gesellschaftsvermögens – Vermögensverteilung an Gesellschafter (§ 271 AktG)
Firmierung	GmbH i. L. (§ 68 Abs. 2 GmbHG)	AG i. L. (§§ 268 Abs. 4, 269 Abs. 6 AktG)
Register- anmeldungen	– Auflösung (§ 65 Abs. 1 HGB) – Bestellung der Liquidatoren (§ 67 GmbHG) – Beendigung der Abwicklung (§ 74 Abs. 1 Satz 1 GmbHG)	– Auflösung (§ 263 AktG) – Bestellung der Liquidatoren (§ 266 AktG) – Beendigung der Abwicklung (§ 273 Abs. 1 AktG)

	GmbH	AG
Rechnungs-legung	– Reguläre Schlussbilanz der werbenden Gesellschaft (§§ 242 ff. HGB) – Liquidationseröffnungs- und -schlussbilanz bzw. Liquidationsschlussrechnung (§§ 71, 74 Abs. 1 GmbHG)	– Reguläre Schlussbilanz der werbenden Gesellschaft (§§ 242 ff. HGB) – Liquidationseröffnungs- und -schlussbilanz bzw. Liquidationsschlussrechnung (§ 270 AktG)

6.7.2   Steuerrecht

6.7.2.1   Auflösung und Abwicklung der Personengesellschaften (GbR, OHG, KG)

6.7.2.1.1   Steuerfolgen für die Gesellschaft

Besteuerungszeitraum	Keine Liquidationsbesteuerung der Gesellschaft selbst
Ermittlung des Abwicklungseinkommens	Entfällt
Gewerbesteuer	Gewerbesteuerpflicht endet mit tatsächlicher Einstellung des Betriebs (R 2.6 Abs. 1 GewStR 2009)

6.7.2.1.2   Steuerfolgen für die Gesellschafter

Tatbestand	Betriebsaufgabe (§ 16 Abs. 3 Satz 1 EStG)
Zeitpunkt der Besteuerung	Einstellung der werbenden Tätigkeit
Veräußerungserfolg	Veräußerungserlös bzw. gemeiner Wert (bei Entnahme) ./. Buchwert des Betriebsvermögens ./. Veräußerungs- und Aufgabekosten = **Aufgabegewinn oder Aufgabeverlust** **(§ 16 Abs. 2 S. 1 EStG)**
Steuerfolgen	Wenn der Steuerpflichtige die persönlichen Voraussetzungen erfüllt, gilt: Freibetrag nach § 16 Abs. 4 EStG und Tarifermäßigung nach § 34 EStG (s. Kap. 5.1.2.3.1), soweit Gewinn nicht auf Kapitalgesellschaftsanteile entfällt (insoweit Teileinkünfteverfahren; s. Kap. 5.1.7.1.4); Verlust ausgleichfähig, soweit kein § 15a EStG

6.7.2.2 Auflösung und Abwicklung der Kapitalgesellschaften (GmbH[1], AG)

6.7.2.2.1 Steuerfolgen für die Gesellschaft

Besteuerungszeitraum	– **Körperschaftsteuer:** Besteuerungszeitraum beginnt mit Auflösung (oder Beginn des Wirtschaftjahres, in dem Auflösung erfolgt) und endet mit rechtsgültigem Abschluss der Liquidation (§ 11 Abs. 1 S. 1 KStG), Zeitraum soll drei Jahre nicht überschreiten (§ 11 Abs. 1 S. 2 KStG) **Gewerbesteuer:** Beginn wie bei Körperschaftsteuer, aber Jahresveranlagung
Ermittlung des steuerpflichtigen Abwicklungsgewinns[2]	Abwicklungs-Endvermögen (gemeine Werte) ./. steuerfreie Vermögensmehrungen = **Abwicklungs-Endvermögen** Abwicklungs-Anfangsvermögen (Buchwert) ./. offene Gewinnausschüttungen für Wirtschaftsjahr vor der Auflösung = **Abwicklungs-Anfangsvermögen** Abwicklungs-Endvermögen ./. Abwicklungs-Anfangsvermögen = **vorläufiger Abwicklungs-Gewinn** + Buchwert eigener Anteile + geleistete Spenden ./. gem. § 9 Abs. 1 Nr. 2 KStG abziehbare Spenden ./. Verlustabzug (§ 10d EStG i. V. m. § 8 Abs. 1, § 8c KStG) ./. abziehbare Aufwendungen gem. § 9 Abs. 1 Nr. 1 KStG + nicht abziehbare Aufwendungen (§ 10 KStG, § 4 Abs. 5 EStG i. V. m. § 8 Abs. 1 KStG) = **steuerpflichtiger Abwicklungsgewinn**
Gewerbesteuer	Gewerbesteuerpflicht bleibt bis zum Ende der Abwicklung bestehen

---

[1] Das gilt auch für die Unternehmergesellschaft (haftungsbeschränkt) sowie für optierte Personenhandelsgesellschaft und Partnerschaftsgesellschaften.
[2] Vgl. *Pfirrmann* in *Brandis/Heuermann*, KStG, § 11 Rd. 20–89.

6.7.2.2.2   Steuerfolgen für die Gesellschafter

Tatbestand	Auflösung der Gesellschaft (§ 17 Abs. 4 bzw. § 20 Abs. 2 EStG [Anteile im Privatvermögen], § 4 EStG [Anteile im Betriebsvermögen])
Zeitpunkt der Besteuerung	in dem Jahr, in dem mit einer wesentlichen Änderung des bereits feststehenden Verlusts nicht mehr zu rechnen ist (Anteile im **Privatvermögen**) bzw. wenn die Voraussetzungen für eine Teilwertabschreibung vorliegen (Anteile im **Betriebsvermögen**)
Veräußerungserfolg	gemeiner Wert des zugeteilten Vermögens, soweit übriges Eigenkapital oder Einlagekonto verwendet wird ./. Anschaffungskosten bzw. Buchwert der Beteiligung ./. Veräußerungs- und Aufgabekosten = **Auflösungsgewinn oder Auflösungsverlust**
Steuerfolgen	Freibetrag nach § 17 Abs. 3 EStG für Anteile im Privatvermögen, im übrigen Teileinkünfteverfahren oder Abgeltungsteuer für Gewinne und Verluste bzw. § 8b KStG

7 Volkswirtschaft

7.1 Preise

7.1.1 Verbraucherpreisindex

Zeit	Harmonisierter Verbraucherpreisindex						nachrichtlich: Verbraucherpreisindex (nationale Abgrenzung)	Baupreisindex	Index der Erzeugerpreise gewerblicher Produkte im Inlandsabsatz[6]	Index der Erzeugerpreise landwirtschaftlicher Produkte[6]	Indizes der Preise im Außenhandel		Index der Weltmarktpreise für Rohstoffe[7]	
	insgesamt[1]	davon[1]:									Ausfuhr	Einfuhr	Energie[8]	sonstige Rohstoffe[9]
		Nahrungsmittel[3]	Industrieerzeugnisse ohne Energie[4]	Energie[4,5]	Dienstleistungen[2,4]	darunter Tatsächliche Mietzahlungen								
2015 = 100														
Indexstand														
2017	102,1	104,0	102,2	97,5	102,5	102,9	102,0	105,3	101,1	108,6	100,7	100,1	99,6	107,1
2018	104,0	106,7	103,0	102,3	104,2	104,6	103,8	110,2	103,7	109,0	101,9	102,7	124,6	106,2
2019	105,5	108,4	104,2	103,7	105,7	106,1	105,3	115,3	104,8	111,5	102,4	101,7	110,0	108,1
2020	10)105,8	10)109,9	10)104,1	10)99,0	10)106,9	107,6	10)105,8	117,0	103,8	11)107,8	101,7	97,3	73,4	111,6
2019 Okt.	103,6	108,6	105,0	103,8	106,9	106,6	106,1		104,4	110,3	102,4	101,0	105,7	107,1
Nov.	105,4	109,0	105,2	103,7	104,9	106,7	105,3	116,4	104,4	112,0	102,4	101,5	110,5	106,9
Dez.	106,0	109,2	105,1	103,6	106,1	106,8	105,8		104,5	114,4	102,5	101,7	112,5	110,4
2020 Jan.	105,1	110,1	104,0	104,9	104,3	107,0	105,2		105,3	113,2	102,7	101,3	107,4	112,2
Febr.	105,7	111,2	104,3	103,9	105,2	107,1	105,6	117,8	104,9	114,2	102,6	100,4	94,3	108,7
März	105,8	111,0	105,2	101,6	105,5	107,3	105,7		104,1	113,7	101,9	96,9	61,3	104,9

Harmonisierter Verbraucherpreisindex

Zeit	insgesamt²	davon¹ Nahrungsmittel³	Industrieerzeugnisse ohne Energie³	Energie⁴ ⁵	Dienstleistungen²,⁴	darunter Tatsächliche Mietzahlungen	nachrichtlich: Verbraucherpreisindex (nationale Abgrenzung)	Baupreisindex	Index der Erzeugerpreise gewerblicher Produkte im Inlandsabsatz²	Index der Erzeugerpreise landwirtschaftlicher Produkte⁶	Indizes der Preise im Außenhandel Ausfuhr	Einfuhr	Index der Weltmarktpreise für Rohstoffe⁷ Energie⁸	sonstige Rohstoffe⁹
2015 = 100														
April	106.2	112.2	105.4	98.6	106.7	107.4	106.1		103.4	112.7	101.5	95.2	49.7	101.0
Mai	106.2	112.5	105.4	97.4	106.7	107.5	106.0	118.3	103.0	109.2	101.3	95.5	55.5	102.1
Juni	106.9	112.7	104.8	98.7	108.1	107.6	106.6		103.0	110.0	101.3	96.1	65.2	105.1
Juli	10) 106.4	10) 110.2	10) 102.5	10) 98.0	10) 109.4	107.7	10) 106.1		103.2	107.5	101.3	96.4	68.3	107.5
Aug.	10) 106.2	10) 110.1	10) 102.6	10) 97.6	10) 109.0	107.8	10) 106.0	10) 115.7	103.2	104.8	101.2	96.5	71.2	111.7
Sept.	10) 105.8	10) 109.9	10) 103.6	10) 96.9	10) 108.0	107.8	10) 105.8		103.6	103.3	11) 101.3	96.8	70.4	117.9
Okt.	10) 105.8	10) 110.2	10) 103.9	10) 97.0	10) 107.6	108.0	10) 105.9		103.7	103.7	101.4	97.1	73.4	118.9
Nov.	10) 104.7	10) 110.3	10) 104.0	10) 96.0	10) 105.5	108.1	10) 105.0	10) 116.0	103.9	103.8	101.8	97.6	77.8	120.4
Dez.	10) 105.3	10) 109.9	10) 103.4	10) 97.4	10) 106.9	108.2	10) 105.5		104.7	104.0	101.9	98.2	86.6	128.9
2021 Jan.	106.8	112.3	105.1	102.6	106.9	108.4	106.3		106.2	106.6	102.8	100.1	99.1	140.0
Febr.	107.4	113.0	105.5	104.1	107.3	108.5	107.0	121.2	106.9	108.8	103.3	101.8	104.7	143.4
März	107.9	113.1	105.7	106.2	107.6	108.5	107.5		107.9	113.8	104.1	103.6	109.1	150.1
April	108.4	114.5	105.8	106.1	108.3	108.7	108.2		108.8	115.7	104.9	105.0	110.8	154.5
Mai	108.7	114.2	106.3	106.7	108.7	108.9	108.7	125.1	110.4	118.3	105.6	106.8	118.9	169.0
Juni	109.1	114.1	106.5	107.6	109.1	108.9	109.1		111.8	117.5	106.4	108.5	129.4	166.3
Juli	10) 109.7	10) 114.4	10) 106.4	10) 109.0	10) 110.2	109.1	10) 110.1		113.9	117.2	107.7	110.9	141.9	165.9
Aug.	10) 109.8	10) 114.4	10) 106.5	10) 109.4	10) 110.3	109.2	10) 110.1		115.6				147.1	156.7

Harmonisierter Verbraucherpreisindex

2015 = 100

Veränderungen gegenüber Vorjahr in %

Zeit	insgesamt[2]	davon[1] Nahrungsmittel[3]	Industrieerzeugnisse ohne Energie[4]	Energie[4,5]	Dienstleistungen[2,4]	darunter Tatsächliche Mietzahlungen	nachrichtlich: Verbraucherpreisindex (nationale Abgrenzung)	Baupreisindex	Index der Erzeugerpreise gewerblicher Produkte im Inlandsabsatz[6]	Index der Erzeugerpreise landwirtschaftlicher Produkte[6]	Ausfuhr	Einfuhr	Energie[8]	sonstige Rohstoffe[9]
2017	+ 1,7	+ 2,7	+ 1,2	+ 3,1	+ 1,4	+ 1,7	+ 1,5	+ 3,3	+ 2,7	+10,0	+ 1,7	+ 3,5	+19,7	+ 8,8
2018	+ 1,9	+ 2,6	+ 0,8	+ 4,9	+ 1,6	+ 1,6	+ 1,8	+ 4,7	+ 2,6	+ 0,4	+ 1,2	+ 2,6	+25,1	− 0,8
2019	+ 1,4	+ 1,6	+ 1,1	+ 1,4	+ 1,5	+ 1,5	+ 1,4	+ 4,7	+ 1,1	+ 2,3	+ 0,5	− 1,0	−11,7	+ 1,8
2020	10) + 0,4	10) + 2,3	10) − 0,1	10) − 4,5	10) + 1,2	+ 1,4	10) + 0,5	10) + 1,4	− 1,0	10) − 3,3	− 0,7	− 4,3	−33,3	+ 3,2
2019 Okt.	+ 0,9	+ 1,4	+ 0,9	− 2,2	+ 1,3	+ 1,5	+ 1,1		− 0,6	− 0,9	− 0,2	− 3,5	−27,0	+ 1,5
Nov.	+ 1,2	+ 1,9	+ 1,1	− 4,0	+ 2,4	+ 1,5	+ 1,1	+ 3,9	− 0,7	+ 0,4	− 0,1	− 2,1	−10,7	+ 1,6
Dez.	+ 1,5	+ 2,1	+ 1,3	+ 0,1	+ 2,0	+ 1,5	+ 1,5		− 0,2	+ 2,6	+ 0,4	− 0,7	+ 1,0	+ 7,0
2020 Jan.	+ 1,6	+ 2,5	+ 1,1	+ 3,3	+ 1,4	+ 1,5	+ 1,7		+ 0,2	+ 1,6	+ 0,5	− 0,9	− 4,4	+ 7,5
Febr.	+ 1,7	+ 3,1	+ 0,9	+ 2,2	+ 1,5	+ 1,4	+ 1,7	+ 3,3	− 0,1	+ 2,0	+ 0,3	− 2,0	−17,5	− 0,6
März	+ 1,3	+ 3,1	+ 1,3	− 0,8	+ 1,3	+ 1,5	+ 1,4		− 0,8	+ 0,4	− 0,5	− 5,5	−46,8	− 3,1
April	+ 0,8	+ 4,0	+ 0,8	− 5,6	+ 1,3	+ 1,5	+ 0,9		− 1,9	− 2,5	− 1,1	− 7,4	−58,3	− 7,2
Mai	+ 0,5	+ 3,9	+ 0,8	− 8,2	+ 1,3	+ 1,5	+ 0,6	+ 2,9	− 2,2	− 5,6	− 1,2	− 7,0	−52,4	− 4,2
Juni	+ 0,8	+ 4,0	+ 0,7	− 5,9	+ 1,4	+ 1,4	+ 0,9		− 1,8	− 4,4	− 1,0	− 5,1	−36,6	− 3,2
Juli	10) ± 0,0	10) + 1,4	10) + 0,4	10) − 6,4	10) + 1,4	+ 1,4	10) ± 0,0		− 1,7	− 5,9	− 1,1	− 4,6	−35,4	− 4,9
Aug.	10) − 0,1	10) + 1,2	10) − 0,8	10) − 6,0	10) + 1,4	+ 1,4	10) ± 0,0		− 1,2	− 6,8	− 1,1	− 4,0	−28,9	+ 5,4
Sept.	10) − 0,4	10) + 1,0	10) − 1,1	10) − 6,6	10) + 1,0	+ 1,3	10) − 0,2		− 1,0	11) − 6,0	− 1,1	− 4,3	−33,5	+ 9,7
Okt.	10) − 0,5	10) + 1,5	10) − 1,0	10) − 6,6	10) + 0,7	+ 1,3	10) − 0,2		− 0,7	− 6,0	− 1,0	− 3,9	−30,6	+11,0

Indizes der Preise im Außenhandel

Index der Weltmarktpreise für Rohstoffe[7]

Harmonisierter Verbraucherpreisindex

2015 = 100

Zeit	ins-gesamt[2]	Nahrungs-mittel[3]	Industrie-erzeugnisse ohne Energie[4]	Energie[4][5]	Dienst-leistungen[2][4]	darunter: Tatsächliche Miet-zahlungen	nachrichtlich: Verbraucher-preisindex (nationale Abgrenzung)	Bau-preis-index	Index der Erzeuger-preise gewerblicher Produkte im Inlandsabsatz[6]	Index der Erzeuger-preise landwirt-schaftlicher Produkte[6]	Ausfuhr	Einfuhr	Energie[8]	sonstige Roh-stoffe[9]
2015 = 100														
Nov.	[10] − 0,7	[10] + 1,2	[10] − 1,1	[10] − 7,4	[10] + 0,6	+ 1,3	[10] − 0,3	[10] − 0,3	− 0,5	− 7,3	− 0,6	− 3,8	− 29,6	+ 12,6
Dez.	[10] − 0,7	[10] + 0,6	[10] − 1,6	[10] − 6,0	[10] + 0,8	+ 1,3	[10] − 0,3		+ 0,2	− 9,1	− 0,6	− 3,4	− 23,0	+ 16,8
2021 Jan.	+ 1,6	+ 2,0	+ 1,1	− 2,2	+ 2,5	+ 1,3	+ 1,0		+ 0,9	− 5,8	+ 0,1	− 1,2	− 7,7	+ 24,8
Febr.	+ 1,6	+ 1,6	+ 1,2	+ 0,2	+ 2,0	+ 1,3	+ 1,3	+ 2,9	+ 1,9	− 4,7	+ 0,7	− 1,4	+ 11,0	+ 31,9
März	+ 2,0	+ 1,9	+ 0,5	+ 4,5	+ 2,0	+ 1,2	+ 1,7		+ 3,7	+ 0,1	+ 2,2	+ 6,9	+ 78,0	+ 43,1
April	+ 2,1	+ 2,0	+ 0,4	+ 7,6	+ 1,5	+ 1,2	+ 2,0		+ 5,2	+ 2,7	+ 3,3	+ 10,3	+ 122,9	+ 53,0
Mai	+ 2,4	+ 1,5	+ 0,9	+ 9,5	+ 1,9	+ 1,3	+ 2,5	+ 5,7	+ 7,2	+ 8,3	+ 4,2	+ 11,8	+ 114,2	+ 65,5
Juni	+ 2,1	+ 1,2	+ 1,6	+ 9,0	+ 0,9	+ 1,2	+ 2,3		+ 8,5	+ 6,8	+ 5,0	+ 12,9	+ 98,5	+ 58,2
Juli	[10] + 3,1	[10] + 3,8	[10] + 3,8	[10] + 11,2	[10] + 0,7	+ 1,3	[10] + 3,8		+ 10,4	+ 9,0	+ 5,0	+ 15,0	+ 107,8	+ 54,3
Aug.	[10] + 3,4	[10] + 3,9	[10] + 3,8	[10] + 12,1	[10] + 1,2	+ 1,3	[10] + 3,9		+ 12,0		+ 6,3	+ 15,0	+ 106,6	+ 40,3

Quellen: Eurostat; Statistisches Bundesamt bzw. eigene Berechnung unter Verwendung von Angaben des Statistischen Bundesamts; für den Index der Weltmarktpreise für Rohstoffe: HWWI. – [1] Die Abweichungen zu den amtlichen Werten sind rundungsbedingt. – [2] Ab 2015 methodische Änderungen bei der Erhebung der Preise von Pauschalreisen mit Auswirkungen bis Reihenbeginn. – [3] Einschließlich alkoholischer Getränke und Tabakwaren. – [4] Ab 2017 revidiert aufgrund der Berechnung auf Basis von 5-Stellern nach European Classification of Individual Consumption by Purpose (ECOICOP). – [5] Strom, Gas und andere Brennstoffe sowie Kraft- und Schmierstoffe, ab Januar 2017 ohne Schmierstoffe. – [6] Ohne Umsatzsteuer. – [7] HWWI-Rohstoffpreisindex Euroraum auf Euro-Basis. – [8] Kohle, Rohöl (Brent) und Erdgas. – [9] Nahrungs- und Genussmittel sowie Industrierohstoffe. – [10] Beeinflusst durch eine befristete Mehrwertsteuersenkung von Juli bis Dezember 2020. – [11] Ab September 2020 vorläufig.

Quelle: Monatsbericht der Deutschen Bundesbank, 73. Jahrgang Nr. 9/2021, S. 71*.

7.1.2 Wiederherstellungswerte für Wohngebäude, Basisjahre 1913/1914
(einschließlich Umsatzsteuer)

Jahr	1913	1914	1914[1]	Jahr	1913	1914	1914[1]
1913 D	1,000 M	0,936 M	0,479 €	1967 D	5,299 DM	4,962 DM	2,537 €
1914 D	1,068 M	1,000 M	0,511 €	1968 D	5,524 DM	5,172 DM	2,644 €
1915 D	1,197 M	1,121 M	0,573 €	1969 D	5,840 DM	5,468 DM	2,796 €
1916 D	1,320 M	1,236 M	0,632 €	1970 D	6,803 DM	6,369 DM	3,256 €
1917 D	1,639 M	1,535 M	0,784 €	1971 D	7,505 DM	7,027 DM	3,593 €
1918 D	2,272 M	2,127 M	1,088 €	1972 D	8,012 DM	7,502 DM	3,836 €
1919 D	3,735 M	3,497 M	1,788 €	1973 D	8,600 DM	8,053 DM	4,117 €
1920 D	10,680 M	10,000 M	5,113 €	1974 D	9,226 DM	8,639 DM	4,417 €
1921 D[2]	18,030 M	16,880 M	8,631 €	1975 D	9,446 DM	8,844 DM	4,522 €
1926 D	1,653 RM	1,548 RM	0,791 €	1976 D	9,771 DM	9,150 DM	4,678 €
1927 D	1,673 RM	1,567 RM	0,801 €	1977 D	10,245 DM	9,593 DM	4,905 €
1928 D	1,748 RM	1,637 RM	0,837 €	1978 D	10,878 DM	10,186 DM	5,208 €
1929 D	1,776 RM	1,662 RM	0,850 €	1979 D	11,833 DM	11,080 DM	5,665 €
1930 D	1,701 RM	1,592 RM	0,814 €	1980 D	13,097 DM	12,263 DM	6,270 €
1931 D	1,558 RM	1,459 RM	0,746 €	1981 D	13,863 DM	12,981 DM	6,637 €
1932 D	1,320 RM	1,236 RM	0,632 €	1982 D	14,263 DM	13,355 DM	6,828 €
1933 D	1,252 RM	1,172 RM	0,599 €	1983 D	14,564 DM	13,637 DM	6,972 €
1934 D	1,313 RM	1,229 RM	0,628 €	1984 D	14,924 DM	13,974 DM	7,145 €
1935 D	1,313 RM	1,229 RM	0,628 €	1985 D	14,987 DM	14,033 DM	7,175 €
1936 D	1,313 RM	1,229 RM	0,628 €	1986 D	15,193 DM	14,226 DM	7,274 €
1937 D	1,340 RM	1,255 RM	0,642 €	1987 D	15,482 DM	14,496 DM	7,412 €
1938 D	1,354 RM	1,268 RM	0,648 €	1988 D	15,811 DM	14,805 DM	7,570 €
1939 D	1,374 RM	1,287 RM	0,658 €	1989 D	16,389 DM	15,345 DM	7,846 €
1940 D	1,395 RM	1,306 RM	0,670 €	1990 D	17,445 DM	16,334 DM	8,351 €
1941 D	1,463 RM	1,369 RM	0,700 €	1991 D	18,656 DM	17,469 DM	8,932 €
1942 D	1,585 RM	1,484 RM	0,759 €	1992 D	19,850 DM	18,587 DM	9,503 €
1943 D	1,619 RM	1,516 RM	0,775 €	1993 D	20,830 DM	19,504 DM	9,972 €
1944 D	1,653 RM	1,548 RM	0,791 €	1994 D	21,329 DM	19,971 DM	10,211 €
1945 D	1,707 RM	1,599 RM	0,818 €	1995 D	21,829 DM	20,440 DM	10,451 €
1946 D	1,823 RM	1,707 RM	0,873 €	1996 D	21,791 DM	20,405 DM	10,433 €
1947 D	2,129 RM	1,994 RM	1,020 €	1997 D	21,627 DM	20,452 DM	10,457 €
1948 D	2,810 RM	2,631 RM	1,345 €	1998 D	21,551 DM	20,181 DM	10,318 €
1949 D	2,626 DM	2,459 DM	1,257 €	1999 D	21,474 DM	20,108 DM	10,281 €
1950 D	2,503 DM	2,344 DM	1,198 €	2000 D	21,545 DM	20,174 DM	10,315 €
1951 D	2,898 DM	2,713 DM	1,387 €	2001 D	21,529 DM	20,159 DM	10,307 €
1952 D	3,088 DM	2,892 DM	1,479 €	2002 D	21,518 DM	20,149 DM	10,302 €
1953 D	2,986 DM	2,796 DM	1,430 €	2003 D	21,529 DM	20,159 DM	10,307 €
1954 D	3,000 DM	2,809 DM	1,436 €	2004 D	21,809 DM	20,422 DM	10,442 €
1955 D	3,163 DM	2,962 DM	1,514 €	2005 D[3]	22,003 DM	20,603 DM	10,534 €
1956 D	*3,245 DM*	*3,038 DM*	*1,553 €*	2006 D	22,421 DM	20,995 DM	10,735 €
1957 D	3,361 DM	3,146 DM	1,609 €	2007 D	23,917 DM	22,395 DM	11,451 €
1958 D	3,469 DM	3,248 DM	1,661 €	2008 D	24,599 DM	23,034 DM	11,777 €
1959 D	3,653 DM	3,420 DM	1,749 €	2009 D	24,808 DM	23,230 DM	11,877 €
1960 D	3,925 DM	3,675 DM	1,879 €	2010 D	25,064 DM	23,469 DM	11,999 €
1961 D	4,224 DM	3,955 DM	2,022 €	2011 D	25,753 DM	24,114 DM	12,329 €
1962 D	4,571 DM	4,280 DM	2,188 €	2012 D	26,411 DM	24,730 DM	12,644 €
1963 D	4,810 DM	4,503 DM	2,302 €	2013 D	26,950 DM	25,235 DM	12,902 €
1964 D	5,034 DM	4,713 DM	2,410 €	2014 D	27,413 DM	25,669 DM	13,124 €
1965 D	5,245 DM	4,911 DM	2,511 €	2015 D	27,852 DM	26,080 DM	13,334 €
1966 D	5,415 DM	5,070 DM	2,592 €	2016 D	28,416 DM	26,608 DM	13,604 €

Fußnoten siehe nächste Seite

Jahr	1913	1914	1914[1]	Jahr	1913	1914	1914[1]
				2017 D	29,262 DM	27,400 DM	14,009 €
				2018 D	30,580 DM	28,634 DM	14,640 €
				2019 D	31,902 DM	29,872 DM	15,273 €
				2020 D	32,396 DM	30,334 DM	15,510 €
				2021 Feb	33,620 DM	31,481 DM	16,096 €
				2021 Mai	34,845 DM	32,627 DM	16,682 €

[1] In dieser Spalte sind die durch 1,95583 dividierten Wiederherstellungswerte vom Statist. Bundesamt, Basisjahr 1914 (M, RM, DM) in € abgebildet. Die Werte dieser Spalte können im Muster 2 zur Ermittlung des Neubauwertes 1936 (NBW 36) verwendet werden.

[2] Für 1922 und 1923 wurden wegen der sprunghaften Entwertung der Mark keine Jahresdurchschnitte veröffentlicht.

[3] Ab Berichtsmonat August 2008 neues Basisjahr 2005. Mit dem Berichtsmonat August 2008 verlieren die bisher veröffentlichten Indizes von Februar 2005 bis Mai 2008 ihre Gültigkeit und werden durch die neu berechneten Indizes auf der neuen Basis 2005 = 100 ersetzt. Auch die Wiederherstellungswerte für 1913/1914 erstellte Wohngebäude werden ab Februar 2005 neu berechnet und ersetzen die bisher veröffentlichten Werte ab Februar 2005.

Quelle: http://www.destatis.de

Diese Tabelle erlaubt die Ermittlung von Wiederherstellungswerten für Wohngebäude in DM bzw. Euro aus 1913 bzw. 1914 entstandenen Herstellungskosten in Mark, bzw. umgekehrt die Ermittlung von vergleichbaren Herstellungswerten in Mark für das Jahr 1913 bzw. 1914 aus aktuellen Herstellungswerten in DM bzw. Euro.

7.1.3 Wohnungsmieten

Jahr/Monat	Verbraucher-preisindex insgesamt	Gesamt-index ohne Nettokaltmiete und Nebenkosten	Wohnungsmiete (Nettokaltmiete und Wohnungsnebenkosten)				Wohnungs-nebenkosten
			zusammen	Nettokaltmiete			
				zusammen	davon		
					Wohnung, gebaut bis 1948	Wohnung, gebaut ab 1949 und EFH	
Gewichtung in ‰	1000	767,25	232,75	196,32	47,14	149,18	36,43
				2015 = 100			
2018 JD	103,8	103,7	104,0	104,1	104,0	104,1	103,4
2019 JD	105,3	105,2	105,5	105,6	105,4	105,6	104,9
2020 JD	105,8	105,5	106,9	107,1	107,0	107,1	106,2
2021 JD							
2020 Januar	105,2	104,8	106,4	106,4	106,3	106,5	106,2
Februar	105,6	105,4	106,5	106,6	106,5	106,6	106,3
März	105,7	105,4	106,7	106,7	106,6	106,8	106,3
April	106,1	105,8	106,8	106,8	106,6	106,9	106,4
Mai	106,0	105,7	106,9	106,9	106,8	107,0	106,4
Juni	106,6	106,5	107,0	107,0	107,0	107,1	106,5
Juli	106,1	105,9	106,9	107,1	107,1	107,1	106,0
August	106,0	105,7	107,0	107,2	107,2	107,2	105,9
September	105,8	105,4	107,1	107,3	107,3	107,3	106,0
Oktober	105,9	105,5	107,2	107,5	107,4	107,5	106,0
November	105,0	104,3	107,3	107,6	107,5	107,6	106,1
Dezember	105,5	105,0	107,4	107,6	107,6	107,6	106,2

Jahr/Monat	Verbraucher-preisindex insgesamt	Gesamt-index ohne Nettokaltmiete und Nebenkosten	Wohnungsmiete (Nettokaltmiete und Wohnungsnebenkosten)				
				Nettokaltmiete			Wohnungs-nebenkosten
					davon		
			zusammen	zusammen	Wohnung, gebaut bis 1948	Wohnung, gebaut ab 1949 und EFH	
2021 Januar	106,3	105,8	107,9	107,8	107,8	107,8	108,1
Februar	107,0	106,7	108,0	108,0	107,9	108,0	108,2
März	107,5	107,3	108,1	108,1	108,0	108,2	108,3
April	108,2	108,2	108,3	108,2	108,1	108,3	108,5
Mai	108,7	108,8	108,4	108,4	108,3	108,4	108,6
Juni	109,1	109,3	108,5	108,5	108,4	108,5	108,7
Juli	110,1	110,5	108,6	108,6	108,5	108,6	108,8
August	110,1	110,5	108,7	108,7	108,7	108,7	108,8
September							
Oktober							
November							
Dezember							

Quelle: Statistisches Bundesamt, Wiesbaden, Fachserie 17, Reihe 7, 8/2021.

7.1.4 Einkommen der privaten Haushalte

Zeit	Bruttolöhne und -gehälter[1]		Nettolöhne und -gehälter[2]		Empfangene monetäre Sozialleistungen[3]		Masseneinkommen[4]		Verfügbares Einkommen[5]		Sparen[6]		Sparquote[7]
	Mrd. €	Veränderung gegen Vorjahr %	Mrd. €	Veränderung gegen Vorjahr %	Mrd. €	Veränderung gegen Vorjahr %	Mrd. €	Veränderung gegen Vorjahr %	Mrd. €	Veränderung gegen Vorjahr %	Mrd. €	Veränderung gegen Vorjahr %	%
2013	1 186,3	3,2	799,4	3,0	383,9	1,9	1 183,2	2,6	1 690,8	1,3	157,1	− 2,5	9,3
2014	1 234,2	4,0	830,5	3,9	394,0	2,6	1 224,5	3,5	1 734,5	2,6	170,6	8,6	9,8
2015	1 285,5	4,2	863,3	4,0	410,5	4,2	1 273,8	4,0	1 782,3	2,8	179,4	5,1	10,1
2016	1 337,4	4,0	896,3	3,8	426,2	3,8	1 322,5	3,8	1 841,5	3,3	187,8	4,7	10,2
2017	1 395,4	4,3	932,5	4,0	441,8	3,6	1 374,3	3,9	1 905,2	3,5	202,8	8,0	10,6
2018	1 462,6	4,8	976,3	4,7	454,3	2,8	1 430,6	4,1	1 975,8	3,7	223,7	10,3	11,3
2019	1 524,1	4,2	1 022,0	4,7	474,4	4,4	1 496,4	4,6	2 021,6	2,3	218,7	− 2,2	10,8
2020	1 514,1	− 0,7	1 021,3	− 0,1	518,8	9,4	1 540,1	2,9	2 035,1	0,7	327,1	49,6	16,1
2020 1. Vj.	366,2	2,9	246,4	2,9	125,0	5,5	371,4	3,8	520,4	3,8	84,2	15,7	16,2
2. Vj.	355,9	− 4,4	234,8	− 3,8	130,4	11,3	365,2	1,1	491,7	1,1	97,4	92,3	19,8
3. Vj.	374,1	− 1,2	258,1	− 0,6	132,0	10,2	390,1	2,8	508,1	0,7	66,5	44,4	13,1
4. Vj.	417,9	0,1	282,1	1,1	131,3	10,4	413,3	3,9	514,9	0,7	78,9	60,6	15,3
2021 1. Vj.	362,0	− 1,1	245,1	− 0,5	136,7	9,4	381,8	2,8	517,5	− 0,6	113,7	35,1	22,0
2021 2. Vj.	375,2	5,4	250,0	6,5	135,2	3,6	385,1	5,5	508,3	3,4	82,6	− 15,2	16,3

Fußnoten siehe nächste Seite.

Quelle: Statistisches Bundesamt; Rechenstand: August 2021. — * Private Haushalte einschl. private Organisationen ohne Erwerbszweck. — 1 Inländerkonzept. — 2 Nach Abzug der von den Bruttolöhnen und -gehältern zu entrichtenden Lohnsteuer sowie den Sozialbeiträgen der Arbeitnehmer. — 3 Geldleistungen der Sozialversicherungen, Gebietskörperschaften und des Auslands, Pensionen (netto), Sozialleistungen aus privaten Sicherungssystemen, abzüglich Sozialabgaben auf Sozialleistungen, verbrauchsnahe Steuern und staatliche Gebühren. — 4 Nettolöhne und -gehälter zuzüglich empfangene monetäre Sozialleistungen. — 5 Masseneinkommen zuzüglich Betriebsüberschuss, Selbständigeneinkommen, Vermögenseinkommen (netto), übrige empfangene laufende Transfers, Einkommen der privaten Organisationen ohne Erwerbszweck, abzüglich Steuern (ohne Lohnsteuer und verbrauchsnahe Steuern) und übriger geleisteter laufender Transfers. Einschl. der Zunahme betrieblicher Versorgungsansprüche. — 6 Einschl. der Zunahme betrieblicher Versorgungsansprüche. — 7 Sparen in % des verfügbaren Einkommens.

Quelle: Monatsbericht der Deutschen Bundesbank, 73. Jahrgang Nr.9/2021, S.72*.

7.1.5 Tarifverdienste in der Gesamtwirtschaft

Zeit	Tariflohnindex[1]								nachrichtlich:	
	auf Stundenbasis		auf Monatsbasis						Löhne und Gehälter je Arbeitnehmer[3]	
			insgesamt		insgesamt ohne Einmalzahlungen[2]		Grundvergütungen[2]			
	2015 = 100	% gegen Vorjahr	2015 = 100	% gegen Vorjahr	2015 = 100	% gegen Vorjahr	2015 = 100	% gegen Vorjahr	2015 = 100	% gegen Vorjahr
2013	94,8	2,5	95,0	2,5	95,0	2,5	95,0	2,5	94,4	2,2
2014	97,7	3,1	97,8	2,9	97,7	2,8	97,7	2,8	97,2	2,9
2015	100,0	2,3	100,0	2,3	100,0	2,3	100,0	2,4	100,0	2,9
2016	102,1	2,1	102,1	2,1	102,1	2,1	102,2	2,2	102,5	2,5
2017	104,2	2,1	104,2	2,0	104,3	2,1	104,5	2,3	105,1	2,6
2018	107,1	2,8	107,1	2,8	107,0	2,6	107,3	2,7	108,5	3,2
2019	110,2	2,9	110,2	2,9	109,7	2,5	110,0	2,5	111,7	3,0
2020	112,6	2,2	112,6	2,2	111,9	2,0	112,2	2,0	111,5	– 0,1

Zeit	Tariflohnindex[1]									nachrichtlich: Löhne und Gehälter je Arbeitnehmer[3]	
	auf Stundenbasis		auf Monatsbasis								
			insgesamt		insgesamt ohne Einmalzahlungen		Grundvergütungen[2]				
	2015 = 100	% gegen Vorjahr	2015 = 100	% gegen Vorjahr	2015 = 100	% gegen Vorjahr	2015 = 100	% gegen Vorjahr		2015 = 100	% gegen Vorjahr
2020 1. Vj.	104,2	2,4	104,2	2,4	104,2	2,4	111,6	2,4		107,3	2,1
2. Vj.	105,0	2,0	105,0	1,9	105,1	2,2	112,1	2,1		105,4	− 3,5
3. Vj.	116,2	1,8	116,2	1,8	114,4	1,8	112,5	1,8		110,7	− 0,2
4. Vj.	125,0	2,7	125,0	2,7	124,0	1,8	112,6	1,8		122,8	1,2
2021 1. Vj.	105,8	1,5	105,7	1,5	105,8	1,5	113,3	1,5		107,5	0,1
2. Vj.	107,4	2,3	107,3	2,3	106,5	1,4	113,8	1,5		110,8	5,2
2021 Jan.	105,7	1,5	105,7	1,5	105,8	1,6	113,3	1,6		...	...
Febr.	105,7	1,4	105,7	1,4	105,8	1,5	113,3	1,5		...	...
März	105,8	1,4	105,8	1,4	105,9	1,4	113,4	1,4		...	...
April	106,8	1,8	106,8	1,8	106,8	1,6	113,8	1,6		...	...
Mai	106,4	1,1	106,4	1,1	106,5	1,1	113,8	1,5		...	...
Juni	108,9	4,0	108,9	4,0	106,3	1,4	113,8	1,4		...	...
Juli	138,3	− 0,2	138,3	− 0,2	134,8	1,1	113,9	1,3		...	...

[1] Aktuelle Angaben werden in der Regel noch aufgrund von Nachmeldungen korrigiert. − [2] Ohne Einmalzahlungen sowie ohne Nebenvereinbarungen (VermL, Sonderzahlungen z.B. Jahresgratifikation, Urlaubsgeld, Weihnachtsgeld [13.ME] und Altersvorsorgeleistungen). − [3] Quelle: Statistisches Bundesamt; Rechenstand: August 2021.

Quelle: Monatsbericht der Deutschen Bundesbank, 73. Jahrgang Nr. 9/2021, S. 72*.

7.2   Zinssätze und Aktienkurse
7.2.1   Kurzfristige Zinssätze
7.2.1.1   Basiszinssätze

Gültig ab		Basiszinssatz gemäß BGB[1]
2009	1. Januar	1,62 %
	1. Juli	0,12 %
2011	1. Juli	0,37 %
2012	1. Januar	0,12 %
2013	1. Januar	− 0,13 %
	1. Juli	− 0,38 %
2014	1. Januar	− 0,63 %
	1. Juli	− 0,73 %
2015	1. Januar	− 0,83 %
2016	1. Juli	− 0,88 %

7.2.1.2   Andere EZB-Zinssätze

Gültig ab		Einlage-fazilität	Hauptrefinanzie-rungsgeschäfte		Spitzen-refinanzierungs-fazilität
			Festsatz	Mindest-bietungs-satz	
2005	6. Dezember	1,25	−	2,25	3,25
2006	8. März	1,50	−	2,50	3,50
	15. Juni	1,75	−	2,75	3,75
	9. August	2,00	−	3,00	4,00
	11. Oktober	2,25	−	3,25	4,25
	13. Dezember	2,50	−	3,50	4,50
2007	14. März	2,75	−	3,75	4,75
	13. Juni	3,00	−	4,00	5,00
2008	9. Juli	3,25	−	4,25	5,25
	8. Oktober	2,75	−	3,75	4,75
	9. Oktober	3,25	3,75	−	4,25
	12. November	2,75	3,25	−	3,75
	10. Dezember	2,00	2,50	−	3,00

Gültig ab	Einlage-fazilität	Hauptrefinanzie-rungsgeschäfte		Spitzen-refinanzierungs-fazilität
		Festsatz	Mindest-bietungs-satz	
2009 21. Januar	1,00	2,00	–	3,00
11. März	0,50	1,50	–	2,50
8. April	0,25	1,25	–	2,25
13. Mai	0,25	1,00	–	1,75
2011 13. April	0,50	1,25	–	2,00
13. Juli	0,75	1,50	–	2,25
9. November	0,50	1,25	–	2,00
14. Dezember	0,25	1,00	–	1,75
2012 11. Juli	0,00	0,75	–	1,50
2013 8. Mai	0,00	0,50	–	1,00
13. November	0,00	0,25	–	0,75
2014 11. Juni	– 0,10	0,15	–	0,40
10. September	– 0,20	0,05	–	0,30
2015 9. Dezember	– 0,30	0,05	–	0,30
2016 16. März	– 0,40	0,00	–	0,25
2019 18. September	– 0,50	0,00	–	0,25

---

[1] Gemäß § 247 BGB.

Quelle: Monatsbericht der Deutschen Bundesbank, 73. Jahrgang Nr. 9/2021 S. 43*.

7.2.1.3 Geldmarktsätze[1]

(in % p.a.: Durchschnittswerte der Berichtszeiträume)

	Euroraum[2]						Vereinigte Staaten	Japan
	Euro Short-Term Rate (€STR)[3]	Tagesgeld (EONIA)	Einmonatsgeld (EURIBOR)	Dreimonatsgeld (EURIBOR)	Sechsmonatsgeld (EURIBOR)	Zwölfmonatsgeld (EURIBOR)	Dreimonatsgeld (LIBOR)	Dreimonatsgeld (LIBOR)
	1	2	3	4	5	6	7	8
2018	– 0,45	– 0,36	– 0,37	– 0,32	– 0,27	– 0,17	2,31	– 0,05
2019	– 0,48	– 0,39	– 0,40	– 0,36	– 0,30	– 0,22	2,33	– 0,08
2020	– 0,55	– 0,46	– 0,50	– 0,43	– 0,37	– 0,31	0,64	– 0,07
2021 Febr.	– 0,56	– 0,48	– 0,55	– 0,54	– 0,52	– 0,50	0,19	– 0,09
März	– 0,56	– 0,48	– 0,55	– 0,54	– 0,52	– 0,49	0,19	– 0,08
April	– 0,57	– 0,48	– 0,56	– 0,54	– 0,52	– 0,48	0,19	– 0,07
Mai	– 0,56	– 0,48	– 0,56	– 0,54	– 0,51	– 0,48	0,15	– 0,09
Juni	– 0,56	– 0,48	– 0,55	– 0,54	– 0,51	– 0,48	0,13	– 0,09
Juli	– 0,57	– 0,48	– 0,56	– 0,54	– 0,52	– 0,49	0,13	– 0,08
Aug.	– 0,57	– 0,48	– 0,56	– 0,55	– 0,53	– 0,50	0,12	– 0,10

Quellen: Refinitiv und EZB-Berechnungen.

[1] Quelle: Wirtschaftsbericht des Europäischen Zentralbank, Ausgabe 6/2021 – Statistik S3.
[2] Angaben für den Euroraum in seiner jeweiligen Zusammensetzung (siehe Abschnitt „General Notes" im Statistikbericht).
[3] Der €STR (Euro Short-Term Rate) wurde erstmals am 2. Oktober 2019 veröffentlicht und spiegelte an diesem Tag die Handelstätigkeit am 1. Oktober 2019 wider. Angaben zu vorausgegangenen Zeiträumen beziehen sich auf den Pre-€STR. Dieser wurde lediglich zu Informationszwecken veröffentlicht und war nicht als Benchmark oder Referenzsatz für Markttransaktionen gedacht.

7.2.2
7.2.2.1 Mittel- und langfristige Zinssätze
Umlaufrenditen börsennotierter Bundeswertpapiere[1]

Durchschnitts-, Höchst- und Niedrigstwerte in % p.a.

Zeit	Insgesamt			darunter:								
				Restlaufzeit von über 3 bis 5 Jahren			Restlaufzeit von über 5 bis 8 Jahren			Restlaufzeit von über 8 bis 15 Jahren		
	Durchschnittswert	niedrigster Wert[2]	höchster Wert[3]	Durchschnittswert	niedrigster Wert	höchster Wert	Durchschnittswert	niedrigster Wert	höchster Wert	Durchschnittswert	niedrigster Wert	höchster Wert
2005	3,18	2,84	3,52	2,72	2,34	3,08	3,05	2,70	3,40	3,31	2,94	3,73
2006	3,74	3,16	4,05	3,55	2,93	3,91	3,67	3,08	4,00	3,75	3,20	4,09
2007	4,24	3,91	4,70	4,13	3,75	4,63	4,18	3,85	4,67	4,21	3,86	4,68
2008	3,99	2,81	4,78	3,68	2,26	4,78	3,83	2,60	4,72	3,97	2,89	4,67
2009	3,03	2,71	3,40	2,18	1,86	2,54	2,79	2,50	3,22	3,27	2,93	3,68
2010	2,43	1,81	3,11	1,50	1,02	2,25	2,21	1,63	2,92	2,73	2,05	3,38
2011	2,39	1,46	3,26	1,60	0,53	2,56	2,17	1,16	3,10	2,59	1,60	3,46
2012	1,27	0,92	1,72	0,36	0,08	0,78	0,93	0,58	1,43	1,47	1,00	1,96
2013	1,33	0,98	1,67	0,41	0,11	0,74	0,94	0,53	1,37	1,63	1,17	2,07
2014	1,02	0,48	1,65	0,22	-0,06	0,71	0,64	0,14	1,35	1,24	0,55	2,03
2015	0,41	0,05	0,80	-0,12	-0,31	0,07	0,13	-0,12	0,50	0,52	0,06	1,03
2016	0,00	-0,29	0,46	-0,51	-0,70	-0,17	-0,28	-0,53	0,14	0,13	-0,22	0,65
2017	0,17	-0,06	0,37	-0,51	-0,76	-0,31	-0,15	-0,38	0,06	0,35	0,15	0,56
2018	0,29	0,06	0,55	-0,32	-0,55	-0,12	0,04	-0,21	0,33	0,40	0,15	0,75
2019	-0,26	-0,73	0,13	-0,62	-0,98	-0,39	-0,47	-0,91	-0,14	-0,27	-0,75	0,17
2020	-0,49	-0,83	-0,20	-0,72	-1,00	-0,53	-0,64	-0,94	-0,38	-0,49	-0,85	-0,18
2021 Jan.	-0,55	-0,60	-0,51	-0,76	-0,79	-0,72	-0,71	-0,74	-0,67	-0,56	-0,61	-0,50
Febr.	-0,43	-0,54	-0,32	-0,71	-0,77	-0,62	-0,61	-0,71	-0,48	-0,41	-0,54	-0,27
März	-0,37	-0,41	-0,33	-0,69	-0,74	-0,66	-0,56	-0,52	-0,53	-0,32	-0,37	-0,27
April	-0,33	-0,38	-0,27	-0,68	-0,71	-0,64	-0,53	-0,59	-0,48	-0,29	-0,34	-0,22
Mai	-0,23	-0,30	-0,16	-0,62	-0,67	-0,57	-0,45	-0,51	-0,39	-0,18	-0,25	-0,10
Juni	-0,28	-0,33	-0,25	-0,64	-0,69	-0,62	-0,49	-0,55	-0,47	-0,24	-0,30	-0,20
Juli	-0,41	-0,50	-0,28	-0,72	-0,80	-0,63	-0,61	-0,71	-0,49	-0,40	-0,49	-0,25
Aug.	-0,52	-0,56	-0,46	-0,79	-0,83	-0,75	-0,70	-0,75	-0,65	-0,50	-0,54	-0,44

[1] Quelle: Kapitalmarktkennzahlen, Statistische Fachreihe der Deutschen Bundesbank, 9/2021, S. 13. – [2] Historischer Tiefststand: -0,83 am 12. März 2020. – [3] Historischer Höchststand: 11,43 am 7. und 8. September 1981.

7.2.2.2 Renditen und Indizes deutscher Wertpapiere

Zeit	Umlaufsrenditen festverzinslicher Wertpapiere inländischer Emittenten[1]							Indizes[2,3]			
	Anleihen der öffentlichen Hand				Bankschuldverschreibungen		Anleihen von Unternehmen (Nicht-MFIs)	Renten		Aktien	
	insgesamt	zusammen	börsennotierte		zusammen	mit Restlaufzeit über 9 bis 10 Jahre		Deutscher Rentenindex (REX)	iBoxx-€-Deutschland-Kursindex	CDAX-Kursindex	Deutscher Aktienindex (DAX)
			zusammen	mit Restlaufzeit von 9 bis 10 Jahren[4]				Tagesdurchschnittskurs	Ende 1998 = 100	Ende 1987 = 100	Ende 1987 = 1000
	% p. a.										
2009	3,2	3,1	3,0	3,2	3,5	4,0	5,5	123,62	100,12	320,32	5 957,43
2010	2,5	2,4	2,4	2,7	2,7	3,3	4,0	124,96	102,95	368,72	6 914,19
2011	2,6	2,4	2,4	2,6	2,9	3,5	4,3	131,48	109,53	304,60	5 898,35
2012	1,4	1,3	1,3	1,5	1,6	2,1	3,7	135,11	111,18	380,03	7 612,39
2013	1,4	1,3	1,3	1,6	1,3	2,1	3,4	132,11	105,92	466,53	9 552,16
2014	1,0	1,0	1,0	1,2	0,9	1,7	2,9	139,68	114,37	468,39	9 805,55
2015	0,5	0,4	0,4	0,5	0,5	1,2	2,4	139,52	112,42	508,80	10 743,01
2016	0,1	0,0	0,0	0,1	0,3	1,0	2,1	142,50	112,72	526,55	11 481,06
2017	0,3	0,2	0,2	0,3	0,4	0,9	1,7	140,53	109,03	595,45	12 917,64
2018	0,4	0,3	0,3	0,4	0,6	1,0	2,5	141,84	109,71	474,85	10 558,96
2019	− 0,1	− 0,2	− 0,3	− 0,3	0,1	0,3	2,5	143,72	111,32	575,80	13 249,01
2020	− 0,2	− 0,4	− 0,5	− 0,5	− 0,0	0,1	1,7	146,15	113,14	586,72	13 718,78

Zeit	Umlaufsrenditen festverzinslicher Wertpapiere inländischer Emittenten[1]							Indizes[2,3]			
	Anleihen der öffentlichen Hand				Bankschuldverschreibungen		Anleihen von Unternehmen (Nicht-MFIs)	Renten		Aktien	
			börsennotierte					Deutscher Rentenindex (REX)	iBoxx-€-Deutschland-Kursindex	CDAX-Kursindex	Deutscher Aktienindex (DAX)
	insgesamt	zusammen	zusammen	mit Restlaufzeit von 9 bis 10 Jahren[4]	zusammen	mit Restlaufzeit über 9 bis 10 Jahre		Tagesdurchschnittskurs	Ende 1998 = 100	Ende 1987 = 100	Ende 1987 = 1 000
	% p. a.										
2021 März	− 0,1	− 0,3	− 0,4	− 0,4	− 0,1	0,1	0,9	144,70	109,88	633,92	15 008,34
April	− 0,1	− 0,2	− 0,3	− 0,3	− 0,1	0,2	0,9	144,29	109,11	638,17	15 135,91
Mai	− 0,0	− 0,2	− 0,2	− 0,2	− 0,0	0,3	0,9	144,19	108,88	642,41	15 421,13
Juni	− 0,0	− 0,2	− 0,3	− 0,3	− 0,0	0,2	1,0	144,74	109,42	648,99	15 531,04
Juli	− 0,2	− 0,3	− 0,4	− 0,5	− 0,1	0,1	0,9	146,34	111,03	650,36	15 544,39
Aug.	− 0,3	− 0,4	− 0,5	− 0,5	− 0,2	− 0,0	0,7	145,90	110,25	662,93	15 835,09

[1] Inhaberschuldverschreibungen mit einer längsten Laufzeit gemäß Emissionsbedingungen von über 4 Jahren. Außer Betracht bleiben strukturierte Produkte, Schuldverschreibungen mit nicht gesamtfälliger Tilgung, Null-Kupon-Anleihen, variabel verzinsliche Anleihen und nicht auf Euro lautende Anleihen. Die Gruppenrenditen für die Wertpapierarten sind gewogen mit den Umlaufsbeträgen der in die Berechnung einbezogenen Schuldverschreibungen. Die Monatszahlen werden aus den Renditen aller Geschäftstage eines Monats errechnet. Die Jahreszahlen sind ungewogene Mittel der Monatszahlen. Anpassung des Kreises der einbezogenen Papiere zum 1.5.2020. – [2] Stand am Jahres- bzw. Monatsende. – [3] Quelle: Deutsche Börse AG. – [4] Einbezogen sind nur futurefähige Anleihen; als ungewogener Durchschnitt ermittelt.

Quelle: Monatsberichte der Deutschen Bundesbank, 73. Jahrgang Nr. 9/2021, S. 53*.

7.2.3   Ausländische Zinssätze
7.2.3.1   Notenbankzinsen im Ausland

Land	Aktueller Zinssatz	
	% p.a.	gültig ab
1. EU-Länder		
Dänemark	− 0,35	11. 3. 2021
Großbritannien	0,10	19. 3. 2020
Polen	0,10	28. 5. 2020
Tschechische Rep.	0,75	5. 8. 2021
Schweden	0,00	19. 12. 2019
Ungarn	1,50	21. 9. 2021
2. Schweiz	− 0,75	15. 1. 2015
3. Außereuropäische Länder		
Australien	0,10	3. 11. 2020
China	3,85	20. 4. 2020
Japan	− 0,10	1. 2. 2016
Kanada	0,25	27. 3. 2020
Vereinigte Staaten	0,25	15. 3. 2020

Quelle: Notenbank der jeweiligen Länder.

7.2.3.2 Zinsstrukturkurven des Euro-Währungsgebietes

Stand am Ende des Berichtszeitraums; Sätze in % p.a.; Spreads in Prozentpunkten.

	Kassazinssätze Euroraum [1,2]					Spreads			Momentane (implizite) Terminzinssätze Euroraum [1,2]			
	3 Monate	1 Jahr	2 Jahre	5 Jahre	10 Jahre	Euroraum [1,2] 10 Jahre −1 Jahr	Vereinigte Staaten 10 Jahre −1 Jahr	Vereinigtes Königreich 10 Jahre −1 Jahr	1 Jahr	2 Jahre	5 Jahre	10 Jahre
	1	2	3	4	5	6	7	8	9	10	11	12
2018	−0,80	−0,75	−0,66	−0,26	0,32	1,07	0,08	0,51	−0,67	−0,45	0,44	1,17
2019	−0,68	−0,66	−0,62	−0,45	−0,14	0,52	0,34	0,24	−0,62	−0,52	−0,13	0,41
2020	−0,75	−0,76	−0,77	−0,72	−0,57	0,19	0,80	0,32	−0,77	−0,77	−0,60	−0,24
2021 Febr.	−0,61	−0,65	−0,67	−0,55	−0,25	0,41	1,33	0,78	−0,69	−0,66	−0,26	0,32
März	−0,64	−0,69	−0,72	−0,62	−0,28	0,41	1,68	0,82	−0,75	−0,73	−0,32	0,37
April	−0,63	−0,68	−0,70	−0,57	−0,18	0,50	1,57	0,80	−0,73	−0,70	−0,21	0,53
Mai	−0,63	−0,68	−0,69	−0,54	−0,15	0,53	1,54	0,75	−0,72	−0,67	−0,16	0,57
Juni	−0,65	−0,69	−0,70	−0,56	−0,20	0,49	1,40	0,68	−0,72	−0,68	−0,22	0,45
Juli	−0,66	−0,75	−0,80	−0,75	−0,44	0,31	1,16	0,52	−0,83	−0,86	−0,50	0,16
Aug.	−0,68	−0,73	−0,77	−0,68	−0,39	0,34	1,24	056	−0,79	−0,79	−0,43	0,16

[1] Angaben für den Euroraum in seiner jeweiligen Zusammensetzung (siehe Abschnitt „General Notes" im Statistikbericht).
[2] EZB-Berechnungen anhand zugrunde liegenden Daten von EuroMTS und Bonitätseinstufungen von Fitch Ratings.

Quelle: Wirtschaftsbericht der Europäischen Zentralbank, Ausgabe 6/2021 – Statistik S3.

7.3 Wechselkurse

7.3.1 Wechselkursentwicklung wichtiger Währungen

Bilaterale Wechselkurse
(Durchschnittswerte der Berichtszeiträume; Einheiten der nationalen Währungen je €)

	Chinesischer Renminbi Yuan	Kroatische Kuna	Tschechische Krone	Dänische Krone	Ungarischer Forint	Japanischer Yen	Polnischer Zloty	Pfund Sterling	Rumänischer Leu	Schwedische Krone	Schweizer Franken	US-Dollar
2018	7,808	7,418	25,647	7,453	318,890	130,396	4,261	0,885	46,540	10,258	1,155	1,181
2019	7,735	7,418	25,670	7,466	325,297	122,006	4,298	0,878	47,453	10,589	1,112	1,119
2020	7,875	7,538	26,455	7,454	351,249	121,846	4,443	0,890	48,383	10,485	1,071	1,142
2020 Q 3	8,086	7,527	26,479	7,445	353,600	124,049	4,441	0,905	48,454	10,364	1,075	1,169
Q 4	7,901	7,559	26,667	7,443	360,472	124,607	4,505	0,903	48,718	10,268	1,078	1,193
2021 Q 1	7,808	7,572	26,070	7,437	361,206	127,806	4,546	0,874	48,793	10,120	1,091	1,205
Q 2	7,784	7,528	25,638	7,436	354,553	131,930	4,529	0,862	49,240	10,141	1,098	1,206
2021 März	7,747	7,578	26,178	7,436	365,612	129,380	4,599	0,859	48,884	10,169	1,106	1,190
April	7,805	7,568	25,924	7,437	360,583	130,489	4,561	0,865	49,231	10,162	1,103	1,198
Mai	7,811	7,523	25,558	7,436	353,647	132,569	4,528	0,863	49,250	10,147	1,097	1,215
Juni	7,739	7,498	25,454	7,436	349,937	132,631	4,501	0,859	49,238	10,117	1,094	1,205
Juli	7,654	7,503	25,636	7,437	357,257	130,349	4,562	0,856	49,255	10,198	1,086	1,182
Aug.	7,624	7,496	25,470	7,437	351,843	129,284	4,569	0,853	49,232	10,216	1,076	1,177
Veränderung gegen Vormonat in %												
2021 Aug.	– 0,4	– 0,1	– 0,6	0,0	– 1,5	– 0,8	0,2	– 0,4	0,0	0,2	– 0,9	– 0,4
Veränderung gegen Vorjahr in %												
2021 Aug.	– 7,0	– 0,2	– 2,7	– 0,1	0,8	3,1	3,8	– 5,3	1,8	– 0,9	– 0,1	– 0,5

Quelle: Wirtschaftsbericht der Europäischen Zentralbank, Ausgabe 6/2021 – Statistik S6.

7.3.2 Umrechnungskurse ausgewählter wichtiger Staaten[1]

	USD	GBP	CHF	EUR	AUD	CAD	NZD	JPY	SEK	ZAR	RUB
1 USD		0,7280	0,9224	0,8496	1,3668	1,2668	1,4168	110,1614	8,6415	14,5602	72,8751
1 GBP	1,3737		1,2671	1,1671	1,8775	1,7401	1,9462	151,3252	11,8705	20,0008	100,1062
1 CHF	1,0841	0,7892		0,9211	1,4817	1,3733	1,5360	119,4253	9,3681	15,7846	79,0034
1 EUR	1,1770	0,8568	1,0857		1,6087	1,4910	1,6676	129,6600	10,1710	17,1373	85,7740
1 AUD	0,7316	0,5326	0,6749	0,6216		0,9268	1,0366	80,5992	6,3225	10,6529	53,3188
1 CAD	0,7894	0,5747	0,7282	0,6707	1,0789		1,1184	86,9618	6,8216	11,4938	57,5278
1 NZD	0,7058	0,5138	0,6511	0,5997	0,9647	0,8941		77,7525	6,0992	10,2766	51,4356
1 JPY	0,0091	0,0066	0,0084	0,0077	0,0124	0,0115	0,0129		0,0784	0,1322	0,6615
1 SEK	0,1157	0,0842	0,1067	0,0983	0,1582	0,1466	0,1640	12,7480		1,6849	8,4332
1 ZAR	0,0687	0,0500	0,0634	0,0584	0,0939	0,0870	0,0973	7,5660	0,5935		5,0051
1 RUB	0,0137	0,0100	0,0127	0,0117	0,0188	0,0174	0,0194	1,5116	0,1186	0,1998	

Beispiele: Für 1 € zahlt man in den USA 1,1770 US $.
Für 1 NZD zahlt man in Japan 77,7525 Yen.

[1] BMF-Schreiben vom 1. 10. 2021 – III C 3 – S 7329/19/10001:003 (2021/1025216).

7.3.3 Umrechnungskurse der EU-Mitgliedstaaten[1]

	BGN	CZK	EUR	HUF	PLN	RON	HRK
1 BGN		12,9829	0,5113	180,2383	2,3357	2,5295	3,8309
1 CZK	0,0770		0,0394	13,8827	0,1799	0,1948	0,2951
1 EUR	1,9558	25,3920		352,5100	4,5681	4,9471	7,4924
1 HUF	0,0055	0,0720	0,0028		0,0130	0,0140	0,0213
1 PLN	0,4281	5,5585	0,2189	77,1678		1,0830	1,6402
1 RON	0,3953	5,1327	0,2021	71,2559	0,9234		1,5145
1 HRK	0,2610	3,3890	0,1335	47,0490	0,6097	0,6603	

Beispiele: Für 1 € zahlt man in Ungarn   352,5100 HUF.
            Für 1 PLN zahlt man in Rumänien   1,0830 RON.

CYP	Zypern-Pfund	LTL	litauische Litas	SKK	slowakische Kronen
CZK	tschechische Kronen	RON	rumänischer Leu	HRK	kroatische Kuna

[1] BMF-Schreiben vom 1. 10. 2021 – III C 3 – S 7329/19/10001:003 (2021/1025216). http://www.bundesfinanzministerium.de

8 Für die Berufsarbeit des Wirtschaftsprüfers/ Steuerberaters

8.1 Betriebswirtschaftliche Beratung durch den WP/StB

8.1.1 Ausgewählte Beratungsfelder

Betriebswirtschaftliche Beratung	– Betriebswirtschaftliche Auswertungen – Bilanzanalyse – Controlling – Existenzgründung, -aufbau, -festigung – Fusionen – Finanzplanung, Liquiditätsplanung – Investitionsberatung, Investitionsrechnungen – Beratung bei Investitionsentscheidungen und bei Finanzierungsfragen, Unterstützung bei Bankgesprächen und Finanzierungsverhandlungen – Kosten-, Rentabilitäts- und Liquiditätsanalyse – Unternehmenskauf und -verkauf
Beiratstätigkeit	– Aufsichtsfunktion – Beratungsfunktion
Krisen- und Insolvenzberatung	– Betriebswirtschaftliche Beratung im Vorfeld der Insolvenz – Prüfung der Sanierungsfähigkeit – Erstellung eines Sanierungsplans und die Begleitung des Unternehmens als Sanierer – Prüfung der Vor- und Nachteile des außergerichtlichen Vergleichs – Insolvenzberatung – Erstellung von Sachverständigengutachten – Insolvenzverwaltung – Erstellung eines Insolvenzplanes – Prüfung des Insolvenzplanes – Liquidation
Vermögensgestaltungsberatung	– Analyse der Ist-Situation und Bewertung – Entwicklung verschiedener Strategien – Entscheidung des Mandanten für eine Strategie – Planung der Umsetzung der Strategie – Sukzessive Umsetzung der Teilschritte
Nachlassverwaltung	– Abwicklungstestamentsvollstreckung – Dauertestamentsvollstreckung

Sachverständigen- tätigkeit	– Beauftragung durch – Gericht – Staatsanwaltschaft – von privater Seite
Sonstige	– Schiedsrichter – Schiedsgutachter – Mediator

8.1.2 Beratungsförderung – Förderung von Unternehmensberatungen für kleine und mittlere Unternehmen sowie freie Berufe[1,2,3]

A. Überblick

Gegenstand	Inhalt	Antragsberechtigung/ Zuwendungsempfänger
Allgemeine Beratung und spezielle Beratung	Allgemeine Beratungen bestehender Unternehmen zu allen wirtschaftlichen, finanziellen, personellen und organisatorischen Fragen der Unternehmensführung. Spezielle Beratungen von Unternehmen zum Ausgleich struktureller Ungleichheiten für: Unternehmerinnen, Migranten, anerkannte Behinderte, bessere betriebliche Integration von Mitarbeitern mit Migrationshintergrund oder Behinderung, zur Fachkräftegewinnung, zur Gleichstellung und besseren Vereinbarkeit von Familie und Beruf, zur altersgerechten Gestaltung der Arbeit, zu Nachhaltigkeit und Umweltschutz	Rechtlich selbständige Unternehmen und Angehörige der Freien Berufe mit Geschäftsbetrieb/Zweigniederlassung in Deutschland, die im letzten Geschäftsjahr vor Beginn der Beratung die maßgebliche Beratungsgrenze (s.u.) nicht überschritten haben. Eine Tätigkeit einer Unternehmens-, Wirtschafts- oder Steuerberatung, Wirtschaftsprüfung, Rechtsanwaltstätigkeit, Insolvenzverwaltung oder landwirtschaftlichen Privaterzeugung führt zum Ausschluss der Antragsberechtigung.

Die laufende Beratung (z.B. Buchführungsarbeiten, Aufstellung von Jahresabschlüssen etc.) ist von der Förderung ausgeschlossen.

[1] Rahmenrichtlinie zur Förderung unternehmerischen Know-hows vom 28.12.2015 (BAnz AT 31.12.2015 B4), i.d.F. vom 25.3.2019 (BAnz AT 01.04.2019.32) sowie letzte Ergänzung vom 26.11.2020 (BAnz AT 07.12.2020 B2); gültig für ab dem 1.1.2016 begonnene Beratungen, längstens für Beratungen, deren vollständige Verwendungsnachweise bis *zum 31.12.2022 eingereicht werden*; vgl. https://www.foerderdatenbank.de; dort unter „Förderrecherche" – „Inhaltsverzeichnis" – „Bund" – „Beratung".

[2] Formulare und weiterführende Literatur beim Bundesamt für Wirtschaft und Ausfuhrkontrolle; vgl. http://www.bafa.de

[3] Darüber hinaus gibt es vielfältige länderspezifische Beratungsprogramme; vgl. http://www.subventionen.de

B. Grenzen für die Förderung von Beratungen

Beschäftigung von weniger als	250 Mitarbeiter und
a) Jahresumsatz oder	< 50 Mio. €
b) Jahresbilanzsumme	< 43 Mio. €

C. Förderfähige Kosten

Art der Beratung	Förderfähige Beratungskosten (netto)[2]	Maximal förderfähigen Beratungskosten €[4]
Alle Beratungen[1] für Jung- und Bestandsunternehmen	50 %, 60 % bzw. 80 %[3]	3 000 bzw. 4 000
Alle Beratungen[1] für Unternehmen in Schwierigkeiten bundesweit	90 %	3 000 bzw. 4 000

D. Anlaufstellen

Siehe Kap. 1.3.4.

---

[1] Allgemeine, spezielle und besondere Beratungen im Sinne von Nummern 2.1, 2.2 und 2.3 der Rahmenrichtlinie zur Förderung unternehmerischen Know-hows vom 28.12. 2015 (BAnz AT 31.12.2015 B4) in der aktuellen Fassung vom 26.11.2020 (BAnz AT 7.12.2020 B2).

[2] Die Beratungskosten müssen vor Antragstellung mindestens in Höhe des Eigenanteils bezahlt sein und die Zahlung muss durch einen Kontoauszug nachgewiesen werden.

[3] Der Zuschuss beträgt für Unternehmen im Geltungsbereich der neuen Bundesländer (ohne Berlin und die Region Leipzig) 80 %, im Geltungsbereich der Region Lüneburg 60 % und im Geltungsbereich der alten Bundesländer (einschl. Berlin und die Region Leipzig) 50 %.

[4] Bei Jungunternehmen 4 000 €, bei allen anderen 3 000 €.

8.2　Berufsrecht

8.2.1　Qualitätssicherung in der Wirtschaftsprüferpraxis[1, 2, 3, 4]

A.　Interne Qualitätssicherung

Der WP hat nach § 55b WPO[5] für seine gesamte Praxis ein internes Qualitätssicherungssystem (iQSS) zu implementieren[6].

Definition des iQSS	– Schaffen von Regeln zur Gewährleistung der Einhaltung der Berufsgrundsätze – Überwachung der Anwendung – Durchsetzung der Anwendung
Nebenbedingungen	– Verhältnismäßigkeit zur Komplexität der beruflichen Tätigkeit – schriftliche Dokumentation – Mitarbeitern zur Kenntnis bringen – Bestimmung der Verantwortlichkeit für das iQSS an Berufsangehörige bei WPG (Qualitätsmanager)
Zusätzliche Anforderungen an iQSS bei Durchführung von Abschlussprüfungen nach § 316 HGB[7]	Regeln müssen angemessene Verfahren und Grundsätze zur ordnungsgemäßen Durchführung und Sicherung der Qualität der Abschlussprüfung umfassen.[8] Dazu gehören zumindest

---

[1]　Ausführungen gelten auch für den vereidigten Buchprüfer.

[2]　Das System der Berufsaufsicht kann nach Abschluss der Trilogverhandlungen und dem Erlass der EU-VO Nr. 537/2014 sowie EU-RL 2014/56/EU grundsätzlich belassen werden. Für Prüfungen von Unternehmen von öffentlichem Interesse ist eine berufsstandunabhängige Stelle vorgeschrieben, in Deutschland: Abschlussprüferaufsichtsstelle APAS beim Bundesamt für Wirtschaft und Ausfuhrkontrolle.

[3]　International forcieren IAASB-Entwürfe neuer bzw. grundlegend überarbeiteter ISQM 1 (International Standards on Quality Management, Quality Control [Qualitätssicherung auf Praxisebene]), ISQM 2 (International Standards on Quality Management, Engagement Quality Review) sowie ISA 220 (Revised) (Quality Management for an Audit of Financial Statements) eine Fortentwicklung des Qualitätssicherungssystems.

[4]　Die Inhalte des bisherigen „IDW Praxishandbuchs zur Qualitätssicherung 2017/2018" (QSHB 2017/2018) wurden im Oktober 2019 im „IDW Qualitätsmanagement Handbuch" (QMHB) (Aktuelle Version: 2. Auflage vom 26.3.2021) modular über eine elektronische Plattform weiterentwickelt, vgl. *Nagel/Ulrich,* Weiterentwicklung des Qualitätsmanagements in Wirtschaftsprüferpraxen durch Audit Quality Indicators, WPg 2019, S. 863–869.

[5]　Fassung des APAREG vom 31.3.2016.

[6]　Hinweis zur Skalierung: *Farr,* Das neue Qualitätssicherungssystem für Kleinpraxen, WPg 2017, S. 299–307.

[7]　*Vgl. dazu mit weiteren Details und Ausführungshinweisen:* Berufssatzung für WP/vBP Teil 4: Berufspflichten zur Qualitätssicherung bei Abschlussprüfungen nach § 316 HGB, §§ 45 bis 63.

[8]　Begriffe teilweise „einfache" Übersetzung aus dem Englischen im Rahmen des EU-Verfahrens, in Klammern die bisher dazu im Deutschen verwendeten Fachbegriffe und Schlagwörter.

1. solide Verwaltungs- und Rechnungslegungsverfahren, interne Qualitätssicherungsmechanismen, Verfahren zur Risikobewertung (gemeint sind: Verfahren zur ordnungsgemäßen Prüfungsplanung einschließlich Risikobeurteilung und Durchführung der Abschlussprüfung) sowie wirksame Kontroll- und Sicherheitsvorkehrungen für Datenverarbeitungssysteme

2. Vorkehrungen zum Einsatz angemessener und wirksamer Systeme und Verfahren sowie der zur angemessenen Wahrnehmung der Aufgaben erforderlichen Mittel und des dafür erforderlichen Personals (gemeint sind: angemessene technische Sachmittel und personelle Ressourcen)

3. Grundsätze und Verfahren, die die Einhaltung der Anforderungen an die Eigenverantwortlichkeit und die Unabhängigkeit nach §§ 319 und 319b HGB gewährleisten

4. Grundsätze und Verfahren, dass die bei der Prüfung eingesetzten Mitarbeiter über angemessene Kenntnisse und Erfahrungen für die zugewiesenen Aufgaben verfügen sowie fortgebildet, angeleitet und kontrolliert werden

5. Führung der Prüfungsakten nach § 51b Abs. 5 WPO

6. organisatorische und administrative Vorkehrungen für den Umgang mit Vorfällen, die die ordnungsgemäße Durchführung der Prüfungstätigkeiten beeinträchtigen können, sowie Dokumentation der Vorfälle (Fehlermanagementsystem)

7. Verfahren, die es Mitarbeitern unter Wahrung der Vertraulichkeit der Identität ermöglichen, potenzielle oder tatsächliche Verstöße gegen Berufspflichten sowie etwaige strafbare Handlungen oder Ordnungswidrigkeiten innerhalb der Praxis an geeigneter Stelle zu berichten (Beschwerdemanagementsystem, Kummerkasten, internes Hinweisgebersystem, „Whistleblowing")

8. Grundsätze der Vergütung und Gewinnbeteiligung nach § 55 WPO (ausreichende Leistungsanreize zur Sicherstellung der Qualität der Abschlussprüfungen)

9. Grundsätze und Verfahren, die gewährleisten, dass im Fall der Auslagerung wichtiger Prüfungstätigkeiten die iQS und Berufsaufsicht nicht beeinträchtigt werden (z.B. IT-Prüfer, shared service center)[1]

---

[1] Vgl. dazu WPK: Mitwirkung Dritter an der Berufsausübung (§§ 50, 50a WPO) www.wpk.de/mitglieder/praxishinweise/mitwirkung-dritter-an-der-berufsausübung/.

Jährliche Bewertung des IQSS (Nachschau) bei gesetzlichen Abschlussprüfungen	Gegenstand der Bewertung hinsichtlich der Grundsätze und Verfahren für – die Abschlussprüfung – Fortbildung, Anleitung und Kontrolle der Mitarbeiter – die Handakte
Bei Feststellung von Mängeln die iQSS	– (unverzügliche) Ergreifung von Maßnahmen zur Beseitigung der Mängel
Bericht über die jährliche Bewertung (Nachschau)[1]	1. Ergebnisse der jährlichen Bewertung 2. Maßnahmen, die ergriffen oder vorgeschlagen worden sind 3. Verstöße gegen Berufspflichten oder gegen die VO EU Nr. 537/2014 4. die aus Verstößen erwachsenen Folgen und die zur Behebung der Verstöße ergriffenen Maßnahmen
Adressat des jährlichen Berichts	– Praxisleitung – Prüfer für Qualitätskontrolle bei nächster Qualitätskontrolle nach § 57a WPO – Kommission für Qualitätskontrolle bei Berufsaufsichtsverfahren

B. Externe Qualitätssicherung

Sofern WP gesetzlich vorgeschriebene Abschlussprüfungen nach § 316 HGB durchführen, sind sie verpflichtet, am System der Qualitätskontrolle[2] im Sinne des § 57a WPO teilzunehmen.

Zweck	Überwachung, ob die Grundsätze und Maßnahmen zur Qualitätssicherung nach Maßgabe der gesetzlichen Vorschriften und der Berufssatzung insgesamt und bei der Durchführung einzelner Aufträge eingehalten werden
Verfahren	Beurteilung und Überprüfung der Durchführung durch eine halbstaatliche Berufsaufsicht[3] (Kommission für Qualitätskontrolle[4], kurz: KfQk)
Durchführung	durch spezielle Wirtschaftsprüfer, Prüfer für Qualitätskontrolle (PfQk)
Inhalt der Prüfung (IDW PS 140)	– Verschaffen eines Überblicks über das Qualitätssicherungssystem – Beurteilung des Qualitätssicherungssystems, ob es im Einklang mit den gesetzlichen und satzungsmäßigen Anforderungen steht sowie angemesssen und wirksam ist – Erstellung eines Qualitätskontrollberichts und einer Beurteilung des Prüfungsergebnisses sowie explizite Nennung von Einzelfeststellungen von erheblicher Bedeutung zur Vorlage an die KfQK

---

[1] Vgl. auch *Farr,* Die „kleine" jährliche Nachschau nach § 55b Abs. 3 WPO – Abgrenzung zur umfassenden regelmäßigen Nachschau, Wpg 2017, S. 1368–1375.
[2] Diese Funktion übt ab 17.6. 2016 die Abschlussprüferaufsichtsstelle beim Bundesamt für Wirtschaft und Ausfuhrkontrolle (APAS) aus.
[3] Unabhängiges, nicht weisungsgebundenes Organ der WPK.
[4] Mitglieder sind unabhängige und nicht weisungsgebundene WP/vBP.

Beurteilung der Prüfung sowie Maßnahmen durch die KfQK	– Beurteilung des Qualitätskontrollberichts durch KfQK und mögliche Konsequenzen – Anordnung nächste QK[1], Beibehaltung des Eintrags als gesetzlicher Abschlussprüfer im Berufsregister – Anordnung einer Auflage mit Erstellung eines Auflagen-erfüllungsberichts – Anordnung einer Sonderprüfung – Löschung des Eintrags als gesetzlicher Abschlussprüfer im Berufsregister
Konsequenzen für WP	Nichtteilnahme führt zum Ausschluss von der Durchführung von gesetzlichen Abschlussprüfungen nach § 316 HGB
Sanktionen bei Nichtbeachtung	– Verlust des Honoraranspruchs – Verlust des Versicherungsschutzes – berufsrechtliche Sanktionen

Der Ablauf einer Prüfung richtet sich nach IDW PS 140[2] i.d.F. vom 9.6.2017 und wird nachfolgend schematisch dargestellt

Notwendige Schritte	Gegenstand	Ergebnis
1. Gewinnung eines Verständnisses über Praxisumfeld und -organisation	– Praxisleitung und Praxisorganisation – Mandanten – Mitarbeiter – Aufträge – Konkurrenz – Kooperationen	Vorläufige Risikoeinschätzung als Ausgangspunkt für risiko-basierte Befassung mit den Grundlagen des QSS
2. Gewinnung eines Verständnisses über die Grundlagen des QSS[3]	– Qualitätskultur – Qualitätsziele – Vorkehrung zur Identifi-zierung, Bewertung und Steuerung der qualitäts-gefährdenden Risiken – Überwachung und Ver-besserung des QSS	Einschätzung der Grundlagen des QSS und der Beurteilung der Qualitätsrisiken für die risikobasierte Prüfung der Angemessenheit des QSS
3. Prüfung der Ange-messenheit der eingeführten Regelungen und Maßnahmen	Direkt und nicht direkt auf-tragsbezogene Regelungen und Maßnahmen	Beurteilung der Angemessen-heit der im Hinblick auf quali-tätsgefährdende Risiken in der Praxis eingeführten Regelun-gen und Maßnahmen als Grundlage für fokussierte Funktionsprüfungen

---

[1] Bestimmung auf Grundlage einer Risikoanalyse, i.d.R. auf Basis des letzten Qualitäts-kontrollberichts i.d.R. alle sechs Jahre, wenn sich nicht vorher neue Erkenntnisse (wesentliche Veränderung der Praxisgröße, Risikostruktur der Abschlussmandate oder entsprechende Pressemeldungen) ergeben.

[2] Vgl. auch *Marten*, IDW EPS 140 n.F.: wesentliche Neuerungen, Wpg 2017 S. 308–315.

[3] Ausgestaltung des konkreten Systems ist von Größe und Komplexität abhängig.

Notwendige Schritte	Gegenstand	Ergebnis
4. Prüfung der Wirksamkeit[1] der als angemessen eingeschätzten Regelungen und Maßnahmen	– Direkt und nicht direkt auftragsbezogene Regelungen und Maßnahmen der Praxis zur Ursachenanalyse bei festgestellten Verstößen und der Entwicklung und Umsetzung von Verbesserungsmaßnahmen	Beurteilung der Wirksamkeit der Regelungen und Maßnahmen des QSS
5. Auswertung der Prüfungsergebnisse und Beurteilung der Wesentlichkeit von festgestellten Mängeln im QSS	– Ursachen und Folgen der Feststellungen	Beurteilung, ob wesentliche Mängel im QSS vorliegen, und abschließendes Prüfungsurteil
6. Erstellung des Qualitätskontrollberichts (QKB) mit Feststellungen zur Vorlage an die KfQK	a) Einzelfeststellungen	Einzelfeststellung von erheblicher Bedeutung – Dokumentation in Arbeitspapieren (AP) – Berichterstattung in QKB
	b) Mangel des Qualitätssicherungssystems	Nicht wesentlicher Mangel – Dokumentation in AP – Berichterstattung im QKB Wesentlicher Mangel – Dokumentation in AP – Berichterstattung im QKB – Einschränkung bzw. Versagung des Prüfungsurteils

Die Durchführung von Inspektionen[2] unterliegt ab dem 17.6.2016 ausschließlich der Abschlussprüferaufsichtsstelle.

---

[1] Grundgesamtheit: alle Abschlussprüfungen nach § 316 HGB ohne HGB-Prüfungen von Unternehmen von öffentlichem Interesse i.S.d. § 316a HGB sowie alle von der *BaFin beauftragten Prüfungen, sofern* bereits beauftragt (nicht zwingend begonnen).

[2] Rechtsgrundlage ist die EU-VO Nr. 537/2014 sowie EU-RL 2014/56/EU. Vgl. auch: EU-Regulierung der Abschlussprüfung – IDW-Positionspapier zu Inhalten und Zweifelsfragen der EU-Verordnung und der Abschlussprüferrichtlinie (überarbeitete Fassung mit Stand: 23.5.2018), IDW-Verlautbarungen/www.idw.de/im-fokus/IDW-Positionspapiere.

Gegenstand	– gesetzliche Abschlussprüfungen von Unternehmen von öffentlichem Interesse i.S.d. §316a HGB – gesetzliche Abschlussprüfungen durch Abschlussprüfer aus Drittstaaten, §134 WPO
Häufigkeit	– anlassunabhängig gemäß Art. 26 VO-EU Nr. 537/2014 – anlassabhängig bei berufsaufsichtsrechtlichen Verfahren oder sonstigen konkreten Anhaltspunkten für Verstöße gegen Berufspflichten – anlassabhängig bei Mitteilungen der BaFin oder anderen nationalen oder internationalen Stellen
Verwertung	– Erkenntnisse werden zur Entlastung der Qualitätskontrollen berücksichtigt – Unternehmen selbst sind nicht mehr in der Grundgesamtheit der Qualitätskontrolle enthalten (keine Doppelzuständigkeit und -prüfung mehr) – Verwertung für berufsrechtliche Maßnahmen entsprechend denen der externen Qualitätskontrolle

HGB-Praxen, die Abschlussprüfungen von Unternehmen von öffentlichem Interesse i.S.d. §316a HGB durchführen, haben neben der Duldung der Inspektionen unter anderem weitere Verpflichtungen zu erfüllen.

Verpflichtung zur Erstellung eines Transparenzberichts Art. 13 EU-VO Nr. 537/2014	Inhalt umfasst unter anderem – Beschreibung der Rechts-, Eigentümer- und Leitungsstruktur – Informationen zum Netzwerk der Gesellschaft, einschließlich Namen und Gesamtumsatz aus der Prüfung von Abschlüssen – Beschreibung des iQSS sowie Erklärung der Leitungsorgane zu dessen Wirksamkeit – Liste der geprüften HGB-Unternehmen von öffentlichem Interesse i.S.d. §316a HGB – Erklärung zu praxisinternen Maßnahmen zur Sicherstellung der Unabhängigkeit und zur Einhaltung der Unabhängigkeitsanforderungen – Erklärung zur kontinuierlichen Fortbildung – Angaben zu den Grundlagen der Partnervergütung – Beschreibung der Grundsätze zur Einhaltung der Anforderungen an die interne Rotation – Aufschlüsselung des Gesamtumsatzes
Jährliche Meldung an APAS	Vorlage einer Liste der geprüften HGB-Unternehmen von öffentlichem Interesse i.S.d. §316a HGB mit – Einnahmen aus der Abschlussprüfung – Einnahmen aus anderen Nichtprüfungsleistungen nach Art. 5 EU-VO 237/2014[1]

---

[1] Vgl. APAS, F&A zu Verlautbarung Nr. 4/1 – Stand 21.3.2019.

C. Berufsaufsicht

Die Aufgaben der Wirtschaftsprüferkammer[1] sind mit dem APAREG erweitert worden. Dabei ist die Berufsaufsicht in weiten Teilen neu geordnet worden. In diesem Zuge wurden der WPK etliche Aufgaben im Rahmen der repressiven Aufsicht zugeordnet.

Berufsaufsicht	Generell Wirtschaftsprüferkammer, sofern nicht Aufgabe der APAS (§ 66a WPO)
Pflichten der Berufsaufsicht (WPK und APAS)	– Mitteilung an Staatsanwaltschaft, falls Kenntnis von Tatsachen, die den Verdacht auf eine Straftat im Zusammenhang mit der Berufsausübung begründen (Wegfall der bisherigen „fire wall") – Verschwiegenheitspflicht der Mitglieder gegenüber jedermann, es sei denn, sie sind vom Vorstand der WPK entbunden
Aufgaben der KfQK[2]	– Registrierung sowie deren Widerruf und Aus-/ Fortbildung der PfQK – Anordnung und Teilnahme von QK – Entgegennahme und Auswertung der Qualitätskontrollberichte – Entscheidung von Maßnahmen – Entscheidung über Widersprüche im Zusammenhang mit der Qualitätskontrolle – Aufsicht über die PfQK
Aufgaben der APAS (§ 66a WPO)	– Fachaufsicht[3] über Aufgaben der WPK (und KfQK) – geeignete, angemessene und verhältnismäßige Erfüllung der Aufgaben – Verweis von Entscheidungen der WPK unter Angabe von Gründen zur nochmaligen Prüfung (Zweitprüfung) – Aufhebungsrecht bei nicht abgeholfenen Entscheidungen der WPK sowie Erlass eigener Entscheidungen und Erteilung von Weisungen (Letztentscheidung) – Erstellen eines jährlichen Tätigkeitsberichtes

---

[1] § 57 ff. WPO.
[2] Vgl. dazu Tätigkeitsbericht 2020 der Kommission für Qualitätskontrolle der Wirtschaftsprüferkammer unter http://www.wpk.de/oeffentlichkeit/berichte/qualitaetskontrolle/
[3] Bundesministerium für Wirtschaft und Energie führt die Rechtsaufsicht über die WPK, sofern nicht deren nachgeordnete Behörde, die Abschlussprüferaufsichtsstelle (APAS), als zuständige Behörde i.S.d. VO EU 537/2014 zuständig ist.

Mittel der WPK zur Durchsetzung der Berufsaufsicht	– Recht der Ladung zur Anhörung – Recht auf Auskunft und Vorlage der Handakten oder sonstiger Unterlagen, die von Bedeutung sein können – Aufhebung der Verschwiegenheitspflicht zur vollständigen Auskunft und Vorlagen von Unterlagen, sofern dies gesetzliche Abschlussprüfungen nach §316 HGB betrifft – Betretungsrecht der Geschäftsräume zu üblichen Bürozeiten, Einsichts- und Kopierrecht – Recht zur Festsetzung von Zwangsgeld (bis zu 1000 €)
Mögliche berufsaufsichtsrechtliche Maßnahmen des Vorstands der WPK	– Rüge – Geldbuße bis zu 1000000 €[1] – Erteilung eines Berufsverbots von 1 bis 5 Jahren – Erteilung des Verbots von 1 bis 3 Jahren, bei §319a HGB-Unternehmen tätig zu werden – Ausschließung aus dem Beruf – Feststellung, dass ein Bestätigungsvermerk nicht den Anforderungen des §322 HGB entspricht – Untersagungsverfügung (bei $2/3$ Mehrheit des Vorstands)

---

[1] Änderung von 500000 € auf 1000000 € mit Inkrafttreten des Finanzmarktintegritätsstärkungsgesetztes (FISG) zum 1.7.2021.

8.2.2 Qualitätssicherung in der Steuerberaterpraxis[1,2]

Hauptelemente der Qualitätssicherung in der Steuerberaterkanzlei

1. Festlegung strategischer Kanzleigrundsätze

– Ausdruck des eigenen Selbstverständnisses
– Festlegung von Qualitätssicherungsmaßnahmen als Teil dieser Zielsetzung
– Festlegung von Beratungsschwerpunkten
– Definition von Regelungen zur Risikobeurteilung
– Aufstellen von Regelungen zur Honorarabrechnung und -durchsetzung

2. Auftragsorganisation (Mandatsbezogene Bearbeitungsprozesse)

– Definition des Ablaufes von der Auftragsannahme über die Leistungsprozesse bis zur Auftragsabrechnung und Nachkalkulation
– Berücksichtigung berufsrechtlicher Vorschriften wie StBerG, BOStB, DSGVO und BDSG
– Regelmäßige Kommunikation mit dem Mandanten
– Festlegung von zeitlichen und personellen Kapazitäten
– Digitalisierung und Standardisierung von Arbeitsabläufen

3. Vorbehaltsaufgaben des Steuerberaters (Leistungsprozesse Steuerberatung)

– Grundlage der Tätigkeit gemäß § 33 StBerG
– Auf die rasante Entwicklung der Steuergesetzgebung muss entsprechend reagiert werden zur Wahrnehmung von Vorbehaltsaufgaben
– Fortbildungspflicht gemäß § 57 Abs. 2a StBerG ist zu beachten

4. Vereinbare Tätigkeiten des Steuerberaters (Leistungsprozesse vereinbare Tätigkeiten)

– Tätigkeiten i. S. d. § 57 Abs. 3 Nr. 2 und 3 StBerG
– Beachtung der Berufsgrundsätze gemäß § 57 Abs. 1 StBerG

---

[1] StB, die auch WP/vBP sind, haben vorrangig die Vorschriften für WP/vBP zu beachten, vgl. Kap. 8.2.1.
[2] Verlautbarung zur Qualitätssicherung in der Steuerberaterpraxis vom 19.4.2021; Quelle: https://www.bstbk.de/de/themen/qualitaetssicherung.

5. **Kanzleiorganisation (Unterstützungsprozesse und kanzleibezogene Bearbeitungsprozesse)**

– Aktuell wichtigste Herausforderung:
  – Automatisierung und Digitalisierung
  – Fachkräftemangel
– Erstellung von quantitativen und qualitativen Beurteilungskriterien für die Ergebnisqualität der erbrachten Kanzleileistungen
– Strategisches Personalmanagement zur Mitarbeiterfindung- und bindung
– Rückgriff auf Informationen der berufsständischen Organisationen können unterstützen

6. **Kontrolle der Qualitätssicherungsmaßnahmen (Überwachungsprozess)**

– Ständige Überprüfung und Kontrolle
– Prozessbegleitende oder direkte Nachkontrolle
– Dokumentation des durchführten Überprüfungsprozesses

8.2.3   Geldwäschegesetz[1, 2, 3]

Tatbestand	Geldwäsche, Terrorismusfinanzierung, Glücksspiele
betroffene Personen § 1 Abs. 12–15[4]	Neben den Tätern besonders zu beurteilen: politisch exponierte Personen und deren nahe Angehörige, Mitglieder der Führungsebene von Unternehmen bzw. Konzernen
Verpflichtete Personen, § 2 Abs. 1 Nr. 1–9	Kredit-, Finanzdienstleistungs- und Versicherungsinstitute sowie Kapitalverwaltungsgesellschaften

---

[1] Gesetz über das Aufspüren von Gewinnen aus schweren Straftaten (Geldwäschegesetz – GwG) (BGBl I 2017 S. 1822), komplett neu gefasst durch Gesetz zur Umsetzung der Vierten EU-Geldwäscherichtlinie, zur Ausführung der EU-Geldtransferverordnung und zur Neuorganisation der Zentralstelle für Finanztransaktionsuntersuchungen vom 23.6.2017 (59 Paragrafen zzgl. 2 Anlagen, vorher 17 Paragrafen), i.d.F. vom 25.6.2021.

[2] Vgl. auch Bekämpfung der Geldwäsche: Neues Geldwäschegesetz bringt veränderte Pflichten auch für WP/vBP unter www.wpk.de/mitglieder/bekaempfung-der-geldwaesche/.

[3] Einen aktuellen Überblick gibt IDW: Geldwäscheprävention – aktuelle Entwicklung bei der Bekämpfung von Geldwäsche und Terrorismusfinanzierung, Stand 3.4.2020 unter: https://www.idw.de/idw/verlautbarungen/geldwaeschepraevention/.

[4] Nachfolgende Paragraphenangaben beziehen sich sämtlich auf das GwG.

Tatbestand	Geldwäsche, Terrorismusfinanzierung, Glücksspiele
Weitere verpflichtete Personen, §2 Abs. 1 Nr. 10–16	– Rechts- und Patentanwälte, Notare, Rechtsbeistände – Wirtschaftsprüfer, vereidigte Buchprüfer, Steuerberater, -bevollmächtigte – bestimmte Dienstleister, die Treuhand- oder Leitungsfunktionen u. Ä. anbieten – Immobilienmakler – Veranstalter und Vermittler von Glücksspielen – Güterhändler
Verfügen über ein Risikomanagementsystem, § 4[1, 2]	– angemessen im Hinblick auf Art und Umfang der Geschäftstätigkeit (risk based approach) und umfasst 　a) Risikoanalyse 　b) interne Sicherungsmaßnahmen **a) Risikoanalyse** 　1. Risiken der Geldwäsche und Terrorismusfinanzierung ermitteln und bewerten[3] 　2. Dokumentation 　3. regelmäßige Überprüfung und ggf. Aktualisierung 　4. Zurverfügungstellung der aktuellen Fassung der Risikoanalyse an die Aufsichtsbehörde **b) interne Sicherungsmaßnahmen** 　1. Ausarbeitung interner Grundsätze, Verfahren und Kontrollen 　2. Bestellung eines Geldwäschebeauftragten und seines Vertreters 　3. Überprüfung der Mitarbeiter auf ihre Zuverlässigkeit 　4. erstmalige und laufende Unterrichtung der Mitarbeiter auf aktuelle Methoden der Geldwäsche und Terrorismusbekämpfung 　5. Einrichtung eines Hinweisgebersystems mit Meldung an interne Stellen (Whistleblowersystem) 　6. Überprüfung der Grundsätze und Verfahren durch eine unabhängige Prüfung, soweit angemessen im Hinblick auf Art und Umfang der Geschäftstätigkeit

---

[1] Verpflichtete, die Mutterunternehmen einer Gruppe sind, haben dies gruppenweit zu organisieren.

[2] Durch risk based approach keine feste Grenze für Transaktionen vorgeschrieben; Ausnahme für Immobilienmakler für Vermittlung aller Kaufverträge und Miet-/Pachtverträge von Entgelt > 10 000 € sowie für Güterhändler mit Transaktionen von > 10 000 € oder Entgegennahme von Barzahlungen von > 2 000 €, § 4 Abs. 4 und 5 GwG.

[3] Risikobeurteilung für potenziell geringes (höheres) Risiko nach Faktoren bezüglich a) Kundenrisiko, b) Produkt-, Dienstleistungs-, Transaktions- oder Vertriebskanalrisiko, c) geografisches Risiko, vgl. Anlage 1 und 2 des GwG.

Tatbestand	Geldwäsche, Terrorismusfinanzierung, Glücksspiele
Sorgfaltspflichten in Bezug auf Kunden (allgemein, vereinfacht und verstärkt, abhängig vom risk based approach), §§ 11–17	– Identifizierung – Identitätsüberprüfung des Vertragspartners und des wirtschaftlich Berechtigten[1] – Verfahren zur Identitätsüberprüfung – Risikobewertung des Vertragspartners und des Geschäftszwecks – Feststellungspflicht, ob es sich um einen wirtschaftlich Berechtigten oder um eine politisch exponierte Person handelt – kontinuierliche Überwachung der Geschäftsbeziehung

(elektronische) Transparenzregister §§ 18–26[2]	**Eckwerte**
	– bundeseigene Verwaltung[3]
	– Einsichtnahme zur Überprüfung der Angaben der Identität
	– kein öffentlicher Glaube wie das Handelsregister
	– Einsehender hat Angaben auf Plausibilität zu prüfen
	Inhalt
	a) Angaben zu den wirtschaftlich Berechtigten[4, 5] von
	  – juristischen Personen des Privatrechts
	  – eingetragenen Personengesellschaften[6]
	  – Trusts
	  – nicht rechtsfähigen Stiftungen, deren Stiftungszweck aus Sicht des Stifters eigennützig ist
	  – Rechtsgestaltungen, die solchen Stiftungen in Struktur und Funktion entsprechen
	b) Angaben zum wirtschaftlich Berechtigten von a)
	  – Vor- und Zuname
	  – Geburtsdatum
	  – Wohnort
	  – Art und Umfang des wirtschaftlichen Interesses
	  – Staatsangehörigkeit

---

[1] Zu den ab 1.1.2020 erweiterten Aufzeichnungspflichten für WP, StB, RAe vgl. *Mader/Scaraggi-Kreitmayer*, Die Novelle des Geldwäschegesetzes und die damit verbundenen Anforderungen an den Berufsstand, DStR 2020, S. 181.

[2] Bundesverwaltungsamt: Transparenzregister – Fragen und Antworten, Stand 20.2.2020, sowie *Goette*, „Das Transparenzregister – Aktuelle Fragen der Praxis unter besonderer Berücksichtigung der erweiterten FAQs des Bundesverwaltungsamts zur GmbH & Co. KG und der Umgang mit drohenden Bußgeldern, DStR 2020, S. 453.

[3] Vgl. https://www.transparenzregister.de/treg/de/ueberuns? Rechtliche Auskünfte erteilt das BVA (Bundesverwaltungsamt), die offizielle Plattform der Bundesrepublik Deutschland für Daten zu wirtschaftlich Berechtigten.

[4] Anzugeben ist die (mittelbar hinter einer Gesellschaftskette) stehende natürliche Person, die mehr als 25 % der Kapital- oder Stimmrechtsanteile einer Gesellschaft hält oder auf vergleichbare Weise Kontrolle (auch nur mittelbar) über eine Gesellschaft oder sonstige Vereinigungen ausübt, § 3 Abs. 2–4.

[5] Mit Inkrafttreten des Transparenzregister- und Finanzinformationsgesetzes (TraFinG) zum 1. August 2021 entfällt die Mitteilungsfiktion des § 20 Abs. 2 GwG, wonach die Meldepflicht für viele Unternehmen entfallen konnte, wenn sich die Angaben zum wirtschaftlich Berechtigten aus anderen Registern (beispielsweise Handelsregister) ergab.

[6] Mitteilungspflichtig ist damit im Grundsatz jede Gesellschaft mit Ausnahme der GbR.

Tatbestand	Geldwäsche, Terrorismusfinanzierung, Glücksspiele

Anzeigepflichten nur in Verdachtsfällen, § 43	– ausschließlich an Zentralstelle für Finanztransaktionsuntersuchungen (Zollkriminalamt)
	– Tatsachen, die darauf hindeuten, dass
	  a) Vermögensgegenstand aus einer strafbaren Handlung stammt
	  b) Zusammenhang eines Geschäftsvorfalls, Transaktion oder Vermögensgegenstand mit Terrorismusfinanzierung
	  c) keine Offenlegung des wirtschaftlich Berechtigten
	– Ausnahmen
	  a) Informationen, erhalten im Rahmen eines der Schweigepflicht unterliegenden Mandatsverhältnisses
	  b) jedoch: Meldepflicht bleibt bestehen, wenn Verpflichteter weiß, dass Mandatsverhältnis für Zwecke der Geldwäsche, Terrorismusfinanzierung oder sonstiger Straftat benutzt wird.

Informationsanspruch der Zentralstelle für Finanztransaktionsuntersuchungen, § 43	– Anlasslose Einholung von Informationen vom Verpflichteten – Anlassloses Durchführen von Prüfungen zur Einhaltung der im GwG festgelegten Anforderungen – Auskunftsverweigerungsrecht des WP, StB und RA nach § 30 Abs. 3 S. 3
Befugnisse der jeweiligen Kammern (z.B. WP, StB, RA) als Aufsichtsbehörde, § 51 Abs. 5 i. V. m. § 50 Nr. 3–7a	– Anlassloses Durchführen von Prüfungen zur Einhaltung der im GwG festgelegten Anforderungen – Vorübergehende Untersagung der Ausübung des Berufs oder der Ausübung eines Leitungsorgans bei einer WPG bei nachhaltigem Verstoß gegen die Bestimmungen des GwG oder einer Anordnung der Aufsichtsbehörde (z.B. WPK)
Bußgeld, § 56	a) bei schwerwiegendem systematischen Verstoß Geldbuße bis 1 Mio. € oder das Zweifache des aus dem Verstoß gezogenen wirtschaftlichen Vorteils b) sonstige Fälle: bis zu 100 000 € Erlass durch WPK als zuständige Bußgeldbehörde für WP

8.2.4   Internetauftritt und Berufsrecht

Pflichtangaben gem. § 5 TMG[1] sowie § 2 DL-InfoV[2]	– Name und Anschrift – Telefon, Telefax, E-Mail-Adresse – Registernummer und Registergericht, sofern ins Handels- oder ein anderes Register eingetragen – angehörige Kammer oder Berufsverband – gesetzliche Berufsbezeichnung und den Staat der Verleihung – Umsatzsteueridentifikationsnummer nach § 27a UStG, sofern erteilt
Pflichtangaben gem. § 5 TMG	– bei juristischen Personen zusätzlich zu Name und Anschrift den Vertretungsberechtigten – Bezeichnung der berufsrechtlichen Regelungen und wie diese zugänglich sind – Angaben über Abwicklung oder Liquidation (bei AG, KGaA, GmbH) – Angaben zur zuständigen Aufsichtsbehörde, soweit behördliche Zulassung erforderlich
Pflichtangaben gem. § 2 DL-InfoV	– bei juristischen Personen zusätzlich zu Name und Anschrift die Firma unter Angabe der Rechtsform – bei erlaubnispflichtigen Tätigkeiten Name und Anschrift der zuständigen Behörde oder Stelle – Allgemeine Geschäftsbedingungen – gegebenenfalls verwendete Vertragsklauseln, das auf den Vertrag anwendbare Recht und den Gerichtsstand – bestehende Garantien, die über gesetzliche Gewährleistung hinausgehen – wesentliche Merkmale der Dienstleistung – Name und Anschrift des Versicherers der Berufshaftpflicht, falls eine solche besteht

---

[1] Telemediengesetz (TMG) vom 26.2.2007 (BGBl I 2007 S. 179), in Kraft getreten am 1.3.2007, letzte Änderung vom 25.6.2021 (BGBl I 2021 S. 2099).
[2] Dienstleistungs-Informationspflichten-Verordnung (DL-InfoV) vom 12.3.2010 (BGBl I 2010 S. 267), in Kraft getreten am 2.5.2010.

Zulässige Inhalte gem. TMG und DL-InfoV	– Person, Lebenslauf, Werdegang und Erfahrungen des Berufsangehörigen
	– Art und Umfang der beruflichen Tätigkeit
	– Größe und Organisation der Praxis, Mitarbeiterstab
	– nationale und internationale Kooperation
	– Sprachkenntnisse
	– Mitgliedschaften in Berufs- oder dem Beruf nahe stehenden Organisationen
	– Tätigkeitsschwerpunkte
	– Hinweise auf eine Zertifizierung (z.B. ISO 9001)
	– Bilder/Fotos mit Praxisbezug (z.B. Praxisgebäude)
	– Logos, soweit sie nicht irreführend sind
	– mehrsprachige Internetseiten
	– aktuelle Hinweise (z.B. Urlaubszeiten)
	– Stellenangebote
	– Alter der Kanzlei, Wegbeschreibung, Parkmöglichkeiten, Sprechzeiten
	– steuerliche oder sonstige fachliche Hinweise (Rechtsprechung)
	– Mandantenrundschreiben und Newsletter
	– Gebührenhinweise
	– elektronische Anforderung einer Praxisbroschüre
	– Veröffentlichungen
	– Onlinevollmachten
	– Hinweis: „Angestellte i.S.d. § 58 StBerG"
	– Einrichtung einer Mailbox zur Entgegennahme von Daten und Nachrichten
	– berufsbezogene Erfahrungen
	– Videos, sofern die Grenzen zur reklamehaften Werbung beachtet werden
	– Slogans
	– Verlinkungen auf andere Seiten im Internet, sofern diese im direkten Zusammenhang mit der Tätigkeit des Steuerberaters/Wirtschaftsprüfers stehen
	– elektronische Adresse und Sprache eventueller Verhaltenskodizies

Unzulässige Inhalte gem. TMG	– Hinweise auf Mandanten und andere berufliche Erfolge – Einrichtung eines Gästebuches – Bilder/Fotos, die nicht praxisbezogen sind oder Elemente mit besonderer Anlockwirkung beinhalten und dadurch reklamehaft sind – subjektiv wertende Leistungsbeschreibungen (z.B. Verfahren, Spitzenleistungen) – Bannerwerbung – Veranstaltung von Gewinnspielen – Beratung zu einem Pauschalhonorar, das unabhängig von Aufwand und Schwierigkeit der erbrachten Leistung gezahlt wird – Aufzählung von „besonderen Schwerpunkten des Leistungsspektrums", sofern diese nur eine allgemeine Aufstellung der Tätigkeiten eines Steuerberaters enthalten – Anzeigen auf fremden Internetseiten, die den Anwender durch Links zu der Adresse der beworbenen Seiten führen – Link-Listen zu steuerfremden Themen – Hinweise auf frühere Beamteneigenschaft des Kanzleiinhabers – Angabe von nicht berufsbezogenen Mitgliedschaften in Kammern oder Verbänden – Gebührenunterbietung – nicht berufsbezogene Informationen
Art der Mitteilung §5 TMG	Die Informationen müssen: – leicht erkennbar, – unmittelbar erreichbar und – ständig verfügbar gehalten werden.
Art der Mitteilung §2 DL-InfoV	Zur Verfügungstellung der Informationen an den Dienstleistungsempfänger: – durch Mitteilung, – durch Vorhaltung am Ort der Leistungserbringung, – leichter Zugang durch eine von ihm angegebene elektronische Adresse, – Aufnahme in ausführliche Informationsunterlagen

Verbraucherstreitbeilegungsgesetz

Informations-pflichten nach §§ 36, 37 VSBG[1]	– Hinweis auf Verpflichtung[2] oder Bereitschaft zur Teilnahme an Streitbeilegungsverfahren vor einer Verbraucherschlichtungsstelle – Hinweis auf die zuständige Verbraucherschlichtungsstelle (Anschrift und Internetseite)
Informations-pflichten nach Artikel 14 ODR-Verordnung[3]	Voraussetzungen – Anbieter von Online-Dienstleistungen für Verbraucher[4] – Angebote über Internetseiten oder per E-Mail Pflichten – Angabe der E-Mail-Adresse zusammen mit Link auf OS-Platt-form[5] – Hinweis auf Verpflichtung der Nutzung von Streitbeilegungs-stellen und der Möglichkeit, eine Streitigkeit dort beizulegen

---

[1] Gesetz über die alternative Streitbeilegung in Verbrauchersachen (Verbraucherstreit-beilegungsgesetz – VSBG) vom 19.2.2016 (BGBl I 2016 S. 254) i.d.F. vom 25.6.2020.
[2] *Teilnahme am Streitbeilegungsverfahren* ist für WP/vBP/StB/RA freiwillig.
[3] Verordnung (EU) Nr. 524/2013 vom 21.5.2013 über die Online-Beilegung verbraucher-rechtlicher Streitigkeiten, in Kraft getreten am 9.1.2016.
[4] Beispielsweise Steuer- oder Rechtsberatung.
[5] Onlinestreitbeilegungs-(OS-)Plattform, Artikel 5 Verordnung (EU) Nr. 524/2013, zu-gänglich seit 15.2.2016.

8.2.5   Fachberaterordnung[1, 2]

Zugelassene Fachberater-bezeich-nungen	– Fachberater/in für Internationales Steuerrecht – Fachberater/in für Zölle und Verbrauchsteuern Die Fachberaterbezeichnung darf nur zusammen mit der Berufs-bezeichnung „Steuerberater/in" oder „Steuerbevollmächtigte/r" geführt werden.	
Vorausset-zungen	Besondere Kenntnisse und Erfahrungen (§ 2)	– Nachweis besonderer theoretischer und prakti-scher Kenntnisse, die in erheblichem Maße die üblicherweise durch Ausbildung und praktische Erfahrung vermittelten Kenntnisse übersteigen – Kenntnisse müssen verfassungs- und europa-rechtliche Bezüge des Fachgebietes umfassen
	Anforderungen an die beratende Tätigkeit (§ 3)	– Antragsteller muss seit mindestens drei Jahren als Steuerberater oder Steuerbevollmächtigter bestellt sein
	Erwerb der besonderen theoretischen Kenntnisse (§ 4)	– i.d.R. durch Teilnahme an einem vorbereitenden beraterspezifischen Lehrgang, der von der Steu-erberaterkammer bestätigt ist und mindestens 120 Zeitstunden umfasst – Nachweis der Fortbildung nach § 9 für den Fall, dass der Antrag auf Verleihung der Fachberater-bezeichnung nicht in demselben Jahr gestellt wird, in dem der Lehrgang endet – anderweitig erworbene theoretische Kenntnisse müssen mit den Inhalten des Lehrgangs iden-tisch sein
	Erwerb der besonderen praktischen Er-fahrungen (§ 5)	– persönliche und eigenverantwortliche Bearbei-tung von mindestens 30 Fällen im jeweiligen Fachgebiet als Steuerberater innerhalb der letz-ten drei Jahre
	Schriftliche Leistungs-kontrollen (§ 6)	– erfolgreiche Absolvierung von mindestens drei schriftlichen Leistungskontrollen mit einer Dauer von jeweils mindestens vier Zeitstunden

---

[1] Fachberaterordnung i.d.F. vom 28.3.2007 (http://www.bstbk.de), zuletzt geändert durch Beschluss der Satzungsversammlung vom 8.9.2010 (DStR 2010, S. 2659, 2663–2664).

[2] Durch das RDG vom 12.12.2007 i.d.F. vom 12.5.2017 können zukünftig nach Aner-kennung weitere Fachberatertitel erworben werden (z.B. Fachberater für: Controlling und Finanzwirtschaft, Gesundheitswesen, Mediation, Rating, Restrukturierung und Unternehmensplanung, Testamentsvollstreckung und Nachlassverwaltung, Unter-nehmensnachfolge, Vermögens- und Finanzplanung).

	Nachweise durch Unterlagen (§7)	– Vorlage von Zeugnissen, Bescheinigungen oder anderen geeigneten Unterlagen zur Prüfung der Voraussetzungen – Zeugnisse der Lehrgangsveranstaltung (sofern besucht) – Falllisten nach §5 müssen Angaben zu Gegenstand, Zeitraum, Art und Umfang der Tätigkeit und Stand der Beratungsangelegenheit enthalten – auf Verlangen Vorlage anonymisierter Arbeitsproben
	Fachgespräch (§8)	– Fachgespräch zwischen Ausschuss und Antragsteller als Nachweis der besonderen Kenntnisse – kann entfallen, wenn die vorliegenden Unterlagen aussagekräftig genug sind
	Fortbildung (§9)	– unaufgeforderter Nachweis einer jährlichen, mindestens 10 Zeitstunden dauernden Fortbildung an die Steuerberaterkammer
Verfahren	– Einreichung des Antrags zusammen mit den nach §7 erforderlichen Unterlagen bei der Steuerberaterkammer, der der Antragsteller angehört – Prüfung der eingereichten Unterlagen auf Vollständigkeit – Begründete Stellungnahme des Berichterstatters, ob der Antragsteller die besonderen Kenntnisse nachweisen kann, ein Fachgespräch entbehrlich ist oder weitere Nachweise erforderlich sind – Einladung zum nicht-öffentlichen Fachgespräch mit einer Frist von mindestens einem Monat – Ausschuss beschließt über abschließende Stellungnahme und gibt sie der zuständigen Steuerberaterkammer bekannt – Verleihung der Fachberaterbezeichnung durch die zuständige Steuerberaterkammer – Erhebung von Verwaltungsgebühren nach §79 Abs.2 StBerG	

8.3 Betriebswirtschaftliche Kennzahlen für WP- und StB-Praxen[1]

Praxisgröße – Umsatz in € –	StB, StBG[2]						WP, WPG[3]		
	30 000 bis 90 000	90 000 bis 180 000	180 000 bis 300 000	300 000 bis 600 000	600 000 bis 1 200 000	1 200 000 bis 3 000 000	60 000 bis 300 000	300 000 bis 900 000	900 000 bis 4 200 000
Umsatz (absolut)	62 071 €	132 211 €	238 276 €	432 233 €	836 196 €	1 766 545 €	174 797 €	551 927 €	1 837 560 €
Umsatz	100,1 %	100,0 %	100,1 %	100,0 %	100,0 %	100,0 %	100,3 %	100,0 %	100,0 %
Material, Stoffe, Waren	1,4 %	1,5 %	1,8 %	2,0 %	1,9 %	2,0 %	17,0 %	14,0 %	7,2 %
Rohertrag	**98,7 %**	**98,5 %**	**98,3 %**	**98,0 %**	**98,1 %**	**98,0 %**	**83,3 %**	**86,0 %**	**92,8 %**
Sonstige betriebliche Erlöse	2,7 %	1,9 %	1,7 %	1,3 %	1,2 %	1,0 %	1,8 %	1,8 %	1,7 %
Betrieblicher Rohertrag	**101,4 %**	**100,4 %**	**100,0 %**	**99,3 %**	**99,3 %**	**99,0 %**	**85,1 %**	**87,8 %**	**94,5 %**
Personalkosten	13,6 %	22,5 %	34,9 %	43,1 %	47,9 %	50,1 %	26,8 %	39,9 %	48,6 %
Raumkosten	4,9 %	5,1 %	5,3 %	5,2 %	4,8 %	4,9 %	3,4 %	4,6 %	4,9 %
Betriebliche Steuern	0,2 %	0,1 %	0,1 %	0,1 %	0,1 %	0,0 %	0,1 %	0,1 %	0,1 %
Versicherungen/Beiträge	2,8 %	1,9 %	1,5 %	1,2 %	1,0 %	1,0 %	3,9 %	2,2 %	1,7 %
Besondere Kosten	0,0 %	0,0 %	0,0 %	0,0 %	0,0 %	0,0 %	0,0 %	0,0 %	0,0 %
Kfz-Kosten	3,1 %	2,3 %	1,8 %	1,5 %	1,4 %	1,2 %	2,0 %	1,4 %	1,1 %
Werbe-/Reisekosten	1,0 %	1,0 %	0,9 %	0,8 %	0,7 %	0,7 %	1,0 %	0,8 %	0,8 %
Kosten Warenabgabe	1,1 %	1,2 %	1,2 %	1,3 %	1,5 %	1,5 %	2,0 %	2,4 %	1,1 %
Abschreibungen	2,8 %	2,4 %	2,4 %	2,9 %	2,7 %	2,7 %	1,7 %	1,9 %	1,7 %
Reparatur/Instandhaltung	1,2 %	1,3 %	1,4 %	1,4 %	1,2 %	1,1 %	0,5 %	1,0 %	1,0 %
Sonstige Kosten	10,3 %	9,3 %	9,6 %	9,2 %	8,7 %	8,2 %	6,9 %	7,4 %	6,9 %

Gesamtkosten	40,9 %	46,9 %	59,0 %	66,6 %	70,1 %	71,4 %	48,2 %	61,5 %	68,0 %
Betriebsergebnis	**60,5 %**	**53,5 %**	**41,0 %**	**32,7 %**	**29,2 %**	**27,6 %**	**36,8 %**	**26,3 %**	**26,5 %**
Zinsaufwand	0,4 %	0,4 %	0,4 %	0,4 %	0,4 %	0,3 %	0,3 %	0,3 %	0,2 %
Sonstiger neutraler Aufwand	0,2 %	0,1 %	0,1 %	0,2 %	0,2 %	0,3 %	0,2 %	0,1 %	0,2 %
Neutraler Aufwand gesamt	0,6 %	0,5 %	0,5 %	0,6 %	0,5 %	0,5 %	0,5 %	0,4 %	0,5 %
Zinserträge	0,1 %	0,1 %	0,1 %	0,1 %	0,1 %	0,1 %	0,1 %	0,1 %	0,1 %
Sonstiger neutraler Ertrag	1,5 %	1,2 %	1,1 %	1,0 %	1,0 %	1,0 %	1,0 %	0,9 %	1,1 %
Verr. kalk. Kosten	0,0 %	0,0 %	0,1 %	0,1 %	0,1 %	0,1 %	0,0 %	0,1 %	0,0 %
Neutraler Ertrag gesamt	1,6 %	1,3 %	1,2 %	1,1 %	1,1 %	1,2 %	1,1 %	1,1 %	1,2 %
Ergebnis vor Steuern	**61,3 %**	**54,3 %**	**41,5 %**	**33,2 %**	**29,8 %**	**28,3 %**	**37,2 %**	**27,0 %**	**27,2 %**

[1] Vgl. DATEV-(Branchen)Kennzahlen vom 31.12.2020; Rundungsdifferenzen wurden ausgeglichen.
[2] Aktuelle Systematik WKZ 2008, StB, StBG, Zeitraum 01/2020–12/2020, Branchenschlüssel 69.20.3.
[3] Aktuelle Systematik WKZ 2008, WP, WPG, Zeitraum 01/2020–12/2020, Branchenschlüssel 69.20.1.

8.4 Kosten- und Gebührenrecht

8.4.1 Kosten- und Gebührenrecht der Steuerberater

8.4.1.1 Gebührentatbestände der StBVV[1]

Tätigkeit	Berechnungshinweise		Gebührensatz	Tabelle	StBVV
	Gebühr	Gegenstandswert			
Ableitung des steuerlichen Ergebnisses aus dem Handelsbilanzergebnis	WertG	Mittel zwischen berichtigter Bilanzsumme und der betriebl. Jahresleistung	$^2/_{10}$–$^{10}/_{10}$	B	§ 35 Abs. 1 Nr. 3 a
Abschlussarbeiten Bilanz und Gewinn- und-Verlust- Rechnung	WertG	Mittel zwischen berichtigter Bilanzsumme und der betriebl. Jahresleistung[2]	$^{10}/_{10}$–$^{40}/_{10}$	B	§ 35 Abs. 1 Nr. 1 a
– Anhang	WertG	w. o.	$^2/_{10}$–$^{12}/_{10}$	B	§ 35 Abs. 1 Nr. 1 b

---

[1] Steuerberatervergütungsverordnung (Titel geändert mit Wirkung vom 20.12.2012 durch VO vom 11.12.2012, BGBl I S.2637) vom 17.12.1981 (BGBl I 1981 S.1442), zuletzt geändert durch Art. 8 Fünfte VO zur Änderung steuerlicher Verordnungen vom 25.6.2020 (BGBl I 2020 S.1495).

[2] Die berichtigte Bilanzsumme ergibt sich aus der Summe der Posten der Aktivseite der Bilanz zuzüglich Privatentnahmen und offener Ausschüttungen, abzüglich Privateinlagen, Kapitalerhöhungen durch Einlagen und Wertberichtigungen. Die betriebliche Jahresleistung umfasst Umsatzerlöse, sonstige betriebliche Erträge, Erträge aus Beteiligungen, Erträge aus anderen Wertpapieren und Ausleihungen des Finanzanlagevermögens, sonstige Zinsen und ähnliche Erträge, Veränderungen des Bestands an fertigen und unfertigen Erzeugnissen, andere aktivierte Eigenleistungen sowie außerordentliche Erträge. Ist der betriebliche Jahresaufwand höher als die betriebliche Jahresleistung, so ist dieser der Berechnung des Gegenstandswerts zugrunde zu legen. Betrieblicher Jahresaufwand ist die Summe der Betriebsausgaben einschließlich der Abschreibungen. Bei der Berechnung des Gegenstandswertes ist eine negative berichtigte Bilanzsumme als positiver Wert anzusetzen. Übersteigt die betriebliche Jahresleistung oder der höhere betriebliche Jahresaufwand das 5fache der berichtigten Bilanzsumme, so bleibt der übersteigende Betrag bei der Ermittlung des Gegenstandswerts außer Ansatz. Der Gegenstandswert besteht nur aus der berichtigten Bilanzsumme, wenn die betriebliche Jahresleistung geringer als 3 000 € ist. Der Gegenstandswert besteht nur aus der betrieblichen Jahresleistung, wenn die berichtigte Bilanzsumme geringer als 3 000 € ist (§ 35 Abs.2 StBVV).

Tätigkeit	Berechnungshinweise		Gebüh-	Ta-	StBVV
	Gebühr	Gegenstandswert	rensatz	belle	
Abschlussarbeiten für Land- und Forstwirtschaft	WertG	a) Betriebsfläche gem. § 39 Abs.6 b) Jahresumsatz zuzügl. Privateinlagen, mind. Aufwendungen zuzügl. Privatentnahmen, hälftiger Ansatz des 100 000 € übersteigenden Betrages	$^3/_{10}$–$^{10}/_{10}$ Summe a + b	D Teil a + b	§ 39 Abs.3 Nr.2
– beratende Mitwirkung beim Abschluss	WertG	siehe oben	$^1/_{20}$–$^{10}/_{20}$ Summe a + b	D Teil a + b	§ 39 Abs.3 Nr.4
Abschlussprüfung für steuerliche Zwecke der Land- und Forstwirtschaft sowie Erläuterungsbericht	WertG	siehe oben	$^1/_{10}$–$^8/_{10}$ Summe a + b	D Teil a + b	§ 39 Abs.3 Nr.5 und Nr.6
Abschlussvorarbeiten für Land- und Forstwirtschaft	WertG	siehe oben	$^1/_{10}$–$^5/_{10}$ Summe a + b	Teil a + b	§ 39 Abs.3 Nr.1
Überwachung und Meldung der Lohnsumme sowie der Behaltensfrist im Sinne von § 13a Absatz 1 in Verbindung mit Absatz 6 Satz 1, Absatz 5 und Absatz 6 Satz 2 des Erbschaftsteuer- und Schenkungsteuergesetzes	ZeitG	–	w. o.	–	§ 24 Abs.4 Nr.13
Berechnung des Begünstigungsgewinnes im Sinne von § 34a Absatz 1 Satz 1 des Einkommensteuergesetzes* (Begünstigung der nicht entnommenen Gewinne)	ZeitG	–	w. o.	–	§ 24 Abs.4 Nr.14

1738

Tätigkeit	Berechnungshinweise		Gebührensatz	Tabelle	StBVV
	Gebühr	Gegenstandswert			
– sonstige Beträge und Meldungen nach dem Einkommensteuergesetz	ZeitG	–	30,00 € – 75,00 € je $^1/_2$ Std.[1]	–	§ 24 Abs. 4 Nr. 5
Anpassung der Vorauszahlungen	WertG	Differenzbetrag	$^2/_{10}$–$^8/_{10}$	A	§ 23 Satz 1 Nr. 3
Aufhebung oder Änderung eines Steuerbescheides oder einer Steueranmeldung	WertG	wegfallender Steuerbetrag	$^2/_{10}$–$^{10}/_{10}$	A	§ 23 Satz 1 Nr. 7
Auseinandersetzungsbilanz	WertG	berichtigte Bilanzsumme	$^5/_{10}$–$^{20}/_{10}$	B	§ 35 Abs. 1 Nr. 5
Auskunft, Rat	WertG	Wert des Interesses	$^1/_{10}$–$^{10}/_{10}$	A	§ 21
– erstes Beratungsgespräch bei Verbrauchern	WertG	w. o.	max. 190,00 €	A	§ 21 Abs. 1 Satz 2
Aussetzung der Vollziehung	keine gesonderte Gebühr	–	–	–	§ 40 Abs. 7
Außen- oder Zollprüfung	ZeitG	–	30,00 € – 75,00 € je $^1/_2$ Std.[1]	–	§ 29
Berichtigung einer Erklärung	WertG	Wert des Interesses	$^2/_{10}$–$^{10}/_{10}$	A	§ 23 Satz 1 Nr. 1
Bescheinigungen	WertG	gem. § 35 Abs. 2 StBGebV	$^1/_{10}$–$^6/_{10}$	B	§ 38 Abs. 1
Bescheinigungen, Mitwirkung	ZeitG	–	30,00 € – 75,00 € je $^1/_2$ Std.[1]	–	§ 38 Abs. 2
Besprechungen	WertG	Wert des Interesses	$^5/_{10}$–$^{10}/_{10}$	A	§ 31 Abs. 1
Billigkeitsfestsetzung	WertG	Differenzbetrag	$^2/_{10}$–$^8/_{10}$	A	§ 23 Satz 1 Nr. 4

---

[1] Die Zeitgebühr richtet sich nach § 13 S. 2 StBVV.

Tätigkeit	Berechnungshinweise		Gebüh-rensatz	Ta-belle	StBVV
	Gebühr	Gegenstandswert			
Buchführung oder Führen steuerlicher Aufzeichnungen – mit Kontieren	WertG	Jahresumsatz oder höhere Aufwands-summe	$^2/_{10}$–$^{12}/_{10}$	C	§ 33 Abs. 1
– Kontieren der Belege	WertG	w. o.	$^1/_{10}$–$^6/_{10}$	C	§ 33 Abs. 2
– nach kontierten Belegen	WertG	w. o.	$^1/_{10}$–$^6/_{10}$	C	§ 33 Abs. 3
– per Datenver-arbeitung beim Auftraggeber	WertG	w. o.	$^1/_{20}$–$^{10}/_{20}$	C	§ 33 Abs. 4
– Überwachung	WertG	w. o.	$^1/_{10}$–$^6/_{10}$	C	§ 33 Abs. 5
Buchführung für Land- und Forstwirt-schaft					
– mit Kontieren	WertG	a) Betriebsfläche b) Jahresumsatz gem. Abs. 5 und 6	$^3/_{10}$–$^{20}/_{10}$ Summe a + b	D Teil a + b	§ 39 Abs. 2 Nr. 1
– nach kontierten Belegen	WertG	w. o.	$^3/_{20}$–$^{20}/_{20}$ Summe a + b	D Teil a + b	§ 39 Abs. 2 Nr. 2
– per Datenverar-beitung	WertG	w. o.	$^1/_{20}$–$^{16}/_{20}$ Summe a + b	D Teil a + b	§ 39 Abs. 2 Nr. 3
– Überwachung	WertG	w. o.	$^1/_{10}$–$^6/_{10}$ Summe a + b	D Teil a + b	§ 39 Abs. 2 Nr. 4
Buchführung, Ein-richtung einer Buch-führung im Sinne der §§ 33 und 34	ZeitG	–	30,00 € – 75,00 € je $^1/_2$ Std.[1]	–	§ 32
– für Land- und Forstwirtschaft	WertG	Betriebsfläche gem. Abs. 6	$^1/_{10}$–$^6/_{10}$	D	§ 39 Abs. 4 Nr. 1

---

[1] Die Zeitgebühr richtet sich nach § 13 Satz 2 StBVV.

Tätigkeit	Berechnungshinweise			Ta-	StBVV
	Gebühr	Gegenstandswert	Gebüh- rensatz	belle	
Einfuhrabgaben, Erklärung	WertG	Betrag aus Anwendung der höchsten Abgabensätze auf die Waren, mind. 1 000 €	$^1/_{10}$–$^3/_{10}$	A	§24 Abs.1 Nr.16
Einkommensteuererklärung ohne Ermittlung der Einkünfte	WertG	Summe der positiven Einkünfte, mind. 8 000 €	$^1/_{10}$–$^6/_{10}$	A	§24 Abs.1 Nr.1
Einwendungen, schriftliche, gegen Prüfungsbericht	WertG	Wert des Interesses	$^5/_{10}$–$^{10}/_{10}$	A	§29 Nr.2
Erbschaftsteuererklärung	WertG	Erwerb von Todes wegen vor Abzug Schulden/Lasten, mind. 16 000 €	$^2/_{10}$–$^{10}/_{10}$	A	§24 Abs.1 Nr.12
Erläuterungsbericht zu Abschlussarbeiten nach §35 Abs.1 Nr.1–5 StBGebV	WertG	wie bei zugrundeliegenden Abschlussarbeiten	$^2/_{10}$–$^{12}/_{10}$	B	§35 Abs.1 Nr.6
Erlassantrag	WertG	zu erlassender Betrag	$^2/_{10}$–$^8/_{10}$	A	§23 Satz 1 Nr.5
Eröffnungsbilanz	WertG	berichtigte Bilanzsumme	$^5/_{10}$–$^{12}/_{10}$	B	§35 Abs.1 Nr.4
Erstattungsantrag	WertG	zu erstattender Betrag	$^2/_{10}$–$^8/_{10}$	A	§23 Satz 1 Nr.6
Erstberatung			bis 190 €		§21 Abs.1 S.2
Gesonderte und einheitliche Feststellung der Einkünfte	WertG	Summe der positiven Einkünfte, mind. 8 000 €	$^1/_{10}$–$^5/_{10}$	A	§24 Abs.1 Nr.2

Tätigkeit	Berechnungshinweise		Gebüh-rensatz	Ta-belle	StBVV
	Gebühr	Gegenstandswert			
Gesonderte und einheitliche Feststellung nach dem Bewertungsgesetz oder dem Erbschaft- und Schenkungsteuergesetz	WertG	mind. erklärter Wert 25 000 €	$^1/_{20}$–$^{18}/_{20}$	A	§ 24 Abs. 1 Nr. 11
Gesonderte Vermögensfeststellung von Gemeinschaften	WertG	Rohvermögen, bei natürlichen Personen mind. 12 500 € bei Körperschaften usw. mind. 25 000 €	$^1/_{20}$–$^{18}/_{20}$	A	§ 24 Abs. 1 Nr. 10
Gewerbesteuererklärung	WertG	Gewerbeertrag vor Freibetrag und Verlust, mind. 8 000 €	$^1/_{10}$–$^6/_{10}$	A	§ 24 Abs. 1 Nr. 5
Gewerbesteuerzerlegungserklärung	WertG	10 % der als Zerlegungsmaßstab erklärten Arbeitslöhne, mind. 4 000 €	$^1/_{10}$–$^6/_{10}$	A	§ 24 Abs. 1 Nr. 6
Gewinnermittlung nach Durchschnittssätzen	WertG	Durchschnittssatzgewinn nach § 13a Abs. 3 S. 1 EStG	$^5/_{10}$–$^{20}/_{10}$	B	§ 26 Abs. 1
Gutachten	WertG	Wert des Interesses	$^{10}/_{10}$–$^{30}/_{10}$	A	§ 22
Investitionszulagenantrag	WertG	Bemessungsgrundlage	$^1/_{10}$–$^6/_{10}$	A	§ 24 Abs. 1 Nr. 19
Jahresabschluss, beratende Mitwirkung bei Aufstellung von					
– Bilanz und Gewinn- und Verlust-Rechnung	WertG	Mittel zwischen der berichtigten Bilanzsumme und der betrieblichen Jahresleistung	$^2/_{10}$–$^{10}/_{10}$	B	§ 35 Abs. 1 Nr. 7
– Anhang	WertG	w. o.	$^2/_{10}$–$^4/_{10}$	B	§ 35 Abs. 1 Nr. 7b
– Lagebericht	WertG	w. o.	$^2/_{10}$–$^4/_{10}$	B	§ 35 Abs. 1 Nr. 7c

Tätigkeit	Berechnungshinweise		Gebührensatz	Tabelle	StBVV
	Gebühr	Gegenstandswert			
Kapitalertragsteuererklärung sowie für jede weitere Erklärung im Zusammenhang mit Kapitalerträgen	WertG	Summe der kapitalertragsteuerpflichtigen Kapitalerträge, mind. 4 000 €	$^1/_{20}$–$^6/_{20}$	A	§24 Abs.1 Nr.14
Kapitalertragsteuererstattungsantrag	WertG	beantragte Erstattung, mind. 1 000 €	$^1/_{10}$–$^6/_{10}$	A	§24 Abs.1 Nr.22
Kindergeldanträge	WertG	beantragtes Jahreskindergeld	$^2/_{10}$–$^{10}/_{10}$	A	§24 Abs.1 Nr.23
Körperschaftsteuererklärung ohne Erklärung zur gesonderten Feststellung nach §§27, 28, 37, 38 KStG	WertG	Einkommen vor Verlustabzug, mind. 16 000 €	$^2/_{10}$–$^8/_{10}$	A	§24 Abs.1 Nr.3
Körperschaftsteuervergütungsantrag	WertG	beantragte Erstattung, mind. 1000 €	$^1/_{10}$–$^6/_{10}$	A	§24 Abs.1 Nr.22
Lohnbuchführung					
– erstmalige Errichtung von Lohnkonten und Aufnahme der Stammdaten	BetragsrahmenG	–	5 €– 18 € je Arbeitnehmer	–	§34 Abs.1
– Führung von Lohnkonten	BetragsrahmenG	–	5 €– 28 € je Arbeitnehmer und Abrechnungszeitraum	–	§34 Abs.2

| Tätigkeit | Berechnungshinweise | | Gebüh- | Ta- | StBVV |
	Gebühr	Gegenstandswert	rensatz	belle	
– Führung von Lohnkonten und Anfertigung der Lohnabrechnung nach vom Auftraggeber erstellten Buchungsunterlagen	Betragsrahmen G	–	2 €– 9 € je Arbeitnehmer und Abrechnungszeitraum	–	§ 34 Abs. 3
– Führung von Lohnkonten und Anfertigung der Lohnabrechnung per Datenverarbeitung beim Auftraggeber	Betragsrahmen G	–	1 €– 4 € je Arbeitnehmer und Abrechnungszeitraum	–	§ 34 Abs. 4
– Hilfeleistung bei sonstigen Tätigkeiten im Zusammenhang mit dem Lohnsteuerabzug und der Lohnbuchführung	ZeitG	–	30,00 €– 75,00 € je $^{1}/_{2}$ Std.[1]	–	§ 34 Abs. 5
Lohnsteueranmeldung	WertG	20 % der Arbeitslöhne einschl. sonstiger Bezüge, mind. 1 000 €	$^{1}/_{20}$–$^{6}/_{20}$	A	§ 24 Abs. 1 Nr. 15
Lohnsteuerermäßigungsantrag	WertG	Jahresarbeitslohn, mind. 4 500 €	$^{1}/_{20}$–$^{4}/_{20}$	A	§ 24 Abs. 3
Prüfung der Erfolgsaussichten einer Berufung oder Revision bei Abraten	WertG	Wert des Interesses	$^{13}/_{20}$	E	§ 21 Abs. 2

---

[1] Die Zeitgebühr richtet sich nach § 13 Satz 2 StBVV.

Tätigkeit	Berechnungshinweise		Gebüh-rensatz	Ta-belle	StBVV
	Gebühr	Gegenstandswert			
Prüfung einer Bilanz, einer Gewinn-und-Verlust-Rechnung, eines Anhangs, eines Lageberichts oder einer sonstigen Vermögensrechnung für steuerliche Zwecke	WertG	gem. § 35 Abs. 2	$2/_{10}$–$10/_{10}$	B	§ 36 Abs. 2 Nr. 1
	ZeitG	–	zzgl. 30,00 € – 75,00 € je $1/_2$ Std.[1]	–	
Prüfung einer Buch-führung, einzelner Konten oder einer Überschussrechnung für steuerliche Zwecke nebst Berichter-stattung	ZeitG	–	30,00 € – 75,00 € je $1/_2$ Std.[1]	–	§ 36 Abs. 1
Prüfung eines Steuerbescheids	ZeitG	–	30,00 € – 75,00 € je $1/_2$ Std.[1]	–	§ 28
Prüfungsbericht, schriftliche Einwen-dungen	WertG	Wert des Interesses	$5/_{10}$–$10/_{10}$	A	§ 29 Nr. 2
Rechtsbehelfsver-fahren vor Verwal-tungsbehörden					
– Erledigung durch Rücknahme, Widerruf, Aufhe-bung, Änderung oder Berichtigung des angefoch-tenen Verwal-tungsakts	Ge-schäftsG	streitiger Steuerbetrag	$10/_{10}$	E	§ 40 Abs. 8

---

[1] Die Zeitgebühr richtet sich nach § 13 Satz 2 StBVV.

Tätigkeit	Berechnungshinweise		Gebüh- rensatz	Ta- belle	StBVV
	Gebühr	Gegenstandswert			
– Betreiben des Ge- schäfts einschließ- lich der Informa- tion, der Einrei- chung und der Begründung des Rechtsbehelfs	Ge- schäftsG	streitiger Steuerbetrag	$5/10-25/10$ – Mittel- gebühr $13/10$ mehr nur, wenn Tätig- keit umfang- reich oder schwierig war – Schrei- ben einfa- cher Art $3/10$	E	§40 Abs.1
– Steuerberater er- hält in dem dem Rechtsbehelfsver- fahren vorausge- henden Verfahren Gebühren für Prüfung von Steuerbescheiden	Ge- schäftsG	streitiger Steuerbetrag	$3/10-20/10$	E	§40 Abs.2
– Steuerberater er- hält in dem dem Rechtsbehelfsver- fahren vorausge- henden Verfahren Gebühren für Steuererklärungen	Ge- schäftsG	streitiger Steuerbetrag	$1/10-7.5/10$	E	§40 Abs.3
Rücknahme oder Widerruf eines Ver- waltungsaktes	WertG	zu erreichende Ver- besserung	$4/10-10/10$	A	§23 Satz 1 Nr.8
Selbstanzeige	WertG	§30 Abs.2: Summe der berichtigten, er- gänzten und nach- geholten Angaben, mindestens jedoch 8000 €	$10/10-30/10$	A	§30 Abs.1

Tätigkeit	Berechnungshinweise		Gebührensatz	Tabelle	StBVV
	Gebühr	Gegenstandswert			
Sonstige Anträge, soweit nicht mit Steuererklärung gestellt	WertG	Wert des Interesses	$^2/_{10}-^{10}/_{10}$	A	§ 23 Satz 1 Nr. 10
Schenkungsteuererklärung	WertG	Rohwert der Schenkung, mind. 16 000 €	$^2/_{10}-^{10}/_{10}$	A	§ 24 Abs. 1 Nr. 13
Steuerabzug von Bauleistungen	WertG	Steuerabzugsbetrag, mind. 1 000 €	$^1/_{10}-^6/_{10}$	A	§ 24 Abs. 1 Nr. 25
Steuerbilanz, Entwicklung aus der Handelsbilanz	WertG	Mittel zwischen berichtigter Bilanzsumme und der betriebl. Jahresleistung	$^5/_{10}-^{12}/_{10}$	B	§ 35 Abs. 1 Nr. 3b
– für Land- und Forstwirtschaft	WertG	a) Betriebsfläche b) Jahresumsatz gem. § 38 Abs. 5 und 6	$^3/_{20}-^{10}/_{20}$ Summe a + b	D Teil a + b	§ 39 Abs. 3 Nr. 3
Steuervergütung nach § 4a KStG	WertG	beantragte Vergütung	$^1/_{10}-^6/_{10}$	A	§ 24 Abs. 1 Nr. 20
Stundungsantrag	WertG	Wert des Interesses	$^2/_{10}-^8/_{10}$	A	§ 23 Satz 1 Nr. 2
Überschussermittlung bei Gewinneinkünften	WertG	höherer Betrag der Betriebseinnahmen oder Betriebsausgaben, mind. 17 500 €	$^5/_{10}-^{20}/_{10}$	B	§ 25 Abs. 1 S. 1, 2
Überschussermittlung bei Überschusseinkünften	WertG	höherer Betrag der Einnahmen oder Werbungskosten, mind. 8 000 €	$^1/_{20}-^{12}/_{20}$	A	§ 27 Abs. 1 S. 1, 2
Umsatzsteuerjahreserklärung	WertG	10 % der Entgelte zuzügl. Eigenverbrauch, mind. 8 000 €	$^1/_{10}-^8/_{10}$	A	§ 24 Abs. 1 Nr. 8
Umsatzsteuervoranmeldung sowie hierzu ergänzender Anträge und Meldungen	WertG	10 % der Entgelte zuzügl. Eigenverbrauch, mind. 650 €	$^1/_{10}-^6/_{10}$	A	§ 24 Abs. 1 Nr. 7

Tätigkeit	Berechnungshinweise		Gebührensatz	Tabelle	StBVV
	Gebühr	Gegenstandswert			
Verbrauchsteueranmeldungen, soweit nicht Einfuhrabgaben	WertG	angemeldeter, festgesetzter Betrag, mind. 1 000 €	$^1/_{10}$–$^3/_{10}$	A	§ 24 Abs. 1 Nr. 17
Verbrauchsteuervergütungs- und -erstattungsanträge	WertG	beantragte Vergütung/ Erstattung, mind. 1 000 €	$^1/_{10}$–$^3/_{10}$	A	§ 24 Abs. 1 Nr. 18
Vermögensteuererklärung	WertG	Rohvermögen, bei natürlichen Personen mind. 12 500 €, bei Körperschaften usw. mind. 25 000 €	$^1/_{20}$–$^{18}/_{20}$	A	§ 24 Abs. 1 Nr. 10
Vermögens- u. Finanzstatus	WertG	Summe der Vermögens-/Finanzwerte	$^5/_{10}$–$^{15}/_{10}$	B	§ 37 Satz 1 Nr. 1
– Status aus übergebenen Endzahlen	WertG	w. o.	$^2/_{10}$–$^6/_{10}$	B	§ 37 Satz 1 Nr. 2
– schriftlicher Erläuterungsbericht	WertG	w. o.	$^1/_{10}$–$^6/_{10}$	B	§ 37 Satz 1 Nr. 3
Verwaltungsvollstreckungsverfahren	Verfahrensgebühr Ziffer 3309 VVRVG	Wert	0,3	Anlage 1, Anlage 2 RVG	§ 44
	Terminsgebühr Ziffer 3310 VVRVG	Wert	0,3	Anlage 1, Anlage 2 RVG	
Vorsteuervergütungsantrag	WertG	beantragte Vergütung, mind. 1 300 €	$^1/_{10}$–$^6/_{10}$	A	§ 24 Abs. 1 Nr. 21
Wiedereinsetzung in den vorigen Stand außerhalb eines Rechtsbehelfsverfahrens	WertG	Wert des Interesses	$^4/_{10}$–$^{10}/_{10}$	A	§ 23 Satz 1 Nr. 9

| Tätigkeit | Berechnungshinweise | | Gebüh-rensatz | Ta-belle | StBVV |
	Gebühr	Gegenstandswert			
Zölle, Abschöpfungen, Verbrauch-steuern als Einfuhrabgaben, Steuererklärung	WertG	Betrag aus An-wendung der höchs-ten Abgabensätze auf die Waren, mind. 1 000 €	$^1/_{10}$–$^3/_{10}$	A	§ 24 Abs. 1 Nr. 16
Zugewinnausgleichs-forderung nach § 5 ErbStG, Ermittlung	WertG	ermittelter Betrag, mind. 12 500 €	$^5/_{10}$–$^{15}/_{10}$	A	§ 24 Abs. 2
Zwischenabschluss oder vorläufiger Ab-schluss, Aufstellung	WertG	Mittel zwischen be-richtigter Bilanz-summe und der be-triebl. Jahresleistung	$^{10}/_{10}$–$^{40}/_{10}$	B	§ 35 Abs. 1 Nr. 2

8.4.1.2   Gebührentabellen A–D[1]

Tabelle	Leistungsart
A	Beratungsleistungen
B	Jahresabschlüsse
C	Allgemeine Buchführung
D	Landwirtschaftliche Buchführung

---

[1] Anlagen 1 bis 4 zur StBVV, zuletzt geändert mit Wirkung 1.7.2020 durch VO vom 25.6.2020, BGBl. I 2020 S. 1495. Tabelle E in der Fassung vom 20.7.2017 wurde aufgehoben.

Tabelle A (Beratungstabelle, Anlage 1 zur StBVV)

Gegenstandswert bis ... €	Volle Gebühr (10/10) €	Gegenstandswert bis ... €	Volle Gebühr (10/10) €
300	29	230 000	2 275
600	53	260 000	2 414
900	76	290 000	2 552
1 200	100	320 000	2 697
1 500	123	350 000	2 760
2 000	157	380 000	2 821
2 500	189	410 000	2 882
3 000	222	440 000	2 939
3 500	255	470 000	2 995
4 000	288	500 000	3 051
4 500	321	550 000	3 132
5 000	354	600 000	3 211
6 000	398		
7 000	441		
8 000	485	vom Mehrbetrag bis 5 000 000 €	
9 000	528	je angefangene 50 000 €	141
10 000	571		
13 000	618	vom Mehrbetrag über 5 000 000 €	
16 000	665	bis 25 000 000 €	
19 000	712	je angefangene 50 000 €	106
22 000	759		
25 000	806	vom Mehrbetrag über 25 000 000 €	
30 000	892	je angefangene 50 000 €	83
35 000	977		
40 000	1 061		
45 000	1 146		
50 000	1 230		
65 000	1 320		
80 000	1 411		
95 000	1 502		
110 000	1 593		
125 000	1 683		
140 000	1 773		
155 000	1 864		
170 000	1 954		
185 000	2 045		
200 000	2 136		

Tabelle B (Abschlusstabelle, Anlage 2 zur StBVV)

Gegenstandswert bis ... €	Volle Gebühr ($^{10}/_{10}$) €	Gegenstandswert bis ... €	Volle Gebühr ($^{10}/_{10}$) €
3 000	46	875 000	991
3 500	54	1 000 000	1 062
4 000	64	1 250 000	1 126
4 500	72	1 500 000	1 249
5 000	81	1 750 000	1 357
6 000	91	2 000 000	1 455
7 000	99	2 250 000	1 542
8 000	109	2 500 000	1 621
9 000	114	3 000 000	1 695
10 000	120	3 500 000	1 841
12 500	126	4 000 000	1 971
15 000	142	4 500 000	2 089
17 500	157	5 000 000	2 196
20 000	168	7 500 000	2 566
22 500	180	10 000 000	2 983
25 000	190	12 500 000	3 321
37 500	203	15 000 000	3 603
50 000	248	17 500 000	3 843
62 500	286	20 000 000	4 050
75 000	319	22 500 000	4 314
87 500	333	25 000 000	4 558
100 000	348	30 000 000	5 014
125 000	399	35 000 000	5 433
150 000	444	40 000 000	5 823
175 000	483	45 000 000	6 187
200 000	517	50 000 000	6 532
225 000	549		
250 000	578	vom Mehrbetrag bis 125 000 000 €	
300 000	605	je angefangene 5 000 000 €	258
350 000	657	vom Mehrbetrag über 125 000 000 €	
400 000	704	bis 250 000 000 €	
450 000	746	je angefangene 12 500 000 €	450
500 000	785	vom Mehrbetrag über 250 000 000 €	
625 000	822	je angefangene 25 000 000 €	642
750 000	913		

Tabelle C (Buchführungstabelle, Anlage 3 zur StBVV)

Gegenstandswert bis ... €	Volle Gebühr ($^{10}/_{10}$) €	Gegenstandswert bis ... €	Volle Gebühr ($^{10}/_{10}$) €
15 000	68	100 000	177
17 500	75	125 000	197
20 000	83	150 000	217
22 500	88	200 000	259
25 000	95	250 000	299
30 000	102	300 000	339
35 000	110	350 000	381
40 000	115	400 000	416
45 000	122	450 000	448
50 000	130	500 000	483
62 500	137		
75 000	149	vom Mehrbetrag über 500 000 €	
87 500	164	je angefangene 50 000 €	34

Tabelle D (landwirtschaftliche Buchführung, Anlage 4 zur StBVV)

Teil a		Teil b	
Betriebsfläche bis ... Hektar	Volle Gebühr (^{10}/$_{10}$) €	Jahresumsatz i.S.v. §39 Abs.5 bis ... €	Volle Gebühr (^{10}/$_{10}$) €
40	348	40 000	362
45	373	42 500	380
50	396	45 000	398
55	419	47 500	417
60	441	50 000	433
65	461	55 000	469
70	479	60 000	503
75	497	65 000	539
80	514	70 000	571
85	530	75 000	606
90	543	80 000	640
95	556	85 000	673
100	567	90 000	706
110	595	95 000	738
120	622	100 000	771
130	648	105 000	802
140	674	110 000	833
150	700	115 000	866
160	725	120 000	897
170	748	125 000	927
180	772	130 000	959
190	794	135 000	989
200	816	140 000	1 020
210	838	145 000	1 051
220	859	150 000	1 081
230	879	155 000	1 111
240	898	160 000	1 141
250	917	165 000	1 172
260	936	170 000	1 201
270	954	175 000	1 230
280	970	180 000	1 260
290	987	185 000	1 289
300	1 002	190 000	1 318
320	1 035	195 000	1 347
340	1 067	200 000	1 376
360	1 100	205 000	1 406
380	1 130	210 000	1 434
400	1 160	215 000	1 462
420	1 191	220 000	1 491
440	1 220	225 000	1 520
460	1 248	230 000	1 547
480	1 275	235 000	1 575
500	1 301	240 000	1 603

Tabelle D (landwirtschaftliche Buchführung) (Fortsetzung)

Teil a		Teil b	
Betriebsfläche bis … Hektar	**Volle Gebühr ($^{10}/_{10}$) €**	**Jahresumsatz i.S.v. §39 Abs.5 bis … €**	**Volle Gebühr ($^{10}/_{10}$) €**
520	1 329	245 000	1 630
540	1 355	250 000	1 656
560	1 380	255 000	1 684
580	1 404	260 000	1 712
600	1 429	265 000	1 738
620	1 453	270 000	1 765
640	1 475	275 000	1 791
660	1 497	280 000	1 817
680	1 519	285 000	1 842
700	1 538	290 000	1 868
750	1 586	295 000	1 894
800	1 628	300 000	1 919
850	1 664	305 000	1 943
900	1 695	310 000	1 968
950	1 719	315 000	1 991
1 000	1 738	320 000	2 015
		325 000	2 038
		330 000	2 062
		335 000	2 084
bis 2 000 je ha	1,56 mehr	340 000	2 107
bis 3 000 je ha	1,44 mehr	345 000	2 129
bis 4 000 je ha	1,30 mehr	350 000	2 149
bis 5 000 je ha	1,15 mehr	355 000	2 172
bis 6 000 je ha	1,01 mehr	360 000	2 193
bis 7 000 je ha	0,87 mehr	365 000	2 213
bis 8 000 je ha	0,72 mehr	370 000	2 234
bis 9 000 je ha	0,57 mehr	375 000	2 255
bis 10 000 je ha	0,43 mehr	380 000	2 268
bis 11 000 je ha	0,28 mehr	385 000	2 295
bis 12 000 je ha	0,15 mehr	390 000	2 313
ab 12 000 je ha	0,15 mehr	395 000	2 332
		400 000	2 351
		410 000	2 388
		420 000	2 424
		430 000	2 461
		440 000	2 495
		450 000	2 530
		460 000	2 564
		470 000	2 596
		480 000	2 629
		490 000	2 658
		500 000	2 687
		vom Mehrbetrag über 500 000 € je angefangene 50 000 €	156

8.4.1.3 Sonstige Gebühren

Zeitgebühr (§ 13 Satz 2)	30 € – 75 € je angefangene halbe Stunde
Auslagen (§ 18)	Kilometersatz bei Geschäftsreisen 0,42 € Tagegeld – bei Abwesenheit bis zu 4 Stunden 25 € – bei Abwesenheit von mehr als 4 Stunden und bis zu 8 Stunden 40 € – bei Abwesenheit über 8 Stunden 70 €
Erstberatungsgebühr (§ 21)	Nicht mehr als 190 € bei Verbrauchern
Post- und Telekommunikations- pauschale (§ 16)	20 % der Gebühren, max. 20 € oder tatsächliche Kosten

8.4.2 Kosten- und Gebührenrecht der Rechtsanwälte

8.4.2.1 Überblick

Das Gebührenrecht der Rechtsanwälte ist in § 34 RVG[1] zum 1.7.2006 geändert worden. Die Grundsätze ergeben sich aus der folgenden Übersicht.

	Mit Gebühren- vereinbarung	Ohne Gebührenvereinbarung	
		Verbraucher	Sonstige Mandanten
Honorar für – Rat (mündlich oder schriftlich) – Auskunft (Beratung) – Gutachten – Mediation	Gemäß Gebühren- vereinbarung	max. 250 €; für erstes Beratungs- gespräch max. 190 € jeweils zuzüglich Um- satzsteuer[3] in der gesetzlich geltenden Höhe	Gemäß Vorschriften des BGB, d.h. übliche Vergütung

Mit Gesetz vom 12.6.2008[2] wurde das Erfolgshonorar eingeführt (§ 4a RVG). Ein Erfolgshonorar darf nur für den Einzelfall und nur dann vereinbart werden, wenn der Auftraggeber aufgrund seiner wirtschaftlichen Verhältnisse bei verständiger

---

[1] RVG – Rechtsanwaltsvergütungsgesetz vom 5.5.2004, BGBl I 2004 S.718, zuletzt geändert durch Gesetz vom 2.6.2021 (BGBl I 2021 S.1278).
[2] BGBl I 2008 S.1000.
[3] Bedingt durch die COVID-19-Pandemie galt für den Zeitraum 1.7.2020 – 31.12.2020 ein reduzierter Umsatzsteuersatz von 16 %. Ab dem 1.1.2021 gilt wieder der ursprüngliche Umsatzsteuersatz von 19 %.

Betrachtung ohne die Vereinbarung eines Erfolgshonorars von der Rechtsverfolgung abgehalten würde.

Im gerichtlichen Verfahren:

Misserfolg	keine oder geringere als gesetzliche Vergütung
Erfolgsfall	angemessener Zuschlag auf gesetzliche Vergütung

Der Auftraggeber muss für den Fall des Misserfolgs die Gerichtskosten, Verwaltungskosten und die Kosten anderer Beteiligter tragen.

8.4.2.2 Gebührentatbestände des RVG

Ausschnitt aus dem Vergütungsverzeichnis:

Teil 1 Allgemeine Gebühren

Nr.	Gebührentatbestand	Gebühr oder Satz der Gebühr nach § 13 RVG

Vorbemerkung 1:
Die Gebühren dieses Teils entstehen neben den in anderen Teilen bestimmten Gebühren oder einer Gebühr für die Beratung nach § 34 RVG.

1000 Einigungsgebühr für die Mitwirkung beim Abschluss eines Vertrags
1. durch den der Streit oder die Ungewissheit über ein Rechtsverhältnis beseitigt wird 1,5
2. durch den die Erfüllung des Anspruchs geregelt wird bei gleichzeitigem vorläufigem Verzicht auf seine gerichtliche Geltendmachung oder, wenn bereits ein zur Zwangsvollstreckung geeigneter Titel vorliegt, bei gleichzeitigem vorläufigem Verzicht auf Vollstreckungsmaßnahmen (Zahlungsvereinbarung) 0,7
(1) Die Gebühr nach Nummer 1 entsteht nicht, wenn der Hauptanspruch anerkannt oder wenn auf ihn verzichtet wird. Im Privatklageverfahren ist Nummer 4147 anzuwenden.
(2) Die Gebühr entsteht auch für die Mitwirkung bei Vertragsverhandlungen, es sei denn, dass diese für den Abschluss des Vertrags im Sinne dieser Vorschrift nicht ursächlich war.
(3) Für die Mitwirkung bei einem unter einer aufschiebenden Bedingung oder unter dem Vorbehalt des Widerrufs geschlossenen Vertrag entsteht die Gebühr, wenn die Bedingung eingetreten ist oder der Vertrag nicht mehr widerrufen werden kann.
(4) Bei Rechtsverhältnissen des öffentlichen Rechts entsteht die Gebühr, soweit über die Ansprüche vertraglich verfügt werden kann. Absatz 1 Satz 1 und Absatz 2 sind anzuwenden.

Nr.	Gebührentatbestand	Gebühr oder Satz der Gebühr nach § 13 RVG
	(5) Die Gebühr entsteht nicht in Ehesachen und in Lebenspartnerschaftssachen (§ 269 Abs. 1 Nr. 1 und 2 FamFG). Wird ein Vertrag, insbesondere über den Unterhalt, im Hinblick auf die in Satz 1 genannten Verfahren geschlossen, bleibt der Wert dieser Verfahren bei der Berechnung der Gebühr außer Betracht. In Kindschaftssachen entsteht die Gebühr auch für die Mitwirkung an einer Vereinbarung, über deren Gegenstand nicht vertraglich verfügt werden kann. Absatz 1 Satz 1 ist entsprechend anzuwenden.	
1001	Aussöhnungsgebühr	1,5
	Die Gebühr entsteht für die Mitwirkung bei der Aussöhnung, wenn der ernstliche Wille eines Ehegatten, eine Scheidungssache oder ein Verfahren auf Aufhebung der Ehe anhängig zu machen, hervorgetreten ist und die Ehegatten die eheliche Lebensgemeinschaft fortsetzen oder die eheliche Lebensgemeinschaft wieder aufnehmen. Dies gilt entsprechend bei Lebenspartnerschaften.	
1002	Erledigungsgebühr, soweit nicht Nummer 1005 gilt	1,5
	Die Gebühr entsteht, wenn sich eine Rechtssache ganz oder teilweise nach Aufhebung oder Änderung des mit einem Rechtsbehelf angefochtenen Verwaltungsakts durch die anwaltliche Mitwirkung erledigt. Das Gleiche gilt, wenn sich eine Rechtssache ganz oder teilweise durch Erlass eines bisher abgelehnten Verwaltungsakts erledigt.	
1003	Über den Gegenstand ist ein anderes gerichtliches Verfahren als ein selbstständiges Beweisverfahren anhängig:	
	Die Gebühr 1000 Nr. 1 sowie die Gebühren 1001 und 1002 betragen	1,0
	(1) Dies gilt auch, wenn ein Verfahren über die Prozesskostenhilfe anhängig ist, soweit nicht lediglich Prozesskostenhilfe für ein selbstständiges Beweisverfahren oder die gerichtliche Protokollierung des Vergleichs beantragt wird oder sich die Beiordnung auf den Abschluss eines Vertrags im Sinne der Nummer 1000 erstreckt (§ 48 Abs. 1 und 3 RVG). Die Anmeldung eines Anspruchs zum Musterverfahren nach dem KapMuG steht einem anhängigen gerichtlichen Verfahren gleich. Das Verfahren vor dem Gerichtsvollzieher steht einem gerichtlichen Verfahren gleich.	
	(2) In Kindschaftssachen entsteht die Gebühr auch für die Mitwirkung am Abschluss eines gerichtlich gebilligten Vergleichs (§ 156 Abs. 2 FamFG) und an einer Vereinbarung, über deren Gegenstand nicht vertraglich verfügt werden kann, wenn hierdurch eine gerichtliche Entscheidung entbehrlich wird oder wenn die Entscheidung der getroffenen Vereinbarung folgt.	

Nr.	Gebührentatbestand	Gebühr oder Satz der Gebühr nach §13 RVG
1004	Über den Gegenstand ist ein Berufungs- oder Revisionsverfahren, ein Verfahren über die Beschwerde gegen die Nichtzulassung eines dieser Rechtsmittel oder ein Verfahren vor dem Rechtsmittelgericht über die Zulassung des Rechtsmittels anhängig: Die Gebühr 1000 Nr. 1 sowie die Gebühren 1001 und 1002 betragen.................................... (1) Dies gilt auch in den in den Vorbemerkungen 3.2.1 und 3.2.2 genannten Beschwerde- und Rechtsbeschwerdeverfahren. (2) Absatz 2 der Anmerkung zu Nummer 1003 ist anzuwenden.	1,3
1005	Einigung oder Erledigung in einem Verwaltungsverfahren in sozialrechtlichen Angelegenheiten, in denen im gerichtlichen Verfahren Betragsrahmengebühren entstehen (§3 RVG): Die Gebühren 1000 und 1002 entstehen............. (1) Die Gebühr bestimmt sich einheitlich nach dieser Vorschrift, wenn in die Einigung Ansprüche aus anderen Verwaltungsverfahren einbezogen werden. Ist über einen Gegenstand ein gerichtliches Verfahren anhängig, bestimmt sich die Gebühr nach Nummer 1006. Maßgebend für die Höhe der Gebühr ist die höchste entstandene Geschäftsgebühr ohne Berücksichtigung einer Erhöhung nach Nummer 1008. Steht dem Rechtsanwalt ausschließlich eine Gebühr nach §34 RVG zu, beträgt die Gebühr die Hälfte des in der Anmerkung zu Nummer 2302 genannten Betrags. (2) Betrifft die Einigung oder Erledigung nur einen Teil der Angelegenheit, ist der auf diesen Teil der Angelegenheit entfallende Anteil an der Geschäftsgebühr unter Berücksichtigung der in §14 Abs. 1 RVG genannten Umstände zu schätzen.	in Höhe der Geschäftsgebühr
1006	Über den Gegenstand ist ein gerichtliches Verfahren anhängig: Die Gebühr 1005 entsteht........................ (1) Die Gebühr bestimmt sich auch dann einheitlich nach dieser Vorschrift, wenn in die Einigung Ansprüche einbezogen werden, die nicht in diesem Verfahren rechtshängig sind. Maßgebend für die Höhe der Gebühr ist die im Einzelfall bestimmte Verfahrensgebühr in der Angelegenheit, in der die Einigung erfolgt. Eine Erhöhung nach Nummer 1008 ist nicht zu berücksichtigen. (2) Betrifft die Einigung oder Erledigung nur einen Teil der Angelegenheit, ist der auf diesen Teil der Angelegenheit entfallende Anteil an der Verfahrensgebühr unter Berücksichtigung der in §14 Abs. 1 RVG genannten Umstände zu schätzen.	in Höhe der Verfahrensgebühr
1007	[nicht belegt]	

Nr.	Gebührentatbestand	Gebühr oder Satz der Gebühr nach § 13 RVG
1008	Auftraggeber sind in derselben Angelegenheit mehrere Personen:	
	Die Verfahrens- oder Geschäftsgebühr erhöht sich für jede weitere Person um	0,3 oder 30 % bei Festgebühren, bei Betragsrahmengebühren erhöhen sich der Mindest- und Höchstbetrag um 30 %
	(1) Dies gilt bei Wertgebühren nur, soweit der Gegenstand der anwaltlichen Tätigkeit derselbe ist.	
	(2) Die Erhöhung wird nach dem Betrag berechnet, an dem die Personen gemeinschaftlich beteiligt sind.	
	(3) Mehrere Erhöhungen dürfen einen Gebührensatz von 2,0 nicht übersteigen; bei Festgebühren dürfen die Erhöhungen das Doppelte der Festgebühr und bei Betragsrahmengebühren das Doppelte des Mindest- und Höchstbetrags nicht übersteigen.	
	(4) Im Fall der Anmerkung zu den Gebühren 2300 und 2302 erhöht sich der Gebührensatz oder Betrag dieser Gebühren entsprechend.	
1009	Hebegebühr	
	1. bis einschließlich 2 500,00 €	1,0 %
	2. von dem Mehrbetrag bis einschließlich 10 000,00 €	0,5 %
	3. von dem Mehrbetrag über 10 000,00 €	0,25 % des aus- oder zurückgezahlten Betrags – mindestens 1,00 €
	(1) Die Gebühr wird für die Auszahlung oder Rückzahlung von entgegengenommenen Geldbeträgen erhoben.	
	(2) Unbare Zahlungen stehen baren Zahlungen gleich. Die Gebühr kann bei der Ablieferung an den Auftraggeber entnommen werden.	
	(3) Ist das Geld in mehreren Beträgen gesondert ausgezahlt oder zurückgezahlt, wird die Gebühr von jedem Betrag besonders erhoben.	
	(4) Für die Ablieferung oder Rücklieferung von Wertpapieren und Kostbarkeiten entsteht die in den Absätzen 1 bis 3 bestimmte Gebühr nach dem Wert.	
	(5) Die Hebegebühr entsteht nicht, soweit Kosten an ein Gericht oder eine Behörde weitergeleitet oder eingezogene Kosten an den Auftraggeber abgeführt oder eingezogene Beträge auf die Vergütung verrechnet werden.	
1010	Zusatzgebühr für besonders umfangreiche Beweisaufnahmen in Angelegenheiten, in denen sich die Gebühren nach Teil 3 richten und mindestens drei gerichtliche Termine stattfinden, in denen Sachverständige oder Zeugen vernommen werden	0,3 oder bei Betragsrahmengebühren erhöhen sich der Mindest- und Höchstbetrag der Terminsgebühr um 30 %
	Die Gebühr entsteht für den durch besonders umfangreiche Beweisaufnahmen anfallenden Mehraufwand.	

Teil 2 Außergerichtliche Tätigkeiten einschließlich der Vertretung im Verwaltungsverfahren

Nr.	Gebührentatbestand	Gebühr oder Satz der Gebühr nach § 13 RVG
	Abschnitt 1. Prüfung der Erfolgsaussicht eines Rechtsmittels	
2100	Gebühr für die Prüfung der Erfolgsaussicht eines Rechtsmittels, soweit in Nummer 2102 nichts anderes bestimmt ist. . Die Gebühr ist auf eine Gebühr für das Rechtsmittelverfahren anzurechnen.	0,5 bis 1,0
2101	Die Prüfung der Erfolgsaussicht eines Rechtsmittels ist mit der Ausarbeitung eines schriftlichen Gutachtens verbunden: Die Gebühr 2100 beträgt.	1,3
2102	Gebühr für die Prüfung der Erfolgsaussicht eines Rechtsmittels in sozialrechtlichen Angelegenheiten, in denen im gerichtlichen Verfahren Betragsrahmengebühren entstehen (§ 3 RVG), und in den Angelegenheiten, für die nach den Teilen 4 bis 6 Betragsrahmengebühren entstehen . . . . Die Gebühr ist auf eine Gebühr für das Rechtsmittelverfahren anzurechnen.	36,00 bis 384,00 €
2103	Die Prüfung der Erfolgsaussicht eines Rechtsmittels ist mit der Ausarbeitung eines schriftlichen Gutachtens verbunden: Die Gebühr 2102 beträgt.	60,00 bis 660,00 €
	Abschnitt 2. Herstellung des Einvernehmens	
2200	Geschäftsgebühr für die Herstellung des Einvernehmens nach § 28 EuRAG	in Höhe der einem Bevollmächtigten oder Verteidiger zustehenden Verfahrensgebühr
2201	Das Einvernehmen wird nicht hergestellt: Die Gebühr 2200 beträgt.	0,1 bis 0,5 oder Mindestbetrag der einem Bevollmächtigten oder Verteidiger zustehenden Verfahrensgebühr

Abschnitt 3. Vertretung

Vorbemerkung 2.3:

(1) Im Verwaltungszwangsverfahren ist Teil 3 Abschnitt 3 Unterabschnitt 3 entsprechend anzuwenden.

(2) Dieser Abschnitt gilt nicht für die in den Teilen 4 bis 6 geregelten Angelegenheiten.

Nr.	Gebührentatbestand	Gebühr oder Satz der Gebühr nach § 13 RVG

(3) Die Geschäftsgebühr entsteht für das Betreiben des Geschäfts einschließlich der Information und für die Mitwirkung bei der Gestaltung eines Vertrags.

(4) Soweit wegen desselben Gegenstands eine Geschäftsgebühr für eine Tätigkeit im Verwaltungsverfahren entstanden ist, wird diese Gebühr zur Hälfte, bei Wertgebühren jedoch höchstens mit einem Gebührensatz von 0,75, auf eine Geschäftsgebühr für eine Tätigkeit im weiteren Verwaltungsverfahren, das der Nachprüfung des Verwaltungsakts dient, angerechnet. Bei einer Betragsrahmengebühr beträgt der Anrechnungsbetrag höchstens 207,00 €. Bei einer Wertgebühr erfolgt die Anrechnung nach dem Wert des Gegenstands, der auch Gegenstand des weiteren Verfahrens ist.

(5) Absatz 4 gilt entsprechend bei einer Tätigkeit im Verfahren nach der Wehrbeschwerdeordnung, wenn darauf eine Tätigkeit im Beschwerdeverfahren oder wenn der Tätigkeit im Beschwerdeverfahren eine Tätigkeit im Verfahren der weiteren Beschwerde vor den Disziplinarvorgesetzten folgt.

(6) Soweit wegen desselben Gegenstands eine Geschäftsgebühr nach Nummer 2300 entstanden ist, wird diese Gebühr zur Hälfte, jedoch höchstens mit einem Gebührensatz von 0,75, auf eine Geschäftsgebühr nach Nummer 2303 angerechnet. Absatz 4 Satz 3 gilt entsprechend.

Nr.	Gebührentatbestand	Gebühr oder Satz der Gebühr nach § 13 RVG
2300	Geschäftsgebühr, soweit in den Nummern 2302 und 2303 nichts anderes bestimmt ist. . . . . (1) Eine Gebühr von mehr als 1,3 kann nur gefordert werden, wenn die Tätigkeit umfangreich oder schwierig war. (2) Ist Gegenstand der Tätigkeit eine Inkassodienstleistung, die eine unbestrittene Forderung betrifft, kann eine Gebühr von mehr als 0,9 nur gefordert werden, wenn die Inkassodienstleistung besonders umfangreich oder besonders schwierig war. In einfachen Fällen kann nur eine Gebühr von 0,5 gefordert werden; ein einfacher Fall liegt in der Regel vor, wenn die Forderung auf die erste Zahlungsaufforderung hin beglichen wird. Der Gebührensatz beträgt höchstens 1,3.	0,5 bis 2,5
2301	Der Auftrag beschränkt sich auf ein Schreiben einfacher Art: Die Gebühr 2300 beträgt. . . . . Es handelt sich um ein Schreiben einfacher Art, wenn dieses weder schwierige rechtliche Ausführungen noch größere sachliche Auseinandersetzungen enthält.	0,3
2302	Geschäftsgebühr in 1. sozialrechtlichen Angelegenheiten, in denen im gerichtlichen Verfahren Betragsrahmengebühren entstehen (§ 3 RVG), und 2. Verfahren nach der Wehrbeschwerdeordnung, wenn im gerichtlichen Verfahren das Verfahren vor dem Truppendienstgericht oder vor dem Bundesverwaltungsgericht an die Stelle des Verwaltungsrechtswegs gemäß § 82 SG tritt . . . . . . Eine Gebühr von mehr als 359,00 € kann nur gefordert werden, wenn die Tätigkeit umfangreich oder schwierig war.	60,00 bis 768,00 €

Nr.	Gebührentatbestand	Gebühr oder Satz der Gebühr nach § 13 RVG
2303	Geschäftsgebühr für 1. Güteverfahren vor einer durch die Landesjustizverwaltung eingerichteten oder anerkannten Gütestelle (§ 794 I Abs. 1 Nr. 1 ZPO) oder, wenn die Parteien den Einigungsversuch einvernehmlich unternehmen, vor einer Gütestelle, die Streitbeilegung betreibt (§ 15a Abs. 31 EGZPO), 2. Verfahren vor einem Ausschuss der in § 111 Abs. 2 des Arbeitsgerichtsgesetzes bezeichneten Art, 3. Verfahren vor dem Seemannsamt zur vorläufigen Entscheidung von Arbeitssachen und 4. Verfahren vor sonstigen gesetzlich eingerichteten Einigungsstellen, Gütestellen oder Schiedsstellen	1,5

Abschnitt 5. Beratungshilfe

Vorbemerkung 2.5:
Im Rahmen der Beratungshilfe entstehen Gebühren ausschließlich nach diesem Abschnitt.

2500	Beratungshilfegebühr. . . . . Neben der Gebühr werden keine Auslagen erhoben. Die Gebühr kann erlassen werden.	15,00 €
2501	Beratungsgebühr. . . . . (1) Die Gebühr entsteht für eine Beratung, wenn die Beratung nicht mit einer anderen gebührenpflichtigen Tätigkeit zusammenhängt. (2) Die Gebühr ist auf eine Gebühr für eine sonstige Tätigkeit anzurechnen, die mit der Beratung zusammenhängt.	38,50 €
2502	Beratungstätigkeit mit dem Ziel einer außergerichtlichen Einigung mit den Gläubigern über die Schuldenbereinigung auf der Grundlage eines Plans (§ 305 Abs. 1 Nr. 1 InsO): Die Gebühr 2501 beträgt.	77,00 €
2503	Geschäftsgebühr. . . . . (1) Die Gebühr entsteht für das Betreiben des Geschäfts einschließlich der Information oder die Mitwirkung bei der Gestaltung eines Vertrags. (2) Auf die Gebühren für ein anschließendes gerichtliches oder behördliches Verfahren ist diese Gebühr zur Hälfte anzurechnen. Auf die Gebühren für ein Verfahren auf Vollstreckbarerklärung eines Vergleichs nach den §§ 796a, 796b und 796c Abs. 2 Satz 2 ZPO ist die Gebühr zu einem Viertel anzurechnen.	93,50 €
2504	Tätigkeit mit dem Ziel einer außergerichtlichen Einigung mit den Gläubigern über die Schuldenbereinigung auf der Grundlage eines Plans (§ 305 Abs. 1 Nr. 1 InsO): Die Gebühr 2503 beträgt bei bis zu 5 Gläubigern	297,00 €
2505	Es sind 6 bis 10 Gläubiger vorhanden: Die Gebühr 2503 beträgt.	446,00 €

Nr.	Gebührentatbestand	Gebühr oder Satz der Gebühr nach § 13 RVG
2506	Es sind 11 bis 15 Gläubiger vorhanden: Die Gebühr 2503 beträgt.	594,00 €
2507	Es sind mehr als 15 Gläubiger vorhanden: Die Gebühr 2503 beträgt.	743,00 €
2508	Einigungs- und Erledigungsgebühr. (1) Die Anmerkungen zu Nummern 1000 und 1002 sind anzuwenden. (2) Die Gebühr entsteht auch für die Mitwirkung bei einer außergerichtlichen Einigung mit den Gläubigern über die Schuldenbereinigung auf der Grundlage eines Plans (§ 305 Abs. 1 Nr. 1 InsO).	165,00 €

Teil 3 Zivilsachen, Verfahren der öffentlich-rechtlichen Gerichtsbarkeiten, Verfahren nach dem Strafvollzugsgesetz, auch in Verbindung mit § 92 des Jugendgerichtsgesetzes, und ähnliche Verfahren

Nr.	Gebührentatbestand	Gebühr oder Satz der Gebühr nach § 13 RVG

Vorbemerkung 3:

(1) Gebühren nach diesem Teil erhält der Rechtsanwalt, dem ein unbedingter Auftrag als Prozess- oder Verfahrensbevollmächtigter, als Beistand für einen Zeugen oder Sachverständigen oder für eine sonstige Tätigkeit in einem gerichtlichen Verfahren erteilt worden ist. Der Beistand für einen Zeugen oder Sachverständigen erhält die gleichen Gebühren wie ein Verfahrensbevollmächtigter.

(2) Die Verfahrensgebühr entsteht für das Betreiben des Geschäfts einschließlich der Information.

(3) Die Terminsgebühr entsteht sowohl für die Wahrnehmung von gerichtlichen Terminen als auch für die Wahrnehmung von außergerichtlichen Terminen und Besprechungen, wenn nichts anderes bestimmt ist. Sie entsteht jedoch nicht für die Wahrnehmung eines gerichtlichen Termins nur zur Verkündung einer Entscheidung. Die Gebühr für außergerichtliche Termine und Besprechungen entsteht für

1. die Wahrnehmung eines von einem gerichtlich bestellten Sachverständigen anberaumten Termins und
2. die Mitwirkung an Besprechungen, die auf die Vermeidung oder Erledigung des Verfahrens gerichtet sind; dies gilt nicht für Besprechungen mit dem Auftraggeber.

(4) Soweit wegen desselben Gegenstands eine Geschäftsgebühr nach Teil 2 entsteht, wird diese Gebühr zur Hälfte, bei Wertgebühren jedoch höchstens mit einem Gebührensatz von 0,75, auf die Verfahrensgebühr des gerichtlichen Verfahrens angerechnet. Bei Betragsrahmengebühren beträgt der Anrechnungsbetrag höchstens 207,00 €. Sind mehrere Gebühren entstanden, ist für die Anrechnung die zuletzt entstandene Gebühr maßgebend. *Bei einer wertabhängigen Gebühr erfolgt die Anrechnung nach dem Wert des Gegenstands, der auch Gegenstand des gerichtlichen Verfahrens ist.*

(5) Soweit der Gegenstand eines selbstständigen Beweisverfahrens auch Gegenstand eines Rechtsstreits ist oder wird, wird die Verfahrensgebühr des selbstständigen Beweisverfahrens auf die Verfahrensgebühr des Rechtszugs angerechnet.

(6) Soweit eine Sache an ein untergeordnetes Gericht zurückverwiesen wird, das mit der Sache bereits befasst war, ist die vor diesem Gericht bereits entstandene Verfahrensgebühr auf die Verfahrensgebühr für das erneute Verfahren anzurechnen.

(7) Die Verfahrensgebühr für einen Urkunden- oder Wechselprozess wird auf die Verfahrensgebühr für das ordentliche Verfahren angerechnet, wenn dieses nach Abstandnahme vom Urkunden- oder Wechselprozess oder nach einem Vorbehaltsurteil anhängig bleibt (§§ 596 und 600 ZPO).

(8) Die Vorschriften dieses Teils sind nicht anzuwenden, soweit Teil 6 besondere Vorschriften enthält.

Abschnitt 1. Erster Rechtszug

Vorbemerkung 3.1:

Die Gebühren dieses Abschnitts entstehen in allen Verfahren, für die in den folgenden Abschnitten dieses Teils keine Gebühren bestimmt sind.

Nr.	Gebührentatbestand	Gebühr
3100	Verfahrensgebühr, soweit in Nummer 3102 nichts anderes bestimmt ist	1,3
	(1) Die Verfahrensgebühr für ein vereinfachtes Verfahren über den Unterhalt Minderjähriger wird auf die Verfahrensgebühr angerechnet, die in dem nachfolgenden Rechtsstreit entsteht (§ 255 FamFG).	
	(2) Die Verfahrensgebühr für ein Vermittlungsverfahren nach § 165 FamFG wird auf die Verfahrensgebühr für ein sich anschließendes Verfahren angerechnet.	
3101	1. Endigt der Auftrag, bevor der Rechtsanwalt die Klage, den ein Verfahren einleitenden Antrag oder einen Schriftsatz, der Sachanträge, Sachvortrag, die Zurücknahme der Klage oder die Zurücknahme des Antrags enthält, eingereicht oder bevor er einen gerichtlichen Termin wahrgenommen hat;	
	2. soweit Verhandlungen vor Gericht zur Einigung der Parteien oder der Beteiligten oder mit Dritten über in diesem Verfahren nicht rechtshängige Ansprüche geführt werden; der Verhandlung über solche Ansprüche steht es gleich, wenn beantragt ist, eine Einigung zu Protokoll zu nehmen oder das Zustandekommen einer Einigung festzustellen (§ 278 Abs. 6 ZPO), oder wenn eine Einigung dadurch *erfolgt, dass die* Beteiligten einen in der Form eines Beschlusses ergangenen Vorschlag schriftlich oder durch Erklärung zu Protokoll in der mündlichen Verhandlung gegenüber dem Gericht annehmen (§ 101 Abs. 1 Satz 2 SGG, § 106 Satz 2 VwGO); oder	
	3. soweit in einer Familiensache, die nur die Erteilung einer Genehmigung oder die Zustimmung des Familiengerichts zum Gegenstand hat, oder in einem Verfahren der freiwilligen Gerichtsbarkeit lediglich ein Antrag gestellt und eine Entscheidung entgegengenommen wird,	
	beträgt die Gebühr 3100	0,8

Nr.	Gebührentatbestand	Gebühr oder Satz der Gebühr nach § 13 RVG
	(1) Soweit in den Fällen der Nummer 2 der sich nach § 15 Abs. 3 RVG ergebende Gesamtbetrag der Verfahrensgebühren die Gebühr 3100 übersteigt, wird der übersteigende Betrag auf eine Verfahrensgebühr angerechnet, die wegen desselben Gegenstands in einer anderen Angelegenheit entsteht.	
	(2) Nummer 3 ist in streitigen Verfahren der freiwilligen Gerichtsbarkeit, insbesondere in Verfahren nach dem Gesetz über das gerichtliche Verfahren in Landwirtschaftssachen, nicht anzuwenden.	
3102	Verfahrensgebühr für Verfahren vor den Sozialgerichten, in denen Betragsrahmengebühren entstehen (§ 3 RVG)	60,00 bis 660,00 €
3103	*[aufgehoben]*	
3104	Terminsgebühr, soweit in Nummer 3106 nichts anderes bestimmt ist	1,2
	(1) Die Gebühr entsteht auch, wenn	
	1. in einem Verfahren, für das mündliche Verhandlung vorgeschrieben ist, im Einverständnis mit den Parteien oder Beteiligten oder gemäß § 307 oder § 495a ZPO ohne mündliche Verhandlung entschieden oder in einem solchen Verfahren mit oder ohne Mitwirkung des Gerichts ein Vertrag im Sinne der Nummer 1000 geschlossen wird oder eine Erledigung der Rechtssache im Sinne der Nummer 1002 eingetreten ist,	
	2. nach § 84 Abs. 1 Satz 1 VwGO oder § 105 Abs. 1 Satz 1 SGG durch Gerichtsbescheid entschieden wird und eine mündliche Verhandlung beantragt werden kann oder	
	3. das Verfahren vor dem Sozialgericht, für das mündliche Verhandlung vorgeschrieben ist, nach angenommenem Anerkenntnis ohne mündliche Verhandlung endet.	
	(2) Sind in dem Termin auch Verhandlungen zur Einigung über in diesem Verfahren nicht rechtshängige Ansprüche geführt worden, wird die Terminsgebühr, soweit sie den sich ohne Berücksichtigung der nicht rechtshängigen Ansprüche ergebenden Gebührenbetrag übersteigt, auf eine Terminsgebühr angerechnet, die wegen desselben Gegenstands in einer anderen Angelegenheit entsteht.	
	(3) Die Gebühr entsteht nicht, soweit lediglich beantragt ist, eine Einigung der Parteien oder der Beteiligten oder mit Dritten über nicht rechtshängige Ansprüche zu Protokoll zu nehmen.	
	(4) Eine in einem vorausgegangenen Mahnverfahren oder *vereinfachten Verfahren* über den Unterhalt Minderjähriger entstandene Terminsgebühr wird auf die Terminsgebühr des nachfolgenden Rechtsstreits angerechnet.	

Nr.	Gebührentatbestand	Gebühr oder Satz der Gebühr nach § 13 RVG
3105	Wahrnehmung nur eines Termins, in dem eine Partei oder ein Beteiligter nicht erschienen oder nicht ordnungsgemäß vertreten ist und lediglich ein Antrag auf Versäumnisurteil, Versäumnisentscheidung oder zur Prozess-, Verfahrens- oder Sachleitung gestellt wird: Die Gebühr 3104 beträgt....................... (1) Die Gebühr entsteht auch, wenn 1. das Gericht bei Säumnis lediglich Entscheidungen zur Prozess-, Verfahrens- oder Sachleitung von Amts wegen trifft oder 2. eine Entscheidung gemäß § 331 Abs. 3 ZPO ergeht. (2) § 333 ZPO ist nicht entsprechend anzuwenden.	0,5
3106	Terminsgebühr in Verfahren vor den Sozialgerichten, in denen Betragsrahmengebühren entstehen (§ 3 RVG)....... Die Gebühr entsteht auch, wenn 1. in einem Verfahren, für das mündliche Verhandlung vorgeschrieben ist, im Einverständnis mit den Parteien ohne mündliche Verhandlung entschieden oder in einem solchen Verfahren mit oder ohne Mitwirkung des Gerichts ein Vertrag im Sinne der Nummer 1000 geschlossen wird oder eine Erledigung der Rechtssache im Sinne der Nummer 1002 eingetreten ist, 2. nach § 105 Abs. 1 Satz 1 SGG durch Gerichtsbescheid entschieden wird und eine mündliche Verhandlung beantragt werden kann oder 3. das Verfahren, für das mündliche Verhandlung vorgeschrieben ist, nach angenommenem Anerkenntnis ohne mündliche Verhandlung endet. In den Fällen des Satzes 1 beträgt die Gebühr 90 % der in derselben Angelegenheit dem Rechtsanwalt zustehenden Verfahrensgebühr ohne Berücksichtigung einer Erhöhung nach Nummer 1008.	60,00 bis 610,00 €

Abschnitt 2. Berufung, Revision, bestimmte Beschwerden und Verfahren vor dem Finanzgericht

Vorbemerkung 3.2:

(1) Dieser Abschnitt ist auch in Verfahren vor dem Rechtsmittelgericht über die Zulassung des Rechtsmittels anzuwenden.

(2) Wenn im Verfahren auf Anordnung eines Arrests, zur Erwirkung eines Europäischen Beschlusses zur vorläufigen Kontenpfändung oder auf Erlass einer einstweiligen Verfügung sowie im Verfahren über die Aufhebung, den Widerruf oder die Abänderung der genannten Entscheidungen das Rechtsmittelgericht als Gericht der Hauptsache anzusehen ist (§ 943, auch i.V.m. § 946 Abs. 1 Satz 2 ZPO), bestimmen sich die Gebühren nach den für die erste Instanz geltenden Vorschriften. Dies gilt entsprechend im Verfahren der einstweiligen Anordnung und im Verfahren auf Anordnung oder Wiederherstellung der aufschiebenden Wirkung, auf Aussetzung oder Aufhebung der Vollziehung oder Anordnung der sofortigen Vollziehung eines Verwaltungsakts. Satz 1 gilt ferner entsprechend in Verfahren über einen Antrag nach § 169 Abs. 2 Satz 5 und 6, § 173 Abs. 1 Satz 3 oder nach § 176 GWB.

Nr.	Gebührentatbestand	Gebühr oder Satz der Gebühr nach § 13 RVG

Unterabschnitt 1. Berufung, bestimmte Beschwerden und Verfahren vor dem Finanzgericht

Vorbemerkung 3.2.1:

Dieser Unterabschnitt ist auch anzuwenden in Verfahren

1. vor dem Finanzgericht,
2. über Beschwerden
   a) gegen die den Rechtszug beendenden Entscheidungen in Verfahren über Anträge auf Vollstreckbarerklärung ausländischer Titel oder auf Erteilung der Vollstreckungsklausel zu ausländischen Titeln sowie über Anträge auf Aufhebung oder Abänderung der Vollstreckbarerklärung oder der Vollstreckungsklausel,
   b) gegen die Endentscheidung wegen des Hauptgegenstands in Familiensachen und in den Angelegenheiten der freiwilligen Gerichtsbarkeit,
   c) gegen die den Rechtszug beendenden Entscheidungen im Beschlussverfahren vor den Gerichten für Arbeitssachen,
   d) gegen die den Rechtszug beendenden Entscheidungen im personalvertretungsrechtlichen Beschlussverfahren vor den Gerichten der Verwaltungsgerichtsbarkeit,
   e) nach dem GWB,
   f) nach dem EnWG,
   g) nach dem KSpG,
   h) nach dem EU-VSchDG,
   i) nach dem SpruchG,
   j) nach dem WpÜG,
3. über Beschwerden
   a) die Entscheidung des Verwaltungs- oder Sozialgerichts wegen des Hauptgegenstands in Verfahren des vorläufigen oder einstweiligen Rechtsschutzes,
   b) nach dem WpHG,
   c) gegen die Entscheidung über den Widerspruch des Schuldners (§ 954 Abs. 1 Satz 1 ZPO) im Fall des Artikels 5 Buchstabe a der Verordnung (EU) Nr. 655/2014,
4. über Rechtsbeschwerden nach dem StVollzG, auch i.V.m. § 92 JGG.

3200	Verfahrensgebühr, soweit in Nummer 3204 nichts anderes bestimmt ist	1,6
3201	Vorzeitige Beendigung des Auftrags oder eingeschränkte Tätigkeit des Anwalts:	
	Die Gebühr 3200 beträgt	1,1

(1) Eine vorzeitige Beendigung liegt vor,

1. wenn der Auftrag endigt, bevor der Rechtsanwalt das Rechtsmittel eingelegt oder einen Schriftsatz, der Sachanträge, Sachvortrag, die Zurücknahme der Klage oder die Zurücknahme des Rechtsmittels enthält, eingereicht oder bevor er einen gerichtlichen Termin wahrgenommen hat,

2. soweit Verhandlungen vor Gericht zur Einigung der Parteien oder der Beteiligten oder mit Dritten über in diesem Verfahren nicht rechtshängige Ansprüche geführt werden; der Verhandlung über solche Ansprüche steht es gleich, wenn beantragt ist, eine Einigung zu Protokoll zu nehmen oder das Zustandekommen einer Einigung festzustellen (§ 278 Abs. 6 ZPO).

Nr.	Gebührentatbestand	Gebühr oder Satz der Gebühr nach § 13 RVG
	Soweit in den Fällen der Nummer 2 der sich nach § 15 Abs. 3 RVG ergebende Gesamtbetrag der Verfahrensgebühren die Gebühr 3200 übersteigt, wird der übersteigende Betrag auf eine Verfahrensgebühr angerechnet, die wegen desselben Gegenstands in einer anderen Angelegenheit entsteht. (2) Eine eingeschränkte Tätigkeit des Anwalts liegt vor, wenn sich seine Tätigkeit 1. in einer Familiensache, die nur die Erteilung einer Genehmigung oder die Zustimmung des Familiengerichts zum Gegenstand hat, oder 2. in einer Angelegenheit der freiwilligen Gerichtsbarkeit auf die Einlegung und Begründung des Rechtsmittels und die Entgegennahme der Rechtsmittelentscheidung beschränkt.	
3202	Terminsgebühr, soweit in Nummer 3205 nichts anderes bestimmt ist . . . . (1) Absatz 1 Nr. 1 und 3 sowie die Absätze 2 und 3 der Anmerkung zu Nummer 3104 gelten entsprechend. (2) Die Gebühr entsteht auch, wenn nach § 79a Abs. 2, § 90a oder § 94a FGO ohne mündliche Verhandlung durch Gerichtsbescheid entschieden wird.	1,2
3203	Wahrnehmung nur eines Termins, in dem eine Partei oder ein Beteiligter, im Berufungsverfahren der Berufungskläger, im Beschwerdeverfahren der Beschwerdeführer, nicht erschienen oder nicht ordnungsgemäß vertreten ist und lediglich ein Antrag auf Versäumnisurteil, Versäumnisentscheidung oder zur Prozess-, Verfahrens- oder Sachleitung gestellt wird: Die Gebühr 3202 beträgt . . . . Die Anmerkung zu Nummer 3105 und Absatz 2 der Anmerkung zu Nummer 3202 gelten entsprechend.	0,5
3204	Verfahrensgebühr für Verfahren vor den Landessozialgerichten, in denen Betragsrahmengebühren entstehen (§ 3 RVG)	72,00 bis 816,00 €
3205	Terminsgebühr in Verfahren vor den Landessozialgerichten, in denen Betragsrahmengebühren entstehen (§ 3 RVG) . . . . . Satz 1 Nr. 1 und 3 der Anmerkung zu Nummer 3106 gilt entsprechend. In den Fällen des Satzes 1 beträgt die Gebühr 75 % der in derselben Angelegenheit dem Rechtsanwalt zustehenden Verfahrensgebühr ohne Berücksichtigung einer Erhöhung nach Nummer 1008.	60,00 bis 610,00 €

Nr.	Gebührentatbestand	Gebühr oder Satz der Gebühr nach § 13 RVG

Unterabschnitt 2. Revision, bestimmte Beschwerden und Rechtsbeschwerden

Vorbemerkung 3.2.2:

Dieser Unterabschnitt ist auch anzuwenden in Verfahren

1. über Rechtsbeschwerden
   a) in den in der Vorbemerkung 3.2.1 Nr. 2 genannten Fällen,
   b) nach § 20 KapMuG und
   c) nach § 1065 ZPO,
2. vor dem Bundesgerichtshof über Berufungen, Beschwerden oder Rechtsbeschwerden gegen Entscheidungen des Bundespatentgerichts und
3. vor dem Bundesfinanzhof über Beschwerden nach § 128 Abs. 3 FGO.

3206	Verfahrensgebühr, soweit in Nummer 3212 nichts anderes bestimmt ist	1,6
3207	Vorzeitige Beendigung des Auftrags oder eingeschränkte Tätigkeit des Anwalts: Die Gebühr 3206 beträgt . . . . Die Anmerkung zu Nummer 3201 gilt entsprechend.	1,1
3208	Im Verfahren können sich die Parteien oder die Beteiligten nur durch einen beim Bundesgerichtshof zugelassenen Rechtsanwalt vertreten lassen: Die Gebühr 3206 beträgt	2,3
3209	Vorzeitige Beendigung des Auftrags, wenn sich die Parteien oder die Beteiligten nur durch einen beim Bundesgerichtshof zugelassenen Rechtsanwalt vertreten lassen können: Die Gebühr 3206 beträgt . . . . Die Anmerkung zu Nummer 3201 gilt entsprechend.	1,8
3210	Terminsgebühr, soweit in Nummer 3213 nichts anderes bestimmt ist . . . . Absatz 1 Nr. 1 und 3 sowie die Absätze 2 und 3 der Anmerkung zu Nummer 3104 und Absatz 2 der Anmerkung zu Nummer 3202 gelten entsprechend.	1,5
3211	Wahrnehmung nur eines Termins, in dem der Revisionskläger oder Beschwerdeführer nicht ordnungsgemäß vertreten ist und lediglich ein Antrag auf Versäumnisurteil, Versäumnisentscheidung oder zur Prozess-, Verfahrens- oder Sachleitung gestellt wird: Die Gebühr 3210 beträgt. . . . . Die Anmerkung zu Nummer 3105 und Absatz 2 der Anmerkung zu Nummer 3202 gelten entsprechend.	0,8
3212	Verfahrensgebühr für Verfahren vor dem Bundessozialgericht, in denen Betragsrahmengebühren entstehen (§ 3 RVG)	96,00 bis 1 056,00 €
3213	Terminsgebühr in Verfahren vor dem Bundessozialgericht, in denen Betragsrahmengebühren entstehen (§ 3 RVG) . . . . Satz 1 Nr. 1 und 3 sowie Satz 2 der Anmerkung zu Nummer 3106 gelten entsprechend.	96,00 bis 990,00 €

Nr.	Gebührentatbestand	Gebühr oder Satz der Gebühr nach § 13 oder § 49 RVG	
		Wahlanwalt	gerichtlich bestellter oder beigeordneter Rechtsanwalt

Vorbemerkung 5:

(1) Für die Tätigkeit als Beistand oder Vertreter eines Einziehungs- oder Nebenbeteiligten, eines Zeugen oder eines Sachverständigen sind die Vorschriften dieses Teils entsprechend anzuwenden.

(2) Die Verfahrensgebühr entsteht für das Betreiben des Geschäfts einschließlich der Information.

(3) Die Terminsgebühr entsteht für die Teilnahme an gerichtlichen Terminen, soweit nichts anderes bestimmt ist. Der Rechtsanwalt erhält die Terminsgebühr auch, wenn er zu einem anberaumten Termin erscheint, dieser aber aus Gründen, die er nicht zu vertreten hat, nicht stattfindet. Dies gilt nicht, wenn er rechtzeitig von der Aufhebung oder Verlegung des Termins in Kenntnis gesetzt worden ist.

(4) Für folgende Tätigkeiten entstehen Gebühren nach den Vorschriften des Teils 3:

1. für das Verfahren über die Erinnerung oder die Beschwerde gegen einen Kostenfestsetzungsbeschluss, für das Verfahren über die Erinnerung gegen den Kostenansatz, für das Verfahren über die Beschwerde gegen die Entscheidung über diese Erinnerung und für Verfahren über den Antrag auf gerichtliche Entscheidung gegen einen Kostenfestsetzungsbescheid und den Ansatz der Gebühren und Auslagen (§ 108 OWiG), dabei steht das Verfahren über den Antrag auf gerichtliche Entscheidung dem Verfahren über die Erinnerung oder die Beschwerde gegen einen Kostenfestsetzungsbeschluss gleich,

2. in der Zwangsvollstreckung aus Entscheidungen, die über die Erstattung von Kosten ergangen sind, und für das Beschwerdeverfahren gegen die gerichtliche Entscheidung nach Nummer 1.

Abschnitt 1. Gebühren des Verteidigers

Vorbemerkung 5.1:

(1) Durch die Gebühren wird die gesamte Tätigkeit als Verteidiger entgolten.

(2) Hängt die Höhe der Gebühren von der Höhe der Geldbuße ab, ist die zum Zeitpunkt des Entstehens der Gebühr zuletzt festgesetzte Geldbuße maßgebend. Ist eine Geldbuße nicht festgesetzt, richtet sich die Höhe der Gebühren im Verfahren vor der Verwaltungsbehörde nach dem mittleren Betrag der in der Bußgeldvorschrift angedrohten Geldbuße. Sind in einer Rechtsvorschrift Regelsätze bestimmt, sind diese maßgebend. Mehrere Geldbußen sind zusammenzurechnen.

Unterabschnitt 1. Allgemeine Gebühr

| 5100 | Grundgebühr . . . . (1) Die Gebühr entsteht neben der Verfahrensgebühr für die erstmalige Einarbeitung in den Rechtsfall nur einmal, unabhängig davon, in welchem Verfahrensabschnitt sie erfolgt. | 33,00 bis 187,00 € | 88,00 € |

Nr.	Gebührentatbestand	Gebühr oder Satz der Gebühr nach § 13 oder § 49 RVG	
		Wahlanwalt	gerichtlich bestellter oder beigeordneter Rechtsanwalt
	(2) Die Gebühr entsteht nicht, wenn in einem vorangegangenen Strafverfahren für dieselbe Handlung oder Tat die Gebühr 4100 entstanden ist.		

Unterabschnitt 2. Verfahren vor der Verwaltungsbehörde

Vorbemerkung 5.1.2:

(1) Zu dem Verfahren vor der Verwaltungsbehörde gehört auch das Verwarnungsverfahren und das Zwischenverfahren (§ 69 OWiG) bis zum Eingang der Akten bei Gericht.

(2) Die Terminsgebühr entsteht auch für die Teilnahme an Vernehmungen vor der Polizei oder der Verwaltungsbehörde.

Nr.	Gebührentatbestand	Wahlanwalt	gerichtlich bestellter oder beigeordneter Rechtsanwalt
5101	Verfahrensgebühr bei einer Geldbuße von weniger als 60,00 €	22,00 bis 121,00 €	57,00 €
5102	Terminsgebühr für jeden Tag, an dem ein Termin in den in Nummer 5101 genannten Verfahren stattfindet	22,00 bis 121,00 €	57,00 €
5103	Verfahrensgebühr bei einer Geldbuße von 60,00 bis 5 000,00 €	33,00 bis 319,00 €	141,00 €
5104	Terminsgebühr für jeden Tag, an dem ein Termin in den in Nummer 5103 genannten Verfahren stattfindet	33,00 bis 319,00 €	141,00 €
5105	Verfahrensgebühr bei einer Geldbuße von mehr als 5 000,00 €	44,00 bis 330,00 €	150,00 €
5106	Terminsgebühr für jeden Tag, an dem ein Termin in den in Nummer 5105 genannten Verfahren stattfindet	44,00 bis 330,00 €	150,00 €

Unterabschnitt 3. Gerichtliches Verfahren im ersten Rechtszug

Vorbemerkung 5.1.3:

(1) Die Terminsgebühr entsteht auch für die Teilnahme an gerichtlichen Terminen außerhalb der Hauptverhandlung.

(2) Die Gebühren dieses Unterabschnitts entstehen für das Wiederaufnahmeverfahren einschließlich seiner Vorbereitung gesondert; die Verfahrensgebühr entsteht auch, wenn von der Stellung eines Wiederaufnahmeantrags abgeraten wird.

Nr.	Gebührentatbestand	Wahlanwalt	gerichtlich bestellter oder beigeordneter Rechtsanwalt
5107	Verfahrensgebühr bei einer Geldbuße von weniger als 60,00 €	22,00 bis 121,00 €	57,00 €

Nr.	Gebührentatbestand	Gebühr oder Satz der Gebühr nach §13 oder §49 RVG	
		Wahlanwalt	gerichtlich bestellter oder beigeordneter Rechtsanwalt
5108	Terminsgebühr je Hauptverhandlungstag in den in Nummer 5107 genannten Verfahren	22,00 bis 264,00 €	114,00 €
5109	Verfahrensgebühr bei einer Geldbuße von 60,00 bis 5 000,00 €	33,00 bis 319,00 €	141,00 €
5110	Terminsgebühr je Hauptverhandlungstag in den in Nummer 5109 genannten Verfahren	44,00 bis 517,00 €	224,00 €
5111	Verfahrensgebühr bei einer Geldbuße von mehr als 5 000,00 €	55,00 bis 385,00 €	176,00 €
5112	Terminsgebühr je Hauptverhandlungstag in den in Nummer 5111 genannten Verfahren	88,00 bis 616,00 €	282,00 €

Unterabschnitt 4. Verfahren über die Rechtsbeschwerde

Nr.	Gebührentatbestand	Wahlanwalt	gerichtlich bestellter oder beigeordneter Rechtsanwalt
5113	Verfahrensgebühr	88,00 bis 616,00 €	282,00 €
5114	Terminsgebühr je Hauptverhandlungstag	88,00 bis 616,00 €	282,00 €

Unterabschnitt 5. Zusätzliche Gebühren

Nr.	Gebührentatbestand	Wahlanwalt	gerichtlich bestellter oder beigeordneter Rechtsanwalt
5115	Durch die anwaltliche Mitwirkung wird das Verfahren vor der Verwaltungsbehörde erledigt oder die Hauptverhandlung entbehrlich: Zusätzliche Gebühr .... (1) Die Gebühr entsteht, wenn 1. das Verfahren nicht nur vorläufig eingestellt wird oder 2. der Einspruch gegen den Bußgeldbescheid zurückgenommen wird oder 3. der Bußgeldbescheid nach Einspruch von der Verwaltungsbehörde zurückgenommen und gegen einen neuen Bußgeldbescheid kein Einspruch eingelegt wird oder	in Höhe der jeweiligen Verfahrensgebühr	

Nr.	Gebührentatbestand	Gebühr oder Satz der Gebühr nach § 13 oder § 49 RVG	
		Wahlanwalt	gerichtlich bestellter oder beigeordneter Rechtsanwalt

	4. sich das gerichtliche Verfahren durch Rücknahme des Einspruchs gegen den Bußgeldbescheid oder der Rechtsbeschwerde des Betroffenen oder eines anderen Verfahrensbeteiligten erledigt; ist bereits ein Termin zur Hauptverhandlung bestimmt, entsteht die Gebühr nur, wenn der Einspruch oder die Rechtsbeschwerde früher als zwei Wochen vor Beginn des Tages, der für die Hauptverhandlung vorgesehen war, zurückgenommen wird, oder		
	5. das Gericht nach § 72 Abs. 1 Satz 1 OWiG durch Beschluss entscheidet.		
	(2) Die Gebühr entsteht nicht, wenn eine auf die Förderung des Verfahrens gerichtete Tätigkeit nicht ersichtlich ist.		
	(3) Die Höhe der Gebühr richtet sich nach dem Rechtszug, in dem die Hauptverhandlung vermieden wurde. Für den Wahlanwalt bemisst sich die Gebühr nach der Rahmenmitte.		
5116	Verfahrensgebühr bei Einziehung und verwandten Maßnahmen	1,0	1,0
	(1) Die Gebühr entsteht für eine Tätigkeit für den Betroffenen, die sich auf die Einziehung oder dieser gleichstehende Rechtsfolgen (§ 46 Abs. 1 OWiG, § 439 StPO) oder auf eine diesen Zwecken dienende Beschlagnahme bezieht.		
	(2) Die Gebühr entsteht nicht, wenn der Gegenstandswert niedriger als 30,00 € ist.		
	(3) Die Gebühr entsteht nur einmal für das Verfahren vor der Verwaltungsbehörde und für das gerichtliche Verfahren im ersten Rechtszug. Im Rechtsbeschwerdeverfahren entsteht die Gebühr besonders.		

Abschnitt 2. Einzeltätigkeiten

5200	*Verfahrensgebühr*	22,00 bis 121,00 €	57,00 €
	(1) Die Gebühr entsteht für einzelne Tätigkeiten, ohne dass dem Rechtsanwalt sonst die Verteidigung übertragen ist.		

Nr.	Gebührentatbestand	Gebühr oder Satz der Gebühr nach § 13 oder § 49 RVG	
		Wahlanwalt	gerichtlich bestellter oder beigeordneter Rechtsanwalt
	(2) Die Gebühr entsteht für jede Tätigkeit gesondert, soweit nichts anderes bestimmt ist. § 15 RVG bleibt unberührt.		
	(3) Wird dem Rechtsanwalt die Verteidigung für das Verfahren übertragen, werden die nach dieser Nummer entstandenen Gebühren auf die für die Verteidigung entstehenden Gebühren angerechnet.		
	(4) Der Rechtsanwalt erhält die Gebühr für die Vertretung in der Vollstreckung und in einer Gnadensache auch, wenn ihm die Verteidigung übertragen war.		

Teil 7 Auslagen

Nr.	Auslagentatbestand	Höhe

Vorbemerkung 7:

(1) Mit den Gebühren werden auch die allgemeinen Geschäftskosten entgolten. Soweit nachfolgend nichts anderes bestimmt ist, kann der Rechtsanwalt Ersatz der entstandenen Aufwendungen (§ 675 i.V.m. § 670 BGB) verlangen.

(2) Eine Geschäftsreise liegt vor, wenn das Reiseziel außerhalb der Gemeinde liegt, in der sich die Kanzlei oder die Wohnung des Rechtsanwalts befindet.

(3) Dient eine Reise mehreren Geschäften, sind die entstandenen Auslagen nach den Nummern 7003 bis 7006 nach dem Verhältnis der Kosten zu verteilen, die bei gesonderter Ausführung der einzelnen Geschäfte entstanden wären. Ein Rechtsanwalt, der seine Kanzlei an einen anderen Ort verlegt, kann bei Fortführung eines ihm vorher erteilten Auftrags Auslagen nach den Nummern 7003 bis 7006 nur insoweit verlangen, als sie auch von seiner bisherigen Kanzlei aus entstanden wären.

7000	Pauschale für die Herstellung und Überlassung von Dokumenten:	
	1. für Kopien und Ausdrucke	
	a) aus Behörden- und Gerichtsakten, soweit deren Herstellung zur sachgemäßen Bearbeitung der Rechtssache geboten war,	
	b) zur Zustellung oder Mitteilung an Gegner oder Beteiligte und Verfahrensbevollmächtigte aufgrund einer Rechtsvorschrift oder nach Aufforderung durch das Gericht, die Behörde oder die sonst das Verfahren führende Stelle, soweit hierfür mehr als 100 Seiten zu fertigen waren,	
	c) zur notwendigen Unterrichtung des Auftraggebers, soweit hierfür mehr als 100 Seiten zu fertigen waren,	
	d) in sonstigen Fällen nur, wenn sie im Einverständnis mit dem Auftraggeber zusätzlich, auch zur Unterrichtung Dritter, angefertigt worden sind:	

Nr.	Auslagentatbestand	Höhe
	für die ersten 50 abzurechnenden Seiten je Seite	0,50 €
	für jede weitere Seite	0,15 €
	für die ersten 50 abzurechnenden Seiten in Farbe je Seite	1,00 €
	für jede weitere Seite in Farbe	0,30 €
	2. Überlassung von elektronisch gespeicherten Dateien oder deren Bereitstellung zum Abruf anstelle der in Nummer 1 Buchstabe d genannten Kopien und Ausdrucke:	
	je Datei	1,50 €
	für die in einem Arbeitsgang überlassenen, bereitgestellten oder in einem Arbeitsgang auf denselben Datenträger übertragenen Dokumente insgesamt höchstens	5,00 €
	(1) Die Höhe der Dokumentenpauschale nach Nummer 1 ist in derselben Angelegenheit und in gerichtlichen Verfahren in demselben Rechtszug einheitlich zu berechnen. Eine Übermittlung durch den Rechtsanwalt per Telefax steht der Herstellung einer Kopie gleich.	
	(2) Werden zum Zweck der Überlassung von elektronisch gespeicherten Dateien Dokumente im Einverständnis mit dem Auftraggeber zuvor von der Papierform in die elektronische Form übertragen, beträgt die Dokumentenpauschale nach Nummer 2 nicht weniger, als die Dokumentenpauschale im Fall der Nummer 1 betragen würde.	
7001	Entgelte für Post- und Telekommunikationsdienstleistungen	in voller Höhe
	Für die durch die Geltendmachung der Vergütung entstehenden Entgelte kann kein Ersatz verlangt werden.	
7002	Pauschale für Entgelte für Post- und Telekommunikationsdienstleistungen	20 % der Gebühren
	(1) Die Pauschale kann in jeder Angelegenheit anstelle der tatsächlichen Auslagen nach 7001 gefordert werden.	– höchstens
	(2) Werden Gebühren aus der Staatskasse gezahlt, sind diese maßgebend.	20,00 €
7003	Fahrtkosten für eine Geschäftsreise bei Benutzung eines eigenen Kraftfahrzeugs für jeden gefahrenen Kilometer	0,42 €
	Mit den Fahrtkosten sind die Anschaffungs-, Unterhaltungs- und Betriebskosten sowie die Abnutzung des Kraftfahrzeugs abgegolten.	
7004	Fahrtkosten für eine Geschäftsreise bei Benutzung eines anderen Verkehrsmittels, soweit sie angemessen sind	in voller Höhe
7005	Tage- und Abwesenheitsgeld bei einer Geschäftsreise	
	1. von nicht mehr als 4 Stunden	30,00 €
	2. von mehr als 4 bis 8 Stunden	50,00 €
	3. von mehr als 8 Stunden	80,00 €
	Bei Auslandsreisen kann zu diesen Beträgen ein Zuschlag von 50 % berechnet werden.	
7006	*Sonstige Auslagen anlässlich einer Geschäftsreise, soweit sie angemessen sind*	in voller Höhe

Nr.	Auslagentatbestand	Höhe
7007	Im Einzelfall gezahlte Prämie für eine Haftpflichtversicherung für Vermögensschäden, soweit die Prämie auf Haftungsbeträge von mehr als 30 Mio. € entfällt	in voller Höhe
	Soweit sich aus der Rechnung des Versicherers nichts anderes ergibt, ist von der Gesamtprämie der Betrag zu erstatten, der sich aus dem Verhältnis der 30 Mio. € übersteigenden Versicherungssumme zu der Gesamtversicherungssumme ergibt.	
7008	Umsatzsteuer auf die Vergütung	in voller Höhe
	Dies gilt nicht, wenn die Umsatzsteuer nach § 19 Abs. 1 UStG unerhoben bleibt.	

8.4.2.3   Gebührentabelle des RVG[1]

Soweit sich die Gebühren gemäß § 13 RVG nach dem Gegenstandswert richten, kann die Gebühr bis zu einem Gegenstandswert von 500 000 € nach folgender Tabelle bestimmt werden:

Gegenstandswert bis ... €	Gebühr ... €	Gegenstandswert bis ... €	Gebühr ... €
500	49,00	50 000	1 279,00
1 000	88,00	65 000	1 373,00
1 500	127,00	80 000	1 467,00
2 000	166,00	95 000	1 561,00
3 000	222,00	110 000	1 655,00
4 000	278,00	125 000	1 749,00
5 000	334,00	140 000	1 843,00
6 000	390,00	155 000	1 937,00
7 000	446,00	170 000	2 031,00
8 000	502,00	185 000	2 125,00
9 000	558,00	200 000	2 219,00
10 000	614,00	230 000	2 351,00
13 000	666,00	260 000	2 483,00
16 000	718,00	290 000	2 615,00
19 000	770,00	320 000	2 747,00
22 000	822,00	350 000	2 879,00
25 000	874,00	380 000	3 011,00
30 000	955,00	410 000	3 143,00
35 000	1 036,00	440 000	3 275,00
40 000	1 117,00	470 000	3 407,00
45 000	1 198,00	500 000	3 539,00

---

[1] Anlage 2 zu § 13 Abs. 1 Satz 3 RVG.

8.4.2.4 Berechnungsbeispiel im Steuerstrafverfahren

Gemäß § 392 Abs. 1 AO können abweichend von § 138 Abs. 1 StPO auch Steuerberater, Steuerbevollmächtigte, Wirtschaftsprüfer und vereidigte Buchprüfer zu Verteidigern gewählt werden, soweit die Finanzbehörde das Strafverfahren selbständig durchführt; im Übrigen können sie die Verteidigung nur in Gemeinschaft mit einem Rechtsanwalt führen.

Sachverhaltsannahme: Vertretung im Ermittlungsverfahren, Anfertigung einer Einlassung, Teilnahme an Vernehmung durch Steuerfahndung, gemeinschaftliche Verteidigung mit Rechtsanwalt, zwei Hauptverhandlungstage, Strafkammer, Beschuldigter nicht auf freiem Fuß, Mittelgebühr

Gebühren des Steuerberaters gemäß § 45 StBVV i.V.m. RVG[1]

1. Ermittlungsverfahren:

Grundgebühr	VV 4101	269,50 €
Verfahrensgebühr	VV 4105	221,50 €
Terminsgebühr	VV 4103	228,50 €
Pauschale für Post	VV 7002	20,00 €
Zwischensumme		739,50 €

2. Gerichtliches Verfahren:

Verfahrensgebühr	VV 4113	247,50 €
Terminsgebühr (1. Hauptverhandlungstag)	VV 4115	429,00 €
Terminsgebühr (2. Hauptverhandlungstag)	VV 4115	429,00 €
Pauschale für Post	VV 7002	20,00 €
Zwischensumme		1 125,50 €
Summe beider Verfahren		1 865,00 €
USt (19 %)	VV 7008	354,35 €
Gesamtkosten		2 219,35 €

---

[1] Das RVG sieht hier einen sog. Gebührenrahmen vor. Innerhalb dieses Rahmens kann der Verteidiger seine Gebühr nach freiem Ermessen festlegen. Die Berechnung einer Mittelgebühr (Höchstgebühr + niedrigste Gebühr : 2) ist nie ermessensfehlerhaft.

8.4.3 Kosten- und Gebührenrecht der Insolvenzverwalter, Sachwalter und Treuhänder im Insolvenzverfahren (InsVV)[1, 2]

Tatbestand		Die Ansprüche des Insolvenzverwalters, des Sachwalters und des Treuhänders auf Vergütung und Erstattung angemessener Auslagen werden in der InsVV konkretisiert. Dem Insolvenzverwalter obliegt die Abwicklung des Insolvenzverfahrens. Bei der Eigenverwaltung des Insolvenzverfahrens durch den Schuldner wird dieser von einem Sachwalter überwacht. Der Treuhänder nimmt im Rahmen der Restschuldbefreiung die Zahlungen für den Schuldner entgegen und verteilt diese jährlich an die Insolvenzgläubiger.	
Vergütung	Insolvenzverwalter	Der Insolvenzverwalter erhält in der Regel (§ 2 InsVV):	
		– von den ersten 25 000 € der Insolvenzmasse	40 %
		– von dem Mehrbetrag bis zu 50 000 €	25 %
		– von dem Mehrbetrag bis zu 250 000 €	7 %
		– von dem Mehrbetrag bis zu 500 000 €	3 %
		– von dem Mehrbetrag bis zu 25 Mio. €	2 %
		– von dem Mehrbetrag bis zu 50 Mio. €	1 %
		– von dem darüber hinausgehenden Betrag	0,5 %
		Die Vergütung soll in der Regel betragen:	
		1. bis zu 10 Gläubiger haben ihre Forderungen angemeldet	1 000 €
		2. von 11 bis zu 30 Gläubigern erhöht sich die Vergütung für je angefangene 5 Gläubiger um	150 €
		3. ab 31 Gläubiger erhöht sich die Vergütung um je angefangene 5 Gläubiger um	100 €
	Sachwalter	Der Sachwalter erhält in der Regel von der für den Insolvenzverwalter bestimmten Vergütung	60 %[3]

---

[1] Insolvenzrechtliche Vergütungsverordnung (InsVV), zuletzt geändert durch Gesetz vom 22.12.2020 (BGBl I 2020 S.3328).

[2] Auf Insolvenzverfahren, die vor dem 1.1.2004 eröffnet wurden, sind die Vorschriften dieser Verordnung in der bis zum Inkrafttreten der Verordnung vom 4. Oktober 2004 am 7. Oktober 2004 geltenden Fassung weiter anzuwenden (§ 19 Abs. 1 InsVV). Auf Insolvenzverfahren, die vor dem 1.3.2012 beantragt worden sind, sind die Vorschriften dieser Verordnung in ihrer bis zum Inkrafttreten des Gesetzes vom 7.12.2011 am 1.3. 2012 geltenden Fassung weiter anzuwenden (§ 19 Abs.3). Auf Insolvenzverfahren, die vor dem 1. Juli 2014 beantragt worden sind, sind die Vorschriften dieser Verordnung in der bis zum Inkrafttreten des Gesetzes vom 15.7.2013 am 1.7.2014 geltenden Fassung weiter anzuwenden (§ 19 Abs. 4 InsVV).

[3] Eine den Regelsatz übersteigende Vergütung ist insbesondere festzusetzen, wenn das Insolvenzgericht gemäß §277 Abs.1 InsO angeordnet hat, dass bestimmte Rechtsgeschäfte des Schuldners nur mit Zustimmung des Sachwalters wirksam sind (§12 Abs.2 InsVV).

Vergütung	Treu-händer	Rest-schuld-befreiung	Der Treuhänder erhält von der Summe der eingehenden Beträge – von den ersten 25 000 € der Insolvenz-masse – von dem Mehrbetrag bis zu 50 000 € – von dem darüber hinausgehenden Betrag	5 % 3 % 1 %
			Die Vergütung beträgt mindestens – für jedes Jahr der Tätigkeit – bei Verteilung der durch Abtretung einge-henden Beträge an mehr als 5 Gläubiger erhöht sich die Vergütung je 5 Gläubiger um	100 € 50 €
		Über-wachung der Oblie-genheiten des Schuldners	Zusätzliche Vergütung für die Überwachung – regelmäßig je Stunde – höchstens jedoch die Gesamtvergütung nach § 14 InsVV[1]	35 €
Auslagenersatz	Insolvenz-verwalter		Der Insolvenzverwalter kann nach seiner Wahl anstelle der tatsächlich entstandenen Auslagen einen Pauschsatz von der Regelvergütung fordern: – im ersten Jahr – danach	15 % 10 %
			Der Pauschsatz beträgt jedoch höchstens – je angefangenen Monat der Dauer der Tätigkeit – von der Regelvergütung	250 € 30 %
	Sachwalter		Der Pauschsatz für Auslagen beträgt höchstens je angefangenen Monat der Dauer der Tätigkeit	125 €
Verfahren			Festsetzung auf Antrag durch das Insolvenzgericht	

---

[1] Die Gläubigerversammlung kann eine abweichende Regelung treffen (§ 15 Abs. 2 Satz 2 InsVV).

1778

8.4.4 Kosten- und Gebührenrecht der Zwangsverwalter (Zwangsverwalterverordnung – ZwVwV)

Tatbestand		Der Anspruch des Zwangsverwalters auf Vergütung wird in der ZwVwV[1] konkretisiert. Dem Zwangsverwalter obliegt die Abwicklung der Zwangsverwaltung. Die Zwangsverwaltung ermöglicht den Gläubigern eine Befriedigung aus den Erträgen der Immobilie.	
Vergütung	Regel-vergütung	– Zwangsverwaltung von vermieteten oder verpachteten Grundstücken	10 % des eingezogenen Bruttobetrags
		– bei Missverhältnis im Einzelfall	bis 5 % oder bis 15 % des Bruttobetrags
		– nicht eingezogene Mieten oder Pachten	20 % der sonst erhaltenen Vergütung
		– Fertigstellung von Bauvorhaben	6 % der verwalteten Bausumme
	abweichende Mindest-vergütung	Kein Anspruch auf Regelvergütung oder Regelvergütung offensichtlich unangemessen	35 € bis 95 € pro Stunde (einheitlicher Stundensatz)
	Mindest-vergütung	Der Zwangsverwalter erhält mindestens	
		– Objekt in Besitz genommen	600 €
		– Verfahren vorher aufgehoben und Verwalter vorher tätig	200 €
Auslagen-ersatz		– Allgemeine Geschäftskosten (Büroaufwand und Gehälter)	mit der Vergütung abgegolten
		– Besondere Kosten im Einzelfall (Reisen/Einstellung von Hilfskräften)	soweit angemessen
		– Wahlweise Pauschale für Abrechnungszeitraum, höchstens für jeden angefangenen Monat	10 % der Vergütung 40 €
		– Haftpflichtversicherung bis 500 000 €	mit der Vergütung abgegolten
		– Höherversicherung nach § 1 Abs. 4 ZwVwV	zusätzliche Kosten
Verfahren		Festsetzung nach Rechnungslegung zum Ende des Kalenderjahres oder mit Schlussrechnung	

---

[1] Zwangsverwalterverordnung vom 19.12.2003 (BGBl I 2003 S.2804).

8.4.5 Kosten- und Gebührenrecht der Testamentsvollstrecker

Tatbestand			Gemäß §2221 BGB kann der Testamentsvollstrecker für die Führung seines Amtes eine angemessene Vergütung verlangen, sofern nicht der Erblasser ein anderes bestimmt hat. Nachfolgend wird die unverbindliche Empfehlung des Deutschen Notarvereins für die Vergütung des Testamentsvollstreckers dargestellt.[1]	
Vergütung	Abwicklungsvollstreckung	Grundsatz (Grundbetrag)	Bruttovermögen bis 250 000 € bis 500 000 € bis 2,5 Mio. € bis 5 Mio. € über 5 Mio. € mindestens aber der höchste Betrag der Vorstufe	% (einmalig) 4,0 3,0 2,5 2,0 1,5
		Ausnahme	– Nacherbentestamentsvollstreckung oder bloß beaufsichtigende Testamentsvollstreckung anstelle der Grundbetrags – Lediglich Erfüllung von Vermächtnissen	$^2/_{10}$ bis $^5/_{10}$ des Grundbetrags Vergütungsgrundbetrag nach Wert der Vermächtnisgegenstände
			Zuschlag von – bei aufwendiger Grundtätigkeit – bei Auseinandersetzung – bei komplexer Nachlassverwaltung – bei aufwendigen oder schwierigen Gestaltungsaufgaben – bei Steuerangelegenheiten	$^2/_{10}$ bis $^{10}/_{10}$ des Vergütungsgrundbetrages
			Gesamtvergütung soll i.d.R. insgesamt nicht übersteigen	$^{30}/_{10}$ des Grundbetrages

---

[1] Empfehlung des Deutschen Notarvereins für die Vergütung des Testamentsvollstreckers (Fortentwicklung der „Rheinischen Tabelle"); siehe http://www.dnotv.de

Vergütung	Dauer-testa-ments-voll-streckung	Grund-satz	– pro Jahr – oder (wenn höher)	¹/₃ bis ¹/₂ % des Nachlass-bruttowerts 2 % bis 4 % des jährlichen Nachlassbruttoertrages
		Aus-nahme	bei Geschäftsbetrieb/Unternehmen – Ausübung der Unternehmerstellung bei Personengesellschaften – Tätigkeit als Organ einer Kapitalgesellschaft, GmbH & Co. KG – Beaufsichtigende Tätigkeit (Aufsichtsratsvorsitz, Beiratsvorsitz) – Berufsdienste (z.B. Rechtsanwalt) – Auslagenersatz	10 % des jährlichen Reingewinns branchenübliches Geschäftsführer- bzw. Vorstandsgehalt und Tantieme übliche Vergütung branchenübliche Vergütung eines Aufsichtsratsvorsitzenden bzw. Beiratsvorsitzenden gesonderte Vergütung wie im Auftragsrecht
	Mehrere Testaments-vollstrecker	par-allele Tätig-keit	– bei gemeinschaftl. Testamentsvollstreckung (ohne/mit gleichwertiger Aufgabenverteilung im Innenverhältnis) – bei gemeinsamer Verantwortung nach außen und nicht gleichwertiger Verteilung im Innenverhältnis – bei vom Erblasser angeordneter Verteilung im Außenverhältnis	Aufteilung nach Köpfen angemessene Aufteilung unter Berücksichtigung der Aufgabenbereiche Aufteilung entsprechend der jeweiligen Verantwortung des Testamentsvollstreckers
		sukzes-sive Tätig-keit		Nachfolger erhält Vergütung nur für die Tätigkeit, die der Vorgänger nicht bereits abgeschlossen hat
Kostenersatz			In voller Höhe	
Verfahren			Berechnung der Vergütung zzgl. Umsatzsteuer grundsätzlich bei Beendigung des Amtes und Entnahme vom Nachlass	

8.4.6 Kosten- und Gebührenrecht der Berufsbetreuer (VBVG)

Tatbestand		Der Anspruch des Berufsbetreuers auf Vergütung wird im VBVG[1] konkretisiert. Die Betreuung wird ausnahmsweise entgeltlich geführt, wenn das Gericht bei der Bestellung des Betreuers feststellt, dass der Betreuer die Betreuung berufsmäßig führt.	
Vergütung	Stunden-ansatz	Die Höhe der Fallpauschalen richtet sich nach 1. der Dauer der Betreuung, 2. dem gewöhnlichen Aufenthaltsort des Betreuten und 3. dem Vermögensstatus des Betreuten. Hinsichtlich der Dauer der Betreuung wird bei der Berechnung der Fallpauschalen zwischen den Zeiträumen in den ersten drei Monaten der Betreuung, im vierten bis sechsten Monat, im siebten bis zwölften Monat, im 13. bis 24. Monat und ab dem 25. Monat unterschieden. Für die Berechnung der Monate gelten die Regelungen des Bürgerlichen Gesetzbuchs entsprechend.	
	Stunden-sätze	Die Vergütung beträgt für jede anzusetzende Stunde Bei besonderen Kenntnissen, die für die Betreuung nutzbar sind, erhöht sich der Stundensatz, wenn diese Kenntnisse durch – eine abgeschlossene Lehre oder vergleichbare abgeschlossene Ausbildung erworben sind auf – eine abgeschlossene Ausbildung an einer Hochschule oder durch eine vergleichbare abgeschlossene Ausbildung erworben sind auf	23,00 € 29,50 € 39,00 €
Auslagenersatz		– Die Stundensätze gelten Ansprüche auf Ersatz anlässlich der Betreuung entstandener Aufwendungen sowie anfallende Umsatzsteuer ab. – Dienste des Berufsbetreuers, die zu seinem Beruf oder seinem Gewerbe gehören, werden erstattet.	
Verfahren		– Bewilligung durch das Vormundschaftsgericht auf Antrag – Abrechnung nach Ablauf von 3 Monaten für diesen Zeitraum	

---

[1] Gesetz über die Vergütung von Vormündern und Betreuern (VBVG) vom 21.4.2005 (BGBl I 2005 S. 1073), geändert durch Gesetz vom 4.5.2021 (BGBl I 2021 S. 882). Gesetz wird mit Ablauf des 31.12.2022 aufgehoben. Siehe ab 2023 das „Vormünder- und Betreuungsvergütungsgesetz 2023".

8.4.7 Kosten- und Gebührenrecht der Architekten (HOAI¹)

8.4.7.1 Honorare für Architektenleistungen bei Gebäuden und Innenräumen (Honorartafel zu § 35 I HOAI²,³)

Anrechenbare Kosten in Euro	Honorarzone I sehr geringe Anforderungen		Honorarzone II geringe Anforderungen		Honorarzone III durchschnittliche Anforderungen		Honorarzone IV hohe Anforderungen		Honorarzone V sehr hohe Anforderungen	
	von €	bis €	von €	bis €	von €	bis €	von €	bis €	von €	bis €
25 000	3120	3657	3657	4339	4339	5412	5412	6094	6094	6631
35 000	4217	4942	4942	5865	5865	7315	7315	8237	8237	8962
50 000	5804	6801	6801	8071	8071	10066	10066	11336	11336	12333
75 000	8342	9776	9776	11601	11601	14469	14469	16293	16293	17727
100 000	10790	12644	12644	15005	15005	18713	18713	21074	21074	22928
150 000	15500	18164	18164	21555	21555	26883	26883	30274	30274	32938
200 000	20037	23480	23480	27863	27863	34751	34751	39134	39134	42578
300 000	28750	33692	33692	39981	39981	49864	49864	56153	56153	61095
500 000	45232	53006	53006	62900	62900	78449	78449	88343	88343	96118
750 000	64666	75781	75781	89927	89927	112156	112156	126301	126301	137416

¹ Honorarordnung für Architekten und Ingenieure vom 10.7.2013 (BGBl I S. 2276). Zuletzt geändert durch Art. 1 Erste ÄndVO vom 2.12.2020 (BGBl I 2020 S. 2636).

² Diese Honorartafel gibt die Mindest- und Höchstsätze der Honorare für die in § 34 HOAI aufgeführten Leistungen bei Gebäuden und Innenräumen wieder (zu § 35 I HOAI).

³ Der EUGH hat mit Urteil vom 4.7.2019 (Rs. C-377/17) die Mindest- und Höchstsätze der Honorarordnung für Architekten und Ingenieure für EU-rechtswidrig erklärt. Die Honorarordnung verstoße gegen die Niederlassungsfreiheit. Eine Anpassungsfrist für die Überarbeitung der Honorarverordnung ist nicht definiert. Durch das Urteil ist nicht die gesamte Verordnung unwirksam. Der deutsche Gesetzgeber ist jedoch verpflichtet, die rechtswidrigen Passagen europarechtskonform zu ändern. Dies ist bislang noch nicht geschehen.

Anrechenbare Kosten in Euro	Honorarzone I sehr geringe Anforderungen		Honorarzone II geringe Anforderungen		Honorarzone III durchschnittliche Anforderungen		Honorarzone IV hohe Anforderungen		Honorarzone V sehr hohe Anforderungen	
	von	bis	von	bis	von	bis	von	bis	von	bis
	€		€		€		€		€	
1 000 000	83 182	97 479	97 479	115 675	115 675	144 268	144 268	162 464	162 464	176 761
1 500 000	119 307	139 813	139 813	165 911	165 911	206 923	206 923	233 022	233 022	253 527
2 000 000	153 965	180 428	180 428	214 108	214 108	267 034	267 034	300 714	300 714	327 177
3 000 000	220 161	258 002	258 002	306 162	306 162	381 843	381 843	430 003	430 003	467 843
5 000 000	343 879	402 984	402 984	478 207	478 207	596 416	596 416	671 640	671 640	730 744
7 500 000	493 923	578 816	578 816	686 862	686 862	856 648	856 648	964 694	964 694	1 049 587
10 000 000	638 277	747 981	747 981	887 604	887 604	1 107 012	1 107 012	1 246 635	1 246 635	1 356 339
15 000 000	915 129	1 072 416	1 072 416	1 272 601	1 272 601	1 587 176	1 587 176	1 787 360	1 787 360	1 944 648
20 000 000	1 180 414	1 383 298	1 383 298	1 641 513	1 641 513	2 047 281	2 047 281	2 305 496	2 305 496	2 508 380
25 000 000	1 436 874	1 683 837	1 683 837	1 998 153	1 998 153	2 492 079	2 492 079	2 806 395	2 806 395	3 053 358

Bewertung der Grundleistungen der Honorare (§ 34 HOAI i.V.m. Anlage 10 Nr. 10.1)	Gebäude	Freianlagen	Innenräume
1. Grundlagenermittlung Ermitteln der Voraussetzungen zur Lösung der Bauaufgabe	2 %	3 %	2 %
2. Vorplanung (Projekt- und Planungsvorbereitung) Erarbeiten der wesentlichen Teile einer Lösung der Planungsaufgabe	7 %	10 %	7 %
3. Entwurfsplanung (System- und Integrationsplanung) Erarbeiten der endgültigen Lösung der Planungsaufgabe	15 %	16 %	15 %
4. Genehmigungsplanung Erarbeiten und Einreichen der Vorlagen für die erforderlichen Genehmigungen oder Zustimmungen	3 %	4 %	2 %
5. Ausführungsplanung Erarbeiten und Darstellen der ausführungsreifen Planungslösung	25 %	25 %	30 %
6. Vorbereitung der Vergabe Ermitteln der Mengen und Aufstellen von Leistungsverzeichnissen	10 %	7 %	7 %
7. Mitwirkung bei der Vergabe Ermitteln der Kosten und Mitwirkung bei der Auftragsvergabe	4 %	3 %	3 %
8. Objektüberwachung (Bauüberwachung) Überwachen der Ausführung des Objekts	32 %	30 %	32 %
9. Objektbetreuung und Dokumentation Überwachen der Beseitigung von Mängeln und Dokumentation des Gesamtergebnisses	2 %	2 %	2 %
Summe	100 %	100 %	100 %

8.4.7.2 Honorare für Gutachten der Architekten

Grundsatz	– freie Vereinbarung in schriftlicher Form bei Auftragserteilung im Rahmen der festgesetzten Mindest- und Höchstsätze (§ 7 Abs. 1 HOAI)
Berechnung in besonderen Fällen	– wenn nicht alle Leistungsphasen eines Leistungsbildes (§ 3 HOAI) übertragen werden: lediglich Berechnung der für die übertragenen Phasen vorgesehenen Prozentsätze (§ 8 Abs. 1 HOAI) – wenn nicht alle Leistungen einer Leistungsphase übertragen werden: lediglich Berechnung eines Honorars, das dem Anteil der übertragenen Leistung an der gesamten Phase entspricht (§ 8 Abs. 2 HOAI)
Berechnung bei Beauftragung von Einzelleistungen	– werden die Leistungsphasen 2 und 3 (Vorplanung, Entwurfsplanung) als Einzelleistung in Auftrag gegeben, können die Leistungsbewertungen für die betreffende Phase den Prozentsatz der Phase zzgl. der Anteile bis zum Höchstsatz des Prozentsatzes der vorangegangenen Phase betragen (§ 9 Abs. 1 HOAI) – wird die Objektüberwachung bei der Technischen Ausrüstung oder bei Gebäuden als Einzelleistung in Auftrag gegeben, können für die Leistungsbewertung der Objektüberwachung höchstens der Prozentsatz der Objektüberwachung und die Prozentsätze der Grundlagenermittlung und Verplanung herangezogen werden (§ 9 Abs. 3 HOAI)

8.4.8 Kosten- und Gebührenrecht der freiwilligen Gerichtsbarkeit und der Notare

8.4.8.1 Allgemeine Gebühren des Gerichts- und Notarkostengesetzes (GNotKG)

Das GNotKG ist am 1.8.2013 in Kraft getreten.[1]

Die Kostenregelungen für die freiwillige Gerichtsbarkeit sind hiermit transparenter und einfacher gestaltet worden. Die Gebührentatbestände für notarielle und gerichtliche Tätigkeiten werden in einem Kostenverzeichnis in einer Tabelle aufgeführt.

Die ehemalige Kostenordnung (KostO) ist insgesamt in dem GNotKG aufgegangen. Sie ist nur noch übergangsweise in den in § 136 GNotKG aufgeführten Fällen anzuwenden.

Das Gesetz besteht aus einem 136 Paragrafen umfassenden Paragrafenteil sowie einem Kostenverzeichnis, in welchem die Gebührenvorschriften für Gerichte und Notare aufgeführt sind.

Der Paragrafenteil ist in vier Kapitel gegliedert:

Kapitel 1 (§§ 1 bis 54)	Kapitel 1 gilt sowohl für Gerichte als auch für Notare und enthält Regelungen über die Fälligkeit von Gebühren, zur Sicherstellung, Erhebung und Berechnung von Kosten sowie zur Kostenhaftung. Ferner werden Gebühren-, Wert- und Bewertungsvorschriften aufgeführt.
Kapitel 2 (§§ 55 bis 84)	Kapitel 2 regelt lediglich Vorschriften für Gerichte, wobei in Abschnitt 1 Gebührenvorschriften, in Abschnitt 2 Wertvorschriften und in Abschnitt 3 Regelungen zu Erinnerung und Beschwerde getroffen werden.
Kapitel 3 (§§ 85 bis 131)	Kapitel 3 enthält die Kostentatbestände für Notare. Abschnitt 1 enthält allgemeine Vorschriften zum notariellen Verfahren und zum Beurkundungsgegenstand, Abschnitt 2 zur Kostenerhebung und Abschnitt 3 zu Gebührenvorschriften. Abschnitt 4 ist in vier Unterabschnitte gegliedert, die Wertvorschriften enthalten. In Abschnitt 5 wird das Verbot der Gebührenvereinbarung festgelegt und über die Vorschrift zum öffentlich-rechtlichen Vertrag in engen Grenzen die Möglichkeit einer Gebührenvereinbarung geschaffen. Abschnitt 6 enthält Regelungen zum gerichtlichen Verfahren in Notarkostensachen.
Kapitel 4 (§§ 132 bis 136)	Kapitel 4 enthält die Schluss- und Übergangsvorschriften, wobei sich in § 136 eine besondere zeitliche Übergangsvorschrift findet.

---

[1] Zuletzt geändert am 4.5.2021 (BGBl I 2021 S.882).

Das als Anlage 1 aufgeführte Kostenverzeichnis beinhaltet drei Teile, die wiederum in einzelne Unterabschnitte unterteilt sind.

Teil 1 des Kostenverzeichnisses (Nr. 11100 bis 19200) ist untergliedert in neun Hauptabschnitte zu Gerichtskosten.

Hauptabschnitt 1	Betreuungssachen und betreuungsgerichtliche Zuweisungssachen	11100–11400
Hauptabschnitt 2	Nachlass- und Teilungssachen	12100–12550
Hauptabschnitt 3	Registersachen sowie unternehmensrechtliche und ähnliche Verfahren	13100–13630
Hauptabschnitt 4	Grundbuchsachen, Schiffs- und Schiffsbauregistersachen, Angelegenheiten des Registers für Pfandrechte an Luftfahrzeugen	14110–14530
Hauptabschnitt 5	Sonstige Angelegenheiten der freiwilligen Gerichtsbarkeit	15110–15301
Hauptabschnitt 6	Einstweiliger Rechtsschutz	16110–16224
Hauptabschnitt 7	Besondere Gebühren	17000–17006
Hauptabschnitt 8	Vollstreckung	18000–18004
Hauptabschnitt 9	Rechtsmittel im Übrigen sowie Rüge wegen Verletzung des Anspruchs auf rechtliches Gehör	19110–19200

Teil 2 des Kostenverzeichnisses (Nr. 21100 bis 26003) regelt in sechs Hauptabschnitten die Notargebühren.

Hauptabschnitt 1	Beurkundungsverfahren	21100–21304
Hauptabschnitt 2	Vollzug eines Geschäfts und Betreuungstätigkeiten	22110–22201
Hauptabschnitt 3	Sonstige notarielle Tätigkeiten	23100–23903
Hauptabschnitt 4	Entwurf und Beratung	24100–24203
Hauptabschnitt 5	Sonstige Geschäfte	25100–25301
Hauptabschnitt 6	Zusatzgebühren	26000–26003

Teil 3 des Kostenverzeichnisses beinhaltet Regelungen über Auslagen.

Hauptabschnitt 1	Auslagen der Gerichte	31000–31015
Hauptabschnitt 2	Auslagen der Notare	32000–32015

Dem Gesetz ist als Anlage 2 zu § 34 Abs. 3 eine Gebührentabelle für Gebühren bis zu einem Geschäftswert von 3 Mio. € beigefügt (siehe Kap. 8.4.8.1.2).
Sofern sich die Gebühren nach dem Geschäftswert richten, bestimmt sich die Höhe der Gebühr für Notare nach der Tabelle B. Die Tabelle A hat Geltung für bestimmte gerichtliche Verfahren, wobei auch Tabelle B teilweise für Gerichte anwendbar ist.

8.4.8.1.1 Gebührentatbestände des GNotKG

Tätigkeit	Notar		Gericht	
	Norm GNotKG	Gebührensatz (Tabelle)	Norm GNotKG	Gebührensatz (Tabelle)
Abtretung, Verpfändung von Erbanteilen (Vertrag)	Nr. 21100	2,0 – mindestens 120,00 € (B)	–	–
Abtretung, Verpfändung von Geschäftsanteilen (Vertrag)	Nr. 21100	2,0 – mindestens 120,00 € (B)	–	–
Bürgschaft in gesonderter Erklärung	Nr. 21200	1,0 – mindestens 60,00 € (B)	–	–
Eintragung in das Vereinsregister	Nr. 21201	0,5 – mindestens 30,00 € (B)	Nr. 13100, 13101	75,00 €[1]/ 50,00 €[2]
Erbschein, Einziehung bzw. Kraftloserklärung	–	–	Nr. 12215	0,5 – höchstens 400,00 € (B)
Erbauseinandersetzung	Nr. 21100	2,0 – mindestens 120,00 € (B)	–	–
Erbschaftsausschlagung	Nr. 21201	0,5 – mindestens 30,00 € (B)	–	–
Erbschaftskauf	Nr. 21100	2,0 – mindestens 120,00 € (B)	–	–
Erbschein, Einziehung bzw. Kraftloserklärung	–	–	Nr. 12215	0,5 – höchstens 400,00 € (B)
Erg. v. Hyp.-Brief	–	–	Nr. 14125	25,00 €

---

[1] Verfahren über die Ersteintragung.
[2] Verfahren über eine spätere Eintragung.

Tätigkeit	Notar		Gericht	
	Norm GNotKG	Gebühren-satz (Tabelle)	Norm GNotKG	Gebühren-satz (Tabelle)
Grundbuch- und Register-einsichten	Nr. 25209	15,00 €	–	–
Handelsregisterauszug/begl.	–	–	Nr. 17000, 17001	10,00 €[1]/ 20,00 €[2]
Rangbescheinigung	Nr. 25201	0,3 (B)	–	–
Schätzungen (für Geschäfts-wert § 36)	Nr. 23601	0,5 (B)	–	–
Testament	Nr. 21200	1,0 – mindestens 60,00 € (B)	Nr. 12101	100,00 €
Testamentswiderruf	Nr. 21201	0,5 – mindestens 30,00 € (B)	–	–
Vereinsregister-Anmeldung	Nr. 21201	0,5 – mindestens 30,00 € (B)	Nr. 13100, 13101	75,00 €[3]/ 50,00 €[4]
Vergleiche	Nr. 21100	2,0 – mindestens 120,00 € (B)	–	–
Vermögensverzeichnis, Siegelung	Nr. 23500	2,0 (B)	–	–
Versicherung an Eides statt	Nr. 23300	1,0 (B)	–	–
Versteigerung von beweg-lichen Sachen	Nr. 23700	3,0 (B)	–	–
Vollstreckungsklausel	Nr. 23803	0,5 (B)	Nr. 18000	0,5 (B)
Zeugnisse, Bescheinigun-gen von Tatsachen	Nr. 25104	1,0 (B)	–	–

[1] Ausdruck oder unbeglaubigte Kopie.
[2] Amtlicher Ausdruck oder beglaubigte Kopie.
[3] Verfahren über die Ersteintragung.
[4] Verfahren über eine spätere Eintragung.

8.4.8.1.2 Gebührentabelle des GNotKG[1]

Geschäftswert bis … €	Gebühr Tabelle A €	Gebühr Tabelle B €	Geschäftswert bis … €	Gebühr Tabelle A €	Gebühr Tabelle B €
500	38,00	15,00	140 000	1 393,00	327,00
1 000	58,00	19,00	155 000	1 525,00	354,00
1 500	78,00	23,00	170 000	1 657,00	381,00
2 000	98,00	27,00	185 000	1 789,00	408,00
3 000	119,00	33,00	200 000	1 921,00	435,00
4 000	140,00	39,00	230 000	2 119,00	485,00
5 000	161,00	45,00	260 000	2 317,00	535,00
6 000	182,00	51,00	290 000	2 515,00	585,00
7 000	203,00	57,00	320 000	2 713,00	635,00
8 000	224,00	63,00	350 000	2 911,00	685,00
9 000	245,00	69,00	380 000	3 109,00	735,00
10 000	266,00	75,00	410 000	3 307,00	785,00
13 000	295,00	83,00	440 000	3 505,00	835,00
16 000	324,00	91,00	470 000	3 703,00	885,00
19 000	353,00	99,00	500 000	3 901,00	935,00
22 000	382,00	107,00	550 000	4 099,00	1 015,00
25 000	411,00	115,00	600 000	4 297,00	1 095,00
30 000	449,00	125,00	650 000	4 495,00	1 175,00
35 000	487,00	135,00	700 000	4 693,00	1 255,00
40 000	525,00	145,00	750 000	4 891,00	1 335,00
45 000	563,00	155,00	800 000	5 089,00	1 415,00
50 000	601,00	165,00	850 000	5 287,00	1 495,00
65 000	733,00	192,00	900 000	5 485,00	1 575,00
80 000	865,00	219,00	950 000	5 683,00	1 655,00
95 000	997,00	246,00	1 000 000	5 881,00	1 735,00
110 000	1 129,00	273,00	1 050 000	6 079,00	1 815,00
125 000	1 261,00	300,00	1 100 000	6 277,00	1 895,00

[1] Anlage 2 zu § 34 Abs. 3 GNotKG, eingeführt durch Gesetz vom 27.6.2013, zuletzt geändert mit Wirkung vom 1.1.2021 durch Gesetz vom 21.12.2020 (BGBl I 2020 S. 3229). Es ist jeweils eine volle Gebühr (10/10) angegeben. Der Gebührensatz ist abhängig von der Tätigkeit, siehe Kap. 8.4.8.1.1.

Geschäftswert bis ... €	Gebühr Tabelle A €	Gebühr Tabelle B €	Geschäftswert bis ... €	Gebühr Tabelle A €	Gebühr Tabelle B €
1 150 000	6 475,00	1 975,00	2 100 000	10 237,00	3 495,00
1 200 000	6 673,00	2 055,00	2 150 000	10 435,00	3 575,00
1 250 000	6 871,00	2 135,00	2 200 000	10 633,00	3 655,00
1 300 000	7 069,00	2 215,00	2 250 000	10 831,00	3 735,00
1 350 000	7 267,00	2 295,00	2 300 000	11 029,00	3 815,00
1 400 000	7 465,00	2 375,00	2 350 000	11 227,00	3 895,00
1 450 000	7 663,00	2 455,00	2 400 000	11 425,00	3 975,00
1 500 000	7 861,00	2 535,00	2 450 000	11 623,00	4 055,00
1 550 000	8 059,00	2 615,00	2 500 000	11 821,00	4 135,00
1 600 000	8 257,00	2 695,00	2 550 000	12 019,00	4 215,00
1 650 000	8 455,00	2 775,00	2 600 000	12 217,00	4 295,00
1 700 000	8 653,00	2 855,00	2 650 000	12 415,00	4 375,00
1 750 000	8 851,00	2 935,00	2 700 000	12 613,00	4 455,00
1 800 000	9 049,00	3 015,00	2 750 000	12 811,00	4 535,00
1 850 000	9 247,00	3 095,00	2 800 000	13 009,00	4 615,00
1 900 000	9 445,00	3 175,00	2 850 000	13 207,00	4 695,00
1 950 000	9 643,00	3 255,00	2 900 000	13 405,00	4 775,00
2 000 000	9 841,00	3 335,00	2 950 000	13 603,00	4 855,00
2 050 000	10 039,00	3 415,00	3 000 000	13 801,00	4 935,00

8.4.8.2 Gebühren in Registersachen

8.4.8.2.1 Gebühren für Registereintragungen (HRegGebV)[1]

A. Eintragungen in das Handelsregister Abteilung A und das Partnerschaftsregister (Teil 1)

Nr.	Gebührentatbestand	Gebührenbetrag
1. Ersteintragung		
Die Gebühren 1100 bis 1102 werden auch für die Errichtung einer Zweigniederlassung eines Unternehmens mit Sitz im Ausland erhoben.		
	Eintragung – außer aufgrund einer Umwandlung nach dem UmwG:	
1100	– eines Einzelkaufmanns.	70 €
1101	– einer Gesellschaft oder Partnerschaft mit bis zu 3 Gesellschaftern oder Partnern	100 €
1102	– einer Gesellschaft oder Partnerschaft mit mehr als 3 Gesellschaftern oder Partnern:	
	Die Gebühr 1101 erhöht sich für jeden weiteren einzutragenden Gesellschafter oder Partner um.	40 €
	Eintragung aufgrund einer Umwandlung nach dem UmwG:	
1103	– eines Einzelkaufmanns.	150 €
1104	– einer Gesellschaft oder Partnerschaft mit bis zu 3 Gesellschaftern oder Partnern	180 €
1105	– einer Gesellschaft oder Partnerschaft mit mehr als 3 Gesellschaftern oder Partnern:	
	Die Gebühr 1104 erhöht sich für jeden weiteren einzutragenden Gesellschafter oder Partner um.	70 €
2. Errichtung einer Zweigniederlassung		
1200	– Eintragung einer Zweigniederlassung	40 €
3. Verlegung der Hauptniederlassung oder des Sitzes		
Gebühren nach diesem Abschnitt sind nicht zu erheben, wenn das bisherige Gericht zuständig bleibt. Abschnitt 5 bleibt unberührt.		
	Eintragung beim Gericht der verlegten Hauptniederlassung oder des verlegten Sitzes bei	
1300	– einem Einzelkaufmann	60 €
1301	– einer Gesellschaft oder Partnerschaft mit bis zu 3 Gesellschaftern oder Partnern	80 €

---

[1] Handelsregistergebührenverordnung vom 30.9.2004 (BGBl I 2004 S.2562), zuletzt geändert durch Gesetz vom 17.7.2017 (BGBl I 2017 S.2434).

Nr.	Gebührentatbestand	Gebühren-betrag
1302	– einer Gesellschaft oder Partnerschaft mit mehr als 3 Gesellschaftern oder Partnern: Die Gebühr 1301 erhöht sich für jeden weiteren Gesellschafter oder Partner bis einschließlich zur 100. eingetragenen Person um	40 €
1303	Die Gebühr 1301 erhöht sich für jeden weiteren Gesellschafter oder Partner ab der 101. eingetragenen Person um	10 €

4. Umwandlung nach dem Umwandlungsgesetz

Eintragung einer Umwandlung nach dem UmwG

| 1400 | – in das Register des übertragenden oder formwechselnden Rechtsträgers .... | 180 € |
| 1401 | – in das Register des übernehmenden Rechtsträgers .... | 180 € |

Für Eintragungen über den Eintritt der Wirksamkeit werden keine besonderen Gebühren erhoben.

5. Sonstige spätere Eintragung

Eintragung einer Tatsache bei

1500	– einem Einzelkaufmann	40 €
1501	– einer Gesellschaft oder Partnerschaft mit bis zu 50 Gesellschaftern oder Partnern	60 €
1502	– einer Gesellschaft oder Partnerschaft mit mehr als 50 Gesellschaftern oder Partnern	70 €
1503	– Eintragung der zweiten und jeder weiteren Tatsache aufgrund derselben Anmeldung: Die Gebühren 1500 bis 1502 betragen jeweils	30 €
1504	Die Eintragung betrifft eine Tatsache ohne wirtschaftliche Bedeutung: Die Gebühren 1500 bis 1502 betragen	30 €

B. Eintragungen in das Handelsregister Abteilung B (Teil 2)

Nr.	Gebührentatbestand	Gebühren-betrag

1. Ersteintragung

Gebühren 2100 und 2102 werden auch für die Errichtung einer Zweigniederlassung eines Unternehmens mit Sitz im Ausland erhoben.

2100	Eintragung einer Gesellschaft mit beschränkter Haftung einschließlich einer Unternehmergesellschaft – außer aufgrund einer Umwandlung nach dem UmwG –	150 €
2101	Es wird mindestens eine Sacheinlage geleistet: Die Gebühr 2100 beträgt	240 €
2102	Eintragung einer Aktiengesellschaft, einer Kommanditgesellschaft auf Aktien oder eines Versicherungsvereins auf Gegenseitigkeit – außer aufgrund einer Umwandlung nach dem UmwG –	300 €
2103	Es wird mindestens eine Sacheinlage geleistet: Die Gebühr 2102 beträgt	360 €
	Eintragung aufgrund einer Umwandlung nach dem UmwG:	
2104	– einer Gesellschaft mit beschränkter Haftung	260 €
2105	– einer Aktiengesellschaft oder einer Kommanditgesellschaft auf Aktien	660 €
2106	– eines Versicherungsvereins auf Gegenseitigkeit	460 €

2. Errichtung einer Zweigniederlassung

2200	Eintragung einer Zweigniederlassung	120 €

3. Verlegung des Sitzes

2300	Eintragung beim Gericht, in dessen Bezirk der Sitz verlegt worden ist	140 €
	Die Gebühr wird nicht erhoben, wenn das bisherige Gericht zuständig bleibt. Abschnitt 5 bleibt unberührt.	

4. Besondere spätere Eintragung

	Eintragung	
2400	– der Nachgründung einer Aktiengesellschaft oder des Beschlusses der Hauptversammlung einer Aktiengesellschaft oder einer Kommanditgesellschaft auf Aktien über Maßnahmen der Kapitalbeschaffung oder der Kapitalherabsetzung oder der Durchführung der Kapitalerhöhung	270 €
2401	– der Erhöhung des Stammkapitals durch Sacheinlage oder der Erhöhung des Stammkapitals zum Zwecke der Umwandlung nach dem UmwG	210 €
	Eintragung einer Umwandlung nach dem UmwG	
2402	– in das Register des übertragenden oder formwechselnden Rechtsträgers	240 €
2403	– in das Register des übernehmenden Rechtsträgers	240 €

Nr.	Gebührentatbestand	Gebühren-betrag
	Für Eintragungen über den Eintritt der Wirksamkeit werden keine besonderen Gebühren erhoben.	
2404	Eintragung der Eingliederung oder des Endes der Eingliederung einer Aktiengesellschaft.	210 €
2405	Eintragung des Übertragungsbeschlusses im Fall des Ausschlusses von Minderheitsaktionären (§ 327 e AktG)	210 €

5. Sonstige spätere Eintragung

Nr.	Gebührentatbestand	Gebühren-betrag
2500	Eintragung einer Tatsache.	70 €
2501	Eintragung der zweiten und jeder weiteren Tatsache aufgrund derselben Anmeldung: Die Gebühr 2500 beträgt jeweils	40 €
2502	Die Eintragung betrifft eine Tatsache ohne wirtschaftliche Bedeutung: Die Gebühren 2500 und 2501 betragen	30 €

C. Eintragungen in das Genossenschaftsregister (Teil 3)

1. Ersteintragung

Eintragung

Nr.	Gebührentatbestand	Gebühren-betrag
3100	– außer aufgrund einer Umwandlung nach dem UmwG	210 €
3101	– aufgrund einer Umwandlung	360 €

2. Errichtung einer Zweigniederlassung

Nr.	Gebührentatbestand	Gebühren-betrag
3200	Eintragung einer Zweigniederlassung.	60 €

3. Verlegung des Sitzes

Nr.	Gebührentatbestand	Gebühren-betrag
3300	Eintragung der Verlegung des Sitzes beim Gericht des verlegten Sitzes	210 €
	Die Gebühr wird nicht erhoben, wenn das bisherige Gericht zuständig bleibt. Abschnitt 5 bleibt unberührt.	

4. Umwandlung nach dem Umwandlungsgesetz

Eintragung einer Umwandlung

Nr.	Gebührentatbestand	Gebühren-betrag
3400	– in das Register des übertragenden oder formwechselnden Rechtsträgers.	300 €
3401	– in das Register des übernehmenden Rechtsträgers	300 €
	Für Eintragungen über den Eintritt der Wirksamkeit werden keine besonderen Gebühren erhoben.	

5. Sonstige spätere Eintragung

Nr.	Gebührentatbestand	Gebühren-betrag
3500	Eintragung einer Tatsache.	110 €

Nr.	Gebührentatbestand	Gebühren-betrag
3501	Eintragung der zweiten und jeder weiteren Tatsache aufgrund derselben Anmeldung: Die Gebühr 3500 beträgt jeweils	60 €
3502	Die Eintragung betrifft eine Tatsache ohne wirtschaftliche Bedeutung: Die Gebühren 3500 und 3501 betragen	30 €

D. Prokuren (Teil 4)

4000	Eintragung, Änderung oder Löschung einer Prokura	40 €
4001	Die Eintragungen aufgrund derselben Anmeldung betreffen mehrere Prokuren: Die Gebühr 4000 beträgt für die zweite und jede weitere Prokura jeweils	30 €
4002	Die Eintragung betrifft ausschließlich eine Tatsache ohne wirtschaftliche Bedeutung: Die Gebühr 4000 beträgt	30 €

E. Weitere Geschäfte (Teil 5)

Vorbemerkung 5:

Mit den Gebühren 5001 bis 5006 wird auch der Aufwand für die Prüfung und Aufbewahrung der genannten Unterlagen abgegolten.

Entgegennahme

5000	– (aufgehoben)	
5001	– der Bekanntmachung der Eröffnungsbilanz durch die Liquidatoren (§ 89 Satz 3 GenG)	30 €
5002	– der Liste der Gesellschafter (§ 40 Abs. 1 GmbHG)	30 €
5003	– der Liste der Mitglieder des Aufsichtsrats (§ 52 Abs. 2 Satz 2 GmbHG, § 106 AktG)	40 €
5004	– der Mitteilung über den alleinigen Aktionär (§ 42 AktG)	40 €
5005	– des Protokolls der Hauptversammlung (§ 130 Abs. 5 AktG) ...	50 €
5006	– von Verträgen, eines Verschmelzungsplans oder von entsprechenden Entwürfen nach dem UmwG	50 €
5007	Übertragung von Schriftstücken in ein elektronisches Dokument (§ 9 Abs. 2 HGB, Art. 61 Abs. 3 EGHGB): für jede angefangene Seite .... Die Gebühr wird für die Dokumente jedes Registerblatts gesondert erhoben. Mit der Gebühr wird auch die einmalige elektronische Übermittlung der Dokumente an den Antragsteller abgegolten.	2 € mindestens 25 €

8.4.8.2.2 Gebühren für Anmeldungen in Handelsregistersachen

Geschäft	Norm GNotKG	Geschäftswert
Erste Anmeldung		
Kapitalgesellschaft	§ 105 Abs. 1 Nr. 1	in das Handelsreg. einzutr. Geldbetrag (Stamm-/Grundkapital)
Versicherungsverein auf Gegenseitigkeit	§ 105 Abs. 1 Nr. 2	in das Handelsreg. einzutr. Geldbetrag
KG	§ 105 Abs. 1 Nr. 5	Summe der Kommanditeinlagen zzgl. für den ersten Komplementär 30 000 € und für jeden weiteren 15 000 €
OHG, Partnerschaftsgesellschaft	§ 105 Abs. 3 Nr. 2	45 000 € (bei 2 Gesellschaftern) für jeden weiteren Gesellschafter 15 000 €
Einzelkaufmann	§ 105 Abs. 3 Nr. 1	30 000 €
Genossenschaft	§ 105 Abs. 3 Nr. 3	60 000 €
Spätere Anmeldung		
Kapitalgesellschaft	§ 105 Abs. 4 Nr. 1	1 % des Stamm-/Grundkapitals, mind. 30 000 €
Versicherungsverein auf Gegenseitigkeit	§ 105 Abs. 4 Nr. 2	60 000 €
Personenhandelsgesellschaft	§ 105 Abs. 4 Nr. 3	30 000 € bei Eintritt/Ausscheiden von mehr als 2 persönlich haftenden Gesellschaftern für jeden ein- oder austretenden Gesellschafter 15 000 €
Einzelkaufmann, Genossenschaft	§ 105 Abs. 4 Nr. 4	30 000 €
Erhöhung/Beschaffung oder Herabsetzung		
Stammkapital bei GmbH	§ 105 Abs. 1 Nr. 3	Erhöhungs- bzw. Herabsetzungsbetrag
Grundkapital bei AG/KGaA[1]	§ 105 Abs. 1 Nr. 4	Erhöhungs-/ Herabsetzungsbetrag
Kommanditeinlage	§ 105 Abs. 1 Nr. 7	Erhöhungs-/ Herabsetzungsbetrag

---

[1] Der Beschluss über die genehmigte Kapitalerhöhung steht dem Beschluss über die Verlängerung der Frist, in der der Vorstand das Kapital erhöhen kann, gleich (§ 105 Abs. 1 Nr. 4 a GNotKG).

Geschäft	Norm GNotKG	Geschäftswert
Kommanditisten		
bei Eintritt in bestehende Personenges./ Ausscheiden	§ 105 Abs. 1 Nr. 6	Unterschiedsbetrag der Kommanditeinlage
bei Kommanditistenwechsel		Kommanditeinlage
Prokura-Angelegenheiten		
Eintragung, Änderung und Erlöschen Prokura bei Kapitalgesellschaft	§ 105 Abs. 4 Nr. 1	1 Prozent des eingetragenen Grund- oder Stammkapitals, mind. 30 000 €
bei Versicherungsverein auf Gegenseitigkeit	§ 105 Abs. 4 Nr. 2	60 000 €
bei Personenhandels- oder Partnerschaftsgesellschaft	§ 105 Abs. 4 Nr. 3	30 000 € bei Eintritt oder Ausscheiden von mehr als zwei persönlich haftenden Gesellschaftern oder Partnern 15 000 € für jeden eintretenden oder ausscheidenden Gesellschafter oder Partner
bei Einzelkaufmann oder Genossenschaft	§ 105 Abs. 4 Nr. 4	30 000 €

8.4.8.3 Hebegebühr (Hinterlegungsgebühr) der Notare, Nr. 25300 VV GNotKG

Bei einer Verwahrung von Geldbeträgen erhält der Notar
je Auszahlung: 1,0-Gebühr nach Tabelle B
soweit der Betrag 13 Mio. € übersteigt: 0,1 % des Auszahlungsbetrages

Wert bis €	Gebühr €	Wert bis €	Gebühr €	Wert bis €	Gebühr €
500	15,00	50 000	165,00	550 000	1 015,00
1 000	19,00	65 000	192,00	600 000	1 095,00
1 500	23,00	80 000	219,00	650 000	1 175,00
2 000	27,00	95 000	246,00	700 000	1 255,00
3 000	33,00	110 000	273,00	750 000	1 335,00
4 000	39,00	125 000	300,00	800 000	1 415,00
5 000	45,00	140 000	327,00	850 000	1 495,00
6 000	51,00	155 000	354,00	900 000	1 575,00
7 000	57,00	170 000	381,00	950 000	1 655,00
8 000	63,00	185 000	408,00	1 000 000	1 735,00
9 000	69,00	200 000	435,00	1 050 000	1 815,00
10 000	75,00	230 000	485,00	1 100 000	1 895,00
13 000	83,00	260 000	535,00	1 150 000	1 975,00
16 000	91,00	290 000	585,00	1 200 000	2 055,00
19 000	99,00	320 000	635,00	1 250 000	2 135,00
22 000	107,00	350 000	685,00	1 300 000	2 215,00
25 000	115,00	380 000	735,00	1 350 000	2 295,00
30 000	125,00	410 000	785,00	1 400 000	2 375,00
35 000	135,00	440 000	835,00	1 450 000	2 455,00
40 000	145,00	470 000	885,00	1 500 000	2 535,00
45 000	155,00	500 000	935,00	1 550 000	2 615,00

Berechnung für höhere Werte:
Hebegebühr aus 13 Mio. € 13 185,00 €
+ 0,1 % des Auszahlungsbetrages

Beispiel:
Auszahlung 14 Mio. €
Hebegebühr aus 13 Mio. € 13 185,00 €

überschießender Betrag = 1 Mio. €
hiervon 0,1 % 1 000,00 €

Summe 14 185,00 €

8.4.9 Gerichtskosten in zivilrechtlichen Verfahren vor den ordentlichen Gerichten[1]

8.4.9.1 Kostenverzeichnis (Auszug)

Nr.	Gebührentatbestand	Gebühr oder Satz der Gebühr nach § 34 GKG
1. Mahnverfahren		
1100	Verfahren über den Antrag auf Erlass eines Mahnbescheids oder eines Europäischen Zahlungsbefehls	0,5 – mindestens 36,00 €
2. Prozessverfahren		
Erster Rechtszug		
1210	Verfahren im Allgemeinen	3,0
	(1) Soweit wegen desselben Streitgegenstands ein Mahnverfahren vorausgegangen ist, entsteht die Gebühr mit dem Eingang der Akten bei dem Gericht, an das der Rechtsstreit nach Erhebung des Widerspruchs oder Einlegung des Einspruchs abgegeben wird; in diesem Fall wird eine Gebühr 1100 nach dem Wert des Streitgegenstands angerechnet, der in das Prozessverfahren übergegangen ist. Satz 1 gilt entsprechend, wenn wegen desselben Streitgegenstands ein Europäisches Mahnverfahren vorausgegangen ist.	
	(2) Soweit der Kläger wegen desselben Streitgegenstands einen Anspruch zum Musterverfahren angemeldet hat (§ 10 Abs. 2 KapMuG), wird insoweit die Gebühr 1902 angerechnet.	
1211	Beendigung des gesamten Verfahrens durch 1. Zurücknahme der Klage a) vor dem Schluss der mündlichen Verhandlung, b) in den Fällen des § 128 Abs. 2 ZPO vor dem Zeitpunkt, der dem Schluss der mündlichen Verhandlung entspricht, c) im Verfahren nach § 495a ZPO, in dem eine mündliche Verhandlung nicht stattfindet, vor Ablauf des Tages, an dem eine Ladung zum Termin zur Verkündung des Urteils zugestellt oder das schriftliche Urteil der Geschäftsstelle übermittelt wird, d) im Fall des § 331 Abs. 3 ZPO vor Ablauf des Tages, an dem das Urteil der Geschäftsstelle übermittelt wird oder e) im europäischen Verfahren für geringfügige Forderungen, in dem eine mündliche Verhandlung nicht stattfindet, vor Ablauf des Tages, an dem das schriftliche Urteil der Geschäftsstelle übermittelt wird,	

[1] Gerichtskostengesetz (GKG) vom 5.5.2004 (BGBl I 2004 S. 718), zuletzt geändert durch Gesetz vom 25.6.2021 (BGBl I 2021 S. 2093).

Nr.	Gebührentatbestand	Gebühr oder Satz der Gebühr nach § 34 GKG

wenn keine Entscheidung nach § 269 Abs. 3 Satz 3 ZPO über die Kosten ergeht oder die Entscheidung einer zuvor mitgeteilten Einigung der Parteien über die Kostentragung oder der Kostenübernahmeerklärung einer Partei folgt,

2. Anerkenntnisurteil, Verzichtsurteil oder Urteil, das nach § 313a Abs. 2 ZPO keinen Tatbestand und keine Entscheidungsgründe enthält, oder nur deshalb Tatbestand und die Entscheidungsgründe enthält, weil zu erwarten ist, dass das Urteil im Ausland geltend gemacht wird (§ 313a Abs. 4 Nr. 5 ZPO),

3. gerichtlichen Vergleich oder Beschluss nach § 23 Absatz 3 KapMuG oder

4. Erledigungserklärungen nach § 91a ZPO, wenn keine Entscheidung über die Kosten ergeht oder die Entscheidung einer zuvor mitgeteilten Einigung der Parteien über die Kostentragung oder der Kostenübernahmeerklärung einer Partei folgt,

es sei denn, dass bereits ein anderes als eines der in Nummer 2 genannten Urteile, eine Entscheidung über einen Antrag auf Erlass einer Sicherungsanordnung oder ein Musterentscheid nach dem KapMuG vorausgegangen ist:

	Die Gebühr 1210 ermäßigt sich auf	1,0

Die Zurücknahme des Antrags auf Durchführung des streitigen Verfahrens, des Widerspruchs gegen den Mahnbescheid oder des Einspruchs gegen den Vollstreckungsbescheid stehen der Zurücknahme der Klage gleich. Die Vervollständigung eines ohne Tatbestand und Entscheidungsgründe hergestellten Urteils (§ 313a Abs. 5 ZPO) steht der Ermäßigung nicht entgegen. Die Gebühr ermäßigt sich auch, wenn mehrere Ermäßigungstatbestände erfüllt sind.

3. Berufung und bestimmte Beschwerden

1220	Verfahren im Allgemeinen	4,0
1221	Beendigung des gesamten Verfahrens durch Zurücknahme des Rechtsmittels, der Klage oder des Antrags, bevor die Schrift zur Begründung des Rechtsmittels bei Gericht eingegangen ist:	
	Die Gebühr 1220 ermäßigt sich auf	1,0

Erledigungserklärungen nach §91a ZPO stehen der Zurücknahme gleich, wenn keine Entscheidung über die Kosten ergeht oder die Entscheidung einer zuvor mitgeteilten Einigung der Parteien über die Kostentragung oder der Kostenübernahmeerklärung einer Partei folgt.

Nr.	Gebührentatbestand	Gebühr oder Satz der Gebühr nach § 34 GKG

1222	Beendigung des gesamten Verfahrens, wenn nicht Nummer 1221 anzuwenden ist, durch
	1. Zurücknahme des Rechtsmittels, der Klage oder des Antrags
	  a) vor dem Schluss der mündlichen Verhandlung,
	  b) in den Fällen des § 128 Abs. 2 ZPO vor dem Zeitpunkt, der dem Schluss der mündlichen Verhandlung entspricht,
	2. Anerkenntnisurteil, Verzichtsurteil oder Urteil, das nach § 313a Abs. 2 ZPO keinen Tatbestand und keine Entscheidungsgründe enthält,
	3. gerichtlichen Vergleich oder
	4. Erledigungserklärungen nach § 91a ZPO, wenn keine Entscheidung über die Kosten ergeht oder die Entscheidung einer zuvor mitgeteilten Einigung über die Kostentragung oder der Kostenübernahmeerklärung einer Partei folgt,
	es sei denn, dass bereits ein anderes als eines der in Nummer 2 genannten Urteile, eine Entscheidung über einen Antrag auf Erlass einer Sicherungsanordnung oder ein Beschluss in der Hauptsache vorausgegangen ist:	

	Die Gebühr 1220 ermäßigt sich auf	2,0
	Die Gebühr ermäßigt sich auch, wenn mehrere Ermäßigungstatbestände erfüllt sind.	
1223	Beendigung des gesamten Verfahrens durch ein Urteil, das wegen eines Verzichts der Parteien nach § 313a Abs. 1 Satz 2 ZPO keine schriftliche Begründung enthält, wenn nicht bereits ein anderes als eines der in Nummer 1222 Nr. 2 genannten Urteile, eine Entscheidung über einen Antrag auf Erlass einer Sicherungsanordnung oder ein Beschluss in der Hauptsache vorausgegangen ist:	
	Die Gebühr 1220 ermäßigt sich auf	3,0
	Die Gebühr ermäßigt sich auch, wenn daneben Ermäßigungstatbestände nach Nummer 1222 erfüllt sind.	
4. Revision, Rechtsbeschwerden nach § 77 GWB, § 86 EnWG, § 35 KSpG und § 24 EU-VSchDG		
1230	Verfahren im Allgemeinen	5,0
1231	Beendigung des gesamten Verfahrens durch Zurücknahme des Rechtsmittels, der Klage oder des Antrags, bevor die Schrift zur Begründung des Rechtsmittels bei Gericht eingegangen ist:	
	Die Gebühr 1230 ermäßigt sich auf	1,0

Nr.	Gebührentatbestand	Gebühr oder Satz der Gebühr nach § 34 GKG
	Erledigungserklärungen nach § 91a ZPO stehen der Zurücknahme gleich, wenn keine Entscheidung über die Kosten ergeht oder die Entscheidung einer zuvor mitgeteilten Einigung der Parteien über die Kostentragung oder der Kostenübernahmeerklärung einer Partei folgt.	
1232	Beendigung des gesamten Verfahrens, wenn nicht Nummer 1231 anzuwenden ist, durch	
	1. Zurücknahme des Rechtsmittels, der Klage oder des Antrags	
	a) vor dem Schluss der mündlichen Verhandlung,	
	b) in den Fällen des § 128 Abs. 2 ZPO vor dem Zeitpunkt, der dem Schluss der mündlichen Verhandlung entspricht,	
	2. Anerkenntnis- oder Verzichtsurteil,	
	3. gerichtlichen Vergleich oder	
	4. Erledigungserklärungen nach § 91a ZPO, wenn keine Entscheidung über die Kosten ergeht oder die Entscheidung einer zuvor mitgeteilten Einigung der Parteien über die Kostentragung oder der Kostenübernahmeerklärung einer Partei folgt,	
	es sei denn, dass bereits ein anderes als eines der in Nummer 2 genannten Urteile, eine Entscheidung über einen Antrag auf Erlass einer Sicherungsanordnung oder ein Beschluss in der Hauptsache vorausgegangen ist:	
	Die Gebühr 1230 ermäßigt sich auf	3,0
	Die Gebühr ermäßigt sich auch, wenn mehrere Ermäßigungstatbestände erfüllt sind.	
5.	**Arrest, Europäischer Beschluss zur vorläufigen Kontenpfändung und einstweilige Verfügung**	
	Erster Rechtszug	
1410	Verfahren im Allgemeinen	1,5
1411	Beendigung des gesamten Verfahrens durch	
	1. Zurücknahme des Antrags	
	a) vor dem Schluss der mündlichen Verhandlung oder	
	b) wenn eine mündliche Verhandlung nicht stattfindet, vor Ablauf des Tages, an dem der Beschluss der Geschäftsstelle übermittelt wird,	
	2. Anerkenntnisurteil, Verzichtsurteil oder Urteil, das nach § 313a Abs. 2 ZPO keinen Tatbestand und keine Entscheidungsgründe enthält,	
	3. gerichtlichen Vergleich oder	
	4. Erledigungserklärungen nach § 91a ZPO, wenn keine *Entscheidung* über die Kosten ergeht oder die Entscheidung einer zuvor mitgeteilten Einigung der Parteien über die Kostentragung oder der Kostenübernahmeerklärung einer Partei folgt,	

Nr.	Gebührentatbestand	Gebühr oder Satz der Gebühr nach § 34 GKG
	es sei denn, dass bereits ein Beschluss nach § 922 Abs. 1, auch i.V.m. § 936 ZPO, oder ein anderes als eines der in Nummer 2 genannten Urteile vorausgegangen ist:	
	Die Gebühr 1410 ermäßigt sich auf	1,0
	Die Vervollständigung eines ohne Tatbestand und Entscheidungsgründe hergestellten Urteils (§ 313a Abs. 5 ZPO) steht der Ermäßigung nicht entgegen. Die Gebühr ermäßigt sich auch, wenn mehrere Ermäßigungstatbestände erfüllt sind.	
1412	Es wird durch Urteil entschieden oder es ergeht ein Beschluss nach § 91a oder § 269 Abs. 3 Satz 3 ZPO, wenn nicht Nummer 1411 erfüllt ist:	
	Die Gebühr 1410 erhöht sich nach dem Wert des Streitgegenstands, auf den sich die Entscheidung bezieht, auf . . .	3,0
Berufung		
1420	Verfahren im Allgemeinen	4,0
1421	Beendigung des gesamten Verfahrens durch Zurücknahme der Berufung, des Antrags oder des Widerspruchs, bevor die Schrift zur Begründung der Berufung bei Gericht eingegangen ist:	
	Die Gebühr 1420 ermäßigt sich auf	1,0
	Erledigungserklärungen nach § 91a ZPO stehen der Zurücknahme gleich, wenn keine Entscheidung über die Kosten ergeht oder die Entscheidung einer zuvor mitgeteilten Einigung der Parteien über die Kostentragung oder der Kostenübernahmeerklärung einer Partei folgt.	

1422	Beendigung des gesamten Verfahrens, wenn nicht Nummer 1421 erfüllt ist, durch
	1. Zurücknahme der Berufung oder des Antrags
	  a) vor dem Schluss der mündlichen Verhandlung,
	  b) in den Fällen des § 128 Abs. 2 ZPO vor dem Zeitpunkt, der dem Schluss der mündlichen Verhandlung entspricht,
	2. Anerkenntnis- oder Verzichtsurteil,
	3. gerichtlichen Vergleich oder
	4. *Erledigungserklärungen* nach § 91a ZPO, wenn keine Entscheidung über die Kosten ergeht oder die Entscheidung einer zuvor mitgeteilten Einigung der Parteien über die Kostentragung oder der Kostenübernahmeerklärung einer Partei folgt,
	es sei denn, dass bereits ein anderes als eines der in Nummer 2 genannten Urteile vorausgegangen ist:	

	Die Gebühr 1420 ermäßigt sich auf	2,0
	Die Gebühr ermäßigt sich auch, wenn mehrere Ermäßigungstatbestände erfüllt sind.	

Nr.	Gebührentatbestand	Gebühr oder Satz der Gebühr nach § 34 GKG
1423	Beendigung des gesamten Verfahrens durch ein Urteil, das wegen eines Verzichts der Parteien nach § 313a Abs. 11 Satz 2 ZPO keine schriftliche Begründung enthält, wenn nicht bereits ein anderes als eines der in Nummer 1422 Nr. 2 genannten Urteile mit schriftlicher Begründung oder ein Versäumnisurteil vorausgegangen ist:	
	Die Gebühr 1420 ermäßigt sich auf	3,0
	Die Gebühr ermäßigt sich auch, wenn daneben Ermäßigungstatbestände nach Nummer 1422 erfüllt sind.	

Beschwerde

1430	Verfahren über die Beschwerde 1. gegen die Zurückweisung eines Antrags auf Anordnung eines Arrests oder eines Antrags auf Erlass einer einstweiligen Verfügung oder 2. in Verfahren nach der Verordnung (EU) Nr. 655/2014 . . .	1,5
1431	Beendigung des gesamten Verfahrens durch Zurücknahme der Beschwerde:	
	Die Gebühr 1430 ermäßigt sich auf	1,0

6. Insolvenzverfahren

Eröffnungsverfahren

2310	Verfahren über den Antrag des Schuldners auf Eröffnung des Insolvenzverfahrens	0,5
	Die Gebühr entsteht auch, wenn das Verfahren nach § 306 InsO ruht.	
2311	Verfahren über den Antrag eines Gläubigers auf Eröffnung des Insolvenzverfahrens	0,5 – mindestens 198,00 €

7. Durchführung des Insolvenzverfahrens auf Antrag des Schuldners

2320	Durchführung des Insolvenzverfahrens	2,5
	Die Gebühr entfällt, wenn der Eröffnungsbeschluss auf Beschwerde aufgehoben wird.	
2321	Einstellung des Verfahrens vor dem Ende des Prüfungstermins nach den §§ 207, 211, 212, 213 InsO:	
	Die Gebühr 2320 ermäßigt sich auf	0,5
2322	Einstellung des Verfahrens nach dem Ende des Prüfungstermins nach den §§ 207, 211, 212, 213 InsO:	
	Die Gebühr 2320 ermäßigt sich auf	1,5

Nr.	Gebührentatbestand	Gebühr oder Satz der Gebühr nach § 34 GKG

8. Durchführung des Insolvenzverfahrens auf Antrag eines Gläubigers

2330	Durchführung des Insolvenzverfahrens	3,0
	Die Gebühr entfällt, wenn der Eröffnungsbeschluss auf Beschwerde aufgehoben wird.	
2331	Einstellung des Verfahrens vor dem Ende des Prüfungstermins nach den §§ 207, 211, 212, 213 InsO:	
	Die Gebühr 2330 ermäßigt sich auf	1,0
2332	Einstellung des Verfahrens nach dem Ende des Prüfungstermins nach den §§ 207, 211, 212, 213 InsO:	
	Die Gebühr 2330 ermäßigt sich auf	2,0

9. Besonderer Prüfungstermin und schriftliches Prüfungsverfahren (§ 177 InsO)

2340	Prüfung von Forderungen je Gläubiger	22,00 €

10. Restschuldbefreiung

2350	Entscheidung über den Antrag auf Versagung oder Widerruf der Restschuldbefreiung (§§ 296 bis 297a, 300 und 303 InsO)	39,00 €

11. Beschwerden

Beschwerde

2380	Verfahren über die Beschwerde gegen die Entscheidung über den Antrag auf Eröffnung des Insolvenzverfahrens . .	1,0
2381	Verfahren über nicht besonders aufgeführte Beschwerden, die nicht nach anderen Vorschriften gebührenfrei sind:	
	Die Beschwerde wird verworfen oder zurückgewiesen . . .	66,00 €
	Wird die Beschwerde nur teilweise verworfen oder zurückgewiesen, kann das Gericht die Gebühr nach billigem Ermessen auf die Hälfte ermäßigen oder bestimmen, dass eine Gebühr nicht zu erheben ist.	
2382	Verfahren über die sofortige Beschwerde gegen die Entscheidung über die Kosten des Gruppen-Koordinationsverfahrens nach Artikel 102c § 26 EGInsO	1,0

Rechtsbeschwerde

2383	Verfahren über die Rechtsbeschwerde gegen die Beschwerdeentscheidung im Verfahren über den Antrag auf Eröffnung des Insolvenzverfahrens	2,0
2384	Beendigung des gesamten Verfahrens durch Zurücknahme der Rechtsbeschwerde oder des Antrags:	
	Die Gebühr 2383 ermäßigt sich auf	1,0
2385	Verfahren über nicht besonders aufgeführte Rechtsbeschwerden, die nicht nach anderen Vorschriften gebührenfrei sind:	

Nr.	Gebührentatbestand	Gebühr oder Satz der Gebühr nach § 34 GKG
	Die Rechtsbeschwerde wird verworfen oder zurückgewiesen	132,00 €
	Wird die Rechtsbeschwerde nur teilweise verworfen oder zurückgewiesen, kann das Gericht die Gebühr nach billigem Ermessen auf die Hälfte ermäßigen oder bestimmen, dass eine Gebühr nicht zu erheben ist.	
2386	Verfahren über die Rechtsbeschwerde gegen die Beschwerdeentscheidung über die Kosten des Gruppen-Koordinationsverfahrens nach Artikel 102c, § 26 EGInsO i.V.m. § 574 ZPO	2,0

12. Schifffahrtsrechtliches Verteilungsverfahren

Eröffnungsverfahren

2410	Verfahren über den Antrag auf Eröffnung des Verteilungsverfahrens	1,0

Verteilungsverfahren

2420	Durchführung des Verteilungsverfahrens	2,0

Besonderer Prüfungstermin und schriftliches Prüfungsverfahren (§ 18 Satz 3 SVertO, § 177 InsO)

2430	Prüfung von Forderungen je Gläubiger	22,00 €

Beschwerde und Rechtsbeschwerde

2440	Verfahren über Beschwerden, die nicht nach anderen Vorschriften gebührenfrei sind:	
	Die Beschwerde wird verworfen oder zurückgewiesen ...	66,00 €
	Wird die Beschwerde nur teilweise verworfen oder zurückgewiesen, kann das Gericht die Gebühr nach billigem Ermessen auf die Hälfte ermäßigen oder bestimmen, dass eine Gebühr nicht zu erheben ist.	
2441	Verfahren über Rechtsbeschwerden:	
	Die Rechtsbeschwerde wird verworfen oder zurückgewiesen	132,00 €
	Wird die Rechtsbeschwerde nur teilweise verworfen oder zurückgewiesen, kann das Gericht die Gebühr nach billigem Ermessen auf die Hälfte ermäßigen oder bestimmen, dass eine Gebühr nicht zu erheben ist.	

13. Rüge wegen Verletzung des Anspruchs auf rechtliches Gehör

2600	Verfahren über die Rüge wegen Verletzung des Anspruchs auf rechtliches Gehör (§ 321a ZPO, § 4 InsO, § 3 Abs. 1 Satz 1 SVertO, § 38 StaRUG):	
	Die Rüge wird in vollem Umfang verworfen oder zurückgewiesen	66,00 €

8.4.9.2 Kostentabelle[1] (Auszug)

Streitwert bis ..... €	Gebühr ..... €	Streitwert bis ..... €	Gebühr ..... €
500	38,00	50 000	601,00
1 000	58,00	65 000	733,00
1 500	78,00	80 000	865,00
2 000	98,00	95 000	997,00
3 000	119,00	110 000	1 129,00
4 000	140,00	125 000	1 261,00
5 000	161,00	140 000	1 393,00
6 000	182,00	155 000	1 525,00
7 000	203,00	170 000	1 657,00
8 000	224,00	185 000	1 789,00
9 000	245,00	200 000	1 921,00
10 000	266,00	230 000	2 119,00
13 000	295,00	260 000	2 317,00
16 000	324,00	290 000	2 515,00
19 000	353,00	320 000	2 713,00
22 000	382,00	350 000	2 911,00
25 000	411,00	380 000	3 109,00
30 000	449,00	410 000	3 307,00
35 000	487,00	440 000	3 505,00
40 000	525,00	470 000	3 703,00
45 000	563,00	500 000	3 901,00

---

[1] Zu § 34 Abs. 1 Satz 3 GKG.

8.4.9.3 Prozesskostenhilfe

A. Überblick

Tatbestand	Vermögenslosen bzw. bedürftigen Parteien soll durch die Leistung von Prozesskostenhilfe der Zugang zu den Gerichten ermöglicht werden. Das Grundgesetz verlangt zwar eine weitgehende Angleichung der Situation von bedürftigen und vermögenden Parteien. Die bedürftige Partei braucht aber nur einer solchen vermögenden Partei gleichgestellt werden, die ihre Prozessaussichten vernünftig abwägt und dabei auch das Kostenrisiko berücksichtigt.
Voraussetzungen (§ 114 ZPO)[1]	– Partei kann nach ihren persönlichen und wirtschaftlichen Verhältnissen die Kosten der Prozessführung nicht, nur zum Teil oder nur in Raten aufbringen (siehe zu den Einkommens- und Vermögensgrenzen unter Punkt B) – Beabsichtigte Rechtsverfolgung oder Rechtsverteidigung bietet hinreichende Aussicht auf Erfolg und erscheint nicht mutwillig
Umfang (§§ 119 ff. ZPO)	– Kosten des beigeordneten Rechtsanwalts bzw. Steuerberaters (§ 142 Abs. 2 FGO), soweit eine Vertretung durch Anwälte vorgeschrieben oder erforderlich erscheint oder Gegner durch Rechtsanwalt vertreten (**nicht** die Kosten des gegnerischen Rechtsanwalts) – Gerichtskosten und Gerichtsvollzieherkosten – Für jeden Rechtszug besonders
Verfahren (§§ 117, 118 ZPO)	– Antragstellung beim Prozessgericht – Darstellung des Streitverhältnisses unter Angabe der Beweismittel (z. B. Klageentwurf) – Erklärung der Partei über ihre persönlichen und wirtschaftlichen Verhältnisse (Formular) nebst Belegen (für Gegner nur mit Zustimmung des Antragstellers zugänglich)

B. Einzusetzendes Einkommen und Vermögen

Einzusetzendes Einkommen	Einzusetzendes Vermögen
Einkommen der Partei (= alle Einkünfte in Geld oder Geldeswert, §§ 82 ff. SGB XII) abzüglich: 1. auf das Einkommen entrichtete Steuern 2. Pflichtbeiträge zur Sozialversicherung einschließlich Beiträge zur Arbeitsförderung	Vermögen, soweit dies zumutbar ist (§ 90 SGB XII) einzusetzen ist das gesamte verwertbare Vermögen mit Ausnahme: 1. eines Vermögens, das aus öffentlichen Mitteln zum Aufbau oder zur Sicherung einer Lebensgrundlage oder zur Gründung eines Hausstandes erbracht wird 2. eines Kapitals einschließlich seiner Erträge, das der zusätzlichen Altersvorsorge i. S. d. § 10a oder des Abschnitts XI EStG dient und dessen Ansammlung steuerlich gefördert wurde

---

[1] Zivilprozessordnung (ZPO), neu gefasst durch Bekanntmachung vom 5.12.2005 (BGBl I 2005 S.3202), zuletzt geändert durch Gesetz vom 25.6.2021 (BGBl I 2021 S.2154).

Einzusetzendes Einkommen	Einzusetzendes Vermögen
3. Beiträge zu öffentlichen oder privaten Versicherungen oder ähnlichen Einrichtungen, soweit diese Beiträge gesetzlich vorgeschrieben oder nach Grund und Höhe angemessen sind, sowie geförderte Altersvorsorgebeiträge nach §82 EStG, soweit sie den Mindesteigenbeitrag nach §86 EStG nicht übersteigen	3. eines sonstigen Vermögens, solange es nachweislich zur baldigen Beschaffung oder Erhaltung eines Hausgrundstücks i.S.d. Nr.8 bestimmt ist, soweit dieses Wohnzecken behinderter (§53 Abs.1 Satz 1 und §72 SGB XII) oder pflegebedürftiger Menschen (§61 SGB XII) dient oder dienen soll und dieser Zweck durch den Einsatz oder die Verwertung des Vermögens gefährdet würde
4. die mit der Erzielung des Einkommens verbundenen notwendigen Ausgaben	4. eines angemessenen Hausrats; dabei sind die bisherigen Lebensverhältnisse der nachfragenden Person zu berücksichtigen
5. das Arbeitsförderungsgeld und Erhöhungsbeträge des Arbeitsentgelts i.S.v. §43 Satz 4 SGB IX	5. von Gegenständen, die zur Aufnahme oder Fortsetzung der Berufsausbildung oder der Erwerbstätigkeit unentbehrlich sind
6. Beträge gemäß der jährlichen Prozesskostenhilfebekanntmachung zu §115 ZPO (PKHB)[1]:	6. von Familien- und Erbstücken, deren Veräußerung für die nachfragende Person oder ihre Familie eine besondere Härte bedeuten würde
a) für die erwerbstätige Partei 228 €	7. von Gegenständen, die zur Befriedigung geistiger, insbesondere wissenschaftlicher oder künstlerischer Bedürfnisse dienen und deren Besitz nicht Luxus ist
b) für die Partei und ihren Ehegatten oder ihren Lebenspartner 501 €	
c) für weitere unterhaltsberechtigte Personen:	8. eines angemessenen Hausgrundstücks, das von der nachfragenden Person oder einer anderen in §19 Abs.1 bis 3 SGB XII genannten Person allein oder zusammen mit Angehörigen ganz oder teilweise bewohnt wird und nach ihrem Tod von ihren Angehörigen bewohnt werden soll. Die Angemessenheit bestimmt sich nach der Zahl der Bewohner, dem Wohnbedarf (z.B. behinderter, blinder oder pflegebedürftiger Menschen), der Grundstücksgröße, der Hausgröße, dem Zuschnitt und der Ausstattung des Wohngebäudes sowie dem Wert des Grundstücks einschließlich des Wohngebäudes
a) Erwachsene 400 €	
b) Jugendliche vom Beginn des 15. bis zur Vollendung des 18. Lebensjahres 381 €	
c) Kinder vom Beginn des 7. bis zur Vollendung des 14. Lebensjahres 358 €	
d) Kinder bis zur Vollendung des 6. Lebensjahres 289 €	9. kleinerer Barbeträge oder sonstiger Geldwerte; dabei ist eine besondere Notlage der nachfragenden Person zu berücksichtigen
	10. eines Vermögens, soweit dies für den, der das Vermögen einzusetzen hat, und für seine unterhaltsberechtigten Angehörigen eine Härte bedeuten würde. Dies ist bei der Leistung nach dem Fünften bis Neunten Kapitel insbesondere der Fall, soweit eine angemessene Lebensführung oder die Aufrechterhaltung einer angemessenen Alterssicherung wesentlich erschwert würde.

---

[1] Prozesskostenhilfebekanntmachung vom 20.12.2019 (BGBl I 2019 S.2942).

Einzusetzendes Einkommen	Einzusetzendes Vermögen
7. Kosten der Unterkunft und Heizung, soweit sie nicht in einem auffälligen Missverhältnis zu den Lebensverhältnissen der Partei stehen (§ 115 Abs. 1 Nr. 3 ZPO) 8. weitere Beträge, soweit dies mit Rücksicht auf besondere Belastungen angemessen ist; § 1610a BGB gilt entsprechend (§ 115 Abs. 1 Nr. 5 ZPO)	
= Einzusetzendes Einkommen	

C. Höhe der Monatsraten (§ 115 Abs. 2 ZPO)

Von dem nach den Abzügen verbleibenden Teil des monatlichen Einkommens (einzusetzendes Einkommen) sind Monatsraten in Höhe der Hälfte des einzusetzenden Einkommens festzusetzen; die Monatsraten sind auf volle € abzurunden. Beträgt die Höhe einer Monatsrate weniger als 10 €, ist von der Festsetzung von Monatsraten abzusehen. Bei einem einzusetzenden Einkommen von mehr als 600 € beträgt die Monatsrate 300 € zuzüglich des Teils des einzusetzenden Einkommens, der 600 € übersteigt. Unabhängig von der Zahl der Rechtszüge sind höchstens 48 Monatsraten aufzubringen.

Einzusetzendes Einkommen €		Monatsrate €
bis	10	0
	20	10
	50	25
	100	50
	150	75
	200	100
	250	125
	300	150
	350	175
	400	200
	450	225
	500	250
	550	275
	600	300
über	600	300 zuzüglich des 600 € übersteigenden Teils des einzusetzenden Einkommens

D. Gebühren für Rechtsanwälte und Steuerberater bei Gegenstandswert über 4000 €[1]

Aus der Staatskasse werden bei einem Gegenstandswert von mehr als 4000 € anstelle der Gebühr nach §13 Abs.1 RVG folgende Gebühren vergütet:

Gegenstandswert bis ..... €	Gebühr ..... €	Gegenstandswert bis ..... €	Gebühr ..... €
5 000	284	22 000	399
6 000	295	25 000	414
7 000	306	30 000	453
8 000	317	35 000	492
9 000	328	40 000	531
10 000	339	45 000	570
13 000	354	50 000	609
16 000	369	über	
19 000	384	50 000	659

---

[1] §49 RVG ggf. i.V.m. §46 StBVV.

8.4.10 Kosten für Verfahren vor den Gerichten der Finanzgerichtsbarkeit

8.4.10.1 Gerichtskostenverzeichnis (Auszug)

Nr.	Gebührentatbestand	Gebühr oder Satz der Gebühr nach § 34 GKG
Hauptabschnitt 1. Prozessverfahren		
Abschnitt 1. Erster Rechtszug		
Unterabschnitt 1. Verfahren vor dem Finanzgericht		
6110	Verfahren im Allgemeinen, soweit es sich nicht nach § 45 Abs. 3 FGO erledigt	4,0

6111	Beendigung des gesamten Verfahrens durch
	1. Zurücknahme der Klage
	  a) vor dem Schluss der mündlichen Verhandlung oder,
	  b) wenn eine solche nicht stattfindet, vor Ablauf des Tages, an dem das Urteil oder der Gerichtsbescheid der Geschäftsstelle übermittelt wird, oder
	2. Beschluss in den Fällen des § 138 FGO,
	es sei denn, dass bereits ein Urteil oder ein Gerichtsbescheid vorausgegangen ist:	

	Die Gebühr 6110 ermäßigt sich auf	2,0
	Die Gebühr ermäßigt sich auch, wenn mehrere Ermäßigungstatbestände erfüllt sind.	
Abschnitt 2. Revision		
6120	Verfahren im Allgemeinen	5,0
6121	Beendigung des gesamten Verfahrens durch Zurücknahme der Revision oder der Klage, bevor die Schrift zur Begründung der Revision bei Gericht eingegangen ist:	
	Die Gebühr 6120 ermäßigt sich auf	1,0
	Erledigungen in den Fällen des § 138 FGO stehen der Zurücknahme gleich.	

6122	Beendigung des gesamten Verfahrens, wenn nicht Nummer 6121 erfüllt ist, durch
	1. Zurücknahme der Revision oder der Klage
	  a) vor dem Schluss der mündlichen Verhandlung oder,
	  b) wenn eine solche nicht stattfindet, vor Ablauf des Tages, an dem das Urteil, der Gerichtsbescheid oder der Beschluss in der Hauptsache der Geschäftsstelle übermittelt wird, oder
	2. Beschluss in den Fällen des § 138 FGO,
	es sei denn, dass bereits ein Urteil, ein Gerichtsbescheid oder ein Beschluss in der Hauptsache vorausgegangen ist:	

Nr.	Gebührentatbestand	Gebühr oder Satz der Gebühr nach § 34 GKG
	Die Gebühr 6120 ermäßigt sich auf	3,0
	Die Gebühr ermäßigt sich auch, wenn mehrere Ermäßigungstatbestände erfüllt sind.	

Hauptabschnitt 2. Vorläufiger Rechtsschutz

Vorbemerkung 6.2:

(1) Die Vorschriften dieses Hauptabschnitts gelten für einstweilige Anordnungen und für Verfahren nach § 69 Abs. 3 und 5 FGO.

(2) Im Verfahren über den Antrag auf Erlass und im Verfahren über den Antrag auf Aufhebung einer einstweiligen Anordnung werden die Gebühren jeweils gesondert erhoben. Mehrere Verfahren nach § 69 Abs. 3 und 5 FGO gelten innerhalb eines Rechtszugs als ein Verfahren.

Abschnitt 1. Erster Rechtszug

6210	Verfahren im Allgemeinen	2,0

6211	Beendigung des gesamten Verfahrens durch
	1. Zurücknahme des Antrags
	  a) vor dem Schluss der mündlichen Verhandlung oder,
	  b) wenn eine solche nicht stattfindet, vor Ablauf des Tages, an dem der Beschluss (§ 114 Abs. 4 FGO) der Geschäftsstelle übermittelt wird, oder
	2. Beschluss in den Fällen des § 138 FGO,
	es sei denn, dass bereits ein Beschluss nach § 114 Abs. 4 FGO vorausgegangen ist:	

	Die Gebühr 6210 ermäßigt sich auf	0,75
	Die Gebühr ermäßigt sich auch, wenn mehrere Ermäßigungstatbestände erfüllt sind.	

Abschnitt 2. Beschwerde

Vorbemerkung 6.2.2:

Die Vorschriften dieses Abschnitts gelten für Beschwerden gegen Beschlüsse über einstweilige Anordnungen (§ 114 FGO) und über die Aussetzung der Vollziehung (§ 69 Abs. 3 und 5 FGO).

6220	Verfahren über die Beschwerde	2,0
6221	Beendigung des gesamten Verfahrens durch Zurücknahme der Beschwerde:	
	Die Gebühr 6220 ermäßigt sich auf	1,0

Hauptabschnitt 3. Besondere Verfahren

6300	Selbstständiges Beweisverfahren	1,0
6301	Verfahren über Anträge auf gerichtliche Handlungen der Zwangsvollstreckung gemäß § 152 FGO	22,00 €

Nr.	Gebührentatbestand	Gebühr oder Satz der Gebühr nach § 34 GKG
Hauptabschnitt 4. Rüge wegen Verletzung des Anspruchs auf rechtliches Gehör		
6400	Verfahren über die Rüge wegen Verletzung des Anspruchs auf rechtliches Gehör (§ 133a FGO):	
	Die Rüge wird in vollem Umfang verworfen oder zurückgewiesen	66,00 €
Hauptabschnitt 5. Sonstige Beschwerden		
6500	Verfahren über die Beschwerde gegen die Nichtzulassung der Revision:	
	Soweit die Beschwerde verworfen oder zurückgewiesen wird	2,0
6501	Verfahren über die Beschwerde gegen die Nichtzulassung der Revision:	
	Soweit die Beschwerde zurückgenommen oder das Verfahren durch anderweitige Erledigung beendet wird	1,0
	Die Gebühr entsteht nicht, soweit die Revision zugelassen wird.	
6502	Verfahren über nicht besonders aufgeführte Beschwerden, die nicht nach anderen Vorschriften gebührenfrei sind:	
	Die Beschwerde wird verworfen oder zurückgewiesen ...	66,00 €
	Wird die Beschwerde nur teilweise verworfen oder zurückgewiesen, kann das Gericht die Gebühr nach billigem Ermessen auf die Hälfte ermäßigen oder bestimmen, dass eine Gebühr nicht zu erheben ist.	
Hauptabschnitt 6. Besondere Gebühr		
6600	Auferlegung einer Gebühr nach § 38 GKG wegen Verzögerung des Rechtsstreits	wie vom Gericht bestimmt

8.4.10.2 Kostentabelle

Es gilt die Kostentabelle unter Kap. 8.4.9.2.

8.4.10.3 Wichtige Streitwerte

Der Streitwert (§ 52 GKG) ist maßgebend für Gerichtskosten und i.d.R. für Gebühren des Bevollmächtigten. Er richtet sich grundsätzlich nach dem Klageantrag. Folgesteuern und Nebenabgaben (z.B. Kirchensteuer und Solidaritätszuschlag) bleiben unberücksichtigt. Auswirkungen in Folgejahren bleiben i.d.R. unberücksichtigt.

Streitgegenstand	Streitwert	Streitgegenstand	Streitwert
Aussetzung der Vollziehung	10 % des Hauptsache-Streitwerts	KSt	Streitige KSt
ESt	Streitige ESt	LSt	Streitige Lohnsteuer
EW-Grundvermögen	4% der streitigen Wertdifferenz	USt	Streitige USt
Gewinnfeststellung	Betrag des sich ergebenden streitigen Steuerbetrags; falls dieser nicht zu ermitteln ist, 25 % der streitigen positiven oder negativen Einkünfte	Verluste	25 % des streitigen Verlustbetrags
GewSt-Messbescheid	Streitiger Messbetrag × Hebesatz	Vorauszahlungen	Streitige Vorauszahlung

8.4.10.4 Berechnungsbeispiel

Abschluss eines Klageverfahrens vor dem Finanzgericht, Auftraggeber: Ehegatten, Streitwert: 3 000 €

1. Gerichtskosten:

4,0 Verfahrensgebühr	KostVerz 6110	<u>476,00 €</u>	476,00 €

2. *Vertretungskosten:*

1,6 Verfahrensgebühr	VV RVG 3200	355,20 €	
0,3 Erhöhungsgebühr	VV RVG 1008	66,60 €	
1,2 Terminsgebühr	VV RVG 3202	266,40 €	
Pauschale für Post	VV RVG 7002	20,00 €	
USt (19%)	VV RVG 7008	134,56 €	
Summe Vertretungskosten		<u>842,76 €</u>	842,76 €

3. Gesamtkosten: 1 318,76 €

8.4.11   Justizvergütungs- und -entschädigungsgesetz (JVEG)[1]

Tatbestand		Das JVEG regelt die Vergütung bzw. die Entschädigung von Personen, die von dem Gericht, der Staatsanwaltschaft, der Finanzbehörde in selbständigen Ermittlungsverfahren, der Verwaltungsbehörde in Ordnungswidrigkeitsverfahren oder Gerichtsvollzieher herangezogen werden.	
Vergütung	Anspruchsberechtigte (§ 1 JVEG)	– Dolmetscher – Sachverständige – Übersetzer – Ehrenamtliche Richter – Zeugen – Dritte	
	Sachgebiete und Stundensätze (Euro) (Auszug), Anlage 1 zu § 9 Abs. 1 JVEG	Stundensätze (Euro)	
		Betriebsunterbrechungs- und Verlagerungsschaden	135
		Bewertung Immobilien	115
		Datenermittlung und -aufbereitung	125
		Honorare (Architekten und Ingenieure)	145
		Kraftfahrzeugschäden und -bewertung	120
		Kraftfahrzeugunfallursachen	155
		Mieten und Pachten	115
		Unternehmensbewertung	135
		Einfache gutachtliche Beurteilungen in Gebührenrechtsfragen	80
		Gutachten zu Unterhaltsstreitigkeiten aufgrund einer Erwerbs- oder Arbeitsunfähigkeit	90

---

[1] Gesetz über die Vergütung von Sachverständigen, Dolmetscherinnen, Dolmetschern, Übersetzerinnen und Übersetzern sowie die Entschädigung von ehrenamtlichen Richterinnen, ehrenamtlichen Richtern, Zeuginnen, Zeugen und Dritten (JVEG) vom 5.5.2004 (BGBl I 2004 S.718), zuletzt geändert durch Gesetz vom 25.6.2021 (BGBl I 2021 S.2154).

Auslagen-ersatz	Fahrtkosten (§5 JVEG) – bei öffentlichen Verkehrsmitteln – bei Kfz-Nutzung	Kosten der 1. Klasse 0,42 € (Zeugen und Dritte 0,35 €), für jeden gefahrenen Kilometer zzgl. Auslagen (Parkentgelte)
	Aufwand (§6 JVEG) – bei Terminen außerhalb der Gemeinde	Tagegeld nach §4 Abs.5 EStG
	– bei auswärtiger Übernachtung	Sätze nach Bundesreisekostengesetz
	Sonstige Aufwendungen (§7 JVEG) – Ablichtungen und Ausdrucke	1. bis zu einer Größe von DIN A3 0,50 € je Seite für die ersten 50 Seiten und 0,15 € für jede weitere Seite 2. in einer Größe von mehr als DIN A3 3,00 € je Seite
	– Farbkopien und Ausdrucke	das Doppelte der Beträge nach 1. und 2.
	– Elektronisch gespeicherte Dateien	1,50 € je Datei
Verfahren	– Festsetzung durch gerichtlichen Beschluss auf Antrag (§4 JVEG) – Vorschuss auf Antrag bei erheblichen Fahrtkosten oder sonstigen Aufwendungen (§3 JVEG) – Verjährung nach drei Monaten (§2 JVEG)	

8.4.12 Ausgewählte Gebühren der Finanzverwaltung

8.4.12.1 Gebühren für verbindliche Auskünfte[1]

A. Überblick

Vorschrift				§ 89 Abs. 3 bis 7 AO
Sachlicher Anwendungsbereich				– Anträge auf Erteilung einer verbindlichen Auskunft nach § 89 Abs. 2 AO – Keine Gebühr für Anträge auf Erteilung einer verbindlichen Zusage aufgrund einer Außenprüfung nach §§ 204 ff. AO und Lohnsteueranrufungsauskunft nach § 42e EStG
Zuständigkeit[2]				– Grundsatz: Das nach §§ 18–21 AO örtlich zuständige Finanzamt – Ausnahme: Bundeszentralamt für Steuern (v.a. für Steuerausländer)
Höhe[3]	Erteilte Auskunft	Nach Gegenstandswert	Allgemein	Nach § 34 GKG (siehe hierzu Kap. 8.4.9.2: Gebührensatz von 1,0)
			Mindestens	10 000 € Gegenstandswert = 266 € Gebühr (§ 89 Abs. 5 S. 3 AO); bei niedrigerem Gegenstandswert keine Gebühr
			Höchstens	30 Mio. € Gegenstandswert (§ 39 Abs. 2 GKG analog) = 120 721 € Gebühr
		Nach Zeitaufwand[4]	Grundsatz	50 € je angefangene halbe Stunde
			Mindestens	200 €; bei geringerem Zeitaufwand als zwei Stunden keine Gebühr
			Höchstens	Keine Grenze
	Nicht erteilte Auskunft	Antrag zurückgenommen		Gebühr je nach Arbeitsfortschritt; ggf. Verzicht oder Ermäßigung (§ 89 Abs. 7 AO), wenn die Erhebung im Einzelfall unbillig wäre. Eine Ermäßigung kommt in Betracht, wenn der Antrag vor Bekanntgabe der Entscheidung zurückgenommen wird.
		Antrag nicht zurückgenommen		Volle Gebühr; vor Ablehnung des Antrags aus formalen Gründen muss Finanzamt auf die Mängel und auf die Möglichkeit der Ergänzung oder Rücknahme des Antrags hinweisen

[1] Die Vorschrift wurde zuletzt geändert durch Gesetz vom 18.7.2016 (BGBl I 2016 S.1679). Die Vorschrift ist verfassungsgemäß (so BFH vom 30.3.2011, I R 61/10, BStBl II 2011 S. 536). Allerdings hat der Steuerpflichtige keinen Anspruch auf einen bestimmten rechtmäßigen Inhalt einer verbindlichen Auskunft (BFH, Urteil vom 29.2.2012, BStBl II 2012 S.651).
[2] Siehe hierzu auch BMF-Schr. vom 3.5. 2007 (BStBl I 2007 S. 470).
[3] Siehe hierzu auch BMF-Schr. vom 12.3. 2007 (BStBl I 2007 S. 227).
[4] Wenn Gegenstandswert auch nicht durch Schätzung bestimmbar (§ 86 VI S. 1 AO).

B. Gebühren für Geschäftswerte bis 30 000 000 €
   (analog Anlage 2 zu § 34 Abs. 1 S. 3 GKG)

Geschäftswert bis ... €	Gebühr bis ... €	Geschäftswert bis ... €	Gebühr bis ... €
unter 10 000	0,00	260 000	2 317,00
10 000	266,00	290 000	2 515,00
13 000	295,00	320 000	2 713,00
16 000	324,00	350 000	2 911,00
19 000	353,00	380 000	3 109,00
22 000	382,00	410 000	3 307,00
25 000	411,00	440 000	3 505,00
30 000	449,00	470 000	3 703,00
35 000	487,00	500 000	3 901,00
40 000	525,00	1 000 000	5 881,00
45 000	563,00	2 000 000	9 841,00
50 000	601,00	2 500 000	11 821,00
65 000	733,00	5 000 000	21 721,00
80 000	865,00	7 500 000	31 621,00
95 000	997,00	10 000 000	41 521,00
110 000	1 129,00	12 500 000	51 421,00
125 000	1 261,00	15 000 000	61 321,00
140 000	1 393,00	17 500 000	71 221,00
155 000	1 525,00	20 000 000	81 121,00
170 000	1 657,00	22 500 000	91 021,00
185 000	1 789,00	25 000 000	100 921,00
200 000	1 921,00	27 500 000	110 821,00
230 000	2 119,00	30 000 000	120 721,00[1]

---

[1] Höchstvergütung für Anträge ab 1.1.2021 gemäß § 39 Abs. 1 GKG analog; bei bis zum 31.12.2020 eingegangene Anträge betrug die Höchstvergütung 109 736,00 €.

C. Gebühren für Geschäftswerte über 500 000 €

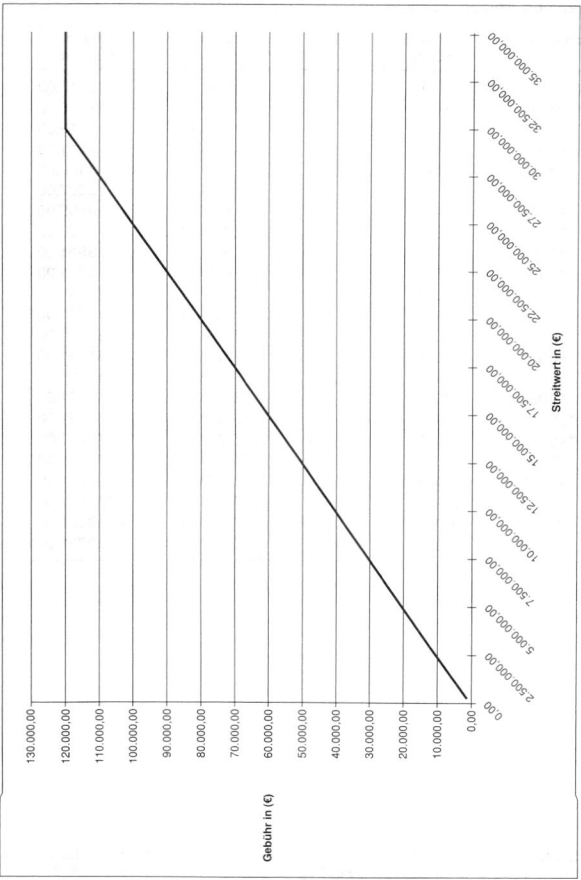

8.4.12.2 Gebühren für Vorabverständigungsverfahren

Vorschrift	§ 89 a AO[1]	
Sachlicher Anwendungsbereich	zwischenstaatliches Verfahren bei Anwendbarkeit eines DBA über die steuerliche Beurteilung von genau bestimmten, im Zeitpunkt der Antragstellung noch nicht verwirklichten Sachverhalten für einen bestimmten Geltungszeitraum, der i.d.R. 5 Jahre nicht überschreiten soll, wenn: – die Gefahr der Doppelbesteuerung besteht und – diese wahrscheinlich durch das Vorabverständigungsverfahren vermeidbar ist und – eine übereinstimmende Abkommensauslegung mit der zuständigen Behörde des anderen Vertragsstaates wahrscheinlich zu erreichen ist	

Zuständigkeit		Bundeszentralamt für Steuern (§ 5 Abs. 1 Nr. 5 FinanzverwaltungsG)	– Gebühr wird um 75% reduziert, wenn bei Antragstellung für die steuerliche Beurteilung des Sachverhalts bereits eine koordinierte bilaterale oder multilaterale steuerliche Außenprüfung durchgeführt wurde, die zu einem übereinstimmend festgestellten Sachverhalt bzw. steuerlichen Würdigung geführt hat. – Absehen von Gebührenfestsetzung, wenn Antrag vor Bekanntgabe der Gebührenfestsetzung zurückgenommen wird. – Unanfechtbar festgesetzte Gebühr wird nicht erstattet.
Höhe	Schwellenwerte des § 6 Abs. 2 GAufzV[2] voraussichtlich überschritten	Grundgebühr	30000 €	
		Verlängerungsgebühr	15000 €	
		Antrag ist kein Verrechnungspreisfall (Grundgebühr)	7500 € (¼ v. 30000 €)	
		Antrag ist kein Verrechnungspreisfall (Verlängerungsgebühr)	3750 € (¼ v. 15000 €)	
	Schwellenwerte des § 6 Abs. 2 GAufzV[2] voraussichtlich nicht überschritten	Grundgebühr	10000 €	
		Verlängerungsgebühr	7500 €	

---

[1] Zuletzt geändert durch Art. 24 Abs. 9 des Gesetzes vom 25.6.2021 (BGBl 2021 S. 2154).
[2] Gewinnabgrenzungsaufzeichnungsverordnung vom 12.7.2017 (BGBl I 2017 S. 2367).

9 Aktuelle Rechtsentwicklung

9.1 Ausgewählte europäische Richtlinienvorhaben

A. Richtlinien im Bereich des Steuerrechts

Richtlinie/Verordnung	Rechtsgrundlage/ Art des Verfahrens	Aktueller Stand
Vorschlag für eine RICHTLINIE DES RATES zur Änderung der Richtlinie 1999/62/EG über die Erhebung von Gebühren für die Benutzung bestimmter Verkehrswege durch schwere Nutzfahrzeuge hinsichtlich bestimmter Vorschriften zu den Kraftfahrzeugsteuern COM (2017) 276	Art. 113 Konsultationsverfahren	4.7.2018 Änderungen des EP
Vorschlag für eine RICHTLINIE DES EUROPÄISCHEN PARLAMENTS UND DES RATES zur Änderung der Richtlinie 2013/34/EU im Hinblick auf die Offenlegung von Ertragsteuerinformationen durch bestimmte Unternehmen und Zweigniederlassungen COM (2016)198	Art.294, Art.50 Abs.1 Mitscheidungsverfahren, Ordentiches Gesetzgebungsverfahren	12.10.2021 Erörterungen im Rat oder seiner vorbereitenden Dienststellen
Vorschlag für eine RICHTLINIE DES RATES zur Festlegung von Vorschriften für die Unternehmensbesteuerung einer signifikanten digitalen Präsenz COM (2018) 147 final	Art. 115 Konsultationsverfahren	13.12.2018 Änderungen des EP
Vorschlag für eine RICHTLINIE DES RATES zum gemeinsamen System einer Digitalsteuer auf Erträge aus der Erbringung bestimmter digitaler Dienstleistungen COM (2018) 148 final	Art. 113 Konsultationsverfahren	8.3.2019 Erörterung im Rat oder seiner vorbereitenden Dienststellen
Vorschlag für eine RICHTLINIE DES RATES zur Änderung der Richtlinie 2011/16/EU des Rates über die Zusammenarbeit der Verwaltungsbehörden im Bereich der Besteuerung COM (2020) 314 final	Art. 113, 115 Konsultationsverfahren	15.4.2021 Erörterungen im Rat oder seiner vorbereitenden Dienststellen
Vorschlag für eine RICHTLINIE DES RATES über die Zusammenarbeit der Verwaltungsbehörden im Bereich der Besteuerung (kodifizierter Text) COM (2020) 49 final	Art. 113, 115 Konsultationsverfahren	10.6.2020 Stellungnahme des Europäischen Wirtschafts- und Sozialausschuss

Richtlinie/Verordnung	Rechtsgrundlage/ Art des Verfahrens	Aktueller Stand
Vorschlag für eine RICHTLINIE DES RATES zur Restrukturierung der Rahmenvorschriften der Union zur Besteuerung von Energieerzeugnissen und elektrischem Strom (Neufassung) COM/2021/563 final	Art. 113, 115 Konsultationsverfahren	15.7.2021 Erörterungen im Rat oder seiner vorbereitenden Dienststellen
Vorschlag für eine RICHTLINIE DES EUROPÄISCHEN PARLAMENTS UND DES RATES zur Änderung der Richtlinien 2013/34/EU, 2004/109/EG und 2006/43/EG und der Verordnung (EU) Nr. 537/2014 hinsichtlich der Nachhaltigkeitsberichterstattung von Unternehmen COM/2021/189 final	Ordentliches Gesetzgebungsverfahren	27.9.2021 Erörterungen im Rat oder seiner vorbereitenden Dienststellen
Vorschlag für eine VERORDNUNG DES EUROPÄISCHEN PARLAMENTS UND DES RATES über die Übermittlung von Angaben bei Geldtransfers und Transfers bestimmter Kryptowerte (Neufassung) COM/2021/422 final	Ordentliches Gesetzgebungsverfahren	14.10.2021 Erörterungen im Rat oder seiner vorbereitenden Dienststellen

B. Richtlinien in übrigen Rechtsbereichen

Richtlinie/Verordnung	Rechtsgrundlage/ Art des Verfahrens	Aktueller Stand
Vorschlag für eine RICHTLINIE DES EUROPÄISCHEN PARLAMENTS UND DES RATES zur Änderung der Richtlinie 1999/62/EG über die Erhebung von Gebühren für die Benutzung bestimmter Verkehrswege durch schwere Nutzfahrzeuge COM (2017) 275	Art. 294, Art. 91 Abs. 1 Mitentscheidungsverfahren, Ordentliches Gesetzgebungsverfahren	29.10.2021 Erörterungen im Rat oder seiner vorbereitenden Dienststellen
Vorschlag für eine RICHTLINIE DES RATES zur Änderung der Richtlinie 2006/112/EG in Bezug auf die Einführung der detaillierten technischen Maßnahmen für die Anwendung des endgültigen Mehrwertsteuersystems für die Besteuerung des Handels zwischen Mitgliedstaaten COM (2018) 329 final	Art. 113 Konsultationsverfahren	8.5.2019 Erörterung im Rat oder seiner vorbereitenden Dienststellen

9.2 Aktuelle Gesetzesvorhaben und Ausblick

9.2.1 Gesetz zur Einführung einer Pflicht zur Mitteilung von Steuergestaltungen

A. Hintergrund und Zielsetzung

Das BMF hatte bereits am 30.01.2019 den Referentenentwurf für ein Pflicht zur Mitteilung von Steuergestaltungen veröffentlicht, der neben einer Mitteilungspflicht für grenzüberschreitende Steuergestaltungen auch eine Mitteilungspflicht für rein nationale Steuergestaltungen vorsieht. Den Finanzbehörden sollen auf diese Weise umfassende und relevante Informationen für vom Gesetzgeber nicht vorgesehene Steuergestaltungen zur Verfügung gestellt werden.

Die Mitteilungspflicht für grenzüberschreitenden Steuergestaltung war vom deutschen Gesetzgeber auf Grundlage der DAC 6-Richtline (EU-Änderungs-Richtline 2018/822) bis Ende 2019 in nationales Recht umzusetzen. In dem Zuge dessen sollten, entsprechend dem Referentenentwurf, zunächst auch rein nationale Gestaltungen erfasst werden. Tatsächlich wurde dann in einem separaten Gesetzgebungsverfahren das Gesetz zur Einführung einer Pflicht zur Mitteilung grenzüberschreitender Steuergestaltungen beschlossen (s. Kap. 5.13.5.5). Eine Anzeigepflicht für nationale Steuergestaltungen wurde dagegen bisher nicht eingeführt.

B. Inhaltsüberblick

Die für nationale Gestaltungen vorgesehenen Anzeigepflichten ähneln denen für grenzüberschreitende:

– Intermediäre, die eine innerstaatliche Steuergestaltung konzipieren, vermarkten, organisieren oder zur Nutzung bereitstellen oder die Umsetzung einer solchen Steuergestaltung verwalten sind zur Mitteilung dieser Gestaltung verpflichtet.
– Die Anzeigepflicht ist subsidiär zur Anzeigepflicht grenzüberschreitender Gestaltung
– Kennzeichen einer meldepflichtigen Gestaltung sind
  – Vertraulichkeit der Gestaltung,
  – ein hiermit verbundenes Erfolgshonorar,
  – eine Standardisierung der Gestaltung,
  – der Erwerb eines Verlustunternehmens und Beendigung dessen Haupttätigkeit,
  – die Transformation von steuerpflichtigen Einkünften in nicht steuerbare Einkünfte sowie
  – zirkuläre Vermögensverschiebungen.
– Ein Nachweis außersteuerlicher Gründe für die konkrete Gestaltung ist möglich.
– Die Mitteilungspflicht besteht für natürliche Personen nur, wenn deren positive Einkünfte mindestens 500 000 € pro Kalenderjahr betragen.

- Die Mitteilungspflicht für nicht natürliche Personen setzt die Zugehörigkeit zu einem Konzern i.S.d. § 18 AktG oder die Beherrschung/Leitung durch ausländische Personen, eine Stiftung oder ein anderes Zweckvermögen oder die wirtschaftliche Verbundenheit mit ausländischen Unternehmen voraus.
- Die Verletzung der Mitteilungspflicht wird mit Geldbußen von bis zu 25 000 € geahndet.

C. Gesetzgebungsstand

Bis auf die Veröffentlichung des Referentenentwurfs durch das BMF vom 30.01.2019 ist der Gesetzgeber zur Einführung der Mitteilungspflicht für rein nationale Gestaltungen nicht tätig geworden. Das BMF bekundet aber weiterhin Interesse diese einzuführen (BT-Drucksache 19/16423, S. 7).

9.3 Ausgewählte anhängige Gerichtsverfahren

9.3.1 Verfahren vor dem Europäischen Gerichtshof (Auswahl)

Norm	Rechtsfrage	Vorinstanz	EuGH-AZ
EGRL 112/2006 Art 122; EGRL 112/2006 Art 98 Abs 3; UStG § 12 Abs 2 Nr 1	Vorabentscheidungsersuchen des Bundesfinanzhofs vom 10.6.2020, eingereicht am 14.10.2020, zu folgenden Fragen: 1. Ist der Begriff des Brennholzes in Art. 122 der Richtlinie 2006/112/EG dahin auszulegen, dass er jegliches Holz umfasst, das nach seinen objektiven Eigenschaften ausschließlich zum Verbrennen bestimmt ist? 2. Kann ein Mitgliedstaat, der auf der Grundlage von Art. 122 der Richtlinie 2006/112/EG einen ermäßigten Steuersatz für Lieferungen von Brennholz schafft, dessen Anwendungsbereich entsprechend Art. 98 Abs. 3 der Richtlinie 2006/112/EG anhand der Kombinierten Nomenklatur genau abgrenzen? 3. Falls die zweite Frage zu bejahen ist: Darf ein Mitgliedstaat die ihm durch Art. 122 der Richtlinie 2006/112/EG und Art. 98 Abs. 3 der Richtlinie 2006/112/EG eingeräumte Befugnis, den Anwendungsbereich der Steuersatzermäßigung für Lieferungen von Brennholz anhand der Kombinierten Nomenklatur abzugrenzen, bei Beachtung des Grundsatzes der steuerlichen Neutralität so ausüben, dass die Lieferungen verschiedener Formen von Brennholz, die sich nach ihren objektiven Merkmalen und Eigenschaften unterscheiden, aber aus der Sicht eines Durchschnittsverbrauchers nach dem Kriterium der Vergleichbarkeit in der Verwendung demselben Bedürfnis (hier: Heizen) dienen und somit miteinander in Wettbewerb stehen, unterschiedlichen Steuersätzen unterliegen?	BFH Urteil vom 10.6.2020 (V R 6/18)	C-515/20

Norm	Rechtsfrage	Vorinstanz	EuGH-AZ
AO § 236; MOG § 14; EGV 800/1999	Vorabentscheidungsersuchen des FG Hamburg vom 20.8.2020, eingereicht am 7.9.2020, zu folgenden Fragen: 1. Besteht die unionsrechtliche Pflicht der Mitgliedstaaten, unter Verstoß gegen das Unionsrecht erhobene Abgaben zuzüglich Zinsen zu erstatten, auch in Fällen, in denen der Grund für die Erstattung nicht ein vom Gerichtshof der Europäischen Union festgestellter Verstoß der Rechtsgrundlage gegen das Unionsrecht, sondern eine vom Gerichtshof getroffene Auslegung einer (Unter-)Position der Kombinierten Nomenklatur ist? 2. Sind die Grundsätze des vom Gerichtshof der Europäischen Union entwickelten unionsrechtlichen Zinsanspruchs auch auf die Zahlung von Ausfuhrerstattungen, die die mitgliedstaatliche Behörde unter Verstoß gegen das Unionsrecht verweigert hat, übertragbar?	FG Hamburg Urteil vom 20.8.2020 (4 K 56/18)	C-415/20
AO § 236 Abs 1; ZK Art 241; EWGV 2913/92 Art 241	Vorabentscheidungsersuchen des FG Hamburg vom 1.9.2020, eingereicht am 8.9.2020, zu folgender Frage: Ist ein Verstoß gegen das Unionsrecht als Voraussetzung des vom Gerichtshof der Europäischen Union entwickelten unionsrechtlichen Zinsanspruchs auch gegeben, wenn eine mitgliedstaatliche Behörde eine Abgabe unter Anwendung des Unionsrechts festsetzt, ein mitgliedstaatliches Gericht jedoch später feststellt, dass die tatsächlichen Voraussetzungen für die Erhebung der Abgabe nicht vorliegen?	FG Hamburg Urteil vom 1.9.2020 (4 K 14/20)	C-419/20
AO § 236; ZK Art 241; EWGV 2913/92 Art 241	Vorabentscheidungsersuchen des FG Hamburg vom 1.9.2020, eingereicht am 10.9.2020, zu folgender Frage: Ist ein Verstoß gegen das Unionsrecht als Voraussetzung des vom Gerichtshof der Europäischen Union entwickelten unionsrechtlichen Zinsanspruchs auch gegeben, wenn eine mitgliedstaatliche Behörde eine Abgabe unter Verletzung rechtsgültiger Vorschriften des Unionsrechts festsetzt und ein mitgliedstaatliches Gericht diesen Verstoß gegen das Unionsrecht feststellt?	FG Hamburg Urteil vom 1.9.2020 (4 K 67/18)	C-427/20

Norm	Rechtsfrage	Vorinstanz	EuGH-AZ
AEUV Art 63 Abs 1; AEUV Art 65; ErbStG § 10 Abs 6 S 2; ErbStG § 10 Abs 5 Nr 2	Vorabentscheidungsersuchen des FG Düsseldorf vom 20.7.2020, eingereicht am 18.8.2020, zu folgenden Fragen: – Sind die Artikel 63 Abs. 1 und 65 AEUV dahin auszulegen, dass sie einer nationalen Regelung eines Mitgliedstaats über die Erhebung der Erbschaftsteuer entgegenstehen, die hinsichtlich der Berechnung der Steuer vorsieht, dass der Freibetrag auf die Steuerbemessungsgrundlage im Fall des Erwerbs von im Inland belegenen Grundstücken dann, wenn der Erblasser zur Zeit seines Todes und der Erbe zu dieser Zeit ihren Wohnsitz oder gewöhnlichen Aufenthalt in einem anderen Mitgliedstaat hatten, niedriger ist als der Freibetrag, der zur Anwendung gekommen wäre, wenn zumindest einer von ihnen zu diesem Zeitpunkt seinen Wohnsitz oder gewöhnlichen Aufenthalt im erstgenannten Mitgliedstaat gehabt hätte? – Sind die Artikel 63 Abs. 1 und 65 AEUV dahin auszulegen, dass sie einer nationalen Regelung eines Mitgliedstaats über die Erhebung der Erbschaftsteuer entgegenstehen, die hinsichtlich der Berechnung der Steuer vorsieht, dass Verbindlichkeiten aus Pflichtteilen im Fall des Erwerbs von im Inland belegenen Grundstücken dann, wenn der Erblasser zur Zeit seines Todes und der Erbe zu dieser Zeit ihren Wohnsitz oder gewöhnlichen Aufenthalt in einem anderen Mitgliedstaat hatten, nicht abziehbar sind, während diese Verbindlichkeiten vollständig von dem Wert des Erwerbs von Todes wegen abziehbar wären, wenn zumindest der Erblasser oder der Erbe zu dem Zeitpunkt des Todes des Erblassers seinen Wohnsitz oder gewöhnlichen Aufenthalt im erstgenannten Mitgliedstaat gehabt hätte?	FG Düsseldorf Urteil vom 20.7.2020 (4 K 1095/20 Erb)	C-394/20

Norm	Rechtsfrage	Vorinstanz	EuGH-AZ
EGRL 38/2004 Art 4; EGV 883/2004 Art 1; EStG § 62 Abs 1a; EGRL 38/2004 Art 3 Abs 1 Buchst j; EGV 883/2004 Art 1 Buchst z	Vorabentscheidungsersuchen des FG Bremen vom 20.8.2020, eingereicht am 2.9.2020, zu folgender Frage: Sind Art. 24 RL 2004/38/EG und Art. 4 VO (EG) Nr. 883/2004 dahin auszulegen, dass sie der Regelung eines Mitgliedstaats entgegenstehen, nach der ein Staatsangehöriger eines anderen Mitgliedstaats, der im Inland einen Wohnsitz oder gewöhnlichen Aufenthalt begründet und nicht nachweist, dass er inländische Einkünfte aus Land- und Forstwirtschaft, aus Gewerbebetrieb, aus selbständiger Arbeit oder aus nichtselbständiger Arbeit hat, für die ersten drei Monate ab Begründung des Wohnsitzes oder gewöhnlichen Aufenthalts keinen Anspruch auf Familienleistungen im Sinne von Art. 3 Abs. 1 Buchst. j in Verbindung mit Art. 1 Buchst. z VO (EG) Nr. 883/2004 hat, während ein Staatsangehöriger des betreffenden Mitgliedstaats, der sich in der gleichen Situation befindet, ohne den Nachweis inländischer Einkünfte aus Land- und Forstwirtschaft, aus Gewerbebetrieb, aus selbständiger Arbeit oder aus nichtselbständiger Arbeit einen Anspruch auf Familienleistungen im Sinne von Art. 3 Abs. 1 Buchst. j in Verbindung mit Art. 1 Buchst. z VO (EG) Nr. 883/2004 hat?	FG Bremen Urteil vom 20.8.2020 (2 K 99/20 (1))	C-411/20
UStG § 4 Nr. 14 Buchst b; EGRL 112/2006 Art 132 Abs 1 Buchst b; SGB 5 § 108	Vorabentscheidungsersuchen des Niedersächsischen Finanzgerichts (Deutschland) eingereicht am 2.6.2020, zu folgenden Fragen: 1. Ist § 4 Nr. 14 Buchst. b des Umsatzsteuergesetzes (UStG) vereinbar mit Art. 132 Abs. 1 Buchst. b der Richtlinie 2006/112/EG des Rates vom 28.11.2006 über das gemeinsame Mehrwertsteuersystem, soweit die Steuerbefreiung für Krankenhäuser, die keine Einrichtungen des öffentlichen Rechts sind, daran geknüpft wird, dass die Krankenhäuser nach § 108 Sozialgesetzbuch (SGB) V zugelassen sind? 2. Wenn Frage 1. zu verneinen ist: Unter welchen Voraussetzungen sind Krankenhausbehandlungen durch Einrichtungen des privaten Rechts mit Krankenhausbehandlungen von Einrichtungen des öffentlichen Rechts "in sozialer Hinsicht vergleichbar" im Sinne des Art. 132 Abs. 1 Buchst. b der Richtlinie 2006/112?	Niedersächsisches Finanzgericht Urteil vom 2.3.2020 (5 K 256/17)	C-228/20

Norm	Rechtsfrage	Vorinstanz	EuGH-AZ
EGRL 112/2006 Art 90; EGRL 112/2006 Art 64 Abs 1; EGRL 112/2006 Art 63; UStG § 13 Abs 1 Nr 1 Buchst a; UStG § 17 Abs 2 Nr 1	Vorabentscheidungsersuchen des BFH vom 7.5.2020, eingereicht am 22.7.2020, zu folgenden Fragen: 1. Ergibt sich bei einer einmalig und daher nicht zeitraumbezogen erbrachten Dienst- leistung der Anlass zu aufeinander folgenden Abrechnungen oder Zahlungen i.S. von Art. 64 Abs. 1 MwStSystRL bereits aus der Vereinbarung einer Ratenzahlung? 2. Hilfsweise bei Verneinung der ersten Frage: Ist von einer Nichtbezahlung i.S. von Art. 90 Abs. 1 MwStSystRL auszugehen, wenn der Steuerpflichtige bei der Erbrin- gung seiner Leistung vereinbart, dass diese in fünf Jahresraten zu vergüten ist und das nationale Recht für den Fall der späteren Zahlung eine Berichtigung vorsieht, durch die die vorherige Minderung der Steuerbemessungsgrundlage nach dieser Bestimmung wieder rückgängig gemacht wird?	BFH Urteil vom 7.5.2020 (V R 16/19)	C-324/20
UStG § 2 Abs 2 Nr 2; UStG § 3 Abs 9a Nr 2; EWGRL 388/77 Art 4 Abs 4 U Abs 2; EWGRL 388/77 Art 6 Abs 2; EWGRL 388/77 Art 4 Abs 5; EWGRL 388/77 Art 2 Nr 1; EGRL 112/2006 Art 11; AEUV Art 267	Vorabentscheidungsersuchen des Bundesfinanzhofs vom 5.7.2020, eingereicht am 18.6.2020, zu folgenden Fragen: 1. Ist die in Art. 4 Abs. 4 Unterabs. 2 der Richtlinie 77/388/EWG für die Mitglied- staaten vorgesehene Ermächtigung, in ihrem Gebiet ansässige Personen, die zwar rechtlich unabhängig, aber durch gegenseitige finanzielle, wirtschaftliche und organisatorische Beziehungen eng miteinander verbunden sind, zusammen als einen Steuerpflichtigen zu behandeln, in der Weise auszuüben, a) dass die Behandlung als ein Steuerpflichtiger bei einer dieser Personen erfolgt, die Steuerpflichtige für alle Umsätze dieser Personen ist oder in der Weise, b) dass die Behandlung als ein Steuerpflichtiger zwingend --und damit auch unter Inkaufnahme erheblicher Steuerausfälle-- zu einer von den eng miteinander verbundenen Personen getrennten Mehrwertsteuergruppe führen muss, bei der es sich um eine eigens für Mehrwertsteuerzwecke zu schaffende fiktive Einrich- tung handelt?	BFH Urteil vom 7.5.2020 (V R 40/19)	C-269/20

Norm	Rechtsfrage	Vorinstanz	EuGH-AZ
	2. Falls zur ersten Frage die Antwort a) zutreffend ist: Folgt aus der EuGH-Rechtsprechung (EuGH-Urteil VNLTO, EU:C:2009:88), dass bei einem Steuerpflichtigen,		
	a) der zum einen eine wirtschaftliche Tätigkeit ausübt und dabei entgeltliche Leistungen i.S. von Art. 2 Nr. 1 der Richtlinie 77/388/EWG erbringt und		
	b) der zum anderen zugleich eine Tätigkeit ausübt, die ihm im Rahmen der öffentlichen Gewalt obliegt (Hoheitstätigkeit), für die er nach Art. 4 Abs. 5 der Richtlinie 77/388/EWG nicht als Steuerpflichtiger gilt,		
	die Erbringung einer unentgeltlichen Dienstleistung aus dem Bereich seiner wirtschaftlichen Tätigkeit für den Bereich seiner Hoheitstätigkeit keine Besteuerung nach Art. 6 Abs. 2 Buchst. b der Richtlinie 77/388/EWG vorzunehmen ist?		
KN Pos 1521 UPos 9091; KN Pos 1521 UPos 9099	Vorabentscheidungsersuchen des FG Hamburg vom 14.4.2020, eingereicht am 7.5.2020, zu folgenden Fragen:	FG Hamburg Urteil vom 14.4.2020 (4 K 146/17)	C-216/20
	1. Sind die Erläuterungen zur Unterposition 1521 9099 der Kombinierten Nomenklatur anwendbar, soweit darin das Wort "geschmolzen" verwendet wird?		
	2. Falls die erste Vorlagefrage verneint werden sollte: Ist der Begriff "roh" im Sinne der Unterposition 1521 9091 der Kombinierten Nomenklatur so auszulegen, dass Bienenwachs, das im Ausfuhrland eingeschmolzen worden ist und von dem anlässlich des Einschmelzens Fremdkörper mechanisch abgeschieden wurden, wobei noch Fremdkörper im Bienenwachs verbleiben, in diese Unterposition einzureihen ist?		
KN Pos 1521 UPos 9091; KN Pos 1521 UPos 9099	Vorabentscheidungsersuchen des FG Hamburg vom 14.4.2020, eingereicht am 7.5.2020, zu folgenden Fragen:	FG Hamburg Urteil vom 14.4.2020 (4 K 141/17)	C-197/20
	1. Sind die Erläuterungen zur Unterposition 1521 9099 der Kombinierten Nomenklatur anwendbar, soweit darin das Wort "geschmolzen" verwendet wird?		
	2. Falls die erste Vorlagefrage verneint werden sollte: Ist der Begriff "roh" im Sinne der Unterposition 1521 9091 der Kombinierten Nomenklatur so auszulegen, dass Bienenwachs, das im Ausfuhrland eingeschmolzen worden ist und von dem anlässlich des Einschmelzens Fremdkörper mechanisch abgeschieden wurden, wobei noch Fremdkörper im Bienenwachs verbleiben, in diese Unterposition einzureihen ist?		

Norm	Rechtsfrage	Vorinstanz	EuGH-AZ
EWGRL 388/77 Art 4 Abs 1; EWGRL 388/77 Art 4 Abs 4 UAbs 1; EWGRL 388/77 Art 4 Abs 4 Abs 2; EWGRL 388/77 Art 21 Abs 1 Buchst a; EWGRL 388/77 Art 21 Abs 3; UStG § 2 Abs 2 Nr 2 S 1	Vorabentscheidungsersuchen des Bundesfinanzhofs vom 11.12.2019, eingereicht am 23.3.2020, zu folgenden Fragen: 1. Sind Art. 4 Abs. 4 Unterabs. 2 i.V.m. Art. 21 Abs. 1 Buchst. a und Abs. 3 der Richtlinie 77/388/EWG dahingehend auszulegen, dass sie es einem Mitgliedstaat gestatten, anstelle der Mehrwertsteuergruppe (des Organkreises) ein Mitglied der Mehrwertsteuergruppe (den Organträger) zum Steuerpflichtigen zu bestimmen? 2. Falls die Frage 1 verneint wird: Sind Art. 4 Abs. 4 Unterabs. 2 i.V.m. Art. 21 Abs. 1 Buchst. a und Abs. 3 der Richtlinie 77/388/EWG insoweit berufbar? 3. Ist bei der nach Rz 46 des EuGH-Urteils Larentia + Minerva (EU:C:2015:496, Rz 44 f.) vorzunehmenden Prüfung, ob das in § 2 Abs. 2 Nr. 2 Satz 1 UStG enthaltene Erfordernis der finanziellen Eingliederung eine zulässige Maßnahme darstellt, die für die Erreichung der Ziele der Verhinderung missbräuchlicher Praktiken oder Verhaltensweisen und der Vermeidung von Steuerhinterziehung oder -umgehung erforderlich und geeignet ist, ein strenger oder ein großzügiger Maßstab anzulegen? 4. Sind Art. 4 Abs. 1, Abs. 4 Unterabs. 1 der Richtlinie 77/388/EWG dahingehend auszulegen, dass es einem Mitgliedstaat gestatten, im Wege der Typisierung eine Person als nicht selbständig i.S. des Art. 4 Abs. 1 der Richtlinie 77/388/EWG anzusehen, wenn sie in finanziell, wirtschaftlich und organisatorisch in das Unternehmen eines anderen Unternehmers (Organträgers) eingegliedert ist, dass der Organträger seinen eigenen Willen bei der Person durchsetzen und dadurch eine abweichende Willensbildung bei der Person verhindern kann?	BFH Urteil vom 11.12.2019 (XI R 16/18)	C-141/20

Norm	Rechtsfrage	Vorinstanz	EuGH-AZ
UStG § 13 Abs 1 Nr 1 Buchst b; UStG § 15 Abs 1 S 1 Nr 1; UStG § 20; EGRL 112/2006 Art 167; AEUV Art 267	Vorabentscheidungsersuchen des FG Hamburg vom 10.12.2019, eingereicht am 10.1.2020, zu folgenden Fragen: 1. Steht Art. 167 der Richtlinie 2006/112/EG vom 28. November 2006 über das gemeinsame Mehrwertsteuersystem einer nationalen Regelung entgegen, nach der das Recht zum Vorsteuerabzug auch dann bereits im Zeitpunkt der Ausführung des Umsatzes entsteht, wenn der Steueranspruch gegen den Lieferer oder Dienstleistungserbringer nach nationalem Recht erst bei Vereinnahmung des Entgelts entsteht und das Entgelt noch nicht gezahlt worden ist? 2. Für den Fall, dass die erste Frage verneint wird: Steht Art. 167 der Richtlinie 2006/112/EG vom 28. November 2006 über das gemeinsame Mehrwertsteuersystem einer nationalen Regelung entgegen, wonach das Recht zum Vorsteuerabzug nicht für den Besteuerungszeitraum geltend gemacht werden kann, in dem das Entgelt bezahlt worden ist, wenn der Steueranspruch gegen den Lieferer oder Dienstleistungserbringer erst bei Vereinnahmung des Entgelts entsteht, die Leistung bereits in einem früheren Besteuerungszeitraum erbracht worden ist und eine Geltendmachung des Vorsteueranspruchs für diesen früheren Steuerzeitraum nach nationalem Recht wegen Verjährung nicht mehr möglich ist?	FG Hamburg Urteil vom 10.12.2019 (1 K 337/17)	C-9/20
EGRL 112/2006 Art 203; AEUV Art 267	Vorabentscheidungsersuchen des Bundesfinanzgerichts (Österreich), eingereicht am 21. Juni 2021, zu folgenden Fragen: 1. Wird die Mehrwertsteuer vom Aussteller einer Rechnung gemäß Art 203 der MwSt-Richtlinie geschuldet, wenn – wie in einem Fall wie diesem – keine Gefährdung des Steueraufkommens vorliegen kann, weil die Leistungsempfänger der Dienstleistungen nicht zum Vorsteuerabzug berechtigte Endverbraucher sind? 2. Falls die erste Frage bejaht wird und damit der Aussteller einer Rechnung gemäß Art 203 der MwSt-Richtlinie die Mehrwertsteuer schuldet: a. Kann die Berichtigung der Rechnungen gegenüber den Leistungsempfängern unterbleiben, wenn einerseits eine Gefährdung des Steueraufkommens ausgeschlossen und andererseits die Berichtigung der Rechnungen faktisch unmöglich ist? b. Steht es der Berichtigung der Mehrwertsteuer entgegen, dass die Endverbraucher die Steuer im Rahmen des Entgeltes getragen haben und sich damit der Steuerpflichtige durch Berichtigung der Mehrwertsteuer bereichert?	Bundesfinanzgericht Wien Urteil vom 21.06.2021 (RV/7100930/2021)	C-378/21

Norm	Rechtsfrage	Vorinstanz	EuGH-AZ
EWGRL 435/90 Art 4; EWGRL 435/90 Art 7 Abs 2	Vorabentscheidungsersuchen des Conseil d'Etat (Frankreich), eingereicht am 23.10.2020, zu folgender Frage: Stehen die Bestimmungen des Art 4 der Richtlinie 90/435/EWG vom 23. Juli 1990 über das gemeinsame Steuersystem der Mutter- und Tochtergesellschaften verschiedener Mitgliedstaaten, insbesondere unter Berücksichtigung von deren Art 7 Abs 2, einer Bestimmung wie der in Art 223 sexies des Code general des impots entgegen, die für die ordnungsgemäße Anwendung eines Systems zur Beseitigung der wirtschaftlichen Doppelbesteuerung von Dividenden eine Abgabe bei der Weiterausschüttung von Gewinnen durch eine Muttergesellschaft vorsieht, die von in einem anderen Mitgliedstaat der Europäischen Union ansässigen Tochtergesellschaften an sie ausgeschüttet wurden?		C-556/20

9.3.2 Verfahren vor dem Bundesverfassungsgericht (Auswahl)

Norm	Rechtsfrage	Vorinstanz	BVerfG-AZ
AO § 163; KStG § 8b Abs.2 S.3; KStG § 8b Abs.2 S.4; EStG § 10d Abs.2 S.1; AO § 5	Mindestbesteuerung - Abweichende Festsetzung aus Billigkeitsgründen – Verfassungsbeschwerde –	BFH, Urteil vom 21.9.2016 (I R 65/14)	2 BvR 242/17
KStG § 37; KStG § 40 Abs.4; GG Art.3 Abs.1; GG Art.14 Abs.1	1. Ist es verfassungsrechtlich zu beanstanden, dass der Gesetzgeber die Realisation des Körperschaftsteuerguthabens bis zum Inkrafttreten des SEStEG ausschüttungsabhängig ausgestaltet hat? 2. Ist die gesetzliche Begrenzung der Körperschaftsteuerminderung auf 1/6 des im Rahmen einer Liquidation verteilten Vermögens, die bei unzureichender Kapitalausstattung einer Kapitalgesellschaft zu einem endgültigen Verlust von Körperschaftsteuerguthaben führen kann, verfassungsrechtlich zu beanstanden? – Verfassungsbeschwerde –	BFH, Urteil vom 2.2.2016 (I R 21/14)	2 BvR 1375/16
KStG § 34 Abs.16; KStG § 38 Abs.5; KStG § 38 Abs.6; GG Art.3 Abs.1; KStG § 5 Abs.1 Nr.9; GG Art.20 Abs.3	Körperschaftsteuererhöhung: Verfassungsmäßigkeit der ausschüttungsunabhängigen Nachbelastung des Endbestandes des EK 02 und der „Verschonungsregelung" des § 34 Abs. 16 KStG 2002 i.d.F. des JStG 2008 – Verfassungsbeschwerde –	BFH, Urteil vom 28.10.2015 (I R 65/13)	2 BvR 988/16
KStG § 32a Abs.1 S.2; KStG § 34 Abs.13c; GG Art.2 Abs.1; GG Art.20 Abs.3	Ist § 32a Abs. 1 Satz 2 KStG i.d.F. des JStG 2007 vom 13.12.2006 i.V.m. § 34 Abs. 13c KStG i.d.F. vom 10.10.2007 insoweit mit dem Grundgesetz vereinbar, als die rückwirkend eintretende Ablaufhemmung der Festsetzungsverjährung gemäß § 32a KStG auch die Änderung einer bei dem Inkrafttreten des § 32a KStG am 19.12.2006 bereits festsetzungsverjährten Einkommensteuererfestsetzung gegenüber dem Gesellschafter, dem die verdeckte Gewinnausschüttung zuzurechnen ist, in offener Festsetzungsfrist ermöglicht? – Normenkontrollverfahren –	FG Köln, Entscheidung vom 20.4.2016 (4 K 2717/09)	2 BvL 7/16

Norm	Rechtsfrage	Vorinstanz	BVerfG-AZ
AuslInvestmG § 18 Abs.1; AuslInvestmG § 18 Abs.3; EStG § 20 Abs.1 Nr.1; GG Art.3 Abs.1; GG Art.20 Abs.1 Nr.1; GG Art.14; AEUV § 63; AEUV § 64	Besteuerung von Erträgen aus sog. „schwarzen" Fonds nach dem AuslInvestmG – Verfassungsbeschwerde –	BFH, Urteil vom 28.7.2015 (VIII R 39/12)	2 BvR 59/16
EStG § 4h; GG Art.3 Abs.1; EStG § 4h; KStG § 8 Abs.1; KStG § 8a	Verstößt § 4h EStG 2002 i.d.F. des Bürgerentlastungsgesetzes Krankenversicherung i. V.m. § 8 Abs. 1 und § 8a KStG 2002 i.d.F. des Unternehmensteuerreformgesetzes 2008 gegen Art.3 Abs.1 GG? – Normenkontrollverfahren –	BFH, Entscheidung vom 14.10.2015 (I R 20/15)	2 BvL 1/16
UStG § 4 Nr.16 Buchst. e; EWGRL 388/77 Art.13 Teil A Abs.1 Buchst g	Zur Umsatzsteuerbefreiung für Umsätze der ambulanten Pflege (40 %-Grenze des § 4 Nr.16 Buchst. e UStG a.F.) – Organschaft bei Bestellung eines vorläufigen Insolvenzverwalters – Verfassungsbeschwerde –	BFH, Urteil vom 28.6.2017 (XI R 23/14)	1 BvR 1336/18
KAG BW § 9 Abs.4; GG Art.105 Abs.2a, GG Art.3 Abs.1, GG Art.20 Abs.3	Ist die Erhebung einer Steuer auf den Aufwand für die Möglichkeit der entgeltlichen Übernachtung einer Person in einem Beherbergungsbetrieb in der Stadt Freiburg (Übernachtungsteuer) mit dem Grundgesetz vereinbar? – Verfassungsbeschwerde –	BVerwG, Beschluss vom 11.12.2015 (9 BN 7/15)	1 BvR 354/16
AO § 238 Abs.1, GG Art.2 Abs.1; GG Art.3 Abs.1; GG Art.20 Abs.3; AO § 233a	Ist der gesetzliche Zinssatz des § 238 Abs. 1 AO i.d.F. der Bekanntmachung vom 1.10.2002 (BGBl I S.3866), zuletzt geändert durch Art. 10 Nr. 17 des JStG 2007 vom 13.12.2006 (BGBl I S.2878), von einhalb Prozent für jeden Monat für Verzinsungszeiträume nach dem 31.12.2009 verfassungswidrig? – Verfassungsbeschwerde –	Oberverwaltungsgericht für das Land Nordrhein-Westfalen, Beschluss vom 10.7.2014 (14 A 1196/13)	1 BvR 2237/14

Norm	Rechtsfrage	Vorinstanz	BVerfG-AZ
AO § 238 Abs. 1; GG Art. 2 Abs. 1; GG Art. 3 Abs. 1; GG Art. 20 Abs. 3; AO § 233a	Ist der gesetzliche Zinssatz des § 238 Abs. 1 AO i. d. F. der Bekanntmachung vom 1.10.2002 (BGBl I S. 3866), zuletzt geändert durch Art. 10 Nr. 17 des JStG 2007 vom 13.12.2006 (BGBl I S. 2878), von einhalb Prozent für jeden Monat für Verzinsungszeiträume nach dem 31.12.2011 verfassungswidrig? – Verfassungsbeschwerde –	Bayerischer Verwaltungsgerichtshof, Beschluss vom 10.8.2017 (4 ZB 17.279)	1 BvR 2422/17
KStG § 8b Abs. 6 Nr. 1; DBA BEL Art. 23 Abs. 1 Nr. 3; AEUV Art. 49; AEUV Art. 54; AEUV Art. 63; FreundschVtr USA Art. 11; AEUV Art. 267, KStG § 8b Abs. 3	Unionsrechtlicher Prüfungsmaßstab für § 8b Abs. 6 Nr. 1 KStG 1999 a. F. bei Steuerfreistellung nach DBA – Verfassungsbeschwerde –	BFH, Urteil vom 19.7.2017 (I R 87/15)	2 BvR 131/18
KStG § 8b Abs. 3 S 1; BewG § 11 Abs. 3; GG Art. 20 Abs. 3; GG Art. 2 Abs. 1	Bewertung einer Sachausschüttung in Form einer offenen Gewinnausschüttung; keine Rückwirkung von § 8b Abs. 3 Satz 1 KStG – Verfassungsbeschwerde –	BFH, Urteil vom 11.4.2018 (I R 34/15)	2 BvR 2664/18
GewStG § 8 Nr 1 Buchst a; GewStG § 8 Nr 1 Buchst d; GewStG § 8 Nr 1 Buchst e; GewStG § 8 Nr 1 Buchst f; GG Art 12; GG Art 14; GG Art 3 Abs 1	„Verfassungskonformität gewerbesteuerrechtlicher Hinzurechnungen" – Verfassungsbeschwerde –"	BFH, Urteil vom 14.6.2018 (III R 35/15)	1 BvR 2150/18

Norm	Rechtsfrage	Vorinstanz	BVerfG-AZ
EStG § 6 Abs 1 Nr 4	„Anwendung der 1 %-Regelung in Fällen, in denen die hiernach ermittelte Nutzungsentnahme 50 % der Gesamtaufwendungen für das Kfz übersteigt – Verfassungsbeschwerde –"	BFH, Urteil vom 15.5.2018 (X R 28/15)	2 BvR 2129/18
DBA CAN Art 18 Abs 1; DBA CAN Art 18 Abs 3 Buchst c; EStG § 22 Nr 1 S 3 Buchst a DBuchst aa; EStG § 49 Abs 1 Nr 7	„Beschränkte Steuerpflicht für in das Ausland gezahlte Rentenversicherungsleistungen – Verfassungsbeschwerde –"	BFH, Urteil vom 20.12.2017 (I R 9/16)	2 BvR 1745/18
FGO § 48 Abs 1 Nr 1; FGO § 48 Abs 1 Nr 4; FGO § 48 Abs 1 Nr 5; GG Art 3 Abs 1; GG Art 19 Abs 4	Keine Klagebefugnis des Personengesellschafters bei Streit über Grund oder Höhe des Gesamthandsgewinns – Verfassungsbeschwerde –	BFH Urteil vom 23.1.2020 (IV R 48/16)	1 BvR 1359/20
AStG § 1 Abs 1; AStG § 1 Abs 4	Einkünftekorrektur nach § 1 Abs. 1 AStG bei gewinnmindernder Ausbuchung eines unbesicherten Konzerndarlehens – Verfassungsbeschwerde v	BFH Urteil vom 14.8.2019 (I R 34/18)	2 BvR 1079/20
UStG § 12 Abs 2 Nr 8 Buchst a; AO § 65; AO § 68 Nr 3 Buchst c	Zum ermäßigten Steuersatz bei Zweckbetrieben – Verfassungsbeschwerde –	BFH Urteil vom 23.7.2019 (XI R 2/17)	1 BvR 2837/19
AStG § 1 Abs 1; OECDMustAbk Art 9 Abs 1	Einkünftekorrektur nach § 1 Abs. 1 AStG bei gewinnmindernder Ausbuchung einer unbesichert im Konzern begebenen Darlehensforderung – Verfassungsbeschwerde –	BFH Urteil vom 27.2.2019 (I R 73/16)	2 BvR 1161/19
GG Art 3 Abs 1; SolZG § 3 Abs 2; EStG § 35 Abs 1	Solidaritätszuschlag und Gewerbesteuer – Verfassungsbeschwerde –	BFH Urteil vom 14.11.2018 (II R 63/15)	2 BvR 1421/19

Norm	Rechtsfrage	Vorinstanz	BVerfG-AZ
GewStG § 9 Nr 1; GewStG § 9 Nr 2; GewStG § 5 Abs 1 S 3; GewStG § 6; GewStG § 7	Keine Gewährung der erweiterten Kürzung bei Beteiligung einer grundstücks-verwaltenden, nur kraft ihrer Rechtsform der Gewerbesteuer unterliegenden Gesellschaft an einer grundstücksverwaltenden, gewerblich geprägten Personen-gesellschaft – Verfassungsbeschwerde –	BFH Urteil vom 27.6.2019 (IV R 44/16)	1 BvR 2331/19
GewStG § 9 Nr 1; GewStG § 9 Nr 2; GewStG § 5 Abs 1 S 3; GewStG § 6; GewStG § 7	Keine Gewährung der erweiterten Kürzung bei Beteiligung einer grundstücksver-waltenden, nur kraft ihrer Rechtsform der Gewerbesteuer unterliegenden Gesell-schaft an einer grundstücksverwaltenden, gewerblich geprägten Personengesell-schaft – Verfassungsbeschwerde –	BFH Urteil vom 27.6.2019 (IV R 45/16)	1 BvR 2332/19
ErbStG § 13a; ErbStG § 13b	Erbschaft- und Schenkungsteuer: Begünstigung von Grundstücken im Betriebs-vermögen bei Nutzungsüberlassung an Dritte – Verfassungsbeschwerde –	BFH Urteil vom 02.12.2020 (II R 22/18)	1 BvR 1493/21
EStG § 22 Nr 1 S 3 Buchst a DBuchst aa; GG Art 3 Abs 1; EStG § 10 Abs 1 Nr 3; EStG § 9a S 1 Nr 3	Ermittlung der Höhe des Betrags einer etwaigen doppelten Besteuerung von Altersvorsorgeaufwendungen und Altersbezügen – Verfassungsbeschwerde –	BFH Urteil vom 19.5.2021 (X R 33/19)	2 BvR 1140/21
EStG § 22 Nr 1 S 3 Buchst a DBuchst aa; EStG § 22 Nr 1 S 3 Buchst a DBuchst bb; EStG § 9a S 1 Nr 3; EStG § 10 Abs 1 S 1 Nr 2 Buchst a; GG Art 3 Abs 1	Doppelte Besteuerung der gesetzlichen und privaten Altersversorgung – Verfassungsbeschwerde –	BFH Urteil vom 19.5.2021 (X R 20/19)	2 BvR 1143/21

Norm	Rechtsfrage	Vorinstanz	BVerfG-AZ
AO § 52 Abs 2; GG Art 3 Abs 1; GG Art 5 Abs 1 S 1; GG Art 9 Abs 1; GG Art 20 Abs 1; GG Art 20 Abs 2; KStG § 5 Abs 1 Nr 9	Gemeinnützigkeit und politische Betätigung – Verfassungsbeschwerde – (Verfassungsbeschwerde unmittelbar gegen das Urteil des Hessischen Finanzgerichts vom 26.02.2020 – 4 K 179/16 –, den Beschluss des Bundesfinanzhofs vom 10.12.2020 – V R 14/20 ü, das Urteil des Bundesfinanzhofs vom 10.01.2019 – V R 60/17)	BFH Be-schluss vom 10.12.2020 (V R 14/20)	1 BvR 697/21
EStG § 20 Abs 6 S 5; EStG § 20 Abs 6 S 4; GG Art 3 Abs 1; GG Art 14 Abs 1	Verfassungsmäßigkeit der Verlustverrechnungsbeschränkung für Aktienveräußerungsverluste nach § 20 Abs 6 Satz 5 EStG (jetzt § 20 Abs 6 Satz 4 EStG) – Normenkontrollverfahren –	BFH Be-schluss vom 17.11.2020 (VIII R 11/18)	2 BvL 3/21
UStG § 14 Abs 4; UStG § 15 Abs 1 Nr 1	Rechnungsanforderungen für den Vorsteuerabzug – Verfassungsbeschwerde –	BFH Urteil vom 15.10.2019 (V R 14/18)	1 BvR 2269/20
BewG § 13 Abs 1; GG Art 3 Abs 1; EStG § 22 Nr 1 S 3 Buchst a DBuchst bb; EStG § 20 Abs 1 Nr 7	Steuerpflichtige Zinsanteile in Rentenzahlungen bei teilentgeltlicher Übertragung eines Vermögensgegenstands gegen eine Veräußerungszeitrente – Verfassungsbeschwerde –	BFH Urteil vom 14.7.2020 (VIII R 3/17)	2 BvR 2247/20
AStG § 1 Abs 1; OECDMustAbk Art 9 Abs 1	Einkünftekorrektur nach § 1 Abs. 1 AStG bei gewinnmindernder Abschreibung auf unbesicherte Konzerndarlehen – Verfassungsbeschwerde –	BFH Urteil vom 18.12.2019 (I R 72/17)	2 BvR 2002/20

9.3.3 Vorläufige Steuerfestsetzung, Ruhenlassen des Verfahrens und AdV[1]

Im Hinblick auf anhängige Musterverfahren werden derzeit folgende Vorläufigkeitsvermerke in die Steuerfestsetzungen aufgenommen:

Einkommensteuer

Nr.	Text	Erläuterung
1.	Höhe der kindbezogenen Freibeträge nach § 32 Absatz 6 Satz 1 und 2 EStG	Der Vorläufigkeitsvermerk gemäß Nummer 1 ist sämtlichen Einkommensteuerfestsetzungen für Veranlagungszeiträume ab 2001 mit einer Prüfung der Steuerfreistellung nach § 31 EStG sowie den mit derartigen Einkommensteuerfestsetzungen verbundenen Festsetzungen des Solidaritätszuschlags und der Kirchensteuer beizufügen. Wird im Rechtsbehelfsverfahren gegen die Festsetzung der Einkommensteuer, des Solidaritätszuschlags und der Kirchensteuer für den Veranlagungszeitraum 2014 Aussetzung der Vollziehung (§ 361 AO, § 69 Absatz 2 FGO) beantragt, ist dem zu entsprechen, soweit unter Berücksichtigung eines um 72 Euro erhöhten Kinderfreibetrags je Kind die Steuer herabzusetzen wäre und im Übrigen die Voraussetzungen des § 361 AO oder des § 69 FGO erfüllt sind. Ein Einkommensteuerbescheid ist hinsichtlich des Kinderfreibetrags kein Grundlagenbescheid für die Festsetzung des Solidaritätszuschlags und der Kirchensteuer (BFH-Urteile vom 27. Januar 2011, III R 90/07, BStBl II S. 543, und vom 15. November 2011, I R 29/11, BFH/NV 2012 S. 921); § 361 Absatz 3 Satz 1 AO und § 69 Absatz 2 Satz 4 FGO sind daher insoweit nicht anwendbar.
2.	Abzug einer zumutbaren Belastung (§ 33 Absatz 3 EStG) bei der Berücksichtigung von Aufwendungen für Krankheit oder Pflege als außergewöhnliche Belastung	Der Vorläufigkeitsvermerk gemäß Nummer 2 ist in Fällen unbeschränkter Steuerpflicht sämtlichen Einkommensteuerfestsetzungen beizufügen.

---

[1] BMF-Schr. vom 30.8.2021, BStBl 2021 S. 1042.

Nr.	Text	Erläuterung
3.	Besteuerung von Leibrenten und anderen Leistungen aus der Basisversorgung nach § 22 Nummer 1 Satz 3 Buchstabe a Doppelbuchstabe aa EStG	Der Vorläufigkeitsvermerk gemäß Nummer 3 ist sämtlichen Einkommensteuerfestsetzungen für Veranlagungszeiträume ab 2005 beizufügen, in denen eine Leibrente oder eine andere Leistung aus der Basisversorgung nach § 22 Nummer 1 Satz 3 Buchstabe a Doppelbuchstabe aa EStG erfasst wird. Eine mögliche Zuvielbelastung von Alterseinkünften muss nach der Rechtsprechung des BFH vom Steuerpflichtigen belegt werden (ständige Rechtsprechung des BFH, s. BFH-Urteil vom 21. Juni 2016, X R 44/14, BFH/NV S. 1791 und vom 19. Mai 2021, X R 20/19). Eine Überprüfung von Amts wegen durch die Finanzämter ohne Mitwirkung der betroffenen Steuerpflichtigen ist nicht möglich. Daher ist in Steuerbescheiden, die den Vorläufigkeitsvermerk gemäß Nummer 3 enthalten, zusätzlich folgender Hinweis aufzunehmen: *„Wichtiger Hinweis: Sollte nach einer künftigen Entscheidung des Bundesverfassungsgerichts oder des Bundesfinanzhofs dieser Steuerbescheid Ihrer Auffassung nach hinsichtlich der Besteuerung von Leibrenten und anderen Leistungen aus der Basisversorgung nach § 22 Nummer 1 Satz 3 Buchstabe a Doppelbuchstabe aa EStG zu Ihren Gunsten zu ändern sein, benötige ich weitere Unterlagen von Ihnen. Von Amts wegen kann ich Ihren Steuerbescheid nicht ändern, weil mir nicht alle erforderlichen Informationen vorliegen."*

Ferner sind im Rahmen der verfahrensrechtlichen Möglichkeiten sämtliche Festsetzungen des Solidaritätszuschlags für die Veranlagungszeiträume ab 2005 hinsichtlich der Verfassungsmäßigkeit des Solidaritätszuschlaggesetzes 1995 vorläufig gemäß § 165 Absatz 1 Satz 2 Nummer 3 AO vorzunehmen.

Für die Veranlagungszeiträume ab 2020 erfasst dieser Vorläufigkeitsvermerk auch die Frage, ob die fortgeltende Erhebung eines Solidaritätszuschlages nach Auslaufen des Solidarpakts II zum 31. Dezember 2019 verfassungsgemäß ist.

Sachregister

1884

1886

1888